CORRESPONDANCE, EXPRESSION ÉCRITE.

DICO
PRATIQUE

CORRESPONDANCE, EXPRESSION ÉCRITE.

DICO
PRATIQUE

ORTHOGAPHE • GRAMMAIRE
CONJUGAISONS • CONSTRUCTIONS
ABRÉVIATIONS • SYMBOLES
PONCTUATION • TYPOGRAPHIE

Larousse

17, RUE DU MONTPARNASSE 75298 PARIS CEDEX 06

DIRECTION
  Jean-Claude Corbeil

RÉDACTION
  Marie-Éva de Villers

RECHERCHE ET COORDINATION
  Liliane Michaud

RÉVISION
  Monique Héroux
  Jacques Archambault
  Brigitte Vincent-Smith
  Michel Duplat

avec la collaboration de
  Christine Ouvrard

PRÉPARATION DE COPIE ET CORRECTION
  Aline Gagnon

TABLE DES MATIÈRES

PRÉFACE

Les conditions d'utilisation de la langue française se sont considérablement modifiées au cours des vingt ou trente dernières années.

Pour des raisons fort variables et qu'on arrive mal à identifier, l'apprentissage du français à l'école n'est plus aussi efficace que par le passé, notamment en ce qui concerne le français écrit. Les connaissances se fixent mal dans la mémoire des enfants et des adolescents, ce qui compromet leur compétence à utiliser correctement la langue une fois devenus adultes.

D'autre part, la nécessité de recourir à l'écriture s'est accrue et ce, dans les domaines et les contextes les plus variés : correspondance commerciale et administrative, création d'imprimés de gestion, de matériel publicitaire, conception de devis scientifiques ou techniques, rédaction de textes pour la radio, la télévision ou la presse.

Enfin, l'utilisation des logiciels de traitement de texte se généralise, au point que chacun devient de plus en plus son propre éditeur et doit résoudre lui-même les problèmes orthographiques, grammaticaux ou typographiques qui se posent au cours de la rédaction d'un texte ou au moment de son édition.

On constate ainsi que les besoins des utilisateurs se sont diversifiés. D'un autre point de vue, on remarque que les renseignements dont ils ont besoin sont dispersés dans un grand nombre d'ouvrages de natures variées, que ces renseignements sont souvent difficiles à repérer et qu'il faut souvent beaucoup de temps pour trouver réponse à une question parfois toute simple.

Il est ainsi devenu évident qu'il fallait offrir au grand public un nouvel instrument de travail sous la forme d'un dictionnaire polyvalent, de consultation facile. L'usager a besoin de tout en même temps, et rapidement : il importait donc de neutraliser les frontières entre les types de difficultés et de donner à toutes les questions courantes des réponses claires, compréhensibles et sûres.

Nous avons donc élargi la notion même de difficultés de la langue française. Nous ne nous sommes pas restreints aux seules questions grammaticales et nous traitons aussi bien du vocabulaire que de la grammaire, de l'orthographe, de l'usage des majuscules, de la présentation typographique d'un texte.

Par ailleurs, nous n'avons pas voulu faire savant et ne traiter que les beaux problèmes, ceux qui restent quand on pense que les autres sont réglés et qui donnent leur piquant aux discussions linguistiques entre spécialistes et connaisseurs.

Nous savons que les difficultés diffèrent pour chacun, nous savons aussi que la compétence linguistique varie beaucoup d'un usager à l'autre et qu'il vaut mieux donner plus de renseignements que de ne pas répondre aux questions, même simples en apparence. En ce sens, *DICO PRATIQUE* se distingue de tous les autres ouvrages de même nature.

Notre souci a été de fournir à l'usager les renseignements les plus sûrs, de lui proposer une solution quand les avis sont partagés, non sans savoir qu'il demeure libre de faire ce qui lui plaît.

La langue française n'est pas plus difficile qu'une autre. Cependant, elle est sans doute celle des langues qui est la mieux décrite et la plus normalisée. Ses usagers y perdent peut-être en spontanéité ; mais ils y gagnent un merveilleux instrument de communication, le plus apte à la communication et à la compréhension internationales.

Jean-Claude Corbeil

INTRODUCTION

L'objet de *DICO PRATIQUE*

Répertorier et intégrer dans un seul ordre alphabétique l'ensemble des difficultés linguistiques des usagers du français : voilà l'objet de ce dictionnaire destiné à ceux qui ont des choix rapides à faire et qui recherchent prioritairement la qualité de la langue et l'efficacité de la communication.

Instrument de vulgarisation, cet ouvrage constitue un mode d'emploi des mots qui fournit les indications les plus pertinentes sur l'usage de la langue française. Il est illustré par des exemples caractéristiques qui mettent en contexte les solutions proposées.

De consultation facile, cet ouvrage de référence apporte des réponses claires aux questions que se posent quotidiennement les usagers de la langue française en ce qui a trait à l'orthographe, à la grammaire, aux sens des mots, aux anglicismes, à la conjugaison, à la typographie, aux abréviations, à la prononciation et à la correspondance.

DICO PRATIQUE s'adresse à quiconque veut communiquer avec efficacité et exactitude. Accessible et complet, il est destiné au grand public tout autant qu'aux professionnels de l'écriture, à l'ensemble du personnel administratif, à tous ceux qui doivent s'exprimer en français.

La nomenclature

À l'inverse des ouvrages classiques portant sur les difficultés du français qui ne traitent que les mots problématiques, la nomenclature de *DICO PRATIQUE* est constituée de la plupart des mots courants du français contemporain, à l'exception des termes très techniques ou scientifiques. Les locutions figées sont explicitées à l'ordre alphabétique du mot-clef et leurs particularités orthographiques y sont signalées.

En vue d'éviter au lecteur la consultation de nombreux ouvrages, il a semblé plus utile de traiter l'ensemble des mots usuels et de mettre en évidence tous les types de difficultés qui leur sont propres, indépendamment de leur nature.

Le contenu de l'article

les définitions

Les définitions très concises de *DICO PRATIQUE* servent à l'identification du mot recherché ou à l'établissement de ses principales acceptions, en fonction de l'usage habituel du mot ou de l'expression.

Ces renseignements de base constituent des repères qui sont destinés à situer correctement l'entrée et à marquer sa polysémie, le cas échéant. Ils permettent également de préciser les distinctions sémantiques entre les mots dont la ressemblance peut être source de confusion.

Les locutions figées sont suivies d'une explication et, s'il y a lieu, d'une note attirant l'attention sur une difficulté particulière.

les exemples

Les nombreux exemples sont conçus afin de faciliter la compréhension des difficultés liées à un mot : pluriel des noms composés, construction syntaxique, emploi des modes, emploi de la majuscule, place du symbole, etc.

les niveaux de langue

Les niveaux de langue précisent les registres divers en fonction des locuteurs et des contextes d'utilisation. Ils sont indiqués par des abréviations qui précèdent la définition : (Litt.) littéraire, (Fam.) familier, (Pop.) populaire, (Vulg.) vulgaire. En l'absence d'une mention, le niveau est neutre.

les notes

Les difficultés particulières à une entrée sont signalées à l'aide de diverses notes qui mettent en garde le lecteur contre les erreurs les plus courantes :

• les **notes orthographiques** soulignent en caractères gras les lettres sur lesquelles porte la difficulté, ou

attirent l'attention sur le genre du nom, sur la formation du pluriel, etc.

• les **notes techniques** apportent des distinctions entre
les paronymes, les homonymes ou précisent les modalités d'utilisation d'un mot. Afin d'éviter les renvois
d'une entrée à l'autre, ces renseignements sont répétés
toutes les fois qu'il est nécessaire, de manière à rendre
chaque article complet en lui-même.

• les **notes grammaticales** précisent le mode commandé par un verbe ou une locution, définissent les
particularités des accords du verbe, du participe et de
l'adjectif, les emplois des prépositions, l'écriture des
nombres, etc.

• les **notes typographiques** soulignent la nécessité
de recourir à l'italique, d'utiliser des majuscules ou
des minuscules ; elles précisent la graphie des abréviations, l'usage particulier des symboles, l'emploi
des signes de ponctuation.

Les encadrés

Synthèses intégrées à l'ordre alphabétique du mot-clef,
les encadrés donnent les principaux éléments d'information se rapportant à une entrée complexe, (à ***de***,
l'emploi de la préposition et des différents rapports
qu'elle·marque) ; des règles grammaticales (à ***ci- joint***,
la règle de l'accord de cet adjectif) ; des précisions sur
l'emploi et le sens d'une entrée (à ***adjoint***, les modalités
d'utilisation de ce mot) ; des renseignements de nature
typographique (à ***astre***, les règles d'emploi de la majuscule) ; des modèles de présentation (à ***appel***, les formules
les plus utilisées dans la correspondance).

Les tableaux

Les notions fondamentales de la grammaire, les abréviations courantes, les sigles usuels, les renseignements
typographiques, les formules épistolaires font l'objet
de tableaux classés à l'ordre alphabétique du sujet
traité. La liste des tableaux figure à la suite de
l'introduction.

Les catégories de difficultés

**les difficultés
orthographiques**

La vaste nomenclature répertorie les orthographes complexes, le pluriel des noms composés, les genres délicats, les mots invariables, les graphies distinctes selon le sens des mots, les multiples pièges de l'écriture.

Dans l'ordre alphabétique du mot-clef, les locutions figées sont explicitées et les particularités de leur orthographe, soulignées.

**les difficultés
grammaticales**

À l'entrée alphabétique du mot, sont traitées les multiples difficultés liées à l'accord des participes, des verbes pronominaux, au choix des modes, à l'emploi des prépositions, à la concordance des temps et à l'écriture des adjectifs numéraux.

Les notions fondamentales de la grammaire font l'objet de nombreux encadrés et tableaux.

**les distinctions
sémantiques**

Homonymes, paronymes : les significations des mots dont la ressemblance peut être source de confusion sont mentionnées à chacune des entrées afin d'éviter les renvois d'un terme à l'autre. Les diverses acceptions du mot sont illustrées par des exemples.

Les impropriétés sont signalées et le lecteur est dirigé vers la forme correcte.

**les difficultés
typographiques**

À l'ordre alphabétique du sujet traité, des précisions sont apportées sur l'emploi des majuscules, des caractères italiques, sur la division des mots, sur les règles de l'abréviation, sur les signes de ponctuation, la notation des nombres, des décimales, sur la présentation des titres d'œuvre, etc.

De nombreux tableaux font le point sur l'accentuation des mots, sur la présentation des appels de note, des citations ou des références, sur l'inscription de la date, sur l'écriture des noms géographiques, des odonymes, des toponymes, des points cardinaux et sur l'emploi du trait d'union.

les conjugaisons

Les formes irrégulières du verbe sont conjuguées directement à l'entrée alphabétique et des remarques attirent l'attention sur les difficultés particulières de chaque verbe.

la prononciation

Les mots difficiles à prononcer ou les mots d'origine étrangère sont accompagnés de leur transcription selon les règles de l'Association phonétique internationale (A.P.I.) ainsi que d'une indication en toutes lettres.

Les principes de la transcription phonétique sont donnés à la suite de l'introduction et de la liste des tableaux.

les abréviations

Les abréviations, acronymes, symboles et sigles sont traités dans l'ordre alphabétique de l'abréviation et du mot au long.

Les symboles des unités de mesure respectent les principes d'écriture des unités et des symboles adoptés par l'Association française de normalisation.

Des tableaux regroupent les abréviations courantes, les sigles usuels, les symboles des unités de mesure et des unités monétaires.

guide de correspondance

Des modèles de lettres, de formules épistolaires usuelles, de documents administratifs, des exemples de *curriculum vitæ*, de références bibliographiques, de citations sont présentés sous forme de tableaux qui rassemblent les renseignements essentiels à la rédaction et à la corrrespondance.

la féminisation des titres

Dans cet ouvrage qui répertorie un grand nombre de noms de métiers et de professions, les formes féminines de ces titres ont été systématiquement présentées lorsque leur usage est attesté.

recommandations officielles

Les termes français publiés par arrêtés ministériels du gouvernement au *Journal Officiel* à la suite des travaux des commissions de terminologie sont indiqués systématiquement à la suite de leur équivalent anglais.

Marie-Éva de Villers

LISTE DES TABLEAUX

ALPHABET PHONÉTIQUE

(Alphabet phonétique international)

VOYELLES

[i]	lyre, ri*z*	[o]	dôme, *eau*	[ɛ̃]	mat*in*, fe*in*te
[e]	jou*er*, cl*é*	[u]	gen*ou*, r*ou*ler	[ã]	d*an*s, mom*en*t
[ɛ]	l*ai*d, mèr*e*	[y]	n*u*, pl*u*tôt	[ɔ̃]	po*m*pe, lo*ng*
[a]	n*a*tte, l*a*	[ø]	p*eu*, m*eu*te	[œ̃]	parf*um*, *un*
[ɑ]	l*â*che, l*a*s	[œ]	p*eu*r, fl*eu*r		
[ɔ]	d*o*nner, p*o*rt	[ə]	r*e*gard, c*e*		

CONSONNES

[p]	*p*oivre, lou*p*e	[s]	*s*el, de*s*cendre	[m]	*m*aison, fe*mm*e
[t]	vi*t*e, *t*rop	[ʃ]	*ch*at, man*ch*e	[n]	*n*œud, to*nn*erre
[k]	*c*ri, *q*uitter	[v]	*v*oler, fau*v*e	[ɲ]	vi*gn*e, campa*gn*e
[b]	*b*on*b*on	[z]	*z*éro, mai*s*on	[']	*h*aricot (pas de liaison)
[d]	ai*d*e, *d*rap	[ʒ]	*j*e, ti*g*e	[ŋ]	(emprunts à l'anglais) campi*ng*
[g]	ba*gu*e, *g*ant	[l]	so*l*eil, *l*umière		
[f]	*ph*oto, en*f*ant	[r]	*r*oute, aveni*r*		

SEMI-CONSONNES

[j]	*y*eux, trav*ail*	[w]	jo*u*er, *oi*e	[ɥ]	*h*u*it, br*u*it

ABRÉVIATIONS
UTILISÉES DANS L'OUVRAGE

absol.	absolument	géogr.	géographie	pers.	personne
adj.	adjectif	géom.	géométrie	pharm.	pharmacie
adm.	administration	gramm.	grammaire	phonét.	phonétique
adv.	adverbe	hist.	histoire	phot.	photographie
aéron.	aéronautique	hom.	homonyme	phys.	physique
alpin.	alpinisme	hortic.	horticulture	physiol.	physiologie
anat.	anatomie	impers.	impersonnel	pl., plur.	pluriel
ancienn.	anciennement	imprim.	imprimerie	plaisant.	plaisanterie
ant.	antonyme	ind.	indirect	polit.	politique
antiq.	antiquité	indéf.	indéfini	pop.	populaire
appos.	apposition	inform.	informatique	poss.	possessif
archit.	architecture	interj.	interjection	p. passé	participe passé
arg.	argot	interr.	interrogatif	p. présent	participe présent
astron.	astronomie	intr.	intransitif	préf.	préfixe
auto.	automobile	inv.	invariable	prép.	préposition
aviat.	aviation	iron.	ironiquement	pron.	pronom
cin.	cinéma	jur.	juridique	pronom.	pronominal
comm.	commerce	ling.	linguistique	psychan.	psychanalyse
compt.	comptabilité	litt.	littéraire	psycho.	psychologie
conj.	conjonction	liturg.	liturgie	rég.	régionalisme
cuis.	cuisine	loc.	locution	relig.	religion
dém.	démonstratif	m., masc.	masculin	s.	siècle
démogr.	démographie	manut.	manutention	sing.	singulier
didact.	didactique	mar.	maritime	stat.	statistique
dr.	droit	math.	mathématiques	suff.	suffixe
écon.	économie	mécan.	mécanique	syn.	synonyme
ellipt.	elliptiquement	méd.	médecine	tech.	technique
ext.	extension	météor.	météorologie	tél.	téléphone
f., fém.	féminin	milit.	militaire	théol.	théologie
fam.	familier	mus.	musique	tr.	transitif
fig.	figuré	n.	nom	typogr.	typographie
fin.	finances	néol.	néologie	v.	verbe
fisc.	fiscalité	onomat.	onomatopée	V.	voir
gastron.	gastronomie	oppos.	opposition	vulg.	vulgaire
gén.	généralement	peint.	peinture	vx	vieux
génét.	génétique	péj.	péjoratif	zool.	zoologie

*   L'astérisque précède une forme ou une expression fautive, une impropriété.

→   La flèche indique un renvoi au mot cité.

[ ]   Les crochets encadrent les transcriptions phonétiques.

( )   Les parenthèses indiquent une possibilité de double lecture ou l'inversion d'un mot.

MODE D'EMPLOI

ORTHOGRAPHE

acquit n .m. (du verbe **acquitter**)
- Reconnaissance écrite d'un paiement.
- **Pour acquit.** La mention **pour acquit** avec date et signature constitue une quittance, c'est-à-dire la reconnaissance par le créancier de l'acquittement de la dette du débiteur.
- **Par acquit de conscience.** Pour libérer sa conscience.
Note.- Attention à l'orthographe de cette expression.
Hom. **acquis** (du verbe **acquérir**), savoir, expérience.

Locutions figées

Homonyme

CONJUGAISON

adjoindre v. tr., pronom.
- *J'adjoins, tu adjoins, il adjoint, nous adjoignons, vous adjoignez, ils adjoignent. J'adjoignais. J'adjoignis. J'adjoindrai. J'adjoindrais. Adjoins, adjoignons, adjoignez. Que j'adjoigne. Que j'adjoignisse. Adjoignant. Adjoint, adjointe.*
- Les lettres **gn** sont suivies d'un *i* à la première et à la deuxième personne du pluriel de l'indicatif imparfait et du subjonctif présent. *(Que) nous adjoignions, (que) vous adjoigniez.*
- **Transitif.** Associer une personne à une autre. *Elle adjoindra un graphiste à l'équipe.*
- **Pronominal.** Prendre comme collaborateur. *Il s'est adjoint une informaticienne.*
Note.- Ce verbe s'emploie surtout en parlant des personnes.

Verbe conjugué

Remarque sur la conjugaison

PRONONCIATION

agenda n. m.
- Les lettres **en** se prononcent comme **in** [aʒɛ̃da].
- Mot latin signifiant « ce que l'on doit faire » utilisé au sens de «carnet destiné à noter jour par jour ce que l'on doit faire ». *Un agenda de poche. Des agendas de bureau.*

Alphabet phonétique

LES MOTS À NE PAS CONFONDRE

amener v. tr., pronom.
- Le **e** se change en **è** devant une syllabe muette. *Il amène, il amenait.*
- Conduire quelqu'un vers un endroit ou vers une personne. *Je vous amènerai ma fille cet après-midi.*
Notes.-
1° Ne pas confondre le verbe **amener** qui comporte la notion de mouvement vers un lieu donné avec le verbe **emmener** qui au contraire décrit un mouvement hors d'un lieu donné vers un autre lieu.
2° On **amène** une personne, on **apporte** une chose.
3° La construction pronominale est familière. *Elle s'amène tous les samedis avec sa ribambelle au complet.*

Paronyme

Niveau de langue

CORRESPONDANCE

appel (formules d')

Les formules d'appel les plus couramment utilisées dans la correspondance sont **Madame, Mademoiselle, Monsieur.**
Notes.-
1° L'adjectif **cher** doit être réservé aux correspondants que l'on connaît bien.
2° Contrairement à l'anglais où il est d'usage d'inscrire le patronyme dans l'appel, le français se contente du seul titre de civilité. *Madame, Monsieur* (et non * Madame Blois). *Chère Madame, cher Monsieur* (et non * cher Monsieur Bleau).

Formules usuelles

Symboles

c
- Symbole de *centime* et de *centi-*.
- Ancienne notation musicale qui correspond à la note *do*. V. **note de musique**.

©
Symbole de *copyright*.

°C
Symbole de *degré Celsius*.

C
- Symbole de *coulomb*.
- Symbole de *carbone*.
- Chiffre romain dont la valeur est de 100. V. Tableau - **CHIFFRES**.

Abréviations

c.a.
Abréviation de *courant alternatif*.

C.A.
Abréviation de *chiffre d'affaires*.

cent adj. num. et n. m.

Règles de grammaire

- **Adjectif numéral cardinal**
- L'adjectif *cent* prend un *s* quand il est multiplié par un autre nombre et qu'il termine l'adjectif numéral. *J'ai lu sept cents pages.*
- Il est invariable quand il n'est pas multiplié par un autre nombre (*il a lu cent pages*) et qu'il est suivi d'un autre nombre (*elle a écrit trois cent vingt-sept pages*).
- Devant *millier, million, milliard*, l'adjectif *cent* s'accorde quand il n'est pas suivi d'un nom de nombre. *Quatre cents millions de francs.*
- **Adjectif numéral ordinal invariable**
Centième. *Page trois cent.*
Note.- Dans les adjectifs numéraux composés, le trait d'union s'emploie entre les éléments qui sont l'un et l'autre inférieurs à *cent*, sauf si les éléments sont joints par la conjonction *et*. *Cent dix, trente-huit, cent vingt et un, deux cent trente-deux.*

Renvoi à des encadrés
Renvoi à un tableau

V. **vingt, mille.**
V. Tableau - **NOMBRES.**
- **Nom masculin invariable**
Le nombre cent. *Dix fois cent.*
- **Nom masculin**
Centaine. *Plusieurs cents de poulets.*
POUR CENT
- **Pour cent + nom au singulier.** Le verbe se met au singulier et l'adjectif ou le participe se met au singulier et s'accorde en genre avec le nom. *Vingt pour cent de la classe est d'accord et se montre enchantée de la décision.*

Accord du verbe, de l'adjectif ou du participe

- **Pour cent + nom au pluriel.** Le verbe se met au pluriel et l'adjectif ou le participe s'accorde en genre et en nombre avec le nom. *Soixante-cinq pour cent des personnes interrogées ont été retenues.*
- **Nom précédé d'un déterminant pluriel + pour cent.** Le verbe se met obligatoirement au pluriel et l'adjectif ou le participe se met au masculin pluriel. *Les vingt-deux pour cent des enfants sont inscrits au cours de natation.*

chimique adj.
- Qui se rapporte à la chimie.

Écriture des symboles

- **Symboles chimiques.** Les symboles chimiques s'écrivent avec une capitale initiale et ne sont pas suivis d'un point abréviatif. *Ag (argent), Cu (cuivre).*
V. Tableau - **SYMBOLE.**

Emploi des majuscules

- **Formules chimiques.** Les formules chimiques sont composées avec les symboles chimiques qui conservent leur majuscule initiale et s'écrivent sans point abréviatif. Les chiffres qui font partie des formules sont placés en indices. H_2O, H_2SO_4.

A

a
- Symbole de **année**.
- Symbole de **are**.
- Symbole de **atto-**.
- Ancienne notation musicale qui correspond à la note **la**. V. **note de musique.**

a- préf.
- Élément d'origine grecque signifiant « négation, privation ». *Asymétrie.*
- Devant une voyelle, le préfixe devient **an-**. *Analphabète.*

A
Symbole de **ampère**.

à prép.

- La préposition introduit un complément d'objet indirect. *L'élève répond à l'institutrice.*
Note.- Il importe de répéter la préposition **à** devant chaque complément. *Nous avons à boire et à manger.*
- La préposition introduit aussi un complément circonstanciel exprimant un rapport de lieu, de temps, de destination, de possession, de moyen, de manière, de prix. *Acheter du lait et du pain à l'épicerie.*
Notes.-
1° Devant un nom de profession, un patronyme, on emploiera plutôt **chez**. *Aller chez le coiffeur* (et non * au coiffeur). *Allons manger chez Gauthier.*
2° **à la.** À la manière de. *Du homard à l'américaine.*
3° **à** + **complément de prix**. *Une table à 300 F.*
Note.- Cette construction est plutôt familière ou orale. De façon plus soutenue, on emploiera la préposition **de** : *Un canapé de 5 000 F.*
Hom. **a, as**, formes du verbe **avoir**. *Elle a une thèse à écrire. Tu as une propriété à la campagne.*

ab absurdo loc. adv.
- Attention à la prononciation [ababsurdo].
- Locution latine signifiant « par l'absurde ».
Note.- En typographie soignée, les mots étrangers sont composés en italique. Dans des textes déjà en italique, la notation se fait en romain. Pour les textes manuscrits, on utilisera les guillemets.

abaisse n. f.
Pâte amincie au rouleau. *L'abaisse d'une tarte.*
Hom. **abbesse**, supérieure d'une abbaye.

abaisse-langue n. m. inv.
Palette servant à abaisser la langue pour examiner la bouche et la gorge. *Des abaisse-langue.*

abaissement n. m.
Baisse, diminution.

abaisser v. tr., pronom.
- **Transitif**
- Faire descendre. *Il abaissa la manette.*
- Réduire. *Abaisser les prix.*
Note.- Alors que le verbe **abaisser** signifie surtout « amener à un point plus bas », le verbe **baisser** signifie plutôt « amener à son point le plus bas ».
- **Pronominal**
(Litt.) Se compromettre. *S'abaisser à des insinuations.*

abajoue n. f.
Joue de certains animaux (singes, rongeurs) servant à mettre des aliments en réserve.
Note.- Ne pas confondre avec le nom **bajoue** qui désigne une joue pendante.

abandon n. m.
- Action de quitter. *Abandon de poste.*
- **À l'abandon.** En désordre.
Note.- Attention à l'orthographe : ab**a**ndon.

abandonner v. tr., pronom.
- **Transitif**
- Cesser d'occuper. *Abandonner son poste.*
- Délaisser. *Abandonner un chat.*
- **Pronominal**
Se laisser aller à. *Elle s'abandonne au plaisir de les retrouver.*
Note.- Attention à l'orthographe : ab**a**ndo**nn**er.

abaque n. m.
- Boulier. *Un abaque ancien.*
- (Archit.) Partie supérieure d'un chapiteau.
Note.- Attention au genre masculin de ce nom : **un** abaque.

abasourdir v. tr.
- Le **s** se prononce **z** [abazurdir].
- Ahurir.

abasourdissant, ante adj.
- Le **s** se prononce **z** [abazurdisã].
- Stupéfiant. *Des résultats abasourdissants.*
Note.- Ne pas confondre avec le participe présent invariable **abasourdissant**. *Ses réponses abasourdissant le professeur, l'étudiant reçut la plus haute note.*

abasourdissement n. m.
- Le **s** se prononce **z** [abazurdismã].
- Stupéfaction.

abâtardir v. tr., pronom.
- **Transitif**. (Fig.) Avilir. *La facilité peut abâtardir le courage.*
- **Pronominal**. Dégénérer. *Cette race canine s'est abâtardie.*
Note.- Attention à l'orthographe : ab**â**tardir.

abâtardissement n. m.
État de ce qui est abâtardi.
Note.- Attention à l'orthographe : abâtardissement.

abatis n. m.
Au Canada, terrain déboisé qui n'est pas encore complètement essouché.
Hom. *abattis,* amas de bois abattu.

abat-jour n. m. inv.
Dispositif servant à rabattre la lumière d'une lampe. *Des abat-jour de soie.*

abats n. m. pl.
Cœur, foie, rate, rognons, tripes, etc. d'un animal de boucherie (bœuf, veau, mouton, porc).
Note.- Ne pas confondre avec le mot *abattis* qui désigne les pattes, ailerons, foie, gésier de volaille.

abat-son ou **abat-sons** n. m. inv.
Dispositif servant à renvoyer le son des cloches d'un clocher vers le sol. *Des abat-son ou des abat-sons.*

abattage n. m.
Action d'abattre. *L'abattage d'un arbre.*
Note.- La graphie *abatage* est aujourd'hui vieillie.

abattant n. m.
Partie d'un meuble qui s'abaisse et se relève. *L'abattant d'un piano.*
Note.- La graphie *abatant* est aujourd'hui vieillie.

abattement n. m.
• Dépréciation comptable, rabais. *Un abattement fiscal.*
• Dépression. *Un état de profond abattement.*
Note.- Attention à l'orthographe : abattement.

abattis n.m.
• Amas de bois abattu.
Hom. *abatis,* terrain déboisé qui n'est pas encore complètement essouché.
• (Au plur.) Abats de volaille.
Note.- Ne pas confondre avec *abats* qui désigne les cœur, foie, rate, rognons, tripes, etc. d'un animal de boucherie (bœuf, veau, mouton, porc).

abattoir n. m.
Lieu où l'on abat les animaux de boucherie.

abattre v. tr., pronom.
• *J'abats, tu abats, il abat, nous abattons, vous abattez, ils abattent. J'abattais. J'abattis. J'abattrai. Abats, abattons, abattez. Que j'abatte. Que j'abattisse. Abattant. Abattu, ue.*
• **Transitif**
- Renverser. *Abattre un arbre.*
- Tuer. *Le cambrioleur a été abattu.*
- Épuiser. *Il ne faut pas se laisser abattre.*
• **Pronominal**
Tomber. *Les avions se sont abattus au sol.*

abat-vent n. m. inv.
Dispositif adapté à une ouverture pour la protéger du vent. *Des abat-vent.*

abat-voix n. m. inv.
Dais d'une chaire servant à rabattre la voix du prédicateur vers les fidèles. *Des abat-voix.*

abbatial, ale, aux adj. et n. f.
• Le *t* se prononce *s* [abasjal].
• **Adjectif.** Qui relève d'un abbé, d'une abbesse ou d'une abbaye. *Des palais abbatiaux.*
• **Nom féminin.** Église principale d'une abbaye.

abbaye n. f.
• La deuxième syllabe se prononce *bé-i* [abei].
• Communauté religieuse dirigée par un abbé, une abbesse. *Une abbaye bénédictine.*
• Bâtiments de cette communauté. *L'abbaye du Mont-Saint-Michel.*
Note.- Dans les désignations d'édifices religieux, le nom générique (**abbaye, église, chapelle, cathédrale, basilique, oratoire,** etc.) s'écrit avec une minuscule.

abbé n. m.
Prêtre séculier.
Note.- Comme les titres administratifs, les titres religieux s'écrivent généralement avec une minuscule. *L'abbé, l'archevêque, le cardinal, le chanoine, le curé, l'évêque, le pape.* Cependant, ces titres s'écrivent avec une majuscule dans deux cas : lorsque le titre remplace un nom de personne et dans les formules d'appel, de salutation. *L'Abbé sera présent à la réunion. Veuillez agréer, Monsieur l'Abbé, l'expression...*
V. Tableau - **TITRES DE FONCTIONS.**

abbesse n. f.
Supérieure d'une abbaye.
Hom. *abaisse,* pâte amincie au rouleau.

a b c ou **abc** n. m. inv.
Rudiments d'un art, d'une science. *Elle connaît l'a b c de son métier. Il maîtrise l'abc de la comptabilité.*

abcès n. m.
• Amas de pus.
• *Crever, vider l'abcès.* Résoudre une situation critique.
Note.- Ne pas confondre avec le mot *accès* qui désigne une entrée.

abdication n. f.
Action d'abdiquer.

abdiquer v. tr., intr.
• **Transitif.** Renoncer au pouvoir.
Note.- Le verbe se construit sans complément d'objet (absol.) ou avec un complément d'objet direct. *Le roi Édouard VIII abdiqua la couronne d'Angleterre. Le duc a abdiqué.*
• **Intransitif.** (Fig.) S'avouer vaincu, abandonner. *Il abdiqua devant les multiples problèmes.*

abdomen n. m.
• Le *n* est sonore [abdɔmɛn].
• Ventre. *Des abdomens.*

abdominal, ale, aux adj.
De l'abdomen. *Des muscles abdominaux.*

abduction n. f.
Mouvement qui écarte un membre de l'axe du corps.
Note.- Ne pas confondre avec le nom *adduction* qui désigne le mouvement qui rapproche un membre de l'axe du corps.

abécédaire n. m.
Livre d'apprentissage de l'alphabet. *Elle a reçu un abécédaire très joliment illustré.*

abeille n. f.
• Insecte qui produit le miel.
• **Nid-d'abeilles**. Point de broderie. *Des nids-d'abeilles.*
• **Nid d'abeilles**. Tissu qui présente des alvéoles en relief. *Des nids d'abeilles.*

aberrance n. f.
Propriété d'une valeur qui s'écarte considérablement de la moyenne.
Note.- Ne pas confondre avec le nom **aberration** qui désigne une déviation du bon sens.

aberrant, ante adj.
Absurde. *Des projets aberrants.*

aberration n. f.
Déviation du bon sens.
Note.- Ne pas confondre avec le nom **aberrance** qui désigne la propriété d'une valeur s'écartant considérablement de la moyenne.

abêtir v. tr., pronom.
• **Transitif**. Abrutir.
• **Pronominal**. Devenir stupide.

abêtissement n. m.
Action d'abêtir ; son résultat.

abhorrer v. tr.
(Litt.) Exécrer.

abîme n. m.
Gouffre insondable.
Note.- Attention au genre masculin de ce nom et à l'orthographe : *un* abîme.

abîmer v. tr., pronom.
• **Transitif**
Détériorer. *Il a abîmé son cartable.*
• **Pronominal**
- Se gâter. *La soie s'est abîmée.*
- (Litt.) Se plonger. *S'abîmer dans ses réflexions.*
Note.- Attention à l'orthographe : abîmer.

ab intestat adj. inv. et loc. adv.
• Le *t* final ne se prononce pas [abɛ̃tɛsta].
• (Dr.) Locution latine signifiant « sans testament ». *Des successions* ab intestat.
Note.- En typographie soignée, les mots étrangers sont composés en italique. Dans des textes déjà en italique, la notation se fait en romain. Pour les textes manuscrits, on utilisera les guillemets.

abiotique adj.
Qualifie un milieu où la vie est impossible. *Une atmosphère abiotique.*

ab irato adj. inv. et loc. adv.
(Dr.) Locution latine signifiant « sous l'empire de la colère ». *Des actes ab irato.*
Note.- En typographie soignée, les mots étrangers sont composés en italique. Dans des textes déjà en italique, la notation se fait en romain. Pour les textes manuscrits, on utilisera les guillemets.

abject, ecte adj.
• Le *c* et le *t* se prononcent [abʒɛkt], alors que dans **suspect** ils ne se prononcent généralement pas.
• Méprisable. *Sa conduite est abjecte.*

abjection n. f.
• Attention à la prononciation [abʒɛksjɔ̃].
• Avilissement.
• Chose abjecte. *Ce film est une abjection.*

abjuration n. f.
Action d'abjurer.
Note.- Ne pas confondre avec le mot **adjuration** qui désigne une prière instante, une supplication.

abjurer v. tr.
Renoncer solennellement à (une religion).

ablatif n. m.
Cas de la déclinaison latine.

ablation n. f.
(Méd.) Action d'enlever un organe, une tumeur. *L'ablation d'un kyste.*
Note.- Ne pas confondre avec le nom **amputation** qui désigne l'action d'enlever un membre, une partie d'un membre, au cours d'une opération chirurgicale.

-able suff.
Élément signifiant « qui peut être ». *Transformable, inclinable.*

ablution n. f. (gén. au pl.)
• Purification religieuse.
• (Litt.) Action de faire sa toilette. *Faire ses ablutions.*

abnégation n. f.
Renoncement.

aboi n. m. (gén. au pl.)
Être aux abois. Dans une situation désespérée. *Ces financiers sont aux abois.*

aboiement n. m.
Cri du gros chien.
Note.- Pour les chiens de petite taille, on emploiera plutôt **jappement**.

abolir v. tr.
Supprimer. *Abolir la peine de mort.*
Note.- On **abolit** une pratique, une institution, un usage, mais on **abroge** une loi, un décret, une disposition.

abolition n. f.
Annulation, suppression.

abolitionnisme n. m.
Doctrine prônant l'abolition de l'esclavage.

abominable adj.
• Qui inspire de l'horreur. *L'abominable homme des neiges.*
Note.- Ne pas confondre avec les mots suivants :
- **détestable**, exécrable, très mauvais ;
- **effroyable**, qui cause une grande frayeur ;
- **horrible**, qui soulève un dégoût physique et moral.
• Très mauvais. *Des résultats abominables.*

abominablement adv.
• De façon abominable. *Il écrit abominablement.*

3

● Extrêmement. *Des honoraires abominablement élevés.*

abomination n. f.
Horreur. *Elle a l'hypocrisie en abomination.*

abominer v. tr.
(Litt.) Exécrer.

abondamment adv.
De manière abondante.

abondance n. f.
● Profusion. *Une abondance de desserts. Société d'abondance.*
● *Parler d'abondance.* Improviser longuement.

abondant, ante adj.
En grand nombre, copieux. *Des mets abondants.*
Note.- Ne pas confondre avec le participe présent invariable *abondant. Les touristes affluaient, les merveilles abondant dans la région.*

abonder v. intr.
● Exister en grande quantité. *Cet automne, les perdrix abondent. Les visiteurs abondent à cette foire. Les livres abondent dans cette maison. Le gibier abonde en forêt.*
Note.- Le verbe peut se construire absolument ou avec les prépositions *à, dans* ou *en.*
● Produire en abondance. *La région abonde en fruits.*
● *Abonder dans le sens de.* Être d'accord avec l'opinion de quelqu'un.

abonné, ée adj. et n. m. et f.
Qui a un abonnement. *Le catalogue est envoyé à tous les abonnés.*

abonnement n. m.
Contrat pour la fourniture régulière d'un bien ou l'usage habituel d'un service. *Un abonnement à une revue, à un théâtre.*

abonner v. tr., pronom.
● **Transitif.** Prendre un abonnement pour (quelqu'un). *Abonner sa famille à une revue.*
● **Pronominal.** Souscrire un abonnement pour soi-même. *S'abonner à un service.*

abord n. m.
● **Nom masculin singulier**
- Approche. *Il est d'un abord facile.*
- *Au premier abord, de prime abord.* À première vue.
- *D'abord, tout d'abord.* En premier lieu.
● **Nom masculin pluriel**
Environs. *Les abords de la ville sont jolis.*

abordable adj.
Accessible. *Un livre à prix abordable.*

abordage n. m.
● Assaut donné d'un navire à un autre. *À l'abordage!*
● Collision de deux navires.
● Action d'atteindre le rivage.

aborder v. tr., intr.
● **Transitif**
- Adresser la parole à quelqu'un. *Aborder quelqu'un dans la rue.*

Note.- Par rapport au verbe **accoster** qui comporte une nuance péjorative, le verbe **aborder** est neutre. *Aborder quelqu'un dans la rue pour lui demander un renseignement.*
● Traiter. *Aborder un sujet.*
● **Intransitif**
Atteindre le rivage.

aborigène adj. et n. m. et f.
Qui habite depuis les origines le pays où il vit.
Note.- Ne pas confondre avec le mot *indigène* qui désigne celui qui est né dans le pays où il habite.
Syn. **autochtone.**

abortif, ive adj.
Qui provoque un avortement. *Une substance abortive.*

aboucher v. tr., pronom.
● **Transitif**
- Relier (des conduits).
- Mettre en rapport (des personnes).
● **Pronominal**
(Péj.) S'acoquiner. *Il s'était abouché avec un drôle d'individu. S'aboucher à un politicien amoral.*
Note.- La forme pronominale se construit avec les prépositions *à* ou *avec.*

aboulie n. f.
Diminution de la volonté.

aboulique adj. et n. m. et f.
Atteint d'aboulie.

abouter v. tr.
Action de mettre bout à bout.

aboutir v. tr. ind., intr.
● **Transitif indirect**
- Se terminer, toucher par une extrémité à. *Le chemin aboutit à une forêt de pins.*
Note.- Le verbe se construit aussi avec la préposition *dans. Un couloir qui aboutit dans la cuisine.*
- (Fig.) Conduire, mener à. *Cette enquête aboutira-t-elle à quelque chose?*
● **Intransitif**
Réussir. *Les recherches aboutiront bientôt.*

aboutissant n. m.
Les tenants et les aboutissants. (Dr.) Tous les éléments d'une affaire, d'une question.

aboutissement n. m.
Résultat.

aboyer v. tr. ind., intr.
● Le *y* se change en *i* devant un *e* muet. *Il aboie, il aboyait.*
● Le *y* est suivi d'un *i* à la première et à la deuxième personne du pluriel de l'indicatif imparfait et du subjonctif présent. *(Que) nous aboyions.*
● **Transitif indirect.** Invectiver. *Le sergent aboie après les soldats.*
Note.- Le verbe se construit avec les prépositions *à, après* ou *contre.*
● **Intransitif.** Crier, en parlant du chien. *Les bergers allemands aboyaient.*

abracadabrant, ante adj.
Incohérent. *Une histoire abracadabrante.*

abrasif, ive adj.
Qui use, qui polit. *Une matière abrasive.*

abrasion n. f.
Action d'user par frottement.

abrégé n. m.
• Résumé. *Un abrégé de biologie.*
• *En abrégé*, locution adverbiale. En peu de mots.

abrègement n. m.
Action d'abréger.

abréger v. tr.
• Le *é* se change en *è* devant une syllabe muette, sauf à l'indicatif futur et au conditionnel présent. *J'abrège, mais j'abrégerai.*
• Le *g* est suivi d'un *e* devant les lettres *a* et *o*. *Il abrégea, nous abrégeons.*
• Réduire la durée.
• Résumer.
• Supprimer une partie des lettres d'un mot. Le nom *téléphone* s'abrège *tél.*

abreuver v. tr., pronom.
• **Transitif**
- Faire boire (un animal domestique).
- Accabler de. *Il les a abreuvés d'injures.*
• **Pronominal**
Boire, en parlant d'un animal. *Les chevaux se sont abreuvés à la rivière.*

abreuvoir n. m.
Lieu aménagé pour faire boire les animaux.

abréviatif, ive adj.
Qui sert à abréger. *Un point abréviatif.*

abréviation n. f.
• Retranchement des lettres dans un mot.
• Mot abrégé. *L'abréviation de page est p.*
V. Tableau - **ABRÉVIATION (RÈGLES DE L').**
V. Tableau - **ABRÉVIATIONS COURANTES.**
V. Tableau - **ACRONYME.**
V. Tableau - **SIGLE.**
V. Tableau - **SYMBOLE.**

abri n. m.
• Installation sommaire destinée à protéger (d'un danger, des intempéries, etc.). *Un abri contre le vent.*
• *À l'abri de*, locution prépositive. À couvert (de).

abribus n. m. (n. déposé)
Abri pour les voyageurs d'une ligne d'autobus.

abricot adj. inv. et n. m.
• **Adjectif de couleur invariable**. De la couleur orangée de l'abricot.
V. Tableau - **COULEUR (ADJECTIFS DE).**
• **Nom masculin**. Fruit de l'abricotier, à noyau lisse, à peau et à chair jaune orangé.

abricotier n. m.
Arbre cultivé pour son fruit, l'abricot.

abri-sous-roche n. m.
Habitation creusée dans une paroi rocheuse. *Des abris-sous-roche.*
Note.- On écrit parfois *abri sous roche.*

abriter v. tr., pronom.
• **Transitif**. Mettre à l'abri. *Un muret abrite le bosquet du vent* ou *contre le vent.*
• **Pronominal**. Se protéger. *Ils se sont abrités sous un arbre.*

abrogatif, ive adj.
(Dr.) Qui abroge.

abrogation n. f.
(Dr.) Annulation (d'une loi, d'un décret).

abrogeable adj.
Qui peut être abrogé.

abroger v. tr.
• Le *g* est suivi d'un *e* devant les lettres *a* et *o*. *Il abrogea, nous abrogeons.*
• (Dr.) Annuler une loi, un décret.
Note.- On *abroge* une loi, un décret, une disposition, mais on *abolit* une pratique, une institution, un usage.

abrupt, e adj.
• Le *p* se prononce [abrypt].
• Escarpé. *La paroi est très abrupte.*
• Rude (en parlant d'une personne).

abruptement adv.
• Le *p* se prononce [abryptəmã].
• De façon abrupte.

abrupto (ex)
V. **ex abrupto.**

abruti, ie adj. et n. m. et f.
(Fam.) Idiot.

abrutir v. tr., pronom.
Rendre, devenir stupide.

abrutissant, ante adj.
Qui abrutit. *Des travaux abrutissants.*

abrutissement n. m.
Action d'abrutir.

abscisse n. f.
(Math.) Coordonnée horizontale qui sert à définir un point.
Ant. **ordonnée.**

abscons, onse adj.
• Le *s* final est muet à la forme masculine [apskɔ̃].
• (Litt.) Difficile à comprendre. *Un texte abscons.*

absence n. f.
• Fait de n'être pas présent. *Son absence a été remarquée.*
• Manque. *Une absence totale de goût.*

absent, ente adj. et n. m. et f.
• Qui n'est pas présent.
• **Absent de + complément de lieu**. *Elle est absente de Lyon. Il est absent de la réunion.*
• **Absent à + complément de temps**. *Il était absent à l'heure du départ.*
Note.- Contrairement à l'adjectif *absent*, l'adjectif *présent* peut se construire avec la préposition *à* suivie d'un nom de lieu. *Il était présent à la réunion.*
Ant. **présent.**

RÈGLES DE L'ABRÉVIATION

- L'**abréviation** est le retranchement de lettres dans un mot à des fins d'économie de place ou de temps.

- Le **sigle** est une abréviation constituée par les initiales de plusieurs mots et qui s'épelle lettre par lettre.

- L'**acronyme** est une abréviation composée des initiales ou des premières lettres d'une désignation et qui se prononce comme un seul mot.

- Le **symbole** est un signe conventionnel constitué par une lettre, un groupe de lettres, etc. Il appartient au système de notation des sciences et des techniques. Par exemple, les symboles des unités de mesure, les symboles chimiques et mathématiques.

Lors d'une première mention dans un texte, il importe d'expliciter toute abréviation non usuelle, tout sigle, acronyme ou symbole non courant.

En l'absence d'abréviation consacrée par l'usage, on abrégera selon les modes suivants :

1° RETRANCHEMENT DES LETTRES FINALES (APRÈS UNE CONSONNE)

La dernière lettre de l'abréviation est suivie du point abréviatif.

environ	*env.*
introduction	*introd.*
traduction	*trad.*

On abrège généralement devant la voyelle de l'avant-dernière syllabe. S'il n'y a pas de risque de confusion, il est possible de supprimer un plus grand nombre de lettres.

quelque chose	*qqch.*
téléphone	*tél.*

2° RETRANCHEMENT DES LETTRES MÉDIANES

La lettre finale n'est pas suivie du point abréviatif, puisque la lettre finale de l'abréviation correspond à la dernière lettre du mot.

boulevard	*bd*
compagnie	*Cie*
Maitre	*M^e*
Madame	*Mme*
vieux	*vx*

L'abréviation des adjectifs numéraux ordinaux obéit à cette règle.

premier	*1er*
deuxième	*2e*

3° RETRANCHEMENT DE TOUTES LES LETTRES À L'EXCEPTION DE L'INITIALE

L'initiale est suivie du point abréviatif.

Monsieur	*M.*
page	*p.*
siècle	*s.*
verbe	*v.*

4° RETRANCHEMENT DES LETTRES DE PLUSIEURS MOTS À L'EXCEPTION DES INITIALES

Ces abréviations constituent des sigles où les initiales sont suivies ou non d'un point. Par souci de simplification, on observe une tendance à omettre les points abréviatifs.

Organisation des Nations Unies	**O.N.U.**
Union des Républiques socialistes soviétiques	**U.R.S.S.**

NOTES

- Les abréviations, les sigles et les symboles ne prennent pas la marque du pluriel à l'exception de certaines abréviations consacrées par l'usage.

Mme	*Mmes*
M.	**MM.**

- Les accents et les traits d'union du mot abrégé sont conservés dans l'abréviation.

c'est-à-dire	*c.-à-d.*
Jésus-Christ	*J.-C.*

- En fin de phrase, le point abréviatif se confond avec le point final.

- Les symboles ne comportent pas de point abréviatif et ne prennent pas la marque du pluriel. *Une règle de 30 cm (et non de 30 *cms).*

année	*a*	*heure*	*h*
baryum	*Ba*	*mercure*	*Hg*
centimètre	*cm*	*watt*	*W*

- Les symboles d'unités de mesure et les symboles d'unités monétaires sont séparés par un espace simple du nombre entier ou fractionnaire obligatoirement exprimé en chiffres.

15 F	*10,5 cm*

V. Tableau - **ABRÉVIATIONS COURANTES.**
V. Tableau - **ACRONYME.**
V. Tableau - **SIGLE.**
V. Tableau - **SYMBOLE.**

---

absentéisme n. m.
Fait d'être souvent absent (du travail, de l'école).

absenter (s') v. pronom.
Quitter momentanément un lieu. *Ils se sont absentés quelques minutes.*

abside n. f.
Partie d'une église située derrière le chœur. *Une abside harmonieuse.*

absinthe n.f.
- Plante aromatique.
- Liqueur alcoolique très nocive extraite de cette plante.
Note.- Attention à l'orthographe : absin**t**he.

absolu, ue adj. et n. m.
- **Adjectif**
- Total. *Un silence absolu.*
- Sans nuances. *Un caractère absolu.*
- Considéré en lui-même (par opposition à *relatif*).
- (Gramm.) V. Tableau - **ABSOLU (EMPLOI).**

- **Nom masculin**
Ce qui existe indépendamment de tout autre chose. *Une soif d'absolu.*

absolument adv.
- Nécessairement. *Il faut y aller absolument.*
- Tout à fait. *Je suis absolument d'accord.*
- En construction absolue. *Un verbe employé absolument.* V. Tableau - **ABSOLU (EMPLOI).**

absorbant, ante adj.
- Qui absorbe. *Des tissus absorbants.*
- Qui occupe l'esprit entièrement. *Une tâche absorbante.*
Note.- Ne pas confondre avec le participe présent invariable *absorbant.* *Ces serviettes absorbant l'eau, tout sera sec dans quelques minutes.*

absorber v. tr., pronom.
- **Transitif**
- S'imbiber. *Ce papier absorbera le café renversé.*
- Ingérer. *Absorber un sirop.*

7

ABRÉVIATIONS COURANTES

apr. J.-C.	après Jésus-Christ	Mme	madame
art.	article	Mmes	mesdames
av.	avenue	N.	nord
av. J.-C.	avant Jésus-Christ	N.B.	nota bene
bd	boulevard	N.D.L.R.	note de la rédaction
bibl.	bibliothèque	n^o	numéro
bibliogr.	bibliographie	O.	ouest
B.P.	boîte postale	op. cit.	opere citato
c.	contre	p.	page
c.-à-d.	c'est-à-dire	P.-D.G.	président-directeur général
c.c.	copie conforme	p. ex.	par exemple
cf.	confer	P^r	professeur
chap.	chapitre	P.-S.	post-scriptum
ch. de f.	chemin de fer	qqch.	quelque chose
Cie	compagnie	qqn	quelqu'un
C.R.	contre remboursement	r^o	recto
D^r ou Dr	docteur	R.S.V.P.	répondez s'il vous plaît
E.	est	s.	siècle
éd.	édition	S.	sud
env.	environ	S.A.	société anonyme
etc.	et cætera	S.A.R.L.	société à responsabilité limitée
ex.	exemple	S^t-, S^{ts}-	saint, saints
FM	modulation de fréquence	S^{te}-, S^{tes}-	sainte, saintes
ibid.	ibidem	S^{té}	société
id.	idem	S.V.P.	s'il vous plaît
M.	monsieur	tél.	téléphone
M^e	maître	T.S.V.P.	tournez s'il vous plaît
Mlle	mademoiselle	V. ou v.	voir
Mlles	mesdemoiselles	v^o	verso
MM.	messieurs	vol.	volume(s)

V. Tableau - **SIGLES COURANTS**.

EMPLOI ABSOLU

L'emploi absolu, ou la construction absolue, désigne l'utilisation d'un mot en l'absence des autres mots qui l'entourent généralement. Ainsi, un verbe transitif employé absolument est sans complément d'objet.

Dans cet ouvrage, l'emploi absolu est signalé par l'abréviation (absol.).

Quelques exemples de mots employés absolument :

- **Verbe sans complément d'objet**

  L'objectif de ce traitement est de guérir (le malade), *ou à tout le moins, de soulager. Madame reçoit* (ses invités) *tous les jeudis. Le chirurgien opère* (un patient) *depuis deux heures.*

- **Nom sans complément déterminatif**

  Prendre un verre (d'alcool).

- **Nom sans adjectif qualificatif**

  Cette orthographe est préconisée par l'Académie (française).

• **Pronominal**
Être pris par une réflexion, une occupation dont rien ne peut vous distraire. *S'absorber dans la lecture d'un journal.*

absorption n. f.
Pénétration d'un liquide, d'un gaz.
Note.- Ne pas confondre avec le mot *adsorption* qui désigne la rétention d'un liquide, d'un gaz.

absoudre v. tr.
• *J'absous, tu absous, il absout, nous absolvons, vous absolvez, ils absolvent. J'absolvais. J'absoudrai. J'absoudrais. Que j'absolve. Absolvant. Absous, absoute.* Le passé simple et le subjonctif imparfait ne sont pas usités.
• Pardonner.

absoute n. f.
Absolution solennelle, après l'office des morts.

abstenir (s') v. pronom.
• Renoncer à. *S'abstenir de répondre.*
• Se priver de. *Elles se sont abstenues de dessert.*
Note.- Le verbe se construit avec la préposition *de*.

abstention n. f.
• Action de s'abstenir de faire quelque chose.
• Par extension, absence de vote d'un électeur.

abstentionnisme n. m.
Doctrine prônant le refus de voter.

abstinence n. f.
Privation volontaire de certains aliments, de certains plaisirs.

abstraction n. f.
• Idée abstraite, concept.
• *Faire abstraction de.* Ne pas tenir compte. *Abstraction faite de son âge, il satisfait à toutes les conditions.*

abstraire v. tr., pronom.
• *J'abstrais, tu abstrais, il abstrait, nous abstrayons, vous abstrayez, ils abstraient. J'abstrayais, nous abstrayions, vous abstrayiez. J'abstrairai. J'abstrairais. Abstrais, abstrayons, abstrayez. Que j'abstraie, que nous abstrayions, que vous abstrayiez. Abstrayant. Abstrait, abstraite.*
• **Transitif.** Considérer isolément un élément.
• **Pronominal.** S'isoler pour méditer.

abstrait, aite adj.
• Privé de réalité concrète. *Un discours trop abstrait.*
• Non-figuratif. *L'art abstrait.*
Ant. **concret.**

abstraitement adv.
De façon abstraite.

abstrus, use adj.
(Litt.) Très difficile à comprendre.

absurde adj. et n. m.
• **Adjectif.** Insensé, contraire à la raison. *Un comportement absurde.*
• **Nom masculin.** Ce qui est absurde. *Ionesco ou la parodie de l'absurde.*

absurdement adv.
De façon absurde.

absurdité n. f.
• Caractère de ce qui est contraire à la raison. *L'absurdité de l'existence.*
• Chose absurde. *Cette démonstration fourmille d'absurdités.*

absurdo (ab)
V. **ab absurdo.**

abus n. m.
• Excès. *Un abus de chocolats.*
• *Abus de confiance.* (Dr.) Délit par lequel une personne fait un mauvais usage de la confiance de quelqu'un. *Des abus de confiance.*
• *Abus de pouvoir.* (Dr.) Acte d'une personne qui outrepasse son droit.

abuser v. tr., pronom.
• **Transitif.** Tromper, duper. *Tenter d'abuser quelqu'un.*
• **Transitif indirect.** Faire mauvais usage. *Il abuse de son pouvoir. N'abusez pas de la situation.*
• **Pronominal.** Se méprendre. *Si je ne m'abuse, nous avons gagné.*

abusif, ive adj.
Excessif.

abusivement adv.
De façon abusive.

abyssal, ale, aux adj.
• Très profond. *Une faille abyssale.*
• Qui appartient aux abysses. *Des poissons abyssaux.*
Note.- Attention à l'orthographe : ab**y**ssal.

abysse n. m.
Fosse sous-marine très profonde.
Note.- Attention au genre masculin de ce nom et à l'orthographe : *un* ab**y**sse.

Ac
Symbole chimique de *actinium.*

acabit n. m.
• Le *t* ne se prononce pas [akabi].
• Ce mot ne s'emploie plus que dans les locutions péjoratives *de cet acabit, de tout acabit, du même acabit* signifiant « du même genre ». *Deux individus du même acabit.*

acacia n. m.
Arbre à fleurs odorantes blanches ou jaunes. *Un bel acacia à fleurs blanches.*

académicien n. m.
académicienne n. f.
• Membre d'une académie.
• Membre de l'Académie française.

académie n. f.
Société de gens de lettres, de savants, d'artistes.
Note.- Lorsqu'il désigne l'*Académie française,* ce nom s'écrit avec une majuscule et peut être employé absolument. *L'Académie.*

académique adj.
• D'une académie. *Un discours académique.*
• (Péj.) Conventionnel. *Un texte académique.*

académiquement adv.
De façon académique.

acadien, ienne adj. et n. m. et f.
• **Adjectif et nom masculin et féminin.** D'Acadie. *L'histoire acadienne. Un Acadien, une Acadienne.*
• **Nom masculin.** Langue parlée en Acadie.
Note.- Lorsqu'il s'agit de la langue, l'adjectif ou le nom s'écrit avec une minuscule. Si le nom désigne une personne, la majuscule s'impose.

acajou adj. inv. et n. m.
• **Adjectif de couleur invariable.** *Des cheveux acajou.*
V. Tableau — **COULEUR (ADJECTIFS DE).**
• **Nom masculin.** Arbre d'Amérique à bois dur. *Des acajous.*
Note.- Le fruit de l'acajou est le *cajou.*

acanthe n. f.
• Plante ornementale. *Une belle feuille d'acanthe.*
• *Feuille d'acanthe.* Ornement architectural qui imite la feuille de cette plante. *Un chapiteau corinthien orné de feuilles d'acanthe.*
Note.- Attention à l'orthographe : acan**t**he.

a cappella ou **a capella**, loc. adv., adj. inv.
Locution latine signifiant « sans accompagnement d'instruments ». *Des chants a cappella.*
Note.- En typographie soignée, les mots étrangers sont composés en italique. Dans des textes déjà en italique, la notation se fait en romain. Pour les textes manuscrits, on utilisera les guillemets.

acariâtre adj.
Grincheux.

accablant, ante adj.
Qui accable. *Une preuve accablante.*
Note.- Ne pas confondre avec le participe présent invariable *accablant. Les ennuis accablant notre ami, épargnons-lui cette mauvaise nouvelle.*

accablement n. m.
Abattement.

accabler v. tr.
Imposer à quelqu'un une chose pénible.

accalmie n. f.
• Calme de la mer qui succède à la tempête.
• (Fig.) Interruption momentanée d'une activité intense.
Note.- Attention à l'orthographe : a**cc**almie.

accaparement n. m.
Action d'accaparer.

accaparer v. tr.
• Monopoliser. *Il a accaparé notre invité toute la soirée.*
Note.- La forme pronominale est à éviter. *Elle a accaparé tous les honneurs* (et non elle * s'est accaparé tous les honneurs).
• Occuper complètement. *Sa fonction l'accapare.*

accéder v. tr. ind.
• Le *é* se change en *è* devant une syllabe muette, sauf à l'indicatif futur et au conditionnel présent. *J'accède,* mais *j'accéderai.*
• Donner accès à un lieu. *Cette rampe accède à la terrasse.*
• Parvenir. *Elle accéda au sommet de la hiérarchie.*
• Accepter. *Il accéda à sa demande.*

accelerando adv.
• Les lettres *cc* se prononcent *ks* [akselerãdo].
• Mot italien signifiant « en pressant le mouvement », en musique.
Note.- En typographie soignée, les mots étrangers sont composés en italique. Dans des textes déjà en italique, la notation se fait en romain. Pour les textes manuscrits, on utilisera les guillemets.

accélérateur, trice adj. et n. m.
• **Adjectif.** Qui accélère. *Une force accélératrice.*
• **Nom masculin.** Organe qui commande l'admission du mélange gazeux dans le moteur d'un véhicule. *Appuyer sur l'accélérateur.*

accélération n. f.
Accroissement de la vitesse.

accéléré n. m.
(Cin.) Effet spécial qui simule des mouvements accélérés.
Ant. **ralenti.**

accélérer v. tr., intr., pronom.
• Le deuxième *é* se change en *è* devant une syllabe muette, sauf à l'indicatif futur et au conditionnel présent. *J'accélère,* mais *j'accélérerai.*
• **Transitif.** Accroître la vitesse de. *Accélérer la cadence.*
• **Intransitif.** Aller plus vite. *N'accélérez pas trop : vous risqueriez une contravention.*
• **Pronominal.** Devenir plus rapide. *Le rythme s'accélère.*

accent n. m.
• Intonation. *Elle a un charmant accent.*
• Inflexion de la voix. *Des accents de ferveur.*
• *Mettre l'accent sur.* Insister.
• Signe graphique qui se place sur une voyelle pour la définir. *Un accent grave, un accent circonflexe.*
V. Tableau — **ACCENTS.**
V. Tableau - **ACCENTS PIÈGES.**

accentuation n. f.
Action d'accentuer (une voyelle, une syllabe).

accentué, ée adj.
Qui porte un accent. *Des caractères accentués.*
Ant. **inaccentué.**

accentuer v. tr., pronom.
• **Transitif**
- Tracer un accent. *Accentuer une lettre.*
- Rendre plus apparent. *Ses cheveux noirs accentuent sa pâleur.*
- Rendre plus intense. *Les taux d'intérêt ont accentué l'inflation.*
• **Pronominal**
Devenir plus fort. *Sa douleur s'est accentuée.*

acceptable adj.
Qui peut être accepté. *Un compromis acceptable.*

acceptation n. f.
Accord. *L'acceptation d'une offre.*
Note.- Ne pas confondre avec le mot **acception** qui désigne le sens d'un mot.

accepter v. tr.
Consentir.

acception n. f.
Sens d'un mot. *Un mot qui a plusieurs acceptions.*
Note.- Ne pas confondre avec le mot **acceptation** qui désigne un accord.

accès n. m.
• Entrée. *Accès interdit.*
• (Inform.) *Accès direct.* Mode d'exploitation d'un fichier permettant d'atteindre une donnée, dans un ordre indépendant de sa position en mémoire.
• (Inform.) *Accès séquentiel.* Mode d'exploitation d'un fichier imposant la lecture de toutes les données précédemment enregistrées avant celle qui est recherchée.
• Poussée. *Un accès de fièvre, des accès de colère.*
Note.- Ne pas confondre avec le mot *abcès* qui désigne un amas de pus.

accessibilité n. f.
Caractère de ce qui est accessible.

accessible adj.
• Dont on peut facilement approcher. *Des plages accessibles.*
• Qui ne comporte pas de difficultés, d'obstacles. *Un ouvrage accessible, des prix accessibles.*

accession n. f.
Action d'accéder à. *L'accession à l'indépendance.*

accessit n. m.
• Le *t* se prononce [aksɛsit].
• Mot latin signifiant « il s'est approché », utilisé aujourd'hui pour désigner une mention honorable accordée par défaut à la personne qui, sans avoir de prix, s'en est approchée. *Des accessits.*

accessoire adj. et n. m.
• **Adjectif**
Secondaire. *Des considérations accessoires.*
• **Nom masculin**
- Petit objet qui complète un élément principal. *Des accessoires d'automobile.*
- *Accessoires de théâtre.* Objets nécessaires à une représentation théâtrale.
- *Accessoires (de mode).* Éléments qui complètent une ténue. *Le sac à main est un accessoire important.*

accessoirement adv.
De façon accessoire.

accessoiriste n. m. et f.
Personne chargée des accessoires (au cinéma, au théâtre, à la télévision).

accident n. m.
• Évènement imprévisible, malheureux. *Un accident de voiture.*
• *Par accident.* Par hasard.
• *Accident de parcours.* Erreur qui ne remet pas en cause une évolution favorable.

ACCENTS

Les accents sont des signes qui se placent sur certaines voyelles afin d'en préciser la prononciation. Ce sont l'accent aigu, l'accent grave et l'accent circonflexe. Le tréma est un signe orthographique que l'on met sur les voyelles *e, i, u* pour indiquer que la voyelle qui précède ou qui suit doit être prononcée séparément.

SENS ET PRONONCIATION

Outre la prononciation, les accents permettent de distinguer certains mots dont le sens varie en fonction de leur accentuation.

> Ex. : *acre* (surface) et *âcre* (irritant) ;
> *cote* (mesure) et *côte* (pente) ;
> *haler* (tirer) et *hâler* (brunir) ;
> *sur* (aigre) et *sûr* (certain).

MAJUSCULES ACCENTUÉES

En raison de la valeur orthographique et sémantique de l'accent, il importe d'accentuer les majuscules aussi bien que les minuscules. En effet, l'absence d'accents peut modifier complètement le sens d'une phrase. Ainsi, les mots *SALE* et *SALÉ*, *MEUBLE* et *MEUBLÉ* ne se distinguent que par l'accent. Autre exemple : seul l'accent permet de différencier les phrases *UN ASSASSIN TUÉ* et *UN ASSASSIN TUE*.

ACCENTS PIÈGES

La langue française comporte plusieurs illogismes, de nombreuses anomalies qui peuvent être la cause d'erreurs. Voici, à titre d'exemples, une liste des mots pour lesquels les fautes d'accent sont fréquentes.

● **MOTS DE MÊME ORIGINE AVEC OU SANS ACCENT ?**

âcre	et	acrimonie	jeûner	et	déjeuner
arôme	et	aromatique	pôle	et	polaire
diplôme	et	diplomatique	râteau	et	ratisser
fantôme	et	fantomatique	sûr	et	assurer
grâce	et	gracieux	symptôme	et	symptomatique
infâme	et	infamant	trône	et	introniser

● **MOTS AVEC OU SANS ACCENT CIRCONFLEXE ?**

Les participes passés des verbes *devoir, mouvoir* et *croitre* :

dû, mais *due*, *dus*, *dues*
mû, mais *mue*, *mus*, *mues*
crû, mais *crue*, *crus*, *crues*

Avec un accent circonflexe		Sans accent circonflexe	
abîme	épître	axiome	égout
aîné	faîte	barème	flèche
bâbord	fraîche	bateau	guépard
blême	gîte	chapitre	havre
câble	mât	chenet	pédiatre
crêpe	piqûre	cime	racler
dîme	voûte	crèche	syndrome

● **MOTS AVEC UN ACCENT AIGU OU UN ACCENT GRAVE ?**

Avec un accent aigu		Avec un accent grave	
assécher	extrémité	assèchement	empiècement
bohémien	piétement	avènement	espièglerie
céleri	poésie	brièvement	grossièreté
crémerie	réglementaire	complètement	mièvrerie
empiétement	sécheresse	dessèchement	règlement

● **MOTS AVEC OU SANS TRÉMA ?**

Avec un tréma		Sans tréma
aïeul	haïr	acuité
archaïque	héroïsme	coefficient
caïman	inouï	goéland
camaïeu	maïs	incongruité
canoë	mosaïque	kaléidoscope
coïncidence	naïade	poème
contiguïté	naïf	protéine
égoïste	ouïe	simultanéité
faïence	païen	velléitaire
glaïeul	troïka	ubiquité

• **Accident de terrain**. Inégalité du sol.
Note.- Ne pas confondre avec le mot **incident** qui désigne un évènement imprévu d'importance secondaire.

accidenté, ée adj. et n. m. et f.
• **Adjectif**
- Qui n'est pas uniforme. *Une surface accidentée.*
- Qui a subi un accident. *Une voiture accidentée.*
• **Nom masculin et féminin**
Victime d'un accident. *Cette accidentée a été indemnisée.*

accidentel, elle adj.
Produit par accident. *Une rupture accidentelle de câbles.*

accidentellement adv.
De façon accidentelle.

acclamation n. f.
• Cri d'enthousiasme collectif.
• **Nommer, élire, voter par acclamation**. Nommer, élire, sans qu'il soit besoin d'un scrutin. *Elle fut élue par acclamation.*
Note.- L'expression **à l'unanimité** n'exclut pas le scrutin et signifie « à la totalité des suffrages ».

acclamer v. tr.
Saluer par des cris d'enthousiasme.

acclimatation n. f.
Action d'adapter un organisme, un être à un nouveau climat, à un nouveau milieu géographique. *Un jardin d'acclimatation.*
Note.- Ne pas confondre avec les mots suivants :
- **acclimatement**, adaptation spontanée d'un organisme ou d'un être à un milieu nouveau ;
- **acculturation**, adaptation d'un individu à une culture étrangère.

acclimatement n. m.
Adaptation spontanée d'un organisme, d'un être à un milieu nouveau.
Note.- Ne pas confondre avec les mots suivants :
- **acclimatation**, action d'adapter un organisme ou un être à un nouveau climat ;
- **acculturation**, adaptation d'un individu à une culture étrangère.

acclimater v. tr., pronom.
• **Transitif**. Adapter (un animal, un végétal) à un nouveau climat.
• **Pronominal**. S'habituer à un nouveau milieu. *Ils se sont très bien acclimatés.*

accointances n. f. pl.
(Péj.) Relations. *Le nouveau venu avait des accointances multiples.*

accolade n. f.
• Action de serrer quelqu'un entre ses bras. *Recevoir l'accolade.*
• Signe typographique à double arrondi destiné à réunir les termes d'une énumération. Elle sera verticale pour rassembler des lignes, horizontale pour relier des colonnes.

Note.- Il faut veiller à diriger la pointe centrale de l'accolade vers l'indication unique.

Articles $\begin{cases} \text{définis} \\ \text{indéfinis} \\ \text{partitifs} \end{cases}$

accoler v. tr.
• Réunir par une accolade. *Accoler les éléments d'une énumération.*
• Joindre. *Accoler deux noms.*

accommodant, ante adj.
Conciliant. *Des personnes accommodantes.*
Notes.-
1° Ne pas confondre avec le participe présent invariable **accommodant**. *Des cuisinières accommodant du poulet.*
2° Attention à l'orthographe : a**comm**odant.

accommodation n. f.
Adaptation. *L'accommodation de l'œil à la clarté.*
Note.- Attention à l'orthographe : a**comm**odation.

accommodement n. m.
Accord à l'amiable, compromis.
Note.- Attention à l'orthographe : a**comm**odement.

accommoder v. tr., pronom.
• **Transitif**
Apprêter des aliments pour la consommation. *Elle accommoda des grillades.*
• **Pronominal**
- **S'accommoder** + **de**. Se satisfaire. *Elle s'accommode d'une petite voiture.*
- **S'accommoder** + **à**. S'adapter. *S'accommoder à de nouvelles conditions de travail.*
Note.- Attention à l'orthographe : a**comm**oder.

accompagnateur, trice n. m. et f.
Guide.

accompagnement n. m.
• Ce qui vient s'ajouter.
• (Mus.) Ensemble des parties vocales ou instrumentales secondaires qui soutiennent la partie principale.

accompagner v. tr., pronom.
• **Transitif**
- Aller avec. *On l'accompagnera à l'aéroport. Une carte accompagne ce bouquet.*
- Soutenir par un accompagnement musical.
• **Pronominal**
Avoir pour conséquence. *Le verglas s'accompagne d'accidents.*

accompli, ie adj.
• Révolu. *Douze ans accomplis.*
• Idéal. *Une jeune fille accomplie.*
• **Fait accompli**, locution. Ce sur quoi on ne peut revenir. *Il a été mis devant le fait accompli : elle était partie.*

accomplir v. tr., pronom.
• **Transitif**. Exécuter, faire. *Accomplir une œuvre.*
• **Pronominal**. Se réaliser. *Ses vœux se sont accomplis.*

accomplissement n. m.
Réalisation.

accord n. m.
• Harmonie. *C'est l'accord parfait.*
• *D'accord*. Oui. *D'accord, je viendrai.*
• *Être, tomber, se mettre d'accord*. S'accorder. *Elles sont d'accord.*
Note.- Dans ces expressions, le mot *accord* est invariable.
• *D'un commun accord*. Avec l'assentiment de tous.

accord-cadre n. m.
Accord dont les dispositions générales doivent orienter des textes d'application. *Des accords-cadres.*

accordéon n. m.
Instrument de musique portatif à soufflet.

accordéoniste n. m. et f.
Personne qui joue de l'accordéon.
Note.- Le nom s'écrit avec un seul *n*, comme *violoniste*.

accorder v. tr., pronom.
• **Transitif**
- Mettre en accord (un instrument de musique). *Accorder un piano.*
- *Accorder ses flûtes, ses violons*. Se mettre d'accord.
- Admettre. *Je vous accorde cette hypothèse, que cette hypothèse est réaliste.*
- Consentir. *Accorder un droit de passage, un congé.*
- Effectuer l'accord prescrit par la syntaxe. *Accorder un participe passé.*
• **Pronominal**
- S'accorder + *a*. Être du même avis. *Ils s'accordent à dire qu'elle a raison.*
- S'accorder + *pour*. Se concerter. *Elles se sont accordées pour lui donner tort.*
- S'accorder + *avec*. Être en harmonie. *Elle s'accorde bien avec son frère.*
- Être en accord grammatical. *Le verbe s'accorde avec son sujet.*
- Se donner. *S'accorder trop de mérite.*

accordeur n. m.
accordeuse n. f.
Personne qui accorde les instruments de musique. *Un accordeur de pianos.*

accordoir n. m.
Instrument de l'accordeur.

accort, orte adj.
(Fam.) Aimable et gracieux.

accostage n. m.
Action d'accoster ; le fait d'accoster.

accoster v. tr.
• S'approcher bord à bord en parlant d'un navire. *Le canot automobile de la brigade côtière accosta le bâtiment louche.*
Note.- Dans ce sens, le verbe *accoster* se construit également avec la préposition *à* ou absolument. *Le bateau accosta au quai n° 49. Le paquebot vient d'accoster.*
• Aborder quelqu'un avec sans-gêne, avec brusquerie. *Il l'accosta à la porte du café.*
Note.- Par rapport au verbe *aborder* qui peut avoir un sens favorable ou défavorable, le verbe *accoster* comporte une nuance péjorative.

accotement n. m.
Partie d'une route comprise entre la chaussée et le fossé. *Il est interdit de stationner sur l'accotement.*
Note.- Attention à l'orthographe : acco**t**ement.

accoter v. tr., pronom.
• **Transitif**. Appuyer d'un côté. *Accoter une échelle contre un mur.*
• **Pronominal**. S'appuyer. *Elle s'est accotée à un arbre, contre un arbre.*
Note.- À la forme pronominale, le verbe se construit avec les prépositions *à* ou *contre*.

accotoir n. m.
Appui pour les bras.

accouchée n. f.
Femme qui vient d'accoucher.

accouchement n. m.
Action d'accoucher ; son résultat. *Un accouchement difficile.*

accoucher v. tr.
• **Transitif**. Aider à accoucher. *C'est le gynécologue qui l'a accouchée.*
• **Transitif indirect**. Donner naissance (à un enfant). *Elle a accouché d'un garçon.*
Notes.-
1° Le verbe se construit avec l'auxiliaire *être* pour insister sur l'état, alors que la construction avec l'auxiliaire *avoir* exprime l'acte. *Elle est accouchée d'hier.*
2° Le verbe *accoucher* ne s'utilise que pour parler des humains. Pour les autres mammifères, on consultera le tableau - **ANIMAUX.**

accoucheur n. m.
accoucheuse n. f.
Personne dont la profession est de faire des accouchements.

accouder (s') v. pronom.
S'appuyer sur un coude, sur les coudes. *Ils se sont accoudés à la rampe, sur l'appui de la fenêtre.*
Note.- Le verbe se construit avec les prépositions *à* ou *sur*.

accoudoir n. m.
Appui pour les coudes. *Les accoudoirs d'un fauteuil.*

accouplement n. m.
Union sexuelle du mâle et de la femelle.
V. Tableau - **ANIMAUX.**

accoupler v. tr., pronom.
• **Transitif**
- Réunir des choses, des animaux par deux. *Accoupler des chevaux.*
- Unir pour la reproduction. *Accoupler des chiens de race.*
• **Pronominal**
S'unir pour la reproduction (animaux).

accourir v. intr.
• *J'accours, tu accours, il accourt, nous accourons, vous accourez, ils accourent. J'accourais. J'accourus.*

J'accourrai. J'accourrais. Accours, accourons, accourez. Que j'accoure. Que j'accourusse. Accourant. Accouru, ue.
● **Avec l'auxiliaire *avoir*.** Action de courir vers un point. *Elle a accouru vers son amie.*
● **Avec l'auxiliaire *être*.** État qui résulte de l'action. *Il est accouru.*
Note.- Le verbe se construit avec ***jusqu'à, dans, vers***. *Accourir vers la maison.*

accoutrement n. m.
Tenue ridicule.

accoutrer v. tr., pronom.
● **Transitif.** Habiller d'une manière ridicule.
● **Pronominal.** S'habiller bizarrement. *Regardez comment ils se sont accoutrés.*

accoutumance n. f.
● Habitude. *Une accoutumance au bonheur.*
● Dépendance. *L'accoutumance aux somnifères.*

accoutumé, ée adj.
● Habituel. *Le facteur passe à l'heure accoutumée.*
● **À l'accoutumée**, locution adverbiale. À l'ordinaire. *Ils sont venus dimanche comme à l'accoutumée.*

accoutumer v. tr., pronom.
● **Transitif.** Habituer. *Accoutumer son chien à ne pas aboyer.*
● **Pronominal.** S'habituer à. *Ils se sont accoutumés à ne pas trop manger.*
Note.- Le verbe se construit avec la préposition *à* à la forme transitive ou pronominale.

accréditer v. tr., pronom.
● **Transitif**
- Déléguer quelqu'un pour agir en qualité de. *Accréditer un ambassadeur.*
- Avoir un crédit. *Être accrédité auprès d'un établissement bancaire.*
- Rendre plausible. *Ces indices accréditent l'hypothèse d'une fusion.*
● **Pronominal**
Devenir plus crédible. *Ces rumeurs s'accréditent.*

accréditif, ive adj. et n. m.
● **Adjectif.** Qui accrédite.
● **Nom masculin.** Crédit bancaire.

accrétion n. f.
Agglomération. *Accrétion de particules.*

accroc n. m.
● Le *c* final ne se prononce pas [akro].
● Déchirure. *Il a fait un accroc à son pantalon.*
● (Fig.) Incident fâcheux. *Une mission sans accroc.*

accrochage n. m.
● Action d'accrocher.
● Accident mineur (entre deux véhicules). *Il a eu un accrochage, mais sa voiture n'est pas très endommagée.*
● Dispute.

accroche n. f.
Partie d'un message publicitaire destinée à attirer l'attention.

accroche-cœur n. m.
Boucle de cheveux sur le front ou la tempe. *Des accroche-cœur(s).*
Syn. **guiche**.

accrocher v. tr., pronom.
● **Transitif**
- Suspendre. *Accrocher un tableau.*
- Heurter légèrement un véhicule.
● **Pronominal**
- Persévérer, se cramponner.
- Se disputer avec. *S'accrocher avec quelqu'un.*

accrocheur, euse adj.
Qui retient l'attention. *Un message publicitaire accrocheur.*

accroire v. tr.
Faire croire une chose fausse, tromper.
Notes.-
1° Ce verbe ne s'emploie qu'à l'infinitif avec les verbes *faire* ou *laisser*. *Cet individu veut nous faire accroire qu'il habite ici.*
2° Contrairement à la locution ***faire accroire*** qui est toujours péjorative, l'expression ***faire croire*** qui signifie « persuader » peut avoir un sens favorable ou défavorable.

accroissement n. m.
Augmentation.

accroître v. tr., pronom.
● *J'accrois, tu accrois, il accroît, nous accroissons, vous accroissez, ils accroissent. J'accroissais. J'accrus, il accrut, nous accrûmes, vous accrûtes. J'accroîtrai, tu accroîtras, il accroîtra, nous accroîtrons, vous accroîtrez, ils accroîtront. J'accroîtrais, tu accroîtrais, il accroîtrait, nous accroîtrions, vous accroîtriez, ils accroîtraient. Accrois, accroissons, accroissez. Que j'accroisse. Que j'accrusse, qu'il accrût, que nous accrussions. Accroissant. Accru, ue.*
● Attention à la conjugaison : à la différence du verbe ***croître***, le verbe ***accroître*** ne prend un accent circonflexe qu'à la troisième personne du singulier de l'indicatif présent ainsi qu'à toutes les personnes de l'indicatif futur, du conditionnel et de l'infinitif.
● **Transitif.** Augmenter. *Accroître ses connaissances.*
● **Pronominal.** Devenir plus important, plus étendu. *Sa fortune s'est accrue.*

accroupir (s') v. pronom.
S'asseoir sur ses talons.

accroupissement n. m.
Action de s'accroupir.

accu n. m.
Forme abrégée familière de ***accumulateur***. *Ses accus sont à plat.*

accueil n. m.
Manière d'accueillir. *Il nous a réservé un excellent accueil. Faites-lui bon accueil. Des centres d'accueil.*
Note.- Ne pas confondre avec l'orthographe en ***-euil*** de ***cerfeuil, fauteuil***, etc.

accueillant, ante adj.
Qui fait bon accueil. *Ces voisins sont très accueillants.*

accueillir v. tr.
• J'accueille, tu accueilles, il accueille, nous accueillons, vous accueillez, ils accueillent. J'accueillais, nous accueillions, vous accueilliez. J'accueillis. J'accueillerai. J'accueillerais. Accueille, accueillons, accueillez. Que j'accueille, que nous accueillions, que vous accueilliez. Que j'accueillisse. Accueillant. Accueilli, ie.
• Recevoir bien ou mal. Ils les ont accueillis à bras ouverts.

acculer v. tr.
Contraindre. La hausse des taux d'intérêt l'a acculé à la faillite.
Note.- Ne pas confondre avec les verbes suivants :
- **astreindre**, imposer la pratique d'un acte peu agréable ;
- **obliger**, lier par la nécessité ou le devoir.

acculturation n. f.
• Processus par lequel un groupe assimile totalement ou en partie un autre groupe.
• Adaptation d'un individu à une culture étrangère.
Note.- Ne pas confondre avec les mots suivants :
- **acclimatation**, action d'adapter un organisme ou un être à un nouveau climat ;
- **acclimatement**, adaptation spontanée d'un organisme ou d'un être à un milieu nouveau.

acculturer v. tr.
Adapter à une autre culture.

accumulateur n. m.
Dispositif servant à emmagasiner de l'énergie électrique et à la restituer.
Note.- Le nom s'abrège familièrement en **accu**.

accumulation n. f.
Action d'accumuler ; son résultat.

accumuler v. tr., pronom.
• **Transitif**. Entasser. Accumuler des biens.
• **Pronominal**. S'amonceler. La neige s'est accumulée au cours de la nuit.

accusateur, trice adj. et n. m. et f.
• **Adjectif**. Qui accuse. Des propos accusateurs.
• **Nom masculin et féminin**. Personne qui accuse.

accusatif n. m.
Cas de la déclinaison latine.

accusation n. f.
Action d'accuser ; son résultat.

accusé, ée n. m. et f.
Personne à qui la justice impute un délit, un crime.
Note.- Ne pas confondre avec le nom **inculpé** qui désigne une personne présumée coupable.

accusé de réception n. m.
Avis informant l'expéditeur qu'une chose envoyée a été reçue par le destinataire. Des accusés de réception.

accuser v. tr., pronom.
• **Transitif**
- Présenter quelqu'un comme coupable. Ils ont été accusés de négligence criminelle.

- Accentuer, faire ressortir. Une coiffure qui accuse les traits.
- Révéler. Ses yeux accusent l'exaspération.
- **Accuser réception**. Signaler à l'expéditeur qu'une chose a été reçue. Elles ont accusé réception du colis.
• **Pronominal**
Avouer, se dire coupable. Il s'accuse de tous les crimes.

-acé suff.
Élément du latin **-aceus** utilisé surtout par les naturalistes pour désigner des familles d'animaux ou de plantes. Gallinacé, herbacé.

acéphale adj. et n. m. et f.
Sans tête.

acerbe adj.
• Âpre. Un goût acerbe.
• Sarcastique. Un ton acerbe.

acéré, ée adj.
• Tranchant. Une flèche acérée. Une arme acérée.
• (Fig.) Blessant. Une réplique acérée.

acérer v. tr.
• Le **é** se change en **è** devant une syllabe muette, sauf à l'indicatif futur et au conditionnel présent. J'acère, mais j'acérerai.
• (Rare) Rendre tranchant.

acéricole adj.
Relatif à l'exploitation de l'érable à sucre.

acériculteur n. m.
acéricultrice n. f.
Personne qui exploite une érablière.

acériculture n. f.
Exploitation et culture de l'érable à sucre.

acétate n. m.
• Sel de l'acide acétique.
• Fibre artificielle. Un chemisier en acétate.

acétique adj.
Qui se rapporte au vinaigre. Acide acétique.
Hom. **ascétique**, austère.

acétone n. f.
Liquide utilisé comme solvant. Une acétone volatile.

acétylène n. m.
Gaz incolore.
Note.- Attention à l'orthographe : acétylène.

acétylénique adj.
Dérivant de l'acétylène.
Note : Attention à l'orthographe : acétylénique.

acétylsalicylique adj.
Acide acétylsalicylique. Nom savant de l'aspirine.

achalander v. tr.
• L'emploi du verbe n'est pas usité ; seul le participe passé est employé.
• (Ancienn.) **Établissement bien achalandé**. Où il y a beaucoup de clients.
• Bien approvisionné.
Note.- Cet emploi courant qui provient d'une confusion de l'effet avec la cause est critiqué.

acharnement n. m.
Détermination, obstination.

acharner (s') v. pronom.
• Persévérer avec obstination. *Ils se sont acharnés à défricher ce sol.*
• Poursuivre avec hostilité. *Le sort s'est acharné contre eux. Les critiques s'acharnent sur cet auteur, après cette création.*
Note.- Le verbe se construit avec les prépositions **après, contre** ou **sur.**

achat n. m.
• Action d'acheter. *L'achat d'une voiture.*
• Ce qui est acheté. *Elle a fait de nombreux achats.*

ache n. f.
Plante ombellifère.
Hom. **hache,** outil.

acheminement n. m.
Action d'acheminer. *L'acheminement des colis.*

acheminer v. tr., pronom.
• **Transitif.** Diriger (quelqu'un, quelque chose) vers un lieu. *Acheminer des livres par bateau.*
• **Pronominal.** Progresser vers un but. *Ils s'acheminent vers le succès.*

acheter v. tr.
• Le *e* se change en *è* devant une syllabe muette. *Il achète, il achetait.*
• Se procurer quelque chose contre paiement. *Elle achète tous ses livres au même endroit, chez le même libraire. Acheter comptant, à crédit.*

acheteur n. m.
acheteuse n. f.
• Personne chargée de l'approvisionnement d'une entreprise, d'un organisme.
• Personne qui achète. *Ces nouvelles boutiques ont attiré de nombreux acheteurs.*

achevé, ée adj.
Entièrement terminé. *Une œuvre achevée.*

achevé d'imprimer n. m.
(Imprim.) Mention qui figure en fin de volume indiquant la date de fin de tirage et le nom de l'imprimeur.
Syn. **colophon.**

achèvement n. m.
• Action d'achever. *L'achèvement des travaux.*
• Perfection. *Dans ce tableau, Renoir atteint son achèvement.*
Ant. **inachèvement.**

achever v. tr., pronom.
• Le *e* se change en *è* devant une syllabe muette. *Il achève, il achevait.*
• **Transitif**
- Terminer ce qui est commencé. *Elle achève son tableau.*
- **Achever de** + **infinitif.** Terminer l'action de. *Il achevait de relire le contrat.*
- Accabler, tuer. *Ce nouvel échec l'a achevé.*
• **Pronominal**
Prendre fin. *L'hiver s'achève.*

achigan n. m.
(Canada) Perche truitée originaire de l'Amérique du Nord.
Note.- Ce nom d'origine amérindienne signifie « celui qui se débat ».

achoppement n. m.
Pierre d'achoppement. Obstacle, écueil qui empêche de réussir.

achopper v. intr.
(Litt.) Buter. *Achopper sur l'accord d'un participe passé.*

acide adj. et n. m.
• **Adjectif**
- Qui a une saveur aigre.
- (Chim.) Qui a les propriétés d'un acide.
• **Nom masculin**
- (Chim.) Corps susceptible de libérer des ions d'hydrogène.
- (Fam.) L.S.D. (acide lysergique diéthylamide).

acide désoxyribonucléique
Sigle **A.D.N.**

acide ribonucléique
Sigle **A.R.N.**

acidité n. f.
• Saveur acide.
• Caractère acide d'un corps.

acidulé, ée adj.
De saveur légèrement acide. *Des bonbons acidulés.*

acier adj. inv. et n. m.
• **Adjectif de couleur invariable.** De la couleur grise de l'acier. *Des costumes acier.*
V. Tableau — **COULEUR (ADJECTIFS DE).**
• **Nom masculin.** Alliage de fer et de carbone. *Des aciers très résistants. Acier inoxydable.*

aciérage n. m.
Action de recouvrir d'une couche d'acier.

aciérer v. tr.
• Le *é* se change en *è* devant une syllabe muette, sauf à l'indicatif futur et au conditionnel présent. *J'acière, mais j'aciérerais.*
• Convertir le fer en acier.

aciérie n. f.
Usine où l'on fabrique l'acier.

acmé n. m.
(Litt.) Point culminant, apogée. *L'acmé d'une œuvre.*
Note.- Ne pas confondre avec le mot féminin **acné** qui désigne une lésion de la peau.

acné n. f.
Lésion de la peau. *Une acné rebelle.*
Notes.-
1° Ne pas confondre avec le mot masculin **acmé** qui désigne un point culminant, une apogée.
2° Attention au genre féminin de ce nom : **une** acné.

acolyte n. m. et f.
(Péj.) Complice.

acompte n. m.
Paiement partiel à valoir sur une somme due.
Note.- Ne pas confondre avec le mot *arrhes* qui désigne une somme d'argent donnée au moment de la conclusion d'un contrat.

a contrario adj. inv. et loc. adv.
Locution latine signifiant « par l'argument des contraires ».
Note.- En typographie soignée, les mots étrangers sont composés en italique. Dans des textes déjà en italique, la notation se fait en romain. Pour les textes manuscrits, on utilisera les guillemets.

acoquiner (s') v. pronom.
(Péj.) Fréquenter une personne peu recommandable. *S'acoquiner avec des voyous.*

à-côté n. m.
● Point accessoire. *La dernière question n'est qu'un à-côté.*
● Salaire d'appoint. *Des à-côtés intéressants.*
Note.- Ne pas confondre avec la locution **à côté** qui s'écrit sans trait d'union et qui signifie « près ».

à-coup n. m.
● Saccade, soubresaut. *Des à-coups.*
● *Par à-coups.* De façon irrégulière.

acoustique adj. et n. f.
● **Adjectif**
Relatif à la perception, à la propagation du son. *Un phénomène acoustique.*
● **Nom féminin**
- Partie de la physique qui étudie les sons.
- Qualité d'un lieu au point de vue de la propagation du son. *Une excellente acoustique.*
Note.- Attention au genre féminin de ce nom : *une* acoustique.

acquéreur n. m
Personne qui acquiert un bien.
Note.- Le féminin *acquéresse* appartient à la langue juridique.

acquérir v. tr., pronom.
● *J'acquiers, tu acquiers, il acquiert, nous acquérons, vous acquérez, ils acquièrent. J'acquérais, nous acquérions. J'acquis. J'acquerrai, nous acquerrons. J'acquerrais, nous acquerrions. Acquiers, acquérons, acquérez. Que j'acquière, que nous acquérions. Que j'acquisse. Acquérant. Acquis, ise.*
● **Transitif**
- Devenir possesseur d'un bien, d'un droit, par achat, échange, succession. *Acquérir une propriété.*
- Obtenir. *Ils ont acquis de l'expérience.*
● **Pronominal**
Obtenir à force d'efforts. *Elles se sont acquis une solide réputation.*

acquêt n. m.
Bien acquis pendant le mariage. *Ce régime matrimonial est la communauté réduite aux acquêts.*
Note.- Attention à l'orthographe : acquêt.

acquiescement n. m.
Consentement.

acquiescer v. tr. ind., intr.
● Le *c* prend une cédille devant les lettres *a* et *o*. *Il acquiesça, nous acquiesçons.*
● **Transitif indirect.** (Litt.) Consentir. *Il acquiesça à sa demande.*
● **Intransitif.** Dire oui, accepter. *Il acquiesça d'un signe de la tête.*

acquis, ise adj. et n. m. (du verbe *acquérir*)
● **Adjectif.**
- Que l'on a obtenu (par opposition à *inné, naturel*). *Des caractères acquis.*
- Dont on peut disposer de façon sûre et définitive. *Des droits acquis.*
- Entièrement gagné à. *Elle est acquise à cette thèse.*
- Dont on a fait l'acquisition. *Un appartement acquis par la famille.*
- *Tenir pour acquis.* Reconnaître. *Nous tenons pour acquise son adhésion au programme.*
● **Nom masculin**
Avantage constitué par l'acquisition de connaissances ou d'expérience. *Votre formation est un bon acquis.*
Hom. *acquit* (du verbe *acquitter*), reconnaissance écrite d'un paiement.

acquisition n. f.
● Action d'acquérir. *Il a fait l'acquisition d'une maison. L'acquisition de connaissances.*
● Bien acquis. *Elle a fait de nombreuses acquisitions.*

acquit n .m. (du verbe *acquitter*)
● Reconnaissance écrite d'un paiement.
● *Pour acquit.* La mention *pour acquit* avec date et signature constitue une quittance, c'est-à-dire la reconnaissance par le créancier de l'acquittement de la dette du débiteur.
● *Par acquit de conscience.* Pour libérer sa conscience.
Note.- Attention à l'orthographe de cette expression.
Hom. *acquis* (du verbe *acquérir*), savoir, expérience.

acquittement n. m.
● Remboursement. *L'acquittement d'une facture.*
● Action de déclarer un accusé non coupable.

acquitter v. tr., pronom.
● **Transitif**
- Rembourser entièrement (ce qu'on doit). *Acquitter ses dettes.*
- Déclarer un accusé non coupable par décision judiciaire.
● **Pronominal**
Remplir une obligation (juridique ou morale). *S'acquitter d'un devoir.*
Note.- À la forme pronominale, le verbe se construit avec la préposition *de*.

acre n. f.
● (Ancienn.) Surface (mesure agraire).
● Au Canada, mesure agraire d'environ 40 ares.
Hom. *âcre*, irritant.

âcre adj.
Irritant au goût, à l'odorat.
Note.- Ne pas confondre avec les mots suivants :
- *aigre*, acide ;
- *âpre*, rude ou amer au goût.
Hom. *acre*, ancienne mesure agraire.

âcreté n. f.
Caractère de ce qui est âcre.

acrimonie n. f.
(Litt.) Hargne.

acrimonieux, euse adj.
(Litt.) Hargneux.

acro- préf.
Élément du grec « akron » signifiant « extrémité ». *Acronyme.*

acrobate n. m. et f.
Personne qui exécute des exercices d'équilibre, d'adresse, de force.

acrobatie n. f.
• Le *t* se prononce *s* [akrɔbasi].
• Exercice d'acrobate.
• Virtuosité dangereuse.

acrobatique adj.
Qui tient de l'acrobatie.

acrocéphalie n. f.
Malformation du crâne.

acrocyanose n. f.
Cyanose des extrémités (mains, pieds).

acromégalie n. f.
Malformation caractérisée par une hypertrophie de la tête et des extrémités.

acronyme n. m.
V. Tableau - **ACRONYME.**

acropole n. f.
(Ancienn.) Citadelle des cités grecques.
Notes.-
1° Lorsqu'il désigne l'ancienne citadelle d'Athènes, le nom s'écrit avec une majuscule. *Ils ont visité l'Acropole.*
2° Attention au genre féminin de ce nom : *une* acropole.

acrostiche n. m.
Poème dont les initiales de chaque vers composent un nom, un thème. *Un acrostiche amusant.*
Note.- Attention au genre masculin de ce nom : *un* acrostiche.

acrylique adj. et n. m.
Se dit d'une fibre textile synthétique. *Fibre acrylique. Tissu en acrylique.*
Note.- Attention à l'orthographe : acr**yl**ique.

acte n. m.
• Action accomplie. *Un acte de foi, de folie.*
• **Faire acte de.** Donner la preuve de. *Nous devons faire acte de bonne volonté.*
• (Dr.) Écrit constatant légalement un fait. *Un acte notarié, les actes de l'état civil.*
• Division d'une pièce de théâtre. *Une comédie en trois actes.*

acteur n. m.
actrice n. f.
• Personne dont la profession est de jouer (au cinéma, à la scène, à la télévision).
• Personne qui joue un rôle déterminant dans un évènement.

ACTH
• Sigle de *Adreno-Cortico-Trophic-Hormone.*
• Hormone adrénocorticotrope de l'hypophyse.

actif, ive adj. et n. m.
• **Adjectif.**
- Qui agit.

ACRONYME

Un acronyme est une abréviation constituée des initiales ou des premières lettres d'une désignation.

À la différence du sigle qui s'épelle lettre par lettre (*C.N.R.S., M.L.F.*), l'acronyme se prononce comme un seul mot.

O.N.U.	(Organisation des Nations Unies)
O.T.A.N.	(Organisation du traité de l'Atlantique Nord)
Laser	(Light amplification by stimulated emission of radiation)
Benelux	(Belgique-Nederland-Luxembourg)
A.D.A.C.	(Avion à décollage et atterrissage courts)

À son premier emploi dans un texte, l'acronyme est généralement précédé de sa désignation au long.

Note. - Bien que les codes typographiques recommandent le maintien des points abréviatifs, la tendance actuelle est de les omettre. Dans cet ouvrage, les acronymes (regroupés sous le générique *sigle*) sont notés avec points ; cependant, la forme sans points est généralement correcte.

V. Tableau - **ABRÉVIATION (RÈGLES DE L').**
  Tableau - **SIGLE.**
  Tableau - **SYMBOLE.**

- En exercice, en activité. *Des membres actifs.*
- (Gramm.) *Forme, voix active.* Forme dans laquelle le sujet fait l'action (par opposition à la *forme passive* où il la subit).
- **Nom masculin.**
Ensemble des biens possédés (par opposition à *passif*).

actinium n. m.
- Symbole *Ac* (s'écrit sans point).
- Corps radioactif. *Des actiniums.*

actinologie n. f.
Science des propriétés curatives des rayons ultra-violets, infrarouges, etc.

actinomètre n. m.
Appareil de mesure servant à définir l'intensité des radiations.◆

action n. f.
- Exercice de la faculté d'agir.
Note.- Dans les expressions où le mot *action* désigne l'exercice de la faculté d'agir, il est généralement au singulier. *Des champs d'action. Des plans d'action. Une femme d'action.*
- Titre de participation. *Une société par actions. Acheter des actions.*

action de grâce(s) n. f.
Témoignage de reconnaissance.
V. **grâce.**

actionnaire n. m. et f.
Personne qui détient des actions d'une entreprise.

actionnariat n. m.
- Fait d'être actionnaire.
- Ensemble des actionnaires.

actionner v. tr.
- Mettre en mouvement.
- (Dr.) Poursuivre en justice.

activation n. f.
Action d'activer.

activement adv.
D'une manière active.

activer v. tr., pronom.
- **Transitif**
- Accélérer. *Ils devront activer la révision.*
- Rendre plus actif. *Activer le feu.*
- **Pronominal**
Se hâter. *Il faudrait s'activer un peu pour ne pas être en retard.*

activisme n. m.
Doctrine prônant l'action politique violente.

activiste n. m. et f.
Partisan de l'action politique violente.

activité n. f.
- Ensemble des actes et des travaux de l'être humain.
Note.- Employé globalement en ce sens, le terme *activité* est au singulier. *Des secteurs d'activité.*
- Par extension, fonctionnement. *Une entreprise en activité.*

actuaire n. m. et f.
Spécialiste de l'application de la statistique et du calcul des probabilités au domaine des assurances et des opérations financières.

actualisation n. f.
Action d'actualiser.

actualiser v. tr.
- Mettre à jour. *Actualiser les données.*
- (Écon.) Calculer la valeur d'un bien à une date donnée.

actualité n. f.
- Caractère de ce qui est actuel. *L'actualité d'une œuvre.*
- Ensemble des évènements actuels. *L'actualité économique.*
- (Au plur.) Émission d'information. *Les actualités télévisées.*

actuariat n. m.
Fonction d'actuaire.

actuariel, ielle adj.
Se dit des calculs effectués par les actuaires. *Des taux actuariels.*

actuel, elle adj.
- Qui existe au moment présent.
- Effectif (par opposition à *virtuel*).

actuellement adv.
En ce moment. *Il est absent actuellement.*

acuité n. f.
- Intensité. *L'acuité d'une douleur.*
- Puissance de pénétration. *L'acuité auditive. Un jugement d'une grande acuité.*

acupuncteur ou **acuponcteur** n. m.
acupunctrice ou **acuponctrice** n. f.
Spécialiste de l'acupuncture.

acupuncture ou **acuponcture** n. f.
Traitement médical d'origine chinoise comportant la manipulation d'aiguilles.

acyclique adj.
Qui n'est pas cyclique.

A.D.A.C.
Sigle de **a**vion à **d**écollage et **a**tterrissage **c**ourts.
Note.- L'anglicisme « STOL » (short take-off and landing) est déconseillé.

adage n. m.
Sentence populaire, généralement ancienne. *Un vieil adage.*

adagio adv. et n. m.
- Attention à la prononciation [adadʒjo].
- **Adverbe.** Lentement.
- **Nom masculin.** Morceau de musique qui doit être exécuté lentement. *Des adagios magnifiques.*

adamantin, ine adj.
(Litt.) Qui a l'éclat du diamant.

adaptabilité n. f.
Caractère de ce qui est adaptable.

adaptable adj.
Qui peut être adapté.

adaptateur n. m.
adaptatrice n. f.
Personne qui adapte une œuvre pour le théâtre ou le cinéma.

adaptateur n. m.
Dispositif permettant d'adapter un objet à un autre usage que celui qui était prévu initialement. *Un adaptateur pour prises électriques.*

adaptation n. f.
Action d'adapter ; son résultat. *L'adaptation cinématographique d'un roman.*

adapter v. tr., pronom.
• **Transitif**
- Ajuster. *Adapter un conduit à un autre conduit.*
- Mettre en harmonie. *Le ton était bien adapté aux circonstances.*
- Présenter (une œuvre littéraire, musicale, etc.) sous une nouvelle forme.
• **Pronominal**
S'habituer. *Ces immigrants se sont adaptés très rapidement à leur nouveau mode de vie.*

A.D.A.V.
Sigle de **a**vion à **d**écollage et **a**tterrissage **v**erticaux.
Note.- L'anglicisme «VTOL» (vertical take-off and landing) est déconseillé.

addenda n. m. inv.
• Les lettres *en* se prononcent *in* [adɛ̃da].
• Mot latin signifiant «choses à ajouter».
• Notes, articles ajoutés à un ouvrage, à un document pour le compléter. *Il y a plusieurs* addenda *à inclure dans le contrat. Un addenda a été ajouté.*
Notes.-
1º Ce nom qui est un pluriel latin est invariable.
2º En typographie soignée, les mots étrangers sont composés en italique. Dans des textes déjà en italique, la notation se fait en romain. Pour les textes manuscrits, on utilisera les guillemets.

additif n. m.
Substance ajoutée à une autre pour en modifier les propriétés. *Un additif alimentaire jugé dangereux.*

addition n. f.
• Action d'ajouter ; ce qui est ainsi ajouté.
• (Math.) Première des quatre opérations fondamentales de l'arithmétique dont le symbole est le signe +.
• Total des dépenses effectuées au restaurant. *Régler l'addition.*
Note.- À l'hôtel, c'est une *note* et dans le commerce, une *facture.*

additionnel, elle adj.
Qui s'ajoute. *Une clause additionnelle.*
Note.- Ne pas confondre avec l'adjectif *supplémentaire* qui qualifie ce qui est ajouté à une chose déjà complète.

additionner v. tr.
• Totaliser. *Additionner 2 et 2. Additionner 25 à 100.*
Note.- Le verbe peut également se construire avec la préposition *avec. Additionner les résultats d'aujourd'hui avec ceux d'hier.*
• Ajouter une chose à une autre. *Le chef additionne le jus de fruits d'un peu de rhum.*

adduction n. f.
• Mouvement qui rapproche un membre de l'axe du corps.
• Action de dériver un fluide d'un lieu vers un autre. *Adduction d'eau, de gaz.*
Note.- Ne pas confondre avec *abduction* qui désigne le mouvement qui écarte un membre de l'axe du corps.

adén(o)- préf.
Élément du grec signifiant «glande».

adénite n. f.
Inflammation des ganglions lymphatiques.

adénome n. m.
Tumeur d'une glande.

adent n. m.
Assemblage de pièces de bois par entaille.

adepte n. m. et f.
• Membre d'un groupement.
• Partisan d'une doctrine.
Note.- Le mot *adepte* est souvent suivi d'un nom de doctrine, alors que le mot *disciple* peut être suivi d'un nom de personne. *Une adepte du libéralisme. Un disciple de Freud.*

adéquat, ate adj.
Approprié. *Ce calcul est adéquat, la réponse est juste.*
Note.- Cet adjectif est de niveau technique ; dans la langue courante, on pourra le remplacer par *juste, convenable, approprié.*

adéquation n. f.
Adaptation parfaite, équivalence.

adhérence n. f.
État d'un objet qui tient fortement à un autre.
Note.- Ne pas confondre avec le nom *adhésion* qui désigne un accord, une appartenance à une doctrine, à un parti.

adhérent, ente adj. et n. m. et f.
• **Adjectif.** Qui est fortement attaché. *Une branche adhérente au tronc.*
• **Nom masculin et féminin.** Membre d'un parti, d'une association. *Nous avons 500 adhérents.*
Note.- Ne pas confondre avec le participe présent invariable *adhérant. Les membres adhérant avant la fin du mois recevront un agenda.*

adhérer v. tr. ind.
• Le *é* se change en *è* devant une syllabe muette, sauf à l'indicatif futur et au conditionnel présent. *J'adhère,* mais *j'adhérerai.*
• Coller à. *Un revêtement qui adhère au mur.*
• Entrer dans un parti, souscrire à une idée, une opinion.
Note.- Le verbe se construit avec la préposition *à.*

adhésif, ive adj. et n. m.
• **Adjectif.** Collant. *Ruban adhésif.*
• **Nom.** Substance permettant de coller des surfaces.

adhésion n. f.
Accord, appartenance à une doctrine, à un parti.
Note.- Ne pas confondre avec le nom **adhérence** qui désigne l'état d'un objet qui tient fortement à un autre.

ad hoc loc. adj. inv.
• Locution latine signifiant « à cet effet ».
• Qui convient à la situation. *Un expert* ad hoc.
• Spécialement pour cela. *Une décision* ad hoc.
Note.- En typographie soignée, les mots étrangers sont composés en italique. Dans des textes déjà en italique, la notation se fait en romain. Pour les textes manuscrits, on utilisera les guillemets.

ad hominem loc. adj. inv.
Locution latine signifiant « vers l'homme », employée de nos jours au sens de « qui vise personnellement l'adversaire ». *Les arguments* ad hominem *ne seront pas tolérés.*
Note.- En typographie soignée, les mots étrangers sont composés en italique. Dans des textes déjà en italique, la notation se fait en romain. Pour les textes manuscrits, on utilisera les guillemets.

adieu interj. et n. m.
• **Interjection.** Formule servant à prendre congé. *Adieu !*
• **Nom masculin.** Fait de prendre congé. *Faire ses adieux. Elle est partie sans adieu.*

à-Dieu-va(t) loc. interj.
Locution signifiant « À la grâce de Dieu ! »

adipeux, euse adj.
Qui renferme de la graisse. *Les tissus adipeux.*

adiposité n. f.
Accumulation de graisse dans les tissus.

adjacent, ente adj.
Qui est proche, contigu. *Des immeubles adjacents.*

adjectif n. m.
V. Tableau - **ADJECTIF.**

adjectif, ive ou **adjectival, ale, aux** adj.
Qui a une valeur d'adjectif. *Une locution adjective* ou *adjectivale.*

adjectif de couleur
V. Tableau - **COULEUR (ADJECTIFS DE).**

adjectivement adv.
Avec la valeur d'un adjectif.

adjectiver ou **adjectiviser** v. tr.
Utiliser comme adjectif.

adjoindre v. tr., pronom.
• *J'adjoins, tu adjoins, il adjoint, nous adjoignons, vous adjoignez, ils adjoignent. J'adjoignais. J'adjoignis. J'adjoindrai. J'adjoindrais. Adjoins, adjoignons, adjoignez. Que j'adjoigne. Que j'adjoignisse. Adjoignant. Adjoint, adjointe.*
• Les lettres *gn* sont suivies d'un *i* à la première et à la deuxième personne du pluriel de l'indicatif imparfait et du subjonctif présent. *(Que) nous adjoignions, (que) vous adjoigniez.*
• **Transitif.** Associer une personne à une autre. *Elle adjoindra un graphiste à l'équipe.*

• **Pronominal.** Prendre comme collaborateur. *Il s'est adjoint une informaticienne.*
Note.- Ce verbe s'emploie surtout en parlant des personnes.

adjoint adj. et n. m.
adjointe adj. et n. f.

• Personne qui en seconde une autre dans ses fonctions. *Son adjoint est compétent. Elle est adjointe au directeur commercial.*
Note.- Les titres administratifs s'écrivent avec une minuscule.
• **Adjoint + adjectif.** Le nom *adjoint* suivi d'un adjectif s'écrit sans trait d'union. *Une adjointe administrative, des adjoints techniques.*
• **Désignation de fonction + adjoint** (fonction administrative). Le mot *adjoint* apposé à un nom de profession s'écrit sans trait d'union. *La directrice adjointe. Les secrétaires adjoints.*
Notes.-
1° Comme adjectif, le mot *adjoint* se construit avec la préposition *à. Elle est adjointe au directeur général.* Comme nom, le mot *adjoint* se construit avec la préposition *de. Consultez l'adjoint de M. Legrand, directeur des ressources humaines.*
2° Le mot *adjoint* est utilisé généralement pour des fonctions de nature administrative alors que le mot *aide* s'emploie surtout pour des tâches d'exécution ou pour un travail matériel.
3° La place du nom *adjoint* est déterminante pour son sens : il y a une distinction importante entre le titre de *directeur adjoint* et celui de *adjoint du directeur.* En effet, en l'absence du directeur, c'est le *directeur adjoint* qui dirigera, alors que l'*adjoint* seconde le directeur dans certaines de ses tâches.
V. **aide.**

---

adjonction n. f.
Action d'adjoindre.

adjudant n. m.
Sous-officier.

adjudant-chef n. m.
Sous-officier. *Des adjudants-chefs.*

adjudicataire n. m. et f.
Bénéficiaire d'une adjudication. *L'adjudicataire d'un marché.*

adjudicateur, trice n. m. et f.
Personne qui met en adjudication.

adjudication n. f.
Attribution d'un marché au mieux-disant (au plus offrant ou à celui qui demande le prix le moins élevé, selon le cas).

adjuger v. tr., pronom.
• Le *g* est suivi d'un *e* devant les lettres *a* et *o. Il adjugea, nous adjugeons.*
• **Transitif.** Attribuer par adjudication. *Adjugé ! L'article est vendu à cette personne.*
• **Pronominal.** S'attribuer. *Il s'adjuge toujours le travail le plus intéressant.*

ADJECTIF

On distingue généralement deux grandes catégories d'adjectifs.

— Les **adjectifs qualificatifs, adverbiaux** et **verbaux.**

— Les **adjectifs déterminatifs**

- **adjectifs démonstratifs**
- **adjectifs possessifs**
- **adjectifs numéraux**
- **adjectifs relatifs**
- **adjectifs interrogatifs et exclamatifs**
- **adjectifs indéfinis.**

ADJECTIFS QUALIFICATIFS, ADVERBIAUX ET VERBAUX

1. Adjectifs qualificatifs

Adjectifs qui expriment une qualité des êtres ou des objets désignés par le nom auquel ils se rapportent et avec lequel ils s'accordent.

Une belle pomme, une grande fille, une table ronde, des roses odorantes, de vieilles photos.

Pour le féminin et le pluriel des adjectifs, on consultera l'entrée spécifique de l'adjectif désiré.

Accord de l'adjectif qualificatif

De façon générale, l'adjectif s'accorde en genre et en nombre avec le nom auquel il se rapporte.

Cas particuliers

- Avec plusieurs noms au singulier, l'adjectif se met au pluriel.
  Un fruit et un légume mûrs. Une pomme et une orange juteuses.

- Avec plusieurs noms de genre différent, l'adjectif se met au masculin pluriel.
  Une mère et un fils avisés.

- Avec des mots séparés par *ou*, l'adjectif s'accorde avec le dernier, si l'un des mots exclut l'autre.
  Il est d'une naïveté ou d'une perversité singulière.

- Avec un nom complément d'un autre nom, l'adjectif s'accorde selon le sens.
  Une coupe d'or ciselée ou ciselé.

- Avec un nom collectif, l'adjectif s'accorde avec le collectif ou son complément, selon le sens.
  La majorité des élèves sont malades. Ce groupe de touristes est polyglotte.
  V. Tableau - **COLLECTIF.**

- Les adjectifs de couleur de forme simple s'accordent en genre et en nombre, alors que les adjectifs composés et les noms employés comme adjectifs restent invariables.
  Des robes bleues, des costumes noirs. Une jupe vert forêt. Des écharpes tangerine, des foulards turquoise ou kaki.

  V. Tableau - **COULEUR (ADJECTIFS DE).**

Degrés de signification

Les adjectifs qualificatifs peuvent s'employer :

- au positif   — qualité énoncée   *La rose est belle.*

• au comparatif	— supériorité — égalité — infériorité	*La rose est plus belle que l'iris.* *La rose est aussi belle que l'iris.* *La rose est moins belle que l'iris.*
• au superlatif relatif	— supériorité — infériorité	*La rose est la plus belle de toutes.* *La rose est la moins belle de toutes.*
• au superlatif absolu	— supériorité — infériorité	*La rose est très belle.* *La rose est très peu belle.*

2. Adjectifs adverbiaux

Adjectifs employés comme adverbes, ils sont invariables.

> *Haut les mains! Ces produits coûtent cher. Cela sonne faux. Ils vont vite.*

3. Adjectifs verbaux

Adjectifs qui ont la valeur de simples qualificatifs, ils s'accordent en genre et en nombre avec le nom déterminé.

> *Des îles flottantes. Une soirée dansante à la nuit tombante.*

Note. — Il ne faut pas confondre l'adjectif verbal et le participe présent. Alors que le participe présent, toujours invariable, exprime une action ponctuelle coïncidant avec l'action du verbe qu'il accompagne, l'adjectif verbal traduit un état, sans délimitation dans le temps.

> *Négligeant leur rôle d'arbitres, ils ont pris parti pour nos adversaires. Ces arbitres négligents seront congédiés.*
> *Les articles vendus équivalant à plusieurs milliers, le chiffre d'affaires est excellent. Il faut acheter des quantités équivalentes à celles de l'an dernier.*

Certains verbes ont un participe présent et un adjectif verbal dont l'orthographe est différente.

Participe présent	Adjectif verbal	Participe présent	Adjectif verbal
adhérant	adhérent	fatiguant	fatigant
convainquant	convaincant	intriguant	intrigant
divergeant	divergent	négligeant	négligent
équivalant	équivalent	provoquant	provocant
excellant	excellent	suffoquant	suffocant

V. Tableau - **PARTICIPE PRÉSENT.**
V. Tableau - **DÉMONSTRATIF (ADJECTIF).**
V. Tableau - **POSSESSIF (ADJECTIF).**
V. Tableau - **NUMÉRAL (ADJECTIF).**
V. Tableau - **RELATIF (ADJECTIF).**
V. Tableau - **INTERROGATIF ET EXCLAMATIF (ADJECTIF).**
V. Tableau - **INDÉFINI (ADJECTIF).**
V. Tableau - **PLURIEL DES ADJECTIFS.**

---

adjuration n.f.
Prière instante, supplication.
Note.- Ne pas confondre avec *abjuration* qui désigne une renonciation solennelle à la religion professée.

adjurer v. tr.
Supplier.

adjuvant, ante adj. et n. m.
• Se dit d'un produit qui seconde l'action d'un médicament. *Des traitements adjuvants.*
• Additif. *Les adjuvants du plâtre.*

ad lib.
Abréviation de *ad libitum*.

ad libitum loc. adv.
• Abréviation *ad lib.* (s'écrit avec un point final).
• Attention à la prononciation [adlibitɔm].
• Locution latine signifiant « au choix ».
Note.- En typographie soignée, les mots étrangers sont composés en italique. Dans des textes déjà en italique, la notation se fait en romain. Pour les textes manuscrits, on utilisera les guillemets.

admettre v. tr.
• *J'admets, tu admets, il admet, nous admettons, vous admettez, ils admettent. J'admettais. J'admis. J'admettrai. J'admettrais. Admets, admettons, admettez. Que j'admette. Que j'admisse. Admettant. Admis, ise.*
• Recevoir dans une école, une classe ; considérer comme ayant satisfait aux épreuves d'un examen. *Élève admis dans la classe supérieure.*
- **Admettre** + infinitif. Autoriser. *Elle a été admise à présenter une demande.*
Note.- Suivi d'un infinitif, le verbe se construit avec la préposition **à**.
- **Admettre** + lieu. Recevoir, accepter dans un lieu, dans un groupe. *Cet immigrant a été admis dans le pays de son choix. Ces pratiques ne sont pas admises en France.*
Note.- Le verbe se construit avec les prépositions **dans, en** lorsqu'il est suivi d'un complément de lieu.
• Considérer comme vrai. *J'admets qu'il a raison. Il n'admet pas que son collègue ait raison.*
Note.- À la forme affirmative, le verbe se construit avec l'indicatif ou le subjonctif ; à la forme négative, il se construit avec le subjonctif.

administrateur n. m.
administratrice n. f.
• Personne chargée de l'administration (de biens, d'une entreprise).
• Membre d'un conseil d'administration.

administratif, ive adj.
Relatif à l'administration. *Des règles administratives.*

administration n. f.
Action d'administrer.
Note.- Le mot **administration** prend la majuscule quand il désigne l'ensemble des services publics. *L'Administration a adopté un budget pour le nouvel exercice.*

administrativement adv.
Par la voie administrative.

administrer v. tr.
Diriger, gérer les affaires publiques ou privées.

admirable adj.
Digne d'admiration.

admirablement adv.
De façon admirable.

admirateur, trice n. m. et f.
Qui admire.

admiratif, ive adj.
Qui exprime l'admiration. *Un regard admiratif.*

admiration n. f.
Sentiment ressenti à l'égard de ce qui est noble, beau. *Ce tableau soulève l'admiration de tous.*

admirativement adv.
Avec admiration.

admirer v. tr.
• Éprouver de l'admiration pour (ce qui est beau, grand). *Ils admirent cette magnifique forêt.*
• (Iron.) S'étonner. *J'admire ton inconscience. Il admire qu'on puisse être naïf à ce point.*

Notes.-
1° En ce dernier sens, le verbe se construit au subjonctif.
2° À la forme passive, le verbe se construit avec les prépositions **de** ou **par**. *Elle est admirée de ses collègues. Il est admiré par tous les électeurs.*

admissibilité n. f.
Fait d'être admissible (à un examen, à un concours). *Les critères d'admissibilité sont très stricts. Une liste d'admissibilité.*

admissible adj.
• Acceptable. *Ce prétexte n'est pas admissible.*
• Qui, après avoir réussi les épreuves écrites, est admis à passer les épreuves orales d'un examen. *Un candidat admissible.*

admission n. f.
• Action d'admettre (quelqu'un). *Une demande d'admission.*
• Fait d'être admis. *Liste d'admission à un concours.*

admonestation n. f.
(Litt.) Réprimande sévère.

admonester v. tr.
(Litt.) Réprimander sévèrement.

A.D.N.
Sigle de **acide désoxyribonucléique**.
Note.- L'anglicisme « DNA » (desoxyribonucleic acid) est déconseillé.

adolescence n. f.
Âge compris entre la puberté et l'âge adulte.

adolescent, ente n. m. et f.
Celui, celle qui a l'âge de l'adolescence.

adonis n. m. et f.
• Le **s** se prononce [adɔnis].
• **Nom masculin.** (Litt.) Beau jeune homme.
• **Nom féminin.** Plante à larges fleurs rouges ou jaunes.

adonner (s') v. pronom.
Se livrer à. *S'adonner à la musique. S'adonner à la boisson.*
Note.- Le verbe se construit avec la préposition **à**.

adopter v. tr.
• Prendre pour fils, pour fille dans les formes reconnues par la loi.
• (Fig.) Faire sien par choix, par décision. *Nous avons adopté sa façon de procéder.*
• Approuver par un vote. *Ce règlement a été adopté récemment.*

adoptif, ive adj.
• Qui a été adopté. *Un enfant adoptif.*
• Qui a adopté légalement. *Une mère adoptive.*

adoption n. f.
Action d'adopter.

adorable adj.
Charmant, très agréable.

adorablement adv.
De façon adorable.

adoration n. f.
• Action d'adorer.
• Amour extrême.

adorer v. tr.
• Rendre un culte à (Dieu, une divinité). *Les chrétiens adorent Dieu.*
• Aimer beaucoup, idolâtrer. *Ses enfants l'adorent.*
• Apprécier vivement (quelque chose). *Elle adore la musique.*
Note.- À la forme passive, au sens de «rendre un culte», le verbe se construit avec la préposition *par*. *Un Dieu adoré par les chrétiens.* Au sens d'«aimer, d'apprécier», le verbe se construit plutôt avec la préposition *de*. *Elle est adorée de ses élèves.*

adossement n. m.
État de ce qui est adossé, fait d'être adossé.

adosser v. tr., pronom.
• **Transitif.** Placer une personne, une chose contre un appui.
Note.- Le verbe se construit avec *à*, parfois avec *contre*. *La chaise est adossée à la cloison, contre la cloison.*
• **Pronominal.** S'appuyer. *Il s'adossa contre le mur.*

adoubement n. m.
Cérémonie au cours de laquelle un homme était armé chevalier, au Moyen Âge.

adouber v. tr.
Armer chevalier par l'adoubement, au Moyen Âge.

adoucir v. tr., pronom.
• **Transitif**
- Rendre plus doux, polir. *Ce produit adoucit la peau.*
- (Fig.) Rendre moins rude. *Adoucir le ton.*
• **Pronominal**
Devenir plus doux. *En vieillissant, il s'adoucit.*

adoucissant, ante adj.
Qui adoucit. *Une lotion adoucissante.*

adoucissement n. m.
Action d'adoucir, fait de s'adoucir.

adoucisseur n. m.
Appareil destiné à adoucir l'eau.

ad patres loc. adv.
• Le *s* se prononce [adpatrɛs].
• Locution latine signifiant «vers les ancêtres», qu'on utilise familièrement de nos jours au sens de «dans l'autre monde». *Envoyer quelqu'un ad patres.*
Note.- En typographie soignée, les mots étrangers sont composés en italique. Dans des textes déjà en italique, la notation se fait en romain. Pour les textes manuscrits, on utilisera les guillemets.

adragante n. f.
Résine utilisée en pharmacie, en pâtisserie, etc.

adrénaline n. f.
Hormone sécrétée par les glandes surrénales.

adressage n. m.
(Inform.) Action d'adresser.

adresse n.f.
• Indication du nom et du domicile d'une personne, du siège d'un établissement. *Un carnet d'adresses.*
V. Tableau - **ADRESSE.**
• Habileté. *Un tour d'adresse.*
• (Inform.) Expression numérique définissant l'emplacement d'une information dans une mémoire électronique.

adresser v. tr., pronom.
• **Transitif**
- Faire parvenir à l'adresse de quelqu'un. *Adresser des colis à ses amis.*
- Dire à quelqu'un. *Adresser des reproches.*
- (Inform.) Pourvoir une information d'une adresse.
• **Pronominal**
- Prendre la parole. *Le président s'adressera aux électeurs.*
- Être destiné à (quelqu'un). *Cette recommandation ne s'adresse pas à vous.*

adroit, oite adj.
Habile.

adroitement adv.
Avec adresse, habileté.

adsorption n. f.
Rétention d'un liquide, d'un gaz.
Note.- Ne pas confondre avec le mot *absorption* qui désigne la pénétration d'un liquide, d'un gaz.

adulateur, trice n. m. et f.
(Litt.) Personne qui flatte à l'excès.

adulation n. f.
(Litt.) Flatterie excessive.

aduler v. tr.
(Litt.) Combler de flatteries.

adulte adj. et n. m. et f.
• **Adjectif.** Qualifie un être vivant dont la croissance est terminée. *Un chien adulte.*
• **Nom masculin et féminin.** Personne qui a terminé sa croissance et qui est parvenue à la maturité (physique, intellectuelle et affective).

adultère adj. et n. m. et f.
• **Adjectif.** Coupable d'adultère.
• **Nom masculin et féminin.** Personne adultère.
• **Nom masculin.** Infidélité conjugale.

adultérin, ine adj.
Né d'un adultère. *Enfant adultérin.*

ad valorem loc. adj. inv.
• Le *m* se prononce [advalɔrɛm].
• Locution latine signifiant «d'après la valeur». Fondé sur la valeur d'un produit. *Des droits ad valorem.*
Note.- En typographie soignée, les mots étrangers sont composés en italique. Dans des textes déjà en italique, la notation se fait en romain. Pour les textes manuscrits, on utilisera les guillemets.

advenir v. intr.
• *Il advient. Il advenait. Il advint. Il adviendra. Il adviendrait. Qu'il advienne. Qu'il advînt. Advenant. Advenu, ue.*

ADRESSE

Le libellé de l'adresse est soumis à des règles précises.

• La **désignation** du destinataire comprend un titre de civilité (le plus souvent **Monsieur** ou **Madame**) suivi du prénom (abrégé ou non) et du nom de la personne. *Madame Laurence Tilleul.*

• La **destination** comporte l'indication du numéro suivi d'une virgule, de l'odonyme (**avenue, rue, boulevard, place, carrefour, quai, impasse, cour, esplanade,** etc.) inscrit en minuscules et du nom de la voie publique. Dans la mesure du possible, on évitera d'abréger les adjectifs **Saint, Sainte** en **St, Ste**. S'il y a lieu, on inscrira le numéro du bâtiment ou du bureau.

 837, avenue des Champs-Élysées
 55, place de Cambray
 234, quai Henri-IV, bâtiment 12
 105, bd Saint-Michel, bureau 302

• Dans certains pays, les noms de rue peuvent comprendre la mention d'un **point cardinal** : celui-ci s'écrit avec une majuscule à la suite du nom spécifique de la voie publique. *555, bd René-Lévesque Ouest.*

• Pour un document adressé à un **bureau de poste**, on inscrira *boîte postale* dont l'abréviation est **B.P.**

• La mention du *code postal* est obligatoire. Constitué de cinq chiffres, ce code précède le nom de la ville, de la localité ; il doit figurer sur toute adresse afin de permettre le tri automatique. *66000 Perpignan.*

• Le nom de la **ville** s'écrit au long en minuscules (avec majuscule initiale) ou en majuscules. *Bruxelles, PARIS.*

• Pour les lettres adressées à l'**étranger**, il est préférable d'inscrire le nom du pays en majuscules et de le souligner.

 Time Magazine
 541 North Fairbanks Court
 Chicago
 Illinois
 <u>*États-Unis*</u> *60611-333*

• Les diverses **mentions** susceptibles d'être inscrites sur l'enveloppe afin de préciser le type d'envoi ou d'en limiter la diffusion sont au masculin singulier.

 Recommandé Personnel Confidentiel.

• Arriver par hasard, survenir. *Quoi qu'il advienne.*
Note.- Ce verbe ne s'emploie plus qu'à la troisième personne, à l'infinitif et aux participes présent et passé. *Il advint que la pluie tomba pendant 40 jours.*
• *Advenant.* Dans le cas où. *Advenant la disparition du propriétaire, la maison reviendrait à ses héritiers.*
Note.- Ce participe s'emploie surtout dans la langue juridique.
• *Advienne que pourra.* Quoi qu'il arrive.
Note.- Le verbe *advenir* se conjugue avec l'auxiliaire *être*.

adverbe n. m.
V. Tableau - **ADVERBE.**

adverbial, iale, iaux adj.
Qui a le caractère de l'adverbe. *Une locution adverbiale.*

adverbialement adv.
À la manière d'un adverbe.

adversaire n. m. et f.
• Concurrent, rival. *C'est un redoutable adversaire.*
• Personne hostile à (une idée, une doctrine, etc.). *Ce sont des adversaires du libre-échange.*

adverse adj.
• (Litt.) Opposé. *Les camps adverses.*
• (Dr.) *Partie adverse.* Partie contre laquelle on plaide.

adversité n. f.
(Litt.) Infortune, malheur.

ad vitam æternam loc. adv.
• Les lettres **æ** se prononcent **é** [advitametɛrnam].
• Locution latine signifiant «pour la vie éternelle», utilisée familièrement aujourd'hui avec le sens de «pour toujours», «à perpétuité». *Il s'est installé ici ad vitam æternam, semble-t-il.*
Note.- En typographie soignée, les mots étrangers sont composés en italique. Dans des textes déjà en italique, la notation se fait en romain. Pour les textes manuscrits, on utilisera les guillemets.

ADVERBE

L'adverbe est un mot invariable qui se joint à un autre mot pour en modifier ou en préciser le sens.

Il peut ainsi compléter :

— un verbe	*Il dessine bien.*
— un adjectif	*Une maison trop petite.*
— un autre adverbe	*Elle chante tellement mal.*
— un nom	*Un roi vraiment roi.*

Les adverbes peuvent exprimer :

— la manière	*tendrement*
— le lieu	*derrière*
— le temps	*demain*
— la quantité	*beaucoup*
— l'affirmation	*certainement*
— la négation	*nullement*
— le doute	*peut-être*

Note. — La locution adverbiale est composée de plusieurs mots et joue le même rôle que celui de l'adverbe.

• LES ADVERBES DE MANIÈRE

Comment ?

bon	ainsi	prudemment
beau	bien	calmement
cher	comment	doucement
faux	exprès	méchamment
fort	gratis	gravement
juste...	mal...	la plupart des adverbes en **-ment**.

• LES ADVERBES ORDINAUX

Dans quel ordre ?

auparavant	premièrement	primo
d'abord	deuxièmement	secundo
dernièrement	troisièmement	tertio
de suite	quatrièmement	quarto
ensuite	cinquièmement	quinto
successivement...	sixièmement...	sexto...

• LES ADVERBES DE LIEU

Où ?

à droite	en bas	en haut	nulle part
à gauche	(en) dedans	hors	(par) derrière
ailleurs	(en) dehors	ici	(par) devant
au-delà	(en) dessous	là	partout
devant	(en) dessus	loin	près...

• LES ADVERBES DE TEMPS

Quand ?

antérieurement	demain	jadis	souvent
après	dernièrement	naguère	tantôt
aujourd'hui	désormais	parfois	tard
auparavant	dorénavant	postérieurement	tôt
autrefois	encore	puis	toujours
avant-hier	ensuite	soudain	tout à l'heure
bientôt	hier	sous peu	tout de suite...

Pendant combien de temps?

> brièvement
> longtemps...

Depuis combien de temps?

> depuis longtemps
> depuis peu...

● **LES ADVERBES DE QUANTITÉ**

Combien?

assez	plus
autant	tant
beaucoup	tellement
davantage	tout
entièrement	très
moins	trop...

Jusqu'à quel point?

à demi	plus ou moins
à peine	presque
à peu près	seulement
beaucoup	suffisamment
environ	tellement
pas du tout	tout à fait...

● **LES ADVERBES D'AFFIRMATION**

à la vérité	d'accord	précisément
assurément	en vérité	sans doute
certainement	justement	si
certes	oui	vraiment...

● **LES ADVERBES DE NÉGATION**

aucunement	ne...goutte
en aucune façon	ne...guère
non	ne...pas
nullement	ne...plus
pas du tout	ne...point
ne	ne...rien...

● **LES ADVERBES DE DOUTE**

à peu près	par hasard
apparemment	peut-être
environ	probablement...

aération n. f.
Action d'aérer; son résultat. *L'aération de ces locaux laisse à désirer.*

aéré, ée adj.
Où l'air circule facilement. *Une pièce bien aérée.*

aérer v. tr., pronom.
● Le *é* se change en *è* devant une syllabe muette, sauf à l'indicatif futur et au conditionnel présent. *J'aère,* mais *j'aérerai.*
● Donner de l'air, exposer à l'air. *Elle aère ses draps.*
● (Fig.) Rendre moins dense, moins lourd. *Aérer un texte.*

aérien, ienne adj.
● Qui appartient à l'air. *L'espace aérien d'un pays.*
● Relatif à l'aviation. *Le transport aérien.*

aéro- préf.
● Élément du grec signifiant « air ».
● Les mots composés avec le préfixe *aéro-* s'écrivent sans trait d'union, à l'exception du nom *aéro-club. Aérogare. Aéroport.*

aérobie adj. et n. m.
● **Adjectif.** Qualifie un micro-organisme qui a besoin d'oxygène pour se développer. *Une bactérie aérobie.*
● **Nom masculin.** Micro-organisme ayant besoin d'oxygène pour se développer. *Le streptocoque est un aérobie.*
Note.- Attention au genre masculin de ce nom: *un* aérobie.
Ant. **anaérobie.**

aéro-club n. m.
Club réunissant des amateurs d'activités aéronautiques. *Des aéro-clubs.*

Note.- Contrairement aux autres mots composés avec le préfixe **aéro-**, ce nom s'écrit avec un trait d'union.

aérodrome n. m.
Terrain aménagé pour le décollage et l'atterrissage des avions.
Note.- Ne pas confondre avec le nom **aérogare** qui désigne l'ensemble des bâtiments d'un aéroport.

aérodynamique adj. et n. f.
● **Adjectif**
- Qui a un profil réduisant au minimum la résistance à l'air. *Un design aérodynamique.*
- Relatif à la résistance de l'air.
● **Nom féminin**
Étude des lois de la résistance opposée par l'air aux corps dans leur mouvement.

aérogare n. f.
Ensemble des bâtiments d'un aéroport.
Note.- Ne pas confondre avec le nom **aérodrome** qui désigne un terrain aménagé pour le décollage et l'atterrissage des avions.

aéroglisseur n. m.
Véhicule de transport se déplaçant sans frottement grâce à un coussin d'air injecté sous lui.

aérogramme n. m.
Lettre acheminée par avion à un tarif forfaitaire.

aérolite ou **aérolithe** n. m.
(Vx) Météorite.

aéronautique adj. et n. f.
● **Adjectif.** Relatif à la navigation aérienne.
● **Nom féminin.** Science et technique de la navigation aérienne.
Note.- Ne pas confondre avec l'**astronautique** qui étudie la navigation spatiale, au-delà de l'atmosphère.

aéronef n. m.
(Adm.) Tout appareil capable de se déplacer dans les airs.
Note.- Attention au genre masculin de ce nom : *un* aéronef, malgré le mot **nef** qui est féminin.

aérophagie n. f.
Pénétration d'air dans l'œsophage et dans l'estomac.

aéroplane n. m.
(Vx ou iron.) Avion.

aéroport n. m.
Ensemble des installations (aérodrome, aérogare, etc.) nécessaires à la circulation aérienne d'une ville ou d'une région. *Rendez-vous à l'aéroport* (et non l'* aéroport).

aéroporté, ée adj.
Transporté par avion et parachuté sur l'objectif. *Des troupes aéroportées.*

aéroportuaire adj.
D'un aéroport.

aéropostal, ale, aux adj.
Relatif à la poste aérienne.

aérosol adj. inv. et n. m.
● **Adjectif invariable**
Qui pulvérise un produit en fines particules. *Des bombes aérosol.*
● **Nom masculin**
- Suspension de particules très fines, dans un gaz.
- Appareil servant à pulvériser les particules d'un liquide dans l'air. *Produit insecticide vendu en aérosol.*

aérospatial, iale, iaux adj.
Relatif aux domaines aéronautique et spatial. *Des engins aérospatiaux.*

affabilité n. f.
Amabilité, politesse.

affable adj.
Aimable et poli. *Être affable envers ses bienfaiteurs, avec tous et chacun.*

affablement adv.
(Litt.) Avec affabilité.

affabulation n. f.
Arrangement de faits imaginaires pour constituer une œuvre.
Note.- Ne pas confondre avec le mot **fabulation** qui désigne un récit imaginaire présenté comme vrai.

affabuler v. intr.
Composer une œuvre de fiction.

affacturage n. m.
Transfert des créances d'une entreprise à une société financière qui se charge d'en assurer le recouvrement.
Note.- L'anglicisme **factoring** est déconseillé.

affadir v. tr.
Priver de saveur, au sens propre et au sens figuré.

affadissement n. m.
Perte de saveur.

affaiblir v. tr., pronom.
● **Transitif.** Rendre faible. *Il est affaibli par la privation.*
● **Pronominal.** Devenir faible. *Elles se sont affaiblies.*

affaiblissement n. m.
Fait de s'affaiblir ; état qui en résulte.

affaire n.f.
● Tout ce qui est à faire ; occupation. *Mêlez-vous de vos affaires.*
● Entreprise. *Gérer une affaire.*
- *Avoir affaire à quelqu'un.* Être en rapport avec lui.
Note.- On écrit plus souvent **avoir affaire** que **avoir à faire** sans changement de sens, sauf dans le cas où la locution a un complément d'objet direct. *Elle a à faire une dissertation* (on peut à ce moment inverser les mots) *Elle a une dissertation à faire. Il a affaire à forte partie.*
- *En faire son affaire.* S'en charger. *J'en fais mon affaire : vous l'aurez à temps.*
- *Être à son affaire.* Se plaire à ce que l'on fait.
- *Faire l'affaire.* Convenir. *Ces articles feront l'affaire.*
- *Tirer d'affaire.* Aider, secourir. *Nous l'avons tiré d'affaire.*
- *Une affaire de.* Une question de. *C'est une affaire de goût.*
Note.- Dans ces expressions, le nom **affaire** est au singulier.

• (Au plur.) Opérations financières, commerciales. *Un homme, une femme d'affaires.*
- ***Chiffre d'affaires***. Total des ventes d'un exercice financier.
- ***Toutes affaires cessantes***. Immédiatement.

affairé, ée adj.
Qui est ou paraît très occupé.

affairement n. m.
Fait d'être affairé.

affairer (s') v. pronom.
Être ou paraître occupé à plusieurs tâches.

affairisme n. m.
(Péj.) Spéculation.

affairiste n. m. et f.
(Péj.) Spéculateur.

affaissement n. m.
Écroulement.

affaisser (s') v. pronom.
S'effondrer.

affaler v. tr., pronom.
• **Transitif.** Faire échouer (un bateau).
• **Pronominal.** Se laisser tomber lourdement. *Ils s'étaient affalés sur la banquette.*

affamé, ée adj. et n. m. et f.
• Qui souffre de la faim. *Je suis affamée, mais j'attendrai l'heure du repas.*
• (Fig.) Avide. *Il est affamé de pouvoir.*

affamer v. tr.
Priver de nourriture.

affect n. m.
• Le *c* et le *t* se prononcent [afɛkt].
• État affectif élémentaire. *Un affect inadéquat.*

affectation n. f.
• Destination à un usage spécifique. *Affectation d'une somme à une dépense.*
• Désignation à une fonction, à un poste. *L'affectation de cette personne à ce poste est provisoire.*
• Manque de naturel.
Note.- Ne pas confondre avec le mot **affection** qui désigne un sentiment, un attachement.

affecté, ée adj.
Qui n'est pas naturel.

affecter v. tr., pronom.
• **Transitif**
- Nommer, destiner à un usage particulier. *Ces nouveaux employés seront affectés à la gestion des approvisionnements.*
- Feindre. *Elle affecte l'étonnement.*
- Toucher. *Ce départ l'a beaucoup affecté.*
• **Pronominal** + **de, de ce que**
Souffrir de. *Il s'affectait de son indifférence.*

affectif, ive adj.
Qui concerne les sentiments.
Note.- Ne pas confondre avec l'adjectif ***affectueux*** qui qualifie la personne qui est tendre, qui témoigne de l'affection.

affection n. f.
• Attachement.
Note.- Ne pas confondre avec le mot **affectation** qui désigne un manque de naturel.
• Maladie.
Note.- Ne pas confondre avec le mot **infection** qui désigne une contamination par des agents pathogènes. *Le cancer est une grave affection, mais ne constitue pas une infection.*

affectionner v. tr.
Aimer avec affection, s'intéresser ardemment à quelque chose. *Il affectionne la musique ancienne.*

affectivité n. f.
Ensemble des phénomènes affectifs.

affectueusement adv.
De façon affectueuse.

affectueux, euse adj.
Tendre.

afférent, ente adj.
• (Dr.) Qui revient à. *La part afférente à un héritier.*
• (Dr.) Qui se rattache à. *Les addenda afférents à ce contrat doivent être étudiés. Vous trouverez ci-joint le contrat et les documents y afférents.*
Notes.-
1° La construction avec *y* est archaïque et ne s'emploie plus que dans la langue juridique ou administrative.
2° L'adjectif verbal s'accorde en genre et en nombre avec le nom auquel il se rapporte.

affermage n. m.
Location d'un bien rural.

affermer v. tr.
Donner un bien rural en location.

affermir v. tr.
• Rendre plus ferme.
• (Fig.) Consolider.

affermissement n. m.
Action d'affermir; son résultat.

afféterie ou **affèterie** n. f.
(Litt.) Affectation.

affichage n. m.
• Action d'afficher; son résultat.
• Visualisation de données. *Affichage numérique.*

affiche n. f.
Avis officiel, publicitaire, etc. placardé dans un lieu public.

afficher v. tr., pronom.
• **Transitif**
- Apposer une affiche.
- Annoncer au moyen d'affiches.
- (Fig.) Montrer avec ostentation. *Il affiche le plus grand désintéressement.*
• **Pronominal**
Se montrer ostensiblement avec quelqu'un.

affichiste n. m. et f.
Dessinateur d'affiches.

affidavit n. m.
• Le *t* se prononce [afidavit].
• Déclaration relative à des valeurs mobilières étrangères. *Des affidavits.*

affidé, ée adj. et n. m.
(Péj.) Acolyte.

affilage n. m.
Action d'affiler.

affilée (d') loc. adv.
Sans interruption. *Elle a travaillé pendant dix heures d'affilée.*

affiler v. tr.
Aiguiser. *Une lame bien affilée.*
Note.- Ne pas confondre avec le verbe *effiler* qui signifie « défaire fil à fil ».

affiliation n. f.
Action d'affilier ; son résultat.

affilier v. tr., pronom.
• Redoublement du *i* à la première et à la deuxième personne du pluriel de l'indicatif imparfait et du subjonctif présent. *(Que) nous affiliions, (que) vous affiliiez.*
• **Transitif.** Admettre dans une association.
• **Pronominal.** Adhérer à une association.
Note.- Le verbe se construit avec la préposition *à*.

affinage n. m.
Action d'affiner.

affinement n. m.
Fait de s'affiner.

affiner v. tr., pronom.
• **Transitif.** Rendre plus fin, plus pur. *Affiner de l'or.*
• **Pronominal.** Devenir plus fin. *Son visage s'est affiné.*

affinité n. f.
Rapport de conformité, de parenté, d'harmonie.

affirmatif, ive adj. et adv.
• **Adjectif.** Qui exprime une affirmation. *Il déclare de façon affirmative qu'il a vu l'assassin.*
• **Adverbe.** Oui, dans la langue des militaires, des pilotes. *L'objectif est-il en vue ? Affirmatif.*
Ant. **négatif.**

affirmation n. f.
Action d'affirmer.
Ant. **négation.**

affirmativement adv.
De façon affirmative. *Répondre affirmativement.*

affirmer v. tr., pronom.
• **Transitif.** Déclarer, assurer qu'une chose est vraie. *Il affirme qu'il a vu l'assassin.*
• **Pronominal.** Se définir. *Elle s'affirme comme une architecte très novatrice.*

affixe n. m.
(Ling.) Élément qui s'ajoute à un mot pour en modifier le sens. *Les préfixes, les suffixes sont des affixes.*

affleurement n. m.
Action de mettre au niveau.

affleurer v. tr., intr.
• **Transitif.** Arriver à toucher. *La mer affleure la jetée.*
Note.- Ne pas confondre avec le verbe *effleurer* qui désigne l'action de toucher à peine.
• **Intransitif.** Apparaître à la surface. *Des récifs qui affleurent.*

afflictif, ive adj.
(Dr.) Qui frappe directement le criminel. *Peine afflictive.*

affliction n. f.
(Litt.) Peine profonde.
Note.- Ne pas confondre avec les mots suivants :
- *chagrin*, tristesse ;
- *consternation*, grande douleur morale ;
- *douleur*, souffrance physique ou morale ;
- *peine*, douleur morale ;
- *prostration*, abattement causé par la douleur.

affligeant, ante adj.
Qui cause de la peine, pénible. *Une situation affligeante.*

affliger v. tr., pronom.
• Le *g* est suivi d'un *e* devant les lettres *a* et *o*. *Il affligea, nous affligeons.*
• **Transitif**
Attrister, désoler. *Sa disparition afflige tous ses proches.*
• **Pronominal**
Éprouver une peine profonde. *Nous nous affligeons de ne vous être d'aucun secours. Je m'afflige que vous soyez si souvent malade.*
Notes.-
1º Le verbe se construit avec *de* suivi de l'infinitif ou avec *que* suivi du subjonctif.
2º La construction avec *de ce que* est à éviter.

affluence n. f.
Foule. *Éviter les heures d'affluence pour prendre le métro.*

affluent adj. et n. m.
Cours d'eau qui se jette dans un autre.
Note.- Attention à l'orthographe du participe présent invariable *affluant*. *Les demandes affluant, nous ne suffirons pas à la tâche.*

affluer v. intr.
• Couler en abondance vers. *Le sang afflue au cerveau.*
• Arriver en grand nombre en un lieu. *Les touristes affluent en été.*

afflux n. m.
• Le *x* ne se prononce pas [afly].
• Fait d'affluer.
• Arrivée massive. *Un afflux de touristes, de personnes.*

affolant, ante adj.
Qui est de nature à faire perdre son sang-froid.

affolement n. m.
Fait de s'affoler.
Note.- Attention à l'orthographe : affolement, malgré *follement.*

affoler v. tr., pronom.
- **Transitif**. Bouleverser.
- **Pronominal**. Perdre son sang-froid. *Elle s'est affolée.*

affranchi, ie adj. et n. m. et f.
- (Hist.) Libéré de la servitude. *Une esclave affranchie.*
- Libéré de tout préjugé.

affranchir v. tr., pronom.
- **Transitif**.
- Rendre libre.
- Émanciper.
- Timbrer un envoi postal. *Affranchir une lettre.*
- **Pronominal**
Se libérer. *Elles se sont affranchies.*

affranchissement n. m.
- Émancipation. *L'affranchissement des esclaves.*
- Paiement préalable du transport au moyen de timbres-poste. *L'affranchissement d'une lettre.*

affres n. f. pl.
(Litt.) Angoisses, tortures morales. *Les affres de l'inquiétude.*

affrètement n. m.
Louage d'un navire, d'un avion.
Note.- Attention à l'orthographe : affrètement, mais **affréter** et **affréteur**.

affréter v. tr.
- Le *é* se change en *è* devant une syllabe muette, sauf à l'indicatif futur et au conditionnel présent. *J'affrète,* mais *j'affréterai.*
- Louer (un navire, un avion).

affréteur n. m.
Personne qui affrète (un navire, un avion).

affreusement adv.
- D'une manière affreuse.
- Extrêmement. *Des produits affreusement chers.*

affreux, euse adj.
- Horrible.
- Détestable. *Un film affreux.*

affriolant, ante adj.
Qui excite le désir. *Des dessous affriolants.*

affrioler v. tr.
- Attirer.
- Exciter le désir de.
Note.- L'étymologie de ce verbe est amusante : de l'ancien verbe du XIVe s. **frioler** signifiant « faire griller d'envie ».

affront n. m.
Injure, outrage.

affrontement n. m.
Opposition violente de deux ou plusieurs adversaires.
Note.- Ne pas confondre avec le nom **confrontation** qui désigne l'action de mettre en présence des personnes pour comparer leurs témoignages.

affronter v. tr., pronom.
- **Transitif**. S'exposer résolument à. *Affronter le danger.*

- **Pronominal**. S'opposer, se combattre. *Les équipes se sont affrontées.*

affubler v. tr., pronom.
- **Transitif**. Accoutrer.
- **Pronominal**. Se vêtir d'une manière ridicule.

affût n. m.
- Endroit où l'on se cache pour guetter le gibier.
- *Être à l'affût*. Être aux aguets, attendre le moment favorable.
Note.- Attention à l'orthographe : aff**û**t.

affûtage n. m.
Action d'affûter ; son résultat.
Note.- Attention à l'orthographe : aff**û**tage.

affûter v. tr.
Aiguiser un outil tranchant.
Note.- Attention à l'orthographe : aff**û**ter.

afghan, ane adj. et n. m. et f.
De l'Afghanistan.
Note.- Lorsqu'il s'agit de la langue, l'adjectif ou le nom s'écrit avec une minuscule. Si le nom désigne une personne, la majuscule s'impose.

afghani n. m.
Unité monétaire de l'Afghanistan. *Des afghanis.*
V. Tableau - **SYMBOLES DES UNITÉS MONÉTAIRES**.

aficionado n. m.
- Mot espagnol signifiant « amateur de corridas ». *Des aficionados.*
- (Par ext.) Amateur passionné.

afin de loc. prép.
En vue de. *Elle m'a appelé afin de m'informer de sa venue.*
Note.- Cette locution prépositive se construit avec l'infinitif.

afin que loc. conj.
Pour que. *Nous avons choisi ce quartier afin que les enfants puissent aller au collège à pied.*
Note.- Cette locution conjonctive se construit avec le subjonctif.

AFNOR
Sigle de **Association française de normalisation**.

a fortiori loc. adv.
- Le *t* se prononce **s** [afɔrsjɔri].
- Locution latine signifiant « à plus forte raison ».
Notes.-
1° Le **a** s'écrit sans accent grave, la locution conservant la graphie du latin.
2° En typographie soignée, les mots étrangers sont composés en italique. Dans des textes déjà en italique, la notation se fait en romain. Pour les textes manuscrits, on utilisera les guillemets.

A.F.-P.
Sigle de **Agence France-Presse**.

africain, aine adj. et n. m. et f.
D'Afrique.
Note.- Contrairement à l'adjectif, le nom prend une majuscule.

afrikaans n. m.
Langue parlée en Afrique du Sud.

afrikaner ou **afrikaander** adj. et n. m. et f.
Relatif à la culture néerlandaise d'Afrique du Sud.
Note.- Contrairement à l'adjectif, le nom prend une majuscule.

Ag
Symbole de *argent*.

aga
V. **agha**.

agaçant, ante adj.
Irritant.

agacement n. m.
Irritation nerveuse désagréable.
Note.- Ne pas confondre avec *agaceries* qui désigne des coquetteries provocantes plutôt agréables.

agacer v. tr.
• Le *c* prend une cédille devant les lettres *a* et *o*. *Il agaça, nous agaçons.*
• Énerver. *Elle m'agace avec ses remarques.*

agacerie n. f.
Attitude coquette pour séduire.
Notes.-
1° Ce mot s'utilise généralement au pluriel.
2° Ne pas confondre avec *agacement* qui désigne une irritation nerveuse désagréable.

agami n. m.
Oiseau d'Amérique du Sud, à plumage noir.

agape n. f.
• Repas en commun des premiers chrétiens.
• (Au plur.) Repas entre amis. *Des agapes somptueuses qui furent de véritables retrouvailles.*

agate n. f.
Roche aux teintes nuancées.
Note.- Ce mot ne comporte pas de *h,* contrairement au prénom *Agathe*.

agave n. m.
Plante mexicaine.

âge n. m.
• Temps écoulé depuis la naissance. *Quel âge avez-vous ?*
Note.- Dans les textes administratifs et juridiques, l'âge est inscrit en chiffres arabes. *La majorité légale a été fixée à 18 ans.*
• Période de l'histoire. *L'âge d'or.*

âgé, ée adj.
• Qui a un âge déterminé. *Elle est âgée de 18 ans.*
• Vieux. *Il est très âgé.*

agence n. f.
• Entreprise commerciale proposant des services d'intermédiaire. *Agence de voyages, agence de publicité.*
• Organisme administratif.
• Succursale bancaire.

Agence France-Presse
Sigle *A.F.-P.*

agencer v. tr., pronom.
• Le *c* prend une cédille devant les lettres *a* et *o*. *Il agença, nous agençons.*
• Disposer selon un ordre défini. *Agencer les éléments d'une bibliothèque.*

agenda n. m.
• Les lettres *en* se prononcent comme *in* [aʒɛ̃da].
• Mot latin signifiant « ce que l'on doit faire » utilisé au sens de « carnet destiné à noter jour par jour ce que l'on doit faire ». *Un agenda de poche. Des agendas de bureau.*

agenouillement n. m.
Fait de s'agenouiller.

agenouiller (s') v. pronom.
• Les lettres *ill* sont suivies d'un *i* à la première et à la deuxième personne du pluriel de l'indicatif imparfait et du subjonctif présent. *(Que) nous agenouillions, (que) vous agenouilliez.*
• Se mettre à genoux. *Elle s'est agenouillée longuement.*

agent n. m.
• Tout ce qui agit. *Des agents naturels.*
• Personne chargée d'administrer pour le compte d'autrui. *Un agent immobilier, un agent d'affaires.*
Note.- Construit absolument, le nom désigne un *agent de police*.

agent de change n. m.
Personne qui effectue des opérations de change pour le compte de tiers.

aggiornamento n. m.
• Mot italien signifiant « adaptation ».
• Adaptation à l'évolution du monde actuel, au progrès.

agglomérat n. m.
Assemblage d'éléments disparates.

agglomération n. f.
Concentration d'habitations. *L'agglomération de Grenoble.*

aggloméré n. m.
Matériau de construction composé de particules liées. *Des panneaux d'aggloméré.*

agglomérer v. tr., pronom.
• Le *é* se change en *è* devant une syllabe muette, sauf à l'indicatif futur et au conditionnel présent. *J'agglomère, mais j'agglomérerai.*
• **Transitif**. Réunir des éléments précédemment distincts.
• **Pronominal**. Se réunir en une masse compacte.

agglutinant, ante adj.
Qui réunit en collant.

agglutination n. f.
Action d'agglutiner.

agglutiner v. tr., pronom.
• **Transitif**. Unir.
• **Pronominal**. Se coller.

aggravant, ante adj.
Qui aggrave. *Des circonstances aggravantes.*
Ant. **atténuant.**

aggravation n. f.
Action d'aggraver ; fait de s'aggraver.

aggraver v. tr., pronom.
• **Transitif.** Rendre plus grave. *Aggraver une querelle.*
• **Pronominal.** Empirer. *Son état s'est aggravé.*

agha ou **aga** n. m.
Officier de la cour du sultan dans l'ancien Empire ottoman.

agile adj.
Souple, alerte.

agilement adv.
Avec agilité.

agilité n. f.
Souplesse, vivacité.

agio n. m.
Frais financiers (intérêt, commission et charge). *Des agios.*

a giorno loc. adj. inv. et loc. adv.
• Attention à la prononciation [adʒjɔrno].
• Locution italienne signifiant « brillamment éclairé ».
Note.- En typographie soignée, les mots étrangers sont composés en italique. Dans des textes déjà en italique, la notation se fait en romain. Pour les textes manuscrits, on utilisera les guillemets.

agiotage n. m.
(Péj.) Spéculation.

agir v. intr., pronom.
• **Intransitif.** Exercer une action. *Il faudrait agir le plus rapidement possible.*
• **Pronominal. Impersonnel + auxiliaire être.** Être question de. *La question dont il s'était agi était de choisir une présidente.*
Note.- Le participe passé de ce verbe est invariable.

agissements n. m. pl.
Procédés condamnables.

agitateur, trice n. m. et f.
Personne qui cherche à provoquer l'agitation.

agitation n. f.
• État de ce qui est agité.
• État de mécontentement d'ordre politique ou social.

agité, ée adj.
Qui manifeste de l'agitation. *Un patient agité.*

agiter v. tr., pronom.
• **Transitif**
- Remuer vivement en tous sens. *Agitez avant de servir.*
- Troubler.
• **Pronominal**
Être en mouvement, s'exciter.

agneau n. m.
Petit de la brebis. *Un agneau et une agnelle. De beaux agneaux.*

agnelage n. m.
Mise bas, chez la brebis.

agnelée n. f.
Ensemble des agneaux d'une portée.

agneler v. intr.
• Redoublement du *l* devant un *e* muet. *Elle agnelle, elle agnellera,* mais *elle agnelait.*
• Mettre bas (en parlant de la brebis).

agnelet n. m.
Petit agneau.

agnelle n. f.
Petit femelle de la brebis. *Une agnelle et un agneau.*

agnosticisme n. m.
Doctrine philosophique qui nie la valeur de toute métaphysique.

agnostique adj. et n. m. et f.
Qui refuse la métaphysique.

agnus Dei n. m. inv.
• Les lettres *gn* se prononcent distinctement [agnysdei].
• Prière de la messe.
Note.- En ce sens, le mot s'écrit *Agnus Dei* ou *agnus Dei*.
• Médaillon portant l'image de l'Agneau mystique.
Note.- En ce sens, le mot s'écrit *agnus-Dei* ou *agnus-dei.*

à gogo
V. **gogo.**

agonie n. f.
• Moment précédant immédiatement la mort.
• (Fig.) Déclin.

agonir v. tr.
• Ne s'emploie qu'à l'infinitif, aux temps composés (*j'ai agoni, j'avais agoni...*) et au singulier de l'indicatif présent (*j'agonis, tu agonis, il agonit*).
• (Litt.) Accabler. *Il les a agonis d'injures, de bêtises.*
Note.- Ne pas confondre avec le verbe *agoniser* qui signifie « être sur le point de mourir ».

agonisant, ante adj. et n. m. et f.
Qui est à l'agonie. *Des personnes agonisantes.*

agoniser v. intr.
Être sur le point de mourir.
Note.- Ne pas confondre avec le verbe *agonir* qui signifie « accabler ».

agora n. f.
Place publique de la Grèce antique. *Des agoras.*

agoraphobe adj. et n. m. et f.
Qui souffre d'agoraphobie.

agoraphobie n. f.
Phobie des lieux publics (et non des foules).

agrafage n. m.
Action d'agrafer ; son résultat.
Note.- Attention à l'orthographe : agra*f*age.

agrafe n. f.
• Attache formée d'un crochet qu'on passe dans un anneau, une bride. *Les agrafes d'une jupe.*

• Pièce recourbée servant à attacher ensemble des papiers, des objets. *Des agrafes de bureau.*
Note.- Attention à l'orthographe : agra*fe*.

agrafer v. tr.
Fixer avec des agrafes. *Elle n'arrive pas à agrafer son corsage.*
Note.- Attention à l'orthographe : agra*fer*.
Ant. **dégrafer**.

agrafeuse n. f.
Petit appareil servant à agrafer, entre autres, des feuilles de papier. *Veuillez rassembler ces feuilles avec une agrafeuse.*
Note.- Attention à l'orthographe : agra*feuse*.

agraire adj.
Qui concerne les terres, l'agriculture. *La réforme agraire.*

agrammatical, ale, aux adj.
Non conforme aux règles de la grammaire.

agrandir v. tr., pronom.
• **Transitif**. Rendre plus grand, accroître.
• **Pronominal**. Devenir plus grand, s'étendre. *La ville s'est agrandie.*

agrandissement n. m.
• Action d'agrandir.
• Résultat de cette action.

agréable adj.
Qui fait plaisir, attrayant.

agréablement adv.
De façon agréable.

agréé, ée adj.
• Admis. *Fournisseur agréé de la Cour d'Angleterre.*
• Officiellement reconnu. *Une clinique agréée.*

agréer v. tr.
• **Transitif**. Accepter. *Sa demande a été agréée. Veuillez agréer, Monsieur, l'expression de mes sentiments distingués.*
• **Transitif indirect**. (Litt.) Convenir, plaire. *Si cette proposition vous agrée, je vous demanderais de signer. La proposition agrée à tous.*
Note.- En ce sens, le verbe se construit avec la préposition *à*.

agrégat n. m.
Assemblage d'éléments.

agrégation n. f.
• Action d'assembler en un tout homogène.
• Concours de recrutement des professeurs de lycée et de certaines disciplines universitaires.

agrégé, ée adj. et n. m. et f.
Personne reçue à l'agrégation. *Professeur agrégé.*

agrément n. m.
• Fait d'agréer.
• Reconnaissance officielle.
• Attrait. *Les agréments des vacances.*
• *D'agrément*. Destiné au seul plaisir. *Un voyage d'agrément.*

agrémenter v. tr.
Rendre plus agréable.

agrès n. m. pl.
• (Vx) Gréement d'un navire.
• Appareil de gymnastique.

agresser v. tr.
• Assaillir, attaquer. *Ils ont agressé le commis.*
• *Être, se sentir agressé*. Être l'objet d'une menace, d'une attaque.

agresseur n. m.
Qui commet une agression.

agressif adj.
Violent.

agression n. f.
Attaque brutale.

agressivement adv.
De façon agressive.

agressivité n. f.
Violence.

agreste adj.
(Litt.) Champêtre.

agricole adj.
Qui est relatif à l'agriculture.

agriculteur n. m.
agricultrice n. f.
Personne qui dirige des travaux agricoles à une échelle relativement importante. *Les nouveaux agriculteurs sont des gestionnaires expérimentés.*
Note.- En raison des nouvelles techniques agricoles, le nom *agriculteur* tend à remplacer celui de *cultivateur* qui désigne la personne qui cultive elle-même une terre. Ne pas confondre avec le mot *agronome* qui désigne celui qui enseigne la science de l'agriculture.

agriculture n. f.

Art de cultiver la terre.
Note.- L'agriculture comporte aujourd'hui de nombreuses spécialités dont :
- l'*acériculture*, exploitation d'une érablière (Canada) ;
- l'*apiculture*, élevage des abeilles ;
- l'*arboriculture*, culture des arbres fruitiers ;
- l'*aviculture*, élevage des oiseaux, des volailles ;
- l'*horticulture*, culture des jardins, des fleurs ;
- le *maraîchage*, culture des légumes ;
- la *pomiculture*, culture des arbres donnant des fruits à pépins, surtout des pommiers ;
- la *sériciculture*, élevage des vers à soie ;
- la *sylviculture*, exploitation des forêts ;
- la *viticulture*, culture de la vigne et production du vin.

agripper v. tr., pronom.
• **Transitif**. Saisir violemment avec les doigts. *Il aggripa son manteau et partit en courant.*
• **Pronominal**. S'accrocher à. *Ils se sont agrippés au câble de secours.*
Note.- Ne pas confondre avec les verbes suivants :
- *attraper*, prendre comme dans un piège, au passage ;

- *gober*, avaler sans mâcher ;
- *happer*, saisir brusquement, attraper avidement avec la gueule.

agro- préf.
• Élément d'origine grecque signifiant « champ ».
• Les noms composés avec le préfixe *agro-* s'écrivent sans trait d'union. *Agrochimie. Agroalimentaire.*

agroalimentaire adj. et n. m.
Se dit de l'industrie des produits agricoles destinés à l'alimentation.

agronome n. m. et f.
Spécialiste de l'agronomie.
V. **agriculteur.**

agronomie n. f.
Science de l'agriculture.

agronomique adj.
Relatif à l'agronomie.

agrume n. m.
Les agrumes. Nom collectif désignant les oranges, les citrons, les mandarines, les pamplemousses, etc. *La culture des agrumes.*
Note.- Attention au genre masculin de ce nom : *un* agrume.

aguerrir v. tr., pronom.
• **Transitif.** Entraîner (à quelque chose de pénible).
• **Pronominal.** S'endurcir. *Elle s'est aguerrie à, contre la solitude.*
Note.- Le verbe pronominal se construit avec les prépositions *à* ou *contre.*

aguets (aux) loc. adv.
Sur ses gardes. *Soyez vigilants et tenez-vous aux aguets.*
Note.- Ce mot s'emploie surtout dans les locutions *être, se tenir, se mettre aux aguets.*

aguichant, ante adj.
Provocant.

aguiche n. f.
Accroche publicitaire.

aguicher v. tr.
(Péj.) Exciter, provoquer.

aguicheur, euse adj.
Qui aguiche.

Ah
Symbole de *ampère-heure.*

ah ! interj. et n. m. inv.
• **Interjection.** Exclamation servant à marquer la joie, la douleur, l'admiration, le rire, etc. *Ah ! que c'est gentil d'être venu ! Ah ! vous me faites mal ! Ah ! que c'est bon !*
Note.- L'interjection *ha !* dans sa forme redoublée ne marque plus que le rire.
• **Nom masculin invariable.** *Ils poussaient des ah ! et des oh ! émerveillés.*
Note.- L'interjection et le nom sont toujours suivis d'un point d'exclamation.

ahan n. m.
(Vx) Respiration bruyante causée par l'effort.

ahaner v. intr.
(Vx) Peiner sous l'effort.

à huis clos
V. **huis clos.**

ahuri, ie adj.
Ébahi, abasourdi.

ahurir v. tr.
Troubler, faire perdre la tête.

ahurissant, ante adj.
Incroyable, stupéfiant. *Des résultats ahurissants.*

ahurissement n. m.
Stupéfaction.

aide n. f.
• Appui, assistance. *Nous avons besoin de votre aide.*
• *À l'aide de*, locution prépositive. Grâce à.

aide n. m. et f.
Personne qui seconde quelqu'un dans une fonction.

• **Aide + nom de métier.** Le nom *aide* est joint par un trait d'union à un nom de métier. *Un aide-plombier, une aide-comptable, des aides-électriciens.*
• **Aide + adjectif.** Le nom *aide* joint à un adjectif n'est pas suivi d'un trait d'union. *Une aide familiale, des aides maternelles.*
Note.- Le mot *aide* s'emploie surtout pour des tâches d'exécution, pour un travail matériel, alors que le mot *adjoint* s'utilise généralement pour des fonctions de nature administrative.
V. **adjoint.**

aide-mémoire n. m. inv.
Résumé. *Des aide-mémoire utiles.*
Note.- Dans ce nom composé, *aide* est invariable parce qu'il s'agit du verbe.

aider v. tr., pronom.
• **Transitif**
Assister, seconder. *Elle l'a beaucoup aidé par ses conseils.*
• **Transitif indirect**
Contribuer. *Ces fonds aideront à la recherche scientifique.*
• **Pronominal**
- S'entraider. *Ils se sont aidés.*
- Se servir de. *Il s'aidait d'un bâton pour marcher.*

aïe ! interj.
Interjection qui exprime la douleur, un souci, etc.
Hom. *ail*, plante potagère.

aïeul, aïeule, aïeuls ou **aïeux** n. m. et f.
Grand-père, grand-mère.

• **Pluriel du nom masculin.** Au pluriel, deux formes différentes : des *aïeuls* pour désigner des grands-pères, des *aïeux* pour désigner des ancêtres masculins.

• **Pluriel du nom féminin.** Au pluriel, une seule forme : des *aïeules* pour désigner des *grand-mères* ou des *ancêtres féminines*.

Notes.-

1° Par rapport au nom *ancêtre*, *aïeul* est plus littéraire, parfois ironique. *Mes aïeux !*

2° Bisaïeul, bisaïeule (arrière-grand-père, arrière-grand-mère). *Des bisaïeuls. Des bisaïeules.*

3° Trisaïeul, trisaïeule (arrière-arrière-grand-père et arrière-arrière-grand-mère).

4° Au-delà de ces générations, on dira *quatrième aïeul*, *cinquième aïeul*, etc.

aigle n. m. et f.
• **Nom masculin**
- Oiseau de proie mâle. *L'aigle à tête chauve.*
- (Fam.) Esprit supérieur. *Ce n'est pas un aigle.*
• **Nom féminin**
- Oiseau de proie femelle. *Une aigle immense et ses petits.*
- Figure héraldique. *Une belle aigle bicéphale.*

aiglefin
V. **églefin**.

aiglon, onne n. m. et f.
Petit de l'aigle.

aigre adj.
Acide. *Ce vin est aigre.*
Note.- Ne pas confondre avec les mots suivants :
- *âcre*, qui est irritant ;
- *âpre*, qui est rude, qui a une saveur amère.

aigre-doux, -douce adj.
• Dont la saveur est à la fois acide et sucrée.
• (Fig.) Désagréable en dépit de la douceur apparente. *Des réflexions aigres-douces.*

aigrefin n. m.
Escroc.
Note.- Ne pas confondre avec le nom *aiglefin* qui désigne un poisson de mer.

aigrelet, ette adj.
Légèrement aigre.

aigrement adv.
Avec aigreur.

aigrette n. f.
Ornement de plumes.

aigreur n. f.
• Caractère de ce qui est aigre.
• (Au plur.) Sensations désagréables causées par une mauvaise digestion.

aigrir v. tr., intr., pronom.
• **Transitif**
- Rendre aigre.
- (Fig.) Rendre amer. *Les malheurs l'ont aigri.*
• **Intransitif**
Devenir aigre. *Le vin a aigri.*
• **Pronominal**
(Fig.) Devenir irritable. *En vieillissant, ils se sont aigris.*

aigu n. m.
Son aigu. *Des aigus.*

aigu, aiguë adj.
• Effilé. *Une lame aiguë.*
• Haut. *Un son aigu.*
• Violent. *Des crises aiguës.*
Note.- Attention à l'orthographe : aigu**ë**, au féminin.

aigue-marine adj. inv. et n. f.
• **Adjectif de couleur invariable.** De la couleur bleu vert de l'aigue-marine. *Des lainages aigue-marine.*
• **Nom féminin.** Pierre fine de teinte bleu vert. *Des aigues-marines.*

aiguière n. f.
(Ancienn.) Vase à pied muni d'un bec.
Note.- Attention à l'orthographe : ai**gui**ère.

aiguillage n. m.
Déplacement des aiguilles de chemin de fer. *Une erreur d'aiguillage.*

aiguille n. f.
Petite tige d'acier dont une extrémité est pointue. *Le chas d'une aiguille.*

aiguillée n. f.
Longueur de fil enfilée sur une aiguille.

aiguiller v. tr.
• Les lettres *ill* sont suivies d'un *i* à la première et à la deuxième personne du pluriel de l'indicatif imparfait et du subjonctif présent. *(Que) nous aiguillions, (que) vous aiguilliez.*
• Diriger en manœuvrant un aiguillage.
• (Fig.) Orienter dans une direction déterminée.

aiguillette n. f.
• (Ancienn.) Cordon ferré aux deux bouts.
• (Cuis.) Tranche de chair coupée en long. *Des aiguillettes de canard.*

aiguilleur n. m.
• Agent de chemin de fer.
• Contrôleur de la navigation aérienne. *Les aiguilleurs du ciel.*

aiguillon n. m.
• Dard de certains insectes. *L'aiguillon de l'abeille.*
• (Litt.) Stimulant.

aiguillonner v. tr.
Stimuler.

aiguisage n. m.
Action d'aiguiser ; son résultat.

aiguiser v. tr.
Rendre tranchant ou pointu (le métal).
Note.- On *aiguise* le métal, mais on *taille* le bois.

aiguisoir n. m.
Outil qui sert à aiguiser.

aïkido n. m.
Mot japonais signifiant « voix de la paix » qui désigne un art martial.

ail, ails ou **aulx** n. m.
Plante potagère. *Des gousses d'ail.*
Note.- Le pluriel *aulx* est vieilli.
Hom. *aïe !*, interjection qui exprime la douleur.

aile n. f.
• Partie du corps de certains animaux qui leur sert à voler.
• *Battre de l'aile, tirer de l'aile.* Être mal en point.
• *Battement d'aile.* Dans cette expression, les auteurs écrivent généralement le mot *aile* au singulier. *Un battement d'aile*, mais *des battements d'ailes.*
• *Voler à tire-d'aile*, locution adverbiale. Voler aussi rapidement qu'il est possible.
Note.- La locution s'écrit avec un trait d'union et le mot *aile* reste au singulier.

ailé, ée adj.
Pourvu d'ailes.
Hom. *héler*, appeler de loin.

aileron n. m.
• Extrémité de l'aile.
• Nageoire. *Des ailerons de requin.*

ailette n. f.
Objet qui a la forme d'une petite aile. *Une bombe à ailettes.*

ailier n. m.
Joueur de football ou de rugby situé soit à l'extrême droite, soit à l'extrême gauche. *Un ailier droit.*

aillade n. f.
Croûton de pain frotté d'ail.

-aille(s) suff.
• **Singulier.** Ce suffixe a une valeur généralement péjorative. *Mangeaille, valetaille.*
• **Pluriel.** S'emploie surtout dans des mots qui n'ont pas de singulier. *Fiançailles. Funérailles.*

ailler v. tr.
Frotter d'ail.

-ailler suff.
Ce suffixe a une valeur péjorative. *Criailler. Disputailler.*

ailleurs adv.
• *D'ailleurs*, locution adverbiale. Introduit une nuance, une restriction. *Certaines affirmations, justes d'ailleurs, nous touchent peu.*
• *Par ailleurs*, locution adverbiale. D'un autre côté, d'un autre point de vue. *Ce texte, par ailleurs très documenté, n'est pas très concluant.*
Ant. **ici.**

ailloli
V. **aïoli.**

aimable adj.
Qui est de nature à plaire, affable.

aimablement adv.
Avec amabilité.

aimant n. m.
Corps qui attire naturellement le fer et certains autres métaux.

aimant, ante adj.
Qui aime et témoigne son affection. *Des enfants aimants.*
Note.- Ne pas confondre avec le participe présent invariable *aimant. Les enfants aimant les sucreries sont nombreux.*

aimantation n. f.
Action d'aimanter ; son résultat.

aimanter v. tr.
Communiquer à un corps la propriété de l'aimant.

aimer v. tr., pronom.
• **Transitif.**
- Éprouver de l'affection pour quelqu'un.
- Éprouver pour quelqu'un une inclination très vive.
- Avoir du goût pour. *Aimer la lecture.*
- **Aimer, aimer à** + infinitif. *Il aime dessiner. Il aime à se raconter.*
Note.- Suivi d'un infinitif, le verbe se construit sans préposition ou avec la préposition *à.*
- **Aimer** + **que.** *Elle aimerait qu'on la prévienne à temps.*
Note.- Après *aimer que*, le verbe se met au subjonctif. La construction *aimer* + *à ce que* est à éviter.
• **Pronominal**
Éprouver une affection, un amour mutuels. *Ils se sont beaucoup aimés. Aimez-vous les uns les autres.*

aine n. f.
Partie du corps entre le haut de la cuisse et le bas ventre. *Il a une blessure à l'aine.*
Hom. *haine*, aversion, hostilité.

aîné, aînée adj. et n. m. et f.
• Premier-né. *Elle est l'aînée des trois enfants. Son frère aîné.*
• Personne plus âgée qu'une autre. *Je suis son aînée de cinq ans.*
Note.- Attention à l'orthographe : aîné.

aînesse n. f.
Priorité d'âge entre enfants d'une même famille. *Un droit d'aînesse.*
Note.- Attention à l'orthographe : aînesse.

ainsi adv.
De cette façon. *Ainsi soit-il.*
Note.- Éviter les pléonasmes *ainsi par exemple, *ainsi par conséquent.

ainsi que loc. conj.
Locution qui implique, selon le sens :
• **Un rapport de comparaison.** Le verbe et l'attribut sont au singulier et la comparaison est généralement placée entre virgules. *Paul, ainsi que Pierre, est gentil.*
• **Un rapport de coordination.** Le verbe et l'attribut sont au pluriel. *Paul ainsi que Pierre viendront demain.*

aïoli ou **ailloli** n. m.
Ail pilé avec de l'huile d'olive. *Des aïolis.*

air n. m.
• Mélange gazeux que nous respirons. *Elle manque d'air.*
• *Prendre l'air.* Se promener dehors.
• Expression d'une personne, allure, aspect. *Un air de famille.*
• Mélodie. *Elle fredonnait un air à la mode.*

Hom. :
- *aire*, surface ;
- *ère*, époque ;
- *hère*, malheureux ;
- *hère*, jeune cerf.

air (avoir l') loc. verb.
• Paraître.
Note.- L'adjectif qui suit s'accorde avec le sujet du verbe. *Elle a l'air fatiguée.*
• Avoir l'apparence.
Note.- L'adjectif qui suit s'accorde avec le nom masculin *air* si le sujet désigne un être animé. *Elles ont l'air maladif.* Si le sujet du verbe est un être inanimé, l'accord se fait toujours avec le sujet. *Ces pommes ont l'air mûres.*

airain n. m.
(Litt.) Bronze.

air-air adj. inv.
Des missiles air-air.
Note.- Les expressions du domaine militaire qui sont composées avec les mots *air, sol, terre* sont invariables.

air conditionné n. m.
Atmosphère d'un lieu auquel on a donné une certaine température et un certain degré d'humidité, à l'aide d'un climatiseur ou d'un conditionneur d'air. *Un cinéma à air conditionné.*
Note.- Une pièce dont l'air est conditionné est dite *climatisée.*
V. **climatiser.**

aire n.f.
Surface, territoire. *Aire d'atterrissage, aire de pique-nique.*
Hom. :
- *air*, gaz ;
- *ère*, époque ;
- *hère*, malheureux ;
- *hère*, jeune cerf.

airedale n. m.
• Ce mot se prononce à l'anglaise [εrdεl].
• Variété de chien terrier.

airelle n. f.
Petit arbuste donnant des baies noires ou rouges comestibles.

airer v. intr.
Faire son nid, en parlant des oiseaux de proie.
Hom. **errer**, aller à l'aventure.

air-mer adj. inv.
Des missiles air-mer.
Note.- Les expressions du domaine militaire qui sont composées avec les mots *air, sol, terre* sont invariables.

air-sol adj. inv.
Des missiles air-sol.
Note.- Les expressions du domaine militaire qui sont composées avec les mots *air, sol, terre* sont invariables.

aisance n. f.
• Naturel, facilité. *Converser avec aisance.*
• Abondance. *Ils vivent dans une certaine aisance*
• (Vx) *Lieux, cabinets d'aisances.* Latrines.

aise adj. et n. f.
• **Adjectif**
(Litt.) Content.
Note.- Cet adjectif est toujours précédé d'un adverbe mélioratif. *Être fort aise, être bien aise, se sentir tout aise. Elles sont bien aises de pouvoir se reposer un peu.*
• **Nom féminin**
- Absence de gêne. *Mettez-vous à l'aise.*
- (Au plur.) Bien-être, confort. *Prendre ses aises.*

aisé, ée adj.
• Facile, naturel. *Un calcul aisé à faire.*
• Qui vit dans l'aisance. *Une famille aisée.*

aisément adv.
Facilement.

aisselle n. f.
Cavité située sous l'épaule, à l'endroit où le bras se joint au thorax.

ajouré, ée adj.
Où l'on a ménagé des ouvertures. *Des points de broderie ajourés.*

ajourer v. tr.
Percer d'ouvertures.

ajournement n. m.
Renvoi à une date ultérieure.

ajourner v. tr.
Renvoyer à une date déterminée ou non.
Note.- On peut *ajourner* une décision, une réunion, à une date définie, mais on dira *lever la séance* (et non *ajourner la séance) pour déclarer que la réunion est terminée.

ajout n. m.
Élément ajouté à l'original. *Ce texte est plein d'ajouts.*

ajouter v. tr., pronom.
• **Transitif**
- Additionner. *Ajouter du sucre.*
- Dire en plus. *N'ajoutez plus rien ; j'ai compris.*
- *Ajouter foi,* locution. Croire. *Il ne faut pas ajouter foi à ces racontars.*
• **Transitif indirect**
Augmenter. *Son indifférence ajoute à sa souffrance.*
• **Pronominal**
Se joindre à. *À ces frais, s'ajoute le coût des produits.*
Note.- L'expression *«ajouter en plus» est un pléonasme. On *ajoute* une phrase au début ou à la fin d'un texte, mais on *insère* une phrase dans un texte.

ajustage n. m.
Opération ayant pour objet de donner à une pièce la dimension nécessaire à son ajustement à une autre.
Note.- Pour un vêtement, on utilisera plutôt le mot *ajustement.*

ajustement n. m.
• Action d'ajuster. *L'ajustement d'une draperie, d'un vêtement.*

• Le fait d'être ajusté. *L'ajustement de cette jupe est impeccable.*

ajuster v. tr.
• Adapter avec exactitude une chose à une autre.
• Rendre précis. *Ajuster un moteur.*
• Arranger avec soin. *Ajuster sa coiffure.*

ajusteur n. m.
ajusteuse n. f.
Personne qui procède à l'ajustement de pièces mécaniques.

ajutage n. m.
Dispositif destiné à modifier l'écoulement d'un fluide.

al
Symbole de *année-lumière*.

Al
Symbole de *aluminium*.

alacrité n. f.
(Litt.) Allégresse, enjouement.
Note.- Ne pas confondre avec le mot *âcreté* qui désigne une amertume.

alaire adj.
Qui se rapporte aux ailes. *Des plumes alaires.*

alaise ou **alèse** n. f.
Drap imperméable destiné à protéger un matelas.

alambic n. m.
• Le *c* se prononce [alãbik].
• Appareil servant à la distillation.

alambiqué, ée adj.
Compliqué à l'excès.

alanguir v. tr., pronom.
• **Transitif.** Rendre mou. *Cette chaleur l'alanguissait.*
• **Pronominal.** Perdre de son énergie, devenir languissant. *Elle s'était alanguie.*
Note.- Attention à l'orthographe : a*l*anguir.

alarmant, ante adj.
Qui alarme, inquiète. *Des résultats alarmants.*

alarme n. f.
• Alerte. *Donner l'alarme.*
• *Sonnette d'alarme.* Signal destiné à prévenir d'un danger.
• Vive inquiétude.

alarmer v. tr., pronom.
• **Transitif.** Donner l'alarme.
• **Pronominal.** S'inquiéter vivement. *Ils se sont alarmés vainement.*

alarmiste adj. et n. m. et f.
Qui inquiète à tort. *Des propos alarmistes.*

albanais, aise adj. et n. m. et f.
D'Albanie.
Note.- Lorsqu'il s'agit de la langue, l'adjectif ou le nom s'écrit avec une minuscule. Si le nom désigne une personne, la majuscule s'impose.

albâtre n. m.
• Matière minérale blanche. *Un chandelier en albâtre.*
• (Litt.) Blancheur éclatante. *Un teint d'albâtre.*

• Objet en albâtre. *Un albâtre joliment sculpté.*
Note.- Attention au genre masculin de ce nom et à l'accent circonflexe : *un* alb**â**tre.

albatros n. m.
• Le *s* se prononce au singulier et au pluriel [albatros].
• Grand oiseau de mer palmipède.

albinisme n. m.
Absence congénitale de pigment dans la peau, les cheveux, les poils, l'iris.

albinos adj. inv. et n. m. et f. inv.
• Le *s* se prononce [albinos].
• Personne ou animal atteint d'albinisme. *Des lapines albinos.*

album n. m.
• Cahier destiné à recevoir des dessins, des photos, des timbres, etc. *Un vieil album de photos.*
• Recueil d'illustrations.

albumen n. m.
• Le *n* se prononce [albymɛn].
• Blanc d'un œuf.

albumine n. f.
Protéine présente dans les organismes animaux.

alcali n. m.
Nom générique des bases. *Des alcalis.*

alcalin, ine adj.
• Qui est relatif aux alcalis. *Une solution alcaline.*
• Qui contient une base.

alcaliniser v. tr.
Rendre alcalin.

alcalinité n. f.
État alcalin.

alcazar n. m.
Palais fortifié des souverains maures d'Espagne. *L'alcazar de Séville. Des alcazars.*

alchimie n. f.
Science occulte du Moyen Âge.

alcool n. m.
• Liquide obtenu par distillation.
• Toute boisson comportant de l'alcool.

alcoolémie n. f.
Présence d'alcool dans le sang.

alcoolique adj. et n. m. et f.
• **Adjectif**
- Qui contient naturellement de l'alcool. *Le vin, la bière, l'eau-de-vie sont des boissons alcooliques.*
- Qui boit trop d'alcool.
• **Nom masculin et féminin**
Personne atteinte d'alcoolisme.
Note.- Ne pas confondre avec l'adjectif *alcoolisé* qui désigne une boisson additionnée d'alcool.

alcoolisation n. f.
Action d'alcooliser ; son résultat.

alcoolisé, ée adj.
Additionné d'alcool. *Le punch est une boisson alcoolisée à base de rhum.*

Note.- Ne pas confondre avec l'adjectif **alcoolique** qui désigne une boisson qui contient naturellement de l'alcool.

alcooliser v. tr., pronom.
• **Transitif.** Ajouter de l'alcool à quelque chose.
• **Pronominal.** Boire avec excès.

alcoolisme n. m.
Abus de boissons alcooliques; dépendance qui en résulte.

alcoomètre n. m.
Appareil servant à déterminer la teneur en alcool d'un liquide.

alcootest n. m. (n. déposé)
• Appareil qui sert à déterminer le taux d'alcool dans le sang. *Des alcootests précis.*
• Détermination du taux d'alcool à l'aide d'un alcootest. *Cet automobiliste a refusé de se soumettre à l'alcootest.*

alcôve n. f.
Enfoncement dans le mur d'une chambre destiné à recevoir un lit. *Des secrets d'alcôve.*
Note.- Attention à l'orthographe : alcôve.

alcyon n. m.
Oiseau de mer mythique, présage de paix.

al dente loc. adj. inv. ou loc. adv. inv.
• Le **n** est sonore et le dernier **e** se prononce **é** [aldɛnte].
• Locution italienne signifiant «croquant». *Les spaghettis doivent être servis* al dente.
Note.- En typographie soignée, les mots étrangers sont composés en italique. Dans des textes déjà en italique, la notation se fait en romain. Pour les textes manuscrits, on utilisera les guillemets.

ale n. f.
• Le **a** se prononce **è** [ɛl].
• Bière anglaise légère.

aléa n. m.
• Mot latin signifiant «coup de dé».
• Hasard favorable ou non. *Les aléas du destin.*
• (Au plur.) Risques d'évènements défavorables.
Notes.-
1° Ce mot qui, à l'origine, n'avait pas de connotation bonne ou mauvaise, tend à prendre une valeur péjorative, peut-être en raison de sa ressemblance avec le mot vieilli **aria** qui désigne un ennui, un tracas. *Les aléas du métier.*
2° Ce mot d'origine latine est francisé : il s'écrit avec un accent aigu et prend la marque du pluriel. *Des aléas.*

alea jacta est loc.
Locution latine attribuée à Jules César signifiant «le sort en est jeté».
Notes.-
1° Cette phrase s'emploie quand on prend une décision grave, après avoir hésité.
2° Attention à l'orthographe : al**e**a jacta es**t**.

aléatoire adj.
Lié au hasard.

alémanique adj. et n. m. et f.
Relatif à la Suisse de langue germanique et aux régions de dialecte alémanique.

alène n. f.
Outil de cordonnier.
Hom. : **haleine,** souffle ; **allène,** hydrocarbure.

alentour adv.
Aux environs. *Sur la photo aérienne, on voit la ville et la campagne alentour.*
Note.- Attention à l'orthographe : alentour, sans **s**.

alentours n. m. pl.
• Lieux qui entourent un espace. *Les alentours du château.*
• *Aux alentours de.* Locution prépositive qui indique une approximation de lieu, de temps, de quantité. *Le commerce reprend aux alentours de Pâques.*
Note.- La locution **à l'entour de** est vieillie, on dit aujourd'hui **aux alentours de**.

alerte adj.
Vif et agile (malgré l'âge). *Il est encore très alerte.*

alerte interj. et n. f.
• **Interjection.** Cri d'appel pour signaler un danger. *Alerte ! Au voleur !*
• **Nom féminin.** Signal prévenant d'un danger. *Une fausse alerte. Une alerte à la bombe.*

alerter v. tr.
Donner l'alerte.

alésage n. m.
Action d'aléser.

alèse n. f.
V. **alaise.**

aléser v. tr.
• Le **é** se change en **è** devant une syllabe muette, sauf à l'indicatif futur et au conditionnel présent. *J'alèse,* mais *j'aléserai.*
• Calibrer avec exactitude les trous dont une pièce métallique est percée.

aléseur n. m.
aléseuse n. f.
Spécialiste de l'alésage.

aléseuse n. f.
Machine-outil servant à l'alésage.

alésoir n. m.
Outil pour aléser.

alevin n. m.
Jeune poisson destiné au repeuplement des eaux.

alevinage n. m.
Pisciculture.

aleviner v. tr.
Peupler d'alevins.

alevinier n. m. ou **alevinière** n. f.
Vivier où l'on produit les alevins.

alexandrin, ine adj. et n. m. et f.
• **Adjectif** et **nom masculin et féminin.** D'Alexandrie.
Note.- Contrairement à l'adjectif, le nom prend une majuscule.

● **Nom masculin**. Vers de douze syllabes. *Ce poème est en alexandrins.*

alezan, ane adj. et n. m.
● **Adjectif de couleur**. Qualifie un cheval de couleur fauve tirant sur le roux.
Note.- L'adjectif de couleur simple s'accorde (*des juments alezanes*), par contre, l'adjectif composé est invariable (*des chevaux alezan clair*).
V. Tableau - **COULEUR (ADJECTIFS DE)**.
● **Nom masculin**. Cheval alezan. *De magnifiques alezans.*

alfa n. m.
Plante herbacée qui sert à la fabrication des paniers, des cordages, etc.
Hom. **alpha**, lettre grecque.

algarade n. f.
Attaque verbale. *De violentes algarades.*
Note.- Attention à l'orthographe : alga*r*ade.

algèbre n. f.
Partie des mathématiques qui étudie les structures abstraites. *Une algèbre nouvelle.*
Note.- Attention à l'orthographe : alg**è**bre, mais les dérivés s'écrivent avec un accent aigu.

algébrique adj.
Qui appartient à l'algèbre.

algébriquement adv.
De façon algébrique.

algérien, ienne adj. et n. m. et f.
D'Algérie.
Note.- Contrairement à l'adjectif, le nom prend une majuscule.

algérois, oise adj. et n. m. et f.
De la ville d'Alger.
Note.- Contrairement à l'adjectif, le nom prend une majuscule.

-algie suff.
Élément du grec signifiant « douleur ». *Névralgie.*

algol n. m.
(Inform.) Langage de programmation.
Note.- Le nom résulte de la contraction des mots *Algorithmic oriented language*.

algonkin ou **algonquin** n. m.
Famille de langues indiennes d'Amérique du Nord.

algorithme n. m.
Ensemble de règles définies en vue d'obtenir un résultat déterminé.
Note.- Attention à l'orthographe : algor*i*thme.

algorithmique adj.
De la nature de l'algorithme.

algue n. f.
Végétal généralement aquatique.

alias adv.
Autrement dit. *James Bond, alias 007.*

alibi n.m.
● Mot latin signifiant « ailleurs ».

● (Dr.) Preuve que l'on était absent d'un lieu où a été commis un crime ou un délit. *Ils ont tous d'excellents alibis.*
● (Fig.) Prétexte, activité permettant de faire diversion. *Une maladie qui sert d'alibi à sa nonchalance.*

aliénabilité n. f.
Possibilité juridique d'un bien d'être aliéné.

aliénable adj.
Qui peut être aliéné.

aliénataire n. m. et f.
(Dr.) Personne en faveur de qui se fait une aliénation.

aliénateur, trice n. m. et f.
(Dr.) Personne qui aliène un bien.

aliénation n. f.
● (Dr.) Transmission à autrui d'un bien ou d'un droit.
● *Aliénation mentale*. Troubles mentaux.

aliéné, ée n. m. et f.
Personne atteinte de troubles mentaux.

aliéner v. tr., pronom.
● Le *é* se change en *è* devant une syllabe muette, sauf à l'indicatif futur et au conditionnel présent. *J'aliène,* mais *j'aliénerai.*
● **Transitif**
- Transférer la propriété d'une chose à autrui. *Aliéner un bien à titre gratuit.*
- (Litt.) Détourner de quelqu'un. *Cette déclaration lui aliéna les appuis qu'il avait.*
● **Pronominal**
Perdre. *S'aliéner le vote des travailleurs.*

aliéniste n. m. et f.
Spécialiste du traitement des aliénés.
Note.- Ce nom est vieilli ; on emploie aujourd'hui le nom *psychiatre*.

alignement n. m.
● Fait d'aligner. *Alignement monétaire.*
● Suite de choses alignées. *Les alignements de Carnac.*

aligner v. tr., pronom.
● **Transitif**. Ranger sur une ligne droite.
● **Pronominal**. Se ranger.

aligoté adj. m. et n. m.
● Cépage à raisins blancs cultivé en Bourgogne.
● Vin provenant de ce cépage. *D'excellents aligotés.*

aliment n. m.
● Nourriture.
● (Au plur.) (Dr.) Moyens d'existence nécessaires à un individu.

alimentaire adj.
● Qui se rapporte à l'alimentation.
● (Dr.) Qui se rapporte aux aliments. *Obligation, pension alimentaire.*

alimentation n. f.
● Action d'alimenter.
● Produits servant à alimenter.
● Approvisionnement. *L'alimentation en électricité d'une région.*

alimenter v. tr.
• Nourrir.
• Approvisionner.

alinéa n. m.

• Disposition en retrait, dite en renfoncement, du premier mot d'un paragraphe afin d'en marquer le début. *De nombreux alinéas.*
• Fragment de texte compris entre deux alinéas.
Note.- Les textes juridiques se subdivisent générale-ment en parties, en articles, en paragraphes, en alinéas et en dispositions.

---

alitement n. m.
• Action de s'aliter.
• Fait d'être alité.

aliter v. tr., pronom.
• **Transitif.** Obliger à se mettre au lit.
• **Pronominal.** Se mettre au lit pour cause de maladie, de fatigue, etc. *Elle s'est alitée parce qu'elle était fiévreuse.*

alizé adj. et n. m.
Vent régulier soufflant de l'est vers l'ouest. *Les alizés.*

alkékenge n. m.
Plante dont le calice, d'une belle teinte orangée, entoure le fruit.
Syn. **coqueret, amour-en-cage.**

allaitement n. m.
Action d'allaiter.
Hom. *halètement*, essoufflement.

allaiter v. tr.
Nourrir de son lait un nouveau-né.

allant, ante adj. et n. m.
• **Adjectif.** (Litt.) Actif.
• **Nom masculin.** Ardeur. *Avoir de l'allant.*

alléchant, ante adj.
Attrayant.

allécher v. tr.
• Le *é* se change en *è* devant une syllabe muette, sauf à l'indicatif futur et au conditionnel présent. *J'allèche*, mais *j'allécherai.*
• Attirer par les sens, tenter.

allée n. f.
• Chemin bordé d'arbres, de verdure. *Une allée om-bragée.*
• *Allées et venues.* Déplacements.
Hom. :
- *aller*, trajet, titre de transport ;
- *aller*, se déplacer ;
- *haler*, tirer avec force.

allégation n. f.
Affirmation.

allège n. f.
Mur à la partie inférieure de la base d'une fenêtre.

allégeance n. f.
• (Dr.) Obligation de fidélité et d'obéissance à une nation.
• Fidélité à un groupe. *Une allégeance politique.*

allègement ou **allégement** n. m.
• Le premier *e* de ce mot se prononce *è* même lorsqu'il s'écrit avec un accent aigu [alɛʒmã].
• Action de diminuer une charge.
• (Fig.) Adoucissement.

alléger v. tr.
• Le *é* se change en *è* devant une syllabe muette, sauf à l'indicatif futur et au conditionnel présent. *J'allège*, mais *j'allégerai.*
• Le *g* est suivi d'un *e* devant les lettres *a* et *o*. *Il allégea, nous allégeons.*
• Rendre plus léger. *Alléger une charge.*
• Rendre plus supportable. *Pour alléger sa peine.*

allégorie n. f.
Personnification.

allégorique adj.
Qui appartient à l'allégorie.

allégoriquement adv.
De façon allégorique.

allègre adj.
Joyeux, vif.

allégrement ou **allègrement** adv.
De façon allègre.

allégresse n. f.
Joie très vive.

allegretto adv.
Mouvement musical gai et assez vif.
Note.- En typographie soignée, les mots étrangers sont composés en italique. Dans des textes déjà en italique, la notation se fait en romain. Pour les textes manuscrits, on utilisera les guillemets.

allégretto n. m.
Morceau de musique exécuté allegretto. *Des allégret-tos.*

allegro adv.
Mouvement musical exécuté vivement.
Note.- En typographie soignée, les mots étrangers sont composés en italique. Dans des textes déjà en italique, la notation se fait en romain. Pour les textes manuscrits, on utilisera les guillemets.

allégro n. m.
Morceau de musique exécuté allegro. *Des allégros de Beethoven.*

alléguer v. tr.
• Le *é* se change en *è* devant une syllabe muette, sauf à l'indicatif futur et au conditionnel présent. *J'allègue*, mais *j'alléguerai.*
• Attention au *u* qui subsiste même devant les lettres *a* et *o*. *Nous alléguons, il allégua.*
• Invoquer, prétexter. *Il a allégué qu'il était malade pour justifier son absence.*

alléluia n. m.
- Le *u* se prononce *ou* [aleluja].
- Chant d'allégresse. *Des alléluias.*

allemand, ande adj. et n. m. et f.
D'Allemagne.
Note.- Lorsqu'il s'agit de la langue, l'adjectif ou le nom s'écrit avec une minuscule. Si le nom désigne une personne, la majuscule s'impose.

allène n. m.
Hydrocarbure.
Hom. :
- *alène,* outil ;
- *haleine,* souffle.

aller v. intr.

Se déplacer en s'éloignant du lieu où l'on se trouve.
Note.- Ne pas confondre avec le verbe *venir* qui exprime l'idée inverse. *Pour les vacances, nous irons en Angleterre. Nos amis viendront en Europe.*
- **Semi-auxiliaire.** Exprime l'idée de futur proche. *Tu vas manger bientôt.*
- **Aller + à.** Aller sur. *Aller à cheval, à bicyclette, à motocyclette.*
- **Aller + en.** Aller dans. *Aller en voiture, en bateau, en avion.*
- **Aller + nom de pays**
- Suivi d'un nom géographique masculin : aller + au. *Aller au Portugal, au Canada.*
- Suivi d'un nom géographique féminin ou d'un nom masculin commençant par une voyelle : aller + en. *Aller en Italie, en Europe.*
- **Aller + à, suivi d'un nom de lieu ou de chose.** *Aller à la pharmacie.*
Note.- Devant un nom de profession, un patronyme, on emploiera plutôt *chez.*
- **Aller + chez, suivi d'un nom de profession, d'un patronyme.** *Aller chez le coiffeur* (et non * au coiffeur). *Allons dîner chez Gauthier.*
- **S'en aller**
- Quitter un lieu. *S'en aller de Bruxelles.*
- (Fig.) Disparaître. *Les jours s'en vont, la beauté demeure.*
- **S'en aller** (avec mouvement). *Je m'en vais travailler.*
- **S'en aller** (sans mouvement). (Fam.) *Je m'en vais vous le dire.*
- **Aller + participe présent.** (Vx ou litt.) Exprime une action progressive. *Sa fougue va déclinant.*
Note.- Cette construction est remplacée aujourd'hui par **en + gérondif.** *Ce parfum qui allait en s'accentuant.*
- **Il y va, il en va.** (Litt.) Être en jeu. *Il y va du succès de l'entreprise.*
- **Aller + sur.** (Fam.) Atteindre bientôt (un âge généralement avancé). *Elle va sur ses cent ans.*
- **Va pour.** (Fam.) Accord non enthousiaste. *Va pour l'excursion, mais demain c'est la lecture et la plage.*
V. Tableau - **ALLER (CONJUGAISON DU VERBE).**
Hom. :
- *allée,* chemin bordé d'arbres ;
- *aller,* trajet, titre de transport ;
- *haler,* tirer avec force.

aller n. m.
- Trajet.
- Titre de transport. *Elle a pris deux allers.*
Hom. :
- *allée,* chemin bordé d'arbres ;
- *aller,* se déplacer ;
- *haler,* tirer avec force.

aller et retour ou **aller-retour** adj. inv. et n. m. inv.
Billet double valable pour l'aller et le retour. *Elle a pris deux aller-retour, ou deux aller et retour. Il a acheté deux billets d'aller-retour,* mais *faire deux voyages aller et retour.*
Note.- Les expressions **aller et retour** et **aller-retour** sont toujours invariables.

allergène n. m.
Substance provoquant une réaction allergique.

allergie n. f.
- Réaction anormale d'un organisme à un agent extérieur.
- (Fig.) Hostilité. *Une allergie aux mathématiques.*

allergique adj.
- Relatif à l'allergie. *Une réaction allergique. Elle est allergique aux chats.*
- (Fig.) Réfractaire à quelqu'un, à quelque chose.
Ant. **anallergique.**

allergologie n. f.
Partie de la médecine qui étudie et traite les allergies.

allergologiste ou **allergologue** n. m. et f.
Spécialiste du traitement des allergies.

alliacé, ée adj.
Qui se rapporte à l'ail.

alliage n. m.
Combinaison de métaux. *Un alliage léger à base d'aluminium.*

alliance n. f.
- Pacte entre des puissances politiques.
- Accord entre des personnes, des groupes. *Ce syndicat a fait alliance avec l'association.*
- Union par mariage. *Elle est parente avec lui par alliance.*
- Anneau de mariage.

allié, ée adj. et n. m. et f.
Uni par traité, mariage, affinité. *Les pays alliés.*
Ant. **adversaire, ennemi.**

allier v. tr., pronom.
- Redoublement du *i* à la première et à la deuxième personne du pluriel de l'indicatif imparfait et du subjonctif présent. *(Que) nous alliions, (que) vous alliiez.*
- **Transitif.** Combiner, joindre.
- **Allier + à.** *Allier la jeunesse à la beauté.*
Note.- Cette construction s'emploie surtout pour les choses ou les personnes destinées à s'allier.
- **Allier + avec.** *Allier le fer avec l'or.*
Note.- Cette construction s'emploie surtout pour les choses ou les personnes non destinées à s'allier.
- **Allier + et.** *Allier l'or et l'argent.*
- **Pronominal.** S'unir, s'associer. *Ces sociétés se sont alliées.*

CONJUGAISON DU VERBE

ALLER

INDICATIF

Présent	Passé composé	Imparfait	Plus-que-parfait
je vais	je suis allé	j' allais	j' étais allé
tu vas	tu es allé	tu allais	tu étais allé
il va	il est allé	il allait	il était allé
nous allons	nous sommes allés	nous allions	nous étions allés
vous allez	vous êtes allés	vous alliez	vous étiez allés
ils vont	ils sont allés	ils allaient	ils étaient allés

Passé simple	Passé antérieur	Futur simple	Futur antérieur
j' allai	je fus allé	j' irai	je serai allé
tu allas	tu fus allé	tu iras	tu seras allé
il alla	il fut allé	il ira	il sera allé
nous allâmes	nous fûmes allés	nous irons	nous serons allés
vous allâtes	vous fûtes allés	vous irez	vous serez allés
ils allèrent	ils furent allés	ils iront	ils seront allés

SUBJONCTIF

Présent	Passé	Imparfait	Plus-que-parfait
que j' aille	que je sois allé	que j' allasse	que je fusse allé
que tu ailles	que tu sois allé	que tu allasses	que tu fusses allé
qu'il aille	qu'il soit allé	qu'il allât	qu'il fût allé
que nous allions	que nous soyons allés	que nous allassions	que nous fussions allés
que vous alliez	que vous soyez allés	que vous allassiez	que vous fussiez allés
qu'ils aillent	qu'ils soient allés	qu'ils allassent	qu'ils fussent allés

CONDITIONNEL

Présent	Passé 1re forme	Passé 2e forme
j' irais	je serais allé	je fusse allé
tu irais	tu serais allé	tu fusses allé
il irait	il serait allé	il fût allé
nous irions	nous serions allés	nous fussions allés
vous iriez	vous seriez allés	vous fussiez allés
ils iraient	ils seraient allés	ils fussent allés

IMPÉRATIF

Présent	Passé
va	sois allé
allons	soyons allés
allez	soyez allés

PARTICIPE

Présent	Passé
allant	allé, ée
	étant allé

alligator n. m.
Crocodile d'Amérique pouvant atteindre cinq mètres de long.
Note.- Attention à l'orthographe : all*i*gator.

allitération n. f.
Répétition des mêmes consonnes dans des mots voisins. Exemple d'allitération : *Ton thé t'a-t-il ôté ta toux ?*
Notes.-
1° L'**assonance** est la répétition des mêmes voyelles.
2° Attention à l'orthographe : all*i*tération.

allo- préf.
Élément du grec signifiant « autre ». *Allophone.*

allô ! interj.
Interjection utilisée dans les communications téléphoniques.
Note.- L'interjection comporte un accent circonflexe sur le **o** et s'écrit toujours avec un point d'exclamation.
Hom. *halo*, cercle lumineux.

allocataire n. m. et f.
Personne qui reçoit une allocation.

allocation n. f.
• Fait d'allouer.
• Prestation individualisée de la collectivité publique. *Allocations familiales.*
Note.- Ne pas confondre avec le mot **indemnité** qui désigne une somme accordée en compensation de frais engagés, en réparation d'un préjudice.

allocution n. f.
Discours bref de caractère officiel. *Le président a prononcé une allocution.*
Note.- Ne pas confondre avec les mots suivants :
- **discours**, exposé d'idées d'une certaine longueur ;
- **plaidoyer**, discours d'un avocat ;
- **sermon, prêche, homélie**, discours d'un prédicateur.

allongement n. m.
Action d'augmenter en longueur ou en durée ; résultat de cette action.

allonger v. tr., intr., pronom.
• Le **g** est suivi d'un **e** devant les lettres **a** et **o**. *Il allongea, nous allongeons.*
• **Transitif**
- Rendre plus long. *Pour suivre la mode, faut-il allonger les jupes ?*
- Augmenter la durée. *Le congé a été allongé.*
Note.- Ne pas confondre avec le verbe **rallonger** qui désigne l'action de rendre plus long en ajoutant une partie.
• **Intransitif**
Devenir plus long. *Les jours allongent.*
• **Pronominal**
Devenir plus long. *La liste s'allongeait de plus en plus.*

allopathe adj. et n. m. et f.
Médecin qui traite par allopathie.
Ant. **homéopathe**.

allopathie n. f.
Traitement des maladies avec des remèdes d'une nature contraire à ces maladies.
Ant. **homéopathie**.

allophone adj. et n. m. et f.
Se dit d'une personne qui parle une autre langue que la ou les langues officielles du pays où elle vit. *À Montréal, les Italiens et les Grecs constituent d'importants groupes allophones.*

allouer v. tr.
Attribuer. *On lui allouera une somme forfaitaire pour ses déplacements.*

allumage n. m.
• Action d'allumer ; son résultat.
• Action d'enflammer le mélange combustible d'un moteur à explosion. *L'allumage électronique.*

allume-cigares n. m. inv.
Appareil servant à allumer les cigares, les cigarettes (dans un véhicule). *Des allume-cigares.*

allume-feu n. m. inv.
Bûchette, petit bois pour allumer le feu. *Des allume-feu.*

allumer v. tr., pronom.
• **Transitif**
- Enflammer. *Allumer une cigarette.*
- Rendre lumineux. *Elle alluma les lumières du sapin. Allumer la lampe.*
- (Fam.) Faire fonctionner. *Allumer la télévision.*
Note.- L'usage l'a emporté sur la logique dans les expressions **allumer la lumière, l'électricité**. Cet usage est cependant familier.
• **Pronominal**
- Prendre feu. *L'incendie s'alluma instantanément.*
- Devenir lumineux. *La chambre s'allumait toujours à 7 heures.*

allumette n. f.
Bâtonnet dont une extrémité est destinée à s'enflammer par friction.

allumeur, euse n. m. et f.
• **Nom masculin**
- Dispositif servant à l'allumage (d'un moteur, d'une charge explosive, etc.).
- (Vx) Préposé à l'allumage et à l'extinction des appareils d'éclairage publics. *L'allumeur de réverbères.*
• **Nom féminin**
(Péj.) Femme aguichante. *Sans être une allumeuse, elle aime faire des agaceries.*

allure n. f.
• Façon plus ou moins rapide de se déplacer. *Il roulait à vive allure.*
• Manière de se tenir. *Une allure détendue.*
• Apparence générale. *Ce costume a une belle allure.*
• *Avoir de l'allure.* Avoir un air de distinction.
Note.- Ne pas confondre avec le mot **aspect** qui désigne la forme sous laquelle une personne, une chose, nous apparaît.

alluré, ée adj.
Qui donne de l'allure, de l'élégance. *Un tailleur très alluré.*

allusif, ive adj.
À mots couverts.

allusion n. f.
Sous-entendu. *Une allusion malveillante.*
Note.- Ne pas confondre avec le nom ***illusion*** qui désigne une perception sensorielle erronée.

alluvial, ale, aux adj.
Produit par des alluvions. *Des sols alluviaux.*

alluvion n. f. (gén. pl.)
Dépôt de terre, de sable apporté par les eaux courantes. *Des alluvions anciennes.*
Note.- Attention au genre féminin de ce nom : ***une*** alluvion.

alluvionnaire adj.
Relatif aux alluvions.
Note.- Attention à l'orthographe : **all**uvionnaire.

alluvionner v. intr.
Déposer des alluvions, en parlant d'un cours d'eau.
Note.- Attention à l'orthographe : **all**uvionner.

almanach n. m.
• Les lettres ***ch*** ne se prononcent pas [almana].
• Calendrier comportant divers renseignements (astrologie, cuisine, météorologie, etc.). *Des almanachs illustrés.*

almée n. f.
Danseuse égyptienne.

aloès n. m.
• Le ***s*** est sonore [alɔɛs].
• Plante grasse.
Note.- Attention à l'orthographe : alo**ès**.

aloi n. m.
De bonne ou de mauvaise nature, qualité. *Plaisanterie de mauvais aloi. Succès de bon aloi.*

à longueur de loc. prép.
Tout au long de. *Les bateaux naviguent sur le fleuve à longueur d'année.*

alors adv.
• **Adverbe**
- À une certaine époque. *Ils avaient alors une jolie maison à la campagne.*
- En conséquence. *Il était toujours en retard, alors j'ai dû le réprimander.*
• **Locutions**
- ***Et alors ?*** Et puis ?
- ***Jusqu'alors.*** Jusqu'à ce moment. *Jusqu'alors on s'était accommodé de la lampe à l'huile.*
Note.- Si l'évènement se poursuit jusqu'au moment où on parle, on dira : ***jusqu'à présent, jusqu'à maintenant.***
- ***Alors que***, locution conjonctive. Cette locution conjonctive qui établit un rapport de simultanéité, avec ou sans opposition, entre deux actions est suivie de l'indicatif ou du conditionnel. *Il est resté à la maison alors qu'il aurait pu dîner dehors. Elle est venue alors qu'il pleuvait.*

alose n. f.
Poisson voisin de la sardine.
Note.- Attention au genre féminin de ce nom : ***une*** alose.

alouette n. f.
Petit oiseau des champs au plumage brunâtre. *L'alouette grisolle.*

alourdir v. tr.
Rendre plus lourd.

alourdissement n. m.
État de ce qui est alourdi.

aloyau n. m.
Morceau de bœuf comportant le filet, le contre-filet et le romsteck. *Trois aloyaux. Un morceau d'aloyau, dans l'aloyau.*

alpaga n. m.
• Ruminant voisin du lama remarquable par sa longue fourrure laineuse.
• Tissu composé de fibres d'alpaga. *Des alpagas soyeux.*

alpage n. m.
Pâturage dans les montagnes.

alpestre adj.
Propre aux Alpes, aux montagnes.

alpha n. m. inv.
• Première lettre de l'alphabet grec.
• ***L'alpha et l'oméga***. Le commencement et la fin.
Hom. ***alfa***, plante.

alphabet n. m.
• Liste des lettres servant à transcrire les sons d'une langue. *L'alphabet phénicien.*
• ***Alphabet phonétique***. Système de signes graphiques servant à transcrire uniformément les sons de diverses langues.

alphabétique adj.
• Qui appartient à l'alphabet.
• Selon l'ordre de l'alphabet. *Un classement alphabétique.*

alphabétiquement adv.
Selon l'ordre alphabétique.

alphabétisation n. f.
Action d'alphabétiser ; son résultat.

alphabétiser v. tr.
Apprendre à lire et à écrire à une personne, à un groupe.

alphanumérique adj.
Composé de caractères alphabétiques et de chiffres. *Un code alphanumérique.*

alpin, ine adj.
• Des Alpes ou de la haute montagne.
• ***Ski alpin***. Ski sur des pistes à forte dénivellation.
Note.- Le ***ski de fond*** se pratique sur des parcours à faible dénivellation.
• Relatif à l'alpinisme. *Un club alpin.*

alpinisme n. m.
Sport des ascensions en montagne.

alpiniste n. m. et f.
Personne qui pratique l'alpinisme.

alsacien, ienne adj. et n. m. et f.
De l'Alsace.
Note.- Lorsqu'il s'agit de la langue, l'adjectif ou le nom s'écrit avec une minuscule. Si le nom désigne une personne, la majuscule s'impose.

altérable adj.
Qui peut se détériorer.

altération n. f.
Détérioration.

altercation n. f.
Échange verbal violent.

altéré, ée adj.
Détérioré, dénaturé. *Des huiles altérées.*

alter ego n. m. inv.
• Le *r* se prononce et le *e* de *ego* se prononce *é* [alterego].
• Expression latine signifiant « un autre moi-même ».
• Personne de confiance, bras droit. *En son absence, consultez ses* alter ego.
Note.- En typographie soignée, les mots étrangers sont composés en italique. Dans des textes déjà en italique, la notation se fait en romain. Pour les textes manuscrits, on utilisera les guillemets.

altérer v. tr., pronom.
• Le *é* se change en *è* devant une syllabe muette, sauf à l'indicatif futur et au conditionnel présent. *J'altère,* mais *j'altérerai.*
• **Transitif**
- Changer l'état d'un corps, de bien en mal, détériorer. *La chaleur a altéré ces produits.*
- Falsifier. *Altérer des documents.*
- Assoiffer. *Cette promenade les a altérés.*
• **Pronominal**
Se détériorer. *Les teintes de cette aquarelle se sont altérées.*

alternance n. f.
Succession dans l'espace et le temps dans un ordre régulier. *L'alternance des saisons.*

alternateur n. m.
Appareil produisant des courants alternatifs.

alternatif, ive adj.
• Périodique.
• *Courant alternatif.* Qui change périodiquement de sens (par opp. à *courant continu*).
• Qui propose un mode de vie plus adapté à l'individu que celui de la société industrielle. *Un mouvement alternatif. Une philosophie alternative.*

alternative n. f.
Situation où il n'y a que deux possibilités opposées, deux éventualités entre lesquelles il faut choisir. Les deux partis possibles constituent les termes de l'alternative. *L'alternative est claire* (et non ** voici les alternatives) : perdre notre pari ou le gagner.*
Note.- Attention à ce mot qui désigne un ensemble de deux éventualités et non chacune des possibilités ; le nom doit être utilisé au singulier.

alternativement adv.
Tour à tour.

alterner v. tr., intr.,
• **Transitif.** Faire se succéder régulièrement. *Alterner les ronds et les carrés.*
• **Intransitif.** Se succéder en alternance. *Les saisons alternent.*

altesse n. f.
• Titre des princes, des princesses.
Note.- Après ce titre, le nom qui suit est au masculin pour un homme, au féminin pour une femme. *Son Altesse, le prince. Son Altesse, la reine.* Cependant les adjectifs, les pronoms et les participes passés sont toujours au féminin. *Son Altesse viendra si elle se sent bien.*
• **Abréviations :** Son Altesse *S.A.* Leurs Altesses *LL. AA.* Son Altesse Impériale *S.A.I.* Leurs Altesses Impériales *LL. AA. II.* Son Altesse Royale *S.A.R.* Leurs Altesses Royales *LL. AA. RR.*

altier, ière adj.
Fier. *Une allure altière.*

altimètre n. m.
Appareil servant à mesurer l'altitude.

altiport n. m.
Terrain d'atterrissage en haute montagne.

altiste n. m. et f.
Joueur d'alto.

altitude n. f.
• Élévation au-dessus du sol. *L'avion volait à faible altitude.*
• Élévation verticale d'un lieu par rapport au niveau de la mer.

alto n. m. et f.
• **Nom masculin.** Instrument de musique. *Des altos.*
• **Nom féminin.** Voix de femme la plus grave.
Syn. **contralto.**

altocumulus n. m. inv.
• Le *s* se prononce [altokymylys].
• Nuage composé de gros flocons blancs.

altostratus n. m. inv.
• Le *s* se prononce [altostratys].
• Nuage grisâtre.

altruisme n. m.
Disposition bienveillante pour autrui.

altruiste adj. et n. m. et f.
• **Adjectif.** Qui manifeste de l'altruisme.
• **Nom masculin et féminin.** Qui pratique l'altruisme.

alumine n. f.
Oxyde d'aluminium.

aluminer v. tr.
Recouvrir d'aluminium.

aluminium n. m.
• Symbole *Al* (s'écrit sans point).
• Métal blanc brillant, léger, bon conducteur d'électricité. *Des aluminiums.*

alun n. m.
Sulfate d'aluminium et de potassium aux propriétés astringentes.

alunir v. intr.
Se poser sur la Lune.
Note.- L'Académie française et l'Académie des sciences recommandent plutôt **atterrir**.

alunissage n. m.
Action d'alunir.
Note.- L'Académie française et l'Académie des sciences recommandent plutôt **atterrissage**.

alvéolaire adj.
• Relatif aux alvéoles.
• En forme d'alvéole.

alvéole n. f.
• Cellule créée par l'abeille. *Une alvéole de cire.*
• Cavité des maxillaires où sont implantées les dents. *Les alvéoles dentaires.*
Notes.-
1° Les auteurs ne s'entendent pas sur le genre de ce nom qui, d'après l'Académie, est masculin, mais l'usage lui accorde de plus en plus le genre féminin.
2° Ne pas confondre avec le nom **aréole** qui désigne le cercle coloré autour du mamelon du sein.

alvéolé, ée adj.
Qui a des alvéoles.

alvéolite n. f.
Inflammation des alvéoles dentaires ou pulmonaires.

A/m
Symbole de **ampère par mètre**.

AM
(Radio) Abréviation internationale de **modulation d'amplitude**.

a.m.
Abréviation du latin « ante meridiem ». Notation de l'heure dans le système anglais.
V. Tableau - **HEURE**.

amabilité n. f.
Affabilité.

amadou n. m.
Substance qui, imbibée de salpêtre, prend feu facilement. *Une mèche d'amadou.*

amadouer v. tr.
Flatter quelqu'un pour l'apaiser.

amaigrir v. tr., pronom.
• **Transitif.** Rendre maigre. *La maladie les a amaigris.*
• **Pronominal.** Maigrir, perdre du poids. *Elle s'amaigrit de jour en jour.*

amaigrissant, ante adj.
Qui fait maigrir. *Des régimes amaigrissants.*

amaigrissement n. m.
Fait de maigrir.

amalgamation n. f.
Action d'amalgamer ; son résultat.

amalgame n. m.
• Alliage de métaux. *Un amalgame d'argent et d'étain.*
• (Fig.) Mélange d'éléments très différents.
Note.- Attention au genre masculin de ce nom et à l'orthographe : **un** amalga**m**e.

amalgamer v. tr., pronom.
• **Transitif**
- Faire un amalgame (avec plusieurs corps).
- Rapprocher des éléments disparates.
• **Pronominal**
S'unir, se fondre en un tout.
Note.- Attention à l'orthographe : amalga**m**er.

amande n. f.
• Fruit de l'amandier. *Un gâteau à la pâte d'amandes.*
• **En amande**. Dont la forme oblongue rappelle celle de l'amande. *Des yeux en amande.*
Hom. **amende**, sanction pécuniaire.

amandier n. m.
Arbre fruitier cultivé pour ses graines, les amandes.

amanite n. f.
Champignon.
Notes.-
1° Attention au genre féminin de ce nom : **une** amanite.
2° Ne pas confondre avec l'adjectif **annamite** (vietnamien).

amant, ante n. m. et f.
• **Nom masculin et féminin.** (Vx) Personne qui éprouve un amour partagé pour une autre personne.
• **Nom masculin.** Homme qui a des relations intimes avec une femme à laquelle il n'est pas marié.

amarante adj. et n. m. et f.
• **Adjectif de couleur invariable.** De couleur pourpre. *Des tissus amarante.*
V. Tableau - **COULEUR (ADJECTIFS DE)**.
• **Nom masculin.** Couleur pourpre. *Un amarante éclatant.*
• **Nom féminin.** Plante aux fleurs pourpres. *Un joli bouquet d'amarantes.*

amareyeur n. m.
amareyeuse n. f.
Personne qui s'occupe de l'entretien des parcs à huîtres.

amarrage n. m.
Action d'amarrer ; son résultat.

amarre n. f.
Ce qui sert à retenir un navire, un ballon.
Note.- Ne pas confondre avec les mots suivants :
- **câble**, gros cordage de fibres textiles ou d'acier ;
- **cordage**, tout ce qui sert au grément d'un navire ou à la manœuvre d'une machine, d'un engin ;
- **corde**, lien fait de brins tordus ensemble ;
- **ficelle**, petite corde pour attacher des paquets.

amarrer v. tr.
Attacher avec une amarre.

amaryllis n. f.
Plante aux grandes fleurs colorées et odorantes.
Note.- Attention à l'orthographe : amary**llis**.

amas n. m.
Accumulation de choses diverses.
Note.- Ce mot est plus recherché que le nom **tas** qui a la même signification.

amasser v. tr., pronom.
• **Transitif**. Accumuler, entasser. *Amasser des richesses*.
• **Pronominal**. Se rassembler en grand nombre. *Les feuilles se sont amassées sur le sol*.

amateur adj. et n. m. et f.
• **Adjectif**
Qui pratique un sport sans recevoir de rémunération. *Un escrimeur amateur*.
• **Nom masculin**
- Personne qui a une attirance particulière pour quelque chose. *Un amateur de cuisine*.
- Personne qui cultive un art, une science pour son plaisir, sans en faire profession. *Un amateur de cinéma*.
- (Péj.) Personne qui manque de compétence. *C'est un travail d'amateur*.
Note.- L'adjectif et le nom sont invariables en genre. *Une nageuse amateur. Elle est amateur de théâtre*.
Ant. **professionnel**.

amateurisme n. m.
• Condition d'une personne qui pratique une activité, un sport en amateur.
• (Péj.) Caractère inachevé, imparfait, incomplet de quelque chose.

amazone n. f.
• Femme qui monte à cheval.
Note.- Le mot *cavalière* est plus courant aujourd'hui.
• *En amazone*, locution. Façon de monter à cheval avec les deux jambes du même côté de la selle.

amazonien, ienne adj. et n. m. et f.
De l'Amazonie.
Note.- Contrairement à l'adjectif, le nom prend une majuscule.

ambages n. f. pl.
Sans ambages. Sans détours.
Note.- Ce nom ne s'emploie plus que dans cette locution. *Elle le mit au courant sans ambages*.

ambassade n. f.
• Députation envoyée à un État.
• Bureaux de l'ambassadeur.
Note.- Le mot *ambassade* s'écrit généralement avec une minuscule. *L'ambassade des États-Unis a été l'objet d'un attentat à la bombe*.

ambassadeur n. m.
ambassadrice n. f.
• Personne qui représente un État de façon permanente auprès d'un État étranger.
• Personne chargée d'une mission. *Un ambassadeur de la paix*.
Note.- Il est recommandé de faire suivre ce titre du nom du pays. *L'ambassadeur de France* (et non l'* ambassadeur français*).

ambi- préf.
Élément du latin signifiant « tous les deux ». *Ambidextre, ambivalence*.

ambiance n. f.
Atmosphère.

ambiant, ante adj.
Qui entoure. *La température ambiante*.

ambidextre adj. et n. m. et f.
Qui peut se servir de chacune de ses deux mains avec autant d'adresse.

ambigu, uë adj.
Équivoque. *Des phrases ambiguës*.
Note.- Attention à l'orthographe : ambigu, ambigu**ë**.

ambiguïté n. f.
Défaut de ce qui est équivoque, de ce qui présente plusieurs sens.
Notes.-
1° Ne pas confondre avec le nom *ambivalence* qui désigne le caractère de ce qui comprend deux composantes très distinctes.
2° Attention à l'orthographe : ambigu**ï**té.

ambigument adv.
De façon ambiguë.
Note.- L'adverbe s'écrit sans tréma.

ambitieusement adv.
De façon ambitieuse.

ambitieux, euse adj. et n. m. et f.
Qui a de l'ambition.

ambition n. f.
• Désir ardent de réussite, d'honneurs, de pouvoir. *Il a trop d'ambition*.
• Désir profond de quelque chose. *Avoir l'ambition d'être heureux*.

ambitionner v. tr.
Aspirer à. *Elle ambitionne d'être nommée à la direction de l'entreprise*.

ambivalence n. f.
Caractère de ce qui comprend deux composantes très distinctes.
Note.- Ne pas confondre avec le nom *ambiguïté* qui désigne le défaut de ce qui est équivoque, de ce qui présente plusieurs sens.

ambivalent, ente adj.
Qui comporte deux éléments contraires. *Ils sont ambivalents ; ils n'arrivent pas à faire leur choix*.

amble n. m.
Allure d'un quadrupède qui fait mouvoir simultanément les deux membres du même côté.
Note.- Ne pas confondre avec le mot *ambre* qui désigne une résine fossile transparente.

ambler v. intr.
(Vx) Aller l'amble.

ambre adj. inv. et n. m.
• **Adjectif de couleur invariable**. De la couleur jaune doré de l'ambre. *Des soies ambre*.
V. Tableau - **COULEUR (ADJECTIFS DE)**.
• **Nom masculin**. Résine fossile transparente. *De l'ambre jaune*.
Note.- Ne pas confondre avec le mot *amble* qui se dit de l'allure d'un quadrupède qui fait mouvoir simultanément les deux membres du même côté.

ambré, ée adj.
• Parfumé à l'ambre.
• De la couleur de l'ambre.

ambroisie n. f.
• Nourriture des dieux de l'Olympe.
• Mets exquis.
Note.- La boisson des dieux est le *nectar*.

ambrosien, ienne adj.
Qui se rapporte au rite attribué à saint Ambroise.
Chant ambrosien.

ambulance n. f.
Véhicule affecté au transport des blessés, des malades.

ambulancier n. m.
ambulancière n. f.
Personne attachée au service d'une ambulance, qui donne les premiers soins à un blessé, à un malade.

ambulant, ante adj.
Itinérant. *Des marchands de fruits et légumes ambulants.*

ambulatoire adj.
Qui n'interrompt pas les activités habituelles d'un malade. *Un traitement ambulatoire.*

âme n. f.
• Principe spirituel, source des facultés morales et intellectuelles. *En mon âme et conscience. Ils sont dévoués corps et âmes.*
• Cœur. *Une âme sensible, délicate.*
• Souffle de la vie. *Rendre l'âme.*
• (Vx) Habitant. *Un village de 5 000 âmes. Je n'ai rencontré âme qui vive.*

améliorable adj.
Qui peut être amélioré.

améliorant, ante adj.
Qui améliore la fertilité d'un sol.

amélioration n. f.
Changement en mieux. *L'amélioration du sol. Faire des améliorations dans un appartement.*

améliorer v. tr., pronom.
• **Transitif**. Rendre meilleur. *Il a amélioré ce moteur.*
• **Pronominal**. Devenir meilleur. *Elles se sont améliorées.*

amen n. m. inv.
• Le *n* se prononce [amɛn].
• Mot qui vient de l'hébreu, signifiant *ainsi soit-il*. *Des amen.*
Note.- En typographie soignée, les mots étrangers sont composés en italique. Dans des textes déjà en italique, la notation se fait en romain. Pour les textes manuscrits, on utilisera les guillemets.
Hom. *amène*, aimable.

aménagement n. m.
• Action d'organiser en vue d'un usage déterminé. *L'aménagement d'un local.*
Note.- Ne pas confondre avec le mot *emménagement* qui désigne une installation dans un nouveau logement.

• Ensemble de mesures destinées à assurer un développement équilibré des régions par une meilleure répartition des populations et des activités. *L'aménagement du territoire.*

aménager v. tr.
• Le *g* est suivi d'un *e* devant les lettres *a* et *o*. *Il aménagea, nous aménageons.*
• Disposer, organiser en vue d'un usage déterminé. *Aménager un appartement.*
Note.- Ne pas confondre avec le verbe *emménager* qui signifie «installer un mobilier dans un lieu».

amende n. f.
• Sanction pécuniaire. *Cette infraction m'a valu une amende.*
• *Faire amende honorable*, locution. Demander pardon, reconnaître ses torts.
Hom. *amande*, fruit de l'amandier.

amendement n. m.
Modification à un projet de loi.

amender v. tr., pronom.
• **Transitif**. Modifier un projet de loi par amendement. *Le projet de loi sera certainement amendé.*
Note.- On amende un projet de loi, on modifie une loi.
• **Pronominal**. (Litt.) Devenir meilleur. *Ils se sont amendés.*

amène adj.
(Litt.) Aimable.
Hom. *amen*, ainsi soit-il.

amener v. tr., pronom.
• Le *e* se change en *è* devant une syllabe muette. *Il amène, il amenait.*
• Conduire quelqu'un vers un endroit ou vers une personne. *Je vous amènerai ma fille cet après-midi.*
Notes.-
1° Ne pas confondre le verbe *amener* qui comporte la notion de mouvement vers un lieu donné avec le verbe *emmener* qui au contraire décrit un mouvement hors d'un lieu donné vers un autre lieu.
2° On *amène* une personne, on *apporte* une chose.
3° La construction pronominale est familière. *Elle s'amène tous les samedis avec sa ribambelle au complet.*

aménité n. f.
• *Avec aménité*. Avec amabilité, affabilité. *Elle répondit avec aménité à sa question.*
• *Sans aménité*. Avec rudesse.

amenuisement n. m.
Diminution.

amenuiser v. tr., pronom.
• **Transitif**. Rendre plus mince.
• **Pronominal**. Diminuer. *Vos chances s'amenuisent.*

amer, ère adj.
• Qui a une saveur désagréable, âcre. *Une boisson amère.*
• Pénible. *Des regrets amers.*
• Dur. *Des propos amers.*

amèrement adv.
Avec amertume.

américain, aine adj. et n. m. et f.
● **Adjectif**
- D'Amérique du Nord. *Le continent américain.*
- Des États-Unis. *Un citoyen américain.*
● **Nom masculin et féminin**
Un Américain, une Américaine.
● **Nom masculin**
L'anglais parlé aux États-Unis.
Note.- Lorsqu'il s'agit de la langue, l'adjectif ou le nom s'écrit avec une minuscule. Si le nom désigne une personne, la majuscule s'impose.

américanisation n. f.
Action d'américaniser ; son résultat.

américaniser v. tr., pronom.
● **Transitif.** Donner le caractère américain à.
● **Pronominal.** Prendre les manières des Américains.

américanisme n. m.
Tournure de langage propre à la langue américaine (par rapport à l'anglais britannique).

amérindien, ienne adj. et n. m. et f.
Relatif aux Indiens d'Amérique du Nord. *La culture amérindienne. Une Amérindienne, un Amérindien.*
Note.- Contrairement à l'adjectif, le nom prend une majuscule.

amerrir v. intr.
Action de se poser sur l'eau (en parlant d'un hydravion, d'un vaisseau spatial). *L'hydravion a amerri.*
Note.- Sous l'influence du verbe **atterrir**, le verbe **amerrir** s'écrit avec deux **r**.

amerrissage n. m.
Action d'amerrir.
Note.- Attention à l'orthographe : a**merr**issage.

amertume n. f.
● Saveur amère.
● Mécontentement, déception.

améthyste adj. et n. m. et f.
● **Adjectif de couleur invariable.** De la couleur violette de l'améthyste. *Des lainages améthyste.*
V. Tableau - **COULEUR (ADJECTIFS DE).**
● **Nom masculin.** Couleur violette. *Un améthyste profond voisin du violet.*
● **Nom féminin.** Pierre violette. *Une améthyste ancienne.*
Note.- Attention à l'orthographe : amét**hy**ste.

ameublement n. m.
Ensemble des meubles, tapis, tentures qui garnissent une maison, un appartement. *Des tissus d'ameublement.*

ameublir v. tr.
● (Dr.) Doter de meubles.
● Rendre une terre plus légère.

ameublissement n. m.
Action d'ameublir ; son résultat.

ameuter v. tr.
● Grouper des chiens en meute.
● Attrouper, exciter. *Il excelle à ameuter les journalistes.*

ami, ie adj. et n. m. et f.
● **Adjectif.** Amical, allié. *Une nation amie.*
Note.- La construction * « ami avec » est familière.
● **Nom masculin et féminin.** Personne pour laquelle on éprouve de l'amitié. *Il était son ami, elle sera son amie.*
Hom. **amict**, ornement sacerdotal.

amiable (à l') loc. adv.
De gré à gré, par voie de conciliation. *Un règlement à l'amiable.*

amiante n. m.
Substance minérale incombustible. *Un amiante fibreux.*
Note.- Attention au genre masculin de ce nom : **un** amiante.

amibe n. f.
Animal unicellulaire. *Une amibe dangereuse.*

amibien, ienne adj.
Occasionné par les amibes.

amical, ale, aux adj.
Qui est inspiré par l'amitié. *Un conseil amical.*
Ant. **hostile, inamical.**

amicale n. f.
Regroupement de personnes du même établissement scolaire, de la même profession.

amicalement adv.
De façon amicale.

amict n. m.
● Le **c** et le **t** ne se prononcent pas [ami].
● Ornement sacerdotal.
Hom. **ami**, personne avec qui l'on a des liens d'amitié.

amidon n. m.
Fécule servant à empeser le linge.

amidonnage n. m.
Action de passer à l'amidon.

amidonner v. tr.
Enduire d'amidon, empeser.

amincir v. tr., pronom.
● **Transitif.** Rendre plus mince.
● **Pronominal.** Devenir plus mince. *Ils se sont amincis.*

amincissement n. m.
Action d'amincir ; son résultat.

amiral, aux adj.
Vaisseau amiral. Navire ayant à son bord un amiral.

amiral n. m.
Officier du grade le plus élevé dans la marine militaire. *Des amiraux.*

amirauté n. f.
Haut commandement d'une flotte de guerre.

amitié n. f.
● Affection, sympathie. *J'ai beaucoup d'amitié pour lui.*
● (Au plur.) Salutations amicales. *Mes amitiés à la famille.*

ammoniac n. m.
• Le *c* se prononce [amɔnjak].
• Gaz.
Hom. *ammoniaque*, solution aqueuse d'ammoniac.

ammoniac, aque adj.
Relatif à l'ammoniac.
Note.- Attention au féminin en *que*, comme pour les adjectifs *public, turc, caduc.*

ammoniacal, ale, aux adj.
Qui contient de l'ammoniac, qui en a l'odeur ou les propriétés.

ammoniaque n. f.
Solution aqueuse d'ammoniac.
Hom. *ammoniac*, gaz.

amnésie n. f.
Maladie caractérisée par la diminution ou la perte de la mémoire.
Note.- Ne pas confondre avec les noms suivants :
- *amnistie*, annulation d'infractions à la loi ainsi que de leurs conséquences pénales ;
- *armistice*, convention entre des armées ennemies pour mettre fin au combat.

amnésique adj. et n. m. et f.
Atteint d'amnésie.

amniocentèse n. f.
• Les lettres *en* se prononcent *in* [amnjosɛ̃tɛz].
• Examen du liquide amniotique, prélevé par ponction, afin de détecter les anomalies éventuelles du fœtus.

amnistie n. f.
Annulation d'infractions à la loi ainsi que de leurs conséquences pénales.
Note.- Ne pas confondre avec les noms suivants :
- *amnésie*, perte de la mémoire ;
- *armistice*, convention entre des armées ennemies pour mettre fin au combat.

amnistier v. tr.
• Redoublement du *i* à la première et à la deuxième personne du pluriel de l'indicatif et du subjonctif présent. *(Que) nous amnistiions, (que) vous amnistiiez.*
• Accorder une amnistie à.

amocher v. tr., pronom.
(Fam.) Détériorer, blesser.

amoindrir v. tr., pronom.
• **Transitif**. Affaiblir, diminuer la force, la valeur.
• **Pronominal**. Devenir moindre, décroître.

amoindrissement n. m.
Diminution, affaiblissement.

amollir v. tr., pronom.
• **Transitif**
- Rendre mou. *Il faut amollir la pâte avec un peu d'eau.*
- (Fig.) Rendre mou, sans énergie. *La chaleur nous amollit.*
• **Pronominal**
Devenir mou. *Le beurre s'est amolli.*
Note.- Le verbe *ramollir* est plus usité.

amollissement n. m.
Action d'amollir ; son résultat.

amonceler v. tr.
• Redoublement du *l* devant un *e* muet. *J'amoncelle, j'amoncellerai, mais j'amoncelais.*
• Entasser.

amoncellement n. m.
Accumulation.

amont n. m.
• « Vers la montagne ». Le côté d'où descend un cours d'eau, depuis la source jusqu'à un point considéré. *En marchant vers l'amont de la rivière.*
• *En amont de*. En remontant le cours de l'eau.
• *En amont de*. (Fig.) Au sens de « qui vient avant ». *Dans le processus de fabrication, le montage est en amont de la finition.*
Ant. **aval.**

amoral, ale, aux adj.
Qui ignore les règles de la morale.
Note.- Ne pas confondre avec l'adjectif *immoral* qui qualifie ce qui est contraire à la morale.

amoralisme n. m.
Attitude d'une personne amorale.

amoralité n. f.
Caractère de ce qui est amoral.

amorçage n. m.
Action d'amorcer. *L'amorçace de la fusée.*

amorce n. f.
• Appât (aux sens propre et figuré). *Les mouches servent d'amorces.*
• Détonateur. *L'amorce est mouillée : c'est peine perdue.*
• Entrée en matière. *Une bonne amorce à la discussion.*

amorcer v. tr.
• Le *c* prend une cédille devant les lettres *a* et *o*. *Il amorça, nous amorçons.*
• Ébaucher, commencer quelque chose.
• Appâter.
• Garnir d'une charge explosive.

amoroso adv.
Mot italien signifiant « avec tendresse » qui sert d'indication musicale.
Note.- En typographie soignée, les mots étrangers sont composés en italique. Dans des textes déjà en italique, la notation se fait en romain. Pour les textes manuscrits, on utilisera les guillemets.

amorphe adj.
Apathique, inactif.

amorti n. m.
Manière de frapper le ballon, la balle dans certains sports. *Des amortis efficaces.*

amortir v. tr., pronom.
• **Transitif**
- Atténuer la force de quelqu'un.
- Rembourser un emprunt.

• **Pronominal**
Diminuer.

amortissable adj.
Qui peut être amorti.

amortissement n. m.
• Action d'amortir ou de s'amortir.
• Remboursement graduel d'une dette.
• Constatation comptable de la perte subie sur la valeur des immobilisations qui se déprécient avec le temps.

amortisseur n. m.
Dispositif destiné à amortir les secousses, les vibrations, etc. *Réparer les amortisseurs.*

amour n. m. et n. f. pl.
• **Nom masculin singulier.** Sentiment amoureux. *Un amour heureux.*
• (Litt.) **Nom féminin pluriel.** *Les folles amours.*
Note.- L'usage actuel tend à donner au mot **amour** le genre masculin également au pluriel.
• **Nom masculin.** Enfant symbolisant l'amour. *Les amours ailés de la Renaissance.*

amouracher (s') v. pronom.
(Péj.) Tomber subitement amoureux. *Elle s'est amourachée du premier venu.*

amour-en-cage
V. **alkékenge.**

amourette n. f.
• Amour passager. *Hélas! ce n'était qu'une amourette!*
• (Au plur.) Morceaux de moelle épinière de veau, de bœuf ou de mouton servis comme garnitures.

amoureusement adv.
Avec amour.

amoureux, euse adj. et n. m. et f.
• Qui éprouve de l'amour ou qui est enclin à l'amour. *Il est follement amoureux d'elle.*
• Passionné de. *Elle est amoureuse de la peinture.*

amour-propre n. m.
Respect de soi-même, fierté. *Des amours-propres.*

amovible adj.
Qui peut être déplacé.

ampère n. m.
• Symbole **A** (s'écrit sans point).
• Unité de mesure d'intensité de courant électrique.

ampère-heure n. m.
• Symbole **Ah** (s'écrit sans points).
• Unité de mesure de quantité d'électricité. *Des ampères-heures.*

ampèremètre n. m.
Appareil servant à mesurer l'intensité d'un courant électrique.

ampère par mètre
Symbole **A/m** (s'écrit sans points).

amphétamine n. f.
Médicament qui stimule l'activité cérébrale.
Note.- Attention à l'orthographe : am**ph**étamine.

amphi n. m.
Abréviation familière de **amphithéâtre.**

amphi- préf.
• Élément du grec signifiant «en double».
• Les mots composés avec le préfixe **amphi-** s'écrivent sans trait d'union. *Amphibie.*

amphibie adj. et n. m.
• Qui vit sur terre et dans l'eau. *La grenouille est amphibie.*
• Qui peut être utilisé sur terre et dans l'eau. *Des véhicules amphibies.*
Note.- Attention à l'orthographe de cet adjectif qui conserve la même forme au masculin et au féminin : amphibi**e.**

amphigouri n. m.
(Péj.) Texte incompréhensible et prétentieux. *Des amphigouris.*

amphigourique adj.
(Péj.) Incompréhensible.

amphithéâtre n. m.
• S'abrège familièrement en **amphi** (s'écrit sans point).
• Édifice garni de gradins où se livraient les combats de gladiateurs.
• Salle de cours garnie de gradins.

amphitryon n. m.
(Plaisant.) Hôte.

amphore n. f.
Vase à deux anses, terminé en pointe. *Une amphore de grand prix.*

ample adj.
• Qui a des dimensions plus que suffisantes pour l'usage envisagé. *Une tunique ample.*
• Abondant. *Pour de plus amples renseignements, n'hésitez pas à communiquer avec nous.*
• (Dr.) *Jusqu'à plus ample informé.* Locution figée au sens de «avant d'être mieux renseigné».

amplement adv.
Largement, avec ampleur.

ampleur n. f.
Grandeur, largeur qui dépasse la mesure ordinaire. *L'ampleur des moyens mis à leur disposition leur a permis d'être élus.*

ampli n. m.
Forme abrégée de **amplificateur.** *Des amplis.*

amplificateur n. m.
• S'abrège familièrement en **ampli** (s'écrit sans point).
• Appareil d'amplification.
• Élément d'une chaîne acoustique.

amplification n. f.
• Développement d'un sujet.
• Augmentation de la puissance.

amplifier v. tr., pronom.
• Redoublement du *i* à la première et à la deuxième personne du pluriel de l'indicatif imparfait et du subjonctif présent. *(Que) nous amplifiions, (que) vous amplifiiez.*
• **Transitif**. Accroître le volume, l'étendue, l'importance de.
• **Pronominal**. Prendre plus d'amplitude.

amplitude n. f.
Étendue en largeur et en longueur. *L'amplitude d'un mouvement.*

ampoule n. f.
• Tube de verre contenant un médicament. *Une ampoule de vitamines.*
• Globe de verre renfermant le filament des lampes à incandescence. *L'ampoule est brûlée.*
• Cloque de la peau. *J'ai des ampoules aux pieds.*

ampoulé, ée adj.
Emphatique, enflé, prétentieux.

amputation n. f.
Action d'enlever un membre, une partie d'un membre au cours d'une opération chirurgicale.
Note.- Ne pas confondre avec les noms suivants :
- *ablation*, action d'enlever un organe, une tumeur ;
- *mutilation*, perte accidentelle d'une partie du corps.

amputé, ée n. m. et f.
Personne qui a subi une amputation.

amputer v. tr.
Sectionner un membre au cours d'une opération chirurgicale.
Note.- Ne pas confondre avec le verbe *imputer* qui signifie « attribuer la responsabilité (d'une faute) à quelqu'un, porter une somme au débit d'un compte ».

amuïr (s') v. pronom.
(Phonét.) Devenir muet. *Le g du mot amygdale s'est amuï.*

amuïssement n. m.
(Phonét.) Fait de devenir muet.

amulette n. f.
Talisman.

amusant, ante adj.
Divertissant.

amuse-gueule n. m. inv.
Hors-d'œuvre. *Des amuse-gueule appétissants.*

amusement n. m.
Divertissement.

amuser v. tr., pronom.
• **Transitif**. Divertir.
• **Pronominal**. Se distraire. *Ils se sont bien amusés.*

amusette n. f.
Bagatelle, petit amusement.

amuseur, euse n. m. et f.
Personne qui divertit.

amygdale n. f.
• On ne prononce plus le *g* [amidal]. La même remarque s'applique aux dérivés de ce mot.
• Chacun des deux organes situés sur la paroi latérale du larynx.
Note.- Attention au genre féminin de ce nom : *une* amygdale.

amygdalectomie n. f.
Ablation des amygdales.

amygdalite n. f.
Inflammation des amygdales.

an n. m.

• **Nom masculin**
Période de douze mois.
Note.- Par rapport au mot *année* qui insiste sur la durée, l'écoulement du temps, le mot *an* marque davantage la date, l'âge. *Elle a 20 ans. Il y a 15 ans de cela.* Le nom *an* tend à être remplacé par *année* sauf dans les actes notariés, la poésie où les dates sont composées en lettres.
• **Locutions**
- *Le jour de l'An*. Locution figée désignant le premier jour de l'année.
- *Bon an mal an*. Locution figée signifiant « en moyenne ».
- *An de grâce*. Cette locution figée ne doit s'employer que pour désigner une année postérieure à l'an 1000. À cette date où l'on craignait la fin du monde, chaque année en plus était une grâce divine.
Hom. -
- *en*, marque le lieu, la manière, etc. ;
- *en*, de lui, d'elle, de cela ;
- *han*, cri sourd.

---

ana- préf.
Élément du grec signifiant « à rebours, à nouveau ».

anabolisant, ante adj. et n. m.
Se dit d'une substance stimulant l'anabolisme et favorisant l'accroissement du système musculaire. *Des stéroïdes anabolisants.*

anacardier n. m.
Arbre tropical qui produit la noix de cajou.

anachorète n. m.
• Les lettres *ch* se prononcent *k* [anakɔrɛt].
• Ermite.

anachronique adj.
Non conforme aux habitudes d'une époque, vieilli, désuet.

anachronisme n. m.
• Les lettres *ch* se prononcent *k* [anakrɔnism].
• Erreur de date, confusion entre des époques différentes. *Il y a plusieurs anachronismes cocasses dans ce film.*
• Caractère de ce qui est anachronique.

anacoluthe n. f.
Modification soudaine de la construction d'une phrase. *Cher collègue et néanmoins ami*, est un exemple d'anacoluthe.

anaconda n. m.
Grand serpent de l'Amérique du Sud.

anaérobie adj. et n. m.
• **Adjectif.** Qualifie un organisme qui n'a pas besoin d'oxygène pour se développer.
• **Nom masculin.** Organisme n'ayant pas besoin d'oxygène pour se développer.
Ant. **aérobie.**

anagramme n. f.
Mot obtenu par transposition des lettres d'un autre mot. *Une anagramme intéressante : aimer - Marie. Le pseudonyme de Alcofribas Nasier est l'anagramme de François Rabelais.*
Note.- Attention au genre féminin de ce nom : *une* anagramme.

anal, ale, aux adj.
Qui concerne l'anus.
Note.- Ne pas confondre avec les mots suivants :
- *annal*, qui ne dure qu'un an ;
- *annales*, histoire.

analgésie n. f.
Perte naturelle ou provoquée de la sensibilité à la douleur.

analgésique adj. et n. m.
• **Adjectif.** Qui calme les douleurs névralgiques.
• **Nom masculin.** Produit qui atténue ou supprime la sensibilité à la douleur.

anallergique adj.
Se dit d'une substance qui ne provoque pas d'allergie. *Une crème anallergique.*
Note.- Ne pas confondre avec le mot *hypoallergique* qui se dit d'une substance qui diminue les risques d'allergie.

analogie n. f.
Rapport entre deux ou plusieurs choses qui présentent certains traits communs. *L'analogie entre les deux situations est amusante.*
Note.- Ne pas confondre avec le nom *similitude* qui désigne une relation entre des choses exactement semblables.

analogique adj.
• Fondé sur l'analogie. *Un dictionnaire analogique.*
• *Montre, pendule analogique.* Montre, pendule avec aiguilles. *Je préfère les montres analogiques aux nouvelles montres numériques.*
Note.- La représentation de l'heure au moyen de chiffres mobiles est dite *numérique* (et non * digitale).

analogue adj.
Qui est à peu près semblable. *Cette étude est analogue à celle que nous avons examinée.*
Notes.-
1° Cet adjectif se construit avec la préposition *à*.
2° Ne pas confondre avec les mots suivants :
- *homologue*, personne qui exerce une fonction équivalente à celle d'une autre dans un ensemble différent ;
- *identique*, qui est tout à fait semblable.

analphabète adj. et n. m. et f.
Qui ne sait ni lire ni écrire. *Une personne analphabète. Un analphabète.*
Note.- Le mot *illettré* peut être synonyme de *analpha-*

bète ; il peut également désigner une personne qui manque de culture.

analphabétisme n. m.
État de l'analphabète.

analysable adj.
Qui peut être analysé.

analyse n. f.
• Action de décomposer un tout en ses parties afin d'en saisir les rapports. *Analyse grammaticale, chimique, économique.*
• *En dernière analyse.* En définitive.

analyser v. tr.
• Soumettre à une analyse. *Analyser le sang d'un patient.*
• (Fig.) Étudier attentivement. *La situation mérite d'être analysée.*

analyseur adj. et n. m.
Appareil permettant de définir la structure d'un son, d'une vibration.

analyste n. m. et f.
• Spécialiste de l'analyse (financière, informatique, mathématique). *Une analyste informatique. Un analyste financier.*
• Psychanalyste.
Hom. *annaliste,* historien qui écrit des annales.

analytique adj.
Qui procède par analyse, qui comporte une analyse. *Comptabilité analytique.*

analytiquement adv.
D'une manière analytique.

ananas n. m.
• Le *s* final se prononce ou non [anana(s)].
• Plante tropicale cultivée pour son fruit sucré ; ce fruit. *Des jus d'ananas.*

anaphylactique adj.
Relatif à l'allergie. *Un choc anaphylactique violent.*
Note.- Attention à l'orthographe : anaph**y**lactique.

anaphylaxie n. f.
Allergie.
Note.- Attention à l'orthographe : anaph**y**laxie.

anarchie n. f.
• État de désordre causé par l'absence d'autorité politique.
• État généralisé de désordre et de confusion.

anarchique adj.
Où règne l'anarchie.
Note.- Ne pas confondre avec le mot *anarchiste* qui désigne un partisan de l'anarchisme.

anarchiquement adv.
De façon anarchique.

anarchisme n. m.
Doctrine qui rejette toute autorité.

anarchiste adj. et n. m. et f.
Partisan de l'anarchisme.
Note.- Ne pas confondre avec l'adjectif *anarchique* qui qualifie ce qui est caractérisé par le désordre.

anathème n. m.
• Sentence d'excommunication.
• (Fig.) Condamnation publique, réprobation. *Jeter l'anathème sur les autorités.*
Note.- Attention au genre masculin de ce nom : *un* anathème.

anatomie n. f.
Étude de la structure d'un organisme vivant.

anatomique adj.
Qui se rapporte à l'anatomie. *Un dessin anatomique.*

anatomiquement adv.
Du point de vue de l'anatomie.

ancestral, ale, aux adj.
Relatif aux ancêtres. *La maison ancestrale.*

ancêtre n. m. et f.
• (Au plur.) Ascendants d'une famille et plus générale-ment, ceux qui ont vécu antérieurement. C'est à compter de la troisième génération (arrière-grand-père) que l'on emploie le mot *ancêtre*.
• (Fam.) Personne âgée.
Note.- Par rapport au nom *aïeul*, le nom *ancêtre* est plus littéraire, d'un niveau de langue plus soutenu.

anche n. f.
Pièce de certains instruments à vent (clarinette, saxo-phone, etc.).
Hom. *hanche*, partie du corps.

anchois n. m.
Petit poisson de mer.
Note.- Attention à l'orthographe : anchoi**s**.

ancien, ienne adj. et n. m. pl.
• **Adjectif**
- Qui existe depuis longtemps. *L'Ancien Testament.*
Note.- Ne pas confondre avec les mots suivants :
- *antique*, très ancien ;
- *archaïque*, trop ancien.
- *Dans les temps anciens.* Locution signifiant «autrefois».
• **Nom masculin pluriel.** Ceux qui ont vécu très long-temps avant nous, surtout les Grecs et les Romains.

anciennement adv.
Autrefois.

ancienneté n. f.
• État de ce qui est ancien.
• Temps passé dans une fonction. *Elle a 15 ans d'an-cienneté dans l'entreprise.*

Ancien Testament
Livres de l'Écriture sainte.

ancillaire adj.
(Litt.) Relatif aux servantes. *Des liaisons ancillaires.*

ancolie n. f.
Plante aux fleurs bleues, blanches, roses ou jaunes.

ancrage n. m.
• Action d'ancrer (un bateau).
• Action d'attacher à un point fixe.
• *Point d'ancrage.* Élément fondamental autour duquel s'organise un ensemble.

ancre n. f.
Lourde pièce d'acier à deux crochets qu'on laisse tomber, à l'aide d'un câble, au fond de l'eau, afin de retenir un navire.
Note.- Attention au genre féminin de ce nom : *une* ancre.
Hom. *encre*, liquide utilisé pour écrire.

ancrer v. tr., pronom.
• **Transitif**
- Jeter l'ancre.
- Fixer solidement. *Ancrer un câble.*
• **Pronominal**
Se fixer, s'installer.

andalou, ouse adj. et n. m. et f.
D'Andalousie. *Des poètes andalous.*
Note.- Contrairement à l'adjectif, le nom prend une majuscule.

andante adv. et n. m.
• Le mot se prononce [ãdãte] avec un *é* final ou [ãdãt].
• **Adverbe.** Mouvement musical modéré.
Note.- En typographie soignée, les mots étrangers sont composés en italique. Dans des textes déjà en italique, la notation se fait en romain. Pour les textes manuscrits, on utilisera les guillemets.
• **Nom masculin.** Morceau de musique exécuté an-dante. *Des andantes.*

andouille n. f.
• Charcuterie.
• (Fam.) Personne sotte.

andouillette n. f.
Petite andouille.

andro- préf.
Élément du grec signifiant «homme mâle». *Andro-gyne.*

androgène adj. et n. m.
Se dit d'une substance hormonale qui provoque l'ap-parition de caractères sexuels masculins.

androgyne adj. et n. m. et f.
Individu qui présente des caractères sexuels du sexe opposé. *Un androgyne troublant.*
Note.- L'*hermaphrodite* est doté de caractères des deux sexes.

androïde n. m.
Robot à forme humaine.

andropause n. f.
Diminution progressive de l'activité sexuelle chez l'homme.
Note.- Au féminin, c'est la *ménopause* qui désigne la fin de la fonction ovarienne.

androstérone n. f.
Hormone sexuelle mâle.

âne n. m.
• Quadrupède du genre cheval, mais plus petit et avec des oreilles plus longues. Mâle de l'ânesse.
• (Fig.) Personne bornée.
• *Dos d'âne*, locution invariable. Gonflement trans-versal de la chaussée. *Les dos d'âne du chemin.*

anéantir v.tr., pronom.
• **Transitif**. Détruire complètement. *Un incendie a anéanti la maison, les animaux et tous les biens.*
• **Pronominal**. Disparaître, s'effondrer. *Nos rêves se sont anéantis.*
Notes.-
1º Le verbe *anéantir* peut être construit avec des compléments désignant des choses matérielles ou immatérielles, des animaux, des personnes.
2º Contrairement au verbe *anéantir*, le verbe *annihiler* ne peut avoir comme compléments que des choses non matérielles.

anéantissement n. m.
Destruction totale.

anecdote n. f.
Récit court d'un fait particulier. *Raconter des anecdotes.*

anecdotique adj.
• Qui contient des anecdotes.
• Secondaire. *Un fait purement anecdotique.*

anémie n. f.
Appauvrissement du sang.

anémier v. tr., pronom.
• Redoublement du *i* à la première et à la deuxième personne du pluriel de l'indicatif imparfait et du subjonctif présent. *(Que) nous anémiions, (que) vous anémiiez.*
• Affaiblir.

anémique adj.
Atteint d'anémie.

anémo- préf.
Élément du grec signifiant « vent ».

anémomètre n. m.
Instrument destiné à mesurer la vitesse du vent.

anémone n. f.
• Plante cultivée pour ses fleurs décoratives.
• Fleur de cette plante. *Des anémones violettes.*

ânerie n. f.
Bêtise. *Il débite des âneries.*

ânesse n. f.
Femelle de l'âne.

anesthésiant adj. et n. m.
Se dit d'un produit qui procure une anesthésie. *Un gaz anesthésiant.*
Syn. **anesthésique**.

anesthésie n. f.
Perte plus ou moins complète de la sensibilité provoquée par une maladie ou par un anesthésique.

anesthésier v. tr.
• Redoublement du *i* à la première et à la deuxième personne du pluriel de l'indicatif imparfait et du subjonctif présent. *(Que) nous anesthésiions, (que) vous anesthésiiez.*
• Rendre insensible à la douleur au moyen d'un anesthésique.
• (Fig.) Endormir.

anesthésique adj. et n. m.
Se dit d'un produit qui procure une anesthésie locale ou générale. *L'éther est un anesthésique peu utilisé.*
Syn. **anesthésiant**.

anesthésiste n. m. et f.
Médecin spécialiste de l'anesthésie.

aneth n. m.
Plante aromatique, appelée communément *fenouil*.
Note.- Attention à l'orthographe : ane**th**.

anévrysme ou **anévrisme** n. m.
Dilatation des membranes d'une artère dont la rupture peut être mortelle. *Elle a subi une rupture d'anévrisme.*

anfractuosité n. f.
Cavité profonde, inégalité. *Les anfractuosités de la paroi rocheuse* (et non les * infractuosités).
Note.- Ce nom s'emploie surtout au pluriel.

ange n. m.
• Créature spirituelle. *Mon ange gardien.*
• *Être aux anges*. Être ravi.
• (Fig.) Personne parfaite. *Son amie est un ange de dévouement.*
Note.- Le nom *ange* est toujours masculin, même lorsqu'il désigne une femme.

angélique adj. et n. f.
• **Adjectif**. Propre à l'ange, digne d'un ange. *Une douceur angélique.*
• **Nom féminin**. Plante aromatique dont on confit les tiges vertes.

angelot n. m.
Petit ange. *Des angelots joufflus.*

angélus n. m.
• Prière en l'honneur de la Vierge. *L'Angélus du soir.*
Note.- En ce sens, le nom s'écrit avec une majuscule.
• Sonnerie de cloche annonçant cette prière.
Note.- Attention à l'orthographe : ang**é**lus puisque ce mot d'origine latine est francisé.

angevin, ine adj. et n. m. et f.
Habitant de l'Anjou ou de la ville d'Angers.
Note.- Contrairement à l'adjectif, le nom prend une majuscule.

angine n. f.
• Inflammation de la gorge ou du pharynx.
• *Angine de poitrine*. Accès de douleur cardiaque accompagné d'une sensation d'angoisse.

anglais, aise adj. et n. m. et f.
• **Adjectif**
- D'Angleterre. *Une ville anglaise.*
- Propre à la langue anglaise. *Un verbe anglais.*
• **Nom masculin et féminin**
Un Anglais, une Anglaise.
• **Nom masculin**
Langue parlée surtout en Grande-Bretagne, aux États-Unis et dans le Commonwealth britannique. *Elle parle l'anglais, elle parle anglais.*
Note.- Lorsqu'il s'agit de la langue, l'adjectif ou le nom s'écrit avec une minuscule. Si le nom désigne une personne, la majuscule s'impose.

• **Nom féminin**
Boucle de cheveux.

angle n. m.
• Figure formée par l'intersection de deux lignes. *Un angle droit. À l'angle du boulevard Saint-Germain et de la rue Bonaparte.*
• *Arrondir les angles.* Aplanir les difficultés.
• *Angle mort.* Zone de visibilité inaccessible au conducteur lorsqu'il regarde dans le rétroviseur.
• *Sous l'angle de,* locution prépositive. Du point de vue de.

anglican, ane adj. et n. m. et f.
• **Adjectif.** Propre à l'anglicanisme. *La religion anglicane.*
• **Nom masculin et féminin.** De religion anglicane.
Note.- L'adjectif ainsi que le nom s'écrivent avec une minuscule.

anglicanisme n. m.
Religion officielle de l'Angleterre.
Note.- Les noms de religions s'écrivent avec une minuscule.

angliciser v. tr., pronom.
• **Transitif.** Rendre anglais. *Angliciser son prénom.*
• **Pronominal.** Prendre un caractère anglais. *L'affichage commercial s'est anglicisé.*

anglicisme n. m.
V. Tableau - **ANGLICISMES.**

anglo- préf.
Élément signifiant « anglais ».

anglomanie n. f.
Manie d'imiter et d'admirer les usages, les termes anglais.

anglophile adj. et n. m. et f.
Qui aime les Anglais, ce qui est anglais.

anglophobe adj. et n. m. et f.
Qui a de l'aversion pour les Anglais, pour ce qui est anglais.

anglophobie n. f.
Aversion pour les Anglais, pour ce qui est anglais.

anglophone adj. et n. m. et f.
De langue anglaise. *Les anglophones recevront la documentation en anglais.*
Note.- L'adjectif et le nom s'écrivent avec une minuscule.

anglo-saxon, onne adj. et n. m. et f.
• **Adjectif.** De civilisation britannique. *Les peuples anglo-saxons.*
• **Nom masculin et féminin.** Un Anglo-Saxon, une Anglo-Saxonne.
• **Nom masculin.** Langue anglaise ancienne.
Notes.-
1° Lorsqu'il s'agit de la langue, l'adjectif ou le nom s'écrit avec des minuscules. Si le nom désigne une personne, les majuscules s'imposent.
2° L'adjectif et le nom s'écrivent avec un trait d'union.

ANGLICISMES

Les anglicismes sont des mots, des expressions, des constructions, des orthographes propres à la langue anglaise.

• **LES FAUX AMIS OU ANGLICISMES SÉMANTIQUES**

Emploi de mots français dans un sens qu'ils ne possèdent pas, sous l'influence de mots anglais qui ont une forme semblable.

Ex. : * approche au sens de *point de vue*, * pratiquement au sens de *à peu près*.

• **LES CALQUES**

Traduction littérale d'expressions anglaises.

Ex. : *gratte-ciel*, calque de « sky-scraper ».

• **LES MOTS ANGLAIS**

Emploi de mots ou d'expressions empruntés directement à l'anglais, alors que le français dispose déjà de mots pour désigner ces notions.

Ex. : * sponsor pour *commanditaire*, * blush pour *fard à joues*, * spot pour *message publicitaire*, * pacemaker pour *stimulateur cardiaque*, * look pour *allure, aspect*.

L'anglicisme peut être de nature **SÉMANTIQUE** (ex. : * diète pour *régime*), **SYNTAXIQUE** (ex. : * négocier un virage pour *prendre un virage*).

V. Tableau - **RECOMMANDATIONS OFFICIELLES.**

angoissant, ante adj.
Qui cause de l'angoisse. *Une solitude angoissante.*

angoisse n. f.
Sensation d'anxiété morale, d'inquiétude profonde.

angoisser v. tr.
Causer de l'angoisse à quelqu'un.

angolais, aise adj. et n. m. et f.
De l'Angola.
Note.- Contrairement à l'adjectif, le nom prend une majuscule.

angora adj. inv. en genre et n. m. et f.
• **Adjectif.** Se dit d'animaux à poil long et soyeux. *Des chattes angoras.*
• **Nom masculin ou féminin.** Animal à poil long et soyeux. *Ce lapin est un angora. Cette chèvre est une angora.*
• **Nom masculin.** Textile. *Un cardigan en angora bleu.*

anguille n. f.
• Poisson d'eau douce, de forme allongée. *Une matelote d'anguille.*
• *Il y a anguille sous roche.* Il y a une chose cachée que l'on soupçonne.

angulaire adj.
• Qui comporte un ou plusieurs angles.
• *Pierre angulaire.* (Fig.) Élément fondamental.
Note.- Ne pas confondre avec **anguleux** qui désigne ce qui a des angles aigus.

anguleux, euse adj.
Qui a des angles aigus. *Un profil anguleux.*
Note.- Ne pas confondre avec **angulaire** qui désigne ce qui comporte un ou plusieurs angles.

angusture ou **angustura** n. f.
Écorce tonique ou fébrifuge fournie par certains arbustes d'Amérique du Sud.

anhydre adj.
(Chim.) Qui ne contient pas d'eau.
Note.- Attention à l'orthographe : an**hy**dre.

anicroche n. f.
(Fam.) Contretemps. *La rencontre a eu lieu sans anicroche.*
Note.- Attention au genre féminin de ce nom : *une* anicroche.

aniline n. f.
Colorant.

animadversion n. f.
(Litt.) Réprobation.

animal, ale, aux adj. et n. m.
• **Adjectif.** Qui appartient en propre à l'animal. *Le règne animal. Les fonctions animales.*
• **Nom masculin.** Être vivant organisé. *L'homme est un animal doué de raison.*
V. Tableau - **ANIMAUX.**

animalcule n. m.
Animal microscopique. *Un animalcule coloré.*

animalerie n. f.
• Lieu où se trouvent, dans un laboratoire, les animaux destinés aux expériences scientifiques.
• Magasin où l'on vend des petits animaux domestiques, des poissons, etc.

animalier, ière adj. et n. m. et f.
• **Adjectif**
- Qui concerne les animaux. *Une gravure animalière.*
- *Parc animalier.* Où les animaux vivent en liberté.
• **Nom masculin et féminin**
- Artiste qui représente les animaux.
- Personne chargée de l'entretien des animaux dans un laboratoire, un zoo.

animalité n. f.
Ensemble des caractéristiques qui constituent l'animal.

animateur n. m.
animatrice n. f.
• Présentateur d'une émission (radio, télévision), d'un spectacle, etc.
• Spécialiste de l'animation, de l'organisation d'activités dans une collectivité.

animation n. f.
• Action d'animer un groupe, de créer des relations entre les personnes.
• Vivacité, entrain. *Ils discutaient avec animation.*

animé, ée adj.
• Doué de vie. *Les animaux sont des êtres animés.*
• Plein de vivacité, d'activité. *Une réunion animée.*
Ant. **inanimé.**

animer v. tr., pronom.
• **Transitif**
- Donner de la vie, du dynamisme (à un groupe, un lieu, etc.)
- Inciter, inspirer. *Elle était animée des meilleures intentions.*
• **Pronominal**
Devenir vivant, s'exciter. *Quand il l'aperçut, il s'anima aussitôt.*

animisme n. m.
Croyance qui attribue une âme aux choses, aux animaux.

animiste adj. et n. m. et f.
• **Adjectif.** Relatif à l'animisme.
• **Nom masculin et féminin.** Partisan de l'animisme.

animosité n. f.
Antipathie.

anis n. m.
• Le **s** se prononce ou non [ani(s)].
• Substance aromatique. *Une liqueur à l'anis.*

aniser v. tr.
Parfumer à l'anis.

anisette n. f.
Liqueur d'anis.

ankylose n. f.
Abolition plus ou moins complète des mouvements d'une articulation. *Ankylose du genou.*
Note.- Attention à l'orthographe : an**ky**lose.

ANIMAUX

Les animaux **domestiques** vivent dans l'entourage de l'homme, servent à ses besoins ou à son agrément, et sont nourris, logés et protégés par lui, tandis que les animaux **sauvages** vivent dans les forêts, les déserts, en liberté.

Les animaux **terrestres** vivent sur terre, les animaux **aquatiques**, dans l'eau et les **amphibies**, aussi bien sur terre que dans l'eau.

Les animaux **carnivores** se nourrissent de chair, les **herbivores** d'herbes, les **frugivores**, de fruits ou de graines, les **granivores**, exclusivement de graines, les **insectivores**, d'insectes et les **omnivores**, à la fois de végétaux et d'animaux.

Les **ovipares** se reproduisent par des œufs, les **vivipares** mettent au monde des petits vivants.

LES NOMS ET LES BRUITS D'ANIMAUX

Le nom de l'animal désigne généralement et le mâle et la femelle.

Ainsi, on dira *une autruche mâle* pour la différencier de la femelle, *une couleuvre mâle*, ou *un gorille femelle* pour le distinguer du mâle, *une grenouille mâle* ou *femelle*.

Cependant, le vocabulaire des animaux qui nous sont plus familiers comporte parfois des désignations spécifiques du mâle, de la femelle, du petit, des cris ou des bruits, de l'accouplement ou de la mise bas.

Mâle	Femelle	Petit	Bruit
abeille	reine (féconde)	larve, nymphe	bourdonne
faux bourdon	ouvrière (stérile)		
aigle (m.)	aigle (f.)	aiglon, aiglonne	glapit, trompette
alouette			grisolle
âne	ânesse	ânon	brait
bouc	chèvre	chevreau, chevrette	bêle, chevrote
bœuf, taureau	vache	veau, génisse	meugle, beugle
buffle	bufflonne	buffletin, bufflon	mugit, souffle
canard	cane	caneton, canardeau	nasille
carpe		carpeau	elle est muette !
cerf	biche	faon	brame, rée
chameau	chamelle	chamelon	blatère
chat, matou	chatte	chaton	miaule, ronronne
cheval, étalon	jument	poulain, pouliche	hennit
chevreuil	chevrette	faon, chevrotin	brame, rée
chien	chienne	chiot	aboie, jappe, hurle, grogne
chouette			(h)ulule, chuinte
cigale			craquette, stridule
cigogne		cigogneau	craquette, claquette
cochon, porc	truie	goret, porcelet	grogne
colombe			roucoule
coq	poule	poussin	le coq chante, la poule glousse, le poussin piaille
corbeau		corbillat	croasse
crocodile			pleure, vagit
daim	daine	faon	brame
dindon	dinde	dindonneau	glougloute
éléphant	éléphante	éléphanteau	barrit
faisan	faisane	faisandeau	criaille
geai			cajole
grenouille		têtard	coasse

hibou			(h)ulule, hue
hirondelle		hirondeau	gazouille
jars	oie	oison	criaille, jargonne
lapin	lapine	lapereau	clapit, glapit
lévrier	levrette	levron, levrone	aboie, jappe
lièvre	hase	levraut	vagit
lion	lionne	lionceau	rugit
loup	louve	louveteau	hurle
marmotte			siffle
merle	merlette	merleau	chante, siffle
moineau			pépie
mouton, bélier	brebis	agneau, agnelle	bêle
ours	ourse	ourson	gronde, grogne
paon	paonne	paonneau	braille, criaille
perdrix		perdreau	cacabe, glousse
perroquet			parle, cause
perruche			jacasse, siffle
pie			jacasse, jase
pigeon	pigeonne	pigeonneau	roucoule
pintade		pintadeau	cacabe, criaille
rat	rate	raton	chicote, couine
renard	renarde	renardeau	glapit
rhinocéros			barrit
rossignol		rossignolet	chante
sanglier	laie	marcassin	grogne, grommelle
serpent		serpenteau	siffle
singe	guenon		crie, hurle
souris		souriceau	chicote
tigre	tigresse		feule, râle, rauque
tourterelle		tourtereau	roucoule
zèbre			hennit

Les animaux hybrides

Certains animaux proviennent du croisement de deux races, de deux espèces différentes. *Le mulet, la mule proviennent d'une jument et d'un âne.*

Reproduction des animaux

Pour se reproduire, *l'âne saillit, le bélier lutte, l'étalon et le taureau montent ou saillissent, le lapin, le lièvre bouquinent, l'oiseau mâle côche, les oiseaux s'apparient, le poisson fraye...*

La mise bas se nomme différemment selon les animaux : *la brebis agnelle, la biche et la chevrette faonnent, la chèvre chevrette, la jument pouline, la lapine lapine, la louve louvette, la truie cochonne, la vache vêle...*

---

ankylosé, ée adj.
Atteint d'ankylose. *Une jambe ankylosée.*
Note.- Attention à l'orthographe : an**ky**losé.

ankyloser v. tr., pronom.
• **Transitif**
Produire une ankylose. *Ce voyage l'a ankylosé.*
• **Pronominal**
- Être atteint d'ankylose. *Ses muscles s'ankylosent.*
- (Fig.) Se scléroser. *En vieillissant, ils se sont ankylosés.*
Note.- Attention à l'orthographe : an**ky**loser.

annal, ale, aux adj.
(Dr.) Qui ne dure qu'un an. *Des prescriptions annales.*

Hom. :
- *anal*, relatif à l'anus ;
- *annales*, histoire des évènements année par année.

annales n. f. pl.
Histoire des évènements année par année.
Hom. :
- *anal*, relatif à l'anus ;
- *annal*, qui ne dure qu'un an.

annaliste n. m. et f.
Historien qui écrit des annales.
Hom. *analyste*, spécialiste de l'analyse.

annamite adj. et n. m. et f.
De l'Annam, région centrale du Viêt-nam.

Notes.-
1° Contrairement à l'adjectif, le nom s'écrit avec une majuscule.
2° Ne pas confondre avec **amanite** qui désigne un champignon.

anneau n. m.
• Cercle de métal servant à attacher. *Les anneaux d'une chaîne.*
• Bijou circulaire sans pierre qui se porte au doigt. *L'anneau pastoral des évêques.*

année n. f.

• Symbole **a** (s'écrit sans point).
• Période de douze mois. *Quinze années se sont écoulées. L'année compte 365 jours, sauf si elle est bissextile.*
Notes.-
1° Dans la transcription de la date, il est toujours préférable d'inscrire le millésime plutôt que de se limiter aux deux derniers chiffres. On écrira donc **1987** (et non * 87). Dans la plupart des cas, l'année se compose en chiffres arabes. *Elle est née le 31 juillet 1976.*
2° Par rapport au nom **an** qui marque la date, l'âge, le nom **année** insiste sur la durée, l'écoulement du temps.
• **Année civile**. Période de 12 mois commençant le 1er janvier et se terminant le 31 décembre. *Il ne faut pas confondre l'**année civile** avec l'**exercice financier**.*
• **Année scolaire**. Temps compris entre la rentrée des classes et les vacances d'été.

année-lumière n. f.
• Symbole **al** (s'écrit sans points).
• Unité de mesure astronomique. *Des années-lumière.*
Note.- Au pluriel, le mot **lumière** demeure au singulier dans ce nom composé. On dit aussi **année de lumière**.

anneler v. tr.
Disposer en anneaux, boucler.

annexe adj. et n. f.
• **Adjectif.** Qui se rattache à une chose principale en la complétant. *Des constructions annexes.*
• **Nom féminin.** Document composé de commentaires, tableaux, etc. qui n'ont pu trouver place dans le texte et qui complète un ouvrage.
Notes.-
1° Les annexes ne constituent pas des subdivisions, mais des parties indépendantes qui seront numérotées en chiffres romains.
2° Ne pas confondre avec le mot **appendice** qui désigne un supplément joint à la fin d'un ouvrage.

annexé, ée adj. et adv.
Joint à un objet principal.
V. **ci-annexé**.

annexer v. tr., pronom.
• **Transitif**
- Rattacher à un objet principal. *Annexer des graphiques à un document.*

- Faire passer un territoire sous la souveraineté d'un autre État.
• **Pronominal**
(Fam.) S'attribuer.

annexion n. f.
Action d'annexer. *L'annexion d'une ville à une autre.*

annexionnisme n. m.
Théorie qui préconise l'annexion des petits États aux grands États voisins.

annihilation n. f.
Suppression totale.

annihiler v. tr.
Supprimer complètement, réduire à rien. *Cette guerre a annihilé tous nos efforts.*
Note.- Contrairement au verbe **anéantir** qui peut être construit avec des compléments désignant des choses matérielles ou immatérielles, des animaux ou des personnes, le verbe **annihiler** ne peut avoir comme compléments que des choses non matérielles.

anniversaire adj. et n. m.
• **Adjectif**. Qui rappelle un évènement arrivé à pareille date. *Une messe anniversaire.*
• **Nom masculin**. Commémoration d'un évènement survenu le même jour une ou plusieurs années avant. *Demain, c'est son anniversaire.*
Notes.-
1° On confond souvent **fête** et **anniversaire** : la **fête** désigne le jour de la fête du saint dont on porte le nom.
2° On célèbre, on fête un anniversaire, mais * « commémorer un anniversaire » est un pléonasme.

annonce n. f.
• Avis oral ou écrit. *À l'annonce de la victoire, les partisans ont applaudi.*
• Signe précurseur. *L'annonce du printemps.*

annoncer v. tr., pronom.
• Le **c** prend une cédille devant les lettres **a** et **o**. *Il annonça, nous annonçons.*
• **Transitif**
- Communiquer, rendre public. *Annoncer une nomination.*
- Prédire. *Cet astrologue avait annoncé le tremblement de terre.*
- Laisser présager. *Ces hirondelles annoncent le printemps.*
• **Pronominal**
Apparaître comme prochain. *Les vacances s'annoncent.*

annonceur n. m.
annonceuse n. f.
• Personne ou entreprise qui paie un message publicitaire.
• Présentateur, commentateur.
Syn. **speaker, speakerine**.

annonciateur, trice adj. et n. m. et f.
• **Adjectif**. Qui présage. *Un sourire annonciateur de plaisir.*
• **Nom masculin et féminin**. Celui ou celle qui prédit une époque nouvelle.

annotateur, trice n. m. et f.
Commentateur d'un texte.

annotation n. f.
Remarque explicative, critique sur un texte.

annoter v. tr.
Faire des remarques sur un texte. *Un livre annoté.*

annuaire n. m.
Recueil annuel de renseignements divers. *L'annuaire du téléphone.*

annualité n. f.
Caractère de ce qui est annuel.
Note.- Ne pas confondre avec le nom **annuité** qui désigne un paiement annuel.

annuel, elle adj.
• Qui a lieu tous les ans. *Un rapport annuel.*
• Qui ne dure qu'un an. *Des plantes annuelles.*
V. Tableau - **PÉRIODICITÉ ET DURÉE.**

annuellement adv.
Chaque année ; par an.

annuité n. f.
Paiement annuel.
Note.- Ne pas confondre avec le nom **annualité** qui désigne une périodicité annuelle.

annulaire adj. et n. m.
Le quatrième doigt de la main, celui qui porte l'anneau.

annulation n. f.
Action de rendre nul ; son résultat.

annuler v. tr.
Supprimer. *Songez à annuler la réservation.*

anoblir v. tr.
Conférer un titre de noblesse à.
Note.- Ne pas confondre avec le verbe **ennoblir** qui signifie, au figuré, « conférer de la noblesse, de la dignité ».

anoblissement n. m.
Action d'anoblir ; résultat de cette action.

anode n. f.
Électrode positive (par opposition à **cathode**).

anodin, ine adj.
Insignifiant, sans danger.

anodisation n. f.
Oxydation superficielle d'un métal.

anodiser v. tr.
Procéder à l'anodisation d'un métal. *Les accessoires en aluminium anodisé sont en vogue.*

anomal, ale, aux adj.
Qui fait exception à la règle, à la norme générale. *Un pluriel anomal.*
Note.- Ne pas confondre avec l'adjectif **anormal** qui qualifie ce qui présente un écart par rapport à la norme.

anomalie n. f.
Écart par rapport à une norme, exception à la règle.
V. Tableau - **ANOMALIES ORTHOGRAPHIQUES.**

anomie n. f.
Absence d'organisation.

ânon n. m.
Petit de l'âne.
Note.- Attention à l'orthographe : **â**non.

ânonnement n. m.
Action d'ânonner.
Note.- Attention à l'orthographe : **â**n**onn**ement.

ânonner v. tr., intr.
Parler en hésitant. *Ânonner sa leçon.*
Note.- Attention à l'orthographe : **â**n**onn**er.

anonymat n. m.
Caractère de ce qui est anonyme. *Elle préfère garder l'anonymat.*
Note.- Attention à l'orthographe : anon**y**mat.

ANOMALIES ORTHOGRAPHIQUES

Certains mots d'une même origine, d'une même famille ont une orthographe distincte.

À titre indicatif, voici quelques mots dont il faut se méfier :

asepsie	et	*aseptique*	*interpeller*	et	*appeler*
battu	et	*courbatu*	*mamelle*	et	*mammifère*
bonhomme	et	*bonhomie*	*nommer*	et	*nomination*
combattant	et	*combatif*	*pomme*	et	*pomiculteur*
concourir	et	*concurrence*	*psychose*	et	*métempsycose*
consonne	et	*consonance*	*relais*	et	*délai*
donner	et	*donation*	*siffler*	et	*persifler*
exclu	et	*inclus*	*soufflet*	et	*boursoufler*
hypothèse	et	*hypoténuse*	*spacieux*	et	*spatial*
imbécile	et	*imbécillité*	*tonnerre*	et	*détonation ...*

anonyme adj. et n. m. et f.
Dont on ignore le nom de l'auteur. *Une lettre, un appel anonyme.*
Notes.-
1° Ne pas confondre avec le mot *incognito* qui qualifie celui qui ne veut pas être reconnu.
2° Attention à l'orthographe : anon**y**me.

anonymement adv.
De façon anonyme.
Note.- Attention à l'orthographe : anon**y**mement.

anorak n. m.
• Le **k** est sonore [anɔrak].
• Veste chaude généralement à capuchon. *Des anoraks imperméables.*

anorexie n. f.
Perte pathologique de l'appétit.

anorexique adj. et n. m. et f.
Qui souffre d'anorexie.

anormal, ale, aux adj. et n. m. et f.
Contraire à la norme. *Il fait un froid anormal pour cette saison.*
Note.- Ne pas confondre avec l'adjectif *anomal* qui qualifie ce qui fait exception à la règle, à la norme générale.

anormalement adv.
De façon anormale.

anovulatoire adj.
Qui ne présente pas d'ovulation.

anse n. f.
• Partie saillante et recourbée par laquelle on prend certains objets. *L'anse d'une tasse.*
• (Géogr.) Petite baie.

antagonisme n. m.
Opposition entre des personnes, des groupes, des doctrines.

antagoniste adj. et n. m. et f.
• **Adjectif**. Contraire.
• **Nom masculin et féminin**. Adversaire, personne en conflit avec une autre.
Note.- Ne pas confondre avec le nom *protagoniste* qui désigne la personne qui joue un rôle important dans une pièce de théâtre et, au figuré, dans une affaire.

antan (d') loc. adj.
(Litt.) D'autrefois. *Où sont les neiges d'antan ?*
Note.- Le mot *antan* est toujours complément d'un nom auquel il se rattache par la préposition *de*.

antarctique adj. et n. m.
• **Adjectif**. Relatif au pôle Sud. *Les glaces antarctiques.*
• **Nom masculin**. Continent à l'intérieur du cercle polaire austral. *Les glaces de l'Antarctique.*
Notes.-
1° Dans les dénominations géographiques où l'adjectif précise le générique, l'adjectif prend la majuscule. *L'océan Antarctique.*
2° Attention à l'orthographe : antar**c**tique.
Ant. **arctique**.

anté- préf.
• Élément du latin signifiant « avant ». *Antérieur.*
• Les mots composés avec le préfixe **anté-** s'écrivent sans trait d'union.

antécédent, ente adj. et n. m.
• **Adjectif**
Qui précède dans le temps.
• **Nom masculin**
- Fait antérieur.
- (Gramm.) Mot ou groupe de mots représentés par le pronom qui dispense de les répéter.
• **Nom masculin pluriel**
Actes antérieurs. *Avoir de bons, de mauvais antécédents.*
Note.- Ce nom s'emploie en bonne ou mauvaise part.

antéchrist n. m.
Ennemi du Christ. *Des antéchrists.*

antédiluvien, enne adj.
• Qui a existé avant le déluge.
• (Fig.) Démodé, très ancien.
Note.- Attention à la graphie fautive * « antidiluvien ».

antenne n. f.
• Appendice mobile de la tête de certains animaux.
• *Avoir des antennes.* Avoir de l'intuition.
• Appareil destiné à capter les ondes électromagnétiques. *Une antenne parabolique.*
• Avant-poste médical.

antépénultième adj. et n. f.
• **Adjectif**. Qui vient avant l'avant-dernier.
• **Nom féminin**. (Ling.) Syllabe qui précède la pénultième.

antérieur, eure adj.
Qui est avant. *Cette œuvre est antérieure à celle que nous avons vue.*
Note.- L'adjectif *antérieur* étant un comparatif, on évitera les constructions * plus antérieur, * moins antérieur. Par contre, la construction avec le superlatif *très* est possible. *Ce texte est très antérieur à ceux de la bibliothèque.*
Ant. **postérieur**.

antérieurement adv.
Avant, précédemment.

antériorité n. f.
Priorité de temps.

anthère n. f.
Partie supérieure de l'étamine qui renferme le pollen.
Note.- Attention à l'orthographe : ant**h**ère.

anthologie n. f.
Recueil de morceaux choisis.

anthracite adj. inv. et n. m.
• **Adjectif de couleur invariable**. De la couleur gris foncé du charbon. *Des robes anthracite.*
V. Tableau - **COULEUR (ADJECTIFS DE)**.
• **Nom masculin**. Charbon. *Un anthracite très pur.*
Note.- Attention au genre masculin de ce nom : *un* anthracite.

anthrax n. m.
Ensemble de furoncles.

-anthrope, -anthropie, -anthropique suff.
Éléments du grec signifiant « homme ».

anthropo- préf.
Élément du grec signifiant « homme ».

anthropocentrique adj.
Propre à l'anthropocentrisme.

anthropocentrisme n. m.
Conception qui considère l'homme comme le centre de l'univers.

anthropogenèse n. f.
Étude des origines de l'homme.
Note.- Attention à l'orthographe : anthropogenèse.

anthropologie n. f.
Ensemble des sciences qui étudient l'homme, les sociétés humaines.

anthropologique adj.
Relatif à l'anthropologie.

anthropologue n. m. et f.
Spécialiste de l'anthropologie.

anthropométrie n. f.
Mesure de différentes parties du corps de l'homme. *L'étude des empreintes digitales est un des procédés de l'anthropométrie.*

anthropométrique adj.
Qui relève de l'anthropométrie. *Une fiche anthropométrique.*

anthropomorphisme n. m.
Conception attribuant à la divinité une forme humaine.

anthropophage adj. et n. m. et f.
Cannibale.

anthropophagie n. f.
Cannibalisme.

anthropopithèque n. m.
Primate fossile intermédiaire entre le singe et l'homme.

anti- préf.

• Élément du grec signifiant « contre ». *Antibruit, anticonformisme*
• Élément du latin signifiant « avant ». *Antidater.*
• Les mots composés avec le préfixe **anti-** s'écrivent généralement sans trait d'union. *Antiaérien, antibuée.*
Note.- Les mots composés avec le préfixe **anti-** s'écrivent avec un trait d'union :
- lorsque le deuxième mot commence par un **i**. *Antiinflationniste, anti-infectieux ;*
- lorsqu'ils sont formés pour la circonstance : *anti-tout, anti-cinéma ;*
- lorsqu'ils comportent trois éléments : *anti-sous-marin ;*
- lorsqu'ils sont constitués d'un nom propre, *le mouvement anti-Reagan, l'Anti-Liban.*
LE PLURIEL DES MOTS COMPOSÉS AVEC LE PRÉFIXE *ANTI-* :
1° **Anti + adjectif.**
- L'adjectif composé du préfixe **anti-** suivi d'un adjectif

s'accorde en genre et en nombre avec le nom auquel il se rapporte. *Des médications anticoagulantes.*
- Le nom composé du préfixe **anti-** suivi d'un adjectif prend la marque du pluriel. *Des anticoagulants.*
2° **Anti + nom au pluriel** (par le sens).
L'adjectif et le nom composés du préfixe **anti-** suivis d'un nom pluriel (par le sens) sont invariables. Plusieurs de ces mots composés ont une orthographe flottante selon que l'on a considéré l'unité ou la pluralité lors de la composition du mot. *Une crème antirides. Une loi antitrust(s), un vaccin antigrippe(s).*
3° **Anti + nom d'un inconvénient** (contre quoi on lutte).
- L'adjectif composé du préfixe **anti-** suivi d'un nom désignant un inconvénient contre lequel on lutte est invariable. *Des campagnes antitabac. Des écrans antibruit.*
- Le nom composé du préfixe **anti-** suivi d'un nom désignant un inconvénient contre lequel on lutte prend la marque du pluriel. *Des antigels, des antivols.*

antiaérien, ienne adj.
Qui protège des attaques aériennes. *Des missiles antiaériens.*

antialcoolique adj.
Qui combat l'abus de l'alcool. *Des associations antialcooliques.*

antiallergique adj.
Propre à prévenir, à traiter les allergies.

antiaméricain, aine adj.
Hostile aux Américains. *Des slogans antiaméricains.*

antiapartheid adj. inv.
• Les lettres **ei** se prononcent **è** [ɑ̃tiapartɛd].
• Contre le régime de ségrégation raciale d'Afrique du Sud. *Des politiques antiapartheid.*

antiasthmatique adj. et n. m.
Se dit d'un médicament propre à combattre, à apaiser l'asthme. *Des médicaments antiasthmatiques.*

antiatomique adj.
Qui s'oppose aux effets des radiations atomiques. *Des abris antiatomiques.*

antibactérien, ienne adj. et n. m.
Qui combat les bactéries. *Des produits antibactériens. Des antibactériens.*

antibiotique adj. et n. m.
Produit chimique apte à empêcher le développement de certains micro-organismes ou à les détruire. *Des médicaments antibiotiques. Des antibiotiques.*

antibrouillard adj. inv. et n. m.
Qui éclaire malgré le brouillard. *Des phares antibrouillard. Des antibrouillards.*

antibruit adj. inv.
Qui protège du bruit. *Des murs antibruit.*

antibuée adj. inv.
Qui empêche ou limite la formation de la buée. *Des liquides antibuée.*

anticancéreux, euse adj. et n. m.
Qui s'emploie pour prévenir ou traiter le cancer. *Des cliniques anticancéreuses. Des anticancéreux.*

antichambre n. f.
Vestibule, salle d'attente. *Des antichambres.*

antichar(s) adj. inv.
Qui s'oppose à l'action des blindés. *Des obus antichar(s).*

antichoc(s) adj. inv.
Qui limite ou supprime les heurts. *Des pièces antichoc(s).*

anticipation n. f.
• Action d'anticiper.
• Prévision.

anticipé, ée adj.
Qui se produit avant. *Des remerciements anticipés, une retraite anticipée.*

anticiper v. tr., intr.
• **Transitif**
Exécuter avant la date prévue. *Anticiper des paiements.*
• **Transitif indirect**
- Empiéter sur. *N'anticipez pas sur vos revenus.*
- Prévoir. *Anticiper sur l'évolution de la situation.*
• **Employé absolument.** *N'anticipons pas, laissons-lui le soin de nous raconter.*

anticlérical, ale, aux adj. et n. m. et f.
• Qui est hostile à l'égard du clergé. *Des textes anticléricaux.*
• Qui s'oppose à l'influence du clergé dans la politique.

anticléricalisme n. m.
• Hostilité à l'égard du clergé.
• Opposition à l'ingérence du clergé dans la politique.

anticoagulant, ante adj. et n. m.
Qui empêche ou retarde la coagulation du sang. *Des produits anticoagulants. Des anticoagulants.*

anticolonialisme n. m.
Opposition au colonialisme.

anticommunisme n. m.
Opposition au communisme.

anticommuniste adj. et n. m. et f.
Hostile au communisme. *Des écrits anticommunistes.*

anticonceptionnel, elle adj.
Propre à prévenir la grossesse. *Des procédés anticonceptionnels.*
Note.- Le mot *contraceptif* est plus couramment utilisé aujourd'hui.

anticonformisme n. m.
Opposition aux traditions, aux usages établis.

anticonformiste adj. et n. m. et f.
Qui s'oppose aux usages établis. *Des manifestations anticonformistes. Des anticonformistes.*

anticonstitutionnel, elle adj.
Contraire à la Constitution. *Des règlements anticonstitutionnels.*

anticonstitutionnellement adv.
De façon anticonstitutionnelle.

anticorps n. m.
Substance de défense qui est fabriquée par le corps en présence d'antigènes avec lesquels elle se combine pour en neutraliser l'effet toxique.

anticyclone n. m.
Région de hautes pressions atmosphériques.
Note.- Attention à l'orthographe : anti**c**yclone.
Ant. **dépression** (atmosphérique).

antidate n. f.
Date antérieure à la date véritable.

antidater v. tr.
Inscrire une date antérieure à la date véritable. *Antidater une lettre.*
Note.- Ne pas confondre avec **postdater** qui signifie « inscrire une date postérieure à la date véritable ». *À la signature du bail, est-il illégal d'exiger des chèques postdatés ?*

antidémocratique adj.
Contraire à la démocratie. *Des élections antidémocratiques.*

antidépresseur adj. m. et n. m.
Tranquillisant. *Des médicaments antidépresseurs.*
Syn. **antidépressif.**

antidépressif, ive adj. et n. m.
Tranquillisant. *Il prend constamment des antidépressifs. Des produits antidépressifs.*
Syn. **antidépresseur.**

antidérapant, ante adj.
Qui prévient le dérapage. *Des pneus antidérapants.*

antidétonant, ante adj. et n. m.
Se dit d'un additif ajouté à un carburant pour en augmenter l'indice d'octane. *Des carburants antidétonants. Des antidétonants.*

* antidiluvien
→ **antédiluvien.**

antidiurétique adj. et n. m.
Qui diminue la sécrétion urinaire. *Des comprimés antidiurétiques. Des antidiurétiques.*

antidopage adj. inv.
Qui s'oppose au dopage. *Des contrôles antidopage.*

antidote n. m.
Contrepoison. *Le lait est un antidote de plusieurs produits toxiques. L'activité est un excellent antidote à la mélancolie.*
Notes.-
1° Le nom se construit avec les prépositions *de* ou *à*. Bien que jugée pléonastique par de nombreux auteurs, la construction avec la préposition *contre* est de plus en plus usitée. *Un antidote contre le découragement.*
2° Attention au genre masculin de ce nom : *un* antidote.

antiéblouissant, ante adj.
Propre à réduire l'éblouissement. *Des phares antiéblouissants.*

antiémétique adj.
Propre à combattre les vomissements. *Des médicaments antiémétiques. Des antiémétiques.*

antienne n. f.
• Le *t* se prononce *t* [ɑ̃tjɛn].
• Verset chanté avant un psaume ou un cantique.
• Rengaine.

antifasciste adj. et n. m. et f.
• Les lettres *sc* se prononcent *ch* [ɑ̃tifaʃist].
• Qui s'oppose au fascisme. *Des défilés antifascistes. Des antifascistes.*

antifriction adj. et n. m. inv.
Qui réduit le frottement. *Des produits antifriction. Des antifriction.*

antifumée adj. inv. et n. m. inv.
Qui diminue les fumées. *Des produits antifumée. Des antifumée.*

anti-g adj. inv.
• Forme abrégée de **antigravitationnel**.
• Qui sert à réduire les effets de l'accélération ou de la décélération. *Une combinaison spatiale anti-g.*

antigang adj. inv. et n. m. inv.
Qui s'oppose aux gangs. *Des groupes antigang. Des antigang. La brigade antigang.*

antigel adj. inv. et n. m.
Substance qui abaisse le point de congélation d'un liquide. *Des substances antigel. Des antigels.*

antigène n. m.
Substance étrangère à l'organisme capable d'entraîner la production d'anticorps. *Des antigènes dangereux.*

antigivre adj. inv. et n. m. inv.
Qui empêche la formation de givre. *Des liquides antigivre. Des antigivre.*

antigrippe adj. inv.
Des vaccins antigrippe.

antiguérilla adj. inv. et n. f.
Qui s'oppose à la guérilla. *Des tactiques antiguérilla.*

antihalo adj. inv. et n. m. inv.
Qui réduit l'effet de halo. *Des films antihalo. Des antihalo.*

antihistaminique adj. et n. m.
Propre à réduire les manifestations allergiques. *Des produits antihistaminiques efficaces. Des antihistaminiques.*

antihygiénique adj.
Contraire à l'hygiène. *Des pratiques antihygiéniques.*

anti-impérialisme n. m.
Opposition à l'impérialisme.

anti-impérialiste adj. et n. m. et f.
Opposé à l'impérialisme. *Des groupes anti-impérialistes. Des anti-impérialistes.*

anti-inflammatoire adj. et n. m.
Se dit d'un médicament qui prévient ou combat l'inflammation. *Des produits anti-inflammatoires. Des anti-inflammatoires.*

anti-inflationniste adj.
Qui lutte contre l'inflation. *Des politiques anti-inflationnistes.*

antillais, aise adj. et n. m. et f.
Des Antilles.
Note.- Contrairement à l'adjectif, le nom prend une majuscule.

antilope n. f.
Mammifère de l'ordre des ruminants à cornes creuses et effilées, au corps svelte, et dont la peau est recherchée pour la confection de vêtements.

antimatière n. f.
Matière hypothétique composée d'antiparticules.

antimilitarisme n. m.
Doctrine qui s'oppose à l'esprit militaire.

antimissile(s) adj. inv. et n. m.
Destiné à neutraliser l'action de missiles. *Des boucliers antimissile(s).*

antimite(s) adj. inv. et n. m.
Se dit d'un produit qui protège les lainages contre les mites. *Vaporiser des produits antimite(s).*

antimoine n. m.
• Symbole **Sb** (s'écrit sans point).
• Métal d'un blanc bleuâtre.

antinational, ale, aux adj.
Contraire à l'intérêt national. *Des écrits antinationaux.*

antinévralgique adj. et n. m.
Se dit d'un médicament propre à calmer les névralgies. *Des médicaments antinévralgiques. Des antinévralgiques.*

antinomie n. f.
Contradiction réelle ou apparente entre deux conceptions, deux idées.
Note.- Ne pas confondre avec le nom **antonymie** qui désigne la juxtaposition de mots de sens contraire.

antinomique adj.
Contradictoire.

antiparasite(s) adj. inv. et n. m.
(Radio) Qui élimine l'audition des parasites.

antiparlementaire adj. et n. m. et f.
Opposé au régime parlementaire. *Des propos antiparlementaires. Des antiparlementaires.*

antipathie n. f.
Aversion naturelle irraisonnée.

antipathique adj.
Qui inspire de l'antipathie. *Des paroles antipathiques.*

antiphrase n. f.
Emploi d'un mot, d'une phrase, dans un sens contraire à la véritable signification, par ironie ou par plaisanterie.

antipode n. m.
• Lieu de la terre diamétralement opposé au point où l'on se trouve. *La Nouvelle-Zélande est à l'antipode, aux antipodes de l'Europe.*
• Région très éloignée. *Mais c'est aux antipodes !*

• **À l'antipode de, aux antipodes de,** locution prépositive. À l'opposé de.
Note.- Attention au genre masculin de ce nom : **un** antipode.

antipoison adj. inv. et n. m.
• **Adjectif invariable**. Se dit d'un établissement spécialisé dans le traitement des intoxications. *Des centres antipoison.*
• **Nom masculin**. Antidote. *Des antipoisons.*

antipollution adj. inv.
Destiné à réduire la pollution. *Des filtres antipollution.*

antiprotectionnisme n. m.
Doctrine qui s'oppose à la protection de l'économie nationale contre la concurrence étrangère.

antiquaille n. f.
(Péj.) Vieilleries.

antiquaire n. m. et f.
Personne qui fait le commerce des objets, des meubles anciens.

antique adj. et n. m.
• **Adjectif**
- Qui appartient à l'Antiquité. *Les antiques coutumes grecques.*
- Très ancien. *Un vase antique.*
Note.- Ne pas confondre avec les mots suivants :
- *ancien*, qui existe depuis longtemps ;
- *archaïque*, trop ancien.
• **Nom masculin**
Art antique. *Imiter l'antique.*

antiquité n. f.
• Période ancienne. *Remonter à l'Antiquité.*
Note.- En ce sens, le mot *antiquité* prend la majuscule si on fait référence à une période historique précise.
• Objets, meubles anciens.

antirabique adj.
Employé contre la rage. *Des vaccins antirabiques.*

antiracisme n. m.
Opposition aux théories racistes. *Le slogan « touche pas à mon pote » prône l'antiracisme.*

antiradar adj. inv. et n. m.
Destiné à neutraliser les radars ennemis. *Des dispositifs antiradar. Des antiradars.*

antireflet(s) adj. inv.
Qui limite la réflexion de la lumière. *Des lunettes antireflet(s).*

antiréglementaire adj.
Contraire au règlement. *Des pratiques antiréglementaires.*

antirides adj. inv.et n. m. inv.
Se dit d'un produit destiné à prévenir les rides. *Une crème antirides. Des antirides.*

antirouille adj. inv.
Se dit d'une substance propre à prévenir l'apparition de la rouille. *Des produits antirouille.*

antisémite adj. et n. m. et f.
Hostile au peuple juif. *Des textes antisémites. Des antisémites.*

antisémitisme n. m.
Hostilité au peuple juif. *L'antisémitisme est une forme de racisme.*

antisepsie n. f.
Ensemble des procédés employés pour détruire les microbes.
Note.- L'*asepsie* a pour objet de maintenir un milieu sans microbes, stérile.

antiseptique adj. et n. m.
Qui comporte des agents anti-infectieux. *Des produits antiseptiques.*

antisocial, ale, aux adj.
Contraire à l'ordre social. *Des mesures antisociales.*
Note.- Ne pas confondre avec l'adjectif **asocial** qui désigne celui qui s'oppose à la vie sociale.

antisolaire adj.
Se dit d'un produit qui limite les effets du soleil sur la peau. *Des crèmes antisolaires.*

anti-sous-marin, ine adj.
Qui détecte les sous-marins. *Des dispositifs anti-sous-marins.*
Note.- Contrairement aux autres mots composés avec **anti-**, le préfixe est joint au nom composé **sous-marin** par un trait d'union.

antisoviétique adj. et n. m. et f.
Opposé à ce qui est soviétique. *Des slogans antisoviétiques. Des antisoviétiques.*

antispasmodique adj. et n. m.
Qui combat les spasmes. *Des médicaments antispasmodiques. Des antispasmodiques.*

antistatique adj.
Qui réduit l'électricité statique. *Des tapis antistatiques.*

antitabac adj. inv.
Qui lutte contre l'usage du tabac. *Des campagnes antitabac.*

antitétanique adj.
Qui prévient ou combat le tétanos. *Des sérums antitétaniques.*

antithèse n. f.
Opposition de deux pensées.

antithétique adj.
Contradictoire. *Des hypothèses antithétiques.*

antitoxine n. f.
Substance produite par l'organisme pour neutraliser les toxines.

antitrust(s) adj. inv.
Qui s'oppose à la création de trusts. *Une loi antitrust(s). Des lois antitrust(s).*

antituberculeux, euse adj.
Qui combat la tuberculose.

antitussif, ive adj. et n. m.
Qui calme la toux. *Des sirops antitussifs. Des antitussifs.*

antivénérien, ienne adj.
Qui est propre à combattre les affections vénériennes. *Des mesures antivénériennes.*

antivol adj. inv. et n. m.
Se dit d'un dispositif de sécurité destiné à empêcher les vols. *Des systèmes antivol. Installer des antivols.*

antonomase n. f.
Figure de rhétorique consistant à employer un nom propre comme nom commun. *Cet homme est un vrai Harpagon,* pour dire qu'il est avare (d'après le personnage de Molière).

antonyme n. m.
Mot qui a un sens opposé au sens d'un autre.
V. Tableau - **ANTONYMES.**

antonymie n. f.
Juxtaposition de mots de sens contraire. *La sombre lueur de ses yeux.*
Note.- Ne pas confondre avec le nom **antinomie** qui désigne une contradiction entre deux idées.

antre n. m.
Excavation naturelle, souvent occupée par des animaux. *L'antre du lion.*
Note.- Contrairement aux synonymes féminins **caverne** et **grotte,** le mot **antre** est masculin.
Hom. **entre,** dans l'intervalle de.

anus n. m.
• Le **s** se prononce [anys].
• Orifice extérieur du rectum.

anxiété n. f.
Inquiétude extrême.

anxieusement adv.
Avec anxiété.

anxieux, euse adj. et n. m. et f.
Qui éprouve de l'angoisse, de l'anxiété.

anxiolytique adj. et n. m.
Médicament propre à réduire l'anxiété.
Note.- Attention à l'orthographe : anx*i*ol*y*ti*q*ue.

A.O.C.
Sigle de **appellation d'origine contrôlée** (vins).

aorte n. f.
Artère. *L'aorte a été touchée.*

aortique adj.
Relatif à l'aorte.

août n. m.
• Les lettres **aoû** se prononcent **ou**, en une seule syllabe, et le **t** se prononce ou non [u] ou [ut].
• Le huitième mois de l'année. *Le 10 août.*
Note.- Les noms de mois s'écrivent avec une minuscule.
• **À la mi-août,** locution signifiant le quinze août.

ANTONYMES

Les **antonymes** ou **contraires** sont des mots de même nature qui ont une signification opposée

beauté	et	laideur
théorique	et	pratique
allumer	et	éteindre
rapidement	et	lentement

Note.- Ne pas confondre avec les mots suivants :

- **homonymes,** mots qui s'écrivent ou se prononcent de façon identique sans avoir la même signification ;

- **paronymes,** mots qui présentent une ressemblance d'orthographe ou de prononciation sans avoir la même signification ;

- **synonymes,** mots qui ont la même signification ou une signification très voisine.

Suivent quelques exemples d'antonymes

atrophie	et	hypertrophie	force	et	faiblesse
autonome	et	dépendant	grand	et	petit
centraliser	et	décentraliser	hypertension	et	hypotension
chaleur	et	froid	minimal	et	maximal
clair	et	équivoque	public	et	privé
courtois	et	discourtois	synchrone	et	asynchrone
difficilement	et	facilement	visibilité	et	invisibilité

aoûtien, ienne n. m. et f.
• Les lettres *aoû* se prononcent en deux syllabes *a-oû*
et le *t* se prononce *s* [ausjɛ̃].
• Personne qui prend ses vacances au mois d'août.

apaisant, ante adj.
Qui apaise. *Des paroles apaisantes.*

apaisement n. m.
Action d'apaiser ; résultat de cette action.

apaiser v. tr., pronom.
• **Transitif**
- Calmer. *Elle réussit à apaiser ses élèves turbulents.*
- Satisfaire un sentiment, un désir. *Apaiser sa soif.*
• **Pronominal**
Devenir calme. *Les flots se sont apaisés.*

apanage n. m.
• Privilège propre de quelqu'un, de quelque chose.
• *Être l'apanage de.* (Litt.) Appartenir en propre à.
• *Avoir l'apanage de.* Avoir le privilège, l'exclusivité
de.
Note.- L'expression * «apanage exclusif» est redon-
dante.

à part loc. adv. et loc. prép.
• À l'écart. *Prendre à part.*
• Excepté. *À part cet oubli, tout est parfait.*

aparté n. m.
• Entretien particulier. *Des apartés inquiétants.*
• *En aparté*, locution adverbiale. Tout bas.

apartheid n. m.
• Les lettres *ei* se prononcent *è* [apartɛd].
• Régime de ségrégation raciale en Afrique du Sud.
La politique de l'apartheid.

apathie n. f.
Indolence, inertie.

apathique adj. et n. m. et f.
Sans énergie, indolent.

apatride adj. et n. m. et f.
Personne sans nationalité légale. *Le statut des apa-
trides.*

apercevoir v. tr., pronom.
• Le *c* prend une cédille devant les lettres *o* et *u*. *Il
aperçoit, il aperçut.*
• **Transitif.** Découvrir au loin, discerner. *Il apercevait
la lune très clairement.*
• **Pronominal.** Se rendre compte. *Elles se sont aper-
çues trop tard de leur erreur. Ils se sont aperçus que
vous n'étiez pas là.*
Notes.-
1° Le participe passé du verbe pronominal s'accorde
toujours avec le sujet.
2° Attention à l'orthographe : apercevoir.

aperçu n. m.
Exposé sommaire. *Des aperçus qui vous laissent sur
votre faim.*

apéritif, ive adj. et n. m.
• **Adjectif.** (Litt.) Qui ouvre l'appétit. *Une liqueur apé-
ritive.*

• **Nom masculin.** Boisson alcoolique ou alcoolisée
que l'on prend avant le repas.

apesanteur n. f.
État dans lequel les effets de la pesanteur sont annihilés.
Simuler un état d'apesanteur.

à peu près loc. adv.
Environ. *Il était à peu près 10 heures.*

à-peu-près ou **à peu près** n. m. inv.
Approximation. *Ces affirmations ne sont que des
à-peu-près.*
Notes.-
1° Le nom s'écrit avec des traits d'union.
2° La locution adverbiale signifiant « environ » s'écrit
sans traits d'union. *Il était à peu près dix heures.*

apeurer v. tr.
Rendre craintif, effrayer.

aphasie n. f.
Perte de la faculté de parler.

aphasique adj. et n. m. et f.
Atteint d'aphasie.

aphérèse n. f.
Abrègement d'un mot par la suppression de lettres
initiales. *Copieur se dit familièrement pour photocopieur par aphérèse.*
Ant. **apocope.**

aphone adj.
Qui est sans voix.

aphorisme n. m.
Sentence, maxime énoncée en peu de mots. *Qui a bu
boira est un aphorisme.*

aphrodisiaque adj. et n. m.
Qui excite, ou est censé exciter, le désir sexuel.

aphte n. m.
Petite ulcération. *L'aphte qu'il a dans la bouche est
douloureux.*
Note.- Attention au genre masculin de ce nom : *un*
aphte.

aphteux, euse adj.
Qui s'accompagne d'aphtes. *La fièvre aphteuse.*

api n. m.
Pomme d'api. Petite pomme rouge vif.

à pic loc. adv.
• Abrupt. *Une falaise à pic.*
• (Fig.) Au bon moment. *Vous tombez à pic.*

à-pic n. m.
Paroi abrupte d'un rocher. *Des à-pics terrifiants.*

apicole adj.
Qui est relatif à l'apiculture.

apiculteur n. m.
apicultrice n. f.
Personne qui élève des abeilles.

apiculture n. f.
Élevage des abeilles.

Note.- Ne pas confondre avec **aviculture** qui désigne l'élevage des oiseaux, des volailles.
V. **agriculture**.

à pied d'œuvre loc. adv.
Prêt pour l'exécution d'un travail. *Nous sommes à pied d'œuvre : toute la documentation est rassemblée.*
Note.- Contrairement à **main-d'œuvre** qui s'écrit avec un trait d'union, la locution **à pied d'œuvre** s'écrit sans trait d'union.

apitoiement n. m.
Compassion.

apitoyer v. tr., pronom.
• Le **y** se change en **i** devant un **e** muet. *Il apitoie, il apitoiera.*
• Le **y** est suivi d'un **i** à la première et à la deuxième personne du pluriel de l'indicatif imparfait et du subjonctif présent. *(Que) nous apitoyions, (que) vous apitoyiez.*
• **Transitif.** Exciter la pitié, la compassion de. *Elle est apitoyée par cette misère.*
• **Pronominal.** Éprouver de la pitié. *Il s'apitoie sur son sort.*

APL n. m.
• Sigle de l'anglais « A Programming Language ».
• (Inform.) Langage de programmation fondé sur une notation dense, concise et rigoureuse principalement utilisée dans les applications de gestion et dans la programmation scientifique.

apr. J.-C.
Abréviation de *après Jésus-Christ*.

aplanir v. tr.
• Rendre uni ce qui est inégal. *Aplanir un relief.*
• Adoucir, faire disparaître. *Aplanir les difficultés.*

aplanissement n. m.
Action d'aplanir.

aplat ou **à-plat** n. m.
Surface d'une seule teinte dans la langue des peintres, des imprimeurs. *Des aplats, à-plats.*

aplati, ie adj.
Rendu plat. *Une pâte aplatie.*

aplatir v. tr., pronom.
• **Transitif**
Rendre plat ce qui avait une forme ronde, pointue, etc. *Aplatir une surface.*
• **Pronominal**
- S'écraser. *La boîte s'est aplatie.*
- (Fig.) S'humilier, faire des bassesses. *Il a tendance à s'aplatir devant son supérieur.*

aplatissement n. m.
Action d'aplatir ; fait d'être aplati.

aplomb n. m.
• Direction verticale. *Cette cloison a perdu son aplomb.*
• Équilibre. *Il a sauté et retrouvé son aplomb.*
• Assurance, parfois excessive. *Elle répondit avec aplomb.*
• **D'aplomb**, locution adverbiale. Vertical équilibré. *Ce tableau est bien d'aplomb.*

apnée n. f.
Suppression momentanée de la respiration.

apocalypse n. f.
• Dernier livre du Nouveau Testament attribué à saint Jean.
Note.- En ce sens, le nom prend la majuscule.
• Fin du monde, catastrophe. *Une terrifiante apocalypse.*

apocalyptique adj.
Qui ressemble à une apocalypse, catastrophique.

apocope n. f.
Abrègement d'un mot par la suppression des dernières lettres. **Cinéma** *est l'apocope de* **cinématographe**, **photo** *de photographie.*
Ant. **aphérèse**.

apocryphe adj.
Dont l'authenticité est douteuse. *Des écrits apocryphes.*

apogée n. m.
• Point où un astre est à sa plus grande distance de la Terre.
• Le plus haut point d'élévation. *Il est à l'apogée de son art.*
Notes.-
1° Attention au genre masculin de ce nom : **un** apogée.
2° Compte tenu de la valeur superlative de ce mot, on évitera les expressions le * « maximum », le * « zénith de son apogée ».
3° Ne pas confondre avec le mot **apothéose** qui désigne un triomphe.
Ant. **périgée**.

apolitique adj.
Qui ne s'occupe pas de politique, qui professe la neutralité politique.

apollon n. m.
(Iron.) Éphèbe.

apologétique adj.
Qui contient une apologie.

apologie n. f.
Discours ou écrit qui a pour objet de défendre, de justifier une personne, une doctrine. *L'apologie du plaisir.*
Note.- Ne pas confondre avec le nom **panégyrique** qui désigne l'éloge d'une personne, d'une cité, ou d'une nation.

apologue n. m.
Courte fable.

apophyse n. f.
Partie saillante d'un os.

apoplectique adj. et n. m. et f.
• Relatif à l'apoplexie.
• Personne atteinte d'apoplexie.

apoplexie n. f.
Suppression brusque de l'activité du cerveau avec perte de connaissance.
Note.- Ne pas confondre avec le mot **épilepsie** qui

désigne une maladie nerveuse caractérisée par des attaques convulsives.

apostasie n. f.
Renonciation à sa foi religieuse.

apostasier v. tr., intr.
• Redoublement du *i* à la première et à la deuxième personne du pluriel de l'imparfait et du subjonctif présent. *(Que) nous apostasiions, (que) vous apostasiez.*
• Renoncer à sa foi religieuse.

a posteriori adj. inv. et loc. adv.
• Locution latine signifiant « en partant de ce qui vient après ».
• En se fondant sur les faits. *Des déductions* a posteriori.
Notes.-
1° Ne pas confondre avec l'antonyme *a priori* qui désigne en français « ce qui n'est pas fondé sur des faits ».
2° En typographie soignée, les mots étrangers sont composés en italique. Dans des textes déjà en italique, la notation se fait en romain. Pour les textes manuscrits, on utilisera les guillemets.
3° Attention à l'orthographe : pas d'accent grave sur le *a*.

apostille n. f.
(Dr.) Note en marge d'un texte.

apostiller v. tr.
• Les lettres *ill* sont suivies d'un *i* à la première et à la deuxième personne du pluriel de l'indicatif imparfait et du subjonctif présent. *(Que) nous apostillions, (que) vous apostilliez.*
• (Dr.) Annoter un contrat.

apostolat n. m.
Action de propager une doctrine.

apostolique adj.
• Qui est conforme à la mission des apôtres.
• Qui émane du Saint-Siège. *Un nonce apostolique.*

apostoliquement adv.
De manière apostolique.

apostrophe n. f.
• Interpellation brusque. *Une apostrophe désagréable.*
• (Gramm.) Mots au moyen desquels on s'adresse directement à des personnes ou à des choses personnifiées. *Ô temps, suspends ton vol.* (Lamartine). Dans ce vers, les mots « ô temps » sont mis en apostrophe.
Note.- Ne pas confondre avec les mots mis en *apposition* qui ajoutent une qualification à un nom ou à un pronom.
• Signe orthographique qui marque l'élision d'une voyelle.
V. Tableau - **APOSTROPHE.**

apostropher v. tr.
Adresser des paroles désagréables à quelqu'un.

apothéose n. f.
• Triomphe fait à quelqu'un.
• (Fig.) Épanouissement extraordinaire.
Note.- Attention à l'orthographe : apot*h*éose.

APOSTROPHE

Signe orthographique en forme de virgule qui se place en haut et à droite d'une lettre ; l'apostrophe marque l'élision d'une voyelle (*a, e, i,*) non prononcée par euphonie. Devant un *h* aspiré cependant, on ne mettra pas d'apostrophe.

D'abord, je prendrai l'orange, s'il vous plaît, puis le haricot.

Note. - Certains mots qui comportaient une apostrophe s'écrivent maintenant en un seul mot. *Entracte, entraide*, mais *entr'apercevoir, entr'égorger...*.

Les mots qui peuvent s'élider sont :

le la je me te	se ne de que ce	devant une voyelle ou un *h* muet	J'aperçois l'hélice.
si		devant *il*	S'il appelle.
lorsque puisque quoique		devant *il, elle, en, on, un, une*	Puisqu'elle le veut.
jusque		devant une voyelle.	Jusqu'au bout.

apothicaire n. m.
(Vx) Pharmacien.
Note.- Attention à l'orthographe : apot*h*icaire.

apôtre n. m.
• L'un des douze disciples de Jésus-Christ.
• Personne qui propage avec ardeur une doctrine, une opinion. *Un apôtre de l'écologie.*

appalachien, ienne adj. et n. m. et f.
Des Appalaches.

apparaître v. intr.
• Ce verbe se conjugue comme **paraître**.
• Devenir brusquement visible, évident. *Le soleil apparaissait enfin. La vérité apparut clairement.*
• Ce verbe peut se construire avec les auxiliaires **être** ou, moins fréquemment, avec **avoir**. *Elle était apparue ou avait apparu à la petite bergère.*
• L'attribut du sujet est introduit par **comme** ou **tel** ou se construit directement. *Le film lui est apparu comme un chef-d'œuvre. Déjà le soleil apparaissait, tel un dieu rayonnant.*
• **Apparaître + adjectif.** Se présenter à l'esprit. *Le succès lui apparaissait probable.*
• **Il apparaît que.** Il est évident, il ressort que. *Il apparaît que la contestation ira en s'amplifiant. Il n'apparaît pas qu'il y ait des possibilités de faire autrement.*
Notes.-
1° À la forme affirmative, le verbe se construit à l'indicatif ou au conditionnel ; à la forme interrogative ou négative, le verbe se construit avec le subjonctif.
2° Ne pas confondre avec le verbe **paraître** qui signifie « sembler, avoir l'air ». *Elle parut contente.*
3° Attention à l'orthographe : a**pp**ar**a**ître.

apparat n. m.
Éclat, faste. *Un costume d'apparat.*
Note.- Attention à l'orthographe : appara**t**.

appareil n. m.
• (Vx) Marques extérieures, apparence.
• **Dans le plus simple appareil**, locution figée. Nu, peu habillé.
• Instrument qui permet d'exécuter une opération matérielle. *Un appareil téléphonique.*
• (Anat.) Ensemble d'organes accomplissant une fonction. *L'appareil reproducteur.*
• Dispositif. *Un appareil de levage.*
Note.- Ne pas confondre avec les mots suivants :
- *machine*, appareil utilisant l'énergie ;
- *outil*, instrument utilisé directement par la main pour faire un travail ;
- *ustensile*, instrument servant aux usages domestiques.
• Agrès dans la langue des gymnastes.

appareillage n. m.
Ensemble d'appareils.
Note.- Ne pas confondre avec **appareillement** qui désigne l'action de réunir des animaux pour le travail, la reproduction.

appareillement n. m.
Action de réunir des animaux pour le travail, la reproduction.

Note.- Ne pas confondre avec **appareillage** qui désigne un ensemble d'appareils.

appareiller v. tr., intr.
• Les lettres **ill** sont suivies d'un **i** à la première et à la deuxième personne du pluriel de l'indicatif imparfait et du subjonctif présent. *(Que) nous appareillions, (que) vous appareilliez.*
• **Transitif.** Assortir. *Appareiller des chaussettes.*
• **Intransitif.** (Mar.) Quitter le port.
Note.- Au passé composé, le verbe se construit avec l'auxiliaire **être** ou **avoir**. *Le bâtiment est appareillé, a appareillé.*

appareil photographique n. m.
• S'abrège en **appareil photo, appareil de photos**. *Des appareils photos, des appareils de photos d'excellente qualité.*
• Instrument destiné à prendre des images photographiques.

apparemment adv.
Vraisemblablement. *Apparemment, il fera beau pour le week-end.*

apparence n. f.
• Ce qui paraît au dehors et peut ne pas correspondre à la réalité. *Les apparences sont trompeuses.*
• **En apparence**, locution. D'après ce qui paraît, extérieurement.

apparent, ente adj.
• Qui est visible.
• Qui n'est qu'une apparence, illusoire.

apparenté, ée adj.
• Qui a des liens de parenté. *Elle est apparentée à ma cousine.*
• Qui présente des affinités.
Note.- L'adjectif se construit avec la préposition **à**.

apparenter (s') v. pronom.
Avoir des affinités, une ressemblance avec quelqu'un, quelque chose. *Son style s'apparente à celui des symbolistes.*

appariement n. m.
Action d'assortir.
Note.- Attention à l'orthographe : appari**e**ment.

apparier v. tr., pronom.
• Redoublement du **i** à la première et à la deuxième personne du pluriel de l'indicatif imparfait et du subjonctif présent. *(Que) nous appariions, (que) vous appariiez.*
• **Transitif.** Assortir par paires, par couples.
• **Pronominal.** Se mettre en couple.

appariteur n. m.
Huissier (d'une faculté), préparateur d'atelier, de laboratoire.

apparition n. f.
Manifestation subite d'un être, d'un phénomène qui devient visible. *L'apparition de la Vierge.*

apparoir v. intr.
• Verbe usité seulement à la troisième personne du singulier de l'indicatif présent. *Il appert.*

• Ce verbe se construit avec l'indicatif. *Il appert que la cause sera entendue sous peu.*
• (Dr.) Être manifeste. *Il appert que le coupable était armé.*

appartement n. m.
Ensemble de pièces destinées à l'habitation. *Un appartement bien ensoleillé.*
Note.- Attention à l'orthographe : a**pp**artement.

appartenance n. f.
Le fait d'appartenir à une collectivité. *Dans cette entreprise, il y a un fort sentiment d'appartenance.*

appartenir v. tr. ind., pronom.
• Ce verbe se conjugue comme *tenir*.
• **Transitif indirect**
- Être la propriété de. *Cet appartement appartient à ma mère.*
- Être le privilège de. *Il lui appartient de protester.*
• **Pronominal**
Ne dépend que de soi-même. *Elle ne s'appartient plus.*

appas n. m. pl.
(Litt.) Charmes physiques d'une femme.
Hom. *appât*, pâture pour attirer le poisson.

appât n. m.
• Pâture pour attirer le gibier, le poisson. *Préparer les appâts pour la pêche.*
• (Fig.) Ce qui attire. *L'appât du gain.*
Hom. *appas*, charmes physiques d'une femme.

appâter v. tr.
• Attirer au moyen d'un appât. *Appâter des truites avec une mouche.*
• (Fig.) *Ils ont été appâtés par la promesse d'un gain facile.*

appauvrir v. tr., pronom.
• **Transitif**. Rendre pauvre.
• **Pronominal**. Devenir pauvre.
Note.- Attention à l'orthographe : a**pp**auvrir.

appauvrissement n. m.
• État progressif de pauvreté.
• Diminution de qualité.
Note.- Attention à l'orthographe : a**pp**auvrissement.
Ant. **enrichissement**.

appeau n. m.
Instrument servant à contrefaire le cri de certains oiseaux pour les attirer vers le chasseur. *Des appeaux.*
Note.- Attention à l'orthographe : a**pp**eau.

appel n. m.
• Action d'appeler. *Un appel téléphonique.*
• *Faire appel à*. Demander l'aide de.
• *Sans appel*. Irrévocable. *Cette décision est sans appel.*

appel (formules d')

Les formules d'appel les plus couramment utilisées dans la correspondance sont ***Madame, Mademoiselle, Monsieur.***
Notes.-
1° L'adjectif ***cher*** doit être réservé aux correspondants que l'on connaît bien.
2° Contrairement à l'anglais où il est d'usage d'inscrire le patronyme dans l'appel, le français se contente du seul titre de civilité. *Madame, Monsieur* (et non * Madame Blois). *Chère Madame, cher Monsieur* (et non * cher Monsieur Bleau).

---

appel de note n. m.
V. Tableau - **APPEL DE NOTE**.

appel d'offres n. m.
Procédure d'appel à la concurrence pour la conclusion d'un marché public. *Un appel d'offres public. Des appels d'offres restreints.*
Note.- Dans cette expression, le mot ***offres*** est toujours au pluriel.

APPEL DE NOTE

Signe noté dans un texte pour signaler qu'une note, un éclaircissement ou une référence bibliographique figure au bas de la page, à la fin du chapitre ou à la fin de l'ouvrage.

L'appel de note est indiqué par un chiffre, une lettre, un astérisque inscrit entre parenthèses ou non, généralement en indice supérieur, après le mot faisant l'objet du renvoi.

Ex. : *Carpe diem. Mots d'Horace (Odes, I, 11, 8) qui aime à rappeler que la vie est courte, et qu'il faut se hâter d'en jouir*[1].

On s'en tiendra à une présentation uniforme des appels de note tout au long du texte. Si l'on a recours à l'astérisque, il est recommandé de ne pas effectuer plus de trois appels de note par page *(*), (**), (***)*.

1. *Petit Larousse en couleurs*, Paris, Larousse, © 1988, p. 1059.

V. Tableau - **RÉFÉRENCES BIBLIOGRAPHIQUES**.

---

appeler v. tr., pronom.
• Redoublement du *l* devant un *e* muet. *J'appelle, j'appellerai, mais j'appelais.*
• **Transitif**
- Donner un nom. *Elle appellera sa fille Raphaëlle.*
- Faire venir quelqu'un. *Il faut appeler le médecin.*
- Entrer en communication téléphonique avec quelqu'un. *Appelez-moi ce soir.*
- Entraîner. *Cette décision appelle des frais considérables.*
- *Appeler l'ascenseur.* Faire venir l'ascenseur.
• **Transitif indirect**
- Recourir à une juridiction supérieure contre la sentence prononcée par une juridiction inférieure. *Appeler d'un jugement, en appeler à la Cour suprême.*
- S'en remettre. *J'en appelle à votre sens du devoir.*
• **Pronominal**
Se nommer. *Il s'appelle Julien.*

appellation n. f.
• Façon d'appeler une chose.
• *Appellation d'origine.* Dénomination garantissant l'origine d'un produit.
• *Appellation d'origine contrôlée* (vins). Sigle *A.O.C.*

appendice n. m.
• Les lettres *en* se prononcent *in* [apɛ̃dis].
• Prolongement. *Un bel appendice nasal.*
• Partie de l'intestin (prolongement du cæcum). *Une inflammation de l'appendice* (et non de l'* appendicite).
• Supplément joint à la fin d'un ouvrage.
Note.- Ne pas confondre avec le nom *annexe* qui désigne un document qui complète un ouvrage.

appendicectomie n. f.
• Les lettres *en* se prononcent *in* [apɛ̃disɛktɔmi].
• (Chir.) Ablation de l'appendice.

appendicite n. f.
• Les lettres *en* se prononcent *in* [apɛ̃disit].
• Inflammation de l'appendice. *Elle a été opérée de l'appendice, car elle avait une appendicite.*

appentis n. m.
• Les lettres *en* se prononcent *an* et le *s* est muet [apɑ̃ti].
• Abri adossé contre un mur.

appert (il)
V. **apparoir.**

appesantir v. tr., pronom.
• **Transitif**
Alourdir.
• **Pronominal**
- Devenir plus lourd. *Elle s'est beaucoup appesantie.*
- (Fig.) *S'appesantir sur quelque chose.* Insister lourdement.

appesantissement n. m.
Alourdissement.

appétence n. f.
(Litt.) Désir instinctif pour un objet quelconque.

appétissant, ante adj.
Qui excite l'appétit.

appétit n. m.
• **Nom masculin singulier.** Besoin de manger. *Il a un bon appétit.*
• **Nom masculin pluriel.** Désirs instinctifs. *Les appétits sexuels.*

applaudir v. tr., intr.
• **Transitif.** Battre des mains pour marquer son approbation, son intérêt. *Applaudir un bon acteur.*
• **Transitif indirect.** (Litt.) Donner son assentiment à. *Applaudir à cette ambitieuse proposition.*
• **Intransitif.** Battre des mains pour marquer son approbation, son intérêt. *Les spectateurs ont applaudi très longtemps.*

applaudissement n. m.
Action de battre des mains en témoignage d'approbation, de plaisir. *Des applaudissements enthousiastes.*
Note.- En ce sens, le nom s'emploie généralement au pluriel.

applicabilité n. f.
(Dr.) Qualité de ce qui est applicable.

applicable adj.
Qui peut ou doit être appliqué.

applicateur adj. et n. m.
Qui sert à appliquer un produit. *Un bec applicateur.*

application n. f.
• Action d'appliquer une chose sur une autre. *L'application d'un vernis sur une surface.*
• Attention, soin. *Elle étudie avec application.*

applique n. f.
• Ce qui est appliqué sur un objet pour l'orner. *Un corsage avec des appliques de dentelle.*
• Appareil d'éclairage fixé au mur. *Une applique de style Art déco.*
Note.- Dans ce dernier sens, ne pas confondre avec les mots suivants :
- *lampadaire*, appareil d'éclairage muni d'un long support vertical ;
- *lampe*, appareil d'éclairage muni d'un pied, d'une base ;
- *luminaire*, appareil d'éclairage ;
- *plafonnier*, appareil d'éclairage fixé au plafond ;
- *suspension*, appareil d'éclairage suspendu au plafond.

appliqué, ée adj.
Studieux. *Une élève appliquée.*

appliquer v. tr., pronom.
• **Transitif**
- Apposer. *Appliquer une couche de peinture.*
- Diriger avec attention. *Appliquer son esprit à.*
• **Pronominal**
Donner toute son attention à. *Elle s'applique à étudier l'allemand.*

appoint n. m.
• Complément d'une somme en petite monnaie.
• *Faire l'appoint.* Régler exactement la somme due. *Les passagers de ce car sont tenus de faire l'appoint, car on ne rend pas la monnaie.*

• Supplément à un gain principal. *Un salaire d'appoint.*

appointements n. m. pl.
Rétribution attachée à un emploi permanent.

appontage n. m.
Opération par laquelle un avion, un hélicoptère se pose sur le pont d'un porte-avions.

appontement n. m.
Construction servant au chargement et au déchargement des navires.

apponter v. intr.
Se poser sur la plate-forme d'un porte-avions.

apport n. m.
• Biens investis dans une entreprise par un actionnaire. *L'apport de capital des actionnaires.*
• (Dr.) Biens qu'un époux apporte en mariage. *Apports en communauté.*
• Contribution. *Son apport a été capital.*

apporter v. tr.
Prendre avec soi et porter au lieu où est quelqu'un, quelque chose. *L'élève apporte ses cahiers à l'école.*
Notes.-
1° Le verbe **apporter** comporte l'idée de point d'arrivée, d'aboutissement, alors que le verbe **emporter** comprend l'idée de point de départ.
2° On **apporte** une chose, on **amène** une personne, un animal.

apposer v. tr.
Poser sur. *Apposer son sceau sur une enveloppe. Apposer sa signature au bas d'une lettre.*

apposition n. f.
• Action d'apposer. *Apposition des scellés.*

• (Gramm.) Emploi d'un nom, d'un adjectif placé auprès d'un autre nom, ou d'un pronom, pour le situer, en préciser le sens ou pour y ajouter une qualification.
• L'apposition est généralement encadrée par des virgules et pourrait être omise sans compromettre la clarté de la phrase. *M. Chapdelaine, entrepreneur, coordonna les travaux de construction. La maison, claire et accueillante, l'attendait. Elle rêvait, seule.*
• Le nom mis en apposition peut précéder immédiatement le nom déterminé. *J'ai été examiné par le docteur Desjardins. Il a rencontré Me Fougère. C'est un apprenti cuisinier.*
• L'apposition peut être jointe au nom déterminé par un **de** explétif ou parfois par un trait d'union. *La mairie de Villefranche, la ville de Paris. Une aide-infirmière.*
Note.- Ne pas confondre avec les mots mis en **apostrophe** au moyen desquels on s'adresse directement à des personnes ou à des choses personnifiées. *Ô temps, suspends ton vol* (Lamartine). *Anne, ma sœur Anne, ne vois-tu rien venir ?* (Perrault).

---

appréciable adj.
• Qui peut être apprécié. *C'est un atout appréciable.*

• Assez considérable, notable. *Des progrès appréciables.*

appréciateur, trice n. m. et f.
Personne qui apprécie.

appréciatif, ive adj.
Approximatif, estimatif.

appréciation n. f.
• Évaluation. *L'appréciation de la valeur de ce contrat.*
• Jugement. *Je laisse cette décision à votre appréciation.*
• Augmentation de la valeur. *L'appréciation de cette maison est considérable.*

apprécier v. tr.
• Redoublement du *i* à la première et à la deuxième personne du pluriel de l'indicatif imparfait et du subjonctif présent. *(Que) nous appréciions, (que) vous appréciiez.*
• Estimer, évaluer. *La valeur de ce tableau est difficile à apprécier.*
• Aimer. *Il a beaucoup apprécié le concert.*

appréhender v. tr.
• (Dr.) Arrêter. *Le suspect a été appréhendé.*
• Craindre. *Elle appréhende que les réserves soient insuffisantes.*
Notes.-
1° Dans la langue soutenue, le verbe **appréhender** construit avec **que** suivi du subjonctif est souvent accompagné de la particule **ne** dite explétive, sans valeur négative, lorsqu'on redoute qu'un évènement (ne) se produise.
2° Par contre, si l'on craint qu'un évènement ne se produise pas, l'emploi de la négation **ne...pas** est obligatoire. *Elle appréhende que l'approvisionnement ne soit pas assuré à temps.*
3° Il en est ainsi pour les verbes exprimant une notion de crainte : **redouter, craindre, avoir peur, trembler,** etc.

appréhension n. f.
Inquiétude vague, crainte indéfinie.

apprendre v. tr.
• J'apprends, tu apprends, il apprend, nous apprenons, vous apprenez, ils apprennent. J'apprenais. J'appris. J'apprendrai. J'apprendrais. Apprends, apprenons, apprenez. Que j'apprenne. Que j'apprisse. Apprenant. Appris, ise.
• Acquérir la connaissance de. *Apprendre le grec.*
• Informer, communiquer un savoir. *Elle apprend la micro-informatique à ces adolescents. Avez-vous appris la nouvelle ?*

apprenti, ie n. m. et f.
Celui, celle qui apprend un métier, surtout manuel. *Une apprentie cuisinière. Des apprentis menuisiers.*
Note.- Le nom **apprenti** est apposé au nom de métier, sans trait d'union.

apprentissage n. m.
• Action d'apprendre un métier manuel. *Un centre d'apprentissage.*

• Première expérience, premiers essais. *Faire l'apprentissage du pouvoir.*

apprêt n. m.
• Traitement des cuirs, des étoffes.
• Matière qui sert à apprêter. *L'apprêt d'une étoffe.*
• *Sans apprêt.* Sans affectation.
Hom. :
- *après*, prép.
- *après*, adv.

apprêté, ée adj.
Affecté, dépourvu de naturel. *Un style apprêté.*

apprêter v. tr., pronom.
• **Transitif**
- (Litt.) Préparer, mettre en état. *Apprêter un banquet.*
- Donner une tenue ferme à certaines étoffes.
• **Pronominal**
Se préparer à. *Ils s'apprêtent à partir.*

apprivoisable adj.
Qui peut être apprivoisé.

apprivoisement n. m.
Action d'apprivoiser ; son résultat.

apprivoiser v. tr., pronom.
• **Transitif**
- Rendre moins sauvage. *Apprivoiser un oiseau.*
- Rendre plus sociable. *Apprivoiser un grincheux.*
• **Pronominal**
Devenir moins farouche. *Ces ours se sont apprivoisés.*

approbateur, trice adj. et n. m. et f.
• **Adjectif**. Qui approuve. *Un ton approbateur.*
• **Nom masculin et féminin**. Personne qui approuve. *Les approbateurs ne sont pas nombreux.*

approbatif, ive adj.
Qui marque l'approbation.

approbation n. f.
Consentement.

approchable adj.
Dont on peut approcher, accessible. *Il n'est pas approchable, ce matin.*

approchante, ante adj.
Analogue, qui se rapproche de.

approche n. f.
• Action d'approcher. *L'approche du gibier.*
• Proximité. *Les écureuils cachent des noix et des glands à l'approche de l'hiver.*
Note.- Le nom s'emploie également au pluriel dans un style plus soutenu. *Aux approches de l'hiver.*
• (Au plur.) Abords, parages. *Les approches d'une grande ville.*
• Angle sous lequel une question, un problème est abordé. *Il faut adopter une nouvelle approche pour étudier cette question.*
• *Travaux d'approche.* Démarches préliminaires.

approcher v. tr., pronom.
• **Transitif direct**
- Mettre plus près de quelque chose. *Approcher un fauteuil de la cheminée.*

- Avoir accès à (une personnalité difficilement accessible). *Vous avez pu approcher cet auteur !*
• **Transitif indirect**
Être sur le point d'atteindre. *Le gros lot approche de 6 000 000 F.*
• **Intransitif**
Devenir proche. *L'heure approche.*
• **Pronominal**
S'avancer, venir près de quelqu'un, de quelque chose. *Approchez-vous un peu de la fenêtre.*
Note.- L'expression * « s'approcher près de » est un pléonasme.

approfondir v. tr.
• Rendre plus profond. *Approfondir un puits.*
• Étudier à fond. *Approfondir une question.*

approfondissement n. m.
Action d'approfondir ; résultat de cette action.

appropriation n. f.
Action d'approprier, de s'approprier.

approprié, ée adj.
Adéquat, pertinent. *C'est un traitement approprié.*

approprier v. tr., pronom.
• **Transitif.** Rendre propre à une destination. *Approprier un traitement à l'âge du malade.*
• **Pronominal.** S'emparer de. *On s'approprie quelque chose* (et non * de quelque chose).

approuvable adj.
Qui peut être approuvé.

approuver v. tr.
• Juger louable, donner raison à quelqu'un. *J'approuve votre décision.*
• *Lu et approuvé.* Formule d'approbation inscrite au bas d'un document approuvé.
Note.- Dans cette expression, les participes passés sont invariables.

approvisionnement n. m.
• Action d'approvisionner. *L'approvisionnement de la ville en eau potable.*
• Action de mettre à la disposition de l'entreprise toutes les matières premières, les produits semi-finis et les produits nécessaires à son activité.
• Les provisions, les fournitures.

approvisionner v. tr.
• Ravitailler.
• Fournir de provisions, de matières premières, de produits.

approximatif, ive adj.
Estimatif.

approximation n. f.
Estimation, évaluation par à peu près.

approximativement adv.
À peu près.

appui n. m.
• Action d'appuyer.
• *À l'appui de*, locution prépositive. Pour appuyer. *À l'appui de ses affirmations, il présenta des preuves.*

• Soutien, protection. *Nous avons besoin de votre appui.*
• Support. *Un appui pour le bras.*

appui- ou **appuie-**
Le composé provient soit du nom **appui-** qui prend la marque du pluriel, soit du verbe **appuie-** qui ne la prend pas.

appui-bras ou **appuie-bras** n. m.
Accoudoir. *Des appuis-bras. Des appuie-bras.*

appui-livres ou **appuie-livres** n. m.
Serre-livres. *Des appuis-livres. Des appuie-livres.*

appui-main ou **appuie-main** n. m.
Dispositif destiné à soutenir la main. *Des appuis-main(s). Des appuie-main(s).*

appui-nuque ou **appuie-nuque** n. m.
Support pour appuyer la nuque. *Des appuis-nuque. Des appuie-nuque.*

appui-tête ou **appuie-tête** n. m.
Dispositif destiné à soutenir la tête. *Des appuis-tête. Des appuie-tête.*

appuyer v. tr., intr. et pronom.
• *J'appuie, il appuie, nous appuyons, ils appuient. J'appuyais, nous appuyions. J'appuierai. Appuyant, appuyé, ée.*
• Le *y* se change en *i* devant un *e* muet. *J'appuie, j'appuierai.*
• Le *y* est suivi d'un *i* à la première et à la deuxième personne du pluriel de l'indicatif imparfait et du subjonctif présent. *(Que) nous appuyions, (que) vous appuyiez.*
• **Transitif**
- Poser quelque chose contre. *Il appuya son parapluie contre le mur.*
- (Fig.) Soutenir, encourager. *J'appuie la proposition de ma collègue.*
• **Intransitif**
Presser sur. *Appuyez sur ce bouton pour aller au 34e étage.*
• **Pronominal**
- Prendre appui sur quelqu'un, quelque chose. *Appuyez-vous sur moi, sur votre canne.*
- Chercher un appui latéral. *Il s'appuie contre le mur, à la balustrade.*
Note.- En ce sens, le verbe se construit avec les prépositions **contre** ou **à**.

âpre adj.
• Rude au toucher, au goût. *Une saveur âpre.*
• *Âpre au gain.* Avide.

âprement adv.
Avec âpreté.

après adv. et prép.

• **Adverbe**
Ultérieurement, ensuite. *Et puis après ? Elle ne viendra que longtemps après.*
• **Locutions adverbiales**
- *Après tout.* Tout bien considéré. *Après tout, on ne pouvait faire autrement.*

- *Après coup.* Une fois la chose faite. *Il ne l'a su qu'après coup.*
- *Après cela.* Ensuite. *Après cela, il n'y avait plus qu'à s'exécuter.*
- *Ci-après.* Plus loin. *On lira ci-après l'explication de l'énoncé.*
• **Préposition**
- Postériorité dans le temps. *Après la pluie, le beau temps.*
- Postériorité dans l'espace. *Après la chambre, il y a un boudoir.*
- Rapport de hiérarchie sociale, morale, etc. *Maître après Dieu.*
Note.- L'emploi de la préposition **après** au sens de **à, sur, contre** est de niveau familier. *Grimper après un arbre.*
• **Locution prépositive**
D'après. De l'avis de. *D'après cet auteur.*
• **Locution conjonctive**
Après que. Cette locution conjonctive est suivie de l'indicatif alors que la locution **avant que** exige le subjonctif. *Après que la marchandise aura été livrée* mais *Avant que la marchandise soit livrée.*
• **Locutions familières**
*Être en colère après quelqu'un, pour **être en colère contre quelqu'un.***
*La clef est après la porte, pour **est sur la porte.***
*Chercher après quelqu'un, pour **chercher quelqu'un.***
Hom. **apprêt**, traitement des cuirs, des étoffes.

après-demain loc. adv.
Dans deux jours.

après-guerre n. m.
Période qui suit une guerre. *Des après-guerres.*

après Jésus-Christ
Abréviation **apr. J.-C.** (s'écrit avec des points).

après-midi n. m. ou f. inv.
Partie de la journée, de midi au soir. *Des après-midis de farniente.*
Notes.-
1° *Je vous verrai cet après-midi* (nom composé) mais *Je vous verrai après midi* (préposition et nom).
2° L'usage du masculin est plus répandu.

après-rasage loc. adj. inv. et n. m.
Lotion rafraîchissante que l'on applique après le rasage. *Des lotions après-rasage. Des après-rasages.*

après-ski n. m. inv.
Bottillon que l'on porte à la montagne. *Des après-ski.*

après-vente adj. inv.
Service d'une entreprise qui assure l'entretien des biens vendus. *Des services après-vente.*

âpreté n. f.
Caractère de ce qui est âpre, au propre et au figuré.

a priori loc. adj. et adv. inv. et n. m. inv.
Locution latine signifiant « en partant de ce qui vient avant ». En ne se fondant pas sur les faits, sur la réalité. *Des affirmations* a priori. *Des* a priori.
Notes.-
1° Ne pas confondre avec l'antonyme **a posteriori** qui

désigne en français « ce qui est fondé sur des faits ».
2° En typographie soignée, les mots étrangers sont composés en italique. Dans des textes déjà en italique, la notation se fait en romain. Pour les textes manuscrits, on utilisera les guillemets.
3° Attention à l'orthographe : pas d'accent grave sur le *a*.

aprioriste adj. et n. m. et f.
Fondé sur des *a priori*. *Un jugement aprioriste*.

à-propos n. m.
Pertinence. *Elle répondit avec beaucoup d'à-propos*.
Note.- Ne pas confondre avec la locution adverbiale *à propos de* qui signifie « au sujet de » et qui s'écrit sans trait d'union.

apte adj.
Qui a les qualités nécessaires. *Elle est apte à diriger*.

aptitude n. f.
Habileté. *Elle a beaucoup d'aptitude pour l'informatique. Il a de l'aptitude à diriger*.
Note.- Le nom se construit avec les prépositions *pour* ou *à*.

apurement n. m.
Action de vérifier un compte.

apurer v. tr.
Vérifier et arrêter un compte.
Note.- Ne pas confondre avec le verbe *épurer* qui signifie « rendre pur ».

aqua- préf.
• Le *u* se prononce *ou* [akwa].
• Élément du latin signifiant « eau ».
• Les mots composés avec le préfixe *aqua-* s'écrivent sans trait d'union. *Aquarelle, aquatique*.

aquafortiste n. m. et f.
Graveur à l'eau-forte.

aquaplanage ou **aquaplaning** n. m.
Perte d'adhérence d'une automobile sur une chaussée glissante.

aquaplane n. m.
Ski nautique sur une seule planche.

aquarelle n. f.
Peinture à l'aide de couleurs transparentes délayées dans l'eau. *Aimer l'aquarelle. Une aquarelle de Degas*.

aquarelliste n. m. et f.
Peintre à l'aquarelle.

aquarium n. m.
• Attention à la prononciation [akwarjɔm].
• Bassin dans lequel on entretient des poissons. *Des aquariums*.

aquatique adj.
• Qui se rapporte à l'eau.
• Qui vit dans l'eau. *La faune aquatique*.
Note.- Ne pas confondre avec les mots suivants :
- *aqueux*, qui contient de l'eau ;
- *marin*, qui se rapporte à la mer ;
- *maritime*, relatif à la navigation en mer ;
- *nautique*, relatif à la navigation de plaisance.

aqueduc n. m.
Canalisation destinée à conduire l'eau d'un lieu à un autre. *Un aqueduc romain*.

aqueux, euse adj.
Qui contient de l'eau. *Un melon aqueux*.
Note.- Ne pas confondre avec les mots suivants :
- *aquatique*, qui se rapporte à l'eau, qui vit dans l'eau ;
- *marin*, qui se rapporte à la mer ;
- *maritime*, relatif à la navigation en mer ;
- *nautique*, relatif à la navigation de plaisance.

aquiculture ou **aquaculture** n. f.
• Le premier *u* se prononce *u* [akɥikyltyr].
• Élevage d'animaux aquatiques.
• Culture où le sol est remplacé par une solution saline.

à qui de droit loc.
Cette locution doit être réservée au domaine juridique. Lorsque l'on ignore le nom du destinataire, on utilisera la formule d'appel *Mesdames, Messieurs*.

aquilin adj.
Courbé en bec d'aigle. *Un nez aquilin*.
Note.- Cet adjectif ne comporte pas de forme féminine.

aquilon n. m.
(Litt.) Vent du nord.

ara n. m.
Grand perroquet au plumage vivement coloré. *Des aras multicolores*.
Note.- Ne pas confondre avec le mot *haras* qui désigne un établissement où l'on élève des étalons et des juments.

arabe adj. et n. m. et f.
• **Adjectif.** Se dit du peuple sémite originaire d'Arabie. *Le peuple arabe*.
• **Nom masculin et féminin.** Originaire d'un pays où l'on parle arabe. *Un Arabe, une Arabe*.
• **Nom masculin.** La langue arabe. *L'arabe littéraire*.
Note.- Lorsqu'il s'agit de la langue, l'adjectif ou le nom s'écrit avec une minuscule. Si le nom désigne une personne, la majuscule s'impose.
• *Chiffres arabes.* Caractères qui représentent les nombres (par opposition aux *chiffres romains*).
V. Tableau - CHIFFRES.
Note.- Ne pas confondre avec l'adjectif *arable* qui qualifie ce qui est cultivable.
V. Tableau - ARABE.

arabesque n. f.
Ornement composé de feuillages entrelacés, de lignes courbes. *Des arabesques délicates*.

arabique adj.
• (Vx) De l'Arabie.
• (Géogr.) *Péninsule arabique*.

arabisant, ante adj. et n. m. et f.
Spécialiste de la culture arabe.

arabisation n. f.
Le fait de donner un caractère social, culturel, linguistique arabe. *L'arabisation du Maroc*.

ARABE

La langue arabe a donné au français quelques centaines de mots, directement (**arak, haschisch, souk**) ou par l'entremise de l'espagnol (**guitare**), du portugais (**marabout**), de l'italien (**mosquée**), du provençal (**orange**), du latin (**nuque**) ou du grec (**élixir**).

Orthographe

Les mots empruntés à l'arabe sont généralement francisés et prennent la marque du pluriel.

Suivent quelques exemples de mots provenant de l'arabe:

abricot	carrousel	haschisch	nacre
alambic	cheik	harem	nadir
alcool	chiffre	henné	nénuphar
alcôve	coran	jasmin	nuque
algèbre	coton	khôl	orange
alkékenge	couscous	kif-kif	pastèque
ambre	djellaba	laque	raquette
arak	douane	lilas	razzia
arsenal	échec	luth	récif
assassin	élixir	magasin	safran
avanie	émir	marabout	salamalecs
azimut	épinard	massepain	salsepareille
babouche	estragon	matelas	sarabande
bédouin	fakir	matraque	sofa
bled	fanfaron	méchoui	sorbet
burnous	fez	minaret	sultan
caïd	gandoura	moka	talisman
calife	girafe	momie	tasse
camaïeu	goudron	mosquée	zénith
camphre	guitare	mousson	zéro

---

arabiser v. tr.
Donner un caractère arabe à.

arable adj.
Cultivable. *Des terres arables.*
Note.- Ne pas confondre avec l'adjectif **arabe** qui se dit du peuple sémitique originaire d'Arabie.

arabophone adj. et n. m. et f.
Qui parle arabe.

arachide n. f.
• Plante dont les graines, qui se développent sous terre, sont les cacahuètes.
• La graine de cette plante. *Beurre d'arachide.*

arachnéen, enne adj.
• Les lettres **ch** se prononcent **k** [araknɛ̃].
• (Litt.) Fin comme une toile d'araignée. *Un tissu arachnéen.*

araignée n. f.
Animal articulé qui a huit pattes et des crochets venimeux. *Des toiles d'araignée.*

arak n. m.
Boisson alcoolique tirée de la distillation de certains produits (riz, canne à sucre, etc.)

araméen, enne adj. et n. m. et f.
• Qui appartient aux Araméens.

• Langue sémitique ancienne de la Syrie, de la Palestine et de l'Égypte.
Note.- Lorsqu'il s'agit de la langue, l'adjectif ou le nom s'écrit avec une minuscule. Si le nom désigne une personne, la majuscule s'impose.

aratoire adj.
Qui sert à labourer. *Des instruments aratoires.*
Note.- Ne pas confondre avec **oratoire** qui se rapporte à l'art de la parole en public.

arbalète n. f.
Arme en forme d'arc.
Note.- Attention à l'orthographe : arbalète.

arbalétrier n. m.
Soldat armé d'une arbalète.

arbalétrière n. f.
Meurtrière.

arbitrage n. m.
• Action d'arbitrer.
• Jugement rendu par un arbitre auquel les parties ont décidé de s'en remettre.
• Échange d'une valeur contre une autre, à la Bourse.

arbitragiste n. m.
Personne qui fait des opérations d'arbitrage.

arbitraire adj. et n. m.
- Qui dépend de la volonté seule. *Un choix arbitraire.*
- Qui dépend du bon plaisir. *Un pouvoir arbitraire.*

arbitrairement adv.
De façon arbitraire.

arbitral, ale, aux adj.
Qui a été rendu par des arbitres. *Une décision arbitrale.*

arbitre n. m.
- (Sports) Personne chargée de diriger un jeu et de juger des coups et des fautes. *Les arbitres ont eu fort à faire à cette partie de hockey.*
- Personne désignée par les parties pour trancher un différend. *S'en remettre à un arbitre.*
- *Libre arbitre.* Volonté non contrainte.

arbitrer v. tr.
Décider en qualité d'arbitre.

arborer v. tr.
- Dresser. *Arborer un drapeau.*
- Porter ostensiblement. *Il arbore un titre ronflant.*

arborescence n. f.
Partie ramifiée d'une plante.

arborescent, ente adj.
Qui a la forme ramifiée d'un arbre. *Une structure arborescente.*

arboricole adj.
Relatif à l'arboriculture.

arboriculteur n. m.
arboricultrice n. f.
Agriculteur qui cultive les arbres fruitiers.

arboriculture n. f.
Culture des arbres fruitiers.
V. **agriculture**.

* arborigène
→ **aborigène**.

arborisation n. f.
Cristallisation reproduisant des ramifications.

arbre n. m.
Végétal ligneux de grande taille dont la tige, appelée *tronc*, est fixée au sol par des racines, et ne commence à se ramifier qu'à une certaine hauteur. *Des arbres fruitiers.*
Note.- La construction *sur un arbre* est utilisée pour décrire la position sur une branche, alors que l'expression *dans un arbre* insiste sur la possibilité de s'y cacher, de s'y dissimuler ; on évitera cependant l'expression * monter après un arbre.

arbrisseau n. m.
Petit arbre ramifié (moins de six mètres). *De beaux arbrisseaux.*

arbuste n. m.
Petit arbrisseau (moins de trois mètres).

arc n. m.
- Arme avec laquelle on lance des flèches. *Tirer à l'arc.*
- Portion d'une ligne courbe. *Un arc de cercle.*

arcade n. f.
Ouverture qui présente un arc à sa partie supérieure.

arcane n. m.
Choses secrètes, réservées aux initiés. *Les arcanes compliqués du pouvoir.*
Notes.-
1° Le nom s'emploie généralement au pluriel.
2° Attention au genre masculin de ce nom : *un* arcane.

arc-boutant n. m.
- Contrefort en forme de demi-arc, servant à soutenir un mur. *Des arcs-boutants.*
- Principal soutien.

arc-bouter v. tr., pronom.
- **Transitif**. Soutenir.
- **Pronominal**. S'appuyer. *Ils se sont arc-boutés contre le mur.*

arceau n. m.
- Petite arche. *Les arceaux d'une tonnelle.*
- Courbure d'une voûte.

arc-en-ciel adj. inv. et n. m.
- **Adjectif de couleur invariable**. Qui présente les couleurs de l'arc-en-ciel. *Des écharpes arc-en-ciel.*
V. Tableau - **COULEUR (ADJECTIFS DE)**.
- **Nom masculin**. Phénomène atmosphérique en forme d'arc, offrant les couleurs du prisme et qui résulte de la dispersion de la lumière à travers les gouttelettes d'eau des nuages. *Des arcs-en-ciel.*

archaïque adj.
- Les lettres *ch* se prononcent *k* [arkaik].
- Qui est désuet, qui remonte à une époque très reculée.
Note.- Ne pas confondre avec les mots suivants :
- *ancien*, qui existe depuis longtemps ;
- *antique*, très ancien.

archaïsant, ante adj.
- Les lettres *ch* se prononcent *k* [arkaizɑ̃].
- Qui fait usage d'archaïsmes.

archaïsme n. m.
- Les lettres *ch* se prononcent *k* [arkaism].
- Caractère de ce qui est désuet.
- Terme, construction qui n'est plus en usage.

archange n. m.
- Les lettres *ch* se prononcent *k* [arkɑ̃ʒ].
- Ange d'un ordre supérieur. *L'archange Gabriel.*

arche n. f.
- Voûte en arc.
- *L'arche de Noé.* Vaisseau qui permit à Noé, à sa famille et aux espèces animales d'échapper au Déluge.
Note.- Le nom s'écrit avec une minuscule.

archéo- préf.
- Les lettres *ch* se prononcent *k* [arkeo].
- Élément du grec signifiant « ancien ». *Archéologie.*

archéologie n. f.
- Les lettres *ch* se prononcent *k* [arkeɔlɔʒi].
- Science des choses anciennes.

archéologique adj.
- Les lettres *ch* se prononcent *k* [arkeɔlɔʒik].
- Propre à l'archéologie.

archéologue n. m. et f.
- Les lettres *ch* se prononcent *k* [arkeɔlɔg].
- Spécialiste de l'archéologie.

archer n. m.
Celui qui pratique le tir à l'arc.
Note.- Ne pas confondre avec le nom *archet* qui désigne la baguette servant à jouer d'un instrument à cordes.

archère n. f.
Meurtrière.

archet n. m.
Baguette servant à jouer d'un instrument à cordes.
Note.- Ne pas confondre avec le nom *archer* qui désigne celui qui pratique le tir à l'arc.

archétype n. m.
- Les lettres *ch* se prononcent comme *k* [arketip].
- Modèle original.

archevêché n. m.
Diocèse d'un archevêque.

archevêque n. m.
Prélat qui a plusieurs évêques sous sa juridiction.
Note.- Comme les titres administratifs, les titres religieux s'écrivent généralement avec une minuscule. *L'abbé, l'archevêque, le cardinal, le chanoine, le curé, l'évêque, le pape*, etc. Cependant, ces titres s'écrivent avec une majuscule dans deux cas : lorsque le titre remplace un nom de personne ou qu'il figure dans les formules d'appel, de salutation. *L'Archevêque sera présent à la réunion ce soir.*

archi- préf.
- Élément du grec signifiant «degré extrême».
- Les mots composés avec le préfixe *archi-* s'écrivent sans trait d'union à l'exception des mots formés pour la circonstance où *archi-* a valeur de superlatif. *C'est archi-ennuyeux, archi-fou.*

archiduc n. m.
archiduchesse n. f.
Titre des princes, des princesses, de la maison d'Autriche.

-archie suff.
Élément du grec signifiant «commander». *Oligarchie, monarchie.*

archimillionnaire adj. et n. m. et f.
Qui possède un ou plusieurs millions (d'unités monétaires). *Archimillionnaire en francs.*

archipel n. m.
Groupe d'îles. *L'archipel des Antilles.*
Note.- Dans les dénominations géographiques, le mot *archipel* suivi d'un déterminant s'écrit avec une minuscule.

architecte n. m. et f.
Personne qui conçoit la création d'un édifice et qui peut en diriger la construction.

architectonique adj. et n. f.
- **Adjectif**
Conforme à l'art de l'architecture.
- **Nom féminin**
- Ensemble des règles de l'architecture.
- (Fig.) Structure de quelque chose.

architectural, ale, aux adj.
Qui concerne l'architecture.

architecture n. f.
- Art de construire des édifices selon des proportions et des règles déterminées par leur caractère et leur objet.
- (Fig.) Structure. *L'architecture d'un roman.*

archiver v. tr.
Classer un document dans les archives.

archives n. f. pl.
- Ensemble de titres, de documents anciens. *Les archives du ministère des Affaires culturelles.*
- Lieu où on les conserve.
Note.- Ce nom s'emploie toujours au pluriel.

archiviste n. m. et f.
Personne préposée à la conservation des archives.

arçon n. m.
- Pièce de bois cintrée constituant l'armature d'une selle.
- *Cheval d'arçons.* Appareil de gymnastique qui sert à des exercices de saut.

arctique adj. et n. m.
Du pôle Nord. *Des froids arctiques. Se rendre dans l'Arctique.*
Notes.-
1º Dans les dénominations géographiques où l'adjectif précise le générique, l'adjectif prend la majuscule. *L'océan Arctique.*
2º Attention à l'orthographe : ar**c**tique.
Ant. **antarctique**.

-ard, -arde suff.
Éléments à nuance péjorative. *Soudard, vantard.*

ardemment adv.
- Le premier *e* se prononce *a* [ardamɑ̃].
- Avec ardeur.

ardent, ente adj.
- Qui est en feu. *Des charbons ardents.*
- Fougueux. *Un ardent chevalier.*

ardeur n. f.
Fougue, empressement.

ardillon n. m.
Pointe d'une boucle pour arrêter une courroie, une ceinture.

ardoise adj. inv. et n. f.
- **Adjectif de couleur invariable.** De la couleur bleu gris de l'ardoise. *Des gants ardoise.*
V. Tableau - **COULEUR (ADJECTIFS DE).**
- **Nom féminin.** Roche bleuâtre et feuilletée. *Un sol en ardoise.*

ardoisé, ée adj.
Qui a la couleur de l'ardoise.

ardu, ue adj.
Difficile. *Un problème ardu.*

are n. m.
● Symbole *a* (s'écrit sans point).
● Unité de mesure agraire (cent mètres carrés).
Hom. :
- *arrhes*, somme d'argent donnée au moment de la conclusion d'un contrat ;
- *art*, expression d'un idéal artistique.

arec n. m.
● Palmier.
● Noix d'arec dont on tire le cachou.

arène n. f.
● Partie sablée d'un amphithéâtre destinée aux jeux, aux combats.
● (Fig.) Espace public où s'affrontent les idées. *L'arène politique.*

aréole n. f.
Cercle coloré autour du mamelon du sein.
Note.- Ne pas confondre avec les mots suivants :
- *alvéole*, cavité ;
- *auréole*, cercle de lumière autour de la tête des saints.

aréopage n. m.
Assemblée de savants, de juges (et non un * aéropage).

* aréoport
→ **aéroport**

arête n. f.
● Os long et mince qui forme la charpente des poissons. *Attention, il a une arête dans la gorge.*
● Ligne d'intersection de deux faces planes.

argent n. m.
● Métal blanc. Symbole *Ag* (s'écrit sans point).
● Monnaie faite avec ce métal. Toute espèce de numéraires (billets de banque, or, etc.) *Il a beaucoup d'argent.*
● *Argent comptant.* (Vx) En espèces.
Note.- Cette expression est aujourd'hui vieillie ; on emploie plutôt *au comptant* qui se dit d'un paiement en espèces ou par chèque portant la somme totale sans terme ni crédit.

argenté, ée adj.
● Recouvert d'argent. *Du métal argenté.*
● (Litt.) Qui a la couleur de l'argent.
● (Fam.) Qui a de l'argent.

argenter v. tr.
Couvrir d'une couche d'argent.

argenterie n. f.
Vaisselle, ustensiles d'argent.

argentier n. m.
(Plaisant.) *Le grand argentier.* Le ministre des Finances.

argentin, ine adj. et n. m. et f.
● D'Argentine.
Note.- Contrairement à l'adjectif, le nom prend une majuscule.

● Dont le son clair évoque celui de l'argent. *Un tintement argentin.*

argenture n. f.
Application d'une couche d'argent sur un autre métal. *Il faut refaire l'argenture de cette théière.*

argile n. f.
Glaise. *Une argile grasse.*
Note.- Attention au genre féminin de ce nom : *une* argile.

argileux, euse adj.
Qui est formé d'argile.

argot n. m.
● Langage des vagabonds, des malfaiteurs. *L'argot du milieu.*
● Langage propre à une profession, à un groupe. *L'argot des typographes.*
Note.- Le mot *argot* est moins péjoratif que *jargon* qui désigne la langue compliquée (d'un art, d'une science, d'un groupe), inintelligible aux non initiés.

argotique adj.
Qui se rapporte à l'argot. *La langue argotique.*

argotisme n. m.
Expression en argot.

arguer v. tr.
● Attention à la prononciation de ce verbe, le *u* se prononce [argɥe]. Lorsque le *u* est suivi d'un *e* muet ou d'un *i*, celui-ci prend un tréma. *J'arguë, ils arguënt* (se prononce argu) [argy].
Note.- L'usage actuel tend à supprimer le tréma.
● **Transitif**. Prétexter. *Arguer qu'il était malade.*
● **Transitif indirect**. Alléguer. *Arguer de sa position pour exiger un traitement de faveur.*
Note.- Le verbe se construit généralement avec *que* suivi de l'indicatif ou du conditionel ou avec un complément d'objet indirect introduit par la préposition *de*.

argument n. m.
Raisonnement destiné à faire triompher son point de vue.

argumentaire adj. et n. m.
● **Adjectif**. Relatif aux arguments de vente. *Une liste argumentaire.*
● **Nom masculin**. Recueil d'arguments de vente. *Préparer un argumentaire pour les nouveaux produits.*

argumentation n. f.
● Art d'argumenter.
● Ensemble d'arguments.

argumenter v. tr., intr.
● **Transitif**. Justifier par des arguments un énoncé, un texte. *Une recherche solidement argumentée.*
● **Intransitif**. Présenter des arguments. *Il ne cesse d'argumenter.*

argutie n. f.
● Le *t* se prononce comme un *s* [argysi].
● Subtilité de langage.

aria n. m. et f.
• **Nom masculin.** (Vx) Ennui, souci. *Quel aria ce pique-nique!*
• **Nom féminin.** Mélodie. *Elle interpréta une aria de Mozart.*
Note.- Ne pas confondre avec le mot *aléa* qui désigne un risque.

arianisme n. m.
Doctrine qui niait la divinité de Jésus.

aride adj.
• Desséché par le soleil. *Des contrées arides.*
• Rébarbatif. *Un sujet aride.*

aridité n. f.
État de ce qui est aride.

arien, ienne adj. et n. m. et f.
Partisan de l'arianisme.
Hom. *aryen*, qui appartenait à la race idéale, pour les nazis.

aristocrate adj. et n. m. et f.
• **Adjectif.** Qui a le caractère d'un aristocrate.
• **Nom masculin et féminin.** Membre de l'aristocratie.

aristocratie n. f.
• Gouvernement qui donne le pouvoir à un petit nombre de personnes, et particulièrement à une classe héréditaire.
• La classe noble.
• (Litt.) Élite.

aristocratique adj.
• Qui appartient à l'aristocratie.
• Distingué, raffiné.

arithmétique adj. et n. f.
• **Adjectif.** Relatif à l'arithmétique. *Un calcul arithmétique.*
• **Nom féminin.** Science des nombres. *Une arithmétique nouvelle.*
Note.- Attention à l'orthographe : arit*h*métique.

arlequin, ine n. m. et f.
Bouffon de l'ancienne comédie italienne. *Des arlequins talentueux.*

arlequinade n. f.
(Litt.) Farce d'arlequin, bouffonnerie.

armagnac n. m.
Eau-de-vie.
Note.- Le nom qui désigne l'eau-de-vie s'écrit avec une minuscule, celui qui désigne la région prend une majuscule.

armateur n. m.
Personne qui exploite un navire, à titre de propriétaire ou de locataire.

armature n. f.
• Charpente de métal qui soutient les parties d'une construction.
• (Fig.) Ce qui soutient, maintient en place.

arme n. f.
• Ce qui sert à attaquer, à se défendre.
• (Au plur.) Signes héraldiques.

armé, ée adj.
Muni de. *Armé d'une épée.*

armée n. f.
Ensemble des troupes d'un État.

armement n. m.
• Action d'armer.
• (Au plur.) Ensemble des moyens d'attaque ou de défense dont dispose un État. *La course aux armements.*

arménien, ienne adj. et n. m. et f.
De l'Arménie.
Note.- Lorsqu'il s'agit de la langue, l'adjectif ou le nom s'écrit avec une minuscule. Si le nom désigne une personne, la majuscule s'impose.

armer v. tr., pronom.
• **Transitif**
- Pourvoir d'armes.
- Équiper un navire.
• **Pronominal**
- Se munir d'armes.
- (Fig.) *S'armer de patience, de courage.* Se munir de.

armistice n. m.
Convention conclue entre des armées ennemies afin de mettre fin au combat. *Conclure un armistice.*
Notes.-
1° Ne pas confondre avec les mots suivants :
- *amnésie*, perte de la mémoire;
- *amnistie*, annulation d'infractions à la loi ainsi que de leurs conséquences pénales.
2° Attention au genre masculin de ce nom : *un* armistice.

armoire n. f.
Grand meuble de rangement plus haut que large. *Une armoire ancienne.*

armoiries n. f. pl.
Ensemble des emblèmes d'une famille, d'une collectivité.

armorial, ale, aux adj. et n. m.
• **Adjectif.** Relatif aux armoiries.
• **Nom masculin.** Recueil d'armoiries. *Des armoriaux.*

armorier v. tr.
• Redoublement du *i* à la première et à la deuxième personne du pluriel de l'indicatif imparfait et du subjonctif présent. *(Que) nous armoriions, (que) vous armoriiez.*
• Orner d'armoiries.

armure n. f.
Ensemble des armes défensives recouvrant entièrement le corps d'un guerrier.

armurerie n. f.
Lieu où l'on fabrique, conserve, répare ou vend des armes.

armurier n. m.
Fabricant ou marchand d'armes.

A.R.N.
Sigle de *acide ribonucléique*.

arnaque n. f.
(Pop.) Escroquerie.

arnaquer v. tr.
(Pop.) Escroquer.

aromate n. m.
Substance végétale répandant une odeur forte et agréable. *L'estragon, la marjolaine, le poivre sont des aromates.*
Note.- Attention au genre masculin de ce nom qui s'écrit sans accent circonflexe sur le **o** : **un** ar**o**mate.

aromatique adj.
Qui est de la nature des aromates, odoriférant.
Note.- Attention à l'orthographe : pas d'accent sur le **o**.

aromatiser v. tr.
Parfumer avec des aromates.
Note.- Attention à l'orthographe : pas d'accent sur le **o**.

arôme n. m.
Parfum, odeur.
Note.- Attention à l'orthographe : ar**ô**me, contrairement aux dérivés qui n'ont pas d'accent : ar**o**mate, ar**o**matique, ar**o**matiser.

arpège n. m.
Accord dont on fait entendre successivement et rapidement les divers sons. *Un arpège réussi.*

arpéger v. tr.
• Le **é** se change en **è** devant une syllabe muette, sauf à l'indicatif futur et au conditionnel présent. *J'arpège* mais *j'arpégerai.*
• Le **g** est suivi d'un **e** devant les lettres **a** et **o**. *Il arpégea, nous arpégeons.*
• Faire des arpèges.

arpent n. m.
Ancienne mesure agraire. *Quelques arpents de neige.*

arpentage n. m.
Mesure de la superficie des terrains (autrefois en arpents, aujourd'hui en ares).

arpenter v. tr.
• Faire l'arpentage.
• Parcourir à grands pas. *Arpenter un corridor.*

arpenteur n. m.
Spécialiste de la mesure des superficies.

-arque suff.
Élément du grec signifiant « commander ». *Énarque, monarque.*

arquebuse n. f.
Ancienne arme à feu.

arquebusier n. m.
Soldat armé d'une arquebuse.

arquer v. tr.
Courber en arc.

arraché n. m.
• Exercice d'haltères.
• **À l'arraché**, locution adverbiale. Par un grand effort. *L'emporter à l'arraché* (et non * à l'arrachée).

arrache-clou n. m.
Outil servant à arracher les clous. *Des arrache-clous.*

arrachement n. m.
Action d'arracher, au propre et au figuré.

arrache-pied (d') loc. adv.
Sans interruption, avec acharnement. *Étudier d'arrache-pied.*

arracher v. tr., pronom.
• **Transitif**
Détacher avec effort, enlever de force. *On lui arracha son sac.*
• **Pronominal**
- S'éloigner à regret. *S'arracher de sa maison natale.*
- **S'arracher quelqu'un**. Se disputer sa présence.

arrache-racine(s) n. m.
Outil servant à arracher les racines. *Des arrache-racines.*

arracheur, euse n. m. et f.
• Personne qui arrache quelque chose.
• (Fam.) ***Mentir comme un arracheur de dents***. Mentir effrontément.

arraisonnement n. m.
Action d'arraisonner (un navire, un avion).

arraisonner v. tr.
Procéder à l'examen d'un navire pour connaître son identité, sa provenance, sa destination, sa cargaison, son état sanitaire, etc.

arrangeable adj.
Que l'on peut arranger.

arrangeant, ante adj.
Accommodant, conciliant.

arrangement n. m.
• Action d'arranger, de disposer.
• Accord amiable. *Parvenir à un arrangement.*

arranger v. tr., pronom.
• Le **g** est suivi d'un **e** devant les lettres **a** et **o**. *Il arrangea, nous arrangeons.*
• **Transitif**
- Disposer selon un plan, un ordre. *Elle arrangeait la table pour le déjeuner.*
Note.- Ne pas confondre avec le verbe **ranger** qui signifie « mettre de l'ordre ».
- Organiser. *Arranger une rencontre.*
• **Pronominal**
- S'entendre. *S'arranger à l'amiable.*
- Finir bien. *Tout s'est arrangé.*
- Prendre ses dispositions. *Elle s'est arrangée pour prévenir ses amis.*

arrérages n. m. pl.
Montant échu (à recevoir) d'une rente, d'une redevance, d'un revenu. *J'attends les arrérages de mes dividendes* (et non * arriérages).
Note.- Ne pas confondre avec le nom **arriéré** qui désigne une dette échue et qui reste due.

arrestation n. f.
Action d'arrêter une personne ; état d'une personne arrêtée. *Procéder à une arrestation.*

arrêt n. m.
• Fin du fonctionnement, immobilisation complète.
• Jugement émanant d'une juridiction supérieure.
Note.- Ne pas confondre avec le nom **arrêté** qui désigne une décision administrative.

arrêté n. m.
Décision administrative. *Des arrêtés ministériels.*
Note.- Ne pas confondre avec le nom **arrêt** qui désigne un jugement.

arrêter v. tr., intr., pronom.
• **Transitif**
- Interrompre le déroulement de.
- Appréhender. *On a arrêté le voleur.*
- Déterminer, fixer. *La date n'est pas encore arrêtée.*
• **Intransitif**
Cesser. *Arrête! Tu vas tomber.*
• **Pronominal**
• Cesser d'avancer, de fonctionner. *La voiture s'est arrêtée.*
• Faire un arrêt. *L'autobus s'arrête en face de l'école. Il s'arrête à tous les cafés.*
• Se terminer. *La route s'arrête ici.*
Note.- Ne pas confondre avec les verbes suivants :
- **décider**, prendre une décision ;
- **décréter**, ordonner par décret ;
- **ordonner**, donner un ordre ;
- **trancher**, décider sans appel.

arrhes n. f. pl.
Somme d'argent donnée au moment de la conclusion d'un contrat.
Note.- Ne pas confondre avec le mot **acompte** qui désigne un paiement partiel à valoir sur une somme due.
Hom. :
- **are**, unité de mesure agraire ;
- **art**, expression d'un idéal artistique.

* arriérages
Impropriété → **arrérages**.

arriération n. f.
Faiblesse d'esprit. *Arriération mentale.*

arrière adj. inv., adv. et n. m.

• **Adjectif invariable**
Du côté opposé, en sens contraire. *Les pneus arrière sont usés.*
• **Adverbe de lieu**
Derrière. *Faire marche arrière, machine arrière.*
• **Nom masculin**
- Partie postérieure d'une chose. *L'arrière de la maison.*
- (Sports) Joueur situé près de son but afin d'assurer sa défense.
• **Nom masculin pluriel**
(Milit.) Lignes de communication d'une armée. *Protéger ses arrières.*
• **Locutions adverbiales**
- **À l'arrière**. Derrière. *Il y a des places à l'arrière.*
- **En arrière**. Dans une direction opposée. *Retourner en arrière.*

• **Préfixe**. Arrière-. Postérieur. *Des arrière-trains.*
Note.- Les mots composés avec **arrière-** prennent un trait d'union. Alors que l'adverbe reste invariable, le deuxième (ou troisième) élément prend la marque du pluriel. *Des arrière-goûts. Des arrière-grands-pères.*

---

arriéré, ée adj. et n. m. et f.
• **Adjectif**
- Échu, impayé. *Des intérêts arriérés.*
- (Péj.) Rétrograde. *Une pratique démodée, voire arriérée.*
- Attardé. *Cet élève est un peu arriéré.*
• **Nom masculin**
Dette échue et qui reste due. *Il faut payer l'arriéré.*
Note.- Ne pas confondre avec le nom **arrérages** qui désigne un paiement échu à recevoir d'une rente, d'une redevance, d'un revenu.

arrière-bouche n. f.
Partie postérieure de la bouche. *Des arrière-bouches.*

arrière-boutique n. f.
Pièce placée derrière une boutique. *Des arrière-boutiques.*

arrière-cour n. f.
Cour située à l'arrière d'un bâtiment. *Des arrière-cours.*

arrière-garde n. f.
• Partie d'une armée qui reste en arrière pour protéger les troupes. *Des arrière-gardes.*
• (Fig.) Ce qui est en retard, dépassé.

arrière-gorge n. f.
Fond de la gorge. *Des arrière-gorges.*

arrière-goût n. m.
• Goût que laisse dans la bouche un mets, une boisson.
• (Fig.) Sentiment qui subsiste après le fait qui l'a provoqué. *Des arrière-goûts de déception.*

arrière-grand-mère n. f.
Bisaïeule. *Des arrière-grand-mères.*
Note.- Contrairement au mot **arrière-grand-père**, où l'adjectif **grand** prend la marque du pluriel, dans le mot *arrière-grand-mère*, l'adjectif **grand** est invariable. Dans *Le Bon Usage* cependant, M. Grevisse estime plus logique le pluriel **arrière-grands-mères**.

arrière-grand-père n. m.
Bisaïeul. *Des arrière-grands-pères.*
Note.- Contrairement au mot **arrière-grand-mère**, où l'adjectif **grand** est invariable, dans le mot *arrière-grand-père*, l'adjectif **grand** prend la marque du pluriel.

arrière-pays n. m.
Région située en arrière des côtes. *Des arrière-pays.*

arrière-pensée n. f.
Intention non manifestée. *Des arrière-pensées.*

arrière-petite-fille n. f.
Fille du petit-fils, de la petite-fille. *Des arrière-petites-filles.*

arrière-petit-fils n. m.
Fils du petit-fils, de la petite-fille. *Des arrière-petits-fils.*

arrière-petits-enfants n. m. pl.
Enfants du petit-fils, de la petite-fille.
Note.- Ce nom ne s'emploie pas au singulier.

arrière-plan n. m.
• Le plan le plus éloigné (par opposition à **premier plan**). *Des arrière-plans.*
• **À l'arrière-plan**, locution adverbiale. (Fig.) Dans une position secondaire.

arriérer v. tr., pronom.
• Le **é** se change en **è** devant une syllabe muette, sauf à l'indicatif futur et au conditionnel présent. *J'arrière,* mais *j'arriérerai.*
• Retarder. *Arriérer un paiement.*

arrière-saison n. f.
Fin de l'automne. *Des arrière-saisons.*

arrière-salle n. f.
Salle située derrière une autre. *Des arrière-salles.*

arrière-train n. m.
Partie postérieure d'un animal. *Des arrière-trains.*

arrimage n. m.
Action d'arrimer.

arrimer v. tr.
• Arranger méthodiquement la charge d'un vaisseau, d'un avion.
• Fixer avec des cordes un chargement.

arrivage n. m.
• Arrivée de marchandises. *Nous avons reçu un arrivage de légumes ce matin.*
• Marchandises.
Note.- Le nom **arrivage** ne s'applique qu'aux marchandises.

arrivant, ante n. m. et f.
Personne qui arrive. *Les nouveaux arrivants.*

arrivé, ée adj.
• Qui est parvenu quelque part.
• Qui a réussi (socialement).

arrivée n. f.
• Action d'arriver. *L'arrivée de voyageurs a lieu au quai n° 15. L'arrivée du train.*
• Moment de l'arrivée.
Note.- Ne pas confondre avec le mot **arrivage** qui désigne l'arrivée de marchandises.
• Canalisation. *Une arrivée d'eau.*

arriver v. intr.
• Parvenir à destination. *Arriver au but. Il est arrivé à la maison.*
• Avoir lieu. *Un accident est arrivé.*
• **Employé absolument**. Réussir. *Elle est arrivée.*
Note.- Le verbe **arriver** se conjugue avec l'auxiliaire **être**. *Elle est arrivée à temps.* La construction impersonnelle **il arrive que** est suivie du mode indicatif si la proposition exprime une action réelle, du subjonctif, si cette action est possible. *Il arriva que je le vis. Il arrive que je sois à l'heure.*

arrivisme n. m.
Comportement de l'arriviste.

arriviste adj. et n. m. et f.
Ambitieux qui use de tous les moyens pour parvenir au premier rang ou à la fortune.

arrogance n. f.
Manières hautaines.

arrogant, ante adj.
Qui a des manières hautaines et provocantes. *Un ton arrogant.*

arroger (s') v. pronom.
• Le **g** est suivi d'un **e** devant les lettres **a** et **o**. *Il s'arrogea, nous nous arrogeons.*
• S'attribuer illégitimement.
Note.- Le participe passé du verbe pronominal **s'arroger** s'accorde comme un verbe conjugué avec l'auxiliaire **avoir** si le complément direct le précède. Il est invariable si le complément vient après le verbe. *Les titres qu'il s'est arrogés. Elles se sont arrogé des droits excessifs.*

arrondi, ie adj. et n.
De forme ronde. *Une forme arrondie. Un arrondi.*

arrondir v. tr., pronom.
• **Transitif**
- Rendre rond. *Arrondir une lettre.*
- Augmenter. *Arrondir sa fortune.*
- **Arrondir une somme**. En supprimer les fractions. *Le prix est de 15,95 F, j'arrondis à 16 F.*
• **Pronominal**
Devenir plus rond. *Ses joues se sont arrondies.*

arrondissement n. m.
• Action d'arrondir une valeur numérique, en supprimant les fractions.
• Division territoriale. *Le 6ᵉ arrondissement, le 6ᵉ* (par ellipse).

arrosage n. m.
Action d'arroser.

arroser v. tr.
• Répandre un liquide sur quelque chose. *Arroser la pelouse.*
• Couler à travers. *La Loire arrose la Touraine.*
• Inviter à boire pour célébrer un évènement. *Il faut arroser ce succès.*

arroseur, euse n. m. et f.
• **Nom masculin.** Appareil automatique pour arroser les pelouses.
• **Nom féminin.** Véhicule destiné à l'arrosage des voies publiques.

arrosoir n. m.
Ustensile destiné à arroser les plantes.

arsenal n. m.
• Dépôt d'armes et de munitions. *Des arsenaux clandestins.*
• Ensemble de moyens d'action, de défense. *L'arsenal de la réglementation.*

arsenic n. m.
• Symbole **As** (s'écrit sans point).

- Le *c* se prononce [arsənik].
- Poison. *Un arsenic mortel.*

arsenical, ale, aux adj.
Qui contient de l'arsenic.

art n. m.
- Aptitude à faire quelque chose. *L'art d'aimer.*
- Application des facultés et des sciences de l'homme à la réalisation d'une conception. *Les règles de l'art.*
- Toute œuvre humaine où se manifeste du génie, du talent.
- Expression d'un idéal artistique.
Hom. :
- *are*, unité de mesure agraire ;
- *arrhes*, somme d'argent.

art.
Abréviation de *article*.

artère n. f.
- Vaisseau sanguin. *Une artère vitale.*
- Grande voie de circulation à l'intérieur des villes.

artériel, elle adj.
Qui appartient aux artères. *La tension artérielle.*

artériosclérose n. f.
(Méd.) État pathologique caractérisé par le durcissement, l'épaississement et la perte d'élasticité des artères.

artésien adj.
Puits artésien. Trou foré jusqu'à une nappe d'eau souterraine jaillissante.

arthrite n. f.
(Méd.) Inflammation d'une articulation. *Elle a de l'arthrite à un genou.*
Note.- Attention à l'orthographe : art*h*rite.

arthritique adj. et n. m. et f.
- (Méd.) Qui a rapport à l'arthrite. *Une douleur arthritique.*
- Malade atteint d'arthrite.
Note.- Attention à l'orthographe : art*h*ritique.

arthrose n. f.
(Méd.) Processus dégénératif des articulations.
Note.- Attention à l'orthographe : art*h*rose.

artichaut n. m.
Plante potagère cultivée pour ses capitules.
Note.- Attention à l'orthographe : artichau*t*.

article n. m.
- Abréviation *art.* (s'écrit avec un point).
- Écrit d'un journal, d'une publication. *Cet article sur la pollution est très intéressant.*
- (Gramm.) Mot qui détermine un nom de façon définie ou indéfinie et qui sert à marquer le genre et le nombre du mot auquel il se rapporte.
V. Tableau - **ARTICLE**.
- Tout objet de commerce destiné à la vente. *Nous avons beaucoup d'articles soldés.*
- Partie d'une loi, d'un contrat, d'un ordre du jour. *Inscrire un article à l'ordre du jour. L'article premier d'une loi.*

articulaire adj.
Qui a rapport aux articulations. *Rhumatisme articulaire.*

articulation n. f.
- Union de deux ou plusieurs pièces osseuses.
- Assemblage de deux pièces mécaniques.
- Lien entre les parties d'un texte, d'un discours.
- Manière d'articuler les sons d'une langue.

articulé, ée adj.
- Prononcé distinctement. *Une consonne bien articulée.*
- Construit avec une ou des articulations de manière à permettre le mouvement. *Une lampe articulée.*

articuler v. tr.
- Assembler à l'aide de charnières qui permettent le mouvement.
- Organiser en éléments distincts dans un ensemble.
- Prononcer distinctement. *Il articule un mot.*

artifice n. m.
- (Litt.) Ruse. *User d'artifice.*
- *Feu d'artifice.* Ensemble de feux résultant de l'inflammation de pièces d'artifice de formes et de couleurs variées.
Note.- Attention au genre masculin de ce nom : *un* artifice.

artificiel, elle adj.
Non naturel. *Un sapin artificiel ignifuge.*
Note.- Ne pas confondre avec l'adjectif **artificieux** qui qualifie ce qui est fourbe.

artificiellement adv.
D'une manière artificielle.

artificier n. m.
Personne qui fabrique des pièces d'artifice.

artificieusement adv.
(Litt.) D'une manière trompeuse, rusée.

artificieux, euse adj.
(Litt.) Trompeur, rusé.
Note.- Ne pas confondre avec l'adjectif **artificiel** qui qualifie ce qui n'est pas naturel.

artillerie n. f.
Matériel de guerre.

artilleur n. m.
Militaire.

artisan n. m.
artisane n. f.
- Personne qui exerce un art manuel, en travaillant pour son propre compte. *Cette céramiste est une habile artisane ; ce serrurier est un bon artisan.*
- *Être l'artisan de.* Être le responsable de quelque chose. *Remercions l'artisan de cette belle fête.*

artisanal, ale, aux adj.
- Relatif à l'artisan.
- Peu organisé, rudimentaire.

artisanalement adv.
D'une manière artisanale.

ARTICLE

L'article est un mot qui détermine un nom de façon définie ou indéfinie et qui sert à marquer le genre et le nombre du mot auquel il se rapporte.

ARTICLES DÉFINIS

L'article défini se rapporte à un objet particulier, il individualise le nom désigné.

Forme simple

Le chat de sa fille.
La table de la salle à manger.
Les livres de la bibliothèque.

Note. — Les articles *le* et *la* s'élident devant une voyelle ou un *h* muet.
L'orange, l'heure.

Forme contractée

Au (à le) *printemps dernier.*
Du (de le) *directeur de l'école.*
Aux (à les) *enfants du voisin.*
Des (de les) *amis de nos amis.*

Note. — Les articles contractés qui résultent de la combinaison des articles définis *le* et *les* avec les prépositions *à* ou *de* s'utilisent au singulier devant un nom masculin, au pluriel devant les noms masculins et féminins.

ARTICLES INDÉFINIS

L'article indéfini se rapporte à un nom indéterminé.

Un *garçon.*
Une *fille.*
Des *enfants.*

Accord

L'article s'accorde en genre et en nombre avec le nom auquel il se rapporte.

V. Tableau - **UN, UNE.**

---

artisanat n. m.
Métier de l'artisan.

artiste n. m. et f.
● **Adjectif**
(Litt.) Qui témoigne d'une sensibilité propre aux émotions esthétiques.
● **Nom masculin et féminin**
- Créateur d'une œuvre d'art. *Un artiste de génie.*
- Interprète d'une œuvre musicale, théâtrale. *C'est une excellente artiste.*

artistement adv.
(Litt.) Avec art, habileté.

artiste peintre n. m. et f.
Peintre (tableaux). *Des artistes peintres de talent.*
Note.- Ce nom qui s'écrit sans trait d'union se dit par opposition à *peintre en bâtiment*.

artistique adj.
● Relatif à l'art.
● Avec art.

artistiquement adv.
D'une manière artistique.

aruspice
V. **haruspice.**

aryen, yenne adj. et n. m. et f.
● Relatif aux Aryens.
● Relatif à la « race » blanche « pure » dans les doctrines racistes d'inspiration nazie.
Hom. *arien*, partisan de l'arianisme.

As
Symbole de *arsenic*.

as n. m.
- Un point seul marqué sur un des côtés d'un dé.
- Carte à jouer. *L'as de cœur.*
- Personne qui tient le premier rang dans sa spécialité. *C'est un as du graphisme.*

ascendance n. f.
Ensemble des parents dont est issue une personne.
Note.- Attention à l'orthographe : as**c**en**d**ance.

ascendant adj. et n. m.
- **Adjectif**. Qui va en montant. *Mouvement ascendant.*
- **Nom masculin**. Influence. *Elle a beaucoup d'ascendant sur lui.*
- **Nom masculin pluriel**. (Dr.) Parents dont on descend.
Notes.-
1° En ce sens, ce nom s'emploie généralement au pluriel.
2° Attention à l'orthographe : as**c**en**d**ant.

ascenseur n. m.
Appareil servant à monter et à descendre des personnes, des choses aux différents étages d'un immeuble.
Notes.-
1° Ne pas confondre avec le mot *élévateur* qui désigne un appareil de levage pour les marchandises, les fardeaux.
2° Attention à l'orthographe : as**c**enseur.

ascension n. f.
- Action de monter, d'aller vers le haut. *L'ascension d'un hélicoptère.*
- Action de gravir une montagne. *L'ascension de l'Éverest.*
Notes.-
1° Lorsqu'il désigne l'élévation miraculeuse du Christ, le nom s'écrit avec une majuscule. *La fête de l'Ascension.*
2° Attention à l'orthographe : as**c**ension.

ascensionnel, elle adj.
Qui tend à faire monter.

ascèse n. f.
Discipline personnelle tendant au perfectionnement.
Note.- Attention à l'orthographe : as**c**èse.

ascète n. m. et f.
Personne qui s'astreint aux privations d'une vie austère.
Note.- Attention à l'orthographe : as**c**ète.

ascétique adj.
- Relatif à l'ascétisme.
- Austère.
Note.- Attention à l'orthographe : as**c**étique.
Hom. *acétique*, qui se rapporte au vinaigre.

ascétisme n. m.
Méthode morale qui consiste à s'élever, par la volonté, dans l'ordre de l'esprit ou de la religion.
Note.- Attention à l'orthographe : as**c**étisme.

asémantique adj.
Sans signification.

asepsie n. f.
Ensemble des procédés qui préviennent l'infection, en empêchant l'introduction et le développement des microbes.
Notes.-
1° Ne pas confondre avec *antisepsie* qui désigne l'ensemble des procédés employés pour détruire les microbes.
2° Attention à l'orthographe avec **s** en comparaison avec l'adjectif *aseptique*.

aseptique adj.
Exempt de tout microbe.

aseptisation n. f.
Action de rendre aseptique.

aseptiser v. tr.
Rendre aseptique, stériliser.

asexué, ée adj.
Qui n'a pas de sexe.

asiatique adj. et n. m. et f.
De l'Asie.
Note.- Contrairement à l'adjectif, le nom prend une majuscule.

asile n. m.
- Refuge.
- *Droit d'asile*. Droit qu'un pays reconnaît à un étranger qui s'estime persécuté dans son pays d'origine.
- Établissement d'assistance.
- *Asile d'aliénés.* (Vx) Hôpital psychiatrique.

asocial, ale, aux adj. et n. m. et f.
Qui s'oppose à la vie sociale. *Un individu asocial qui est agressif à l'égard des autres.*
Note.- Ne pas confondre avec l'adjectif *antisocial* qui désigne ce qui est contraire à l'ordre social.

aspect n. m.
Forme sous laquelle une personne, une chose nous apparaît.

asperge n. f.
Plante potagère dont on mange les jeunes pousses. *Des asperges blanches.*

asperger v. tr.
- Le **g** est suivi d'un **e** devant les lettres **a** et **o**. *Il aspergea, nous aspergeons.*
- Arroser légèrement. *Asperger d'eau bénite.*

aspérité n. f.
État de ce qui est inégal. *Les aspérités du sol.*

asphaltage n. m.
Action de couvrir d'asphalte.
Note.- Attention à l'orthographe : as**ph**altage.

asphalte n. m.
- Les lettres **ph** se prononcent **f** et le **l** se prononce [asfalt].
- Revêtement de bitume. *De l'asphalte ramolli par la chaleur.*
Note.- Attention au genre masculin de ce nom et à l'orthographe : *un* as**ph**alte.

asphalter v. tr.
Couvrir d'asphalte.
Note.- Attention à l'orthographe : as**ph**alter.

asphodèle n. m.
Plante de la famille des liliacées à fleurs blanches.
Note.- Attention au genre masculin de ce nom : **un** asphodèle.

asphyxie n. f.
Trouble grave d'un organisme qui est en déficit d'oxygène, en état de détresse respiratoire.
Note.- Attention à l'orthographe : as**phyx**ie.

asphyxier v. tr., pronom.
• Redoublement du **i** à la première et à la deuxième personne du pluriel de l'indicatif imparfait et du subjonctif présent. *(Que) nous asphyxiions, (que) vous asphyxiiez.*
• **Transitif.** Causer l'asphyxie.
• **Pronominal.** Mourir par asphyxie. *Ils se sont asphyxiés.*
Note.- Attention à l'orthographe : as**phyx**ier.

aspic n. m.
• Le **c** se prononce [aspik].
• Serpent venimeux.
• Plat composé de volaille, de poisson, de légumes, etc. recouvert de gelée. *Des aspics de foie gras.*

aspirant, ante adj. et n. m. et f.
• **Adjectif.** Qui aspire.
• **Nom masculin et féminin.** Personne qui aspire à obtenir un titre.

aspirateur n. m.
Appareil destiné à aspirer l'air, les liquides, la poussière. *Un aspirateur électrique.*

aspiration n. f.
• Action d'aspirer.
• Mouvement de l'âme vers un idéal.

aspiration du *h*

Le **h** aspiré est la lettre initiale d'un mot qui a pour effet d'interdire la *liaison* ou l'*élision du mot qui le précède.* *Le haricot, la hernie.* Seuls quelques mots d'origine germanique en sont dotés : hamac, handicap, handicapé, harceler, hareng, haricot, harpe, hernie, héron, hibou, hollandais, huche, huis clos...
Notes.-
1° Les noms *héros, honte* ne comportent pas un véritable *h* aspiré ; c'est par euphonie qu'on ne fait pas de liaison ou d'élision devant ces mots. *Les héros* (s'entendrait les zéros).
2° Dans cet ouvrage, les mots commençant par un *h* aspiré sont suivis de la mention *h* **aspiré**.

aspiratoire adj.
Qui se fait par aspiration.

aspirer v. tr.
• **Transitif**
- Attirer l'air dans ses poumons. *Aspirez profondément.*

- Attirer une substance, un gaz dans le nez, la bouche. *Aspirer la fumée d'une cigarette.*
Note.- Ne pas confondre avec le verbe **inhaler** qui signifie « respirer une substance médicamenteuse ou chimique ».
• **Transitif indirect**
Viser, prétendre à. *Il aspire à être médecin. Elle aspire à la médaille d'or.*
Note.- Ne pas confondre avec les verbes suivants :
- **convoiter**, désirer ardemment ;
- **désirer**, espérer, souhaiter ;
- **envier**, désirer ce qui est à autrui.

assagir v. tr., pronom.
• **Transitif.** Rendre sage.
• **Pronominal.** Devenir sage. *Ils se sont assagis.*

assagissement n. m.
Action d'assagir.

assaillant, ante adj. et n. m. et f.
Personne qui attaque.

assaillir v. tr.
• Les lettres **ill** sont suivies d'un *i* à la première et à la deuxième personne du pluriel de l'indicatif imparfait et du subjonctif présent. *(Que) nous assaillions, (que) vous assailliez.*
• *J'assaille, nous assaillons. J'assaillais, nous assaillions. J'assaillis. J'assaillirai. Que j'assaille, que nous assaillions. Que j'assaillisse, que nous assaillissions* (rare). *Assaillant. Assailli.*
• Attaquer vivement.
• (Fig.) Harceler. *On l'assaillait de questions.*

assainir v. tr.
Rendre sain.

assainissement n. m.
• (Litt.) Action d'assainir.
• Résultat de cette action.

assaisonnement n. m.
• Action d'assaisonner.
• Ingrédient qui sert à assaisonner.

assaisonner v. tr.
Relever le goût par un assaisonnement.

assassin, ine adj. et n. m.
• **Adjectif**
- Meurtrier.
- Provocant. *Une œillade assassine.*
• **Nom masculin**
Personne qui commet un meurtre avec préméditation. *Cette femme est un assassin.*
Note.- Contrairement à l'adjectif, le nom est invariable en genre.

assassinat n. m.
Homicide avec préméditation.

assassiner v. tr.
Commettre un homicide prémédité.

assaut n. m.
Attaque.

-asse suff.
Élément à valeur péjorative. *Fadasse, blondasse.*

assèchement n. m.
Action d'assécher.
Note.- Attention à l'orthographe : assèchement, malgré *assécher.*

assécher v. tr., pronom.
• Le *é* se change en *è* devant une syllabe muette, sauf à l'indicatif futur et au conditionnel présent. *J'assèche*, mais *j'assécherai.*
• **Transitif**. Mettre à sec.
• **Pronominal**. Devenir sec. *La rivière s'est asséchée.*

assemblage n. m.
• Action de réunir (des éléments) pour composer un tout. *L'assemblage d'un meuble.*
• Ensemble d'éléments assemblés. *Un assemblage d'objets hétéroclites.*

assemblée n. f.
• Réunion de personnes en un même endroit.
• Réunion d'un groupe de personnes formant un corps constitué, une société. *Une assemblée ordinaire, extraordinaire.*

assembler v. tr., pronom.
• **Transitif**. Mettre ensemble pour former un tout.
• **Pronominal**. Se réunir.

assener ou **asséner** v. tr.
• Le *e* ou le *é* de la deuxième syllabe se change en *è* devant une syllabe muette. *Il assène, il assenait.*
• Donner avec violence. *Assener un coup de bâton.*
Note.- Le premier *e* de l'infinitif se prononce *é*, quelle que soit son orthographe.

assentiment n. m.
Accord, consentement.

asseoir v. tr., pronom.
• **Forme littéraire.** *J'assieds, tu assieds, il assied, nous asseyons, vous asseyez, ils asseyent. J'asseyais, nous asseyions. J'assis, nous assîmes. J'ai assis, nous avons assis. J'assiérai, nous assiérons. J'assiérais, nous assiérions. Que j'asseye, que nous asseyions. Que j'assisse, que nous assissions. Asseyant. Assis, e.*
• **Forme populaire.** *J'assois, tu assois, il assoit, nous assoyons, vous assoyez, ils assoient. J'assoyais, nous assoyions.* Passé simple et passé composé, comme la première forme. *J'assoirai, nous assoirons. J'assoirais, nous assoirions. Que j'assoie, que nous assoyions.* Imparfait, comme la première forme. *Assoyant. Assis, e.*
• **Transitif**
- Mettre sur un siège. *Elle assoit son bébé.*
- Établir solidement. *Asseoir son autorité.*
• **Pronominal**
Se mettre sur un siège. *Elles se sont assises.*

assermenter v. tr.
Faire prêter serment.

assertion n. f.
Affirmation formelle non accompagnée de sa preuve.

asservir v. tr.
• Le verbe se conjugue comme *finir* et non comme *servir* : *nous asservissons, j'asservissais, asservissant.*
• Réduire à une extrême dépendance.

asservissement n. m.
Action d'asservir.

assez adv.
Suffisamment. *J'en ai assez de vos discours.*

assidu, ue adj.
Qui accomplit fidèlement un travail, qui manifeste de la constance.

assiduité n. f.
Ponctualité.

assidûment adv.
Avec assiduité.
Note.- Attention à l'orthographe : assidûment.

assiégé, ée adj. et n. m. et f.
Qui subit un siège.

assiégeant, ante adj. et n. m. et f.
Qui assiège.

assiéger v. tr.
• Le *g* est suivi d'un *e* devant les lettres *a* et *o*. *Il assiégea, nous assiégeons.*
• Le *é* se change en *è* devant une syllabe muette, sauf à l'indicatif futur et au conditionnel présent. *J'assiège*, mais *j'assiégerai.*
• Faire le siège d'une place.

assiette n. f.
• Pièce de vaisselle à fond plat.
• Contenu d'une assiette.
• *Assiette de l'impôt.* Matière assujettie à l'impôt.

assiettée n. f.
Contenu d'une assiette.

assignation n. f.
Citation à comparaître.

assigner v. tr.
• Les lettres *gn* sont suivies d'un *i* à la première et à la deuxième personne du pluriel de l'indicatif imparfait et du subjonctif présent. *(Que) nous assignions, (que) vous assigniez.*
• Allouer, affecter des fonds à un paiement.
• Attribuer quelque chose à quelqu'un.
• Sommer de comparaître en justice.

assimilable adj.
Qui peut être assimilé.

assimilation n. f.
Action d'assimiler.

assimilé, ée adj.
Considéré comme semblable.

assimiler v. tr., pronom.
• **Transitif**
- Considérer comme semblable.
- Intégrer à un groupe.
- Comprendre et retenir. *Il n'a pas bien assimilé ces règles.*
• **Pronominal**
S'adapter, s'intégrer. *Ces immigrants se sont bien assimilés.*

assise n. f.
• Base, fondation.

• (Au Plur.) Réunion d'un parti, d'un syndicat. *Tenir ses assises en novembre.*
Note.- En ce sens, le nom ne s'emploie qu'au pluriel.

assistance n. f.
• Aide, secours.
• Auditoire.

assistant n. m.
assistante n. f.
• Personne qui assiste quelqu'un. *Une assistante sociale.*
• (Au plur.) Ceux qui assistent à quelque chose.
Note.- Quand ce mot désigne une personne présente dans un lieu, il ne peut s'employer qu'au pluriel. *Un des assistants se mit à applaudir* (et non un * assistant).

assisté, ée adj. et n. m. et f.
• **Adjectif**
- Muni d'un système apte à répartir l'effort de l'utilisation. *Des freins assistés.*
- Qui utilise l'ordinateur. *Conception assistée par ordinateur (C.A.O.).*
• **Nom masculin et féminin**
Qui reçoit l'assistance sociale.

assister v. tr.
• **Transitif.** Aider. *Assister un malade.*
• **Transitif indirect.** Être présent à quelque chose. *Assister à un spectacle.*

associatif, ive adj.
Relatif à l'association des idées.

association n. f.
• Union de personnes en vue d'un but ou dans un intérêt commun.
• Rapprochement. *Association d'idées.*

Association française de normalisation
Sigle *AFNOR.*

associé, ée n. m. et f.
Personne qui met en commun son activité, ses biens, dans une société de personnes.

associer v. tr., pronom.
• Redoublement du *i* à la première et à la deuxième personne du pluriel de l'indicatif imparfait et du subjonctif présent. *(Que) nous associions, (que) vous associiez.*
• **Transitif**
- Mettre ensemble, joindre.
- **Associer** + **à.** Faire participer. *Associer quelqu'un à une entreprise.*
- **Associer** + **avec.** Joindre intimement. *Associer la beauté avec le goût.*
• **Pronominal**
- **S'associer** + **à.** Prendre part. *Je m'associe à cette action.*
- **S'associer** + **avec.** S'allier. *Il s'est associé avec ce courtier.*

assoiffé, ée adj. et n. m. et f.
• Qui a soif.
• (Fig.) Avide de. *Il est assoiffé de pouvoir.*

assolement n. m.
Rotation des cultures.

assoler v. tr.
Alterner les cultures.

assombrir v. tr., pronom.
• **Transitif**
- Rendre sombre.
- Attrister.
• **Pronominal**
Devenir sombre.

assombrissement n. m.
Fait d'assombrir, de s'assombrir.

assommant, ante adj.
(Fam.) Souverainement ennuyeux.

assommer v. tr.
• Blesser, tuer quelqu'un avec quelque chose de lourd, avec un coup violent sur la tête. *Elle assomma le voleur avec une casserole.*
• (Fam.) Importuner.

assonance n. f.
Répétition d'un même son.
Note.- Attention à l'orthographe : a**sson**ance.

assonancé, ée adj.
Qui présente des assonances.

assorti, ie adj.
Qui est en harmonie avec autre chose. *Des vêtements assortis.*

assortiment n. m.
• Assemblage.
• Ensemble.

assortir v. tr., pronom.
• Le verbe se conjugue comme *finir* et non comme *sortir* : *nous assortissons. J'assortirais. Assortissant.*
• **Transitif**
- **Assortir** + **à, avec.** Harmoniser. *Assortir ses vêtements à la couleur de ses yeux. Assortir un chemisier avec un pantalon.*
- **Assortir** + **de.** Compléter. *Le contrat est assorti d'une clause d'indexation.*
• **Pronominal**
- Être en harmonie avec.
- Être complété par. *La viande s'assortit de légumes.*

assoupir v. tr., pronom.
• **Transitif.** (Litt.) Apaiser. *Assoupir le chagrin.*
• **Pronominal.** S'endormir à moitié. *Ils se sont assoupis.*

assoupissement n. m.
Fait de s'assoupir.

assouplir v. tr., pronom.
• **Transitif.** Rendre souple, au propre et au figuré.
• **Pronominal.** Devenir plus souple.

assouplissement n. m.
Action d'assouplir.

assourdir v. tr.
Causer une surdité passagère.

assourdissement n. m.
Action d'assourdir ; son résultat.

assouvir v. tr., pronom.
• **Transitif**
- Rassasier complètement. *Assouvir sa faim.*
- (Fig.) Satisfaire un sentiment, un besoin, etc. *Assouvir sa curiosité.*
• **Pronominal**
Se rassasier.

assouvissement n. m.
Action d'assouvir ; fait d'être assouvi.

assujetti, ie adj. et n. m. et f.
• **Adjectif**
- Soumis.
- Fixé.
• **Nom masculin et féminin**
Personne tenue de verser un impôt, une taxe, ou de s'affilier à un groupement.
Note.- Attention à l'orthographe : a**ss**uje**tt**i.

assujettir v. tr., pronom.
• **Transitif**
- (Vx) Placer sous une domination un peuple, une nation.
- Soumettre à une obligation. *Assujettir une société à l'impôt.*
Note.- En ce sens, le verbe se construit avec la préposition **à**.
- Fixer solidement. *Il assujettit un câble.*
• **Pronominal**
- (Litt.) Conquérir. *S'assujettir une nation.*
- Se soumettre à une obligation. *Ils se sont assujettis au règlement.*
Note.- Attention à l'orthographe : a**ss**uje**tt**ir.

assujettissement n. m.
État d'une personne, d'une nation dominée par une autre.
Note.- Attention à l'orthographe : a**ss**uje**tt**issement.

assumer v. tr., pronom.
• **Transitif**. Prendre sur soi. *Assumer la tâche de coordonner les travaux.* On assume des responsabilités (mais non un paiement).
Note.- Ne pas confondre avec le verbe **assurer** qui signifie « rendre ferme, certain ».
• **Pronominal**. Se prendre en charge, accepter une situation et ses conséquences.

assurable adj.
Qui peut être assuré.

assurance n. f.
• Certitude.
• Contrat selon lequel une personne est garantie contre le préjudice que pourrait lui causer un événement, moyennant une prime.
Note.- Ce nom est au singulier quand il désigne l'action de s'assurer et le contrat qui en résulte ; quand il désigne la profession, le nom se met au pluriel. *Un agent d'assurances, une compagnie d'assurances, une assurance-vie, une police d'assurance.*

assurance-maladie n.f.
Assurance contre la maladie. *Des assurances-maladie.*

assurance-vie n. f.
Assurance sur la vie. *Des assurances-vie.*

assurance multirisque n.f.
Assurance couvrant des risques déterminés. *Des assurances multirisques.*

assurance tous risques n.f.
Assurance couvrant tous les dommages que peut causer ou subir un automobiliste. *Des assurances tous risques.*

assuré, ée adj. et n. m. et f.
• **Adjectif.** Dont la réalité est sûre.
Note.- Ne pas confondre avec les mots suivants :
- *avéré*, reconnu comme vrai ;
- *clair*, compréhensible ;
- *évident*, indiscutable ;
- *indéniable*, qu'on ne peut nier ;
- *irréfutable*, qu'on ne peut réfuter ;
- *notoire*, qui est bien connu.
• **Nom masculin et féminin.** Personne garantie par un contrat d'assurance.

assurément adv.
Certainement. *Serez-vous présent demain ? Assurément.*

assurer v. tr., pronom.
• **Transitif**
- Rendre une chose certaine. *Ce traité assure le libre échange des marchandises.*
- Affirmer. *Il assure qu'il était présent hier soir.*
- Garantir un bien par un contrat d'assurance. *Assurer sa maison.*
- (Absol.) Être à la hauteur. *Avec cette tenue impeccable, elle assure.*
Note.- Cet emploi est familier.
• **Pronominal**
- Vérifier, avoir la certitude. *Assurez-vous que la cafetière soit bien débranchée avant de quitter les lieux. Assurez-vous bien qu'elle sera présente à la réunion. Elles se sont assurées de leur collaboration.*
- Passer un contrat d'assurance.
Notes.-
1° Le verbe **assurer** se construit avec un complément direct de personne quand il signifie **prier quelqu'un de ne pas douter de**. *Assurez-le de ma reconnaissance.*
2° Ne pas confondre avec le verbe **assumer** qui signifie « prendre sur soi ».

assureur n. m.
Personne qui garantit quelque chose par un contrat d'assurance.

aster n. m.
• Le **r** est sonore [astɛr].
• Plante cultivée pour ses fleurs en forme d'étoile. *Des asters.*

astérie n. f.
Étoile de mer.

astérisque n. m.
Petit signe en forme d'étoile, noté seul ou entre parenthèses, qui sert à indiquer un appel de note, un renvoi

dans certains ouvrages techniques. Il est recommandé de ne pas recourir à plus de trois appels de notes par page à l'aide de l'astérisque (*), (* *), (* * *).
Notes.-
1º Dans cet ouvrage, l'astérisque qui précède un mot indique qu'il s'agit d'une forme fautive.
2º Attention au genre masculin de ce nom : *un* astérisque.

astéroïde n. m.
Petit corps céleste.
Note.- Attention au genre masculin de ce nom : *un* astéroïde.

asthénie n. f.
État de faiblesse, de dépression.
Note.- Attention à l'orthographe : ast**h**énie.

asthénique adj. et n. m. et f.
Atteint d'asthénie.
Note.- Attention à l'orthographe : ast**h**énique.

asthmatique adj. et n. m. et f.
• Les lettres *th* ne se prononcent pas [ɛsmatik].
• Qui souffre d'asthme.
Note.- Attention à l'orthographe : as**th**matique.

asthme n. m.
• Les lettres *th* ne se prononcent pas [asm].
• Maladie caractérisée par des crises de suffocation spasmodique.
Note.- Attention au genre masculin de ce nom et à l'orthographe : *un* as**th**me.

asticot n. m.
Ver qui sert d'appât pour la pêche.

asticoter v. tr.
(Fam.) Ennuyer.

astigmate adj. et n. m. et f.
Qui souffre d'astigmatisme.

astigmatisme n. m.
Déformation congénitale de l'image perçue par l'œil.

astiquer v. tr.
Faire briller en frottant.

astragale n. m.
• Os du pied.
• Plante.

astrakan n. m.
Peau d'agneau mort-né à la laine frisée.

astral, ale, aux adj.
Qui a rapport aux astres.

astre n. m.

Corps céleste. *Un astre merveilleux.*
Notes.-
1º Les mots **lune, soleil, terre** s'écrivent avec une majuscule lorsqu'ils désignent la planète, l'astre, le satellite lui-même, notamment dans la langue de l'astronomie et dans les textes techniques ; ils s'écrivent avec une minuscule dans les autres utilisations. *La Terre tourne autour du Soleil. Un beau coucher de soleil, le clair de lune.*

2º Les noms de planètes, de constellations, d'étoiles s'écrivent avec une majuscule. *La Galaxie, Mercure, Saturne.*
3º Dans les désignations de planètes, de constellations, d'étoiles composées d'un nom et d'un adjectif, le mot déterminant de la désignation prend une majuscule ainsi que l'adjectif qui le précède. *L'étoile Polaire, la Grande Ourse.*

astreignant, ante adj.
Qui accapare.
Note.- Ne pas confondre avec le mot *astringent* qui qualifie ce qui resserre.

astreindre v. tr., pronom.
• *J'astreins, tu astreins, il astreint, nous astreignons, vous astreignez, ils astreignent. J'astreignais, tu astreignais, il astreignait, nous astreignions, vous astreigniez, ils astreignaient. J'astreignis, tu astreignis, il astreignit, nous astreignîmes, vous astreignîtes, ils astreignirent. J'astreindrai, tu astreindras. J'astreindrais, tu asteindrais. Astreins, astreignons, astreignez. Que j'astreigne, que tu astreignes, qu'il astreigne, que nous astreignions, que vous astreigniez, qu'ils astreignent. Que j'astreignisse, qu'il astreignît. Astreignant. Astreint, einte.*
• Les lettres *gn* sont suivies d'un *i* à la première et deuxième personne du pluriel de l'indicatif imparfait et du subjonctif présent. *(Que) nous astreignions, (que) vous astreigniez.*
• **Transitif.** Imposer la pratique d'un acte peu agréable.
Note.- Ne pas confondre avec les verbes suivants :
- *acculer*, contraindre ;
- *obliger*, lier par la nécessité ou le devoir.
• **Pronominal.** S'obliger à faire quelque chose. *Ils se sont astreints à marcher tous les jours.*

astreinte n. f.
(Dr.) Contrainte.

astringent, ente adj. et n. m.
• **Adjectif.** Qui resserre les tissus. *Une lotion astringente.*
Note.- Ne pas confondre avec le mot *astreignant* qui qualifie ce qui accapare.
• **Nom masculin.** Substance qui diminue les sécrétions ou resserre les tissus. *Un astringent efficace pour la peau.*

astrolabe n. m.
Instrument d'astronomie.
Note.- Attention au genre masculin de ce nom : *un* astrolabe.

astrologie n. f.
Art de prévoir le destin par l'examen des astres.
Note.- Ne pas confondre avec le mot *astronomie* qui désigne la science des astres.

astrologique adj.
Qui appartient à l'astrologie.

astrologue n. m. et f.
Spécialiste de l'astrologie.

astronaute n. m. et f.
Voyageur de l'espace.
Note.- Les *astronautes* sont américains, les *cosmonautes*, russes.

astronautique n. f.
Science qui a pour objet la navigation spatiale.

astronef n. m.
(Vx) Vaisseau spatial. *Un astronef perdu.*
Note.- Attention au genre masculin de ce nom : *un* astronef.

astronome n. m. et f.
Personne qui connaît et pratique l'astronomie.

astronomie n. f.
Science des astres.
Note.- Ne pas confondre avec le mot *astrologie* qui désigne l'art de prévoir le destin par l'examen des astres.

astronomique adj.
• Qui se rapporte à l'astronomie.
• (Fig.) *Chiffres astronomiques,* chiffres très grands.
• (Fig.) *Prix astronomique,* prix exagéré.

astrophysicien n. m.
astrophysicienne n. f.
Astronome spécialiste de l'astrophysique.

astrophysique n. f.
Étude des astres par la méthode de la physique.

astuce n. f.
• Ingéniosité.
• (Fam.) Piège, jeu de mots.

astucieusement adv.
Avec astuce.

astucieux, euse adj.
Qui a de l'astuce, ingénieux.

asymétrie n. f.
Absence de symétrie.
Note.- Ne pas confondre avec le nom *dissymétrie* qui désigne un défaut de symétrie.

asymétrique adj.
Sans symétrie.

asynchrone adj.
Qui se produit à des intervalles de temps inégaux. *Transmission asynchrone.*
Ant. **synchrone.**

ataca
V. **atoca.**

ataraxie n. f.
Calme absolu de l'âme. *Les stoïciens voulaient parvenir à l'ataraxie.*

atavique adj.
Qui tient de l'atavisme.

atavisme n. m.
• Réapparition d'un caractère génétique après plusieurs générations.
• Hérédité.

ataxie n. f.
Maladie du système nerveux caractérisée par l'incoordination des mouvements corporels.

ataxique adj. et n. m. et f.
Qui souffre d'ataxie.

atelier n. m.
• Lieu de travail.
• Groupe de travail. *Un atelier de micro-informatique.*

atelier de réparation n. m.
Note.- Dans cette expression, le terme *réparation* demeure au singulier, car il désigne de façon globale l'action de remettre en bon état.

atemporel, elle adj.
Qui est en dehors du temps.
Note.- Ne pas confondre avec l'adjectif *intemporel* qui qualifie ce qui n'est pas touché par le passage du temps.

atermoiement n. m.
Délai, action de remettre à un autre temps. *Des atermoiements constants.*
Notes.-
1° Ce nom s'emploie généralement au pluriel.
2° Attention à l'orthographe : atermoi**e**ment.

atermoyer v. intr.
• Le **y** se change en **i** devant un **e** muet. *J'atermoie, tu atermoies, j'atermoierai, j'atermoierais,* mais *nous atermoyons, vous atermoyez, j'atermoyais.*
• Le **y** est suivi d'un **i** à la première et à la deuxième personne du pluriel de l'indicatif imparfait et du subjonctif présent. *(Que) nous atermoyions, (que) vous atermoyiez.*
• Tergiverser, remettre à plus tard.

athée adj. et n. m. et f.
Qui nie l'existence de Dieu.

athéisme n. m.
Doctrine des athées.

athérosclérose n. f.
(Méd.) État pathologique caractérisé par la sclérose de la membrane artérielle avec dépôts de cholestérol.

athlète n. m. et f.
Personne qui pratique l'athlétisme.

athlétique adj.
Qui est propre à l'athlète.

athlétisme n. m.
Ensemble des exercices auxquels se livrent les athlètes : course, gymnastique, lancer du disque, du javelot, du poids.

atlante n. m.
Colonne sculptée en forme d'homme soutenant un entablement.
Note.- Ne pas confondre avec les mots suivants :
- *caryatide,* colonne sculptée en forme de femme soutenant une corniche sur sa tête ;
- *colonne,* pilier circulaire soutenant les parties supérieures d'un édifice ;
- *pilastre,* pilier carré dans une construction ;

- *pilier*, massif de maçonnerie rond ou carré soutenant une construction.

atlantique adj.
Relatif à l'océan Atlantique et aux pays qui le bordent. *Le Pacte atlantique.*
Note.- Dans les dénominations géographiques où l'adjectif précise le générique, l'adjectif prend la majuscule. *L'océan Atlantique.*

atlas n. m.
Recueil de cartes géographiques.

atmosphère n. f.
• Couche d'air qui entoure le globe terrestre.
• Ambiance. *Une atmosphère tendue.*
Note.- Attention au genre féminin de ce nom : *une* atmos**ph**ère.

atmosphérique adj.
Qui a rapport à l'atmosphère. *Les conditions atmosphériques.*

atoca ou **ataca** n. m.
Au Canada, airelle canneberge de saveur acidulée qui, en mûrissant, devient rouge.

atoll n. m.
Îlot corallien des mers tropicales en forme d'anneau, au centre duquel se trouve un lac.
Note.- Attention à l'orthographe : at**oll**.

atome n. m.
• Le *o* se prononce comme un *ô* [atom].
• Particule d'un élément chimique.
• Chose minuscule, très petite quantité.
• *Atomes crochus.* Sympathie entre des personnes.

atomique adj.
Relatif aux atomes.
Note.- L'adjectif *atomique* tend à être remplacé par *nucléaire* pour qualifier l'énergie.

atomisé, ée adj. et n. m. et f.
• **Adjectif.** Vaporisé.
• **Nom masculin et féminin.** Qui a subi les effets des radiations atomiques.

atomiser v. tr.
• Réduire en fines gouttelettes.
• Désagréger.

atomiseur n. m.
Petit vaporisateur. *Un parfum en atomiseur.*

atone adj.
Qui manque de tonicité, de dynamisme.

atonie n. f.
Manque de force, de vitalité.

atours n. m. pl.
(Litt.) Parure féminine. *Quels beaux atours !*

atout n. m.
• Carte gagnante.
• (Fig.) Moyen de réussir. *Votre formation est un atout.*

à toutes fins utiles loc.
Pour servir le cas échéant. *À toutes fins utiles, je vous enverrai le texte intégral.*

Note.- Au sens de *pour ainsi dire, à peu près*, cette expression est utilisée à tort.

atrabilaire adj.
(Litt.) Qui a une humeur noire.

atrabile n. f.
(Litt.) Mélancolie.

âtre n. m.
Foyer de la cheminée.

-âtre suff.
Suffixe signifiant « caractère approchant » (*rougeâtre*) ou ayant une nuance péjorative (*bellâtre*).
Note.- Ne pas confondre avec le suffixe *-iatre* signifiant « médecin ». *Psychiatre.*

atrium n. m.
• Les lettres *um* se prononcent *omme* [atrijɔm].
• Vestibule des anciennes maisons romaines. *Des atriums.*

atroce adj.
Très douloureux, très cruel.

atrocement adv.
De manière atroce.

atrocité n. f.
Cruauté horrible.

atrophie n. f.
Diminution du volume d'un corps ou d'un organe.
Ant. **hypertrophie.**

atrophier (s') v. pronom.
• Redoublement du *i* à la première et à la deuxième personne du pluriel de l'indicatif imparfait et du subjonctif présent. *(Que) nous atrophiions, (que) vous atrophiiez.*
• Diminuer de volume, s'affaiblir. *Ses muscles se sont atrophiés.*

attabler (s') v. pronom.
Se mettre à table.

attachant, ante adj.
Qui intéresse, qui touche.

attache n. f.
• Tout ce qui sert à attacher.
• (Au plur.) Liens. *Des attaches familiales.*

attaché n. m.
attachée n. f.
• Membre d'une ambassade, d'un cabinet. *Un attaché d'ambassade.*
• Personne chargée d'une fonction dans une entreprise publique ou privée. *Une attachée d'administration. Des attachés de presse.*

attaché-case n. m.
• La lettre *a* de *-case* se prononce *è* [ataʃɛkɛz].
• (Anglicisme) Mallette qui sert de porte-documents. *Des attachés-cases.*

attachement n. m.
Vif sentiment d'affection.

attacher v. tr., intr., pronom.
• **Transitif**
- Lier, fixer à quelque chose. *Attacher une chèvre à un piquet.*
- Attribuer. *Il n'attache aucune valeur à ces distinctions honorifiques.*
• **Intransitif**
Coller au fond du plat, à la cuisson. *Le potage a attaché.*
• **Pronominal**
- Se lier à. *Elle se sont attachées à leur nouvelle famille.*
- S'appliquer à. *S'attacher à régler tous les détails.*

attaquable adj.
Qui peut être attaqué. *Une thèse attaquable.*

attaquant, ante n. m. et f.
Qui attaque.

attaque n. f.
• Action d'attaquer.
• *Attaque à main armée.*
Note.- Dans cette expression, le terme *main* demeure au singulier.
• *Être d'attaque.* Être en forme.
• Accès brutal de certaines maladies. *Une attaque cardiaque.*

attaquer v. tr., pronom.
• **Transitif**
- Agresser, assaillir.
- Entreprendre. *Il attaque sa recherche dès demain.*
• **Pronominal**
Affronter, s'en prendre à. *Ils se sont attaqués à de dangereux malfaiteurs.*

attardé, ée adj. et n. m. et f.
Arriéré.

attarder (s') v. pronom.
Rester longtemps quelque part.

atteindre v. tr.
• *J'atteins, tu atteins, il atteint, nous atteignons, vous atteignez, ils atteignent. J'atteignais, tu atteignais, il atteignait, nous atteignions, vous atteigniez, ils atteignaient. J'atteignis, il atteignit, nous atteignîmes. J'atteindrai, tu atteindras. J'atteindrais, tu atteindrais, nous atteindrions. Atteins, atteignons, atteignez. Que j'atteigne, que tu atteignes, qu'il atteigne, que nous atteignions, que vous atteigniez, qu'ils atteignent. Que j'atteignisse, qu'il atteignît, que nous atteignissions. Atteignant. Atteint, einte.*
• Les lettres *gn* sont suivies d'un *i* à la première et à la deuxième personne du pluriel de l'indicatif imparfait et du subjonctif présent. *(Que) nous atteignions, (que) vous atteigniez.*
• **Transitif**
- Toucher. *Atteindre son but.*
- Bouleverser. *Cette phrase l'atteignit profondément.*
• **Transitif indirect**
Atteindre + à. Parvenir à. *Atteindre à la perfection.*

atteinte n. f.
• Coup dont on est frappé (au propre et au figuré).
• Préjudice.

attelage n. m.
• Action d'atteler.
• Bêtes attelées ensemble.

atteler v. tr., pronom.
• Redoublement du *l* devant un *e* muet. *J'attelle, j'attellerai, mais j'attelais.*
• **Transitif**. Attacher des animaux de trait à une voiture.
• **Pronominal**. Entreprendre un travail long et difficile. *Ils se sont attelés à la tâche.*

attelle n. f.
Planchette servant à maintenir immobile un membre fracturé.

attenant, ante adj.
Adjacent, contigu. *Des pièces attenantes.*

attendre v. tr., pronom.
• *J'attends, tu attends, il attend, nous attendons, vous attendez, ils attendent. J'attendais, nous attendions. J'attendis, il attendit, nous attendîmes. J'attendrai, tu attendras. J'attendrais, tu attendrais. Attends, attendons, attendez. Que j'attende, que nous attendions. Que j'attendisse, qu'il attendît, que nous attendissions. Attendant. Attendu, ue.*
• **Transitif**
- Demeurer pour la venue de quelqu'un, de quelque chose. *J'attends un ami.*
- Compter sur. *Il attend un appel téléphonique.*
• **Transitif indirect**
Attendre + après. Cette construction marque le besoin qu'on a de la personne ou de la chose qu'on attend. *J'attends après vous depuis très longtemps.*
• **Pronominal**
Prévoir, escompter. *Elle ne s'attendait pas à cette fête.*
Note.- On emploie la construction *s'attendre à ce que*, suivie du subjonctif, aussi bien dans la phrase affirmative que négative. *Elle s'attend à ce qu'il vienne demain.*

attendrir v. tr., pronom.
• **Transitif**. Toucher, émouvoir. *Ce triste spectacle les a attendris.*
• **Pronominal**. S'émouvoir. *Il s'attendrit sur lui-même.*

attendrissant, ante adj.
Émouvant.

attendrissement n. m.
État d'une personne attendrie, émue.

attendu n. m. et prép. inv.
• **Nom masculin**. (Dr.) Alinéa d'une requête, motif d'une décision. *Les attendus d'un jugement.*
• **Préposition**. En raison de. *Attendu les bonnes notes obtenues, il sera admis.*
Note.- Placé devant le nom, *attendu* est considéré comme une préposition et reste invariable.
• **Attendu que**, locution conjonctive invariable. Puisque, vu que.
Note.- Cette locution est généralement suivie de l'indicatif. *Attendu que cette décision n'est pas prise...*

attentat n. m.
Attaque, agression. *Un attentat contre la mairie.*

attente n. f.
• Temps pendant lequel on attend.
• *Contre toute attente*, locution. Contrairement aux prévisions.

attenter v. tr. ind.
Commettre un attentat contre quelqu'un. *Attenter à la vie de quelqu'un.*
Notes.-
1° Aujourd'hui, ce verbe transitif indirect se construit avec la préposition **à**. La construction avec la préposition **contre** est vieillie.
2° Ne pas confondre avec le verbe **intenter** qui signifie « actionner quelqu'un ».

attentif, ive adj.
• Qui porte attention. *Un auditoire attentif.*
• Empressé, vigilant. *Être attentif à respecter le règlement.*

attention n. f.
• Application, vigilance. *Elle écoute avec attention.*
• *Attirer l'attention.* Signaler. *J'attire votre attention sur ce point.*
• *Faire attention. Fais attention à ne pas trébucher.*
• *Prêter attention.* Prendre garde. *Il faut prêter attention à ces manœuvres.*
• Prévenance. *Quelle délicate attention!*

attention de (à l')
Cette mention précise le nom du destinataire à qui s'adresse un envoi lorsque celui-ci est acheminé à une entreprise, un organisme. La mention est inscrite à gauche de l'enveloppe, vis-à-vis de l'indication de l'adresse. *À l'attention de Mme Gaucher* (et non à l'* intention de).

attentionné, ée adj.
Prévenant, plein d'attentions.

attentisme n. m.
Politique de temporisation.

attentiste n. m. et f.
Adepte de l'attentisme.

attentivement adv.
De façon attentive.

atténuant, ante adj.
Qui diminue la gravité. *Des circonstances atténuantes.*
Ant. **aggravant**.

atténuation n. f.
Action d'atténuer; fait de s'atténuer.

atténuer v. tr., pronom.
• **Transitif**. Diminuer, rendre moins grave.
• **Pronominal**. Devenir moindre.

atterrer v. tr.
Semer la consternation.

atterrir v. intr.
Se poser sur le sol, en parlant d'un avion, d'un engin spatial.

atterrissage n. m.
Action d'atterrir; son résultat.

attestation n. f.
Témoignage écrit qui certifie.

attester v. tr.
• Certifier l'authenticité de. *Elle a attesté l'authenticité de la signature.*
• (Vx) Prendre à témoin. *J'en atteste les dieux.*
• Témoigner, indiquer. *La variation des cours boursiers atteste les incertitudes du marché* (et non * des incertitudes).

attiédir v. tr.
Diminuer l'ardeur.

attifer v. tr., pronom.
• **Transitif**. (Fam.) Accoutrer.
• **Pronominal**. S'habiller avec mauvais goût.

attirail n. m.
Équipement encombrant, bagage superflu.

attirance n. f.
Qualité de ce qui attire.

attirant, ante adj.
Qui exerce un attrait.

attirer v. tr.
• Tirer à soi.
• Inciter à venir, éveiller l'intérêt. *La médecine l'attire beaucoup.*
• Occasionner. *Son impertinence lui attirera des ennuis.*

attiser v. tr.
• Activer le feu.
• (Litt.) Exciter. *Attiser une querelle.*

attitré, ée adj.
Chargé en titre d'une fonction, d'une tâche. *Un fournisseur attitré de Sa Majesté.*

attitude n. f.
• Manière de tenir le corps.
• Manière de se comporter. *Son attitude était désagréable.*

atto- préf.
• Symbole *a* (s'écrit sans point).
• Préfixe qui multiplie par 0,000 000 000 000 000 001 l'unité qu'il précède. *Des attosecondes.*
• Sa notation scientifique est 10^{-18}.
V. Tableau - **MULTIPLES ET SOUS-MULTIPLES DÉCIMAUX.**

attouchement n. m.
• Action de toucher légèrement avec la main.
• Caresse.

attractif, ive adj.
Qui attire.
Note.- Au sens d'**attrayant**, l'emploi de ce mot est critiqué.

attraction n. f.
• Effet produit par ce qui attire. *L'attraction magnétique.*
• Attirance. *La musique exerce une grande attraction sur lui.*

attrait n. m.
- Ce qui attire, séduit.
- Penchant, goût.

attrape n. f.
Tromperie. *Un magasin de farces et attrapes.*

attrape-mouches n. m. inv.
Piège à mouches. *Des attrape-mouches.*

attrape-nigaud n. m.
Ruse grossière qui ne peut abuser que les nigauds. *Ces gadgets sont des attrape-nigauds.*

attraper v. tr.
- Prendre comme dans un piège, au passage. *Le chat a attrapé la souris.*
Note.- Ne pas confondre avec les verbes suivants :
- *agripper*, saisir violemment avec les doigts ;
- *gober*, avaler sans mâcher ;
- *happer*, attraper avidement avec la gueule, saisir brusquement.
- Abuser. *Je l'ai bien attrapé.*
- (Fam.) Contracter. *Elle a attrapé la grippe.*
Note.- Attention à l'orthographe : attra**p**er, contrairement à *trappe*.

attrayant, ante adj.
Qui attire par son côté agréable. *Ce spectacle est attrayant.*

attribuable adj.
Qui peut, doit être attribué.

attribuer v. tr., pronom.
- **Transitif**
- Conférer.
- Imputer.
- Donner une part.
- **Pronominal**
S'approprier. *Ils se sont attribué la meilleure part.*

attribut n. m.
- Caractère propre que l'on prête à un être, à une chose. *La faculté de penser est un attribut du genre humain.*
- Symbole attaché à une fonction. *Le caducée est l'attribut des médecins.*
- (Gramm.) V. Tableau - **ATTRIBUT.**

attributaire n. m. et f.
Personne à qui a été attribué un contrat, un marché.

attribution n. f.
- Action d'attribuer. *L'attribution d'une distinction.*
- (Au plur.) Étendue d'un pouvoir. *Cette décision n'est pas dans ses attributions.*

attrister v. tr., pronom.
- **Transitif**. Affliger, rendre triste.
- **Pronominal**. Devenir triste.

attrition n. f.
(Théol.) Contrition.

attroupement n. m.
Rassemblement tumultueux de personnes.

attrouper v. tr., pronom.
- **Transitif**. Assembler en troupe tumultueuse.
- **Pronominal**. Se réunir en grand nombre.

atypique adj.
Sans type déterminé.

Au
Symbole de *or*.

au, aux art. déf.
Forme contractée de la préposition *à* et de l'article *le*, au singulier, *les,* au pluriel. L'article contracté *au* s'emploie devant les noms masculins commençant par une consonne ou un *h* aspiré. *Aller au cinéma, revenir au pays, au hameau.* Mais on dira *Aller à l'école, à l'hôpital, à la campagne.* L'article pluriel *aux* s'emploie devant tous les noms masculins ou féminins. *Une tarte aux framboises, aux myrtilles.*
V. Tableau - **ARTICLE.**

aubade n. f.
Concert donné à l'aube sous les fenêtres de quelqu'un.
Note.- La *sérénade* est un concert donné le soir.

aubaine n. f.
Avantage inespéré. *Du soleil pendant le week-end, quelle aubaine !*

aube n. f.
- Premières lueurs de l'aurore. *Se lever à l'aube.*
- *À l'aube de.* (Litt.) Au début de. *À l'aube d'une nouvelle vie.*
- Tunique du prêtre. *Revêtir une aube.*
- Palette de bois. *Bateau à aubes, roue à aubes.*

aubépine n. f.
Arbrisseau à fleurs blanches ou roses.

auberge n. f.
Restaurant ou hôtel-restaurant de campagne.

aubergine adj. inv. et n. f.
- **Adjectif de couleur invariable.** De la couleur pourpre de l'aubergine. *Elle portait des vêtements aubergine.*
V. Tableau - **COULEUR (ADJECTIFS DE).**
- **Nom féminin.** Plante potagère cultivée pour ses fruits. *Préparer les aubergines à la grecque.*

aubergiste n. m. et f.
Personne qui tient une auberge.

auburn adj. inv.
- Ce mot se prononce à l'anglaise [obœrn].
- D'un brun roux, en parlant des cheveux. *Des cheveux auburn.*
V. Tableau - **COULEUR (ADJECTIFS DE).**

aucun, une adj. ind. et pron.

- **Adjectif indéfini**
- **Aucun** + **ne**. Compte tenu de la valeur négative de l'adjectif *aucun*, on ne peut employer les adverbes négatifs *pas* ou *point* dans la même proposition sous peine d'une double négation. *Je n'ai donné aucun reçu* (et non * *Je n'ai pas donné aucun reçu*). On emploiera cependant *aucun* avec *jamais*, avec *plus* ou avec *ni*. *Il n'a jamais lu aucun ouvrage de ce type. Après cet incident, elle n'a plus reçu aucune visite.* Le verbe reste au singulier après plusieurs sujets introduits par *aucun. Aucune excuse, aucun prétexte ne sera admis.*

ATTRIBUT

L'attribut est un mot ou un groupe de mots exprimant une qualité, une manière d'être attribuée à un nom ou à un pronom par l'intermédiaire d'un verbe, le plus souvent, le verbe *être*.

Cependant, plusieurs verbes peuvent jouer le même rôle : *appeler, choisir, connaître, croire, déclarer, devenir, dire, élire, estimer, faire, nommer, paraître, savoir, sembler, trouver, vouloir...*.

Attribut du sujet

La maison est grande. Il est médecin. Cet édifice constitue une réussite exemplaire de la nouvelle architecture.

Attribut du complément d'objet

Je le crois fou de toi. Le directeur la trouve compétente. On la nomma trésorière.

L'attribut peut être

- **Un nom.** *Les membres l'élurent président. Elle est architecte.*

- **Un adjectif.** *Cette maison est accueillante. Que vous êtes gentil !*

- **Un pronom.** *Ce livre est le tien. Qui es-tu ?*

- **Un participe.** *Le jardin est ombragé. Cet enfant est aimé.*

- **Un infinitif.** *Partir, c'est mourir un peu.*

- **Un adverbe.** *Elle est habillée chic. Ce texte est bien.*

- **Une proposition.** *Son objectif est de publier au cours de l'année.*

Place de l'attribut

L'attribut se place généralement **après** le verbe qui le relie au mot qu'il qualifie. *La fleur est rouge.*

Il est parfois **avant** le verbe, notamment dans les interrogations, dans les phrases où le verbe est sous-entendu, lorsque l'auteur veut mettre l'accent sur l'attribut. *Quel est ton âge ? Heureux les insouciants ! Grande était sa joie.*

- **Aucun + ni.** La conjonction de coordination est *ni* et non pas *et*. *Aucun gâteau ni aucune glace ne sont permis par ce régime* (et non * aucun gâteau et aucune glace ne sont permis par ce régime).
- **Aucuns (pluriel).** L'adjectif *aucun* ne s'emploie au pluriel que devant un nom qui n'a pas de singulier ou qui a un sens particulier au pluriel. *Aucuns frais. Aucunes funérailles.*
- **Pronom indéfini**
- **Aucun + nom** ou **pronom.** Ce pronom s'emploie avec *ne* pour exprimer la négation ; le verbe s'accorde avec son sujet singulier, même si *aucun* est suivi d'un complément au pluriel. *Aucun de nous ne joue un rôle important. Aucun des invités ne sera en retard.*
- **D'aucuns (pluriel).** Au sens de « quelques-uns » dans un style recherché. *D'aucuns s'imaginent que ce métier est facile.*

aucunement adv.
En aucune manière.

audace n. f.
Hardiesse extrême.

audacieusement adv.
Avec audace.

audacieux, ieuse adj. et n. m. et f.
Qui a de l'audace.

au-dedans loc. adv.
À l'intérieur.

au-dehors loc. adv.
À l'extérieur.

au-delà loc. adv. et prép. et n. m.
- **Locution adverbiale.** Plus loin (que). *Il marcha jusqu'au village, peut-être au-delà.*
- **Au-delà de**, locution prépositive. Ce qui est plus loin qu'un point de l'espace. *Au-delà de la rivière.*
Note.- Cette locution prépositive ne s'emploie qu'avec un complément de lieu.
- **Nom masculin.** L'autre monde, après la mort.

au-dessous loc. adv. et prép.
• **Locution adverbiale**. Plus bas. *Il habite au-dessous.*
• **Locution prépositive**. Plus bas que. *Il fait 15° au-dessous de zéro.*

au-dessus loc. adv. et prép.
• **Locution adverbiale**. Plus haut. *Elle habite au-dessus.*
• **Locution prépositive**. Plus haut que. *Au-dessus de la maison, il a dessiné un beau ciel.*

au-devant loc. adv. et prép.
• **Locution adverbiale**. À la rencontre. *Ils marchent au-devant.*
• **Locution prépositive**. À la rencontre de. *Ils sont allés au-devant d'eux.*

audibilité n. f.
Qualité de ce qui est audible.

audible adj.
Qui peut être perçu par l'oreille.

audience n. f.
• Séance d'un tribunal.
• Entretien accordé par un chef d'État, un supérieur, etc. *Une audience papale.*
Note.- Ne pas confondre avec le mot **auditoire** qui désigne l'ensemble de personnes qui écoutent, qui lisent.

audio- préf.
Élément du latin signifiant « j'entends ». *Audiologie.*

audiogramme n. m.
Mesure de la perception auditive.

audiologie n. f.
Étude de l'audition.

audionumérique adj.
Dont le son est saisi sous forme de signaux numériques. *Un disque audionumérique.*

audiovisuel, elle adj. et n. m.
• **Adjectif**. Qui joint le son à l'image. *Une technique audiovisuelle.*
• **Nom masculin**. Méthode qui intègre l'image et le son.

audit n. m.
• Le *t* se prononce [odit].
• (Anglicisme) Révision comptable.
• (Anglicisme) Personne chargée de cette révision.

auditeur, trice n. m. et f.
Personne qui écoute. *Les fidèles auditeurs d'une émission.*
Note.- Ne pas confondre avec le mot **locuteur** qui désigne une personne qui parle.

auditif, ive adj.
Relatif à l'ouïe ou à l'oreille.

audition n. f.
• Perception des sons. *Son audition est déficiente.*
• Action d'écouter, d'entendre. *L'audition d'un témoin.*

auditionner v. tr., intr.
• **Transitif**. Assister à une audition. *Le chef d'orchestre auditionne le pianiste.*

• **Intransitif**. Donner une audition. *Le pianiste auditionne devant le chef d'orchestre.*

auditoire n. m.
Ensemble d'auditeurs, de lecteurs. *Le spectacle a plu à l'auditoire* (et non à l'* audience).

auditorium n. m.
• Les lettres **um** se prononcent **omme** [oditɔrjɔm].
• Salle de radiodiffusion. *Des auditoriums.*

au fur et à mesure loc. figée
À mesure, progressivement. *Je vous apporterai le texte au fur et à mesure qu'il sera imprimé.*

auge n. f.
Bassin où mangent et boivent les animaux domestiques.
Note.- Pour désigner le contenant où mangent les animaux, on pourra également employer le mot **mangeoire** et celui de **abreuvoir** pour nommer le contenant où ils boivent.

augmentation n. f.
Accroissement. *L'augmentation du prix des denrées* (et non * l'augmentation des denrées). *L'augmentation du coût de la vie* (et non * l'augmentation de la vie).

augmenter v. tr., intr., pronom.
• **Transitif**. Rendre plus grand. *Augmenter ses connaissances.*
• **Intransitif**. Grandir. *Le prix a augmenté de 100 F, il est passé maintenant à 350 F.*
• **Pronominal**. S'accroître. *Le capital s'augmente annuellement des intérêts.*

augure n. m.
Présage. *Ces résultats sont de bon augure, de mauvais augure.*
Note.- Attention au genre masculin de ce nom : **un** augure.

augurer v. tr.
Prévoir. *Les premiers résultats laissent augurer un excellent chiffre d'affaires.*
Note.- La construction **augurer une chose d'une autre** au sens de **déduire, présager** est de niveau littéraire.

auguste adj.
(Litt.) Digne de respect. *Cette auguste assemblée.*

aujourd'hui adv. et n. m.
• Le jour où l'on est. *Il fait beau aujourd'hui.*
• À présent. *Aujourd'hui, les enfants utilisent des micro-ordinateurs à l'école.*
Note.- Les formes **jusqu'à aujourd'hui** et **jusqu'aujourd'hui** sont également admises.

aulnaie ou **aunaie** n. f.
• Le *l* est muet [onɛ].
• Lieu planté d'aulnes.

aulne ou **aune** n. m.
• Le *l* est muet [on].
• Arbre qui croît dans les lieux humides.

aumône n. f.
Somme donnée par charité.

aumônerie n. f.
Charge d'aumônier.

aumônier n. m.
Ecclésiastique attaché à un établissement. *L'aumônier du collège.*

aumônière n. f.
Petit sac qui se porte à la ceinture.

aunaie
V. **aulnaie.**

aune n. f.
Ancienne mesure de longueur.

aune
V. **aulne.**

auparavant adv.
Dans un temps antérieur. *Si vous devez vous absenter, prévenez-nous auparavant.*
Note.- Cet adverbe marque l'antériorité ; il indique qu'un évènement a eu lieu avant un autre, au cours d'une période donnée. Il se construit sans complément.

auprès adv.
(Litt.) Près. Cet adverbe marque un rapport de proximité. *L'enfant dormait auprès.*

auprès de loc. prép.
• Tout près de. *Elle a toujours vécu auprès de nous.*
• Dans l'opinion de. *Il m'a aidé auprès de mon père.*
• En comparaison. *Ma voiture est lente auprès de la sienne.*

auquel, à laquelle, auxquels, auxquelles pron. rel.
Pronoms relatifs formés des articles contractés *au, aux* et du pronom *quel,* ainsi que de la préposition *à* et de l'article féminin singulier *la* joint au pronom *quel.*

aura n. f.
Halo. *Une aura de mystère.*

auréole n. f.
• Cercle de lumière autour de la tête des saints.
• Éclat, gloire.
Note.- Ne pas confondre avec le nom *aréole* qui désigne le cercle coloré autour du mamelon.

auréoler v. tr.
Parer d'une auréole.

auriculaire adj. et n. m.
• **Adjectif.** Qui se rapporte à l'oreille. *Un témoin auriculaire.*
• **Nom masculin.** Le cinquième doigt de la main, le *petit doigt* dont l'extrémité peut être introduite dans l'oreille.

aurifère adj.
Qui contient de l'or.

aurochs n. m. inv.
• Les lettres *ch* se prononcent *k* et le *s* est muet [ɔrɔk].
• Bœuf sauvage de grande taille d'Europe centrale.
Note.- Attention à l'orthographe : un aurochs, des aurochs.

aurore adj. inv. et n. f.
• **Adjectif invariable de couleur.** D'une couleur rosée. *Des voiles aurore.*

V. Tableau - **COULEUR (ADJECTIFS DE).**
• **Nom féminin.** Lueur rosée qui vient après l'aube. *Se lever avant l'aurore.*

auscultation n. f.
Action d'ausculter.

ausculter v. tr.
Écouter au moyen d'un stéthoscope les bruits normaux ou anormaux provenant de l'intérieur de l'organisme, surtout de la poitrine. *Ausculter le cœur et les poumons d'un malade.*

auspices n. m. pl.
Présages. *Sous de bons auspices.*
Note.- Attention au genre masculin de ce nom.
Hom. *hospice,* foyer de personnes âgées, d'orphelins, etc.

aussi adv. et conj.
• De même. *Il vient aussi.*
Note.- Si la phrase est négative, on emploiera *non plus.*
• C'est pourquoi. *Aussi a-t-elle jugé bon de poursuivre son travail.*
• De plus, en outre. *Elle a aussi demandé deux semaines de vacances.*
Note.- Si deux sujets au singulier sont réunis par la locution conjonctive *aussi bien que,* le verbe se met au singulier s'il y a une comparaison placée entre virgules. *Pierre, aussi bien que Paul, est gentil.* S'il n'y a pas de virgules, le verbe se met au pluriel pour s'accorder avec les deux sujets. *Pierre aussi bien que Paul sont gentils.*

aussitôt adv.
• Sur l'heure, immédiatement. *Il m'a répondu aussitôt.*
• *Aussitôt que,* locution conjonctive. Dès que. *Aussitôt que la température tombe sous le point de congélation, l'eau gèle.*
Note.- Ne pas confondre avec la locution *aussi tôt* qui s'oppose à *aussi tard,* et qui s'écrit en deux mots. *Elle sera là aussi tôt que lui.*

austère adj.
Qui se prive des douceurs de la vie, sévère.

austérité n. f.
Sévérité.

austral, ale, als ou **aux** adj.
Qui est au sud du globe terrestre. *Les pays austraux.*
Ant. **boréal.**

austral n. m.
Unité monétaire d'Argentine. *Des australes.*
V. Tableau - **SYMBOLES DES UNITÉS MONÉTAIRES.**

australien, ienne adj. et n. m. et f.
Relatif à l'Australie.
Note.- Contrairement à l'adjectif, le nom prend une majuscule.

australopithèque n. m.
Anthropoïde d'Afrique du Sud.

autant adv.
• Sert à marquer une quantité égale. *Il y a autant d'hommes que de femmes.*

• **Pour autant**, locution adverbiale. Malgré cela. *Je ne l'en aime pas moins pour autant.*
• **Pour autant que**, locution conjonctive. Dans la mesure où. *Pour autant que je sache.*
• **D'autant moins que, d'autant plus que**, locutions conjonctives. Dans la mesure où.
Note.- Ces locutions sont suivies de l'indicatif ou du conditionnel. *Elle a d'autant plus de mérite qu'elle a dû payer ses études elle-même.*

autarcie n. f.
État d'un pays qui se suffit à lui-même.

autel n. m.
• Table pour les sacrifices.
• Table où se célèbre la messe.
Hom. *hôtel*, immeuble aménagé pour loger les voyageurs.

auteur n. m.
• Créateur de quelque chose. *L'auteur d'une découverte.*
• Personne qui a fait un ouvrage de littérature, de science ou d'art. *Les droits d'auteur.*
• (Absol.) Personne qui a conçu un ouvrage littéraire. *Un bon auteur.*
Hom. *hauteur*, dimension verticale, élévation.

authenticité n. f.
Caractère de ce qui est authentique, vrai. *L'authenticité d'un fait.*

authentification n. f.
Action d'authentifier.

authentifier v. tr.
• Redoublement du *i* à la première et à la deuxième personne du pluriel de l'indicatif imparfait et du subjonctif présent. *(Que) nous authentifiions, (que) vous authentifiiez.*
• Reconnaître comme authentique. *Les experts ont authentifié le tableau.*

authentique adj.
Certain, incontestable. *Un fait authentique.*

authentiquement adv.
D'une manière authentique.

autisme n. m.
(Psych.) Repliement sur soi-même caractérisé par une perte plus ou moins importante des contacts avec l'extérieur.

autiste adj. et n. m. et f.
Atteint d'autisme.

autistique adj.
Relatif à l'autisme.

auto n. f.
Abréviation de *automobile*. *Des autos en panne.*

auto- préf.
• Élément du grec signifiant «de soi-même». *Autobiographie.*
• Élément de *automobile*. *Auto-école.*
• Les mots composés avec le préfixe *auto-* qui signifie «de soi-même», s'écrivent sans trait d'union, à l'ex-

ception de ceux dont le deuxième mot commence par un *i*. *Autodestruction, auto-immunité.*
• Les mots composés avec le préfixe *auto-* qui signifie «automobile», s'écrivent généralement avec un trait d'union. *Auto-caravane, auto-stop.*

autoaccusation n. f.
Action de s'accuser soi-même.

autoadhésif, ive adj.
Autocollant.

autoalarme n. m.
Appareil d'alarme automatique.

autoallumage n. m.
Allumage spontané du carburant dans un moteur à explosion.

autoamorçage n. m.
Amorçage spontané d'un processus, d'une machine.

autoanalyse n. f.
Analyse du sujet par lui-même.

autoberge n. f.
Voie sur berge pour les automobilistes.

autobiographie n. f.
Vie d'un personnage écrite par lui-même.

autobiographique adj.
Relatif à l'autobiographie.

autobus n. m.
• S'abrège familièrement en *bus*.
• Véhicule aménagé pour assurer le transport en commun des voyageurs.
Notes.-
1° Attention au genre masculin de ce nom : *un* autobus articulé, *un* bel autobus.
2° L'*autobus* sert uniquement au transport urbain ; l'*autocar* assure le service entre les villes.

autocar n. m.
• S'abrège familièrement en *car*.
• Véhicule aménagé pour le transport de plusieurs personnes.
Note.- L'*autocar* assure le service entre les villes, l'*autobus* sert uniquement au transport urbain.

auto-caravane n. f.
Véhicule autotracté dont l'intérieur est aménagé de façon à servir de logement.

autocensure n. f.
Censure exercée sur soi-même.

autochenille n. f.
Véhicule monté sur chenille.

autochtone adj. et n. m. et f.
• Les lettres *ch* se prononcent *k* [ɔtɔktɔn].
• Qui est originaire du pays où il habite. *Les autochtones du Canada sont les Amérindiens.*
Note.- Attention à l'orthographe : auto*ch*tone.
V. **aborigène**.

autocinétique adj.
Qui est capable de se mouvoir par soi-même.

autoclave n. m.
Appareil destiné à stériliser, à cuire à la vapeur. *Un autoclave défectueux.*
Note.- Attention au genre masculin de ce nom : *un* autoclave.

autocollant, ante adj. et n. m.
• **Adjectif.** Qui adhère à une surface sans être humecté.
• **Nom masculin.** Image, vignette autocollante.

autoconsommation n. f.
Consommation de produits par leur producteur.

autocouchette ou **autos-couchettes** adj. inv.
Se dit d'un train utilisé pour le transport des voyageurs et des voitures. *Un train autocouchette* ou *autos-couchettes.*

autocrate n. m.
Dictateur.

autocratie n. f.
Système politique dirigé par un autocrate.

autocratique adj.
Qui appartient à l'autocratie.

autocritique n. f.
Critique de sa propre conduite.

autocuiseur n. m.
Appareil qui permet la cuisson des aliments sous pression.

autodafé n. m.
• Supplice du feu. *Des autodafés.*
• Action de détruire par le feu. *Un autodafé de livres dits révolutionnaires.*

autodéfense n. f.
Action de se défendre par soi-même.

autodestruction n. f.
Destruction de soi par soi-même.

autodétermination n. f.
Détermination du destin d'un pays par ses habitants.

autodidacte adj. et n. m. et f.
Personne qui s'instruit seule.

autodirecteur adj.
Qui peut se diriger vers un objectif sans intervention extérieure. *Un missile autodirecteur.*

autodiscipline n. f.
Discipline que s'impose une personne, un groupe.

autodrome n. m.
Piste aménagée pour les courses d'automobiles.

auto-école n. f.
École où l'on enseigne la conduite automobile. *Des auto-écoles.*

autoélévateur adj.
Se dit d'un dispositif dont une partie est susceptible d'être hissée. *Un engin autoélévateur.*

autofécondation n. f.
Action, pour une fleur, un animal, de se féconder soi-même.

autofinancement n. m.
Financement d'une entreprise au moyen de ses bénéfices.

autofinancer (s') v. pronom.
Pratiquer l'autofinancement. *Ces entreprises se sont toujours autofinancées.*

autogestion n. f.
Gestion d'une entreprise par ses travailleurs.

autographe adj. et n. m.
• **Adjectif.** Écrit de la propre main de l'auteur. *Un manuscrit autographe.*
• **Nom masculin.** Texte manuscrit, signature. *Un autographe précieux.*
Note.- Attention au genre masculin de ce nom : *un* autographe.

autoguidage n. m.
Procédé permettant à un missile, un mobile de se diriger vers un objectif sans intervention extérieure.

autoguidé, ée adj.
Dirigé par autoguidage. *Un missile autoguidé.*

auto-immunité ou **auto-immunisation** n. f.
Dérèglement du système immunitaire produisant des anticorps contre ses propres constituants.

auto-immunitaire adj.
Propre à l'auto-immunité.

auto-induction n. f.
Induction produite dans un courant électrique par les variations du courant qui le parcourt.

automate n. m.
Appareil imitant les mouvements d'un être vivant.
Note.- Attention au genre masculin de ce nom : *un* automate.

automaticité n. f.
Caractère de ce qui est automatique.

automatique adj. et n. m et f.
• **Adjectif**
- Qui s'exécute sans la participation de la volonté.
- Se dit d'appareils qui exécutent d'eux-mêmes certaines opérations.
• **Nom masculin**
Pistolet automatique.
• **Nom féminin**
Science de l'automatisation.

automatiquement adv.
De façon automatique.

automatisation n. f.
Emploi de moyens automatiques pour accomplir une tâche, pour mener à bien un processus.

automatiser v. tr.
Rendre automatique. *Elle a automatisé la production des rapports.*

automatisme n. m.
• Activité rendue automatique par la répétition.
• Fonctionnement automatique.

automnal, ale, aux adj.
• Le **m** est généralement muet, comme dans le mot **automne** [ɔtɔnal].
• Propre à l'automne.

automne n. m.
Saison qui vient après l'été et avant l'hiver. *Un merveilleux automne.*
Note.- Tous les noms de saisons sont masculins.

automobile adj. et n. f.
• S'abrège familièrement en **auto**.
• **Adjectif.** Qui se meut de soi-même. *Un canot automobile.*
• **Nom féminin.** Véhicule qui se meut à l'aide d'un moteur. *Une automobile très rapide.*
Note.- Ce mot est de moins en moins utilisé au profit de **voiture**.

automobiliste n. m. et f.
Personne qui conduit une automobile.

autonettoyant, ante adj.
Qui assure son nettoyage par lui-même. *Des fours autonettoyants.*

autonome adj.
Qui se gouverne, se dirige par ses propres lois.

autonomie n. f.
Indépendance.

autonomiste adj. et n. m. et f.
Partisan de l'autonomie de son pays.

autoportrait n. m.
Portrait exécuté par le sujet. *Un autoportrait de Van Gogh.*

autopropulsé, ée adj.
Qui assure sa propre propulsion. *Un projectile autopropulsé.*

autopsie n. f.
Ouverture et examen d'un cadavre pour connaître les causes de la mort.

autopsier v. tr.
• Redoublement du **i** à la première et à la seconde personne du pluriel de l'indicatif imparfait et du subjonctif présent. *(Que) nous autopsiions, (que) vous autopsiiez.*
• Faire l'autopsie.

autoradio n. m.
Poste de radio fixé sur le tableau de bord d'une automobile. *Des autoradios volés.*
Note.- Attention au genre masculin de ce nom : **un** autoradio.

autoréglage n. m.
Propriété d'un appareil de rétablir automatiquement son régime initial après une perturbation.

autorégulation n. f.
Régulation d'un appareil par lui-même.

autorisation n. f.
Permis délivré par une autorité.

autorisé, ée adj.
• Admis. *Une activité autorisée.*
• Qualifié. *Un avis autorisé.*

autoriser v. tr., pronom.
Accorder le pouvoir, le droit de (faire quelque chose). *Elle est autorisée à sortir.*

autoritaire adj.
• Qui veut toujours commander.
• Qui abuse de l'autorité.

autoritarisme n. m.
Caractère autoritaire (d'un gouvernement, d'une personne).

autorité n. f.
• Pouvoir ou droit de commander.
• Administration. *Les autorités ont fermé l'école.*
Note.- En ce sens, le nom s'emploie généralement au pluriel.
• Ascendant par lequel une personne se fait obéir. *Avoir de l'autorité.*

autoroute n. f.
Route à chaussées séparées. *Une autoroute très bien entretenue.*

autoroute à péage n. f.
Autoroute dont l'accès est soumis au paiement d'une somme d'argent.
Note.- Le mot **péage** vient du latin et signifie « droit de mettre le pied, de passer ».

autoroutier, ière adj.
Qui se rapporte aux autoroutes. *Le réseau autoroutier.*

autosatisfaction n. f.
Contentement de soi.

auto-stop n. m.
• Procédé consistant, pour le piéton, à arrêter un automobiliste à l'aide d'un signe du pouce pour être transporté gratuitement.
• *Stop*, abréviation familière.

auto-stoppeur, euse n. m. et f.
Qui pratique l'auto-stop.

autosuffisance n. f.
(Écon.) Capacité de subvenir à ses propres besoins.

autosuffisant, ante adj.
Qui peut subvenir à ses propres besoins. *Ces pays sont autosuffisants.*

autosuggestion n. f.
Fait pour une personne de se convaincre elle-même de quelque chose.

autour adv.
• Dans l'espace qui fait le tour. *Il a construit une maison et il a planté des arbres autour.*
• *Autour de*, locution prépositive.
- Aux environs de. *L'enfant joue autour de la maison.*
- (Fam.) Approximativement. *Ils sont autour de vingt personnes.*

autre adj. et pron. indéf.

ADJECTIF
- **Adjectif qualificatif.** Différent. *Elle est autre que je ne l'imaginais.*
- **Adjectif indéfini.** Qui n'est pas le même. *Il est dans l'autre camp.*
- **Locutions**
- *L'autre jour.* Un des jours passés.
- *Autre part.* Ailleurs.
- *De temps à autre.* Quelquefois.
- *Autre chose.* Quelque chose d'autre. *Je prendrai autre chose de meilleur.*
Note.- Cette locution est suivie d'un adjectif au masculin.
- *Nous autres, vous autres.* (Fam.) De notre côté, de votre côté.
- *Et autres choses* (abrév. *etc.*) Et le reste.

PRONOM INDÉFINI
Précédé obligatoirement de l'article défini ou indéfini, le pronom *autre* désigne l'individu, la chose, le groupe opposés à la personne, la chose ou le groupe dont on parle. *Nous lisons, les autres écrivent.*
- *Un autre.* N'importe qui. *J'attendais Marc, c'est un autre qui est venu.*
- *Les autres.* Les autres personnes, par rapport à un individu. *Il faut aussi penser aux autres.*
- *L'un et l'autre.* Cette locution peut être suivie du sing. ou du plur. *L'un et l'autre se dit ou se disent.*
- *L'un... l'autre..., les uns... les autres.* Marque l'opposition entre deux personnes, deux groupes. *L'un dit oui, l'autre dit non.*
- *Ni l'un ni l'autre.* Aucun des deux. *Ni l'un ni l'autre n'est venu* ou *ne sont venus.*
Note.- Cette locution peut être suivie du singulier ou du pluriel.

---

autrefois adv.
Jadis.

autrement adv.
- Sinon, sans quoi. *Buvez un peu, autrement vous serez assoiffé.*
- De façon différente. *Les électeurs ont voté autrement que nous (ne) l'avions prévu.*
Note.- Dans cette construction, la langue soignée emploie un *ne* explétif.
- **Affirmatif.** Nettement plus. *Cette voiture est autrement chère.*
- **Négatif.** Tellement. *Nous ne tenions pas autrement à ce choix.*

autrichien, ienne adj. et n. m. et f.
D'Autriche.
Note.- Contrairement à l'adjectif, le nom prend une majuscule.

autruche n. f.
- Oiseau de grande taille.
- *Politique de l'autruche.* Refus de voir le danger.

autrui pron. indéf.
L'autre, par rapport à soi; les autres. *Il importe de penser à autrui.*

Note.- Le pronom *autrui* s'emploie généralement comme complément, rarement comme sujet. Il est toujours au singulier.

auvent n. m.
Petit toit en saillie, au-dessus d'une porte.

auvergnat, ate adj. et n. m. et f.
D'Auvergne.
Note.- Contrairement à l'adjectif, le nom prend une majuscule.

au vu et au su de loc. figée
À la connaissance de.
Ant. **à l'insu de.**

auxiliaire adj. et n. m. et f.
Qui aide une autre personne dans son travail. *Un maître auxiliaire, une auxiliaire médicale.*

Verbe auxiliaire
(Gramm.) Verbe utilisé pour la conjugaison des autres verbes dans la formation des temps composés, avec un infinitif ou un gérondif.
Les **auxiliaires** sont *avoir* et *être*. *J'ai aimé, tu es venu.*
- Formation des temps passés avec l'auxiliaire *avoir* :
- Les verbes auxiliaires *avoir* et *être*. *J'ai été, j'ai eu.*
- Tous les verbes transitifs. *J'ai lu.*
- La plupart des verbes intransitifs. *J'ai voyagé.*
- Les verbes impersonnels non pronominaux. *Il a neigé.*
- Formation des temps passés avec l'auxiliaire *être* :
- Certains verbes intransitifs : *aller, arriver, devenir, échoir, entrer, mourir, naître, partir, rester, retourner, sortir, tomber, venir, parvenir, provenir, revenir,* etc. *Qu'est-il devenu ?*
- Tous les verbes à la forme pronominale. *Elle s'est regardée.*
- Tous les verbes à la forme passive. *Tu seras apprécié.*
Notes.-
1° Certains verbes se construisent parfois avec l'auxiliaire *être* pour exprimer un état, parfois avec l'auxiliaire *avoir* pour exprimer une action. *Elle est descendue au sous-sol. Elle a descendu ses livres au sous-sol.*
2° Les **semi-auxiliaires** se construisent avec un infinitif, parfois un gérondif, pour exprimer des nuances de temps ou de mode : *aller, compter, croire, devenir, devoir, faire, falloir, finir, laisser, paraître, penser, savoir, sembler, venir, vouloir. Il faut venir, nous devons terminer, tu vas chantant.*

---

aux bons soins de
- Cette mention précise le nom de la personne à qui l'on confie le soin de remettre un envoi, une lettre à son destinataire.
- Sur l'enveloppe, la mention *Aux bons soins de...* figure immédiatement sous le nom du destinataire.

av.
Abréviation de *avenue*.

avachir (s') v. pronom.
S'amollir, perdre sa forme.

avachissement n. m.
Action de s'avachir.

aval loc. prép. et n. m.
• **Nom masculin**
- Garantie de paiement. *Des avals.*
- Appui. *Donner son aval à un projet.*
• **Nom masculin singulier**
« Vers la vallée », le côté vers lequel descend un cours d'eau. *En marchant vers l'aval de la rivière.*
• **Locution prépositive**
- *En aval.* En descendant le cours de l'eau, au-delà. *En aval des rapides de la rivière.*
- *En aval.* (Fig.) Qui vient après. *La finition est en aval du montage.*
Ant. **amont.**

avalanche n. f.
Masse considérable de neige qui se détache des montagnes. *Une terrible avalanche.*

avaler v. tr.
Faire descendre dans l'estomac.

avaleur n. m.
Avaleur de sabres. Saltimbanque qui fait pénétrer un sabre dans son tube digestif.

avaliser v. tr.
• Donner une garantie de paiement. *Avaliser un chèque.*
• Appuyer. *Avaliser une décision.*

à-valoir n. m. inv.
Paiement partiel. *Verser un à-valoir de 10 % du compte total.*

avance n. f.
• **Au singulier**
- Espace parcouru avant quelqu'un. *Prendre de l'avance.*
- Paiement anticipé. *Elle a reçu une avance pour ses frais.*
• **Au pluriel**
Premières démarches auprès d'une personne. *On vous a fait des avances ?*
• **Locutions**
D'avance, par avance, à l'avance. Par anticipation. *Veuillez payer à l'avance, s'il vous plaît.*

avancé, ée adj.
• En avance.
• D'avant-garde. *Des idées avancées.*

avancée n. f.
Saillie.

avancement n. m.
• Action de progresser. *L'avancement des travaux.*
• Promotion. *Elle a eu de l'avancement.*

avancer v. tr., intr., pronom.
• Le *c* prend une cédille devant les lettres *a* et *o.* *Il avança, nous avançons.*
• **Transitif**
- Pousser en avant. *Avancer un fauteuil.*
- Effectuer avant le moment prévu. *Avancer le début des travaux.*
- Proposer. *Il a avancé une hypothèse.*

• **Intransitif**
- Progresser. *Les recherches avancent.*
- Faire saillie. *Cette terrasse avance sur le mur.*
- Être en avance. *Ma montre avance.*
• **Pronominal**
- Approcher. *Ils s'avancent vers nous.*
- Se hasarder. *Elle s'est trop avancée en nous promettant cela.*

avanie n. f.
(Litt.) Offense, humiliation.

avant adv., n. m. et prép.

• **Préposition**
- Priorité de temps. *Elle a beaucoup étudié avant l'examen.*
- Priorité d'ordre. *Ce mot vient avant celui-ci, dans l'ordre alphabétique.*
• **Locutions prépositives**
- **Avant de** + infinitif. *Avant de partir, prévenez-moi.*
Note.- Les constructions **avant que** et **avant que de** suivies de l'infinitif sont vieillies.
- *En avant de.* Devant et à une certaine distance de. *Il y a un jardin en avant de la maison.*
• **Locution conjonctive**
Avant que + subjonctif. Cette construction exprime une priorité de temps. *J'aimerais vous voir avant que vous partiez.* La particule *ne* n'est justifiée que dans les phrases d'intention négative.
Note.- Cette locution conjonctive est toujours suivie du subjonctif, alors que la locution **après que** exige l'indicatif. *Avant que la marchandise soit livrée,* mais *Après que la marchandise aura été livrée.*
• **Adverbe**
- Par rapport au temps. *Quelques années avant.*
- Par rapport au lieu, au rang. *Il est avant lui, dans les rangs.*
Note.- L'adverbe **avant** qui sert à marquer un progrès est généralement précédé des mots ou expressions *si, bien, trop, plus, assez, fort.*
• **Locution adverbiale**
En avant. Devant. *Regarder en avant.*
• **Nom masculin**
- Partie antérieure d'un navire, d'une voiture. *L'avant du bateau.*
- Joueur d'une ligne d'attaque dans certains sports d'équipe.
- *Aller de l'avant.* Continuer à avancer.
Hom. **avent,** période de quatre semaines qui précède la fête de Noël.

avant- préf.
Les mots composés avec le préfixe **avant-** s'écrivent avec un trait d'union et seul le deuxième élément prend la marque du pluriel. *Des avant-gardes.*

avantage n. m.
• Supériorité en quelque matière, utilité.
• Profit, gain.
• *Avantages sociaux.* Ensemble des éléments qui s'ajoutent au contrat de travail pour constituer le statut social des travailleurs. *Cet emploi offre de nombreux avantages sociaux.*

Note.- Ne pas confondre le nom **avantage** avec l'adverbe **davantage** qui signifie « plus ».

avantager v. tr.
• Le **g** est suivi d'un **e** devant les lettres **a** et **o**. *Il avantagea, nous avantageons.*
• Favoriser. *Nous avantageons les plus jeunes élèves.*
• Mettre en valeur. *Ce costume l'avantage.*

avantageusement adv.
De façon avantageuse.

avantageux, euse adj.
Favorable, qui procure un avantage. *Un contrat avantageux.*

avant-bassin n. m.
Partie d'un port en avant d'un bassin. *Des avant-bassins.*

avant-bras n. m.
Partie du bras située entre le coude et le poignet. *Des avant-bras.*

avant-centre n. m.
(Sports) Joueur placé au centre de la ligne d'attaque, au football. *Des avant-centres.*

avant-coureur adj.
Précurseur. *Les signes avant-coureurs du printemps.*

avant-dernier, ière adj. et n. m. et f.
Qui est immédiatement avant le dernier. *Les avant-derniers élèves. Elles se sont classées avant-dernières.*

avant-garde n. f.
• Partie d'une armée qui précède les troupes. *Des avant-gardes.*
• Mouvement novateur.
• **D'avant-garde, à l'avant-garde**. En avance sur son temps, à la pointe de quelque chose.

avant-gardiste adj. et n. m. et f.
Qui appartient à l'avant-garde. *Des avant-gardistes. Une théorie avant-gardiste.*

avant-goût n. m.
Première impression, goût qu'on a par avance d'une chose. *Des avant-goûts prometteurs.*

avant-hier adv.
Le jour qui a précédé hier.

avant Jésus-Christ
Abréviation **av. J.-C.** (s'écrit avec points).

avant-midi n. m. ou f. inv.
Au Canada, en Belgique, du lever du soleil jusqu'à midi. *Il est 11 heures de l'avant-midi.*

avant-port n. m.
Entrée d'un port. *Des avant-ports.*

avant-poste n. m.
Poste avancé. *Des avant-postes.*

avant-première n. f.
Présentation d'un spectacle, d'un film à des critiques, des invités, avant la première représentation. *Des avant-premières très courues.*

avant-projet n. m.
Projet préliminaire. *Des avant-projets intéressants.*

avant-propos n. m. inv.
Préface ou introduction caractérisée par une grande brièveté.
Notes.-
1º Ne pas confondre avec les mots suivants :
- **avertissement**, texte placé entre le grand titre et le début de l'ouvrage, afin d'attirer l'attention du lecteur sur un point particulier ;
- **introduction**, court texte explicatif rédigé généralement par un auteur pour présenter son texte ;
- **note liminaire**, texte destiné à expliciter les symboles et les abréviations employés dans un ouvrage ;
- **notice**, brève étude placée en tête d'un livre pour présenter la vie et l'œuvre de l'auteur ;
- **préface**, texte de présentation d'un ouvrage qui n'est généralement pas rédigé par l'auteur ; il est composé en italique.
2º Ordre des textes : la **préface** précède l'**introduction** qui est suivie par la **note liminaire**, s'il y a lieu.

avant-scène n. f.
Partie de la scène en avant du rideau. *Des avant-scènes.*

avant-toit n. m.
Toit en saillie. *Des avant-toits.*

avant-train n. m.
Les roues de devant. *Des avant-trains.*

avant-veille n. f.
Le jour qui précède la veille. *Des avant-veilles.*

avare adj. et n. m. et f.
• Qui aime l'argent avec passion et l'accumule sans l'intention d'en faire usage.
• **Avare de**. Parcimonieux. *Il est avare de conseil.*

avarice n. f.
Attachement excessif aux richesses.

avaricieux, euse adj.
Qui fait preuve d'avarice.

avarie n. f.
• Dommage survenu à un navire ou à son chargement, et par extension à un avion, un camion, etc. *Subir des avaries.*
• Détérioration.

avarier v. tr.
• Redoublement du **i** à la première et à la deuxième personne du pluriel de l'indicatif imparfait et du subjonctif présent. *(Que) nous avariions, (que) vous avariiez.*
• Endommager.

avatar n. m.
• Incarnation d'un dieu dans la religion hindoue.
• Transformation, métamorphose. *Les plans ont subi de multiples avatars.*
Note.- Au sens de **malheur, mésaventure**, l'emploi de ce mot est abusif.

à vau-l'eau loc. adv.
• Locution signifiant « au fil de l'eau ».
• **Aller à vau-l'eau**. Laisser se perdre, se gâter.

Ave ou **Ave Maria** n. m. inv.
Prière à la Vierge. *Réciter des Ave.*

Note.- En typographie soignée, les mots étrangers sont composés en italique. Dans des textes déjà en italique, la notation se fait en romain. Pour les textes manuscrits, on utilisera les guillemets.

avec prép.

• Relation entre des personnes. *Il vit avec ma sœur.*
• Simultanéité. *Elle a voyagé avec son amie.*
• Instrument. *Écrire avec un stylo.*
• Moyen, cause. *Il chante avec tout son cœur.*
• Manière. *Avec plaisir!*
Notes.-
1º Si le sujet d'une proposition s'accompagne d'un autre nom joint à lui par la préposition **avec,** le verbe se met généralement au singulier si ce sujet est isolé par des virgules; sinon, le verbe se met au pluriel. *Paul, avec Pierre, est allé à la campagne. Paul avec Pierre sont allés à la campagne.*
2º Il faut se garder d'utiliser la prép. **avec** sans complément. *Il le connaît depuis longtemps, il est allé à l'école* * *avec.*
3º Les expressions suivantes sont fautives:
* Elle est amie avec moi, au lieu de *Elle est mon amie.*
* Dîner avec un sandwich, au lieu de *Dîner d'un sandwich.*

aveline n. f.
Noisette, fruit de l'avelinier.

avelinier n. m.
Noisetier.

avenant, ante adj. et n. m.
• **Adjectif.** Aimable.
• **Nom masculin.** (Dr.) Acte complémentaire d'un contrat. *Il y a plusieurs avenants à étudier. L'avenant d'un contrat d'assurances.*

avenant (à l') loc. adv.
Pareillement, en conformité.

avènement n. m.
• Arrivée au pouvoir.
• (Fig.) Arrivée, début. *L'avènement d'une ère nouvelle.*

avenir n. m.
Le temps futur.
Note.- L'expression * « avoir un bel avenir devant soi » est un pléonasme.

avent n. m.
Période de quatre semaines qui précède la fête de Noël, dans l'année liturgique.
Hom.:
- *avant,* adv.;
- *avant,* prép.

aventure n. f.
• (Vx) Ce qui doit arriver. *Une diseuse de bonne aventure.*
• Évènement imprévu, extraordinaire. *Une aventure rocambolesque.*
• (Au plur.) Affaires, histoire. *Un film d'aventures.*
• **Locutions adverbiales**
- *À l'aventure.* Au hasard.

- *Par aventure, d'aventure.* (Litt.) Par hasard. Le mot *aventure* s'écrit au singulier dans ces expressions.

aventurer v. tr., pronom.
• **Transitif.** Exposer à des risques. *Aventurer sa carrière.*
• **Pronominal.** Se hasarder. *Ne vous aventurez pas dans ces rues.*

aventureusement adv.
De façon aventureuse.

aventureux, euse adj.
Qui aime l'aventure. *Une nature aventureuse.*
Note.- Ne pas confondre avec l'adjectif péjoratif **aventurier** qui qualifie celui qui vit d'intrigues.

aventurier, ière n. m. et f.
(Péj.) Personne qui vit d'intrigues, d'entreprises hasardeuses.
Note.- Ne pas confondre avec l'adjectif **aventureux** qui qualifie celui qui aime l'aventure.

aventurine n. f.
Pierre précieuse jaune semée de points d'or.

avenue n. f.
• Abréviation **av.** (s'écrit avec un point).
• Grande voie urbaine, généralement plantée d'arbres.

avéré, ée adj.
Reconnu vrai. *Un fait avéré.*
Note.- Ne pas confondre avec les mots suivants:
- *assuré,* dont la réalité est sûre;
- *clair,* compréhensible;
- *évident,* indiscutable;
- *indéniable,* qu'on ne peut nier;
- *irréfutable,* qu'on ne peut réfuter;
- *notoire,* qui est bien connu.

avérer (s') v. pronom.
• Le *é* se change en *è* devant une syllabe muette, sauf à l'indicatif futur et au conditionnel présent. *Il s'avère,* mais *il s'avérerait.*
• Être confirmé, se révéler. *L'hypothèse s'avéra juste.*
• Ce verbe, formé à partir du mot *vrai,* ne peut pas être suivi des adjectifs *vrai* ou *faux* sous peine de créer un pléonasme * « s'avérer vrai » ou une contradiction * « s'avérer faux ». On dira **s'avérer exact** et **se révéler faux.**
Note.- Le participe passé s'accorde avec le sujet. *Les prévisions se sont avérées justes.*

avers n. m.
Face d'une pièce de monnaie, d'une médaille.
Ant. **revers.**

averse n. f.
Pluie subite, violente et de faible durée.
Note.- Ne pas confondre avec la locution **à verse** qui se dit de la pluie qui tombe abondamment. *Il pleut à verse.*

aversion n. f.
Antipathie profonde. *Avoir de l'aversion contre quelqu'un. Je n'ai pas d'aversion pour le vin.*
Note.- Le complément du nom **aversion** est introduit par **pour, contre** ou **à l'égard de.**

averti, ie adj.
Informé, expérimenté. *Un homme averti en vaut deux.*

avertir v. tr.
• Prévenir de, informer. *Avertissez-moi avant de partir.*
• **Avertir de** + **nom.** Informer. *Je l'avais averti de mon départ.*
• **Avertir de** + **infinitif.** Prévenir. *Le maire les a avertis de payer leurs taxes.*
• **Avertir** + **que.** Annoncer. *Elle m'avait averti qu'elle partait bientôt.*
Note.- Le verbe se construit avec l'indicatif ou le conditionnel.

avertissement n. m.
• Action d'avertir.
• Texte placé entre le grand titre et le début de l'ouvrage, afin d'attirer l'attention du lecteur sur un point particulier.
Notes.-
1° Ne pas confondre avec les mots suivants :
- *avant-propos*, préface ou introduction caractérisée par une grande brièveté ;
- *introduction*, court texte explicatif rédigé généralement par un auteur pour présenter son texte ;
- *note liminaire*, texte destiné à expliciter les symboles et les abréviations employés dans un ouvrage ;
- *notice*, brève étude placée en tête d'un livre pour présenter la vie et l'œuvre de l'auteur ;
- *préface*, texte de présentation d'un ouvrage qui n'est généralement pas rédigé par l'auteur ; il est composé en italique.
2° Ordre des textes : la *préface* précède l'*introduction* qui est suivie par la *note liminaire*, s'il y a lieu.

avertisseur, euse adj. et n. m.
Se dit d'un dispositif destiné à avertir. *Un signal avertisseur. Un avertisseur d'automobile, un avertisseur d'incendie.*

aveu n. m.
Action d'avouer. *Passer aux aveux*

aveuglant, ante adj.
Qui aveugle. *Un soleil aveuglant.*

aveugle adj. et n. m. et f.
Privé de l'usage de la vue.
Note.- L'*aveugle* est privé de l'usage de la vue, au propre et au figuré. L'*aveuglé* est privé de la vue pour un temps.

aveuglement n. m.
• (Vx) Cécité.
• Manque de discernement.

aveuglément adv.
Sans réflexion.

aveugler v. tr.
• Rendre aveugle ou gêner la vue. *Le soleil l'aveuglait.*
• (Fig.) Ôter l'usage de la raison. *Il est aveuglé par l'ambition.*

aveuglette (à l') loc. adv.
À tâtons, sans y voir.

aviaire adj.
Qui concerne les oiseaux.

aviateur n. m.
aviatrice n. f.
Personne qui pilote un avion.

aviation n. f.
Navigation aérienne.

avicole adj.
Relatif à l'aviculture.

aviculteur n. m.
avicultrice n. f.
Personne qui élève des volailles, des oiseaux.

aviculture n. f.
Élevage des volailles. Ne pas confondre avec le nom *apiculture* qui désigne l'élevage des abeilles.
V. **agriculture.**

avide adj.
Qui désire ardemment. *Avide de gloire.*

avidement adv.
Avec avidité.

avidité n. f.
Désir immodéré.

avilir v. tr., pronom.
• **Transitif.** Dégrader.
• **Pronominal.** Se déshonorer.

avilissant, ante adj.
Qui avilit, dégrade.

avilissement n. m.
Dégradation.

avion n. m.
Appareil de locomotion aérienne. *Un avion supersonique. Un avion gros-porteur.*
Notes.-
1° Attention au genre masculin de ce nom : *un* avion.
2° Les noms de bateaux, de trains, d'avions, etc., s'écrivent en italique ; l'article ne sera inscrit en caractères italiques que s'il fait partie du nom.

avion-cargo n. m.
Avion destiné au transport du fret. *Des avions-cargos.*

avion-citerne n. m.
Avion qui transporte du carburant afin de ravitailler en vol d'autres appareils. *Des avions-citernes.*

avionique n. f.
Électronique appliquée aux avions.

avionnerie n. f.
Au Canada, usine de construction aéronautique.

avionneur n. m.
Constructeur de cellules d'avions.

avion-taxi n. m.
Des avions-taxis.

aviron n. m.
• Rame.
• Sport du canotage.

avis n. m.
- Le **s** ne se prononce pas [avi].
- Conseil, avertissement. *Un avis officiel.*
- Opinion, sentiment. *Je suis de votre avis.*
- **Être d'avis de** + **infinitif.** Juger bon. *Je suis d'avis de partir à l'aube.*
- **Être d'avis que** + **indicatif.** Croire. *Il est d'avis qu'il pleuvra ce soir.*
- **Être d'avis que** + **subjonctif.** Proposer. *Tu es d'avis que nous partions dès demain ?*

avisé, ée adj.
Prudent, réfléchi. *Une conseillère avisée.*

aviser v. tr., intr., pronom.
- **Transitif**
Aviser quelqu'un + **que.** Informer, dans la langue administrative ou littéraire.
Note. - Le verbe se construit avec l'indicatif ou le conditionnel. *Il m'avise qu'il sera là demain. J'ai avisé le chef de service que je ne pourrais faire ce travail.*
- **Intransitif**
Réfléchir, juger à propos. *Nous aviserons plus tard.*
- **Pronominal**
- **S'aviser de** + **nom.** Constater, prendre conscience. *Il ne s'est pas avisé de son retard.*
- **S'aviser de** + **infinitif.** Avoir l'idée de. *Ne t'avise pas de recommencer !*
- **S'aviser que** + **indicatif.** Remarquer, se rendre compte.

avitailler v. tr.
- Les lettres **ill** sont suivies d'un **i** à la première et à la deuxième personne du pluriel de l'indicatif imparfait et du subjonctif présent. *(Que) nous avitaillions, (que) vous avitailliez.*
- Ravitailler (un navire, un avion) en carburant.

avitailleur n. m.
Dispositif servant à avitailler (un navire, un avion).

aviver v. tr.
- Rendre plus vif, plus éclatant. *Aviver le feu, le teint.*
- Augmenter. *Aviver un chagrin.*

av. J.-C.
Abréviation de *avant Jésus-Christ.*

avocaillon n. m.
(Fam.) Mauvais avocat.

avocasserie n. f.
(Péj.) Mauvaise cause.

avocassier, ière adj.
(Vx, péj.) Qui concerne les avocats.

avocat n. m.
avocate n. f.
Personne qui fait profession de conseiller en matière juridique et de défendre des causes en justice.

avocat n. m.
Fruit de l'avocatier dont la chair est appréciée. *Une salade d'avocats.*

avocatier n. m.
Arbre dont le fruit est l'avocat.

avoine n. f.
Céréale.

avoir n. m.
Ensemble des biens qu'on possède.

avoir v. tr.

- **Verbe auxiliaire**
Le verbe **avoir** est employé dans la formation des temps composés, constitués avec le participe passé pris au sens actif du verbe et les temps de **avoir** à titre de simple auxiliaire. *J'ai aimé.*
- **Verbe transitif**
- Posséder. *Avoir un voilier.*
- Acquérir. *Il a eu ce voilier pour presque rien.*
- Éprouver. *Cet enfant a mal aux oreilles.*
- Présenter une caractéristique. *Elle a les cheveux roux.*
- Marque un rapport entre les personnes, les choses, sans impliquer nécessairement l'idée de possession ou de propriété. *Il a deux enfants. Elle a un large chapeau de paille.*
- **Locutions verbales**
- **Avoir affaire.** Être en relation avec quelqu'un. Dans cette locution, le mot **affaire** est au singulier *Nous avons eu affaire à lui déjà.*
Note.- Ne pas confondre avec **à faire** au sens de **avoir à accomplir.** *Elle aura à faire ses emplettes.*
- **Avoir beau.** S'efforcer en vain. Dans cette locution qui exprime l'inutilité de l'action énoncée par l'infinitif, l'adjectif **beau** demeure invariable. *Ils avaient beau étudier, il ne comprenaient pas les mathématiques.*
- **Avoir en main.** Être maître de la situation. Dans cette locution, le mot **main** demeure au singulier. *Avoir l'entreprise en main.*
V. Tableau - **AVOIR (CONJUGAISON DU VERBE).**

avoisiner v. tr.
- Être voisin de. *Sa villa avoisine la mer.*
- Être proche de. *La haine avoisine l'amour.*

avortement n. m.
Arrêt spontané ou thérapeutique d'une grossesse avant terme.
Note.- L'expulsion provoquée du fœtus avant terme est également nommée *interruption volontaire de grossesse* dont le sigle est *I.V.G.*

avorter v. tr., intr.
- **Transitif.** Provoquer un avortement.
- **Intransitif.** Accoucher avant terme. *Ma patiente a avorté au troisième mois de sa grossesse.*

avorteur, euse n. m. et f.
(Péj.) Personne qui pratique un avortement illégal.

avorton n. m.
Être chétif.

avouer v. tr., pronom.
- **Transitif**
- Confesser. *Avouer sa faute.*
- Reconnaître comme réel. *Avouer son indifférence.*

CONJUGAISON DU VERBE

AVOIR

INDICATIF

Présent	Passé composé	Imparfait	Plus-que-parfait
j' ai	j' ai eu	j' avais	j' avais eu
tu as	tu as eu	tu avais	tu avais eu
il a	il a eu	il avait	il avait eu
nous avons	nous avons eu	nous avions	nous avions eu
vous avez	vous avez eu	vous aviez	vous aviez eu
ils ont	ils ont eu	ils avaient	ils avaient eu

Passé simple	Passé antérieur	Futur simple	Futur antérieur
j' eus	j' eus eu	j' aurai	j' aurai eu
tu eus	tu eus eu	tu auras	tu auras eu
il eut	il eut eu	il aura	il aura eu
nous eûmes	nous eûmes eu	nous aurons	nous aurons eu
vous eûtes	vous eûtes eu	vous aurez	vous aurez eu
ils eurent	ils eurent eu	ils auront	ils auront eu

SUBJONCTIF

Présent	Passé	Imparfait	Plus-que-parfait
que j' aie	que j' aie eu	que j' eusse	que j' eusse eu
que tu aies	que tu aies eu	que tu eusses	que tu eusses eu
qu'il ait	qu'il ait eu	qu'il eût	qu'il eût eu
que nous ayons	que nous ayons eu	que nous eussions	que nous eussions eu
que vous ayez	que vous ayez eu	que vous eussiez	que vous eussiez eu
qu'ils aient	qu'ils aient eu	qu'ils eussent	qu'ils eussent eu

CONDITIONNEL

Présent	Passé 1re forme	Passé 2e forme
j' aurais	j' aurais eu	j' eusse eu
tu aurais	tu aurais eu	tu eusses eu
il aurait	il aurait eu	il eût eu
nous aurions	nous aurions eu	nous eussions eu
vous auriez	vous auriez eu	vous eussiez eu
ils auraient	ils auraient eu	ils eussent eu

IMPÉRATIF

Présent	Passé
aie	aie eu
ayons	ayons eu
ayez	ayez eu

PARTICIPE

Présent	Passé
ayant	eu, eue
	ayant eu

● **Pronominal**
Se reconnaître comme. *Elles se sont avouées coupables.*

avril n. m.
● Le quatrième mois de l'année. *Le 3 avril.*
Note.- Les noms de mois s'écrivent avec une minuscule.
● *Poisson d'avril*, locution. Farce faite à quelqu'un le 1er avril.

axe n. m.
● Ligne droite qui passe par le centre d'un corps autour de laquelle celui-ci tourne, ou peut tourner.
● Fondement sur lequel repose une idée.

axer v. tr.
● Orienter selon un axe.
● Organiser autour d'une thèse. *Sa conférence est axée sur le romantisme.*
● Centrer. *Elle est axée sur la participation.*

axial, ale, aux adj.
Qui est dans l'axe.

axillaire adj.
Qui a rapport à l'aisselle.

axiomatique adj.
Qui tient de l'axiome.

axiome n. m.
● Le *o* se prononce *ô* [aksjom].
● Proposition reçue et acceptée comme vraie sans démonstration.
Note.- Attention à l'orthographe : axi**o**me.

ayant cause n. m.
(Dr.) Personne à qui des droits ont été transmis. *Des ayants cause.*
Note.- Cette expression prend la marque du pluriel au premier élément seulement.

ayant droit n. m.
(Dr.) Personne qui a des droits à quelque chose. *Des ayants droit.*

Note.- Cette expression prend la marque du pluriel au premier élément seulement.

ayatollah n. m.
Titre religieux de l'Islam. *Des ayatollahs.*

azalée n. f.
Arbuste cultivé pour ses fleurs. *Des azalées blanches.*
Note.- Attention au genre féminin de ce nom : **une** azalée.

azimut n. m.
● Le *t* se prononce [azimyt].
● Angle compris entre le méridien d'un lieu et un cercle vertical quelconque.
● *Dans tous les azimuts, tous azimuts.* (Fam.) Dans tous les sens.

azote n. m.
● Symbole *N* (s'écrit sans point).
● Corps gazeux qui entre dans la composition de l'air atmosphérique. *Un azote liquide.*
Note.- Attention au genre masculin de ce nom : **un** azote.

azoté, ée adj.
Qui contient de l'azote.

aztèque adj. et n. m. et f.
Qui a rapport aux Aztèques, peuple de l'ancien Mexique. *De l'orfèvrerie aztèque.*
Note.- Contrairement à l'adjectif, le nom prend une majuscule.

azur n. m.
● Bleu clair. *Une mer d'azur, un ciel d'azur.*
● (Fig.) L'air, le ciel.

azuré, ée adj.
De couleur d'azur.

azurer v. tr.
Donner la couleur d'azur à.

azyme adj. et n. m.
Sans levain. *Pain azyme.*
Note.- Ne pas confondre avec le nom **enzyme** qui désigne une substance protéique.

B

b
- Symbole de *bit*.
- Ancienne notation musicale qui correspond à la note *si*. V. **note de musique.**

Ba
Symbole de *baryum*.

B.A.
Abréviation de bonne action. *Il fait sa B.A. tous les jours.*

B.A.-BA n. m.
Rudiments. *Apprendre le B.A.-BA de l'arithmétique.*

baba adj. inv. et n. m.
- **Adjectif invariable.** Ébahi. *Elle en est restée baba. Les douaniers étaient baba devant un tel déballage.*
- **Nom masculin.** Pâtisserie. *Des babas au rhum.*
Note.- Alors que l'adjectif *baba* est invariable, le nom prend la marque du pluriel.

babeurre n. m.
Liquide blanc, de goût aigre, qui reste du lait dans la fabrication du beurre.

babil n. m.
- Le *l* se prononce [babil].
- Bavardage des enfants.

babillage n. m.
Action de babiller.

babillard, arde adj.
(Litt.) Bavard.

babiller v. intr.
- Les lettres *ill* sont suivies d'un *i* à la première et à la deuxième personne du pluriel de l'indicatif imparfait et du subjonctif présent. *(Que) nous babillions, (que) vous babilliez.*
- Bavarder d'une manière enfantine.

babines n. f. pl.
- Lèvres pendantes de certains animaux.
- (Au plur.) (Fam.) Lèvres. *Se lécher les babines.*

babiole n. f.
Petit objet sans valeur.
Note.- Attention à l'orthographe : babio*l*e.

bâbord n. m.
Le côté gauche d'un navire quand on regarde vers l'avant.
Notes.-
1° Attention à l'orthographe : b**â**bord.
2° Pour se rappeler la place de bâbord et de tribord, il suffit de penser au mot *batterie* (*ba*, à gauche, *tri*, à droite).
V. **tribord.**

babouche n. f.
Pantoufle orientale sans quartier arrière ni talon.
Note.- Ne pas confondre avec le mot *tarbouche* qui désigne un bonnet rouge cylindrique.

babouin n. m.
Singe de grande taille au museau allongé.

bac n. m.
- Bateau à fond plat assurant la traversée d'un cours d'eau.
- Récipient. *Un bac à légumes.*
- (Fam.) Baccalauréat.

bacante
V. **bacchante.**

baccalauréat n. m.
- S'abrège familièrement en *bac* (s'écrit sans point).
- Le premier des grades universitaires qui confère le titre de bachelier, de bachelière.

baccara n. m.
Jeu de cartes.
Hom. *baccarat*, cristal de la manufacture de Baccarat.

baccarat n. m.
Cristal de la manufacture de Baccarat.
Hom. *baccara*, jeu de cartes.

bacchanale n. f.
- Les lettres *cch* se prononcent *k* [bakanal].
- Danse tumultueuse.
- Débauche bruyante.

bacchante ou **bacante** n. f.
- Les lettres *cch* se prononcent *k* [bakãt].
- Prêtresse de Bacchus.
- (Pop.) Moustache.

bâchage n. m.
Action de bâcher.

bâche n. f.
Grosse toile imperméable destinée à protéger les marchandises des intempéries.
Note.- Attention à l'orthographe : b**â**che.

bachelier, ière n. m. et f.
Titulaire d'un baccalauréat.

bâcher v. tr.
Couvrir d'une bâche.

bachi-bouzouk n. m.
Soldat de l'ancienne armée turque. *Des bachi-bouzouks.*

bachique adj.
Qui est consacré à Bacchus, au vin. *Les amitiés bachiques.*

Note.- Attention à l'orthographe : bachique, contrairement à **bacchanale**.

bachotage n. m.
(Fam.) Préparation intensive d'un baccalauréat, d'un examen, d'un concours.

bachoter v. intr.
Préparer un examen de façon intensive.

backgammon n. m.
Jeu de hasard avec des dés et des pions proche du jacquet.

bacille n. m.
Microbe en forme de bâtonnet.
Note.- Attention au genre masculin de ce nom : **un** bacille.

bâclage n. m.
Action de bâcler.

bâcle n. f.
Barre de bois ou de fer placée horizontalement derrière une porte pour la fermer.

bâcler v. tr.
• (Vx) Fermer avec une bâcle.
• (Fam.) Faire trop vite et de façon peu soigneuse. *Bâcler son travail.*

bacon n. m.
• Ce nom se prononce à l'anglaise [bekœn].
• Filet de porc salé et fumé, découpé en tranches minces.

bactéricide adj. et n. m.
Se dit d'un produit qui tue les bactéries.

bactérie n. f.
Être unicellulaire.

bactérien, ienne adj.
Relatif aux bactéries.

bactériologie n. f.
Science qui étudie les bactéries, leur action sur l'organisme.

bactériologique adj.
Relatif à la bactériologie.

bactériologiste n. m. et f.
Médecin spécialiste de la bactériologie.

badaud, aude adj. et n. m. et f.
Passant, flâneur.
Note.- Ne pas confondre avec le nom **bedeau** qui désigne un employé d'église.

baderne n. f.
(Fam.) Borné. *Vieille baderne !*
Note.- Ce nom s'emploie généralement avec l'adjectif **vieux**, en parlant d'un militaire.

badge n. m.
• Insigne fixé à un vêtement. *Un badge du parti.*
• Insigne des scouts.

badigeon n. m.
Couleur en détrempe dont on enduit les murailles.

badigeonnage n. m.
Action de badigeonner ; son résultat.

badigeonner v. tr.
• Peindre avec du badigeon.
• Enduire d'un médicament. *Badigeonner d'iode une plaie.*

badigeonneur, euse n. m. et f.
Celui, celle qui badigeonne.

badin, ine adj.
Enjoué, qui aime à plaisanter. *Un ton badin.*

badinage n. m.
Propos badin.

badine n. f.
Baguette mince et flexible.

badiner v. intr.
Plaisanter. *N'en croyez rien, je badinais.*

badinerie n. f.
Plaisanterie.

badminton n. m.
• Ce mot se prononce à l'anglaise [badminton].
• Jeu de volant pratiqué avec des raquettes.

baffe n. f.
(Pop.) Gifle.

bafouer v. tr.
Outrager en ridiculisant.
Note.- Attention à l'orthographe : ba**f**ouer.

bafouillage n. m.
Propos décousus.

bafouiller v. tr., intr.
• Les lettres *ill* sont suivies d'un *i* à la première et à la deuxième personne du pluriel de l'indicatif imparfait et du subjonctif présent. *(Que) nous bafouillions, (que) vous bafouilliez.*
• Bredouiller.

bafouilleur, euse n. m. et f.
Personne qui bafouille.

bâfrer v. intr.
(Pop.) Manger avec gloutonnerie.

bâfreur, euse n. m. et f.
(Pop.) Glouton.

bagage n. m. (gén. au pl.)
• Tout objet emporté avec soi en voyage. *Mettre ses bagages à la consigne. Voyager sans bagage(s),* mais *plier bagage.*
• *Avec armes et bagages,* locution. En emportant tout avec soi.
• (Fig.) Connaissances acquises. *Elle a un très bon bagage littéraire.*
Hom. *baguage,* action de baguer.

bagagiste n. m. et f.
Personne préposée à la manutention des bagages.

bagarre n. f.
Violente querelle accompagnée de coups.

bagarrer v. intr., pronom.
• **Intransitif.** (Fam.) Participer à une bagarre.
• **Pronominal.** (Fam.) Se battre.

bagarreur, euse adj. et n. m. et f.
Combatif.

bagatelle n. f.
• Chose frivole sans valeur et sans utilité.
• Petite somme d'argent. *Ça coûte une bagatelle.*

bagnard n. m.
Forçat interné dans un bagne.

bagne n. m.
Prison où l'on enfermait les condamnés aux travaux forcés.
Note.- Ne pas confondre avec les mots suivants :
- *pénitencier*, prison où l'on offre aux détenus la possibilité de s'instruire et de travailler ;
- *prison*, générique qui désigne tout lieu de détention.

bagou ou **bagout** n. m.
(Fam.) Grande facilité de parole. *Elle a beaucoup de bagou, un peu trop de bagout.*
Note.- Attention à l'orthographe : il n'y a pas d'accent circonflexe.

baguage n. m.
Action de munir d'une bague. *Le baguage des canards à col vert.*
Hom. *bagage*, objet emporté avec soi en voyage.

bague n. f.
Anneau que l'on porte au doigt. *Une bague en or.*

baguenaude n. f.
(Pop.) Flânerie.

baguenauder v. intr., pronom.
• **Intransitif.** (Fam.) Flâner.
• **Pronominal.** (Fam.) Se promener sans but.

baguer v. tr.
• Attention au *u* qui subsiste même devant les lettres *a* et *o*. *Il bagua, nous baguons.*
• Identifier au moyen d'une bague. *Ces biologistes baguent les oiseaux migrateurs.*

baguette n. f.
• Bâton mince et flexible. *La baguette du chef d'orchestre.*
• Pain long et mince.

bah ! interj.
Marque l'étonnement, l'insouciance.

baht n. m.
Unité monétaire de la Thaïlande. *Des bahts.*
V. Tableau - **SYMBOLES DES UNITÉS MONÉTAIRES.**

bahut n. m.
• Grand coffre.
• Buffet rustique.

bai, baie adj.
D'un brun roux en parlant de la robe d'un cheval. *Une jument baie, des alezans bais.*
Hom. :
- *baie*, petit golfe, petit fruit charnu ;
- *bée*, ouverte ;
- *bey*, gouverneur.

baie n. f.
• Petit golfe.

• Ouverture pratiquée pour une fenêtre, une porte. *Une large baie vitrée donnant sur la mer.*
• Petit fruit charnu à graines ou à pépins.
Hom. :
- *bai*, d'un brun roux ;
- *bée*, ouverte ;
- *bey*, gouverneur.

baignade n. f.
Action de se baigner.

baigner v. tr., intr., pronom.
• Les lettres *gn* sont suivies d'un *i* à la première et à la deuxième personne du pluriel de l'indicatif imparfait et du subjonctif présent. *(Que) nous baignions, (que) vous baigniez.*
• **Transitif.** Faire prendre un bain. *Baigner un bébé.*
• **Intransitif.** Être plongé dans un liquide. *Des fruits qui baignent dans l'eau-de-vie.*
• **Pronominal.** Prendre un bain. *Elle adore se baigner dans la mer.*

baigneur, euse n. m. et f.
Personne qui se baigne.

baignoire n. f.
• Appareil sanitaire dans lequel on prend des bains.
• *Baignoire à remous.* (Rare) Baignoire munie d'une pompe qui propulse l'eau par jets à travers les orifices pratiqués dans les parois. *Des baignoires à remous très spectaculaires.*

bail n. m.
Contrat de location. *Des baux.*
Hom. (au plur.) *beau*, qui crée un plaisir esthétique.

bâillement n. m.
Action de bâiller.

bailler v. tr.
• Les lettres *ill* sont suivies d'un *i* à la première et à la deuxième personne du pluriel de l'indicatif imparfait et du subjonctif présent. *(Que) nous baillions, (que) vous bailliez.*
• (Vx) Donner, faire croire. *Vous me la baillez belle.*

bâiller v. intr.
• Les lettres *ill* sont suivies d'un *i* à la première et à la deuxième personne du pluriel de l'indicatif imparfait et du subjonctif présent. *(Que) nous bâillions, (que) vous bâilliez.*
• Respirer en ouvrant largement et involontairement la bouche.
Hom. :
- *bailler*, donner ;
- *bayer*, bayer aux corneilles.

bailleur, eresse n. m. et f.
(Dr.) Personne qui donne à bail.
Ant. *locataire.*

bâilleur, euse n. m. et f.
Personne qui bâille.

bâillon n. m.
Bandeau qu'on met sur la bouche pour empêcher de crier.
Note.- Attention à l'orthographe : b**â**illon.

bâillonnement n. m.
Action de bâillonner.

bâillonner v. tr.
• Mettre un bâillon à.
• (Fig.) Supprimer la liberté d'expression. *Bâillonner la presse.*

bain n. m.
• Immersion dans un liquide. *Prendre un bon bain chaud et parfumé.*
• Exposition à l'air. *Un bain de soleil.*
• Récipient où l'on se baigne. *Remplir le bain.*
Note.- L'orthographe de **salle de bain(s)** est flottante. Si c'est l'action de se baigner qui est considérée, le nom **bain** est au singulier. *Un maillot de bain, des peignoirs de bain.* S'il s'agit de l'établissement public où l'on prend des bains, le nom est au pluriel. *Des bains publics.*

bain-marie n. m.
Bain d'eau bouillante dans lequel un récipient chauffe des substances qui s'altèrent au contact du feu. *Des bains-marie.*

baïonnette n. f.
Arme métallique pointue qui s'adapte au canon d'un fusil.

baise-en-ville n. m. inv.
(Fam.) Petit sac de voyage avec un nécessaire de nuit.

baisemain n. m.
Hommage consistant à baiser la main d'une dame, d'un prélat, d'un dignitaire. *Des baisemains respectueux.*

baisement n. m.
Rite qui consiste à baiser ce qui est sacré. *Le baisement des mules du pape.*

baiser v. tr.
• Embrasser.
• (Vulg.) Faire l'amour.
• (Pop.) Duper.

baiser n. m.
Action d'embrasser.

baisoter v. tr.
Appliquer des petits baisers.

baisse n. f.
Action, fait de baisser. *La baisse des prix.*

baisser v. tr., intr., pronom.
• **Transitif.** Amener à son point le plus bas. *Baisser les yeux, baisser le ton, baisser le prix.*
Note.- Alors que le verbe **abaisser** signifie surtout « amener à un point plus bas », le verbe **baisser** signifie plutôt « amener à son point le plus bas ».
• **Intransitif.** Aller en diminuant de hauteur, de prix. *La mer baisse.*
• **Pronominal.** Se pencher. *Attention, il faut se baisser, car le plafond est bas.*

bajoue n. f.
Joue pendante.
Note.- Ne pas confondre avec le mot **abajoue** qui désigne la joue de certains animaux servant à mettre des aliments en réserve.

bakchich n. m.
Pot-de-vin. *Des bakchichs.*

bakélite n. f. (n. déposé)
Résine synthétique.

baklava n. m.
Pâtisserie orientale très sucrée. *Des baklavas succulents.*
Note.- Attention au genre masculin de ce nom : **un** baklava.

bal n. m.
Réunion où l'on danse. *Des bals costumés.*
Hom. **balle**, sphère élastique utilisée dans divers jeux.

balade n. f.
(Fam.) Promenade. *Partir en balade.*
Hom. **ballade**, poème, chanson.

balader v. tr., pronom.
• **Transitif.** (Fam.) Promener.
• **Pronominal.** (Fam.) Se promener.

baladeur, euse adj. et n. m. et f.
• **Adjectif.** Qui aime à se balader.
• **Nom masculin.** Appareil léger permettant d'écouter de la musique n'importe où.
Note.- Ce nom a fait l'objet d'une recommandation officielle pour remplacer l'anglicisme **walkman**.
• **Nom féminin.** Lampe électrique munie d'un grillage et d'un long fil.

baladin n. m.
(Vx) Comédien ambulant.
Note.- Ne pas confondre avec le mot **paladin** qui désigne un chevalier errant.

balafre n. f.
Longue entaille au visage ; cicatrice.
Note.- Attention à l'orthographe : ba**laf**re.

balafré, ée adj.
Qui a une ou des balafres. *Un pirate balafré comme il se doit.*

balafrer v. tr.
Faire une balafre à.

balai n. m.
Ustensile destiné au nettoyage du sol. *Des balais.*
Hom. **ballet**, danse.

balai-brosse n. m.
Brosse montée sur un manche à balai. *Des balais-brosses.*

balalaïka n. f.
Instrument de musique russe à trois cordes.

balance n. f.
• Terme générique utilisé surtout pour nommer l'instrument qui pèse des marchandises.
Note.- Ne pas confondre avec les mots suivants :
- **bascule**, appareil de pesage pour les objets lourds ;
- **pèse-bébé**, appareil de pesage pour un jeune enfant ;
- **pèse-lettre**, instrument qui détermine le poids d'une lettre ;

- **pèse-personne**, appareil de pesage pour une personne.
- (Fig.) État d'équilibre. *Notre balance commerciale est excédentaire : les exportations dépassent les importations.*
- Nom d'une constellation, d'un signe du zodiaque.
Note.- Les noms d'astres s'écrivent avec une majuscule. *Elle est (du signe de la) Balance, elle est née entre le 23 septembre et le 22 octobre.*
V. **astre**.

balancelle n. f.
Fauteuil balançoire.

balancement n. m.
Action de se balancer.

balancer v. tr., intr., pronom.
- **Transitif**
- Faire osciller d'un mouvement régulier. *Balancer les bras.*
- (Compt.) Mettre en équilibre. *Balancer un compte.*
- **Intransitif**
(Fam.) Hésiter. *Elle balance entre ce cadeau ou ce voyage.*
- **Pronominal**
Se mouvoir d'un côté et d'un autre. *Les enfants se sont balancés sur les balançoires.*

balancier n. m.
Tige de bois ou de métal dont les oscillations régularisent le mouvement d'une machine. *Le balancier d'une horloge.*

balançoire n. f.
Siège suspendu permettant de se balancer.

balayage n. m.
- Nettoyage avec un balai.
- Action de parcourir avec un faisceau lumineux.
- Exploration point par point d'un objet. *Microscope à balayage électronique.*

balayer v. tr.
- *Le y* se change en *i* devant un *e* muet. *Je balaie, tu balaies,* mais *nous balayons, vous balayez. Je balaierai, tu balaieras, il balaiera, nous balaierons. Balaie, balayons, balayez. Que je balaie, que tu balaies.*
- *Le y* est suivi d'un *i* à la première et à la deuxième personne du pluriel de l'indicatif imparfait et du subjonctif présent. *(Que) nous balayions, (que) vous balayiez.*
- Nettoyer avec un balai.

balayette n. f.
Petit balai.

balayeur n. m.
balayeuse n. f.
Personne qui balaie les rues.

balayeuse n. f.
Machine pour balayer les rues.

balboa n. m.
Unité monétaire du Panamá. *Des balboas.*
V. Tableau - **SYMBOLES DES UNITÉS MONÉTAIRES**.

balbutiement n. m.
- *Le t* se prononce *s* [balbysimã].

- Mauvaise articulation, paroles confuses.
- (Fig.) Commencement.

balbutier v. tr., intr.
- Redoublement du *i* à la première et à la deuxième personne du pluriel de l'indicatif imparfait et du subjonctif présent. *(Que) nous balbutiions, (que) vous balbutiiez.*
- **Transitif**. Articuler avec difficulté.
- **Intransitif**. (Fig.) En être à ses débuts.

balcon n. m.
Plate-forme disposée en saillie sur la façade d'un immeuble, entourée d'un garde-fou et communiquant avec l'intérieur.

balconnet n. m. (n. déposé)
Soutien-gorge découvrant le haut de la poitrine.

baldaquin n. m.
Dais.

baleine n. f.
- Grand mammifère marin.
- Tige métallique flexible. *Des baleines de parapluie.*

baleiné, ée adj.
Garni de baleines.

baleineau n. m.
Petit de la baleine. *Des baleineaux.*

baleinier, ière adj. et n. m. et f.
- **Adjectif**. Relatif à la baleine.
- **Nom masculin**. Navire équipé pour la chasse à la baleine.
- **Nom féminin**. Embarcation longue et étroite.

balisage n. m.
Action de jalonner de balises.

balise n. f.
- Repère destiné à indiquer les endroits dangereux, le chemin, pour la navigation maritime, aérienne ou terrestre.
- (Fig.) Ce qui sert à diriger, à situer.

baliser v. tr.
Munir de balises.

baliseur n. m.
Bâtiment équipé pour la pose des balises.

balistique adj. et n. f.
- **Adjectif**. Relatif à la balistique.
- **Nom féminin**. Science des mouvements des projectiles.

baliverne n. f.
Propos frivole.
Note.- Ce nom s'emploie généralement au pluriel.

balkanique adj.
Relatif aux Balkans.

balkanisation n. f.
Morcellement politique.

balkaniser v. tr.
Morceler un pays, un empire.

ballade n. f.
Poème, chanson. *Elle composa de jolies ballades.*

Note.- Attention à l'orthographe : ba**ll**ade, mais *bala-din.*
Hom. *balade*, promenade.

ballant, ante adj.
Qui se balance. *Les bras ballants.*

ballant n. m.
Léger balancement.

ballast n. m.
• Les lettres *st* se prononcent [balast].
• Couche de pierres concassées maintenant les traverses d'une voie ferrée.
• Lest.

balle n. f.
Sphère élastique utilisée dans divers jeux. *Jouer à la balle.*
Hom. *bal*, réunion où l'on danse.

ballerine n. f.
• Danseuse de ballet.
• Chaussure féminine légère et plate.

ballet n. m.
Danse. *Des maîtres de ballet, des corps de ballet.*
Hom. *balai*, ustensile destiné au nettoyage du sol.

ballon adj. inv. et n. m.
• **Adjectif invariable.** De forme ronde. *Des manches ballon.*
• **Nom masculin.** Grosse balle. *Un ballon de football.*

ballonné, ée adj.
Gonflé comme un ballon, distendu.

ballonnement n. m.
Distension du ventre.

ballonner v. tr.
Enfler.

ballonnet n. m.
Petit ballon.

ballon-sonde n. m.
Ballon muni d'appareils servant aux observations météorologiques. *Des ballons-sondes.*

ballot n. m.
Paquet de marchandises.

ballottage n. m.
Second vote. *Scrutin de ballottage.*

ballottement n. m.
Mouvement de ce qui ballotte.

ballotter v. tr., intr.
• **Transitif.** Balancer. *La mer ballotte ce voilier.*
• **Intransitif.** Être secoué en tous sens. *La barque ballote contre le quai.*
Note.- Attention à l'orthographe : ballo**tt**er.

ballottine n. f.
Galantine.

balluchon ou **baluchon** n. m.
(Fam.) Petit paquet. *Il est parti avec son balluchon sur l'épaule.*

balnéaire adj.
Relatif aux bains. *Une station balnéaire.*

balnéothérapie n. f.
Traitement médical par les bains.

balourd, ourde adj. et n. m.
• **Adjectif.** Lourdaud.
• **Nom masculin.** Partie d'une pièce non équilibrée.

balourdise n. f.
Sottise.

balsa n. m.
Bois très léger. *Un modèle réduit en balsa. Des balsas.*

balsamier n. m.
Arbre de la famille des conifères dont les bourgeons produisent un baume.

balsamine n. f.
Plante communément appelée *impatiente* qui pousse bien à l'ombre.

balsamique adj. et n. m.
Qui a la propriété des baumes. *Une drogue balsamique. Un balsamique efficace.*

balthazar n. m.
Grosse bouteille de champagne d'une contenance de 12 litres (16 bouteilles).
V. **bouteille.**

balustrade n. f.
Suite de balustres portant une tablette d'appui.

balustre n. m.
Petite colonne composant une balustrade.
Note.- Attention au genre masculin de ce nom : *un* balustre.

bambin n. m.
Petit enfant.

bamboche n. f.
• Sorte de marionnette de grande taille.
• (Fam.) Partie de plaisir.

bambocher v. intr.
(Fam.) Faire bamboche.

bambocheur, euse n. m. et f.
(Fam.) Qui aime bambocher.

bambou n. m.
Grand roseau. *Des bambous.*

bamboula n. f.
(Vx) *Faire la bamboula.* Faire la noce, la fête.

ban n. m.
• (Vx) Condamnation à l'exil.
• *Être en rupture de ban.* Vivre en état de rupture avec la société.
• Proclamation solennelle. *Publier les bans.*
• (Fam.) Applaudissements. *Un ban pour le champion.*
Hom. *banc*, siège.

banal, ale, als ou **aux** adj.
• (Vx) Qui appartient au seigneur.
• Ordinaire, commun.
Note.- Au sens propre qui est vieilli, l'adjectif s'écrit *banaux* au masculin pluriel. *Des fours banaux.* Au sens figuré, l'adjectif s'écrit *banals* au masculin pluriel. *Des commentaires banals.*

banalement adv.
De façon banale.

banalisation n. f.
Action de rendre banal.

banaliser v. tr.
Rendre banal, commun.

banalité n. f.
• (Vx) Usage d'une chose (moulin, four) moyennant redevance au seigneur.
• Insignifiance. *La banalité d'un commentaire.*
• (Au plur.) Paroles sans originalité. *Il n'a que des banalités à dire.*

banane n. f.
Fruit comestible du bananier.

bananeraie n. f.
Plantation de bananiers.

bananier n. m.
Plante cultivée pour ses fruits, les bananes.

banc n. m.
• Long siège. *Des bancs de jardin.*
• Masse de poissons. *Un banc de morues.*
• Bâti. *Un banc d'essai.*
• Accumulation. *Un banc de sable.*
Hom. *ban,* exil, proclamation solennelle, applaudissements.

bancaire adj.
Propre à la banque. *Des opérations bancaires.*

bancal, ale, als adj.
• Qui a les jambes tordues.
• Se dit d'un meuble dont les pieds sont inégaux. *Des meubles bancals.*

banco n. m.
Fait de tenir seul l'enjeu contre la banque. *Des bancos audacieux.*

bandage n. m.
Action de bander (une partie du corps) ; la ou les bandes ainsi placées.

bande n. f.
• Morceau plus long que large. *Une bande de tissu.*
• Partie étroite et allongée. *Une bande de terre. De larges bandes bleues.*
• Groupe de malfaiteurs. *Une bande armée.*
• Ensemble de personnes. *Une bande de copains.*
• *Faire bande à part.* Se tenir à l'écart.

bande-annonce n. f.
Extraits de film destinés à sa présentation. *Des bandes-annonces.*

bandeau n. m.
Bande qui couvre les yeux ou le front. *Des bandeaux.*

bande dessinée n. f.
• Sigle *B.D.*
• S'abrège familièrement en *bédé* (s'écrit sans point).
• Histoire racontée par une suite de dessins. *Des bandes dessinées amusantes.*

bandelette n. f.
Petite bande.

bande magnétoscopique n. f.
Bande magnétique pour l'enregistrement des images et des sons.
Syn. **bande vidéo.**

bande publique n. f.
Note.- Ce mot a fait l'objet d'une recommandation officielle pour remplacer l'anglicisme *citizen band (C.B.).*

bander v. tr., intr.
• **Transitif**
- Couvrir d'un bandeau. *Il lui banda les yeux.*
- Tendre avec effort. *Bander un arc.*
• **Intransitif**
(Pop.) Avoir une érection.

banderille n. f.
• Attention à la prononciation [bɑ̃drij].
• Dard utilisé dans les courses de taureaux.
Note.- Attention à l'orthographe : banderi*ll*e.

banderillero n. m.
• Attention à la prononciation [banderijero].
• Poseur de banderilles.

banderole n. f.
Pièce d'étoffe étroite et longue attachée au bout d'un mât.
Note.- Attention à l'orthographe : bandero*l*e.

bande sonore n. f.
Partie de la pellicule cinématographique où est enregistré le son.
Syn. **bande-son.**

bande vidéo n. f.
Dans cette expression, l'adjectif *vidéo* reste invariable. *Il a gardé une bande vidéo de cet entretien télévisé. Des bandes vidéo.*
Syn. **bande magnétoscopique.**

bandit n. m.
Malfaiteur.
Note.- Ce nom ne comporte pas de forme féminine. *Calamity Jane était un bandit de grand chemin.*

banditisme n. m.
Mœurs des bandits.

bandoulière n. f.
• Le *l* se prononce *l* et non *i* [bɑ̃duljer].
• Bande de cuir ou d'étoffe qui soutient un sac, une arme, un parapluie, etc.
• *En bandoulière.* Suspendu au moyen d'une bandoulière. *Elle portait un sac en bandoulière.*

bang n. m.
• Attention à la prononciation [bɑ̃g].
• Bruit d'une explosion.
• Bruit d'un avion franchissant le mur du son. *Les bangs du Concorde.*

banjo n. m.
• Le mot se prononce [bɑ̃ʒo] ou [bɑ̃dʒo].
• Sorte de guitare.

banlieue n. f.
Ensemble des agglomérations qui entourent une grande ville. *Un train de banlieue.*

banlieusard, arde n. m. et f.
Personne qui habite la banlieue.

banni, ie adj. et n. m. et f.
- Expulsé de sa patrie.
- Proscrit.

bannière n. f.
Étendard.

bannir v. tr.
- Expulser d'un pays.
- (Litt.) Supprimer. *Il doit bannir le sucre.*

bannissement n. m.
Exil.

banque n. f.
- Entreprise spécialisée dans les opérations financières. *Un compte en banque.*
- Lieu où s'exercent les opérations de banque.
- (Fig.) *Banque de sang, banque d'organes, banque de sperme.*

banque de données n. f.
(Inform.) Ensemble de données relatif à un domaine défini des connaissances et organisé pour être offert aux consultations d'utilisateurs.
V. **base de données**.

banqueroute n. f.
- Faillite frauduleuse. *Ils ont fait banqueroute.*
- (Litt.) Échec, ruine. *La banqueroute d'un parti politique.*
Note.- Ne pas confondre avec le terme *faillite* qui désigne la cessation de paiements non entachée de fraude. L'expression * « banqueroute frauduleuse » est un pléonasme.

banquet n. m.
Grand repas d'apparat.

banqueter v. intr.
- Redoublement du *t* devant un *e* muet. *Je banquette, je banquetterai*, mais *je banquetais*.
- Faire bonne chère.

banquette n. f.
Banc long et souvent rembourré. *Préférez-vous la banquette?*

banquier n. m.
banquière n. f.
Personne qui dirige une banque.

banquise n. f.
Amas de glaces flottantes dans les mers polaires.

bantou, oue adj. et n. m. et f.
Des Bantous (du Cameroun à l'Afrique du Sud). *Les langues bantoues.*
Note.- Lorsqu'il s'agit de la langue, l'adjectif ou le nom s'écrit avec une minuscule. Si le nom désigne une personne, la majuscule s'impose.

baobab n. m.
- Le *b* final est sonore [baɔbab].
- Arbre d'Afrique dont le tronc atteint des dimensions énormes. *Des baobabs.*

baptême n. m.
- Le *p* est muet [batɛm], ainsi que dans les dérivés.
- Sacrement de l'Église qui rend chrétien celui qui le reçoit.
- Premier contact. *C'est son baptême de l'air.*

baptiser v. tr.
- Donner le baptême à.
- Donner un nom.
- *Baptiser du vin.* Y ajouter de l'eau.

baptismal, ale, aux adj.
Relatif au baptême. *Les fonts baptismaux.*

baptistaire n. m.
Se dit d'un acte qui constate le baptême.
Hom. *baptistère,* chapelle de baptême.

baptistère n. m.
Chapelle de baptême.
Hom. *baptistaire,* acte qui constate le baptême.

baquet n. m.
- Cuve de bois.
- Siège d'une voiture de sport.

bar n. m.
- Débit de boissons. *Un bar très fréquenté.*
- Poisson marin apprécié pour sa chair, appelé aussi *loup. Ils ont mangé un bar succulent.*
- Unité de mesure de pression des fluides. Le mot *bar* ne s'abrège pas contrairement à la plupart des autres unités de mesure. *Des bars.*
Hom. *barre,* tige d'un matériau quelconque.

baragouin n. m.
Langage inintelligible, charabia.

baragouinage n. m.
(Fam.) Action de baragouiner.

baragouiner v. tr., intr.
(Fam.) Parler mal une langue.

baragouineur, euse n. m. et f.
(Fam.) Personne qui baragouine.

baraka n. f.
- De l'arabe signifiant « bénédiction ».
- Chance. *Elle a la baraka.*

baraque n. f.
Abri rudimentaire.
Note.- Attention à l'orthographe : ba*r*aque.

baraqué, ée adj.
(Pop.) Grand et fort.

baraquement n. m.
Ensemble de baraques.

baratin n. m.
Boniment.

baratiner v. tr., intr.
Raconter des boniments.

baratineur, euse adj. et n. m. et f.
Personne qui recourt au baratin. *Qu'il est baratineur !*

barattage n. m.
Action de baratter la crème pour obtenir le beurre.

baratte n. f.
Baril à battre le beurre.

baratter v. tr.
Agiter de la crème pour en faire du beurre.

barbacane n. f.
Meurtrière.
Note.- Ne pas confondre avec le nom **sarbacane** qui désigne une arme destinée à projeter des flèches.

barbant, ante adj.
(Fam.) Ennuyeux.

barbare adj. et n. m. et f.
• Qui n'est pas civilisé.
• Cruel.

barbarie n. f.
• Acte barbare.
• Cruauté.

barbarisme n. m.
Erreur de langage par altération de mot, par modification de sens. *La prononciation * « aréoport » au lieu de aéroport est un barbarisme.*

barbe n. f.
• Poils du menton et des joues. *Il porte la barbe.*
• *Barbe fleurie.* Barbe épaisse et blanche.

barbecue n. m.
Appareil mobile de cuisson à l'air libre.

barbelé, ée adj. et n. m. pl.
• **Adjectif.** Garni de pointes ou de dents.
• **Nom masculin pluriel.** Clôture de fil de fer barbelé. *Des barbelés entourent la propriété.*

barber v. tr.
(Fam.) Ennuyer.

barbet adj. inv. et n. m.
Chien à poil long et frisé.

barbiche n. f.
Petite barbe.

barbier n. m.
(Vx) Coiffeur.

barbiturique adj. et n. m.
Sédatif. *Ce sont des barbituriques puissants.*

barbon n. m.
(Péj.) Homme d'un âge avancé.

barbotage n. m.
Action de barboter dans l'eau.

barbote ou **barbotte** n. f.
Poisson de rivière.

barboter v. intr.
Patauger dans l'eau, la boue. *Les enfants barbotent dans la mare.*
Note.- Attention à l'orthographe : barbo*t*er.

barboteuse n. f.
Vêtement d'enfant d'une seule pièce.

barbouillage ou **barbouillis** n. m.
Mauvaise peinture, écriture peu lisible.

barbouiller v. tr.
• Les lettres *ill* sont suivies d'un *i* à la première et à la deuxième personne du pluriel de l'indicatif imparfait et du subjonctif présent. *(Que) nous barbouillions, (que) vous barbouilliez.*
• Salir.

barbouilleur, euse n. m. et f.
Personne qui barbouille.

barbouze n. m. ou f.
(Fam.) Agent secret.

barbu, ue adj. et n. m. et f.
Qui a de la barbe.
Ant. **imberbe.**

barbue n. f.
Poisson de mer.

barcarolle n. f.
Chanson des gondoliers vénitiens.

barda n. m.
• Équipement du soldat.
• Bagage encombrant.

barde n. m.
Poète et chanteur celte. *Un barde gaulois, nommé Assurancetourix.*

barde n. f.
Couche de lard.

bardeau n. m.
Planchette employée pour la couverture des maisons. *Un toit en bardeaux.*

barder v. tr., intr.,
• **Transitif**
- Couvrir d'une armure.
- (Fig.) Couvrir de quelque chose. *Barder un ancien ministre de décorations.*
- Envelopper de tranches de lard. *Barder un poulet.*
Note.- Ne pas confondre avec le verbe *larder* qui signifie « garnir de petits morceaux de lard ».
• **Intransitif**
(Pop.) Se gâter. *Ça va barder !*

barème n. m.
Recueil de tableaux numériques comportant des calculs tout faits.
Note.- Attention à l'orthographe : bar**è**me.

barge n. f.
Grande péniche plate pour les transports en vrac.

baril n. m.
• Le *l* se prononce [baril].
• Petit tonneau.
• Mesure de capacité utilisée pour les produits pétroliers.

barillet n. m.
• Petit baril.

125

• Pièce tournante du revolver où sont logées les cartouches.

bariolage n. m.
Assemblage disparate de couleurs.

barioler v. tr.
Peindre de couleurs disparates.

barmaid n. f.
barman n. m.
• **Nom féminin.** Employée qui sert dans un bar. *Des barmaids.* La lettre *d* se prononce [barmɛd].
• **Nom masculin.** Employé qui sert dans un bar. *Des barmans* ou *barmen.* La lettre *n* se prononce [barman].

baro- préf.
Élément du grec signifiant « pesanteur ». *Baromètre.*

baromètre n. m.
Instrument qui mesure la pression atmosphérique et de ce fait, le temps qui se prépare.

barométrique adj.
Qui se rapporte au baromètre.

baron n. m.
baronne n. f.
Titre de noblesse qui vient après celui de *vicomte.*

baronnet n. m.
Titre de noblesse, en Angleterre.

baronnie n. f.
Seigneurie d'un baron.

baroque adj. et n. m.
• **Adjectif**
- Bizarre.
- D'un style libre et orné. *Une fresque baroque.*
• **Nom masculin**
Style caractérisé par la liberté d'expression et la profusion des ornements.

baroud n. m.
• Le *d* se prononce [barud].
• (Arg.) Combat.
• *Baroud d'honneur.* Combat désespéré pour sauver l'honneur.

baroudeur n. m.
(Fam.) Personne qui aime le baroud.

barque n. f.
Petit bateau.

barquette n. f.
• Petite barque.
• Tartelette. *Puis-je vous offrir une barquette aux framboises ?*

barracuda n. m.
Grand poisson de mer carnassier. *Des barracudas voraces.*

barrage n. m.
• Action de barrer le passage. *Un barrage de police.*
• Ouvrage qui régularise le niveau d'un cours d'eau.

barre n. f.
• Pièce rigide, étroite et longue. *Les barres parallèles. De l'or en barre.*

• *Avoir barre(s) sur quelqu'un.* Le dominer.
Hom. *bar*, débit de boissons, unité de mesure, ou poisson de mer.

barré, ée adj.
Fermé à la circulation. *Rue barrée.*

barreau n. m.
• Ordre des avocats. *Être inscrit au barreau. Elle est membre du barreau de Paris.*
• Barre de bois, de métal. *Une ouverture avec des barreaux.*

barre oblique n. f.

Emploi de la barre oblique, ou barre inclinée (/).
• **Unités de mesure complexes abrégées** en remplacement de la préposition *par. Cette voiture roulait à 125 km/h.*
Note.- Si les unités de mesure sont notées en toutes lettres, on ne peut recourir à la barre oblique. *Cette voiture roulait à 125 kilomètres par heure, ou à l'heure.*
• **Fractions.** *2/3.*
• **Pourcentages.** *85 %.*
• **Mentions abrégées.** *N/Réf* pour **notre référence**, *V/Réf* pour **votre référence**.

---

barrer v. tr., pronom.
• **Transitif**
- Fermer quelque chose au moyen d'un obstacle.
- Biffer. *Barrer une phrase.*
• **Pronominal**
(Pop.) S'en aller, s'enfuir.

barrette n. f.
• Bonnet plat.
• Ornement pour les cheveux.

barreur, euse n. m. et f.
Personne qui tient la barre du gouvernail.

barricade n. f.
Obstacle constitué de matériaux improvisés.

barricader v. tr., pronom.
• **Transitif**
Fermer solidement.
• **Pronominal**
- S'abriter derrière une barricade.
- S'enfermer pour ne recevoir personne.

barrière n. f.
• Clôture.
• Obstacle.

barrique n. f.
Tonneau d'une capacité de 200 litres ; son contenu.

barrir v. intr.
Crier, en parlant de l'éléphant, du rhinocéros.

barrissement n. m.
Cri de l'éléphant ou du rhinocéros.

baryté, ée adj.
Composé de baryum.

baryton n. m.
Voix masculine entre le ténor et la basse.

baryum n. m.
- Symbole *Ba* (s'écrit sans point).
- Métal lourd d'un blanc argenté.

barzoï n. m.
Lévrier russe. *De magnifiques barzoïs.*

bas, basse adj., adv. et n. m.

Adjectif
- Qui a peu de hauteur. *Une table basse. La mer est basse à cette heure-ci.*
- Qui est grave (sons, musique). *Une belle voix basse.*
- Peu élevé. *Une enfant en bas âge. Ces prix sont très bas.*
- Méprisable. *Un être bas et méchant.*

Adverbe
À un niveau inférieur. *Cet avion vole bas.*

Locutions adverbiales
- *En bas.* Au-dessous. *Elle habite en bas.*
- *En contrebas.* À un niveau inférieur. *La terrasse est en contrebas du séjour.*
- *Là-bas.* Désigne un lieu plus ou moins éloigné. *Son amie habite là-bas.*
- *Ici-bas.* Sur cette terre. *Mourir, c'est le lot de tous et chacun ici-bas.* Ant. **là-haut.**

Locutions prépositives
- *À bas.* (Litt.) Cette locution ne s'emploie qu'après des verbes de mouvement comme *sauter*, *tomber*. *Sauter à bas du lit.*
- *En bas de, au bas de.* Dans la partie inférieure. *La maison est en bas de la côte.*

Locution interjective
- *À bas !* S'emploie en signe d'hostilité. *À bas le ministre !*

Locutions
- *Faire main basse.* Prendre, voler. *Ils ont fait main basse sur toutes les recettes de la journée.*
- *Des hauts et des bas.* État variable. *Son humeur a des hauts et des bas.*

Nom masculin
- La partie inférieure. *Un voile lui cachait le bas du visage.*
- Vêtement souple qui couvre le pied et la jambe. *Des bas en nylon.*
Hom. *bât*, pièce placée sur le dos des bêtes de somme.

bas-, basse- préf.
Les mots composés avec le préfixe *bas-* s'écrivent avec un trait d'union et prennent la marque du pluriel aux deux éléments. *Bas-côté, bas-relief. Des basses-cours.*

basal, ale, aux adj.
Qui a rapport à une base.

basalte n. m.
Roche volcanique très dure.

basané, ée adj.
Hâlé. *Un teint basané.*
V. Tableau - **COULEUR (ADJECTIFS DE).**

basaner v. tr.
Brunir la peau.

bas-bleu n. m.
(Vx) Femme pédante. *Des bas-bleus.*

bas-côté n. m.
Nef secondaire d'une église. *Des bas-côtés.*

bascule n. f.
Balance pour peser les objets lourds.
Note.- Ne pas confondre avec les mots suivants :
- *balance*, terme générique utilisé surtout pour nommer l'instrument qui pèse des marchandises ;
- *pèse-bébé*, appareil de pesage pour un jeune enfant ;
- *pèse-lettre*, instrument qui détermine le poids d'une lettre ;
- *pèse-personne*, appareil de pesage pour une personne.

basculer v. tr., intr.
- Osciller comme une bascule.
- Perdre l'équilibre, tomber.

bas-de-casse n. m. inv.
- Abréviation *b.d.c.*
- (Typogr.) Lettre minuscule.

bas de gamme adj. inv. et n. m. inv.
- **Adjectif invariable.** Se dit des produits les moins coûteux d'une série. *Des chaussures bas de gamme.*
- **Nom masculin invariable.** *Des bas de gamme.* Ant. **haut de gamme.**

base n. f.
- Partie inférieure sur laquelle une autre est posée.
- Fondement.
- (Chim.) Substance qui, combinée avec un acide, produit un sel et de l'eau.

base-ball n. m.
Jeu de balle pratiqué en Amérique du Nord. *Des base-balls.*

base de données n. f.
(Inform.) Ensemble structuré de fichiers reliés entre eux pour rassembler des données destinées à une application précise.
V. **banque de données.**

baser v. tr., pronom.
- **Transitif**
- Fonder. *Des arguments basés sur des faits.*
- (Milit.) Avoir pour base. *Ce soldat est basé au Texas.*
- **Pronominal**
Se fonder. *Ils se basent sur ces données pour définir leur campagne publicitaire.*

bas-fond n. m.
- Terrain bas.
- Endroit où l'eau est peu profonde. *Des bas-fonds dangereux.*
- (Au plur.) Lieux où règne la misère. *Les bas-fonds de New York.*

basic n. m.
- Sigle de « *B*eginner's *A*ll-purpose *S*ymbolic *Ins*truction *C*ode ».

• (Inform.) Langage pourvu d'un jeu réduit d'instructions et d'une syntaxe simple afin de faciliter la programmation.
Note.- Actuellement, le **basic** est le langage de programmation évolué le plus répandu pour les ordinateurs individuels.

basilic n. m.
Herbe aromatique.
Note.- Attention à l'orthographe : basili**c**.
Hom. **basilique**, église.

basilique n. f.
Église importante. *La basilique du Sacré-Cœur.*
Note.- Dans les désignations d'édifices religieux, le nom générique (**basilique, cathédrale, chapelle, église, oratoire**, etc.) s'écrit avec une minuscule.
Hom. **basilic,** herbe aromatique.

basique adj.
(Chim.) Qui se rapporte à une base.

basket n. m. ou f.
Chaussure de sport en toile à semelle de caoutchouc.

basket-ball n. m.
Sport entre deux équipes qui doivent lancer un ballon dans le panier du camp adverse. *Des basket-balls.*

basketteur, euse n. m. et f.
Joueur, joueuse de basket-ball.

basque adj. et n. m. et f.
Du Pays basque.
Note.- Lorsqu'il s'agit de la langue, l'adjectif ou le nom s'écrit avec une minuscule. Si le nom désigne une personne, la majuscule s'impose.

basque n. f.
Partie découpée et tombante de certains vêtements.

bas-relief n. m.
Sculpture en faible saillie. *Des bas-reliefs.*
Ant. **haut-relief.**

basse n. f.
• Partie du morceau de musique qui fait entendre les sons les plus graves.
• *Voix de basse.* La plus grave des voix d'homme.
• Instrument de musique jouant les notes graves.
Note.- Dans un orchestre symphonique, cet instrument est le **violoncelle**; dans une formation de jazz, de variétés, la **contrebasse**.

basse-cour n. f.
• Ensemble des bâtiments où l'on élève des volailles. *Des basses-cours.*
• Ensemble des animaux de la basse-cour.

basse-fosse n. f.
Cachot souterrain. *Des basses-fosses.*

bassement adv.
De façon basse, méprisable.

bassesse n. f.
• Action basse.
• Absence de dignité.

basset n. m.
Chien de chasse très bas sur pattes.

bassin n. m.
• Grand plat creux.
• Pièce d'eau artificielle, réservoir. *Le bassin d'une fontaine.*
Note.- Ne pas confondre avec les mots suivants :
- *étang*, petite étendue d'eau peu profonde ;
- *lac*, grande étendue d'eau à l'intérieur des terres ;
- *marais*, eau stagnante ;
- *nappe*, vaste étendue d'eau plane, souvent souterraine.

bassiste n. m. et f.
Musicien, musicienne qui joue de la basse.

basson n. m.
Instrument à vent en bois, à anche double.

bastide n. f.
Petite maison de campagne provençale.

bastille n. f.
Château fort.

bastingage n. m.
Parapet d'un navire.
Note.- Attention à l'orthographe : bastin**ga**ge.

bastion n. m.
• Ouvrage de fortification.
• (Fig.) Ce qui défend efficacement.

bastonnade n. f.
Coups de bâton.

bastringue n. m.
(Fam., vx) Bal de guinguette.

bas-ventre n. m.
Partie inférieure de l'abdomen. *Des bas-ventres.*

bât n. m.
• Pièce placée sur le dos des bêtes de somme pour le transport des fardeaux.
• *C'est là que le bât le blesse.* C'est là le point sensible.
Hom. **bas**, partie inférieure d'une chose.

bataclan n. m.
(Fam.) Attirail.

bataille n. f.
Combat.

batailler v. intr.
• Les lettres *ill* sont suivies d'un *i* à la première et à la deuxième personne du pluriel de l'indicatif imparfait et du subjonctif présent. *(Que) nous bataillions, (que) vous batailliez.*
• Se battre.

batailleur, euse adj. et n. m. et f.
Qui aime à se battre.

bataillon n. m.
Unité militaire de plusieurs compagnies. *Des chefs de bataillon.*

bâtard, arde adj. et n. m. et f.
• Se dit d'un enfant illégitime.
• Qui n'est pas de race pure (en parlant des végétaux, des animaux). *Un épagneul bâtard.*

• Dégénéré. *Un style bâtard.*
Note.- Attention à l'orthographe : b**â**tard.

bâtardise n. f.
État de bâtard.

bateau n. m.

Bâtiment, grand ou petit, qui navigue sur la mer ou sur les rivières. *Un bateau à voiles, à moteur, à rames. Un bateau de pêche.*
Note.- Le mot *bateau* est un générique qui désigne tout ce qui flotte et navigue. Par contre, le mot *navire* désigne un bâtiment de fort tonnage destiné au transport maritime (et non fluvial), tandis que le mot *embarcation* désigne un petit bateau, destiné principalement au tourisme, aux loisirs nautiques (canot, chaloupe, voilier, etc.).
GENRE DES NOMS DE BATEAUX
• **Nom propre masculin.** Le nom du bateau est précédé d'un article masculin, même si le genre du type de bateau est féminin. *Le Prince-de-Conti* (frégate).
• **Nom propre féminin.** Le nom du bateau est précédé d'un article masculin si le genre du type de bateau est masculin, du féminin si le genre du type de bateau est féminin. *Le France, le Queen Mary* (paquebots). *La Marie-Josèphe* (chaloupe).
• **Nom de personne, de ville, de province.** Le nom du bateau est précédé d'un article masculin. *Le Strasbourg, le Provence.*
Notes.-
1° On observe actuellement une tendance à supprimer l'article devant les noms de bateaux.
2° Les noms de bateaux, de trains, d'avions, etc., s'écrivent en italique ; l'article ne sera inscrit en caractères italiques que s'il fait partie du nom.

---

bateau-citerne n. m.
Bateau aménagé pour le transport des liquides en vrac. *Des bateaux-citernes.*

bateau-lavoir n. m.
Bateau où l'on venait laver le linge. *Des bateaux-lavoirs.*

bateau-mouche n. m.
Navire très mobile, par allusion à la finesse de l'insecte. *Des bateaux-mouches.*

bateau-phare n. m.
Bateau muni d'un phare. *Des bateaux-phares.*

bateleur, euse n. m. et f.
(Vx) Acrobate forain.

batelier, ière n. m. et f.
Passeur.

bâter v. tr.
Mettre un bât.

bat-flanc n. m. inv.
Pièce de bois entre deux stalles d'écurie. *Des bat-flanc.*

bathy- préf.
Élément du grec signifiant « profond ». *Bathyscaphe.*

bathyscaphe n. m.
Appareil destiné à explorer les profondeurs sous-marines.

bâti, ie adj.
• Construit.
• Robuste. *Des gaillards bien bâtis.*

bâti n. m.
Assemblage destiné à supporter une machine.

batifolage n. m.
(Fam.) Action de batifoler.

batifoler v. intr.
(Fam.) S'amuser à des choses futiles.

batifoleur, euse n. m. et f.
(Fam.) Personne qui aime à batifoler.

batik n. m.
• Le *k* se prononce [batik].
• Tissu peint. *Des batiks.*

bâtiment n. m.
• Construction d'une certaine importance. *Un bâtiment ancien.*
• Ensemble des entreprises et métiers qui travaillent à la construction des immeubles. *Quand le bâtiment va, tout va.*
• Navire.

bâtir v. tr.
Construire, au propre et au figuré. *Bâtir une maison, sa fortune.*

bâtisse n. f.
Grand bâtiment.
Note.- Ce mot est parfois péjoratif ; on lui préférera les mots *immeuble* ou *édifice*.

bâtisseur, euse n. m. et f.
• Personne qui bâtit.
• Fondateur. *Le bâtisseur de ce regroupement.*

batiste n. f.
Toile de lin très fine. *Un joli col de batiste brodée.*

bâton n. m.
• Morceau de bois mince et long qu'on peut tenir à la main. *Des coups de bâton.*
• Objet en forme de bâton. *Un bâton de rouge.*
• *Parler à bâtons rompus*, locution. Sans suite.

bâtonnet n. m.
Petit bâton.

bâtonnier n. m.
Chef de l'Ordre du barreau.

batracien n. m.
(Au plur.) Classe d'animaux vertébrés amphibies. *La grenouille se classe dans les batraciens.*

battage n. m.
• Action de battre. *Le battage des tapis.*
• (Fam.) Publicité bruyante. *Un grand battage publicitaire.*

battant, ante adj. et n. m. et f.
• **Adjectif.** Qui bat. *Une porte battante, une pluie battante.*

• Nom masculin. Vantail d'une porte, d'une fenêtre, marteau d'une cloche.

• Nom masculin et féminin. Personne combative. *Ce P.-D.G. est un battant.*

battement n. m.
• Action de battre. *Des battements de mains.*
• Pulsation. *Battement de cœur.*
• Délai. *J'ai une heure de battement.*

batterie n. f.
• Ensemble de pièces d'artillerie.
• Ensemble d'ustensiles de cuisine. *Une batterie de casseroles.*
• Instrument à percussion.
• Ensemble d'éléments générateurs d'énergie électrique. *La batterie de cette voiture est à plat.*

batteur n. m.
Appareil électroménager servant à mélanger. *Un batteur à œufs.*

batteuse n. f.
Machine à battre les grains.

battre v. tr., intr. et pronom.
• *Je bats, nous battons. Je battais. Je battis, nous battîmes. Je battrai. Je battrais. Bats, battons, battez. Que je batte, que nous battions. Que je battisse, qu'il battît, que nous battissions. Battant. Battu, ue.*
• Transitif
- Frapper à coups redoublés. *Battre son tapis.*
- Triompher de. *Il a battu son adversaire.*
- *Battre son plein.* Se disait d'abord d'une cloche sonnant à la volée. A le sens aujourd'hui de « atteindre son point culminant ». *Les réjouissances battaient leur plein.*
• Intransitif
Être agité d'un mouvement régulier. *Est-ce que son cœur bat toujours ?*
• Pronominal
Lutter. *Se battre en duel.*
Note.- Les dérivés de *battre* s'écrivent avec deux *t*, à l'exception de *combatif* et de *combativité.*

battu, ue adj.
• Qui a reçu des coups.
• Vaincu.

battue n. f.
Action de fouiller un bois, un terrain à la recherche de gibier.

batture n. f.
Au Canada, partie du rivage que la marée laisse à découvert.

baud n. m.
• Le *d* ne se prononce pas [bo].
• (Inform.) Unité de vitesse de transmission de signaux, dite aussi *rapidité de modulation*, correspondant à une impulsion par seconde. *Des bauds.*

baudet n. m.
Âne.

baudrier n. m.
• Bande de cuir ou d'étoffe qui fait office de bandoulière.

• (Par ext.) Partie supérieure de la ceinture de sécurité routière qui s'applique sur la poitrine.

baudroie n. f.
Grand poisson comestible à grosse tête.

baudruche n. f.
Membrane servant à fabriquer certains objets. *Un ballon en baudruche.*

baume n. m.
• Résine odoriférante utilisée pour la préparation d'onguents, de calmants.
• (Fig.) Apaisement.
Hom. *bôme,* pièce de bois utilisée comme mât horizontal d'un voilier, d'une planche à voile.

bauxite n. f.
Minerai d'aluminium.

bavard, arde adj. et n. m. et f.
Qui parle trop.

bavardage n. m.
• Action de bavarder.
• Propos inutiles.
Note.- En ce sens, le nom s'emploie généralement au pluriel.

bavarder v. intr.
Parler beaucoup.

bavarois, oise adj. et n. m. et f.
De la Bavière.
Note.- Contrairement à l'adjectif, le nom prend une majuscule.

bavaroise n. f. ou **bavarois** n. m.
Entremets. *Une délicieuse bavaroise au café.*

bave n. f.
Salive qui s'écoule de la bouche d'un animal.

baver v. intr.
Laisser écouler de la bave.

bavette n. f.
• Petite pièce d'étoffe que l'on place sous le menton des jeunes enfants.
Syn. **bavoir.**
• Morceau de bœuf, près de l'aloyau.

baveux, euse adj.
• Qui bave.
• *Omelette baveuse.* Omelette peu cuite.

bavoir n. m.
Bavette.

bavure n. f.
• Imperfection, erreur.
• *Sans bavures.* Impeccable.

bayadère n. f.
• Danseuse sacrée de l'Inde.
• *Tissu bayadère.* Tissu à rayures multicolores.

bayer v. intr.
• Le *y* est suivi d'un *i* à la première et à la deuxième personne du pluriel de l'indicatif imparfait et du subjonctif présent. *(Que) nous bayions.*
• (Vx) Bâiller.

Note.- Ce verbe n'est plus usité que dans l'expression **bayer aux corneilles** signifiant « regarder en l'air, la bouche ouverte ».

bayou n. m.
Eaux peu profondes de la Louisiane. *Des bayous.*

bazar n. m.
● Marché public.
● Objets en désordre.
Note.- Attention à l'orthographe : baza**r**, malgré **ba-zarder**.

bazarder v. tr.
(Fam.) Liquider.

bazooka n. m.
● Les lettres **oo** se prononcent **ou** [bazuka].
● Lance-roquettes. *Des bazookas.*

BBC
Sigle de *British Broadcasting Corporation*.

B.C.B.G. adj. inv.
Sigle de *bon chic bon genre*.

B.C.G.
Sigle de *vaccin bilié de Calmette et Guérin*.

bd
Abréviation de *boulevard*.

B.D.
Sigle de *bande dessinée*.

b.d.c.
Abréviation de *bas-de-casse*.

Be
Symbole chimique de *béryllium*.

beagle n. m.
● Les lettres **ea** se prononcent **i** [bigl].
● Basset.

béance n. f.
État de ce qui est béant.

béant, ante adj.
Largement ouvert. *Une gueule béante.*

béarnais, aise adj. et n. m. et f.
● **Adjectif et nom masculin et féminin.** Du Béarn.
Note.- Contrairement à l'adjectif, le nom prend une majuscule.
● **Nom féminin.** Sauce au beurre et aux œufs. *Un filet mignon béarnaise.*

béat, ate adj.
Tranquille, envahi d'une satisfaction naïve. *Un sourire béat.*

béatement adv.
De façon béate.

béatification n. f.
Acte du pape nommant une personne au nombre des bienheureux.

béatifier v. tr.
● Redoublement du **i** à la première et à la deuxième personne du pluriel de l'indicatif imparfait et du sub-jonctif présent. *(Que) nous béatifiions, (que) vous béatifiiez.*
● Proclamer bienheureux par la béatification.
Note.- Ne pas confondre avec le verbe **canoniser** qui signifie « action de proclamer saint ».

béatifique adj.
Qui procure la béatitude.

béatitude n. f.
Félicité.

beatnik n. m. et f.
● Les lettres **ea** se prononcent **i** [bitnik].
● Anticonformiste (vers 1950).

beau, belle, beaux adj. et n. m. et f.

● **Adjectif**
- Qui crée un plaisir esthétique, une impression agréable. *Un beau paysage, une belle aquarelle, de beaux enfants.*
- Qui éveille un sentiment d'admiration. *Un beau caractère, une belle action.*
- Qui est réussi. *Un beau gâteau, une belle randonnée, une belle situation.*
- Clair, calme. *Le temps est beau, la mer est belle.*
- Par ironie. *Cela lui fera une belle jambe !*
Note.- L'ancienne forme masculine **bel** s'emploie devant un nom masculin singulier commençant par une voyelle ou un **h** muet. *Un bel éléphant, un bel homme.* Cette règle s'applique également aux adjectifs **fou, mou, nouveau, vieux**.
● **Nom masculin**
Ce qui fait éprouver un sentiment d'admiration et de plaisir.
● **Locutions**
- **Avoir beau + infinitif.** S'efforcer en vain.
Note.- Dans cette locution qui exprime l'inutilité de l'action énoncée par l'infinitif, l'adjectif **beau** demeure invariable. *Elle avait beau se lever tôt, elle arrivait toujours en retard.*
- **Bel et bon, bel et bien.** Réellement. *Elle a bel et bien vendu la propriété.*
- **De plus belle.** De nouveau. *Il recommence de plus belle à chanter très fort.*
- **Belle.** Ellipse où il faut sous-entendre un mot féminin (balle, chose, occasion). *Je l'ai échappé belle* (échapper de justesse à un danger).
Hom. :
- **baux**, forme plurielle de **bail**, contrat de location ;
- **bot**, difforme, en parlant d'un pied.

beau-, beaux- adj.
Les mots composés avec l'adjectif **beau** qui indique un lien de parenté par alliance ou d'un second mariage, s'écrivent avec un trait d'union et prennent la marque du pluriel aux deux éléments. *Un beau-père, des beaux-fils.*
V. **belle**.

beaucoup adv.

En grande quantité, d'une valeur élevée, d'une certaine intensité. *Elle a planté beaucoup de fleurs. Il a beaucoup*

de talent. *Elle l'a beaucoup aimé. Il y a beaucoup d'appelés, mais peu d'élus.*
- **Beaucoup + nom singulier.** Le verbe est au singulier. *Beaucoup de monde a participé à l'exposition.*
- **Beaucoup + nom pluriel.** Le verbe est au pluriel. *Beaucoup de personnes sont venues.*
- **Beaucoup + nom féminin.** L'attribut ou le participe est au féminin. *Beaucoup de filles ont été admises.*
- **Beaucoup (sans complément).** L'accord se fait au masculin pluriel. *Beaucoup sont présents.*
- **Beaucoup + adverbe.** L'adverbe *beaucoup* ne s'emploie que devant *mieux, plus, trop, moins. Pierre dessine beaucoup mieux que moi.*
- **De beaucoup**, locution adverbiale. Pour marquer une comparaison. *Elle est de beaucoup la plus avisée. De tout son groupe, il est de beaucoup le plus innovateur.*

beauceron, onne adj. et n. m. et f.
De la Beauce. *L'agriculture beauceronne.*
Note.- Contrairement à l'adjectif, le nom prend une majuscule.

beau-fils n. m.
Gendre. *Des beaux-fils.*

beau-frère n. m.
- Mari de la sœur.
- Frère du conjoint. *Des beaux-frères.*

beaujolais n. m.
Vin du Beaujolais.
Note.- Ce nom prend une majuscule s'il désigne la région de France, une minuscule s'il désigne le vin originaire de cette région.

beau-père n. m.
- Père du conjoint.
- Second mari de leur mère, par rapport aux enfants issus d'un premier mariage. *Des beaux-pères.*

beauté n. f.
Qualité de ce qui remplit d'admiration. *La beauté du diable. Elle est très en beauté. La beauté d'un paysage, d'une œuvre d'art.*

beaux-arts n. m. pl.
La peinture, la sculpture, l'architecture, la musique, la danse, la gravure.

beaux-parents n. m. pl.
Père et mère du conjoint.

bébé-éprouvette n. m.
Enfant dont la fécondation a été réalisée *in vitro. Des bébés-éprouvette.*

bec n. m.
- Partie cornée qui tient lieu de bouche et de dents aux oiseaux.
- (Fam.) Au Canada, en Suisse, petit baiser.

bec-
Les noms composés avec le mot *bec-* s'écrivent avec un trait d'union. Seul le mot *bec-* prend la marque du pluriel. *Des becs-de-lièvre.*

bécane n. f.
(Fam.) Bicyclette.

bécarre n. m.
Signe musical.

bécasseau n. m.
Petit de la bécasse.

bécassine n. f.
Oiseau échassier migrateur.

bec-de-cane n. m.
Poignée mobile d'une serrure en forme de bec de cane. *Des becs-de-cane.*

bec-de-lièvre n. m.
Difformité de la lèvre supérieure. *Des becs-de-lièvre.*

béchamel n. f. inv.
Sauce blanche. *Une béchamel. Une sauce béchamel.*

bêche n. f.
Outil pour jardiner.

bêcher v. tr., intr.
- Retourner la terre avec une bêche.
- (Fam.) Avoir une attitude hautaine.

bêcheur, euse n. m. et f.
Personne prétentieuse.

bécot n. m.
(Fam.) Baiser.

bécoter v. tr., pronom.
- **Transitif.** (Fam.) Donner de petits baisers.
- **Pronominal.** S'embrasser.
Note.- Attention à l'orthographe : bécoter.

becquée ou **béquée** n. f.
Quantité de nourriture qu'un oiseau prend avec son bec pour donner à ses petits.

becqueter ou **béqueter** v. tr., intr.
- Redoublement du *t* devant un *e* muet. *Il becquette, il becquettera*, mais *il becquetait.*
- Frapper avec le bec, en parlant d'un oiseau.
Note.- L'orthographe *becqueter* est la plus courante.

bedaine n. f.
(Fam.) Gros ventre.

bédé n. f.
Abréviation familière de *bande dessinée.*

bedeau n. m.
Employé d'église.
Note.- Ne pas confondre avec le nom *badaud* qui désigne un passant.

bedon n. m.
(Fam.) Ventre rebondi.

bedonnant, ante adj.
(Fam.) Qui a du ventre.

bedonner v. intr.
(Fam.) Prendre du ventre.

bédouin, ine adj. et n. m. et f.
- **Adjectif.** Relatif aux Bédouins.
- **Nom masculin et féminin.** Nomade du désert. *Des Bédouins.*

Note.- Contrairement à l'adjectif, le nom prend une majuscule.

bée adj. f.
Bouche bée. Ouverte d'étonnement.
Note.- Cet adjectif ne s'emploie que dans l'expression citée.
Hom. :
- *bai*, d'un brun roux ;
- *baie*, petit golfe, petit fruit charnu ;
- *bey*, gouverneur.

béer v. intr.
Être grand ouvert.
Note.- Ce verbe s'emploie surtout au participe passé pour qualifier le nom *bouche* dans l'expression *bouche bée*.

beffroi n. m.
• Tour d'une ville.
• Clocher.

bégaiement n. m.
Trouble de la parole caractérisé par la répétition saccadée d'une syllabe.
Note.- Attention à l'orthographe : bégaiement.

bégayer v. tr., intr.
• Le *y* peut être changé en *i* devant un *e* muet. *Il bégaye* ou (plus usuel) *il bégaie, il bégayera* ou (plus usuel) *il bégaiera.*
• Le *y* est suivi d'un *i* à la première et à la deuxième personne du pluriel de l'indicatif imparfait et du subjonctif présent. *(Que) nous bégayions, (que) vous bégayiez.*
• **Transitif**. Balbutier. *Bégayer des remerciements.*
• **Intransitif**. Parler avec difficulté en répétant certaines syllabes.

bégayeur, euse adj. et n. m. et f.
Qui bégaie.
Syn. **bègue**.

bégonia n. m.
• Plante ornementale cultivée pour ses fleurs aux couleurs vives. *Des bégonias doubles.*
• (Fam.) *Charrier dans les bégonias.* Exagérer.

bègue adj. et n. m. et f.
Qui bégaie.

bégueule adj. et n. m. et f.
(Fam.) Prude.

béguin n. m.
• Coiffe des béguines.
• Passion légère.
• Personne qui en est l'objet.

béguinage n. m.
Maison des béguines.

béguine n. f.
En Belgique, aux Pays-Bas, religieuse vivant en communauté.

beige adj. et n. m.
• **Adjectif de couleur variable**. D'un brun clair. *Des imperméables beiges.*

Note.- L'adjectif de couleur composé est invariable. *Des chapeaux gris beige.*
V. Tableau - **COULEUR (ADJECTIFS DE)**.
• **Nom masculin**. Couleur brun clair.

beigne n. f.
(Pop.) Gifle.

beignet n. m.
Pâte frite enrobant une substance alimentaire. *Des beignets de pommes, des beignets aux pommes.*

bel ou **beau, belle** adj. et n. m. et f.
Devant un nom commençant par une voyelle ou un *h* muet, on emploiera *bel. Un bel oiseau, un bel homme.*
V. **beau**.

bêlant, ante adj.
Qui bêle.

bel canto n. m. inv.
• Attention à la prononciation [bɛlkɑ̃to].
• Chant.
Note.- En typographie soignée, les mots étrangers sont composés en italique. Dans des textes déjà en italique, la notation se fait en romain. Pour les textes manuscrits, on utilisera les guillemets.

bêlement n. m.
Cri des ovins.

bêler v. intr.
Crier, en parlant du mouton, de la chèvre. *Le mouton bêle.*

bel et bien loc. adv.
Réellement. Dans cette locution figée, l'adjectif *bel* reste invariable. *Elle est bel et bien venue hier.*

belette n. f.
Petit mammifère carnivore.

belge adj. et n. m. et f.
De Belgique.
Note.- Contrairement à l'adjectif, le nom prend une majuscule.

belgicisme n. m.
Mot, expression propre au français de Belgique.

bélier n. m.
• Mâle de la brebis.
• Nom d'une constellation, d'un signe du zodiaque.
Note.- Les noms d'astres s'écrivent avec une majuscule. *Elle est (du signe du) Bélier, elle est née entre le 21 mars et le 20 avril.*
V. **astre**.

bélino n. m.
Abréviation familière de *bélinographe. Des bélinos.*

bélinographe n. m.
• S'abrège familièrement en *bélino.*
• Appareil servant à transmettre des images, des textes.

belladone n. f.
Plante vénéneuse employée en médecine.
Note.- Attention à l'orthographe : bel**la**do**n**e

bellâtre n. m.
Homme qui se croit ou se sait beau.

belle- adj.
• Les mots composés du nom *belle-* s'écrivent avec un trait d'union. *Belle-* prend la marque du pluriel. *Des belles-de-jour.*
• Les mots composés de l'adjectif *belle-* indiquant un lien de parenté par alliance ou d'un second mariage, s'écrivent avec un trait d'union et prennent la marque du pluriel aux deux éléments. *Des belles-mères.*
V. **beau.**

belle-de-jour n. f.
Nom populaire du *liseron* ou *volubilis*. *Des belles-de-jour.*

belle-de-nuit n. f.
Le mirabilis, dont les fleurs s'ouvrent la nuit. *Des belles-de-nuit.*

belle-fille n. f.
• Épouse du fils. *Des belles-filles.*
• Fille que le conjoint a eue d'un précédent mariage.

bellement adv.
Doucement, avec modération.

belle-mère n. f.
• Mère du conjoint.
• Seconde femme du père pour les enfants issus d'un premier mariage. *Des belles-mères.*

belle-sœur n. f.
• Sœur du conjoint.
• Épouse du frère. *Des belles-sœurs.*

bellicisme n. m.
Amour de la guerre.

belliciste adj. et n. m. et f.
Qui est partisan de la guerre.

belligérance n. f.
Fait d'un État qui prend part à une guerre.

belligérant, ante adj. et n. m. et f.
Qui participe à une guerre.

belliqueux, euse adj.
Qui aime la guerre, la violence.

belon n. f.
Variété d'huître.

belote n. f.
Jeu de cartes.

béluga ou **bélouga** n. m.
• Mammifère marin, en voie de disparition, habitant les mers arctiques. *Des bélugas.*
• Au Canada, se dit également *baleine blanche.*
• Variété de caviar.

belvédère n. m.
Pavillon, terrasse d'où la vue s'étend au loin.

bémol n. m. et adj.
Signe musical qui indique que la note qui suit doit être baissée d'un demi-ton.

bénédicité n. m.
Prière qui se récite avant les repas. *Des bénédicités.*

bénédictin, ine adj. et n. m. et f.
• Religieux de l'ordre de saint Benoît.
• *Travail de bénédictin.* Travail long et fastidieux.

bénédiction n. f.
Action de bénir, de consacrer.
Ant. **malédiction.**

bénéfice n. m.
• Profit. *L'intéressement consiste en une participation aux bénéfices de l'entreprise,*
• *Au bénéfice de*, locution. Au profit de. *Ce concert est donné au bénéfice de cette œuvre.*
Note.- Dans cette locution, le mot *bénéfice* demeure au singulier.
Ant. **déficit.**

bénéficiaire adj. et n. m. et f.
• **Adjectif.** Qui a rapport au bénéfice. *La marge bénéficiaire.*
Ant. **déficitaire.**
• **Nom masculin ou féminin.** Personne qui jouit d'un bénéfice.

bénéficier v. tr. ind.
• Redoublement du *i* à la première et à la deuxième personne du pluriel de l'indicatif imparfait et du subjonctif présent. *(Que) nous bénéficiions, (que) vous bénéficiiez.*
• Profiter, tirer un profit de.
Note.- Ce verbe se construit tantôt avec *de*, tantôt avec *à. Nous avons bénéficié de ses largesses. Cette amnistie bénéficiera à tous les contrevenants.*

bénéfique adj.
Qui fait du bien.

Benelux
Sigle de *Union douanière de la Belgique, des Pays-Bas et du Luxembourg.*

benêt adj. et n. m.
Niais.
Note.- Ce mot n'a pas de forme féminine.

bénévole adj. et n. m. et f.
• **Adjectif**. À titre gracieux. *Un service bénévole.*
• **Nom masculin et féminin.** Personne qui fait quelque chose sans rémunération. *Ces bénévoles sont très dévoués.*

bénévolement adv.
De façon bénévole.

bengali adj. et n. m. et f.
• Les lettres *en* se prononcent *in* [bɛ̃gali].
• **Adjectif**
- Habitant ou originaire du Bengale. Le mot *bengali* est invariable en genre. *Ces femmes bengalis sont très belles.*
- Qualifie la langue parlée au Bengale. *La langue bengali.*
• **Nom masculin**
Langue parlée au Bengale. *Parlez-vous le bengali ?*
Note.- Lorsqu'il s'agit de la langue, l'adjectif ou le nom s'écrit avec une minuscule. Si le nom désigne une personne, la majuscule s'impose.

bénignement adv.
De façon bénigne.

bénignité n. f.
Caractère de ce qui est bénin.

bénin, igne adj.
Qui est sans gravité. *Une maladie bénigne.*
Ant. **malin.**

béni-oui-oui n. m. inv.
• De l'arabe « ben » signifiant « fils de ».
• Personne qui se plie à toutes les demandes d'une autorité établie.

bénir v. tr.

• Consacrer au culte divin. *Bénir une chapelle.*
• Appeler la bénédiction divine sur. *Bénir ses enfants.*
• Louer, remercier. *Il bénit le ciel des faveurs obtenues.*
Notes.-
1º Ce verbe a deux participes passés : **béni, bénie** dans le sens de « glorifié » et **bénit, bénite** dans le sens de « consacré par une cérémonie liturgique ».
2º Employé aux temps composés de la forme active, le participe passé est toujours *béni, bénie*. Cette forme a tendance à l'emporter dans tous les sens.

---

bénitier n. m.
Vase contenant de l'eau bénite.

benjamin, ine n. m. et f.
• Les lettres *en* se prononcent *in* [bɛ̃ʒamɛ̃].
• Le plus jeune des enfants d'une famille.

benjoin n. m.
• Les lettres *en* se prononcent *in* [bɛ̃ʒwɛ̃].
• Baume.

benne n. f.
Caisse servant au transport.

benoît, oîte adj.
(Litt.) Doucereux.

benoîtement adv.
(Litt.) De façon benoîte.

benzène n. m.
• Les lettres *en* se prononcent *in* [bɛ̃zɛn].
• Carbure d'hydrogène.

benzine n. f.
• Les lettres *en* se prononcent *in* [bɛ̃zin].
• Mélange d'hydrocarbures.

benzol n. m.
• Les lettres *en* se prononcent *in* [bɛ̃zɔl].
• Carburant.

béotien, ienne adj. et n. m. et f.
• Attention au *t* qui se prononce *s* [beɔsjɛ̃].
• Inculte, grossier, ignorant.

B.E.P.
Sigle de *Brevet d'études professionnelles*.

béquée
V. **becquée.**

béqueter
V. **becqueter.**

béquille n. f.
• Bâton sur lequel on s'appuie pour marcher.
• Pièce destinée à soutenir.

berbère adj. et n. m. et f.
• **Adjectif.** Se dit de la race autochtone d'Afrique du Nord.
• **Nom masculin.** La langue berbère.
Note.- Lorsqu'il s'agit de la langue, l'adjectif ou le nom s'écrit avec une minuscule. Si le nom désigne une personne, la majuscule s'impose.

bercail n. m. sing.
• Bergerie.
• (Plaisant.) *Ramener une brebis au bercail.* Ramener quelqu'un à sa famille, à une conduite honnête.

berceau n. m.
• Petit lit pour bercer les nouveau-nés. *De jolis berceaux.*
• (Fig.) Lieu d'origine. *Le berceau de la civilisation.*

bercelonnette n. f.
Berceau monté sur deux pieds en forme de croissant.

bercement n. m.
Action de bercer.

bercer v. tr., pronom.
• Le *c* prend une cédille devant les lettres *a* et *o*. *Il berça, nous berçons.*
• **Transitif.** Balancer un enfant dans son berceau.
• **Pronominal.** S'illusionner.

berceuse n. f.
Chanson destinée à endormir les enfants.

béret n. m.
Coiffure ronde et plate.

bergamasque n. f.
Danse de Bergame.

bergamote n. f.
Variété de poire dont on extrait une essence.
Note.- Attention à l'orthographe : bergamo*t*e.

bergamotier n. m.
Arbre dont le fruit est la bergamote.

berge n. f.
Bord d'une rivière.

berger n. m.
bergère n. f.
Personne qui garde les moutons.

bergère n. f.
Fauteuil large et profond garni d'un épais coussin.

bergerie n. f.
Enclos où vivent les moutons.

béribéri n. m.
Maladie causée par une carence en vitamine B_1.

berline n. f.
Voiture à quatre portes.

berlingot n. m.
• Bonbon.

• Emballage de forme tétraédrique pour les liquides. *Du lait en berlingot.*

berlinois, oise adj. et n. m. et f.
De Berlin.
Note.- Contrairement à l'adjectif, le nom prend une majuscule.

berlue n. f.
• Éblouissement.
• *Avoir la berlue*, locution. (Fig.) Avoir des visions.

bermuda n. m.
Short s'arrêtant au genou. *Des bermudas à fleurs.*

bernacle, bernache ou **barnache** n. f.
Sorte d'oie sauvage.

bernard-l'ermite ou **bernard-l'hermite** n. m. inv.
Crustacé empruntant la coquille des petits mollusques.

berne n. f.
En berne, locution. À mi-mât, en signe de deuil ou de détresse. *Mettre les drapeaux en berne.*

berner v. tr.
(Litt.) Duper.

béryllium n. m.
Symbole *Be* (s'écrit sans point).

besace n. f.
Sac à deux poches avec une ouverture au milieu.

bésicles ou **besicles** n. f. pl.
(Plaisant.) Lunettes.

besogne n. f.
Travail pénible.

besogner v. intr.
• Les lettres *gn* sont suivies d'un *i* à la première et à la deuxième personne du pluriel de l'indicatif imparfait et du subjonctif présent. *(Que) nous besognions, (que) vous besogniez.*
• (Péj.) Exécuter un travail pénible et mal rétribué.

besogneux, euse adj. et n. m. et f.
Qui accomplit lentement et avec difficulté un travail.

besoin n. m.
• Manque de ce qui est nécessaire.
• *Au besoin*, locution adverbiale. S'il le faut.
Notes.-
1° L'expression *avoir besoin* se construit avec *de*, *avoir besoin de lait et de sucre*, et avec *que*, *il a besoin qu'on l'appuie*.
2° L'expression *être besoin de* est littéraire. *Est-il besoin de vous le rappeler?*

besson, onne n. m. et f.
(Vx) Jumeau, jumelle.

bestiaire n. m.
Recueil de fables sur les animaux.

bestial, ale, aux adj.
Qui a la cruauté des bêtes féroces. *Des appétits bestiaux.*
Note.- Ne pas confondre avec les mots suivants:
- *cruel*, qui se plaît à faire souffrir;

- *féroce*, qui est sauvage et cruel par nature;
- *inhumain*, qui est étranger à tout sentiment de pitié.

bestialement adv.
D'une manière bestiale.

bestialité n. f.
Caractère d'une personne bestiale.

bestiaux n. m. pl.
Gros bétail (bœufs, vaches).

bestiole n. f.
Petite bête.

best-seller n. m.
Livre qui a beaucoup de succès, succès de librairie. *Des best-sellers.*

bêta adj. inv. et n. m. inv.
Lettre grecque. *Des bêta. Des rayons bêta.*

bêta, asse adj. et n. m. et f.
(Fam.) Bête. *Ils sont plutôt bêtas.*

bétail n. m.
Ensemble de bêtes d'élevage (cheval, bœuf, vache, chèvre, mouton, porc).

bête adj. et n. f.
• **Adjectif**
Stupide.
• **Nom féminin**
- Tout être animé qui se meut, autre que l'homme.
- (Fig.) Personne ignorante. *Faire la bête.*
- *Bête à bon Dieu*. Nom familier de la *coccinelle.*

bêtement adv.
• De manière bête.
• *Tout bêtement*. Tout simplement.

bêtifier v. intr.
• Redoublement du *i* à la première et à la deuxième personne du pluriel de l'indicatif imparfait et du subjonctif présent. *(Que) nous bêtifiions, (que) vous bêtifiiez.*
• (Fam.) Parler d'une manière puérile.

bêtise n. f.
• Manque d'intelligence, de jugement.
• Acte ou propos bête.

béton n. m.
Matériau de construction composé d'un mortier de sable, de gravier.

bétonnage n. m.
Ouvrage de béton.

bétonner v. tr.
Construire avec du béton.

* bétonneuse
Impropriété → *bétonnière.*

bétonnière n. f.
Machine servant à préparer le béton. *Il conduit une bétonnière* (et non une * bétonneuse).

bette ou **blette** n. f.
Plante de la famille de la betterave dont on mange les feuilles.

betterave n. f.
Plante à racine charnue.

beuglement n. m.
Cri des bovins.

beugler v. intr.
Pousser des beuglements. *Le taureau beugle.*

beurre n. m.
• Substance alimentaire extraite du lait. *Du pain et du beurre.*
• (Fam.) *Œil au beurre noir.* Œil poché.

beurrée n. f.
(Rég.) Tartine de beurre.

beurrer v. tr.
Couvrir de beurre.

beurrerie n. f.
Fabrique de beurre.

beurrier n. m.
Récipient où l'on dépose le beurre.

beuverie n. f.
(Péj.) Fête où l'on boit beaucoup.

bévue n. f.
Erreur commise par manque de réflexion.

bey n. m.
Gouverneur d'une province turque.
Hom. :
- *bai*, d'un brun roux ;
- *baie*, petit golfe, petit fruit charnu ;
- *bée*, ouverte.

Bi
Symbole chimique de *bismuth*.

bi(s)- préf.
Les mots composés avec le préfixe *bi-* qui signifie « deux fois » s'écrivent sans trait d'union. *Un télésiège biplace, une personne bilingue. Un avion bimoteur. Une réunion bihebdomadaire.*
Note.- Devant une voyelle, le préfixe *bi-* prend un *s*. *Un bisaïeul.* Attention à l'accord de l'adjectif qui reste singulier si le nom qu'il qualifie est singulier. *Un avion biplace.*
V. Tableau - **PÉRIODICITÉ ET DURÉE.**

biafrais, aise adj. et n. m. et f.
Du Biafra.
Note.- Contrairement à l'adjectif, le nom prend une majuscule.

biais n. m.
• Ligne oblique.
• Détour.
• *De biais*, locution adverbiale. Obliquement.

biaiser v. intr.
• Obliquer.
• (Fam.) Tergiverser, user de moyens détournés.

bibelot n. m.
Petit objet décoratif, généralement de peu de valeur.

biberon n. m.
Petite bouteille munie d'une tétine servant à l'allaitement des nouveau-nés.

bibi n. m.
(Fam.) Petit chapeau.

bibl.
Abréviation de *bibliothèque*.

bible n. f.
• Recueil de livres sacrés (Ancien et Nouveau Testament). *Étudier la Bible.*
Note.- Quand il désigne les Saintes Écritures, le nom *bible* prend une majuscule.
• Ouvrage fondamental. *Ce traité est la bible des architectes.*
• *Papier bible.* Papier très fin.

biblio- préf.
Élément du grec signifiant « livre ». *Bibliophile.*

bibliobus n. m.
Véhicule qui tient lieu de bibliothèque.

bibliogr.
Abréviation de *bibliographie*.

bibliographe n. m. et f.
Auteur de bibliographies.

bibliographie n. f.
• Liste des ouvrages cités dans un texte.
• Ensemble des écrits relatifs à un sujet donné.
V. Tableau - **RÉFÉRENCES BIBLIOGRAPHIQUES.**

bibliographique adj.
Relatif à la bibliographie.

bibliomanie n. f.
Passion des livres.

bibliophile n. m. et f.
Personne qui aime les livres rares, les belles éditions.

bibliothécaire n. m. et f.
Personne préposée à une bibliothèque.

bibliothéconomie n. f.
Science du classement et de la gestion des bibliothèques.

bibliothèque n. f.
• Abréviation *bibl.* (s'écrit avec un point).
• Collection de livres classés dans un certain ordre.
• Édifice où sont conservées des collections de livres offerts à la consultation des abonnés. *La Bibliothèque Mazarine.*
• Meuble où l'on range des livres.

biblique adj.
Relatif à la Bible.

bicarbonate n. m.
Du bicarbonate de sodium.
Note.- La forme « bicarbonate de soude » est vieillie.

bicentenaire adj.
• Qui a deux cents ans.
• Deux centième anniversaire d'un évènement important.
Note.- Dans la langue soignée, on écrira plutôt *deuxième centenaire.*
V. Tableau - **PÉRIODICITÉ ET DURÉE.**

bicéphale adj.
Qui a deux têtes. *Un monstre bicéphale.*

biceps n. m.
• Le *p* et le *s* se prononcent [bisɛps].
• Muscle du bras. *Avoir de beaux biceps.*

biche n. f.
Femelle du cerf.

bichette n. f.
Petite biche.

bichonner v. tr., pronom.
• **Transitif.** (Fam.) Pomponner.
• **Pronominal.** (Fam.) Faire sa toilette avec minutie.
Elles se sont bichonnées.

bicolore adj.
Qui a deux couleurs. *Un drapeau bicolore.*

bicoque n. f.
Maison sans valeur.

bicorne adj. et n. m.
• **Adjectif.** Qui a deux cornes. *Une bête bicorne.*
• **Nom masculin.** Couvre-chef. *Un bicorne d'académicien.*

biculturalisme n. m.
Coexistence de deux cultures nationales au sein d'un même pays. *Le biculturalisme canadien.*

biculturel, elle adj.
Qui comprend deux cultures.

bicyclette n. f.
Appareil de locomotion composé de deux roues dont l'une est motrice, et qui permet à une personne de se déplacer. *Elle adore aller à bicyclette, faire de la bicyclette.*
Note.- Attention à l'orthographe : bi**c**y**c**lette.

bidet n. m.
Appareil sanitaire servant aux ablutions intimes.

bidon adj. inv. et n. m.
• **Adjectif invariable.** (Fam.) Faux. *Des manifestations bidon.*
• **Nom masculin.** Récipient métallique. *Des bidons d'essence.*

bidonner (se) v. pronom.
(Fam.) Rire. *Elles se sont bidonnées toute la soirée.*

bidonville n. m.
Baraquement. *Des bidonvilles insalubres.*

bidule n. m.
(Fam.) Petit objet.

bielle n. f.
Pièce qui, dans une machine, sert à transmettre le mouvement d'une pièce à une autre.
Note.- Attention à l'orthographe : bie**ll**e.

bien adj. inv. et adv.

• **Adjectif invariable**
- (Fam.) Honorable. *Ce sont des gens bien.*
- Estimable. *C'est une fille bien.*
- De bonne qualité. *Cette musique est bien.*
• **Adverbe**
- **Adverbe de manière.** D'une manière satisfaisante, convenable, agréable. *Ses devoirs sont bien faits. Elle conduit bien. Il chante bien.*
- **Adverbe de quantité.** Beaucoup, pleinement. *Le malade est bien souffrant. Il est bien entendu que...*
- **Superlatif absolu.** Parfaitement. *Il est bien habillé.*
Note.- La place de l'adverbe **bien** peut être significative. ***Vouloir bien*** est une expression plus autoritaire que **bien vouloir**.
• **Locutions**
- **Bel et bien**, locution adverbiale. Réellement. *Elle est bel et bien partie.*
- **Bien entendu, bien sûr**. Assurément.
- **Bien que**, locution conjonctive. Cette locution qui exprime la concession est suivie du subjonctif. *Bien qu'il y ait une grève des transports en commun, les cours ont lieu.*
- **Bien! Très bien!**, interjection. Cette interjection et cette locution exclamative marquent l'approbation.
- **Eh bien?**, locution interjective. Cette locution exprime l'attente, la surprise.

bien n. m.
• Ce qui est louable, juste, conforme à un idéal. *Faire le bien.*
• Avantage, bénéfice. *Grand bien vous fasse!*
• Ce qu'on possède. *Biens meubles et immeubles.*
• (Écon.) Chose créée par le travail en vue de satisfaire un besoin de la société. *Les biens et les services.*

bien-
Les mots composés avec **bien-** s'écrivent avec un trait d'union. Si le mot **bien-** est employé comme nom, il prend la marque du pluriel. *Des biens-fonds.* Dans les autres cas, seul le deuxième élément prend la marque du pluriel, sauf s'il s'agit des verbes **dire**, **être**.

bien-aimé, ée adj. et n. m. et f.
Tendrement aimé. *Des bien-aimés.*

bien-dire n. m. inv.
(Litt.) Art de l'éloquence. *Des bien-dire.*

bien-être n. m. inv.
Ce qui contribue à rendre l'existence agréable. *Des bien-être.*
• Aisance financière.

bienfaisance n. f.
• Les lettres *ai* se prononcent *e* [bjɛ̃fəzɑ̃s].
• ***Œuvres de bienfaisance***. Œuvres dont l'objet est de faire le bien.

bienfaisant, ante adj.
• Les lettres *ai* se prononcent *e* [bjɛ̃fəzɑ̃].
• Qui fait du bien, qui est salutaire. *Une averse bienfaisante.*

bienfait n. m.
• Bonne action, acte de générosité.
• Avantage. *Les bienfaits de l'électricité.*

bienfaiteur, trice n. m. et f.
Personne qui fait du bien, qui rend des services. *Un généreux bienfaiteur.*

bien-fondé n. m.
Conformité au droit, à la raison. *Des bien-fondés. Le bien-fondé d'une réclamation.*

bien-fonds n. m.
(Dr.) Biens immobiliers. *Des biens-fonds.*
Note.- Dans ce nom composé, l'élément **bien-** prend la marque du pluriel parce qu'il s'agit d'un nom.

bienheureux, euse adj. et n. m. et f.
• Très heureux.
• Qui a été béatifié.

biennal, ale, aux adj.
• Qui dure deux ans.
• Qui a lieu tous les deux ans. Syn. **bisannuel.**
V. Tableau - **PÉRIODICITÉ ET DURÉE.**

biennale n. f.
Manifestation qui a lieu tous les deux ans.

bien-pensant, ante adj. et n. m. et f.
(Péj.) Conservateur. *Des bien-pensants.*

bien-portant, ante adj. et n. m. et f.
En bonne santé. *Des bien-portants. Ils sont bien-portants.*

bienséance n. f.
(Litt.) Savoir-vivre.

bienséant, ante adj.
Conforme à la bienséance.

bientôt adv.
Sous peu. *À bientôt.*
Note.- Ne pas confondre avec les mots **bien tôt** au sens de **très tôt.**

bienveillance n. f.
Disposition favorable envers quelqu'un.

bienveillant, ante adj.
Qui montre de la bienveillance.

bienvenu, ue adj. et n. m. et f.
Que l'on accueille avec plaisir. *Soyez la bienvenue chez nous. Des cadeaux bienvenus.*

bienvenue n. f.
Accueil.

bière n. f.
• Boisson fermentée préparée avec de l'orge et du houblon.
• Cercueil.

biffage n. m.
Action de biffer.

biffer v. tr.
Rayer (ce qui est écrit). *Biffer un mot.*

biffure n. f.
Trait par lequel on biffe.

bifide adj.
Qui est fendu en deux parties.

bifocal, ale, aux adj.
Qui a deux foyers. *Des lunettes bifocales.*

bifteck n. m.
Tranche de bœuf à griller. *Des biftecks bien tendres.*

bifurcation n. f.
Embranchement à deux voies.

bifurquer v. intr.
• Se diviser en deux branches à la façon d'une fourche. *Le chemin bifurque à cet endroit.*
• Abandonner la voie principale. *Le cortège bifurqua et prit le petit chemin de campagne.*
• (Fig.) Changer de direction. *Puis, la conversation a bifurqué sur un autre sujet.*

bigame adj. et n. m. et f.
Qui est marié à deux personnes, en même temps.

bigamie n. f.
État d'une personne bigame.

bigarade n. f.
Orange amère.

bigaradier n. m.
Arbre dont le fruit est la bigarade.

bigarré, ée adj.
• De couleurs variées.
• (Litt.) Disparate. *Une assemblée bigarrée.*

bigarreau n. m.
Cerise rouge et blanche dont la chair ferme est très sucrée. *Des bigarreaux.*

bigarrer v. tr.
Barioler.

bigarrure n. f.
Assemblage de couleurs variées.

bigorneau n. m.
Petit coquillage de mer comestible. *Des bigorneaux.*

bigot, ote adj. et n. m. et f.
D'une dévotion pointilleuse.

bigoterie n. f.
Pratique bornée de la dévotion.

bigouden n. m. et f.
• Les lettres **en** se prononcent **in** au masculin [bigudɛ̃] et **enne** au féminin [bigudɛn].
• **Nom masculin.** Coiffure bretonne.
• **Nom féminin.** Femme portant un bigouden.
Note.- Ce mot breton, bien qu'ayant une graphie unique, se prononce différemment au masculin et au féminin.

bigoudi n. m.
Petit rouleau flexible qui sert à friser les cheveux. *Des bigoudis.*

bigre ! interj.
Interjection familière marquant l'étonnement.

bigrement adv.
(Fam.) Très.

biguine n. f.
Danse des Antilles.

bihebdomadaire adj.
Qui a lieu, qui paraît deux fois par semaine. *Un journal bihebdomadaire.*
V. Tableau - **PÉRIODICITÉ ET DURÉE.**

bijou n. m.
Objet de parure. *Des bijoux précieux, des bijoux de fantaisie.*

bijouterie n. f.
• Fabrication des bijoux.
• Commerce de bijoux.

bijoutier n. m.
bijoutière n. f.
Personne qui vend des bijoux.

bikini n. m. (n. déposé)
Maillot de bain en deux pièces réduites à l'extrême. *Des bikinis colorés.*

bilan n. m.
• État succinct de la situation financière d'une entreprise, d'une personne, présentant l'actif et le passif à une date définie.
• (Fig.) Somme, résultat. *Le bilan de l'accident s'élève à une vingtaine de blessés.*
Note.- L'emploi au sens figuré est critiqué par certains auteurs, mais il est très usité.
• *Bilan de santé.* Examen médical complet.

bilatéral, ale, aux adj.
• Qui a deux côtés.
• Qui engage les deux parties contractantes. *Des accords bilatéraux.*

bilatéralement adv.
De façon bilatérale.

bilboquet n. m.
Jouet composé d'une boule attachée par une cordelette à un bâtonnet pointu.

bile n. f.
Liquide amer sécrété par le foie.

biliaire adj.
Relatif à la bile. *La vésicule biliaire.*

bilieux, euse adj.
Sujet à la colère. *Un tempérament bilieux.*

bilingue adj. et n. m. et f.
• **Adjectif**
- Qui est en deux langues. *Une affiche bilingue.*
- Où l'on parle deux langues.
• **Adjectif et nom masculin et féminin**
Qui parle deux langues. *Un candidat bilingue. Un bilingue.*

bilinguisme n. m.
• Le *u* se prononce *u* (et non *ou) [bilɛ̃gɥism].
• Qualité d'une personne bilingue.

billard n. m.
Jeu de billes pratiqué sur une table spéciale.

bille n. f.
• Petite boule. *Jouer aux billes. Un stylo à bille. Un jeu de billes.*
• Tronçon de bois destiné à être équarri.

billet n. m.
• Papier attestant un paiement, un droit.
• Lettre très concise.
Note.- Ne pas confondre avec les mots suivants :

- *circulaire*, lettre d'information adressée à plusieurs destinataires ;
- *communiqué*, avis transmis au public ;
- *courrier*, ensemble des lettres, des imprimés, etc. acheminé par la poste ;
- *dépêche*, missive officielle, message transmis par voie rapide ;
- *note*, brève communication écrite, de nature administrative ;
- *télégramme*, message transmis télégraphiquement.

billet de banque n. m.
Billet émis par une banque d'État payable à vue et au porteur. *Des billets de banque.*

billetterie n. f.
• Ensemble des activités relatives à l'émission de billets (de spectacles, de transport, etc.).
• Distributeur automatique de billets de banque.

billevesée n. f.
(Litt.) Parole insensée.

billion n. m.
Un million de millions ou un millier de milliards (10^{12}). *Trois billions.*
Notes.-
1° Ne pas confondre avec le mot américain « billion » employé aux États-Unis et au Canada dont l'équivalent français est aujourd'hui *milliard*.
2° Par contre, le mot anglais (Grande-Bretagne) *billion* correspond au mot français *billion*.

billot n. m.
Gros tronçon de bois aplani sur lequel on coupe la viande, le bois, etc.

bimbeloterie n. f.
Industrie du bibelot.

bimbelotier n. m.
bimbelotière n. f.
Personne qui fabrique ou vend des bibelots.

bimensuel, elle adj.
Qui a lieu, qui paraît deux fois par mois. *Une revue bimensuelle.*
Note.- Ne pas confondre avec l'adjectif *bimestriel* qui qualifie ce qui a lieu tous les deux mois.
V. Tableau - **PÉRIODICITÉ ET DURÉE.**

bimestriel, elle adj.
Qui a lieu, qui paraît tous les deux mois. *Une étude bimestrielle.*
Note.- Ne pas confondre avec l'adjectif *bimensuel* qui qualifie ce qui a lieu deux fois par mois.
V. Tableau - **PÉRIODICITÉ ET DURÉE.**

bimétallique adj.
Qui contient deux métaux.

bimétallisme n. m.
Système monétaire où l'or et l'argent servent d'étalon.

bimillénaire adj. et n. m.
• **Adjectif.** Qui a deux mille ans.
• **Nom masculin.** Deux millième anniversaire.

bimoteur adj. et n. m.
Qui a deux moteurs.

binage n. m.
Ameublement du sol avec une binette.

binaire adj.
Composé de deux unités. *Un chiffre binaire.*

biner v. tr.
Ameublir la surface du sol.

binette n. f.
• Outil de jardinage.
• (Pop.) Visage.

bingo n. m.
Jeu de hasard américain. *Des bingos.*

biniou n. m.
Cornemuse bretonne. *Des binious.*

binocle n. m.
(Vx) Lorgnon. *Porter un binocle* (pour les deux yeux), parfois *des binocles.*
Syn. **pince-nez.**

binoculaire adj.
• Relatif aux deux yeux.
• Qui comporte deux oculaires. *Un microscope binoculaire.*

binôme n. m.
Expression algébrique composée de deux termes unis par les signes + ou -.
Note.- Attention à l'orthographe : bin**ô**me.

binomial, ale, aux adj.
Relatif au binôme. *Loi binomiale.*
Note.- Attention à l'orthographe : bin**o**mial, sans accent circonflexe.

bio- préf.
• Élément du grec signifiant « vie ».
• Les mots composés avec le préfixe **bio-** s'écrivent sans trait d'union, à l'exception de ceux dont le deuxième élément commence par un *i*. Biologie, bio-industrie.

biochimie n. f.
Partie de la chimie qui s'intéresse aux constituants de la matière vivante.

biochimique adj.
Relatif à la biochimie.

biochimiste n. m. et f.
Spécialiste de la biochimie.

biodégradable adj.
Susceptible d'être décomposé par des organismes vivants. *Ces détergents créent de la pollution : ils ne sont pas biodégradables.*

biodégradation n. f.
Décomposition de certaines substances par des organismes vivants.

bioénergétique adj.
Relatif à la bioénergie.

bioénergie n. f.
Énergie obtenue par transformation chimique de la biomasse.

biogenèse n. f.
Génération des êtres vivants par des parents vivants.
Note.- Attention à l'orthographe : biog**e**nèse.

biogéographe n. m. et f.
Spécialiste de la biogéographie.

biogéographie n. f.
Science qui étudie la géographie de la faune et de la flore.

biogéographique adj.
Relatif à la biogéographie.

biographe n. m. et f.
Auteur de biographies.

biographie n. f.
Histoire de la vie d'un individu.

biographique adj.
Relatif à la biographie.

bio-industrie n. f.
Utilisation industrielle de la biotechnologie.

biologie n. f.
Science des êtres vivants.

biologique adj.
Relatif à la biologie.

biologiste n. m. et f.
Spécialiste de la biologie.

biomasse n. f.
Masse de matière vivante, animale ou végétale présente sur la Terre.

biomédical, ale, aux adj.
Qui appartient à la biologie et à la médecine. *Le génie biomédical.*

bionique n. f.
Science des applications électroniques de la biologie.

biophysicien n. m.
biophysicienne n. f.
Spécialiste de la biophysique.

biophysique n. f.
Étude de la biologie au moyen de la physique.

biopsie n. f.
Prélèvement d'un tissu en vue de l'étudier au microscope.

biorythme n. m.
Rythme biologique d'une personne.

biosphère n. f.
Espace du globe terrestre habité par des êtres vivants.

biosynthèse n. f.
Formation d'une substance organique dans un être vivant.

biotechnologie n. f.
Technique qui se fonde sur l'action des micro-organismes pour produire des réactions chimiques.

biotique adj.
Relatif aux êtres vivants.

biparti, ie ou **bipartite** adj.
• Divisé en deux parties. *Des comités bipartites* ou *bipartis*.
• Composé de deux partis politiques. *Une convention bipartite* ou *bipartie*.

bipartisme n. m.
Forme de gouvernement où s'associent deux partis.

bipartition n. f.
Division en deux parties.

bipède adj. et n. m.
Qui a deux pieds.

biplace adj. et n. m.
Qui a deux places. *Un avion biplace.*

bipolaire adj.
Qui a deux pôles.

bipolarisation n. f.
Situation dans laquelle la vie politique d'une nation s'articule en fonction de deux blocs.

bipolarité n. f.
État de ce qui est bipolaire.

bique n. f.
(Fam.) Chèvre.

biquet, ette n. m. et f.
(Fam.) Petit de la bique ; chevreau.

biquotidien, ienne adj.
Qui a lieu, qui se fait deux fois par jour.
V. Tableau - **PÉRIODICITÉ ET DURÉE.**

biréacteur adj. et n. m.
• **Adjectif.** Qui a deux réacteurs.
• **Nom masculin.** Avion qui comporte deux réacteurs.

birman, ane adj. et n. m. et f.
De Birmanie.
Note.- Contrairement à l'adjectif, le nom prend une majuscule.

birr n. m.
Unité monétaire de l'Éthiopie. *Des birrs.*
V. Tableau - **SYMBOLES DES UNITÉS MONÉTAIRES.**

bis, bise adj.
• Le *s* de l'adjectif masculin ne se prononce pas [bi].
• Gris-brun. *Une étoffe bise.*
V. Tableau - **COULEUR (ADJECTIFS DE).**
• *Pain bis*. Pain qui contient du son.

bis adv. et interj.
• Le *s* se prononce [bis].
• D'origine latine signifiant « deux fois ».
• **Interjection.** L'interjection s'emploie pour demander (à un chanteur, un musicien, etc.) de recommencer.
• **Adverbe.** L'adverbe indique la répétition du numéro. *14 bis, rue des Lilas.*
Note.- Pour une troisième répétition, on aura recours à l'adverbe *ter*.

bisaïeul, eule n. m. et f.
Arrière-grand-père, arrière-grand-mère.
V. **aïeul.**

bisannuel, elle adj.
Qui a lieu tous les deux ans, qui dure deux ans.
Note.- Ne pas confondre avec **semestriel**, qui a lieu deux fois par année.
V. Tableau - **PÉRIODICITÉ ET DURÉE.**

bisbille n. f.
(Fam.) Querelle.

biscornu, ue adj.
• Qui est de forme irrégulière. *Une maison biscornue.*
• (Fam.) Bizarre. *Des propositions biscornues.*

biscotte n. f.
Tranche de pain séchée au four.

biscuit n. m.
• Petit gâteau sec.
• Porcelaine blanche.

biscuiterie n. f.
Fabrique de biscuits.

bise n. f.
• Vent froid du nord.
• (Fam.) Baiser.

biseau n. m.
• Bord coupé en biais.
• *En biseau*. Obliquement.

biseautage n. m.
Action de biseauter.

biseauter v. tr.
Tailler en biseau.

bisexualité n. f.
• Caractère des plantes, des animaux bisexués.
• Pratique de la personne à la fois hétérosexuelle et homosexuelle.

bisexué, ée adj.
Qui possède les deux sexes.

bisexuel, elle adj. et n. m. et f.
• Qui concerne les deux sexes.
• Personne à la fois hétérosexuelle et homosexuelle.

bismuth n. m.
• Symbole *Bi* (s'écrit sans point).
• Métal blanc gris se réduisant facilement en poudre.
Note.- Ce nom n'a pas de pluriel.

bison n. m.
Bœuf sauvage d'Amérique du Nord et d'Europe.

bisou ou **bizou** n. m.
(Fam.) Baiser. *Des bisous affectueux.*

bisque n. f.
Potage de coulis d'écrevisse, de homard, etc.

bisser v. tr.
Répéter ou faire répéter.

bissextile adj. f.
Se dit de l'année qui revient tous les quatre ans et dont le mois de février a 29 jours.

bistouri n. m.
Instrument de chirurgie en forme de couteau. *Des bistouris électriques.*

bistre adj. et n. m.
● **Adjectif de couleur invariable.** Brun jaunâtre. *Des paupières bistre.*
V. Tableau - **COULEUR (ADJECTIFS DE).**
● **Nom masculin.** Couleur brun jaunâtre. *Des bistres en dégradé.*

bistrer v. tr.
Donner une teinte bistre à (quelque chose)

bistrot ou **bistro** n. m.
(Fam.) Café.
Note.- L'orthographe *bistrot* est la plus fréquente.

bit n. m.
● Le *t* se prononce [bit].
● Symbole *b* (s'écrit sans point).
● (Inform.) Unité élémentaire d'information pouvant prendre deux valeurs distinctes, généralement 0 et 1.
Note.- Le mot *bit* est la forme contractée du terme anglais « binary digit » ; un ensemble de huit bits s'appelle un *octet*, plusieurs bits composent un *multiplet* (en anglais « byte »).

BIT
Sigle de *Bureau international du travail.*

bitte n. f.
● (Mar.) Attache d'amarre.
● (Vulg.) Pénis. En ce sens, le mot s'orthographie aussi *bite.*

bitumage n. m.
Action de bitumer.

bitume n. m.
Asphalte qui sert de revêtement (chaussée, trottoir, etc.)

bitumer v. tr.
Recouvrir d'une couche de bitume.

bitumineux, euse adj.
Qui contient du bitume. *Des schistes bitumineux.*

bivouac n. m.
● Campement en plein air.
● Lieu de ce campement.

bivouaquer v. intr.
Camper en plein air.

bizarre adj.
Étonnant, singulier. *Des goûts bizarres.*
Note.- Ne pas confondre avec les mots suivants :
- *extraordinaire*, exceptionnel ;
- *inconcevable*, inimaginable ;
- *incroyable*, difficile à croire ;
- *inusité*, inhabituel ;
- *invraisemblable*, qui ne semble pas vrai.

bizarrement adv.
De façon bizarre.

bizarrerie n. f.
● Caractère de ce qui est bizarre.
● Chose surprenante.

bla-bla ou **bla-bla-bla** n. m. inv.
(Fam.) Verbiage. *Ce ne sont que des bla-bla.*

Note.- Ce nom peut également s'écrire en un seul mot sans traits d'union. *Des blablabla, des blabla.*

blafard, arde adj.
Livide. *Un visage blafard.*

blague n. f.
● Petite poche pour le tabac.
● (Fam.) Plaisanterie.

blaguer v. tr., intr.
● Attention au *u* qui subsiste même devant les lettres *a* et *o*. *Il blagua, nous blaguons.*
● **Transitif.** Railler gentiment. *Elle l'a blagué sur sa nouvelle voiture.*
● **Intransitif.** Faire des blagues. *Il ne cesse de blaguer.*

blagueur, euse adj. et n. m. et f.
Personne qui aime blaguer.

blaireau n. m.
● Mammifère carnivore. *Des blaireaux.*
● Pinceau fait avec les poils de cet animal.

blairer v. tr.
(Pop.) Apprécier quelqu'un (toujours utilisé négativement). *Elle ne peut pas le blairer.*

blâmable adj.
Qui mérite le blâme.

blâme n. m.
● Jugement défavorable.
● Réprimande.

blâmer v. tr.
Désapprouver. *Il a blâmé son collègue.*

blanc, blanche adj. et n. m. et f.
● **Adjectif de couleur variable.** Qui est de la couleur de la neige. *Des robes blanches.*
Note.- L'adjectif de couleur composé est invariable. *Des manteaux blanc cassé.*
V. Tableau - **COULEUR (ADJECTIFS DE).**
● **Nom masculin.** La couleur blanche. *Des blancs très purs.*
● **Nom féminin.** (Mus.) Note qui vaut deux noires.
● **Nom masculin et féminin.** Personne de race blanche. En ce sens, le nom prend la majuscule. *Les Blancs sont en moins grand nombre que les Noirs.*
● **Nom masculin.** Espace vierge sur une feuille de papier. *L'étudiant a laissé deux blancs sur sa copie.*

blanc-bec n. m.
(Fam.) Jeune homme inexpérimenté. *Des blancs-becs arrogants.*

blanchâtre adj.
Teinte qui s'approche du blanc.
V. Tableau - **COULEUR (ADJECTIFS DE).**

blancheur n. f.
Caractère de ce qui est blanc.

blanchiment n. m.
Action de rendre blanche une chose.

blanchir v. tr., intr.
● **Transitif**
- Rendre blanc.
- (Fig.) Disculper.

• **Intransitif**
Devenir blanc. *Ses cheveux blanchissent.*

blanchissage n. m.
Lavage du linge.

blanchissement n. m.
Le fait de blanchir.

blanchisserie n. f.
Lieu où l'on fait le blanchissage.

blanchisseur n. m.
blanchisseuse n. f.
Personne qui fait le blanchissage.

blanchon n. m.
Au Canada, petit du phoque.

blanc-seing n. m.
• Le *g* est muet [blɑ̃sɛ̃].
• Signature apposée sur un papier où il n'y a rien d'écrit. *Des blancs-seings*
Note.- Attention à l'orthographe : blanc-s*eing*.

blanquette n. f.
Ragoût de viande blanche. *Une blanquette de veau.*

blasé, ée adj.
Lassé, saturé. *Elle est blasée de toutes ces fêtes. Il est trop blasé pour apprécier.*

blaser v. tr.
Rendre incapable d'émotions, indifférent. *Cette abondance l'a blasé.*

blason n. m.
• Ensemble des emblèmes d'une famille, d'un groupe.
• Héraldique.

blasphémateur, trice n. m. et f.
Personne qui blasphème.
Note.- Attention à l'orthographe : blas*ph*émateur.

blasphématoire adj.
Qui constitue un blasphème.
Note.- Attention à l'orthographe : blas*ph*ématoire.

blasphème n. m.
Parole sacrilège.
Note.- Attention à l'orthographe : blas*ph*ème.

blasphémer v. intr.
• Le *é* se change en *è* devant une syllabe muette, sauf à l'indicatif futur et au conditionnel présent. *Je blasphème*, mais *je blasphémerai*.
• (Absol.) Proférer des blasphèmes. *Il blasphème constamment.*
• **Blasphémer + contre.** Proférer des imprécations. *Il blasphème contre le Ciel.*
Note.- Attention à l'orthographe : blas*ph*émer.

blasto- préf.
Élément du grec signifiant «germe». *Blastogenèse.*

blastogenèse n. f.
Premier stade de développement de l'embryon.

blastomère n. m.
Nom des premières cellules de l'œuf fécondé.

blastula n. f.
Stade de développement embryonnaire. *Des blastulas.*

blatérer v. intr.
• Le *é* se change en *è* devant une syllabe muette, sauf à l'indicatif futur et au conditionnel présent. *Il blatère*, mais *il blatérera*.
• Crier, en parlant du bélier, du chameau.

blatte n. f.
Insecte appelé aussi *cafard, cancrelat*.

blazer n. m.
• Le mot se prononce [blazœr] ou [blazɛr].
• Veste en tissu bleu marine ou en flanelle grise. *Des blazers marine.*

blé n. m.
Plante qui produit le grain dont on tire la farine pour faire le pain. *Des champs de blé.*

bled n. m.
• Le *d* se prononce [blɛd].
• (Pop.) Petit village isolé.

blême adj.
Très pâle, livide.

blêmir v. intr.
Pâlir, devenir blême.

blêmissement n. m.
Fait de blêmir.

blennorragie n. f.
Maladie infectieuse vénérienne.

blennorragique adj.
Relatif à la blennorragie.

blessant, ante adj.
Qui offense, injurieux. *Des paroles blessantes.*

blessé, ée adj. et n. m. et f.
• **Adjectif**
- Qui a reçu une, des blessures. *Soigner un chien blessé.*
- Vexé, offensé.
• **Nom masculin et féminin**
Personne blessée. *C'est une grande blessée.*

blesser v. tr., pronom.
• **Transitif**
- Causer une blessure. *Il a blessé un piéton.*
- Offenser. *Votre remarque l'a blessé.*
• **Pronominal**
Se faire une blessure. *Elle s'est blessée en tombant.*

blessure n. f.
• Lésion provoquée par une cause extérieure (arme, choc, etc.).
• Atteinte morale.

blet, blette adj.
• Au masculin, le *t* ne se prononce pas [blɛ].
• Se dit d'un fruit trop mûr.

blette
V. **bette**.

blettir v. intr.
Devenir blet.

bleu adj. et n. m.
• **Adjectif de couleur simple**

Qui est de la couleur du ciel. *Une robe bleue. Des fauteuils bleus.*
Note.- L'adjectif *bleu* s'accorde en genre et en nombre avec le nom qu'il qualifie.
• **Adjectif composé de deux noms de couleur**
Des tissus bleu-vert.
Note.- Ces adjectifs prennent un trait d'union et sont invariables.
• **Adjectif composé d'un nom de chose**
Bleu marine, bleu roi, bleu turquoise, etc.
Note.- Ces adjectifs ne prennent pas de trait d'union et sont invariables. *Des jupes bleu marine* ou elliptiquement, *des jupes marine.*
V. Tableau - **COULEUR (ADJECTIFS DE).**
• **Nom masculin**
- Couleur bleue. *Des bleus profonds. Des bleus ciel.*
- (Fam.) Ecchymose.

bleuâtre adj.
Qui tire sur le bleu.

bleuet n. m.
• Fleur bleue.
• Au Canada, variété d'airelle des bois.
• Baie bleue de l'airelle des bois.

bleuir v. tr., intr.
• **Transitif.** Rendre bleu. *Bleuir une étoffe.*
• **Intransitif.** Devenir bleu. *Ses mains bleuissent de froid.*

bleuissement n. m.
Fait de devenir bleu.

bleuté, ée adj.
Qui est légèrement bleu.

bleuter v. tr.
Teinter légèrement de bleu.

blindage n. m.
• Action de blinder.
• Dispositif de protection.

blindé, ée adj. et n. m.
• **Adjectif.** Recouvert d'un blindage. *Des camions blindés pour le transport de lingots d'or.*
• **Nom masculin.** Véhicule de combat recouvert d'un blindage.

blinder v. tr., pronom.
• **Transitif.** Entourer de plaques de métal.
• **Pronominal.** S'endurcir. *Il est difficile de se blinder contre l'injustice.*

blini n. m. inv.
Petite crêpe de sarrasin.
Note.- La graphie *blinis* est également attestée.

blizzard n. m.
Vent d'hiver accompagné de tempêtes de neige (Canada, États-Unis).
Note.- Attention à l'orthographe : bli**zz**ard.

bloc n. m.
• Masse compacte. *Un bloc de marbre.*
• Regroupement. *Le bloc de l'Est, le bloc de l'Ouest, le bloc monétaire.*
• Ensemble d'éléments regroupés. *Le bloc opératoire, le bloc-cuisine.*
• Pâté de maisons. *Bloc (d'habitations).*
• **En bloc**, locution adverbiale. En gros. *Les syndiqués ont accepté la convention en bloc.*

blocage n. m.
Action de bloquer ; son résultat.
Note.- Attention à l'orthographe : blo**c**age.

bloc-cuisine n. m.
Ensemble d'éléments préfabriqués servant à l'aménagement d'une cuisine. *Des blocs-cuisines fonctionnels.*

blockhaus n. m. inv.
Ouvrage fortifié défensif.

bloc-moteur n. m.
Ensemble du moteur, de l'embrayage et de la boîte de vitesse d'une automobile, d'un camion. *Des blocs-moteurs.*

bloc-notes n. m.
Ensemble de feuillets reliés. *Des blocs-notes*

blocus n. m.
Isolement d'une ville, d'un pays en vue d'empêcher toutes communications avec l'extérieur.

blond, onde adj. et n. m. et f.
• **Adjectif de couleur variable.** Se dit de la teinte la plus claire des cheveux. *Des tresses blondes. Des cheveux blond cendré.*
Note.- L'adjectif simple prend la marque du féminin et du pluriel ; l'adjectif composé est invariable.
V. Tableau - **COULEUR (ADJECTIFS DE).**
• **Nom masculin.** La couleur blonde. *Des cheveux d'un beau blond doré.*
• **Nom masculin et féminin.** Qui a les cheveux blonds. *Une jolie blonde.*

blondeur n. f.
Caractère de ce qui est blond.

blondinet, ette n. m. et f.
Enfant blond.

blondir v. tr., intr.
• **Transitif.** Rendre blond.
• **Intransitif.** Devenir blond. *Ses cheveux blondissent au soleil.*

bloquer v. tr.
Immobiliser. *Bloquer une porte.*

blottir (se) v. pronom.
Se cacher en se repliant sur soi. *Le chat s'est blotti au creux de ses bras.*

blouse n. f.
• Vêtement de travail.
• Chemisier.

blouser v. tr., intr.
• **Transitif.** (Fam.) Tromper.
• **Intransitif.** Bouffer à la taille. *Cette robe blouse joliment.*

blouson n. m.
• Veste resserrée aux hanches. *Il lui a offert un beau blouson noir en cuir.*
• *Blouson noir*. (Vx) Voyou. *Des blousons noirs adolescents.*
Note.- Ce mot s'écrit parfois avec un trait d'union.

blue-jean ou **blue-jeans** n. m.
Pantalon de toile bleue très solide. *Des blue-jean(s).*
Note.- Aujourd'hui, l'emploi du mot *jean(s)* est plus fréquent.

blues n. m. inv.
• Se prononce comme le mot *blouse* [bluz].
• Musique de jazz.

bluff n. m.
• Attention à la prononciation [blœf].
• Attitude destinée à intimider, à donner le change.

bluffer v. intr.
• Attention à la prononciation [blœfe].
• Donner le change, faire illusion. *Il a tendance à bluffer.*

bluffeur, euse n. m. et f.
• Attention à la prononciation [blœfœr].
• Personne qui bluffe.

blutage n. m.
Tamisage.

bluter v. tr.
Séparer la farine du son.

blutoir n. m.
Tamis.

boa n. m.
• Serpent non venimeux. *Des boas constricteurs.*
• Parure en plumes.

bobard n. m.
(Fam.) Mensonge.

bobèche n. f.
Partie d'un chandelier destinée à recueillir la cire.

bobinage n. m.
Action de bobiner.

bobine n. f.
Cylindre servant à l'enroulement d'un fil, d'un ruban, etc. *Des bobines de film.*

bobiner v. tr.
Enrouler (du fil, etc.) sur une bobine.

bobinette n. f.
(Vx) Pièce de bois maintenue par une chevillette, qui servait autrefois à fermer les portes.

bobineuse n. f.
Machine à dévider le fil.

bobsleigh ou **bob** n. m.
• Les lettres *ei* se prononcent *è* [bɔbslɛg].
• Traîneau articulé avec lequel on glisse sur des pistes de glace aménagées. *Des bobsleighs très rapides.*

bocage n. m.
• (Vx) Petit bois.

• Région caractérisée par des prés enclos par des levées de terre plantées de haies ou d'arbres.

bocager, ère adj.
Du bocage.

bocal n. m.
Contenant de verre à large goulot. *Des bocaux.*
Note.- Ne pas confondre avec le mot *jarre* qui désigne un grand vase de terre cuite.

bock n. m.
Verre à bière. *Des bocks.*

bœuf adv. et n. m.
• Ce mot se prononce *beuf* au singulier [bœf] et *beu* au pluriel [bø].
• **Adverbe**, donc invariable
(Pop.) Extraordinaire. *Des effets bœuf.*
• **Nom masculin**
- Mammifère ruminant.
- Viande de cet animal.

boggie ou **bogie** n. m.
Chariot sur lequel est articulé le châssis d'un wagon de chemin de fer.

boghei, boguet ou **buggy** n. m.
(Ancienn.) Petit cabriolet découvert à deux roues.

bogue n. m. et f.
• **Nom féminin**. Enveloppe de la châtaigne, garnie de piquants.
• **Nom masculin**. (Inform.) Défaut de conception ou de réalisation d'un programme, se manifestant par des anomalies de fonctionnement.
Note.- L'anglicisme « bug » est déconseillé.

bohème adj. et n. m. et f.
Personne qui vit au jour le jour, en marge du conformisme. *La vie de bohème.*
Notes.-
1° Ne pas confondre avec le nom *bohémien* qui désigne un membre de tribus nomades.
2° Attention à l'orthographe : bohème, avec un accent grave (souvent confondu avec la Bohême).

bohémien, ienne adj. et n. m. et f.
Membre de tribus nomades vivant dans des roulottes.
Note.- Ne pas confondre avec le mot *bohème* qui désigne une personne qui vit au jour le jour.

boire n. m.
Ce qu'on boit. *Le boire et le manger.*

boire v. tr., intr.
• *Je bois, tu bois, il boit, nous buvons, vous buvez, ils boivent. Je buvais. Je bus. Je boirai. Je boirais. Bois, buvons, buvez. Que je boive. Que je busse. Buvant. Bu, ue.*
• Ce verbe se conjugue avec l'auxiliaire *avoir.*
• **Transitif**
Avaler un liquide. *Boire du vin.*
• **Intransitif**
Absorber un liquide. *Ce papier boit beaucoup.*
• **Locutions**
- *Boire à la santé de quelqu'un*. Porter un toast.
- *Ce n'est pas la mer à boire*. Ce n'est pas très difficile.
- *Chanson à boire*. Chanson chantée à table.

- Boire les paroles de quelqu'un. Écouter attentivement.

bois n. m.
• Lieu planté d'arbres. *L'orée d'un bois.*
• Substance ligneuse des arbres. *Du bois dur.*
• *Faire flèche de tout bois.* Mettre tout en œuvre pour triompher.
• (Au plur.) Appendice ramifié du cerf, du chevreuil, etc.
Note.- Ne pas confondre avec les mots suivants :
- *corne*, proéminence dure de la tête de certains animaux ;
- *défense*, longue dent en ivoire de l'éléphant, du morse, etc.

boisage n. m.
Action de boiser.

boisé, ée adj.
Garni, couvert d'arbres.

boisement n. m.
Plantation d'arbres forestiers.

boiser v. tr.
Planter d'arbres un lieu.

boiserie n. f.
Travail de menuiserie. *Les boiseries de cet appartement ont été peintes.*

boisseau n. m.
Ancienne unité de mesure des matières sèches. *Des boisseaux de blé.*

boisson n. f.
• Tout liquide que l'on peut boire. *Et comme boisson ?*
• *La boisson.* Alcoolisme. *S'adonner à la boisson.*

boîte n. f.
• Contenant généralement muni d'un couvercle. *Une boîte à bijoux.*
• Contenu d'une boîte. *Manger une boîte de biscuits.*
• *Boîte aux lettres.* Boîte où on dépose le courrier.
• *Boîte de nuit.* Cabaret. *Fréquenter les boîtes de nuit.*

boitement n. m.
Action de boiter.

boîte postale n. f.
Abréviation *B.P.* (s'écrit avec des points).

boiter v. intr.
Marcher en inclinant son corps plus d'un côté que de l'autre.
Note.- Attention à l'orthographe : boi*t*er, sans accent circonflexe.

boiterie n. f.
Claudication.

boiteux, euse adj. et n. m. et f.
• Qui n'est pas d'aplomb. *Une chaise boiteuse.*
• Qui boite.

boîtier n. m.
Petit coffre à compartiments.

Note.- Attention à l'orthographe : boî*t*ier, comme dans le nom *boîte.*

boitillement n. m.
Boitement léger.

boitiller v. intr.
• Les lettres *ill* sont suivies d'un *i* à la première et à la deuxième personne du pluriel de l'indicatif imparfait et du subjonctif présent. *(Que) nous boitillions, (que) vous boitilliez.*
• Boiter légèrement.

bol n. m.
• Tasse sans anse. *Un bol de soupe.*
• Contenu d'un bol.
• (Fam.) *En avoir ras le bol.* En avoir assez, être excédé.

bolchevique ou **bolchevik** adj. et n. m. et f.
(Péj.) Communiste. *Des bolcheviks.*

bolchevisme n. m.
(Vx) Communisme russe.

bolée n. f.
Contenu d'un bol.

boléro n. m.
• Corsage. *Des boléros colorés.*
• Danse espagnole.

bolet n. m.
Champignon dont certaines espèces sont comestibles. Syn. **cèpe.**

bolide n. m.
• (Vx) Météorite.
• Véhicule qui va très vite.

bolivar n. m.
Unité monétaire du Venezuela. *Des bolivares.*
V. Tableau - **SYMBOLES DES UNITÉS MONÉTAIRES.**

boliviano n. m.
Unité monétaire de la Bolivie. *Des bolivianos.*
V. Tableau - **SYMBOLE DES UNITÉS MONÉTAIRES.**

bolivien, ienne adj. et n. m. et f.
De Bolivie.
Note.- Contrairement à l'adjectif, le nom prend une majuscule.

bombage n. m.
(Fam.) Action d'écrire à la bombe aérosol. *Le bombage d'un graffiti.*

bombance n. f.
• (Vx) Festin.
• *Faire bombance.* Manger beaucoup.

bombarde n. f.
• Pièce d'artillerie qui lançait des boulets de pierre.
• Hautbois breton.

bombardement n. m.
Action de bombarder.

bombarder v. tr.
• Faire tomber des obus, des bombes sur un objectif.
• Lancer de nombreux projectiles sur quelqu'un, quelque chose. *On les bombarda de tomates.*

bombardier n. m.
Avion de bombardement.

bombe n. f.
● Engin explosif.
Note.- La bombe atomique s'abrège **bombe A**, la bombe bactériologique, **bombe B**, la bombe à hydrogène, **bombe H**, la bombe à neutrons, **bombe N**.
● Objet sphérique. *Une bombe glacée.*
● Récipient métallique contenant un liquide sous pression. *Des bombes de peinture.*

bombé, ée adj.
Arrondi. *Un couvercle bombé.*

bombement n. m.
Convexité.

bomber v. tr., intr.
● **Transitif**
- Rendre convexe. *Bomber la poitrine.*
- Écrire à la bombe aérosol. *Bomber un graffiti.*
● **Intransitif**
Devenir convexe. *Le mur bombe.*

bombyx n. m.
Papillon du ver à soie.
Note.- Attention à l'orthographe : bomb**yx**.

bôme n. f.
Mât horizontal auquel est fixé une voile. *La bôme d'un voilier, la bôme d'une planche à voile.*
Hom. **baume**, résine odoriférante.

bon, bonne adj., adv., interj. et n. m. et f.

● **Adjectif**
- Qui est satisfaisant. *Un bon élève, une bonne pianiste.*
- Qui aime à faire le bien, qui est conforme à la raison. *Avoir bon cœur. Une bonne conduite. Une bonne action.*
- Agréable. *Être de bonne humeur.*
Note.- Le comparatif est **meilleur**. *Cette élève est meilleure* (et non *plus bonne) *que son amie en mathématiques.*
● **Adverbe**
Employé adverbialement, **bon** est invariable, sauf dans l'expression **bon premier**. *Elles se sont classées bonnes premières. Elle tient bon.*
● **Locutions**
- **Il est bon de** + **infinitif.** *Il est bon d'attacher sa ceinture de sécurité.*
- **Il est bon que** + **subjonctif.** *Il est bon que vous veniez avec un peu d'avance.*
- **Il fait bon** + **infinitif.** *Il fait bon dormir un peu le samedi matin.*
- **À quoi bon ?** *À quoi cela sert-il ? À quoi bon partir à l'aube ?*
- **Pour de bon.** Réellement. *Il est parti pour de bon.*
● **Interjections**
- **Bon !** Interjection qui exprime la surprise. *Bon ! Ça ne marche pas ?*
- **Allons bon !** Interjection qui marque une surprise désagréable. *Allons bon, tout est à recommencer !*
● **Nom masculin**
- Ce qui est bon. *Il y a du bon dans ce qu'il écrit.*

- Autorisation écrite adressée à quelqu'un de fournir un objet ou de verser des fonds. *Un bon de caisse.*
● **Nom féminin**
Domestique.

bonasse adj.
(Péj.) Mou, trop bon.

bonbon n. m.
Friandise.

bonbonne ou **bombonne** n. f.
Grosse bouteille destinée à contenir des liquides.
Note.- Attention à l'orthographe : bo**nbonn**e, bo**mbonn**e.

bonbonnière n. f.
● Petite boîte à bonbons.
● (Fig.) Petite maison aménagée avec goût.
Note.- Attention à l'orthographe : bonbo**nn**ière.

bon chic bon genre adj.
● Sigle **B.C.B.G.**
● (Fam.) De bon ton. *Des vêtements bon chic bon genre.*

bond n. m.
● Saut. *Un bond très élevé au saut à la perche.*
● **Faire faux bond.** Manquer à un engagement.
● **Ne faire qu'un bond.** Se précipiter.
● **Faire un bond en avant.** Progresser.

bonde n. f.
Ouverture destinée à vider l'eau. *La bonde d'une baignoire.*

bondé, ée adj.
Plein jusqu'au bord. *Une salle bondée.*

bon de commande n. m.
Formule imprimée que remplit un client pour demander une marchandise ou un service à un fournisseur, dans un délai déterminé et moyennant un certain prix.

bondieuserie n. f.
Bigoterie.

bondir v. intr.
● Faire des bonds. *Le fauve bondit sur sa proie.*
● Sursauter. *Bondir de colère.*

bon du Trésor n. m.
Certificat délivré par l'État en représentation d'une dette à court terme qu'il a contractée. *Les bons du Trésor sont un placement sûr.*

bonheur n. m.
État moral de plénitude qui comporte une idée de durée.
Note.- Ne pas confondre avec les mots suivants :
- **gaieté**, bonne disposition de l'humeur ;
- **joie**, émotion profonde et agréable, souvent courte et passagère ;
- **plaisir**, sensation agréable.

bonheur-du-jour n. m.
Petit secrétaire. *Des bonheurs-du-jour finement travaillés.*

bonhomie n. f.
Bonté naturelle.
Note.- Attention à l'orthographe : bonho*m*ie.

bonhomme adj. et n. m.
• **Adjectif.**
Naïf. *Des airs bonhommes.*
• **Nom masculin.**
Homme simple. *Des bonshommes amusants.*
Note.- Attention au pluriel du nom qui diffère de celui
de l'adjectif.
- *Aller son petit bonhomme de chemin.* Aller tranquil-
lement.
Note.- Attention à l'orthographe : bonho*mm*e.

boniche
V. **bonniche.**

bonification n. f.
Amélioration.

bonifier v. tr., pronom.
• Redoublement du *i* à la première et à la deuxième
personne du pluriel de l'indicatif imparfait et du subjonctif présent. *(Que) nous bonifiions, (que) vous
bonifiiez.*
• **Transitif.** (Litt.) Améliorer.
• **Pronominal.** Devenir meilleur. *Ces vins se sont bo-
nifiés avec le temps.*

boniment n. m.
(Fam.) Baratin.

bonimenter v. intr.
Faire des boniments.

bonimenteur, euse n. m. et f.
Personne qui bonimente.

bonjour n. m.
Formule de salutation utilisée pendant la journée.
Dire bonjour.
Note.- La formule de salutation la plus courante au
moment du départ est *Au revoir!*

bonne
V. **bon.**

bonne femme adj. inv. et n. f.
Des bonnes femmes. Des rideaux bonne femme.

bonne-maman n. f.
Grand-mère, dans le langage des enfants. *Des bonnes-
mamans.*
Syn. **grand-maman.**

bonnement adv.
Tout bonnement. Tout simplement.

bonnet n. m.
Coiffure sans rebord. *Un bonnet de nuit.*

bonneterie n. f.
• Le *e* de la deuxième syllabe se prononce *è* ou est
muet ; celui de la troisième syllabe est toujours muet,
[bɔnɛtri] ou [bɔntri].
• Fabrication, commerce d'articles en tissu à mailles
(bas, chaussette, lingerie).

bonnetier n. m.
bonnetière n. f.
• Le *e* de la deuxième syllabe est muet [bɔntje].
• Fabricant ou marchand d'articles de bonneterie.

bonnetière n. f.
• Le *e* de la deuxième syllabe est muet [bɔntjɛr].
• Armoire à linge.

bonniche ou **boniche** n. f.
(Péj.) Jeune bonne.

bon-papa n. m.
Grand-père, dans le langage des enfants. *Des bons-
papas.*
Syn. **grand-papa.**

bonsaï n. m.
• Le *s* se prononce *z* [bɔ̃zaj].
• Arbre nain. *Des bonsaïs.*

bon sens n. m.
Faculté naturelle de juger ce qui est raisonnable et
d'agir en conséquence.

bonsoir n. m.
Formule de salutation utilisée le soir.
Note.- Au moment du départ, la formule de salutation
est *Au revoir!*

bonté n. f.
• Disposition à faire le bien.
• (Au plur.) Actes de bonté. *Merci de toutes vos
bontés.*

bonus n. m. inv.
Rabais sur une prime d'assurance automobile consenti
par l'assureur à un assuré n'ayant enregistré aucun
accident.

bonze n. m.
Moine bouddhiste.

bonzerie n. f.
Monastère de bonzes.

bonzesse n. f.
Religieuse bouddhiste.

boogie-woogie n. m.
• Les lettres *oo* se prononcent *ou* [bugiwugi].
• Style de jazz. *Des boogie-woogies.*

booléen, éenne ou **boolien, ienne** adj.
• Les lettres *oo* se prononcent *ou* [buleɛ̃].
• Relatif à l'algèbre de Boole.

boomerang n. m.
• Pièce courbée qui revient à son point de départ.
• (Fig.) Acte hostile qui cause du tort à son auteur.

boqueteau n. m.
Petit bois. *Des boqueteaux.*

borborygme n. m.
Gargouillis.
Note.- Attention à l'orthographe : borbor*y*gme.

bord n. m.
• Extrémité d'une surface. *Le bord de la table.*
• Rivage. *Le bord de mer.*
• Chaque côté du navire.

• **Locutions adverbiales**
- **Au bord.** À proximité. *Au bord de la route.*
- **Au bord**. Sur le point de. *Être au bord des larmes.*
- **Sur le bord.** Sur la berge. *Elle habite sur le bord du lac.*
- **Sur les bords.** (Fam.) Légèrement. *Il est un peu vantard sur les bords.*

bordeaux adj. inv. et n. m.
• **Adjectif de couleur invariable.** De la couleur du vin de Bordeaux. *Un sac bordeaux.*
V. Tableau - **COULEUR (ADJECTIFS DE)**.
• **Nom masculin.** Vin de Bordeaux. *Acheter un bon bordeaux.*
Note.- Le nom qui désigne le vin s'écrit avec une minuscule, celui qui désigne la région prend une majuscule.

bordée n. f.
Décharge de l'ensemble des canons d'un navire.

bordel n. m.
• (Pop.) Maison de prostitution.
• (Pop.) Grand désordre.

bordelais, aise adj. et n. m. et f.
De Bordeaux.
Note.- Contrairement à l'adjectif, le nom prend une majuscule.

border v. tr.
• Garnir le bord de. *Border un col avec de la dentelle.*
• Replier le bord des draps sous le matelas. *Border un enfant.*

bordereau n. m.
Relevé détaillé énumérant les divers articles ou pièces d'un compte, d'un dossier, d'un inventaire, d'un chargement. *Des bordereaux.*

bordure n. f.
Ce qui borde, lisière.

boréal, ale, als ou **aux** adj.
Du Nord. *Une aurore boréale.*
Note.- Cet adjectif s'emploie surtout au singulier.
Ant. **austral**.

borgne adj. et n. m. et f.
Qui n'a qu'un œil.

bornage n. m.
Action de planter des bornes afin de délimiter une propriété privée.

borne n. f.
• Pierre qui limite deux champs.
• Frontière.
• Pierre indiquant les distances. *Les bornes kilométriques.*
• (Fig.) Limites. *Une volonté de dominer sans bornes.*
Note.- Dans les expressions **sans bornes**, **ne pas avoir de bornes**, le mot **borne** se met au pluriel.
• **Dépasser les bornes.** Aller au-delà de ce qui est convenable, exagérer.

borné, ée adj.
• Limité. *Un champ borné par une rivière.*
• Obtus. *Un esprit borné.*

borne d'incendie n. f.
Prise d'eau à l'usage des pompiers.
Syn. **poteau d'incendie**.

borne-fontaine n. f.
• Fontaine en forme de borne. *Des bornes-fontaines.*
• Prise d'eau communautaire pour usage domestique.

borner v. tr., pronom.
• **Transitif.** Délimiter. *Borner un terrain.*
• **Pronominal.** Se limiter à. *Ils se sont bornés à une protestation.*

bornoyer v. tr., intr.
• **Transitif.** Tracer une ligne droite avec des jalons.
• **Intransitif.** Regarder d'un seul œil, pour s'assurer qu'une ligne est droite.

bosquet n. m.
Petit bois.

bossage n. m.
Saillie sculptée à la surface d'un ouvrage.

bossa-nova n. f.
Danse brésilienne qui ressemble à la samba. *Des bossas-novas.*

bosse n. f.
• Proéminence causée par un choc. *Avoir une bosse au front.*
• Protubérance naturelle de certains animaux. *La bosse du chameau.*

bosselage n. m.
Travail en relief exécuté sur les pièces d'orfèvrerie.
Note.- Attention à l'orthographe : bosse*l*age.

bosseler v. tr.
• Redoublement du *l* devant un *e* muet. *Je bosselle, je bossellerai*, mais *je bosselais*.
• Travailler une pièce de vaisselle, d'orfèvrerie en lui imprimant des bosses.

bossellement n. m.
Action de bosseler.
Note.- Attention à l'orthographe : bosse*ll*ement.

bosselure n. f.
Ensemble des bosses d'une surface.
Note.- Attention à l'orthographe : bosse*l*ure.

bosser v. intr.
(Fam.) Travailler dur.

bosseur, euse n. m. et f.
(Fam.) Personne qui travaille fort.

bossu, ue adj. et n. m. et f.
Qui a une bosse au dos.

bossuer v. tr.
Rendre une surface inégale par des bosses.

bot, bote adj.
• Le *t* ne se prononce pas à la forme masculine [bo].
• Contrefait par le raccourcissement de certains muscles. *Un pied bot, une hanche bote.*

botanique adj. et n. f.
• **Adjectif.** Relatif à la science des plantes. *Jardin botanique.*
• **Nom féminin.** Science des végétaux.

botaniste n. m. et f.
Spécialiste de botanique.

botte n. f.
- Chaussure. *Des bottes de cuir.*
- Assemblage. *Une botte de fleurs, de paille.*
- Coup d'épée. *Une botte difficile à parer.*

bottelage n. m.
Action de mettre en bottes.

botteler v. tr.
- Redoublement du *l* devant un *e* muet. *Je botelle, je botellerai,* mais *je botelais.*
- Mettre en bottes.

botteleur, euse n. m. et f.
Personne qui fait des bottes de foin.

botteleuse n. f.
Machine à botteler.

botter v. tr.
- Mettre des bottes à quelqu'un.
- (Fam.) Donner un coup de pied.

bottier n. m.
Personne qui fabrique et vend des chaussures sur mesure.

bottillon n. m.
Chaussures fourrées. *Des bottillons de ski.*

bottin n. m. (n. déposé)
Annuaire téléphonique.

bottine n. f.
Petite botte couvrant le pied et la cheville.

botulisme n. m.
Empoisonnement alimentaire.

bouc n. m.
- Mâle de la chèvre.
- Barbiche.
- *Bouc émissaire.* Personne que l'on charge des fautes commises par autrui.

boucan n. m.
(Pop.) Tapage.

boucanage n. m.
Action de faire sécher à la fumée.

boucaner v. tr.
Faire sécher à la fumée de la viande, du poisson.
Syn. **fumer.**

boucanier n. m.
- Chasseur de bœuf sauvage aux Antilles.
- Pirate.

bouchage n. m.
Action de boucher.

bouche n. f.
- Orifice du visage par où passent l'air, les aliments, la voix. *Ouvrir la bouche.*
Note.- Ne pas confondre avec le nom *gueule* qui est réservé aux carnassiers, aux fauves : *la gueule d'un chien, d'un loup, d'un lion, d'un crocodile, d'un requin.* Pour un cheval, un chameau, un bœuf, un éléphant,

un poisson et en général, pour les animaux de trait, de selle, on utilise le mot *bouche.*
- Ouverture, entrée. *Une bouche de métro, une bouche d'eau.*
- Embouchure. *Les bouches du Rhône.*

bouché, ée adj.
- Obstrué.
- Borné. *Un esprit bouché.*

bouche-à-bouche n. m. inv.
Procédé de réanimation par insufflation d'air. *Tenter le bouche-à-bouche pour ranimer une personne asphyxiée. Des bouche-à-bouche.*
Note.- Ne pas confondre avec l'expression **de bouche à oreille** qui signifie « confidentiellement ». *Cette nouvelle s'est transmise de bouche à oreille.*

bouchée n. f.
- Quantité d'aliments qu'on met dans la bouche en une seule fois.
- Petite quantité.
- *Mettre les bouchées doubles.* Aller plus vite.
- *Pour une bouchée de pain.* Pour presque rien.
Hom. *boucher,* personne qui vend de la viande.

boucher v. tr., pronom.
- **Transitif.** Fermer une ouverture.
- **Pronominal.** S'obstruer.

boucher n. m.
bouchère n. f.
Personne qui vend de la viande.
Hom. *bouchée,* quantité d'aliments qu'on met dans la bouche en une seule fois.

boucherie n. f.
- Commerce de la viande.
- Boutique du boucher.
- (Fig.) Massacre.

bouche-trou n. m.
Personne qui comble une place vide. *Des bouche-trous.*

bouchon n. m.
- Ce qui sert à boucher l'orifice d'une bouteille, d'un bocal.
- Poignée de foin, de paille.
- Ce qui bloque. *Bouchon de circulation.*
Note.- Ne pas confondre avec le mot *capsule* qui désigne le couvercle de métal qui sert à fermer une bouteille.

bouchonnement n. m.
Action de bouchonner un animal.

bouchonner v. tr.
Frotter un cheval avec un bouchon de paille.

bouclage n. m.
Opération militaire par laquelle on boucle une région, une ville.

boucle n. f.
- Anneau servant à tendre une courroie, une ceinture. *Une boucle de ceinture en argent ciselé.*
- Bijou en forme d'anneau. *Des boucles d'oreilles.*

● Ce qui est en forme d'anneau. *Une boucle de cheveux.*

● (Inform.) Tour complet. *Une boucle, en programmation.*

boucler v. tr., intr.

● **Transitif**

- Attacher avec une boucle. *Il faut boucler sa ceinture de sécurité.*

- Équilibrer. *Boucler le budget.*

- Entourer militairement. *Boucler une région.*

● **Intransitif**

Prendre la forme d'une boucle. *Ses cheveux bouclent naturellement.*

bouclette n. f.

Petite boucle.

bouclier n. m.

Arme pour parer les coups.

bouddha n. m.

Titre donné dans le bouddhisme à celui qui parvient à la connaissance parfaite. *Des bouddhas.*

bouddhisme n. m.

Doctrine religieuse fondée par le Bouddha.

Note.- Les noms de religions s'écrivent avec une minuscule.

bouddhiste adj. et n. m. et f.

● **Adjectif**. Qui appartient au bouddhisme. *La philosophie bouddhiste.*

● **Nom masculin et féminin**. *Un bouddhiste.*

Note.- L'adjectif ainsi que le nom s'écrivent avec une minuscule.

bouder v. tr., intr.

● **Transitif**. Se détourner de quelqu'un, quelque chose. *Bouder le théâtre.*

● **Intransitif**. Témoigner de la mauvaise humeur. *L'enfant boude dans sa chambre. Elle boude contre son frère constamment.*

bouderie n. f.

Action de bouder.

boudeur, euse adj. et n. m. et f.

Qui a le défaut de bouder.

boudeuse n. f.

Siège double en forme de *S* où deux personnes se tournent le dos.

boudin n. m.

Charcuterie à base de sang et de gras de porc, mise dans un boyau.

boudinage n. m.

Action de boudiner.

boudiné, ée adj.

À l'étroit dans un vêtement trop petit.

boudiner v. tr.

Tordre en spirale.

boudoir n. m.

● Petit salon élégant.

● Biscuit sec recouvert de sucre.

boue n. f.

Mélange d'eau et de terre.

Note.- Ne pas confondre avec le nom *vase* qui désigne ce qui est stagnant au fond de l'eau.

Hom. *bout*, extrémité.

bouée n. f.

● Corps flottant destiné à prévenir la noyade. *Une bouée de sauvetage.*

● Corps flottant servant à signaler un danger, un chenal, etc.

boueux ou **boueur**

V. éboueur.

boueux, euse adj.

Plein de boue.

bouffant, ante adj.

Qui paraît gonflé. *Une juge bouffante.*

bouffe adj.

Qui appartient au genre comique. *De l'opéra bouffe.*

bouffe n. f.

(Pop.) Aliments, repas.

bouffée n. f.

● Souffle qui arrive brusquement. *Une bouffée de fumée.*

● Accès passager. *Une bouffée de colère.*

bouffer v. tr., intr.

● **Transitif**. (Fam.) Manger.

● **Intransitif**. Se gonfler. *Faire bouffer ses cheveux.*

bouffi, ie adj.

Enflé.

bouffir v. tr., intr.

Rendre enflé.

bouffissure n. f.

Enflure.

bouffon, onne adj. et n. m.

● **Adjectif**. Amusant, grotesque.

● **Nom masculin**. Acteur comique, personnage de farce.

bouffonner v. intr.

(Litt.) Faire le bouffon.

bouffonnerie n. f.

Plaisanterie assez grosse.

bougainvillée n. f.

Plante grimpante à fleurs violettes ou roses.

Note.- Ce mot s'orthographie parfois *bougainvillier* et est alors du genre masculin.

bouge n. m.

Logement malpropre, obscur ; établissement mal fréquenté.

bougeoir n. m.

Chandelier sans pied.

bougeotte n. f.

(Fam.) Manie de bouger, de voyager.

bouger v. tr., intr.

● Le *g* est suivi d'un *e* devant les lettres *a* et *o*. *Il bougea, nous bougeons.*

● **Transitif.** Changer de place. *Bouger les meubles pour nettoyer.*
● **Intransitif.** Se mouvoir. *Ne bougez plus, le petit oiseau va sortir.*

bougie n. f.
● Cylindre de cire muni d'une mèche pour donner de l'éclairage. *Souffler une bougie.*
Note.- Le mot **bougie** tend à remplacer **chandelle** qui est vieilli en ce sens.
● Pièce d'un moteur à explosion qui sert à l'allumage.

bougnat n. m.
(Fam., vx) Marchand de charbon et débitant de boissons.

bougon, onne adj. et n. m. et f.
(Fam.) Grognon.

bougonnement n. m.
Attitude du bougon.

bougonner v. tr., intr.
(Fam.) Murmurer entre ses dents.

bougre, esse n. m. et f.
(Fam.) Individu. *Un bon bougre.*

bougrement adv.
(Fam.) Extrêmement.

boui-boui n. m.
Café de dernier ordre. *Des bouis-bouis.*

bouillabaisse n. f.
Mets provençal composé de poissons cuits dans du vin blanc, et fortement épicé.
Note.- Attention à l'orthographe : bou*ill*abai*ss*e.

bouilli n. m.
Viande bouillie.

bouillie n. f.
Purée de lait et de farine.
Note.- Attention à l'orthographe : bou*ill*ie.

bouillir v. tr., intr.
● *Je bous, tu bous, il bout, nous bouillons, vous bouillez, ils bouillent. Je bouillais, tu bouillais, il bouillait, nous bouillions, vous bouilliez, ils bouillaient. Je bouillis, tu bouillis, il bouillit, nous bouillîmes, vous bouillîtes, ils bouillirent. Je bouillirai, tu bouilliras, il bouillira, nous bouillirons, vous bouillirez, ils bouilliront. Je bouillirais, tu bouillirais, il bouillirait, nous bouillirions, vous bouilliriez, ils bouilliraient. Bous, bouillons, bouillez. Que je bouille, que tu bouilles, qu'il bouille, que nous bouillions, que vous bouilliez, qu'ils bouillent. Que je bouillisse, que tu bouillisses, qu'il bouillît, que nous bouillissions, que vous bouillissiez, qu'ils bouillissent. Bouillant. Bouilli, ie.*
● **Transitif**
Faire bouillir un liquide.
● **Intransitif**
- Être en ébullition. *Le lait bout* (et non * bouillit, * bouille).
- (Fig.) S'impatienter, s'emporter.
Note.- Attention à l'orthographe : bou*ill*ir.

bouilloire n. f.
Récipient destiné à faire bouillir de l'eau. *Une bouilloire électrique.*
Note.- Attention à l'orthographe : bou*ill*oire.

bouillon n. m.
● Bulles d'un liquide en ébullition.
● Jus de viande, de légumes.
Note.- Attention à l'orthographe : bou*ill*on.

bouillonnant, ante adj.
Qui bouillonne. *Des flots bouillonnants.*
Note.- Attention à l'orthographe : bou*ill*onnant.

bouillonnement n. m.
Mouvement d'un liquide qui bout.
Note.- Attention à l'orthographe : bou*ill*onnement.

bouillonner v. intr.
● Produire des bouillons.
● S'agiter violemment.
Note.- Attention à l'orthographe : bou*ill*onner.

bouillotte n. f.
● Récipient destiné à faire bouillir de l'eau.
● Récipient que l'on remplit d'eau bouillante pour réchauffer un lit.
Note.- Attention à l'orthographe : bou*ill*otte.

boulange n. f.
Action de pétrir et de cuire le pain.

boulanger n. m.
boulangère n. f.
Personne qui fait et vend le pain.

boulanger v. tr., intr.
Faire du pain.

boulangerie n. f.
Boutique où l'on cuit et vend le pain.

boule n. f.
Corps sphérique. *Une boule de neige.*

bouleau n. m.
Arbre à écorce blanche argentée. *Des bouleaux.*
Hom. **boulot**, travail ou personne petite et grosse.

bouledogue n. m.
Variété de chien de petite taille à museau aplati.
Note.- Ce nom est la forme francisée de l'anglais « bulldog ».

bouler v. intr.
Rouler comme une boule.

boulet n. m.
● Projectile dont on chargeait les canons.
● Boule de métal qu'on attachait aux pieds de certains condamnés.
● (Fig.) Obligation pénible.

boulette n. f.
● Petite boule.
● (Fam.) Bêtise. *Faire une boulette.*

boulevard n. m.
● Abréviation **bd** (s'écrit sans point).
● Artère à grand débit de circulation. *Nous habitons boulevard Saint-Germain.*

● **Théâtre de boulevard**. Théâtre de caractère léger où dominent le vaudeville et la comédie.

boulevardier, ière adj.
Relatif au théâtre de boulevard.

bouleversant, ante adj.
Émouvant.

bouleversement n. m.
Action de bouleverser ; état qui en résulte.

bouleverser v. tr.
● Perturber. *L'ordre du jour a été bouleversé par l'incident.*
● Émouvoir violemment. *Elle a été bouleversée par la nouvelle.*

boulier n. m.
Appareil comportant des boules glissant sur des tiges et dont on se sert pour compter ou pour apprendre à compter.
Syn. **abaque**.

boulimie n. f.
Besoin pathologique d'absorber de grandes quantités de nourriture.

boulimique adj. et n. m. et f.
● **Adjectif**. Relatif à la boulimie.
● **Nom masculin et féminin**. Personne atteinte de boulimie.

boulingrin n. m.
Parterre de gazon pour jouer aux boules.
Note.- Ce nom est la forme francisée de l'expression anglaise « bowling-green ».

boulodrome n. m.
Parterre réservé au jeu de boules.

boulon n. m.
Tige fixée par un écrou.
Note.- Ne pas confondre avec le nom **vis** qui désigne une tige filetée qui se fixe sans écrou.

boulonnage n. m.
Action de boulonner ; son résultat.

boulonner v. tr., intr.
● **Transitif**. Fixer avec des boulons.
● **Intransitif**. (Pop.) Travailler durement.

boulonnerie n. f.
Industrie et commerce des boulons et accessoires.

boulot, otte adj. et n. m.
● **Adjectif**. Personne petite et grosse.
● **Nom masculin.** (Fam.) Travail.
Hom. **bouleau**, arbre.

boum interj. et n. m. et f.
● **Interjection**
Onomatopée de ce qui tombe, explose.
● **Nom masculin**
- Bruit. *On a entendu des boums gigantesques.*
- Développement considérable. *Le boum immobilier.*
● **Nom féminin**
(Fam.) Surprise-partie. *Elle a organisé une boum extraordinaire.*

bouquet n. m.
● Assemblage de fleurs, d'herbes aromatiques. *Un bouquet de lilas.*
● Parfum du vin.
● (Fam.) **C'est le bouquet !** C'est le comble.

bouquetière n. f.
Personne qui vend des bouquets de fleurs.

bouquin n. m.
● Vieux bouc.
● (Fam.) Livre.

bouquiner v. intr.
● Consulter, rechercher de vieux livres.
● (Fam.) Lire.
● S'accoupler, en parlant du lapin.

bouquinerie n. f.
Commerce de vieux livres.

bouquineur, euse n. m. et f.
Personne qui aime lire.

bouquiniste n. m. et f.
Marchand de vieux livres.

bourbe n. f.
Vase, boue.

bourbeux, euse adj.
Plein de bourbe.

bourbier n. m.
● Endroit creux rempli de bourbe.
● (Fig.) Situation inextricable.

bourbon n. m.
Whisky américain.

bourde n. f.
(Fam.) Bêtise, grosse erreur.

bourdon n. m.
● Insecte qui ressemble à l'abeille.
Note.- Le mâle de l'abeille est le **faux bourdon**.
● Grosse cloche d'une cathédrale, d'une basilique.
Note.- Ne pas confondre avec les mots suivants :
- **carillon**, groupe de petites cloches ;
- **cloche**, appareil sonore vibrant sous les coups d'un battant ;
- **clochette**, petite cloche ;
- **sonnette**, timbre, sonnerie électrique.

bourdonnant, ante adj.
Qui bourdonne.

bourdonnement n. m.
Murmure sourd.

bourdonner v. intr.
Bruire sourdement. *L'abeille bourdonne.*

bourg n. m.
Gros village où se tiennent ordinairement des marchés.
Hom. **bourre**, matière servant à bourrer.

bourgade n. f.
Village assez étendu, mais dont les maisons sont espacées.

bourgeois, oise adj. et n. m. et f.
● **Adjectif**
- Qui appartient à la bourgeoisie.
- Qui a des valeurs conservatrices. *Une mentalité bourgeoise.*
- Simple et bon. *Cuisine bourgeoise.*
● **Nom masculin et féminin**
Personne appartenant à la classe moyenne ou aux classes dirigeantes, qui n'exerce pas un métier manuel.

bourgeoisement adv.
De façon bourgeoise.

bourgeoisie n. f.
● Classe des bourgeois.
● Classe dominante.

bourgeon n. m.
Bouton d'où sortent les feuilles, les fleurs.

bourgeonnement n. m.
Formation de bourgeons.

bourgeonner v. intr.
Produire des bourgeons, en parlant d'une plante.

bourgmestre n. m.
Maire en Belgique et en Suisse.

bourgogne n. m.
Vin de la région de Bourgogne. *Acheter un bon bourgogne.*
Note.- Le nom qui désigne le vin s'écrit avec une minuscule, celui qui désigne la région prend une majuscule.

bourguignon, onne adj. et n. m. et f.
● De la Bourgogne.
Note.- Contrairement à l'adjectif, le nom prend une majuscule.
● *Bœuf bourguignon.* Bœuf cuit au vin rouge.

bourlinguer v. intr.
● Attention au *u* qui subsiste même devant les lettres *a* et *o*. *Il bourlingua, nous bourlinguons.*
● Avancer péniblement en luttant contre une grosse mer (en parlant d'un navire).
● Naviguer beaucoup (en parlant d'un marin).
● (Fam.) Voyager beaucoup, mener une vie aventureuse.

bourlingueur, euse n. m. et f.
(Fam.) Personne qui bourlingue.

bourrache n. f.
Plante à grandes fleurs bleues dont on fait des tisanes.

bourrade n. f.
Coup brusque. *Une bourrade amicale.*

bourrage n. m.
● Action de bourrer.
● *Bourrage de crâne.* Bachotage, propagande intensive.
● Matière qui bourre.

bourrasque n. f.
Coup de vent violent et de courte durée.
Note.- Ne pas confondre avec les mots suivants :

- *cyclone*, tempête caractérisée par un puissant tourbillon destructeur ;
- *orage*, perturbation atmosphérique qui se caractérise par une pluie abondante, des éclairs et du tonnerre ;
- *ouragan*, vent très violent accompagné de pluie ;
- *tempête de neige*, chute de neige abondante ;
- *tornade*, trombe de vent violent ;
- *typhon*, tourbillon marin d'une extrême violence.

bourratif, ive adj.
(Fam.) Se dit d'un aliment qui alourdit l'estomac.

bourre n. f.
Matière servant à bourrer (les coussins, matelas, etc.)
Hom. **bourg**, gros village.

bourreau n. m.
● Personne chargée d'exécuter la peine de mort. *Des bourreaux impassibles.*
● *Bourreau de travail.* (Fam.) Travailleur acharné.

bourrée n. f.
Danse du folklore auvergnat.

bourrèlement n. m.
(Litt.) Douleur.

bourreler v. tr.
Torturer.
Note.- Ce verbe ne s'emploie plus que dans l'expression *bourrelé de remords* (et non * bourré de remords).

bourrelet n. m.
● Coussin rempli de bourre.
● Pli arrondi de certaines parties du corps. *Un bourrelet à la taille.*

bourrelier, ière n. m. et f.
Artisan qui fabrique et vend des harnais, des courroies, etc.

bourrellerie n. f.
Commerce des harnais, des sacs, des courroies.

bourrer v. tr., intr., pronom.
Remplir complètement.
Note.- Ce verbe est souvent utilisé à tort au lieu du verbe *bourreler* dans l'expression *bourrelé de remords*.

bourriche n. f.
Panier à gibier.

bourricot ou **bourriquot** n. m.
Petit âne.

bourrin n. m.
(Pop.) Cheval.

bourrique n. f.
● Mauvais âne.
● (Fam.) Personne bête et têtue.

bourriquet n. m.
Ânon.

bourru, ue adj.
D'un abord rude et renfrogné.

bourse n. f.
● Petit sac destiné à contenir de l'argent. *Une bourse remplie de pièces d'or.*

• **Bourse d'études**. Pension accordée à un étudiant.
• Marché où se concluent des opérations sur des valeurs mobilières. *Jouer à la Bourse, action cotée en Bourse, à la Bourse de Paris.*
Note.- Dans son deuxième sens, le nom **bourse** prend une majuscule.

boursicotage n. m.
Action, fait de boursicoter.

boursicoter v. intr.
Se livrer à de petites opérations à la Bourse.

boursicoteur, euse adj. et n. m. et f.
Personne qui boursicote.
Syn. **boursicotier**.

boursier, ière adj. et n. m. et f.
• **Adjectif.** Relatif à la Bourse. *Des opérations boursières.*
• **Nom masculin et féminin.** Étudiant, étudiante qui jouit d'une bourse.

boursouflé, ée adj.
Enflé.
Note.- Attention à l'orthographe : boursou**f**lé.

boursouflement ou **boursouflage** n. m.
Fait de boursoufler.
Note.- Attention à l'orthographe : boursou**f**lement, boursou**f**lage.

boursoufler v. tr.
Rendre enflé.
Note.- Attention à l'orthographe : boursou**f**ler.

boursouflure n. f.
Gonflement. *Ce papier a des boursouflures.*
Note.- Attention à l'orthographe : boursou**f**lure.

bousculade n. f.
Remous désordonnés d'une foule.

bousculer v. tr., pronom.
• Heurter violemment (des personnes) par inadvertance.
• Mettre en désordre.
• Renverser. *Cette découverte a bousculé toutes les théories.*

bousillage n. m.
Action de bousiller.

bousiller v. tr., intr.
• Les lettres *ill* sont suivies d'un *i* à la première et à la deuxième personne du pluriel de l'indicatif imparfait et du subjonctif présent. *(Que) nous bousillions, (que) vous bousilliez.*
• (Fam.) Travailler précipitamment et sans soin.
• (Fam.) Démolir.

bousilleur, euse n. m. et f.
Personne qui bousille (quelque chose).

boussole n. f.
Cadran muni d'une aiguille aimantée et dont une des pointes indique le nord en vue de permettre au marin, au voyageur de s'orienter.
Note.- Attention à l'orthographe : bou**ss**ole.

boustifaille n. f.
(Pop.) Nourriture.

bout n. m.
• Extrémité.
• **Locutions**
- **À bout portant**. De très près.
- **Pousser à bout**. Impatienter, provoquer la colère de quelqu'un.
- **Être à bout**. Être épuisé.
- **À tout bout de champ**. Constamment.
- **Au bout du compte**. Après tout.
- **Joindre les deux bouts**. Équilibrer son budget.
- **Tenir le bon bout**. Être gagnant.
- **Venir à bout de**. Triompher, l'emporter.
Hom. **boue**, mélange d'eau et de terre.

boutade n. f.
Repartie, plaisanterie.

bout de chou n. m.
Petit enfant. *Des bouts de chou.*

boute-en-train n. m. inv.
Personne enjouée qui anime une soirée, un groupe. *Des boute-en-train. Elle est un vrai boute-en-train.*
Notes.-
1° Ce nom est toujours masculin.
2° Attention à l'orthographe : bout**e**-en-train

bouteille n. f.

• Récipient, généralement en verre, destiné à contenir un liquide, un gaz sous pression. *Une bouteille de vin, une bouteille d'oxygène.*
Note.- Certains formats de bouteilles ont reçu des appellations particulières, originellement pour le champagne :
- la **bouteille de vin** contient de 70 à 75 décilitres ;
- le **magnum** comprend 2 bouteilles de champagne, d'eau minérale, etc. (1,50 à 1,60 litre) ;
- le **jéroboam** représente 4 bouteilles (3 litres) ;
- le **mathusalem** contient 8 bouteilles (6 litres) ;
- le **balthazar** ou **balthasar** équivaut à 16 bouteilles (12 litres) ;
- le **nabuchodonosor** correspond à plus de 20 bouteilles (16 litres).
• Contenu d'une bouteille. *Boire une bouteille de champagne.*

---

bouteiller ou **boutillier** n. m.
(Ancienn.) Maître échanson.

bouter v. tr.
(Vx) Chasser (d'un lieu).

bouteur n. m.
Engin de terrassement constitué par un tracteur à chenilles équipé à l'avant d'une lame, servant à pousser des terres ou d'autres matériaux. *Pour niveler le sol, il faudra un bouteur.*
Note.- Le mot **bulldozer** est couramment utilisé en ce sens.

bout-filtre n. m.
Filtre destiné à absorber la nicotine d'une cigarette. *Des bouts-filtres.*

boutique n. f.
• Lieu où un commerçant expose et vend sa marchandise.
• Magasin de prêt-à-porter.

boutiquier, ière adj. et n. m. et f.
• **Adjectif.** (Péj.) De boutique.
• **Nom masculin et féminin.** Personne qui tient une boutique.

bouton n. m.
• Bourgeon. *Des boutons de rose.*
• Petite pièce ronde qui sert à fixer un vêtement. *Des boutons de manchettes.*
• Vésicule cutanée. *Un adolescent avec des boutons.*
• Commande d'un appareil. *Il suffit de tourner le bouton, et tout démarre.*

bouton-d'argent n. m.
Renoncule à fleurs blanches. *Des boutons-d'argent.*

bouton-d'or n. m.
Renoncule à fleurs jaunes. *Des boutons-d'or.*

boutonnage n. m.
Action de boutonner.

boutonner v. tr., intr., pronom.
• **Transitif.** Attacher au moyen de boutons. *Boutonne ton manteau, il fait froid.*
• **Intransitif et pronominal.** Se fermer avec des boutons. *Cette robe boutonne ou se boutonne par-derrière.*
Note.- Ce verbe s'emploie à la forme intransitive ou plus fréquemment, à la forme pronominale.

boutonneux, euse adj.
Qui a des boutons.

boutonnière n. f.
Fente faite à un vêtement pour y passer un bouton.

bouton-pression n. m.
Système de fermeture composé d'un petit bouton qui entre par pression dans un œillet métallique. *Des boutons-pression.*

bouturage n. m.
Action de multiplier des végétaux par boutures.

bouture n. f.
Partie d'un végétal coupée et plantée pour donner une nouvelle plante.

bouturer v. tr., intr.
Propager par boutures.

bouveter v. tr.
• Redoublement du *t* devant un *e* muet. *Je bouvette, je bouvetterai*, mais *je bouvetais.*
• Faire des rainures.

bouveteuse n. f.
Machine à bouveter.

bouvier, ière n. m. et f.
• **Nom masculin et féminin.** Personne qui soigne les bœufs.
• **Nom masculin.** Chien de berger.

bouvillon n. m.
Jeune bœuf castré.

bouvreuil n. m.
Oiseau à gorge rose et à tête noire.

bovidé n. m.
Mammifère ruminant constituant une famille à laquelle appartient le bœuf.

bovin, ine adj. et n. m.
Qui se rapporte au bœuf. *Les espèces bovines. Les bovins (bœufs, vaches, veaux).*

bowling n. m.
• Ce mot se prononce [bolin].
• Jeu de quilles.

bow-window n. m.
• Ce mot se prononce à l'anglaise [bowindo].
• Fenêtre en saillie. *De grands bow-windows.*

box n. m.
Compartiment d'écurie. *Des boxes spacieux ou des box.*
Note.- Au pluriel, le nom s'orthographie **box** ou **boxes**.

boxe n. f.
Lutte sportive à coups de poing.

boxer n. m.
• Le *r* se prononce [boksɛr].
• Chien de garde. *Des boxers.*

boxer v. tr., intr.
• **Transitif.** (Fam.) Frapper. *Il a boxé l'agresseur.*
• **Intransitif.** Pratiquer la boxe. *Il boxe depuis 10 ans.*

boxeur n. m.
Personne qui pratique la boxe à titre d'amateur ou de professionnel.

boyau n. m.
Intestin d'un animal. *Des boyaux.*

boycottage ou **boycott** n. m.
• La première syllabe se prononce à l'anglaise : [bojkɔtaʒ], [bojkɔt].
• Refus systématique d'entretenir des relations économiques, politiques, etc. avec une personne, un groupe de personnes, une entreprise, un État dans le but d'exercer des pressions ou des représailles.
Note.- Le nom **boycottage** est la forme francisée de **boycott**.

boycotter v. tr.
• La première syllabe se prononce à l'anglaise, [bojkɔte].
• Pratiquer le boycottage de.
Note.- Attention à l'orthographe : boyco**tt**er.

boycotteur, euse n. m. et f.
• La première syllabe se prononce à l'anglaise, [bojkɔtœr].
• Qui boycotte.

boy-scout n. m.
• La première syllabe se prononce à l'anglaise, [bojskut].
• (Vx) Scout. *Des boy-scouts débrouillards.*

B.P.
Abréviation de **boîte postale**.

157

Br
Symbole chimique de **brome**.

bracelet n. m.
Anneau qui se porte au bras, au poignet. *Des bracelets en or.*

bracelet-montre n. m.
Montre fixée à un bracelet. *Des bracelets-montres* ou *des montres-bracelets.*

braconnage n. m.
Action de braconner.

braconner v. intr.
Chasser sans permis en temps ou en lieux interdits.

braconnier n. m.
Celui qui braconne.

brader v. tr.
• Vendre à n'importe quel prix.
• Liquider.

braderie n. f.
Vente publique de soldes, de marchandises d'occasion.

bradycardie n. f.
Ralentissement du rythme du cœur.

braguette n. f.
Ouverture verticale du pantalon.

brahmane n. m.
Membre de la caste sacerdotale de l'Inde.
Note.- Le nom s'écrit avec une minuscule.

brahmanique adj.
Relatif au brahmanisme.

brahmanisme n. m.
Religion de l'Inde.
Note.- Les noms de religions s'écrivent avec une minuscule.

braies n. f. pl.
(Ancienn.) Pantalon ample des Gaulois, des Germains, etc.

braillard, arde adj. et n. m. et f.
Qui ne cesse de pleurer, de se plaindre.
Syn. **brailleur.**

braille n. m.
Système d'écriture par points en relief dont se servent les aveugles.

braillement n. m.
Action de brailler.

brailler v. tr., intr.
• Les lettres *ill* sont suivies d'un *i* à la première et à la deuxième personne du pluriel de l'indicatif imparfait et du subjonctif présent. *(Que) nous braillions, (que) vous brailliez.*
• Pleurer, crier bruyamment.
• Crier, en parlant du paon.

braiment n. m.
Cri de l'âne.

brainstorming n. m.
(Anglicisme) Séance de recherche d'idées originales qui favorise la libre expression de tout ce qui vient à l'esprit de chacun.
Note.- Le nom **remue-méninges** a fait l'objet d'une recommandation officielle pour remplacer cet anglicisme.

braire v. intr.
• Ce verbe ne s'emploie qu'à l'infinitif et aux formes suivantes. *Il brait, ils braient. Il brayait, ils brayaient. Il braira, ils brairont. Il brairait, ils brairaient. Il a brait, ils ont brait. Brayant.*
• Crier, en parlant de l'âne.

braise n. f.
Charbons ardents.

braiser v. tr.
Faire cuire à feu doux.

brame ou **bramement** n. m.
Cri du cerf ou du daim.

bramer v. intr.
Crier, pour un cerf, un daim.

bran n. m.
Partie la plus grossière du son.

brancard n. m.
Civière à bras.

brancardier n. m.
Personne qui transporte les blessés sur des brancards.

branchage n. m.
Amas de branches.

branche n. f.
• Ramification de l'arbre.
• Division. *Les branches d'une science.*

branché, ée adj.
(Fam.) À la mode. *Êtes-vous branché ?*

branchement n. m.
Action de brancher, de raccorder à un système. *Le branchement du téléphone.*

brancher v. tr., pronom.
• **Transitif.** Raccorder, mettre en communication. *Brancher l'appareil d'éclairage.*
• **Pronominal.** Capter une émission.

branchette n. f.
Petite branche.

branchies n. f. pl.
Organes de la respiration chez les poissons. *Les branchies d'un poisson.*

branchu, ue adj.
Qui a beaucoup de branches.

brandade n. f.
Morue pilée au mortier avec de l'huile et de l'ail.

brandebourg n. m.
Broderie sur un vêtement.

brandir v. tr.
Élever avant de lancer ou de frapper. *Brandir une arme.*

brandy n. m.
- Ce mot se prononce à la française [brãdi].
- Eau-de-vie. *Des brandys.*

branlant, ante adj.
Qui manque de stabilité. *Un parapet branlant.*

branle n. m.
- Mouvement d'un corps qui oscille.
- Ancienne danse.
- *Mettre en branle.* Mettre en mouvement.

branle-bas n. m. inv.
- Préparatifs pour un combat naval. *Branle-bas de combat !*
- Agitation générale. *Des branle-bas fébriles.*

branlement n. m.
Mouvement de ce qui branle.

branler v. tr., intr.
- **Transitif**
Agiter. *Il branlait la tête.*
- **Intransitif**
- Commencer à osciller. *Sa dent branle.*
- *Branler dans le manche.* (Fam.) N'être pas solide.

braquage n. m.
- Action de tourner les roues d'une voiture, d'un véhicule.
- (Fam.) Attaque à main armée. *Le braquage d'une banque.*

braque adj. et n. m.
- **Adjectif.** (Fam.) Étourdi, un peu fou.
- **Nom masculin.** Chien de chasse.

braquer v. tr., intr., pronom.
- **Transitif.** Diriger vers un point. *Braquer les yeux sur quelqu'un, braquer un revolver.*
- **Intransitif.** Faire tourner un véhicule. *Cette petite voiture braque bien.*
- **Pronominal.** (Fam.) Se dresser, se cabrer. *Il s'est braqué et personne n'a pu lui faire entendre raison.*

bras n. m.
- Membre supérieur de l'être humain qui est rattaché à l'épaule.
- **Locutions**
- *À bras.* En n'employant que la force musculaire.
- *À bras ouverts.* Avec cordialité.
- *À tour de bras, à bras raccourcis.* De toute sa force.
- *À bras le corps.* En passant les deux bras autour du corps.
- *Bras dessus, bras dessous.* En se donnant le bras.

brasero n. m.
- Les lettres *se* se prononcent *zé* [brazero].
- Récipient métallique rempli de charbons ardents et destiné au chauffage en plein air. *Des braseros.*
Note.- Attention à l'orthographe : braséro.

brasier n. m.
Foyer d'incendie.

brassage n. m.
Action de brasser ; fait de brasser. *Le brassage de la bière.*

brassard n. m.
Bande d'étoffe portée au bras.

brasse n. f.
Nage sur le ventre où l'on étend les deux bras en avant pour les écarter ensuite simultanément.

brassée n. f.
Ce qu'on peut tenir dans les deux bras. *Une brassée de bois.*

brasser v. tr.
Remuer.

brasserie n. f.
- Industrie de la fabrication de la bière.
- Grand café restaurant.

brasseur n. m.
brasseuse n. f.
Personne qui fabrique et vend de la bière.

brassière n. f.
Vêtement de nourrisson fermé dans le dos.

bravache adj. et n. m. et f.
Fanfaron.

bravade n. f.
Défi insolent. *Elle fit ce choix par bravade.*

brave adj. et n. m. et f.
- Courageux. *Un chevalier très brave.*
- Bon, honnête. *Un brave gardien.*
Note.- Selon la place de l'adjectif, le sens varie.

bravement adv.
Avec bravoure.

braver v. tr.
Affronter sans crainte.

bravissimo ! interj.
Marque une admiration enthousiaste.

bravo interj. et n. m.
- **Interjection.** Cette interjection marque l'approbation, l'admiration, l'enthousiasme.
- **Nom masculin.** Applaudissement. *Des bravos retentissants.*

bravoure n. f.
Courage.

break n. m.
- Le mot se prononce à l'anglaise [brɛk].
- Voiture en forme de fourgonnette.

brebis n. f.
Femelle du bélier.

brèche n. f.
Ouverture pratiquée dans un mur, une clôture.

bréchet n. m.
Sternum de l'oiseau ayant la forme d'un *Y*.

bredouillage n. m.
Murmure.

bredouille adj.
Se dit d'une personne qui a échoué dans ses recherches (de gibier, à l'origine). *Elles sont revenues bredouilles.*

bredouillement n. m.
Fait de bredouiller.

bredouiller v. tr., intr.
• Les lettres *ill* sont suivies d'un *i* à la première et à la deuxième personne du pluriel de l'indicatif imparfait et du subjonctif présent. *(Que) nous bredouillions, (que) vous bredouilliez.*
• Parler rapidement en prononçant mal.

bref, brève adj. et adv.
• **Adjectif.** Court, concis. *Je serai bref.*
• **Adverbe.** En définitive. *Bref, passons.*

breloque n. f.
Petit bijou qu'on fixe à une chaîne, à un bracelet.

brésilien, ienne adj. et n. m. et f.
• Du Brésil.
• Forme du portugais parlé au Brésil.
Note.- Lorsqu'il s'agit de la langue, l'adjectif ou le nom s'écrit avec une minuscule. Si le nom désigne une personne, la majuscule s'impose.

bretelle n. f.
• Voie qui relie une autoroute avec le réseau routier ou avec une autre autoroute. *La voiture est tombée en panne à la sortie de la bretelle.*
• (Au plur.) Double bande élastique qui sert à soutenir un vêtement. *Les bretelles d'un soutien-gorge, d'un pantalon.*

breton, onne adj. et n. m. et f.
• De Bretagne.
• Langue celtique.
Note.- Lorsqu'il s'agit de la langue, l'adjectif ou le nom s'écrit avec une minuscule. Si le nom désigne une personne, la majuscule s'impose.

bretonnant, ante adj.
Qui conserve les traditions bretonnes. *La Bretagne bretonnante.*

bretzel n. m.
Pâtisserie alsacienne salée, en forme de huit.

breuvage n. m.
(Litt. ou péj.) Boisson.

brevet n. m.
• Titre, certificat, diplôme.
• *Brevet d'invention.* Document qui définit la propriété intellectuelle de l'inventeur et lui donne un droit exclusif d'exploitation pour une durée déterminée.

brevetable adj.
Qui peut être breveté.

Brevet d'études professionnelles
Sigle *B.E.P.*

breveté, ée adj.
• Qui a obtenu un brevet.
• Protégé par un brevet. *Une invention brevetée.*

breveter v. tr.
• Redoublement du *t* devant un *e* muet. *Je brevette, je brevetterai,* mais *je brevetais.*
• Protéger par un brevet.

bréviaire n. m.
Livre de prière des prêtres.

bréviligne adj. et n. m. et f.
Se dit d'une personne de petite taille aux membres courts.
Ant. **longiligne.**

bribe n. f.
Petite quantité. *Ils ont appris l'histoire par bribes.*

bric-à-brac n. m. inv.
Rassemblement de vieux objets. *Des bric-à-brac.*

bric et de broc (de) loc. adv.
Avec des morceaux disparates. *Il s'est meublé de bric et de broc.*

brick n. m.
Voilier à voiles carrées.

bricolage n. m.
• Passe-temps constitué par de petits travaux de réparation, de construction à la maison. *Le bricolage lui procure une grande détente.*
• Travail peu soigné.

bricole n. f.
Objet sans valeur.

bricoler v. tr., intr.
• **Transitif.** Réparer sommairement. *Bricoler une serrure.*
• **Intransitif.** Exécuter des travaux manuels (aménagement, réparations). *Il adore bricoler : il a construit une belle terrasse dans son jardin.*

bricoleur, euse n. m. et f.
Personne qui aime exécuter de petits travaux manuels.

bride n. f.
• Partie du harnais d'un cheval qui permet de le conduire.
• *À bride abattue, à toute bride,* locution adverbiale. À toute vitesse.
• *Tenir la bride.* Ne pas tout permettre.

bridé, ée adj.
Yeux bridés. Yeux dont les paupières sont étirées latéralement.

brider v. tr.
• Mettre la bride à un cheval.
• *Brider une volaille.* Ficeler une volaille pour la cuisson.
• Contenir, freiner. *Une imagination trop bridée.*
Ant. **débrider.**

bridge n. m.
Jeu de cartes.

bridger v. intr.
Jouer au bridge.

bridgeur, euse n. m. et f.
Personne qui joue au bridge.

brie n. m.
Fromage à pâte molle de Brie.
Note.- Le nom qui désigne le fromage s'écrit avec une

minuscule, tandis que le nom de la province de France s'écrit avec une majuscule.
Hom. **bris**, destruction, rupture.

briefing n. m.
- Ce mot se prononce [bʀifiŋ].
- (Anglicisme) Réunion d'information avant une mission.

brièvement adv.
Rapidement.

brièveté n. f.
- Courte durée.
- Concision. *La brièveté d'un texte.*

brigade n. f.
- Corps de police spécialisé dans un domaine particulier.
- Petit détachement. *Une brigade de nettoyage.*

brigadier n. m.
Officier supérieur.

brigand n. m.
Bandit.
Note.- Ce nom n'a pas de forme féminine.

brigandage n. m.
Pillage, vol à main armée.

briguer v. tr.
- Attention au *u* qui subsiste même devant les lettres *a* et *o*. *Il brigua, nous briguons.*
- Solliciter avec ardeur. *Il briguera les suffrages dans notre région.*
- Être candidat. *Briguer un poste.*

brillamment adv.
D'une manière brillante, éclatante.

brillance n. f.
Qualité de ce qui est brillant. *Le degré de brillance.*

brillant, ante adj. et n. m.
- **Adjectif**
- Qui a de l'éclat. *Un fini brillant.*
- De grande qualité. *Un esprit brillant.*
- **Nom masculin**
- Éclat. *Le brillant de ses cheveux dorés.*
- Diamant taillé, destiné à être monté sur un bijou. *Une montre avec des brillants.*

brillanter v. tr.
- Tailler une pierre en brillants.
- (Litt.) Rendre brillant.

brillantine n. f.
Produit pour lustrer les cheveux.

brillantiner v. tr.
Enduire de brillantine.

briller v. intr.
- Les lettres *ill* sont suivies d'un *i* à la première et à la deuxième personne du pluriel de l'indicatif imparfait et du subjonctif présent. *(Que) nous brillions, (que) vous brilliez.*
- Projeter une lumière vive. *Le soleil brille.*
- Se distinguer. *Il brillait par son absence.*

brimade n. f.
Épreuve imposée par les anciens aux nouveaux (élèves, soldats).

brimbalement n. m.
(Fam.) Agitation, balancement.

brimbaler v. tr., intr.
(Vx) Agiter, osciller.
Note.- Le verbe **brimbaler** est remplacé aujourd'hui par **brinquebaler**.

brimborion n. m.
Petit objet.

brimer v. tr.
Faire subir des brimades.

brin n. m.
- Tige menue. *Un brin d'herbe.*
- Petite quantité. *Un brin de sel.*

brindille n. f.
Petite branche. *Un feu de brindilles.*

bringue n. f.
- (Pop.) Grande fille dégingandée.
- (Pop.) Fête où l'on boit. *Faire la bringue.*

bringuebaler ou **brinquebaler** v. tr., intr.
- (Fam.) Agiter, secouer.
- (Fam.) Se balancer.

brio n. m.
Entrain, vivacité.

brioche n. f.
Pâtisserie.

brioché, ée adj.
Qui se rapproche de la brioche. *Du pain brioché.*

brique adj. inv. et n. f.
- **Adjectif de couleur invariable.** D'un rouge foncé.
V. Tableau - **COULEUR (ADJECTIFS DE).**
- **Nom féminin.** Pierre rectangulaire d'argile cuite destinée à la construction.
Note.- Le nom **brique** est au pluriel si l'on considère les pierres cuites. *Un mur de briques rouges.* Il est au singulier s'il s'agit de la matière. *Un immeuble en brique.*

briquer v. tr.
(Fam.) Astiquer, nettoyer à fond.

briquetage n. m.
Maçonnerie en brique(s).

briqueter v. tr.
- Redoublement du *t* devant un *e* muet. *Je briquette, je briquetterai,* mais *nous briquetons.*
- Garnir avec des briques.
Note.- Attention à l'orthographe : briqueter.

briqueterie n. f.
Fabrique de briques.
Note.- Attention à l'orthographe : briqueterie.

briquetier n. m.
Personne qui produit des briques.
Note.- Attention à l'orthographe : briquetier.

briquette n. f.
Aggloméré en forme de petite brique utilisé comme combustible.
Note.- Attention à l'orthographe : briquette.

bris n. m.
(Dr.) Destruction, rupture. *Des bris de scellés.*
Hom. *brie*, fromage à pâte molle.

brisant n. m.
Écueil à fleur d'eau qui produit de l'écume.

brise n. f.
Vent léger.

brise- préf.
Les noms composés avec le préfixe *brise-* s'écrivent avec un trait d'union et sont invariables.

brisé, ée adj.
• Mis en pièces.
• Accablé. *Après cette journée, elle est brisée.*
• *Ligne brisée.* Suite de droites formant des angles.

brise-béton n. m. inv.
Appareil servant à détruire le béton par percussion. *Des brise-béton.*

brise-bise n. m. inv.
Petit rideau couvrant le bas d'une fenêtre. *Des brise-bise.*

brisées n. f. pl.
• Branches rompues pour reconnaître l'endroit où est le gibier.
• *Marcher sur les brisées de quelqu'un.* S'approprier le travail d'autrui.

brise-fer n. m. inv.
(Vx) Personne qui casse tout. *Des brise-fer.*

brise-glace ou **brise-glaces** n. m. inv.
Navire conçu pour la navigation dans les glaces. *Des brise-glace, des brise-glaces.*

brise-jet n. m. inv.
Anneau fixé à un robinet pour réduire les éclaboussures. *Des brise-jet.*

brise-lames n. m. inv.
Digue qui amortit le choc des vagues. *Des brise-lames.*

brise-mottes n. m. inv.
Appareil qui écrase les mottes de terre. *Des brise-mottes.*

briser v. tr., intr., pronom.
• **Transitif.** Détruire, anéantir. *Briser des liens, briser le cœur.*
• **Intransitif.** Se dit de la mer qui vient battre la côte, les rochers.
• **Pronominal.** Se casser. *Le vase s'est brisé en mille morceaux.*

brise-tout n. m. et f. inv.
Maladroit. *Des brise-tout.*

brise-vent n. m. inv.
Plantation d'arbres pour préserver du vent les cultures, les fleurs. *Des brise-vent.*

bristol n. m.
Carton blanc utilisé pour les cartes de visite, pour le dessin.

brisure n. f.
Partie cassée, fêlure.

britannique adj. et n. m. et f.
De Grande-Bretagne.
Note.- Contrairement à l'adjectif, le nom prend une majuscule.

British Broadcasting Corporation
Sigle *BBC.*

broc n. m.
• Le *c* ne se prononce pas [bro].
• Récipient à anse. *Des brocs de faïence.*

brocante n. f.
Commerce de vieux objets hétéroclites.

brocanter v. intr.
Faire le commerce des vieux objets.

brocanteur n. m.
brocanteuse n. f.
Personne qui fait le commerce des vieux objets et des curiosités. *Ils se disent antiquaires ; ils sont en fait des brocanteurs.*

brocart n. m.
Étoffe brochée d'or, d'argent.
Note.- Attention à l'orthographe : brocart.

brochage n. m.
Reliure. *Le brochage d'un livre.*

broche n. f.
• Bijou muni d'une épingle. *Une jolie broche avec des brillants.*
• Longue tige pointue. *Cuire un poulet à la broche.*

brocher v. tr.
• Relier un livre.
• Tisser avec des fils d'or, d'argent.

brochet n. m.
Poisson carnivore d'eau douce.

brochette n. f.
• Petite broche. *Une brochette d'agneau grillé.*
• Chaînette portant plusieurs décorations. *Vous avez une belle brochette.*

brocheuse n. f.
Machine qui sert au brochage des livres.

brochure n. f.
Court texte destiné à expliquer, à vendre. *Une brochure publicitaire.*

brocoli n. m.
Variété de chou-fleur.

brodequin n. m.
Chaussure à tige montante et lacée. *Des brodequins de marche.*

broder v. tr., intr.
• **Transitif.** Exécuter, avec l'aiguille, un dessin en relief sur une étoffe.

• **Intransitif**. Exagérer. *Ce récit est bien embelli : son auteur brode beaucoup.*

broderie n. f.
Décoration d'un tissu à l'aide de dessins tracés avec du fil.

brodeur n. m.
brodeuse n. f.
Personne qui exécute des travaux de broderie.

brodeuse n. f.
Machine à broder.

brome n. m.
• Symbole **Br** (s'écrit sans point).
• Corps simple, voisin du chlore.

bromé, ée adj.
Qui contient du brome.

bromure n. m.
Combinaison de brome et d'un autre corps.

bronch(o)- préf.
• Les lettres **ch** se prononcent **k** [brɔko] dans les mots commençant par **broncho-**.
• Élément du grec signifiant « bronches ».

bronche n. f.
Nom des conduits qui acheminent l'air aux poumons.

broncher v. intr.
• Faire un faux pas, une erreur.
• Bouger.
• *Sans broncher.* Sans hésitation, sans manifester d'émotion.
Note.- Le participe passé de ce verbe est invariable.

bronchiole n. f.
Ramification des bronches.

bronchique adj.
Des bronches.

bronchite n. f.
Inflammation des bronches.

bronchitique adj. et n. m. et f.
Atteint de bronchite.

broncho-dilatateur, trice adj. et n. m.
• Les lettres **ch** se prononcent **k** [brɔkodilatatœr].
• Médicament utilisé pour dilater les bronches.

broncho-pneumonie n. f.
• Les lettres **ch** se prononcent **k** [brɔkopnømoni].
• Inflammation des poumons et des bronches. *Des broncho-pneumonies.*

bronchoscopie n. f.
• Les lettres **ch** se prononcent **k** [brɔkoskɔpi].
• Exploration visuelle de la cavité des bronches.

brontosaure n. m.
Reptile fossile de taille gigantesque, du groupe des dinosauriens.

bronzage n. m.
Action de bronzer, de brunir.

bronze n. m.
• Alliage de cuivre et d'étain.

• Œuvre d'art en bronze. *Un bronze magnifique de Rodin.*

bronzé, ée adj.
Dont le teint est cuivré par le soleil.

bronzer v. tr., intr.
• **Transitif**
- Hâler la peau.
- Revêtir d'une couche de bronze.
• **Intransitif**
Se dit de la peau qui prend une teinte foncée. *Sa peau bronze facilement.*

brossage n. m.
Action de brosser.

brosse n. f.
Ustensile garni de poils durs qui sert au nettoyage.

brosser v. tr.
• Nettoyer avec une brosse. *Brosser ses souliers.*
• Démêler. *Brosser ses cheveux.*
• Peindre. *Brosser un portrait.*
• Décrire un tableau d'une façon vive. *Il a brossé le tableau de son époque dans son œuvre.*

brou n. m.
Enveloppe verte de la noix. *Des brous.*

brouet n. m.
(Vx) Bouillon peu appétissant.

brouette n. f.
Petite voiture à une seule roue et à deux brancards destinée au transport. *La brouette du jardinier.*

brouettée n. f.
Charge d'une brouette.

brouetter v. tr.
Transporter dans une brouette.

brouhaha n. m.
Bruit confus produit par une foule. *Des brouhahas assourdissants.*

brouillage n. m.
Action d'empêcher la réception d'un signal sonore, visuel. *Le brouillage d'une émission, d'un radar.*

brouillamini n. m.
Confusion.

brouillard n. m.
Amas de vapeurs qui flotte à proximité du sol (moins de un kilomètre).
Note.- Ne pas confondre avec les mots suivants :
- *brume*, amas de vapeurs qui flotte à la surface de la terre (plus de un kilomètre) et au-dessus de la mer ;
- *buée*, vapeur d'eau qui se condense sur une surface froide ;
- *frimas*, brouillard qui se congèle en tombant ;
- *nuage*, masse vaporeuse de particules d'eau très fines qui flotte dans l'atmosphère.

brouille n. f.
Querelle.

brouiller v. tr., pronom.
• Les lettres *ill* sont suivies d'un *i* à la première et à la deuxième personne du pluriel de l'indicatif imparfait

et du subjonctif présent. *(Que) nous brouillions, (que) vous brouilliez.*

• **Transitif**
- Mettre pêle-mêle. *Brouiller les pistes.*
- Troubler. *Sa vue est brouillée par la pluie.*
- Désunir. *Brouiller des voisins.*
• **Pronominal**
Cesser d'être amis. *Ils se sont brouillés.*

brouilleur n. m.
Appareil qui produit du brouillage.

brouillon, onne adj. et n. m.
• **Adjectif.** Peu soigneux. *Un esprit brouillon.*
• **Nom masculin.** Premier jet d'un texte destiné à être mis au propre.

broussaille n. f. (gén. au pl.)
• Touffe de ronces, de branches. *Un feu de broussailles.*
• *En broussaille.* En désordre. *Il a la barbe en broussaille.*

broussailleux, euse adj.
Encombré de broussailles.

brousse n. f.
Savane africaine couverte de hautes herbes et de broussailles.

broutement n. m.
Action de brouter.

brouter v. tr., intr.
Paître l'herbe, les feuilles. *La chèvre broute.*

broutille n. f.
• Petite branche d'arbre.
• Futilité.

broyage n. m.
Action de broyer; son résultat.

broyer v. tr.
• Le *y* se change en *i* devant un *e* muet. *Il broie, il broyait.*
• Le *y* est suivi d'un *i* à la première et à la deuxième personne du pluriel de l'indicatif imparfait et du subjonctif présent. *(Que) nous broyions.*
• Piler, écraser sous une masse pesante. *La voiture a été broyée par ce camion.*
• *Broyer du noir.* Être déprimé.

broyeur, euse adj. et n. m.
Instrument servant à broyer. *Un broyeur de rebuts.*

brrr! interj.
Exprime le froid, la peur.

bru n. f.
(Vx) Belle-fille, épouse du fils.

brugnon n. m.
Variété de pêche à peau lisse dont le noyau est adhérent.
Note.- Dans le cas de la *nectarine*, le noyau n'adhère pas.

brugnonier n. m.
Arbre dont le fruit est le brugnon.

bruine n. f.
Pluie fine et froide.

bruiner v. impers.
Tomber de la bruine. *En novembre, il bruine souvent dans cette région.*
Note.- Ce verbe ne s'emploie qu'à la tournure impersonnelle.

bruire v. intr.
Produire un bruit confus.

bruissement n. m.
Frémissement.

bruit n. m.
• Son. *Le bruit du tonnerre, du tambour.*
• Tumulte, agitation. *Loin du bruit de la ville.*
• Rumeur. *Le bruit court.*
• Se dit de choses dont on parle beaucoup. *Le film a fait beaucoup de bruit.*

bruitage n. m.
Action de créer des bruits (au cinéma, au théâtre, etc.).

bruiteur n. m.
Personne chargée du bruitage.

brûlage n. m.
Destruction par le feu.

brûlant, ante adj.
• Qui brûle. *Attention, l'assiette est brûlante!*
• Actuel, qui excite les passions. *La question est brûlante d'actualité.*

brûlé, ée adj. et n. m. et f.
• **Adjectif.** Qui a flambé.
• **Nom masculin.** Odeur d'une chose brûlée. *La cuisine sent le brûlé.*
• **Nom masculin et féminin.** *Un grand brûlé.*

brûle- préf.
Les mots composés avec le préfixe *brûle-* s'écrivent avec un trait d'union et sont invariables.

brûle-gueule n. m. inv.
(Fam.) Pipe à tuyau très court. *Des brûle-gueule.*

brûle-parfum(s) n. m. inv.
Vase où l'on brûle des substances aromatiques. *Des brûle-parfum(s).*

brûle-pourpoint (à) loc. adv.
Brusquement.
Note.- Attention à l'orthographe : brûle-pourpoint, avec un trait d'union.

brûler v. tr., intr., pronom.
• **Transitif**
- Détruire par le feu. *Brûler du petit bois dans la cheminée.*
- Endommager par la chaleur. *Il a brûlé sa chemise en la repassant.*
• **intransitif**
- Être consumé par le feu. *Le bateau brûle.*
- Avoir un grand désir. *Je brûle de vous revoir.*
• **Pronominal**
Être brûlé, toucher à un objet très chaud. *Elle s'est brûlé la main.*

brûlerie n. f.
Magasin où l'on torréfie le café.

brûleur n. m.
Appareil assurant le mélange d'un combustible.

brûlis n. m.
Champ incendié pour l'amélioration du sol.

brûlot n. m.
• (Ancienn.) Navire chargé de matières inflammables afin d'incendier les vaisseaux ennemis.
• Au Canada, petit insecte dont la piqûre provoque une sensation de brûlure suivie de démangeaisons.

brûlure n. f.
• Lésion causée par l'action du feu, d'une chaleur excessive, d'une substance corrosive.
• Douleur semblable à celle qui est causée par une brûlure. *Avoir des brûlures d'estomac.*

brume n. f.
Amas de vapeurs qui flotte à la surface de la terre (plus de un kilomètre) et au-dessus de la mer.
Note.- Ne pas confondre avec les mots suivants :
- *brouillard*, amas de vapeurs qui flotte à proximité du sol (moins de un kilomètre) ;
- *buée*, vapeur d'eau qui se condense sur une surface froide ;
- *frimas*, brouillard qui se congèle en tombant ;
- *nuage*, masse vaporeuse de particules d'eau très fines qui flotte dans l'atmosphère.

brumer v. impers.
Faire de la brume. *Il brumait ce jour-là.*

brumeux, euse adj.
Couvert de brume. *Un temps brumeux.*

brun, brune adj. et n. m. et f.
• **Adjectif de couleur variable**. D'une couleur sombre qui s'obtient par un mélange de jaune, de rouge et d'un peu de bleu.
Notes.-
1° L'adjectif simple s'accorde en genre et en nombre avec le nom auquel il se rapporte. *Des cheveux bruns.*
2° L'adjectif composé est invariable. *Des chevelures brun roux.*
V. Tableau - **COULEUR (ADJECTIFS DE)**.
• **Nom masculin**. La couleur brune.
• **Nom masculin et féminin**. Qui a les cheveux bruns.

brunante n. f.
Au Canada, tombée du jour. *C'était à la brunante, à l'heure entre chien et loup.*

brunâtre adj.
Tirant sur le brun.

brunch n. m.
• Attention à la prononciation [brœnʃ].
• Repas combinant le petit déjeuner et le déjeuner, et habituellement constitué d'un buffet. *Des brunches, des brunchs.*
Note.- Ce nom provient de la contraction des mots anglais « breakfast » et « lunch ».

brunet, ette n. m. et f.
Personne dont les cheveux sont bruns. *Une jolie brunette.*

brunir v. tr., intr.
• **Transitif**. Rendre brun.
• **Intransitif**. Devenir brun, bronzer.

brunissage n. m.
Action de brunir quelque chose.

brunissement n. m.
Action de brunir la peau.

brusque adj.
Précipité et imprévu. *Un changement brusque.*

brusquement adv.
De façon brusque, soudaine.

brusquer v. tr.
• Heurter par des manières brusques, sans délicatesse.
• Hâter une décision, terminer rapidement. *Ne brusquez pas les choses.*

brusquerie n. f.
Rudesse.

brut, brute adj., adv. et n. m.
• Le *t* final se prononce [bryt].
• **Adjectif**
- Grossier, non raffiné. *Du sucre brut.*
- Avant déduction des frais, des taxes. *Le bénéfice brut.*
- Brutal, sauvage. *Des gestes bruts.*
• **Adverbe**
Avant déduction de frais ou de poids. *Une boîte qui pèse brut 100 kilos.*
• **Nom masculin**
État de ce qui est naturel. *Le brut.*

brutal, ale, aux adj. et n. m. et f.
• **Adjectif**
- Dénué de délicatesse. *Une question brutale.*
- Rude, brusque. *Ne soyez pas brutal, vous n'en tirerez rien.*
- Soudain. *Un orage brutal.*
• **Nom masculin et féminin**
Personne rude.

brutalement adv.
De façon brutale.

brutaliser v. tr.
Traiter rudement.

brutalité n. f.
• Caractère de ce qui est brusque, soudain.
• Parole, action brutale.

brute n. f.
Homme violent, inculte. *Attention, cet homme est une vraie brute.*
Note.- Le nom est toujours féminin.

bruxellois, oise adj. et n. m. et f.
• Le *x* se prononce *s* [brysɛlwa].
• De Bruxelles.
Note.- Contrairement à l'adjectif, le nom prend une majuscule.

bruyamment adv.
Avec bruit.

bruyant, ante adj.
• Qui fait du bruit. *Des élèves bruyants.*
• Où il y a beaucoup de bruit. *Une rue bruyante.*

bruyère n. f.
• Plante à fleurs roses ou violettes.
• Lieu où pousse la bruyère.

buanderie n. f.
Dans une maison, local aménagé pour faire la lessive.
Note.- Pour désigner l'établissement commercial qui se charge de blanchir le linge, on emploiera le nom *blanchisserie.*

buandier n. m.
buandière n. f.
(Vx) Personne chargée de faire la lessive.

buccal, ale, aux adj.
Qui appartient à la bouche.

bûche n. f.
Morceau de bois de chauffage. *Mets des bûches dans la cheminée.*

bûcher n. m.
Amas de bois sur lequel on brûlait les morts, les personnes condamnées au feu.

bûcher v. tr., intr.
• **Transitif.** (Fam.) Étudier avec ardeur.
• **Intransitif.** (Fam.) Travailler fort. *Cette étudiante bûche beaucoup pour réussir.*

bûcheron n. m.
bûcheronne n. f.
Personne qui abat du bois dans la forêt.

bûchette n. f.
Petit morceau de bois.

bûcheur, euse adj. et n. m. et f.
(Fam.) Personne qui travaille fort, qui étudie avec acharnement.

bucolique adj.
Relatif à la vie des bergers. *Un paysage bucolique.*

budget n. m.
Ensemble des prévisions annuelles relatives aux dépenses et aux recettes de l'État, d'une collectivité, d'un service public, d'une entreprise, d'un particulier.

budgétaire adj.
Relatif au budget. *Des prévisions budgétaires, l'année budgétaire.*
Note.- Attention à l'orthographe de cet adjectif qui conserve la même forme au masculin et au féminin : budgét*aire.*

budgétisation n. f.
Inscription au budget.

budgétiser v. tr.
Inscrire des sommes à un budget. *Avez-vous budgétisé les frais de reprographie ?*

buée n. f.
Vapeur d'eau qui se condense sur une surface froide.
Note.- Ne pas confondre avec les mots suivants :
- *brouillard*, amas de vapeurs qui flotte à proximité du sol (moins de un kilomètre) ;

- *brume*, amas de vapeurs qui flotte à la surface de la terre (plus de un kilomètre) et au-dessus de la mer.
- *frimas*, brouillard qui se congèle en tombant ;
- *nuage*, masse vaporeuse de particules d'eau très fines qui flotte dans l'atmosphère.

buffet n. m.
• Meuble où l'on range la vaisselle, l'argenterie, etc.
• Table où l'on dispose des mets en abondance afin que les invités, les clients puissent se servir à leur guise.

buffle n. m.
Bœuf sauvage, mâle de la bufflonne.

buffletin n. m.
Petit de la bufflonne.

bufflonne n. f.
Femelle du buffle.

bug n. m.
(Inform.) (Anglicisme) Erreur (informatique), bogue.
Note.- Cet anglicisme est déconseillé.

buggy
V. **boghei.**

buis n. m.
Arbrisseau toujours vert dont le bois est très dense et dur.

buisson n. m.
Bouquet d'arbustes sauvages.

buissonneux, euse adj.
Couvert de buissons.

buissonnier, ière adj.
Faire l'école buissonnière. Aller se promener au lieu de se rendre à l'école.

bulbe n. m.
• Renflement de la tige de certaines plantes. *Un bulbe de tulipe.*
• Partie globuleuse. *Le bulbe d'un cheveu.*
Note.- Attention au genre masculin de ce nom : *un* bulbe.

bulbeux, euse adj.
• Formé d'un bulbe.
• En forme de bulbe.

bulgare adj. et n. m. et f.
• **Adjectif et nom masculin et féminin.** De Bulgarie.
• **Nom masculin.** Langue slave parlée en Bulgarie.
Note.- Lorsqu'il s'agit de la langue, l'adjectif ou le nom s'écrit avec une minuscule. Si le nom désigne une personne, la majuscule s'impose.

bulldozer n. m.
• Attention à la prononciation [byldɔzɛr].
• Engin de terrassement.
Note.- Le mot *bouteur* a fait l'objet d'une recommandation officielle pour remplacer cet anglicisme.

bulle adj. inv. et n. m. et f.
• **Adjectif invariable**
Papier bulle. Papier jaunâtre, de qualité ordinaire.
• **Nom masculin**
Papier de qualité ordinaire. *Du bulle bon marché.*

- **Nom féminin**
- Acte émanant du Pape.
- Sphère de gaz remontant ou se formant à la surface d'un liquide qui bout ou fermente. *Des bulles d'air.*
- Vésicule cutanée.
- Phylactère des bandes dessinées. *On peut lire dans la bulle **BOUM !***

bulletin n. m.
- Communiqué. *Un bulletin de santé, un bulletin météorologique.*
- **Bulletin d'informations**. Actualités radiodiffusées ou télévisées.
- Renseignements périodiques sur les notes scolaires. *Il a eu un très bon bulletin.*
- Billet délivré à un usager. *Bulletin de bagages.*
- Petit papier où l'on inscrit son vote. *Bulletin de vote.*

bungalow n. m.
- Attention à la prononciation [bĕgalo].
- Petit pavillon de vacances, en rez-de-chaussée. *De jolis bungalows.*

bure n. f.
- Grosse étoffe de laine brune.
- Vêtement fait de cette étoffe.

bureau n. m.
- Meuble. *Un bureau avec des tiroirs.*
- Pièce aménagée pour travailler. *Un bureau spacieux et ensoleillé.*
- Lieu de travail des employés d'une entreprise, d'une administration. *Le lundi matin, il est difficile de retourner au bureau.*
- Établissement ouvert au public. *Le bureau de poste.*
- Conseil de direction d'un parti politique, d'un syndicat, etc.

bureaucrate n. m. et f.
- Personne qui accorde une importance excessive aux formalités, à la hiérarchie, à la routine.
- (Péj.) Employé de bureau.

bureaucratie n. f.
- Excès de formalités, de paperasses.
- (Péj.) Ensemble des fonctionnaires, considéré du point de vue de leur puissance abusive.

bureaucratique adj.
Atteint de bureaucratie.

bureaucratiser v. tr.
Transformer en bureaucratie.

Bureau international du travail
Sigle *B.I.T.*

bureautique n. f. (n. déposé)
Ensemble des techniques et des moyens tendant à automatiser les activités de bureau et principalement le traitement et la communication de la parole, de l'écrit et de l'image.

burette n. f.
- (Liturg.) Flacon destiné à contenir l'eau et le vin à la messe.
- Petit vase destiné à contenir de l'huile et du vinaigre.
- Tube gradué.

burin n. m.
Instrument qui sert à graver sur les métaux, le bois.

burinage n. m.
Action de buriner.

buriner v. tr.
- Graver au burin.
- (Fig.) Marquer. *Les traits burinés.*
Note.- Dans son emploi figuré, ce mot ne s'utilise qu'au participe passé.

burlesque adj. et n. m.
- **Adjectif.** Bouffon, grotesque.
- **Nom masculin.** Le genre burlesque.

burlesquement adv.
Ridiculement.

burnous n. m.
- La prononciation du *s* est facultative.
- Manteau à capuchon.

bus n. m.
- Le *s* final se prononce, comme dans le mot *autobus*.
- Abréviation familière de *autobus*.

busard n. m.
Oiseau de proie diurne.

buse n. f.
- Rapace diurne.
- (Fam.) Personne sotte.
- Tuyau assurant l'écoulement d'un fluide.
- Conduit d'aération.

busqué, ée adj.
Qui a une courbure convexe. *Un nez busqué.*

buste n. m.
- La tête et la partie supérieure du corps humain jusqu'à la ceinture. *Veuillez tourner le buste, s'il vous plaît.*
- Représentation de la tête et de la partie supérieure du corps humain, en peinture et en sculpture. *Un buste de Victor Hugo en plâtre.*
- Poitrine de la femme. *Elle a un joli buste.*

bustier n. m.
Corsage avec ou sans bretelles.

but n. m.
- Le *t* se prononce ou non, [by] ou [byt].
- Fin, objectif.
- **Locutions**
- *Aller droit au but.* Aller directement au principal.
- *Dans le but de.* Cette locution, longtemps condamnée, est maintenant admise au sens de « en vue de, dans l'intention de ».
- *De but en blanc.* Brusquement.
- *Toucher au but.* Parvenir au succès.
Note.- L'expression *« but final »* est un pléonasme.

butane n. m.
Hydrocarbure saturé employé comme combustible. *Un réservoir de butane.* (En appos.) *Du gaz butane.*

buté, ée adj.
Entêté.

butée n. f.
Pièce destinée à arrêter un mouvement.

buter v. tr., intr., pronom.
• **Transitif**
Étayer par un contrefort. *Buter un mur.*
• **Intransitif**
Heurter quelque chose. *Elle a buté contre une racine avec le pied.*
• **Pronominal**
- S'entêter. *Ils se sont butés et refusent de collaborer.*
- Se heurter. *Elle se bute à des tracasseries adminis-. tratives.*
Hom. :
- *buté*, entêté ;
- *butée*, pièce destinée à arrêter un mouvement ;
- *butter*, garnir de terre le pied d'une plante.

butin n. m.
• Armes, vivres, objets confisqués à l'ennemi.
• Produit d'un pillage.

butiner v. tr., intr.
• **Transitif**. Récolter. *Butiner des données.*
• **Intransitif**. Recueillir le suc des fleurs, en parlant des abeilles.

butineur, euse adj. et n. f.
Qui butine. *Une abeille butineuse.*

butoir n. m.
Pièce contre laquelle vient s'arrêter un wagon, une pièce de machine, une fenêtre, une porte.

butor n. m.
• Oiseau ressemblant au héron et dont le cri ressemble au beuglement du bœuf.
• (Fig.) Homme brutal, grossier.

buttage n. m.
(Hortic.) Action de butter.

butte n. f.
• Petite colline isolée dans une plaine.

Note.- Ne pas confondre avec les mots suivants :
- *colline*, petite montagne ;
- *massif*, ensemble de chaînes de montagnes ;
- *mont*, masse d'une grande hauteur ;
- *monticule*, petite élévation de terre ;
- *pic*, mont isolé à sommet aigu.
• *Être en butte à.* Être exposé à. *Être en butte à des difficultés.*

butter v. tr.
(Hortic.) Garnir de terre le pied d'une plante.
Hom. :
- *buté*, entêté ;
- *butée*, pièce destinée à arrêter un mouvement ;
- *buter*, heurter quelque chose.

buvable adj.
• Qui peut se boire. *Une ampoule de vitamines buvable.*
• Dont le goût n'est pas désagréable.
Note.- Ne pas confondre avec l'adjectif *potable* qui qualifie un liquide qui peut être bu sans danger.

buvard n. m.
Papier qui boit l'encre.

buvette n. f.
Endroit modeste où l'on sert à boire.

buveur, euse n. m. et f.
Personne qui a l'habitude de boire.

bye-bye ou **bye** interj.
• Attention à la prononciation, [baj baj] ou [baj].
• Abréviation de l'anglais « good bye ».
• Au revoir.

byzantin, ine adj.
• De Byzance.
• Subtil à l'excès, oiseux. *Des querelles byzantines sur le sexe des anges.*
Note.- Attention à l'orthographe : b**y**zantin.

C

c
- Symbole de *centime* et de *centi-*.
- Ancienne notation musicale qui correspond à la note *do*. V. **note de musique**.

©
Symbole de *copyright*.

°C
Symbole de *degré Celsius*.

C
- Symbole de *coulomb*.
- Symbole de *carbone*.
- Chiffre romain dont la valeur est de 100. V. Tableau - **CHIFFRES.**

C (langage) n.m.
(Inform.) Langage de programmation alliant la structure d'un langage évolué à la précision du langage machine.

c.a.
Abréviation de *courant alternatif*.

C.A.
Abréviation de *chiffre d'affaires*.

ca
Symbole de *centiare*.

Ca
Symbole de *calcium*.

ça pron.
(Fam.) Cela. *Aimez-vous ça ?*
Hom. *çà*, adv.

çà adv. de lieu
Çà et là, locution. Ici et là. *Les branches tombaient çà et là.*
Hom. *ça*, de *cela*, pronom, emploi familier.

cabale n. f.
Complot, menées secrètes contre quelqu'un.
Hom. *kabbale*, tradition juive de l'interprétation des Écritures.

cabalistique adj.
- Relatif à la kabbale juive (qui s'écrivait anciennement *cabale*).
- Ésotérique. *Des signes cabalistiques.*

caban n. m.
Veste épaisse à capuchon des marins.

cabane n. f.
Petite construction rudimentaire.

cabanon n. m.
Petite cabane.

cabaret n. m.
Boîte de nuit où l'on présente des spectacles. *Le Cabaret du soir qui penche.*

cabas n. m.
- Le *s* ne se prononce pas [kabɑ].
- Grand sac pour faire les courses.

cabernet n. m.
Cépage rouge.

cabestan n. m.
Treuil.

cabillaud n. m.
Églefin, morue fraîche. *Des cabillauds.*
Note.- Attention à l'orthographe : cabi*ll*au*d*.

cabine n. f.
- Chambre à bord d'un navire.
- *Cabine téléphonique.* Abri servant aux communications téléphoniques.

cabinet n. m.
- Petite pièce destinée à un usage particulier. *Un cabinet de travail.*
- Dans certaines professions libérales, bureau et clientèle. *Un cabinet juridique.*
- Ensemble des ministre d'un État. *Le cabinet se réunit demain.*
- Personnel d'un ministre. *Un chef de cabinet.*
- Meuble à tiroirs.
- *Cabinets (d'aisance).* (Vx) Toilettes.

câblage n. m.
- Ensemble des connexions d'un appareil électroménager. *Refaire le câblage électrique.*
- Action de câbler (une dépêche).

câble n. m.
- Gros cordage de fibres textiles ou d'acier. *Câble de levage.*
Note.- Ne pas confondre avec les mots suivants :
- *amarre*, ce qui sert à retenir un navire, un ballon ;
- *cordage*, tout ce qui sert au grément d'un navire ou à la manœuvre d'une machine, d'un engin ;
- *corde*, lien fait de brins tordus ensemble ;
- *ficelle*, petite corde pour attacher des paquets.
- Fil conducteur. *Câble électrique, câble téléphonique, câble d'un ordinateur.*
- Abréviation familière de *câblogramme*.
- Abréviation familière du mot *câblodistribution.*
Note.- Le mot *câble* et tous ses dérivés, à l'exception de *encablure,* s'écrivent avec un accent circonflexe.

câblé, ée adj.
Relié par câbles. *Un réseau câblé de télédistribution.*

câbler v. tr.
- Tordre plusieurs fils pour former un câble.

• Doter une région d'un réseau de télévision par câbles.

• Envoyer par câble télégraphique, télégraphier.

câbleur n. m.
câbleuse n. f.
Personne qui fait la pose et le montage des câbles électriques.

câbliste n. m. et f.
Personne chargée de manipuler les câbles d'une caméra, à la télévision.

câblodistribution n. f.
Procédé de diffusion d'émissions télévisées par câbles à l'intention d'un réseau d'abonnés.
Note.- Le nom *câblodistribution* s'abrège familièrement en *câble*; le nom *télédistribution* est plus général.

câblogramme n. m.
• S'abrège familièrement en *câble*.
• (Vx) Télégramme transmis par câble sous-marin.

cabochard, arde adj. et n. m. et f.
(Fam.) Entêté.

caboche n. f.
(Fam.) Tête.

cabochon n. m.
Pierre précieuse polie sans être taillée.

cabosse n. f.
Fruit du cacaoyer.

cabosser v. tr.
Faire des bosses à quelque chose. *Il a cabossé sa voiture.*

cabot adj. m. et n. m.
• (Fam.) Forme abrégée de *cabotin*.
• (Fam.) Chien.

cabotage n. m.
Navigation marchande à peu de distance des côtes.

caboteur n. m.
Navire qui fait le cabotage.

cabotin, ine adj. et n. m. et f.
• Prétentieux et affecté.
• S'abrège familièrement en *cabot* (s'écrit sans point).

cabotinage n. m.
Attitude du cabotin.

cabotiner v. intr.
Agir en cabotin.

cabrer v. tr., pronom.
• **Transitif**
Inciter une personne à se rebeller. *Ils ont cabré le personnel contre la direction.*
• **Pronominal**
- Se dit d'un cheval qui se dresse sur les pieds de derrière, comme une chèvre.
- Se rebiffer. *Ils se sont cabrés et ont rejeté notre offre.*

cabri n. m.
Petit de la chèvre, chevreau. *Des cabris.*

cabriole n. f.
Saut léger, comme celui de la chèvre.
Note.- Attention à l'orthographe : cabrio*l*e.

cabrioler v. intr.
Faire des cabrioles.
Note.- Attention à l'orthographe : cabrio*l*er.

cabriolet n. m.
Voiture décapotable. *Un joli cabriolet rouge.*
Note.- Attention à l'orthographe : cabrio*l*et.

cacaber v. intr.
Crier, en parlant de la perdrix.

caca d'oie adj.
Adjectif de couleur invariable. D'un jaune brunâtre. *Des robes caca d'oie.*
V. Tableau - **COULEUR (ADJECTIFS DE).**

cacahouète ou **cacahuète** n. f.
Fruit de l'arachide.

cacao n. m.
Fruit du cacaoyer, qui sert à fabriquer le chocolat. *Boire une tasse de cacao.*

cacaoyer ou **cacaotier** n. m.
Arbre qui produit le cacao.

cacaoyère ou **cacaotière** n. f.
Plantation de cacaoyers.

cacatoès ou **kakatoès** n. m.
Oiseau au plumage coloré de la famille des perroquets.
Note.- Ne pas confondre avec le nom *cacatois* qui désigne une voile carrée.

cacatois n. m.
Voile carrée.
Note.- Ne pas confondre avec le nom *cacatoès* qui désigne un oiseau.

cachalot n. m.
Grand mammifère marin de la taille de la baleine.

cache n. m. et f.
• **Nom masculin.** Papier cachant une partie d'une surface.
• **Nom féminin.** Cachette.

cache- préf.
Les mots composés avec le préfixe *cache-* s'écrivent avec un trait d'union et sont invariables. *Des cache-col.*

cache-cache n. m. inv.
Jeu d'enfants, dans lequel un des joueurs doit chercher à découvrir les autres qui sont cachés. *Des cache-cache. Jouer à cache-cache. Des parties de cache-cache.*

cache-col n. m. inv.
Écharpe. *Des cache-col.*

cachectique adj. et n. m. et f.
(Vx) Qui est d'une maigreur extrême.

cache-entrée n. m. inv.
Pièce qui recouvre l'entrée d'une serrure. *Des cache-entrée.*

cache-flamme n. m. inv.
Appareil fixé au bout d'une arme à feu pour masquer la flamme au départ du coup. *Des cache-flamme.*

cachemire n. m.
• Tricot fin en poil de chèvre du Cachemire. *Un foulard de cachemire.*
• Dessin. *Un motif cachemire.*

cache-misère n. m. inv.
(Fam.) Vêtement qui dissimule une tenue négligée. *Des cache-misère.*

cache-nez n. m. inv.
Écharpe de laine. *Des cache-nez.*

cache-pot n. m. inv.
Vase recouvrant un pot de fleurs. *Des cache-pot.*

cache-prise n. m. inv.
Dispositif de sécurité qui s'adapte à une prise. *Des cache-prise.*

cacher v. tr., pronom.
• **Transitif.** Dissimuler.
Note.- Ne pas confondre avec les verbes :
- *celer*, tenir quelque chose secret ;
- *déguiser*, dissimuler sous une apparence trompeuse ;
- *masquer*, dissimuler derrière un masque ;
- *taire*, ne pas révéler ce que l'on n'est pas obligé de faire connaître ;
- *voiler*, cacher sous des apparences.
• **Pronominal.** Se dérober aux regards. *Les petites se sont cachées sous le lit.*

cache-radiateur n. m. inv.
Revêtement servant à dissimuler un radiateur. *Des cache-radiateur.*

cachère
V. *kascher.*

cache-sexe n. m. inv.
Culotte très étroite. *Des cache-sexe.*

cachet n. m.
• Sceau. *Cette lettre est marquée d'un cachet.*
• *Cachet de la poste.* Inscription apposée par le bureau de poste pour indiquer le jour et le lieu de l'expédition. *Les formulaires doivent être expédiés avant le 1ᵉʳ mai, le cachet de la poste en faisant foi*
• Comprimé. *Prendre un cachet.*
• Rémunération que reçoit l'artiste.
Note.- Ne pas confondre avec les mots suivants :
- *honoraires*, rétribution variable de la personne qui exerce une profession libérale ;
- *paie* ou *paye*, rémunération d'un employé ;
- *salaire*, générique de toute rémunération convenue d'avance et donnée par n'importe quel employeur ;
- *traitement*, rémunération d'un fonctionnaire.

cachetage n. m.
Action de cacheter.

cacheter v. tr.
• Redoublement du *t* devant un *e* muet. *Je cachette, je cachetterai,* mais *je cachetais.*

• Fermer (une enveloppe). *Cette lettre n'était pas cachetée.*
• Sceller avec un cachet.

cachette n. f.
• Lieu propice à cacher quelqu'un, quelque chose. *Une bonne cachette.*
• *En cachette,* locution adverbiale. À la dérobée.

cachexie n. f.
(Méd.) État d'amaigrissement général.

cachot n. m.
Cellule de prison étroite et sombre.

cachotterie n. f.
(Fam.) Dissimulation de choses sans importance. *Cessez vos cachotteries.*
Note.- Ce nom s'emploie généralement au pluriel.

cachottier, ière adj. et n. m. et f.
(Fam.) Qui aime à faire des cachotteries. *Petit cachottier, va !*

cachou adj. inv. et n. m.
• **Adjectif de couleur invariable.** De la couleur rouge brique du cachou. *Des turbans cachou.*
V. Tableau - **COULEUR (ADJECTIFS DE).**
• **Nom masculin.** Extrait de la noix d'arec. *Ces pastilles sont parfumées au cachou. Des cachous.*
Note.- Ne pas confondre avec le mot *cajou* qui désigne le fruit de l'acajou.

cacophonie n. f.
Sons discordants. *Une véritable cacophonie.*

cacophonique adj.
Qui tient de la cacophonie.

cactacées ou **cactées** n. f. pl.
Plantes grasses. *Les cactus sont des cactées.*

cactus n. m.
Plante de la famille des cactacées.

c.-à-d.
Abréviation de *c'est-à-dire.*

cadastral, ale, aux adj.
Du cadastre. *Des plans cadastraux.*

cadastre n. m.
Registre public définissant la surface et la valeur des biens immobiliers en vue d'établir l'impôt foncier.

cadastrer v. tr.
Inscrire au cadastre.

cadavéreux, euse adj.
Qui ressemble à un cadavre. *Un teint cadavéreux.*
Note.- Ne pas confondre avec l'adjectif *cadavérique* qui qualifie ce qui se rapporte à un cadavre.

cadavérique adj.
Qui se rapporte à un cadavre. *La rigidité cadavérique.*
Note.- Ne pas confondre avec l'adjectif *cadavéreux* qui qualifie ce qui ressemble à un cadavre.

cadavre n.m.
Corps mort d'homme ou d'animal.

caddie ou **caddy** n. m. et f.
Personne employée pour transporter les clubs des joueurs de golf. *Des caddies, des caddys.*

cadeau n. m.
Présent destiné à faire plaisir à quelqu'un. *Des cadeaux joliment emballés.*
Note.- Ne pas confondre avec les mots suivants :
- **don**, libéralité à titre gracieux ;
- **gratification**, somme d'argent donnée en surcroît de ce qui est dû ;
- **legs**, don fait par testament.
Note.- Le mot **cadeau** s'emploie en apposition pour former des mots composés. *Des paquets-cadeaux. Des cadeaux-souvenirs.*

cadenas n. m.
Serrure portative.
Note.- Attention à l'orthographe : cadena**s**.

cadenasser v. tr.
Fermer avec un cadenas.

cadence n.f.
• Répétition de sons, de mouvements réglée selon un rythme.
• Rythme du travail. *Une cadence infernale.*

cadencer v. tr.
• Le **c** prend une cédille devant les lettres **a** et **o**. *Il cadença, nous cadençons.*
• Donner un rythme régulier à quelque chose.

cadet, ette n. m. et f.
• Enfant né après l'aîné.
Note.- Le premier enfant est l'**aîné**, tandis que le plus jeune est le **benjamin**.
• (Sports) Joueur, joueuse de 13 à 16 ans, dans certains sports d'équipe.

cadmium n. m.
• Symbole **Cd** (s'écrit sans point).
• (Peint.) Jaune de cadmium.

cadogan n. m.
V. catogan.

cadrage n. m.
Définition de l'image, en photographie, au cinéma, etc.

cadran n. m.
• Surface divisée et graduée de certains appareils. *Le cadran d'une pendule, d'une boussole.*
• **Faire le tour du cadran**. (Fam.) Dormir pendant douze heures.
Hom. **quadrant**, quart de circonférence.

cadrature n. f.
Ensemble de pièces d'horlogerie.
Hom. **quadrature,** construction d'un carré.

cadre n. m. et f.

• **Nom masculin**
- Bordure dans laquelle on place un tableau, une glace, une photographie, etc. *Un cadre ovale.*
- Décor, milieu, contexte. *Un cadre champêtre.*
- **Dans le cadre de.** Cette expression est critiquée par

de nombreux auteurs qui lui préfèrent **à l'intérieur de, à l'occasion, dans les limites de,** selon le cas.
• **Nom masculin et féminin**
- Ensemble des officiers d'un régiment. *Les cadres de réserve.*
- Ensemble du personnel d'encadrement, de direction d'une entreprise, d'un organisme. *Les cadres se réuniront demain.*
- Personne participant à la direction d'une entreprise, d'un organisme. *Elle est maintenant une cadre supérieure.*
Note.- L'emploi de ce nom au singulier a été critiqué, mais son usage s'est imposé.

---

cadrer v. tr., intr.
• **Transitif.** Mettre en place. *L'image est bien cadrée.*
• **Intransitif.** Convenir. *Sa conception de l'administration ne cadre pas avec la mienne.*

cadreur n. m.
cadreuse n. f.
Opérateur, opératrice de prises de vue (de cinéma, de télévision).
Note.- Le mot **cadreur** a fait l'objet d'une recommandation officielle pour remplacer l'anglicisme **cameraman**.

caduc, uque adj.
Périmé. *Une loi caduque.*
Note.- Attention au féminin en **que** ainsi que pour les adjectifs **public, turc, ammoniac**.

caducée n. m.
Baguette entrelacée de deux serpents surmontés de deux ailes qui constitue l'attribut de Mercure et le symbole du corps médical et pharmaceutique.

caducité n. f.
Désuétude. *La caducité d'un règlement.*

cæcum n. m.
• Les lettres **æ** se prononcent **é** [sekɔm].
• Partie de l'intestin.
Note.- L'**appendicite** est l'inflammation de l'appendice du cæcum.

cafard, arde adj. et n. m. et f.
• **Adjectif et nom masculin et féminin**
(Fam., vx) Dénonciateur.
• **Nom masculin**
- Blatte.
Syn. **cancrelat**.
- Tristesse, idées noires. *Avoir le cafard*

cafarder v. tr., intr.
• **Transitif.** (Fam.) Dénoncer, rapporter.
• **Intransitif**. Avoir le cafard.

cafardeux, euse adj.
Qui a le cafard, mélancolique.

caf'conc' n. m.
• Le **c** final se prononce **s** [kafkɔ̃s].
• Abréviation familière de **café-concert**.

café adj. inv. n. m.
• **Adjectif de couleur invariable**

D'un brun presque noir. *Des tricots café.*
V. Tableau - **COULEUR (ADJECTIFS DE).**
● **Nom masculin**
- Graine du caféier.
- Boisson fabriquée avec des graines de café torréfiées.
Un café noir.
- Établissement où l'on consomme des boissons. *Se donner rendez-vous au café.*

café-crème n. m.
Des cafés-crème.
Note.- Ce mot s'abrège familièrement en **crème.** *Des crèmes.*

café au lait adj. inv. et n. m.
● **Adjectif de couleur invariable.** De la couleur du café au lait. *Des gants café au lait.*
V. Tableau - **COULEUR (ADJECTIFS DE).**
● **Nom masculin.** *Des cafés au lait.*

café-concert n. m.
● Théâtre où l'on pouvait assister à un spectacle, écouter de la musique tout en consommant. *Des cafés-concerts.*
● S'abrège familièrement en **caf'conc'.**

caféier n. m.
Arbuste dont le fruit contient des grains de café.

caféière n. f.
Plantation de caféiers.
Note.- Ne pas confondre avec le nom **cafetière** qui désigne l'appareil servant à la préparation du café.

caféine n. f.
Produit contenu dans le café, le thé, qui est un tonique et un stimulant du cœur.
Note.- Attention à l'orthographe : café*i*ne.

cafetan ou **caftan** n. m.
Vêtement oriental d'apparat très ample.

cafétéria n.f.
Dans certains établissements, lieu où l'on peut consommer des boissons, se restaurer, souvent en libre-service.
Notes.-
1° Le mot **cafétéria** s'est intégré au français : il s'écrit avec des accents et prend la marque du pluriel. *Des cafétérias bien aménagées.*
2° Ne pas confondre avec les noms suivants :
- **cantine**, endroit où l'on sert des repas pour une collectivité (entreprise, école) ;
- **réfectoire**, salle où les membres d'une communauté, d'une collectivité prennent leurs repas en commun.

café-théâtre n. m.
Petite salle où se donnent des pièces de théâtre, des spectacles souvent non conformistes. *Des cafés-théâtres.*

cafetier n. m.
Personne qui tient un café.

cafetière n. f.
Appareil servant à la préparation du café.
Note.- Ne pas confondre avec le nom **caféière** qui désigne une plantation de caféiers.

cafouillage n. m.
● (Fam.) Mauvais fonctionnement.

cafouiller v. intr.
● Les lettres *ill* sont suivies d'un *i* à la première et à la deuxième personne du pluriel de l'indicatif imparfait et du subjonctif présent. *(Que) nous cafouillions, (que) vous cafouilliez.*
● (Fam.) Mal fonctionner.
● (Fam.) Agir d'une manière confuse.

cafouillis n. m.
(Fam.) Désordre, grande confusion.

caftan
V. **cafetan.**

cage n. f.
● Espace clos garni de barreaux, d'un grillage où l'on enferme des animaux. *La cage des fauves.*
● Parois entourant un escalier, un ascenseur. *La cage d'un escalier.*
● **Cage thoracique.** Partie du squelette entourant le cœur et les poumons.

cageot n. m.
Emballage à claire-voie servant au transport des denrées alimentaires périssables. *J'ai acheté deux cageots de melons.*

cagibi n. m.
(Fam.) Débarras. *Ranger les valises dans le cagibi.*

cagneux, euse adj.
Qui a les genoux, les jambes, les pieds tournés en dedans.

cagnotte n. f.
● Gains de jeu mis en réserve par tous les joueurs.
● Caisse d'un groupe.

cagoule n. f.
● Capuchon percé à l'endroit des yeux. *Les malfaiteurs portaient des cagoules.*
● Passe-montagne.

cahier n. m.
● Ensemble de feuilles de papier liées ensemble. *Des cahiers à feuilles blanches quadrillées. Des cahiers brouillons ou de brouillon. Des cahiers à spirale.*
● **Cahier des charges.** Documents contractuels de l'Administration comportant l'énumération des clauses et conditions d'un marché. *Des cahiers des charges bien précis.*

cahin-caha adv.
(Fam.) Tant bien que mal.

cahot n. m.
Secousse imprimée à un véhicule qui roule sur une chaussée inégale.
Hom. **chaos,** bouleversement.

cahotant, ante adj.
Qui cahote. *Un autobus cahotant.*
Note.- Ne pas confondre avec l'adjectif **cahoteux** qui se dit de ce qui cause des cahots.

cahotement n. m.
Fait de cahoter.

cahoter v. tr., intr.
• **Transitif.** Causer des cahots. *Cette route en mauvais état nous a bien cahotés.*
• **Intransitif.** Éprouver des cahots. *Un vieil autobus qui cahote.*
Note.- Attention à l'orthographe : caho*t*er.

cahoteux, euse adj.
Qui cause des cahots. *Un chemin cahoteux.*
Note.- Ne pas confondre avec l'adjectif *cahotant* qui qualifie ce qui cahote.

cahute n. f.
Cabane.
Note.- Attention à l'orthographe : cahu*t*e.

caïd n. m.
• Le *d* se prononce [kaid].
• (Fam.) Chef de bande.

caille n. f.
Oiseau de la famille de la perdrix. *Des cailles sur canapés.*

caillebotis n. m.
• Le *s* ne se prononce pas [kajbɔti].
• Plancher à claire-voie employé dans les endroits humides.

cailler v. tr., intr., pronom.
• Les lettres *ill* sont suivies d'un *i* à la première et à la deuxième personne du pluriel de l'indicatif imparfait et du subjonctif présent. *(Que) nous caillions, (que) vous cailliez.*
• **Transitif.** Faire prendre en caillots. *Le ferment fait cailler le lait pour donner du yaourt.*
• **Intransitif** ou **pronominal.** Se prendre en caillots. *Du lait qui a caillé, s'est caillé.*

caillot n. m.
Masse formée par un liquide qui se coagule. *Des caillots de sang.*

caillou n. m.
Petite pierre. *Des cailloux ronds.*
V. **roche.**

cailloutage n. m.
Pavage de cailloux.

caïman n. m.
• Le *n* ne se prononce pas [kaimã].
• Grand crocodile. *Des caïmans redoutables.*

cairote adj. et n. m. et f.
Du Caire.
Notes.-
1° Contrairement à l'adjectif, le nom prend une majuscule.
2° Ce mot n'a qu'une seule forme au masculin comme au féminin : *un* Cairote, *une* Cairote.

caisse n. f.
• Contenant. *Ces fruits se vendent à la caisse.*
• Coffre où l'on dépose de l'argent. *Des tiroirs-caisses. Des caisses-terminaux.*
• Guichet où s'effectuent les paiements. *Veuillez payer à la caisse.*

• Établissement où l'on dépose des fonds. *Une caisse d'épargne.*

caissier n. m.
caissière n. f.
Personne préposée à une caisse dans un établissement.

cajoler v. tr.
Câliner.

cajolerie n. f.
Câlinerie.

cajoleur, euse adj. et n. m. et f.
Personne qui cajole.

cajou n. m.
Fruit de l'acajou. *Une boîte de cajous salés.*
Note.- Ne pas confondre avec le nom *cachou* qui désigne un extrait de la noix d'arec.

cajun adj. et n. m. et f. inv. en genre
• **Adjectif invariable en genre.** Relatif à la culture des Cajuns.
• **Nom masculin et féminin invariable en genre.** Habitant de la Louisiane qui parle le français. *Ces deux chanteuses sont des Cajuns.*
Notes.-
1° Contrairement à l'adjectif, le nom prend une majuscule.
2° Ce mot est une déformation de *acadien.*

cake n. m.
• Le *a* se prononce *è* [kɛk].
• Gâteau aux raisins, aux fruits.

cal
Symbole de *calorie.*

cal n. m.
Épaississement de la peau. *Des cals aux pieds.*
Hom. *cale,* fond d'un navire, pièce de bois.

calabrais, aise adj. et n. m. et f.
• **Adjectif et nom masculin et féminin.** De Calabre.
• **Nom masculin.** Dialecte calabrais.
Note.- Lorsqu'il s'agit de la langue, l'adjectif ou le nom s'écrit avec une minuscule. Si le nom désigne une personne, la majuscule s'impose.

calage n. m.
Action de fixer.

calamar
v. **calmar.**

calamité n. f.
Catastrophe.

calamiteux, euse adj.
(Litt.) Catastrophique.

calandre n. f.
• Machine destinée à lustrer les étoffes, les papiers.
• Garniture métallique disposée à l'avant du capot de certaines voitures.
Note.- Ne pas confondre avec le mot *calendes* qui ne s'utilise plus que dans l'expression *renvoyer aux calendes grecques.*

calanque n. f.
Petite crique aux parois rocheuses escarpées, en Méditerranée. *Les belles calanques de Cassis.*

calc(i)- ou **calc(o)-** préf.
Éléments tirés du mot *calcium*. *Calcaire.*

calcaire adj. et n. m.
Qui contient du carbonate de calcium. *Une pierre calcaire.*

calcification n. f.
Dépôt de sels calcaires dans les tissus organiques. *La calcification valvulaire.*

calcination n. f.
Action de calciner.

calciner v. tr.
Brûler. *La dinde est complètement calcinée.*

calcium n. m.
• Symbole *Ca* (s'écrit sans point).
• Métal blanc mou.

calcul n. m.
• Recherche du résultat d'opérations numériques. *Une erreur de calcul.*
• (Méd.) Concrétion de sels minéraux, de matières qui obstrue un conduit du corps humain. *Des calculs rénaux.*

calculable adj.
Qui peut être calculé.

calculateur, trice adj. et n. f.
• **Adjectif**
- Apte à calculer.
- (Péj.) Intéressé, qui agit par calcul. *Il est calculateur et opportuniste.*
• **Nom féminin**
Machine à calculer. *Les calculatrices actuelles sont de merveilleux petits ordinateurs.*

calculer v. tr.
• Compter. *Calculer le seuil de rentabilité d'une entreprise.*
• (Péj.) Préméditer. *Une gentillesse toute calculée.*

calculette n. f.
Calculatrice de poche.

cale n. f.
• Fond d'un navire.
• Pièce destinée à stabiliser un objet. *Mettre une cale devant la roue d'une voiture.*
Hom. *cal,* épaississement de la peau.

calé, ée adj.
(Fam.) Fort. *Elle est calée en informatique.*

calebasse n. f.
Fruit du calebassier dont l'écorce séchée peut servir de récipient.

calebassier n. m.
Arbre d'Amérique tropicale dont le fruit est la calebasse.

calèche n. f.
Voiture hippomobile découverte à quatre roues. *Une*

promenade en calèche dans les jardins de María-Luisa à Séville.

caleçon n. m.
• Sous-vêtement masculin à jambes courtes.
• Pantalon moulant de femme.
Notes.-
1° Ce mot est généralement employé au singulier comme *pantalon*. *Se mettre en caleçon.*
2° Ne pas confondre avec le mot *slip* qui désigne une culotte très échancrée.

calembour n. m.
Jeu de mots fondé sur une similitude de sons, avec une différence de sens. *Faire des calembours.*
Note.- Attention à l'orthographe : cal*em*bour.

calembredaine n. f.
Plaisanterie, propos insensés. *Dire des calembredaines.*

calendes n. f. pl.
• Premier jour du mois, chez les Romains.
• *Renvoyer aux calendes grecques*. Renvoyer à une date qui n'arrivera jamais (les calendes étaient le premier jour du mois chez les Romains ; les Grecs ne connaissaient pas les calendes).
Notes.-
1° Ce mot ne s'emploie plus que dans l'expression citée.
2° Ne pas confondre avec le mot *calandre* qui désigne soit une machine à lustrer les étoffes, soit la garniture métallique d'une voiture.

calendrier n. m.
• Tableau des divisions de l'année en mois et en jours.
• Programme. *Le calendrier de production est établi.*

cale-pied n. m. inv.
Appareil adapté à la pédale du vélo, destiné à retenir le pied du cycliste. *Des cale-pied.*

calepin n. m.
Petit carnet.

caler v. tr., intr.
• **Transitif**. Fixer avec une ou des cales. *Il faut caler la roue de la voiture avec cette pierre.*
• **Intransitif** S'arrêter brusquement. *Le moteur a calé.*

calfatage n. m.
Action de calfater.

calfater v. tr.
Rendre étanche la coque d'un navire.
Note.- Ne pas confondre avec le verbe *calfeutrer* qui signifie « boucher les fentes pour empêcher le froid de pénétrer ».

calfeutrage n. m.
Action de calfeutrer.

calfeutrer v. tr., pronom.
• **Transitif.** Boucher avec du feutre, de la laine, etc. les fentes d'une porte, d'une fenêtre pour empêcher le froid de pénétrer.
Note.- Ne pas confondre avec le verbe *calfater* qui signifie « rendre étanche la coque d'un navire ».
• **Pronominal.** S'enfermer bien au chaud à la maison.

calibre n. m.
• Diamètre intérieur. *Le calibre d'une arme.*
• Taille, envergure. *Ces techniciens ne sont pas du même calibre.*

calibrer v. tr.
Mesurer le diamètre intérieur d'un cylindre.
Note.- Ne pas confondre avec les verbes suivants :
- *étalonner*, mesurer par comparaison avec un étalon ;
- *jauger*, mesurer la capacité d'un récipient, d'un navire.

calice n. m.
• Enveloppe extérieure de la fleur.
• Vase sacré.

calicot n. m.
Toile de coton fine.

califat ou **khalifat** n. m.
• Dignité de calife.
• Règne d'un calife.

calife ou **khalife** n. m.
Souverain musulman.

californien, ienne adj. et n. m. et f.
De Californie.
Note.- Contrairement à l'adjectif, le nom prend une majuscule.

califourchon (à) loc. adv.
À cheval. *Ils descendent l'escalier à califourchon sur la rampe.*

câlin, ine adj. et n. m.
• **Adjectif.** Tendre. *Un air câlin.*
• **Nom masculin.** Caresse, baiser. *Il a fait un câlin à sa sœur.*

câliner v. tr.
Cajoler, faire des caresses à.

câlinerie n. f.
Caresse, cajolerie.

calleux, euse adj.
Qui a des cals. *Des mains calleuses.*

calli- préf.
Élément du grec signifiant «beauté». *Calligraphie.*

calligramme n. m.
Poème où les vers sont disposés de manière à former un dessin. *Les calligrammes d'Apollinaire.*

calligraphe n. m. et f.
Personne spécialisée dans le tracé des écritures.

calligraphie n. f.
Belle écriture.

calligraphier v. tr.
• Redoublement du *i* à la première et à la deuxième personne du pluriel de l'indicatif imparfait et du subjonctif présent. *(Que) nous calligraphiions, (que) vous calligraphiiez.*
• Écrire d'une écriture très soignée.

calligraphique adj.
Qui se rapporte à la calligraphie.

callipyge adj.
• Se dit d'une statue célèbre de Vénus.
• Qui a de belles fesses.

callosité n. f.
Épaississement de l'épiderme.

calmant, ante adj. et n. m.
• **Adjectif.** Apaisant. *Cette musique est calmante.*
• **Nom masculin.** Remède qui calme. *Elle a pris des calmants.*

calmar ou **calamar** n. m.
Mollusque marin comestible.

calme adj. et n. m.
• **Adjectif**
Tranquille.
• **Nom masculin**
- Immobilité. *Le calme après la tempête.*
- Sérénité. *Il a troublé son calme.*
- Silence. *Le calme de la forêt.*

calmement adv.
Avec calme.

calmer v. tr., pronom.
• **Transitif.** Apaiser. *Elle calme son enfant effrayé.*
• **Pronominal.** Retrouver son calme. *Ils se sont enfin calmés.*

calomniateur, trice adj. et n. m. et f.
Détracteur.

calomnie n. f.
Accusation mensongère.
Note.- Ne pas confondre avec le nom *médisance* qui désigne une accusation fondée pouvant nuire à quelqu'un.

calomnier v. tr.
• Redoublement du *i* à la première et à la deuxième personne du pluriel de l'indicatif imparfait et du subjonctif présent. *(Que) nous calomniions, (que) vous calomniiez.*
• Porter des accusations fausses contre quelqu'un.

calomnieux, euse adj.
Qui contient des calomnies.

calor- préf.
Élément du latin signifiant «chaleur». *Calorifuge.*

calorie n. f.
• Symbole *cal* (s'écrit sans point).
• Unité de mesure de la valeur énergétique des aliments. *Cette confiture ne contient que sept calories par cuiller à café.*

calorifère adj. et n. m.
• **Adjectif.** Qui transmet la chaleur.
• **Nom masculin.** Système de chauffage distribuant la chaleur d'une chaudière par air chaud.

calorifique adj.
Qui produit des calories, de la chaleur.
Ant. **frigorifique.**

calorifuge adj. et n. m.
Se dit des matières peu conductrices de la chaleur. *L'amiante est calorifuge.*

calorifuger v. tr.
• Le **g** est suivi d'un **e** devant les lettres **a** et **o**. *Il calorifugea, nous calorifugeons.*
• Couvrir d'un calorifuge.

calot n. m.
Coiffure à deux pointes.

calotte n. f.
• Petit bonnet couvrant le sommet de la tête. *La calotte rouge de cardinal, la calotte blanche du pape.*
• Voûte sphérique. *La calotte des cieux, du crâne.*
• (Fam.) Gifle.

calotter v. tr.
(Fam.) Gifler.
Note.- Attention à l'orthographe : calo**tt**er.

calquage n. m.
Action de calquer.

calque n. m.
• Copie. *Des papiers-calques.*
• (Ling.) Traduction littérale. Les expressions **prêt-à-porter, guerre froide, guerre des étoiles** sont des calques de l'anglais « ready-to-wear », « cold war » et « star war ».
V. Tableau - **ANGLICISMES.**

calquer v. tr.
Reproduire les traits d'un dessin au moyen d'un papier transparent.
Note.- Ne pas confondre avec le verbe **décalquer** qui signifie « reporter sur un autre papier le calque d'un dessin ».

calumet n. m.
Longue pipe des Amérindiens qui symbolise la paix.

calvados n. m.
• Le **s** se prononce [kalvados].
• Eau-de-vie de cidre.
Note.- Le nom de l'alcool s'écrit avec une minuscule, le nom de la région, avec une majuscule.

calvaire n. m.
• Représentation de la Crucifixion. *Les calvaires bretons.*
• Épreuve.

calvitie n. f.
• Le **t** se prononce **s** [kalvisi].
• Absence de cheveux.

calypso n. m.
• Musique antillaise.
• Danse originaire de la Jamaïque.

camaïeu n. m.
Peinture d'une seule couleur, en différents tons. *Une aquarelle en camaïeu. Des camaïeux très doux.*

camarade n. m. et f.
Ami, surtout chez les enfants, les adolescents.
Note.- Ne pas confondre avec les noms suivants :
- **collègue**, personne avec qui l'on travaille ;
- **compagnon**, personne avec qui on fait un travail manuel, un voyage ;
- **condisciple**, personne avec qui l'on étudie ;
- **confrère**, personne qui appartient à une même profession, à une même société ;
- **copain**, camarade intime.

camaraderie n. f.
Entente entre camarades.

camard, arde adj. et n. m. et f.
(Litt.) Qui a un nez écrasé.

camarguais, aise adj. et n. m. et f.
De la Camargue.
Note.- Contrairement à l'adjectif, le nom prend une majuscule.

cambiste n. m. et f.
Spécialiste des opérations de change.
V. **agent.**

cambodgien, ienne adj. et n. m. et f.
Du Cambodge.
Note.- Contrairement à l'adjectif, le nom prend une majuscule.

cambouis n. m.
Graisse noircie.

cambrage ou **cambrement** n. m.
Action de cambrer.

cambré, ée adj.
Creusé, en forme d'arc.

cambrer v. tr., pronom.
• **Transitif.** Creuser. *Cambrer les reins.*
• **Pronominal.** Bomber le torse.

cambrien, ienne adj. et n. m.
Première période de l'ère primaire.

cambriolage n. m.
Action de cambrioler.

cambrioler v. tr.
Voler, après avoir pénétré par effraction.

cambrioleur, euse n. m. et f.
Personne qui cambriole.

cambrousse ou **cambrouse** n. f.
(Fam.) Campagne.

cambrure n. f.
État de ce qui est cambré. *La cambrure du pied.*

cambuse n. f.
(Péj.) Vieille maison.

came n. f.
• Pièce mécanique. *Arbre à cames.*
• (Pop.) Drogue.

camé, ée adj. et n. m. et f.
(Pop.) Drogué.

camée n. m.
Pierre sculptée en relief. *De jolis camées très délicats.*
Note.- Attention au genre masculin de ce mot : **un** camé**e**.

caméléon n. m.
Reptile qui a la faculté de changer de couleur pour se camoufler.

camélia n. m.
Arbrisseau cultivé pour ses fleurs qui rappellent la rose. *Des camélias.*

camelot n. m.
Marchand ambulant.
Note.- Attention à l'orthographe : camelo*t*.

camelote n. f.
(Fam.) Article de piètre qualité.
Note.- Attention à l'orthographe : camelo*t*e.

camembert n. m.
Fromage à pâte molle fabriqué principalement en Normandie. *Des camemberts bien crémeux.*
Note.- Le nom du fromage s'écrit avec une minuscule.

caméra n. f.
Appareil de prises de vues cinématographiques.

cameraman n. m.
• Le *e* se prononce *é* [kameraman].
• (Anglicisme) Cadreur. *Des cameramen.*
Note.- Le terme *cadreur* a fait l'objet d'une recommandation officielle.

camériste n. f.
(Fam.) Femme de chambre.

camerounais, aise adj. et n. m. et f.
Du Cameroun.
Note.- Contrairement à l'adjectif, le nom prend une majuscule.

camion-citerne n. m.
Camion servant au transport des liquides en vrac. *Des camions-citernes.*

camionnage n. m.
• Industrie du transport routier.
• Prix du transport par camion.

camionnette n. f.
Fourgonnette.

camionneur n. m.
• Personne qui conduit un camion automobile.
• Personne qui a une entreprise de transport par camion.

camisole n. f.
• (Vx) Vêtement court à manches.
• *Camisole de force.* Camisole destinée à immobiliser les bras.

camomille n. f.
• Plante médicinale très odorante.
• Tisane composée des fleurs de cette plante.

camouflage n. m.
Dissimulation.
Note.- Attention à l'orthographe : camou*f*lage.

camoufler v. tr., pronom.
• **Transitif.** Modifier les apparences afin de rendre méconnaissable une personne, une chose.
• **Pronominal.** Se cacher.
Note.- Attention à l'orthographe : camou*f*ler.

camouflet n. m.
Affront.
Note.- Attention à l'orthographe : camou*f*let.

camp n. m.
Espace de terrain réservé à l'armée pour des manœuvres, des exercices.

campagnard, arde adj. et n. m. et f.
Qui est de la campagne.

campagne n. f.
• Grande étendue de pays plat, peu habitée, par opposition à la ville. *Une maison de campagne.*
• Opérations militaires.
• (Fig.) Entreprise ayant un but de propagande. *Une campagne publicitaire.*
• *Campagne de financement.* Collecte systématique de fonds d'un organisme, d'une société à but non lucratif, en vue de financer leur fonctionnement.
• *Campagne de souscription.* Collecte de fonds pour une œuvre de bienfaisance.

campanile n. m.
Petite tour séparée de l'église et qui sert de clocher.
Notes.-
1° Attention au genre masculin de ce nom : *un* campanile.
2° Ne pas confondre avec le mot féminin *campanule* qui désigne une plante.

campanule n. f.
Plante dont la fleur est en forme de clochette.
Note.- Ne pas confondre avec le mot masculin *campanile* qui désigne une sorte de clocher.

campement n. m.
• Action de camper.
• Lieu où l'on campe.
• Installation rudimentaire.

camper v. tr., intr., pronom.
• **Transitif.** Écrire un récit très vivant. *Il a bien campé son sujet.*
• **Intransitif.** Coucher sous la tente. *Ils ont campé à la belle étoile.*
• **Pronominal.** Se dresser. *Il se campa devant elle et lui dit sa façon de penser.*

campeur, euse n. m. et f.
Personne qui campe.

camphre n. m.
Substance aromatique.
Note.- Attention à l'orthographe de ce mot : cam*ph*re.

camphré, ée adj.
Qui contient du camphre.

camping n. m.
• Action de dormir en plein air sous la tente, souvent dans un lieu aménagé à cet effet. *Ils pratiquent le camping.*
• Terrain aménagé pour coucher sous la tente. *Des campings au bord de la mer.*
• *Camping sauvage.* Camping en pleine nature.

campus n. m.
Complexe universitaire.
Note.- L'expression *campus universitaire* est un pléonasme.

camus, use adj.
Qui a le nez court et plat.

canadianisme n. m.
Mot ou expression propre au français parlé au Canada.
*L'expression **fin de semaine** au sens de **week-end** est un canadianisme.*
V. **québécisme**.

canadien, ienne adj. et n. m. et f.
Du Canada. *Elle est d'origine canadienne. Le Bouclier canadien.*
Notes.-
1° Contrairement à l'adjectif, le nom prend une majuscule. *Un Canadien, une Canadienne.*
2° L'adjectif composé s'écrit avec un trait d'union alors que le nom composé s'écrit sans trait d'union. *La littérature canadienne-anglaise. Les Canadiens anglais.*
3° Au sens de **Québécois**, l'expression **Canadien français** est vieillie.

canadienne n. f.
Veste de peau de mouton.

canaille adj. et n. f.
• **Adjectif.** Coquin, vulgaire. *Un petit air canaille.*
Note.- Employé adjectivement, le mot canaille peut rester invariable ou s'accorder. *Des airs canaille(s).*
• **Nom féminin.** Vaurien. *Cet individu est une canaille.*

canaillerie n. f.
Caractère canaille de quelque chose.

canal n. m.
• Cours d'eau artificiel. *Un canal de dérivation. Le canal Saint-Martin.*
• Conduit. *Des canaux dentaires.*

canalisation n. f.
• Action de rendre navigable. *La canalisation du Saint-Laurent.*
• Réseau de conduite pour le transport des fluides, de l'énergie. *Une canalisation de gaz.*

canaliser v. tr.
• Rendre navigable.
• Empêcher la dispersion de. *Canaliser son énergie.*

canapé n. m.
• Long siège à dossier et à accoudoirs où peuvent s'asseoir plusieurs personnes, où peut s'étendre une personne.
Note.- Ne pas confondre avec les mots suivants :
- *causeuse*, petit canapé à deux places ;
- *divan*, large canapé sans dossier qui peut servir de siège ou de lit ;
- *sofa*, lit de repos à trois dossiers dont on se sert aussi comme siège.
• (Gastron.) *Sur canapés*, sur une tranche de pain. Le mot *canapé* est toujours au pluriel dans cette locution. *Des cailles sur canapés.*

canapé-lit n. m.
Long siège à dossier et à accoudoirs qui peut servir de lit. *Des canapés-lits bien conçus.*

canard n. m.
• Oiseau aquatique domestique ou sauvage. Mâle de la cane.
• Morceau de sucre trempé dans l'alcool, le café.
• (Fam.) Journal.
• (Fam.) Fausse nouvelle. *Lancer des canards.*

canardeau n. m.
Caneton. *Des canardeaux.*

canarder v. tr.
Tirer, en restant à l'abri.

canardière n. f.
Lieu aménagé pour la chasse aux canards.

canari adj. et n. m.
• **Adjectif de couleur invariable.** De la couleur jaune du canari. *Des chapeaux canari.*
V. Tableau - **COULEUR (ADJECTIFS DE).**
• **Nom masculin.** Serin.

canasta n. f.
Jeu de cartes. *Jouer à la canasta.*
Note.- Attention au genre féminin de ce mot : *la* canasta.

cancale n. f.
Huître de la région de Cancale.

cancan n. m.
Commérage. *Colporter des cancans.*

cancaner v. intr.
(Fam.) Rapporter des potins.

cancanier, ière adj. et n. m. et f.
Qui raffole des cancans.

cancer n. m.
• Prolifération anarchique de cellules. *Le cancer des poumons.*
• Nom d'une constellation, d'un signe du zodiaque. *Elle est (du signe du) Cancer, elle est née entre le 22 juin et le 22 juillet.*
Note.- Les noms d'astres s'écrivent avec une majuscule.

cancéreux, euse adj. et n. m. et f.
Atteint d'un cancer.

cancérogène ou **cancérigène** adj.
Qui peut causer un cancer.
Syn. **carcinogène**.

cancérologie n. f.
Partie de la médecine qui étudie et traite le cancer.

cancérologue n. m. et f.
Spécialiste du cancer.

cancre n. m.
(Fam.) Écolier paresseux.

cancrelat n. m.
Blatte.
Syn. **cafard**.

candela n. f.
• Symbole **cd** (s'écrit sans point).
• Unité de mesure de l'intensité lumineuse.

candélabre n. m.
Chandelier à plusieurs branches. *Un beau candélabre en cristal.*

candeur n. f.
Ingénuité, confiance crédule. *Dans sa candeur, elle croyait à ses belles paroles.*

candi adj. inv. en genre.
Sucre candi. Sucre purifié, cristallisé. *Des sucres candis.*
Note.- La forme féminine *candie* a été relevée, mais la plupart des auteurs indiquent que le mot est invariable en genre.

candidat, ate n. m. et f.
Personne qui postule un poste, un titre, un diplôme, etc. *Les candidats à l'élection partielle sont des inconnus.*

candidature n. f.
Action de se porter candidat. *Poser sa candidature à un poste.*

candide adj.
Ingénu.

candidement adv.
D'une manière candide.

cane n. f.
Femelle du canard.
Note.- Attention à l'orthographe : ca**n**e.
Hom. **canne,** jonc, bambou, baguette.

caneton n. m.
Petit de la cane.
Note.- Attention à l'orthographe : ca**n**eton.

canette ou **cannette** n. f.
Petite boîte métallique contenant une boisson. *Des canettes de bière.*

canevas n. m.
• Grosse toile.
• Plan, schéma d'un texte.
Note.- Ne pas confondre avec les mots suivants :
- *croquis*, dessin à main levée, plan sommaire ;
- *ébauche*, première forme donnée à une œuvre ;
- *esquisse*, représentation simplifiée d'une œuvre destinée à servir d'essai ;
- *maquette*, représentation schématique d'une mise en pages ;
- *projet*, plan d'une œuvre (d'architecture, de cinéma).

canicule n. f.
Période de grande chaleur. *En juillet, la canicule a fait plusieurs victimes en Grèce.*

canif n. m.
Petit couteau de poche à une ou plusieurs lames repliables.

canin, ine adj. et n. f.
• **Adjectif.** Propre au chien.
• **Nom féminin.** Dents placées entre les incisives et les prémolaires.

caniveau n. m.
Rigole pour l'écoulement des eaux, le long d'un trottoir. *Des caniveaux obstrués.*

cannabis n. m.
• Le **s** se prononce [kanabis].
• Chanvre indien (drogue hallucinogène).

cannage n. m.
• Tressage de cannes.
• Fond canné d'une chaise.

canne n. f.
• Jonc, bambou.
• Bâton sur lequel on s'appuie pour marcher.
Hom. **cane,** femelle du canard.

canné, ée adj.
Se dit d'un siège garni d'un cannage. *Un fauteuil canné.*
Note.- Ne pas confondre avec l'adjectif **cannelé** qui se dit de ce qui est orné de cannelures, de sillons.

canneberge n. f.
Airelle de saveur acidulée qui en mûrissant devient rouge. *Les Anglais raffolent de la dinde servie avec des canneberges.*

cannelé, ée adj.
Orné de cannelures. *Une colonne cannelée.*
Note.- Ne pas confondre avec l'adjectif **canné** qui se dit d'un siège garni d'un cannage.

canneler v. tr.
• Redoublement du *l* devant un *e* muet. *Je cannelle, je cannellerai,* mais *je cannelais.*
• Garnir de cannelures.

cannelle adj. inv. et n. f.
• **Adjectif de couleur invariable.** De la couleur brun clair de la cannelle. *Des robes cannelle.*
V. Tableau - **COULEUR (ADJECTIFS DE).**
• **Nom féminin.** Substance aromatique extraite de l'écorce du cannelier.

cannelloni n. m. pl.
Pâtes alimentaires cylindriques farcies. *Des cannelloni(s) succulents.*
Notes.-
1° Attention à l'orthographe : ca**nn**elloni.
2° Certains auteurs conservent le pluriel italien du mot en *i*, d'autres intègrent le mot au français et mettent un *s* au pluriel.

cannelure n. f.
Sillon.

cannette
V. **canette.**

canneur, euse n. m. et f.
Personne qui fait le cannage des sièges.

cannibale adj. et n. m. et f.
Personne qui se nourrit de chair humaine.
Note.- Se dit également d'un animal qui se nourrit d'un animal de son espèce.

cannibalisme n. m.
Anthropophagie.

canoë n. m.
Embarcation légère, pontée ou non, mue à la pagaie simple.

Note.- Attention à l'orthographe : cano**ë**.
V. **bateau.**

canoéiste n. m. et f.
Personne qui utilise un canoé.

canon adj. m. et n. m.
• **Adjectif masculin**
Qui se rapporte à la loi ecclésiastique. *Le droit canon.*
• **Nom masculin**
- Loi ecclésiastique.
Note.- Les dérivés du mot *canon* en ce sens s'écrivent avec un seul *n. Canonique.*
- Arme offensive.
- Tube d'une arme à feu. *Le canon d'un fusil.*
Note.- Les dérivés du mot *canon* en ce sens s'écrivent avec deux *n. Canonner.*

canonique adj.
Âge canonique. Âge de quarante ans, âge respectable.
Note.- Pour être servante auprès d'un ecclésiastique, l'âge minimal était de 40 ans (âge auquel on ne pouvait plus, disait-on, inspirer de sentiments amoureux).

canonisable adj.
Susceptible d'être canonisé.

canonisation n. f.
Action de canoniser.

canoniser v. tr.
Mettre au nombre des saints.
Note.- Ne pas confondre avec le verbe *béatifier* qui signifie « nommer au nombre des bienheureux ».

canonner v. tr.
Tirer à coups de canon sur un objectif. *Canonner un immeuble.*

canot n. m.
Embarcation légère à rames, à voile ou à moteur.
V. **bateau.**

canotage n. m.
Sport du canot.

canoter v. intr.
Pratiquer le canotage.
Note.- Attention à l'orthographe : cano*t*er.

canoteur, euse n. m. et f.
Personne qui pratique le canotage.

canotier n. m.
Chapeau de paille à bords plats.

cantabile adj., adv. et n. m. inv.
• Le *e* se prononce é [kãtabile], mais ne prend pas l'accent aigu.
• Mélodie d'un mouvement modéré. *Des* cantabile.
• *Moderato cantabile.*
Note.- En typographie soignée, les mots étrangers sont composés en italique. Dans des textes déjà en italique, la notation se fait en romain. Pour les textes manuscrits, on utilisera les guillemets.

cantal n. m.
Fromage à pâte ferme. *Des cantals.*
Note.- Le nom du fromage s'écrit avec une minuscule ; celui du département, avec une majuscule.

cantaloup n. m.
• Le *p* ne se prononce pas [kãtalu].
• Melon à chair orange foncé. *Des cantaloups juteux.*
Note.- Attention au genre masculin de ce nom : *un* cantalou*p*.

cantate n. f.
Poème mis en musique.

cantatrice n. f.
Chanteuse d'opéra. *Cette femme est une merveilleuse cantatrice.*
Note.- Ce nom n'a pas de forme masculine, on dira un *chanteur d'opéra.*

cantilène n. f.
Mélodie langoureuse.

cantilever adj. et n. m.
• Les deux dernières syllabes se prononcent *léveur*, [kãtilevœr].
• Se dit de certains éléments situés en porte à faux. *Des ponts cantilever* ou *des cantilevers.*

cantine n. f.
• Endroit où l'on sert des repas pour une collectivité (entreprise, école).
Note.- Ne pas confondre avec les noms suivants :
- *cafétéria*, dans certains établissements, lieu où l'on peut consommer des boissons, se restaurer ;
- *réfectoire*, salle où les membres d'une communauté, d'une collectivité prennent leurs repas en commun.
• Malle à l'usage des militaires.

canton n. m.
Division territoriale.

cantonade n. f.
• Coin de la scène.
• *Parler à la cantonade.* Parler à un interlocuteur indéfini.
Note.- Attention à l'orthographe : canto*n*ade.

cantonal, ale, aux adj. et n. f.
Relatif à un canton.
Note.- Attention à l'orthographe : canto*n*al.

cantonnement n. m.
Installation provisoire de troupes dans un lieu donné.

cantonner v. tr., pronom.
• **Transitif.** Établir dans un lieu des troupes de passage.
• **Pronominal.** S'isoler, se restreindre.

cantonnière n. f.
Bande d'étoffe encadrant une porte, une fenêtre.

canular n. m.
(Fam.) Blague.

canule n. f.
Petit tuyau adapté à une seringue pour introduire un liquide, un gaz dans un orifice (naturel ou non) de l'organisme.
Note.- Attention à l'orthographe : ca*n*ule.

canyon n. m.
Gorge creusée par un cours d'eau. *Des canyons imposants.*

Note.- Ce mot peut aussi garder sa graphie espagnole : cañon.

C.A.O.
Sigle de *conception assistée par ordinateur*.

caoutchouc n. m.
• Substance élastique et imperméable. *Un étui en caoutchouc.*
• (Au plur.) Chaussures en caoutchouc.

caoutchouter v. tr.
Enduire de caoutchouc.

caoutchouteux, euse adj.
Qui a la consistance du caoutchouc.

cap n. m.
• (Vx) Tête.
• *De pied en cap*, locution. Des pieds à la tête. *Il s'était habillé de pied en cap* (et non en *cape).
• Direction d'un navire, d'un avion. *Ils ont changé de cap.*
• Promontoire. *Le cap Fréhel.*
Hom. *cape*, manteau d'une seule pièce.

capable adj.
Apte à bien faire quelque chose.
Note.- Ne pas confondre avec l'adjectif *susceptible* qui implique l'idée d'une disposition momentanée, occasionnelle.

capacité n. f.
• Contenance d'un contenant.
• Habileté, aptitude d'une personne. *Une grande capacité à apprendre.*

caparaçon n. m.
Armure d'une monture.

caparaçonner v. tr.
Couvrir d'un caparaçon. *Un cheval caparaçonné* (et non *carapaçonné).

cape n. f.
• Manteau d'une seule pièce, sans manches, généralement avec un capuchon. *Il portait toujours une grande cape noire.*
• *Sous cape*. À la dérobée. *Rire sous cape.*
Hom. *cap*, promontoire, direction d'un navire, d'un avion.

capeline n. f.
Grand chapeau féminin à bords souples.

capétien, ienne adj. et n. m. et f.
Relatif à la dynastie des rois de France fondée par Hugues Capet.

capharnaüm n. m.
Bric-à-brac.

capillaire adj.
Relatif aux cheveux. *Une lotion capillaire.*
Note.- Attention à l'orthographe de cet adjectif qui conserve la même forme au masculin et au féminin : capill*aire*.

capillarité n. f.
Force qui fait monter le niveau des liquides dans un tube étroit.

capitaine n. m.
• Chef d'armée.
• Commandant d'un bateau.
• (Sports) Chef d'une équipe de joueurs, de joueuses.

capital, ale, aux adj.
Essentiel. *La question est capitale.*

capital n. m.
• Somme qui produit des intérêts ou des dividendes. *Intérêt et capital.*
• Investissement. *Des capitaux propres.*
• Richesse d'une personne, d'une nation, d'un pays.

capitale n. f.
• Ville où siège le gouvernement d'un État.
• (Typogr.) Lettre majuscule.
V. Tableau - **MAJUSCULES ET MINUSCULES.**

capitalisation n. f.
Action de capitaliser.

capitaliser v. tr., intr.
• **Transitif.** Ajouter le revenu au capital. *Capitaliser des intérêts.*
• **Intransitif.** Amasser de l'argent.

capitalisme n. m.
Régime économique axé sur la primauté des apporteurs de capitaux, la propriété privée des moyens de production.

capitaliste adj. et n. m. et f.
• **Adjectif**
Qui se rapporte au capitalisme.
• **Nom masculin et féminin**
- Adepte du capitalisme.
- Personne qui investit des capitaux dans une entreprise, dans le but d'en tirer un revenu.

capiteux, euse adj.
Qui monte à la tête. *Un parfum capiteux.*

capiton n. m.
Rembourrage.

capitonnage n. m.
Action de capitonner.

capitonner v. tr.
Rembourrer.

capitulaire adj. et n. m.
• Relatif aux assemblées de religieux.
• *Lettre capitulaire.* Lettre ornée au début d'un chapitre.
Syn. **lettrine**.

capitulation n. f.
Reddition.

capituler v. intr.
Se rendre.

caporal n. m.
Militaire qui a le grade le moins élevé. *Des caporaux.*

capot n. m.
• Bâche.
• Pièce de métal couvrant le moteur d'une automobile. *Ouvrir le capot.*

capote n. f.
- Manteau à capuchon.
- Couverture d'un cabriolet.
- *Capote anglaise.* (Fam.) Préservatif, condom.

capoter v. intr.
Culbuter. *La voiture a capoté.*

cappella (a)
V. **a cappella.**

câpre n. f.
Fleur du câprier utilisée à titre de condiment. *Une salade aux câpres.*

capricorne n. m.
Nom d'une constellation, d'un signe du zodiaque. *Il est (du signe du) Capricorne, il est né entre le 21 décembre et le 20 janvier.*
Note.- Les noms d'astres s'écrivent avec une majuscule.
V. **astre.**

câprier n. m.
Arbre produisant des câpres.

capsulage n. m.
Action de fixer une capsule sur une bouteille.

capsule n. f.
Couvercle de métal qui sert à fermer une bouteille. *Une capsule de bouteille d'eau gazeuse.*
Note.- Ne pas confondre avec le mot **bouchon** qui désigne ce qui sert à boucher l'orifice d'une bouteille.

capsuler v. tr.
Garnir une bouteille d'une capsule.

capter v. tr.
- Intercepter, recevoir (une émission).
- Chercher à obtenir. *Il captait si bien notre attention.*

capteur n. m.
- Dispositif destiné à détecter un phénomène physique afin de le représenter sous forme d'un signal.
- *Capteur solaire.* Dispositif emmagasinant l'énergie solaire pour la transformer en énergie thermique ou électrique.

captif, ive adj. et n. m. et f.
Privé de sa liberté.

captivant, ante adj.
Qui retient l'attention, qui charme. *Des films captivants.*
Note.- Ne pas confondre avec le participe présent invariable **captivant**. *Des histoires captivant les enfants.*

captiver v. tr.
Passionner, séduire.

captivité n. f.
- État de prisonnier.
Note.- Le nom s'emploie dans un contexte historique ou pour désigner l'état de celui qui est prisonnier de guerre. Aujourd'hui, on emploie plutôt le nom **emprisonnement**.
- Privation de liberté. *Des animaux élevés en captivité.*

capturer v. tr.
S'emparer d'un être vivant. *Il a capturé un tigre. Le malfaiteur a été capturé.*
Note.- Lorsque le complément du verbe désigne une chose, on emploie plutôt *s'emparer de, prendre.*

capuchon n. m.
- Prolongement d'un vêtement que l'on peut rabattre sur la tête. *Un imperméable avec un capuchon.*
Syn. **capuche.**
- Bouchon. *Le capuchon d'un stylo.*

capucine n. f.
Plante ornementale.

caquelon n. m.
Sorte de poêlon assez profond. *Préparer la fondue dans un caquelon.*

caquet n. m.
- Cri de la poule qui pond.
- *Rabattre le caquet de quelqu'un.* Le faire taire.

caquetage n. m.
Action de caqueter.
Note.- Attention à l'orthographe : caque*t*age.

caqueter v. intr.
- Redoublement du *t* devant un *e* muet. *Je caquette, je caquetterai,* mais *je caquetais.*
- Crier, en parlant de la poule qui pond.
- Bavarder, souvent de façon importune.

car conj.
- La conjonction sert à présenter la raison, l'explication de ce qui vient d'être formulé. *L'enfant n'ira pas à l'école demain, car il a la rougeole.*
- Toujours précédée d'une ponctuation, la conjonction *car* est placée après la proposition principale qui énonce le fait expliqué.
- Analogiquement, la conjonction *parce que* introduit la cause de ce qui a été énoncé ou de ce qui sera énoncé. La conjonction *parce que* peut donc être placée avant ou après la proposition principale qui énonce le fait. Si elle est après, elle est précédée d'une virgule.
- La juxtaposition des conjonctions *car* et *en effet* est un pléonasme à éviter.

car n. m.
Abréviation familière de *autocar.*

carabine n. f.
Fusil court et léger dont l'intérieur du canon est strié.

carabiné, ée adj.
(Fam.) Violent. *J'ai eu une grippe carabinée.*

caraco n. m.
Corsage. *Des caracos en dentelle.*

caracole n. f.
Mouvement en rond que l'on fait faire à un cheval.

caracoler v. intr.
Faire des sauts, des caracoles, en parlant d'un cheval.
Note.- Attention à l'orthographe : caraco*l*er.

caractère n. m.

• Signe tracé sur une surface. *Des caractères illisi-bles.*
• Trait essentiel. *Les caractères d'une œuvre.*
• Personnalité, manière d'être. *Il a un bon caractère.*
• **Caractère alphabétique**. Caractère appartenant à un jeu comprenant les lettres de l'alphabet et certains caractères spéciaux, à l'exclusion de tout chiffre.
• **Caractère alphanumérique** Caractère appartenant à un jeu comprenant les lettres de l'alphabet, les chiffres, le caractère d'espacement et d'autres signes conventionnels.
• **Caractère d'imprimerie.** (Imprim.) Lettre ou signe servant à l'impression des textes. *Veuillez remplir ce formulaire en caractères d'imprimerie.*
• **Caractères typographiques**.
FONTES
Les caractères typographiques se classent en plusieurs familles, ou **fontes**, selon la forme des lettres (Helvetica, Schoolbook, Newton, Windsor, etc.). Ils se regroupent généralement en deux grands types :
- les caractères **sérifs** (avec empattement) ;
- les caractères **sansérifs** (sans empattement).
FORMES
Les caractères de chaque fonte peuvent avoir plusieurs formes :
- **romains** (droits) ;
- **italiques** (inclinés vers la droite) ;
- **gras ;**
- **maigres**.
TAILLE
- La hauteur ou l'épaisseur du caractère est le **corps** qui s'exprime en points. *Des caractères de 9 points.*
- La largeur s'appelle la **chasse**. *Un l a une chasse inférieure à celle d'un m.*

---

caractère par seconde n. m.
• Sigle **C.P.S.**
• (Inform.) Unité mesurant le nombre de caractères transmis ou imprimés pendant une seconde.

caractériel, elle adj. et n. m. et f.
• **Adjectif.** Relatif au caractère.
• **Nom masculin et féminin.** Qui a des troubles du caractère.

caractérisation n. f.
Manière dont une chose est caractérisée.

caractérisé, ée adj.
Typique, bien marqué.

caractériser v. tr., pronom.
• **Transitif**
- Déterminer avec précision les caractères distinctifs de.
- Constituer le caractère essentiel de. *L'intelligence et la vivacité qui le caractérisent.*
• **Pronominal**
Être défini par un ou des caractères. *Cette maladie se caractérise par des accès de fièvre.*

caractéristique adj. et n. f.
• **Adjectif.** Spécifique, qui caractérise.

• **Nom féminin.** Caractère distinctif.
Note.- Attention au genre féminin de ce nom : **une** caractéristique.

caractérologie n. f.
Étude des types de caractères.

carafe n. f.
Bouteille en verre ou en cristal à base élargie et à col étroit.

carafon n. m.
Petite carafe. *Des carafons de vin rouge.*

carambolage n. m.
• Coup de billard où plusieurs billes sont touchées d'un seul coup.
• (Fig.) Série d'accidents. *Un gigantesque carambolage causé par la chaussée glacée.*

caramboler v. tr., intr.
• **Intransitif.** Au billard, toucher d'un seul coup plusieurs billes.
• **Transitif.** (Fam. et fig.) Heurter, bousculer. *La voiture a carambolé plusieurs véhicules.*

caramel adj. inv. et n. m.
• **Adjectif de couleur invariable.** D'une couleur entre le beige et le roux. *Des sacs caramel.*
V. Tableau - **COULEUR (ADJECTIFS DE)**.
• **Nom masculin**. Sucre fondu et roussi par l'action de la chaleur.

caramélisation n. f.
Action de caraméliser.

caraméliser v. tr.
Réduire en caramel, enduire de caramel.

carapace n. f.
• Enveloppe dure et solide qui protège le corps de certains animaux (tortues, crustacés, etc.)
• (Fig.) Ce qui protège des agressions de toutes sortes.

* **carapaçonner**
→ **caparaçonner**.

carapater (se) v. pronom.
(Fam.) S'enfuir.

carat n. m.
• Unité de masse qui sert d'étalon aux joailliers pour peser les diamants, les pierres précieuses et les perles. *Un diamant de trois carats.*
• Proportion de la masse totale d'un alliage d'or (1/24). *Un bracelet en or 14 carats.*

caravanage n. m.
Voyage et camping en caravane.
Note.- Ce nom a fait l'objet d'une recommandation officielle en vue de remplacer l'anglicisme **caravaning**.

caravane n. f.
Véhicule tractable aménagé pour servir de logement de camping.

caravaning n. m.
V. **caravanage**.

caravelle n. f.
• (Ancienn.) Petit navire portugais.

• Nom d'un avion à réaction moyen courrier.
Note.- En ce sens, le mot s'écrit avec une majuscule.

carbonade ou **carbonnade** n. f.
Ragoût de bœuf braisé et arrosé de bière.

carbonate n. m.
Sel de l'acide carbonique.

carbone n. m.
• Symbole *C* (s'écrit sans point).
• Corps simple non métallique. *Le diamant est du carbone à l'état pur.*
• *Papier carbone.* Papier permettant d'obtenir des doubles. *Des papiers carbone, des carbones.*
Note.- Attention à l'orthographe : carbo*n*e. Un seul *n* comme dans tous les dérivés.

carbonique adj.
Gaz carbonique (CO_2), anhydride résultant de la combinaison du carbone et de l'oxygène.

carboniser v. tr.
Calciner, réduire en charbon.

carbonnade
V. **carbonade**.

carburant adj. m. et n. m.
• **Adjectif masculin.** Qui contient une matière combustible. *Des mélanges carburants.*
• **Nom masculin.** Produit utilisé pour alimenter un moteur. *Mettre du carburant à haut indice d'octane.*

carburateur n. m.
Appareil où se fait le mélange combustible d'un moteur à explosion.

carburation n. f.
Mélange de l'air et d'un carburant.

carburer v. intr.
• Faire la carburation. *Cette voiture carbure mal.*
• (Fam.) Fonctionner. *Ça ne carbure pas très bien ce matin.*

carcajou n. m.
Blaireau d'Amérique du Nord. *Des carcajous.*

carcan n. m.
Contrainte.

carcasse n. f.
Charpente osseuse d'un animal.

carcéral, ale, aux adj.
Relatif à la prison. *Les problèmes carcéraux.*

carcinogène adj.
Qui peut causer un cancer.
Syn. **cancérogène, cancérigène.**

cardan n. m.
Joint de cardan. (Auto.) Dispositif transmettant aux roues motrices leur mouvement.

carder v. tr.
Démêler des fibres textiles.

cardeur n. m.
cardeuse n. f.
Personne préposée au cardage.

cardeuse n. f.
Machine destinée à carder les textiles.

-cardie suff.
Élément du grec signifiant « cœur ». *Tachycardie.*

cardi(o)- préf.
Élément du grec signifiant « cœur ». *Cardiologie.*

cardia n. m.
Orifice œsophagien de l'estomac. *Des cardias fonctionnels.*
Note.- Attention au genre masculin de ce nom : *un* cardia.

cardiaque adj. et n. m. et f.
• **Adjectif.** Relatif au cœur. *Une crise cardiaque.*
• **Nom masculin et féminin.** Personne atteinte d'une maladie du cœur. *Cardiaques, veuillez vous abstenir.*

cardigan n. m.
Veste de laine. *Des cardigans bleu marine.*

cardinal, ale, aux adj.

• **Adjectif numéral cardinal** ou **nombre cardinal**
Adjectif qui détermine les êtres ou les choses par leur NOMBRE. *Une énumération de six articles : le mot six est un adjectif numéral cardinal ou un nombre cardinal.*
Notes.-
1° Les adjectifs numéraux cardinaux sont invariables à l'exception de *un* qui peut se mettre au féminin, de *vingt* et de *cent* qui prennent la marque du pluriel s'ils sont multipliés par un nombre et s'ils ne sont pas suivis d'un autre adjectif de nombre. *Vingt et une chemises. Six cents stylos, quatre-vingts feuilles, trois cent dix fiches.*
2° Dans les adjectifs numéraux composés, le trait d'union s'emploie seulement entre les éléments qui sont l'un et l'autre inférieurs à *cent*, sauf si les éléments sont joints par la conjonction *et. Trente-sept, cent dix, vingt et un.*
V. Tableau - **NUMÉRAL (ADJECTIF).**
• **Point cardinal**
Les noms des points cardinaux (nord, sud, est, ouest) et leurs synonymes (midi, centre, orient, occident, levant) s'écrivent avec une majuscule lorsqu'ils désignent une entité géographique, une région, une étendue de territoire ou lorsqu'ils déterminent l'élément spécifique d'un nom de voie de communication. *Le pôle Nord. Le bureau est situé rue Saint-Paul Ouest. Pour les vacances, nous irons dans le Midi.*
Note.- Les noms des points cardinaux s'écrivent avec une minuscule lorsqu'ils sont utilisés au sens de l'orientation, comme une position du compas. *Une terrasse exposée au sud.* La position et la subdivision des points cardinaux sur le cadran d'une boussole ou sur une carte géographique s'appelle la *rose des vents.*
V. Tableau - **POINTS CARDINAUX.**

---

cardinal n. m.
Prélat de l'Église catholique, membre du Sacré Collège et électeur du pape. *Des cardinaux.*

Note.- Comme les titres administratifs, les titres religieux s'écrivent généralement avec une minuscule. *L'abbé, l'archevêque, le cardinal, le chanoine, le curé, l'évêque, le pape.* Cependant, ces titres s'écrivent avec une majuscule dans deux cas : lorsque le titre remplace un nom de personne et dans les formules d'appel, de salutation. *Le Cardinal sera présent à la réunion. Veuillez agréer, Monsieur le Cardinal, l'expression...*
V. Tableau - **TITRES DE FONCTIONS.**

cardinalat n. m.
Dignité de cardinal.

cardinalice adj.
Propre aux cardinaux. *La pourpre cardinalice.*
Note.- Attention à la finale peu courante de cet adjectif : cardinal*ice.*

cardiogramme n. m.
Tracé des mouvements du cœur.
Syn. **électrocardiogramme.**

cardiographie n. f.
Enregistrement des mouvements du cœur.

cardiologie n. f.
Spécialité médicale qui traite le cœur.

cardiologue n. m. et f.
Médecin spécialiste du cœur.

cardiopathie n. f.
Maladie du cœur.

cardio-respiratoire adj.
Relatif au cœur et aux poumons. *Des affections cardio-respiratoires.*

cardio-vasculaire adj.
Relatif au cœur et aux vaisseaux. *Des problèmes cardio-vasculaires.*

carême n. m.
Période de 40 jours qui précède la fête de Pâques chez les catholiques.
Note.- Attention à l'orthographe : car**ê**me.

carence n. f.
Lacune. *Une carence en fer.*

carène n. f.
Partie immergée de la coque d'un navire (la quille et les flancs).

caréner v. tr.
• Le **é** se change en **è** devant une syllabe muette, sauf à l'indicatif futur et au conditionnel présent. *Je carène,* mais *je carénerai.*
• Réparer la carène d'un navire.
• Donner une forme aérodynamique à (une carrosserie). *Caréner une voiture.*

caressant, ante adj.
Qui caresse, doux et tendre. *Des gestes caressants.*
Note.- Ne pas confondre avec le participe présent invariable **caressant**. *Ses mains caressant le petit chien.*

caresse n. f.
• Attouchement tendre, affectueux ou sensuel.
• (Fig.) Effleurement. *Les caresses de la brise.*

caresser v. tr.
• Faire des caresses à.
• (Fig.) Espérer, se complaire à une perspective agréable. *Caresser un projet.*

car-ferry n. m.
(Anglicisme) Bateau servant au transport des passagers et de leur voiture.
Note.- Le nom **transbordeur** a fait l'objet d'une recommandation officielle pour remplacer cet anglicisme.

cargaison n. f.
Marchandises constituant la charge d'un navire, d'un avion.
Syn. **fret.**

cargo n. m.
• Navire spécialement aménagé pour le transport des marchandises.
• *Avion-cargo.* Avion destiné exclusivement au transport de marchandises. *Des avions-cargos.*
V. **bateau.**

cargue n. f.
Cordage destiné à serrer les voiles.

carguer v. tr.
Serrer.

cari, cary, carry ou **curry** n. m.
Épice indienne dont on parfume notamment le riz.

cariatide
V. **caryatide.**

caribou n. m.
Au Canada, synonyme de **renne**. *Des caribous magnifiques.*

caricatural, ale, aux adj.
• Qui a le caractère de la caricature. *Des dessins caricaturaux.*
• Exagéré. *Une charge caricaturale.*

caricature n. f.
• Dessin satirique.
• Description satirique.

caricaturer v. tr.
Faire une caricature de.

caricaturiste n. m. et f.
Personne dont le métier est de dessiner des caricatures.

carie n. f.
Lésion d'une dent. *Une carie dentaire.*

carier v. tr., pronom.
• **Transitif.** Détruire par la carie.
• **Pronominal.** Être attaqué par la carie.

carillon n. m.
Groupe de petites cloches.
Note.- Ne pas confondre avec les mots suivants :
- **bourdon**, grosse cloche d'une cathédrale, d'une basilique ;

- *cloche*, appareil sonore vibrant sous les coups d'un battant ;
- *clochette*, petite cloche ;
- *sonnette*, timbre, sonnerie électrique.

carillonner v. tr., intr.
• **Transitif**
- Annoncer quelque chose par un carillon.
- (Fig.) Diffuser. *Carillonner une rumeur.*
• **Intransitif**
Sonner en carillon.

carillonneur, euse n. m. et f.
Personne qui carillonne.

cariste n. m. et f.
Personne qui conduit un chariot automoteur.

carlin n. m.
Petit chien à poil ras, au museau écrasé.

carlingue n. f.
Habitacle d'un avion.

carmélite n. f.
Religieuse.

carmin adj. inv. et n. m.
• **Adjectif de couleur invariable**
De la couleur rouge vif du carmin. *Des lèvres carmin.*
V. Tableau - **COULEUR (ADJECTIFS DE).**
• **Nom masculin**
- Colorant rouge vif. *Des carmins éclatants.*
- Couleur rouge vif.

carminé, ée adj.
D'un rouge vif.

carnage n. m.
Massacre d'hommes ou d'animaux.
Note.- Ne pas confondre avec les noms suivants :
- *hécatombe*, grande masse de personnes tuées, surtout au figuré ;
- *massacre*, meurtre d'un grand nombre d'êtres vivants ;
- *tuerie*, action de tuer sauvagement.

carnassier, ière adj. et n. m. et f.
Se dit des animaux qui se nourrissent de chair crue. *Le tigre est carnivore et carnassier, l'homme est carnivore.*

carnassière n. f.
Gibecière.

carnation n. f.
Teint.

carnaval n. m.
Période de divertissements qui précède le carême. *Des carnavals.*

carnavalesque adj.
Qui tient du carnaval.

carné, ée adj.
Composé de viande. *Un menu carné.*

carnet n. m.
Petit livre que l'on porte sur soi. *Un carnet d'adresses, un carnet de chèques.*

carnivore adj. et n. m. et f.
Se dit des êtres vivants qui se nourrissent de chair. *L'homme est carnivore. Certaines plantes sont carnivores.*
Note.- Ne pas confondre avec les mots suivants :
- *frugivore*, qui se nourrit de fruits ;
- *granivore*, qui se nourrit de graines ;
- *insectivore*, qui se nourrit d'insectes.

carotène n. m.
Matière colorante contenue dans certains végétaux, en particulier dans la carotte.
Note.- Attention au genre masculin de ce nom : *le* carot*è*ne. Un seul *t*, malgré les deux *t* de *carotte*.

carotide n. f.
Chacune des deux artères qui conduisent le sang du cœur à la tête.

carottage n. m.
Escroquerie.

carotte adj. inv. et n. f.
• **Adjectif de couleur invariable.** De la couleur orange de la carotte. *Des cheveux carotte.*
V. Tableau - **COULEUR (ADJECTIFS DE).**
• **Nom féminin.** Légume.

carotter v. tr.
(Fam.) Extorquer.

caroube ou **carouge** n. f.
Fruit du caroubier.

caroubier n. m.
Arbre à bois très dur qui produit la caroube.

carpe n. f.
Poisson d'eau douce.

carpeau n. m.
Petit de la carpe. *Des carpeaux.*

carpette n. f.
Petit tapis.

carquois n. m.
Étui à flèches.

carrare n. m.
Marbre de la région de Carrare. *Un mur en carrare.*
Note.- Le nom s'écrit avec une minuscule lorsqu'il désigne un marbre, avec une majuscule lorsqu'il nomme la région. *Du marbre de Carrare.*

carre n. f.
Lisière d'acier qui borde un ski. *Aiguiser les carres.*

carré, ée adj. et n. m.
• **Adjectif**
- Se dit d'une surface plane qui a quatre côtés égaux et quatre angles droits. *Un jardin carré.*
- *Mètre carré.* Surface dont le côté a un mètre. *Des mètres carrés (m^2).*
• **Nom masculin.**
Surface plane qui a quatre côtés égaux et quatre angles droits. *Un grand carré.*

carreau n. m.
• Plaque de terre cuite, de pierre, etc. servant à revêtir le sol. *Des carreaux de céramique.*

Note.- Ne pas confondre avec le mot *tuile* qui désigne une plaque de terre cuite servant à couvrir un édifice.
• Plaque de vitre posée aux fenêtres, aux portes. *Faire les carreaux.*
• *À carreaux.* Imprimé à quadrillage. *Une jupe à carreaux.*

carrefour n. m.
Intersection de plusieurs voies de communication.
Note.- Ne pas confondre avec le nom *croisement* qui désigne l'intersection de deux voies de circulation.

carrelage n. m.
Revêtement de carreaux.

carreler v. tr.
• Redoublement du *l* devant un *e* muet. *Je carrelle, je carrellerai,* mais *je carrelais.*
• Revêtir de carreaux.
• Quadriller une surface.

carreleur n. m.
Personne qui fait la pose de carreaux (en faïence, en céramique, etc.).

carrément adv.
Sans détour. *Il a répondu carrément que ça ne l'intéressait pas.*

carrer v. tr., pronom.
• **Transitif.** Donner une forme carrée à quelque chose.
• **Pronominal.** S'installer confortablement. *Elle se carra dans sa causeuse.*

carrière n. f.
• Profession. *Le choix d'une carrière.*
• *Faire carrière.* Gravir les échelons hiérarchiques d'une profession.
• (Absol.) La diplomatie.
Note.- En ce sens, le nom s'écrit avec une majuscule.
• Excavation d'où l'on tire de la pierre, du marbre, etc. *Une carrière d'ardoise à ciel ouvert.*

carriérisme n. m.
(Péj.) Opportunisme axé sur la réussite professionnelle.

carriériste n. m. et f.
Personne ambitieuse qui cherche à faire carrière.

carriole n. f.
Voiture tirée par un cheval, à la campagne.
Note.- Attention à l'orthographe : ca*rr*io*l*e.

carrossable adj.
Praticable (pour les voitures). *Un chemin carrossable.*
Note.- Attention à l'orthographe : ca*rr*o*ss*able.

carrosse n. m.
Voiture hippomobile de luxe à quatre roues.
Note.- Attention à l'orthographe : ca*rr*o*ss*e.

carrosser v. tr.
Munir d'une carrosserie.

carrosserie n. f.
Caisse d'une automobile, d'un appareil électroménager.

carrossier n. m.
Spécialiste de la construction des carrosseries.

carrousel n. m.
• Le *s* se prononce *z* [karuzɛl].
• Parade au cours de laquelle des cavaliers exécutent des courses de tous genres.
Note.- Attention à l'orthographe : ca*rr*ou*s*el.

carrure n. f.
Largeur du dos à la hauteur des épaules. *Une personne de forte carrure.*

cartable n. m.
Sac à plusieurs compartiments. *Un cartable d'écolier.*

carte n. f.
• Petit rectangle cartonné destiné à plusieurs usages. *Des cartes d'identité, des cartes de visite, des cartes professionnelles, des cartes postales.*
• Petit carton marqué d'une figure ou d'une couleur (cœur, carreau, pique, trèfle), et servant à divers jeux. *Des jeux de cartes.*
• Représentation à échelle réduite d'une partie de la surface de la Terre. *La carte de l'Italie.*
Note.- Ne pas confondre avec le mot *plan* qui désigne la carte d'une ville, d'un réseau de communications. *Le plan de Paris, le plan du métro.*
• **Locutions**
- *Brouiller les cartes.* Embrouiller volontairement.
- *Jouer sa dernière carte.* Faire une tentative ultime.
- *Jouer cartes sur table.* Jouer franc jeu.
- *Château de cartes.* Chose incertaine, précaire.
- *Donner, avoir carte blanche.* Donner, avoir plein pouvoir.

cartel n. m.
(Écon.) Entente entre des entreprises en vue d'une action commune visant à limiter ou supprimer la concurrence.
Note.- Ne pas confondre avec les mots suivants :
- *monopole,* situation économique où il n'y a qu'un seul vendeur ;
- *trust,* fusion de plusieurs entreprises dans le but de limiter la concurrence.

carte-lettre n. f.
Carte de correspondance se fermant au moyen de bords gommés. *Des cartes-lettres.*

cartellisation n. f.
(Écon.) Formation d'un cartel.

carte professionnelle n. f.
Petit carton comportant le nom d'une personne, son titre, la raison sociale de l'entreprise ou la désignation de l'organisme qu'elle représente, ainsi que son adresse et son numéro de téléphone.
V. Tableau - **ADRESSE.**

carter n. m.
• Le *r* se prononce [kartɛr].
• Gaine de métal servant à protéger un mécanisme. *Le carter du différentiel, d'une chaîne de vélo.*

cartésien, ienne adj. et n. m. et f.
Rationnel.

cartier n. m.
Fabricant de cartes à jouer.

cartilage n. m.
Tissu conjonctif aux extrémités des os.
Note.- Attention à l'orthographe : carti*l*age.

cartilagineux, euse adj.
Qui tient du cartilage.

cartographe n. m. et f.
Personne qui établit des cartes de géographie.

cartographie n. f.
Ensemble des techniques d'élaboration, de dessin et d'édition des cartes géographiques, des plans.

cartographique adj.
Relatif à la cartographie.

cartomancie n. f.
Art prétendu de prédire l'avenir par les cartes (cartes à jouer, tarot, etc.)

cartomancien n. m.
cartomancienne n. f.
Personne qui lit, ou prétend lire l'avenir dans les cartes.

carton n. m.
● Carte forte faite de pâte de papier. *Un carton ondulé.*
● Boîte de carton. *Des photos dans un carton.*

cartonnage n. m.
● Fabrication, commerce des objets en carton.
● Reliure, ouvrage, emballage en carton.

cartonner v. tr.
Couvrir de carton.

cartonnerie n. f.
Industrie du carton.

cartonneux, euse adj.
Qui a l'apparence du carton.

carton-pâte n. m.
● Carton composé de vieux papiers. *Des décors de carton-pâte. Des cartons-pâtes.*
● *En carton-pâte.* Simulé, factice.

cartouche n. m. et f.
● **Nom masculin**
Encadrement elliptique destiné à recevoir une inscription. *Un cartouche en forme de parchemin à demi déroulé.*
● **Nom féminin**
- Étui en métal ou en carton renfermant la charge d'une arme à feu.
- Emballage groupant des paquets de cigarettes. *Acheter une cartouche.*
- Recharge d'un stylo, d'un briquet, etc.
- Boîtier scellé comportant un programme informatique en mémoire morte. *Une cartouche de jeu.*
Note.- À la différence de la *cassette* qui peut servir à l'enregistrement et à la lecture de données, la *cartouche* est exclusivement réservée à la lecture des données.

cartouchière n. f.
Sac à cartouches.

carvi n. m.
Plante aromatique. *Des graines de carvi.*

caryatide ou **cariatide** n. f.
Figure de femme soutenant une corniche sur sa tête.
Les caryatides d'un temple grec.
Note.- Ne pas confondre avec les mots suivants :
- *atlante*, colonne sculptée en forme d'homme soutenant un entablement ;
- *colonne*, pilier circulaire soutenant les parties supérieures d'un édifice ;
- *pilastre*, pilier carré dans une construction ;
- *pilier*, massif de maçonnerie rond ou carré soutenant une construction.

caryotype n. m.
(Génét.) Ensemble caractéristique des chromosomes d'une personne, d'une espèce. *L'enfant atteint de la trisomie 21 a un caryotype spécifique.*

cas n. m.
● Circonstance, situation de quelqu'un ou de quelque chose. *C'est un cas particulier.*
● *Cas de conscience.* Dilemme moral, religieux.
● *Cas de force majeure.* Évènement inévitable.
● **Locutions**
- *Au cas où, dans le cas où, pour le cas où*, locutions conjonctives. À supposer que.
Note.- Ces locutions conjonctives sont généralement suivies du conditionnel, parfois de l'indicatif. *Au cas où il y aurait une averse, l'excursion serait annulée.*
- *C'est le cas de le dire.* Expression qui souligne l'exactitude de ce qui vient d'être dit.
- *Dans tous les cas où*, locution conjonctive. Toutes les fois que.
- *En cas de*, locution prépositive. S'il y a.
- *En cas de besoin.* S'il est nécessaire.
- *En ce cas*, locution adverbiale. Dans ces conditions.
- *En tout cas*, locution adverbiale. Quoi qu'il arrive.
- *Faire cas de.* Tenir compte de quelque chose.
- *Faire grand cas de.* Accorder à (quelqu'un, quelque chose) beaucoup d'importance.
- *Le cas échéant*, locution adverbiale. Si l'occasion se présente.

casanier, ière adj. et n. m. et f.
Qui préfère rester à la maison. *Des habitudes casanières. C'est un casanier.*

casaque n. f.
● Veste de jockey.
● *Tourner casaque.* Changer de parti, d'opinion.

casbah n. f.
Quartier arabe de certaines villes d'Afrique du Nord.

cascade n. f.
Masse d'eau qui tombe de rocher en rocher.
Note.- Ne pas confondre avec les noms suivants :
- *cataracte*, importante chute d'eau ;
- *chute*, masse d'eau qui tombe ;
- *rapide*, cours d'eau dont le courant est agité par des rochers.

cascader v. intr.
Tomber en cascade.

cascadeur, euse adj. et n. m. et f.
Personne qui tourne les scènes risquées d'un film, à titre de doublure.

cascher
V. **kascher**.

case n. f.
• Cabane.
• (Fam.) Maison, en Afrique.
• Carré de l'échiquier, du damier, etc.
• Compartiment d'un meuble.

caséine n. f.
Substance du lait, élément principal du fromage.

casemate n. f.
Abri contre les bombes.

caserne n. f.
Bâtiment militaire.

cash adv.
(Anglicisme) Comptant. *Payer cash.*

casier n. m.
Ensemble de cases.

casino n. m.
Établissement où les jeux d'argent sont autorisés. *Des casinos.*

casque n. m.
Coiffure rigide destinée à protéger la tête. *Un casque de hockey, de motard.*

casqué, ée adj.
Coiffé d'un casque. *Des militaires casqués.*

casquer v. tr., intr.
• **Transitif**. Munir d'un casque.
• **Intransitif**. (Fam.) Payer.

cassant, ante adj.
• Qui se casse facilement.
• Tranchant. *Un ton cassant.*

casse n. f.
• Action de casser, objets cassés. *Cette voiture est bonne à mettre à la casse.*
• (Typogr.) Boîte à compartiments pour les caractères d'imprimerie. *Un texte en bas-de-casse, en minuscules.*

casse- préf.
Les mots composés avec le préfixe **casse-** s'écrivent avec un trait d'union et sont invariables. *Des casse-cou.*

cassé, ée adj.
• Brisé.
• *Blanc cassé.* Adjectif de couleur invariable. D'un blanc légèrement teinté. *Des robes blanc cassé.*
• *Voix cassée.* Enrouée.

casse-cou adj. inv. et n. m. et f. inv.
Personne téméraire. *Des casse-cou. Des jeunes filles casse-cou.*

casse-croûte n. m. inv.
Repas léger. *Des casse-croûte appétissants.*

casse-noisettes n. m. inv.
Instrument servant à casser les noisettes. *Des casse-noisettes efficaces.*

casse-noix n. m. inv.
Instrument servant à casser les noix. *Des casse-noix bien conçus.*

casse-pieds adj. inv. et n. m. et f. inv.
(Fam.) Importun, désagréable. *De détestables casse-pieds. Une réunion casse-pieds.*

casser v. tr., intr., pronom.
• **Transitif**. Briser, rompre. *L'enfant a cassé le verre. Cette chute lui a cassé la jambe.*
• **Intransitif**. Se briser. *La tablette a cassé.*
• **Pronominal**. Se fracturer. *Elle s'est cassé le bras.*

casserole n. f.
Récipient métallique muni d'un manche, parfois d'un couvercle et qui est réservé à la cuisson des aliments.
Note.- Ne pas confondre avec les mots suivants :
- *chaudron*, récipient assez profond à anse mobile ;
- *fait-tout* ou *faitout*, grand récipient à deux poignées, muni d'un couvercle ;
- *poêle*, récipient plat à longue queue.

casse-tête n. m. inv.
• Massue.
• Problème difficile à résoudre. *Des casse-tête insolubles.*
• Jeu de patience.

cassette n. f.
• (Vx) Petit coffre.
• Boîtier amovible contenant une bande magnétique destinée à l'enregistrement et à la lecture de données. *Des cassettes vidéo amusantes.*
Note.- Ne pas confondre avec le mot **cartouche** qui désigne un boîtier comportant une bande magnétique exclusivement réservée à la lecture des données.

cassis n. m.
• Groseiller noir. *De la liqueur de cassis.* En ce sens, le *s* final se prononce [kasis].
• Dépression brusque du sol, sur une route, qui imprime une secousse aux véhicules. En ce sens, le *s* final ne se prononce pas [kasi].
Note.- Ne pas confondre avec **dos d'âne**, gonflement transversal de la chaussée.

cassolette n. f.
• Petit récipient où l'on fait brûler des parfums.
• Petite casserole.

cassonade n. f.
Sucre roux qui n'a été raffiné qu'une fois.
Note.- Attention à l'orthographe : casso**n**ade.

cassoulet n. m.
Mets languedocien composé de haricots blancs et de morceaux d'oie, de porc ou de mouton.

castagnettes n. f. pl.
Instrument de percussion. *Jouer des castagnettes.*

castel n. m.
(Litt.) Petit château.
Note.- Ne pas confondre avec les mots suivants :
- *château*, habitation royale ou seigneuriale généralement située à la campagne ;
- *gentilhommière*, petit château à la campagne ;

- **manoir**, habitation seigneuriale entourée de terres ;
- **palais**, résidence d'un chef d'État ou d'un souverain.

castillan, ane adj. et n. m. et f.
• **Adjectif et nom masculin et féminin**. De Castille.
• **Nom masculin**. Langue officielle de l'Espagne.
Note.- Lorsqu'il s'agit de la langue, l'adjectif ou le nom s'écrit avec une minuscule. Si le nom désigne une personne, la majuscule s'impose.

castor n. m.
Rongeur à large queue plate. *Les castors construisent des digues.*

castrat n. m.
Individu mâle ayant subi la castration.

castration n. f.
Suppression d'un organe nécessaire à la génération.
Note.- Le nom s'emploie plus couramment pour les individus mâles.

castrer v. tr.
Pratiquer la castration sur.

casuistique n. f.
Théologie morale qui s'occupe des cas de conscience.

casus belli n. m. inv.
• Le **s** se prononce **z** [kazysbɛli].
• Locution latine signifiant « cas de guerre ».
• Tout motif qui met un État dans la nécessité de recourir aux armes.
Note.- En typographie soignée, les mots étrangers sont composés en italique. Dans des textes déjà en italique, la notation se fait en romain. Pour les textes manuscrits, on utilisera les guillemets.

cata- préf.
Élément du grec signifiant « en dessous, en arrière ». *Catacombe.*

catachrèse n. f.
Métaphore où l'on emploie un mot au-delà de son sens propre. *Exemple : les bras d'un fauteuil, la tête d'un lit.*
Note.- Attention à l'orthographe : cata**chrè**se.

cataclysme n. m.
Désastre naturel d'une grande ampleur. *Ce raz-de-marée a été un cataclysme.*
Note.- Ne pas confondre avec le nom **catastrophe** qui désigne un accident causant la mort de plusieurs personnes.

catacombe n. f.
Vaste cavité souterraine ayant servi de cimetière. *Les catacombes romaines.*
Note.- Ce mot s'utilise surtout au pluriel.

catadioptre n. m.
Petit disque destiné à réfléchir la lumière, la nuit, afin de signaler un objet, un véhicule. *Il est prudent de placer des catadioptres sur une bicyclette.*

catafalque n. m.
Décoration funèbre élevée pour recevoir un cercueil.
Note.- Ne pas confondre avec le nom **cénotaphe** qui

désigne un tombeau vide élevé à la mémoire d'un mort.

catalan, ane adj. et n. m. et f.
• **Adjectif et nom masculin et féminin**. De la Catalogne.
• **Nom masculin**. Langue parlée en Catalogne.
Note.- Lorsqu'il s'agit de la langue, l'adjectif ou le nom s'écrit avec une minuscule. Si le nom désigne une personne, la majuscule s'impose.

catalogage n. m.
Élaboration d'un catalogue.
Note.- Attention à l'orthographe : catalo**ga**ge.

catalogue n. m.
• Cahier comportant la liste codifiée des produits d'une entreprise, leurs prix, leurs caractéristiques et les renseignements utiles à la vente de ces produits.
• Répertoire de données informatiques.
• Liste énumératrice.

cataloguer v. tr.
• Classer par ordre dans un catalogue. *Cataloguer des disques.*
• (Péj.) Classer (quelqu'un, quelque chose) dans une catégorie, surtout défavorable. *Elle a été cataloguée tout de suite : c'est une fausse timide.*

catalyse n. f.
(Chim.) Action d'un corps dont la présence provoque ou accélère une réaction chimique.

catalyser v. tr.
• (Chim.) Agir comme catalyseur.
• (Fig.) Provoquer une réaction.

catalyseur n. m.
• (Chim.) Substance qui provoque la catalyse.
• (Fig.) Élément qui déclenche une réaction.

catamaran n. m.
Voilier à deux coques. *Des catamarans très rapides.*

cataplasme n. m.
Pansement de pâte molle appliquée sur la peau pour soulager un malade.

catapulte n. f.
(Ancienn.) Machine de guerre servant à lancer des pierres, des traits.
Note. - Attention au genre féminin de ce nom : **une** catapulte.

cataracte n. f.
• Importante chute d'eau. *La cataracte Victoria.*
Note.- Ne pas confondre avec les mots suivants :
- **cascade**, masse d'eau qui tombe de rocher en rocher ;
- **chute**, masse d'eau qui tombe ;
- **rapide**, cours d'eau dont le courant est agité par des rochers.
• (Méd.) Affection de l'œil produisant une cécité partielle ou totale.
Note.- Ne pas confondre avec le mot vieilli **catarrhe** qui désigne un rhume.

catarrhe n. m.
(Vx) Rhume.

Note.- Ne pas confondre avec le mot **cataracte** qui désigne une affection de l'œil.
Hom. **cathare**, hérétique médiéval.

catastrophe n. f.
• Malheur brusque très grave. *Cette explosion est une catastrophe.*
• Accident causant la mort de plusieurs personnes. *Une catastrophe aérienne.*
Note.- Ne pas confondre avec le mot **cataclysme** qui désigne un désastre naturel d'une grande ampleur.

catastropher v. tr.
(Fam.) Bouleverser, consterner. *Leur départ l'a catastrophé.*

catastrophique adj.
• Désastreux. *Une sécheresse catastrophique.*
• Qui provoque une catastrophe. *Un raz-de-marée catastrophique.*
• (Fam.) Ennuyeux. *Son absence est catastrophique.*

catéchèse n. f.
Enseignement chrétien.

catéchisme n. m.
• Enseignement chrétien.
• Livre contenant la doctrine chrétienne.

catéchumène n. m. et f.
• Les lettres **ch** se prononcent **k** [katekymɛn].
• Personne qu'on instruit pour la préparer au baptême.

catégorie n. f.
Classe dans laquelle on répartit des objets, des êtres de même nature.

catégorique adj.
Indiscutable. *Un refus catégorique.*

catégoriquement adv.
De façon catégorique.

cathare adj. et n. m. et f.
Membre d'une secte hérétique du Moyen Âge.
Note.- Ne pas confondre avec le mot **catarrhe** qui désigne un rhume.

catharsis n. f.
• Le **s** final se prononce [katarsis].
• Du grec signifiant « purification ».
• Purification éprouvée par les spectateurs d'une représentation dramatique, selon Aristote.
• Défoulement.

cathédrale n. f.
Église épiscopale d'un diocèse. *Une cathédrale gothique. La cathédrale Notre-Dame à Reims.*
Note.- Dans les désignations d'édifices religieux, le nom générique (**basilique, cathédrale, chapelle, église, oratoire**, etc.) s'écrit avec une minuscule.

cathéter n. m.
• Le **r** se prononce [katetɛr].
• (Méd.) Tige creuse servant à explorer un canal, un orifice.

cathétérisme n. m.
(Méd.) Introduction d'une sonde dans un conduit naturel.

cathode n. f.
Électrode de sortie du courant.
Ant. **anode**.

cathodique adj.
De la cathode. *Un tube, un écran cathodique.*

catholicisme n. m.
Doctrine de l'Église catholique romaine.
Note.- Les noms de religions s'écrivent avec une minuscule.

catholique adj. et n. m. et f.
• **Adjectif**
- Propre au catholicisme.
- **Pas très catholique**. (Fam.) Douteux.
• **Nom masculin et féminin**
Personne de religion catholique.
Note.- L'adjectif ainsi que le nom s'écrivent avec une minuscule.

catimini (en) loc. adv.
En cachette, discrètement.

catin n. f.
(Vx) Prostituée.

catogan ou **cadogan** n. m.
Coiffure où les cheveux sont noués sur la nuque.

cauchemar n. m.
• Rêve pénible.
Notes.-
1° Attention à l'orthographe : cauchema**r**, malgré l'adjectif **cauchemardesque**.
2° Ne pas confondre avec les mots suivants :
- **rêve**, images qui viennent à l'esprit pendant le sommeil ;
- **rêverie**, activité mentale qui s'abandonne à des images, des associations à l'état de veille ;
- **songe**, rêve dont on tire des présages.
• (Fig.) Idée, personne ou chose obsédante, insupportable.

cauchemardesque adj.
Qui s'apparente aux images d'un cauchemar. *Une vision cauchemardesque.*

cauchemardeux, euse adj.
Rempli de cauchemars. *Un sommeil cauchemardeux.*

caudal, ale, aux adj.
Relatif à la queue. *Des plumes caudales, des appendices caudaux.*

causal, ale, als ou **aux** adj. et n. f.
Qui se rapporte à une cause.

causalité n. f.
Rapport de la cause à l'effet.

causant, ante adj.
(Fam.) Bavard, communicatif. *Il n'est pas très causant.*
Note.- Cet adjectif s'emploie surtout dans une tournure négative.

cause n. f.
• Ce qui fait qu'une chose est ou se fait. *La cause d'un accident.*
Note.- Employé comme attribut, ce nom est invariable.

Tous les deux, vous serez cause de mon plaisir.
Toutefois, dans l'expression **avoir pour cause**, le mot **cause** se met au pluriel s'il y a plusieurs causes qui sont énoncées. *L'augmentation de la productivité a pour causes la motivation du personnel et l'amélioration des moyens de production.*
- **À cause que**, locution prépositive. (Vx) Parce que.
- **Et pour cause**, locution. Pour des motifs évidents que l'on tait. *Le ministre a donné sa démission, et pour cause.*
- **À cause de**, locution prépositive. En considération de. *À cause de son état de santé, je lui ai permis de partir.*
- **Pour cause de**, locution prépositive. En raison de. *Fermé pour cause d'incendie.*
● Procès. *Une cause perdue.*
- **Avoir gain de cause**. L'emporter sur la partie adverse. *Nous avons eu gain de cause.*
- **En connaissance de cause**. En connaissant bien les faits.
- **Être en cause**. Être concerné. *Ils ne sont pas en cause.*
- **Mettre en cause**. Incriminer, suspecter. *Ces financiers ont été mis en cause.*
- **Prendre fait et cause pour quelqu'un**. Prendre son parti, le soutenir.
Note.- Dans ces locutions, le nom **cause** est invariable.

causer v. tr., intr.
● **Transitif**
- Être cause de. *La tempête a causé une panne de courant.*
- Parler familièrement. *Causer théâtre et cinéma.*
● **Transitif indirect**
- Parler, bavarder. *Il lui causa gentiment.*
- Discuter. *Ils causent des prochaines élections.*
● **Intransitif**
- Parler. *Ils causent depuis un bon moment.*
- Parler avec malveillance, jaser. *Il ne faudrait pas qu'on cause.*

causerie n. f.
Conférence sans prétention.

causette n. f.
Conversation familière.
Note.- Ne pas confondre avec les mots suivants :
- **conciliabule**, réunion secrète ;
- **conversation**, entretien familier ;
- **dialogue**, conversation entre deux personnes ;
- **entretien**, conversation suivie avec quelqu'un ;
- **palabre**, conversation longue et inutile.

causeur, euse n. m. et f.
Personne qui aime à causer. *C'est un brillant causeur.*

causeuse n. f.
Petit canapé à deux places.
Note.- Ne pas confondre avec les mots suivants :
- **canapé**, long siège à dossier et à accoudoirs où peuvent s'asseoir plusieurs personnes, où peut s'étendre une personne ;
- **divan**, large canapé sans dossier qui peut servir de siège ou de lit ;

- **sofa**, lit de repos à trois dossiers dont on se sert aussi comme siège.

causse n. m.
Plateau calcaire au sud du Massif central.
Note.- Attention au genre masculin de ce nom : **un** causse.

caustique adj. et n. m.
● Corrosif. *Soude caustique.*
● Satirique et mordant. *Un esprit caustique.*

cauteleux, euse adj.
(Litt.) Sournois et méfiant.

cautère n. m.
(Méd.) Instrument servant à brûler les tissus.

cautérisation n. f.
Action de cautériser.

cautériser v. tr.
Brûler les tissus avec un cautère.

caution n. f.
● Dépôt garantissant un engagement.
● Engagement pris pour autrui.
● (Dr.) Personne qui prend un engagement pour autrui.
● **Sujet à caution.** Douteux.

cautionnement n. m.
● Contrat par lequel la caution s'engage.
● Dépôt de fonds exigé par la loi à titre de garantie. *Le cautionnement pour sa mise en liberté s'élève à 25 000 F.*

cautionner v. tr.
● Se rendre caution, se porter garant de.
● Approuver, appuyer des idées, des personnes.

cavalcade n. f.
● (Vx) Défilé de cavaliers.
● Troupe bruyante.

cavale n. f.
● (Litt.) Jument.
● (Fam.) Fuite, évasion. *Des prisonniers en cavale.*
Note.- Attention à l'orthographe : ca**v**a**l**e.

cavaler v. intr.
(Fam.) Courir, fuir.

cavalerie n. f.
Ensemble de troupes à cheval.

cavaleur, euse adj. et n. m. et f.
(Fam.) Dévergondé.

cavalier n. m.
cavalière n. f.
Personne qui monte à cheval.
Note.- Le mot **amazone** qui désignait une femme qui monte à cheval est vieilli et n'est plus usité que pour nommer la façon de monter à cheval avec les deux jambes du même côté de la selle.

cavalièrement adv.
De façon cavalière.

cave adj. et n. m. et f.
● **Adjectif**

- (Vx) Creux. *Joues caves, œil cave.*
- *Veines caves*. Les deux veines qui rapportent au cœur le sang veineux.
• **Nom masculin**
(Fam.) Personne qui se laisse berner. *C'est un cave, il a payé.*
• **Nom féminin**
- Lieu souterrain (où l'on met notamment du vin, des provisions, etc.). *La cave d'un immeuble.*
- Par extension, les vins qui sont dans une cave. *Ce restaurant a une excellente cave.*

caveau n. m.
Construction souterraine destinée à servir de sépulture. *Des caveaux secrets.*

caverne n. f.
Cavité souterraine, grotte.

caverneux, euse adj.
Voix caverneuse. Voix sourde et profonde.

caviar n. m.
Œufs d'esturgeon.

C.B. n. f.
• (Anglicisme) Sigle de « citizen band ».
• (Anglicisme) Appareil émetteur-récepteur.
Note.- L'expression **bande publique** a fait l'objet d'une recommandation officielle pour remplacer cet anglicisme.

c.c.
• Abréviation de *copie conforme*.
• Abréviation de *courant continu*.

C.C.P.
Sigle de *compte courant postal*.

cd
Symbole de *candela*.

Cd
Symbole de *cadmium*.

ce, cet, cette, ces adj. dém.

Les adjectifs démonstratifs déterminent le nom en montrant l'être ou l'objet désigné par ce nom. Ils s'accordent en genre et en nombre avec le nom déterminé. *Ce livre, cet ouvrage, cet homme, cette fleur, ces garçons et ces filles.*
Notes.-
1° Devant une voyelle ou un **h** muet, l'adjectif démonstratif masculin singulier s'écrit avec un **t**, **cet**.
2° L'adjectif démonstratif est parfois renforcé par **ci** ou **là** joint au nom par un trait d'union. Alors que **ci** indique la proximité, **là** suggère l'éloignement. *Cette maison-ci, cette rivière-là.*
3° *Ce matin, ce soir.* Ces emplois sont exacts, par contre l'expression * « ce midi » est jugée familière par plusieurs auteurs ; on lui préférera **à midi**.

---

ce pron. dém. neutre

Ce pronom démonstratif invariable représente un nom, un infinitif, une proposition. Il désigne la personne ou la chose dont on parle. *Faites ce que je vous dis et non ce que je fais.*
SUJET IMPERSONNEL
- ce + **consonne**. *Ce sera une belle journée.*
- c' + **voyelle**. *C'était hier. Ç'aurait pu être très agréable.*
• **C'EST**
- **c'est** + **nom au singulier**. *C'est une jolie maison.*
- **c'est** + **pronom**. Les pronoms singuliers, **moi, toi, lui, elle** et les pronoms pluriels, **nous, vous.** *C'est nous.*
- **c'est** + **que**. *C'est à compter de demain que les prix augmentent.*
- **c'est** + **quantité**. *C'est 15 F le kilo.*
- *si ce n'est.* *Il ne rêve à rien, si ce n'est de réussir.*
• **CE SONT**
- **ce sont** + **nom au pluriel**. *Ce sont des tulipes.*
- **ce sont** + **eux, elles.** *Ce sont elles qui ont le mieux répondu.*
- **ce ne sont pas** + **eux, elles.** *Ce ne sont pas eux qui ont payé.*
Note.- Lorsque la phrase est négative, l'emploi de **c'est** ou de **ce sont** est flottant.
LOCUTION CONJONCTIVE
Ce n'est pas que. Cette locution est toujours suivie du subjonctif. *Je n'ai pas retenu sa candidature ; ce n'est pas qu'il soit incompétent, mais il n'a pas le physique de l'emploi.*
LOCUTIONS FIGÉES
(Vx) Cela.
- *Ce me semble*. Il me semble.
- *Ce disant, ce faisant, pour ce faire*. En faisant cela.
- *Sur ce*. Là-dessus. *Sur ce, je vous tire ma révérence !*

Ce
Symbole de *cérium*.

céans adv.
(Vx) Ici. *Le maître de céans* ou *le maître des lieux.*

ceci pron. dém. inv.
Ce qui est proche dans l'espace, ce qui va suivre. *Dites-lui ceci : nous serons là demain.*
Note.- Le pronom *cela* désigne plutôt un objet éloigné, ou ce qui précède. *Ceci est à moi, cela est à toi.*

cécité n. f.
État d'une personne aveugle.

cédant, ante adj. et n. m. et f.
(Dr.) Personne qui fait une cession.
Note.- La personne à qui une cession est faite est le *cessionnaire*.

céder v. tr., intr.
• Le *é* se change en *è* devant une syllabe muette, sauf à l'indicatif futur et au conditionnel présent. *Je cède, mais je céderai.*
• **Transitif direct**
- Laisser, abandonner une chose à quelqu'un. *Céder sa place.*
- (Dr.) Faire une cession. *Céder une propriété.*
• **Transitif indirect**
Ne plus résister à (quelqu'un, quelque chose). *Ils ont cédé à l'envahisseur. Céder à la gourmandise.*

● **Intransitif**

Plier, se rompre. *Le sol céda sous le poids. Le barrage a cédé.*

cedex n. m.

● Le premier *e* se prononce *é* [sedɛks], même si la lettre ne porte pas d'accent aigu.

● Sigle de *courrier d'entreprise à distribution exceptionnelle.*

cédi n. m.

Unité monétaire du Ghana. *Des cédis.*

V. Tableau - **SYMBOLES DES UNITÉS MONÉTAIRES.**

cédille n. f.

Signe orthographique qui se place sous le *c* devant les voyelles *a, o, u* pour indiquer que ce *c* se prononce *s* et non *k. Français, glaçon, aperçu.*

cèdre n. m.

Grand conifère. *Un cèdre du Liban.*

cédule n. f.

(Fisc.) Catégorie d'impôt.

C.E.E.

Sigle de *Communauté économique européenne.*

ceindre v. tr.

● *Je ceins, tu ceins, il ceint, nous ceignons, vous ceignez, ils ceignent. Je ceignais, tu ceignais, il ceignait, nous ceignions, vous ceigniez, ils ceignaient. Je ceignis. Je ceindrai. Je ceindrais. Ceins, ceignons, ceignez. Que je ceigne, que tu ceignes, qu'il ceigne, que nous ceignions, que vous ceigniez, qu'ils ceignent. Que je ceignisse. Ceignant. Ceint, ceinte.*

● Les lettres *gn* sont suivies d'un *i* à la première et à la deuxième personne du pluriel de l'indicatif imparfait et du subjonctif présent.

● (Litt.) Entourer. *La taille ceinte d'une étoffe drapée.*

ceinture n. f.

● Bande dont on s'entoure la taille. *Une ceinture de cuir.*

● *Ceinture de sécurité.* Dispositif qui retient le passager d'une voiture, d'un avion, etc. en cas d'accident. *Boucler sa ceinture.*

● *Ceinture de sauvetage.* Veste qui permet de se maintenir à la surface de l'eau.

● (Fig.) Zone qui entoure un lieu. *Ceinture verte d'une ville.*

ceinturer v. tr.

Entourer d'une ceinture ou d'une enceinte.

ceinturon n. m.

Ceinture de cuir des militaires.

cela pron. dém. inv.

● S'abrège familièrement en *ça.*

● Ce qui est éloigné dans l'espace, ce qui précède. *Cela est à toi, ceci est à moi.*

Note.- Le pronom *ceci* désigne plutôt ce qui est proche, ce qui va suivre.

● Sans opposition à *ceci,* le pronom *cela* indique un fait actuel, une chose dont on parle. *Je lui ai mentionné cela.*

Note.- Attention à l'orthographe : cel**a**.

céladon adj. inv.

Adjectif de couleur invariable. Vert tendre. *Des yeux céladon.*

V. Tableau - **COULEUR (ADJECTIFS DE).**

célébration n. f.

Commémoration. *La célébration d'un anniversaire.*

célèbre adj.

Illustre, très connu.

célébrer v. tr.

● Le *é* se change en *è* devant une syllabe muette, sauf à l'indicatif futur et au conditionnel présent. *Je célèbre,* mais *je célébrerai.*

● Marquer avec éclat un évènement heureux. *Célébrer le bicentenaire de la Révolution.*

● (Litt.) Louer, vanter (quelqu'un). *Il célébra les mérites de son associé.*

célébrité n. f.

● Renommée.

● Personne célèbre.

celer v. tr.

● Le *e* se change en *è* devant une syllabe muette. *Il cèle, il celait.*

● (Litt.) Tenir quelque chose secret.

Note.- Ne pas confondre avec les verbes suivants :

- *cacher,* dissimuler ;

- *déguiser,* dissimuler sous une apparence trompeuse ;

- *masquer,* dissimuler derrière un masque ;

- *taire,* ne pas révéler ce que l'on n'est pas obligé de faire connaître ;

- *voiler,* cacher sous des apparences.

céleri n. m.

● Le *é* se prononce *è* [sɛlri].

● Plante potagère dont les feuilles et les racines sont comestibles. *Des cœurs de céleri. Des céleris-raves.*

célérité n. f.

(Litt.) Rapidité, promptitude.

céleste adj.

● Relatif au ciel. *La voûte céleste.*

● Divin. *Une musique céleste.*

célibat n. m.

État d'une personne non mariée.

célibataire adj. et n. m. et f.

Non marié.

celle, celles pron. dém. f.

Le pronom démonstratif féminin *celle* désigne une personne féminine, une chose féminine nommée précédemment et à laquelle on donne une nouvelle détermination. *Elle a choisi cette robe ; c'est celle que je préfère.*

V. **celui.**

celle-ci pron.

Pronom démonstratif désignant une personne, une chose rapprochée ou dont on vient de parler. Il s'oppose souvent à *celle-là. J'avais une cousine, mais celle-ci ne voulait pas jouer avec moi.*

celle-là pron.

Pronom démonstratif désignant une personne, une

chose éloignée. Il s'oppose souvent à **celle-ci.** *De toutes mes camarades, celle-là est la plus gentille.*

cellier n. m.
Lieu pour conserver le vin, les provisions.

cellophane n. f. (n. déposé)
Pellicule cellulosique transparente. *Des produits alimentaires vendus sous cellophane.*
Note.- Attention au genre féminin de ce nom : **une** cellophane.

cellulaire adj.
• Relatif à une cellule. *Un tissu cellulaire.*
• Relatif à la cellule du prisonnier. *Un fourgon cellulaire.*

cellule n. f.
• Élément constitutif fondamental de tout être vivant. *Une cellule sanguine.*
• Petit local. *Une cellule de prisonnier.*
• (Inform.) **Cellule d'information**. Zone contenant des informations destinées à être triées, calculées, fusionnées, traitées par un logiciel d'application.

cellulite n. f.
Gonflement du tissu cellulaire sous-cutané.

Celsius
• Symbole **C** (s'écrit sans point).
• Le symbole **C** suit le symbole de degré **°** sans espace et s'écrit sans point abréviatif. Les deux symboles sont séparés du nombre par un espace, aussi bien pour le nombre entier que décimal. *25 °C, 23,4 °C.*
V. **centigrade.**

celui, ceux pron. dém. m.
Le pronom démonstratif masculin **celui** désigne une personne masculine, une chose masculine nommée précédemment, et à laquelle on donne une nouvelle détermination. *Quant aux livres, j'ai acheté celui qui m'intéresse le plus.*
V. **celle.**

celui-ci, ceux-ci pron.
Pronom démonstratif désignant une personne, une chose rapprochée ou dont on vient de parler. Il s'oppose souvent à **celui-là.**

celui-là, ceux-là pron.
Pronom démonstratif désignant une personne, une chose éloignée. Il s'oppose souvent à **celui-ci.**

cénacle n. m.
(Litt.) Réunion formée d'adeptes des arts, de la philosophie, etc.

cendre n. f.
• Résidu de matières brûlées. *Le feu couve sous la cendre. La maison a été réduite en cendres.*
• (Au plur.) Restes d'un mort. *Une urne pour recueillir ses cendres.*

cendré, ée adj.
De la couleur grise de la cendre. *Des cheveux cendrés.*
Note.- L'adjectif de couleur composé est invariable. *Des chevelures blond cendré.*

cendrier n. m.
Récipient servant à recueillir la cendre des cigares, des cigarettes.

cène n. f.
Dernier repas pris par Jésus-Christ avec ses apôtres la veille de la Passion.
Note.- Attention à l'orthographe de ce mot : **c**ène.
Hom. **scène.**

cénotaphe n. m.
Tombeau vide élevé à la mémoire d'un mort.
Note.- Ne pas confondre avec le mot **catafalque** qui désigne une décoration funèbre au-dessus d'un cercueil.

censé, ée adj.
Supposé, présumé. *Nul n'est censé ignorer la loi.*
Hom. **sensé**, plein de sens, raisonnable.

censément adv.
En apparence.

censure n. f.
Examen gouvernemental des écrits, des spectacles avant d'en autoriser la diffusion, la représentation. *Faut-il abolir la censure ?*

censurer v. tr.
Interdire tout ou partie d'un texte, d'un spectacle, d'un film, etc. *Un article censuré, une scène censurée.*

cent adj. num. et n. m.

• **Adjectif numéral cardinal**
- L'adjectif **cent** prend un **s** quand il est multiplié par un autre nombre et qu'il termine l'adjectif numéral. *J'ai lu sept cents pages.*
- Il est invariable quand il n'est pas multiplié par un autre nombre (*il a lu cent pages*) et qu'il est suivi d'un autre nombre (*elle a écrit trois cent vingt-sept pages*).
- Devant **millier, million, milliard**, l'adjectif **cent** s'accorde quand il n'est pas suivi d'un nom de nombre. *Quatre cents millions de francs.*
• **Adjectif numéral ordinal invariable**
Centième. *Page trois cent.*
Note.- Dans les adjectifs numéraux composés, le trait d'union s'emploie entre les éléments qui sont l'un et l'autre inférieurs à **cent**, sauf si les éléments sont joints par la conjonction **et.** *Cent dix, trente-huit, cent vingt et un, deux cent trente-deux.*
V. **vingt, mille.**
V. Tableau - **NOMBRES.**
• **Nom masculin invariable**
Le nombre cent. *Dix fois cent.*
• **Nom masculin**
Centaine. *Plusieurs cents de poulets.*
POUR CENT
- **Pour cent** + **nom au singulier.** Le verbe se met au singulier et l'adjectif ou le participe se met au singulier et s'accorde en genre avec le nom. *Vingt pour cent de la classe est d'accord et se montre enchantée de la décision.*
- **Pour cent** + **nom au pluriel.** Le verbe se met au pluriel et l'adjectif ou le participe s'accorde en genre et en

nombre avec le nom. *Soixante-cinq pour cent des personnes interrogées ont été retenues.*
- **Nom précédé d'un déterminant pluriel + pour cent.** Le verbe se met obligatoirement au pluriel et l'adjectif ou le participe se met au masculin pluriel. *Les vingt-deux pour cent des enfants sont inscrits au cours de natation.*

centaine n. f.
• Ensemble de cent unités.
• Environ cent. *Une centaine de personnes. Ils sont venus par centaines.*

centaure n. m.
Être fabuleux, moitié homme et moitié cheval, dans la mythologie grecque.

centenaire adj. et n. m. et f.
• **Adjectif et nom masculin et féminin.** Qui a cent ans ou plus.
• **Nom masculin.** Centième anniversaire.
Note.- Le deuxième centenaire est un **bicentenaire**, le troisième, un **tricentenaire.**
V. Tableau - **PÉRIODICITÉ ET DURÉE.**

centennal, ale, aux adj.
Qui a lieu tous les cent ans.

centésimal, ale, aux adj.
• Qui contient cent parties (centièmes).
• Centième. *Degré centésimal.*

centi- préf.
• Symbole *c* (s'écrit sans point).
• Préfixe qui multiplie par 0,01 l'unité qu'il précède. *Des centisecondes.*
• Sa notation scientifique est 10^{-2}.
V. Tableau - **MULTIPLES ET SOUS-MULTIPLES DÉCIMAUX.**

centiare n. m.
• Symbole *ca* (s'écrit sans point).
• Mesure de superficie qui équivaut à la centième partie de l'are ou 1m².

centième adj. et n. m. et f.
• **Adjectif numéral ordinal.** Nombre ordinal de cent. *La centième page.*
• **Nom masculin.** La centième partie d'un tout. *Les dix centièmes d'une quantité.*
• **Nom masculin et féminin.** Personne, chose qui occupe le centième rang. *Ils sont les centièmes.*

centigrade adj.
(Vx) Divisé en cent degrés.
Note.- Ce mot a été remplacé par **Celsius.** *Des degrés Celsius* (et non des degrés *centigrades).

centigramme n. m.
• Symbole *cg* (s'écrit sans point).
• Centième partie du gramme.

centile n. m.
(Stat.) Centième partie d'un ensemble de données classées dans un ordre déterminé.

centilitre n. m.
• Symbole *cl* (s'écrit sans point).
• Centième partie du litre.

centime n. m.
• Symbole *c* (s'écrit sans point).
• La centième partie du franc.

centimètre n. m.
• Symbole *cm* (s'écrit sans point).
• Les symboles *cm²* et *cm³* correspondent à **centimètre carré** et **centimètre cube.**
• Centième partie du mètre.

centrage n. m.
Action de déterminer le centre, de disposer au centre. *Ce logiciel de traitement de texte effectue le centrage d'un titre, d'un texte, au centre défini par les marges d'un document.*

central, ale, aux adj. et n. m.
• **Adjectif.** Qui est au centre. *Des marchés centraux.*
• **Nom masculin.** Lieu où aboutissent les fils d'un réseau. *Des centraux téléphoniques.*
Note.- Ne pas confondre avec le mot **centrale** qui désigne l'usine qui produit du courant électrique.

Central Intelligence Agency
Sigle *CIA.*

centrale n. f.
• Usine qui produit du courant électrique. *Une centrale hydroélectrique.*
• Groupement de syndicats. *Une centrale syndicale.*
Note.- Ne pas confondre avec le mot **central** qui désigne le lieu où aboutissent les fils d'un réseau.

centralisateur, trice adj.
Qui centralise.

centralisation n. f.
Action de centraliser ; son résultat.

centraliser v. tr.
Rassembler en un centre unique. *Centraliser des activités.*

centre n. m.
• Point géométrique également distant de tous les points d'une circonférence. *Le centre d'un cercle.*
• Milieu d'un espace. *Le centre de la ville.*
Note.- Le nom **centre** entre dans la composition de plusieurs dénominations. Son emploi doit être limité aux entreprises, aux organismes qui font véritablement un regroupement, une centralisation de services, d'activités. *Centre national de la recherche scientifique. Centre culturel.*
• Point de convergence. *Centre d'attraction. Des centres d'intérêt.*

centre commercial n. m.
Groupe de magasins de détail, qui comprend généralement un ou plusieurs magasins à grande surface et divers services (poste, banque, etc.), occupant un ensemble de bâtiments donnant sur un stationnement. *Des centres commerciaux.*

centre hospitalo-universitaire
Sigle *C.H.U.*

centrifugation n. f.
Séparation des substances d'un mélange au moyen de la force centrifuge.

centrifuge adj.
Qui tend à éloigner du centre.
Ant. **centripète**.

centrifuger v. tr.
• Le *g* est suivi d'un *e* devant les lettres *a* et *o*. *Il centrifugea, nous centrifugeons.*
• Soumettre à l'action de la force centrifuge.

centrifugeuse n. f.
• Appareil servant à la centrifugation.
• Appareil ménager destiné à la préparation des jus.

centripète adj.
Qui tend à rapprocher du centre.
Ant. **centrifuge**.

centuple adj. et n. m.
• **Adjectif.** Qui vaut cent fois autant.
• **Nom masculin.** Quantité cent fois plus grande.

centupler v. tr., intr.
• **Transitif.** Multiplier par cent. *Centupler ses revenus.*
• **Intransitif.** Être multiplié par cent. *Son investissement a centuplé.*

cep n. m.
• Le *p* se prononce [sɛp].
• Pied de vigne.
Note.- L'expression * « cep de vigne » est un pléonasme à éviter.
Hom. *cèpe,* champignon du genre bolet.

cépage n. m.
Variété de vignes.

cèpe n. m.
Champignon du genre bolet.
Note.- Ne pas confondre avec le nom *cep* qui désigne un pied de vigne.

cependant adv. et conj.
• **Adverbe de temps.** (Vx) Pendant ce temps-là. *Cependant qu'il neigeait à plein ciel, il eut un accident.*
• **Conjonction.** Toutefois, néanmoins. *Les élèves ont fini leurs devoirs, cependant ont-ils étudié leurs leçons ?*

-céphale, -céphalie suff.
Éléments du grec signifiant « tête ». *Hydrocéphale.*

céphalée n. f.
Mal de tête.

céphalo-rachidien, ienne adj.
Qui concerne l'encéphale et la moelle épinière. *Le liquide céphalo-rachidien.*

céramique adj. et n. f.
• **Adjectif**
Relatif à l'art du façonnage et de la cuisson des poteries. *Les arts céramiques.*
• **Nom féminin**
- Art du façonnage et de la cuisson des poteries. *La céramique est très populaire aujourd'hui.*
- Matière. *Des carreaux de céramique.*

céramiste n. m. et f.
Personne qui crée des objets en céramique.

cerbère n. m.
(Litt.) Gardien sévère.

cerceau n. m.
Cercle en bois, en métal. *Des enfants qui joient aux cerceaux.*

cercle n. m.
• Surface plane limitée par la circonférence, dont tous les points sont à égale distance du centre.
• Ligne circulaire. *Disposer les arbustes en cercle.*
• Regroupement de personnes. *Le cercle de famille.*
• *Cercle vicieux.* Raisonnement faux où l'on donne pour preuve, en le supposant vrai, ce qu'il faut prouver.

cercueil n. m.
Caisse où l'on dépose le corps d'un mort pour le mettre en terre.
Note.- Attention à l'orthographe : cerc*ueil*.

céréale n. f.
• Plante dont les grains servent à l'alimentation. *Le blé, le riz, le maïs sont des céréales.*
• (Au plur.) Grains. *Manger des céréales au petit déjeuner.*

céréalier, ière adj.
Propre aux céréales.

cérébral, ale, aux adj.
Qui se rapporte au cerveau. *Une hémorragie cérébrale.*
Note.- Ne pas confondre avec l'adjectif *cervical* qui qualifie ce qui est relatif au cou, à la nuque.

cérébro-spinal, ale, aux adj.
Relatif au cerveau et à la moelle épinière.

cérémonial n. m.
• Protocole.
Note.- En ce sens, le mot ne s'emploie qu'au singulier.
• Recueil de règles liturgiques. *Des cérémonials complexes.*

cérémonie n. f.
• Fête solennelle. *La cérémonie du baptême.*
• (Péj.) Formalités. *En voilà des cérémonies ! Venez, ce sera sans cérémonie.*

cérémoniel, elle adj.
Qui se rapporte aux cérémonies.

cerf n. m.
• Le *f* ne se prononce pas [sɛr].
• Mammifère sauvage vivant dans les forêts et dont les mâles portent des bois sur le crâne. Mâle de la biche.

cerfeuil n. m.
Plante aromatique.
Note.- Attention à l'orthographe : cerf*euil*.

cerf-volant n. m.
• Le *f* ne se prononce pas [sɛrvɔlã].
• Jouet composé d'un cadre tendu d'une étoffe, d'un papier et qui peut être soulevé par le vent. *Des cerfs-volants multicolores.*

cerisaie n. f.
Plantation de cerisiers.

cerise adj. inv. et n. f.
- **Adjectif de couleur invariable.** De la couleur rouge franc de la cerise. *Des rubans cerise.*
V. Tableau - **COULEUR (ADJECTIFS DE).**
- **Nom féminin.** Fruit du cerisier.

cerisier n. m.
Arbre fruitier qui produit les cerises.

cérium n. m.
Symbole *Ce* (s'écrit sans point).

cerne n. m.
Trace circulaire autour des yeux.

cerneau n. m.
Noix épluchée. *Des cerneaux.*

cerner v. tr.
- Entourer. *Cerner un repaire de malfaiteurs.*
- (Fig.) Circonscrire. *Cerner une question.*

certain, aine adj. et pron.
- **Adjectif**
- Indéterminé. *Elle a un certain charme.*
- Incontestable. *Il a un chic certain.*
Notes.-
1° Placé avant le nom, l'adjectif exprime une indétermination ; placé après le nom, l'adjectif exprime une évidence.
2° Au singulier, l'adjectif *certain* qui précède le nom est employé avec l'article indéfini. *Un certain sourire.* Au pluriel, il s'emploie sans article. *J'ai acheté certains livres intéressants.*
- **Pronom**
Certaines personnes (qu'on ne peut ou ne veut pas nommer). *Certains prétendent qu'il a beaucoup de talent.*

certainement adv.
Assurément. *Serez-vous présente demain ? Certainement.*

certes adv.
(Litt.) Certainement, bien sûr.
Note.- L'adverbe introduit une concession. *Il a bien répondu certes, mais il a omis certains points.*

certificat n. m.
- Écrit faisant foi d'un fait, d'un droit. *Un certificat médical. Le certificat d'immatriculation d'une voiture.*
- Diplôme. *Un certificat de grammaire et philologie.*

certification n. f.
Attestation écrite.

certifié, ée adj.
- Authentifié, confirmé.
- *Copie certifiée conforme.* Copie dont l'authenticité a été attestée par une autorité.

certifier v. tr.
- Redoublement du *i* à la première et à la deuxième personne du pluriel de l'indicatif imparfait et du subjonctif présent. *(Que) nous certifiions, (que) vous certifiiez.*
- Attester qu'une chose est certaine.

certitude n. f.
- Caractère de ce qui est certain.
- Conviction. *J'ai la certitude qu'il acceptera.*

cérumen n. m.
- Le *n* est sonore [serymɛn].
- Matière qui se forme dans l'oreille externe. *Un cérumen jaunâtre.*

cérumineux, euse adj.
Propre au cérumen.

cerveau n. m.
- Masse de substance nerveuse renfermée dans le crâne. *Des cerveaux.*
Note.- Au figuré, le mot *cervelle* est souvent péjoratif, par rapport au mot *cerveau* qui est le plus souvent mélioratif.
- (Fig.) Centre de direction. *C'est le cerveau de l'opération.*

cervelas n. m.
Saucisse grosse et courte.
Note.- Ne pas confondre avec le nom *cervelet* qui désigne la partie postérieure de l'encéphale.

cervelet n. m.
Partie postérieure de l'encéphale.
Note.- Ne pas confondre avec le nom *cervelas* qui désigne une saucisse grosse et courte.

cervelle n. f.
Substance du cerveau.
Note.- Au sens de *jugement*, le nom *cervelle* est toujours employé péjorativement. *Il n'a pas de cervelle. Elle a une cervelle d'oiseau.*

cervical, ale, aux adj.
Qui se rapporte au cou, à la nuque. *Une vertèbre cervicale.*
Note.- Ne pas confondre avec l'adjectif *cérébral* qui qualifie ce qui est relatif au cerveau.

cervidé n. m.
Mammifère ruminant qui porte des cornes, tel le cerf.

cervoise n. f.
Bière, chez les Gaulois.

ces
V. **ce.**

césarienne n. f.
Incision dans la paroi abdominale de la mère pour retirer l'enfant de l'utérus quand l'accouchement par les voies normales est impossible. *Naître par césarienne.*

cessant, ante adj.
- Qui cesse.
- *Toute(s) affaire(s) cessante(s).* En suspendant tout le reste. *Il est venu toutes affaires cessantes.*
Note.- L'expression s'écrit au singulier ou au pluriel.

cessation n. f.
Fin, arrêt. *Cessation d'emploi.*
Note.- Ne pas confondre avec le nom *cession* qui désigne l'action de céder à une personne un bien, un droit, à titre gratuit ou onéreux.

cesse n. f.
Fin.
Note.- Le nom ne s'emploie que dans les locutions suivantes :
- **Sans cesse**, locution adverbiale. Sans arrêt. *Il se plaint sans cesse.*
- **N'avoir (pas) de cesse que.** Ne pas s'arrêter avant que.
Note.- Cette locution verbale se construit avec le subjonctif. *Elle n'aura (pas) de cesse qu'elle n'atteigne son but.*

cesser v. tr., intr.
● **Transitif**. Mettre fin. *Cesser ses activités.*
● **Intransitif**. Prendre fin, arrêter. *Le vent a cessé.*
Note.- Dans une phrase négative, le verbe *cesser* suivi d'un infinitif se construit avec la seule particule de négation **ne.** *Tu ne cesses de manger.*

cessez-le-feu n. m. inv.
Trêve. *Des cessez-le-feu.*

cessibilité n. f.
(Dr.) Possibilité de faire l'objet d'une cession.

cessible adj.
(Dr.) Qui peut être cédé.

cession n. f.
(Dr.) Action de céder à une personne un bien, un droit à titre gratuit ou onéreux. *La cession d'une propriété, d'un bail.*
Note.- Ne pas confondre avec le nom *cessation* qui désigne une fin, un arrêt.
Hom. *session*, période d'activité d'un tribunal, d'un juge, etc.

cessionnaire n. m. et f.
(Dr.) Personne à qui une cession a été faite.
Note.- La personne qui fait la cession est le *cédant*.

c'est-à-dire loc. adv.
● Abréviation **c.-à-d.** (s'écrit avec points).
● Cette locution adverbiale qui introduit une explication est toujours précédée d'une virgule. *Nous nous retrouverons dans dix jours, c'est-à-dire le 15 juin.*
● **C'est-à-dire que**. Cette locution conjonctive introduit une restriction.

cet, cette
V. **ce**.

cétacé n. m.
Grand mammifère aquatique. *La baleine, le dauphin sont des cétacés.*

ceux
V. **celui**.

ceux-ci
V. **celui-ci**.

ceux- là
V. **celui-là**.

cf.
Abréviation du latin « confer » signifiant « se reporter à ».

C.F.A. (franc) n. m.
● Sigle de l'unité monétaire de la *Communauté financière africaine*.
● Unité monétaire de nombreux pays d'Afrique.

cg
Symbole de *centigramme*.

ch
Symbole de *cheval-vapeur*.

chabichou n. m.
Petit fromage de chèvre. *Des chabichous.*

chablis n. m.
Vin blanc de Chablis. *Boire un bon chablis bien sec.*
Note.- Le nom qui désigne le vin s'écrit avec une minuscule ; celui qui désigne la ville prend une majuscule.

chacal n. m.
Mammifère carnivore ressemblant au renard. *Un troupeau de chacals.*

cha-cha-cha n. m. inv.
● Les lettres *ch* se prononcent *tch* [tʃatʃatʃa].
● Danse mexicaine.

chacone ou **chaconne** n. f.
Ancienne danse espagnole.

chacun, une pron. indéf. sing.

● Toute personne, qui que ce soit. *Comme chacun le sait, nous avons congé demain.*
Note.- En ce sens, le pronom *chacun* s'emploie absolument et toujours au masculin singulier.
● Toute personne prise individuellement dans un tout. *Chacune des jeunes filles avait un passe-temps différent.*
Note.- En ce sens, le pronom *chacun* s'accorde en genre avec le nom, cependant il peut être suivi de l'adjectif possessif au singulier ou au pluriel. *Paul et Pierre, chacun dans leur spécialité* ou *dans sa spécialité*... Par contre, le pronom *chacun* est suivi d'un adjectif ou d'un pronom possessif singulier lorsqu'il est construit avec un participe présent ou lorsqu'il est suivi d'un nom ou d'un pronom. *Chacun est venu accompagnant une amie de son choix* (et non de * leur choix). *Chacune d'elles avait acheté un tableau selon son budget* (et non * leur budget).
● À l'unité. *Les cahiers coûtent 10 F chacun* (et non 10 F * chaque). *Les robes coûtent 500 F chacune.*

chafouin, ine adj. et n. m. et f.
De mine sournoise.

chagrin adj. et n. m.
● **Adjectif**. (Litt.) Triste. *Une humeur chagrine.*
● **Nom masculin**. Tristesse.
Note.- Ne pas confondre avec les noms :
- **affliction**, peine profonde ;
- **consternation**, grande douleur morale ;
- **douleur**, souffrance physique ou morale ;
- **peine**, douleur morale ;
- **prostration**, abattement causé par la douleur.

chagriner v. tr.
Causer du chagrin.

chah ou **shah** n. m.
Titre porté par des souverains du Moyen-Orient (Iran), de l'Asie centrale et de l'Inde.

chahut n. m.
Désordre, agitation.

chahuter v. tr., intr.
Faire du chahut. *L'instituteur s'est fait chahuter copieusement. Les élèves chahutaient.*

chahuteur, euse adj. et n. m. et f.
Qui chahute.

chai ou **chais** n. m.
Magasin situé au rez-de-chaussée et tenant lieu d'entrepôt pour les vins.

chaîne n. f.
• Lien fait d'anneaux engagés les uns dans les autres. *Une chaîne d'argent. Une chaîne de sûreté.*
• Ensemble d'appareils. *Une chaîne stéréo(phonique).*
• Ensemble d'émetteurs. *Capter une chaîne de télévision.*
• Suite de données de même type. *Une chaîne de caractères.*
• Ensemble d'établissements commerciaux. *Une chaîne hôtelière.*
Note.- Attention à l'orthographe : chaîne, ainsi que dans ses dérivés.

chaînette n. f.
Petite chaîne.

chaînon n. m.
Anneau d'une chaîne.

chair n. f.
• Le corps. *Les plaisirs de la chair.*
• *En chair et en os.* En personne.
• Viande. *La chair délicate d'un poisson.*
• *Ni chair, ni poisson.* Sans caractère, imprécis.
Hom. :
- *chaire*, tribune ;
- *cher*, chéri ou coûteux ;
- *chère*, mets, nourriture.

chaire n. f.
• Tribune.
• Poste de professeur.
Hom. :
- *chair*, soit le corps, soit de la viande ;
- *cher*, chéri ou coûteux ;
- *chère*, mets, nourriture.

chais
V. **chai.**

chaise n. f.
• Siège à dossier, sans bras.
• *Mener une vie de bâton de chaise.* Mener une vie agitée (comme les bâtons de la chaise à porteurs, qui n'étaient pas fixés).
Notes.-
1° Ne pas confondre avec le nom *fauteuil* qui désigne un siège à dossier et à bras.

2° On s'assoit *sur* une chaise, un tabouret ; par contre, on s'assoit *dans* un fauteuil.

chaland, ande n. m. et f.
• **Nom masculin et féminin.** (Vx) Client, acheteur.
• **Nom masculin.** Bateau à fond plat.

chalazion n. m.
Tumeur au bord de la paupière.

chaldéen, éenne adj. et n. m. et f.
• Les lettres *ch* se prononcent *k* [kaldeɛ̃].
• **Adjectif et nom masculin et féminin.** (Ancienn.) De la Chaldée.
• **Nom masculin.** Langue parlée par les Chaldéens. *Le chaldéen.*
Note.- Lorsqu'il s'agit de la langue, l'adjectif ou le nom s'écrit avec une minuscule. Si le nom désigne une personne, la majuscule s'impose.

châle n. m.
• Grande pièce d'étoffe que l'on porte sur les épaules. *Des châles de laine.*
• *Col châle.* Mis en apposition, le mot *châle* est invariable. *Des cols châle.*

chalet n. m.
Maison de bois, conçue à l'origine pour la montagne. *Des chalets suisses.*
Note.- Attention à l'orthographe : chalet.

chaleur n. f.
• Qualité de ce qui est chaud.
• Température élevée.
• Ardeur.
• Manifestations visibles de la réceptivité sexuelle des mammifères femelles. *Une chatte en chaleur.*

chaleureusement adv.
De façon chaleureuse.

chaleureux, euse adj.
Cordial.

challenge n. m.
• Ce mot se prononce à la française [ʃalɑ̃ʒ].
• Compétition sportive.

challenger n. m.
Sportif qui tente d'arracher un titre au champion actuel.
Note.- Ce nom a été adopté par l'Académie française sous la forme anglaise ; il pourrait s'orthographier *challengeur.*

chaloir v. intr.
(Vx) Importer.
Note.- Ce verbe ne s'emploie plus que dans l'expression *peu me chaut*, peu m'importe.

chaloupe n. f.
• Grand canot à rames ou à moteur.
• *Chaloupe de sauvetage.* Petit bâtiment embarqué sur les navires pour servir en cas de naufrage.
V. **bateau.**

chaloupé, ée adj.
Qui imite le mouvement balancé de la chaloupe. *Une démarche chaloupée.*

chalumeau n. m.
Appareil qui produit un jet de gaz enflammé. *Des chalumeaux oxyacétyléniques.*

chalut n. m.
Filet de pêche formant poche et qui traîne sur les fonds sableux.

chalutage n. m.
Pêche au chalut.

chalutier n. m.
Bateau de pêche qui utilise un chalut.

chamade n. f.
• (Vx) Batterie de tambour.
• *Battre la chamade* (en parlant du cœur). Être affolé.

chamailler (se) v. pronom.
• Les lettres *ill* sont suivies d'un *i* à la première et à la deuxième personne du pluriel de l'indicatif imparfait et du subjonctif présent. *(Que) nous nous chamaillions, (que) vous vous chamailliez.*
• (Fam.) Se disputer légèrement. *Elles se sont chamaillées toute la soirée.*

chamaillerie n. f.
(Fam.) Petite querelle.

chamailleur, euse adj. et n. m. et f.
(Fam.) Qui aime à se chamailler.

chamarrer v. tr.
• Garnir de passementeries, de décorations. *Un costume chamarré.*
• Charger d'ornements de mauvais goût.
Notes.-
1° Attention à l'orthographe : cha*marr*er.
2° Ce verbe s'emploie surtout au participe passé.

chamarrure n. f.
Ensemble d'ornements de mauvais goût.

chambardement n. m.
(Fam.) Remue-ménage, bouleversement.

chambarder v. tr.
(Fam.) Bouleverser.

chambellan n. m.
Officier chargé du service de la chambre d'un souverain.

chambouler v. tr.
(Fam.) Bouleverser.

chambranle n. m.
Encadrement d'une porte, d'une fenêtre, d'une cheminée. *Un chambranle en chêne.*
Note.- Attention au genre masculin de ce mot : *un* chambranle.

chambre n. f.
• Pièce où l'on dort. *Des chambres d'hôtel.*
• Assemblée parlementaire. *La Chambre des députés.*
Note.- En ce sens, le nom s'écrit avec une majuscule.

chambre forte n. f.
Pièce blindée munie de divers mécanismes de sécurité où l'on conserve des espèces, des titres, des objets précieux. *Il vaut mieux déposer vos titres à la chambre forte.*

chambrée n. f.
Ensemble de personnes qui partagent la même chambre.

chambrer v. tr.
Porter un vin à la température de la pièce, le rendre tiède. *Un vin bien chambré.*

chambrette n. f.
Petite chambre.

chameau n. m.
• Mammifère ruminant qui a deux bosses sur le dos.
• Mâle de la chamelle. *Une caravane de chameaux.*
Note.- Ne pas confondre avec le nom **dromadaire** qui désigne un chameau à une seule bosse.

chamelier n. m.
Personne qui conduit les chameaux.

chamelle n. f.
Femelle du chameau.

chamelon n. m.
Petit de la chamelle.

chamois adj. inv. et n. m.
• **Adjectif de couleur invariable**
Jaune clair. *Des écharpes chamois.*
V. Tableau - **COULEUR (ADJECTIFS DE).**
• **Nom masculin**
- Ruminant à cornes recourbées vivant dans les montagnes.
- Peau de chamois. *Des gants de chamois.*

champ n. m.
• Étendue de terre. *À travers champs, un champ de manœuvre.*
• *Sur-le-champ.* Aussitôt, immédiatement.
• (Inform.) Espace d'un support d'information destiné à contenir une catégorie spécifique. *Un champ numérique, un champ alphabétique ou alphanumérique.*

champagne n. m.
Vin de la Champagne. *Des flûtes à champagne. Des champagnes bruts.*
Note.- Le nom du vin s'écrit avec une minuscule, celui qui désigne la région, avec une majuscule.
V. **bouteille.**

champenois, oise adj. et n. m. et f.
De Champagne. *Un vignoble champenois. C'est une Champenoise.*
Note.- Contrairement à l'adjectif, le nom prend une majuscule.

champêtre adj.
(Litt.) Qui se rapporte aux champs. *Des gardes champêtres.*

champignon n. m.
Végétal cryptogame formé d'un pied et surmonté d'un chapeau. *Des champignons comestibles, vénéneux.*

champignonnière n. f.
Endroit où l'on cultive les champignons.

champion, onne n. m. et f.
• Défenseur d'une cause, d'une idée.
• Sportif qui a accompli les meilleures performances.

Note.- Pris adjectivement, le mot **champion** est invariable. (Fam.) *Des résultats champion.*

championnat n. m.
Compétition.

chance n. f.
• Éventualité heureuse ou malheureuse. *Bonne chance.*
Note.- Ne pas confondre avec le mot **risque** qui ne s'emploie qu'en mauvaise part pour désigner un danger, un inconvénient.
• (Absol.) Bonne fortune. *Elle a de la chance.*
• Occasion. *Je n'ai pas eu la chance de venir.*
• Probabilité. *Les chances de réussir sont assez grandes.*
Note.- L'expression **c'est une chance que** se construit avec le mode subjonctif. *C'est une chance qu'elle puisse venir avec nous.*

chancelant, ante adj.
Faible. *Une démarche chancelante.*

chanceler v. intr.
• Redoublement du **l** devant un **e** muet. *Je chancelle, je chancellerai,* mais *je chancelais.*
• Perdre l'équilibre.

chancelier n. m.
• Dignitaire qui a la garde des sceaux.
• Chef du gouvernement en Allemagne, en Autriche.

chancellerie n. f.
• Services administratifs.
• Ambassade.
Note.- Attention à l'orthographe : chance**ll**erie, malgré le nom **chancelier.**

chanceux, euse adj.
Qui est favorisé par la chance.

chandail n. m.
Tricot de laine se passant par la tête. *Des chandails tricotés à la main.*

chandelier n. m.
Support destiné à recevoir les chandelles, les cierges, les bougies. *Des chandeliers à cinq branches.*

chandelle n. f.
• (Vx) Bougie.
• **Locutions**
- **Brûler la chandelle par les deux bouts.** Gaspiller sa santé, faire des dépenses excessives.
- **Devoir une fière chandelle à quelqu'un.** Être redevable à quelqu'un de son aide.
- **Le jeu n'en vaut pas la chandelle.** Chose qui n'en vaut pas la peine.
- **Économies de bouts de chandelle.** Économies ridicules.

chanfrein n. m.
Surface obtenue en abattant l'arête d'une pierre, d'une pièce de bois ou de métal.

chanfreiner v. tr.
Tailler en chanfrein.

change n. m.
• Échange de monnaies de pays différents. *À quel taux est le change ?*
• Comptoir où s'effectue le change. *Un bureau de change.*
Note.- L'expression * « change étranger » est un pléonasme.

changeable adj.
Modifiable.

changeant, ante adj.
Instable. *Il est d'humeur changeante.*

changement n. m.
Modification. *Apporter un changement à un texte.*

changer v. tr., intr., pronom.
• Le **g** est suivi d'un **e** devant les lettres **a** et **o**. *Il changea, nous changeons.*
• **Transitif direct**
Modifier. *Il a changé les appareils d'éclairage.*
• **Transitif indirect**
- Remplacer. *Changer de voiture.*
- Échanger. *Changer son appartement contre une maison à la campagne.*
• **Intransitif**
Passer d'un état à un autre.
• **Pronominal**
(Fam.) Changer de vêtements. *Il faut que je me change avant de sortir.*
Notes.-
1° Le verbe **changer** se conjugue généralement avec l'auxiliaire **avoir**, à l'exception de l'expression **être changé** au sens de **devenir différent**.
2° Ne pas confondre avec le verbe **échanger** qui implique toujours une action réciproque et volontaire.

changeur n. m.
• Appareil qui fait la monnaie.
• Cambiste.

chanson n. f.
Pièce de vers qui se chante.

chansonnier n. m.
Personne qui écrit des textes satiriques et qui les présente à la scène.

chant n. m.
• Suite de sons musicaux produits par la voix.
• Face étroite d'une pierre, d'une brique, etc. par opposition à la partie plate et large.
Hom. **champ,** étendue de terre.

chantage n. m.
Action d'exiger des fonds, des avantages sous la menace de révélations non désirées.

chantant, ante adj.
Qui chante. *Un accent chantant.*

chantepleure n. f.
Entonnoir, à long tuyau, percé de plusieurs trous.
Note.- Ce nom qui décrit joliment le murmure de l'eau qui s'écoule est un archaïsme au sens de **robinet.**

chanter v. tr., intr.
• Transitif. (Fam.) Raconter. *Que me chantez-vous là ?*

● **Intransitif**. Former une suite de sons musicaux avec la voix. *Elle chante faux.*

chanterelle n. f.
Champignon comestible appelé aussi *girolle*.

chanteur n. m.
chanteuse n. f.
● Personne dont la profession est de chanter.
● *Maître chanteur.* Personne qui exerce un chantage. *Des maîtres chanteurs dangereux.*

chantier n. m.
● Travaux de construction.
● *Mettre un ouvrage en chantier.* Commencer un ouvrage.

chantilly n. f.
Crème fouettée additionnée de sucre et de vanille. *Des framboises avec de la crème Chantilly ou chantilly.*
Note.- Le nom qui désigne la crème s'écrit avec une minuscule ou une majuscule, le nom de la ville, avec une majuscule.

chantonnement n. m.
Action de chantonner.

chantonner v. tr., intr.
Chanter à mi-voix.

chantoung
V. **shantung**.

chantourner v. tr.
Évider une pièce de bois, de métal en suivant un profil tracé.

chantre n. m.
● Personne qui chante dans un service religieux.
● (Fig.) Poète.

chanvre n. m.
Plante textile.

chaos n. m.
● Les lettres *ch* se prononcent *k* et le *s* est muet [kao].
● Bouleversement, désordre important.
Hom. *cahot,* secousse imprimée à un véhicule qui roule sur une chaussée inégale.

chaotique adj.
Qui tient du chaos.

chap.
Abréviation de *chapitre*.

chapardage n. m.
(Fam.) Vol.

chaparder v. tr.
(Fam.) Voler.

chapardeur, euse adj. et n. m. et f.
(Fam.) Voleur.

chape n. f.
Revêtement.

chapeau n. m.
Coiffure. *Des chapeaux melon.*

chapeauter v. tr.
● Coiffer d'un chapeau.

● (Fig.) Diriger, coordonner. *Le groupe est chapeauté par un comité.*

chapelain n. m.
Prêtre qui dessert une chapelle.
Note.- Attention à l'orthographe : chape*l*ain, malgré *chapelle*.

chapelet n. m.
● Objet de dévotion constitué de grains enfilés.
● Suite. *Un chapelet d'îles.*

chapelier n. m.
chapelière n. f.
Personne qui fabrique ou vend des chapeaux d'hommes.
Notes.-
1° La personne qui fabrique ou vend des chapeaux de femme est une *modiste*.
2° Attention à l'orthographe : chape*l*ier.

chapelle n. f.
● Petite église.
Note.- Dans les désignations d'édifices religieux, le nom générique (*basilique, cathédrale, chapelle, église, oratoire,* etc.) s'écrit avec une minuscule.
● (Fig.) Clan. *Un esprit de chapelle.*

chapellerie n. f.
Fabrication et commerce de chapeaux.
Note.- Attention à l'orthographe : chape*ll*erie, malgré chape*l*ier.

chapelure n. f.
Pain émietté dont on garnit certains mets.
Syn. **panure**.

chaperon n. m.
● (Vx) Capuchon. *Le petit chaperon rouge.*
● Personne chargée d'accompagner une jeune fille.

chaperonner v. tr.
Accompagner une jeune fille, à titre de chaperon.

chapiteau n. m.
● Partie supérieure d'une colonne. *Des chapiteaux corinthiens.*
● Tente d'un cirque. *Dresser le chapiteau.*

chapitre n. m.
● Abréviation *chap.* (s'écrit avec un point).
● Division d'un livre, d'une loi, d'un registre.
Notes.-
1° Attention à l'orthographe : chap*i*tre.
2° Les numéros de chapitre sont écrits en chiffres romains, sauf pour ce qui est du premier chapitre qui est noté au long. *Ce passage est extrait du chapitre II. Le chapitre premier est particulièrement intéressant.*

chapitrer v. tr.
Réprimander.

chapon n. m.
Coq châtré.

chapka n. f.
Bonnet de fourrure d'origine polonaise, à calotte ronde comportant une visière relevée et un rabat couvrant la nuque et les oreilles.

chaque adj. indéf. inv.
Se dit de tout élément particulier d'un ensemble.
Chaque matin, il part vers 7 heures.
Note.- L'adjectif *chaque* ne s'emploie que devant un
nom singulier. Devant un nom pluriel, on emploiera
plutôt *tous les*. *Elle vient tous les deux jours* (et non
* chaque deux jours). L'accord du verbe, du participe
avec un sujet accompagné de l'adjectif *chaque* se fait
au singulier. *Chaque âge a ses plaisirs.*

* **chaque**
Impropriété → **chacun.** *Ces cahiers coûtent 10 F
chacun* (et non * chaque.)

chaque fois
Chaque fois (et non * à chaque fois) *qu'elle a congé, il
pleut.*

char n. m.
• Véhicule.
• Voiture décorée pour les fêtes publiques. *Char de
carnaval.*
• *Char d'assaut.* Véhicule blindé monté sur chenilles.
Des chars d'assaut, des chars de combat.

charabia n. m.
(Fam.) Langage inintelligible. *Des charabias curieux.*

charade n. f.
Énigme.

charbon n. m.
• Substance combustible composée de carbone.
• *Charbon de bois.* Combustible résultant de bois
partiellement brûlé à l'abri de l'air. *Des pizzas cuites
aux charbons de bois.*

charbonnage n. m.
Exploitation d'une mine de charbon.

charbonner v. tr., intr.
• **Transitif.** Produire une suie épaisse.
• **Intransitif.** Noircir avec du charbon.

charbonneux, euse adj.
Qui a l'aspect, la couleur du charbon.

charbonnier, ière adj. et n. m. et f.
• **Adjectif.** Qui se rapporte au charbon.
• **Nom masculin.** Cargo destiné au transport du char-
bon.
• **Nom masculin et féminin.** Personne qui vend du
charbon.

charcuter v. tr.
(Fam.) Faire maladroitement une opération chirurgicale.

charcuterie n. f.
• Viande de porc apprêtée.
• Boutique où l'on vend de la charcuterie.

charcutier n. m.
charcutière n. f.
Personne qui prépare ou vend des charcuteries.

chardon n. m.
Mauvaise herbe à feuilles épineuses.

charge n. f.
• Fardeau. *Une charge de bois.*
• Fonction. *Il a de lourdes charges.*
• Attaque. *Une charge de cavalerie.*

charge (en)
Calque de l'anglais « in charge of » au sens de **responsable, chargé de.** *Elle est chargée de l'organisation du
colloque* (et non * en charge de).

chargé, ée adj.
Temps, ciel chargé. Couvert de nuages.

chargé (de projet, de cours) n. m.
chargée (de projet, de cours) n. f.
Personne qui a la responsabilité d'un projet, d'une
mission, d'une recherche, d'un cours. *Une chargée de
mission, les chargés de cours.*

chargement n. m.
• Action de charger. *Le chargement d'un avion.*
• Ce que transporte un véhicule, un animal.

charger v. tr., pronom.
• Le *g* est suivi d'un *e* devant les lettres *a* et *o*. *Il
chargea, nous chargeons.*
• **Transitif**
- Mettre une charge sur. *Charger un chameau.*
- Donner une responsabilité à quelqu'un. *On l'a chargé
d'une enquête.*
• **Pronominal**
Prendre la responsabilité de. *Il se chargera de diriger
les travaux.*

chargeur n. m.
Manutentionnaire.

chargeuse n. f.
Engin automoteur constitué d'un tracteur équipé à
l'avant de deux bras articulés portant un godet releva-
ble, et servant à la reprise, au transport et au déchargement des matériaux. *L'entreprise a fait l'acquisition
d'une chargeuse.*

chariot n. m.
Voiture à quatre roues servant à la manutention. *Un
chariot élévateur.*
Note.- Attention à l'orthographe : char*i*ot, contrairement
à **char*r*ette, char*r*ier.**

charismatique adj.
• Les lettres *ch* se prononcent *k* [karismatik].
• Qui se rapporte au charisme.
• Se dit d'une personnalité qui jouit d'un grand pres-
tige.

charisme n. m.
• Les lettres *ch* se prononcent *k* [karism].
• Don particulier octroyé par Dieu.
• Ascendant naturel. *Il a beaucoup de charisme.*

charivari n. m.
Bruit discordant.

charlatan n. m.
Escroc qui exploite la crédulité publique. *Cette carto-
mancienne est un charlatan.*
Note.- Ce nom n'a pas de forme féminine.

charlatanisme n. m.
Procédé du charlatan.

charleston n. m.
Danse à la mode vers 1920.

charlotte n. f.
Entremets à base de fruits, de crème qu'on entoure avec du pain grillé ou des biscuits. *Une charlotte aux amandes.*

charme n. m.
• **Au singulier.** Séduction exercée par une personne, une chose. *Le charme des jardins anglais.*
• **Au pluriel.** Appas physiques. *Des charmes gracieux.*

charmeur, euse adj. et n. m. et f.
• **Adjectif.** Qui exerce un pouvoir de séduction. *Un sourire charmeur.*
• **Nom masculin et féminin.** Personne qui charme. *Ce jeune homme est un charmeur.*

charmille n. f.
Allée d'arbres taillés. *Elle marchait sous la charmille parfumée de lilas.*

charnel, elle adj.
Qui appartient à la chair, au corps.

charnellement adv.
D'une façon charnelle.

charnier n. m.
Fosse où sont entassés des cadavres.

charnière n. f.
• Assemblage qui articule deux surfaces. *Les charnières d'une porte.*
• (Fig.) Point de jonction. *Ce tableau constitue une charnière entre les deux périodes de son œuvre.*

charnu, ue adj.
• Formé de chair. *Les parties charnues de son anatomie.*
• *Fruit charnu.* De consistance ferme et juteuse.

charognard n. m.
• Vautour.
• Exploiteur.

charogne n. f.
Corps de bête morte.

charolais, aise adj. et n. m. et f.
Du Charolais.
Note.- Contrairement à l'adjectif, le nom prend une majuscule.

charpente n. f.
Assemblage de pièces de bois ou de fer soutenant une construction. *Ériger la charpente d'une maison.*

charpentier n. m.
Personne qui fait des travaux de charpente.

charpie n. f.
Amas de fils tirés d'une étoffe usée servant anciennement à panser les blessures.

charrette n. f.
Voiture à deux roues servant au transport des fardeaux.
Note.- Attention à l'orthographe : cha**rr**ette.

charriage n. m.
Action de charrier.

charrier v. tr., intr.
• Redoublement du *i* à la première et à la deuxième personne du pluriel de l'indicatif imparfait et du subjonctif présent. *(Que) nous charriions, (que) vous charriiez.*
• Transporter dans une charrette.
• Entraîner, en parlant d'un cours d'eau. *Le fleuve a charrié des amas de glace.*
• (Fam.) Exagérer.

charroi n. m.
Transport par chariot.

charron n. m.
Personne qui fabrique et répare des charrettes.

charroyer v. tr.
• Le *y* se change en *i* devant un *e* muet. *Je charroie, je charroierai.*
• Le *y* est suivi d'un *i* à la première et à la deuxième personne du pluriel de l'indicatif imparfait et du subjonctif présent. *(Que) nous charroyions, (que) vous charroyiez.*
• Charrier.

charrue n. f.
• Instrument aratoire servant au labour.
• *Mettre la charrue devant, avant les bœufs.* Commencer par la fin.

charte n. f.
Loi fondamentale. *La Charte des droits et libertés.*
Notes.-
1° Dans un titre de loi le nom **charte** s'écrit avec une majuscule.
2° Ne pas confondre avec le mot vieilli **chartre** qui désignait une prison, ni avec le nom propre **Chartres** qui désigne la ville.

charter n. m.
(Anglicisme) Avion affrété, vol nolisé.

chartre n. f.
(Vx) Prison.
Note.- Ne pas confondre avec le mot **charte** qui désigne une loi fondamentale.

chartreuse n. f.
• Couvent de chartreux.
• Liqueur aux herbes. *De la chartreuse verte ou jaune ?*

chartreux, euse n. m. et f.
• Religieux, religieuse.
• Race de chats.

chas n. m.
Trou d'une aiguille.
Note.- Attention à l'orthographe : cha**s**.
Hom. **chat,** animal.

chasse n. f.
• Action de poursuivre le gibier. *Faire bonne chasse. La chasse au lion.*
• **Locutions**
- *Donner la chasse.* Poursuivre. *Donner la chasse aux malfaiteurs.*

- *Prendre en chasse.* Poursuivre.
- *Chasse d'eau.* Masse d'eau qui s'écoule tout d'un coup pour nettoyer un conduit. *Actionner la chasse* (et non *tirer la chasse).
Hom. *châsse,* coffret.

chasse- préf.
Les mots composés avec le préfixe *chasse-* s'écrivent avec un trait d'union. Au pluriel, le préfixe *chasse-* qui est un verbe demeure invariable, tandis que le second élément est parfois variable, parfois invariable. *Des chasse-clous, des chasse-neige.*

châsse n. f.
Coffret contenant les reliques d'un saint.
Hom. *chasse,* action de poursuivre le gibier.

chasse-clou n. m.
Poinçon servant à enfoncer les clous. *Des chasse-clous.*

chassé-croisé n. m.
Échange réciproque de fonctions, de situations. *Des chassés-croisés.*

chasse-marée n. m. inv.
Bateau de pêche à trois mâts. *Des chasse-marée.*

chasse-mouches n. m. inv.
Petit balai avec lequel on écarte les mouches. *Des chasse-mouches.*

chasse-neige n. m. inv.
- Véhicule servant au déblayage des voies de circulation obstruées par la neige.
- Façon de freiner, en ski. *Faire du chasse-neige.*

chasse-pierres n. m. inv.
Appareil placé à l'avant d'une locomotive pour écarter les obstacles. *Des chasse-pierres.*

chasser v. tr., intr.
- Transitif
- Poursuivre des animaux pour les tuer. *Chasser le chevreuil.*
- Déloger, congédier. *Nous avons dû le chasser : il nous volait.*
- Intransitif
Déraper. *Les roues ont chassé sur la chaussée glissante.*

chasseresse adj. f. et n. f.
(Litt.) Chasseuse. *Diane chasseresse.*

chasseur, euse n. m. et f.
- Personne qui chasse. *Un chasseur d'orignaux.*
- *Chasseur de têtes.* Personne qui fait le recrutement de cadres.

châssis n. m.
Armature. *Le châssis de la fenêtre est en bois.*
Notes.-
1° Attention à l'orthographe : châssis.
2° Ne pas confondre avec le mot *fenêtre* qui désigne une ouverture dans un mur.

chat, chatte n. m. et f.
- Animal domestique carnivore appartenant à la famille des félidés. *Un chat de gouttière, une chatte angora, des chats angoras.*

- Locutions
- *S'entendre comme chiens et chats.* Être en mauvais termes.
- *Avoir un chat dans la gorge.* Être enroué.
- *Il n'y a pas un chat.* Il n'y a personne.
- *Il n'y a pas de quoi fouetter un chat.* C'est une faute insignifiante.
- *Appeler un chat un chat.* Appeler les choses par leur nom.
- *Donner sa langue au chat.* Capituler.
Note.- Ne pas confondre avec le mot *chas* qui désigne le trou d'une aiguille.

châtaigne n. f.
Fruit du châtaignier.
Note.- Dans la langue de la cuisine, on utilise plutôt le mot *marron.*

châtaigneraie n. f.
Lieu planté de châtaigniers

châtaignier n. m.
Arbre de grande taille dont le fruit est la châtaigne.

châtain, aine adj. et n. m. et f.
- **Adjectif de couleur variable.** De la couleur brun clair de la châtaigne. *Des cheveux châtains.*
- **Adjectif de couleur composé invariable.** *Des chevelures châtain clair.*
V. Tableau - **COULEUR (ADJECTIFS DE).**
- **Nom masculin et féminin.** Qui a des cheveux de la couleur de la châtaigne. *Une belle châtaine.*

château n. m.
- Habitation royale ou seigneuriale généralement située à la campagne.
Notes.-
1° Les noms génériques de monuments, d'édifices s'écrivent avec une minuscule. *Le château d'Azay-le-Rideau.*
2° Ne pas confondre avec les mots suivants :
- *castel,* petit château ;
- *gentilhommière,* petit château à la campagne ;
- *manoir,* habitation seigneuriale entourée de terres ;
- *palais,* résidence d'un chef d'État ou d'un souverain.
- *Château fort.* Demeure fortifiée. *Des châteaux forts bien conservés.*

chateaubriand ou châteaubriant n. m.
- Tranche de bœuf grillé (selon la recette qui serait due au cuisinier de l'écrivain).
- *Château,* abréviation familière de *chateaubriand. Je prendrai un château avec des frites.*

châtelain, aine n. m. et f.
Seigneur d'un château.

châtelaine n. f.
Chaîne attachée à la ceinture ou au cou et destinée à suspendre des clés, des ciseaux, des bijoux.

châtelet n. m.
(Ancienn.) Petit château fort.

chat-huant n. m.
Oiseau rapace nocturne. *Des chats-huants.*

châtier v. tr.
- Redoublement du *i* à la première et à la deuxième

personne du pluriel de l'indicatif imparfait et du subjonctif présent. *(Que) nous châtiions, (que) vous châtiiez.*
- (Litt.) Punir, faire expier une faute.
- *Style châtié*. Style littéraire.

chatière n. f.
Ouverture pratiquée au bas d'une porte pour permettre le passage du chat.
Note.- Attention à l'orthographe : cha*t*ière.

châtiment n. m.
Peine sévère, punition.

chatoiement n. m.
Reflet brillant et changeant d'une pierre, d'une étoffe.

chaton n. m.
- Petit de la chatte.
- Épi de petites fleurs de certains arbres. *Les chatons du saule.*
- Saillie enchâssant une pierre précieuse, dans une bague.

chatouillement n. m.
- Action de chatouiller.
- Sensation qui en résulte.

chatouiller v. tr.
- Les lettres *ill* sont suivies d'un *i* à la première et à la deuxième personne du pluriel de l'indicatif imparfait et du subjonctif présent. *(Que) nous chatouillions, (que) vous chatouilliez.*
- Causer par des attouchements légers et répétés un tressaillement ou un rire nerveux.

chatouilleux, euse adj.
- Sensible au chatouillement.
- Susceptible. *Il est chatouilleux sur cette question.*

chatoyant, ante adj.
Qui chatoie. *Une étoffe chatoyante.*

chatoyer v. intr.
- Le *y* se change en *i* devant un *e* muet. *Il chatoie, il chatoyait.*
- Le *y* est suivi d'un *i* à la première et à la deuxième personne du pluriel de l'indicatif imparfait et du subjonctif présent. *(Que) nous chatoyions.*
- Avoir des reflets changeants. *Cette étoffe brodée d'or chatoie.*

châtrer v. tr.
- Pratiquer la castration sur un animal mâle ou femelle.
- (Péj.) Castrer une personne.
Note.- Ne pas confondre avec le verbe *émasculer* qui désigne le fait de castrer un animal mâle, sans connotation péjorative.

chatte n. f.
Femelle du chat.

chatterie n. f.
Caresse câline, parfois hypocrite. *Faire des chatteries.*

chaud, chaude adj., adv. et n. m.
- **Adjectif**
- Qui possède, donne ou conserve de la chaleur. *Un bain chaud.*

- Ardent. *Un chaud défenseur de cette théorie.*
- **Adverbe**
Il fait chaud, servir chaud, manger chaud, tenir chaud.
Note.- Pris adverbialement, le mot est invariable. *Elles ont chaud.*
- **Nom masculin**
- Chaleur. *Le chaud et le froid.*
- *Chaud et froid*. Refroidissement brusque alors qu'on est en sueur. *Des chauds et froids.*
Note.- Ne pas confondre avec le nom *chaud-froid* qui désigne un plat de volaille.

chaudement adv.
- De manière à conserver la chaleur. *Habille-toi chaudement.*
- Avec ardeur. *Elle a été chaudement félicitée.*

chaud-froid n. m.
Plat de volaille. *Des chauds-froids délicieux.*
Note.- Ne pas confondre avec la locution *chaud et froid* qui désigne familièrement un refroidissement brusque.

chaudière n. f.
- Appareil de chauffage. *Cette maison a une chaudière à mazout.*
- (Vx) Sceau, récipient.

chaudron n. m.
Récipient métallique à anse mobile réservé à la cuisson des aliments. *Un gros chaudron de ragoût.*
Note.- Ne pas confondre avec les mots suivants :
- *casserole*, récipient métallique muni d'un manche et parfois d'un couvercle ;
- *fait-tout* ou *faitout*, grand récipient à deux poignées muni d'un couvercle ;
- *poêle*, récipient plat à longue queue.

chaudronnée n. f.
Contenu d'un chaudron.

chaudronnerie n. f.
Industrie des récipients métalliques notamment des chaudières (appareil de chauffage).

chaudronnier n. m.
chaudronnière n. f.
Personne qui fabrique ou vend des chaudrons, des chaudières (appareil de chauffage).

chauffage n. m.
- Action de chauffer.
- Installation pour chauffer. *Installer le chauffage central.*

chauffant, ante adj.
Qui produit de la chaleur. *Une plaque chauffante.*

chauffard n. m.
Mauvais conducteur.
Note.- Ce nom ne comporte pas de forme féminine.

chauffe- préf.
Les mots composés avec le préfixe *chauffe-* s'écrivent avec un trait d'union. Au pluriel, le préfixe *chauffe-* qui est un verbe demeure invariable, tandis que le second élément est parfois variable, parfois invariable. *Des chauffe-eau, des chauffe-lits.*

chauffe-assiette(s) n. m. inv.
Appareil servant à chauffer les assiettes. *Des chauffe-assiettes.*

chauffe-bain n. m.
Appareil qui chauffe l'eau du bain. *Des chauffe-bains.*

chauffe-eau n. m. inv.
Appareil producteur d'eau chaude. *Des chauffe-eau.*

chauffe-pieds n. m. inv.
Petit réchaud pour les pieds. *Des chauffe-pieds.*

chauffe-plats n. m. inv.
Appareil servant à chauffer les plats sur la table. *Des chauffe-plats.*

chauffer v. tr., intr., pronom.
• **Transitif.** Rendre plus chaud. *Chauffer une maison.*
• **Intransitif.** Devenir chaud. *Le moteur semble chauffer.*
• **Pronominal.** Se réchauffer, se procurer de la chaleur. *Viens, on va se chauffer un peu près de la cheminée.*

chaufferette n. f.
Petit réchaud. *Une chaufferette ancienne.*

chaufferie n. f.
Local où sont installées les chaudières d'un navire, d'une usine, d'un bâtiment.

chauffeur n. m.
Personne dont le métier est de conduire un véhicule. *Un chauffeur de camion, un chauffeur de taxi.*

chauffeuse n. f.
Chaise basse.

chauler v. tr.
Traiter, blanchir à la chaux.

chaumage n. m.
Action d'enlever le chaume après la récolte.
Hom. **chômage,** manque de travail.

chaume n. m.
Paille. *Des toits de chaume.*

chaumer v. tr., intr.
Enlever le chaume, après la récolte.
Hom. **chômer,** ne pas travailler ou manquer de travail.

chaumière n. f.
Petite maison couverte de chaume.

chaumine n. f.
(Vx) Petite chaumière.

chaussée n. f.
Partie de la route utilisée pour la circulation des véhicules. *L'accident a eu lieu alors que la chaussée était mouillée.*

chausse-pied n. m.
Lame incurvée dont on se sert pour se chausser. *Des chausse-pieds.*

chausser v. tr., intr., pronom.
• **Transitif.** Mettre des chaussures. *Chausser des bottes.*
• **Intransitif.** Avoir telle pointure. *Je chausse du 39.*
• **Pronominal.** Mettre ses chaussures. *Ils se sont chaussés rapidement.*

chausse-trape ou **chausse-trappe** n. f.
• Piège dissimulé. *D'astucieuses chausse-trap(p)es.*
• (Fig.) Ruse.

chaussette n. f.
Vêtement en tricot qui couvre le pied et la cheville. *Des chaussettes de laine.*

chausseur n. m.
Fabricant, vendeur de chaussures, parfois faites sur mesure.

chausson n. m.
• Chaussure d'intérieur. *Des chaussons de laine.*
• Pâtisserie composée de pâte feuilletée fourrée de compote de pommes.

chaussure n. f.
Soulier. *Des chaussures de cuir.*

chauve adj. et n. m. et f.
Qui n'a plus ou presque plus de cheveux.

chauve-souris n. f.
Mammifère ailé insectivore. *Des chauves-souris.*

chauvin, ine adj. et n. m. et f.
• **Adjectif.** Qui a un patriotisme exclusif, fanatique.
• **Nom masculin et féminin.** Patriote fanatique.

chauvinisme n. m.
Patriotisme exagéré.

chaux n. f.
Oxyde de calcium. *Une maison blanchie à la chaux.*
Note.- Attention à l'orthographe : chau**x**.

chavirer v. tr., intr.
• **Transitif**
- Faire renverser.
- (Fig.) Émouvoir. *Ce film l'a chaviré.*
• **Intransitif**
Se renverser. *Il y avait beaucoup de vent et la barque a chaviré.*

ch. de f.
Abréviation de **chemin de fer.**

check-list n. f.
(Anglicisme) (Aéron.) Liste complète de vérifications à effectuer. *Des check-lists.*
Note.- L'expression **liste de vérification** a fait l'objet d'une recommandation officielle pour remplacer cet anglicisme.

check-up n. m. inv.
(Anglicisme) Examen complet de l'état de santé d'une personne.
Note.- L'expression **examen de santé** a fait l'objet d'une recommandation officielle pour remplacer cet anglicisme.

cheddar n. m.
Fromage à pâte dure. *Des cheddars délicieux.*
Note.- Le nom du fromage s'écrit avec une minuscule, le nom de la ville, avec une majuscule.

chef n. m.
• Personne qui dirige une unité administrative, un groupe, etc. *Un chef de service, un chef de production, un chef d'État.*

- **Nom de métier + chef**. Le mot *chef* est joint à ce nom par un trait d'union et prend la marque du pluriel. *Des infirmières-chefs.*
- **Chef + nom de métier, d'unité administrative**. Le mot *chef* s'écrit sans trait d'union et prend la marque du pluriel. *Des chefs cuisiniers. Des chefs de division, d'équipe.*
- **En chef**, locution adverbiale. En qualité de chef. *Ingénieur en chef.*

chef-d'œuvre n. m.
- La lettre *f* est muette [ʃɛdœvr].
- Œuvre capitale. *Des chefs-d'œuvre de l'art grec.*

chefferie n. f.
Territoire sous l'autorité d'un chef de tribu.

cheftaine n. f.
Jeune fille dirigeant un groupe de guides ou de louveteaux.
V. **scout**.

cheikh, cheik ou **scheik** n. m.
- Les lettres *ei* se prononcent *è* [ʃɛk].
- Chef de tribu chez les Arabes.

chelem ou **schelem** n. m.
- Le premier *e* ne se prononce pas [ʃlɛm].
- *Grand chelem*. Réunion dans la main de deux partenaires de toutes les levées, au bridge. *Réussir un grand chelem. Des grands chelems.*
- *Petit chelem.* Toutes les levées, moins une.

chemin n. m.
- Voie de communication d'importance secondaire.
- Parcours, direction. *J'ai fait le chemin en voiture. Demander son chemin.*
- **Locutions**
- *Passer son chemin.* Ne pas s'arrêter. *Allez, passez votre chemin.*
- *Rebrousser chemin.* Revenir. *Il nous a fallu rebrousser chemin.*
- *Faire son chemin.* Réussir. *Elle fera son chemin dans la vie.*

chemin de fer n. m.
- Abréviation **ch. de f.** (s'écrit avec des points).
- Moyen de transport utilisant la voie ferrée.
Note.- On disait *voyager par chemin de fer* (et non *en chemin de fer). Mais on emploie plus couramment *en train* ou *par le train.*

cheminée n. f.
- Appareil de chauffage. *La cheminée tire bien.*
- Conduit qui sert à l'évacuation de la fumée sur le toit.
- Encadrement de l'âtre. *Une cheminée de pierres sculptées..*
Note.- Ne pas confondre avec le mot *foyer* qui ne désigne que la partie de l'âtre où se fait le feu.

cheminot n. m.
Employé de chemin de fer.

chemise n. f.
- Vêtement (surtout masculin) qui couvre le torse. *Une chemise de coton.*

Note.- Pour le vêtement féminin, le mot **chemisier** est plus courant.
- Couverture d'un dossier.

chemiserie n. f.
Industrie de la chemise.

chemisette n. f.
Chemise légère à manches courtes.

chemisier n. m.
- Corsage de femme. *Un chemisier de soie.*
Note.- Ne pas confondre avec le mot **chemise** qui est un vêtement surtout masculin.
- *Robe chemisier*. Robe qui se ferme par l'avant et qui a un col s'apparentant à celui du chemisier. *Des robes chemisiers bleues.*

chênaie n. f.
Plantation de chênes.

chenal n. m.
Partie navigable d'un cours d'eau. *Des chenaux.*

chenapan n. m.
Vaurien.

chêne n. m.
Grand arbre à bois dur qui produit le gland.

chêne-liège n. m.
Variété de chêne à feuillage persistant et dont l'écorce fournit le liège. *Des chênes-lièges.*

chenet n. m.
Chacune des deux pièces de métal où repose le bois dans une cheminée.
Note.- Attention à l'orthographe : chen**et**.

chenil n. m.
- Le *l* se prononce ou non [ʃəni(l)].
- Abri pour les chiens.
- Établissement où l'on élève des chiens.

chenille n. f.
- Larve de papillon.
- Courroie articulée qui permet le déplacement de certains véhicules. *Des blindés équipés de chenilles.*

chenu, ue adj.
(Litt.) Blanchi par l'âge. *Une barbe chenue.*

cheptel n. m. sing.
Ensemble du bétail d'une exploitation agricole, d'une région.

chèque n. m.
- Effet de commerce. *J'ai oublié mon carnet de chèques* ou *mon chéquier.*
- *Chèque barré*. Chèque rayé en diagonale par un double trait afin de n'être touché que par l'intermédiaire d'un établissement de crédit.
- *Chèque certifié*. Chèque pour lequel la banque bloque la provision inscrite.
- *Chèque de voyage*. Chèque à l'usage des touristes.
Note.- On préférera cette expression à l'anglicisme « traveller's cheque » ou « traveller's check ».

chéquier n. m.
Carnet de chèques.

cher, chère adj. et adv.
• **Adjectif**
- Aimé. *Ma chère maman.*
- Qui coûte beaucoup d'argent. *La vie est très chère à Londres.*
• **Adverbe**
À haut prix. *Ces sacs coûtent cher, valent cher. Je les ai payés cher.*
Note.- Pris adverbialement le mot ***cher*** est invariable.
Hom. :
- ***chair***, soit le corps, soit de la viande ;
- ***chaire***, tribune ;
- ***chère***, mets, nourriture.

chercher v. tr., pronom.
• **Transitif**
- S'efforcer de trouver, de découvrir. *Ils cherchent la solution de l'énigme.*
- **Chercher à** + **infinitif**. Tâcher, s'efforcer de. *Il cherche à tromper son ennui.*
Note.- La construction * « chercher après » est fautive.
- Susciter, provoquer. *Cherche-t-il des ennuis ?*
• **Pronominal**
Essayer de se trouver l'un l'autre. *Ils se sont cherchés pendant une heure.*

chercheur n. m.
chercheuse n. f.
Personne qui effectue des recherches scientifiques.

chercheur, euse adj.
• Curieux. *Un esprit chercheur.*
• ***Tête chercheuse***. Tête d'un engin cherchant automatiquement son objectif.

chère n. f.
(Litt.) Nourriture. *Faire bonne chère, maigre chère, aimer la bonne chère.*
Note.- Attention à l'orthographe : ch**è**re.
Hom. :
- ***chair***, soit le corps, soit de la viande ;
- ***chaire***, tribune ;
- ***cher***, chéri ou coûteux.

cherté n. f.
Prix élevé. *La cherté de la vie.*

chérubin n. m.
• Ange.
• Tête d'enfant avec des ailes.

chétif, ive adj.
Maladif.

chétivement adv.
(Litt.) D'une manière chétive.

cheval n. m.
• Mâle de la jument. *Des chevaux pur-sang. Des chevaux de course.*
• ***Cheval de bataille***. Thème favori.
• ***Monter sur ses grands chevaux***. S'emporter.
• ***Être à cheval sur*** (les principes, l'étiquette, la hiérarchie). Accorder beaucoup d'importance à.

chevaleresque adj.
Digne d'un chevalier.

chevalerie n. f.
Institution féodale où le chevalier est le défenseur de la foi et de la justice.

chevalet n. m.
Support d'un tableau, d'un objet sur lequel on travaille.

chevalier n. m.
• (Ancienn.) Noble admis dans un ordre de chevalerie.
• Titulaire d'une décoration. *Il est chevalier de l'ordre de la Légion d'honneur.*

chevalière n. f.
Bague portant des armoiries, des initiales.

chevalin, ine adj.
Qui se rapporte au cheval. *Une boucherie chevaline.*

cheval-vapeur n. m.
• Symbole ***ch*** (s'écrit sans point).
• (Ancienn.) Unité de puissance. *Des chevaux-vapeur.*

chevauchée n. f.
• Course à cheval.
• (Litt.) Incursion.

chevauchement n. m.
Entrecroisement, fait de se chevaucher.

chevaucher v. tr., intr., pronom.
• **Transitif**. Être à califourchon. *Chevaucher un cheval de bois.*
• **Intransitif**. (Litt.) Aller à cheval. *Il est agréable de chevaucher dans la campagne.*
• **Intransitif** ou **pronominal**. Se superposer. *Les tâches de ces employés se chevauchaient.*

chevelu, ue adj.
Qui porte des cheveux. *Le cuir chevelu.*

chevelure n. f.
Ensemble des cheveux d'une personne. *Des chevelures blondes.*

chevet n. m.
• Tête du lit.
• ***Livre de chevet***. Livre préféré.
• ***Être au chevet d'un malade***. Le veiller.
• Partie du chœur d'une église.

cheveu n. m.
• Poil de la tête. *Des cheveux bouclés. Des cheveux en brosse.*
Notes.-
1° Les adjectifs simples qui expriment la couleur des cheveux s'accordent en genre et en nombre. *Des cheveux blonds, bruns, une chevelure châtaine, noire.*
2° Les adjectifs de couleur suivis par un autre adjectif qui le modifie sont invariables. *Des cheveux blond cendré, châtain clair.*
• ***Couper les cheveux en quatre***. Être trop subtil.
• ***Se prendre aux cheveux***. Se quereller.
• ***À un cheveu près***. Il s'en est fallu de peu.

cheville n. f.
• Morceau de bois destiné à boucher un trou, à tenir un assemblage.

● Saillie des os de l'articulation du pied. *Se fouler la cheville.*

cheviller v. tr.
● Les lettres *ill* sont suivies d'un *i* à la première et à la deuxième personne du pluriel de l'indicatif imparfait et du subjonctif présent. *(Que) nous chevillions, (que) vous chevilliez.*
● Fixer un assemblage avec une cheville.

chevillette n. f.
Petite cheville.

chèvre n. m. et f.
● **Nom masculin**. Fromage au lait de chèvre.
● **Nom féminin**. Femelle du bouc.

chevreau n. m.
● Petit de la chèvre. *Des chevreaux.*
● Peau de chevreau travaillée. *Des gants de chevreau.*

chèvrefeuille n. m.
Arbuste à fleurs odoriférantes. *Un chèvrefeuille bien vigoureux.*
Note.- Attention au genre masculin de ce nom : *un* chèvrefeuille.

chevreter ou **chevretter** v. intr.
● Quand le verbe s'orthographie *chevreter*, il y a redoublement du *t* devant un *e* muet. *Elle chevrette, elle chevrettera,* mais *elle chevretait.*
● Mettre bas, en parlant de la chèvre.

chevrette n. f.
● Petite chèvre.
● Femelle du chevreuil.

chevreuil n. m.
Ruminant sauvage voisin du cerf.

chevron n. m.
● Pièce de bois soutenant les lattes dans la couverture d'un immeuble.
● Galon en forme de *V* porté sur les manches des militaires.
● Motif en zigzag. *Un imprimé à chevrons.*

chevronné, ée adj.
Qui a beaucoup d'expérience. *Un gestionnaire chevronné.*

chevroter v. intr.
● Parler d'une voix tremblotante.
● Mettre bas, en parlant de la chèvre.
Note.- Attention à l'orthographe : chevro*t*er.

chevrotin n. m.
● Petit de la chevrette.
● Fromage de chèvre.

chevrotine n. f.
Gros plomb dont on compose les cartouches qui servent à la chasse au gros gibier.

chewing-gum n. m.
Gomme à mâcher. *Des chewing-gums à la menthe.*

chez prép.
● Dans la demeure de. *Venez donc chez moi.*
● Dans la personne de. *C'est une manie chez lui.*

● Dans l'œuvre de. *Chez Fellini, ce procédé est courant.*
● **Chez** + **nom propre.** Cette construction s'emploie comme enseigne d'un établissement, comme raison sociale. *Chez Julien.*
Note.- On emploie normalement *chez* devant un nom de profession, un patronyme et *à* devant un nom de lieu, de chose. *Il ira chez le coiffeur* (et non *au coiffeur*). *Allons manger chez Gauthier ! Il faudrait acheter du lait à l'épicerie.*

chez-moi, chez-toi, chez-soi n. m. inv.
(Fam.) Domicile personnel, intérieur. *Je vous invite : vous verrez mon nouveau chez-moi.*
Note.- Il faut distinguer le nom qui s'écrit avec un trait d'union du complément circonstanciel composé de la préposition et du pronom qui s'écrit sans trait d'union, *chez moi. Restons chez moi bien au chaud.*

chialer v. intr.
(Fam). Pleurer.

chiant, ante adj.
(Vulg.) Très ennuyeux.

chianti n. m.
● Les lettres *ch* se prononcent *k* [kjãti].
● Vin rouge italien.

chic adj. inv. en genre, interj. et n. m.
● **Adjectif invariable en genre.** Élégant, distingué. *Des gants très chics.*
● **Interjection.** Cette interjection marque le contentement. *Chic alors ! on est en vacances !*
● **Nom masculin.** Élégance, allure. *Elle a beaucoup de chic.*
● *Avoir le chic pour.* Réussir à.
● *Bon chic bon genre* (B.C.B.G.). De bon ton.

chicane n. f.
Querelle de mauvaise foi.

chicaner v. tr., intr., pronom.
● **Transitif**. Réprimander à tort.
● **Intransitif**. Critiquer. *Il est toujours à chicaner sur tout.*
● **Pronominal**. Se quereller.

chiche adj. et interj.
● **Adjectif.** Avare. *Elles sont très chiches.*
● **Interjection.** (Fam.) Exclamation exprimant le défi. *Chiche ! Je relève le défi.*

chichement adv.
Avec parcimonie, avarice.

chichi n. m.
(Fam.) Simagrées. *Il fait toujours des chichis.*

chichiteux, euse adj.
(Fam.) Qui fait des chichis, des manières.

chicorée n. f.
Plante dont les feuilles sont mangées en salade.

chien, enne n. m. et f.
● Mammifère domestique. *L'épagneul n'est pas un chien de garde.*
● **Locutions**
- *Un temps de chien.* Mauvais temps.

- *Entre chien et loup.* Au crépuscule.
- *S'entendre comme chien(s) et chat(s).* Être en mauvais termes.

chiendent n. m.
Plante nuisible aux cultures.

chien-loup n. m.
Berger allemand. *Des chiens-loups bien dressés.*

chiffe n. f.
• (Vx) Chiffon.
• *Chiffe molle.* Personne amorphe.

chiffon n. m.
• Vieille étoffe.
• Vêtements froissés.
• *Papier chiffon.* Papier de luxe fait avec du chiffon.
• *Parler chiffons.* Parler de la mode.

chiffonnement n. m.
Action de chiffonner.

chiffonner v. tr.
• Froisser. *Elle a chiffonné sa jupe.*
• (Fam.) Préoccuper. *Cette histoire me chiffonne.*

chiffonnier, ière n. m. et f.
Personne qui ramasse les vieux objets.

chiffrable adj.
Qui peut être chiffré.

chiffrage n. m.
Action de chiffrer.

chiffre n. m.
Caractère servant à écrire les nombres. *Des chiffres arabes, des chiffres romains.*
Notes.-
1° L'expression *en chiffre(s) rond(s)* s'écrivait généralement au singulier, mais le pluriel est de plus en plus employé aujourd'hui.
2° Ne pas confondre avec le mot *nombre* qui désigne un symbole caractérisant une unité ou un groupe d'unités constitué d'un ou de plusieurs chiffres.
V. Tableau - **CHIFFRES.**

chiffre d'affaires n. m.
• Sigle *C.A.*
• Total des ventes réalisées au cours d'un exercice. *Des chiffres d'affaires relativement élevés.*

chiffrer v. tr., pronom.
• **Transitif**
- Évaluer en chiffres.
- Transcrire en langage chiffré. *Chiffrer un message.*
• **Pronominal**
Atteindre le nombre de. *Les dégâts se chiffrent en millions de francs. Les victimes se chiffrent par centaines.*

chiffrier n. m.
Document de travail comptable qui sert à l'établissement des états financiers.

chignole n. f.
Perceuse.

chignon n. m.
Coiffure où les cheveux sont torsadés sur le sommet de la tête ou sur la nuque.

chihuahua n. m.
Petit chien. *Une (chienne) chihuahua. Des chihuahuas.*

chilien, ienne adj. et n. m. et f.
Du Chili.
Note.- Contrairement à l'adjectif, le nom prend une majuscule.

chimère n. f.
Fantaisie, utopie. *Ces projets ne sont que des chimères.*

chimérique adj.
Irréalisable.

chimie n. f.
Science qui étudie les propriétés des corps, leurs transformations et combinaisons. *La chimie industrielle.*

chimiothérapie n. f.
• Les lettres *ch* se prononcent *ch* [ʃimjoterapi].
• Traitement par des substances chimiques de certaines maladies.

chimique adj.
• Qui se rapporte à la chimie.
• **Symboles chimiques.** Les symboles chimiques s'écrivent avec une capitale initiale et ne sont pas suivis d'un point abréviatif. *Ag (argent), Cu (cuivre).*
V. Tableau - **SYMBOLE.**
• **Formules chimiques.** Les formules chimiques sont composées avec les symboles chimiques qui conservent leur majuscule initiale et s'écrivent sans point abréviatif. Les chiffres qui font partie des formules sont placés en indices. H_2O, H_2SO_4.

chimiquement adv.
D'après les lois de la chimie.

chimiste n. m. et f.
Spécialiste de la chimie.

chimpanzé n. m.
Grand singe d'Afrique.
Note.- Attention à l'orthographe : chimpanzé.

chinchilla n. m.
• Rongeur du Pérou et du Chili élevé pour sa fourrure. *Des chinchillas.*
• La fourrure du chinchilla. *Le chinchilla est inabordable.*

chiné, ée adj. et n. m.
Dont le fil est de couleurs distinctes. *Un tissu chiné.*

chiner v. tr., intr.
• **Transitif.** (Vx) Critiquer. *Il a la fâcheuse habitude de chiner les clients.*
• **Intransitif.** Être à la recherche d'occasions, d'objets, de meubles anciens. *Elle adore fureter et chiner.*

chineur, euse n. m. et f.
• Personne qui chine.
• Brocanteur.

CHIFFRES

CHIFFRES ARABES

La numération arabe est composée de 10 chiffres : *1, 2, 3, 4, 5, 6, 7, 8, 9, 0*. Les nombres s'écrivent par tranches de trois chiffres séparées entre elles par un espace (de droite à gauche pour les entiers, de gauche à droite pour les décimales). *1 865 234,626 12*

Le signe décimal du système métrique est la **virgule**. *45,14*. Cependant plusieurs pays, notamment les États-Unis, utilisent le point comme ponctuation décimale. Si le nombre est inférieur à *1*, la fraction décimale est précédée d'un *0* ; on ne laisse pas d'espace ni avant, ni après la virgule. *0,38   15,25*

Note. - Pour certains documents comptables et financiers, la ponctuation décimale est effectuée à l'aide du **point** et la séparation des milliers, par la **virgule**. Ces exceptions sont autorisées en raison des possibilités de falsification des nombres comportant des blancs.

Emploi des chiffres arabes

- Nombres constituant des quantités complexes. *6 235 étudiants.*

Note. - Dans un texte de style soutenu, on écrit généralement en toutes lettres les chiffres de *0* à *10*, ainsi que tout nombre qui commence une phrase.

- Dates, heures, âges. *14 décembre 1989, 7 h 25, 40 ans.*

- Numéros d'ordre (adresses, lois, nomenclatures, billets, etc.). *35, rue des Bouleaux, article 2, billet nº 253.*

- Numéros de page, de paragraphe. *p. 354, par. 4.*

- Nombres suivis de symboles d'unités de mesure, de pourcentages, de formats, de symboles d'unités monétaires. *25 °C, 35 cm, 85 %, in-4º, 100 F.*

V. Tableau - **NOMBRES.**
V. Tableau - **SYMBOLES DES UNITÉS DE MESURE.**
V. Tableau - **SYMBOLES DES UNITÉS MONÉTAIRES.**

CHIFFRES ROMAINS

La numération romaine est composée de sept lettres majuscules auxquelles correspondent des valeurs numériques.

I	1
V	5
X	10
L	50
C	100
D	500
M	1 000

Comme les chiffres *arabes*, les *chiffres romains* s'inscrivent de gauche à droite en commençant par les milliers, puis les centaines, les dizaines et les unités.

Les nombres sont constitués :

- **par addition** : en inscrivant les chiffres plus petits ou égaux à droite des chiffres plus grands.

$$XIII \qquad XXX \qquad MCL$$
$$10 + 3 = 13 \quad 10 + 10 + 10 = 30 \quad 1\,000 + 100 + 50 = 1\,150$$

- **par soustraction** : en inscrivant les chiffres plus petits à gauche des chiffres plus grands.

$$IV \qquad XL \qquad CMXCIX$$
$$-1 + 5 = 4 \quad -10 + 50 = 40 \quad (-100 + 1\,000)\,(-10 + 100)\,(-1 + 10) = 999$$

- **par multiplication** : un trait horizontal au-dessus d'un chiffre romain le multiplie par 1 000.

$$\bar{X} = 10\,000 \qquad \bar{M} = 1\,000\,000$$

Notes. - Le chiffre **I** ne peut être soustrait que de **V** ou de **X** ; **X** ne peut être soustrait que de **L** ou de **C** ; **C** ne peut être soustrait que de **D** et de **M**.

On ne peut additionner plus de trois unités du même nombre, on recourt alors à la soustraction.

$$III,\ IV \qquad XXX,\ XL$$
$$3,\ 4 \qquad\quad 30,\ 40$$

Emploi des chiffres romains

- Noms de siècles et de millénaires. *Le XVIe siècle, le IIe millénaire.*

- Noms de souverains et ordre des dynasties. *Louis XIV, IIIe dynastie.*

- Numéros d'arrondissement. *Le VIe arrondissement de Paris.*

- Noms d'olympiades, d'assemblées, de manifestations. *Les XXIIe Jeux olympiques, Vatican II.*

- Divisions d'un texte. *Tome IV, volume III, fascicule IX.*

- Pages préliminaires d'un ouvrage. *Avant-propos p. IV.*

- Inscription de la date sur un monument, au frontispice d'un livre, au générique d'un film. *MCMLXXXIX.*

CHIFFRES ARABES ET ROMAINS

arabe	romain	arabe	romain	arabe	romain	arabe	romain
1	I	10	X	100	C	1 000	M
2	II	20	XX	200	CC	1 534	MDXXXIV
3	III	30	XXX	300	CCC	1 642	MDCXLII
4	IV	40	XL	400	CD	1 945	MCMXLV
5	V	50	L	500	D	1 987	MCMLXXXVII
6	VI	60	LX	600	DC	1 990	MCMXC
7	VII	70	LXX	700	DCC	2 000	MM
8	VIII	80	LXXX	800	DCCC		
9	IX	90	XC	900	CM		

Note. - Contrairement aux chiffres **arabes**, les chiffres **romains** d'une colonne s'alignent verticalement à gauche.

chinois, oise n. m. et f.
- De Chine.
- Langue parlée en Chine.
Note.- Lorsqu'il s'agit de la langue, l'adjectif ou le nom s'écrit avec une minuscule. Si le nom désigne une personne, la majuscule s'impose.

chinoiserie n. f.
Tracasseries. *Ces formalités administratives sont des chinoiseries.*

chintz n. m. inv.
- Le *z* se prononce *s* [ʃints].
- Tissu d'ameublement. *De délicieux chintz avec une profusion de roses.*

chiot n. m.
Petit de la chienne. Jeune chien.

chiper v. tr.
(Fam.) Voler.

chipie n. f.
(Fam.) Femme désagréable.

chipolata n. f.
Saucisse. *Des chipolatas épicées.*

chipoter v. intr.
- Manger du bout des dents, sans plaisir.
- Être tâtillon.
Note.- Attention à l'orthographe : chipo*t*er.

chips n. f. inv.
Pomme de terre coupée en fines rondelles. *Un sachet de chips délicieuses.*

chique n. f.
Tabac que l'on mâche.

chiqué n. m.
(Fam.) Ce qui n'est pas naturel, vrai. *Ce n'est pas du chiqué, c'est authentique.*

chiquenaude n. f.
Petit coup porté par une détente brusque du doigt. *Recevoir une chiquenaude.*
Syn. **pichenette**.

chiquer v. tr., intr.
Mâcher du tabac.

chiqueur, euse n. m. et f.
Personne qui chique.

chir(o)- préf.
- Les lettres *ch* se prononcent *k*.
- Préfixe signifiant « main ». *Chiromancie.*

chirographaire adj.
- Les lettres *ch* se prononcent *k*.
- (Dr.) Se dit d'une créance constatée par un acte non enregistré devant notaire (sous seing privé).

chiromancie n. f.
- Les lettres *ch* se prononcent *k*.
- Interprétation des signes de la main.

chiromancien n. m.
chiromancienne n. f.
- Les lettres *ch* se prononcent *k*.
- Personne qui pratique la chiromancie.

chiropractie ou **chiropraxie**
- Les lettres *ch* se prononcent *k*.
- Traitement par manipulations (surtout de la colonne vertébrale).

chiropraticien n. m.
chiropraticienne n. f.
- Les lettres *ch* se prononcent *k*.
- Praticien de la chiropratie.
Note.- Le nom s'abrège familièrement en *chiro*.

chirurgical, ale, aux adj.
Qui appartient à la chirurgie.

chirurgie n. f.
Partie de la médecine qui comporte des opérations pratiquées sur le corps pour guérir des blessures et certaines maladies. *Chirurgie du cœur.*

chirurgien n. m.
chirurgienne n. f.
Médecin qui pratique la chirurgie.

chiure n. f.
Excrément de l'insecte.

chlamydia n. f.
- Les lettres *ch* se prononcent *k*.
- Bactérie responsable d'infections variées. *Des chlamydiae.*
Note.- Attention à l'orthographe : chlam*y*di*a*.

chlorate n. m.
- Les lettres *ch* se prononcent *k*.
- Sel de l'acide chlorique. *Du chlorate de potassium.*

chloration n. f.
- Les lettres *ch* se prononcent *k*.
- Épuration de l'eau à l'aide de chlore. *La chloration d'une piscine.*

chlore n. m.
- Les lettres *ch* se prononcent *k*.
- Symbole *Cl* (s'écrit sans point).
- Corps simple, gazeux, jaune verdâtre, d'une odeur âcre et irritante.

chlorhydrique adj.
- Les lettres *ch* se prononcent *k*.
- *Acide chlorhydrique* ou *muriatique*. Liquide corrosif.

chloroforme n. m.
- Les lettres *ch* se prononcent *k*.
- Anesthésique.

chloroformer v. tr.
- Les lettres *ch* se prononcent *k*.
- Anesthésier au moyen du chloroforme.

chlorophylle n. f.
- Les lettres *ch* se prononcent *k*.
- Pigment vert naturel contenu dans les cellules des tissus végétaux.
Note.- Attention à l'orthographe : chloro*phylle*.

chlorure n. m.
- Les lettres *ch* se prononcent *k*.
- Nom générique des sels de l'acide chlorhydrique.

chlorure de polyvinyle n. m.
- Les lettres *ch* se prononcent *k*.

• Sigle **C.P.V.** Équivalent du sigle anglais **PVC** couramment utilisé.

choc n. m.
• Heurt d'un corps contre un autre. *Le choc des épées.*
• Conflit. *Le choc des opinions.*
• Forte émotion. *Le choc de la nouvelle. Elle est en état de choc.*

-choc suff.
Le mot **choc** est parfois mis en apposition à un autre nom pour signifier «choc psychologique»; les deux éléments prennent la marque du pluriel et s'écrivent avec un trait d'union. *Des mesures-chocs, des décisions-chocs.*

chocolat adj. inv. et n. m.
• **Adjectif de couleur invariable.** De la couleur brun foncé du chocolat. *Des turbans chocolat.*
V. Tableau - **COULEUR (ADJECTIFS DE).**
• **Nom masculin.** Substance alimentaire à base de cacao additionnée de sucre. *Du chocolat suisse.*

chocolaté, ée adj.
Parfumé au chocolat. *Du lait chocolaté.*

chocolaterie n. f.
Fabrique de chocolat.

chocolatier n. m.
chocolatière n. f.
Personne qui fabrique et vend du chocolat.

chœur n. m.
• Les lettres **ch** se prononcent **k**.
• Réunion de chanteurs. *Chanter dans un chœur.*
• Partie de la nef d'une église où se trouve l'autel. *Des enfants de chœur* (et non de ** cœur).*

choir v. intr.
Tomber.
Note.- Ce verbe n'est plus usité qu'à l'infinitif avec les verbes **faire** ou **laisser**. *Il a laissé choir son verre sur le sol.*

choix n. m.
• Sélection. *Arrêter son choix.*
• Liberté. *Je n'ai pas le choix.*
• Ensemble présenté. *Il y a un excellent choix de livres.*
• **Au choix de.** Selon la volonté de. *La tenue est au choix des participants.*
• **De choix.** De qualité supérieure. *Des produits de choix.*

choléra n. m.
• Les lettres **ch** se prononcent **k**.
• Grave maladie épidémique.

cholestérol n. m.
• Les lettres **ch** se prononcent **k**.
• Substance grasse provenant des aliments. *Avoir un taux élevé de cholestérol* (et non ** avoir du cholestérol*).

chômage n. m.
Manque de travail. *Chômage saisonnier.*
Hom. **chaumage,** action d'enlever le chaume après la récolte.

chômer v. intr.
• Être sans travail.
• Suspendre son travail pendant les jours fériés. *Une fête chômée.*
Hom. **chaumer,** enlever le chaume après la récolte.

chômeur, euse n. m. et f.
Personne sans travail. *Le nombre des chômeurs a diminué au cours du dernier trimestre.*

chope n. f.
Grand verre de bière ; son contenu.

choquant, ante adj.
Blessant. *Des paroles choquantes.*

choquer v. tr.
• Offenser. *Elle est choquée qu'il n'ait pu se libérer pour venir l'aider.*
Note.- Le verbe **choquer** se construit avec **que** suivi du subjonctif.
• Bouleverser, faire subir un choc. *Cette nouvelle l'a choquée : elle est très émue.*

choral, ale, als ou **aux** adj. et n. m.
• Les lettres **ch** se prononcent **k**.
• **Adjectif.** Relatif au chœur.
Note.- Au pluriel, l'adjectif masculin s'écrit **choraux** ou **chorals**. L'adjectif féminin pluriel est **chorales**. *Des chants chorals, choraux, des mélodies chorales.*
• **Nom masculin.** Chant religieux.
Note.- Au pluriel, le nom s'écrit **chorals**. *Des chorals de Bach.*

chorale n. f.
• Les lettres **ch** se prononcent **k**.
• Groupe de chanteurs qui chantent en chœur. *Une chorale réputée.*

chorégraphe n. m. et f.
• Les lettres **ch** se prononcent **k**.
• Personne qui compose des danses, des ballets.

chorégraphie n. f.
• Les lettres **ch** se prononcent **k**.
• Art de composer les danses, les ballets, d'en noter les mouvements.

choriste n. m. et f.
• Les lettres **ch** se prononcent **k**.
• Personne qui chante dans un chœur.

chorizo n. m.
• Les lettres **ch** se prononcent **tch** et le **z** se prononce **s** [tʃoriso].
• Saucisson espagnol. *Des chorizos épicés.*

chorus n. m.
• Les lettres **ch** se prononcent **k** et le **s** est sonore [kɔrys].
• Solo de jazz. *Des chorus très réussis.*

chose adj. inv. et n. f.
• **Nom féminin**
- Objet inanimé.
- Toute réalité concrète ou abstraite.
• **Locutions**
- **Avant toute chose.** En premier lieu.
- **C'est chose faite.** C'est réglé.

- *C'est peu de chose*. C'est une bagatelle, c'est peu important.
- *État de choses*. Situation, conjoncture.
- *Faire bien les choses*. Traiter ses invités avec largesse.
- *Regarder les choses en face*. Être réaliste.
- *Toutes choses égales d'ailleurs*. Les autres éléments demeurant inchangés.
• **Adjectif invariable**
(Fam). Bizarre. *Elle se sent toute chose.*

chou, choute n. m. et f.
(Fam.) Terme d'affection. *Mon pauvre chou.*

chou, choux adj. inv. et n. m.
• **Adjectif invariable**
(Fig.) Gentil. *Elles sont vraiment chou !*
• **Nom masculin**
- Plante potagère. *De la soupe aux choux.*
- *Chou à la crème*. Petit gâteau en forme de chou. *Des choux à la crème succulents.*

choucas n. m.
• Le *s* ne se prononce pas [ʃuka].
• Oiseau noir voisin de la corneille.

chouchou, oute n. m. et f.
(Fam.) Préféré. *Des chouchoutes, des chouchous.*

chouchouter v. tr.
(Fam.) Cajoler.

choucroute n. f.
• Conserve de choux fermentés dans une saumure aromatisée de baies de genièvre.
• Plat alsacien composé de cette conserve de choux accompagnée de charcuterie et de pommes de terre. *Une choucroute garnie.*
Note.- Attention à l'orthographe : choucrou*t*e.

chouette adj., interj. et n. f.
• **Adjectif.** (Fam.) Agréable. *Elles sont chouettes. Un chouette garçon.*
• **Interjection.** *Chouette ! on part demain.*
• **Nom féminin.** Rapace nocturne. *Une chouette blanche.*

chou-fleur n. m.
Variété de chou dont on mange la pomme. *Des choux-fleurs.*

chou-navet n. m.
Rutabaga. *Des choux-navets.*

chou-rave n. m.
Variété de chou dont on mange la tige. *Des choux-raves.*

chow-chow n. m.
• Les lettres *ow* se prononcent *o* [ʃoʃo].
• Chien de petite taille à poils soyeux. *Des chows-chows.*

choyer v. tr.
• Le *y* se change en *i* devant un *e* muet. *Je choie, tu choies, il choie, je choierai, je choierais, mais nous choyons, vous choyez, je choyais, je choyai.*
• Le *y* est suivi d'un *i* à la première personne et à la deuxième personne du pluriel de l'indicatif imparfait et du subjonctif présent. *(Que) nous choyions, (que) vous choyiez.*
• Soigner avec tendresse et sollicitude. *Choyer ses enfants.*

chrétien, ienne adj. et n. m. et f.
Qui appartient au christianisme. *La doctrine chrétienne. Un chrétien.*
Note.- L'adjectif ainsi que le nom s'écrivent avec une minuscule.

chrétienté n. f.
Ensemble des chrétiens.

christ n. m.
• Nom donné à Jésus. *Le Christ, Jésus-Christ.*
• Représentation du Christ. *De beaux christs en bois.*
Note.- Le nom du Messie s'écrit avec une majuscule, le nom désignant une représentation du Christ s'écrit avec une minuscule et prend la marque du pluriel.

christianiser v. tr.
Rendre chrétien.

christianisme n. m.
Religion établie par Jésus-Christ.
Note.- Les noms de religions s'écrivent avec une minuscule.

chroma- préf.
Élément du grec signifiant « couleur ». *Chromatographie.*

chromage n. m.
Action de chromer, son résultat.

chromatique adj.
Qui se rapporte aux couleurs.

chromatographie n. f.
Méthode d'analyse à l'aide de la couleur.

-chrome suff.
Élément du grec signifiant « couleur ». *Polychrome, monochrome.*

chrome n. m.
• Symbole *Cr* (s'écrit sans point).
• Métal blanc argenté très dur.

chromer v. tr.
Recouvrir de chrome.

chromo n. m. et f.
• **Nom féminin.** Abréviation de **chromolithographie**.
• **Nom masculin.** Image en couleurs de mauvais goût.

chromolithographie n. f.
• Abréviation *chromo* (s'écrit sans point).
• Gravure en couleur obtenue par la lithographie.

chromosome n. m.
Élément du noyau cellulaire dont le nombre varie selon les espèces (46 chez l'être humain).
Note.- Les gènes situés sur les chromosomes sont porteurs des caractères héréditaires.

chromosomique adj.
Relatif au chromosome. *Une maladie chromosomique.*

chron(o)- préf.
Élément du grec signifiant « temps ». *Chronomètre.*

-chrone suff.
Élément du grec signifiant «temps». *Synchrone.*

chronique adj. et n. f.
● **Adjectif**
Se dit de maladies à évolution lente, qui durent long-temps. *Bronchite chronique.*
● **Nom féminin**
- Recueil historique.
- Article périodique de journal, de revue sur un sujet particulier. *La chronique littéraire.*

chroniquement adv.
De façon chronique.

chroniqueur n. m.
chroniqueuse n. f.
Auteur de chroniques. *Un chroniqueur sportif, une chroniqueuse littéraire.*

chrono n. m.
Abréviation familière de **chronomètre.**

chronologie n. f.
● Science des évènements historiques et des dates.
● Succession des évènements dans le temps.

chronologique adj.
Qui est selon l'ordre des temps.

chronologiquement adv.
D'après la chronologie.

chronométrage n. m.
Relevé précis du temps pendant lequel une action s'accomplit.

chronomètre n. m.
● Instrument précis servant à mesurer le temps.
● S'abrège familièrement en **chrono.**

chronométrer v. tr.
● Le *é* se change en *è* devant une syllabe muette, sauf à l'indicatif futur et au conditionnel présent. *Je chronomètre,* mais *je chronométrerai.*
● Relever exactement le temps pendant lequel une action s'accomplit à l'aide d'un chronomètre.

chronométreur n. m.
chronométreuse n. f.
Personne chargée de chronométrer une activité, un évènement.

chrysalide n. f.
État de la chenille avant qu'elle ne devienne papillon.
Note.- Attention à l'orthographe : chrysal*i*de.

chrysanthème n. m.
Plante ornementale. *De grands chrysanthèmes blancs.*
Note.- Attention au genre masculin et à l'orthographe de ce nom : *un* c**h**rysant**h**ème.

C.H.U.
Sigle de *centre hospitalo-universitaire.*

chuchotement n. m.
Action de chuchoter.

chuchoter v. tr., intr.
Dire à voix basse à l'oreille de quelqu'un.
Notes.-
1° Ne pas confondre avec les verbes suivants :

- *marmonner,* prononcer à mi-voix des paroles confuses, souvent avec colère ;
- *murmurer,* prononcer à mi-voix des paroles confuses, surtout pour se plaindre ou protester ;
- *susurrer,* dire d'une voix ténue.
2° Attention à l'orthographe : chucho*t*er.

chuchoterie n. f.
(Péj.) Propos médisants.

chuchotis n. m.
Léger chuchotement.

chuintant, ante adj. et n. f.
(Ling.) Se dit de consonnes qui se prononcent avec un sifflement particulier, par exemple : *ch, j. Des consonnes chuintantes, une chuintante.*

chuintement n. m.
Vice de prononciation.

chuinter v. intr.
● Prononcer les consonnes sifflantes comme des consonnes chuintantes.
● Siffler de façon sourde.

chut ! interj. et n. m. inv.
Interjection destinée à imposer le silence.

chute n. f.
● Mouvement d'une chose qui tombe. *La chute d'un arbre.*
● Diminution brusque de la valeur. *La chute du dollar.*
● Masse d'eau qui tombe. *Les chutes du Niagara.*
Notes.-
1° Les noms génériques de géographie s'écrivent avec une minuscule.
2° En ce dernier sens, ne pas confondre avec les noms suivants :
- *cascade,* masse d'eau qui tombe de rocher en rocher ;
- *cataracte,* importante chute d'eau ;
- *rapide,* cours d'eau dont le courant est agité par des rochers.

chuter v. intr.
(Fam.) Tomber.

chypriote
V. **cypriote.**

ci adv.
● Forme abrégée de *ici.*
● Joint à un nom précédé de *ce, cet, ces* (*cette rue-ci, ces boulevards-ci*), ou à un pronom démonstratif *celui, celle, ceux* (*celle-ci, ceux-ci*), l'adverbe marque la proximité dans l'espace ou dans le temps.
Ant. **là.**
● Placé devant un adjectif ou un participe auquel il est joint par un trait d'union, il s'emploie dans la langue administrative et juridique. *Ci-joint, ci-inclus.*
V. **ci-annexé, ci-inclus, ci-joint.**

ci pron. dém.
Employé familièrement par opposition à *ça. Comme ci, comme ça.*

CIA
Sigle de *Central Intelligence Agency.*

ciao ! interj.
- Le *c* se prononce comme *tch* [tʃao].
- (Fam.) Au revoir, en italien.

ci-annexé, ée adj. et adv.
- **Adjectif et variable**
Quand il suit le nom auquel il se rapporte. *Vous lirez la lettre ci-annexée.*
- **Adverbe et invariable**
- Quand il est placé en tête de phrase. *Ci-annexé des formulaires à remplir.*
- Quand il précède le nom auquel il se rapporte. *Vous trouverez ci-annexé copie des actes notariés.*
Note.- Les termes *ci-inclus* et *ci-joint* suivent la même règle.

ci-après loc. adv.
Un peu plus loin, dans le texte.

cible n. f.
- But pour le tir. *Il a atteint la cible avec ses flèches.*
- Objectif visé (dans le langage de la publicité).
Note.- Apposé à un nom et sans trait d'union, le mot *cible* a une fonction adjectivale et s'accorde en nombre. *Des clientèles cibles, des groupes cibles, des publics cibles.*

cibler v. tr.
Définir précisément ia cible.

ciboire n. m.
Vase liturgique.

ciboulette n. f.
Plante potagère employée comme condiment.

cicatrice n. f.
Trace d'une plaie après la guérison.

cicatriciel, ielle adj.
Relatif à une cicatrice. *Du tissu cicatriciel.*

cicatrisant, ante adj. et n. m.
Qui favorise la cicatrisation.

cicatrisation n. f.
Formation d'une cicatrice.

cicatriser v. tr., pronom.
- **Transitif.** Fermer une plaie.
- **Pronominal.** Se fermer en laissant une cicatrice. *Sa coupure ne se cicatrise pas bien.*

cicérone n. m.
(Plaisant.) Guide. *Des cicérones.*
Note.- Ce mot italien est aujourd'hui francisé : il s'écrit avec un accent aigu et prend la marque du pluriel.

ci-contre loc. adv.
Vis-à-vis, en regard de.

ci-dessous loc. adv.
Plus bas. *Voir illustration ci-dessous.*

ci-dessus loc. adv.
Plus haut. *Voir illustration ci-dessus.*

cidre n. m.
Boisson alcoolique faite du jus fermenté des pommes. *Une bolée de cidre.*

cidrerie n. f.
Lieu où l'on fabrique le cidre.

Cie ou **Cie**
Abréviation de **compagnie** (dans une raison sociale).

ciel, ciels ou **cieux** n. m.
- Espace infini dans lequel se meuvent tous les astres. *La voûte des cieux.*
- Aspect du ciel dans un lieu donné. *Les ciels de Provence.*
- Représentation du ciel en peinture. *Les ciels de Renoir.*
- *Ciel de lit.* Dais placé au-dessus d'un lit. *Des ciels de lit.*
Note.- En peinture, au sens de climat, le pluriel de ce mot est *ciels*.
- Paradis. *Notre Père qui êtes aux cieux.*
Note.- Au sens religieux, le pluriel de *ciel* est *cieux*.

cierge n. m.
Longue chandelle de cire en usage dans le culte religieux.

cigale n. f.
Insecte qui produit un bruit strident. *La cigale ayant chanté tout l'été...* (La Fontaine).

cigare n. m.
Rouleau de feuilles de tabac à fumer.

cigarette n. f.
Petit rouleau de tabac roulé dans du papier que l'on fume. *Une cartouche de cigarettes. Un porte-cigarettes. Un fume-cigarette.*

cigarillo n. m.
Petit cigare. *Des cigarillos cubains.*

ci-gît adv.
Ici repose.
Note.- Cette inscription sur les pierres tombales est suivie du nom de la personne défunte.

cigogne n. f.
Oiseau échassier.
Note.- Ne pas confondre avec l'adjectif *gigogne* qui se dit d'objets ou de meubles qui s'emboîtent les uns dans les autres.

cigogneau n. m.
Petit de la cigogne. *Des cigogneaux.*

ciguë n. f.
Plante qui produit un poison violent.
Note.- Attention à l'orthographe : cigu**ë**.

ci-inclus, use adj. et adv.
- **Adjectif et variable**
Quand il suit le nom auquel il se rapporte. *Vous lirez la lettre ci-incluse.*
- **Adverbe et invariable**
- Quand il est placé en tête de phrase. *Ci-inclus des formulaires à remplir.*
- Quand il précède le nom auquel il se rapporte. *Vous trouverez ci-inclus copie des actes notariés.*
Note.- Les termes *ci-joint* et *ci-annexé* suivent la même règle.

ci-joint, jointe adj. et adv.
- **Adjectif et variable**
Quand il suit le nom auquel il se rapporte. *Vous lirez la lettre ci-jointe.*
- **Adverbe et invariable**
- Quand il est placé en tête de phrase. *Ci-joint des formulaires à remplir.*
- Quand il précède le nom auquel il se rapporte. *Vous trouverez ci-joint copie des actes notariés.*
Note.- Les termes **ci-inclus** et **ci-annexé** suivent la même règle.

cil n. m.
Poil qui borde les paupières.
Note.- Ne pas confondre avec le mot **sourcil** qui désigne les poils qui suivent l'arcade sourcilière, au-dessus de l'orbite.

cilice n. m.
(Ancienn.) Vêtement de crin porté sur la peau par pénitence.
Note.- Ne pas confondre avec le mot féminin **silice** qui désigne un minerai.

cilié, ée adj.
Qui a des cils.

cillement n. m.
Action de ciller.

ciller v. tr.
Fermer et ouvrir brusquement les paupières.

cimaise ou **cymaise** n. f.
Moulure sur les murs d'une pièce, et sur laquelle on peut exposer des tableaux.

cime n. f.
Sommet, extrémité supérieure.
Note.- Attention à l'orthographe : *cime.*

ciment n. m.
Matière propre à lier des pierres, des briques, etc. *Des sacs de ciment.*

cimenter v. tr.
- Lier avec du ciment. *Il faut cimenter ces fondations.*
- (Fam.) Solidifier. *Cimenter une collaboration.*

cimenterie n. f.
Usine où l'on fabrique le ciment.

cimeterre n. m.
Sabre recourbé.
Note.- Ne pas confondre avec le mot **cimetière** qui désigne le lieu où l'on enterre les morts.

cimetière n. m.
Lieu où l'on enterre les morts.
Note.- Ne pas confondre avec le mot **cimeterre** qui désigne un sabre.

ciné n. m.
Forme abrégée familière de **cinéma**. *Des cinés.*

cinéaste n. m. et f.
Auteur, réalisateur de films.

ciné-club n. m.
Club d'amateurs de cinéma. *Des ciné-clubs.*

cinéma n. m.
- S'abrège familièrement en **ciné** (s'écrit sans point).
- Art de créer des films.
- Lieu où l'on projette des films. *Ce soir, il a envie d'aller au cinéma.*

cinémathèque n. f.
Lieu où l'on conserve et projette des films.

cinématique adj. et n. f.
Partie de la mécanique qui s'occupe de l'étude du mouvement.

ciné-parc n. m.
Au Canada, cinéma en plein air où l'on regarde le film de sa voiture. *Des ciné-parcs.*

cinéphile n. m. et f.
Amateur de cinéma.

cinéraire adj. et n. f.
- **Adjectif.** Qui renferme les cendres d'un mort. *Un vase cinéraire.*
- **Nom féminin.** Plante ornementale dont l'envers des feuilles est d'un vert cendré.

cinéroman n. m.
Roman-photo tiré d'un film. *Des cinéromans.*

cinétique adj. et n. f.
Qui a le mouvement pour principe. *Énergie cinétique.*

cinghalais n. m.
Langue parlée au Sri Lanka.
Note.- Les noms de langues s'écrivent avec une minuscule.

cinglant, ante adj.
Rude, mordant. *Un ton cinglant.*

cinglé, ée adj. et n. m. et f.
(Fam.) Fou.

cingler v. tr., intr.
- **Transitif**
- Frapper avec un objet flexible. *Cingler un cheval avec une cravache.*
- Fouetter, en parlant de la pluie, de la neige. *La neige et la bourrasque lui cinglaient le visage.*
- **Intransitif**
Naviguer à toute allure dans une direction. *Le voilier cinglait vers les îles.*

cinq adj. et n. m. inv.
- **Adjectif numéral cardinal invariable.** Quatre plus un. *Une pièce en cinq actes. Cinq francs.*
- **Adjectif numéral ordinal invariable.** Cinquième. *Le cinq mai.*
- **Nom masculin invariable.** Nombre cinq. *Un cinq de cœur.*
Notes.-
1° Le **q** se prononce lorsque l'adjectif est suivi d'un mot commençant par une voyelle ou un **h** non aspiré. *Cinq oranges.*
2° Le **q** ne se prononce pas si l'adjectif est suivi d'un mot commençant par une consonne ou un **h** aspiré. *Cinq francs.*
3° Le **q** se prononce toujours dans le nom **cinq**.
V. Tableau - **CHIFFRES**.

cinquantaine n. f.
- Cinquante ou environ. *Une cinquantaine de cerises.*
- Âge approximatif de cinquante ans. *Il est dans la cinquantaine.*

cinquante adj. num. et n. m. inv.
- **Adjectif numéral cardinal invariable.** Cinq fois dix. *Les cinquante personnes.*
- **Adjectif numéral ordinal invariable.** Cinquantième. *Page cinquante.*
- **Nom masculin invariable.** Nombre cinquante.

cinquantenaire adj. et n. m.
Cinquantième anniversaire.
Note.- Ne pas confondre avec le mot **quinquagénaire** qui désigne une personne ou une chose qui est dans la cinquantaine.

cinquantième adj. num. et n. m. et f.
- **Adjectif numéral.** Nombre ordinal de cinquante. *La cinquantième élève.*
- **Nom masculin.** La cinquantième partie d'un tout.
- **Nom masculin et féminin.** Personne, chose qui occupe le cinquantième rang. *Ils sont les cinquantièmes.*

cinquième adj. num. et n. m. et f.
- **Adjectif numéral.** Nombre ordinal de cinq. *La cinquième enfant.*
- **Nom masculin.** La cinquième partie d'un tout. *Les trois cinquièmes d'une tarte.*
- **Nom masculin et féminin.** Personne, chose qui occupe le cinquième rang. *Elles sont les cinquièmes.*

cinquièmement adv.
En cinquième lieu.

cintrage n. m.
Action de cintrer.

cintre n. m.
- Courbure d'une voûte.
- Article rappelant la forme des épaules et qui est muni d'un crochet pour suspendre les vêtements. *Mettre son manteau sur un cintre.*

cintrer v. tr.
- Courber. *Cintrer des pièces de métal.*
- Ajuster un vêtement à la taille.

cirage n. m.
- Action de cirer.
- Produit dont on se sert pour cirer les chaussures.

circom-, circon- préf.
Éléments latins signifiant « autour ». *Circonférence.*

circoncire v. tr.
Pratiquer la circoncision sur. *Il a été circoncis.*
Note.- Ne pas confondre avec le verbe **circonscrire** qui signifie « donner des limites ».

circoncision n. f.
Excision du prépuce.

circonférence n. f.
Périmètre d'un cercle.

circonflexe adj.
Accent circonflexe. Se dit d'un signe qu'on met sur certaines voyelles longues. *Château, forêt, abîme, rôti, flûte.*

circonlocution n. f.
Périphrase.
Note.- Ne pas confondre avec le mot **circonvolution** qui désigne une suite de cercles autour d'un centre commun.

circonscription n. f.
Division administrative d'un territoire. *Une circonscription électorale.*

circonscrire v. tr.
- Donner des limites. *Circonscrire un terrain.*
- Limiter. *L'incendie a été circonscrit.*
Note.- Ne pas confondre avec le verbe **circoncire** qui signifie « pratiquer la circoncision ».

circonspect, ecte adj.
- Les lettres **ct** se prononcent ou non au masculin [sirkɔ̃spɛ(kt)].
- Prudent.

circonspection n. f.
Prudence, discrétion.

circonstance n. f.
Occasion favorable ou défavorable. *Je profite de la circonstance pour vous saluer.*

circonstancié, ée adj.
Détaillé. *Un rapport circonstancié.*

circonstanciel, ielle adj.
Se dit d'un complément qui précise la circonstance de l'action indiquée par le verbe : son lieu, son temps, sa cause, son but, etc.
V. Tableau - **COMPLÉMENT.**

circonvenir v. tr.
(Péj.) Atteindre un objectif par des manœuvres déterminées.

circonvolution n. f.
Suite de cercles autour d'un centre commun.
Note.- Ne pas confondre avec le mot **circonlocution** qui désigne une périphrase.

circuit n. m.
- Itinéraire ramenant au point de départ. *Faire le circuit des châteaux.*
- Suite de conducteurs électriques. *Le circuit a été coupé. Des circuits imprimés.*

circulaire adj. et n. f.
- **Adjectif.** En forme de cercle. *Une sculpture circulaire.*
- **Nom féminin.** Lettre d'information adressée à plusieurs destinataires. *Une circulaire administrative, commerciale.*
Note.- Ne pas confondre avec les mots suivants :
- *billet*, lettre très concise ;
- *communiqué*, avis transmis au public ;
- *courrier*, ensemble des lettres, des imprimés, etc. acheminé par la poste ;
- *dépêche*, missive officielle, message transmis par voie rapide ;
- *lettre*, écrit transmis à un destinataire ;
- *note*, brève communication écrite, de nature administrative ;
- *télégramme*, message transmis télégraphiquement.

circulairement adv.
En rond.

circulation n. f.
Mouvement de ce qui circule. *La circulation automobile, la circulation du sang, la circulation des capitaux. Des aires de circulation.*

circulatoire adj.
Propre à la circulation du sang. *Des troubles circulatoires.*

circuler v. intr.
● Se mouvoir circulairement ou de façon à revenir au point de départ.
● Passer de main en main.
● Se propager. *Les nouvelles circulent vite.*

cire n. f.
● Matière jaunâtre produite par les abeilles.
● Substance animale ou végétale. *Une statuette en cire.*

ciré, ée adj. et n. m.
● **Adjectif.** Enduit de cire. *Des parquets cirés.*
● **Nom masculin.** Imperméable.

cirer v. tr.
Enduire de cire, de cirage.

cireur, euse n. m. et f.
Personne qui cire les chaussures, les bottes.

cirque n. m.
● Enceinte circulaire où se donne le spectacle d'exercices d'acrobatie, de domptage, d'équilibre.
● Entreprise qui organise ce spectacle.

cirrhose n. f.
Affection du foie, généralement d'origine alcoolique. Notes.-
1° Attention à l'orthographe : ci**rrh**ose.
2° L'expression *****«cirrhose du foie» est un pléonasme.

cirrocumulus n. m. inv.
● Le **s** se prononce [sirɔkymylys].
● Nuage qui présente une forme moutonnée.

cirrostratus n. m. inv.
● Le **s** se prononce [sirɔstratys].
● Nuage qui présente l'aspect d'un voile très léger.

cirrus n. m.
● Le **s** se prononce [sirys].
● Nuage élevé qui a la forme de filaments massés.
Note.- Attention à l'orthographe : ci**rr**us.

cisaille n. f.
Gros ciseaux pour couper une feuille de métal, une haie. *Une cisaille de jardinier.*
Note.- Ce mot s'utilise souvent au pluriel.

cisaillement n. m.
Action de cisailler ; son résultat.

cisailler v. tr.
● Les lettres *ill* sont suivies d'un *i* à la première et à la deuxième personne du pluriel de l'indicatif imparfait et du subjonctif présent. *(Que) nous cisaillions, (que) vous cisailliez.*
● Couper avec des cisailles.

ciseau n. m.
● **Nom masculin singulier.** Outil de métal destiné à travailler le bois, le métal, etc. *Un ciseau à bois.*
● **Nom masculin pluriel.** Instrument composé de deux branches mobiles qui sert à couper quelque chose. *Des ciseaux de couturière.*

ciseler v. tr.
● Le *e* se change en *è* devant une syllabe muette. *Je cisèle, tu cisèles, il cisèle, je cisèlerai, je cisèlerais,* mais *nous ciselons, vous ciselez, je ciselais, je ciselai.*
● Sculpter des ornements sur le métal.
● Travailler avec minutie, parfaire. *Ciseler un texte.*

ciselure n. f.
Gravure.

citadelle n. f.
Forteresse.

citadin, ine adj. et n. m. et f.
● **Adjectif.** Qui se rapporte à la ville. *Des habitudes citadines.*
● **Nom masculin et féminin.** Personne qui habite la ville.

citation n. f.
Passage d'un auteur, d'un texte rapporté exactement.

● Afin de mettre en évidence les citations d'un texte, on peut recourir à divers procédés :
- emploi de guillemets lorsque la citation est composée avec les mêmes caractères que le texte. «Tout ce que l'homme a ajouté à l'Homme, c'est ce que nous appelons en bloc la civilisation.» (J. Rostand) ;
- disposition en retrait de l'extrait cité ;
- emploi des caractères italiques, si ceux-ci sont disponibles ;
- emploi de caractères plus petits (corps inférieurs), si la composition typographique le permet.
Note.- Si la citation est composée en italique ou en caractères plus petits, les guillemets ne sont pas nécessaires.
● **Ponctuation**
- Il importe de respecter la ponctuation finale du passage cité et de l'inclure avant de fermer les guillemets, s'il y a lieu.
- Ainsi, le premier mot de la citation prend une capitale initiale si celle-ci débute par une phrase complète. *Les haies d'églantines n'ont plus de parfum.* (Anne Hébert, *Les fous de Bassan*).
- Si l'extrait cité comporte une incise telle que **dit-il, demanda-t-il, s'écria-t-elle, répondit-elle,** celle-ci doit être précédée et suivie de virgules. Par contre, on ne recourt pas aux guillemets pour ce type d'incise. *Je viendrai certainement demain, répondit-il, si la fête a lieu.*
● **Citations abrégées**
Pour abréger une citation, on dispose des possibilités suivantes :
- emploi de l'abréviation *etc.* après le guillemet fermant. «Voici des fruits, des fleurs, des feuilles et des branches», etc. (Paul Verlaine) ;
- emploi des points de suspension avant le guillemet fermant. «Vous connaissez la suite. Veuillez agréer, chère Madame, ...» ;

- emploi des points de suspension encadrés par des crochets [...] pour supprimer un passage dans une citation.
• **Références des citations**
Si l'auteur de la citation veut en mentionner la référence, celle-ci sera placée entre parenthèses après le guillemet fermant. « Dans le frais clair-obscur du soir charmant qui tombe. » (V. Hugo).
Notes.-
1° L'adverbe *sic* est composé en italique et se place entre parenthèses après un mot cité textuellement, si incorrect qu'il soit.
2° S'il n'existe pas de règles précises quant à la disposition des citations dans un texte, ou si le choix des mises en valeur est conditionné par la nature de l'ouvrage et la disponibilité des caractères typographiques, il importe cependant de présenter de façon uniforme et cohérente l'ensemble des citations d'un même texte.

cité n. f.
• Partie la plus ancienne d'une ville. *La Cité de Londres. L'île de la Cité.* En ce sens, le nom s'écrit avec une majuscule.
• Ensemble d'immeubles ayant une même vocation. *La cité universitaire de Paris.* En ce sens, le nom s'écrit avec une minuscule.

citer v. tr.
Rapporter. *Citer un passage d'un texte.*

citerne n. f.
Réservoir d'eau de pluie. *Des avions-citernes. Des camions-citernes.*

cithare n. f.
Instrument de musique à cordes de la Grèce antique. Hom. *sitar,* instrument de musique à cordes de l'Inde.

citizen band n. f.
• Attention à la prononciation [sitizənbãd].
• Abréviation *C.B.*
• (Anglicisme) Bande de fréquence utilisée pour les communications entre particuliers.
Note.- L'expression *bande publique* a fait l'objet d'une recommandation officielle pour remplacer cet anglicisme.

citoyen, enne n. m. et f.
Sujet d'un pays qui, à ce titre, jouit de droits politiques.

citoyenneté n. f.
Qualité de citoyen.

citrin, ine adj.
(Litt.) Qui a la couleur du citron.

citrique adj.
Acide extrait du jus de citron. *Acide citrique.*

citron adj. inv. et n. m.
• **Adjectif de couleur invariable.** De la couleur jaune des citrons. *Des rubans citron, jaune citron.*
V. Tableau - **COULEUR (ADJECTIFS DE).**
• **Nom masculin.** Fruit du citronnier. *Un citron pressé.*

citronnade n. f.
Boisson préparée avec du jus de citron.
Note.- Ne pas confondre avec le mot *limonade* qui désigne une boisson gazeuse au goût de citron.
Syn. **citron pressé.**

citronné, ée adj.
Qui contient du jus de citron.

citronnelle n. f.
Nom de diverses plantes dont l'odeur ressemble à celle du citron.

citronnier n. m.
Arbre des régions méridionales qui produit le citron.

citrouille n. f.
Plante potagère dont le fruit orange est volumineux ; ce fruit.

civet n. m.
Ragoût de lapin, de lièvre.

civière n. f.
Brancard destiné à transporter des malades, des blessés.

civil, ile adj. et n. m. et f.
• **Adjectif**
Relatif à l'ensemble des citoyens d'un État. *L'état civil. Le Code civil.*
Note.- Le recueil des lois relatives au droit civil s'écrit avec une majuscule initiale, l'adjectif s'écrit avec une minuscule.
- (Litt.) Affable.
- *Année civile.* Période de douze mois comprise entre le 1er janvier et le 31 décembre.
• **Nom masculin et féminin.**
Personne qui n'est pas militaire.

civilement adv.
• (Dr.) En matière civile.
• (Litt.) Avec courtoisie.

civilisateur, trice adj. et n. m. et f.
Qui aide au progrès de la civilisation.

civilisation n. f.
Développement des caractères propres à la vie intellectuelle, morale, artistique et matérielle d'une société. *La civilisation grecque.*

civilisé, ée adj. et n. m. et f.
Qui jouit de la civilisation. *Un peuple civilisé.*

civiliser v. tr.
Contribuer à la civilisation d'un groupe, d'un pays.

civiliste n. m. et f.
Spécialiste du droit civil.

civilité n. f.
• (Vx) Politesse.
• *Titre de civilité.* Les titres de civilité les plus courants sont *Monsieur, Madame* dont les abréviations sont *M., Mme.*
Note.- Le titre de *Mademoiselle* tend à être remplacé par celui de *Madame*, sans égard à la situation de famille de la personne.

civique adj.
- Qui concerne le citoyen. *Les droits civiques.*
- *Sens civique.* Dévouement envers la collectivité.

civisme n. m.
Sens civique. *Faire preuve de civisme en donnant priorité aux piétons.*

cl
Symbole de **centilitre**.

Cl
Symbole de **chlore**.

clac ! interj.
Onomatopée indiquant un claquement sec.

clafoutis n. m.
Pâtisserie. *Un clafoutis aux cerises.*

claie n. f.
Treillis servant de clôture.

clair, claire adj., adv. et n. m.

- **Adjectif**
- Qui répand ou reçoit la lumière. *Une pièce très claire.*
- Pâle, en parlant de couleurs. *Bleu clair. Des chemises bleu clair.*
Note.- L'adjectif de couleur composé est invariable.
- Pur. *Une eau claire.*
- Cristallin. *Une voix très claire.*
- Compréhensible. *La lettre est claire : il faut tout reprendre.*
Note.- Ne pas confondre avec les mots suivants :
- **assuré**, dont la réalité est sûre ;
- **avéré**, reconnu comme vrai ;
- **évident**, indiscutable ;
- **indéniable**, qu'on ne peut nier ;
- **irréfutable**, qu'on ne peut réfuter ;
- **notoire**, qui est bien connu.
- **Adverbe**
Clairement. *Parler haut et clair. Il fait clair.*
- **Nom masculin**
- *Clair de lune.* La clarté de la lune. *Le clair de lune est magnifique ce soir.*
- *En clair*, locution adverbiale. Non chiffré ou non codé.
- *Le plus clair de.* La partie la plus importante. *Il passe le plus clair de son temps à écrire.*
- *Tirer au clair*. Éclaircir. *Il faut tirer au clair cette question.*

claire n. f.
Huître. *Des claires délicieuses.*

clairement adv.
Distinctement.

clairet, ette adj. et n. m.
- **Adjectif.** Peu épais. *Une soupe clairette.*
- **Nom masculin.** Vin rouge léger.

claire-voie n. f.
Treillis.

clairière n. f.
Endroit d'une forêt, d'un bois dégarni d'arbres.

clair-obscur n. m.
Effet de lumière contrastant avec l'ombre. *Des clairs-obscurs.*

clairon n. m.
- Instrument à vent.
- Personne qui joue de cet instrument.

claironnant, ante adj.
Qui a le timbre du clairon.

claironner v. tr., intr.
- **Transitif.** (Fam.) Annoncer à grand fracas.
- **Intransitif.** Sonner du clairon.

clairsemé, ée adj.
Rare. *Des arbres clairsemés.*

clairvoyance n. f.
- Discernement, lucidité.
- Perception extrasensorielle.

clairvoyant, ante adj.
Intelligent, perspicace.

clamer v. intr.
(Litt.) Proclamer.

clameur n. f.
Ensemble de cris tumultueux.

clan n. m.
Groupe, société fermée.

clandestin, ine adj. et n. m. et f.
Qui se fait en marge des lois et de façon secrète. *Un marché clandestin.*

clandestinité n. f.
Caractère de ce qui est clandestin.

clapet n. m.
Petite soupape.

clapier n. m.
Cabane pour les lapins.

clapotement n. m.
Bruit léger d'un liquide qui clapote.

clapoter v. intr.
Se dit de vagues légères qui s'entrechoquent.
Note.- Attention à l'orthographe : clapoter.

clapotis n. m.
Agitation des vagues qui se croisent.

clappement n. m.
Bruit sec fait avec la langue.

claquage n. m.
Étirement d'un ligament.
Note.- Ne pas confondre avec le nom **claquement** qui désigne un bruit.

claque n. f.
(Fam.) Gifle.

claquement n. m.
Bruit qui résulte d'un choc.
Note.- Ne pas confondre avec le nom **claquage** qui désigne l'étirement d'un ligament.

claquemurer v. tr., pronom.
- **Transitif.** (Vx) Séquestrer.
- **Pronominal.** S'enfermer chez soi, s'isoler.

claquer v. tr., intr., pronom.
- **Transitif**
Fermer avec un bruit sec. *Claquer la porte.*
- **Intransitif**
Faire un bruit sec et clair. *Claquer des dents.*
- **Pronominal**
S'épuiser.

claquette n. f.
- Instrument composé de deux planchettes que l'on fait claquer pour donner un signal.
- Danse rythmée par un bruit sec des pieds.

clarification n. f.
- Action de clarifier.
- Éclaircissement.

clarifier v. tr.
- Redoublement du *i* à la première et à la deuxième personne de l'indicatif imparfait et du subjonctif présent. *(Que) nous clarifiions, (que) vous clarifiiez.*
- Purifier. *Clarifier une eau.*
- Rendre clair. *Il faudrait clarifier cette question.*

clarinette n. f.
- Instrument de musique à vent.
- Personne qui joue de cet instrument. *C'est une excellente clarinette.*
Note.- Ce mot féminin désigne un homme ou une femme.
Syn. **clarinettiste.**

clarinettiste n. m. et f.
Personne qui joue de la clarinette.
Syn. **clarinette.**

clarté n. f.
- Lumière. *La clarté du jour.*
- Caractère de ce qui est nettement intelligible. *La clarté d'un exposé.*

classe n. f.
- Ensemble de personnes qui ont des intérêts communs. *Une classe sociale.*
- Ensemble d'êtres ou d'objets qui ont des caractéristiques semblables. *La classe des mammifères.*
- Division d'un établissement scolaire. *La classe de 6ᵉ.*
- Enseignement. *Faire la classe de français.*

classe de neige n. f.
Enseignement donné à la montagne au cours de l'hiver où sont combinés leçons et exercices physiques. *Des classes de neige.*

classement n. m.
- Action de classer, de ranger par classes, par catégories.
- Résultat de cette action.

classer v.tr., pronom.
- **Transitif.** Répartir en classes, en catégories.
Note.- Ne pas confondre avec le verbe *classifier* qui signifie « déterminer des classes », surtout en botanique ou en zoologie.

- **Pronominal.** Obtenir un certain rang. *Elles se sont bien classées.*

classeur n. m.
- Meuble où l'on classe des dossiers.
- Chemise servant à ranger des papiers.

classe verte n. f.
Enseignement donné à la campagne (pour les enfants des villes), où l'accent porte sur l'écologie et les exercices au grand air. *Des classes vertes.*

classicisme n. m.
Doctrine esthétique fondée sur de strictes exigences de raison et d'harmonie propres aux œuvres de l'Antiquité et du XVIIᵉ siècle, en France.

classification n. f.
- Distribution logique selon un certain ordre.
- État de ce qui est classé.

classifier v. tr.
- Redoublement du *i* à la première et à la deuxième personne du pluriel de l'indicatif imparfait et du subjonctif présent. *(Que) nous classifiions, (que) vous classifiiez.*
- Déterminer des classes, surtout en botanique ou en zoologie.
Note.- Ne pas confondre avec le verbe *classer* qui signifie « répartir en classes ».

classique adj. et n. m.
- **Adjectif**
- Conforme aux règles des auteurs de l'Antiquité et du XVIIᵉ siècle.
- *Études classiques.* Études comportant du grec et du latin.
- **Nom masculin**
Ouvrage littéraire, musical, artistique qui fait autorité.

claudicant, ante adj.
(Litt.) Qui boite. *Une démarche claudicante.*
Note.- Ne pas confondre avec le participe présent invariable *claudiquant.* *Les blessés claudiquant pour se rendre à leur chambre.*

claudication n. f.
Action de boiter.

claudiquer v. intr.
(Litt.) Boiter.

clause n. f.
(Dr.) Disposition particulière d'un traité, d'un contrat.

claustral, ale, aux adj.
Relatif au cloître.

claustration n. f.
Isolement.

claustrer v. tr., pronom.
- **Transitif.** Cloîtrer.
- **Pronominal.** S'enfermer chez soi.

claustrophobe adj. et n. m. et f.
Qui a peur d'être enfermé. *Il ne peut prendre l'ascenseur : il est claustrophobe. Une claustrophobe.*

claustrophobie n. f.
Phobie des lieux clos.

clavecin n. m.
Instrument de musique à clavier et à cordes pincées.

claveciniste n. m. et f.
Personne qui joue du clavecin.

clavette n. f.
Tige qui bloque une cheville en la traversant à son extrémité.

clavicule n. f.
Os joignant l'omoplate au sternum.

clavier n. m.
Ensemble de touches d'un instrument de musique, d'un ordinateur, etc. *Un clavier numérique.*

clef ou **clé** n. f.
• Instrument métallique qui sert à ouvrir ou à fermer une serrure. *La porte est fermée à clef. Des trousseaux de clefs, des porte-clefs.*
• **Locutions**
- *La clef du mystère.* L'explication.
- *Prendre la clef des champs.* S'en aller.
- *Clefs en main.* Prêt à l'usage. *Construire et livrer une usine clefs en main.*
- *Sous clef.* Enfermer. *Le dossier a été mis sous clef.*
• Mot mis en apposition pour indiquer que ce qui précède a une importance essentielle. Les deux composés prennent la marque du pluriel et s'écrivent avec ou sans trait d'union. *Des postes clefs, des éléments clefs, des industries clefs.*

clématite n. f.
Plante grimpante à fleurs en bouquet.

clémence n. f.
Vertu qui consiste à pardonner.

clément, ente adj.
• Indulgent, magnanime. *Il a été clément et lui a confié une nouvelle mission malgré l'échec essuyé.*
• Doux, favorable. *Un climat très clément.*

clémentine n. f.
Petite mandarine. *Des clémentines du Maroc.*

clepsydre n. f.
Horloge à eau.
Note.- Ne pas confondre avec le mot *sablier* qui désigne l'appareil qui détermine le temps par l'écoulement du sable.

cleptomane
V. **kleptomane**.

cleptomanie
V. **kleptomanie**.

clerc n. m.
• Le *c* final ne se prononce pas [klɛr].
• Employé d'une étude de notaire, d'avocat, d'huissier.

clergé n. m.
Ensemble des ecclésiastiques d'une Église, d'un diocèse, d'un pays.

clérical, ale, aux adj.
Qui se rapporte au clergé. *Il a des tendances plus cléricales qu'anticléricales.*

cléricature n. f.
• État, condition des clercs (notaires, huissiers, etc.), des ecclésiastiques.
• Corps des ecclésiastiques.

clic ! onomat.
Onomatopée indiquant le claquement sec d'un déclic.

cliché n. m.
• Plaque d'une page, en typographie.
• Négatif d'une photographie.
• (Péj.) Expression, phrase toute faite qui est répétée, lieu commun. *Ce ne sont que des clichés.*

client, ente n. m. et f.
Personne qui achète un bien, un service. *Les clients d'un magasin, d'un avocat.*

clientèle n. f.
Ensemble des clients d'une personne, d'une entreprise.

clignement n. m.
Action de cligner. *Des clignements d'yeux.*

cligner v. tr., intr.
Fermer les yeux à demi. *Elle cligne les yeux ou des yeux à cause du soleil.*

clignotant, ante adj. et n. m.
• **Adjectif.** Qui clignote. *Une lumière clignotante.*
• **Nom masculin.** Lumière intermittente, en signalisation routière. *Mettre son clignotant pour tourner.*

clignotement n. m.
Action de clignoter.

clignoter v. intr.
S'allumer et s'éteindre à de brefs intervalles.
Note.- Attention à l'orthographe : clignoter.

climat n. m.
• Ensemble des conditions météorologiques d'un lieu donné. *Un climat tempéré, tropical.*
• Ambiance.

climatique adj.
Qui se rapporte au climat. *Les conditions climatiques.*
Note.- Ne pas confondre avec le mot *climatologique* qui qualifie ce qui se rapporte à la science qui étudie les climats.

climatisation n. f.
Ensemble des moyens utilisés pour obtenir un degré de température et d'humidité défini dans un lieu.

climatisé, ée adj.
Dont l'air est conditionné. *Une salle climatisée.*

climatiser v. tr.
Donner à un lieu une certaine température, un certain degré d'humidité, à l'aide d'un climatiseur ou d'un conditionneur d'air.

climatiseur n. m.
Appareil de climatisation. *Le propriétaire du magasin a installé un climatiseur, un conditionneur d'air .*

climatologie n. f.
Science qui étudie les climats.

climatologique adj.
Relatif à l'étude des climats. *Des cartes climatologiques.*
Note.- Ne pas confondre avec l'adjectif *climatique* qui qualifie ce qui se rapporte au climat.

clin d'œil n. m.
Clignement. *Des clins d'œil, des clins d'yeux.*

clinicien n. m.
clinicienne n. f.
Médecin qui établit un diagnostic par l'observation directe des malades.

clinique adj. et n. f.
• **Adjectif.** Qui se fait au chevet du malade. *Des diagnostics cliniques.*
• **Nom féminin.** Établissement de soins privé.

cliniquement adv.
D'après les signes cliniques.

clinquant, ante adj. et n. m.
• **Adjectif.** Voyant et sans valeur. *Des bijoux clinquants.*
• **Nom masculin.** Éclat trompeur. *Du clinquant très vulgaire.*

clip n. m.
• (Anglicisme) Boucle d'oreille, broche, qui se fixe par une pince. *Des clips en brillants.*
• (Anglicisme) Court film vidéo destiné à présenter une chanson. *Les enfants raffolent de ces clips.*
V. **vidéoclip**.

clique n. f.
(Péj.) Bande. *Une clique ésotérique.*

cliques n. f. pl.
(Fam.) *Prendre ses cliques et ses claques.* Rassembler ses affaires et partir.

cliqueter v. intr.
• Redoublement du *t* devant un *e* muet. *Il cliquette, il cliquettera*, mais *il cliquetait.*
• Faire un bruit sec et répété.

cliquetis n. m.
Bruit d'objets qui s'entrechoquent. *Le cliquetis des claviers.*

clitoridectomie n. f.
Ablation du clitoris.

clitoridien, ienne adj.
Qui se rapporte au clitoris.

clitoris n. m.
• Le *s* se prononce [klitɔʀis].
• Petit organe érectile de la vulve.

clivage n. m.
• Séparation d'une roche, d'un cristal en feuilles dans le sens de ses couches.
• (Fig.) Séparation des idées, des opinions, etc. par groupes, par niveaux.

cliver v. tr., pronom.
• **Transitif.** Séparer un minerai suivant ses couches.
• **Pronominal.** Se séparer, se scinder.

cloaque n. m.
• Orifice des cavités intestinale, urinaire et génitale des oiseaux, des reptiles, des batraciens, etc.
• (Fig.) Endroit malpropre et malsain.

clochard, arde n. m. et f.
Vagabond privé de travail et de logement.

cloche n. f.
Appareil sonore vibrant sous les coups d'un battant. *Sonner les cloches.*
Note.- Ne pas confondre avec les mots suivants :
- *bourdon*, grosse cloche d'une cathédrale, d'une basilique ;
- *carillon*, groupe de petites cloches ;
- *clochette*, petite cloche ;
- *sonnette*, timbre, sonnerie électrique.

cloche-pied (à) loc. adv.
Sur un pied. *Les enfants sautaient à cloche-pied.*

clocher n. m.
• Tour abritant les cloches d'une église.
• *Querelle de clocher.* Rivalités locales, insignifiantes.

clocher v. intr.
Aller de travers. *Il y a quelque chose qui cloche dans ce dessin.*

clocheton n. m.
Petit clocher.

clochette n. f.
Petite cloche.
Note.- Ne pas confondre avec les mots suivants :
- *bourdon*, grosse cloche d'une cathédrale, d'une basilique ;
- *carillon*, groupe de petites cloches ;
- *cloche*, appareil sonore vibrant sous les coups d'un battant ;
- *sonnette*, timbre, sonnerie électrique.

cloison n. f.
• Paroi formant séparation. *La cloison nasale.*
• Mur peu épais séparant deux pièces. *Ce grand bureau sera divisé par des cloisons.*
Note.- Ne pas confondre avec les mots suivants :
- *mur*, ouvrage de maçonnerie qui soutient une construction, qui entoure un immeuble ;
- *muraille*, mur épais et élevé ;
- *rempart*, muraille fortifiée entourant une ville.

cloisonné, ée adj. et n. m.
• Divisé en compartiments.
• *Émail cloisonné.* De beaux cloisonnés.

cloisonnement n. m.
Action de cloisonner ; ensemble de cloisons. *Le cloisonnement des spécialités médicales.*

cloisonner v. tr.
• Séparer par des cloisons.
• (Fig.) Compartimenter.

cloître n. m.
● Galerie intérieure couverte, disposée en carré autour d'un jardin, dans les anciens couvents.
● Monastère. *Entrer au cloître.*
Note.- Attention à l'orthographe : cloître.

cloîtré, ée adj.
● Retiré dans un couvent.
● Isolé.
Note.- Attention à l'orthographe : cloîtré.

cloîtrer v. tr., pronom.
● **Transitif**
Faire entrer dans un couvent.
● **Pronominal**
- S'isoler.
- (Fig.) S'enfermer dans son univers, ses idées.
Note.- Attention à l'orthographe : cloîtrer.

clone n. m.
● Attention à la prononciation : ce mot rime avec *donne* [klɔn].
● Ensemble des descendants génétiquement semblables issus d'un être unique par reproduction asexuée. *Les progrès de la technique permettraient la création de clones qui seraient des copies conformes d'un même individu.*
● (Inform.) Reproduction exacte d'un système micro-informatique.

cloner v. tr.
Effectuer un clonage (d'une cellule, d'une personne).

clopin-clopant loc. adv.
En boitant. *Elles allaient clopin-clopant.*
Note.- La locution adverbiale est toujours invariable.

cloporte n. m.
Petit crustacé terrestre.

cloque n. f.
Ampoule de la peau. *Elle est couverte de cloques.*

cloqué, ée adj.
Gaufré. *Du tissu cloqué.*

cloquer v. intr.
Se boursoufler. *La peinture a cloqué.*

clore v. tr.
● Verbe très défectif. Ne s'emploie qu'aux modes et personnes suivants. *Je clos, tu clos, il clôt, ils closent. Je clorai, tu cloras, il clora, nous clorons, vous clorez, ils cloront. Je clorais, tu clorais, il clorait, nous clorions, vous cloriez, ils cloraient. Clos* (impératif). *Que je close, que tu closes, qu'il close, que nous closions, que vous closiez, qu'ils closent. Clos, close.*
● (Litt.) Fermer. *Clore des volets.*
● *Clore le bec à quelqu'un.* Le faire taire.
● (Fig.) Mettre fin à. *Clore une discussion.*

clos n. m.
● Terrain cultivé entouré de murs, de haies.
● Vignoble.

clos, ose adj.
● Fermé. *Une porte close.*
● Terminé. *L'incident est clos.*
● *En vase clos*, locution adverbiale. En secret.

● *À huis clos*, locution adverbiale. Hors de la présence du public.

closerie n. f.
Petit clos.

clôture n. f.
● Barrière qui délimite un espace.
● Fermeture (d'un compte).
● Conclusion (d'une séance).

clôturer v. tr.
● Entourer d'une clôture.
● Arrêter un compte.
● Terminer (une session, une assemblée).

clou n. m.
● Petite tige de métal qui sert à fixer, assembler. *Des clous de tapissier.*
● (Au plur.) Passage clouté. *Traverser dans les clous.*

clouage n. m.
Action de clouer.

clouer v. tr.
Fixer avec des clous. *La planche est clouée au sol.*
Note.- Ne pas confondre avec le verbe *clouter* qui signifie « garnir de clous ». *Une broderie cloutée.*

cloutage n. m.
Action de clouter.

clouté, ée adj.
● Orné de clous.
● *Passage clouté.* Passage pour piétons.

clouter v. tr.
Garnir de clous. *Des bottes cloutées.*
Note.- Ne pas confondre avec le verbe *clouer* qui signifie « fixer avec des clous ». *Clouer un crochet.*

clown n. m.
● Les lettres *ow* se prononcent *ou* [klun].
● Comique de cirque.
● Farceur. *Il fait toujours le clown.*

clownerie n. f.
● Les lettres *ow* se prononcent *ou* [klunri].
● Tour de clown.

clownesque adj.
● Les lettres *ow* se prononcent *ou* [klunɛsk].
● Digne d'un clown.

club n. m.
● Association sportive, culturelle, politique. *Un club sportif.*
● Canne de golf.

cm
Symbole de *centimètre*.

Co
Symbole de *cobalt*.

co- préf.
● Élément du latin signifiant « avec ».
● Les mots composés avec le préfixe *co-* s'écrivent sans trait d'union. *Copropriété, coauteur, coédition.*
Note.- Le tréma s'impose quand le radical commence par un *i. Coïncidence, coïnculpé.* Devant un *u*, la lettre *n* sera intercalée. *Conurbation.*

coaccusé, ée n. m. et f.
Qui est accusé en même temps qu'une ou plusieurs autres personnes. *Des coaccusés.*

coagulable adj.
Qui peut se coaguler.

coagulation n. f.
Action de se coaguler.

coaguler v. tr., intr., pronom.
• **Transitif.** Faire passer un liquide organique à un état plus consistant. *Coaguler du sang.*
• **Intransitif.** Former une masse solide.
• **Pronominal.** Se figer.

coaliser v. tr., pronom.
• **Transitif.** Former une coalition.
• **Pronominal.** S'unir pour défendre des intérêts communs. *Ils se sont coalisés contre cette réglementation, pour faire adopter cette loi.*

coalition n. f.
Union de personnes, d'entreprises, de pays en vue d'un objectif commun.

coassement n. m.
Cri de la grenouille.

coasser v. intr.
Crier, en parlant de la grenouille.
Note.- Ne pas confondre avec le verbe *croasser* qui signifie « crier, en parlant du corbeau ».

coassocié, ée n. m. et f.
Personne associée avec d'autres.

coassurance n. f.
Système d'assurance où un même risque est réparti entre plusieurs assureurs.

coauteur n. m.
Personne qui a écrit un livre, qui travaille à une œuvre en collaboration avec une autre personne.

coaxial, iale, iaux adj.
Qui a le même axe. *Un câble coaxial.*

cobalt n. m.
• Symbole *Co* (s'écrit sans point).
• Métal dur, blanc, brillant.

cobaye n. m.
• Attention à la prononciation [kɔbaj].
• Petit rongeur qui sert souvent d'animal d'expérience dans les laboratoires.
Syn. **cochon d'Inde.**
• (Fig.) Personne qui sert de sujet d'expérience.

cobol n. m.
(Inform.) Langage de programmation utilisé pour les applications de gestion.
Note.- Le nom *cobol* est un acronyme de l'expression anglaise *Common Business Oriented Language*.

cobra n. m.
Serpent venimeux.

coca n. m. ou f.
• **Nom masculin ou féminin.** Arbrisseau d'Amérique du Sud dont la feuille contient la cocaïne.
• **Nom féminin.** Stimulant extrait de la feuille du coca.

cocagne n. f.
• (Vx) Fête où l'on distribue mets et vins.
• *Pays de cocagne.* Pays où tout abonde.
• *Mât de cocagne.* Mât au sommet duquel on doit grimper pour gagner des prix.
Note.- Le mot *cocagne* s'écrit avec une minuscule.

cocaïne n. f.
Substance extraite de la feuille du coca, utilisée comme analgésique et anesthésique.

cocaïnomanie n. f.
Usage abusif de la cocaïne.

cocarde n. f.
Insigne circulaire. *La cocarde tricolore.*

cocasse adj.
(Fam.) Amusant.

cocasserie n. f.
Bouffonnerie.

coccinelle n. f.
Insecte appelé vulgairement *bête à bon Dieu.*

coccyx n. m.
• Le deuxième *c* se prononce *k*, les lettres *cyx* se prononcent *sis* [kɔksis].
• Petit os situé à l'extrémité inférieure de la colonne vertébrale. *Tomber sur le coccyx.*

coche n. m.
• (Ancienn.) Grande voiture qui servait au transport des voyageurs, avant les diligences.
• *Manquer le coche.* Laisser échapper une occasion favorable.

coche n. f.
(Vx) Entaille.

cocher n. m.
Personne qui conduit une voiture à cheval.

cocher v. tr.
Marquer d'un trait. *Cocher des mots dans un texte.*

côcher v. tr.
S'accoupler, en parlant des oiseaux.

cochère adj. f.
Porte cochère. Se dit d'une porte par laquelle une voiture peut passer.

cochon adj. et n. m. et f.
• **Adjectif**
- (Fam.) Personne malpropre.
- (Fam.) Obscène. *Une histoire cochonne.*
• **Nom masculin**
Mammifère domestique qu'on engraisse pour l'alimentation.
Note.- Lorsqu'il est question du cochon comme animal comestible, on emploie le mot *porc*.

cochonnaille n. f.
(Fam.) Charcuterie.
Note.- Le nom s'emploie surtout au pluriel.

cochonner v. tr., intr.
• **Transitif.** (Fam.) Faire malproprement. *Cochonner son travail.*
• **Intransitif.** Mettre bas, en parlant de la truie.

cochonnerie n. f.
- (Fam.) Malpropreté.
- (Pop.) Propos grossier, obscénité.

cochonnet n. m.
- Petit cochon. *La viande du cochonnet est très tendre.*
- Petite boule servant de but, utilisée à la pétanque.

cocker n. m.
- Le *r* se prononce [kɔkɛr].
- Petit chien de chasse.

cockpit n. m.
- Le mot se prononce [kɔkpit].
- (Anglicisme) Poste de pilotage.

cocktail n. m.
- Boisson faite d'un mélange de plusieurs alcools.
- Réunion mondaine où l'on boit des cocktails.

coco n. m.
Fruit du cocotier. *La noix de coco, le lait de coco.*

cocon n. m.
Enveloppe soyeuse du ver qui se transforme en chrysalide.

cocotier n. m.
Arbre de la famille des palmiers qui produit la noix de coco.
Note.- Ne pas confondre avec le mot *coquetier* qui désigne un petit ustensile dans lequel on mange l'œuf à la coque.

cocotte n. f.
- Marmite en fonte.
- (Fig.) Femme de mœurs légères.

cocu, ue adj. et n. m.
(Fam.) Trompé par son conjoint.

cocuage n. m.
(Fam.) État d'une personne cocue.

cocufier v. tr.
(Fam.) Tromper.

codage n. m.
Écriture d'un texte en code.

---

code n. m.
- Recueil de textes juridiques. *Le Code civil, le Code de la route.*
Note.- Dans la désignation des recueils de textes juridiques, le nom s'écrit avec une majuscule.
- Système de symboles destiné à enregistrer et à transmettre une information. *Un code secret.*
- (Au plur.) Phares de puissance réduite. *Il faut mettre les codes* ou *les feux de croisement.*
- *Code (à) barres*. Code formé de lignes verticales numérotées qui est apposé sur les produits de consommation afin d'être saisi par un lecteur optique.
- *Code postal*. Code facilitant le tri du courrier. *Des codes postaux obligatoires.*
Note.- La mention du code postal dans l'adresse est obligatoire; elle doit figurer avant l'indication de la ville.
V. Tableau - **ADRESSE**.

---

codé, ée adj.
Écrit en code. *Un message codé.*

codéine n. f.
Substance extraite de l'opium utilisée en médecine pour son action sédative.

coder v. tr.
Mettre en code. *Coder des informations.*
Note.- Ne pas confondre avec le verbe *codifier* qui appartient au vocabulaire juridique et qui signifie « réunir des dispositions légales dans un code ».

codétenteur, trice n. m. et f.
(Dr.) Personne qui détient un bien conjointement avec une ou plusieurs autres personnes.

codétenu, ue n. m. et f.
Personne détenue avec une ou plusieurs autres.

codex n. m.
(Vx) Recueil officiel des médicaments.

codicille n. m.
- Les deux *l* se prononcent comme un seul [kɔdisil].
- (Dr.) Clause ajoutée à un testament.
Note.- Attention au genre masculin de ce nom : *un* codicille.

codification n. f.
Action de codifier ; son résultat.

codifier v. tr.
- Normaliser.
- Réunir des dispositions légales dans un code.
Note.- Ne pas confondre avec le verbe *coder* qui signifie « mettre en code ».

codirecteur n. m.
codirectrice n. f.
Personne qui dirige en même temps qu'une ou plusieurs autres.

codirection n. f.
Direction exercée en commun par deux ou plusieurs personnes.

coédition n. f.
Édition conjointe.

coefficient n. m.
Toute quantité numérique placée devant une autre pour la multiplier.

coéquipier, ière n. m. et f.
Personne qui fait partie d'une équipe avec d'autres.

coercible adj.
Compressible.

coercitif, ive adj.
Qui exerce une contrainte.

coercition n. f.
Fait de contraindre. *Ce régime ne se maintiendrait pas sans la coercition qui est exercée.*

cœur n. m.
- Muscle qui règle la circulation du sang. *Une opération à cœur ouvert.*

• **Locutions**
- *Avoir mal au cœur.* Avoir des nausées.
- *Si le cœur vous en dit.* Si cela vous convient.
- *Avoir du cœur au ventre.* Avoir du courage.
- *Avoir du cœur à l'ouvrage.* Travailler avec ardeur.
- *Avoir le cœur gros.* Être triste.
- *En avoir le cœur net.* Être fixé.
- *Prendre, tenir à cœur.* S'intéresser.
- *Un cœur d'or.* Personne sensible et généreuse.
- *S'en donner à cœur joie.* Profiter pleinement de quelque chose.
• **Locutions adverbiales**
- *De bon cœur, de gaieté de cœur.* Volontiers.
- *À contrecœur.* Malgré soi.
- *À cœur ouvert.* Franchement.
- *Par cœur.* De mémoire.

cœur d'artichaut n. m.
Partie comestible de l'artichaut. *Des cœurs d'artichauts.*

coexistence n. f.
Existence simultanée.

coexister v. intr.
Exister ensemble.

coffrage n. m.
Charpente destinée à maintenir la terre d'une tranchée, d'une galerie.

coffre n. m.
• Meuble où l'on range des objets, de l'argent.
• Espace aménagé à l'arrière ou à l'avant d'une voiture pour le rangement des bagages.

coffre-fort n. m.
Armoire métallique destinée à recevoir de l'argent, des valeurs. *Des coffres-forts.*

coffrer v. tr.
• Poser un coffrage.
• (Fam.) Emprisonner.

coffret n. m.
Petit coffre.

cogestion n. f.
Gestion assurée conjointement par un chef d'entreprise et ses employés.

cogitation n. f.
(Iron.) Réflexion.

cogiter v. intr.
(Iron.) Réfléchir.

cognac adj. inv. et n. m.
• **Adjectif de couleur invariable.** De la couleur orangée du cognac. *Des sacs cognac.*
V. Tableau - **COULEUR (ADJECTIFS DE).**
• **Nom masculin.** Alcool. *Un cognac très ancien.*

cognassier n. m.
Arbre fruitier qui produit les coings.

cognée n. f.
Grosse hache de bûcheron.

cognement n. m.
Heurt.

cogner v. tr., intr., pronom.
• Les lettres *gn* sont suivies d'un *i* à la première et à la deuxième personne du pluriel de l'indicatif imparfait et du subjonctif présent. *(Que) nous cognions, (que) vous cogniez.*
• **Transitif.** Frapper quelqu'un. *Il l'a cogné.*
• **Intransitif.** Frapper à coups répétés.
Note.- Ce verbe se construit sans préposition ou avec les prépositions *à, contre, sur. Il cogna à la porte. Cogner sur un clou. Des volets qui cognent contre le mur.*
• **Pronominal.** Se heurter. *Ils se sont cognés à, contre l'armoire.*

cognitif, ive adj.
• Les lettres *gn* se prononcent distinctement [kɔgnitif].
• Qui concerne la connaissance. *La psychologie cognitive.*

cognition n. f.
• Les lettres *gn* se prononcent distinctement [kɔgnisjɔ̃].
• Connaissance.

cohabitation n. f.
Fait de cohabiter.

cohabiter v. intr.
Habiter ensemble.

cohérence n. f.
Convenance logique des idées entre elles, des faits entre eux.

cohérent, ente adj.
Homogène. *Ce texte est très cohérent.*

cohéritier, ière adj. et n. m. et f.
Personne qui hérite en même temps que d'autres, d'une même succession.

cohésif, ive adj.
Qui unit, qui joint.

cohésion n. f.
Union intime des parties d'un corps, d'un ensemble.

cohorte n. f.
(Fam.) Groupe.

cohue n. f.
Assemblée tumultueuse.

coi, coite adj.
(Vx) Imperturbable. *Elle est restée coite.*
Note.- Cet adjectif ancien ne s'emploie plus que dans les expressions figées *se tenir coi, rester coi, demeurer coi.*

coiffe n. f.
Coiffure féminine.

coiffer v. tr.
• Arranger les cheveux.
• Mettre un chapeau. *Coiffé d'un chapeau melon.*
• Être à la tête de. *Cette direction coiffe plusieurs unités administratives.*

coiffeur n. m.
coiffeuse n. f.
Personne dont la profession est de coiffer les cheveux.
Il va chez le coiffeur.

coiffeuse n. f.
Petite table de toilette surmontée d'une glace.

coiffure n. f.
• Ce qui sert à couvrir la tête.
• Arrangement des cheveux. *Une coiffure punk.*

coin n. m.
• Angle où se rencontrent deux surfaces. *Le coin d'une rue.*
• Petite partie d'une chose. *Un coin de terre.*
• Lieu retiré. *Un coin tranquille à la campagne.*
• (Fam.) Quartier où l'on habite. *La librairie du coin.*

coincer v. tr., pronom.
• Le *c* prend une cédille devant les lettres *a* et *o*. *Il coinça, nous coinçons.*
• **Transitif**
- Serrer.
- (Fig.) Empêcher d'agir. *Je suis coincée.*
• **Pronominal**
Se bloquer. *La fermeture éclair de sa veste s'est coincée.*

coïncidence n. f.
Se dit d'évènements qui arrivent en même temps. *Quelle étrange et bizarre coïncidence!*

coïncident, ente adj.
Qui coïncide. *Des faits coïncidents.*
Note.- Ne pas confondre avec le participe présent invariable *coïncidant. Ce rendez-vous coïncidant avec une réunion prévue devra être remis.*

coïncider v. intr.
• Se produire simultanément.
• Se superposer exactement.
• Concorder. *Les diverses déclarations coïncident.*
Note.- Attention à l'orthographe : coïncider.

coïnculpé, ée adj. et n. m. et f.
Personne inculpée avec d'autres.
Note.- Attention à l'orthographe : coïnculpé.

coing n. m.
• Le *g* ne se prononce pas [kwɛ̃].
• Fruit du cognassier. *De la confiture de coings.*
Note.- Attention à l'orthographe : coing.

coït n. m.
• Le *o* et le *i* se prononcent comme deux voyelles distinctes, en raison du tréma, et le *t* s'entend [kɔit].
• Accouplement du mâle et de la femelle.

col n. m.
• (Vx) Cou.
• Partie d'un vêtement qui entoure le cou. *Un col de dentelle.*
• *Col blanc*. Personne qui travaille dans un bureau. *Des cols blancs syndiqués.*
• *Col bleu*. Travailleur manuel. *Des cols bleus compétents.*
• Passage plus ou moins élevé entre deux montagnes.

Note.- Dans ce dernier sens, ne pas confondre avec les mots suivants :
- *défilé*, passage étroit entre deux montagnes ;
- *détroit*, espace étroit entre deux côtes ;
- *gorge*, passage creusé dans une montagne.

col-, com-, con-, cor- préf.
Éléments du latin signifiant « avec ».

colchique n. m.
Fleur violette.
Note.- Attention au genre masculin de ce nom : *un* colchique.

col-de-cygne n. m.
Conduit à double coude. *Des cols-de-cygne.*

-cole suff.
Élément du latin signifiant « cultiver ». *Agricole, viticole.*

colère n. f.
Violente irritation. *Être en colère contre quelqu'un* (et non **après quelqu'un).*

coléreux, euse adj. et n. m. et f.
(Fam.) Qui se met en colère rapidement. *Un caractère coléreux.*

colérique adj.
Qui a un tempérament porté à la colère.

colibacille n. m.
Bactérie.
Note.- Attention au genre masculin de ce nom : *un* colibacille.

colibri n. m.
Oiseau de petite taille dont le plumage est très coloré, aussi appelé *oiseau-mouche. Des colibris.*

colifichet n. m.
Babiole.

colimaçon n. m.
• Escargot.
• *Escalier en colimaçon*. Escalier hélicoïdal.

colin n. m.
Poisson marin dont la chair est excellente.

colin-maillard n. m.
Jeu où l'un des joueurs qui a les yeux bandés doit reconnaître un autre joueur. *Jouer à colin-maillard. Des colin-maillards.*

colique n. f.
Violente douleur abdominale.

colis n. m.
Objet remis à une entreprise de transport pour être expédié. *Des colis postaux.*

colistier, ière n. m. et f.
Candidat inscrit sur la même liste qu'un autre.

colite n. f.
Inflammation du côlon.

collaborateur, trice n. m. et f.
Personne qui travaille en collaboration avec une ou plusieurs personnes.

collaboration n. f.
Action de collaborer (avec quelqu'un, à quelque chose).

collaborer v. tr. ind.
Travailler en commun à une entreprise, une œuvre.
Note.- L'expression *« collaborer ensemble » est un pléonasme.

collage n. m.
• Action de coller.
• Composition d'éléments collés.

collant, ante adj.
• Adhésif. *Du papier collant ou du ruban adhésif.*
• Ajusté. *Un maillot collant.*

collant n. m.
Sous-vêtement d'une seule pièce constitué d'un slip et de bas. *Préférer le collant aux bas de nylon.*

collapsus n. m.
• (Méd.) Diminution rapide de la pression artérielle.
• (Méd.) Affaissement d'un organe.

collatéral adj. et n.m. pl.
• **Adjectif.** Qui est latéral par rapport à quelque chose.
• **Nom masculin pluriel.** Membres d'une même famille descendant d'une seule personne.

collation n. f.
Repas léger.

colle n. f.
• Adhésif.
• (Fam.) Question difficile. *Il m'a posé une colle.*

collecte n. f.
• Action de recueillir des fonds, des données. *Une collecte pour l'église paroissiale. La collecte des données statistiques s'étalera sur un mois.*
Note.- Le nom *collecte* est la forme savante du mot *cueillette.*
V. Tableau - **DOUBLETS.**

• Le terme *collecte* s'est imposé dans le domaine de l'informatique et de la recherche pour désigner l'action de rassembler des données variables destinées à un traitement.
V. **cueillette.**

collecter v. tr.
Réunir des fonds, des dons.

collecteur, trice adj. et n. m. et f.
• **Adjectif.** Qui collecte. *Un égout collecteur.*
• **Nom masculin.** Dispositif qui réunit ce qui est dispersé. *Un collecteur d'échappement.*
• **Nom masculin et féminin.** Personne qui fait une collecte.

collectif, ive adj. et n. m.
• **Adjectif**
Qui se rapporte à un ensemble de personnes. *Un travail collectif.*
• **Nom masculin**
- (Gramm.) Mot désignant un ensemble de personnes, de choses.
V. Tableau - **COLLECTIF.**
- Groupe, équipe. *Ce recueil est l'œuvre d'un collectif.*

collection n. f.
• Série d'ouvrages. *La collection des dictionnaires.*
• Réunion d'objets de même nature. *Une collection de papillons, de tableaux.*

collectionner v. tr.
Constituer une collection.

collectionneur, euse n. m. et f.
Amateur de collections.

collectivement adv.
De façon collective.

collectivité n. f.
Groupe d'individus résidant au même endroit ou ayant des intérêts communs.

COLLECTIF

• **Après un nom collectif suivi d'un complément au pluriel** (par ex. : *la majorité des élèves, la foule des passants*), le verbe se met au singulier ou au pluriel suivant l'intention de l'auteur qui veut insister sur l'ensemble ou sur la pluralité. *La majorité des élèves réussit l'examen. Un groupe de touristes visitent la cathédrale.*

    Collectifs courants : *assemblée, classe, comité, cortège, dizaine, équipe, foule, groupe, lot, majorité, masse, multitude, poignée, quantité, série, totalité...*

• **L'accord du verbe ou de l'adjectif** se fait avec le collectif ou avec le complément du nom collectif suivant l'intention de l'auteur après : ***un des, la moitié des, un grand nombre de, un certain nombre de, un petit nombre de...*** *La moitié des pommes était rouge* ou *étaient rouges.*

• **L'accord du verbe ou de l'adjectif** se fait avec le complément au pluriel du nom ou du pronom après : ***beaucoup de, peu de, nombre de, la plupart de, une espèce de, une quantité de, une infinité de, une sorte de...*** *La plupart des invités étaient déjà là.*

collège n. m.
● Établissement d'enseignement (de la 6e à la 3e). *Des collèges privés.*
● **Collège** + **adjectif** ou **nom commun.** Le nom *collège* s'écrit avec une majuscule. *Le Collège suisse.*
● **Collège** + **nom propre.** Le nom *collège* s'écrit avec une minuscule. *Le collège Stanislas.*
Note.- On veillera cependant à respecter la graphie du nom officiel de l'établissement.

collégial, ale, aux adj.
● Relatif à un collège. *Des privilèges collégiaux.*
● Qui est exercé par un groupe, collectivement. *Des décisions collégiales.*

collégialité n. f.
Pouvoir collégial.

collégien, ienne n. m. et f.
Élève d'un collège.

collègue n. m. et f.
Personne avec qui l'on travaille ou qui exerce la même fonction. *Mes collègues ont tous une spécialité différente : notre équipe est polyvalente.*
Note.- Ne pas confondre avec les mots suivants :
- *camarade*, ami, surtout chez les enfants, les adolescents ;
- *compagnon*, personne avec qui l'on fait un travail manuel, un voyage ;
- *condisciple*, personne avec qui l'on étudie ;
- *confrère*, personne qui est membre d'une même profession ;
- *copain*, camarade intime.

coller v. tr., intr.
● **Transitif**
- Fixer à l'aide d'un adhésif. *Coller du papier peint.*
- Approcher. *Collez votre oreille à cette porte.*
● **Intransitif**
Adhérer. *Ce revêtement ne colle pas.*

collerette n. f.
Petit col.

collet n. m.
● (Vx) Partie du vêtement qui entoure le cou.
● *Être collet monté.* Être exagérément austère.
● *Prendre quelqu'un au collet.* Arrêter quelqu'un.
V. **col.**

colleter v. pronom.
● Redoublement du *t* devant un *e* muet. *Je me collette, je me colletterai*, mais *je me colletais.*
● Se battre. *Ils se sont colletés avec des voleurs.*

colley n. m.
● Les lettres *ey* se prononcent *è* [kɔlɛ].
● Chien de berger écossais. *Des colleys majestueux.*

collier n. m.
Bijou qui entoure le cou.

colliger v. tr.
● Le *g* est suivi d'un *e* devant les lettres *a* et *o*. *Il colligea, nous colligeons.*
● Recueillir des extraits de livres.

colline n. f.
Petite montagne.

Note.- Ne pas confondre avec les mots suivants :
- *butte*, colline isolée dans une plaine ;
- *massif*, ensemble de chaînes de montagnes ;
- *mont*, masse d'une grande hauteur ;
- *monticule*, petite élévation de terre ;
- *pic*, mont isolé à sommet aigu.

collision n. f.
Choc de deux corps. *Une collision de voitures.*
Note.- Ne pas confondre avec le mot *collusion* qui désigne une entente secrète.

colloque n. m.
Réunion de spécialistes qui n'appartiennent pas nécessairement à la même discipline pour mettre en commun leur expérience, les résultats de leur recherche.
Note.- Ne pas confondre avec les mots suivants :
- *congrès*, réunion périodique des membres d'une association ou d'une société ;
- *séminaire*, groupe de travail dirigé par un professeur où la participation des étudiants est favorisée ;
- *symposium*, congrès scientifique.

collusion n. f.
Entente secrète.
Note.- Ne pas confondre avec le mot *collision* qui désigne le choc de deux corps.

collyre n. m.
Médicament pour les yeux.

colmatage n. m.
Action de colmater.

colmater v. tr.
Rendre étanche.

Cologne
V. **eau de Cologne.**

colombage n. m.
Système de charpente en pan de mur.

colombe n. f.
(Litt.) Pigeon. *La colombe est un symbole de paix et de douceur.*

colombien, ienne adj. et n. m. et f.
De Colombie.
Note.- Contrairement à l'adjectif, le nom prend une majuscule.

colombier n. m.
(Litt.) Pigeonnier.

colon n. m.
● (Vx) Fermier.
● Personne établie dans une colonie. *Les premiers colons de la Nouvelle-France.*
Hom. *côlon*, partie du gros intestin.

colon n. m.
● Attention à la prononciation [kɔlɔn].
● Unité monétaire du Costa Rica et du Salvador. *Des colones* (pluriel espagnol).
Note.- Le mot peut aussi garder sa graphie d'origine : *colón.*
V. Tableau - **SYMBOLES DES UNITÉS MONÉTAIRES.**

côlon n. m.
Partie du gros intestin.
Note.- Attention à l'orthographe : côlon.
Hom. **colon**, personne établie dans une colonie.

colonel n. m.
Officier supérieur. *Le colonel Gaucher.*
Note.- Le titre s'écrit avec une minuscule.

colonial, iale, iaux adj. et n. m. et f.
Relatif à une colonie.

colonie n. f.
• Possession d'un pays en dehors de son territoire propre.
• Ensemble des résidents d'une nation étrangère dans un lieu donné. *La colonie québécoise de Paris.*
• *Colonie de vacances*. Groupe d'enfants passant leurs vacances sous la conduite de moniteurs ; endroit où se trouve ce groupe. *Un séjour en colonie de vacances.*

colonisé, ée adj. et n. m. et f.
Qui subit la colonisation.

coloniser v. tr.
• Organiser en colonie.
• Exploiter une colonie.

colonnade n. f.
Ensemble de colonnes. *Une colonnade grecque.*

colonne n. f.
• Suite de mots, de chiffres placés les uns en dessous des autres. *Un texte en deux colonnes. Une colonne de chiffres.*
• Pilier circulaire soutenant les parties supérieures d'un édifice. *Une colonne ionique.*
Note.- Dans ce dernier sens, ne pas confondre avec les mots suivants :
- *atlante*, colonne sculptée en forme d'homme soutenant un entablement ;
- *caryatide*, colonne sculptée en forme de femme soutenant une corniche sur sa tête ;
- *pilastre*, pilier carré dans une construction ;
- *pilier*, massif de maçonnerie rond ou carré soutenant une construction.

colonnette n. f.
Petite colonne.

colophon n. m.
Texte de l'achevé d'imprimé figurant à la fin d'un ouvrage.
Syn. **achevé d'imprimer**.

colorant, ante adj. et n. m.
• **Adjectif.** Qui colore. *Des shampooings colorants.*
• **Nom masculin.** Substance colorée destinée à teindre (des aliments, des textiles, etc.). *Des colorants végétaux.*

coloration n. f.
• Action de colorer.
• Couleur. *La coloration des cheveux.*

coloré, ée adj.
• Qui a de belles couleurs. *Une étoffe très colorée.*
• (Fig.) Qui a de l'éclat, de l'expression. *Un style coloré.*

colorer v. tr.
Donner de la couleur à. *Elle a coloré ses joues.*
Note.- Ne pas confondre avec le verbe **colorier** qui signifie « appliquer des couleurs sur une surface ».

coloriage n. m.
• Action de colorier.
• Dessin à colorier. *Un album de coloriages.*

colorier v. tr.
• Redoublement du *i* à la première et à la deuxième personne du pluriel de l'indicatif imparfait et du subjonctif présent. *(Que) nous coloriions, (que) vous coloriiez.*
• Appliquer des couleurs sur une surface. *Colorier une illustration. Des albums à colorier.*
Note.- Ne pas confondre avec le verbe **colorer** qui signifie « donner de la couleur à quelque chose ».

coloris n. m.
Couleur, teinte.
Note.- Attention à l'orthographe : coloris, au singulier et au pluriel.

coloriste n. m. et f.
• Spécialiste de la couleur (en peinture, en esthétique industrielle).
• Spécialiste de la coloration des cheveux.

colossal, ale, aux adj.
Gigantesque. *Des arbres colossaux.*

colosse n. m.
Géant.

colportage n. m.
Action de colporter.

colporter v. tr.
• Transporter des objets pour les vendre.
• (Péj.) Répandre une information partout où l'on va.

colporteur n. m.
colporteuse n. f.
Marchand ambulant.

coltiner v. tr., pronom.
Porter sur le cou. *Il coltine les fardeaux jusque dans le coffre de la voiture.*

colvert n. m.
Canard sauvage. *Des colverts effarouchés.*

colza n. m.
Plante à fleurs jaunes. *Des champs de colza.*

com-, con-, col-, cor-, co- préf.
Éléments du latin signifiant « avec ».

coma n. m.
État pathologique caractérisé par une perte de conscience. *Des comas prolongés.*

comateux, euse adj. et n. m. et f.
• **Adjectif.** Relatif au coma.
• **Nom masculin et féminin.** Qui est dans le coma.

combat n. m.
• Lutte. *Engager un combat.*
• *Être hors de combat*. N'être plus en état de se battre.

combatif, ive adj.
Porté à la lutte.

Note.- Attention à l'orthographe : comba*t*if, malgré *combattre.*

combativité n. f.
Penchant pour le combat.
Note.- Attention à l'orthographe : comba*t*ivité.

combattant, ante adj. et n. m. et f.
Personne qui prend part à un combat, une guerre. *Les anciens combattants.*
Note.- Ne pas confondre avec le participe présent invariable *combattant. Tous les pompiers combattant l'incendie depuis l'aube seront bientôt relevés.*

combattre v. tr., intr.
• **Transitif.** Se battre contre. *Combattre des ennemis.*
• **Intransitif.** Livrer un combat. *Combattre pour ses idées.*

combien adv. et conj.
• À quel point, à quel degré, à quel prix, dans quelle mesure. *Combien de jours serez-vous absent ?*
• **Combien de + sujet pluriel.** Le verbe s'accorde avec le nom au pluriel. *Combien d'enfants sont absents aujourd'hui ?*
• **Combien + en.** L'accord du participe passé se fait si l'adverbe *combien* précède le pronom *en. Combien en ai-je mangées de ces pâtisseries succulentes ?*
• **En + combien.** Le participe passé est invariable si le pronom *en* précède l'adverbe *combien. De ces prix, il en a gagné combien ?*

combinaison n. f.
Assemblage selon un arrangement déterminé. *Une combinaison de chiffres gagnante.*

combiné, ée adj. et n. m.
• **Adjectif.** Assemblé dans des proportions définies. *Des produits combinés.*
• **Nom masculin.** Partie d'un appareil téléphonique réunissant le microphone et l'écouteur. *Elle reposa le combiné avec douceur.*

combiner v. tr., pronom.
• **Transitif**
- Assembler. *Combiner de la laine avec du coton.*
Note.- Le verbe *combiner* se construit avec la préposition *avec.*
- Organiser. *Ils ont combiné un plan ambitieux.*
• **Pronominal**
S'harmoniser. *Ces couleurs se combinent bien.*

comble adj et n. m.
• **Adjectif**
Rempli complètement. *La salle est comble.*
• **Nom masculin**
- (Au plur.) Espace aménagé sous le toit d'un immeuble. *Habiter les combles d'une maison.*
- (Fig.) Summum. *Le comble du ridicule.*
• **Locutions**
- *C'est un comble !* Il ne manquait plus que cela.
- *De fond en comble.* Entièrement.
- *La mesure est comble.* En voilà assez.

combler v. tr.
• Remplir un vide. *Combler une lacune.*
• Satisfaire complètement. *Ses désirs sont comblés.*

comburant, ante adj. et n. m.
Corps qui en se combinant avec un autre corps provoque la combustion.

combustible adj. et n. m.
Qui peut brûler. *Le bois, le mazout sont des combustibles. Des substances combustibles.*

combustion n. f.
Fait pour un corps de brûler.

comédie n. f.
Pièce destinée à faire rire. *Une comédie hilarante.*

comédien n. m.
comédienne n. f.
Acteur (au cinéma, au théâtre, à la radio et à la télévision).
Note.- L'opposition entre le *comédien* qui jouait la comédie et le *tragédien*, la tragédie, n'a plus cours et le mot désigne aujourd'hui un acteur, sans distinction de style.

comédon n. m.
Petit amas de matière sébacée qui cause l'obstruction d'un pore de la peau, familièrement appelé *point noir.*

comestible adj. et n. m. pl.
• **Adjectif.** Qui peut se manger. *Un champignon comestible.*
• **Nom masculin pluriel.** Denrées alimentaires. *Une marchande de comestibles.*

comète n. f.
Astre errant que suit une traînée lumineuse. *La comète de Halley.*
V. **astre.**

comice n. m.
(Ancienn.) Foire agricole.
Note.- Ce nom est le plus souvent utilisé au pluriel.

comique adj. et n. m. et f.
• **Adjectif.** Drôle. *Un film comique.*
• **Nom masculin et féminin.** Auteur ou acteur comique.

comiquement adv.
De façon comique.

comité n. m.
Réunion de personnes qui ont pour rôle de discuter et de régler certaines questions. *Des comités d'entreprise.*

commandant n. m.
Personne qui a un commandement militaire.

commande n. f.
• Demande de marchandises adressée à un fabricant, à un marchand. *Une commande ferme.*
• Organe de transmission. *Les leviers de commande.*

commandement n. m.
Ordre.
Note.- Ne pas confondre avec les mots suivants :
- *instruction*, indication précise pour l'exécution d'un ordre ;
- *précepte*, règle de conduite ;
- *prescription*, ordre détaillé.

commander v. tr., intr., pronom.
- **Transitif**
- Diriger. *Commander une attaque.*
- Demander un produit, un service. *J'ai commandé 100 paires de gants.*
- **Intransitif**
Avoir autorité. *C'est le directeur qui commande.*
- **Pronominal**
Ne pas se commander. Être indépendant de la volonté. *L'amour ne se commande pas.*

commandeur n. m.
Grade élevé dans un ordre de chevalerie.

commanditaire n. m.
Personne, entreprise qui soutient financièrement un projet à des fins publicitaires.
Note.- Ce mot a fait l'objet d'une recommandation officielle pour remplacer l'anglicisme **sponsor**.

commandite n. f.
Soutien financier à des fins publicitaires.
Note.- Ce mot a fait l'objet d'une recommandation officielle pour remplacer l'anglicisme **sponsoring**.

commanditer v. tr.
Financer. *Cette exposition est commanditée par plusieurs sociétés.*
Note.- Ce mot a fait l'objet d'une recommandation officielle pour remplacer l'anglicisme **sponsoriser**.

commando n. m.
Groupe de combat spécialement entraîné. *Des actions de commandos.*

comme adv. et conj.

- **Adverbe de manière**
- Ainsi que, de la même manière que.
Note.- Lorsque la conjonction *comme* introduit une comparaison qui est généralement placée entre virgules, le verbe et l'attribut sont au singulier. *Paul, comme Pierre, est gentil.*
- **Conjonction de subordination**
La conjonction *comme* introduit une proposition circonstancielle :
- de manière. De la façon dont. *J'ai planté ces fleurs comme vous le désiriez.*
- de cause. Puisque. *Comme il pleuvait, la promenade a été remise.*
- de temps. Tandis que. *Comme nous arrivions, le soleil se montra.*
Note.- Avec le verbe **considérer**, l'attribut est introduit par **comme**. *Le directeur la considère comme compétente* (et non *la considère compétente*).
- **Locutions**
- *C'est tout comme.* C'est tout à fait la même chose. *Il ne l'a pas frappé, mais c'est tout comme.*
- *Comme tout.* Au plus haut point. *Il est gentil comme tout.*
- *Comme ci, comme ça.* Tant bien que mal. *Il a peint le mur comme ci, comme ça.*
Note.- L'expression *«comme par exemple»* est un pléonasme.

commedia dell'arte n. f. inv.
- Le dernier *e* se prononce *é* [kɔmedjadɛlarte].
- Comédie italienne improvisée sur canevas.
Note.- En typographie soignée, les mots étrangers sont composés en italique. Dans des textes déjà en italique, la notation se fait en romain. Pour les textes manuscrits, on utilisera les guillemets.

commémoratif, ive adj.
Qui commémore.

commémoration n. f.
Cérémonie célébrant le souvenir d'un évènement.

commémorer v. tr.
Rappeler par une cérémonie le souvenir d'une personne ou d'un évènement.
Note.- L'expression *«commémorer un anniversaire»* est un pléonasme.

commencement n. m.
Début. *Le commencement du monde.*
Note.- Ne pas confondre avec les mots suivants :
- **origine**, ce qui sert de point de départ ;
- **prélude**, ce qui précède quelque chose ;
- **principe**, ce qui désigne la cause première.

commencer v. tr., intr.
- Le *c* prend une cédille devant les lettres *a* et *o*. *Il commença, nous commençons.*
- **Transitif**
- Entreprendre. *Il commence ses études de médecine.*
- Être au commencement de. *Le paragraphe qui commence le chapitre.*
- **Transitif indirect**
- **Commencer + à.** Cette construction implique une idée de progrès futurs, de commencement d'un état prolongé. *L'arbre commence à grandir.*
- **Commencer + de.** Cette construction suggère le commencement d'un état bref, d'une action ; elle est parfois retenue pour éviter le hiatus. *Elle commençait de travailler quand le téléphone a sonné.*
- **Intransitif**
- Débuter. *L'année commence aujourd'hui.*
- **Commencer + par.** Ce tour insiste sur l'ordre d'une suite d'actions ou d'états. *Il commence par la consultation des ouvrages et rédige ensuite.*
Note.- Le verbe **commencer** se conjugue avec l'auxiliaire **avoir** quand on veut insister sur l'action et avec l'auxiliaire **être** quand on veut exprimer l'état. *L'été a commencé le 21 juin. L'été est commencé depuis quelques jours.*

commensal, ale n. m. et f.
(Litt.) Personne qui mange habituellement à la même table qu'une autre. *Des commensaux agréables.*

comment adv. et n. m. inv.
- **Adverbe interrogatif**
De quelle façon, pourquoi ? *Comment allez-vous ? Comment l'aurais-je su ?*
- **Adverbe exclamatif**
- Pour marquer la surprise. *Comment, vous êtes venu !*
- Pour souligner un résultat. *L'objectif est atteint, et comment !*

• Nom masculin invariable
Manière. *Nous aimerions connaître les pourquoi et les comment de cette décision.*

commentaire n. m.
• Remarque, éclaircissement.
• *Sans commentaire.* Dans cette expression qui indique qu'un fait est évident, qu'il ne nécessite pas d'explications ou que la personne préfère ne pas se prononcer, le mot *commentaire* s'écrit au singulier. Par contre, le mot s'écrit au pluriel dans l'expression *cela se passe de commentaires*.

commentateur n. m.
commentatrice n. f.
Personne dont la fonction est de formuler des commentaires.

commenter v. tr.
Faire des observations sur un texte, une situation.

commérage n. m.
(Fam.) Potin.

commerçant n. m.
commerçante n. f.
Personne qui fait du commerce.

commerce n. m.
• Fonction qui a pour objet de vendre aux consommateurs les divers produits dont ils ont besoin. *Le commerce de détail.*
• (Litt.) Relation (avec quelqu'un).

commercer v. intr.
• Le *c* prend une cédille devant les lettres *a* et *o*. *Il commerça, nous commerçons.*
• Faire du commerce.

commercial, iale, iaux adj. et n. m. et f.
• **Adjectif**
- Qui est relatif au commerce. *Une entreprise commerciale. Un directeur commercial.*
- (Péj.) Conçu à des fins essentiellement lucratives. *Un film commercial.*
• **Nom masculin et féminin**
Personne chargée des relations commerciales dans une entreprise.

commercialement adv.
Du point de vue commercial.

commercialisation n. f.
Ensemble des activités commerciales d'une entreprise (études, recherches commerciales, communication, administration, logistique, service après-vente).
Note.- Ne pas confondre avec le mot *marketing* qui désigne une stratégie de l'entreprise axée sur la satisfaction des besoins du consommateur.

commercialiser v. tr.
Mettre en marché un produit.

commère n. f.
Personne curieuse et bavarde.

commérer v. intr.
• Le *é* se change en *è* devant une syllabe muette, sauf

à l'indicatif futur et au conditionnel présent. *Je commère, mais je commérerai.*
• (Vx) Faire des commérages.

comme tel loc. adj.
Dans les expressions *comme tel, en tant que tel, tenir pour tel, considérer comme tel,* etc. l'adjectif *tel* s'accorde avec le nom auquel il se rapporte. *Je la considère comme telle.*
V. Tableau - **TEL.**

commettre v. tr., pronom.
• *Je commets, tu commets, il commet, nous commettons, vous commettez, ils commettent. Je commettais. Je commis. Je commettrai. Je commettrais. Commets, commettons, commettez. Que je commette. Que je commisse. Commettant. Commis, ise.*
• **Transitif.** Accomplir un acte répréhensible. *Commettre une infraction.*
• **Pronominal.** Se compromettre. *Il vaut mieux ne pas se commettre avec ces personnes.*
Note.- Le verbe *commettre* ne s'emploie que pour un acte blâmable. *Commettre une faute,* mais *accomplir un exploit.*

commis n. m.
Personne affectée à des tâches diverses dans un bureau, une maison de commerce, etc.

commisération n. f.
(Litt.) Pitié.

commissaire n. m.
• Officier de police.
• Membre d'une commission.

commissaire-priseur n. m.
Personne chargée de diriger les ventes aux enchères. *Des commissaires-priseurs.*

commissariat n. m.
Bureau d'un commissaire de police. *Un commissariat de police.*

commission n. f.
• Ensemble de personnes désignées par une autorité pour prendre des décisions, pour étudier une question. *Une commission parlementaire, une commission de terminologie.*
• Message. *Il l'a chargé d'une commission.*
• Pourcentage touché par un intermédiaire. *Le vendeur reçoit une commission de 10%.*

commissionnaire n. m. et f.
Intermédiaire. *Un commissionnaire de transport.*

commissure n. f.
Point de jonction. *Les commissures des lèvres.*

commis voyageur n. m. et f.
(Vx) Représentant. *Des commis voyageurs compétents.*
Note.- Ce mot s'écrit sans trait d'union.

commode adj. et n. f.
• **Adjectif.** Pratique, aisé. *Un trajet commode.*
Ant. **malcommode.**
• **Nom féminin.** Meuble de rangement. *Une commode Art déco.*

commotion n. f.
Traumatisme. *Une commotion cérébrale.*

commotionner v. tr.
Frapper d'une commotion, traumatiser.

commuable ou **commutable** adj.
Qui peut être commué. *Une peine commuable.*

commuer v. tr.
(Dr.) Transformer une peine en peine moindre.

commun, une adj. et n. m.
• **Adjectif**
- Qui a peu de valeur. *Un papier commun.*
- Qui appartient à plusieurs. *Des intérêts communs.*
• **Nom masculin**
Le plus grand nombre. *Le commun des mortels.*
• **Locution**
- *En commun.* En collaboration.
- *Sans commune mesure.* Sans comparaison possible.
- *Transports en commun.* Transports publics.
- *Lieu commun.* Banalité.

communautaire adj.
Qui est relatif à une communauté. *La vie communautaire.*

communauté n. f.
Collectivité. *Une communauté religieuse.*

Communauté économique européenne
Sigle *C.E.E.*

commune n. f.
• Subdivision administrative d'une municipalité.
• Petite communauté.
• *La Chambre des communes.* Assemblée nationale, dans un régime parlementaire britannique.

communément adv.
Habituellement.

communiant, ante n. m. et f.
Personne qui communie. *Des premières communiantes.*

communicant, ante adj.
Qui communique. *Des vases communicants.*
Note.- Ne pas confondre avec le participe présent invariable *communiquant. Des pièces communiquant entre elles.*

communication n. f.
• Action de communiquer. *Une communication téléphonique.*
• Information. *Un conseiller en communications.*

communier v. intr.
• Redoublement du *i* à la première et à la deuxième personne du pluriel de l'indicatif imparfait et du subjonctif présent. *(Que) nous communiions, (que) vous communiiez.*
• Recevoir le sacrement de l'eucharistie.

communion n. f.
• Action de communier.
• Union profonde.

communiqué n. m.
Avis transmis au public.

Note.- Ne pas confondre avec les mots suivants :
- *billet*, lettre très concise ;
- *circulaire*, lettre d'information adressée à plusieurs destinataires ;
- *courrier*, ensemble des lettres, des imprimés, etc. acheminé par la poste ;
- *dépêche*, missive officielle, message transmis par voie rapide ;
- *lettre*, écrit transmis à un destinataire ;
- *note*, brève communication écrite, de nature administrative ;
- *télégramme*, message transmis télégraphiquement.

communiquer v. tr., intr.
• **Transitif.** Transmettre. *Il m'a communiqué votre message.*
• **Intransitif.** Être en rapport. *Ces magasins communiquent par un passage vitré. Elle communique bien avec sa fille.*

communisme n. m.
Doctrine qui prône la mise en commun des moyens de production, la suppression des classes sociales.
Note.- Les noms de doctrines s'écrivent avec une minuscule.

communiste adj. et n. m. et f.
• **Adjectif** Relatif au communisme. *Le parti communiste.*
• **Nom masculin et féminin.** Partisan du communisme. *Un, une communiste.*
Note.- Les noms d'adeptes de doctrines s'écrivent avec une minuscule.

commutable
V. **commuable**.

commutateur n. m.
Interrupteur.

commutation n. f.
Substitution.

commuter v. tr.
Modifier par une substitution.

compact, e adj.
• De format réduit.
• Serré. *Une foule compacte.*
• *Disque compact.* Disque audionumérique.

compagne n. f.
• Personne avec qui l'on fait un travail manuel, un voyage.
• La forme masculine de ce nom est *compagnon.*
Note.- Ne pas confondre avec les mots suivants :
- *camarade*, amie surtout chez les enfants, les adolescents ;
- *collègue*, personne avec qui l'on travaille ;
- *condisciple*, personne avec qui l'on étudie ;
- *consœur*, personne qui appartient à une même profession, à une même société ;
- *copine*, camarade intime.
• (Litt.) Épouse, amie.

compagnie n. f.
• Abréviation *Cie* ou *Cie* (s'écrit sans point, avec une

majuscule initiale dans une raison sociale). *Lefranc, Dupuy & Cie*.
- Société. *Une compagnie aérienne. Une compagnie d'assurances.*

Compagnie républicaine de sécurité
Sigle *C.R.S.*

compagnon n. m.
- Personne avec qui l'on fait un travail manuel, un voyage.
- La forme féminine de ce nom est *compagne*.
Note.- Ne pas confondre avec les mots suivants :
- *camarade*, ami surtout chez les enfants, les adolescents ;
- *collègue*, personne avec qui l'on travaille ;
- *condisciple*, personne avec qui l'on étudie ;
- *confrère*, personne qui appartient à une même profession, à une même société ;
- *copain*, camarade intime.

comparaison n. f.
- Action de comparer deux ou plusieurs personnes ou choses.
- *En comparaison de.* À l'égard de. *Les affaires sont tranquilles en comparaison de l'an dernier.*
- *Par comparaison.* Relativement, par rapport.

comparaître v. intr.
(Dr.) Se présenter. *Comparaître devant un juge.*

comparatif, ive adj.
- **Adjectif.** Relatif à une comparaison.
- **Nom masculin.** Degré de signification d'un adjectif, d'un adverbe qui exprime la supériorité (plus), l'égalité (aussi) ou l'infériorité (moins). *Elle est plus intelligente, il est aussi gentil, ils sont moins bronzés.*
Note.- Les comparatifs ne doivent pas être utilisés avec des adjectifs qui sont déjà des comparatifs : *supérieur, inférieur, meilleur, pire, moindre,* etc.
V. Tableau - **MOINS**.

comparativement adv.
Par comparaison.

comparer v. tr.
- Examiner les ressemblances et les différences entre deux personnes, deux choses.
- **Comparer + à.** Rapprocher des objets semblables. *Comparer le printemps à la jeunesse.*
- **Comparer + avec.** Confronter, rechercher les différences et les ressemblances. *Comparer la signature d'un chèque avec la signature consignée au dossier.*

comparse n. m. et f.
(Péj.) Personne dont le rôle est secondaire.

compartiment n. m.
Division.

compartimenter v. tr.
Doter de compartiments.

comparution n. f.
Action de comparaître.

compas n. m.
- Instrument qui sert à tracer des cercles.
- *Avoir le compas dans l'œil.* Être habile à mesurer exactement à simple vue.

compassé, ée adj.
Guindé.

compassion n. f.
(Litt.) Pitié.

compatibilité n. f.
Qualité de ce qui est compatible.

compatible adj.
- Qui peut s'accorder avec autre chose.
- Qui peut fonctionner avec un autre appareil. *Ces ordinateurs sont compatibles entre eux.*

compatir v. tr. ind.
Avoir de la compassion pour. *Compatir à la souffrance d'un ami.*

compatissant, ante adj.
Charitable.

compatriote n. m. et f.
Personne originaire du même pays que quelqu'un d'autre.

compendium n. m.
- Attention à la prononciation [kɔ̃pɑ̃djɔm].
- (Vx) Abrégé. *Des compendiums médicaux.*

compensation n. f.
- Dédommagement. *Une compensation financière.*
- Système de virements bancaires.
- *En compensation.* Cette locution se construit avec la préposition *de*. *En compensation de son travail* (et non *pour son travail), elle a reçu un bon salaire.*
- Le fait de compenser.

compenser v. tr.
Équilibrer.

compère n. m.
Complice.

compétence n. f.
- Connaissance approfondie reconnue. *Ils ont la compétence pour régler ce problème.*
- Aptitude reconnue d'une autorité à traiter d'une question, à accomplir un acte, selon des modalités déterminées. *Ces questions sont de la compétence du directeur général.*

compétent, ente adj.
Apte, expert, qualifié.

compétiteur, trice n. m. et f.
Concurrent.

compétitif, ive adj.
Apte à supporter la concurrence. *Des prix compétitifs.*

compétition n. f.
- Recherche simultanée d'un même objet. *Ils sont en compétition pour ce poste.*
- Épreuve sportive. *Une compétition internationale.*

compétitivité n. f.
Caractère de ce qui est compétitif. *La compétitivité d'une entreprise.*

compilation n. f.
Action de compiler.

compiler v. tr.
Rassembler des extraits de documents de diverses sources en vue de faire un recueil, une recherche particulière.
Note.- Ne pas confondre avec le verbe **compulser** qui signifie « consulter, faire des recherches ».

complainte n. f.
Chanson populaire.

complaire (se) v. pronom.
• *Je me complais, tu te complais, il se complaît, nous nous complaisons, vous vous complaisez, ils se complaisent. Je me complaisais. Je me complus. Je me complairai. Je te complairais. Complais-toi, complaisons-nous, complaisez-vous. Que je me complaise. Que je me complusse. Complaisant. Complu.*
• (Péj.) Trouver sa satisfaction. *Ils se sont complu à critiquer sans cesse.*
Note.- Le participe passé **complu** est toujours invariable.

complaisamment adv.
Avec complaisance.

complaisance n. f.
• Plaisir, satisfaction.
• Indulgence excessive.

complaisant, ante adj.
Qui cherche à plaire à autrui. *Il a un caractère complaisant.*

complément n. m.
• Ce qui s'ajoute à une chose pour qu'elle soit complète. *Le complément d'une somme.*
• Mot qui complète le sens d'un autre. *Un complément d'objet direct (c.o.d.), d'objet indirect (c.o.i.), un complément circonstanciel.*
V. Tableau - **COMPLÉMENT**.

complémentaire adj. et n. m.
Qui constitue un complément. *Des renseignements complémentaires.*

complet, ète adj.
• Entier, rempli. *C'est complet : il n'y a plus de billets, de chambres.*
• *Au grand complet*, locution adverbiale. En totalité. *L'équipe est au grand complet.*

complet n. m.
Vêtement masculin composé d'un pantalon, d'une veste et parfois d'un gilet. *Un complet bleu marine.* Syn. **costume**.

complètement adv.
Entièrement, tout à fait.

compléter v. tr., pronom.
• Le *é* se change en *è* devant une syllabe muette, sauf à l'indicatif futur et au conditionnel présent. *Je complète, mais je compléterai.*
• **Transitif**. Rendre complet. *Ce dixième ouvrage complète la collection.*
• **Pronominal**. Former un tout, un ensemble harmonieux. *Leurs aptitudes se complètent.*

complexe adj. et n. m.
• **Adjectif.** Qui contient plusieurs éléments, plusieurs idées. *Un problème complexe.*
• **Nom masculin.** Ensemble d'immeubles, d'installations qui concourent à un même but. *Un complexe sidérurgique, un complexe touristique.*

complexé, ée adj. et n. m. et f.
(Fam.) Inhibé, qui a des complexes.

complexer v. tr.
(Fam.) Donner des complexes à (quelqu'un).

complexité n. f.
Caractère de ce qui est complexe. *La complexité de la situation.*

complication n. f.
• Concours de faits, de circonstances de nature à compliquer quelque chose.
• Aggravation d'une maladie, d'une blessure.
Note.- En ce sens, le nom s'emploie généralement au pluriel.

complice adj. et n. m. et f.
• **Adjectif.** Qui aide, favorise. *Un sourire complice.*
• **Nom masculin et féminin.** Personne qui participe à un crime.

complicité n. f.
• Participation à un délit, à un crime commis par un autre.
• (Fig.) Connivence.

compliment n. m.
Louanges adressées à une personne pour la féliciter.

complimenter v. tr.
Adresser des éloges à quelqu'un.

compliqué, ée adj.
Complexe.

compliquer v. tr., pronom.
• **Transitif**
- Rendre une chose moins simple qu'elle n'était.
- Aggraver.
• **Pronominal**
Devenir plus difficile, plus grave. *La situation se complique.*

complot n. m.
Intrigue.

comploter v. tr., intr.
• **Transitif**. Préparer secrètement. *Ils complotent une nouvelle agression.*
• **Intransitif**. Former un complot. *Ce groupe complote contre notre formation politique.*
Note.- Attention à l'orthographe : comploter.

comportement n. m.
Manière d'agir, de vivre. *La psychologie du comportement.*

comporter v. tr., pronom.
• **Transitif**. Comprendre, contenir. *Ce choix comporte une difficulté majeure.*
• **Pronominal**. Se conduire de telle ou telle manière. *Ils se sont bien comportés.*

COMPLÉMENT

COMPLÉMENT DU VERBE

● **Le complément d'objet direct** (c.o.d.) : qui ? quoi ?

Il désigne l'être ou l'objet sur lequel s'exerce l'action du sujet, sans l'intermédiaire d'une préposition.

Nature du complément d'objet direct :

— un nom	*Elle plante **des fleurs**.*
— un pronom	*Il ne connaît **personne**.*
— un infinitif	*Tu aimes **courir**.*
— une proposition	*Je pense **que l'été est fini**.*

● **Le complément d'objet indirect** (c.o.i.) : à qui ? à quoi ? de qui ? de quoi ? par qui ? par quoi ?

Il désigne l'être ou l'objet sur lequel s'exerce l'action du sujet, par l'intermédiaire d'une préposition.

Nature du complément d'objet indirect :

— un nom	*Elle participe **à la fête**.*
— un pronom	*Il s'intéresse **à vous**.*
— un infinitif	*Préparez-vous **à venir**.*

● **Le complément circonstanciel** : où ? d'où ? par où ? quand ? comment ? pourquoi ? combien ? avec quoi ? en quoi ?...

Il ajoute une précision à l'idée exprimée par le verbe en indiquant le but, la cause, la distance, l'instrument, la manière, la matière, le poids, l'origine, le prix, le temps, le lieu...

Nature du complément circonstanciel :

— un nom	*Le soleil se lève **de ce côté**.*
— un pronom	*Tu es partie **avec lui**.*
— un infinitif	*Ils économisent **pour s'acheter une maison**.*
— une proposition	*Vous commencerez **quand vous serez prêt**.*
— un adverbe	*Il est arrivé **hier**.*
— un gérondif	*Elle s'est blessée **en escaladant la montagne**.*

COMPLÉMENT DU NOM, DU PRONOM

● **Le complément déterminatif**

Il complète l'idée exprimée par un nom ou un pronom en la limitant ; il est introduit par la préposition **de** et sert à préciser la possession, le lieu, la matière, l'origine, la qualité, l'espèce, l'instrument, le contenu...

Nature du complément déterminatif :

— un nom	*La voiture **de ma sœur**.*
— un pronom	*Le souvenir **d'eux**.*
— un infinitif	*L'art **d'aimer**.*
— un adverbe	*Les neiges **d'antan**.*
— une proposition	*La pensée **qu'elle pourrait être blessée** me terrifiait.*

Note.- Le participe passé s'accorde toujours avec le pronom réfléchi qui est complément d'objet direct.

composant, ante n. m. et f.
• **Nom masculin.** Se dit des parties qui servent à composer un tout. *Les composants chimiques.*
• **Nom féminin.** Chacun des éléments entrant en composition. *Les composantes d'une œuvre.*

composé, ée adj. et n. m.
• **Adjectif.** Fait de divers éléments. *Des noms composés, des temps composés.*
• **Nom masculin.** Corps résultant de la combinaison de plusieurs éléments. *Des composés chimiques.*

composer v. tr., intr., pronom.
• **Transitif**
- Former un tout de l'assemblage de diverses parties. *Composer un menu.*
- Élaborer, créer. *Composer un poème.*
• **Intransitif**
Traiter, transiger. *Il lui faut composer avec ses collègues*
• **Pronominal**
Comprendre. *L'étude se compose de quatre parties.*

composeuse n. f.
Machine à composer, en typographie.

composite adj.
Formé d'éléments très différents. *Un style composite.*
Note.- Attention à l'orthographe de cet adjectif qui conserve la même forme au masculin et au féminin : compos*ite*.

compositeur n. m.
compositrice n. f.
Personne qui compose de la musique.

composition n. f.
• Agencement. *La composition d'un bouquet.*
• Rédaction. *Une composition latine.*
• Assemblage des caractères pour former une page d'impression, en typographie.

compost n. m.
• Les lettres *st* se prononcent [kɔ̃pɔst].
• Engrais composé de terre et de déchets organiques.

compote n. f.
• Fruits cuits avec du sucre. *De la compote de pommes.*
Note.- Le complément de ce nom est généralement au pluriel.
• **En compote.** (Fig. et fam.) Meurtri. *J'ai les pieds en compote.*
Note.- Attention à l'orthographe : compo*te*.

compotier n. m.
Plat creux à pied.

compréhensible adj.
Qui peut se comprendre. *Cette erreur est compréhensible : le texte était très mal écrit.*
Note.- Ne pas confondre avec l'adjectif *compréhensif*, qui est apte à comprendre.

compréhensif, ive adj.
Qui est apte à comprendre. *Elle sera compréhensive et vous permettra de partir plus tôt.*

Note.- Ne pas confondre avec l'adjectif *compréhensible*, qui peut se comprendre.

compréhension n. f.
• Faculté de comprendre, possibilité d'être compris. *La compréhension d'un énoncé.*
• Indulgence. *Elle a fait preuve de beaucoup de compréhension.*

comprendre v. tr.
• *Je comprends, tu comprends, il comprend, nous comprenons, vous comprenez, ils comprennent. Je comprenais. Je compris. Comprends, comprenons, comprenez. Que je comprenne. Que je comprisse. Comprenant. Compris, ise.*
• Saisir le sens de quelque chose. *Il comprend le problème.*
• **Comprendre + indicatif** ou **conditionnel.** Prendre conscience. *Je dois donc comprendre que vous ne reviendrez plus.*
• **Comprendre + subjonctif.** Trouver naturel. *Je comprends que vous soyez inquiète.*
• Comporter. *Cette étude comprend plusieurs chapitres.*

compresse n. f.
Pansement.

compresseur adj. m. et n. m.
• **Adjectif masculin.** Qui sert à aplanir. *Des rouleaux compresseurs.*
• **Nom masculin.** Appareil qui comprime un fluide à une pression donnée. *Des compresseurs hydrauliques.*

compressibilité n. f.
• Propriété d'un corps à diminuer de volume sous l'action d'une pression.
• Caractère de ce qui peut être réduit.

compression n. f.
Action de comprimer. *Les compressions budgétaires.*

comprimé, ée adj. et n. m.
• **Adjectif.** Réduit par la pression. *Air comprimé.*
• **Nom masculin.** Médicament sous forme de pastille.

comprimer v. tr.
Réduire, diminuer le volume d'un corps.

compris, ise adj.
Y compris, non compris. En comprenant.
Note.- Devant un nom, un adjectif ou un pronom, et employées sans auxiliaire, les expressions **y compris** ou **non compris** sont considérées comme des locutions prépositives et demeurent invariables. *Le total s'élève à 500 F, y compris les taxes.*

compromettant, ante adj.
Qui peut compromettre la réputation de quelqu'un. *Une amitié compromettante.*

compromettre v. tr., pronom.
• **Transitif**
- Nuire à la réputation.
- Exposer à un préjudice.
• **Pronominal**
Risquer sa réputation.

compromis n. m.
● Concession. *Je ne ferai pas de compromis sur cette question.*
● Transaction. *Ils sont parvenus à un compromis afin d'éviter la grève.*

comptabiliser v. tr.
Inscrire dans un registre comptable.

comptabilité n. f.
Système d'information financière d'une entreprise.

comptable adj. et n. m. et f.
● **Adjectif.** Relatif à la comptabilité. *Des plans comptables.*
● **Nom masculin et féminin.** Personne spécialisée dans la comptabilité. *Des experts-comptables.*

comptage n. m.
Action de compter.

comptant adj. m. et n. m.
● En espèces ou par chèque. *Ils paieront comptant.*
Note.- Dans cet emploi, l'adjectif est considéré comme adverbe et reste invariable.
● *Argent comptant.* (Vx) En espèces.
Note.- Cette expression est aujourd'hui vieillie ; on emploie plutôt *au comptant* qui se dit d'un paiement en espèces ou par chèque portant la somme totale sans terme ni crédit.

compte n. m.
● Évaluation d'un nombre. *Le compte n'y est pas.*
● Tableau où figurent en débits ou crédits, les variations de l'actif ou du passif et les résultats.
● **Locutions**
- *Compte tenu.* Si l'on tient compte. *Compte tenu de sa compétence et de sa formation, sa candidature est acceptée.*
Note.- Cette locution est invariable.
- *Se rendre compte de.* S'expliquer, comprendre. *Je me suis rendu compte de l'erreur trop tard. Elle s'est rendu compte que sa voiture avait été volée.*
- *Au bout du compte, en fin de compte, tout compte fait*, locutions adverbiales. Finalement, tout bien considéré.
- *À bon compte.* À bon prix.
Hom. :
- *comte*, titre de noblesse ;
- *conte*, court récit.

compte- préf.
Les noms composés avec l'élément *compte-* sont variables lorsque *compte-* est un nom ; ils sont invariables lorsque *compte-* est un verbe. *Des comptes-chèques. Des compte-gouttes.*

compte(-)chèques n. m.
Compte bancaire sur lequel le titulaire peut tirer des chèques. *Des comptes(-)chèques.*
Note.- Dans ce nom composé, l'élément *compte-* est un nom et prend la marque du pluriel.

compte courant postal n. m.
● Sigle *C.C.P.*
● Compte ouvert dans un centre de chèques postaux. *Des comptes courants postaux.*

compte-fils n. m. inv.
Petite loupe puissante. *Des compte-fils.*

compte-gouttes n. m. inv.
Pipette de verre servant à compter les gouttes d'un liquide. *Des compte-gouttes.*

compter v. tr., intr., pronom.
● **Transitif**
- Dénombrer. *Compter les participants.*
- Comporter. *Cette école compte 25 salles de cours.*
● **Intransitif**
- Entrer dans un calcul. *Cette réponse ne compte pas.*
- Calculer. *Elle compte mentalement.*
● **Pronominal**
Être compté. *Les grippés se comptent par centaines.*

compte rendu ou **compte-rendu** n. m.
Rapport. *Des comptes rendus* ou *comptes-rendus détaillés.*

compte-tours n. m. inv.
Appareil servant à compter le nombre de tours faits par l'arbre d'un moteur. *Des compte-tours.*

compteur n. m.
Appareil servant à compter. *Le compteur du taxi marque 30 F.*
Hom. *conteur*, personne qui raconte bien.

comptine n. f.
Chanson enfantine.

comptoir n. m.
Table longue et étroite sur laquelle les marchands étalent leurs marchandises.

compulser v. tr.
Consulter, faire des recherches. *Compulser des écrits.*
Note.- Ne pas confondre avec le verbe *compiler* qui signifie « rassembler des extraits de documents en vue de faire une recherche précise ».

comte n. m.
Titre de noblesse. *Monsieur le comte.*
Notes.-
1° Attention à l'orthographe : co*m*te.
2° Les titres de noblesse s'écrivent avec une minuscule.
Hom. :
- *compte*, tableau où figurent en débits ou crédits, les variations de l'actif ou du passif et les résultats ;
- *conte*, court récit.

comté n. m.
● Abréviation *c^té, cté* (s'écrit sans point).
● Division territoriale au Canada, aux États-Unis, en Grande-Bretagne.

comtesse n. f.
Titre de noblesse. *Madame la comtesse.*
Note.- Les titres de noblesse s'écrivent avec une minuscule.
V. **comte.**

con-
V. **com-.**

con, conne adj. et n. m. et f.
• **Adjectif et nom masculin et féminin.** (Pop.) Idiot.
• **Nom masculin.** (Pop.) Sexe de la femme.

concassage n. m.
Action de concasser.

concasser v. tr.
Briser en petits fragments une matière dure.

concave adj.
Creux.
Note.- Ne pas confondre avec les mots suivants :
- *conclave*, réunion de cardinaux ;
- *convexe*, qui est bombé.

concavité n. f.
État de ce qui est concave.

concéder v. tr.
• Le *é* se change en *è* devant une syllabe muette, sauf à l'indicatif futur et au conditionnel présent. *Je concède*, mais *je concéderai*.
• Accorder.
• *Concéder quelque chose à quelqu'un.* Lui accorder quelque chose. *Je vous concède que cette décision était une erreur.*

concentration n. f.
• Action de concentrer ; son résultat.
• Regroupement. *Une concentration urbaine.*
• Réflexion, attention. *Cette réflexion demande beaucoup de concentration.*

concentré, ée adj. et n. m.
• **Adjectif.** Dont on a enlevé du liquide par évaporation. *Du lait concentré.*
• **Nom masculin.** Produit obtenu par élimination de l'eau. *Un concentré de légumes.*

concentrer v. tr., pronom.
• **Transitif**
- Réunir des éléments jusqu'alors dispersés.
- Fixer son attention sur quelqu'un, quelque chose.
• **Pronominal**
Se recueillir, réfléchir.

concentrique adj.
Se dit de courbes ayant un centre commun.

concept n. m.
Idée. *Un concept innovateur.*

concepteur n. m.
conceptrice n. f.
• Personne chargée de créer de nouveaux concepts (publicitaires, graphiques, etc.).
• *Concepteur-projeteur.* Personne qui met à exécution les projets qu'elle a conçus.

conception n. f.
• Fait pour un être vivant d'être conçu ; fécondation.
• Création de l'esprit.

conception assistée par ordinateur n. f.
• Sigle *C.A.O.*
• (Inform.) Ensemble de techniques qui utilisent un ordinateur en mode conversationnel pour assister un processus de création humain.

conceptualisation n. f.
Action de conceptualiser.

conceptualiser v. tr.
Former des concepts à partir de (quelque chose).

concerner v. tr.
Se rapporter à. *Cette question ne vous concerne pas. En ce qui me concerne, je suis d'accord.*

concert n. m.
• Séance musicale.
• *De concert.* Avec entente, après s'être concerté. *Nous travaillons de concert avec ce groupe.*
Note.- Ne pas confondre avec *de conserve*, qui signifie « ensemble ».

concertation n. f.
Fait de concerter.

concerter v. tr., pronom.
• **Transitif**. Organiser, projeter quelque chose de concert avec une ou plusieurs personnes.
• **Pronominal**. Se mettre d'accord pour agir de concert.
Note.- L'expression * « se concerter ensemble » est un pléonasme.

concertiste n. m. et f.
Personne qui donne des concerts.

concerto n. m.
Composition musicale. *Des concertos de Vivaldi.*

concession n. f.
• Action d'accorder un droit, un privilège.
• Droit concédé.
• Compromis. *Il ne fera pas de concession sur ce point.*

concevable adj.
Qui peut se concevoir, compréhensible.

concevoir v. tr.
• Créer, imaginer. *Il a conçu un décor somptueux.*
• Comprendre. *Ce que l'on conçoit bien s'énonce clairement.* (Boileau).
• Devenir enceinte, en parlant d'une femme, d'une femelle. *Concevoir un enfant.*

concierge n. m. et f.
Personne chargée de la garde, de l'entretien d'un immeuble.

conciergerie n. f.
Logement de concierge, dans un château, un bâtiment administratif.

concile n. m.
Assemblée des évêques réunis pour statuer sur des questions d'ordre religieux.

conciliable adj.
Qui peut se concilier avec autre chose.

conciliabule n. m.
Réunion secrète.
Note.- Ne pas confondre avec les mots suivants:
- *causette*, conversation familière ;
- *conversation*, entretien familier ;
- *dialogue*, conversation entre deux personnes ;

- **entretien**, conversation suivie avec quelqu'un ;
- **palabre**, conversation longue et inutile.

conciliant, ante adj.
Accommodant.
Note.- Ne pas confondre avec le participe présent invariable **conciliant**. *Les membres ont bien accueilli cette mesure conciliant les intérêts de chacun.*

conciliateur, trice adj. et n. m. et f.
Qui cherche à concilier.

conciliation n. f.
Rapprochement de personnes qui étaient en désaccord.

concilier v. tr., pronom.
• Redoublement du **i** à la première et à la deuxième personne du pluriel de l'indicatif imparfait et du subjonctif présent. *(Que) nous conciliions, (que) vous conciliiez.*
• Mettre d'accord. *Concilier les deux parties.*
• Allier. *Concilier la jeunesse et la sagesse* ou *la jeunesse avec la sagesse.*
Note.- Le verbe peut se construire avec les conjonctions **et** ou **avec**.

concis, ise adj.
Qui exprime tout en peu de mots. *Un style concis.*

concision n. f.
Qualité de ce qui est concis.

concitoyen, enne n. m. et f.
Citoyen de la même ville.

conclave n. m.
Réunion de cardinaux pour l'élection d'un pape.
Note.- Ne pas confondre avec l'adjectif **concave** qui qualifie ce qui est creux.

concluant, ante adj.
Qui prouve clairement. *Les résultats sont concluants.*

conclure v. tr.
• *Je conclus, tu conclus, il conclut, nous concluons, vous concluez, ils concluent. Je concluais, tu concluais, il concluait, nous concluions, vous concluiez, ils concluaient. Je conclus, tu conclus, il conclut, nous conclûmes, vous conclûtes, ils conclurent. Je conclurai, tu concluras, il conclura, nous conclurons, vous conclurez, ils concluront. Je conclurais, tu conclurais, il conclurait, nous conclurions, vous concluriez, ils concluraient. Conclus, concluons, concluez. Que je conclue, que tu conclues, qu'il conclue, que nous concluions, que vous concluiez, qu'ils concluent. Que je conclusse, que tu conclusses, qu'il conclût, que nous conclussions, que vous conclussiez, qu'ils conclussent. Concluant.*
• À noter que le participe passé **conclu, conclue** (et non *concluse) fait au pluriel **conclus, conclues** (et non *concluses).
• Attention à la forme infinitive fautive «concluer». *Faut-il en conclure (et non en *concluer) que vous serez absent ?*
• Terminer, régler une affaire. *Conclure une entente.*
• Donner une conclusion, tirer une conséquence. *De ses propos, je conclus que vous aviez raison.*

conclusion n. f.
• Action de conclure.
• Conséquence que l'on tire d'un raisonnement. *Quelles sont les conclusions de l'enquête ?*

concocter v. tr.
(Fam.) Élaborer.

concombre n. m.
Plante potagère cultivée pour ses fruits.

concomitance n. f.
Existence simultanée.

concomitant, ante adj.
Qui se produit en même temps qu'une autre chose jugée plus importante. *Des clauses concomitantes de l'accord général.*
Notes.-
1° Attention à l'orthographe : conco**m**itant.
2° L'adjectif **concomitant** se construit avec la préposition **de** et non avec la préposition **à**.

concordance n. f.
Accord, convenance. *La concordance des témoignages les disculpe.*
V. Tableau - **CONCORDANCE DES TEMPS.**

concordant, ante adj.
Qui s'accorde. *Des témoignages concordants.*
Note.- Ne pas confondre avec le participe présent invariable **concordant**. *L'avocat a fait entendre des témoignages concordant avec ceux des témoins précédents.*

concorde n. f.
Entente, bon accord entre les personnes.

concorder v. intr.
Correspondre. *Les faits concordent parfaitement.*

concourir v. tr. ind., intr.
• Se conjugue comme le verbe **courir**.
• **Transitif indirect**. Contribuer ensemble à un même résultat. *Toute l'équipe a concouru au succès de l'entreprise.*
• **Intransitif**. Prendre part à un concours. *Ils ont tenu à concourir.*
Note.- Attention à l'orthographe : concou**r**ir, comme le verbe **courir**.

concours n. m.
• Action de concourir, de participer à quelque chose.
• Ensemble d'épreuves auxquelles participent des personnes en compétition. *Un concours hippique.*
• **Concours de circonstances**. Ensemble de coïncidences.

concret, ète adj. et n. m.
• **Adjectif**. Réaliste. *Un exemple concret.*
• **Nom masculin**. Le réel. *Le concret et l'abstrait.*

concrètement adv.
De façon concrète.

concrétion n. f.
• Solidification.
• (Méd.) Calcul qui se forme dans les tissus, les articulations.

concrétisation n. f.
Action de concrétiser ; fait de concrétiser.

concrétiser v. tr., pronom.
● **Transitif**. Rendre concret.
● **Pronominal**. Devenir réel.

concubin, ine n. m. et f.
Personne qui vit en état de concubinage.

concubinage n. m.
État de personnes qui vivent ensemble comme mari et femme, sans être mariées.
Note.- Le mot **concubinage** est senti comme péjoratif et relève surtout de la langue juridique. On emploie plus couramment l'expression **union libre**.

concurremment adv.
Conjointement.
Note.- Cet adverbe se construit avec les prépositions **à** ou **avec**.

concurrence n. f.
● Compétition. *Être en concurrence.*
● Rapport entre les entreprises qui recherchent la même clientèle. *La libre concurrence.*
● *Jusqu'à concurrence de* + *nombre.* Jusqu'à ce que ce nombre soit atteint.
Note.- Attention à l'orthographe : concu**rr**ence.

concurrencer v. tr.
Faire concurrence à.

CONCORDANCE DES TEMPS

Le mode et le temps de la proposition principale définissent le mode et le temps de la proposition subordonnée afin d'exprimer l'**antériorité**, la **simultanéité** ou la **postériorité** de l'action de la proposition subordonnée par rapport à celle de la principale.

Mode et temps de la proposition principale	Moment de l'action subordonnée par rapport à l'action principale	Mode et temps de la proposition subordonnée	Exemples
INDICATIF		**INDICATIF**	
● Présent	— antériorité	imparfait passé simple passé composé plus-que-parfait	*Il pense que tu étais là.* *Il croit que tu fus malade.* *Il dit que tu as été là.* *Il jure que tu avais été là.*
	— simultanéité	présent	*Il pense que tu es là.*
	— postériorité	futur	*Il croit que tu seras là.*
		SUBJONCTIF	
	— antériorité	imparfait passé plus-que-parfait	*Il craint qu'elle ne fût là.* *Il doute que tu aies été là.* *Il souhaite qu'elle eût été là.*
	— simultanéité	présent	*Il craint que tu ne sois malade en ce moment.*
	— postériorité	présent	*Il souhaite que tu restes désormais.*
		INDICATIF	
● Imparfait	— antériorité	plus-que-parfait	*Il pensait que tu avais été là.*
	— simultanéité	imparfait	*Il croyait que tu étais là.*

CONDITIONNEL

— postériorité	présent	*Il pensait que tu serais là.*

SUBJONCTIF

— antériorité	plus-que-parfait	*Il doutait qu'elle eût été là.*
—simultanéité	imparfait	*Il craignait qu'elle ne fût là.*
— postériorité	imparfait	*Il importait qu'elle fût là désormais.*

INDICATIF

- Futur

— antériorité	passé simple	*Il dira qu'elle fut là.*
	passé composé	*Il pensera qu'elle a été là.*
	imparfait	*Il croira qu'elle était là.*
— simultanéité	présent	*Il dira qu'elle était là.*
— postériorité	futur	*Il pensera qu'elle viendra.*

SUBJONCTIF

— antériorité	passé	*Il doutera qu'elle ait été là.*
	imparfait	*Il importera qu'elle fût là.*
	plus-que-parfait	*Il craindra qu'elle n'eût été malade.*
— simultanéité	présent	*Il doutera qu'elle vienne.*
— postériorité	présent	*Il importera qu'elle soit là dorénavant.*

CONDITIONNEL

SUBJONCTIF

- Présent

— antériorité	plus-que-parfait	*Il douterait qu'il eût été sage de venir.*
— simultanéité	imparfait	*Il importerait qu'elle fût là.*
— postériorité	imparfait	*Il craindrait qu'elle fût malade.*

- Passé

— antériorité	plus-que-parfait	*Il aurait importé qu'elle eût été là.*
— simultanéité	imparfait	*Il aurait importé qu'elle fût présente à ce moment.*
— postériorité	imparfait	*Il aurait importé qu'elle fût prévenante désormais.*

Note. - L'emploi du subjonctif imparfait, passé ou plus-que-parfait relève aujourd'hui de la langue écrite ou littéraire. Dans la langue orale, ces temps sont généralement remplacés par le présent aux modes indicatif ou subjonctif.

concurrentiel, ielle adj.
• Où la concurrence existe. *Un marché concurrentiel.*
• Apte à supporter la concurrence. *Des prix concurrentiels.*

concussion n. f.
Malversation.

condamnable adj.
Répréhensible. *Une pratique condamnable.*

condamnation n. f.
• Jugement par lequel une personne est condamnée.
• Blâme.

condamné, ée adj. et n. m. et f.
• Personne contre qui une peine a été prononcée.
• Se dit d'un malade qu'on n'espère plus sauver.

condamner v. tr.
• Les lettres *mn* se prononcent *n* [kɔ̃dane], de même que dans tous les dérivés du verbe.
• Prononcer un jugement contre quelqu'un, donner tort à quelqu'un.
• Désapprouver.

condensateur n. m.
Appareil servant à emmagasiner l'énergie électrique.

condensation n. f.
Action de condenser ; fait de se condenser.

condensé, ée adj. et n. m.
• **Adjectif.** Traité par concentration sous vide. *Du lait condensé.*
• **Nom masculin.** Résumé.

condenser v. tr., pronom.
• **Transitif**
- Rendre plus dense.
- Liquéfier (un gaz).
• **Pronominal**
Passer de l'état de vapeur à l'état de solide ou de liquide.

condescendance n. f.
Complaisance mêlée de mépris.

condescendant, ante adj.
Qui marque de la condescendance.

condescendre v. tr. ind.
(Péj.) *Condescendre à.* Daigner.

condiment n. m.
Substance ajoutée aux aliments pour en relever le goût.

condisciple n. m. et f.
Personne avec qui l'on étudie.
Notes.-
1° Ne pas confondre avec les mots suivants :
- *camarade*, ami, surtout chez les enfants, les adolescents ;
- *collègue*, personne avec qui l'on travaille ;
- *compagnon*, personne avec qui l'on fait un travail manuel, un voyage ;
- *confrère*, personne qui appartient à une même profession, à une même société ;
- *copain*, camarade intime.

2° À l'inverse de *disciple*, ce mot a une forme féminine.

condition n. f.
• Classe sociale. *Il est de condition modeste.*
• État passager. *Ils sont en bonne condition.*
• Exigence, circonstance dont dépend l'accomplissement d'une action. *Une condition* sine qua non.
• *À condition que.* Pourvu que. Cette locution est généralement suivie du subjonctif. *Je lui donne congé demain, à condition qu'elle soit ponctuelle.*
• *À la condition, sous la condition que.* À charge de. Cette locution est suivie de l'infinitif, du subjonctif ou de l'indicatif futur. *Tu l'autorises à venir, à la condition d'être gentil, qu'il soit gentil ou qu'il sera gentil.*

conditionné, ée adj.
• Soumis à certaines conditions.
• Qui a subi un conditionnement.

conditionnel, elle adj. et n. m.
• **Adjectif.** Qui dépend de certaines conditions. *Ce contrat est conditionnel à la vente de la propriété.*
• **Nom masculin.** (Gramm.) Mode du verbe exprimant un vœu, un désir, un regret ou un fait soumis à une condition.
V. Tableau - **CONDITIONNEL.**

conditionnellement adv.
De façon conditionnelle.

conditionnement n. m.
• Préparation. *Le conditionnement des viandes. Le conditionnement de l'air.*
• Présentation de certains produits destinés à la vente. *Un conditionnement très élégant.*
Note.- Ce mot a fait l'objet d'une recommandation pour remplacer l'anglicisme *packaging.*

conditionner v. tr.
• Traiter.
• Emballer.

conditionneur n. m.
Appareil qui conditionne. *Un conditionneur d'air.*

condoléances n. f. pl.
Témoignage de sympathie. *Transmettre ses condoléances.*

condom n. m.
• Le *m* est muet [kɔ̃dɔ̃].
• Préservatif masculin.

condor n. m.
Grand vautour au plumage noir.

conducteur n. m.
conductrice n. f.
• **Nom masculin et féminin.** Personne qui conduit un véhicule. *Un conducteur d'autobus. Une conductrice de camion.*
• **Nom masculin.** Corps plus ou moins apte à transmettre la chaleur ou l'électricité.

conductibilité n. f.
Qualité des corps conducteurs.

conductible adj.
Qui est doué de conductibilité.

CONDITIONNEL

● **LE CONDITIONNEL - mode**

Dans une proposition indépendante, le conditionnel peut marquer :

— **un vœu, un désir** (présent). *J'aimerais revenir un jour.*

— **un regret** (passé). *Qu'elle aurait aimé rester là-bas !*

Dans une proposition principale accompagnée d'une subordonnée à l'imparfait introduite par **si**, le conditionnel exprime :

— **un fait soumis à une condition.** *Si tu avais su, tu ne serais pas venu.*

● **LE CONDITIONNEL - temps**

Dans une proposition subordonnée, il marque :

— **le futur dans le passé.** *Je croyais qu'ils seraient présents.*

---

conduction n. f.
Action de conduire l'électricité ou la chaleur.

conduire v. tr., pronom.
● **Transitif**. Diriger (une personne, un animal, un véhicule).
● **Pronominal**. Se comporter. *Il s'est bien conduit.*

conduit n. m.
Tuyau.

conduite n. f.
● Action de conduire, de mener, de guider. *La conduite d'une équipe.*
● Manière de se comporter. *Une bonne conduite.*
● Canalisation. *Une conduite d'eau.*

cône n. m.
Surface dont la base est circulaire et qui se termine en pointe.
Note.- Attention à l'orthographe : cône.

confection n. f.
● Fabrication. *La confection d'un gâteau.*
● Industrie du prêt-à-porter.

confectionner v. tr.
Fabriquer, préparer. *Confectionner un gâteau.*

confédéral, ale, aux adj.
Relatif à une confédération.

confédération n. f.
Association d'États, de fédérations (professionnelles, syndicales, etc.) soumise à un pouvoir central tout en conservant une certaine autonomie.
V. **pays**.

confédérer v. tr.
● Le *é* se change en *è* devant une syllabe muette, sauf à l'indicatif futur et au conditionnel présent. *Je confédère*, mais *je confédérerai*.
● Réunir en confédération.

confer mot inv.
● Abréviation *cf.* (s'écrit avec un point).
● Mot latin signifiant « se reporter à ».
Syn. **voir, V.**

conférence n. f.
● Réunion de personnes qui discutent d'un sujet. *Une salle de conférences.*
● Exposé. *Faire une conférence.*
● *Conférence de presse.* Exposé destiné à la presse.

conférencier n. m.
conférencière n. f.
Personne qui donne une conférence (scientifique, littéraire, économique, etc.).

conférer v. tr., intr.
● Le *é* se change en *è* devant une syllabe muette, sauf à l'indicatif futur et au conditionnel présent. *Il confère*, mais *il conférera.*
● **Transitif**. (Litt.) Attribuer.
● **Intransitif**. Discuter, traiter ensemble d'une affaire.
Note.- À la forme intransitive, le verbe se construit avec la préposition **avec**.

confesse n. f.
● Confession.
● *Aller à confesse.* Aller recevoir le sacrement de la pénitence.
Note.- Ce mot s'emploie sans article après les prépositions *à* ou *de.*

confesser v. tr., pronom.
● **Transitif**. Avouer, reconnaître. *Confesser ses torts.*

• **Pronominal**. Avouer ses péchés au prêtre. *Ils se sont confessés avant de communier.*

confesseur n. m.
Prêtre qui entend les confessions.

confession n. f.
• Acte de se confesser.
• Aveu d'une faute.
• Religion à laquelle une personne appartient.

confessionnal n. m.
Isoloir où le prêtre entend les confessions. *Des confessionnaux.*

confessionnel, elle adj.
Relatif à une religion. *Des écoles non confessionnelles.*

confetti n. m.
Rondelle de papier qu'on lance dans les fêtes. *Des confettis.*

confiance n. f.
• Foi, assurance.
• *Avoir confiance* + *en.* *Il a confiance en elle.*
• *Avoir confiance* + *dans.* Devant un nom précédé d'un déterminant. *Elle a confiance dans la clairvoyance de cette personne.*

confiant, ante adj.
Qui a confiance en quelqu'un ou quelque chose.

confidence n. f.
• Communication d'un secret que l'on donne ou que l'on reçoit.
• *En confidence.* Sous le sceau du secret.

confident, ente n. m. et f.
Personne à qui l'on se confie.

confidentiel, ielle adj.
Secret. *Un dossier confidentiel.*

confidentiellement adv.
Sous le sceau du secret.

confier v. tr., pronom.
• Redoublement du *I* à la première et à la deuxième personne du pluriel de l'indicatif imparfait et du subjonctif présent. *(Que) nous confiions, (que) vous confiiez.*
• **Transitif**
- Dire en confidence. *Confier un secret.*
- Charger quelqu'un d'une mission. *En mon absence, je vous confie ma maison.*
• **Pronominal**
- S'en remettre à. *Ils se sont confiés au destin.*
- Se faire des confidences. *Elles se sont confié tous leurs secrets. Tous les secrets qu'elles se sont confiés.*
Note.- Le participe passé du verbe pronominal s'accorde avec le sujet s'il n'y a pas de complément d'objet direct ; il s'accorde avec le complément d'objet direct s'il est placé avant le verbe ou reste invariable si le complément d'objet direct suit le verbe.

configuration n. f.
• Forme extérieure d'un corps, d'une surface. *La configuration des lieux.*

• (Inform.) Composition d'un système informatique précisée par la nature, le nombre et les caractéristiques essentielles de leurs principaux éléments constitutifs.

confiné, ée adj.
Air confiné. Air renouvelé.

confinement n. m.
Isolement.

confiner v. tr., pronom.
• **Transitif**. Reléguer. *Confiner un malade dans sa chambre.*
• **Pronominal**. Se limiter à, se cloîtrer. *Elle se confine dans sa maison.*

confins n. m. pl.
Limites. *Une forêt aux confins du pays.*
Note.- Ce mot ne s'utilise qu'au pluriel.

confire v. tr.
• *Je confis, tu confis, il confit, nous confisons, vous confisez, ils confisent. Je confisais. Je confis, nous confîmes. Je confirai. Je confirais. Confis, confisons, confisez. Que je confise. Que je confisse, qu'il confît. Confisant. Confit, ite.*
• Mettre des fruits dans un liquide propre à les conserver. *Confire des poires.*

confirmation n. f.
Action de confirmer ; son résultat.

confirmer v. tr., pronom.
• **Transitif**. Certifier, corroborer.
• **Pronominal**. Devenir certain. *L'hypothèse se confirme.*
Ant. **infirmer**.

confiscation n. f.
Action de confisquer ; son résultat.

confiserie n. f.
• Magasin de confiseur.
• Sucrerie. *Elle raffole des confiseries.*

confiseur n. m.
confiseuse n. f.
Fabricant ou vendeur de sucreries, de fruits confits, etc.

confisquer v. tr.
Saisir, enlever en vertu d'un droit, d'un règlement.

confit, ite adj. et n. m.
• **Adjectif**. Conservé dans du sucre, dans un liquide, etc. *Des fruits confits. Une poire confite* (et non **confie)*
• **Nom masculin.** Volaille cuite et conservée dans sa graisse. *Il adore le confit de canard.*
Note.- Attention à l'orthographe : confi**t**.

confiture n. f.
Fruits cuits dans le sucre pour en assurer la conservation. *Des confitures de framboises.*
Note.- Le mot *confiture* s'emploie au singulier ou au pluriel, mais son complément est généralement au pluriel. *De la confiture de groseilles, des confitures de fraises.*

conflagration n. f.
Conflit international, bouleversement important.

conflictuel, elle adj.
Relatif à un conflit.

conflit n. m.
Lutte, opposition. *Un conflit d'intérêts.*

confondant, ante adj.
Qui déconcerte.

confondre v. tr., pronom.
• Ce verbe se conjugue comme « fondre ».
• **Transitif**
- Prendre une personne, une chose pour une autre. *Il ne faut pas confondre le mot* **concave** *avec le mot* **convexe.**
- Démasquer. *Confondre un accusé.*
Note.- Le verbe **confondre** se construit avec les prépositions **et** ou **avec.**
• **Pronominal**
- Se ressembler. *Les deux parfums se confondent.*
- *Se confondre en excuses.* Multiplier les excuses.

conformation n. f.
Disposition des parties d'un corps organisé.

conforme adj.
• Identique. *Une copie conforme.*
• Qui convient. *C'est conforme au règlement* (et non * avec le règlement).

conformément adv.
D'une manière conforme.

conformer v. tr., pronom.
• **Transitif.** Rendre conforme.
• **Pronominal.** Agir conformément à.

conformisme n. m.
Respect aveugle des règles, de la tradition.

conformiste adj. et n. m. et f.
Personne qui se conforme systématiquement à une règle, à un usage.

conformité n. f.
État de choses semblables.
Note.- Ne pas confondre avec les mots suivants :
- *identité*, conformité totale ;
- *ressemblance*, conformité partielle ;
- *uniformité*, nature de ce qui ne change pas de caractère, d'apparence.

confort n. m.
Bien-être matériel.

confortable adj.
• Qui procure le bien-être. *Une voiture confortable.*
• Qui assure le bien-être, l'aisance. *Un salaire confortable.*

confortablement adv.
De façon confortable.

conforter v. tr.
• (Vx) Réconforter.
• Confirmer. *Être conforté dans sa conviction.*

confrère n. m.
• Personne qui appartient à une même profession, à une même société, considérée par rapport aux autres membres.

• La forme féminine de ce nom est *consœur.*
Note.- Ne pas confondre avec les mots suivants :
- *camarade*, ami, surtout chez les enfants, les adolescents ;
- *collègue*, personne avec qui l'on travaille ;
- *compagnon*, personne avec qui l'on fait un travail manuel, un voyage ;
- *condisciple*, personne avec qui l'on étudie ;
- *copain*, camarade intime.

confrérie n. f.
Communauté de laïques.

confrontation n. f.
Action de mettre en présence des personnes pour comparer leurs témoignages.
Note.- Ne pas confondre avec le nom *affrontement* qui désigne l'opposition violente de deux ou plusieurs adversaires.

confronter v. tr.
• Comparer. *Confronter une écriture à une autre, avec une autre, et une autre.*
Note.- Le verbe **confronter** se construit avec les prépositions **et, à** ou **avec.**
• *Être confronté à une difficulté.* (Fam.) Devoir régler un problème.

confus, use adj.
• Troublé, désolé. *Je suis confuse, je ne voulais pas vous déranger.*
• Embrouillé, obscur. *Un exposé confus.*

confusion n. f.
Désordre.

congé n. m.
Permission de s'absenter, de se retirer. *Des congés payés.*

congédiement n. m.
Action de congédier.

congédier v. tr.
• Redoublement du *i* à la première et à la deuxième personne du pluriel de l'indicatif imparfait et du subjonctif présent. *(Que) nous congédiions, (que) vous congédiiez.*
• Mettre fin de façon définitive au travail d'un employé.

congélateur n. m.
Appareil de réfrigération où la température est maintenue au-dessous du point de congélation (approximativement à -15°C) afin de conserver les aliments.

congélation n. f.
Conservation des aliments par le froid (au-dessous du point de congélation).
Note.- Ne pas confondre avec les mots suivants :
- *réfrigération*, conservation par le froid (au-dessus du point de congélation) ;
- *surgélation*, congélation rapide à l'aide d'un procédé industriel.

congeler v. tr.
• Le *e* se change en *è* devant une syllabe muette. *Il congèle*, mais *il congelait.*

• Soumettre au froid pour conserver. *Congeler des crevettes.*

congénère n. m. et f.
Personne du même genre, semblable.

congénital, ale, aux adj.
• Qui existe au moment de la naissance. *Une maladie congénitale.*
• (Fig.) Inné.
Ant. **acquis.**

congénitalement adv.
D'une manière congénitale.

congère n. f.
Amas de neige entassé par le vent.
Note.- Attention au genre féminin de ce nom : **une** congère.

congestion n. f.
Afflux de sang dans une partie du corps.

congestionner v. tr.
Encombrer par l'accumulation de personnes, de voitures, etc. *Une rue congestionnée.*

conglomérat n. m.
(Écon.) Concentration d'entreprises en vue d'une diversification des activités.

congolais, aise adj. et n. m. et f.
Du Congo.
Note. - Contrairement à l'adjectif, le nom prend une majuscule.

congratuler v. tr., pronom.
• **Transitif.** (Vx) Féliciter.
• **Pronominal.** Échanger des compliments.

congrégation n. f.
Communauté religieuse.

congrès n. m.
• *Le congrès d'un parti politique pour l'élection d'un président.*
• Réunion périodique des membres d'une association ou d'une société.
Note.- Ne pas confondre avec les mots suivants :
- *colloque*, réunion de spécialistes qui n'appartiennent pas nécessairement à la même discipline pour mettre en commun leur expérience, les résultats de leur recherche ;
- *séminaire*, groupe de travail dirigé par un professeur où la participation des étudiants est favorisée ;
- *symposium*, congrès scientifique.

congressiste n. m. et f.
Personne qui participe à un congrès.

congru, ue adj.
Portion congrue. Ressources à peine suffisantes pour subsister.

conifère n. m.
Arbre dont les fruits sont des cônes et dont les feuilles (aiguilles) sont en général persistantes. *Le sapin et le pin sont des conifères.*

conique adj.
Qui a la forme d'un cône.
Note.- Attention à l'orthographe : c**o**nique.

conjectural, ale, aux adj.
Fondé sur des conjectures.

conjecture n. f.
Hypothèse, opinion fondée sur des probabilités. *On se perd en conjectures sur les motifs de son acte.*
Note.- Ne pas confondre avec le mot **conjoncture** qui désigne une situation d'ensemble (économique, politique, etc.).

conjecturer v. tr.
Supposer. *Il ne faut pas conjecturer le résultat de ces rencontres.*

conjoint, ointe adj. et n. m. et f.
• **Adjectif**. Lié par la même obligation.
• **Nom masculin et féminin**. Personne unie par mariage.

conjointement adv.
Ensemble.

conjonctif, ive adj.
Qui unit des organes, des tissus. *Du tissu conjonctif.*

conjonction n. f.
V. Tableau - **CONJONCTION.**

conjonctive n. f.
Membrane qui unit le globe de l'œil aux paupières.

conjonctivite n. f.
Inflammation de la conjonctive.

conjoncture n. f.
Situation d'ensemble (économique, politique, etc.). *La conjoncture économique du pays est favorable.*
Note.- Ne pas confondre avec le mot **conjecture** qui désigne une hypothèse, une opinion fondée sur des probabilités.

conjugaison n. f.
• Ensemble des formes que possède un verbe.
• Tableau des formes verbales.

conjugal, ale, aux adj.
Relatif à l'union entre le mari et la femme.

conjugalement adv.
D'une manière conjugale.

conjugué, ée adj.
Lié ensemble. *Des efforts conjugués.*

conjuguer v. tr., pronom.
• Attention au *u* qui subsiste même devant les lettres *a* et *o*. *Il conjugua, nous conjuguons.*
• **Transitif**
- Énoncer les différentes formes d'un verbe suivant la voix, le mode et le temps.
- Joindre. *Conjuguons nos efforts.*
• **Pronominal**
Être conjugué. *Le verbe* **écrire** *se conjugue avec les auxiliaires* **avoir** *et* **être.**

conjuration n. f.
• Conspiration contre le pouvoir.
• Action de conjurer, d'éloigner quelque chose de dangereux. *La conjuration du mauvais sort.*

conjuré, ée n. m. et f.
Personne qui participe à une conjuration.

conjurer v. tr., pronom.
● **Transitif**
- Supplier. *Je vous en conjure.*
- Éloigner, éviter. *Conjurer la révolte.*
- Exorciser. *Conjurer les démons.*
● **Pronominal.**
S'unir. *Leurs ennemis se sont conjurés pour les vaincre.*

connaissance n. f.
● **(Au sing.)** Faculté de connaître.
● **(Au plur.)** Ensemble des notions acquises.
● *Prendre connaissance.* Apprendre, examiner.

● *Lier connaissance.* Faire la connaissance de quelqu'un ou faire connaissance avec quelqu'un.
● *En pays de connaissance.* En terrain connu.

connaissement n. m.
Contrat de transport maritime.

connaisseur, euse adj. et n. m. et f.
Expert, amateur. *C'est un fin connaisseur.*

connaître v. tr., pronom.
● *Je connais, tu connais, il connaît, nous connaissons, vous connaissez, ils connaissent. Je connaissais. Je connus. Je connaîtrai, tu connaîtras, il connaîtra,*

CONJONCTION

La conjonction est un mot invariable qui unit deux mots ou deux propositions. Il y a deux types de conjonctions :

● Les **CONJONCTIONS DE COORDINATION** qui unissent des mots ou des propositions de même nature. *Des feuilles et des branches. Soit un fruit, soit un gâteau. Nous irons à la campagne ou nous partirons en voyage.*

● Les **CONJONCTIONS DE SUBORDINATION** qui unissent une proposition subordonnée à une proposition principale. *Nous ferons cette excursion si le temps le permet. À supposer qu'elle vienne, nous serons cinq. Il restera jusqu'à ce que le travail soit terminé.*

● La **LOCUTION CONJONCTIVE** est un groupe de mots qui joue le rôle d'une conjonction. *Jusqu'à ce que.*

PRINCIPALES CONJONCTIONS ET LOCUTIONS CONJONCTIVES DE COORDINATION

LIAISON	ALTERNATIVE	CONSÉQUENCE	EXPLICATION
et	ou	donc	c'est-à-dire
ni	ou bien	ainsi	par exemple
de plus	ou au contraire	alors	à savoir...
en outre	soit... soit	aussi	
mais aussi	tantôt... tantôt...	c'est pourquoi	
même...		d'où	
		en conséquence	
		par conséquent	

CAUSE	RESTRICTION	SUITE	TRANSITION
car	mais	alors	or
en effet	or	enfin	bref
effectivement	pourtant	ensuite	d'ailleurs
	cependant	puis...	en somme
	néanmoins		peut-être
	toutefois		après tout...
	du moins		
	du reste...		

PRINCIPALES CONJONCTIONS ET LOCUTIONS CONJONCTIVES DE SUBORDINATION

La conjonction ou la locution conjonctive de subordination définit le mode de la proposition subordonnée. La plupart des conjonctions de cause, de conséquence, de comparaison sont suivies d'un verbe au mode indicatif (*i*) ou au mode conditionnel (*c*) ; certaines conjonctions de concession, de but, de condition et de temps expriment une incertitude et imposent le mode subjonctif (*s*).

CAUSE		BUT		CONSÉQUENCE	
comme	(ic)	que	(s)	à tel point que	(ic)
parce que	(ic)	afin que	(s)	au point que	(ic)
puisque	(ic)	de peur que	(s)	de façon que	(ic)
attendu que	(ic)	de crainte que	(s)	de sorte que	(ic)
étant donné que	(ic)	de façon que	(s)	si bien que	(ic)
vu que	(ic)	de manière que	(s)	tellement que...	(ic)
sous prétexte que	(ic)	pour que...	(s)		

CONCESSION		CONDITION		TEMPS	
quoique	(s)	si	(i)	quand	(ic)
bien que	(s)	même si	(i)	lorsque	(ic)
encore que	(s)	si ce n'est	(i)	alors que	(ic)
en admettant que	(s)	au cas où	(c)	après que	(ic)
malgré que	(s)	en admettant que	(s)	avant que	(s)
pendant que	(ic)	pourvu que	(s)	à mesure que	(ic)
tandis que	(ic)			au moment où	(ic)
alors que	(ic)			aussitôt que	(ic)
				depuis que	(ic)
				dès que	(ic)
COMPARAISON				en attendant que	(s)
				en même temps que	(ic)
				jusqu'à ce que	(s)
comme	(ic)			pendant que	(ic)
à proportion que	(ic)			tandis que	(ic)
de même que	(ic)			une fois que	(ic)
ainsi que	(ic)			toutes les fois que	(ic)
plus que	(ic)				
moins que...	(ic)				

nous connaîtrons, vous connaîtrez, ils connaîtront. Je connaîtrais, tu connaîtrais, il connaîtrait, nous connaîtrions, vous connaîtriez, ils connaîtraient. *Connais, connaissons, connaissez. Que je connaisse. Que je connusse. Connaissant. Connu, ue.*
• Attention à l'accent circonflexe sur le *i* quand celui-ci est suivi d'un *t*.
• Être informé de quelque chose, savoir. *Il connaît son secret.*
• **S'y connaître**. Cette construction familière suivie d'un complément n'est pas redondante. *Il s'y connaît en vins.*

connecter v. tr.
Unir par une connexion (deux ou plusieurs appareils électriques).

connecteur n. m.
Appareil de connexion, notamment entre deux lignes ou deux postes téléphoniques.

connerie n. f.
(Pop.) Bêtise.

connexe adj.
Analogue. *Des notions connexes.*

connexion n. f.
Branchement d'un appareil à un circuit.
Note.- Attention à l'orthographe : conne**x**ion.

connivence n. f.
Complicité.

connotation n. f.
Valeur particulière d'un mot, outre sa signification propre. *Une connotation péjorative.*

connu, ue adj.
• Dont on a connaissance.
• Illustre.

conquérant, ante adj. et n. m. et f.
Qui fait, qui a fait des conquêtes.

conquérir v. tr.
• *Je conquiers, tu conquiers, il conquiert, nous conquérons, vous conquérez, ils conquièrent. Je conquérais. Je conquis. Je conquerrai, tu conquerras, il conquerra, nous conquerrons, vous conquerrez, ils conquerront. Je conquerrais, tu conquerrais, il conquerrait, nous conquerrions, vous conquerriez, ils conquerraient. Conquiers, conquérons, conquérez. Que je conquière, que tu conquières, qu'il conquière, que nous conquérions, que vous conquériez, qu'ils conquièrent. Que je conquisse. Conquérant. Conquis, ise.*
• À noter qu'il n'y a pas de *c* devant *qu* contrairement au verbe *acquérir.*
• Acquérir par les armes, par l'effort. *Conquérir le pouvoir.*
• Gagner, séduire. *Il a conquis son auditoire.*

conquête n. f.
La personne, la chose, le pays conquis.

conquis, ise adj.
Dont on a fait la conquête.

consacré, ée adj.
• Qui a reçu une consécration religieuse.
• Sanctionné par l'usage. *Une expression consacrée.*
• Réservé. *Du temps consacré à la musique.*

consacrer v. tr., pronom.
• Dédier à Dieu, à un saint.
• (Fig.) Vouer quelque chose à. *Il consacre son temps à étudier.*
• Sanctionner. *Ce terme est consacré par l'usage.*

consanguin, ine adj.
Parent du côté paternel.
Ant. **utérin**

consanguinité n. f.
Parenté du côté paternel.

consciemment adv.
De façon consciente.

conscience n. f.
• Sentiment de son existence.
• *Avoir conscience de.* Savoir.
• Probité.
• *Avoir la conscience large.* Ne pas être scrupuleux.
• *En conscience*, locution adverbiale. En toute sincérité.

• *Par acquit de conscience.* Pour n'avoir rien à se reprocher.

consciencieusement adv.
De façon consciencieuse.

consciencieux, ieuse adj.
• Attentif, exact. *Elle est très consciencieuse.*
• Qui est fait avec exactitude. *Une étude consciencieuse.*

conscient, iente adj. et n. m.
• **Adjectif.** Qui a conscience de soi-même, d'un fait. *Il est conscient de sa supériorité.*
• **Nom masculin.** Ensemble des faits psychiques dont on a conscience. *Le conscient et l'inconscient.*

consécration n. f.
• Action de consacrer. *La consécration d'une chapelle.*
• Confirmation. *La consécration d'un talent.*

consécutif, ive adj.
• Qui se suit sans interruption. *Il a travaillé pendant dix semaines consécutives.*
• Qui est la suite de. *Un épuisement consécutif à un travail ininterrompu.*

consécutivement adv.
• Immédiatement après.
• *Consécutivement à*, locution prépositive. À la suite de.

conseil n. m.
• Avis. *Un bon conseil.*
• Assemblée ayant pour mission de donner son avis. *Le conseil d'administration.*
• Conseiller.
Note.- Ce nom est souvent apposé et joint par un trait d'union à un nom de profession, de métier pour désigner la personne dont on prend avis ; il prend la marque du pluriel. *Des avocates-conseils.*

conseil d'administration n. m.
Groupe de personnes chargées par les actionnaires d'une entreprise d'en orienter la gestion. *Des conseils d'administration. Elle siège au conseil d'administration.*

conseil juridique n. m.
Syn. **conseiller juridique**.

conseiller v. tr.
• Recommander. *Elle lui a conseillé des cours d'anglais.*
• Donner des avis, guider. *Il a conseillé ses collègues.*

conseiller n. m.
conseillère n. f.
• Membres de certains conseils. *Un conseiller municipal.*
• Personne qui donne des conseils. *Une conseillère pédagogique.*

conseiller juridique n. m.
conseillère juridique n. f.
Avocat. *Vous devriez consulter votre conseiller juridique.*
Syn. **conseil juridique**.

consensus n. m.
- Les lettres *en* se prononcent *in* [kɔ̃sɛ̃sys].
- Accord, harmonie.

Note.- Attention à l'orthographe : consensus.

consentant, ante adj.
Qui accepte. *Est-elle consentante ?*

Note.- Ne pas confondre avec le participe présent invariable **consentant.** *Les parents ne consentant pas au mariage de leur fille avant sa majorité, celle-ci s'est enfuie.*

consentement n. m.
Accord, assentiment.

consentir v. tr.
- **Transitif.** Accepter. *Il ne consentira aucun délai.*
- **Transitif indirect. Consentir à** + **infinitif.** *Il consent à le laisser partir.*

conséquemment adv.
- La troisième syllabe se prononce *ka* [kɔ̃sekamɑ̃].
- D'une manière logique, en conséquence.

conséquence n. f.
Résultat. *Il faut essayer de prévoir les conséquences de ce choix.*

Note.- Le mot **conséquence** s'écrit au singulier dans les expressions **de conséquence, sans conséquence, qui ne tire pas à conséquence** ; il est au pluriel si l'on veut insister sur la pluralité des conséquences. *L'inflation aura pour conséquences de hausser les prix et de déprécier la monnaie.*

conséquent, ente adj.
Qui agit d'une manière logique.

conservateur, trice adj.
Qui est attaché aux traditions, aux institutions établies, hostile à une évolution.

conservateur n. m.
conservatrice n. f.
Personne chargée de l'administration d'une bibliothèque, d'un musée. *Nous consulterons le conservateur.*

conservation n. f.
- Action de maintenir intact.
- **Instinct de conservation.** Instinct qui incite un être à protéger sa vie.

conservatisme n. m.
État d'esprit des conservateurs.

conservatoire n. m.
Établissement qui forme des comédiens, des musiciens.

conserve n. f.
- Substance alimentaire conditionnée dans des boîtes métalliques ou des bocaux. *Des boîtes de conserve. Mettre en conserve des haricots.*
- La boîte, le bocal. *Ouvrir une conserve.*

Note.- On écrit **conserves de saumon, de poulet, de bœuf**, mais **conserves de légumes, de fruits, de pêches.**
- **Naviguer de conserve.** (Mar.) Suivre la même route.

- **De conserve.** (Fig.) Ensemble.
- **Aller de conserve.** Suivre le même chemin.
- **Agir de conserve.** D'accord avec quelqu'un.

Note.- Ne pas confondre avec **de concert** qui signifie « avec entente, après s'être concerté ».

conservé, ée adj.
Bien conservé. Épargné par le temps. *Il est bien conservé pour ses quatre-vingts ans.*

conserver v. tr., pronom.
Maintenir en bon état, garder.

considérable adj.
Important par le nombre, le prix, la force.

considérablement adv.
Beaucoup.

considération n. f.
- Examen attentif.
- **Prendre en considération.** Tenir compte de.

considérer v. tr.
- Le *é* se change en *è* devant une syllabe muette, sauf à l'indicatif futur et au conditionnel présent. *Je considère*, mais *je considérerai.*
- Estimer, tenir pour.

Note.- Ce verbe doit être suivi de la conjonction **comme** pour introduire l'attribut du complément d'objet direct. *Le directeur la considère comme compétente* (et non *la considère compétente).*
- **Considérer comme tel.** Dans cette construction, l'adjectif **tel** s'accorde avec le complément. *Elles sont de grandes amies et je les considère comme telles.*

consignation n. f.
- Action de mettre quelque chose en dépôt, à titre de garantie.
- Action de consigner un emballage.

consigne n. f.
- Instructions. *Voilà la consigne : départ à 15 heures.*
- Service chargé de conserver les bagages. *Mettre ses valises à la consigne.*
- Somme remboursable destinée à la récupération des emballages.

consigner v. tr.
- Les lettres *gn* sont suivies d'un *i* à la première et à la deuxième personne du pluriel de l'indicatif imparfait et du subjonctif présent. *(Que) nous consignions, (que) vous consigniez.*
- Déposer une somme en garantie.
- Rapporter dans un document. *Consigner un fait.*
- Mettre à la consigne.
- **Emballage consigné.** Emballage dont on rembourse une partie du coût au consommateur.
- **Emballage non consigné** ou **emballage perdu.** Emballage jetable.

consistance n. f.
Fermeté.

consistant, ante adj.
- Qui a de la cohésion, de la solidité. *Une démonstration consistante.*
- Copieux. *Un plat consistant.*

consister v. tr. ind.
• **Consister** + **en.** Être composé de. *Ce dessert savoureux consiste en un mélange de chocolat et de noisettes.*
• **Consister** + **à.** Avoir comme caractère essentiel. *Son projet consiste à réaménager le port.*
• **Consister** + **dans.** Cette construction est littéraire et vieillie. *Le bonheur consiste dans la paix avec les autres et soi-même.*

consœur n. f.
• Femme qui appartient à une même profession, à une même société, considérée par rapport aux autres membres.
• La forme masculine de ce nom est **confrère.**
Note.- Ne pas confondre avec les mots suivants :
- **camarade**, amie, surtout chez les enfants ;
- **collègue**, personne avec qui l'on travaille ;
- **compagne**, personne avec qui l'on fait un travail manuel, un voyage ;
- **condisciple**, personne avec qui l'on étudie ;
- **copine**, camarade intime.

consolation n. f.
Apaisement.

console n. f.
• Table de salon à deux pieds courbes, scellée dans le mur.
• (Inform.) Périphérique d'un ordinateur.

consoler v. tr., pronom.
• **Transitif**. Apaiser, réconforter.
• **Pronominal**. Oublier son chagrin.

consolidation n. f.
• Action de consolider.
• (Compt.) Dans un groupe d'entreprises, mise en commun des comptes.

consolider v. tr.
• Rendre solide, affermir. *Consolider un mur.*
• (Compt.) Mettre en commun des comptes. *Consolider des bilans.*

consommateur, trice n. m. et f.
Utilisateur d'un bien. *La protection des consommateurs.*
Note.- Pour désigner la personne qui utilise un service, on emploiera les mots **usager, utilisateur**. *Les usagers du transport en commun, les utilisateurs de la bureautique.*

consommation n. f.
• Utilisation d'un produit. *La consommation d'essence de cette voiture est trop élevée.*
• Ce qu'on boit dans un établisssement. *Le tarif des consommations.*

consommé, ée adj. et n. m.
• **Adjectif.** Accompli. *Un art consommé.*
• **Nom masculin.** Bouillon. *Un consommé de bœuf.*

consommer v. tr., intr.
• **Transitif**
- Achever, parfaire.
- Détruire par l'usage. *Il a consommé un verre de vin.*

- Utiliser une source d'énergie. *Consommer de l'essence.*
Note.- Ne pas confondre avec le verbe **consumer** qui signifie « détruire par le feu ».
• **Intransitif**
Prendre une consommation.

consonance n. f.
Accord harmonieux de sons.
Note.- Attention à l'orthographe : conso**n**ance.

consonne n. f.
• Phonème, son du langage. *Les consonnes et les voyelles.*
• Lettre représentant ce son.
Note.- Si les consonnes étaient féminines autrefois, elles sont aujourd'hui du genre masculin. *Un **s** (et non plus *****une **s**).

consort adj. m. et n. m.
Époux d'une reine, sans être roi. *Philippe d'Édimbourg, le prince consort.*

consortium n. m.
• La dernière syllabe se prononce comme « siomme » [kɔ̃sɔrsjɔm].
• Regroupement d'entreprises. *Des consortiums géants.*

conspirateur, trice adj. et n. m. et f.
Personne qui participe à une conspiration.

conspiration n. f.
Complot.

conspirer v. tr., intr.
• **Transitif**. (Litt.) Préparer. *Conspirer la faillite d'une entreprise.*
• **Intransitif**. Organiser une conspiration. *Conspirer contre la monarchie.*

conspuer v. tr.
Huer. *Conspuer un conférencier.*

constamment adv.
Invariablement.

constance n. f.
Persévérance.

constant, ante adj. et n. m. et f.
• Fidèle.
• Immuable.

constat n. m.
Acte officiel de constatation. *Un constat à l'amiable.*

constatation n. f.
• Action de constater.
• Chose constatée.

constater v. tr.
Établir la vérité d'un fait, la réalité de quelque chose.

constellation n. f.
Groupe d'étoiles formant une figure. *La Grande Ourse.*
Note.- Les noms des planètes, des constellations, des étoiles et des signes du zodiaque s'écrivent avec une majuscule.
V. **astre**.

consteller v. tr.
● Parsemer d'astres. *Les étoiles qui constellent le ciel.*
● Couvrir de. *Un costume constellé de taches.*

consternation n. f.
Grande douleur morale.
Note.- Ne pas confondre avec les mots suivants :
- **affliction**, peine profonde ;
- **chagrin**, tristesse ;
- **douleur**, souffrance physique ou morale ;
- **peine**, douleur morale ;
- **prostration**, abattement causé par la douleur.

consterner v. tr.
Affliger, désoler.

constipation n. f.
Rareté ou difficulté d'évacuer les selles.

constipé, ée adj. et n. m. et f.
● Qui souffre de constipation.
● (Fig.) Guindé.

constituant adj.
Qui entre dans la constitution, la composition de quelque chose.

constitué, ée adj.
● D'une constitution bonne ou mauvaise.
● Établi par la constitution, la loi.

constituer v. tr., pronom.
● **Transitif**
- Regrouper des éléments pour composer un tout. *Un abri constitué de planches* ou *par des planches.*
- Organiser, établir. *Constituer une société.*
- Former la base de. *Cette décision constitue un précédent.*
● **Pronominal**
Se constituer prisonnier. Se livrer aux autorités, se rendre.

constitutif, ive adj.
Qui établit juridiquement. *Les statuts constitutifs.*

constitution n. f.
● Composition.
● Organisation politique d'un État.

constitutionnel, elle adj.
Conforme à la constitution d'un État.

constitutionnellement adv.
De façon conforme à la constitution.

constricteur adj. m.
Boa constricteur. Boa de grande taille.

constructeur, trice adj. et n. m. et f.
● **Adjectif.** Qui construit (en parlant des personnes).
● **Nom masculin.** Entreprise qui réalise des constructions ou qui construit pour le compte d'autrui. *Un constructeur immobilier. Un constructeur d'avions, de voitures.*

constructif, ive adj.
Qui est positif, qui est propre à construire. *Un avis constructif.*

construction n. f.
● Art de construire.
● Action de construire.
● Ce qui est construit. *Des constructions modernes.*
● Syntaxe. *La construction d'une phrase.*

construire v. tr., pronom.
● **Transitif.** Bâtir.
● **Pronominal.** Recevoir une construction grammaticale. *Ce verbe se construit avec l'auxiliaire* **avoir.**

consul n. m.
Agent diplomatique chargé de la défense des intérêts des ressortissants de son pays dans un pays étranger.

consulaire adj.
Relatif à un consulat.

consulat n. m.
● Charge de consul.
● Bureaux du consul.

consultant n. m.
consultante n. f.
Personne qui agit à titre de conseil. *Une consultante en informatique.*

consultatif, ive adj.
Qui est constitué pour donner des avis. *Un comité consultatif.*

consultation n. f.
Action de donner un avis (médical, juridique, linguistique, etc.). *Un cabinet de consultation.*

consulter v. tr.
● S'adresser à quelqu'un pour prendre son avis.
● Utiliser une source de renseignements. *Consulter un dictionnaire.*

consumer v. tr.
Détruire par le feu. *La maison a été consumée aux trois quarts.*
Note.- Ne pas confondre avec le verbe **consommer** qui signifie « détruire par l'usage ».

consumérisme n. m.
(Anglicisme) Protection des intérêts du consommateur par des associations.

contact n. m.
● État de deux corps qui se touchent. *Entrer en contact.*
● Liaison. *J'ai perdu le contact.*
● *Verres de contact, lentilles de contact.* Verre que l'on applique directement sur la cornée.

contacter v. tr.
Prendre contact avec. *Il faudrait contacter des clients éventuels.*
Note.- Ce verbe est critiqué par de nombreux auteurs qui lui préfèrent **entrer en rapport avec, entrer en relation avec, prendre contact avec, toucher quelqu'un.**

contagieux, euse adj. et n. m. et f.
Transmissible. *Une maladie très contagieuse.*

contagion n. f.
Transmission d'une maladie à une autre personne.

container n. m.
(Anglicisme) Conteneur.

contamination n. f.
Action de contaminer.

contaminer v. tr.
● Transmettre une maladie contagieuse, un défaut, infecter.
● Souiller. *L'eau est contaminée par des produits chimiques.*

conte n. m.
Court récit. *Un conte de fées.*
Note.- Ne pas confondre avec les mots suivants :
- *compte*, tableau où figurent en débits ou crédits, les variations de l'actif ou du passif et les résultats ;
- *comte*, titre de noblesse.

contemplation n. f.
Action de contempler.

contempler v. tr.
● Considérer attentivement.
● Être absorbé par la méditation.

contemporain, aine adj. et n. m. et f.
Qui est de la même époque.

contenance n. f.
● Capacité. *La contenance de cette bouteille est de deux litres.*
● Façon de se tenir.
● *Perdre contenance.* Perdre son calme.
● *Faire bonne contenance.* Conserver la maîtrise de soi.

contenant n. m.
Ce qui contient. *Le contenant et le contenu.*

conteneur n. m.
Caisse métallique destinée au transport des marchandises.
Note.- Le nom *container* est un anglicisme.

contenir v. tr., pronom.
● **Transitif**
- Avoir la capacité de. *Cette bouteille contient 3 litres.*
- Comprendre. *Ce dictionnaire contient 1 000 pages.*
- Comprendre en soi. *Ce sol contient de l'argile.*
● **Pronominal**
Se maîtriser. *Il n'a pas réussi à se contenir et l'a frappé.*

content, ente adj. et n. m.
● **Adjectif.** Satisfait, heureux.
● **Nom masculin.** *Avoir son content.* Être comblé, satisfait.

contentement n. m.
État d'une personne contente.

contenter v. tr., pronom.
● **Transitif.** Satisfaire.
● **Pronominal.** Se borner à. *Je me contenterai d'une glace.*
Note.- À la forme pronominale, le verbe se construit avec la préposition *de*.

contentieux, euse adj. et n. m.
● **Adjectif.** Litigieux.
● **Nom masculin.** Service d'une entreprise, d'un organisme qui s'occupe des affaires litigieuses.
Note.- Le (service du) contentieux ne s'occupe que des affaires litigieuses, alors que le service juridique se charge de toutes les questions relatives au droit.

contenu, ue adj. et n. m.
● **Adjectif**
Qui se maîtrise.
● **Nom masculin**
- Ce qui est dans un contenant. *Le contenu d'une tasse.*
- Substance. *Quel est le contenu du message ?*

conter v. tr.
● Faire un récit d'une façon agréable.
● Raconter pour abuser. *Conter des histoires.*
● *Conter fleurette.* Faire la cour.
Note.- Ne pas confondre avec les verbes suivants :
- *narrer*, faire un récit relativement long ;
- *rapporter*, faire un récit authentique ;
- *relater*, rapporter un fait historique.

contestataire n. m. et f.
Personne qui remet en cause l'ordre social.

contestation n. f.
● Refus systématique de l'ordre social.
● Débat, controverse.
Note.- L'expression *sans contestation* s'écrit au singulier.

conteste (sans) loc. adv.
Incontestablement.
Note.- Ce mot ne s'emploie que dans cette locution adverbiale.

contester v. tr., intr.
● **Transitif.** Refuser de reconnaître un fait, un droit, une opinion. *Cette nomination est très contestée.*
Notes.-
1° À la forme affirmative, le verbe se construit avec le mode subjonctif. *Ils contestent que l'entreprise ait pris les mesures nécessaires.*
2° À la forme négative ou interrogative, le verbe peut se construire avec le subjonctif, l'indicatif ou le conditionnel. *Je ne conteste pas que le directeur soit équitable.*
3° L'emploi du mode indicatif est fréquent lorsqu'on veut exprimer un fait indubitable, tandis que le conditionnel sert à exprimer une éventualité. *Elle ne conteste pas que ce serait la solution la plus facile.*
● **Intransitif.** Faire de la contestation. *Ces étudiants sont toujours prêts à contester.*

conteur, euse n. m. et f.
Personne qui raconte bien.
Hom. *compteur*, appareil de mesure.

contexte n. m.
Situation globale. *Le contexte économique.*

contigu, uë adj.
Attenant. *Deux maisons contiguës.*
Notes.-
1° Attention à l'orthographe : contigu**ë** au féminin.

2º Ne pas confondre avec le mot **proche** qui désigne ce qui n'est pas éloigné.

contiguïté n. f.
État de deux ou plusieurs choses contiguës.

continence n. f.
Abstinence des plaisirs sexuels.

continent, ente adj. et n. m.
• **Adjectif**
Qui vit dans la continence.
• **Nom masculin**
- Grande étendue émergée de la surface terrestre. *C'est un grand continent.*
- La terre ferme, par opposition aux îles voisines.

continental, ale, aux adj.
Relatif à un continent. *Le climat continental.*

contingence n. f.
Évènement sans importance.

contingent, ente adj.
Aléatoire.

contingent n. m.
Quantité déterminée.

contingentement n. m.
Limitation des importations ou des exportations au cours d'une période donnée. *Le contingentement des importations.*

contingenter v. tr.
Limiter les importations. *L'importation des chaussures est contingentée.*

continu, ue adj. et n. m.
Sans interruption.

continuation n. f.
Suite.

continuel, elle adj.
Constant.

continuellement adv.
Sans interruption.

continuer v. tr., intr., pronom.
• **Transitif.** Poursuivre ce qui est commencé. *Continuer ses études. Il continue à chanter.*
Note.- Le verbe se construit avec les prépositions **à** et **de**. Plus fréquemment construit avec **à**, la préposition **de** sera surtout employée pour éviter un hiatus. *Elle continue d'aimer la musique* (plutôt que « à aimer »).
• **Intransitif.** Se poursuivre. *La fête continue.*
• **Pronominal.** Ne pas être interrompu.

continuité n. f.
• Durée ininterrompue. *Assurer la continuité de l'action entreprise, c'est-à-dire continuer dans le même sens.*
• *Solution de continuité.* Interruption brusque à l'intérieur d'une suite.
Note.- Cette expression est souvent perçue comme une continuité, alors qu'elle désigne une rupture.

continûment adv.
D'une manière soutenue.
Note.- Attention à l'orthographe : continûment.

contondant, ante adj.
Qui meurtrit et blesse sans couper. *Un objet contondant.*

contorsion n. f.
Acrobatie.

contorsionner (se) v. pronom.
Faire des contorsions.

contorsionniste n. m. et f.
Acrobate.

contour n. m.
Périphérie, limite extérieure.

contourner v. tr.
Faire le tour. *Contourner une agglomération.*

contra- préf.
Élément du latin signifiant « contre ». *Contraception.*

contraceptif, ive adj. et n. m.
• **Adjectif.** Relatif à la contraception.
• **Nom masculin.** Moyen propre à empêcher la conception. *Un contraceptif oral.*

contraception n. f.
Ensemble des méthodes visant à éviter la fécondation.

contractant, ante adj. et n. m. et f.
(Dr.) Qui passe contrat.

contracter v. tr., pronom.
• **Transitif**
- S'engager par contrat.
- Acquérir. *Contracter une habitude.*
- *Contracter une maladie.* Tomber malade.
- *Contracter des dettes.* Faire des dettes.
- Diminuer de volume. *Le froid contracte les corps.*
• **Pronominal**
Se resserrer. *Le muscle se contracte.*

contractile adj.
Qui est susceptible de contraction.

contractilité n. f.
Possibilité que possèdent certains corps de se contracter, de se détendre alternativement.

contraction n. f.
Resserrement.

contractuel, elle adj. et n. m. et f.
• **Adjectif**
Qui est stipulé par contrat.
• **Nom masculin**
Agent non fonctionnaire. *Engager des contractuels.*

contradiction n. f.
• Action de contredire, de s'opposer à.
• Incompatibilité de deux notions, de deux affirmations.

contradictoire adj.
Qui comprend une contradiction.

contraindre v. tr.
• *Je contrains. tu contrains, il contraint, nous contraignons, vous contraignez, ils contraignent. Je contraignais. Je contraignis. Je contraindrai. Je contraindrais.*

Contrains, contraignons, contraignez. Que je con-traigne. Que je contraignisse. Contraignant. Con-traint, ainte.
- Les lettres *gn* sont suivies d'un *i* à la première et à la deuxième personne du pluriel de l'indicatif imparfait et du subjonctif présent. *(Que) nous contraignions, (que) vous contraigniez.*
- Forcer quelqu'un à agir contre son gré.
Note.- Lorsqu'il est suivi d'un infinitif, le verbe se construit avec la préposition *à* et parfois avec la pré-position *de*. *Contraindre à partir.* Pris adjectivement, il est suivi de *de*. *Elle fut contrainte de prendre congé.*

contraint, ainte adj. et n. f.
- **Adjectif.** Gêné. *Un sourire contraint.*
- **Nom féminin.** Pression morale ou physique. *Agir sous la contrainte.*

contraire adj. et n. m.
- **Adjectif.** Opposé, nuisible. *Une attitude contraire à la logique.*
- **Nom masculin.** Chose opposée à une autre. *Le contraire de grand est petit.*
Syn. **antonyme.**
V. Tableau - **ANTONYMES.**

contrairement adv.
En opposition à.

contralto n. m.
- Voix de femme, la plus grave de toutes. *Des contral-tos.*
- Chanteuse qui possède une telle voix.
Note.- Ce nom est masculin même s'il désigne une femme.

contrarier v. tr.
- Redoublement du *i* à la première et à la deuxième personne du pluriel de l'indicatif imparfait et du sub-jonctif présent. *(Que) nous contrariions, (que) vous contrariiez.*
- S'opposer à. *Contrarier un projet.*
- Ennuyer, chagriner. *Ce contretemps l'a contrarié.*

contrariété n. f.
Contretemps.

contrario (a)
V. a contrario.

contrastant, ante adj.
Qui contraste. *Des couleurs contrastantes.*

contraste n. m.
Opposition entre deux ou plusieurs choses.

contraster v. tr., intr.
- **Transitif.** Mettre en contraste.
- **Intransitif, transitif indirect.** Être en contraste.

contrat n. m.
Convention juridique entre deux ou plusieurs parties s'obligeant à donner, à faire ou à ne pas faire quelque chose.

contravention n. f.
- Infraction.
- Par métonymie, procès-verbal d'une contravention. *Donner une contravention.*

contravis n. m.
Avis contraire à un avis précédent.

contre adv., n. m. et prép.
- **Adverbe**
L'adverbe *contre* employé absolument marque l'op-position. *Elle a voté contre.*
- **Locutions adverbiales**
- *Ci-contre.* En regard, à côté. *Voir l'illustration ci-contre.*
- *Par contre.* En revanche. *Il pleut aujourd'hui, par contre il fera beau demain.*
Note.- Cette locution qui introduit un avantage ou un inconvénient a été critiquée, mais elle est passée dans l'usage.
- **Nom masculin**
L'opposé. *Le pour et le contre.*
- **Préposition**
La préposition *contre* sert à exprimer :
- La résistance, le choc. *Se cogner contre un mur.*
- L'incompatibilité, le désaccord. *Il est contre cette proposition.*
- La proximité. *Elle était appuyée contre un arbre. Il est bien tout contre elle.*
- L'échange. *Contre 100 F, j'ai pu emporter trois beaux livres.*
- La défense. *Du sirop contre la toux.*
Note.- Dans la langue juridique, la préposition *contre* est employée pour nommer les actions en justice. *Kramer contre Kramer.*

contre- préf.
Les noms composés avec le préfixe *contre-* s'écrivent pour la plupart avec un trait d'union et seul le deuxième élément prend la marque du pluriel.
V. Tableau - **CONTRE-.**

contre-alizé n. m.
Vent qui souffle dans la direction opposée à l'alizé. *Des contre-alizés.*

contre-allée n. f.
Allée latérale. *Des contre-allées.*

contre-amiral n. m.
Officier de marine. *Des contre-amiraux.*

contre-appel n. m.
Second appel pour vérifier le premier. *Des contre-appels.*

contre-assurance n. f.
Assurance accessoire. *Des contre-assurances.*

contre-attaque n. f.
Attaque lancée pour neutraliser une offensive. *Des contre-attaques.*

contre-attaquer v. tr.
Passer à son tour à l'offensive.

contrebalancer v. tr.
- Le *c* prend une cédille devant les lettres *a* et *o*. *Il contrebalança, nous contrebalançons.*
- Faire équilibre, compenser.

contrebande n. f.
Importation clandestine de marchandises.

CONTRE-

Les mots composés avec le préfixe *contre-* s'écrivent avec un trait d'union à l'exception de :

contravis	contredire	contrepoison
contrebalancer	contredit	contreprojet
contrebande	contrefaçon	contreproposition
contrebandier	contrefacteur	contrescarpe
contrebas	contrefaction	contreseing
contrebasse	contrefaire	contresens
contrebasson	contrefait	contresignataire
contrebatterie	contrefort	contresigner
contrebattre	contremaître	contretemps
contrecarrer	contremander	contretype
contrechamp	contremarche	contrevallation
contrechâssis	contremarque	contrevenant
contreclef	contreparement	contrevenir
contrecœur	contrepartie	contrevent
contrecoller	contrepèterie	contreventement
contrecoup	contrepoids	contrevérité
contredanse	contrepoint	contrordre

---

contrebandier, ière adj. et n. m. et f.
Personne qui se livre à la contrebande.

contrebas (en) loc. adv.
À un niveau inférieur.

contrebasse n. f.
Le plus grand et le plus grave des instruments à archet.

contrebasse ou **contrebassiste** n. m. et f.
Musicien qui joue de la contrebasse.

contrebuter v. tr.
Soutenir par un pilier.

contrecarrer v. tr.
S'opposer, faire obstacle.

contrechamp n. m.
(Cin.) Prise de vue en sens opposé à une autre prise de vue.

contre-chant n. m.
Phrase mélodique accessoire. *Des contre-chants.*

contrecœur (à) loc. adv.
Malgré soi.

contrecoup n. m.
Évènement qui arrive par suite d'un autre.

contre-courant n. m.
Courant secondaire qui se produit en sens inverse d'un autre. *Nager à contre-courant. Des contre-courants.*

contre-culture n. f.
Courant culturel qui conteste la culture dominante. *Des contre-cultures.*

contredanse n. f.
(Fam.) Contravention.

contredire v. tr., pronom.
• Attention à la conjugaison de la deuxième personne du pluriel de l'indicatif présent et de l'impératif. *Vous contredisez, contredisez* (et non vous *contredites).
• **Transitif**. Réfuter, dire le contraire.
• **Pronominal**. Être en contradiction avec les autres ou avec soi-même. *Les témoignages se contredisent.*

contredit (sans) loc. adv.
Certainement.

contrée n. f.
(Vx) Région.

contre-écrou n. m.
Écrou bloqué derrière un autre. *Des contre-écrous.*

contre-enquête n. f.
Enquête destinée à vérifier les résultats d'une première enquête. *Des contre-enquêtes.*

contre-épreuve n. f.
Vérification d'une première épreuve. *Des contre-épreuves.*

contre-espionnage n. m.
Dépistage et surveillance des espions. *Des contre-espionnages.*

contre-exemple n. m.
Exemple qui contredit une démonstration, une affirmation. *Des contre-exemples.*

contre-expertise n. f.
Expertise destinée à en vérifier une autre. *Des contre-expertises.*

contrefaçon n. f.
Falsification.

contrefaire v. tr.
• Attention à la conjugaison de la deuxième personne du pluriel. *Vous contrefaites* (et non vous *contrefaisez*).
• Imiter, caricaturer. *Contrefaire une signature, l'accent de quelqu'un.*

contrefait, aite adj.
Difforme.

contre-fenêtre n. f.
Partie intérieure d'une double-fenêtre. *Des contre-fenêtres.*

contre-fer n. m.
Pièce d'un outil qui double le fer. *Des contre-fers.*

contre-feu n. m.
Feu allumé pour arrêter la propagation d'un incendie par la création d'un vide. *Des contre-feux.*

contrefiche n. f.
Étai qui soutient un mur.

contreficher (se) v. pronom.
(Fam.) Se moquer éperdument de.

contre-fil ou **contrefil** n. m.
Sens contraire à la normale. *Des contre-fils.*

contre-filet n. m.
Morceau de bœuf. *Des contre-filets.*

contrefort n. m.
Pilier massif élevé contre un mur pour servir d'appui.

contrefoutre (se) v. pronom.
(Pop.) Se contreficher.

contre-fugue n. f.
(Vx) Fugue inversée. *Des contre-fugues.*

contre-haut (en) loc. adv.
À un niveau supérieur.

contre-indication n. f.
(Méd.) Circonstance qui empêche l'emploi d'un moyen médical. *Des contre-indications.*

contre-indiqué adj.
Qui ne doit pas être employé. *Ce médicament est contre-indiqué pour lui.*

contre-indiquer v. tr.
• Constituer une contre-indication.
• Déconseiller.

contre-interrogatoire n. m.
Interrogatoire mené par la partie adverse. *Des contre-interrogatoires.*

contre-jour n. m.
• Endroit opposé au grand jour. *Des contre-jours.*
• *À contre-jour.* En tournant le dos à la lumière.

contre-lettre n. f.
(Dr.) Document secret modifiant les clauses d'un document public. *Des contre-lettres.*

contremaître n. m.
contremaîtresse n. f.
Personne qui supervise des ouvriers, des ouvrières dans un atelier. *Il faudra en aviser le contremaître.*

contre-manifestant, ante n. m. et f.
Personne qui participe à une contre-manifestation. *Des contre-manifestants.*

contre-manifestation n. f.
Manifestation qui s'oppose à une autre. *Des contre-manifestations.*

contremarche n. f.
Marche militaire faite en sens contraire à la direction précédemment suivie.

contremarque n. f.
Billet, jeton, carte, etc. permettant aux spectateurs de rentrer après être sortis au cours d'un spectacle.

contre-mesure n. f.
• Mesure qui s'oppose à une autre. *Des contre-mesures.*
• *À contre-mesure*, à contre-temps.

contre-offensive n. f.
Offensive répondant à une offensive de l'adversaire. *Des contre-offensives.*

contrepartie n. f.
• Compensation.
• *En contrepartie.* En échange.

contre-pente n. f.
Pente opposée à une autre pente. *Des contre-pentes.*

contre-performance n. f.
Piètre performance, notamment d'un sportif dont on attendait le succès. *Des contre-performances.*

contrepèterie n. f.
Interversion de lettres ou de syllabes dans un ou plusieurs mots de façon à provoquer le rire.

contre-pied n. m.
Ce qui est opposé à quelque chose ; le contraire. *Prendre le contre-pied d'une directive. Des contre-pieds.*

contreplacage n. m.
Mince feuille de bois collée contre un panneau.

contreplaqué n. m.
Panneau composé de couches minces de bois collées sous pression.

contre-plongée n. f.
(Cin.) Prise de vue faite de bas en haut. *Des contre-plongées.*

contrepoids n. m.
Poids servant à contrebalancer un autre poids.

contre-poil (à) loc. adv.
À rebrousse-poil.

contrepoint n. m.
Art de composer de la musique en superposant plusieurs lignes mélodiques.

contrepoison n. m.
Antidote.

contre-porte n. f.
Double porte. *Des contre-portes.*

contre-projet n. m.
Projet opposé à un autre. *Des contre-projets.*

contre-proposition n. f.
Proposition opposée à une autre. *Des contre-propositions.*

contre-publicité n. f.
Publicité conçue pour décourager la demande ou pour contrer une autre publicité. *Des contre-publicités bien conçues.*

contrer v. tr.
Faire échec. *Contrer la démotivation du personnel.*

contre remboursement loc. prép.
• Sigle *C.R.*
• Opération commerciale qui consiste à expédier un objet que le destinataire doit payer à la livraison. *Un envoi contre remboursement.*

contre-révolution n. f.
Mouvement politique visant à combattre une révolution. *Des contre-révolutions.*

contre-révolutionnaire adj. et n. m. et f.
Partisan d'une contre-révolution. *Des contre-révolutionnaires.*

contreseing n. m.
• Le *g* ne se prononce pas [kɔ̃trəsɛ̃].
• Signature de la personne qui contresigne.
Note.- Attention à l'orthographe : contres**eing**.

contresens n. m.
• Le *s* final se prononce [kɔ̃trəsɑ̃s].
• Interprétation à l'inverse du sens réel. *Faire un contresens en traduction.*
• Sens contraire au sens normal, au bon sens. *Le contresens d'une étoffe.*

contresignataire adj. et n. m. et f.
Personne qui contresigne un acte.

contresigner v. tr.
Apposer une deuxième signature.

contretemps n. m.
• Empêchement. *Un contretemps regrettable.*
• *À contretemps.* De façon inopportune.

contre-torpilleur n. m.
Navire de guerre. *Des contre-torpilleurs.*

contre-transfert n. m.
(Psychan.) Ensemble des réactions inconscientes de l'analyste à l'égard du patient. *Des contre-transferts.*

contrevenant, ante n. m. et f.
Personne qui contrevient à un règlement.
Note.- Ne pas confondre avec le participe présent invariable *contrevenant.* *Les citoyens contrevenant à ce règlement seront punis.*

contrevenir v. tr.
Déroger à une prescription, enfreindre un règlement. *Ils ont contrevenu aux règlements de la circulation.*

contrevent n. m.
Volet extérieur.

contrevérité n. f.
• Antiphrase.
• Affirmation visiblement fausse. *Des contrevérités évidentes.*

contre-voie (à) loc. adv.
Du mauvais côté de la voie.

contribuable n. m. et f.
Personne qui paie des impôts. *Ce sont les contribuables qui décideront.*

contribuer v. tr. ind.
Participer. *Je voudrais contribuer à cette recherche.*

contribution n. f.
• Cotisation. *Payer sa contribution.*
• Apport. *Sa contribution à cette œuvre est fondamentale.*

contrit, ite adj.
Qui éprouve du remords.

contrition n. f.
(Litt.) Remords.

contrôlable adj.
Qui peut être contrôlé.

contrôle n. m.
• Vérification, surveillance. *Le contrôle de la qualité.*
• (Anglicisme) Maîtrise.
• *Contrôle des naissances.* (Anglicisme) Limitation des naissances.

contrôler v. tr., pronom.
• Vérifier. *Contrôler les marchandises.*
• (Écon.) Détenir la majorité des actions. *Ce sont des actionnaires étrangers qui contrôlent ces entreprises.*
Note.- Au sens de *dominer, maîtriser, diriger*, l'emploi du verbe *contrôler* est un anglicisme.

contrôleur, euse n. m. et f.
Personne chargée d'exercer un contrôle, une vérification. *Les contrôleurs de la navigation aérienne.*

contrordre n. m.
Modification d'un ordre donné précédemment. *À moins d'un contrordre, nous nous retrouverons à 9 heures.*

controverse n. f.
Discussion, polémique.

controversé, ée adj.
Contesté. *Une loi controversée.*

contumace n. f.
(Dr.) Se dit d'une personne qui refuse de comparaître pour une affaire criminelle. *Il a été condamné par contumace.*

contusion n. f.
Meurtrissure de la peau. *Il n'a pas de coupure, mais une contusion.*

conurbation n. f.
Agglomération formée de plusieurs villes voisines et de leur banlieue.

convaincant, ante adj.
Propre à convaincre, concluant.
Note.- Ne pas confondre avec le participe présent invariable *convainquant.* *Des plaidoyers convainquant le mieux les jurés.*

convaincre v. tr.
• *Je convaincs, tu convaincs, il convainc, nous convainquons, vous convainquez, ils convainquent. Je convainquais. Je convainquis. Je convaincrai. Je convaincrais. Convaincs, convainquons, convainquez. Que je convainque. Que je convainquisse. Convainquant. Convaincu, ue.*
• Persuader. *Convaincre un ami du bien-fondé de sa démarche.*
• (Dr.) Prouver qu'une personne est coupable. *Convaincre quelqu'un de négligence criminelle.*

convaincu, ue adj.
• Rempli de conviction. *C'est une indépendantiste convaincue.*
• Être reconnu coupable. *Il a été convaincu d'homicide involontaire.*

convalescence n. f.
Retour progressif à la santé.

convalescent, ente adj. et n. m. et f.
Qui relève de maladie.

convection ou **convexion** n. f.
Transport de chaleur par les corps en mouvement.

convenable adj.
• Correct, qui respecte la bienséance. *Des manières convenables.*
• Suffisant, passable. *Des résultats convenables.*

convenablement adv.
Correctement.

convenance n. f.
• **Nom féminin singulier.** Goût. *Choisissez la date à votre convenance.*
• **Nom féminin pluriel.** Bienséance. *Respecter les convenances.*

convenir v. tr. ind.
• *Je conviens, tu conviens, il convient, nous convenons, vous convenez, ils conviennent. Je convenais. Je convins. Je conviendrai. Je conviendrais. Conviens, convenons, convenez. Que je convienne. Que je convinsse. Convenant. Convenu, ue.*
• *Convenir* et l'auxiliaire *être* + *de.* (Litt.) Décider ensemble. *Nous sommes convenus de nous retrouver jeudi.*
• *Convenir* et l'auxiliaire *avoir* + *de.* Se mettre d'accord. *Nous avons convenu d'une rencontre qui a été fixée au 15 septembre.*
Notes.-
1° Aujourd'hui, le verbe se construit de plus en plus avec l'auxiliaire *avoir*, dans tous les sens.
2° On préférera *comme il a été convenu* à l'expression commerciale « comme convenu ».
• Reconnaître comme vrai. *Tu as convenu de ton erreur.*
Note.- En ce sens, le verbe se construit avec l'indicatif ou le conditionnel. *Ils conviennent que la décision était fondée. Nous avions convenu que la rencontre aurait lieu à l'été.*
• (Impers.) Il est opportun. *Il convient de prévenir les intéressés. Il convient que tout soit terminé pour la rentrée.*

Note.- À la forme impersonnelle, le verbe se construit avec le subjonctif.

convention n. f.
• Accord.
• *Convention collective.* Accord conclu entre salariés et employeurs pour définir les conditions de travail.

conventionné, ée adj.
Lié par une convention. *Un médecin conventionné.*

conventionnel, elle adj.
• Qui a trait à une convention.
• Conforme aux convenances.

conventuel, elle adj.
Propre au couvent.

convenu, ue adj.
Décidé. *Un prix convenu.*

convergence n. f.
Fait de converger, de tendre vers un même but. *La convergence des recherches.*

convergent, ente adj.
Qui converge. *Des traits convergents.*
Note.- Ne pas confondre avec le participe présent invariable **convergeant**. *Tous les regards convergeant vers lui, il baissa les yeux.*
Ant. **divergent.**

converger v. intr.
• Le **g** est suivi d'un **e** devant les lettres **a** et **o**. *Il convergea, nous convergeons.*
• Tendre vers un seul et même point. *Ces routes convergent vers la mer.*
• Avoir un même but. *Tous nos efforts doivent converger.*

conversation n. f.
• Entretien familier.
• La manière dont on converse. *Elle a beaucoup de conversation.*
Note.- Ne pas confondre avec les mots suivants :
- *causette*, conversation familière ;
- *conciliabule*, réunion secrète ;
- *dialogue*, conversation entre deux personnes ;
- *entretien*, conversation suivie avec quelqu'un ;
- *palabre*, conversation longue et inutile.

conversationnel, elle adj.
(Inform.) Se dit d'un mode de traitement de données qui permet une conversation entre un système informatique et un utilisateur, avec échange de questions et réponses.
Syn. **interactif.**

converser v. intr.
Parler familièrement avec quelqu'un.

conversion n. f.
• Passage à une nouvelle conduite, une conviction, etc.
• Changement. *La conversion de monnaies.*

convertibilité n. f.
Caractère de ce qui est convertible. *La convertibilité d'une monnaie.*

convertible adj. et n. m.
Qui peut être transformé en une autre chose, ou changé pour une autre.

convertir v. tr., pronom.
• **Transitif**
- Faire changer quelqu'un de conduite, de foi, etc.
- Transformer une chose en une autre.
• **Pronominal**
Être converti. *Ils se sont convertis au catholicisme.*

convertisseur n. m.
Machine qui modifie un courant électrique.

convexe adj.
Bombé.
Note.- Ne pas confondre avec le mot **concave** qui qualifie ce qui est creux.

convexion
V. **convection**.

conviction n. f.
Certitude.

convier v. tr.
• Redoublement du *i* à la première et à la deuxième personne du pluriel de l'indicatif imparfait et du subjonctif présent. *(Que) nous conviions, (que) vous conviiez.*
• (Litt.) Inviter. *Nous sommes conviés à dîner.*
• Inciter quelqu'un à faire quelque chose. *Le soleil convie au farniente.*

convive n. m. et f.
Personne qui prend part à un repas.

convivial, ale, aux adj.
(Inform.) Accessible, facile d'utilisation. *Un logiciel très convivial.*

convivialité n. f.
(Inform.) Caractère d'un matériel convivial.

convocation n. f.
• Action de convoquer.
• Écrit par lequel on convoque.

convoi n. m.
Regroupement de personnes, de choses affectées à une destination identique. *Des convois de chemin de fer. Des convois funèbres.*

convoiter v. tr.
Désirer ardemment.
Note.- Ne pas confondre avec les verbes suivants :
- **aspirer**, viser, prétendre à ;
- **désirer**, espérer, souhaiter ;
- **envier**, désirer ce qui est à autrui.

convoitise n. f.
Avidité.

convoler v. intr.
(Vx ou plaisant.) Se marier. *Convoler en justes noces.*

convoquer v. tr.
Inviter à se réunir. *Les conseillers ont été convoqués.*

convoyer v. tr.
• Le *y* se change en *i* devant un *e* muet. *Je convoie, je convoierai.*

• Le *y* est suivi d'un *i* à la première et à la deuxième personne du pluriel de l'indicatif imparfait et du subjonctif présent. *(Que) nous convoyions, (que) vous convoyiez.*
• Escorter.

convoyeur n. m.
• Navire de guerre.
• Agent chargé d'accompagner des marchandises transportées. *Un convoyeur de fonds.*
• Transporteur automatique.

convulser v. tr., pronom.
Contracter, tordre par des convulsions. *La terreur convulsa ses traits. Ses traits se sont convulsés.*

convulsif, ive adj.
Spasmodique.

convulsion n. f.
Spasme, contraction violente et involontaire des muscles.

convulsivement adv.
D'une manière convulsive.

coopérateur, trice n. m. et f.
Membre d'une coopérative.

coopératif, ive adj.
• Fondé sur la coopération.
• Qui est prêt à coopérer.

coopération n. f.
• Collaboration. *Grâce à sa coopération, nous avons réussi.*
• Principe d'association par lequel producteurs ou consommateurs se regroupent pour assurer eux-mêmes les activités qui les intéressent.

coopérative n. f.
Société fondée selon le principe de la coopération et selon lequel les coopérateurs participent à la gestion et se partagent les profits.

coopérer v. tr. ind.
• Le *é* se change en *è* devant une syllabe muette, sauf à l'indicatif futur et au conditionnel présent. *Je coopère,* mais *je coopérerai.*
• Travailler conjointement avec quelqu'un. *Elles ont coopéré à cette entreprise.*

coordinateur
coordinatrice
V. **coordonnateur**.

coordination n. f.
Action d'agencer les activités d'un groupe, selon des modalités déterminées.

coordonnateur ou **coordinateur** n. m.
coordonnatrice ou **coordinatrice** n. f.
Personne qui fait de la coordination.
Note.- À l'origine, seul le mot **coordonnateur** était utilisé pour nommer la personne qui coordonne. La désignation de l'action a influencé l'usage et le mot **coordinateur** est également usité.

coordonné, ée adj. et n. m. et f.
• **Adjectif.** Organisé en fonction d'un tout cohérent.
• **Nom masculin.** Vêtements assortis.

• **Nom féminin pluriel.** (Fam.) Renseignements qui situent une personne (adresse, n° de téléphone, etc.). *Quelles sont vos coordonnées ?*

coordonner v. tr.
Assurer la coordination de divers éléments en vue d'obtenir un ensemble cohérent, un résultat.

copain n. m.
• (Fam.) Camarade intime.
• La forme féminine est *copine*.
Note.- Ne pas confondre avec les mots suivants :
- *camarade*, ami, surtout chez les enfants, les adolescents ;
- *collègue*, personne avec qui l'on travaille ;
- *compagnon*, personne avec qui l'on fait un travail manuel, un voyage ;
- *condisciple*, personne avec qui l'on étudie ;
- *confrère*, personne qui appartient à une même profession, à une même société.

copeau n. m.
Éclat enlevé d'une pièce par un instrument tranchant. *Des copeaux de bois.*

copiage n. m.
Le fait de copier.

copie n. f.
• Reproduction d'après un original.
Note.- Ne pas confondre avec les mots suivants :
- *duplicata*, double d'un acte, d'un document déjà fourni ;
- *fac-similé*, reproduction très fidèle d'un écrit, d'un dessin.
• Texte destiné à la composition typographique.

copie conforme
• Abréviation *c.c.* (s'écrit avec des points).
• Mention attestant que la reproduction est fidèle à l'original.

copier v. tr.
• Redoublement du *i* à la première et à la deuxième personne du pluriel de l'indicatif imparfait et du subjonctif présent. *(Que) nous copiions, (que) vous copiiez.*
• Reproduire.

copieur, ieuse n. m. et f.
• (Péj.) Personne qui copie.
Note.- Ne pas confondre avec le mot *copiste* qui désigne la personne qui copie des manuscrits, des textes, etc.
• Abréviation familière de *photocopieur*.

copieusement adv.
De façon copieuse.

copieux, euse adj.
Abondant. *Un repas copieux.*

copilote n. m. et f.
Pilote auxiliaire.

copine n. f.
• Camarade intime.
• La forme masculine de ce mot est *copain.*
Note.- Ne pas confondre avec les mots suivants :

- *camarade*, amie, surtout chez les enfants, les adolescents ;
- *collègue*, personne avec qui l'on travaille ;
- *compagne*, personne avec qui l'on fait un travail manuel, un voyage ;
- *condisciple*, personne avec qui l'on étudie ;
- *consœur*, personne qui appartient à une même profession, à une même société.

copiste n. m. et f.
Personne qui copie des manuscrits, des textes, etc.
Note.- Ne pas confondre avec le mot *copieur* qui désigne une personne qui copie.

copropriétaire n. m. et f.
Propriétaire en copropriété.

copropriété n. f.
Propriété commune à plusieurs personnes. *Acheter une copropriété. Acheter un immeuble d'habitation en copropriété.*
Note.- La copropriété peut être :
- *divise*, chaque copropriétaire ne possède que sa partie ;
- *indivise*, la totalité appartient en commun à tous les propriétaires, dans une proportion réglée par contrat.

copulation n. f.
Accouplement du mâle avec la femelle.

copule n. f.
(Ling.) Verbe qui relie le sujet à l'attribut. *Dans la phrase « l'arbre est vert », c'est le verbe être qui est la copule.*
Note.- Attention au genre féminin de ce nom : *une* copule.

copyright n. m.
• Symbole ©.
• Mention « tous droits réservés » destinée à protéger une œuvre contre toute reproduction ou exploitation illégale. *Des copyrights.*
Note.- L'indication de la propriété littéraire apparaît sous la forme de cette mention précédée du signe © figurant au verso du titre général de l'ouvrage, en bas de page ; elle est suivie du nom du titulaire du droit d'auteur et de l'indication de l'année de publication.

coq n. m.
• Mâle de la poule.
• *Être comme un coq en pâte.* Être bien soigné, dorloté.

coq-à-l'âne n. m. inv.
• Propos sans suite. *Des coq-à-l'âne.*
• *Passer du coq à l'âne.* Passer d'un sujet à un autre.
Note.- La locution s'écrit sans trait d'union, alors que le nom s'écrit avec des traits d'union.

coque n. f.
• (Vx) Enveloppe rigide. *La coque d'un œuf.*
• *Œuf coque, à la coque.* Œuf cuit légèrement dans l'eau bouillante.
• Corps d'un navire, d'un avion.

coquelet n. m.
Jeune coq.

coquelicot n. m.
Pavot rouge qui pousse dans les champs.

coqueluche n. f.
Maladie contagieuse des enfants.

coqueret
V. alkékenge.

coquet, ette adj. et n. m. et f.
• Qui cherche à séduire.
• Mignon, joli. *Une coquette petite maison.*

coquetier n. m.
Petit ustensile dans lequel on mange l'œuf à la coque.
Note.- Ne pas confondre avec le mot *cocotier* qui désigne un arbre produisant la noix de coco.

coquettement adv.
De façon coquette.

coquetterie n. f.
• Désir de plaire, d'attirer les hommages.
• Élégance.

coquillage n. m.
Mollusque qui vit dans une coquille.

coquille n. f.
• Enveloppe calcaire servant de squelette externe au mollusque. *Une coquille d'huître.*
• *Rentrer dans sa coquille.* Se retirer, se renfermer.
• Erreur typographique par laquelle des lettres sont substituées à d'autres.
• *Coquille d'œuf,* adjectif de couleur invariable. D'un blanc cassé. *Des soies coquille d'œuf.*

coquille Saint-Jacques n. f.
Mollusque comestible.

coquillette n. f.
Pâte alimentaire en forme de petite coquille.

coquin, ine adj. et n. m. et f.
Espiègle.

coquinerie n. f.
(Litt.) Action coquine.

cor n. m.
• Instrument de musique à vent. *Un cor de chasse.*
• *À cor et à cri,* locution adverbiale. Avec insistance.
Note.- Dans cette locution, les noms *cor* et *cri* s'écrivent au singulier.
• Durillon, callosité. *Un cor aux pieds.*
Hom. *corps,* partie matérielle d'un être animé.

corail n. m.
Matière calcaire utilisée en bijouterie. *Des coraux.*

corail adj. inv. et n. m. inv.
D'un rouge éclatant.
V. Tableau - **COULEUR (ADJECTIFS DE).**

coran n. m.
• Livre sacré des musulmans. *Il lit le Coran quotidiennement.*
• (Fig.) Ouvrage fondamental. *Ces normes sont le coran des concepteurs.*
Note.- Quand il désigne le livre contenant la doctrine islamique, le nom s'écrit avec une majuscule.

coranique adj.
Qui se rapporte au Coran.

corbeau n. m.
Oiseau carnassier à plumage noir.

corbeille n. f.
• Panier d'osier sans anses. *Une corbeille à papier.*
• Réceptacle, son contenu. *Une corbeille de fruits.*

corbillard n. m.
Voiture dans laquelle on transporte les morts.

cordage n. m.
Tout ce qui sert au grément d'un navire ou à la manœuvre d'une machine, d'un engin.
V. corde.

corde n. f.
• Lien fait de brins tordus ensemble.
Note.- Ne pas confondre avec les mots suivants :
- *amarre,* ce qui sert à retenir un navire, un ballon ;
- *câble,* gros cordage de fibres textiles ou d'acier ;
- *cordage,* tout ce qui sert au grément d'un navire ou à la manœuvre d'une machine, d'un engin ;
- *ficelle,* petite corde pour attacher des paquets.
• **Locutions**
- *Être sur la corde raide.* Être dans une situation périlleuse.
- *Mériter la corde.* Mériter la pendaison.
- *Avoir plus d'une corde à son arc.* Avoir plusieurs atouts pour réussir.
- *Toucher la corde sensible.* Parler de ce qui intéresse particulièrement une personne.

cordeau n. m.
• Petite corde utilisée pour aligner.
• *Au cordeau,* locution adverbiale. De façon impeccable.

cordée n. f.
Groupe d'alpinistes réunis par une corde.

cordelette n. f.
Petite corde.

cordelière n. f.
Gros cordon de soie servant de ceinture, d'ornement.

corder v. tr.
• Tordre en forme de corde. *Corder du chanvre.*
• (Litt.) Lier avec une corde.
• Mesurer du bois à la corde.

cordial, iale, iaux adj. et n. m.
• **Adjectif**
- Qui stimule. *Une boisson cordiale.*
- Chaleureux. *Un accueil cordial.*
• **Nom masculin**
Stimulant. *Je prendrais bien un petit cordial.*

cordialement adv.
De façon cordiale.

cordialité n. f.
Sympathie.

cordillère n. f.
Chaîne de montagnes. *La cordillère des Andes.*
Note.- Attention à l'orthographe : cordi*ll*ère.

cordoba n. m.
Unité monétaire du Nicaragua. *Des cordobas.*
Note.- On peut aussi garder la graphie d'origine : córdoba.
V. Tableau - **SYMBOLES DES UNITÉS MONÉTAIRES.**

cordon n. m.
● Petite corde. *Les cordons d'un chapeau.*
● *Tenir les cordons de la bourse.* Décider des dépenses.

cordon-bleu n. m. et f.
Personne habile à cuisiner. *Des cordons-bleus.*

cordonnerie n. f.
● Métier du cordonnier.
● Boutique de cordonnier.

cordonnet n. m.
Petit cordon.

cordonnier n. m.
cordonnière n. f.
Personne qui répare des articles de cuir (surtout des chaussures).

coréen, enne adj. et n. m. et f.
● **Adjectif et nom masculin et féminin**. De Corée.
● **Nom masculin**. Langue parlée en Corée.
Notes.-
1° On préférera les expressions *Coréens du Nord, Coréens du Sud* à la formulation *Nord-Coréens et *Sud-Coréens.
2° Lorsqu'il s'agit de la langue, l'adjectif ou le nom s'écrit avec une minuscule. Si le nom désigne une personne, la majuscule s'impose.

coriace adj.
Dur. *Une viande coriace. Un négociateur coriace.*

coriandre n. f.
Herbe aromatique.
Note.- Attention au genre féminin de ce nom.

cormier n. m.
Sorbier domestique.

cormoran n. m.
Oiseau marin.

cornac n. m.
Conducteur d'éléphant.

cornaline n. f.
Pierre translucide de couleur rouge ou jaune.

corne n. f.
Proéminence dure de la tête de certains animaux. *La corne du rhinocéros.*
Note.- Ne pas confondre avec les mots suivants :
- *bois* (au plur.), appendice ramifié du cerf, du chevreuil, etc. ;
- *défense*, longue dent en ivoire de l'éléphant, du morse, etc.

cornée n. f.
Membrane transparente de l'œil.

cornéen, éenne adj.
Relatif à la cornée. *Des lentilles cornéennes.*

corneille n. f.
● Oiseau noir du genre corbeau.
● *Bayer aux corneilles.* Regarder en l'air, la bouche ouverte.
Note.- Le verbe *bayer* n'est plus usité que dans cette expression.

cornélien, ienne adj.
Relatif à l'œuvre de Corneille. *Un dilemme cornélien.*

cornemuse n. f.
Instrument de musique à vent. *Des cornemuses écossaises.*

corner v. tr., intr.
● **Transitif**. Plier le coin. *Corner une page.*
● **Intransitif**. Faire entendre un son avec une corne.

cornet n. m.
● Petit cône servant à contenir une glace, des bonbons. *Un cornet de dragées.*
● Godet pour jouer aux dés.

cornette n. f.
Coiffure de certaines religieuses.

corniche n. f.
● Moulure en saillie.
● Route qui domine la mer.

cornichon n. m.
● Petit concombre conservé dans du vinaigre.
● (Fam.) Nigaud.

cornu, ue adj.
Qui a des cornes.

cornue n. f.
Vase de verre utilisé dans un laboratoire pour la distillation.

corollaire n. m.
Conséquence logique de ce qui vient d'être démontré.
Note.- Attention au genre masculin de ce mot : *un* corollaire.

corolle n. f.
Ensemble des pétales de la fleur.

coronaire adj.
Se dit des vaisseaux en forme de couronne qui irriguent le cœur.
Note.- Attention à l'orthographe de cet adjectif qui a la même forme au masculin et au féminin : coron*aire*.

coronarien, ienne adj.
Relatif aux artères coronaires.

coroner n. m.
● Le *r* se prononce [kɔrɔnœr].
● Dans les pays anglo-saxons, officier de police judiciaire.
Syn. **juge d'instruction**.

corporatif, ive adj.
Relatif à une corporation.

corporation n. f.
Ensemble des personnes qui exercent une même profession, un même métier. *Une corporation professionnelle.*

corporel, elle adj.
● Qui a un corps.
● Qui concerne le corps.

corps n. m.
● Partie matérielle d'un être animé. *Le corps humain.*
● Objet matériel. *Un corps plongé dans un liquide.*
● Groupe de personnes. *Le corps diplomatique.*
● (Typogr.) Dimension d'une lettre. Le corps s'exprime en points. *Le corps de cette note est de 8 points.*
V. **caractères typographiques.**
● **Locutions**
- *Un corps à corps.* Combat.
- *À corps perdu*, locution adverbiale. Sans ménager sa personne.
- *À son corps défendant*, locution adverbiale. Malgré soi.
- *Perdu corps et biens.* Se dit d'un bateau qui a sombré avec son équipage.
- *À bras-le-corps*, locution adverbiale. En passant les deux bras autour du corps.
Hom. :
- *cor*, instrument de musique à vent ;
- *cor*, durillon.

corpulence n. f.
Ampleur du corps.

corpulent, ente adj.
Gras.

corpus n. m.
(Ling.) Ensemble des éléments sur lesquels porte une recherche linguistique.

corpuscule n. m.
Très petit corps.
Note.- Ne pas confondre avec les mots suivants :
- *atome*, la plus petite quantité de matière susceptible de se combiner ;
- *molécule*, la plus petite partie d'un corps qui puisse exister à l'état libre ;
- *particule*, corps d'une extrême petitesse.

corral n. m.
Enclos pour le bétail, en Amérique du Sud.
Note.- Ne pas confondre avec le mot *corail* qui désigne une matière calcaire utilisée en bijouterie.

correct, ecte adj.
● Exact. *Une phrase correcte.*
● Conforme aux règles, aux usages. *Il a été très correct.*

correcteur n. m.
correctrice n. f.
Personne qui corrige des examens, des travaux, des épreuves typographiques, etc.

correcteur-réviseur n. m.
Personne chargée de réviser et de corriger des traductions, des textes, des épreuves typographiques.

correctif, ive adj. et n. m.
● **Adjectif.** Qui corrige. *Des exercices correctifs.*
● **Nom masculin.** Ce qui adoucit, tempère, améliore. *Apporter un correctif à la loi.*

correction n. f.
● Action de corriger. *La correction des examens.*
● Modification, suppression des erreurs. *La correction d'une épreuve.*
● Qualité de ce qui est correct. *La correction de son langage.*
● Châtiment corporel. *Recevoir une correction.*

correctionnel, elle adj.
Qui a trait aux délits.

corrélatif, ive adj. et n. m.
Qui marque une relation réciproque entre deux choses.

corrélation n. f.
Rapport réciproque entre deux choses qui varient en fonction l'une de l'autre.

correspondance n. f.
● Conformité, rapport entre des choses, des êtres. *Une grande correspondance entre la mère et la fille.*
● Courrier. *Je dois lire ma correspondance.*
V. Tableau - **CORRESPONDANCE.**
● Concordance d'horaire entre deux moyens de transport.

correspondancier n. m.
correspondancière n. f.
Personne chargée de faire la correspondance.

correspondant, ante adj. et n. m. et f.
● Se dit de choses qui correspondent entre elles.
● Personne à qui l'on écrit régulièrement.

correspondre v. tr. ind., intr.
● *Je corresponds, tu corresponds, il correspond, nous correspondons, vous correspondez, ils correspondent. Je correspondais. Je correspondis. Je correspondrai. Je correspondrais. Correspondons, correspondez. Que je corresponde. Que je correspondisse. Correspondant. Correspondu, ue.*
● **Transitif indirect**. Être en conformité. *Cela ne correspond pas à la réalité.*
● **Intransitif**. Communiquer. *Correspondre avec un ami.*

corrida n. f.
Course de taureaux. *Des corridas.*

corridor n. m.
Couloir.

corrigé n. m.
Solution. *Avez-vous le corrigé de ce devoir ?*

corriger v. tr., pronom.
● Le *g* est suivi d'un *e* devant les lettres *a* et *o*. *Il corrigea, nous corrigeons.*
● **Transitif**
- Rectifier les fautes.
- Frapper par punition.
Note.- Ne pas confondre avec les verbes suivants :
- *réprimer*, châtier par des mesures sévères ;
- *sévir*, traiter rigoureusement.
● **Pronominal**
Se défaire. *Se corriger d'un défaut.*

corroboration n. f.
Action, état de corroborer.

CORRESPONDANCE

APPEL

Dans la correspondance, les formules d'appel les plus courantes sont les titres de civilité **Madame** et **Monsieur**. Le titre de **Mademoiselle** est de moins en moins usité; il tend à être remplacé par celui de **Madame**.

L'adjectif **cher** doit être réservé aux correspondants que l'on connaît bien.

En français, seul le titre de civilité compose l'appel: le patronyme n'en fait pas partie, contrairement à l'anglais. *Cher Monsieur* (et non *Cher M. Laforêt).

Lorsque le nom du destinataire n'est pas connu, on utilise l'expression *Mesdames, Messieurs*.

Le titre professionnel du destinataire peut éventuellement remplacer le titre de civilité ou s'y joindre. *Maître, Docteur, Madame la Présidente, Monsieur le Ministre, Madame l'Ambassadrice, Monsieur le Consul, Monseigneur.*

INTRODUCTION

Les formules usuelles d'introduction, de conclusion et de salutation sont:

> *En réponse à votre lettre du...,*
> > *à votre demande..., je désire vous informer que...*

> *À la suite de notre conversation téléphonique,*
> > *de notre entretien,*
> > *de notre rencontre, je vous confirme que...*

> *J'ai bien reçu votre lettre*
> > *votre documentation*
> > *votre aimable invitation et je vous en remercie.*

> *Permettez-moi de vous informer que...*
> > *de vous exprimer...*

> *Vous trouverez ci-joint...*

> *À votre demande, je vous transmets...*

> *J'ai l'honneur*
> > *le plaisir de vous informer que...*
> > *de vous apprendre...*
> > *de vous faire connaître...*

> *Je suis au regret de vous aviser que...*
> > *de ne pouvoir...*

> *J'ai pris connaissance de votre lettre et...*
> > *de votre demande...*

> *Nous avons pris bonne note de...*

> *Nous accusons réception de votre commande et nous vous en remercions.*

CONCLUSION

Les formules les plus usuelles sont:

> *Avec tous mes remerciements, je vous prie...*

Dans l'espoir d'une réponse favorable, je vous prie...

Dans l'attente de votre réponse, je vous prie...

En espérant que vous serez en mesure de donner suite à ma demande, je vous prie...

N'hésitez pas à communiquer avec moi pour toute information complémentaire.

Nous espérons que ces renseignements vous seront utiles...
         que cette réponse est à votre convenance...

Je regrette de ne pouvoir donner suite à votre demande et je vous prie...

SALUTATION

La formule de salutation est généralement composée des éléments suivants:

Veuillez agréer, M...,
Je vous prie d'agréer, M...,
         de recevoir, M...,
                    l'expression
                    l'assurance
                           de mes sentiments
                                      distingués.
                                      respectueux.
                                      les meilleurs.

Veuillez agréer, Monsieur, l'expression de mes sentiments distingués.

Je vous prie d'agréer, Maître, mes salutations les meilleures.

Veuillez recevoir, Monsieur le Président, l'assurance de mes sentiments respectueux.

Je vous prie d'agréer, Madame, mes respectueux hommages.

Veuillez recevoir, chère Madame, l'expression de mes sentiments les plus distingués.

Recevez, Monsieur, mes meilleures salutations.

Veuillez croire, cher ami, à mon meilleur souvenir.

Veuillez agréer, Madame, mes salutations distinguées.

Notes. - Dans la salutation, il importe de ne faire intervenir qu'un seul sujet. Si la formule commence par un membre de phrase qui concerne l'auteur de la lettre, elle doit se poursuivre avec les mots «je vous prie...» afin de respecter l'équilibre de la phrase. *Avec tous mes remerciements, je vous prie d'agréer, M...* (et non ** veuillez agréer...*)

La formule d'appel est reprise dans la formule de salutation et s'inscrit entre deux virgules. *Veuillez agréer, Madame la Présidente,*

Le titre de civilité s'écrit avec une majuscule.

Si l'on transmet des salutations, des hommages, il n'est pas nécessaire de les faire précéder de « l'expression de ».

Les formules « ** Sincèrement vôtre* », « ** Bien vôtre* », « ** Bien à vous* » sont des calques de l'anglais.

V. Tableau - **LETTRE TYPE.**

SIGNATURE

La signature s'inscrit à droite, à quelques interlignes en dessous de la formule de salutation.

Si l'auteur de la lettre est titulaire d'un poste de direction, l'indication du titre précède généralement la signature.

La directrice de l'administration,

Lorraine Dubois

Lorraine Dubois

Dans les autres cas, la fonction ou la profession est inscrite après la signature.

Pierre Gélin

Pierre Gélin, *ingénieur*

Colette Lanoux

Colette Lanoux,
adjointe administrative

Note. - Le nom du signataire et son titre sont séparés par une virgule ; la signature manuscrite s'inscrit au-dessus du nom dactylographié.

---

corroborer v. tr.
Confirmer, appuyer. *Elle a corroboré ton témoignage.*

corroder v. tr.
(Litt.) Détruire lentement par une action chimique.

corrompre v. tr.
• *Je corromps, tu corromps, il corrompt, nous corrompons, vous corrompez, ils corrompent. Je corrompais. Je corrompis. Je corromprai. Je corromprais. Corromps, corrompons, corrompez. Que je corrompe. Que je corrompisse. Corrompant. Corrompu, ue.*
• Altérer, rendre mauvais.
• Soudoyer. *Corrompre un politicien.*

corrompu, ue adj.
• Gâté.
• Perverti.

corrosif, ive adj. et n. m.
Qui ronge. *Un acide corrosif.*

corrosion n. f.
Action de corroder.

corrupteur, trice adj. et n. m. et f.
Personne qui soudoie quelqu'un.

corruptible adj.
Qui peut être corrompu. *Un témoin corruptible.*

corruption n. f.
• Décomposition. *La corruption d'une matière.*
• Action de corrompre. *Tentative de corruption.*

corsage n. m.
Vêtement féminin qui couvre le buste.

corsaire n. m.
Capitaine autorisé à capturer les bateaux ennemis en temps de guerre.
Note.- Ne pas confondre avec le mot **pirate** qui désigne un bandit des mers.

corse adj. et n. m. et f.
• **Adjectif et nom masculin**. De la Corse.
• **Nom masculin**. Langue parlée en Corse.
Note.- Lorsqu'il s'agit de la langue, l'adjectif ou le nom s'écrit avec une minuscule. Si le nom désigne une personne, la majuscule s'impose.

corsé, ée adj.
• Qui a du corps. *Un vin corsé.*
• Scabreux. *Une histoire corsée.*

corser v. tr., pronom.
• **Transitif**. Donner du corps.
• **Pronominal**. Devenir compliqué. *La situation se corse.*

corset n. m.
Sous-vêtement à baleines destiné à soutenir la taille et les hanches.

corseter v. tr.
• Le *e* se change en *è* devant une syllabe muette. *Il corsète, il corsetait.*
• Revêtir d'un corset.

cortège n. m.
Suite de personnes qui défilent lors d'une cérémonie.

cortex n. m.
• Enveloppe extérieure d'un organe animal ou végétal.
• Écorce cérébrale.

cortisone n. f.
Hormone du cortex surrénal qui sert de médicament.

corvéable adj.
Soumis à la corvée.

corvée n. f.
• Travail en commun.
• Travail pénible. *Quelle corvée!*

corvette n. f.
• Ancien bâtiment de guerre.
• Petit bâtiment d'escorte.

coryza n. m.
Rhume de cerveau.

cos
Symbole de *cosinus*.

cosaque adj. et n. m.
Cavalier d'un corps de cavalerie légère de l'armée russe.

cosinus n. m.
• Symbole *cos* (s'écrit sans point).
• (Math.) Le cosinus d'un angle est égal au sinus de l'angle complémentaire de cet angle.

-cosme suff.
Élément du grec signifiant «monde». *Microcosme.*

cosmétique adj. et n. m.
• **Adjectif.** Qui est propre aux soins de beauté.
• **Nom masculin.** Produit destiné à embellir la peau, les cheveux.

cosmétologie n. f.
Étude des produits cosmétiques.

cosmique adj.
Du monde extra-terrestre.

cosmo- préf.
Élément du grec signifiant «monde». *Cosmopolite.*

cosmologie n. f.
Science des lois qui régissent l'univers.

cosmonaute n. m. et f.
Voyageur de l'espace.
Note.- Les *cosmonautes* sont russes, les *astronautes*, américains.

cosmopolite adj.
Qui comprend des personnes de plusieurs pays. *Une ville cosmopolite.*

cosmos n. m.
Espace intersidéral.
Note.- Le mot *espace* en ce sens est plus usité.

cosse n. f.
Gousse.

cossu, ue adj.
Riche. *Une propriété cossue.*

costaud, aude adj. et n. m.
Fort, trapu.

costume n. m.
• Manière de se vêtir.
• Vêtement masculin. *Un costume bleu marine.*
Syn. **complet.**

costumé, ée adj.
• Vêtu d'un déguisement.
• *Bal costumé.* Bal où les invités sont déguisés.

costumer v. tr.
Revêtir d'un déguisement.

costumier n. m.
costumière n. f.
Personne qui fait, loue des costumes.

cotation n. f.
Action de coter.

cote n. f.
• Cours officiel.
• *Avoir la cote d'amour.* Bénéficier de l'appréciation, de l'affection.
Note.- Attention à l'orthographe : cote.
Hom. *cotte,* (vx) tunique.

côte n. f.
• Os formant la cage thoracique.
• Pente d'une montagne, d'une route.
• Rivage de la mer. *La Côte d'Azur.*

côté n. m.
• Partie droite ou gauche du corps.
• Face d'un objet.
• **Locutions**
- *Au côté, aux côtés* (de quelqu'un), locution prépositive.
Note.- Au sens propre, on emploie davantage le singulier ; au sens figuré, l'emploi du pluriel est plus courant.
- *À côté de.* À proximité. *Il habite à côté de chez elle.*
Note.- Ne pas confondre avec le nom *à-côté* qui désigne un salaire d'appoint et s'écrit avec un trait d'union. *Des à-côtés intéressants.*
- *De tout côté, de tous côtés, de tous les côtés,* locutions adverbiales. De toutes parts, partout.
Note.- L'expression au singulier est de niveau plus soutenu, mais les trois orthographes sont correctes.
- *De mon côté.* Quant à moi.
- *Du côté de,* locution prépositive. Dans la direction de.

coteau n. m.
Colline peu élevée. *Des coteaux.*
Note.- Attention à l'orthographe : coteau.

côtelé, ée adj.
Se dit d'un tissu à côtes. *Du velours côtelé.*

côtelette n. f.
Côte de veau, de bœuf, etc., avec la chair qui y est attachée.

coter v. tr.
Donner la cote. *Coter un titre boursier.*

coterie n. f.
(Péj.) Groupe fermé de personnes.

cothurne n. m.
(Antiq.) Chaussure montante à semelle épaisse.

côtier, ière adj.
Propre à la côte. *La garde côtière.*

cotillon n. m.
Danse.

cotisation n. f.
• Action de cotiser.
• Quote-part. *Une cotisation syndicale.*

cotiser v. intr., pronom.
• **Intransitif.** Payer sa part.
• **Pronominal.** Fournir sa part pour réunir une somme. *Ils se sont cotisés pour acheter ce cadeau.*

coton n. m.
• Produit du cotonnier.
• Étoffe faite de coton. *Une chemise de coton.*

cotonnade n. f.
Étoffe de coton.

cotonner (se) v. pronom.
Se couvrir d'un duvet cotonneux. *Un lainage qui se cotonne.*

cotonnier n. m.
Arbrisseau qui produit le coton.

coton-tige n. m. inv. (n. déposé)
Bâtonnet dont les bouts sont munis de coton. *Des coton-tige.*

côtoyer v. tr.
• Le *y* se change en *i* devant un *e* muet. *Je côtoie, je côtoierai.*
• Le *y* est suivi d'un *i* à la première et à la deuxième personne du pluriel de l'indicatif imparfait et du subjonctif présent. *(Que) nous côtoyions, (que) vous côtoyiez.*
• Aller côte à côte, fréquenter. *Il a côtoyé ce grand musicien.*

cottage n. m.
• Ce mot se prononce généralement à l'anglaise [kɔtɛdʒ] ou [kɔtaʒ].
• Petite maison de style rustique située à la campagne.

cotte n. f.
• (Ancienn.) Tunique.
• *Cotte de mailles.*
Hom. *cote,* cours officiel.

cotylédon n. m.
Réserve nutritive des plantes à graines.
Note.- Attention à l'orthographe : cot**y**lédon.

cou n. m.
• Partie du corps qui joint la tête aux épaules.
• **Locutions**
- *Jusqu'au cou.* Entièrement.
- *Sauter au cou de quelqu'un.* L'embrasser.

- *Couper le cou.* Trancher la tête.
- *Prendre ses jambes à son cou.* Se sauver en courant.
Hom. :
- *coud,* du verbe *coudre* ;
- *coup,* choc brutal ;
- *coût,* prix.

couard, arde adj. et n. m. et f.
(Litt.) Peureux, lâche.

couardise n. f.
(Litt.) Lâcheté.

couchage n. m.
• Ce qui compose la literie.
• Action de coucher, lieu où l'on couche. *Des sacs de couchage.*

couchant, ante adj.
Qui se couche. *Le soleil couchant.*
Note.- Ne pas confondre avec le participe présent invariable **couchant**. *Le bruit n'avait pas troublé le sommeil des enfants, ceux-ci couchant à l'étage.*

couchant n. m.
L'endroit de l'horizon où le soleil se couche ; l'ouest.

couche n. f.
• Substance étalée sur une surface.
• Linge absorbant. *Changer la couche de bébé.*
• (Litt.) Lit.
• *Fausse couche.* Avortement spontané (par opp. à **avortement thérapeutique**). *Des fausses couches.*
• *Une femme en couches, qui relève de couches.* Accouchée.
Note.- Dans ces expressions, le nom est toujours au pluriel.

couche-culotte n. f.
Culotte de bébé imperméable. *Des couches-culottes.*

coucher v. tr., intr., pronom.
• **Transitif**
- Étendre de son long.
- Courber. *Le vent a couché les branches.*
• **Intransitif**
Coucher à la belle étoile. Passer la nuit au grand air.
• **Pronominal**
Se mettre au lit.

coucher n. m.
Action de se coucher, de mettre au lit. *Le coucher des enfants.*

couche-tard adj. et n. m. et f. inv.
Qui se couche à une heure tardive. *Des couche-tard.*

couche-tôt adj. et n. m. et f. inv.
Qui se couche de bonne heure. *Des couche-tôt.*

couchette n. f.
Lit escamotable (dans un train, un bateau).

coucheur, euse n. m. et f.
Mauvais coucheur. Personne au caractère difficile.

couci-couça loc. adv.
(Fam.) Comme ci, comme ça.

coucou n. m.
• Oiseau. *Des coucous nombreux.*

• Appareil qui indique l'heure et dont la sonnerie imite le chant du coucou.

Note.- Ne pas confondre avec les noms suivants :
- *horloge*, appareil de grande dimension servant à mesurer le temps et à indiquer l'heure ;
- *pendule*, appareil de petite dimension qui indique l'heure ;
- *réveille-matin* ou *réveil*, appareil qui indique l'heure et qui peut sonner à une heure déterminée à l'avance.

coude n. m.
Partie du corps située en arrière de l'articulation du bras et de l'avant-bras.

coudée n. f.
• Ancienne mesure de longueur.
• *Avoir les coudées franches.* Avoir toute la latitude voulue.

cou-de-pied n. m.
Partie supérieure du pied. *Des cous-de-pied.*
Hom. *coup de pied*, action de heurter quelqu'un, quelque chose avec le pied.

couder v. tr.
Courber en forme de coude.

coudoyer v. tr.
• Le *y* se change en *i* devant un *e* muet. *Je coudoie, je coudoierai.*
• Le *y* est suivi d'un *i* à la première et à la deuxième personne du pluriel de l'indicatif imparfait et du subjonctif présent. *(Que) nous coudoyions, (que) vous coudoyiez.*
• Côtoyer.

coudre v. tr.
• *Je couds, tu couds, il coud, nous cousons, vous cousez, ils cousent. Je cousais. Je cousis. Je coudrai. Je coudrais. Couds, cousons, cousez. Que je couse. Que je cousisse. Cousant. Cousu, ue.*
• Joindre ensemble avec du fil. *Des machines à coudre.*

coudrier n. m.
Noisetier. *La baguette de coudrier du sourcier.*

couenne n. f.
• Attention à la prononciation [kwan].
• Peau de porc grillée.

couette n. f.
Édredon recouvert d'une housse amovible.

couffin n. m.
Grand cabas souple à anses.

couguar ou **cougouar** n. m.
Puma.

couille n. f.
(Pop.) Testicule.

couillon adj. et n. m.
(Pop.) Imbécile.

couinement n. m.
Cri aigu de certains mammifères.

couiner v. intr.
Crier, en parlant du rat.

coulage n. m.
• Action de couler.
• Action de gaspiller, de voler. *Il y a trop de coulage dans les matériaux.*

coulant, ante adj. et n. m.
• *Nœud coulant.* Qui se serre de lui-même quand on tire la corde.
• Harmonieux, facile. *Un style coulant.*

coulée n. f.
Action de s'écouler, son résultat. *Une coulée de lave.*

couler v. tr., intr., pronom.
• **Transitif**
- Submerger. *Couler un bateau.*
- Verser une matière en fusion.
• **Intransitif**
Aller d'un lieu à l'autre, en parlant d'un liquide. *Les fleuves coulent vers la mer.*
• **Pronominal**
Se glisser adroitement.

couleur n. f.
• Teinte. *Les couleurs de l'arc-en-ciel.*
• **Au singulier.** *Des vêtements de couleur, des crayons de couleur, du papier à lettre de couleur, des personnages hauts en couleur, des étoffes de couleur, des toitures couleur de cuivre, des téléviseurs couleur.*
• **Au pluriel.** *Un journal en couleurs, une photo en couleurs, un film en couleurs, la télévision en couleurs.*
V. Tableau - **COULEUR (ADJECTIFS DE).**

couleuvre n. f.
Serpent non venimeux.

coulis adj. et n. m.
Jus concentré.
Note.- Attention à l'orthographe : couli**s**.

coulissant, ante adj.
Qui glisse sur des coulisses. *Un panneau coulissant.*

coulisse n. f.
• Glissière.
• Partie du théâtre située à l'arrière de la scène.

coulisser v. tr., intr.
• **Transitif.** Munir d'une coulisse.
• **Intransitif.** Glisser sur des coulisses.

couloir n. m.
Passage étroit.

coulomb
• Abréviation *C* (s'écrit sans point).
• Unité de mesure en électricité qui correspond à la quantité d'électricité transportée en une seconde par un courant d'un ampère.

coulommiers n. m.
Fromage. *Un morceau de coulommiers.*
Note.- Le nom du fromage s'écrit avec une minuscule, celui de la ville s'écrit avec une majuscule.

coup n. m.
• Effet brusque produit par le choc de deux corps. *Des coups de couteaux, des coups de pied. Recevoir un coup sur la tête.*

ADJECTIFS DE COULEUR

1. Les **adjectifs de couleur simples** s'accordent en genre et en nombre :

alezan	brun	gris	pourpre
beige	châtain	incarnat	rose
bis	cramoisi	jaune	rouge
blanc	écarlate	mauve	roux
bleu	fauve	noir	vermeil
blond	glauque	pers	vert
			violet

Ex. : *des robes mauves, des jupes violettes, des foulards bleus.*

2. Les **adjectifs dérivant d'adjectifs ou de noms de couleur** s'accordent en genre et en nombre :

basané	mordoré	rosé
blanchâtre	noiraud	rougeaud
cuivré	olivâtre	rouquin
doré	orangé	rubicond

Ex. : *des ciels orangés, des teints olivâtres, des fillettes rouquines.*

3. Les **adjectifs composés** (avec un autre adjectif ou un nom) sont invariables :

bleu foncé	bleu turquoise	jaune maïs
bleu horizon	bleu-vert	noir de jais
bleu marine	café au lait	rouge tomate
bleu nuit	gris acier	vert amande
bleu roi	gris perle	vert olive
		vert pistache

Ex. : *des écharpes gris perle, une nappe bleu nuit.*

4. Les **noms simples ou composés employés comme adjectifs** pour désigner une couleur sont invariables :

abricot	café	émeraude	lie-de-vin	pistache
acajou	canari	feuille-morte	lilas	platine
acier	cannelle	filasse	magenta	prune
amarante	caramel	framboise	marengo	réséda
ambre	carmin	fuchsia	marine	rouille
améthyste	carotte	garance	marron	sable
anthracite	céladon	gorge-de-pigeon	moutarde	safran
arc-en-ciel	cerise	grège	noisette	saumon
ardoise	chamois	grenat	ocre	sépia
aubergine	chocolat	groseille	olive	serin
auburn	citron	havane	orange	tabac
aurore	cognac	indigo	paille	tango
bistre	corail	isabelle	parme	tête-de-Maure
bordeaux	crème	ivoire	pastel	tête-de-nègre
brique	cuisse-de-nymphe	jonquille	pêche	tilleul
caca d'oie	cyclamen	kaki	pervenche	turquoise
cachou	ébène	lavande	pie	vermillon
				vert-de-gris

Ex. : *des tapis ardoise, une ombrelle kaki.*

• Action brusque et soudaine des éléments. *Des coups de tonnerre.*

• Mouvement d'un organe. *Des coups d'œil, des coups d'aile.*

• Acte marquant, en bien ou en mal. *Un bon coup, un coup d'État.*

• **Locutions**
- **Coup d'œil.** Regard furtif.
- **Coup de pouce.** Aide.
- **Coup dur.** Épreuve.
- **Coup de foudre.** Amour passionné subit.
- **Coup de téléphone.** Appel téléphonique.
- **Coup de tête.** Décision inconsidérée.
- **Coup de pied.** Action de heurter quelqu'un, quelque chose avec le pied.
Hom. *cou-de-pied*, partie supérieure du pied.

• **Locutions adverbiales**
- **À coup sûr.** Certainement.
- **Après coup.** Quand il n'est plus temps.
- **Coup sur coup.** Immédiatement, l'un après l'autre.
- **Sur le coup.** À l'instant même.
- **À tous coups, à tout coup.** À chaque fois.
Note.- Les deux orthographes sont possibles.
- **Sous le coup de.** Sous l'influence de.
- **Tout à coup.** Soudainement.
- **Tout d'un coup.** En une seule fois.
Hom. :
- *cou*, partie du corps ;
- *coud*, du verbe *coudre ;*
- *coût*, prix.

coupable adj. et n. m. et f.
Qui a commis une faute ou un crime.

coupage n. m.
Action de couper. *Le coupage du vin.*

coupant, ante adj.
Tranchant. *Un ton coupant.*
Note.- Ne pas confondre avec le participe présent invariable *coupant. Les jardiniers taillaient la haie, coupant avec adresse les branches superflues.*

coup de main n. m.
Aide momentanée.
Note.- Dans cette expression, le terme *main* demeure au singulier. *Jacques nous a donné de bons coups de main.*

coup de poing n. m.
Coup donné avec le poing. *Des coups de poing.*
Hom. *coup-de-poing,* arme.

coup-de-poing n. m.
Arme. *Des coups-de-poing.*
Hom. *coup de poing,* coup donné avec le poing.

coupe n. f.
• *Coupe sombre.* Coupe partielle d'arbres.
• *Coupe sombre.* (Fig.) Réduction importante. *Il y a une coupe sombre dans l'effectif, dans le budget.*
Note.- La coupe importante est une *coupe claire.*

coupé n. m.
(Vx) Voiture à deux portes, d'allure sportive, sans montant latéral.

coupe- préf.
Les noms composés avec le mot *coupe-* s'écrivent avec un trait d'union. Certains sont invariables, d'autres prennent la marque du pluriel au second élément.

coupe-cigare(s) n. m. inv.
Instrument servant à couper le bout des cigares. *Des coupe-cigares efficaces.*

coupe-circuit n. m. inv.
Dispositif de sécurité. *Des coupe-circuit.*
Note.- Ne pas confondre avec le mot *court-circuit* qui désigne un contact accidentel de deux fils électriques.

coupe-coupe n. m. inv.
Machette. *Des coupe-coupe.*

coupée n. f.
Ouverture d'un navire qui permet l'entrée et la sortie. *Une échelle de coupée.*

coupe-faim n. m. inv.
Petite quantité d'aliment prise pour calmer momentanément la faim. *Des coupe-faim.*

coupe-feu n. m. inv.
Dispositif destiné à empêcher la propagation des incendies. *Des coupe-feu.*

coupe-file n. m. inv.
Carte officielle de priorité. *Des coupe-file.*

coupe-gorge n. m. inv.
Lieu mal famé où l'on risque d'être volé, attaqué. *Des coupe-gorge.*

coupe-jarret n. m.
(Litt.) Brigand. *Des coupe-jarrets.*

coupelle n. f.
Petite coupe.

coupe-ongles n. m. inv.
Petite pince servant à couper les ongles. *Des coupe-ongles.*

coupe-papier n. m. inv.
Lame mince servant à couper le papier. *Des coupe-papier.*

couper v. tr., intr., pronom.
• **Transitif**
- Diviser un corps avec un instrument tranchant. *Il a coupé le gigot en tranches.*
- Interrompre. *La communication téléphonique a été coupée.*
- *Couper la parole.* Interrompre. *Elle m'a coupé la parole de façon arrogante.*
- *Couper l'herbe sous le pied de quelqu'un.* Supplanter quelqu'un.
- *Couper le mal à sa racine.* Extirper le mal.
- *Couper les vivres à quelqu'un.* Retrancher les moyens de subsistance à quelqu'un.
• **Intransitif**
Être tranchant. *Ces ciseaux ne coupent pas.*
• **Pronominal**
- Se blesser.
Note.- Le participe passé du pronominal *se couper* s'accorde avec le sujet s'il n'est pas suivi d'un autre complément d'objet. *Elle s'est coupée.* Le participe

passé est invariable si le complément direct suit le verbe. *Elle s'est coupé la main.* Le participe passé s'accorde si le complément direct vient avant le verbe. *Les portions de tarte qu'elle s'est coupées sont énormes.*
- S'entrecroiser. *Ces chemins se coupent.*
- S'isoler. *Ils se sont coupés du monde.*

couperet n. m.
Couteau de la guillotine.

couperose n. f.
Coloration rouge de la peau du visage causée par une dilatation des vaisseaux capillaires.

couperosé, ée adj.
Atteint de couperose. *Un nez couperosé.*

coupe-vent n. m. inv.
Blouson dont le tissu protège du vent. *Des coupe-vent imperméables.*

couplage n. m.
Assemblage.

couple n. m. et f.
• **Nom masculin**
Réunion de deux personnes unies par l'amour, l'amitié, etc. *Un couple bien assorti, un couple de skieurs.*
• **Nom féminin**
- Réunion accidentelle de deux choses, deux êtres de même espèce. *Une couple de serviettes.*
- À peu près deux. *Je serai là dans une couple de jours.*
Note.- En ce sens, le mot est vieilli.

couplé, ée adj.
Lié deux à deux.

coupler v. tr.
Attacher deux à deux.

couplet n. m.
Strophe d'une chanson.

coupole n. f.
Voûte d'un dôme.
Note.- La **coupole** est surtout vue de l'intérieur alors que le **dôme** est vu de l'extérieur.

coupon n. m.
• Morceau d'étoffe. *Solde de coupons.*
• Partie détachable d'un titre, d'un billet.

coupon-réponse n. m.
Partie détachable d'une annonce. *Des coupons-réponse.*

coupure n. f.
• Blessure. *Elle a une coupure à la main.*
• (Fig.) Séparation nette. *Une coupure entre son ancien travail et son travail actuel.*
• Suppression, censure.
• Article découpé. *Une coupure de journal.*
• Billet de banque. *Une coupure de 100 F.*

coupure des mots
V. Tableau - **DIVISION DES MOTS.**

cour n. f.
• Espace situé à l'arrière d'un bâtiment. *La cour d'une école.*

• Le lieu où est le roi et son entourage.
• Société qui vit autour du souverain.
• *Faire la cour à quelqu'un.* Exprimer de l'amour, de l'admiration à quelqu'un.
• Tribunal supérieur.

courage n. m.
Bravoure, fermeté.

courageusement adv.
Avec courage.

courageux, euse adj.
Brave.

couramment adv.
• Facilement. *Elle parle anglais couramment.*
• De façon courante.

courant, ante adj. et n. m.
• **Adjectif**
- Qui est en cours, actuel. *Les 20 et 21 (du mois) courant.*
- Habituel. *Prix courant.*
• **Nom masculin**
- Mouvement des liquides qui suivent leur pente.
- *Courant électrique.* Déplacement d'électricité. *Une panne de courant.*
• *Être au courant.* Être informé.
• *Mettre, tenir au courant.* Renseigner.

courant alternatif n. m.
Abréviation **c.a.** (s'écrit avec des points).

courant continu n. m.
Abréviation **c.c.** (s'écrit avec des points).

courbatu, ue adj.
(Litt.) Courbaturé.
Note.- Attention à l'orthographe : courbatu.

courbature n. f.
Lassitude, douleur des membres.

courbaturé, ée adj.
Qui souffre de courbatures.
Note.- Attention à l'orthographe : courbaturé.

courbaturer v. tr.
Causer une courbature.

courbe adj. et n. f.
• **Adjectif.** En forme d'arc.
• **Nom féminin.** Ligne courbe.

courber v. tr., intr., pronom.
• Rendre courbe. *Courber une branche.*
• Fléchir. *Courber la tête.*

courbette n. f.
Politesse exagérée. *Faire des courbettes.*

courbure n. f.
Cambrure.

courette n. f.
Petite cour.

coureur, euse n. m. et f.
• Personne qui participe à une course.
• Personne volage. *Un coureur de jupons.*

courge n. f.
Plante potagère, fruit de cette plante.

courgette n. f.
Plante potagère ; fruit allongé de cette plante.

courir v. tr., intr.
• *Je cours, tu cours, il court, nous courons, vous courez, ils courent. Je courais. Je courus. Je courrai. Je courrais. Cours, courons, courez. Que je coure. Que je courusse. Courant. Couru, ue.*
• **Transitif**
- Participer à une course. *Elle a couru le marathon.*
- Parcourir. *Ils ont couru le monde.*
- (Fig.) Être exposé à. *Courir un risque.*
- Rechercher. *Courir les filles.*
• **Intransitif**
- Aller à vive allure.
- *Courir après.* Rechercher avec ardeur. *Un policier qui court après un voleur.*
• S'écouler. *Le temps qui court.*

couronne n. f.
• Ornement destiné à encercler la tête.
• Royauté. *La couronne d'Angleterre.*
• Unité monétaire de plusieurs pays (Danemark, Suède, etc.). *La couronne suédoise, la couronne danoise.*
V. Tableau - **SYMBOLES DES UNITÉS MONÉTAIRES.**

couronné, ée adj.
• Qui porte une couronne.
• Récompensé par un prix. *Un roman couronné.*

couronnement n. m.
• Action de couronner.
• Achèvement. *C'est le couronnement de sa carrière.*

couronner v. tr.
• Mettre une couronne.
• Terminer quelque chose par une réussite.
• Récompenser.

courre v. tr.
• (Vx) Courir.
• *Chasse à courre.* Chasse à cheval avec des chiens courants.
Note.- Attention à l'orthographe : cou**rr**e.

courrier n. m.
• Ensemble des lettres, des imprimés, etc. acheminé par la poste.
Note.- Ne pas confondre avec les mots suivants :
- *billet*, lettre très concise ;
- *circulaire*, lettre d'information adressée à plusieurs destinataires ;
- *communiqué*, avis transmis au public ;
- *dépêche*, missive officielle, message transmis par voie rapide ;
- *lettre*, écrit transmis à un destinataire ;
- *note*, brève communication écrite, de nature administrative ;
- *télégramme*, message transmis télégraphiquement.
• (Inform.) *Courrier électronique.* Courrier dont l'acheminement se fait exclusivement par l'utilisation de systèmes électroniques reliés entre eux.

courrier d'entreprise à distribution exceptionnelle
Sigle *cedex*.

courriériste n. m. et f.
Journaliste qui écrit des chroniques.
Note.- Attention à l'orthographe : cou**rr**iériste.

courroie n. f.
Bande (de cuir, de tissu, etc.) pour attacher ou pour transmettre un mouvement circulaire. *La courroie du ventilateur.*

courroucer v. tr.
(Litt.) Mettre en colère.

courroux n. m.
(Litt.) Colère.

cours n. m.
• Mouvement des liquides. *Un cours d'eau.*
• Prix des marchandises. *Le cours de l'or.*
• Suite d'exposés sur une matière. *Un cours d'écologie.*
• Avenue plantée d'arbres.
Hom. *court,* terrain de tennis.

course n. f.
• Action de courir. *Cheval de course. Champ de course.*
• Achat. *Faire des courses.*
• (Fig.) Mouvement. *La course des nuages.*

coursier, ière n. m. et f.
• **Nom masculin.** (Litt.) Cheval de selle.
• **Nom masculin et féminin.** Personne chargée de faire les courses.

coursive n. f.
Passage étroit qui va d'une extrémité à l'autre d'un navire.

court, courte adj., adv. et n. m.
• **Adjectif**
Qui a peu de longueur, de durée. *L'été est court. Une robe courte.*
• **Adverbe**
Des cheveux coupés court.
Note.- Employé adverbialement, **court** est invariable.
• **Locutions**
- *Être à court* (d'arguments, d'idées, d'argent). Manquer.
- *Prendre de court.* Prendre au dépourvu. *Ils ont été pris de court.*
- *Couper court* (à un entretien, à une conversation). Interrompre.
- *Tout court.* Sans rien ajouter.
- *Tourner court.* S'arrêter brusquement.
• **Nom masculin**
Terrain de tennis.
Hom. *cours,* avenue plantée d'arbres.

courtage n. m.
Profession de courtier.

court-bouillon n. m.
Bouillon aromatisé dans lequel on fait cuire le poisson ou la viande. *Des courts-bouillons.*

court-circuit n. m.
Mise en contact accidentelle de deux fils électriques du même circuit. *Des courts-circuits dangereux.*
Note.- Ne pas confondre avec le mot *coupe-circuit* qui désigne un dispositif de sécurité électrique.

court-circuiter v. tr.
• Mettre en court-circuit.
• (Fam.) Ne pas respecter la voie hiérarchique.

court(-)métrage n. m.
Film dont la durée excède rarement vingt minutes.
Ant. **long(-)métrage.**

courtepointe n. f.
Couverture piquée. *De jolies courtepointes faites à la main.*

courtier n. m.
courtière n. f.
Intermédiaire qui se charge, moyennant une prime, de certaines opérations financières ou commerciales. *Un courtier en immeubles, une courtière en valeurs mobilières.*

courtisan, ane n. m. et f.
• **Nom masculin**
- (Vx) Personne attachée à la cour d'un roi, d'un prince.
- (Litt.) Flatteur.
• **Nom féminin**
(Litt.) Prostituée.

courtiser v. tr.
Faire la cour.

courtois, oise adj.
• Affable, gracieux.
• *Amour courtois.* Amour chevaleresque exalté par les troubadours.

courtoisie n. f.
Politesse.

court-vêtu, ue adj.
Dont le vêtement est court. *Des demoiselles court-vêtues.*
Note.- Dans ce nom composé, le mot *court* est pris adverbialement et reste invariable.

couru, ue adj.
Recherché. *Un spectacle très couru.*

couscous n. m.
• Les deux *s* se prononcent [kuskus].
• Mets arabe composé de semoule de blé accompagnée de viande de mouton, de poulet, etc.

cousin, ine n. m. et f.
• **Nom masculin et féminin**. Se dit d'enfants nés ou qui descendent de frères ou de sœurs.
• **Nom masculin**. Moustique.

coussin n. m.
Pièce d'étoffe, de cuir rembourrée, servant d'appui ou d'ornement.

coussinet n. m.
• Petit coussin.
• Pièce dans laquelle peut tourner un axe.

cousu, ue adj.
• Assemblé par une couture.
• *Cousu de fil blanc*. Se dit d'un artifice qui ne trompe personne.

coût n. m.
Prix. *Le coût des matières premières.*
Hom. :
- *cou*, partie du corps ;
- *coud*, du verbe *coudre ;*
- *coup*, choc brutal.

couteau n. m.
• Instrument tranchant. *Des couteaux à pain, un couteau de poche.*
• *Être à couteaux tirés.* Être en mauvais termes avec quelqu'un.

couteau-scie n. m.
Couteau à lame dentée servant à couper le pain, les aliments. *Des couteaux-scies.*

coutelas n. m.
Grand couteau de boucherie.

coutellerie n. f.
• Industrie des couteaux.
• Ensemble de couteaux.

coûter v. tr., intr.
• **Transitif**
Causer, occasionner. *Les efforts que cette recherche m'a coûtés.*
Note.- À la forme transitive, le participe passé s'accorde avec le complément d'objet direct qui précède le verbe.
• **Intransitif**
- Exiger une dépense. *Ce voyage coûte cher.*
- *Coûte que coûte.* Quel que soit le prix.
Note.- Quand il est construit avec un complément de prix (combien ?), le participe passé *coûté* est invariable. *Les 300 F que cette montre m'a coûté.*
- Répugner. *Cela me coûte beaucoup.*

coûteusement adv.
D'une manière coûteuse.

coûteux, euse adj.
Qui nécessite une forte dépense.

coutil n. m.
• Le *l* ne se prononce pas [kuti].
• Toile serrée.

coutume n. f.
• Habitude passée dans les mœurs.
• Droit établi par l'usage.

coutumier, ière adj.
(Litt.) Ordinaire, habituel.
Ant. **inaccoutumé.**

couture n. f.
• Assemblage de deux choses cousues.
• Manière de coudre. *La haute couture.*
• *Battre à plate couture.* Infliger une défaite complète.

couturier n. m.
couturière n. f.
• Personne qui coud des vêtements.

• **Grand couturier**. Personne qui dirige une maison de couture.

couvée n. f.
• Œufs que couve en même temps un oiseau.
• Les petits, éclos de l'œuf.

couvent n. m.
• Maison religieuse.
• Ensemble des religieux et des religieuses d'une communauté.
• (Vx) Pensionnat tenu par des religieuses.

couventine n. f.
Jeune fille qui étudiait au couvent.

couver v. tr., intr.
• **Transitif**
- Couvrir les œufs jusqu'à leur éclosion.
- Entourer de soins attentifs.
• **Intransitif**
Être latent. *Contestation qui couve.*

couvercle n. m.
Ce qui couvre un pot, une boîte. *Ferme le couvercle.*

couvert, erte adj. et n. m.
• **Adjectif**
- Qu'on a couvert. *Un abri couvert. La tête couverte.*
- Caché. *Elle avait le visage couvert.*
- Rempli. *Un pommier couvert de pommes.*
- Protégé. *Il sera couvert par son supérieur.*
- **Parler à mots couverts**. Parler par des allusions.
• **Nom masculin**
- **Le vivre et le couvert**. La nourriture et le logement.
- Ustensiles. *Des couverts d'argent.*

couverture n. f.
• Toit d'un bâtiment. *Une belle couverture d'ardoise.*
• Ce qui couvre. La **couverture d'un livre**, mais le **toit d'une maison**, le **couvercle d'un chaudron**.
• Pièce de lainage destinée à garder au chaud. *Une couverture écossaise.*

couveuse adj. f. et n. f.
• Appareil facilitant l'éclosion des œufs.
• (Fam.) Incubateur pour les nouveau-nés.

couvre- préf.
Les noms composés du préfixe **couvre-** s'écrivent avec un trait d'union ; le mot **couvre-** demeure invariable puisqu'il s'agit du verbe, tandis que le second élément prend la marque du pluriel. *Des couvre-sols.*

couvre-chaussures n. m. pl.
Enveloppe imperméable servant à protéger les chaussures de la pluie. *Des couvre-chaussures.*

couvre-chef n. m.
(Fam.) Coiffure. *Des couvre-chefs.*

couvre-feu n. m.
• Signal qui marque l'heure de se retirer et d'éteindre les lumières. *Des couvre-feux.*
• Interdiction de sortir de chez soi à certaines heures.

couvre-lit n. m.
Couverture servant de dessus-de-lit. *Des couvre-lits.*

couvre-nuque n. m.
Pièce adaptée à la coiffure servant à protéger la nuque. *Des couvre-nuques.*

couvre-objet n. m.
Lamelle de verre dont on recouvre les objets examinés au microscope. *Des couvre-objets.*

couvre-pied(s) n. m. inv.
Couverture de lit. *Des couvre-pied(s).*

couvre-plat n. m.
Couvercle dont on recouvre un plat pour le maintenir chaud. *Des couvre-plats.*

couvre-sol n. m.
Revêtement de sol. *Des couvre-sols.*

couvreur n. m.
couvreuse n. f.
Personne qui répare les toitures.

couvrir v. tr., pronom.
• *Je couvre, tu couvres, il couvre, nous couvrons, vous couvrez, ils couvrent. Je couvrais. Je couvris. Je couvrirai. Je couvrirais. Couvre, couvrons, couvrez. Que je couvre. Que je couvrisse. Couvrant. Couvert, erte.*
• **Transitif**
- Revêtir d'une chose pour cacher, protéger, orner, etc. *Couvrir un livre.*
- Donner en grande quantité. *Couvrir d'honneurs.*
• **Pronominal**
- Se remplir. *Le ciel se couvrit de nuages.*
- Se revêtir. *Il s'est couvert d'un imperméable.*
- Se protéger. *La société se couvre de ces risques par une assurance.*

cow-boy n. m.
• Les lettres **ow** se prononcent **aou** [kawbɔj].
• Gardien de troupeau de bovins aux États-Unis. *Des cow-boys.*

coyote n. m.
Animal sauvage à la fourrure fauve, voisin du chacal.
Note.- Attention à l'orthographe : coyo*t*e.

C.P.S.
Sigle de **caractère par seconde**.

C.P.V.
• Sigle de **chlorure de polyvinyle**.
• Équivalent français de **PVC**.

C.Q.F.D.
Abréviation de **ce qu'il fallait démontrer**.

Cr
Symbole de **chrome**.

C.R.
Sigle de **contre remboursement**.

crabe n. m.
Crustacé qui possède huit pattes et deux pinces. *Du crabe à la mayonnaise.*

crac ! interj.
Interjection qui exprime un bruit de rupture.
Hom. :
- **crack**, as ;

- *craque*, mensonge ;
- *krach*, effondrement de la Bourse.

crachat n. m.
Expectoration.

craché, ée adj.
(Fam.) **Tout craché.** Identique. *C'est son oncle tout craché.*

crachement n. m.
Action de cracher.

cracher v. tr., intr.
• Rejeter de la bouche les mucosités qui s'y trouvent.
• Rejeter au dehors. *Un volcan qui crache de la lave.*

crachin n. m.
Pluie fine et persistante.

crachoir n. m.
• Petit vase dans lequel on crache.
• **Tenir le crachoir.** Parler sans arrêt.

crachoter v. intr.
• Cracher un peu à la fois et fréquemment.
• Émettre un crépitement.
Note.- Attention à l'orthographe : crachoter.

crack n. m.
• Cheval préféré dans une écurie de course.
• (Fam.) As. *Ce garçon est un crack en informatique.*
Hom. :
- *crac !*, interjection ;
- *craque*, mensonge ;
- *krach*, effondrement de la Bourse.

craie n. f.
• Roche blanche calcaire.
• Bâtonnet de cette substance servant à écrire (sur une ardoise, un tableau).

craindre v. tr.
• *Je crains, tu crains, il craint, nous craignons, vous craignez, ils craignent. Je craignais. Je craignis. Je craindrai. Je craindrais. Crains, craignons, craignez. Que je craigne. Que je craignisse. Craignant. Craint, crainte.*
• Les lettres *gn* sont suivies d'un *i* à la première et à la deuxième personne du pluriel de l'indicatif imparfait et du subjonctif présent. *(Que) nous craignions, (que) vous craigniez.*
• Redouter. *Je crains qu'il ne pleuve.*
Notes.-
1° Dans la langue soutenue, le verbe *craindre* construit avec *que* suivi du subjonctif est souvent accompagné de la particule *ne* dite explétive, sans valeur négative, lorsqu'on redoute qu'un évènement (ne) se produise. *Je crains qu'il ne pleuve.*
2° Par contre, si l'on craint qu'un évènement ne se produise pas, l'emploi de la négation **ne...pas** est obligatoire. *Je crains qu'elle ne vienne pas (je souhaiterais qu'elle vienne).*
3° Il en est ainsi pour les verbes exprimant une notion de crainte : **redouter, appréhender, avoir peur, trembler,** etc.
• Être sensible à quelque chose. *Ces produits craignent l'humidité.*

crainte n. f.
• Peur. *La crainte de l'avion. La crainte de tomber.*
Note.- Le nom se construit avec un complément déterminatif ou un infinitif.
• **De crainte que.** *Il n'ose partir de crainte qu'elle ne vienne pendant ce temps.*
Note.- Cette locution conjonctive se construit avec le subjonctif et le *ne* explétif.

craintif, ive adj.
Peureux.

craintivement adv.
Avec crainte.

cramoisi, ie adj.
Adjectif de couleur variable. D'une teinte rouge foncé. *Des écharpes cramoisies.*
V. Tableau - **COULEUR (ADJECTIFS DE).**

crampe n. f.
Contraction douloureuse des muscles.

crampon n. m.
Pièce de fer recourbée, servant à attacher fortement, à retenir. *Des souliers à crampons.*

cramponner (se) v. pronom.
• S'accrocher. *Ils se cramponnaient aux branches pour ne pas tomber.*
• Tenir fermement à quelque chose, malgré les obstacles. *Elle se cramponne à la vie, malgré sa terrible maladie.*

cran n. m.
• Trou servant d'arrêt. *Serrer d'un cran.*
• **À cran.** (Fam.) Exaspéré.
• Rang, degré. *Monter d'un cran.*
• (Fam.) Sang-froid. *Elle a du cran.*

crâne adj. et n. m.
• **Nom masculin.** Boîte osseuse qui contient le cerveau.
• **Adjectif.** (Vx) Audacieux.
Note.- Attention à l'orthographe : crâne.

crânement adv.
(Vx) De façon crâne.

crâner v. intr.
Affecter le courage. *Il crânait, mais il était très inquiet.*

crâneur, euse adj. et n. m. et f.
Personne qui affecte la bravoure.

crânien, ienne adj.
Qui se rapporte au crâne. *Les nerfs crâniens.*

crapaud n. m.
Batracien au corps trapu recouvert d'une peau rugueuse.
Note.- Attention à l'orthographe : crapau**d**.

crapaudine n. f.
Petite grille qui protège l'entrée d'un tuyau, d'un conduit.

crapule n. f.
Escroc. *Cet homme est une crapule.*

crapuleusement adv.
De façon crapuleuse.

crapuleux, euse adj.
Malhonnête, cupide.

craquage n. m.
Procédé de raffinage du pétrole.

craque n. f.
(Fam.) Mensonge.
Hom. :
- *crac !*, interjection ;
- *crack*, as ;
- *krach*, effondrement de la Bourse.

craquelage n. m.
Fendillement de certaines peintures, de certains vernis.

craquelé, ée adj.
Fissuré, qui présente des craquelures.

craqueler v. tr., pronom.
• Redoublement du *l* devant un *e* muet. *Je craquelle, je craquellerai*, mais *je craquelais*.
• **Transitif**. Fendiller une glaçure, un émail, etc. en tous sens.
• **Pronominal**. Se fendiller. *La glace se craquelle.*

craquelin n. m.
Gâteau qui craque sous les dents.

craquèlement n. m.
État de ce qui est craquelé.

craquelure n. f.
Fendillement accidentel ou volontaire.

craquement n. m.
Bruit sec que font certains corps en craquant ou en se brisant.

craquer v. tr., intr.
• **Transitif**
- Déchirer. *Craquer une couture, un bas.*
- *Craquer une allumette.* Allumer une allumette.
• **Intransitif**
- Faire un bruit sec en se cassant, en tombant, etc. *L'escalier craque.*
- Échouer. *L'entreprise va craquer.*
- (Fam.) Perdre la maîtrise de soi-même. *À cette nouvelle, il a craqué.*
- (Fam.) Céder à une envie. *Les enfants ont craqué : ils ont mangé tous les gâteaux.*

craquètement ou **craquettement** n. m.
• Cri de la cigogne.
• Action de craqueter.

craqueter v. intr.
• Redoublement du *t* devant un *e* muet. *Je craquette, je craquetterai*, mais *je craquetais*.
• Craquer de façon répétée.
• Crier, en parlant de la cigogne, de la cigale.

crasse adj. f. et n. f.
• **Nom féminin**
- Saleté.
- (Fam.) Mauvaise plaisanterie.
• **Adjectif**
Cet adjectif ne s'emploie que dans les expressions

ignorance crasse, paresse crasse, avarice crasse, au sens de « grossière ».

crasseux, euse adj.
Couvert de crasse.

cratère n. m.
• Orifice d'un volcan.
• Dépression causée par l'impact d'un météorite.

cravache n. f.
Badine de cavalier.

cravacher v. tr.
Frapper avec la cravache.

cravate n. f.
Pièce d'étoffe qui se noue autour du col de la chemise. *Des cravates de soie.*

cravater v. tr.
Mettre une cravate à quelqu'un.

crawl n. m.
• Les lettres *aw* se prononcent *o* [kʀol].
• Type de nage sur le ventre. *Des crawls.*

crayeux, euse adj.
De la nature, de la couleur de la craie.

crayon n. m.
Baguette servant à écrire, à dessiner. *Des crayons de couleur.*

crayon-feutre n. m.
Crayon à pointe de feutre utilisant une encre grasse. *Des crayons-feutres.*

crayonnage n. m.
Action de crayonner.

crayonner v. tr.
Écrire ou dessiner au crayon, de façon sommaire.

créance n. f.
• (Vx) Le fait de croire en la vérité de quelque chose. *Donner créance à une chose.*
• Dette, du point de vue du débiteur.

créancier, ière n. m. et f.
Personne à qui une somme d'argent est due.
Ant. **débiteur**.

créateur, trice adj. et n. m. et f.
• **Adjectif**. Qui crée, inventif. *Une imagination créatrice.*
• **Nom masculin**. Concepteur.
Note.- Lorsqu'il désigne Dieu, ce nom s'écrit avec une majuscule.

créatif, ive adj.
Qui fait preuve de créativité. *Un esprit créatif.*

création n. f.
• Action de faire quelque chose de rien.
• Action d'imaginer, de concevoir.
• Œuvre créée. *Les créations de la haute couture.*
• *Création d'emploi.*
Note.- Dans cette expression, le terme *emploi* a un sens global et demeure au singulier.

créativité n. f.
Faculté d'invention, imagination.

créature n. f.
Tout être créé.

crécelle n. f.
Moulinet de bois qui tourne avec un son crépitant.

crèche n. f.
Établissement où l'on garde les enfants de moins de trois ans dont les parents ne peuvent s'occuper aux heures ouvrables.

crédence n. f.
Meuble de salle à manger où l'on range la vaisselle.

crédibilité n. f.
Caractère d'une personne, d'une chose digne de confiance.

crédible adj.
Qui est digne d'être cru.

crédit n. m.
• (Compt.) Partie d'un compte qui mentionne les sommes remises à celui qui tient le compte.
• Délai de paiement. *Un crédit de 30 jours. Des cartes de crédit. Une lettre de crédit. Un crédit à court, moyen, long terme.*
• Influence. *Il a beaucoup de crédit auprès de la communauté des affaires.*
• (Au plur.) Somme prévue au budget d'un organisme public.

crédit-bail n. m.
Forme de crédit comportant un contrat de location d'équipements mobiliers et immobiliers assorti d'une promesse de vente au profit du locateur. *Des crédits-bails. Signer un contrat de crédit-bail.*
Note.- Ce nom a fait l'objet d'une recommandation pour remplacer l'anglicisme ***leasing***.

créditer v. tr.
Porter une somme au crédit de. *L'étudiant a crédité son compte de deux mille francs.*

créditeur, trice adj. et n. m. et f.
• **Adjectif.** Inscrit au crédit. *Un solde créditeur.*
• **Nom masculin et féminin.** Personne qui a des sommes portées à son crédit.

credo n. m. inv.
• **Sens propre.** *Des* Credo.
Note.- Au sens propre, le mot s'écrit avec une majuscule.
• **Sens figuré.** *Des* credo *fanatiques.*
Notes.-
1° Au sens figuré, le mot s'écrit avec une minuscule.
2° En typographie soignée, les mots étrangers sont composés en italique. Dans des textes déjà en italique, la notation se fait en romain. Pour les textes manuscrits, on utilisera les guillemets.

crédule adj.
Naïf.

crédulement adv.
Avec crédulité.

crédulité n. f.
Naïveté, facilité excessive à croire les choses.

créer v. tr.
• *Je crée, tu crées, il crée, ils créent. Je créerai, tu créeras. Je créerais, tu créerais. Crée. Que je crée, que tu crées, qu'il crée, qu'ils créent. Créé, créée.*
• Faire quelque chose de rien. *Créer une nouvelle mode, un logiciel.*
• Produire, susciter. *Ces incertitudes ont créé un malaise.*

crémaillère n. f.
• Pièce de fer munie de crans destinée à suspendre la marmite dans une cheminée.
• ***Pendre la crémaillère.*** Célébrer par un repas une nouvelle installation.

crémation n. f.
Incinération.

crématoire adj. et n. m.
• **Adjectif.** Relatif à la crémation.
• **Nom masculin.** *(Four) crématoire.* Où l'on incinère les morts.
Note.- Ce nom est peu usité en raison de ses connotations historiques ; on lui préférera le nom ***crématorium***.

crématorium n. m.
Bâtiment où l'on incinère les morts.

crème adj. inv. et n. f.
• **Adjectif de couleur invariable.** D'un blanc légèrement teinté de jaune. *Des tricots crème.*
V. Tableau - COULEUR (ADJECTIFS DE).
• **Nom féminin.** Matière grasse du lait dont on fait le beurre. *De la crème fouettée.*

crème caramel n. f.
Entremets. *Des crèmes caramel.*

crème Chantilly ou **chantilly** n. f.
Crème fouettée à laquelle on ajoute du sucre et de la vanille.

crémerie n. f.
Établissement où l'on vend des produits laitiers.
Note.- Attention à l'orthographe : cr**é**merie, malgré la prononciation **crè**.

crémeux, euse adj.
Qui a la consistance de la crème.
Note.- Attention à l'orthographe : cr**é**meux, à la différence de cr**è**me.

crémone n. f.
Espagnolette pour fermer la fenêtre.

créneau n. m.
• Ouverture pratiquée au sommet d'une tour, d'où l'on tire sur l'assaillant. *Une forteresse à créneaux.*
• Intervalle entre deux espaces occupés.
• (Écon.) Segment de marché disponible. *Ils ont opté pour le créneau des hauts de gamme.*

crénelé, ée adj.
Pourvu de créneaux, de crénelures.

créneler v. tr.
• Redoublement du *l* devant un *e* muet. *Je crénelle, je crénellerai, mais je crénelais.*
• Munir de créneaux, entailler de découpures.

crénelure n. f.
Découpure en forme de créneaux.

créole adj. et n. m. et f.
• **Nom masculin et féminin.** Personne de race blanche, née dans les Antilles ou à la Réunion.
• **Nom masculin.** Langue mixte issue du contact d'une langue européenne (français, anglais, espagnol, portugais) et de langues indigènes, africaines en particulier, devenue langue maternelle d'une communauté linguistique.
Notes.-
1° Lorsqu'il s'agit de la langue, l'adjectif ou le nom s'écrit avec une minuscule. Si le nom désigne une personne, la majuscule s'impose.
2° Ne pas confondre avec les mots suivants :
- **pidgin**, langue mixte issue du contact de l'anglais et de langues autochtones d'Extrême-Orient, qui sert de langue d'appoint sans être langue maternelle d'une communauté ;
- **sabir**, langue mixte élémentaire résultant des contacts de langues très différentes les unes des autres, utilisable pour des communications très limitées dans des secteurs déterminés, notamment le commerce.

crêpage n. m.
Action de crêper les cheveux.

crêpe n. m. et f.
• **Nom masculin**
- Étoffe. *Du crêpe Georgette.*
- Voile noir. *Un crêpe de deuil.*
• **Nom féminin**
Galette molle et plate cuite dans la poêle. *Des crêpes bretonnes.*

crêpelé, ée adj.
Se dit de cheveux finement frisés.

crêper v. tr.
Faire gonfler les cheveux. *Des cheveux crêpés.*

crêperie n. f.
Établissement où l'on sert des crêpes.

crépi n. m.
Revêtement de plâtre ou de mortier.

crêpier, ière n. m. et f.
• **Nom masculin ou féminin.** Personne qui fait et sert des crêpes.
• **Nom féminin.** Appareil, poêle pour faire des crêpes.

crépine n. f.
Petite grille servant à retenir ce qui pourrait obstruer un conduit, un tuyau.

crépinette n. f.
Saucisse plate.

crépir v. tr.
Enduire de crépi.

crépitation ou **crépitement** n. f.
Bruit que produit un corps qui flambe, une fusillade, etc.

crépiter v. intr.
Pétiller.

crépu, ue adj.
Se dit de cheveux naturellement frisés.

crépusculaire adj.
Du crépuscule.

crépuscule n. m.
• Lumière diffuse qui suit le coucher du soleil.
• Déclin.

crescendo adv. et n. m. inv.
• Les lettres *sc* se prononcent *ch* [kreʃɛndo].
• **Adverbe**
En augmentant.
• **Nom masculin**
- Mouvement musical. *Des* crescendo.
- Augmentation. *Des* crescendo.
Note.- En typographie soignée, les mots étrangers sont composés en italique. Dans des textes déjà en italique, la notation se fait en romain. Pour les textes manuscrits, on utilisera les guillemets.

cresson n. m.
Plante herbacée qui croît dans l'eau et qui est cultivée pour ses feuilles. *Une salade de cresson.*

cressonnière n. f.
Bassin où l'on cultive le cresson.

crésus n. m.
(Litt.) Personne très riche.
Note.- Dans l'expression **riche comme Crésus**, le nom prend la majuscule puisqu'il s'agit du nom propre d'un roi lydien de l'Antiquité.

crête n. f.
• Excroissance rouge sur la tête de certains animaux, tel le coq.
• Sommet. *La crête d'une montagne, la crête d'une vague.*

crête-de-coq n. f.
• Plante ornementale. *Des crêtes-de-coq.*
• (Méd.) Condylome.

crétin, ine adj. et n. m. et f.
• Personne atteinte de crétinisme.
• (Fam.) Personne stupide.

crétiniser v. tr.
Rendre crétin, abrutir.

crétinisme n. m.
• Déficience intellectuelle.
• (Fam.) Stupidité.

crétois, oise adj. et n. m. et f.
• **Adjectif et nom masculin et féminin.** De l'île de Crète.
• **Nom masculin.** Dialecte de l'île de Crète.
Note.- Lorsqu'il s'agit de la langue, l'adjectif ou le nom s'écrit avec une minuscule. Si le nom désigne une personne, la majuscule s'impose.

cretonne n. f.
Toile de coton. *Des rideaux de cretonne fleurie.*

creusage ou **creusement** n. m.
Action de creuser.

creuser v. tr., pronom.
● **Transitif**
- Faire un trou dans. *Creuser le sable, creuser un puits.*
- Approfondir. *Creuser un sujet.*
● **Pronominal**
- Devenir creux.
- *Se creuser la tête.* Chercher intensément.

creuset n. m.
Récipient servant à fondre des métaux.

creux, euse adj., adv. et n. m.
● **Adjectif.** Dont l'intérieur est vide.
● **Adverbe.** *Ces boîtes sonnent creux : elles sont vides.*
● **Nom masculin.** Cavité.

crevaison n. f.
Action de crever, son résultat. *La crevaison d'un pneu.*

crevasse n. f.
● Gerçure.
● Fente profonde. *Les crevasses des glaciers.*
Syn. **faille.**

crevasser v. tr., pronom.
● **Transitif.** Faire des crevasses. *La sécheresse crevasse le sol.*
● **Pronominal.** Être crevassé. *Sa peau s'est crevassée.*

crevé, ée adj.
● Qui a crevé, est déchiré. *Un pneu crevé.*
● (Fam.) Épuisé.

crève-cœur n. m. inv.
Peine profonde. *Des crève-cœur.*

crève-la-faim n. m. inv.
(Fam.) Miséreux. *Des crève-la-faim.*

crever v. tr., intr., pronom.
● Le *e* se change en *è* devant une syllabe muette. *Il crève, il crevait.*
● **Transitif**
Percer, perforer. *Crever un pneu.*
● **Intransitif**
- Mourir, en parlant d'un animal.
- Se déchirer. *Le ballon a crevé.*
● **Pronominal**
(Fam.) S'épuiser.

crevette n. f.
Crustacé apprécié pour sa chair.

crevettier n. m.
● Filet à crevettes.
● Bateau qui fait la pêche à la crevette.

cri n. m.
● Son intense causé par la douleur, l'émotion, destiné à appeler.
● **Locutions**
- *Pousser les hauts cris.* Se plaindre bruyamment.
- *Dernier cri.* Dernière mode.
- *À cor et à cri.* Avec grande insistance.
- *Cri du cœur.* Mouvement spontané.

criaillement n. m.
Cri désagréable.

criailler v. intr.
● Les lettres *ill* sont suivies d'un *i* à la première et à la deuxième personne du pluriel de l'indicatif imparfait et du subjonctif présent. *(Que) nous criaillions, (que) vous criailliez.*
● Crier souvent et sans motif.

criaillerie n. f.
Reproche.

criant, ante adj.
● Qui fait crier d'indignation. *Une injustice criante.*
● Manifeste. *Une erreur criante.*
Note.- Ne pas confondre avec le participe présent invariable *criant. Le vacarme était infernal, les enfants criant à qui mieux mieux.*

criblage n. m.
Action de passer au crible.

crible n. m.
● Tamis.
● *Passer au crible.* Trier.

cribler v. tr.
● Passer au crible.
● Percer de trous. *Une cible criblée de marques.*

cric n. m.
● Le *c* final se prononce [krik].
● Appareil servant à soulever un objet très lourd. *Nous avons une crevaison, il faudrait un cric.*
Hom. *crique,* petite baie.

cricket n. m.
● Le *t* se prononce [kriket].
● Sport anglais.
Note.- Ne pas confondre avec le mot *criquet* qui désigne un insecte.

criée n. f.
Vente publique aux enchères.

crier v. tr., intr.
● Redoublement du *i* à la première et à la deuxième personne du pluriel de l'indicatif imparfait et du subjonctif présent. *(Que) nous criions, (que) vous criiez.*
● **Transitif.** Proclamer. *Crier son innocence.*
● **Transitif indirect.** Réprimander. *Crier contre quelqu'un.*
Note.- L'expression *crier après quelqu'un* est correcte, mais familière.
● **Intransitif.** Pousser un cri. *Les enfants crient à tue-tête.*
● **Locutions**
- *Crier famine.* Avoir faim.
- *Crier victoire.* Triompher.

crieur, euse n. m. et f.
Personne qui vend des journaux, des marchandises en criant.

crime n. m.
Infraction grave à la loi morale ou civile.

criminaliste n. m. et f.
Avocat spécialisé en droit criminel.

criminalité n. f.
● Caractère de ce qui est criminel.

● Ensemble des faits criminels commis par un groupe à une époque donnée.

criminel, elle adj. et n. m. et f.
● **Adjectif**
- Qui a commis un crime. *C'est un fou criminel.*
- Qui a trait à la répression des crimes. *Le droit criminel.*
● **Nom masculin et féminin**
Personne coupable de crime.
● **Nom masculin**
La matière criminelle.

criminellement adv.
De façon criminelle.

criminologie n. f.
Science de la criminalité.

criminologiste ou **criminologue** n. m. et f.
Spécialiste de la criminologie.

crin n. m.
● Poil long et rude de certains animaux (chevaux, etc.).
● *À tout crin, à tous crins.* Inconditionnel. *Un nationaliste à tout crin ou à tous crins.*

crinière n. f.
Crins de certains animaux (cheval, lion, etc.).

crinoline n. f.
Jupon très ample servant à faire gonfler les robes.

crique n. f.
Petite baie dans une côte rocheuse.
Hom. *cric*, appareil servant à soulever un objet très lourd.

criquet n. m.
Insecte.
Note.- Ne pas confondre avec le mot *cricket* qui désigne un sport anglais.

crise n. f.
● Phase grave. *Une crise cardiaque, une crise de goutte, une crise de nerfs.*
● Déséquilibre entre l'offre et la demande. *La crise de l'énergie.*

crispant, ante adj.
Agaçant.
Note.- Ne pas confondre avec le participe présent invariable *crispant. Il haletait, la peur crispant tous les muscles de son visage.*

crispation n. f.
● Contraction.
● Mouvement d'irritation.

crisper v. tr., pronom.
● **Transitif**
- Contracter les muscles.
- Impatienter, agacer.
● **Pronominal**
- Se contracter vivement.
- S'irriter.

crispin n. m.
Gant à crispin. Gant à haute manchette de cuir.

crissement n. m.
Action de crisser. *Le crissement de la neige sous les skis.*

crisser v. intr.
Grincer. *Faire crisser les pneus.*

cristal n. m.
● Minéral transparent et dur.
● Variété de verre. *Des cristaux de Baccarat.*

cristallerie n. f.
Fabrique d'objets en cristal.

cristallin, ine adj.
Clair et transparent comme du cristal. *Une voix cristalline, une eau cristalline.*
Note.- Ne pas confondre avec les mots suivants :
- *diaphane*, translucide ;
- *opalescent*, qui a les nuances vives de l'opale ;
- *transparent*, qui laisse voir nettement les objets.

cristallin n. m.
Partie transparente de l'œil en forme de lentille.

cristallisation n. f.
● Phénomène par lequel un corps passe à l'état de cristaux.
● (Fig.) Fait de prendre corps.

cristalliser v. tr., intr., pronom.
● Transformer en cristaux.
● Donner de la force à, en parlant des sentiments, des idées. *Cristalliser l'enthousiasme des participants.*

critère n. m.
Élément utilisé pour porter un jugement, prendre une décision, arrêter un choix.

critiquable adj.
Discutable.

critique adj. et n. m. et f.
● **Adjectif**
- Qui juge sainement.
- Difficile, dangereux. *Une phase critique.*
● **Nom masculin et féminin**
Personne qui juge des œuvres d'art (musicales, littéraires, etc.).
● **Nom féminin**
● Art de juger les œuvres.
● Jugement porté sur une œuvre.
● Reproche. *Ne pas admettre la critique.*
● **Locutions**
- *Esprit critique.* Esprit qui discerne le vrai du faux. Personne qui trouve à redire à tout.

critiquer v. tr.
● Examiner de façon critique.
● Blâmer.

croassement n. m.
Cri du corbeau et de la corneille.

croasser v. intr.
Crier en parlant du corbeau et de la corneille.
Note.- Ne pas confondre avec le verbe *coasser* qui signifie « crier, en parlant de la grenouille ».

croc n. m.
● Le *c* final ne se prononce pas [kro].

- Crochet.
- Dent pointue des carnivores.

croc-en-jambe n. m.
- Le *c* de *croc-* se prononce, même au pluriel [krɔkãʒãb].
- Action de passer les pieds dans les jambes de quelqu'un pour le faire trébucher. *Des crocs-en-jambe.*

croche n. f.
(Mus.) Note qui vaut la moitié d'une noire.

croche-pied n. m.
Croc-en-jambe. *Des croche-pieds.*

crochet n. m.
Pièce de métal recourbée servant à suspendre quelque chose.

Signe de ponctuation de même nature que les parenthèses qui sert à intercaler des indications dans une phrase :
- pour insérer une indication à l'intérieur d'une phrase déjà entre parenthèses. *Mettre un mot entre crochets (exemple tiré du Petit Larousse illustré [1989].).*
- pour ajouter des mots rétablis par conjecture. *Elle [la Présidente] sera assermentée demain.*
V. Tableau - **PONCTUATION**.

crochetable adj.
Qui peut être crocheté.

crocheter v. tr.
- Le *e* se change en *è* devant une syllabe muette. *Je crochète, je crochetais.*
- Ouvrir (une serrure) avec un crochet.

crocheteur n. m.
Cambrioleur qui crochète les serrures.

crochu, ue adj.
- Recourbé en croc. *Un bec crochu.*
- *Avoir des atomes crochus avec quelqu'un.* Avoir des affinités.

crocodile n. m.
- Reptile saurien amphibie. *Des chaussures en crocodile.*
- *Larmes de crocodile.* Chagrin simulé.

crocus n. m.
- Le *s* final se prononce [krɔkys].
- Plante à bulbe.

croire v. tr., intr.
- *Je crois, tu crois, il croit, nous croyons, vous croyez, ils croient. Je croyais, nous croyions, vous croyiez. Je crus. Je croirai. Je croirais. Crois, croyons, croyez. Que je croie, que tu croies, qu'il croie, que nous croyions, que vous croyiez, qu'ils croient. Que je crusse. Croyant. Cru, ue.*
- Contrairement au verbe *croître*, le verbe *croire* n'a jamais d'accent circonflexe sur le *i*.

- **Transitif**
- Tenir une chose pour vrai. *Je crois ce que vous m'affirmez, croyez-moi !*

- Penser, tenir pour. *Je la crois compétente et remplie d'initiative.*
- **Croire** + **que**. Au mode affirmatif, *croire que* est suivi de l'indicatif ; au mode négatif, il est suivi du subjonctif. *Je crois qu'elle viendra. Je ne crois pas qu'elle vienne.*
- **Intransitif**
- Avoir foi en la réalité de. *Croire à la parole de quelqu'un. Croire aux fantômes.*
- Tenir pour certaine l'existence de Dieu, avec une nuance de foi et d'amour. *Croire en Dieu, croire en quelqu'un.*
Note.- L'emploi de la préposition *en* exprime la confiance et la foi.
- (Absol.) Avoir la foi. *Elle croit.*
Notes.-
1° Le verbe *croire* sert de semi-auxiliaire pour atténuer une affirmation trop catégorique. *Je crois devoir vous préciser que la date de fin des travaux est le 25, c'est-à-dire aujourd'hui.*
2° Dans une incise, alors que les expressions *je crois, nous croyons* sont une affirmation atténuée, les mots *tu crois, vous croyez* traduisent le scepticisme à l'égard d'une affirmation. *Nous aurons terminé demain, je crois, et nous pourrons poursuivre nos travaux. Vous croyez ?*
- **Pronominal**
S'imaginer être. *Il se croit le plus astucieux.*

croisade n. f.
(Ancienn.) Expédition de l'Europe chrétienne contre l'Orient musulman.

croisé, ée adj. et n. m. et f.
- **Adjectif**
En forme de croix. *Les bras croisés.*
- **Nom masculin**
(Ancienn.) Celui qui partait en croisade.
- **Nom féminin**
- Endroit où deux choses se croisent. *La croisée des routes.*
- Fenêtre. *Ouvrir la croisée.*

croisement n. m.
- Accouplement d'animaux de races différentes.
- Endroit où deux choses se croisent. *Un croisement de voies ferrées.*
- Intersection de deux voies de circulation.
Note.- Dans ce dernier sens, ne pas confondre avec le mot *carrefour* qui désigne l'intersection de plusieurs voies de communication.

croiser v. tr., intr., pronom.
- **Transitif**
- Disposer en croix. *Croiser les jambes.*
- Couper, traverser. *La voie ferrée croise la route.*
- Passer l'un près de l'autre. *Je l'ai croisé tout à l'heure.*
- Faire un croisement. *Croiser des arbres fruitiers.*
- **Intransitif**
Aller et venir, en parlant d'un navire. *Ces voiliers croisent dans la Méditerranée.*
- **Pronominal**
- Passer en travers. *Des routes qui se croisent.*
- Se rencontrer. *Ils se sont croisés hier matin.*

croiseur n. m.
Navire de guerre.

croisière n. f.
• Voyage de tourisme par mer. *Partir en croisière.*
• *Vitesse de croisière.* Allure moyenne maximale d'un véhicule sur une longue distance.
• *Vitesse, allure, rythme de croisière.* (Fig.) Le meilleur rythme après la période de rodage.

croisillon n. m.
Traverse d'une croix.

croissance n. f.
Développement progressif. *La croissance économique.*

croissant n. m.
• Forme de la lune à son premier ou à son dernier quartier.
• Qui a la forme d'un croissant de lune.
• Sorte de petit pain en forme de croissant. *De bons croissants chauds et du café.*

croissant, ante adj.
Qui grandit, augmente. *Une habileté croissante.*
Note.- Ne pas confondre avec le participe présent invariable *croissant. Ils abandonnèrent, les difficultés croissant chaque jour davantage.*

croître v. intr.
• *Je croîs, tu croîs, il croît, nous croissons, vous croissez, ils croissent. Je croissais, tu croissais. Je crûs, tu crûs, il crût, nous crûmes, vous crûtes, ils crûrent. Je croîtrai, tu croîtras, il croîtra, nous croîtrons, vous croîtrez, ils croîtront. Je croîtrais, tu croîtrais, il croîtrait, nous croîtrions, vous croîtriez, ils croîtraient. Croîs, croissons, croissez. Que je croisse, que tu croisses. Que je crûsse, que tu crûsses, qu'il crût, que nous crûssions, que vous crûssiez, qu'ils crûssent.* (À noter que l'Académie française écrit ce dernier temps sans accent circonflexe, sauf à la troisième personne du singulier.) *Croissant. Crû, crue.*
• Se développer. *En dix ans, ces arbres ont beaucoup crû.*
• Augmenter de volume, d'intensité, de durée, etc. *Au cours des dernières années, les prix n'ont cessé de croître.*

croix
• Pièce de bois à deux branches transversales. *Le supplice de la croix.*
• (Typogr.) Signe en forme de croix qui accompagne un nom de personne, pour indiquer que cette personne est décédée. † *Jean Dupont. Oscar Bloch* †.
• *Chemin de croix.* Suite de quatorze tableaux représentant la Passion du Christ.

croquant, ante adj.
Croustillant, qui croque sous la dent.
Note.- Ne pas confondre avec le participe présent invariable *croquant. Quel régal, ces noix croquant sous la dent!*

croque- préf.
Les noms composés avec le mot *croque-* s'écrivent avec un trait d'union ; certains sont invariables, d'autres prennent la marque du pluriel au second élément.

croque au sel (à la) loc. adv.
Cru, avec du sel.
Note.- Attention à l'orthographe : pas de trait d'union.

croque-madame n. m. inv.
Sandwich chaud composé de pain, de fromage et de jambon couvert d'un œuf au plat. *Des croque-madame.*

croquembouche n. m.
Pâtisserie composée de petits choux à la crème.

croque-mitaine n. m.
Personnage imaginaire dont on menace les enfants. *Des croque-mitaines.*

croque-monsieur n. m. inv.
Sandwich chaud composé de pain, de fromage et de jambon. *Des croque-monsieur.*

croque-mort n. m.
(Fam.) Employé des pompes funèbres. *Des croque-morts.*

croquer v. tr., intr.
• **Transitif**
- Manger des choses qui croquent. *Croquer des noisettes.*
- Saisir rapidement. *Croquer une scène sur le vif.*
- *À croquer.* Gentil, joli à peindre. *Cette enfant est à croquer.*
• (Absol.)Mordre. *Croquer dans une pomme.*
• **Intransitif**
Faire un bruit sec sous la dent. *Une branche de céleri qui croque sous la dent.*

croquette n. f.
Boulette à frire.

croquignole n. f.
Petit biscuit croquant.

croquis n. m.
Dessin à main levée, plan sommaire.
Note.- Ne pas confondre avec les mots suivants :
- *canevas*, plan, schéma d'un texte ;
- *ébauche*, première forme donnée à une œuvre ;
- *esquisse*, représentation simplifiée d'une œuvre destinée à servir d'essai ;
- *maquette*, représentation schématique d'une mise en pages ;
- *projet*, plan d'une œuvre d'architecture.

cross ou **cross-country** n. m.
• Attention à la prononciation [krɔskuntri].
• Course à pied en terrain varié avec obstacles. *Des cross-countries.*

crosse n. f.
• Bâton d'évêque.
• Bâton courbé qui sert à certains jeux. *Jouer à la crosse.*
• Bout recourbé. *La crosse d'un violon.*
• Partie d'une arme à feu. *La crosse d'un fusil.*

crotale n. m.
Serpent très venimeux, dit *serpent à sonnette*.

crotte interj. et n. f.
• **Interjection.** (Fam.) Marque l'impatience.
• **Nom féminin.** Excréments de certains animaux.

crotté, ée adj.
Sali (de crotte, de boue).

crottin n. m.
• Excréments des chevaux, des moutons.
• Petit fromage de chèvre.

croulant, ante adj. et n. m. et f.
• **Adjectif.** Qui croule. *Des ruines croulantes.*
• **Nom masculin et féminin.** (Vx et fam.) Personne âgée.
Note.- Ne pas confondre avec le participe présent invariable *croulant. Juste devant nous, on voyait les maisons croulant sous les bombes.*

crouler v. intr.
S'effondrer.

croup n. m.
• Le *p* se prononce [krup].
• Laryngite diphtérique.
Hom. *croupe*, partie postérieure du corps de certains animaux.

croupe n. f.
Partie postérieure du corps de certains animaux.
Hom. *croup*, laryngite diphtérique.

croupetons (à) loc. adv.
Dans une position accroupie.

croupi, ie adj.
Qui stagne. *De l'eau croupie.*

croupier n. m.
Personne employée dans une maison de jeux.

croupion n. m.
Extrémité postérieure du corps de l'oiseau.

croupir v. intr.
• Stagner.
• Vivre dans un état dégradant.

croupissement n. m.
Fait de croupir.

croustade n. f.
Pâté chaud à croûte frite et croustillante. *Une croustade de homard.*

croustillant, ante adj.
• Craquant. *Du pain croustillant.*
• Grivois. *Une histoire croustillante.*
Note.- Ne pas confondre avec le participe présent invariable *croustillant. On y vendait des gâteaux croustillant sous la dent.*

croustiller v. intr.
Croquer sous la dent.

croûte n. f.
• Partie extérieure du pain durcie par la cuisson.
• *Casser la croûte*. Manger frugalement.
• (Fam.) Tableau sans valeur.

croûton n. m.
• Croûte grillée garnissant certains mets.
• Petit morceau de pain frit.

croyance n. f.
• Conviction.
• Foi religieuse. *La croyance en Dieu.*

croyant, ante adj. et n. m. et f.
• **Adjectif.** Se dit d'une personne qui a une foi religieuse. *Elles sont très croyantes.*
• **Nom masculin et féminin.** Personne qui a une foi religieuse. *Les croyants et les incroyants.*
Note.- Ne pas confondre avec le participe présent invariable *croyant. Ces personnes croyant qu'il s'agissait d'un voleur arrêtèrent M. Blanc.*

C.R.S.
Sigle de *Compagnie républicaine de sécurité*.

cru, crue adj.
Qui n'est pas cuit. *Des carottes crues.*
Hom. :
- *cru*, vignoble ;
- *crue*, élévation du niveau d'un cours d'eau.

cru, crue part. passé (du v. *croire*)
Le participe passé de *croire* s'accorde selon l'usage général si le complément d'objet direct précède le verbe. Il est invariable si le complément d'objet direct suit le verbe ou s'il est accompagné des participes *autorisé, fondé, forcé, obligé, tenu*, etc. qui s'accordent avec le sujet. *Ces histoires que j'ai crues vraies. Ils se sont cru obligés de rester avec elle.*
Note.- Certains auteurs accordent les deux participes passés avec le sujet. *Elles se sont crues obligées de venir.*

cru n. m.
• Vignoble. *Un vin de grand cru.*
• *Du cru*. (Fam.) Du terroir.
• *De son cru*. De son invention.
Note.- Attention à l'orthographe : cr*u*, sans accent circonflexe.
Hom. :
- *cru, ue*, qui n'est pas cuit ;
- *crue*, élévation du niveau d'un cours d'eau.

crû, ue part. passé (du v. *croître*)
Les arbres qui ont crû depuis 10 ans.
Note.- Attention à l'orthographe : cr*û*, au masculin.
V. **croître**.

cruauté n. f.
• Dureté, rigueur.
• Action cruelle.

cruche n. f.
• Vase muni d'une anse.
• Son contenu. *Une cruche de vin.*

cruchon n. m.
Petite cruche.

crucial, ale, aux adj.
Décisif. *Une décision cruciale. Des choix cruciaux.*

crucifié, ée adj. et n. m. et f.
• **Adjectif.** (Fig.) Torturé.
• **Nom masculin et féminin.** Personne mise en croix.

crucifiement n. m.
Action de crucifier. *Le crucifiement du Christ.*
Syn. **crucifixion**.

crucifier v. tr.
• Redoublement du *i* à la première et à la deuxième

293

personne du pluriel de l'indicatif imparfait et du subjonctif présent. *(Que) nous crucifiions, (que) vous
crucifiiez.*
- Infliger le supplice de la croix.
- (Fig.) Mortifier, faire souffrir.

crucifix n. m.
- Le *x* ne se prononce pas [krysifi].
- Objet de piété.

crucifixion n. f.
Représentation du crucifiement du Christ.
Syn. **crucifiement**.

cruciforme adj.
Qui est en forme de croix.

cruciverbiste n. m. et f.
Amateur de mots croisés.

crudité n. f.
- Qualité de ce qui est cru.
- Liberté de langage.
- (Au plur.) Légumes crus. *Un plat de crudités.*

crue n. f.
Élévation du niveau d'un cours d'eau.
Hom. :
- *cru*, vignoble ;
- *cru, ue*, qui n'est pas cuit.

cruel, elle adj.
- Qui se plaît à faire souffrir.
- Douloureux. *Une épreuve cruelle.*
- Sévère, dur.
Note.- Ne pas confondre avec les mots suivants :
- *bestial*, qui a la cruauté des bêtes féroces ;
- *féroce*, qui est sauvage et cruel par nature ;
- *inhumain*, qui est étranger à tout sentiment de pitié.

cruellement adv.
De façon cruelle.

crûment adv.
De façon crue. *Il lui dit crûment que tout était terminé.*
Note.- Attention à l'orthographe : cr*û*ment.

crustacé, ée adj. et n. m.
- **Adjectif.** Revêtu d'un tissu calcaire formant une
enveloppe dure.
- **Nom masculin.** Animal aquatique à carapace, comme
le crabe, le homard, la crevette, etc.

cruzado n. m.
Unité monétaire du Brésil qui a remplacé le *cruzeiro.*
Des cruzados.
V. Tableau - **SYMBOLES DES UNITÉS MONÉTAIRES.**

cry(o)- préf.
Élément du grec signifiant « froid ». *Cryologie.*

cryologie n. f.
Physique du froid.

cryothérapie n. f.
Traitement par le froid.

crypte n. f.
Caveau souterrain servant de sépulture dans certaines
églises.

crypto- préf.
Élément du grec signifiant « caché ».

c^{té} ou **cté**
Abréviation de *comté.*

Cu
Symbole de *cuivre.*

cubage n. m.
- Évaluation d'un volume.
- Volume d'un espace. *Le cubage est insuffisant pour
entreposer tout le matériel.*

cubain, aine adj. et n. m. et f.
De Cuba.
Note.- Contrairement à l'adjectif, le nom prend une
majuscule.

cube adj. et n. m.
- **Nom masculin**
- Solide à six faces carrées égales.
- Objet ayant la forme d'un cube.
- **Adjectif**
Mètre cube, décimètre cube, etc. Se dit de la mesure
des volumes. *Des mètres cubes (m^3).*

cubique adj.
Qui a la forme d'un cube.

cubisme n. m.
Mouvement pictural qui recherche une interprétation
géométrique de l'espace et du volume.
Note.- Les noms de mouvements littéraires, artistiques,
etc. s'écrivent avec une minuscule.

cubiste adj. et n. m. et f.
- **Adjectif**. Relatif au cubisme.
- **Nom masculin et féminin**. Adepte du cubisme.
Note.- Les noms d'adeptes de mouvements littéraires,
artistiques, etc. s'écrivent avec une minuscule.

cubital, ale, aux adj.
Du coude.

cubitus n. m.
Os de l'avant-bras.

cucul ou **cucu** adj. inv.
- Le *l* ne se prononce pas [kyky].
- (Fam.) Ridicule, démodé. *Une histoire cucul, cucul
la praline.*

cueillette n. f.
- Action de cueillir des végétaux. *La cueillette des
pommes, des champignons, du coton.*
- Produits ainsi récoltés.
Note.- Pour désigner l'action de recueillir des données,
des informations, le terme *collecte* a été retenu par les
spécialistes.
V. collecte.

cueillir v. tr.
- *Je cueille, tu cueilles, il cueille, nous cueillons, vous
cueillez, ils cueillent. Je cueillais, tu cueillais, il cueillait,
nous cueillions, vous cueilliez, ils cueillaient. Je cueillis.
Je cueillerai. Je cueillerais. Cueille, cueillons, cueillez.
Que je cueille, que tu cueilles, qu'il cueille, que nous
cueillions, que vous cueilliez, qu'ils cueillent. Que je
cueillisse. Cueillant. Cueilli, ie.*

• Détacher des fruits, des légumes, des fleurs, des feuilles de la tige ou de la branche.

cuillère ou **cuiller** n. f.
Ustensile de table. *Cuillère à soupe, cuiller à café.*
Note.- Les deux orthographes sont admises.

cuillerée n. f.
Contenu d'une cuillère.

cuir n. m.
Peau des animaux tannée et travaillée. *Une valise de cuir.*
Hom. *cuire*, soumettre des aliments au feu.

cuirasse n. f.
• Armure métallique.
• Défense, protection.
• *Le défaut de la cuirasse.* Le point vulnérable.

cuirassé, ée adj.
• Protégé par une cuirasse.
• Endurci. *Être cuirassé contre les critiques.*

cuirassé n. m.
Navire de guerre.

cuirasser v. tr., pronom.
• Revêtir d'une cuirasse.
• Endurcir.

cuire v. tr., intr.
• *Je cuis, tu cuis, il cuit, nous cuisons, vous cuisez, ils cuisent. Je cuisais. Je cuisis. Je cuirai. Je cuirais. Cuis, cuisons, cuisez. Que je cuise. Que je cuisisse. Cuisant. Cuit, cuite.*
• **Transitif**. Soumettre des aliments au feu. *Cuire un poulet.*
• **Intransitif**. Être soumis à l'action du feu. *Les asperges cuisent vite.*
• *Dur à cuire.* Personne résistante, ferme. *Des durs à cuire terrifiants.*
Hom. *cuir*, peau des animaux tannée.

cuisant, ante adj.
• Qui cause une douleur brûlante.
• Douloureux, blessant. *Une perte cuisante.*

cuisine n. f.
• Endroit où l'on prépare les repas. *Une cuisine moderne.*
• Art d'apprêter les mets. *La bonne cuisine.*

cuisiner v. tr., intr.
• **Transitif**
- Préparer. *Cuisiner un bon plat.*
- (Fam.) Interroger quelqu'un avec insistance.
• **Intransitif**
Faire la cuisine. *Il cuisine à la perfection.*

cuisinette n. f.
Petite cuisine aménagée dans une pièce.
Note.- Ce nom a fait l'objet d'une recommandation officielle pour remplacer l'anglicisme *kitchenette*.

cuisinier n. m.
cuisinière n. f.
Personne dont la fonction est de faire la cuisine.

cuisinière n. f.
Appareil servant à cuire les aliments. *Une cuisinière électrique.*

cuissard n. m.
Culotte d'un coureur cycliste.

cuissarde n. f.
Botte qui monte jusqu'à la cuisse.

cuisse n. f.
Haut de la jambe de l'homme et des animaux, de la hanche jusqu'au genou.

cuisseau n. m.
Partie du veau dépecé, du dessous de la queue au rognon. *Des cuisseaux bien tendres.*
Hom. *cuissot*, cuisse du gros gibier.

cuisse-de-nymphe adj. inv. et n. f.
• **Adjectif de couleur invariable.** Rose très pâle. *Des chapeaux cuisse-de-nymphe.*
V. Tableau - **COULEUR (ADJECTIFS DE).**
• **Nom féminin.** Variété de rose blanche et rose très pâle. *Des cuisses-de-nymphe.*

cuisse-madame n. f.
Variété de poire. *Des cuisses-madame.*

cuisson n. f.
Action de cuire.

cuissot n. m.
Cuisse du gros gibier. *Un cuissot de chevreuil.*
Hom. *cuisseau*, partie du veau dépecé, du dessous de la queue au rognon.

cuistre adj. et n. m.
(Litt.) Pédant ridicule.
Note.- Ne pas confondre avec le mot *rustre* qui désigne un personnage grossier.

cuit, cuite adj.
Que l'on a fait cuire.

cuivrage n. m.
Action de cuivrer.

cuivre n. m.
Symbole *Cu* (s'écrit sans point).

cuivré, ée adj.
De la couleur du cuivre. *Un teint cuivré.*

cuivrer v. tr.
• Revêtir d'une couche de cuivre.
• Donner la couleur du cuivre à.

cul n. m.
• Le *l* ne se prononce pas [ky].
• (Vulg.) Derrière.
• Fond. *Un cul de bouteille.*
Note.- Dans les emplois techniques et les mots composés, le mot *cul* n'est ni familier ni vulgaire.

cul- préf.
Les mots composés avec le préfixe *cul-* s'écrivent avec un trait d'union et seul le premier élément prend la marque du pluriel. *Des culs-de-sac.*

culasse n. f.
• Partie du canon.
• Partie du cylindre d'un moteur à explosion.

culbutage n. m.
Action de culbuter.

culbute n. f.
• Saut fait par soi-même.
• Chute violente. *Faire une culbute sur la glace.*

culbuter v. tr., intr.
• **Transitif**. Renverser. *Il a culbuté la table.*
• **Intransitif**. Faire une culbute. *Elle a glissé et culbuté.*

culbuteur n. m.
Pièce d'un moteur à explosion.

cul-de-basse-fosse n. m.
Cachot. *Des culs-de-basse-fosse.*

cul-de-jatte n. m. et f.
Personne privée de ses jambes. *Des culs-de-jatte.*

cul-de-lampe n. m.
Vignette placée à la fin d'un chapitre et dont la forme rappelle le dessous d'une lampe d'église. *Des culs-de-lampe.*

cul de poule (en) loc. adv.
Bouche en cul de poule. Bouche dont on arrondit les lèvres.

cul-de-sac n. m.
Rue sans issue. *Des culs-de-sac.*

culinaire adj.
Relatif à la cuisine. *L'art culinaire.*
Note.- Attention à l'orthographe de cet adjectif qui conserve la même forme au masculin et au féminin : culin*aire*.

culminant, ante adj.
Qui domine, qui est au sommet.

culminer v. intr.
Atteindre une hauteur plus grande.

culot n. m.
• Fond de certains objets.
• (Fam.) Toupet, effronterie.

culotte n. f.
• Vêtement masculin de dessus qui couvre le corps de la taille aux genoux. *On met souvent des culottes courtes aux petits garçons.*
Note.- Ce nom s'écrit généralement au pluriel pour désigner un vêtement porté par les jeunes garçons et les sportifs.
• Sous-vêtement féminin de dessous. *Une culotte de dentelle. Des gaines-culottes.*

culotté, ée adj.
Qui a du culot, audacieux.

culpabiliser v. tr., intr.
• **Transitif**. Donner un sentiment de culpabilité à quelqu'un.
• **Intransitif**. Éprouver un sentiment de culpabilité.

culpabilité n. f.
État de celui est est reconnu coupable.

culte n. m.
• Hommage religieux rendu à une divinité, à un saint.
• Religion.
• Vénération. *Avoir le culte de la beauté.*

-culteur suff.
Élément du latin signifiant « qui cultive ». *Agriculteur.*

cultivable adj.
Arable.

cultivateur n. m.
cultivatrice n. f.
Personne qui exploite une terre, chef d'exploitation agricole.
Note.- Le *cultivateur* exploite sa propre terre, alors que l'*agriculteur* désigne celui qui dirige des travaux agricoles à une échelle relativement importante. L'*agronome* est celui qui enseigne l'art de l'agriculture.

cultivé, ée adj.
• Mis en culture.
• Qui a de la culture, instruit. *Elle est très cultivée.*

cultiver v. tr., pronom.
• **Transitif**. Travailler la terre pour la faire produire.
• **Pronominal**. Accroître ses connaissances, parfaire sa culture.

cultuel, elle adj.
Relatif au culte.

culture n. f.
• Action de cultiver la terre.
• Terres cultivées. *De vastes cultures.*
• Ensemble des connaissances acquises. *Il a une grande culture. Une culture scientifique, littéraire.*

-culture suff.
Élément du latin servant à nommer les spécialités de l'agriculture. *Horticulture, viticulture.*

culturel, elle adj.
Relatif à la culture intellectuelle. *Les industries culturelles.*

culturisme n. m.
Gymnastique destinée à développer certains muscles.

culturiste n. m. et f.
Personne qui s'adonne au culturisme.

cumin n. m.
Plante à graines aromatiques.

cumul n. m.
Action de cumuler. *Le cumul des fonctions est temporaire.*

cumulatif, ive adj.
Qui s'ajoute. *Le montant cumulatif des frais s'élève à 1 000 F.*

cumuler v. tr.
Jouir de plusieurs droits, fonctions, simultanément.

cumulo-nimbus n. m. inv.
Grand nuage sombre. *Des cumulo-nimbus.*

cumulo-stratus n. m. inv.
Bancs nuageux minces. *Des cumulo-stratus.*

cumulus n. m. inv.
• Le **s** se prononce [kymylys].
• Gros nuage arrondi et blanc comme neige.

cunéiforme adj.
Qui a la forme d'un coin.

cupide adj.
Avare.

cupidement adv.
D'une manière cupide.

cupidité n. f.
Avidité, amour immodéré des richesses.

curable adj.
Guérissable.

curaçao n. m.
• Le *a* de la dernière syllabe ne se prononce pas [kyraso].
• Liqueur faite avec des écorces d'oranges amères et de l'eau-de-vie sucrée.

curare n. m.
Poison violent. *Le curare est employé en anesthésie.*

curateur n. m.
curatrice n. f.
(Dr.) Personne qui a la charge d'assister un mineur, un aliéné, d'administrer ses biens.

curatif, ive adj. et n. m.
Propre à la guérison.

cure n. f.
• Traitement médical.
• *N'avoir cure de.* Ne pas se soucier de. *Il n'avait cure de tondre sa pelouse.*

cure- préf.
Les noms composés avec le mot *cure-* s'écrivent avec un trait d'union et seul le deuxième élément prend la marque du pluriel. *Des cure-oreilles.*

curé n. m.
Prêtre à la tête d'une paroisse.
Hom. :
- *curée*, partie de la bête donnée auc chiens après la chasse ;
- *curer*, nettoyer.

cure-dents n. m. inv.
Petit instrument servant à nettoyer les dents. *Des cure-dents.*

curée n. f.
• Partie de la bête donnée aux chiens après la chasse.
• Partage éhonté de profits, d'avantages, etc. que l'on se dispute.
Hom. :
- *curé*, prêtre à la tête d'une paroisse ;
- *curer*, nettoyer.

cure-ongles n. m. inv.
Instrument pointu servant à nettoyer les ongles. *Des cure-ongles.*

cure-oreille n. m.
Instrument servant à nettoyer l'intérieur de l'oreille. *Des cure-oreilles.*

cure-pipes ou **cure-pipe** n. m.
Instrument pour nettoyer les pipes. *Des cure-pipes.*

curer v. tr., pronom.
• **Transitif**. Nettoyer. *Curer un fossé.*

• **Pronominal**. Nettoyer une partie du corps. *Se curer les ongles.*
Hom. :
- *curé*, prêtre à la tête d'une paroisse ;
- *curée*, partie de la bête donnée aux chiens après la chasse.

curetage ou **curettage** n. m.
(Méd.) Opération qui consiste à nettoyer une cavité naturelle avec une curette.

cureter v. tr.
• Redoublement du *t* devant un *e* muet. *Je curette, je curetterai*, mais *je curetais*.
• (Méd.) Pratiquer un curetage.

curette n. f.
Instrument chirurgical en forme de cuillère.

curie n. m. et f.
• **Nom masculin**. Ancienne unité de mesure d'activité radioactive.
• **Nom féminin**. Division de la tribu chez les Romains.

curieusement adv.
De façon étonnante.

curieux, euse adj. et n. m. et f.
• Désireux d'apprendre, de savoir.
• Indiscret.
• Bizarre, singulier.

curiosité n. f.
• Soif de connaître.
• Chose curieuse.

curiste n. m. et f.
Personne qui suit une cure thermale.

curling n. m.
• Ce mot se prononce à l'anglaise [kœrliŋ].
• Sport anglais qui consiste à faire glisser un palet sur la glace.

curriculum vitæ n. m. inv.
Sigle *C.V. Des* curriculum vitæ.
Note.- En typographie soignée, les mots étrangers sont composés en italique. Dans des textes déjà en italique, la notation se fait en romain. Pour les textes manuscrits, on utilisera les guillemets.
V. Tableau - **CURRICULUM VITÆ.**

curry
V. **cari**.

curseur n. m.
(Inform.) Repère lumineux affiché à l'écran et qui indique la position du prochain caractère.

cursif, ive adj. et n. f.
Tracé au courant de la plume. *Une écriture cursive.*

curv(i)- préf.
Élément du latin signifiant «courbe». *Curviligne.*

curviligne adj.
En forme de courbe.

cutané, ée adj.
Relatif à la peau. *Une maladie cutanée.*

cuticule n. f.
Petite peau très mince.

CURRICULUM VITÆ

Le *curriculum vitæ* (sigle **C.V.**) est un document qui résume les renseignements relatifs à l'état civil, à la formation, aux aptitudes et à l'expérience professionnelle d'une personne.

Sans qu'il y ait de présentation normalisée de ces éléments d'information, on remarque toutefois qu'un nouveau *curriculum vitæ* tend à déclasser ou à modifier le document traditionnel qui énumère de façon linéaire les renseignements personnels, ainsi que ceux qui sont liés à la formation et à l'expérience.

Ce nouveau *curriculum vitæ* qui procède de façon plus synthétique dégage les points forts de l'activité professionnelle et fait ressortir les réalisations et les responsabilités de façon très concrète.

RÈGLES GÉNÉRALES

- **Présentation**

La présentation doit être très soignée tout en restant sobre, sur un papier de bonne qualité et de format standard. Elle est aérée, disposée sur une seule colonne et ne doit pas comporter de texte au verso.

Les thèmes développés sont regroupés en paragraphes précédés de titres afin de permettre une lecture et une compréhension rapides.

Note. - Il est inutile de faire imprimer ou relier le document : une photocopie de bonne qualité convient parfaitement.

- **Style**

Le style est simple et concis, et le texte doit être exempt de fautes d'orthographe. On évitera les mots savants, les sigles non suivis de la désignation au long.

Il ne faut jamais perdre de vue que l'objet de ce document est de mettre en valeur des qualités professionnelles, des réalisations précises ; on veillera cependant à éviter les qualificatifs louangeurs ou excessifs.

- **Fond**

Le choix des informations est capital : seules seront retenues les informations les plus pertinentes. Ainsi, il n'est pas nécessaire de mentionner les études primaires si des diplômes d'études supérieures sont mentionnés.

L'énumération des divers renseignements ne doit pas être fastidieuse et l'accent sera mis sur le degré d'autonomie des postes décrits, sur les réalisations concrètes, sur les mandats précis, sur les résultats obtenus qui pourront être chiffrés, au besoin.

V. **MODÈLES DE *CURRICULUM VITÆ* EN ANNEXE**.

---

cuti-réaction ou **cuti** n. f.
Test cutané servant à déceler certaines maladies. *Des cuti-réactions, des cutis.*

cuve n. f.
Récipient ménager ou industriel. *Une cuve de lavage.*

cuvée n. f.
- Quantité de vin qui se fait dans une cuve.
- Production d'une vigne. *Une excellente cuvée.*

cuver v. tr., intr.
- **Transitif**
- Faire séjourner le raisin dans une cuve.

- (Fam.) *Cuver (son vin)*. Dormir après avoir trop bu.
- **Intransitif**
Fermenter dans une cuve, en parlant du raisin.

cuvette n. f.
- Récipient à bords évasés, servant à divers usages domestiques. *Une cuvette en porcelaine.*
- (Absol.) Partie profonde des toilettes.

CV
Symbole de *cheval vapeur*.

C.V.
Sigle de *curriculum vitæ*.

cyanose n. f.
Coloration bleuâtre de la peau produite par certaines affections.

cybernéticien n. m.
cybernéticienne n. f.
Spécialiste de la cybernétique.

cybernétique adj. et n. f.
• **Adjectif.** Relatif à la cybernétique. *La théorie cybernétique.*
• **Nom féminin.** Étude des processus de commande et de communication en vue d'une action, notamment dans les systèmes automatisés.

cyclable adj.
Réservé aux bicyclettes. *Une piste cyclable.*

cyclamen adj. inv. et n. m.
• **Adjectif de couleur invariable.** De la couleur mauve du cyclamen. *Des écharpes cyclamen.*
V. Tableau - **COULEUR (ADJECTIFS DE).**
• **Nom masculin.** Plante à fleurs roses.
Note.- Attention au genre masculin de ce nom : *un* cyclamen.

cycle n. m.
• Période de temps. *Le cycle solaire.*
• Suite de phénomènes renouvelables. *Le cycle des saisons, le cycle économique.*

cyclique adj.
• Relatif à un cycle.
• Qui se reproduit de façon périodique.

cyclisme n. m.
Pratique sportive de la bicyclette.

cycliste adj. et n. m. et f.
• **Adjectif.** Relatif à la bicyclette.
• **Nom masculin ou féminin.** Personne qui utilise une bicyclette.

cyclo- préf.
Élément du grec signifiant « cercle ».

cyclomoteur n. m.
(Vx) Vélomoteur.

cyclone n. m.
Tempête caractérisée par un puissant tourbillon destructeur.
Note.- Ne pas confondre avec les mots suivants :
- *bourrasque*, coup de vent violent ;
- *orage*, perturbation atmosphérique qui se caractérise par une pluie abondante, des éclairs et du tonnerre ;
- *ouragan*, vent très violent accompagné de pluie ;
- *tempête de neige*, chute de neige abondante ;
- *tornade*, trombe de vent violente ;
- *typhon*, tourbillon marin d'une extrême violence.

cyclope n. m.
Géant mythique qui n'avait qu'un œil.

cygne n. m.
• Oiseau aquatique à long cou souple et à plumage blanc ou noir.
• *Col de cygne.* Tuyau recourbé.

• *Le chant du cygne.* Dernier chef-d'œuvre d'un créateur.
Hom. *signe*, indice, geste.

cylindre n. m.
• Corps allongé dont les deux bases sont des cercles égaux.
• Enveloppe cylindrique de chaque piston d'un moteur à explosion.
Note.- Attention à l'orthographe : c**y**lindre.

cylindrée n. f.
Capacité de l'ensemble des cylindres d'un moteur à explosion.

cylindrique adj.
Qui a la forme d'un cylindre.

cymaise
V. **cimaise.**

cymbale n. f.
Instrument de musique à percussion.
Note.- Ne pas confondre avec le mot *timbale* qui désigne un petit tambour.

cymbalum ou **czimbalum** n. m.
• Attention à la prononciation de la première syllabe [sɛ̃balɔm] ou [tʃɛ̃balɔm].
• Instrument à cordes d'acier de la musique populaire hongroise.

cynégétique adj. et n. f.
• **Adjectif.** Qui se rapporte à la chasse.
• **Nom féminin.** Art de la chasse.

cynique adj. et n. m. et f.
Qui s'oppose aux principes moraux reçus ; impudent.

cyniquement adv.
D'une manière cynique.

cynisme n. m.
Mépris des conventions, des richesses, des honneurs.

cyprès n. m.
Conifère à feuillage d'un vert foncé et dont la forme est élancée.
Note.- Attention à l'orthographe : cyprès.

cypriote ou **chypriote** adj. et n. m. et f.
• De Chypre.
• Langue. En ce sens, seule la forme *cypriote* est usitée.
Notes.-
1° Lorsqu'il s'agit de la langue, l'adjectif ou le nom s'écrit avec une minuscule. Si le nom désigne une personne, la majuscule s'impose.
2° Les formes masculine et féminine sont identiques.

cyrillique adj.
Alphabet cyrillique. Alphabet slave. *Le russe, le bulgare, l'ukrainien, le serbe utilisent les caractères cyrilliques.*

cyto- préf.
Élément du grec signifiant « cellule ». *Cytologie.*

cytologie n. f.
Étude biologique de la cellule vivante.

cytologique adj.
De la cytologie. *Un examen cytologique.*

cytologiste n. m. et f.
Spécialiste de la cytologie.

czar
V. **tsar**.

czimbalum
V. **cymbalum**.

D

d
- Ancienne notation musicale qui correspond à la note *ré*.
V. **note de musique**.
- Symbole de *déci-*.

D
Chiffre romain dont la valeur est de 500.
Note.- Si le D porte un trait (D̄), il vaut 5 000, s'il est surmonté de deux traits (D̿), il équivaut à 50 000.
V. Tableau - **CHIFFRES**.

da
Symbole de *déca-*.

d'abord loc. adv.
En premier lieu.

d'accord loc. adv.
- **Être d'accord** + **sur.** La locution verbale est suivie d'un nom. *Elle est d'accord sur ce choix.*
- **Être d'accord** + **pour.** La locution verbale est suivie de l'infinitif. *Il est d'accord pour revenir.*
- **Être d'accord** + **que.** La locution verbale est suivie de l'indicatif ou du conditionnel. *Tu es d'accord que le prix est trop élevé.*
- **Être d'accord** + **pour que.** La locution verbale est suivie du subjonctif. *Ils sont d'accord pour que la maison soit restaurée.*

dactylo n. m. et f.
Forme abrégée de *dactylographe*. *Des dactylos très compétentes.*

dactylographe n. m. et f.
Personne dont le métier consiste en la transcription de textes à l'aide d'une machine à écrire.
Note.- Ce nom est peu usité ; c'est sa forme abrégée *dactylo* qui est couramment utilisée.

dactylographie n. f.
Procédé de transcription de textes à la machine.

dactylographier v. tr.
- Redoublement du *i* à la première et à la deuxième personne du pluriel de l'indicatif imparfait et du subjonctif présent. *(Que) nous dactylographiions, (que) vous dactylographiiez.*
- Écrire, taper à la machine.
Note.- Attention à l'orthographe : dactylogra**ph**ier.

dactylographique adj.
Qui concerne la dactylographie.

dada adj. inv. et n. m.
- **Adjectif invariable.** Se dit d'un mouvement artistique et littéraire révolutionnaire. *L'école dada.*
- **Nom masculin.** (Fam.) Manie. *Son dada, c'est de collectionner les citations.*

dadais adj. inv. et n. m.
Niais. *Un grand dadais.*
Note.- Ce mot n'a pas de forme féminine.

dadaïsme n. m.
Le mouvement dada.
Note.- Les noms de mouvements littéraires, artistiques, s'écrivent avec une minuscule.

dadaïste adj. et n. m. et f.
Adepte du dadaïsme.
Note.- Les noms d'adeptes de mouvements littéraires, artistiques, s'écrivent avec une minuscule.

dag
Symbole de *décagramme*.

dague n. f.
Poignard à lame courte et large.

daguerréotype n. m.
Procédé ancien de photographie.

dahlia n. m.
Plante ornementale. *Planter des dahlias.*
Note.- Attention au genre masculin et à l'orthographe de ce nom : *un* da**h**lia.

daigner v. tr.
- Les lettres *gn* sont suivies d'un *i* à la première et à la deuxième personne du pluriel de l'indicatif imparfait et du subjonctif présent. *(Que) nous daignions, (que) vous daigniez.*
- Condescendre. *Elle n'a pas daigné lui adresser la parole.*
Note.- Le verbe *daigner* se construit sans préposition et il est toujours suivi d'un infinitif. Le participe passé de ce verbe est invariable.

d'ailleurs loc. adv.
Locution adverbiale qui introduit une nuance, une restriction. *Ces procédés, très efficaces d'ailleurs, sont trop coûteux.*
V. **ailleurs**.

daim n. m.
Mammifère ruminant qui ressemble au cerf.

daine n. f.
Femelle du daim.

dais n. m.
Baldaquin.
Hom. :
- *des*, article ;
- *dès*, préposition.

dal
Symbole de *décalitre*.

dalaï-lama n. m.
Chef du bouddhisme tibétain. *Des dalaï-lamas.*

daleau
V. **dalot**.

dallage n. m.
• Action de recouvrir de dalles.
• Revêtement de dalles. *Un beau dallage noir et blanc.*

dalle n. f.
Plaque servant au revêtement. *Des dalles de marbre.*
Note.- Attention à l'orthographe : da**ll**e, ainsi que pour les dérivés.

daller v. tr.
Revêtir de dalles.

dalmatien n. m.
• Le **t** se prononce comme un **s** [dalmasjɛ̃].
• Chien dont le poil blanc est tacheté de noir ou de brun.

dalot ou **daleau** n. m.
Petit canal dallé.
Note.- Attention à l'orthographe : un seul **l**, mais les graphies **ot** ou **eau** sont admises.

daltonien, ienne adj. et n. m. et f.
Atteint de daltonisme.
Note.- Attention à l'orthographe : dalto**n**ien.

daltonisme n. m.
Anomalie de la vue relative à la perception des couleurs.
Note.- Attention à l'orthographe : dalto**n**isme.

dam n. m.
• Ce mot se prononce comme le mot *dans* [dɑ̃].
• (Vx) Dommage.
• *Au dam, au grand dam de*, locutions prépositives. Au détriment.
Note.- Ce nom n'est plus usité que dans ces locutions.

dam
Symbole de *décamètre*.

damas n. m.
• Le **s** ne se prononce pas [dama].
• Étoffe à dessins satinés sur fond mat. *Un beau damas.*
Note.- Contrairement au nom *Damas* qui désigne la ville, ce nom s'écrit avec une minuscule.

damasquinage n. m.
Action de damasquiner.

damasquiner v. tr.
Orner de dessins à l'aide de filets métalliques.

damasser v. tr.
Tisser de façon à former des dessins imitant le damas.

dame n. f.
• (Vx) Personne mariée.
• Personne adulte de sexe féminin.
Note.- Le nom *dame* qui est le féminin de *sieur* est également la contrepartie féminine de *monsieur*. *C'est une dame très honnête, c'est un monsieur très gentil.* Par contre, on dira *la femme de M. Untel* (et non la **dame*).

dame-d'onze-heures n. f.
Liliacée dont les fleurs s'ouvrent vers 11 heures. *Des dames-d'onze-heures.*
Note.- La préposition *de* ne s'élide pas devant l'adjectif numéral *onze;* cependant dans ce nom composé, l'élision se fait.

dame-jeanne n. f.
Grosse bouteille de terre ou de verre destinée au transport du vin. *Des dames-jeannes de trois litres.*

damer v. tr.
• Doubler un pion, au jeu de dames.
• *Damer le pion à quelqu'un.* L'emporter sur quelqu'un. *Elle lui a damé le pion.*
• Tasser uniformément. *Damer la neige.*

damier n. m.
Surface composée de carrés alternativement noirs et blancs, ou de couleurs contrastées.

damnation n. f.
• Les lettres **mn** se prononcent **n** [danasjɔ̃].
• Punition éternelle des damnés.

damné, ée adj. et n. m. et f.
• Les lettres **mn** se prononcent **n** [dane].
• Condamné à l'enfer.
• *Âme damnée.* Personne dévouée aveuglément à une autre.

damner v. tr., pronom.
• Les lettres **mn** se prononcent **n** [dane].
• **Transitif**. Condamner à l'enfer.
• **Pronominal**. S'exposer à la damnation.

damoiseau n. m.
(Vx) Jeune homme noble. *Des damoiseaux.*

damoiselle n. f.
(Vx) Jeune fille noble.

dan n. m.
• Le **n** se prononce [dan].
• Grade des ceintures noires du judo. *Elle est troisième dan. Des dans.*

danaïde n. f.
Papillon.
Note.- Contrairement au nom propre mythologique, le nom qui désigne un papillon s'écrit avec une minuscule.

dandinement n. m.
Action de se dandiner.

dandiner (se) v. pronom.
Se balancer gauchement. *Elles se sont dandinées.*

dandy n. m.
Homme à l'élégance trop recherchée. *Des dandys.*

danger n. m.
Ce qui expose à un accident. *Courir un danger. Danger de mort.*
Note.- Ne pas confondre avec les mots suivants :
- **menace**, annonce d'un mal imminent, d'un malheur ;
- **péril**, danger immédiat et très grave ;
- **risque**, possibilité d'accident, de malheur.

dangereusement adv.
De façon dangereuse.

dangereux, euse adj.
Périlleux, qui présente du danger. *Il est dangereux de fumer dans une station-service.*

danois adj. et n. m. et f.
• **Adjectif et nom masculin et féminin**
Relatif au Danemark.
• **Nom masculin**
- Langue parlée au Danemark.
Note.- Lorsqu'il s'agit de la langue, l'adjectif ou le nom s'écrit avec une minuscule. Si le nom désigne une personne, la majuscule s'impose.
- Race canine.

dans prép.

La préposition *dans* peut marquer les nuances suivantes :
- Un emplacement occupé. *Marcher dans la rue. Mettre ses clefs dans son sac.*
- Le milieu où l'on évolue. *Être dans les affaires. Habiter dans un quartier agréable.*
- Une situation. *Dans le doute, il vaut mieux s'abstenir.*
- Une tendance, une intention. *Dans l'intérêt de notre groupe.*
- Le temps. *Nous comptons terminer dans un an.*
Notes.-
1° La préposition *dans* s'emploie généralement pour désigner un endroit situé à l'intérieur d'un lieu, alors que la préposition *sur* désigne un lieu situé en surface. *Une maison dans la vallée, dans les bois, un terrain sur une montagne, sur le bord de l'eau.* Cependant, le choix de la préposition est souvent lié à l'usage et ne tient pas toujours compte de la distinction de sens entre *dans* et *sur*. C'est ainsi qu'on dira *dans la rue, dans la côte,* mais *sur le boulevard, sur l'avenue, sur la place.*
2° Devant un nom déterminé par un article défini, on emploie plus couramment *dans ;* devant un nom qui n'est pas déterminé, la préposition *en* est plus utilisée. *Des cours sont donnés dans la prison. Il est en prison depuis cinq ans.*
3° Devant un nom de ville, on emploie la préposition *dans. Il y a des maisons à colombages dans Rouen.*

dansant, ante adj.
Où l'on danse. *Des thés dansants.*

danse n. f.
Action de danser. *Une piste de danse.*
Hom. *dense,* épais, compact.

danser v. tr., intr.
• **Transitif.** Exécuter une danse. *Danser un tango.*
• **Intransitif.** Mouvoir son corps en cadence. *Elles dansent divinement.*

danseur n. m.
danseuse n. f.
• Personne dont la profession est la danse.
• Personne qui danse.

daphné n. m.
Arbuste à fleurs rouges ou blanches odorantes.

d'après loc. prép.
Selon.

darce
V. **darse.**

dard n. m.
• Aiguillon de certains insectes.
• Arme acérée.
Note.- Ne pas confondre avec les mots suivants :
- *flèche,* baguette munie d'un fer pointu ;
- *javelot,* longue tige à pointe de fer.

darder v. tr.
• Piquer avec un dard.
• (Litt.) Lancer (tel un dard, une flèche). *Il darda sur elle un regard de braise.*

dare-dare loc. adv.
(Fam.) Très rapidement.

darne n. f.
Tranche de poisson. *Une darne de saumon.*

darse ou **darce** n. f.
Bassin d'un port.

dartre n. f.
(Vx) Dermatose.
Note.- Attention au genre féminin et à l'orthographe de ce nom : *une da*rtre.

darwinien, ienne adj.
Relatif à la doctrine de Darwin.

datation n. f.
Action de dater.

datcha n. f.
Maison de campagne, en Russie. *De jolies datchas.*

date n. f.
Indication du jour, du mois et de l'année d'un évènement.
V. Tableau - **DATE.**
V. Tableau - **JOUR.**

dater v. tr., intr.
• **Transitif**
- Mettre la date. *Dater une lettre.*
- Attribuer une date. *Ils ont réussi à dater ce tableau.*
• **Intransitif**
- *Dater de.* Exister depuis. *Ce tableau date du siècle dernier.*
- *À dater de,* locution prépositive. À compter de.

dateur, euse adj. et n. m.
• **Adjectif.** Qui sert à dater. *Un timbre dateur.*
• **Nom masculin.** Dispositif permettant d'imprimer une date.

datif n. m.
Cas de la déclinaison latine qui marque l'attribution.

datif, ive adj.
Établi par testament.

DATE

Dans la correspondance, l'indication de la date est généralement alphanumérique ; elle peut comprendre l'article défini ou l'omettre.

> *Le 27 janvier 1988* ou *27 janvier 1988*

Note. - La date n'est jamais suivie d'un point final ; les noms de jours, de mois s'écrivent avec une minuscule.

Si la date comporte la mention d'un **jour de la semaine**, celui-ci est précédé de l'article défini ; il n'y a pas de virgule entre le jour de la semaine et le quantième du mois.

> *Le mercredi 27 janvier 1988 (et non* ∗ *Mercredi, le 27 janvier 1988)*

Le **millésime** ne doit pas être abrégé.

> *1988 (et non* ∗*88)*

Pour les textes juridiques et commerciaux, le **lieu** doit figurer dans la date ; la mention du lieu est alors suivie d'une virgule.

> *Paris, le 27 janvier 1988*

Dans certains documents protocolaires, judiciaires, notariés, etc. la date est composée en toutes lettres.

> *Le vingt-sept janvier mil neuf cent quatre-vingt-huit*

Note. - L'usage de l'indication numérique de la date prescrit par l'ISO et l'AFNOR doit être limité aux échanges d'informations entre systèmes de données et à la présentation en colonne ou en tableau. Cette notation procède par ordre décroissant : (année, mois, jour) 1988 01 27 ou 1988-01-27 ou 19880127.

V. Tableau - **LETTRE TYPE.**

---

dation n. f.
(Dr.) Action de donner une chose en paiement d'une autre. *La dation Picasso.*

datte n. f.
Fruit du dattier.
Note.- Attention à l'orthographe : da**tt**e.

dattier n. m.
Palmier dont le fruit est la datte.

daube n. f.
Mode de cuisson à l'étouffée. *Du poulet en daube.*

dauber v. tr., intr.
(Litt.) Dénigrer. *Dauber un camarade, dauber sur un camarade.*

dauphin, ine n. m. et f.
• **Nom masculin**
- Héritier de la couronne de France. En ce sens, le nom s'écrit avec une majuscule.
- Successeur désigné. *Il est le dauphin du président.*
- Mammifère marin. *Un dauphin très bien dressé.*
• **Nom féminin**
- Femme du Dauphin.
- *Pommes dauphine.* En croquettes.
Note.- En ce sens, le nom apposé est invariable.

dauphinois, oise adj. et n. m. et f.
• Du Dauphiné.
Note.- Contrairement à l'adjectif, le nom prend une majuscule.
• *Gratin dauphinois.* Préparation de pommes de terre gratinées.

daurade ou **dorade** n. f.
Poisson dont le goût est très apprécié.

davantage adv.
• Plus, encore plus.
• Attention : ne pas écrire l'adverbe *davantage* qui s'écrit en un seul mot comme s'il s'agissait de la préposition élidée et du nom, *d'avantage. Cet emploi me plaît davantage. Il n'y a pas d'avantage à procéder ainsi.*
• **Davantage** + **de.** *Je prendrai davantage de framboises.*
• **Davantage** + **que.** Cette construction est critiquée et peut être remplacée par *plus que. Cet architecte a plus de talent que celui-ci.*
Note.- L'adverbe *davantage* s'emploie avec un verbe. Pour un adjectif ou un adverbe, on emploiera *plus. Il l'apprécie davantage. Ils sont plus grands. Elle dessine plus facilement* (et non ∗ *davantage facilement*).

dazibao n. m.
• Attention à la prononciation : les lettres *zi* se prononcent *tze* [datzəbao].
• Affiche manuscrite en chinois. *Des dazibaos.*

dB
Symbole de *décibel*.

D.C.A.
Sigle de *défense contre les aéronefs*.

D.D.T.
Sigle de *dichloro-diphényl trichloréthane*.

de prép.

• La préposition peut marquer **différents rapports entre deux noms** dont voici les plus fréquents :
- un rapport de possession. *La fille de cette amie* (et non ** à cette amie*).
- un rapport entre la partie et le tout. *Le fond du panier.*
- un rapport entre le contenant et le contenu. *Un verre de lait.*
- un rapport entre une chose et son origine. *Du cuir d'Italie.*
- un rapport de temps. *Le train de nuit. Une personne de 25 ans.*
- un rapport de cause. *Un vent d'orage.*
- un rapport de moyen. *Un air de piano.*
- un rapport entre une chose et la matière dont elle est composée. *Une colonne de marbre.*
Note.- La construction avec la préposition *de* est de style plus recherché que celle avec la préposition *en*.
• **Élision de la préposition**
La préposition s'élide généralement devant une voyelle ou un *h* muet. *Jus d'orange, d'habitude*, mais *salade de haricots, jus de tomate.*
Note.- La préposition ne s'élide pas devant les mots *huit* et *onze*. *Un prix de huit francs.*
• La préposition marque également de **nombreux rapports entre un verbe et un nom ou un pronom :**
- un rapport d'origine. *Venir de Honfleur.*
- un rapport de temps. *Il travaille de nuit.*
- un rapport de nombre approximatif. *Nous en avons reçu de 15 à 20 douzaines.*
- un rapport de cause. *Mourir d'ennui.*
- un rapport d'instrument, de moyen. *Se servir d'un pinceau.*
• **De + adjectif**
Les auteurs ne s'entendent pas sur l'emploi de la préposition *de* suivie d'un adjectif ou d'un participe passé qui était autrefois d'utilisation familière. Tout en étant usité, l'emploi de la préposition apparaît peu utile et n'apporte rien au sens. *Il y a un arbre (de) tombé. Il y a trois salles (de) libres.* Cependant, la préposition *de* est jugée obligatoire avec *en*. *Sur 56 élèves, il y en a 25 de nouveaux.*
• **De + de** (article partitif)
Par euphonie, la préposition et l'article partitif se confondent. *La présence d'autres personnes* (et non ** de d'autres*).
• **La particule nobiliaire**
La particule nobiliaire *de* ou *d'* s'écrit avec une minuscule. *François René de Chateaubriand. Pierre d'Argencourt.*
Note.- Pour l'ordre alphabétique, on ne tient pas compte de la particule *de* ou *d'* et l'on classe d'après le nom de famille. Ainsi, on classera à *C* et non à *D* le nom de l'écrivain romantique. *Chateaubriand (François René de).*

dé n. m.
• Petit cube à six faces. *Jouer aux dés.*
• *Coup de dés, de dé.* Résultat lié au hasard.
• Petit morceau coupé en cube. *Couper les pêches en dés.*

de-, dé-, des-, dés- préf.
Éléments du latin «dis» signifiant «absence, privation».

déambulation n. f.
Marche à l'aventure, sans but précis.

déambuler v. intr.
Se promener lentement ça et là.

débâcle n. f.
• Rupture des glaces d'un cours d'eau au printemps.
• Fuite.
• Ruine.
Notes.-
1° Attention à l'orthographe : déb**â**cle.
2° Ne pas confondre avec le mot masculin *emb**â**cle* qui désigne un amoncellement de glaces sur un cours d'eau.

déballage n. m.
Action de déballer.

déballer v. tr.
Sortir une marchandise de son emballage.

débandade n. f.
Dispersement désordonné d'une armée.
Note.- Ne pas confondre avec les mots suivants :
- *défaite*, perte d'une bataille ;
- *revers*, insuccès militaire.
Syn. **déroute**.

débarbouillage n. m.
Action de débarbouiller.

débarbouiller v. tr., pronom.
• Les lettres *ill* sont suivies d'un *i* à la première et à la deuxième personne du pluriel de l'indicatif imparfait et du subjonctif présent. *(Que) nous débarbouillions, (que) vous débarbouilliez.*
• **Transitif**. Laver le visage.
• **Pronominal**. Se laver.

débarcadère n. m.
Lieu aménagé pour l'embarquement et le débarquement ou pour le chargement et le déchargement de marchandises.

débardeur n. m.
• Personne qui charge ou décharge des navires, des camions.
• Tricot sans manches et à large encolure.
Note.- Ce vêtement était à l'origine celui des débardeurs.

débarquement n. m.
Action de débarquer des passagers, des marchandises.

débarquer v. tr., intr.
- **Transitif.** Décharger. *Ils ont débarqué toutes les marchandises du bateau.*
- **Intransitif.** Quitter un navire.

débarras n. m.
- Lieu d'entreposage.
- (Fam.) Délivrance. *Bon débarras ! Il est parti.*
Note.- Attention à l'orthographe : déba**rr**as.

débarrasser v. tr., pronom.
Délivrer d'un embarras.
Note.- Attention à l'orthographe : déba**rr**asser.

débat n. m.
Discussion animée.

débattre v. tr., pronom.
- *Je débats, tu débats, il débat, nous débattons, vous débattez, ils débattent. Je débattais. Je débattis. Je débattrai. Je débattrais. Débats, débattons, débattez. Que je débatte. Que je débattisse. Débattant. Débattu, ue.*
- **Transitif.** Discuter. *Ils débattent la question.*
- **Pronominal.** Lutter pour sortir d'une situation difficile. *Le saumon se débat beaucoup.*

débauchage n. m.
Congédiement d'ouvriers.

débauche n. f.
Inconduite.

débauché, ée adj. et n. m. et f.
Qui se livre à la débauche.

débaucher v. tr.
- Congédier des ouvriers en raison d'un manque de travail.
- (Vx) Inciter à la débauche.

débile adj. et n. m. et f.
- **Adjectif.** Faible, sans vigueur. *Un esprit débile.*
- **Nom masculin et féminin.** Personne dont le développement intellectuel est insuffisant. *Un débile mental. Des débiles mentaux.*

débilement adv.
D'une manière débile.

débilitant, ante adj.
Propre à débiliter, à déprimer.

débilité n. f.
- Faiblesse extrême.
- Insuffisance du développement intellectuel.

débiliter v. tr.
Affaiblir physiquement ou moralement.

débit n. m.
- Somme due.
Ant. **crédit**
- Écoulement de marchandises.
- *Un débit de boissons, de tabac.* Endroit où l'on vend des boissons, du tabac.

- Quantité de liquide écoulé en un temps donné. *Le débit d'une rivière.*

débiter v. tr.
- Inscrire au débit. *Débiter un compte.*
- Couper du bois.
- Vendre au détail.
- Prononcer vite et sans y mettre l'intonation nécessaire. *Débiter un discours.*
Note.- Ne pas confondre avec le verbe **déclamer** qui signifie « prononcer un texte sur un ton emphatique ».

débiteur, trice adj. et n. m. et f.
Personne qui doit quelque chose à quelqu'un.
Ant. **créancier**.

déblaiement n. m.
Action de déblayer. *Ils ont déblayé la route qui était couverte de neige.*
Note.- Attention à l'orthographe : déblai**e**ment.

déblais n. m. pl.
Débris que l'on enlève quand on déblaie.

déblatérer v. tr.
- Le **é** se change en **è** devant une syllabe muette, sauf à l'indicatif futur et au conditionnel présent. *Je déblatère,* mais *je déblatérerai.*
- Critiquer, dénigrer.
Note.- Ce verbe se construit avec la préposition **contre**. *Il ne cesse de déblatérer contre ses collègues.*

déblayage n. m.
Action de déblayer.

déblayer v. tr.
- Le **y** est suivi d'un **i** à la première et à la deuxième personne du pluriel de l'indicatif imparfait et du subjonctif présent. *(Que) nous déblayions, (que) vous déblayiez.*
- Dégager un lieu des choses qui l'encombrent.
- (Fig.) Aplanir les difficultés préliminaires.

déblocage n. m.
Action de débloquer quelque chose. *Le déblocage des prix.*

débloquer v. tr.
Remettre en marche, en circulation.

déboires n. m. pl.
Ennuis, épreuves. *Malgré tous ses déboires, il garde un bon moral.*

déboisement n. m.
Action de déboiser ; résultat de cette action.

déboiser v. tr., pronom.
- **Transitif.** Couper les arbres d'un terrain, d'une montagne.
Ant. **reboiser**.
- **Pronominal.** Perdre ses arbres, en parlant d'une région.

déboîtement n. m.
Action de déboîter ; son résultat.

déboîter v. tr., intr., pronom.
- **Transitif.** Faire sortir un os de son articulation. *Le choc lui a déboîté l'épaule.*

• **Intransitif**. Sortir d'une file de voitures. *Il déboîta sans mettre son feu clignotant.*
• **Pronominal**. Se démettre un os. *Elle s'est déboîté l'épaule en tombant.*
Note.- Attention à l'orthographe : débo*î*ter, comme dans le nom **boîte**.

débonnaire adj.
Trop bon.
Note.- Attention à l'orthographe de cet adjectif qui conserve la même forme au masculin et au féminin : débonn*aire*.

débordant, ante adj.
Qui ne peut se contenir. *Une joie débordante.*

débordement n. m.
• Action de déborder. *Le débordement du fleuve.*
• (Au plur.) Excès. *Avec tous ces débordements, ils n'ont pas beaucoup le temps d'étudier.*

déborder v. tr., intr.
• **Transitif**
Dépasser le bord de, aller au-delà de. *Ils ont débordé le cadre de la discussion.*
• **Intransitif**
- Se répandre par-dessus bord. *La rivière a débordé.*
- Se manifester avec exubérance. *Son enthousiasme déborde.*
- *Être débordé.* Avoir trop de travail.

débosseler v. tr.
• Redoublement du *l* devant un *e* muet. *Je débosselle, je débossellerai,* mais *je débosselais.*
• Supprimer les bosses. *Il faut débosseler la carrosserie à la tôlerie.*

débotté ou **débotter** n. m.
Au débotté ou *au débotter*. Sans préparation, sans préambule.

débotter v. tr., pronom.
Retirer ses bottes.
Note.- Attention à l'orthographe : débo*tt*er.

débouché n. m.
• Issue. *Dans ce domaine, les débouchés sont rares.*
• Marché. *Il y a beaucoup de débouchés pour ce produit.*
• Carrière accessible en fonction des études faites. *Cette profession offre peu de débouchés.*

déboucher v. tr., intr.
• **Transitif**. Retirer le bouchon de. *Déboucher une bonne bouteille.*
• **Intransitif**. Passer d'un lieu dans un autre, plus large. *La rue débouche sur une belle avenue.*

déboucler v. tr.
Défaire la boucle de.

débouler v. intr.
Rouler comme une boule. *Il a déboulé jusqu'en bas.*

déboulonnage ou **déboulonnement** n. m.
Action de déboulonner.

déboulonner v. tr.
• Démonter en enlevant les boulons.
• Renverser. *Déboulonner un dictateur.*

débours n. m.
Sortie de fonds. *Nous avons eu beaucoup de débours au cours de l'exercice.*

débourser v. tr.
Verser de l'argent, dépenser.

déboussoler v. tr.
(Fam.) Désorienter.

debout adv.
• Sur ses pieds. *Elle se mit debout. Je n'ai pu obtenir que des places debout.*
• Levé. *Elles sont toujours debout très tôt le matin.*
• Verticalement. *Il vaut mieux ranger ces livres debout.*
• *Tenir debout.* Être vraisemblable. *Ton histoire ne tient pas debout.*
Note.- Attention à l'orthographe : le mot **debout** est toujours invariable.

débouter v. tr.
(Dr.) Refuser, par jugement ou par arrêt, de satisfaire à une demande déposée en justice. *Ils ont été déboutés.*

déboutonner v. tr., pronom.
• **Transitif**. Dégager un bouton de sa boutonnière.
• **Pronominal**. Défaire ses boutons.

débraillé, ée adj. et n. m.
• **Adjectif**. Désordonné, négligé. *Une tenue débraillée.*
• **Nom masculin**. Tenue négligée.

débrailler (se) v. pronom.
• Les lettres *ill* sont suivies d'un *i* à la première et à la deuxième personne du pluriel de l'indicatif imparfait et du subjonctif présent. *(Que) nous nous débraillions, (que) vous vous débrailliez.*
• Se découvrir de façon peu convenable. *Ils se sont débraillés.*

débranchement n. m.
Action de débrancher.

débrancher v. tr.
Arrêter un appareil électrique en défaisant son branchement. *Débrancher l'aspirateur.*

débrayage n. m.
• Action de débrayer.
• Grève. *Il y a eu un débrayage d'une heure.*

débrayer v. tr., intr.
• Le *y* est suivi d'un *i* à la première et à la deuxième personne du pluriel de l'indicatif imparfait et du subjonctif présent. *(Que) nous débrayions, (que) vous débrayiez.*
• **Transitif**. (Absol.) Supprimer la liaison entre le moteur et les roues. *Il faut débrayer avant de passer une vitesse.*
• **Intransitif**. Cesser le travail. *Les ouvriers ont débrayé une heure.*

débridé, ée adj.
Sans retenue, très libre. *Une imagination débridée.*

débridement n. m.
(Litt.) Absence de retenue.

débrider v. tr.
Ôter la bride à (un animal).

débris n. m.
Morceau, fragment d'une chose détruite. *Il y avait des débris d'avion partout.*
Note.- Ce nom s'emploie généralement au pluriel.

débrouillard, arde adj. et n. m. et f.
(Fam.) Qui sait se tirer d'embarras. *Elle est très débrouillarde.*

débrouillardise n. f.
(Fam.) Habileté à se tirer d'affaire.

débrouiller v. tr., pronom.
• Les lettres *ill* sont suivies d'un *i* à la première et à la deuxième personne du pluriel de l'indicatif imparfait et du subjonctif présent. *(Que) nous débrouillions, (que) vous débrouilliez.*
• **Transitif.** Remettre en ordre, rendre clair. *Ils ont débrouillé la question.*
• **Pronominal.** (Fam.) Se tirer d'affaire par son habileté.

débroussaillement n. m.
Action de débroussailler ; son résultat.

débroussailler v. tr.
• Les lettres *ill* sont suivies d'un *i* à la première et à la deuxième personne du pluriel de l'indicatif imparfait et du subjonctif présent. *(Que) nous débroussaillions, (que) vous débroussailliez.*
• Défricher, débarrasser de ses broussailles.
• Mettre de l'ordre. *Avant tout, il faut débroussailler cette question.*

débusquer v. tr.
• Faire sortir le gibier du bois.
• Chasser d'une position avantageuse.

début n. m.
Commencement. *Le début de l'hiver.*
Note.- La tournure elliptique du type *début mars* est familière.
• (Au plur.) Période pendant laquelle on commence une carrière. *Elle a fait ses débuts à la télévision.*

débutant, ante adj. et n. m. et f.
Personne qui débute. *Il ne faut pas leur confier un travail trop complexe, ce sont des débutants.*
Note.- Ne pas confondre avec le participe présent invariable *débutant. Les cours débutant la semaine prochaine, nous n'acceptons plus d'inscription.*

débuter v. intr.
• Faire ses débuts dans une profession. *Elle a débuté comme architecte dans un petit bureau.*
• Commencer. *La pièce débute par un récit très amusant.*
Note.- Le verbe *débuter* est intransitif. *Les élèves commenceront* (et non *débuteront) leur nouvelle année scolaire le 3 septembre.*

déca n. m.
Abréviation familière de *café décaféiné. Des décas.*

déca- préf.
• Symbole *da* (s'écrit sans point).

• Préfixe qui multiplie par 10 l'unité qu'il précède. *Des décasecondes.*
• Sa notation scientifique est *10¹*.
V. Tableau - **MULTIPLES ET SOUS-MULTIPLES DÉCIMAUX.**

deçà adv. et loc. prép.
• **Adverbe**
De ce côté-ci (par opposition à *delà*). *La route était coupée ; ils durent s'arrêter en deçà.*
Note.- La locution *deçà, delà* est vieillie ; on dira plutôt *çà et là.*
• **Locution prépositive**
- De ce côté-ci. *Il pêche en deçà de la rivière.*
- Au-dessous de. *Ils sont en deçà de la vérité.*
Note.- Attention à l'orthographe : de**çà.**

décachetage n. m.
Action de décacheter.

décacheter v. tr.
• Redoublement du *t* devant un *e* muet. *Je décachette, je décachetterai*, mais *nous décachetons, vous décachetez.*
• Ouvrir (ce qui est cacheté). *Elle décachète l'envoi.*

décade n. f.
Période de dix jours.
Note.- Ne pas confondre avec le mot *décennie* qui désigne une période de dix ans.

décadence n. f.
Déclin, commencement de la ruine.

décadent, ente adj. et n. m. et f.
Qui est en décadence.

décaféiné, ée adj. et n. m.
• **Adjectif.** Dont on a enlevé la caféine. *Un café décaféiné.*
• **Nom masculin.** Café décaféiné.
Note.- Cette expression est familièrement abrégée en *déca.*

décaféiner v. tr.
Enlever tout ou partie de la caféine que contient le café.

décagone n. m.
Polygone qui a dix angles et dix côtés.

décagramme n. m.
Symbole *dag* (s'écrit sans point).

décaissement n. m.
Sortie de fonds.

décalage n. m.
Écart dans le temps ou dans l'espace. *Un décalage de 6 heures.*

décalcification n. f.
Diminution du calcium.

décalcifier v. tr., pronom.
• Redoublement du *i* à la première et à la deuxième personne du pluriel de l'indicatif imparfait et du subjonctif présent. *(Que) nous décalcifiions, (que) vous décalcifiiez.*

• **Transitif**. Priver un organisme d'une partie de son calcium.
• **Pronominal**. Être atteint de décalcification.

décalcomanie n. f.
• Procédé grâce auquel un dessin est transposé d'une feuille à un objet.
• La feuille comportant un dessin. *Poser des décalcomanies sur de la porcelaine, sur une fenêtre.*
Note.- Ne pas confondre avec le mot **décalque** qui désigne un dessin obtenu par décalquage.

décaler v. tr.
Déplacer dans le temps ou dans l'espace. *Les travaux ont été décalés d'une semaine.*

décalitre n. m.
• Symbole *dal* (s'écrit sans point).
• Mesure de capacité valant dix litres.

décalquage n. m.
Action de décalquer.
Note.- Attention à l'orthographe : décal**qua**ge.

décalque n. m.
Dessin obtenu par décalquage.
Note.- Ne pas confondre avec le mot **décalcomanie** qui désigne un procédé grâce auquel un dessin est transposé d'une feuille à un objet, ou la feuille comportant un dessin.

décalquer v. tr.
Reporter le calque d'un dessin sur un papier, un support.
Note.- Ne pas confondre avec le verbe **calquer** qui signifie «reproduire au moyen d'un papier transparent».

décamètre n. m.
• Symbole *dam* (s'écrit sans point).
• Mesure de longueur valant dix mètres.

décamper v. intr.
(Fam.) S'enfuir précipitamment.
Note.- Ce verbe se conjugue généralement avec l'auxiliaire **avoir**. *Le cambrioleur a décampé.*

décan n. m.
Subdivision du signe du zodiaque.
Note.- Attention à l'orthographe : déca**n**.

décantation n. f.
Action de décanter ; fait de se décanter. *La décantation du vin.*

décanter v. tr., pronom.
• **Transitif**
- Débarrasser un liquide de ses impuretés.
- Épurer, éclaircir. *Décanter ses idées.*
• **Pronominal**
S'épurer. *Ces vins se sont décantés peu à peu.*

décapage n. m.
Action de décaper ; son résultat.

décapant, ante adj. et n. m.
• **Adjectif**. Caustique, stimulant. *Un humour décapant.*
Note.- Ne pas confondre avec le participe présent invariable **décapant**. *Nous aurons besoin de produits décapant le vernis et la peinture.*

• **Nom masculin**. Produit servant au décapage. *Des décapants efficaces.*

décaper v. tr.
Nettoyer la surface d'une matière en grattant les impuretés, le vernis, etc. *Décaper des boiseries.*
Note.- Attention à l'orthographe : déca**p**er.

décapeuse n. f.
Engin de terrassement qui fait de l'excavation, du transport de matériaux.
Note.- Ce mot a fait l'objet d'une recommandation officielle pour remplacer l'anglicisme **scraper**.

décapitation n. f.
Action de décapiter.

décapiter v. tr.
Couper la tête de quelqu'un.

décapotable adj. et n. f.
• **Adjectif**. Dont on peut retirer la capote. *Un cabriolet décapotable.*
• **Nom féminin**. Automobile décapotable.

décapoter v. tr.
Retirer la capote de. *Il a décapoté son cabriolet.*
Note.- Attention à l'orthographe : décapo**t**er.

décapsuler v. tr.
Enlever la capsule d'une bouteille.

décapsuleur n. m.
Instrument servant à enlever les capsules de bouteilles.
Syn. **ouvre-bouteilles**.

décarcasser (se) v. pronom.
(Pop.) Se donner du mal pour parvenir à un résultat. *Elle s'est décarcassée pour arriver à ses fins.*

décathlon n. m.
Compétition sportive comportant dix épreuves (saut en longueur, saut en hauteur, saut à la perche, 100 mètres, 400 mètres, 1 500 mètres, 100 mètres haies, lancement du disque, du javelot, du poids).
Note.- Attention à l'orthographe de la dernière syllabe **thlon** de ce mot formé d'après le nom **pentathlon** du grec «penta» et «athlos» signifiant **cinq** et **combat**.
V. **pentathlon**.

décati, ie adj.
Qui a perdu son apprêt, son lustre (pour une étoffe) et par extension, sa fraîcheur. *Une poupée décatie.*

décatir v. tr., pronom.
• **Transitif**. Enlever le lustre d'une étoffe.
• **Pronominal**. Perdre son lustre, sa fraîcheur ; vieillir.

décéder v. intr.
• Le deuxième *é* se change en *è* devant une syllabe muette, sauf à l'indicatif futur et au conditionnel présent. *Il décède, mais il décédera.*
• Mourir, dans la langue administrative. *Il est décédé* (et non *a décédé).*
Note.- Ce verbe n'est généralement pas employé lorsqu'il s'agit d'une mort accidentelle ou violente. Il désigne l'action de mourir pour une personne, non pour des animaux et ne se conjugue qu'avec l'auxiliaire **être**.

décelable adj.
Qui peut être décelé.

déceler v. tr.
• Le deuxième *e* se change en *è* devant un *e* muet. *Il décèle, il décelait.*
• Découvrir ce qui était caché.
Hom. :
- **desceller**, ouvrir ce qui était scellé ;
- **desseller**, retirer la selle d'un cheval.

décélération n. f.
Réduction de la vitesse d'un mobile.

décélérer v. intr.
• Le troisième *é* se change en *è* devant une syllabe muette, sauf à l'indicatif futur et au conditionnel présent. *Il décélère*, mais *il décélérera.*
• Ralentir, en parlant d'un mobile.

décembre n. m.
Douzième et dernier mois de l'année. *Les enfants attendent le 25 décembre avec impatience.*
Notes.-
1º L'année romaine commençant en mars, décembre était donc le dixième mois chez les Romains.
2º Les noms de mois s'écrivent avec une minuscule.
V. Tableau - **DATE.**

décemment adv.
Convenablement.

décence n. f.
• Bienséance, pudeur.
• Tact, discrétion.

décennal, ale, aux adj.
Qui a lieu tous les dix ans, qui dure dix ans.
V. Tableau - **PÉRIODICITÉ ET DURÉE.**

décennie n. f.
Période de dix ans.
Note.- Ne pas confondre avec le mot **décade** qui désigne une période de 10 jours.

décent, ente adj.
Convenable.

décentrage n. m.
Action de décentrer ; son résultat.

décentralisateur, trice adj.
Relatif à la décentralisation. *Un gouvernement décentralisateur.*

décentralisation n. f.
Action de décentraliser. *Une décentralisation administrative.*

décentraliser v. tr.
Éloigner du centre certains éléments d'un ensemble et accorder des pouvoirs de décision à des organes régionaux ou locaux.

décentrer v. tr.
Déplacer le centre de.

déception n. f.
Désillusion. *Une grande déception.*

décérébrer v. tr.
• Le *é* se change en *è* devant une syllabe muette, sauf

à l'indicatif futur et au conditionnel présent. *Je décérèbre*, mais *je décérébrerai.*
• Enlever l'encéphale (d'un animal) à titre expérimental.

décerner v. tr.
Accorder (des honneurs, une récompense).
Note.- À la forme pronominale, le participe passé est invariable si le complément d'objet direct suit le verbe ; il s'accorde avec le complément d'objet direct si celui-ci est placé avant le verbe. *Ils s'étaient décerné chacun une médaille de bonne conduite. Les médailles qu'ils se sont décernées.*

décerveler v. tr.
• Redoublement du *l* devant un *e* muet. *Je décervelle, je décervellerai*, mais *je décervelais.*
• Faire sauter la cervelle.
• (Fam.) Rendre stupide.

décès n. m.
Mort, dans la langue administrative. *Un acte de décès.*
Note.- Ce nom n'est généralement pas utilisé en cas de mort accidentelle ou violente et ne s'emploie que pour désigner la mort d'une personne, non d'un animal.

décevant, ante adj.
Qui ne répond pas aux attentes.

décevoir v. tr.
• *Je déçois, tu déçois, il déçoit, nous décevons, vous décevez, ils déçoivent. Je décevais. Je déçus. Je décevrai. Je décevrais. Déçois, décevons, décevez. Que je déçoive. Que je déçusse. Décevant. Déçu, ue.*
• Ne pas répondre aux espoirs de. *En refusant cette offre, il a déçu son ami.*

déchaîné, ée adj.
• Impétueux. *Les flots déchaînés.*
• Excité. *Des élèves déchaînés.*
Note.- Attention à l'orthographe : déchaîné.

déchaînement n. m.
Fait de se déchaîner. *Le déchaînement d'un orage.*
Note.- Attention à l'orthographe : déchaînement.

déchaîner v. tr., pronom.
• **Transitif**
Provoquer. *Déchaîner les rires, l'enthousiasme.*
• **Pronominal**
- S'emporter. *En apprenant cela, il s'est déchaîné.*
- Faire rage. *Les éléments se sont déchaînés.*
Note.- Attention à l'orthographe : déchaîner.

déchanter v. intr.
Être déçu.

décharge n. f.
• Tir d'arme à feu.
• Terrain où l'on jette les ordures.
• *Décharge électrique*. Secousse causée par le passage du courant électrique.
• *À sa décharge*. À titre de justification, d'excuse.
• (Dr.) *Témoin à décharge*. Témoin de la défense.

déchargement n. m.
Action de décharger (un véhicule) ; son résultat.

décharger v. tr., pronom.
● Le *g* est suivi d'un *e* devant les lettres *a* et *o*. *Il déchargea, nous déchargeons.*
● **Transitif**
Débarrasser d'un poids, d'une charge. *Décharger des marchandises.*
● **Pronominal**
- Se vider de son chargement.
- Se libérer de quelque chose. *Il se déchargea de cette responsabilité.*

décharné, ée adj.
Extrêmement maigre.

décharner v. tr.
Rendre décharné.

déchaussement n. m.
Le fait de se déchausser.

déchausser v. tr., intr., pronom.
● **Transitif**
- Ôter les chaussures de quelqu'un.
- Mettre à nu le pied, la base. *Déchausser un arbre.*
● **Pronominal**
- Ôter ses chaussures.
- Se dénuder jusqu'à la racine, en parlant des dents. *Ses dents se sont déchaussées.*

dèche n. f.
(Pop.) Misère. *Être dans la dèche.*

déchéance n. f.
● (Dr.) Perte d'un droit, d'une fonction.
● Chute, décadence.

déchet n. m. (gén. pl.)
Débris, résidu. *Des déchets biodégradables.*
Note.- Pour la maison, on procède à l'**enlèvement** des ordures ménagères et pour les entreprises, à la **récupération** ou à l'**enlèvement** des déchets industriels.

déchiffrable adj.
Qui peut être déchiffré.

déchiffrage n. m.
Lecture de la musique.

déchiffrement n. m.
Lecture d'un message codé, d'une écriture difficile à comprendre.

déchiffrer v. tr.
Décoder, lire difficilement.

déchiquetage n. m.
Action de déchiqueter ; son résultat.

déchiqueter v. tr.
● Redoublement du *t* devant un *e* muet. *Je déchiquette, je déchiquetterai*, mais *je déchiquetais.*
● Découper en menus morceaux, en pièces, par arrachement.

déchiqueteur n. m.
Machine servant à découper en pièces.

déchirant, ante adj.
Qui déchire le cœur. *Des adieux déchirants.*

déchirement n. m.
● Lacération. *Le déchirement d'un tendon.*

● (Fig.) Grand chagrin. *Le déchirement de perdre un être cher.*

déchirer v. tr., pronom.
● **Transitif**
- Mettre en pièces, sans l'aide d'un instrument tranchant. *Déchirer une lettre.*
- (Fig.) Causer une vive douleur.
● **Pronominal**
Se faire souffrir mutuellement. *Ils ne cessent de se déchirer.*

déchirure n. f.
Rupture faite en déchirant.

déchoir v. intr.
● *Je déchois, tu déchois, il déchoit, ils déchoient.* L'imparfait de l'indicatif est rare. *Je déchus, tu déchus. Je déchoirai, tu déchoiras. Je déchoirais, tu déchoirais. Que je déchoie, que tu déchoies, qu'il déchoie, que nous déchoyions, que vous déchoyiez, qu'ils déchoient. Que je déchusse, que tu déchusses. Déchu, ue.*
● Tomber dans un état inférieur à celui où l'on était.
Note.- Le verbe ***déchoir*** se conjugue avec les auxiliaires **être** ou **avoir** pour exprimer soit un état, soit une action. *Elle est déchue de ses prérogatives. Il a déchu de son rang.*

déci- préf.
● Symbole *d* (s'écrit sans point).
● Préfixe qui multiplie par 0,1 l'unité qu'il précède. *Des décisecondes.*
● Sa notation scientifique est 10^{-1}.
V. Tableau - **MULTIPLES ET SOUS-MULTIPLES DÉCIMAUX.**

décibel n. m.
● Symbole *dB* (s'écrit sans point).
● Unité d'intensité du son. *Quinze décibels.*
Note.- Attention au genre masculin de ce nom : **un** décibel.

décidé, ée adj.
Ferme, résolu.

décidément adv.
À coup sûr, en définitive.

décider v. tr., pronom.
● **Transitif**
- Prendre une décision. *Que décidez-vous ?*
- **Décider + à.** Persuader quelqu'un de faire quelque chose. *Elle l'a décidé à tenter le tout pour le tout.*
- **Décider + que.** Le verbe se construit avec l'indicatif ou le conditionnel. *Il a décidé qu'il serait de la partie.*
● **Transitif indirect**
Décider + de. Prendre le parti de. *Nous avons décidé de poursuivre le travail.*
● **Pronominal**
Faire un choix. *Elles se sont décidées à publier.*
Note.- Ne pas confondre avec les verbes suivants :
- ***arrêter***, décider quelque chose dans son esprit ;
- ***décréter***, ordonner par décret ;
- ***ordonner***, donner un ordre ;
- ***trancher***, décider sans appel.

décideur n. m.
Personne physique ou morale ayant le pouvoir de prendre des décisions importantes.

décigramme n. m.
• Symbole **dg** (s'écrit sans point).
• Dixième partie du gramme.

décile n. m.
Dixième partie d'un ensemble de données statistiques. *Le 8ᵉ décile.*

décilitre n. m.
• Symbole **dl** (s'écrit sans point).
• Dixième partie du litre.

décimal, ale, aux adj.
Qui a pour base le nombre dix. *Système décimal.*

décimale n. f.

Chacun des chiffres inscrit après le signe décimal d'un nombre. *Le nombre 40,751 comporte trois décimales.*
Notes.-
1° Dans le système métrique, le signe décimal est la virgule alors que selon l'usage américain, ce signe est le point.
2° Le nombre décimal s'écrit sans espace et les unités ne se séparent pas des dixièmes. *40,25 kg* (et non **40 kg, 25*).
3° Lorsque le nombre est inférieur à l'unité, la virgule décimale est précédée d'un zéro. *0,25.*
V. **fraction.**

---

décimer v. tr.
Tuer un grand nombre de personnes.
Note.- Autrefois, *décimer* signifiait « tuer une personne sur dix ».

décimètre n. m.
• Symbole **dm** (s'écrit sans point).
• Dixième partie du mètre.

décintrage n. m.
Action de décintrer ; son résultat.

décintrer v. tr.
Rendre un vêtement moins ajusté.

décisif, ive adj.
Déterminant. *Un moment décisif.*

décision n. f.
• Fait de prendre une résolution, de décider.
• Résultat de ce choix. *Ma décision est prise.*

décisionnel, elle adj.
Relatif à une décision, à la prise de décisions. *Un rôle décisionnel.*

déclamation n. f.
• Art de déclamer.
• Phrase pompeuse.

déclamatoire adj.
• Relatif à une déclamation.
• Pompeux.

déclamer v. tr.
Prononcer sur un ton emphatique. *Déclamer des vers.*
Note.- Ne pas confondre avec le verbe *débiter* qui signifie « prononcer vite et sans y mettre l'intonation nécessaire ».

déclaration n. f.
• Action de déclarer.
• Affirmation orale ou écrite.

déclarer v. tr., pronom.
• **Transitif**
Faire connaître. *Déclarer ses sentiments.*
Note.- Le verbe *déclarer* + *que* se construit avec l'indicatif ou le conditionnel. *Elle déclare que nous devons faire partie du groupe.*
• **Pronominal**
- Faire connaître quelque chose.
- Se manifester. *Une épidémie s'est déclarée.*

déclassé, ée adj. et n. m. et f.
Qui est hors de sa classe.

déclassement n. m.
Action de déclasser quelqu'un, quelque chose ; son résultat.

déclasser v. tr., pronom.
• **Transitif**. Faire passer dans une catégorie inférieure.
• **Pronominal**. Tomber à un rang inférieur.

déclenchement n. m.
Action de déclencher ; son résultat. *Le déclenchement des hostilités.*

déclencher v. tr., pronom.
• **Transitif**
Provoquer. *Déclencher les hostilités.*
• **Pronominal**
- Se mettre en mouvement.
- Se produire brusquement.

déclic n. m.
• Mécanisme de déclenchement.
• Bruit sec de ce qui se déclenche.
• (Fig.) Intuition soudaine. *Le déclic s'est fait : il a compris.*

déclin n. m.
État d'une chose qui penche vers sa fin. *Le déclin de l'empire romain.*

déclinable adj.
Qui se décline.

déclinaison n. f.
Ensemble des terminaisons d'un mot variable qui marquent le genre, le nombre et le cas. *Apprendre les déclinaisons latines.*

décliner v. tr., intr.
• **Transitif**
- Faire varier la désinence d'un mot selon sa fonction.
- Énumérer. *Décliner son âge, sa profession.*
- Refuser. *Elle a décliné mon offre.*
• **Intransitif**
Décroître. *Le soleil décline, ses forces déclinent.*

décliqueter v. tr.
- Redoublement du *t* devant un *e* muet. *Je décliquette, je décliquetterai*, mais *je décliquetais*.
- Dégager le cliquet de.

déclivité n. f.
État de ce qui va en pente. *La déclivité d'un terrain.*

décloisonnement n. m.
Action de décloisonner ; son résultat. *Le décloisonnement des spécialités.*

décloisonner v. tr.
Réduire les champs de spécialisation, les structures qui entravent la libre circulation des idées. *Décloisonner une structure administrative.*

déclouer v. tr.
Défaire ce qui est cloué.

décocher v. tr.
- Lancer (un projectile) avec un arc. *Décocher une flèche.*
- (Fig.) Lancer avec malice. *Décocher une réplique.*

décoction n. f.
- Action de faire bouillir des substances.
- Le liquide obtenu.

décodage n. m.
Action de décoder ; son résultat.

décoder v. tr.
Traduire en clair un texte écrit en code.

décodeur n. m.
Appareil destiné à décoder des signaux, à avoir accès à une chaîne de télévision.

décoiffer v. tr.
- Dépeigner.
- Retirer le chapeau de (quelqu'un).

décoinçage ou **décoincement** n. m.
Action de décoincer ; son résultat.

décoincer v. tr.
- Le *c* prend une cédille devant les lettres *a* et *o*. *Il décoinça, nous décoinçons.*
- Dégager ce qui était coincé.

décolérer v. intr.
- Le deuxième *é* se change en *è* devant une syllabe muette, sauf à l'indicatif futur et au conditionnel présent. *Je ne décolère pas*, mais *je ne décolérerai pas*.
- Cesser d'être en colère.
Note.- Ce verbe est surtout utilisé à la forme négative.

décollage n. m.
Action de décoller. *Le décollage d'un avion.*
Note.- Ne pas confondre avec le nom **décollement** qui désigne l'action accidentelle de se décoller.

décollement n. m.
Action accidentelle de se décoller. *Le décollement de la rétine.*
Note.- Ne pas confondre avec le nom **décollage** qui désigne l'action de décoller.

décoller v. tr., intr.
- **Transitif**. Détacher ce qui est collé.

- **Intransitif**. Quitter le sol, en parlant d'un avion.
Note.- Attention à l'orthographe : déco**ll**er.

décolleté, ée adj. et n. m.
- **Adjectif**
Qui laisse apparaître le cou, la gorge. *Une robe très décolletée.*
- **Nom masculin**
- La partie décolletée d'une robe, d'un corsage. *Un décolleté en pointe.*
- La partie de la gorge ainsi découverte. *Un beau décolleté.*

décolleter v. tr.
- Redoublement du *t* devant un *e* muet. *Je décollette, je décolletterai*, mais *je décolletais*.
- Découvrir le cou, la gorge.

décolonisation n. f.
Action de décoloniser.

décoloniser v. tr.
Accorder l'indépendance à une colonie.

décolorant, ante adj. et n. m.
Se dit d'une substance qui décolore. *Des produits décolorants. Ce décolorant est trop faible.*

décoloration n. f.
Altération de la couleur naturelle.

décolorer v. tr., pronom.
Altérer, éclaircir la couleur de.

décombres n. m. pl.
Débris d'un édifice détruit par un incendie, une démolition, etc. *On l'a retrouvée vivante sous les décombres.*

décommander v. tr., pronom.
Annuler un ordre, une invitation. *Décommander un taxi. Je dois me décommander : je ne pourrai être des vôtres ce soir.*

décomposer v. tr., pronom.
- **Transitif**
- Ramener aux éléments premiers.
- Putréfier.
- Altérer. *La terreur décomposait son visage.*
- **Pronominal**
S'altérer, se putréfier. *Avec la chaleur, la viande se décompose rapidement.*

décomposition n. f.
- Action de décomposer.
- Corruption d'une substance organique. *Un produit en décomposition.*

décompression n. f.
Suppression ou diminution de la pression.

décomprimer v. tr.
Réduire la compression.

décompte n. m.
- Réduction d'un compte.
- Décomposition d'un tout en ses éléments. *Le décompte détaillé des matériaux.*

déconcentration n. f.
Action de déconcentrer ; son résultat.

déconcentrer v. tr., pronom.
• **Transitif**. Diminuer la concentration de.
• **Pronominal**. Perdre sa concentration. *Avec tout ce bruit, il se déconcentre.*

déconcertant, ante adj.
Surprenant. *Une réponse inattendue et très déconcertante.*

déconcerter v. tr.
Dérouter, décontenancer.

déconfit, ite adj.
Décontenancé, à la suite d'un échec.
Note.- Attention à l'orthographe : déconfi*t*.

déconfiture n. f.
Ruine complète.

décongélation n. f.
Action de décongeler.

décongeler v. tr.
• Le *e* se change en *è* devant une syllabe muette. *Il décongèle, il décongelait.*
• Ramener un corps congelé à la température ordinaire. *Décongeler un poulet dans un four à micro-ondes.*

décongestion n. f.
Suppression de la congestion.

décongestionnement n. m.
Disparition de la congestion.

décongestionner v. tr.
• Faire disparaître la congestion.
• (Fig.) Réduire l'encombrement. *Décongestionner les artères commerciales.*

déconnecter v. tr.
Débrancher une tuyauterie, supprimer une connexion électrique.

déconner v. intr.
(Vulg.) Dire des bêtises.

déconnexion n. f.
Action de déconnecter ; son résultat.
Note.- Attention à l'orthographe : déconne*x*ion.

déconseiller v. tr.
Conseiller de ne pas faire une chose. *Cet itinéraire est déconseillé.*

déconsidérer v. tr., pronom.
• Le *é* se change en *è* devant une syllabe muette, sauf à l'indicatif futur et au conditionnel présent. *Je déconsidère*, mais *je déconsidérerai.*
• **Transitif**. Faire perdre l'estime et la considération.
• **Pronominal**. Agir de façon à perdre l'estime.

déconsigner v. tr.
Enlever la consigne.

décontamination n. f.
Réduction, élimination des effets d'une contamination.

décontaminer v. tr.
Effectuer la décontamination de.

décontenancer v. tr., pronom.
• Le *c* prend une cédille devant les lettres *a* et *o*. *Il décontenança, nous décontenançons.*
• **Transitif**. Déconcerter.
• **Pronominal**. Se troubler.

décontracté, ée adj.
(Fam.) Détendu.
Note.- Dans la langue soutenue, on préférera les adjectifs **détendu, calme, désinvolte, relâché**, selon le cas.

décontracter v. tr., pronom.
• **Transitif**. Détendre. *Décontracter ses muscles.*
• **Pronominal**. Diminuer sa tension psychique.

décontraction n. f.
Détente, désinvolture.

déconvenue n. f.
Vive déception.

décor n. m.
• Ensemble de ce qui sert à décorer. *L'envers du décor.*
• (Au plur.) Ensemble des éléments qui servent à représenter les lieux à la scène, au cinéma, etc. *Changer les décors.*

décorateur n. m.
décoratrice n. f.
Personne dont la profession est d'aménager des intérieurs, de créer des décors pour le théâtre, le cinéma, la télévision.

décoratif, ive adj.
• Destiné à décorer. *Un vase décoratif.*
• *Arts décoratifs*. Arts qui ont pour but la décoration des objets utilitaires.
Note.- Cette expression qui est abrégée familièrement en *Art déco* s'écrit avec une majuscule initiale. *Le style Art déco.*

décoration n. f.
• Embellissement.
• Art d'aménager un intérieur.
• Signe porté par le titulaire d'un ordre, d'une distinction honorifique. *Il a reçu plusieurs décorations.*

décorer v. tr.
• Orner. *Décorer un appartement.*
• Attribuer une décoration. *Il a été décoré de la Légion d'honneur.*

décorticage n. m.
Action de décortiquer.
Note.- Attention à l'orthographe : décorti*ca*ge.

décortiquer v. tr.
• Dépouiller le bois de son écorce, la graine de son enveloppe.
• Analyser minutieusement quelque chose.

décorum n. m.
Protocole. *Recevoir un visiteur avec tout le décorum qui lui est dû.*

décote n. f.
Déduction.
Note.- Attention à l'orthographe : déc*o*te.

découcher v. intr.
Ne pas rentrer coucher chez soi.

découdre v. tr., intr.
• **Transitif**. Défaire ce qui est cousu.
• **Intransitif**. *En découdre*. Se battre, contester.

découler v. intr.
Être la suite nécessaire de. *Les résultats qui découlent de ces efforts*.
Note.- Ne pas confondre avec les verbes suivants :
- *dériver*, être issu de ;
- *émaner*, sortir de ;
- *procéder*, tirer son origine de ;
- *provenir*, venir de ;
- *ressortir*, s'imposer comme condition logique.

découpage n. m.
Action, manière de découper. *Le découpage d'un film*.

découpe n. f.
Ouverture pratiquée dans un vêtement. *Des découpes audacieuses*.

découper v. tr., pronom.
• **Transitif**. Couper en morceaux.
• **Pronominal**. Se détacher. *Le bouquet se découpe sur un fond sombre*.

découplé, ée adj.
Bien découplé. Bien bâti, harmonieusement proportionné.

découpure n. f.
• Contour découpé.
• Morceau découpé.

décourageant, ante adj.
Démoralisant. *Une attitude décourageante*.
Note.- Ne pas confondre avec le participe présent invariable *décourageant*. *Elle a adopté une attitude décourageant tous les efforts*.

découragement n. m.
Abattement.

décourager v. tr., pronom.
• Le *g* est suivi d'un *e* devant les lettres *a* et *o*. *Il découragea, nous décourageons*.
• **Transitif**. Faire perdre le courage, dissuader.
• **Pronominal**. Perdre courage. *Ils se sont découragés et n'ont pas poursuivi leurs efforts*.

décousu, ue adj. et n. m.
• **Adjectif**. Dont la couture est défaite.
• **Nom masculin**. Manque de liaison. *Le décousu d'un texte*.

découvert, erte adj. et n. m. et f.
• **Adjectif**
Qui n'est pas couvert.
• **Nom masculin**
- Solde débiteur d'un compte en banque. *L'entreprise a un découvert important*.
- *À découvert*, locution adverbiale. Sans protection. *Attention, nous sommes maintenant à découvert*.
- *À découvert*, locution adverbiale. (Fig.) Ouvertement. *Il préfère agir à découvert*.

• **Nom féminin**
- Action de découvrir ce qui était inconnu ou caché.
- La chose découverte.

découvreur n. m.
découvreuse n. f.
Personne qui fait des découvertes. *Un découvreur de jeunes talents*.

découvrir v. tr., pronom.
• **Transitif**
- Ôter ce qui couvre.
- Trouver ce qui était encore inconnu. *Jacques Cartier a découvert le Canada en 1534. Découvrir un nouveau procédé*.
Note.- Ne pas confondre avec le verbe *inventer* qui signifie « créer, trouver par des recherches, par l'imagination ce qui n'existait pas avant ».
• **Pronominal**
- Ôter sa coiffure.
- Se montrer.
- S'éclaircir. *Le temps se découvre*.

décrassage n. m.
Action de décrasser.

décrasser v. tr.
• Laver, ôter la crasse.
• Débarrasser de son ignorance, de sa grossièreté.

décrêper v. tr.
Rendre lisses des cheveux frisés.

décrépi adj.
Qui n'a plus son crépi.
Note.- Ne pas confondre avec le mot *décrépit* qui qualifie une personne vieille, affaiblie par l'âge.

décrépir v. tr., pronom.
• **Transitif**. Ôter le crépi de.
• **Pronominal**. Perdre son crépi.

décrépit, ite adj.
Vieux, affaibli par l'âge.
Note.- Ne pas confondre avec le mot *décrépi* qui se dit de ce qui n'a plus de crépi.

décrépitude n. f.
Vieillesse extrême.

decrescendo adv. et n. m. inv.
• Les deux premiers *e* se prononcent *é* et les lettres *sc* se prononcent *ch* [dekreʃɛndo].
• Mot italien signifiant « en diminuant ». *Des decrescendo*.
• En diminuant progressivement l'intensité du son.
Note.- En typographie soignée, les mots étrangers sont composés en italique. Dans des textes déjà en italique, la notation se fait en romain. Pour les textes manuscrits, on utilisera les guillemets.

décret n. m.
Décision officielle.

décréter v. tr.
• Le deuxième *é* se change en *è* devant une syllabe muette, sauf à l'indicatif futur et au conditionnel présent. *Je décrète*, mais *je décréterai*.

- Ordonner par décret. *Le conseil a décrété sa nomination.*
- Déclarer de façon autoritaire.

Note.- Le verbe **décréter** suivi de **que** se construit avec le mode indicatif ou le mode conditionnel. *Ils ont décrété que l'âge de la majorité est de 18 ans.*

Note.- Ne pas confondre avec les verbes suivants :
- **arrêter**, décider quelque chose dans son esprit ;
- **décider**, prendre une décision ;
- **ordonner**, donner un ordre ;
- **trancher**, décider sans appel.

décrier v. tr.
- Redoublement du *i* à la première et à la deuxième personne du pluriel de l'indicatif imparfait et du subjonctif présent. *(Que) nous décriions, (que) vous décriiez.*
- (Litt.) Déprécier avec force, faire perdre la réputation, l'autorité.

Note.- Ne pas confondre avec les verbes suivants :
- **dénigrer**, déprécier ;
- **diffamer**, porter atteinte à la réputation ;
- **discréditer**, souiller la réputation en dépréciant ou en diffamant ;
- **vilipender**, traiter avec mépris.

décrire v. tr.
- *Je décris, tu décris, il décrit, nous décrivons, vous décrivez, ils décrivent. Je décrivais. Je décrivis. Je décrirai. Jo déoorirais. Décris, décrivons, décrivez. Que je décrive. Que je décrivisse. Décrivant. Décrit, ite.*
- Représenter.

décrochage n. m.
Action de décrocher ; son résultat.

décrocher v. tr., intr.
Détacher.

décroiser v. tr.
Faire cesser d'être croisé. *Décroiser les jambes.*

décroissance n. f.
Diminution. *La décroissance du nombre des enfants.*

décroissant, ante adj.
Qui décroît. *Des valeurs décroissantes.*
Note.- Ne pas confondre avec le participe présent invariable **décroissant**. *Les valeurs décroissant graduellement, nous nous retirons du marché.*

décroître v. intr.
- *Je décrois, tu décrois, il décroît, nous décroissons, vous décroissez, ils décroissent. Je décroissais. Je décrus, tu décrus, il décrut, nous décrûmes, vous décrûtes, ils décrurent. Je décroîtrai, tu décroîtras, il décroîtra, nous décroîtrons, vous décoîtrez, ils décroîtront. Je décroîtrais, tu décroîtrais, il décroîtrait, nous décroîtrions, vous décroîtriez, ils décroîtraient. Décrois, décroissons, décroissez. Que je décroisse, que tu décroisses. Que je décrusse, que tu décrusses, qu'il décrût, que nous décrussions, que vous décrussiez, qu'ils décrussent. Décroissant. Décru, ue.*
- Diminuer peu à peu. *La lune décroît.*
Note.- Contrairement au verbe **croître,** le verbe ne prend un accent circonflexe qu'à la troisième personne du singulier de l'indicatif présent, ainsi qu'à toutes les personnes du futur de l'indicatif et du conditionnel présent.

décrotter v. tr.
- Ôter la boue.
- (Fam.) Former (quelqu'un) aux bonnes manières.
Note.- Attention à l'orthographe : décro**tt**er.

décrottoir n. m.
Lame de fer sur laquelle on décrotte ses chaussures.

décrue n. f.
Baisse du niveau des eaux après une crue. *La décrue des eaux.*

décryptage n. m.
Action de décrypter ; son résultat.
Note.- Attention à l'orthographe : décr**y**ptage.

décrypter v. tr.
Déchiffrer un message secret sans en avoir la clef.
Note.- Attention à l'orthographe : décr**y**pter.

déçu, ue adj.
Qui a subi une déception.

déculotter v. tr., pronom.
- **Transitif**. Enlever la culotte, le pantalon de quelqu'un.
- **Pronominal**. Ôter sa culotte.

déculpabiliser v. tr.
Libérer d'un contiment de culpabilité.

décuplement n. m.
Action de décupler ; son résultat.

décupler v. tr., intr.
- **Transitif**. Multiplier par dix. *Décupler un capital.*
- **Intransitif**. Devenir dix fois plus grand. *Ses forces ont décuplé.*

dédaigner v. tr.
- Les lettres **gn** sont suivies d'un *i* à la première et à la deuxième personne du pluriel de l'indicatif imparfait et du subjonctif présent. *(Que) nous dédaignions, (que) vous dédaigniez.*
- Mépriser. *Elle dédaigne les honneurs.*
- **Dédaigner** + **infinitif**. (Litt.) Le verbe se construit avec la préposition **de** contrairement à **daigner**. *Il dédaigne de nous parler.*

dédaigneusement adv.
Avec dédain.

dédaigneux, euse adj. et n. m. et f.
Qui montre du dédain. *Une moue dédaigneuse.*

dédain n. m.
Mépris, arrogance.

dédale n. m.
- Labyrinthe, lieu où l'on s'égare à cause de la complication des détours.
- Ensemble complexe. *Le dédale des règlements.*
Note.- Attention à l'orthographe : déda**l**e.

dedans adv., n. m. et prép.

- **Adverbe**
- À l'intérieur. *Elle est dedans, alors qu'on la croyait dehors.*

Note.- L'adverbe **dedans** n'introduit pas de complément circonstanciel, contrairement à la préposition **dans**, à moins qu'il ne soit précédé d'une préposition. Ainsi on peut écrire *en dedans de la maison, dans la maison* (et non * dedans la maison).

• **Locutions adverbiales**

- **Là-dedans**. À l'intérieur d'un lieu. *La souris est là-dedans.*

- **Au-dedans**. À l'intérieur. *Il fait aussi froid au-dedans qu'au-dehors.*

- **Par-dedans**. Par l'intérieur. *Il faut coudre par-dedans.*

Note.- Ces locutions s'écrivent avec un trait d'union.

- **De dedans**. De l'intérieur. *On voit le fleuve de dedans.*

Note.- Cette locution s'écrit sans trait d'union.

• **Locutions prépositives**

En dedans de, au-dedans de. À l'intérieur de. *Le cadeau est en dedans de la boîte.*

• **Nom masculin**

La partie intérieure. *Le dedans et le dehors d'un édifice.*

dédicace n. f.
Inscription en tête d'un ouvrage, par laquelle l'auteur en fait hommage à quelqu'un.

dédicacer v. tr.
• Le **c** prend une cédille devant les lettres **a** et **o**. *Il dédicaça, nous dédicaçons.*
• Inscrire une dédicace sur un ouvrage.

dédier v. tr.
• Consacrer. *Une petite chapelle dédiée à la Vierge.*
• Faire hommage d'un livre, d'une œuvre à quelqu'un. *Il a dédié son roman à ses enfants.*

dédire v. tr., pronom.
• *Je dédis, tu dédis, il dédit, nous dédisons, vous dédisez, ils dédisent. Je dédisais. Je dédis, tu dédis, il dédit, nous dédîmes, vous dédîtes, ils dédirent. Je dédirai. Je dédirais. Dédis, dédisons, dédisez. Que je dédise. Que je dédisse, que tu dédisses, qu'il dédît, que nous dédissions, que vous dédissiez, qu'ils dédissent. Dédisant. Dédit, dédite.*
• Contrairement à **dire**, la deuxième personne du pluriel du présent de l'indicatif et de l'impératif est **dédisez** (et non * dédites).
• **Transitif.** (Vx) Désavouer.
• **Pronominal.** Se rétracter, se contredire.

dédit n. m.
• Rétractation, désistement.
• Indemnité prévue en cas de désistement, dans un contrat.

dédommagement n. m.
Indemnisation d'un dommage ; compensation.

dédommager v. tr.
• Le **g** est suivi d'un **e** devant les lettres **a** et **o**. *Il dédommagea, nous dédommageons.*
• Compenser un dommage.

dédouanage ou **dédouanement** n. m.
Action de dédouaner ; son résultat.

dédouaner v. tr., pronom.
• **Transitif.** Libérer une marchandise retenue par la douane en payant les droits requis.
• **Pronominal.** (Fam.) Dégager sa responsabilité.

dédoublement n. m.
Action de dédoubler, de se dédoubler. *Un dédoublement de la personnalité.*

dédoubler v. tr., pronom.
• **Transitif.** Partager en deux.
• **Pronominal.** Se séparer en deux.

Note.- Ne pas confondre avec le verbe **doubler** qui signifie « multiplier par deux ».

dédramatiser v. tr.
Réduire le caractère dramatique. *Tenter de dédramatiser la maladie.*

déductible adj.
Que l'on peut déduire. *Les dons de charité sont déductibles des impôts.*

déductif, ive adj.
Qui procède par déduction.

déduction n. f.
• Conséquence d'un raisonnement.
Ant. **induction**.
• Action de soustraire une somme d'une autre. *Une déduction fiscale.*

déduire v. tr.
• *Je déduis, tu déduis, il déduit, nous déduisons, vous déduisez, ils déduisent. Je déduisais. Je déduisis. Je déduirai. Je déduirais. Déduis, déduisons, déduisez. Que je déduise. Que je déduisisse. Déduisant. Déduit, uite.*
• Retrancher d'une somme. *Déduire des frais de déplacement.*
• Tirer une conséquence d'un raisonnement. *Elle en a déduit qu'il était coupable.*

déesse n. f.
Divinité féminine.

de facto loc. adv.
• La lettre **e** se prononce **é** [defakto].
• Locution latine signifiant « de fait ».
Note.- En typographie soignée, les mots étrangers sont composés en italique. Dans des textes déjà ͏ italique, la notation se fait en romain. Pour les te͏ manuscrits, on utilisera les gui͏ ͏ets.
Ant. **de jure**.

défaillance n. f.
• Faiblesse, évanouisseme͏
• Défaut de fonctionneme͏ tème de freinage.

défaillir v. intr.
• *Je défaille, tu défailles, il ͏ vous défaillez, ils défaillent. Je ͏ il défaillait, nous défaillions, vous͏ laient. Je défaillis, tu défaillis. Je défai͏ Je défaillirais, tu défaillirais. Défaille,͏ faillez. Que je défaille, que tu défailles͏*

que nous défaillions, que vous défailliez, qu'ils défaillent. Que je défaillisse, que tu défaillisses. Défaillant. Défailli.
- (Litt.) S'affaiblir, commencer à s'évanouir. *Secourez-le, il défaille.*
- (Litt.) Faire défaut. *Sa mémoire défaille.*

défaire v. tr., pronom.
- *Je défais, tu défais, il défait, nous défaisons, vous défaites, ils défont. Je défaisais. Je défis. Je déferai. Je déferais. Défais, défaisons, défaites. Que je défasse. Que je défisse. Défaisant. Défait, aite.*
- **Transitif**
- Supprimer ce qui avait été fait. *Défaire un nœud.*
- (Litt.) Battre. *Défaire le camp adverse.*
- **Pronominal**
- Cesser d'être assemblé. *Son chignon s'est défait.*
- Se débarrasser de (quelqu'un, quelque chose). *Elle a réussi à se défaire de cette grippe.*
Note.- Attention à la confusion possible entre les verbes **défaire** (passé simple **défis**) et **défier** (indicatif présent **défie**).

défait, aite adj.
Pâle, amaigri. *Le visage défait.*

défaite n. f.
- Perte d'une bataille.
- Échec.
Note.- Ne pas confondre avec les mots suivants :
- **débandade**, dispersement désordonné d'une armée ;
- **revers**, insuccès militaire.

défaitisme n. m.
- Manque de confiance dans la réussite.
- Pessimisme.

défaitiste adj. et n. m. et f.
Qui fait preuve de défaitisme.

défalcation n. f.
Déduction.
Note.- Attention à l'orthographe : défal**ca**tion.

défalquer v. tr.
Retrancher d'une somme, d'une quantité.

défaut n. m.
- Absence de. *Le défaut de preuves a permis son acquittement.*
- **À défaut de**, locution prépositive. Au lieu de. *À [dé]faut de groseilles, on prendra des framboises.*
- [Fai]re **défaut**. Man[qu]er. *Certaines pièces font défaut :* [...] récla[...]
[...]ssion, le nom **défaut** demeure
[...]. Le point faible.
[...]up de qualités, mais certains
[...]avec les mots suivants :
[...]rication ;
[...]bizarrerie ;
[...]tère gravement la constitution

défavorable adj.
Qui n'est pas favorable.

défavorablement adv.
De façon défavorable.

défavoriser v. tr.
Donner moins qu'aux autres dans un partage.

défécation n. f.
Action de déféquer.

défectif, ive adj.
(Gramm.) Se dit d'un verbe qui n'a pas toute la série des formes de la conjugaison à laquelle il appartient. *Le verbe* **seoir** *est défectif.*

défection n. f.
Abandon.

défectueusement adv.
De façon défectueuse.

défectueux, euse adj.
Qui manque des qualités, des conditions nécessaires, qui présente des défauts.
Note.- Ne pas confondre avec l'adjectif **déficient** qui qualifie ce qui est insuffisant.

défectuosité n. f.
Malfaçon, défaut.

défendable adj.
Qui peut être défendu. *Un argument défendable.*

défendeur, eresse n. m. et f.
(Dr.) Personne qui se défend en justice.
Note.- La personne qui engage une action en justice est le **demandeur**, la **demanderesse**.

défendre v. tr., pronom.
- *Je défends, tu défends, il défend, nous défendons, vous défendez, ils défendent. Je défendais. Je défendis. Je défendrai. Je défendrais. Défends, défendons, défendez. Que je défende, Que je défendisse. Défendant. Défendu, ue.*
- Interdire, prohiber.
- **Défendre de** + **infinitif**. La phrase se construit sans négation. *Elle lui défend de jouer dans la rue.*
- **Défendre que** + **subjonctif**. La phrase se construit sans négation. *Il défend que ses parents viennent le visiter.*
Note.- Le verbe **défendre** ne doit jamais être suivi d'une proposition négative. ** Je vous défends de ne pas parler.* On écrira plutôt : *Je vous défends de vous taire.*

défenestration n. f.
Action de jeter une personne par une fenêtre.

défense n. f.
- Action de repousser une agression. *La défense du territoire.*
- Fait de défendre un accusé. *L'avocat de la défense.*
- Interdiction. *Défense d'afficher.*
- Longue dent en ivoire de l'éléphant, du morse, etc.
Note.- Ne pas confondre avec les mots suivants :
- **bois**, appendice ramifié du cerf, du chevreuil, etc. ;
- **corne**, proéminence dure de la tête de certains animaux.

défenseur n. m.
- Protecteur.
- Partisan.
Note.- Ce nom n'a pas de forme féminine. *Elle était le défenseur farouche de ce projet.*

défensif, ive adj.
Qui sert pour se défendre. *Une arme défensive.*

défensive n. f.
État de défense. *Se tenir sur la défensive.*

déféquer v. intr.
Expulser les matières fécales.

déférence n. f.
Respect.

déférent, ente adj.
- (Anat.) Qui achemine vers l'extérieur. *Le canal déférent.*
- Qui est respectueux.

déférer v. tr.
- Le deuxième **é** se change en **è** devant une syllabe muette, sauf à l'indicatif futur et au conditionnel présent. *Je défère*, mais *je déférerai.*
- (Dr.) Citer en justice.
Hom. *déferrer,* ôter un fer.

déferlement n. m.
Fait de déferler. *Le déferlement des eaux.*

déferler v. intr.
- Se briser en écumant, en parlant des vagues.
- (Fig.) Se déployer avec force. *Les touristes déferlaient sur l'esplanade.*

déferrer v. tr.
Ôter un fer.
Hom. *déférer,* citer en justice.

défi n. m.
Provocation, bravade. *Il a mis son collègue au défi de le battre. Celui-ci a relevé le défi.*

défiance n. f.
Méfiance, soupçon.

déficeler v. tr.
Détacher les ficelles d'un colis, d'un objet.

déficience n. f.
- Insuffisance organique ou psychique.
- Action de faire défaut.

déficient, ente adj.
- Qui présente une déficience. *Une intelligence déficiente.*
- Insuffisant. *Un raisonnement déficient.*
Notes.-
1° Attention à l'orthographe : défici**ent**.
2° Ne pas confondre avec l'adjectif *défectueux* qui qualifie ce qui manque des qualités, des conditions nécessaires.

déficit n. m.
- Le *t* se prononce [defisit].
- Situation financière où les charges excèdent les gains, les recettes.

- Manque, insuffisance.
Ant. **bénéfice, profit.**

déficitaire adj.
Qui présente un déficit. *L'exercice financier est déficitaire.*
Note.- Attention à l'orthographe de cet adjectif qui conserve la même forme au masculin et au féminin : déficit**aire**.
Ant. **bénéficiaire.**

défier v. tr., pronom.
- Redoublement du *i* à la première et à la deuxième personne du pluriel de l'indicatif imparfait et du subjonctif présent. *(Que) nous défiions, (que) vous défiiez.*
- **Transitif**
- **Défier + à.** Provoquer. *Défier une amie au tennis.*
Note.- Le complément d'objet direct du verbe est le nom de la personne défiée.
- **Défier + de.** Mettre au défi en croyant quelqu'un incapable de quelque chose. *Je vous défie d'aller plus vite.*
- Braver. *Défier l'autorité.*
- **Pronominal**
- **Se défier + de.** Se méfier. *Elle se défie de lui.*
- **Se défier + que.** Se construit avec le mode subjonctif et le *ne* explétif. *Il se défie qu'elle ne parte avant son retour.*
Note.- Attention à la confusion possible entre les verbes *défier* (indicatif présent *défie*) et *défaire* (passé simple *défis*).

défigurer v. tr.
- Altérer l'aspect, la forme. *La maison est défigurée par des échafaudages.*
- Abîmer le visage. *Cet accident l'a défiguré.*
- Dénaturer. *Défigurer la vérité.*

défilé n. m.
- Passage étroit.
Note.- Ne pas confondre avec les mots suivants :
- *col*, passage plus ou moins élevé entre deux montagnes ;
- *détroit*, espace étroit entre deux côtes ;
- *gorge*, passage creusé dans une montagne.
- Cortège.

défilement n. m.
Succession, déroulement continu.

défiler v. tr., intr., pronom.
- **Transitif**. Ôter le fil de. *Défiler un collier de coquillages.*
- **Intransitif**. Aller à la file. *Ils défilaient en grand nombre devant la statue.*
Note.- L'expression *«défiler successivement»* est un pléonasme.
- **Pronominal**. (Fam.) Se dérober.

défini, ie adj.
Déterminé. *Un article défini.*
V. Tableau - **ARTICLE.**

définir v. tr.
- Donner la définition, le sens d'un mot, d'un concept, etc. *Définir une expression.*

● Déterminer. *Définir la date de la rentrée.*

définissable adj.
Qui peut être défini.

définitif, ive adj.
● Fixe, déterminé.
● *En définitive.* En dernière analyse, en fin de compte.

définition n. f.
● Détermination exacte de ce qu'est une chose.
● *Par définition.* En vertu des caractéristiques propres de ce dont on parle.

définitivement adv.
Irrémédiablement, une fois pour toutes.

déflagration n. f.
Combustion vive accompagnée d'une explosion.

déflation n. f.
(Écon.) Diminution de l'inflation. *Une politique de déflation.*
Ant. **inflation**.

déflationniste adj. et n. m. et f.
(Écon.) Relatif à la déflation. *Des mesures déflationnistes.*

déflecteur n. m.
Petit volet orientable. *Un déflecteur d'air.*

défloraison n. f.
(Litt.) Chute des fleurs.
Note.- Ne pas confondre avec le nom *défloration.*

défloration n. f.
Perte de la virginité.
Note.- Ne pas confondre avec le nom *défloraison.*

déflorer v. tr.
(Fig.) Enlever à un sujet sa nouveauté.

défoliant, ante adj. et n. m.
Se dit d'un produit destiné à provoquer la chute des feuilles des arbres.

défoliation n. f.
Destruction artificielle des feuilles d'arbres, de la végétation.

défolier v. tr.
Détruire le feuillage, la végétation.

défoncer v. tr., pronom.
● Le *c* prend une cédille devant les lettres *a* et *o. Il défonça, nous défonçons.*
● **Transitif**
- Retirer ou percer le fond. *Défoncer un fauteuil.*
- Briser en enfonçant. *Il défonça la porte.*
● **Pronominal**
Se briser.

déformation n. f.
Action de déformer ; son résultat.

déformer v. tr.
● Altérer la forme de. *La pluie a déformé son chapeau.*
● (Fig.) Reproduire inexactement. *Déformer les faits.*

défoulement n. m.
Fait de se défouler.

défouler (se) v. pronom.
Se libérer des tensions. *Elles se sont bien défoulées et ont ri à gorge déployée.*

défraîchi, ie adj.
Qui a perdu sa fraîcheur. *Une salade défraîchie.*

défraîchir v. tr.
Enlever la fraîcheur, ternir.

défrayer v. tr.
● Le *y* est suivi d'un *i* à la première et à la deuxième personne du pluriel de l'indicatif imparfait et du subjonctif présent. *(Que) nous défrayions, (que) vous défrayiez.*
● Payer les dépenses de quelqu'un. *J'ai été défrayé de toutes mes dépenses.*
● *Défrayer la conversation, la chronique.* Être le sujet de conversation de tous.

défrichage ou **défrichement** n. m.
Action de défricher ; son résultat.

défricher v. tr.
● Rendre un terrain propre à la culture.
● Démêler, éclaircir. *Défricher un problème.*

défriser v. tr.
Défaire la frisure de.

défroisser v. tr.
Supprimer les plis d'une étoffe froissée.

défroncer v. tr.
● Le *c* prend une cédille devant les lettres *a* et *o. Il défonça, nous défonçons.*
● Défaire les plis, les fronces.

défroqué, ée adj. et n. m. et f.
Qui a quitté l'état religieux.

défunt, unte adj. et n. m. et f.
(Litt.) Qui est décédé, mort. *Mon défunt grand-père* (et non * défunt mon grand- père).

dégagé, ée adj.
Libre, aisé. *Une démarche dégagée.*

dégagement n. m.
● Action de dégager (ce qui est bloqué).
● Passage facilitant la circulation.

dégager v. tr., pronom.
● Le *g* est suivi d'un *e* devant les lettres *a* et *o. Il dégagea, nous dégageons.*
● **Transitif**
- Retirer. *Il dégagea sa responsabilité.*
- Libérer. *Dégager la voie publique.*
- Répandre. *Ces produits dégagent une odeur désagréable.*
● **Pronominal**
- Se libérer. *Se dégager d'une promesse.*
- Sortir de. *Un fumet agréable se dégage du four.*

dégaine n. f.
(Fam.) Tournure, allure ridicule.

dégainer v. tr.
Tirer une arme de l'étui. *Il dégaine très rapidement.*

déganter (se) v. pronom.
Enlever ses gants. *Elles se sont dégantées.*

dégarnir v. tr., pronom.
● **Transitif**. Dépouiller de ce qui garnit.
● **Pronominal**. Cesser d'être garni, touffu. *À l'automne, les arbres se dégarnissent.*

dégât n. m. (gén. pl.)
Dommage causé par un accident, une cause violente.
Note.- Attention à l'orthographe : dég**â**t.

dégauchisseuse n. f.
Outil servant à aplanir une surface.

dégel n. m.
Fonte de la glace, de la neige.

dégelée n. f.
(Fam.) Volée de coups.

dégeler v. tr., intr., pronom.
● Le *e* se change en *è* devant une syllabe muette. *Il dégèle, il dégelait.*
● **Transitif**
- Faire fondre. *Elle dégèle de la glace.*
- (Écon.) Libérer. *Dégeler des crédits.*
● **Intransitif**
Cesser d'être gelé. *Le lac est dégelé.*
● **Pronominal**
(Fam.) Se détendre. *Au bout d'un moment elle s'est dégelée et nous a adressé la parole.*

dégénérer v. intr.
● Le troisième *é* se change en *è* devant une syllabe muette, sauf à l'indicatif futur et au conditionnel présent. *Il dégénère,* mais *il dégénérera.*
● Perdre de ses qualités naturelles. *Le pommier a dégénéré. Il est dégénéré.*
● Perdre de sa valeur. *L'entente initiale a dégénéré.*
Note.- Le verbe se conjugue avec les auxiliaires *être* ou *avoir* selon que l'on exprime un état ou une action.

dégénérescence n. f.
Fait de dégénérer.

dégingandé, ée adj.
● Le premier *g* se prononce *j* [deʒɛ̃gɑ̃de].
● (Fam.) Dont la démarche est disloquée.

dégivrage n. m.
Action de dégivrer.

dégivrer v. tr.
Faire fondre le givre de. *Il dégivra son pare-brise.*

déglacer v. tr.
● Le *c* prend une cédille devant les lettres *a* et *o*. *Il déglaça, nous déglaçons.*
● Faire fondre la glace de.

déglutir v. tr.
Ingurgiter, avaler.

déglutition n. f.
Action de déglutir.

dégonflage n. m.
Action de dégonfler ; son résultat.

dégonflé, ée adj. et n. m. et f.
(Fam.) Peureux.

dégonflement n. m.
Action de dégonfler ; son résultat.

dégonfler v. tr., pronom.
● **Transitif**
Faire cesser le gonflement de.
● **Pronominal**
- Cesser d'être gonflé. *La montgolfière s'est dégonflée.*
- (Fam.) Perdre son assurance. *Ils se sont dégonflés et ont abandonné.*

dégorgement n. m.
Action de dégorger ; son résultat.

dégorger v. tr., intr.
● Le *g* est suivi d'un *e* devant les lettres *a* et *o*. *Il dégorgea, nous dégorgeons.*
● **Transitif**
- Déverser. *Les égouts dégorgeaient leur trop-plein.*
- Débarrasser une chose des impuretés qu'elle contient.
● **Intransitif**
Faire dégorger des légumes. Les passer au sel pour en éliminer l'eau. *Faire dégorger des concombres.*

dégoter ou **dégotter** v. tr.
(Pop.) Dénicher.

dégouliner v. intr.
(Fam.) Tomber en coulant goutte à goutte.

dégourdi, ie adj. et n. m. et f.
Débrouillard, habile.

dégourdir v. tr.
● Tirer de l'engourdissement. *Allez vous dégourdir les jambes en courant un peu.*
● Rendre moins timide.

dégoût n. m.
Répugnance, aversion provoquée par quelqu'un, quelque chose.
Note.- Attention à l'orthographe : dégo**û**t.

dégoûtant, ante adj.
Qui inspire de l'aversion. *Son attitude est dégoûtante.*
Note.- Ne pas confondre avec le participe présent invariable *dégoûtant. Il ne reçut aucun appui, ses agissements dégoûtant tous ses collaborateurs.*
Hom. *dégouttant,* qui coule goutte à goutte.

dégoûté, ée adj. et n. m. et f.
Difficile, délicat.

dégoûter v. tr.
Inspirer de l'aversion.
Hom. *dégoutter,* couler goutte à goutte.

dégoutter v. intr.
Couler goutte à goutte. *Mon manteau dégoutte de pluie.*
Hom. *dégoûter,* inspirer de l'aversion.

dégradant, ante adj.
Avilissant.

dégradation n. f.
● Avilissement, passage progressif à un état plus mauvais.
● Détérioration.

dégradé n. m.
Atténuation progressive d'une couleur. *Un dégradé de couleurs.*

dégrader v. tr., pronom.
- **Transitif**
- Destituer de son grade.
- Déshonorer.
- Détériorer.
- **Pronominal**
- S'avilir.
- Subir une détérioration.

dégrafer v. tr.
Détacher ce qui était agrafé.
Note.- Attention à l'orthographe : dégra**f**er.
Ant. **agrafer.**

dégraissage n. m.
Action de dégraisser ; son résultat.

dégraisser v. tr., intr.
- **Transitif**. Retirer la graisse. *Dégraisser un bouillon.*
- **Intransitif**. (Fam.) Licencier.

degré n. m.

- Chacune des marches d'un escalier.
- Grade. *Il a franchi tous les degrés.*
- Proportion. *Cette boisson atteint un degré élevé d'alcool.*
- Division d'une échelle de mesure. *Il a fait 40 degrés à l'ombre.*
Note.- Le mot *degré* s'abrège à l'aide d'un petit zéro placé en exposant immédiatement après le nombre. *36°.* Toutefois, si l'échelle de mesure est précisée (C pour Celsius, F pour Fahrenheit, par exemple), les abréviations de *degré* et du nom de l'échelle sont séparées du nombre par un espace. *Une température de 40 °C, de 42,5 °F.*
- Division de l'arc et du cercle. *Le cercle se divise en 360 degrés.*
Note.- Il n'y a pas d'espace entre le nombre et l'abréviation du mot *degré. Un virage à 90°.* Lorsqu'il s'agit d'un adjectif numéral ordinal, le mot *degré* ne s'abrège pas. *Le 45ᵉ degré.*
- **Locutions**
- *Degré de longitude.* Espace compris entre deux méridiens.
- *Degré de latitude.* Espace compris entre deux parallèles.
- *Degré de parenté.* Niveau d'éloignement ou de proximité d'un parent.
- *Degré de comparaison. Le comparatif et le superlatif sont des degrés de comparaison.*
- *Par degrés.* Graduellement. *La marée monte par degrés.*

---

dégressif, ive adj.
Qui diminue par degrés. *Un impôt dégressif.*
Ant. **progressif.**

dégrèvement n. m.
Réduction fiscale.
Note.- Attention à l'orthographe : dégrèvement.

dégrever v. tr.
- Le **e** se change en **è** devant une syllabe muette. *Je dégrève, je dégrèverai, mais je dégrevais.*

- Supprimer ou réduire un impôt.

dégriffé, ée adj. et n. m.
Se dit d'un vêtement dont on a enlevé la griffe d'origine. *Des vêtements dégriffés.*

dégringolade n. f.
(Fam.) Action de dégringoler ; son résultat.

dégringoler v. tr., intr.
- **Transitif**
(Fam.) Descendre très rapidement, tomber. *Dégringoler un escalier.*
- **Intransitif**
- Diminuer de valeur. *Le cours des actions dégringole.*
- Tomber. *Il a dégringolé du toit.*

dégrisement n. m.
Action de dégriser.

dégriser v. tr., pronom.
- **Transitif**
- Faire cesser l'ivresse.
- Perdre ses illusions.
- **Pronominal**
Sortir de l'ivresse.
Ant. **enivrer.**

dégrossir v. tr.
- Ébaucher, donner un premier façonnage.
- Débrouiller, éclaircir une affaire.
- (Fig.) Rendre moins grossier, inculte.

dégrossissage n. m.
Action de dégrossir ; son résultat.

déguenillé, ée adj.
Couvert de guenilles.

déguerpir v. intr.
S'enfuir. *À la vue du policier, ils ont déguerpi.*

dégueulasse adj. et n. m. et f.
(Pop.) Dégoûtant.

déguisé, ée adj.
Revêtu d'un déguisement.

déguisement n. m.
Ce qui sert à déguiser.

déguiser v. tr., pronom.
- **Transitif**. Dissimuler sous une apparence trompeuse. *Déguiser la vérité.*
Note.- Ne pas confondre avec les verbes suivants :
- *cacher*, dissimuler ;
- *celer*, tenir quelque chose secret ;
- *masquer*, dissimuler derrière un masque ;
- *taire*, ne pas révéler ce que l'on n'est pas obligé de faire connaître ;
- *voiler*, cacher sous des apparences.
- **Pronominal**. Se rendre méconnaissable. *Ils se sont déguisés en pirates.*

dégustateur n. m.
dégustatrice n. f.
Personne dont le métier est de déguster les vins, les liqueurs, etc.

dégustation n. f.
Action de déguster.

déguster v. tr.
Goûter un aliment pour en apprécier les caractéristiques.

déhanchement n. m.
Manière de marcher avec mollesse.

déhancher (se) v. pronom.
Marcher en balançant les hanches.

dehors adv. et n. m.

• **Adverbe**
Hors du lieu, à l'extérieur. *Les enfants jouent dehors.*
Note.- L'adverbe **dehors** ne peut introduire un complément circonstanciel, à moins qu'il ne soit précédé d'une préposition (**en dehors de**). *Ils sont hors de la maison* (et non * *dehors la maison*).
• **Locutions adverbiales**
- **En dehors, au(-)dehors.** Extérieurement. *Au-dehors, rien n'y paraît.*
Note.- La plupart des auteurs préconisent l'orthographe **au-dehors**, mais l'usage admet également **au dehors.**
- **De dehors.** De l'extérieur. *La porte doit s'ouvrir de dehors.*
- **Par-dehors.** Par l'extérieur. *Il vaut mieux venir par-dehors.*
• **Locution prépositive**
En dehors de. À l'extérieur, à l'exclusion de. *En dehors de quelques intimes, il ne voit personne.*
• **Nom masculin**
• La partie extérieure. *Le dehors d'une boîte. Le bruit venait du dehors.*
• (Au plur.) Apparences. *Sous des dehors fragiles, elle est très déterminée.*

déicide adj. et n. m. et f.
Qui a tué un dieu.

déifier v. tr.
• Redoublement du *i* à la première et à la deuxième personne du pluriel de l'indicatif imparfait et du subjonctif présent. *(Que) nous déifiions, (que) vous déifiiez.*
• Placer au nombre des dieux.

déjà adv.
• Dès à présent. *Vous avez déjà fini ?*
• Avant. *Je l'ai déjà lu.*
Note.- Attention à l'orthographe : déj**à**.

déjection n. f.
Évacuation des excréments.

déjeuner v. intr.
• Prendre le repas de midi.
• Dans certaines régions de la francophonie (Belgique, Suisse, etc.), prendre le repas du matin.

déjeuner n. m.
• Repas de midi. *Un déjeuner d'affaires.*
• Dans certaines régions de la francophonie (Belgique, Suisse, etc.), synonyme de **petit déjeuner.**
Note.- Attention à l'orthographe : déj**e**uner, contrairement à **jeûner.**

déjouer v. tr.
Faire échouer. *J'ai déjoué ses plans.*

déjuger (se) v. pronom.
Revenir sur ce qu'on avait décidé.

de jure loc. adv.
• Les deux **e** se prononcent **é** [deʒyre].
• Locution latine signifiant « de droit ».
Note.- En typographie soignée, les mots étrangers sont composés en italique. Dans des textes déjà en italique, la notation se fait en romain. Pour les textes manuscrits, on utilisera les guillemets.
Ant. **de facto.**

delà adv. et prép.
• **Par(-)delà**, locution adverbiale. De l'autre côté. *Par-delà la montagne.*
• **Au-delà de**, locution prépositive. Au-dessus de. *Au-delà des mers.*
Notes.-
1° Attention à l'orthographe : del**à**.
2° Ne pas confondre avec le nom **au-delà** qui désigne l'univers des morts.

délabré, ée adj.
En mauvais état. *Un jardin délabré.*

délabrement n. m.
Ruine, dégradation.

délabrer v. tr., pronom.
• **Transitif.** Endommager, ruiner. *Le temps a délabré ces bâtiments.*
• **Pronominal.** Devenir en mauvais état. *Le jardin se délabre peu à peu.*

délacer v. tr.
• Le **c** prend une cédille devant les lettres **a** et **o**. *Il délaça, nous délaçons.*
• Dénouer les lacets de. *J'ai délacé mes chaussures.*
Hom. **délasser,** détendre.

délai n. m.
• Période de temps prévue pour l'exécution d'une chose, d'une obligation. *Vous devrez remettre dans 15 jours le dossier, dernier délai.*
• **Sans délai.** Aussitôt, immédiatement. *Je vous réponds par écrit sans délai.*
• **Délai de grâce.** (Dr.) Délai accordé par un créancier à un débiteur pour lui permettre de s'acquitter de son obligation échue.

délaissé, ée adj.
Abandonné.

délaissement n. m.
Isolement. *Un sentiment de délaissement.*

délassement n. m.
Repos, distraction.

délasser v. tr., pronom.
• **Transitif.** Reposer, distraire. *Le sport délasse l'esprit.*
• **Pronominal.** Se détendre. *Ils se sont bien délassés à la campagne.*
Hom. **délacer,** dénouer.

délateur, trice n. m. et f.
Personne qui dénonce, par intérêt ou par haine.

délation n. f.
Dénonciation.

délavé, ée adj.
Décoloré, fade.

délaver v. tr.
• Atténuer une couleur avec de l'eau.
• Détremper.

délayer v. tr.
• Le *y* est suivi d'un *i* à la première et à la deuxième personne du pluriel de l'indicatif imparfait et du subjonctif présent. *(Que) nous délayions, (que) vous délayiez.*
• Diluer. *Délayer la poudre avec de l'eau bouillante.*

deleatur n. m. inv.
• Les deux *e* se prononcent *é* et le *u* se prononce *u* [deleatyr].
• Mot latin signifiant « que ce soit effacé ».
• Signe sur une épreuve d'imprimerie indiquant une suppression à faire [ℐ].
Notes.-
1° Ce nom a conservé sa forme latine : il s'écrit sans accent et demeure invariable.
2° En typographie soignée, les mots étrangers sont composés en italique. Dans des textes déjà en italique, la notation se fait en romain. Pour les textes manuscrits, on utilisera les guillemets.

délébile adj.
Qui peut s'effacer.
Ant. **indélébile**.

délectable adj.
Exquis.

délectation n. f.
Le fait de savourer pleinement.

délecter (se) v. pronom.
Se régaler, trouver un grand plaisir. *Ils se sont délectés de ce bon vin.*
Note.- Le verbe se construit avec la préposition *de*.

délégataire n. m. et f.
(Dr.) Personne qui profite d'une délégation.

délégation n. f.
• Action de déléguer.
• Ensemble de personnes déléguées au nom d'une collectivité. *Nous recevrons une délégation du Japon.*

délégué n. m.
déléguée n. f.
Personne qui a reçu délégation de quelqu'un, d'un gouvernement, d'une société. *La déléguée générale. Un producteur délégué.*

déléguer v. tr.
• Le deuxième *é* se change en *è* devant une syllabe muette, sauf à l'indicatif futur et au conditionnel. *Je délègue,* mais *je déléguerai.*
• Charger quelqu'un d'agir en son nom.
• Transmettre, confier. *Déléguer ses pouvoirs.*

délestage n. m.
Action de délester.

délester v. tr.
Débarrasser de son lest (un navire, un ballon).

délétère adj.
Nocif. *Un gaz délétère.*

délibération n. f.
Action d'examiner une question avec d'autres personnes avant de prendre une décision.

délibéré, ée adj. et n. m.
• **Adjectif**
- Libre, résolu.
- *De propos délibéré,* locution adverbiale. À dessein.
• **Nom masculin**
Délibération entre juges.

délibérément adv.
Résolument.

délibérer v. intr.
• Le deuxième *é* se change en *è* devant une syllabe muette, sauf à l'indicatif futur et au conditionnel présent. *Je délibère,* mais *je délibérerai.*
• Examiner soigneusement. *Ils ont longuement délibéré sur cette question* (ou *de cette question*) *avant d'en venir à une décision.*
Note.- Le verbe se construit absolument ou avec les prépositions *sur* ou *de*.

délicat, ate adj.
• Fin, subtil. *Des nuances délicates, un parfum délicat.*
• Fragile. *Une santé délicate.*
• Difficile. *Une question délicate à traiter.*

délicatement adv.
De façon délicate.

délicatesse n. f.
• Finesse, raffinement. *La délicatesse des traits d'un visage.*
• Tact, discrétion. *Par délicatesse, il refusa notre invitation.*

délice n. m. sing. et n. f. pl.
• **Nom masculin singulier.** Plaisir qui ravit. *Ce gâteau est un pur délice. Quel délice de lire un bon livre au coin du feu !*
• **Nom féminin pluriel.** Charmes, plaisirs. *Les merveilleuses délices de l'amour.*
Note.- Attention au genre de ce nom qui est masculin au singulier et féminin au pluriel.

délicieusement adv.
De façon délicieuse.

délicieux, euse adj.
Rempli de délices.
Note.- Ne pas confondre avec l'adjectif *délictueux* qui qualifie ce qui comporte un délit.

délictueux, euse adj.
Qui comporte un délit.
Note.- Ne pas confondre avec l'adjectif *délicieux* qui qualifie ce qui est rempli de délices.

délié, ée adj. et n. m.
(Litt.) Fin, souple.

délier v. tr.
● Redoublement du *i* à la première et à la deuxième personne du pluriel de l'imparfait de l'indicatif et du présent du subjonctif. *(Que) nous déliions, (que) vous déliiez.*
● Défaire ce qui lie. *Elle a délié ses cheveux.*
● Dégager d'une obligation. *On l'a délié de sa promesse.*

délimitation n. f.
Action de délimiter.

délimiter v. tr.
Fixer des limites, circonscrire. *Délimiter une question.*

délinquance n. f.
Ensemble des infractions commises.
Note.- Attention à l'orthographe : délinqua**n**ce.

délinquant, ante adj. et n. m. et f.
● **Adjectif.** Qui a commis un délit. *Des adolescents délinquants.*
● **Nom masculin et féminin.** Personne qui a commis plusieurs délits. *Une délinquante mineure.*
Note.- Attention à l'orthographe : délinqua**n**t.

délirant, ante adj.
Extravagant.

délire n. m.
Égarement qui porte à déraisonner.

délirer v. intr.
Divaguer.

delirium tremens n. m. inv.
● Attention à la prononciation de la dernière syllabe qui rime avec *mince* [delirjɔmtremɛ̃s].
● Locution latine signifiant « délire tremblant ».
● Complication de l'alcoolisme.
Note.- En typographie soignée, les mots étrangers sont composés en italique. Dans des textes déjà en italique, la notation se fait en romain. Pour les textes manuscrits, on utilisera les guillemets.

délit n. m.
● Acte défendu par la loi.
● *En flagrant délit.* Sur le fait.
● *Le corps du délit.* L'élément matériel de l'infraction.

délivrance n. f.
● Libération. *La délivrance d'un prisonnier.*
● Soulagement. *Quelle délivrance ! Ils sont partis.*
● Action de remettre une chose à quelqu'un. *La délivrance d'un passeport.*
● Dernier stade de l'accouchement.

délivrer v. tr.
● Mettre en liberté. *Délivrer un otage.*
● Remettre, dans la langue administrative. *Délivrer un permis de conduire, un passeport.*

déloger v. tr.
● Le *g* est suivi d'un *e* devant les lettres *a* et *o*. *Il délogea, nous délogeons.*
● Chasser d'un endroit, de son logement.

déloyal, ale, aux adj.
Traître, perfide, sans loyauté.

déloyauté n. f.
Fausseté, traîtrise.

delphinium n. m.
● Attention à la dernière syllabe qui se prononce comme *niomme* [dɛlfinjɔm].
● Plante herbacée ornementale. *De beaux delphiniums très bleus.*
Syn. **pied-d'alouette.**

delta adj. inv. et n. m.
● **Adjectif invariable.** De forme triangulaire. *Des ailes delta.*
● **Nom masculin.** Terrain d'alluvions à l'embouchure d'un fleuve. *Le delta du Nil, des deltas.*
● **Nom masculin invariable.** Lettre grecque. *Des delta.*

delta-plane ou **deltaplane** n. m.
Engin permettant de faire du vol libre.

déluge n. m.
● Pluie torrentielle qui, d'après la Bible, recouvrit la Terre et noya ses habitants. *Noé et les passagers de l'arche échappèrent au Déluge.*
Note.- L'inondation décrite par la Bible s'écrit avec une majuscule initiale.
● *Remonter au déluge.* Remonter très loin.
● *Après moi le déluge.* Peu m'importe.
Note.- Dans ces expressions, certains auteurs écrivent le mot *déluge* avec une majuscule.
● Pluie torrentielle, grande inondation.
● Très grande quantité. *Un déluge de cadeaux.*

déluré, ée adj.
● D'un esprit vif, dégourdi.
● Effronté. *Une adolescente un peu trop délurée.*

démagnétiser v. tr.
Faire cesser l'état magnétique d'un objet. *Ma carte de crédit est démagnétisée.*

démagogie n. f.
Action de flatter et d'exciter les passions populaires pour accroître sa popularité, son pouvoir.

démagogique adj.
Qui flatte les intérêts et les passions populaires.

démailloter v. tr.
Défaire le maillot de.
Note.- Attention à l'orthographe : démaillo**t**er.

demain adv. et n. m.
● **Adverbe.** Le jour qui suit celui où l'on est. *Je viendrai demain matin. Il le rencontrera demain à midi* (et non **demain midi*).
Note.- Cet adverbe ne peut désigner que le jour qui suit le jour présent ; si l'on se situe dans le passé ou l'avenir, on utilisera plutôt le *lendemain*, le *jour suivant.*
● **Nom masculin.** (Litt.) Avenir. *Des demains prometteurs.*

demande n. f.
● Action de demander quelque chose.
● Écrit formulant une requête. *Présenter une demande d'emploi.*
● (Écon.) Ensemble des produits et des services que

les acheteurs désirent acquérir à un jour déterminé. *L'offre et la demande.*

demander v. tr., pronom.
• **Transitif**
- Solliciter quelque chose. *Demander une faveur, un conseil.*
- Fixer un prix. *Combien demandez-vous pour cet article ?*
• **Demander à + infinitif.** Construction utilisée si le sujet des deux verbes est le même. *Je demande à partir.*
• **Demander de + infinitif.** Construction utilisée si le sujet des deux verbes n'est pas le même. *Je vous demande de venir.*
• **Demander que + subjonctif.** *Je demande que vous veniez.*
• **Pronominal**
S'interroger. *Je me demande s'il réussira.*

* demander une question
Impropriété au sens de *poser une question*.

demandeur, eresse n. m. et f.
(Dr.) Personne qui forme une action en justice.
Note.- La personne qui se défend en justice est le *défendeur*, la *défenderesse*.

démangeaison n. f.
Picotement, irritation.
Note.- Attention à l'orthographe : déman*gea*ison.

démanger v. tr.
• Le *g* est suivi d'un *e* devant la lettre *a*.
• Causer une démangeaison. *Sa main le démangea.*
• (Fig.) Avoir grande envie (d'écrire, de parler, etc.). *Le goût de partir le démangeait.*
Note.- Le verbe ne s'emploie qu'à l'infinitif, au participe présent et aux troisièmes personnes.

démantèlement n. m.
Action de démanteler ; son résultat.

démanteler v. tr.
• Le *e* se change en *è* devant une syllabe muette. *Je démantèle, je démantelais.*
• Détruire, réduire à néant. *Le réseau de trafiquants a été démantelé.*

démantibuler v. tr.
• Rompre la mâchoire.
• (Fam.) Démolir.

démaquillant, ante adj. et n. m.
Se dit d'un produit qui nettoie la peau. *Une lotion démaquillante.*

démaquiller v. tr.
Enlever le maquillage de.

démarcage ou **démarquage** n. m.
Action de démarquer ; son résultat.

démarcation n. f.
• Action de délimiter des territoires, des régions.
• *Ligne de démarcation.* Ligne qui sépare deux territoires.
• Séparation entre deux choses.

démarchage n. m.
Recherche de clients.

démarche n. f.
• Façon de marcher. *Une démarche souple.*
• Action entreprise en vue de la réussite d'un projet. *Faire des démarches auprès des autorités.*
• Manière de penser, de progresser. *Démarche intellectuelle.*

démarcheur n. m.
démarcheuse n. f.
Représentant qui fait du démarchage.

démarquer v. tr., pronom.
• **Transitif.** Supprimer la marque. *Démarquer des vêtements pour les solder.*
• **Pronominal.** Se distinguer. *Pour réussir, il faut se démarquer des concurrents.*

démarrage n. m.
• Action, fait de démarrer.
• (Fig.) Début, départ. *Le démarrage d'une entreprise.*

démarrer v. tr., intr.
• **Transitif**
Rompre les amarres, partir.
Note.- Bien que critiqué par de nombreux auteurs, l'emploi de la forme transitive est de plus en plus usité. *Démarrer un moteur.*
• **Intransitif**
- Commencer. *La construction démarrera sous peu.*
- (Fam.) Se mettre à marcher. *Le travail démarre très bien.*

démarreur n. m.
Dispositif servant à mettre un moteur en marche.

démasquer v. tr., pronom.
• **Transitif**
- Retirer le masque de quelqu'un.
- (Fig.) Dévoiler la véritable nature de quelqu'un. *Démasquer un espion.*
• **Pronominal**
Se montrer sous son vrai jour.

d'emblée loc. adv.
Du premier coup, aussitôt.
Note.- Attention à l'orthographe : d'emblé*e*.

démêlage n. m.
Action de démêler.

démêlé n. m.
Problème, difficulté. *Il a eu des démêlés avec la justice.*
Note.- Ce nom s'emploie généralement au pluriel.

démêler v. tr.
• L'accent circonflexe du deuxième *e* est conservé à toutes les formes de la conjugaison.
• Séparer ce qui était emmêlé. *Démêler des fils.*
• (Fig.) Distinguer une chose d'une autre. *Démêler le vrai du faux, le réel d'avec l'imaginaire.*
Note.- Le verbe *démêler* se construit avec la locution prépositive *d'avec* lorsque l'on insiste sur la difficulté d'une distinction à faire.

démembrement n. m.
Action de démembrer, de morceler.

démembrer v. tr.
• Séparer les membres d'un corps.
• Séparer les parties d'un tout. *Démembrer une organisation.*

déménagement n. m.
Transport d'objets d'un lieu vers un autre.

déménager v. tr., intr.
• Le **g** est suivi d'un **e** devant les lettres **a** et **o**. *Nous déménageons, il déménagea.*
• **Transitif.** Transporter des objets d'un lieu vers un autre. *Elle déménagera ses meubles jeudi.*
• **Intransitif.** Changer de logement. *Il a déménagé trois fois en trois ans.*
Note.- Ne pas confondre avec le verbe **emménager** qui signifie « s'installer dans un nouveau logement ».

déménageur n. m.
• Entrepreneur de transports spécialisé dans les déménagements.
• Personne dont le métier est de faire des déménagements.

démence n. f.
• Perte de la raison.
• Conduite insensée, déraisonnable. *Ce projet, c'est de la démence !*

démener (se) v. pronom.
• Le **e** se change en **è** devant une syllabe muette. *Il se démène, il se démenait.*
• S'agiter beaucoup.
• (Fig.) Se donner du mal, de la peine pour parvenir à un résultat. *Elle s'est bien démenée pour l'atteinte de notre objectif.*

dément, ente adj. et n. m. et f.
• Atteint de démence.
• (Fam.) Insensé, déraisonnable.

démenti n. m.
Déclaration faite pour informer qu'une nouvelle est inexacte. *Le ministre a opposé un démenti formel à cette nouvelle.*

démentiel, ielle adj.
• Le **t** se prononce comme **s** [demãsjɛl].
• Fou, démesuré, excessif. *Une entreprise démentielle.*
Note.- Attention à l'orthographe : démen**t**iel.

démentir v. tr., pronom.
• *Je démens, tu démens, il dément, nous démentons, vous démentez, ils démentent. Je démentais. Je démentis. Je démentirai. Je démentirais. Démens, démentons, démentez. Que je démente. Que je démentisse. Démentant. Démenti, ie.*
• **Transitif**
- Déclarer faux. *Il dément que cette personne soit à l'origine de l'incident.*
Note.- Le verbe se construit généralement avec le mode subjonctif, mais le mode indicatif est également usité si l'on désire insister sur l'aspect réel de l'énoncé. *Il dément que l'entreprise a pollué la rivière.*
- Infirmer. *Les faits ont démenti les hypothèses.*
• **Pronominal**
Manquer à sa parole, cesser de se manifester. *Sa détermination ne s'est jamais démentie.*

démerder (se) v. pronom.
(Pop.) Se débrouiller.

démérite n. m.
(Litt.) Faute, tort.

démériter v. intr.
Perdre l'estime d'autrui.

démesure n. f.
Excès.

démesuré, ée adj.
• Qui dépasse la mesure. *Un orgueil démesuré.*
Note.- Ne pas confondre avec les mots suivants :
- **excessif**, qui sort des limites permises ;
- **exorbitant**, qui sort des bornes, qui est inabordable ;
- **forcené**, qui dépasse toute mesure dans ses attitudes.
• Exagéré.

démesurément adv.
De façon démesurée.

démettre v. tr., pronom.
• **Transitif**
- Déplacer, luxer un os. *Démettre une épaule.*
- Destituer d'un emploi. *Il a été démis de ses fonctions.*
• **Pronominal**
Démissionner.

demeurant (au) loc. adv.
(Litt.) Tout bien considéré. *Un projet grandiose, mais au demeurant réalisable.*

demeure n. f.
• (Litt.) Lieu où l'on habite.
Note.- La **résidence** est la demeure habituelle, tandis que le **domicile** est la demeure légale.
• Belle et grande maison. *Une riche demeure.*
• **Mettre quelqu'un en demeure.** Sommer.
• **Il y a péril en la demeure.** Le moindre retard serait nuisible.
• **À demeure.** D'une manière fixe. *Ils sont installés à demeure ici.*

demeuré, ée adj. et n. m. et f.
Inintelligent, débile.

demeurer v. intr.
• **Demeurer + auxiliaire être.** Rester, continuer à être. *Il est demeuré marqué par l'événement.*
• **Demeurer + auxiliaire avoir.** Habiter. *Le poète a demeuré ici.*
Note.- Le verbe se construit généralement sans préposition. *Elle demeure rue Bonaparte.* Par contre, on écrira **demeurer + au** lorsque l'adresse comporte un numéro. *Elle demeure au 14 de la rue de Rennes, ou elle demeure 14 rue de Rennes.*

demi- préf.
Les mots composés avec le préfixe **demi-** s'écrivent

avec un trait d'union et seul le deuxième élément prend la marque du pluriel. *Des demi-vérités.*

demi, ie adj., adv. et n. m. et f.

• **ADJECTIF**

- Qui est la moitié d'un tout.

- **Demi + nom.** L'adjectif *demi* est invariable et se joint au nom par un trait d'union. Seul le deuxième élément se met au pluriel. *Des demi-heures. Des demi-mesures.*

Note.- L'adjectif *demi* est utilisé dans la langue courante alors que *semi* est un terme plus technique.

- *Et demi, demie,* invariable en nombre. L'adjectif *demi* s'accorde en genre uniquement avec le nom auquel il se rapporte. *Trois kilomètres et demi. Deux heures et demie. Midi ou minuit et demi.*

• **ADVERBE**

- À moitié.

- **Demi + adjectif.** L'adverbe *demi* est invariable et se joint par un trait d'union à l'adjectif qui s'accorde en genre et en nombre avec le nom auquel il se rapporte. *Un mur demi-détruit. Une maison demi-détruite.*

- La locution adverbiale *à demi* qui est invariable ne prend pas de trait d'union devant un adjectif. *Une bouteille à demi vide.* Devant un nom, le trait d'union est de rigueur. *La marchandise est à demi-prix.*

• **NOM MASCULIN**

- Moitié. *Je prendrai un demi de bière.*

- Joueur qui assure la liaison entre les avants et les arrières, dans certains sports. *Des demis de mêlée.*

• **NOM FÉMININ**

Demi-heure. *L'horloge sonne aux heures et aux demies.*

---

demi-bouteille n. f.
Bouteille contenant la moitié d'une bouteille ordinaire. *Des demi-bouteilles.*

demi-brigade n. f.
Réunion de deux ou trois bataillons sous les ordres d'un colonel. *Des demi-brigades.*

demi-cercle n. m.
Moitié d'un cercle. *Des demi-cercles.*

demi-circulaire adj.
Qui a la forme d'un demi-cercle.

demi-colonne n. f.
Colonne engagée de la moitié de son diamètre dans un mur. *Des demi-colonnes.*

demi-deuil n. m.
Vêtement porté à la fin d'un deuil. *Des demi-deuils.*

demi-dieu n. m.
Divinité secondaire. *Des demi-dieux.*

demi-douzaine n. f.
Moitié d'une douzaine. *Des demi-douzaines.*

demi-finale n. f.
Avant-dernière épreuve d'une compétition sportive. *Des demi-finales.*

demi-frère n. m.
Frère par le père ou la mère seulement. *Des demi-frères.*

demi-gros n. m. inv.
Intermédiaire entre le commerce en gros et la vente au détail. *Des demi-gros.*

demi-heure n. f.
Moitié d'une heure. *Des demi-heures.*

demi-jour n. m. inv.
Crépuscule. *Des demi-jour.*

demi-journée n. f.
Moitié d'une journée. *Des demi-journées.*

démilitarisation n. f.
Action de démilitariser ; son résultat.

démilitariser v. tr.
Supprimer le caractère militaire.

demi-litre n. m.
Moitié d'un litre. *Des demi-litres.*

demi-longueur n. f.
Moitié de la longueur. *Des demi-longueurs.*

demi-lune n. f.
Demi-cercle. *Des demi-lunes.*

demi-mal n. m.
Inconvénient mineur. *Des demi-maux.*

demi-mesure n. f.
Mesure insuffisante. *Des demi-mesures.*

demi-mort, morte adj.
(Litt.) À moitié mort. *Elles sont demi-mortes.*

demi-mot (à) loc. adv.
À mots couverts.

déminage n. m.
Action de déminer. *Le déminage du golfe Persique.*

déminer v. tr.
Retirer les mines explosives d'un endroit.

déminéralisation n. f.
Action de déminéraliser.

déminéraliser v. tr., pronom.
Supprimer les sels minéraux.

demi-pause n. f.
(Mus.) Silence qui équivaut à la moitié d'une pause. *Des demi-pauses.*

demi-pension n. f.
Tarif hôtelier comprenant le petit déjeuner et un seul repas. *Des demi-pensions.*

demi-pensionnaire n. m. et f.
Élève qui prend le repas du midi dans l'établissement scolaire. *Des demi-pensionnaires.*

demi-place n. f.
Place à moitié prix. *Des demi-places.*

demi-portion n. f.
(Fam.) Personne chétive. *Des demi-portions.*

demi-queue adj. inv. et n. m. inv.
Piano de grandeur intermédiaire. *Des pianos demi-queue.*

demi-reliure n. f.
Reliure où seul le dos est en peau. *Des demi-reliures.*

démis, ise adj.
Luxé. *Un humérus démis.*

demi-saison n. f.
Saison de transition (printemps, automne). *Des demi-saisons.*

demi-sang n. m. inv.
Cheval provenant d'un croisement où un seul reproducteur est un pur-sang. *Des demi-sang.*

demi-sel n. m. inv.
Fromage légèrement salé. *Des demi-sel.*

demi-sœur n. f.
Sœur par le père ou la mère seulement. *Des demi-sœurs.*

demi-solde n. f.
Solde réduite de moitié. *Des demi-soldes.*

demi-sommeil n. m.
État intermédiaire entre la veille et le sommeil. *Des demi-sommeils.*

démission n. f.
Acte par lequel on renonce à un poste, une fonction.

démissionnaire adj. et n. m. et f.
Qui donne sa démission.

démissionner v. intr.
Donner sa démission. *Il vient de démissionner.*

demi-tarif adj. inv. et n. m.
Tarif réduit de moitié. *Des demi-tarifs. Des billets demi-tarif.*
Note.- L'adjectif est invariable.

demi-teinte n. f.
Teinte intermédiaire entre le clair et le foncé. *Des demi-teintes.*

demi-ton n. m.
(Mus.) Intervalle équivalent à la moitié d'un ton. *Des demi-tons.*

demi-tour n. m.
Moitié d'un tour, volte-face. *Des demi-tours.*

démiurge n. m.
(Litt.) Créateur, animateur.

démobilisateur, trice adj.
Qui démobilise. *Un effet démobilisateur.*

démobilisation n. f.
• Action de rendre les soldats à la vie civile.
• Réduction de la motivation.

démobiliser v. tr.
• Rendre les soldats à la vie civile.
• Réduire la motivation d'une personne, d'un groupe.

démocrate adj. et n. m. et f.
Partisan de la démocratie.

démocratie n. f.
• Le *t* se prononce *s* [demɔkrasi].
• État où le peuple exerce la souveraineté.

démocratique adj.
• Qui appartient à la démocratie.
• Conforme à la démocratie.

démocratiquement adv.
D'une façon démocratique.

démocratisation n. f.
Action de démocratiser ; son résultat.

démocratiser v. tr.
• Organiser d'après les principes de la démocratie.
• Rendre accessible à tous.

démodé, ée adj.
Qui n'est plus à la mode. *Un style démodé.*

démoder (se) v. pronom.
Être hors de mode. *Par définition, la mode se démode.*

démographe n. m. et f.
Spécialiste de la démographie.

démographie n. f.
Science statistique des populations humaines, de leur évolution, de leurs mouvements.

démographique adj.
De la démographie.

demoiselle n. f.
• Jeune fille.
• Célibataire.

démolir v. tr.
Ruiner, détruire.

démolition n. f.
• Destruction d'une construction.
• (Fig.) Action de ruiner.

démon n. m.
• Esprit infernal. *Les démons de la nuit.*
Note.- Ce nom n'a pas de forme féminine et lorsqu'il désigne Satan, il s'écrit avec un *d* majuscule.
• Personnification d'une passion, d'un vice.

démoniaque adj. et n. m. et f.
Relatif au démon. *Un projet démoniaque.*

démonstrateur n. m.
démonstratrice n. f.
Personne qui fait une démonstration publicitaire.

démonstratif, ive adj. et n. m.
• Qui sert à démontrer, qui aime à démontrer. *Elle est très démonstrative.*
• Qui sert à désigner des personnes ou des choses. *Ce est un pronom démonstratif.*
V. Tableau - **DÉMONSTRATIF (ADJECTIF)**.
V. Tableau - **PRONOM**.

démonstration n. f.
• Action de prouver par l'expérience la vérité d'une proposition, d'un fait.
• Action de montrer, d'expliquer quelque chose.
• Témoignage. *Des démonstrations de joie.*

ADJECTIF DÉMONSTRATIF

L'adjectif démonstratif détermine le nom en montrant l'être ou l'objet désigné par ce nom. Il s'accorde en genre et en nombre avec le nom déterminé.

- au masculin singulier **ce, cet**   *Ce livre, cet ouvrage, cet homme.*
- au féminin singulier **cette**   *Cette fleur.*
- au pluriel **ces**   *Ces garçons et ces filles.*

L'adjectif démonstratif est parfois renforcé par **ci** ou **là** joint au nom par un trait d'union. Alors que **ci** indique la proximité, **là** suggère l'éloignement. *Cette étude-ci, cette maison-là.*

Certains adjectifs démonstratifs sont vieillis et ne se retrouvent plus que dans la langue juridique : **ledit, ladite, lesdits, lesdites ; audit, à ladite, auxdits, auxdites ; dudit, de ladite, desdits, desdites ; susdit, susdite, susdits, susdites.**

V. Tableau - **ADJECTIF.**

---

démontable adj.
Qui peut être démonté. *Un mécanisme démontable.*

démontage n. m.
Action de démonter.

démonté, ée adj.
Déconcerté. *Il était tout démonté.*

démonte-pneu n. m.
Outil utilisé pour retirer un pneu de la jante. *Des démonte-pneus.*

démonter v. tr., pronom.
• **Transitif**
- Désassembler. *Démonter un moteur.*
- Déconcerter.
• **Pronominal**
Se troubler, perdre contenance.

démontrer v. tr.
• Établir par un raisonnement rigoureux la vérité de quelque chose.
• Témoigner par des signes extérieurs. *Il lui a démontré beaucoup de gratitude.*

démoralisant, ante adj.
Démotivant.

démoralisateur, trice adj. et n. m. et f.
Qui démoralise.

démoraliser v. tr., pronom.
Décourager.

démordre v. tr. ind.
Ne pas vouloir démordre de, s'entêter. *Elle dit qu'elle a raison et ne veut pas en démordre.*

démoulage n. m.
Action de démouler.

démouler v. tr.
Retirer du moule. *Démouler un gâteau.*

démunir v. tr., pronom.
• **Transitif.** Dépouiller de choses essentielles.

• **Pronominal.** Se priver de.

démystification n. f.
Action de démystifier ; son résultat.

démystifier v. tr.
• Redoublement du *i* à la première et à la deuxième personne du pluriel de l'indicatif imparfait et du subjonctif présent. *(Que) nous démystifiions, (que) vous démystifiiez.*
• Dissiper l'erreur, le mensonge.
Note.- Ne pas confondre avec le verbe **démythifier** qui signifie « supprimer un mythe ».

démythification n. f.
Action de démythifier ; son résultat.
Note.- Attention à l'orthographe : démy**thifi**cation.

démythifier v. tr.
• Redoublement du *i* à la première et à la deuxième personne du pluriel de l'indicatif imparfait et du subjonctif présent. *(Que) nous démythifiions, (que) vous démythifiiez.*
• Dépouiller une chose de son aspect mythique. *Démythifier l'informatique.*
Note.- Ne pas confondre avec le verbe **démystifier** qui signifie « dissiper l'erreur, le mensonge ».

dénatalité n. f.
Décroissance du nombre des naissances dans un pays.

dénationalisation n. f.
Action de dénationaliser.

dénationaliser v. tr.
Restituer au secteur privé (une entreprise nationalisée).

dénaturalisation n. f.
Fait de dénaturaliser.

dénaturaliser v. tr.
Priver des droits acquis par l'acquisition de la nationalité.

dénaturé, ée adj.
● Dont la nature a été modifiée.
● Contraire à ce qui est naturel. *Un père dénaturé.*

dénaturer v. tr.
● Changer la nature de, altérer.
● Déformer. *Dénaturer des faits.*

dénégation n. f.
Action de nier vivement un fait.

déneigement n. m.
Action d'enlever la neige. *Le déneigement des rues.*

déneiger v. tr.
● Le **g** est suivi d'un **e** devant les lettres **a** et **o**. *Il déneigea, nous déneigeons.*
● Débarrasser (une voie, un lieu, etc.) de la neige. *Nous déneigeons le sentier.*

déni n. m.
● Refus d'accorder ce qui est dû.
● *Déni de justice.* Refus de rendre justice. *Des dénis de justice.*

déniaiser v. tr.
Faire perdre sa naïveté, son innocence.

dénicher v. tr.
Découvrir après de longues recherches. *Elle a déniché un bel appartement.*

denier n. m.
● (Ancienn.) Monnaie.
● (Au plur.) (Litt.) Ressources personnelles. *Il a payé de ses deniers.*
● *Les deniers publics.* Les revenus de l'État.

dénier v. tr.
● Redoublement du **i** à la première et à la deuxième personne du pluriel de l'indicatif imparfait et du subjonctif présent. *(Que) nous déniions, (que) vous déniiez.*
● Refuser de reconnaître quelque chose.

dénigrement n. m.
Action de dénigrer.

dénigrer v. tr.
Chercher à diminuer la valeur d'une personne, d'une chose.
Note.- Ne pas confondre avec les verbes suivants :
- *décrier*, déprécier avec force, faire perdre la réputation, l'autorité ;
- *diffamer*, porter atteinte à la réputation ;
- *discréditer*, souiller la réputation en dépréciant ou en diffamant.

déniveler v. tr.
● Redoublement du **l** devant un **e** muet. *Je dénivelle, je dénivellerai, mais je dénivelais.*
● Rendre accidenté ce qui était uni.

dénivellation ou **dénivellement** n.m.
Différence de niveau. *Une forte dénivellation.*

dénombrement n. m.
Énumération, inventaire.

dénombrer v. tr.
Compter, inventorier.

dénominateur n. m.
● Terme d'une fraction placé au-dessous de la barre horizontale et qui marque en combien de parties égales l'unité a été divisée.
Ant. **numérateur.**
V. Tableau - **NOMBRES.**
● *Dénominateur commun.* (Fig.) Point commun à des personnes, à des choses.

dénomination n. f.
Attribution d'un nom à une personne, à une chose.

dénommé, ée adj. et n. m. et f.
(Fam.) Qui a pour nom.

dénommer v. tr.
Désigner, donner un nom.

dénoncer v. tr.
● Le **c** prend une cédille devant les lettres **a** et **o**. *Il dénonça, nous dénonçons.*
● Signaler à l'opinion une chose mauvaise, un coupable. *Il a dénoncé certaines pratiques douteuses.*
● Annuler, rompre (un engagement).

dénonciateur, trice adj. et n. m. et f.
Qui dénonce quelque chose.

dénonciation n. f.
● Action de dénoncer quelqu'un, quelque chose.
● Rupture d'un engagement.

dénoter v. tr.
Indiquer.
Note.- Attention à l'orthographe : déno*t*er.

dénouement n. m.
Conclusion.
Note.- Attention à l'orthographe : dénou*e*ment.

dénouer v. tr., pronom.
● **Transitif**
- Défaire un nœud.
- Résoudre, éclaircir une difficulté, une intrigue.
● **Pronominal**
Se démêler.

dénoyautage n. m.
Action de dénoyauter.

dénoyauter v. tr.
Enlever le noyau de. *Dénoyauter des cerises.*

denrée n. f.
● Tout produit vendu pour nourrir les hommes, les animaux. *Des denrées périssables.*
● (Fig.) *Une denrée rare.* Chose précieuse qui se rencontre rarement.

dense adj.
Épais, compact. *Une foule très dense.*
Note.- Attention à l'orthographe : dens*e*.
Hom. *danse,* action de danser.

densité n. f.
Caractère de ce qui est dense.

dent n. f.
● Petit os qui sert à la mastication.
● *Avoir une dent contre quelqu'un, quelque chose.* Être hostile à.

• **Prendre le mors aux dents.** S'emballer, pour un cheval ; (fig.) s'emporter, pour une personne.
• **Mordre à belles dents.** Manger avidement.
Note.- Le nom **dent** s'écrit au pluriel dans les expressions **mal de dents, grincement de dents, rage de dents** et au singulier dans l'expression **coup de dent**.

dentaire adj.
Relatif aux dents. *L'art dentaire.*

dental, ale, aux adj. et n. f.
Se dit d'une consonne qui se prononce à l'aide des dents (par exemple, **t** et **d**). *Une consonne dentale. Les dentales.*

dent-de-lion n. f.
Pissenlit. *Des dents-de-lion.*

dente (al)
V. **al dente**.

denté, ée adj.
Garni de dents. *Une roue dentée.*

dentelé, ée adj. et n. m.
Qui est découpé en forme de dents. *Un col dentelé.*
Note.- Attention à l'orthographe : dentelé, contrairement à **dentelle**.

denteler v. tr.
• Redoublement du **l** devant un **e** muet. *Je dentelle, je dentellerai,* mais *je dentelais.*
• Faire des entailles en forme de dents.

dentelle n. f.
• Tissu décoré de dessins exécutés à l'aide d'aiguilles et de fils divers.
• **De dentelle, en dentelle.** *Un col de dentelle, en dentelle.*
Notes.-
1° Ces expressions s'écrivent au singulier.
2° Attention à l'orthographe : dentelle.

dentellier, ière adj.
Qui se rapporte à la dentelle. *L'industrie dentellière.*

dentellière n. f.
Personne qui fait de la dentelle. *Une dentellière coiffée d'un bigouden.*

dentelure n. f.
Motif dentelé.

dentier n. m.
Prothèse dentaire amovible.

dentifrice adj. et n. m.
Se dit d'un produit propre à nettoyer les dents. *Une pâte dentifrice, un dentifrice. Un tube de dentifrice.*

dentiste n. m. et f.
Spécialiste des soins dentaires. *C'est un bon dentiste, pas un arracheur de dents.*

dentisterie n. f.
Étude et pratique des soins dentaires.

dentition n. f.
Formation et sortie des dents. *Sa dentition le fait souffrir.*

denture n. f.
Ensemble des dents. *Elle a une belle denture.*

Note.- Dans la langue courante, on emploie parfois le nom **dentition** en ce sens.

dénucléarisation n. f.
Action de diminuer le nombre d'armes nucléaires.

dénudé, ée adj.
Mis à nu. *Un terrain dénudé.*
Note.- Ne pas confondre avec le mot **dénué** qui qualifie ce qui est privé de quelque chose.

dénuder v. tr., pronom.
• **Transitif.** Mettre à nu.
• **Pronominal.** Se mettre nu.

dénué, ée adj.
Privé de. *Il est dénué de bienveillance.*
Note.- Ne pas confondre avec le mot **dénudé** qui qualifie ce qui est mis à nu.

dénuement n. m.
Privation du nécessaire, misère.
Note.- Attention à l'orthographe : dénu**e**ment.

déodorant adj. m. et n. m.
Se dit d'un produit qui diminue ou supprime les odeurs corporelles.
Note.- Ne pas confondre avec le mot **désodorisant** qui se dit d'un produit qui enlève ou masque les mauvaises odeurs dans un local.

déontologie n. f.
Ensemble de règles et de devoirs professionnels. *La déontologie médicale.*
Note.- Ce nom désignait à l'origine les devoirs du médecin ; il s'entend aujourd'hui de toutes les professions.

déontologique adj.
De la déontologie. *Un code déontologique.*

dépailler v. tr.
• Les lettres **ill** sont suivies d'un **i** à la première et à la deuxième personne du pluriel de l'indicatif imparfait et du subjonctif présent. *(Que) nous dépaillions, (que) vous dépailliez.*
• Dégarnir de sa paille.

dépannage n. m.
• Remise en marche de ce qui est en panne.
• (Fam.) Aide momentanée apportée à une personne, à un groupe en difficulté.

dépanner v. tr.
• Remettre en marche quelque chose qui est en panne.
• (Fam.) Aider quelqu'un en difficulté.

dépanneuse n. f.
Voiture de dépannage.

dépaquetage n. m.
Action de dépaqueter.

dépaqueter v. tr.
• Redoublement du **t** devant un **e** muet. *Je dépaquette, je dépaquetterai,* mais *je dépaquetais.*
• Défaire un paquet.

dépareillé, ée adj.
• Qui forme une série disparate. *Un service de table dépareillé.*

• Qui est séparé d'un ensemble avec lequel il constituait une paire, une série. *Des chaussettes dépareillées.*

dépareiller v. tr.
• Les lettres *ill* sont suivies d'un *i* à la première et à la deuxième personne du pluriel de l'indicatif imparfait et du subjonctif présent. *(Que) nous dépareillions, (que) vous dépareilliez.*
• Séparer un objet d'autres objets de même nature.
• Rompre l'unité d'un ensemble.

déparer v. tr.
Rendre moins beau. *Cet immeuble dépare le bel ensemble de bâtiments.*

déparier v. tr.
• Redoublement du *i* à la première et à la deuxième personne du pluriel de l'indicatif imparfait et du subjonctif présent. *(Que) nous dépariions, (que) vous dépariiez.*
• Séparer deux choses qui forment la paire.

départ n. m.
• Action de partir, moment où l'on part. *C'est déjà l'heure du départ.*
• *Point de départ.* Lieu d'où l'on part ; (fig.) commencement.

départager v. tr.
• Le *g* est suivi d'un *e* devant les lettres *a* et *o. Il départagea, nous départageons.*
• Arbitrer.
• Faire cesser l'égalité des voix en ajoutant un nouveau suffrage.

département n. m.
• Division, branche spécialisée. *Le département des Affaires sociales.*
• Division administrative du territoire français. *Le département de la Haute-Savoie.*

départemental, ale, aux adj. et n. f.
Relatif à un département. *Une route départementale, une départementale.*

département d'outre-mer
Sigle *D.O.M.*

départir v. tr., pronom.
• *Je me dépars, tu te dépars, il se départ, nous nous départons, vous vous départez, ils se départent. Je me départis. Je me départis. Je me départirai. Je me départirais. Dépars-toi, départons-nous, départez-vous. Que je me départe, que nous nous départions. Que je me départisse, que nous nous départissions. Se départant. Dépari, ie.*
• **Transitif.** (Litt.) Distribuer, impartir à.
• **Pronominal.** Renoncer, se séparer. *Sans se départir de son amabilité, elle lui répondit fermement.*

dépassement n. m.
Action de dépasser, de se dépasser. *Un dépassement de dépense.*

dépasser v. tr., intr., pronom.
• **Transitif**
- Aller plus loin, au-delà de. *Cela dépasse l'entendement.*

- Devancer, doubler. *La voiture a dépassé le camion.*
- Déconcerter. *Cette histoire me dépasse.*
• **Intransitif**
Excéder. *Son jupon dépasse.*
• **Pronominal**
Se surpasser.

dépaysement n. m.
Fait d'être dépaysé.

dépayser v. tr.
Désorienter.

dépeçage ou **dépècement** n. m.
Action de dépecer.

dépecer v. tr.
• Le *e* se change en *è* devant une syllabe muette. *Je dépèce, je dépeçais.*
• Le *c* prend une cédille devant les lettres *a* et *o. Il dépeça, nous dépeçons.*
• Mettre en pièces, en morceaux. *Dépecer un poulet.*

dépêche n. f.
• Missive officielle. *Une dépêche diplomatique.*
• Information transmise par voie rapide. *Une dépêche d'agence.*
Note.- Ne pas confondre avec les mots suivants :
- *billet*, lettre très concise ;
- *circulaire*, lettre d'information adressée à plusieurs destinataires ;
- *communiqué*, avis transmis au public ;
- *courrier*, ensemble des lettres, des imprimés, etc. acheminé par la poste ;
- *lettre*, écrit transmis à un destinataire ;
- *note*, brève communication écrite, de nature administrative ;
- *télégramme*, message transmis télégraphiquement.

dépêcher v. tr., pronom.
• On conserve l'accent circonflexe de la deuxième syllabe à toutes les formes de la conjugaison.
• **Transitif.** (Litt.) Envoyer en toute diligence. *On m'a dépêché un adjoint pour prendre la relève.*
• **Pronominal.** Se hâter. *Dépêchez-vous !*

dépeigner v. tr.
• Les lettres *gn* sont suivies d'un *i* à la première et à la deuxième personne du pluriel de l'indicatif imparfait et du subjonctif présent. *(Que) nous dépeignions, (que) vous dépeigniez.*
• Décoiffer.

dépeindre v. tr.
Représenter par la parole, l'écrit. *Dépeindre une scène avec réalisme.*

dépenaillé, ée adj.
Déguenillé.

dépendance n. f.
• Assujettissement, subordination.
• Accoutumance. *Attention à la dépendance que crée ce médicament.*
• (Au plur.) Ensemble de bâtiments qui appartiennent à un domaine.
Note.- Attention à l'orthographe : dép**en**d**an**ce.

dépendant, ante adj.
Subordonné.

dépendre v. tr. ind.
• Ce verbe se conjugue comme le verbe **pendre**.
• Être sous la dépendance de. *Il dépend toujours de ses parents.*
• Être subordonné à, résulter. *Son succès dépend de ses efforts.*
• (Impers.) Reposer sur. *Il ne dépend pas d'elle que vous soyez nommé.*

dépens n. m. pl.
• *Aux dépens de.* Aux frais de. *Vivre aux dépens de ses parents.*
• *Aux dépens de.* Au détriment de quelque chose. *Ce choix a été fait aux dépens de sa tranquillité. Elle l'a appris à ses dépens.*
Notes.-
1° Ce nom ne s'emploie qu'au pluriel.
2° Attention à l'orthographe : dép**ens**.

dépense n. f.
• Action de dépenser.
• Somme engagée pour l'acquisition d'un bien ou la prestation d'un service. *Une dépense engagée. Faire face à une dépense.*

dépenser v. tr., pronom.
• **Transitif**
- Employer de l'argent.
- Consommer. *Cette voiture dépense trop d'essence.*
• **Pronominal**
Se donner du mal. *Elle se dépense trop.*

dépensier, ière adj. et n. m. et f.
Qui dépense trop.

déperdition n. f.
Diminution graduelle.

dépérir v. intr.
Se détériorer, perdre de sa vigueur. *Cette plante dépérit.*

dépérissement n. m.
Affaiblissement.

dépersonnalisation n. f.
Action de dépersonnaliser.

dépersonnaliser v. tr.
Rendre impersonnel.

dépêtrer v. tr., pronom.
• Le deuxième e conserve l'accent circonflexe à toutes les formes de la conjugaison.
• **Transitif.** Dégager de, tirer d'embarras. *On l'a dépêtré de cet engagement risqué.*
• **Pronominal.** Se libérer de. *Elle est arrivée à se dépêtrer de cette situation.*
Ant. **empêtrer.**

dépeuplement n. m.
• Action de dégarnir d'habitants, d'occupants.
• État d'un endroit dépeuplé.

dépeupler v. tr., pronom.
• **Transitif.** Priver de ses habitants, de ses occupants.

• **Pronominal**. Se vider de ses habitants, de ses occupants.

déphasage n. m.
Différence de phase, décalage.
Note.- Attention à l'orthographe : dé**ph**asage.

déphasé, ée adj.
• Qui présente une différence de phase avec quelque chose.
• (Fam.) Qui présente un écart par rapport à la réalité présente.
Note.- Attention à l'orthographe : dé**ph**aser.

dépilation n. f.
Élimination des poils.
Note.- Attention à l'orthographe : dépi**l**ation.
Syn. **épilation.**

dépilatoire adj. et n. m.
Se dit d'un produit qui élimine les poils. *Des crèmes dépilatoires.*
Syn. **épilatoire.**

dépistage n. m.
• Action de dépister quelqu'un, quelque chose. *Le dépistage d'une bande de malfaiteurs.*
• (Méd.) Action de chercher à découvrir grâce à des examens systématiques certaines maladies dès leur début. *Le dépistage du cancer.*

dépister v. tr.
• Découvrir au terme d'une enquête, d'une maladie. *Dépister une maladie.*
• Détourner de la piste. *Dépister les recherches de la police.*
Note.- Ce verbe comporte deux sens à l'opposé l'un de l'autre : « découvrir la piste » ou « détourner de la piste ».

dépit n. m.
• Amertume, déception.
• *En dépit de*, locution prépositive. Malgré.
• *En dépit du bon sens.* De façon irraisonnée.

dépiter v. tr., pronom.
• **Transitif.** Contrarier.
• **Pronominal.** Se froisser.

déplacé, ée adj.
Qui ne convient pas aux circonstances. *Une remarque déplacée.*

déplacement n. m.
Action de déplacer, de se déplacer.

déplacer v. tr., pronom.
• Le *c* prend une cédille devant les lettres **a** et **o**. *Il déplaça, nous déplaçons.*
• **Transitif.** Changer une chose de place. *Il déplaça le fauteuil.*
• **Pronominal.** Changer de lieu. *Il se déplace beaucoup pour son travail.*

déplaire v. tr. ind., pronom.
• Se conjugue comme le verbe **plaire**.
• **Transitif indirect**
Rebuter, ennuyer. *Ce film lui a déplu.*

Note.- À la forme transitive, le verbe se conjugue avec l'auxiliaire *avoir*.

• **Pronominal**

- Ne pas se plaire. *Elles se sont déplu immédiatement.*

Note.- Le participe passé *déplu* est invariable parce que le verbe ne peut avoir de complément d'objet direct.

- S'ennuyer (dans un lieu). *Il se déplaît à la campagne.*

Note.- À la forme pronominale, le verbe se construit avec l'auxiliaire *être*.

déplaisant, ante adj.

Qui déplaît, désagréable. *Des allusions déplaisantes.*

Note.- Ne pas confondre avec le participe présent invariable *déplaisant*. *Ces allusions déplaisant à nos invités, nous nous en abstiendrons dorénavant.*

déplaisir n. m.

Contrariété.

dépliage n. m.

Action de déplier ; son résultat.

dépliant, ante adj. et n. m.

• **Adjectif.** Qui se déplie. *Une couchette dépliante.*

Note.- Ne pas confondre avec le participe présent invariable *dépliant*. *Les voyageurs dépliant leur journal incommodent leurs voisins.*

• **Nom masculin.** Brochure publicitaire. *J'ai reçu un dépliant de ce magasin.*

déplier v. tr.

Étaler ce qui était plié.

Note.- Ne pas confondre avec les verbes suivants :

- *déplisser*, défaire les plis ;
- *déployer*, ouvrir très largement.

déplisser v. tr.

Défaire les plis.

Note.- Ne pas confondre avec le verbe *déplier* qui signifie « étaler ce qui était plié ».

déploiement n. m.

Action de déployer ; fait d'être déployé.

Note.- Attention à l'orthographe : déploiement.

déplorable adj.

• Fâcheux, regrettable. *Ce déplorable incident a refroidi l'atmosphère.*

• (Fam.) Mauvais. *Des résultats déplorables.*

déplorablement adv.

De façon déplorable.

déplorer v. tr.

Regretter vivement quelque chose. *Nous avons déploré votre absence.*

déployer v. tr.

• Le *y* se change en *i* devant un *e* muet. *Je déploie, je déploierai.*

• Le *y* est suivi d'un *i* à la première et à la deuxième personne du pluriel de l'indicatif imparfait et du subjonctif présent. *(Que) nous déployions, (que) vous déployiez.*

• Ouvrir très largement ce qui est plié.

Note.- Ne pas confondre avec le verbe *déplier* qui signifie « étaler ce qui est plié ».

déplumer v. tr., pronom.

• **Transitif.** Dépouiller de ses plumes.

• **Pronominal.** Perdre ses plumes naturellement. *Les volatiles s'étaient complètement déplumés.*

dépoli, ie adj.

Verre dépoli. Verre translucide.

dépolir v. tr.

Faire perdre le poli, l'éclat de.

Note.- Attention à l'orthographe : dépolir.

dépolissage n. m.

Action de dépolir.

dépolitisation n. f.

Action de dépolitiser.

dépolitiser v. tr.

Retirer tout caractère politique à.

dépolluer v. tr.

Diminuer ou supprimer la pollution de.

dépollution n. f.

Action de dépolluer ; son résultat. *La dépollution des cours d'eau.*

déportation n. f.

Exil infligé à certains condamnés.

Note.- Ne pas confondre avec le mot *déportement* qui désigne le fait de dévier de sa trajectoire (en parlant d'un véhicule).

déportement n. m.

• Fait d'être déporté (en parlant d'un véhicule).

Note.- Ne pas confondre avec le mot *déportation* qui désigne un exil.

• (Au plur.) Écart de conduite.

déporter v. tr.

• Exiler.

• Faire dévier de sa trajectoire. *La voiture a été déportée vers la droite.*

déposant, ante n. m. et f.

• (Dr.) Personne qui fait une déposition.

• Personne qui fait un dépôt dans un établissement financier.

dépose n. f.

Action d'enlever ce qui était fixé. *Faire la dépose d'un carburateur.*

Note.- Ne pas confondre avec le mot *déposition* qui désigne la déclaration d'un témoin, une destitution.

déposer v. tr., intr., pronom.

• **Transitif**

- Poser une chose qu'on portait. *Déposer sa valise.*

- Placer quelque chose en un lieu. *Déposer une somme à la banque.*

- *Marque déposée.* Marque ayant fait l'objet d'un dépôt légal.

- Adresser. *Ils ont déposé une plainte.*

- Destituer, priver d'une dignité. *Déposer un roi.*

• **Intransitif**

Témoigner en justice. *Elle a déposé contre eux.*

• **Pronominal**

Former un dépôt. *Laissons ce vin se déposer.*

dépositaire n. m. et f.
• Personne à qui a été remis un dépôt.
• (Comm.) Commerçant qui vend des marchandises pour le compte de leur propriétaire.

déposition n. f.
• Déclaration d'un témoin.
• Destitution.
Note.- Ne pas confondre avec le mot **dépose** qui désigne l'action d'enlever ce qui est fixé.

déposséder v. tr.
• Le **é** se change en **è** devant une syllabe muette, sauf à l'indicatif futur et au conditionnel présent. Je dépossède, mais je déposséderai.
• Priver de la possession de quelque chose.

dépossession n. f.
Action de déposséder ; son résultat.

dépôt n. m.
• Action de déposer quelque chose en un lieu, de confier quelque chose à quelqu'un.
• La chose ainsi confiée. Un dépôt bancaire.
• **Dépôt légal**. Dépôt obligatoire à l'Administration d'exemplaires d'une production.
V. **marque déposée**.
• Endroit où l'on dépose certaines choses. Un dépôt de marchandises.
• Matières qui se déposent dans un liquide au repos.

dépotage ou **dépotement** n. m.
Action de dépoter ; son résultat.

dépoter v. tr.
Ôter une plante d'un pot. Dépoter des violettes africaines.
Note.- Attention à l'orthographe : dépoter.

dépotoir n. m.
Dépôt d'ordures.

dépouille n. f.
• Peau enlevée à un animal.
• **Dépouille mortelle.** (Litt.) Corps humain après la mort.

dépouillement n. m.
• Action de dépouiller quelqu'un.
• Sobriété.
• Examen minutieux. Le dépouillement d'un texte.
• **Dépouillement du scrutin.** Dénombrement des votes d'une élection.

dépouiller v. tr., pronom.
• Les lettres **ill** sont suivies d'un **i** à la première et à la deuxième personne du pluriel de l'indicatif imparfait et du subjonctif présent. (Que) nous dépouillions, (que) vous dépouilliez.
• **Transitif**
- Voler, déposséder. Ils ont dépouillé leurs voisins.
- Examiner attentivement. Dépouiller son courrier.
• **Pronominal**
Se priver de ses biens.

dépourvu, ue adj.
• Dénué. Elle est dépourvue de biens.
• **Au dépourvu**, locution adverbiale. À l'improviste.

dépoussiérage n. m.
Action de dépoussiérer.

dépoussiérer v. tr.
• Épousseter.
• Rafraîchir. Dépoussiérer un texte, une loi.

dépravation n. f.
Goût dépravé, avilissement.

dépravé, ée adj. et n. m. et f.
• **Adjectif**. Anormal, en parlant d'un goût.
• **Nom masculin et féminin**. Perverti.

dépraver v. tr.
Corrompre, pervertir.

déprécation n. f.
(Litt.) Prière implorant le pardon.
Note.- Ne pas confondre avec le mot **imprécation** qui désigne une malédiction.

dépréciatif, ive adj.
Péjoratif.

dépréciation n. f.
Diminution de valeur, de prix.
Note.- Ne pas confondre avec le mot **déprédation** qui désigne un vol avec pillage.

déprécier v. tr., pronom.
• Redoublement du **i** à la première et à la deuxième personne du pluriel de l'indicatif imparfait et du subjonctif présent. (Que) nous dépréciions, (que) vous dépréciiez.
• **Transitif**
- Diminuer la valeur de.
- Dénigrer quelqu'un.
• **Pronominal**
Perdre de sa valeur. Ces propriétés se sont dépréciées.

déprédation n. f.
Vol avec pillage. Des déprédations commises par des manifestants.
Notes.-
1° Ce nom s'emploie souvent au pluriel.
2° Ne pas confondre avec le mot **dépréciation** qui désigne une diminution de valeur, de prix.

déprendre (se) v. pronom.
• Se conjugue comme le verbe **prendre**.
• (Litt.) Se dégager de. Ils se sont dépris de cette situation difficile.

dépressif, ive adj. et n. m. et f.
• **Adjectif**. Relatif à la dépression. Des tendances dépressives.
• **Nom masculin et féminin**. Personne qui a tendance à la dépression nerveuse.

dépression n. f.
• Enfoncement. Le sol présente une dépression.
• **Dépression (atmosphérique)**. Baisse de la pression atmosphérique.
Ant. **anticyclone**.
• (Écon.) Période de ralentissement économique.
• **Dépression (nerveuse)**. État pathologique caractérisé par une inappétence face à la vie.

dépressionnaire adj.
Qui est le siège d'une dépression atmosphérique. *Une zone météorologique dépressionnaire.*

dépressurisation n. f.
Perte de la pressurisation.

dépressuriser v. tr.
Faire cesser la pressurisation (d'un avion, d'un engin spatial, etc.)

déprimant, ante adj.
• Qui affaiblit.
• Qui démoralise. *Des films déprimants.*

déprimer v. tr., intr.
• **Transitif**
- Produire un enfoncement.
- Démoraliser.
• **Intransitif**
(Fam.) Être démoralisé.

De profundis n. m. inv.
• Le *e* se prononce é et le *s* est sonore [deprɔfɔ̃dis].
• Psaume que l'on récite dans les prières pour les morts. *Des De profundis.*
Notes.-
1° Ce nom s'écrit avec une majuscule.
2° En typographie soignée, les mots étrangers sont composés en italique. Dans des textes déjà en italique, la notation se fait en romain. Pour les textes manuscrits, on utilisera les guillemets.

déprogrammer v. tr.
Supprimer d'un programme ce qui était prévu.

dépuceler v. tr.
• Redoublement du *l* devant un *e* muet. *Je dépucelle, je dépucellerai,* mais *je dépucelais.*
• (Fam.) Faire perdre sa virginité à.

depuis adv. et prép.

• **Adverbe**
À partir d'un moment précis. *Je n'ai pas entendu parler de lui depuis.*
• **Préposition**
La préposition peut marquer :
- Un rapport de lieu
À partir d'un endroit jusqu'à un autre. *Les terres qui s'étendent depuis la montagne jusqu'au fleuve sont très fertiles.*
Note.- Plusieurs auteurs condamnent la construction d'une phrase avec la préposition de lieu employée seule. *Une émission transmise de Paris* (et non ** depuis Paris*).
- Un rapport de temps
À partir de tel moment. La préposition indique un état, une action qui dure encore. Si l'action est terminée, on emploiera la locution prépositive *à partir de. Je ne l'ai pas aperçue depuis ce matin.*
Note.- La préposition peut également se construire avec un adverbe de temps : *depuis lors, depuis peu, depuis longtemps.*
• **Locution conjonctive**
Depuis le temps que. *Depuis que ce nouveau produit est en vente, les commandes n'ont cessé d'affluer.*

Note.- Cette locution se construit avec le mode indicatif.

députation n. f.
Délégation.

député n. m.
Membre d'une assemblée législative élue au suffrage universel.

déracinement n. m.
Action de déraciner ; son résultat.

déraciner v. tr.
• Arracher avec ses racines. *Le vent a déraciné ces arbres.*
• Extirper. *Déraciner un préjugé.*
• Arracher quelqu'un de son pays d'origine.

déraillement n. m.
Fait de dérailler, de sortir des rails.

dérailler v. intr.
• Les lettres *ill* sont suivies d'un *i* à la première et à la deuxième personne du pluriel de l'indicatif imparfait et du subjonctif présent. *(Que) nous déraillions, (que) vous dérailliez.*
• Sortir des rails. *Trois wagons ont déraillé.*
• (Fam. et fig.) Déraisonner. *Tu dis des bêtises, tu dérailles.*

dérailleur n. m.
Mécanisme qui permet de changer de vitesse sur une bicyclette.

déraison n. f.
(Litt.) Manque de raison.

déraisonnable adj.
Irrationnel.

déraisonnablement adv.
De façon déraisonnable.

déraisonner v. intr.
Divaguer.

dérangement n. m.
Dérèglement. *Mon téléphone est en dérangement.*

déranger v. tr., pronom.
• Le *g* est suivi d'un *e* devant les lettres *a* et *o. Il dérangea, nous dérangeons.*
• **Transitif**
- Causer du désordre.
- Importuner. *J'espère que je ne vous dérange pas.*
• **Pronominal**
Se déplacer.

dérapage n. m.
Fait de déraper ; son résultat.

déraper v. intr.
Glisser par perte d'adhérence, en parlant d'un véhicule.

dératisation n. f.
Action de dératiser.

dératiser v. tr.
Débarrasser des rats.

derby n. m.
Course de chevaux. *Des derbys, des derbies.*

derechef adv.
(Litt.) De nouveau.
Note.- Attention à l'orthographe : cet adverbe s'écrit en un seul mot.

déréglage n. m.
État d'un appareil déréglé.

dérèglement n. m.
• État de ce qui est déréglé.
• (Vx) Inconduite.
Note.- Attention à l'orthographe : d**è**règlement.

déréglementation n. f.
Action de déréglementer.
Note.- Attention à l'orthographe : d**é**réglementation.

dérégler v. tr.
• Le deuxième *é* se change en *è* devant une syllabe muette, sauf à l'indicatif futur et au conditionnel présent. *Je dérègle*, mais *je déréglerai*.
• Détraquer, troubler le fonctionnement de.
• Troubler l'ordre moral.

dérider v. tr., pronom.
• **Transitif**
- Supprimer les rides de.
- Égayer.
• **Pronominal**
S'épanouir, sourire. *Au bout d'un moment, elle s'est déridée.*

dérision n. f.
• Mépris, sarcasme.
• *Tourner en dérision.* Railler.

dérisoire adj.
• Qui suscite la dérision.
• Très insuffisant. *Un prix dérisoire.*

dérisoirement adv.
De façon dérisoire.

dérivatif, ive adj. et n. m.
• **Adjectif**. (Gramm.) Qui sert à la formation de dérivés. *Un préfixe dérivatif.*
• **Nom masculin**. Distraction. *Le sport est un bon dérivatif au travail intellectuel.*

dérivation n. f.
• Action de dériver un cours d'eau, des liquides, etc.
• (Ling.) Procédé de formation de mots nouveaux par l'ajout d'un préfixe ou d'un suffixe à une base.
V. Tableau - **NÉOLOGISME**.

dérive n. f.
Aller à la dérive. Être emporté hors de sa route, pour un navire, un avion.

dérivé, ée adj. et n. m. et f.
• **Nom masculin**
- Mot qui dérive d'un autre. *Le nom **dérivation** est un dérivé du verbe **dériver**.*
- Corps chimique qui provient d'un autre.
• **Nom féminin**
(Math.) *Dérivée d'une fonction.* Limite vers laquelle tend cette fonction dans certaines conditions.

dériver v. tr., intr.
• **Transitif**
Former un mot par dérivation. *Dériver un mot du latin.*
• **Transitif indirect**
Être issu de. *La proposition dérive d'une hypothèse peu plausible.*
Note.- Ne pas confondre avec les verbes suivants :
- *découler*, être la suite nécessaire de ;
- *émaner*, sortir de ;
- *procéder*, tirer son origine de ;
- *provenir*, venir de ;
- *ressortir*, s'imposer comme condition logique.
• **Intransitif**
S'écarter de sa direction. *Le bateau dérive.*

derm- préf.
Élément du grec signifiant « peau ».

dermatologie n. f.
Spécialité de la médecine qui étudie et soigne les maladies de la peau.

dermatologique adj.
Relatif à la dermatologie.

dermatologiste ou **dermatologue** n. m. et f.
Spécialiste de la dermatologie.

derme n. m.
(Anat.) Partie la plus profonde de la peau recouverte par l'épiderme.

dernier, ière adj. et n. m. et f.
• Qui vient après tous les autres, dans le temps, selon le rang. *La dernière semaine de l'année.*
• Qui précède immédiatement. *La semaine dernière.*
Note.- Attention à la place de l'adjectif quand il est accompagné d'un adjectif numéral. *Les cinq dernières heures* (et non *les dernières cinq heures).
• *Tout dernier.* Alors que l'adjectif **dernier** s'accorde en genre et en nombre, le mot **tout** est invariable au masculin, mais variable au féminin. *Les tout derniers fruits. Les toutes dernières fleurs.*

dernièrement adv.
Récemment, depuis peu.

dernier-né, dernière-née n. m. et f.
Le dernier enfant dans une famille. *Des derniers-nés, des dernières-nées.*
Note.- Dans ce nom composé, les deux éléments prennent la marque du pluriel, contrairement à *nouveau-né* et *mort-né* dont le premier élément reste toujours invariable. *Des nouveau-nés, des mort-nés.*

dérobade n. f.
Action de se soustraire à une obligation.

dérobé, ée adj.
• Volé. *Des téléviseurs dérobés.*
• Caché. *Un escalier dérobé.*

dérobée (à la) loc. adv.
En secret et rapidement.

dérober v. tr., pronom.
• **Transitif**
(Litt.) Voler.

• **Pronominal**
- Se soustraire. *Elle se dérobait à ses questions.*
- S'effondrer. *Il lui semblait que le plancher se dérobait sous lui.*

dérogation n. f.
• Infraction.
• (Dr.) Modification aux dispositions d'une loi.

dérogatoire adj.
(Dr.) Qui contient une dérogation.

déroger v. tr.
• Le **g** est suivi d'un **e** devant les lettres **a** et **o**. *Il dérogea, nous dérogeons.*
• Enfreindre une loi, un usage. *Ils dérogent à la loi.*

dérouiller v. tr.
• Les lettres **ill** sont suivies d'un **i** à la première et à la deuxième personne du pluriel de l'indicatif imparfait et du subjonctif présent. *(Que) nous dérouillions, (que) vous dérouilliez.*
• Enlever la rouille de.
• (Fam.) Dégourdir. *Dérouiller ses jambes.*

déroulement n. m.
• Action de dérouler, de se dérouler.
• (Fig.) Le fait de se développer progressivement dans le temps. *Le déroulement de l'action dans un roman.*

dérouler v. tr., pronom.
• **Transitif.** Étendre ce qui était roulé.
• **Pronominal.** Se produire selon une succession donnée. *Un récit qui se déroule très vite.*
Ant. **enrouler.**

déroutant, ante adj.
Déconcertant. *Sa question était déroutante.*

déroute n. f.
• Fuite désordonnée d'une troupe vaincue.
• (Fig.) Confusion générale, crise.
Syn. **débandade.**

dérouter v. tr.
• Faire changer de destination.
• (Fig.) Déconcerter.

derrick n. m.
Tour de forage d'un puits de pétrole. *Des derricks.*
Note.- L'expression **tour de forage** a fait l'objet d'une recommandation officielle pour remplacer cet anglicisme.

derrière adv., n. m. et prép.

• **Adverbe**
- En arrière, après. *Ils sont assis derrière.*
- **Par-derrière,** locution adverbiale. *Il a attaqué par derrière.*
• **Nom masculin**
La partie postérieure d'une chose, par opposition au **devant.**
Note.- Ce mot désigne surtout la partie cachée d'une chose, par exemple la partie opposée à la façade d'un immeuble.

• **Préposition**
- Du côté opposé au devant. *Il est caché derrière l'arbre.*
- À la suite de. *Il marchait derrière elle.*
- **Une idée de derrière la tête.** Une idée secrète.

des art. déf. et indéf.
• Article défini contracté pluriel (**de les**). *Le chant des oiseaux.*
• Article indéfini pluriel de **un, une.** *Des pommes.*
• Article partitif pluriel exprimant une partie d'une chose au pluriel. *Manger des hors-d'œuvre.*
Note.- Ne pas confondre avec les mots suivants :
- **dais**, baldaquin ;
- **dès**, préposition.

dès prép.
• À partir de. *Il se lève dès l'aube. Ce sera prêt dès demain.*
• Depuis. *Dès sa parution, ce livre s'est très bien vendu.*
• **Dès que**, locution conjonctive. Dès l'instant que. Aussitôt que. *Dès qu'elle sera arrivée, nous pourrons commencer.*
Note.- Ne pas confondre avec les mots suivants :
- **dais**, baldaquin ;
- **des**, article.

désabusé, ée adj. et n. m. et f.
Déçu, désenchanté.

désabusement n. m.
(Litt.) Action de désabuser, de se désabuser.

désabuser v. tr.
(Litt.) Détromper, désillusionner.

désaccord n. m.
Différend.
Note.- Ne pas confondre avec les mots suivants :
- **discorde**, désunion grave ;
- **dissidence**, division profonde qui conduit un groupe ou une personne à se désolidariser ;
- **incompatibilité**, impossibilité de s'entendre avec une autre personne.

désaccorder v. tr.
Détruire l'accord d'un instrument de musique, l'harmonie d'un ensemble. *Le piano est désaccordé.*

désaccoutumance n. f.
Fait de se désaccoutumer ; son résultat.

désaccoutumer v. tr., pronom.
• **Transitif.** (Litt.) Faire perdre une habitude à quelqu'un.
• **Pronominal.** Se défaire d'une habitude.

désadaptation n. f.
Perte de l'adaptation.

désadapté, ée adj. et n. m. et f.
Qui n'est plus adapté à son milieu en raison de son évolution.
Note.- Ne pas confondre avec le mot **inadapté** qui désigne celui qui est incapable de s'adapter à un milieu en raison de difficultés de comportement.

désaffectation n. f.
Changement de destination d'un immeuble.
Note.- Ne pas confondre avec le mot **désaffection** qui désigne une perte de l'affection, de l'estime.

désaffecter v. tr.
Changer d'affectation (un immeuble). *Une gare désaffectée.*

désaffection n. f.
Perte de l'affection, de l'estime.
Note.- Ne pas confondre avec le mot **désaffectation** qui désigne un changement de destination d'un immeuble.

désaffiliation n. f.
Action de se désaffilier ; son résultat.
Note.- Attention à l'orthographe : désa**ffi**liation.

désaffilier v. tr.
• Les lettres **ill** sont suivies d'un *i* à la première et à la deuxième personne du pluriel de l'indicatif imparfait et du subjonctif présent. *(Que) nous désaffillions, (que) vous désaffilliez.*
• Mettre fin à l'affiliation de.

désagréable adj.
• (Choses) Mauvais, pénible.
• (Personnes) Acariâtre, déplaisant.

désagréablement adv.
De façon désagréable.

désagrégation n. f.
État de ce qui est dispersé.
Note.- Ne pas confondre avec le mot **désintégration** qui désigne l'action de détruire l'intégrité d'un tout.

désagréger v. tr., pronom.
• Le *é* se change en *è* devant une syllabe muette, sauf à l'indicatif futur et au conditionnel présent. *Il se désagrège*, mais *il se désagrégera.*
• **Transitif.** Produire la désagrégation de.
• **Pronominal.** Se décomposer.

désagrément n. m.
Ennui, sujet de contrariété.

désaltérant, ante adj.
Propre à désaltérer.

désaltérer v. tr., pronom.
• Le *é* se change en *è* devant une syllabe muette, sauf à l'indicatif futur et au conditionnel présent. *Je me désaltère*, mais *nous nous désaltérons.*
• **Transitif.** Apaiser la soif de.
• **Pronominal.** Apaiser sa soif.

désamorcer v. tr.
• Le *c* prend une cédille devant les lettres *a* et *o. Nous désamorçons, tu désamorças.*
• Neutraliser. *Désamorcer une querelle.*
• Ôter l'amorce de. *Désamorcer une bombe.*

désappointement n. m.
Déception.

désappointer v. tr.
Décevoir.

désapprobateur, trice adj.
Qui désapprouve. *Un ton désapprobateur.*

désapprobation n. f.
Blâme.

désapprouver v. tr.
Ne pas approuver, blâmer.

désarçonner v. tr.
• (Fig.) Déconcerter.
• Renverser de cheval.

désargenté, ée adj.
• Qui a perdu son revêtement d'argent.
• (Fam.) Qui manque d'argent, en parlant d'une personne.

désargenter v. tr.
• Enlever la couche d'argent d'un objet.
• (Fam.) Priver de son argent.

désarmant, ante adj.
Qui pousse à l'indulgence par sa gentillesse, sa naïveté, etc.

désarmement n. m.
Suppression des armements.

désarmer v. tr., intr.
• **Transitif**
- Enlever ses armes à quelqu'un.
- Fléchir, toucher. *Cette inconscience le désarmait complètement.*
• **Intransitif**
- Réduire ses armements.
- Cesser en parlant d'un sentiment violent. *Sa colère ne désarme pas.*

désarroi n. m.
• Trouble, angoisse.
• *En désarroi.* En détresse. *Il était en grand désarroi lorsqu'elle est arrivée.*

désarticulation n. f.
Action de désarticuler ; son résultat.

désarticuler v. tr., pronom.
• **Transitif.** Faire sortir un os de son articulation.
• **Pronominal.** Se déboîter. *Les os se sont désarticulés.*

désassortir v. tr.
Séparer des choses assorties. *Des gants désassortis.*

désastre n. m.
Catastrophe, grand malheur.

désastreux, euse adj.
Catastrophique.

désavantage n. m.
Inconvénient, préjudice.

désavantager v. tr.
• Le *g* est suivi d'un *e* devant les lettres *a* et *o. Il désavantagea, nous désavantageons.*
• Mettre en état de désavantage, léser.

désavantageusement adv.
De façon désavantageuse.

désavantageux, euse adj.
Défavorable.

désaveu n. m.
• Acte par lequel on désavoue quelqu'un, quelque chose. *Des désaveux.*
• (Litt.) Condamnation, désapprobation.

désavouer v. tr.
• Désapprouver.
• Ne pas vouloir reconnaître comme sien. *Désavouer une promesse.*

désaxé, ée adj. et n. m. et f.
• **Adjectif.** Sorti de son axe.
• **Adjectif et nom masculin et féminin.** Déséquilibré.

désaxer v. tr.
• Mettre hors de son axe.
• Déséquilibrer.

descellement n. m.
Action de desceller.
Note.- Attention à l'orthographe : des**c**ellement.

desceller v. tr.
Ouvrir ce qui est scellé. *Il a réussi à desceller le cadrage.*
Note.- Ne pas confondre avec les verbes suivants :
- *déceler*, découvrir ce qui est caché ;
- *desseller*, retirer la selle d'un cheval.

descendance n. f.
Ensemble des descendants.

descendant, ante adj. et n. m. et f.
• **Adjectif.** Qui descend. *La marée descendante.*
• **Nom masculin et féminin.** Personne issue d'un ancêtre. *Ce sont des descendants de ce grand peintre.*

descendre v. tr., intr.
• *Je descends, tu descends, il descend, nous descendons, vous descendez, ils descendent. Je descendais. Je descendis. Je descendrai. Je descendrais. Descends, descendons, descendez. Que je descende. Que je descendisse. Descendant. Descendu, ue.*
• **Transitif**
- Parcourir de haut en bas. *Elle a descendu les rapides en radeau.*
- Déplacer vers le bas. *Il a descendu un livre de sa bibliothèque.*
- (Pop.) Tuer.
• **Intransitif**
- Aller de haut en bas. *Elle descendra par l'escalier.*
- Tirer son origine de. *Ils descendent d'une grande famille.*
- Séjourner. *Il descend toujours dans ce petit hôtel.*
Notes.-
1° À la forme transitive, le verbe se conjugue avec l'auxiliaire *avoir* ; à la forme intransitive, il se conjugue avec l'auxiliaire *être*.
2° L'expression *« descendre en bas » est un pléonasme à éviter.

descente n. f.
• Action de descendre. *Une descente en skis, à ski.*
• Perquisition. *Des descentes de police.*

• Chemin par lequel on descend. *Une descente abrupte.*
• *Descente de lit.* Tapis placé devant un lit.

descripteur n. m.
(Inform.) Signe servant à caractériser l'information contenue dans un document, un fichier, à en faciliter la recherche.

descriptif, ive adj. et n. m.
• **Adjectif.** Qui décrit. *La linguistique descriptive.*
• **Nom masculin.** Document qui décrit à l'aide de plans, schémas, etc.

description n. f.
• Action de décrire.
• *Description d'emploi, de fonction, de poste, de tâche.* État des fonctions et tâches, des responsabilités et des relations d'autorité propres à un emploi ainsi que des qualités exigées pour le remplir. *Des descriptions d'emploi(s), de fonction(s), de poste(s), de tâche(s).*

désemparé, ée adj.
Déconcerté.

désemparer v. tr., intr.
• **Transitif.** Déconcerter.
• **Intransitif.** *Sans désemparer.* Sans interruption. *Ils ont cueilli des fruits tout l'après-midi sans désemparer.*

désemplir v. intr.
Ne pas désemplir. Être sans cesse plein. *La boutique ne désemplit pas.*

désenchanté, ée adj. et n. m. et f.
Qui a perdu ses illusions. *Ils sont désenchantés de la vie.*

désenchantement n. m.
Désillusion.

désenchanter v. tr.
Désillusionner.

désencombrer v. tr.
Débarrasser de ce qui encombre.

désenfler v. tr., intr.
• **Transitif.** Faire diminuer l'enflure de.
• **Intransitif.** Cesser d'être enflé. *Sa cheville blessée a désenflé.*

désengager v. tr., pronom.
• Le *g* est suivi d'un *e* devant les lettres *a* et *o*. *Il désengagea, nous désengageons.*
• **Transitif.** Retirer d'un engagement.
• **Pronominal.** Se libérer d'un engagement.
Note.- On préférera le verbe *dégager*.

désengorger v. tr.
• Le *g* est suivi d'un *e* devant les lettres *a* et *o*. *Nous désengorgeons, tu désengorgeas.*
• Faire cesser d'être engorgé, obstrué.

désennuyer v. tr.
Distraire. *Cette émission l'a désennuyé.*

désensibilisation n. f.
Action de désensibiliser.

désensibiliser v. tr., pronom.
• **Transitif.** Rendre moins sensible. *Il faut attendre un*

peu avant que l'opinion publique ne soit désensibili-
sée.
● **Pronominal**. Perdre de sa sensibilité.

déséquilibre n. m.
● Absence d'équilibre.
● Manque d'équilibre mental.

déséquilibré, ée adj. et n. m. et f.
Qui n'a pas son équilibre mental.

déséquilibrer v. tr.
● Faire perdre son équilibre.
● Troubler, perturber.

désert, erte adj. et n. m.
● **Adjectif**
- Inhabité. *Une île déserte.*
- Dépeuplé provisoirement. *La place était déserte.*
● **Nom masculin**
Région très aride ayant très peu d'habitants.

déserter v. tr., intr.
● **Transitif**
- Quitter un lieu. *Déserter son poste.*
- Abandonner. *Déserter une cause.*
● **Intransitif**
Abandonner l'armée sans autorisation.

déserteur n. m.
Personne qui abandonne son poste.
Note.- Ne pas confondre avec le mot ***transfuge*** qui
désigne une personne qui passe à l'ennemi.

désertification ou **désertisation** n. f.
Transformation d'une région en désert.

désertion n. f.
● Le *t* se prononce *s* [dezεrsjɔ̃].
● Trahison, abandon.
Note.- Attention à l'orthographe : déser*t*ion.

désertique adj.
Qui se rapporte au désert.

désescalade n. f.
Diminution progressive de l'accélération d'un phénomène. *La désescalade des prix.*

désespérance n. f.
(Litt.) Désespoir.

désespérant, ante adj.
Décourageant. *Des cas désespérants.*
Note.- Ne pas confondre avec le participe présent
invariable ***désespérant***. *Les skieurs désespérant d'arriver à l'abri commencèrent à s'affoler.*

désespérément adv.
De façon désespérée.

désespérer v. tr., intr., pronom.
● Se conjugue comme le verbe ***espérer***.
● **Transitif**
- Décourager, désoler. *Ces atermoiements me déses-
pèrent.*
- ***Désespérer + que***. *Il désespère qu'elle vienne.*
Note.- Le verbe se construit avec le subjonctif, et
l'emploi du ***ne*** explétif est facultatif à la forme négative
ou interrogative. *Il ne désespère pas qu'elle (ne) change
d'avis.*

● **Transitif indirect**
Désespérer de + *nom ou verbe à l'infinitif*. Perdre
l'espoir en. *Ils désespèrent de la paresse de cet enfant.
Elle désespère de pouvoir regagner son pays.*
● **Intransitif**
Cesser d'espérer. *Après tous ces échecs, il commence
à désespérer. Ne désespérons pas.*
● **Pronominal**
S'abandonner au désespoir. *Elle se désespère de
cette décision, de devoir partir.*
Note.- À la forme pronominale, le verbe se construit
avec la préposition ***de*** suivie d'un nom ou d'un infinitif.
Il peut également se construire avec ***que*** et le subjonctif.
Il désespère qu'elle soit en désaccord.

désespoir n. m.
● Chagrin profond, détresse.
● ***En désespoir de cause***. À titre d'ultime tentative et
sans grande confiance.

déshabillage n. m.
Action de déshabiller ; son résultat.

déshabillé n. m.
Vêtement d'intérieur léger. *Des déshabillés brodés.*

déshabiller v. tr., pronom.
● Les lettres ***ill*** sont suivies d'un *i* à la première et à la
deuxième personne du pluriel de l'indicatif imparfait
et du subjonctif présent. *(Que) nous déshabillions,
(que) vous déshabilliez.*
● **Transitif**. Dévêtir.
● **Pronominal**. Se dévêtir. *Ils se sont déshabillés.*

déshabituer v. tr., pronom.
● **Transitif**. Faire perdre une habitude à.
● **Pronominal**. Perdre l'habitude de.

désherbage n. m.
Action de désherber.

désherbant n. m.
Herbicide. *Des désherbants utiles.*

désherber v. tr.
Sarcler, détruire les mauvaises herbes.

déshérence n. f.
(Dr.) Absence d'héritiers.

déshérité, ée adj. et n. m. et f.
● Privé d'héritage.
● Démuni.

déshériter v. tr.
Priver d'héritage.

déshonnête adj.
(Litt.) Contraire à la décence, à la morale.
Note.- Ne pas confondre avec le mot ***malhonnête*** qui
qualifie celui qui n'est pas honnête.

déshonneur n. m.
Indignité.

déshonorant, ante adj.
Honteux.
Note.- Attention à l'orthographe : désho*n*orant.

déshonorer v. tr., pronom.
● **Transitif**. Discréditer.

• Pronominal. Perdre son honneur.
Note.- Attention à l'orthographe : désho**n**orer.

déshumaniser v. tr.
Faire perdre tout caractère humain à.

déshydratation n. f.
Action de déshydrater ; son résultat.
Note.- Attention à l'orthographe : dé**shy**dratation.

déshydrater v. tr., pronom.
• Transitif. Supprimer l'eau de, dessécher. *Déshydrater du lait*.
• Pronominal. Perdre son eau, en parlant d'un organisme, de la peau.
Note.- Attention à l'orthographe : dé**shy**drater.

desiderata n. m. pl.
• Les deux **e** se prononcent **é** [deziderata].
• Mot latin signifiant « choses dont on déplore l'absence ». Revendications. *Veuillez nous indiquer vos desiderata*.
Note.- En typographie soignée, les mots étrangers sont composés en italique. Dans des textes déjà en italique, la notation se fait en romain. Pour les textes manuscrits, on utilisera les guillemets.

design adj. inv. et n. m. inv.
• Ce mot se prononce à l'anglaise [dizajn].
• Adjectif invariable. (Anglicisme) Conçu en fonction des critères du design. *Des aménagements très design*.

• Nom masculin invariable. (Anglicisme) Conception de l'objet qui allie l'esthétique aux critères utilitaires. *Des design innovateurs*.
Note.- Le mot **stylique** a fait l'objet d'une recommandation officielle pour remplacer ce nom.

désignation n. f.
Action de désigner.

designer n. m. et f.
• Ce mot se prononce à l'anglaise [dizajnœr].
• (Anglicisme) Spécialiste du **design**.
Note.- Le mot **stylicien** a fait l'objet d'une recommandation officielle pour remplacer ce nom.

désigner v. tr.
• Les lettres **gn** sont suivies d'un **i** à la première et à la deuxième personne du pluriel de l'indicatif imparfait et du subjonctif présent. *(Que) nous désignions, (que) vous désigniez*.
• *Montrer, signaler. Désignez-moi votre ami.*
• Signifier, représenter. *Le nom **descente** désigne l'action d'aller de haut en bas.*
• Choisir (quelqu'un) pour un poste, une mission. *La Commission a désigné un expert.*

désillusion n. f.
Déception.

désillusionner v. tr.
Faire perdre ses illusions à (quelqu'un).

désincarné, ée adj.
Détaché de la réalité.

désincruster v. tr.
Nettoyer en débarrassant des incrustations, des impuretés.

désinence n. f.
(Ling.) Terminaison servant à marquer le cas, le nombre, le genre, la personne, etc. *Des désinences grammaticales*.

désinfectant, ante adj. et n. m.
Se dit de substances propres à désinfecter. *Des produits désinfectants*.
Note.- Ne pas confondre avec le participe présent invariable **désinfectant**. *Les produits désinfectant le mieux une blessure sont...*

désinfecter v. tr.
Détruire les germes pathogènes ou empêcher leur prolifération. *Désinfecter une plaie.*

désinfection n. f.
Stérilisation.

désinformation n. f.
Action de fausser l'information en donnant une image déformée de la réalité.

désintégration n. f.
Destruction de l'intégrité d'un tout.
Note.- Ne pas confondre avec le mot **désagrégation** qui désigne l'état de ce qui est dispersé.

désintégrer v. tr., pronom.
• Le **é** se change en **è** devant une syllabe muette, sauf à l'indicatif futur et au conditionnel présent. *Je désintègre*, mais *je désintégrerai*.
• Transitif
- Détruire l'intégrité d'un tout.
- (Fig.) Détruire complètement quelque chose.
• Pronominal
Perdre son intégrité. *L'engin spatial s'est désintégré.*

désintéressé, ée adj.
Qui n'obéit pas à un intérêt personnel.

désintéressement n. m.
Altruisme.
Notes.-
1° Ce nom a une valeur méliorative et ne peut signifier un manque d'intérêt.
2° Ne pas confondre avec le mot **désintérêt** qui désigne un manque d'intérêt.

désintéresser v. tr., pronom.
• Transitif. Faire perdre à quelqu'un tout intérêt pour quelque chose.
• Pronominal. Se détacher de quelqu'un, quelque chose, perdre son intérêt. *Ils se sont désintéressés de cette entreprise.*

désintérêt n. m.
Manque d'intérêt.
Note.- Ne pas confondre avec le mot **désintéressement** qui désigne un détachement, un altruisme.

désintoxication n. f.
Action de désintoxiquer, de se désintoxiquer ; son résultat. *Des cures de désintoxication.*

désintoxiquer v. tr.
- Guérir quelqu'un d'une intoxication ou de ses effets.
- Débarrasser de ses toxines. *La mer te désintoxiquera.*

désinvestissement n. m.
Réduction des investissements.

désinvolte adj.
- Qui a l'allure dégagée.
- (Péj.) Impertinent.

désinvolture n. f.
Sans-gêne, liberté excessive.

désir n. m.
- Aspiration à posséder quelque chose.
- Objet désiré.
- Appétit sexuel.

désirable adj.
- Que l'on peut désirer. *Une évolution désirable.*
- Qui excite le désir. *Une personne très désirable.*

désirer v. tr.
- Espérer, souhaiter. *Elle désire atteindre son but.*
- **Désirer + que.** Se construit avec le subjonctif. *Nous désirons que vous soyez promu.*
Note.- Ne pas confondre avec les verbes suivants :
- *aspirer*, viser, prétendre à ;
- *convoiter*, désirer ardemment ;
- *envier*, désirer ce qui est à autrui.
- *Laisser à désirer.* Être imparfait, médiocre. *Son rendement laissait à désirer.*
- Éprouver un désir physique à l'égard de quelqu'un.

désireux, euse adj.
Qui aspire à quelque chose. *Il est désireux de s'instruire.*
Note.- Cet adjectif se construit avec la préposition *de* suivie de l'infinitif.

désistement n. m.
Action de se désister.

désister (se) v. pronom.
- (Dr.) Renoncer à un droit.
- Retirer sa candidature en faveur d'un autre candidat.

désobéir v. tr. ind.
- Ne pas obéir à quelqu'un.
- Contrevenir à une loi, un règlement.

désobéissance n. f.
- Action de désobéir.
- Insubordination.

désobéissant, ante adj.
Qui désobéit. *Des fillettes désobéissantes.*

désobligeant, ante adj.
Désagréable. *Des paroles désobligeantes.*

désobliger v. tr.
- Le *g* est suivi d'un *e* devant les lettres *a* et *o*. *Il désobligea, nous désobligeons.*
- Froisser, ennuyer.

désodorisant, ante adj. et n. m.
Se dit d'un produit qui enlève ou masque les mauvaises odeurs dans un local.
Note.- Ne pas confondre avec le mot *déodorant*, qui se dit d'un produit qui diminue ou supprime les odeurs corporelles.

désodoriser v. tr.
Supprimer les mauvaises odeurs.

désœuvré, ée adj. et n. m. et f.
Inactif.

désœuvrement n. m.
Inaction, oisiveté.

désolation n. f.
Peine profonde.

désoler v. tr., pronom.
- **Transitif.** Consterner, peiner.
- **Pronominal.** Être peiné.

désolidariser v. tr., pronom.
- **Transitif.** Rompre la solidarité entre des personnes.
- **Pronominal.** Cesser d'être lié par une responsabilité et des intérêts identiques. *Ces employés se sont désolidarisés d'avec leurs collègues. Des cadres se sont désolidarisés de la ligne de conduite adoptée.*
Note.- Ce verbe se construit avec la locution prépositive *d'avec* ou avec la préposition *de*.

désopilant, ante adj.
Hilarant. *Une anecdote désopilante.*

désordonné, ée adj.
Confus, en désordre.

désordre n. m.
- Manque d'ordre.
- Perturbation.
- Agitation politique ou sociale.

désorganisation n. f.
Action de désorganiser ; son résultat.

désorganiser v. tr.
Détruire l'organisation de.

désorientation n. f.
Action de désorienter ; fait d'être désorienté.

désorienter v. tr.
- Détruire l'orientation de.
- (Fig.) Dépayser, déconcerter.

désormais adv.
Dorénavant, à l'avenir. *Désormais, l'agence sera ouverte le samedi.*

désossement n. m.
Action de désosser.

désosser v. tr.
Retirer les os. *Désosser un poulet.*

desperado n. m.
- Le deuxième *e* se prononce *é* [dɛsperado].
- Personne prête à s'engager dans une entreprise désespérée. *Des desperados chiliens.*

despote n. m.
- Tyran, chef d'État qui s'arroge un pouvoir absolu.

• (Fig.) Personne qui exerce une autorité tyrannique.
Note.- Ce nom n'a pas de forme féminine.

despotique adj.
Tyrannique. *Une attitude despotique.*

despotiquement adv.
D'une manière despotique.

despotisme n. m.
Autorité tyrannique.

desquamation n. f.
• Le *u* se prononce *ou* [dɛskwamasjɔ̃].
• Élimination de petites lamelles de l'épiderme (squames).

desquamer v. tr., pronom.
• Le *u* se prononce *ou* [dɛskwame].
• **Transitif**
Nettoyer l'épiderme en supprimant les cellules mortes.
• **Intransitif**
- Perdre ses écailles, en parlant d'un animal.
- Se détacher, en parlant de la peau.
• **Pronominal**
Se détacher par squames.

dès que loc. conj.
Aussitôt que. Cette locution peut être suivie de l'indicatif ou du conditionnel. *Dès qu'elle sera arrivée, nous pourrons commencer. Dès qu'ils arriveraient, l'orchestre se mettrait à jouer.*

desquels, desquelles
V. **lequel.**

dessaisir v. tr., pronom.
• **Transitif.** Retirer à quelqu'un ce dont il était chargé, ce qu'il possède.
• **Pronominal.** Renoncer à ce qu'on possède. *Ils se sont dessaisis de leurs propriétés.*

dessèchement n. m.
Déshydratation.
Note.- Attention à l'orthographe : dessèchement, contrairement au verbe **dessécher.**

dessécher v. tr., pronom.
• Le *é* se change en *è* devant une syllabe muette, sauf au futur et au conditionnel. *Il dessèche,* mais *nous dessécherons.*
• **Transitif**
- Rendre sec (ce qui est humide). *Les vents ont desséché le sol.*
- (Fig.) Rendre insensible.
• **Pronominal**
Devenir sec, insensible.

dessein n. m.
• (Litt.) Projet.
• But, intention. *Il a le dessein de faire le tour du monde.*
• *À dessein,* locution adverbiale. Exprès. *Je l'ai choisi à dessein.*
• *À dessein de,* locution prépositive. Avec l'intention de. *Elle était là très tôt à dessein de s'entretenir avec lui.*
Hom. *dessin,* représentation graphique.

desseller v. tr.
Retirer la selle (à un animal).
Hom. :
- *déceler,* découvrir ce qui est caché ;
- *desceller,* ouvrir ce qui est scellé.

desserrement n. m.
Action de desserrer.

desserrer v. tr.
Relâcher ce qui est serré.

dessert n. m.
• Ce qui est servi à la fin du repas (fruits, pâtisseries, etc.).
• Moment du repas où l'on mange le dessert.

desserte n. f.
• Voie de communication qui dessert une localité. *Des voies de desserte.*
• Meuble destiné au service de la table.

dessertir v. tr.
Enlever de sa monture. *Dessertir une pierre.*

dessertissage n. m.
Action de dessertir.

desservir v. tr.
• Assurer un moyen de transport pour (un lieu). *Cette autoroute dessert plusieurs localités.*
• Donner accès à. *Deux portes desservent la salle à manger.*
• Débarrasser une table après un repas.
• Nuire. *Ces commentaires l'ont desservi auprès de ses collègues.*

dessiller v. tr.
• Les lettres *ill* sont suivies d'un *i* à la première et à la deuxième personne du pluriel de l'indicatif imparfait et du subjonctif présent. *(Que) nous dessillions, (que) vous dessilliez.*
• (Vx) Séparer les paupières de quelqu'un.
• (Fig.) *Dessiller les yeux de quelqu'un.* Amener quelqu'un à voir ce qu'il voulait ignorer.
Note.- Attention à l'orthographe : des**s**iller.

dessin n. m.
• Art de la figuration graphique.
• Représentation graphique.
• *Dessin animé.* Film d'animation. *De bons dessins animés.*
Hom. *dessein,* projet.

dessinateur n. m.
dessinatrice n. f.
Personne qui exerce l'art du dessin, à titre professionnel. *Des dessinatrices industrielles, des dessinateurs-cartographes.*

dessiner v. tr., intr., pronom.
• **Transitif.** Représenter par le dessin. *Dessiner un paysage.*
• **Intransitif.** Pratiquer le dessin. *Il dessine bien.*
• **Pronominal.** Apparaître, se préciser. *La nouvelle structure se dessine.*

dessouder v. tr., pronom.
• **Transitif.** Ôter la soudure de.
• **Pronominal.** Perdre sa soudure.

dessoûler ou **dessaouler** v. tr., intr.
- **Transitif.** (Fam.) Désenivrer.
- **Intransitif.** Cesser d'être ivre.
Note.- Attention à l'orthographe : dess**oû**ler ou dess**aou**ler.

dessous adv., n. m. et loc. prép.

- **Adverbe et locutions adverbiales**
- À un niveau inférieur. *Les feuilles de dessous.*
- *Au-dessous.* Plus bas. *Ils habitent au-dessous.*
- *Ci-dessous.* Plus loin, ci-après. *Se reporter à l'illustration ci-dessous.*
- *En dessous.* Sous une autre chose. *Elle porte une chemise en dessous.*
- *Sens dessus dessous.* À l'envers. *Il a tout mis sens dessus dessous* (et non *sans dessus dessous).
Note.- Cette locution adverbiale s'écrit sans trait d'union.
- *Là-dessous.* Sous. *Placez la boîte là-dessous.*
- **Nom masculin**
- L'envers, le côté inférieur. *Le dessous d'un tissu. Les dessous de l'histoire.*
- (Au plur.) Sous-vêtements. *Elle a toujours de jolis dessous.*
- **Locutions prépositives**
- *Par-dessous.* Sous. *Il porte un tricot par-dessous son anorak.*
- *Au-dessous de.* Plus bas. *Elle habite au-dessous de ses parents.*

---

dessous-de-bras n. m. inv.
Pièce de tissu destinée à protéger un vêtement de la transpiration aux aisselles. *Des dessous-de-bras.*

dessous-de-plat n. m. inv.
Plateau sur lequel on pose les plats. *Des dessous-de-plat.*

dessous-de-table n. m. inv.
Pot de vin. *Des dessous-de-table.*

dessus adv., n. m. et loc. prép.

- **Adverbe et locutions adverbiales**
- À un niveau supérieur. *Les documents de dessus.*
- *Au-dessus.* Plus haut.
- *Ci-dessus.* Plus haut. *Le texte ci-dessus est illustré.*
- *En dessus.* Du côté supérieur. *Il y a un drap et une couette de duvet en dessus.*
Note.- Cette locution adverbiale s'écrit sans trait d'union.
- *Là-dessus.* Sur cela. *Mettez de la crème Chantilly là-dessus.*
- *Sens dessus dessous.* À l'envers. *Il a tout mis sens dessus dessous* (et non *sans dessus dessous).
- **Nom masculin**
L'endroit, le côté supérieur. *Le dessus de la commode est en marbre.*
- **Locutions prépositives**
- *Par-dessus.* Au delà, sur. *Le cheval a sauté par-dessus l'obstacle.*

- *Au-dessus de.* Plus haut que. *Le tableau est au-dessus du secrétaire. Ce juge est au-dessus de tout soupçon.*

---

dessus-de-lit n. m. inv.
Couvre-lit. *Des dessus-de-lit.*

dessus-de-porte n. m. inv.
Décoration peinte ou sculptée au-dessus d'une porte. *Des dessus-de-porte.*

déstabilisation n. f.
Action de déstabiliser.

déstabiliser v. tr.
Faire perdre sa stabilité à.

destin n. m.
Fatalité.
Note.- Au sens de *puissance supérieure* ce mot s'écrit parfois avec une majuscule.

destinataire n. m. et f.
Personne à qui s'adresse un envoi. *La destinataire de la lettre est Mme Martine Dubois.*
Ant. **expéditeur.**
V. Tableau - **ADRESSE.**

destination n. f.
- Usage, fin. *Quelle est la destination de cet appareil ?*
- Lieu où l'on doit se rendre. *Sa destination était Nice. Il est arrivé à destination à l'heure prévue.*
- *À destination de*, locution prépositive. Pour. *Un avion à destination de Paris.*

destinée n. f.
Destin. *Suivre sa destinée.*

destiner v. tr.
Attribuer, affecter. *Il destine ces fonds à la recherche.*

destituer v. tr.
Démettre quelqu'un de sa charge, de sa fonction.

destitution n. f.
Action de destituer ; son résultat.

destrier n. m.
(Ancienn.) Cheval de bataille des chevaliers.
Ant. **palefroi.**

destroyer n. m.
Contre-torpilleur.

destructeur, trice adj. et n. m. et f.
Qui détruit. *Un ouragan destructeur.*

destructif, ive adj.
Qui peut causer la destruction. *L'influence destructive de ses paroles.*

destruction n. f.
Anéantissement.

déstructurer v. tr.
Désorganiser un ensemble structuré.

désuet, ète adj.
- Le *s* se prononce *z* ou *s*, [dezɥɛ] ou [desɥɛ].
- Qui n'est plus en usage, dépassé.

désuétude n. f.
• Le *s* se prononce *z* ou *s* [dezɥetyd] ou [desɥetyd].
• Caractère d'une chose désuète. *Un mot tombé en désuétude.*

désunion n. f.
Désaccord, mésentente.

désunir v. tr. et pronom.
• **Transitif**
- Séparer (ce qui était uni).
- (Fig.) Brouiller, faire cesser l'accord entre des personnes.
Note.- Aujourd'hui, le verbe s'emploie surtout au sens figuré.
• **Pronominal**
Cesser d'être uni.

désynchronisation n. f.
• Le premier *s* se prononce *s* et le deuxième, *z* [desɛ̃krɔnizasjɔ̃].
• Perte de synchronisme.
Note.- Attention à l'orthographe : dé*synch*ronisation.

désynchroniser v. tr.
• Le premier *s* se prononce *s* et le deuxième, *z* [desɛ̃krɔnize].
• Faire perdre son synchronisme à.
Note.- Attention à l'orthographe : dé*synch*roniser.

détachable adj.
Amovible.

détachage n. m.
Action de supprimer les taches.

détachant, ante adj. et n. m.
Se dit d'un produit qui supprime les taches. *Des détachants efficaces.*
Note.- Ne pas confondre avec le participe présent invariable *détachant* . *Ces produits détachant à la benzine sont toxiques.*

détaché, ée adj.
Indifférent, insensible.

détachement n. m.
Indifférence, insensibilité.

détacher v. tr., pronom.
• **Transitif**
- Défaire ce qui est attaché. *Détacher son chien.*
- Supprimer les taches. *Ce produit détache très bien les tissus.*
• **Pronominal**
- Se séparer.
- Apparaître clairement. *Le château se détache sur un ciel limpide.*

détail n. m.
• Élément d'un ensemble. *Ce sont des détails sans intérêt.*
• *En détail.* En précisant toutes les particularités. *Décrire une histoire en détail.*
• Action de vendre des marchandises par petites quantités. *Le prix de détail.*
• *Au détail.* Au prix de détail.

détaillant, ante n. m. et f.
Commerçant qui vend au détail.

détailler v. tr.
• Les lettres *ill* sont suivies d'un *i* à la première et à la deuxième personne du pluriel de l'indicatif imparfait et du subjonctif présent. *(Que) nous détaillions, (que) vous détailliez.*
• Énumérer les détails.
• Vendre au détail. *Détailler des marchandises.*

détaler v. intr.
(Fam.) S'enfuir.

détartrage n. m.
Action de détartrer.

détartrant, ante adj. et n. m.
Se dit d'un produit qui dissout le tartre. *Des dentifrices détartrants.*

détartrer v. tr.
Supprimer le tartre de.

détaxe n. f.
Suppression d'une taxe. *Une détaxe de 17 %.*

détaxer v. tr.
Supprimer une taxe sur (un produit).

détecter v. tr.
Découvrir (ce qui était caché).

détecteur n. m.
Appareil qui permet de détecter la présence de quelque chose. *Des détecteurs de fumée.*

détection n. f.
Action de détecter ; son résultat.

détective n. m.
Personne chargée d'enquêtes.

déteindre v. tr., intr.
• Se conjugue comme le verbe *teindre*.
• **Transitif**. Décolorer.
• **Intransitif**. Se décolorer.

dételage n. m.
Action de dételer.
Note.- Attention à l'orthographe : déte*l*age.

dételer v. tr., intr.
• Redoublement du *l* devant un *e* muet. *Je dételle, je détellerai,* mais *je dételais.*
• **Transitif**. Détacher (un animal attelé).
• **Intransitif**. (Fam.) S'arrêter de travailler.

détendre v. tr., pronom.
• **Transitif**. Relâcher ce qui est tendu.
• **Pronominal**. Cesser d'être tendu, se relâcher.
Note.- Ne pas confondre avec le verbe *distendre* qui signifie « causer une augmentation de volume ».

détendu, ue adj.
Calme. *Elles sont très détendues.*

détenir v. tr.
• Se conjugue comme le verbe *tenir*.
• Conserver, retenir par devers soi.

détente n. f.
• Fait de se relâcher, de se détendre.
• Diminution de la tension.

détenteur, trice n. m. et f.
Personne qui conserve quelque chose à titre provisoire.
Le détenteur d'un record.
Note.- Ne pas confondre avec les mots suivants :
- *porteur*, personne qui détient un titre dont le titulaire n'est pas indiqué ;
- *titulaire*, personne qui possède juridiquement un droit, un titre de façon permanente.

détention n. f.
État d'une personne privée de sa liberté. *Il a été condamné à la détention perpétuelle.*

détenu, ue adj. et n. m. et f.
Personne incarcérée. *Des détenus dangereux.*

détergent, ente adj. et n. m.
Se dit d'un produit nettoyant qui dissout les impuretés.
De nouveaux détergents.
Syn. **détersif**.

détérioration n. f.
Action de détériorer ; son résultat.

détériorer v. tr., pronom.
• **Transitif**. Endommager, mettre en mauvais état.
• **Pronominal**. S'abîmer, devenir en mauvais état. *Ces meubles se sont détériorés.*

déterminant, ante adj. et n. m.
• **Adjectif**. Fondamental. *Une raison déterminante.*
• **Nom masculin**. Mot qui en détermine un autre. *Les articles définis, indéfinis et partitifs, les adjectifs démonstratifs, possessifs, numéraux et indéfinis sont des déterminants.*
Note.- Ne pas confondre avec le participe présent invariable *déterminant*. *Les motifs déterminant notre décision seront rendus publics.*

déterminatif, ive adj. et n. m.
Qui détermine, qui précise ou restreint la signification d'un mot. *Un adjectif déterminatif, un complément déterminatif.*
V. Tableau - **ADJECTIF**.
V. Tableau - **COMPLÉMENT**.

détermination n. f.
Action de déterminer, de préciser quelque chose. *La détermination d'un prix.*

déterminer v. tr., pronom.
• **Transitif**
- Caractériser, définir. *Déterminer une date.*
- Inciter. *C'est cette raison qui l'a déterminé à venir.*
• **Pronominal**
Se décider à. *Se déterminer à agir.*

déterrement n. m.
Exhumation.

déterrer v. tr.
• Sortir de terre, exhumer.
• (Fig.) Tirer de l'oubli.

détersif, ive adj. et n. m.
Se dit d'un produit nettoyant qui dissout les saletés.
Un produit détersif, Des détersifs puissants.
Syn. **détergent**.

détestable adj.
Exécrable, très mauvais.
Note.- Ne pas confondre avec les mots suivants :
- *abominable*, qui inspire de l'horreur ;
- *effroyable*, qui cause une grande frayeur ;
- *horrible*, qui soulève un dégoût physique et moral.

détestablement adv.
De façon détestable.

détester v. tr.
Exécrer. *Elle déteste entendre cette musique.*

détonant, ante adj.
Qui est susceptible de détoner.
Note.- Attention à l'orthographe : déto*n*ant, malgré *tonnerre*.

détonateur n. m.
Amorce destinée à faire exploser une substance.

détonation n. f.
Explosion, déflagration.

détoner v. intr.
Faire entendre un bruit violent, faire explosion.
Hom. *détonner,* chanter faux.

détonner v. intr.
• Ne pas avoir le ton juste. *Il détonne affreusement.*
• (Péj.) Trancher. *Ce fauteuil détonne dans ce boudoir.*
Hom. *détoner,* faire entendre un bruit violent.

détordre v. tr.
Remettre en état ce qui était tordu.
Note.- Ne pas confondre avec le verbe *distordre* qui signifie « faire subir une torsion ».

détortiller v. tr.
• Les lettres *ill* sont suivies d'un *i* à la première et à la deuxième personne du pluriel de l'indicatif imparfait et du subjonctif présent. *(Que) nous détortillions, (que) vous détortilliez.*
• Remettre en état ce qui était tortillé.

détour n. m.
• Chemin qui s'écarte de la ligne droite.
• *Au détour de.* Au changement de direction. *Au détour de la rivière, il y a quelques bouleaux.*
• *Sans détour.* Clairement, directement. *Parlez-moi sans détour.*

détourné, ée adj.
Indirect. *Un chemin détourné. Des moyens détournés.*

détournement n. m.
Action de détourner. *Des détournements de fonds. Le détournement d'un avion.*

détourner v. tr., pronom.
• **Transitif**
- Changer l'itinéraire. *Détourner un avion.*
- Voler. *Détourner des fonds.*
• **Pronominal**
S'écarter, s'éloigner.
Note.- Ne pas confondre le verbe *se détourner* avec le verbe *se retourner* qui désigne le fait de regarder en arrière.

détracteur, trice n. m. et f.
Critique.

détraqué, ée adj. et n. m. et f.
Dérangé.

détraquer v. tr., pronom.
• **Transitif.** Déranger le fonctionnement d'un mécanisme.
• **Pronominal.** Ne plus fonctionner, fonctionner mal.

détrempe n. f.
Couleur délayée avec de l'eau et un agglutinant; tableau exécuté avec cette couleur.

détremper v. tr.
Délayer dans un liquide.

détresse n. f.
• Désarroi, situation très pénible. *La détresse des réfugiés.*
• Situation dangereuse. *Des appels de détresse. Un navire en détresse.*

détriment n. m.
• (Vx) Dommage.
• *Au détriment de.* Au désavantage de.

détritus n. m.
• Le *s* se prononce ou non, [detʀity] ou [detritys].
• Ordures.

détroit n. m.
Espace étroit entre deux côtes. *Le détroit de Gibraltar.*
Notes.-
1° Ne pas confondre avec les mots suivants :
- *col*, passage plus ou moins élevé entre deux montagnes ;
- *défilé*, passage étroit entre deux montagnes ;
- *gorge*, passage creusé dans une montagne.
2° Les noms génériques de géographie s'écrivent avec une minuscule.

détromper v. tr.
Tirer d'erreur.

détrôner v. tr.
• Chasser un souverain de son trône.
• (Fig.) Faire perdre le prestige, supplanter.

détrousser v. tr.
(Litt.) Voler.

détrousseur n. m.
(Litt.) Voleur.

détruire v. tr.
• Anéantir.
• Supprimer.

dette n. f.
Ce que l'on doit à quelqu'un, à un créancier. *Des reconnaissances de dette, des dettes de jeu.*

D.E.U.G.
Sigle de *diplôme d'études universitaires générales.*

deuil n. m.
Tristesse, douleur éprouvée de la mort de quelqu'un. *Un jour de deuil.*

deus ex machina n. m. inv.
• Le premier mot se prononce en deux syllabes *de-us* et les lettres *ch* se prononcent *k* [deysɛksmakina].
• Expression latine signifiant «dieu providentiel», de façon ironique. Personne, évènement venant dénouer providentiellement une situation sans issue. *Les films de James Bond sont remplis de deus ex machina.*
Note.- En typographie soignée, les mots étrangers sont composés en italique. Dans des textes déjà en italique, la notation se fait en romain. Pour les textes manuscrits, on utilisera les guillemets.

deutsche Mark n. m.
• Attention à la prononciation [dɔjtʃmaʀk].
• Symbole *DM* (s'écrit sans points).
• Unité monétaire de la République fédérale d'Allemagne.
V. Tableau - **SYMBOLES DES UNITÉS MONÉTAIRES.**

deux adj. num. et n. m. inv.
• **Adjectif numéral cardinal invariable.** Un plus un. *Deux heures.*
• **Adjectif numéral ordinal invariable.** Deuxième. *Le deux décembre.*
• **Nom masculin invariable.** Nombre deux. *Le deux de cœur.*

deuxième adj. et n. m. et f.
• **Adjectif numéral ordinal.** Nombre ordinal de deux. *La deuxième heure.*
• **Nom masculin et féminin.** Personne, chose qui occupe le deuxième rang. *Elles sont les deuxièmes.*
Note.- Quoique la distinction tende à se perdre, les bons auteurs recommandent d'utiliser *deuxième* lorsque l'énumération peut aller au-delà de deux et *second* lorsque l'énumération s'arrête à deux.
V. **moitié.**

deuxièmement adv.
En deuxième lieu.

deux-mâts n. m. inv.
Voilier à deux-mâts. *Des deux-mâts.*

deux-pièces n. m. inv.
• Vêtement composé de deux morceaux. *Des deux-pièces bien coupés.*
• Appartement comportant deux pièces. *Des deux-pièces très ensoleillés.*

deux-points n. m. inv.

• Signe de ponctuation composé de deux points superposés qui annonce :
- une citation, un discours, une énumération. *Vous trouverez trois documents : un contrat, un formulaire et une facture.*
- une analyse, une explication, une synthèse. *Elle ne viendra pas demain : son travail la retient à l'étranger.*
Note.- Il est préférable d'employer une seule fois le deux-points dans la même phrase.
• Typographiquement, le deux-points doit être précédé et suivi d'un blanc et d'une lettre minuscule, à moins qu'il ne s'agisse d'une citation.

deux-roues n. m. inv.
Véhicule à deux roues. *Des deux-roues.*

deux-temps n. m. inv.
Moteur à deux temps. *Des deux-temps.*

dévaler v. tr., intr.
• **Transitif.** Descendre rapidement. *Il a dévalé l'escalier.*
• **Intransitif.** Aller d'un lieu haut à un lieu bas, généralement très vite. *Des torrents qui dévalent du sommet.*
Note.- Attention à l'orthographe : déva*l*er.

dévaliser v. tr.
Voler.

dévalorisation n. f.
Action de dévaloriser.

dévaloriser v. tr.
Diminuer la valeur de, déprécier.

dévaluation n. f.
Dépréciation.

dévaluer v. tr.
Diminuer la valeur de, dévaloriser.

devancer v. tr.
• Le *c* prend une cédille devant les lettres *a* et *o.* *Il devança, nous devançons.*
• Précéder.
• Dépasser. *Il devança les autres participants au marathon.*

devancier, ière n. m. et f.
Prédécesseur.

devant adv., n. m. et prép.

• **Adverbe**
En avant. *Ils sont assis devant.*
• **Locutions adverbiales**
- *Par devant.* *Elles ont été frappées par devant.*
- *Sens devant derrière.* À l'envers. Attention, ne pas écrire « sans devant derrière ».
• **Nom masculin**
- La partie antérieure, l'avant. *Le devant de l'immeuble.*
- *Prendre les devants.* Prendre l'initiative.
• **Préposition**
- Priorité dans l'ordre, le rang. *Vous vous êtes classés devant eux.*
- En face, vis-à-vis. *Il y a un gros arbre devant la maison.*
- En présence de. *Le contrat a été signé devant témoins.*
• **Locution prépositive**
Au-devant de
- À la rencontre. *Ils sont allés au-devant des nouveaux arrivants.*
- En prévenant. *Vous allez au-devant de mes désirs.*

---

devanture n. f.
Façade d'une boutique.

dévastateur, trice adj. et n. m. et f.
Destructeur.

dévastation n. f.
Destruction, ruine.

dévaster v. tr.
Détruire, ravager.

déveine n. f.
(Fam.) Malchance.

développement n. m.
• Action de développer.
• Croissance, épanouissement. *La ville est en plein développement.*
• Exposé détaillé. *De longs développements dans un article.*
• Opération qui consiste à développer une pellicule photographique.
• (Au plur.) Conséquences. *Des développements inattendus.*

développer v. tr., pronom.
• **Transitif**
- Déployer.
- Assurer la croissance de quelqu'un, quelque chose.
- Exposer de manière détaillée.
• **Pronominal**
- S'étendre.
- S'épanouir, s'accroître.

devenir v. intr.
Passer d'un état à un autre. *Ils sont devenus riches.*
Note.- Ce verbe se conjugue toujours avec l'auxiliaire *être.*

devenir n. m.
Évolution.

déverbal n. m.
(Ling.) Nom formé du radical d'un verbe. *Des déverbaux.*

dévergondage n. m.
Immoralité, débauche.

dévergondé, ée adj. et n. m. et f.
Débauché.
Note.- L'adjectif se dit de personnes ou de choses.

dévergonder (se) v. pronom.
Se débaucher. *Ils se sont un peu dévergondés.*

déverrouillage n. m.
Action de déverrouiller.

déverrouiller v. tr.
• Les lettres *ill* sont suivies d'un *i* à la première et à la deuxième personne du pluriel de l'indicatif imparfait et du subjonctif présent. *(Que) nous déverrouillions, (que) vous déverrouilliez.*
• Tirer le verrou. *Déverrouiller une porte.*

devers prép.
• Du côté de.
• *Par-devers*, locution prépositive. En la possession de. *Il avait le dossier par-devers lui.*

déversement n. m.
Action de déverser un liquide ; fait de se déverser.

déverser v. tr.
• Faire couler un liquide d'un lieu dans un autre.
• (Fig.) Répandre en grande quantité.

dévêtir v. tr.
• Se conjugue comme le verbe *vêtir*.
• Déshabiller.

déviance n. f.
Caractère de ce qui s'écarte d'une norme.

déviation n. f.
• Fait de s'écarter de la direction. normale.
• Itinéraire routier modifié en raison de travaux, d'un obstacle, etc. *La déviation signalée nous a fait faire un détour de 10 kilomètres.*

dévidoir n. m.
Instrument où s'enroulent des fils, des tuyaux, etc.

dévier v. tr., intr.
• Redoublement du *i* à la première et à la deuxième personne du pluriel de l'indicatif imparfait et du subjonctif présent. *(Que) nous déviions, (que) vous déviiez.*
• **Transitif.** Modifier la direction d'un mouvement.
• **Intransitif.** S'écarter de sa direction.

devin, devineresse n. m. et f.
Personne qui prétend prédire l'avenir.

deviner v. tr.
Découvrir par intuition, conjecture.

devinette n. f.
Énigme amusante.

devis n. m.
État détaillé des travaux à exécuter avec l'estimation des prix. *J'ai demandé un devis pour ces travaux.*

dévisager v. tr.
• Le *g* est suivi d'un *e* devant les lettres *a* et *o*. *Il dévisagea, nous dévisageons.*
• Regarder quelqu'un avec insistance.

devise n. f.
• Monnaie étrangère.
V. Tableau - **SYMBOLES DES UNITÉS MONÉTAIRES.**
• Phrase concise exprimant une pensée.
Note.- Au point de vue typographique, les *devises, maximes, dictons, proverbes* sont composés en italique. *Je me souviens. Fluctuat nec mergitur.* Lorsque la devise constitue une phrase complète, le premier mot s'écrit avec une majuscule.

deviser v. intr.
(Litt.) Converser.

dévissage n. m.
Action de dévisser.

dévisser v. tr., intr.
• **Transitif.** Desserrer, ôter une vis qui fixe quelque chose.
• **Intransitif.** (Alp.) Tomber.

de visu loc. adv.
• Le *e* se prononce *é* [devizy].
• Locution latine signifiant « après l'avoir vu ». *Je voulais constater les dommages de visu.*

Note.- En typographie soignée, les mots étrangers sont composés en italique. Dans des textes déjà en italique, la notation se fait en romain. Pour les textes manuscrits, on utilisera les guillemets.

dévoilement n. m.
Action de dévoiler, de se dévoiler.

dévoiler v. tr.
Découvrir, révéler ce qui était secret.

devoir v. tr., pronom.
• *Je dois, tu dois, il doit, nous devons, vous devez, ils doivent. Je devais. Je dus, tu dus, il dut, nous dûmes, vous dûtes, ils durent. Je devrai. Je devrais. Que je doive, que tu doives, qu'il doive, que nous devions, que vous deviez, qu'ils doivent. Que je dusse, que tu dusses, qu'il dût, que nous dussions, que vous dussiez, qu'ils dussent. Devant. Dû, due.*
• Attention à l'accent circonflexe sur le participe passé au masculin singulier seulement.
Note.- Prendre garde à l'accord du participe passé : si un verbe à l'infinitif est sous-entendu, le participe est invariable. *Elle lui a fait toutes les promesses qu'elle a dû* (lui faire). Par contre, le participe passé s'accorde lorsqu'il n'y a pas d'infinitif sous-entendu. *Il a toujours remboursé les sommes qu'il a dues.*

• **Verbe auxiliaire** marquant :
- le futur. *Il doit partir en voyage sous peu.*
- la probabilité. *À cette heure, elle doit être arrivée.*
- l'obligation. *Tous les matins, il doit être au bureau dès 8 h 15.*
Note.- C'est le contexte qui permet de préciser le sens du verbe.
• **Transitif**
- Avoir à payer (une somme d'argent). *L'entreprise doit 10 000 F à ce fournisseur.*
- Être redevable à. *Il lui doit sa situation. Elle lui doit d'être encore en vie.*
- Être obligé à quelque chose, avoir des devoirs envers. *Fais ce que dois.*
• **Pronominal**
Être moralement obligé de. *Tu te dois d'accueillir ses amis avec cordialité.*
• **Impersonnel**
Comme il se doit. Comme il convient.
• **Locutions**
- *En bonne et due forme.* Dans la forme exigée par la loi.
- *Chose promise, chose due.* Engagement moral.
- *Ce doit être, ce doivent être* (et non *ça doit être).

devoir n. m.
• **Nom singulier**
Obligation, responsabilité. *Le dur devoir de durer.* (Éluard).
• **Nom pluriel**
- Hommages. *Présenter ses devoirs, les derniers devoirs.*
- Exercice scolaire. *Faire ses devoirs.*

dévolu, ue adj. et n. m.
• (Dr.) Échu par droit.

• Destiné, réservé. *Les avantages dévolus à chaque participant.*
• **Jeter son dévolu sur quelqu'un, sur quelque chose.** Choisir.

dévorant, ante adj.
Avide, insatiable. *Une soif dévorante.*

dévorer v. tr.
• Manger avidement.
• Tourmenter. *Le remords le dévore.*

dévot, ote adj. et n. m. et f.
• Pieux.
• Bigot.

dévotion n. f.
• Ferveur, piété.
• Vénération.

dévoué, ée adj.
Zélé, empressé.

dévouement n. m.
Disposition à servir une personne, une cause.
Note.- Attention à l'orthographe : dévou**e**ment.

dévouer v. pronom.
Se sacrifier. *Elles se sont dévouées corps et âme à la réussite de la fête.*

dévoyer v. tr.
• Le *y* se change en *i* devant un *e* muet. *Je dévoie, je dévoierai.*
• Le *y* est suivi d'un *i* à la première et à la deuxième personne du pluriel de l'indicatif imparfait et du subjonctif présent. *(Que) nous dévoyions, (que) vous dévoyiez.*
• (Litt.) Pervertir, détourner de la morale.

dextérité n. f.
Adresse, habileté.

dg
Symbole de **décigramme**.

dia- préf.
Élément du grec signifiant « à travers ». *Diagonal, diachronie.*

diabète n. m.
(Méd.) Trouble du métabolisme des glucides causé par l'insuffisance en insuline.

diabétique adj. et n. m. et f.
• **Adjectif.** Relatif au diabète.
• **Nom masculin et féminin.** Atteint de diabète. *De récentes découvertes permettent aux diabétiques d'espérer une guérison.*

diable ! interj.
Interjection qui exprime la surprise, l'admiration.

diable n. m. et f.
• Démon, mauvais ange.
Note.- Les formes féminines de **diable** sont **diable** ou **diablesse.**
• **Au diable, au diable vauvert.** Très loin. *Elle habite au diable.*
• **En diable.** Très fort. *Il est fort en diable.*

• **À la diable.** De façon négligente. *Un travail fait à la diable.*
• **Envoyer quelqu'un à tous les diables.** Le maudire.
Note.- Lorsque le nom désigne Satan, il s'écrit avec une majuscule.

diablement adv.
(Fam.) Très.

diablerie n. f.
• (Litt.) Sorcellerie.
• Espièglerie.

diablesse n. f.
• Forme féminine de **diable**.
• Personne turbulente et rusée. *C'est une vraie diablesse !*

diablotin n. m.
Petit diable.

diabolique adj.
Démoniaque.

diaboliquement adv.
De façon diabolique.

diabolo n. m.
• Jouet qu'on lance et rattrape sur une ficelle tendue entre deux baguettes.
• Boisson faite de limonade et d'un sirop. *Des diabolos menthe (à la menthe).*

diachronie n. f.
(Ling.) Évolution chronologique des phénomènes linguistiques.
Ant. **synchronie**.

diachronique adj.
Relatif à la diachronie. *Un examen diachronique.*

diacre n. m.
Ecclésiastique.

diacritique adj.
Signe diacritique. Signe graphique (accents, etc.) dont le rôle est de modifier la prononciation d'une lettre.

diadème n. m.
• Riche bandeau, insigne de la monarchie.
• Bijou féminin en forme de couronne.
Note - Attention à l'orthographe : diadè**m**e.

diagnostic n. m.
Identification d'une maladie à l'aide de ses symptômes. *Un diagnostic sûr.*
Notes.-
1º Attention à l'orthographe : diagnosti**c**.
2º Ne pas confondre avec le mot **pronostic** qui désigne la prévision de l'évolution d'une maladie.

diagnostique adj.
Qui sert à déterminer un diagnostic. *Un rapport diagnostique.*
Note.- Attention à l'orthographe de cet adjectif qui conserve la même forme au masculin et au féminin : diagnosti**que**.

diagnostiquer v. tr.
Établir le diagnostic d'une maladie. *Elle a diagnostiqué une grippe.*

diagonal, ale, aux adj. et n. f.
● **Adjectif**
- Qui a le caractère d'une diagonale. *Un trait diagonal.*
- *En diagonale.* Obliquement. *Un motif placé en diagonale. Lire en diagonale.*
● **Nom féminin**
Droite qui va d'un angle d'une figure à un angle opposé. *Tracer la diagonale d'un carré.*

diagonalement adv.
En diagonale.

diagramme n. m.
Représentation graphique. *Un diagramme circulaire, un diagramme en bâtons.*

dialectal, ale, aux adj.
Relatif à un dialecte. *Une forme dialectale.*

dialecte n. m.
Variété régionale d'une langue.
Note.- En dehors de son usage technique, ce mot tend à être péjoratif, on emploiera plutôt *parler*.

dialectique n. f.
Art du raisonnement.
Note.- Ne pas confondre avec le mot *dialectologie* qui désigne la science des dialectes.

dialectiquement adv.
D'une manière dialectique.

dialectologie n. f.
Science des dialectes.
Note.- Ne pas confondre avec le mot *dialectique* qui désigne l'art du raisonnement.

dialectologue n. m. et f.
Spécialiste de la dialectologie.

dialogue n. m.
Échange de paroles entre deux ou plusieurs personnes. *Un dialogue entre le renard et le corbeau (et non* *avec).*
Notes.-
1° Ne pas confondre avec les mots suivants :
- *causette*, conversation familière ;
- *conciliabule*, réunion secrète ;
- *conversation*, entretien familier ;
- *entretien*, conversation suivie avec quelqu'un ;
- *palabre*, conversation longue et inutile.
2° En typographie, le début et la fin d'un dialogue sont indiqués par des guillemets. « *Je crois qu'il n'est plus temps, constata-t-il, de planifier. - Je partage votre avis.* » Les incises *dit-il, répondit- elle*, etc. s'inscrivent entre deux virgules sans guillemet.
V. Tableau - **GUILLEMETS**.

dialoguer v. intr.
● Converser.
● Avoir des échanges avec quelqu'un.

dialoguiste n. m. et f.
Personne qui écrit des dialogues.

dialyse n. f.
● Séparation de substances mélangées.
● (Méd.) Épuration du sang à l'aide d'un rein artificiel.
Note.- Attention à l'orthographe : di*a*lyse.

dialyser v. tr.
Pratiquer une dialyse.
Note.- Attention à l'orthographe : di*a*lyser.

dialyseur n. m.
Dispositif pour effectuer la dialyse.
Note.- Attention à l'orthographe : di*a*lyseur.

diamant n. m.
Pierre précieuse la plus brillante, la plus limpide et la plus dure de toutes.
Note.- Il est d'usage de mettre une majuscule aux noms des diamants célèbres. *L'Étoile du Sud, le Cullinam, le Koh-i-noor.*

diamantaire n. m. et f.
Personne qui taille ou vend des diamants.

diamantin, ine adj.
Qui a l'éclat du diamant.

diamétralement adv.
Absolument. *Son avis est diamétralement opposé au mien.*

diamètre n. m.
Segment de droite qui passe par le centre d'une sphère.

diantre ! interj.
Interjection marquant la surprise, l'admiration.

diapason n. m.
● Étendue des sons que peut parcourir une voix, un instrument.
● Instrument servant à donner le ton.
● *Se mettre au diapason de.* Prendre le même ton, les mêmes allures.

diaphane adj.
Translucide. *Une peau très blanche, diaphane.*
Note.- Ne pas confondre avec les mots suivants :
- *cristallin*, qui est transparent comme le cristal ;
- *opalescent*, qui a les nuances vives de l'opale ;
- *transparent*, qui laisse voir nettement les objets.

diaphragme n. m.
● Muscle large et mince qui sépare la poitrine du ventre.
● Contraceptif féminin.
● Ouverture réglable, qui laisse passer la lumière dans un appareil optique, photographique.
Note.- Attention à l'orthographe : dia*ph*ragme.

diapo n. f.
Abréviation familière de *diapositive*. *Des diapos.*

diaporama n. m.
Montage ou projection, sonorisé ou non, de diapositives. *Des diaporamas.*

diapositive n. f.
● S'abrège familièrement en *diapo*.
● Image photographique que l'on projette sur un écran.

diarrhée n. f.
Émission fréquente de selles liquides.
Note.- Attention à l'orthographe : dia**rrh**ée.

diatribe n. f.
Attaque, critique violente.

dichotomie n. f.
• Les lettres **ch** se prononcent **k** [dikɔtɔmi].
• Opposition entre deux éléments.

dictateur, trice n. m. et f.
Despote, autocrate.

dictatorial, iale, iaux adj.
Relatif à une dictature. *Des procédés dictatoriaux.*

dictature n. f.
• Régime politique où tous les pouvoirs sont concentrés entre les mains d'une personne, d'un parti.
• (Fig.) Pouvoir absolu.

dictée n. f.
• Action de dicter. *Écrire sous la dictée de quelqu'un.*
• Exercice d'orthographe. *La dictée de Mérimée.*

dicter v. tr.
• Dire un texte à haute voix à quelqu'un qui le transcrit. *Dicter le courrier.*
• Inspirer, imposer. *Une décision dictée par le devoir.*

diction n. f.
Manière de parler, élocution.

dictionnaire n. m.
Recueil des mots d'une langue et des informations s'y rapportant présentés selon un certain ordre (alphabétique, thématique, systématique, etc.).
Note.- Ne pas confondre avec les mots suivants :
- *glossaire*, petit répertoire érudit d'un auteur, d'un domaine ;
- *lexique*, ouvrage qui ne comporte pas de définitions et qui donne souvent l'équivalent dans une autre langue ;
- *vocabulaire*, ouvrage qui comprend les mots d'une spécialité avec leurs définitions.

dicton n. m.
Sentence. *Le dicton est souvent régional, alors que le proverbe connaît une diffusion plus étendue.*
Note.- Au point de vue typographique, il est d'usage de composer les dictons, les devises, les maximes comme des citations, c'est-à-dire en italique.

didacticiel n. m.
(Inform.) Logiciel spécialisé pour l'enseignement assisté par ordinateur.

didactique adj. et n. f.
• Adjectif
- Relatif à l'enseignement.
- Qui appartient à la langue technique et scientifique. *Un terme didactique.*
• Nom féminin
Pédagogie, méthode de l'enseignement.

dièse adj. inv. et n. m.
• **Adjectif invariable.** (Mus.) Affecté d'un signe dièse. *Des mi dièse.*

• **Nom masculin.** (Mus.) Signe d'altération visant à modifier le son d'une note. *Des doubles dièses.*
Note.- Attention au genre masculin de ce nom : **un** dièse.

diesel n. m.
• Le premier **e** se prononce **é** [djezɛl].
• Moteur à combustion interne. *Des diesels.*

diète n. f.
Régime alimentaire prescrit par un médecin. *Une diète liquide.*
Note.- Ne pas confondre avec **régime amaigrissant**.

diététicien n. m.
diététicienne n. f.
Spécialiste de la diététique.

diététique adj. et n. f.
• **Adjectif.** Relatif à la diététique.
• **Nom féminin.** Science ayant pour objet l'étude des régimes alimentaires, fondée sur l'étude de la valeur nutritive des aliments.

dieu n. m.
• Être suprême. *Le bon Dieu.*
• Puissance surnaturelle. *Les dieux de l'Olympe.*
Note.- Quand il est employé dans son sens absolu, le nom s'écrit avec une majuscule. Lorsqu'il désigne des divinités, des êtres mythiques ou mythologiques, il s'écrit avec une minuscule et sa forme féminine est **déesse**.
• **Locutions interjectives**
Bon Dieu ! Grand Dieu ! Dieu merci ! Dieu vous entende. À la grâce de Dieu !

diffamateur, trice adj. et n. m. et f.
Calomniateur.

diffamation n. f.
• Écrit ou parole diffamatoire.
• (Dr.) Allégation d'un fait qui est de nature à porter atteinte à la réputation de quelqu'un.

diffamatoire adj.
Qui a pour but de diffamer. *Un texte diffamatoire.*

diffamer v. tr.
Porter atteinte à la réputation de quelqu'un par des paroles, des écrits non fondés.
Note.- Ne pas confondre avec les verbes suivants :
- *décrier*, déprécier avec force, faire perdre la réputation, l'autorité ;
- *dénigrer*, chercher à diminuer la valeur d'une personne, d'une chose ;
- *discréditer*, souiller la réputation en dépréciant ou en diffamant ;
- *vilipender*, traiter avec mépris.

différé, ée adj. et n. m.
• Remis à plus tard.
• *En différé.* Se dit d'une émission enregistrée avant sa diffusion (par opposition à **en direct**). *Une émission transmise en différé.*

différemment adv.
De façon différente.

différence n. f.
● Ce qui distingue une chose d'une autre. *Le droit à la différence.*
● *À cette différence près que.* Avec cette différence que.
● Résultat de la soustraction de deux nombres.

différenciation n. f.
Distinction.

différencier v. tr., pronom.
● Redoublement du *i* à la première et à la deuxième personne du pluriel de l'indicatif imparfait et du subjonctif présent. *(Que) nous différenciions, (que) vous différenciiez.*
● **Transitif**
- Distinguer par une différence.
- Faire la distinction entre. *Il n'est pas facile de différencier le vrai du faux* (et non * d'avec le faux).
● **Pronominal**
Se singulariser.
Note.- Ce verbe se construit avec la préposition *de*.
Hom. *différentier*, calculer la différentielle de.

différend n. m.
Désaccord. *Il a un grave différend avec son collègue à ce sujet.*
Note.- Attention à l'orthographe : différen**d**.
Hom. *différent,* distinct.

différent, ente adj.
● **Adjectif qualificatif.** Distinct. *Ils sont très différents.*
● **Adjectif indéfini pluriel.** Certains. *Différentes personnes ont écrit.*
Note.- Ne pas confondre avec le participe présent invariable *différant. Des couleurs différant d'autres couleurs par leur intensité.*
Hom. *différend*, désaccord.

différentiel, ielle adj.
Relatif aux variations. *Le calcul différentiel.*

différentiel n. m.
Combinaison d'engrenages.

différentielle n. f.
(Math.) Fonction linéaire.

différentier v. tr.
● Redoublement du *i* à la première et à la deuxième personne du pluriel de l'indicatif imparfait et du subjonctif présent. *(Que) nous différentiions, (que) vous différentiiez.*
● (Math.) Calculer la différentielle de.
Hom. *différencier*, distinguer par une différence.

différer v. tr.
● Le *é* se change en *è* devant une syllabe muette, sauf à l'indicatif futur et au conditionnel présent. *Je diffère,* mais *je différerai.*
● Remettre à plus tard.

difficile adj.
Ardu, compliqué.

difficilement adv.
Avec difficulté.

difficulté n. f.
● Caractère d'une chose difficile, complexe.
● Obstacle, empêchement. *Éprouver des difficultés.*
Note.- Le mot **difficulté** demeure généralement au singulier dans les expressions : *être en difficulté, sans difficulté, avec difficulté.*

difforme adj.
Qui n'a pas une forme normale.

difformité n. f.
Malformation.

diffus, use adj.
Lumière indirecte et atténuée. *Lumière diffuse.*

diffuser v. tr.
● Propager, répandre. *Diffuser de la lumière.*
● Émettre par les médias. *Diffuser une nouvelle.*
● Assurer la distribution commerciale d'une publication. *Diffuser un roman.*

diffuseur n. m.
● Appareil servant à diffuser.
● Personne qui assure la diffusion d'un ouvrage.

diffusion n. f.
● Action de diffuser une onde, une substance.
● Action de transmettre par la radio, la télévision.
● Action de distribuer commercialement un ouvrage.

digérer v. tr., pronom.
● Le *é* se change en *è* devant une syllabe muette, sauf à l'indicatif futur et au conditionnel présent. *Je digère,* mais *je digérerai.*
● Transformer un aliment comestible en un produit absorbé ou rejeté par le tube digestif. *Cet aliment ne se digère pas facilement.*

digeste adj.
Facile à digérer.

digestible adj.
Qui peut être digéré.

digestif, ive adj.
Qui se rapporte à la digestion. *Le tube digestif.*

digestion n. f.
Transformation des aliments dans l'appareil digestif.

digital, ale, aux adj.
● Qui se rapporte aux doigts. *Des empreintes digitales.*
● (Anglicisme) (Affichage) numérique.

digne adj.
Qui mérite quelque chose.
Note.- Cet adjectif se dit en bonne ou en mauvaise part. *Il est digne d'admiration, il est digne de la plus sévère peine de prison.* Cependant, dans la tournure négative, il est suivi d'un terme favorable. *Il n'est pas digne de votre estime.*

dignement adv.
Noblement.

dignitaire n. m. et f.
Personne qui occupe un haut rang.

dignité n. f.
• Noblesse, respect de soi-même.
• Haute fonction.

digression n. f.
Développement qui s'écarte du sujet traité.
Note.- On entend souvent à tort la prononciation
*disgression.

digue n. f.
Construction servant à retenir les eaux.

diktat n. m.
• Le *t* se prononce [diktat].
• Exigence. *Des diktats.*

dilapidation n. f.
Action de dilapider.

dilapider v. tr.
Gaspiller. *Il dilapide les fonds publics.*

dilatable adj.
Qui peut se dilater.
Ant. **contractile**

dilatation n. f.
Action de se dilater.

dilater v. tr., pronom.
• **Transitif.** Élargir, étendre.
• **Pronominal.** Augmenter de volume.

dilatoire adj.
(Litt.) Qui tend à procurer un délai. *Une manœuvre
dilatoire.*

dilemme n. m.
Situation dans laquelle on doit choisir entre deux
partis contradictoires, comportant tous deux des inconvénients.
Notes.-
1° Attention à l'orthographe de ce nom masculin : *un*
dile**mm**e.
2° Ne pas confondre avec le mot *alternative* qui désigne
une situation où il n'y a que deux possibilités opposées,
deux éventualités entre lesquelles il faut choisir.

dilettante n. m. et f.
• Personne qui s'occupe d'une chose en amateur.
• *En dilettante.* En amateur, en guise de distraction.
Note.- Attention à l'orthographe : di*lett*ante.

dilettantisme n. m.
(Péj.) Caractère du dilettante.

diligence n. f.
• (Litt.) Empressement. *Faites diligence, il faut arriver
avant 18 heures.*
• Voiture à chevaux.

diligent, ente adj.
(Litt.) Prompt.

diluer v. tr.
Délayer une substance dans un liquide.

dilution n. f.
Action de diluer, de se diluer ; son résultat.

diluvien, ienne adj.
Qui se rapporte au déluge. *Des pluies diluviennes.*

dimanche n. m.
Septième jour de la semaine, consacré au repos. *Les
dimanches d'avril.*
Note.- Les noms de jours s'écrivent avec une minuscule
et prennent la marque du pluriel. *Je viendrai tous les
dimanches*, mais *je viendrai tous les samedi et dimanche de chaque semaine.* Attention à la construction
de la dernière phrase où les noms de jours restent au
singulier parce qu'il n'y a qu'un seul samedi et un seul
dimanche par semaine.
V. Tableau - **JOUR.**

dîme n. f.
Impôt prélevé par l'Église.

dimension n. f.
Grandeur mesurable. *C'est un colis de grande dimension.*

diminuer v. tr., intr.
• **Transitif.** Réduire. *Elle a diminué ses dépenses.*
• **Intransitif.** Devenir moins grand, moins coûteux.
Les prix ont diminué. Les prix sont diminués.
Note.- Le verbe se conjugue avec l'auxiliaire *être* ou
l'auxiliaire *avoir* selon que l'on insiste sur l'état ou
l'action.

diminutif, ive adj. et n. m.
• **Adjectif.** Qui diminue le sens d'un mot. *L'élément
-ette est un suffixe diminutif.*
• **Nom masculin.** Mot formé d'un radical et d'un suffixe
diminutif. *Pommette est le diminutif de pomme.*

diminution n. f.
Réduction. En parlant du prix, on dira : *La diminution
du prix du lait* (et non la *diminution du lait*).

dinar n. m.
Unité monétaire de l'Algérie, de l'Iraq, de la Jordanie,
du Koweit, de la Libye, de la République populaire et
démocratique du Yémen, de la Tunisie, de la Yougoslavie. *Des dinars.*
V. Tableau - **SYMBOLES DES UNITÉS MONÉTAIRES.**

dînatoire adj.
Qui sert de dîner. *Un goûter dînatoire.*

dinde n. f.
Dindon femelle.

dindon n. m.
Grand oiseau de basse-cour.

dindonneau n. m.
Petit de la dinde. *Des dindonneaux bien tendres.*

dîner v. intr.
• Prendre le repas du soir.
• Dans certaines régions de la francophonie, prendre
le repas de midi.
Note.- Attention à l'orthographe : dîner.

dîner n. m.
• Repas du soir. *Un dîner de gala.*
• Dans certaines régions de la francophonie, repas
de midi.
Note.- Le mot *dîner* est souvent apposé et joint par un
trait d'union à un mot désignant une activité. *Un
dîner-débat.*

dîner-spectacle n. m.
Des dîners-spectacles.

dinette n. f.
Petit repas que les enfants font ensemble.

dingue adj. et n. m. et f.
(Fam.) Bizarre, fou.

dinosaure n. m.
Reptile fossile préhistorique de très grande taille.

diocèse n. m.
Territoire placé sous la juridiction d'un évêque.

diode n. f.
Composant électronique.

dionysiaque adj. et n. f. pl.
Relatif à Dionysos (Bacchus).
Note.- Attention à l'orthographe : d*i*onys*i*aque.

dioxine n. f.
Produit très toxique. *Des émanations de dioxine.*

diphtérie n. f.
Maladie contagieuse.
Note.- Attention à l'orthographe : di*ph*térie.

diphtongaison n. f.
(Phonét.) Fusion en un seul élément vocalique de
deux voyelles.
Note.- Attention à l'orthographe : di*ph*tongaison.

diphtongue n. f.
(Phonét.) Voyelle qui change de timbre en cours de
prononciation. *Le mot père prononcé pa-ère.*
Note.- Attention à l'orthographe : di*ph*tongue.

diphtonguer v. tr., pronom.
(Phonét.) Convertir une voyelle en diphtongue.
Note.- Attention à l'orthographe : di*ph*tonguer.

diplomate n. m.
Personne chargée par un gouvernement de le représenter à l'étranger.
Note.- Attention à l'orthographe : pas d'accent sur le *o*,
ainsi que pour les dérivés.

diplomatie n. f.
• Le *t* se prononce comme **s** [diplɔmasi].
• Science des relations internationales.
• Carrière diplomatique.
• Habileté, tact.

diplomatique adj.
• Relatif à la diplomatie. *Le courrier diplomatique.*
• Habile, plein de tact.

diplomatiquement adv.
De façon diplomatique.

diplôme n. m.
Document qui confère un titre, un grade.
Note.- Attention à l'orthographe : diplôme.

diplôme d'études universitaires générales
Sigle *D.E.U.G.*

diplômé, ée adj. et n. m. et f.
Pourvu d'un diplôme. *Elle est diplômée depuis peu.*

diplômer v. tr.
Décerner un diplôme à.

diptyque n. m.
Œuvre en deux parties.
Notes.-
1° L'œuvre en trois parties est un *triptyque*.
2° Ne pas confondre avec le mot *distique* qui désigne
un ensemble de deux vers.

dire v. tr., pronom.
• *Je dis, tu dis, il dit, nous disons, vous dites, ils
disent. Je disais. Je dis, tu dis, il dit, nous dîmes, vous
dîtes, ils dirent. Je dirai. Je dirais. Dis, disons, dites.
Que je dise. Que je disse, que tu disses, qu'il dît, que
nous dissions, que vous dissiez, qu'ils dissent. Disant.
Dit, dite.*

TRANSITIF
• Exprimer par la parole. *Je vous dis merci.*
• **Locutions**
- *À dire vrai, à vrai dire.* En fait.
- *C'est tout dire.* On ne peut rien dire de plus.
- *Sans dire mot.* Sans répondre. *Il s'exécuta sans dire
mot.*
- *Soit dit entre nous.* Confidentiellement.
- *Ne pas se le faire dire deux fois.* Ne pas hésiter.
- *Avoir beau dire.* Malgré tout ce que l'on peut dire.
- *Cela va sans dire.* C'est incontestable, évident.
- *Le qu'en-dira-t- on.* Les ragots.
- *Autrement dit.* En d'autres mots.
• Signifier. *Le mot anglais « boat » veut dire bateau en
français.*
PRONOMINAL
• Prétendre. *Il se dit notre allié, mais je ne le crois pas.*
• **Se dire + attribut de l'objet.** Le participe passé d'un
verbe pronominal suivi d'un attribut du pronom réfléchi
s'accorde en genre et en nombre avec le sujet. *Elles se
sont dites satisfaites.*

---

dire n. m.
Le fait de dire. *D'après les dires des experts, cette
réaction est normale.*

dire (au) loc. prép.
D'après, selon l'avis de. *Au dire de Monsieur, au dire
des spécialistes.*
Note.- Le mot *dire* est au singulier dans l'expression
au dire de.

direct, ecte adj.
• Qui est droit, sans détour. *Une route directe.*
• *Complément direct.* (Gramm.) Complément relié
directement au verbe, sans préposition. *Dans la phrase
« il peint le mur », mur est un complément d'objet
direct.*
V. Tableau - **COMPLÉMENT.**

direct n. m.
Coup de poing. *Des directs percutants.*

directement adv.
De façon directe.

directeur n. m.
directrice n. f.
Personne qui est à la tête d'une direction. *La directrice
des communications. Un directeur adjoint.*

Note.- S'il y a lieu de mettre une majuscule au titre de directeur ou de directrice, une majuscule initiale suffit ; le nom spécifique de la direction s'écrit avec une minuscule.

directeur, trice adj.
Qui dirige. *Des lignes directrices, des plans directeurs.*

directif, ive adj.
Qui impose une direction, des contraintes. *Un ton directif.*

directive n. f.
(Au plur.) Instructions générales. *Quelles sont vos directives ?*
Note.- En dehors de la langue militaire, ce nom s'emploie généralement au pluriel.

direction n. f.
• Conduite, administration.
• Ensemble de ceux qui dirigent une entreprise, un organisme.
• Unité administrative. *La Direction du marketing.*
• Orientation. *Ils vont en direction du sud.*
Note.- Le nom **direction** s'écrit généralement avec une majuscule initiale ; le nom spécifique ou l'adjectif désignant l'unité administrative s'écrit avec une minuscule.

directoire n. m.
Style Directoire, style caractéristique de l'époque du Directoire.
Note.- Ce nom s'écrit avec une majuscule lorsqu'il désigne le régime politique du XVIIIe siècle.

directorial, iale, iaux adj.
Propre à une direction. *Un fauteuil directorial.*

dirham n. m.
Unité monétaire des Émirats arabes unis, du Maroc. *Des dirhams.*
V. Tableau - **SYMBOLES DES UNITÉS MONÉTAIRES.**

dirigé, ée adj.
Conduit. *Une économie dirigée.*

dirigeable adj. et n. m.
• **Adjectif.** Qui peut être dirigé. *Des ballons dirigeables.*
• **Nom masculin.** Aérostat qu'on peut diriger. *Des dirigeables en bon état.*

dirigeant, ante adj. et n. m. et f.
Qui dirige. *La classe dirigeante.*
Note.- Attention à l'orthographe : dirigeant.

diriger v. tr.
• Le *g* est suivi d'un *e* devant les lettres *a* et *o. Il dirigea, nous dirigeons.*
• Conduire, commander.
• Guider vers un endroit.

dirigisme n. m.
Système économique dans lequel l'État assure la direction des mécanismes économiques.

dis- préf.
Élément du latin signifiant « au travers de » qui sert à marquer la séparation, la négation. *Disparaître, dissuader.*

Note.- Devant les mots commençant par un *f*, le préfixe devient *dif-. Diffusion.*

discal, ale, aux adj.
Relatif à un disque. *Une hernie discale.*

discernement n. m.
Jugement.

discerner v. tr.
• Distinguer. *Discerner le bien d'avec le mal, le bien du mal.*
• Découvrir par le jugement. *Elle discerne ses motifs sans peine.*

disciple n. m.
Personne qui suit la doctrine d'un maître.
Note.- Ne pas confondre avec le mot **adepte** qui est souvent suivi d'un nom de doctrine, alors que le mot **disciple** peut être suivi d'un nom de personne. *Un adepte du libéralisme. Elle est un disciple de Freud.*

disciplinaire adj.
Qui se rapporte à la discipline. *Mesure disciplinaire.*

discipline n. f.
• Matière d'enseignement. *Quelles disciplines avez-vous choisies ?*
• Règle de conduite.

discipliné, ée adj.
Qui obéit à la discipline.

disc-jockey n. m. et f.
Anglicisme au sens de **animateur, présentateur**. *Des disc-jockeys.*
Note.- Le nom **animateur** a fait l'objet d'une recommandation officielle pour remplacer cet anglicisme.

discipliner v. tr., pronom.
• **Transitif.** Soumettre quelqu'un à un ensemble de règles.
• **Pronominal.** Suivre la discipline.

disco adj. inv.
Se dit d'un style de musique populaire. *Des musiques disco.*

discographie n. f.
Répertoire de disques.

discontinu, ue adj.
Qui n'est pas continu.

discontinuation n. f.
Interruption.

discontinuer v. intr.
Sans discontinuer. Sans cesser un moment. *Il neige sans discontinuer depuis hier.*

discontinuité n. f.
Cessation.

disconvenance n. f.
(Litt.) Défaut de convenance.

disconvenir v. tr.
• Se conjugue comme le verbe **venir**.
• (Litt.) Nier.
Note.- Ce verbe est généralement employé à la forme négative. *Je ne disconviens pas qu'il (ne) soit très*

émonder v. tr.
- Élaguer, couper les branches inutiles.
- (Fig.) Retrancher les parties superflues de quelque chose.

émotif, ive adj. et n. m. et f.
- **Adjectif**. Relatif à l'émotion.
- **Nom masculin et féminin**. Qui est très sensible, prompt à ressentir des émotions.

émotion n. f.
Réaction affective intense causée par la surprise, la joie, la peur, etc. *Une vive émotion.*

émotionnel, elle adj.
Propre à l'émotion. *Un choc émotionnel.*

émotionner v. tr.
(Fam.) Émouvoir.
Note.- Ce verbe est un doublet de *émouvoir*.
V. Tableau - **DOUBLETS.**

émotivité n. f.
- Caractère d'une personne émotive.
- Capacité à ressentir des émotions.

émoulu, ue adj.
Frais émoulu. Sorti depuis peu d'une école. *Des collégiennes fraîches émoulues.*
Note.- L'adjectif *émoulu* ne s'emploie plus que dans cette expression.

émousser v. tr.
- Rendre moins tranchant.
- Affaiblir, rendre moins vif (un sentiment, une sensation, etc.)

émoustillant, ante adj.
Excitant.

émoustiller v. tr.
- Les lettres *ill* sont suivies d'un *i* à la première et à la deuxième personne du pluriel de l'indicatif imparfait et du subjonctif présent. *(Que) nous émoustillions, (que) vous émoustilliez.*
- Exciter, rendre gai.

émouvant, ante adj.
Touchant.

émouvoir v. tr., pronom.
- *J'émeus, tu émeus, il émeut, nous émouvons, vous émouvez, ils émeuvent. J'émouvais. J'émus. J'émouvrai. J'émouvrais. Émeus, émouvons, émouvez. Que j'émeuve. Que j'émusse. Émouvant. Ému, ue.*
- **Transitif**
Toucher, bouleverser. *Ces adieux les ont émus.*
- **Pronominal**
- Se troubler. *Ils se sont émus au souvenir de ces jours heureux.*
- S'inquiéter. *Il ne faut pas s'émouvoir de ce changement d'attitude.*

empailler v. tr.
- Les lettres *ill* sont suivies d'un *i* à la première et à la deuxième personne du pluriel de l'indicatif imparfait et du subjonctif présent. *(Que) nous empaillions, (que) vous empailliez.*
- Naturaliser. *Un hibou empaillé.*

empailleur, euse n. m. et f.
Naturaliste.

empalement n. m.
- Action d'empaler.
- Fait d'être empalé.

empaler v. tr., pronom.
- **Transitif**. Transpercer d'un pal, d'un pieu.
- **Pronominal**. Se blesser en tombant sur un objet pointu.

empanacher v. tr.
Garnir d'un panache.

empaquetage n. m.
Action d'empaqueter.

empaqueter v. tr.
- Redoublement du *t* devant un *e* muet. *J'empaquette, j'empaquetterai,* mais *j'empaquetais.*
- Mettre en paquet.

emparer (s') v. pronom.
Prendre possession de quelque chose par la force, se saisir de.

empâtement n. m.
État de ce qui est épais et lourd.
Note.- Ne pas confondre avec le mot *empattement* qui désigne la distance entre les essieux d'un véhicule.

empâter v. tr., pronom.
- **Transitif**
- Enduire de pâte.
- Engraisser.
- **Pronominal**
- Devenir pâteux.
- Prendre du poids, épaissir. *Ses traits se sont empâtés.*

empathie n. f.
Faculté de se mettre à la place d'autrui, de percevoir ce qu'il ressent.

empattement n. m.
Distance entre les essieux d'un véhicule. *L'empattement d'une voiture.*
Note.- Ne pas confondre avec le mot *empâtement* qui désigne l'état de ce qui est épais et lourd.

empêchement n. m.
Contretemps de dernière minute. *Ils ont eu un empêchement.*
Note.- Attention à l'orthographe : empêchement.

empêcher v. tr., pronom.
- **Transitif**
- Mettre dans l'impossibilité de, faire obstacle à.
- **Empêcher** + **que**. *Elle empêchera qu'il ne sorte.*
Note.- Le verbe se construit avec le subjonctif et le *ne* explétif.
- **Il n'empêche que**. *Il n'empêche que je serai là demain.*
Note.- Le verbe se construit avec l'indicatif.
- **Pronominal**
Se retenir de. *Il n'a pu s'empêcher d'éclater de rire.*

empêcheur, euse n. m. et f.
Empêcheur de danser, de tourner en rond. (Fam.)
Trouble-fête.

empeigne n. f.
Pièce de cuir formant le dessus d'une chaussure.
Note.- Attention au genre féminin de ce nom : *une*
emp*ei*gne.

empereur n. m.
impératrice n. f.
Chef d'un empire.
Note.- Suivis d'un nom propre, les mots *empereur,*
impératrice s'écrivent avec une minuscule. Employés
sans nom propre, ils s'écrivent avec une majuscule.
L'empereur Napoléon Ier, l'Empereur.

empesé, ée adj.
• Qu'on a empesé. *Un col empesé.*
• Raide, dépourvu de naturel.

empeser v. tr.
• Le *e* se change en *è* devant une syllabe muette.
J'empèse, j'empesais.
• Enduire d'amidon une étoffe pour lui donner de la
raideur.

empester v. tr., intr.
• **Transitif.** Infester d'une odeur désagréable.
• **Intransitif.** Dégager une mauvaise odeur. *Cette viande*
empeste.

empêtrer v. tr., pronom.
• **Transitif.** Embarrasser.
• **Pronominal.** S'embrouiller. *Elle s'est empêtrée dans*
ses explications.
Ant. **dépêtrer.**

emphase n. f.
Grandiloquence, exagération prétentieuse.

emphysème n. m.
(Méd.) Infiltration gazeuse d'un tissu. *Un emphysème*
pulmonaire.
Note.- Attention au genre masculin de ce nom : *un*
emp*hy*sème.

emphytéotique adj.
Bail emphytéotique. Bail de très longue durée.
Note.- Attention à l'orthographe : em*phytéo*tique.

empiècement n. m.
Pièce rapportée d'un vêtement.
Note.- Attention à l'orthographe : empiècement.

empiétement n. m.
Usurpation.
Note.- Attention à l'orthographe : empi*é*tement.

empiéter v. intr.
• Le *é* se change en *è* devant une syllabe muette, sauf
à l'indicatif futur et au conditionnel présent. *J'empiète,*
j'empiéterai.
• S'emparer de biens, de droits, d'attributions qui
appartiennent à quelqu'un d'autre. *Empiéter sur les*
prérogatives de quelqu'un.
• Chevaucher. *Des tuiles qui empiètent les unes sur*
les autres.

empiffrer (s') v. pronom.
(Fam.) Se gaver.
Note.- Attention à l'orthographe : s'empi*ff*rer.

empilage n. m.
Empilement.
Note.- Attention à l'orthographe : empi*l*age.

empilement n. m.
Ensemble de choses empilées.

empiler v. tr., pronom.
• **Transitif.** Entasser. *Empiler des briques.*
• **Pronominal.** S'entasser, s'amonceler. *Les dossiers*
s'empilaient sur son bureau.

empire n. m.
• État dirigé par un empereur ou par une impératrice.
• Ensemble d'États soumis à une autorité. *L'empire*
britannique.
Note.- Ce nom s'écrit avec une majuscule s'il est suivi
d'un adjectif de nationalité ; il s'écrit avec une minuscule
s'il est suivi d'un nom propre. *L'Empire britannique,*
l'empire du Japon.
• *Sous l'empire de*, locution prépositive. Sous l'in-
fluence de. *Il a agi sous l'empire de la colère.*
• *Style Empire.* Se dit du style décoratif du temps de
Napoléon Ier. *Un secrétaire de style Empire, une com-*
mode Empire.
Note.- En ce sens, le nom s'écrit avec une majuscule.

empirer v. intr.
S'aggraver.
Note.- Le verbe se conjugue aujourd'hui avec l'auxiliaire
avoir. Son état a empiré.

empirique adj.
Qui s'appuie sur l'expérience.
Note.- Attention à l'orthographe : empi*ri*que.
Ant. **théorique.**

emplâtre n. m.
Préparation qui s'applique sur la peau.
Note.- Attention au genre masculin de ce nom : *un*
emplâtre.

emplette n. f.
Achat. *Faire des emplettes.*

emplir v. tr.
(Litt.) Remplir. *Emplis mon verre.*

emploi n. m.
• Travail, fonction. *Des offres d'emploi, des demandes*
d'emploi.
• Action, manière de se servir d'une chose. *L'emploi*
d'un produit toxique.
• *Mode d'emploi.* Notice explicative. *Des modes d'em-*
ploi bien faits.
• *Emploi du temps.* Horaire.
• *Double emploi.* Répétition inutile.

employé, ée n. m. et f.
Salarié.

employer v. tr., pronom.
• Le *y* se change en *i* devant un *e* muet. *J'emploie.*
J'emploierai.
• Le *y* est suivi d'un *i* à la première et à la deuxième

personne du pluriel de l'indicatif imparfait et du sub-jonctif présent. *(Que) nous employions, (que) vous employiez.*

● **Transitif**

- Faire usage de. *Elle préfère employer du beurre pour cuisiner.*
- Donner du travail à quelqu'un. *Notre entreprise emploie 12 personnes.*

● **Pronominal**

- S'utiliser. *Cette expression s'emploie couramment.*
- S'appliquer. *Il s'emploie à tout relire.*

employeur, euse n. m. et f.
Personne, société qui emploie des salariés.

empoignade n. f.
● Attention à la prononciation de la deuxième syllabe : *pwa* [ɑ̃pwaɲad].
● Altercation.

empoigne n. f.
● Attention à la prononciation de la deuxième syllabe : pwa [ɑ̃pwaɲ]
● *Foire d'empoigne.* (Fam.) Mêlée (au sens propre ou figuré).
Note.- Le mot *empoigne* ne s'emploie que dans l'expression citée.

empoigner v. tr., pronom.
● Attention à la prononciation de la deuxième syllabe : pwa [ɑ̃pwaɲe].
● Les lettres *gn* sont suivies d'un *i* à la première et à la deuxième personne du pluriel de l'indicatif imparfait et du subjonctif présent. *(Que) nous empoignions, (que) vous empoigniez.*
● **Transitif**. Saisir.
● **Pronominal**. Se quereller, se colleter.

empois n. m.
Produit qui sert à l'empesage.
Note.- Attention à l'orthographe : empoi**s**.

empoisonnement n. m.
● Action d'empoisonner.
● Intoxication.

empoisonner v. tr., pronom.
● **Transitif**. Faire mourir par l'absorption de poison.
● **Pronominal**. Absorber du poison. *Ils se sont empoisonnés avec des champignons.*
Note.- Attention à l'orthographe : empoiso**nn**er.

empoisonneur, euse n. m. et f.
Criminel qui utilise du poison.

emportement n. m.
Accès de colère.

emporte-pièce n. m. inv.
À l'emporte-pièce. D'une franchise un peu brutale. *Une réponse à l'emporte-pièce.*

emporter v. tr., pronom.
● **Transitif**. Prendre avec soi et porter ailleurs.
Notes.-
1° Ne pas confondre le verbe *emporter* qui comprend l'idée de point de départ avec le verbe *apporter* qui comporte l'idée de point d'arrivée, d'aboutissement.

2° On *emporte* une chose, on *emmène* une personne ou un animal.
● **Pronominal**. Se mettre en colère. *Il faut leur pardonner : ils se sont emportés.*

empoté, ée adj. et n. m. et f.
(Fam.) Peu dégourdi.

empoter v. tr.
Mettre en pot (une plante, un arbuste). *Empoter un rosier.*
Note.- Attention à l'orthographe : empo**t**er.

empreindre v. tr.
● *J'empreins, tu empreins, il empreint, nous empreignons, vous empreignez, ils empreignent. J'empreignais, tu empreignais, il empreignait, nous empreignions, vous empreigniez, ils empreignaient. J'empreignis. J'empreindrai. J'empreindrais. Empreins, empreignons, empreignez. Que j'empreigne, que tu empreignes, qu'il empreigne, que nous empreignions, que vous empreigniez, qu'ils empreignent. Que j'empreignisse. Empreignant. Empreint, einte.*
● (Litt.) Marquer. *Le visage empreint d'inquiétude.*

empreinte n. f.
Marque, trace. *Des empreintes digitales.*

empressé, ée adj.
Prévenant.

empressement n. m.
Action de s'empresser, ardeur.

empresser (s') v. pronom.
● Se hâter de. *Ils se sont empressés de partir.*
● Montrer de la prévenance à l'égard de quelqu'un. *Il s'empressait auprès de sa nouvelle amie.*
Note.- Le participe passé s'accorde toujours.

emprise n. f.
Influence, ascendant. *Se libérer d'une emprise.*

emprisonnement n. m.
● Action de mettre en prison.
● État de celui qui est emprisonné.

emprisonner v. tr.
Mettre en prison.
Note.- Attention à l'orthographe : empriso**nn**er.

emprunt n. m.
● Action d'emprunter.
● Chose, somme empruntée. *J'ai fait un emprunt à la banque.*
● (Ling.) Utilisation d'un mot, d'une expression d'une autre langue.
● Mot, expression empruntés à une autre langue. *Le mot bifteck est un emprunt à l'anglais ; spaghetti, un emprunt à l'italien.*
Note.- S'il n'existe pas de mot dans une langue pour désigner une réalité, l'*emprunt* se justifie ; il est inutile s'il vient concurrencer un mot existant.
V. Tableau - **ANGLICISMES.**

emprunter v. tr.
● Obtenir en prêt. *Il a emprunté cette somme à la banque.*

emprunteur

● Prendre (une voie). *Ce chemin est réservé aux riverains ; on ne peut l'emprunter.*

emprunteur, euse n. m. et f.
Personne qui emprunte.
Ant. **prêteur.**

ému, ue adj.
Qui éprouve de l'émotion. *Voix émue.*

émulation n. f.
Désir de surpasser quelqu'un par quelque chose de bien. *Le travail en groupe favorise une saine émulation.*

émule n. m. et f.
Concurrent par le mérite.
Note.- Ce mot s'emploie au masculin ou au féminin.

en prép. et pron.
V. Tableau - **EN.**

E.N.A.
Sigle de *École nationale d'administration.*

encadré n. m.
(Typogr.) Mise en valeur d'une partie d'un texte à l'aide d'un filet.

encadrement n. m.
● Action d'encadrer.
● Cadre. *Un bel encadrement ancien.*
● Direction. *Du personnel d'encadrement.*

encadrer v. tr.
● Entourer d'un cadre. *Encadrer une gravure.*
● Diriger. *Encadrer une équipe.*

EN préposition et pronom

EN préposition

La préposition *en* marque un rapport de lieu, de temps, une notion de forme, de matière, de manière.

● **En + nom indéterminé**

Ils sont partis en ville, les enfants sont en classe.
Note - Devant un nom précédé d'un article défini, d'un possessif, d'un démonstratif, on emploiera plutôt la préposition **dans.** *Ils sont allés dans la ville de Grenoble, les enfants sont dans la classe de latin.*

● **En + nom géographique**

- Nom de pays, de région féminin. *En Bretagne.*
- Nom de pays masculin commençant par une voyelle. *En Équateur.*
Note.- Devant un nom de pays masculin commençant par une consonne, on emploiera plutôt l'article contracté **au.** *Au Canada, aux Pays-Bas.*
- Nom de grande île féminin. *En Martinique.*
Note.- Devant un nom de petite île féminin, ou devant un nom d'île masculin, on emploiera plutôt **à.** *À Chypre.*
Note.- Devant un nom de ville, on emploiera la préposition **à.** *À Athènes, à Florence, à Nantes.*

● **En + matière**

Une colonne en marbre, de marbre, une sculpture en bois, de bois.
Note.- Il est possible d'utiliser les prépositions **en** ou **de** pour introduire le complément de matière. Toutefois au sens figuré, on emploiera surtout la préposition **de.** *Une volonté de fer.*

● **En + singulier ou pluriel**

Un lilas en fleur(s), un texte en italique, un enfant en pyjama, une maison en flammes.
Note.- Il n'y a pas de règle particulière pour le nombre du nom précédé de **en.** C'est le sens qui dictera plutôt le nombre du nom.

● **En + participe présent**

En sautant, il s'est blessé à la cheville.
Note.- Il importe que le participe présent ait pour sujet le sujet du verbe de la proposition principale. Une construction avec un participe présent ayant un sujet différent de celui de la principale serait fautive. Par exemple : *En proposant des programmes innovateurs, les étudiants sont plus motivés.* On construira la phrase plutôt ainsi : *En proposant des programmes innovateurs, les professeurs accroissent la motivation des étudiants.*

EN pronom

● **Pronom personnel de la troisième personne**

- Le possesseur est une personne. On emploie alors **son, sa, ses.** *Il admire cet ami et apprécie son courage.*

- Le possesseur est un nom de chose. Le possessif est remplacé par **en.** *Les touristes aiment le Maroc; ils en apprécient la douceur du climat.*

- Le possesseur est un nom d'animal. L'emploi du pronom **en** est recommandé, mais on observe également l'emploi du possessif. *Le cheval a une belle crinière; j'en admire la couleur*, ou encore *j'admire sa couleur.*

● **Impératif + en**

- Le pronom **en** employé avec un pronom personnel se place après ce pronom. *Des livres, écris-nous-en plusieurs. Souviens-t'en.*

- *Lorsque le pronom* **en** *suit un verbe à la deuxième personne du singulier de l'impératif qui se termine par un* **e***, ce verbe prend un* **s** *euphonique. Respectes-en les conditions.*

● **Accord du participe passé avec en**

La plupart des auteurs recommandent l'invariabilité du participe passé précédé du pronom **en.** *Il a dessiné plus d'immeubles qu'il n'en a construit. Ce sont des fleurs carnivores. En aviez-vous déjà vu?*

Note.- On remarque cependant un usage très indécis où l'on accorde parfois le participe passé avec le nom représenté par **en.** «*Mais les fleurs, il n'en avait jamais vues.*» (Marcel Proust, cité par Grevisse). Pour simplifier la question, il semble préférable d'omettre le pronom si celui-ci n'est pas indispensable au sens de la phrase ou de choisir l'invariabilité du participe passé.

---

encaissable adj.
Qui peut être encaissé. *Ce chèque est encaissable à compter du 15 septembre.*

encaisse n. f.
Somme disponible en caisse. *L'encaisse s'élève à 1 500 F.*

encaissement n. m.
Action d'encaisser de l'argent.

encaisser v. tr.
● Toucher une somme d'argent. *Encaisser un chèque.*
● (Fam.) Supporter, recevoir. *Encaisser des coups.*

encan n. m.
Vente à l'encan. Vente publique aux enchères.

encanailler (s') v. pronom.
● Les lettres **ill** sont suivies d'un **i** à la première et à la deuxième personne du pluriel de l'indicatif imparfait et du subjonctif présent. *(Que) nous nous encanaillions, (que) vous vous encanailliez.*
● Fréquenter des personnes vulgaires.

encapuchonner v. tr.
Couvrir d'un capuchon.
Note.- Attention à l'orthographe: encapucho**nn**er.

encart n. m.
Feuillet inséré dans une brochure, un livre, un journal. *Un encart publicitaire.*

en-cas ou **encas** n. m. inv.
Repas léger. *Prévoyez des en-cas pour la soirée.*

encastrement n. m.
Action d'encastrer.

encastrer v. tr., pronom.
● **Transitif.** Insérer dans un espace. *Encastrer un réfrigérateur dans un mur.*
● **Pronominal.** S'emboîter.

encaustique n. f.
Cire pour faire briller le bois.
Note.- Attention au genre féminin de ce nom: **une** encaustique.

enceinte n. f.
● Ce qui clôture, rempart.
● Espace clôturé.
● *Enceinte (acoustique).* Ensemble de plusieurs haut-parleurs.
Note.- Attention à l'orthographe: enc**ein**te.

enceinte adj. f.
En état de grossesse. *Elles sont enceintes de six mois.*

encens n. m.
● Le **s** ne se prononce pas [ãsã].
● Résine odorante.
● (Fig.) Flatterie.

encenser v. tr.
● Agiter l'encensoir.
● (Fig.) Flatter.

encéphale n. m.
Ensemble des centres nerveux (cerveau, cervelet, tronc cérébral) situés dans le crâne des vertébrés.

Note.- Attention au genre masculin de ce nom : **un** encé**ph**ale.

en ce qui concerne loc. adv.
Relativement à. *En ce qui concerne telle question.*

encerclement n. m.
Action d'encercler ; fait d'être encerclé.

encercler v. tr.
• Entourer d'un cercle. *Encercler un nom.*
• (Fig.) Cerner. *Les policiers ont encerclé le bâtiment.*

enchaînement n. m.
• Succession. *Un enchaînement de faits.*
• Liaison. *Un enchaînement logique.*

enchaîner v. tr., intr., pronom.
• **Transitif**
- Lier par une chaîne. *Enchaîner des prisonniers.*
- Coordonner. *Enchaîner des propositions.*
• **Intransitif**
Reprendre le fil de la conversation. *Elle enchaîna adroitement en faisant valoir ce fait.*
• **Pronominal**
Avoir un rapport logique. *Les évènements s'enchaînent et lui donnent raison.*
Note.- Attention à l'orthographe : encha**î**ner, comme dans **chaîne.**

enchantement n. m.
• Action d'enchanter.
• Ravissement.

enchanteur, teresse adj. et n. m. et f.
• **Adjectif.** Séduisant, ravissant. *Une musique enchanteresse.*
• **Nom masculin et féminin.** Magicien. *L'enchanteur Merlin.*
Note.- Attention à la forme féminine de ce mot : enchante**resse.**

enchâssement n. m.
Insertion.

enchâsser v. tr.
• Fixer dans une monture. *Enchâsser une pierre précieuse.*
• (Litt.) Intercaler, insérer dans un ensemble.

enchère n. f.
Dans une vente publique, offre supérieure à l'offre précédente.

enchevêtrement n. m.
Confusion, désordre.
Note.- Attention à l'orthographe : enchev**ê**trement.

enchevêtrer v. tr., pronom.
• **Transitif.** Emmêler.
• **Pronominal.** S'embrouiller, s'emmêler.

enchifrené, ée adj.
(Vx) Qui a le nez embarrassé par un rhume.

enclave n. f.
Territoire inclus dans un autre.
Note.- Attention au genre féminin de ce nom : **une** enclave.

enclaver v. tr.
Inclure un territoire, un terrain dans un autre.

enclenchement n. m.
Action d'enclencher.

enclencher v. tr., pronom.
• **Transitif.** Faire démarrer un mécanisme.
• **Pronominal.** Se mettre en marche. *L'affaire s'enclenche bien.*
Note.- Attention à l'orthographe : encl**en**cher.

enclin, ine adj.
Porté. *Elle est encline à la paresse.*
Note.- Cet adjectif ne peut qualifier qu'une personne. Pour une chose, on utilisera plutôt **avoir tendance.** *Cette table a tendance à basculer.*

enclore v. tr.
• Se conjugue comme le verbe **clore,** sauf à la troisième personne du singulier du présent de l'indicatif où l'accent circonflexe sur le **o** est facultatif. *Il enclot* ou *il enclôt.*
• Entourer d'une enceinte, d'une clôture. *Enclore un domaine.*

enclos n. m.
Terrain clos.

enclume n. f.
• Masse métallique sur laquelle on forge les métaux. *Le marteau et l'enclume.*
• Osselet de l'oreille.

encoche n. f.
Petite entaille.

encoder v. tr.
(Inform.) Coder une information.

encoignure n. f.
• Les lettres **coi** se prononcent **co** [ãkɔɲyʀ].
• Angle intérieur, coin.
• Meuble triangulaire qui se place en coin.

encoller v. tr.
Enduire de colle.

encolure n. f.
• Partie du corps du cheval qui s'étend de la tête au poitrail.
• Ouverture d'un vêtement par où passe la tête.
Note.- Attention à l'orthographe : enco**l**ure.

encombrant, ante adj.
Embarrassant. *Une valise encombrante.*

encombre (sans) loc. adv.
Sans ennui, sans difficulté.
Note.- Le nom **encombre** s'écrit au singulier.

encombrement n. m.
• Action d'encombrer.
• Embouteillage.
• Dimensions. *L'encombrement d'un piano.*

encombrer v. tr., pronom.
• **Transitif**
- Obstruer.
- Surcharger.

• Pronominal
S'embarrasser de. *S'encombrer de colis.*

encontre de (à l') loc. prép.
Aller à l'encontre de. Être contraire à. *Cela va à l'encontre de mes idées.*

encore adv.
• Jusqu'à une époque déterminée. *Il travaillait encore à 70 ans.*
• De nouveau. *J'en prendrais encore.*
• Plus. *Elle est encore plus rapide que lui.*
• *Et encore !* Tout au plus. *Elle a 10 jours de congé, et encore !*
Note.- Cette locution marque le doute, la restriction.
• *Si encore.* Si au moins. *Si encore elle pouvait nous écrire.*
Note.- Cette locution qui marque le regret se construit avec l'imparfait de l'indicatif.
• *Encore que.* (Litt.) Quoique. *Encore qu'il faille tenir compte des contraintes.* Après cette locution conjonctive, le verbe se met au subjonctif.
Note.- La graphie *encor* est archaïque.

encourageant, ante adj.
Qui encourage.
Ant. **décourageant.**

encouragement n. m.
Appui ; acte, parole qui encourage.

encourager v. tr.
• Le *g* est suivi d'un *e* devant les lettres *a* et *o*. *Il encouragea, nous encourageons.*
• Donner du courage à. *Encourager un collègue.*
• Favoriser la réalisation de. *Les chercheurs ont encouragé la restructuration.*

encourir v. tr.
• Se conjugue comme le verbe *courir.*
• (Litt.) S'exposer à (quelque chose de fâcheux). *Encourir un châtiment.*

encrage n. m.
Action d'enduire d'encre.
Hom. *ancrage,* action de fixer à l'aide d'une ancre.

encrasser v. tr., pronom.
• **Transitif**
- Couvrir de saleté.
- Obstruer par un dépôt. *Un moteur encrassé.*
• **Pronominal**
Se couvrir de saleté.

encre n. f.
Liquide utilisé pour écrire, imprimer, etc.
Hom. *ancre,* pièce servant à retenir un navire.

encrier n. m.
Petit réservoir d'encre.

encroûtement n. m.
Action d'encroûter ; fait de s'encroûter.

encroûter v. tr., pronom.
• **Transitif**
Couvrir d'une croûte.
• **Pronominal**
- Se couvrir d'une croûte.

- (Fig.) Refuser d'évoluer. *Ils se sont encroûtés et se réfugient dans leurs souvenirs.*

encyclique n. f.
Lettre du pape à ses évêques.
Note.- Attention au genre féminin de ce nom : *une* encyclique.

encyclopédie n. f.
Ouvrage où l'on expose méthodiquement les connaissances d'un domaine particulier ou de plusieurs domaines à la fois.

en deçà de loc. prép.
De ce côté-ci. *En deçà des montagnes.*

endémie n. f.
Présence quasi constante d'une maladie à un endroit déterminé.
Note.- Ne pas confondre avec le mot *épidémie* qui désigne une maladie soudaine d'un grand nombre de personnes.

endémique adj.
• Qui présente les caractères de l'endémie. *Cette maladie est maintenant jugée endémique.*
• Chronique. *Un malaise endémique.*

endettement n. m.
Fait de s'endetter.

endetter v. tr., pronom.
• **Transitif.** Couvrir de dettes.
• **Pronominal.** Contracter des dettes. *Ils se sont lourdement endettés pour acheter cette maison.*
Note.- Attention à l'orthographe : endet**t**er.

endeuiller v. tr.
• Les lettres *ill* sont suivies d'un *i* à la première et à la deuxième personne du pluriel de l'indicatif imparfait et du subjonctif présent. *(Que) nous endeuillions, (que) vous endeuilliez.*
• Attrister par un deuil, par quelque chose de pénible.

endiablé, ée adj.
• Insupportable. *Des écoliers endiablés.*
• Plein de fougue, vif. *Un rythme endiablé.*

endiguer v. tr.
• Attention au *u* qui subsiste même devant les lettres *a* et *o*. *Il endigua, nous endiguons.*
• Retenir au moyen d'une digue. *Endiguer un cours d'eau.*
• (Fig.) Contenir. *Endiguer son émotion.*

endimancher (s') v. pronom.
(Plaisant.) Mettre ses vêtements du dimanche.

endive n. f.
Variété de chicorée dont on mange la pousse blanche. *Une salade d'endives.*

endocrine adj.
(Méd.) *Glandes endocrines.* Glandes qui déversent des hormones dans le sang. *L'hypophyse, la thyroïde sont des glandes endocrines.*

endocrinologie n. f.
Partie de la médecine qui étudie et traite les glandes endocrines.

endolorir v. tr.
Rendre douloureux.

endomètre n. m.
(Méd.) Muqueuse qui tapisse la cavité utérine.

endommagement n. m.
Action d'endommager ; son résultat.

endommager v. tr.
• Le *g* est suivi d'un *e* devant les lettres *a* et *o*. *Il endommagea, nous endommageons.*
• Causer du dommage à. *L'orage endommagea la toiture.*

endormir v. tr., pronom.
• **Transitif**
- Provoquer le sommeil.
- (Fig.) Ennuyer.
• **Pronominal**
Commencer à dormir. *Ils se sont endormis au petit matin.*

endos n. m.
Mention portée au dos d'un effet de commerce, d'un chèque permettant sa transmission par le signataire à un tiers au profit duquel le titre est endossé.

endossement n. m.
Endos. *L'endossement d'un chèque.*

endosser v. tr.
• Revêtir un vêtement. *Endosser une veste.*
• Assumer une responsabilité.
• (Dr.) Apposer sa signature au dos d'un chèque, d'un effet de commerce.

endosseur n. m.
(Dr.) Personne qui endosse un effet de commerce.

endroit n. m.
• Lieu déterminé. *Un bel endroit.*
• *À l'endroit de*, locution prépositive. (Litt.) Relativement à, à l'égard de.
• *Par endroits*, locution adverbiale. Çà et là.
Note.- Dans cette expression, le nom se met au pluriel.
• Le côté sous lequel se présente habituellement une chose. *L'endroit d'un tissu.*
• *À l'endroit*, locution adverbiale. Du bon côté.
Ant. **envers.**

enduire v. tr.
• *J'enduis, tu enduis, il enduit, nous enduisons, vous enduisez, ils enduisent. J'enduisais. J'enduisis. J'enduirai. J'enduirais. Enduis, enduisons, enduisez. Que j'enduise. Que j'enduisisse. Enduisant. Enduit, ite.*
• Recouvrir une surface d'un enduit.

enduit n. m.
Revêtement, vernis.
Note.- Attention à l'orthographe : endui*t*.

endurable adj.
Supportable.

endurance n. f.
Résistance.

endurci, ie adj.
Devenu résistant.

endurcir v. tr., pronom.
• **Transitif**
- Rendre résistant.
- Rendre moins sensible.
• **Pronominal**
- Devenir plus dur.
- S'aguerrir. *En vieillissant, ils se sont endurcis.*

endurcissement n. m.
Fait de s'endurcir, endurance.

endurer v. tr.
Supporter (ce qui est dur, pénible).

énergétique adj. et n. f.
• **Adjectif**. Relatif à l'énergie. *Des ressources énergétiques.*
Note.- Ne pas confondre avec **énergique**, qui qualifie ce qui est vigoureux.
• **Nom féminin**. Science qui étudie les diverses manifestations de l'énergie et technique de sa production.

énergie n. f.
• Force, puissance.
• Toute source de force motrice. *Énergie électrique.*

énergique adj.
Vigoureux. *Une relance énergique.*
Note.- Ne pas confondre avec **énergétique**, relatif à l'énergie.

énergumène n. m. et f.
Personne exaltée qui crie et se démène.

énervant, ante adj.
Agaçant, exaspérant.

énervement n. m.
État de celui qui est énervé, irrité.

énerver v. tr., pronom.
Agacer, surexciter.
Note.- Ne pas confondre avec le verbe **innerver** qui signifie « distribuer des nerfs dans un organe ».

enfance n. f.
• Première période de la vie humaine, de la naissance à l'adolescence.
• *L'enfance de l'art.* Chose très facile.

enfant n. m. et f.
• Être humain dans l'âge de l'enfance. *Une jolie enfant. Il n'y a plus d'enfants. Un jeu d'enfant.*
• Fils ou fille. *Elle a deux enfants.*
• *Petits-enfants.* Ce nom ne s'emploie qu'au pluriel.

enfant de chœur n. m.
Enfant qui sert la messe. *Les enfants de chœur* (et non enfant de *cœur) suivaient le prêtre.*

enfantement n. m.
(Litt.) Accouchement.

enfanter v. tr.
(Litt.) Accoucher, mettre un enfant au monde, en parlant de la femme.
Note.- Ne pas confondre avec le verbe **engendrer** qui signifie « procréer, en parlant de l'espèce humaine ».

enfantillage n. m.
Manière de se conduire qui convient mieux à un enfant qu'à un adulte.

enfantin, ine adj.
● Qui appartient à l'enfance. *Les joies enfantines.*
Note.- Ne pas confondre avec les mots suivants :
- *infantile*, qui est relatif à la première enfance ;
- *puéril*, qui ne convient qu'à un enfant, qui manque de sérieux.
● Facile. *Cet examen était enfantin.*

enfer n. m.
Lieu destiné au supplice des damnés. *Aller en enfer.*

enfermer v. tr., pronom.
● **Transitif.** Emprisonner.
● **Pronominal.** Se tenir dans un endroit fermé.

enfiévrer v. tr.
● Le *é* se change en *è* devant une syllabe muette, sauf à l'indicatif futur et au conditionnel présent. *Il enfièvre,* mais *il enfiévrera.*
● (Litt.) Surexciter, exalter.

enfilade n. f.
Suite. *Des pièces en enfilade.*

enfiler v. tr.
● Passer un fil dans (le chas d'une aiguille ; le trou d'une perle, etc.) *Enfiler une aiguille.*
● Passer un vêtement à la hâte.

enfin adv.
Finalement.
Note.- En tête de phrase, l'adverbe est généralement suivi de la virgule. *Enfin, ils décidèrent de venir.* Dans la phrase, l'adverbe n'est ni suivi ni précédé de la virgule. *Ils choisirent enfin de rester.* L'adverbe est suivi d'une virgule lorsqu'il introduit la conclusion d'une énumération. *Les femmes, les enfants, enfin, les hommes.*

enflammer v. tr.
● Allumer, embraser.
● Exalter.
Note.- Attention à l'orthographe : enfla*mm*er.

enflé, ée adj.
Gonflé.

enfler v. tr., intr.
● **Transitif.** Grossir. *Enfler sa voix.*
● **Intransitif.** Augmenter de volume. *Sa cheville luxée se mit à enfler.*

enflure n. f.
Gonflement. *Une enflure de la cheville.*

enfoncement n. m.
● Action d'enfoncer ; fait de s'enfoncer.
● Partie en retrait.

enfoncer v. tr., intr., pronom.
● Le *c* prend une cédille devant les lettres *a* et *o*. *Il enfonça, nous enfonçons.*
● **Transitif**
Faire pénétrer dans l'intérieur. *Enfoncer un clou.*

● **Intransitif**
Aller au fond. *La glace fond et nous enfonçons dans l'eau.*
● **Pronominal**
- Aller vers le fond.
- S'écrouler. *Le plancher s'enfonce.*
- S'enferrer. *N'ajoute rien, tu ne ferais que t'enfoncer.*

enfouir v. tr., pronom.
● **Transitif.** Enterrer, dissimuler.
● **Pronominal.** Se blottir. *Il s'enfouit dans les bras de sa maman.*

enfouissement n. m.
Action d'enfouir. *L'enfouissement des déchets industriels.*

enfreindre v. tr.
● *J'enfreins, tu enfreins, il enfreint, nous enfreignons, vous enfreignez, ils enfreignent. J'enfreignais, tu enfreignais, il enfreignait, nous enfreignions, vous enfreigniez, ils enfreignaient. J'enfreindrai. J'enfreindrais. Enfreins, enfreignons, enfreignez. Que j'enfreigne, que tu enfreignes, qu'il enfreigne, que nous enfreignions, que vous enfreigniez, qu'ils enfreignent. Que j'enfreignisse. Enfreignant. Enfreint, einte.*
● Les lettres *gn* sont suivies d'un *i* à la première et à la deuxième personne du pluriel de l'indicatif imparfait et du subjonctif présent.
● (Litt.) Transgresser. *Enfreindre une loi, un engagement.*

enfuir (s') v. pronom.
S'échapper.
Note.- Le participe passé s'accorde toujours. *Elles se sont enfuies.*

engageant, ante adj.
Aimable. *Des paroles engageantes.*
Notes.-
1° Attention à l'orthographe : enga*gea*nt.
2° Ne pas confondre avec le participe présent invariable *engageant. Ses paroles n'engageant que lui, nous n'entendons pas être tenus responsables de ses promesses.*

engagement n. m.
● Parole, promesse.
● Fait de prendre position, de travailler au service d'une cause.
● Engagement, recrutement d'un salarié, d'un cadre.

engager v. tr., pronom.
● Le *g* est suivi d'un *e* devant les lettres *a* et *o*. *Il engagea, nous engageons.*
● **Transitif**
- Lier par une promesse, un contrat. *Il a engagé sa société.*
- Recruter. *Nous avons engagé deux techniciens.*
● **Pronominal**
- Se lier par une promesse, contracter un engagement. *Nous nous sommes engagés à recruter de nouveaux employés.*
- Commencer. *Le dialogue s'engage. S'engager dans une nouvelle aventure.*
- Pénétrer. *La voiture s'engagea dans une ruelle.*

engeance n. f.
(Péj.) Race. *Quelle engeance de voleurs !*
Note.- Attention à l'orthographe : eng**ea**nce.

engelure n. f.
Lésion inflammatoire des extrémités causée par le froid.
Note.- Attention à l'orthographe : **en**gelure.

engendrer v. tr.
• (Litt.) Procréer. Ce verbe ne s'applique qu'à l'espèce humaine. *Le poète engendra deux filles.*
Note.- Ne pas confondre avec les verbes suivants :
- **créer**, faire quelque chose de rien ;
- **enfanter**, donner naissance, en parlant de la femme.
• Causer. *Des aménagements qui engendrent des coûts.*

engin n. m.
Instrument, machine. *Des engins de levage, des engins sol-air.*

engineering n. m.
• Attention à la prononciation [ɛndʒiniriŋ] ou [ɛnʒiniriŋ].
• (Anglicisme) Ingéniérie.

englober v. tr.
Comprendre dans un ensemble. *Le tout englobe les parties.*

engloutir v. tr.
Faire disparaître comme dans un gouffre.

engloutissement n. m.
Action d'engloutir ; résultat de cette action.

engoncer v. tr.
• Le **c** prend une cédille devant les lettres **a** et **o**. *Il engonça, nous engonçons.*
• En parlant d'un vêtement, faire paraître le cou enfoncé dans les épaules. *Ce col de fourrure l'engonce un peu.*

engorgement n. m.
Encombrement.

engorger v. tr.
• Le **g** est suivi d'un **e** devant les lettres **a** et **o**. *Il engorgea, nous engorgeons.*
• Obstruer. *Ces résidus engorgeaient la canalisation.*

engouement n. m.
Enthousiasme soudain et passager pour quelqu'un, quelque chose. *Un engouement pour les romans historiques.*
Notes.-
1° Attention à l'orthographe : engo**u**ement.
2° Le nom se construit avec la préposition **pour**.
3° Ne pas confondre avec le mot **enjouement** qui désigne de l'entrain.

engouer (s') v. pronom.
S'enthousiasmer soudainement pour quelqu'un, quelque chose. *Elles se sont engouées de ce chanteur.*
Note.- Le verbe se construit surtout avec la préposition **de**, mais le nom **engouement** se construit avec la préposition **pour**.

engouffrer v. tr., pronom.
• **Transitif**. Engloutir. *Il a engouffré toute sa fortune dans cette aventure.*
• **Pronominal**. Pénétrer rapidement dans un lieu. *Les spectateurs se sont engouffrés dans la salle.*
Note.- Attention à l'orthographe : engou**ff**rer.

engoulevent n. m.
Passereau au plumage brun-roux. *Le cri des engoulevents.*
Note.- Ce mot signifiait à l'origine « qui avale goulûment le vent ».

engourdir v. tr.
• Paralyser momentanément.
• (Fig.) Ralentir l'activité de.

engourdissement n. m.
Action d'engourdir ; fait d'être engourdi.

engrais n. m.
Produit destiné à accroître la fertilité du sol.
Note.- Attention à l'orthographe : engrai**s**, au singulier comme au pluriel.

engraissement n. m.
Action d'engraisser ; son résultat.

engraisser v. tr., intr.
• **Transitif**
- Rendre gras (un animal).
- Améliorer (une terre) par des engrais. *Une terre bien engraissée.*
• **Intransitif**
Prendre du poids.

engrangement n. m.
Action d'engranger.

engranger v. tr.
• Le **g** est suivi d'un **e** devant les lettres **a** et **o**. *Il engrangea, nous engrangeons.*
• Mettre dans une grange. *Engranger le foin.*
• (Fig.) Emmagasiner. *Il engrangea des données pendant plusieurs mois.*

engrenage n. m.
• Ensemble de roues dentées qui s'entraînent réciproquement. *Les engrenages complexes de Léonard de Vinci.*
• Enchaînement dont il est difficile de se dégager.

engueulade n. f.
(Pop.) Discussion, reproche.

engueuler v. tr., pronom.
• **Transitif**. (Pop.) Faire des reproches violents.
• **Pronominal**. (Pop.) Se quereller violemment.

enguirlander v. tr.
• (Litt.) Orner de guirlandes.
• (Fam.) Faire des reproches.

enhardir v. tr., pronom.
• **Transitif**. Encourager.
• **Pronominal**. Devenir hardi, prendre de l'assurance. *Ils s'enhardirent jusqu'à réclamer une augmentation.*
Note.- Attention à l'orthographe : **enh**ardir.

énième adj.
(Péj.) *Pour la énième fois*. D'ordre indéterminé. *Je vous le répète pour la énième fois.*
Note.- Cette expression marque l'exaspération causée par une multitude de répétitions.
Syn. **nième.**

énigmatique adj.
Mystérieux. *Un air énigmatique.*

énigmatiquement adv.
De manière énigmatique.

énigme n. f.
Mystère. *Une énigme indéchiffrable.*

enivrant, ante adj.
• Les deux premières lettres se prononcent ensemble pour faire le son **en** [ɑ̃nivrɑ̃].
• (Vx) Qui rend ivre. *Des boissons enivrantes.*
• Grisant. *Des paroles enivrantes.*

enivrement n. m.
• Les deux premières lettres se prononcent ensemble pour faire le son **en** [ɑ̃nivrəmɑ̃].
• Ivresse, fait de s'enivrer.
• Exaltation.

enivrer v. tr.
• Les deux premières lettres se prononcent ensemble pour faire le son **en** [ɑ̃nivre].
• Rendre ivre.
• Griser. *Ces paroles l'ont enivré.*
Ant. **dégriser.**

enjambée n. f.
• Grand pas. *Marcher à grandes enjambées.*
• Action d'enjamber.

enjamber v. tr.
Franchir en étendant la jambe. *Il a enjambé le muret.*

enjeu n. m.
• Somme d'argent risquée au jeu. *Perdre son enjeu.*
• Ce qui peut être gagné ou perdu dans une entreprise, une action. *Des enjeux importants.*

enjoindre v. tr.
• Se conjugue comme le verbe **joindre.**
• Recommander avec insistance.
Note.- Ne pas confondre avec les verbes suivants :
- **édicter**, prescrire par une loi ;
- **intimer**, déclarer avec autorité ;
- **notifier**, faire savoir dans les formes légales.

enjôler v. tr.
Abuser par des paroles flatteuses.

enjôleur, euse adj. et n. m. et f.
Personne qui enjôle.

enjoliver v. tr.
Orner.

enjoliveur n. m.
Pièce circulaire servant à cacher les moyeux des roues d'une automobile. *Une vieille voiture avec des enjoliveurs de roues tout cabossés.*

enjoué, ée adj.
Gai. *Un ton enjoué.*

enjouement n. m.
Entrain, bonne humeur.
Notes.-
1° Attention à l'orthographe : enjouement.
2° Ne pas confondre avec le mot **engouement** qui désigne un enthousiasme.

enlacement n. m.
• Entrecroisement.
• Étreinte.

enlacer v. tr., pronom.
• Le **c** prend une cédille devant les lettres **a** et **o**. *Il enlaça, nous enlaçons.*
• **Transitif**
- Entrecroiser.
- Étreindre.
• **Pronominal**
S'étreindre.

enlaidir v. tr., intr.
• **Transitif**. Rendre laid.
• **Intransitif**. Devenir laid.

enlèvement n. m.
• Rapt. *Il y a eu de nombreux enlèvements dans la région.*
• Action d'emporter. *L'enlèvement des marchandises. L'enlèvement des ordures ménagères.*

enlever v. tr.
• Le **e** se change en **è** devant une syllabe muette. *J'enlève, j'enlevais.*
• Faire disparaître. *Il enlève un tableau du mur.*
• Retirer. *Enlevez votre manteau.*
• Emporter. *Ils sont chargés d'enlever ces marchandises.*
• Emmener de force une personne et la retenir. *L'enfant a été enlevé par un groupe armé.*

enlisement n. m.
Fait de s'enliser.

enliser v. tr., pronom.
• **Transitif**
Être engagé dans un sol impraticable. *Luc enlisa sa bicyclette dans le sable.*
• **Pronominal**
- S'enfoncer dans. *La voiture s'est enlisée dans la neige.*
- Piétiner. *Les travaux se sont enlisés.*

enluminer v. tr.
Orner d'enluminures.

enlumineur, euse n. m. et f.
Artiste qui enlumine.

enluminure n. f.
Miniature en couleurs.

enneigé, ée adj.
• Les deux premières lettres se prononcent ensemble pour faire le son **en** [ɑ̃neʒe].
• Recouvert de neige. *Des toits enneigés.*

enneigement n. m.
État d'un endroit enneigé. *L'enneigement atteint un mètre.*

enneiger v. tr.
Recouvrir de neige.

ennemi, ie adj. et n. m. et f.
• Les lettres **en** se prononcent **è** [ɛnmi].
• Qui cherche à nuire, adversaire. *Des bandes enne-mies.*
• Qui est opposé à, qui a de l'aversion pour. *C'est un ennemi du progrès.*
• (Sing. collectif ou plur.) Groupe, nation, etc. à qui l'on s'oppose en temps de guerre (par opposition à allié). *Passer à l'ennemi.*

ennoblir v. tr.
• Les deux premières lettres se prononcent ensemble pour faire le son **en** [ãnɔblir].
• (Fig.) Action de conférer de la noblesse, de la dignité.
Note.- Ne pas confondre avec le verbe **anoblir** qui signifie « conférer un titre de noblesse ».

ennoblissement n. m.
Action d'ennoblir.

ennuager v. tr.
• Le **g** est suivi d'un **e** devant les lettres **a** et **o**. *Il ennuagea, nous ennuageons.*
• (Litt.) Couvrir de nuages.

ennui n. m.
• Lassitude, abattement. *Travailler pour échapper à l'ennui.*
• Contrariété, désagrément. *J'ai des ennuis.*

ennuyant, ante adj.
(Vx) Ennuyeux.

ennuyer v. tr., pronom.
• Le **y** se change en **i** devant un **e** muet. *J'ennuie, j'ennuierai.*
• **Transitif**
- Causer de la contrariété à. *Si cela ne vous ennuie pas, je voudrais téléphoner.*
- Lasser. *Cette musique l'ennuie terriblement.*
• **Pronominal**
Éprouver de l'ennui.
Note.- L'emploi du verbe au sens de **souffrir de l'absence de** est vieilli ou régional.

ennuyeux, euse adj.
Propre à ennuyer. *Ce contretemps est très ennuyeux.*

énoncé n. m.
Exposé. *L'énoncé d'un problème.*

énoncer v. tr.
• Le **c** prend une cédille devant les lettres **a** et **o**. *Il énonça, nous énonçons.*
• Dire en termes nets. *Ce que l'on conçoit bien s'énonce clairement.* (Boileau).

énonciation n. f.
Action, manière d'énoncer.

enorgueillir v. tr., pronom.
• Les deux premières lettres se prononcent ensemble pour faire le son **en** [ãnɔrgœjir].
• **Transitif**. Rendre orgueilleux.

• **Pronominal**. Avoir de la fierté de. *Elle s'enorgueillit de sa roseraie.*
Note.- Attention à l'orthographe : enorg**uei**llir.

énorme adj.
Gigantesque, démesuré.

énormément adv.
Excessivement.

énormité n. f.
• Caractère de ce qui est énorme.
• (Fam.) Parole extravagante.

enquérir (s') v. pronom.
• *Je m'enquiers, tu t'enquiers, il s'enquiert, nous nous enquérons, vous vous enquérez, ils s'enquièrent. Je m'enquérais. Je m'enquis. Je m'enquerrai. Je m'enquerrais. Enquiers-toi, enquérons-nous, enquérez-vous. Que je m'enquière, que tu t'enquières, qu'il s'enquière, que nous nous enquérions, que vous vous enquériez, qu'ils s'enquièrent. Que je m'enquisse. Enquérant. Enquis, ise.*
• S'informer. *Elles se sont enquises de la date de ton arrivée. Il s'est enquis si elle accepterait de voter pour lui.*
Note.- Le verbe se construit avec la préposition **de** suivie d'un nom de chose, ou avec **si** suivi de l'indicatif ou du conditionnel.

enquête n. f.
• Recherche de renseignements. *Une enquête démographique.*
• Procédure administrative, judiciaire ordonnée pour éclaircir des faits.

enquêter v. intr.
Conduire une enquête. *Ils enquêtent sur les habitudes des consommateurs.*

enquêteur n. m.
enquêteuse ou **enquêtrice** n. f.
Personne qui fait une enquête (policière, statistique, etc.).

enquiquiner v. tr.
(Fam.) Importuner.

enquiquineur, euse n. m. et f.
(Fam.) Personne qui importune.

enracinement n. m.
Action d'enraciner ; son résultat.

enraciner v. tr., pronom.
• **Transitif**
- (Fig.) Fixer profondément. *Enraciner une idée.*
- Faire prendre racine. *Enraciner un pommier.*
• **Pronominal**
- Prendre racine. *Cet arbre s'est enraciné profondément.*
- Se fixer solidement dans l'esprit. *Des préjugés sexistes qui se sont enracinés.*

enragé, ée adj. et n. m. et f.
• Atteint de la rage. *Une bête enragée.*
• Acharné, passionné. *Un joueur enragé.*

enrager v. intr.
- Le **g** est suivi d'un **e** devant les lettres **a** et **o**. *Il enragea, nous enrageons.*
- Être pris de rage. *Elle enrage de ne pouvoir progresser.*

enraiement ou **enrayement** n. m.
- Lorsqu'il est orthographié **enraiement**, le mot se prononce **en-rê-ment** [ãrɛmã], mais lorsqu'il est orthographié **enrayement**, le mot se prononce **en-reil-ment** [ãrɛjmã].
- Action d'enrayer ; son résultat. *L'enraiement d'une grippe.*

enrayer v. tr., pronom.
- Le **y** peut être changé en **i** devant un **e** muet. *J'enraie ou j'enraye, j'enraierai ou j'enrayerai.* Les formes en **i** sont les plus utilisées.
- Le **y** est suivi d'un **i** à la première et à la deuxième personne du pluriel de l'indicatif imparfait et du subjonctif présent. *(Que) nous enrayions, (que) vous enrayiez.*
- **Transitif**
- Entraver le fonctionnement. *Une carabine enrayée.*
- Arrêter la marche de. *Enrayer une épidémie.*
- **Pronominal**
Se bloquer accidentellement. *Son arme s'est enrayée.*

en regard loc. adv.
Ci-contre. *Voir l'illustration en regard.*
Note.- La locution prépositive **en regard de** a le sens de **en face de** ou de **en comparaison avec**.

enrégimenter v. tr.
(Péj.) Faire entrer quelqu'un dans un groupe, un parti, etc. à discipline militaire.

enregistrement n. m.
- Action de noter dans un registre. *L'enregistrement d'un acte de naissance.*
- Action d'enregistrer sur un support des images, des sons, etc. *Un enregistrement magnétique.*

enregistrer v. tr.
- Inscrire dans un registre.
- Fixer sur un support (disque, film, bande magnétique, etc.) des sons, des images, des signaux pour les conserver et les reproduire.

enregistreur, euse adj. et n. m.
Se dit d'un appareil qui enregistre (une donnée, une somme, etc.). *Une caisse enregistreuse.*

enrhumer v. tr., pronom.
- **Transitif**. Causer un rhume.
- **Pronominal**. Attraper un rhume. *Elle s'est enrhumée.*
Note.- Attention à l'orthographe : enr**h**umer, comme dans **rhume**.

enrichi, ie adj.
- Qui a fait fortune.
- Augmenté d'éléments nouveaux.

enrichir v. tr.
- Rendre plus riche.
- Augmenter la valeur, l'importance de. *Enrichir une collection.*

enrichissement n. m.
Action d'enrichir, fait de devenir riche.
Ant. **appauvrissement.**

enrobage n. m.
- Action d'enrober ; son résultat. *Un enrobage de sucre.*
- Couche qui enrobe.

enrober v. tr.
Recouvrir d'une couche protectrice.

enrôlement n. m.
Action d'enrôler, de s'enrôler.

enrôler v. tr., pronom.
- **Transitif**
- Inscrire sur un rôle, surtout de l'armée.
- Par extension, recruter dans un parti, un groupe.
- **Pronominal**
S'engager dans l'armée.

enrouer v. tr.
Altérer la voix.

enrouler v. tr.
Rouler une chose sur elle-même, autour d'une autre.
Ant. **dérouler.**

enrubanner v. tr.
Orner de rubans.
Note.- Attention à l'orthographe : enruba**nn**er.

ensabler v. tr. pronom.
- **Transitif**. Remplir de sable.
- **Pronominal**. Se remplir de sable. *La baie du Mont-Saint-Michel s'est ensablée.*

ensachage n. m.
Action d'ensacher. *L'ensachage d'herbes aromatiques.*

ensacher v. tr.
Mettre dans des sacs, des sachets.

ensanglanter v. tr.
- Couvrir de sang.
- (Litt.) Faire couler le sang. *Ces guerres ont ensanglanté le pays.*

enseignant, ante adj. et n. m. et f.
- **Adjectif.** Qui enseigne.
- **Le corps enseignant**. L'ensemble des instituteurs et des professeurs.
- **Nom masculin et féminin**. Membre du corps enseignant. *De jeunes enseignants.*

enseigne n. m. et f.
- **Nom masculin**
Militaire.
- **Nom féminin**
- Tableau, affiche. *Une jolie enseigne de bois.*
- **À bonne enseigne.** À juste titre.
- **À telle enseigne que.** À preuve que.

ENSEIGNES COMMERCIALES
La dénomination inscrite sur une enseigne est souvent une dénomination de fantaisie qui comporte généralement une majuscule au mot initial ainsi qu'aux noms et adjectifs importants.
- *La Colombe d'Or.*

- *Champs Fleuris.*
- *La Vieille Tour.*
- *L'Orée du Bois.*

Note.- On évitera d'écrire les articles et les prépositions avec une majuscule. Il est également possible d'écrire la dénomination avec une seule majuscule initiale. L'enseigne commerciale ne doit pas être confondue avec la raison sociale ; en effet, les deux dénominations ne sont pas forcément identiques.

Citation
Lorsque l'on cite textuellement un nom d'enseigne, il est préférable de l'écrire en italique. Sinon, on mettra la dénomination entre guillemets. *Nous sommes allés manger « Chez la Mère Poulard ».*

enseignement n. m.
• Action, manière de transmettre des connaissances. *Elle est dans l'enseignement.*
• *Enseignement assisté par ordinateur (E.A.O.)*. Méthode d'enseignement utilisant l'informatique.
• Profession des enseignants.

enseigner v. tr.
• Les lettres *gn* sont suivies d'un *i* à la première et à la deuxième personne du pluriel de l'indicatif imparfait et du subjonctif présent. *(Que) nous enseignions, (que) vous enseigniez.*
• Transmettre les éléments d'une science, d'un art. *Enseigner les mathématiques.*

ensemble adv. et n. m.
• **Adverbe**
- Les uns avec les autres. *Ils mangent ensemble.*
- En même temps. *Partir ensemble.*
• *Tous ensemble*. En même temps. *Nous parlons tous ensemble.* Ne pas confondre avec l'expression littéraire *tout ensemble* qui signifie *à la fois. Une lassitude tout ensemble morale et physique.*
Note.- L'adverbe *ensemble* s'emploie avec les verbes *unir, réunir* sans qu'il y ait de pléonasme. *Réunir deux personnes ensemble.*
• **Nom masculin**
- Tout groupe considéré en lui-même. *L'ensemble des étudiants.*
- *D'ensemble*. Général. *Une vue d'ensemble.*
- *Dans l'ensemble*. En général.
- *Dans son ensemble*. Dans les grandes lignes.
- Harmonie. *Ces instruments forment un bel ensemble.*
- *Grand ensemble*. Complexe immobilier.

ensemblier, ière n. m. et f.
Artiste qui crée des ensembles décoratifs. *Un décorateur ensemblier.*

ensemencement n. m.
Action d'ensemencer ; son résultat.

ensemencer v. tr.
• Le *c* prend une cédille devant les lettres *a* et *o*. *Il ensemença, nous ensemençons.*
• Jeter de la semence en terre.
Note.- Ne pas confondre avec les verbes suivants :
- *planter*, mettre en terre des graines ou des plants ;

- *repiquer*, mettre en terre des plantes.
Syn. **semer**.

enserrer v. tr.
Enfermer.
Note.- Attention à l'orthographe : en*serr*er.

ensevelir v. tr.
• (Litt.) Inhumer.
• Engloutir. *Le torrent de boue a enseveli le hameau.*

ensevelissement n. m.
(Litt.) Action d'ensevelir ; fait d'être enseveli.

ensoleillement n. m.
État d'un lieu ensoleillé. *Cet été, nous avons eu beaucoup de jours d'ensoleillement.*

ensoleiller v. tr.
• Les lettres *ill* sont suivies d'un *i* à la première et à la deuxième personne du pluriel de l'indicatif imparfait et du subjonctif présent. *(Que) nous ensoleillions, (que) vous ensoleilliez.*
• Éclairer par les rayons du soleil.

ensommeillé, ée adj.
Mal réveillé. *Des yeux ensommeillés.*

ensorcelant, ante adj.
Envoûtant.

ensorceler v. tr.
• Redoublement du *l* devant un *e* muet. *J'ensorcelle, j'ensorcellerai, mais j'ensorcelais.*
• Soumettre à un sortilège.
• (Fig.) Captiver.
Note.- Attention à l'orthographe : ensorce*l*er.

ensorceleur, euse adj. et n. m. et f.
• **Adjectif**. Charmeur. *Des yeux ensorceleurs.*
• **Nom masculin et féminin**. Qui soumet à un sortilège.

ensorcellement n. m.
• Action d'ensorceler.
• (Fig.) Fascination.
Note.- Attention à l'orthographe : ensorce*ll*ement.

ensuite adv.
Après, puis. *Il y a eu du soleil, il a plu ensuite.*
Note.- L'expression ** « et puis ensuite »* est un pléonasme.

ensuivre (s') v. pronom.
• Ce verbe est usité à la troisième personne du singulier et du pluriel seulement. *Il s'ensuit, ils s'ensuivent. Il s'ensuivait, ils s'ensuivaient. Il s'ensuivit, ils s'ensuivirent. Il s'ensuivra, ils s'ensuivront. Il s'ensuivrait, ils s'ensuivraient. Qu'il s'ensuive, qu'ils s'ensuivent. Qu'il s'ensuivît, qu'ils s'ensuivissent. S'ensuivant. S'étant ensuivi, ie.* Il n'y a pas de forme impérative.
• Découler, résulter. *L'inondation qui s'est ensuivie.*
• *Il s'ensuit que. Il s'ensuit que nous avons gagné.*
Note.- À la forme affirmative, le verbe se construit à l'indicatif.
• *Il ne s'ensuit pas que. Il ne s'ensuit pas forcément qu'elle soit admise.*
Note.- À la forme négative, le verbe se construit au subjonctif.

entacher v. tr.
- Souiller, salir.
- (Dr.) Diminuer par un défaut. *Un immeuble entaché d'un vice de construction.*
Note.- Attention à l'orthographe : ent**a**cher.

entaille n. f.
Coupure.

entailler v. tr., pronom.
- Les lettres *ill* sont suivies d'un *i* à la première et à la deuxième personne du pluriel de l'indicatif imparfait et du subjonctif présent. *(Que) nous entaillions, (que) vous entailliez.*
- **Transitif.** Faire une entaille dans. *Entailler un arbre fruitier.*
- **Pronominal.** Se faire une entaille. *La petite s'est entaillé la main.*

entame n. f.
Premier morceau coupé. *Une bonne entame de gigot.*
Note.- Attention au genre féminin de ce nom : *une* entame.

entamer v. tr.
- Couper un premier morceau. *Entamer une tarte.*
- Commencer. *Entamer une discussion.*

entartrage n. m.
Formation de tartre.

entartrer v. tr.
Recouvrir de tartre.

entassement n. m.
Action d'entasser ; objets entassés.

entasser v. tr.
Accumuler. *Entasser des provisions.*

entendement n. m.
- Jugement, bon sens.
- *Dépasser l'entendement.* Être incompréhensible.

entendeur n. m.
À bon entendeur, salut. Que celui qui entend se le tienne pour dit.
Note.- Ce nom ne s'emploie que dans l'expression citée.

entendre v. tr., pronom.
J'entends, tu entends, il entend, nous entendons, vous entendez, ils entendent. J'entendais. J'entendis. J'entendrai. J'entendrais. Entends, entendons, entendez. Que j'entende. Que j'entendisse. Entendant. Entendu, ue.
Transitif
- Percevoir le son. *Parlez plus fort, je ne vous entends pas bien.*
- (Litt.) Comprendre, vouloir dire. *Ce n'est pas ce sens que j'entendais.*
Note.- Par contre, l'expression *laisser entendre* au sens de *insinuer* appartient à la langue courante.
- **Entendre + infinitif, entendre que + subjonctif.** Vouloir. *J'entends bien être présente. Il entendait qu'elle soit là dès 8 heures.*
- **Entendu, ue + infinitif**
- Le participe passé s'accorde avec le complément d'objet direct qui précède le verbe si ce complément fait l'action décrite par l'infinitif. *Les oiseaux que j'ai entendus chanter.*
- Le participe passé reste invariable si le complément d'objet direct ne fait pas l'action décrite par l'infinitif. *Les airs que j'ai entendu fredonner.*
- *Entendu. C'est entendu, je le lirai.* Dans cet emploi, le mot est pris adverbialement et est invariable.
- *Comme de bien entendu*, locution adverbiale. (Fam.) Évidemment. En ce sens, on dit couramment *bien entendu*.
- *Il est entendu que*, locution conjonctive. Le verbe se construit avec l'indicatif ou le conditionnel. *Il est entendu que nous devons augmenter notre part.*
Pronominal
Se connaître à. *Elle s'entend en informatique.*

entente n. f.
Accord.

enter v. tr.
Greffer.
Hom. **hanter,** obséder.

entériner v. tr.
- (Dr.) Ratifier, rendre juridiquement valable.
- Consacrer. *Ce mot a été entériné par l'Académie française.*

enterrement n. m.
- Inhumation.
- Funérailles.
- Convoi funèbre.

enterrer v. tr.
Mettre en terre.
Syn. **inhumer.**

en tête loc.
- En avant, au début. *Se classer en tête de liste.*
- En mémoire. *Je n'ai pas son nom en tête.*
Note.- Ne pas confondre avec le nom masculin *en-tête* qui désigne une dénomination officielle imprimée en tête d'un papier, et qui s'écrit avec un trait d'union.

en-tête n. m.
Dénomination officielle (d'une entreprise, d'un organisme) imprimée en tête d'un papier, d'un formulaire. *Du papier à en-tête. Des en-têtes imprimés en deux couleurs.*
Notes.-
1° L'en-tête comporte généralement la raison sociale, l'adresse, le numéro de téléphone, le télex s'il y a lieu.
2° Ne pas confondre avec la locution *en tête* qui signifie «en avant, en mémoire», et qui s'écrit sans trait d'union.
3° Attention au genre masculin de ce nom : *un* en-tête.

entêté, ée adj. et n. m. et f.
Obstiné.
Note.- En ce sens, les synonymes *buté* et *têtu* se disent en mauvaise part, tandis que *persévérant, tenace, volontaire* sont utilisés en bonne part.

entêtement n. m.
Obstination, ténacité.

entêter v. tr., pronom.
• **Transitif**. Étourdir. *Ces parfums les ont entêtés.*
• **Pronominal**. S'obstiner. *Il s'entête à écrire à la main alors que le traitement de texte est si pratique. Il s'entête dans ce projet.*
Note.- Le verbe suivi d'un infinitif se construit avec la préposition *à* ; suivi d'un nom, il se construit plutôt avec *dans*.

enthousiasme n. m.
Ferveur, excitation joyeuse.
Note.- Attention au genre masculin de ce nom : *un* ent**h**ousiasme.

enthousiasmer v. tr., pronom.
• **Transitif**. Emballer, remplir d'enthousiasme. *Ce spectacle les a enthousiasmés.*
• **Pronominal**. Se passionner pour quelqu'un, quelque chose.

enthousiaste adj. et n. m. et f.
Qui ressent de l'enthousiasme. *Ils sont très enthousiastes.*

enticher (s') v. pronom.
S'engouer. *Il s'est entiché de sa collègue.*

entier, ière adj. et n. m.
• **Adjectif**
- Complet, intégral. *Un groupe entier. Une entière confiance.*
• **Tout entier.** Dans cette expression, *tout* employé adverbialement est invariable ; par contre, l'adjectif *entier* s'accorde avec le nom auquel il se rapporte. *La foule tout entière a applaudi.*
• **Nom masculin**
- Totalité. *Étudier le document dans son entier.*
- **En entier**, locution adverbiale. Complètement, totalement. *Il a vu l'émission en entier.*

entièrement adv.
Totalement.

entité n. f.
(Didact.) Être ou essence de quelque chose.

entomologie n. f.
Partie de la zoologie qui s'intéresse aux insectes.

entomologiste n. m. et f.
Spécialiste d'entomologie.

entonner v. tr.
Commencer à chanter. *Ils entonnèrent un hymne pour célébrer la victoire.*

entonnoir n. m.
Ustensile servant à transvaser des liquides.

entorse n. f.
• Lésion douloureuse d'une articulation. *Elle s'est fait une entorse à la cheville.*
• **Faire une entorse à** (une loi, un usage, etc.) (Fig.) Ne pas respecter.

entortillement ou **entortillage** n. m.
Action d'entortiller, de s'entortiller.

entortiller v. tr., pronom.
• Envelopper en faisant des tours.
• (Fig.) Embrouiller, duper.

entour n. m.
• (Vx) Voisinage.
• **À l'entour de**, locution prépositive. Alentour de. *Les enfants jouent à l'entour de la maison.*
V. **alentour.**

entourage n. m.
Personnes qui entourent habituellement quelqu'un.

entourer v. tr., pronom.
• **Transitif**
- Disposer tout autour de. *Entourer un dessin d'un trait coloré.*
- Faire le tour de. *Des jardins entourent le château.*
• **Pronominal**
Réunir autour de soi. *Ils se sont entourés de musiciens.*

entourloupette n. f.
(Fam.) Mauvaise plaisanterie.

entr(e)-
V. **entre-.**

entracte n. m.
Interruption entre deux actes d'une pièce, entre deux parties d'un spectacle. *Un entracte de dix minutes.*
Note.- Attention au genre masculin de ce nom : *un* entracte.

entraide n. f.
Secours mutuel.

entraider (s') v. pronom.
Se venir en aide mutuellement. *Elles se sont entraidées.*

entrailles n. f. pl.
• (Vx) Sein de la mère.
• **Sans entrailles.** Se dit d'une personne insensible.

entr'aimer (s') v. pronom.
(Litt.) S'aimer l'un l'autre.

entrain n. m.
Dynamisme, gaieté. *Avoir de l'entrain.*
Note.- Ne pas confondre avec la locution prépositive *en train de* qui s'écrit en deux mots et qui marque une action en cours. *Elle est en train de travailler.*

entraînant, ante adj.
Qui entraîne. *Un air entraînant.*

entraînement n. m.
Ensemble d'exercices physiques exécutés méthodiquement. *L'entraînement d'un coureur, d'un gymnaste, d'un soldat.*
Note.- Ne pas confondre avec le mot *formation* qui fait appel au travail intellectuel et aux connaissances à acquérir. *La formation d'un chirurgien, d'une comptable, d'une avocate.*

entraîner v. tr., pronom.
• **Transitif**
- Amener avec soi.
- Inciter quelqu'un à faire quelque chose. *Il a entraîné ses amis dans un bar.*
- Avoir pour conséquence. *La sujétion économique entraîne la sujétion politique.*

• Pronominal
Se préparer par des exercices à une compétition, une épreuve. *Ils se sont entraînés pendant six mois.*
Note.- Attention à l'orthographe : entra*î*ner.

entraîneur n. m.
entraîneuse n. f.
• Nom masculin et féminin. (Sports) Instructeur.
• Nom féminin. Jeune femme entraînant à la consommation dans un bar.

entrapercevoir ou **entr'apercevoir** v. tr.
Apercevoir très brièvement.

entrave n. f.
Frein, obstacle.

entraver v. tr.
• Mettre une entrave à (un animal).
• (Fig.) Freiner, gêner l'action.

entre prép.

• Préposition marquant le lieu
- D'un point à un autre. *Entre Paris et Montréal.*
- Rapport entre deux ou plusieurs personnes. *Entre son père et lui. Entre nous. Entre amis.*
- Parmi. *Ils ont été élus entre tous.*
• Préposition marquant le temps
Dans un intervalle de temps. *Entre midi et minuit.*
• Locutions
- *Entre deux âges.* Qui fait l'effet de n'être ni jeune ni vieux.
- *Entre chien et loup.* Au crépuscule.
- *Entre parenthèses, entre guillemets, entre crochets.*
Note.- Dans ces expressions, le nom est au pluriel.
- *Entre autres.* L'expression s'emploie pour faire référence à un nom ou un pronom. *Elle a visité ces régions, entre autres la Provence et le Languedoc.* Si l'expression ne se rapporte à aucun nom ou pronom, on écrira plutôt *entre autres choses.*
Note.- *Entre* ne s'élide pas devant une voyelle, excepté dans quelques verbes composés (*s'entr'aimer, s'entr'apercevoir, s'entr'égorger).*

entre- préf.

L'orthographe des mots composés avec le préfixe *entre-* n'obéit pas à une règle logique : certains s'écrivent en un seul mot, d'autres avec un trait d'union ou une apostrophe.
• Avec un trait d'union. *S'entre-déchirer.*
• En un seul mot. *Entrechat, entrevue, entrecôte.*
• Cinq mots dont le second élément commence par une voyelle comportent une élision du *e* du préfixe et une apostrophe. *S'entr'aimer, s'entr'apercevoir, s'entr'égorger.*
• Certains mots commençant par une voyelle et composés avec le préfixe élidé s'écrivent en un seul mot. *S'entraider, entrouvrir.*
Note.- On consultera chacun des mots composés avec le préfixe *entre-* à son entrée dans l'ordre alphabétique.

entrebâillement n. m.
Ouverture. *L'entrebâillement de la porte.*

entrebâiller v. tr.
• Les lettres *ill* sont suivies d'un *i* à la première et à la deuxième personne du pluriel de l'indicatif imparfait et du subjonctif présent. *(Que) nous entrebâillions, (que) vous entrebâilliez.*
• Entrouvrir.

entrechat n. m.
Saut.

entrechoquer v. tr., pronom.
Heurter l'un contre l'autre.

entrecôte n. f.
Morceau de viande coupé entre deux côtes de bœuf. *Une entrecôte saignante.*

entrecouper v. tr.
Interrompre fréquemment. *Un texte entrecoupé de musique.*

entrecroisement n. m.
Disposition de choses qui s'entrecroisent.

entrecroiser (s') v. pronom.
Se croiser l'un l'autre. *Des fils qui s'entrecroisent.*

entrecuisse n. m.
Espace entre les cuisses.

entre-déchirer (s') v. pronom.
Se déchirer mutuellement. *Ils se sont entre-déchirés.*

entre-deux n. m. inv.
État intermédiaire entre deux extrêmes.

entre-deux-guerres n. m. ou f. inv.
Période située entre deux guerres.
Note.- Le genre masculin est nettement plus usité de nos jours.

entre-dévorer (s') v. pronom.
Se dévorer mutuellement. *Ils se sont entre-dévorés.*

entrée n. f.
• Action, fait d'entrer. *Entrée interdite.*
• Accès. *L'entrée d'une maison. Des droits d'entrée.*
- *Avoir ses entrées.* Avoir des relations.
- Début.
- *Entrée en matière.* Introduction d'un discours, d'un écrit.
- *Entrée en fonction(s).* Début d'un nouvel emploi.
- *D'entrée de jeu.* Dès le début
• (Ling.) Mot-clef d'un dictionnaire. *Des entrées en majuscules.*

entrefaites n. f. pl.
Sur ces entrefaites. À ce moment-là.

entrefilet n. m.
Court article d'un journal.

entregent n. m.
Habileté à la vie sociale. *Elle a beaucoup d'entregent.*
Note.- Attention à l'orthographe : entre**gent.**

entr'égorger (s') v. pronom.
• Le **g** est suivi d'un **e** devant les lettres **a** ou **o**. *Ils s'entr'égorgeaient, nous nous entr'égorgeons.*
• S'égorger les uns les autres.

entrejambe n. m.
• Partie du corps située entre les jambes.
• Partie d'un vêtement entre les jambes.
Note.- Attention au genre masculin de ce nom : **un** entrejambe.

entrelacement n. m.
Entrecroisement.

entrelacer v. tr., pronom.
• Le **c** prend une cédille devant les lettres **a** et **o**. *Il entrelaça, nous entrelaçons.*
• **Transitif**. Enlacer l'un dans l'autre. *Nous entrelaçons nos rubans et nos colliers.*
• **Pronominal**. S'entrecroiser.

entrelacs n. m. inv.
• Les lettres **cs** ne se prononcent pas [ɑ̃trəla].
• Dessin de motifs entrecroisés.

entrelarder v. tr.
• Piquer une viande avec du lard.
• Parsemer de. *Entrelarder un texte de références.*

entremêler v. tr., pronom.
• **Transitif**. Insérer certaines choses dans d'autres. *Entremêler des fruits et des friandises.*
Note.- Ne pas confondre avec le verbe **emmêler** qui signifie « mêler avec d'autres choses ».
• **Pronominal**. Se mélanger.

entremets n. m. inv.
Dessert.
Note.- Attention à l'orthographe : un entremet**s**, des entremet**s**.

entremetteur, euse n. m. et f.
(Péj.) Intermédiaire dans les affaires galantes.

entremettre (s') v. pronom.
• Se conjugue comme le verbe **mettre**.
• S'interposer.

entremise n. f.
• Action de s'employer dans une affaire pour quelqu'un.
• **Par l'entremise de**, locution prépositive. Par l'intermédiaire de. *C'est par son entremise que nous nous sommes rencontrés.*

entrepont n. m.
Espace compris entre deux ponts d'un bateau.

entreposage n. m.
Action d'entreposer.

entreposer v. tr.
Déposer dans un entrepôt.

entreposeur n. m.
entreposeuse n. f.
Personne qui reçoit des marchandises en entrepôt.
Note.- Ne pas confondre avec le mot **entrepositaire** qui désigne la personne qui met des marchandises en entrepôt.

entrepositaire adj. et n. m. et f.
Personne qui met des marchandises en entrepôt.
Note.- Ne pas confondre avec le mot **entreposeur** qui désigne la personne qui reçoit des marchandises en entrepôt.

entrepôt n. m.
Lieu où sont déposées des marchandises pour une période déterminée.

entreprenant, ante adj.
• Audacieux.
• Galant.

entreprendre v. tr.
• Se conjugue comme le verbe **prendre**.
• Commencer à exécuter. *Entreprendre des travaux.*

entrepreneur n. m.
entrepreneuse n. f.
Chef d'une entreprise.
Note.- Le complément du nom **entrepreneur** est introduit à l'aide de la préposition **de** plutôt que **en**. *Un entrepreneur de travaux publics, de plomberie.*

entreprise n. f.
• Action. *C'est une entreprise audacieuse.*
• Unité économique de production de biens ou de services. *Une entreprise de travaux publics, de plomberie, de transport(s), de services.*
• **Chef d'entreprise.** Entrepreneur.

entrer v. tr., intr.
• **Transitif**
Introduire. *Entrer des marchandises dans un pays.*
Note.- Employé transitivement, le verbe se conjugue avec l'auxiliaire **avoir**.
• **Intransitif**
- Pénétrer. *Elle est entrée dans la maison.*
Note.- Employé intransitivement, le verbe se conjugue avec l'auxiliaire **être**.
- Être compris dans. *Il y a du vin qui entre dans cette sauce.*
• **Entrer en ligne de compte.** Constituer un élément qui doit être considéré.
• Commencer à faire quelque chose. *Entrer en action. Entrer en guerre.*
• **Entrer en fonction(s).** Être au commencement d'un nouvel emploi.
• **Entrer en vigueur, en exercice.** *La loi entre en vigueur le 15 mars.*
Notes.-
1° Ne pas confondre avec le verbe **rentrer** qui signifie « entrer à nouveau ».
2° Si on **entre** dans une maison, on **monte** dans une voiture, on **s'engage** sur une voie de circulation.

entresol n. m.
Espace d'un immeuble situé entre le rez-de-chaussée et le premier étage.

entre-temps loc. adv.
Pendant ce temps. *La plante germa entre-temps.*

entretenir v. tr., pronom.
• Se conjugue comme le verbe **tenir**.
• **Transitif**
- Maintenir en bon état. *Entretenir son jardin.*

- Informer. *Il entretint son ami du problème.*
- Assurer la subsistance de. *Entretenir une famille.*
• **Pronominal**
Converser avec quelqu'un. *Ils restèrent à s'entretenir à l'écart du groupe.*

entretien n. m.
• Action de maintenir en bon état. *L'entretien de sa voiture.*
Note.- Ne pas confondre avec le mot **maintenance** qui désigne l'ensemble des moyens d'entretien utilisés dans le but de maintenir un système, un matériel technique en état de fonctionnement normal.
• Conversation suivie avec quelqu'un. *Un entretien particulier.*
Note.- Ne pas confondre avec les mots suivants :
- **causette**, conversation familière ;
- **conciliabule**, réunion secrète ;
- **conversation**, entretien familier ;
- **dialogue**, conversation entre deux personnes ;
- **palabre**, conversation longue et inutile.

entretoise n. f.
Pièce de bois qui relie deux autres pièces.

entre-tuer (s') v. pronom.
Se tuer mutuellement. *Les animaux se sont entre-tués.*

entrevoir v. tr.
• Se conjugue comme le verbe **voir**.
• Apercevoir, soupçonner. *Entrevoyez-vous ses motifs ?*

entrevue n. f.
Rencontre concertée entre deux ou plusieurs personnes, entretien. *Fixer une entrevue avec un journaliste.*

entropie n. f.
Dégradation de l'énergie.
Note.- Attention à l'orthographe : **entr**opie.

entrouvrir v. tr.
• Se conjugue comme le verbe **ouvrir**.
• Ouvrir un peu.
Note.- Ce verbe s'écrivait autrefois avec une apostrophe.

énucléer v. tr.
Extraire un noyau.

énumératif, ive adj.
Qui sert à l'énumération.

énumération n. f.
Action d'énumérer ; dénombrement.
V. Tableau - **ÉNUMÉRATION.**

énumérer v. tr.
• Le **é** se change en **è** devant une syllabe muette, sauf à l'indicatif futur et au conditionnel présent. *J'énumère, mais j'énumérerai.*
• Nommer l'un à la suite de l'autre.

énurésie n. f.
Émission involontaire d'urine pendant le sommeil.

énurétique adj. et n. m. et f.
Qui souffre d'énurésie.

env.
Abréviation de **environ**.

envahir v. tr.
• Pénétrer par la force dans une région et l'occuper.
• Remplir, occuper en entier. *La plage est envahie par les estivants.*

envahissement n. m.
Action d'envahir ; son résultat. *L'envahissement de la publicité à la télévision.*

envahisseur n. m.
Celui qui envahit (un pays, une région, etc.).

enveloppe n. f.
• Ce qui sert à envelopper. *Une enveloppe matelassée.*
• Morceau de papier plié en forme de poche et qui est destiné à contenir une lettre, un document, etc.
Note.- Pour le libellé de l'adresse sur l'enveloppe, se reporter au Tableau - **ADRESSE.**

envelopper v. tr.
• Recouvrir. *Envelopper d'une fourrure.*
• Emballer. *Envelopper un colis.*

envenimer v. tr., pronom.
• **Transitif**
- Infecter. *Une blessure envenimée.*
- (Fig.) Aggraver. *Envenimer une querelle.*
• **Pronominal**
Se détériorer. *Les relations se sont envenimées.*

envergure n. f.
• Longueur d'une voile.
• Étendue comprise entre les extrémités des ailes déployées d'un oiseau, d'un avion.
• Grande ouverture d'esprit. *Ce penseur a beaucoup d'envergure.*
• Ampleur (d'une chose). *Une campagne publicitaire d'envergure.*
Note.- Ce nom ne peut s'appliquer à une entreprise, à un organisme, à un établissement commercial.

envers prép.
• À l'égard de. *Il est très compréhensif envers ses subalternes.*
• **Envers et contre tous.** Malgré l'opposition générale.

envers n. m.
• Le côté opposé à l'endroit. *L'envers d'une étoffe, d'une médaille.*
• Le contraire. *L'envers des choses.*
Ant. **endroit.**
• **À l'envers**, locution adverbiale. *Le bon roi Dagobert a mis sa culotte à l'envers.*

envi (à l') loc. adv.
(Litt.) À qui mieux mieux.
Note.- Attention à l'orthographe : à l'en**vi.**

enviable adj.
Désirable.

envie n. f.
• Jalousie. *Un sort digne d'envie.*
• Besoin. *Une envie de dormir.*

ÉNUMÉRATION

LES ÉLÉMENTS D'UNE ÉNUMÉRATION

- Présentation horizontale

Les chiffres romains sont composés des symboles suivants : I, V, X, L, C, D, M.

- Présentation verticale

Cet ouvrage traite des difficultés du français :

1. orthographe ;	*ou*	*1- orthographe ;*	*ou*	*1) orthographe ;*	
2. grammaire ;		*2- grammaire ;*		*2) grammaire ;*	
3. conjugaison.		*3- conjugaison.*		*3) conjugaison.*	

LES PARTIES D'UN TEXTE

En vue de découper un texte ou de mettre l'accent sur le nombre ou l'ordre des éléments, on a recours à divers jalons énumératifs : des lettres, des numéros ou d'autres signes (tiret, point, etc.).

Note.- Une règle est importante : quel que soit le type de jalon retenu, il importe de respecter tout au long du document la même gradation de repères énumératifs.

L'usage retient généralement les jalons suivants :

- les lettres minuscules *a), b), c) ;*
- les adjectifs numéraux ordinaux du latin sous leur forme abrégée *1º, 2º, 3º ;*
- les lettres majuscules *A., B., C. ;*
- les chiffres romains *I, II, III ;*
- la numérotation décimale *1., 1.1., 1.1.1., 1.2., 1.3., 2., 2.1.*

Pour une ***énumération simple***, on utilise un seul signe énumératif : le tiret, les majuscules, les adjectifs numéraux latins, par exemple.

Pour une ***énumération double***, on recourt alors à deux types de signes ; pour une ***énumération triple***, à trois types, et ainsi de suite.

Double	Triple	Quadruple	Complexe
a)	A.	I-	1.
1º	a)	A.	1.1.
2º	1º	a)	1.1.1.
3º	2º	1º	1.1.2.
b)	b)	2º	1.2
1º	1º	b)	1.2.1.
2º	2º	B.	1.2.2.
	B.	II-	1.3
			2.

Note.- Il est préférable de se limiter à trois niveaux de subdivision (avec un maximum de dix sous-classes), si l'on recourt à la numération décimale afin de ne pas trop alourdir la structure du texte.

• ***Avoir envie de.*** Désirer, être tenté de. *J'ai grande envie de prendre congé.*
Note.- Dans la langue soutenue, il est préférable d'employer un adjectif avec le nom ***envie*** plutôt que l'adverbe ***très***.

envier v. tr.
• Redoublement du *i* à la première et à la deuxième personne du pluriel de l'indicatif imparfait et du subjonctif présent. *(Que) nous enviions, (que) vous enviiez.*

• Désirer ce qui est à autrui. *Elle envie ta chance. Il envie sa sœur.* Le complément du verbe peut être une personne ou une chose.
Note.- Ne pas confondre avec les verbes suivants :
- ***aspirer***, viser, prétendre à ;
- ***convoiter***, désirer ardemment ;
- ***désirer***, espérer, souhaiter.
• ***N'avoir rien à envier à personne***. Être comblé.

envieux, euse adj. et n. m. et f.
Qui éprouve de l'envie.

environ adv.
• Abréviation **env.** (s'écrit avec un point).
• Approximativement. *Le pont se situe à un kilomètre environ, à environ un kilomètre.*

environnant, ante adj.
Voisin.

environnement n. m.
Milieu. *La protection de l'environnement.*

environnemental, ale, aux adj.
Relatif à l'environnement.

environnementaliste n. m. et f.
Spécialiste des problèmes de l'environnement.

environner v. tr.
Être autour de, constituer le voisinage de.

environs n. m. pl.
• Alentours. *Ils ont photographié les environs.*
• *Aux environs de*, locution prépositive. Aux abords de, vers. *Aux environs de Nice, aux environs de minuit.*

envisager v. tr.
• Le **g** est suivi d'un **e** devant les lettres **a** et **o**. *Il envisagea, nous envisageons.*
• Considérer. *Envisager les choses de façon réaliste.*
• Projeter. *Envisagez-vous d'agrandir ce bâtiment ?*

envoi n. m.
• Expédition. *Envoi d'un colis, envoi contre remboursement.*
• Chose envoyée.
• *Coup d'envoi.* Dans plusieurs sports, mise au jeu par envoi du ballon. *Des coups d'envoi.*
• *Coup d'envoi.* (Fig.) Signal du début.

envol n. m.
• Action de s'envoler. *L'envol d'un papillon.*
• Décollage.
Note.- Ne pas confondre avec le mot **vol** qui désigne un trajet en avion.

envolée n. f.
• Action de s'envoler.
• Élan. *Une envolée oratoire*

envoler (s') v. pronom.
• Prendre son vol. *Les oiseaux se sont envolés.*
• Disparaître. *Les cambrioleurs s'étaient envolés.*

envoûtant, ante adj.
Ensorcelant.

envoûtement n. m.
Fascination.

envoûter v. tr.
Ensorceler.
Note.- Attention à l'orthographe de ce verbe: envoûter.

envoyé, ée n. m. et f.
Émissaire.

envoyer v. tr., pronom.
• *J'envoie, tu envoies, il envoie, nous envoyons, vous envoyez, ils envoient. J'envoyais, tu envoyais, il envoyait, nous envoyions, vous envoyiez, ils envoyaient.*

J'envoyai. J'enverrai. J'enverrais. Envoie, envoyons, envoyez. Que j'envoie, que tu envoies, qu'il envoie, que nous envoyions, que vous envoyiez, qu'ils envoient. Que j'envoyasse. Envoyant. Envoyé, ée.
• Le **y** est suivi d'un **i** à la première et à la deuxième personne du pluriel de l'indicatif imparfait et du subjonctif présent. *(Que) nous envoyions, (que) vous envoyiez.*
• **Transitif**
- Diriger vers. *Envoyer un messager.*
- Expédier. *Envoyer une lettre.*
• **Pronominal**
(Fam.) Prendre pour soi. *S'envoyer un bon repas, s'envoyer tout le travail.*

enzyme n. f.
Substance protéinique.
Notes.-
1º Bien que ce nom soit féminin, l'usage lui donne plutôt un genre masculin.
2º Ne pas confondre avec le mot **azyme** qui qualifie ce qui est sans levain.

éolien, ienne adj. et n. f.
• **Adjectif.** Relatif au vent. *Énergie éolienne.*
• **Nom féminin.** Machine qui fonctionne à l'aide du vent. *Une éolienne qui fournit de l'électricité.*

épagneul, eule n. m. et f.
Chien de chasse, à longs poils et à oreilles pendantes. *Un bel épagneul, une épagneule docile.*

épais, aisse adj. et adv.
• **Adjectif**
- Gros. *Une épaisse liasse de billets.*
- Dense. *Un brouillard épais.*
- Lourd. *Un esprit épais.*
• **Adverbe**
Cette escalope est tranchée trop épais.
Note.- Dans cet emploi, le mot est invariable.

épaisseur n. f.
Une des dimensions, avec la longueur et la largeur. *Le bois a deux centimètres d'épaisseur.*

épaissir v. tr., intr., pronom.
• **Transitif**
Rendre plus épais. *Épaissir un mélange.*
• **Intransitif** ou **pronominal**
Devenir plus épais. *Ses traits ont épaissi, se sont épaissis.*

épaississement n. m.
• Action d'épaissir; son résultat.
• Fait de s'épaissir.

épanchement n. m.
• (Méd.) Accumulation de liquide dans une cavité naturelle. *Épanchement sanguin.*
• (Fig.) Fait de se confier.

épancher v. tr., pronom.
• **Transitif.** Donner libre cours à. *Épancher son chagrin.*
• **Pronominal.** Se confier librement.
Note.- Ne pas confondre avec le verbe **étancher** qui signifie soit « apaiser la soif, une envie », soit « arrêter un écoulement ».

épandage n. m.
Répartition égale d'un produit sur le sol. *Épandage (d'asphalte, de sel, etc.).*
Notes.-
1° Attention à l'orthographe : ép**an**dage.
2° Ce nom est réservé à la langue technique.

épandre v. tr.
• *J'épands, tu épands, il épand, nous épandons, vous épandez, ils épandent. J'épandais. J'épandis. J'épandrai. J'épandrais. Épands, épandons, épandez. Que j'épande. Que j'épandisse. Épandant. Épandu, ue.*
• Étendre en dispersant.
Note.- Ce verbe est vieilli ou d'un emploi technique ; on lui préfère aujourd'hui **répandre**.

épanouir v. tr., pronom.
• **Transitif**
- (Litt.) Faire ouvrir. *Le soleil épanouit les pivoines.*
- (Fig.) Rendre joyeux. *Le bon vin épanouit les convives.*
• **Pronominal**
- S'ouvrir, se développer. *Sa beauté s'est épanouie.*
- Se réjouir. *Ses traits s'épanouirent en apprenant ce succès.*

épanouissement n. m.
Développement.

épargnant, ante n. m. et f.
Personne qui épargne. *Les épargnants sont des investisseurs indirects.*
Note.- Ne pas confondre avec le participe présent invariable **épargnant**. *Les ménages épargnant jusqu'à 6 % de leurs revenus sont peu nombreux.*

épargne n. f.
• Ensemble des sommes mises en réserve.
• *Caisse d'épargne.* Établissement financier recevant des dépôts d'argent portant intérêt.

épargner v. tr.
• Les lettres **gn** sont suivies d'un *i* à la première et à la deuxième personne du pluriel de l'indicatif imparfait et du subjonctif présent. *(Que) nous épargnions, (que) vous épargniez.*
• Ménager, utiliser avec modération. *Épargne ton temps.*
• Économiser. *Épargner de l'argent.*
• *Épargner quelque chose à quelqu'un.* Ne pas faire subir. *Épargnez-lui vos remarques désobligeantes.*

éparpillement n. m.
Action d'éparpiller, fait de s'éparpiller.

éparpiller v. tr., pronom.
• Les lettres **ill** sont suivies d'un *i* à la première et à la deuxième personne du pluriel de l'indicatif imparfait et du subjonctif présent. *(Que) nous éparpillions, (que) vous éparpilliez.*
• **Transitif.** Disperser. *Éparpiller ses forces.*
• **Pronominal.** Se partager entre des activités trop nombreuses.

épars, arse adj.
Répandu. *Une chevelure éparse.*

épatant, ante adj.
(Fam.) Excellent, sensationnel. *Une surprise épatante.*

épaté, ée adj.
• Étonné.
• Se dit d'un nez court et large.

épater v. tr.
• Interloquer.
• (Fam.) *Épater la galerie.* Chercher à étonner.

épaulard n. m.
Cétacé, voisin du marsouin.
Note.- Attention à l'orthographe : épaul**ard**.

épaule n. f.
Attache du bras avec le thorax.

épauler v. tr.
• Appuyer contre l'épaule. *Épauler une arme pour viser.*
• (Fig.) Aider, soutenir. *Il faut les épauler dans la vie.*

épave n. f.
Objet rejeté par la mer sur le rivage.

épée n. f.
• Arme formée d'une lame en acier et d'une poignée protégée par une garde.
• *Une bonne épée.* Personne habile à manier l'épée. On dit aussi *fine lame*.
• *Coup d'épée dans l'eau.* Effort inutile.

épéiste n. m. et f.
Personne qui pratique l'escrime à l'épée.

épeler v. tr.
• Redoublement du *l* devant un *e* muet. *J'épelle, j'épellerai*, mais *j'épelais*.
• Nommer les lettres qui composent un mot.

épellation n. f.
Action de décomposer un mot en lettres ou en syllabes. *b-a ba, b-a ba, baba.*
Note.- Ne pas confondre avec le mot **orthographe** qui désigne la manière d'écrire un mot.

éperdu, ue adj.
Troublé.

éperdument adv.
Follement.
Note.- Attention à l'orthographe : éperd**um**ent.

éperlan n. m.
Poisson marin dont la chair est appréciée. *Des éperlans frits.*

éperon n. m.
• Petite pointe de métal fixée au talon du cavalier pour stimuler un cheval.
• Saillie d'un contrefort montagneux. *Un éperon rocheux.*

éperonner v. tr.
• Piquer avec l'éperon.
• (Litt.) Aiguillonner, stimuler.

épervier n. m.
• Oiseau rapace diurne.
• (Fig.) Partisan politique des solutions de force dont

l'opposant, la **colombe**, est partisan des solutions en douceur.

éphèbe n. m.
- (Ancienn.) Adolescent.
- (Péj.) Beau jeune homme.
Note.- Attention à l'orthographe : **é**ph**è**be.

éphémère adj.
- Qui dure un seul jour.
- Qui dure peu de temps, fugitif. *Une joie éphémère.*
Note.- Attention à l'orthographe : **é**ph**é**mère.

éphéméride n. f.
Calendrier dont on enlève une feuille chaque jour.
Note.- Attention à l'orthographe de ce mot : **é**ph**é**méride.

épi- préf.
Élément du grec signifiant «sur».

épi n. m.
- Partie terminale de la tige des graminées qui porte les graines. *Des épis de blé.*
- **En épi.** Disposé obliquement et à la suite. *Des voitures stationnées en épi.*
Note.- Le nom **épi** s'écrit au singulier dans cette expression.

épice n. f.
- Substance aromatique ou piquante servant à assaisonner un mets. *Le poivre, le paprika sont des épices.*
- **Pain d'épice(s).** Selon la plupart des auteurs, le mot **épice** s'écrit au singulier dans cette expression ; cependant, la graphie au pluriel est également possible.

épicé, ée adj.
- Dont le goût est relevé à l'aide d'épices. *Une cuisine trop épicée.*
- Osé. *Des scènes épicées.*

épicéa n. m.
Conifère voisin du sapin.

épicène adj.
Se dit d'un mot qui conserve la même forme au masculin et au féminin. *Enfant, journaliste sont des noms épicènes.*

épicentre n. m.
Zone de la surface terrestre où un séisme a été le plus intense.
Note.- Attention au genre masculin de ce nom : **un** épicentre.

épicer v. tr.
- Le **c** prend une cédille devant les lettres **a** et **o**. *Il épiça, nous épiçons.*
- Assaisonner d'épices.

épicerie n. f.
- Produits d'alimentation.
- Commerce de produits d'alimentation. *Aller à l'épicerie.*

épicier n. m.
épicière n. f.
Personne qui tient une épicerie.

épicurien, ienne adj. et n. m. et f.
Qui recherche et apprécie les jouissances de la vie.
Note.- Attention à l'orthographe : épicu**r**ien.

épicurisme n. m.
Doctrine des épicuriens.
Note.- Attention à l'orthographe : épicu**r**isme.

épidémie n. f.
Maladie soudaine d'un grand nombre de personnes.
Note.- Ne pas confondre avec le mot **endémie** qui désigne la présence quasi constante d'une maladie à un endroit déterminé.

épidémiologie n. f.
Étude des rapports entre les maladies et les facteurs qui favorisent leur apparition.

épidémique adj.
Qui a le caractère de l'épidémie.
Note.- Ne pas confondre avec le mot **épidermique** qui qualifie ce qui est relatif à l'épiderme.

épiderme n. m.
Couche cellulaire recouvrant le derme avec lequel elle forme la peau.
Note.- Attention au genre masculin de ce nom : **un** épiderme.

épidermique adj.
Relatif à l'épiderme.
Note.- Ne pas confondre avec le mot **épidémique** qui qualifie ce qui a le caractère de l'épidémie.

épier v. tr.
- Redoublement du **i** à la première et à la deuxième personne du pluriel de l'indicatif imparfait et du subjonctif présent. *(Que) nous épiions, (que) vous épiiez.*
- Observer en secret. *Ils épient leurs collègues.*

épieu n. m.
Bâton terminé par un fer pointu qu'on utilisait pour la chasse. *Des épieux.*

épigraphe n. f.
Courte citation placée en tête d'un ouvrage.
Notes.-
1° Attention au genre féminin de ce nom : **une** épigraphe.
2° Le texte de l'épigraphe se compose en romain ou en italique. Si le nom de l'auteur est donné, il s'inscrit entre parenthèses. *Cueillez dès aujourd'hui les roses de la vie.* (Ronsard).
Syn. **exergue.**

épilation n. f.
Action d'épiler. *Une épilation à la cire.*
Note.- Attention à l'orthographe : épi**l**ation.
Syn. **dépilation.**

épilatoire adj. et n. m.
Qui sert à épiler. *Une crème épilatoire.*
Syn. **dépilatoire.**

épilepsie n. f.
Maladie nerveuse caractérisée par des attaques convulsives pouvant s'accompagner de pertes de conscience.

Note.- Ne pas confondre avec le mot **apoplexie** qui désigne un arrêt brusque des fonctions cérébrales.

épileptique adj. et n. m. et f.
Qui souffre d'épilepsie.

épiler v. tr.
Arracher les poils. *Des pinces à épiler.*

épilogue n. m.
Conclusion. *Tu préfères les épilogues heureux.*
Note.- Attention au genre masculin de ce nom : *un* épilogue.
Ant. **prologue.**

épinard n. m.
Plante potagère cultivée pour ses feuilles comestibles. *Une salade d'épinards.*

épine n. f.
• Pointe acérée de certains végétaux.
• *Tirer, ôter à quelqu'un une épine du pied.* Tirer quelqu'un d'embarras.
• *Être sur des épines.* Être au comble de l'impatience.

épinette n. f.
Petit clavecin.

épineux, euse adj.
• Couvert d'épines. *Des arbrisseaux épineux.*
• (Fig.) Difficile. *Un problème épineux.*

épingle n. f.
• Petite tige métallique servant à attacher quelque chose. *Assembler deux pièces de tissu avec des épingles.*
• *Épingle de sûreté, épingle de nourrice* (et non épingle
* à nourrice).
• *Épingle à linge.* (Vx) Pince à linge.

épingler v. tr.
Fixer avec des épingles.

épiphénomène n. m.
Phénomène accessoire.

épiphyse n. f.
• (Anat.) Extrémité d'un os long.
• (Anat.) Petite glande du cerveau.
Note.- Attention à l'orthographe : épi*phy*se.

épique adj.
• Propre à l'épopée. *Un récit épique.*
• (Iron.) Digne d'une épopée. *Une aventure épique.*
Note.- Ne pas confondre avec le mot **hippique** qui qualifie ce qui est relatif au cheval.

épiscopal, ale, aux adj.
Qui se rapporte à un évêque. *Des palais épiscopaux.*

épisode n. m.
• Partie d'une œuvre. *Une série télévisée en quatre épisodes.*
• Incident, péripétie. *Un épisode amusant.*
Note.- Attention au genre masculin de ce nom : *un* épisode.

épisodique adj.
Intermittent.

épisodiquement adv.
De façon épisodique.

épistémologie n. f.
Partie de la philosophie qui étudie l'histoire, les méthodes, les principes des sciences.

épistolaire adj.
Qui a rapport à la manière d'écrire des lettres. *Des rapports épistolaires.*
Note.- Attention à l'orthographe de cet adjectif qui conserve la même forme au masculin et au féminin : épistol*aire*.

épitaphe n. f.
Inscription sur un tombeau.
Note.- Attention au genre féminin de ce nom : *une* épitaphe.

épithélium n. m.
(Anat.) Partie superficielle d'un tissu organique. *Des épithéliums.*

épithète adj. et n. f.

(Gramm.) Mot qui qualifie un nom ou un pronom, sans l'intermédiaire d'un verbe (par opposition à l'attribut).
• **Nature**
- Adjectif. *Une fleur rouge.*
- Nom apposé. *C'est une photo de Pierre, enfant.*
- Expression apposée. *Mme Leroux, la nouvelle directrice.*
• **Place**
- L'épithète se place le plus souvent après le nom. *Un homme honnête.*
- Placée avant, l'épithète a parfois un sens figuré ou une valeur stylistique. *Un honnête homme.*
Note.- Attention au genre féminin de ce nom : *une* épi*th*ète.

épître n. f.
Lettre, missive.
Note.- Attention à l'orthographe : épître, contrairement à **chapitre.**

éploré, ée adj.
Attristé.

éployer v. tr.
• Le **y** se change en **i** devant un **e** muet. *J'éploie, j'éploierai.*
• Le **y** est suivi d'un **i** à la première et à la deuxième personne du pluriel de l'indicatif imparfait et du subjonctif présent. *(Que) nous éployions, (que) vous éployiez.*
• (Litt.) Déplier.

épluchage n. m.
• Action d'éplucher un légume, un fruit.
• (Fig.) Examen minutieux.

éplucher v. tr.
• Enlever la pelure, l'écorce (généralement d'un légume, d'une noix, etc.). *Éplucher des pommes de terre.*
Note.- **Peler** se dit surtout d'un fruit ou de certains légumes. *Peler des tomates.*
• (Fig.) Chercher minutieusement (quelque chose de répréhensible).

épluchure n. f.
Ce qu'on enlève en épluchant. *Des épluchures de pommes de terre.*

éponge n. f.
• Animal marin dont le squelette fournit une matière spongieuse qui a la propriété de retenir les liquides et de les rejeter à la pression.
• *Serviette éponge.* Serviette en tissu-éponge.
• *Tissu-éponge.* Tissu dont les fils absorbent l'eau.
• *Passer l'éponge.* Pardonner.
• *Jeter l'éponge.* Abandonner le combat.
Note.- L'éponge végétale se nomme *luffa.*

épongeage n. m.
Action d'éponger.

éponger v. tr., pronom.
• Le *g* est suivi d'un *e* devant les lettres *a* et *o*. *Il épongea, nous épongeons.*
• **Transitif**
- Étancher, essuyer un liquide.
- Résorber. *Éponger un déficit.*
• **Pronominal**
S'essuyer. *Il s'épongea le visage.*

épopée n. f.
Récit d'évènements héroïques.

époque n. f.
Période de l'histoire marquée par un évènement important.
Note.- Ne pas confondre avec le mot *ère* qui désigne le point de départ d'une chronologie, le début d'une période de temps généralement longue. *L'ère chrétienne.*

ÉPOQUES HISTORIQUES
• **Noms propres**
Les noms d'époques historiques ou préhistoriques sont des noms propres : le nom caractéristique s'écrit avec une majuscule ainsi que l'adjectif lorsqu'il précède ce nom. *L'Antiquité, la Renaissance, les Croisades, le Néolithique. Le Moyen Âge, le Grand Siècle, la Belle Époque. La Révolution française, la Révolution tranquille.*
• **Noms communs**
L'âge d'or, l'ère chrétienne, l'ère quaternaire.

époumoner (s') v. pronom.
Crier, parler très fort.
Note.- Attention à l'orthographe : s'époumo*n*er.

épouse n. f.
Femme, dans le style administratif.

épouser v. tr.
• Prendre en mariage, dans le style administratif. *Elle a épousé un ami d'enfance.*
• (Fig.) S'attacher par choix. *Épouser une cause.*
• *Épouser la forme de.* Prendre la forme de, se mouler.

époussetage n. m.
Action d'épousseter. *L'époussetage des bibelots.*
Note.- Attention à l'orthographe : épousse*t*age.

épousseter v. tr.
• Redoublement du *t* devant un *e* muet. *J'époussette, j'époussetterai,* mais *j'époussetais.*
• Ôter la poussière de. *Épousseter des livres.*

époustoufler v. tr.
(Fam.) Étonner.
Note.- Attention à l'orthographe : époustou*f*ler.

épouvantable adj.
Effrayant, terrible.

épouvantablement adv.
De façon épouvantable.

épouvantail n. m.
Mannequin rudimentaire destiné à effrayer les oiseaux et à les éloigner d'un champ. *Des épouvantails.*

épouvante n. f.
Effroi, terreur. *Des films d'épouvante.*

épouvanter v. tr.
Terrifier.
Note.- Attention à l'orthographe : épouv*a*nter.

époux, épouse n. m. et f.
Mari, femme.
Note.- Ce nom est de style administratif. On présente son *mari*, sa *femme* (et non son *époux, son *épouse, qui sont du langage populaire).

éprendre (s') v. pronom.
• Se conjugue comme le verbe *prendre*.
• (Litt.) Devenir amoureux de.

épreuve n. f.
• Malheur. *Il a eu beaucoup d'épreuves.*
• Examen, compétition. *Une épreuve sportive. Les épreuves du bac.*
• *À l'épreuve de.* Qui peut résister à. *Ce tissu est à l'épreuve de l'eau.*
• *À toute épreuve.* Très résistant.
• *Mettre à l'épreuve.* Soumettre à un essai.
• (Typogr.) Texte composé. *Des corrections d'épreuves.*
• *Épreuves de tournage.* (Cin.) Prises de vue avant le montage. *Nous avons visionné les épreuves de tournage.*
Note.- Cette expression a fait l'objet d'une recommandation officielle pour remplacer l'anglicisme *rushes.*

épris, ise adj.
• Amoureux. *Il est très épris d'elle.*
• Très attaché à quelque chose. *Elle est éprise de liberté.*

éprouvé, ée adj.
• Marqué par les épreuves. *Il est très éprouvé.*
• Sûr, confirmé. *Une méthode éprouvée.*

éprouver v. tr.
• Ressentir. *Elle a éprouvé une forte douleur au dos.*
• Mettre à l'épreuve.
• Subir (des dommages).

éprouvette n. f.
• Petit récipient utilisé en laboratoire.

• **Bébé éprouvette.** Enfant dont la fécondation a été faite *in vitro. Des bébés éprouvettes.*
V. **fécondation.**

epsilon n. m. inv.
Lettre grecque.

épuisant, ante adj.
Qui épuise. *Des courses épuisantes.*

épuisement n. m.
• Appauvrissement. *L'épuisement de la terre.*
• Fatigue extrême.

épuiser v. tr.
• Fatiguer énormément. *Cette randonnée m'a épuisé.*
• Consommer pleinement. *Ils ont épuisé leurs réserves.*

épuisette n. f.
Petit filet de pêche. *Un pêcheur muni d'une épuisette.*

épurateur n. m.
Appareil servant à éliminer les impuretés de quelque chose. *Un épurateur d'air.*

épuration n. f.
Purification.

épure n. f.
Dessin qui précise l'élévation, le plan et le profil d'une figure (les trois dimensions).
Note.- Attention au genre féminin de ce nom : **une** épure.

épurer v. tr.
Rendre pur, plus pur.
Note.- Ne pas confondre avec le verbe **apurer** qui signifie « vérifier un compte ».

équarrir v. tr.
• Rendre carré. *Équarrir une poutre.*
• Dépecer des animaux.
Note.- Attention à l'orthographe : é**qu**ar**r**ir.

équarrissage n. m.
Action d'équarrir une pièce de bois, la pierre, les animaux.
Note.- Attention à l'orthographe : équa**rr**issage.

équarrisseur n. m.
Personne qui équarrit le bois, la pierre, les animaux.
Note.- Attention à l'orthographe : équa**rr**isseur.

équateur n. m.
• Le **u** de la deuxième syllabe se prononce **ou** [ekwatœr].
• Cercle qui partage la Terre en deux hémisphères.
Note.- Le nom s'écrit avec une majuscule initiale quand il désigne le pays, avec une minuscule quand il désigne le cercle au centre de la sphère terrestre.

équation n. f.
• Le **u** de la deuxième syllabe se prononce **ou** [ekwasjɔ̃].
• (Math.) Relation conditionnelle entre deux quantités. *Une équation du premier degré.*

équatorial, iale, iaux adj.
• Le **u** de la deuxième syllabe se prononce **ou** [ekwatɔrjal].

• Relatif à l'équateur. *Des climats équatoriaux.*
Note.- Ne pas confondre avec le mot **équatorien**, de l'Équateur, pays d'Amérique du Sud.

équerre n. f.
• Le **u** ne se prononce pas [ekɛr].
• Instrument qui sert à tracer des angles droits.
• **D'équerre.** Dont l'angle est droit. *Cette table n'est pas d'équerre.*
Note.- Attention au genre féminin de ce nom : **une** équerre.

équestre adj.
• Le **u** ne se prononce pas [ekɛstr].
• Qui se rapporte à l'équitation. *Les sports équestres.*

équeuter v. tr.
Retirer la queue d'un fruit. *Équeuter une pomme.*

équi- préf.
• Ce préfixe se prononce tantôt **ékui**, tantôt **éki**. *Équilatéral* [ekɥilateral], *équilibre* [ekilibr].
• Élément du latin signifiant « égal ».

équidistant, ante adj.
• Le **u** se prononce [ekɥidistɑ̃].
• Qui est à égale distance de.

équilatéral, ale, aux adj.
• Le **u** se prononce [ekɥilateral].
• Qui a tous ses côtés égaux. *Un triangle équilatéral.*

équilibrage n. m.
• Le **u** ne se prononce pas [ekilibraʒ].
• Action d'équilibrer ; son résultat. *L'équilibrage des roues.*

équilibre n. m.
• Le **u** ne se prononce pas [ekilibr(ə)].
• Distribution égale des masses. *L'équilibre des forces.*
• État d'harmonie des fonctions.

équilibré, ée adj.
• Qui est en équilibre.
• Sain. *Un esprit équilibré.*

équilibrer v. tr., pronom.
• **Transitif.** Mettre en équilibre. *Équilibrer un budget.*
• **Pronominal.** Être en équilibre. *Les forces se sont équilibrées.*

équilibriste n. m. et f.
• Le **u** ne se prononce pas [ekilibrist(ə)].
• Acrobate. *J'aime beaucoup le numéro des équilibristes.*

équinoxe n. m.
• Le **u** ne se prononce pas [ekinɔks(ə)].
• Chacune des deux époques où les jours sont égaux aux nuits. *L'équinoxe d'automne.*
Note.- Attention au genre masculin de ce nom : **un** équinoxe.

équipage n. m.
• Le **u** ne se prononce pas [ekipaʒ].
• Ensemble du personnel d'un navire, d'un avion.

équipe n. f.
• Le **u** ne se prononce pas [ekip].

• Groupe de personnes qui partagent une activité. *L'esprit d'équipe. Travailler en équipe.*

équipée n. f.
• Le *u* ne se prononce pas [ekipe].
• Escapade, sortie.

équipement n. m.
• Le *u* ne se prononce pas [ekipmã].
• Action d'équiper quelque chose.
• Ensemble des biens (terrain, bâtiment, outillage) aménagés en vue d'un usage déterminé.

équiper v. tr., pronom.
• Le *u* ne se prononce pas [ekipe].
• **Transitif**. Pourvoir quelqu'un, quelque chose de ce qui est nécessaire. *Équiper les écoliers pour le ski.*
• **Pronominal**. Se doter du nécessaire. *Ils se sont équipés pour la plongée.*

équipier, ière n. m. et f.
• Le *u* ne se prononce pas [ekipje].
• Membre d'une équipe (sportive).

équitable adj.
• Le *u* ne se prononce pas [ekitabl(ə)].
• Juste, impartial.

équitablement adv.
• Le *u* ne se prononce pas [ekitabləmã].
• De façon équitable.

équitation n. f.
• Le *u* ne se prononce pas [ekitasjɔ̃].
• Art de monter à cheval. *Faire de l'équitation.*

équité n. f.
• Le *u* ne se prononce pas [ekite].
• Justice, impartialité.

équivalence n. f.
• Le *u* ne se prononce pas [ekivalãs].
• Égalité de valeur.

équivalent, ente adj. et n. m.
• Le *u* ne se prononce pas [ekivalã].
• **Adjectif**. Correspondant. *Des quantités équivalentes.*
• **Nom masculin**. Chose équivalente. *Des équivalents français de termes anglais.*
Note.- Ne pas confondre avec le participe présent invariable *équivalant*. *Des quantités équivalant à un kilogramme.*

équivaloir v. tr.
• Le *u* ne se prononce pas [ekivalwar].
• Se conjugue comme le verbe *valoir*. Le participe passé *équivalu* est invariable.
• Avoir la même valeur.
Note.- Le verbe se construit avec la préposition *à*. *Cette somme équivaut au travail produit.*

équivoque adj. et n. f.
• Le *u* ne se prononce pas [ekivɔk].
• **Adjectif**
- Qui a un double sens. *Une plaisanterie équivoque.*
- Qui suscite la méfiance. *Une attitude équivoque.*
• **Nom féminin**
Ambiguïté. *Une attitude sans équivoque.*

Note.- Attention au genre féminin de ce nom : *une* équivoque.

érable n. m.
• Grand arbre à bois dur des régions tempérées.
• *Érable à sucre.* Érable du Canada. *Du sirop d'érable, du sucre d'érable.*
Note.- La culture de l'érable à sucre se nomme l'*acériculture.*

érafler v. tr.
Écorcher.

éraflure n. f.
Écorchure.

érailler v. tr.
• Les lettres *ill* sont suivies d'un *i* à la première et à la deuxième personne du pluriel de l'indicatif imparfait et du subjonctif présent. *(Que) nous éraillions, (que) vous érailliez.*
• Écorcher, déchirer superficiellement.
• *Une voix éraillée.* Une voix rauque.

ère n. f.
Point de départ d'une chronologie. *L'ère chrétienne.*
Note.- Ne pas confondre avec le mot *époque* qui désigne une période de l'histoire marquée par un évènement important, ni avec le mot *aire* qui désigne une surface.

érection n. f.
• (Litt.) Construction d'un monument, d'une statue, d'une église.
Note.- Il est possible de procéder à l'*érection* d'une église, d'une chapelle, etc., mais on fait la *construction* d'un barrage, d'un pont.
• (Physiol.) État de certains tissus ou organes mous (verge, clitoris, etc.) lorsqu'ils deviennent rigides.

éreintant, ante adj.
Exténuant. *Des travaux éreintants.*
Note.- Ne pas confondre avec le participe présent invariable *éreintant*. *Des escalades éreintant les plus âgés.*

éreintement n. m.
• Épuisement.
• (Fig.) Critique malveillante.

éreinter v. tr.
• Épuiser. *Ils sont éreintés.*
• (Fig.) Critiquer de façon malveillante.

-ergie suff.
Élément du grec signifiant « travail, force ». *Synergie.*

ergo- préf.
Élément du grec signifiant « travail, force ». *Ergothérapie.*

ergonomie n. f.
Science de l'organisation du travail.

ergonomique adj.
Relatif à l'ergonomie. *Une étude ergonomique.*

ergonomiste n. m. et f.
Spécialiste de l'ergonomie.

ergot n. m.
- Ongle pointu de certains animaux.
- *Monter sur ses ergots.* Se mettre en colère.
- (Fig.) Saillie. *L'entraîneur à ergots des imprimantes.*

ergoter v. intr.
Discuter, trouver à redire.
Note.- Attention à l'orthographe : ergo*t*er.

ergothérapie n. f.
Traitement fondé sur le travail.

ériger v. tr., pronom.
- Le *g* est suivi d'un *e* devant les lettres *a* et *o*. *Il érigea, nous érigeons.*
- **Transitif.** (Litt.) Construire (un monument, une statue, une église).
Note.- On *construit* un barrage, un pont, un complexe immobilier, on ne les *érige* pas.
- **Pronominal.** (Litt.) S'attribuer un droit qu'on n'a pas. *Ils se sont érigés en maîtres absolus.*

ermitage n. m.
- (Vx) Habitation d'un ermite.
- (Litt.) Lieu solitaire.

ermite n. m.
Moine, personne qui vit dans un lieu désert.
Note.- Attention à l'orthographe : ermi*t*e.

éroder v. tr.
Ronger, user peu à peu. *Du granit érodé par la mer.*

érosion n. f.
- (Fig.) Dégradation progressive.
- Usure.
- *Érosion monétaire.* Baisse graduelle du pouvoir d'achat.

érotique adj. et n. f.
- **Adjectif.** Relatif à la sexualité, au désir. *Un film érotique.*
- **Nom féminin.** Conception de l'amour humain. *L'érotique médiévale.*

érotisme n. m.
Caractère érotique de quelqu'un, quelque chose.

erpétologie
V. herpétologie.

erpétologiste
V. herpétologiste.

errance n. f.
(Litt.) Action d'aller çà et là.

errant, ante adj.
Nomade. *Des peuples errants.*

errata n. m. pl.
Mot latin signifiant « liste des erreurs d'un ouvrage et des corrections apportées ». *Des* errata.
Notes.-
1° Le singulier est peu usité : *erratum.*
2° En typographie soignée, les mots étrangers sont composés en italique. Dans des textes déjà en italique, la notation se fait en romain. Pour les textes manuscrits, on utilisera les guillemets.

erratique adj.
Irrégulier, dans la langue médicale. *Un pouls erratique.*

erratum n. m. sing.
- Le *u* se prononce *o* [ɛratɔm].
- Mot latin signifiant « erreur d'un ouvrage qui est signalée au lecteur ». Un *erratum,* des *errata.*
Notes.-
1° On donne généralement des **errata,** le singulier étant rare.
2° En typographie soignée, les mots étrangers sont composés en italique. Dans des textes déjà en italique, la notation se fait en romain. Pour les textes manuscrits, on utilisera les guillemets.

errements n. m. pl.
- (Vx) Manière d'agir.
- Erreurs, mauvaises habitudes.

errer v. intr.
- Aller à l'aventure, sans destination précise.
- (Litt.) Se tromper.

erreur n. f.
- Inexactitude.
- *Faire erreur.* Se tromper. *Je crois que vous faites erreur.*
Note.- Dans cette expression, le nom reste au singulier.

erroné, ée adj.
Inexact. *Ce résultat est erroné.*
Note.- Attention à l'orthographe : e*rr*oné.

ersatz n. m. inv.
- Les lettres *tz* se prononcent [ɛrzats].
- Succédané. *La saccharine est un ersatz du sucre.*

éructation n. f.
(Litt.) Émission bruyante par la bouche des gaz de l'estomac.

éructer v. tr., intr.
- **Transitif.** (Litt.) Lancer. *Éructer des menaces.*
- **Intransitif.** (Litt.) Rejeter bruyamment par la bouche des gaz de l'estomac.

érudit, ite adj. et n. m. et f.
Qui connaît à fond un domaine. *Cette historienne est une érudite.*
Note.- Dans le domaine scientifique, on parle surtout d'un *savant* ; dans le domaine des lettres, d'un *lettré.*

érudition n. f.
Connaissance approfondie d'un domaine.

éruption n. f.
Sortie brutale. *Un volcan en éruption. Une éruption de boutons.*
Note.- Ne pas confondre avec le mot **irruption** qui désigne une entrée soudaine.

érythème n. m.
Affection cutanée.
Note.- Attention à l'orthographe : é*ryth*ème.

ès prép.
En. *Un baccalauréat ès arts, une maîtrise ès sciences.*
Note.- Cette préposition qui n'est plus usitée que

dans les titres universitaires est la forme contractée de la préposition **en** et de l'article défini pluriel **les**. Le mot sera donc suivi d'un nom au pluriel. On écrira **une licence ès lettres** mais **une licence en droit**.

esbroufe n. f.
(Fam.) Tape-à-l'œil.
Note.- Attention à l'orthographe : esbrou**f**e.

escabeau n. m.
Petit escalier portatif. *Des escabeaux.*
Note.- Attention à l'orthographe : escab**eau**.

escadre n. f.
Unité des forces navales ou aériennes.

escadrille n. f.
Groupe d'avions militaires formant une unité de vol.

escadron n. m.
• Unité groupant plusieurs escadrilles.
• Troupe. *L'escadron de la mort.*

escalade n. f.
• Alpinisme. *Faire de l'escalade.*
• (Fig.) Montée rapide. *L'escalade des prix.*

escalader v. tr.
Faire l'ascension de.

escalator n. m. (n. déposé)
Escalier mécanique.

escale n. f.
Action de s'arrêter pour prendre du ravitaillement, pour embarquer ou débarquer des passagers, du fret, pour un avion, un navire. *Nous faisons escale à Paris et à Rome.*
Note.- Attention au genre féminin de ce nom : **une** escale.

escalier n. m.
• Suite de marches pour monter ou descendre. *Il doit monter l'escalier très lentement. Un escalier mécanique.*
• **Escalier en colimaçon.** Escalier en spirale.
Note.- Le nom **escalier** qui est un collectif s'utilise généralement au singulier lorsqu'il s'agit d'une seule suite de marches.

escalope n. f.
Tranche mince de viande blanche ou de poisson. *Des escalopes de veau.*
Note.- Attention à l'orthographe : escalo**p**e.

escamotable adj.
Qui peut être caché. *Une table à deux panneaux escamotables.*

escamoter v. tr.
Faire disparaître.
Note.- Attention à l'orthographe : escamo**t**er.

escampette n. f.
Prendre la poudre d'escampette. (Fam.) S'enfuir.

escapade n. f.
Sortie furtive. *Faire des escapades.*

escarcelle n. f.
(Plaisant.) Portefeuille.

escargot n. m.
Mollusque gastropode terrestre. *Des escargots de Bourgogne.*

escarmouche n. f.
Combat de courte durée entre de petits groupes.

escarpé, ée adj.
Abrupt.

escarpin n. m.
Chaussure découverte et légère. *Des escarpins de daim.*

escarpolette n. f.
Balançoire.
Note.- Ne pas confondre avec le mot **espagnolette** qui désigne une sorte de poignée de fenêtre.

escient n. m.
À bon escient, à mauvais escient. À raison, à tort. Ce nom n'est usité que dans les expressions citées.
Note.- Attention à l'orthographe : e**sc**ient.

esclaffer (s') v. pronom.
Pouffer de rire.

esclandre n. m.
Scandale, éclat.
Note.- Attention au genre masculin de ce nom qui a déjà été féminin : **un** esclandre.

esclavage n. m.
• État d'esclave.
• Dépendance étroite de quelqu'un à l'égard de quelqu'un, de quelque chose.

esclave adj. et n. m. et f.
• **Adjectif**
- Qui est soumis à l'esclavage.
- Qui est sous la dépendance étroite de quelque chose. *Il est esclave de son travail.*
• **Nom masculin et féminin**
- Personne de condition non libre qui est sous la dépendance d'un maître. *D'anciens esclaves venus d'Afrique.*
- Personne qui est sous l'entière dépendance de quelqu'un, de quelque chose. *Un esclave du jeu.*

escogriffe n. m.
(Fam.) Homme de grande taille mal bâti. *Un grand escogriffe.*

escompte n. m.
• Réduction de prix accordée en raison de l'acquittement d'une dette avant son échéance.
Notes.-
1° Attention au genre masculin de ce nom : **un** escompte.
2° Ne pas confondre avec les mots suivants :
- **rabais**, diminution de prix exceptionnelle attribuable à un niveau de qualité inférieur ou à un défaut de conformité ;
- **réduction**, terme général qui désigne une diminution accordée sur un prix ;
- **remise** (quantitative), diminution de prix accordée à un client important en fonction des quantités achetées en un lot.

● *Escompte de caisse.* Réduction de prix accordée au client qui paie comptant ou avant une date déterminée.

escompter v. tr.
● Le *p* ne se prononce pas [ɛskɔ̃te].
● Payer (un effet de commerce) avant l'échéance, moyennant escompte.
● Compter fermement sur. *Escompter un profit, un succès.*

escorte n. f.
● Détachement armé.
● Cortège, suite.
Note.- Attention au genre toujours féminin de ce nom : *une* escorte.

escorter v. tr.
Accompagner pour protéger, guider ou faire honneur. *Des militaires escortent les souverains.*

escouade n. f.
Petite troupe.

escrime n. f.
Art de manier l'épée, le fleuret, le sabre. *Un moniteur d'escrime.*

escrimer (s') v. pronom.
S'appliquer. *Elles se sont escrimées à tout repeindre.*
Note.- Le sens premier du verbe intransitif « s'exercer à l'escrime » est aujourd'hui vieilli.

escrimeur, euse n. m. et f.
Personne qui fait de l'escrime.

escroc n. m.
Fraudeur. *C'est une voleuse, un escroc.*
Note.- Ce nom ne comporte pas de forme féminine.

escroquer v. tr.
Voler, extorquer.

escroquerie n. f.
Fraude.

escudo n. m.
Unité monétaire du Portugal. *Des escudos.*
V. Tableau - **SYMBOLES DES UNITÉS MONÉTAIRES.**

ésotérique adj.
Hermétique. *Un texte ésotérique.*

ésotérisme n. m.
Caractère ésotérique de quelque chose.

espace n. m. et f.
● **Nom masculin**
- Lieu. *Les espaces verts.*
- Cosmos.
Note.- Attention au genre masculin de ce nom (sauf en typographie).
● **Nom féminin**
(Typogr.) Blanc. *Une espace fine.*

● **Signes de ponctuation**
- Virgule, point-virgule : aucune espace avant, une espace après.
- Deux-points : une espace avant, une espace après.
- Point, point d'interrogation, point d'exclamation : deux espaces après.

- Points de suspension : une espace après.
● **Signes typographiques**
- Guillemets, parenthèses, crochets : une espace avant l'ouverture, une espace après fermeture, aucun espace à l'intérieur des signes.
Note.- Si un signe de ponctuation suit le signe typographique, il se place après celui-ci sans espacement.
- Tiret : une espace avant, une espace après.
- Trait d'union, barre oblique : aucune espace.
● **Fraction décimale**
Il n'y a pas d'espace à gauche ou à droite de la virgule décimale. *15,8 de moyenne.*
● **Symbole**
Il y a une espace entre le dernier chiffre d'un nombre et la première lettre d'un symbole. *15 kg de pommes.*
● **Degré**
L'abréviation de *degré* qui est un petit zéro placé en exposant se place après le nombre sans espace, sauf si l'échelle de mesure est précisée. *25°, 25 °C.*

espacement n. m.
● Distance entre deux éléments.
● Manière dont les mots sont espacés.
V. **espace.**

espacer v. tr.
● Le *c* prend une cédille devant les lettres *a* et *o*. *Il espaça, nous espaçons.*
● Séparer. *Espacer des mots.*
● Échelonner. *Espacer des visites, des paiements.*

espace-temps n. m.
Milieu à quatre dimensions. *Des espaces-temps.*

espadon n. m.
Poisson dont le museau est en forme d'épée.

espadrille n. f.
Chaussure de toile. *Elle est en espadrilles.*

espagnol, ole adj. et n. m. et f.
D'Espagne.
Note.- Lorsqu'il s'agit de la langue, l'adjectif ou le nom s'écrit avec une minuscule. Si le nom désigne une personne, la majuscule s'impose.

espagnolette n. f.
Ferrure à poignée tournante d'une fenêtre.
Note.- Ne pas confondre avec le mot *escarpolette* qui désigne une balançoire.

espalier n. m.
Mur le long duquel on plante des rangées d'arbres fruitiers parfois soutenus par des treillis. *Culture en espaliers.*

espèce n. f.
● Sorte. *Une espèce rare.*
● *Une espèce de.* Le nom étant féminin, on dira *une espèce de,* même si le complément qui suit est masculin. *Cet homme est une espèce d'illuminé* (et non *un espèce). L'expression est péjorative.
● *Un cas d'espèce.* Un cas particulier.
● **Espèces + nom de chose concrète :** le nom se met au pluriel. *Diverses espèces de fleurs.*
● **Espèces + nom de chose abstraite :** le nom se met au singulier. *Des espèces de tristesse.*

● *De toute espèce.* De tous les genres.
● (Au plur.) Argent liquide.
● *En espèces.* En argent liquide, par opposition au paiement par chèque ou carte de crédit. *Payer en espèces.*

espérance n. f.
Confiance, espoir.
Note.- Attention à l'orthographe : espér**an**ce.

espéranto adj. inv. et n. m.
Langue internationale artificielle. *Des mots espéranto, en espéranto.*

espérer v. tr.
● Le *é* se change en *è* devant une syllabe muette, sauf à l'indicatif futur et au conditionnel présent. *J'espère, mais j'espérerai.*
● Souhaiter qu'une chose se réalise. *Il espère une augmentation.*
Note. - Si l'objet espéré est passé ou présent, on emploiera plutôt *aimer à croire, aimer à penser.*
● **Espérer + infinitif.** *J'espère vous retrouver bientôt.*
● **Espérer + que.** Le verbe se construit avec l'indicatif ou le conditionnel. *Tu espères qu'il viendra. Tu espérais qu'il viendrait.*
● **Ne pas espérer + que.** Le verbe se construit avec le subjonctif. *Tu n'espères pas qu'il vienne.*

esperluette n. f.
Nom du symbole **&**, aussi nommé *et commercial* qui s'utilise dans les raisons sociales. *Lessard & Bertrand, grossistes.*

espiègle adj. et n. m. et f.
Malicieux.

espièglerie n. f.
Gaminerie.

espion, onne n. m. et f.
Agent secret. *Ces espions travaillent pour les deux puissances.*
Note.- Le nom peut être apposé à un autre nom, avec ou sans trait d'union ; il est alors invariable. *Des navires(-)espion, un avion(-)espion.*

espionnage n. m.
Surveillance clandestine.
Note.- Attention à l'orthographe : espio**nn**age.

espionner v. tr.
Épier pour son compte ou celui d'un autre dans le but de nuire.
Note.- Attention à l'orthographe : espio**nn**er.

esplanade n. f.
Espace uni et découvert situé en avant d'un édifice, d'une fortification.
Note.- Attention au genre féminin de ce nom : *une* esplanade.

espoir n. m.
● Sentiment d'une personne qui espère, qui attend avec confiance. *Un fol espoir.*
● Personne qui a un brillant avenir.

esprit n. m.
● Être immatériel.
● *Esprit saint, le Saint-Esprit.*

Note. - Lorsque le nom désigne la troisième personne de la Trinité chrétienne, il s'écrit avec une majuscule.
● Principe de la pensée.
● Vivacité de l'intelligence. *Il a l'esprit vif.*
Note.- Ne pas confondre avec les mots suivants :
- *finesse,* possibilité de saisir les nuances ;
- *génie,* faculté créatrice ;
- *ingéniosité,* habileté à inventer des solutions ;
- *talent,* aptitude naturelle.
● Humour. *Une réplique pleine d'esprit.*
● Caractère essentiel. *L'esprit d'une loi.*

-esque suff.
Élément signifiant « à la façon de ». *Éléphantesque, cauchemardesque.*

esquif n. m.
(Litt.) Petite barque.

esquimau, aude adj. et n. m. et f.
Nom utilisé par la communauté scientifique internationale pour désigner les Esquimaux du Canada, des États-Unis, du Groënland et de l'Union soviétique. *Des Esquimaux.*
Notes.-
1° Au Canada, les mots *Inuk* (singulier) et *Inuit* (pluriel) remplacent le mot *Esquimau* jugé péjoratif par les Amérindiens du Nord canadien.
2° Le nom s'écrit avec une majuscule et l'adjectif s'accorde. *Des femmes esquimaudes.*
V. **inuit.**

esquinter v. tr.
(Fam.) Abîmer.

esquisse n. f.
Représentation simplifiée d'une œuvre destinée à servir d'essai.
Note.- Ne pas confondre avec les mots suivants :
- *canevas,* plan, schéma d'un texte ;
- *croquis,* dessin à main levée, plan sommaire ;
- *ébauche,* première forme donnée à une œuvre ;
- *maquette,* représentation schématique d'une mise en pages ;
- *projet,* plan d'une œuvre d'architecture.

esquisser v. tr.
Dessiner à grands traits.
Note.- Ne pas confondre avec le verbe *esquiver* qui signifie « échapper à ».

esquiver v. tr., pronom.
● **Transitif.** Échapper à. *Esquiver un problème.*
● **Pronominal.** Se retirer sans être vu. *Ils se sont esquivés.*
Note.- Ne pas confondre avec le verbe *esquisser* qui signifie « dessiner ».

essai n. m.
● Tentative. *Il réussit enfin après plusieurs essais.*
● Action d'expérimenter. *Faire l'essai d'un nouveau procédé.*
Note.- Comme complément déterminatif, le nom s'écrit généralement au singulier. *Des bancs d'essai, des pilotes d'essai, des coups d'essai, des ballons d'essai.* Cependant, il s'écrit au pluriel dans *centre d'essais.*
● Ouvrage de réflexion en prose. *Un essai philosophique.*

essaim n. m.
- Le *m* est muet [esɛ̃].
- Groupe d'abeilles, de guêpes. *Des essaims d'abeilles.*
- (Litt.) Multitude.
Note.- Attention à l'orthographe : essai*m*.

essaimage n. m.
Multiplication des colonies d'abeilles.
Note.- Attention à l'orthographe : e**ss**ai**m**age.

essayage n. m.
Action d'essayer un vêtement. *Des salons d'essayage.*

essayer v. tr., pronom.
- Le *y* peut être changé en *i* devant un *e* muet. Cette dernière forme est la plus usitée. *J'essaie* ou *j'essaye, j'essaierai* ou *j'essayerai.*
- Le *y* est suivi d'un *i* à la première et à la deuxième personne du pluriel de l'indicatif imparfait et du subjonctif présent. *(Que) nous essayions, (que) vous essayiez.*
- **Transitif**
- Vérifier, expérimenter. *Essayer une voiture.*
- **Essayer** + **infinitif**. Tenter de. *Essayer de chanter.*
Note.- Lorsqu'il est suivi de l'infinitif, le verbe se construit avec la préposition *de*. La construction avec la préposition *à* est vieillie.
- **Pronominal**
Faire une tentative en vue de, s'exercer à. *S'essayer à la planche à voile.*
Note.- Dans sa forme pronominale, le verbe se construit avec la préposition *à*.

essayiste n. m. et f.
Personne qui écrit des essais.

essence n. f.
- Principe, nature. *L'essence de l'être.*
- Espèce d'arbre.
- Extrait concentré de certaines substances aromatiques ou alimentaires. *Essence de lavande, de vanille.*
- Produit de la distillation du pétrole utilisé comme carburant. *De l'essence sans plomb.*

essentiel, ielle adj.
Indispensable. *Une condition essentielle.*
Notes.-
1° Cet adjectif n'admet ni comparatif, ni superlatif.
2° Attention à l'orthographe : essen*t*iel.

essentiellement adv.
- Par essence.
- Par-dessus tout.

esseulé, ée adj.
(Litt.) Solitaire.

essieu n. m.
Pièce de métal qui relie des roues. *Des essieux.*

essor n. m.
- Envol d'un oiseau.
- (Fig.) Élan, croissance.
Note.- Attention à l'orthographe : esso*r*.

essorage n. m.
Action d'essorer.
Note.- Attention à l'orthographe : e**ss**o**r**age.

essorer v. tr.
Tordre quelque chose pour en extraire l'eau. *Essorer du linge.*

essouchement n. m.
Action d'essoucher.

essoucher v. tr.
Arracher les souches d'arbres.

essoufflement n. m.
État de quelqu'un qui est essoufflé.

essouffler v. tr., pronom.
- **Transitif**
Mettre hors d'haleine.
- **Pronominal**
- Perdre haleine.
- (Fig.) Ne plus pouvoir suivre un rythme de croissance.
Note.- Attention à l'orthographe : e**ss**ou**ffl**er.

essuie- préf.
Les mots composés avec le préfixe **essuie-** s'écrivent avec un trait d'union et sont invariables à l'exception du nom **essuie-glace**.

essuie-glace n. m.
Dispositif destiné à essuyer automatiquement le pare-brise d'un véhicule. *Des essuie-glaces.*

essuie-mains n. m. inv.
Linge qui sert à essuyer les mains. *Des essuie-mains.*

essuie-pieds n. m. inv.
Paillasson. *Des essuie-pieds.*

essuie-tout n. m. inv.
Torchon. *Des essuie-tout.*

essuyage n. m.
Action d'essuyer.

essuyer v. tr.
- Le *y* se change en *i* devant un *e* muet. *J'essuie, j'essuierai.*
- Le *y* est suivi d'un *i* à la première et à la deuxième personne du pluriel de l'indicatif imparfait et du subjonctif présent. *(Que) nous essuyions, (que) vous essuyiez.*
- Supprimer l'eau, la poussière. *Il essuie la vaisselle.*
- Subir quelque chose de fâcheux. *Essuyer un orage.*

est adj. inv. et n. m. inv.
- Abréviation **E.** (s'écrit avec un point).
- **Adjectif invariable**. Qui est à l'est. *La côte est.*
- **Nom masculin invariable**. Un des quatre points cardinaux, orienté du côté du soleil levant. *Le soleil se lève à l'est.*
Notes.-
1° Le point cardinal s'écrit avec une majuscule lorsqu'il désigne nommément un lieu géographique. *L'Allemagne de l'Est.*
2° Le point cardinal s'écrit avec une minuscule quand il est employé comme nom ou comme adjectif pour indiquer une orientation. *Une façade orientée à l'est.*
V. Tableau - **POINTS CARDINAUX.**

estacade n. f.
Barrage, jetée.

Note.- Ne pas confondre avec le mot *estocade* qui désigne un coup d'épée en tauromachie.

estafette n. f.
(Vx) Militaire chargé de transmettre un message. Aujourd'hui on dit plutôt un *agent de liaison*.
Note.- Attention au genre féminin de ce nom qui désigne généralement un homme.

estaminet n. m.
(Vx) Petit café.

estampe n. f.
• Le *s* se prononce [ɛstăp].
• Gravure. *Le cabinet des estampes.*

estamper v. tr.
• Le *s* se prononce [ɛstăpe].
• Imprimer en relief. *Estamper une médaille.*
Note.- Ne pas confondre avec le verbe *estampiller* qui signifie « marquer d'une estampille ».

estampille n. f.
Marque garantissant l'authenticité d'un produit, d'un document.

estampiller v. tr.
Marquer d'une estampille.
Note.- Ne pas confondre avec le verbe *estamper* qui signifie « imprimer en relief ».

esthète adj. et n. m. et f.
Personne qui pratique le culte exclusif de la beauté.
Notes.-
1° Ce mot est souvent péjoratif.
2° Attention à l'orthographe : es*th*ète.

esthéticien n. m.
esthéticienne n. f.
• Personne qui s'occupe d'esthétique.
• Spécialiste des soins de beauté.
Note.- Attention à l'orthographe : es*th*éti*c*ien.

esthétique adj. et n. f.
• **Adjectif**
- Qui se rapporte au beau, qui a un caractère de beauté. *Le sens esthétique.*
- *Chirurgie esthétique.* Chirurgie plastique.
• **Nom féminin**
- Philosophie du beau en général et en art.
- *Esthétique industrielle.* Discipline qui étudie les produits en fonction de critères de beauté et d'adaptation à l'usage.

esthétiquement adv.
• Du point de vue esthétique.
• De façon esthétique.

estimable adj.
Qui mérite d'être estimé.
Ant. **méprisable.**

estimatif, ive adj.
Qui a pour objet une estimation. *Un devis estimatif.*

estimation n. f.
Appréciation. *Une estimation approximative du nombre de personnes présentes.*

estime n. f.
• Opinion favorable qu'on a de la valeur de quelqu'un. *Avoir quelqu'un en piètre estime.*
Note.- Ne pas confondre avec les mots suivants :
- *gloire*, grande renommée ;
- *honneur*, considération accordée à un grand mérite ;
- *réputation*, opinion bonne ou mauvaise sur une personne.
• *Succès d'estime.* Succès restreint à un public de connaisseurs.

estimer v. tr., pronom.
• **Transitif**
- Déterminer la valeur, la quantité, le prix. *Ce tableau est estimé à 75 000 F.*
- Aimer, apprécier. *Il est très estimé de ses collègues.*
- **Estimer + attribut.** *Elle estime utile de réunir le groupe.*
- **Estimer + infinitif.** Croire. *Ils estiment avoir fourni tous les efforts nécessaires.*
- **Estimer + que.** Le verbe se construit à l'indicatif ou au conditionnel. *Il estime que la recherche est suffisante.*
• **Pronominal**
Se considérer comme. *Ils s'estiment heureux de partir en vacances.*

estival, ale, aux adj.
Qui se rapporte à l'été. *Des vacances estivales, des souvenirs estivaux.*

estivant, ante n. m. et f.
Personne en vacances d'été.
Note.- Le nom ne s'applique qu'aux vacances d'été ; pour les autres saisons, on emploiera *vacancier*.

estoc n. m.
• Le *c* se prononce [ɛstɔk].
• Pointe de l'épée.

estocade n. f.
Coup d'épée, en tauromachie.
Note.- Ne pas confondre avec le mot *estacade* qui désigne un barrage.

estomac n. m.
• Le *c* ne se prononce pas [ɛstɔma].
• Partie du tube digestif entre l'œsophage et l'intestin grêle et qui est formée d'une poche destinée à recevoir les aliments. *Des estomacs.*
• *Ouvrir l'estomac.* Donner faim. *La marche au grand air ouvre l'estomac.*
• *Avoir l'estomac dans les talons.* Avoir grand faim.

estomaquer v. tr.
(Fam.) Surprendre, scandaliser.

estomper v. tr., pronom.
• **Transitif.** Rendre flou, adoucir. *Estomper les ombres d'un dessin.*
• **Pronominal.** S'effacer, devenir moins clair. *Ces inscriptions millénaires se sont estompées.*

estrade n. f.
Plate-forme. *Parler du haut d'une estrade.*
Note.- Attention au genre féminin de ce nom : *une* estrade.

estragon n. m.
Plante aromatique.

estrogène
V. œstrogène.

estropier v. tr., pronom.
• Redoublement du *i* à la première et à la deuxième personne du pluriel de l'indicatif imparfait et du subjonctif présent. *(Que) nous estropiions, (que) vous estropiiez.*
• **Transitif**
- Priver de l'usage d'un membre.
- (Fig.) Déformer. *Estropier un texte.*
• **Pronominal**
Se blesser gravement. *Elle a glissé dans l'escalier et s'est estropiée.*

estuaire n. m.
Embouchure d'un fleuve en forme de golfe.
Note.- Attention au genre masculin de ce nom : *un* estuaire.

estudiantin, ine adj.
• Le *s* se prononce [ɛstydjɑ̃tɛ̃].
• (Plaisant.) Relatif aux étudiants. *Les blagues estudiantines.*

esturgeon n. m.
Poisson de mer dont les œufs sont très appréciés. *On consomme les œufs d'esturgeon sous le nom de caviar.*
Note.- Attention à l'orthographe : estur**geon.**

et conj.

Conjonction de coordination qui lie :
• Des parties de même nature. *Des chênes et des frênes. Lire et écrire.*
• Des unités aux dizaines. *Vingt et une personnes.*
• Des propositions affirmatives. *Le vent se lève et la pluie se met à tomber.*
• Une proposition affirmative et une proposition négative. *Il aime la bonne cuisine et ne fume pas.*

et/ou
Symbole de jonction ou de disjonction → **ou.**

éta n. m. inv.
Lettre de l'alphabet grec.

étable n. f.
Bâtiment destiné à loger du bétail.
Note.- Ne pas confondre avec le mot *écurie* qui désigne un bâtiment destiné à loger des chevaux.

établi, ie adj. et n. m.
• **Adjectif**
- Solide, stable. *Un usage établi.*
- En place. *Le pouvoir établi.*
• **Nom masculin**
Table massive sur laquelle on travaille le bois, le métal.

établir v. tr., pronom.
• Installer dans un lieu. *Cette entreprise est établie en Suisse.*

• Préparer minutieusement, dresser. *Établir une liste, une nomenclature.*

établissement n. m.
• Instauration. *L'établissement d'un régime démocratique.*
• Maison d'enseignement. *Un établissement privé.*
• Ensemble d'installations servant à l'exploitation d'une entreprise. *Un établissement commercial.*

étage n. m.
Chacun des niveaux d'un immeuble à l'exclusion du rez-de-chaussée et des sous-sols. *Le rayon des jouets est au deuxième étage.*

étager v. tr., pronom.
• Le *g* est suivi d'un *e* devant les lettres *a* et *o*. *Il étagea, nous étageons.*
• **Transitif.** Superposer, échelonner.
• **Pronominal.** Être disposé en rangs superposés.

étagère n. f.
Ensemble de tablettes disposées par étages.

et al.
Abréviation de *et alli.*

étai n. m.
Pièce de bois servant à soutenir une construction. *Des étais.*
Note.- Attention à l'orthographe : éta**i.**

étaiement
V. **étayement.**

étain n. m.
• Symbole *Sn* (s'écrit sans point).
• Métal mou de la couleur de l'argent.
Hom. *éteint,* du verbe *éteindre.*

étal n. m.
• Table épaisse de boucher. *Des étals bien propres.*
• Boucherie.

étalage n. m.
• Exposition de marchandises destinées à la vente. *De splendides étalages.*
• *Faire étalage de.* (Péj.) Montrer avec ostentation. *Les parvenus font étalage de leurs biens.*
Note.- Attention à l'orthographe : éta**l**age.

étalagiste n. m. et f.
Personne chargée de concevoir et d'aménager des étalages commerciaux.

étale adj.
• Dont le niveau est stationnaire. *La mer est étale.*
• Calme.
Note.- Attention à l'orthographe : étal**e,** au masculin comme au féminin.

étalement n. m.
Échelonnement. *L'étalement des paiements.*

étaler v. tr., pronom.
• **Transitif**
- Exposer des marchandises pour la vente.
- Étendre, déployer. *Il étale son journal, ses revues sur la table.*
- Répartir dans le temps. *Étaler des paiements.*

- Faire étalage de, montrer avec ostentation.
- **Pronominal**
- S'étendre. *Une peinture qui s'étale bien.*
- S'échelonner. *L'hypothèque s'étale sur vingt ans.*
- (Fam.) Tomber. *Elle s'est étalée de tout son long.*
Note.- Attention à l'orthographe : éta*l*er.

et alli
- Abréviation *et al.* (s'écrit avec un point).
- Locution latine signifiant « et les autres ».
V. Tableau - **RÉFÉRENCES BIBLIOGRAPHIQUES**.

étalon n. m.
- Cheval destiné à la reproduction.
- Représentation matérielle d'une unité de mesure. *Un mètre étalon.*
- *Étalon-or.* Poids d'or correspondant à la valeur légale d'une unité monétaire.

étalonner v. tr.
Mesurer par comparaison avec un étalon.
Notes.-
1° Attention à l'orthographe : étalo*nn*er.
2° Ne pas confondre avec les verbes suivants :
- *calibrer*, mesurer le diamètre intérieur d'un cylindre ;
- *jauger*, mesurer la capacité d'un récipient, d'un navire.

étamine n. f.
- Partie de la fleur qui produit le pollen.
- Étoffe très légère.
Note.- Attention au genre féminin de ce nom : *une* étamine.

étampe n. f.
Outil servant à emboutir.

étamper v. tr.
Emboutir.

étanche adj.
Qui ne laisse pas passer les fluides.

étanchéité n. f.
Caractère de ce qui est étanche. *L'étanchéité d'une paroi.*

étanchement n. m.
(Litt.) Apaisement.

étancher v. tr.
- Arrêter l'écoulement d'un liquide.
- *Étancher sa soif.* Apaiser sa soif.
Note.- Ne pas confondre avec le verbe *épancher* qui signifie « verser doucement », « se confier ».

étang n. m.
Petite étendue d'eau stagnante, peu profonde.
Notes.-
1° Attention à l'orthographe : étan*g*.
2° Ne pas confondre avec les mots suivants :
- *bassin*, pièce d'eau artificielle, réservoir ;
- *lac*, grande étendue d'eau à l'intérieur des terres ;
- *marais*, eau stagnante ;
- *nappe*, vaste étendue d'eau plane, souvent souterraine.

étant donné loc.
- Compte tenu. *Étant donné ses résultats, il est admis.*
Note.- Placée en tête de phrase, la locution prépositive est invariable. Par contre, le participe passé s'accordera lorsque la locution suit le nom. *Ces renseignements étant donnés.*
- *Étant donné que.* Locution conjonctive invariable. Cette locution est suivie de l'indicatif. *Étant donné que le nombre d'inscriptions est inférieur à 10, le cours n'aura pas lieu.*

étape n. f.
- *Brûler les étapes.* Aller trop vite.
- Endroit où l'on s'arrête au cours d'un voyage.
- Phase d'une évolution. *Les étapes de l'indépendance d'un pays.*

état n. m.
- Disposition. *Ne pas être dans son état normal. Cet appareil est en bon état.*
- *État de choses.* Ensemble des circonstances considérées.
- *État d'âme.* Disposition d'esprit.
- *En tout état de cause.* Quoi qu'il en soit.
- *État civil.* Ensemble d'éléments dont une personne peut se réclamer (nom, prénom, filiation, etc.). *Les registres de l'état civil.*
- Écrit qui constate une situation à un moment déterminé.
- *État de compte.* Document indiquant le solde d'un compte.
- *États de service.* Expérience d'une personne.
- *États financiers.* Ensemble de documents comptables qui traduisent la situation financière d'une entreprise.
- Entité politique, nation. *Chef d'État, affaire d'État, coup d'État.*
Note.- En ce sens, le nom s'écrit avec une majuscule.
- Pouvoirs publics. *L'État prélève des impôts.*

étatique adj.
Relatif à l'État.

étatisation n. f.
Action d'étatiser.

étatiser v. tr.
Nationaliser.

état-major n. m.
- Ensemble des officiers qui commandent une armée sous les ordres d'un officier supérieur. *Des états-majors.*
- (Fig.) Structure administrative qui groupe les personnes remplissant des fonctions de conseillers ou de spécialistes auprès de la direction.

États-Unis
Sigle *É.-U.*

étau n. m.
Appareil qui sert à assujettir la pièce que l'on veut travailler. *Des étaux.*

étayage n. m.
Action d'étayer.

étayement ou **étaiement** n. m.
Action d'étayer.

étayer v. tr.
• Le **y** peut se changer en **i** devant un **e** muet. Cette dernière forme est la plus usitée. *J'étaie* ou *j'étaye, j'étaierai* ou *j'étayerai.*
• Le **y** est suivi d'un **i** à la première et à la deuxième personne du pluriel de l'indicatif imparfait et du subjonctif présent. *(Que) nous étayions, (que) vous étayiez.*
• Soutenir à l'aide d'étais. *Étayer un plancher.*
• (Fig.) Appuyer. *Étayer une démonstration par des données statistiques.*

etc.
Abréviation de **et cætera**.
Note.- L'abréviation doit être précédée d'une virgule et ne peut être suivie de points de suspension. L'abréviation doit suivre au moins deux exemples cités. *Des fruits, des feuilles, etc.*

et cætera ou **et cetera** loc. adv.
• Attention à la prononciation des premières lettres : **etsé** [etsetera].
• Abréviation **etc.** (s'écrit avec un point).
• Expression latine signifiant « et le reste ».
Notes.-
1° Cette expression s'emploie surtout sous sa forme abrégée, **etc.**
2° En typographie soignée, les mots étrangers sont composés en italique. Dans des textes déjà en italique, la notation se fait en romain. Pour les textes manuscrits, on utilisera les guillemets.

&
Symbole du **et commercial** qui s'utilise dans les raisons sociales. *Lessard & Bertrand, grossistes.*
Syn. **esperluette**.

été n. m.
Saison qui suit le printemps et précède l'automne. *Prendre des vacances en été.*

éteignoir n. m.
• Ustensile qui sert à éteindre les bougies.
• (Fig.) Rabat-joie.

éteindre v. tr., pronom.
• *J'éteins, tu éteins, il éteint, nous éteignons, vous éteignez, ils éteignent. J'éteignais, tu éteignais, il éteignait, nous éteignions, vous éteigniez, ils éteignaient. J'éteignis. J'éteindrai. J'éteindrais. Éteins, éteignons, éteignez. Que j'éteigne, que tu éteignes, qu'il éteigne, que nous éteignions, que vous éteigniez, qu'ils éteignent. Que j'éteignisse. Éteignant. Éteint, einte.*
• Les lettres **gn** sont suivies d'un **i** à la première et à la deuxième personne du pluriel de l'indicatif imparfait et du subjonctif présent. *(Que) nous éteignions, (que) vous éteigniez.*
• **Transitif**
- Mettre fin à un feu. *Ils ont réussi à éteindre l'incendie.*
- Supprimer la lumière. *Éteindre une pièce.*
- **Éteindre l'électricité.**

Note.- L'usage l'a emporté sur la logique dans les expressions familières **éteindre la lumière, l'électricité**.
- Faire cesser le fonctionnement d'un appareil. *Éteindre la radio.*
• **Pronominal**
Cesser de brûler. *La bougie s'est éteinte.*

étendard n. m.
Enseigne de guerre.

étendre v. tr., pronom.
• *J'étends, tu étends, il étend, nous étendons, vous étendez, ils étendent. J'étendais. J'étendis. J'étendrai. J'étendrais. Étends, étendons, étendez. Que j'étende. Que j'étendisse. Étendant. Étendu, ue.*
• **Transitif**
- Allonger. *Je n'ai qu'à étendre le bras.*
- Rendre plus grand. *Étendre le sens d'un mot. Étendre une propriété.*
• **Pronominal**
- S'allonger, en parlant d'une personne.
- Occuper un certain espace. *Ses terres s'étendent jusqu'à la forêt.*
- Se développer. *L'incendie s'est étendu à cause du vent.*

étendue n. f.
• Espace, surface. *Une vaste étendue.*
• Ampleur. *L'étendue des dommages.*

éternel, elle adj. et n. m.
Qui n'a ni commencement ni fin.
Notes.-
1° Cet adjectif n'admet ni comparatif ni superlatif.
2° Le substantif, qui désigne Dieu, prend une majuscule.

éternellement adv.
• De tout temps.
• Sans cesse.

éterniser v. tr., pronom.
• **Transitif**. Prolonger indéfiniment.
• **Pronominal**. Durer trop longtemps. *La réunion s'éternise.*

éternité n. f.
• Durée éternelle, sans commencement ni fin.
• Période très longue. *Il y a une éternité que tu lui as parlé.*
• **De toute éternité.** Depuis toujours.

éternuement n. m.
Expiration bruyante et brutale causée par une irritation de la muqueuse nasale. *Dans les bandes dessinées, l'éternuement est noté atchoum !*
Note.- Attention à l'orthographe : éternu**e**ment.

éternuer v. intr.
Faire un éternuement.

éther n. m.
• Le **r** se prononce [eter].
• Liquide très volatil et inflammable employé comme solvant, antiseptique et anesthésique.
• (Litt.) Air, ciel.
Note.- Attention au genre masculin de ce nom : **un** ét**h**er.

éthéré, ée adj.
- Qui appartient à l'éther.
- (Litt.) Très pur, très élevé.

éthiopien, ienne adj. et n. m. et f.
D'Éthiopie.
Note.- Contrairement à l'adjectif, le nom prend une majuscule.

éthique adj. et n. f.
- **Adjectif.** Qui se rapporte à la morale.
Hom. *étique*, qui est d'une extrême maigreur.
- **Nom féminin.** Science de la morale.

ethnie n. f.
Collectivité ayant une identité linguistique et culturelle.
Note.- Ce terme est préféré à celui de *race* qui comporte la notion de caractères physiques héréditaires.

ethnique adj.
Relatif à une ethnie. *Une minorité ethnique.*
Note.- Cet adjectif tend à supplanter *racial*.

ethno- préf.
Élément du grec signifiant « peuple ».

ethnographe n. m. et f.
Spécialiste de l'ethnographie.
Note.- Attention à l'orthographe : et*h*nographe.

ethnographie n. f.
Science des ethnies et de leurs caractéristiques.

ethnolinguistique adj. et n. f.
Qui se rapporte à l'ethnologie du langage.

ethnologie n. f.
Science des rapports linguistiques, sociaux, économiques des ethnies.

ethnologue n. m. et f.
Spécialiste de l'ethnologie.

éthylène n. m.
Hydrocarbure gazeux.
Note.- Attention au genre masculin de ce nom : *un* ét*hyl*ène.

éthylique adj.
Alcoolique.
Note.- Attention à l'orthographe : ét*hyli*que.

éthylisme n. m.
Alcoolisme.
Note.- Attention à l'orthographe : ét*hyli*sme.

étincelant, ante adj.
Brillant.
Note.- Attention à l'orthographe : étince*l*ant, malgré *étincelle*.

étinceler v. intr.
- Redoublement du *l* devant un *e* muet. *Il étincelle, il étincellera,* mais *il étincelait.*
- Scintiller. *Les cuivres étincelaient.*

étincelle n. f.
Éclat vif et passager.
Note.- Attention à l'orthographe : étince*lle*.

étincellement n. m.
Éclat, scintillement.

étiolement n. m.
Dépérissement.
Note.- Attention à l'orthographe : étio*l*ement.

étioler (s') v. pronom.
Devenir chétif, perdre de la vigueur. *Il a besoin de soleil : il s'étiolerait ici.*
Note.- Attention à l'orthographe : étio*l*er.

étique adj.
D'une extrême maigreur.
Hom. *éthique,* qui se rapporte à la morale.

étiquetage n. m.
Action d'étiqueter. *L'étiquetage des produits.*
Note.- Attention à l'orthographe : étique*t*age, malgré *étiquette*.

étiqueter v. tr.
- Redoublement du *t* devant un *e* muet. *J'étiquette, j'étiquetterai,* mais *j'étiquetais.*
- Marquer d'une étiquette.

étiquette n. f.
- Petite fiche comportant le prix, le contenu, la nature, la taille, le poids d'un article.
- Protocole. *Respecter l'étiquette.*
Note.- Attention à l'orthographe : étique*tt*e, malgré *étiqueter.*

étirement n. m.
Action d'étirer, de s'étirer ; son résultat. *L'étirement d'un muscle.*

étirer v. tr., pronom.
- **Transitif.** Étendre par traction.
- **Pronominal.** S'allonger en étendant les membres.

étoffe n. f.
Tissu.

étoffé, ée adj.
- Bien fourni d'étoffe.
- Ample, fort.

étoffer v. tr.
Enrichir. *Étoffer une nomenclature.*

étoile n. f.
- Astre.
Note.- Les noms d'étoiles, de planètes, de constellations s'écrivent avec une majuscule.
V. **astre.**
- *Étoile de mer.* Animal marin en forme d'étoile. *De jolies étoiles de mer.*
- Danseur, danseuse de classe internationale. *C'est une étoile de la danse.*

étoilé, ée adj.
Parsemé d'étoiles.

étoiler v. tr.
Parsemer d'étoiles.

étole n. f.
Large bande de fourrure qui se porte sur les épaules.

étonnamment adv.
De façon étonnante.
Note.- Attention à l'orthographe : éto**nn**a**mm**ent.

étonnant, ante adj.
• Déconcertant. *Un geste étonnant.*
• Remarquable. *C'est une femme étonnante.*

étonnement n. m.
Surprise. *À notre grand étonnement, il est arrivé à temps.*

étonner v. tr., pronom.
• **Transitif.** Causer de la surprise. *Elle nous a étonnés.*
• **Pronominal.** Se surprendre. *Il s'étonne qu'elle soit venue si vite à son chevet.*
Note.- Le verbe ***s'étonner*** + ***que*** se construit avec le subjonctif. La construction avec la locution ***de ce que*** est également possible, quoique plus lourde.

étouffant, ante adj.
Suffocant. *Une chaleur étouffante.*
Note.- Ne pas confondre avec le participe présent invariable ***étouffant***. *Elle restait là sans bouger, étouffant ses sanglots.*

étouffée (à l') loc. adv.
À la vapeur. *Cuire à l'étouffée.*

étouffement n. m.
Asphyxie.

étouffer v. tr., intr., pronom.
• **Transitif.** Amortir. *La moquette étouffe les sons.*
• **Intransitif.** Manquer d'air. *On étouffe ici.*
• **Pronominal.** Perdre la respiration. *Elle s'est étouffée.*

étourderie n. f.
Distraction.

étourdi, ie adj. et n. m. et f.
Insouciant.

étourdiment adv.
Inconsidérément.
Note.- Attention à l'orthographe : étour**di**ment.

étourdir v. tr., pronom.
• Hébéter.
• Griser.

étourdissant, ante adj.
Qui étourdit. *Des danses étourdissantes.*
Note.- Ne pas confondre avec le participe présent invariable ***étourdissant***. *La danse l'étourdissant, elle perdit pied.*

étourdissement n. m.
Vertige. *Il a eu un étourdissement.*

étourneau n. m.
Passereau au plumage sombre tacheté de blanc. *Des étourneaux.*

étrange adj.
Singulier, bizarre.

étrangement adv.
De façon étrange.

étranger, ère adj. et n. m. et f.
• D'une autre nation, d'un autre groupe. *Des langues étrangères. Ce sont des étrangers. Envoyer un colis à l'étranger.*
• ***Corps étranger.*** *Il avait un corps étranger dans l'œil.*

étranglement n. m.
Resserrement. *Un goulot d'étranglement.*

étrangler v. tr.
• Étouffer, faire perdre la respiration par strangulation.
• (Fig.) Museler, empêcher de s'exprimer. *Étrangler la presse.*

étrangleur, euse n. m. et f.
Personne qui étrangle.

être n. m.
• Ce qui est, créature.
• Personne. *Un être cher.*

être v. intr.
V. Tableau - **ÊTRE.**
V. Tableau - **ÊTRE (CONJUGAISON DU VERBE).**

étreindre v. tr.
• J'étreins, tu étreins, il étreint, nous étreignons, vous étreignez, ils étreignent. J'étreignais, tu étreignais, il étreignait, nous étreignions, vous étreigniez, ils étreignaient. J'étreindrai. J'étreindrais. Étreins, étreignons, étreignez. Que j'étreigne, que tu étreignes, qu'il étreigne, que nous étreignions, que vous étreigniez, qu'ils étreignent. Que j'étreignisse. Étreignant. Étreint, einte.
• Le ***y*** est suivi d'un ***i*** à la première et à la deuxième personne du pluriel de l'indicatif imparfait et du subjonctif présent. *(Que) nous étreignions, (que) vous étreigniez.*
• Serrer dans ses bras. *Il étreignit ses enfants avec tendresse.*
• Oppresser. *L'angoisse qui l'étreint.*

étreinte n. f.
Action d'étreindre, de serrer dans ses bras.
Note.- Attention à l'orthographe : étr**ein**te.

étrenne n. f.
Présent. *Recevoir des étrennes.*
Notes.-
1° Attention à l'orthographe : étre**nn**e.
2° Ce mot s'utilise généralement au pluriel.

étrenner v. tr.
Utiliser pour la première fois.
Note.- Attention à l'orthographe : étre**nn**er.

étrier n. m.
• Anneau suspendu à la selle.
• ***Avoir le pied à l'étrier*** (et non *** dans l'étrier). Être prêt à partir.
Hom. ***étriller,*** brosser avec une étrille.

étrille n. f.
Instrument denté qui sert à nettoyer le poil des chevaux.

étriller v. tr.
• Les lettres ***ill*** sont suivies d'un ***i*** à la première et à la deuxième personne du pluriel de l'indicatif imparfait

ÊTRE

AUXÌLIAIRE

Le verbe *être* sert à conjuguer :

- les verbes passifs dans tous leurs temps et modes. *Elle est aimée.*
- les temps composés des verbes pronominaux. *Il s'est coiffé.*
- les temps composés de certains verbes intransitifs. *Le lac est dégelé.*

Être en train de + *infinitif.* Le verbe marque une action en voie d'accomplissement. *Il est en train de manger.*

Être sur le point de + *infinitif.* Le verbe marque un futur proche. *Je suis sur le point de partir.*

INTRANSITIF

Exister. *Je pense, donc je suis.* (Descartes)

VERBE RELIANT L'ATTRIBUT AU SUJET (COPULATIF)

Le verbe *être* établit la relation entre le sujet et l'attribut. *Les érables sont magnifiques.*

LOCUTIONS

- **Ce** + **être.** Le verbe s'emploie au pluriel s'il est suivi d'un nom au pluriel. *Ce sont des pommes vertes* (et non **c'est des pommes).*
- **Il est.** (Litt.) Il y a. *Il est des souvenirs remplis de tendresse.*
- **Fût-ce, ne fût-ce que.** Ne serait-ce que. *Si vous aviez pu venir, ne fût-ce que deux heures.* Attention à l'accent circonflexe sur le *u.*
- **Être à.** Appartenir. *Cette maison est à elle.*
- **Être de.** Faire partie de. *Être de la fête, d'une société donnée.*
- **Être sans.** N'avoir pas. *Il est sans le sou. Vous n'êtes pas sans savoir* (et non sans **ignorer).*
- **S'il en est, s'il en fut**, locution figée. Cette locution qui correspond à un superlatif s'écrit sans accent circonflexe sur le *u* (forme du passé). *Elsa, une enfant douée, s'il en fut.*

---

et du subjonctif présent. *(Que) nous étrillions, (que) vous étrilliez.*
- Brosser avec une étrille.
Hom. *étrier,* anneau suspendu à la selle.

étripage n. m.
Action d'étriper.
Note.- Attention à l'orthographe : étri**p**age.

étriper v. tr.
Enlever les entrailles de.
Note.- Attention à l'orthographe : étri**p**er.

étriqué, ée adj.
Qui manque d'ampleur. *Un vêtement étriqué.*

étriquer v. tr.
Rendre trop étroit.

étroit, oite adj.
- Qui a peu de largeur.
- *À l'étroit.* Dans un espace trop petit.

étroitement adv.
- À l'étroit.
- Intimement.

étroitesse n. f.
- Caractère de ce qui est étroit.
- Manque de largeur d'esprit. *Il a fait preuve d'étroitesse d'esprit.*

étude n. f.
- Application de l'esprit en vue d'apprendre, de comprendre.
Note.- Le nom *étude* dans l'expression *salle d'étude, journée d'étude* s'écrit au singulier, mais il s'écrit au pluriel dans *bourse d'études, congé pour études, bureau d'études.*
- Essai.
- Bureau du notaire.

étudiant, ante n. m. et f.
Élève d'un établissement universitaire. Traditionnellement, on réserve le terme *étudiant* à la personne qui fréquente une université.
Notes.-
1° Ne pas confondre avec les mots suivants :
- *écolier,* jeune élève qui fait des études primaires ;
- *élève,* jeune ou adulte qui poursuit des études, à temps plein ou à temps partiel.

CONJUGAISON DU VERBE

ÊTRE

INDICATIF

Présent	Passé composé	Imparfait	Plus-que-parfait
je suis	j' ai été	j' étais	j' avais été
tu es	tu as été	tu étais	tu avais été
il est	il a été	il était	il avait été
nous sommes	nous avons été	nous étions	nous avions été
vous êtes	vous avez été	vous étiez	vous aviez été
ils sont	ils ont été	ils étaient	ils avaient été

Passé simple	Passé antérieur	Futur simple	Futur antérieur
je fus	j' eus été	je serai	j' aurai été
tu fus	tu eus été	tu seras	tu auras été
il fut	il eut été	il sera	il aura été
nous fûmes	nous eûmes été	nous serons	nous aurons été
vous fûtes	vous eûtes été	vous serez	vous aurez été
ils furent	ils eurent été	ils seront	ils auront été

SUBJONCTIF

Présent	Passé	Imparfait	Plus-que-parfait
que je sois	que j' aie été	que je fusse	que j' eusse été
que tu sois	que tu aies été	que tu fusses	que tu eusses été
qu'il soit	qu'il ait été	qu'il fût	qu'il eût été
que nous soyons	que nous ayons été	que nous fussions	que nous eussions été
que vous soyez	que vous ayez été	que vous fussiez	que vous eussiez été
qu'ils soient	qu'ils aient été	qu'ils fussent	qu'ils eussent été

CONDITIONNEL

Présent	Passé 1re forme	Passé 2e forme
je serais	j' aurais été	j' eusse été
tu serais	tu aurais été	tu eusses été
il serait	il aurait été	il eût été
nous serions	nous aurions été	nous eussions été
vous seriez	vous auriez été	vous eussiez été
ils seraient	ils auraient été	ils eussent été

IMPÉRATIF

Présent	Passé
sois	aie été
soyons	ayons été
soyez	ayez été

PARTICIPE

Présent	Passé
étant	été
	ayant été

2º Le nom *élève* est le mot générique qui désigne toute personne qui fréquente un établissement d'enseignement.

étudier v. tr., pronom.
• Redoublement du *i* à la première et à la deuxième personne du pluriel de l'indicatif imparfait et du subjonctif présent. *(Que) nous étudiions, (que) vous étudiiez.*
• **Transitif**
- Apprendre, chercher à connaître, à approfondir quelque chose. *Il étudie le latin.*
- Considérer, analyser. *Étudier une proposition.*
• **Pronominal**
- S'observer mutuellement. *Des concurrents qui s'étudient attentivement.*
- S'observer soi-même.

étui n. m.
Réceptacle. *Un étui à lunettes.*
Note.- Attention au genre masculin de ce nom : *un* étui.

étuve n. f.
Lieu où règne une forte chaleur.

étuvée n. f.
À l'étuvée, locution adverbiale. Cuit à la vapeur.
Syn. **étouffée (à l').**

étuver v. tr.
• Chauffer dans une étuve.
• Cuire à la vapeur.

étymologie n. f.
• Science qui recherche l'origine d'un mot.
• Origine d'un mot.
Note.- Attention à l'orthographe : é*ty*mologie.

étymologique adj.
Relatif à l'étymologie. *Un dictionnaire étymologique.*

étymologiquement adv.
D'après l'étymologie.

étymon n. m.
(Ling.) Mot considéré comme la source d'un mot dans une ou plusieurs autres langues.
Note.- Attention à l'orthographe : é*ty*mon.

eu- préf.
Élément du grec signifiant « bien ».

É.-U.
Sigle de *États-Unis.*
V. **USA.**

eucalyptus n. m.
Arbre originaire d'Australie dont les feuilles sont très odorantes. *Des eucalyptus odorants.*
Note.- Attention à l'orthographe : eucal*y*ptus.

eucharistie n. f.
• Les lettres *ch* se prononcent *k* [økaristi].
• Communion, dans la religion catholique.

eucharistique adj.
Relatif à l'eucharistie.

euclidien, ienne adj.
Relatif à Euclide. *Géométrie euclidienne.*

eu égard à loc. prép.
(Dr.) En considération de. *Eu égard à son âge.*
Note.- Cette locution est invariable.

euh ! interj.
Interjection qui marque l'hésitation.

eunuque n. m.
Homme qui a subi une castration.

euphémique adj.
Qui relève de l'euphémisme.

euphémisme n. m.
Expression atténuée d'une notion qui pourrait blesser, choquer. *L'expression « il nous a quittés » est un euphémisme pour « il est mort ».*
V. Tableau - **FIGURÉS (EMPLOIS).**

euphonie n. f.
Ensemble de sons harmonieux. *Dans « viendra-t-il », le t est ajouté par euphonie.*
Note.- Ne pas confondre avec le mot *euphorie* qui désigne une sensation de bien-être.

euphonique adj.
Qui produit l'euphonie. *Un t euphonique.*

euphorie n. f.
Sentiment de bien-être intense, de plénitude.
Note.- Ne pas confondre avec le mot *euphonie* qui désigne un ensemble de sons harmonieux.

euphorique adj.
• Qui provoque l'euphorie.
• Qui tient de l'euphorie. *Un état euphorique.*

euphorisant, ante adj. et n. m.
• **Adjectif.** Qui provoque l'euphorie.
• **Nom masculin.** Médicament anti-dépressif. *Prendre des euphorisants.*

eurasien, ienne adj. et n. m. et f.
Personne née d'un Européen et d'une Asiatique ou d'un Asiatique et d'une Européenne.
Notes.-
1º Ne pas confondre avec les mots suivants :
- *métis*, se dit d'une personne dont le père et la mère sont de races différentes ;
- *mulâtre*, se dit d'une personne née d'un Noir et d'une Blanche ou d'un Blanc et d'une Noire.
2º Contrairement à l'adjectif, le nom prend une majuscule.

eurêka ! interj.
• Malgré l'accent circonflexe, le *ê* se prononce *é* [øreka].
• Mot grec signifiant « j'ai trouvé ».
• L'interjection marque le contentement de trouver subitement une solution, une idée.
Note.- Attention à l'orthographe : eur*ê*ka.

euristique
V. **heuristique.**

euro- préf.
• Préfixe signifiant « d'Europe ».
• Les mots composés du préfixe *euro-* s'écrivent sans trait d'union. *Eurofranc.*

eurodevise n. f.
Monnaie européenne placée dans un autre pays. *Des eurodevises.*

eurodollar n. m.
Dollar déposé dans une banque européenne. *Des eurodollars.*

euromissile n. m.
Missile nucléaire américain basé en Europe. *Des euro-missiles.*

European Currency Unit
Symbole *ÉCU* (s'écrit sans points).

européanisation n. f.
Action d'européaniser ; fait d'être européanisé.
Note.- Attention à l'orthographe : européa*n*isation.

européaniser v. tr.
• Façonner à l'image de l'Europe.
• Placer dans une perspective européenne.
Note.- Attention à l'orthographe : européa*n*iser.

européen, éenne adj. et n. m. et f.
Relatif à l'Europe.
Note.- Contrairement à l'adjectif, le nom prend une majuscule.

euthanasie n. f.
Action d'abréger les souffrances d'une personne incurable en provoquant sa mort.
Note.- Attention à l'orthographe : eu*th*anasie.

eux pron. pers. m. pl.
• Pronom personnel de la troisième personne correspondant à *ils*, pluriel de *lui* qui peut être sujet ou complément. *Eux seuls connaissaient la réponse. Elle mange avec eux. Ils viendront eux-mêmes.*
• *Eux autres*. (Pop.) Eux.
V. *lui.*

évacuation n. f.
Action d'évacuer. *L'évacuation d'un avion.*

évacuer v. tr.
• Faire sortir quelqu'un d'un lieu.
• Expulser de l'organisme.
• Rejeter à l'extérieur quelque chose. *Évacuer l'eau d'un réservoir.*

évader (s') v. pronom.
• S'enfuir d'un lieu où l'on était retenu.
Note.- Ne pas confondre avec les verbes suivants :
- *éluder*, éviter en passant à côté ;
- *fuir*, s'éloigner rapidement pour échapper à un danger ;
- *partir*, quitter un lieu.
• Se distraire. *Il s'évade par la lecture.*

évaluation n. f.
Détermination de la valeur, de la quantité.

évanescence n. f.
(Litt.) Caractère de ce qui est évanescent. *L'évanescence d'un souvenir.*
Note.- Attention à l'orthographe : évane*sc*ence.

évanescent, ente adj.
(Litt.) Fugitif, qui s'efface peu à peu. *Un souvenir évanescent.*

évangélique adj.
Relatif à l'Évangile.

évangélisation n. f.
Action d'évangéliser.

évangéliser v. tr.
Prêcher l'Évangile.

évangile n. m.
• Enseignement de Jésus-Christ.
Note.- Le nom s'écrit avec une majuscule lorsqu'il désigne le livre comportant la doctrine de Jésus-Christ, ou la doctrine elle-même. *L'Évangile selon saint Marc.*
• *Parole d'évangile*. Chose indiscutable.
• (Fig.) Texte essentiel d'une doctrine.
Note.- En ce sens, le nom s'écrit avec une minuscule.

évanouissement n. m.
Perte de conscience.

évaporateur n. m.
Appareil servant à l'évaporation de quelque chose.

évaporation n. f.
Transformation d'un liquide en vapeur par la chaleur.
Note.- Ne pas confondre avec le mot *ébullition* qui désigne l'état d'un corps qui se transforme en vapeur.

évaporé, ée adj. et n. m. et f.
(Fig.) Écervelé. *C'est un jeune évaporé.*

évaporer v. tr., pronom.
• Transitif
Produire l'évaporation d'un liquide.
• Pronominal
- Se transformer en vapeur.
- (Litt.) Disparaître. *Ses scrupules se sont évaporés.*

évasement n. m.
État de ce qui est évasé.

évaser v. tr., pronom.
• Transitif. Élargir une chose à son ouverture.
• Pronominal. Être plus large à une extrémité.

évasif, ive adj.
Vague. *Une réponse évasive.*

évasion n. f.
Action de s'échapper d'une prison. *Une évasion spectaculaire.*
Note.- Ne pas confondre avec le mot *invasion* qui désigne une entrée soudaine et massive.

évasivement adv.
De façon évasive.

évêché n. m.
Territoire soumis à la juridiction d'un évêque.

éveil n. m.
• Fait de sortir du sommeil.
• Fait de s'éveiller, de s'intéresser à quelque chose.
• *Tenir en éveil*. Tenir attentif.

éveillé, ée adj.
• Qui ne dort pas. *Elle est restée éveillée toute la nuit.*
• Alerte. *Un esprit éveillé.*

éveiller v. tr., pronom.
• Les lettres *ill* sont suivies d'un *i* à la première et à la deuxième personne du pluriel de l'indicatif imparfait et du subjonctif présent. *(Que) nous éveillions, (que) vous éveilliez.*
• **Transitif**
- (Litt.) Tirer du sommeil. Dans la langue courante, on utilisera surtout le verbe **réveiller**.
- Susciter. *Éveiller les soupçons, éveiller l'intérêt des enfants pour les mathématiques.*
• **Pronominal**
Sortir du sommeil. *Elle s'éveille à 6 h 30 tous les matins.*

évènement ou **événement** n. m.
• Fait marquant.
• Fait, circonstance.
Note.- L'orthographe **évènement** qui respecte la pronon-ciation a été admise par l'Académie en 1975.

ÉVÈNEMENTS HISTORIQUES
Les noms d'évènements historiques sont des noms propres. Le nom caractéristique s'écrit avec une ma-juscule ainsi que l'adjectif qui le précède. *Mai 68, l'Inquisition, la Libération, la Révolution de 1789, la révolution d'Octobre.*

évènementiel ou **événementiel, ielle** adj.
Qui se limite à décrire les évènements.

évent n. m.
(Techn.) Orifice d'échappement.

éventail n. m.
Accessoire avec lequel on agite l'air pour se rafraîchir. *Des éventails peints à la main.*

éventaire n. m.
Étalage sommaire de marchandises.
Note.- Ne pas confondre avec le mot **inventaire** qui désigne un dénombrement de produits.

éventer v. tr., pronom.
• **Transitif**
- Donner du vent à quelqu'un.
- Révéler. *Éventer un complot.*
- *Éventer la mèche.* Révéler un secret.
• **Pronominal**
- Perdre son parfum à l'air. *Ce parfum s'est éventé.*
- Se rafraîchir en agitant l'air.

éventrer v. tr.
• Ouvrir le ventre de.
• (Fig.) Faire une déchirure à. *Éventrer un matelas.*

éventualité n. f.
Évènement futur possible mais incertain.

éventuel, elle adj.
Hypothétique. *Une éventuelle candidature.*

éventuellement adv.
Le cas échéant.

évêque n. m.
Prélat de l'Église catholique.
Notes.-
1° Attention à l'orthographe : év**ê**que.

2° Comme les titres administratifs, les titres religieux s'écrivent généralement avec une minuscule. *L'abbé, l'archevêque, le cardinal, le chanoine, le curé, l'évêque, le pape,* etc. Cependant, ces titres s'écrivent avec une majuscule dans deux cas : lorsque le titre remplace un nom de personne ou qu'il figure dans les formules d'appel, de salutation. *L'Évêque sera présent à la réunion ce soir.*

évertuer (s') v. pronom.
(Litt.) Tenter, souvent en vain. *Elle s'évertuait à chanter, mais personne ne l'entendait.*

éviction n. f.
Expulsion par force ou par manœuvre.

évidemment adv.
• La troisième syllabe se prononce *da* [evidamã].
• Certainement, sans aucun doute.

évidence n. f.
• Chose évidente.
• Caractère de ce qui est évident.
• *De toute évidence, à l'évidence,* locutions adverbiales. Sûrement.
• *Mettre en évidence.* Souligner.

évident, ente adj.
Indiscutable, qui est d'une certitude absolue. *Une preuve évidente.*
Note.- Ne pas confondre avec les mots suivants :
- *assuré,* dont la réalité est sûre ;
- *avéré,* reconnu comme vrai ;
- *clair,* compréhensible ;
- *indéniable,* qu'on ne peut nier ;
- *irréfutable,* qu'on ne peut réfuter ;
- *notoire,* qui est bien connu.

évider v. tr.
Creuser à l'intérieur d'un objet.

évier n. m.
Cuvette alimentée en eau généralement située dans la cuisine. *Elle lave les tasses dans l'évier.*
Note.- Dans la salle de bains, on parle du **lavabo**.

évincer v. tr.
• Le *c* prend une cédille devant les lettres *a* et *o*. *Il évinça, nous évinçons.*
• Exclure quelqu'un par intrigue.

éviscérer v. tr.
• Le *é* se change en *è* devant une syllabe muette, sauf à l'indicatif futur et au conditionnel présent. *J'éviscère, mais j'éviscérerai.*
• Enlever les viscères de.
Note.- Attention à l'orthographe : évi**sc**érer.

évitement n. m.
Voie d'évitement. Voie de garage.

éviter v. tr.
• Esquiver, échapper à. *Éviter un obstacle.*
• *Éviter + que.* Le verbe se construit avec le subjonctif et le *ne* explétif. *Il faudrait éviter qu'il ne soit présent.*

évocateur, trice adj.
Qui a le pouvoir d'évoquer quelqu'un, quelque chose. *Une musique évocatrice.*

évocation n. f.
• Action d'évoquer ; ce qui est évoqué.
• Action de rappeler à la mémoire.
Note.- Ne pas confondre avec le mot **invocation** qui désigne une prière.

évolué, ée adj.
Qui a atteint un certain degré d'évolution. *Une mentalité peu évoluée.*

évoluer v. intr.
• Exécuter une suite de mouvements. *Évoluer sur une scène.*
• Progresser. *Le traitement de cette maladie a beaucoup évolué.*

évolutif, ive adj.
Susceptible d'évolution. *Une maladie évolutive.*

évolution n. f.
Transformation graduelle. *Ce domaine est en pleine évolution.*

évoquer v. tr.
• Rappeler. *Elle évoque souvent son souvenir.*
• Faire allusion à.
Note.- Ne pas confondre avec le verbe **invoquer** qui signifie « appeler à son secours », « faire appel à ».

ex- préf.
Antérieurement. *Son ex-mari. Un ex-ministre.*
Note.- Ce préfixe se joint au nom par un trait d'union.

ex.
Abréviation de **exemple**.

exa- préf.
• Symbole **E** (s'écrit sans point).
• Préfixe qui multiplie par 1 000 000 000 000 000 000 l'unité qu'il précède. *Des exasecondes.*
• Sa notation scientifique est 10^{18}.
V. Tableau - **MULTIPLES ET SOUS-MULTIPLES DÉCIMAUX.**

ex abrupto loc. adv.
• Le **u** se prononce **u** [ɛksabrypto].
• Locution latine signifiant « brusquement ».
Note.- En typographie soignée, les mots étrangers sont composés en italique. Dans des textes déjà en italique, la notation se fait en romain. Pour les textes manuscrits, on utilisera les guillemets.

exacerbation n. f.
Exaspération.

exacerber v. tr.
Rendre plus violent, pousser à son paroxysme. *Exacerber son chagrin.*

exact, acte adj.
• Les lettres **ct** se prononcent ou non pour la forme masculine.
• Conforme à la réalité, à la vérité. *La réponse est exacte.*
• Ponctuel. *Elle est exacte au rendez-vous.*

exactement adv.
Avec exactitude.

exaction n. f.
• Extorsion pratiquée par un représentant d'une autorité.
• (Au plur.) Actes de violence commis contre des populations.

exactitude n. f.
Précision rigoureuse.

ex æquo loc. adv. et n. inv.
• Les lettres **æ** se prononcent **é** et le **u** ne se prononce pas [ɛgzeko].
• Au même rang. *Elles se sont classées ex æquo. Il y a deux ex æquo.*
Notes.-
1° La locution et le nom sont invariables.
2° En typographie soignée, les mots étrangers sont composés en italique. Dans des textes déjà en italique, la notation se fait en romain. Pour les textes manuscrits, on utilisera les guillemets.

exagération n. f.
Excès.

exagérément adv.
Avec exagération.

exagérer v. tr., intr., pronom.
• Le **é** se change en **è** devant une syllabe muette, sauf à l'indicatif futur et au conditionnel présent. *J'exagère,* mais *j'exagérerai.*
• **Transitif.** Amplifier. *Exagérer les faits.*
• **Intransitif.** Abuser. *Il est encore en retard : vraiment il exagère.*
• **Pronominal.** Surestimer. *Il s'exagère la gravité de la situation.*

exaltant, ante adj.
Qui provoque de l'exaltation. *Des discours exaltants.*
Notes.-
1° Attention à l'orthographe : exal**tant**.
2° Ne pas confondre avec le participe présent invariable **exaltant.** *Les discours exaltant le courage et le patriotisme sont rares.*

exaltation n. f.
Ardeur, grande excitation de l'esprit.

exalter v. tr., pronom.
• (Litt.) Glorifier.
• Enthousiasmer, passionner.
Note.- Ne pas confondre avec le verbe **exulter** qui signifie « éprouver une joie extrême ».

examen n. m.
• Recherche minutieuse. *Un examen attentif de la situation.*
• Épreuve subie par un candidat. *Passer un examen, se présenter à un examen.*

examinateur, trice n. m. et f.
Personne qui fait passer un examen à des candidats.

examiner v. tr.
• Observer. *Examiner un objet.*
• Étudier. *Examiner une question.*

exaspération n. f.
Grand agacement.

exaspérer v. tr.
• Le *é* se change en *è* devant une syllabe muette, sauf
à l'indicatif futur et au conditionnel présent. *J'exaspère,*
mais *j'exaspérerai.*
• Irriter, agacer vivement.

exaucer v. tr.
• Le *c* prend une cédille devant les lettres *a* et *o*. *Il
exauça, nous exauçons.*
• Accorder à quelqu'un ce qu'il demande.
Hom. *exhausser,* accroître la hauteur.

ex cathedra loc. adv.
Locution latine signifiant « du haut de la chaire » employée au sens de « avec un ton doctoral ».
Note.- En typographie soignée, les mots étrangers
sont composés en italique. Dans des textes déjà en
italique, la notation se fait en romain. Pour les textes
manuscrits, on utilisera les guillemets.

excavateur n. m. ou **excavatrice** n. f.
Engin de terrassement.

excavation n. f.
• Action de creuser.
• Cavité.

excédant, ante adj.
Exaspérant. *Ces critiques sont excédantes.*
Note.- Ne pas confondre avec le participe présent
invariable *excédant. Les sommes excédant ce montant
seront annulées.*
Hom. *excédent,* surplus.

excédent n. m.
Surplus. *Avoir un excédent de bagages.*
Hom. *excédant,* exaspérant.

excédentaire adj.
Qui est en excédent. *Des réserves excédentaires.*
Note.- Attention à l'orthographe : excéd*entai*re.

excéder v. tr.
• Le *é* se change en *è* devant une syllabe muette, sauf
à l'indicatif futur et au conditionnel présent. *Il excède,*
mais *il excédera.*
• Surpasser en nombre, en quantité, en durée. *Ce
prix excède la somme convenue.*
• Exaspérer. *Je suis excédé par ses caprices.*

excellence n. f.
• Perfection, caractère excellent de quelqu'un, de
quelque chose. *L'excellence d'un candidat, d'un film.*
• *Par excellence,* locution adverbiale. Au plus haut
degré.
• Titre donné à un ministre, à un embassadeur, à un
évêque.
• *Son Excellence.* Abréviation *S.E.* (ministre, ambassadeur), *S. Exc.* (évêque, archevêque).
Note.- Les adjectifs, les pronoms ou les participes
s'accordent au féminin en l'absence d'un nom masculin
qui suivrait le titre honorifique. *Son Excellence est
décidée à partir demain. Son Excellence l'ambassadeur
est déterminé à rester.*

excellent, ente adj.
Admirable. *Un excellent tableau.*
Notes.-
1° Ne pas confondre avec le participe présent invariable
*excellant. On y rencontre des gens excellant aux
échecs.*
2° Il est préférable de ne pas employer de comparatif
ou de superlatif avec cet adjectif qui exprime un degré
extrême de perfection.

exceller v. intr.
Être supérieur à. *Ces athlètes excellent dans la course.
Il excelle à écrire des romans policiers. Elle excelle en
mathématiques.*

excentricité n. f.
• Caractère de ce qui est excentrique.
• Extravagance, acte extravagant.

excentrique adj. et n. m. et f.
• **Adjectif.** Éloigné du centre.
• **Adjectif et nom masculin et féminin.** Original. *Ce
sont des excentriques.*
Note.- Attention à l'orthographe : ex*cen*trique.

excentriquement adv.
De façon excentrique.

excepté adj. et prép. inv.
• **Adjectif.** Mis à part. *Cette clause exceptée, le contrat
a été signé.*
• **Préposition.** À l'exception de, hormis. *Ils seront
tous admis, excepté les deux plus jeunes.*
Note.- Placé avant l'adjectif, le nom ou le pronom,
excepté est invariable. Placé après, il est adjectif et
s'accorde en genre et en nombre.

excepté que loc. conj.
Si ce n'est que. *Elles ont beaucoup d'affinités, excepté
que l'une déteste la musique.*
Note.- La locution se construit avec l'indicatif ou le
conditionnel.

excepter v. tr.
Exclure d'un ensemble. *Sans excepter personne.*

exception n. f.
• Ce qui est en dehors de la règle, du commun. *Nous
ferons une exception pour lui.*
• *Faire exception.* Échapper à la règle.
• *Sans exception.* Sans restriction. *Ils viendront tous
sans exception.*
• *À l'exception de,* locution prépositive. Hormis, sauf.
• *L'exception confirme la règle.* Il n'y aurait pas d'ex-
ception s'il n'y avait pas de règle.
Note.- Attention à l'orthographe : excep*t*ion.

exceptionnel, elle adj.
• Qui fait exception. *Une permission exceptionnelle.*
• Remarquable.
Note.- Attention à l'orthographe : excep*t*io*nn*el.

exceptionnellement adv.
De façon exceptionnelle.

excès n. m.
• Dépassement de la mesure normale.
• Abus.
• *À l'excès.* Trop.

excessif, ive adj.
Qui sort des limites permises. *Des dépenses excessives.*
Notes.-
1° On évitera l'emploi d'un superlatif ou d'un comparatif.
2° Ne pas confondre avec les mots suivants :
- *démesuré*, qui dépasse la mesure ;
- *exorbitant*, qui sort des bornes, qui est inabordable ;
- *forcené*, qui dépasse toute mesure dans ses attitudes.

excessivement adv.
• Trop, avec excès. *Cette personne est excessivement maigre.*
• Extrêmement.

exciser v. tr.
Enlever en coupant. *Exciser un polype.*

excision n. f.
Action d'exciser. *L'excision d'un cor.*

excitabilité n. f.
Propriété de ce qui est excitable.

excitant, ante adj. et n. m.
• **Adjectif.** Séduisant, agréable.
• **Nom masculin.** Produit qui stimule. *La caféine est un excitant.*

excitation n. f.
• Action d'exciter ; ce qui excite.
• Agitation.

exciter v. tr., pronom.
• **Transitif**
- Rendre nerveux, agité.
- Stimuler, provoquer. *Son sort excite la compassion.*
• **Pronominal**
- S'énerver, ressentir une excitation sexuelle.
- S'enthousiasmer. *S'exciter sur un nouveau produit.*
Note.- Attention à l'orthographe : *exc*iter.

exclamatif, ive adj.
Qui marque l'exclamation. *Une expression exclamative : quelle belle journée !*

exclamation n. f.
• Cri subit marquant une émotion, un sentiment.
• (Ling.) Phrase exprimant une émotion vive.
• *Point d'exclamation (!).* Signe de ponctuation qui termine une phrase exclamative, une interjection.
V. Tableau - **PONCTUATION.**

exclamer (s') v. pronom.
Pousser des exclamations.

exclu, ue adj. et p. passé
• Qui est refusé. *Elle a été exclue du groupe.*
• Qui n'est pas compris. *La facture s'élève à 2 000 F, le transport exclu.*
Note.- Attention à l'orthographe : *exclu, exclue* qui contrairement à *inclus, incluse* s'écrit sans **s.**
Ant. **inclus.**

exclure v. tr.
• *J'exclus, tu exclus, il exclut, nous excluons, vous excluez, ils excluent. J'excluais, tu excluais, il excluait,*
nous excluions, vous excluiez, ils excluaient. J'exclus, tu exclus, il exclut, nous exclûmes, vous exclûtes, ils exclurent. J'exclurai. J'exclurais. Exclus, excluons, excluez. Que j'exclue, que tu exclues, qu'il exclue, que nous excluions, que vous excluiez, qu'ils excluent. Que j'exclusse, que tu exclusses, qu'il exclût, que nous exclussions, que vous exclussiez, qu'ils exclussent. Excluant. Exclu, ue.*
• Ne pas admettre. *J'exclus cette possibilité.*
• Expulser. *Nous l'avons exclu du groupe.*
• *Il n'est pas exclu que*, locution impersonnelle. Il n'est pas impossible que. La locution se construit avec le subjonctif. *Il n'est pas exclu qu'il soit nommé à la présidence.*
Note.- Attention à l'orthographe du participe passé *exclu, exclue* qui contrairement à *inclus, incluse* s'écrit sans **s.** *Cette possibilité a été exclue.*

exclusif, ive adj.
• Qui a un privilège, une possession sans partage.
• Qui a la responsabilité totale de la distribution. *Un distributeur exclusif.*
Note.- On évitera d'utiliser l'expression *«apanage exclusif»* qui est un pléonasme.

exclusion n. f.
• Action d'exclure d'un ensemble.
• *À l'exclusion de.* À l'exception de.
Ant. **inclusion.**

exclusivement adv.
• En ne comprenant pas quelque chose. *J'y serai du 8 au 15 septembre exclusivement* (la dernière journée étant le 14 septembre).
• À l'exclusion de toute autre chose. *Manger exclusivement des légumes.*
Ant. **inclusivement.**

exclusivité n. f.
• Propriété exclusive.
• Produit vendu, exploité par une seule entreprise.
• Nouvelle donnée en primeur.
Note.- Le mot *exclusivité* a fait l'objet d'une recommandation officielle pour remplacer l'anglicisme *scoop.*

excommunication n. f.
Exclusion de l'Église.

excommunier v. tr.
• Redoublement du *i* à la première et à la deuxième personne du pluriel de l'indicatif imparfait et du subjonctif présent. *(Que) nous excommuniions, (que) vous excommuniiez.*
• Exclure de l'Église.
Note.- L'action d'excommunier se dit *excommunication* (et non *excommunion*).

excrément n. m.
Matière évacuée du corps.
Note.- Ce mot s'utilise généralement au pluriel.

excrémentiel, elle adj.
Relatif aux excréments.

excréter v. tr.
• Le *é* se change en *è* devant une syllabe muette, sauf

à l'indicatif futur et au conditionnel présent. *Il excrète,*
mais *il excrétera.*
- Évacuer par excrétion.

excrétion n. f.
Expulsion des déchets de l'organisme.

excroissance n. f.
(Méd.) Tumeur superficielle bénigne de la peau.

excursion n. f.
Promenade.

excursionniste n. m. et f.
Personne qui fait une excursion.

excuse n. f.
Raison apportée pour se disculper. *Présenter des
excuses, faire des excuses.*

excuser v. tr., pronom.
- **Transitif**
- Servir d'excuse, justifier. *Son enthousiasme excuse
ses excès.*
- Pardonner. *L'instituteur a excusé son absence* ou *l'a
excusé de son absence.*
Note.- L'expression la plus polie est *veuillez m'excuser.*
De façon un peu moins soutenue, on dira *excusez-
moi.* La formule *je m'excuse* est jugée la moins polie.
- **Pronominal**
Présenter des excuses.

exécrable adj.
- (Litt.) Détestable.
- Affreux. *Il est d'une humeur exécrable.*

exécrablement adv.
(Litt.) De manière exécrable.

exécrer v. tr.
- Le *é* se change en *è* devant une syllabe muette, sauf
à l'indicatif futur et au conditionnel présent. *J'exècre,*
mais *j'exécrerai.*
- (Litt.) Détester, avoir en horreur.

exécutant, ante n. m. et f.
Personne qui exécute une tâche. *Ils sont à la fois des
créateurs et des exécutants.*
Note.- Ne pas confondre avec le mot **exécuteur** qui
désigne un bourreau.

exécuter v. tr., pronom.
- **Transitif**
- Mettre en application, accomplir. *Exécuter un projet.*
- Faire mourir, par décision de justice.
- **Pronominal**
Se résoudre à agir.

exécuteur, trice n. m. et f.
- Bourreau.
- *Exécuteur des hautes œuvres.* (Ancienn.) Bourreau.
- *Exécuteur testamentaire.* Personne chargée de l'ap-
plication d'un testament.
Note.- Ne pas confondre avec le mot **exécutant** qui
désigne la personne qui exécute une tâche.

exécutif, ive adj.
Relatif à la mise en œuvre des lois. *Le pouvoir exécutif.*

exécutif n. m.
Organe exerçant le pouvoir de faire appliquer les lois
dans un État.

exécution n. f.
- Action, manière d'exécuter. *L'exécution d'un travail.*
- Réalisation. *L'exécution d'une œuvre.*
- *Exécution (capitale).* Mise à mort d'un condamné.

exécutoire adj.
Qui doit être exécuté.

exégèse n. f.
Commentaire sur un texte et, spécialement, sur la
Bible.
Note.- Attention au genre féminin de ce nom : *une*
exégèse.

exégète n. m. et f.
Commentateur d'un texte difficile et, spécialement,
d'un texte biblique.

exemplaire adj. et n. m.
- **Adjectif.** Qui peut servir d'exemple. *Une conduite
exemplaire.*
- **Nom masculin.** Chacun des objets produits dans
une série. *Un livre publié à 100 000 exemplaires. Veuillez
signer les trois exemplaires du formulaire.*

exemplairement adv.
De façon exemplaire.

exemplarité n. f.
Caractère de ce qui est exemplaire.

exemple n. m.
- Abréviation **ex.** (s'écrit avec un point).
- Modèle qui peut être imité. *Un bon exemple.*
- Éléments qui servent à prouver, illustrer ce qui vient
d'être énoncé. *L'Italie a plusieurs volcans, exemple(s) :
le Vésuve, l'Etna, le Stromboli.*
- *Par exemple.* Planter des fleurs vivaces, par exemple
du muguet, des delphiniums.
- *Par exemple !* Ça alors ! Cette locution marque la
surprise, l'indignation.

exempt, empte adj.
- À la forme masculine, les lettres *pt* ne se prononcent
pas [ɛgzɑ̃].
- Dispensé, déchargé. *Un revenu exempt d'impôt.*
- Dépourvu de. *Ce texte est exempt de citations.*

exempter v. tr.
- Le *p* ne se prononce pas [ɛgzɑ̃te].
- Dispenser d'une charge.
Note.- Attention à l'orthographe : ex**empt**er.

exemption n. f.
- Contrairement à l'adjectif et au verbe, dans le nom
exemption le *p* se fait entendre [ɛgzɑ̃psjɔ̃].
- Action d'exempter ; fait d'être exempté.
- Dégrèvement.
- Dispense d'une obligation.
Note.- Attention à l'orthographe : ex**empt**ion.

exercer v. tr., pronom.
- Le *c* prend une cédille devant les lettres *a* et *o*. *Il
exerça, nous exerçons.*

• **Transitif**
- Préparer, développer. *Exercer ses muscles, sa mémoire.*
- Mettre en usage. *Exercer une autorité.*
- Pratiquer. *Exercer la médecine.*
• **Pronominal**
- S'entraîner. *Ils s'exercent à skier.*
- (Litt.) Se manifester. *La pression qui s'exerçait sur eux.*

exercice n. m.
Action d'exercer, de s'exercer. *Des exercices physiques. L'exercice du droit. Un exercice de mathématiques.*

exercice (financier, comptable) n. m.
Période (généralement de douze mois) au terme de laquelle l'entreprise ferme ses comptes et établit ses états financiers. *Cette société termine son exercice financier.*
Note.- Ne pas confondre avec l'**année civile** qui désigne une période de douze mois, commençant le 1er janvier et se terminant le 31 décembre.

exerciseur n. m.
Appareil de gymnastique.

exérèse n. f.
Excision.

exergue n. m.
Courte citation, devise placée en tête d'un ouvrage, d'un texte, etc. *Inscrire un vers de Rimbaud en exergue à un roman.*
Note.- Le texte de l'exergue se compose en romain ou en italique. Si le nom de l'auteur est donné, il s'inscrit entre parenthèses.
Syn. **épigraphe.**

exfoliation n. f.
• (Méd.) Desquamation de la peau.
• Opération chirurgicale esthétique qui consiste à faire desquamer la peau du visage pour la débarrasser des cellules mortes.
Note.- Ce terme a été proposé pour remplacer l'emprunt **peeling**.

exhaler v. tr., pronom.
• **Transitif**. Répandre. *Ces fleurs exhalent une odeur délicate.*
• **Pronominal**. Se répandre dans l'atmosphère.
Note.- Attention à l'orthographe : ex*h*aler.

exhausser v. tr.
Accroître la hauteur.
Hom. **exaucer,** accorder à quelqu'un ce qu'il demande.

exhaustif, ive adj.
Complet. *Une énumération exhaustive.*
Note.- Attention à l'orthographe : ex*h*austif.

exhaustivement adv.
De façon exhaustive.

exhiber v. tr., pronom.
• **Transitif**. Montrer avec ostentation.
• **Pronominal**. Se montrer en public, s'afficher.

exhibition n. f.
• Action d'exhiber.
• Représentation.
Note.- Attention à l'orthographe : *exh*ibition.

exhibitionnisme n. m.
Tendance pathologique à se montrer nu.
Note.- Attention au genre masculin de ce nom : **un** ex*h*ibition*n*isme.

exhibitionniste adj. et n. m. et f.
Qui souffre d'exhibitionnisme.

exhortation n. f.
• Paroles par lesquelles on exhorte.
• Incitation.
Note.- Attention à l'orthographe : ex*h*ortation.

exhorter v. tr.
Inciter, encourager par des paroles. *Il l'exhorte à la pitié. Elle l'exhorte à rester.*
Note.- Le complément indirect du verbe est introduit par la préposition **à**.

exhumation n. f.
Action d'extraire un corps de sa sépulture.
Note.- Attention à l'orthographe : ex*h*umation.
Ant. **inhumation.**

exhumer v. tr.
Extraire un corps de la terre, de sa sepulture.
Note.- Attention à l'orthographe : ex*h*umer.
Ant. **inhumer.**

exigeant, ante adj.
• Qui exige beaucoup. *Une profession exigeante.*
• Sévère. *Des professeurs exigeants.*
Notes.-
1° Attention à l'orthographe : exig*eant*.
2° Ne pas confondre avec le participe présent invariable *exigeant*. *Des professeurs exigeant des travaux bien écrits.*

exigence n. f.
• Ce qu'une personne exige. *Quelles sont vos exigences ?*
• Obligation. *Les exigences d'un métier.*
Note.- Attention à l'orthographe : exig*en*ce.

exiger v. tr.
• Le **g** est suivi d'un **e** devant les lettres **a** et **o**. *Il exigea, nous exigeons.*
• Nécessiter. *Cette opération exige beaucoup d'habileté.*
• Réclamer (ce qui est considéré comme un dû).
• **Exiger + que**. Le verbe se construit avec le subjonctif. *L'institutrice exige que les enfants soient ponctuels.*

exigibilité n. f.
• **Nom féminin**. Caractère de ce qui peut être exigé.
• **Nom féminin pluriel**. Ensemble des dettes à court terme d'une entreprise.

exigible adj.
Que l'on peut exiger.,

exigu, uë adj.
Très petit, trop petit. *Un passage exigu, une pièce exiguë.*

Note.- Attention à l'orthographe : exiguë, pour la forme féminine.

exiguïté n. f.
Insuffisance, petitesse.
Note.- Attention à l'orthographe : exiguïté.

exil n. m.
Situation d'une personne forcée de vivre hors d'un lieu.

exilé, ée adj. et n. m. et f.
Qui est condamné à l'exil.

exiler v. tr., pronom.
• **Transitif.** Frapper quelqu'un d'exil.
• **Pronominal.** Quitter son pays. *Ils ont dû s'exiler pour survivre.*

existence n. f.
• Fait d'exister.
• Vie. *Une existence mouvementée.*

existentialisme n. m.
Mouvement philosophique qui s'interroge sur l'existence individuelle.

existentialiste adj. et n. m. et f.
• **Adjectif.** Relatif à l'existentialisme. *La pensée existentialiste.*
• **Nom masculin et féminin.** Adepte de l'existentialisme.

existentiel, elle adj.
Relatif à l'existence.

exister v. intr.
• Être, avoir une réalité. *Cette étoile existe.*
• Avoir de l'importance. *Cette question n'existait pas pour eux.*

ex-libris n. m. inv.
Petite étiquette collée sur un livre pour en marquer le propriétaire. *Des ex-libris.*
Note.- En typographie soignée, les mots étrangers sont composés en italique. Dans des textes déjà en italique, la notation se fait en romain. Pour les textes manuscrits, on utilisera les guillemets.

exode n. m.
Émigration massive d'un peuple. *L'exode des cerveaux vers les États-Unis.*
Notes.-
1° Attention au genre masculin de ce nom : *un* exode.
2° Ne pas confondre avec le mot *exorde* qui désigne l'introduction d'un discours, d'un texte.

exonération n. f.
Dégrèvement.

exonérer v. tr.
• Le *é* se change en *è* devant une syllabe muette, sauf à l'indicatif futur et au conditionnel présent. *J'exonère*, mais *j'exonérerai*.
• Libérer d'une obligation, d'une charge. *Des marchandises exonérées de droits de douane.*
Note.- Lorsqu'il s'agit d'un blâme, il est plus juste d'utiliser les verbes *innocenter, disculper.*

exorbitant, ante adj.
Qui sort des bornes, qui est inabordable.
Notes.-
1° Attention à l'orthographe : e**x**orbitant.
2° Ne pas confondre avec les mots suivants :
- *démesuré*, qui dépasse la mesure ;
- *excessif*, qui sort des limites permises ;
- *forcené*, qui dépasse toute mesure dans ses attitudes.

exorciser v. tr.
Conjurer.

exorcisme n. m.
Cérémonie au cours de laquelle on exorcise.

exorciste n. m. et f.
Personne qui exorcise, qui conjure les démons.

exorde n. m.
Introduction d'un discours, d'un texte.
Notes.-
1° Ne pas confondre avec le mot *exode* qui désigne une émigration massive.
2° Attention au genre masculin de ce nom : *un* exorde.

exotique adj.
Qui vient des pays étrangers. *Une danse exotique.*

exotisme n. m.
Caractère de ce qui est exotique.

expansif, ive adj.
Démonstratif, communicatif.

expansion n. f.
Développement. *L'expansion économique.*
Note.- Attention à l'orthographe : exp**an**sion.

expatriation n. f.
Action de quitter sa patrie.

expatrier v. tr., pronom.
• Redoublement du *i* à la première et à la deuxième personne du pluriel de l'indicatif imparfait et du subjonctif présent. *(Que) nous nous expatriions, (que) vous vous expatriiez.*
• **Transitif.** Obliger quelqu'un à quitter sa patrie.
• **Pronominal.** Émigrer. *Ils se sont expatriés.*

expectative n. f.
(Litt.) Attente. *Elle est dans l'expectative d'une réponse.*

expectorant, ante adj. et n. m.
Qui facilite l'expectoration. *Des sirops expectorants.*

expectoration n. f.
Expulsion de sécrétions.

expectorer v. tr.
Rejeter des sécrétions par la bouche.

expédient n. m.
Moyen commode, échappatoire. *Recourir à des expédients pour survivre.*
Note.- Ne pas confondre avec le participe présent invariable *expédiant. Il n'y aura plus de retard de livraison, l'éditeur expédiant tous ses colis par avion.*

expédier v. tr.
• Redoublement du *i* à la première et à la deuxième

personne du pluriel de l'indicatif imparfait et du subjonctif présent. *(Que) nous expédiions, (que) vous expédiiez.*
• Envoyer. *Expédier un colis.*
• Faire une chose rapidement pour s'en débarrasser. *Il expédia ses devoirs et ses leçons pour aller jouer.*

expéditeur, trice adj. et n. m. et f.
Personne qui fait un envoi. *L'expéditeur d'un colis.*
Ant. **destinataire.**
V. Tableau - **ADRESSE.**

expéditif, ive adj.
Rapide. *Un moyen expéditif.*

expédition n. f.
• Envoi de marchandises.
• Opération militaire en dehors du territoire national. *Une expédition punitive.*
• Voyage d'exploration.

expérience n. f.
• Connaissance acquise par une longue pratique. *Un employé qui a beaucoup d'expérience.*
Note.- En ce sens, le nom s'écrit au singulier.
• Expérimentation. *Faire des expériences.*

expérimental, ale, aux adj.
Qui est fondé sur l'expérience scientifique. *Des projets expérimentaux.*

expérimentalement adv.
De façon expérimentale.

expérimentation n. f.
Utilisation systématique des expériences.

expérimenté, ée adj.
Formé par l'expérience.

expérimenter v. tr.
• Vérifier par des expériences. *Expérimenter un nouveau médicament.*
• Éprouver par expérience.

expert adj. et n. m.
experte adj. et n. f.
• **Adjectif**
Qui a une grande connaissance d'une chose par une longue pratique. *Un ébéniste expert.*
• **Nom masculin et féminin**
- Personne très compétente, très expérimentée. *Une experte en objets anciens.*
- Spécialiste qui fait une expertise.
- *À dire d'experts.* Selon les experts.

expert-comptable n. m.
Personne dont la profession est d'effectuer des vérifications comptables pour le compte d'autrui. *Des experts-comptables.*

expertise n. f.
• (Dr.) Examen fait par un expert sur l'ordre d'un tribunal.
• Estimation de la valeur, de la qualité d'un objet.

expertiser v. tr.
Soumettre à une expertise.

expiation n. f.
Châtiment.

expiatoire adj.
Qui sert à expier.

expier v. tr.
• Redoublement du *i* à la première et à la deuxième personne du pluriel de l'indicatif imparfait et du subjonctif présent. *(Que) nous expiions, (que) vous expiiez.*
• Réparer une faute par la peine qu'on subit.

expiration n. f.
• Action de chasser hors de la poitrine l'air qu'on a inspiré.
• Échéance. *L'expiration d'un délai.*
Ant. **inspiration.**

expirer v. tr., intr.
• **Transitif.** Expulser l'air contenu dans les poumons.
• **Intransitif.** Prendre fin. *Le délai a expiré à 15 heures. Le délai est expiré depuis hier.*
Note.- Le verbe se conjugue avec l'auxiliaire **avoir** pour exprimer l'action, avec l'auxiliaire **être** pour marquer l'état.

explétif, ive adj. et n. m.
(Gramm.) Se dit d'un mot qui n'est pas essentiel au sens d'une phrase. *Le **ne** explétif de la phrase « Je crains qu'il ne soit absent ».*

explicable adj.
Qui peut être expliqué. *Sa méprise est explicable.*
Note.- Attention à l'orthographe : expli**c**able.

explicatif, ive adj.
• (Gramm.) Se dit d'une proposition relative qui apporte une précision non indispensable sur l'antécédent. Exemple : *Son chien, qui était magnifique, se mit à japper.*
Note.- La proposition explicative, qui s'écrit généralement entre virgules, peut être supprimée sans nuire au sens de la phrase.
• Qui explique. *Une note explicative.*

explication n. f.
• Commentaire, justification. *Donner une explication.*
• Discussion. *Avoir une explication.*
Note.- Attention à l'orthographe : expli**c**ation.

explicite adj.
Qui est énoncé de façon claire. *Des commentaires explicites.*
Note.- Ne pas confondre avec le mot **implicite** qui désigne ce qui n'est pas énoncé clairement, mais qui peut être déduit.

explicitement adv.
D'une manière explicite, clairement.

expliciter v. tr.
Rendre plus clair, plus compréhensible.

expliquer v. tr., pronom.
• **Transitif**
- Commenter, faire comprendre. *Expliquer un théorème.*
- Justifier. *Expliquer un retard.*
• **Pronominal**
- Faire connaître sa pensée.
- Devenir clair. *Tout s'explique.*

exploit n. m.
Action d'éclat.

exploitant n. m.
exploitante n. f.
Personne qui exploite une entreprise. *Les exploitants agricoles.*
Note.- Ce mot s'emploie en bonne part, alors que le nom *exploiteur* est toujours péjoratif.

exploitation n. f.
• Action d'exploiter, de faire valoir quelque chose en vue d'un profit. *L'exploitation d'une usine.*
• Affaire exploitée. *Une exploitation agricole.*

exploiter v. tr.
• Faire valoir, tirer partie de. *Exploiter une entreprise, un commerce.*
• Abuser de quelqu'un. *Exploiter des ouvriers.*
• (Péj.) Tirer abusivement partie de quelqu'un. *Cette entreprise exploite son personnel.*

exploiteur, euse n. m. et f.
(Péj.) Personne qui abuse.
Note.- Ce nom est péjoratif, alors que le mot *exploitant* s'utilise en bonne part.

explorateur, trice adj. et n. m. et f.
• **Adjectif et nom masculin.** (Méd.) Se dit d'un instrument qui sert à connaître l'état d'un organe.
• **Nom masculin et féminin.** Personne qui explore un pays lointain.

exploration n. f.
• Expédition. *L'exploration d'une région désertique.*
• Approfondissement. *L'exploration d'un sujet.*

exploratoire adj.
Préparatoire. *Des réunions exploratoires.*

explorer v. tr.
• Aller à la découverte d'un pays peu connu.
• Examiner avec soin. *Explorer une question.*

exploser v. intr.
Faire explosion.

explosif, ive adj. et n. m.
• **Adjectif.** De nature à provoquer une explosion, des réactions vives. *Un contexte explosif. Des substances explosives.*
• **Nom masculin.** Produit susceptible d'exploser.

explosion n. f.
• Éclatement violent. *L'explosion d'une bombe.*
• Manifestation soudaine. *Une explosion de cris.*
Ant. **implosion.**

exponentiel, ielle adj. et n. f.
Dont l'exposant est variable ou inconnu. *Une fonction exponentielle.*
Note.- Attention à l'orthographe : exponentiel.

exportateur n. m.
exportatrice n. f.
Personne qui fait des exportations.

exportation n. f.
• Action de vendre des biens ou des services à l'étranger.

• Bien ou service exporté.
Ant. **importation.**

exporter v. tr.
Vendre à l'étranger les produits de l'activité nationale. *Exporter des matières premières, de nouvelles technologies.*
Ant. **importer.**

exposant, ante n. m. et f.
• **Nom masculin et féminin.** Personne qui expose ses œuvres. *De nouveaux exposants.*
• **Nom masculin.** (Math.) Expression numérique ou algébrique de la puissance qui est placée un peu au-dessus et à droite d'une quantité.

exposé n. m.
• Compte rendu.
• Communication. *Elle a fait un excellent exposé.*

exposer v. tr., pronom.
• **Transitif**
- Placer, mettre en vue.
- Orienter. *Exposer des produits au soleil.*
- Faire courir un risque. *Exposer la vie des soldats.*
- Faire connaître. *Exposer une théorie en long et en large.*
• **Pronominal**
Risquer. *Vous vous exposez à des reproches.*

exposition n. f.
• Action d'exposer ; lieu où l'on expose.
• Orientation, situation. *Une exposition au soleil.*

exprès, esse adj. et n. m.
• La prononciation est la même au masculin et au féminin [ɛksprɛ].
• **Adjectif**
- (Dr.) Formel. *Une condition expresse.*
Note.- La forme féminine de l'adjectif en ce sens est *expresse.*
- Se dit d'une expédition postale très rapide. *Une lettre exprès, un colis par exprès.*
Note.- En ce sens, l'adjectif est invariable en genre et en nombre.
• **Nom masculin**
Lettre, colis expédié par exprès.
Note.- Attention à l'orthographe : expr**è**s, expr**esse.**

exprès adv.
• Le **s** ne se prononce pas [ɛksprɛ].
• De façon délibérée, intentionnellement. *Il l'a fait exprès ! dit sa petite sœur.*
• *Par exprès.* (Vx) Délibérément.
• *Fait exprès.* Coïncidence fâcheuse.

express adj. inv. et n. m. inv.
• Les **s** se prononcent [ɛksprɛs].
• **Adjectif**
Rapide. *La voie express, un train express.*
Note.- Elliptiquement, on dira aussi *un express* pour désigner un train, un autobus qui se rend rapidement à destination.
• **Nom masculin**
- Café fait à la vapeur. *Des express très serrés, très forts.*
- Train express. *L'express de Nice.*

Notes.-
1° Attention à l'orthographe : exp**ress**.
2° La forme italienne **espresso** est également usitée.

expressément adv.
De façon formelle, explicite.

expressif, ive adj.
• Significatif. *Un terme expressif.*
• Éloquent. *Une mimique expressive.*

expression n. f.
• Action d'exprimer quelque chose.
• Mot ou groupe de mots. *L'expression latine* ex abrupto *signifie « brusquement ».*
• **Réduire quelque chose à sa plus simple expression.**
Réduire à l'essentiel, à l'élémentaire.

exprimer v. tr., pronom.
• **Transitif.** Faire connaître sa pensée par le geste, la parole, etc. *Exprimer ses idées.*
• **Pronominal.** Manifester sa pensée. *Il n'arrive pas à s'exprimer vraiment.*

expropriation n. f.
Action d'exproprier.

exproprier v. tr.
• Redoublement du *i* à la première et à la deuxième personne du pluriel de l'indicatif imparfait et du subjonctif présent. *(Que) nous exropriions, (que) vous expropriiez.*
• Ôter la propriété par voie légale.

expulser v. tr.
• Exclure.
• Évacuer de l'organisme.

expulsion n. f.
Évacuation. *L'expulsion d'un locataire.*

expurger v. tr.
• Le *g* est suivi d'un *e* devant les lettres *a* et *o*. *Il expurgea, nous expurgeons.*
• Censurer dans un écrit ce qui est jugé contraire à la morale.

exquis, ise adj.
Délicieux, charmant. *Une personne exquise.*

exsangue adj.
• Les lettres *ex* se prononcent *eks* ou *egz* [ɛksɑ̃g] ou [ɛgzɑ̃g].
• Qui a perdu une partie de son sang, très pâle.

exsanguino-transfusion n. f.
Opération médicale au cours de laquelle une partie ou la totalité du sang d'une personne est échangée contre du sang provenant de donneurs. *Des exsanguino-transfusions.*

exsuder v. tr., intr.
Suinter.

extase n. f.
Ravissement.

extasier (s') v. pronom.
• Redoublement du *i* à la première et à la deuxième personne du pluriel de l'indicatif imparfait et du subjonctif présent. *(Que) nous nous extasiions, (que) vous vous extasiiez.*
• Être saisi d'admiration.

extatique adj.
Qui tient de l'extase.

extenseur adj. m. et n. m.
• **Adjectif.** Qui sert à l'extension. *Des muscles extenseurs.*
• **Nom masculin.** Appareil de gymnastique.

extensibilité n. f.
Propriété de ce qui est extensible.

extensible adj.
Susceptible de s'allonger. *Des collants extensibles.*

extensif, ive adj.
• Qui produit l'extension.
• **Culture extensive.** Culture pratiquée sur de vastes superficies.

extension n. f.
• Allongement.
• Accroissement.

extenso (in)
V. **in extenso.**

exténuation n. f.
Épuisement.

exténuer v. tr., pronom.
• **Transitif.** Épuiser. *Ce travail l'a exténuée.*
• **Pronominal.** Se fatiguer extrêmement. *Ils se sont exténués à marcher si longtemps.*

extérieur, eure adj. et n. m.
• **Adjectif**
Qui est au-dehors. *La paroi extérieure. La politique extérieure.*
• **Nom masculin**
- Ce qui est au-dehors. *L'extérieur d'un bâtiment.*
- Les pays étrangers. *Relations avec l'extérieur.*
Ant. **intérieur.**
• **Nom masculin pluriel**
(Cin.) Scènes filmées hors des studios. *Tourner les extérieurs à la campagne.*

extérieurement adv.
• En apparence.
• À l'extérieur.

extériorisation n. f.
Action d'extérioriser.

extérioriser v. tr., pronom.
• **Transitif.** Exprimer. *Extérioriser sa joie.*
• **Pronominal.** Manifester ses sentiments.

exterminateur, trice adj. et n. m. et f.
Qui extermine. *L'ange exterminateur.*

extermination n. f.
Destruction totale.

exterminer v. tr.
Détruire entièrement, massacrer.

externat n. m.
- Établissement scolaire qui n'admet que des externes.
- Fonction d'externe dans les hôpitaux.
Note.- Attention à l'orthographe : externa*t*.

externe adj. et n. m. et f.
- **Adjectif.** Qui est situé au-dehors. *La face externe du bras.*
- **Nom masculin ou féminin.** Élève non pensionnaire. Ant. **interne.**

extincteur, trice adj. et n. m.
Se dit d'un appareil qui sert à éteindre les commencements d'incendie. *Des extincteurs à neige carbonique.*

extinction n. f.
- Le *c* se prononce [εkstĕksjɔ̃].
- Action d'éteindre. *L'extinction d'un incendie.*
- Anéantissement. *L'extinction d'une espèce.*
- *Extinction de voix.* Perte provisoire de la voix.
Note.- Attention à l'orthographe : extin*ct*ion.

extirpation n. f.
Action d'extirper.

extirper v. tr., pronom.
- **Transitif.** Arracher en déracinant. *Extirper des mauvaises herbes.*
- **Pronominal.** Sortir d'un lieu avec difficulté. *S'extirper d'un fauteuil profond.*

extorquer v. tr.
Obtenir par violence. *Extorquer une promesse, une signature.*

extorsion n. f.
Action d'extorquer. *Une extorsion de fonds.*

extra- préf.
Élément du latin signifiant « en dehors ». *Extra-territorialité.*
Note.- L'emploi du trait d'union ne semble pas répondre à une règle précise.

extra adj. inv. et n. m. inv.
- **Adjectif invariable**
- Abréviation de *extraordinaire*.
- (Fam.) Supérieur. *Cette cuvée est extra.*
- **Nom masculin invariable**
- Supplément. *Nous allons faire quelques extra.*
- Domestique employé provisoirement. *Engager des extra.*

extracteur n. m.
Appareil servant à l'extraction d'un corps.

extrader v. tr.
Livrer par extradition. *Extrader un terroriste.*

extradition n. f.
Acte par lequel un État livre à un autre État une personne inculpée.

extrafin, ine adj.
- De qualité supérieure. *Des pois extrafins.*
- Très fin, très petit.

extrafort, orte adj.
Très fort. *Des emballages extraforts.*

extraire v. tr.
- *J'extrais, tu extrais, il extrait, nous extrayons, vous extrayez, ils extraient. J'extrayais, tu extrayais, il extrayait, nous extrayions, vous extrayiez, ils extrayaient. J'extrairai. J'extrairais. Extrais, extrayons, extrayez. Que j'extraie, que tu extraies, qu'il extraie, que nous extrayions, que vous extrayiez, qu'ils extraient. Extrayant. Extrait, aite.* Le passé simple et le subjonctif imparfait sont inusités.
- Le *y* est suivi d'un *i* à la première et à la deuxième personne du pluriel de l'indicatif imparfait et du subjonctif présent. *(Que) nous extrayions, (que) vous extrayiez.*
- Retirer d'un ensemble. *Extraire une dent.*

extrait n. m.
- Produit obtenu par réduction d'une substance. *Un extrait de vanille.*
- Passage d'un texte. *Des extraits de Rabelais.*
- Copie conforme d'un acte. *Un extrait de naissance. Des extraits de baptême.*

extra-muros adj. inv. et adv.
- Le *s* se prononce [εkstramyros].
- À l'extérieur de la ville. *Les quartiers* extra-muros *de Saint-Malo.*
Note.- En typographie soignée, les mots étrangers sont composés en italique. Dans des textes déjà en italique, la notation se fait en romain. Pour les textes manuscrits, on utilisera les guillemets.
Ant. **intra-muros.**

extraordinaire adj.
- Exceptionnel. *Une assemblée extraordinaire.*
- Remarquable. *Une peintre extraordinaire.*
Note.- Ne pas confondre avec les mots suivants :
- *bizarre*, étonnant, singulier ;
- *inconcevable*, inimaginable ;
- *incroyable*, difficile à croire ;
- *inusité*, inhabituel ;
- *invraisemblable*, qui ne semble pas vrai.

extraordinairement adv.
De façon extraordinaire.

extrapolation n. f.
Action d'extrapoler, déduction.
Note.- Attention à l'orthographe : extrapo*l*ation.

extrapoler v. tr., intr.
Déduire à partir de données partielles.
Note.- Attention à l'orthographe : extrapo*l*er.

extraterrestre adj. et n. m. et f.
- **Adjectif.** Qui est extérieur à l'atmosphère terrestre.
- **Nom masculin et féminin.** Être qui vient d'une autre planète que la Terre, dans un monde imaginaire.

extraterritorial, iale, iaux adj.
Se dit du secteur bancaire établi à l'étranger et non soumis à la législation nationale.
Note.- Ce mot remplace très bien l'anglicisme *off-shore*.

extra-utérin, ine adj.
Qui est en dehors de l'utérus. *Une grossesse extra-utérine.*

extravagance n. f.
Bizarrerie, excentricité.
Note.- Attention à l'orthographe : extrava**gan**ce.

extravagant, ante adj. et n. m. et f.
Déraisonnable, bizarre. *Une proposition extravagante.*
Note.- Attention à l'orthographe : extrava**gant**.

extraverti, ie adj. et n. m. et f.
Qui est tourné vers l'extérieur. *Elle est extravertie.*
Note.- On dit aussi *extroverti.*
Ant. **introverti.**

extrême adj. et n. m.
• **Adjectif.** Qui est le plus loin. *L'extrême limite. Une chaleur extrême.*
• **Nom masculin.** Opposé, contraire. *Passer d'un extrême à l'autre.*
Note.- Attention au genre masculin de ce mot : *un* extrême.

extrêmement adv.
Au plus haut degré, très. *Elle est extrêmement gentille.*

extrême-onction n. f.
Sacrement catholique administré à un malade en danger de mort. *Des extrêmes-onctions.*

extrémisme n. m.
Tendance d'une personne favorable aux idées extrêmes, violentes, dans la lutte politique.

extrémiste adj. et n. m. et f.
Qui fait preuve d'extrémisme. *Ce sont des extrémistes.*
Note.- Attention à l'orthographe : extr**é**miste.

extrémité n. f.
• La partie extrême. *L'extrémité de la ville.*
• (Au plur.) Les pieds, les mains. *Avoir les extrémités gelées.*
Note.- Attention à l'accent aigu sur le deuxième *e.*

extrinsèque adj.
Qui provient du dehors. *Une cause extrinsèque.*
Note.- Attention à l'orthographe : extrinsè**que**, au masculin comme au féminin.
Ant. **intrinsèque.**

extrusion n. f.
Procédé de mise en forme des matières plastiques. *L'extrusion d'un plastique.*

exubérance n. f.
• Vivacité.
• Surabondance. *L'exubérance de la végétation tropicale.*
Note.- Attention à l'orthographe : e**xu**bérance.

exubérant, ante adj.
• Très abondant. *Une végétation exubérante.*
• Qui s'exprime avec exubérance. *Une joie exubérante.*

exulter v. intr.
Éprouver une joie extrême.
Note.- Ne pas confondre avec le verbe *exalter* qui signifie « enthousiasmer, passionner ».

exutoire n. m.
Dérivatif.
Note.- Attention au genre masculin de ce nom : *un* exutoire.

ex-voto n. m. inv.
Tableau, objet placé dans une église pour l'accomplissement d'un vœu. *Une chapelle tapissée d'ex-voto.*
Note.- En typographie soignée, les mots étrangers sont composés en italique. Dans des textes déjà en italique, la notation se fait en romain. Pour les textes manuscrits, on utilisera les guillemets.

eye-liner n. m.
(Anglicisme) Fard à paupières. *Des eye-liners.*

F

f
● Ancienne notation musicale de la note **fa.**
V. **note de musique.**
● Symbole de **femto-**

F
● Symbole de **farad.**
● Symbole du **fluor.**
● Symbole de **franc.**

°F
Symbole de **degré Fahrenheit.**

fa n. m. inv.
Quatrième note de la gamme de do. *La clé de* fa. *Des* fa.
V. **note de musique.**

F.A.B. adj. inv.
Abréviation de **franco à bord.**
Note.- Dans le commerce international, l'abréviation anglaise **FOB** est couramment utilisée.

fable n. f.
Petit récit destiné à instruire. *Une fable de La Fontaine.*

fabliau n. m.
(Ancienn.) Petit récit satirique écrit en vers. *Des fabliaux.*
Note.- Attention à l'orthographe : fabli**au.**

fabricant n. m.
fabricante n. f.
Chef d'une entreprise qui fabrique des produits commerciaux. *Les fabricants d'appareils d'éclairage.*
Notes.-
1° Dans le domaine aéronautique ou automobile, on emploie plutôt la désignation **constructeur.** Les noms **fabricant** ou **industriel** sont à préférer à **manufacturier** qui est vieilli.
2° Ne pas confondre avec le participe présent invariable **fabriquant.** *Des appareils fabriquant de la neige sont utilisés au cinéma.*

fabrication n. f.
Action de fabriquer. *Un défaut de fabrication.*

fabrique n. f.
● Établissement industriel où l'on transforme des matières premières en produits industriels ou commerciaux.
● *Marque de fabrique.* Marque apposée par le fabricant.

fabriquer v. tr.
● Transformer des matières premières en produits industriels ou commerciaux.
● *Fabriqué en France.*

Note.- Le participe passé suivi d'un nom de pays féminin se construit avec la préposition **en** ; suivi d'un nom de pays masculin, il se construit avec l'article contracté **au.**
● (Péj.) Faire, inventer. *Un alibi fabriqué de toutes pièces.*

fabulation n. f.
(Psycho.) Récit imaginaire présenté comme vrai.
Note.- Ne pas confondre avec le nom **affabulation** qui désigne l'arrangement de faits imaginaires pour constituer une œuvre.

fabuler v. intr.
Élaborer des fabulations.

fabuleux, euse adj.
Qui tient de la fable, extraordinaire quoique réel.
Note.- Ne pas confondre avec les mots suivants :
- *fictif*, inventé ;
- *imaginaire*, qui n'existe que dans l'imagination ;
- *légendaire*, qui n'existe que dans les légendes.

fabuliste n. m. et f.
Auteur de fables.

façade n. f.
● Face extérieure d'un bâtiment. *Une façade en pierre de taille.*
● Apparence extérieure. *Ce n'est qu'une façade.*

face n. f.
● Partie antérieure de la tête (humaine).
Note.- Par rapport aux noms **figure** et **visage**, le nom **face** est plus littéraire et s'emploie en parlant de Dieu ou dans le domaine médical. Dans la langue orale, il qualifie un visage extraordinaire ou bizarre. Le nom **face** s'utilise aussi dans certaines locutions figées : *perdre la face, se voiler la face, une face de carême.*
● Partie extérieure de quelque chose. *La face cachée de la Lune.*
● **Locutions adverbiales**
- *De face.* Du côté où l'on voit le devant. *Une maison vue de face.*
- *En face.* Sans crainte. *Regarder la vérité en face.*
- *Face à face.* Vis-à-vis. *Les maisons sont situées face à face.*
● **Locution prépositive**
En face de. Vis-à-vis. *Elle habite en face de l'école.*
Syn. **visage.**

face-à-face n. m. inv.
Débat contradictoire entre deux personnalités. *Organiser des face-à-face télévisés.*

face-à-main n. m.
Lorgnon à manche. *Des faces-à-main.*

453

facétie n. f.
- Le *t* se prononce *s* [fasesi].
- Plaisanterie.

facétieux, ieuse adj. et n. m. et f.
- Le *t* se prononce *s* [fasesjø].
- **Adjectif**. Qui tient de la facétie.
- **Nom masculin et féminin**. Farceur.

facette n. f.
- Petite face. *Les facettes d'un diamant.*
- Aspect. *Les multiples facettes de la réalité.*

fâcher v. tr., pronom.
- **Transitif**
Mécontenter. *Je ne voudrais pas le fâcher.*
- **Pronominal**
- **Se fâcher** + **contre**. Se mettre en colère contre une personne. *Ils se sont fâchés contre ces importuns.*
- **Se fâcher** + **avec**. Se brouiller avec une personne. *Elle s'est fâchée avec sa collègue.*
- **Être fâché que** + **subjonctif**. *Elle est fâchée qu'on ne l'ait pas consultée.*

fâcheusement adv.
De façon fâcheuse.

fâcheux, euse adj. et n. m. et f.
- **Adjectif**. Regrettable, malencontreux. *Un fâcheux contretemps.*
- **Nom masculin et féminin** (Litt.) Importun.

facial, ale, als ou **aux** adj.
Qui appartient à la face. *Une paralysie faciale. Les nerfs faciaux ou facials.*

faciès n. m.
Aspect du visage. *Un faciès asiatique.*

facile adj.
Aisé, possible. *Un calcul facile. Une personne facile à contenter.*

facilement adv.
Avec facilité.

facilité n. f.
- Qualité de ce qui est facile. *Ce travail est d'une grande facilité.*
- Aptitude naturelle à faire quelque chose. *Elle a beaucoup de facilité à persuader.*
- (Au plur.) Commodités qui permettent de faire quelque chose facilement.
- *Facilités de paiement.* Échelonnement de paiements.

faciliter v. tr.
Rendre facile. *Il faut lui faciliter la tâche.*

façon n. f.

- Manière d'être ou d'agir. *Sa façon de dessiner.*
- Fabrication. *Les matériaux coûtent 100 F, tandis que la façon s'élève à 250 F.*
- (Au plur.) Comportement. *Il a de drôles de façons.*
- **Locutions adverbiales**
- *De toute façon, de toutes les façons.* Quoi qu'il en soit.
- *En aucune façon.* En aucun cas, nullement.

- *Sans façon. Venez demain, ce sera sans façon.*
- *Façon* + *nom*. Imitation. *Une colonne façon marbre.*
Note.- Cet emploi est surtout commercial ou publicitaire.
- **Locution conjonctive**
De telle façon que. Conduisez-vous de telle façon qu'on puisse vous féliciter. Le nouveau plan a été établi de telle façon que tout peut être retrouvé facilement.
Note.- La phrase se construit avec l'indicatif, le conditionnel ou le subjonctif pour exprimer une conséquence éventuelle ou intentionnelle.
- **Locutions prépositives**
- *À la façon de.* À la manière de. *Il écrit à la façon des auteurs du siècle dernier.*
- *De façon à* + *infinitif.* *Habillez-vous de façon à être à l'aise.*

faconde n. f.
- (Litt.) Éloquence.
Note.- Ce nom est parfois péjoratif.
- Volubilité excessive.

façonnage n. m.
Action de façonner quelque chose.

façonner v. tr.
- Travailler (une matière, une chose). *Façonner un meuble.*
- Former par l'usage, par l'éducation. *Façonner un esprit.*

fac-similé n. m.
- Locution latine francisée signifiant « faire une chose semblable ».
- Reproduction très fidèle d'un écrit, d'un dessin. *Des fac-similés.*
Note.- Ne pas confondre avec les mots suivants :
- *copie*, reproduction d'après un original ;
- *duplicata*, double d'un acte, d'un document déjà fourni.

facteur n. m.
- Élément contribuant à un résultat. *Un facteur de progrès.*
- *Facteur Rhésus.* Substance contenue dans le sang.
- (Math.) Chacun des termes d'une multiplication.

facteur n. m.
factrice n. f.
- Employé des postes.
Syn. (adm.) **préposé**.
- Fabricant d'orgues ou de pianos.

factice adj. et n. m.
- **Adjectif**. Faux, imité. *Une moustache factice.*
- **Nom masculin**. (Litt.) Ce qui est factice. *Le factice et le vrai.*

faction n. f.
- Groupe subversif. *Une faction des Brigades rouges.*
- *Être de faction, en faction.* Assurer la surveillance d'un lieu.
Note.- Ne pas confondre avec le mot **fraction** qui désigne une partie d'un tout.

factoriel, ielle adj. et n. f.
Relatif à un facteur. *Analyse factorielle.*

factoring n. m.
(Anglicisme) Affacturage.

factotum n. m.
- Le *u* se prononce *o* [faktɔtɔm]**.**
- (Litt.) Personne qui se charge de divers travaux mineurs. *Des factotums.*

factuel, elle adj.
Qui se rapporte aux faits. *Non pas des hypothèses, mais des données factuelles.*

facturation n. f.
Action d'établir une facture.

facture n. f.
État détaillé précisant la quantité, la nature et le prix des marchandises vendues, des services exécutés.
Notes.-
1° À l'hôtel, c'est une *note* et au restaurant, c'est une *addition*.
2° Ne pas confondre avec le mot *fracture* qui désigne une cassure.

facturer v. tr.
Porter (un produit, un service) sur une facture. *Facturer des matériaux à un entrepreneur.*

facultatif, ive adj.
Qui n'est pas obligatoire. *Des lectures facultatives.*
Ant. **obligatoire.**

faculté n. f.
- Pouvoir de faire une chose, privilège. *La faculté de choisir, de voter.*
- (Au plur.) Aptitudes naturelles. *Ne pas jouir de toutes ses facultés.*
- Partie d'une université. *La faculté de droit, des lettres.*
Note.- Lorsqu'il désigne le corps professoral ou par ellipse, la faculté de médecine, le nom s'écrit avec une majuscule. *La Faculté s'est prononcée.*

fada adj. inv. en genre et n. m.
(Fam.) Un peu fou. *Elle est fada.*

fadaise n. f.
Sottise. *Débiter des fadaises.*

fade adj.
Sans saveur, sans agrément.

fadeur n. f.
Absence de caractère, de saveur.

fado n. m.
Chant portugais. *Des fados mélancoliques.*

fagot n. m.
Assemblage de branchages.

fagoter v. tr.
- Mettre en fagots.
- (Fam.) Habiller sans goût. *Il est mal fagoté.*
Note.- Attention à l'orthographe : fago*t*er.

Fahrenheit adj. inv. et n. m.
- Symbole *F* (s'écrit sans point).
- Unité de mesure de température anglo-saxonne.

- *Échelle Fahrenheit.* Échelle de température. *Des degrés Fahrenheit, 32 °F.*
Note.- Le degré Fahrenheit est indiqué à l'aide d'un petit zéro en exposant accolé au *F* majuscule, séparés du nombre par un espace.

faible adj. et n. m.
- **Adjectif**
Fragile, qui manque de vigueur, de force physique, de volonté.
- **Nom masculin**
- Personne sans défense, dépourvue de ressources. *Les économiquement faibles.*
- Goût, préférence. *Je pense qu'il a un faible pour vous.*

faiblement adv.
De façon faible.

faiblesse n. f.
- Manque de vigueur, de force.
- Indulgence excessive.

faiblir v. intr.
Perdre de sa force. *Ce mur commence à faiblir.*

faïence n. f.
Poterie vernissée ou émaillée.
Note.- Attention à l'orthographe : faïence, ainsi que pour les dérivés.

faïencerie n. f.
Assortiment de poteries de faïence.

faille n. f.
- Cassure d'un terrain.
Syn. **crevasse.**
- (Fig.) Défaut. *Cette démonstration comporte plusieurs failles.*

failli, ie adj. et n. m. et f.
(Dr.) Personne qui a fait faillite.

faillir v. tr. ind., intr.
- Ce verbe est presque exclusivement usité à l'infinitif et aux temps composés. *Je faux, tu faux, il faut, nous faillons. Je faillais, nous faillions. Je faillis. Je faudrai. Je faudrais. Que je faille. Que je faillisse. Faillant. Failli.*
- **Transitif indirect**. (Litt.) Manquer à (un engagement). *Il a failli à sa promesse.*
- **Intransitif**. Être sur le point de. *Elle a failli glisser.*
Note.- Le verbe suivi de l'infinitif se construit aujourd'hui sans préposition.

faillite n. f.
- (Dr.) Situation d'un débiteur qui ne peut plus payer ses dettes.
Note.- Ne pas confondre avec le mot *banqueroute* qui désigne une faillite frauduleuse.
- Échec complet.

faim n. f.
- Besoin et désir de manger. *Avoir faim.*
Note.- Les expressions *avoir très faim, avoir si faim que, avoir trop faim* sont jugées familières. En principe, l'adverbe modifie un adjectif et non un nom. Dans les faits, on note que ces emplois sont de plus en plus courants.

• (Fig.) Besoin, désir. *Une faim de pouvoir, de solitude.*
Hom. **fin**, action de finir, but, dessein.

fainéant, ante adj. et n. m. et f.
Paresseux.

fainéanter v. intr.
Se livrer à la paresse.

fainéantise n. f.
Paresse.

faire v. tr., intr., pronom.
• *Je fais, tu fais, il fait, nous faisons, vous faites, ils font. Je faisais, tu faisais. Je fis, tu fis. Je ferai, tu feras. Je ferais, tu ferais. Fais, faisons, faites. Que je fasse, que tu fasses, qu'il fasse, que nous fassions, que vous fassiez, qu'ils fassent. Que je fisse, que tu fisses. Faisant. Fait, faite.*
• Les lettres **ai** se prononcent **e** dans les formes **nous faisons, faisons, faisant** et à toutes les formes de l'imparfait.
Hom. *fer*, métal gris.
V. Tableau - **FAIRE.**

faire-part n. m. inv.
Lettre annonçant une naissance, un mariage, un décès. *Des faire-part.*
Note.- On compose habituellement en toutes lettres la date (jour, mois, année) apparaissant sur un faire-part. *Le quatorze décembre mil neuf cent quarante-cinq, en l'église...*

faire-valoir n. m. inv.
Personne qui met en valeur quelqu'un. *Elles leur servent de faire-valoir.*

fair-play adj. inv. et n. m. inv.
• **Adjectif invariable**. Qui se montre beau joueur.
• **Nom masculin invariable**. Comportement loyal dans une lutte, une compétition, une affaire.
Note.- Le mot *franc-jeu* a fait l'objet d'une recommandation officielle pour remplacer cet anglicisme.

faisabilité n. f.
• Les lettres **ai** se prononcent **e** [fəzabilite].
• Caractère de ce qui est réalisable, compte tenu des possibilités technologiques, financières, etc. *Des études de faisabilité.*
Note.- Attention à l'orthographe : f**ai**sabilité.

faisable adj.
• Les lettres **ai** se prononcent **e** [fəzabl(ə)].
• Réalisable.
Note.- Attention à l'orthographe : f**ai**sable.

faisan n. m.
• Les lettres **ai** se prononcent **e** [fəzɑ̃].
• Gallinacé au plumage coloré et à longue queue ; mâle de la faisane.
Note.- Attention à l'orthographe : f**ai**san.

faisandé, ée adj.
• Les lettres **ai** se prononcent **e** [fəzɑ̃de].
• Qui commence à se corrompre. *Viande faisandée.*
Note.- Attention à l'orthographe : f**ai**sandé.

faisandeau n. m.
• Les lettres **ai** se prononcent **e** [fəzɑ̃do].
• Petit du faisan. *Des faisandeaux.*
Note.- Attention à l'orthographe : f**ai**sandeau.

faisander v. tr., pronom.
• Les lettres **ai** se prononcent **e** [fəzɑ̃de].
• **Transitif**. Donner au gibier un goût accentué, par un début de décomposition.
• **Pronominal**. Être proche de la décomposition, en parlant d'une viande.

faisane adj. et n. f.
• Les lettres **ai** se prononcent **e** [fəzan].
• Femelle du faisan.
Note.- Attention à l'orthographe : f**ai**sane.

faisceau n. m.
Ensemble de choses liées ensemble. *Des faisceaux de branches.*
Note.- Attention à l'orthographe : fai**sc**eau.

faiseur, euse n. m. et f.
• Les lettres **ai** se prononcent **e** [fəzœr].
• Personne qui fait quelque chose. *Un faiseur de bons mots, une faiseuse d'embarras.*
• (Péj.) Hâbleur, prétentieux. *Ne l'écoutez pas, c'est un faiseur.*
Note.- Attention à l'orthographe : f**ai**seur.

fait n. m.
• Le **t** se prononce parfois quand le mot est final [fɛ(t)].
• Action. *Des faits et gestes.*
• Évènement. *Rapporter un fait.*
• Réalité. *C'est un fait.*
• **Le fait + que**. Le verbe qui suit se met à l'indicatif ou au subjonctif. *Le fait qu'il vienne.*
• **Locutions diverses**
- *Fait divers.* Nouvelle de seconde importance. *Des faits divers.*
- *Fait accompli.* Situation sur laquelle il n'y a pas à revenir.
- *Pris sur le fait.* En flagrant délit.
- *Hauts faits.* Exploits.
Note.- Cet emploi est parfois ironique.
- *Le fait est que.* Il faut reconnaître que.
- *Mettre au fait.* Renseigner.
- *Aller au fait.* Aller à l'essentiel.
- *Du fait de.* Par suite de.
- *État de fait.* Situation.
- *Venir au fait.* Arriver au vif du sujet.
- *Fait exprès.* Coïncidence fâcheuse.
- *Voies de fait.* Violences.
• **Locutions adverbiales**
- *En fait.* À ce sujet, à propos.
- *Au fait.* En définitive.
- *De fait.* Véritablement, effectivement.
- *Tout à fait.* Entièrement.

fait, faite adj.
Fait à (nom de lieu) *le* (date). Formule consacrée inscrite au bas d'un document officiel qui doit être signé. *Fait à Paris le 24 septembre 1988.*

FAIRE

Verbe dont l'emploi est le plus fréquent en français, c'est le verbe d'action par excellence.
Il est toutefois souvent possible de remplacer ce verbe « à tout faire » par un autre plus précis.

TRANSITIF

- Créer, produire. *Faire un roman.*
- Accomplir, exécuter. *Faire les foins. Faire une dissertation. La randonnée que j'ai faite.*
- Former, composer. *Deux et deux font quatre.*
- Jouer le rôle de. *Elle faisait celle qui n'entend pas.*

Note.- Le verbe *faire* se conjugue avec l'auxiliaire *avoir* aux formes transitives et intransitives et avec l'auxiliaire *être* à la forme pronominale.

INTRANSITIF

- Agir. *Elle a fait de son mieux. Il n'y a rien à faire.*
- (Impers.) *Il fait chaud, il fait nuit, il fait bon. Cela ne se fait pas !*

Notes.-
1° Le verbe se construit également avec un nom. *Cela fait très Art déco.*
2° Le participe passé du verbe impersonnel est invariable. *La chaleur qu'il a fait hier.*

PRONOMINAL

- Arriver, venir à être. *Elle s'est faite belle. Ils se sont fait élire. Elle s'est fait couper les cheveux. Comment se fait-il que vous soyez en retard ?*

Note.- Devant un infinitif, la forme pronominale du participe passé est toujours invariable. La forme pronominale se conjugue avec l'auxiliaire *être.*

- *Se faire fort de.* S'engager à. *Elle se fait fort de réussir.*

Note.- En ce sens l'adjectif *fort* est invariable.

- *Se faire fort de.* Tirer sa force de. *Elle se fait forte de leur appui.*

Note.- En ce sens l'adjectif est variable.

SEMI-AUXILIAIRE

- **Faire** + **infinitif.** Cette construction indique qu'une action ordonnée par le sujet est exécutée par quelqu'un d'autre. *Elle fait travailler dix personnes.*

  Note.- Le participe passé reste invariable. *Les personnes qu'elle a fait travailler.*
- **Faire** + **infinitif.** Être la cause. *Cette tisane fait dormir.*
- **Faire** + **verbe défectif.** *Elle faisait éclore des fleurs.*

LOCUTIONS

- *À tout faire.* Non spécialisé. *Un menuisier à tout faire.*
- *Ne faire que.* Ne pas cesser de. *Elle ne fait que dormir.*
- *N'avoir que faire de.* Ne faire aucun cas. *Il n'a que faire de ces critiques.*
- *Ce faisant.* En faisant cela. Cette locution est vieillie.
- *Tant qu'à faire.* (Fam.) Puisqu'il le faut. Dans la langue soutenue, on écrira *à tant faire que.*
- *Avoir affaire, avoir à faire.* On écrit plus souvent *avoir affaire* que *avoir à faire* sans changement de sens, sauf dans le cas où la locution a un complément d'objet direct. *Elle a à faire une dissertation* (on peut à ce moment inverser les mots). *Elle a une dissertation à faire. Il a affaire à forte partie.*

faîte n. m.
● La partie la plus élevée, le sommet d'une construction.
● (Litt.) Summum.
Note.- Attention à l'orthographe : faîte.
Hom. **fête,** réjouissance.

fait-tout n. m. inv. ou **faitout** n. m.
Grand récipient à deux poignées muni d'un couvercle.
Des fait-tout, des faitouts.
Note.- Ne pas confondre avec les mots suivants :
- *casserole*, récipient métallique muni d'un manche, parfois d'un couvercle et qui est réservé à la cuisson des aliments ;
- *chaudron*, récipient assez profond à anse mobile ;
- *poêle*, récipient plat à longue queue.

fakir n. m.
Personne qui exécute en public des tours (voyance, magie, hypnose, etc.) *Des fakirs.*

falaise n. f.
Côte abrupte au-dessus de la mer.
Note.- Attention à l'orthographe : fa*l*aise.

falbala n. m.
● (Ancienn.) Bande d'étoffe plissée.
● (Au plur.) Ornements de mauvais goût. *Des falbalas.*

fallacieux, euse adj.
(Litt.) Mensonger, trompeur. *Des discours fallacieux.*

falloir v. impers.

● Ce verbe ne s'utilise qu'à la troisième personne du singulier. *Il faut. Il fallait. Il fallut. Il faudra. Il faudrait. Qu'il faille. Qu'il fallût. Fallu.*
Note.- Le participe passé de ce verbe, *fallu*, est toujours invariable.
● Être nécessaire. *Il faut que tu travailles.*
- **Il faut** + **nom.** *Il faut des tomates. Il faut trois employées.*
- **Il faut** + **infinitif.** *Il faut dormir maintenant.*
- **Il faut que** + **subjonctif.** *Il faut que vous veniez tout de suite.*
- *Comme il faut*, locution adverbiale. Selon l'usage. *Écrire comme il faut.*
● Manquer. *Il s'en faut de 1 000 F que l'objectif de la campagne ne soit atteint.*
Note.- Cette construction s'emploie lorsqu'une quantité est inférieure à ce qu'elle devrait être.
● **Locutions**
- *Tant s'en faut*, locution adverbiale. Au contraire. *Il n'est pas pauvre, tant s'en faut : il a mis de côté une bonne somme.*
- *Peu s'en faut*, locution adverbiale. Approximativement. *Elle a travaillé deux ans à cet endroit, ou peu s'en faut.*
- *Peu s'en est fallu que*, locution conjonctive + subjonctif. Il a failli arriver que. *Peu s'en est fallu que nous perdions pied.*

falot, ote adj. et n. m.
● **Adjectif.** Insignifiant, terne.
● **Nom masculin.** Grosse lanterne.
Note.- Attention à l'orthographe : fa*l*ot, fa*l*ote.

falsification n. f.
Fraude. *La falsification d'un passeport.*

falsifier v. tr.
● Redoublement du *i* à la première et à la deuxième personne du pluriel de l'indicatif imparfait et du subjonctif présent. *(Que) nous falsifiions, (que) vous falsifiiez.*
● Contrefaire, modifier en vue de tromper.
Note.- Ne pas confondre avec le verbe **fausser** qui signifie « rendre faux ».

famé, ée adj.
Mal famé. Qui a une mauvaise réputation. *Un bar mal famé.*
Notes.-
1° L'adjectif ne s'emploie que dans cette expression.
2° On écrit aussi *malfamé.*

famélique adj.
Qui ne mange pas à sa faim.

fameux, euse adj.
● Renommé, dont on a parlé en bien ou en mal.
● **Fameux** + **nom.** Très bon ou très mauvais. *C'est un fameux menteur.*
● **Nom** + **fameux.** (Fam.) Excellent. *Une glace fameuse.*

familial, ale, aux adj.
● **Adjectif.** Qui concerne la famille. *Des liens familiaux.*
● **Nom féminin.** Voiture en forme de fourgonnette.

familiariser v. tr., pronom.
● **Transitif.** Habituer, accoutumer.
● **Pronominal.** Devenir familier avec quelqu'un, quelque chose. *Ils se sont familiarisés avec cette nouvelle méthode.*
Note.- Le verbe se construit avec la préposition *avec*.

familiarité n. f.
● Intimité.
● (Au plur.) Manières trop familières. *Ces familiarités le choquent.*

familier, ière adj. et n. m. et f.
● **Adjectif**
- Que l'on connaît bien. *Une odeur familière.*
- Accessible, simple. *Elle est d'un abord familier.*
- (Péj.) Qui fait preuve d'une familiarité excessive. *Il a été trop familier avec cette personne.*
- Couramment utilisé dans la langue orale. *Un niveau de langue familier.*
V. **niveau.**
● **Nom masculin et féminin**
Ami, habitué. *Un familier de la maison.*

famille n. f.
● Ensemble formé par le père, la mère et les enfants. *Des pères de famille, des mères de famille.*
● Ensemble de personnes qui ont des liens de parenté. *Un air de famille.*
● Division dans un classement d'animaux, de végétaux, etc. *La famille des salmonidés.*
● *Famille de mots.* Ensemble de mots formés à partir de la même racine. *Les mots **feuillée, feuillet, feuilleter,***

feuiller, effeuiller constituent une partie de la famille de *feuille.*

famine n. f.
Pénurie de vivres.

fan n. m. et f.
(Anglicisme) Admirateur, adepte.

fana adj. et n. m. et f.
Abréviation familière de *fanatique.*

fanal n. m.
Lanterne. *Des fanaux.*

fanatique adj. et n. m. et f.
• S'abrège familièrement en *fana* (s'écrit sans point).
• **Adjectif.** Qui fait preuve de fanatisme. *Des terroristes fanatiques.*
• **Nom masculin et féminin.** Personne animée d'un zèle aveugle pour une opinion, une doctrine.

fanatisme n. m.
Zèle excessif pour une religion, un parti, une cause.

faner v. tr., pronom.
• **Transitif.** (Litt.) Défraîchir. *Le soleil a fané les couleurs.*
• **Pronominal.** Se flétrir, perdre sa fraîcheur. *Les fleurs se sont fanées.*

fanfare n. f.
Orchestre de cuivres. *Une fanfare militaire.*

fanfaron, onne adj. et n. m. et f.
• **Adjectif.** Qui affecte la bravoure.
• **Nom masculin et féminin.** Crâneur.

fanfaronnade n. f.
Vantardise.
Note.- Attention à l'orthographe : fan*faronn*ade.

fanfaronner v. intr.
Faire le fanfaron.
Note.- Attention à l'orthographe : fan*faronn*er.

fanfreluche n. f.
Ornement de peu de valeur.

fange n. f.
(Litt.) Boue.

fangeux, euse adj.
• (Litt.) Sale.
• Abject.

fanion n. m.
Petit drapeau servant de signe de ralliement à un groupe.

fantaisie n. f.
• Originalité. *Un film rempli de fantaisie.*
• Caprice, goût bizarre. *Il lui prit la fantaisie de se baigner en pleine nuit.*
• Œuvre d'imagination.
• *Bijoux (de) fantaisie.* Imitations de bijoux authentiques.

fantaisiste adj. et n. m. et f.
• Qui obéit à son imagination. *Un auteur fantaisiste.*
• Capricieux. *Un moteur fantaisiste.*

fantasmagorie n. f.
Spectacle irréel.

fantasmagorique adj.
Qui appartient à la fantasmagorie.

fantasme ou **phantasme** n. m.
Produit de l'imagination.
Note.- L'orthographe *phantasme* est vieillie.

fantasmer v. intr.
Avoir des fantasmes.

fantasque adj. et n. m. et f.
Capricieux.

fantassin n. m.
Soldat d'infanterie.

fantastique adj. et n. m.
Fabuleux.

fantastiquement adv.
De façon fantastique.

fantoche n. m.
• Marionnette, pantin.
• (En appos.) Personne, groupe manipulé par d'autres personnes. *Un gouvernement fantoche.*

fantomatique adj.
Qui se rapporte aux fantômes.
Note.- Attention à l'orthographe : fantomatique, contrairement à *fantôme.*

fantôme n. m.
Spectre.
Note.- Attention à l'orthographe : fantôme.

FAO
Sigle anglais de *Organisation des Nations Unies pour l'agriculture et l'alimentation* (Food and Agriculture Organization of the United Nations).

faon n. m.
• Le *o* ne se prononce pas [fã].
• Petit de la biche, de la daine.
Hom. *fend*, forme du verbe *fendre.*

far n. m.
Pâtisserie bretonne.
Hom. :
- *fard*, maquillage ;
- *fart*, enduit pour les skis ;
- *phare*, projecteur lumineux.

farad n. m.
• Symbole *F* (s'écrit sans point).
• Unité de mesure de capacité électrique. *Une capacité de 2 F ou deux farads.*

faramineux, euse adj.
(Fam.) Étonnant, fantastique. *Une histoire faramineuse, des prix faramineux.*

farandole n. f.
Danse provençale.
Notes.-
1° Attention à l'orthographe : farandole.
2° Ne pas confondre avec le mot *faribole* qui désigne une baliverne.

farce n. f.
• Plaisanterie, blague.
• Hachis de viande, d'herbes, etc. dont on garnit l'intérieur d'une volaille, d'un poisson, d'un légume.

farceur, euse n. m. et f.
Blagueur.

farci, ie adj.
• Rempli de farce. *Une dinde farcie aux marrons.*
• Truffé. *Une étude farcie d'erreurs.*

farcir v. tr., pronom.
• **Transitif**
- Remplir de farce.
- Remplir avec excès. *Farcir un exposé de citations latines.*
• **Pronominal**
(Pop.) Subir.

fard n. m.
Maquillage.
Hom. :
- *far*, pâtisserie bretonne ;
- *phare*, projecteur lumineux.

fardeau n. m.
Lourde charge. *Des fardeaux.*

farder v. tr., pronom.
• **Transitif**. Mettre du fard.
• **Pronominal**. Se maquiller. *Elles s'étaient trop fardées.*

farfadet n. m.
Lutin.

farfelu, ue adj. et n. m. et f.
(Fam.) Bizarre.

farfouiller v. intr.
(Fam.) Fureter.

faribole n. f.
Baliverne.
Note.- Ne pas confondre avec le mot *farandole* qui désigne une danse provençale.

farine n. f.
Poudre obtenue en écrasant les grains de certaines céréales. *Farine de blé, de sarrasin.*
Note.- Attention à l'orthographe : fari**ne**.

farineux, euse adj. et n. m.
• Qui contient de la farine.
• Qui a l'aspect de la farine.

farniente n. m.
• Ce nom se prononce à l'italienne ou à la française [farnjente] ou [farnjɛ̃t].
• Agréable oisiveté. *Vive le farniente !*

farouche adj.
Sauvage.

farouchement adv.
D'une manière farouche.

fart n. m.
• Le *t* se prononce [fart].
• Enduit pour les skis.

fartage n. m.
Action de farter.

farter v. tr.
Enduire de fart. *Farter des skis.*

fascicule n. m.
Partie d'un ouvrage qui paraît par fragments successifs.
Notes.-
1º Les fascicules sont généralement numérotés en chiffres romains. *Fascicule VII.*
2º Ne pas confondre avec les mots suivants :
- *livre*, écrit reproduit à un certain nombre d'exemplaires ;
- *plaquette*, petit livre de peu d'épaisseur ;
- *tome*, chacun des volumes d'un même écrit qui en comprend plusieurs.

fascinant, ante adj.
Qui séduit, qui a un attrait irrésistible. *Ses yeux sont fascinants.*

fascination n. f.
• Action de fasciner. *La fascination du dépaysement.*
• (Fig.) Attrait irrésistible.

fasciner v. tr.
Captiver, charmer de façon irrésistible. *Ce roman m'a fasciné.*

fascisme n. m.
• Les lettres *sc* se prononcent *ch* [faʃism(ə)].
• Régime totalitaire.

fasciste adj. et n. m. et f.
• Les lettres *sc* se prononcent *ch* [faʃist(ə)].
• Qui appartient au fascisme. *Un dirigeant fasciste.*

faste adj. et n. m.
• **Adjectif.** Heureux, favorable.
• **Nom masculin.** Apparat, splendeur. *Un couronnement avec tout le faste requis.*
Ant. **néfaste.**

fast-food n. m.
(Anglicisme) Type de restauration rapide à bon marché. *Des fast-foods.*
Note.- Les expressions *restauration rapide* et *prêt-à-manger* ont fait l'objet d'une recommandation officielle pour remplacer cet anglicisme.

fastidieusement adv.
De façon fastidieuse.

fastidieux, euse adj.
Qui cause de l'ennui. *Des énumérations fastidieuses.*
Note.- Cet adjectif se dit de choses longues et répétitives, mais non de personnes ennuyeuses.

fastueusement adv.
De façon fastueuse.

fastueux, euse adj.
Somptueux.

fat adj. m. et n. m.
• Le *t* ne se prononce généralement pas [fa(t)].

● (Litt.) Prétentieux, vaniteux.
Note.- Ce mot ne comporte pas de forme féminine.

fatal, ale, als adj.
● Inéluctable.
● Funeste. *Des accidents fatals.*
Note.- Attention à la forme du pluriel : fat**als**.

fatalement adv.
Inévitablement.

fatalisme n. m.
Tendance à considérer tout ce qui arrive comme inéluctable.

fataliste adj. et n. m. et f.
Qui fait preuve de fatalisme.

fatalité n. f.
● Destin.
● Enchaînement fâcheux des événements.

fatidique adj.
Marqué par le destin. *Une date fatidique.*

fatigant, ante adj.
Qui occasionne de la fatigue. *Des exercices fatigants.*
Note.- Ne pas confondre avec le participe présent invariable *fatiguant*. *Les bêtes se fatiguant rapidement, nous devrons faire plusieurs haltes.*

fatigue n. f.
Lassitude. *Elle est morte de fatigue.*

fatiguer v. tr., intr., pronom.
● **Transitif**
Causer de la fatigue. *Ces petits caractères fatiguent les yeux.*
● **Intransitif**
(Fam.) Éprouver de la fatigue.
● **Pronominal**
- Éprouver de la fatigue. *Il n'est pas très en forme et se fatigue rapidement.*
- Se donner de la peine. *Elle se fatigue inutilement à leur expliquer cette hypothèse.*

fatras n. m.
Fouillis.
Note.- Attention à l'orthographe : fatra**s**.

fatuité n. f.
Prétention.

faubourg n. m.
● Abréviation **f^g** (s'écrit sans point).
● Partie qui était autrefois en dehors de son enceinte.
● Ancien faubourg. *Elle habite rue du faubourg Saint-Honoré.*
● (Au plur.) Quartiers périphériques d'une ville.

faucher v. tr., intr.
● Couper avec une faux ou une faucheuse. *Faucher du foin.*
● Anéantir, renverser. *La voiture a fauché deux personnes.*

faucheur, euse n. m. et f.
Personne qui fauche les foins, les céréales.

faucheuse n. f.
Machine qui sert à faucher. *Une faucheuse-lieuse.*

faucille n. f.
● Outil tranchant.
● Outil symbolisant la classe paysanne.

faucon n. m.
● Oiseau rapace diurne.
● (Fig.) Partisan de solutions de force. *Les faucons et les colombes.*

fauconneau n. m.
Petit faucon. *Des fauconneaux.*

fauconnier n. m.
Personne qui dresse les faucons.

faufiler v. tr., pronom.
● **Transitif.** Faire une couture provisoire à longs points.
● **Pronominal.** S'introduire habilement. *Se faufiler dans une foule.*

faune n. m. et f.
● **Nom masculin.** Dieu champêtre.
● **Nom féminin.** Ensemble des espèces animales. *La faune et la flore.*

faunesque adj.
Propre au faune.

faunique adj.
Qui concerne la faune. *Une réserve faunique.*
Note.- Ce mot est d'emploi plutôt technique.

faussaire n. m. et f.
Personne qui commet un faux.

fausse couche ou **fausse-couche** n. f.
Avortement spontané. *Des fausses couches, des fausses-couches.*

faussement adv.
D'une manière fausse.

fausser v. tr.
● Rendre faux.
Note.- Ne pas confondre avec le verbe *falsifier* qui signifie « contrefaire ».
● *Fausser compagnie.* S'esquiver.

fausset n. m.
Voix nasillarde.

fausseté n. f.
● Mensonge.
● Hypocrisie.

faute n. f.
● Manquement à une règle, à une norme. *Des fautes d'orthographe, de goût.*
● *C'est ma faute.* Cette construction est à préférer à l'expression populaire « c'est de ma faute ».
● *Faute de.* À défaut de. *Faute de pouvoir être là, elle envoya des fleurs. Faute de financement, l'entreprise n'a pu prendre de l'expansion.*
● *Sans faute.* À coup sûr. *Je viendrai sans faute.*
● *Sans faute(s).* Sans erreurs. *Écrire sans faute(s). Une dictée sans fautes.*

fauteuil n. m.
Siège à dossier et à bras.

Notes.-

1° Ne pas confondre avec le mot **chaise** qui désigne un siège à dossier, sans bras.

2° On s'assoit **dans** un fauteuil, par contre on s'assoit **sur** une chaise, un tabouret.

fauteur, trice n. m. et f.
Fomenteur. *Un fauteur de troubles.*

fautif, ive adj. et n. m. et f.
Qui contient une faute. *Cette orthographe est fautive.*

fautivement adv.
D'une manière fautive.

fauve adj. et n. m.
• **Adjectif de couleur variable.** De couleur dorée et rousse. *Des chattes fauves.*
V. Tableau - **COULEUR (ADJECTIFS DE).**
• **Nom masculin.** Animal sauvage. *Le lion et le tigre sont des fauves.*

fauvette n. f.
Petit oiseau au chant agréable dont le plumage est souvent de couleur fauve.

fauvisme n. m.
École de peinture.

faux, fausse adj., adv. et n. m. et f.
• **Adjectif.** Contraire à la vérité. *Cette affirmation est fausse.*
• **Adverbe.** *Elles jouent faux.*
Note.- Pris adverbialement, le mot est invariable.
• **Nom masculin.** Contrefaçon. *Ce tableau est un faux.*
• **Nom féminin.** Instrument agricole. *Une faux bien aiguisée.*

faux- préf.
Les noms composés avec le préfixe **faux-** s'écrivent avec un trait d'union et le deuxième élément prend la marque du pluriel. Cependant, les expressions suivantes s'écrivent sans trait d'union : *faux témoignage, faux bond, faux cils.*

faux bourdon n. m.
Mâle de l'abeille.
Hom. *faux-bourdon,* harmonisation musicale.

faux-bourdon n. m.
Harmonisation musicale.
Hom. *faux bourdon,* mâle de l'abeille.

faux-filet n. m.
Morceau de bœuf. *Des faux-filets.*

faux-fuyant n. m.
Prétexte, excuse. *Des faux-fuyants.*

faux-monnayeur n. m.
Personne qui fabrique de la fausse monnaie. *Des faux-monnayeurs.*

faux-semblant n. m.
Ruse. *Des faux-semblants.*

favela n. f.
• Le *e* se prononce *è* [favɛla].
• Petite habitation rudimentaire au Brésil. *Des favelas.*

faveur n. f.
• Avantage.
• **En faveur de**, locution prépositive. Pour. *Être en faveur du libre-échange.*
• **À la faveur de**, locution prépositive. En profitant de. *À la faveur de la nuit, le voleur s'introduisit dans la maison.*

favorable adj.
• Sympathique. *Je suis favorable à ce projet.*
• Opportun. *Attendre le moment favorable.*

favorablement adv.
D'une manière favorable.

favori, ite adj. et n. m. et f.
• **Adjectif.** Préféré. *Ma boisson favorite est le jus d'orange.*
• **Nom masculin et féminin.** Personne préférée.
Note.- Attention à l'orthographe : favor**i**, favor**ite**.

favoris n. m. pl.
Partie de la barbe qu'on laisse pousser de chaque côté du visage. *Il a toujours porté des favoris.*

favoriser v. tr.
• Contribuer à la progression, au développement (d'une chose). *Il favorise la promotion des jeunes.*
• Accorder un traitement de faveur (à une personne). *Il favorisait sa candidature.*

favoritisme n. m.
Tendance à favoriser quelqu'un de manière injuste.
Note.- Ne pas confondre avec le mot **népotisme** qui désigne un favoritisme envers sa propre famille.

FB
Symbole de *franc belge.*

Fe
Symbole de *fer.*

fébrile adj.
• Fiévreux.
• Excité, agité à l'excès. *Une excitation fébrile.*
Note.- **Fébrile** et **fiévreux** constituent des doublets : **fébrile** est la forme savante utilisée par le vocabulaire de la médecine, alors que l'adjectif **fiévreux** est le mot courant.
V. Tableau - **DOUBLETS.**

fébrilement adv.
D'une manière fébrile.

fébrilité n. f.
Agitation, nervosité.

fécond, onde adj.
Fertile, prolifique.
Note.- Attention à l'orthographe : fécon**d**.

fécondation n. f.
• **Fécondation in vivo.** Technique de fécondation dans l'utérus.
• **Fécondation in vitro.** Technique de fécondation à l'extérieur de l'utérus. Sigle *FIV.*
• **Fécondation in vitro et transfert embryonnaire.** Sigle *FIVETE.*

féconder v. tr.
• Réaliser la fécondation.
• (Litt.) Rendre fertile. *La pluie féconde les champs.*

fécondité n. f.
Fertilité.

féculent, ente adj. et n. m.
Qui contient une forte proportion de fécule. *Les pommes de terre sont des féculents.*

fedayin ou **feddayin** n. m.
• Le *n* se prononce [fedajin] ou [fedain].
• Résistant palestinien. *Des fedayins.*

fédéral, ale, aux adj.
Relatif à une fédération. *Des États fédéraux.*

fédéralisme n. m.
Regroupement politique de plusieurs États.

fédéraliste adj. et n. m. et f.
• **Adjectif.** Relatif au fédéralisme. *Une tendance fédéraliste.*
• **Nom masculin ou féminin.** Partisan du fédéralisme. *Les fédéralistes et les indépendantistes.*

fédération n. f.
• Groupement de plusieurs États en un seul État fédéral.
• Association de plusieurs sociétés, syndicats, groupes.
Note.- La désignation d'organismes, d'institutions, d'associations s'écrit avec une majuscule initiale. *La Fédération de l'éducation nationale.*

fédérer v. tr., pronom.
• Le deuxième *é* se change en *è* devant une syllabe muette, sauf à l'indicatif futur et au conditionnel présent. *Il fédère*, mais *il fédérera.*
• Former en fédération.

fée n. f.
Femme imaginaire douée d'un pouvoir surnaturel. *Un conte de fées, des contes de fées.*

feed-back n. m. inv.
(Anglicisme) Rétroaction, réaction.

féerie n. f.
• Le *e* se prononce *é* ou est muet [fe(e)ri].
• Spectacle merveilleux.
Note.- Attention à l'orthographe : féerie.

féerique adj.
• Le *e* se prononce *é* ou est muet [fe(e)rik].
• Qui tient de la féerie.
Note.- Attention à l'orthographe : féerique.

feindre v. tr.
• *Je feins, tu feins, il feint, nous feignons, vous feignez, ils feignent. Je feignais, tu feignais, il feignait, nous feignions, vous feigniez, ils feignaient. Je feignis. Je feindrai. Je feindrais. Feins, feignons, feignez. Que je feigne, que tu feignes, qu'il feigne, que nous feignions, que vous feigniez, qu'ils feignent. Que je feignisse. Feignant. Feint, feinte.*
• Les lettres *gn* sont suivies d'un *i* à la première et à la

deuxième personne du pluriel de l'indicatif imparfait et du subjonctif présent.
• Simuler. *Feindre une émotion.*

feinte n. f.
• Action de feindre.
• Coup simulé.
Note.- Attention à l'orthographe : fe**in**te.

fêlé, ée adj.
• Fendu.
• (Fam.) Un peu fou.

fêler v. tr.
Fendre sans disjoindre les parties. *Fêler une potiche.*

félicitations n. f. pl.
Approbation, compliments. *Offrir ses félicitations.*

félicité n. f.
(Litt.) Joie profonde, béatitude.

féliciter v. tr., pronom.
• **Transitif.** Offrir ses félicitations. *Je vous félicite d'avoir réussi. Il le félicite de son succès, pour son succès.*
• **Pronominal.** Se réjouir de.
Note.- Le verbe se construit avec les prépositions *de* ou *pour.*

félin, ine adj. et n. m.
• **Adjectif.** Qui ressemble au chat. *Une démarche féline.*
• **Nom masculin.** Carnassier du type chat.

felouque n. f.
Bâtiment long et étroit, généralement à voile qui navigue sur la Méditerranée.

fêlure n. f.
Cassure.

fém.
Abréviation de *féminin.*

femelle adj. et n. f.
Nom générique des animaux de sexe féminin.
Note.- Attention à l'orthographe : fe**mell**e.

féminin, ine adj. et n. m.
• Abréviation **fém.** (s'écrit avec un point).
• **Adjectif.** Propre à la femme. *Un vêtement féminin.*
• **Nom masculin.** Genre grammatical marqué. *L'adjectif verte est le féminin de vert.*
V. Tableau - **GENRE.**

féminisation n. f.
• Action de donner un caractère féminin.
• Action de donner à un mot les marques du genre féminin.
V. Tableau - **FÉMINISATION DES TITRES.**
Note.- Pour les formes féminines des noms d'animaux, on consultera le tableau - **ANIMAUX.**

féminiser v. tr., pronom.
• **Transitif**
- Donner un caractère féminin à.
- (Ling.) Donner une forme féminine à un mot. *Féminiser une appellation d'emploi.*

FÉMINISATION DES TITRES

Depuis l'accès des femmes à de nouvelles fonctions, et devant le désir de celles-ci de voir leurs appellations d'emploi refléter cette nouvelle réalité, on note aujourd'hui une certaine tendance à utiliser les formes féminines des titres de fonctions.

Cette féminisation peut se faire :

- **Soit à l'aide du féminin usité.**

    Couturière, infirmière, avocate.

- **Soit à l'aide du terme épicène marqué par un déterminant féminin.**

    Une journaliste, une architecte, une astronome.

    Note.- L'adjectif ***épicène*** se dit d'un mot qui conserve la même forme au masculin et au féminin.

- **Soit par la création spontanée d'une forme féminine qui respecte la morphologie française.**

    Policière, chirurgienne, banquière, navigatrice, apicultrice.

- **Pronominal**
- Comprendre un plus grand nombre de femmes. *Cette profession se féminise.*
- Prendre une forme féminine. *Le nom **épicier** se féminise en **épicière.***

féminisme n. m.
Doctrine qui a pour but d'étendre les droits des femmes dans la société.

féministe adj. et n. m. et f.
- **Adjectif.** Relatif au féminisme.
- **Nom masculin et féminin.** Partisan du féminisme.

féminité n. f.
Ensemble des caractères propres à la femme.

femme n. f.
- Être humain de sexe féminin (par opposition à **homme**).
Note.- Le nom ***femme*** s'appose parfois à un nom de profession, de métier qui ne comporte pas de forme féminine. *Une femme médecin.*
- Être féminin adulte (par opposition à ***fille, jeune fille***).
- Épouse. *La femme de M. Untel* (et non la * dame).
Note.- On préférera le mot ***femme*** à ***épouse*** qui relève du vocabulaire administratif ou juridique.
- ***Femme de ménage.*** Aide-ménagère. *Des femmes de ménage.*

femmelette n. f.
(Péj.) Homme faible.
Note.- Attention à l'orthographe : fe***mmelette.***

fémoral, ale, aux adj.
Relatif au fémur ou à la cuisse. *Artère fémorale, pouls fémoral.*

femto- préf.
- Symbole ***f*** (s'écrit sans point).
- Préfixe qui multiplie par 0,000 000 000 000 001 l'unité qu'il précède. *Des femtosecondes.*

- Sa notation scientifique est 10^{-15}.
V. Tableau - **MULTIPLES ET SOUS-MULTIPLES DÉCIMAUX.**

fémur n. m.
Os de la cuisse.

fendillement n. m.
Fait de se fendiller.

fendiller v. tr., pronom.
- **Transitif.** Craqueler.
- **Pronominal.** Se craqueler, se crevasser.

fendre v. tr., pronom.
- *Je fends, tu fends, il fend, nous fendons, vous fendez, ils fendent. Je fendais. Je fendis. Je fendrai. Je fendrais. Fends, fendons, fendez. Que je fende. Que je fendisse. Fendant, Fendu, ue.*
- **Transitif**
- Diviser avec force, couper dans le sens de la longueur. *Fendre du bois.*
- Provoquer des fentes dans.
- **Pronominal**
Se disjoindre, se craqueler. *La paroi s'est fendue.*

fendu, ue adj.
Ouvert en longueur. *La bouche fendue jusqu'aux oreilles.*

fenestrage ou **fenêtrage** n. m.
(Archit.) Ensemble des fenêtres d'un immeuble.

fenestration n. f.
- Ouverture percée dans une cloison.
- Fenestrage.

fenêtre n. f.
- Ouverture dans un mur pour permettre le passage de l'air et de la lumière. *Cette fenêtre donne sur le lac.*
Note.- Ne pas confondre avec le mot ***châssis*** qui désigne l'armature entourant la fenêtre.
- ***Jeter l'argent par les fenêtres.*** Dépenser à l'excès.
- (Inform.) Zone d'un écran de visualisation.

fenil n. m.
- Le *l* se prononce ou non [fəni(l)].
- Grenier à foin.

fenouil n. m.
Plante aromatique de la famille des ombellifères.

fente n. f.
- Action de fendre.
- Ouverture étroite et longue. *La fente d'une tirelire.*
- Fissure.

féodal, ale, aux adj. et n. m.
(Ancienn.) Qui appartient au fief, à la féodalité. *Les droits féodaux.*

féodalité n. f.
Régime politique et social en vigueur au Moyen Âge caractérisé par l'existence de fiefs et de seigneurs.

fer n. m.
- Symbole *Fe* (s'écrit sans point).
- Métal gris, malléable et ductile. *Des fils de fer.*
- *Fer (à repasser).* Instrument que l'on chauffe afin de repasser le linge. *Donner un coup de fer à une jupe.*
- Instrument en fer. *Des fers à souder, des fers à friser.*
- *Fer à cheval.* Pièce de fer incurvée que l'on fixe sous le sabot du cheval. *Des fers à cheval qui servent de porte-bonheur.*
Hom. *faire*, créer, produire.

fer-blanc n. m.
Tôle de fer doux, recouverte d'étain. *Une fourchette en fer-blanc.*
Note.- Attention à l'orthographe : fer-blanc.

ferblanterie n. f.
Ustensiles en fer-blanc.
Note.- Ne pas confondre avec le mot *ferronnerie* qui désigne des ornements de fer.

-fère suff.
Élément du latin signifiant « qui porte ». *Somnifère.*

férié, ée adj.
Chômé. *La fête du Travail est un jour férié.*
Note.- Cet adjectif désigne un jour où il y a cessation de travail afin de célébrer une fête.
Ant. **ouvrable.**

férir v. tr.
- (Vx) Frapper.
- (Litt.) *Sans coup férir.* Sans employer la violence, sans difficulté. *Elle a réussi sans coup férir.*
Note.- Ce verbe ne s'emploie plus que dans l'expression citée.

ferme adj., adv. et n. f.
- **Adjectif**
- Dur, résistant. *La terre ferme. Une démarche ferme.*
- *De pied ferme.* Sans reculer.
- **Adverbe**
Pris adverbialement, le mot est invariable. *Ils marchandent ferme.*
- **Nom féminin**
Exploitation agricole. *Une ferme pilote.*

fermement adv.
D'une manière ferme.

ferment n. m.
Agent de fermentation.
Hom. *ferrement,* objet, garniture en fer.

fermentation n. f.
Transformation de certaines substances organiques sous l'action d'un ferment.

fermenter v. intr.
- Être en fermentation.
- (Fig.) Être en ébullition.
Note.- Ne pas confondre avec le verbe *fomenter* qui signifie « préparer en secret ».

fermer v. tr., intr.
- **Transitif**. Clore. *Elle ferma les yeux.*
Note.- On préférera l'expression **éteindre la lumière** à celle de *«fermer la lumière»; on préférera aussi l'expression **arrêter la télévision** à celle de *«fermer la télévision».
- **Intransitif**. Être, rester fermé. *Cette fenêtre ferme mal. Ce musée ferme le mardi.*

fermeté n. f.
Solidité, détermination.

fermette n. f.
Petite ferme.

fermeture n. f.
- Dispositif servant à fermer.
- *Fermeture éclair.* Marque déposée passée dans l'usage au sens de *fermeture à glissière. Des fermetures éclair.*
- Action de fermer.
- *Fermeture annuelle* (d'un établissement). Vacances.

fermier n. m.
fermière n. f.
Personne qui cultive la terre.
Note.- À la différence du *cultivateur* qui possède la terre qu'il cultive, le *fermier* exploitait la terre moyennant un salaire. Cependant, sous l'influence du mot anglais « farmer », le mot *fermier* a perdu ce sens et est devenu synonyme de *cultivateur.*
V. **cultivateur.**

fermoir n. m.
Attache qui sert à fermer un sac, un bijou, etc. *Des fermoirs dorés.*

féroce adj.
Qui est sauvage et cruel par nature.
Note.- Ne pas confondre avec les mots suivants :
- *bestial*, qui a la cruauté des bêtes féroces ;
- *cruel*, qui se plaît à faire souffrir ;
- *inhumain*, qui est étranger à tout sentiment de pitié.

férocement adv.
Avec férocité.

férocité n. f.
- Cruauté.
- Violence extrême.

ferraille n. f.
Débris de fer mis au rebut. *Cette voiture est bonne à mettre à la ferraille.*

ferrailler v. intr.
• Les lettres *ill* sont suivies d'un *i* à la première et à la deuxième personne du pluriel de l'indicatif imparfait et du subjonctif présent. *(Que) nous ferraillions, (que) vous ferrailliez.*
• Frapper à grand bruit des lames de sabre ou d'épée lors d'un combat.

ferrailleur n. m.
Personne qui fait le commerce de la ferraille.

ferré, ée adj.
• Garni de fer. *Des souliers ferrés.*
• *Voie ferrée.* Voie de chemin de fer.
• (Fam.) Expert, fort. *Il n'est pas très ferré en mécanique.*

ferrement n. m.
Objet, garniture en fer.
Hom. *ferment,* agent de fermentation.

ferrer v. tr.
Garnir de fer. *Ferrer un cheval.*

ferreux adj. m.
Qui contient du fer. *Des métaux ferreux.*
Notes.-
1° Cet adjectif n'a pas de forme féminine.
2° Ne pas confondre avec le mot *ferrugineux* qui qualifie ce qui contient de l'oxyde de fer.

ferronnerie n. f.
• Fabrique d'objets, d'ornements en fer.
• Objets, ornements en fer.
Notes.-
1° Attention à l'orthographe : fe*rronn*erie.
2° Ne pas confondre avec le mot *ferblanterie* qui désigne des ustensiles en fer-blanc.

ferronnier n. m.
ferronnière n. f.
Personne qui fait le travail du fer, le commerce de la ferronnerie.

ferronnière n. f.
Bandeau de métal ou d'étoffe porté sur le front et garni d'une pierre au milieu.

ferroutage n. m.
Transport rail-route.
Note.- Attention à l'orthographe : fe*rr*outage.

ferroutier, ière adj.
Qui sert au ferroutage.

ferroviaire adj.
Relatif aux chemins de fer. *Un réseau ferroviaire.*
Note.- Attention à l'orthographe : ferrovi*aire.*

ferrugineux, euse adj.
Qui contient de l'oxyde de fer.
Note.- Ne pas confondre avec le mot *ferreux* qui qualifie ce qui contient du fer.

ferry-boat n. m.
• Les lettres *oa* se prononcent *o* [feribot].
• (Anglicisme) Navire servant au transport de trains, des véhicules et de leurs passagers. *Des ferry-boats.*

Note.- Le terme *transbordeur* a fait l'objet d'une recommandation officielle pour remplacer cet anglicisme.

fertile adj.
• Productif. *Un sol fertile.*
• Inventif. *Une imagination fertile.*
• *Fertile en.* Rempli de. *Une histoire fertile en rebondissements.*

fertilisant, ante adj. et n. m.
Qui est propre à fertiliser (le sol).

fertilisation n. f.
Action de fertiliser.

fertiliser v. tr.
Rendre fertile (une terre).
Note.- Ce verbe ne peut s'appliquer à une personne, à un animal.

fertilité n. f.
Qualité de ce qui est fertile.
Ant. **stérilité.**

féru, ue adj.
Passionné. *Elle est férue d'astronomie.*

férule n. f.
Sous la férule de. Sous l'autorité.
Note.- Ce mot ne s'emploie plus que dans l'expression citée.

fervent, ente adj. et n. m. et f.
• **Adjectif.** Ardent, empressé. *De fervents défenseurs de la liberté.*
• **Nom masculin et féminin.** Passionné. *Les fervents de la micro-informatique.*
Note.- Attention à l'orthographe : ferv**e**nt.

ferveur n. f.
Ardeur, zèle enthousiaste.

fesse n. f.
Chacune des deux parties charnues qui forment le derrière. *Les fesses de la Vénus callipyge.*

fessée n. f.
Coups donnés sur les fesses.

fesse-mathieu n. m.
(Vx) Avare.
Note.- Attention à l'orthographe : fesse-ma*t*hieu.

fesser v. tr.
Donner des coups sur les fesses.

fessier, ière adj. et n. m.
• **Adjectif.** Relatif aux fesses. *Les muscles fessiers.*
• **Nom masculin.** Le derrière.

festin n. m.
Banquet.

festival n. m.
Ensemble de manifestations artistiques (musique, cinéma, théâtre, etc.) qui ont lieu périodiquement dans un endroit déterminé. *Des festivals très réussis. Le festival de Cannes.*

festivité n. f.
Fête, réjouissances.

Note.- Ce nom qui s'emploie surtout au pluriel est souvent ironique.

feston n. m.
Bordure dentelée et brodée.

festoyer v. intr.
• Le **y** se change en **i** devant un **e** muet. *Je festoie, je festoierai.*
• Le **y** est suivi d'un **i** à la première et à la deuxième personne du pluriel de l'indicatif imparfait et du subjonctif présent. *(Que) nous festoyions, (que) vous festoyiez.*
• Prendre part à des réjouissances.

fêtard, arde n. m. et f.
(Fam. et péj.) Personne qui aime faire la fête.

fête n. f.
• Jour consacré à des cérémonies civiles ou religieuses.
Note.- Les noms de fêtes s'écrivent avec une capitale initiale au nom spécifique et à l'adjectif qui précède le nom. *Le jour de l'An, le Nouvel An, le jour des Rois, le Mardi gras, le mercredi des Cendres, le Vendredi saint, Pâques, la fête des Mères, la Saint-Jean, la Pentecôte, l'Assomption, la fête du Travail, la Toussaint, Noël.*
• Réjouissances. *Une fête de famille.*
Note.- On confond souvent les mots **fête** et **anniversaire** : la **fête** désigne la commémoration de la fête du saint dont une personne porte le nom, et l'**anniversaire**, la commémoration du jour de la naissance d'une personne.
Hom. **faite,** sommet.

fêter v. tr.
Célébrer une fête, par une fête. *On a fêté la naissance de Laurence.*

fétiche n. m.
Porte-bonheur.

fétichisme n. m.
Vénération excessive à l'égard d'une personne, d'une chose.

fétichiste adj. et n. m. et f.
Qui pratique le fétichisme.

fétide adj.
D'une odeur très désagréable, nauséabond.

fétidité n. f.
Caractère d'une odeur fétide.

fétu n. m.
Brin. *Des fétus de paille.*

feu n. m.
• Dégagement de chaleur, de lumière, de flamme produit par la combustion de certains corps. *Un beau feu de bois. Des feux de camp.*
• (Fam.) **Faire long feu**. Ne pas réussir.
• **Ne pas faire long feu**. Ne pas durer longtemps. *Ses beaux projets n'ont pas fait long feu.*
• **Mettre à feu et à sang**. Dévaster.
• **Jouer avec le feu**. Commettre des imprudences.

• **À petit feu**. Lentement. *Faire mourir quelqu'un à petit feu.*
• Incendie. *Un feu de forêt.*
• **Faire feu de tout bois**. Utiliser toutes les possibilités.
• Lumière. *Les feux de position, des feux de route, des feux de croisement.*
• **Feu de circulation.** Signal lumineux autorisant le passage libre (feu vert), tolérant le passage (feu orange), interdisant le passage (feu rouge). *Tournez au prochain feu.*
• **Donner le feu vert.** Autoriser.
• Tir. *Des coups de feu.*

feu, feue adj.
(Dr., litt. ou plaisant.) Défunt. *Feu la doyenne. Mes feus oncles. Ta feue grand-mère.*
Note.- Placé avant l'article défini ou l'adjectif possessif, l'adjectif est invariable. Placé entre le déterminant et le nom ou après le nom, l'adjectif s'accorde avec le nom auquel il se rapporte.

feuillage n. m.
Ensemble des feuilles d'un arbre, d'une plante. *Un feuillage coloré par l'automne.*
Note.- Le nom **feuillage** étant un collectif, il s'écrit généralement au singulier. *Un toit de feuillage. Un lit de feuillage.*

feuillard n. m.
Bande étroite destinée à consolider un emballage. *Cercler un colis de feuillards.*

feuille n. f.
• Partie des végétaux qui part de la tige, de la branche, généralement verte, diversement découpée et plane. *Une feuille d'érable, une feuille de capucine.*
• Morceau de papier. *Une feuille quadrillée.*
• Mince plaque de bois, de minéral, de métal, de carton. *Une feuille d'or.*
Note.- Si **feuille** et ses dérivés s'écrivent avec deux **l**, certains mots de la même famille s'écrivent avec un seul **l** : exfoliation, folié, folio.

feuille-morte adj. inv.
De la couleur dorée des feuilles mortes. *Des lainages feuille-morte.*
V. Tableau - **COULEUR (ADJECTIFS DE).**

feuillet n. m.
Partie d'un livre ou d'un cahier formée de deux pages recto et verso.

feuilleté, ée adj. et n. m.
• **Adjectif**. Formé de fines feuilles superposées. *De la pâte feuilletée.*
• **Nom masculin**. Pâte feuilletée garnie. *Un feuilleté aux champignons.*

feuilleter v. tr.
• Redoublement du **t** devant un **e** muet. *Je feuillette, je feuilletterai,* mais *je feuilletais.*
• Parcourir rapidement un ouvrage, un texte. *Les pages que j'ai feuilletées me semblent excellentes.*
• Travailler de la pâte.

feuilleton n. m.
• Série télévisée qui présente une histoire en plusieurs épisodes. *Les feuilletons sont très populaires.*

• **Roman-feuilleton.** Roman publié par épisodes dans un journal. *Des romans-feuilletons très populaires.*

feuillu, ue adj. et n. m.
• **Adjectif.** Qui a des feuilles.
• **Nom masculin.** Arbre qui porte des feuilles, par opposition aux conifères. *L'érable est un feuillu.*

feulement n. m.
Cri du tigre, du chat.

feuler v. intr.
Crier, en parlant du tigre ; grogner, en parlant du chat.

feutrage n. m.
Fait de feutrer, de se feutrer.

feutre n. m.
• Étoffe épaisse. *Chapeau de feutre.*
• Abréviation de **crayon-feutre, stylo-feutre.**

feutrer v. tr., intr., pronom.
• **Transitif**
- Garnir de feutre.
- (Fig.) Amortir. *La moquette feutre les pas.*
• **Intransitif** ou **pronominal**
Qui prend l'aspect du feutre. *Un lainage qui ne feutre pas* ou *qui ne se feutre pas.*

fève n. f.
• Légumineuse.
• Graine de cette plante.

févr.
Abréviation de **février.**

février n. m.
• Abréviation **févr.** (s'écrit avec un point).
• Deuxième mois de l'année. *Le 14 février.*
Note.- Les noms de mois s'écrivent avec une minuscule.

fez n. m.
• Le **z** se prononce [fɛz].
• Coiffure arabe.

FF
Symbole du **franc français.**

f⁹
Abréviation de **faubourg.**

fi ! interj.
• (Vx) Interjection qui marque le dédain.
• **Faire fi de.** Ne pas tenir compte. *Il a fait fi de mes recommandations.*

fiabilité n. f.
Aptitude d'un appareil, d'un système, d'un ensemble à fonctionner sans défaillance dans des conditions spécifiques.

fiable adj.
• Se dit d'un appareil qui offre des garanties de fonctionnement sans défaillance pendant une période déterminée. *Une voiture fiable.*
• Digne de confiance. *Une employée fiable.*

fiacre n. m.
Voiture à cheval.

fiançailles n. f. pl.
Promesse mutuelle de mariage. *Une bague de fiançailles.*
Note.- Ce nom est toujours au pluriel.

fiancer v. tr., pronom.
• Le **c** prend une cédille devant les lettres **a** et **o**. *Il fiança, nous fiançons.*
• **Transitif.** Célébrer les fiançailles de.
• **Pronominal.** Se promettre solennellement de s'épouser. *Ils se sont fiancés l'an dernier.*
Note.- Le verbe se construit absolument ou avec les prépositions **à** ou **avec**. *Il s'est fiancé à Juliette, avec Juliette.*

fiasco n. m.
Échec. *Des fiascos retentissants.*

fibre n. f.
Filament souple et allongé d'une matière. *Fibre nerveuse, fibre optique, fibre de verre.*

fibreux, euse adj.
Composé de fibres.

fibrome n. m.
Tumeur formée par des tissus fibreux.
Note.- Attention à l'orthographe : fibro**me**.

fibule n. f.
Broche antique. *Des fibules d'or.*

ficeler v. tr.
• Redoublement du **l** devant un **e** muet. *Je ficelle, je ficellerai,* mais *je ficelais.*
• Attacher avec de la ficelle.

ficelle adj. et n. f.
Petite corde pour attacher des paquets.
Note.- Ne pas confondre avec les mots suivants :
- **amarre**, ce qui sert à retenir un navire, un ballon ;
- **câble**, gros cordage de fibres textiles ou d'acier ;
- **cordage**, tout ce qui sert au grément d'un navire ou à la manœuvre d'une machine, d'un engin ;
- **corde**, lien fait de brins tordus ensemble.

fiche n. f.
Carton sur lequel on inscrit des renseignements en vue d'un classement.

ficher v. tr., pronom.
• **Transitif**
- Noter sur fiche, surtout de police. *Les membres de ce groupe sont fichés.*
- (Fam.) Faire. *Elle n'a rien fichu hier.*
• **Pronominal**
(Fam.) Se moquer. *Il s'est fichu de nous.*
Note.- Aux sens familiers de **faire** et **se moquer**, le participe passé de ce verbe est irrégulier, on dit **fichu** par analogie avec **foutu.**

fichier n. m.
Ensemble de fiches.

fichtre ! interj.
(Plaisant.) Interjection qui marque l'étonnement, l'admiration.

fichtrement adv.
(Plaisant.) Extrêmement.

fichu, ue adj. et n. m.
● **Adjectif**
- (Fam.) Perdu, qui ne peut plus servir. *Ma montre est fichue : elle a pris l'eau.*
- (Fam.) Désagréable. *Ils ont de fichus caractères.*
● **Nom masculin**
Carré d'étoffe plié en triangle que l'on porte sur la tête ou sur les épaules. *Des fichus de laine.*

fictif, ive adj.
Inventé. *Des identités fictives.*
Note. Ne pas confondre avec les mots suivants :
- **fabuleux**, qui tient de la fable, extraordinaire quoique réel ;
- **imaginaire**, qui n'existe que dans l'imagination ;
- **légendaire**, qui n'existe que dans les légendes.

fiction n. f.
● Création de l'imagination.
● **Science-fiction.** Fiction fondée sur les conséquences des progrès scientifiques de l'humanité.
Note.- Ne pas confondre avec le mot **fission** qui désigne la division d'un noyau d'atome.

fictivement adv.
De façon fictive.

ficus n. m.
● Le **s** se prononce [fikys].
● Plante ornementale.

fidéicommis n. m.
● Le **s** est muet [fideikɔmi].
● (Dr.) Don ou legs fait à une personne pour que celle-ci (le fiduciaire) le remette à une autre, à un moment déterminé. *Un dépôt en fidéicommis.*
Note.- Attention à l'orthographe : fidéicommi**s**.

fidèle adj. et n. m. et f.
● **Adjectif**
- Loyal. *Un ami fidèle.*
- Constant dans ses goûts, ses idées. *Elle est fidèle à son engagement.*
- Conforme à. *Une traduction fidèle, un récit fidèle à la vérité.*
● **Nom masculin et féminin**
Personne qui professe une religion, qui appartient à un groupe.
Note.- Attention à l'orthographe : fid**è**le.

fidèlement adv.
De façon fidèle.

fidélité n. f.
Qualité d'une personne, d'une chose fidèle.
Note.- Attention à l'orthographe : fid**é**lité.

fiduciaire adj. et n. m. et f.
● **Adjectif.** (Écon.) Fondé sur la confiance. *Une monnaie de papier est une monnaie fiduciaire.*
● **Nom masculin et féminin.** (Dr.) Personne, société chargée de remettre des biens en vertu d'un fidéicommis.

fiducie n. f.
● Dépôt d'un bien par le débiteur auprès du créancier en garantie du paiement d'une dette.

● **Société de fiducie**. Personne morale chargée d'une fiducie.

fief n. m.
● Le **f** final se prononce [fjɛf].
● Au Moyen Âge, domaine confié par le seigneur à son vassal en échange de sa fidélité.
● Domaine réservé. *Des fiefs électoraux.*

fieffé, ée adj.
Qui possède un défaut au plus haut point. *Un fieffé menteur.*
Notes.-
1° L'adjectif se met généralement avant le nom.
2° Attention à l'orthographe : fie**ff**é.

fiel n. m.
● Bile de certains animaux.
● Amertume.

fielleux, euse adj.
(Litt.) Rempli d'acrimonie, d'amertume. *Une critique fielleuse.*

fiente n. f.
Excrément (d'oiseau).

fier (se) v. pronom.
● Redoublement du **i** à la première et à la deuxième personne du pluriel de l'indicatif imparfait et du subjonctif présent. *(Que) nous nous fiions, (que) vous vous fiiez.*
● Mettre sa confiance en. *Ne vous fiez pas à lui. Il se fie sur sa rapidité.*
Note.- Le verbe se construit généralement avec la préposition **à**, il peut également se construire avec **sur**.

fier, fière adj. et n. m. et f.
● **Adjectif**
- Digne, noble. *Elle a fière allure.*
- Qui tire une vive satisfaction de. *Il est fier de son travail.*
- Prétentieux, méprisant. *Un ton fier.*
● **Nom masculin et féminin**
Crâneur. *Faire la fière.*

fier-à-bras n. m.
Fanfaron qui cherche à se faire redouter. *Des fier(s)-à-bras.*

fièrement adv.
De façon fière, avec fierté.

fierté n. f.
● Amour-propre. *Il a trop de fierté pour accepter cette offre.*
● Satisfaction légitime. *Elle contemple avec fierté son jardin fleuri.*

fiesta n. f.
(Fam.) Fête. *Des fiestas joyeuses.*

fièvre n. f.
● Élévation anormale de la température du corps.
● État de tension. *La fièvre des préparatifs.*
Note.- Attention à l'orthographe : fi**è**vre.

fiévreusement adv.
De façon fiévreuse.
Note.- Attention à l'orthographe : fiévreusement.

fiévreux, euse adj. et n. m. et f.
● Qui a de la fièvre. *Il est fiévreux.*
● Inquiet. *Une recherche fiévreuse.*
Notes.-
1° Attention à l'orthographe : fiévreux.
2° *Fiévreux* et *fébrile* constituent des doublets. L'adjectif *fiévreux* est le mot courant, alors que le mot *fébrile* est la forme savante qui relève surtout du vocabulaire de la médecine.
V. Tableau - **DOUBLETS.**

fifre n. m.
● Petite flûte traversière au son aigu.
● Personne qui en joue.
Note.- Attention à l'orthographe : fifre.

fifrelin n. m.
Cela ne vaut pas un fifrelin. (Vx) Cela ne vaut rien.
Note.- Ce nom ne s'emploie que dans l'expression citée.

fig.
Abréviation de *figure*, de *figuré.*

figer v tr , pronom.
● Le *g* est suivi d'un *e* devant les lettres *a* et *o. Il figea, nous figeons.*
● **Transitif.** Solidifier. *Le froid a figé l'étang.*
● **Pronominal.** S'immobiliser. *Ils se sont figés en apercevant le gardien.*
● *Locution figée.* Expression toute faite dont on ne peut modifier les mots. *L'expression mi-figue, mi-raisin est une locution figée.*

fignolage n. m.
Action de fignoler.

fignoler v. tr.
(Fam.) Parfaire avec un soin minutieux.

figue n. f.
● Fruit du figuier.
● *Mi-figue, mi-raisin.* Ambivalence teintée de satisfaction et de mécontentement. *Des sourires mi-figue, mi-raisin.*

figuier n. m.
Arbre des pays chauds dont le fruit est la figue.

figurant, ante n. m. et f.
Personnage accessoire, généralement muet (au cinéma, au théâtre). *Le réalisateur explique la scène aux figurants.*
Note.- Ne pas confondre avec le participe présent invariable *figurant. J'ai lu trois articles figurant dans ce magazine.*

figuratif, ive adj. et n. m. et f.
● **Adjectif.** Qui représente quelque chose. *Une œuvre figurative.*
● **Nom masculin et féminin.** Créateur qui pratique l'art figuratif. *Préférer les figuratifs aux abstraits.*

figuration n. f.
● Action de figurer quelqu'un, quelque chose ; résultat de cette action.
● Rôle de figurant. *Faire de la figuration.*

figure n. f.
● Forme du visage humain. *Faire une drôle de figure.*
Note.- Dans l'usage familier, le nom *figure* a remplacé *face* et *visage* qui sont toujours utilisés dans la langue soutenue et dans certaines expressions.
Syn. **visage.**
● *Faire figure de.* Paraître. *Ils font figure de personnes désintéressées.*
Note.- Dans cette expression, le nom *figure* est invariable.
● *Faire bonne figure, triste figure.* Se montrer à la hauteur de sa tâche, au-dessous de sa tâche.
● (Ling.) *Figure de rhétorique.* Forme particulière donnée à l'expression en vue de produire un certain effet.
V. Tableau — **FIGURÉS (EMPLOIS).**
● Illustration d'un livre.
Note.- Le nom s'abrège en *fig.* lorsqu'il est suivi d'un nombre ou d'une lettre, dans les renvois entre parenthèses et dans les notes. *(Fig. 4 - Diagramme).*

figuré, ée adj.
● Abréviation *fig.*
● Qui est composé d'une figure, d'un dessin. *Le schéma figuré d'une école.*
● *Sens figuré.* Signification d'un mot exprimée par une image.
Ant. **sens propre.**
V. Tableau - **FIGURÉS (EMPLOIS).**

figurer v. tr., intr,. pronom.
● **Transitif.** Représenter par un dessin, une figure. *Figurer la paix par une colombe.*
● **Intransitif.** Se trouver. *Ce mot ne figure pas au dictionnaire.*
● **Pronominal.** S'imaginer. *Ils se figurent qu'ils y arriveront.*

figurine n. f.
Statuette.

fil n. m.
● Brin long et fin d'une matière textile. *Un fil blanc.*
● Longue bande métallique. *Un fil de fer, un fil électrique.*
● *Coup de fil.* Coup de téléphone.
● Enchaînement logique. *Le fil d'une conversation, le fil des jours.*
Hom. *file,* suite.

filament n. m.
● Fil très fin.
● Fil conducteur d'une lampe électrique. *Le filament d'une ampoule.*
Note.- Attention à l'orthographe : filament.

filandreux, euse adj.
Rempli de fibres longues et coriaces. *Une viande filandreuse.*

filant, ante adj.
Qui file. *Une étoile filante.*

EMPLOIS FIGURÉS

LES PRINCIPAUX EMPLOIS FIGURÉS SONT :

- La **métonymie**
  - la cause pour l'effet

    La route a encore tué ce week-end (pour les accidents de la route).

  - le contenant pour le contenu

    Boire un verre.

- La **synecdoque**
  - l'espèce pour le genre

    Les mortels (pour les hommes).

  - la partie pour le tout

    Être sans toit (pour être sans maison).

  - le singulier pour le pluriel

    Le cultivateur est un lève-tôt (pour les cultivateurs).

- La **comparaison**

  Rapprochement d'objets, d'idées.

  Solide comme le roc.

- La **métaphore**

  Image.

  L'hiver de la vie (pour la vieillesse).

- L'**allégorie**

  Personnification de choses abstraites.

  L'aurore aux doigts de rose.

- L'**hyperbole**

  Exagération volontaire.

  Je meurs de faim.

- La **litote**

  Expression qui dit peu pour exprimer beaucoup.

  Elle n'est pas idiote (pour elle est très intelligente).

- L'**euphémisme**

  Adoucissement d'une expression trop brutale.

  Il s'est endormi (pour il est mort).

---

filasse adj. inv. et n. f.
- **Adjectif de couleur invariable**. D'un blond fade. V. Tableau - **COULEUR (ADJECTIFS DE)**.
- **Nom féminin**. Matière textile végétale.

file n. f.
- Suite de personnes ou de choses disposées l'une après l'autre. *Une file d'attente.*
- *À la file, en file, en file indienne.* L'un derrière l'autre.
- *En double file.* Se dit d'une voiture qui s'arrête le long de la file des voitures déjà stationnées. *Il est interdit de stationner en double file.*
- *Chef de file.* Leader. *Des chefs de file innovateurs.* Hom. **fil,** brin long et fin.

filer v. tr., intr.
- **Transitif**
- Transformer en fil. *Filer de la laine.*
- *Filer le parfait amour.* Être amoureux.
- *Filer un mauvais coton.* Ne pas être en forme.
- Suivre. *Ils sont filés par un détective.*
- **Intransitif**
- S'en aller rapidement. *La voiture file à toute allure. Le temps file.*
- *Filer à l'anglaise.* S'enfuir.
- *Filer doux.* Être docile.
- Se défaire, en parlant d'une maille. *Mon collant a filé.*

filet n. m.
- Réseau composé de mailles entrecroisées. *Des filets à poisson. Un filet à provisions.*

• Écoulement fin de quelque chose. *Un filet d'eau, de voix, de fumée.*
• Morceau tendre et charnu du bœuf, du veau, du mouton, d'un poisson. *Un filet de sole.*

filetage n. m.
Partie filetée (d'une vis).

fileter v. tr.
• Le *e* se change en *è* devant une syllabe muette. *Je filète, nous filetons.*
• Faire le filetage de (une vis, un écrou, etc.)

filial, iale, iaux adj.
Propre à l'enfant par rapport à ses parents. *Des sentiments filiaux.*

filiale n. f.
Unité de production décentralisée, juridiquement indépendante et dotée d'une complète autonomie de gestion, mais placée sous la direction d'une société mère qui possède la majorité de ses actions. *Une filiale dynamique.*
Note.- Ne pas confondre avec le mot **succursale** qui désigne un établissement n'ayant pas d'existence juridique indépendante.

filialement adv.
D'une manière filiale.

filiation n. f.
Descendance.

filière n. f.
Ensemble des étapes à franchir pour atteindre un résultat. *Suivre la filière.*

filiforme adj.
Mince comme un fil.
Note.- Attention à l'orthographe : fi*l*iforme.

filigrane n. m.
• Dessin que l'on peut voir en transparence.
• *En filigrane.* À l'arrière-plan. *Voir un motif en filigrane.*
Note.- Attention au genre masculin de ce nom et à l'orthographe : *un* fili*grane.*

filin n. m.
Cordage.

fille n. f.
• Personne du sexe féminin considérée par rapport à sa mère, à son père (par opposition à *fils*).
• Enfant du sexe féminin (par opposition à *garçon*).
• *Petite fille.* Fillette. *Du côté des petites filles.*
• *Jeune fille.* Adolescente.
• *Fille-mère.* (Vx et péj.) Ce mot est remplacé aujourd'hui par l'expression **mère célibataire.**

fillette n. f.
• Petite fille. *Des fillettes turbulentes.*
• (Fam.) Demi-bouteille, utilisée surtout pour les vins d'Anjou.

filleul, eule n. m. et f.
Se dit d'une personne par rapport à son parrain et à sa marraine.

film n. m.
• Œuvre cinématographique. *Des films muets.*

• *Bande annonce.* Montage de séquences destinées à présenter une œuvre cinématographique.
• Fine pellicule d'un produit recouvrant une surface. *Un film graisseux.*

filmage n. m.
Tournage d'un film.

filmer v. tr.
• Enregistrer sur un film.
• Prendre un film.

filon n. m.
• Couche de minerai dans le sol.
• (Fig.) Source de réussite. *Trouver un filon.*

filou n. m.
(Fam.) Personne malhonnête. *Des filous.*

filouter v. tr.
(Fam.) Voler avec adresse.

fils n. m.
• Personne de sexe masculin considérée par rapport à sa mère, à son père (par opposition à *fille*).
• *De père en fils.* Ils dirigent cette entreprise de père en fils.

filtrage n. m.
• Action de filtrer.
• Fait de se répandre. *Le filtrage d'une information.*

filtrant, ante adj.
Qui sert à filtrer. *Des verres filtrants.*
Note.- Ne pas confondre avec le participe présent invariable *filtrant. Le chat joue avec les rayons filtrant à travers la fenêtre.*

filtration n. f.
Passage d'un fluide à travers un filtre.

filtre n. m.
Dispositif qui laisse passer un fluide en retenant les impuretés, les morceaux qu'il contient. *Un filtre à café.*
Hom. *philtre,* boisson magique.

filtrer v. tr., intr.
• **Transitif**
- Faire passer à travers un filtre.
- (Fig.) Soumettre à un tri. *Filtrer les candidats.*
• **Intransitif**
Passer à travers, se tamiser. *Le soleil filtre à travers la tonnelle. Cette nouvelle a filtré.*

fin adj., adv. et n. f.

ADJECTIF
• Petit, délicat. *Une taille fine.*
• Pur. *De l'or fin.*
• Subtil. *Un esprit très fin.*
ADVERBE
• Finement. *Ces grains doivent être moulus fin.*
• Tout à fait. *Ils sont fin prêts.*
Note.- Pris adverbialement, le mot est invariable.
NOM FÉMININ
• Action de finir. *La fin des vacances.*
- *Sans fin.* Sans arrêt.

- **À la fin de, en fin de** (matinée, journée...). Cette locution marque la fin d'une période. *Nous discuterons à la fin de la réunion.*
Note.- La tournure elliptique **fin** (mois, année) s'emploie surtout dans la langue commerciale. *L'inauguration du magasin aura lieu fin octobre.*
- **Mettre fin.** Terminer. *Mettre fin au combat.*
- **Tirer, toucher à sa fin.** Se terminer, s'épuiser. *Les réserves tirent à leur fin.*
- **Mener à bonne fin.** Réussir.
- **En fin de compte.** En résumé.
• But, dessein.
- **À seule fin de** + verbe. Uniquement pour. *À seule fin de paraître bien.*
- **À des fins** + adjectif. *À des fins économiques.*
- **Aux fins de** + nom d'action. *Aux fins d'examen.*
- **À toutes fins utiles.** Pour servir le cas échéant. *À toutes fins utiles je vous enverrai le texte intégral.*
- **Arriver à ses fins.** Atteindre son but.
- **Fin de non-recevoir.** Refus. *On lui a opposé une fin de non-recevoir.*
Hom. **faim**, besoin et désir de manger.

final, ale, als ou **aux** adj.
Qui est à la fin. *Des examens finaux, finals.*
Note.- Le pluriel en **-aux** tend à l'emporter sur celui en **-als.**

finale n. m. et f.
• **Nom masculin**
Dernier mouvement d'une œuvre musicale (sonate, symphonie, etc.).
Note.- Ce nom s'écrit **finale** ou **final.**
• **Nom féminin**
- Dernière syllabe ou dernière lettre d'un mot.
- Dernière épreuve d'une compétition par élimination. *Arriver en finale.*

finalement adv.
À la fin.

finaliser v. tr.
• Donner un but, une finalité à.
• Achever, mettre au point quelque chose. *Finaliser une proposition.*

finaliste n. m. et f.
Personne qui participe à une épreuve finale. *Les finalistes du concours international.*

finalité n. f.
But auquel tend chaque chose.

finance n. f.
• Activité bancaire, boursière. *Le monde de la finance.*
• **Haute finance.** Ensemble des financiers importants.
• (Au plur.) Ensemble des recettes et des dépenses de l'État. *Le ministère des Finances.*

financement n. m.
Action de financer quelque chose.

financer v. tr.
• Le **c** prend une cédille devant les lettres **a** et **o.** *Il finança, nous finançons.*
• Procurer des fonds à une entreprise.

financier n. m.
Spécialiste des opérations bancaires, boursières.

financier, ière adj.
Relatif aux finances. *Un analyste financier.*

financièrement adv.
En matière de finances.

finasser v. intr.
User de ruse.

finaud, aude adj. et n. m. et f.
Fin, rusé sous un air simple.

fin de semaine n. f.
Au Canada, congé du samedi et du dimanche. *Bonne fin de semaine ! Des fins de semaine.*
Syn. **week-end.**

fine n. f.
Eau-de-vie de qualité supérieure. *Une fine champagne.*

finement adv.
Avec finesse.

finesse n. f.
• Délicatesse. *La finesse d'un dessin.*
• Possibilité de saisir les nuances. *Finesse d'esprit.*
Note.- Ne pas confondre avec les mots suivants :
- **esprit,** vivacité de l'esprit ;
- **génie,** faculté créatrice ;
- **ingéniosité,** habileté à inventer des solutions ;
- **talent,** aptitude naturelle.

finette n. f.
Tissu de coton dont l'envers est pelucheux. *Une chemise de nuit en finette.*

fini, ie adj. et n. m.
• **Adjectif.** Achevé.
• **Nom masculin.** Perfection. *Le fini d'un tableau.*

finir v. tr., intr.
• **Transitif**
- Terminer. *La petite a fini ses devoirs. Elle a fini de travailler.*
- Constituer la fin de. *Ce dessert somptueux finit le repas.*
• **Intransitif**
- Arriver à sa fin. *Les vacances finissent bientôt.*
- Se terminer. *J'aime les romans qui finissent mal.*
- Réussir finalement. *Ils finiront bien par gagner.*
Note.- Cette construction marque la conclusion d'une suite d'actions antérieures. *Il a fini par accepter.*

finissage n. m.
Finition.

finition n. f.
• Achèvement minutieux.
• (Au plur.) Les derniers travaux.

finlandais, aise adj. et n. m. et f.
• De Finlande.
• Langue parlée en Finlande.
Syn. **finnois.**
Notes.-
1º Lorsqu'il s'agit de la langue, l'adjectif ou le nom

s'écrit avec une minuscule. Si le nom désigne une personne, la majuscule s'impose.

2º Pour désigner l'ethnie, on emploie l'adjectif **finnois**.

finnois, oise adj. et n. m. et f.
- Se dit d'un peuple qui habite la Finlande et le nord-ouest de l'U.R.S.S.
- Langue parlée en Finlande.

Syn. **finlandais**.

Note.- Lorsqu'il s'agit de la langue, l'adjectif ou le nom s'écrit avec une minuscule. Si le nom désigne une personne, la majuscule s'impose.

fiole n. f.
Petite bouteille.
Note.- Attention à l'orthographe : fio*l*e.

fioriture n. f.
Ornement. *Un style sans fioritures*.
Note.- Ce nom s'emploie surtout au pluriel.

firmament n. m.
(Litt.) Ciel.

firme n. f.
Entreprise industrielle, financière, commerciale.

fisc n. m.
- Les lettres **s** et **c** se prononcent [fisk].
- Administration chargée de la perception des impôts. *Frauder le fisc*.
Note.- Attention à l'orthographe : fis*c*.

fiscal, ale, aux adj.
Qui se rapporte à l'impôt. *Des règlements fiscaux*.

fiscaliste n. m. et f.
Spécialiste des lois fiscales.

fiscalité n. f.
Ensemble des lois fiscales.

fissible adj.
Susceptible de donner lieu à une fission nucléaire. *Des corps fissibles*.
Note.- Ne pas confondre avec le mot **fissile** qui qualifie ce qui tend à se fragmenter.

fissile adj.
Qui tend à se fragmenter.
Note.- Ne pas confondre avec le mot **fissible** qui qualifie ce qui est susceptible de donner lieu à une fission nucléaire.

fission n. f.
Division d'un noyau d'atome.
Note.- Ne pas confondre avec le mot **fiction** qui désigne une création de l'imagination.

fissure n. f.
Crevasse superficielle.

fissurer v. tr.
Crevasser, fendre.

FIV
Sigle de **fécondation** in vitro.

FIVETE
Sigle de **fécondation** in vitro **et transfert embryonnaire**.

fixage n. m.
Action de fixer.

fixatif n. m.
- Produit destiné à fixer sur le papier un pastel, un fusain.
- Laque pour les cheveux.

fixation n. f.
- Action de fixer. *Des crochets de fixation*.
- (Psychan.) Attachement de la libido à un mode de satisfaction.

fixe adj. et n. m.
- **Adjectif**
- Déterminé. *Un tarif fixe*.
- Immobile. *Un point fixe*.
- **Idée fixe.** Obsession.
- **Nom masculin**
Salaire fixe (auquel s'ajoutent les commissions). *Le fixe n'excède pas 1 000 F par semaine*.

fixe-chaussette n. m.
Support-chaussette. *Des fixe-chaussettes*.

fixement adv.
De manière fixe. *Il la regardait fixement*.

fixer v. tr., pronom.
- **Transitif**
- Déterminer de façon précise. *Ils ont fixé le prix à 500 F. La date n'a pas été fixée*.
- Lier, attacher solidement. *Fixer des valises sur le toit d'une voiture*.
- Regarder fixement. *Il me fixa longuement*.
- **Pronominal**
- Choisir finalement. *Son choix s'est fixé sur ce lecteur optique*.
- S'établir de façon permanente. *Ils se sont fixés en Provence*.

fixité n. f.
Qualité, état de ce qui est fixe.

fjord n. m.
- Le **j** se prononce **i** [fjɔrd].
- Golfe profond, à parois abruptes. *Les fjords de Norvège*.
Note.- Attention à l'orthographe : f*j*ord.

flacon n. m.
Bouteille de petite dimension. *Un flacon de parfum*.

fla-fla n. m.
(Fam.) Chichi. *Des fla-flas*.

flagellation n. f.
Action de flageller, de se flageller.

flageller v. tr., pronom.
Fouetter.

flageoler v. intr.
Trembler de faiblesse, de fatigue. *Il flageolait sur ses jambes*.
Note.- Attention à l'orthographe : flag*e*oler.

flageolet n. m.
Variété de haricot dont le goût est apprécié. *Un gigot aux flageolets*.
Note.- Attention à l'orthographe : flag*e*ol*et*.

flagorner v. tr.
Flatter bassement.

flagornerie n. f.
Flatterie basse et souvent intéressée.

flagrant, ante adj.
• Évident, incontestable. *La vérité est flagrante.*
• *Flagrant délit.* Délit constaté au moment où il a lieu.

flair n. m.
• Odorat du chien. *Le flair d'un chien de chasse.*
• Intuition. *Il a beaucoup de flair.*

flairer v. tr.
• Sentir. *Les chiens flairent le gibier.*
• Pressentir. *Elle flaire un piège.*
Note.- Ne pas confondre avec le verbe *fleurer* qui signifie « répandre une bonne odeur ».

flamand, ande adj. et n. m. et f.
Qui se rapporte à la Flandre.
Note.- Lorsqu'il s'agit de la langue, l'adjectif ou le nom s'écrit avec une minuscule. Si le nom désigne une personne, la majuscule s'impose.
Hom. *flamant,* oiseau au plumage généralement rose.

flamant n. m.
Oiseau au plumage généralement rose.
Hom. *flamand,* qui se rapporte à la Flandre.

flambant, ante adj.
• Qui flambe.
• *Flambant neuf.* Tout neuf. *Des robes flambant neuves.*
Note.- Les auteurs ne s'entendent pas sur l'orthographe de l'expression *flambant neuf :* pour certains, *flambant* est invariable tandis que *neuf* s'accorde ; pour d'autres, *flambant* et *neuf* forment une locution invariable.

flambeau n. m.
Torche servant à éclairer. *Un spectacle à la lueur des flambeaux.*

flambée n. f.
• Feu qui brûle avec de grandes flammes pendant peu de temps.
• Brusque manifestation. *Une flambée de violence.*
• *Flambée des prix.* Rapide augmentation des prix.

flamber v. tr., intr.
• **Transitif**
- Passer à la flamme.
- Arroser d'alcool un mets et l'enflammer. *Flamber des crêpes.*
• **Intransitif**
Brûler vivement, en faisant une flamme claire. *Les bâtiments flambent.*

flamboiement n. m.
Éclat de ce qui flamboie.
Note.- Attention à l'orthographe : flamboiement.

flamboyant, ante adj.
• Qui flamboie.
• Se dit du style très orné de la dernière période gothique. *Le gothique flamboyant.*

flamboyer v. intr.
• Le *y* se change en *i* devant un *e* muet. *Il flamboie, il flamboiera.*
• Le *y* est suivi d'un *i* à la première et à la deuxième personne du pluriel de l'indicatif imparfait et du subjonctif présent. *(Que) nous flamboyions, (que) vous flamboyiez.*
• Jeter une flamme très vive.

flamenco, a adj. et n. m.
• Le *n* se prononce [flamɛnko].
• **Adjectif.** *La musique flamenca.*
• **Nom masculin.** Chant, musique d'Andalousie. *Des flamencos mélancoliques.*

flamme n. f.
• Lumière produite par une substance en combustion. *La flamme d'une bougie.*
• *En flammes.* En feu. *L'édifice est en flammes.*
• (Fig.) Ardeur, enthousiasme. *Un plaidoyer plein de flamme.*
• *Être tout feu tout flamme.* Faire preuve de beaucoup d'ardeur.
Note.- Cette expression s'écrit au singulier et sans virgule.

flamèche n. f.
Parcelle enflammée qui s'envole. *Attention aux flamèches !*
Note.- Attention à l'orthographe : fla**m**èche.

flan n. m.
Crème renversée.
Hom. *flanc,* côté du corps.

flanc n. m.
• Partie latérale d'une chose. *Les flancs d'un navire. Ils habitent à flanc de montagne.*
• Côté du corps.
Hom. *flan,* crème renversée.

flancher v. intr.
(Fam.) Céder.

flanelle n. f.
Tissu en laine ou en coton. *De la flanelle grise.*

flâner v. intr.
Se promener sans but.
Note.- Attention à l'orthographe : flâner, ainsi que pour les dérivés.

flânerie n. f.
Action de flâner.

flâneur, euse adj. et n. m. et f.
Personne qui flâne, qui aime flâner.

flanquer v. tr.
• Être accolé à (sujet nom de chose). *Les deux tours qui flanquaient le château.*
• (Plaisant.) Accompagner (sujet nom de personne). *Un menuisier flanqué d'un électricien.*
• (Fam.) Lancer violemment. *Il lui a flanqué sa démission au visage.*

flapi, ie adj.
(Fam.) Épuisé. *Elle est complètement flapie.*

flaque n. f.
Petite mare. *Des flaques d'eau.*

flash n. m.
• (Anglicisme) Lampe destinée à la prise de vue photographique. *Des flashs ou des flashes électroniques.*
• (Anglicisme) Information très brève.

flash-back n. m. inv.
(Anglicisme) Séquence cinématographique retraçant une action passée par rapport à la narration.
Note.- L'expression **retour en arrière** a fait l'objet d'une recommandation officielle pour remplacer cet anglicisme.

flasque adj. et n. f.
• **Adjectif.** Mou, sans fermeté.
• **Nom féminin.** Gourde plate. *Une flasque de cognac.*

flatter v. tr., pronom.
• **Transitif**
- Caresser un animal. *Il flatte son chat.*
- Complimenter avec excès. *Il faut se méfier de ceux qui flattent au lieu de donner leur véritable appréciation.*
- Toucher. *Cette nomination me flatte énormément.*
- Avantager. *Ce vêtement le flatte.*
- **Être flatté que** + subjonctif. *Je suis flatté que vous soyez venu.*
• **Pronominal**
- **Se flatter de** + infinitif. Être persuadé de. *Il se flatte d'atteindre l'objectif fixé.*
- **Se flatter de** + nom ou infinitif. Tirer vanité, orgueil. *Elle se flatte de cette réussite.*

flatterie n. f.
Louange exagérée.

flatteur, euse adj. et n. m. et f.
• **Adjectif et nom masculin et féminin.** *Ne soyez pas trop flatteur.*
• **Adjectif.** Qui plaît à l'amour-propre. *Cette appréciation est flatteuse.*

flatteusement adv.
De façon flatteuse.

flatulence n. f.
Présence de gaz dans le tube digestif.
Note.- Attention à l'orthographe : flatulence.

fléau n. m.
• Outil servant à battre les céréales. *Des fléaux servant à battre le blé.*
• Tige horizontale d'une balance à laquelle sont attachés les plateaux d'une balance.
• Catastrophe.

fléchage n. m.
Action de flécher un itinéraire ; son résultat.
Note.- Attention à l'orthographe : fléchage.

flèche n. f.
• Projectile muni d'un bout pointu lancé par un arc, une arbalète.
Note.- Ne pas confondre avec les mots suivants :
- **dard**, arme acérée ;
- **javelot**, longue tige à pointe de fer.

• Signe en forme de flèche pour marquer la direction. *Une flèche de signalisation.*
• *Faire flèche de tout bois.* Utiliser tous les moyens, bons ou mauvais, pour arriver à ses fins.
Note.- Attention à l'orthographe : flèche.

flécher v. tr.
• Le *é* se change en *è* devant une syllabe muette, sauf à l'indicatif futur et au conditionnel présent. *Je flèche,* mais *je flécherai.*
• Orner de flèches.
• Installer des panneaux de signalisation afin d'indiquer la route à suivre. *Flécher un itinéraire.*

fléchette n. f.
Petit projectile que l'on lance à la main contre une cible. *Un jeu de fléchettes.*

fléchir v. tr., intr.
• **Transitif**
- Plier. *Fléchir le bras.*
- (Fig.) Faire céder quelqu'un. *Fléchir ses juges.*
• **Intransitif**
- Courber sous une charge.
- Plier, céder. *Elle ne fléchit pas : sa décision est irrévocable.*
- Baisser. *Le cours de ces actions a fléchi.*

fléchissement n. m.
• Action de fléchir. *Le fléchissement du genou.*
• Baisse, diminution.

flegmatique adj. et n. m. et f.
Se dit d'une personne toujours calme, qui demeure impassible.

flegmatiquement adv.
Avec flegme.

flegme n. m.
Art de cacher parfaitement ses sentiments. *Le flegme britannique.*

flemmard, arde adj. et n. m. et f.
(Fam.) Paresseux.

flemme n. f.
(Fam.) Paresse.

flétan n. m.
Poisson dont la chair blanche est appréciée.

flétrir v. tr.
• Ôter la couleur, la fraîcheur (d'une plante).
• (Litt.) Stigmatiser. *Flétrir l'injustice.*

flétrissure n. f.
• Altération de la fraîcheur, de l'éclat.
• (Litt.) Déshonneur.

fleur n. f.
• Partie colorée de certains végétaux qui contient les organes de reproduction. *Un bouquet de fleurs sauvages.*
• *À fleur de,* locution prépositive. Au niveau de, au ras de. *Une sensibilité à fleur de peau.*
• *Fleur bleue,* locution invariable. Sentimental. *Ils sont fleur bleue.*

fleur de lis n. f.
Emblème de la royauté en France.

fleurdelisé, ée adj.
Orné de fleurs de lis.
Note.- Attention à l'orthographe : fleurdel*i*sé.

fleurer v. tr., intr.
(Litt.) Répandre une bonne odeur. *La maison fleure le bon pain chaud.*
Note.- Ne pas confondre avec le verbe **flairer** qui signifie « sentir, pressentir ».

fleuret n. m.
Épée d'escrime.

fleurette n. f.
• Petite fleur
• *Conter fleurette*. Tenir des propos galants à une femme.

fleuri, ie adj.
• Garni de fleurs. *Des sentiers fleuris.*
• (Litt.) *Barbe fleurie.* Barbe blanche.

fleurir v. tr., intr.
• À l'imparfait et au participe présent, le verbe a deux formes de conjugaison : il fleurissait, il florissait, fleurissant, florissant.
• **Transitif.** Orner de fleurs. *Elle a fleuri la maison de lilas.*
• **Intransitif.** Produire des fleurs. *Les rosiers ont fleuri.*

fleuriste adj. et n. m. et f.
Personne qui cultive des fleurs ou qui en fait le commerce.

fleuron n. m.
Ornement en forme de fleur.

fleuve n. m.
• Cours d'eau important qui se jette dans la mer. *La Seine est un fleuve.*
Note.- Ne pas confondre avec les mots suivants :
- *rivière*, cours d'eau qui se jette dans un fleuve ;
- *ruisseau*, petit cours d'eau peu large ;
- *torrent*, cours d'eau de montagne, impétueux.
• *Roman-fleuve, film-fleuve, discours-fleuve.* Interminable.

flexibilité n. f.
Souplesse.

flexible adj.
• Souple, malléable. *Une tige flexible.*
• (Fig.) Qui s'adapte facilement. *Un horaire flexible, un caractère flexible.*

flexion n. f.
• Fléchissement. *Une flexion du genou.*
• (Gramm.) Variation dans la forme d'un mot qui se décline ou se conjugue.

flibustier n. m.
Pirate.

flic n. m.
(Pop.) Policier.

flirt n. m.
• Les lettres *ir* se prononcent *eur* et le *t* se prononce [flœrt].
• Amourette. *Ce ne sont que des flirts.*

flirter v. intr.
• Faire la cour à quelqu'un.
• (Fam.) Ébaucher un rapprochement. *Ce député flirte avec l'opposition.*

flocon n. m.
• Petite masse. *Des flocons de neige.*
• Lamelle séchée de céréales, de fruits, etc. *Des flocons de blé.*

floconner v. intr.
Former des flocons.

floconneux, euse adj.
Qui ressemble à des flocons. *Des ciels floconneux.*

flonflon n. m. (gén. plur.)
(Fam.) Airs bruyants de certaines musiques populaires. *Les flonflons de la fête.*

flop n. m.
• Onomatopée marquant un bruit de chute.
• (Fig. et fam.) Échec. *C'est un flop total.*

flopée n. f.
(Fam.) Grande quantité de. *Une flopée de commentaires.*

floraison n. f.
Épanouissement des fleurs. *La floraison des pommiers.*

floral, ale, aux adj.
Relatif aux fleurs. *Des expositions florales.*

floralies n. f. pl.
Exposition de fleurs.
Note.- Ce nom est toujours pluriel.

flore n. f.
Ensemble des plantes d'une région. *La flore et la faune.*

florès (faire) loc. verb.
(Litt., vx) Réussir brillamment.

florilège n. m.
• Anthologie de morceaux choisis, surtout poétiques.
• Sélection de chose remarquables.

florin n. m.
Unité monétaire des Pays-Bas. *Des florins.*
Note.- On peut aussi utiliser le mot néerlandais **gulden**.
V. Tableau - **SYMBOLES DES UNITÉS MONÉTAIRES.**

florissant, ante adj.
Qui est prospère, en bonne santé. *Des affaires florissantes, une mine florissante.*

flot n. m.
• (Au plur.) (Litt.) Vagues. *Les flots de la mer.*
• *Couler à flots.* Être en abondance. *Le champagne coulait à flots.*
• Masse liquide qui se déplace. *Un flot de boue.*
• *À flot*, locution adverbiale. Qui est en bon état. *Remettre à flot une entreprise.*
Note.- Attention à l'orthographe des expressions : le nom **flot** est au pluriel dans **couler à flots,** au singulier dans **remettre à flot.**

flottabilité n. f.
Aptitude à flotter.

flottage n. m.
Transport par eau de grumes de bois que l'on fait flotter sur un cours d'eau. *Le flottage du bois.*

flottaison n. f.
Limite qui sépare la partie immergée d'un corps flottant en eau calme de celle qui émerge. *La ligne de flottaison d'un navire.*

flotte n. f.
• Ensemble des navires de guerre d'un pays. *La flotte américaine.*
• Ensemble des navires d'une compagnie maritime.
• (Pop.) Pluie, eau.
• (Par anal.) *Flotte aérienne.* Ensemble des avions d'une société, d'un pays.

flottement n. m.
• Balancement.
• Hésitation, indécision. *Il y a eu un peu de flottement.*

flotter v. tr., intr.
• **Transitif.** *Flotter du bois.* Transporter du bois par flottage.
• **Intransitif.** Se maintenir à la surface d'un liquide. *Cette bouée flotte.*
Note.- Attention à l'orthographe : flo**tt**er.

flotteur n. m.
Bouée, pièce conçue pour flotter.

flottille n. f.
Petite flotte. *Des flottilles de pêche.*

flou, floue adj. et n. m.
• **Adjectif.** Imprécis. *Des dessins flous.*
• **Nom masculin.** Imprécision, caractère vague de quelque chose. *Un flou artistique.*

fluctuant, ante adj.
Qui varie. *Des taux fluctuants.*
Note.- Ne pas confondre avec le participe présent invariable *fluctuant. Les taux fluctuant constamment, il est impossible de fixer un prix.*

fluctuation n. f.
Variation continuelle. *Les fluctuations du prix de l'or.*

fluctuer v. intr.
Varier. *Les prix fluctuent sans cesse.*

fluet, ette adj.
Frêle.

fluide adj. et n. m.
• **Adjectif.** Qui coule facilement.
• **Nom masculin.** Corps à l'état liquide ou gazeux.
Note.- Le mot *fluide* a une acception plus vaste que celle de *liquide.* Si tous les liquides sont des fluides (fluides incompressibles), tous les fluides ne sont pas des liquides, puisque certains sont des gaz (fluides compressibles).
Ant. **solide.**

fluidifier v. tr.
• Redoublement du *i* à la première et à la deuxième

personne du pluriel de l'indicatif imparfait et du subjonctif présent. *(Que) nous fluidifiions, (que) vous fluidifiiez.*
• Rendre fluide un corps.

fluidité n. f.
Caractère de ce qui est fluide.

fluo
Abréviation familière de *fluorescent.*

fluor n. m.
• Symbole *F* (s'écrit sans point).
• Corps simple gazeux.

fluoration n. f.
Action d'ajouter du fluor à l'eau de consommation. *La fluoration de l'eau peut prévenir les caries dentaires.*

fluorescence n. f.
Propriété qu'ont certains corps d'émettre de la lumière lorsqu'ils sont soumis à un rayonnement.
Note.- Attention à l'orthographe : fluore**sce**nce.

fluorescent, ente adj.
• S'abrège familièrement en *fluo* (s'écrit sans point).
• Qui devient lumineux sous l'action de certains rayonnements. *Une lumière fluorescente.*

flush n. m.
• Le mot se prononce [flœʃ] ou [flɔʃ].
• (Anglicisme) Quinte (aux cartes).

flûte n. f.
• Instrument à vent. *Une flûte traversière.*
• Verre à pied. *Une flûte à champagne.*
• Pain mince et long.
Note.- Attention à l'orthographe : fl**û**te.

flûté, ée adj.
Qui se rapproche du son de la flûte.

flûtiste n. m. et f.
Personne qui joue de la flûte.

fluvial, iale, iaux adj.
Qui a rapport aux fleuves. *Des bassins fluviaux. La navigation fluviale.*

flux n. m.
• Le *x* ne se prononce pas [fly].
• Écoulement d'un liquide. *Un flux artériel.*
• (Litt.) Débordement, abondance. *Un flux de paroles.*
• Mouvement de la mer. *Le flux et le reflux.*
• Déplacement d'énergie. *Un flux électrique.*

fluxion n. f.
• Congestion.
• *Fluxion de poitrine.* (Vx) Pneumonie.
Note.- Attention à l'orthographe : flu**x**ion.

FM
Abréviation internationale de *modulation de fréquence. Se brancher sur la bande FM.*

F.M.I.
Sigle de *Fonds monétaire international.*

FOB adj. inv.
Abréviation de *free on board*, couramment utilisée dans le commerce international.
V. **F.A.B.**

foc n. m.
- Le *c* se prononce [fɔk].
- Voile triangulaire placée à l'avant d'un navire.
Hom. *phoque*, mammifère amphibie.

focal, ale, aux adj.
Central. *Des plans focaux.*

focaliser v. tr.
- Faire converger en un point. *Focaliser un faisceau d'électrons.*
- (Fig.) Concentrer sur un point déterminé. *Focaliser des opinions diverses sur une question précise.*

fœtal, ale, aux adj.
- Les lettres *œ* se prononcent *é* [fetal].
- Relatif au fœtus. *Des souffrances fœtales.*

fœtus n. m.
- Les lettres *œ* se prononcent *é* et le *s* est sonore [fetys].
- Produit de la conception (à partir du troisième mois, pour l'espèce humaine).
Note.- Avant le troisième mois, il s'agit d'un *embryon*.

foi n. f.
- Fidélité à tenir sa parole. *Foi d'honnête homme.*
- *Faire foi.* Prouver. *Le cachet de la poste faisant foi.*
- *Être de bonne, mauvaise foi.* Être honnête, malhonnête.
- Confiance en quelqu'un, quelque chose. *Cette personne est digne de foi.*
- Le fait de croire en Dieu. *Cette famille a la foi.*
Hom. :
- *foie*, organe ;
- *fois*, il était une fois.

foie n. m.
Organe qui sécrète la bile et remplit de multiples fonctions. *Une crise de foie.*
Note.- Attention à l'orthographe : foi*e*.
Hom. :
- *foi*, croyance religieuse ;
- *fois*, il était une fois.

foin n. m.
Herbe fauchée. *Quel plaisir nous avons eu à faire les foins.*

foin ! interj.
(Vx) Interjection qui marque le dédain.

foire n. f.
- Grand marché public. *Une foire commerciale.*
- *Foire d'empoigne.* Mêlée, au sens propre ou figuré.

foirer v. intr.
(Pop.) Échouer, rater.

fois n. f.
- Joint à un adjectif numéral, le nom *fois* marque un nombre, un degré de fréquence, un degré de grandeur. *Deux fois par semaine* (et non *la semaine). *Trois fois trois.*
- *Chaque fois.* Toutes les fois. *Chaque fois qu'il pleut* (et non *à chaque fois).
V. **chaque.**
- *Des fois.* (Fam.) Parfois.

- *Une fois que*, locution conjonctive. Lorsque. *Une fois que ce chiffre sera atteint.*
- *Une fois* + **adjectif ou participe.** Quand. *Une fois arrivé, préviens-moi.*
- *Une fois pour toutes.* De façon définitive.
Note.- Cette expression est de niveau plus soutenu que *une bonne fois.* *Il importe de décider une fois pour toutes.*
- *Une fois.* Jadis. *Il était une fois une jolie princesse...*
- *Cette fois*, locution adverbiale. Dans cette circonstance.
- *D'autres fois*, locution adverbiale. En d'autres occasions.
- *(Deux, trois, tous) à la fois.* En même temps.
Hom. :
- *foi*, croyance religieuse ;
- *foie*, organe.

foison n. f.
À foison, locution adverbiale. Abondamment.

foisonnement n. m.
Fait de foisonner.
Note.- Attention à l'orthographe : foiso*nn*ement.

foisonner v. intr.
Abonder. *Les libellules foisonnent cet été.*
Note.- Attention à l'orthographe : foiso*nn*er.

fol
V. **fou.**

folâtre adj.
Espiègle, badin.
Note.- Attention à l'orthographe : folâtre.

folâtrer v. intr.
Batifoler.
Note.- Attention à l'orthographe : folâtrer.

foliation n. f.
Disposition des feuilles sur une tige.
Note.- Attention à l'orthographe : fol*i*ation.

folichon, onne adj.
Amusant. *Cette étude n'est pas particulièrement folichonne.*
Note.- Attention à l'orthographe de la forme féminine : folicho*nn*e.

folie n. f.
- Démence. *Il est atteint de folie.*
- Acte déraisonnable, goût excessif pour quelque chose. *C'est de la folie pure !*
Note.- Attention à l'orthographe : fol*i*e, mais *folle.*

folio n. m.
- Feuillet. *Des folios.*
- (Typogr.) Numéro d'ordre d'une page.
Note.- Les folios se composent en chiffres arabes. Les folios des parties accessoires d'un ouvrage (introduction, avant-propos...) sont composés en chiffres romains.

folklo
Abréviation familière de *folklorique.*

folklore n. m.
Ensemble des traditions populaires d'un pays ou d'une région.

folklorique adj.
• Ce mot est familièrement abrégé en **folklo** (s'écrit sans point).
• Relatif au folklore. *Des danses folkloriques.*
• (Péj.) Pittoresque, mais sans sérieux.

folkloriste n. m. et f.
Spécialiste du folklore.

folle
V. **fou.**

follement adv.
Extrêmement, d'une manière folle. *Il est follement amoureux.*
Note.- Attention à l'orthographe : fo**ll**ement.

follet, ette adj.
Feu follet. Petite flamme fugitive. *Des feux follets ou des petits lutins animaient la forêt nocturne.*

follicule n. m.
• Fruit sec.
• Petit organe en forme de sac.
Note.- Attention au genre de ce nom : **un** follicule.

fomentation n. f.
(Litt.) Action de fomenter.
Note.- Attention à l'orthographe : fom**en**tation.

fomenter v. tr.
(Litt.) Préparer secrètement. *Fomenter une rébellion.*
Note.- Ne pas confondre avec le verbe **fermenter** qui signifie «être en fermentation, en ébulliton».

foncé, ée adj. et n. m.
Sombre, en parlant d'une couleur. *Bleu foncé.*
Note.- Les adjectifs de couleur composés sont invariables. *Des jupes vert foncé.*

foncer v. tr., intr.
• Le **c** prend une cédille devant les lettres **a** et **o**. *Il fonça, nous fonçons.*
• **Transitif**
Rendre plus sombre (une couleur).
• **Intransitif**
- Devenir plus sombre. *Ses cheveux ont foncé.*
- Se précipiter, aller vite, hardiment. *Elle fonce résolument.*

fonceur, euse adj. et n. m. et f.
Audacieux. *C'est une fonceuse.*

foncier, ière adj.
• Qui constitue un bien-fonds. *Une propriété foncière.*
• Relatif à un bien-fonds. *Des impôts fonciers, un crédit foncier.*
• Fondamental. *Différence foncière.*

foncièrement adv.
Profondément.

fonction n. f.
• Rôle caractéristique d'un élément dans un ensemble. *La fonction cardiaque.*
• Activité professionnelle. *Il exerce la fonction de maire.*
Notes.-
1° On écrit au pluriel **entrer en fonctions** si l'on désire insister sur les tâches, au singulier, si l'on parle d'une

profession. On écrit au singulier **être fonction de.** *Les salaires sont fonction du chiffre d'affaires.* Au singulier également l'expression **en fonction** au sens de **en activité.** *Être en fonction.*
2° Les désignations de fonctions sont généralement écrites avec une minuscule. *Le directeur, le doyen, le ministre, la présidente.* Par contre, si le nom de fonction désigne une personne déterminée, on écrit ce nom avec une majuscule initiale. Cette majuscule est obligatoire dans les appels et les formules de politesse. *Monsieur le Président.*
• *Faire fonction de.* Jouer le rôle de. *Elle fait fonction de conseillère.*
• *Être fonction de.* Dépendre de. *Les investissements seront fonction du chiffre d'affaires.*
• *En fonction de.* Selon. *Nous ajusterons les quantités en fonction de la demande.*
Note.- Dans ces expressions, le nom reste invariable.

fonctionnaire n. m. et f.
Employé de l'État.

fonctionnel, elle adj.
• Relatif à une fonction. *Un problème fonctionnel.*
• Utilitaire. *Un meuble fonctionnel.*

fonctionnellement adv.
De manière fonctionnelle.

fonctionnement n. m.
Manière dont quelque chose fonctionne. *Le fonctionnement d'un appareil. Des modes de fonctionnement.*

fonctionner v. intr.
Remplir sa fonction. *La cafetière fonctionne bien.*

fond n. m.
• Le plus bas niveau. *Le fond d'une bouteille. Le fond de la rivière.*
• (Fig.) Point extrême. *Au fond de mon cœur.*
• *Au fond, dans le fond*, locution adverbiale. En réalité.
• *À fond*, locution adverbiale. Entièrement.
• *De fond en comble*, locution adverbiale. Complètement.
• *Ski de fond.* Ski sur des parcours de faible dénivellation, par opposition à **ski alpin.**
Hom. :
- **fonds**, capital ;
- **fonts**, bassin.

fondamental, ale, aux adj.
Qui se rapporte à l'essentiel. *Des principes fondamentaux.*

fondamentalement adv.
De façon fondamentale.

fondant, ante adj. et n. m.
• **Adjectif.** Qui fond. *De la glace fondante.*
• **Nom masculin.** Préparation sucrée. *Du gâteau avec du fondant.*

fondateur, trice adj. et n. m. et f.
Créateur, bâtisseur.

fondation n. f.
• Création. *La fondation d'une ville.*

• (Au plur.) Base, fondement. *Couler les fondations d'un immeuble.*
• Création d'une œuvre, d'un établissement d'intérêt général ; cette œuvre, cet établissement.

fondé, ée adj.
• Autorisé. *Il est fondé à croire que l'objectif sera atteint.*
• Juste, légitime. *Un avis fondé.*

fondé de pouvoir n. m.
fondée de pouvoir n. f.
Personne chargée d'agir au nom d'une autre personne ou d'une société. *Des fondés de pouvoir compétents.*

fondement n. m.
• Principe, base. *Les fondements de la démocratie.*
• *Sans fondement.* Sans raison.

fonder v. tr.
• Constituer, créer. *Cette société a été fondée en 1850.*
• (Fig.) Établir solidement.
• (Litt.) Justifier.
Note.- Attention à la conjugaison du verbe *fonder* qui comporte des temps homonymes avec le verbe *fondre :* indicatif présent, troisième personne du pluriel, indicatif imparfait, subjonctif présent et participe présent.

fonderie n. f.
Usine où l'on fond les métaux, les alliages.

fondeur n. m.
• Personne qui dirige une fonderie.
• Personne qui travaille dans une fonderie.

fondeur, euse n. m. et f.
Personne qui pratique le ski de fond.

fondre v. tr., intr., pronom.
Je fonds, tu fonds, il fond, nous fondons, vous fondez, ils fondent. Je fondrais. Fonds, fondons, fondez. Que je fonde. Que je fondisse. Fondant. Fondu, ue.
• **Transitif**
- Rendre liquide un corps solide, sous l'action de la chaleur. *Faire fondre du beurre.*
- Mêler. *Fondre des couleurs.*
• **Intransitif**
Devenir liquide sous l'action de la chaleur. *La neige a fondu.*
• **Pronominal**
Se confondre. *Le voleur a réussi à se fondre dans la foule.*
Note.- Ne pas confondre avec le verbe *fonder* qui comporte des temps homonymes : indicatif présent, troisième personne du pluriel, indicatif imparfait, subjonctif présent et participe présent.

fonds n. m.
• Bien immeuble, terrain sur lequel on bâtit.
• *Fonds de commerce.* Établissement commercial. *Vendre un fonds de commerce.*
• Capital de financement. *Un appel de fonds.*
• (Au plur.) Argent disponible. *Récolter des fonds.*
Note.- Attention à l'orthographe : fon**ds**.
Hom. :
- *fond*, base ;
- *fonts*, bassin servant au baptême.

Fonds monétaire international
Sigle *F.M.I.*

fondu, ue adj. et n. m. et f.
• **Adjectif.** Venu à l'état liquide.
• **Nom masculin.** (Cin.) Ouverture ou fermeture progressive d'une lentille. *Des fondus enchaînés.*
• **Nom féminin.** Plat composé de fromage fondu dans lequel on trempe du pain. *Une fondue savoyarde.*

fongicide adj. et n. m.
Qui détruit les champignons parasites.

fontaine n. f.
• Eau qui sort de terre. *La fontaine de Vaucluse.*
• Édicule de distribution d'eau. *Fontaine publique.*
• *Fontaine de Jouvence.* Fontaine mythique dont les eaux ont la vertu de rajeunir. Lorsqu'il s'agit de la fontaine fabuleuse, le mot *jouvence* s'écrit avec une majuscule ; dans son emploi figuré, le mot s'écrit avec une minuscule.

fontanelle n. f.
Espace compris entre les os du crâne du nouveau-né.

fonte n. f.
• Action de fondre ; fait de fondre. *La fonte des neiges.*
• Alliage de fer et de carbone. *Une cloche en fonte.*
• (Typogr.) Ensemble de caractères d'un même type. *La fonte Helvetica.*
Syn. : *police de caractères.*

fonts n. m. pl.
Fonts baptismaux. Bassin servant au baptême.
Note.- Le nom ne s'emploie que dans l'expression citée.
Hom. :
- *fond*, point extrême ;
- *fonds*, capital.

football n. m.
• Le nom se prononce à l'anglaise [futbol].
• Sport d'équipe. *Des terrains de football.*

for n. m.
For intérieur. Au fond de soi-même. *Dans votre for intérieur, vous m'approuvez.*
Notes.-
1° Attention à l'orthographe : f**or.**
2° Ce mot ne s'emploie que dans l'expression citée.
Hom. :
- *fors*, excepté ;
- *fort*, puissant, robuste.

forage n. m.
Action de forer. *Le forage d'un puits.*

forain, aine adj. et n. m. et f.
Qui se rapporte aux foires, aux marchés. *Des fêtes foraines.*

forban n. m.
• Pirate.
• (Fig.) Personne malhonnête ; sans scrupules.
Note.- Attention à l'orthographe : forb**an.**

forçage n. m.
Culture des plantes hors saison. *Le forçage des tulipes.*
Note.- Attention à l'orthographe : forçage.

forçat n. m.
Condamné aux travaux forcés.
Note.- Attention à l'orthographe : forçat.

force adv. et n. f.
● **Adverbe**
(Litt.) Plusieurs. *Après force recommandations.*
● **Nom féminin**
- Puissance, énergie. *La force d'un lutteur.*
- Violence. *Ils ont employé la force.*
- *À force de*, locution prépositive. Avec beaucoup de. *Il y parvint, à force de travail.*
- *À toute force*, locution adverbiale. Très fort. *Ils ont crié à toute force.*
- *De force*. En employant la contrainte.
- *Par force*. Par nécessité.
- Degré de puissance, d'efficacité. *La force du vent.*
- (Au plur.) Formations militaires d'un État.

forcé, cée adj.
Qui est imposé. *Les travaux forcés.*

forcément adv.
Nécessairement, inévitablement.
Note.- Cet adverbe appartient à un registre légèrement familier ; dans la langue soutenue, on préférera *nécessairement, inévitablement.*

forcené, ée adj. et n. m. et f.
● **Adjectif et nom masculin et féminin**
- Qui n'a plus le contrôle de soi.
- (Par extension) *Un forcené du travail.*
● **Adjectif**
- Dont la violence est hors de mesure. *Une rage forcenée.*
- Qui dépasse toute mesure dans ses attitudes. *Une ambition forcenée.*
Note.- Ne pas confondre avec les mots suivants :
- *démesuré*, qui dépasse la mesure ;
- *excessif*, qui sort des limites permises ;
- *exorbitant*, qui sort des bornes, qui est inabordable.

forceps n. m.
● Les lettres *ps* se prononcent, au singulier comme au pluriel [fɔrsɛps].
● Instrument chirurgical en forme de pinces.

forcer v. tr., intr., pronom.
● Le *c* prend une cédille devant les lettres *a* et *o*. *Il força, nous forçons.*
● **Transitif**
- Enfoncer. *Forcer une porte.*
- Imposer quelque chose à quelqu'un. *Le propriétaire les a forcés à partir.*
● **Intransitif**
Fournir un grand effort. *Comme ils ont forcé pour déménager ce piano.*
● Pronominal
Faire un effort sur soi-même. *Ils se sont forcés un peu et le résultat est très bon.*

forcir v. intr.
Devenir plus fort, plus gros.

forclore v. tr.
● Ce verbe n'est usité qu'à l'infinitif et au participe passé.
● (Dr.) Exclure d'un droit qui n'a pas été exercé en temps utile.

forclos, ose adj.
(Dr.) Se dit d'une personne qui ne peut plus exercer un droit, celui-ci étant périmé.

forclusion n. f.
(Dr.) Perte de la faculté de faire valoir un droit, par l'expiration d'un délai.

forer v. tr.
Percer un trou, une cavité dans une matière dure.

foresterie n. f.
Ensemble des activités liées à la forêt et à son exploitation.

forestier, ière adj. et n. m. et f.
● **Adjectif**. Relatif à la forêt. *Un garde forestier.*
● **Nom masculin et féminin**. Professionnel de la foresterie.
Note.- Attention à l'orthographe : for**es**tier.

foret n. m.
Outil pour percer.
Hom. *forêt,* grande étendue couverte d'arbres.

forêt n. f.
● Grande étendue couverte d'arbres. *L'orée de la forêt.*
● *Forêt vierge.* Forêt inexplorée.
Notes.-
1º Cette expression s'écrit sans trait d'union.
2º Attention à l'orthographe : forê**t**.
Hom. *foret,* outil pour percer.

foreur n. m.
Personne qui exécute un forage.

foreuse n. f.
Machine à forer. *Le maniement de la foreuse.*

forfait n. m.
● (Litt.) Crime atroce.
● Contrat dans lequel le prix des prestations est fixé à l'avance. *Préférez-vous des travaux à forfait ou à l'heure ?*

forfaitaire adj.
Dont le prix est fixé à l'avance. *Contrat forfaitaire.*

forfanterie n. f.
((Litt.) Vantardise.
Note.- Attention à l'orthographe : forf**an**terie.

forge n. f.
Atelier où l'on travaille les métaux.

forgeage n. m.
Action de forger. *Du forgeage à chaud.*
Note.- Attention à l'orthographe : forg**e**age.

forger v. tr.
● Le *g* est suivi d'un *e* devant les lettres *a* et *o*. *Il forgea, nous forgeons.*

- Travailler un métal. *Forger l'argent.*
- Inventer. *Un nom forgé.*

forgeron n. m.
Personne qui façonne le fer au marteau après l'avoir fait chauffer.

forint n. m.
Unité monétaire de la Hongrie. *Des forints.*
V. Tableau - **SYMBOLES DES UNITÉS MONÉTAIRES.**

formalisation n. f.
Action de formaliser.

formaliser v. tr., pronom.
- **Transitif.** Donner des structures formelles à un système de connaissances.
- **Pronominal.** S'offenser, s'offusquer. *Elle s'est formalisée de ce qu'on ne l'ait pas consultée* ou *de ce qu'on ne l'a pas consultée.*

formalisme n. m.
Respect scrupuleux des formalités.

formaliste adj. et n. m. et f.
Qui s'attache aux formalités à l'excès.

formalité n. f.
- Manière obligatoire de procéder. *Quelles sont les formalités ?*
- Étiquette, cérémonie. *Les formalités l'ennuient.*
- Acte peu important et facile à faire. *C'est une simple formalité.*

format n. m.
Dimensions (d'un livre, d'une feuille de papier, etc.).

formatage n. m.
(Inform.) Opération qui consiste à préparer un support physique en vue de lui permettre de recevoir une information selon un format spécifique. *Le formatage d'une disquette.*
Note.- Ne pas confondre avec la *mise en pages* qui désigne l'action de disposer les données en vue de leur affichage, de leur impression ou de leur mémorisation.

formater v. tr.
(Inform.) Faire un formatage. *Formater une disquette.*

formateur, trice adj. et n. m. et f.
- **Adjectif.** Qui développe les capacités intellectuelles. *Cet exercice est très formateur.*
- **Nom masculin et féminin.** Personne dont la fonction est d'enseigner à des personnes qui sont en formation continue.

formation n. f.
- Constitution, élaboration. *La formation d'une société.*
- Éducation. *Elle a reçu une formation scientifique.*
Note.- Ne pas confondre avec le mot *entraînement* qui se dit pour un sportif, un militaire.
- Groupement de personnes. *Une formation politique.*

forme n. f.
- Figure extérieure, configuration. *En forme de cœur.*
- *Pour la forme.* Pour sauver les apparences.
- *Dans les formes.* Selon les règles définies, les formalités.

- *Être en* (pleine, bonne, mauvaise) *forme.* Cette expression qui appartenait à la langue des sports est aujourd'hui couramment utilisée pour décrire la condition physique ou intellectuelle de quelqu'un.
- *En bonne et due forme.* Dans le respect des règles.
- *Haut-de-forme.* Chapeau dont le corps est haut et cylindrique. *Des hauts-de-forme.*

-forme suff.
Élément du latin signifiant « forme ». *Filiforme.*

formé, ée adj.
Jeune fille formée. Jeune fille nubile.

formel, elle adj.
Catégorique.

formellement adv.
Absolument. *C'est formellement interdit.*

former v. tr., pronom.
- **Transitif**
- Composer, concevoir. *Il a formé un projet.*
- Éduquer. *Former des ingénieurs.*
- Constituer. *Des chapitres qui forment un livre.*
- **Pronominal**
- Prendre forme. *Des nuages se sont formés.*
- S'instruire.

formica n. m. (n. déposé)
Matériau stratifié. *Une table en formica.*

formidable adj.
- (Fam.) Très grand. *Des résultats formidables.*
- (Fam.) Excellent. *Le spectacle est formidable.*

formidablement adv.
De façon formidable.

formol n. m.
Désinfectant.
Note.- Attention à l'orthographe : form**ol.**

formulaire n. m.
- Document administratif conçu pour recueillir, transmettre ou conserver des informations. *Remplir un formulaire.*
- Recueil de formules.

formule n. f.
- Intitulé.
- Expression concise. *Une formule chimique, algébrique.*
Note.- Pour les formules usuelles d'appel, d'introduction, de conclusion, de salutation, v. Tableau - **CORRESPONDANCE.**

formuler v. tr.
Rédiger dans une forme définie. *Formuler un jugement, une question.*

forniquer v. intr.
(Plaisant.) Avoir des relations sexuelles.

fors prép.
(Vx) Excepté. *Tout est perdu, fors l'honneur.* (François Ier).
Note.- Attention à l'orthographe : fors.
Hom. :
- *for,* au fond de soi-même ;
- *fort,* puissant, robuste.

fort, forte adj., adv. et n. m.
● **Adjectif**
Puissant, robuste.
● **Adverbe**
Très. *Elles étaient fort contentes. Il parle fort.*
● **Nom masculin**
- Personne forte.
- Fortification.
Hom. :
- *for*, au fond de soi-même.
- *fors*, excepté ;

fortement adv.
Avec force.

forteresse n. f.
Lieu fortifié.

fortifiant, ante adj. et n. m.
● **Adjectif.** Qui augmente les forces. *Des vitamines fortifiantes.*
● **Nom masculin.** Médicament qui augmente les forces physiques. *Prendre un fortifiant.*

fortification n. f.
Ouvrage de défense militaire.

fortifier v. tr.
● Redoublement du *i* à la première et à la deuxième personne du pluriel de l'indicatif imparfait et du subjonctif présent. *(Que) nous fortifiions, (que) vous fortifiiez.*
● Rendre plus fort.
● Protéger (une ville, un lieu, etc.) par des fortifications.

fortin n. m.
Petit fort.

fortiori (a)
V. **a fortiori.**

fortran n. m.
(Inform.) Langage de programmation utilisé pour la résolution de problèmes scientifiques ou techniques.
Note.- Ce nom est un acronyme de l'anglais « Formula Translator » et peut s'écrire en minuscules ou en majuscules.

fortuit, uite adj.
● Le *t* ne se prononce pas à la forme masculine [fɔʀtɥi].
● Accidentel. *Un cas fortuit.*

fortuitement adv.
De façon fortuite.

fortune n. f.
● Situation financière d'une personne. *Sa fortune s'élève à trois millions de francs.*
● Hasard.
● *Faire contre mauvaise fortune bon cœur.* Se résigner.
● *Tenter fortune.* S'engager dans une aventure difficile.
● *Revers de fortune.* Accident.
● *De fortune.* Rudimentaire. *Une installation de fortune.*

fortuné, ée adj.
● (Litt. ou vx) Favorisé par la fortune.
● Riche.

forum n. m.
● Place de la Rome antique. *Des forums très vastes. Le Forum romain.*
Note.- Le nom s'écrit généralement avec une minuscule, à l'exception de la place de la Rome antique, à l'est du Capitole.
● Colloque. *Un forum sur l'aménagement urbain aura lieu bientôt.*

fossé n. m.
Fosse creusée en longueur pour faire écouler les eaux.

fosse n. f.
● Excavation. *Creuser une fosse.*
● *Fosse septique* (et non **sceptique*). Fosse d'aisances.
● Cavité naturelle. *Les fosses nasales.*

fossette n. f.
Petit creux. *Une fossette dans le menton.*

fossile adj. et n. m.
● **Adjectif.** Se dit d'une empreinte, d'un reste d'animal ou de végétal très ancien, conservé dans des dépôts sédimentaires.
● **Nom masculin.** Organisme fossile.
Note.- Attention à l'orthographe : *fossile*, au masculin comme au féminin.

fossoyeur n. m.
Personne chargée d'enterrer les morts.

fou ou **fol, folle** adj. et n. m. et f.
● Qui n'a pas sa raison. *Il est devenu fou.*
Note.- Par euphémisme, on dira plutôt **aliéné.**
● Excessif. *Un prix fou.*
● Considérable. *Un charme fou.*
● *Fou rire.* Rire irrépressible. *Des fous rires.*
Note.- Devant un nom masculin commençant par une voyelle, ou par un *h* aspiré, on emploi l'adjectif **fol.** *Un fol amour*, mais *un amour fou.*

foudre n. m. et f.
● **Nom masculin**
- Grand tonneau.
- (Plaisant.) Grand capitaine. *Un foudre de guerre.*
● **Nom féminin**
- Décharge électrique. *La foudre a frappé.*
- (Au plur.) Colère. *Veux-tu t'attirer les foudres de la direction ?*

foudroyant, ante adj.
Qui cause une émotion violente. *Des regards foudroyants.*
Note.- Ne pas confondre avec le participe présent invariable **foudroyant.** *Il quitta la pièce en les foudroyant du regard.*

foudroyer v. tr.
● Le *y* se change en *i* devant un *e* muet. *Je foudroie, je foudroierai.*
● Le *y* est suivi d'un *i* à la première et à la deuxième

personne du pluriel de l'indicatif imparfait et du sub-jonctif présent. *(Que) nous foudroyions, (que) vous foudroyiez.*
• Frapper de la foudre.
• *Foudroyer quelqu'un du regard.* Lancer un regard rempli de colère à quelqu'un.
• Tuer brutalement. *Un infarctus l'a foudroyé.*

fouet n. m.
Instrument formé d'un manche et d'une lanière et qui sert à frapper. *Des coups de fouet.*

fouetter v. tr.
• Frapper avec un fouet.
• Battre rapidement. *Fouetter des œufs.*

fougère n. f.
Plante à grandes feuilles vertes très découpées. *Les fougères préfèrent l'ombre.*

fougue n. f.
Ardeur, enthousiasme.

fougueusement adv.
Avec fougue.

fougueux, euse adj.
Ardent, impétueux. *Une jument fougueuse.*

fouille n. f.
• Excavation. *On peut visiter les fouilles archéologi-ques.*
• Examen méthodique. *La fouille des passagers.*

fouiller v. tr., intr.
• Les lettres *ill* sont suivies d'un *i* à la première et à la deuxième personne du pluriel de l'indicatif imparfait et du subjonctif présent. *(Que) nous fouillions, (que) vous fouilliez.*
• **Transitif**
- Creuser pour chercher. *Fouiller le sol.*
- Étudier minutieusement. *Fouiller une question.*
• **Intransitif**
Chercher avec soin. *Il fouille dans ses poches.*

fouillis n. m.
Désordre.

fouine n. f.
• Petit mammifère carnivore.
• (Fig.) Personne indiscrète.

fouiner v. intr.
• (Fam.) Fureter.
• (Fam.) Se livrer à des recherches indiscrètes.

fouineur, euse adj. et n. m. et f.
• Curieux.
• Personne qui aime fouiner.

foulard n. m.
Carré de tissu léger que l'on porte autour du cou ou sur la tête.

foule n. f.
• Nombre élevé de personnes rassemblées en un lieu. *La foule des manifestants a défilé calmement, ont défilé calmement.*
Note.- Suivant que l'accent stylistique porte sur l'en-semble ou sur la pluralité, le verbe s'accorde avec le collectif ou avec le complément déterminatif au plu-riel.
• *Une foule de.* Un grand nombre de choses ou de personnes. *Nous avons eu une foule de problèmes.*
V. Tableau - **COLLECTIF.**

foulée n. f.
• Piste.
• Enjambée d'un coureur.
• *Dans la foulée.* Sur la même lancée, dans le prolon-gement de quelque chose.

fouler v. tr., pronom.
• **Transitif**. (Litt.) Marcher sur. *Fouler le sol de sa patrie.*
• **Pronominal**. Se faire une foulure. *Elle s'est foulé la cheville.*

foulure n. f.
Légère entorse.
Note.- Ne pas confondre avec le mot **luxation** qui désigne le déplacement d'un os.

four n. m.
• Ouvrage de maçonnerie servant à cuire (le pain, la pâtisserie).
• Partie d'une cuisinière servant à cuire. *Mettre un gâteau au four.*
• *Petit(-)four* (sec ou glacé). Petit gâteau. *Elle adore les petits(-)fours glacés.*

fourbe adj.
Hypocrite, sournois.

fourberie n. f.
Trahison, hypocrisie.

fourbir v. tr.
• Astiquer. *Fourbir des armes.*
• (Fig.) Préparer soigneusement.

fourbu, ue adj.
Harassé de fatigue.

fourche n. f.
• Instrument terminé par plusieurs branches en pointe.
• Se dit d'une chose qui se divise en deux. *La route fait une fourche. La fourche d'un pantalon.*

fourchette n. f.
• Ustensile de table.
• (Fig.) Écart entre deux valeurs. *La fourchette des prix.*

fourchu, ue adj.
Qui se divise comme une fourche. *Un menton four-chu.*

fourgon n. m.
Véhicule ferroviaire destiné au transport des bagages.

fourgonnette n. f.
Petite camionnette qui s'ouvre par l'arrière.

fourmi n. f.
• Insecte. *La fourmi n'est pas prêteuse.* (La Fontaine).
• (Fig. et plur.) Démangeaisons. *Avoir des fourmis dans les jambes.*
Note.- Attention à l'orthographe : fourm*i.*

fourmilier n. m.
Mammifère qui capture les insectes avec sa langue. *Le fourmilier se nourrit de fourmis.*
Note.- Ne pas confondre avec le verbe **fourmiller** qui signifie « être en abondance ».
Syn. **tamanoir.**

fourmilière n. f.
Nid de fourmis ; colonie de fourmis vivant dans un nid.

fourmillement n. m.
Grouillement.

fourmiller v. intr.
• Les lettres **ill** sont suivies d'un **i** à la première et à la deuxième personne du pluriel de l'indicatif imparfait et du subjonctif présent. *(Que) nous fourmillions, (que) vous fourmilliez.*
• Être en abondance. *Les rues fourmillent de touristes.*
Notes.-
1° Attention à l'orthographe : fourmi**ll**er.
2° Ne pas confondre avec le nom **fourmilier** qui désigne un mammifère capturant les insectes avec sa langue.

fournaise n. f.
Lieu où il fait très chaud.

fourneau n. m.
Sorte de four où l'on soumet diverses substances à l'action du feu. *Des hauts-fourneaux.*

fournée n. f.
• Quantité que l'on fait cuire à la fois dans un four. *Voilà la dernière fournée de pains.*
• (Fig., fam.) *Les touristes entrent par fournées dans le musée.*

fourni, ie adj.
• Approvisionné. *Un magasin bien fourni.*
• Épais. *Une chevelure fournie.*

fournil n. m.
• Le **l** ne se prononce pas [furni].
• Lieu où se situe le four du boulanger.

fournir v. tr., pronom.
• **Transitif**
- Approvisionner. *Fournir une entreprise en matière première, de matière première.*
- Procurer. *Le centre sportif fournit les raquettes aux participants.*
• **Pronominal**
S'approvisionner. *Je me fournis en pain (ou de pain) à cette boulangerie.*

fournisseur n. m.
fournisseuse n. f.
Personne ou société qui fournit habituellement des marchandises à un particulier, à une entreprise.

fourniture n. f.
• Approvisionnement. *La fourniture de bois.*
• (Gén. plur.) Petit matériel spécialisé. *Des fournitures scolaires, des fournitures de bureau.*

fourrage n. m.
Plantes servant à la nourriture du bétail.
Note.- Attention à l'orthographe : fou**rr**age.

fourrager, ère adj.
Propre à servir de fourrage. *Les plantes fourragères.*
Note.- Attention à l'orthographe : fou**rr**ager.

fourrager v. intr.
• Le **g** est suivi d'un **e** devant les lettres **a** et **o**. *Il fourragea, nous fourrageons.*
• (Fam.) Fouiller.
Note.- Attention à l'orthographe : fou**rr**ager.

fourré, ée adj. et n. m.
• **Adjectif**
- Garni de fourrure. *Des gants fourrés.*
- Garni. *Des chocolats fourrés à la pâte d'amande.*
• **Nom masculin**
Massif d'arbustes.

fourreau n. m.
• Étui allongé. *Tirer une épée de son fourreau.*
• Robe très ajustée. *Des fourreaux moulants.*

fourrer v. tr., pronom.
• **Transitif**
- Garnir l'intérieur d'une chose. *Des chocolats fourrés.*
- (Fam.) Placer sans soin. *Où ai-je donc fourré mon crayon ?*
• **Pronominal**
(Fam.) Se mettre, se placer.

fourre-tout n. m. inv.
Endroit, sac où l'on entasse des choses sans ordre. *Des fourre-tout.*

fourreur n. m.
Personne qui confectionne et vend des manteaux de fourrure.

fourrière n. f.
Endroit où l'on remise temporairement les voitures, où l'on garde les animaux, jusqu'au paiement d'une amende.

fourrure n. f.
• Peau des animaux à poil touffu. *La fourrure d'un chat.*
• Vêtement de fourrure. *Quelques fourrures : castor, vison, zibeline, lynx.*

fourvoyer v. tr., pronom.
• Le **y** se change en **i** devant un **e** muet. *Je fourvoie, je fourvoierai.*
• Le **y** est suivi d'un **i** à la première et à la deuxième personne du pluriel de l'indicatif imparfait et du subjonctif présent. *(Que) nous fourvoyions, (que) vous fourvoyiez.*
• **Transitif**
- (Litt.) Égarer, perdre.
- Mettre dans l'erreur.
• **Pronominal**
Se tromper. *Ils se sont lourdement fourvoyés.*

foutaise n. f.
(Fam.) Baliverne.

foutre v. tr., pronom.
• *Je fous, nous foutons. Je foutais. Je foutrai. Je foutrais. Que je foute, que nous foutions. Foutant. Foutu.* Ce verbe est inusité aux formes suivantes :

passé simple et antérieur de l'indicatif, passé et plus-que-parfait du subjonctif.
• **Transitif.** (Pop.) Faire. *Qu'est-ce que tu fous ici ?*
• **Pronominal.** (Pop.) Se moquer, se ficher. *Il se fout d'eux.*

foutu, ue adj.
(Pop.) Fichu.

fox-terrier ou **fox** n. m.
Chien terrier. *Des fox-terriers, des fox.*

foyer n. m.
• Partie de l'âtre où se fait le feu.
Note.- Ne pas confondre avec le mot *cheminée* qui désigne l'encadrement de l'âtre.
• Demeure. *La femme au foyer.*
• Point central. *Un foyer d'incendie.*

frac n. m.
• Le *c* se prononce [frak].
• (Plaisant, vx) Habit de cérémonie noir, à basques étroites.
Note.- Aujourd'hui, on dit plutôt *habit*.

fracas n. m.
Bruit violent.

fracassant, ante adj.
• Qui produit un grand fracas.
• (Fig.) Qui fait beaucoup de bruit. *Une démission fracassante.*

fracasser v. tr.
Briser violemment.

fraction n. f.
Part séparée d'un tout.
Note.- Ne pas confondre avec les mots suivants :
- *éclat*, morceau d'une chose brisée ;
- *fragment*, morceau ;
- *lambeau*, partie déchirée d'un vêtement, d'un corps ;
- *miette*, petite parcelle.
Note.- Ne pas confondre avec le mot *faction* qui désigne un groupe subversif.

Partie d'un tout. *Les 5/7, les cinq septièmes* (s'écrit sans trait d'union).
Note.- Les fractions sont composées en chiffres :
- dans les taux d'intérêt. *Un taux de 8 1/2 %.*
- dans les échelles de carte. *1/50 000.*
- dans les textes financiers, scientifiques, techniques, mathématiques.
Fractions décimales
- Les fractions décimales sont toujours composées en chiffres.
- Le signe décimal, qui est la virgule, s'inscrit sans espace. Les unités ne se séparent pas des dixièmes. *15,5 km.*
- Si le nombre est inférieur à l'unité, la virgule décimale est précédée d'un zéro. *0,75.*

fractionnaire adj.
Sous forme de fraction. *Un nombre fractionnaire.*

fractionnement n. m.
Division.

fractionner v. tr., pronom.
• **Transitif.** Diviser un tout en fractions.
• **Pronominal.** Se diviser en parties.

fracture n. f.
Rupture. *Une fracture du crâne.*
Note.- Ne pas confondre avec le mot *facture* qui désigne un état détaillé précisant la quantité, la nature et le prix des marchandises vendues, des services exécutés.

fracturer v. tr.
Casser. *Fracturer une jambe, une porte.*

fragile adj.
Qui manque de solidité, qui est sujet à se détériorer.
Note.- Attention à l'orthographe : fragil*e*, au masculin comme au féminin.

fragilement adv.
De façon fragile.

fragilité n. f.
• Caractère de ce qui est fragile.
• Manque de robustesse ; délicatesse, en parlant d'une personne.
Ant. **solidité.**

fragment n. m.
• Morceau.
• Passage d'un ouvrage, extrait. *Son roman est publié par fragments.*
• Partie. *Un fragment de son rêve.*
Note.- Ne pas confondre avec les mots suivants :
- *éclat*, morceau d'une chose brisée ;
- *fraction*, part séparée d'un tout ;
- *lambeau*, partie déchirée d'un vêtement, d'un corps ;
- *miette*, petite parcelle.

fragmentaire adj.
Incomplet, qui constitue un fragment.

fragmenter v. tr.
Diviser, réduire en fragments.

fragrance n. f.
(Litt.) Odeur agréable.

fraîchement adv.
• Récemment.
• Avec froideur.
Note.- Attention à l'orthographe : fra*î*chement.

fraîcheur n. f.
• Froid modéré.
• Éclat. *La fraîcheur de son teint.*
Note.- Attention à l'orthographe : fra*î*cheur.

fraîchir v. intr.
Devenir frais, en parlant de la température.
Note.- Attention à l'orthographe : fra*î*chir.

frais n. m. pl.
• Somme versée en contrepartie d'un bien, d'un service. *Des frais de transport, des frais bancaires.*
• **Tous frais payés.** Une fois toutes les dépenses réglées.
Note.- Ce nom s'emploie toujours au pluriel.

frais, fraîche adj. et adv.
• **Adjectif**
- Un peu froid. *Il fait frais aujourd'hui.*
- Récent, qui vient de se produire. *Des nouvelles fraîches.*
- Qui n'est pas altéré. *Du poisson frais.*
- Clair. *Un teint frais.*
• **Adverbe**
- Récemment. *Des fleurs fraîches écloses.*
Note.- Pris adverbialement, l'adjectif s'accorde généralement.
- **À la fraîche.** Au moment où il fait frais.
Note.- Attention à l'orthographe : frais, fraîche.

fraisage n. m.
Action de fraiser. *Le fraisage d'une pièce de métal.*

fraise n. f.
• Fruit du fraisier. *Un gâteau aux fraises.*
• Petit outil rotatif. *La fraise du dentiste.*

fraiser v. tr.
Agrandir l'orifice d'un trou.

fraiseur n. m.
Personne qui exécute un fraisage.

fraiseuse n. f.
Machine servant à fraiser les métaux.

fraisier n. m.
• Plante qui produit les fraises.
• Pâtisserie à la crème et aux fraises.

framboise adj. inv. et n. f.
• **Adjectif de couleur invariable.** De la couleur rouge de la framboise. *Des turbans framboise.*
V. Tableau - **COULEUR (ADJECTIFS DE).**
• **Nom féminin.** Fruit du framboisier. *Les framboises fragiles et délicieuses.*

framboisier n. m.
Plante qui produit les framboises.

franc n. m.
• Symbole *F* (s'écrit sans point). *15,50 F* (et non * 15 F 50).
• Unité monétaire de nombreux pays.
• *Franc belge*, symbole *FB* (s'écrit sans points). Unité monétaire de la Belgique.
• *Franc de la Communauté financière africaine*, symbole *FCFA* (s'écrit sans points). Unité monétaire de certains pays d'Afrique de l'Ouest.
• *Franc français*, symbole *FF* (s'écrit sans points). Unité monétaire de la France.
• *Franc luxembourgeois*, symbole *FLUX* (s'écrit sans points). Unité monétaire du Luxembourg.
• *Franc suisse*, symbole *FS* (s'écrit sans points). Unité monétaire de la Suisse.
V. Tableau - **SYMBOLES DES UNITÉS MONÉTAIRES.**

franc, franche adj.
• Loyal, sincère.
• Exempt de certains droits, taxes, etc. *Zone franche.*
• *Franc de port.* Dont les frais de transport ne sont pas à la charge du destinataire. *Envoyer franc de port des colis.*
Note.- Pris adverbialement, le mot *franc* est invariable.

Ils parlent franc. Comme adjectif, il s'accorde. *Des marchandises franches de port.*

français, aise adj. et n. m. et f.
• **Adjectif**
- Qui est de France. *Une citoyenne française. Un vin français.*
- Propre à la langue française. *Les conjugaisons françaises.*
• **Nom masculin et féminin**
Un Français, une Française.
• **Nom masculin**
La langue française. *Le français est parlé par des millions de personnes dans le monde.*
Note.- Lorsqu'il s'agit de la langue, l'adjectif ou le nom s'écrit avec une minuscule. Si le mot désigne une personne, la majuscule s'impose.

franchement adv.
De manière directe, sans détour.

franchir v. tr.
• Passer une limite. *Franchir la porte.*
• Passer par-dessus un obstacle. *Ils ont franchi la rivière.*

franchisage n. m.
(Comm.) Contrat commercial entre un franchiseur et un franchisé. *Le franchisage est de plus en plus répandu.*
Note.- L'anglicisme « franchising » est déconseillé.

franchise n. f.
• Sincérité, qualité d'une personne franche.
• Exemption.
• Part d'un dommage assumé par l'assuré. *Une franchise de 1 000 F pour une assurance contre le vol.*
• (Comm.) Droit d'exploiter une marque, une raison sociale concédée par une entreprise à une autre sous certaines conditions.

franchisé, ée n. m. et f.
(Comm.) Société qui utilise la marque d'un franchiseur.

franchiseur, euse n. m. et f.
(Comm.) Société qui met sa marque à la disposition d'un franchisé.

francisation n. f.
Action de franciser. *La francisation d'un mot anglais.*

franciscain, aine adj. et n. m. et f.
Religieux de l'ordre fondé par saint François d'Assises.
Note.- Les titres d'ordres religieux s'écrivent avec une minuscule.

franciser v. tr.
Donner une forme française. *Franciser le mot « franchising » en **franchisage**.*

franc-jeu n. m.
Comportement loyal. *Des francs-jeux.*
Note.- Ce mot a fait l'objet d'une recommandation officielle pour remplacer l'anglicisme **fair-play**.

franc-maçon, onne adj. et n. m. et f.
Membre de la franc-maçonnerie. *Des francs-maçons. Des loges franc-maçonnes.*

franc-maçonnerie n. f.
Association de caractère philanthropique. *Des franc-maçonneries.*

franco adv.
Sans frais pour le destinataire. *Des colis franco de port et d'emballage.*

franco- préf.
• Élément exprimant un rapport entre la France et un autre peuple. *Les accords franco-québécois. Un organisme franco-canadien.*
• Élément invariable de mots composés signifiant « de langue française, d'ascendance française ». *Des dialectes franco-provençaux, une Franco-Américaine.*

franco à bord loc. adv.
• Abréviation **F.A.B.**
• Se dit d'un prix comprenant les frais de transport et les assurances jusqu'à un point donné (bateau, avion, entrepôt, etc.). *Le prix franco à bord (F.A.B.) est de 10 545 F.*
Note.- Dans le commerce international, l'abréviation anglaise **FOB** est couramment utilisée.

francophile adj. et n. m. et f.
Qui aime la France et les Français.

francophilie n. f.
Amitié envers la France, les Français.
Note.- Attention à l'orthographe : franco**ph**ilie.

francophobe adj. et n. m. et f.
Qui est hostile à la France et aux Français.

francophobie n. f.
Hostilité envers la France, les Français.
Note.- Attention à l'orthographe : franco**ph**obie.

francophone adj. et n. m. et f.
Dont la langue maternelle ou d'usage est le français. *Il y a cinq millions de francophones au Québec.*

francophonie n. f.
Ensemble des peuples francophones. *Le troisième Sommet de la francophonie a eu lieu à Dakar.*

franc-parler n. m.
Langage sans détour. *J'aime son franc-parler.*

franc-tireur n. m.
Combattant qui ne fait pas partie d'une armée régulière. *Des francs-tireurs.*

frange n. f.
Ce qui borde quelque chose. *Les franges du tapis.*

franger v. tr.
• Le **g** est suivi d'un **e** devant les lettres **a** et **o**. *Il frangea, nous frangeons.*
• Découper en forme de franges.
• Border de franges.

frangin, ine n. m. et f.
(Pop.) Frère, sœur.

frangipane n. f.
Crème pâtissière à base d'amandes. *Une tarte à la frangipane.*

franglais n. m.
Ensemble des néologismes d'origine anglaise et des tournures syntaxiques calquées sur l'anglais, introduits dans la langue française.

franquette (à la bonne) loc. adv.
Sans façon, sans cérémonie.

frappant, ante adj.
Étonnant. *La ressemblance est frappante.*

frappe n. f.
• Manière, action de dactylographier. *Le texte est à la frappe.*
• **Faute de frappe.** Erreur de transcription à la machine.
• **Force de frappe.** Ensemble de moyens militaires, d'armes stratégiques.

frappement n. m.
Action de frapper ; bruit produit par ce qui frappe.

frapper v. tr., intr., pronom.
• **Transitif**
- Donner un coup. *Il a frappé son camarade.*
- Impressionner. *Ses réponses ont frappé les membres du conseil.*
• **Intransitif**
Donner un, des coups. *On frappe à la porte.*
• **Pronominal**
(Fam.) S'inquiéter outre mesure.

frasil n. m.
Au Canada, formation de fragments de glace flottant à la surface d'un cours d'eau.

frasque n. f. (gén. plur.)
Écart de conduite.

fraternel, elle adj.
• Qui rappelle les sentiments propres à des frères, à des sœurs.
• Qui est propre à des frères ou à des sœurs.

fraternellement adv.
De façon fraternelle.

fraternisation n. f.
Sympathie.

fraterniser v. intr.
• Faire acte de sympathie, de fraternité.
• Passer de rapports hostiles à des rapports amicaux.

fraternité n. f.
• Parenté entre frères et sœurs.
• Camaraderie, solidarité, rapports fraternels.

fratricide adj. et n. m. et f.
• **Adjectif**
- Relatif au meurtre d'un frère, d'une sœur.
- Qui oppose des êtres qui devraient avoir des rapports fraternels. *Des rivalités fratricides.*
• **Nom masculin et féminin**
Personne qui tue son frère ou sa sœur.

fraude n. f.
Acte qui contrevient à la loi. *Une fraude électorale.*

frauder v. tr., intr.
Commettre une fraude. *Frauder l'impôt. Ils ont été accusés d'avoir fraudé.*

fraudeur, euse n. m. et f.
Personne qui fraude.

frauduleusement adv.
En fraude.

frauduleux, euse adj.
Entaché de fraude. *Une transaction frauduleuse.*

frayer v. tr., intr.
• Le *y* peut être changé en *i* devant un *e* muet. *Je fraie* (ou *je fraye*), *je fraierai* (ou *je frayerai*).
• Le *y* est suivi d'un *i* à la première et à la deuxième personne du pluriel de l'indicatif imparfait et du subjonctif présent. *(Que) nous frayions, (que) vous frayiez.*
• **Transitif**
Tracer (un chemin). *Il lui fraie la voie.*
• **Intransitif**
- (Litt.) Fréquenter quelqu'un. *Ils ont toujours frayé avec les artistes.*
- Déposer ou féconder les œufs, en parlant des poissons.

frayeur n. f.
Peur soudaine et passagère que fait naître un danger réel ou supposé.

fredaine n. f.
Frasque sans gravité.

fredonner v. tr., intr.
Chantonner. *Elle fredonne une chanson. Il ne cesse de fredonner.*

free-lance adj. inv. et n. m. et f.
(Anglicisme) Se dit d'un journaliste, graphiste, photographe, publicitaire, etc. qui travaille indépendamment, sans exclusivité. *Des free-lances.*

freezer n. m.
(Anglicisme) Compartiment de congélation d'un réfrigérateur.

frégate n. f.
Bâtiment de combat.

frein n. m.
• Appareil servant à arrêter, à ralentir le mouvement d'un ensemble mécanique. *Des freins assistés. Des coups de frein.*
• Entrave. *Un frein à l'expansion économique.*
• *Sans frein.* Sans limites, effréné. *Des dépenses sans frein.*
• Partie du mors qui se trouve dans la bouche du cheval.
• *Ronger son frein.* Contenir son impatience avec difficulté.

freinage n. m.
Action de freiner.

freiner v. tr., intr.
• **Transitif**
- Ralentir, arrêter un mouvement. *Les difficultés ont freiné son élan.*
- Entraver le développement de. *Le contexte politique a freiné l'expansion économique.*

• **Intransitif**
Ralentir, s'arrêter, en parlant d'un véhicule, de quelqu'un. *Il a freiné brusquement pour éviter un chien.*
Note.- Attention à l'orthographe : fr**ei**ner.

frelater v. tr.
Falsifier une substance.

frêle adj.
Fragile.

frelon n. m.
Guêpe.

freluquet n. m.
(Litt.) Jeune homme prétentieux.

frémir v. intr.
• Frissonner, vibrer.
• Trembler.

frémissement n. m.
Tremblement, agitation.

frênaie n. f.
Lieu planté de frênes.

frêne n. m.
Arbre à bois dur.

frénésie n. f.
Passion *La frénésie du jeu.*

frénétique adj.
Passionné, fou.

frénétiquement adv.
Avec frénésie.

fréon n. m. (n. déposé)
Gaz de certains appareils réfrigérants.

fréquemment adv.
• Le deuxième *e* se prononce *a* [frekamã].
• Souvent.
Note.- Attention à l'orthographe : fréqu**emm**ent.

fréquence n. f.
Caractère de ce qui se produit périodiquement. *La fréquence des accidents de la route a encore augmenté.*

fréquent, ente adj.
Qui se produit souvent.

fréquentation n. f.
• Action de fréquenter un lieu, une personne.
• Personne que l'on fréquente. *Avoir de mauvaises fréquentations.*

fréquenter v. tr.
• Aller souvent dans un lieu. *Elle fréquente cette librairie.*
• Rencontrer fréquemment. *Il fréquente assidûment ses amis.*
• (Fam.) Courtiser. *Il fréquente cette amie depuis deux ans.*

frère n. m.
• Celui qui est né de même père et de même mère qu'une autre personne.
• Titre de certains ordres religieux. *Les frères des écoles chrétiennes.*

Note.- Les titres d'ordres religieux s'écrivent avec une minuscule.

frérot n. m.
(Fam.) Petit frère.

fresque n. f.
• Vaste peinture murale.
• (Litt.) Description d'un ensemble.

fressure n. f.
Ensemble formé par le cœur, la rate, le foie et les poumons d'un animal de boucherie.

fret n. m.
• Le *t* se prononce ou non [frɛ(t)].
• Prix du transport.
• Marchandises transportées.
Syn. *cargaison*.

frétillement n. m.
Mouvement de ce qui frétille.

frétiller v. intr.
• Les lettres *ill* sont suivies d'un *i* à la première et à la deuxième personne du pluriel de l'indicatif imparfait et du subjonctif présent. *(Que) nous frétillions, (que) vous frétilliez.*
• Remuer avec de petits mouvements rapides. *Les poissons frétillaient encore dans l'épuisette.*

fretin n. m.
• Petits poissons rejetés par le pêcheur.
• *Menu fretin.* Choses, personnes de peu d'importance. *C'est du menu fretin.*

freudien, ienne adj. et n. m. et f.
Relatif à Freud. *Des concepts freudiens.*

friabilité n. f.
Caractère de ce qui est friable.

friable adj.
Cassant, qui se réduit aisément en poudre.

friand, ande adj. et n. m.
• **Adjectif**
Friand de. Qui aime, qui recherche. *Elle est friande de pâtisseries. Ils sont friands de tendresse.*
• **Nom masculin**
- Petit pâté feuilleté garni d'un hachis de viande, de champignons, etc.
- Petit gâteau en pâte d'amandes.

friandise n. f.
Sucrerie.

fric n. m.
(Arg.) Argent.

fricandeau n. m.
Morceau de veau lardé.

fricassée n. f.
Viande coupée en morceaux et cuite dans une sauce.

friche n. f.
• Terrain non cultivé.
• *En friche.* Non cultivé, abandonné.
Note.- Ne pas confondre avec le mot *jachère* qui désigne une terre labourable qu'on laisse reposer.

fricot n. m.
(Fam.) Ragoût.

fricoter v. tr., intr.
• **Transitif**. (Fam.) Cuisiner, accommoder en ragoût.
• **Intransitif**. (Fam.) Trafiquer. *Qu'est-ce qu'il peut bien fricoter ?*
Note.- Attention à l'orthographe : frico*t*er.

friction n. f.
• Frottement sur une partie du corps, massage. *Une friction vigoureuse.*
• (Au plur.) Conflits, désaccords entre des personnes.

frictionner v. tr., pronom.
• **Transitif**. Faire des frictions à. *L'infirmière lui a frictionné le dos.*
• **Pronominal**. Se frotter une partie du corps. *Elle s'est frictionné le bras.*

frigidaire (n. déposé)
• Réfrigérateur de la marque de ce nom.
• (Abusivement) Tout réfrigérateur, quelle que soit sa marque.

frigide adj.
Atteint de frigidité.

frigidité n. f.
Absence de désir, incapacité d'obtenir une satisfaction sexuelle, pour la femme.
Note.- Ne pas confondre avec les mots suivants :
- *impuissance*, déficience physique ou psychologique, pour l'homme ;
- *stérilité*, impossibilité de concevoir.

frigo n. m.
(Abréviation) (Fam.) *Réfrigérateur*.

frigorifier v. tr.
• Redoublement du *i* à la première et à la deuxième personne du pluriel de l'indicatif imparfait et du subjonctif présent. *(Que) nous frigorifiions, (que) vous frigorifiiez.*
• Réfrigérer pour conserver. *Il faut que nous frigorifiions ces produits périssables.*

frigorifique adj.
• Qui sert à produire le froid.
• Aménagé pour la réfrigération. *Un wagon frigorifique.*
Ant. *calorifique*.

frileusement adv.
De façon frileuse.

frileux, euse adj.
Qui est sensible au froid.

frimas n. m.
• Le *s* est muet [frima].
• (Litt.) Brouillard qui se congèle en tombant.
Notes.-
1° Attention à l'orthographe : frima*s*.
2° Ne pas confondre avec les mots suivants :
- *brouillard*, amas de vapeurs qui flotte à proximité du sol (moins de un kilomètre) ;
- *brume*, amas de vapeurs qui flotte à la surface de la terre (plus de un kilomètre) ;
- *buée*, vapeur d'eau qui se condense sur une surface froide ;

- *nuage*, masse vaporeuse de particules d'eau très fines qui flotte dans l'atmosphère.

frime n. f.
(Fam.) Apparence.

frimousse n. f.
(Fam.) Visage.

fringale n. f.
Faim subite.

fringant, ante adj.
Fougueux. *Des chevaux fringants.*
Note.- Attention à l'orthographe : frin**ga**nt.

friper v. tr.
Froisser. *Des vêtements fripés.*

fripier n. m.
fripière n. f.
Personne qui vend de vieux vêtements.

fripon, onne adj. et n. m. et f.
• **Adjectif**. Malicieux. *Un sourire fripon.*
• **Nom masculin et féminin**. Vaurien.
Note.- Attention à l'orthographe : fri**p**on.

fripouille n. f.
(Fam.) Canaille.
Note.- Attention à l'orthographe : fri**p**ouille.

frire v. tr., intr.
• Verbe défectif. *Je fris, tu fris, il frit. Je frirai, tu friras, ils friront. Je frirais, tu frirais, ils friraient. Fris. Frit, frite.*
• Note.- Ce verbe ne s'emploie qu'au singulier du présent de l'indicatif et de l'impératif ; il s'emploie rarement au futur et au conditionnel. Il est usité au participe passé et aux temps composés formés avec l'auxiliaire *avoir.*
• **Transitif**. Faire cuire un aliment dans un corps gras bouillant. *Frire des poissons dans de l'huile.*
• **Intransitif**. Cuire dans la friture. *Mettre à frire du poisson.*

frise n. f.
Bordure ornementale en forme de bandeau.

frisé, ée adj. et n. m. et f.
• Bouclé.
• Dont les cheveux frisent.

friselis n. m.
(Litt.) Frémissement.

friser v. tr., intr.
• **Transitif**
- Boucler. *Elle a frisé ses cheveux au fer.*
- Effleurer. *Ils ont frisé la catastrophe. Elle frise la quarantaine.*
• **Intransitif**
Avoir les cheveux qui frisent naturellement.

frisette n. f.
Petite boucle de cheveux frisés.

frisotter v. tr., intr.
Friser en petites boucles.
Note.- Attention à l'orthographe : friso**tt**er.

frisquet, ette adj.
(Fam.) Frais. *Il fait un peu frisquet ce soir. Une température frisquette.*

frisson n. m.
• Contraction involontaire de la peau causée par le froid.
• Saisissement passager qui naît d'une émotion vive. *Des frissons d'angoisse.*

frissonnement n. m.
• Léger frisson.
• (Litt.) Frémissement.

frissonner v. intr.
• Avoir des frissons.
• Trembler légèrement.

frisure n. f.
Façon de friser.

frite n. f.
Bâtonnet de pomme de terre frit. *Les frites belges sont réputées.*

friterie n. f.
Endroit où l'on vend des frites.

friteuse n. f.
Appareil de cuisine destiné aux fritures.

friture n. f.
• Corps gras servant à frire.
• Aliment frit. *Une friture de petits poissons.*
• Grésillement anormal dans un appareil de téléphone, de radio. *Il y a de la friture sur la ligne.*

frivole adj.
Futile, superficiel.

frivolement adv.
De façon frivole.

frivolité n. f.
Futilité.

froc n. m.
• Le *c* se prononce [frɔk].
• (Vx) Vêtement du moine. *Il a abandonné le froc, il est défroqué.*
• (Pop.) Pantalon.

froid, froide adj. et n. m.
• **Adjectif.** Qui est privé de chaleur. *Des viandes froides.*
• **Nom masculin.** Abaissement de la température. *Il fait un froid de canard.*
Note.- Les expressions **avoir très froid, avoir si froid que, avoir trop froid** sont jugées familières. En principe, l'adverbe modifie un adjectif et non un nom. Dans les faits, on note que ces emplois sont de plus en plus courants.
• **En froid.** En mauvais termes. *Ils sont en froid.*
• **À froid**, locution adverbiale. Sans chauffer. *Démarrer à froid.*

froidement adv.
Avec froideur, avec insensibilité. *Il répondit très froidement.*

froideur n. f.
Impassibilité, sécheresse.

froidure n. f.
(Litt.) Le froid du climat, l'hiver.

froissement n. m.
Action de froisser ; fait d'être froissé.

froisser v. tr., pronom.
• **Transitif**
- Chiffonner. *Il a froissé son pantalon.*
- Meurtrir par un choc, un effort violent. *Froisser un muscle.*
- Blesser, choquer. *Elle a involontairement froissé sa collègue.*
• **Pronominal**
Se vexer. *Ils se sont froissés qu'on n'ait pas mentionné leur participation. Elle s'est froissée de cette impolitesse.*
Note.- À la forme pronominale, le verbe se construit avec la conjonction *que* suivie du subjonctif ou avec la préposition *de* suivie d'un nom.

frôlement n. m.
Action de frôler.
Note.- Attention à l'orthographe : frôlement.

frôler v. tr.
• Effleurer, toucher légèrement en passant. *Le projectile a frôlé sa jambe.*
• (Fig.) Passer très près de, échapper de justesse à (quelque chose de grave). *Ils ont frôlé le désastre.*
Note.- Attention à l'orthographe : frôler.

fromage n. m.

• Aliment préparé avec du lait coagulé. *Elle aime bien le fromage.*
• À moins qu'il ne s'agisse d'un nom déposé, les noms de fromage s'écrivent en minuscules. *Le brie, le reblochon, le roquefort.*
• Les noms simples prennent la marque du pluriel. *Des cantals, des cheddars, des emmenthals.*
• Les noms composés sont invariables. *Des pont-l'évêque, des saint-andré, des saint-paulin.*
• Certaines appellations sont des noms déposés invariables qui s'écrivent avec une majuscule initiale. *Une boîte de Vache qui rit.*

fromagerie n. f.
Lieu où l'on fait, où l'on vend des fromages.

froment n. m.
Blé de la qualité la plus fine. *De la farine de froment.*

fronce n. f.
Pli rond.

froncement n. m.
Action de froncer. *Ces froncements de sourcils ne l'intimident pas.*

froncer v. tr.
• Plisser. *Une jupe froncée.*
• Rider. *Il fronça les sourcils.*

frondaison n. f.
• Apparition du feuillage sur les arbres.
• Le feuillage.

fronde n. f.
Arme de jet.
Syn. **lance-pierres.**

fronder v. tr.
(Litt.) Attaquer, provoquer.

frondeur, euse adj. et n. m. et f.
Moqueur, impertinent.

front n. m.
• Partie supérieure du visage.
• Zone de combat. *Partir au front.*
• (Météor.) Masse d'air. *Un front froid.*
• *Avoir le front de.* (Litt.) Avoir l'audace de.
• *De front*, locution adverbiale. Par devant.
• *Faire front.* Tenir tête.
• *Mener de front.* Diriger en même temps plusieurs choses.

frontal, ale, aux adj.
• Qui appartient au front. *Des os frontaux.*
• De face. *Une collision frontale.*

frontalier, ière adj. et n. m. et f.
• **Adjectif**. Relatif aux frontières. *Des incidents frontaliers.*
• **Nom masculin et féminin**. Habitant d'une région voisine d'une frontière.

frontière adj. inv. et n. f.
• **Adjectif invariable**
Limitrophe. *Des régions, des villes frontière.*
• **Nom féminin**
- Limite qui sépare un État d'un autre État.
- (Fig.) Borne, limite. *La frontière du ridicule, du savoir.*

frontispice n. m.
(Typogr.) Grand titre d'un ouvrage, placé sur la première page.
Note.- Ne pas confondre avec le mot *fronton* qui désigne un ornement architectural.

fronton n. m.
Ornement architectural qui surmonte la façade d'un édifice.
Note.- Ne pas confondre avec le mot *frontispice* qui désigne le titre d'un ouvrage placé sur la première page.

frottement n. m.
• Friction.
• Résistance. *Freinage par frottement.*
• (Au plur.) Heurt, mésentente. *Il y a eu quelques frottements, mais tout est rentré dans l'ordre.*

frotter v. tr., intr., pronom.
• **Transitif**
- Appuyer une chose contre une autre avec un mouvement. *Frotter deux pierres l'une contre l'autre.*
- Astiquer. *Frotter les carreaux.*
- Frictionner. *Elle a frotté sa jambe endolorie.*
• **Intransitif**
Produire un frottement. *Le pneu semble frotter.*

• Pronominal
- (Fam.) Provoquer. *Il vaut mieux ne pas se frotter à ce coléreux.*
- Se frictionner. *Se frotter le dos avec une pommade.*
Note.- Attention à l'orthographe : fro**tt**er.

frottis n. m.
• Mince couche de couleur appliquée sur un tableau.
• Étalement d'un produit organique, de cellules superficielles, sur une lame de microscope. *Un frottis vaginal.*
Note.- Attention à l'orthographe : frotti**s**.

frou-frou ou **froufrou** n. m.
• Bruit produit par un froissement léger. *Les frous-frous ou les froufrous de sa robe de satin.*
• (Au plur.) Ornements d'un vêtement féminin.

froussard, arde adj. et n. m. et f.
(Fam.) Peureux.

frousse n. f.
(Fam.) Peur.

fructifier v. intr.
• Redoublement du *i* à la première et à la deuxième personne du pluriel de l'indicatif imparfait et du subjonctif présent. *(Que) nous fructifiions, (que) vous fructifiiez.*
• Produire des fruits.
• (Fig.) Produire des bénéfices. *Ses placements ont bien fructifié.*

fructueusement adv.
Avec succès.

fructueux, euse adj.
Profitable. *Des essais fructueux.*

frugal, ale, aux adj.
Peu abondant, simple. *Des repas frugaux.*

frugalement adv.
De façon frugale.

frugivore adj. et n. m.
Qui se nourrit de fruits.
Note.- Ne pas confondre avec les mots suivants :
- **carnivore**, qui se nourrit de chair ;
- **granivore**, qui se nourrit de graines ;
- **insectivore**, qui se nourrit d'insectes.

fruit n. m.
• Ensemble des organes végétaux contenant les graines produites par une plante après la fleur. *La vanille est le fruit du vanillier.*
• Fruit comestible. *Les fruits et les légumes. Une salade de fruits, un jus de fruits.*
• **Fruits de mer.** Mollusques et crustacés comestibles.
• (Fig.) Résultat. *Cette entreprise est le fruit de son travail acharné.*

fruité, ée adj.
Qui a le goût du fruit frais. *Un vin fruité.*

fruitier, ière adj.
Qui produit des fruits comestibles. *Des arbres fruitiers.*

fruste adj.
Rude, grossier. *Des manières frustes.*
Note.- Attention à l'orthographe : frus**te**.

frustration n. f.
Action de frustrer. *Un sentiment de frustration.*

frustrer v. tr.
• (Dr.) Priver une personne d'un bien qu'elle était en droit de recevoir.
• Priver une personne d'une satisfaction, décevoir. *Ils sont frustrés par cet échec.*

FS
Symbole de **franc suisse.**

fuchsia adj. inv. et n. m.
• Les lettres **chs** se prononcent **ch** ou **ks** [fyʃja]ou [fyksja].
• **Adjectif de couleur invariable.** De la couleur pourpre des fuchsias. *Des soies fuchsia.*
V. Tableau - **COULEUR (ADJECTIFS DE).**
• **Nom masculin.** Arbrisseau à fleurs pourpres. *Des fuchsias.*
Note.- Attention au genre masculin de ce nom : **un** fu**chs**ia.

fuel n. m.
(Anglicisme) Fioul.
Note.- La graphie francisée **fioul** a fait l'objet d'une recommandation officielle pour remplacer cet anglicisme.

fugace adj.
Éphémère. *Une vision fugace.*

fugacité n. f.
Caractère de ce qui est fugace.

-fuge suff.
Élément du latin signifiant « fuir » ou « faire fuir ». *Ignifuge.*

fugitif, ive adj. et n. m. et f.
• **Adjectif.** Fugace. *Une vision fugitive.*
• **Nom masculin et féminin.** Personne en fuite. *Il faut rattraper les fugitifs.*

fugitivement adv.
De façon fugitive.

fugue n. f.
• (Mus.) Composition musicale.
• Escapade. *Faire une fugue.*

fuguer v. intr.
(Fam.) Faire une fugue (notamment pour un enfant mineur).

fugueur, euse adj. et n. m. et f.
Se dit d'un enfant qui fait des fugues.

führer n. m.
• Le *r* final se prononce [fyrər].
• Titre porté par Adolf Hitler.
Note.- Attention à l'orthographe : f**üh**rer.

fuir v. tr., intr.
• *Je fuis, tu fuis, il fuit, nous fuyons, vous fuyez, ils fuient. Je fuyais, tu fuyais, il fuyait, nous fuyions, vous fuyiez, ils fuyaient. Je fuis, tu fuis, il fuit, nous fuîmes, vous fuîtes, ils fuirent. Je fuirai. Je fuirais. Fuis, fuyons, fuyez. Que je fuie, que tu fuies, qu'il fuie, que nous fuyions, que vous fuyiez, qu'ils fuient. Que je fuisse. Fuyant. Fui, fuie.*

• Le **y** est suivi d'un **i** à la première et à la deuxième personne du pluriel de l'indicatif imparfait et du subjonctif présent. *(Que) nous fuyions, (que) vous fuyiez.*
• **Transitif**
Chercher à éviter. *Il me semble qu'elle me fuit. Fuir les histoires.*
• **Intransitif**
- S'éloigner rapidement pour échapper à un danger.
Note.- Ne pas confondre avec les verbes suivants :
- **éluder**, éviter en passant à côté ;
- **évader (s')**, s'enfuir d'un lieu où l'on était retenu ;
- **partir**, quitter un lieu.
- S'écouler rapidement. *Le temps fuit trop vite.*
- Laisser échapper un fluide. *Son réservoir fuit.*

fuite n. f.
• Action de fuir. *Prendre la fuite. La fuite des cerveaux.*
• Divulgation d'informations destinées à demeurer secrètes. *Il y a eu des fuites relativement au nouveau budget.*
• Écoulement (d'un fluide, d'un gaz) par une fissure. *Des fuites d'eau ont abîmé le plafond.*

fulgurant, ante adj.
• (Litt.) Étincelant.
• Aigu et rapide. *Des douleurs fulgurantes.*

fulminant, ante adj.
• (Vx) Qui lance la foudre.
• (Fig.) Menaçant de colère. *Des regards fulminants.*

fulminer v. tr., intr.
• **Transitif**. (Litt.) Formuler avec véhémence. *Fulminer des injures.*
• **Intransitif**. Se mettre en colère. *Il fulmine toujours contre quelqu'un ou quelque chose.*

fumant, ante adj.
• Qui émet de la fumée. *Une soupe fumante.*
• *Un coup fumant.* (Fam.) Un coup extraordinaire.

fumé, ée adj.
Qui a été fumé. *Du saumon fumé.*

fume-cigare n. m. inv.
Petit tuyau au bout duquel on adapte un cigare. *Des fume-cigare.*

fume-cigarette n. m. inv.
Petit tuyau au bout duquel on adapte une cigarette. *Des fume-cigarette.*

fumée n. f.
• Produit gazeux provenant d'un corps en feu. *Il n'y a pas de fumée sans feu.*
• *S'en aller en fumée.* Disparaître sans résultat.
Note.- Dans cette expression, le nom s'écrit au singulier.

fumer v. tr., intr.
• **Transitif**
- Aspirer la fumée du tabac. *Fumer une cigarette.*
- Exposer à la fumée pour faire sécher et conserver. *Fumer un saumon.*
Syn. **boucaner.**
• **Intransitif**
- Dégager de la fumée. *La soupe fume.*

- Aspirer la fumée du tabac. *Il voudrait bien arrêter de fumer.*

fumerolle n. f.
Émission de gaz s'échappant d'un volcan.

fumet n. m.
Odeur agréable de certaines viandes. *Le fumet d'un rôti.*

fumeur, euse n. m. et f.
Personne qui fume. *Les vols de cette compagnie ne comportent plus de section fumeurs.*
Ant. **non-fumeur.**

fumeux, euse adj.
• Qui répand de la fumée. *Des cendres fumeuses.*
• Obscur. *Une idée fumeuse.*

fumier n. m.
Mélange fermenté de paille et d'excréments des bestiaux utilisé comme engrais.

fumigation n. f.
• Action d'utiliser des fumées désinfectantes ou insecticides.
• Inhalation de vapeurs médicamenteuses.

fumigène adj. et n. m.
Qui produit de la fumée.

fumiste adj. et n. m. et f.
• Spécialiste de l'installation et de l'entretien des appareils de chauffage.
• (Fam.) Blagueur, peu sérieux. *Ce sont des fumistes : ne perdons pas notre temps.*

fumisterie n. f.
• Métier de fumiste.
• (Fam.) Chose peu sérieuse.

fumoir n. m.
• Lieu où l'on fume (la viande, le poisson).
• Local à la disposition des fumeurs.

funambule n. m. et f.
Acrobate qui marche sur une corde tendue.

funambulesque adj.
Excentrique, bizarre.

funèbre adj.
Qui appartient aux funérailles, à la mort. *Une oraison funèbre. Un silence funèbre.*
Note.- Ne pas confondre avec le mot **funeste**, qui cause la mort.

funérailles n. f. pl.
Obsèques.
Note.- Ce nom est toujours au pluriel.

funéraire adj.
Qui concerne la sépulture. *Un monument funéraire.*

funeste adj.
• Qui apporte le malheur.
• Qui cause la mort. *Un accident funeste.*
Note.- Ne pas confondre avec le mot **funèbre**, relatif aux funérailles, à la mort.

funiculaire n. m.
Wagon mis en mouvement à l'aide de câbles. *Vous*

*pouvez gravir les 425 marches ou prendre le funicu-
laire.*

fur n. m.
Au fur et à mesure, locution figée. À mesure. *Au fur et
à mesure qu'ils arrivent. Au fur et à mesure de vos
besoins financiers. Répondez au fur et à mesure.*
Note.- La locution se construit avec **que** et l'indicatif
ou avec la préposition **de** ou absolument.

furet n. m.
Petit carnassier au pelage blanc.

furetage n. m.
Action de fureter.
Note.- Attention à l'orthographe : fure*t*age.

fureter v. intr.
• Le *e* se change en *è* devant une syllabe muette. *Je
furète, nous furetons.*
• Chercher pour découvrir des choses rares, cachées.
J'aime bien fureter dans cette librairie.

fureteur, euse adj. et n. m. et f.
Curieux, qui furète.

fureur n. f.
• Emportement. *Des cris de fureur.*
• ***Faire fureur****. Provoquer un intérêt passionné. *Ces
produits ont fait fureur.*
Note - Le nom reste au singulier dans cette expres-
sion.

furibond, onde adj.
(Fam.) Furieux.

furie n. f.
• Accès de rage, de fureur. *Ces erreurs les ont mis en
furie.*
• Caractère d'extrême violence. *Les flots étaient en
furie.*
• Femme déchaînée par la colère.

furieusement adv.
De façon furieuse.

furieux, ieuse adj.
• En colère. *Il était furieux de se voir contredit. Elle
était furieuse contre eux. Ils sont furieux que la décision
soit prise.*
Note.- L'adjectif peut se construire avec **de, contre** ou
que + subjonctif.
• ***Fou furieux****. Furieux à l'extrême. *Elles sont folles
furieuses.*
Note.- Cette expression n'est plus utilisée en psychiatrie ; dans la langue courante, elle a perdu son sens
médical et s'emploie comme un superlatif.

furoncle n. m.
Petite inflammation de la peau.
Note.- Attention au genre masculin de ce nom : **un**
furoncle.

furtif, ive adj.
Discret, caché. *Des regards furtifs.*

furtivement adv.
De manière furtive.

fusain n. m.
• Arbuste ornemental.

• Charbon employé pour le dessin.
• Dessin fait au fusain. *De beaux fusains.*

fuseau n. m.
• Petite bobine pour filer à la quenouille.
• Forme allongée de cet instrument. *Un pantalon
fuseau.*
• Zone imaginaire comportant une heure uniforme.
Les 24 fuseaux horaires de la Terre.

fusée n. f.
• Pièce de feu d'artifice. *Des fusées éclairantes.*
• Engin mû par un moteur à réaction et pouvant
voyager dans l'espace. *Envoyer une fusée vers la
lune.*

fuselage n. m.
Corps d'un avion.
Note.- Attention à l'orthographe : fuse*l*age.

fuselé, ée adj.
En forme de fuseau. *Une colonne fuselée.*

fuseler v. tr.
• Redoublement du *l* devant un *e* muet. *Je fuselle, je
fusellerai, mais je fuselais.*
• Donner la forme d'un fuseau à.

fuser v. intr.
Jaillir. *Des rires fusaient de toutes parts.*

fusible n. m.
Dispositif destiné à couper le courant électrique lorsque
l'intensité est trop forte.

fusil n. m.
• Le *l* ne se prononce pas [fyzi].
• Arme à feu portative.
• ***Coup de fusil****. (Fam.) Addition excessivement élevée
dans un restaurant, un hôtel.
• Morceau d'acier servant à aiguiser les couteaux.

fusilier n. m.
Soldat muni d'un fusil.
Note.- Attention à l'orthographe : fusi*l*ier.

fusillade n. f.
• Combat à coups de fusil.
• Échange de coups de feu.

fusiller v. tr.
• Les lettres ***ill*** sont suivies d'un *i* à la première et à la
deuxième personne du pluriel de l'indicatif imparfait
et du subjonctif présent. *(Que) nous fusillions, (que)
vous fusilliez.*
• Exécuter (un condamné) par fusillade.
Note.- Attention à l'orthographe : fusi*ll*er.

fusion n. f.
• Passage d'un corps solide à l'état liquide sous l'in-
fluence de la chaleur. *De la lave en fusion.*
• Combinaison. *La fusion des idées.*
• (Écon.) Intégration. *Une fusion d'entreprises.*

fusionnement n. m.
Action, fait de fusionner. *Le fusionnement de deux
sociétés.*

fusionner v. tr., intr.
• **Transitif**. Réunir (des éléments, des groupes) en un
seul.

● **Intransitif**. Se réunir. *Ces entreprises ont fusionné.*

fustiger v. tr.
● Le **g** est suivi d'un **e** devant les lettres **a** et **o**. *Il fustigea, nous fustigeons.*
● (Vx) Battre, fouetter.
● (Litt.) Réprimander.

fût n. m.
● Tonneau. *Un fût de chêne.*
● Tronc d'un arbre.
● Corps d'une colonne.
Note.- Attention à l'orthographe : **fût**.

futaie n. f.
Forêt composée de grands arbres.

futé, ée adj. et n. m. et f.
(Fam.) Rusé.

futile adj.
Vain, vide. *Des préoccupations futiles.*

futilement adv.
De façon futile.

futilité n. f.
Frivolité. *La futilité de ses interventions est décevante.*

futur, ure adj. et n. m.
● **Adjectif**. Qui est à venir. *Les publications futures.*
● **Nom masculin**. Avenir. *Nous ne connaissons pas le futur.*

● (Gramm.) Le *futur* marque la postériorité d'un fait par rapport au moment où l'on parle. *Demain nous irons à la campagne.*
Il exprime également :
- un **impératif**. *Vous voudrez bien m'expliquer cette omission.*

- un **présent atténué**. *Nous vous prierons de passer à nos bureaux.*
- une **vérité générale**. *Il y aura toujours des gagnants et des perdants.*
- une **probabilité**. *L'automne sera beau.*
- un **futur dans le passé**. *Vous assisterez ensuite à la victoire de la monarchie.*
● Le **futur antérieur** exprime un fait qui devra être antérieur à un autre dans l'avenir. *Lorsque nous l'aurons accueilli, nous poursuivrons les travaux.*
Il peut également marquer :
- un **fait futur inéluctable**. *Je ne suis pas inquiète, il aura conquis son auditoire en quelques minutes.*
- un **fait passé hypothétique**. *Il ne s'est pas présenté, il se sera rendu à notre ancienne adresse.*

futuriste adj. et n. m. et f.
● **Adjectif**. Qui évoque le futur.
● **Nom masculin et féminin**. Qui cherche à imaginer l'avenir de l'humanité.

futurologie n. f.
Ensemble des recherches prospectives qui ont pour objet l'évolution future, scientifique, économique, sociale, technique de l'humanité.

futurologue n. m. et f.
Spécialiste de la futurologie.

fuyant, ante adj.
Qui fuit, qui se dérobe. *Des regards fuyants.*

fuyard, arde adj. et n. m. et f.
● **Adjectif et nom masculin et féminin**
- Qui s'enfuit.
- Fugitif. *La police n'a pas rattrapé les fuyards.*
● **Nom masculin**
Soldat qui abandonne son poste de combat.

G

g
- Symbole de *gramme.*
- Ancienne notation musicale de la note *sol.*
V. **note de musique.**

G
Symbole de *giga-.*

gabardine n. f.
Tissu de laine à côtes très fines. *Un manteau en gabardine, un pantalon de gabardine.*

gabarit n. m.
- Le *t* ne se prononce pas [gabari].
- Appareil qui sert à vérifier la forme, les dimensions.
- Toute dimension réglementée, toute forme imposée.

gabonais, aise adj. et n. m. et f.
Du Gabon.
Note.- Contrairement à l'adjectif, le nom prend une majuscule.

gâcher v. tr.
Gaspiller. *Gâcher son talent.*
Note.- Attention à l'orthographe : g**â**cher.

gâchette n. f.
- Le *â* peut aussi se prononcer comme s'il n'y avait pas d'accent circonflexe [gɑʃɛt] ou [gaʃɛt].
- Mécanisme d'un fusil relié à la détente et commandant le départ du coup. *Appuyer sur la détente* (et non sur la *gâchette) *afin d'actionner la gâchette.*
Note.- Attention à l'orthographe : g**â**chette.

gâcheur, euse n. m. et f.
Personne qui gâche, gaspille.
Note.- Attention à l'orthographe : g**â**cheur.

gâchis n. m.
Désordre. *C'est un beau gâchis.*
Note.- Attention à l'orthographe : g**â**chi**s**.

gadget n. m.
- Ce mot se prononce à l'anglaise [gadʒɛt].
- Petit objet nouveau plus ou moins utile, de conception ingénieuse. *Des gadgets amusants.*

gadoue n. f.
Boue, terre détrempée.

gaélique adj. et n. m. et f.
Relatif aux Gaëls (peuple celte). *La langue gaélique.*
Notes.-
1° Attention à l'orthographe : ga**é**lique.
2° Lorsqu'il s'agit de la langue, l'adjectif ou le nom s'écrit avec une minuscule. Si le nom désigne une personne, la majuscule s'impose.

gaffe n. f.
- Perche munie d'un croc.
- (Fam.) Bévue.

gaffer v. intr.
(Fam.) Faire une gaffe, commettre un impair.

gaffeur, euse n. m. et f.
(Fam.) Maladroit. *Elle est gaffeuse.*

gag n. m.
- Le *g* final se prononce [gag].
- (Fam.) Effet comique. *Un bon gag.*

gaga adj. inv.
Gâteux. *Des directeurs gaga.*

gage n. m.
- Garantie, preuve. *Un gage de reconnaissance.*
- (Au plur.) Salaire des domestiques.
- *À gages.* Mercenaire. *Un tueur à gages.*

gager v. tr.
- Le *g* est suivi d'un *e* devant les lettres *a* et *o*. *Il gagea, nous gageons.*
- (Vx) Parier.
- Être d'avis, supposer que. *Je gage qu'il arrivera en retard.*

gageure n. f.
- Les lettres *eu* se prononcent *u* [gaʒyr].
- (Vx) Pari.
- Projet difficile. *La gageure de rendre cette entreprise, jusqu'ici déficitaire, rentable.*

gagnant, ante adj. et n. m. et f.
Qui gagne. *Les numéros gagnants. Les gagnantes du concours.*
Note.- Ne pas confondre avec le participe présent invariable *gagnant. Les personnes gagnant un petit salaire bénéficieront d'une réduction.*

gagne-pain n. m. inv.
Travail. *Des gagne-pain.*

gagne-petit n. m. inv.
Personne dont le métier est peu rémunérateur. *Des gagne-petit.*

gagner v. tr., intr.
- Les lettres *gn* sont suivies d'un *i* à la première et à la deuxième personne du pluriel de l'indicatif imparfait et du subjonctif présent. *(Que) nous gagnions, (que) vous gagniez.*
- **Transitif**
- Faire un gain. *Il a gagné le gros lot. Elle gagne un bon salaire.*
- Remporter une victoire. *C'est notre équipe qui a gagné le tournoi.*
- **Intransitif**
- Avoir avantage à. *Il gagne à être connu.*
- Être le vainqueur. *Ils ont gagné !*

gagneur, euse n. m. et f.
Personne animée par la volonté de gagner.

gai, gaie adj.
Joyeux.
Hom. *gué*, endroit où l'on traverse un cours d'eau à pied.

gaiement adv.
Joyeusement.
Notes.-
1° Attention à l'orthographe : gaiement.
2° La graphie **gaiment** est vieillie.

gaieté n. f.
• Bonne disposition de l'humeur.
• *De gaieté de cœur.* Volontiers.
Note.- Ne pas confondre avec les mots suivants :
- *bonheur*, état moral de plénitude qui comporte une idée de durée ;
- *joie*, émotion profonde et agréable, souvent courte et passagère ;
- *plaisir*, sensation agréable.
Note.- Attention à l'orthographe : gaieté.

gaillard, arde adj. et n. m. et f.
• **Adjectif.** Vif, alerte, grivois. *Une chanson gaillarde.*
• **Nom masculin et féminin.** Personne vigoureuse.

gaillardement adv.
De façon gaillarde.

gain n. m.
• Action de gagner.
• Bénéfice, salaire. *Ils ont réalisé des gains appréciables.*
• *Obtenir gain de cause.* L'emporter dans une contestation, un procès. *Ils ont obtenu gain de cause.*
Note.- Cette expression est figée et les noms demeurent invariables.

gaine n. f.
• Étui. *La gaine d'une arme.*
• Sous-vêtement féminin. *Des gaines-culottes.*
Note.- Attention à l'orthographe : gaine.

gainer v. tr.
Recouvrir d'une gaine. *Un cordon gainé de cuir.*

gala n. m.
Grande fête officielle. *Des galas somptueux, des soirées de gala.*

galactique adj.
Relatif à la Voie lactée.

galamment adv.
Avec délicatesse, amabilité.
Note.- Attention à l'orthographe : galamment.

galant, ante adj. et n. m. et f.
• Qui se rapporte aux relations amoureuses. *Une aventure galante.*
• *Galant homme.* (Vx) Homme d'honneur.
• Poli, prévenant à l'égard des femmes. *En homme galant (ou en galant homme) il la laisse toujours passer devant.*
Note.- Le féminin est littéraire et figé dans l'expression *femme galante*, femme de mœurs légères.

galanterie n. f.
Courtoisie.

galantine n. f.
Préparation de charcuterie servie dans sa gelée. *Une galantine de poulet.*

galaxie n. f.
• La Voie lactée.
• Ensemble d'étoiles et de matières interstellaires.
Note.- Le nom s'écrit avec une majuscule lorsqu'il désigne la nébuleuse à laquelle appartient le Soleil.
V. **astre**.

galbe n. m.
• Profil du corps humain, d'une statue.
• Contour harmonieux.

galbé, ée adj.
• Renflé vers le milieu.
• Bien fait. *Des jambes bien galbées.*

galber v. tr.
Donner du galbe à.

gale n. f.
Maladie parasitaire et contagieuse de la peau.
Note.- Attention à l'orthographe : gale.

galéjade n. f.
(Fam.) Histoire exagérée ou invraisemblable.

galéjer v. intr.
• Le *é* se change en *è* devant une syllabe muette, sauf à l'indicatif futur et au conditionnel présent. *Je galèje, mais je galéjerai.*
• Plaisanter.

galère n. f.
• (Ancienn.) Navire à voiles et à rames.
• Mésaventure. *Que diable allait-il faire dans cette galère ?* (Molière).

galerie n. f.
• Large passage couvert aménagé à l'intérieur ou à l'extérieur d'un immeuble pour circuler.
• *Galerie marchande.* Espace couvert sur lequel s'ouvrent des boutiques.
• *Galerie d'art.* Lieu où l'on expose, où l'on fait le commerce d'œuvres d'art.
V. **porte-bagages**.

galet n. m.
Caillou poli et arrondi par la mer. *Une plage de galets.*

galette n. f.
• Gâteau rond et plat. *La galette des Rois.*
• Sorte de crêpe composée de farine de sarrasin.

galeux, euse adj. et n. m. et f.
Qui a la gale.

galimatias n. m.
• Le *s* ne se prononce pas [galimatja].
• Langage obscur.
Note.- Attention à l'orthographe de ce mot qui s'écrit avec un *s* au singulier comme au pluriel : galimatias.

galion n. m.
(Ancienn.) Grand navire espagnol.
Note.- Attention à l'orthographe : galion.

galipette n. f.
(Fam.) Pirouette.

gallicisme n. m.
Construction ou forme propre à la langue française.

gallinacé, ée adj. et n. m.
Ordre d'oiseaux omnivores. *La poule est un gallinacé.*

gallois, oise adj. et n. m. et f.
• **Adjectif.** Du pays de Galles.
• **Nom masculin.** Langue parlée dans le pays de Galles.
Note.- Lorsqu'il s'agit de la langue, l'adjectif ou le nom s'écrit avec une minuscule. Si le nom désigne une personne, la majuscule s'impose.

gallon n. m.
Unité de mesure de capacité utilisée en Grande-Bretagne et au Canada. *Des gallons d'essence.*
Hom. *galon,* ruban.

galoche n. f.
• (Fam.) Chaussure.
• *Menton en galoche.* Menton proéminent.

galon n. m.
Ruban épais qui sert d'ornement. *Des galons dorés.*
Hom. *gallon,* unité de mesure de capacité.

galop n. m.
• Le *p* ne se prononce pas [galo].
• Allure la plus rapide du cheval.
• *Au galop.* Très rapidement.

galopade n. f.
Course.

galopant, ante adj.
Dont l'évolution est rapide. *Une épidémie galopante.*

galoper v. intr.
Aller au galop.

galopin n. m.
(Fam.) Gamin.

galvanisation n. f.
Opération par laquelle on recouvre le fer d'une couche de zinc, par électrolyse, pour le préserver de la rouille.

galvaniser v. tr.
• Faire une galvanisation.
• Exciter, enflammer. *Son plaidoyer a galvanisé la foule.*

galvauder v. tr.
• Gaspiller, perdre. *Galvauder sa réputation.*
• Perdre son véritable sens. *Un mot galvaudé.*

gambade n. f.
Cabriole.

gambader v. intr.
Sauter, danser. *Gambader de joie.*

gambe n. f.
Viole de gambe. Instrument ancien, ancêtre du violoncelle.

gamelle n. f.
Écuelle de métal.
Note.- Attention à l'orthographe : ga**m**elle.

gamète n. m.
Cellule reproductrice.

Note.- Attention au genre masculin de ce nom : *un* gamète.

gamin, ine adj. et n. m. et f.
• **Adjectif.** Espiègle. *Avec un air gamin.*
• **Nom masculin et féminin.** (Fam.) Enfant.

gaminerie n. f.
Espièglerie.

gamma n. m. inv.
• Lettre grecque.
• *Rayons gamma.* Radiations émises par les corps radioactifs.
Note.- Ce nom est toujours invariable.

gamme n. f.
• Série continue d'éléments classés par gradation. *Une gamme de musique. Une gamme de couleurs. Une gamme de produits.*
• *Haut de gamme.* Se dit des produits les plus coûteux d'une série. *Des articles haut de gamme.*
• *Bas de gamme.* Se dit des produits les moins coûteux d'une série.
Note.- Ces expressions sont invariables.

gandoura n. f.
Vêtement ample sans manche porté en Afrique du Nord. *Des gandouras brodées.*

gang n. m.
• Le *g* final se prononce [gãg].
• Bande de malfaiteurs. *Un gang très bien organisé.*

ganglion n. m.
Petite boule sur le trajet des vaisseaux lymphatiques. *Les ganglions lymphatiques.*

gangrène n. f.
• Nécrose d'un tissu.
• (Fig.) Corruption.
Note.- Attention à l'orthographe : gangr**è**ne.

gangrener v. tr., pronom.
• Le *e* se change en *è* devant une syllabe muette. *Il gangrène, il gangrenait.*
• **Transitif.** Provoquer la gangrène.
• **Pronominal.** Être atteint par la gangrène. *Sa jambe s'est gangrenée.*

gangster n. m.
• Le *e* se prononce *è* [gãgstɛr].
• Membre d'un gang. *Des gangsters astucieux.*

gangstérisme n. m.
Banditisme.

gangue n. f.
• Substance terreuse qui entoure le minerai, les pierres précieuses. *Retirer un minerai de sa gangue.*
• Enveloppe enfermant quelque chose de précieux.
Note.- Attention à l'orthographe : gang**u**e.

ganse n. f.
Cordonnet servant à border. *Une ganse de soie.*

ganser v. tr.
Garnir d'une ganse.

gant n. m.
• Partie de l'habillement qui couvre la main et les

doigts séparément. *Une paire de gants. Des gants de cuir.*

● *Gant de toilette.* Petite serviette de tissu éponge formant une poche.

● *Aller comme un gant.* Convenir parfaitement.

● *Prendre des gants, mettre des gants.* Prendre des précautions.

● *Jeter le gant à quelqu'un.* Défier quelqu'un.

● *Ramasser, relever le gant.* Relever le défi.

Note.- Ne pas confondre avec les mots suivants :

- *mitaine*, gant qui découvre le bout des doigts ;

- *moufle*, qui couvre la main sans séparation pour les doigts, sauf pour le pouce. Au Canada, se dit *mitaine*.

ganter v. tr., intr., pronom.

● **Transitif.** Mettre, fournir des gants à.

● **Intransitif.** Avoir comme pointure pour les gants. *Elle gante du sept.*

● **Pronominal.** Mettre des gants.

ganterie n. f.

Industrie, commerce du gantier.

gantier n. m.

gantière n. f.

Personne qui fait ou vend des gants.

gap n. m.

(Anglicisme) Écart, décalage, retard technologique ou économique. *Des gaps.*

garage n. m.

● Endroit servant d'abri aux véhicules. *Des garages souterrains.*

● Établissement où l'on fait l'entretien et la réparation des véhicules.

garagiste n. m. et f.

Personne qui dirige un garage.

garance adj. inv. et n. f.

● **Adjectif de couleur invariable**

De la couleur rouge extraite de la garance. *Des vêtements garance.*

V. Tableau - **COULEUR (ADJECTIFS DE).**

● **Nom féminin**

- Plante dont la racine produit une teinture rouge.

- Teinture d'un rouge vif.

garant, ante n. m. et f.

● **Nom masculin et féminin.** Personne qui sert de garantie, de caution. *Elle s'est portée garante de l'emprunt. Il agira comme garant pour cet emprunt.*

● **Nom masculin.** Garantie. *L'excellence est le garant du succès.* En ce sens, le nom est toujours masculin.

garantie n. f.

● Nantissement.

● Clause d'un contrat de vente. *Une garantie de deux ans. Cet appareil est encore sous la garantie ou sous garantie.*

garantir v. tr.

● Cautionner. *Garantir l'exécution de travaux.*

● Certifier. *Je vous garantis que ces données sont exactes.*

garbure n. f.

Potage béarnais, à base de légumes, de lard et de confit.

garce n. f.

(Pop.) Femme désagréable et vulgaire.

garcette n. f.

Cordage tressé.

garçon n. m.

● Enfant mâle, par opposition à *fille.*

● (Vx) Célibataire. *Enterrer sa vie de garçon.*

garçonnet n. m.

Jeune garçon.

garçonnier, ière adj.

Qui convient à un garçon. *Cette jeune fille a une démarche plutôt garçonnière.*

garçonnière n. f.

Petit appartement, studio.

garde n. f.

● Action de garder, de conserver, de surveiller. *Je vous confie la garde de la maison.*

● *Faire bonne garde.* Assurer une surveillance étroite de quelqu'un ou de quelque chose.

● *Être de garde.* Être en faction ou être chargé de la permanence d'un service. *Un médecin de garde.*

● *Prendre garde à* + nom, pronom ou infinitif. Avoir soin de. *Prenez garde à vous. Prends garde à ne pas glisser.*

● *Prendre garde de* + infinitif. Éviter soigneusement de. *Prenez garde de glisser.*

Note.- Étant donné le sens négatif de cette locution, l'infinitif ne doit pas être accompagné d'une négation, sous peine de signifier le contraire de ce qu'on veut dire.

● *Prendre garde que* + indicatif. Remarquer. *Prenez garde que cet examen aura lieu lundi prochain.*

● *Prendre garde que* + subjonctif. Prendre ses mesures. *Elle prend garde que tout soit prêt à temps.*

● *Prendre garde que* + subjonctif et ne. Chercher à éviter. *Elle prend garde que rien ne manque.*

● *N'avoir garde de* + infinitif. (Litt.) Éviter soigneusement de. *Je n'aurai garde de compter sur cette personne : on ne peut s'y fier.*

Note.- Couramment on dira plutôt *Se garder de.*

● Partie d'une arme blanche. *La garde d'un sabre.*

● *Pages de garde.* Pages non imprimées au début et à la fin d'un livre.

garde n. m. et f.

Personne chargée de la garde de quelqu'un ou de quelque chose. *Un garde forestier, une garde-chasse.*

Note.- Si le nom **garde** est suivi d'un nom, il s'écrit avec un trait d'union ; s'il est suivi d'un adjectif, il s'écrit sans trait d'union.

garde- préf.

● Les mots composés avec **garde-** s'écrivent généralement avec un trait d'union. Seules font exception, les expressions composées du nom **garde** suivi d'un adjectif. *Un garde forestier.*

• Si le premier élément est un verbe, il demeure invariable. *Des garde-boue.* Si le premier élément désigne une personne qui garde, c'est alors un nom qui prend la marque du pluriel. *Des gardes-frontière, des gardes-malades.*

garde-à-vous n. m. inv.
Position réglementaire prise par les militaires en certaines occasions. *Des garde-à-vous.*
Note.- Ne pas confondre avec l'expression *Garde à vous !* qui est un commandement militaire et qui s'écrit généralement sans traits d'union.

garde-barrière n. m. et f.
Personne chargée de la surveillance d'un passage à niveau. *Des gardes-barrière* ou *des gardes-barrières.*

garde-boue n. m. inv.
Dispositif placé au-dessus des roues d'une bicyclette pour protéger des éclaboussures. *Des garde-boue.*

garde champêtre n. m. et f.
Personne préposée à la garde des propriétés rurales. *Des gardes champêtres.*

garde-chasse n. m.
Agent préposé à la garde du gibier dans un domaine. *Des gardes-chasse* ou *des gardes-chasses.*

garde-chiourme n. m.
(Fam.) Surveillant brutal. *Des gardes-chiourme* ou *des gardes-chiourmes.*

garde-corps n. m. inv.
Parapet. *Des garde-corps.*
Note.- Ne pas confondre avec le mot *garde du corps* qui désigne une personne attachée à la garde de quelqu'un.
Syn. **garde-fou.**

garde-côte adj. et n. m.
Petit bateau utilisé pour la surveillance de la pêche le long des côtes. *Des garde-côte, des garde-côtes.*

garde du corps n. m.
Personne attachée à la garde de quelqu'un. *Des gardes du corps.*
Note.- Ne pas confondre avec le mot *garde-corps* qui désigne un parapet.

garde-feu n. m. inv.
Grille que l'on place devant le foyer d'une cheminée. *Des garde-feu.*

garde-fou n. m.
Barrière construite le long d'un lieu élevé pour empêcher les gens de tomber. *Des garde-fous.*
Syn. **garde-corps.**

garde-malade n. m. et f.
Personne qui soigne les malades. *Des gardes-malades.*

garde-manger n. m. inv.
Petite armoire servant à conserver les aliments. *Des garde-manger.*

garde-meubles n. m. inv. ou **garde-meuble** n. m.
Lieu où l'on peut entreposer des meubles de façon temporaire. *Mettre une armoire au garde-meuble. Des garde-meuble* ou *des garde-meubles.*

gardénia n. m.
Arbuste à fleurs blanches et odorantes. *Des gardénias odorants.*
Note.- Attention au genre masculin de ce nom : **un** gardénia.

garden-party n. f.
(Anglicisme) Réception donnée dans un jardin. *Des garden-parties.*

garde-pêche n. m.
• **Nom masculin.** Personne chargée de surveiller la pêche. *Des gardes-pêche.*
Note.- Attention au pluriel de ce nom composé. Le mot *garde* prend la marque du pluriel puisqu'il désigne une personne et qu'il s'agit alors d'un nom.
• **Nom masculin invariable.** Petite embarcation utilisée pour la surveillance de la pêche le long des côtes. *Des garde-pêche.*
Note.- Attention au pluriel de ce nom composé, le mot *garde* est un verbe et demeure invariable.

garder v. tr., pronom.
• **Transitif**
- Assurer la garde, la surveillance de quelqu'un, de quelque chose. *Garder un bébé, un bâtiment.*
- Ne pas quitter. *Garder le lit, garder son chapeau.*
- (Fig.) Conserver. *Garder ses illusions, garder le silence.*
• **Pronominal**
- Éviter, s'abstenir. *Il faudrait se garder de suivre ce conseil.*
- Se conserver. *Les framboises se gardent difficilement.*

garderie n. f.
Établissement où l'on garde les enfants pendant la journée ou en dehors des heures de classe.

garde-robe n. f.
• (Vx) Penderie. *Des garde-robes bien garnies.*
• Ensemble des vêtements d'une personne. *Sa garde-robe est entièrement en noir et blanc.*
Note.- Attention au genre féminin de ce nom : **une** garde-robe.

gardeur, euse n. m. et f.
Gardien. *Une gardeuse d'oies.*

gardian n. m.
Gardien de chevaux ou de taureaux, en Camargue.

gardien n. m.
gardienne n. f.
Personne chargée de veiller sur quelqu'un, de garder quelque chose.

gardiennage n. m.
Service de garde. *Assurer le gardiennage d'immeubles.*
Note.- Attention à l'orthographe : gardie**nn**age.

gardon n. m.
• Poisson d'eau douce.
• *Frais comme un gardon.* En bonne forme.

gare n. f.
Dans le transport ferroviaire, bâtiment et installations où se font l'embarquement et le débarquement des

voyageurs, le chargement et le déchargement des marchandises. *Le train entre en gare à 15 heures.*

gare ! interj.
• Interjection pour avertir d'un danger.
• *Sans crier gare.* Sans prévenir. *Ils sont partis sans crier gare.*

garenne n. f.
Lieu boisé où vivent les lapins à l'état sauvage. *Un lapin de garenne.*

garer v. tr., pronom.
• **Transitif**
Ranger un véhicule dans un lieu de stationnement. *J'ai garé ma voiture.*
• **Pronominal**
- Éviter. *Se garer des coups.*
- Ranger sa voiture, stationner. *Il s'est mal garé : il est en stationnement interdit.*

gargantuesque adj.
Digne de Gargantua, géant de grand appétit. *Des desserts gargantuesques.*

gargariser (se) v. pronom.
• Se rincer la bouche et la gorge avec un liquide. *Elle s'est gargarisée.*
• (Fig., fam.) Se délecter. *Il se gargarise de mots ronflants.*

gargarisme n. m.
Liquide avec lequel on se gargarise.

gargote n. f.
(Péj.) Endroit où l'on mange mal.
Note.- Attention à l'orthographe : gargo*t*e.

gargouille n. f.
Partie d'une gouttière, de forme bizarre par laquelle l'eau tombe à distance des murs. *Les gargouilles de Notre-Dame.*

gargouillement n. m.
• Bruit de l'eau qui tombe dans une gouttière.
• Borborygme.

gargouillis n. m.
Bruit produit par un liquide.

gargoulette n. f.
Vase poreux où l'eau se conserve fraîche.
Note.- Ne pas confondre avec le mot *margoulette* qui désigne familièrement une mâchoire.

garnement n. m.
Enfant insupportable.

garni, ie adj.
• Accompagné de charcuteries, de légumes divers, d'un autre aliment. *Une choucroute garnie.*
• Orné. *Une robe garnie d'un col de dentelle.*

garnir v. tr.
• Pourvoir de choses nécessaires. *Garnir une bibliothèque de livres.*
• Enrichir, orner. *Garnir une façade de sculptures de pierre.*

garnison n. f.
Troupe de soldats casernée dans un endroit, une ville.

garnissage n. m.
Action de garnir ; ce qui garnit.

garniture n. f.
• Ornement.
• Ce qui remplit, accompagne un plat. *Garniture d'une tarte.*

garou
V. **loup-garou.**

garrigue n. f.
Terrain aride parsemé de végétation broussailleuse.

garrot n. m.
Lien servant à comprimer une artère pour arrêter une hémorragie.
Note.- Attention à l'orthographe : ga*rr*ot.

garrotter v. tr.
Bâillonner.
Note.- Attention à l'orthographe : garro*tt*er.

gars n. m.
• Les lettres *rs* ne se prononcent pas [gɑ].
• (Fam.) Jeune homme. *Un petit gars.*
• (Fam.) Gaillard.

gas-oil
V. **gazole.**

gaspacho n. m.
• Les lettres *ch* se prononcent *tch* [gaspatʃo].
• Potage espagnol à base de tomate et d'épices que l'on mange froid.

gaspillage n. m.
Action de faire des dépenses inutiles.

gaspiller v. tr.
• Les lettres *ill* sont suivies d'un *i* à la première et à la deuxième personne du pluriel de l'indicatif imparfait et du subjonctif présent. *(Que) nous gaspillions, (que) vous gaspilliez.*
• Consommer sans discernement. *Gaspiller des ressources, son talent, ses forces.*

gaspilleur, euse adj. et n. m. et f.
Qui gaspille.

gastrique adj.
Relatif à l'estomac. *Un ulcère gastrique.*

gastro-entérologie n. f.
Partie de la médecine consacrée aux maladies du tube digestif.

gastro-entérologue n. m. et f.
Médecin spécialiste de gastro-entérologie.

gastronome n. m. et f.
Gourmet.

gastronomie n. f.
Art de la bonne chère.

gastronomique adj.
Qui se rapporte à la gastronomie. *Un repas gastronomique.*

gâteau adj. inv. et n. m.
• **Adjectif invariable.** (Fam.) Qui gâte les enfants. *Des grands-papas gâteau.*

• **Nom masculin.** Pâtisserie. *Des gâteaux au chocolat, des gâteaux d'anniversaire.*

gâter v. tr., pronom.
• **Transitif**
- Endommager. *Ce vêtement a été gâté par de la peinture.*
- Traiter avec trop d'indulgence. *Gâter un enfant.*
• **Pronominal**
- S'altérer. *La viande hachée se gâte rapidement.*
- Prendre une mauvaise tournure. *La situation s'est gâtée.*

gâterie n. f.
• Petit présent.
• Friandise.

gâte-sauce n. m. inv.
Marmiton.

gâteux, euse adj. et n. m. et f.
Atteint de gâtisme.

gâtisme n. m.
Sénilité.

GATT
Sigle anglais de *General Agreement on Tariffs and Trade.*
Note.- La désignation française **Accord général sur les tarifs douaniers et le commerce** est utilisée dans les textes français, mais seul le sigle anglais *GATT* a cours.

gauche adj. et n. f.
• **Adjectif**
- Maladroit. *Des manières gauches.*
- Se dit, par opposition à *droit* pour marquer la position relative de quelque chose. *La main gauche.*
- De travers, tordu.
• **Nom féminin**
- Le côté gauche. *C'est à ma gauche.*
- Mouvement politique. *Il appartient à la gauche qui professe des opinions avancées comparativement à la droite, plus conservatrice.*

gauchement adv.
De façon gauche.

gaucher, ère adj. et n. m. et f.
Qui est plus habile de la main gauche que de la main droite.
Ant. **droitier.**

gaucherie n. f.
Maladresse.

gauchir v. tr., intr.
• **Transitif.** Rendre gauche, déformer. *L'humidité a gauchi la planche.*
• **Intransitif.** Perdre sa forme. *Cette porte a gauchi.*

gauchisant, ante adj.
Adepte des partis de gauche. *Des auteurs gauchisants.*

gauchisme n. m.
Attitude du gauchiste.

gauchissement n. m.
Déformation.

gauchiste adj. et n. m. et f.
Partisan des solutions révolutionnaires, dans un parti.

gaucho n. m.
• Les lettres *ch* peuvent se prononcer *ch* ou *tch*, [goʃo] ou [gawtʃo].
• Berger d'Amérique du Sud. *Des gauchos.*

gaudriole n. f.
(Fam.) Grivoiserie.

gaufrage n. m.
Action de gaufrer; son résultat.
Note.- Attention à l'orthographe : gau**f**rage.

gaufre n. f.
Pâtisserie cuite entre deux fers dont la surface porte des dessins en relief.
Note.- Attention à l'orthographe : gau**f**re.

gaufrer v. tr.
Imprimer des motifs en relief ou en creux (sur du cuir, des étoffes, du papier).

gaufrette n. f.
Petite gaufre.

gaufrier n. m.
Moule à gaufre.

gaule n. f.
Longue perche, manche d'une ligne.

gauler v. tr.
Frapper un arbre avec une gaule pour en faire tomber les fruits.

gaulois, oise adj. et n. m. et f.
• **Adjectif**
- De la Gaule.
- Grivois. *L'esprit gaulois.*
• **Nom masculin**
Langue celte des Gaulois.
Note.- Lorsqu'il s'agit de la langue, l'adjectif ou le nom s'écrit avec une minuscule. Si le nom désigne une personne, la majuscule s'impose.
• **Nom féminin**
Cigarette de tabac brun fabriquée en France. *Fumer des gauloises.*

gauloiserie n. f.
Grivoiserie.

gausser (se) v. pronom.
(Litt.) Se moquer.

gavage n. m.
Action de gaver. *Le gavage des oies.*

gaver v. tr., pronom.
• **Transitif.** Faire manger par force, avec excès.
• **Pronominal.** Se gorger. *Se gaver de bonbons.*

gavotte n. f.
Danse ancienne.

gavroche adj. et n. m.
Gamin parisien, frondeur et sympathique. *Un style gavroche.*

gay adj. et n. m. et f.
(Anglicisme) Homosexuel (ou plus rare), homosexuelle.

gaz n. m. inv.
• Le **z** se prononce [gɑz].
• État fluide de la matière. *L'oxygène est un gaz.*
• *Masque antigaz.* On préférera cette expression à « masque à gaz ».
Hom. **gaze,** tissu léger.

gaze n. f.
Tissu léger, très clair.
Hom. **gaz,** état fluide de la matière.

gazelle n. f.
Mammifère de la famille des antilopes. *Rapide comme une gazelle.*

gazeux, euse adj.
• Relatif au gaz. *Un corps gazeux.*
• Qui contient du gaz. *Une boisson gazeuse.*

gazier, ière adj. et n. m.
• **Adjectif.** Relatif au gaz. *Le réseau gazier.*
• **Nom masculin.** Employé d'une compagnie du gaz.

gazoduc n. m.
Canalisation de gaz naturel.

gazole n. m.
Forme francisée de l'anglicisme déconseillé **gas-oil.**
Note.- Ce nom a fait l'objet d'une recommandation officielle pour remplacer l'anglicisme **gas-oil.**

gazoline n. f.
Essence de pétrole très légère.

gazon n. m.
• Herbe courte et menue. *Une tondeuse à gazon.*
• (Par ext.) Surface couverte de gazon. *Marcher sur le gazon.*
Note.- Le mot **pelouse** désigne un terrain couvert d'herbe, il est donc synonyme de **gazon** en ce sens.

gazonner v. tr.
Couvrir de gazon. *Gazonner un talus.*

gazouillement n. m.
Bruit produit par les oiseaux qui gazouillent.
Syn. **gazouillis.**

gazouiller v. intr.
• Les lettres **ill** sont suivies d'un *i* à la première et à la deuxième personne du pluriel de l'indicatif imparfait et du subjonctif présent. *(Que) nous gazouillions, (que) vous gazouilliez.*
• Produire un bruit léger et doux. *Les oiseaux gazouillent.*

gazouillis n. m.
Syn. **gazouillement.**

G.-B.
Abréviation de *Grande-Bretagne.*

geai n. m.
• Attention à la prononciation [ʒɛ].
• Oiseau. *Des geais bleus.*
Hom. :
- *jais* pierre d'un noir brillant ;
- *jet*, action de lancer.

géant, ante adj. et n. m. et f.
• **Adjectif.** Immense, très grand. *Un format géant.*
• **Nom masculin et féminin.** Colosse.

géhenne n. f.
• Attention à la prononciation [ʒeɛn].
• Enfer.

geignard, arde adj. et n. m. et f.
(Fam.) Pleurnichard.

geindre v. intr.
• *Je geins, tu geins, il geint, nous geignons, vous geignez, ils geignent. Je geignais, tu geignais, il geignait, nous geignions, vous geigniez, ils geignaient. Je geignis. Je geindrai. Je geindrais. Geins, geignons, geignez. Que je geigne, que tu geignes, qu'il geigne, que nous geignions, que vous geigniez, qu'ils geignent. Que je geignisse. Geignant. Geint.*
• Les lettres **gn** sont suivies d'un *i* à la première et à la deuxième personne du pluriel de l'indicatif imparfait et du subjonctif présent. *(Que) nous geignions, (que) vous geigniez.*
• (Litt.) Gémir, se plaindre.

geisha n. f.
• Le **g** se prononce comme dans **guerre** et les lettres **ei** se prononcent **é** [geʃa] ou **èi** [geiʃa].
• Chanteuse et danseuse japonaise. *Des geishas.*

gel n. m.
• Temps de gelée. *On a prévu du gel pour ce soir.*
• Substance colloïdale. *Un gel pour les cheveux.*
• Blocage. *Le gel des prix.*

gélatine n. f.
Protéine ayant l'aspect d'une gelée.

gélatineux, euse adj.
Qui a l'aspect de la gélatine.

gelée n. f.
• Gel. *Une gelée automnale.*
• Confiture. *Gelée de groseille, de pomme.*
Note.- Le complément du nom **gelée** se met généralement au singulier. Par contre, dans l'expression **gelée de fruits,** le complément se met au pluriel.

geler v. tr., intr.
• Le **e** se change en **è** devant une syllabe muette. *Il gèle, il gelait.*
• **Transitif**
- Transformer en glace, glacer. *Le vent qui souffle l'a gelée.*
- Pénétrer d'un froid vif. *Ce vent nous gèle.*
• **Intransitif**
- Se transformer en glace. *La rivière a gelé cette nuit.*
- *Geler à pierre fendre.* Faire très froid.

gelinotte ou **gélinotte** n. f.
Oiseau sauvage à plumage roux.
Note.- Attention à l'orthographe : gélinotte.

gélule n. f.
Capsule gélatineuse contenant un médicament.

gémeau n. m.
• (Vx) Jumeau.
• (Au plur.) Nom d'une constellation, d'un signe du zodiaque.
Note.- Les noms d'astres s'écrivent avec une majuscule.

Elle est (du signe des) Gémeaux, elle est née entre le 22 mai et le 21 juin.
V. **astre**.

gémellaire adj.
• Le *e* de la deuxième syllabe se prononce *e* ou *è*, [ʒemɛlɛr] ou [ʒemelɛr].
• Qui est relatif aux jumeaux. *Une grossesse gémellaire.*

gémir v. intr.
Faire entendre des plaintes inarticulées.

gémissement n. m.
Cri plaintif.

gemme adj. et n. f.
• Nom générique des pierres précieuses.
• *Sel gemme.* Sel extrait des mines.

gênant, ante adj.
• Qui importune, qui incommode.
• Intimidant.

gencive n. f.
Muqueuse recouvrant la racine des dents.

gendarme n. m.
Militaire appartenant à la gendarmerie.

gendarmer (se) v. pronom.
S'emporter.

gendarmerie n. f.
• Corps militaire chargé d'assurer le maintien de l'ordre public.
• Caserne où sont logés les gendarmes.

gendre n. m.
Le mari de la fille par rapport au père et à la mère de celle-ci.

gène n. f.
• Embarras, malaise.
• *Sans-gêne*, nom masculin et féminin invariable. Personne impolie. *Des sans-gêne incroyables.*
• *Sans-gêne*, adjectif invariable. Effronté. *Ils sont sans-gêne.*
Hom. *gène,* une des unités héréditaires localisées sur les chromosomes.

gène n. m.
Une des unités héréditaires localisées sur les chromosomes. *Un gène dominant.*
Note.- Les dérivés du nom *gène* s'écrivent avec un accent aigu. *Génétique, généticien.*
Hom. *gêne,* embarras, malaise.

généalogie n. f.
• Ascendance. *Faire la généalogie d'une personne.*
• Étude, connaissance des filiations.

généalogique adj.
Relatif à la généalogie. *Un arbre généalogique.*

généalogiste n. m. et f.
Spécialiste de la généalogie.

gêner v. tr., pronom.
• **Transitif**. Indisposer, embarrasser.
• **Pronominal**. Se contraindre. *Ne vous gênez pas !*

général n. m.
Personne qui commande une armée.

général, ale, aux adj. et n. f.
• **Adjectif**. Qui est commun à un grand nombre de personnes ou de choses. *Une direction générale.*
• **Nom féminin**. Dernière répétition d'une pièce de théâtre, d'un spectacle avant la première.
Note.- Ne pas confondre avec l'adjectif *générique* qui qualifie ce qui appartient à un genre.
Ant. **individuel.**

généralement adv.
• Ordinairement.
• Dans l'ensemble.

généralisation n. f.
Action de généraliser.

généraliser v. tr., pronom.
• Rendre général. *Généraliser l'emploi d'un mot.*
• Conclure du particulier au général. *Il faut se garder de généraliser.*

généraliste n. m. et f.
Omnipraticien (par opposition à **spécialiste**).

généralité n. f.
• Nature de ce qui est général.
• (Gén. plur.) (Péj.) Idées générales. *Énoncer des généralités.*

générateur, trice adj. et n. f.
• **Adjectif**. Qui sert à engendrer. *La fonction génératrice.*
• **Nom féminin**. Appareil produisant du courant électrique. *Une génératrice d'électricité.*

génération n. f.
• Reproduction.
• Chaque degré de filiation. *Trois générations vivent dans cette maison.*
• Ensemble des personnes ayant à peu près le même âge à la même époque. *La nouvelle génération.*

générer v. tr.
Engendrer, produire.

généreusement adv.
De façon généreuse.

généreux, euse adj.
• Charitable.
• (Litt.) Fertile. *Une terre généreuse.*

générique adj. et n. m.
• **Adjectif**. Qui appartient à un genre. *Un terme générique.*
Note.- Ne pas confondre avec l'adjectif *général* qui qualifie ce qui est commun à un grand nombre.
Ant. **spécifique.**
• **Nom masculin**. Partie d'un film où figurent les noms des acteurs, des techniciens, des collaborateurs, des producteurs.

générosité n. f.
Prodigalité.

genèse n. f.
Origine.
Note.- Attention à l'orthographe : genèse.

-génèse, - genèse, -génésie suff.
Éléments du latin qui signifient « génération, formation ». *Parthénogénèse, spermatogénèse.*

genêt n. m.
Arbrisseau à fleurs jaunes.

généticien n. m.
généticienne n. f.
Spécialiste de la génétique.

génétique adj. et n. f.
• **Adjectif.** Qui est relatif à l'hérédité, aux gènes. *Un
caractère génétique.*
• **Nom féminin.** Science de l'hérédité.

gêneur, euse n. m. et f.
Importun.

genévrier n. m.
Arbuste.
Note.- Attention à l'orthographe : ge*n*évrier.

génial, iale, aux adj.
• Qui a du génie. *Des musiciens géniaux.*
• Astucieux. *Une idée géniale.*

génialement adv.
De façon géniale.

génie n. m.
• Être mythique, bon ou mauvais.
• Faculté créatrice. *Avoir le génie des mathématiques.*
Note.- En ce sens, ne pas confondre avec les mots
suivants :
- *esprit*, vivacité de l'esprit ;
- *finesse*, possibilité de saisir les nuances ;
- *ingéniosité*, habileté à inventer des solutions ;
- *talent*, aptitude naturelle.
• Personne très douée.
• Art de l'ingénieur. *Génie civil, génie mécanique,
génie forestier, génie industriel, génie chimique, génie
atomique.*

genièvre n. m.
• Fruit du genévrier. *Des baies de genièvre pour la
choucroute.*
• Eau-de-vie.
Note.- Attention au genre masculin de ce nom : *un*
genièvre.

génisse n. f.
Jeune vache.

génital, ale, aux adj.
Relatif à la reproduction humaine, animale. *Les organes
génitaux.*

géniteur n. m.
Animal mâle destiné à la reproduction.

génitif n. m.
Cas latin.

génocide n. m.
Extermination d'un groupe ethnique.

génoise n. f.
Gâteau à pâte de biscuit.

genou n. m.
• Articulation entre la jambe et la cuisse.

• *À genoux.* Les genoux en terre. *Elle s'est mise à
genoux.*

genouillère n. f.
Bande destinée à protéger le genou.

genre n. m.
• Ensemble d'espèces qui ont un ou plusieurs carac-
tères communs. *Le genre est formé par le regroupement
d'espèces voisines.*
• (Gramm.) Catégorie exprimant l'appartenance au
sexe féminin ou au sexe masculin de certains mots. *Le
nom **femme** est du genre féminin.*
Note.- En français, le genre des noms de choses est
conventionnel et ne repose sur aucune règle définie.
V. Tableau - **GENRE**.
• Espèce, sorte. *Quel genre de robe dois-je porter ce
soir ?*
• *En tout genre.* De tous les types.
• *Du même genre.* De même espèce.
• *Bon chic, bon genre (B.C.B.G.).* De bon ton.
• **Genre de** + **complément déterminatif.** Le complément
de *genre* peut s'écrire au singulier ou au pluriel. *Ce
genre de personne, de personnes.* Cependant le verbe
est toujours au singulier. *Ce genre de personne(s) est
déplaisant.*

gens n. m. pl. et n. f.

Personnes, individus.
• **Nom masculin pluriel**
- Suivi d'un adjectif, le nom *gens* se met au masculin.
Des gens raffinés.
- Suivi d'un nom de profession, le nom *gens* désigne
une catégorie de personnes. *Des gens de loi, d'af-
faires.*
• **Nom féminin pluriel**
- Précédé immédiatement d'un adjectif, le nom *gens*
est féminin pluriel. *De bonnes gens, d'honnêtes gens.*
Hom. *gent,* race.

gent, gente adj. et n. f.
• **Adjectif.** (Vx) Gentil. *La gente demoiselle.*
• **Nom féminin.** (Iron.) Race. *La gent canine.*
Hom. *gens,* personnes.

gentiane n. f.
• Le *t* se prononce *s* [ʒãsjan].
• Plante des prés à fleurs bleues, violettes ou jaunes
suivant les espèces.

gentil, ille adj.
• Le *l* ne se prononce pas au masculin [ʒãti].
• Aimable, agréable.
Note.- Attention à l'orthographe : genti*l*.

gentilé n. m.
Dénomination des habitants d'un lieu (continent, pays,
région, ville, village, etc.). Le nom *Parisien* est le
gentilé des habitants de Paris, *Villefranchois*, celui
des habitants de Villefranche.
Note.- Les gentilés s'écrivent avec une majuscule.
Une Bretonne. Les adjectifs dérivés de gentilés s'écrivent avec une minuscule. *Un menhir breton.*

GENRE

Le genre des mots est l'une des grandes difficultés de la langue française, comme d'ailleurs de toutes les autres langues où cette distinction existe, par exemple le grec qui ajoute le neutre au masculin et au féminin.

Spontanément, on a tendance à croire qu'il existe une relation entre le genre du mot et le sexe de l'être désigné. En fait, la question est très complexe.

LE GENRE DES NOMS D'ÊTRES ANIMÉS

1° Relation entre le genre du mot et le sexe de l'être désigné

Dans de nombreux cas, le masculin correspond effectivement à un être mâle et le féminin à un être femelle lorsque les noms désignent :

- L'**humanité** en général ou des **êtres mythologiques.** *Homme/femme, garçon/fille, dieu/déesse.*
- Des **liens familiaux.** *Mari/femme, père/mère, cousin/cousine, oncle/tante.*
- Des **désignations de métier, de fonction.** *Directeur/directrice, épicier/épicière, romancier/romancière.*

Note.- Pour le féminin des noms de profession, on consultera chacun des noms dans l'ordre alphabétique et le tableau - **FÉMINISATION DES TITRES.**

- Des **animaux domestiques.** *Cheval/jument, bouc/chèvre, canard/cane, bœuf/vache.*

Note.- Pour le féminin des noms d'animaux, on consultera le tableau - **ANIMAUX.**

- Du **gibier traditionnel.** *Cerf/biche, renard/renarde, ours/ourse, sanglier/laie.*

2° Sexe non différencié

La langue ne fait pas toujours la distinction entre les sexes, même lorsque celle-ci existe dans les faits :

- Soit parce que le masculin est utilisé comme **terme générique.** *Les hommes sont mortels.*
- Soit parce que la notion de sexe est **indifférente au propos tenu.** *Ce cheval court vite.*
- Soit parce que les êtres ne sont pas considérés comme appariés en couple, en raison de leur **petitesse,** de leur **caractère exotique** ou **fabuleux.** *La mouche, le lynx, la panthère, le vautour, l'hydre.*
- Soit parce qu'on considère comme **asexués** certains êtres qui, en fait, ne le sont pas. *La rose, le jasmin, la truite, le requin, la baleine.*

3° Genre non marqué

Parfois, le nom peut être tour à tour masculin et féminin selon qu'il désigne un être mâle ou un être femelle ; ce nom est dit **épicène.** *Architecte, alpiniste, enfant, propriétaire, cinéaste.*

4° Absence de relation entre le genre du mot et le sexe de l'être désigné
Une sentinelle, un mannequin, une canaille, un sage.

LE GENRE DES NOMS D'ÊTRES INANIMÉS

Dans la très grande majorité des cas, l'attribution du genre est **arbitraire**, sans motivation précise. *Une chaise, un fauteuil, un canapé, une causeuse.*

Dans de rares cas, la différence de genre correspond à une **distinction de sens.** *Un pendule/une pendule, un tour/une tour, un geste/une geste, un mémoire/une mémoire.*

LES ACCORDS

Le genre d'un nom est marqué par les accords :
- accord avec l'article. *Le/la, un/une.*
- accord avec les adjectifs déterminatifs. *Son/sa, cet/cette.*
- accord avec les adjectifs qualificatifs. *Beau/belle, bon/bonne.*

Les francophones de naissance font les accords de façon instinctive ; cependant, plusieurs noms sont cause d'hésitations, notamment :

- les mots commençant par une **voyelle** ou un *h* muet, parce que les articles et les déterminatifs sont alors neutralisés. *L'apogée, l'en-tête, l'haltère.*

- les mots se terminant par un **e** muet. *Un pétale, un globule, un jade, un tulle.*

Si le genre des noms d'êtres inanimés peut résulter parfois de leur étymologie ou de leur forme, il est souvent purement conventionnel et ne semble correspondre à aucune logique.

Voici quelques noms dont le genre est difficile à retenir :

Noms masculins

abaque	asphalte	entracte	jaspe
abysse	asphodèle	éphémère	jujube
acabit	astérisque	épithalame	lactose
acrostiche	astragale	équinoxe	libelle
aérolit(h)e	athénée	érysipèle	lignite
agrumes	augure	esclandre	lobule
albâtre	auspice	évangile	mânes
amadou	autoclave	exergue	myrte
amalgame	autographe	fastes	naphte
ambre	automne	flagelle	narcisse
amiante	balustre	folliculaire	nimbe
ammoniac	camée	fuchsia	obélisque
ampère	campanile	girofle	opprobre
anathème	chrysanthème	glucose	ovule
anévrisme	colchique	granule	ozone
antidote	curie (unité de mesure)	haltère	pamplemousse
apanage	décombres	héliotrope	pénates
aphte	denticule	hémicycle	pendule (balancier)
apogée	effluve	hémisphère	pétale
apologue	ellébore	hémistiche	planisphère
appendice	élytre	holocauste	tentacule
après-guerre	embâcle	hyménée	termite
arcane	emblème	incendie	trille
aria (embarras)	émétique	insigne	tubercule
armistice	emphysème	interstice	ulcère
aromate	empyrée	ivoire	viscère
arpège	en-tête	jade	vivres

Noms féminins

abscisse	arabesque	cuticule	épître
abside	argile	dartre	escarre
absinthe	aria (musique)	débâcle	estafette
acné	arrhes	disparate	fiasque
acoustique	atmosphère	ébène	gélule
acropole	autoroute	ébonite	gemme
affres	autostrade	écarlate	hélice
alcôve	avant-scène	échappatoire	horloge
algèbre	azalée	écritoire	immondice
alluvion	bakélite	égide	malachite
améthyste	besicles	encaustique	métastase
amibe	bonace	enclume	météorite
ammoniaque	bougainvillée	enzyme	molécule
anagramme	campanule	éphéméride	moustiquaire
ancre	câpre	épice	nacre
anicroche	caroube	épigramme	oasis
ankylose	céruse	épigraphe	obsèques
antichambre	clepsydre	épistaxis	ocre
apostrophe	colophane	épitaphe	omoplate
appendicite	créosote	épithète	orbite

Noms féminins (suite)

ordonnance (militaire)	plumule	réglisse	strate
orfraie	potasse	sépia	ténèbres
oriflamme	prémices	spore	topaze
ouïe	prémisse	stalactite	urticaire
pendule (horloge)	primeur	stalagmite	vicomté

Noms à double genre

aigle	espace	mode	pendule
amour	geste	œuvre	physique
cartouche	gîte	office	poste
couple	hymne	orge	relâche
crêpe	manche	orgue	voile
délice	mémoire	parallèle	

Pour le féminin des noms de bateau, V. **bateau.**

LE GENRE ET LE NOMBRE DES SIGLES

Les sigles prennent généralement le genre du premier nom abrégé.

Le C.N.R.S. (le Centre national de la recherche scientifique)
La C.E.E. (la Communauté économique européenne)

Les sigles de langue étrangère prennent le genre et le nombre qu'aurait eu en français le générique de la dénomination.

La BBC (British Broadcasting Corporation) (**société**, féminin singulier).
Les USA (United States of America) (**états**, masculin pluriel).

gentilhomme n. m.
• Ce mot se prononce [ʒɑ̃tijɔm] au singulier, et [ʒɑ̃tizɔm] au pluriel.
• (Ancienn.) Noble. *Des gentilshommes.*

gentilhommière n. f.
Petit château à la campagne.
Note.- Ne pas confondre avec les mots suivants :
- *castel*, petit château ;
- *château*, habitation royale ou seigneuriale généralement située à la campagne ;
- *manoir*, habitation seigneuriale entourée de terres ;
- *palais*, résidence d'un chef d'État ou d'un souverain.

gentillesse n. f.
Amabilité.

gentiment adv.
De façon gentille.
Note.- Attention à l'orthographe : gen*ti*ment.

gentleman n. m.
• Se prononce à l'anglaise [dʒɛntləman].
• Homme distingué, gentilhomme. *Le gentleman-cambrioleur. Des gentlemen.*

génuflexion n. f.
Agenouillement.
Note.- Attention à l'orthographe : génufle*x*ion.

géo- préf.
Élément du grec signifiant « terre ». *Géologie.*

géographe n. m. et f.
Spécialiste de la géographie.

géographie n. f.
Science qui a pour objet l'étude des phénomènes naturels et humains de la surface de la Terre. *Une carte de géographie.*
V. Tableau - **GÉOGRAPHIQUES (NOMS).**

géographique adj.
Relatif à la géographie. *Un atlas géographique.*

geôle n. f.
• Attention à la prononciation [ʒol].
• (Litt.) Prison.
Note.- Attention à l'orthographe : ge*ô*le.

geôlier, ière n. m. et f.
• Attention à la prononciation [ʒolje].
• (Litt.) Gardien.
Note.- Attention à l'orthographe : ge*ô*lier.

géologie n. f.
Science qui a pour objet l'étude de la nature et de la formation des éléments constitutifs du globe terrestre.

géologique adj.
Relatif à la géologie.

géologiquement adv.
Au point de vue géologique.

géologue n. m. et f.
Spécialiste de la géologie.

géomètre n. m. et f.
Spécialiste de la géométrie.

géométrie n. f.
Science qui a pour objet l'étude de l'espace.

géométrique adj.
Relatif à la géométrie. *Des dessins géométriques. Une progression géométrique.*

NOMS GÉOGRAPHIQUES

Les noms géographiques sont des noms de lieux appelés également **toponymes**.

● **Nom géographique employé seul**

Le nom propre géographique prend une majuscule. *La France, l'Europe.*

● **Nom commun accompagné par un nom propre ou par un adjectif**

Le nom commun (générique) s'écrit avec une minuscule, tandis que le nom propre ou l'adjectif (spécifique) prend la majuscule. *La baie des Anges, le col de la Croix-Haute, le mont Blanc, l'océan Atlantique, le golfe Persique.*

Note.- Certaines dénominations font exception à cette règle. *Le Pays basque, le Massif central.*

● **Dénomination composée**

Le nom est accompagné d'un adjectif nécessaire à l'identification, qui précède souvent le nom. Les deux mots s'écrivent avec une majuscule et sont souvent liés par un trait d'union. *La Haute-Loire, le Proche-Orient, la Grande-Bretagne, les Hauts-de-Seine, les Pays-Bas, la Nouvelle-Angleterre, les Grands Lacs.*

● **Nom étranger**

Dans les cas où le nom géographique n'a pas d'équivalent français, la graphie d'origine est respectée. *New York, San Diego, Los Angeles, Rhode Island, Cape Cod.*

Note.- Les gentilés et les adjectifs dérivés de noms étrangers sont écrits à la française avec accents et traits d'union, s'il y a lieu. *Les New-Yorkais.*

● **Surnom géographique**

Les expressions identifiant certaines régions, certaines villes s'écrivent avec une majuscule au nom et à l'adjectif qui précède. *La Côte d'Azur, le Nouveau Monde.* Si l'adjectif suit, il garde la minuscule. *La Ville éternelle, la Terre sainte.*

---

géophysicien n. m.
géophysicienne n. f.
Spécialiste de la géophysique.

géophysique n. f.
Science qui a pour objet l'étude des phénomènes physiques naturels.

géopolitique n. f.
Étude des rapports entre les données géographiques et la politique des États.

gérance n. f.
Administration. *La gérance d'un hôtel.*

géranium n. m.
● Le *u* se prononce comme *o* [ʒeranjɔm].
● Plante herbacée, souvent ornementale. *Des géraniums rouges.*

gérant n. m.
gérante n. f.
Mandataire qui gère une entreprise pour le compte du propriétaire.

gerbage n. m.
● Action d'attacher les épis de céréales ensemble.
● Action d'empiler. *Le gerbage des palettes.*

gerbe n. f.
● Faisceau de tiges de céréales.
● Bouquet. *Une gerbe de fleurs.*

gerber v. tr., intr.
● **Transitif**. Mettre en gerbes.
● **Intransitif**. Empiler (des tonneaux, des sacs, des palettes, etc.) les uns sur les autres.

gerbeur, euse adj. et n. f.
● **Adjectif**. Qui sert au gerbage.
● **Nom féminin**. Appareil de levage destiné au gerbage des charges.

gerboise n. f.
Petit rongeur.

gercer v. tr., intr., pronom.
● Le *c* prend une cédille devant la lettre *a*. *Il gerça.*
● **Transitif**. Fendiller. *Le froid gerce les lèvres.*
● **Intransitif** ou **pronominal**. Se fendiller, se couvrir de petites crevasses. *En hiver, elle a les mains qui gercent. Ses lèvres se gerçaient.*

gerçure n. f.
Crevasse à la surface de la peau.

gérer v. tr.
● Le *é* se change en *è* devant une syllabe muette, sauf à l'indicatif futur et au conditionnel présent. *Je gère*, mais *je gérerai*.
● Administrer (une entreprise, une affaire, etc.) pour son propre compte ou pour le compte d'autrui. *Il gère cet immeuble.*

gerfaut n. m.
Rapace diurne à plumage clair vivant dans les pays du Nord.

gériatre n. m. et f.
Spécialiste de la gériatrie.
Note.- Attention à l'orthographe : gériatre.

gériatrie n. f.
Partie de la médecine qui étudie les maladies des personnes âgées.
Notes.-
1° Attention à l'orthographe : gériatrie.
2° Ne pas confondre avec le mot *gérontologie* qui désigne la science du vieillissement de l'être humain sous ses divers aspects, psychologiques, sociaux, etc.

germain, aine adj. et n. m. et f.
Cousins germains, cousines germaines. Cousins ayant un grand-père ou une grand-mère en commun.

germanique adj. et n. m. et f.
● **Adjectif.** De l'Allemagne.
● **Nom masculin et féminin.** Habitant des pays de civilisation allemande, par opposition à *latin, slave.* Syn. **allemand.**
● **Nom masculin.** Langue des anciens Germains dont sont issus l'anglais, l'allemand, le néerlandais et les langues nordiques.
Note.- Lorsqu'il s'agit de la langue, l'adjectif ou le nom s'écrit avec une minuscule. Si le nom désigne une personne, la majuscule s'impose.

germe n. m.
● Partie de la graine qui se développe en formant la plante.
● (Fig.) Principe, origine.
● *Être en germe.* Être à l'état latent.

germer v. intr.
● Commencer à se développer, en parlant d'une graine, d'un bulbe, etc. *Les tulipes ont germé.*
● Se développer. *Le projet est en train de germer dans son esprit.*

germination n. f.
Premier développement du germe de la plante.

gérondif n. m.

Groupe constitué de la préposition *en* et du *participe présent* qui sert à préciser un verbe à titre de complément circonstanciel. Le gérondif est toujours invariable.
Note.- Il importe que le gérondif ait le même sujet que le verbe qu'il complète. *En espérant que ces renseignements vous seront utiles, je vous prie d'agréer...* (et non en espérant que...* veuillez agréer).
V. Tableau - **EN.**

géronto- préf.
Élément du grec signifiant « vieillard ». *Gérontologie.*

gérontocratie n. f.
Régime où le pouvoir appartient aux vieillards.

gérontologie n. f.
Science du vieillissement de l'être humain sous ses divers aspects, psychologiques, sociaux, etc.
Note.- Ne pas confondre avec le mot *gériatrie* désignant une spécialisation de la médecine qui étudie les maladies des personnes âgées.

gérontologue n. m. et f.
Spécialiste de la gérontologie.

gésier n. m.
Partie de l'estomac des oiseaux.

gésir v. intr.
● *Je gis, tu gis, il gît, nous gisons, vous gisez, ils gisent. Je gisais, tu gisais, il gisait, nous gisions, vous gisiez, ils gisaient. Gisant.*
● Le verbe n'est pas usité aux autres temps.
● (Litt.) Être couché, sans mouvement. *Il gisait sur le sol.*
● Être enterré. *Ci-gît un poète oublié.*
● Se trouver. *Là gît la solution de l'énigme.*

gestation n. f.
● Période pendant laquelle une femelle vivipare porte ses petits.
Note.- Pour l'espèce humaine, la gestation est appelée *grossesse.*
● (Fig.) Genèse. *La gestation d'une œuvre, d'une nouvelle ère.*

geste n. m. et f.
● **Nom masculin**
- Mouvement du corps. *Un geste de la main.*
- Action. *Faire un geste, avoir un geste noble.*
● *Faits et gestes.* Conduite.
● **Nom féminin**
Grand poème épique. *Une chanson de geste.*

gesticulation n. f.
Action de gesticuler.

gesticuler v. intr.
Faire beaucoup de gestes en tous sens.

gestion n. f.
Action de gérer, d'organiser, de diriger, d'administrer quelque chose. *La gestion d'une entreprise, la gestion de la production.*

gestionnaire n. m. et f.
Cadre d'une entreprise, d'un organisme.

gestuel, elle adj. et n. f.
● **Adjectif.** Relatif au geste. *La peinture gestuelle.*
● **Nom féminin.** Ensemble des gestes expressifs considérés sur le plan de leur signification.

geyser n. m.
● Les lettres *ey* se prononcent *é* et le *r* est sonore [ʒezɛr].
● Source d'eau chaude jaillissante.

ghanéen, éenne adj. et n. m. et f.
Du Ghana.

Note.- Contrairement à l'adjectif, le nom prend une majuscule.

ghetto n. m.
• Les lettres **ghe** se prononcent **gué** ou **guè** [geto] ou [gεto].
• Lieu où les Juifs étaient obligés de résider.
• Lieu où des gens vivent séparés du reste de la population. *Les ghettos noirs.*

G.I. n. m. inv.
• Attention à la prononciation [dʒiaj].
• Sigle anglais de « Government Issue ».
• (Fam.) Soldat américain.

gibecière n. f.
Sac du chasseur destiné à recevoir le gibier.

gibelotte n. f.
Fricassée de lapin au vin blanc.
Note.- Attention à l'orthographe : gibelo*tte*.

gibet n. m.
Potence où l'on pendait autrefois les condamnés à mort.

gibier n. m.
Tous les animaux que l'on prend à la chasse.

giboulée n. f.
Averse soudaine de pluie souvent mêlée de neige, de grêle.

gibus n. m.
• Le **s** se prononce [ʒibys].
• Chapeau haut de forme qui peut s'aplatir.

giclée n. f.
Jet de liquide.

giclement n. m.
Fait de gicler.

gicler v. intr.
Jaillir avec force, en parlant d'un liquide.

gicleur n. m.
Dispositif servant à faire gicler un liquide.

gifle n. f.
Coup donné sur la joue avec la main.
Note.- Attention à l'orthographe : gi*f*le.

gifler v. tr.
Donner une gifle.
Note.- Attention à l'orthographe : gi*f*ler.

giga- préf.
• Symbole **G** (s'écrit sans point).
• Préfixe qui multiplie par 1 000 000 000 l'unité qu'il précède. *Des gigawatts.*
• Sa notation scientifique est 10^9.
V. Tableau - **MULTIPLES ET SOUS-MULTIPLES DÉCIMAUX.**

gigantesque adj.
Colossal. *Une entreprise gigantesque.*

gigantisme n. m.
Développement exagéré du corps.

gigogne adj.
Composé d'éléments qui s'emboîtent les uns dans les autres. *Des tables gigognes.*
Note.- Ne pas confondre avec le mot **cigogne** qui désigne un oiseau.

gigolo n. m.
(Fam.) Amant entretenu. *Des gigolos.*

gigot n. m.
Cuisse d'agneau, de chevreuil, coupée pour être mangée. *Un bon gigot d'agneau.*

gigoter v. intr.
(Fam.) Remuer sans cesse. *Ces enfants gigotent trop.*
Note.- Attention à l'orthographe : gigo*t*er.

gigue n. f.
(Mus.) Danse d'origine anglaise ou irlandaise.

gilet n. m.
• Veste masculine sans manche qui se porte sous le veston.
• Tricot à manches longues qui s'ouvre sur le devant.

gin n. m.
• Attention à la prononciation [dʒin].
• Boisson alcoolique à base de genièvre. *Des gins excellents.*

gingembre n. m.
Plante à rhizome aromatique, employé comme condiment. *Des gâteaux au gingembre.*

gingival, ale, aux adj.
Relatif aux gencives.

gingivite n. f.
Inflammation des gencives.

ginseng n. m.
• Le **g** final se prononce [ʒinsãg].
• Racine d'une plante possédant des vertus toniques.

giorno (a)
V. **a giorno.**

girafe n. f.
• Ruminant à cou très long.
• (Cin. et radio) Dispositif articulé muni d'un microphone pour capter le son.
Note.- Attention à l'orthographe : gira*f*e.

giratoire adj.
• Se dit d'un mouvement de rotation autour d'un axe.
• ***Sens giratoire.*** Sens que doivent suivre les véhicules autour d'un rond-point.

girofle n. m.
Bouton de fleurs du giroflier, utilisé comme condiment. *Des clous de girofle.*
Note.- Attention au genre masculin et à l'orthographe de ce nom : **un** giro*f*le.

giroflée n. f.
Plante ornementale.

giroflier n. m.
Arbre tropical produisant les clous de girofle.

girolle n. f.
Champignon comestible.

giron n. m.
- Partie du corps allant de la ceinture aux genoux.
- (Litt.) Milieu. *Le giron de l'Église.*

girouette n. f.
- Appareil placé au sommet d'un édifice pour indiquer la direction des vents. *Une girouette en forme de coq.*
- (Fig.) Personne qui change souvent d'avis.
Note.- Attention à l'orthographe : gir*ouette*.

gisant, ante adj. et n. m.
- Qui gît. *Les corps gisants des victimes de l'attentat.*
- Statue couchée, sculptée sur un tombeau. *Les gisants des cathédrales anglaises.*
Note.- Ne pas confondre avec le participe présent invariable *gisant*. *Les blessés gisant sur le sol ont été secourus.*

gisement n. m.
Filon. *Un gisement d'or. Un gisement de pétrole.*

gît
V. **gésir.**

gitan, ane adj. et n. m. et f.
- **Adjectif.** Qui appartient aux gitans. *Les chansons gitanes.*
- **Nom masculin et féminin.** Bohémien. *Les gitans de Camargue.*
- **Nom féminin.** Cigarette de tabac brun fabriquée en France. *L'odeur d'une bonne gitane.*

gîte n. m. et f.
- **Nom masculin.** (Litt.) Abri. *Le gîte et le couvert.*
- **Nom féminin.** (Mar.) Bande, inclinaison sur un bord. *Bateau qui donne de la gîte.*
Note.- Attention à l'orthographe : gî*te.*

gîter v. intr.
- (Litt.) Avoir son gîte, son refuge en un lieu.
- (Mar.) S'incliner sur un bord, en parlant d'un bateau.

givrage n. m.
- Action de givrer.
- Formation de givre sur une surface.

givre n. m.
Frimas, couche de glace fine et blanche sur une surface.

givré, ée adj.
- Se dit d'un fruit fourré de glace. *Des citrons givrés.*
- (Fam.) Fou.

givrer v. tr.
- Couvrir de givre.
- Couvrir d'une couche blanche translucide. *Givrer du verre.*

glabre adj.
Dépourvu de barbe. *Un menton glabre.*

glaçage n. m.
Action de glacer.
Note.- Attention à l'orthographe : gla*ç*age.

glace n. f.
- Eau congelée.
- *Brise-glace(s).* Navire chargé d'ouvrir la voie dans les régions où les cours d'eau gèlent. *Des brise-glace(s).*
- *Rester de glace.* Rester imperturbable.
- *Rompre, briser la glace.* Faire cesser la gêne.
- Crème glacée.
Note.- Ne pas confondre avec le mot **sorbet** qui désigne un mets glacé ne contenant pas de lait ou de crème.
- Miroir. *La galerie des glaces.*

glacé, ée adj.
Très froid. *Avoir les mains glacées.*

glacer v. tr.
- Le **c** prend une cédille devant les lettres **a** et **o**. *Il gla-ça, nous glaçons.*
- Refroidir.
- Solidifier un liquide par le froid.
- (Fig.) Intimider, effrayer. *Sa sévérité les glaçait.*

glaciaire adj.
Propre aux glaciers. *Le relief glaciaire.*
Note.- Attention à l'orthographe de cet adjectif qui conserve la même forme au masculin et au féminin : glaci*aire.*

glacial, iale, ials ou **iaux** adj.
- Extrêmement froid. *Des vents glacials* ou *glaciaux.*
- (Fig.) Qui est d'une froideur qui intimide. *Un accueil glacial.*

glaciation n. f.
Transformation en glace.

glacier, ière n. m. et f.
- **Nom masculin**
- Nappe épaisse de glace.
- Marchand de glaces.
- **Nom féminin**
Endroit réfrigéré destiné à la conservation des aliments.

glacis n. m.
- Le **s** ne se prononce pas [glasi].
- Mince couche de couleur formant un film transparent.
Note.- Attention à l'orthographe : gla*cis.*

glaçon n. m.
- Morceau de glace. *Attention aux glaçons du toit.*
- Cube de glace. *Un apéritif avec ou sans glaçons ?*

glaçure n. f.
Enduit brillant.

gladiateur n. m.
Homme qui combattait contre une bête féroce ou contre un autre homme à Rome.

glaïeul n. m.
Plante cultivée pour ses fleurs rouges, roses ou blanches. *Un bouquet de glaïeuls.*
Note.- Attention au genre masculin de ce nom : **un** glaïeul.

glaire n. f.
Matière visqueuse.

glaise adj. f. et n. f.
Terre très argileuse. *Une terre glaise. Un vase de glaise.*

glaiseux, euse adj.
Qui contient de la glaise.

glaive n. m.
(Ancienn.) Épée tranchante.

glanage n. m.
Action de glaner.

gland n. m.
Fruit du chêne.
Note.- Attention à l'orthographe : gland.

glande n. f.
Organe dont la fonction est de produire certaines substances. *La thyroïde est une glande endocrine, les glandes sébacées sont des glandes exocrines.*

glandulaire adj.
Qui se rapporte aux glandes.

glaner v. tr.
Ramasser des épis de blé, après la moisson.

glaneur, euse n. m. et f.
Personne qui glane.

glapir v. intr.
Émettre des sons aigus et brefs, en parlant d'un lapin, d'un renard.

glapissement n. m.
Action de glapir ; cri aigu du lapin, du renard.

glas n. m.
• Le **s** ne se prononce pas [gla].
• Tintement répété d'une cloche d'église pour annoncer une cérémonie funèbre.
Note.- Attention à l'orthographe : gla**s**.

glasnost ou **glasnot** n. f.
• Mot russe signifiant « transparence ».
• Transparence politique prônée par les partisans de la *perestroïka*, en URSS.
Note.- En typographie soignée, les mots étrangers sont composés en italique. Dans des textes déjà en italique, la notation se fait en romain. Pour les textes manuscrits, on utilisera les guillemets.

glaucome n. m.
Maladie de l'œil entraînant une diminution du champ visuel.

glauque adj.
D'un vert tirant sur le bleu. *Des eaux glauques.*
V. Tableau - **COULEUR (ADJECTIFS DE)**.

glèbe n. f.
(Litt.) Champ.

glissade n. f.
Mouvement que l'on fait en glissant.

glissage n. m.
Opération consistant à faire descendre le long des pentes les bois abattus en montagne.

glissant, ante adj.
• Sur quoi on glisse facilement.
• *Terrain glissant.* Situation difficile.

glisse n. f.
Capacité d'un matériel, d'un skieur à glisser sur la neige, la glace.

glissement n. m.
• Action de glisser.
• *Glissement de terrain.* Déplacement de matériaux meubles.
• (Fig.) Évolution graduelle. *Un glissement de sens.*

glisser v. tr., intr., pronom.
• **Transitif.** Passer, engager. *Glisser une lettre sous la porte.*
• **Intransitif.** Se déplacer volontairement ou involontairement. *Glisser sur la neige.*
• **Pronominal.** S'introduire. *Une coquille s'est glissée dans le texte.*

glissière n. f.
Rainure.

glissoire n. f.
Couloir glacé aménagé pour les glissades.

global, ale, aux adj.
Total. *Des résultats globaux.*

globalement adv.
D'une manière globale, dans l'ensemble.

globe n. m.
Corps sphérique. *Le globe terrestre.*
V. **mappemonde**.

globe-trotter n. m.
• La dernière syllabe se prononce **teur** ou **tère**, [glɔbtrɔtœr] ou [glɔbtrɔtɛr].
• Voyageur qui parcourt le monde. *Des globe-trotters intrépides.*

globulaire adj.
• Qui a la forme d'un globe.
• Qui est relatif aux globules. *Numération globulaire.*
Note.- Attention à l'orthographe de cet adjectif qui conserve la même forme au masculin et au féminin : globul**aire**.

globule n. m.
Petit corps sphérique.
Note.- Attention au genre masculin de ce nom : *un* globule.

globuleux, euse adj.
Qui a une forme sphérique.

gloire n. f.
Grande renommée.
Note.- Ne pas confondre avec les mots suivants :
- *estime*, opinion favorable qu'on a de la valeur de quelqu'un ;
- *honneur*, considération accordée à un grand mérite ;
- *réputation*, opinion bonne ou mauvaise sur une personne.

glorieusement adv.
De façon glorieuse.

glorieux, euse adj.
Éclatant, illustre.

glorifier v. tr., pronom.
● Redoublement du *i* à la première et à la deuxième personne du pluriel de l'indicatif imparfait et du subjonctif présent. *(Que) nous glorifiions, (que) vous glorifiiez.*
● **Transitif**. Louer, célébrer.
● **Pronominal**. Tirer vanité de.

gloriole n. f.
Vanité tirée de petites choses.

glose n. f.
● Explication.
● Critique malveillante.

gloser v. tr., intr.
● **Transitif**. Critiquer. *Gloser un paragraphe.*
● **Intransitif**. Éclaircir un texte par un commentaire. *Il excelle à gloser.*
Note.- À la forme intransitive, le verbe se construit absolument ou avec la préposition **sur**.

glossaire n. m.
Petit répertoire érudit d'un auteur, d'un domaine.
Note.- Ne pas confondre avec les mots suivants :
- *dictionnaire*, recueil des mots d'une langue et des informations s'y rapportant, présentés selon un certain ordre (alphabétique, thématique, systématique, etc.) ;
- *lexique*, ouvrage qui ne comporte pas de définitions et qui donne souvent l'équivalent dans une autre langue ;
- *vocabulaire*, ouvrage qui comprend les mots d'une spécialité avec leurs définitions.

glotte n. f.
Orifice du larynx.
Note.- Ne pas confondre avec le mot *grotte* qui désigne une cavité naturelle dans la roche.

gloussement n. m.
Cri de la poule.

glousser v. intr.
● Crier, en parlant de la poule.
● Rire avec de petits cris.

glouton, onne adj. et n. m. et f.
Qui mange avidement. *Une petite gloutonne.*
Note.- Ne pas confondre avec les mots suivants :
- *gourmand*, qui aime trop la bonne chère ;
- *gourmet*, qui goûte la bonne chère en connaisseur.

gloutonnement adv.
Avec gloutonnerie.

gloutonnerie n. f.
Goinfrerie.

glu n. f.
Colle.
Note.- Attention à l'orthographe : gl**u**.

gluant, ante adj.
Visqueux.

glucide n. m.
Nom génériqque des hydrocarbones.

gluco-, glycé-, glyci-, glyco- préf.
Éléments du grec signifiant « doux ». *Glucose.*

glucose n. m.
Nom générique de certains sucres.

glycérine n. f.
Liquide incolore, sirupeux. *Un savon à la glycérine.*
Note.- Attention à l'orthographe : gl**y**cérine.

glycine n. f.
Arbuste grimpant cultivé pour ses grappes de fleurs mauves.
Note.- Attention à l'orthographe : gl**y**cine.

GMT
Sigle de « Greenwich Mean Time », signifiant **heure moyenne du méridien de Greenwich.** *Il est midi GMT.*
Note.- Le sigle **GMT** est souvent employé improprement pour désigner le temps universel coordonné (**UTC**).

gnangnan adj. inv. et n. m. et f.
● **Adjectif invariable**. Pleurnichard. *Des feuilletons gnangnan.*
● **Nom masculin et féminin**. Personne sans énergie, qui se plaint sans cesse.

gnocchi n. m.
● Les lettres *cch* se prononcent *k* [nɔki].
● Mets italien à base de semoule, de pommes de terre, de fromage, gratiné au four. *Des gnocchis délicieux.*
Note.- Le nom *gnocchi* est un pluriel italien : en principe, on ne devrait donc pas ajouter de *s* au pluriel. Dans l'usage, le mot s'intègre au français, comme **spaghetti, macaroni** et prend la marque du pluriel.
V. Tableau - **ITALIEN**.

gnome n. m.
● Les lettres *g* et *n* se prononcent distinctement [gnom].
● Petit génie difforme, gardien de la Terre dans les contes.
Note.- Attention à l'orthographe : gn**o**me.

gnou n. m.
● Les lettres *g* et *n* se prononcent distinctement [gnu].
● Antilope de l'Afrique du Sud. *Des gnous.*

go n. m.
Jeu japonais. *Un jeu de go.*

go (tout de) loc. adv.
(Fam.) Directement, sans préliminaires. *Il posa sa question tout de go.*

goal n. m.
● Les lettres *oa* se prononcent *o* [gol].
● (Anglicisme) Gardien de but.

gobelet n. m.
Récipient à boire, généralement sans pied ni anse.

gobe-mouche(s) n. m.
(Vx) Personne crédule. *Des gobe-mouches.*

gober v. tr.
● Avaler sans mâcher.
Note.- Ne pas confondre avec les mots suivants :
- *agripper*, saisir violemment avec les doigts ;
- *attraper*, prendre comme dans un piège, au passage ;
- *happer*, attraper avidement avec la gueule.
● (Fam.) Croire naïvement. *Il a gobé cette histoire incroyable.*

goberger (se) v. pronom.
• Le **g** est suivi d'un **e** devant les lettres **a** et **o**. *Il se gobergea, nous nous gobergeons.*
• (Fam.) Se prélasser.
• (Fam.) Faire bonne chère.

gobeur, euse n. m. et f.
(Fam.) Personne crédule.

godasse n. f.
(Pop.) Chaussure.

godelureau n. m.
(Fam.) Jeune prétentieux. *Des godelureaux.*

godet n. m.
• Petit gobelet.
• Gros pli d'un vêtement. *Jupe à godets.*

godiche adj. et n. m. et f.
(Fam.) Benêt.

godille n. f.
• Aviron. *Conduire une gondole à la godille.*
• Enchaînement de virages rapprochés, en skis.

godiller v. intr.
• Les lettres **ill** sont suivies d'un **i** à la première et à la deuxième personne du pluriel de l'indicatif imparfait et du subjonctif présent. *(Que) nous godillions, (que) vous godilliez.*
• Faire avancer une embarcation à la godille.
• Faire la godille, en ski.

goéland n. m.
Oiseau de mer de la taille d'une grosse mouette. *Des goélands nombreux.*
Note.- Ne pas confondre avec le mot **goélette** qui désigne un bateau de pêche.

goélette n. f.
Bateau de pêche à deux mâts.
Note.- Ne pas confondre avec le mot **goéland** qui désigne une grosse mouette.

goémon n. m.
Algues marines.

gogo n. m.
• (Fam.) Personne naïve. *C'est un piège à gogos.*
• **À gogo.** (Fam.) À profusion, à volonté.

goguenard, arde adj.
Insolent, railleur.

goguenardise n. f.
Raillerie méprisante.

goguette n. f.
Se mettre, être en goguette. (Fam.) Être légèrement ivre, en gaieté.

goinfre adj. et n. m. et f.
Glouton.
Note.- Attention à l'orthographe : goin**f**re.

goinfrer v. intr., pronom.
• **Intransitif.** (Vx) Manger gloutonnement.
• **Pronominal.** (Fam.) Manger comme un goinfre. *Ils se sont goinfrés.*

goinfrerie n. f.
Gloutonnerie.

goitre n. m.
Tumeur de la glande thyroïde.
Note.- Attention à l'orthographe : goi**t**re, sans accent circonflexe.

golf n. m.
Sport. *Jouer au golf.*
Hom. **golfe**, partie de mer qui s'enfonce dans les terres.

golfe n. m.
Partie de mer qui s'enfonce dans les terres. *Le golfe Persique.*
Note.- Dans les désignations géographiques, le nom **golfe** est un générique qui s'écrit avec une minuscule, tout comme les mots **lac, mer, océan, baie, île, mont,** etc. Le déterminant qui précise le générique s'écrit avec une majuscule.
Hom. **golf**, sport.

golfeur, euse n. m. et f.
Personne qui joue au golf.

gombo n. m.
Plante dont le fruit est employé comme condiment. *Une soupe aux gombos.*

gommage n. m.
Action de recouvrir de gomme.

gomme n. f.
• Substance visqueuse. *Gomme arabique.*
• Petit bloc de caoutchouc pour effacer le crayon.

gommer v. tr.
• Enduire de gomme. *Du papier gommé.*
• Effacer au moyen d'une gomme. *Gommer un trait de crayon.*
• (Fig.) Atténuer. *Il a tendance à gommer la réalité.*

gonade n. f.
Glande sexuelle. *Le testicule est une gonade mâle, l'ovaire, une gonade femelle.*
Note.- Attention au genre féminin de ce nom : **une** gonade.

gond n. m.
• Pièce de fer sur laquelle tourne une penture.
• **Sortir de ses gonds.** Se mettre en colère.
Notes.-
1° Attention à l'orthographe : gon**d**.
2° Ne pas confondre avec le mot **gong** qui désigne un instrument à percussion.

gondole n. f.
Barque vénitienne.
Note.- Attention à l'orthographe : gondo**l**e.

gondolement n. m.
Action de gondoler ; fait de se gondoler.
Note.- Attention à l'orthographe : gondo**l**ement.

gondoler v. tr., intr., pronom.
• **Transitif.** Déformer.
• **Intransitif** ou **pronominal**. Se bomber. *Le bois a gondolé, s'est gondolé.*
• **Pronominal.** (Fam.) S'amuser, rire à se tordre.
Note.- Attention à l'orthographe : gondo**l**er.

gondolier n. m.
Batelier qui conduit une gondole.

gonflable adj.
Qui se gonfle. *Un ballon gonflable.*

gonflage n. m.
Action de gonfler.

gonflé, ée adj.
(Fam.) Qui a du culot. *Il est gonflé de me demander cela !*

gonflement n. m.
État de ce qui est gonflé.

gonfler v. tr., intr., pronom.
• **Transitif**
Augmenter le volume d'un corps. *Gonfler un ballon.*
• **Intransitif**
Augmenter de volume. *Ce soufflé gonfle à la cuisson.*
• **Pronominal**
- Devenir enflé. *Son genou s'est gonflé.*
- Se remplir de. *Il se gonfle d'orgueil.*

gong n. m.
• Le *g* final se prononce [gɔ̃g].
• Instrument à percussion. *Des gongs retentissants.*
Notes.-
1° Attention à l'orthographe : gon**g**.
2° Ne pas confondre avec le mot *gond* qui désigne une pièce de fer sur laquelle tourne une penture.

gonocoque n. m.
Microbe pathogène.
Note.- Attention à l'orthographe : go**n**oco**que**.

gordien adj.
• *Nœud gordien.* Problème épineux.
• *Trancher le nœud gordien.* Résoudre un problème d'une façon brutale.

goret n. m.
Jeune porc.

gorge n. f.
• Partie du cou.
• (Litt.) Seins de la femme.
• *Mettre le couteau sous la gorge.* Menacer quelqu'un.
• Région située au fond de la bouche. *Avoir mal à la gorge.*
• *Rire à gorge déployée.* Rire très fort.
• *Faire des gorges chaudes de quelque chose.* Se moquer.
• *Prendre quelqu'un à la gorge.* Imposer sa volonté à quelqu'un.
• Passage creusé dans une montagne. *Les gorges du Tarn.*
Note.- Ne pas confondre avec les mots suivants :
- *col*, passage plus ou moins élevé entre deux montagnes ;
- *défilé*, passage étroit entre deux montagnes ;
- *détroit*, espace étroit entre deux côtes.

gorge-de-pigeon adj. inv.
Se dit d'une couleur à reflets changeants. *Des velours gorge-de-pigeon.*

V. Tableau - **COULEUR (ADJECTIFS DE)**.
Note.- Cet adjectif de couleur est toujours invariable.

gorgée n. f.
Quantité de liquide qu'on peut avaler en une seule fois.

gorger v. tr., pronom.
• Le *g* est suivi d'un *e* devant les lettres *a* et *o*. *Il gorgea, nous gorgeons.*
• **Transitif**. Remplir, combler. *Gorger un enfant de gâteries.*
• **Pronominal**. Se remplir. *Au printemps, la terre s'est gorgée d'eau.*

gorgone n. f.
Monstre de la mythologie coiffé de serpents.
Note.- Attention à l'orthographe : gorgo**n**e.

gorgonzola n. m.
Fromage italien. *Des gorgonzolas appétissants.*

gorille n. m.
• Singe de grande taille.
• (Fam.) Garde du corps.

gosier n. m.
Arrière-gorge.

gosse n. m. et f.
(Fam.) Enfant (garçon ou fille).

gothique adj. et n. m. et f.
• **Adjectif**. Qui se rapporte au style architectural ogival qui s'est épanoui en Europe, du Moyen Âge à la Renaissance. *Une cathédrale gothique.*
• **Nom masculin**. Style architectural du Moyen Âge.
• **Nom féminin**. (Typogr.) Type de lettre. *Pour la composition, nous utiliserons des gothiques.*
Hom. *gotique,* langue germanique.

gotique n. m.
Langue germanique ancienne des Goths.
Hom. *gothique,* style architectural du Moyen Âge.

gouache n. f.
• Peinture à l'eau.
• Dessin fait à la gouache.

gouailler v. intr.
• Les lettres *ill* sont suivies d'un *i* à la première et à la deuxième personne du pluriel de l'indicatif imparfait et du subjonctif présent. *(Que) nous gouaillions, (que) vous gouailliez.*
• (Fam.) Se moquer de, railler.

gouaillerie n. f.
(Fam.) Raillerie.

gouailleur, euse adj.
Moqueur. *Un ton gouailleur.*

goualante n. f.
(Fam., vx) Chanson populaire.

gouda n. m.
Fromage de Hollande. *Des goudas savoureux.*
Note.- Le nom du fromage s'écrit avec une minuscule, le nom de la ville s'écrit avec une majuscule.

goudron n. m.
Substance noire et visqueuse servant notamment au revêtement des routes.

goudronnage n. m.
Action de goudronner.
Note.- Attention à l'orthographe : goudro**nn**age.

goudronner v. tr.
Enduire, revêtir de goudron. *Goudronner une route.*
Note.- Attention à l'orthographe : goudro**nn**er.

gouffre n. m.
• Cavité profonde et abrupte. *Le gouffre de Padirac.*
• (Fig.) Ce qui engloutit beaucoup d'argent.
Note.- Attention à l'orthographe : gou**ff**re.

gouge n. f.
Ciseau servant à travailler le bois.

goujat n. m.
Homme grossier.

goujaterie n. f.
Acte grossier.

goujon n. m.
• Tige de bois servant à lier deux pièces.
• Poisson des rivières.

goulag n. m.
Système concentrationnaire en U.R.S.S. *Des goulags.*

goulasch ou **goulache** n. m.
Plat hongrois. *Manger un bon goulasch.*
Note.- Ce nom est masculin, mais en raison de sa finale, on lui donne également le genre féminin.

goulée n. f.
• (Vx) Petite gorgée.
• Quantité d'air qu'on peut aspirer en une fois.

goulet n. m.
• Passage étroit dans les montagnes, chenal étroit à l'entrée de certains ports.
Note.- Ne pas confondre avec le mot *goulot* qui désigne le col étroit d'un vase, d'une bouteille.
• *Goulet d'étranglement.* Accumulation de personnes, de choses. *Il y a un goulet d'étranglement à la caisse et des files d'attente se forment.*
Note.- L'expression d'origine est fréquemment remplacée par *goulot d'étranglement.*
V. **goulot**.

gouleyant, ante adj.
(Fam.) Léger, agréable, en parlant d'un vin. *Des vins gouleyants.*

goulot n. m.
Col étroit d'un vase, d'une bouteille.
Notes.-
1° Ne pas confondre avec le mot *goulet* qui désigne un passage étroit dans les montagnes.
2° L'expression *goulot d'étranglement* remplace souvent l'expression d'origine *goulet d'étranglement.*
V. **goulet**.

goulu, ue adj. et n. m. et f.
Avide, glouton.

goulûment adv.
Avidement, de façon goulue.
Note.- Attention à l'orthographe : goul**û**ment.

goupil n. m.
• Le *l* peut se prononcer ou non [gupi(l)].
• (Vx) Renard.

goupille n. f.
Cheville ou tige métallique qui sert à assembler deux pièces.

goupiller v. tr. et pronom.
• Les lettres *ill* sont suivies d'un *i* à la première et à la deuxième personne du pluriel de l'indicatif imparfait et du subjonctif présent. *(Que) nous goupillions, (que) vous goupilliez.*
• **Transitif**. Fixer à l'aide de goupilles.
• **Pronominal**. (Fam.) S'arranger. *L'affaire s'est bien goupillée.*

gourd, gourde adj.
Engourdi par le froid.

gourde n. f.
• Récipient portatif. *Une gourde d'eau.*
• Unité monétaire d'Haïti. *Des gourdes.*
V. Tableau - **SYMBOLES DES UNITÉS MONÉTAIRES**.

gourdin n. m.
Gros bâton.

gourer (se) v. pronom.
(Fam.) Se tromper lourdement.

gourmand, ande adj. et n. m. et f.
Qui aime trop la bonne chère.
Note.- Ne pas confondre avec les mots suivants :
- *glouton*, qui mange avidement ;
- *gourmet*, qui goûte la bonne chère en connaisseur.

gourmander v. tr.
(Litt.) Réprimander sévèrement.

gourmandise n. f.
• Caractère d'une personne gourmande.
• (Au plur.) Friandises.

gourmé, ée adj.
Raide, guindé. *Une attitude gourmée.*

gourmet n. m.
Personne qui goûte la bonne chère en connaisseur.
Note.- Ne pas confondre avec les mots suivants :
- *glouton*, qui mange avidement ;
- *gourmand*, qui aime trop la bonne chère.

gourmette n. f.
Chaîne de montre, bracelet.

gourou ou **guru** n. m.
• Dans la religion hindoue, maître spirituel.
• Maître spirituel. *Des gourous.*

gousse n. f.
• Enveloppe allongée de certaines graines. *Enlever les petits pois de leur gousse. Une gousse de vanille.*
• Tête ou partie de tête d'ail ou d'échalote. *Des gousses d'ail.*

gousset n. m.
Petite poche de gilet. *Une montre de gousset.*

goût n. m.
- Sens par lequel nous percevons les saveurs (salée, sucrée, amère, acide).
- Saveur. *Cette glace a bon goût.*
- Faculté d'apprécier le beau. *C'est une affaire de goût. Elle a le goût très sûr.*
- Préférence. *Juger d'après son goût.*
Note.- Dans une construction négative, on emploie surtout la préposition **de**. *Ce dessin n'est pas de mon goût.*
- *Dans le goût de.* Dans le style de. *Une aquarelle dans le goût de Marie Laurencin.*
- *Au goût du jour.* À la mode.

goûter v. tr., intr.
- **Transitif**
- Apprécier par le goût la saveur des choses. *Goûter un vin.*
- (Fig.) Apprécier. *Goûter la quiétude de la forêt.*
- **Transitif indirect**
- Manger ou boire un peu de quelque chose pour connaître son goût. *Goûter à un dessert.*
- (Fig.) Jouir complètement de quelque chose. *Goûter à l'indépendance.*
- Boire ou manger pour la première fois. *Goûter de la papaye.*
- (Litt.) Expérimenter. *Goûter du travail manuel.*
Intransitif
Prendre une collation. *Les enfants aiment bien goûter au retour de l'école.*
Hom. **goutter,** couler goutte à goutte.

goûter n. m.
Collation. *Le goûter des enfants après l'école.*

goutte n. f.
- Très petite quantité de liquide.
- *Goutte à goutte. Le liquide s'écoule goutte à goutte.*
Note.- Ne pas confondre avec le mot **goutte-à-goutte** qui désigne une perfusion.
- *N'y voir goutte.* (Vx) Ne pas bien voir.
- Maladie. *Il a eu un accès de goutte.*

goutte-à-goutte n. m. inv.
Perfusion.
Note.- Ne pas confondre avec la locution **goutte à goutte** qui s'écrit sans trait d'union.

gouttelette n. f.
Petite goutte.
Note.- Attention à l'orthographe : gout**telett**e.

goutter v. intr.
Couler goutte à goutte. *Le toit goutte.*
Hom. **goûter,** manger ou boire un peu de quelque chose.

gouttière n. f.
- Petit canal destiné à recevoir les eaux pluviales.
- *Chat de gouttière.* Chat sans race spécifique.

gouvernail n. m.
Dispositif mobile d'un bateau, d'un avion destiné à régler sa direction. *Des gouvernails.*

gouvernant, ante adj. et n. m. et f.
- **Adjectif.** Qui gouverne.

- **Nom masculin et féminin.** Personne qui exerce le pouvoir politique.

gouvernante n. f.
- Femme chargée de l'éducation d'un ou de plusieurs enfants.
- Femme qui a soin de la maison d'un homme seul. *La gouvernante du presbytère.*

gouverne n. f.
- (Mar.) Direction d'une embarcation.
- *Pour ma, (ta, sa, etc.) gouverne.* Comme règle de conduite.

gouvernement n. m.
- Action de diriger un pays.
- Pouvoir exécutif d'un État. *Le gouvernement français.*
Note.- Le nom **gouvernement** s'écrit avec une minuscule, sauf s'il désigne par ellipse le Chef de l'État et le conseil des ministres. *Le Gouvernement a adopté le projet de loi.*

gouvernemental, ale, aux adj.
Relatif au gouvernement. *Les services gouvernementaux.*

gouverner v. tr.
- Diriger politiquement.
- Diriger à l'aide d'un gouvernail. *Gouverner un voilier.*

gouverneur n. m.
- Directeur d'un grand établissement public. *Gouverneur de la Banque de France.*
- Aux États-Unis, titulaire du pouvoir exécutif d'un État.

goyave n. f.
- Attention à la prononciation des deux premières syllabes : go-ya [gojav].
- Fruit du goyavier.
Note.- Attention au genre féminin de ce nom : **une** goyave.

goyavier n. m.
Arbre tropical cultivée pour ses fruits sucrés, les goyaves.

grabat n. m.
Lit misérable.

grabataire adj. et n. m. et f.
Qui ne quitte pas le lit.

grabuge n. m.
(Fam.) Bataille, désordre.

grâce n. f.
- Faveur.
- *Faire à quelqu'un la grâce de.* Accorder la faveur de, avoir l'amabilité de.
- *Trouver grâce aux yeux de quelqu'un.* Gagner sa bienveillance.
- *Les bonnes grâces de quelqu'un.* Appui, faveur de quelqu'un.
- *De grâce.* Par faveur. *De grâce, taisez-vous !*
- *Délai de grâce.* Délai accordé par un débiteur.
- Reconnaissance.
- *Action de grâce(s).* Témoignage de reconnaissance.

- **Rendre grâce à quelqu'un.** Lui attribuer un résultat favorable.
- **Grâce à.** Cette locution qui se dit toujours en bonne part, doit être suivie d'un mot à valeur positive. *Grâce à son aide, nous avons réussi.*
• Pardon, remise de peine.
- **Demander grâce, crier grâce.** Implorer le pardon.
- **Faire grâce de.** Épargner. *Je vous fais grâce des détails.*
- **Coup de grâce.** Coup fatal.
• Aisance, élégance naturelle. *Elle a beaucoup de grâce.*
- **De bonne grâce.** Aimablement, volontiers.
- **Avoir mauvaise grâce à.** Être malvenu de.

grâce ! interj.
Interjection employée pour implorer la pitié.

gracier v. tr.
• Redoublement du *i* à la première et à la deuxième personne du pluriel de l'indicatif imparfait et du subjonctif présent. *(Que) nous graciions, (que) vous graciiez.*
• Commuer une peine. *Le condamné a été gracié.*
Note.- Attention à l'orthographe : gracier, malgré grâce.

gracieusement adv.
• Aimablement.
• Gratuitement.

gracieuseté n. f.
• (Litt. et vx) Manière aimable d'agir.
• (Vx) Don gracieux.

gracieux, ieuse adj.
• Charmant.
• Gratuit. *Cette aide est apportée à titre gracieux.*

gracile adj.
(Litt.) Délicat, fragile. *Un corps gracile.*
Note.- Attention à l'orthographe de cet adjectif qui conserve la même forme au masculin et au féminin : gracile.

gracilité n. f.
(Litt.) Caractère de ce qui est gracile.

gradateur de lumière n. m.
Dispositif permettant de réduire le flux lumineux d'un appareil d'éclairage. *Une lampe halogène munie d'un gradateur.*

gradation n. f.
Accroissement ou décroissement progressif. *La gradation des sons, des couleurs.*
Note.- Ne pas confondre avec le mot **graduation** qui désigne l'action de diviser en degrés, et son résultat.

grade n. m.
• Échelon de la hiérarchie.
• **Grade universitaire.** Titre décerné par une université (baccalauréat, licence, maîtrise, doctorat).

gradé adj. et n. m.
Qui a un grade. *Un militaire gradé.*
Note.- Ne pas confondre avec les mots suivants :
- **gradué**, divisé en degrés ;
- **graduel**, qui évolue par degrés.

gradin n. m.
Chacun des bancs étagés d'un amphithéâtre.

graduation n. f.
• Action de diviser en degrés. *La graduation d'un instrument de mesure.*
• Ensemble des divisions correspondant à ces degrés.
Note.- Ne pas confondre avec le mot **gradation** qui désigne un accroissement ou décroissement progressif.

gradué, ée adj.
Divisé en degrés. *Un thermomètre gradué.*
Note.- Ne pas confondre avec les mots suivants :
- **gradé**, qui a un grade ;
- **graduel**, qui évolue par degrés.

graduel, elle adj.
Qui évolue par degrés. *La diminution graduelle du niveau de l'eau.*
Note.- Ne pas confondre avec les mots suivants :
- **gradé**, qui a un grade ;
- **gradué**, divisé en degrés.

graduellement adv.
De façon graduelle.

graduer v. tr.
Diviser en degrés.

graffiti n. m.
Inscription dessinée sur les murs. *Des graffiti* ou *des graffitis amusants.*
Note.- Ce nom est un pluriel italien qui peut rester invariable ou prendre la marque du pluriel.
V. Tableau - **ITALIEN.**

grain n. m.
• Le fruit des céréales, la graine de certaines légumineuses.
• Corps très petit et sphérique. *Des grains de sable.*
• **Grain de beauté.** Petite tache brune sur la peau.
• (Mar.) Coup de vent violent et subit.
• (Fig.) **Veiller au grain.** Se tenir sur ses gardes.

graine n. f.
Semence des plantes à fleurs.

graineterie n. f.
• Les **e** des deuxième et troisième syllabes ne se prononcent pas [gʀɛntʀi].
• Commerce des graines.

grainetier n. m.
grainetière n. f.
Personne qui vend des grains, graines, oignons, bulbes, etc.

graissage n. m.
Lubrification.

graisse n. f.
Corps gras.

graisser v. tr.
Lubrifier.

graisseux, euse adj.
• De la nature de la graisse. *Des tissus graisseux.*
• Taché de graisse. *Des mains graisseuses.*

grammaire n. f.
• Science des structures et des règles d'une langue.
• Livre où ces règles sont regroupées.

grammairien n. m.
grammairienne n. f.
Spécialiste de la grammaire.

grammatical, ale, aux adj.
Qui se rapporte à la grammaire. *Des règles grammaticales.*

grammaticalement adv.
Selon les règles de la grammaire.

-gramme suff.
Élément du latin signifiant « lettre » *Télégramme.*

gramme n. m.
• Symbole *g* (s'écrit sans point).
• Unité de masse.
Note.- L'unité de base est le *kilogramme* dont le *gramme* vaut un millième.

gramophone n. m.
(Vx) Phonographe.

grand, grande adj., adv. et n. m. et f.

• Suivi d'un mot qui commence par une voyelle ou un *h* muet, le *d* de l'adjectif ou du nom masculin singulier se prononce *t. Un grand (t) homme.*
• **Adjectif**
- Dont la taille dépasse la moyenne. *Un grand jardin.*
- Important, extraordinaire. *Un grand évènement.*
Note.- Suivi d'un autre adjectif, l'adjectif *grand* s'accorde en genre et en nombre. *Les yeux grands ouverts. Les mains grandes ouvertes.*
• **Adverbe**
- *Voir grand.* Avoir de vastes projets sans songer à la dépense. *Ces architectes voient grand.*
Note.- Pris adverbialement, le mot est invariable.
- *En grand.* À une vaste échelle.
• **Nom masculin et féminin.**
- Personne adulte. *Les petits et les grands.*
- Personne importante. *Les grands de ce monde.*
---

grand- préf.
• Les noms composés avec l'élément *grand-* s'écrivent aujourd'hui avec un trait d'union. L'orthographe avec une apostrophe est archaïque. *Grand-mère* (et non plus *grand'mère*). En ancien français, l'adjectif *grand* conservait la même forme au masculin et au féminin. De nombreux noms composés nous sont restés : ils s'écrivent avec un trait d'union. *Grand-chose, avoir grand-honte, grand-maman, grand-messe, à grand-peine, grand-rue, grand-tante,* etc.
• Le pluriel des composés féminins avec l'élément *grand-* est flottant. *Des grand(s)-mères.*
Note.- Le deuxième élément prend toujours la marque du pluriel, mais le premier élément a longtemps été invariable. Les auteurs ne s'entendent pas sur cette question, mais on observe une tendance à marquer le pluriel de l'élément *grand-* tout en lui conservant sa forme masculine.

• Le pluriel des composés masculins avec l'élément *grand-* est régulier : les deux éléments prennent un *s. Des grands-pères.*

grand-angle ou **grand-angulaire** n. m.
Objectif photographique couvrant une grande largeur de champ. *Des grands-angles. Des grands-angulaires.*

grand-chose n. m. et f. inv. et pron. indéf.
• **Nom masculin et féminin invariable**. (Fam.) Personne peu estimable. *Un, une pas grand-chose.*
• **Pronom indéfini.** *Pas grand-chose.* Peu de chose, presque rien. *Il ne m'a pas dit grand-chose.*
Note.- Ce pronom indéfini ne s'emploie que dans une construction négative.

grand-croix n. f. inv. et n. m.
• **Nom féminin invariable.** Dignité la plus élevée des ordres de chevalerie, de mérite. *Des grand-croix de la Légion d'honneur.*
• **Nom masculin.** Titulaire de cette dignité. *Des grands-croix de l'ordre de Malte récemment honorés.*

grand-duc n. m.
Souverain d'un grand-duché. *Des grands-ducs.*

grand-ducal, ale, aux adj.
Qui concerne un grand-duc, un grand duché. *Des domaines grand-ducaux.*
Note.- L'élément *grand* demeure invariable.

grand-duché n. m.
Pays où règne un grand-duc. *Des grands-duchés.*

Grande-Bretagne
Abréviation *G.-B.* (s'écrit avec un trait d'union et des points).

grande-duchesse n. f.
• Femme ou fille d'un grand-duc.
• Souveraine d'un grand-duché. *Des grandes-duchesses.*

grandement adv.
• Largement.
• Avec grandeur d'âme.

grand ensemble n. m.
Groupe important d'immeubles qui ont la même architecture. *Des grands ensembles.*

grandeur n. f.
• Dimension en hauteur, longueur, largeur. *La grandeur d'un bureau.*
• *Grandeur nature.* Selon les dimensions réelles. *Des modèles grandeur nature.* L'expression demeure invariable.
• *Ordre de grandeur.* Dimension approximative.
• Importance, magnanimité. *La grandeur d'un geste.*
• *Grandeur d'âme.* Générosité.
Note.- De façon spécifique, on écrira la *taille* d'une personne, le *format* d'une chose, l'*échelle* d'un pays, d'une région.

grandiloquence n. f.
Emphase, éloquence excessive.

grandiloquent, ente adj.
Emphatique, pompeux. *Un style grandiloquent.*

grandiose adj.
Majestueux.

grandir v. tr., intr., pronom.
• **Transitif**
- Rendre plus grand. *Cette robe la grandit.*
- Ennoblir. *Cette action l'a grandi.*
• **Intransitif**
Devenir plus grand. *Elle a beaucoup grandi.*
• **Pronominal**
Se rendre plus grand.

grand-livre n. m.
Registre comptable. *Des grands-livres.*

grand-maman n. f.
Grand-mère, dans le langage des enfants. *Des grand(s)-mamans.*

grand-mère n. f.
Mère du père ou de la mère. *Des grand(s)-mères.*
V. **aïeul.**

grand-messe n. f.
Messe solennelle. *Des grand(s)-messes.*

grand-oncle n. m.
Frère du grand-père ou de la grand-mère. *Des grands-oncles.*

grand-papa n. m.
Grand-père, dans le langage des enfants. *Des grands-papas.*

grand-peine (à) loc. adv.
Difficilement. *Il a escaladé la falaise à grand-peine.*
Note.- Attention à l'orthographe : grand-peine.

grand-père n. m.
Père du père ou de la mère. *Des grands-pères.*
V. **aïeul.**

grands-parents n. m. pl.
Le grand-père et la grand-mère. *L'un des grands-parents était présent.*
Note.- Ce nom ne peut s'employer au singulier.

grand-tante n. f.
Sœur du grand-père ou de la grand-mère. *Des grand(s)-tantes.*

grand-voile n. f.
Voile carrée du grand mât. *Des grand(s)-voiles.*

grange n. f.
Bâtiment de ferme où l'on conserve le fourrage.

granite ou **granit** n. m.
• Le *t* se prononce [granit].
• Roche très dure. *Des granites* ou *granits noirs. Une maison bretonne en granit rose.*
Note.- La graphie *granit* est celle de la langue courante ; la langue technique de la géologie retient la graphie *granite.*

granitique adj.
Qui est propre au granit.

granivore adj. et n. m. pl.
Qui se nourrit de graines.
Note.- Ne pas confondre avec les mots suivants :
- *carnivore*, qui se nourrit de chair ;

- *frugivore*, qui se nourrit de fruits ;
- *insectivore*, qui se nourrit d'insectes.

granule n. m.
Petit grain.
Note.- Attention au genre masculin de ce nom : *un* granule.

granulé, ée adj. et n. m.
Qui est formé de petits grains.

granuler v. tr.
Réduire en granules.

granuleux, euse adj.
Qui est composé de grains.
Note.- Ne pas confondre avec le mot *grenu* qui se dit d'une chose dont le grain est apparent.

grape-fruit ou **grapefruit** n. m.
• Le mot se prononce à l'anglaise [grɛpfrut].
• (Anglicisme) Pomelo, variété de pamplemousse. *Des grape-fruits.*

graphe n. m.
Représentation graphique d'une fonction.

-graphe, -graphie, -graphique suff.
Éléments du grec signifiant « écrire ». *Sténographe, calligraphie, télégraphique.*

graphème n. m.
(Ling.) Représentation d'un son par une ou plusieurs lettres.

graphie n. f.
(Ling.) Manière dont un mot est écrit.
V. **orthographe.**

graphique adj. et n. m.
• **Adjectif**
- Relatif aux procédés d'impression. *Les industries graphiques.*
- Qui représente à l'aide de traits, de points.
• **Nom masculin**
Schéma.

graphiquement adv.
• Par l'écrit.
• Par des procédés graphiques.

graphisme n. m.
Manière d'écrire les lettres, les mots.

graphiste n. m. et f.
Professionnel des arts graphiques.

graphite n. m.
Variété de carbone cristallisé. *Le graphite est gris-noir.*
Note.- Attention au genre masculin de ce nom : *le* graphite.

grapho- préf.
Élément du grec signifiant « écrire » *Graphologie.*

graphologie n. f.
Étude de l'écriture d'une personne.

graphologique adj.
Qui se rapporte à la graphologie. *Une analyse graphologique.*

graphologue n. m. et f.
Spécialiste de la graphologie.

grappa n. f.
Eau-de-vie de marc de raisin populaire en Italie.

grappe n. f.
Assemblage de fleurs ou de fruits. *Des grappes de raisin. Des fleurs en grappes.*

grappillage n. m.
Action de grapiller.

grappiller v. tr., intr.
• Les lettres *ill* sont suivies d'un *i* à la première et à la deuxième personne du pluriel de l'indicatif imparfait et du subjonctif présent. *(Que) nous grappillions, (que) vous grappilliez.*
• **Transitif.** Ramasser au hasard. *Grappiller des renseignements.*
• **Intransitif.** Cueillir les grappes qui restent après une vendange.

grappin n. m.
• Crochet.
• (Fam.) *Mettre le grappin sur quelqu'un, sur quelque chose.* Accaparer quelqu'un, lui imposer sa présence.
Note.- Attention à l'orthographe : gra**pp**in.

gras, grasse adj. et n. m.
• **Adjectif**
- Formé de graisse. *Des corps gras.*
- (Typogr.) Épais (par opposition à *maigre*). *Des caractères gras.*
- *Faire la grasse matinée.* Se lever tard.
• **Nom masculin**
Se dit des parties grasses de la viande. *Il y a très peu de gras dans ce bœuf haché.*

grassement adv.
Généreusement. *Il est grassement payé.*

grasseyement n. m.
Prononciation d'une personne qui grasseye.

grasseyer v. intr.
• Le *y* est suivi d'un *i* à la première et à la deuxième personne du pluriel de l'indicatif imparfait et du subjonctif présent. *(Que) nous grasseyions, (que) vous grasseyiez.*
• Prononcer les *r* sans l'action de la langue.

grassouillet, ette adj.
(Fam.) Potelé.

gratification n. f.
• Somme d'argent donnée en surcroît de ce qui est dû.
Note.- Ne pas confondre avec les mots suivants :
- *cadeau*, présent destiné à faire plaisir à quelqu'un ;
- *don*, libéralité à titre gracieux ;
- *legs*, don fait par testament.
• Satisfaction psychologique.

gratifier v. tr.
• Redoublement du *i* à la première et à la deuxième personne du pluriel de l'indicatif imparfait et du subjonctif présent. *(Que) nous gratifiions, (que) vous gratifiiez.*

• Nantir d'un avantage. *Gratifier quelqu'un d'une rente.*
• Accorder généreusement quelque chose à quelqu'un. *Elle m'a gratifié d'un beau sourire.*

gratin n. m.
• Préparation culinaire recouverte de fromage ou de chapelure et dorée au four. *Un gratin dauphinois.*
• (Fam.) Élite. *Une soirée avec tout le gratin.*
Note.- Attention à l'orthographe : gra**t**in.

gratiné, ée adj. et n. f.
• **Adjectif.** Recouvert de gratin.
• **Nom féminin.** Soupe à l'oignon.

gratiner v. tr.
Apprêter au gratin.

gratis adj. inv. et adv.
• Le *s* se prononce [gratis].
• **Adjectif.** Gratuit. *Un service gratis.*
• **Adverbe.** (Fam.) Gratuitement. *Il tond la pelouse gratis.*

gratitude n. f.
Reconnaissance.

gratte n. f.
Outil servant à racler.

gratte-ciel n. m. inv.
Immeuble d'une grande hauteur. *Des gratte-ciel impressionnants.*

gratte-dos n. m. inv.
Grattoir en forme de main, muni d'un long manche. *Des gratte-dos.*

grattement n. m.
Bruit fait en grattant.

gratte-papier n. m. inv.
(Péj.) Bureaucrate. *Des gratte-papier.*

gratter v. tr., intr., pronom.
• **Transitif**
- Racler en entamant la surface de quelque chose. *Gratter la peinture d'un meuble.*
- Frotter une partie du corps. *Elle lui gratte le dos.*
- Causer une démangeaison. *Ce lainage la gratte.*
• **Intransitif**
Gratter à la porte. Faire un bruit léger au lieu de frapper.
• **Pronominal**
Gratter son corps lorsqu'on a des démangeaisons.

grattoir n. m.
Instrument qui sert à nettoyer.

gratuit, uite adj.
• Donné sans faire payer ; où l'on est admis sans payer. *Une exposition gratuite.*
• (Fig.) Sans raison. *Une accusation gratuite.*

gratuité n. f.
• Caractère de ce qui est gratuit. *La gratuité des soins médicaux.*
• Caractère de ce qui est sans fondement.

gratuitement adv.
• Sans payer.
• Sans fondement, sans motif.

gravats n. m. pl.
Débris. *Avant de repeindre, il faut nettoyer les gravats.*
Note.- Ce nom ne s'emploie qu'au pluriel.
Syn. **gravois**.

grave adj. et n. m.
• **Adjectif.** Sérieux. *Un air grave, une décision très grave.*
• **Nom masculin.** La gamme des sons graves, par opposition aux sons aigus. *Elle peut chanter aussi bien le grave que l'aigu.*

gravement adv.
Dignement.

graver v. tr.
Tracer en creux. *Graver à l'eau-forte.*

graves n. m.
Type de vin blanc. *Une bouteille de graves.*
Note.- Attention à l'orthographe : un grave**s**.

graveur n. m.
graveuse n. f.
Personne dont la profession est de graver.

gravier n. m.
Petits cailloux dont on recouvre un chemin. *Une allée de gravier.*

gravir v. tr.
Escalader, monter. *Gravir une montagne, un escalier.*

gravité n. f.
• (Phys.) Force de gravitation exercée par un astre sur un corps quelconque.
• Qualité d'une personne grave (ou de son comportement). *La gravité d'un regard.*
• Caractère de ce qui a de l'importance. *La gravité d'un problème.*

graviter v. intr.
• Tourner autour. *La Terre gravite autour du Soleil.*
• (Fig.) Évoluer dans l'entourage de quelqu'un. *Tout le personnel qui gravite autour du premier ministre.*

gravois n. m. pl.
Gravats.

gravure n. f.
• Manière, art de graver ; son résultat.
• Reproduction d'un dessin ; illustration de livre.

gray n. m.
• Symbole *Gy* (s'écrit sans point).
• Unité de mesure de dose absorbée de radiation.
Note.- Cette unité de mesure remplace le *rad*.

gré n. m.
• *Savoir gré.* Être reconnaissant. *Elles lui sauront gré (et non *****seront gré*) *de sa compréhension.* Le nom *gré* demeure invariable.
• *Bon gré mal gré.* Qu'on le veuille ou non. *Vous irez bon gré mal gré.* L'expression s'écrit sans virgule.
• *De gré à gré.* D'un commun accord. *Un marché de gré à gré.*

grec, grecque adj. et n. m. et f.
• **Adjectif et nom masculin et féminin.** De Grèce.
• **Nom masculin.** Langue parlée en Grèce.
Note.- Lorsqu'il s'agit de la langue, l'adjectif ou le nom s'écrit avec une minuscule. Si le nom désigne une personne, la majuscule s'impose.
V. Tableau - **GREC**.

gréco-latin, ine adj.
Commun au grec et au latin. *Les arts gréco-latins.*

gréco-romain, aine adj.
Relatif aux civilisations grecque et latine. *La civilisation gréco-romaine.*

gredin, ine n. m. et f.
• Malfaiteur.
• (Fam.) Fripon.

gréement n. m.
Ensemble du matériel nécessaire à la manœuvre des voiles d'un bateau.
Note.- Attention à l'orthographe : gré**e**ment.

gréer v. tr.
• Le verbe conserve le *é* à toutes les formes.
• (Mar.) Garnir (un voilier, un mât) de son gréement.

greffage n. m.
Action ou manière de greffer.

greffe n. m. et f.
• **Nom masculin**
Bureau où l'on dépose certains documents. *Consulter un acte au greffe.*
• **Nom féminin**
- Bouture. *La greffe d'un pommier.*
- Opération chirurgicale consistant à transférer sur une personne des parties prélevées sur elle-même ou sur une autre personne. *Une greffe de peau.*
Note.- Lorsqu'il y a rétablissement de vaisseaux de conduits, on parle plutôt de *transplantation*. *Une transplantation cardiaque.*

greffer v. tr., pronom.
• **Transitif**
- Mettre une greffe à une plante. *Greffer des pommiers.*
- (Méd.) Insérer une greffe à un patient. *On lui a greffé un rein.*
• **Pronominal**
S'ajouter. *De nouveaux faits se sont greffés sur cette affaire.*

greffier n. m.
Personne chargée de diriger un greffe.

greffon n. m.
Partie d'un végétal greffée sur un autre appelé *sujet.*

grégaire adj.
• Relatif à une espèce animale qui vit en groupe.
• *Instinct grégaire.* Tendance qui pousse les êtres humains à former des groupes ou à adopter le même comportement.

grège adj.
• **Adjectif.** Brut. *Des soies grèges.*

GREC

Un grand nombre de mots français proviennent de la langue grecque ancienne. Ce sont des mots de formation savante qui appartiennent surtout à la langue technique, scientifique, médicale ou religieuse.

Suivent quelques exemples de mots français d'origine grecque :

amnésie	dactylographie	hygiène	phonétique
anatomie	démocratie	iota	rhétorique
anecdote	diaphane	isogone	rhizome
anthropologie	diastole	kaléidoscope	sténographie
apocalypse	diocèse	larynx	syntagme
apoplexie	diphtérie	lexicologie	syntaxe
archevêque	éphémère	lexique	système
ascèse	épisode	logomachie	technique
asphyxie	érotique	méthode	télépathie
baptême	grammaire	mètre	téléphone
batracien	gramme	neurologie	typographie
bibliothèque	gonocoque	œsophage	xénophobie
botanique	graphie	olympique	xylophone
cathode	gynécologie	orthopédie	zoologie
catholicisme	heuristique	philanthropie	

Certains mots ont été empruntés au grec par l'intermédiaire du latin :

architecte	hermaphrodite	ophtalmique	tigre
arthrite	hiéroglyphe	orchidée	trigonométrie
basilique	hippodrome	pédagogie	typique
bombyx	hyperbole	périple	tyran
catéchisme	iris	péritoine	utopie
catastrophe	logique	philologie	zéphyr
dialectique	logistique	pyramide	zeugma
épitaphe	magie	rhésus	zizanie
ermite	mandragore	rhinocéros	zodiaque
esthétique	méandre	rhumatisme	zone
flegme	mécanique	salamandre	
géométrie	métempsycose	synchronisme	
harmonique	nécromancie	taxer	

Aujourd'hui, ce sont plutôt les racines grecques qui servent à créer les nouveaux mots, les néologismes :

Préfixes	Sens	Exemples
aéro-	air	aérodynamique
auto-	soi-même	automatique
chrono-	temps	chronomètre
démo-	peuple	démographie
micro-	petit	microscope
télé-	au loin	télématique

Suffixes	Sens	Exemples
-archie	pouvoir	oligarchie
-céphale	tête	encéphale
-gène	qui crée	tératogène
-graphe	écriture	lexicographe
-lithe	pierre	monolithe
-scope	observer	microscope

527

• **Adjectif de couleur invariable.** De couleur beige clair. *Des chemisiers grège.*
V. Tableau - **COULEUR (ADJECTIFS DE).**

grégorien, ienne adj.
Relatif à l'un des papes, Grégoire Ier. *Le chant grégorien.*

grêle adj.
Frêle.
Note.- Attention à l'orthographe : grêle.

grêle n. f.
Chute de grains de glace.

grêler v. impers.
Tomber, en parlant de la grêle. *Il a grêlé hier soir.*

grêlon n. m.
Grain de glace.

grelot n. m.
Sonnette.

grelottement n. m.
Tremblement.

grelotter v. intr.
Frissonner. *Elle grelotte de froid.*
Note.- Attention à l'orthographe : grelotter.

grenade n. f.
• Fruit du grenadier.
• Projectile. *Dégoupiller une grenade.*

grenadier n. m.
• Arbuste qui produit la grenade.
• Soldat.

grenadine n. f.
Sirop de couleur rouge.

grenaille n. f.
Métal réduit en menus grains.

grenat adj. inv. et n. m.
• **Adjectif de couleur invariable.** De la couleur rouge sombre du grenat. *Des soieries grenat.*
V. Tableau - **COULEUR (ADDJECTIFS DE).**
• **Nom masculin.** Pierre précieuse de couleur rouge sombre.

grené, ée adj.
Qui présente de nombreux petits grains. *Du cuir grené.*
Syn. **grenu.**

grenier n. m.
Étage supérieur d'une maison.

grenouillage n. m.
(Fam.) Magouille, tractations, notamment dans le domaine politique.
Syn. **magouillage.**

grenouille n. f.
Batracien vivant au bord des étangs.

grenouiller v. intr.
• Les lettres *ill* sont suivies d'un *i* à la première et à la deuxième personne du pluriel de l'indicatif imparfait et du subjonctif présent. *(Que) nous grenouillions, (que) vous grenouilliez.*
• (Fam., péj.) Se livrer au grenouillage.

grenu, ue adj. et n. m.
Dont le grain est apparent. *Un papier grenu, un cuir grenu.*
Note.- Ne pas confondre avec le mot **granuleux**, qui se dit de ce qui est composé de grains.
Syn. **grené.**

grès n. m.
Matière dont on fait des poteries. *Un pot de grès.*

grésil n. m.
Petite grêle.

grésillement n. m.
Crépitement.

grésiller v. impers., intr.
• Les lettres *ill* sont suivies d'un *i* à la première et à la deuxième personne du pluriel de l'indicatif imparfait et du subjonctif présent. *(Que) nous grésillions, (que) vous grésilliez.*
• **Impersonnel.** Tomber, en parlant du grésil. *Il grésille.*
• **Intransitif.** (Fig.) Crépiter. *Le feu grésille.*

grève n. f.
• Rivage.
• Cessation collective du travail pour la défense d'intérêts communs. *Les employés ont décidé de faire la grève, de faire grève demain.*
Note.- Attention à l'orthographe : grève.

grever v. tr.
• Le *e* se change en *è* devant une syllabe muette. *Il grève, il grevait.*
• Surcharger. *Des dépenses qui grèvent un budget.*

gréviste n. m. et f.
Personne salariée qui fait grève.
Note.- Attention à l'orthographe : gréviste.

gribouillage n. m.
Écriture informe.

gribouiller v. tr., intr.
• Les lettres *ill* sont suivies d'un *i* à la première et à la deuxième personne du pluriel de l'indicatif imparfait et du subjonctif présent. *(Que) nous gribouillions, (que) vous gribouilliez.*
• (Fam.) Griffonner. *Il gribouille de vagues caractères. Elle ne fait que gribouiller.*

gribouilleur, euse n. m. et f.
Personne qui gribouille.

gribouillis n. m.
Écriture illisible.

grief n. m.
• Motif de plainte. *Exprimer des griefs.*
• **Faire grief de quelque chose à quelqu'un.** Reprocher. *Elles lui ont fait grief de sa sévérité.*

grièvement adv.
Très gravement. *Elles ont été grièvement blessées, brûlées.*

Note.- L'adverbe ne s'emploie qu'avec un adjectif, un participe signifiant « physiquement atteint ».

griffe n. f.
• Ongle acéré de certains animaux. *Les griffes du chat.*
• *Coup de griffe.* Attaque.
• Signature. *Apposer sa griffe.*
• Marque d'un vêtement, d'un objet.

griffer v. tr.
• Donner un coup de griffe.
• *Vêtement griffé.* Vêtement qui porte la marque d'un créateur.

griffon n. m.
• Animal fabuleux de la mythologie doté du corps du lion et de la tête et des ailes de l'aigle.
• Chien de chasse au poil long et broussailleux.

griffonnage n. m.
Barbouillage.

griffonner v. tr.
• Écrire d'une manière illisible.
• Rédiger avec précipitation. *Griffonner un billet.*

grignotement n. m.
Action de grignoter ; bruit produit en grignotant.
Note.- Attention à l'orthographe : grignotement.

grignoter v. intr.
• Manger peu à peu en rongeant.
• (Fig.) Détruire progressivement.
Note.- Attention à l'orthographe : grignoter.

grigou n. m.
(Fam.) Grippe-sou. *D'affreux grigous.*

gri-gri ou **grigri** n. m.
Amulette. *Des gris-gris ou grigris.*

gril n. m.
• Le *l* se prononce ou non [gri(l)].
• Ustensile servant à la cuisson des grillades.

grillade n. f.
Viande grillée.

grillage n. m.
Treillis métallique.

grillager v. tr.
• Le *g* est suivi d'un *e* devant les lettres *a* et *o*. *Il grillagea, nous grillageons.*
• Munir d'un grillage.

grille n. f.
• Assemblage de barreaux.
• Tableau quadrillé. *La grille des horaires, la grille des salaires.*

grille-pain n. m. inv.
Appareil servant à griller les tranches de pain. *Des grille-pain.*

griller v. tr., intr.
• Les lettres *ill* sont suivies d'un *i* à la première et à la deuxième personne du pluriel de l'indicatif imparfait et du subjonctif présent. *(Que) nous grillions, (que) vous grilliez.*
• **Transitif.** Rôtir. *Du pain grillé.*

• **Intransitif.** Brûler. *Les côtelettes sont en train de griller.*
• *Griller d'impatience.* Brûler d'impatience.

grillon n. m.
Insecte.

grimace n. f.
Contraction volontaire ou involontaire du visage. *Faire des grimaces.*

grimacer v. intr.
• Le *c* prend une cédille devant les lettres *a* et *o*. *Il grimaça, nous grimaçons.*
• Faire des grimaces.

grimer v. tr.
Maquiller pour la scène.

grimoire n. m.
Livre de sorcellerie à l'usage des magiciens.
Note.- Attention au genre masculin de ce nom : *un* grimoire.

grimpant, ante adj.
Se dit d'une plante qui monte le long des corps voisins. *Des rosiers grimpants.*
Note.- Ne pas confondre avec le participe présent invariable *grimpant. J'ai surpris les enfants grimpant sur le toit.*

grimper v. tr., intr.
• **Transitif**
Escalader, gravir. *Elle a grimpé l'escalier très rapidement.*
• **Intransitif**
- Monter en s'agrippant, en s'accrochant.
- Monter sur un lieu élevé. *Il a grimpé jusqu'au sommet de la montagne.*
- (Fam.) S'accroître. *Les prix ont grimpé.*
Note.- Le verbe se conjugue avec l'auxiliaire *avoir.*

grimpeur, euse adj. et n. m. et f.
• **Adjectif.** Qui grimpe.
• **Nom masculin et féminin.** Alpiniste.

grincement n. m.
Bruit désagréable produit par ce qui grince. *Un grincement de dents.*

grincer v. intr.
• Le *c* prend une cédille devant les lettres *a* et *o*. *Il grinça, nous grinçons.*
• Produire un son désagréable. *La porte grince.*
• *Grincer des dents.* Frotter les dents les unes contre les autres par rage, peur, douleur.

grincheux, euse adj.
Acariâtre.

gringalet n. m.
Homme frêle.
Note.- Attention à l'orthographe : gringalet.

griotte n. f.
Cerise à chair très acidulée.

grippal, ale, aux adj.
Relatif à la grippe. *Des symptômes grippaux.*

grippe n. f.
• Maladie contagieuse d'origine virale provoquant une inflammation des muqueuses respiratoires. *Avoir la grippe.*
• *Prendre en grippe.* Avoir une antipathie contre quelqu'un, quelque chose.

gripper v. intr., pronom.
• **Intransitif**. Provoquer un blocage, en parlant des pièces d'un mécanisme. *Le moteur va gripper si on ne l'entretient pas.*
• **Pronominal**. Se coincer. *Ces mécanismes se sont grippés.*

grippe-sou n. m.
(Fam.) Avare. *Des grippe-sous.*

gris, grise adj. et n. m.
• **Adjectif de couleur**. D'une couleur entre le blanc et le noir.
Note.- L'adjectif de couleur simple s'accorde, mais l'adjectif de couleur composé est invariable. *Des robes grises. Des robes gris perle.*
V. Tableau - **COULEUR (ADJECTIFS DE)**.
• **Nom masculin**. La couleur grise qui résulte d'un mélange de blanc et de noir.

grisaille n. f.
Monotonie.

grisant, ante adj.
Enivrant. *Une aventure grisante.*

grisâtre adj.
Qui tire sur le gris.
Note.- Attention à l'orthographe : gris**â**tre.

grisé n. m.
Teinte grise donnée à certaines parties d'un dessin.

griser v. tr.
• Donner une teinte grise.
• Étourdir. *Griser de belles paroles.*

griserie n. f.
Enivrement.

grisonner v. intr.
Devenir gris. *Ses cheveux commencent à grisonner.*

grisou n. m.
• Gaz inflammable qui se dégage dans les mines de charbon.
• *Coup de grisou.* Explosion du grisou.

grive n. f.
Oiseau voisin du merle à plumage brun et gris. *Un pâté de grives.*

grivèlerie n. f.
Délit de la personne qui part sans payer l'addition dans un restaurant.
Note.- Ne pas confondre avec le mot *grivoiserie* qui désigne un geste, des propos grivois.

grivois, oise adj. et n. m. et f.
Licencieux, égrillard, sans être obscène.

grivoiserie n. f.
Caractère de ce qui est grivois ; geste, propos grivois.
Note.- Ne pas confondre avec le mot *grivèlerie* qui désigne un délit.

grizzli ou **grizzly** n. m.
Ours gris des Rocheuses. *Des grizzlis, des grizzlys.*
Note.- Attention à l'orthographe : gri**zz**li, gri**zz**ly.

groenlandais, aise adj. et n. m. et f.
Du Groenland.
Note.- Contrairement à l'adjectif, le nom prend une majuscule.

grog n. m.
• Le *g* se prononce [grɔg].
• Boisson chaude au rhum.

grognement n. m.
• Cri du porc, de l'ours.
• Murmure de mécontentement.

grogner v. intr.
• Les lettres *gn* sont suivies d'un *i* à la première et à la deuxième personne du pluriel de l'indicatif imparfait et du subjonctif présent. *(Que) nous grognions, (que) vous grogniez.*
• Émettre un bruit sourd (en parlant du porc, de l'ours).
• Bougonner.

grognon, onne adj. et n. m. et f.
Bougon.

groin n. m.
Museau du porc.

grommeler v. tr., intr.
• Redoublement du *l* devant un *e* muet. *Je grommelle, je grommellerai,* mais *je grommelais.*
• Bougonner, grogner. *Il grommelait des injures, elle est toujours à grommeler.*

grommellement n. m.
Action de grommeler ; sons émis en grommelant.

gronder v. tr., intr.
• **Transitif**. Réprimander. *L'institutrice a grondé les enfants turbulents.*
• **Intransitif**. Grogner. *Un chien qui gronde, le tonnerre gronde.*

gronderie n. f.
Réprimande.

gros, grosse adj., adv. et n. m. et f.
• **Adjectif**
- Volumineux, considérable. *Un gros ballon. Une grosse tempête de neige.*
- Important. *Une grosse société.*
• **Adverbe**
Beaucoup. *Elles parient gros.*
Note.- Pris adverbialement, le mot est invariable.
• **Nom masculin**
- Commerce par grandes quantités. *Le gros et le détail.*
- *Gros œuvre.* Ensemble des éléments de construction assurant la stabilité, la résistance et la protection d'un édifice.
• **Nom féminin**
(Comm.) Douze douzaines. *Une grosse d'oranges.*
• **Nom masculin et féminin**
Personne corpulente.

groseille adj. inv. et n. f.
• **Adjectif de couleur invariable**. De la couleur rouge clair de la groseille. *Des gants groseille.*
V. Tableau - **COULEUR (ADJECTIFS DE)**.
• **Nom féminin**. Fruit du groseillier.
Notes.-
1° Attention à l'orthographe : grose*ille*.
2° Comme complément du nom **confiture, groseille** s'écrit généralement au pluriel, tandis que comme complément du nom **gelée**, il s'écrit au singulier.

groseillier n. m.
Arbuste cultivé pour ses fruits.
Note.- Attention à l'orthographe : grosei*llier*.

gros-grain n. m.
Tissu de soie à côtes. *Des gros-grains.*

gros-porteur adj. et n. m.
• **Adjectif**. Se dit d'un avion de grande capacité.
• **Nom masculin**. Avion de grande capacité. *Des gros-porteurs lourdement chargés.*

grossesse n. f.
État d'une femme enceinte.

grosseur n. f.
• Volume. *Des tomates d'une bonne grosseur.*
• Enflure, petite bosse. *Avoir une grosseur au bras.*

grossier, ière adj.
• Non achevé. *Un travail grossier.*
• Rude. *Une étoffe grossière.*
• Impoli, contraire aux usages. *Une personne grossière.*

grossièrement adv.
Avec grossièreté.

grossièreté n. f.
• Caractère de ce qui est grossier.
• Impolitesse.

grossir v. tr., intr.
• **Transitif**
Rendre plus gros, plus volumineux. *La loupe grossit les caractères.*
• **Intransitif**
- Devenir plus gros, augmenter de volume. *Il a un peu grossi.*
- Devenir plus considérable. *Le capital a grossi.*

grossissement n. m.
Agrandissement.

grossiste n. m. et f.
Intermédiaire entre le détaillant et le producteur.

grosso modo loc. adv.
En gros, sans tenir compte des détails.

grotesque adj.
Ridicule, extravagant.

grotesquement adv.
De façon grotesque.

grotte n. f.
Cavité naturelle dans la roche.

Notes.-
1° Ne pas confondre avec le mot **glotte** qui désigne l'orifice du larynx.
2° Attention à l'orthographe : gro*tte*.

grouillement n. m.
Fourmillement.

grouiller v. intr., pronom.
• Les lettres *ill* sont suivies d'un *i* à la première et à la deuxième personne du pluriel de l'indicatif imparfait et du subjonctif présent. *(Que) nous grouillions, (que) vous grouilliez.*
• **Intransitif**. Remuer, fourmiller. *La place grouille de monde.*
• **Pronominal**. (Pop.) Se dépêcher.

groupage n. m.
Action de réunir des colis destinés au transport.

groupe n. m.
• Réunion de personnes. *Un groupe de chercheurs a réussi, ont réussi à identifier le virus.*
• Ensemble de choses. *Un groupe de maisons.*
Note.- Suivant que l'accent stylistique porte sur l'ensemble ou sur la pluralité, le verbe s'accorde avec le collectif ou avec le complément déterminatif au pluriel.
V. Tableau - **COLLECTIF**.

groupement n. m.
• Rassemblement. *Un groupement politique.*
• Action de grouper ; fait d'être groupé.

grouper v. tr., pronom.
• **Transitif**. Rassembler en groupe. *Grouper des étudiants.*
• **Pronominal**. Se rassembler. *Les enfants se sont groupés autour du chiot.*

groupuscule n. m.
(Péj.) Petit groupement.

gruau n. m.
Partie du grain de blé. *Des gruaux.*

grue n. f.
• Oiseau échassier.
• *Faire le pied de grue.* Attendre longuement debout.
• Appareil de levage. *Une grue de chantier.*

gruger v. tr.
• Le *g* est suivi d'un *e* devant les lettres *a* et *o*. *Il grugea, nous grugeons.*
• (Litt.) Voler, duper quelqu'un. *Il grugeait son patron.*

grume n. f.
Tronc d'arbre abattu qui a été ébranché.

grumeau n. m.
Masse coagulée dans un liquide. *Il y a des grumeaux dans la sauce.*

grumeler (se) v. pronom.
• Redoublement du *l* devant un *e* muet. *Il se grumelle, il se grumellera,* mais *il se grumelait.*
• Former des grumeaux. *Le lait se grumelle.*

grutier n. m.
Personne chargée de conduire une grue.

gruyère n. m.
Fromage suisse. *Du jambon avec du gruyère.*

guadeloupéen, éenne adj. et n. m. et f.
• La première syllabe se prononce *goua* [gwadlupeɛ̃].
• De la Guadeloupe.
Note.- Contrairement à l'adjectif, le nom prend une majuscule.

guano n. m.
• La première syllabe se prononce *goua* [gwano].
• Engrais composé d'excréments d'oiseaux marins.

guarani n. m.
• La première syllabe se prononce *goua* [gwarani].
• Unité monétaire du Paraguay. *Des guaranis.*
V. Tableau - **SYMBOLES DES UNITÉS MONÉTAIRES.**

guatémaltèque adj. et n. m. et f.
• Les lettres *gua* se prononcent *goua* [gwatemaltɛk].
• Du Guatemala.
Note.- Contrairement à l'adjectif, le nom prend une majuscule.

gué n. m.
Endroit où l'on traverse un cours d'eau à pied. *Un passage à gué.*
Hom. *gai*, joyeux.

guenille n. f.
Vêtement en lambeaux.

guenon n. f.
Femelle du singe.

guépard n. m.
Carnassier au pelage roux tacheté de noir.

guêpe n. f.
• Insecte au corps rayé jaune et noir. *Un essaim de guêpes.*
• *Taille de guêpe.* Taille très fine.

guêpier n. m.
• Le *ê* se prononce *é* [gepje].
• Nid de guêpes.
• *Se fourrer, tomber dans un guêpier.* (Fig.) Se mettre dans une situation difficile.
Note.- Attention à l'orthographe : guê**pier**.

guêpière n. f.
Dessous féminin qui amincit la taille, qui fait une taille de guêpe.

guère adv.
Peu, pas beaucoup. *Il ne fume guère.*
Note.- L'adverbe s'emploie toujours avec la particule négative « ne ». S'il ne peut s'employer avec « pas », il peut cependant se construire avec « ne... plus ». *Elle ne sort plus guère.*
Hom. *guerre*, conflit armé.

guéret n. m.
Terre labourée et non ensemencée.

guéridon n. m.
Petite table ronde à un seul pied central.

guérilla n. f.
Guerre d'embuscades, de harcèlement. *Des guérillas sanglantes.*

guérillero n. m.
Personne qui fait la guérilla.

guérir v. tr., intr., pronom.
• **Transitif**
Redonner la santé à quelqu'un. *Guérir un malade.*
• **Intransitif**
- Recouvrer la santé. *Elle guérira vite à la campagne.*
- Disparaître en parlant d'une maladie. *Son rhume a guéri.*
• **Pronominal**
Se débarrasser d'une maladie. *Il a réussi à se guérir.*

guérison n. f.
Disparition d'un mal physique ou moral.

guérissable adj.
Qui peut être guéri.
Ant. **incurable.**

guérisseur, euse n. m. et f.
Personne qui guérit ou prétend guérir, sans avoir fait d'études médicales.

guérite n. f.
Abri dans lequel une sentinelle, un gardien, se met à couvert.

guerre n. f.
• Conflit armé entre États. *Déclarer la guerre.*
• *De guerre lasse*, locution figée. En renonçant à combattre, à lutter.
• *De bonne guerre*, locution figée. Loyalement.
Hom. *guère*, peu.

guerrier, ière adj. et n. m.
• **Adjectif.** (Litt.) Relatif à la guerre. *Les écrits guerriers.*
• **Nom masculin.** (Litt.) Soldat.

guerroyer v. intr.
• Le *y* se change en *i* devant un *e* muet. *Je guerroie, je guerroierai.*
• Le *y* est suivi d'un *i* à la première et à la deuxième personne du pluriel de l'indicatif imparfait et du subjonctif présent. *(Que) nous guerroyions, (que) vous guerroyiez.*
• Faire la guerre.

guet n. m.
Action de guetter. *Faire le guet.*
Note.- Attention à l'orthographe : gue**t**.

guet-apens n. m.
• Le *s* ne se prononce pas [gɛtapɑ̃].
• Piège, embuscade. *Des guets-apens. Les voleurs l'ont attiré dans un guet-apens.*
Note.- Attention à l'orthographe : guet-ap**ens**.

guêtre n. f.
Jambière.

guetter v. tr.
• Surveiller avec attention. *Le chat guette l'oiseau.*
• Faire peser une menace sur quelqu'un. *L'épuisement le guette.*

gueule n. f.
• Bouche des animaux. *Se jeter dans la gueule du loup.*
• (Pop.) Bouche humaine.

gueule-de-loup n. f.
Muflier. *Des gueules-de-loup.*

gueuler v. tr., intr.
(Pop.) Crier ou hurler de douleur, de mécontentement.

gueuleton n. m.
(Pop.) Bon repas entre amis.

gueuse ou **gueuze** n. f.
Bière belge forte.

gueux, gueuse n. m. et f.
(Vx) Mendiant.

gui n. m.
Plante qui vit en parasite sur les branches de certains arbres. *Une boule de gui.*

guiche n. f.
Mèche de cheveux plaquée sur le front ou les tempes. Syn. **accroche-cœur.**

guichet n. m.
• Petite ouverture par laquelle le public communique avec les employés d'une banque, d'une administration, etc. *Les guichets de la poste.*
• (Par anal.) *Guichet automatique de banque.* Distributeur automatique de billets de banque.
• *À guichets fermés.* Spectacle dont tous les billets sont vendus.

guichetier n. m.
guichetière n. f.
Personne préposée à un guichet.

guide n. m. et f.
Personne chargée de faire visiter (un musée, une ville, un monument, un site). *Une guide expérimentée.*

guide n. m. et n. f. pl.
• **Nom masculin.** Recueil de renseignements. *Un guide sur l'architecture romane.*
• **Nom féminin pluriel.** Lanières attachées au mors d'un cheval.

guider v. tr.
• Indiquer la voie. *Le chien guide l'aveugle.*
• Diriger, conseiller. *Ses conseils m'ont bien guidé.*

guidon n. m.
Tube de métal à poignées qui sert à diriger une bicyclette, une moto.

guigne n. f.
(Fam.) Malchance persistante. *Avoir la guigne.*

guigner v. tr.
• Les lettres *gn* sont suivies d'un *i* à la première et à la deuxième personne du pluriel de l'indicatif imparfait et du subjonctif présent. *(Que) nous guignions, (que) vous guigniez.*
• Lorgner, convoiter.

guignol n. m.
• Pantin, marionnette.
• *Faire le guignol.* Faire le pitre.

guilde n. f.
• Le *l* se prononce [gild(ə)].
• Association professionnelle. *La guilde des orfèvres.*

guilledou n. m. inv.
Courir le guilledou. (Fam.) Chercher des aventures galantes.
Note.- Ce nom n'est usité que dans l'expression citée.

guillemet n. m.
Entre guillemets. Expression marquant qu'on ne prend pas à son compte le mot, la locution employée.
V. Tableau - **GUILLEMETS.**

guillemeter v. tr.
• Redoublement du *t* devant un *e* muet. *Je guillemette, je guillemetterai,* mais *je guillemetais.*
• Mettre entre guillemets. *Une phrase guillemetée.*

guilleret, ette adj.
Joyeux, fringant. *Il se sentait tout guilleret.*

guillotine n. f.
Instrument de décapitation.

guimauve n. f.
• Plante des marais et des prés humides.
• Pâte molle et sucrée (originairement à base de racine de guimauve). *Manger de la guimauve.*

guimbarde n. f.
(Fam.) Vieille voiture.

guimpe n. f.
Plastron, chemisette en tissu léger.

guindé, ée adj.
Affecté, mal à l'aise.

guinée n. f.
Ancienne monnaie britannique.

guinéen, éenne adj. et n. m. et f.
De la Guinée.
Note.- Contrairement à l'adjectif, le nom prend une majuscule.

guingois (de) loc. adv.
De travers.
Note.- Attention à l'orthographe : de guin*go*is.

guinguette n. f.
Café populaire où l'on peut danser, le plus souvent en plein air.

guipure n. f.
Étoffe imitant la dentelle.

guirlande n. f.
Cordon de feuillage, de fleurs, etc. servant à décorer. *Des guirlandes de roses.*

guise n. f.
• *À (ma, ta, sa,* etc.*) guise.* Selon (ma, ta, sa, etc.) volonté.
• *En guise de*, locution prépositive. À la place de.

guitare n. f.
Instrument de musique.

GUILLEMETS

Les guillemets sont de petits chevrons doubles (« ») qui se placent au commencement (**guillemet ouvrant**) et à la fin (**guillemet fermant**) d'une citation, d'un dialogue, d'un mot, d'une locution que l'auteur désire isoler.

• FORME

Les guillemets se présentent en français sous la forme de petits chevrons doubles [« »], et en anglais, sous la forme d'une double apostrophe [" "].

• CITATION

On met des guillemets au début et à la fin d'une citation.

Le jeune homme récita une maxime empruntée à Virgile : « *Trahit sua quemque voluptas.* »

Si la citation porte sur plusieurs alinéas, on met un guillemet ouvrant au début de chaque alinéa et on termine la citation par un guillemet fermant.

• DIALOGUE

On met des guillemets au début et à la fin des dialogues. Un changement d'interlocuteur est signalé par l'alinéa précédé d'un tiret.

Le jardinier constata :
« *Les roses sont superbes cette année.*
- Vraiment, je suis de votre avis : elles sont superbes.
- Désirez-vous que j'ajoute une nouvelle variété de pivoines ? »

Note.- Les incises telles que **dit-il, répondit-elle** se mettent entre virgules, sans répétition de guillemets.

• MISE EN VALEUR D'UN MOT, D'UNE LOCUTION

Pour isoler un mot, une expression, un titre, une marque, un terme étranger, on se sert de guillemets.

Tous les matins, il lit « *Le Monde* ».

• Guillemets anglais [" "]

Les guillemets anglais en double apostrophe sont utilisés à l'intérieur d'une citation déjà entre guillemets. *Elle demanda :* « *Voudriez-vous m'acheter le "Petit Larousse en couleurs", s'il vous plaît ?* »

---

guitariste n. m. et f.
Personne qui joue de la guitare.

gulden
V. **florin**.

guru
V. **gourou**.

gustatif, ive adj.
Relatif au goût. *Les papilles gustatives.*

guttural, ale, aux adj.
Qui appartient au gosier. *Des sons gutturaux.*

guyanais, aise adj. et n. m. et f.
De la Guyane.
Note.- Contrairement à l'adjectif, le nom prend une majuscule.

Gy
Symbole de **gray**.

gym n. f.
Abréviation familière de **gymnastique.**

gymnase n. m.
Lieu où l'on peut pratiquer des exercices physiques.
Note.- Attention à l'orthographe : **gy**mnase.

gymnaste n. m. et f.
Professionnel de la gymnastique.

gymnastique adj. et n. f.
• Le mot s'abrège familièrement en **gym** (s'écrit sans point).
• Ensemble d'exercices physiques destinés à assouplir, à fortifier le corps.
• Série de mouvements. *Faire sa gymnastique quotidienne.*
Note.- Attention à l'orthographe : **gy**mnastique.

gymnique adj. et n. f.
Relatif aux exercices du corps.

-gyne suff.
Élément du grec signifiant «femme». *Androgyne.*

gynécée n. m.
(Antiq.) Appartement des femmes.
Note.- Attention au genre masculin de ce nom : **un** gynécée.

gyn(é)-, gynéco- préf.
Éléments du grec signifiant «femme». *Gynécologue.*

gynécologie n. f.
Spécialité de la médecine qui s'occupe des maladies particulières aux femmes.

gynécologique adj.
Relatif à la gynécologie. *Un examen gynécologique.*

gynécologue n. m. et f.
Spécialiste de la gynécologie. *C'est un excellent gynécologue.*
Note.- Attention à l'orthographe : **gy**nécologue.

gypse n. m.
• Attention à la prononciation [ʒips].
• Roche sédimentaire dont on tire le plâtre. *Un gypse très blanc.*
Note.- Attention au genre masculin de ce nom : **un** gypse.

gyr(o)- préf.
Élément du grec signifiant «cercle». *Gyrophare.*

gyrophare n. m.
Phare rotatif. *Une ambulance munie d'un gyrophare.*
Note.- Attention à l'orthographe : **gy**rophare.

H

h
- Symbole de **heure.**
- Symbole de **hecto-.**

h (aspiré)
V. Tableau - **H MUET ET H ASPIRÉ.**

H
Symbole de **hydrogène.**

ha! interj. (**h** aspiré)
Interjection toujours redoublée qui marque le rire.
Ha! ha!
Note.- Pour marquer la surprise, le soulagement, cette interjection est désuète : on emploiera plutôt **ah!**

ha
Symbole de **hectare.**

H MUET et H ASPIRÉ

- **H muet**

    La lettre **h** est dite **muette** lorsqu'elle n'empêche pas l'élision de la voyelle précédente ou la liaison entre deux mots. *L'hôpital : le h du mot **hôpital** est muet.* C'est donc un signe purement orthographique qui, le plus souvent, constitue un simple rappel de l'étymologie.

- **H aspiré**

    La lettre **h** est dite **aspirée** quand elle empêche l'élision de la voyelle qui la précède ou la liaison entre deux mots. *Le haricot : le h du mot **haricot** est aspiré.*

    Seuls quelques mots, surtout d'origine germanique ou anglo-saxonne, ont le **h** aspiré pour initiale :

hache	hangar	hasard	hernie	houille
hagard	hanneton	haschisch	héron	houlette
haie	hanter	hase	héros (v. note 1)	houppe
hailllon	happer	hâte	herse	houppelande
haine	harangue	hauban	hêtre	hourra
haïr	haras	haubert	heurt	houspiller
halage	harasser	hausse	hibou	housse
haleter	harceler	haut	hideux	houx
hall	harde	hautain	hiérarchie	hublot
halle	hardi	hautbois	hisser	huche
hallebarde	harem	havane	hobereau	huer
halo	hareng	havre	hockey	huis clos
halte	hargneux	havresac	holà	huit
hamac	haricot	heaume	homard	hune
hameau	harnais	héler	honnir	huppe
hampe	haro	henné	honte (v. note 1)	hure
hamster	harpe	hennir	hoquet	hurler
hanche	harpie	hère	hotte	hussard
handicap	harpon	hérisser	houblon	hutte

Notes.-
1° Les noms **héros, honte** ne comportent pas un véritable **h** aspiré ; c'est par euphonie qu'on ne fait pas de liaison ou d'élision devant ces mots. *Les héros* (s'entendrait les « zéros »). Par contre, le nom féminin **héroïne** a un **h** muet. *L'héroïne.*

2° Dans cet ouvrage, les mots commençant par un **h** aspiré sont suivis de la mention (**h** aspiré).

habeas corpus n. m. inv.
- Les deux **s** se prononcent [abeaskɔrpys].
- Expression latine signifiant «que tu aies le corps».
- Institution britannique garantissant le respect de la liberté individuelle.
Note.- En typographie soignée, les mots étrangers sont composés en italique. Dans des textes déjà en italique, la notation se fait en romain. Pour les textes manuscrits, on utilisera les guillemets.

habile adj.
Adroit. *Elles ont été très habiles.*
Ant. **malhabile.**

habilement adv.
Avec habileté.

habileté n. f.
Adresse, dextérité.
Note.- Ne pas confondre avec le mot **habilité** qui désigne une aptitude légale.

habilité n. f.
(Dr.) Aptitude légale à faire quelque chose.
Note.- Ne pas confondre avec le mot **habileté** qui désigne l'adresse, la dextérité.

habiliter v. tr.
(Dr.) Rendre une personne légalement apte à faire un acte juridique. *Elle est habilitée à signer au nom de l'entreprise.*

habillage n. m.
Action d'habiller quelqu'un, quelque chose, de s'habiller. *Un salon d'habillage.*

habillé, ée adj.
- Couvert de vêtements.
- Se dit d'une tenue élégante, d'une tenue du soir. *Une robe habillée.*

habillement n. m.
Tenue vestimentaire.

habiller v. tr., pronom.
- Les lettres **ill** sont suivies d'un **i** à la première et à la deuxième personne du pluriel de l'indicatif imparfait et du subjonctif présent. *(Que) nous habillions, (que) vous habilliez.*
- **Transitif.** Revêtir de vêtements. *Elle habille la fillette. Elle est habillée en noir.*
Note.- Dans la langue plus soutenue, on utilisera la préposition **de**. *Il est habillé de noir.*
- **Pronominal.** Mettre ses vêtements. *Elles se sont habillées rapidement.*

habilleur n. m.
habilleuse n. f.
Personne qui aide les acteurs, les actrices à s'habiller.

habit n. m.
Tenue de soirée dont la veste à revers de soie est à longues basques à l'arrière.
Notes.-
1° Ne pas confondre avec le mot **smoking** qui désigne une tenue de soirée composée d'un veston à revers de soie, mais sans basques, d'un pantalon à galon de soie, et d'un gilet. *Revêtir un smoking.*

2° La **tenue de soirée** masculine désigne l'**habit** ou le **smoking.**

habitabilité n. f.
Espace laissé aux personnes (dans un véhicule, un ascenseur, etc.) *Cette voiture offre une excellente habitabilité.*

habitable adj.
Qui peut être habité.
Ant. **inhabitable.**

habitacle n. m.
- Partie d'un véhicule où sont les passagers.
- Poste de pilotage d'un avion.

habitant, ante n. m. et f.
Personne qui habite généralement en un lieu. *Ce pays compte 55 millions d'habitants.*
Notes.-
1° La dénomination des habitants d'un lieu est un **gentilé.**
2° Les gentilés s'écrivent avec une majuscule. *Un Savoyard.* Les adjectifs dérivés de gentilés s'écrivent avec une minuscule. *Une fondue savoyarde.*

habitat n. m.
- Ensemble des conditions géographiques dans lesquelles vivent les humains.
- Ensemble des conditions d'habitation. *Amélioration de l'habitat.*

habitation n. f.
Demeure. *Un groupe d'habitations.*

habitation à loyer modéré
Sigle **H.L.M.**

habiter v. tr., intr.
Demeurer. *Ils habitent à la campagne. Elle habite cette maison depuis cinq ans.*
Note.- Ce verbe peut se construire indifféremment avec ou sans préposition devant le complément de lieu. Suivi d'un odonyme (avenue, rue, boulevard), le verbe se construit sans préposition. *Ils habitent rue de Vaugirard.*

habitude n. f.
- Usage répété. *Une bonne ou une mauvaise habitude.*
- **Avoir l'habitude de.** Avoir coutume de.
- **D'habitude,** locution adverbiale. Ordinairement.

habitué, ée adj. et n. m. et f.
- **Adjectif.** Qui a l'habitude de. *Être habitué à se lever tôt.*
- **Nom masculin et féminin.** Personne qui fréquente habituellement un lieu. *Ce sont des habitués de ce restaurant.*
Note.- L'adjectif se construit avec la préposition **à**, alors que le nom se construit avec la préposition **de.**

habituel, elle adj.
Usuel, normal.

habituellement adv.
Ordinairement.
Ant. **rarement, exceptionnellement.**

habituer v. tr., pronom.
• **Transitif.** Donner l'habitude. *Habituer un chien à la propreté.*
• **Pronominal.** Prendre l'habitude. *S'habituer à travailler la nuit.*

hâbleur, euse adj. et n. m. et f. (*h* aspiré)
(Péj.) Personne qui a tendance à se vanter. *Certains vendeurs sont des hâbleurs.*
Note.- Attention à l'orthographe : hâbleur.

hache n. f. (*h* aspiré)
Outil tranchant servant à fendre, à couper. *La hache du bûcheron.*
Hom. *ache,* plante.

haché, ée adj. et n. m. (*h* aspiré)
• **Adjectif.** Coupé en morceaux.
• **Nom masculin.** Viande hachée. *Du haché très maigre.*

hache-légumes n. m. inv. (*h* aspiré)
Hachoir à légumes. *Des hache-légumes.*

hacher v. tr. (*h* aspiré)
Déchiqueter avec un instrument tranchant.

hachette n. f. (*h* aspiré)
Petite hache.

hache-viande n. m. inv. (*h* aspiré)
Hachoir à viande. *Des hache-viande.*

hachis n. m. (*h* aspiré)
• Le *s* ne se prononce pas [aʃi].
• Plat préparé avec de la viande, du poisson ou des légumes hachés. *Un hachis Parmentier.*

hachisch
V. **haschisch.**

hachoir n. m. (*h* aspiré)
Large couteau servant à hacher (viande, légumes, etc.).

hachure n. f. (*h* aspiré)
Trait parallèle qui marque les parties ombrées d'un dessin, d'une gravure. *Faire des hachures.*

hachurer v. tr. (*h* aspiré)
Tracer des hachures. *Les parties hachurées du formulaire sont réservées à l'administration.*

hacienda n. f.
Ferme, en Amérique du Sud.

hagard, arde adj. (*h* aspiré)
Effaré. *L'œil hagard.*

hagiographe n. m. et f.
Personne qui rédige des hagiographies.

hagiographie n. f.
• Biographie d'un saint.
• Biographie très élogieuse.

haie n. f. (*h* aspiré)
• Bordure d'arbustes. *La haie de cèdres.*
• Rang de personnes bordant une voie. *Une haie d'honneur.*

haillon n. m. (gén. pl.) (*h* aspiré)
Vêtement très usé. *Il portait des haillons.*
Hom. *hayon,* porte arrière d'un véhicule.

haine n. f. (*h* aspiré)
Aversion. *Éprouver de la haine contre une personne, pour une personne.*
Hom. *aine,* partie du corps.

haineusement adv. (*h* aspiré)
Avec haine.

haineux, euse adj. (*h* aspiré)
Qui traduit la haine. *Des paroles haineuses.*
Ant. **amical.**

haïr v. tr. (*h* aspiré)
• *Je hais, tu hais, il hait, nous haïssons, vous haïssez, ils haïssent. Je haïssais. Je haïs, tu haïs, il haït, nous haïmes, vous haïtes, ils haïrent. Je haïrai. Je haïrais. Hais, haïssons, haïssez. Que je haïsse, qu'il haïsse. Que je haïsse, qu'il haït. Haïssant. Haï, haïe.*
• Détester, exécrer.

haïssable adj. (*h* aspiré)
• Attention à la prononciation ['aisabl].
• Détestable.

haïtien, ienne adj. et n. m. et f. (*h* aspiré)
De Haïti.
Note.- Contrairement à l'adjectif, le nom prend une majuscule.

halage n. m. (*h* aspiré)
Action de haler un bateau à l'aide d'un cordage tiré du rivage. *Un chemin de halage.*

hâle n. m. (*h* aspiré)
Bronzage de la peau sous l'effet du soleil.
Hom. :
- *hall,* entrée ;
- *halle,* marché.

haleine n. f.
• Air qui sort des poumons quand on expire.
• Souffle.
• *En haleine.* En état d'attente. *On nous tenait en haleine.*
• *À perdre haleine.* Longuement.
• *Hors d'haleine.* Essoufflé.
• *De longue haleine.* À long terme.
• *Reprendre haleine.* Reprendre sa respiration, se reposer avant de recommencer quelque chose.
Hom. :
- *alène,* outil ;
- *allène,* gaz.

haler v. tr. (*h* aspiré)
• Tirer sur. *Haler un cordage.*
• Remorquer un bateau au moyen d'un câble à partir du rivage.
Hom. *hâler,* bronzer.

hâler v. tr. (*h* aspiré)
Bronzer, brunir la peau, en parlant du soleil. *Un teint hâlé.*
Hom. *haler,* tirer sur.

haletant, ante adj. (*h* aspiré)
Hors d'haleine.

halètement n. m. (*h* aspiré)
Essoufflement.
Hom. *allaitement,* action d'allaiter.

haleter v. intr. (*h* aspiré)
• Le *e* se change en *è* devant une syllabe muette. *Il ha-
lète, il haletait.*
• Être hors d'haleine.

hall n. m. (*h* aspiré)
Entrée, vestibule.
Hom. :
- *hâle*, bronzage ;
- *halle*, marché.

hallali n. m.
Cri des chasseurs annonçant que la bête poursuivie
est aux abois. *Des hallalis.*

halle n. f. (*h* aspiré)
• Marché. *La halle aux vins.*
• (Au plur.) Marché central d'une ville. *Les Halles de
Paris.*
Hom. :
- *hâle*, bronzage ;
- *hall*, entrée.

hallebarde n. f. (*h* aspiré)
(Ancienn.) Arme composée d'une lance, à fer pointu
d'un côté et tranchant de l'autre.

hallebardier n. m. (*h* aspiré)
Soldat armé d'une hallebarde.

hallucinant, ante adj.
Extraordinaire. *Une coïncidence hallucinante.*

hallucination n. f.
Perception d'objets non réels.

halluciné, ée adj. et n. m. et f.
• Qui a des hallucinations.
• Visionnaire. *Ce poète est un halluciné.*

hallucinogène adj. et n. m.
• **Adjectif.** Qui provoque des hallucinations. *Des produits hallucinogènes.*
• **Nom masculin.** Substance qui provoque un état
psychédélique.

halo n. m. (*h* aspiré)
• Couronne lumineuse. *Un halo autour de la lune.*
• (Fig.) Auréole. *Le halo de la gloire, du pouvoir.*

halogène adj. et n. m.
• (Chim.) Nom générique du chlore.
• Lampe contenant un halogène qui accroît son efficacité lumineuse et sa durée de vie. *Une lampe (à)
halogène, un halogène bien conçu.*

halte ! interj. (*h* aspiré)
Commandement militaire enjoignant à une personne
de s'arrêter.

halte n. f. (*h* aspiré)
• Moment d'arrêt pendant un voyage. *Faire une halte.*
• Lieu où l'on s'arrête. *La halte routière.*

halte-garderie n. f. (*h* aspiré)
Petit établissement de quartier servant de garderie.
Des haltes-garderies.

haltère n. m.
(Sports) Instrument composé de deux disques de
métal réunis par une barre. *Poids et haltères. Des
haltères très lourds.*
Note.- Attention au genre masculin de ce nom : *un*
haltère.

haltérophile n. m. et f.
Personne qui pratique les poids et haltères.

haltérophilie n. f.
Sport des poids et haltères.

hamac n. m. (*h* aspiré)
• Le *c* se prononce ['amak].
• Lit mobile suspendu. *Le hamac du jardin.*

hamburger n. m. (*h* aspiré)
• Se prononce généralement à l'anglaise ['ăburgœr].
• Sandwich de bœuf haché. *Des hamburgers.*

hameau n. m. (*h* aspiré)
Groupe de maisons rurales. *Des hameaux.*

hameçon n. m.
Petit crochet de métal placé au bout d'une ligne avec
un appât pour prendre un poisson. *Mordre à l'hameçon.*

hampe n. f. (*h* aspiré)
Longue tige de bois. *La hampe d'un drapeau.*

hamster n. m. (*h* aspiré)
Petit rongeur. *Le hamster creuse son terrier.*

hanap n. m. (*h* aspiré)
• Le *p* se prononce ['anap].
• Grand vase à boire, au Moyen Âge.

hanche n. f. (*h* aspiré)
Partie du corps correspondant à l'articulation du fémur
avec l'os iliaque.
Hom. **anche** (pièce de certains instruments à vent).

hand-ball n. m. (*h* aspiré)
• Attention à la prononciation [ădbal].
• Sport d'équipe.

handicap n. m. (*h* aspiré)
• Le *p* se prononce ['ădikap].
• Infériorité, désavantage. *Le handicap d'un concur-
rent.*

handicapé, ée adj. et n. m. et f. (*h* aspiré)
Personne souffrant de déficience physique ou mentale.
Le handicapé physique, mental.
Note.- Le mot **handicapé** tend à remplacer de plus en
plus le mot **infirme.**

handicaper v. tr. (*h* aspiré)
Désavantager.

hangar n. m. (*h* aspiré)
Entrepôt. *Le hangar désaffecté.*

hanneton n. m. (*h* aspiré)
Insecte.

hanter v. tr. (*h* aspiré)
• Obséder.
• Revenir dans certains lieux, en parlant des spectres.
Une auberge hantée.
Hom. **enter,** greffer.

hantise n. f. (*h* aspiré)
Obsession. *Il a la hantise de perdre.*

happement n. m. (*h* aspiré)
Action de happer. *Le happement d'un fauve.*

happer v. tr.
• Saisir brusquement. *Sa main a été happée par l'engrenage.*
• Attraper avidement avec la gueule.
Note.- Ne pas confondre avec les verbes suivants :
- *agripper*, saisir violemment avec les doigts ;
- *attraper*, prendre comme dans un piège, au passage ;
- *gober*, avaler sans mâcher.

hara-kiri n. m. (*h* aspiré)
• Suicide imposé par l'honneur au Japon. *Des hara-kiris honorables.*
• *Faire hara-kiri.* Se suicider.

harangue n. f. (*h* aspiré)
Discours long et ennuyeux. *La harangue lassante.*

haras n. m. (*h* aspiré)
• Le *s* ne se prononce pas ['ara].
• Établissement où l'on élève des étalons et des juments.
Note.- Ne pas confondre avec le mot *ara* qui désigne un perroquet.

harassement n. m. (*h* aspiré)
Fatigue extrême.
Notes.-
1° Attention à l'orthographe : ha*r*assement.
2° Ne pas confondre avec le mot *harcèlement* qui désigne l'action de poursuivre, d'attaquer fréquemment.

harasser v. tr. (*h* aspiré)
Épuiser.
Note.- Attention à l'orthographe : ha*r*asser.

harcèlement n. m. (*h* aspiré)
Action de poursuivre, d'attaquer fréquemment.
Note.- Ne pas confondre avec le mot *harassement* qui désigne une fatigue extrême. *Le harcèlement sexuel.*

harceler v. tr. (*h* aspiré)
• Le *e* se change en *è* devant une syllabe muette. *Il harcèle, il harcelait.*
• Poursuivre, attaquer fréquemment.

hardes n. f. pl. (*h* aspiré)
Guenilles.

hardi, ie adj. (*h* aspiré)
Audacieux. *Un hardi chef d'entreprise.*

hardiesse n. f. (*h* aspiré)
(Litt.) Bravoure.

hardiment adv. (*h* aspiré)
• Courageusement. *Ils plongèrent hardiment dans l'eau profonde.*
• Impudemment. *Elle lui répondit un peu hardiment.*

hardware n. m.
(Anglicisme) Matériel (informatique).
Note.- Le nom *matériel* a fait l'objet d'une recommandation officielle pour remplacer l'emprunt *hardware*.

harem n. m. (*h* aspiré)
• Appartement des femmes chez les musulmans.
• Ensemble des femmes qui y habitent. *Le harem du sultan.*

hareng n. m. (*h* aspiré)
• Poisson de mer. *Des filets de hareng.*
• *Hareng saur.* Hareng fumé.

harfang n. m. (*h* aspiré)
• Le *g* est muet ['arʃɑ̃].
• Oiseau nocturne de l'Arctique, aussi appelé *chouette blanche*.

hargne n. f.
Mauvaise humeur.

hargneux, euse adj.
Grincheux. *Des commentaires hargneux.*

haricot n. m. (*h* aspiré)
Légumineuse à graines comestibles. *Le haricot vert.*

haridelle n. f. (*h* aspiré)
Mauvais cheval. *La haridelle.*
Note.- Attention au genre féminin de ce nom : *une* haridelle.

harissa n. f. (*h* aspiré)
Condiment très piquant. *La harissa.*

harmonica n. m.
Instrument de musique que l'on fait glisser entre les lèvres en soufflant et en aspirant.
Note.- Attention au genre masculin de ce nom : *un* harmonica.

harmoniciste n. m. et f.
Personne qui joue de l'harmonica.

harmonie n. f.
• Ensemble de sons agréables.
• Accord, entente. *Vivre en harmonie.*

harmonieusement adv.
De façon harmonieuse.

harmonieux, euse adj.
• Mélodieux.
• Bien équilibré.

harmonique adj. et n. m. ou f.
• **Adjectif.** Relatif à l'harmonie.
• **Nom masculin ou féminin.** Son musical simple.

harmonisation n. f.
• Orchestration.
• Uniformisation.

harmoniser v. tr., pronom.
• **Transitif**
- Mettre en harmonie.
- Uniformiser. *Harmoniser une terminologie technique.*
• **Pronominal**
Être en harmonie avec.

harmoniste n. m. et f.
Personne qui règle les jeux d'orgues.

harmonium n. m.
Instrument de musique. *Des harmoniums.*

harnachement n. m. (*h* aspiré)
Ensemble des harnais d'un cheval.

harnacher v. tr. (*h* aspiré)
Mettre un harnais à un cheval. *Je harnache.*

harnais n. m. (*h* aspiré)
• Équipement d'un cheval de selle ou d'attelage.
• Sangles. *Le harnais d'un parachutiste.*

haro n. m. (*h* aspiré)
Crier haro sur. Dénoncer. *Ils crièrent haro sur la partialité du comité.*

harpe n. f. (*h* aspiré)
Instrument de musique à cordes pincées. *La harpe.*

harpiste n. m. et f. (*h* aspiré)
Personne qui joue de la harpe.

harpon n. m. (*h* aspiré)
Instrument en forme de flèche. *Le harpon.*

harponnement n. m. (*h* aspiré)
Action de harponner.

harponner v. tr. (*h* aspiré)
• Atteindre avec le harpon. *Harponner une baleine.*
• (Fig.) Arrêter. *Harponner un cambrioleur.*

haruspice ou **aruspice** n. m.
(Antiq.) Devin chargé autrefois de découvrir des présages dans les entrailles des victimes.

hasard n. m. (*h* aspiré)
• Chance. *Le hasard fait bien les choses.*
• *Au hasard, à tout hasard, par hasard.*
• *Jeu de hasard.* Jeu soumis au hasard seul, où l'habileté ne compte pas.
Note.- Attention à l'orthographe : hasard.

hasarder v. tr., pronom. (*h* aspiré)
• **Transitif**
- (Litt.) Risquer.
- Tenter. *Hasarder une proposition.*
• **Pronominal**
Oser. *Elle se hasarda à lui poser une question.*
Note.- Attention à l'orthographe : hasarder.

hasardeux, euse adj. (*h* aspiré)
Qui comporte des risques. *Une aventure hasardeuse.*
Note.- Attention à l'orthographe : hasardeux.

hasch n. m. (*h* aspiré)
Abréviation familière de *haschisch.*

haschisch, hachisch ou **haschich** n. m. (*h* aspiré)
• Ce nom s'abrège familièrement en *hasch*.
• Chanvre indien.

hase n. f. (*h* aspiré)
Femelle du lièvre ou du lapin de garenne.

hâte n. f. (*h* aspiré)
• Précipitation, grande rapidité pour faire quelque chose.
• *À la hâte.* Avec précipitation. *Ce travail a été fait à la hâte.*
• *En hâte, en toute hâte.* Très rapidement. *À notre appel, ils sont venus en hâte.*
• *Avoir hâte de.* Être pressé de. *Ils ont hâte de partir en vacances.*

hâter v. tr., pronom. (*h* aspiré)
• **Transitif**. Rendre plus rapide. *Je hâte le pas.*
• **Pronominal**. Se dépêcher. *Hâtez-vous voyons !*

hâtif, ive adj. (*h* aspiré)
Précoce. *Des tulipes hâtives.*
Ant. **tardif.**

hâtivement adv. (*h* aspiré)
En hâte.

hauban n. m. (*h* aspiré)
Cordage qui sert à maintenir un mât.

haubaner v. tr. (*h* aspiré)
Fixer au moyen de haubans.

hausse n. f. (*h* aspiré)
Augmentation (de prix, de valeur). *La hausse des prix.*

haussement n. m. (*h* aspiré)
Action de hausser. *Le haussement d'épaules.*

hausser v. tr. (*h* aspiré)
Rendre plus haut. *Je hausse le prix des produits. Il haussa le ton.*

haut, haute adj., adv. et n. m.
V. Tableau - **HAUT.**

hautain, aine adj. (*h* aspiré)
Arrogant. *Le hautain personnage.*

hautbois n. m. (*h* aspiré)
Instrument de musique.

hautboïste n. m. et f. (*h* aspiré)
• Attention à la prononciation [oboist].
• Personne qui joue du hautbois.

haut-commissaire n. m. (*h* aspiré)
Titre de certains fonctionnaires. *Des hauts-commissaires.*

haut-de-chausse(s) n. m. (*h* aspiré)
(Ancienn.) Vêtement masculin qui couvrait le corps de la ceinture aux genoux. *Des hauts-de-chausse(s).*

haut-de-forme n. m. (*h* aspiré)
Chapeau dont le corps est haut et cylindrique. *Des hauts-de-forme.*

haut de gamme adj. inv. et n. m.
• **Adjectif invariable.** Se dit des produits les plus coûteux d'une série. *Des voitures haut de gamme.*
• **Nom masculin.** *Des hauts de gamme.*
Note.- Le nom composé prend la marque du pluriel au premier élément.
Ant. **bas de gamme.**

haute-fidélité n. f. (*h* aspiré)
Appareil qui reproduit fidèlement un son. *Des hautes-fidélités.*
Note.- On dit aussi **hi-fi**, par abréviation de l'anglais « high fidelity ».

hauteur n. f. (*h* aspiré)
• Caractère de ce qui est haut, au propre et au figuré. *La hauteur de la maison, la hauteur de ses aspirations.*
• *À la hauteur.* Au niveau de.
• (Vx) *Hauteur de vues.* Grandeur d'âme.
Hom. **auteur**, créateur de quelque chose.

HAUT

- **ADJECTIF**

  - Élevé. *Une haute montagne.*
  - Éminent, supérieur. *Un haut fonctionnaire. Un travail de haute précision.*
  - Qui dépasse le niveau ordinaire. *La rivière est haute.*

  Note.- Joint au nom **mer**, l'adjectif a un sens différent selon qu'il est placé avant ou après le nom. *En haute mer*, au large. *La mer est haute*, la marée est à son niveau le plus élevé.

- **Dénominations géographiques**

  Se dit des lieux, des pays qui sont plus élevés, comparativement à d'autres, au-dessus du niveau de la mer ou plus éloignés de la mer. *La haute Égypte, le haut Languedoc.*

  Note.- L'adjectif **haut** s'écrit avec un **h** minuscule, sans trait d'union s'il s'agit d'une région mal définie. *La haute Bretagne.* Par contre, si la dénomination se rapporte à une région administrative bien définie, l'adjectif prend un **h** majuscule et se lie au nom par un trait d'union. *Le département des Hautes-Alpes.*

- **Dénominations historiques**

  Se dit des périodes historiques les plus anciennes. *Le haut Moyen Âge.*

  Note.- L'adjectif s'écrit avec une minuscule sans trait d'union.

- **ADVERBE**

  À une grande hauteur. *Les avions volent haut. Des partenaires haut placés. Haut les mains!*

  Note.- Pris adverbialement, le mot **haut** est toujours invariable.

- **NOM MASCULIN**

  - Élévation, hauteur. *L'immeuble a 500 mètres de haut. Il y a des hauts et des bas.*
  - Sommet. *Le haut d'un édifice.*

- **LOCUTIONS DIVERSES**

  - **De haut**, locution adverbiale. De la partie supérieure. *Voir la vue panoramique de haut.*
  - **De haut.** Avec dédain. *Le prendre de haut.*
  - **En haut**, locution adverbiale. En un endroit plus élevé. *Il dort en haut.*
  - **Là-haut**, locution adverbiale. Dans le ciel. *Elle est maintenant là-haut.*
  - **Au haut**, locution adverbiale. (Litt.) Au sommet. *Sa maison est au haut de la colline.*
  - **En haut de, du haut de**, locution prépositive. Au-dessus de.

  Note.- L'expression * « monter en haut » est un pléonasme.

- **NOMS COMPOSÉS**

  Les noms composés avec l'adjectif **haut** prennent le plus souvent la marque du pluriel aux deux éléments et s'écrivent généralement avec un trait d'union. *Des hauts-commissaires. Des hauts-fonds.*

  Les noms composés avec l'adjectif **haut** pris adverbialement ne prennent la marque du pluriel qu'au deuxième élément. *Des haut-parleurs.* Pour connaître la graphie d'un nom composé avec **haut**, se reporter à l'entrée dans l'ordre alphabétique.

haut fait n. m. (*h* aspiré)
Action d'éclat. *Des hauts faits.*

haut-fond n. m. (*h* aspiré)
Région sous-marine peu profonde. *Des hauts-fonds.*

haut-fourneau n. m. (*h* aspiré)
Grand four à cuve servant à fondre le minerai de fer.
Des hauts-fourneaux.

haut-le-cœur n. m. inv. (*h* aspiré)
Nausée. *Des haut-le-cœur.*

haut-le-corps n. m. inv. (*h* aspiré)
Sursaut. *Des haut-le-corps.*

haut-parleur n. m. (*h* aspiré)
Appareil qui transforme en ondes sonores les courants
électriques correspondant aux sons de la parole, de la
musique. *Cette chaîne comporte quatre haut-parleurs.*
Note.- Attention à l'orthographe : le premier élément
du nom composé est invariable.

haut-relief n. m. (*h* aspiré)
Sculpture en forte saillie. *Des hauts-reliefs.*
Ant. **bas-relief.**

havane adj. inv. et n. m. (*h* aspiré)
• **Adjectif de couleur invariable.** De la couleur brun
roux du cigare. *Des gants havane.*
V. Tableau - **COULEUR (ADJECTIFS DE).**
• **Nom masculin.** Cigare. *Il préfère le havane.*

havre n. m. (*h* aspiré)
(Litt.) Port, refuge. *Le havre de paix.*
Note.- Attention à l'orthographe : h**a**vre.

havresac n. m. (*h* aspiré)
Sac à dos. *Le havresac de cuir noir.*

hawaiien, hawaïen, enne adj. et n. m. et f.
Des îles Hawaii.
Note.- Contrairement à l'adjectif, le nom prend une
majuscule.

hayon n. m. (*h* aspiré)
Porte arrière d'un véhicule.
Hom. **haillon,** vêtement très usé.

He
Symbole de **hélium.**

hé ! interj. (*h* aspiré)
Interjection servant à interpeller une personne.
Syn. **eh !**

heaume n. m. (*h* aspiré)
(Ancienn.) Casque d'une armure.

hebdomadaire adj. et n. m.
• **Adjectif.** Qui a lieu une fois par semaine. *Une visite
hebdomadaire.*
V. Tableau - **PÉRIODICITÉ ET DURÉE.**
• **Nom masculin.** Publication qui paraît une fois par
semaine. *Un hebdomadaire régional.*

hebdomadairement adv.
Une fois par semaine.

hébergement n. m.
Action d'héberger. *Un centre d'hébergement.*

héberger v. tr.
• Le *g* est suivi d'un *e* devant les lettres *a* et *o*. *Il héber-
gea, nous hébergeons.*
• Recevoir chez soi, loger.

hébétement n. m.
• Le deuxième *é* se prononce *è* [ebɛtmã].
• État d'une personne hébétée, stupide.
Note.- Attention à l'orthographe : h**é**b**é**tement.

hébéter v. tr.
• Le *é* se change en *è* devant une syllabe muette, sauf
à l'indicatif futur et au conditionnel présent. *J'hébète,
mais j'hébéterai.*
• Rendre quelqu'un stupide, abruti.

hébétude n. f.
(Litt.) Hébétement.
Note.- Attention à l'orthographe : h**é**b**é**tude.

hébraïque adj.
Relatif aux Hébreux ou à leur langue. *La langue hébraïque, l'alphabet hébraïque, les coutumes hébraï-
ques.*

hébreu adj. m. et n. m.
• **Adjectif masculin**
Relatif aux Hébreux. *Le peuple hébreu.*
Note.- Au féminin, on emploie l'adjectif *hébraïque.*
• **Nom masculin**
- (Ancienn.) Juif. *La religion des Hébreux.*
Note.- Pour désigner une personne, on utilise aujour-
d'hui les noms *Juif, Juive* ou *Israélite.*
- La langue hébraïque. *Connaître l'hébreu.*
Note.- Lorsqu'il s'agit de la langue, l'adjectif ou le nom
s'écrit avec une minuscule. Si le nom désigne une
personne, la majuscule s'impose.

H.E.C.
Sigle de *École des hautes études commerciales.*

hécatombe n. f.
Grande masse de personnes tuées.
Note.- Ne pas confondre avec les mots suivants :
- *carnage*, massacre d'hommes ou d'animaux ;
- *massacre*, meurtre d'un grand nombre d'êtres vivants ;
- *tuerie*, action de tuer sauvagement.

hectare n. m.
• Symbole **ha** (s'écrit sans point).
• Unité de mesure de superficie équivalant à cent
ares (10 000 mètres carrés).

hecto- préf.
• Symbole **h** (s'écrit sans point).
• Préfixe qui multiplie par 100 l'unité qu'il précède.
Des hectogrammes.
• Sa notation scientifique est 10^2.
V. Tableau - **MULTIPLES ET SOUS-MULTIPLES DÉ-
CIMAUX.**

hédonisme n. m.
Doctrine axée sur la recherche du plaisir.

hédoniste adj. et n. m. et f.
Adepte de l'hédonisme.

hégémonie n. f.
Prépondérance d'un État. *L'hégémonie d'une puissance occidentale.*

hein ! interj. (*h* aspiré)
Interjection familière qui marque l'interrogation, la surprise.

hélas ! interj.
Interjection qui marque le regret.

héler v. tr. (*h* aspiré)
• Le *é* se change en *è* devant une syllabe muette, sauf à l'indicatif futur et au conditionnel présent. *Je hèle,* mais *je hélerai.*
• Appeler de loin. *Je hèle un taxi.*

hélice n. f.
Appareil de propulsion constitué de deux ou trois pales. *Les hélices d'un avion. Prends garde à l'hélice du ventilateur.*
Note.- Attention au genre féminin de ce nom : *une* hélice.

héliciculture n. f.
Élevage des escargots.

hélicoïdal, ale, aux adj.
En forme d'hélice. *Des escaliers hélicoïdaux.*

hélicoptère n. m.
Appareil de navigation aérienne qui s'élève verticalement et se soutient à l'aide d'hélices horizontales.
Note.- Attention au genre masculin de ce nom : *un* hélicoptère.

hélio- préf.
Élément du grec signifiant « soleil ». *Héliomarin.*

héliomarin, ine adj.
Qui combine l'action du soleil et de l'air marin. *Une cure héliomarine.*

héliotrope n. m.
Plante dont la fleur se tourne vers le soleil, comme le tournesol.
Note.- Attention au genre masculin de ce nom : *un* héliotrope.

héliotropisme n. m.
Propriété des végétaux de se tourner vers la lumière solaire.

héliport n. m.
Aéroport pour hélicoptères.

héliporté, ée adj.
Transporté par hélicoptère. *Un chargement héliporté.*

hélium n. m.
• Symbole *He* (s'écrit sans point).
• Gaz très léger.

hellébore
V. **ellébore.**

hellène adj. et n. m. et f.
De la Grèce ancienne. *Les Hellènes, le peuple hellène.*
Note.- Contrairement à l'adjectif, le nom prend une majuscule.

hellénique adj.
Relatif aux Hellènes. *La civilisation hellénique.*

helléniser v. tr.
Donner un caractère grec à.

hellénisme n. m.
• (Ling.) Construction propre à la langue grecque.
• Civilisation grecque.

helléniste n. m. et f.
Personne versée dans la langue et la civilisation grecque.

helvète adj. et n. m. et f.
(Litt.) De l'Helvétie.
Note.- Contrairement à l'adjectif, le nom prend une majuscule.

helvétique adj.
Relatif à la Suisse. *La Confédération helvétique.*

helvétisme n. m.
(Ling.) Construction propre au français de la Suisse romande.

hem ! interj.
Interjection servant à marquer le scepticisme.

héma-, hémat(o)- préf.
Éléments du grec signifiant « sang ». *Hématome.*

hématologie n. f.
Partie de la médecine consacrée au traitement des maladies du sang.

hématologique adj.
Relatif à l'hématologie.

hématologiste ou **hématologue** n. m. et f.
Médecin spécialiste de l'hématologie.

hématome n. m.
(Méd.) Épanchement de sang dans un tissu, consécutif à une rupture des vaisseaux. *Il a un hématome important au bras.*
Note.- Attention au genre masculin de ce nom : *un* hématome.

hémi- préf.
Élément du grec signifiant « à moitié ». *Hémisphère.*

hémicycle n. m.
Salle aménagée en demi-cercle. *Les cours se donnaient dans un grand hémicycle.*
Note.- Attention au genre masculin de ce nom : *un* hémicycle.

hémiplégie n. f.
(Méd.) Paralysie d'une moitié latérale du corps.
V. **paralysie.**

hémiplégique adj. et n. m. et f.
• **Adjectif.** Atteint d'hémiplégie.
• **Nom masculin et féminin.** Personne atteinte d'hémiplégie.

hémisphère n. m.
• La moitié d'une sphère. *Les hémisphères cérébraux.*
• Moitié du globe terrestre. *L'hémisphère boréal ou l'hémisphère Nord. L'hémisphère austral ou l'hémisphère Sud.*
Note.- Attention au genre masculin de ce nom : *un* hémisphère.

hémisphérique adj.
Qui a la forme d'un hémisphère.

hémistiche n. m.
Moitié d'un vers, en poésie.
Note.- Attention au genre masculin de ce nom : **un** hémistiche.

hémo- préf.
Élément du grec signifiant « sang ». *Hémorragie.*

hémoglobine n. f.
Pigment des globules rouges du sang qui renferme du fer.

hémophile adj. et n. m. et f.
Atteint d'hémophilie.
Note.- Attention à l'orthographe : hémoph*i*le.

hémophilie n. f.
Maladie congénitale caractérisée par l'absence d'un facteur de coagulation dans le sang.
Note.- Attention à l'orthographe : hémoph*ilie*.

hémorragie n. f.
• Écoulement de sang hors des vaisseaux.
• (Fig.) Perte importante. *Une hémorragie de capitaux.*
Note.- Attention à l'orthographe : hémo*rr*agie.

hendécagone n. m.
Polygone à onze côtés et onze angles.

henné n. m. (**h** aspiré)
• Arbuste cultivé au Moyen-Orient, en Afrique du Nord, et qui produit une poudre colorante.
• Poudre de cet arbuste utilisée pour teindre les cheveux et les ongles. *Elle utilise régulièrement du henné.*

hennin n. m.
(Ancienn.) Coiffure féminine en forme de cône, recouverte d'un voile.

hennir v. intr. (**h** aspiré)
Faire entendre un hennissement, en parlant du cheval.

hennissement n. m. (**h** aspiré)
Cri du cheval. *Le hennissement du cheval s'entendait de loin.*

hep ! interj. (**h** aspiré)
Interjection servant à appeler.

hépatique adj.
Relatif au foie. *Une colique hépatique.*

hépatite n. f.
Affection du foie.

hepta- préf.
Élément du grec signifiant « sept ». *Heptagone.*

heptagone n. m.
Polygone à sept côtés et sept angles.

héraldique adj. et n. f.
• **Adjectif.** Qui se rapporte aux armoiries.
• **Nom féminin.** Connaissance des armoiries.

héraldiste n. m. et f.
Spécialiste des armoiries.

héraut n. m. (**h** aspiré)
Messager.
Hom. *héros,* homme courageux.

herbage n. m.
Pré très fertile où paît le bétail.

herbe n. f.
• Plante fine et verte. *Se coucher dans l'herbe. Le déjeuner sur l'herbe.*
Note.- L'emploi de la préposition **dans** est motivé par la hauteur de l'herbe qui cache les personnes, les choses. Autrement, si l'herbe est considérée comme une surface, on emploie la préposition **sur.**
• **En herbe.** Qui n'est pas encore mûr. *Des génies en herbe.*
• **Fines herbes.** Herbes employées comme condiments (persil, estragon, etc.).

herbeux, euse adj.
Où il pousse de l'herbe.

herbicide adj. et n. m.
Qui détruit les mauvaises herbes. *Un herbicide efficace. Des produits herbicides.*

herbier n. m.
Collection de plantes conservées entre des feuilles de papier.

herbivore adj. et n. m.
Qui se nourrit d'herbe. *Les bœufs sont herbivores.*

herboriste n. m. et f.
Personne qui vend des plantes médicinales.

herboristerie n. f.
Commerce d'herboriste.

herbu, ue adj.
Où l'herbe abonde.

hercule n. m.
Homme très fort. *Il est bâti en hercule.*
Note.- Le nom du dieu romain s'écrit avec une majuscule.

herculéen, éenne adj.
Digne d'Hercule. *Une force herculéenne.*

hère n. m. (**h** aspiré)
• (Litt.) *Pauvre hère.* Malheureux.
Note.- En ce sens, le nom n'est usité que dans l'expression citée.
• Jeune cerf.
Hom. :
- *air*, mélange gazeux ;
- *air*, mélodie ;
- *air*, expression.
- *aire*, surface ;
- *ère*, époque.

héréditaire adj.
Transmis par hérédité. *Une maladie héréditaire.*

hérédité n. f.
• Transmission des caractères génétiques d'une personne à ses descendants.

• Ensemble des caractères que les parents transmettent à leurs enfants.

hérésie n. f.
Doctrine contraire à la doctrine établie, aux idées généralement admises.

hérétique adj. et n. m. et f.
Qui ne souscrit pas à la doctrine reçue par un groupe.

hérisser v. tr., pronom. (*h* aspiré)
• **Transitif**
Dresser ses poils. *Le porc-épic hérisse ses piquants.*
• **Pronominal**
- Se dresser. *Ses poils se sont hérissés.*
Note.- La forme pronominale est la plus fréquemment utilisée.
- (Fig.) S'irriter.

hérisson n. m. (*h* aspiré)
Petit mammifère dont le corps est couvert de piquants.

héritage n. m.
Biens transmis par succession. *Un bel héritage.*

hériter v. tr., intr.,
• **Transitif**. Recevoir par voie de succession. *Elle a hérité une bague de sa marraine.*
• **Intransitif**. Recueillir un héritage. *Ils ont hérité il y a deux ans.*
Notes.-
1° Le verbe peut recevoir plusieurs constructions. Avec la préposition **de**, le verbe peut être suivi d'un nom de personne ou d'un nom de chose. *Il a hérité de ses parents, il héritera d'une maison.*
2° Quand il n'a qu'un complément, le verbe est transitif indirect dans la langue soutenue. Dans la langue courante, il se construit parfois directement. *Il hérite une propriété.*
3° Si la phrase comporte les compléments désignant la personne et la chose, le premier sera transitif indirect (introduit par la préposition **de**), le second se construit directement. *Il hérite de ses parents une propriété.*

héritier, ière n. m. et f.
Personne qui reçoit des biens en héritage.

hermaphrodite adj. et n. m.
Personne dotée de caractères des deux sexes.
Note.- Le mot **androgyne** se dit d'un individu qui présente des caractères sexuels du sexe opposé.

hermétique adj.
• Fermé, étanche. *Une fenêtre hermétique.*
• Difficile à comprendre. *Un écrit hermétique.*

hermétisme n. m.
Caractère de ce qui est difficile à comprendre.

hermine n. f.
• Mammifère carnivore à fourrure blanche, voisin de la belette.
• Fourrure de cet animal. *Une bordure d'hermine.*

herniaire adj. (*h* aspiré)
Relatif aux hernies.

hernie n. f. (*h* aspiré)
Sortie d'un organe hors de la cavité où il se trouve normalement. *La hernie est étranglée.*

héroïne n. f.
• Femme qui se distingue par son courage. *Une héroïne de la Résistance.*
• Stupéfiant très toxique. *Se droguer à l'héroïne.*

héroïnomane n. m. et f.
Toxicomane à l'héroïne.

héroïque adj.
Courageux, brave.

héroïsme n. m.
Courage, force d'âme.

héron n. m. (*h* aspiré)
Oiseau échassier. *Le héron pêche des poissons, des grenouilles.*

héros n. m. (*h* aspiré)
Personne qui se distingue par son grand courage. *Le nouveau héros* (et non le *nouvel héros).
Note.- Le *h* de ce nom n'est pas un véritable *h* aspiré ; c'est par euphonie qu'on ne fait pas de liaison ou d'élision devant ce mot. *Les héros* (et non *les-z-héros).* Par contre, le nom féminin commence par un *h* muet. *L'héroïne.*
Hom. *héraut*, messager.

herpès n. m.
• Le *s* se prononce [ɛrpɛs].
• Lésion de la peau ou des muqueuses provoquée par un virus.

herpétologie ou **erpétologie** n. f.
Science des reptiles.

herpétologiste ou **erpétologiste** n. m. et f.
Spécialiste des reptiles.

herse n. f. (*h* aspiré)
Instrument agricole muni de dents métalliques et qui est destiné à travailler la terre labourée. *La herse.*

hertz n. m.
• Symbole *Hz* (s'écrit sans point).
• Unité de mesure de fréquence.

hertzien, ienne adj.
Se dit des ondes et des phénomènes électromagnétiques. *Des ondes hertziennes.*

hésitation n. f.
Indécision, doute.

hésiter v. intr.
Être incertain et ne pas arriver à se décider. *Hésiter à partir. Hésiter entre deux solutions. Hésiter sur le choix à faire, quant à la décision à prendre.*
Note.- Le verbe se construit avec les prépositions **à, sur, entre** ou **quant à.**

hétaïre n. f.
(Litt.) Courtisane.

hétér(o)- préf.
Élément du grec signifiant «autre». *Hétérogène.*

hétéroclite adj.
(Péj.) Dépareillé.

Note.- Ne pas confondre avec les mots suivants :
- **hétérodoxe**, contraire à l'orthodoxie ;
- **hétérogène**, formé d'éléments variés, disparates.

hétérodoxe adj.
Contraire à l'orthodoxie.
Note.- Ne pas confondre avec les mots suivants :
- **hétéroclite**, dépareillé ;
- **hétérogène**, formé d'éléments variés.

hétérogène adj.
Formé d'éléments variés, disparate.
Note.- Ne pas confondre avec les mots suivants :
- **hétéroclite**, dépareillé ;
- **hétérodoxe**, contraire à l'orthodoxie.
Ant. **homogène.**

hétérogénéité n. f.
Caractère de ce qui est hétérogène.
Ant. **homogénéité.**

hétérosexualité n. f.
Sexualité de l'hétérosexuel.
Ant. **homosexualité.**

hétérosexuel, elle adj. et n. m. et f.
Personne qui éprouve une attirance sexuelle pour une personne du sexe opposé.
Ant. **homosexuel.**

hêtraie n. f. (*h* aspiré)
Lieu planté de hêtres.

hêtre n. m. (*h* aspiré)
Très grand arbre, à écorce lisse et dont le bois blanc est utilisé en menuiserie. *Le hêtre.*

heu ! interj. (*h* aspiré)
Interjection qui marque l'embarras.

heur n. m.
• (Vx) Chance.
• *Avoir l'heur de plaire à quelqu'un.* Avoir la chance de lui plaire.
Note.- Ce nom n'est plus usité que dans l'expression citée.
Hom. :
- *heure*, unité de mesure du temps ;
- *heurt*, choc.

heure n. f.
• Symbole *h* (s'écrit sans point).
• Unité de mesure du temps correspondant à la vingt-quatrième partie du jour.
Note.- Il y a 60 minutes ou 3 600 secondes dans une heure.
• *De bonne heure.* Très tôt.
• *À toute heure.* À tout moment.
• *Tout à l'heure.* Un peu plus tard.
• *Sur l'heure.* Immédiatement.
• *À l'heure.* Ponctuel. *Il est toujours à l'heure.*
• *L'heure.* Par heure. *Cette femme de ménage est payée 40 F l'heure.*
Note.- L'expression familière *de l'heure* est plus courante.
• *D'heure en heure.* Toutes les heures.
• *Une heure indue.* Heure peu convenable.
V. Tableau - **HEURE.**

Hom. :
- *heur*, chance ;
- *heurt*, choc.

heure supplémentaire n. f.
Toute heure de travail exécutée en plus de l'horaire normal. *Faire des heures supplémentaires en raison d'un surcroît de travail.*

heureusement adv.
• Par bonheur. *Heureusement, tu as pu te libérer.*
• De façon heureuse, favorable. *Vivre heureusement.*
• **Heureusement** + **que.** C'est une chance que. *Heureusement que tu es là pour m'aider.*
Note.- Le verbe qui suit se construit à l'indicatif.

heureux, euse adj.
• Qui jouit du bonheur. *Une femme heureuse.*
• **Heureux de** + **nom.** *Ils sont heureux de leur sort.*
• **Heureux de** + **infinitif.** *Les enfants sont heureux de partir en voyage.*
• **Heureux que** + **subjonctif.** *Je suis heureuse que vous soyez là.*
Note.- La construction avec *de ce que* suivi de l'indicatif est lourde et peu correcte.

heuristique ou **euristique** adj. et n. f.
• **Adjectif.** Relatif à la recherche scientifique et à la découverte.
• **Nom féminin.** Science des règles de la recherche scientifique et de la découverte.

heurt n. m. (*h* aspiré)
• Le *t* ne se prononce pas ['œr].
• Fait de heurter, de se heurter. *Le heurt de deux véhicules.*
• Conflit, différend. *Une transitiion sans heurt.*
Hom. :
- *heur*, chance ;
- *heure*, unité de mesure de temps.

heurter v. tr., intr., pronom. (*h* aspiré)
• **Transitif**
- Frapper durement quelqu'un, quelque chose. *La voiture a heurté un mur.*
- Contrarier vivement, irriter. *Cette réponse l'a heurté.*
• **Intransitif**
Frapper. *Elle a heurté à la porte.*
Note.- La construction avec la préposition *contre* est vieillie.
• **Pronominal**
- Buter contre, rencontrer un obstacle. *Elle se heurta à l'indifférence générale.*
- Entrer en conflit. *Ils se sont sérieusement heurtés.*

heurtoir n. m. (*h* aspiré)
Marteau de porte. *Le heurtoir de laiton.*

hévéa n. m.
Arbre de grande taille cultivé pour son latex dont on tire le caoutchouc. *Des hévéas.*

hex(a)- préf.
Élément du grec signifiant « six ». *Hexagone.*

hexadécimal, ale, aux adj.
Se dit d'un système de numération de base 16.

HEURE

Symboles du Système international (SI) :

> heure   h
> minute   min
> seconde s

La **notation de l'heure** réunit les indications des unités par ordre décroissant, sans interposition de virgule et avec un espace de part et d'autre de chaque symbole.
> *C'est à 12 h 35 min 40 s qu'il est arrivé.*

Les **symboles** des unités de mesure n'ont pas de point abréviatif, ne prennent pas la marque du pluriel et ne doivent pas être divisés en fin de ligne.
> *Je vous verrai à 16 h 30 (et non à 16* * *hres 30).*

Selon le SI, l'heure est indiquée en fonction de la **période de 24 heures**.
> *Le musée est ouvert de 10 h à 18 h tous les jours.*

Cependant, la langue courante, ou la conversation, s'en tient le plus souvent à la période de 12 heures avec l'indication du matin, de l'après-midi ou du soir.
> *Le musée ferme à 6 heures du soir.*

L'heure doit être indiquée de façon homogène :
- si le nom d'une unité est inscrit au long, les autres noms devront être notés en toutes lettres.
> *14 heures 8 minutes (et non* * *14 heures 8 min).*
- si le nom de la première unité est abrégé, le second sera également abrégé ou omis.
> *Je vous verrai à 18 h 25 min (ou 18 h 25) demain.*

Les abréviations « a.m. » et « p.m. » qui proviennent du latin **ante meridiem** « avant-midi » et **post meridiem** « après-midi » ne sont utilisées qu'en anglais. En français, on écrira **17 h** (langue officielle) ou **5 h du soir** (langue courante), mais si l'on doit abréger, on ne retiendra que les 24 divisions du jour. *15 h* (et non * *3 h p.m.).*

Notes.-
1° La fraction horaire n'étant pas décimale, il n'y a pas lieu d'ajouter un zéro devant les unités. *1 h 5 (et non* * *1 h 05).*

2° L'utilisation du **deux- points (:),** recommandée par l'Organisation internationale de normalisation (ISO) pour désigner les soixantièmes, doit être limitée à l'échange d'informations entre systèmes de données et à la présentation en tableau. *20 h 15 min 30 s (20 :15 :30).*

3° Pour exprimer la vitesse, on recourt à l'expression **à l'heure** qui s'abrège **/h** (s'écrit sans point). *Il roule à 60 km/h en moyenne.*

---

hexaèdre adj. et n. m.
Se dit d'un solide à six faces.

hexagonal, ale, aux adj.
- Qui a la forme d'un hexagone. *Des panneaux hexagonaux.*
- Relatif à l'Hexagone.

hexagone adj. et n. m.
- Polygone à six côtés et six angles.
- L'**Hexagone.** La France (à cause de sa forme qui ressemble à cette figure).
Note.- En ce sens, le mot s'écrit avec une majuscule.

Hg
Symbole de **mercure.**

hi ! interj. (**h** aspiré)
Interjection toujours redoublée qui marque le rire. *Hi ! hi !*

hiatus n. m.

- (Ling.) Rencontre de deux voyelles à l'intérieur d'un mot ou entre deux mots. Les mots **la hiérarchie** comportent deux hiatus :
- le **a** de l'article est suivi du **i** du nom en raison du **h** aspiré qui empêche l'élision ;
- le nom a également deux voyelles qui se suivent, **i** et **é.**
- Le mot **hiatus** du latin signifiant « ouverture (de la bouche) » contient lui-même un hiatus.
- Dans la mesure du possible, les phrases sont construites de façon à réduire au minimum les hiatus, pour faciliter la lecture à haute voix.

hibernation n. f.
État d'engourdissement dans lequel certains animaux demeurent pendant l'hiver.

hiberner v. intr.
Passer l'hiver dans un état d'engourdissement, de
sommeil. *Pendant l'hiver, les ours hibernent.*
Note.- Ne pas confondre avec le verbe *hiverner* qui
signifie « passer l'hiver à l'intérieur ».

hibiscus ou **ibiscus** n. m.
Plante ornementale à belles fleurs.

hibou n. m. (*h* aspiré)
Rapace nocturne portant des aigrettes de plumes. *Les
hiboux hululent.*

hic n. m. inv. (*h* aspiré)
(Fam.) Le point délicat. *Voilà le hic.*

hideusement adv. (*h* aspiré)
De façon hideuse.

hideux, euse adj. (*h* aspiré)
• Horrible à voir. *Des insectes hideux.*
• Ignoble. *Un acte hideux.*

hier adv.
Se dit du jour qui précède celui où l'on est. *Elle a
appelé hier soir. Il est venu avant-hier.*

hiér(o)- préf. (*h* aspiré)
Élément du grec signifiant « sacré ». *Hiératique.*

hiérarchie n. f. (*h* aspiré)
Classement des fonctions selon un rapport de subordination. *Il faut respecter la hiérarchie.*

hiérarchique adj. (*h* aspiré)
Une structure hiérarchique.
Note.- Ne pas confondre avec le mot *hiératique* qui
qualifie ce qui est relatif aux choses sacrées.

hiérarchisation n. f. (*h* aspiré)
Action de hiérarchiser. *La hiérarchisation des besoins.*

hiérarchiser v. tr.
Organiser en fonction d'une hiérarchie.

hiératique adj.
• D'une majesté solennelle.
• Qui est relatif aux choses sacrées.
Note.- Ne pas confondre avec le mot *hiérarchique* qui
qualifie ce qui est relatif à la hiérarchie.

hiéroglyphe n. m.
• Écriture des anciens Égyptiens.
• Écriture illisible.
Note.- Attention au genre masculin de ce nom : *un*
hiéroglyphe.

hi-fi n. f. inv.
• Attention à la prononciation [ifi].
• Abréviation de l'anglais « high fidelity ».
V. **haute-fidélité.**

hilarant, ante adj.
Qui incite au rire. *Une coïncidence hilarante.*

hilare adj.
Qui manifeste la gaieté, le rire. *Des spectateurs hi-
lares.*

hilarité n. f.
Explosion de rire. *Son intervention a provoqué l'hilarité
générale.*

himalayen, yenne adj. et n. m. et f.
De l'Himalaya.
Note.- Contrairement à l'adjectif, le nom prend une
majuscule.

hindi n. m. (*h* aspiré)
L'une des langues de l'Inde.

hindou, oue adj. et n. m. et f.
• **Adjectif**. Relatif à l'hindouisme.
• **Nom masculin et féminin**. Adepte de l'hindouisme.
Notes.-
1° Au sens de *habitant de l'Inde*, ce mot est vieilli ; on
lui préfère aujourd'hui le nom *Indien.*
2° Au sens de *adepte de l'hindouisme*, ce mot s'écrit
avec une minuscule.

hindouisme n. m.
Religion de nombreux Indiens.
Note.- Les noms de religions s'écrivent avec une
minuscule.

hindouiste adj.
De l'hindouisme.
Note.- L'adjectif ainsi que le nom s'écrivent avec une
minuscule.

hipp(o)- préf.
Élément du grec signifiant « cheval ». *Hippodrome.*
Note.- Ne pas confondre avec le préfixe du grec *hypo-*
signifiant « au-dessous ».

hippique adj.
Qui est relatif au cheval, à l'hippisme.
Notes.-
1° Attention à l'orthographe : hi**pp**ique.
2° Ne pas confondre avec le mot *épique* qui qualifie
ce qui est propre à l'épopée.

hippisme n. m.
Sport hippique.

hippocampe n. m.
Petit poisson de mer dont la tête ressemble à celle du
cheval.
Note.- Attention au genre masculin de ce nom : *un*
hippocampe.

hippodrome n. m.
Champ de courses. *L'hippodrome de Longchamps.*

hippopotame n. m.
Gros mammifère amphibie à la peau épaisse qui vit
dans les fleuves d'Afrique.
Note.- Attention à l'orthographe : hi**pp**o**p**otame.

hirondelle n. f.
Oiseau migrateur à dos noir et ventre blanc, et à
queue échancrée.

hirsute adj.
Échevelé.

hirsutisme n. m.
(Méd.) Développement excessif du système pileux.

hispanique adj.
Relatif à l'Espagne.

hispanisme n. m.
(Ling.) Construction propre à la langue espagnole.

hisse (oh!)
V. **oh! hisse.**

hisser v. tr., pronom. (*h* aspiré)
● **Transitif**
Élever, dresser avec difficulté. *Hisser les voiles.*
● **Pronominal**
- S'élever avec effort, grimper. *Ils se sont hissés au sommet de l'arbre.*
- (Fig.) Parvenir par ses efforts. *Elle s'est hissée au sommet de la hiérarchie.*

histamine n. f.
Substance présente dans la plupart des tissus animaux et qui joue un rôle important dans le mécanisme des réactions allergiques.

histoire n. f.
● Récit des évènements qui ont marqué une période. *L'histoire de France.*
● Science du passé. *Un cours d'histoire.*
● Récit d'évènements réels ou imaginaires. *Une histoire à dormir debout.*
● *Faire des histoires.* (Fam.) Faire des difficultés.
● **Histoire de + infinitif.** (Fam.) Pour. *Nous sommes allés prendre un café, histoire de bavarder un peu.*

histologie n. f.
Science des tissus constitutifs de l'être vivant.

histologique adj.
Relatif à l'histologie.

historicité n. f.
Caractère de ce qui est historique.

historien n. m.
historienne n. f.
Spécialiste des études historiques.

historiette n. f.
Anecdote.

historique adj. et n. m.
● **Adjectif.** Relatif à l'histoire. *Un récit historique.*
● **Nom masculin.** Exposé chronologique des faits relatifs à une question. *Donner l'historique d'une œuvre.*

historiquement adv.
Du point de vue historique.

histrion n. m.
(Litt.) Bouffon.

hit-parade n. m.
(Anglicisme) Palmarès.

hiver n. m.
Saison la plus froide de l'année dans l'hémisphère Nord (du 21 décembre au 20 mars). *Nous irons skier en hiver.*

hivernal, ale, aux adj.
Relatif à l'hiver. *Des jeux hivernaux.*

hiverner v. intr.
Passer l'hiver à l'abri.
Note.- Ne pas confondre avec le verbe *hiberner* qui signifie « passer l'hiver dans un état d'engourdissement, de sommeil ».

H.L.M. n. m. ou f. inv.
● Sigle de *habitation à loyer modéré*.
● Immeuble dont les appartements sont destinés aux familles à revenu modeste.
Note.- En principe, le genre du sigle est le féminin en raison du premier nom (habitation); cependant, le nom masculin *immeuble* supplante le générique et rend le sigle masculin.

ho! interj. (*h* aspiré)
Interjection servant à interpeller, à marquer la surprise, l'indignation, l'admiration. *Ho! Quel chef-d'œuvre!*
V. **oh!**

hobby n. m.
(Anglicisme) Passe-temps. *Des hobbies.*

hobereau n. m. (*h* aspiré)
(Péj.) Gentilhomme campagnard.

hoc (ad)
V. **ad hoc.**

hochement n. m. (*h* aspiré)
Action de hocher la tête. *Le hochement.*

hocher v. tr. (*h* aspiré)
Hocher la tête. Secouer la tête de haut en bas. *Je hoche la tête.*
Note.- Ce verbe n'est plus usité que dans l'expression citée.

hochet n. m. (*h* aspiré)
Jouet à grelot pour les bébés. *Le hochet coloré.*

hockey n. m. (*h* aspiré)
Sport d'équipe qui se joue généralement sur glace. *Le hockey sur glace.*

hockeyeur, euse n. m. et f. (*h* aspiré)
Joueur de hockey. *Le hockeyeur s'est blessé.*

hoirie n. f.
(Dr.) Héritage.

holà interj. et n. m. inv. (*h* aspiré)
● **Interjection.** Sert à arrêter, à attirer l'attention.
● **Nom masculin invariable.** *Mettre le holà.* Mettre fin à quelque chose pour rétablir l'ordre.
Note.- Attention à l'orthographe : hol**à**.

holding n. m. ou f.
(Anglicisme) Société de portefeuille, société financière.

hold-up n. m. inv.
(Anglicisme) Vol à main armée.

hollandais, aise adj. et n. m. et f. (*h* aspiré)
Relatif à la Hollande.
Note.- Lorsqu'il s'agit de la langue, l'adjectif ou le nom s'écrit avec une minuscule. Si le nom désigne une personne, la majuscule s'impose.

hollande n. m. (*h* aspiré)
Fromage. *Aimer le hollande.*

hollywoodien, ienne adj.
De Hollywood. *La mode hollywoodienne.*

holo- préf.
Élément du grec signifiant « entier ». *Hologramme.*

holocauste n. m.
• Sacrifice religieux.
• (Litt.) Sacrifice. *S'offrir en holocauste.*
Note.- Attention au genre masculin de ce nom : *un* holocauste.

hologramme n. m.
Image obtenue par holographie.

holographe ou **holographique** adj.
Relatif à l'holographie.
V. **olographe.**

holographie n. f.
Procédé photographique qui permet de projeter dans l'espace des images à trois dimensions.

homard n. m. (*h* aspiré)
Crustacé marin à grosses pinces dont la chair est très recherchée. *Elle aime le homard.*

homélie n. f.
Sermon.

homéopathe adj. et n. m. et f.
Personne qui pratique l'homéopathie.

homéopathie n. f.
Méthode thérapeutique.
Ant. **allopathie.**

homérique adj.
• Relatif à Homère.
• Qui est digne d'Homère. *Une aventure homérique.*
Note.- L'adjectif s'écrit avec une minuscule.

homicide n. m.
(Dr.) Action de tuer, volontairement ou non, un être humain.
Note.- Attention à l'orthographe : homicide.

hominem (ad)
V. **ad hominem.**

hommage n. m.
• Marque, témoignage d'estime.
• *Rendre hommage à quelqu'un.* Témoigner du respect, de la reconnaissance.
• *Rendre hommage à quelque chose.* Souligner. *Il faudrait rendre hommage au courage de cette personne.*
• *Faire hommage de quelque chose.* Donner, offrir.
• (Au plur.) Compliments. *Veuillez agréer mes respectueux hommages.*

homme n. m.
• Être intelligent, incluant l'homme et la femme. *L'homme de Cro-Magnon.*
• Être humain mâle. *Un homme d'affaires, un homme du monde.*

homme-grenouille n. m.
Plongeur équipé d'un scaphandre autonome afin de pouvoir travailler sous l'eau. *Des hommes-grenouilles.*
Note.- Ce nom tend à être remplacé par celui de *plongeur, plongeuse.*

homme-orchestre n. m.
Personne qui accomplit des fonctions multiples dans une entreprise, un domaine. *Des hommes-orchestres.*

homme-sandwich n. m.
Homme qui promène deux panneaux publicitaires, l'un sur son dos, l'autre sur sa poitrine. *Des hommes-sandwiches.*

homo- préf.
Élément du grec signifiant « semblable ». *Homonyme.*

homogène adj.
Uniforme.
Ant. **hétérogène.**

homogénéisation n. f.
Action de rendre homogène.

homogénéiser v. tr.
Rendre homogène. *Homogénéiser une substance. Du lait homogénéisé.*

homogénéité n. f.
Cohérence, qualité de ce qui est homogène.
Ant. **hétérogénéité.**

homographe adj.
Se dit des mots qui ont la même orthographe, et souvent la même prononciation, sans avoir la même signification. *Les mots **noyer** (arbre) et **noyer** (périr par noyade) sont des homographes.*
V. Tableau - **HOMONYMES.**

homologation n. f.
• Ratification.
• Confirmation, validation. *L'homologation d'un record.*

homologue adj. et n. m. et f.
• **Adjectif.** Équivalent.
Note.- Ne pas confondre avec les mots suivants :
- *analogue*, qui est à peu près semblable ;
- *identique*, qui est tout à fait semblable.
• **Nom masculin et féminin.** Personne qui exerce une fonction équivalente à celle d'une autre dans un ensemble différent.

homologuer v. tr.
• Sanctionner par décision de justice.
• Enregistrer officiellement. *Homologuer un record.*

homonyme adj. et n. m.
V. Tableau - **HOMONYMES.**

homonymie n. f.
Caractère de ce qui est homonyme.
Note.- Attention à l'orthographe : homon**y**mie.

homophone adj. et n. m.
Se dit de mots qui ont la même prononciation sans avoir la même orthographe ni la même signification. *Les noms **houx** (arbrisseau à feuilles piquantes) et **août** (huitième mois) sont des homophones.*
V. Tableau - **HOMONYMES.**

homophonie n. f.
Identité de prononciation.

homosexualité n. f.
Sexualité des personnes homosexuelles.
Ant. **hétérosexualité.**

HOMONYMES

Les **homonymes** sont des mots qui s'écrivent ou se prononcent de façon identique sans avoir la même signification :

air (mélange gazeux)
air (mélodie)
air (expression)
aire (surface)
ère (époque)
hère (personne misérable) sont des **homonymes.**

Dans les **homonymes**, on peut distinguer :

● les **homographes** qui ont une orthographe identique, souvent une même prononciation, mais une signification distincte.

noyer (arbre)
noyer (périr par noyade)

● les **homophones** qui ont une prononciation identique, mais une orthographe différente, et une signification distincte.

chair (substance)
chaire (tribune)
chère (nourriture)
cher (coûteux)

C'est le contexte qui permet de situer le terme et de préciser son orthographe ; la tâche n'est pas toujours facile, car le français est une des langues qui comporte le plus d'homonymes.

Note.- Ne pas confondre avec les mots suivants :

- les **antonymes**, mots qui ont une signification contraire.

devant
derrière

- les **paronymes**, mots qui présentent une ressemblance d'orthographe ou de prononciation sans avoir la même signification.

acception (sens d'un mot)
acceptation (accord)

- les **synonymes**, mots qui ont la même signification, ou une signification très voisine.

gravement
grièvement

---

homosexuel, elle adj. et n. m. et f.
Personne qui éprouve une attirance sexuelle pour les personnes de son sexe.
Ant. **hétérosexuel.**

hongre adj. et n. m. (*h* aspiré)
Se dit d'un cheval châtré. *Le hongre.*

hongrois, oise adj. et n. m. et f. (*h* aspiré)
De la Hongrie.
Note.- Lorsqu'il s'agit de la langue, l'adjectif ou le nom s'écrit avec une minuscule. Si le nom désigne une personne, la majuscule s'impose.

honnête adj.
● **Placé avant le nom.** Conforme à la loi morale, honorable. *Un honnête homme.*

● **Placé après le nom.** Convenable, satisfaisant. *C'est un travail honnête.*
Ant. **malhonnête.**

honnêtement adv.
De façon honnête.

honnêteté n. f.
Qualité d'une personne, d'un comportement honnête.

honneur n. m.
● Dignité morale. *Défendre son honneur.*
● Considération accordée à un grand mérite. *C'est trop d'honneur.*
Note.- Ne pas confondre avec les mots suivants :
- **estime**, opinion favorable qu'on a de la valeur de quelqu'un ;

- *gloire*, grande renommée ;
- *réputation*, opinion bonne ou mauvaise sur une personne.

• (Au plur.) Dignités, emplois supérieurs. *Aspirer aux honneurs.*

• *En l'honneur de quelqu'un.* En vue de rendre hommage à quelqu'un.

• *Faire honneur à.* Être une source de fierté pour.

• *Faire honneur à un repas.* (Fam.) Y manger avec appétit.

• *Parole d'honneur.* Promesse faite sur l'honneur.

• *Prix d'honneur.* Premier prix.

• *Les derniers honneurs.* Hommages funèbres.

Note.- Attention à l'orthographe : ho**nn**eur.

honnir v. tr. (*h* aspiré)

(Vx) Couvrir de honte. *Honni soit qui mal y pense !*

honorable adj.

Estimable, qui fait honneur.

honoraire adj. et n. m. pl.

• **Adjectif.** Qui porte un titre honorifique. *Un président honoraire.*

• **Nom masculin pluriel.** Rétribution variable de la personne qui exerce une profession libérale.

Note.- Ne pas confondre avec les mots suivants :
- *cachet*, rémunération que reçoit l'artiste ;
- *paie* ou *paye*, rémunération d'un employé ;
- *salaire*, générique de toute rémunération convenue d'avance et donnée par n'importe quel employeur ;
- *traitement*, rémunération d'un fonctionnaire.

honorer v. tr., pronom.

• **Transitif**

- Rendre honneur à quelqu'un, à quelque chose. *Honorer le mérite d'un pionnier.*
- Estimer, respecter. *Honore ton père et ta mère.*

• **Pronominal**

Être fier de. *Ce collège s'honore d'avoir formé d'excellents scientifiques.*

honorifique adj.

Qui procure des honneurs (sans avantages matériels). *Des titres honorifiques.*

honoris causa loc. adj. inv.

• Attention à la prononciation [ɔnɔriskoza].

• À titre honorifique. *Des doctorats* honoris causa.

Note.- En typographie soignée, les mots étrangers sont composés en italique. Dans des textes déjà en italique, la notation se fait en romain. Pour les textes manuscrits, on utilisera les guillemets.

honte n. f. (*h* aspiré)

• Déshonneur, remords. *Il n'y a pas de honte à dire ce que l'on pense.*

• *Avoir honte + de.* Éprouver de l'humiliation, du regret. *Avoir honte de sa paresse.*

• *Faire honte à quelqu'un.* Être un sujet de honte pour quelqu'un, lui faire des reproches.

• *Sans fausse honte.* Sans scrupule inutile.

• *Toute honte bue.* (Litt.) En étant insensible au déshonneur.

honteusement adv. (*h* aspiré)

D'une façon honteuse.

honteux, euse adj. (*h* aspiré)

• Qui cause de la honte, de la confusion. *Une attitude honteuse.*

• Qui éprouve de la honte. *Il est honteux de cet échec.*

Note.- Ne pas confondre avec le mot **éhonté**, qui est sans honte.

hop ! interj. (*h* aspiré)

Interjection servant à marquer une action brusque.

hôpital n. m.

Établissement où l'on soigne les malades. *Des hôpitaux spécialisés.*

Note.- Attention au genre masculin de ce nom : **un** hôpital.

hoquet n. m. (*h* aspiré)

• Contraction brusque du diaphragme. *Avoir le hoquet.*

• Bruit rauque qui en résulte. *De petits hoquets.*

hoqueter v. intr. (*h* aspiré)

• Redoublement du *t* devant un *e* muet. *Je hoquette, je hoquetterai*, mais *je hoquetais.*

• Avoir le hoquet.

horaire adj. et n. m.

• **Adjectif.** Relatif aux heures, par heure. *Un salaire horaire.*

• **Nom masculin.** Répartition des heures (de travail, d'ouverture, d'arrivée et de départ). *L'horaire des cours, des avions.*

• *Horaire variable.* Horaire flexible.

horde n. f. (*h* aspiré)

Troupe indisciplinée. *La horde des partisans.*

horizon n. m.

• Ligne où la terre et le ciel semblent se rejoindre.

• (Fig.) Champ de la pensée, de l'action. *Faire un tour d'horizon.*

• *Bleu horizon.* Adjectif de couleur composé invariable. *Des écharpes bleu horizon.*

horizontal, ale, aux adj. et n. f.

Parallèle à l'horizon. *Des rayons horizontaux.*

Ant. **vertical.**

horizontalité n. f.

Caractère de ce qui est horizontal.

horloge n. f.

• Appareil de grande dimension servant à mesurer le temps et à indiquer l'heure. *Le carillon d'une horloge.*

Notes.-

1° Attention au genre féminin de ce nom qui était autrefois masculin : *une* horloge.

2° Ne pas confondre avec les mots suivants :
- *coucou*, appareil qui indique l'heure et dont la sonnerie imite le chant du coucou ;
- *pendule*, appareil de petite dimension qui indique l'heure ;
- *réveille-matin* ou *réveil*, appareil qui indique l'heure et qui peut sonner à une heure déterminée à l'avance.

• *Horloge de parquet*. Horloge de dimension importante qui sonne généralement l'heure. *Une ancienne horloge de parquet.*

horloger, ère adj.
Relatif à l'horlogerie.

horloger n. m.
horlogère n. f.
Personne qui fabrique, répare, vend des objets d'horlogerie (montres, pendules, horloges).

horlogerie n. f.
Industrie et commerce des instruments destinés à la mesure du temps.

hormis prép. (*h* aspiré)
(Vx) Excepté, sauf.
Note.- La préposition est invariable par nature.

hormonal, ale, aux adj.
Relatif aux hormones.

hormone n. f.
Substance produite par les glandes et par certains tissus. *Des hormones de croissance.*
Note.- Attention à l'orthographe : hormo*n*e.

hormone adrénocorticotrope n. f.
Sigle *ACTH* de l'anglais « Adreno-Cortico-Trophic-Hormone ».

hormonothérapie n. f.
Traitement par des hormones.

horo- préf.
Élément du grec signifiant « heure ». *Horodateur.*

horodateur n. m.
Appareil imprimant la date et l'heure.

horoscope n. m.
Ensemble des prévisions tirées de l'état du ciel à la naissance d'une personne. *Lire son horoscope.*
Note.- Attention au genre masculin de ce nom : *un* horoscope.

horreur n. f.
• Terreur, effroi. *Ils furent saisis d'horreur en apercevant son visage.*
• *Avoir horreur de.* Éprouver de l'aversion pour quelque chose. *Il a horreur des flatteries.*
Note.- Le verbe peut également se construire avec *en*. *Il a les flatteries en horreur.*

horrible adj.
Qui soulève un dégoût physique et moral.
Note.- Ne pas confondre avec les mots suivants :
- *abominable*, qui inspire de l'horreur ;
- *détestable*, qui cause de l'aversion ;
- *effroyable*, qui cause une grande frayeur.

horrifier v. tr.
• Redoublement du *i* à la première et à la deuxième personne du pluriel de l'indicatif imparfait et du subjonctif présent. *(Que) nous horrifiions, (que) vous horrifiiez.*
• Provoquer l'horreur, remplir d'effroi.
• Scandaliser. *Il était horrifié par un tel gaspillage.*

horripilant, ante adj.
(Fam.) Exaspérant.
Note.- Attention à l'orthographe : ho*rr*ipilant.

horripiler v. tr.
(Fam.) Exaspérer, agacer.
Note.- Attention à l'orthographe : ho*rr*ipiler.

hors prép. (*h* aspiré)
• En dehors de. *Hors saison.*
• (Litt.) Excepté. *Tout est livré hors le vin.*
• **Locutions**
- *Hors de.* À l'extérieur de. *Hors de chez soi.*
- *Hors de.* À l'écart de. *Hors d'atteinte, hors de danger.*
- *Hors de prix.* D'un prix très élevé, inabordable.
- *Hors cause.* Qui ne fait pas l'objet d'une accusation.
- *Hors de service, hors d'usage.* Qui ne peut être utilisé.
- *Hors de soi.* En colère.
- *Hors de question.* Qui n'est pas envisagé.
Hom. :
- *or*, métal précieux ;
- *or*, conjonction.

hors- préf.
Les noms composés avec l'élément *hors-* s'écrivent avec un trait d'union.

hors-bord n. m. inv. (*h* aspiré)
Canot léger propulsé par un moteur fixé à l'arrière du bateau. *Des hors-bord.*

hors-concours adj. inv. (*h* aspiré)
Se dit de quelqu'un, de quelque chose qui ne peut concourir. *Des films hors-concours.*

hors-d'œuvre n. m. inv. (*h* aspiré)
Mets léger servi au début du repas. *Des hors-d'œuvre froids et chauds.*

hors-jeu n. m. inv. (*h* aspiré)
Faute commise par un joueur. *Des hors-jeu.*

hors-la-loi n. m. inv. (*h* aspiré)
Bandit. *Des hors-la-loi.*

hors-texte n. m. inv. (*h* aspiré)
Feuillet que l'on insère dans un livre. *Des hors-texte.*

hortensia n. m.
Arbrisseau cultivé pour ses fleurs roses, blanches ou bleues. *Des hortensias blancs.*
Note.- Attention au genre masculin de ce nom : *un* hortensia.

horticole adj.
Relatif à l'horticulture.

horticulteur n. m.
horticultrice n. f.
Spécialiste de la culture des jardins, des fleurs.

horticulture n. f.
• (Vx) Culture des jardins.
• Culture des fleurs, des arbustes d'ornement, des arbres, des légumes et des fruits.
V. **agriculture.**

hosanna n. m.
Acclamation religieuse. *Des hosannas.*

hospice n. m.
Foyer de personnes âgées.
Notes.-
1° Attention au genre masculin de ce nom : *un* hospice.
2° Ne pas confondre avec le mot *auspices* qui désigne un présage.

hospitalier, ière adj.
• Relatif aux hôpitaux. *Un établissement hospitalier.*
• Accueillant. *Ce sont des amis tellement hospitaliers.*

hospitalisation n. f.
Admission dans un hôpital.

hospitaliser v. tr.
Faire entrer une personne dans un hôpital.

hospitalité n. f.
Accueil de la personne qui reçoit quelqu'un chez elle. *Recevoir l'hospitalité.*

hostie n. f.
Pain consacré par le prêtre pendant la messe.

hostile adj.
• Ennemi.
• Opposé. *Ils sont hostiles à notre proposition.*

hostilement adv.
De façon hostile.

hostilité n. f.
• Antipathie, opposition.
• (Au plur.) Opérations de guerre.

hot dog n. m. (*h* aspiré)
Petit pain contenant une saucisse. *Des hot dogs.*

hôte n. m. et f.
Invité. *Une hôte très aimable.*
Note.- Au masculin, le nom *hôte* désigne la personne qui donne l'hospitalité aussi bien que celle qui reçoit l'hospitalité. Par contre, la forme féminine varie selon le sens : l'*hôtesse* est la personne qui reçoit alors que celle qui est reçue est une *hôte*.

hôte, hôtesse n. m. et f.
• Personne qui donne l'hospitalité. *Notre hôtesse était charmante.*
• *Hôtesse de l'air.* Femme qui, dans un avion, veille au confort des passagers.

hôtel n. m.
• Immeuble aménagé pour loger les voyageurs.
Hom. *autel*, table où se célèbre la messe ou des sacrifices.
• *Hôtel particulier.* Résidence d'un riche particulier en ville.

hôtel de ville n. m.
Édifice où siège l'autorité municipale dans une grande ville. *Des hôtels de ville.*
Note.- Attention à l'orthographe : ce nom s'écrit sans trait d'union.

hôtelier, ière adj.
Relatif aux hôtels, à l'hôtellerie.

hôtelier n. m.
hôtelière n. f.
Personne qui exploite un hôtel.

hôtellerie n. f.
Profession hôtelière.

hotte n. f. (*h* aspiré)
• Grand panier porté sur le dos. *La hotte du père Noël.*
• Ouverture d'un conduit d'aération. *La hotte placée au-dessus de la cuisinière.*

hou ! interj. (*h* aspiré)
Interjection qui sert à railler, à conspuer.

houblon n. m. (*h* aspiré)
Plante dont les fleurs sont employées pour aromatiser la bière.

houille n. f. (*h aspiré*)
• Charbon.
• *Houille blanche.* Énergie hydraulique.

houiller, ère adj. et n. f. (*h* aspiré)
• *Adjectif.* Relatif à la houille. *Des ressources houillères.*
• *Nom féminin.* Mine de houille.

houle n. f. (*h* aspiré)
Mouvement ondulatoire des eaux de la mer.

houlette n. f. (*h* aspiré)
Bâton de berger.

houleux, euse adj. (*h* aspiré)
Agité par la houle. *La mer est houleuse.*

houppe n. f. (*h* aspiré)
Touffe (de fils, de laine, etc.).
Note.- Ne pas confondre avec le mot *huppe* qui désigne une touffe de plumes d'un oiseau.

houppelande n. f. (*h* aspiré)
Long pardessus. *La houppelande verte.*

houppette n. f. (*h* aspiré)
Petite houppe. *La houppette à poudre.*

hourra interj. et n. m. (*h* aspiré)
• **Interjection.** *Hourra ! Ils ont gagné !*
• **Nom masculin.** Cri d'acclamation. *Des hourras enthousiastes.*

houspiller v. tr. (*h* aspiré)
• Les lettres *ill* sont suivies d'un *i* à la première et à la deuxième personne du pluriel de l'indicatif imparfait et du subjonctif présent. *(Que) nous houspillions, (que) vous houspilliez.*
• Gronder quelqu'un. *Il le houspilla vertement.*

housse n. f. (*h* aspiré)
Enveloppe servant à recouvrir, à protéger. *La housse d'un fauteuil. Une housse de couette.*

houx n. m. (*h* aspiré)
Arbrisseau toujours vert à feuilles piquantes et à fruits rouges. *Le houx de Noël.*
Hom. :
- *ou*, conjonction ;
- *où*, adverbe et pronom relatif ;
- *août*, huitième mois de l'année.

hovercraft n. m.
(Anglicisme) Aéroglisseur.

hublot n. m. (*h* aspiré)
Petite fenêtre d'un navire, d'un avion. *Le hublot.*

huche n. f. (*h* aspiré)
Grand coffre de bois où l'on range le pain. *La huche à pain.*

hue ! interj. (*h* aspiré)
Interjection servant à faire avancer un cheval.

huée n. f. (*h* aspiré)
Cris d'hostilité. *Il dut subir les huées de la foule.*

huer v. tr. (*h* aspiré)
Conspuer, siffler.

huilage n. m.
Action d'huiler.

huile n. f.
• Substance grasse d'origine animale, végétale ou minérale. *Huile d'olive, huile de foie de morue, huile de soja, huile d'arachide(s), huile de maïs, huile de noix.*
• *Huile de ricin.* Purgatif.
• *Une mer d'huile.* Très calme.
• *Jeter de l'huile sur le feu.* Envenimer une querelle.
• *Tache d'huile.* Qui grandit, se propage. *Une mode qui fait tache d'huile* (ou *boule de neige*).

huiler v. tr.
Lubrifier.

huileux, euse adj.
Qui renferme de l'huile.

huis n. m.
(Vx) Porte.

huis clos n. m. (*h* aspiré)
• (Dr.) Hors de la présence du public. *On a exigé le huis clos pour cette réunion.*
• *À huis clos.* *Ce procès est jugé à huis clos, car l'inculpé est mineur.*
Note.- Attention à l'orthographe : hui**s** clos.

huissier n. m.
Personne chargée de signifier les actes de procédure et de mettre à exécution les jugements.
Note.- Ce nom s'écrit avec un *h* muet : on doit donc élider la voyelle précédente. *L'huissier.*

huit adj. num. et n. m. inv. (*h* aspiré)
• Le *t* se prononce devant une voyelle ou en fin d'expression ; il est muet devant une consonne et devant un *h* aspiré.
• **Adjectif numéral cardinal invariable.** Deux fois quatre. *Huit heures.*
• **Adjectif numéral ordinal invariable.** Huitième. *Le huit décembre.*
• **Nom masculin invariable.** *Nombre huit.*
Note.- Si l'adjectif numéral est en position initiale, le *h* est aspiré ; sinon, la liaison se fait. *Dix-huit.*

huitaine n. f. (*h* aspiré)
• Nombre de huit ou environ.
• Huit jours. *Il part dans une huitaine.*

huitième adj. et n. m. et f. (*h* aspiré)
• **Adjectif numéral ordinal.** Nombre ordinal de huit. *La huitième heure.*

• **Nom masculin.** La huitième partie d'un tout. *Les deux huitièmes d'une quantité.*
• **Nom masculin et féminin.** Personne, chose qui occupe le huitième rang. *Elles sont les huitièmes.*

huitièmement adv. (*h* aspiré)
En huitième lieu.

huître n. f.
Mollusque bivalve comestible. *La consommation d'huîtres est déconseillée pendant les mois sans « r ».*
Notes.-
1° Attention à l'orthographe : huître.
2° La culture des huîtres est l'**ostréiculture.**

huîtrier, ière adj.
Relatif aux huîtres.

hululement ou **ululement** n. m. (*h* aspiré)
Cri des oiseaux de nuit.

hululer ou **ululer** v. intr. (*h* aspiré)
Crier, en parlant des oiseaux de nuit. *Le hibou hulule ou ulule.*

hum ! interj. (*h* aspiré)
Interjection marquant le doute, la réticence.

humain, aine adj. et n. m. et f.
• **Adjectif**
- Propre à l'homme. *La nature humaine.*
- Compréhensif. *Elle est très humaine.*
• **Nom masculin et féminin**
(Litt.) Être humain. *Les humains.*

humainement adv.
• Du point de vue de l'homme.
• Avec humanité.

humanisation n. f.
Action d'humaniser ; fait de s'humaniser.

humaniser v. tr., pronom.
• **Transitif.** Civiliser, donner un caractère plus humain.
• **Pronominal.** Devenir plus humain, plus sociable.

humanisme n. m.
Recherche de ce qui donne à la vie humaine son sens.

humaniste adj. et n. m. et f.
• Partisan de l'humanisme.
• Qui a une culture littéraire ou scientifique. *Les humanistes de la Renaissance.*

humanitaire adj.
Qui vise le bien-être de l'humanité. *Une œuvre humanitaire.*

humanité n. f.
• Ensemble des hommes.
• Nature humaine.
• Compassion.

humble adj. et n. m. pl.
• **Adjectif.** Modeste.
• **Nom masculin pluriel.** Personnes dont la condition est modeste.

humblement adv.
Avec humilité.

humectage n. m.
Action d'humecter.

humecter v. tr.
Mouiller légèrement. *Humecter une nappe pour la repasser.*

humer v. tr. (*h* aspiré)
Aspirer pour sentir. *Je hume l'air.*

humérus n. m.
Os du bras, de l'épaule au coude.

humeur n. f.
• Disposition affective. *Elle est de bonne humeur.*
• *D'humeur* à. Disposé. *Elle n'est pas d'humeur à l'écouter.*
• *Bonne, belle humeur.* Enjouement, gaieté.
• *Mauvaise humeur.* Tristesse, irritation.

humide adj.
Chargé d'eau. *Un temps très humide.*

humidificateur n. m.
Appareil destiné à accroître le degré d'humidité d'un lieu donné.

humidification n. f.
Action d'humidifier.

humidifier v. tr.
• Redoublement du *i* à la première et à la deuxième personne du pluriel de l'indicatif imparfait et du subjonctif présent. *(Que) nous humidifiions, (que) vous humidifiiez.*
• Rendre humide.

humidité n. f.
Caractère de ce qui est chargé d'eau.
Note.- Ne pas confondre avec le mot *humilité* qui désigne le caractère de ce qui est modeste.

humiliation n. f.
• Action d'humilier, affront.
• Action d'être humilié, honte.

humilier v. tr., pronom.
• Redoublement du *i* à la première et à la deuxième personne du pluriel de l'indicatif imparfait et du subjonctif présent. *(Que) nous humiliions, (que) vous humiliiez.*
• **Transitif.** Rabaisser, vexer.
• **Pronominal.** S'abaisser, devenir humble.

humilité n. f.
Modestie, soumission.
Note.- Ne pas confondre avec le mot *humidité* qui désigne le caractère de ce qui est chargé d'eau.

humoriste adj. et n. m. et f.
Personne qui a de l'humour, qui s'exprime avec humour. *Cet auteur est un humoriste.*

humoristique adj.
Qui est empreint d'humour. *Un texte humoristique.*

humour n. m.
Faculté d'apprécier les éléments amusants, absurdes ou insolites de la réalité. *Elle a le sens de l'humour.*
Note.- L'*humour* est une forme d'esprit qui ne cherche pas à persuader de la fausseté d'une idée, mais à créer un doute sur l'apparence logique du monde ou à mettre en évidence les aspects insolites ou amusants de la réalité. L'*ironie* est une forme d'esprit qui consiste à présenter comme vraie une proposition manifestement fausse de façon à faire ressortir son absurdité.

humus n. m.
• Le *s* se prononce [ymys].
• Terre très riche.

hune n. f. (*h* aspiré)
Plate-forme fixée à un mât qui sert de poste d'observation.

huppe n. f. (*h* aspiré)
Touffe de plumes d'un oiseau.
Note.- Ne pas confondre avec le mot *houppe* qui désigne une touffe (de fils, de laine).

huppé, ée adj. (*h* aspiré)
(Fam.) Notable, riche.

hure n. f. (*h* aspiré)
Tête apprêtée de certains animaux. *Une hure de saumon.*

hurlement n. m. (*h* aspiré)
• Cri aigu et prolongé du loup, du chien, de l'hyène.
• Cri déchirant.

hurler v. tr., intr. (*h* aspiré)
• **Transitif.** Parler, crier très fort. *Hurler des injures.*
• **Intransitif.** Pousser des hurlements. *Le chien hurle à la lune.*

hurluberlu, ue n. m. et f.
(Fam.) Personne bizarre.

hussard n. m. (*h* aspiré)
• (Ancienn.) Soldat.
• *À la hussarde,* locution. Brutalement.

hutte n. f. (*h* aspiré)
Petite cabane. *La hutte de branches qui nous protégeait.*
Note.- Attention à l'orthographe : hu**tt**e.

hyacinthe n. f.
• (Vx) Jacinthe.
• Pierre fine.
Note.- Attention à l'orthographe : h**y**acin**th**e.

hybride adj. et n. m.
• Qui provient de deux espèces distinctes. *La mule est un animal hybride qui provient d'une jument et d'un âne.*
• Qui est constitué d'éléments différents. *Un tableau hybride.*

hydr(o)- préf.
Élément du grec signifiant « eau ». *Hydroélectricité, hydratation.*

hydratant, ante adj. et n. m.
• Qui produit une hydratation.
• Qui donne à l'épiderme sa teneur en eau. *Une lotion hydratante.*

hydratation n. f.
Introduction d'eau dans les tissus, l'organisme.

hydrater v. tr.
Procéder à l'hydratation de (un tissu, un organisme).

hydraulique adj. et n. f.
• **Adjectif**
- Qui est mû par l'eau.
- Relatif à la circulation de l'eau.
• **Nom féminin**
Branche de la mécanique des fluides.

hydravion n. m.
Avion muni de flotteurs qui décolle sur l'eau et y amerrit.
Note.- Attention au genre masculin de ce nom : *un* hydravion.

hydre n. f.
Animal fabuleux en forme de serpent d'eau à sept têtes.
Note.- Attention à l'orthographe : h**y**dre.

-hydre suff.
Élément du grec signifiant « eau ». *Anhydre.*

hydrocution n. f.
Syncope qui fait couler à pic un baigneur.

hydroélectricité n. f.
Énergie électrique produite par l'eau (d'un cours d'eau, d'une chute).

hydroélectrique adj.
Relatif à l'hydroélectricité. *Énergie hydroélectrique.*

hydrofuge adj. et n. m.
Se dit d'un produit qui préserve de l'humidité, imperméable.

hydrofuger v. tr.
• Le *g* est suivi d'un *e* devant les lettres *a* et *o*. *Il hydrofugea, nous hydrofugeons.*
• Imperméabiliser.

hydrogène n. m.
• Symbole *H* (s'écrit sans point).
• Corps simple gazeux extrêmement léger.
Note.- Attention au genre masculin de ce nom : *un* hydrogène.

hydroglisseur n. m.
Bateau conçu pour glisser sur l'eau. *Des hydroglisseurs.*

hydromel n. m.
Boisson faite d'eau et de miel.
Note.- Attention au genre masculin de ce nom : *un* hydromel.

hydrophile adj.
Qui absorbe l'eau. *Du coton hydrophile.*

hyène n. f.
Mammifère carnivore à pelage gris ou fauve tacheté. *L'hyène se nourrit de charognes.*

hygiène n. f.
• Ensemble des moyens individuels ou collectifs qui visent à préserver la santé.
• Soins de propreté.
Note.- Attention à l'orthographe : hygi**è**ne.

hygiénique adj.
Qui favorise l'hygiène, la santé.
Note.- Attention à l'orthographe : hygi**é**nique.

hygiéniquement adv.
Conformément aux règles de l'hygiène.
Note.- Attention à l'orthographe : hygi**é**niquement.

hygiéniste n. m. et f.
Spécialiste de l'hygiène.
Note.- Attention à l'orthographe : hygi**é**niste.

hygro- préf.
Élément du grec signifiant « humide ». *Hygromètre.*

hygromètre n. m.
Appareil qui mesure le degré d'humidité de l'air.

hymen ou **hyménée** n. m.
• Le *n* se prononce [imɛn].
• (Anat.) Membrane qui obstrue partiellement l'entrée du vagin.
• (Litt.) Mariage.
Note.- Attention au genre masculin de ce mot : *un* hymen, *un* hyménée.

hymne n. m.
Chant à la gloire de quelqu'un, quelque chose. *Un hymne patriotique.*
Note.- Attention au genre masculin de ce mot et à son orthographe : *un* h**y**mne.

hyper- préf.
Élément du grec signifiant « au-dessus, au-delà ». *Hypertension.*
Note.- Le préfixe *hyper-* appartient surtout à la langue scientifique ; la langue courante emploie plutôt les préfixes *extra-, super-*.

hyperacidité n. f.
(Méd.) Acidité excessive. *Une hyperacidité gastrique.*

hyperbole n. f.
Figure de style. *L'expression **des torrents de larmes** se dit par hyperbole.*
Ant. **litote**.
V. Tableau - **FIGURÉS (EMPLOIS).**

hyperbolique adj.
Relatif à l'hyperbole. *Une image hyperbolique.*

hypermarché n. m.
Magasin exploité en libre-service de très grande superficie.

hypermétrope adj. et n. m. et f.
Qui ne distingue pas clairement les objets rapprochés.

hypermétropie n. f.
Trouble de la vision.

hypernerveux, euse adj. et n. m. et f.
Qui est trop nerveux.

hyperréalisme n. m.
Reproduction très minutieuse, photographique de la réalité, en art.
Note.- Attention à l'orthographe : hype**rr**éalisme.

hypersensibilité n. f.
Sensibilité extrême.

hypersensible adj. et n. m. et f.
Qui est extrêmement sensible.

hypertendu, ue adj. et n. m. et f.
Qui souffre d'hypertension.

hypertension n. f.
Tension artérielle supérieure à la normale.

hypertrophie n. f.
Développement excessif, anormal.
Ant. **atrophie.**

hypertrophier v. tr., pronom.
• Redoublement du *i* à la première et à la deuxième personne du pluriel de l'indicatif imparfait et du subjonctif présent. *(Que) nous hypertrophiions, (que) vous hypertrophiiez.*
• **Transitif.** Produire l'hypertrophie de (un tissu, un organe).
• **Pronominal.** Augmenter de volume par hypertrophie.

hypn(o)- préf.
Élément du grec signifiant « sommeil ». *Hypnotiser.*

hypnose n. f.
• Le *p* se prononce [ipnoz].
• Sommeil provoqué par suggestion.
Note.- Attention à l'orthographe : h*yp*nose.

hypnotique adj. et n. m.
• Le *p* est prononcé dans la première syllabe [ipnɔtik].
• Qui est relatif à l'hypnose.
Note.- Attention à l'orthographe : h*yp*notique.

hypnotiser v. tr., pronom.
• Le *p* est prononcé dans la première syllabe [ipnɔtize].
• **Transitif.** Soumettre à l'hypnose.
• **Pronominal.** Être obnubilé, fasciné par quelque chose. *Ils s'étaient hypnotisés sur cette question difficile.*
Note.- Attention à l'orthographe : h*yp*notiser.

hypnotiseur n. m.
• Le *p* est prononcé dans la première syllabe [ipnɔtizœr].
• Personne qui hypnotise.

hypnotisme n. m.
• Le *p* est prononcé dans la première syllabe [ipnɔtism].
• Ensemble de techniques susceptibles de provoquer l'hypnose.

hypo- préf.
Élément du grec signifiant « au-dessous ». *Hypocrisie.*

hypoallergique adj. et n. m.
Se dit d'une substance qui diminue les risques d'allergie. *Des produits de beauté hypoallergiques.*
Note.- Ne pas confondre avec **anallergique** qui se dit d'une substance qui ne provoque pas d'allergie.

hypocondriaque adj. et n. m. et f.
Qui est atteint d'hypocondrie.

hypocondrie n. f.
Tendance à ne penser qu'à ses maladies, souvent imaginaires.

hypocrisie n. f.
Dissimulation, fausseté.

hypocrite adj. et n. m. et f.
Déloyal, sournois. *Un sourire hypocrite.*

hypoglycémie n. f.
Diminution du taux de glucose dans le sang.
Note.- Attention à l'orthographe : h*yp*ogl*y*cémie.

hypophysaire adj.
Relatif à l'hypophyse.

hypophyse n. f.
Glande endocrine située à la base du crâne.
Note.- Attention au genre féminin de ce nom : **une** h*yp*oph*y*se.

hypotendu, ue adj. et n. m. et f.
Qui a une tension artérielle inférieure à la normale.

hypotension n. f.
Tension artérielle inférieure à la normale.

hypoténuse n. f.
(Math.) Côté d'un triangle rectangle opposé à l'angle droit.
Note.- Attention à l'orthographe : hypo*té*nuse.

hypothalamus n. m.
• Le *s* se prononce [ipɔtalamys].
• Région située à la base du cerveau.
Note.- Attention à l'orthographe : hypo*th*alamus.

hypothécaire adj.
• Relatif à l'hypothèque. *Des taux hypothécaires.*
• Qui est garanti par une hypothèque. *Une créance hypothécaire.*

hypothèque n. f.
(Dr.) Droit réel accordé à un créancier sur un immeuble en garantie du paiement de la dette. *Purger une hypothèque.*

hypothéquer v. tr.
• Le *é* se change en *è* devant une syllabe muette, sauf à l'indicatif futur et au conditionnel présent. *J'hypothèque, mais j'hypothéquerai.*
• Grever (un bien) d'une hypothèque pour garantir une créance.
Note.- Attention à l'orthographe : hypoth*é*quer.

hypothèse n. f.
Supposition. *En être réduit à une hypothèse.*

hypothétique adj.
• Fondé sur une hypothèse. *Une analyse hypothétique.*
• Douteux. *Un succès hypothétique.*

hystérectomie n. f.
(Méd.) Ablation de l'utérus.

hystérie n. f.
Névrose. *Une hystérie collective.*
Note.- Attention à l'orthographe : h*y*stérie.

hystérique adj. et n. m. et f.
• Qui est atteint d'hystérie.
• Relatif à l'hystérie. *Une rage hystérique.*

Hz
Symbole de **hertz.**

I

I
Chiffre romain dont la valeur est de 1.

-iatre, -iatrie suff.
Éléments du grec signifiant « médecin ». *Psychiatre, pédiatrie.*
Note.- Attention à l'orthographe : il n'y a pas d'accent circonflexe sur le *a.*

ibérique adj.
Relatif au Portugal et à l'Espagne. *La péninsule ibérique.*
Note.- L'emploi de ce mot est limité au vocabulaire géographique.

ibid.
Abréviation de *ibidem* (dans les notes de bas de page).

ibidem
• Abréviation *ibid.* (s'écrit avec un point).
• Mot latin signifiant « au même endroit, dans le même ouvrage ».
Note.- Pour ne pas répéter les noms d'un auteur et d'un ouvrage déjà cités, on inscrira en italique *id., ibid., p.*
V. **référence.**

ibis n. m.
• Le *s* se prononce [ibis].
• Oiseau échassier. *Des ibis roses.*

ibiscus
V. **hibiscus.**

-ible suff.
Élément du latin signifiant « possibilité d'être ». *Admissible.*

iceberg n. m.
• Le mot se prononce [isbɛrg] ou [ajsbɛrg].
• Montagne de glace flottante. *Des icebergs.*

icelui, icelle, iceux, icelles adj. dém et pron.
(Vx) Celui-ci, celle-ci, ceux-ci, celles-ci.
Note.- Ce mot ne s'emploie plus que par plaisanterie.

ichty(o)- préf.
• Les lettres *ch* se prononcent *k* [iktjo].
• Élément du latin signifiant « poisson ». *Ichtyologie.*
Note.- À l'origine, ce préfixe était orthographié *ichthy(o)-* ; aujourd'hui, il s'écrit plutôt *ichty(o)-.*

ichtyologie n. f.
• Les lettres *ch* se prononcent *k* [iktjɔlɔʒi].
• Science des poissons.
Note.- Attention à l'orthographe i*chty*ologie.

ichtyologique adj.
• Les lettres *ch* se prononcent *k* [iktjɔlɔʒik].
• Qui se rapporte à l'ichtyologie.

ichtyologiste n. m. et f.
• Les lettres *ch* se prononcent *k* [iktjɔlɔʒist].
• Spécialiste des poissons.

ici adv.
• Se dit du lieu où est la personne qui parle. *Venez ici, je vous attends.*
Note.- En principe, l'adverbe *là* se dit d'un autre lieu. *Ici il pleut, là il neige.* Dans les faits, les deux adverbes sont souvent confondus. *Monsieur Blois ? Malheureusement il n'est pas ici* ou *il n'est pas là.*
• **D'ici** + **à.** Dans un moment futur. *D'ici à jeudi, la situation sera différente.*
Note.- L'ellipse de la préposition est courante. *D'ici demain, tout sera revenu à la normale.*
Ant. **là-bas, ailleurs.**
• **Locutions adverbiales**
- *Ici-bas.* Sur la terre (par opposition à l'*au-delà*).
Note.- La locution s'écrit avec un trait d'union ; par contre, l'expression *ici même* s'écrit sans trait d'union.
- *Ici et là.* Par endroits. *Il a plu ici et là.*

icon-, icono- préf.
Éléments du grec signifiant « image ». *Iconographie.*

icône n. f.
Peinture religieuse.
Notes.-
1° Les dérivés du mot s'écrivent sans accent circonflexe.
2° Attention au genre féminin de ce nom : *une* icône.

iconoclaste adj. et n. m. et f.
• Qui détruit les images saintes, et par extension, les œuvres d'art.
Note.- Ne pas confondre avec le mot *iconographe* qui désigne un spécialiste de l'iconographie.
• Ennemi de la tradition.

iconographe n. m. et f.
Spécialiste de l'iconographie.
Note.- Ne pas confondre avec le mot *iconoclaste* qui désigne un destructeur d'images saintes, et par extension, d'œuvres d'art.

iconographie n. f.
Étude des représentations figurées d'un sujet.

iconographique adj.
Relatif à l'iconographie.

ictère n. m.
(Méd.) Jaunisse.
Note.- Attention au genre masculin de ce nom : *un* ictère.

id.
Abréviation de *idem.*

561

-ide suff.
Élément du grec signifiant « forme, aspect ». *Lipide.*

idéal, ale, als ou **aux** adj. et n. m.
• **Adjectif**
- Qui n'existe que dans l'imagination, la pensée.
- Parfait. *Des résultats idéals ou idéaux.*
• **Nom masculin**
- Modèle parfait. *Des idéaux philosophiques.*
- Ce qui donne entière satisfaction.
Note.- Au pluriel le nom ou l'adjectif masculin s'écrit *idéaux* ou *idéals.*

idéalement adv.
D'une manière idéale.

idéalisation n. f.
Action de conférer un caractère idéal à une personne, à une chose.
Note.- Ne pas confondre avec le mot *idéation* qui désigne la formation des idées.

idéaliser v. tr.
Donner un caractère idéal à quelqu'un, à quelque chose.

idéalisme n. m.
Attitude d'une personne qui aspire à un idéal élevé.
Ant. **réalisme.**

idéaliste adj. et n. m. et f.
Qui oriente sa vie vers un idéal élevé, souvent utopique.

idéalité n. f.
Qualité de ce qui est idéal.

idéation n. f.
Formation des idées.
Note.- Ne pas confondre avec le mot *idéalisation* qui désigne l'action de conférer un caractère idéal (à une personne, à une chose).

idée n. f.
• Conception de l'esprit.
• **Avoir l'idée de** + **infinitif.** *Elle a eu l'idée d'organiser un beau pique-nique.*
• **À l'idée que** + **indicatif** ou **conditionnel.** *À l'idée que les enfants seront seuls, elle s'inquiète déjà.*
• **Locutions**
- *N'avoir pas idée de.* Se dit de ce qui paraît excessif, extraordinaire. *On n'a pas idée de se lancer dans pareille aventure !* ou elliptiquement *A-t-on idée de se lancer ainsi !*
- *J'ai idée que.* Il me semble que, je pense que.
- *Perdre le fil de ses idées.* S'embrouiller.
- *Idée fixe.* Obsession, hantise.
- *Dans le même ordre d'idée(s).* Dans cette locution, les auteurs ne s'entendent pas sur le nombre du mot *idée.* Cependant, il apparaît plus logique de l'écrire au singulier.
- *Changer d'idée.* Le nom s'écrit au singulier.
- *Se faire des idées.* Avoir des illusions.
- *Largeur, étroitesse d'idées.* Dans ces expressions, le nom *idée* s'écrit au pluriel.

idem
• Abréviation **id.** (s'écrit avec un point).

• Le **m** se prononce [idɛm].
• Mot latin signifiant « la même chose ».
V. **ibidem, référence.**

identifiable adj.
Que l'on peut identifier. *Un signe identifiable.*

identification n. f.
Action d'identifier.

identifier v. tr., pronom.
• Redoublement du *i* à la première et à la deuxième personne du pluriel de l'indicatif imparfait et du subjonctif présent. *(Que) nous identifiions, (que) vous identifiiez.*
• **Identifier** + **avec** ou **à.** Le verbe se construit soit avec la préposition **avec**, soit avec la préposition **à.** *À cet âge, le jeune garçon s'identifie avec son père, à son père..*

identique adj.
Qui est tout à fait semblable.
Note.- Ne pas confondre avec les mots suivants :
- *analogue*, qui est à peu près semblable ;
- *homologue*, qui est équivalent.

identiquement adv.
De façon identique.

identité n. f.
• Ensemble des éléments qui permettent d'établir qu'une personne est bien ce qu'elle dit être. *Des cartes d'identité.*
• Conformité totale.
Note.- Ne pas confondre avec les mots suivants :
- *conformité*, état de choses semblables ;
- *ressemblance*, conformité partielle ;
- *uniformité*, nature de ce qui ne change pas de caractère, d'apparence.

idéo- préf.
Élément du grec signifiant « idée ». *Idéologie.*

idéogramme n. m.
Signe graphique. *Les idéogrammes du chinois.*
Note.- Attention à l'orthographe : idéogra**mm**e.

idéologie n. f.
Système d'idées.

idéologique adj.
Relatif à l'idéologie.

ides n. f. pl.
Dans le calendrier romain, le quinzième jour de mars, mai, juillet, octobre, et le treizième des autres mois.

idio- préf.
Élément du grec signifiant « propre, spécial ». *Idiome.*

idiomatique adj.
Relatif à un idiome. *Les locutions idiomatiques.*

idiome n. m.
Langue, parler propre à une communauté.
Note.- Attention à l'orthographe : pas d'accent circonflexe, malgré la prononciation.

idiosyncrasie n. f.
Disposition d'un individu à réagir de façon particulière aux agents extérieurs.
Note.- Attention à l'orthographe : idio**sync**rasie.

idiot, idiote adj. et n. m. et f.
Stupide.
Note.- Attention à l'orthographe : idio*t*, idio*t*e.

idiotement adv.
De façon idiote.

idiotie n. f.
• Le *t* se prononce comme *s* [idjɔsi].
• Manque d'intelligence, stupidité.
Note.- Ne pas confondre avec les mots suivants :
- *idiome*, qui désigne une langue ;
- *idiotisme*, qui désigne une expression propre à une langue.

idiotisme n. m.
Expression propre à une langue. *L'idiotisme **Il pleut des cordes** ne se traduit pas littéralement. En anglais, on dira **It rains cats and dogs.***
Note.- Ne pas confondre avec le mot *idiotie* qui désigne un manque d'intelligence.

idoine adj.
(Plaisant.) Approprié.

idolâtre adj. et n. m. et f.
• Qui adore les idoles.
• Qui voue un culte à quelqu'un, à quelque chose.

idolâtrer v. tr.
Aimer passionnément quelqu'un, quelque chose.
Note.- Attention à l'orthographe : idol**â**trer.

idolâtrie n. f.
• Amour excessif pour quelqu'un, quelque chose.
• Adoration des idoles.
Note.- Attention à l'orthographe : idol**â**trie.

idolâtrique adj.
Relatif à l'idolâtrie.
Note.- Attention à l'orthographe : idol**â**trique.

idole n. f.
• Représentant d'une divinité.
• Personne qui est l'objet d'un culte passionné. *Ce chanteur est l'idole des jeunes.*
Note.- Attention au genre féminin de ce nom : *une* idole.

idylle n. f.
Amour tendre et naïf.
Note.- Attention au genre féminin de ce nom : *une* id**yll**e.

idyllique adj.
Qui tient de l'idylle. *Un accord idyllique.*
Note.- Attention à l'orthographe : id**yll**ique.

i.e.
Abréviation des mots latins « id est », au sens de *c'est-à-dire*.
Note.- L'emploi de l'abréviation *c.-à-d.* est préférable.

-ième suff.
• Élément composant les nombres ordinaux, à l'exception de *premier.*
• Symbole *e*. *4e, 7e* (et non * 4ième, 7ème).

if n. m.
• Le *f* se prononce [if].
• Conifère. *Des ifs bien taillés.*

igloo ou **igiou** n. m.
Habitation construite avec des blocs de glace ou de neige. *Des igloos, des iglous.*

ign(i)- préf.
Élément du latin signifiant « feu ». *Ignifuge.*

ignare adj. et n. m. et f.
Inculte.

ignifugation n. f.
Action de rendre ininflammable quelque chose.
Syn. **ignifugeage.**

ignifuge adj. et n. m.
Qui a la propriété de rendre ininflammables des objets combustibles. *Un produit ignifuge. Un ignifuge nouveau.*

ignifugeage n. m.
Syn. **ignifugation.**

ignifuger v. tr.
• Le *g* est suivi d'un *e* devant les lettres *a* et *o*. *Il ignifugea, nous ignifugeons.*
• Rendre ininflammable.

ignoble adj.
Abject.

ignoblement adv.
De façon ignoble.

ignominie n. f.
Déshonneur, infamie.

ignominieusement adv.
(Litt.) Avec ignominie.

ignominieux, euse adj.
Déshonorant, infamant.

ignorance n. f.
Défaut de connaissance.

ignorant, ante adj. et n. m. et f.
Illettré, inculte.

ignorer v. tr.
• Ne pas savoir, n'être pas informé de.
Note.- Le verbe peut se construire avec un nom ou avec une proposition. *J'ignore son nom. Il ignore qu'on a modifié les données.*
• **Ignorer + que.** Le verbe se construit généralement avec le subjonctif, mais on peut employer l'indicatif ou le conditionnel pour insister sur la réalité d'un fait. *J'ignorais qu'elle fût malade. Tu ignorais qu'il était très intéressé par le projet.*
Note.- Dans l'expression *n'être pas sans savoir* qui signifie « ne pas ignorer », il ne faudrait pas commettre l'erreur fréquente de remplacer le verbe **savoir** par celui de **ignorer.** *Tu n'es pas sans savoir que la valeur des actions a beaucoup baissé* (et non * tu n'es pas sans ignorer).

iguane n. m.
• Le *u* se prononce *ou* [igwan].
• Reptile saurien d'Amérique du Sud ayant l'allure d'un grand lézard.

il-
V. **in-.**

il, ils pron. pers. m.
• Pronom personnel masculin de la troisième personne. *Il aime, ils adorent.*
Note.- Ce pronom est toujours sujet.
• Pronom personnel neutre de la troisième personne du singulier qui sert à introduire :
- un verbe impersonnel. *Il neige.*
- un verbe employé impersonnellement. *Il paraît qu'il fera beau demain.*
• (Litt.) *Il est.* Il y a. *Il est un pays où...*
Hom. *ile,* étendue de terre entourée d'eau.

île n. f.
Terre entourée d'eau. *Un chapelet d'îles.*
Note.- Dans les dénominations géographiques, le mot *ile* suivi d'un déterminant s'écrit avec une minuscule. *L'île Saint-Louis, les îles Britanniques, l'île de la Cité.*
Hom. *il,* pronom personnel de la troisième personne.

iliaque adj.
(Anat.) Relatif aux flancs. *L'os iliaque.*
Note.- Attention à l'orthographe : i*li*a**que.**

illégal, ale, aux adj.
Qui est contraire à la loi. *Des documents illégaux.*
Note.- Ne pas confondre avec le mot **illégitime,** qui qualifie ce qui est contraire au bon droit, à la loi, à la morale.
Ant. **légal.**

illégalement adv.
De façon illégale.
Note.- Attention à l'orthographe : i*ll*éga*l*ement.

illégalité n. f.
Caractère de ce qui est illégal.
Note.- Attention à l'orthographe : i*ll*éga*l*ité.

illégitime adj.
• Né hors du mariage. *Un enfant illégitime.*
• Contraire au bon droit, à la loi, à la morale.
Notes.-
1° Attention à l'orthographe : i*ll*égitime.
2° Ne pas confondre avec le mot **illégal,** qui qualifie ce qui est contraire à la loi.
Ant. **légitime.**

illégitimement adv.
De façon illégitime.
Note.- Attention à l'orthographe : i*ll*égitimement.

illégitimité n. f.
Défaut de légitimité.
Note.- Attention à l'orthographe : i*ll*égitimité.
Ant. **légitimité.**

illettré, ée adj. et n. m. et f.
• (Vx) Qui a peu de connaissances littéraires, qui est ignorant.
• Qui ne sait ni lire ni écrire.
Notes.-
1° Attention à l'orthographe : i*ll*ettré.
2° Le mot **illettré** peut être synonyme de **analphabète** ; il peut également désigner une personne qui manque de culture.

illicite adj.
Interdit par la morale ou par la loi.

Note.- Attention à l'orthographe : i*ll*icite.
Ant. **licite.**

illicitement adv.
D'une manière illicite.
Note.- Attention à l'orthographe : i*ll*icitement.

illico adv.
(Fam.) Sur-le-champ.

illimité, ée adj.
Infini.
Note.- Attention à l'orthographe : i*ll*imité.
Ant. **limité.**

illisibilité n. f.
Caractère de ce qui est illisible.
Note.- Attention à l'orthographe : i*ll*isibilité.

illisible adj.
Qu'on ne peut lire.
Note.- Attention à l'orthographe : i*ll*isible.

illisiblement adv.
D'une manière illisible.
Note.- Attention à l'orthographe : i*ll*isiblement.

illogique adj.
Qui n'est pas logique.
Note.- Attention à l'orthographe : i*ll*ogique.
Ant. **logique.**

illogiquement adv.
D'une manière illogique.
Note.- Attention à l'orthographe : i*ll*ogiquement.

illogisme n. m.
Caractère de ce qui est illogique.
Note.- Attention à l'orthographe : i*ll*ogisme.

illumination n. f.
• Inspiration soudaine. *Il a eu une illumination.*
• Action d'illuminer. *Les illuminations de Noël.*
Note.- Attention à l'orthographe : i*ll*umination.

illuminé, ée adj. et n. m. et f.
Visionnaire.
Note.- Attention à l'orthographe : i*ll*uminé.

illuminer v. tr.
• Éclairer d'une vive lumière.
• Donner un vif éclat à. *Ses yeux brillants illuminaient son visage.*
Note.- Attention à l'orthographe : i*ll*uminer.

illusion n. f.
• Interprétation fausse.
• Erreur de perception. *Des illusions d'optique.*
• *Faire illusion.* Tromper. *La belle apparence fait souvent illusion.*
Note.- Attention à l'orthographe : i*ll*usion.

illusionner v. tr., pronom.
• **Transitif.** Tromper par des illusions.
• **Pronominal.** Se leurrer. *Il s'illusionnait sur ses chances de succès.*
Notes.-
1° À la forme pronominale, le verbe se construit avec la préposition *sur.*
2° Attention à l'orthographe : i*ll*usio**nn**er.

illusionniste n. m. et f.
Créateur d'illusion à l'aide d'artifices.
Note.- Ne pas confondre avec le mot *prestidigitateur*
qui désigne un *illusionniste* qui se caractérise par sa
grande dextérité manuelle.

illusoire adj.
Qui ne se réalise pas, chimérique.
Note.- Attention à l'orthographe : i*ll*usoire.

illustrateur n. m.
illustratrice n. f.
Artiste qui illustre une publication.

illustration n. f.
• Explication. *Défense et Illustration de la langue
française.* (J. du Bellay).
• Dessin destiné à illustrer un texte. *Les illustrations
de cet ouvrage sont très jolies.*
Note.- Attention à l'orthographe : i*ll*ustration.

illustre adj.
Célèbre, fameux.
Note.- Attention à l'orthographe : i*ll*ustre.

illustré, ée adj. et n. m.
• **Adjectif.** Orné d'illustrations. *Une édition illustrée.*
• **Nom masculin.** Périodique illustré. *Acheter des illustrés.*
Notes.-
1° Attention à l'orthographe : i*ll*ustré.
2° Ne pas confondre avec le mot *imagé* qui qualifie ce
qui est riche en métaphores.

illustrer v. tr., pronom.
• **Transitif**
- Orner (une publication, un imprimé, etc.) d'illustra-
tions.
- Rendre plus clair par des exemples. *Illustrer une
règle par des exemples.*
• **Pronominal**
Se distinguer. *Ils se sont illustrés par leur courage.*
Note.- Attention à l'orthographe : i*ll*ustrer.

îlot n. m.
• Petite île.
• Petit espace isolé. *Un îlot de ravitaillement.*
Note.- Attention à l'orthographe : *î*lot.

ilote n. m. et f.
Esclave spartiate.
Note.- Attention à l'orthographe : i*l*ote.

im-
V. **in-**.

image n. f.
• Représentation d'une personne, d'une chose. *Des
images de marque.*
• Métaphore, figure de style.

imagé, ée adj.
Coloré, riche en métaphores. *Un style imagé.*
Note.- Ne pas confondre avec le mot *illustré*, qui
qualifie ce qui est orné d'illustrations.

imagerie n. f.
Ensemble d'images provenant de la même source, de
même inspiration.

imaginable adj.
Concevable.
Ant. **inimaginable.**

imaginaire adj. et n. m.
Qui n'existe que dans l'imagination.
Note.- Ne pas confondre avec les mots suivants :
- *fabuleux*, qui tient de la fable, extraordinaire quoique
réel ;
- *fictif*, inventé ;
- *légendaire*, qui n'existe que dans les légendes.

imaginatif, ive adj. et n. m. et f.
Qui a beaucoup d'imagination.

imagination n. f.
• Faculté de se représenter un objet en esprit.
• Créativité. *Elle a une imagination fertile.*

imaginer v. tr., pronom.
• **Transitif**
- Se représenter mentalement, inventer.
- **Imaginer + que.** Supposer. *J'imagine qu'il finira par
venir.* Le verbe se construit généralement avec l'indicatif
ou le conditionnel.
- **Ne pas imaginer + que.** Le verbe se construit surtout
avec le subjonctif. *Elle n'imagine pas que la chose soit
si complexe.*
- **Imaginer de + infinitif.** Avoir l'idée. *Ils avaient imaginé
de planter des fleurs de toutes les variétés.*
• **Pronominal**
- Croire. *Elle s'imagine être la plus forte. Ils s'imaginent
qu'ils sont les plus forts.*
Note.- Le verbe peut se construire avec un infinitif,
avec l'indicatif ou le conditionnel.
- **Accord du participe passé de la forme pronominale**
Si le complément d'objet direct est placé avant le
verbe, le participe passé s'accorde selon la règle. *Les
histoires qu'ils se sont imaginées.*
Si le complément d'objet direct est placé après le
verbe, le participe passé est invariable. *Les enfants se
sont imaginé des personnages.*
- **S'imaginer + que, s'imaginer + infinitif.** Le participe
passé est invariable. *Elle s'est imaginé qu'elle gagnerait.
Tu t'es imaginé finir à temps.*

imam n. m.
• Le *m* se prononce [imam].
• Chef de prière dans une mosquée.

imbattable adj.
Invincible. *Des champions imbattables.*
Note.- Attention à l'orthographe : imba*tt*able.

imbécile adj. et n. m. et f.
Idiot.
Note.- Attention à l'orthographe : imbéci*l*e.

imbécilement adv.
De façon imbécile.
Note.- Attention à l'orthographe : imbéci*l*ement.

imbécillité n. f.
Stupidité, bêtise.
Note.- Attention à l'orthographe : imbéci*ll*ité.

imberbe adj.
Qui est sans barbe.
Ant. **barbu.**

imbiber v. tr., pronom.
• **Transitif.** Remplir, imprégner d'un liquide. *Imbiber un chiffon d'un détergent.*
• **Pronominal.** Absorber un liquide. *L'éponge s'est imbibée d'eau.*

imbrication n. f.
État de choses imbriquées.

imbriqué, ée adj.
• Entrecroisé.
• En étroite liaison.

imbriquer v. tr., pronom.
• **Transitif.** Placer des choses de façon à ce qu'elles chevauchent les unes sur les autres. *Imbriquer des ardoises.*
• **Pronominal.** Être étroitement lié.

imbroglio n. m.
• Le *g* se prononce ou non [ɛ̃brɔljo] ou [ɛ̃brɔglijo].
• Situation très compliquée. *Des imbroglios cocasses.*

imbu, ue adj.
Plein, infatué. *Un personnage imbu de sa supériorité.*

imbuvable adj.
• Au goût très mauvais. *Un café imbuvable.*
• (Fam.) Insupportable. *Cet homme est imbuvable, tellement il est pédant.*

imitable adj.
Qui peut être imité.
Ant. **inimitable.**

imitateur, trice adj. et n. m. et f.
Personne qui imite autrui.

imitation n. f.
• Reproduction.
• En matière imitée. *Un sac en imitation (de) crocodile.*

imiter v. tr.
• Reproduire, copier.
• Prendre pour modèle.
• Contrefaire. *On a imité sa signature.*

immaculé, ée adj.
• Exempt de toute souillure. *L'Immaculée Conception.*
Note.- En ce sens, l'adjectif s'écrit avec une majuscule.
• Propre. *Du linge immaculé.*

immanence n. f.
État de ce qui est immanent.
Note.- Attention à l'orthographe : i**mm**an**en**ce.

immanent, ente adj.
Qui découle de la nature même de l'être. *La justice immanente.*
Note.- Ne pas confondre avec le mot *imminent* qui se dit de quelque chose de prochain.
Ant. **transcendant.**

immangeable adj.
• Les lettres *im* se prononcent *in* [ɛ̃mãʒabl].
• Très mauvais au goût.
Note.- Attention à l'orthographe : imman**gea**ble.

immanquable adj.
• Les lettres *im* se prononcent *in* [ɛ̃mãkabl].
• Inévitable.
Note.- Ne pas confondre avec le mot *infaillible*, qui ne peut se tromper.

immanquablement adv.
• Les lettres *im* se prononcent *in* [ɛ̃mãkabləmã].
• Inévitablement.

immatériel, ielle adj.
Qui n'est pas formé de matière.
Note.- Attention à l'orthographe : i**mm**atériel.

immatriculation n. f.
• Action d'inscrire le nom, le numéro d'une personne, d'une chose sur un registre. *Des plaques d'immatriculation.*
• Numéro de l'inscription. *Cette immatriculation est purement numérique.*
Note.- Attention à l'orthographe : i**mm**atriculation.

immatriculer v. tr.
Inscrire sur un registre public. *Un véhicule immatriculé en France.*
Note.- Attention à l'orthographe : i**mm**atriculer.

immature adj.
• Qui n'a pas atteint la maturité physique, qui ne peut pas encore se reproduire (en parlant d'un animal).
• Qui manque de maturité intellectuelle.
Notes.-
1° Attention à l'orthographe : i**mm**ature.
2° L'antonyme de cet adjectif *mature* n'est usité en français qu'au sens de ce qui a atteint la maturité physique, en parlant d'un végétal, d'un animal.

immaturité n. f.
État de quelqu'un, de quelque chose qui manque de maturité.

immédiat, ate adj. et n. m.
• **Adjectif**
- Instantané. *Un départ immédiat.*
- Qui précède ou qui suit sans intermédiaire. *Un supérieur immédiat.*
• **Nom masculin**
Dans l'immédiat. Dans un avenir bref, pour le moment.
Note.- Attention à l'orthographe : i**mm**édiat.

immédiatement adv.
Tout de suite.
Note.- Attention à l'orthographe : i**mm**édiatement.

immémorial, iale, iaux adj.
Si ancien qu'on en a oublié l'origine. *Un usage immémorial.*

immense adj.
• Illimité.
• Énorme. *Une immense fortune.*
Note.- Attention à l'orthographe : i**mm**ense.

immensément adv.
De façon immense.
Note.- Attention à l'orthographe : i**mm**ensément.

immensité n. f.
Caractère de ce qui est immense.
Note.- Attention à l'orthographe : i**mm**ensité.

immerger v. tr.
• Le **g** est suivi d'un **e** devant les lettres **a** et **o**. Il im-
mergea, nous immergeons.
• Plonger entièrement dans un liquide.
Note.- Ne pas confondre avec les verbes suivants :
- **émerger**, surgir d'un liquide ;
- **submerger**, engloutir sous l'eau.

immérité, ée adj.
Que l'on n'a pas mérité. Une réprimande imméritée,
un prix immérité.

immersion n. f.
Action de plonger un corps dans l'eau.

immettable adj.
• Les lettres **im** se prononcent **in** [ɛ̃mɛtabl(ə)].
• Se dit d'un vêtement que l'on ne peut pas porter.
Note.- Attention à l'orthographe : i**mm**ettable.

immeuble adj. et n. m.
• **Adjectif et nom masculin**. (Dr.) Se dit d'un bien qui
ne peut être déplacé. Un bien immeuble.
• **Nom masculin**. Grand bâtiment.
Note.- On préférera le mot **immeuble** ou **édifice** au
mot **bâtisse** qui est parfois péjoratif.

immigrant, ante adj. et n. m. et f.
Personne entrant dans un pays étranger pour s'y
établir.
Notes.-
1° Attention à l'orthographe : i**mm**igrant.
2° Ne pas confondre avec le mot **émigrant** qui désigne
une personne quittant son pays pour aller vivre à
l'étranger.

immigration n. f.
Action de venir dans un pays pour s'y établir.
Notes.-
1° Attention à l'orthographe : i**mm**igration.
2° Ne pas confondre avec le mot **émigration** qui désigne
l'action de quitter son pays pour aller s'établir dans un
autre pays.

immigré, ée adj. et n. m. et f.
Personne qui vient habiter un nouveau pays après
avoir quitté le sien.
Notes.-
1° Attention à l'orthographe : i**mm**igré.
2° Ne pas confondre avec le mot **émigré** qui désigne
une personne ayant quitté son pays pour s'installer
dans un nouveau pays.

immigrer v. intr.
Venir habiter un nouveau pays après avoir quitté le
sien.
Notes.-
1° Attention à l'orthographe : i**mm**igrer.
2° Ne pas confondre avec le verbe **émigrer** qui signifie
« quitter son pays pour aller s'établir à l'étranger ».

imminence n. f.
Caractère de ce qui est imminent.

Notes.-
1° Attention à l'orthographe : i**mm**inence.
2° Ne pas confondre avec le mot **éminence** qui désigne
un titre religieux, une élévation de terrain.

imminent, ente adj.
Qui est tout près d'arriver. Un effondrement imminent.
Notes.-
1° Attention à l'orthographe : i**mm**inent.
2° En principe, le mot **imminent** se dit d'une chose
dangereuse, tragique qui est sur le point de se produire ;
dans les faits, ce sens étymologique n'est pas toujours
respecté. Une guerre imminente, un départ imminent.
3° Ne pas confondre avec les mots suivants :
- **éminent**, qui est remarquable ;
- **immanent**, qui découle de la nature même de l'être.

immiscer (s') v. pronom.
(Péj.) S'ingérer dans une affaire. Ils se sont immiscés
dans nos affaires.
Notes.-
1° Attention à l'orthographe : i**mm**iscer.
2° Ne pas confondre avec le verbe **intervenir** qui
signifie « intercéder, prendre part à quelque chose ».

immixtion n. f.
Action de s'immiscer.
Note.- Attention à l'orthographe : i**mm**ixtion.

immobile adj.
Fixe.
Ant. **mobile.**

immobilier, ière adj. et n. m.
• **Adjectif**
- Composé de biens immeubles.
- Relatif à un immeuble. Des propriétés immobilières.
Ant. **mobilier.**
• **Nom masculin**
Ensemble des professions liées à la commercialisation
des immeubles.

immobilisation n. f.
Action d'immobiliser ; fait d'être immobilisé.
Note.- Attention à l'orthographe : i**mm**obilisation.

immobiliser v. tr., pronom.
• **Transitif**. Rendre immobile, arrêter le mouvement
de.
• **Pronominal**. S'arrêter. La voiture s'est immobilisée.
Note.- Attention à l'orthographe : i**mm**obiliser.

immobilisme n. m.
Conservatisme.
Note.- Attention à l'orthographe : i**mm**obilisme.

immobiliste adj. et n. m. et f.
Qui fait preuve d'immobilisme.
Note.- Attention à l'orthographe : i**mm**obiliste.

immobilité n. f.
État de ce qui est sans mouvement.
Note.- Attention à l'orthographe : i**mm**obilité.

immodération n. f.
Excès.
Note.- Attention à l'orthographe : i**mm**odération.

immodéré, ée adj.
Excessif, qui dépasse la mesure. *Une ambition immo-dérée.*
Ant. **modéré.**

immodérément adv.
Démesurément.
Note.- Attention à l'orthographe : i**mm**odérément.

immodeste adj.
Qui manque de modestie, de pudeur.
Note.- Attention à l'orthographe : i**mm**odeste.

immodestement adv.
De façon immodeste.
Note.- Attention à l'orthographe : i**mm**odestement.

immodestie n. f.
(Vx) Indécence.
Note.- Attention à l'orthographe : i**mm**odestie.

immolation n. f.
Sacrifice.
Note.- Attention à l'orthographe : i**mm**olation.

immoler v. tr., pronom.
• **Transitif**. Sacrifier.
• **Pronominal**. Faire le sacrifice de sa vie. *Ils se sont immolés par le feu.*
Note.- Attention à l'orthographe : i**mm**oler.

immonde adj.
Répugnant.
Note.- Attention à l'orthographe : i**mm**onde.

immondice n. f. (gén. pl.)
• (Vx) Impureté.
• (Au plur.) Déchets.
Note.- Attention à l'orthographe : i**mm**ondice.

immoral, ale, aux adj.
Contraire à la morale. *Des procédés immoraux.*
Notes.-
1° Attention à l'orthographe : i**mm**oral.
2° Ne pas confondre avec l'adjectif *amoral* qui désigne ce qui est étranger à la morale.

immoralement adv.
(Litt.) De façon immorale.
Note.- Attention à l'orthographe : i**mm**oralement.

immoralisme n. m.
Doctrine qui nie toute obligation morale.
Note.- Attention à l'orthographe : i**mm**oralisme.

immoralité n. f.
Caractère de ce qui est immoral.
Notes.-
1° Attention à l'orthographe : i**mm**oralité.
2° Ne pas confondre avec le mot *immortalité*, qualité de ce qui est immortel.

immortaliser v. tr.
Rendre immortel dans la mémoire.
Note.- Attention à l'orthographe : i**mm**ortaliser.

immortalité n. f.
Qualité de ce qui est immortel.
Notes.-
1° Attention à l'orthographe : i**mm**ortalité.

2° Ne pas confondre avec le mot *immoralité* qui désigne ce qui est immoral.

immortel, elle adj. et n. m. et f.
• **Adjectif**. Éternel.
• **Nom masculin**. (Gén. plur.) Membre de l'Académie française.
Note.- En ce sens, le nom s'écrit avec une majuscule.
• **Nom féminin**. Plante dont les fleurs se conservent longtemps.
Note.- Attention à l'orthographe : i**mm**ortel, immor-te**ll**e.

immotivé, ée adj.
Injustifié. *Une demande immotivée.*
Note.- Attention à l'orthographe : i**mm**otivé.

immuabilité n. f.
Caractère de ce qui est immuable.
Note.- Attention à l'orthographe : i**mm**uabilité.

immuable adj.
Qui ne change pas. *L'immuable lever du soleil.*
Note.- Attention à l'orthographe : i**mm**uable.

immuablement adv.
De façon immuable.
Note.- Attention à l'orthographe : i**mm**uablement.

immunisation n. f.
Action d'immuniser ; son résultat.
Note.- Attention à l'orthographe : i**mm**unisation.

immuniser v. tr.
Rendre réfractaire à une maladie.

immunité n. f.
• Exemption.
• Privilège. *Immunité diplomatique.*
• (Méd.) État d'un organisme devenu réfractaire à certains agents pathogènes.
Note.- Attention à l'orthographe : i**mm**unité.

immunodépresseur ou **immunosuppresseur** adj. et n. m.
(Méd.) Se dit d'un médicament, d'un traitement apte à réduire les réactions immunitaires. *Des médicaments immunodépresseurs.*
Note.- Attention à l'orthographe : i**mm**unodépresseur.

immunologie n. f.
(Méd.) Partie de la médecine qui étudie les phénomènes d'immunité.
Note.- Attention à l'orthographe : i**mm**unologie.

immutabilité n. f.
Caractère de ce qui est immuable.
Note.- Attention à l'orthographe : i**mm**utabilité.

impact n. m.
• Les lettres *ct* se prononcent [ɛ̃pakt].
• Choc. *La force de l'impact a été très grande.*
• (Fig.) Effet, influence. *L'impact de cette campagne publicitaire a été très grand.*
Note.- Attention à l'orthographe : i**m**pact.

impair, aire adj. et n. m.
• **Adjectif**. Non divisible par deux. *Le 13 est un nombre impair.*

● **Nom masculin.** Maladresse. *Il a commis un impair.*
Note.- Attention à l'orthographe : im**p**air.
Hom. **imper,** forme abrégée de ***imperméable.***

impalpable adj.
Qu'on ne peut palper.
Note.- Attention à l'orthographe : i**m**palpable.
Ant. **palpable.**

imparable adj.
Impossible à éviter.
Note.- Attention à l'orthographe : i**m**parable.

impardonnable adj.
Qui ne peut être pardonné, excusé. *Je suis impardonnable : j'ai oublié notre rendez-vous. C'est une erreur impardonnable.*
Note.- Attention à l'orthographe : i**m**pardo**nn**able.

imparfait, aite adj.
● Qui n'est pas parfait. *Un travail imparfait.*
● Qui n'est pas achevé. *Une guérison imparfaite.*
Note.- Attention à l'orthographe : i**m**parfait.
Ant. **parfait.**

imparfait n. m.

(Gramm.) Ce temps exprime :
● Un **fait passé, inachevé** quand un autre a eu lieu. *Il pleuvait quand l'accident s'est produit.*
● Un **fait qui se prolonge dans le passé.** *À cette époque, les classes sociales étaient très importantes.*
● Un **fait qui se répète dans le passé.** *Le laitier venait tous les matins.*
● Une **formulation polie.** *Nous venions vous demander de nous aider.*
Après *si,* l'imparfait marque :
● Une **hypothèse présente ou future,** un souhait, un regret. *Ah ! si j'avais plus de temps* (et non si * j'aurais) !

---

imparfaitement adv.
D'une manière imparfaite.
Note.- Attention à l'orthographe : i**m**parfaitement.

impartial, iale, iaux adj.
Équitable, juste. *Des juges impartiaux.*
Note.- Attention à l'orthographe : i**m**partial.
Ant. **partial.**

impartialement adv.
De façon impartiale.
Note.- Attention à l'orthographe : i**m**partia**l**ement.

impartialité n. f.
Objectivité, équité.
Note.- Attention à l'orthographe : i**m**parti**a**lité.

impartir v. tr.
Accorder, attribuer (dans la langue administrative ou littéraire). *Les délais qui nous ont été impartis.*
Notes.-
1° Attention à l'orthographe : i**m**partir.
2° Le verbe ne s'emploie qu'au présent de l'indicatif, à l'infinitif et au participe passé.

impasse n. f.
● Rue sans issue.

● Situation inextricable.
Note.- Attention au genre féminin de ce nom : ***une*** im**p**asse.

impassibilité n. f.
Caractère d'une personne impassible.
Note.- Attention à l'orthographe : im**p**a**ss**ibilité.

impassible adj.
Qui ne manifeste pas d'émotion.
Notes.-
1° Attention à l'orthographe : im**p**a**ss**ible.
2° Ne pas confondre avec les mots suivants :
- ***impavide,*** qui ne manifeste pas de crainte ;
- ***impossible,*** qui ne peut se faire.

impassiblement adv.
Avec impassibilité.
Note.- Attention à l'orthographe : im**p**a**ss**iblement.

impatiemment adv.
● Le *t* se prononce *s* [ɛ̃pasjamɑ̃].
● Avec impatience.
Note.- Attention à l'orthographe : im**p**a**tiemm**ent.

impatience n. f.
● Le *t* se prononce *s* [ɛ̃pasjɑ̃s].
● Manque de patience.
Notes.-
1° Attention à l'orthographe : im**p**a**tien**ce.
2° Ne pas confondre avec le mot ***impatiente*** qui désigne une fleur.

impatient, iente adj. et n. m. et f.
● Le *t* se prononce *s* [ɛ̃pasjɑ̃].
● Qui manque de patience.
Note.- Attention à l'orthographe : im**p**a**tien**t.

impatiente n. f.
● Le *t* se prononce *s* [ɛ̃pasjɑ̃t].
● Nom vulgaire de la fleur appelée ***balsamine.***
Notes.-
1° Attention à l'orthographe : im**p**a**tien**te.
2° Ne pas confondre avec le mot ***impatience*** qui désigne un manque de patience.

impatienter v. tr., pronom.
● Le *t* se prononce *s* [ɛ̃pasjɑ̃te].
● **Transitif.** Exaspérer, faire perdre patience.
● **Pronominal.** Perdre patience. *L'institutrice s'est impatientée.*
Note.- Attention à l'orthographe : im**p**a**tien**ter.

impavide adj.
Qui ne manifeste aucune crainte, aucune peur.
Note.- Ne pas confondre avec le mot ***impassible,*** qui ne manifeste pas d'émotion.

impayable adj.
(Fam.) Cocasse.
Note.- Attention à l'orthographe : im**p**a**y**able.

impayé, ée adj. et n. m.
Qui n'a pas été payé. *Un solde impayé. Comptabiliser les impayés.*
Note.- Attention à l'orthographe : im**p**a**y**é.

impeccable adj.
Sans défaut. *Une coiffure impeccable.*
Note.- Attention à l'orthographe : im**p**e**cc**able.

impeccablement adv.
De façon impeccable.
Note.- Attention à l'orthographe : im**pecc**ablement.

impécunieux, ieuse adj.
(Litt.) Pauvre.

impécuniosité n. f.
(Litt.) Manque d'argent.

impedimenta n. m. pl.
• Le premier *e* se prononce *é* et les lettres *en* se prononcent *in* [ɛ̃pedimɛ̃ta].
• Nom pluriel latin signifiant « bagages encombrants ».
• (Litt.) Ce qui entrave l'activité, le mouvement. *Des impedimenta.*
Note.- Attention à l'orthographe : im**p**edimenta.

impénétrabilité n. f.
Caractère de quelqu'un, de quelque chose d'impéné-trable.
Note.- Attention à l'orthographe : im**p**énétrabilité.

impénétrable adj.
• Inaccessible. *Un territoire impénétrable.*
• Incompréhensible. *Une énigme impénétrable.*
Note.- Attention à l'orthographe : im**p**énétrable.

impénitent, ente adj.
Invétéré, incorrigible. *Un voleur impénitent.*
Note.- Attention à l'orthographe : im**p**énitent.

impensable adj.
Inconcevable.

imper n. m.
Abréviation familière de **imperméable.** *Acheter des impers.*
Note.- Attention à l'orthographe : im**p**er.
Hom. **impair,** maladresse.

impératif, ive adj. et n. m.
• **Adjectif.** Autoritaire. *Un ton impératif.*
• **Nom masculin.** Exigence. *Les impératifs de la mode.*

(Gramm.) Mode qui exprime :
• **Un ordre, un conseil, une prière.** *Étudie tes leçons. Viens te joindre à nous.*
• **Un souhait, un désir.** *Passez de bonnes vacances.*
Ce temps ne comporte que trois personnes :
• Deuxième personne du singulier. *Aime.*
Note.- Attention, pas de *s* final pour les verbes se terminant en *er.*
• Première personne du pluriel. *Aimons.*
• Deuxième personne du pluriel. *Aimez.*
Notes.-
1° Le verbe à l'impératif se joint par un trait d'union au pronom personnel qui le suit. *Raconte-lui cette histoire.* Si le verbe est intransitif, il n'est pas joint au pronom personnel par un trait d'union. *Viens te laver.*
2° Si le verbe à l'impératif est suivi de deux pronoms, le pronom complément d'objet direct s'écrit en premier lieu et deux traits d'union sont alors nécessaires. *Dis-le-moi.*
3° Devant les pronoms *en* et *y* non suivis d'un infinitif, les verbes du premier groupe (er) s'écrivent avec un *s*

euphonique et se joignent aux pronoms *en* ou *y* par un trait d'union. *Donnes-en, entres-y.*

impérativement adv.
De façon impérative.
Note.- Attention à l'orthographe : i**m**pérativement.

impératrice n. f.
• Femme d'un empereur.
• Souveraine.
Note.- Suivis d'un nom propre, les mots **impératrice, empereur** s'écrivent avec une minuscule. *L'impératrice Eugénie.* Employés sans nom propre, ils s'écrivent avec une majuscule.

imperceptibilité n. f.
Caractère de ce qui est imperceptible.
Note.- Attention à l'orthographe : i**m**perceptibi**l**ité.

imperceptible adj.
Qui ne peut être perçu par les sens.
Note.- Attention à l'orthographe : i**m**perceptible.
Ant. **perceptible.**

imperceptiblement adv.
De façon imperceptible.
Note.- Attention à l'orthographe : i**m**perceptiblement.

imperfectible adj.
Qui n'est pas perfectible.
Note.- Attention à l'orthographe : i**m**perfectible.
Ant. **perfectible.**

imperfection n. f.
• État de ce qui n'est pas parfait.
• Défaut. *Il y a quelques imperfections dans ce travail.*
Note.- Attention à l'orthographe : i**m**perfection.

impérial, iale, iaux adj.
Qui appartient à un empereur, à un empire. *Des attributs impériaux.*
Note.- Attention à l'orthographe : i**m**périal.

impériale n. f.
Étage supérieur d'un véhicule. *Autobus à impériale.*
Note.- Attention à l'orthographe : i**m**périale.

impérialement adv.
De façon impériale.
Note.- Attention à l'orthographe : i**m**périalement.

impérialisme n. m.
Politique d'expansion, de domination.
Note.- Attention à l'orthographe : i**m**périalisme.

impérialiste adj. et n. m. et f.
Qui relève de l'impérialisme.
Note.- Attention à l'orthographe : i**m**périaliste.

impérieusement adv.
De façon impérieuse.
Note.- Attention à l'orthographe : i**m**périeusement.

impérieux, ieuse adj.
• Irrésistible. *Un désir impérieux.*
• Autoritaire. *Un ton impérieux.*
Note.- Attention à l'orthographe : i**m**périeux.

impérissable adj.
Qui ne peut périr, durable. *Un souvenir impérissable.*
Note.- Attention à l'orthographe : i**m**périssable.

impéritie n. f.
- Le *t* se prononce *s* [ɛ̃perisi].
- (Litt.) Incompétence.

Note.- Attention à l'orthographe : i**m**péritie.

imperméabilisation n. f.
Action d'imperméabiliser.

Note.- Attention à l'orthographe : i**m**perméabilisation.

imperméabiliser v. tr.
Rendre imperméable.

Note.- Attention à l'orthographe : i**m**perméabiliser.

imperméabilité n. f.
Qualité de ce qui est imperméable.

Note.- Attention à l'orthographe : i**m**perméabilité.

imperméable adj. et n. m.
- **Adjectif**

Qui ne peut être pénétré par un liquide. *Des bottes imperméables.*

Ant. **perméable**.
- **Nom masculin**

- S'abrège familièrement en **imper**.
- Vêtement pour la pluie.

Note.- Attention à l'orthographe : i**m**perméable.

impersonnel, elle adj.
- Qui n'a pas de personnalité, banal. *Un ton impersonnel.*
- *Verbe impersonnel.* Se dit d'un verbe qui n'est usité qu'à la troisième personne du singulier et dont le sujet demeure indéterminé. *(Il neige, il vente, etc.).*

V. Tableau - **VERBE**.

Note.- Attention à l'orthographe : i**m**personnel.

impersonnellement adv.
De façon impersonnelle.

Note.- Attention à l'orthographe : i**m**perso**nn**ell**e**ment.

impertinemment adv.
Effrontément.

Note.- Attention à l'orthographe : i**m**pertin**emm**ent.

impertinence n. f.
Insolence.

Note.- Attention à l'orthographe : i**m**pertinence.

impertinent, ente adj. et n. m. et f.
Insolent, effronté.

Note.- Attention à l'orthographe : i**m**pertinent.

imperturbabilité n. f.
Caractère de ce qui est imperturbable.

Note.- Attention à l'orthographe : i**m**perturbabilité.

imperturbable adj.
Inébranlable, que rien ne peut émouvoir.

Note.- Attention à l'orthographe : i**m**perturbable.

imperturbablement adv.
De façon imperturbable.

Note.- Attention à l'orthographe : i**m**perturbablement.

impétigo n. m.
Maladie de la peau.

Note.- Attention au genre masculin de ce mot : *un* i**m**pétigo.

impétueusement adv.
Avec impétuosité.

Note.- Attention à l'orthographe : i**m**pétueusement.

impétueux, euse adj.
Fougueux, tumultueux.

Note.- Attention à l'orthographe : i**m**pétueux.

impétuosité n. f.
(Litt.) Fougue, ardeur.

Note.- Attention à l'orthographe : i**m**pétuosité.

impie adj. et n. m. et f.
- **Adjectif.** (Litt.) Qui est sans religion. *Des paroles impies.*
- **Nom masculin et féminin.** Athée.

Note.- Ce mot s'écrit avec un *e* muet, au masculin comme au féminin.

impiété n. f.
(Litt.) Action contraire à la religion.

Note.- Attention à l'orthographe : i**m**piété.

impitoyable adj.
Inflexible.

Note.- Attention à l'orthographe : i**m**pitoyable.

impitoyablement adv.
Sans pitié.

Note.- Attention à l'orthographe : i**m**pitoyablement.

implacable adj.
Sans pitié. *Une vengeance implacable.*

Note.- Attention à l'orthographe : i**m**placable.

implacablement adv.
De façon implacable.

Note.- Attention à l'orthographe : i**m**placablement.

implant n. m.
(Méd.) Pastille de médicament, d'hormone, etc., introduite sous la peau pour se résorber graduellement.

Note.- Attention à l'orthographe : impl**ant**.

implantation n. f.
Action d'implanter ; fait d'être implanté. *L'implantation d'une nouvelle entreprise.*

Note.- Attention à l'orthographe : i**m**pla**n**tation.

implanter v. tr., pronom.
- **Transitif.** Introduire. *Ils ont implanté une nouvelle technique.*
- **Pronominal.** Se fixer, s'installer.

Note.- Attention à l'orthographe : i**m**planter.

implication n. f.
- Action d'impliquer dans une affaire litigieuse.
- Relation logique.

Note.- Attention à l'orthographe : i**m**plication.

implicite adj.
Qui n'est pas formellement énoncé, mais qui peut être déduit.

Notes.-
1° Attention à l'orthographe : i**m**plicite.
2° Ne pas confondre avec le mot *explicite* qui désigne ce qui est énoncé formellement.

implicitement adv.
D'une manière implicite.

Note.- Attention à l'orthographe : i**m**plicitement.

impliquer v. tr., pronom.
● **Transitif**
- Supposer, comporter. *Ce terme implique une notion de pluralité.*
- (Péj.) Compromettre quelqu'un (dans une affaire fâcheuse). *Il est impliqué dans cette transaction frauduleuse.*
● **Pronominal**
(Fam.) Se donner à fond. *Ils se sont impliqués personnellement dans cette entreprise.*
Note.- Attention à l'orthographe : i**m**pliquer.

implorer v. tr.
Supplier. *Elle implorait son amie de l'aider.*
Note.- Attention à l'orthographe : i**m**plorer.

imploser v. intr.
Faire implosion. *Son téléviseur a implosé.*
Note.- Attention à l'orthographe : i**m**ploser.

implosion n. f.
Explosion vers l'intérieur.
Note.- Attention à l'orthographe : i**m**plosion.
Ant. **explosion.**

impoli, ie adj. et n. m. et f.
Qui manque de politesse.
Note.- Attention à l'orthographe : i**m**poli.

impoliment adv.
Avec impolitesse.
Note.- Attention à l'orthographe : i**m**poliment.
Ant. **poliment.**

impolitesse n. f.
Ignorance ou mépris des règles de politesse.
Note.- Attention à l'orthographe : i**m**politesse.

impondérable adj. et n. m.
● **Adjectif.** Dont on ne peut mesurer le poids.
● **Nom masculin.** (Gén. plur.) Éléments difficiles à apprécier, mais néanmoins déterminants.
Note.- Attention à l'orthographe : i**m**pondérable.

impopulaire adj.
Qui ne répond pas aux goûts du public.
Note.- Attention à l'orthographe : i**m**populaire.

impopularité n. f.
Caractère de ce qui est impopulaire.
Note.- Attention à l'orthographe : i**m**popularité.

importance n. f.
● Caractère de ce qui est important. *L'importance d'une décision. Elle attache beaucoup d'importance à cette question.*
● *D'importance.* De taille. *Une surprise d'importance.*
Note.- Attention à l'orthographe : i**m**portance.

important, ante adj. et n. m.
● **Adjectif**
- Qui est d'un grand intérêt, qui importe. *Une décision importante.*
- Considérable. *Une somme importante.*
● **Nom masculin**
- Essentiel. *L'important est d'être heureux.*
- *Faire l'important.* Se donner des airs avantageux.
Note.- Attention à l'orthographe : i**m**portant.

importateur n. m.
importatrice n. f.
Personne qui importe des biens et des services.
Note.- Attention à l'orthographe : i**m**portateur.

importation n. f.
● Action d'acheter des produits à l'étranger. *Faire l'importation de produits italiens.*
● Produits achetés à l'étranger. *Des importations italiennes.*
Note.- Attention à l'orthographe : i**m**portation.
Ant. **exportation.**

importer v. tr., intr.
● **Transitif.** Acheter des produits étrangers.
Ant. **exporter.**
● **Transitif indirect** et **intransitif.** Avoir de l'importance. *Que nous importe cette décision ?*
Note.- En ce sens, le verbe s'emploie avec la préposition *à* et n'est usité qu'à la troisième personne du singulier ou du pluriel et à l'infinitif.
● **Locutions**
- *N'importe.* Le verbe *importer* demeure invariable. *N'importe quels fruits peuvent composer la salade.*
- *Peu importe, qu'importe.* Ces expressions peuvent s'accorder ou rester invariables. *Peu importe les contraintes. Qu'importent les difficultés.*
- *N'importe quand.* À tout moment. *Il peut arriver n'importe quand.*
- *N'importe comment.* Par un moyen quelconque, sans soin. *Ils écrivent n'importe comment.*
- *N'importe où.* En un lieu quelconque. *Elle veut aller n'importe où, là où il fait beau.*
Note.- Attention à l'orthographe : i**m**porter.

import-export n. m. inv.
● Les *t* ne se prononcent pas [ɛ̃pɔrɛkspɔr].
● Commerce de produits importés et exportés.
Note.- Attention à l'orthographe : i**m**port-export.

importun, une adj. et n. m. et f.
Qui vient mal à propos.
Note.- Attention à l'orthographe : i**m**portun.

importuner v. tr.
(Litt.) Ennuyer.
Note.- Attention à l'orthographe : i**m**portuner.

imposable adj.
Assujetti à l'impôt.
Note.- Attention à l'orthographe : i**m**posable.

imposant, ante adj.
Qui impressionne par la grandeur, l'importance, la force.
Notes.-
1° Attention à l'orthographe : i**m**posant.
2° Ne pas confondre avec le participe présent invariable *imposant. Leurs supérieurs imposant leurs conditions, ils durent plier l'échine.*

imposer v. tr., pronom.
● **Transitif**
- Faire payer un impôt.
- Prescrire, dicter. *Imposer une tâche.*
● **Transitif indirect**
Commander le respect. *Il en impose par sa science.*

• Pronominal
Se faire accepter. *Elle s'est imposée très vite.*
Note.- Attention à l'orthographe : i**m**poser.

imposition n. f.
Action de faire payer un impôt. *Les taux d'imposition.*
Note.- Attention à l'orthographe : i**m**position.

impossibilité n. f.
Note.- Attention à l'orthographe : i**m**possibilité.
Ant. **possibilité.**

impossible adj. et n. m.
Irréalisable. *Une tâche impossible. À l'impossible, nul n'est tenu.*
Notes.-
1° Attention à l'orthographe : i**m**possible.
2° Ne pas confondre avec le mot **impassible**, qui ne manifeste pas d'émotion.

imposte n. f.
Partie fixe qui surmonte une porte, une fenêtre.
Note.- Attention au genre féminin de ce nom : **une** i**m**poste.

imposteur n. m.
(Litt.) Personne qui se fait passer pour quelqu'un d'autre, pour ce qu'elle n'est pas.
Notes.-
1° Attention à l'orthographe : i**m**posteur.
2° Ce nom n'a pas de forme féminine.

imposture n. f.
Tromperie.
Note.- Attention à l'orthographe : i**m**posture.

impôt n. m.
Contribution aux dépenses de l'État imposée aux particuliers, aux entreprises.
Note.- Attention à l'orthographe : i**m**pôt.

impotence n. f.
Invalidité.
Note.- Attention à l'orthographe : i**m**potence.

impotent, ente adj. et n. m. et f.
Invalide.
Note.- Attention à l'orthographe : i**m**potent.

impraticabilité n. f.
Caractère, état de ce qui est impraticable.
Note.- Attention à l'orthographe : i**m**praticabilité.

impraticable adj.
• Irréalisable.
• Où l'on ne passe que difficilement. *Une route impraticable.*
Note.- Attention à l'orthographe : i**m**praticable.

imprécation n. f.
(Litt.) Malédiction.

imprécatoire adj.
(Litt.) Qui s'apparente à une imprécation.
Note.- Attention à l'orthographe : i**m**précatoire.

imprécis, ise adj.
Incertain.
Note.- Attention à l'orthographe : i**m**précis.
Ant. **précis.**

imprécision n. f.
Manque de précision.
Note.- Attention à l'orthographe : i**m**précision.

imprégnation n. f.
Assimilation.
Note.- Attention à l'orthographe : i**m**prégnation.

imprégner v. tr.
• Le **é** se change en **è** devant une syllabe muette, sauf à l'indicatif futur et au conditionnel présent. *J'imprègne,* mais *j'imprégnerai.*
• Imbiber un corps d'un liquide. *Imprégner de solvant un chiffon.*
• Influencer. *Ils ont été imprégnés de ces principes philosophiques.*
Note.- Attention à l'orthographe : i**m**prégner.

imprenable adj.
• Qui ne peut être pris. *Une forteresse imprenable.*
• **Vue imprenable.** Vue qui ne peut pas être cachée par de nouveaux immeubles.
Note.- Attention à l'orthographe : i**m**prenable.

imprésario ou **impresario** n. m.
• Le **s** se prononce **s** ou **z** [ɛ̃presarjo] ou [ɛ̃prezarjo].
• Personne qui s'occupe de l'organisation de spectacles et des engagements d'un artiste. *Des imprésarios, des impresarios* ou (le pluriel italien) *impresarii.*
Note.- Attention à l'orthographe : i**m**présario.

imprescriptibilité n. f.
Caractère de ce qui est imprescriptible.
Note.- Attention à l'orthographe : i**m**prescriptibilité.

imprescriptible adj.
Qui conserve toujours sa valeur. *Des droits imprescriptibles.*
Notes.-
1° Attention à l'orthographe : i**m**prescriptible.
2° Ne pas confondre avec les mots suivants :
- **indescriptible**, qu'on ne peut décrire ;
- **indestructible**, qu'on ne peut détruire.
Ant. **prescriptible.**

impression n. f.
• Reproduction d'un texte par l'imprimerie.
• **Faute d'impression.** Erreur typographique. *Des fautes d'impression.*
• Sentiment ou sensation résultant de l'effet d'un agent extérieur.
• **Faire impression.** S'imposer fortement. *Vos exposés ont fait impression.*
Note.- Dans cette expression, le mot est invariable.
• **Avoir l'impression.** Croire, s'imaginer que. *J'ai l'impression qu'il dit la vérité.*
Note.- Attention à l'orthographe : i**m**pression.

impressionnabilité n. f.
(Litt.) Caractère de quelqu'un qui se laisse facilement impressionner.
Note.- Attention à l'orthographe : i**m**pressio**nn**abilité.

impressionnable adj.
Facile à impressionner.
Note.- Attention à l'orthographe : i**m**pressio**nn**able.

impressionnant, ante adj.
Émouvant, imposant. *Des œuvres impressionnantes.*
Notes-
1° Attention à l'orthographe : i**m**pressio**nn**ant.
2° Ne pas confondre avec le participe présent invariable
impressionnant. *Ces scènes impressionnant trop les enfants devront être supprimées.*

impressionner v. tr.
• Émouvoir, frapper.
• Influencer.
Note.- Attention à l'orthographe : i**m**pressio**nn**er.

impressionnisme n. m.
Mouvement pictural axé sur l'expression des impressions suscitées par la lumière et les objets.
Note.- Attention à l'orthographe : i**m**pressio**nn**isme.

impressionniste adj. et n. m. et f.
• **Adjectif.** Qui relève de l'impressionnisme. *Un tableau impressionniste.*
• **Nom masculin et féminin.** Peintre impressionniste. *Les impressionnistes sont ses peintres préférés.*
Note.- Attention à l'orthographe : i**m**pressio**nn**istes.

imprévisibilité n. f.
Caractère de ce qui est imprévisible.
Note.- Attention à l'orthographe : i**m**prévisibilité.

imprévisible adj.
Impossible à prévoir. *Cet accident était imprévisible.*
Note.- Attention à l'orthographe : i**m**prévisible.
Ant. **prévisible.**

imprévoyance n. f.
Défaut de prévoyance.
Note.- Attention à l'orthographe : i**m**prévoyance.

imprévoyant, ante adj.
Qui manque de prévoyance. *Des voyageurs imprévoyants.*
Note.- Attention à l'orthographe : i**m**prévoyant.
Ant. **prévoyant.**

imprévu, ue adj. et n. m.
• **Adjectif.** Inattendu. *Des résultats imprévus.*
• **Nom masculin.** Ce qui est imprévu. *En cas d'imprévu, téléphonez-moi.*
Note.- Attention à l'orthographe : i**m**prévu.

imprimable adj.
Qui peut être imprimé.
Note.- Attention à l'orthographe : i**m**primable.

imprimante n. f.
• (Inform.) Unité périphérique d'un ordinateur apte à produire une représentation permanente de données sous la forme de suites de caractères.
• *Imprimante à laser.* Imprimante dans laquelle un pinceau lumineux provenant d'un laser dessine sur une surface photosensible une image latente qui sera ensuite fixée à la chaleur.
• *Imprimante matricielle.* Imprimante dans laquelle chaque caractère est représenté par une configuration de points.
Note.- Attention à l'orthographe : i**m**primante.

imprimatur n. m. inv.
• Le *u* se prononce *u* [ɛ̃primatyr].

• Mot latin signifiant « qu'il soit imprimé ». *Des imprimatur.*
• Autorisation ecclésiastique de publier un texte, un ouvrage.
Note.- Attention à l'orthographe : i**m**primatur.

imprimé n. m.
• Texte reproduit par l'imprimerie. *Le tarif postal des imprimés.*
• Formulaire. *Des imprimés administratifs.*
Note.- Attention à l'orthographe : i**m**primé.

imprimer v. tr.
• Reproduire des caractères, des dessins par les techniques de l'imprimerie.
• Communiquer (un mouvement, une force).
Note.- Attention à l'orthographe : i**m**primer.

imprimerie n. f.
• Art d'imprimer les livres.
• Établissement où l'on imprime.
Note.- Attention à l'orthographe : i**m**primerie.

imprimeur n. m.
Personne qui exerce l'art de l'imprimerie.
Note.- Attention à l'orthographe : i**m**primeur.

improbabilité n. f.
Caractère de ce qui est improbable.
Note.- Attention à l'orthographe : i**m**probabilité.

improbable adj.
Douteux, qui a peu de chances de se produire.
Note.- Attention à l'orthographe : i**m**probable.

improductif, ive adj.
Qui ne produit rien. *Une terre improductive.*
Note.- Attention à l'orthographe : i**m**productif.

improductivité n. f.
Défaut de ce qui est improductif.
Note.- Attention à l'orthographe : i**m**productivité.

impromptu, ue adj., adv. et n. m.
• **Adjectif.** Improvisé. *Une fête impromptue.*
• **Adverbe.** De façon improvisée. *Il a fait un exposé impromptu.*
• **Nom masculin.** Petite pièce instrumentale. *Des impromptus pour le piano.*
Note.- Attention à l'orthographe : i**m**promptu.

imprononçable adj.
Impossible à prononcer.
Note.- Attention à l'orthographe : i**m**prononçable.

impropre adj.
Qui n'est pas exact, qui ne convient pas.
Note.- Attention à l'orthographe : i**m**propre.
V. **impropriété.**

improprement adv.
De façon impropre.
Note.- Attention à l'orthographe : i**m**proprement.

impropriété n. f.
Emploi incorrect d'un mot.
Notes.-
1° Attention à l'orthographe : i**m**propriété.
2° Dans cet ouvrage, les impropriétés fréquentes sont intégrées à l'ordre alphabétique et renvoient aux formes

correctes. Elles sont précédées d'un astérisque et sont composées en caractères maigres, les autres entrées étant en caractères gras.

improvisateur, trice n. m. et f.
Personne qui improvise.
Note.- Attention à l'orthographe : i*m*provisateur.

improvisation n. f.
Action, art d'improviser.
Note.- Attention à l'orthographe : i*m*provisation.

improviser v. tr.
Faire une chose sans préparation. *Improviser un exposé.*
Note.- Attention à l'orthographe : i*m*proviser.

improviste (à l') loc. adv.
Inopinément, par surprise. *Il est arrivé à l'improviste.*
Note.- Attention à l'orthographe : i*m*proviste.

imprudemment adv.
De façon imprudente.
Note.- Attention à l'orthographe : i*m*prud*emm*ent.

imprudence n. f.
• Défaut d'une personne prudente.
• Action irréfléchie.
Note.- Attention à l'orthographe : i*m*prudence.

imprudent, ente adj. et n. m. et f.
Téméraire, audacieux.
Notes.-
1° Attention à l'orthographe : i*m*prudent.
2° Ne pas confondre avec le mot **impudent**, qui qualifie ce qui est effronté.

impubère adj. et n. m. et f.
(Litt.) Qui n'a pas encore atteint l'âge de la puberté.
Note.- Attention à l'orthographe : i*m*pubère.
Ant. **pubère.**

impubliable adj.
Que l'on ne peut publier.
Note.- Attention à l'orthographe : i*m*publiable.
Ant. **publiable.**

impudemment adv.
Effrontément.
Note.- Attention à l'orthographe : i*m*pud*emm*ent.

impudence n. f.
Effronterie, audace.
Notes.-
1° Attention à l'orthographe : i*m*pudence.
2° Ne pas confondre avec les mots suivants :
- *impudeur*, ce qui manque de retenue ;
- *impudicité*, ce qui est indécent.

impudent, ente adj. et n. m. et f.
Effronté.
Notes.-
1° Attention à l'orthographe : i*m*pudent.
2° Ne pas confondre avec le mot **imprudent**, qui qualifie ce qui est téméraire.

impudeur n. f.
Manque de retenue, de réserve.
Notes.-
1° Attention à l'orthographe : i*m*pudeur.

2° Ne pas confondre avec les mots suivants :
- *impudence*, effronterie ;
- *impudicité*, indécence.

impudicité n. f.
Indécence.
Notes.-
1° Attention à l'orthographe : i*m*pudicité.
2° Ne pas confondre avec les mots suivants :
- *impudence*, effronterie ;
- *impudeur*, manque de retenue.

impudique adj.
Indécent. *Une tenue impudique.*

impudiquement adv.
De façon impudique.
Note.- Attention à l'orthographe : i*m*pudiquement.

impuissance n. f.
Déficience physique ou psychologique, pour l'homme.
Notes.-
1° Attention à l'orthographe : i*m*puissance.
2° Ne pas confondre avec les mots suivants :
- *frigidité*, absence de désir ;
- *stérilité*, impossibilité de concevoir.

impuissant, ante adj.
• Incapable, inefficace. *Ils étaient impuissants devant une telle injustice.*
• Incapable d'accomplir l'acte sexuel.
Note.- Attention à l'orthographe : i*m*puissant.

impulsif, ive adj. et n. m. et f.
Qui agit sous l'impulsion d'un instinct, sans réfléchir. *Elle est trop impulsive.*
Note.- Attention à l'orthographe : i*m*pulsif.
Ant. **réfléchi.**

impulsion n. f.
• Poussée.
• Force, instinct qui pousse à agir. *Il a agi sous l'impulsion de la colère.*
Note.- Attention à l'orthographe : i*m*pulsion.

impulsivement adv.
De façon impulsive.
Note.- Attention à l'orthographe : i*m*pulsivement.

impulsivité n. f.
Caractère impulsif de quelqu'un, de quelque chose.
Note.- Attention à l'orthographe : i*m*pulsivité.

impunément adv.
Sans subir de punition. *Il a détourné des fonds impunément.*
Note.- Attention à l'orthographe : i*m*punément.

impunité n. f.
Absence de punition.
Note.- Attention à l'orthographe : i*m*punité.

impur, ure adj.
• Qui contient des matières étrangères.
• Contraire à la chasteté.
Note.- Attention à l'orthographe : i*m*pur.

impureté n. f.
Présence d'un élément étranger dans quelque chose.
Il y a des impuretés dans cette pierre.
Note.- Attention à l'orthographe : i*m*pureté.

imputabilité n. f.
Caractère de ce qui est imputable, de ce que l'on peut imputer à quelqu'un.
Note.- Attention à l'orthographe : im̂putabilité.

imputable adj.
Qui doit être attribué à quelqu'un, à quelque chose.
Note.- Attention à l'orthographe : im̂putable.

imputation n. f.
• Accusation.
• (Fin.) Affectation d'une somme à un compte.
Note.- Attention à l'orthographe : im̂putation.

imputer v. tr.
• Attribuer la responsabilité d'une faute à quelqu'un. *On a injustement imputé ce crime à cette personne.*
• Porter une somme au débit d'un compte. *Imputer des frais de déplacement au compte de l'entreprise.*
Notes.-
1° Attention à l'orthographe : im̂puter.
2° Ne pas confondre avec le mot *amputer* qui signifie « couper un membre ».

imputrescibilité n. f.
Caractère de ce qui est imputrescible.
Note.- Attention à l'orthographe : im̂putrescibilité.

imputrescible adj.
Qui ne peut pourrir.
Note.- Attention à l'orthographe : im̂putrescible.
Ant. **putrescible.**

in adj. inv.
(Anglicisme) À la mode, en vogue.

in- préf.
Élément du latin à valeur négative. *Inacceptable.*
Note.- Si le radical commence par un *n*, le *n* du préfixe demeure. *Innommable, innovateur.* Devant les consonnes *l, m, r,* le préfixe devient *il-, im-, ir-. Illogique, immobile, irresponsable.*

inabordable adj.
• (Vx) D'un abord difficile.
• D'un prix élevé, exorbitant. *En hiver, les framboises sont inabordables.*

in absentia loc. adv.
• Attention à la finale, le *t* se prononce comme *s* [inapsɑ̃sja] ou *t* [inapsɛntja].
• Locution latine signifiant « en l'absence de ».
Note.- En typographie soignée, les mots étrangers sont composés en italique. Dans des textes déjà en italique, la notation se fait en romain. Pour les textes manuscrits, on utilisera les guillemets.

in abstracto loc. adv.
• Attention à la prononciation [inapstrakto]
• Locution latine signifiant « dans l'abstrait ».
Note.- En typographie soignée, les mots étrangers sont composés en italique. Dans des textes déjà en italique, la notation se fait en romain. Pour les textes manuscrits, on utilisera les guillemets.

inaccentué, ée adj.
Qui ne porte pas d'accent. *Une voyelle inaccentuée.*
Ant. **accentué.**

inacceptable adj.
Inadmissible.

inaccessibilité n. f.
Caractère, état de ce qui est inaccessible.
Note.- Attention à l'orthographe : inaccessibilité.

inaccessible adj.
Dont l'accès est impossible.
Note.- Attention à l'orthographe : inaccessible.

inaccoutumé, ée adj.
Inhabituel.
Ant. **coutumier.**

inachevé, ée adj.
Incomplet. *Un dessin inachevé.*

inachèvement n. m.
État de ce qui n'est pas achevé.
Ant. **achèvement.**

inactif, ive adj. et n. m. et f.
• Qui n'a pas d'activité.
• Inefficace.

inaction n. f.
Cessation de toute activité.

inactiver v. tr.
Rendre inactif.

inactivité n. f.
Absence d'activité.

inactuel, elle adj.
(Litt.) Qui n'est plus actuel.

inadaptation n. f.
Défaut d'adaptation.

inadapté, ée adj. et n. m. et f.
Qui est incapable de s'adapter à un milieu en raison de difficultés de comportement.
Note.- Ne pas confondre avec le mot *désadapté* qui désigne celui qui n'est plus adapté à son milieu en raison de son évolution.

inadéquat, ate adj.
Qui n'est pas adéquat, inapproprié. *Des mesures inadéquates.*

inadéquation n. f.
Caractère de ce qui n'est pas adéquat.

inadmissibilité n. f.
Caractère de ce qui ne peut être admis.

inadmissible adj.
• Inacceptable. *Son comportement est inadmissible.*
• Irrecevable.

inadvertance n. f.
• (Litt.) Inattention.
• *Par inadvertance*, locution adverbiale. Par mégarde.

inaliénable adj.
• (Dr.) Incessible. *Des droits inaliénables.*
• (Litt.) Qui ne peut être enlevé.
Note.- Attention à l'orthographe : inaliénable.

inaltérable adj.
Qui ne peut s'altérer.

inamical, ale, aux adj.
Hostile. *Des procédés inamicaux.*

inadmissible adj.
Inacceptable.

inamovibilité n. f.
Caractère de ce qui est inamovible.

inamovible adj.
Qui ne peut être déplacé, destitué. *Des fonctionnaires inamovibles.*

inanimé, ée adj.
• Qui est sans vie. *Une matière inanimée. Des objets inanimés.*
• Qui a perdu la vie ou la connaissance. *Elle tomba inanimée.*
Ant. **animé**

inanité n. f.
Caractère de ce qui est vain.
Note.- Ne pas confondre avec le mot *inanition* qui désigne une faiblesse causée par un manque de nourriture.

inanition n. f.
Faiblesse causée par un manque de nourriture.
Note.- Ne pas confondre avec le mot *inanité* qui désigne le caractère de ce qui est vain.

inaperçu, ue adj.
Passer inaperçu. Ne pas être remarqué.

inappétence n. f.
• (Litt.) Indifférence, manque de désir.
• Diminution de l'appétit.
Note.- Attention à l'orthographe : ina**pp**étence.

inapplicable adj.
Qui ne peut être appliqué. *Un règlement inapplicable.*
Note.- Attention à l'orthographe : ina**pp**licable.

inapplication n. f.
Manque d'application.
Note.- Attention à l'orthographe : ina**pp**lication.

inappréciable adj.
Inestimable.
Note.- Attention à l'orthographe : ina**pp**réciable.

inapte adj.
Incapable.
Note.- Ne pas confondre avec le mot *inepte* qui se dit d'une personne stupide.

inaptitude n. f.
Incapacité. *Son inaptitude à jouer du piano.*

inarticulé, ée adj.
Qui n'est pas articulé. *Des sons inarticulés.*

inassouvi, ie adj.
Insatisfait. *Une soif de connaître inassouvie.*

inassouvissement n. m.
(Litt.) État de ce qui ne peut pas être assouvi.
Note.- Attention à l'orthographe : ina**ss**ouvi**ss**ement.

inattaquable adj.
Irréfutable.
Note.- Attention à l'orthographe : ina**tt**aquable.

inattendu, ue adj.
Imprévu.
Note.- Attention à l'orthographe : ina**tt**endu.

inattentif, ive adj.
Distrait.
Note.- Attention à l'orthographe : ina**tt**entif.

inattention n. f.
Distraction. *Des fautes d'inattention.*
Note.- Attention à l'orthographe : ina**tt**ention.

inaudible adj.
Que l'on n'entend pas.

inaugural, ale, aux adj.
Qui concerne une inauguration. *Une séance inaugurale.*

inauguration n. f.
Cérémonie d'ouverture.

inaugurer v. tr.
• Procéder à l'inauguration de quelque chose. *Ils ont inauguré la nouvelle école.*
• Commencer, marquer le début de. *Inaugurer une nouvelle collaboration.*

inavouable adj.
Qui ne peut être avoué. *Des motifs inavouables.*

inavoué, ée adj.
Qui n'est pas avoué.

inca adj. inv. et n. inv. en genre
• **Adjectif invariable en genre et en nombre.** Relatif aux Incas. *La langue inca, les coutumes inca.*
• **Nom invariable en genre.** Les Incas. *Un Inca, une Inca.*
Note.- Lorsqu'il s'agit de la langue, l'adjectif ou le nom s'écrit avec une minuscule. Si le nom désigne une personne, la majuscule s'impose.

incalculable adj.
• Qu'on ne peut calculer.
• Impossible à évaluer, à apprécier. *Des difficultés incalculables.*

incandescence n. f.
• État d'un corps chauffé et rendu lumineux.
• *Lampe à incandescence.* Lampe qui éclaire à l'aide d'un filament chauffé à blanc.
Note.- Attention à l'orthographe : incand**esc**ence.

incandescent, ente adj.
Qui est en incandescence. *Des lampes incandescentes.*
Note.- Attention à l'orthographe : incand**esc**ent.

incantation n. f.
Parole magique.

incantatoire adj.
Propre à l'incantation. *Des formules incantatoires.*
Note.- L'adjectif conserve la même forme au masculin et au féminin : incantat**oire**.

incapable adj. et n. m. et f.
Qui n'a pas d'aptitude pour faire quelque chose. *Il est incapable de compter.*

incapacité n. f.
Impuissance, inaptitude.

incarcération n. f.
Emprisonnement.

incarcérer v. tr.
• Le *é* se change en *è* devant une syllabe muette, sauf à l'indicatif futur et au conditionnel présent. *J'incarcère,* mais *j'incarcérerai.*
• Mettre en prison. *Ils ont été incarcérés.*

incarnat, ate adj. et n. m.
• **Adjectif de couleur.** D'un rouge vif. *Des lèvres incarnates.*
Note.- Cet adjectif de couleur s'accorde en genre et en nombre avec le mot auquel il se rapporte.
V. Tableau - **COULEUR (ADJECTIFS DE).**
• **Nom masculin.** Rouge vif. *L'incarnat de ses joues.*

incarné, ée adj.
Ongle incarné. Ongle entré dans la chair.

incarner v. tr., pronom.
• **Transitif**
- Personnifier. *Incarner la justice.*
- Interpréter. *Cette comédienne incarna Antigone.*
• **Pronominal**
- Prendre une forme humaine, en parlant d'une divinité.
- Se réaliser en. *Ses rêves se sont incarnés en elle.*

incartade n. f.
Écart de conduite.

incassable adj.
Qui ne peut se casser.

incendiaire adj. et n. m. et f.
• **Adjectif**
- Propre à causer un incendie.
- (Fig.) Propre à enflammer les esprits. *Des textes incendiaires.*
• **Nom masculin et féminin**
Pyromane.
Note.- Le mot conserve la même forme au masculin et au féminin : incendi*aire.*

incendie n. m.
Destruction par le feu. *Un incendie dévastateur.*
Notes.-
1° Attention à l'orthographe : incend*ie.*
2° Ne pas confondre avec le mot *sinistre* qui, dans la langue des assurances, désigne une catastrophe causant des dommages (incendie, mais aussi inondation, tornade, etc.).

incendier v. tr.
• Redoublement du *i* à la première et à la deuxième personne du pluriel de l'indicatif imparfait et du subjonctif présent. *(Que) nous incendiions, (que) vous incendiiez.*
• Mettre en feu, détruire par le feu. *Incendier un immeuble.*

incertain, aine adj. et n. m. et f.
• Indéfini, imprécis.
• **Incertain + de.** L'adjectif se construit généralement avec la préposition *de,* mais il s'emploie également avec *sur* et *quand. Elle est incertaine de ce qui va se*

produire, sur l'évolution des choses, quand à ce que l'avenir lui réserve.

incertitude n. f.
Indécision.

incessamment adv.
• (Litt., vx) Sans cesse. *Elle écrit incessamment.*
• Sans délai. *Il part incessamment.*

incessant, ante adj.
Continuel.

incessibilité n. f.
(Dr.) Qualité de ce qui est incessible.

incessible adj.
(Dr.) Qui ne peut être cédé. *Un titre incessible.*

inceste n. m.
Union entre proches parents.
Note.- Attention au genre masculin de ce nom : *un* inceste.

incestueux, euse adj.
Coupable d'inceste.

inchangé, ée adj.
Qui est sans changement. *Les cours demeurent inchangés.*

inchavirable adj.
Qui ne peut chavirer.

incidemment adv.
Accessoirement.
Note.- Attention à l'orthographe : incide*mm*ent.

incidence n. f.
Effet, conséquence. *L'incidence de la baisse du franc sur les prix.*

incident n. m.
Évènement imprévu d'importance secondaire.
Note.- Ne pas confondre avec le mot *accident* qui désigne un événement malheureux.

incident, ente adj. et n. f.
• **Adjectif.** (Dr.) Accessoire.
• **Nom féminin.** Proposition insérée dans une autre dont elle fait partie. *L'incidente joue le rôle d'une parenthèse.*

incinérateur n. m.
Appareil servant à incinérer les déchets.

incinération n. f.
• Action de réduire en cendres.
• Crémation.

incinérer v. tr.
• Le *é* se change en *è* devant une syllabe muette, sauf à l'indicatif futur et au conditionnel présent. *J'incinère,* mais *j'incinérerai.*
• Réduire en cendres.

incise adj. f. et n. f.
(Ling.) Proposition intercalée dans une phrase. *Je viendrai certainement, répondit-il, si j'en ai la possibilité :* la proposition « répondit-il » est une incise. *Une proposition incise.*

Notes.-
1° Les verbes des propositions incises ont générale-ment le sens de «dire». L'incise se met entre deux virgules.
2° Ne pas confondre avec les mots suivants :
- *incisif*, qui coupe, mordant ;
- *incisive*, dent.

inciser v. tr.
Faire une incision au moyen d'un instrument tranchant. *Inciser une gencive.*

incisif, ive adj.
Mordant. *Une réplique incisive.*
Note.- Ne pas confondre avec le mot *incise* qui désigne une proposition intercalée dans une phrase.

incision n. f.
Coupure.

incisive n. f.
Dent.
Note.- Ne pas confondre avec le mot *incise* qui désigne une proposition intercalée dans une phrase.

incitation n. f.
Impulsion.

inciter v. tr.
Pousser. *Elle m'incita à accepter.*

incivil, ile adj.
(Litt.) Impoli, qui manque de civilité.
Note.- Ne pas confondre avec le mot *incivique*, qui manque de civisme.

incivilité n. f.
(Litt.) Caractère de ce qui est incivil.
Note.- Attention à l'orthographe : incivilité.

incivique adj.
Qui manque de civisme.
Note.- Ne pas confondre avec le mot *incivil* qui se dit d'une personne impolie.

incivisme n. m.
(Litt.) Manque de civisme.

inclémence n. f.
Rigueur (du climat).
Note.- Ce nom ne s'emploie plus qu'en parlant de la météorologie.

inclément, ente adj.
(Litt.) Rigoureux, froid (en parlant du climat).

inclinaison n. f.
État de ce qui est incliné. *L'inclinaison de la route.*
Note.- Ne pas confondre avec le mot *inclination* qui désigne un penchant.

inclination n. f.
(Litt.) Penchant. *Elle a une inclination pour la poésie.*
Note.- Ne pas confondre avec le mot *inclinaison* qui désigne l'état de ce qui est incliné.

incliner v. tr., intr., pronom.
• **Transitif**
- Rendre oblique. *Le vent incline le voilier.*
- Baisser. *Incliner la tête.*

• **Transitif indirect**
Incliner à. Être enclin à. *Elle incline à l'indulgence.*
• **Intransitif**
Être incliné. *La table incline un peu vers l'arrière.*
• **Pronominal**
- Se baisser, se courber.
- Se soumettre. *Ils se sont inclinés finalement et ont accepté la proposition.*

inclure v. tr.
• *J'inclus, tu inclus, il inclut, nous incluons, vous incluez, ils incluent. J'incluais, tu incluais, il incluait, nous incluions, vous incluiez, ils incluaient. J'inclus, tu inclus, il inclut, nous inclûmes, vous inclûtes, ils inclurent. J'inclurai. J'inclurais. Inclus, incluons, in-cluez. Que j'inclue, que tu inclues, qu'il inclue, que nous incluions, que vous incluiez, qu'ils incluent. Que j'inclusse, que tu inclusses, qu'il inclût, que nous inclussions, que vous inclussiez, qu'ils inclussent. Incluant. Inclus, incluse.*
• Introduire (dans). *Il inclut des plans dans son docu-ment.*
• Comprendre, intégrer. *Les dépenses que nous avons incluses dans la note de frais sont minimes.*
Note.- Au participe passé, le verbe s'écrit **inclus, incluse** à la différence de **exclu, exclue**, du verbe **exclure**.

inclus, use adj.
• Compris. *Taxe incluse.*
• *Y inclus*, locution prépositive. Y compris. *Envoyez-lui le manuscrit y inclus les annexes.* Cette locution prépositive demeure invariable.
Note.- La forme féminine de l'adjectif **inclus** est **incluse** à la différence de celle de l'adjectif **exclu** qui fait **exclue** au féminin.
V. **ci-inclus**.
Ant. **exclu**.

inclusion n. f.
Action d'inclure.
Ant. **exclusion**.

inclusivement adv.
En comprenant la chose dont on parle. *De la page 10 à 13 inclusivement.*
Ant. **exclusivement**.

incoercible adj.
Irrépressible. *Une joie incoercible.*
Note.- Attention à l'orthographe : inco**erci**ble.

incognito adv. et n. m.
• Le mot se prononce [ĕkɔɲito].
• Qui ne veut pas être reconnu. *Il voyage incognito. Garder l'incognito.*
Note.- Ne pas confondre avec le mot **anonyme**, qui se dit d'un auteur inconnu, volontairement ou non.

incohérence n. f.
Caractère de ce qui est incohérent.
Note.- Attention à l'orthographe : inco**hé**rence.

incohérent, ente adj.
Qui manque de logique, d'unité, de cohésion.
Note.- Attention à l'orthographe : inco**hé**rent.

incollable adj.
• Qui ne colle pas.
• (Fam.) Qui connaît toutes les réponses.
Note.- Attention à l'orthographe : inco*ll*able.

incolore adj.
Qui n'a pas de couleur. *Un vernis incolore.*
Notes.-
1° Attention à l'orthographe : inco*l*ore.
2° Cet adjectif conserve la même forme au masculin et au féminin : incol*ore*.

incomber v. tr. ind.
Être à la charge de, revenir obligatoirement à. *Cette responsabilité nous incombe. C'est à nous qu'il incombe d'agir.*
Note.- Le verbe se construit avec la préposition *à*.

incommensurabilité n. f.
Caractère de ce qui est incommensurable.
Note.- Attention à l'orthographe : inco*mm*ensurabilité.

incommensurable adj.
Qui ne peut être mesuré. *Une bonté incommensurable.*
Note.- Attention à l'orthographe : inco*mm*ensurable.

incommensurablement adv.
De façon incommensurable.
Note.- Attention à l'orthographe : inco*mm*ensurablement.

incommode adj.
Peu pratique.
Note.- Attention à l'orthographe : inco*mm*ode.

incommoder v. tr.
Indisposer, gêner. *Cette odeur de peinture les incommode.*
Note.- Attention à l'orthographe : inco*mm*oder.

incommunicabilité n. f.
Impossibilité de communiquer.
Note.- Attention à l'orthographe : inco*mm*unicabilité.

incommunicable adj.
Qui ne peut être communiqué.
Note.- Attention à l'orthographe : inco*mm*unicable.

incomparable adj.
Sans pareil.

incomparablement adv.
Sans comparaison possible.

incompatibilité n. f.
Impossibilité de s'entendre avec une autre personne.
Note.- Ne pas confondre avec les mots suivants :
- *désaccord*, différend ;
- *discorde*, désunion grave ;
- *dissidence*, division profonde qui conduit un groupe ou une personne à se désolidariser.

incompatible adj.
Qui ne peut s'accorder. *Des caractères incompatibles.*

incompétence n. f.
Manque de compétence.

incompétent, ente adj. et n. m. et f.
Qui n'est pas compétent.

incomplet, ète adj.
Qui n'est pas complet.

incomplètement adv.
D'une manière incomplète.

incompréhensibilité n. f.
(Litt.) État de ce qui est incompréhensible.

incompréhensible adj.
Insaisissable en raison de la nature même de l'objet. *Un mystère incompréhensible.*
Note.- Ne pas confondre avec le mot **inintelligible**, dont on ne peut saisir le sens en raison d'une mauvaise présentation de l'objet.

incompréhension n. f.
Incapacité à comprendre.

incompressibilité n. f.
Caractère de ce qui est incompressible.

incompressible adj.
Qui ne diminue pas de volume. *L'eau est un fluide incompressible, le gaz, un fluide compressible.*

incompris, ise adj. et n. m. et f.
Qui n'est pas compris.

inconcevable adj.
Inimaginable.
Note.- Ne pas confondre avec les mots suivants :
- *bizarre*, étonnant, singulier ;
- *extraordinaire*, exceptionnel ;
- *incroyable*, difficile à croire ;
- *inusité*, inhabituel ;
- *invraisemblable*, qui ne semble pas vrai.

inconciliable adj.
Opposé.

inconditionnel, elle adj. et n. m. et f.
• **Adjectif**. Absolu. *Un appui inconditionnel.*
• **Nom masculin et féminin**. Partisan sans réserve.

inconditionnellement adv.
De façon inconditionnelle.

inconduite n. f.
Conduite répréhensible.

inconfort n. m.
Manque de confort.

inconfortable adj.
Qui n'est pas confortable.

incongru, ue adj.
Non convenable.
Note.- Attention à l'orthographe : incon*gru*.

incongruité n. f.
Caractère de ce qui est incongru.
Note.- Attention à l'orthographe : incon*grui*té.

incongrûment adv.
De façon incongrue.
Note.- Attention à l'orthographe : incon*grû*ment.

inconnu, ue adj. et n. m. et f.
• **Adjectif**. Qui n'est pas connu. L'adjectif se construit avec les prépositions *à* ou *de*. *Un terme inconnu à tous, de tous.*

- **Nom masculin et féminin.** Étranger.
- **Nom féminin.** Variable mathématique. *Une équation à deux inconnues.*

inconsciemment adv.
De façon inconsciente.
Note.- Attention à l'orthographe : incon**sc**iemment.

inconscience n. f.
- Perte de connaissance.
- Absence de réflexion.
- Témérité.
Note.- Attention à l'orthographe : incon**sc**ience.

inconscient, iente adj. et n. m. et f.
- Qui a perdu connaissance. *Elle était inconsciente depuis quelques minutes.*
- Spontané. *Un geste inconscient.*
- Qui n'a pas conscience de ses actes. *C'est une inconsciente.*

inconscient n. m.
Ensemble de phénomènes étrangers à la conscience.

inconséquence n. f.
Irréflexion.

inconséquent, ente adj.
Qui n'a pas de suite dans les idées, illogique.

inconsidéré, ée adj.
Irréfléchi. *Des propos inconsidérés.*

inconsidérément adv.
De manière inconsidérée.

inconsistance n. f.
Absence de consistance.
Note.- Ne pas confondre avec le mot *inconstance* qui désigne une tendance à changer d'opinion.

inconsistant, ante adj.
Qui manque de consistance, de logique. *Des textes inconsistants.*

inconsolable adj.
Qui ne peut être consolé.
Note.- Cet adjectif se dit surtout d'une personne.

inconsommable adj.
Immangeable.

inconstance n. f.
Tendance à changer d'opinion, de sentiment.
Note.- Ne pas confondre avec le mot *inconsistance* qui désigne une absence de consistance.

inconstant, ante adj. et n. m. et f.
Infidèle.

inconstitutionnalité n. f.
Caractère de ce qui est inconstitutionnel.
Note.- Attention à l'orthographe : inconstitutio**nn**alité.

inconstitutionnel, elle adj.
Qui n'est pas conforme à la constitution. *Une loi inconstitutionnelle.*

inconstitutionnellement adv.
De façon inconstitutionnelle.

incontestable adj.
Indéniable, authentique.

incontestablement adv.
De façon incontestable.

incontesté, ée adj.
Admis.

incontinence n. f.
- Absence de sobriété dans le langage.
- *Incontinence urinaire.* Énurésie.

incontinent adv.
(Litt.) Aussitôt. *Et elle s'envola incontinent pour l'Italie.*

incontinent, ente adj.
Qui souffre d'incontinence.

incontournable adj.
Inévitable.

incontrôlable adj.
Qui ne peut être vérifié.

inconvenance n. f.
Impertinence, indécence.
Note.- Attention à l'orthographe : inconven**an**ce.

inconvenant, ante adj.
Contraire aux convenances. *Des propos inconvenants.*

inconvénient n. m.
Désavantage. *Les inconvénients de cette solution.*

inconvertible adj.
(Fin.) Qui ne peut être converti. *Une monnaie inconvertible.*

incoordination n. f.
Absence de coordination.

incorporation n. f.
- Action d'incorporer.
- État de ce qui est incorporé.

incorporer v. tr.
- Mélanger. *Incorporer de la farine à une crème.*
- Intégrer. *Une montre avec chronomètre incorporé.*

incorrect, ecte adj.
- Fautif. *La réponse est incorrecte.*
- Inconvenant.

incorrectement adv.
D'une manière incorrecte.

incorrection n. f.
Défaut de correction.

incorrigible adj.
Qui ne peut être corrigé.

incorruptibilité n. f.
Intégrité.

incorruptible adj. et n. m. et f.
- Inaltérable. *Une matière incorruptible.*
- Qui ne se laisse pas corrompre. *Un agent incorruptible.*

incrédule adj. et n. m. et f.
Sceptique.

incrédulité n. f.
Scepticisme.

increvable adj.
- Qui ne peut crever. *Un pneu increvable.*

• (Fam.) Infatigable. *Il travaille sans arrêt, il est increvable.*

incrimination n. f.
Accusation.

incriminer v. tr.
Accuser, blâmer.

incrochetable adj.
Qui ne peut être crocheté. *Une serrure incrochetable.*

incroyable adj. et n. m.
Difficile à croire.
Note.- Ne pas confondre avec les mots suivants :
- *bizarre*, étonnant, singulier ;
- *extraordinaire*, remarquable ;
- *inconcevable*, inimaginable ;
- *inusité*, inhabituel ;
- *invraisemblable*, qui ne semble pas vrai.

incroyablement adv.
D'une manière incroyable.

incroyance n. f.
Absence de croyance religieuse.

incroyant, ante adj. et n. m. et f.
Qui n'est pas croyant. *Les incroyants.*

incrustation n. f.
Action d'incruster ; ce qui est incrusté.

incruster v. tr., pronom.
• **Transitif.** Appliquer une matière sur une autre pour l'orner. *Incruster une pierre précieuse sur de l'or.*
• **Pronominal.** Adhérer fortement, s'implanter profondément.

incubateur, trice adj. et n. m.
Qui favorise l'incubation des œufs. *Un appareil incubateur. Un incubateur perfectionné.*

incubation n. f.
• Développement de l'embryon dans l'œuf.
• Période comprise entre l'infection d'un organisme et l'apparition de la maladie. *La période d'incubation de cette maladie est de 15 jours.*

inculpation n. f.
• Action d'inculper.
• Faute attribuée. *Une inculpation de vol.*

inculpé, ée adj. et n. m. et f.
Personne présumée coupable.
Note.- Ne pas confondre avec le nom *accusé* qui désigne une personne reconnue coupable.

inculper v. tr.
Imputer officiellement un crime à quelqu'un.
Note.- Ne pas confondre avec le verbe *inculquer* qui signifie « enseigner ».

inculquer v. tr.
Enseigner.
Note.- Ne pas confondre avec le verbe *inculper* qui signifie « imputer un crime à quelqu'un ».

inculte adj.
• Non cultivé. *Une terre inculte.*
• Sans culture intellectuelle. *Une personne inculte.*

incunable adj. et n. m.
Livre imprimé qui date des débuts de l'imprimerie (avant 1500).
Note.- Ne pas confondre avec le mot *incurable* qui désigne un malade qu'on ne peut guérir.

incurabilité n. f.
Caractère d'une maladie, d'un malade incurable.

incurable adj. et n. m. et f.
Qui ne peut être guéri.
Note.- Ne pas confondre avec le mot *incunable* qui désigne un livre ancien.

incurablement adv.
De façon incurable.

incurie n. f.
Négligence, laisser-aller. *Cet administrateur a fait preuve d'incurie.*

incursion n. f.
Invasion, irruption momentanée.

incurver v. tr., pronom.
• **Transitif.** Courber.
• **Pronominal.** Prendre une forme courbe. *À cet endroit, la route s'incurve.*

indécemment adv.
D'une manière indécente.

indécence n. f.
Impudicité.

indécent, ente adj.
Impudique, obscène.
Note.- Attention à l'orthographe : indéce**n**t.

indéchiffrable adj.
Illisible, que l'on ne peut déchiffrer.

indécis, ise adj. et n. m. et f.
Incertain.

indécision n. f.
Hésitation.

indécomposable adj.
Qui ne peut être décomposé. *Un tout indécomposable.*

indécrottable adj.
(Fam.) Incorrigible.

indéfectible adj.
Solide.

indéfectiblement adv.
De façon indéfectible.

indéfendable adj.
Qu'on ne peut défendre. *Cette opinion est indéfendable.*

indéfini, ie adj.
Indéterminé. *Un article indéfini.*
V. Tableau - **INDÉFINI (ADJECTIF)**.
V. Tableau - **ARTICLE**.

indéfiniment adv.
D'une manière indéfinie, éternellement.

ADJECTIF INDÉFINI

L'adjectif indéfini détermine le nom, mais d'une manière générale ou vague au point de vue de la quantité, de la ressemblance ou de la différence.

Aucun, nul, chaque, maint, plusieurs, quelque, certain, divers, tel, tout, autre, même, différent...

 Quelques arbres, plusieurs plantes, les mêmes fleurs.

V. **aucun, certain, chaque, même, nul, plusieurs, quelque, tout.**

V. Tableau - **ADJECTIF.**

---

indéfinissable adj.
Indescriptible. *Un parfum indéfinissable.*

indéfrisable adj. et n. f.
(Vx) Permanente.

indélébile adj.
Qui ne peut s'effacer. *Une encre indélébile.*
Note.- Attention à l'orthographe : ind**élé**bile.
Ant. **délébile**

indélébilité n. f.
Caractère de ce qui indélébile.

indélicat, ate adj.
• Grossier.
• Malhonnête.

indélicatement adv.
Malhonnêtement.

indélicatesse n. f.
• Impolitesse.
• Malversation. *Il a commis une indélicatesse.*

indémaillable adj.
Dont les mailles ne peuvent se défaire. *Des collants indémaillables.*

indemne adj.
Sans dommage.
Note.- Attention à l'orthographe : inde**mn**e.

indemnisable adj.
Qui a droit à une indemnité.
Note.- Attention à l'orthographe : inde**mn**isable.

indemnisation n. f.
Action d'indemniser.
Note.- Attention à l'orthographe : inde**mn**isation.

indemniser v. tr.
Dédommager.

indemnité n. f.
Somme accordée en compensation de frais engagés, en réparation d'un préjudice. *Une indemnité de déménagement, une indemnité de licenciement.*

Note.- Ne pas confondre avec le mot ***allocation*** qui désigne une prestation versée par l'État. *Des allocations familiales.*

indémontrable adj.
Qui ne peut être prouvé.

indéniable adj.
Incontestable.

indéniablement adv.
De façon indéniable.

indépendamment adv.
• En faisant abstraction.
• Outre, en plus de. *Indépendamment de ses vacances, il a plusieurs congés.*

indépendance n. f.
Autonomie.
Note.- Attention à l'orthographe : indép**en**d**an**ce.

indépendant, ante adj.
Libre.

indépendantiste adj. et n. m. et f.
Partisan de l'indépendance. *Les indépendantistes de la Nouvelle-Calédonie.*

indéracinable adj.
Qui ne peut être déraciné. *Des préjugés indéracinables.*

indescriptible adj.
Qu'on ne peut décrire. *Un désordre indescriptible.*
Note.- Ne pas confondre avec les mots suivants :
- ***imprescriptible***, qui conserve toujours sa valeur ;
- ***indestructible***, qu'on ne peut détruire.

indésirable adj. et n. m. et f.
Se dit d'une personne dont la présence n'est pas désirée. *Ce sont des indésirables.*

indestructibilité n. f.
Caractère de ce qui est indestructible.

indestructible adj.
Qu'on ne peut détruire.

Note.- Ne pas confondre avec les mots suivants :
- **imprescriptible**, qui conserve toujours sa valeur ;
- **indescriptible**, qu'on ne peut décrire.

indestructiblement adv.
D'une manière indestructible.

indéterminable adj.
Indéfinissable.

indétermination n. f.
• Imprécision, en parlant d'une chose.
• Indécision, en parlant d'une personne.

indéterminé, ée adj.
Qui n'est pas déterminé, indistinct.

index n. m.
• Le *x* se prononce [ɛ̃dɛks].
• Deuxième doigt de la main.
• Table alphabétique. *Consulter des index.*

indexation n. f.
Action d'indexer. *Des clauses d'indexation.*

indexer v. tr.
• Relier la valeur d'un titre, d'un prix, etc. à un indice. *Indexer un prix.*
• Créer l'index d'un ouvrage, d'un texte.

indicateur n. m.
• Brochure, tableau. *L'indicateur des chemins de fer.*

Note.- Le mot peut être pris adjectivement. *Un tableau indicateur.*
• Appareil de mesure. *Un indicateur de niveau.*
• (Écon.) Indice. *Les indicateurs de l'inflation.*

indicateur n. m.
Dénonciateur, informateur. *Un indicateur de police.*

indicatif, ive adj. et n. m.
• **Adjectif**
Qui indique. *Cette réponse est indicative de son état d'esprit.*
• **Nom masculin**
- (Gramm.) Mode du verbe indiquant l'état ou l'action d'une manière absolue. *Le présent de l'indicatif.*
V. Tableau - **INDICATIF**.
• *Indicatif d'appel*. Ensemble de chiffres ou de lettres servant à identifier un émetteur-récepteur télégraphique ou radiophonique.
• *Indicatif téléphonique*. Ensemble de chiffres destiné à sélectionner une zone téléphonique et que l'on compose avant le numéro d'un correspondant.
• *Indicatif musical*. Pièce musicale qui annonce une émission régulière de télévision, de radio.

indication n. f.
Renseignement. *Grâce à ses indications, j'ai pu trouver le renseignement désiré.*

INDICATIF

L'indicatif est le mode du réel, le mode des faits certains. C'est celui qui est le plus fréquemment utilisé ; il comprend un temps pour le **présent,** cinq temps pour le **passé** et deux temps pour le **futur.**

• **LE PRÉSENT**

Le **présent** exprime un fait qui s'accomplit au moment où l'on parle.
Il fait beau aujourd'hui.

• **LE PASSÉ**

- L'**imparfait** traduit un fait qui dure, un fait non achevé quand un autre a eu lieu.
Il pleuvait quand nous sommes arrivés.

- Le **passé simple** exprime un fait passé qui s'est produit en un temps déterminé.
Le 14 décembre, il neigea abondamment.

- Le **passé composé** décrit un fait accompli.
Il a bien travaillé.

- Le **passé antérieur** traduit un fait passé qui en précède un autre dans le temps.
Quand ils eurent terminé, ils partirent.

- Le **plus-que-parfait** exprime un fait entièrement achevé lors d'un fait passé.
Il avait fait très froid cet hiver-là.

• **LE FUTUR**

- Le **futur** exprime un fait qui aura lieu dans l'avenir.
Nous finirons bientôt.

- Le **futur antérieur** traduit un fait qui devra en précéder un autre dans l'avenir.
Quand il aura terminé, il prendra des vacances.

indice n. m.
Signe. *Un indice en forte hausse.*
Note.- Attention au genre masculin de ce nom : *un* indice.

indiciaire adj.
Relatif à un indice.
Note.- Attention à l'orthographe de cet adjectif qui conserve la même forme au masculin et au féminin : indici*aire.*

indicible adj.
Inexprimable. *Une joie indicible.*

indiciblement adv.
De façon indicible.

indien, ienne adj. et n. m. et f.
• Qui habite l'Inde. *Un citoyen indien.*
• Qui appartient aux populations autochtones de l'Amérique. En ce sens, on dit plutôt *amérindien.*
Notes.-
1° Contrairement à l'adjectif, le nom prend une majuscule.
2° Ne pas confondre avec les mots suivants :
- *hindou,* qui désigne un adepte de l'hindouisme ;
- *Amérindien,* qui désigne un Indien d'Amérique.

indienne n. f.
Toile de coton imprimée.

indifféremment adv.
Sans faire de différence.

indifférence n. f.
Insensibilité, froideur.

indifférencié, ée adj.
Non différencié.
Note.- Attention à l'orthographe : indifféren*cié.*

indifférent, ente adj.
Sans intérêt.

indifférer v. tr.
• Le *é* se change en *è* devant une syllabe muette, sauf à l'indicatif futur et au conditionnel présent. *Je l'indiffère,* mais *je l'indifférerai.*
• (Fam.) Être indifférent (à quelqu'un). *Ces manœuvres l'indiffèrent.*
Note.- Ce verbe a généralement pour complément indirect un pronom personnel.

indigence n. f.
Grande pauvreté.

indigène adj. et n. m. et f.
• (Vx) Autochtone.
• (Péj.) Originaire d'une région occupée par des colonisateurs.

indigent, ente adj. et n. m. et f.
Pauvre. *Des indigents qui errent dans les rues.*

indigeste adj.
Difficile à digérer. *La fondue est indigeste.*
Ant. **digeste**

indigestion n. f.
Indisposition causée par une mauvaise digestion.

indignation n. f.
Révolte, colère suscitée par une injustice, un affront, etc.

indigne adj.
• Qui ne mérite pas (quelque chose de favorable). *Cette personne est indigne de votre gentillesse.*
• Méprisable. *Un père indigne.*

indignement adv.
De façon indigne.

indigner v. tr., pronom.
• Les lettres *gn* sont suivies d'un *i* à la première et à la deuxième personne du pluriel de l'indicatif imparfait et du subjonctif présent. *(Que) nous indignions, (que) vous indigniez.*
• **Transitif**
- Révolter, remplir d'indignation. *Cette proposition a indigné le conseil.*
• **Être indigné que + subjonctif.** *Ils sont indignés que cette personne ait l'audace de les contredire.*
• **Pronominal**
Éprouver un sentiment de colère, de révolte. *Elle s'indigna de cette décision, contre ce choix. Il s'indigne qu'elle soit absente, de voir sa collègue absente.*
Note.- Le verbe se construit avec les prépositions *de* ou *contre* suivies d'un nom, avec la préposition *de* suivie de l'infinitif ou avec la conjonction *que* suivie du subjonctif.

indignité n. f.
Caractère de ce qui est indigne.

indigo adj. inv. et n. m.
• **Adjectif de couleur invariable**
D'un bleu foncé avec des reflets violets. *Des tissus indigo.*
V. Tableau - **COULEUR (ADJECTIFS DE).**
• **Nom masculin**
- Bleu violacé.
- Matière colorante.

indiquer v. tr.
• Montrer, signaler. *Elle lui indiqua la route du village.*
• Révéler, dénoter. *Cette écriture indique une certaine instabilité.*

indirect, ecte adj.
• Qui n'est pas direct.
• *Complément indirect.* Complément rattaché au verbe par l'intermédiaire d'une préposition.
V. Tableau - **COMPLÉMENT.**

indirectement adv.
D'une manière indirecte.

indisciplinable adj.
Qui ne peut être discipliné.

indiscipline n. f.
Insubordination.

indiscipliné, ée adj.
Qui manque de discipline.

indiscret, ète adj. et n. m. et f.
Curieux. *Des questions indiscrètes.*

indiscrètement adv.
D'une manière indiscrète.

indiscrétion n. f.
Curiosité.

indiscutable adj.
Indéniable.

indiscutablement adv.
Certainement, assurément.

indispensable adj. et n. m.
• Essentiel, vital. *La chaleur est indispensable au bien-être. Ce livre m'est indispensable.*
• **Il est indispensable de + infinitif, il est indispensable que + subjonctif.** *Il est indispensable de faire ceci, que tu fasses ceci.* Le verbe impersonnel se construit avec *de* et l'infinitif, avec *que* et le subjonctif.

indisponibilité n. f.
État de ce qui est indisponible.

indisponible adj.
Qui n'est pas disponible.

indisposé, ée adj.
Souffrant.

indisposer v. tr.
Incommoder, importuner.

indisposition n. f.
Malaise.

indissociable adj.
Qui ne peut être séparé.

indissolubilité n. f.
Caractère de ce qui ne peut être dissous.

indissoluble adj.
• Qui ne peut être rompu (en parlant d'un lien). *Une union indissoluble.*
• Qui ne peut être dissous (en parlant d'un corps).

indissolublement adv.
De façon indissoluble.

indistinct, incte adj.
• Les lettres *ct* se prononcent ou non au masculin [ɛ̃distɛ̃(kt)], contrairement au féminin où ces lettres se prononcent toujours.
• Imprécis, confus.
Note.- Attention à l'orthographe : indistin**ct**.

indistinctement adv.
• Le *c* se prononce [ɛ̃distɛ̃ktəmɑ̃].
• De façon indistincte.

individu n. m.
• Personne quelconque.
• (Péj.) Personne inconnue.

individualisation n. f.
Action de rendre individuel, son résultat.

individualiser v. tr.
Particulariser.

individualisme n. m.
Tendance à s'affirmer indépendamment des autres.

individualité n. f.
Originalité propre d'une personne.

individuel, elle adj.
• Qui appartient à l'individu.
• À la disposition d'une seule personne. *Un siège individuel.*
Ant. **général.**

individuellement adv.
Isolément.

indivis, ise adj.
• (Dr.) Qui n'est pas divisé.
• *Copropriété indivise.* Dont la totalité appartient en commun à tous les propriétaires, dans une proportion réglée par contrat.
Ant. **divis.**

indivisément adv.
Par indivis.
Note.- Attention à l'orthographe : indivis**é**ment.

indivisibilité n. f.
Caractère de ce qui est indivisible.

indivisible adj.
Qui ne peut être divisé, qui forme un tout.

indivision n. f.
État de ce qui est indivis.

indochinois, oise adj. et n. m. et f.
Relatif à l'Indochine.
Note.- Contrairement à l'adjectif, le nom prend une majuscule.

indocile adj.
Désobéissant.

indocilité n. f.
Caractère de celui qui est indocile.

indo-européen, éenne adj. et n. m. et f.
• Se dit des langues d'Europe et d'Asie qui ont une origine commune. *Les langues indo-européennes, l'indo-européen.*
• Se dit des peuples qui utilisent ces langues.
Note.- Lorsqu'il s'agit de la langue, l'adjectif ou le nom s'écrit avec une minuscule. Si le nom désigne une personne, la majuscule s'impose aux deux éléments du nom.

indolemment adv.
Avec indolence.
Note.- Attention à l'orthographe : indol**emm**ent.

indolence n. f.
Insouciance.
Note.- Attention à l'orthographe : indol**en**ce.

indolent, ente adj. et n. m. et f.
Apathique.
Notes.-
1° Attention à l'orthographe : indol**en**t.
2° Ne pas confondre avec le mot *indolore*, qui ne fait pas souffrir.

indolore adj.
Qui ne provoque aucune douleur physique.
Note.- Ne pas confondre avec le mot *indolent*, apathique.

indomptable adj.
• Le *p* ne se prononce pas [ɛ̃dɔ̃tabl].
• Qu'on ne peut dompter. *Un fauve indomptable.*
• (Fig.) Qu'on ne peut maîtriser. *Un caractère indomptable.*

indonésien, ienne adj. et n. m. et f.
Relatif à l'Indonésie.
Note.- Contrairement à l'adjectif, le nom prend une majuscule.

in-douze adj. inv. et n. m. inv.
• Abréviation *in-12* (s'écrit sans point).
• (Imprim.) Se dit d'une feuille d'impression qui est pliée en 12 feuillets (24 pages).
• Se dit d'un livre de ce format. *Des éditions in-douze. Des in-douze.*

indu, ue adj.
(Litt.) Non convenable. *C'est une heure indue pour téléphoner.*
Note.- Attention à l'orthographe : ind**u**.

indubitable adj.
Incontestable.

indubitablement adv.
Sans aucun doute.

inducteur, trice adj. et n. m.
Qui produit l'induction. *Fil inducteur.*

inductif, ive adj.
• Qui procède par induction. *Un raisonnement inductif.*
• Qui a rapport à l'induction. *Courant inductif.*

induction n. f.
• Raisonnement qui va du particulier au général, des effets vers la cause.
Ant. **déduction.**
• Transmission d'électricité.

induire v. tr.
• *J'induis, tu induis, il induit, nous induisons, vous induisez, ils induisent. J'induisais. J'induisis. J'induirai. J'induirais. Induis, induisons, induisez. Que j'induise. Que j'induisisse. Induisant. Induit, ite.*
• Inciter, pousser à. *Il m'a induit à passer à l'action.*
• *Induire en erreur.* Tromper. *J'ai été induit en erreur par cette personne.*
• Entraîner, occasionner.

indulgence n. f.
Clémence.

indulgent, ente adj.
Clément, tolérant. *Il est indulgent envers les gourmands, mais non pour les gloutons.*
Note.- L'adjectif se construit avec **envers** ou **pour.**

indûment adv.
D'une manière indue.
Note.- Attention à l'orthographe : ind**û**ment.

industrialisation n. f.
Action de doter une région d'établissements industriels.

industrialiser v. tr., pronom.
• **Transitif.** Doter d'établissements industriels.
• **Pronominal.** Être exploité industriellement.

industrie n. f.
• Activité économique ayant pour objet la transformation des matières premières en produits finis.
• Ensemble des entreprises d'un secteur. *L'industrie pharmaceutique.*

industriel, elle adj.
Relatif à l'industrie. *Le secteur industriel.*

industriel n. m.
Chef d'industrie.

industriellement adv.
Relativement à l'industrie.

industrieux, euse adj.
(Litt.) Habile, ingénieux.

inébranlable adj.
Ferme, inflexible. *Il ne changera pas d'avis, il est inébranlable.*

inédit, ite adj. et n. m.
• Non publié.
• Inusité.

ineffable adj.
Extraordinaire, sublime. *Un bonheur ineffable.*
Note.- Attention à l'orthographe : ine**ff**able.

ineffablement adv.
(Litt.) De façon ineffable.

ineffaçable adj.
Qui ne peut disparaître. *Un souvenir ineffaçable.*
Note.- Attention à l'orthographe : ineffa**ç**able.

inefficace adj.
Infructueux. *Une mesure inefficace.*
Note.- Attention à l'orthographe : ine**ff**icace.

inefficacement adv.
De façon inefficace.

inefficacité n. f.
Manque d'efficacité.
Note.- Attention à l'orthographe : ine**ff**icacité.

inégal, ale, aux adj.
Irrégulier. *Des chiffres inégaux.*

inégalable adj.
Qui ne peut être égalé.

inégalé, ée adj.
Qui n'a pas été égalé.

inégalement adv.
De façon inégale.

inégalité n. f.
Défaut d'égalité.

inélégamment adv.
Sans élégance.

inélégance n. f.
Défaut d'élégance.

inélégant, ante adj.
Qui manque d'élégance.

inéluctable adj.
Inévitable.

inéluctablement adv.
De façon inéluctable.

inénarrable adj.
Qu'on ne peut raconter sans rire. *Une histoire inénarrable.*
Note.- Attention à l'orthographe : in**é**narrable.

inepte adj.
Stupide, dépourvu de sens.
Note.- Ne pas confondre avec le mot **inapte** qui se dit d'une personne incapable.

ineptie n. f.
• Le *t* se prononce *s* [inɛpsi].
• Absurdité.
• Caractère d'un acte inepte.
Note.- Ne pas confondre avec le mot **inertie** qui désigne une résistance, une inaction.

inépuisable adj.
Qu'on ne peut épuiser. *Des ressources inépuisables.*

inépuisablement adv.
De façon inépuisable.

inéquitable adj.
Injuste.

inerte adj.
Sans mouvement.

inertie n. f.
• Le *t* se prononce *s* [inɛrsi].
• Résistance, inaction.
Note.- Ne pas confondre avec le mot **ineptie** qui désigne une absurdité.

inespéré, ée adj.
Inattendu.

inesthétique adj.
Laid.
Note.- Attention à l'orthographe : ines**th**étique.

inestimable adj.
Inappréciable.

inévitable adj.
Inéluctable.

inévitablement adv.
De façon inévitable.

inexact, acte adj.
• Au masculin, les lettres *ct* peuvent se prononcer ou non [inɛgza(kt)], contrairement au féminin où ces lettres se prononcent toujours.
• Qui n'est pas exact, faux. *Une donnée inexacte.*
• Qui n'est pas ponctuel. *Des employés inexacts.*

inexactement adv.
D'une manière inexacte.

inexactitude n. f.
• Erreur.
• Manque de ponctualité.

inexcusable adj.
Impardonnable.

inexcusablement adv.
D'une manière inexcusable.

inexécutable adv.
Qui ne peut être exécuté.

inexistant, ante adj.
Qui n'existe pas. *Des données inexistantes.*

inexistence n. f.
Défaut d'existence.

inexorable adj.
Implacable.

inexorablement adv.
(Litt.) D'une manière inexorable.

inexpérience n. f.
Absence d'expérience.

inexpérimenté, ée adj.
Sans expérience. *Une employée inexpérimentée.*

inexplicable adj.
Incompréhensible. *Son geste est inexplicable.*

inexplicablement adv.
De façon inexplicable.

inexploité, ée adj.
Qui n'est pas exploité. *Des richesses inexploitées.*

inexploré, ée adj.
Qui n'a pas encore été exploré.

inexpressif, ive adj.
Qui est sans expression. *Des yeux inexpressifs.*

inexprimable adj.
Que les mots sont impuissants à traduire. *Une joie inexprimable, une angoisse inexprimable.*
Note.- Cet adjectif peut se dire d'une chose non matérielle, agréable ou désagréable.

inexpugnable adj.
Qu'on ne peut prendre d'assaut. *Une forteresse inexpugnable.*

inextensible adj.
Qui n'est pas extensible.

in extenso adj. et adv..
• Les lettres *en* se prononcent *in* [inɛkstɛ̃so].
• Expression latine signifiant «dans toute son étendue».
• **Adjectif.** Intégral. *Un compte rendu in extenso.*
• **Adverbe.** Intégralement. *Des textes publiés in extenso.*
Note.- En typographie soignée, les mots étrangers sont composés en italique. Dans des textes déjà en italique, la notation se fait en romain. Pour les textes manuscrits, on utilisera les guillemets.

inextinguible adj.
Qu'on ne peut éteindre, apaiser. *Une soif inextinguible.*

in extremis adv.
• Le *s* se prononce et le deuxième *e* se prononce *é* [inɛkstremis].
• Expression latine signifiant «au dernier moment».
Note.- En typographie soignée, les mots étrangers

sont composés en italique. Dans des textes déjà en italique, la notation se fait en romain. Pour les textes manuscrits, on utilisera les guillemets.

inextricable adj.
Qu'on ne peut démêler. *Un réseau inextricable.*

inextricablement adv.
De façon inextricable.

infaillibilité n. f.
● Qualité de quelqu'un qui ne peut se tromper. *L'infaillibilité du pape.*
● Caractère de ce qui ne peut manquer de réussir. *L'infaillibilité d'un résultat.*
Note.- Attention à l'orthographe : infa*illi*bilité.

infaillible adj.
● Qui ne peut se tromper. *Il est infaillible.*
● Qui a un effet assuré. *Un remède infaillible.*

infailliblement adv.
Inévitablement.

infaisable adj.
Qui ne peut être fait.

infamant, ante adj.
Déshonorant.
Note.- Attention à l'orthographe : infa*m*ant, sans accent circonflexe.

infâme adj.
Abject.
Note.- Attention à l'orthographe : inf*â*me, avec accent circonflexe.

infamie n. f.
(Litt.) Action déshonorante.
Note.- Attention à l'orthographe : infa*m*ie, sans accent circonflexe.

infant, ante n. m. et f.
Titre donné aux enfants cadets des rois d'Espagne et du Portugal.

infanterie n. f.
Partie d'une armée chargée de conquérir, d'occuper, de défendre le terrain.

infanticide n. m. et f.
● Personne qui tue un enfant.
● Meurtre d'un enfant.

infantile adj.
Relatif à la première enfance.
Note.- Ne pas confondre avec les mots suivants :
- *enfantin*, qui appartient à l'enfance ;
- *puéril*, qui ne convient qu'à un enfant, qui manque de sérieux.

infantilisme n. m.
Comportement infantile.

infarctus n. m.
(Méd.) Lésion nécrotique des tissus par obstruction de l'artère qui assure son irrigation. *Un infarctus du myocarde* (et non un * infractus).
Note.- Attention à l'orthographe : inf*arc*tus.

infatigable adj.
Que rien ne fatigue.
Note.- Attention à l'orthographe : infati*ga*ble.

infatigablement adv.
De façon infatigable, inlassablement.
Note.- Attention à l'orthographe : infati*ga*blement.

infatué, ée adj.
Être infatué (de soi, de ses mérites). Être content de soi à l'excès.

infécond, onde adj.
Qui ne produit rien.

infect, ecte adj.
● Les lettres *ct* se prononcent [ɛ̃fɛkt].
● Répugnant.

infecter v. tr., pronom.
Contaminer.
Note.- Ne pas confondre avec le verbe *infester* qui signifie « envahir, dévaster ».

infectieux, ieuse adj.
Qui donne une infection. *Une maladie infectieuse.*

infection n. f.
Contamination par des agents pathogènes.
Note.- Ne pas confondre avec le mot *affection* qui désigne une maladie. *Le cancer est une grave affection, mais il ne comporte pas d'infection.*

inféodation n. f.
Action d'inféoder ; fait d'être inféodé.

inféoder v. tr., pronom.
● **Transitif.** Soumettre quelqu'un, quelque chose.
● **Pronominal.** Obéir, se mettre sous la dépendance de. *L'association s'est inféodée à ce parti.*

inférence n. f.
Action de tirer une conséquence d'une proposition, d'un principe.

inférer v. tr.
● Le *é* se change en *è* devant une syllabe muette, sauf à l'indicatif futur et au conditionnel présent. *J'infère, mais j'inférerai.*
● Déduire une conclusion d'un fait, d'un principe. *Ils ont inféré de ce sondage qu'ils allaient gagner.*
Note.- Ne pas confondre avec le verbe *se référer* qui signifie « se reporter à quelque chose ».

inférieur, eure adj. et n. m. et f.
● Situé plus bas. *Les membres inférieurs.*
● Plus petit. *Les résultats de cet élève sont inférieurs à la moyenne.*
Notes.-
1° En ce sens, l'adjectif se construit avec la préposition *à*.
2° L'adjectif *inférieur* exprime une idée de comparaison, il n'est pas possible de l'employer au comparatif ; par contre, l'emploi du superlatif est usité. *Les résultats sont très inférieurs.*

inférieurement adv.
D'une manière inférieure.

infériorité n. f.
État de ce qui est inférieur. *Des complexes d'infériorité.*

infernal, ale, aux adj.
• Qui appartient aux enfers. *Des démons infernaux.*
• Qui évoque l'enfer. *Un bruit infernal.*

infertile adj.
Infécond, stérile.

infertilité n. f.
(Litt.) Stérilité.
Note.- Pour désigner l'incapacité de procréer d'un être vivant, on préférera le terme **stérilité**.

infester v. tr.
• (Vx) Ravager, attaquer (en parlant de malfaiteurs).
• Envahir, dévaster (en parlant d'insectes, d'animaux, de plantes nuisibles). *Des cultures infestées de sauterelles.*
Note.- Ne pas confondre avec le verbe **infecter** qui signifie « contaminer ».

infeutrable adj.
Qui ne se feutre pas. *Une laine infeutrable.*

infibulation n. f.
Opération visant à empêcher la pénétration sexuelle.
Note.- Attention à l'orthographe : infibu*l*ation.

infidèle adj. et n. m. et f.
• **Adjectif**
- Inconstant. *Un mari infidèle.*
- Inexact. *Un résumé infidèle.*
• **Nom masculin et féminin**
Hérétique.
Note.- Attention à l'orthographe : infidè*l*e.

infidèlement adv.
De façon infidèle.

infidélité n. f.
Manque de fidélité.
Note.- Attention à l'orthographe : infid*é*lité.

infiltration n. f.
• Pénétration accidentelle d'un liquide. *Des infiltrations d'eau dans un mur.*
• Noyautage. *L'infiltration d'un syndicat.*

infiltrer v. tr., pronom.
• **Transitif**. Faire entrer des éléments clandestins dans un groupe. *Ils ont infiltré la cellule terroriste.*
• **Pronominal**. Pénétrer peu à peu. *Les eaux se sont infiltrées dans les fondations de l'immeuble.*

infime adj.
Minuscule. *Une somme infime.*
Note.- L'adjectif comportant une valeur de superlatif, il est préférable de s'abstenir d'employer les tournures *plus, moins, très*.

infini, ie adj. et n. m.
• **Adjectif**
- Sans commencement et sans fin.
- Très nombreux, très considérable.
• **Nom masculin**
Ce qui est sans limites.
• **À l'infini**, locution adverbiale. Sans fin, sans bornes.

infiniment adv.
Extrêmement.

infinité n. f.
Nombre très considérable. *Une infinité de promeneurs ont admiré ce paysage.*
Note.- L'accord du verbe ou de l'adjectif se fait avec le complément au pluriel des collectifs *infinité, quantité, espèce, sorte*, etc.
V. Tableau - **COLLECTIF**.

infinitésimal, ale, aux adj.
Infiniment petit. *Une quantité infinitésimale, des éléments infinitésimaux.*

infinitif, ive adj. et n. m.
• **Adjectif**. (Gramm.) Caractérisé par l'emploi de l'infinitif. *Une proposition infinitive comporte un verbe à l'infinitif.*
• **Nom masculin**. V. Tableau - **INFINITIF**.

infirme adj. et n. m. et f.
Atteint d'infirmités congénitales ou acquises. *Elle est infirme. C'est un infirme.*
Note.- Le terme **handicapé** tend à remplacer ce mot.

infirmer v. tr.
Affaiblir, diminuer (le crédit, la vérité). *Une théorie infirmée par les faits.*
Ant. **confirmer**.

infirmerie n. f.
Local où l'on reçoit et soigne les malades.

infirmier n. m.
infirmière n. f.
Personne qui soigne les malades. *Une infirmière diplômée.*

infirmité n. f.
Déficience congénitale ou acquise des capacités physiques ou mentales.

inflammabilité n. f.
Caractère de ce qui est inflammable.
Note.- Attention à l'orthographe : infla*mm*abilité.

inflammable adj.
Qui peut prendre feu. *Un tissu très inflammable.*
Notes.-
1° Attention au sens de ce mot : ne pas confondre la première syllabe de cet adjectif avec le préfixe privatif *in-*.
2° Ne pas confondre avec le mot **ininflammable**, qui ne peut prendre feu.
Ant. **ininflammable**.

inflammation n. f.
• Action de s'enflammer.
• Irritation.
Notes.-
1° Attention à l'orthographe : infla*mm*ation.
2° Bien que le nom provienne du verbe **enflammer**, il s'écrit avec les lettres *in*.

inflammatoire adj.
Caractérisé par une inflammation.
Note.- Attention à l'orthographe de cet adjectif qui conserve la même forme au masculin et au féminin : infla*mm*at*oir*e.

INFINITIF

Forme nominale du verbe, l'*infinitif* s'emploie tantôt comme un **nom**, tantôt comme un **verbe.**

L'*infinitif* exprime une idée d'action ou d'état sans spécification, d'une façon indéterminée, sans relation à un sujet ; c'est un **mode impersonnel.**

UN NOM

Certains infinitifs sont devenus des noms : *le rire, le savoir-faire, le baiser, le déjeuner, le devoir, le sourire, le souvenir.*
Note.- Ces noms prennent la marque du pluriel s'ils sont simples ; s'ils sont composés, ils sont invariables.
Des rires, des savoir-vivre.

L'infinitif peut être :

- **Sujet.**
   Lire me plaît.

- **Attribut.**
   *Partir c'est **mourir** un peu.*

- **Complément déterminatif.**
   *Le temps de **jouer.***

- **Complément de l'adjectif.**
   *Apte à **réussir.***

- **Complément d'objet direct ou indirect.**
   *Elle souhaite **participer.** Il croit **pouvoir atteindre** son but. Il excelle à **plonger.***

- **Complément circonstanciel.**
   *Il faut travailler pour **réussir.***
   Note.- Il est possible d'employer plusieurs infinitifs à la suite.

Dans une proposition indépendante, l'infinitif exprime :

- **Un ordre, un conseil.**
   *Prière d'**indiquer** votre nom.*
   Note.- Dans ce contexte, l'*infinitif a valeur d'impératif.* Sur les formulaires, dans l'affichage, on préférera le mode *infinitif* au mode *impératif* qui a une connotation plus autoritaire, moins polie.

- **Une narration.**
   *Et les invités d'**applaudir.***
   Note.- L'infinitif est précédé de *de.*

- **Une question, une exclamation.**
   *Où **aller** ? **Abandonner** la partie, jamais !*

TEMPS DE L'INFINITIF

- **Infinitif présent**
Selon le temps du verbe de la principale, l'*infinitif présent* prend une valeur de présent, de passé ou de futur.

Après certains verbes (***devoir, espérer, souhaiter, promettre,*** etc.) l'*infinitif présent* exprime toujours un futur.
   J'espère réussir (que je réussirai).

- **Infinitif passé**
Note.- Quel que soit le temps du verbe de la principale, l'*infinitif passé* a la valeur d'un passé. Après certains verbes (***espérer, souhaiter,*** etc.), l'*infinitif passé* a la valeur d'un futur antérieur et permet d'alléger la structure de la phrase.

   - *Je pense avoir atteint mon objectif* (...que j'ai atteint...).
   - *Je pensais avoir atteint mon objectif* (...que j'avais atteint...).
   - *Je souhaite avoir atteint mon objectif en décembre* (...que j'aurai atteint...).
   - *Je souhaitais avoir atteint mon objectif en décembre* (...que j'aurais atteint...).

inflation n. f.
Phénomène économique caractérisé par la hausse du niveau des prix et la dépréciation de la monnaie.
Ant. **déflation.**

inflationniste adj. et n. m. et f.
Qui est relatif à l'inflation. *Une politique monétaire inflationniste.*

infléchir v. tr., pronom.
• **Transitif**
- Courber, dévier.
- Modifier l'orientation de. *Infléchir une décision, une politique.*
• **Pronominal**
Prendre une autre direction, dévier. *Leur politique s'est infléchie considérablement.*

inflexibilité n. f.
Rigidité, fait d'être inflexible.

inflexible adj.
Impitoyable.

inflexiblement adv.
De façon inflexible.

inflexion n. f.
• Flexion, inclination. *Une inflexion de la tête.*
• Changement d'orientation. *L'inflexion du chemin.*
• Modulation, intonation. *Il parle avec des inflexions chantantes.*

infliger v. tr.
• Le *g* est suivi d'un *e* devant les lettres *a* et *o*. *Il infligea, nous infligeons.*
• Imposer une sentence, une amende pour une faute, une infraction. *On lui a infligé une contravention.*
• Faire subir quelque chose de pénible à quelqu'un. *Infliger du chagrin à quelqu'un.*

influençable adj.
Qui peut être influencé.
Note.- Attention à l'orthographe : influen**ç**able.

influence n. f.
Ascendance, emprise.
Note.- Attention à l'orthographe : influ**en**ce.

influencer v. tr.
• Le *c* prend une cédille devant les lettres *a* et *o*. *Il influença, nous influençons.*
• Agir sur l'esprit et la volonté d'une personne pour la convaincre.
Note.- Il y a une légère distinction de sens avec le verbe *influer* qui signifie « exercer une influence sur (des personnes ou des choses) ».

influent, ente adj.
Important. *Ce sont des femmes influentes.*
Note.- Ne pas confondre avec le participe présent invariable *influant*. *Des substances influant sur le comportement.*

influenza n. f.
(Vx) Grippe.
Note.- Attention au genre féminin de ce nom : *une* influenza.

influer v. tr. ind.
Exercer une influence sur (des personnes ou des choses). *Le contexte économique influe sur la performance de l'entreprise.*
Note.- Le verbe se distingue légèrement du verbe *influencer* qui signifie « agir sur l'esprit et la volonté d'une personne pour la convaincre ».

influx n. m.
• Le *x* ne se prononce pas [ɛ̃fly].
• *Influx nerveux.* Phénomène par lequel l'excitation d'une fibre nerveuse se propage dans le nerf.
Note.- Attention à l'orthographe : influ**x**.

infographie n. f. (n. déposé)
(Inform.) Branche de l'informatique qui a pour objet la production automatique d'images et de dessins.
Note.- Ce néologisme a été formé à partir des mots *informatique* et *graphique.*

infographique adj.
(Inform.) Relatif à l'infographie.

in-folio adj. inv. et n. m. inv.
• **Adjectif invariable.** (Imprim.) Se dit d'une feuille d'impression qui est pliée en deux feuillets (4 pages). *Des livres in-folio.*
• **Nom masculin.** Livre de ce format. *Des in-folio.*

informateur n. m.
informatrice n. f.
• Personne qui recueille des informations.
• Indicateur (de police).

informaticien n. m.
informaticienne n. f.
Spécialiste de l'informatique.

information n. f.
• Ensemble de renseignements. *Recueillir de l'information sur un sujet. Le traitement de l'information.*
• *Réunion d'information, séance d'information, voyage d'information.*
Note.- Dans ces expressions, le mot *information* est un collectif et s'écrit au singulier.
• Évènement porté à la connaissance d'un public. *Une information de dernière heure.*
• (Au plur.) Actualités radiodiffusées ou télévisées. S'abrège familièrement en *infos.*

informatique adj. et n. f.
• **Adjectif.** Relatif au traitement automatisé de l'information. *Des procédés informatiques.*
• **Nom féminin.** Science du traitement automatique de l'information.
Note.- Ce mot, qui a déjà près de vingt-cinq ans, a été formé à partir des mots *information* et *automatique.*

informatisation n. f.
Action d'informatiser.

informatiser v. tr.
Traiter l'information à l'aide de moyens automatisés. *Une comptabilité informatisée.*

informe adj.
Sans forme, laid.

informé, ée adj. et n. m.
● **Adjectif.** Averti.
● **Nom masculin.** (Dr.) Information sur une affaire juridique.
● *Jusqu'à plus ample informé*, locution adverbiale. Avant d'en savoir plus.

informel, elle adj. et n. m.
Sans forme définie. *L'art informel.*

informer v. tr., intr., pronom.
● **Transitif**
- Renseigner, mettre au courant de quelque chose.
- **Informer + que (indicatif ou conditionnel).** *Je tiens à vous informer que le prototype sera prêt bientôt. Il l'a informé qu'il prolongerait son séjour.*
Note.- Le verbe se construit avec *que* suivi de l'indicatif ou du subjonctif. La tournure avec *de ce que* est inutilement lourde.
- **Informer + de (nom).** *Il voulait vous informer de sa décision.*
● **Intransitif**
(Dr.) Faire une instruction en matière criminelle.
● **Pronominal**
Se renseigner. *Il s'informa de la santé de ses parents.*
Note.- Suivi d'un nom, le verbe se construit avec les prépositions *de* ou *sur*.
- **S'informer + si (indicatif ou conditionnel).** *Elle s'informe si tout est prêt, si vous accepteriez de venir.*

infortuné, ée adj. et n. m. et f.
Desservi par le sort, malchanceux.

infos n. f. pl.
Abréviation familière de *informations* (radiodiffusées, télévisées).

infra adv.
Ci-après, ci-dessous. *Se reporter infra.*

infra- préf.
● Élément du latin signifiant « au-dessous ».
● Les mots composés avec le préfixe *infra-* s'écrivent en un seul mot si le deuxième élément commence par une consonne. *Infrarouge, infrastructure.* Si le second élément commence par une voyelle, ils s'écrivent avec un trait d'union. *Infra-urbain.*

infraction n. f.
Violation d'une loi, d'un règlement.
Notes.-
1° Attention à l'orthographe : infra**ct**ion.
2° Ne pas confondre avec le mot *effraction* qui désigne un vol avec forcement d'une serrure, d'une fenêtre, etc.

*infractuosité
→ **anfractuosité.**

*infractus
→ **infarctus.**

infranchissable adj.
● Qui ne peut être franchi. *Une distance infranchissable.*
● Insurmontable.

infrarouge adj. et n. m.
(Phys.) Se dit des radiations qui sont en deçà du

rouge dans la partie du spectre non perceptible à l'œil. *Des rayons infrarouges.*
Note.- Ce mot s'écrit maintenant en un seul mot.

infrastructure n. f.
● Fondations.
● Ensemble des moyens économiques et techniques d'un pays, d'une région, etc.

infroissable adj.
Qui ne peut se froisser. *Un tissu infroissable.*
Note.- Attention à l'orthographe : infroi**ss**able.

infructueux, euse adj.
Sans résultat. *Une recherche infructueuse.*

infus, use adj.
(Litt.) Inné. *La science infuse.*

infuser v. tr., intr.
● **Transitif.** Laisser macérer une substance dans un liquide bouillant afin d'en recueillir des éléments. *Infuser du thé, du tilleul.*
● **Intransitif.** Tremper dans un liquide bouillant. *Le tilleul infuse.*

infusion n. f.
● Action d'infuser.
● Liquide ainsi obtenu. *Une infusion de camomille.*
Note.- Ne pas confondre avec les mots suivants :
- *effusion*, démonstration enthousiaste ;
- *tisane*, infusion médicamenteuse.

infusoire n. m.
Animal microscopique.

ingénier (s') v. pronom.
● Redoublement du *i* à la première et à la deuxième personne du pluriel de l'indicatif imparfait et du subjonctif présent. *(Que) nous nous ingéniions, (que) vous vous ingéniiez.*
● Chercher, s'efforcer. *Ils se sont ingéniés à trouver une solution économique.*
Note.- Le participe passé de *s'ingénier* s'accorde toujours avec le sujet du verbe.

ingénierie n. f.
Étude globale d'un projet industriel sous tous ses aspects (techniques, économiques, financiers, sociaux), coordonnant les études particulières de plusieurs équipes de spécialistes.
Note.- Ce mot a fait l'objet d'une recommandation officielle pour remplacer l'anglicisme *engineering*.

ingénieur n. m.
Personne que sa formation scientifique ou technique rend apte à diriger certains travaux. *Un ingénieur civil. Un ingénieur des mines, des travaux publics.*

ingénieur-conseil n. m.
Personne dont la profession est de donner des conseils, des expertises, de conduire des travaux qui relèvent de l'ingénieur. *Des ingénieurs-conseils.*
Note.- Ce nom composé s'écrit avec un trait d'union.

ingénieusement adv.
Habilement.

ingénieux, ieuse adj.
Adroit, habile. *Un bricoleur ingénieux. Une trouvaille ingénieuse.*

ingéniosité n. f.
Habileté à inventer des solutions. *Faire preuve d'ingéniosité.*
Notes.-
1° Attention à l'orthographe : ingéni**o**sité.
2° Ne pas confondre avec les mots suivants :
- *esprit,* vivacité de l'intelligence ;
- *finesse,* possibilité de saisir les nuances ;
- *génie,* faculté créatrice ;
- *talent,* aptitude naturelle.

ingénu, ue adj. et n. f.
● **Adjectif.** Candide. *Un sourire ingénu.*
● **Nom féminin.** Rôle de jeune fille naïve (au cinéma, au théâtre).

ingénuité n. f.
Candeur.
Note.- Attention à l'orthographe : ingé**nui**té.

ingénument adv.
De façon ingénue.
Note.- Attention à l'orthographe : ingé**nu**ment.

ingérence n. f.
Immixtion, intrusion. *L'ingérence de l'État dans la vie privée.*

ingérer v. tr., pronom.
● Le *é* se change en *è* devant une syllabe muette, sauf à l'indicatif futur et au conditionnel présent. *J'ingère,* mais *j'ingérerai.*
● **Transitif.** Introduire par la bouche. *Ingérer un médicament.*
● **Pronominal.** S'immiscer. *Certains États tentent de s'ingérer dans les affaires intérieures du pays.*

ingestion n. f.
Action d'introduire par la bouche. *L'ingestion d'un médicament.*

ingrat, ate adj. et n. m. et f.
● Qui manque de reconnaissance.
● Déplaisant, désagréable. *L'âge ingrat.*

ingratitude n. f.
Manque de reconnaissance, de gratitude.

ingrédient n. m.
Toute substance qui entre dans un mélange. *Des ingrédients divers.*

inguinal, ale, aux adj.
● Le *u* se prononce *u* (et non *ou) [ε̃gɥinal].
● Relatif à l'aine. *Une hernie inguinale.*

ingurgitation n. f.
Action d'ingurgiter.

ingurgiter v. tr.
Avaler avidement.

inhabile adj.
Maladroit.
Note.- Attention à l'orthographe : in**h**abile.

inhabilement adv.
De façon inhabile.
Note.- Attention à l'orthographe : in**h**abilement.

inhabileté n. f.
Maladresse.
Note.- Attention à l'orthographe : in**h**abileté.

inhabitable adj.
Qui ne peut être habité. *Un logement inhabitable.*
Ant. **habitable.**

inhabité, ée adj.
Qui n'est pas habité.

inhabituel, elle adj.
Non habituel. *Un fait inhabituel.*

inhalateur n. m.
Appareil servant aux inhalations. *Un inhalateur médicamenteux.*

inhalation n. f.
Absorption par les voies respiratoires.

inhaler v. tr.
Respirer une substance médicamenteuse ou chimique.
Note.- Ne pas confondre avec le verbe **aspirer** qui signifie « attirer l'air dans les poumons ».

inhérent, ente adj.
Qui est lié à une personne, à une chose de par sa nature. *La joie de vivre inhérente à sa jeunesse.*
Note.- Attention à l'orthographe : in**h**érent.

inhiber v. tr.
(Psycho.) Freiner (une réaction, une impulsion).
Note.- Attention à l'orthographe : in**h**iber.

inhibiteur, trice adj. et n. m.
● **Adjectif.** De nature à provoquer une inhibition.
● **Nom masculin.** Substance qui bloque ou retarde une réaction (chimique, physiologique).
Note.- Attention à l'orthographe : in**h**ibiteur.

inhibition n. f.
Suspension ou suppression d'une fonction organique, psychologique ou psychique.
Note.- Attention à l'orthographe : in**h**ibition.

inhospitalier, ière adj.
Qui n'est pas accueillant.
Note.- Attention à l'orthographe : in**h**ospitalier.

inhumain, aine adj.
Qui est étranger à tout sentiment de pitié.
Notes.-
1° Attention à l'orthographe . in**h**umain.
2° Ne pas confondre avec les mots suivants :
- *bestial,* qui a la cruauté des bêtes féroces ;
- *cruel,* qui se plaît à faire souffrir ;
- *féroce,* qui est sauvage et cruel par nature.

inhumainement adv.
De façon inhumaine.

inhumation n. f.
Mise en terre d'un corps, dans la langue administrative.
Ant. **exhumation.**

inhumer v. tr.
Mettre un corps en terre avec les cérémonies d'usage, dans la langue administrative. *Un permis d'inhumer.*
Note.- Le verbe **enterrer** appartient à la langue courante.
Ant. **exhumer.**

inimaginable adj.
Extraordinaire. *Une étendue inimaginable.*
Ant. **imaginable.**

inimitable adj.
Qu'on ne saurait imiter.
Ant. **imitable.**

inimitié n. f.
(Litt.) Hostilité.
Note.- Ne pas confondre avec le mot **intimité** qui désigne le caractère de ce qui est intime.

ininflammabilité n. f.
Qualité de ce qui est ininflammable. *L'ininflammabilité de ce matériau est garantie.*
Note.- Attention à l'orthographe : ininfla**mm**abilité.

ininflammable adj.
Qui ne peut prendre feu.
Notes.-
1° Attention à l'orthographe : ininfla**mm**able.
2° Ne pas confondre avec le mot **inflammable** qui se dit de ce qui peut prendre feu.
Ant. **inflammable.**

inintelligemment adv.
Sans intelligence.
Note.- Attention à l'orthographe : inintellig**emm**ent.

inintelligence n. f.
Manque d'intelligence.

inintelligent, ente adj.
Qui manque d'intelligence.
Ant. **intelligent.**

inintelligible adj.
Dont on ne peut saisir le sens en raison d'une mauvaise présentation de l'objet. *Un texte inintelligible.*
Note.- Ne pas confondre avec le mot **incompréhensible** qui se dit de ce qui est insaisissable en raison de la nature même de l'objet.

inintelligiblement adv.
De façon inintelligible.

inintéressant, ante adj.
Dépourvu d'intérêt. *Ce texte n'est pas inintéressant, mais l'auteur aurait intérêt à le simplifier.*

ininterrompu, ue adj.
Continu dans l'espace ou dans le temps.
Note.- Attention à l'orthographe : ininter**r**ompu.

inique adj.
(Litt.) Injuste. *Un châtiment inique.*
Note.- Attention à l'orthographe : in**i**que.

iniquement adv.
De façon inique.
Note.- Attention à l'orthographe : in**i**quement.

iniquité n. f.
Injustice.
Note.- Attention à l'orthographe : in**i**quité.

initial, iale, iaux adj. et n. f.
● Le **t** se prononce **s** [inisjal].
● **Adjectif.** Premier, qui est au début. *La phase initiale. Des plans initiaux.*
● **Nom féminin.** Première lettre majuscule d'un nom propre.

initialement adv.
● Le **t** se prononce **s** [inisjalmã].
● Au début, à l'origine.

initialisation n. f.
● Les **t** se prononcent **s** [inisjalizasjɔ̃].
● (Inform.) Établissement de l'organisation initiale d'un support d'information (disque, disquette).

initialiser v. tr.
● Le **t** se prononce **s** [inisjalize].
● (Inform.) Mettre dans un état initial un circuit électronique, un programme informatique.
● (Inform.) Établir l'organisation initiale d'un support d'information (disque, disquette).

initiateur, trice n. m. et f.
● Le premier **t** se prononce **s** [inisjatœr].
● Personne qui initie. *L'initiatrice d'une technique.*
Note.- Attention à l'orthographe : ini**t**iateur.

initiation n. f.
● Les **t** se prononcent **s** [inisjasjɔ̃].
● Révélation, admission à la connaissance de certains mystères religieux, de choses cachées.
● Action d'enseigner, d'apprendre les rudiments d'une science.
Note.- Attention à l'orthographe : ini**t**ia**t**ion.

initiative n. f.
● Le premier **t** se prononce **s** [inisjativ].
● Action de proposer ou d'entreprendre quelque chose. *Un esprit d'initiative.*
● **Syndicat d'initiative.** Organisme chargé de la promotion touristique d'une région.

initié, ée adj. et n. m. et f.
● Le **t** se prononce **s** [inisje].
● Qui a reçu une initiation. *Ils ont eu accès à des informations confidentielles : ce sont des initiés.*

initier v. tr., pronom.
● Le **t** se prononce **s** [inisje].
● **Transitif.** Donner la connaissance (d'un art, d'une science, d'une profession, etc.). *Initier un enfant au ski.*
● **Pronominal.** Acquérir les rudiments (d'un art, d'une science). *S'initier à l'informatique.*

injectable adj.
Qui peut être administré par injection.
Note.- Ne pas confondre avec le mot **éjectable** qui se dit de ce qui peut être éjecté.

injecter v. tr., pronom.
● **Transitif**
- Introduire par pression un liquide dans un organisme. *Injecter un médicament dans une veine.*

- Fournir des capitaux à une entreprise.
• **Pronominal**
Devenir coloré par l'afflux de sang. *Ses yeux s'étaient injectés de sang.*

injecteur n. m.
Dispositif d'injection. *Un injecteur d'essence.*

injection n. f.
• Action d'introduire un liquide dans un corps. *Une injection intraveineuse.*
• *Moteur à injection.* Moteur muni d'un dispositif d'alimentation en carburant par injecteur.
Note.- Ne pas confondre avec le mot *injonction* qui désigne un ordre formel.

injonction n. f.
Ordre formel d'obéir sur-le-champ.
Note.- Ne pas confondre avec le mot *injection* qui désigne l'introduction d'un liquide dans un corps.

injure n. f.
Insulte.

injurier v. tr.
• Redoublement du *i* à la première et à la deuxième personne du pluriel de l'indicatif imparfait et du subjonctif présent. *(Que) nous injuriions, (que) vous injuriiez.*
• Offenser par des insultes.

injurieusement adv.
De façon injurieuse.

injurieux, ieuse adj.
• Offensant, insultant.
• Qui constitue une injure.
Note.- Cet adjectif se construit généralement avec *pour. Ce commentaire est injurieux pour le témoin.*

injuste adj.
Qui est contraire à la justice, inéquitable.

injustement adv.
De façon injuste.

injustice n. f.
Acte contraire à la justice.
Note.- Ce nom se dit en parlant d'une personne ou d'une chose.

injustifiable adj.
Inexcusable.

injustifié, ée adj.
Qui n'est pas ou n'a pas été justifié. *Des décisions injustifiées.*

inlassable adj.
• Que rien ne peut lasser.
• Patient. *Il reprend son inlassable travail.*

inlassablement adv.
De façon inlassable.

in memoriam
• Le *n* est sonore, le *e* se prononce *é* et le *m* final est sonore [inmemɔrjam].
• Expression latine signifiant « à la mémoire de ».
Notes.-
1° Cette expression s'écrit sans accent sur le *e*.

2° En typographie soignée, les mots étrangers sont composés en italique. Dans des textes déjà en italique, la notation se fait en romain. Pour les textes manuscrits, on utilisera les guillemets.

inné, ée adj. et n. m.
Naturel. *Un talent inné pour le dessin.*
Note.- Attention à l'orthographe : i**nn**é.

innervation n. f.
Distribution des nerfs.
Note.- Attention à l'orthographe : i**nn**ervation.

innerver v. tr.
Distribuer des nerfs dans un organe, en parlant d'un tronc nerveux. *Une partie du corps très innervée.*
Notes.-
1° Attention à l'orthographe : i**nn**erver.
2° Ne pas confondre avec le verbe *énerver* qui signifie « exciter ».

innocemment adv.
Avec innocence, sans fraude ni tromperie.
Note.- Attention à l'orthographe : i**nn**oce**mm**ent.

innocence n. f.
• Pureté, ingénuité.
• État de la personne qui n'est pas coupable.
Note.- Attention à l'orthographe : i**nn**oce**n**ce.

innocent, ente adj. et n. m. et f.
• Qui n'est pas coupable.
• Candide.
Note.- Cet adjectif se dit d'une personne ou d'une chose. *Il est innocent. Un sourire innocent.*

innocenter v. tr.
• Déclarer innocent.
• Absoudre d'un blâme.
Note.- Attention à l'orthographe : i**nn**ocenter.

innocuité n. f.
Qualité d'une chose qui n'est pas nocive.
Note.- Attention à l'orthographe : i**nn**ocuité.

innombrable adj.
Qui ne peut être dénombré, incalculable.

innommable adj.
Abject, inqualifiable.

innommé, ée adj.
(Litt.) Qui n'a pas reçu de nom.
Note.- Plusieurs ouvrages donnent également la graphie *innomé* préconisée par l'Académie qui écrit toutefois *innommable*. L'orthographe avec deux *m* semble plus logique.

innovateur, trice adj. et n. m. et f.
Créateur, novateur.

innovation n. f.
Création. *Des innovations technologiques.*

innover v. tr., intr.
• **Transitif.** (Vx) Créer. *Innover une mode.*
• **Intransitif.** Introduire quelque chose de nouveau dans un domaine. *Il faut innover sans cesse en informatique.*
Note.- Le verbe ne s'emploie plus qu'intransitivement.

inobservance n. f.
Manquement à des prescriptions (religieuses, médicales, etc.).
Note.- Attention à l'orthographe : inobserva**n**ce.

inobservation n. f.
Inexécution (d'une loi, d'une promesse).

inoccupé, ée adj.
• Vacant. *Une maison inoccupée.*
• Désœuvré. *Un employé inoccupé.*
Note.- Attention à l'orthographe : i**n**o**cc**upé.

in-octavo adj. inv. et n. m. inv.
• Abréviation **in-8°** (s'écrit sans point).
• **Adjectif invariable.** (Imprim.) Se dit d'un format où la feuille d'impression est pliée en 8 feuillets (16 pages). *Des volumes in-octavo.*
• **Nom masculin.** Livre de ce format. *Des in-octavo.*

inoculable adj.
Qui peut être inoculé.

inoculation n. f.
Introduction dans l'organisme d'un germe vivant.

inoculer v. tr.
Introduire dans l'organisme par inoculation (un virus, une maladie, etc.).
Note.- Attention à l'orthographe : i**n**o**c**uler.

inodore adj.
Sans odeur.
Ant. **odorant.**

inoffensif, ive adj.
Incapable de nuire. *Un chien inoffensif.*
Note.- Attention à l'orthographe : i**n**o**ff**ensif.

inondation n. f.
Débordement d'eaux qui submergent le pays environnant.

inonder v. tr.
Submerger un terrain.

inopérable adj.
Que l'on ne peut opérer.

inopérant, ante adj.
Inefficace. *Un traitement inopérant.*

inopiné, ée adj.
Imprévu.
Note.- Attention à l'orthographe : i**n**opiné.

inopinément adv.
De façon inopinée.

inopportun, une adj.
Qui n'est pas opportun, qui vient mal à propos.

inopportunément adv.
(Litt.) De façon inopportune.

inopportunité n. f.
Caractère de ce qui n'est pas opportun. *L'inopportunité d'une démarche.*

inoubliable adj.
Qui ne peut être oublié. *Une interprétation inoubliable.*

inouï, ïe adj.
Extraordinaire, prodigieux. *Des histoires inouïes.*
Note.- Attention à l'orthographe : inou**ï**.

inoxydable adj.
Qui résiste à l'oxydation. *Acier inoxydable.*
Note.- Attention à l'orthographe : ino**xy**dable.
Ant. **oxydable.**

in petto loc. adj.
• Expression italienne signifiant « dans la poitrine ».
• (Plaisant.) Secrètement, dans son for intérieur.
Note.- En typographie soignée, les mots étrangers sont composés en italique. Dans des textes déjà en italique, la notation se fait en romain. Pour les textes manuscrits, on utilisera les guillemets.

inqualifiable adj.
Innommable. *Une conduite inqualifiable.*

in-quarto adj. inv. et n. m. inv.
• Abréviation **in-4°** (s'écrit sans point).
• **Adjectif invariable.** (Imprim.) Se dit d'un format où la feuille imprimée est pliée en 4 feuillets (8 pages). *Des volumes in-quarto.*
• **Nom masculin.** Livre de ce format. *Des in-quarto.*

inquiet, ète adj. et n. m. et f.
Anxieux.
Note.- L'adjectif se construit avec les prépositions **de** ou **sur.** *Elle est inquiète de l'avenir, sur son sort.*

inquiéter v. tr., pronom.
• Le **é** se change en **è** devant une syllabe muette, sauf à l'indicatif futur et au conditionnel présent. *J'inquiète,* mais *j'inquiéterai.*
• **Transitif**
- Remplir d'inquiétude. *Son absence inquiète sa mère.*
- (Fam.) Porter atteinte à la suprématie de. *Le champion n'a pas été inquiété par le tenant du titre.*
• **Pronominal**
- **S'inquiéter** + **pour.** S'alarmer, se tracasser. *Il s'inquiète pour des riens.*
Note.- Le verbe pronominal se construit également avec **de, de ce que** suivi de l'indicatif ou du subjonctif. *Elle ne s'inquiète pas de son sort, de ce qu'on pourrait penser.*

inquiétude n. f.
Anxiété.

inquisiteur, trice adj.
Scrutateur. *Des regards inquisiteurs.*

inquisition n. f.
Examen malveillant.

inracontable adj.
Qui ne peut être raconté. *Une histoire inracontable* (et non **irracontable*).

insaisissable adj.
Qu'on ne peut saisir.
Note.- Attention à l'orthographe : insaisi**ss**able.

insalubre adj.
Malsain. *Un logement insalubre.*

insalubrité n. f.
État de ce qui est insalubre.

insanité n. f.
● Folie.
● Bêtise. *Débiter des insanités.*

insatiable adj.
● Le *t* se prononce *s* [ɛ̃sasjabl].
● Qui ne peut être satisfait. *Un désir d'absolu insatiable.*
Note.- Cet adjectif s'emploie surtout pour qualifier une chose abstraite.

insatiablement adv.
● Le premier *t* se prononce *s* [ɛ̃sasjabləmɑ̃].
● De façon insatiable.

insatisfaction n. f.
Mécontentement.

insatisfait, aite adj. et n. m. et f.
Mécontent.

inscription n. f.
● Action d'inscrire.
● Résultat de cette action. *Cette inscription est difficile à déchiffrer.*

inscrire v. tr., pronom.
● *J'inscris, tu inscris, il inscrit, nous inscrivons, vous inscrivez, ils inscrivent. J'inscrivais. J'inscrivis. J'inscrirai. J'inscrirais. Inscris, inscrivons, inscrivez. Que j'inscrive. Que j'inscrivisse. Inscrivant. Inscrit, ite.*
● **Transitif.** Écrire, noter.
● **Pronominal.** Donner son nom pour un registre. *S'inscrire à l'hôtel, à l'université.*
● *S'inscrire en faux contre quelque chose.* Démentir quelque chose.
Note.- Dans cette expression, le mot *faux* est invariable.
● S'insérer, se situer. *Cette action s'inscrit bien dans la démarche globale.*

insécable adj.
Qu'on ne peut séparer.

insectarium n. m.
● Les lettres *um* se prononcent *om* [ɛ̃sɛktarjɔm].
● Établissement scientifique où l'on élève des insectes. *Des insectariums.*

insecte n. m.
Petit animal invertébré, articulé, à six pattes.

insecticide adj. et n. m.
Se dit d'un produit qui tue les insectes nuisibles.

insectivore adj. et n. m.
Se dit d'un animal qui se nourrit d'insectes.
Note.- Ne pas confondre avec les mots suivants :
- *carnivore*, qui se nourrit de chair ;
- *frugivore*, qui se nourrit de fruits ;
- *granivore*, qui se nourrit de graines.

insécurité n. f.
Manque de sécurité. *L'insécurité règne dans ce quartier.*

in-seize adj. inv. et n. m. inv.
● Abréviation *in-16* (s'écrit sans point).

● **Adjectif invariable.** (Imprim.) Se dit d'un format où la feuille imprimée est pliée en 16 feuillets (32 pages). *Des volumes in-seize.*
● **Nom masculin invariable.** Livre de ce format. *Des in-seize.*

inséminateur, trice adj.
Qui sert à inséminer.

insémination n. f.
Introduction de sperme dans les voies génitales de la femelle. *Une insémination artificielle de jument.*
Note.- Attention à l'orthographe : insémi*n*ation.

inséminer v. tr.
Féconder, ou tenter de féconder, par insémination.

insensé, ée adj.
● Absurde.
● (Fam.) Bizarre, extravagant. *Une décoration insensée.*

insensibilisation n. f.
Action d'insensibiliser une partie du corps.
Note.- Attention à l'orthographe : ins*en*sibilisation.

insensibiliser v. tr.
Rendre insensible à la douleur.
Note.- Attention à l'orthographe : ins*en*sibiliser.

insensibilité n. f.
● Défaut de sensibilité.
● Indifférence.

insensible adj.
Dépourvu de sensibilité.

insensiblement adv.
De façon insensible, peu à peu.

inséparable adj. et n. m. et f.
Que l'on ne peut séparer. *Ils sont inséparables. Ce sont des inséparables.*

inséparablement adv.
De façon à ne pouvoir être séparé.

insérer v. tr., pronom.
● Le *é* se change en *è* devant une syllabe muette, sauf à l'indicatif futur et au conditionnel présent. *J'insère, mais j'insérerai.*
● **Transitif**
Introduire quelque chose dans un ensemble. *Insérer un mot dans une phrase.*
● **Pronominal**
- Se situer. *Ces recherches s'insèrent dans le prolongement de nos travaux.*
- S'intégrer.

insertion n. f.
Introduction, intégration. *L'insertion d'une citation dans un texte.*
Note.- Attention à l'orthographe : ins*er*tion.

insidieusement adv.
De façon insidieuse.

insidieux, euse adj.
Trompeur. *Une question insidieuse.*

insigne adj. et n. m.
● **Adjectif.** Remarquable. *Un insigne honneur.*

• Nom masculin. Emblème, attribut d'une dignité. *L'insigne de la Légion d'honneur.*
Notes.-
1° Attention au genre masculin de ce nom : *un* insigne.
2° Les noms *insigne* et *enseigne* sont des doublets. V. Tableau - **DOUBLETS.**

insignifiance n. f.
Caractère de ce qui est insignifiant, sans importance.
Note.- Attention à l'orthographe : insignifi*an*ce.

insignifiant, ante adj.
Banal, négligeable.

insinuation n. f.
Sous-entendu. *Ses paroles étaient souvent des insinuations déplaisantes.*

insinuer v. tr., pronom.
• Transitif. Suggérer, en mauvaise part. *Que voulez-vous insinuer ?*
• Pronominal. Pénétrer (au propre et au figuré). *L'eau s'insinue dans les fissures.*

insipide adj.
Sans saveur, fade.
Ant. **sapide.**

insipidité n. f.
Caractère de ce qui est insipide.

insistance n. f.
Action d'insister, obstination.

insistant, ante adj.
Qui insiste, pressant.

insister v. intr.
• Revenir à la charge. *N'insistez pas, Stanislas.*
• Mettre l'accent sur quelque chose. *J'insiste sur ce point capital.*

in situ loc. adv.
• Le *u* se prononce *u* [insity].
• Expression latine signifiant «en place». Dans son milieu naturel. *Une expérience* in situ.
Note.- En typographie soignée, les mots étrangers sont composés en italique. Dans des textes déjà en italique, la notation se fait en romain. Pour les textes manuscrits, on utilisera les guillemets.

insociable adj.
Qui n'est pas sociable.

insolation n. f.
Malaise causé par une exposition prolongée au soleil.
Notes.-
1° Attention à l'orthographe : inso*l*ation.
2° Ne pas confondre avec le mot *isolation* qui désigne l'action d'isoler.

insolemment adv.
Avec insolence.
Note.- Attention à l'orthographe : insol*emm*ent.

insolence n. f.
Arrogance, impertinence.
Note.- Attention à l'orthographe : insol*en*ce.

insolent, ente adj. et n. m. et f.
Effronté, impoli. *Des élèves insolents.*
Note.- Ne pas confondre avec le mot *insolite* qui se dit de ce qui est étrange.

insolite adj. et n. m.
Étrange. *Un bruit insolite.*
Notes.-
1° Attention à l'orthographe : inso*lite*.
2° Ne pas confondre avec le mot *insolent* qui signifie «effronté, impoli».

insoluble adj.
• Qu'on ne peut résoudre. *Un problème insoluble.*
• Qui ne peut se dissoudre. *Un produit insoluble.*
Note.- Attention à l'orthographe : inso*l*uble.

insolvabilité n. f.
État de la personne, de la société qui ne peut payer ses dettes.

insolvable adj.
Qui ne peut payer ses dettes.

insomniaque adj. et n. m. et f.
(Litt.) Qui souffre d'insomnie.

insomnie n. f.
Privation de sommeil.

insondable adj.
• Dont on ne peut toucher le fond. *Un abîme insondable.*
• Indéchiffrable. *Un mystère insondable.*

insonore adj.
Qui n'est pas sonore.
Note.- Attention à l'orthographe de cet adjectif qui conserve la même forme au masculin et au féminin : inson*ore*.

insonorisation n. f.
Action d'insonoriser.

insonoriser v. tr.
Aménager un local pour le rendre plus silencieux.

insouciance n. f.
Nonchalance.
Note.- Attention à l'orthographe : insou*cian*ce.

insouciant, ante adj. et n. m. et f.
Nonchalant, imprévoyant.

insoumis, ise adj.
Rebelle.

insoupçonnable adj.
Qui est à l'abri de tout soupçon.
Note.- Attention à l'orthographe : insoup*ç*onnable.

insoupçonné, ée adj.
Impossible à déterminer. *Des richesses insoupçonnées.*
Note.- Attention à l'orthographe : insoup*ç*onné.

insoutenable adj.
• Qu'on ne peut justifier. *Une affirmation insoutenable.*
• Intolérable. *Une douleur insoutenable.*

inspecter v. tr.
Examiner avec attention.

inspecteur n. m.
inspectrice n. f.
Personne chargée de contrôler un service, une administration, une activité, etc.

inspection n. f.
Surveillance, examen. *L'inspection des travaux de construction.*

inspirateur, trice adj. et n. m. et f.
Personne dont on s'inspire, conseiller.
Note.- Ce mot se dit en bonne ou en mauvaise part.

inspiration n. f.
• Acte par lequel l'air est introduit dans les poumons. Ant. **expiration.**
• Faculté créatrice. *Ce soir, je manque d'inspiration.*

inspirer v. tr., intr., pronom.
• **Transitif**
- Faire pénétrer l'air dans ses poumons. *Inspirer de l'air.*
- Faire naître une pensée, une émotion. *Cette scène m'inspire du chagrin.*
• **Intransitif**
Faire pénétrer dans la poitrine. *Il faut inspirer, puis expirer.*
• **Pronominal**
Emprunter des idées de quelqu'un, de quelque chose. *Ce peintre s'inspire des tableaux de la Renaissance.*

instabilité n. f.
Caractère de ce qui manque de constance.

instable adj. et n. m. et f.
Qui n'est pas fixe, constant.

installation n. f.
• Aménagement. *Procéder à l'installation d'un appareil de climatisation.*
• (Gén. plur.) Ensemble de biens, de bâtiments aménagés en vue d'un usage défini. *Des installations industrielles.*

installer v. tr., pronom.
• **Transitif.** Disposer, placer. *Installer un appareil d'éclairage.*
• **Pronominal.** S'établir. *Ils se sont installés à la campagne.*

instamment adv.
D'une manière pressante.
Note.- Attention à l'orthographe : insta**mm**ent.

instance n. f.
• (Au plur.) Demandes pressantes. *Sur les instances de ses collègues, il accepta.*
• *En instance de*, locution adverbiale. Sur le point de. *En instance de divorce, de divorcer.*

instant, ante adj.
Pressant. *Une prière instante.*

instant n. m.
• Moment très court.
• *Par instants.* À certains moments.
Note.- Le nom s'écrit au pluriel dans cette expression.

• *À l'instant.* Immédiatement.
• *À tout instant.* Sans cesse.

instantané, ée adj. et n. m.
• **Adjectif.** Bref, immédiat.
• **Nom masculin.** Cliché photographique. *Des instantanés très réussis.*
Note.- Attention à l'orthographe : instanta**n**é.

instantanéité n. f.
Caractère de ce qui est instantané.
Note.- Attention à l'orthographe : instanta**n**éité.

instantanément adv.
Immédiatement.

instar (à l') loc. prép.
(Litt.) À l'exemple de, de la même manière que.
Notes.-
1° Attention à l'orthographe : inst**a**r.
2° Attention au sens de cette locution qui ne signifie pas « à l'opposé de ».

instaurateur, trice n. m. et f.
Personne qui instaure. *L'instaurateur d'une nouvelle entente.*

instauration n. f.
Établissement.

instaurer v. tr.
Fonder, instituer.

instigateur, trice n. m. et f.
Personne qui pousse à faire une action. *L'instigateur de ce projet, de ce complot.*
Note.- Ce nom s'emploie surtout en mauvaise part.

instigation n. f.
• Incitation.
• *À l'instigation de (quelqu'un).* Sous l'influence de (quelqu'un).
Note.- Ce nom s'emploie surtout en mauvaise part.

instiller v. tr.
• Les lettres *ill* sont suivies d'un *i* à la première et à la deuxième personne du pluriel de l'indicatif imparfait et du subjonctif présent. *(Que) nous instillions, (que) vous instilliez.*
• Verser goutte à goutte.
Note.- Ne pas confondre avec le verbe *insuffler* qui signifie « faire pénétrer en soufflant ».

instinct n. m.
• Les lettres *ct* sont muettes [ɛ̃stɛ̃].
• Tendance innée. *L'instinct de conservation.*
• *Par instinct, d'instinct*, locutions adverbiales. D'une manière naturelle et spontanée. *Il emploie d'instinct les mots justes.*
• *Instinct grégaire.* Tendance qui pousse les êtres humains à former des groupes ou à adopter le même comportement.
Note.- Attention à l'orthographe : instin**ct**.

instinctif, ive adj.
• La lettre *c* se prononce [ɛ̃stɛ̃ktif].
• Impulsif. *Une réaction instinctive.*
Note.- Attention à l'orthographe : instin**ct**if.

instinctivement adv.
● La lettre *c* se prononce [ɛ̃stɛ̃ktivmɑ̃].
● Par instinct.
Note.- Attention à l'orthographe : instin*ct*ivement.

instituer v. tr.
Établir, fonder.

institut n. m.
Établissement de recherche scientifique ou d'enseignement.
Note.- Les désignations où le nom *institut* est suivi d'un nom commun ou d'un adjectif s'écrivent avec une majuscule initiale. *L'Institut national de la statistique et des études économiques..* Lorsque le nom *institut* est suivi d'un nom propre, il s'écrit avec une minuscule. *L'institut Pasteur.*

instituteur n. m.
institutrice n. f.
Personne qui enseigne en maternelle et dans l'enseignement primaire.
Note.- Le nom *enseignant* est un générique qui regroupe les professeurs (enseignement secondaire ou supérieur) et les instituteurs (enseignement primaire). *Instituteur, institutrice* sont les termes administratifs. *Maître, maîtresse* sont les appellatifs courants.

institution n. f.
● Chose instituée.
● (Au plur.) Lois fondamentales.
● Établissement d'enseignement.

institutionnalisation n. f.
Action d'institutionnaliser.
Note.- Attention à l'orthographe : institutio*nn*alisation.

institutionnaliser v. tr.
Transformer quelque chose en institution. *Institutionnaliser les échanges entre employeurs et employés.*
Note.- Attention à l'orthographe : institutio*nn*aliser.

institutionnel, elle adj.
Relatif aux institutions de l'État.
Note.- Attention à l'orthographe : institutio*nn*el.

Institut universitaire de technologie
Sigle *I.U.T.*

instructif, ive adj.
Propre à instruire. *Une conférence instructive.*

instruction n. f.
● Enseignement, éducation. *Avoir une bonne instruction.*
● (Au plur.) Ordres, explications. *Donner des instructions. Un manuel d'instructions.*
Note.- Ne pas confondre avec les mots suivants :
- *commandement*, ordre ;
- *précepte*, règle de conduite ;
- *prescription*, ordre détaillé.
● *Juge d'instruction, centre d'instruction.* Dans ces expressions, le mot *instruction* s'écrit au singulier.

instruire v. tr., pronom.
● **Transitif.** Enseigner, informer.
● **Pronominal.** Acquérir des connaissances. *Ils se sont instruits progressivement.*

instruit, ite adj.
Cultivé, qui a une bonne instruction.

instrument n. m.
Objet qui sert, dans un art ou une science, à faire certaines opérations. *Des instruments chirurgicaux, un instrument de musique.*
Note.- Par rapport au mot *instrument*, le mot *outil* désigne un objet plus simple employé manuellement, le mot *ustensile* désigne un objet servant aux usages domestiques, tandis que le mot *appareil* désigne un objet plus complexe composé d'éléments qui fonctionnent ensemble. *Le bistouri est un instrument, le marteau, un outil, la fourchette, un ustensile et le grille-pain, un appareil.*

instrumental, ale, aux adj.
Qui s'exécute par des instruments. *De la musique instrumentale.*
Ant. **vocal.**

instrumentation n. f.
Orchestration.

insu de (à l') loc. prép.
Sans que la chose soit sue. *Ils sont partis à l'insu du propriétaire. Il est parti à son insu.*
Note.- Attention à l'orthographe : ins*u*.
Ant. **au vu et au su de.**

insubmersibilité n. f.
Caractère de ce qui est insubmersible.
Note.- Attention à l'orthographe : insu*b*mersibilité.

insubmersible adj.
Qui ne peut être submergé. *Un bateau insubmersible.*
Note.- Attention à l'orthographe : insu*b*mersible.

insubordination n. f.
Manque d'obéissance.
Note.- Attention à l'orthographe : insubordi*n*ation.

insubordonné, ée adj.
Désobéissant.
Note.- Attention à l'orthographe : insubordo*nn*é.

insuccès n. m.
Échec.
Note.- Attention à l'orthographe : insucc*ès*.

insuffisamment adv.
De façon insuffisante.

insuffisance n. f.
Manque, déficience.
Note.- Attention à l'orthographe : insu*ff*isa*n*ce.

insuffisant, ante adj.
Qui ne suffit pas. *Des ressources insuffisantes.*

insufflation n. f.
Action d'insuffler. *Une insufflation d'air.*
Note.- Attention à l'orthographe : insu*ff*lation.

insuffler v. tr.
Faire pénétrer en soufflant.
Note.- Ne pas confondre avec le verbe *instiller* qui signifie « verser goutte à goutte ».

insulaire adj. et n. m. et f.
● **Adjectif.** Relatif à une île, aux îles.

• **Nom masculin et féminin.** Personne qui habite une île.

Note.- Attention à l'orthographe : insu*l*aire.

insuline n. f.
Hormone utilisée dans le traitement du diabète.
Note.- Attention à l'orthographe : insu*l*ine.

insultant, ante adj.
Injurieux. *Des propos insultants.*
Note.- Ne pas confondre avec le participe présent invariable ***insultant****. Les joueurs insultant leurs rivaux, l'arbitre est intervenu.*

insulte n. f.
Injure.

insulter v. tr.
• **Transitif.** Injurier. *Il l'a insulté publiquement.*
• **Transitif indirect. Insulter + à.** (Litt.) Constituer un contraste choquant. *L'abondance étalée insulte à la précarité de leurs moyens.*

insupportable adj.
Intolérable.
Note.- Attention à l'orthographe : insu***pp***ortable.

insupportablement adv.
D'une manière insupportable.
Note.- Attention à l'orthographe : insu***pp***ortablement.

insurger (s') v. pronom.
• Le *g* est suivi d'un *e* devant les lettres *a* et *o*. *Il s'insurgea, nous nous insurgeons.*
• Se révolter contre une autorité, un pouvoir. *Ils se sont insurgés contre cette décision injuste.*
Note.- Le participe passé s'accorde toujours avec le sujet du verbe.

insurmontable adj.
Qui ne peut être surmonté.

insurpassable adj.
Qui ne peut être surpassé.

insurrection n. f.
Émeute.
Note.- Attention à l'orthographe : insu***rr***ection.

insurrectionnel, elle adj.
Qui tient de l'insurrection.
Note.- Attention à l'orthographe : insu***rr***ectio***nn***el.

intact, acte adj.
• Les lettres *ct* se prononcent au masculin et au féminin [ɛ̃takt].
• Qui n'a subi aucune atteinte.

intaille n. f.
Pierre dure gravée en creux, servant souvent de sceau.
Note.- Attention à l'orthographe : *in*taille.

intangibilité n. f.
Caractère de ce qui est intangible.

intangible adj.
Qui échappe au toucher.
Ant. **tangible.**

intarissable adj.
• Qui ne s'épuise pas. *Une source intarissable.*

• (Fig.) Qui ne peut être contenu. *Une verve intarissable.*
Note.- Attention à l'orthographe : inta*r*issable.

intarissablement adv.
De façon intarissable.

intégral, ale, aux adj.
Entier. *Des textes intégraux, une édition intégrale, un bronzage intégral.*
Note.- Ne pas confondre avec le mot ***intégrant*** qui désigne un élément d'un tout.

intégrale n. f.
• Fonction mathématique.
• (Mus.) Œuvre musicale intégrale. *L'intégrale des symphonies de Mozart.*

intégralement adv.
Complètement.

intégralité n. f.
Caractère de ce qui est entier.
Note.- Ne pas confondre avec le mot ***intégrité*** qui désigne la probité.

intégrant, ante adj.
Partie intégrante. Élément qui compose un tout.
Notes.-
1° L'adjectif ne s'emploie que dans la locution citée.
2° Ne pas confondre avec le mot ***intégral*** qui se dit de ce qui est entier.

intégration n. f.
• Action de faire entrer dans un ensemble. *L'intégration des données dans une base informatique.*
• Opération par laquelle une personne s'adapte, s'incorpore à un nouveau milieu. *L'intégration de ces immigrants est réussie.*

intègre adj.
Honnête, incorruptible. *Un magistrat intègre.*
Note.- Attention à l'orthographe : intè*g*re.

intégrer v. tr., intr., pronom.
• Le *é* se change en *è* devant une syllabe muette, sauf à l'indicatif futur et au conditionnel présent. *J'intègre, mais j'intégrerai.*
• **Transitif**
- Faire entrer dans un ensemble. *Intégrer des mots dans un dictionnaire.*
- Incorporer à une collectivité, à un milieu.
• **Intransitif**
(Fam.) Être reçu au concours d'entrée à une grande école.
• **Pronominal**
S'assimiler entièrement à un groupe.

intégrité n. f.
Probité, honnêteté.
Note.- Ne pas confondre avec le mot ***intégralité*** qui désigne le caractère de ce qui est entier.

intellect n. m.
• Les lettres *ct* se prononcent et le *e* de la deuxième syllabe se prononce *é* [ɛ̃telɛkt].
• (Philo.) Intelligence.

intellectualiser v. tr.
Porter au rang des choses intellectuelles.

intellectuel, elle adj. et n. m. et f.
● **Adjectif.** Qui est de l'ordre de l'intelligence. *Un travail intellectuel.*
● **Nom masculin et féminin.** Personne chez qui prédominent les choses de l'esprit.

intellectuellement adv.
Sur le plan intellectuel.

intelligemment adv.
Avec intelligence.
Note.- Attention à l'orthographe : intelli**gemm**ent.

intelligence n. f.
● Faculté de comprendre. *Une intelligence vive. Des tests d'intelligence.*
● *Intelligence artificielle.* Système de programmes informatiques complexes aptes à résoudre certains problèmes de façon autonome.
● (Au plur.) Complicités secrètes. *Avoir des intelligences avec l'ennemi.*
● Conformité de sentiments. *Des voisins qui vivent en bonne intelligence.*
Note.- Attention à l'orthographe : intelli**gen**ce.

intelligent, ente adj.
Doué d'intelligence.
Ant. **inintelligent.**

intelligentsia ou **intelligentzia** n. f.
● Le *g* se prononce *dj* ou *gue* [ɛ̃telidʒɛnsja] ou [ɛ̃teligɛnsja].
● Les intellectuels d'un milieu, d'un groupe.

intelligibilité n. f.
Clarté.
Note.- Attention à l'orthographe : inte**ll**igibi**l**ité.

intelligible adj.
Clair, accessible.
Note.- Attention à l'orthographe : inte**ll**igible.

intelligiblement adv.
De façon intelligible.

intempérance n. f.
Manque de modération.
Note.- Ne pas confondre avec le mot **intempérie** qui désigne le mauvais temps.

intempérant, ante adj.
Qui manque de retenue.
Note.- Attention à l'orthographe : int**em**pérant.

intempérie n. f.
Mauvais temps.
Note.- Ne pas confondre avec le mot **intempérance** qui désigne le manque de modération.

intempestif, ive adj.
Importun. *Une réaction intempestive.*
Note.- Attention à l'orthographe : int**em**pestif.

intempestivement adv.
De façon intempestive.

intemporel, elle adj.
Qui n'est pas touché par le passage du temps.
Note.- Ne pas confondre avec le mot **atemporel** qui désigne ce qui est en dehors du temps.

intenable adj.
Que l'on ne peut supporter. *Une situation intenable.*

intendance n. f.
Ensemble des tâches économiques, des questions matérielles de l'État, d'un établissement scolaire, etc. *S'occuper de l'intendance.*
Note.- Attention à l'orthographe : int**endan**ce.

intendant n. m.
intendante n. f.
Personne chargée de l'administration financière d'un établissement.

intense adj.
Extrême, considérable. *Un froid intense, une activité intense.*
Note.- Ne pas confondre avec le mot **intensif** qui désigne ce qui résulte d'un effort intense ou qui exige un effort soutenu.

intensément adv.
D'une façon intense.
Note.- Attention à l'orthographe : int**en**sément.

intensif, ive adj.
Qui résulte d'un effort intense ou qui exige un effort soutenu. *Une culture intensive. Un cours intensif.*
Note.- Ne pas confondre avec le mot **intense** qui qualifie ce qui est extrême.

intensification n. f.
Augmentation.
Note.- Attention à l'orthographe : int**en**sification.

intensifier v. tr., pronom.
● Redoublement du *i* à la première et à la deuxième personne du pluriel de l'indicatif imparfait et du subjonctif présent. *(Que) nous intensifiions, (que) vous intensifiiez.*
● **Transitif.** Rendre plus intense, plus actif.
● **Pronominal.** Devenir plus intense. *Les rapports entre ces pays se sont intensifiés.*

intensité n. f.
● Degré d'énergie, d'activité. *L'intensité d'un courant électrique.*
● Caractère de ce qui est intense. *L'intensité de son jeu dramatique.*

intensivement adv.
De façon intensive.

intenter v. tr.
(Dr.) Entreprendre une action en justice contre quelqu'un.
Note.- Ne pas confondre avec le verbe **attenter** qui signifie «commettre un attentat contre quelqu'un».

intention n. f.
● Volonté, désir.
● *Avoir l'intention de.* Projeter de. *Il a l'intention de prendre des vacances.*
● *À l'intention de*, locution prépositive. Pour.
Note.- Ne pas confondre avec la locution **à l'attention de**, mention précisant le destinataire d'une lettre.

intentionné, ée adj.
Bien, mal intentionné. Avec de bonnes ou de mauvaises intentions.

intentionnel, elle adj.
Qui est fait délibérément.

intentionnellement adv.
Volontairement.

inter- préf.
Élément du latin signifiant « entre ».
Note.- Les mots composés avec le préfixe **inter-** s'écrivent sans trait d'union. *Interurbain, international.*

interactif, ive adj.
(Inform.) Se dit d'un mode de traitement de données qui permet une conversation entre un système informatique et un utilisateur, avec échange de questions et réponses.
Syn. **conversationnel.**

interaction n. f.
Action réciproque.

interallié, ée adj.
Relatif aux alliés.

interarmées adj. inv.
Commun à plusieurs armées (air, terre, mer). *Un état-major interarmées.*

interarmes adj. inv.
Commun à plusieurs armes (artillerie, génie, infanterie, etc.). *Un commando interarmes.*

intercalaire adj. et n. m.
• **Adjectif.** Qui peut être inséré.
• **Nom masculin.** Feuillet qui peut être inséré dans un ouvrage.

intercaler v. tr.
Insérer, introduire une chose entre deux autres.

intercéder v. intr.
• Le **é** se change en **è** devant une syllabe muette, sauf à l'indicatif futur et au conditionnel présent. *J'intercède,* mais *j'intercéderai.*
• Intervenir en faveur de quelqu'un. *Intercéder pour quelqu'un, en faveur de quelqu'un.*

intercepter v. tr.
• Cacher, éclipser. *Ces stores interceptent les rayons lumineux.*
• S'emparer d'une chose destinée à quelqu'un. *Intercepter un message, une passe.*

interception n. f.
Action d'intercepter.

intercession n. f.
(Litt., relig.) Entremise. *Par l'intercession de la Vierge.*

interchangeable adj.
Remplaçable. *Des logiciels interchangeables.*
Note.- Attention à l'orthographe : interchang**ea**ble.

interclubs adj. inv.
Se dit d'une rencontre où s'opposent plusieurs clubs. *Un tournoi interclubs.*

intercontinental, ale, aux adj.
Qui relie deux continents. *Les transports intercontinentaux.*

intercostal, ale, aux adj.
Entre les côtes. *Les nerfs intercostaux.*

interdépartemental, ale, aux adj.
Commun à plusieurs départements. *Des comités interdépartementaux.*

interdépendance n. f.
Dépendance réciproque. *L'interdépendance des économies européenne et américaine.*
Note.- Attention à l'orthographe : interdép**en**d**an**ce.

interdépendant, ante adj.
Se dit de personnes, de choses dépendant les unes des autres. *Des marchés interdépendants.*

interdiction n. f.
Défense. *L'interdiction de la vente du haschisch.*

interdire v. tr.
• *J'interdis, tu interdis, il interdit, nous interdisons, vous interdisez, ils interdisent. J'interdisais. J'interdis, vous interdîtes. J'interdirai. J'interdirais. Interdis, interdisons, interdisez. Que j'interdise, que vous interdisiez. Que j'interdisse, que vous interdissiez. Interdisant. Interdit, ite.*
Note.- Le verbe **interdire** se conjugue comme **dire** à l'exception de l'indicatif présent et de l'impératif à la deuxième personne du pluriel **interdisez**, contrairement à **dites.**
• Défendre (quelque chose à quelqu'un). *Interdire la vente de stupéfiants.*

interdisciplinaire adj.
Qui regroupe plusieurs disciplines. *Des recherches interdisciplinaires.*

interdit, ite adj. et n. m.
• **Adjectif**
- Déconcerté. *Elle resta interdite, trop surprise pour répondre.*
- Non autorisé. *Entrée interdite.*
• **Nom masculin**
Interdiction. *Il transgresse les interdits.*

intéressant, ante adj.
Digne d'intérêt. *Des lectures intéressantes.*

intéressé, ée adj.
• Qui est en cause. *Les parties intéressées.*
• Attaché à ses intérêts. *Une attitude intéressée.*

intéressement n. m.
Participation du personnel aux projets d'une entreprise. *L'intéressement est de nature à motiver le personnel.*

intéresser v. tr., pronom.
• **Transitif**
- Concerner. *Cette mesure intéresse les petites entreprises.*
- Inspirer de l'intérêt. *Il n'est pas toujours facile d'intéresser les élèves.*
• **Pronominal**
Avoir de l'intérêt pour. *Elle s'intéresse au cinéma. Ils se sont intéressés à la question.*

intérêt n. m.
• Attention. *Elle lit ce roman avec beaucoup d'intérêt.*
• Recherche de son avantage personnel. *Agir par intérêt.*
• Revenu tiré d'un capital. *Un intérêt de 8 %, un taux d'intérêt.*

- (Au plur.) Participation au capital d'une entreprise. *Des intérêts majoritaires.*
- **Locutions**
- *Avoir intérêt à, porter intérêt à, prendre intérêt à.* S'intéresser à.
Note.- Dans ces expressions, le nom est au singulier.
- *Produire des intérêts.* Donner un revenu.
- *Conflit d'intérêts.* Intérêts contradictoires.
Note.- Dans ces expressions, le nom est au pluriel.

interface n. f.
(Inform.) Dispositif permettant de relier deux systèmes informatiques non compatibles.

interférence n. f.
Conjonction, superposition de plusieurs éléments.
Note.- Attention à l'orthographe : interfér*en*ce.

interférer v. intr.
- Le *é* se change en *è* devant une syllabe muette, sauf à l'indicatif futur et au conditionnel présent. *J'interfère,* mais *j'interférerai.*
- Produire des interférences. *Des activités qui interfèrent.*

intérieur, eure adj. et n. m.
- **Adjectif**
- Qui est au-dedans (par opposition à **extérieur**). *Une cour intérieure.*
- Qui concerne un pays (par opposition à **étranger, international**). *La politique intérieure.*
Note.- L'adjectif *intérieur* étant déjà un comparatif, on ne l'emploiera pas avec l'adverbe *plus.*
- **Nom masculin**
- La partie de dedans. *L'intérieur d'un fruit.*
- L'endroit où l'on habite. *Un bel intérieur joliment décoré.*

intérieurement adv.
- Au-dedans.
- En soi-même.

intérim n. m.
- Le *m* se prononce [ɛ̃terim].
- Mot latin signifiant « pendant ce temps-là ». Temps pendant lequel une fonction vacante est exercée par une autre personne. *Pendant l'intérim, les décisions sont différées. Faire des intérims.*
- *Par intérim.* Provisoirement.
Note.- Le nom a été francisé : il s'écrit avec un accent aigu et prend la marque du pluriel.

intérimaire adj.
Par intérim. *Le directeur intérimaire.*

intérimaire n. m. et f.
Personne qui, de façon provisoire, exerce une fonction à la place du titulaire.

intériorisation n. f.
Action d'intérioriser.
Note.- Attention à l'orthographe : intéri*o*risation.

intérioriser v. tr.
Rendre plus intérieur, plus intime.
Note.- Attention à l'orthographe : intéri*o*riser.

intériorité n. f.
Caractère de ce qui est intérieur.
Note.- Attention à l'orthographe : intéri*o*rité.

interjectif, ive adj.
(Gramm.) Relatif à l'interjection. *Une locution interjective.*

interjection n. f.
V. Tableau - **INTERJECTION.**

interjeter v. tr.
- Redoublement du *t* devant un *e* muet. *J'interjette, j'interjetterai,* mais *j'interjetais.*
- *Interjeter appel.* (Dr.) Demander un second jugement, faire un appel.
Note.- Cette expression figée s'écrit sans article.

interligne n. m. et f.
- **Nom masculin.** Espace entre deux lignes. *Présentation à double interligne.*
Note.- Attention au genre masculin de ce nom dans cette acception.
- **Nom féminin.** Petite lame de l'imprimeur qui sert à espacer les lignes. *Une interligne de cinq points.*

interlocuteur, trice n. m. et f.
Personne qui converse avec une autre. *Des interlocutrices volubiles.*

interlope adj.
Suspect, louche.
Notes.-
1° Attention à l'orthographe : interlo*pe.*
2° Cet adjectif conserve la même forme au masculin et au féminin : interl*ope.*

interloquer v. tr.
Décontenancer, stupéfier. *Cette interruption les a interloqués.*

interlude n. m.
- Courte émission destinée à faire patienter les téléspectateurs.
- Courte pièce musicale.
Note.- Attention au genre masculin de ce nom : *un* interlude.

intermède n. m.
- Interruption entre deux parties d'un spectacle. *Un intermède musical.*
- (Fig.) Temps intermédiaire. *Un intermède de paix entre deux attaques.*
Note.- Attention au genre masculin de ce nom : *un* intermède.

intermédiaire adj. et n. m. et f.
- **Adjectif.** Qui est entre deux. *Une époque intermédiaire.*
- *Par l'intermédiaire de.* Au moyen de.
- **Nom masculin et féminin.** Personne qui met en relation deux personnes, deux groupes. *Ils ont servi d'intermédiaires.*
Note.- Attention à l'orthographe de ce mot qui conserve la même forme au masculin et au féminin : intermédi*aire.*

interminable adj.
Qui dure trop longtemps. *Un discours interminable.*

INTERJECTION

- L'*interjection* est un mot, un groupe de mots qui exprime une réaction émotive du locuteur (surprise, peur, joie, chagrin, etc.). Les multiples exclamations, tous les jurons imaginables rendent la création des interjections toujours vivante.

- Les *interjections* sont souvent des **onomatopées** composées de voyelles, de voyelles combinées à une consonne, ou de consonnes. *Aïe! Oh! Psst!* Elles peuvent être également constituées d'**exclamations** formées de mots employés seuls ou accompagnés de déterminants. *Zut! Bravo! Juste ciel! À la bonne heure! Au secours!*

Note.- On nomme **locution interjective** l'exclamation formée de plusieurs mots.

- Les *interjections* et les *locutions interjectives* sont suivies du point d'exclamation et s'écrivent généralement avec une majuscule initiale.

QUELQUES INTERJECTIONS ET LOCUTIONS INTERJECTIVES

Adieu!	D'accord!	Holà!	Tant pis!
Ah!	Debout!	Hop!	Tenez!
Aïe!	Dia!	Hou!	Tiens!
Ainsi soit-il!	Diable!	Hourra!	Tonnerre!
À la bonne heure!	Diantre!	Hue!	Très bien!
Allez!	Dieu!	Hum!	Tout beau!
Allô!	Dommage!	Jamais!	Tout doux!
Arrière!	Eh!	Juste ciel!	Pan!
Assez!	Eh bien soit!	Là!	Par exemple!
Attention!	En avant!	Las!	Parfait!
Au feu!	Enfin!	Ma foi!	Pas possible!
Au secours!	Est-ce Dieu possible!	Malheur!	Patience!
Bah!	Euh!	Mamma mia!	Pitié!
Bien!	Fi!	Merci!	Psst!
Bis!	Fichtre!	Mince!	Quoi!
Bon!	Flûte!	Minute!	Quoi donc!
Bon Dieu!	Gare!	Miracle!	Salut!
Bonté divine!	Grâce!	Mon Dieu!	Silence!
Bravo!	Ha!	Morbleu!	Soit!
Brr!	Ha! Ha!	Mystère et boule de gomme!	Stop!
Çà!	Halte!	N'importe!	Suffit!
Çà alors!	Hé!	Nom d'un chien!	Va!
Çà va!	Hé bien!	Non!	Vite!
Chic!	Hé quoi!	Ô!	Vive...!
Chut!	Hein!	Oh!	Voilà!
Ciel!	Hélas!	Ohé!	Voyons!
Courage!	Heu!	Ouf!	Zut!
Crac!	Ho!	Oui!	
Dame!	Ho! Ho!	Ouste!	

---

interminablement adv.
De façon interminable.

interministériel, elle adj.
Commun à plusieurs ministères. *Un comité interministériel.*

intermittent, ente adj.
Discontinu. *Des problèmes intermittents.*

internat n. m.
Fonction d'interne des hôpitaux. *Il termine son internat.*

Note.- Attention à l'orthographe : intern**at**.

international, ale, aux adj.
Qui a lieu entre plusieurs nations (par opposition à **national, intérieur**). *Des championnats internationaux.*
Note.- Attention à l'orthographe : internatio**n**al.

internationalisation n. f.
Note.- Attention à l'orthographe : internatio**n**alisation.

internationaliser v. tr.
Rendre international.
Note.- Attention à l'orthographe : internatio**n**aliser.

International Standard Book Number
Sigle *ISBN*.

International Standard Organization
Sigle *ISO*.

International Standard Serial Number
Sigle *ISSN*.

interne adj. et n. m. et f.
• **Adjectif**
Qui est situé en dedans. *L'oreille interne.*
• **Nom masculin et féminin**
- Élève logé et nourri dans un établissement scolaire.
- *Interne des hôpitaux.* Étudiant en médecine, reçu au concours de l'internat. *C'est un ex-interne des hôpitaux de Paris.*
Ant. **externe.**

internement n. m.
Action d'interner ; fait d'être interné.

interner v. tr.
Enfermer dans un hôpital psychiatrique, un camp, une prison.

interpeller v. tr.
• Ce verbe garde les deux *l* à toutes les formes de la conjugaison.
• Adresser la parole à quelqu'un pour lui demander quelque chose.
Note.- Ce verbe implique une façon de parler assez brusque qui a l'air de sommer de répondre.
• Susciter une réaction, un écho chez quelqu'un. *Les injustices de ce monde nous interpellent.*

interpénétration n. f.
Pénétration réciproque.

interpénétrer (s') v. pronom.
Se pénétrer réciproquement. *Ces deux civilisations se sont interpénétrées.*

interphone n. m. (n. déposé)
Système téléphonique intérieur.

interplanétaire adj.
Se dit de ce qui est, de ce qui a lieu entre les planètes. *Un voyage interplanétaire.*

interposé, ée adj.
Par personne interposée. Par l'intermédiaire d'une personne.

interposer v. tr., pronom.
• **Transitif.** Mettre une chose entre deux autres.
• **Pronominal.** Intervenir en médiateur. *Elle s'est interposée dans la querelle.*

interprétariat n. m.
Fonction d'interprète.
Note.- Attention à l'orthographe : interprétari*at*.

interprétation n. f.
• Explication d'une chose. *L'interprétation d'une loi.*
• Façon dont une œuvre est jouée. *L'interprétation magistrale d'un concerto.*
Note.- Attention à l'orthographe : interprétation.

interprète n. m. et f.
• Personne qui fait la traduction orale et immédiate des paroles de quelqu'un dans une autre langue.
• Personne qui exécute une œuvre (musicale, dramatique).
Note.- Attention à l'orthographe : interprète.

interpréter v. tr.
• Le *é* se change en *è* devant une syllabe muette, sauf à l'indicatif futur et au conditionnel présent. *J'interprète,* mais *j'interpréterai.*
• Expliquer. *Interpréter les paroles de quelqu'un.*
• Jouer une œuvre (musicale, dramatique).

interprofessionnel, elle adj.
Commun à plusieurs professions. *Une association interprofessionnelle.*

interrègne n. m.
Intervalle de temps entre deux règnes.
Note.- Attention à l'orthographe : inte*rr*ègne.

interrelation n. f.
Relation réciproque. *Les interrelations entre les économies américaine et canadienne.*
Note.- Attention à l'orthographe : inte*rr*elation.

interrogateur, trice adj.
Qui interroge. *Un air interrogateur.*

interrogatif, ive adj.
Qui marque l'interrogation. *Un regard interrogatif. Une locution interrogative.*
V. Tableau - **INTERROGATIF ET EXCLAMATIF (ADJECTIF).**
V. Tableau - **INTERROGATIF (PRONOM).**

interrogation n. f.
• Question.
Note.- Si la phrase interrogative est inversée et que le pronom personnel commence par une voyelle, on intercale un *t* euphonique entre ce pronom et le verbe qui se termine par une voyelle. *A-t-elle joué ?*
• *Point d'interrogation.* Signe de ponctuation qui marque la fin de toute phrase interrogative directe.
V. Tableau - **PONCTUATION.**

interrogativement adv.
Par interrogation.

interrogatoire n. m.
Ensemble de questions posées à quelqu'un.
Note.- Attention au genre masculin de ce nom : *un* interrogatoire.

interroger v. tr., pronom.
• Le *g* est suivi d'un *e* devant les lettres *a* et *o*. *Il interrogea, nous interrogeons.*
• **Transitif**
- Questionner. *Interroger un candidat.*
- Examiner, étudier attentivement.
• **Pronominal**
Réfléchir. *Il s'interrogeait sur son avenir.*

interrompre v. tr., pronom.
• Ce verbe se conjugue comme le verbe *rompre.*
• **Transitif**
- Rompre la continuité, arrêter. *La communication téléphonique a été interrompue.*

ADJECTIF INTERROGATIF ET EXCLAMATIF

— **Adjectif interrogatif**

Adjectif qui peut avoir la fonction d'épithète ou d'attribut indiquant que l'on s'interroge sur la qualité de l'être ou de l'objet déterminé : *quel, quelle, quels, quelles.*

Quel livre ? Quelles études ?

— **Adjectif exclamatif**

Adjectif qui sert à traduire l'étonnement que l'on éprouve devant l'être ou l'objet déterminé.

Quelle maison ! Quelles perspectives !

V. Tableau - **ADJECTIF**.

PRONOM INTERROGATIF

Le **pronom interrogatif** est un pronom relatif employé pour introduire une proposition interrogative directe ou indirecte. *Qui frappe à la porte ? Je ne sais que dire.*

- Formes simples

    qui ? (pour les personnes)
    que ? (pour les choses)

- Formes composées

lequel ?	*laquelle ?*	*lesquels ?*	*lesquelles ?*
auquel ?	*à laquelle ?*	*auxquels ?*	*auxquelles ?*
duquel ?	*de laquelle ?*	*desquels ?*	*desquelles ?*

Le pronom interrogatif peut être :

- **Sujet.** *Qui vient dîner ce soir ?*
- **Attribut.** *Qui est-elle ?*
- **Complément d'objet direct.** *Que voulez-vous ?*
- **Complément d'objet indirect.** *À qui voulez-vous parler ?*
- **Complément circonstanciel.** *Pour qui travaillez-vous ?*

- Couper la parole à quelqu'un.
- **Pronominal**
S'arrêter au cours d'une action. *Elles se sont interrompues pour écouter ses arguments.*
Note.- Attention à l'orthographe : inte**rr**ompre.

interrupteur n. m.
Commutateur. *Éteindre la lumière à l'aide de l'interrupteur.*

interruption n. f.
- Action d'interrompre.
- État de ce qui est interrompu. *L'interruption d'une émission de télévision.*
Note.- Attention à l'orthographe : inte**rr**uption.

interruption volontaire de grossesse
Sigle *I.V.G.*
V. **avortement.**

intersection n. f.
Endroit où deux routes se rencontrent. *À la prochaine intersection, il faut tourner à droite.*
Syn. **croisement.**

intersidéral, ale, aux adj.
Qui est situé entre les astres. *Des espaces intersidéraux.*

interstellaire adj.
Qui est situé entre les étoiles. *Un espace interstellaire.*

Note.- Attention à l'orthographe de cet adjectif qui conserve la même forme au masculin et au féminin : interstell*aire.*

interstice n. m.
Petit espace.
Note.- Attention au genre masculin de ce nom : *un* intersti*ce.*

interstitiel, ielle adj.
Qui est situé dans les interstices d'un tissu organique. *Un liquide interstitiel.*
Note.- Attention à l'orthographe : intersti*f*iel.

intersyndical, ale, aux adj.
Qui concerne plusieurs syndicats. *Des comités inter-syndicaux.*

interurbain, aine adj.
Établi entre des villes différentes. *Liaisons interurbaines.*

intervalle n. m.
• Espace entre deux corps (lieu), entre deux périodes (temps).
• *Par intervalles,* locution adverbiale. De temps à autre.
Note.- Attention au genre masculin de ce nom : *un* interva*lle.*

intervenant, ante adj. et n. m. et f.
• (Dr.) Qui intervient dans un procès. *Des intervenants.*
• Qui intervient dans un processus, une activité.

intervenir v. intr.
• Ce verbe se conjugue comme le verbe *venir,* avec l'auxiliaire *être.*
• Prendre part à quelque chose. *Ils sont intervenus à temps dans la discussion.*
• Intercéder. *Il nous a offert d'intervenir auprès des autorités.*
Note.- Ne pas confondre avec le verbe *s'immiscer* qui signifie « s'ingérer ».

intervention n. f.
• Action de s'interposer dans une situation, une action.
• Acte opératoire. *Une intervention chirurgicale.*
Note.- Ne pas confondre avec le mot *interversion* qui désigne l'action d'inverser l'ordre.

interversion n. f.
Action d'inverser l'ordre.
Note.- Ne pas confondre avec le mot *intervention* qui désigne l'action de s'interposer.

intervertir v. tr.
Changer l'ordre, permuter. *Les chiffres ont été intervertis.*

interview n. f. ou m.
• Les lettres *ew* se prononcent *ou* [ɛ̃tɛrvju].
• (Anglicisme) Entrevue avec une personne pour l'interroger sur ses projets, ses idées, etc. *Des interviews réussies* ou *réussis.*

interviewer v. tr.
(Anglicisme) Soumettre quelqu'un à une entrevue. *Interviewer un écrivain sur son prochain livre.*

intestat adj. inv. et n. m. et f.
• Le *t* ne se prononce pas [ɛ̃tɛsta].
• Sans testament. *Ils sont morts intestat, c'est-à-dire sans avoir rédigé de testament. Des intestats.*
Note.- L'adjectif est invariable, mais le nom prend la marque du pluriel.

intestat (ab)
V. **ab intestat.**

intestin, ine adj. et n. m.
• **Adjectif.** (Litt.) Intérieur. *Des querelles intestines.*
• **Nom masculin.** Partie du tube digestif comprise entre l'estomac et l'anus. *L'intestin grêle, le gros intestin.*

intestinal, ale, aux adj.
De l'intestin. *Des problèmes intestinaux.*

inti n. m.
Unité monétaire du pérou. *Des intis.*
V. Tableau - **SYMBOLES DES UNITÉS MONÉTAIRES.**

intime adj. et n. m. et f.
• **Adjectif**
- (Litt.) Intérieur, essentiel. *Avoir la conviction intime de quelque chose.*
- Privé. *Des confidences intimes.*
• **Nom masculin et féminin**
Ami.

intimé, ée adj. et n. m. et f.
(Dr.) Cité en justice.

intimement adv.
Profondément. *Je le connais intimement.*
Note.- Attention à l'orthographe : inti*me*ment.

intimer v. tr.
• (Dr.) Citer devant une juridiction supérieure.
• Déclarer avec autorité.
Note.- Ne pas confondre avec les verbes suivants :
- *édicter,* prescrire par une loi ;
- *enjoindre,* recommander avec insistance ;
- *notifier,* faire savoir dans les formes légales, de façon officielle.

intimidant, ante adj.
Qui intimide. *Des questions intimidantes.*
Note.- Ne pas confondre avec le participe présent invariable *intimidant. Les questions intimidant les candidats, les résultats furent plutôt médiocres.*

intimidation n. f.
Menace, pression. *Agir par intimidation.*

intimider v. tr.
• Effrayer.
• Troubler. *Ne vous laissez pas intimider par son sérieux.*

intimité n. f.
Caractère de ce qui est intime.
Note.- Ne pas confondre avec le mot *inimitié* qui désigne une hostilité.

intitulé n. m.
Titre d'un livre, d'un chapitre. *Les intitulés.*

intituler v. tr., pronom.
• **Transitif**. Donner un titre (à un livre, un chapitre, etc.).
• **Pronominal**. Avoir pour titre. *Cet article s'intitule : « Alerte ! ».*

intolérable adj.
Insupportable.

intolérance n. f.
Intransigeance.
Note.- Attention à l'orthographe : intolér**ance**.

intolérant, ante adj. et n. m. et f.
Qui fait preuve d'intolérance.

intonation n. f.
Inflexion. *Une intonation chantante.*
Note.- Attention à l'orthographe : into**n**ation.

intoxication n. f.
• Empoisonnement. *Une intoxication alimentaire.*
• Propagande insidieuse.

intoxiquer v. tr.
• Empoisonner.
• Soumettre à une propagande insidieuse.

intra- préf.
Les mots composés avec le préfixe *intra-* s'écrivent sans trait d'union, à l'exception de ceux dont le second élément commence par une voyelle. *Intraveineux, intra-utérin.*

intraduisible adj.
Impossible à traduire.

intraitable adj.
Inébranlable. *Elle est intraitable.*

intra-muros loc. adv.
• Le *u* se prononce *u* et le *s* est sonore [ĕtramyros].
• Expression latine signifiant « à l'intérieur des murs ».
Note.- En typographie soignée, les mots étrangers sont composés en italique. Dans des textes déjà en italique, la notation se fait en romain. Pour les textes manuscrits, on utilisera les guillemets.
Ant. **extra-muros.**

intramusculaire adj.
Qui est à l'intérieur d'un muscle. *Une infection intramusculaire.*

intransigeance n. f.
Caractère intransigeant de quelqu'un, de quelque chose.
Note.- Attention à l'orthographe : intransi**gean**ce.

intransigeant, ante adj. et n. m. et f.
Intraitable, intolérant. *Les adversaires intransigeants.*
Note.- Attention à l'orthographe : intransi**geant.**

intransitif, ive adj. et n. m.
(Gramm.) Verbe qui exprime une action qui ne s'applique qu'au sujet et qui n'a pas de complément d'objet direct ou indirect. *Paraître* et *venir* sont des verbes intransitifs. *Un verbe intransitif, un intransitif.*
V. Tableau - **VERBE**.

intransitivement adv.
(Gramm.) D'une manière intransitive. *Un verbe employé intransitivement.*

intransportable adj.
Qui ne peut être transporté. *Un malade intransportable.*

intra-utérin, ine adj.
Qui a lieu dans l'utérus. *La vie intra-utérine.*

intraveineux, euse adj. et n. f.
Dans une veine. *Une infection intraveineuse. Une intraveineuse.*

intrépide adj.
• Brave, hardi.
• Déterminé.

intrépidement adv.
Avec intrépidité.

intrépidité n. f.
Bravoure, hardiesse.

intrigant, ante adj. et n. m. et f.
Qui recourt à l'intrigue. *Des procédés intrigants.*
Notes.-
1º Attention à l'orthographe : intri**gant.**
2º Ne pas confondre avec le participe présent invariable *intriguant. Les employés intriguant pour être promus sont souvent déçus.*

intrigue n. f.
• Complot.
• Liaison amoureuse.
• Trame (d'un récit, d'un film, d'une pièce de théâtre).

intriguer v. tr., intr.
• **Transitif**. Exciter la curiosité. *Ce fait nous intrigue beaucoup.*
• **Intransitif**. Comploter. *Il n'a cessé d'intriguer pour arriver à ses fins.*

intrinsèque adj.
Inhérent, essentiel.
Note.- Attention à l'orthographe : intrins**è**que.
Ant. **extrinsèque.**

intrinsèquement adv.
En soi, essentiellement.

intro- préf.
• Élément du latin signifiant « dedans ».
• Les mots composés avec le préfixe *intro-* s'écrivent en un seul mot. *Introverti.*

introduction n. f.
Court texte explicatif rédigé généralement par un auteur pour présenter son texte.
Notes.-
1º Ne pas confondre avec les mots suivants :
- *avant-propos*, préface ou introduction caractérisée par une grande brièveté ;
- *avertissement*, texte placé entre le grand titre et le début de l'ouvrage afin d'attirer l'attention du lecteur sur un point particulier ;
- *note liminaire*, texte destiné à expliciter les symboles et les abréviations employés dans un ouvrage ;
- *notice*, brève étude placée en tête d'un livre pour présenter la vie et l'œuvre de l'auteur ;
- *préface*, texte de présentation d'un ouvrage qui n'est généralement pas rédigé par l'auteur ; il est composé en italique.

2° Ordre des textes : la **préface** précède l'**introduction** qui est suivie par la **note liminaire**, s'il y a lieu.

introduire v. tr., pronom.
• *J'introduis, tu introduis, il introduit, nous introduisons, vous introduisez, ils introduisent. J'introduisais. J'introduisis. J'introduirai. J'introduirais. Introduis, introduisons, introduisez. Que j'introduise. Que j'introduisisse. Introduisant. Introduit, ite.*
• **Transitif**
- Faire entrer. *Introduire une clef dans une serrure.*
- Faire adopter par l'usage. *Introduire une mode.*
• **Pronominal**
Pénétrer. *Ils se sont introduits par effraction dans ce bureau.*

intronisation n. f.
Action d'introniser.

introniser v. tr.
Placer sur le trône un roi, un évêque.

introspectif, ive adj.
Relatif à l'introspection.

introspection n. f.
Observation individuelle de la conscience elle-même.

introuvable adj.
Impossible ou difficile à trouver. *Ce livre est introuvable.*

introverti, ie adj. et n. m. et f.
Qui est tourné vers l'intérieur.
Ant. **extraverti** ou **extroverti.**

intrus, use adj. et n. m. et f.
Indésirable. *Chassez ces intrus.*

intrusion n. f.
Ingérence.

intuitif, ive adj. et n. m. et f.
• **Adjectif.** Qui résulte d'une intuition. *Une perception intuitive.*
• **Nom masculin et féminin.** Personne qui se fie à son intuition, qui pressent les choses.

intuition n. f.
Connaissance directe et immédiate qui ne s'appuie pas sur la raison.
Note.- Attention à l'orthographe : intuition.

intuitivement adv.
Par intuition.

Inuk (sing.), **Inuit** (pl.) n. m. et f.
Au Canada, les mots **Inuk** et **Inuit** ont fait l'objet d'une recommandation officielle pour remplacer le mot **Esquimau** jugé péjoratif par les Amérindiens du Nord canadien.

inuit adj. inv.
Relatif aux Inuit.

inusable adj.
Qui ne peut s'user. *Un tissu inusable.*

inusité, ée adj.
Inhabituel. *Des démarches inusitées.*
Note.- Ne pas confondre avec les mots suivants :
- *bizarre*, étonnant, singulier ;

- *extraordinaire*, remarquable ;
- *inconcevable*, inimaginable ;
- *incroyable*, difficile à croire ;
- *invraisemblable*, qui ne semble pas vrai.

inutile adj.
Non nécessaire.

inutilement adv.
De façon inutile.

inutilisable adj.
Qui ne peut être utilisé.

inutilité n. f.
Manque d'utilité.

invaincu, ue adj.
Qui n'a jamais été vaincu. *Des candidats invaincus.*

invalidation n. f.
Action d'invalider.

invalide adj. et n. m. et f.
• Personne infirme ou malade, qui ne peut travailler.
• (Dr.) Nul. *Une loi invalide.*

invalider v. tr.
Rendre invalide, nul. *Invalider une clause.*

invalidité n. f.
État d'une personne invalide.

invariabilité n. f.
État, caractère de ce qui est invariable.

invariable adj.
• Qui ne varie pas.
• (Gramm.) **Mot invariable**. Mot qui ne change pas de forme, de terminaison. *Les adverbes, les conjonctions, les prépositions sont des mots invariables.*

invariablement adv.
De façon invariable ; toujours.

invasion n. f.
Entrée soudaine et massive.
Note.- Ne pas confondre avec le mot **évasion** qui désigne l'action de s'échapper d'une prison.

invective n. f.
Insulte.

invectiver v. tr., intr.
• **Transitif.** Injurier. *Invectiver des adversaires.*
• **Intransitif.** Fulminer. *Il ne cesse d'invectiver contre le vice, l'excès.*

invendable adj.
Qui ne peut être vendu.

invendu, ue adj. et n. m.
Non vendu. *Les libraires retournent les livres invendus, les invendus.*

inventaire n. m.
• Dénombrement des marchandises d'une entreprise à une date donnée. *Dresser l'inventaire, procéder à l'inventaire. Fermeture pour cause d'inventaire.*
• Relevé détaillé des marchandises d'une entreprise. *L'inventaire est tenu à jour de façon permanente.*
Note.- Ne pas confondre avec le mot **éventaire** qui désigne un étalage sommaire de marchandises.

inventer v. tr.
Créer, trouver par des recherches, par l'imagination, ce qui n'existait pas avant. *Inventer un nouveau procédé.*
Note.- Ne pas confondre avec le verbe *découvrir* qui signifie « trouver ce qui était encore inconnu ».

inventeur n. m.
inventrice n. f.
Auteur d'inventions.

inventif, ive adj.
Ingénieux.

invention n. f.
Création, découverte.

inventorier v. tr.
• Redoublement du *i* à la première et à la deuxième personne du pluriel de l'indicatif imparfait et du subjonctif présent. *(Que) nous inventoriions, (que) vous inventoriiez.*
• Faire l'inventaire de, recenser. *Il inventorie les études traitant de cette question.*

invérifiable adj.
Qui ne peut être vérifié.

inverse adj. et n. m.
Qui est en sens contraire.

inversement adv.
Vice versa.

inverser v. tr.
Changer le sens de quelque chose. *Inverser l'ordre des pages.*

inversion n. f.
• Action de mettre dans un sens opposé.
• Construction grammaticale où l'on donne aux mots un autre ordre que l'ordre habituel. *L'inversion du sujet dans une phrase interrogative.*

invertébré, ée adj. et n. m. pl.
Sans vertèbres.
Note.- Ne pas confondre avec le mot *invétéré* qui se dit de ce qui est enraciné.

investigation n. f.
Recherche systématique et approfondie.

investir v. tr.
• Ce verbe se conjugue comme *finir.*
• Mettre en possession d'un pouvoir, d'une autorité. *Ce délégué a été investi d'un grand pouvoir.*
• Assiéger. *La ville a été investie par les rebelles.*
• Placer des capitaux dans une affaire. *Ils ont investi tous les bénéfices dans cette entreprise.*

investissement n. m.
Capitaux investis dans une affaire.

investisseur, euse adj. et n. m. et f.
Personne ou groupe qui investit des capitaux dans une entreprise.

investiture n. f.
Acte par lequel un parti politique désigne un candidat à une élection.

invétéré, ée adj.
Enraciné. *Un fumeur invétéré.*
Note.- Ne pas confondre avec le mot *invertébré* qui se dit d'un animal sans vertèbres.

invincibilité n. f.
Qualité de ce qui est invincible.
Note.- Attention à l'orthographe : invin*ci*bilité.

invincible adj.
Qui ne peut être vaincu, surmonté. *Un guerrier invincible. Une invincible envie de rire.*
Note.- Attention à l'orthographe : invin*ci*ble.

invinciblement adv.
De façon invincible.

inviolabilité n. f.
Caractère de ce qui est inviolable.

inviolable adj.
Qui ne doit pas être violé.

invisibilité n. f.
Caractère de ce qui est invisible.

invisible adj.
Qui échappe à la vue. *De l'encre invisible. Des particules invisibles.*

invisiblement adv.
De façon invisible.

invitation n. f.
• Action d'inviter.
• Résultat de cette action. *Recevoir une invitation.*
• Incitation. *L'invitation au voyage*, poème de Baudelaire.

invite n. f.
Invitation déguisée.

invité, ée n. m. et f.
• Personne qui a reçu une invitation.
• *Invité mystère, invité témoin, invité type.* Ces expressions s'écrivent sans trait d'union. *Des invités mystère, des invités témoins, des invités types.*

inviter v. tr.
• Convier. *Inviter une amie à dîner.*
• Inciter. *Le beau temps invite à la promenade.*

in vitro adj. inv. et loc. adv.
• Expression latine signifiant « dans le verre ».
• En milieu artificiel, en laboratoire.
• *Fécondation in vitro et transfert d'embryon* (FIVETE). Technique de fécondation artificielle.
• *Fécondation in vitro et transfert d'embryon* (FIVETE).
Note.- En typographie soignée, les mots étrangers sont composés en italique. Dans des textes déjà en italique, la notation se fait en romain. Pour les textes manuscrits, on utilisera les guillemets.
Ant. **in vivo**.

invivable adj.
Insupportable.

in vivo adj. inv. et loc. adv.
• Expression latine signifiant « dans l'être vivant ».
• Se dit de toute réaction physiologique qui se fait dans l'organisme.

Note.- En typographie soignée, les mots étrangers sont composés en italique. Dans des textes déjà en italique, la notation se fait en romain. Pour les textes manuscrits, on utilisera les guillemets.
Ant. **in vitro.**

invocation n. f.
Action d'invoquer, prière.
Notes.-
1° Attention à l'orthographe : invo*ca*tion.
2° Ne pas confondre avec le mot *évocation* qui désigne un rappel.

involontaire adj.
● Qui échappe au contrôle de la volonté. *Un geste involontaire.*
● Qui agit ou se trouve dans une situation quelconque, sans le vouloir. *Être le témoin involontaire d'un crime.*

involontairement adv.
Sans le vouloir.

invoquer v. tr.
● Appeler à son secours, par des prières. *Invoquer Dieu, la Vierge.*
● Alléguer, avoir recours à. *Elle invoqua la dernière décision de l'assemblée.*
Note.- Ne pas confondre avec le verbe *évoquer* qui signifie « rappeler, faire allusion à ».

invraisemblable adj.
Qui ne semble pas vrai.
Note.- Ne pas confondre avec les mots suivants :
- *bizarre*, étonnant, singulier ;
- *extraordinaire*, remarquable ;
- *inconcevable*, inimaginable ;
- *incroyable*, difficile à croire ;
- *inusité*, inhabituel.

invraisemblablement adv.
De façon invraisemblable.

invraisemblance n. f.
Défaut de vraisemblance. *Les invraisemblances d'un film.*

invulnérabilité n. f.
Fait d'être invulnérable.

invulnérable adj.
Qui ne peut être atteint.

iode n. m.
Corps simple qui émet en bouillant des vapeurs violettes. *La teinture d'iode.*
Note.- Attention au genre masculin de ce nom : *un* iode.

ion n. m.
Atome ou groupe d'atomes portant une charge électrique. *Des ions négatifs.*

ionique adj.
Se dit d'un style architectural de la Grèce antique. *Des colonnes ioniques.*

iota n. m. inv.
● Lettre grecque.
● *Il n'y manque pas un iota*. Il ne manque rien.
Note.- On ne fait pas de liaison devant ce mot.

ipso facto loc. adv.
Expression latine signifiant « par le fait même ».
Note.- En typographie soignée, les mots étrangers sont composés en italique. Dans des textes déjà en italique, la notation se fait en romain. Pour les textes manuscrits, on utilisera les guillemets.

ir-
V. **in-.**

irakien, ienne ou **iraquien, ienne** adj. et n. m. et f.
De l'Irak.
Notes.-
1° Contrairement à l'adjectif, le nom prend une majuscule.
2° La graphie *iraqien* est rare.

iranien, ienne adj. et n. m. et f.
De l'Iran. *Le pétrole iranien. Les Iraniens.*
Note.- Contrairement à l'adjectif, le nom prend une majuscule.

irascibilité n. f.
Tendance à se mettre en colère.
Note.- Attention à l'orthographe : ira*sc*ibilité.

irascible adj.
Colérique, irritable.

irato (ab)
V. **ab irato.**

ire n. f.
(Plaisant.) Colère.

iridescent, ente adj.
Qui a des reflets irisés. *Des verres iridescents.*

iris n. m.
● Le *s* se prononce [iris].
● Plante donnant des fleurs bleues, violettes, blanches.
● Partie colorée de l'œil.

irisation n. f.
Propriété qu'ont certains corps de produire les couleurs de l'arc-en-ciel par décomposition de la lumière.

iriser v. tr.
Colorer des couleurs de l'arc-en-ciel.

irlandais, aise adj. et n. m. et f.
● **Adjectif.** De l'Irlande. *Le vert irlandais.*
● **Nom masculin.** La langue irlandaise. *Parler l'irlandais.*
● **Nom masculin et féminin.** D'Irlande. *Les Irlandais et les Irlandaises.*
Note.- Lorsqu'il s'agit de la langue, l'adjectif ou le nom s'écrit avec une minuscule. Si le nom désigne une personne, la majuscule s'impose.

ironie n. f.
Raillerie.
Notes.-
1° Attention à l'orthographe : iro*n*ie.
2° L'*ironie* est une forme d'esprit qui consiste à présenter comme vraie une proposition manifestement fausse de façon à faire ressortir son absurdité. L'*humour* est une forme d'esprit qui ne cherche pas à persuader de la fausseté d'une idée, mais à créer un doute sur l'apparence logique du monde ou à mettre en évidence les aspects insolites ou amusants de la réalité.

ironique adj.
Moqueur. *Un regard ironique.*

ironiquement adv.
De façon ironique.

ironiser v. intr.
Railler.

iroquois, oise adj. et n. m. et f.
• **Adjectif.** Qui appartient à un groupe amérindien.
Une coutume iroquoise.
• **Nom masculin.** La langue des Iroquois. *L'iroquois
est un ensemble de langues parlées par les Iroquois.*
• **Nom masculin et féminin.** *Les Iroquois et les Iro-
quoises.*
Note.- Lorsqu'il s'agit de la langue, l'adjectif ou le nom
s'écrit avec une minuscule. Si le nom désigne une
personne, la majuscule s'impose.

* irracontable
→ inracontable.

irradiation n. f.
Action d'exposer à un rayonnement radioactif.

irradier v. tr., intr.
• Redoublement du *i* à la première et à la deuxième
personne du pluriel de l'indicatif imparfait et du subjonctif présent. *(Que) nous irradiions, (que) vous
irradiiez.*
• **Transitif.** Soumettre (quelque chose) à certaines
radiations. *Irradier des produits alimentaires.*
• **Intransitif.** Se propager à partir d'un point central.
La douleur irradie vers la main.

irrationnel, elle adj. et n. m.
Dénué de raison.
Note.- Attention à l'orthographe : i**rr**ationn**e**l.
Ant. **rationnel.**

irréalisable adj.
Impossible à réaliser.
Note.- Attention à l'orthographe : i**rr**éalisable.

irréalisme n. m.
Absence de réalisme.
Note.- Attention à l'orthographe : i**rr**éalisme.

irréaliste adj.
Qui manque de réalisme. *Des prévisions irréalistes.*
Note.- Attention à l'orthographe : i**rr**éaliste.
Ant. **réaliste.**

irréalité n. f.
Qualité de ce qui n'est pas réel.
Note.- Attention à l'orthographe : i**rr**éalité.

irrecevabilité n. f.
Qualité de ce qui n'est pas recevable.
Note.- Attention à l'orthographe : i**rr**ecevabilité.

irrecevable adj.
Inacceptable. *Une demande irrecevable.*

irréconciliable adj.
Qui ne peut se réconcilier.

irrécouvrable adj.
Qui ne peut être recouvré. *Des créances irrécouvra-
bles.*

irrécupérable adj.
Qui ne peut être récupéré. *Une voiture accidentée
irrécupérable.*
Note.- Attention à l'orthographe : i**rr**écupérable.

irrécusable adj.
Qui ne peut être mis en doute. *Un témoignage irrécu-
sable.*
Note.- Attention à l'orthographe : i**rr**écusable.

irréductible adj.
• Qui ne peut être simplifié.
• (Fig.) Qu'on ne peut fléchir, qui ne transige pas.
Adversaire irréductible.

irréel, elle adj.
Qui est en dehors de la réalité.

irréfléchi, ie adj.
Non réfléchi. *Un geste irréfléchi.*

irréfutable adj.
Indiscutable. *Un argument irréfutable.*
Note.- Attention à l'orthographe : i**rr**éfutable.
Ant. **réfutable.**

irrégularité n. f.
• Inégalité. *Les irrégularités d'une surface.*
• Illégalité. *Commettre des irrégularités.*

irrégulier, ière adj.
• Non symétrique. *Une forme irrégulière.*
• Non conforme à l'usage. *Une démarche irrégulière.*
• Non conforme aux règles générales, au modèle
grammatical. *Un verbe irrégulier.*

irrégulièrement adv.
De façon irrégulière.

irrémédiable adj. et n. m.
Inéluctable, définitif. *Une aggravation irrémédiable.*

irrémédiablement adv.
D'une manière irrémédiable, sans recours.

irremplaçable adj.
Qui ne peut être remplacé. *Une amie irremplaçable.*

irréparable adj. et n. m.
• **Adjectif.** Qui ne peut être réparé. *Une perte irréparable.*
• **Nom masculin.** Situation contre laquelle on ne peut
rien. *L'irréparable est accompli.*

irrépressible adj.
Qui ne peut être réprimé, contenu. *Une irrépressible
envie de rire.*
Ant. **répressible.**

irréprochable adj.
• Inattaquable.
• Impeccable.

irrésistible adj.
À qui, à quoi on ne peut résister. *Un charme irrésistible.*

irrésistiblement adv.
De façon irrésistible.

irrésolu, ue adj.
Indécis.
Note.- Attention à l'orthographe : i**rr**ésolu.

irrésolution n. f.
Indécision.

irrespirable adj.
Qui est dangereux à respirer.

irresponsabilité n. f.
Caractère de celui qui est irresponsable.

irresponsable adj. et n. m. et f.
• Qui n'est pas responsable de ses actes.
• Irréfléchi.

irrévérence n. f.
Insolence, irrespect.
Note.- Attention à l'orthographe : ir*rr*évérence.

irrévérencieusement adv.
D'une manière irrévérencieuse.
Note.- Attention à l'orthographe : ir*rr*évé*renc*ieusement.

irrévérencieux, ieuse adj.
Insolent, qui manque de respect.
Note.- Attention à l'orthographe : irrévé*renc*ieux.

irréversibilité n. f.
Caractère de ce qui est irréversible.
Note.- Attention à l'orthographe : ir*rr*éver*si*bilité.

irréversible adj.
• Qui n'est pas réversible.
• Qui va dans un seul sens. *Un processus de dégradation irréversible.*
Note.- Attention à l'orthographe : ir*rr*éver*si*ble.
Ant. **réversible**.

irrévocabilité n. f.
Caractère de ce qui est irrévocable.
Note.- Attention à l'orthographe : ir*rr*évocabilité.

irrévocable adj.
• Inéluctable. *Le passage irrévocable du temps.*
• Qui ne saurait être modifié. *Un choix irrévocable.*

irrévocablement adv.
De façon irrévocable, définitivement.

irrigation n. f.
• Action d'irriguer.
• Arrosage artificiel d'un sol.

irriguer v. tr.
Arroser par irrigation. *Irriguer une vallée.*

irritabilité n. f.
Caractère d'une personne irritable.

irritable adj.
Susceptible, irascible.

irritant, ante adj.
• Agaçant, énervant. *Cette attente est irritante.*
• (Méd.) Qui cause de l'irritation.

irritation n. f.
• Colère.
• (Méd.) Inflammation.

irriter v. tr.
• Mettre en colère. *Il ne faut pas l'irriter.*
• (Méd.) Provoquer une inflammation. *Ce produit irrite la peau.*
Note.- Attention à l'orthographe : ir*rr*iter.

irruption n. f.
• Entrée soudaine et brutale de personnes dans un lieu. *Faire irruption dans une pièce.*
• Envahissement. *L'irruption des eaux.*
Note.- Ne pas confondre avec le mot **éruption** qui désigne une sortie brutale.

isabelle adj. inv. et n. m.
• **Adjectif de couleur invariable.** Se dit d'un cheval de couleur café au lait.
V. Tableau - **COULEUR (ADJECTIFS DE).**
• **Nom masculin.** Cheval de couleur café au lait.

isba n. f.
En Russie, petite maison rustique. *Des isbas.*
Note.- Attention à l'orthographe : isb**a**.

ISBN
• Sigle anglais de *International Standard Book Number*.
• Numéro d'identification international attribué à chaque ouvrage publié.

islam n. m.
• La lettre *m* se prononce [islam].
• Religion musulmane.
Note.- En ce sens, le nom s'écrit avec une minuscule.
• Ensemble des peuples musulmans.
Note.- En ce sens, le nom s'écrit avec une majuscule. *Les pays de l'Islam.*

islamique adj.
Relatif à l'islamisme.

islamisme n. m.
(Vx) Religion des musulmans fondée par Mahomet.

islandais, aise adj. et n. m. et f.
• **Adjectif et nom masculin et féminin.** D'islande.
• **Nom masculin.** Langue parlée en Islande.
Note.- Lorsqu'il s'agit de la langue, l'adjectif ou le nom s'écrit avec une minuscule. Si le nom désigne une personne, la majuscule s'impose.

ISO
Sigle anglais de *International Standard Organization.*

iso- préf.
• Élément du grec signifiant « égal ».
• Les mots composés avec le préfixe *iso-* s'écrivent sans trait d'union. *Isocèle.*

isocèle adj.
Qui a deux côtés égaux. *Des triangles isocèles.*
Note.- Attention à l'orthographe : iso*cè*le.

isolant, ante adj. et n. m.
• **Adjectif.** Qui isole. *Des substances isolantes.*
Note.- Ne pas confondre avec le participe présent invariable *isolant. Nous n'utilisons que les matériaux isolant le mieux.*
• **Nom masculin.** Matériau isolant.

isolation n. f.
Action d'isoler un corps contre le bruit, la chaleur, etc.
Note.- Ne pas confondre avec le mot *insolation* qui désigne un malaise causé par une exposition prolongée au soleil.

isolement n. m.
- État d'une personne seule.
- État d'un corps isolé.

isolément adv.
Séparément.

isoler v. tr., pronom.
- **Transitif**
- Mettre à l'écart. *Isoler un prisonnier.*
- Protéger contre les influences thermiques.
- **Pronominal**
Se mettre à l'écart. *Ils se sont isolés pour mieux réfléchir.*

isoloir n. m.
Cabine permettant à l'électeur de remplir son bulletin de vote.

israélien, ienne adj. et n. m. et f.
Qui se rapporte à l'État d'Israël.
Note.- Contrairement à l'adjectif, le nom prend une majuscule.

israélite adj. et n. m. et f.
Se dit d'une personne qui par sa religion appartient à la communauté juive.
V. **israélien, hébreu.**

ISSN
- Sigle anglais de *International Standard Serial Number.*
- Numéro d'identification international attribué à chaque publication périodique.

issu, ue adj.
- Sorti, descendu d'une personne. *Ils sont cousins issus de germains.*
- Qui provient de. *Cette réforme est issue d'une nouvelle politique.*

issue n. f.
Lieu par où l'on sort. *Une issue de secours.*

isthme n. m.
Langue de terre qui sépare deux mers et relie deux terres.
Note.- Attention au genre masculin de ce nom : *un* is*th*me.

italianiser v. tr.
Donner le caractère italien à.

italianisme n. m.
Construction propre à la langue italienne.

italien, ienne adj. et n. m. et f.
- **Adjectif.** *Le chic italien.*
- **Nom masculin.** Langue parlée en Italie. *Apprendre l'italien.*
- **Nom masculin et féminin.** *Les Italiens et les Italiennes.*
Note.- Lorsqu'il s'agit de la langue, l'adjectif ou le nom s'écrit avec une minuscule. Si le nom désigne une personne, la majuscule s'impose.
V. Tableau - **ITALIEN.**

italique adj. et n. m.
- **Adjectif.** Se dit d'un caractère typographique légèrement incliné vers la droite. *Une lettre italique.*

- **Nom masculin.** Caractère incliné vers la droite.
- *En italique(s).* En caractères italiques.
Note.- Le nom *italique* est un collectif qui désigne l'ensemble des caractères italiques ; on écrit généralement ce mot au singulier. *Composer en italique.* Cette expression peut s'écrire au pluriel lorsque le nom *lettre* est sous-entendu. *Composer en (lettres) italiques.*
V. Tableau - **ITALIQUE.**

item adv.
En outre.

itératif, ive adj.
Réitéré, répété plusieurs fois.

itinéraire n. m.
Trajet. *Tracer un itinéraire.*
Note.- Attention à l'orthographe : itinéraire.

itinérant, ante adj.
Qui se déplace pour exercer une fonction. *Des vendeurs itinérants, un ambassadeur itinérant.*

itou adv.
(Fam. ou plaisant) Aussi. *Et moi itou.*

I.U.T.
Sigle de *Institut universitaire de technologie.*

I.V.G.
Sigle de *interruption volontaire de grossesse.*

ivoire adj. inv. et n. m.
- **Adjectif de couleur invariable.** De la couleur de l'ivoire. *Des lainages ivoire.*
V. Tableau - **COULEUR (ADJECTIFS DE).**
- **Nom masculin.** Matière blanche dont sont constituées les défenses de l'éléphant. *Une sculpture en ivoire.*
Note.- Attention au genre masculin de ce nom.

ivoirien, ienne adj. et n. m. et f.
De la Côte d'Ivoire.
Notes.-
1° Contrairement à l'adjectif, le nom prend une majuscule.
2° Ne pas confondre avec le mot *ivoirin*, qui a l'apparence de l'ivoire.

ivoirin, ine adj.
(Litt.) Qui a l'apparence de l'ivoire.
Note.- Ne pas confondre avec le mot *ivoirien*, relatif à la Côte d'Ivoire.

ivraie n. f.
Plante nuisible.
Note.- Attention à l'orthographe : ivr*aie.*

ivre adj.
- Qui a trop bu.
- *Ivre mort.* Ivre au point d'avoir perdu connaissance. *Ils sont ivres morts.*
Note.- Cette expression s'écrit sans trait d'union et les deux éléments prennent la marque du pluriel.
- Exalté par une passion, une émotion. *Ivre de joie, il se mit à crier.*

ivresse n. f.
- Enivrement dû à l'alcool.
- Extase. *L'ivresse de l'amour.*

ITALIEN

De nombreux mots italiens se sont intégrés au français ; ils proviennent surtout des domaines de la musique, de l'art et de la cuisine.

Orthographe

Si le mot est francisé, il s'écrit avec des accents et prend la marque du pluriel. *Des scénarios, des trémolos, des opéras.*

Note.- Certains auteurs recommandent l'invariabilité des mots qui sont des pluriels italiens tels que **spaghetti, macaroni, ravioli...** Il apparaît plus pratique de considérer que ces mots sont maintenant francisés, et donc variables. *Des spaghettis, des macaronis, des raviolis.*

Musique

Certains mots italiens qui font partie du vocabulaire musical demeurent invariables lorsqu'ils désignent des mouvements, des nuances ; ils s'écrivent alors sans accent. *Des crescendo, jouer allegro.*

Lorsque ces mots désignent des pièces de musique, ils prennent la marque du pluriel et s'écrivent avec des accents. *Des allégros de Beethoven.*

Quelques mots italiens francisés

brocoli	fiasco	lasagne	salami
chianti	gnocchi	macaroni	scénario
concerto	imbroglio	maestro	solo
confetti	incognito	opéra	soprano
dilettante	influenza	ravioli	spaghetti

Note.- Tous ces mots francisés prennent la marque du pluriel. *Des brocolis, des fiascos.*

ITALIQUE

L'*italique,* caractère typographique légèrement incliné vers la droite, permet d'attirer l'attention du lecteur sur un mot, un titre, une citation, une dénomination.

Note.- Dans un texte manuscrit ou dactylographié destiné à l'impression, on souligne d'un trait les mots qui doivent être composés en italique.

SE COMPOSENT EN ITALIQUE :

- **Titres d'œuvres** (livres, tableaux, journaux, revues, etc.)
  Le mot initial du titre s'écrit avec une majuscule.

  - Elle a beaucoup aimé *À la recherche du temps perdu.*
  - Le journal *Le Monde.*
  - Avez-vous vu les *Femmes au jardin* de Monet ?

- **Enseignes commerciales**
  Citées intégralement, les inscriptions d'enseignes se composent en *italique* ; abrégées, elles seront composées en **romain.**

  - S'arrêter à l'*Auberge du Cheval blanc.*
  - Manger au Cheval blanc.

- **Noms de véhicules** (bateaux, avions, trains, engins spatiaux, etc.)
  Les noms propres de véhicules se composent en *italique.* Ces noms propres s'écrivent avec une capitale initiale au nom spécifique et à l'adjectif qui précède le nom.

  - Il a pris le *Concorde.*
  - Les images sont transmises par *Ariane.*

- **Notes de musique**
Les huit notes de musique se composent en *italique.* Les indications qui peuvent accompagner les notes sont en **romain.**

    - Une étude en *si* bémol.

- **Citations, mots en langue étrangère**
Les locutions latines, les mots, les expressions qui appartiennent à une langue étrangère sont composés en *italique.*

    - Une déduction *a posteriori.*
    - C'est un véritable *one-man-show.*

- **Devises**
Les devises sont toujours composées en *italique.*

    - *Liberté, Égalité, Fraternité.*
    - *Fluctuat nec mergitur.*

- **Avis, indications au lecteur**
Si le texte (avant-propos, dédicace, etc.) n'excède pas vingt pages, il peut être composé en *italique.* On utilise l'*italique* pour attirer l'attention du lecteur à qui l'on s'adresse directement.

    - *Suite à la page 34.*

Note.- Ce mot est le doublet populaire du mot **ébriété** qui relève du style administratif et ne s'utilise que dans l'expression **en état d'ébriété.**
V. Tableau - **DOUBLETS.**

ivrogne, esse adj. et n. m. et f.
Personne qui s'enivre souvent, alcoolique.

Note.- L'emploi de la forme féminine **ivrognesse** est d'emploi vieilli ou populaire.

ivrognerie n. f.
Alcoolisme.

J

J
Symbole de *joule*.

jabot n. m.
● Poche placée sous la gorge des oiseaux.
● Ornement plissé fixé au col d'une chemise. *Un jabot de dentelle.*
Note.- Attention à l'orthographe : jabo*t*.

jacassement n. m.
● Cri de la pie.
● Bavardage volubile.

jacasser v. intr.
● Crier, en parlant de la pie.
● Bavarder d'une voix criarde, de façon malveillante.

jacasserie n. f.
Bavardage bruyant.

jachère n. f.
Terre labourable qu'on laisse reposer. *Des terres en jachère.*
Notes.-
1° Attention à l'orthographe : jach*ère.*
2° Ne pas confondre avec le mot *friche* qui désigne un terrain non cultivé.

jacinthe n. f.
Plante bulbeuse cultivée pour ses fleurs colorées et parfumées.
Note.- Attention à l'orthographe : jacin*the.*

jacquard n. m.
Tricot orné de dessins géométriques. *Des jacquards harmonieux.*
Note.- Attention à l'orthographe : ja*cqu*ar*d.*

jacquet n. m.
Jeu de société qui s'apparente au trictrac. *Jouer au jacquet.*

jade n. m.
Pierre très dure dont la couleur varie du blanc au vert. *De beaux jades.*
Notes.-
1° Attention au genre masculin de ce nom : *un* jade.
2° Ne pas confondre avec le mot *jaspe* qui désigne une pierre tachetée de rouge.

jadis adv.
● Le *s* se prononce [ʒadis].
● (Litt.) Autrefois, au temps passé, avec une nuance de regret du bon vieux temps.
Note.- Par rapport à *jadis* qui s'applique au passé lointain, l'adverbe *naguère* se dit d'un passé récent et signifie « récemment, il y a peu de temps ».

jaguar n. m.
● Le *u* se prononce *ou* [ʒagwar].
● Grand félin au pelage fauve tacheté de noir.

jaillir v. intr.
● Ce verbe se conjugue comme le verbe *finir.*
● Sortir violemment, en parlant d'un liquide, du feu, de la lumière, etc.

jaillissement n. m.
Action, fait de jaillir.
Note.- Attention à l'orthographe : jai*ll*issement.

jais n. m.
● Les lettres *ais* se prononcent *è* [ʒɛ].
● Pierre d'un noir brillant. *Noir comme du jais.*
Hom. *geai,* oiseau.

jalon n. m.
Point de repère. *Poser des jalons.*

jalonnement n. m.
Action, manière de jalonner.
Note.- Attention à l'orthographe : jalo*nn*ement.

jalonner v. tr.
● Disposer des repères. *Jalonner un terrain, un itinéraire.*
● Marquer. *Les étapes qui jalonnent son cheminement.*
Note.- Attention à l'orthographe : jalo*nn*er.

jalousement adv.
De façon jalouse.

jalouser v. tr.
Envier. *Il jalouse les enfants plus grands.*

jalousie n. f.
● Envie. *Éprouver de la jalousie.*
● Persienne. *Fermer les jalousies.*

jaloux, ouse adj. et n. m. et f.
Qui éprouve de la jalousie.
Note.- Cet adjectif se construit avec *de* suivi d'un nom, d'un pronom ou avec *que* suivi du subjonctif. *Cet enfant est jaloux de son frère, de lui. Il est jaloux qu'un autre lui ait été préféré.*

jamaïquain ou **jamaïcain, aine** adj. et n. m. et f.
De la Jamaïque.
Notes.-
1° Contrairement à l'adjectif, le nom prend une majuscule.
2° La graphie *jamaïquain* est la plus fréquente.

jamais adv.
● **Sens positif.** En un temps quelconque, futur ou passé. *Si jamais vous lui parlez, transmettez-lui mes salutations.*
● **À jamais, à tout jamais**, locutions adverbiales. Pour toujours.
● **Sens négatif.** En ce sens, l'adverbe est généralement accompagné d'une négation. À aucun moment. *Je*

n'en ai jamais entendu parler. Il est gentil, jamais obséquieux.

• **Au grand jamais.** Jamais, quoi qu'il arrive.
Note.- La construction **jamais plus** est littéraire ; dans la langue courante, on dit plutôt **plus jamais.**

jambage n. m.
Trait vertical de certaines lettres (**m, n, w,** etc.).

jambe n. f.
• Partie du membre inférieur comprise entre le genou et le pied.
• **Locutions**
- **À toutes jambes.** Très vite.
- **Prendre ses jambes à son cou.** S'enfuir très rapidement.
- **Cela me fait une belle jambe.** (Fam.) Cela ne m'apporte aucun avantage.
- **Traiter quelqu'un par-dessous, par-dessus la jambe.** Le traiter sans aucune considération.

jambière n. f.
Vêtement, équipement qui protège la jambe. *Les jambières de joueurs de hockey.*
Note.- Attention à l'orthographe : jambi**ère.**

jambon n. m.
Cuisse du porc, salée, fumée ou cuite pour être conservée.

jambonneau n. m.
Petit jambon fait avec la portion inférieure de la jambe du porc. *Des jambonneaux délicieux.*

jamboree n. m.
• Les lettres **ee** se prononcent **i** [ʒãbɔri].
• Rassemblement de scouts. *Des jamborees annuels.*

janséniste adj. et n. m. et f.
Partisan d'une morale austère et rigoriste.
Note.- Attention à l'orthographe : **jan**séniste.

jante n. f.
Partie d'une roue.
Note.- Attention à l'orthographe : ja**n**te.
Hom. **gente**, gentille.

janvier n. m.
Premier mois de l'année. *Le 27 janvier.*
Note.- Les noms de mois s'écrivent avec une minuscule.
V. Tableau - **DATE.**

japonais, aise adj. et n. m. et f.
• **Adjectif et nom masculin et féminin.** Du Japon. *Ce sont des Japonaises.*
• **Nom masculin.** Langue parlée au Japon. *Il parle le japonais.*
Note.- Lorsqu'il s'agit de la langue, l'adjectif ou le nom s'écrit avec une minuscule. Si le nom désigne une personne, la majuscule s'impose.

jappement n. m.
Cri du petit chien.
Note.- Pour les chiens de grande taille, on emploiera plutôt **aboiement.**

japper v. intr.
Crier, en parlant du chien.

Notes.-
1° Attention à l'orthographe : ja**pp**er.
2° Pour les chiens de grande taille, on emploiera plutôt **aboyer** et pour les chiens de chasse, **crier** ou **donner de la voix.**

jaquette n. f.
• Vêtement masculin de cérémonie.
• Veste de femme. *La jaquette d'un tailleur.*
• Couverture amovible d'un livre.

jardin n. m.
• Terrain où l'on cultive des légumes, des fleurs, etc. *Un jardin potager, un jardin d'agrément.*
• Parc ouvert au public. *Le jardin du Luxembourg.*
Note.- Les noms génériques de jardins publics, de parcs s'écrivent avec une minuscule lorsqu'ils sont précisés par un nom propre ; ils s'écrivent avec une majuscule lorsque l'adjectif qui suit précise l'appartenance à une catégorie. *Le Jardin zoologique.*
• **Jardin botanique.** Établissement où l'on cultive des plantes diverses à des fins d'étude.
• **Jardin d'enfants.** Classe enfantine, maternelle, dans l'enseignement privé.

jardinage n. m.
Culture des jardins.

jardiner v. intr.
Travailler à un jardin. *Il adore jardiner.*

jardinerie n. f. (n. déposé)
Magasin où l'on vend ce qui est nécessaire pour la culture du jardin (instruments de jardinage, semences, plants, engrais, etc.).

jardinet n. m.
Petit jardin.

jardinier, ière adj.
Relatif aux jardins. *La culture jardinière.*

jardinier n. m.
jardinière n. f.
Personne dont le métier est de cultiver les jardins.

jardinière n. f.
Bac où l'on cultive des fleurs, des plantes vertes.

jardinière d'enfants n. f.
Personne s'occupant d'un jardin d'enfants.

jargon n. m.
Langage de convention propre à certains milieux.
Note.- Ce mot est plutôt péjoratif et désigne la langue compliquée d'un art, d'une science, inintelligible aux non initiés. Par rapport à ce mot, le nom **argot** paraît moins péjoratif.

jarre n. f.
Grand vase de terre cuite. *Une jarre d'huile.*
Note.- Ne pas confondre avec le nom **bocal** qui désigne un contenant de verre.
Hom. **jars**, mâle de l'oie.

jarret n. m.
• Partie de la jambe située derrière l'articulation du genou, chez l'homme.
• **Avoir des jarrets d'acier.** Être très bon marcheur.
Note.- Ne pas confondre avec le mot **mollet** qui désigne

la partie postérieure de la jambe, entre le jarret et la cheville.
● Articulation du membre postérieur, chez les quadrupèdes.
● Morceau de boucherie. *Des jarrets de veau.*

jarretelle n. f.
Ruban de tissu élastique servant à fixer un bas au porte-jarretelles ou à la gaine.
Note.- Ne pas confondre avec le mot *jarretière* qui désigne une bande élastique entourant la jambe, servant à retenir une chaussette, un bas.

jarretière n. f.
Bande élastique entourant la jambe et servant à retenir un bas.
Notes.-
1° Pour désigner l'accessoire masculin, on emploie plutôt le mot *fixe-chaussette*.
2° Ne pas confondre avec le mot *jarretelle* qui désigne un ruban de tissu élastique servant à fixer un bas au porte-jarretelles ou à la gaine.

jars n. m.
Mâle de l'oie.
Hom. *jarre,* grand vase de terre cuite.

jaser v. intr.
● (Péj.) Médire. *Attention, cela va faire jaser.*
● Bavarder agréablement et longuement.
Note.- Attention à l'orthographe : ja*s*er.

jasmin n. m.
Plante ornementale à fleurs très odorantes.

jaspe n. m.
Pierre souvent tachetée de rouge.
Notes.-
1° Attention au genre masculin de ce nom : *un* jaspe.
2° Ne pas confondre avec le mot *jade* qui désigne une pierre très dure dont la couleur varie du blanc au vert.

jaspé, ée adj. et n. m.
Qui imite l'aspect du jaspe. *Un recouvrement jaspé ou marbré.*

jaspiner v. intr.
(Pop.) Bavarder.

jatte n. f.
Grand bol ; son contenu. *Une jatte de crème.*
Note.- Attention à l'orthographe : ja*tt*e.

jauge n. f.
● Instrument de mesure. *La jauge d'essence.*
● Tonnage d'un navire.
Note.- Attention à l'orthographe : jau*g*e.

jauger v. tr., intr.
● Le *g* est suivi d'un *e* devant les lettres *a* et *o*. *Il jaugea, nous jaugeons.*
● **Transitif**
- Mesurer avec une jauge (le volume de).
Note.- Ne pas confondre avec les verbes suivants :
- *calibrer*, mesurer le diamètre intérieur d'un cylindre ;
- *étalonner*, mesurer par comparaison avec un étalon.
- Évaluer les capacités (morales, intellectuelles, physiques) d'une personne.

● **Intransitif**
Avoir une capacité de. *Un vieux navire qui jauge 1 000 tonneaux.*

jaunâtre adj.
Qui tire sur le jaune.
Note.- Attention à l'orthographe : jaun**â**tre.

jaune adj., adv. et n. m. et f.
● **Adjectif de couleur.** Qui est de la couleur du citron, de l'or. *Des robes jaunes.*
Note.- Employé seul, l'adjectif s'accorde ; employé avec un nom ou un autre adjectif, il est invariable. *Des chapeaux jaune orange, jaune pâle.*
V. Tableau - **COULEUR (ADJECTIFS DE).**
● **Adverbe.** *Rire jaune.* D'un rire faux, forcé. *Ils ont ri jaune.*
Note.- Pris adverbialement, le mot est invariable.
● **Nom masculin.** Couleur jaune. *Des jaunes lumineux.*
Note.- Employé comme nom, le mot *jaune* prend la marque du pluriel.
● **Nom masculin et féminin.** Personne de race jaune, généralement d'origine asiatique. *Les Jaunes, les Blancs, les Noirs.*
Note.- En ce sens, le nom s'écrit avec une majuscule.

jaunir v. tr., intr.
● **Transitif.** Rendre jaune. *L'automne a jauni les feuilles.*
● **Intransitif.** Prendre une teinte jaune. *Le papier peint a jauni.*

jaunisse n. f.
Coloration jaune de la peau caractéristique notamment de certaines maladies du foie.
Syn. **ictère.**

jaunissement n. m.
Action de rendre jaune ; fait de devenir jaune.

java n. f.
Danse à trois temps, de rythme saccadé. *Des javas endiablées.*

javanais, aise adj. et n. m. et f.
● **Adjectif et nom masculin et féminin.** De Java. *Des Javanais et des Javanaises.*
● **Nom masculin.** Langue parlée dans l'île de Java.
Note.- Lorsqu'il s'agit de la langue, l'adjectif ou le nom s'écrit avec une minuscule. Si le nom désigne une personne, la majuscule s'impose.

Javel (eau de) n. f.
Solution détersive et désinfectante. *Des eaux de Javel.*
Note.- Le mot *Javel* qui désignait un lieu est un nom propre ; il s'écrit avec une majuscule et ne prend pas la marque du pluriel.
Hom. *javelle,* brassée de tiges de céréales.

javelage n. m.
Mise en javelles.

javeler v. tr.
● Redoublement du *l* devant un *e* muet. *Je javelle, je javellerai,* mais *je javelais.*
● Mettre en javelles.
Note.- Ne pas confondre avec le verbe *javelliser* qui signifie « nettoyer à l'aide d'eau de Javel ».

javelle n. f.
Brassée de tiges de céréales (blé, avoine, etc.) coupées.
Hom. *Javel,* de l'expression *eau de Javel.*

javelliser v. tr.
Stériliser l'eau par addition d'eau de Javel.
Notes.-
1° Attention à l'orthographe : jave*ll*iser.
2° Ne pas confondre avec le verbe *javeler* qui signifie
« mettre en javelles ».

javelot n. m.
Longue tige à pointe de fer.
Note.- Ne pas confondre avec les mots suivants :
- *dard*, arme acérée ;
- *flèche*, baguette munie d'un fer pointu.

jazz n. m.
• Le *j* se prononce *dj* [dʒaz].
• Style musical des Noirs américains.

je pron. pers.
Pronom personnel de la première personne du singulier
masculin et féminin qui est toujours sujet du verbe. *Je
lis le journal.*
Notes.-
1° Le pronom s'élide devant une voyelle. *J'aime.*
2° L'inversion du pronom *je* dans l'interrogation directe
est de style littéraire. *Dois-je le dire ?* Dans la langue
courante, on recourt plutôt à l'expression : *est-ce que
je dois le dire ?*

jean ou **jeans** n. m.
• Le *j* se prononce *dj* et les lettres *ea* se prononcent *i*
[dʒin] ou [dʒins].
• Pantalon de toile. *Elle porte un jean,* ou *un jeans.*
• Toile qui sert à confectionner ce pantalon.

jean-foutre n. m. inv.
(Fam.) Individu incapable. *Des jean-foutre.*

jeannette n. f.
• Fillette appartenant à un mouvement de guides
(scoutisme).
• Petite planche à repasser. *Des jeannettes.*

jeep n. f. (n. déposé)
• La lettre *j* se prononce *dj* et les lettres *ee, i* [dʒip].
• Véhicule tout terrain. *Des jeeps.*

je-ne-sais-quoi n. m.
Chose difficile à exprimer. *Il se dégage de cette œuvre
un je-ne-sais-quoi de mystérieux.*

jérémiade n. f.
Plainte, lamentation.

jéroboam n. m.
Contenant qui correspond approximativement à quatre
bouteilles. *Un jéroboam de champagne.*
V. **bouteille.**

jerrican, jerrycan ou **jerricane** n. m.
Bidon d'essence. *Des jerricans, jerrycans* ou *jerricanes.*

jersey n. m.
• Les lettres *ey* se prononcent *è* [ʒɛrzɛ].
• Tricot. *Des jerseys de bonne qualité.*

jésuite adj. et n. m.
Membre de la Compagnie de Jésus. *Le père Hardy est
un jésuite.*
Note.- Le nom s'écrit avec une minuscule lorsqu'il
désigne un membre de l'ordre religieux ; quand il
désigne la Compagnie de Jésus, il s'écrit avec une
majuscule. *Les Jésuites ont joué un rôle important
dans l'histoire.*

jésus n. m.
Représentation du Christ enfant. *Un jésus de plâtre.*
Note.- En ce sens, le nom s'écrit avec une minuscule.

jet n. m.
• Action de lancer. *Un jet de pierres.*
• *D'un seul jet.* D'un seul coup.
• *Premier jet.* (Fig.) Esquisse d'une œuvre.
• Jaillissement. *Des jets d'eau, de lave.*

jet n. m.
• Attention à la prononciation [dʒɛt].
• (Anglicisme) Avion à réaction. *Des jets.*

jetable adj.
Se dit d'un objet destiné à n'être utilisé qu'une seule
fois. *Des lames jetables.*

jetée n. f.
Construction qui s'avance dans l'eau et qui est destinée
à protéger un port. *Pêcher sur la jetée.*

jeter v. tr., pronom.
• Redoublement du *t* devant un *e* muet. *Je jette, je
jetterai,* mais *je jetais.*
• **Transitif**
- Envoyer à une certaine distance de soi quelque
chose. *Jeter une pierre, jeter un regard.*
Note.- Ce verbe n'implique ni objectif précis à atteindre,
ni précaution pour viser.
- *Jeter de la poudre aux yeux.* Éblouir, tromper.
- Se défaire de (quelque chose). *Jeter de vieux jour-
naux.*
- *Jeter les armes.* Se rendre.
• **Pronominal**
- Se lancer. *Elle s'est jetée à l'eau.*
- Déverser ses eaux, en parlant d'un cours d'eau. *La
Saône se jette dans le Rhône.*

jeton n. m.
• Petite pièce plate, généralement ronde qui sert de
monnaie. *Des jetons pour téléphoner.*
• *Faux jeton.* (Fam.) Hypocrite.
• *Jetons de présence.* Somme accordée aux membres
des conseils d'administration.

jeu n. m.
• Divertissement. *Des jeux de société, de hasard,
d'adresse, vidéo,* mais *des jeux de cartes, de dames,
d'échecs, de mots.*
Note.- Attention au complément du nom *jeu* ; celui-ci
est au pluriel lorsqu'il désigne une série complète
d'objets, un certain nombre d'éléments. *Un jeu de
cartes, un jeu d'échecs, un jeu de clefs.*
• *Jeux olympiques.* Logiquement, le nom devrait
s'écrire avec une majuscule et l'adjectif, avec une
minuscule. *Les Jeux olympiques d'Albertville.* De nombreux auteurs écrivent cependant *jeux Olympiques,
Jeux Olympiques.*

- *Jeu de mots.* Calembour.
- *Se piquer au jeu.* Être captivé, s'obstiner malgré les échecs.
- *Jouer gros jeu.* Investir beaucoup dans une affaire risquée.
- *Cacher son jeu.* Dissimuler ses impressions.
- *Règles du jeu.* Conventions.
- *Faire le jeu de quelqu'un.* Faciliter sa réussite.
- *Les jeux sont faits.* Le sort en est jeté, tout est décidé.
- *Avoir beau jeu.* Se trouver dans des conditions idéales pour faire quelque chose.

jeudi n. m.
Quatrième jour de la semaine.
Note.- Les noms de jours s'écrivent avec une minuscule et prennent la marque du pluriel. *Je viendrai tous les jeudis,* mais *je viendrai tous les jeudi et vendredi de chaque semaine.* Attention à la construction de la dernière phrase où les noms de jours restent au singulier parce qu'il n'y a qu'un seul jeudi et un seul vendredi par semaine.
V. Tableau - **JOUR.**

jeun (à) loc. adv.
Sans avoir mangé. *Pour faire cette analyse de sang, il faut être à jeun.*
Note.- Attention à l'orthographe : à je**u**n, sans accent circonflexe.

jeune adj. et n. m. et f.
Qui n'est pas vieux. *Un jeune couple.*
Notes.-
1° Ne pas confondre avec le mot *jeûne* qui désigne la privation de nourriture.
2° La place de l'adjectif est significative : un *homme jeune* est un homme non âgé et un *jeune homme* est un adolescent.

jeûne n. m.
Privation de nourriture.
Notes.-
1° Ne pas confondre avec le mot *jeune,* qui n'est pas vieux.
2° Attention à l'orthographe : je**û**ne.

jeûner v. intr.
S'abstenir de manger.
Note.- Attention à l'orthographe : je**û**ner.

jeunesse n. f.
Période de la vie entre l'enfance et la maturité.

jingle n. m.
- Attention à la prononciation [dʒingœl].
- (Anglicisme) Bref thème musical destiné à introduire, à accompagner une émission ou un message publicitaire.
Note.- Le nom *sonal* a fait l'objet d'une recommandation officielle pour remplacer cet anglicisme.

jiu-jitsu n. m. inv.
- Attention à la prononciation [ʒjyʒitsy].
- Art martial japonais.
Note.- Attention à l'orthographe : *jiu*-jitsu.

joaillerie n. f.
- Art de monter les pierres précieuses, de créer des joyaux.
- Commerce du joaillier.

joaillier n. m.
joaillière n. f.
Personne dont la profession est de créer des joyaux et d'en faire le commerce.
Note.- Attention à l'orthographe : joa**illi**er.

job n. m.
- Attention à la prononciation [dʒɔb].
- (Anglicisme) Travail, emploi.

jockey n. m. et f.
- Attention à la prononciation [ʒɔkɛ].
- Personne dont le métier est de monter les chevaux de course. *Des jockeys très habiles. Une casaque de jockey.*

jodhpurs n. m. pl.
- Le *s* ne se prononce pas [ʒɔdpyr].
- Pantalon d'équitation.

jogging n. m.
- Attention à la prononciation [dʒɔgin].
- (Anglicisme) Course à pied à petite allure. *Faire du jogging.*
- (Anglicisme) Survêtement de sport.

joie n. f.
Émotion profonde et agréable, souvent courte et passagère.
Note.- Ne pas confondre avec les mots suivants :
- *bonheur,* état moral de plénitude qui comporte une idée de durée ;
- *gaieté,* bonne disposition de l'humeur ;
- *plaisir,* sensation agréable.

joindre v. tr., intr., pronom.
- *Je joins, tu joins, il joint, nous joignons, vous joignez, ils joignent. Je joignais, tu joignais, il joignait, nous joignions, vous joigniez, ils joignaient. Je joignis. Je joindrai. Je joindrais. Joins, joignons, joignez. Que je joigne, que tu joignes, qu'il joigne, que nous joignions, que vous joigniez, qu'ils joignent. Que je joignisse. Joignant. Joint, jointe.*
- Les lettres *gn* sont suivies d'un *i* à la première et à la deuxième personne du pluriel de l'indicatif imparfait et du subjonctif présent. *(Que) nous joignions, (que) vous joigniez.*
- **Transitif**
- Unir, mettre ensemble. *Joindre les mains.*
- Établir une communication entre. *Le pont joint les deux rives. J'ai réussi à le joindre au téléphone.*
- **Joindre** + **à.** Ajouter. *Joignez vos voix aux nôtres.*
- **Joindre** + **à, avec.** Unir. *Joindre la jeunesse à la beauté, avec la beauté.*
Notes.-
1° L'expression * «joindre ensemble» est un pléonasme à éviter.
2° Ne pas confondre avec le verbe *rejoindre* qui signifie « atteindre de nouveau après avoir été séparé ».
V. **ci-joint.**

● **Intransitif**

Se toucher sans laisser d'interstice. *Les volets joignent mal.*

● **Pronominal**

Se réunir, participer à quelque chose. *Venez vous joindre à nous.*

joint, jointe adj.

Qui est uni. *Sauter à pieds joints. Les mains jointes.* V. **ci-joint.**

joint n. m.

● Articulation, point de raccordement de deux éléments. *Un joint de cardan.*

● Intervalle. *Remplir les joints avec du plâtre, du mortier.*

● (Arg.) Cigarette de haschisch, de marihuana.

jointoyer v. tr.

● Le *y* se change en *i* devant un *e* muet. *Il jointoie, il jointoiera.*

● Le *y* est suivi d'un *i* à la première et à la deuxième personne du pluriel de l'indicatif imparfait et du subjonctif présent. *(Que) nous jointoyions, (que) vous jointoyiez.*

● Garnir les joints (de ciment, de mortier, etc.).

jointure n. f.

Endroit des articulations où les os se joignent. *La jointure des doigts, du genou.*

joker n. m.

● Le *r* est sonore [ʒɔkɛr].

● Carte à jouer. *Des jokers.*

joli, ie adj.

Agréable à voir. *Un joli dessin.*

Note.- Alors que l'adjectif *beau* comporte une idée de perfection, de grandeur, l'adjectif *joli* implique une idée de grâce, de gentillesse, de petitesse.

joliesse n. f.

(Litt.) Caractère de ce qui est joli.

joliment adv.

● D'une façon jolie. *Elle est joliment habillée.*

● (Fam.) Très, beaucoup. *Elle a joliment travaillé pour élever ses nombreux enfants.*

Note.- Attention à l'orthographe : jo*li*ment.

jonc n. m.

● Le *c* est muet [ʒɔ̃].

● Plante des lieux humides. *Une corbeille de jonc.*

● Bague. *Des joncs en or.*

joncher v. tr.

Couvrir le sol en quantité. *Des feuilles jonchaient l'herbe.*

jonction n. f.

● Action de joindre.

● Point où des choses se joignent. *À la jonction des deux chemins.*

jongler v. intr.

● Faire des tours d'adresse.

● (Fig.) Manier quelque chose avec habileté. *Elle jongle avec les chiffres.*

jongleur n. m.
jongleuse n. f.

Personne dont le métier est de jongler (dans un cirque, une foire, etc.).

jonque n. f.

Bateau plat à voiles utilisé en Extrême-Orient.

jonquille adj. inv. et n. f.

● **Adjectif de couleur invariable.** De la couleur jaune vif des jonquilles. *Des pailles jonquille.*

V. Tableau - **COULEUR (ADJECTIFS DE).**

● **Nom féminin.** Espèce de narcisse à fleurs jaunes odorantes. *Un bouquet de jonquilles.*

jordanien, ienne adj. et n. m. et f.

De Jordanie.

Note.- Contrairement à l'adjectif, le nom prend une majuscule.

joual n. m.

Au Québec, parler populaire.

joue n. f.

● Partie du visage humain qui s'étend de la tempe à l'œil, jusqu'au menton.

● *Mettre en joue.* Viser.

Hom. *joug*, attelage des bœufs.

jouer v. tr., intr., pronom.

● **Transitif**

- Mettre en jeu, lancer, déplacer. *Jouer une balle, un pion.*

- Interpréter. *Il jouait un air connu.*

- Risquer. *Il joue son poste, elle joue gros jeu.*

- Feindre. *Ne jouez pas la surprise, vous étiez au courant.*

● **Transitif indirect**

- *Jouer* + *à.* Se divertir. *Jouer aux échecs, au ballon, au bridge.*

- *Jouer de.* Se servir d'un instrument de musique. *Elle joue du piano.*

● **Intransitif**

Se distraire, se livrer à des jeux. *Cette petite ne pense qu'à jouer. Elle joue avec sa poupée.*

● **Pronominal**

Se moquer de. *Il se joue des difficultés. Ils se sont joués de leur directeur.*

jouet n. m.

● Objet destiné à amuser un enfant.

● *Être le jouet de.* Être victime de. *Elle a été le jouet d'une mauvaise plaisanterie.*

joueur, euse adj. et n. m. et f.

● Qui joue. *Un joueur d'échecs.*

● Qui a la passion du jeu. *C'est un joueur.*

● *Beau, bon joueur.* Personne qui s'incline avec élégance devant la victoire, la supériorité de l'adversaire. *Allons, montrez-vous bon joueur.*

joufflu, ue adj.

Qui a de grosses joues.

Note.- Attention à l'orthographe : jou*ff*lu.

joug n. m.

● Le *g* est muet [ʒu].

● Attelage des bœufs.

- (Fig.) *Sous le joug de quelqu'un, de quelque chose*.
Sous la domination de.
Hom. *joue*, partie du visage.

jouir v. tr. ind., intr.
- Ce verbe se conjugue comme le verbe *finir*.
- **Transitif indirect**
- Profiter de, goûter. *Jouir de la vie, jouir de la présence d'un ami*.
- Bénéficier de. *Jouir d'une bonne santé*.
Note.- En ce sens, le complément doit toujours désigner quelque chose d'agréable. *Jouir d'une bonne santé* (et non * jouir d'une mauvaise santé).
- (Dr.) Avoir l'usage, la possession d'un bien, d'un droit.
- **Intransitif**
(Fam.) Éprouver le plaisir sexuel.

jouissance n. f.
- Plaisir, satisfaction.
- Plaisir physique intense.
- (Dr.) Usage et possession d'un bien, d'un droit.

jouisseur, euse adj. et n. m. et f.
Qui ne cherche qu'à profiter des plaisirs de la vie.

jouissif, ive adj.
(Fam.) Qui donne un plaisir intense.

joujou n. m.
Jouet, dans le langage enfantin. *Des joujoux amusants*.

joule n. m.
- Symbole **J** (s'écrit sans point).
- Unité de mesure de travail, d'énergie et de quantité de chaleur.
Note.- Attention au genre masculin de ce nom : *un* joule.

jour n. m
V. Tableau - **JOUR.**

journal n. m.
- Registre.
- *Journal de bord.* Registre d'un navire. *Des journaux de bord*.
- Mémoires. *Écrire son journal*.
- Publication quotidienne relatant l'actualité. *Des journaux d'avant-garde. Lire une information dans un journal*.
- *Papier journal.* Papier qui sert à l'impression des journaux.
- Actualités radiodiffusées ou télévisées. *Le journal de 20 heures*.
Note.- On écrit en italique les titres de journaux. L'article défini qui fait partie de l'intitulé, le nom du journal et, éventuellement, l'adjectif qui précède le nom s'écrivent avec une majuscule. *Elle lit* Le Monde, Le Nouvel Observateur *et le* New York Times.

journalier, ière adj. et n. m. et f.
- **Adjectif.** Quotidien.
- **Nom masculin et féminin.** Personne travaillant à la journée.

journalisme n. m.
Métier de journaliste.

journaliste n. m. et f.
Personne dont la profession est de collaborer à la rédaction d'un journal.

journalistique adj.
Qui se rapporte au journalisme. *Un style journalistique*.

journée n. f.
- Jour.
- *À longueur de journée*, locution adverbiale. Toute la journée. *Il lit à longueur de journée*.

joute n. f.
- (Ancienn.) Combat à cheval.
- *Joute oratoire.* Concours oratoire, débats.

jouvence n. f.
- *Fontaine de Jouvence.* Fontaine mythique dont les eaux ont la vertu de rajeunir.
Note.- Lorsqu'il s'agit de la fontaine fabuleuse, le mot *jouvence* s'écrit avec une majuscule ; dans son emploi figuré, le mot s'écrit avec une minuscule.
- *Cure de jouvence, bain de jouvence.* Traitement de rajeunissement.
Note.- Attention à l'orthographe : jouv**en**ce.

jouvenceau, elle n. m. et f.
(Vx) Adolescent. *Des jouvenceaux*.

jouxter v. tr.
(Litt.) Avoisiner. *Ce terrain jouxte celui de la ville* (et non * à celui).

jovial, iale, iaux adj.
Enjoué. *Des tons joviaux*.
Note.- Le pluriel *jovials* moins fréquent est également attesté.

jovialement adv.
De façon joviale.

jovialité n. f.
Enjouement, humeur joviale.

joyau n. m.
Objet précieux. *À Londres, les joyaux de la couronne sont bien gardés*.

joyeusement adv.
Avec joie.

joyeux, euse adj.
Qui éprouve de la joie.

jubé n. m.
Partie surélevée à l'intérieur d'une église.

jubilaire adj. et n. m. et f.
Dont on célèbre le jubilé.

jubilation n. f.
Joie intense, exubérante.
Note.- Ne pas confondre avec le mot *jubilé* qui désigne une fête célébrée à l'occasion d'un cinquantenaire.

jubilé n. m.
Fête célébrée à l'occasion d'un cinquantenaire.
Note.- Ne pas confondre avec le mot *jubilation* qui désigne une joie intense.

JOUR

● Division du temps qui comprend 24 heures. *Il y a 365 jours dans une année.*
Note.- Dans son sens astronomique, le mot *jour* désigne le temps qui s'écoule entre le lever et le coucher du soleil, par opposition à la *nuit. Les jours commencent à allonger à compter de janvier.*

Locutions

- *Le jour et la nuit, jour et nuit*, locutions adverbiales. Continuellement. *Ces restaurants sont ouverts jour et nuit.*

- *Mettre à jour.* Actualiser. *Le dictionnaire sera mis à jour tous les trois ans.*
Note.- Ne pas confondre avec la locution *mettre au jour*, qui signifie « découvrir, révéler ». *Les archéologues ont mis au jour les fondations du premier immeuble.*

- *Tous les jours*, locution adverbiale. Chaque jour. *Il vient tous les jours.*

- *De jour en jour*, locution adverbiale. De plus en plus, davantage. *Il grandit de jour en jour.*

- *Du jour au lendemain*, locution adverbiale. Très rapidement. *Du jour au lendemain, il a changé d'avis.*

- *Le jour J.* Jour où doit avoir lieu un grand évènement, où on doit déclencher une attaque, une opération importante.

Jours de la semaine

Lundi, mardi, mercredi, jeudi, vendredi, samedi, dimanche.
Note.- Les noms de jours s'écrivent avec une minuscule et prennent la marque du pluriel. *Je viendrai tous les jeudis*, mais *je viendrai tous les jeudi et vendredi de chaque semaine.* Attention à la construction de la dernière phrase où les noms de jours restent au singulier parce qu'il n'y a qu'un seul jeudi et un seul vendredi par semaine.

Jours de fête

Les noms de fêtes s'écrivent avec une capitale initiale au nom spécifique et à l'adjectif qui le précède. *Le jour de l'An, le Nouvel An, le jour des Rois, le Mardi gras, le mercredi des Cendres, le Vendredi saint, Pâques, la fête du Travail, l'Ascension, la Pentecôte, la fête des Mères, le 14 juillet, la Toussaint, l'Assomption, Noël.*

Date

L'indication de la date se fait généralement par ordre croissant : jour, mois, année. *Le 14 décembre 1988.*

Si la date comporte la mention d'un jour de la semaine, celui-ci est précédé de l'article défini ; il n'y a pas de virgule entre le jour de la semaine et le quantième du mois. *Le mercredi 14 décembre 1988.*
Note.- L'usage de l'indication numérique de la date doit être limité aux échanges d'informations entre systèmes de données et à la présentation en colonne ou en tableau. Cette notation procède par ordre décroissant : (année, mois, jour). *1988 12 14* ou *1988-12-14* ou *19881214.* Les nombres inférieurs à 10 sont précédés d'un zéro. *1988 01 05* ou *1988-01-05* ou *19880105.*

V. Tableau - **DATE.**

● Clarté. *Le jour se lève.*

Locutions adverbiales

- *En plein jour.* En pleine lumière, au milieu de la journée.

- *Au petit jour.* À l'aube.

- *À contre-jour.* Avec un éclairage insuffisant.

- *Au grand jour.* À la connaissance de tous.

- *Sous un jour* + adjectif. Sous un certain angle. *Ils voient maintenant la question sous un jour nouveau.*

Locutions

- *Se faire jour.* Apparaître. *Ces indications à la baisse se font jour de plus en plus.*

Note.- Dans cette expression, le mot *jour* est invariable.

- *Donner le jour à un enfant.* (Litt.) Donner naissance à un enfant, mettre au monde un enfant.

● Ouverture, orifice. *Il y a un peu de jour dans l'assemblage de cette fenêtre.*

À jours. Brodé et ajouré. *Des serviettes à jours.*

jubiler v. intr.
(Fam.) Éprouver une joie vive. *Depuis qu'il a appris la nouvelle, il jubile.*
Note.- Attention à l'orthographe : jubi*l*er.

jucher v. tr., intr., pronom.
• **Transitif**. Placer très haut. *Elle a juché sa fille sur ses épaules.*
• **Intransitif**. Se mettre sur une branche, en parlant d'un oiseau. *Les faisans juchent sur les arbres.*
• **Pronominal**. Se percher. *L'oiseau s'est juché sur la branche.*

judaïque adj.
Qui est relatif au judaïsme.
Note.- Attention à l'orthographe : judaïque.

judaïsme n. m.
Religion des Juifs.

judas n. m.
• Traître. *C'est un Judas.*
Note.- En ce sens, le nom s'écrit avec une majuscule.
• Ouverture dans une porte. *Regarder par le judas.*

judiciaire adj.
Qui se rapporte à l'organisation de la justice. *Un casier judiciaire.*
Note.- Ne pas confondre avec les mots suivants :
- *judicieux*, qui dénote du jugement ;
- *juridique*, qui se rapporte au droit ;
- *légal*, qui est prescrit par la loi.

judiciairement adv.
Au point de vue judiciaire.

judicieusement adv.
Avec pertinence, de façon judicieuse.

judicieux, ieuse adj.
Qui dénote du jugement, avisé. *Un choix judicieux.*
Note.- Ne pas confondre avec les mots suivants :
- *judiciaire*, qui se rapporte à l'organisation de la justice ;
- *juridique*, qui se rapporte au droit ;
- *légal*, qui est prescrit par la loi.

judo n. m.
Sport de combat. *Pratiquer le judo.*

judoka n. m. et f.
Personne qui pratique le judo. *Des judokas expérimentés.*
Note.- Ce nom conserve la même forme au masculin et au féminin.

juge n. m.
Personne dont la profession est de rendre la justice et d'appliquer les lois.

jugé n. m.
Au jugé, locution adverbiale. À première vue.

jugement n. m.
• Sentence d'un juge.
Note.- Pour les jugements d'une cour d'appel, on utilise surtout le mot **arrêt.**
• Opinion favorable ou défavorable.
• Faculté de l'esprit qui permet de juger.

• Discernement. *Vous avez fait preuve de beaucoup de jugement.*

jugeote n. f.
(Fam.) Bon sens. *Hélas ! elle manque de jugeote.*
Note.- Attention à l'orthographe : ju**geote.**

juger v. tr., pronom.
• Le **g** est suivi d'un **e** devant les lettres **a** et **o**. *Il jugea, nous jugeons.*
• **Transitif**
- Régler un différend en qualité de juge. *Juger une affaire.*
- Porter un jugement sur. *Ne le juge pas sur les apparences.*
- *Juger que*. Estimer.
Note.- Le verbe qui suit se met à l'indicatif ou au conditionnel dans un tour affirmatif, au subjonctif dans un tour négatif. *Elle juge que vous avez raison, que vous pourriez avoir raison. Elle ne juge pas que vous ayez raison.*
• **Transitif indirect**
- *Juger + de*. Apprécier. *Il n'est pas facile de juger de la hauteur de cet arbre. Si j'en juge par mon expérience.*
• **Pronominal**
Porter un jugement sur soi. *Elles se sont jugées perdues.*

jugulaire adj. et n. f.
• **Adjectif**. Qui appartient à la gorge. *La veine jugulaire.*
• **Nom féminin**. Courroie qui passe sous le menton.

juguler v. tr.
Arrêter le développement de quelque chose. *Juguler l'inflation.*

juif, juive adj. et n. m. et f.
• **Adjectif**
Relatif aux Juifs. *La religion juive.*
Note.- L'adjectif s'écrit avec une minuscule.
• **Nom masculin et féminin**
- De religion juive. *Un juif pratiquant.*
Note.- En ce sens, le nom s'écrit avec une minuscule.
- Appartenir au peuple juif. *Un Juif russe.*
Note.- En ce sens, le nom s'écrit avec une majuscule.
V. **hébreu.**

juillet n. m.
Septième mois de l'année. *Le 31 juillet.*
Note.- Les noms de mois s'écrivent avec une minuscule.
V. Tableau - **DATE.**

juin n. m.
Sixième mois de l'année. *Le 27 juin.*
Note.- Les noms de mois s'écrivent avec une minuscule.
V. Tableau - **DATE.**

jujube n. m.
Fruit du jujubier. *Aimer les jujubes.*

jujubier n. m.
Arbuste épineux produisant le jujube.

julienne n. f.
Préparation de légumes en filaments minces.

jumbo-jet n. m.
- Attention à la prononciation [dʒœmbodʒɛt].
- (Anglicisme) Avion gros-porteur. *Des jumbo-jets.*

jumeau, jumelle adj. et n. m. et f.
- Se dit des enfants nés d'un même accouchement. *Des frères jumeaux, des sœurs jumelles.*
- Note.- Le nom peut s'employer au singulier.
- *Lits jumeaux.* Se dit de deux lits disposés côte à côte.

jumelage n. m.
Action de jumeler.
Note.- Attention à l'orthographe : jume*l*age.

jumeler v. tr.
- Redoublement du *l* devant un *e* muet. *Je jumelle, je jumellerai,* mais *je jumelais.*
- Réunir.
- Associer des villes étrangères.
Note.- Attention à l'orthographe : jume*l*er.

jumelles n. f. pl.
Instrument d'optique composé de deux lunettes. *Des jumelles de spectacles.*

jument n. f.
Femelle du cheval.

jungle n. f.
- Les lettres *un* se prononcent *un* [ʒœ̃gl] ou *on* [ʒɔ̃gl].
- Forêt tropicale.
- Société où règne la loi du plus fort. *La jungle new-yorkaise.*

junte n. f.
- Les lettres *un* se prononcent *un* [ʒœt].
- Nom donné à certains gouvernements militaires.

jupe n. f.
Partie de l'habillement féminin qui descend de la ceinture à la jambe. *Des minijupes, des jupes-culottes.*

jupon n. m.
Vêtement de dessous. *Un jupon de dentelle.*

juré n. m.
Membre d'un jury.
Note.- Ne pas confondre avec le mot *jury* qui désigne l'ensemble des jurés.

jurer v. tr., intr., pronom.
- **Transitif**
Affirmer par serment. *Ils jurent qu'ils sont innocents.*
- **Intransitif**
- Blasphémer. *Il jure comme un charretier.*
- Être choquant. *Ce jaune jure avec ce rouge.*
- **Pronominal**
Se promettre. *Elle s'est juré qu'elle réussirait.*

juridiction n. f.
- Tribunal.
- Ensemble de tribunaux de même nature.

juridique adj.
Qui se rapporte au droit. *Un conseiller juridique.*
Note.- Ne pas confondre avec les mots suivants :
- *judiciaire*, qui se rapporte à l'administration de la justice ;

- *judicieux*, qui dénote du jugement ;
- *légal*, qui est prescrit par la loi.

juridiquement adv.
De façon juridique.

jurisprudence n. f.
- Le *s* se prononce [ʒyrisprydɑ̃s].
- Ensemble des décisions des tribunaux sur une question.
Note.- Attention à l'orthographe : jurisprud*en*ce.

jurisprudentiel, ielle adj.
Qui appartient à la jurisprudence.
Note.- Attention à l'orthographe : jurisprud*ent*iel.

juriste n. m. et f.
Spécialiste des questions juridiques.

juron n. m.
Exclamation dont on se sert pour jurer. *Ventre-Saint-Gris était le juron de Henri IV.*

jury n. m.
- Ensemble des jurés, dans une affaire judiciaire. *Le jury est unanime : l'accusé est non coupable.*
- Ensemble d'examinateurs. *Le jury a accepté sa candidature.*
Note.- Ne pas confondre avec le mot *juré* qui désigne chaque membre d'un jury.

jus n. m.
Liquide contenu dans une substance végétale, animale.
Note.- Le complément du mot *jus* s'écrit surtout au singulier. *Du jus d'orange, de pomme, de tomate, de raisin.* Par contre, le complément est toujours au pluriel dans *jus de fruits, jus de légumes.*

jusque adv., conj. et prép.
V. Tableau - **JUSQUE.**

justaucorps n. m.
- (Ancienn.) Pourpoint.
- Maillot de gymnastique.
Note.- Attention à l'orthographe : ce mot s'écrit sans trait d'union.

juste adj., adv. et n. m.
- **Adjectif.** Équitable, conforme à la justice, à la règle. *Une personne juste, une réponse juste.*
- **Adverbe.** Avec justesse. *Ils chantent juste. À six heures juste.*
Note.- Pris adverbialement, l'adjectif est invariable.
- **Nom masculin.** *Au juste.* (Fam.) Exactement. *Il ne voyait pas au juste où l'on voulait en venir.*

justement adv.
- Légitimement. *Il a été justement réprimandé.*
- Précisément. *C'est justement ce qu'il fallait écrire.*
- Avec justesse. *Cette phrase résume justement l'ouvrage.*

justesse n. f.
- Qualité d'une chose exacte. *Chanter avec justesse.*
- Précision, exactitude. *Il décrit la situation avec justesse. La justesse d'une description.*
- *De justesse,* locution adverbiale. Tout juste, juste à temps.

JUSQUE préposition et conjonction

Le **e** final s'élide devant une voyelle. *Jusqu'à, jusqu'ici, jusqu'où.*

PRÉPOSITION

- La préposition marque une limite, un terme final de lieu ou de temps. *Ils iront jusqu'à Cassis. Elle travaillera jusqu'au soir.*

  Notes.-

  1° Devant une voyelle, **jusque** s'élide. *Jusqu'ici, jusqu'où.*

  2° La graphie **jusques** est vieillie ; elle ne s'emploie plus que dans les expressions juridiques ou littéraires. *Jusques et y compris. Jusques à quand ?*

- La préposition se construit le plus souvent avec **à**. *Elle marcha jusqu'à la forêt. J'irai jusqu'au bout.*

- Elle peut aussi être suivie d'un adverbe ou d'une autre préposition. *Jusqu'ici, jusque chez lui.*

- **Jusqu'aujourd'hui, jusqu'à aujourd'hui.** Les deux formes sont également admises.

- **Jusqu'alors.** Jusqu'à ce moment. *Jusqu'alors, on s'était contenté de la lampe à huile.*

  Note.- On réservera à la description d'évènements passés l'emploi de cette locution. Pour le présent, on emploiera plutôt **jusqu'à présent, jusqu'à maintenant.**

- **Jusque + sujet ou complément d'objet direct**. Y compris, même. *Il irait jusqu'à pleurer pour les convaincre.*

  Note.- **Jusque** peut être suivi d'un infinitif pour marquer l'insistance.

CONJONCTION

- **Jusqu'à ce que**, locution conjonctive. Jusqu'au moment où. *Elle cherchera jusqu'à ce qu'elle finisse par trouver.*

  Note.- Le verbe se construit au subjonctif pour marquer l'incertitude. Pour exprimer une idée de réalisation effective, on emploie la locution conjonctive **jusqu'au moment où**, suivie de l'indicatif. *Elle cherchera jusqu'au moment où elle trouvera.*

- **Jusqu'à tant que**, locution conjonctive. (Vx) Jusqu'à ce que.

---

justice n. f.
- Équité. *Il traite son personnel avec justice.*
- Pouvoir de faire régner le droit. *La justice a le bras long.*
- Ensemble des organes chargés de l'administration de la justice.
- **Rendre justice à quelqu'un.** Reconnaître ses mérites.
- **Se faire justice (soi-même).** Se venger.

justicier, ière adj. et n. m. et f.
Se poser en justicier. Se prendre pour un redresseur de torts.

justifiable adj.
Qui relève de la compétence des tribunaux d'un État.

justificatif, ive adj. et n. m.
- **Adjectif**
Qui légitime.
- **Nom masculin**
- Document qui sert à prouver ce qu'on allègue. *Pour le remboursement, il faut présenter un justificatif.*
Syn. **pièce justificative.**

- Exemplaire (d'un journal, d'une revue, etc.) adressé aux personnes qui ont fait insérer une annonce.

justification n. f.
- Preuve.
- (Imprim., inform.) Opération consistant à aligner un texte entre deux marges.

justifier v. tr., pronom.
- Redoublement du **i** à la première et à la deuxième personne du pluriel de l'indicatif imparfait et du subjonctif présent. *(Que) nous justifiions, (que) vous justifiiez.*
- **Transitif**
- Disculper (une personne). *Justifier un collègue auprès de la direction.*
- Légitimer (une chose). *La fin justifie les moyens.*
- (Imprim.) Effectuer la justification d'un texte imprimé.
- **Transitif indirect**
Justifier + de. Donner la preuve de. Cette construction est juridique ou administrative. *Les candidats devront justifier de plusieurs années d'expérience.*

● **Pronominal**
Prouver son innocence, dégager sa responsabilité. *Vous n'avez pas à vous justifier.*

jute n. m.
● Matière textile grossière.
● Fibre textile. *Confectionner une poche avec du jute.*
Note.- Attention au genre masculin de ce nom : *le* jute.

juteux, euse adj.
Qui contient beaucoup de jus. *Des oranges bien juteuses.*

juvénile adj.
Propre à la jeunesse. *Un enthousiasme juvénile.*
Note.- Attention à l'orthographe de cet adjectif qui conserve la même forme au masculin et au féminin : juvéni*le*.

juxtaposer v. tr.
Mettre une chose immédiatement à côté d'une autre.

juxtaposition n. f.
Action de juxtaposer. *La juxtaposition de plusieurs couleurs.*

K

k
Symbole de **kilo-**.
Note.- Le préfixe **kilo-** sert à la composition du multiple décimal et se juxtapose immédiatement au symbole de l'unité. *Kilomètre, km ; kilogramme, kg.*

K
• Symbole de **kelvin**.
• Symbole de **potassium**.

kA
Symbole de **kiloampère**.

kabbale n. f.
Tradition juive de l'interprétation des Écritures.
Hom. **cabale**, complot.

kabyle adj. et n. m. et f.
• **Adjectif.** De la Kabylie, en Algérie.
• **Nom masculin et féminin.** *Un Kabyle, une Kabyle.*
• **Nom masculin.** Parlers de Kabylie.
Note.- Lorsqu'il s'agit de la langue, l'adjectif ou le nom s'écrit avec une minuscule. Si le nom désigne une personne, la majuscule s'impose.

kafkaïen, ïenne adj.
Qui rappelle l'univers absurde de Kafka. *Un cauchemar kafkaïen.*
Note.- Attention à l'orthographe : kafkaïen.

kaiser n. m.
• Le mot se prononce [kajzɛr] ou [kɛzɛr].
• Mot allemand signifiant **empereur.**

kakatoès
V. **cacatoès.**

kaki adj. inv. et n. m.
• **Adjectif de couleur invariable**
De la couleur verte du kaki. *Des uniformes kaki.*
V. Tableau - **COULEUR (ADJECTIFS DE).**
• **Nom masculin**
- Fruit à pulpe molle. *Manger des kakis.*
- Couleur brun jaunâtre. *Des kakis très jolis.*

kaléidoscope n. m.
Cylindre dans lequel des fragments mobiles de verre coloré composent des images symétriques et variées.
Note.- Attention à l'orthographe : **kaléi**doscope.

kamikaze adj. et n. m.
• Le **e** est muet ou se prononce **é** [kamikaz] ou [kamikaze].
• **Adjectif.** Qui tient du suicide. *Un projet kamikaze.*
• **Nom masculin.** Avion-suicide japonais, piloté par un volontaire.

kan ou khan n. m.
Étape des caravanes, caravansérail.
Hom. **khan**, titre de noblesse turc.

kangourou n. m.
Mammifère australien de l'ordre des marsupiaux. *Les kangourous d'Australie.*

kapok n. m.
Fibre végétale imperméable utilisée notamment pour les ceintures de sauvetage, le rembourrage des coussins.

kappa n. m. inv.
Lettre grecque.

karaté n. m.
Sport de combat japonais.

karatéka n. m. et f.
Personne qui pratique le karaté. *Des karatékas chevronnés, chevronnées.*
Note.- Ce nom conserve la même forme au masculin et au féminin.

karma ou **karman** n. m.
Destin, dans la religion hindouiste.

kascher, cascher, cachère adj. inv.
• Le **r** se prononce [kaʃɛr].
• Se dit d'un aliment préparé conformément à la loi hébraïque. *De la viande kascher.*

kayak n. m.
Canot de sport ou de compétition qui se manœuvre à la pagaie double. *Des kayacs légers, des kayaks de compétition.*

kelvin n. m.
• Symbole **K** (s'écrit sans point).
• Unité de mesure de température thermodynamique.

kenyan, yane adj. et n. m. et f.
Du Kenya.
Note.- Contrairement à l'adjectif, le nom prend une majuscule.

képi n. m.
Coiffure rigide munie d'une visière. *Des képis militaires.*

kermesse n. f.
Fête de bienfaisance. *Des kermesses annuelles.*

kérosène n. m.
Carburant servant à l'alimentation des réacteurs (avions, fusées).

ketchup n. m.
Sauce à base de tomates. *Des ketchups épicés.*

kF
Symbole de **kilofranc.**

kg
Symbole de **kilogramme.**

KGB
Sigle russe de *Komitet Gosudarstvennoye Bezopast-*
nosti (police secrète soviétique).

khalifat
V. **califat.**

khalife
V. **calife.**

khan n. m.
• Titre de noblesse turc.
• Étape des caravanes.
Note.- En ce sens, le nom s'orthographie également
kan.

khi n. m. inv.
Lettre grecque.

khmer, khmère adj. et n. m. et f.
• **Adjectif.** Relatif à la population d'origine indienne
qui habite le Cambodge.
• **Nom masculin et féminin.** *Un Khmer, une Khmère.*
• **Nom masculin.** Langue des Khmers.
Note.- Lorsqu'il s'agit de la langue, l'adjectif ou le nom
s'écrit avec une minuscule. Si le nom désigne une
personne, la majuscule s'impose.

khôl
V. **kohol.**

kHz
Symbole de *kilohertz.*

kibboutz n. m.
En Israël, exploitation agricole collective. *Des kibboutz*
ou *des kibboutzim.*
Note.- Attention à l'orthographe : ki**bbou**t**z.**

kidnapper v. tr.
Enlever un enfant, une personne en vue d'obtenir une
rançon.
Note.- On préférera à ce verbe emprunté à l'américain
le verbe *enlever.*

kidnapping n. m.
Enlèvement d'un enfant, d'une personne en vue d'obtenir une rançon.
Note.- On préférera à ce nom emprunté à l'américain
les noms *enlèvement, rapt.*

kif-kif loc. adv.
• Mot arabe signifiant « comme comme ».
• (Fam.) Pareil. *Bonnet blanc, blanc bonnet, c'est kif-*
kif.

kilo- préf.
• Symbole *k* (s'écrit sans point).
• Élément du grec signifiant « mille ».
• Préfixe qui multiplie par 1 000 l'unité qu'il précède.
• Sa notation scientifique est 10^3. *Des kilosecondes.*
V. Tableau - **MULTIPLES ET SOUS-MULTIPLES DÉ-**
CIMAUX.

kilo n. m.
Abréviation familière de *kilogramme. Perdre des kilos.*

kiloampère n. m.
• Symbole *kA* (s'écrit sans point).
• Unité d'intensité de courant électrique de
1 000 ampères.

kilofranc n. m.
• Symbole *kF* (s'écrit sans point).
• Mille francs. *Un salaire de 350 kilofrancs par an.*

kilogramme n. m.
• Symbole *kg* (s'écrit sans point).
• Unité de masse de 1 000 grammes.
• S'abrège familièrement en *kilo.*

kilohertz n. m.
• Symbole *kHz* (s'écrit sans point).
• Unité de fréquence des ondes.

kilométrage n. m.
Nombre de kilomètres parcourus.

kilomètre n. m.
• Symbole *km* (s'écrit sans point).
• Mesure de longueur de mille mètres.
• *Kilomètre carré* s'abrège en *km².* *Kilomètre cube*
s'abrège en *km³.*
• *Kilomètre par heure, kilomètre à l'heure.* Cette expression s'abrège en *km/h* (s'écrit sans points).
Note.- Selon le système international d'unités (SI),
cette expression s'écrit en toutes lettres avec les prépositions *par* ou *à* et non à l'aide d'un trait d'union ou
d'un symbole de division. *On ne doit pas rouler à plus*
de 100 kilomètres par heure, 100 kilomètres à l'heure
ou plus couramment, 100 km/h.

kilométrer v. tr.
• Le *é* se change en *è* devant une syllabe muette, sauf
à l'indicatif futur et au conditionnel présent. *Je kilo-*
mètre, mais *je kilométrerai.*
• Garnir de bornes kilométriques. *Kilométrer une*
route.
• Dénombrer les kilomètres parcourus. *Kilométrer*
un itinéraire.

kilométrique adj.
Relatif au kilomètre.
Note.- Attention à l'orthographe : kilo**mé**trique.

kilo-octet n. m.
• Symbole *ko* (s'écrit sans points).
• (Inform.) Unité de capacité d'une mémoire égale à
1 024 octets. *Une disquette de 800 kilo-octets ou de*
800 ko.
Note.- Pour uniformiser l'utilisation du préfixe *kilo*, il
serait préférable d'écrire ce nom sans trait d'union sur
le modèle des multiples décimaux des unités de mesure.
Des kiloampères, des kilooctets.

kilopascal n. m.
• Symbole *kPa* (s'écrit sans point).
• Unité de pression de 1 000 pascals.

kilotonne n. f.
Unité de puissance explosive des charges nucléaires
correspondant à l'énergie produite par l'explosion de
1 000 tonnes de TNT.

kilowatt n. m.
• Symbole *kW* (s'écrit sans point).
• Unité de puissance de 1 000 watts.

kilt n. m.
• Les lettres *lt* se prononcent [kilt].
• Jupe plissée en tissu écossais. *Des kilts colorés.*

kimono adj. inv. et n. m.
● **Nom masculin.** Vêtement japonais. *De beaux kimonos.*
● **Adjectif invariable.** À la manière d'un kimono. *Des manches kimono, des robes kimono.*

kinési- préf.
Élément du grec signifiant « mouvement ». *Kinésithérapie.*

kinésithérapeute n. m. et f.
Spécialiste de la kinésithérapie.
Note.- Attention à l'orthographe : kinési***thé***rapeute.

kinésithérapie n. f.
Ensemble de traitements basés sur des massages et des mouvements de gymnastique.
Note.- Attention à l'orthographe : kinési***thé***rapie.

kiosque n. m.
● Pavillon de jardin.
● *Kiosque à journaux.* Abri pour la vente des journaux.

kip n. m.
Unité monétaire du Laos. *Des kips.*
V. Tableau - **SYMBOLES DES UNITÉS MONÉTAIRES.**

kir n. m.
● Apéritif composé de vin blanc et de sirop de cassis. *Des kirs bien frais.*
● *Kir royal.* Apéritif composé de champagne et de sirop de cassis. *Des kirs royaux.*
Note.- Le nom de cette boisson qui provient de son créateur, le chanoine Kir, s'écrit avec une minuscule.

kirsch n. m.
● Les consonnes finales se prononcent [kirʃ].
● Eau-de-vie extraite des cerises. *De l'ananas au kirsch.*
Notes.-
1° Attention à l'orthographe : kir***sch.***
2° Ne pas confondre avec le mot *kitsch* qui se dit d'un style très chargé et baroque.

kit n. m.
● Le *t* se prononce [kit].
● (Anglicisme) Objet vendu en pièces détachées et que l'on peut assembler soi-même. *Des kits pour enfants. Des bibliothèques vendues en kit.*
Note.- Le nom *prêt-à-monter* a fait l'objet d'une recommandation officielle pour remplacer cet emprunt à l'anglais.

kitchenette n. f.
(Anglicisme) Petite cuisine.
Note.- Le nom *cuisinette* a fait l'objet d'une recommandation officielle pour remplacer cet emprunt à l'anglais.

kitsch adj. inv. et n. m.
● Les consonnes finales se prononcent [kitʃ].
● Se dit d'un style très chargé et baroque. *Des maisons très kitsch.*
Notes.-
1° Attention à l'orthographe : kit***sch.***
2° Ne pas confondre avec le mot *kirsch* qui désigne une eau-de-vie de cerises.

kiwi n. m.
Fruit à pulpe verte. *Des kiwis.*

klaxon n. m. (n. déposé)
Avertisseur. *Des coups de klaxon.*

klaxonner v. tr., intr.
Actionner un klaxon.

kleptomane ou **cleptomane** n. m. et f.
Personne atteinte de kleptomanie.

kleptomanie ou **cleptomanie** n. f.
Tendance irrépressible au vol.

km
Symbole de *kilomètre.*

km/h
Symbole de *kilomètre par heure, kilomètre à l'heure.*

knock-out adj. inv. et n. m. inv.
● Abréviation *k.-o.*
● Mise hors de combat d'un boxeur. *Ils sont knock-out.*

know-how n. m.
● Attention à la prononciation [noaw].
● (Anglicisme) Savoir-faire.

ko
Symbole de *kilo-octet.*

k.-o. adj. inv. et n. m.
Abréviation de *knock-out.*

koala n. m.
Mammifère grimpeur vivant en Australie. *Des koalas espiègles.*

kohol ou **khôl** n. m.
● Ce mot se prononce *co-ol* ou *col* [kɔɔl] ou [kɔl].
● Fard pour les yeux.

kola ou **cola** n. m.
● Kolatier.
● Fruit du kolatier. *Une boisson faite à partir de kola.*

kopeck n. m.
Monnaie russe. *Des kopecks.*
Note.- Attention à l'orthographe : kope***ck.***

kPa
Symbole de *kilopascal.*

krach n. m.
● Les lettres *ch* se prononcent *k* [krak].
● Effondrement de la Bourse.
Hom. :
- *crac !*, interjection ;
- *crack*, as ;
- *craque*, mensonge.

kraft n. m.
Papier d'emballage. *Du papier kraft, du kraft.*

ksi n. m. inv.
Lettre grecque.

kurde adj. et n. m. et f.
● **Adjectif et nom masculin et féminin.** Du Kurdistan.
● **Nom masculin.** Langue parlée au nord de l'Iran.
Note.- Lorsqu'il s'agit de la langue, l'adjectif ou le nom

L

l
Symbole de *litre*.

L
Chiffre romain dont la valeur est de 50.
V. Tableau - **CHIFFRES**.

la n. m. inv.
V. **note de musique.**

la art. déf.
V. Tableau - **LE, LA, LES.**

la pron. pers.
V. Tableau - **LE, LA, LES.**

là adv. et interj.
V. Tableau - **LÀ.**

là-bas adv.
Ant. **ici.**
V. Tableau - **LÀ.**

label n. m.
• Ce mot se prononce à la française [labɛl].
• (Anglicisme) Marque apposée sur un produit pour
en garantir la qualité, l'origine. *Un label de qualité.*
Note.- Attention à l'orthographe : labe*l.*

labeur n. m.
(Litt.) Travail pénible et prolongé.

labial, iale, aux adj. et n. f.
• **Adjectif.** Relatif aux lèvres. *Des muscles labiaux.*
• **Nom féminin.** Consonne qui se prononce avec les
lèvres. *Les consonnes b et p sont des labiales.*

laborantin n. m.
laborantine n. f.
Personne qui effectue des travaux de laboratoire.
Note.- Attention à l'orthographe : labor*an*tin.

laboratoire n. m.
Local aménagé pour des expériences, des recherches
scientifiques, des analyses, des essais, etc.

laborieusement adv.
Avec beaucoup de peine et de travail.

laborieux, ieuse adj.
Pénible.

labour n. m.
• Travail de la terre. *Faire les labours.*
• Terre labourée.

labourage n. m.
Action de labourer la terre.

labourer v. tr.
Retourner la terre avec la charrue.

laboureur n. m.
• Personne qui laboure.
• (Vx) Cultivateur.

labrador n. m.
Chien de chasse à poil ras. *De beaux labradors.*
Note.- Le nom du chien s'écrit avec une minuscule, le
nom géographique, avec une majuscule. *Le courant
froid du Labrador.*

labyrinthe n. m.
• Dédale.
• (Fig.) Complexité inextricable. *Le labyrinthe des
formalités administratives.*
Note.- Attention à l'orthographe : laby*rinthe.*

lac n. m.
Grande étendue d'eau à l'intérieur des terres. *Le lac
d'Annecy, le lac Majeur.*
Notes.-
1° Les génériques des noms de géographie (*lac, rivière,
fleuve, mer, océan,* etc.) s'écrivent avec une minuscule ;
par contre, le déterminant (*nom, adjectif,* etc.) qui
précise le générique s'écrit avec une majuscule. Si le
générique est accompagné d'un adjectif qui le précède
et qui est nécessaire à son identification, les deux
mots s'écrivent avec une majuscule. *Les Grands Lacs.*
2° Ne pas confondre avec les mots suivants :
- *bassin*, pièce d'eau artificielle, réservoir ;
- *étang*, petite étendue d'eau peu profonde ;
- *marais*, eau stagnante ;
- *nappe*, vaste étendue d'eau plane, souvent souterraine.
V. Tableau - **GÉOGRAPHIQUES (NOMS).**

laçage n. m.
Action de lacer.
Note.- Attention à l'orthographe : laçage.

lacer v. tr.
• Le *c* prend une cédille devant les lettres *a* et *o.* *Il la-
ça, nous laçons.*
• Attacher avec un lacet. *Lacer des chaussures.*
Hom. *lasser,* ennuyer.

lacération n. f.
Déchirure.

lacérer v. tr.
• Le *é* se change en *è* devant une syllabe muette, sauf
à l'indicatif futur et au conditionnel présent. *Je lacère,*
mais *je lacérerai.*
• Déchirer. *Le chat a lacéré le tableau.*

lacet n. m.
• Cordon qu'on passe dans des œillets pour attacher
un vêtement, une chaussure, etc. *Défaire ses lacets.*
• *Route en lacet.* Route en zigzag.

LÀ adverbe et interjection

ADVERBE

L'adverbe marque :

- **un lieu éloigné.** *Il faut que j'aille là.*

Note.- Dans cet emploi, *là* s'emploie en opposition à l'adverbe *ici* qui marque la proximité. Dans les faits, les deux adverbes sont souvent confondus. *Berthe, je ne suis là pour personne.*

- **un point d'arrêt.** *Restons-en là. Je ne croyais pas qu'on allait en venir là.*

Particule démonstrative : *-là.* Pour désigner un objet éloigné de la personne qui parle, l'adverbe *là* se joint au nom qui le précède par un trait d'union si celui-ci est précédé d'un adjectif démonstratif. *Ce livre-là, cette gravure-là.* Il se joint également par un trait d'union aux mots suivants : *celui-là, celle-là, ceux-là, jusque-là, là-bas, là-dedans, là-dessous, là-haut.*
Ant. **ci.**

Note.- La construction « c'est là où » est archaïque ; aujourd'hui, l'adverbe *là* est suivi de la conjonction **que.** *C'est là qu'il travaillera* (et non * où il travaillera). Par contre, la construction *là où* non précédé de *c'est* est courante. *Nous dormirons là où nous le pourrons.*

Locutions diverses

- ***De là.*** De ce lieu-là, pour cette raison. *C'est de là qu'ils sont partis.*

- ***Par là.*** Par ce lieu, par ce moyen. *Passons par là.*

- ***Jusque-là.*** Jusqu'à ce point.

- ***Çà et là, par-ci par-là.*** Par endroits.

Note.- L'expression *çà et là* s'écrit sans trait d'union, mais *par-ci par-là* s'écrit avec des traits d'union.

- ***D'ici là.*** Entre ce moment et un autre moment postérieur. *J'attendrai votre retour, mais d'ici-là donnez-moi de vos nouvelles.*

Note.- Cette locution s'écrit sans trait d'union.

INTERJECTION

Là ! L'interjection s'emploie pour apaiser, consoler. *Là, là ! Tout s'arrangera.*

Locutions interjectives

- ***Oh ! là ! là !*** Exclamation qui marque l'étonnement, l'admiration.

- ***Eh là !*** Interpellation.

- ***Halte-là !*** Ordre de s'arrêter.

Note.- Dans cette expression, le mot *lacet* s'écrit au singulier.

lâche adj. et n. m. et f.
- Mou, flottant. *Un nœud lâche.*
- Peureux. *Il se tait devant l'adversaire ; c'est un lâche.*
- Méprisable, vil. *Un geste lâche.*
Note.- Attention à l'orthographe : lâche.

lâchement adv.
Avec lâcheté.
Note.- Attention à l'orthographe : lâchement.

lâcher n. m.
Action de lâcher.
Note.- Ce nom s'emploie dans les expression *lâcher de pigeons, de colombes, de ballons.*

lâcher v. tr., intr.
- **Transitif**
- Desserrer. *Lâcher la bride.*
- Cesser de tenir. *Il a lâché la corde.*
- Délaisser. *Tu as lâché tes études.*
- **Intransitif**
Céder. *Le câble a lâché.*

lâcheté n. f.
Bassesse.

lâcheur, euse n. m. et f.
(Fam.) Personne qui abandonne ceux envers qui elle s'était engagée.

lacis n. m.
• Le **s** ne se prononce pas [lasi].
• Réseau de fils.

laconique adj.
Concis. *Une réponse laconique.*

laconiquement adv.
En peu de mots.

laconisme n. m.
Concision, brièveté.

lacrima-christi n. m. inv.
Vin italien. *Des lacrima-christi délicieux.*

lacrymal, ale, aux adj.
Relatif aux larmes. *Les glandes lacrymales, les canaux lacrymaux.*
Note.- Attention à l'orthographe : lacr**y**mal.

lacrymogène adj.
Qui provoque les larmes. *Un gaz lacrymogène.*
Note.- Attention à l'orthographe : lacr**y**mogène.

lact-, lacti-, lacto- préf.
Éléments du latin signifiant « lait ». *Lactation.*

lactation n. f.
Sécrétion du lait.
Note.- Attention à l'orthographe : lacta**t**ion.

lacté, ée adj.
• Relatif au lait. *Un régime lacté.*
• *Voie lactée.* Bande blanchâtre formée par un amas d'étoiles.
Note.- Le mot *voie* désigne par métaphore la galaxie et s'écrit avec une majuscule ; le déterminant qui suit s'écrit avec une minuscule.
V. **astre.**

lactose n. m.
Matière sucrée contenue dans le lait.
Note.- Attention au genre masculin de ce nom : *un* lactose.

lacunaire adj.
(Litt.) Qui présente des lacunes. *Une recherche lacunaire.*
Note.- Attention à l'orthographe : lacun**ai**re.

lacune n. f.
Déficience, oubli.
Note.- Ne pas confondre avec le mot *lagune* qui désigne une étendue d'eau séparée de la mer par un cordon littoral.

lacustre adj.
Relatif aux lacs.

là-dedans, là-dehors, là-devant, là-derrière, là-dessus, là-dessous loc. adv.
Note.- Ces expressions s'écrivent avec un trait d'union contrairement aux expressions *en dedans, en dehors,* *en avant, en arrière, en dessus, en dessous* qui s'écrivent sans trait d'union.
V. Tableau - **LÀ.**

ladite
V. **ledit.**

ladre adj. et n. m. et f.
(Litt.) Avare.

ladrerie n. f.
(Litt.) Avarice.

lady n. f.
• Le **a** se prononce **è** [lɛdi].
• Titre donné aux femmes de la noblesse anglaise. *Des ladies. J'ai rencontré Lady Blake.*
Note.- Le nom s'écrit avec une minuscule, sauf devant un nom propre.

lagon n. m.
Étendue d'eau située au centre d'un atoll.
Note.- Ne pas confondre avec le mot *lagune* qui désigne une étendue d'eau séparée de la mer par un cordon littoral.

lagune n. f.
Étendue d'eau séparée de la mer par un cordon littoral.
Note.- Ne pas confondre avec les mots suivants :
- *lacune*, qui désigne une déficience ;
- *lagon*, qui désigne une étendue d'eau située au centre d'un atoll.

lai n. m.
Poème, au Moyen Âge.
Hom. :
- *laid*, désagréable à la vue ;
- *laie*, femelle du sanglier ;
- *lait*, liquide.

laïc, laïque n. m. et f.
Personne qui n'appartient pas au clergé. *Le collège a recruté des laïcs.*
Note.- Le nom masculin est *laïc*, le nom féminin, *laïque ;* l'adjectif masculin ou féminin s'écrit *laïque.*
V. **laïque.**

laïcisation n. f.
Action de laïciser. *La laïcisation des établissements scolaires.*
Note.- Attention à l'orthographe : la**ïci**sation.

laïciser v. tr.
Rendre laïque. *Laïciser l'enseignement.*
Note.- Attention à l'orthographe : la**ïci**ser.

laid, laide adj. et n. m.
• **Adjectif**
- Désagréable à la vue. *Une construction laide.*
- Qui inspire le dégoût. *Un geste laid.*
• **Nom masculin**
Laideur. *Le beau et le laid.*
Note.- Attention à l'orthographe : lai**d**.
Hom. :
- *lai*, poème ;
- *laie*, femelle du sanglier ;
- *lait*, liquide.

laidement adv.
D'une façon laide.

laideron n. m.
Personne laide.
Note.- Le nom masculin peut désigner un homme ou une femme.

laideur n. f.
État de ce qui est laid.

laie n. f.
Femelle du sanglier.
Hom. :
- *lai*, poème ;
- *laid*, désagréable à la vue ;
- *lait*, liquide.

lainage n. m.
• Étoffe de laine.
• Vêtement en laine. *N'oublie pas d'apporter des lainages : les nuits sont fraîches.*

laine n. f.
Poil doux et frisé des moutons et de certains animaux.

laineux, euse adj.
Qui a beaucoup de laine.

lainier, ière adj.
Relatif à la laine. *L'industrie lainière.*

laïque adj.
• Qui n'appartient pas au clergé. *Un enseignant laïque.*
• Qui n'a pas de caractère religieux. *L'école laïque.*
Notes.-
1° Attention à l'orthographe : laïque.
2° L'adjectif s'écrit **laïque** au masculin et au féminin ; le nom masculin est **laïc**, le nom féminin, **laïque.**
V. **laïc.**

laisse n. f.
Lien avec lequel on attache un animal. *Tenir un chien en laisse.*

laissé-pour-compte adj. et n. m.
• Produit refusé. *Des marchandises laissées-pour-compte.*
• Personne rejetée. *Il y a toujours des laissés-pour-compte.*
Note.- Attention au genre masculin de ce nom et aux deux traits d'union.

laisser v. tr., pronom.

• **Transitif**
- Quitter. *Il a laissé cet ami.*
- Ne pas prendre. *J'ai laissé ma voiture et j'ai préféré marcher.*
- Transmettre. *Il a laissé sa fortune à ses petits-enfants.*
• **Auxiliaire + infinitif**
Ne pas empêcher. *Il me laisse dormir le samedi matin.*
• **Pronominal**
Être l'objet d'une action. *Laissez-vous aller, détendez-vous.*
Note.- Le participe passé de la forme pronominale suivi d'un infinitif s'accorde avec le complément d'objet direct lorsque celui-ci fait l'action exprimée par l'infinitif. *Elle s'est laissée vivre*, mais *elle s'est laissé séduire* (elle n'a pas fait l'action).

• **Locutions**
- *Laisser dire, laisser faire.* Ne pas contredire, ne pas intervenir.
- *Laisser* + *à* (penser, rêver...). Donner matière à (réflexion, méditation...). *Cette attitude laisse à penser.*
- *Ne pas laisser de* + *infinitif.* (Litt.) Être véritablement, ne pas manquer de. *Ses travaux ne laissent pas d'être très utiles.*
- *Laisser tranquille.* Ne pas ennuyer. *Laissez-nous tranquilles, laissez-la tranquille.*
Note.- Le mot **tranquille** s'accorde avec le complément du verbe.

laisser-aller n. m. inv.
Négligence dans la tenue, le comportement. *Des laisser-aller. Ils font preuve de laisser-aller.*
Note.- Attention à l'orthographe : les deux verbes sont à l'infinitif, laisser-**aller.**

laissez-passer n. m. inv.
Permission d'entrer. *Des laissez-passer.*
Note.- Attention à l'orthographe : le premier verbe est à l'impératif, le second, à l'infinitif, laisse**z**-passer.

lait n. m.
• Liquide très nutritif sécrété par les glandes mammaires des mammifères. *Du lait de vache, de chèvre.*
• *Lait concentré.* Lait dont on réduit une partie de l'eau par évaporation. *J'adore le lait concentré.*
• *Petit-lait.* Liquide qui se sépare du lait caillé.
Note.- Attention au trait d'union.
• *Lait de beauté.* Liquide hydratant qui ressemble au lait. *Des laits de beauté, des laits démaquillants.*
• *Lait d'amande(s).*
Note.- Dans cette expression, le complément du nom **lait** s'écrit au singulier ou au pluriel.
• *Chocolat au lait, riz au lait.* Ces expressions s'écrivent sans trait d'union.
Hom. :
- *lai*, poème ;
- *laid*, désagréable à la vue ;
- *laie*, femelle du sanglier.

laitage n. m.
Aliment qui contient du lait. *Elle aime les laitages.*

laiterie n. f.
• Lieu où se fait le traitement du lait.
• Lieu où l'on vend des produits laitiers.

laiteux, euse adj.
Qui a la couleur du lait. *Une peau laiteuse.*

laitier, ière adj.
• Relatif au lait. *L'industrie laitière.*
• Qui donne du lait. *Une vache laitière.*

laitier n. m.
laitière n. f.
Personne qui vend du lait.

laiton n. m.
Alliage de couleur jaune, composé principalement de cuivre et de zinc. *Un cache-pot en laiton.*

laitue n. f.
Plante potagère qui se mange en salade.

laïus n. m.
• Le **s** se prononce [lajys].
• (Fam.) Discours verbeux.
Note.- Attention à l'orthographe : la*ïus.*

laize n. f.
Bande d'étoffe. *Une jupe à plusieurs laizes.*
Syn. **lé.**

lama n. m.
• Mammifère d'Amérique du Sud. *Des lamas, de la laine de lama.*
• Moine bouddhiste. *Le Grand lama (ou dalaï-lama) est le chef du bouddhisme thibétain.*

lambda n. m. inv.
Lettre grecque.

lambeau n. m.
Partie déchirée d'un vêtement, d'un corps. *Des lambeaux de tissu.*
Note.- Ne pas confondre avec les mots suivants :
- *éclat*, morceau d'une chose brisée ;
- *fraction*, part séparée d'un tout ;
- *fragment*, morceau ;
- *miette*, petite parcelle.

lambin, ine adj.
(Fam.) Lent.
Note.- Attention à l'orthographe : la*mbin.*

lambiner v. intr.
(Fam.) Traîner. *Ne lambine pas trop, nous sommes déjà en retard.*
Note.- Attention à l'orthographe : la*mbiner.*

lambris n. m.
• Le **s** est muet [lãbri].
• Revêtement mural composé de bois, de marbre ou de stuc. *Une salle à manger avec des lambris de chêne. De riches lambris.*
Note.- Attention à l'orthographe : lambri**s**.

lambrissage n. m.
• Action de lambrisser.
• Résultat de cette action.

lambrisser v. tr.
Revêtir de lambris.

lame n. f.
• Morceau plat, assez mince et allongé. *Une lame de ciseau.*
• Vague plate. *Des lames de fond.*
Note.- Attention à l'orthographe : la*me.*

lamé, ée adj. et n. m.
Broché d'un fil métallique. *Un tissu lamé or. Un corsage en lamé.*

lamelle n. f.
Petite lame très mince. *Des lamelles pour l'examen au microscope.*
Note.- Attention à l'orthographe : la*melle.*

lamentable adj.
Déplorable.
Note.- Attention à l'orthographe : lam*ent*able.

lamentablement adv.
De façon lamentable.
Note.- Attention à l'orthographe : lam*ent*ablement.

lamentation n. f.
Plainte.
Note.- Attention à l'orthographe : lam*ent*ation.

lamenter (se) v. pronom.
Se plaindre de, gémir. *Ils se sont lamentés sans arrêt.*
Note.- Attention à l'orthographe : lam*ent*er.

lamifié, ée adj. et n. m.
Matériau composé de plusieurs feuilles de matériaux collées. *Un comptoir en lamifié.*
V. **stratifié.**

laminage n. m.
Étirage, aplatissement d'une masse métallique, d'un matériau, d'un textile, etc.
Note.- Attention à l'orthographe : la*min*age.

laminer v. tr.
Réduire en feuilles, en barres.
Note.- Attention à l'orthographe : la*min*er.

lamineur n. m.
Personne préposée à des opérations de laminage.

laminoir n. m.
Presse pour laminer.

lampadaire n. m.
Appareil d'éclairage muni d'un long support vertical. *La ville a remplacé ses lampadaires. Un lampadaire éclairerait ce coin de la pièce.*
Note.- Attention à l'orthographe : lampad*aire.*
V. **lampe.**

lampe n. f.
• Appareil d'éclairage muni d'un pied, d'une base. *Une lampe de bureau, de table.*
Note.- Ne pas confondre avec les mots suivants :
- *applique*, appareil d'éclairage fixé au mur ;
- *lampadaire*, appareil d'éclairage muni d'un long support vertical ;
- *luminaire*, appareil d'éclairage (terme générique) ;
- *plafonnier*, appareil d'éclairage fixé au plafond ;
- *suspension*, appareil d'éclairage suspendu au plafond.
• *Lampe à incandescence.* Lampe qui éclaire à l'aide d'un filament chauffé à blanc.
• *Lampe (à) halogène.* Lampe à incandescence comportant un gaz composé d'un halogène. *L'efficacité lumineuse de la lampe halogène est très élevée.*
• *Lampe de poche.* Petit appareil d'éclairage portatif qui fonctionne avec des piles.

lampée n. f.
(Fam.) Gorgée. *Une lampée de vin.*

lamper v. tr.
(Fam.) Boire avidement.

lampion n. m.
(Vx) Godet souvent en verre de couleur contenant une matière combustible et une mèche.
Note.- Attention à l'orthographe : la*mp*ion.

lamproie n. f.
Poisson qui ressemble à l'anguille.
Note.- Attention à l'orthographe : la**m**pr**oie.**

lance n. f.
Arme offensive.

lance- préf.
Les noms composés avec le verbe **lance-** sont invariables ; le premier élément ne prend pas la marque du pluriel, le second élément est toujours au pluriel.

lancée n. f.
• Élan.
• **Continuer sur sa lancée.** Poursuivre sa trajectoire grâce à l'élan initial.

lance-flammes n. m. inv.
Arme de combat servant à projeter des liquides enflammés. *Des lance-flammes.*

lance-fusées n. m. inv.
(Vx) Lance-roquettes. *Des lance-fusées.*

lance-grenades n. m. inv.
Appareil lançant des grenades. *Des lance-grenades.*

lancement n. m.
• Action de projeter. *Le lancement d'un satellite. Une rampe de lancement.*
• Action de faire connaître au public une œuvre, une publication, un produit. *Le lancement d'un livre.*
Notes.-
1° Ne pas confondre avec le mot **élancement** qui désigne une douleur aiguë et passagère.
2° Pour l'inauguration d'une exposition de peinture, on emploie le nom **vernissage.**

lance-missiles n. m. inv.
Engin servant à lancer des missiles. *Des lance-missiles.*

lance-pierres n. m. inv.
Fronde. *Des lance-pierres.*

lancer v. tr., pronom.
• **Transitif**
- Jeter en avant avec force. *Lancer un ballon.*
- Faire connaître. *Lancer une mode, un auteur.*
• **Pronominal**
S'engager avec détermination dans une direction, une action. *Se lancer en affaires.*

lancer n. m.
Action de projeter au loin. *Des lancers de javelot, de poids, de disques. La pêche au lancer.*

lance-roquettes n. m. inv.
Arme tirant des roquettes. *Des lance-roquettes.*

lance-torpilles n. m. inv.
Dispositif servant à lancer une torpille. *Des lance-torpilles.*

lancette n. f.
Instrument chirurgical.

lanceur, euse n. m. et f.
Personne habile dans les lancers. *Une lanceuse de javelot, de disque.*

lancinant, ante adj.
Obsédant. *Une douleur lancinante.*

lanciner v. tr., intr.
• **Transitif**. Tourmenter, obséder.
• **Intransitif**. Être lancinant.

landau n. m.
Voiture d'enfant. *Des landaus luxueux.*
Note.- Attention à l'orthographe : land**au.**

lande n. f.
Grande étendue de terre inculte où poussent les fougères, les genêts, les bruyères.

langage n. m.
Expression de la pensée à l'aide de signes vocaux (parole) ou de signes graphiques (écriture).
Note.- Attention à l'orthographe : lan**ga**ge.

langage de programmation n. m.
(Inform.) Ensemble des règles, symboles et caractères qui permettent à un utilisateur de communiquer avec un ordinateur. *Le BASIC, le COBOL, le PASCAL, le LOGO sont des langages de programmation évolués, tandis que le langage d'assemblage, le langage machine sont des langages de bas niveau.*

langagier, ière adj.
Relatif au langage. *Les usages langagiers.*

lange n. m.
(Vx) Bande de tissu servant à emmailloter un bébé.
Note.- Attention au genre masculin de ce nom : **un** lange.

langer v. tr.
• Le **g** est suivi d'un **e** devant les lettres **a** et **o.** *Il langea, nous langeons.*
• (Vx) Envelopper de langes.
• Mettre des couches à un bébé. *Une table à langer.*

langoureusement adv.
De façon langoureuse.
Note.- Attention à l'orthographe : lan**gou**reusement.

langoureux, euse adj.
(Plaisant.) Alangui, affaibli.
Note.- Attention à l'orthographe : lan**gou**reux.

langouste n. f.
Crustacé apprécié pour sa chair.

langoustier n. m.
• Filet à langoustes.
• Bateau équipé pour la pêche à la langouste.

langoustine n. f.
Petit crustacé.

langue n. f.
• Organe charnu de la bouche. *Tirer la langue.*
• Organe de la parole.
• **Locutions**
- **Ne pas savoir tenir sa langue.** Ne pouvoir garder un secret.
- **Avoir la langue bien pendue.** Parler facilement.
- **Avoir un mot sur le bout de la langue.** Chercher un mot qui vous échappe.
- **Se mordre la langue.** Regretter d'avoir trop parlé.

- Donner sa langue au(x) chat(s). Renoncer à chercher.

- Une mauvaise langue, une langue de vipère. Personne qui ne craint pas de médire, de calomnier.

• Parler, langage propre à un groupe social. *La langue française réunit dans une communauté linguistique tous les francophones.*

langue-de-bœuf n. f.
Champignon. *Chercher des langues-de-bœuf.*

langue-de-chat n. f.
Petit biscuit plat et allongé. *Des langues-de-chat et de la mousse au chocolat.*

languette n. f.
Pièce en forme de petite langue.

langueur n. .f
Indolence. *Quelle est cette langueur qui pénètre mon cœur ?* (Verlaine).
Note.- Attention à l'orthographe : lan**gueur**.

languide adj.
(Litt.) Langoureux.
Note.- Attention à l'orthographe : lan**gui**de.

languir v. intr., pronom.
• **Intransitif**
- Manquer d'énergie.
- (Litt.) Attendre avec impatience. *Ne me fais pas trop languir.*
• **Pronominal**
S'ennuyer du fait de l'absence de quelqu'un, de quelque chose. *Elle se languit d'eux.*
Note.- Attention à l'orthographe : lan**guir**.

languissamment adv.
(Litt.) De façon languissante.
Note.- Attention à l'orthographe : langui**ssamm**ent.

lanière n. f.
Courroie.

lanoline n. f.
Substance onctueuse utilisée dans la composition des pommades.

lanterne n. f.
Fanal.

lanterner v. intr.
(Fam.) Perdre son temps, traîner.

lapalissade n. f.
Vérité évidente.
Note.- Le nom s'écrit avec deux *s* bien qu'il soit formé sur le nom propre **La Palice.**
Syn. **truisme.**

lapement n. m.
Action de laper.
Note.- Attention à l'orthographe : la**p**ement.

laper v. tr.
Boire à coups de langue. *Le chat lapait son lait.*
Note.- Attention à l'orthographe : la**p**er.

lapereau n. m.
Petit du lapin. *De nombreux lapereaux.*
Note.- Attention à l'orthographe : la**p**ereau.

lapidaire adj. et n. m.
• **Adjectif.** Concis. *Un style lapidaire.*
Note.- Attention à l'orthographe de cet adjectif qui conserve la même forme au masculin et au féminin : lapid**aire**.
• **Nom masculin.** Artisan qui taille les pierres précieuses.

lapidation n. f.
Action de lapider.

lapider v. tr.
Tuer à coups de pierres.

lapin, ine n. m. et f.
• Petit mammifère rongeur. *Le lapin glapit.*
• *Poser un lapin.* (Fam.) Ne pas venir au rendez-vous fixé.
Note.- Attention à l'orthographe : la**p**in.

lapiner v. intr.
Mettre bas, en parlant d'une lapine.

lapis ou **lapis-lazuli** n. m. inv.
• Le *s* se prononce [lapis(lazly)].
• Pierre précieuse d'un beau bleu foncé semé de parcelles d'or. *Des lapis-lazuli très beaux.*

lapon, one adj. et n. m. et f.
De Laponie.
Notes.-
1° Attention à l'orthographe : la**p**on, la**p**one.
2° Lorsqu'il s'agit de la langue, l'adjectif ou le nom s'écrit avec une minuscule. Si le nom désigne une personne, la majuscule s'impose.

laps n. m.
• Le *s* se prononce [laps].
• *Laps de temps.* Période.
Note.- Ce nom ne s'emploie que dans l'expression citée.

lapsus n. m.
• Le *s* se prononce [lapsys].
• Utilisation involontaire d'un mot pour un autre. *Commettre des lapsus significatifs.*

laquage n. m.
Action d'enduire de laque.
Note.- Attention à l'orthographe : la**qu**age.

laquais n. m.
Valet en livrée, en uniforme.

laque n. m. et f.
• **Nom masculin**
Objet d'art laqué. *Un très joli laque.*
• **Nom féminin**
- Vernis. *Appliquer une laque sur un meuble.*
- Produit que l'on vaporise sur les cheveux. *Désirez-vous un peu de laque ?*

laqué, ée adj.
Recouvert de laque. *Des tables laquées.*

laquelle
V. **lequel.**

laquer v. tr.
Recouvrir de laque. *Laquer un meuble.*

larcin

larcin n. m.
Petit vol furtif.
Note.- Attention à l'orthographe : lar**c**in.

lard n. m.
Tissu adipeux du porc.
Note.- Attention à l'orthographe : la**rd.**

larder v. tr.
Garnir de petits morceaux de lard.
Note.- Ne pas confondre avec le verbe **barder** qui signifie « envelopper d'une tranche de lard ».

lardon n. m.
Petit morceau de lard qu'on fait griller pour accompagner certains plats.

largage n. m.
Action de larguer.
Note.- Attention à l'orthographe : lar**ga**ge.

large adj., adv. et n. m.
• **Adjectif**
- Qui a une certaine étendue entre ses côtés, par opposition à la longueur.
- Ample, vaste. *De larges étendues.*
• **Nom masculin**
- Largeur. *Ce meuble a 45 centimètres de large.*
- La haute mer. *L'air du large.*
• **Adverbe**
Grandement. *Les fenêtres larges ouvertes.*
Note.- Malgré son emploi adverbial, le mot peut prendre la marque du pluriel dans cette expression. Dans les autres cas, il est invariable. *Ils ne voient pas large.*

largement adv.
Abondamment.

largesse n. f.
Générosité, don.
Note.- Ne pas confondre avec le mot **largeur** qui désigne l'étendue d'une chose.

largeur n. f.
Étendue d'une chose dans le sens opposé à la longueur, à la hauteur, à l'épaisseur, à la profondeur.
Note.- Ne pas confondre avec le mot **largesse** qui désigne un don.

larguer v. tr.
• Attention au **u** qui subsiste même devant les lettres **a** et **o**. *Nous larguons, il largua.*
• (Mar.) Détacher. *Larguez les amarres !*
• (Aviat.) Abandonner en cours de vol. *Larguer du matériel.*

larme n. f.
• Liquide transparent et salé que sécrètent les glandes lacrymales pour humecter le globe oculaire.
• *Pleurer à chaudes larmes, fondre en larmes.* Pleurer abondamment.
• *Larmes de crocodile.* Chagrin feint.

larmoiement n. m.
Pleurnicherie.
Note.- Attention à l'orthographe : larmoi**e**ment.

larmoyer v. intr.
• Le **y** se change en **i** devant un **e** muet. *Il larmoie, il larmoyait.*

• Le **y** est suivi d'un **i** à la première et à la deuxième personne du pluriel de l'indicatif imparfait et du subjonctif présent. *(Que) nous larmoyions.*
• Pleurer sans arrêt, pleurnicher.

larron n. m.
S'entendre comme larrons en foire. Être de connivence.
Notes.-
1° Attention à l'orthographe : la**rr**on.
2° Au sens de **voleur**, ce nom est vieilli et ne s'emploie plus que dans certaines locutions.

larve n. f.
Premier stade de développement de certains animaux.

larvé, ée adj.
Se dit de choses qui se manifestent insidieusement.

laryngite n. f.
Inflammation du larynx.
Note.- Attention à l'orthographe : lar**y**ngite.

laryngologie n. f.
Étude du larynx et de ses affections.
Note.- Attention à l'orthographe : lar**y**ngologie.

laryngologiste ou **laryngologue** n. m. et f.
Spécialiste de la laryngologie.
Note.- Attention à l'orthographe : lar**y**ngologue.
V. **oto-rhino-laryngologiste.**

larynx n. m.
• Le **x** se prononce [larĕks].
• Organe situé à la partie supérieure de la trachée-artère et qui est essentiel à la production de la voix.
Note.- Attention à l'orthographe : lar**ynx.**

las ! interj.
• Le **s** se prononce [las].
• (Vx) Hélas.

las, lasse adj.
• Au masculin, le **s** ne se prononce pas [la].
• Fatigué. *Elle est très lasse ce soir : elle a eu une dure journée.*
• (Litt.) Excédé. *Elle est lasse de l'entendre se plaindre.*
• *De guerre lasse.* En renonçant à lutter.

lasagne(s) n. f. (gén. pl.)
Plat de pâtes alimentaires. *Des lasagnes gratinées.*
Note.- Ce nom s'emploie surtout au pluriel.

lascar n. m.
(Fam.) Individu malin.
Note.- Attention à l'orthographe : lasc**ar.**

lascif, ive adj.
Voluptueux.
Note.- Attention à l'orthographe : la**sc**if.

lascivement adv.
De façon lascive.
Note.- Attention à l'orthographe : la**sc**ivement.

lasciveté ou **lascivité** n. f.
(Litt.) Tempérament lascif.
Note.- Attention à l'orthographe : la**sc**iveté, la**sc**ivité.

laser n. m.
● Le *r* se prononce [lazεr].
● Amplification de radiations. *Des lasers puissants.*
● (En appos.) *Des rayons laser(s).*
Note.- Ce nom est l'acronyme de « Light Amplification by Stimulated Emission of Radiation ».
● *Imprimante à laser.* Imprimante dans laquelle un pinceau lumineux provenant d'un laser dessine sur une surface photosensible une image latente qui sera ensuite fixée à la chaleur.

lasser v. tr., pronom.
● **Transitif.** Ennuyer. *Ces exposés trop longs ont lassé les participants.*
● **Pronominal.** Devenir las de, en avoir assez de. *Elle s'est lassée de défendre ce dossier.*
Hom. *lacer,* attacher avec un lacet.

lassitude n. f.
Fatigue.
Note.- Attention à l'orthographe : la**ss**itude.

lasso n. m.
Corde à nœud coulant. *Attraper un animal au lasso. Des lassos.*

latent, ente adj.
Qui n'est pas encore apparent.
Note.- Attention à l'orthographe : lat**ent.**

latér(o)- préf.
Élément du latin signifiant « côté ». *Latéral.*

latéral, ale, aux adj.
● Qui est relatif aux côtés. *Des angles latéraux.*
● Qui se trouve sur le côté. *Une ouverture latérale.*

latéralement adv.
Sur le côté.

latex n. m. inv.
● Le *x* se prononce [latεks].
● Suc laiteux sécrété par certains végétaux. *Des latex.*

latin, ine adj. et n. m.
● **Adjectif**
- (Antiq.) Relatif à la Rome ancienne. *La civilisation latine, les auteurs latins.*
- Qui appartient à une civilisation où la langue est d'origine latine. *Un tempérament latin. L'Amérique latine.*
● **Nom masculin**
La langue latine.
Note.- Lorsqu'il s'agit de la langue, l'adjectif ou le nom s'écrit avec une minuscule. Si le nom désigne une personne, la majuscule s'impose.
V. Tableau - **LATIN.**
● **Nom masculin pluriel**
- Peuple de l'ancien Latium.
- Peuples dont la langue, la civilisation sont d'origine latine. *Les Français, les Espagnols, les Italiens sont des latins.*

latinisme n. m.
(Ling.) Construction propre au latin.

latino-américain, aine adj. et n. m. et f.
De l'Amérique latine.

Note.- Contrairement à l'adjectif, le nom s'écrit avec deux majuscules. *Un Latino-Américain.*

latitude n. f.
● Distance d'un lieu à l'équateur. *Les villes de Paris et de Québec sont à peu près à la même latitude : 48° de latitude Nord.*
Note.- La latitude d'un lieu s'exprime en degrés (°), minutes (') et secondes d'angle ("). Le point cardinal (**Nord** ou **Sud**) s'écrit avec une majuscule **N.** ou **S.** *Cette ville est située à 48 degrés 12 minutes 8 secondes de latitude Nord, à 48°12'8"N.* Attention à la disposition : il n'y a pas d'espace entre le nombre et le symbole ni signe de ponctuation entre les unités.
V. **longitude.**
● Marge de manœuvre. *On nous laisse toute latitude pour agir.*

lato sensu adv.
● Le *u* se prononce *u* [latɔsɛ̃sy].
● Expression latine signifiant « au sens large ».
Note.- En typographie soignée, les mots étrangers sont composés en italique. Dans des textes déjà en italique, la notation se fait en romain. Pour les textes manuscrits, on utilisera les guillemets.
Ant. **stricto sensu.**

-lâtre, -lâtrie suff.
Éléments du grec exprimant l'idée d'adoration. *Idolâtre, idolâtrie.*
Note.- Attention à l'orthographe : - l**â**tre, -l**â**trie.

latte n. f.
Pièce de bois longue et étroite.

laudatif, ive adj.
Élogieux. *Un article laudatif.*

lauréat, ate adj. et n. m. et f.
● **Adjectif.** Qui a remporté un prix à un concours. *Les poètes lauréats ont été désignés.*
● **Nom masculin et féminin.** Personne qui a remporté un prix. *De jeunes lauréates.*

laurier n. m.
● Plante aromatique. *Une couronne de laurier, symbole de la victoire.*
● *Laurier-rose, laurier-cerise, laurier-tin. Des lauriers-roses, des lauriers-cerises, des lauriers-tins.*

lavable adj.
Qui peut être lavé.

lavabo n. m.
● Appareil sanitaire muni d'une cuvette et de robinets où l'on peut faire sa toilette. *Le lavabo de la salle de bains.*
Note.- Dans la cuisine, on parle plutôt de l'**évier.**
● (Au plur.) Toilettes. *Où sont les lavabos ? Au fond, à gauche.*

lavage n. m.
Nettoyage.

lavallière n. f.
Cravate à large nœud.

643

LATIN

Langue des anciens Romains, le latin constitue l'origine du français et de plusieurs autres langues.

● La plupart des emprunts au latin ont subi l'évolution phonétique normale (formation populaire) et se sont intégrés au français. *Le mot latin « caballus » est devenu* **cheval** *en français.*

● D'autres emprunts faits par les érudits des XIV, XV et XVIe siècles (formation savante) ont conservé une forme voisine du latin. *Le mot* **parabole** *est un doublet de* **parole.**
V. Tableau - **DOUBLETS.**

● Enfin, d'autres mots empruntés au latin ont conservé leur forme originale. *L'expression latine* **nota bene** *signifie « notez bien ».*

● Certains mots empruntés au latin restent invariables ou conservent le pluriel du latin. Typographiquement, ces mots se composent en italique dans un texte en romain, en romain dans un texte en italique.
Note.- Attention à l'orthographe : ces mots s'écrivent sans accents, malgré leur prononciation. *Des credo, des nota bene.*

MOTS LATINS INVARIABLES

Ave	Nimbus	Requiem
Credo	Nota	Statu quo
Cumulus	Nota bene	Tumulus
Ex-voto	Pater	Vade-mecum
Minus habens	Post-scriptum	Veto...

MOTS LATINS VARIABLES

Ces mots gardent le pluriel de leur langue d'origine. *Un addendum, des addenda.*

Singulier latin	Pluriel latin
Addendum	Addenda
Desideratum	Desiderata
Erratum	Errata
Maximum	Maxima
Minimum	Minima
Optimum	Optima
Stimulus	Stimuli...

Note.- La tendance actuelle est de franciser les noms **maximum, minimum** en les écrivant au pluriel avec un **s.** Comme adjectifs, ils sont remplacés par **maximal, minimal** qui prennent un **e** au féminin et ont un pluriel en **-aux.** *Des écarts maximaux, des charges minimales.*

Le mot **média** est un mot latin (au pluriel) qui a été francisé ; il s'écrit avec un accent et prend la marque du pluriel. *Des médias électroniques.*

● Certains mots empruntés au latin ont été francisés par leur usage fréquent. Ces mots prennent la marque du pluriel et s'écrivent avec des accents s'il y a lieu.

MOTS LATINS FRANCISÉS

Accessit	Décorum	Quatuor
Agenda	Déficit	Quorum
Album	Fac-similé	Quota
Aléa	Folio	Recto
Alibi	Forum	Référendum
Alinéa	Intérim	Sanatorium
Alléluia	Médium	Solarium
Angélus	Mémento	Spécimen
Atrium	Mémorandum	Ultimatum
Bénédicité	Pensum	Verso...
Consortium		

LOCUTIONS LATINES

Ces locutions s'écrivent sans accents et se composent en italique dans un texte en romain, en romain dans un texte en italique.

Locution	Signification
Ab irato	dans un mouvement de colère
A contrario	par l'argument des contraires
Ad patres	dans l'autre monde
Ad valorem	selon la valeur
Ad vitam æternam	pour toujours
A fortiori	à plus forte raison
A posteriori	fondé sur des faits
A priori	non fondé sur des faits
De facto	de fait
Deo gratias	rendons grâce à Dieu
De visu	après l'avoir vu
Et cætera	et les autres
Ex æquo	au même rang
Ex cathedra	avec un ton doctoral
Extra-muros	à l'extérieur des murs
Grosso modo	en gros
In extenso	intégralement
In extremis	au tout dernier moment
Intra-muros	à l'intérieur des murs
Ipso facto	immédiatement
Manu militari	par la force
Modus vivendi	entente
Nec plus ultra	ce qu'il y a de mieux
Sine die	sans jour fixé
Sine qua non	condition essentielle
Vice versa	inversement
...	

lavande adj. inv. et n. f.
● **Adjectif de couleur invariable.** D'une couleur bleu mauve. *Des lainages lavande, bleu lavande.*
V. Tableau - **COULEUR (ADJECTIFS DE).**
● **Nom féminin.** Plante aromatique donnant de petites fleurs bleues au parfum délicat et frais.

lave n. f.
Matière en fusion qui jaillit des volcans en éruption. *Une coulée de lave.*

lave-glace n. m.
Appareil qui envoie un jet de liquide sur le pare-brise d'un véhicule. *Des lave-glaces.*

lave-linge n. m. inv.
Machine à laver le linge. *Des lave-linge.*

laver v. tr., pronom.
● **Transitif.** Nettoyer avec de l'eau. *Laver la vaisselle.*
● **Pronominal.** Nettoyer son corps. *Elle s'est lavée, elle s'est lavé les mains.*

laverie n. f.
Blanchisserie équipée de machines à laver.

lavette n. f.
● Ustensile avec lequel on lave la vaisselle.
● (Fig.) Personne sans énergie.

laveur, euse n. m. et f.
● **Nom masculin et féminin.** Personne dont le métier est de laver. *Laveur de vitres, de voitures.*
● **Nom masculin.** Appareil industriel destiné à nettoyer certains produits.

lave-vaisselle n. m. inv.
Machine à laver la vaisselle. *Des lave-vaisselle efficaces.*

lavis n. m.
● Le **s** est muet [lavi].
● Procédé de dessin où l'encre est délayée dans l'eau.
● Dessin ainsi obtenu.

lavoir n. m.
Lieu public où on lavait le linge.

laxatif, ive adj. et n. m.
Purgatif. *Des laxatifs.*

laxisme n. m.
Tolérance excessive.
Ant. **purisme.**

laxiste adj. et n. m. et f.
Qui fait preuve de laxisme.

layette n. f.
Trousseau à l'usage d'un nouveau-né.
Note.- Attention à l'orthographe : la**y**ette.

lazaret n. m.
Établissement médical où l'on garde des malades contagieux en quarantaine.
Note.- Attention à l'orthographe : la**zaret**.

le art. déf.
V. Tableau - **LE, LA, LES.**

le pron. pers.
V. Tableau - **LE, LA, LES.**

lé n. m.
Bande d'étoffe. *Des lés de coton.*
Syn. **laize.**

leader n. m.
• Les lettres *ea* se prononcent *i* et le *r* est sonore [lidœr].
• (Anglicisme) Meneur, dirigeant. *Des leaders.*

leadership n. m.
• Les lettres *ea* se prononcent *i* [lidœrʃip].
• (Anglicisme) Direction, commandement. *Des leaderships.*

leasing n. m.
• Les lettres *ea* se prononcent *i* et le *s* se prononce *z* [liziŋ].
• (Anglicisme) Crédit-bail.
Note.- Le nom *crédit-bail* a fait l'objet d'une recommandation officielle pour remplacer cet anglicisme.

lèche-cul adj. inv. et n. m. inv.
(Vulg.) Flatteur. *Ils sont lèche-cul.*

lèchefrite n. f.
Ustensile de cuisine destiné à recevoir le jus de la viande mise à rôtir. *Des lèchefrites bien astiquées.*
Note.- Attention à l'orthographe : *lèchefrite*, en un seul mot.

lécher v. tr.
• Le *é* se change en *è* devant une syllabe muette, sauf à l'indicatif futur et au conditionnel présent. *Je lèche,* mais *je lécherai.*
• Passer la langue sur quelque chose. *Lécher une sucette.*
• **S'en lécher les doigts.** Se régaler.
• Soigner à l'excès. *Un dessin trop léché.*

lèche-vitrines n. m. inv.
Action de flâner en regardant les vitrines. *Faire du lèche-vitrines.*

leçon n. f.
Enseignement théorique et pratique d'une science, d'un art. *Des leçons d'histoire, d'équitation.*

lecteur, trice n. m. et f.
Personne qui lit pour son plaisir, son information.

lecteur n. m.
lectrice n. f.
Personne dont la fonction est de lire les manuscrits soumis à une maison d'édition et de donner son avis.

lecture n. f.
Art de lire.

ledit, ladite, lesdits, lesdites adj.
Ces adjectifs démonstratifs s'emploient dans la langue juridique ou administrative pour désigner ce dont on vient de parler. *Lesdits contrats, ladite condition.*
Note.- Cet adjectif s'écrit en un seul mot et s'accorde avec le mot auquel il se rapporte.
V. **dit.**

légal, ale, aux adj.
• Qui est conforme à la loi. *Des contrats légaux.*
• Qui est imposé par la loi. *Les formes légales.*
Note.- Ne pas confondre avec les mots suivants :
- *judiciaire*, qui se rapporte à l'organisation de la justice ;
- *judicieux*, qui dénote du jugement ;
- *juridique*, qui se rapporte au droit.
Ant. **illégal.**

légalement adv.
D'une manière légale.

légalisation n. f.
Action de légaliser.

légaliser v. tr.
Rendre légal. *Légaliser une pratique jusqu'ici prohibée.*

légalité n. f.
Caractère de ce qui est conforme au droit.

légat n. m.
Ambassadeur du pape chargé d'une mission extraordinaire.

légataire n. m. et f.
Personne qui hérite d'un bien. *Elle est la légataire universelle de cette personne.*
Note.- Ce mot peut être masculin ou féminin.

légendaire adj.
• Qui n'existe que dans les légendes.
Note.- Ne pas confondre avec les mots suivants :
- *fabuleux*, qui tient de la fable, extraordinaire quoique réel ;
- *fictif*, inventé ;
- *imaginaire*, qui n'existe que dans l'imagination.
• Bien connu. *Sa distraction est légendaire.*

légende n. f.
• Récit populaire souvent merveilleux et reposant parfois sur un fondement historique.
• Texte explicatif d'une illustration.

léger, ère adj.
• Qui a peu de poids. *Une valise légère.*
• Qui a peu de force. *Un parfum léger, un vent léger.*
• Petit. *Un bruit léger.*
Note.- Pris adverbialement, le mot est invariable. *Ils mangent léger.*
• **À la légère**, locution adverbiale. Sans réfléchir.
Note.- Attention à l'orthographe : lég**er**, lég**ère**.

LE, LA, LES articles définis et pronoms personnels

ARTICLES DÉFINIS

Articles définis à valeur démonstrative employés pour désigner des personnes ou des choses déterminées (par un complément déterminatif, un adjectif, une proposition, etc.).

- **Élision**

    Les articles s'élident devant un mot commençant par une voyelle ou un *h* muet.
    > *L'école, l'hommage.*
    Note.- Cette élision ne se fait pas devant les adjectifs numéraux. *Le onze du mois, le huit de cœur, le un de la rue des Lilas.*

- **Contraction**

    Les articles *le, les* employés avec la préposition *de* deviennent *du* et *des.* L'article *la* employé avec *de* ne se contracte pas.
    > *Elle revient du bureau. Ils parlent des jeux. La beauté de la rose.*

    Les articles *le, les* employés avec la préposition *à* donnent *au* et *aux.*
    > *Marcher jusqu'au parc. Rêver aux vacances.*

    (Vx) L'article *les* précédé de la préposition *en* s'est contracté en *ès* qui ne s'emploie plus que dans le nom de certains grades universitaires.
    > *Baccalauréat ès arts. Doctorat ès lettres.*

- **Liaison**

    La liaison de l'article *les* avec le mot qui suit se fait si ce mot commence par une voyelle ou un *h* muet.
    > *Les enfants (lézenfants), les hommes (lézommes).*

- **Omission**

    On ne répète pas l'article si deux adjectifs se rapportent à un même nom.
    > *La tendre et belle enfant.*

    On peut omettre l'article dans certaines énumérations.
    > *Orthographe, grammaire, typographie feront l'objet de tableaux.*

    Les articles sont omis dans certaines expressions figées.
    > *Les us et coutumes, des faits et gestes, sur mer et sur terre, blanc comme neige, avoir carte blanche...*

- **Répétition**

    L'article est répété devant les noms joints par les conjonctions *et, ou.*
    > *Les fruits et les légumes.*

- **Devant un superlatif**

    Quand la comparaison est établie avec des êtres ou des objets différents, l'article s'accorde en genre et en nombre avec le nom auquel il se rapporte.
    > *Cette amie est la plus gentille de toutes ces personnes.*

    Quand la comparaison porte sur des états distincts du même être ou du même objet, l'article est neutre et invariable.
    > *C'est le matin qu'elle est le plus en forme.*

- **Dans un nom propre**

    Si l'article fait partie d'un nom géographique, d'un titre, d'un nom de bateau, il s'écrit avec une majuscule et en italique (ou en romain si le texte est déjà en italique).
    > *Elle lit* Le Monde. *Il revient de* La Havane.

- **À la place du possessif**

    L'article défini s'emploie quand le nom employé sans adjectif désigne une partie du corps ou une faculté de l'esprit.
    > *Il a mal à la tête. Elle s'est fracturé la jambe. Elle a perdu la tête.*

    L'article s'emploie généralement devant un complément de manière.
    > *Ils marchent la main dans la main.*

PRONOMS PERSONNELS

Les pronoms *le, la, les* accompagnent toujours un verbe (*je les aime*) tandis que les articles *le, la, les* accompagnent toujours un nom (*les personnes que j'aime*).

● **Forme**

Les pronoms *le, la* s'élident devant un verbe commençant par une voyelle ou un *h* muet.
Je l'aime, tu l'honores.

● **Place du pronom**

Il se place généralement avant le verbe.
Je le veux.

Si le verbe est à l'impératif dans une construction affirmative, le pronom suit le verbe auquel il est joint par un trait d'union. Par contre, dans une construction négative, le pronom précède le verbe.
Admirez-le. Ne l'admirez pas.

Si le verbe comporte plusieurs pronoms compléments, le complément d'objet direct se place avant le complément d'objet indirect.
Donne-le-moi.

● **Attribut**

Le pronom s'accorde en genre et en nombre avec le sujet accompagné d'un article défini ou du démonstratif.
Cette passionnée de cinéma, je la suis.

Le pronom est invariable si le sujet est indéterminé.
Une idéaliste ? je le demeure.

● **Accord du participe passé**

Le participe passé reste invariable si le complément d'objet direct est le pronom neutre *le*.
Les groupes étaient plus divisés que nous ne l'avions prévu.

---

légèrement adv.
● De façon légère.
● Un peu. *Elle était légèrement lasse.*

légèreté n. f.
● Caractère de ce qui a peu de poids, de ce qui est peu grave. *La légèreté d'une plume. La légèreté d'une faute.*
● Irréflexion. *Il a fait preuve de légèreté dans cette affaire.*
Note.- Attention à l'orthographe : l**é**g**è**reté.

légiférer v. intr.
● Le *é* de la troisième syllabe se change en *è* devant une syllabe muette, sauf à l'indicatif futur et au conditionnel présent. *Je légifère,* mais *je légiférerai.*
● Faire des lois.

légion n. f.
● (Antiq.) Corps de soldats romains.
● *Légion d'honneur.* Décoration civile et militaire.
Note.- Dans cette locution, le nom *légion* s'écrit avec une majuscule. *Ils ont été décorés de la Légion d'honneur.*
● Multitude. *Ils étaient légion.* En ce sens, le nom est invariable.
Note.- Lorsque le mot est employé comme collectif et qu'il est suivi d'un complément au pluriel, le verbe se

met au singulier ou au pluriel suivant l'intention de l'auteur qui veut insister sur l'ensemble ou la pluralité. *Une légion d'adeptes a envahi* ou *ont envahi la salle.*
V. Tableau - **COLLECTIF.**

législateur, trice n. m. et f.
● Personne qui fait les lois.
● *Le législateur.* La loi.

législatif, ive adj.
Qui a la mission de faire les lois. *Le pouvoir législatif.*

législation n. f.
Ensemble des lois d'un pays, d'un domaine déterminé.
Note.- Le mot *législation* désigne un ensemble de lois relatives à un domaine et ne doit pas être utilisé au sens de *loi.*

légitimation n. f.
Action de justifier.

légitime adj. et n. f.
● Qui est reconnu conforme au droit. *Un enfant légitime.*
● Qui est conforme à la justice. *Une cause légitime.*
Ant. **illégitime.**

légitimement adv.
Conformément à la loi, à l'équité.

légitimer v. tr.
- (Dr.) Rendre légitime.
- Justifier. *Légitimer un geste.*

légitimité n. f.
Caractère de ce qui est conforme à la justice.
Ant. **illégitimité.**

legs n. m.
- Le **g** se prononce généralement et le **s** est muet [lε(g)].
- (Dr.) Don fait par testament.
Note.- Ne pas confondre avec les mots suivants :
- **cadeau**, présent destiné à faire plaisir à quelqu'un ;
- **don**, libéralité à titre gracieux ;
- **gratification**, somme d'argent donnée en surcroît de ce qui est dû.

léguer v. tr.
- Attention au **u** qui subsiste même devant les lettres **a** et **o**. *Nous léguons, il légua.*
- Le **é** se change en **è** devant une syllabe muette, sauf à l'indicatif futur et au conditionnel présent. *Je lègue, mais je léguerai.*
- Donner ses biens par testament.

légume n. m. et f.
- **Nom masculin.** Plante potagère. *Des légumes frais cueillis.*
- **Nom féminin.** (Fam. et fig.) *Grosse légume.* Personne importante. *C'est une grosse légume.*

légumier n. m.
Plat à légumes.

légumineuse adj. et n. f.
- **Adjectif.** *Une plante légumineuse.*
- **Nom féminin.** Plante ayant pour fruit une gousse. *Les pois, les haricots sont des légumineuses.*

leitmotiv n. m.
- Les lettres **ei** se prononcent **aï** ou **é** [lajtmotiv] ou [lεtmotiv].
- (Mus.) Thème caractéristique. *Des leitmotive musicaux.*
- Formule qui revient fréquemment. *Des leitmotivs lancinants.*
Notes.-
1° Attention à l'orthographe : l**eit**moti**v.**
2° Dans le vocabulaire de la musique, on emploie au pluriel la forme allemande *leitmotive.* Au sens figuré, le mot s'écrit avec un **s** au pluriel.

lek n. m.
Unité monétaire de l'Albanie. *Des leks.*
V. Tableau - **SYMBOLES DES UNITÉS MONÉTAIRES.**

lemming n. m.
Petit rongeur. *La légende des lemmings.*

lempira n. m.
Unité monétaire du Honduras. *Des lempiras.*
V. Tableau - **SYMBOLES DES UNITÉS MONÉTAIRES.**

lendemain n. m.
- Le jour qui suit le jour dont on parle. *Elle le vit le lendemain de son arrivée.*
- Avenir. *Il faut songer au lendemain. Une histoire sans lendemain.*

- *Du jour au lendemain*, locution adverbiale. Très rapidement.
- Suite. *Les lendemains d'une escapade.*

lénifiant, iante adj.
Qui calme, qui apaise. *Des paroles lénifiantes.*
Note.- Ne pas confondre avec le mot **lénitif** qui qualifie un médicament adoucissant.

lénifier v. tr.
- Redoublement du **i** à la première et à la deuxième personne du pluriel de l'indicatif imparfait et du subjonctif présent. *(Que) nous lénifiions, (que) vous lénifiiez.*
- Adoucir.

lénitif, ive adj. et n. m.
Adoucissant, en parlant d'un médicament.
Note.- Ne pas confondre avec le mot **lénifiant** qui se dit de ce qui calme, qui apaise.

lent, lente adj.
- Qui n'est pas rapide. *La tortue est lente.*
- Qui n'est pas vif. *Un esprit lent.*

lentement adv.
Avec lenteur.

lenteur n. f.
Manque de rapidité, de vivacité.

lentille n. f.
- Plante cultivée pour sa graine ; la graine elle-même. *Un plat de lentilles.*
- Verre de contact. *Des lentilles cornéennes.*

léonin, ine adj.
Propre au lion. *Une crinière léonine.*
Note.- Attention à l'orthographe : léo**n**in.

léopard n. m.
Panthère tachetée.

lèpre n. f.
Maladie infectieuse et contagieuse.
Note.- Attention à l'orthographe : l**è**pre.

lépreux, euse adj. et n. m. et f.
Qui est atteint de la lèpre.

léproserie n. f.
Hôpital où l'on soigne les lépreux.

lequel, laquelle adj. et pron. rel. et interr.

Ces mots sont composés du pronom interrogatif *quel* et de l'article défini. L'article défini employé avec les prépositions *de* ou *à* se contracte pour donner *du* et *au.* Voici les pronoms relatifs composés de *quel :*
SINGULIER
lequel, laquelle
duquel, de laquelle
auquel, à laquelle
PLURIEL
lesquels, lesquelles
desquels, desquelles
auxquels, auxquelles.
Note.- Attention à l'orthographe : tous ces composés s'écrivent en un seul mot, à l'exception de *à laquelle, de laquelle.*

ADJECTIFS RELATIFS

L'emploi de l'adjectif relatif est de niveau littéraire. *Nous avions choisi une auberge à la campagne, laquelle auberge... L'objectif sera peut-être atteint, auquel cas nous pourrons passer à la phase suivante.*

V. Tableau - **RELATIF (ADJECTIF).**

PRONOMS RELATIFS

Emploi

- Après une préposition, au lieu de **qui** quand l'antécédent est un nom d'animal ou de chose. *La route vers laquelle nous allions.*

Note.- Quand l'antécédent est un nom de personne, on emploie **qui**. *La personne vers qui nous allions.*

- Comme sujet ou complément d'objet direct pour éviter une équivoque. *J'ai vu une copie de ce tableau, laquelle était parfaitement conforme.*

- Dans le style juridique ou administratif. *Ils ont interrogé deux personnes, lesquelles ont affirmé...*

PRONOMS INTERROGATIFS

Employé au sens de **quel est celui qui** ou **que, quelle est celle qui** ou **que ?**, le pronom interrogatif marque un choix à arrêter entre deux ou plusieurs personnes, deux ou plusieurs choses.

• **Interrogation directe.** Le pronom peut être sujet, attribut ou complément. *Lequel vient jouer ? Laquelle êtes-vous ? Lesquels choisissez-vous ?*

• **Interrogation indirecte.** Le pronom est employé au sens de **celui, celle qui** ou **que**. *Dites-moi lequel des deux vous préférez.*

---

les art. déf.

V. Tableau - **LE, LA, LES.**

les pron. pers.

V. Tableau - **LE, LA, LES.**

lesbien, ienne adj. et n. f.

• **Adjectif.** Relatif à l'homosexualité féminine.

• **Nom féminin.** Homosexuelle.

lèse- adj. f.

Cet élément s'emploie en composition avec certains mots féminins (**majesté, humanité, société**) pour indiquer une atteinte à la dignité, aux principes représentés par ces noms.

lèse-majesté n. f. inv.

Attentat contre l'autorité du souverain. *Ce sont des crimes de lèse-majesté.*

léser v. tr.

• Le **é** se change en **è** devant une syllabe muette, sauf à l'indicatif futur et au conditionnel présent. *Je lèse, mais je léserai.*

• Causer du tort, un préjudice à quelqu'un.

lésiner v. intr.

Épargner à l'excès. *On ne peut lésiner sur la documentation.*

lésion n. f.

• (Dr.) Préjudice.

• Atteinte d'un organe, d'un tissu. *Une lésion cutanée.*

lesquels, lesquelles

V. **lequel.**

lessivage n. m.

Action de lessiver. *Le lessivage des plafonds.*

lessive n. f.

• Détersif.

• Blanchissage du linge ; linge lavé. *Un jour de lessive.*

lessiver v. tr.

• Nettoyer à l'aide d'une solution détersive.

• (Vx) Nettoyer du linge.

lessiveuse n. f.

Récipient servant à faire bouillir le linge.

lest n. m.

• Les lettres **st** se prononcent [lɛst].

• Matière lourde destinée à assurer la stabilité d'un navire, d'un ballon, etc. *Jeter du lest.*

Hom. **leste,** se dit d'une personne, d'un animal agile.

leste adj.

• Agile.

• Grivois.

Hom. **lest,** matière lourde destinée à assurer la stabilité d'un navire, d'un ballon, etc.

lestement adv.

D'une manière leste.

létal, ale, aux adj.

Qui cause la mort. *Une dose létale d'un médicament.*

léthargie n. f.

Sommeil profond.

Note.- Attention à l'orthographe : lét**h**argie.

léthargique adj.

Qui tient de la léthargie. *Un état léthargique.*

Note.- Attention à l'orthographe : lét**h**argique.

letton, onne ou **one** adj. et n. m. et f.

• **Adjectif et nom masculin et féminin.** De Lettonie.

• **Nom masculin.** Langue balte parlée en Lettonie.

Note.- Lorsqu'il s'agit de la langue, l'adjectif ou le nom s'écrit avec une minuscule. Si le nom désigne une personne, la majuscule s'impose.

lettre n. f.

• Caractère de l'alphabet.

Note.- Les lettres de l'alphabet étaient autrefois de genre féminin ; elles sont aujourd'hui de genre masculin. *Un **a**, un **b**.*

• **Locutions**

- **Lettre morte.** Chose dont on ne tient pas compte. *Ces recommandations resteront lettre morte.* Cette expression est invariable.

- **En toutes lettres.** Au long, sans chiffres. *Pour le faire-part, on écrit habituellement la date en toutes lettres : Le quatorze décembre mil neuf cent ...*

- **À la lettre, au pied de la lettre.** Exactement.

• Écrit transmis à un destinataire. *Il reçoit plusieurs lettres par jour. Acheter du papier à lettres.*

Notes.-

1° Le complément déterminatif se met au pluriel dans les expressions : **lettre d'affaires, de félicitations, de condoléances, de remerciements** (gratitude). Le complément déterminatif se met au singulier dans les

LETTRE TYPE

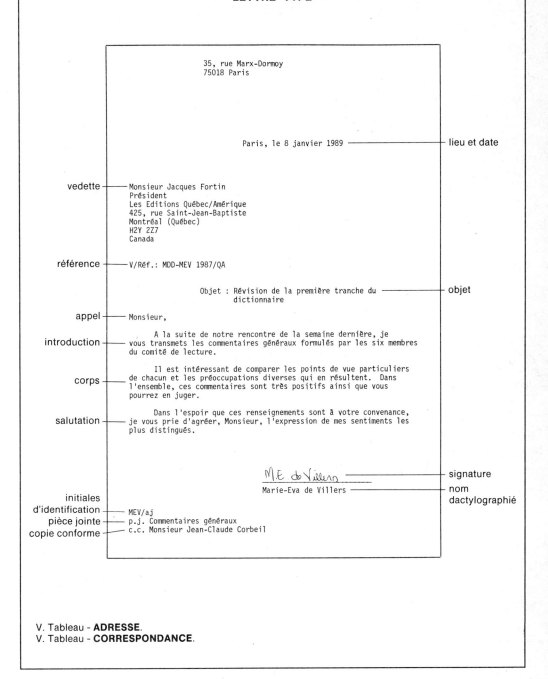

35, rue Marx-Dormoy
75018 Paris

Paris, le 8 janvier 1989 ——————— lieu et date

vedette ————— Monsieur Jacques Fortin
Président
Les Editions Québec/Amérique
425, rue Saint-Jean-Baptiste
Montréal (Québec)
H2Y 2Z7
Canada

référence ————— V/Réf.: MDD-MEV 1987/QA

Objet : Révision de la première tranche du ——————— objet
dictionnaire

appel ————— Monsieur,

introduction ————— A la suite de notre rencontre de la semaine dernière, je
vous transmets les commentaires généraux formulés par les six membres
du comité de lecture.

corps ————— Il est intéressant de comparer les points de vue particuliers
de chacun et les préoccupations diverses qui en résultent. Dans
l'ensemble, ces commentaires sont très positifs ainsi que vous
pourrez en juger.

salutation ————— Dans l'espoir que ces renseignements sont à votre convenance,
je vous prie d'agréer, Monsieur, l'expression de mes sentiments les
plus distingués.

M.E. de Villers ——————— signature
Marie-Eva de Villers ——————— nom
dactylographié

initiales
d'identification ————— MEV/aj
pièce jointe ————— p.j. Commentaires généraux
copie conforme ————— c.c. Monsieur Jean-Claude Corbeil

V. Tableau - **ADRESSE**.
V. Tableau - **CORRESPONDANCE**.

LETTRE - PRÉSENTATION « À LA FRANÇAISE »

Paris, le 31 mai 1989

Nathalie Méricourt
15, rue du Montparnasse
75298 Paris
Tél. : 42 07 06 03

à M. Thierry Severac
Directeur général
I.S.E.R.P.
83, rue Victor-Cousin
75005 Paris

Objet : Demande d'emploi

Monsieur,

D'après l'annonce publiée dans Le Nouvel Observateur, votre société recherche un spécialiste des implantations bureautiques. Je m'adresse à vous car j'ai appris que vous utilisiez le système informatique XYZ dont j'ai une longue expérience.

L'I.S.E.R.P. connaît un fort développement; ce dynamisme m'attire et je souhaiterais mettre à profit mes aptitudes et ma formation dans le domaine de l'informatique.

Je vous remercie de me communiquer l'heure et le jour qui pourraient convenir à notre rencontre, si ma candidature vous intéresse.

Je vous prie d'agréer, Monsieur, l'expression de mes respectueuses salutations.

Nathalie Méricourt

N. Méricourt

p.j. Curriculum vitae

expressions : **lettre de change, de convocation, de créance, d'introduction, de recommandation, de rappel, de démission.**

2° Ne pas confondre avec les mots suivants :
- **billet**, lettre très concise ;
- **circulaire**, lettre d'information adressée à plusieurs destinataires ;
- **communiqué**, avis transmis au public ;
- **courrier**, ensemble des lettres, des imprimés, etc. acheminé par la poste ;
- **dépêche**, missive officielle, message transmis par voie rapide ;
- **note**, brève communication écrite, de nature administrative ;
- **télégramme**, message transmis télégraphiquement.
V. Tableau - **LETTRE TYPE**.
• Connaissances littéraires. *Faculté des lettres. Licence ès lettres. Les belles-lettres.*

lettre capitulaire n. f.
Lettre ornée au début d'un chapitre.
Syn. **lettrine.**

lettré, ée adj. et n. m. et f.
Qui connaît à fond surtout le domaine des lettres.
Note.- En général, on parlera d'un **érudit** et dans le domaine scientifique particulièrement, d'un **savant.**

lettrine n. f.
Lettre ornée au début d'un chapitre.
Syn. **lettre capitulaire.**

leu n. m.
• **À la queue leu leu**, locution adverbiale. À la file.
Notes.-
1° En ce sens, le nom ne s'emploie que dans l'expression citée.
2° Cette expression est une altération de « à la queue le loup ».
• Unité monétaire de la Roumanie. *Des lei.*
V. Tableau - **SYMBOLES DES UNITÉS MONÉTAIRES.**

leuc(o)- préf.
Élément du grec signifiant « blanc ». *Leucocyte.*

leucémie n. f.
Maladie du sang.
Note.- Attention à l'orthographe : leu**c**émie.

leucémique adj. et n. m. et f.
Qui est atteint de leucémie.
Note.- Attention à l'orthographe : leu**c**émique.

leucocyte n. m.
(Méd.) Globule blanc du sang.

leur adj. poss. m. et f.

• Cet adjectif possessif de la troisième personne s'emploie quand il y a plusieurs possesseurs. *Ils adorent leur fille, leurs filles, leur maison, leur chien.*
Note.- L'adjectif possessif détermine des personnes, des êtres animés ou des choses.
• **Nombre du possesseur.** L'adjectif possessif et le nom qu'il détermine s'écrivent au singulier ou au pluriel, selon le contexte. *Ils ont mangé leur pomme* (plusieurs

possesseurs ont chacun un objet). *Elles ont dévoré leurs fruits* (plusieurs possesseurs ont chacun plusieurs objets).
V. Tableau - **POSSESSIF (ADJECTIF).**

leur pron. pers. m. et f.

• Ce pronom personnel de la troisième personne a le sens de **à eux, à elles.**
• **Complément indirect.** *Je leur donne raison.*
Note.- Le pronom se place devant le verbe, sauf à l'impératif où il suit le verbe auquel il est joint par un trait d'union. *Offre-leur des billets.*
• Précédé des articles **le, la, les.** *Cette façon de procéder est bien la leur.*
• **Les leurs.** Leurs proches.
Hom. **leurre,** objet trompeur.
V. Tableau - **PRONOM.**

leurre n. m.
Appât factice, objet trompeur. *Ces annonces sont des leurres grotesques.*
Note.- Attention à l'orthographe : leu**rr**e.
Hom. **leur**, adjectif possessif et pronom personnel.

leurrer v. tr., pronom.
• **Transitif.** Abuser par de faux espoirs.
• **Pronominal.** S'illusionner. *Elle s'est leurrée sur ses intentions.*
Note.- Attention à l'orthographe : leu**rr**er.

lev n. m.
Unité monétaire de la Bulgarie. *Des leva.*
V. Tableau - **SYMBOLES DES UNITÉS MONÉTAIRES.**

levage n. m.
Action de soulever. *Des engins de levage.*

levain n. m.
Produit qui fait lever le pain.
Note.- Attention à l'orthographe : lev**ai**n.

levant, ante adj. et n. m.
• **Adjectif**
Qui se lève, en parlant du soleil.
• **Nom masculin**
- Lieu de l'horizon où le soleil se lève, est.
- Les pays de la partie orientale de la Méditerranée.
Note.- En ce sens, le nom s'écrit avec une majuscule. *Les pays du Levant.*

levantin, ine adj.
Des pays du Levant.

levée n. f.
• Action de recueillir quelque chose. *La levée du courrier.*
• Action de mettre fin. *La levée de séance.*
• (Dr.) Action de supprimer. *La levée des scellés.*
Hom. **lever,** action de se lever, de lever.

lever v. tr., intr., pronom.
• Le **e** se change en **è** devant une syllabe muette. *Il lève, il levait.*
• **Transitif**
Faire mouvoir de bas en haut. *Lever la main.*

● **Intransitif**

Commencer à sortir de terre, en parlant d'une plante.
Le blé commence à lever.

● **Pronominal**

- Se mettre debout. *Levez-vous, je vous prie.*
- Sortir du lit. *Il se lève à 7 heures.*

● **Locutions**

- **Lever une difficulté.** La faire cesser.
- **Lever les doutes.** Dissiper les soupçons.
- **Lever la séance.** Déclarer que la séance est terminée.
- **Au pied levé.** À l'improviste.
- **À main(s) levée(s).** En levant la main.

Note.- Ne pas confondre avec les verbes suivants :
- **élever**, placer à un niveau supérieur ;
- **soulever**, lever lentement à faible hauteur ;
- **surélever**, accroître la hauteur de quelque chose.

lever n. m.

● Action de se lever. *Le lever du soleil. Au lever et au coucher, prendre un comprimé.*
● Action de hausser. *Le lever du rideau.*

Hom. **levée,** action de recueillir quelque chose.

levier n. m.

● Tige pouvant tourner sur un point d'appui pour soulever des fardeaux. *Archimède prétendait pouvoir soulever le monde avec un levier pourvu qu'on lui fournît un point d'appui.*
● **Levier de commande.** Manette de direction. *Des leviers de commande.*
● (Fin.) **Effet de levier.** Effet d'accroissement exercé par l'endettement sur les bénéfices d'une entreprise, d'un particulier.

Note.- Pour qu'il y ait un effet de levier, la rentabilité de l'exploitation doit être supérieure aux coûts des capitaux d'emprunt qui la financent.

lévitation n. f.

Soulèvement d'une personne produit par l'influence d'un médium.

levraut n. m.

Petit du lièvre.
Note.- Attention à l'orthographe : levr**aut.**

lèvre n. f.

Partie de la bouche. *Rouge à lèvres.*
Note.- Attention à l'orthographe : l**è**vre.

levrette n. f.

Femelle du lévrier.

levretter v. intr.

Mettre bas, en parlant de la hase (femelle du lièvre).

lévrier n. m.

Chien de chasse, d'allure très rapide.

lexème n. m.

(Ling.) Morphème lexical.

lexical, ale, aux adj.

(Ling.) Relatif aux mots d'une langue.

lexicalisation n. f.

(Ling.) Le fait de devenir une unité lexicale. *La lexicalisation de l'expression **petit déjeuner** est attestée dans les dictionnaires.*

lexicalisé, e adj.

(Ling.) Se dit d'une expression fonctionnant comme un mot autonome. *Le groupe **pomme de terre** est lexicalisé.*

lexicographe n. m. et f.

● (Ling.) Spécialiste de lexicographie.
● Auteur de dictionnaires.

lexicographie n. f.

(Ling.) Étude des mots d'une langue en vue de l'élaboration de dictionnaires.
Note.- La **lexicographie** étudie les unités lexicales d'une langue ; la **terminologie** recense le vocabulaire technique d'une science, d'un art.

lexicographique adj.

(Ling.) Relatif à la lexicographie. *Une étude lexicographique.*

lexicologie n. f.

(Ling.) Partie de la linguistique qui étudie le vocabulaire dans son fonctionnement et dans ses rapports avec la société.

lexicologique adj.

(Ling.) Relatif à la lexicologie.

lexicologue n. m. et f.

(Ling.) Spécialiste de la lexicologie.

lexique n. m.

● Ensemble des mots d'une langue.
● Ouvrage qui recense les termes d'une science, d'une technique et qui donne souvent l'équivalent dans une autre langue.

Note.- Ne pas confondre avec les mots suivants :
- **dictionnaire**, recueil des mots d'une langue et des informations s'y rapportant présentés selon un certain ordre (alphabétique, thématique, systématique, etc.) ;
- **glossaire**, petit répertoire érudit d'un auteur, d'un domaine ;
- **vocabulaire**, ouvrage qui comprend les mots d'une spécialité avec leurs définitions.

lézard n. m.

Petit reptile.
Note.- Ne pas confondre avec le mot **lézarde** qui désigne une fissure.

lézarde n. f.

Fissure dans un ouvrage de maçonnerie.
Note.- Ne pas confondre avec le mot **lézard** qui désigne un petit reptile.

lézarder v. tr., pronom.

● **Transitif.** Crevasser.
● **Pronominal.** Se fendre, en parlant d'un mur.

liaison n. f.

● Association, enchaînement.
V. Tableau - **LIAISONS.**
● Intrigue amoureuse.
● Communication. *Nous sommes en liaison étroite. Une liaison aérienne.*

liane n. f.

Plante grimpante.

LIAISONS

La liaison est l'action de prononcer la consonne finale d'un mot placé devant un mot commençant par une voyelle ou un **h** muet.

● **La liaison se fait TOUJOURS :**

- Entre l'article et le nom.
  Les (z) *amis.*
- Entre l'adjectif et le nom.
  Les bons (z) *amis.*
- Entre le pronom et le verbe.
  Nous (z) *aimons. Je vous* (z) *aime.*
- Entre le verbe et le nom ou l'adjectif attribut.
  Ils sont (t) *appréciés.*
- Entre la préposition et le mot qui la suit.
  Dès (z) *aujourd'hui.*
- Entre l'adverbe et le mot qui le suit.
  Ils sont plus (z) *aimables.*
- Dans la plupart des locutions, des mots composés.
  Petit (t) *à petit.*

● **La liaison se fait PARFOIS :**

- Entre le nom et le complément.
  Les professeurs (z) *en voyage.*
- Entre le nom et l'adjectif.
  Les fillettes (z) *adorables.*
- Entre le nom sujet et le verbe.
  Les fillettes (z) *ont joué.*
- Entre le verbe et son complément.
  Ils allèrent (t) *au bois.*

● **La liaison ne se fait JAMAIS :**

- Devant un nom commençant par un **h** aspiré.
  Les / handicapés.
- V. Tableau - **H MUET ET H ASPIRÉ.**
- Après un mot se terminant par une consonne muette.
  Le puits / et le seau.
- Après un signe de ponctuation.
  Voici des fruits, / une assiette.
- Devant un adjectif numéral : **un, onze, onzième, huit, huitième.**
  Vous avez / onze ans.
- Devant les mots étrangers commençant par **y.**
  Des / yaourts.

● **En liaison,**

- Les lettres **s** et **x** se prononcent **z.**
  Les (z) *iris. Dix* (z) *oranges.*
- La lettre **d** se prononce **t.**
  Un grand (t) *homme.*
- La lettre **g** se prononce **k.**
  Un long (k) *hiver.*
- La lettre **f** se prononce **v.**
  Du vif (v) *argent.*

liard n. m.
• Ancienne monnaie qui valait très peu.
• *N'avoir pas un liard.* Être démuni d'argent.
Note.- Attention à l'orthographe : li**ard.**

liasse n. f.
Documents liés ensemble. *Une liasse de billets.*

libanais, aise adj. et n. m. et f.
Du Liban.
Note.- Contrairement à l'adjectif, le nom prend une majuscule.

libation n. f.
Action de boire abondamment.
Note.- Attention à l'orthographe : liba**t**ion.

libelle n. m.
Écrit diffamatoire.
Note.- Attention au genre masculin de ce nom : **un** libe**ll**e.

libellé n. m.
Rédaction, texte d'un document officiel.
Note.- Attention à l'orthographe : libe**ll**é.

libeller v. tr.
• Rédiger selon la forme prescrite un acte, une demande.
• *Libeller un chèque.* Inscrire le nom de la personne à l'ordre de qui le chèque est fait.

libellule n. f.
Insecte à quatre ailes transparentes qui vit au bord de l'eau.
Note.- Attention à l'orthographe : libe**ll**u**l**e.

libéral, ale, aux adj. et n. m. et f.
• **Adjectif**
- Favorable aux libertés individuelles.
- Tolérant. *Des principes libéraux.*
• **Nom**
Personne qui professe des idées libérales.
• *Professions libérales.* Professions de caractère intellectuel que l'on exerce de façon indépendante, généralement sous le contrôle d'une corporation professionnelle. *Les avocats, les médecins, les architectes, les ingénieurs, etc. exercent des professions libérales.*

libéralement adv.
De façon libérale, généreusement.

libéralisation n. f.
Action de libéraliser. *La libéralisation des échanges entre deux pays.*

libéraliser v. tr.
Rendre plus libre, en particulier en limitant le rôle de l'État.

libéralisme n. m.
Doctrine économique prônant la libre entreprise.

libéralité n. f.
(Litt.) Générosité, largesse.

libérateur, trice adj. et n. m. et f.
Personne qui délivre quelqu'un, quelque chose d'une oppression, d'une servitude.

libération n. f.
Action de rendre libre.

libérer v. tr., pronom.
• Le *é* se change en *è* devant un *e* muet, sauf à l'indicatif futur et au conditionnel présent. *Je libère,* mais *je libérerai.*
• **Transitif**
- Remettre en liberté (un prisonnier). *Libérer un détenu.*
- Décharger d'une obligation. *Libérer quelqu'un d'une dette.*
• **Pronominal**
(Absol.) Se rendre libre. *Je n'ai pu me libérer hier, mais je viendrai ce soir.*

liberté n. f.
• Indépendance, pouvoir d'agir. *Liberté d'action, d'esprit, de pensée, de la presse, de réunion, du culte.*
• *En liberté, en toute liberté, en pleine liberté.* Librement.

libertin, ine adj. et n. m. et f.
Dévergondé. *L'Ingénue libertine.* (Colette).

libertinage n. m.
Dévergondage.
Note.- Attention à l'orthographe : liberti**n**age.

libidineux, euse adj. et n. m. et f.
(Litt. ou plaisant.) Vicieux.

libido n. f.
Instinct sexuel. *Des libidos.*

libitum (ad)
V. **ad libitum.**

libraire n. m. et f.
Personne dont la profession est de vendre des livres.

librairie n. f.
• Commerce de livres.
• Magasin où l'on vend des livres.
Note.- Ne pas confondre avec **papeterie**, établissement où l'on vend des fournitures de bureau.
• Maison d'édition qui assure la vente directe d'une partie de sa production. *La Librairie Larousse.*

libre adj.
Qui a la faculté d'agir ou de ne pas agir.

libre arbitre n. m.
Faculté qu'a la volonté de choisir.
Note.- Attention à l'orthographe : pas de trait d'union.

libre-échange n. m.
(Écon.) Régime économique dans lequel les échanges commerciaux entre les pays sont exempts d'obstacles tarifaires.
Note.- Attention à l'orthographe : libre-échange.

libre-échangiste adj. et n. m. et f.
(Écon.) Partisan du libre-échange. *Des thèses libre-échangistes.*
Note.- Le premier élément de ce mot composé est invariable.
Ant. **protectionniste.**

librement adv.
En toute liberté.

libre pensée n. f.
État d'esprit du libre penseur.
Note.- Attention à l'orthographe : pas de trait d'union.

libre penseur, euse adj. et n. m. et f.
Personne hostile à tout dogmatisme. *Des libres penseurs, une libre penseuse.*
Note.- Attention à l'orthographe : pas de trait d'union.

libre-service n. m.
Établissement commercial (magasin, poste d'essence, etc.) où le client se sert lui-même. *Des libres-services ouverts jour et nuit.*
Note.- Les deux éléments de ce mot composé prennent la marque du pluriel.

libyen, libyenne adj. et n. m. et f.
De la Libye.
Note.- Contrairement à l'adjectif, le nom prend une majuscule.

lice
V. **lisse**.

lice n. f.
• (Ancienn.) Palissade entourant un château fort.
• (Par ext.) Lieu clos où se déroulaient les tournois.
• *Être, entrer en lice.* S'engager dans une compétition. *Ces auteurs sont en lice (et non en * liste) pour un prix littéraire.*
Notes.-
1° Le nom ne s'emploie plus que dans ces expressions.
2° Attention à l'orthographe : li*c*e.
Hom. *lis* ou *lys*, fleur.

licence n. f.
• Autorisation officielle. *Une licence d'exportation.*
• Grade universitaire. *Une licence ès lettres, une licence en droit.*
• (Vx) Débauche.
Note.- Attention à l'orthographe : li*cenc*e.

licencié, ée adj. et n. m. et f.
Titulaire d'une licence. *Il est licencié en philosophie.*
Note.- Attention à l'orthographe : li*cenc*ié.

licenciement n. m.
Rupture ou suspension du contrat de travail d'un salarié par l'employeur pour des raisons économiques ou disciplinaires.
Note.- Attention à l'orthographe : licenci*e*ment.

licencier v. tr.
• Redoublement du *i* à la première et à la deuxième personne du pluriel de l'indicatif imparfait et du subjonctif présent. *(Que) nous licenciions, (que) vous licenciiez.*
• Priver d'emploi un travailleur de façon temporaire ou permanente.

licencieux, ieuse adj.
Contraire à la décence.

lichen n. m.
• Les lettres *ch* se prononcent *k* et le *n* est sonore [likɛn].

• Plante croissant sur les pierres. *Des lichens.*

lichette n. f.
(Fam.) Petite quantité d'un aliment. *Une lichette de vin.*

licite adj.
Permis.
Note.- Attention à l'orthographe : li*ci*te.
Ant. **illicite.**

licol ou **licou** n.m.
Pièce de harnais. *Des licols, des licous.*

licorne n. f.
Sorte de cheval fabuleux à longue corne unique au milieu du front.

licou
V. **licol**.

lie n. f.
Résidu d'un liquide.
Hom. *lit*, meuble sur lequel on se couche.

lied, lieder n. m.
• Les lettres *ie* se prononcent *i* [lid].
• Ballade germanique. *Des lieds, des lieder.*
• Mélodie vocale. *Des lieder de Schubert.*
Note.- Le pluriel allemand est **lieder.** Au sens de *ballade,* le pluriel est **lieds** ou **lieder** ; dans la langue des musiciens, le pluriel est **lieder.**

lie-de-vin ou **lie de vin** adj. inv. et n. f.
• **Adjectif de couleur invariable.** De couleur rouge violacé. *Des bonnets lie-de-vin.*
V. Tableau - **COULEUR (ADJECTIFS DE).**
• **Nom féminin.** Dépôt laissé par le vin dans un tonneau.

liège n. m.
Matière spongieuse, très légère dont on fait des bouchons, des flotteurs, etc.
Note.- Attention à l'orthographe : li*è*ge.

lien n. m.
• Tout ce qui sert à attacher. *Un lien de cuir.*
• (Fig.) Tout ce qui unit. *Des liens amicaux.*

lier v. tr., pronom.
• Redoublement du *i* à la première et à la deuxième personne du pluriel de l'indicatif imparfait et du subjonctif présent. *(Que) nous liions, (que) vous liiez.*
• **Transitif.** Attacher avec un lien quelqu'un, quelque chose.
Note.- Ne pas confondre avec le verbe *ligoter* qui signifie « attacher solidement une personne pour la priver de l'usage de ses bras, de ses jambes ».
• **Locutions**
- *Fou à lier.* (Fam.) Complètement fou.
- *Avoir les mains liées.* (Fig.) Être réduit à l'impuissance.
- *Lier conversation.* Engager un dialogue.
Note.- Dans cette locution verbale, le nom demeure invariable.
• **Pronominal.** S'attacher à quelqu'un. *Ils se sont rapidement liés d'amitié.*

lierre n. m.
Plante grimpante.
Note.- Attention à l'orthographe : lie**rr**e.

liesse n. f.
En liesse. (Litt.) En joie, en parlant de la foule.
Note.- Attention à l'orthographe : lie**ss**e.

lieu n. m.

• Portion définie de l'espace. *Des lieux publics.*
Note.- Le mot *lieu* est plus général et plus abstrait que
le mot *endroit*. Dans la langue actuelle, il s'emploie
surtout dans de nombreuses locutions figées.
• **Locutions**
- *Lieu saint.* Église, temple, sanctuaire.
- *Lieu public.* Lieu auquel le public peut accéder (parc,
rue, magasin, restaurant, etc.).
- *Haut lieu.* (Fig.) Lieu mémorable.
- *En tous lieux.* Partout.
- *Mettre en lieu sûr.* Ranger à l'abri du danger.
• Endroit déterminé. *Faire l'état des lieux.*
• **Locutions**
- *Vider les lieux.* Quitter un endroit.
- *Sur les lieux.* Sur place.
• Place déterminée dans un ensemble, une succes-
sion.
Note.- Pris en ce sens, le nom *lieu* est au singulier
dans de nombreuses expressions.
• **Locutions**
- *Avoir lieu.* Se produire. *En 1988, les Jeux olympiques
ont eu lieu à Séoul.*
- *S'il y a lieu.* Si l'occasion se présente, le cas échéant.
- *Donner lieu.* Être cause de. *Les commentaires don-
neront lieu à de nombreux ajouts.*
- *Tenir lieu.* Remplacer.
- *En temps et lieu.* Au moment et à l'endroit convena-
bles.
- *En premier lieu, en dernier lieu.* D'abord, enfin.
- *En haut lieu.* Auprès des autorités. *Attention, il se
plaindra en haut lieu.*
- *Au lieu de*, locution prépositive. À la place de.
Note.- Dans la langue juridique, on emploie les ex-
pressions *au lieu et place, en lieu et place* dont les
mots sont tous au singulier.
- *Lieu commun.* Banalité. *Des lieux communs.*
- *Au lieu que* + *subjonctif.* Cette locution conjonctive
signifie que l'action exprimée par le subjonctif n'a pas
été accomplie, mais qu'elle a été remplacée par l'action
exprimée par le verbe de la principale. *Au lieu que le
remède produise un effet bénéfique, il a été nocif.*
- *Au lieu que* + *indicatif* ou *conditionnel.* Cette locution
conjonctive d'emploi littéraire met en opposition deux
actions différentes. Dans la langue courante, on emploie plutôt *alors que, tandis que. Ce médicament
augmente la douleur au lieu qu'il la réduit.*
Hom. *lieue,* ancienne mesure de distance.

lieudit ou **lieu-dit** n. m.
À la campagne, lieu qui porte un nom particulier. *Des
lieux-dits.*

lieue n. f.
• (Ancienn.) Mesure de distance.

• *Être à cent, à mille lieues de.* Être très loin de. *Nous
étions à mille lieues d'imaginer cela.*
Note.- Attention à l'orthographe : lieu**e**.
Hom. *lieu,* portion définie de l'espace.

lieutenant n. m.
Officier militaire.

lieutenant-colonel n. m.
Officier militaire. *Des lieutenants-colonels.*

lièvre n. m.
• Genre de rongeur à longues oreilles qui s'apparente
au lapin.
Note.- La femelle du lièvre est la *hase.*
• *Courir comme un lièvre.* Courir très vite.
• *Lever un lièvre.* Aborder une question gênante.

lifting n. m.
• Attention à la prononciation [liftiŋ].
• (Anglicisme) Intervention de chirurgie esthétique.
Des liftings.
Note.- Le nom *lissage* a fait l'objet d'une recomman-
dation officielle pour remplacer cet anglicisme.

ligament n. m.
Ensemble de fibres qui unit les os entre eux ou maintient
en place des organes.
Note.- Attention à l'orthographe : liga**m**ent.

ligature n. f.
Opération consistant à serrer avec un lien un conduit,
un vaisseau, etc. *Une ligature des trompes.*
Note.- Attention à l'orthographe : liga**t**ure.

ligaturer v. tr.
Serrer avec une ligature.
Note.- Attention à l'orthographe : liga**t**urer.

lige adj.
Homme lige. Personne très dévouée à une autre, à
une cause. *Des hommes liges.*

lignage n. m.
• (Vx) Ascendance.
• (Imprim.) Nombre de lignes d'un texte.

ligne n. f.
• Trait. *Tracer des lignes.*
• Direction continue dans un sens déterminé. *Marcher
en ligne droite.*
- *Ligne de conduite.* Principes moraux.
- *En première ligne.* Au premier rang.
- *Hors ligne.* Exceptionnel.
• Suite de caractères disposés de façon continue. *Il y
a 15 lignes de texte.*
- *Lire entre les lignes.* Comprendre à demi-mot.
- *Faire entrer en ligne de compte.* Tenir compte.
• Trajet d'un service de transport en commun. *Des
lignes d'autobus.*
• Système de câbles assurant le transport d'énergie
électrique, les communications téléphoniques. *Une
ligne électrique.*
- *Être en ligne.* Être en liaison téléphonique.

lignée n. f.
• Descendance.

- Filiation spirituelle.
Note.- Attention à l'orthographe : lignée.

ligner v. tr.
Marquer de lignes, rayer. *Des feuilles lignées.*

lignite n. m.
Roche charbonneuse.
Note.- Attention au genre masculin de ce nom : *un* lignite.

ligoter v. tr.
Attacher solidement une personne pour la priver de l'usage de ses bras, de ses jambes.
Notes.-
1° Attention à l'orthographe : ligoter.
2° Ne pas confondre avec le verbe *lier* qui signifie « attacher avec un lien quelqu'un, quelque chose ».

ligue n. f.
Association. *La ligue des droits de l'homme.*

liguer v. tr., pronom.
- Attention au *u* qui subsiste même devant les lettres *a* et *o. Nous liguons, il ligua.*
- **Transitif.** Former une coalition. *Ils ont ligué les participants contre l'orateur.*
- **Pronominal.** S'unir, s'allier contre quelqu'un, quelque chose. *Elles se sont liguées contre cette décision.*
Note.- À la forme transitive ou pronominale, le verbe se construit avec la préposition *contre. Elles se sont liguées contre eux.*

lilas adj. et n. m.
- **Adjectif de couleur invariable.** De la couleur violet pâle du lilas. *Des écharpes lilas.*
V. Tableau - **COULEUR (ADJECTIFS DE).**
- **Nom masculin.** Arbuste produisant au printemps de belles grappes de fleurs violettes, mauves ou blanches. *Cueillir des lilas, du lilas.*

lilial, ale, aux adj.
Qui a la blancheur du lis.

lilliputien, ienne adj. et n. m. et f.
Minuscule.

limace n. f.
Mollusque sans coquille.

limaçon n. m.
(Vx) Escargot.

limande n. f.
Poisson.
Note.- Attention à l'orthographe : limande.

limbes n. m. pl.
- Séjour des âmes des justes avant la venue du Christ, des enfants morts sans baptême.
- (Fig.) Endroit mal défini.
Notes.-
1° Attention au genre masculin de ce nom.
2° Ne pas confondre avec le mot *nimbe* qui désigne une auréole.

lime n. f.
Outil abrasif.

lime ou **limette** n. f.
Petit citron de couleur verte.

limer v. tr.
Polir avec une lime.

limette n. f.
Fruit du limettier.
Note.- Attention à l'orthographe : limette.

limettier n. m.
Variété de citronnier.
Note.- Attention à l'orthographe : limettier.

limier n. m.
- Gros chien de chasse.
- Policier chargé de rechercher les malfaiteurs. *Un fin limier.*
Note.- Attention à l'orthographe : limier.

liminaire adj.
Se dit d'un texte placé au début d'un livre. *Une note liminaire.*
Note.- Ne pas confondre avec le mot *préliminaire* qui précède la matière principale.
V. **note liminaire.**

limitatif, ive adj.
Qui limite.

limitation n. f.
Action de limiter. *La limitation de la vitesse est une mesure qui s'impose. La limitation des naissances* (et non le *contrôle).

limite n. f.
- Fin, borne. *Les limites d'un terrain. Une limite d'âge.*
- (En appos.) *Zone limite, cas limite, vitesse limite. Des zones limites, des cas limites, des vitesses limites.*
Note.- En apposition, le nom *limite* prend la marque du pluriel et n'est pas joint à l'autre nom par un trait d'union.
- *À la limite.* Dans un cas extrême.
- *Sans limites.* Sans bornes, illimité. *Une ambition sans limites.*

limiter v. tr., pronom.
- **Transitif.** Donner des limites à. *Il faut limiter les dégâts.*
- **Pronominal.** S'imposer des limites, se restreindre. *Ils se sont limités à demander une révision du prix.*

limitrophe adj.
- Frontalier.
- Qui est voisin, en parlant d'un pays, d'une région. *La Suisse est limitrophe de la France.*

limogeage n. m.
Action de limoger.
Note.- Attention à l'orthographe : limogeage.

limoger v. tr.
- Le *g* est suivi d'un *e* devant les lettres *a* et *o. Il limogea, nous limogeons.*
- Destituer, rétrograder (une personne haut placée). *Le secrétaire général a été limogé.*

limon n. m.
Dépôt accumulé sur les bords d'un fleuve.

limonade n. f.
Boisson gazeuse au goût de citron.

Notes.-
1° Attention à l'orthographe : limo**n**ade.
2° Ne pas confondre avec le mot *citronnade* qui désigne une boisson préparée avec du jus de citron.

limoneux, euse adj.
Couvert de limon.

limousine n. f.
Voiture spacieuse possédant quatre portes et six glaces latérales.

limpide adj.
Clair, pur. *Une eau limpide.*
Note.- Attention à l'orthographe : **lim**pide.

limpidité n. f.
Qualité de ce qui est limpide.
Note.- Attention à l'orthographe : **lim**pidité.

lin n. m.
• Plante cultivée pour ses fibres textiles.
• Toile faite de fibres de lin.

linceul n. m.
(Litt.) Suaire. *Des linceuls.*
Note.- Attention à l'orthographe : lin**ceul.**

linéaire adj.
• Relatif aux lignes. *Un dessin linéaire.*
• Qui évoque une ligne droite. *Un récit linéaire.*

linéairement adv.
De façon linéaire.

linge n. m.
• Chiffon, pièce de tissu. *Essuyer avec un linge humide.*
• *Linge de corps.* Sous-vêtements.
• *Linge de maison.* Ensemble des articles textiles utilisés pour la cuisine, la table, la toilette, le lit.

lingerie n. f.
• Commerce des sous-vêtements féminins.
• Linge de corps. *De la belle lingerie.*
• Lieu où l'on range le linge.

lingot n. m.
Morceau de métal fondu. *Des lingots d'or.*
Note.- Attention à l'orthographe : lin**got.**

lingual, ale, aux adj.
• Le *u* se prononce *ou* [lɛ̃gwal].
• Relatif à la langue. *Des muscles linguaux.*

linguiste n. m. et f.
• Le *u* se prononce *u* (et non *ou) [lɛ̃gɥist].
• Spécialiste de la linguistique.

linguistique adj. et n. f.
• Le *u* se prononce *u* (et non *ou) [lɛ̃gɥistik].
• **Adjectif**
- Propre à la langue, du point de vue de la langue. *Une communauté linguistique.*
- Relatif à l'étude du langage.
• **Nom féminin**
Étude scientifique du langage humain.

liniment n. m.
Onguent.

linoléum ou **lino** n. m.
Revêtement de sol. *Des linoléums, des linos résistants.*

linon n. m.
Tissu fin et transparent.

linotte n. f.
Tête de linotte. Personne écervelée. *Des têtes de linotte.*

linteau n. m.
(Archit.) Pièce horizontale qui ferme la partie supérieure d'une ouverture. *Des linteaux de bois.*

lion, lionne n. m. et f.
• Grand quadrupède carnivore au pelage fauve.
• *La part du lion.* Se dit d'un partage où le plus fort obtient la plus grande partie.
• Nom d'une constellation, d'un signe du zodiaque.
Note.- Les noms d'astres s'écrivent avec une majuscule. *Elle est (du signe du) Lion, elle est née entre le 23 juillet et le 22 août.*
V. **astre.**

lionceau n. m.
Petit du lion et de la lionne. *Des lionceaux.*

lip(o)- préf.
Élément du grec signifiant « graisse ». *Lipide.*

lipide n. m.
Corps gras d'origine animale ou végétale.
Note.- Attention au genre masculin de ce nom : *un* lipide.

lippe n. f.
Lèvre pendante.
Note.- Attention à l'orthographe : li**pp**e.

lippu, ue adj.
Qui a de grosses lèvres.
Note.- Attention à l'orthographe : li**pp**u.

liquéfaction n. f.
Passage d'un fluide de l'état gazeux à l'état liquide.
Note.- Ne pas confondre avec les mots suivants :
- *condensation*, passage d'une vapeur à l'état liquide ;
- *fusion*, passage d'un solide à l'état liquide.

liquéfiable adj.
Qui peut être liquéfié.

liquéfier v. tr., pronom.
• Redoublement du *i* à la première et à la deuxième personne du pluriel de l'indicatif imparfait et du subjonctif présent. *(Que) nous liquéfiions, (que) vous liquéfiiez.*
• **Transitif.** Faire passer à l'état liquide.
• **Pronominal.** Passer à l'état liquide.

liquette n. f.
(Pop.) Chemise.

liqueur n. f.
Boisson alcoolisée. *Une liqueur de framboise.*
Note.- Le complément déterminatif se met généralement au singulier.

liquidateur, trice n. m. et f.
(Dr.) Personne chargée d'une liquidation.

liquidation n. f.
Vente de marchandises à bas prix en vue d'un écoulement rapide.

liquide adj. et n. m.
• **Adjectif.** Qui coule ou tend à couler.
• **Nom masculin.** Tout corps à l'état liquide.
Note.- Le mot *fluide* a une acception plus vaste que celle de *liquide*. Si tous les liquides sont des fluides, tous les fluides ne sont pas des liquides, puisque certains sont des gaz.
• *Argent liquide.* Espèces.

liquider v. tr.
• (Dr.) Faire une liquidation. *Liquider des biens.*
• Régler. *Liquider une question.*

liquidité n. f.
• État d'un bien liquide. *La liquidité d'un placement.*
• (Au plur.) Somme d'argent dont on peut disposer immédiatement. *Avoir des liquidités. Manquer de liquidités.*
Note.- En ce sens, le nom s'emploie au pluriel.

liquoreux, euse adj.
Riche en alcool et en sucre. *Un vin liquoreux.*
Note.- Attention à l'orthographe : li*quo*reux.

lire v. tr.
• *Je lis, tu lis, il lit, nous lisons, vous lisez, ils lisent. Je lisais. Je lus. Je lirai. Je lirais. Lis, lisons, lisez. Que je lise. Que je lusse. Lisant. Lu, lue.*
• Prendre connaissance d'un texte par la lecture. *Il lit le journal.*
• *Lu et approuvé.* Mention apparaissant au bas d'un document. Les participes passés de cette formule sont invariables.
Hom. :
- *lire*, unité monétaire de l'Italie ;
- *lyre*, instrument de musique.

lire n. f.
Unité monétaire de l'Italie. *Des lires.*
Note.- On peut aussi utiliser la graphie d'origine *lira* (pluriel : lire).
V. Tableau - **SYMBOLE DES UNITÉS MONÉTAIRES.**
Hom. :
- *lire*, prendre connaissance d'un texte par la lecture ;
- *lyre*, instrument de musique.

lis ou **lys** n. m.
• Le *s* se prononce [lis].
• Plante bulbeuse à grandes fleurs blanches ; cette fleur elle-même.
• *Fleur de lys, fleur de lis.* Emblème de la royauté, en France.
Note.- La graphie *lys* est ancienne, mais elle subsiste dans la locution *fleur de lys*.
Hom. *lice*, lieu clos.

liséré n. m.
Ruban étroit dont on borde un vêtement.

liserer ou **lisérer** v. tr.
• Le *é* se change en *è* devant une syllabe muette, sauf à l'indicatif futur et au conditionnel présent. *Je lisère,* mais *je lisérerai.*
• Garnir d'un liséré.

liseron n. m.
Plante grimpante à fleurs blanches.
Syn. *volubilis, belle-de-jour*.

lisibilité n. f.
Caractère de ce qui est lisible.

lisible adj.
Facile à lire.

lisiblement adv.
De façon lisible.

lisière n. f.
• Bord d'un tissu.
• Limite extrême. *La lisière de la forêt.*

lissage n. m.
• Action de lisser.
• Opération de chirurgie plastique destinée à remodeler (le visage). *Se faire faire un lissage du visage.*
Note.- Ce nom a fait l'objet d'une recommandation officielle pour remplacer l'anglicisme *lifting*.

lisse adj.
Uni. *Un sol très lisse.*
Note.- Attention à l'orthographe de cet adjectif qui conserve la même forme au masculin et au féminin : li**sse.**

lisse ou **lice** n. f.
Série de fils tendus verticalement portant des maillons dans lesquels passe le fil de chaîne, sur un métier à tisser. *Une tapisserie de haute lisse.*

lisser v. tr.
Rendre lisse. *Lisser ses cheveux.*

listage n. m.
(Inform.) Liste produite par ordinateur.
Note.- Ce nom a fait l'objet d'une recommandation officielle pour remplacer l'anglicisme *listing*.

liste n. f.
• Série de mots, de chiffres placés à la suite les uns des autres. *Figurer sur une liste de candidats.*
• *Liste noire.* Liste de noms de personnes considérées comme suspectes.

lister v. tr.
(Inform.) Imprimer une partie ou la totalité des données traitées par un ordinateur.

listing n. m.
• Attention à la prononciation [listiŋ].
• (Anglicisme) Listage.
Note.- Le nom *listage* a fait l'objet d'une recommandation officielle pour remplacer cet emprunt à l'anglais.

lit n. m.
• Meuble sur lequel on se couche. *Des lits jumeaux.*
• *Lit de camp.* Petit lit démontable. *Des lits de camp pratiques.*
• *Ciel de lit.* Partie supérieure où se rejoignent les tentures drapées d'un lit à baldaquin. *Des ciels de lit vaporeux.*
• *Canapé-lit.* Canapé transformable en lit. *Des canapés-lits pratiques.*
Hom. *lie*, résidu d'un liquide.

litanie n. f.
• Propos ennuyeux et répétitif.
• (Au plur.) Prière adressée aux saints.

literie n. f.
Ensemble des articles dont se compose un lit. *Le sommier, le matelas, les oreillers, les draps, les couvertures font partie de la literie.*

lith(o)- préf.
Élément du grec signifiant « pierre ». *Lithographie.*

litho n. f.
Abréviation familière de *lithographie.*

lithographie n. f.
• S'abrège familièrement en *litho* (s'écrit sans point).
• Impression d'un dessin gravé sur une pierre calcaire.
Note.- Attention à l'orthographe : li**th**ogra**ph**ie.

lithographier v. tr.
Imprimer au procédé de la lithographie.
Note.- Attention à l'orthographe : li**th**ogra**ph**ier.

lithographique adj.
Relatif à la lithographie. *Une reproduction lithographique.*
Note.- Attention à l'orthographe : li**th**ogra**ph**ique.

lithuanien
V. **lituanien.**

litière n. f.
Paille sur laquelle couchent les animaux dans les écuries, les étables, etc.

litige n. m.
• (Dr.) Contestation donnant lieu à un procès.
• Dispute.

litigieux, ieuse adj.
(Dr.) Qui est ou peut être en litige. *Un cas litigieux.*
Note.- Dans une entreprise, le contentieux est le service qui règle les affaire litigieuses, tandis que le service juridique traite l'ensemble des dossiers qui se rapportent au droit.

litote n. f.
Figure de style consistant à dire moins pour exprimer plus. *Il n'est pas laid* pour *il est beau.*
Note.- Attention à l'orthographe : lito**t**e.
Ant. **hyperbole.**
V. Tableau - **FIGURÉS (EMPLOIS).**

litre n. m.
• Symbole *l* (s'écrit sans point).
• Unité de mesure de volume. *Ce bassin contient approximativement 150 l* ou *150 litres.*
Note.- Le symbole s'emploie après un nombre en chiffres ; il ne prend pas la marque du pluriel et s'écrit sans point. Dans une fraction décimale, les dixièmes ne sont pas séparés de l'unité par le symbole. *150,5 l d'eau.*

littéraire adj. et n. m. et f.
• **Adjectif**
- Qui concerne la littérature. *Des études littéraires.*
- Soigné, soutenu, en parlant du style, du niveau de langue. *Une langue littéraire.*
V. **niveau.**

• **Nom masculin et féminin**
- Personne douée pour les lettres (par opposition à *scientifique). Les littéraires et les scientifiques.*
- Personne qui s'intéresse à la littérature.
Note.- Ne pas confondre avec le mot *littéral*, qui est conforme à la lettre, au texte.

littérairement adv.
Du point de vue littéraire.

littéral, ale, aux adj.
Conforme à la lettre, au texte. *Traduction littérale.*
Note.- Ne pas confondre avec le mot *littéraire*, qui concerne la littérature.

littéralement adv.
• De façon littérale. *Ce texte a été traduit littéralement.*
• (Fam.) Absolument.

littérature n. f.
• Ensemble des œuvres écrites ou orales dans une perspective esthétique.
• Ensemble des productions littéraires d'un pays. *La littérature grecque.*

littoral, ale, aux adj. et n. m.
• **Adjectif.** Qui appartient au bord de la mer.
• **Nom masculin.** Rivage. *Des littoraux accidentés.*

lituanien ou **lithuanien, ienne** adj. et n. m. et f.
De Lituanie.
Note.- Lorsqu'il s'agit de la langue, l'adjectif ou le nom s'écrit avec une minuscule. Si le nom désigne une personne, la majuscule s'impose.

liturgie n. f.
Forme du culte.

liturgique adj.
Relatif à la liturgie.

livide adj.
Se dit d'un teint pâle, blafard.

lividité n. f.
État de ce qui est livide.

living ou **living-room** n. m.
• Attention à la prononciation [liviŋrum].
• (Anglicisme) Salle de séjour, séjour.

livraison n. f.
• Action de livrer des marchandises. *Un délai de livraison de 15 jours.*
Ant. **enlèvement.**
• Numéro d'un périodique, d'une revue. *La livraison de juillet.*

livre n. m.
• Assemblage de feuilles imprimées reliées. *Un livre relié en cuir.*
Syn. **volume.**
• Écrit reproduit à un certain nombre d'exemplaires. *Écrire un livre de poésie, un livre de géographie.*
Note.- Ne pas confondre avec les mots suivants :
- *fascicule*, partie d'un ouvrage qui paraît en fragments successifs ;
- *plaquette*, petit livre de peu d'épaisseur ;

- *tome*, chacun des volumes d'un même écrit qui en comprend plusieurs.
• Partie principale d'un ouvrage. *Livre IV.*
Note.- Les parties d'un livre se numérotent en chiffres romains.
• Registre comptable. *Tenir les livres.*
• *Livre blanc.* Texte officiel préliminaire. *Le livre blanc sur la fiscalité.*

• Les titres d'ouvrages, d'œuvres d'art, les noms de journaux, de périodiques prennent une majuscule au mot initial. *Le Dictionnaire universel des noms propres, l'Encyclopédie, les Lettres de mon moulin, l'Avare, la Joconde.*
Notes.-
1° L'article défini ne prend la majuscule que s'il fait partie du titre. *L'Art d'aimer.*
2° Si un adjectif précède le substantif, tous deux prennent la majuscule. *La Divine Comédie, le Grand Larousse de la langue française, le Bon Usage.*
3° Si un adjectif suit le substantif, il s'écrit avec une minuscule. *Les Femmes savantes.*
4° Si le titre est constitué de plusieurs mots clés, chacun s'écrit avec une majuscule. *Guerre et Paix. Le Lièvre et la Tortue.*
5° Lorsqu'un titre est constitué d'une phrase, seul le premier mot s'écrit avec une majuscule. *À la recherche du temps perdu.*
V. Tableau - **TITRES D'ŒUVRES.**

---

livre n. f.
• Ancienne unité de poids dont le nom est encore donné, dans la pratique non officielle, au demi-kilogramme. *Une livre de beurre.*
• Au Canada, unité de masse valant 16 onces ou 0,453 kg. *Acheter un poulet de 3 lb, de trois livres.*
• Unité monétaire de nombreux pays.
• Symbole £ (s'écrit sans point).
• *Livre sterling*, symbole £ (s'écrit sans point). Unité monétaire de la Grande-Bretagne.
Note.- La *livre sterling* ne se dit que de l'unité monétaire de Grande-Bretagne.
• *Livre cypriote*, symbole £ *CYP* (s'écrit sans points). Unité monétaire de Chypre.
• *Livre égyptienne*, symbole £ *EG* (s'écrit sans points). Unité monétaire de l'Égypte.
• *Livre irlandaise*, symbole £ *IR* (s'écrit sans points). Unité monétaire de l'Irlande du Sud (Eire).
• *Livre libanaise*, symbole £ *LIB* (s'écrit sans points). Unité monétaire du Liban.
• *Livre soudanaise*, symbole £ *SOU* (s'écrit sans points). Unité monétaire du Soudan.
• *Livre syrienne*, symbole £ *SYR* (s'écrit sans points). Unité monétaire de la Syrie.
• *Livre turque*, symbole £ *TQ* (s'écrit sans points). Unité monétaire de la Turquie.
V. Tableau - **SYMBOLES DES UNITÉS MONÉTAIRES.**

livrée n. f.
• Habit des domestiques masculins de certaines grandes maisons. *Le chasseur en livrée d'un grand restaurant.*

• (Zool.) Plumage ou pelage d'un animal. *La livrée est à l'oiseau ce que la robe est au cheval.*

livrer v. tr., pronom.
• **Transitif**
- Remettre. *Livrer des marchandises.*
Ant. **enlever.**
- Confier. *Livrer ses secrets.*
• **Pronominal**
Se rendre. *Les malfaiteurs se sont livrés à la police.*

livresque adj.
(Péj.) Qui n'est inspiré que des livres et non de l'expérience. *Une connaissance livresque.*

livret n. m.
• Petit livre, petit registre. *Un livret de caisse d'épargne. Livret de famille.*
• Texte d'un opéra.

livreur n. m.
livreuse n. f.
Personne chargée de la livraison des marchandises.

lm
Symbole de **lumen.**

loader n. m.
• Attention à la prononciation [lowdər].
• (Anglicisme) Chargeuse. *Des loaders.*

lobby n. m.
• Attention à la prononciation [lɔbi].
• (Anglicisme) Groupement défendant des intérêts communs qui tente d'exercer des pressions sur les organismes de décisions. *Des lobbies.*

lobe n. m.
Partie arrondie. *Le lobe de l'oreille.*
Note.- Attention au genre masculin de ce nom : *un* lobe.

local, ale, aux adj.
• Relatif à un lieu, à une région. *Des coutumes locales, les usages locaux.*
• *Couleur locale.* Traits typiques d'un pays, d'une époque.

local n. m.
Subdivision d'un bâtiment. *Des locaux administratifs.*

localement adv.
De façon locale, par endroits.

localisation n. f.
• Action de situer en un lieu défini, en un temps déterminé.
• Fait de placer en un lieu défini. *La localisation d'une usine à proximité d'un aéroport.*

localiser v. tr.
• Définir le lieu, le moment. *Localiser une odeur.*
• Circonscrire. *Localiser un conflit.*

localité n. f.
Petite ville.

locataire n. m. et f.
Personne qui prend en location un appartement, une maison, un local.
Ant. **bailleur.**
V. **louer.**

locatif, ive adj.
Qui concerne le locataire ou la chose louée. *La valeur locative d'un immeuble.*

location n. f.
• Action de louer.
• Chose louée.

loc. cit.
Abréviation de *loco citato*.
Note.- En typographie soignée, les mots étrangers sont composés en italique. Dans des textes déjà en italique, la notation se fait en romain. Pour les textes manuscrits, on utilisera les guillemets.

loch n. m.
• Les lettres *ch* se prononcent *k* [lɔk].
• Lac d'Écosse. *Le loch Ness. Des lochs.*

lock-out n. m. inv.
• Attention à la prononciation [lɔkawt] ou [lɔkaut].
• (Anglicisme) Fermeture d'une entreprise décidée par la direction, en riposte à une grève. *Des lock-out.*

loco citato
• Abréviation *loc. cit.* (s'écrit avec des points).
• Locution latine qui signifie « passage cité ».
Note.- En typographie soignée, les mots étrangers sont composés en italique. Dans des textes déjà en italique, la notation se fait en romain. Pour les textes manuscrits, on utilisera les guillemets.

locomotion n. f.
Action de se déplacer d'un point à un autre.
Note.- Attention à l'orthographe : locomo*t*ion.

locomotive n. f.
• Puissant véhicule de traction des trains. *Une locomotive électrique.*
• (Fig.) Élément moteur. *Ce concepteur est une locomotive dans son domaine.*

locuteur, trice n. m. et f.
(Ling.) Personne qui parle.
Note.- Ne pas confondre avec le mot *auditeur* qui désigne une personne qui écoute.

locution n. f.
V. Tableau - **LOCUTIONS.**

loden n. m.
• Le *n* se prononce [lɔdɛn].
• Étoffe de laine imperméable.
• Manteau fait de ce lainage. *Un loden vert. Des lodens inusables.*

loft n. m.
• Les lettres *ft* se prononcent [lɔft].
• (Anglicisme) Local à usage industriel aménagé en habitation. *Des lofts.*
Note.- Ce nom est un emprunt récent à l'américain et n'a pas d'équivalent français actuellement.

logarithme n. m.
Calcul mathématique.
Note.- Attention à l'orthographe : logar*ith*me.

logarithmique adj.
Relatif aux logarithmes.
Note.- Attention à l'orthographe : logar*ith*mique.

loge n. f.
• Logement d'un concierge.
• Partie cloisonnée d'un théâtre. *Être aux premières loges.*

logement n. m.
• Action de loger.
• Appartement.

loger v. tr., intr.
• Le *g* est suivi d'un *e* devant les lettres *a* et *o*. *Il logea, nous logeons.*
• **Transitif.** Donner le gîte à quelqu'un. *Elle logeait des étudiants.*
• **Intransitif.** Habiter un endroit (généralement de façon temporaire). *Ils logeaient à l'hôtel.*
• *Loger à la belle étoile.* Dormir en plein air.

logeur, euse n. m. et f.
Personne qui loue des chambres meublées.

loggia n. f.
• Les lettres *g* se prononcent *dj* [lɔdʒja].
• Balcon couvert. *Des loggias.*
Note.- Attention au genre féminin de ce nom : *une* loggia.

logiciel n. m.
(Inform.) Ensemble des programmes destinés à effectuer un traitement particulier sur un ordinateur. *Commercialiser un logiciel.*
Note.- Ce nom a définitivement supplanté l'anglais *software*.
V. **matériel.**

logique adj. et n. f.
• **Adjectif.** Conforme à la logique.
• **Nom féminin.** Science du raisonnement.
Note.- Ne pas confondre avec le mot *logistique* qui désigne l'ensemble des moyens nécessaires à une force militaire.

logiquement adv.
Avec logique.

logis n. m.
(Litt.) Demeure.

logistique adj. et n. f.
• **Adjectif**
Relatif à la logistique.
• **Nom féminin**
- (Milit.) Ensemble des moyens nécessaires à une force militaire (entretien, transports, etc.).
- (Écon.) Ensemble des activités inhérentes au déplacement des matières, des en-cours de fabrication et des produits finis depuis la source des approvisionnements jusqu'à la destination des livraisons.
Note.- Ne pas confondre avec le mot *logique* qui désigne la science du raisonnement.

logo n. m.
(Inform.) Langage de programmation conçu pour l'enseignement des mathématiques aux enfants.
Note.- Ce langage se caractérise par sa simplicité d'apprentissage et par l'utilisation de procédures graphiques élémentaires.

LOCUTIONS

Groupe de mots ayant une fonction grammaticale particulière.

- La **locution verbale** joue le rôle d'un verbe. Elle est composée :

    - d'un verbe et d'un nom employé sans article.
        Avoir besoin.

    - d'un verbe et d'un adjectif.
        Mettre bas.

    - de deux verbes.
        Laisser faire.

Note.- À l'exception du premier verbe, les éléments composant une locution verbale sont généralement in-variables. *Elles se font fort de venir.*

- La **locution adverbiale** a valeur d'adverbe.
        Tout à coup, à bâtons rompus.

- La **locution adjective** joue le rôle d'un adjectif.
        Un chercheur de talent.

- La **locution nominale** ou **nom composé** joue le rôle d'un nom.
        Une pomme de terre, un arc-en-ciel.

V. Tableau - **NOMS COMPOSÉS.**

- La **locution prépositive** a valeur de préposition.
        Jusqu'à, en haut de.

- La **locution conjonctive** joue le rôle d'une conjonction.
        Afin que, jusqu'à ce que.

- La **locution interjective** a valeur d'interjection.
        Allons donc !

QUELQUES LOCUTIONS VERBALES

Aller à pied	Avoir raison	Faire face
Aller chercher	Avoir sommeil	Faire faire
S'en aller	Couper court	Faire illusion
Avoir à cœur	Crier famine	Faire pitié
Avoir affaire	Donner cours	Faire semblant
Avoir l'air	Donner lieu	Faire tomber
Avoir besoin	Entendre raison	Lier conversation
Avoir beau	Être d'accord	Livrer bataille
Avoir confiance	Être fondé	Passer sous silence
Avoir coutume	Être malvenu	Perdre patience
Avoir envie	Être quitte	Porter bonheur
Avoir faim	Faire attention	Prendre garde
Avoir mal	Faire croire	Savoir gré
Avoir peur	Faire défaut	Tenir bon

logo n. m.
Abréviation de **logotype.**

logomachie n. f.
● Querelle de mots.
● Assemblage artificiel de mots.

logorrhée n. f.
Flot de paroles.
Note.- Attention à l'orthographe : logo**rrh**ée.

logotype ou **logo** n. m.
● S'abrège en **logo** (s'écrit sans point).
● Dessin propre à une marque, à un produit, à une firme. *Des logotypes, des logos bien conçus.*

loi n. f.
Ensemble de règles juridiques. *La loi est dure, mais c'est la loi (*dura lex, sed lex*).*
Notes.-
1° Dans les titres de textes législatifs, les mots génériques (accord, arrêté, code, constitution, décret, loi, règlement, etc.) s'écrivent avec une majuscule. *Le Code Napoléon.* Le mot *loi* s'écrit avec une minuscule si l'on ne cite pas le titre exact de la loi. *Il faudra étudier les nouvelles lois fiscales.*
2° Ne pas confondre avec le mot *législation* qui désigne un ensemble de lois relatives à un domaine.
3° Les numéros d'articles des codes, lois, règlements s'écrivent en chiffres arabes. *Consulter l'article 162 du Code civil.*

loi-cadre n. f.
Loi servant de cadre à des décrets d'application. *Des lois-cadres.*
Note.- Le nom composé s'écrit avec un trait d'union et prend la marque du pluriel aux deux éléments.

loin adv.
● À une grande distance dans l'espace ou le temps. *Elles sont très loin déjà.*
● **Au loin,** locution adverbiale. À une grande distance.
● **De loin,** locution adverbiale. D'une grande distance.
● **De loin en loin,** locution adverbiale. À de longs intervalles d'espace ou de temps.
● **D'aussi loin que, du plus loin que** + **indicatif.** Pour marquer le lieu, cette locution conjonctive se construit avec l'indicatif. *D'aussi loin que je le vis.*
● **D'aussi loin que, du plus loin que** + **subjonctif.** Pour marquer le temps, cette locution conjonctive se construit avec le subjonctif. *Du plus loin qu'il se souvienne.*

lointain, aine adj. et n. m.
● **Adjectif**
Éloigné. *Une forêt lointaine.*
● **Nom masculin**
- **Dans le lointain, au lointain.** À l'horizon, au loin.
- (Au plur.) Arrière-plan dans un tableau.

loir n. m.
Rongeur hibernant d'octobre à avril. *Dormir comme un loir.*

loisible adj.
● (Vx) Permis.
● **Être loisible** + **infinitif.** L'adjectif ne s'emploie plus que dans la construction impersonnelle. *Il (m'est, t'est, etc.) loisible de.*

loisir n. m.
● **À loisir, tout à loisir.** À son aise, sans hâte.
● (Au plur.) Distraction pendant les temps libres. *Quels sont vos loisirs.*

lombago
V. **lumbago.**

lombaire adj.
Situé à la hauteur des reins. *Des douleurs lombaires.*
Note.- Attention à l'orthographe de cet adjectif qui conserve la même forme au masculin et au féminin : lomb**aire.**

lombric n. m.
Ver de terre.

londonien, ienne adj. et n. m. et f.
De Londres.
Note.- Contrairement à l'adjectif, le nom prend une majuscule.

long, longue adj., adv. et n. m.

ADJECTIF
● Il marque une dimension par rapport à l'**espace :**
- Qui a une certaine dimension, dans le sens de la longueur. *Un long bec. Un chemisier à manches longues.*
Note.- En ce sens, l'adjectif est souvent placé avant le nom auquel il se rapporte.
- *Chaise longue.* Chaise sur laquelle on peut allonger les jambes. *Des chaises longues en bois.*
- Qui s'étend sur une grande distance. *Un long chemin.*
● Il marque une dimension par rapport au **temps :**
- Qui dure longtemps. *Un long hiver. Un contrat à long terme.*

ADVERBE
● Il s'emploie surtout avec les verbes **dire** et **savoir.**
- Beaucoup. *Ils en savent long sur la question. Cela en dit long sur son état d'esprit.*
Note.- Comme adverbe, ce mot est invariable.
● **Locutions adverbiales**
- **À la longue.** Avec le temps. *Elle finira par comprendre à la longue.*
- **Au long, tout au long.** Complètement, amplement. *Il m'a décrit tout au long la conversation.*
- **De tout son long.** En s'allongeant par terre. *Elle est tombée de tout son long.*
- **De longue main.** Depuis longtemps. *Rassembler des données de longue main.*
- **De longue haleine.** À long terme. *C'est un travail de longue haleine.*
- **De long en large, en long et en large.** En n'omettant aucun détail. *Racontez-moi tout en long et en large.*

NOM MASCULIN
Longueur. *Ce mur a trois mètres de long.*

long-courrier adj. et n. m.
Se dit des avions faisant de longs parcours. *Des avions long-courriers. Des long-courriers.*

longe n. f.
Moitié de l'échine du veau, du chevreuil. *Manger de la longe de veau.*

longer v. tr.
• Le *g* est suivi d'un *e* devant les lettres *a* et *o*. *Il longea, nous longeons.*
• Aller le long de quelque chose. *Il longeait le parc.*

longévité n. f.
Durée de la vie.

longiligne adj.
Se dit d'une personne grande et mince.
Ant. **bréviligne.**

longitude n. f.
Angle compris entre le méridien d'origine et le méridien d'un lieu.
Note.- La longitude d'un lieu s'exprime en degrés (°), minutes (') et secondes d'angle ("). Le point cardinal (*Est* ou *Ouest*) s'écrit avec une majuscule **E.** ou **O.** *Cette ville est située à 75 degrés 15 minutes 28 secondes de longitude Ouest, à 75°15'28"O.* Attention à la disposition : il n'y a pas d'espace entre le nombre et le symbole ni signe de ponctuation entre les unités.
V. **latitude.**

longitudinal, ale, aux adj.
Dans le sens de la longueur. *Des axes longitudinaux.*

longitudinalement adv.
En longitude.

long(-)métrage n. m.
Film dont la durée dépasse une heure. *Des longs(-) métrages.*
Ant. **court(-)métrage.**

longtemps adv.
Longuement.
Note.- Attention à l'orthographe : lon*g*temps.

longuement adv.
Durant un long temps.

longuet, ette adj.
Un peu trop long.

longueur n. f.
• Dimension d'un objet considéré de l'une de ses extrémités à l'autre.
• Durée du temps.
• *À longueur de* (journée, semaine, année ...). Tout le long de. *Il s'ennuie à longueur d'année.*
• Étendue. *La longueur d'un ouvrage.*
• *Traîner en longueur.* Durer trop longtemps.

longue-vue n. f.
Lunette d'approche. *Des longues-vues puissantes.*

loofa
V. **luffa.**

look n. m.
(Anglicisme) (Fam.) Aspect, allure. *Des looks.*

lopin n. m.
Petit terrain.
Note.- Attention à l'orthographe : lop*in.*

loquace adj.
• Le *u* ne se prononce pas ou se prononce *ou* [lɔkas] ou [lɔkwas].
• Bavard, volubile.
Note.- Attention à l'orthographe : lo*qua*ce.

loquacité n. f.
• Le *u* ne se prononce pas ou se prononce *ou* [lɔkasite] ou [lɔkwasite].
• Volubilité.

loque n. f.
Haillon. *Un vêtement en loques.*

loquet n. m.
Pièce servant à fermer une porte.

lord n. m.
• Le *d* se prononce ou non [lɔrd] ou [lɔr].
• Titre donné en Grande-Bretagne aux titulaires de certains postes. *Des lords.*
Notes.-
1° Suivi d'un nom propre, le titre s'écrit avec une majuscule. *C'est un admirateur de Lord Mountbatten.*
2° La forme féminine est *lady.*

lorgner v. tr.
• Les lettres *gn* sont suivies d'un *i* à la première et à la deuxième personne du pluriel de l'indicatif imparfait et du subjonctif présent. *(Que) nous lorgnions, (que) vous lorgniez.*
• Regarder avec insistance.
• (Fig.) Convoiter. *Il lorgne ce titre.*

lorgnette n. f.
• Jumelle de théâtre.
• *Regarder par le petit bout de la lorgnette.* Exagérer l'importance d'un détail.

lorgnon n. m.
Lunettes sans branches.

lorrain, aine adj. et n. m. et f.
De Lorraine.
Note.- Contrairement à l'adjectif, le nom prend une majuscule.

lors adv.
(Vx) Alors.
Note.- Cet adverbe est vieilli et ne s'emploie plus que dans certaines expressions.
• *Lors de*, locution prépositive. Au moment de.
• *Depuis lors*, locution adverbiale. Depuis ce moment.
• *Dès lors*, locution adverbiale. Dès ce moment.
• *Lors même que*, locution conjonctive. (Litt.) Quand bien même. *Lors même qu'ils lui offriraient la lune, elle refuserait.*
Note.- Cette locution se construit avec le conditionnel.

lorsque conj.
Quand, au moment où. Cette conjonction marque la simultanéité de deux actions. *Lorsqu'il neige, les routes sont glissantes.*
Note.- L'élision se fait devant les mots suivants : *il, elle, en, on, un, une, ainsi.*

losange n. m.
Parallélogramme dont les côtés sont égaux.
Note.- Attention à l'orthographe : los*an*ge.

lot n. m.
• Part attribuée à chacun.
• *Gros lot.* Premier prix, dans une loterie.

loterie n. f.
Jeu de hasard.
Note.- Attention à l'orthographe : lo*t*erie.

lotion n. f.
Liquide utilisé pour les soins de la peau, des cheveux.
Une lotion hydratante, des lotions capillaires.

lotir v. tr.
• Partager en lots.
• *Bien, mal loti.* Favorisé, défavorisé par le sort.
Note.- Attention à l'orthographe : lo*t*ir.

lotissement n. m.
• Action de partager une propriété en lots pour la revente.
• Chacun de ces lots.
Note.- Attention à l'orthographe : lo*t*issement.

lotte n. f.
Poisson d'eau douce dont la chair est appréciée.

lotus n. m.
• Le *s* se prononce [lɔtys].
• Plante à fleurs bleues ou blanches qui s'apparente au nénuphar.

louable adj.
Qui mérite d'être loué. *Un effort louable.*

louange n. f.
• Action de louer quelqu'un.
• Éloge.

louanger v. tr.
• Le *g* est suivi d'un *e* devant les lettres *a* et *o*. *Il louangea, nous louangeons.*
• (Litt.) Louer à l'excès.
Note.- Ne pas confondre avec le verbe *louer* qui signifie « glorifier, souligner le mérite de quelqu'un ».

louangeur, euse adj.
(Litt.) Élogieux, flatteur.

louche adj. et n. f.
• **Adjectif.** Suspect, équivoque.
• **Nom féminin.** Grande cuillère à long manche destinée à servir le potage.

loucher v. intr.
Être atteint de strabisme.

louer v. tr., pronom.
• **Transitif**
- Glorifier, souligner le mérite de quelqu'un.
Note.- Ne pas confondre avec le verbe *louanger* qui signifie « louer à l'excès ».
- Donner un bien en location. *Mon propriétaire loue cet appartement 4 000 F par mois.*
- Prendre un bien en location. *Elle a loué une voiture, une maison.*
Note.- La personne qui donne quelque chose en location est un *bailleur*; la personne qui prend quelque chose en location est un *locataire*.
• **Pronominal**
Se féliciter de. *Il se loue d'avoir recruté cette personne.*

loufoque adj.
Burlesque.

loufoquerie n. f.
Caractère d'une personne, d'une chose loufoque.

louis n. m.
Ancienne pièce de monnaie. *Un louis d'or.*

loukoum ou **lokoum** n. m.
Confiserie orientale. *Des loukoums délicieux.*

loup, louve n. m. et f.
• Mammifère sauvage et carnivore qui ressemble à un grand chien.
• *Chien-loup.* Des chiens-loups.
• *Loup de mer.* Vieux marin.
• *Froid de loup.* Froid intense.
• *Faim de loup.* Grand appétit.
• *Entre chien et loup.* Au crépuscule.
• *Un jeune loup.* Personne ambitieuse, soucieuse de faire carrière.
• *À pas de loup.* Furtivement.

loupe n. f.
Lentille grossissante.

louper v. tr., intr.
• **Transitif.** (Fam.) Manquer. *Il a loupé son avion.*
• **Intransitif.** *Ça n'a pas loupé.* (Fam.) Ça n'a pas manqué.

loup-garou n. m.
Être malfaisant qui, selon les légendes, errait la nuit sous l'apparence d'un loup. *Des loups-garous terrifiants.*

lourd, lourde adj. et adv.
• **Adjectif.** Difficile à soulever, à porter en raison de son poids. *Un fardeau très lourd, une lourde tâche.*
• *Poids lourd.* Camion.
• **Adverbe.** *Son passé pèse lourd. Ces boîtes ne pèsent pas lourd.*
Note.- Pris adverbialement, le mot est invariable.

lourdaud, aude adj. et n. m. et f.
Maladroit et lent.

lourdement adv.
• Pesamment. *Marcher lourdement.*
• Grossièrement. *Ils se sont lourdement trompés.*

lourdeur n. f.
Gaucherie.

loustic n. m.
• Le *c* se prononce [lustik].
• Farceur.

loutre n. f.
Petit animal à pelage brun recherché pour sa fourrure.
Note.- Attention à l'orthographe : lou*t*re.

louve n. f.
Femelle du loup.

louveteau n. m.
• Petit du loup.
• Jeune scout. *Des louveteaux téméraires.*
Note.- Attention à l'orthographe : louvet*eau*.

louveter v. intr.
● Redoublement du *t* devant un *e* muet. *Elle louvette,* mais, *elle louvetait.*
● Mettre bas, en parlant de la louve.

louvoiement n. m.
Action de louvoyer.
Note.- Attention à l'orthographe : louv*oie*ment.

louvoyer v. intr.
● Le *y* se change en *i* devant un *e* muet. *Je louvoie, je louvoyais.*
● Le *y* est suivi d'un *i* à la première et à la deuxième personne du pluriel de l'indicatif imparfait et du subjonctif présent. *(Que) nous louvoyions.*
● Naviguer en zigzag.
● User de biais pour arriver à ses fins.

lover (se) v. pronom.
S'enrouler sur soi.

loyal, ale, aux adj.
Droit, franc. *Des employés loyaux.*

loyalement adv.
D'une manière loyale.

loyalisme n. m.
● Attachement à une institution établie.
● Fidélité à une cause.

loyauté n. f.
Droiture.
Note.- Attention à l'orthographe : lo*yau*té.

loyer n. m.
Prix d'une location. *Le loyer est de 3 000 F par mois.*

L.P.
Sigle de *lycée professionnel.*

L.S.D.
● Sigle de *acide lysergique diéthylamide.*
● Substance hallucinogène.

lubie n. f.
Idée saugrenue.
Note.- Ne pas confondre avec le mot *phobie* qui désigne une crainte.

lubricité n. f.
Penchant pour la sensualité brutale.

lubrifiant, iante adj. et n. m.
● **Adjectif.** Qui lubrifie. *Une substance lubrifiante.*
● **Nom masculin.** Matière propre à lubrifier. *Des lubrifiants efficaces.*

lubrification n. f.
Action de lubrifier.

lubrifier v. tr.
● Redoublement du *i* à la première et à la deuxième personne du pluriel de l'indicatif imparfait et du subjonctif présent. *(Que) nous lubrifiions, (que) vous lubrifiiez.*
● Rendre glissant, huiler. *Lubrifier les rouages d'un mécanisme.*

lubrique adj.
Qui a un penchant brutal pour la luxure.

lubriquement adv.
Avec lubricité.

lucarne n. f.
Petite fenêtre dans un toit.

lucide adj.
Qui comprend clairement les choses. *Un esprit lucide.*

lucidement adv.
Avec lucidité, avec clarté.

lucidité n. f.
Clairvoyance.

luciole n. f.
Insecte lumineux qui ressemble au ver luisant.
Note.- Attention à l'orthographe : lucio*le*.

lucratif, ive adj.
Qui procure des bénéfices. *Un travail lucratif. Une société à but non lucratif.*

lucre n. m.
(Litt.) Profit plus ou moins licite.

ludiciel n. m.
(Inform.) Logiciel de jeu. *Les échecs, la simulation de vol sont des ludiciels appréciés.*

ludique adj.
Relatif au jeu.

ludothèque n. f.
Local où des jouets sont à la disposition des enfants.

luette n. f.
Appendice charnu au fond de la bouche.

lueur n. f.
● Lumière faible et passagère.
● Apparence fugitive.

luffa ou **loofa** n. m.
● La lettre *u* ou les lettres *oo* se prononcent *ou* [lufa].
● Plante grimpante dont la pulpe constitue l'éponge végétale.

luge n. f.
Traîneau à patins. *Faire de la luge.*

lugubre adj.
Sinistre.

lui pron. pers. m. et f.

Pronom personnel de la troisième personne du singulier.
● Comme **complément d'objet indirect** en parlant des personnes, au sens de *à lui, à elle.* Il est masculin ou féminin lorsqu'il précède le verbe ou suit l'impératif. *Tu lui racontes l'histoire. Parlez-lui de moi.* Il est exclusivement masculin lorsqu'il suit le verbe qui n'est pas à l'impératif. *Je pense à lui.*
Note.- En parlant des animaux, des choses, on utilise surtout *en* et *y.* *Cette maison était trop sombre, nous y avons ajouté des fenêtres.*
● Avec valeur de **pronom tonique** pour mettre l'accent sur une personne, une chose du genre masculin. *Le choisir, lui ? Non, ce n'est pas possible.*
● Comme **complément d'objet direct** à la place de *le.* *Qui avez-vous retenu ? - Lui.*

• **Lui et soi**
- Avec un **sujet déterminé désignant une personne**, on emploie *lui*. *Cet ami ne parle jamais de lui.*
- Avec un **sujet indéterminé désignant une personne**, un pronom indéfini, un impersonnel, on emploie *soi*. *Chacun pour soi, cela va de soi.*
- Avec un **sujet désignant une chose du genre masculin**, on emploie *lui*. *Le temps emporte avec lui l'insouciance.*
- *En soi*. Cette locution s'emploie avec un sujet désignant une chose du genre masculin ou féminin. *Cette recherche est en soi assez pragmatique.*
• **Trait d'union**
Le pronom s'écrit avec un trait d'union dans *lui-même* et lorsqu'il est employé avec un verbe à l'impératif. *Donne-lui à boire.*

luire v. intr.
• *Je luis, tu luis, il luit, nous luisons, vous luisez, ils luisent. Je luisais. Je luirai, Je luirais. Luis, luisons, luisez. Que je luise. Luisant. Lui.*
• Le passé simple, le subjonctif imparfait ne sont plus usités.
• Le participe passé ne comporte ni forme féminine ni pluriel.
• Briller.

luisance n. f.
(Litt.) Caractère de ce qui est luisant.

luisant, ante adj.
• Qui réfléchit la lumière. *Des yeux luisants.*
• *Ver luisant*. Lampyre femelle. *Des vers luisants.*

lumbago ou **lombago** n. m.
• Les lettres *um* ou *om* se prononcent *on* [lɔ̃bago].
• Douleur dorsale de la région lombaire.
Syn. (fam.) **tour de reins**.

lumen n. m.
• Le *n* se prononce [lymɛn].
• Symbole *lm* (s'écrit sans point).
• Unité de flux lumineux.

lumière n. f.
• Clarté. *Faire de la lumière.*
Note.- L'usage l'a emporté sur la logique dans l'expression *allumer la lumière.*
• (Au plur.) (Vx) Connaissances. *J'ai besoin de vos lumières pour trouver la solution.*

luminaire n. m.
Appareil d'éclairage (terme générique).
Notes.-
1° Attention à l'orthographe : lumin*aire.*
2° Ne pas confondre avec les mots suivants :
- *applique*, appareil d'éclairage fixé au mur ;
- *lampadaire*, appareil d'éclairage muni d'un long support vertical ;
- *lampe*, appareil d'éclairage muni d'un pied, d'une base ;
- *plafonnier*, appareil d'éclairage fixé au plafond ;
- *suspension*, appareil d'éclairage suspendu au plafond.

luminescence n. f.
Propriété qu'ont certains corps d'émettre des rayons lumineux.
Note.- Attention à l'orthographe : lumine**sc**ence.

luminescent, ente adj.
Qui émet des rayons lumineux.
Note.- Attention à l'orthographe : lumine**sc**ent.

lumineusement adv.
De façon lumineuse, claire.

lumineux, euse adj.
Qui projette de la lumière.

luminosité n. f.
Qualité de ce qui est lumineux.

lunaire adj. et n. f.
Qui appartient à la lune. *Le cycle lunaire, un décor lunaire.*

lunaison n. f.
Mois lunaire.

lunatique adj. et n. m. et f.
Distrait, capricieux.

lunch n. m.
• Le mot se prononce [lœ̃ʃ] ou [lœntʃ].
• (Anglicisme) Repas léger. *Des lunchs* ou *lunches appétissants.*

lundi n. m.
Premier jour de la semaine. *Je vous verrai lundi.*
Note.- Les noms de jours s'écrivent avec une minuscule et prennent la marque du pluriel. *Je viendrai tous les lundis*, mais *je viendrai tous les lundi et vendredi de chaque semaine*. Attention à la construction de la dernière phrase où les noms de jours restent au singulier parce qu'il n'y a qu'un seul lundi et un seul vendredi par semaine.
V. Tableau - **JOUR**.

lune n. f.
Corps céleste qui tourne autour de la Terre et l'éclaire la nuit.
Note.- Les mots *lune, soleil, terre* s'écrivent avec une majuscule lorsqu'ils désignent la planète, l'astre, le satellite lui-même, notamment dans la langue de l'astronomie et dans les textes techniques ; ils s'écrivent avec une minuscule dans les autres utilisations. *La Lune tourne autour de la Terre. Un beau coucher de soleil, le clair de lune.*
V. **astre**.

lunette n. f.
• Instrument d'optique. *Une lunette astronomique, une lunette d'approche.*
• (Au plur.) Paire de verres destinés à corriger la vue. *Porter des lunettes. Une paire de lunettes.*

lunule n. f.
Partie située à la base de l'ongle, en demi-lune.

lupanar n. m.
(Litt.) Maison de prostitution.

lupin n. m.
Plante herbacée.

lurette n. f.
Il y a belle lurette. (Fam.) Il y a longtemps.

luron, onne n. m. et f.
Personne joyeuse.
Note.- En principe, l'expression *gai luron* est un pléonasme, mais elle est maintenant admise par l'usage.

lustral, ale, aux adj.
(Litt.) Qui sert à purifier. *L'eau lustrale.*

lustre n. m.
• Éclat.
• Appareil d'éclairage.

lustrer v. tr.
Faire briller.

luth n. m.
• Le *t* se prononce [lyt].
• Ancien instrument de musique.
Note.- Attention à l'orthographe : lu*th.*

luthier n. m.
Personne qui fabrique des instruments de musique à cordes.

lutin, ine adj. et n. m.
• **Adjectif.** Espiègle.
• **Nom masculin.** Petit être espiègle.

lutrin n. m.
Pupitre destiné à recevoir un document, un livre ouvert pour en faciliter la lecture.

lutte n. f.
Combat, bataille. *Engager la lutte contre les pluies acides.*

lutter v. intr.
• Combattre à la lutte.
• Rivaliser. *Elles luttent de vitesse.*
• S'efforcer de vaincre quelque chose. *Cette association lutte contre le racisme.*

lutteur n. m.
lutteuse n. f.
Athlète qui pratique la lutte.

luxation n. f.
Déplacement anormal d'un os de son articulation. *Une luxation du coude.*
Note.- Ne pas confondre avec les mots suivants :
- *foulure*, entorse ;
- *luxure*, recherche des plaisirs sexuels.

luxe n. m.
Magnificence.

luxembourgeois, oise adj. et n. m. et f.
Du Luxembourg.
Note.- Contrairement à l'adjectif, le nom prend une majuscule.

luxer v. tr., pronom.
• **Transitif.** Provoquer la luxation de.
• **Pronominal.** Se démettre une articulation. *Elle s'est luxé la cheville.*

luxueusement adv.
De façon luxueuse.

luxueux, euse adj.
Somptueux. *Une maison luxueuse.*

luxure n. f.
(Litt.) Recherche sans retenue des plaisirs sexuels.
Note.- Ne pas confondre avec le mot *luxation* qui désigne le déplacement anormal d'un os de son articulation.

luxuriance n. f.
(Litt.) État de ce qui est luxuriant.

luxuriant, ante adj.
Abondant, en parlant de la végétation.
Note.- Ne pas confondre avec le mot *luxurieux*, débauché.

luxurieux, ieuse adj.
(Litt.) Qui dénote la luxure.
Note.- Ne pas confondre avec le mot *luxuriant*, abondant, en parlant de la végétation.

luzerne n. f.
Plante fourragère.

lycanthrope n. m. et f.
Loup-garou.
Note.- Attention à l'orthographe : ly*cant*hrope.

lycée n. m.
Établissement d'enseignement qui dispense l'enseignement de la seconde à la terminale.
Notes.-
1° Attention à l'orthographe : ly*cée*.
2° Les désignations où le nom *lycée* est suivi d'un nom commun ou d'un adjectif s'écrivent avec une majuscule initiale. *Le Lycée français.* Lorsque le nom *lycée* est suivi d'un nom propre, il s'écrit avec une minuscule. *Il enseigne au lycée Louis-le-Grand.*

lycéen, éenne adj. et n. m. et f.
• **Adjectif.** Relatif au lycée, aux lycéens.
• **Nom masculin et féminin.** Élève d'un lycée.

lycée professionnel n. m.
Sigle *L.P.*

lymphe n. f.
Liquide organique.
Notes.-
1° Attention à l'orthographe : ly*m*phe.
2° Ne pas confondre avec le mot *nymphe* qui désigne une divinité féminine, une jeune fille gracieuse.

lynchage n. m.
Action de lyncher.

lyncher v. tr.
Exécuter sommairement, sans jugement régulier.

lynx n. m.
• Le *x* se prononce [lɛ̃ks].
• Mammifère carnassier recherché pour sa fourrure.
Note.- Attention à l'orthographe : ly*nx.*

lyophiliser v. tr.
Dessécher en vue d'assurer la conservation.
Note.- Attention à l'orthographe : ly*ophi*liser.

lyre n. f.
Instrument de musique à cordes pincées.
Note.- Attention à l'orthographe : ly*re.*

lyrique

Hom. :
- **lire**, unité monétaire de l'Italie ;
- **lire**, prendre connaissance d'un texte par la lecture.

lyrique adj.
• Se dit de la poésie qui traduit des sentiments intimes avec émotion et exaltation.
• Destiné à être mis en musique. *Une comédie lyrique.*
Note.- Attention à l'orthographe : l**y**rique.

lyriquement adv.
Avec lyrisme.
Note.- Attention à l'orthographe : l**y**riquement.

lyrisme n. m.
Expression poétique de ses sentiments.
Note.- Attention à l'orthographe : l**y**risme.

lys n. m.
Graphie ancienne de **lis**. *Une fleur de lys.*
V. **lis.**

M

m
- Symbole de *mètre.*
- Symbole de *milli-.*

m²
Symbole de *mètre carré.*

m³
Symbole de *mètre cube.*

M
- Chiffre romain dont la valeur est de 1 000.
V. Tableau - **CHIFFRES.**
- Symbole de *million.*
- Symbole de *méga-.*

M.
Abréviation de *monsieur.*

mA
Symbole de *milliampère.*

MA
Abréviation de *modulation d'amplitude.*
Note.- Toutefois, l'abréviation internationale est **AM**. *La radio AM.*

ma adj. poss. f. sing.
- L'adjectif possessif détermine le nom en indiquant le « possesseur » de l'objet désigné. Il s'accorde en genre et en nombre avec le nom déterminé. *Ma maison.* Il s'accorde en personne avec le nom désignant le « possesseur ».
- Ainsi, l'adjectif possessif *ma* renvoie à un seul « possesseur » d'un être, d'un objet de genre féminin.
Note.- Devant un nom féminin commençant par une voyelle ou un *h* muet, c'est la forme masculine *mon* qui est employée pour des raisons d'euphonie. *Mon amie, mon histoire.*
V. Tableau - **POSSESSIF (ADJECTIF).**

maboul, oule adj. et n. m. et f.
(Fam.) Fou. *Elle est maboule.*
Note.- Attention à l'orthographe : mabou**l**.

macabre adj.
Lugubre.
Note.- Attention à l'orthographe : ma**c**abre.

macadam n. m.
- Le *m* final se prononce [makadam].
- Revêtement de chaussée.
- (Par ext.) Chaussée.
Note.- Attention à l'orthographe : ma**c**ada**m**.

macaque n. m.
Singe.
Notes.-
1° Attention à l'orthographe : ma**caqu**e.
2° Ce nom n'a pas de forme féminine. *Un macaque femelle.*

macareux n. m. inv.
Oiseau palmipède, voisin du pingouin.
Note.- Attention à l'orthographe : macareu**x**, au singulier et au pluriel.

macaron n. m.
- Petit gâteau sec.
- Insigne généralement de forme ronde. *Des macarons tricolores.*
Note.- Attention à l'orthographe : macar**on**.

macaroni n. m.
Pâtes alimentaires. *Des macaronis savoureux, du macaroni au gratin.*
Note.- Le nom peut s'employer au pluriel ou comme un collectif, au singulier.

macchabée n. m.
(Pop.) Cadavre.
Note.- Attention à l'orthographe : ma**cch**abé**e**.

macédoine n. f.
Salade de légumes ou de fruits.
Note.- Attention à l'orthographe : ma**cé**doine.

macération n. f.
Action de faire macérer.
Note.- Attention à l'orthographe : ma**cé**ration.

macérer v. tr., intr.
- Le *é* se change en *è* devant une syllabe muette, sauf à l'indicatif futur et au conditionnel présent. *Il macère,* mais *il macérera.*
- **Transitif.** Faire tremper. *Des fruits macérés dans l'eau-de-vie.*
- **Intransitif.** Baigner dans un liquide. *Cette viande doit macérer quelques heures avant d'être cuite.*

Mach n. m.
- Les lettres *ch* se prononcent *k* [mak].
- *Nombre de Mach.* Rapport entre la vitesse d'un mobile et celle du son. *Voler à Mach 3 (trois fois la vitesse du son).*
Note.- Ce rapport varie selon la température. Le nom s'écrit avec une majuscule, car il s'agit du nom du physicien autrichien.

mâche n. f.
Plante herbacée qui se mange en salade.
Note.- Attention à l'orthographe : m**â**che.

mâchefer n. m.
Scories résultant de la combustion du charbon.
Note.- Attention à l'orthographe : m**â**chefer.

mâcher v. tr.
Broyer avec les dents, triturer longuement dans la bouche.
Note.- Attention à l'orthographe : m**â**cher.

machette n. f.
Grand couteau.
Note.- Attention à l'orthographe : machette.

machiavélique adj.
• Les lettres *ch* se prononcent *k* [makjavelik].
• Diabolique.
Note.- Attention à l'orthographe : ma*chia*vélique.

mâchicoulis n. m.
• Le *s* ne se prononce pas [maʃikuli].
• Encorbellement au sommet des murs des châteaux forts.
Note.- Attention à l'orthographe : mâchicouli**s**.

machin n. m.
(Fam.) Chose. *Je voudrais un machin comme ça.*

machinal, ale, aux adj.
Automatique, involontaire. *Des gestes machinaux.*

machinalement adv.
De façon machinale.

machination n. f.
Complot.
Note.- Ne pas confondre avec le mot *machinerie* qui désigne un ensemble de machines concourant à un même but.

machine n. f.
• Ensemble de mécanismes utilisant une énergie donnée afin de fournir un travail. *Une machine électrique.*
Note.- Ne pas confondre avec les mots suivants :
- *appareil*, ensemble de pièces disposées pour fonctionner ensemble en vue d'exécuter une opération matérielle ;
- *outil*, instrument utilisé directement par la main pour faire un travail ;
- *ustensile*, instrument servant aux usages domestiques.
• *Faire machine arrière.* Reculer. *Ils font machine arrière.*
Note.- Dans cette expression, le nom est invariable.

machine à écrire n. f.
Appareil dont on se sert pour transcrire un texte.

machine dynamo-électrique n. f.
S'abrège familièrement en *dynamo.*

machine-outil n. f.
Machine dotée d'un outillage mû mécaniquement. *Des machines-outils bruyantes.*

machiner v. tr.
Comploter.

machinerie n. f.
Ensemble de machines concourant à un même but.
Note.- Ne pas confondre avec le mot *machination* qui désigne un complot.

machiniste n. m. et f.
Personne chargée des décors, au théâtre, au cinéma.
Note.- Ce mot est vieilli au sens de *conducteur, mécanicien.*

machisme n. m.
• Les lettres *ch* se prononcent *tch* ou *ch* [matʃism] ou [maʃism].

• Idéologie fondée sur l'idée de la suprématie du mâle ; comportement conforme à cette idéologie.

machiste adj. et n. m. et f.
• Les lettres *ch* se prononcent *tch* ou *ch* [matʃist] ou [maʃist].
• Qui fait preuve de machisme.

macho adj. inv. et n. m.
• Les lettres *ch* se prononcent *tch* [matʃo].
• **Adjectif invariable.** (Fam.) Méprisant à l'égard du sexe féminin. *Des préjugés macho.*
• **Nom masculin.** (Fam.) Homme convaincu de la supériorité de son sexe sur le sexe féminin. *Des machos, il en reste beaucoup.*

mâchoire n. f.
Os de la face portant les dents.
Note.- Attention à l'orthographe : mâchoire.

mâchonner v. tr.
Mâcher légèrement.

mâchouiller v. tr.
(Fam.) Mâcher sans avaler. *Mâchouiller le bout d'un crayon.*
Note.- Attention à l'orthographe : mâchou*ill*er.

mâcon n. m.
Vin de la région de Mâcon.
Note.- Le nom du vin s'écrit avec une minuscule, le nom de la région, avec une majuscule.

maçon n. m.
Personne qui exécute des travaux de maçonnerie.
Note.- Attention à l'orthographe : maçon.

maçonnerie n. f.
Ouvrage composé de pierres, de briques unies par du mortier, du ciment, etc.

macr(o)- préf.
Élément du grec signifiant « grand ».
Note.- Les mots composés avec ce préfixe s'écrivent sans trait d'union, même devant une voyelle. *Macrocosme, macroéconomie.*

macramé n. m.
Ouvrage de fils noués. *Des macramés.*

macrocosme n. m.
Univers, par opposition à l'homme considéré comme un microcosme.
Ant. **microcosme.**

macroéconomie n. f.
(Écon.) Partie de l'économie qui étudie les structures générales, les grandeurs et les variables globales.
Note.- Ne pas confondre avec la *microéconomie* qui s'intéresse aux comportements économiques des unités économiques (entreprise, consommateur, etc.).
Ant. **microéconomie.**

macroéconomique adj.
Relatif à la macroéconomie.

macroscopique adj.
Qui se voit à l'œil nu.
Ant. **microscopique.**

maculer v. tr.
(Litt.) Salir, tacher. *Une feuille maculée d'encre.*
Note.- Attention à l'orthographe : macu*l*er.

madame, mesdames n. f.
• Abréviations *Mme, Mmes* (s'écrivent sans points).
• Titre de civilité donné aux femmes.
Notes.-
1° Le titre s'écrit avec une majuscule et ne s'abrège pas quand on s'adresse directement à la personne, dans les formules d'appel et de salutation, dans les suscriptions. *Madame Hélène Duchêne.*
2° Le titre de civilité s'abrège généralement lorsqu'il est suivi du patronyme ou d'un autre titre et qu'on ne s'adresse pas directement à la personne. *Mme Laforest sera là. Mme la directrice est absente.*
3° Le titre s'écrit avec une minuscule initiale et ne s'abrège pas lorsqu'il est employé seul, sans être accompagné d'un nom propre, d'un titre ou d'une fonction, dans certaines constructions de déférence. *Oui monsieur, madame est sortie. Je ne crois pas avoir déjà rencontré madame.*

made in
• Le *a* se prononce *è* [mɛdin].
• (Anglicisme) Fabriqué en, au (nom de pays).

madeleine n. f.
Petit gâteau. *La madeleine de Proust.*

mademoiselle, mesdemoiselles n. f.
• Abréviations *Mlle, Mlles* (s'écrivent sans points).
• Titre de civilité donné aux jeunes filles.
Note.- L'usage de donner le titre de *mademoiselle* aux femmes célibataires tend à vieillir ; on emploie plutôt *madame*, à moins que l'intéressée n'en fasse la demande.
V. **madame.**

madère n. m.
Vin de Madère. *Boire du madère.*
Note.- Le nom du vin s'écrit avec une minuscule, le nom de l'île, avec une majuscule.

madone n. f.
• Vierge. *Prier la Madone.*
• Représentation de la Vierge. *Des madones sculptées.*
Note.- Le nom s'écrit avec une majuscule lorsqu'il désigne la Vierge.

madras n. m.
• Le *s* se prononce [madrɑs].
• Étoffe de couleurs vives.

madrier n. m.
Poutre.

madrigal n. m.
Petit poème galant. *De jolis madrigaux.*

madrilène adj. et n. m. et f.
De Madrid.
Note.- Contrairement à l'adjectif, le nom prend une majuscule.

maestria n. f.
• Les lettres *ae* se prononcent séparément [maɛstria].
• Brio.

maestro n. m.
• Les lettres *ae* se prononcent séparément [maɛstro].
• (Plaisant.) Chef d'orchestre. *Des maestros.*

mafia ou **maffia** n. f.
Association secrète de malfaiteurs.

mafflu, ue adj.
(Litt.) Joufflu.
Note.- Attention à l'orthographe : ma*ff*lu.

magasin n. m.
• Établissement commercial. *Un magasin d'appareils d'éclairage.*
• **Grand magasin.** Magasin comportant de nombreux rayons spécialisés.
Note.- Par rapport à **boutique,** le *magasin* désigne un établissement d'une certaine importance.

magasinage n. m.
Au Canada, action de faire des courses.

magasiner v. intr.
Au Canada, faire des courses, des emplettes.

magasinier n. m.
Personne responsable d'un magasin (de pièces, de fournitures, etc.) dans une grande entreprise.

magazine n. m.
• Publication périodique généralement illustrée.
• Émission de radio, de télévision traitant régulièrement de certains sujets. *Un magazine économique.*
Note.- Attention à l'orthographe : maga*z*ine.

mage n. m.
• Astrologue, personne versée dans la magie.
• (En appos.) *Les Rois mages.*

magenta adj. inv. et n. m.
• Les lettres *en* se prononcent *in* [maʒɛta].
• **Adjectif de couleur invariable.** D'un rouge violacé. *Des imprimés magenta.*
V. Tableau - **COULEUR (ADJECTIFS DE).**
• **Nom masculin.** Couleur rouge violacé. *Des magentas vibrants.*

maghrébin, ine adj. et n. m. et f.
Du Maghreb, c'est-à-dire d'Afrique du Nord.
Note.- Contrairement à l'adjectif, le nom prend une majuscule.

magicien n. m.
magicienne n. f.
Personne qui pratique la magie. *Michel, le magicien.*

magie n. f.
• Art de produire des effets apparemment inexplicables.
• Charme. *La magie des couleurs.*

magique adj.
Qui se rapporte à la magie. *Une baguette magique.*

magiquement adv.
De façon magique.

magistral, ale, aux adj.
• Donné par un maître. *Des cours magistraux.*
• Remarquable. *Une œuvre magistrale.*

magistralement adv.
De façon magistrale.

magistrat n. m.
Fonctionnaire chargé de rendre la justice.
Syn. **juge.**

magistrature n. f.
Ensemble des magistrats.

magma n. m.
Masse informe. *Des magmas.*

magnanime adj.
Généreux, clément.
Note.- Attention à l'orthographe : ma*gn*anime.

magnanimement adv.
Avec magnanimité.
Note.- Attention à l'orthographe : ma*gn*animement.

magnanimité n. f.
Générosité, clémence.
Note.- Attention à l'orthographe : ma*gn*animité.

magnat n. m.
• Les lettres *gn* se prononcent séparément et le *t* est muet [magna].
• Personnalité influente. *Les magnats de la finance, du pétrole.*
Note.- Attention à l'orthographe : magna*t*.

magner (se) v. pronom.
(Pop.) Se hâter.

magnésium n. m.
• Symbole *Mg* (s'écrit sans point).
• Le *u* se prononce comme *o* [maɲezjɔm].
• Métal blanc argenté. *Des magnésiums.*

magnétique adj.
Qui possède les propriétés de l'aimant. *L'attraction magnétique.*

magnétisation n. f.
Action de magnétiser.

magnétiser v. tr.
• Aimanter.
• (Litt.) Fasciner.

magnétisme n. m.
• Ensemble des phénomènes relatifs aux aimants et aux champs magnétiques.
• Fascination exercée par quelqu'un sur son entourage.

magnéto- préf.
Élément du grec signifiant «aimant». *Magnétophone.*

magnéto n. m.
Abréviation familière de *magnétophone* et de *magnétoscope. Des magnétos.*

magnétophone n. m.
• S'abrège familièrement en *magnéto* (s'écrit sans point).
• Appareil d'enregistrement et de reproduction des sons utilisant des bandes magnétiques.

magnétoscope n. m.
• S'abrège familièrement en *magnéto* (s'écrit sans point).

• Appareil d'enregistrement et de reproduction des images et du son utilisant des bandes magnétiques.

Magnificat n. m. inv.
• Le *t* se prononce [maɲifikat].
• Cantique en l'honneur de la Vierge. *De beaux Magnificat.*
Note.- Ce mot s'écrit avec une majuscule.

magnificence n. f.
Qualité de ce qui est magnifique, somptueux.
Notes.-
1° Attention à l'orthographe : magnifi**cence.**
2° Ne pas confondre avec le mot **munificence** qui signifie «générosité».

magnifier v. tr.
• Redoublement du *i* à la première et à la deuxième personne du pluriel de l'indicatif imparfait et du subjonctif présent. *(Que) nous magnifiions, (que) vous magnifiiez.*
• Célébrer, louer.
• Idéaliser.

magnifique adj.
Admirable, grandiose.

magnifiquement adv.
De façon magnifique.

magnolia n. m.
Arbre à feuilles luisantes, à grandes fleurs très odorantes. *Des magnolias blancs.*
Note.- Attention au genre masculin de ce nom : **un** magnolia.

magnum n. m.
• Les lettres *gn* se prononcent séparément et le *u* se prononce *o* [magnɔm].
• Bouteille de champagne contenant de 1,50 à 1,60 litre.
V. **bouteille.**

magot n. m.
Somme d'argent économisée. *Cacher son magot.*

magouille n. f. ou **magouillage** n. m.
(Fam.) Tractations douteuses.
Note.- Attention à l'orthographe : magou*ill*e.

magouiller v. intr.
(Fam.) Se livrer à des magouilles.
Note.- Attention à l'orthographe : magou*ill*er.

magouilleur, euse adj. et n. m. et f.
(Fam.) Personne qui se livre à des magouilles.
Note.- Attention à l'orthographe : magou*ill*eur.

magret n. m.
(Cuis.) Filet de canard. *Du magret de canard.*
Note.- Attention à l'orthographe : magre*t*.

maharaja ou **maharadjah** n. m.
Titre princier en Inde. *Des maharajahs.*

maharané ou **maharani** n. f.
Femme du maharajah. *Des maharanés.*

mahométan, ane adj. et n. m. et f.
(Vx) Musulman.

mai n. m.
Cinquième mois de l'année. *Le 29 mai.*
Note.- Les noms de mois s'écrivent avec une minuscule.
V. Tableau - **DATE.**

maïeutique n. f.
Dialectique.
Note.- Attention à l'orthographe : ma*ï*eutique.

maigre adj.
• Décharné.
• Médiocre. *De maigres résultats.*
• (Imprim.) Mince (par opposition à **gras**). *Des caractères typographiques maigres.*
Note.- Attention à l'orthographe : m*ai*gre.

maigrelet, ette adj.
Un peu trop maigre.
Note.- Attention à l'orthographe : m*ai*grelet.

maigrement adv.
De façon peu abondante.
Note.- Attention à l'orthographe : m*ai*grement.

maigreur n. f.
Absence de graisse.
Note.- Attention à l'orthographe : m*ai*greur.

maigrichon, onne adj. et n. m. et f.
(Fam.) Un peu maigre.
Note.- Attention à l'orthographe : m*ai*grichon.

maigrir v. tr., intr.
• **Transitif.** Rendre maigre. *Ce costume le maigrit.*
• **Intransitif.** Devenir maigre. *Il a beaucoup maigri.*

mailing n. m.
(Anglicisme) Publipostage.

maillage n. m.
Disposition en réseau.

maille n. f.
• Chacune des boucles nouées d'un tissu, d'un tricot, d'un réseau, etc.
• *Avoir maille à partir avec quelqu'un.* Avoir un différend avec quelqu'un.

mailler v. tr.
Relier à l'aide de mailles.

maillet n. m.
Petit marteau. *Le maillet du juge.*

maillon n. m.
Anneau d'une chaîne.

maillot n. m.
• Vêtement moulant qui couvre le haut du corps. *Porter un maillot.*
• *Maillot de bain.* Costume de bain. *Elle a toute une collection de maillots de bain.*
• *Maillot de corps.* Sous-vêtement masculin.

main n. f.
V. Tableau - **MAIN.**

main-d'œuvre n. f.
• Travail de l'ouvrier. *Des frais de main-d'œuvre.*
• Ensemble des salariés. *Des mains-d'œuvre étrangères.*

Notes.-
1° Attention à l'orthographe : main-d'œuvre.
2° L'emploi de ce mot est rare au pluriel.

main-forte n. f. inv.
• Assistance.
• *Prêter main-forte, donner main-forte.* Aider.
Note.- Attention à l'orthographe : main-forte.

mainlevée n. f.
(Dr.) Acte qui met fin à une saisie, à une opposition.
Note.- Attention à l'orthographe : s'écrit en un seul mot.

mainmise n. f.
Prépondérance, domination.
Note.- Attention à l'orthographe : s'écrit en un seul mot.

maint, mainte adj. indéf.
• (Litt.) Plusieurs. *Je l'ai aperçu maintes fois.*
• *À maintes reprises.* Souvent.
Note.- Attention à l'orthographe : m*aint.*

maintenance n. f.
Ensemble des moyens d'entretien utilisés dans le but de maintenir un système, un matériel technique dans un état de fonctionnement normal. *Superviser la maintenance d'un avion.*
Note.- Ne pas confondre avec le mot **entretien** qui désigne l'action de maintenir en bon état.

maintenant adv.
Actuellement, à présent.
Note.- Attention à l'orthographe : mainten*ant.*

maintenir v. tr., pronom.
• *Je maintiens, tu maintiens, il maintient, nous maintenons, vous maintenez, ils maintiennent. Je maintenais. Je maintins. Je maintiendrai. Je maintiendrais. Maintiens, maintenons, maintenez. Que je maintienne. Que je maintinsse. Maintenant. Maintenu, ue.*
• **Transitif**
- Entretenir, conserver dans le même état. *Maintenir le statu quo.*
- Fixer. *Elle maintient ses longs cheveux par des peignes.*
• **Pronominal**
Durer, rester dans le même état. *La Bourse se maintient au même niveau.*

maintien n. m.
• Attitude. *Un maintien souple.*
• Conservation. *Assurer le maintien des lois.*
Note.- Attention à l'orthographe : maint*ien.*

maire n. m.
Personne élue à la direction d'une administration municipale.
Hom. :
- **mer**, vaste étendue d'eau salée ;
- **mère**, femme qui a donné naissance à un ou plusieurs enfants.

mairesse n. f.
(Fam.) Femme d'un maire.

MAIN

Partie du corps humain, composée de cinq doigts, qui termine le bras et sert au toucher et à la préhension.
Note.- Dans les expressions dont il fait partie, le mot **main** s'écrit parfois au singulier, parfois au pluriel.

LOCUTIONS

- *À main armée.*	Les armes à la main.
- *Avoir la main haute.*	Diriger.
- *Avoir les mains libres.*	Avoir toute latitude.
- *Avoir, tenir en main.*	Avoir à sa disposition.
- *Changer de main.*	Faire passer d'une main à une autre.
- *Changer de main(s).*	Passer d'un propriétaire à un autre.
- *Coup de main.*	Aide momentanée.
- *De la main à la main.*	Sans intermédiaire.
- *De longue main.*	Depuis longtemps.
- *De main de maître.*	Avec habileté.
- *De main en main.*	D'une personne à une autre.
- *De première main.*	Directement, de source sûre.
- *De seconde main.*	Indirectement.
- *Dessiner à main levée.*	D'un seul trait.
- *En bonnes mains.*	À une personne compétente.
- *En main(s) propre(s).*	Dans les mains de la personne intéressée.
- *En un tour de main.*	Rapidement.
- *En venir aux mains.*	Se battre.
- *Faire des pieds et des mains.*	Multiplier les démarches.
- *Faire main basse.*	Voler.
- *Fait, cousu main.*	Fait à la main.
- *Forcer la main à quelqu'un.*	Obliger quelqu'un.
- *Haut la main.*	Facilement, avec autorité.
- *Haut les mains !*	Sommation de lever les bras.
- *Homme de main.*	Homme d'exécution.
- *Main courante.*	Partie supérieure d'une rampe d'escalier.
- *Mettre la dernière main à quelque chose.*	Terminer, achever quelque chose.
- *Ne pas y aller de main morte.*	Attaquer avec vivacité.
- *Poignée de main, des poignées de main.*	Geste par lequel on serre la main de quelqu'un.
- *Porter la main sur quelqu'un.*	Frapper quelqu'un.
- *Prendre en main quelqu'un, quelque chose.*	Se charger de quelqu'un, de quelque chose.
- *Prendre la main dans le sac.*	En flagrant délit.
- *Se faire la main.*	S'exercer.
- *Se laver les mains de quelque chose.*	Dégager sa responsabilité.
- *Sous la main.*	À sa disposition.
- *Tendre la main à quelqu'un.*	Offrir son aide, son amitié.

mairie n. f.
- Administration municipale.
- Hôtel de ville.

mais conj.
Cette conjonction introduit une idée contraire, une restriction, une objection. *Il est intelligent, mais il n'a pas l'expérience voulue.*
Note.- La conjonction **mais** est généralement précédée d'une virgule.

maïs n. m.
- Le **s** se prononce [mais].
- Graminée dont les épis portent des grains durs.

maison n. f.
- Bâtiment servant d'habitation. *Une maison de campagne.*
- Établissement privé ou public. *Une maison d'édition, une maison de la culture.*
- **Maison(-)mère.** Établissement dont dépend un ordre religieux.
Note.- Pour une entreprise commerciale, on dit plutôt **siège social.**
- (En appos.) Fait à la maison, du chef. *Des spécialités maison.*
Note.- Dans cet emploi, le mot est invariable.

maisonnée n. f.
Ensemble de ceux qui habitent une maison.

maisonnette n. f.
Petite maison.
Note.- Attention à l'orthographe : maiso**nn**ette.

maître, maîtresse n. m. et f.

● Personne qui possède l'autorité.
- *Rester maître de soi.* Se maîtriser.
- *Se rendre maître d'un lieu.* S'en emparer.
- *Trouver son maître.* S'incliner devant quelqu'un de supérieur.
● Personne qui enseigne un art, une science.
- *Maître de dessin, de ballet, d'étude.*
Note.- Le complément s'écrit au singulier.
- *Maître d'armes.* Professeur d'escrime.
Note.- Le complément s'écrit au pluriel.
- *Maître, maîtresse d'école.* Instituteur, institutrice.
● Personne qui dirige du personnel.
- *Maître d'hôtel.* Personne qui dirige le service dans un hôtel, un restaurant. *Des maîtres d'hôtel stylés.*
- *Maître d'œuvre.* Personne physique ou morale à qui le maître de l'ouvrage confie la direction ou le contrôle de l'exécution des travaux. *Des maîtres d'œuvre expérimentés.*
- *Maître de l'ouvrage.* Personne physique ou morale qui définit un marché de travaux, conclut le marché, reçoit l'ouvrage terminé et procède aux paiements. *Des maîtres d'ouvrage exigeants.*
● Titre donné aux avocats. *Cher Maître, chère Maître.*
- Abréviation *Mᵉ,* (au plur.) *Mᵉˢ* (s'écrivent sans points).
Note.- Le titre conserve la même forme au masculin et au féminin.
● *Maître, maîtresse.* (En appos.) Qui est important, le plus important. *Des pièces maîtresses, des atouts maîtres.*
Note.- Le nom mis en apposition prend la marque du pluriel et s'écrit sans trait d'union.
- *Maître-autel. Des maîtres-autels.*
- *Maître chanteur.* Personne qui fait du chantage. *Des maîtres chanteurs.*
Note.- Cette locution péjorative n'a pas de forme féminine.
- *Maître à penser.* Modèle (intellectuel). *Nous avons eu le même maître à penser.*
- *Maître nageur.* Professeur de natation. *Des maîtres nageurs attentifs.*
Hom. **mètre**, unité de mesure de longueur.

maîtrise n. f.
● Domination incontestée.
● *Maîtrise de soi.* Calme.
● Grade universitaire sanctionnant le second cycle de l'enseignement supérieur.
Note.- Attention à l'orthographe : maîtrise.

maîtriser v. tr., pronom.
● Transitif
- Se rendre maître de. *Maîtriser un cheval.*
- Contenir. *Maîtriser un incendie. Maîtriser sa déception.*

● Pronominal
Se dominer. *Ils se sont maîtrisés et sont restés silencieux.*
Note.- Attention à l'orthographe : maîtriser.

majesté n. f.
● Qualité de ce qui est revêtu d'un caractère de grandeur propre à inspirer l'admiration.
● **Pluriel de majesté.** Pour éviter le *je*, le pronom *nous* peut être employé dans certains cas. *Nous sommes persuadé (ou persuadée) que ce sera utile.*
Note.- Dans ce cas, le participe passé s'accorde en genre, mais reste singulier.
● Titre donné aux souverains.
● Abréviations : Sa Majesté *S.M.,* Sa Majesté Royale *S.M.R.,* Leurs Majestés *LL.MM.,* Leurs Majestés Royales *LL.MM.RR.*
Note.- Les adjectifs, les pronoms ou les participes passés s'accordent au féminin en l'absence d'un nom masculin qui suivrait le titre honorifique. *Sa Majesté est prête à venir.* Si le titre est suivi d'un nom masculin, les adjectifs, les pronoms ou les participes passés s'accordent avec ce nom. *Sa Majesté le Prince est déterminé à venir.*

majestueusement adv.
Avec majesté.

majestueux, euse adj.
Imposant.

majeur, eure adj. et n. m. et f.
● Adjectif
- Plus grand, plus considérable. *La majeure partie des élèves est absente.*
- Très important. *Un incident majeur.*
- *Cas de force majeure.* Évènement inévitable. *C'était un cas de force majeure.*
- Qui a atteint la majorité. *Elle est majeure.*
● Nom masculin et féminin
Personne qui a atteint la majorité. *Les majeurs ont le droit de voter.*
Ant. **mineur.**
● Nom masculin
Le troisième doigt de la main.

major adj. et n. m.
● Officier supérieur. *Des majors.*
● *État-major.* Conseil de direction d'une armée, d'une organisation. *Des états-majors.*

majoration n. f.
Augmentation. *Une majoration de prix, d'impôt.*
Note.- Attention à l'orthographe : ma**j**oration.

majordome n. m.
Maître d'hôtel de grande maison.
Note.- Attention à l'orthographe : ma**j**ordom**e**.

majorer v. tr.
Augmenter. *Majorer un salaire.*

majorette n. f.
Dans un défilé, jeune fille qui manie agilement un bâton de tambour-major.

majoritaire adj.
- Se dit d'un régime électoral où la majorité des votes l'emporte.
- Qui fait partie d'une majorité. *Un groupe majoritaire.*

majorité n. f.
- Le plus grand nombre. *La majorité des participants a choisi* ou *ont choisi notre candidat.*
Note.- Après un nom collectif suivi d'un complément au pluriel, le verbe se met au singulier ou au pluriel suivant l'intention de l'auteur qui veut insister sur l'ensemble ou sur la pluralité.
Ant. **minorité.**
V. Tableau - **COLLECTIF.**
- Âge légal auquel une personne jouit du libre exercice de ses droits. *La majorité est maintenant établie à 18 ans.*

majuscule adj. et n. f.
Lettre majuscule. Grande lettre, capitale. *Les noms propres s'écrivent avec une majuscule.*
Ant. **minuscule, bas-de-casse.**
V. Tableau - **MAJUSCULES ET MINUSCULES.**

mal, maux adj., adv. et n. m.
- **Adjectif**
- Mauvais, nuisible.
- *Être mal en point.* Être en mauvais état.
- *Bon an, mal an.* En faisant une moyenne entre les années. *Cette entreprise fait de bons profits bon an, mal an.*
- *Bon gré, mal gré.* De gré ou de force.
- **Adverbe**
- Imparfaitement. *Ils écrivent mal.*
- *Pas mal*, locution adverbiale. (Fam.) Assez. *Elle a pas mal de culot.*
- *Faire mal.* Causer une douleur.
Note.- Employé comme adverbe, le mot est invariable.
- **Nom masculin**
- Ce qui est contraire au bien. *Ne pas faire le mal, faire le bien.*
- Douleur. *Des maux de dents, de tête.*
- *Mal de cœur.* Envie de vomir. *Des maux de cœur violents.*
- *Mal de l'air, de mer.* Malaises causés par les oscillations d'un avion, d'un bateau.
- *Mal du pays.* Nostalgie.
Hom. *malle*, coffre.
Hom. (du pluriel *maux*) *mot*, groupe de lettres exprimant une idée.

malabar n. m.
Homme grand et fort.

malachite n. f.
- Les lettres *ch* se prononcent *k* [malakit].
- Belle pierre verte.

malade adj. et n. m. et f.
- **Adjectif.** Qui est en mauvaise santé, en mauvais état.
- **Nom masculin et féminin.** Personne malade. *Un grand malade.*

maladie n. f.
- Altération de la santé.

- *Assurance maladie.* Assurance contre la maladie. *Des assurances maladie.*

maladie sexuellement transmissible
Sigle *M.S.T.*

maladif, ive adj.
Qui est souvent malade. *Des personnes maladives.*

maladivement adv.
De façon maladive.

maladresse n. f.
- Manque d'habileté.
- Action maladroite, bêtise.
Note.- Attention à l'orthographe : ma*l*adresse.

maladroit, oite adj.
Qui manque d'adresse, incapable.
Note.- Attention à l'orthographe : ma*l*adroit.

maladroitement adv.
De façon maladroite.

malaga n. m.
Vin de la région de Malaga.
Notes.-
1° Attention à l'orthographe : mala*g*a.
2° Le nom du vin s'écrit avec une minuscule, celui de la région avec une majuscule.

malais, aise adj. et n. m. et f.
- **Adjectif et nom masculin et féminin.** De la Malaisie.
- **Nom masculin.** Langue officielle de la Malaysia et de l'Indonésie.
Note.- Lorsqu'il s'agit de la langue, l'adjectif ou le nom s'écrit avec une minuscule. Si le nom désigne une personne, la majuscule s'impose.

malaise n. m.
Sensation pénible (morale ou physique).
Note.- Attention à l'orthographe : mal*ai*se.

malaisé, ée adj.
Difficile.
Note.- Attention à l'orthographe : mal*ai*sé.

malappris, ise adj.
(Vx) Mal élevé.
Note.- Attention à l'orthographe : ma*l*appris.

malaria n. f.
(Vx) Paludisme.

malavisé, ée adj.
(Litt.) Imprudent.
Note.- Attention à l'orthographe : ma*l*avisé.

malaxage n. m.
Action de malaxer.

malaxer v. tr.
Triturer, souvent à l'aide d'un appareil.

malaxeur n. m.
Appareil, machine servant à malaxer.

malchance n. f.
Mauvaise chance.

malchanceux, euse adj. et n. m. et f.
Qui n'a pas de chance.

MAJUSCULES ET MINUSCULES

La majuscule initiale sert à mettre en évidence les noms propres. S'il est facile d'identifier les **noms propres par essence** (noms de personnes, de dieux, d'astres...), il est beaucoup plus délicat de traiter les noms communs qui accèdent à la qualité de **noms propres, par occasion** (noms géographiques, historiques, odonymes, dénominations diverses), pour marquer l'unicité ou la spécificité d'une dénomination.

EMPLOI DE LA MAJUSCULE

- Au **premier mot** d'une phrase.
  La rencontre aura lieu le 29 mars. D'ici là, précisons nos projets.

- Après les points d'interrogation, d'exclamation, de suspension quand ces points terminent effectivement la phrase.
  Serez-vous présent ? Veuillez communiquer avec nous...

- Après un deux-points introduisant :

  - une **citation.** *Et celui-ci de répondre : « L'art d'aimer, je connais. ».*
  - une **énumération** où les jalons énumératifs sont un numéro ou une lettre de classification suivis d'un point (*1., 2., A., B.*), d'un chiffre d'ordre (*1º, 2º*). *1. Introduction 2. Hypothèses...*

  Note.- Dans une énumération où les jalons énumératifs sont des tirets, la minuscule est plus courante ; si l'énumération se fait à l'intérieur d'un paragraphe, dans le corps du texte, la minuscule s'impose. *1- introduction 2- hypothèses... Le texte se divise ainsi : introduction, hypothèses...*

- Le nom de Dieu.
  Dieu, Notre-Seigneur, le Père éternel.

- Les noms de personnes (patronymes, prénoms, surnoms).
  Paul Verlaine. Jean-Baptiste Poquelin, dit Molière.
  Note.- La particule nobiliaire s'écrit avec une minuscule. *Alfred de Vigny.*

- Les noms de dieux païens.
  Hermès, Aphrodite, Neptune.

- Les noms d'astres (étoiles, planètes, constellations, comètes) et les signes du zodiaque.
  Le Soleil, Saturne, le Sagittaire.

  Notes.-

  1º Le mot déterminant de la désignation prend une majuscule ainsi que l'adjectif qui le précède.
  L'étoile Polaire, la Grande Ourse.

  2º Les mots *lune, soleil, terre* s'écrivent avec une majuscule lorsqu'ils désignent la planète, l'astre lui-même, notamment dans la langue de l'astronomie ; ils s'écrivent avec une minuscule dans les autres utilisations. *La Terre tourne autour du Soleil. Un beau coucher de soleil, le clair de lune.*

  V. **astre.**

- Les noms de points cardinaux.
  Le vent souffle du Sud-Ouest. Le pôle Nord.
  V. Tableau - **POINTS CARDINAUX.**

- Les noms de véhicules (bateaux, avions, engins spatiaux, etc.).
  Le Concorde, le France.

  Note.- L'article s'écrit avec une majuscule s'il fait réellement partie du nom.
  V. **bateau.**

- Les noms géographiques.
  La Corse, Paris, la Loire.

  Notes.-
  1º Les génériques de géographie accompagnés par un nom propre ou par un adjectif spécifique s'écrivent avec une minuscule, tandis que le nom propre ou l'adjectif spécifique prend la majuscule.
  Le golfe Persique, l'océan Atlantique, le mont Everest.

  2º Les dénominations géographiques composées où le nom est accompagné d'un adjectif qui souvent le précède et qui est nécessaire à son identification s'écrivent avec une majuscule.
  Le Proche-Orient, le Grand Nord, la Haute-Loire, les Alpes-Maritimes, les Pyrénées-Orientales.

  V. Tableau - **GÉOGRAPHIQUES (NOMS).**

• Les noms de peuples. *Les Français, les Québécois, les Belges, les Suisses.*

> Note.- Employés comme adjectifs, ces mots s'écrivent avec une minuscule. *L'État français, la République française.* Par contre, les noms de ceux qui professent une religion, les noms de membres de partis politiques, d'écoles artistiques, d'ordres religieux s'écrivent avec une minuscule. *Le christianisme, les libéraux, les impressionnistes, les jésuites.*
>
> V. Tableau - **PEUPLES (NOMS DE)**.
> V. **néo-**.

• Les noms d'événements historiques. Seul le mot caractéristique de la désignation et l'adjectif qui le précède s'écrivent avec une majuscule, alors que le générique s'écrit avec une minuscule.
> *La bataille d'Iéna, la Renaissance, le Moyen Âge.*

• Les noms de fêtes religieuses, nationales s'écrivent avec une majuscule au mot caractéristique et à l'adjectif qui le précède.
> *Le jour de l'An, le Nouvel An, le jour des Rois, le Mardi gras, le mercredi des Cendres, le Vendredi saint, Pâques, la Saint-Jean, la fête du Travail, la Toussaint, Noël.*

• Les odonymes, les noms de places, de monuments.

> - Ces noms s'écrivent avec une majuscule au mot caractéristique et une minuscule au mot générique (rue, avenue, boulevard, jardin, square).
> *La rue Bonaparte, la statue de la Liberté.*

> - Quand la désignation spécifique est composée de plusieurs éléments, ceux-ci sont reliés par des traits d'union.
> *Elle habite rue Monsieur-le-Prince, le square du Vert-Galant.*

• Les noms d'établissements d'enseignement (écoles, collèges, instituts...), de sociétés savantes, de musées, de bibliothèques.

> - Les génériques de ces dénominations suivis d'un adjectif ou d'un nom commun s'écrivent avec une majuscule.
> *L'École polytechnique. La Bibliothèque nationale.*

> - Les génériques suivis d'un nom propre s'écrivent avec une minuscule.
> *Le lycée Buffon, le collège Colbert, l'école Boulle, le musée du Louvre, la bibliothèque Mazarine.*

> Note.- On écrira la désignation avec une majuscule initiale, s'il y a lieu, pour respecter le nom officiel de l'établissement.

• Les noms d'organismes publics ou privés, de sociétés, d'institutions. On emploie généralement la majuscule au premier nom de ces diverses dénominations.
> *L'Alliance française, l'Assemblée nationale, le Centre national de la recherche scientifique.*

> Note.- Pour les noms de ministères, la règle diffère; en effet, c'est le nom du domaine d'activité spécifique qui s'écrit avec une majuscule, tandis que le nom ***ministère*** et les adjectifs de la désignation s'écrivent avec des minuscules. *Le ministère des Affaires culturelles, le ministère du Travail et de la Sécurité sociale.*

• Les raisons sociales.

> En plus des noms propres qui prennent la majuscule (noms de personnes, de lieux, etc.), seuls le premier mot du générique et le premier mot du distinctif prennent une majuscule.
> *Agence de voyages Beauchesne, Pâtisserie Aux mille délices.*

• Les titres de civilité, les titres honorifiques, les suscriptions prennent une majuscule.
> *M. Larochelle, Son Excellence, Madame.*

> V. **madame, monsieur.**
> V. Tableau - **TITRES DE FONCTIONS.**

• Les titres d'ouvrages, d'œuvres d'art, les noms de journaux, de périodiques prennent une majuscule au substantif initial et éventuellement à l'adjectif et à l'article qui le précède.

L'Encyclopédie, les Lettres de mon moulin, l'Avare, la Joconde, Le Monde.

Notes.-

1° L'article défini ne prend la majuscule que s'il fait partie du titre. *J'ai lu* L'art d'aimer *d'Ovide.*

2° Si un adjectif précède le substantif, tous deux prennent la majuscule. *La Divine Comédie, le Grand Larousse de la langue française, Le Bon Usage.*

3° Si un adjectif suit le substantif, il s'écrit avec une minuscule. *Les Femmes savantes.*

4° Si le titre est constitué de plusieurs mots clés, chacun s'écrit avec une majuscule. *Guerre et Paix. Le Lièvre et la Tortue.*

5° Lorsqu'un titre est constitué d'une phrase, seul le premier mot s'écrit avec une majuscule. *À la recherche du temps perdu.*

V. Tableau - **TITRES D'ŒUVRES.**

EMPLOI DE LA MINUSCULE

• Les titres et dignités.

L'empereur, le roi, le président, le premier ministre.

• Les noms de langue.

Le français et l'anglais.

• Les noms de religions.

Le christianisme, le bouddhisme.

• Les noms des membres des ordres monastiques.

Les dominicains, les jésuites.

• Les titres religieux.

Le pape, le cardinal, le curé.

• Les noms des mois, des jours de la semaine.

Le mois de mars. Lundi, mardi.

• Les noms de pays, de régions donnés aux produits qui en sont originaires.

Un champagne, un hollande, un médoc.

• Les juridictions n'ayant pas de caractère unique.

La cour supérieure, la cour d'appel.

Note.- Les juridictions ayant un caractère d'unicité s'écrivent avec une majuscule. *La Cour suprême.*

---

malcommode adj.
(Vx) Incommode. *Un siège malcommode.*
Ant. **commode.**

maldonne n. f.
• Erreur dans la distribution des cartes.
• (Par ext.) Erreur. *Il y a maldonne.*

mâle adj. et n. m.
• **Adjectif**
- Masculin. *Un enfant mâle.*
- Qui est relatif à l'homme. *Une démarche mâle.*
• **Nom masculin**
Nom générique de tous les êtres animés de sexe masculin. *Le coq est le mâle de la poule.*

malédiction n. f.
Fatalité, malchance.
Note.- Attention à l'orthographe : malédic**t**ion.
Ant. **bénédiction.**

maléfice n. m.
(Litt.) Sortilège.

maléfique adj.
(Litt.) Qui exerce une action néfaste.

malencontreusement adv.
De façon malencontreuse.

malencontreux, euse adj.
Fâcheux, mal à propos.

mal-en-point ou **mal en point** loc. adj. inv.
En mauvais état. *Après cet accident, ils étaient très mal-en-point, ou mal en point.*
Note.- La locution s'écrit avec ou sans trait d'union.

malentendant, ante n. m. et f.
Personne qui entend mal. *Les malentendants.*

malentendu n. m.
• Erreur d'interprétation des paroles, des actes de quelqu'un. *Des malentendus fâcheux.*
• Désaccord qui résulte de cette mauvaise interprétation.
Note.- Ne pas confondre avec le mot *quiproquo* qui désigne le fait de prendre une personne, une chose pour une autre.

malfaçon n. f.
Défaut de fabrication.
Note.- Ne pas confondre avec les mots suivants :
- *défaut*, imperfection ;
- *travers*, défaut léger, bizarrerie ;
- *vice*, défaut qui altère gravement la constitution d'une chose.

malfaisance n. f.
• Les lettres *ai* se prononcent *e* [malfəzãs].
• Disposition à faire du mal.
Note.- Attention à l'orthographe : malf**ai**sance.

malfaisant, ante adj. et n. m. et f.
• Les lettres *ai* se prononcent *e* [malfəzã].
• Qui cherche à nuire. *Des personnes malfaisantes.*
• Pernicieux. *Une influence malfaisante.*
Note.- Attention à l'orthographe : malf**ai**sant.

malfaiteur n. m.
• Les lettres *ai* se prononcent *è* [malfɛtœr].
• Personne qui commet des actes criminels.
Note.- Attention à l'orthographe : malf**ai**teur.

malfamé ou **mal famé, ée** adj.
Qui a une mauvaise réputation. *Des établissements mal famés.*
Note.- Cet adjectif peut s'écrire en un seul mot ou en deux mots, sans trait d'union.

malformation n. f.
Anomalie congénitale.

malgache adj. et n. m. et f.
De Madagascar.
Note.- Lorsqu'il s'agit de la langue, l'adjectif ou le nom s'écrit avec une minuscule. Si le nom désigne une personne, la majuscule s'impose.

malgré prép.
• En dépit de. *Nous viendrons malgré la tempête de neige.*
• *Malgré tout.* Quoi qu'il arrive.
• *Malgré que*, locution conjonctive. Quoique, bien que. *Malgré qu'il soit malade, il a tenu à venir.*
Note.- Cette locution introduit une subordonnée concessive et se construit avec le subjonctif. Critiquée par de nombreux auteurs, elle est passée dans l'usage, mais semble quelque peu vieillie.

malhabile adj.
Maladroit.
Note.- Attention à l'orthographe : mal**h**abil**e**.

malhabilement adv.
De façon malhabile.
Note.- Attention à l'orthographe : mal**h**abil**e**ment.

malheur n. m.
• Situation pénible.
• Évènement fâcheux.
• *Jouer de malheur.* Être malchanceux. *Elles jouent de malheur.*
• *Porter malheur.* Avoir une influence néfaste. *Ils leur porteront malheur.*
Note.- Dans ces locutions, le nom demeure invariable.

malheureusement adv.
Par malheur.

malheureux, euse adj. et n. m. et f.
• Qui est dans le malheur, infortuné.
• Qui ne réussit pas. *Une expérience malheureuse.*

malhonnête adj.
Qui n'est pas honnête.
Notes.-
1° Attention à l'orthographe : malho**nn**ête.
2° Ne pas confondre avec le mot *déshonnête* qui qualifie ce qui est contraire à la décence.
Ant. **honnête.**

malhonnêtement adv.
Sans probité, de façon malhonnête.
Note.- Attention à l'orthographe : malho**nn**êtement.

malhonnêteté n. f.
• Manque de probité.
• *Malhonnêteté intellectuelle.* Mauvaise foi.
Note.- Attention à l'orthographe : malho**nn**êteté.

malice n. f.
Moquerie, raillerie.

malicieusement adv.
Avec malice.

malicieux, ieuse adj. et n. m. et f.
Espiègle, taquin. *Un regard malicieux.*

malien, ienne adj. et n. m. et f.
Du Mali.
Note.- Contrairement à l'adjectif, le nom prend une majuscule.

malignité n. f.
• Méchanceté (d'une personne).
• Nocivité (d'une chose).

malin, maligne adj. et n. m. et f.
• **Adjectif**
- (Méd.) Se dit d'une tumeur, d'une affection susceptible de se généraliser, souvent cancéreuse.
Ant. **bénin.**
- Rusé, astucieux. *Il est très malin.*
• **Nom masculin et féminin**
Personne rusée.
Note.- Attention à la forme féminine de ce nom : mali**gne**.

malingre adj.
Chétif.

malintentionné, ée adj.
Qui a de mauvaises intentions.
Note.- Attention à l'orthographe : *malintentionné,* en un seul mot.

malle n. f.
Coffre destiné à recevoir les effets qu'on emporte en voyage.
Note.- Ne pas confondre avec le mot *valise* qui désigne un bagage que l'on porte à la main.
Hom. *mal*, contraire au bien.

malléable adj.
• Qui se laisse façonner. *Certains métaux sont très malléables.*
• Souple. *Un esprit malléable.*

mallette n. f.
Petite valise pour le voyage, le travail.

malmener v. tr.
• Le *e* se change en *è* devant une syllabe muette. *Il malmène, il malmenait.*
• Maltraiter.

malnutrition n. f.
Trouble de la nutrition causé par une mauvaise alimentation, une mauvaise assimilation des aliments.
Note.- Attention à l'orthographe : *malnutrition*, en un seul mot.

malodorant, ante adj.
Qui a une mauvaise odeur. *Une cuisine malodorante.*
Note.- Attention à l'orthographe : *malodorant*, en un seul mot.
Ant. **odoriférant.**

malotru, ue n. m. et f.
Rustre. *C'est une malotrue.*
Note.- Attention à l'orthographe : ma*l*otru.
Ant. **poli.**

malpoli, ie adj. et n. m. et f.
• **Adjectif.** (Fam.) Impoli.
• **Nom masculin et féminin.** (Fam.) Personne mal élevée.
Note.- Dans la langue soutenue, on emploie le mot *impoli.*

malpropre adj. et n. m. et f.
Sale.
Note.- Attention à l'orthographe : *malpropre*, en un seul mot.

malproprement adv.
D'une façon malpropre.
Note.- Attention à l'orthographe : *malproprement*, en un seul mot.

malpropreté n. f.
Saleté.
Note.- Attention à l'orthographe : *malpropreté*, en un seul mot.

malsain, aine adj.
• Insalubre. *Un climat malsain.*
• Pernicieux. *Une influence malsaine.*

malséant, ante adj.
(Litt.) Qui n'est pas conforme à la bienséance, déplacé.
Il est malséant d'arriver à l'avance pour un dîner.

malt n. m.
• Les lettres *lt* se prononcent [malt].
• Orge germée utilisée pour la fabrication de la bière.

maltais, aise adj. et n. m. et f.
De Malte.
Note.- Lorsqu'il s'agit de la langue, l'adjectif ou le nom s'écrit avec une minuscule. Si le nom désigne une personne, la majuscule s'impose.

maltraiter v. tr.
Traiter durement.
Note.- Attention à l'orthographe : *maltraiter*, en un seul mot.

malveillance n. f.
Hostilité.
Note.- Attention à l'orthographe : malveill*ance.*

malveillant, ante adj. et n. m. et f.
Méchant. *Des critiques malveillantes.*
Note.- Attention à l'orthographe : malveill*ant.*

malvenu, ue adj.
Qui n'est pas fondé, qui est peu qualifié pour faire quelque chose. *Elle serait malvenue de, à critiquer cette étude.*
Note.- L'adjectif s'écrit en un seul mot et se construit avec les prépositions *à* ou *de.*

malversation n. f.
Détournement de fonds. *Un administrateur coupable de malversation.*

maman n. f.
• Mère, dans le langage des enfants, même devenus adultes.
• **Grand-maman.** Grand-mère. *Des grands-mamans trop indulgentes.*
• **Belle-maman.** Belle-mère. *Des belles-mamans gentilles.*

mambo n. m.
• Le deuxième *m* est sonore [mãmbo].
• Danse. *Des mambos.*

mamelle n. f.
Organe des mammifères qui sécrète le lait.
Note.- Attention à l'orthographe : ma*melle.*

mamelon n. m.
• Bout du sein. *L'aréole du mamelon.*
• Colline.
Note.- Attention à l'orthographe : ma*melon.*

mamie n. f.
Grand-mère, dans le langage des enfants.

mammaire adj.
Relatif au sein. *Les glandes mammaires.*
Note.- Attention à l'orthographe : mamm*aire*, au masculin et au féminin.

mammectomie n. f.
(Méd.) Ablation du sein.
Note.- Attention à l'orthographe : ma*mm*ectomie.
Syn. **mastectomie.**

mammifère adj. et n. m.
• **Adjectif.** Qui porte des mamelles.
• **Nom masculin.** Animal vertébré dont les femelles allaitent leurs petits à la mamelle.
Note.- Attention à l'orthographe : ma*mm*ifère.

mammographie n. f.
(Méd.) Radiographie du sein.
Note.- Attention à l'orthographe : ma*mm*ographie.

mammoplastie n. f.
(Méd.) Chirurgie plastique du sein.
Note.- Attention à l'orthographe : ma*mm*oplastie.

mammouth n. m.
• Le *t* se prononce [mamut].
• Éléphant fossile géant. *Des mammouths.*
Note.- Attention à l'orthographe : ma*mm*ou*th*.

management n. m.
• Le mot se prononce [manedʒmɛnt] ou [manaʒmã].
• (Anglicisme) Gestion, direction, organisation.

manager n. m.
• Le mot se prononce [manadʒœr] ou [manadʒɛr].
• (Anglicisme) Entraîneur d'un athlète, d'un champion professionnel.
• (Anglicisme) Dirigeant d'entreprise, directeur.

manche n. m. et f.
• **Nom masculin**
- Partie d'un outil, d'un instrument par laquelle on le tient. *Le manche du marteau.*
- *Manche à balai.* Levier vertical du gouvernail de profondeur d'un avion. *Des manches à balai.*
- *Manche à balai.* Dispositif de commande d'un jeu électronique, servant à déplacer un objet visualisé à l'écran.
• **Nom féminin**
- Partie du vêtement qui couvre le bras. *Un corsage sans manches.*
- (Fam.) *C'est une autre paire de manches.* Ce n'est pas la même chose.

manchette n. f.
• Poignet de chemise à revers. *Des boutons de manchette.*
• Titre en gros caractères à la première page d'un journal.

manchon n. m.
• Rouleau creux généralement de fourrure où l'on met les mains.
• Cylindre destiné à raccorder, à protéger.

manchot n. m.
Oiseau palmipède de l'Antarctique.
Note.- Ne pas confondre avec le mot *pingouin* qui désigne un oiseau palmipède de l'Arctique.

manchot, ote adj. et n. m. et f.
• **Adjectif.** Privé d'un bras, d'une main.
• *N'être pas manchot.* Avoir de la dextérité. *Elle n'est pas manchote.*
• **Nom masculin et féminin.** Personne privée d'un bras, d'une main.
Note.- Attention à l'orthographe : manchot, manchote.

mandant, ante n. m. et f.
(Dr.) Personne qui donne un mandat à une autre (le mandataire).

mandarin, ine adj. et n. m.
• **Adjectif**
Relatif au mandarin.
• **Nom masculin**
- (Ancienn.) Titre donné aux hauts fonctionnaires chinois.
- (Fig.) Personnage influent.
- Dialecte du chinois.
Note.- Le nom n'a pas de forme féminine.

mandarine n. f.
Fruit doux et parfumé du mandarinier ressemblant à une petite orange.

mandarinier n. m.
Arbre voisin de l'oranger qui donne les mandarines.

mandat n. m.
• (Dr.) Acte par lequel une personne (le *mandant*) donne à une autre (le *mandataire*) le pouvoir de faire quelque chose en son nom.
• Titre remis par le service des postes pour faire parvenir une somme à un correspondant. *Envoyer un mandat.*

mandataire n. m. et f.
(Dr.) Personne qui a reçu mandat pour agir au nom d'une autre (le *mandant*).

mandater v. tr.
Charger quelqu'un d'un mandat. *Elle a été mandatée pour le représenter.*
Note.- Ne pas confondre avec le verbe *mander* qui signifie «convoquer quelqu'un».

mandchou, oue adj. et n. m. et f.
De la Mandchourie.
Note.- Lorsqu'il s'agit de la langue, l'adjectif ou le nom s'écrit avec une minuscule. Si le nom désigne une personne, la majuscule s'impose.

mander v. tr.
(Vx) Convoquer quelqu'un. *Le médecin a été mandé d'urgence.*
Note.- Ne pas confondre avec le verbe *mandater* qui signifie «charger quelqu'un d'un mandat».

mandibule n. f.
• Maxillaire inférieur.
• Chacune des pièces buccales de l'oiseau, de l'insecte.
Note.- Attention au genre féminin de ce nom : *une* mandibu*le*.

mandoline n. f.
Instrument de musique à cordes pincées.

mandragore n. f.
Plante à propriétés narcotiques, utilisée jadis en sorcellerie.

mandrin n. m.
Outil de forme cylindrique.

manécanterie n. f.
École de chant liturgique.

manège n. m.
- Exercices que l'on fait faire à un cheval pour le dresser.
- Lieu où se font ces exercices.
- *Manège (de chevaux de bois).* Attraction foraine où des animaux figurés, des véhicules, etc., qui servent de monture à des enfants, sont animés d'un mouvement circulaire.
- Manœuvre. *Je comprends son manège.*
Note.- Attention au genre masculin de ce nom : *un* manège.

mânes n. m. pl.
Âmes des morts, dans la Rome antique.
Notes.-
1° Attention au genre masculin de ce nom : mâne**s**.
2° Ce nom est toujours au pluriel.
Hom. *manne,* nourriture miraculeuse.

manette n. f.
Levier de commande.
Note.- Attention à l'orthographe : ma**nett**e.

manganèse n. m.
- Symbole **Mn** (s'écrit sans point).
- Métal blanc inoxydable entrant dans la composition de différents alliages.
Note.- Attention à l'orthographe : manga**n**èse.

mangeable adj.
Qu'on peut manger.

mangeaille n. f.
(Péj.) Nourriture abondante et grossière.

mangeoire n. f.
Auge où l'on donne à manger aux animaux.
Note.- Attention à l'orthographe : mang**eoi**re.

manger n. m.
- (Vx) Acte de se nourrir. *Le boire et le manger.*
- (Pop.) Repas. *Apporter son manger.*

manger v. tr., intr.
- Le **g** est suivi d'un **e** devant les lettres **a** et **o**. *Il mangea, nous mangeons.*
- **Transitif**
- Avaler un aliment, afin de se nourrir. *Elle mange du poulet.*
- Ronger. *Un tricot mangé par les mites, mangé aux mites.*
- *Se laisser manger la laine sur le dos.* Se laisser dépouiller.
- *Manger le morceau.* (Fam.) Avouer.
- **Intransitif**
Absorber des aliments. *Il aime bien manger.*

mange-tout ou **mangetout** adj. inv. et n. m. inv.
Haricot. *Des haricots mange-tout, des mange-tout.*

mangeur, euse n. m. et f.
Personne qui mange (beaucoup, peu, etc.). *C'est un gros mangeur de viande.*

mangouste n. f.
Mammifère carnivore qui se nourrit de serpents.

mangue n. f.
Fruit du manguier se rapprochant de la pêche et dont la pulpe est très parfumée.
Note.- Attention à l'orthographe : man**gue**.

manguier n. m.
Arbre tropical produisant les mangues.
Note.- Attention à l'orthographe : man**gui**er.

maniabilité n. f.
Qualité de ce qui est maniable.
Note.- Attention à l'orthographe : maniabi**l**ité.

maniable adj.
- Facile à manier.
- Souple.

maniaco-dépressif, ive adj.
Relatif à une psychose caractérisée par des états successifs de surexcitation et de dépression. *Des états maniaco-dépressifs.*
Note.- Attention à l'orthographe : mania**c**o-dépressif.

maniaque adj. et n. m. et f.
- **Adjectif**
- Atteint d'une manie, relatif à une manie.
- Qui a une idée fixe.
- **Nom masculin et féminin**
Personne atteinte d'une manie.
Note.- Attention à l'orthographe : mania**que**.

manie n. f.
- Obsession. *Il a la manie des grandeurs.*
- Goût excessif de quelque chose. *La manie des citations latines.*
- Petite habitude particulière. *Chacun a ses manies.*

maniement n. m.
Manipulation. *Le maniement d'armes.*
Note.- Attention à l'orthographe : mani**e**ment.

manier v. tr.
- Redoublement du *i* à la première et à la deuxième personne du pluriel de l'indicatif imparfait et du subjonctif présent. *(Que) nous maniions, (que) vous maniiez.*
- Manipuler, utiliser. *Manier le pinceau.*

manière n. f.

- Façon, méthode. *Il a cultivé une certaine manière d'écrire.*
- (Au plur.) Façons habituelles d'agir en société. *Il a de bonnes manières.*
- **Locutions**
- *À la manière de*, locution prépositive. Comme, à l'imitation de.
- *D'une manière ou d'une autre*, locution adverbiale. Quoi qu'il arrive.
- *De toute manière*, locution adverbiale. Quoi qu'il arrive.
Note.- Dans cette locution, le nom s'écrit au singulier. Cependant, on écrira au pluriel l'expression **de toutes les manières.** *Nous avons abordé le sujet de toutes les manières possibles.*
- **De manière à** + infinitif, locution prépositive. De façon à. *Nous avons pris la voiture de manière à arriver à temps.*

Note.- Cette construction exprime le but, la consé-
quence visée.
● **De telle manière que + indicatif.** De sorte que.
*Toutes les données ont été consignées de telle manière
qu'on peut facilement y accéder.*
Note.- Le verbe se construit au mode indicatif lorsqu'on
veut marquer une conséquence réelle, voulue ou non.
● **De manière que + subjonctif,** locution conjonctive.
Il a tout préparé de manière que la fête soit réussie.
Note.- Le verbe se construit au mode subjonctif lors-
qu'on veut marquer une conséquence éventuelle.

maniéré, ée adj.
Affecté. *Un style maniéré.*
Note.- Attention à l'orthographe : mani**é**ré.

manifestant, ante n. m. et f.
Personne qui participe à une manifestation. *Des manifestants en colère.*
Note.- Ne pas confondre avec le participe présent
invariable **manifestant.** *Les personnes manifestant
leur indignation devront quitter la salle.*

manifestation n. f.
● Expression, témoignage. *Des manifestations de joie.*
● Démonstration populaire. *La manifestation s'est dé-
roulée pacifiquement.*

manifeste adj. et n. m.
● **Adjectif**
Indiscutable, évident. *Il a relevé une inexactitude ma-
nifeste.*
● **Nom masculin**
- Déclaration publique des idées d'un groupe, d'un
parti politique.
- Liste détaillée des marchandises transportées par
un navire.
Note.- Attention au genre masculin de ce nom : **un**
manifeste.

manifestement adv.
De façon évidente.

manifester v. tr., intr., pronom.
● **Transitif.** Rendre évident, dénoter. *Elle manifeste
beaucoup de bonne volonté.*
● **Intransitif.** Participer à une manifestation.
● **Pronominal.** Se faire connaître. *L'indignation com-
mence à se manifester.*

manigance n. f.
Manœuvre secrète sans grande importance.
Note.- Attention à l'orthographe : manig**an**ce.

manigancer v. tr.
● Le **c** prend une cédille devant les lettres **a** et **o.** *Il
manigança, nous manigançons.*
● Préparer secrètement, tramer. *Que manigancez-
vous ? Nous ne manigançons rien du tout.*
Note.- Attention à l'orthographe : manig**an**cer.

manioc n. m.
Plante tropicale dont les racines fournissent le tapioca.
Des maniocs.
Note.- Attention à l'orthographe : manio**c**.

manipulateur, trice n. m. et f.
● Qui procède à des opérations techniques ou autres.

● Se dit d'une personne qui exerce des pressions
excessives sur quelqu'un, sur un groupe.

manipulation n. f.
● Action de manipuler.
● Emprise sur une personne, sur un groupe.

manipuler v. tr.
● Déplacer avec les mains. *Manipuler des objets fragiles.*
● Exercer une emprise sur une personne, sur un
groupe.

manitou n. m.
● Esprit du bien (**grand, bon manitou**) chez les Amé-
rindiens. *Des manitous bienveillants.*
● Esprit du mal (**méchant manitou**) chez les Amérin-
diens.
● (Fam.) Personne influente.

manivelle n. f.
Levier coudé à l'aide duquel on imprime un mouvement
de rotation.
Note.- Attention à l'orthographe : manive**ll**e.

manne n. f.
● Grand panier.
● Nourriture miraculeuse.
Note.- Attention à l'orthographe : ma**nn**e.
Hom. **mânes,** âmes des morts, dans la Rome antique.

mannequin n. m.
● Personne qui présente des modèles de vêtements
au public.
● Forme humaine à membres articulés.
● *Avoir la taille mannequin.* (Fam.) Être mince et
grand.
Notes.-
1° Mis en apposition, le nom est invariable et l'expression s'écrit sans trait d'union.
2° Attention à l'orthographe : ma**nn**equin.

manœuvrabilité n. f.
Qualité de ce qui se manœuvre facilement.
Note.- Attention à l'orthographe : man**œu**vrabilité.

manœuvre n. m.
Ouvrier non spécialisé.
Note.- Attention à l'orthographe : man**œu**vre.

manœuvre n. f.
● Action, manière de diriger le fonctionnement de.
Faire des manœuvres pour garer sa voiture.
● Exercice militaire. *Champ de manœuvre.*
● Intrigue, machination.
● *Fausse manœuvre.* Opération mal appropriée ou
mal exécutée.
Note.- Attention à l'orthographe : man**œu**vre.

manœuvrer v. tr., intr.
● **Transitif**
Faire fonctionner. *Manœuvrer un volant, une voiture.*
● **Intransitif**
- Exécuter des exercices militaires.
- Exécuter une manœuvre sur un véhicule. *Manœuvrer
pour entrer dans le port.*
- Utiliser d'habiles détours pour arriver à ses fins. *Il
faut bien manœuvrer : la partie est serrée.*

manoir n. m.
Habitation seigneuriale entourée de terres.
Note.- Ne pas confondre avec les mots suivants :
- *castel*, petit château ;
- *château*, habitation royale ou seigneuriale généralement située à la campagne ;
- *gentilhommière*, petit château à la campagne ;
- *palais*, résidence d'un chef d'État ou d'un souverain.

manomètre n. m.
Appareil servant à mesurer la pression d'un fluide.
Note.- Attention à l'orthographe : ma**n**omètre.

manquant, ante adj.
Qui manque. *Il faudra aviser les personnes man-
quantes.*
Note.- Ne pas confondre avec le participe présent
invariable *manquant. Les personnes manquant à l'appel
sont déclarées absentes.*

manque n. m.
• Pénurie. *Le manque d'eau.*
• Absence. *Un manque de goût, d'imagination.*
• *Manque à gagner.* Occasion perdue de réaliser un
gain. *La grève a causé des manques à gagner consi-
dérables.*
• *État de manque.* État d'un toxicomane privé de sa
drogue.

manqué, ée adj.
Raté. *C'est un garçon manqué.*

manquement n. m.
Faute. *Un manquement à l'ordre.*

manquer v. tr., intr., pronom.

• **Transitif**
- Ne pas réussir. *Il a manqué son effet.*
- Laisser échapper. *Elle a manqué une bonne occa-
sion.*
- Ne pas être à temps. *Il a manqué son avion.*
• **Transitif indirect**
- Faire défaut à. *Les forces lui manquent.*
- Ne pas avoir en quantité suffisante. *Nous manquons
de médicaments.*
- *Manquer à.* Ne pas honorer. *Il a manqué à ses
engagements.*
- *Ne pas manquer de, à.* Ne pas omettre, ne pas
négliger. *Transmettez-lui mes amitiés. - Je ne man-
querai pas de le faire. - Je n'y manquerai pas.*
• **Semi-auxiliaire**
- Être sur le point de. *J'ai manqué (de) le frapper.*
Note.- L'emploi de la préposition *de* est de niveau plus
relevé. Dans la langue courante, surtout oralement,
l'omission de la préposition est plus fréquente.
Syn. **faillir**.
• **Intransitif**
Faire défaut, être absent. *L'argent manque. Cet employé
manque trop souvent.*
• **Pronominal**
Se rater (en parlant de personnes qui devaient se
rencontrer). *Ils se sont manqués de quelques minutes
seulement.*

mansarde n. f.
• Pièce de comble avec un mur incliné.
• Fenêtre qui éclaire cette pièce.
Note.- Ne pas confondre avec le mot *masure* qui
désigne une maison délabrée.

mansardé, ée adj.
Aménagé en mansarde.

mansuétude n. f.
(Litt.) Indulgence.

mante n. f.
• Cape. *Une mante d'hermine.*
• Insecte carnassier. *La mante religieuse.*
Hom. **menthe,** herbe potagère, bonbon.

manteau n. m.
Vêtement porté par-dessus les autres vêtements pour
se protéger des intempéries. *Des manteaux d'hiver.*
Note.- Attention à l'orthographe : mant**eau.**

mantille n. f.
Longue écharpe de dentelle. *À la chapelle du couvent,
le port de la mantille était obligatoire.*

manucure n. m. et f.
Personne dont le métier est de donner des soins de
beauté aux mains, aux ongles.
Note.- Attention à l'orthographe : man**u**cure.

manuel, elle adj. et n. m.
• **Adjectif.** Qui se fait avec les mains. *Un travail manuel.*
• **Nom masculin.** Ouvrage didactique. *Des manuels
scolaires.*

manuellement adv.
Avec les mains.

manufacture n. f.
• Établissement industriel où le travail à la main est
prédominant. *Une manufacture de porcelaine.*
• (Vx) Entreprise industrielle.

manufacturer v. tr.
Faire subir une transformation industrielle.

manufacturier, ière adj. et n. m.
• **Adjectif.** Relatif à l'industrie. *Les techniques manu-
facturières.*
• **Nom masculin.** (Vx) Industriel, constructeur, fabricant.
Note.- Si ce mot s'emploie couramment comme adjectif,
le nom est par contre vieilli ; on lui préférera *industriel,
constructeur, fabricant* selon le cas.

manu militari loc. adv.
• Le *u* se prononce *u* [many militari].
• Expression latine signifiant « par la force militaire ».
Ils ont été expulsés manu militari.
Note.- En typographie soignée, les mots étrangers
sont composés en italique. Dans des textes déjà en
italique, la notation se fait en romain. Pour les textes
manuscrits, on utilisera les guillemets.

manuscrit, ite adj. et n. m.
• **Adjectif**
Écrit à la main. *Une lettre manuscrite.*

• Nom masculin
- Abréviation *ms.* (s'écrit avec un point), (au plur.) *mss* (s'écrit sans point).
- Texte écrit à la main.
- Texte original écrit, dactylographié. *Il faut remettre le manuscrit avant le 15 juin.*
Note.- Attention à l'orthographe : manuscri*t*.

manutention n. f.
Emballage, étiquetage, manipulation de marchandises.

manutentionnaire n. m. et f.
Personne chargée d'exécuter des opérations de manutention.

manutentionner v. tr.
Manipuler des marchandises.

mappemonde n. f.
Carte plane représentant le monde en deux hémisphères.
Notes.-
1° Attention à l'orthographe : ma*pp*emonde.
2° Ne pas confondre avec *globe terrestre* qui désigne une sphère représentant le monde.

maquereau n. m.
• Poisson de mer dont la chair est appréciée. *Des maquereaux frais pêchés.*
• (Pop.) Entremetteur.

maquette n. f.
• Modèle réduit.
• (Impr.) Représentation schématique d'une mise en pages.
Note.- Ne pas confondre avec les mots suivants :
- *canevas*, plan, schéma d'un texte ;
- *croquis*, dessin à main levée, plan sommaire ;
- *ébauche*, première forme donnée à une œuvre ;
- *esquisse*, représentation simplifiée d'une œuvre destinée à servir d'essai ;
- *projet*, plan d'une œuvre d'architecture.

maquettiste n. m. et f.
Personne chargée d'exécuter des maquettes. *Une maquettiste publicitaire.*
Note.- Attention à l'orthographe : maque*tt*iste.

maquignon n. m.
Marchand de chevaux dont les défauts ont été dissimulés (souvent péjoratif).

maquignonnage n. m.
• Manœuvres frauduleuses de maquignon.
• (Fig.) Manœuvres douteuses.
Note.- Attention à l'orthographe : maquigno*nn*age.

maquignonner v. tr.
(Péj.) Traiter une affaire en employant des procédés de maquignon.
Note.- Attention à l'orthographe : maquigno*nn*er.

maquillage n. m.
• Art de maquiller, de se maquiller.
• Produits de beauté.
• (Fig.) Action de cacher les défauts de quelque chose.

maquiller v. tr.
• Les lettres *ill* sont suivies d'un *i* à la première et à la deuxième personne du pluriel de l'indicatif imparfait et du subjonctif présent. *(Que) nous maquillions, (que) vous maquilliez.*
• Mettre en valeur le visage.
• (Fig.) Camoufler frauduleusement, déguiser. *Maquiller la vérité.*

maquilleur n. m.
maquilleuse n. f.
Spécialiste du maquillage.

maquis n. m.
• Végétation touffue.
• Lieu retiré. *Prendre le maquis.*
Note.- Attention à l'orthographe : maqui*s*.

marabout n. m.
Oiseau échassier parent de la cigogne.
Note.- Attention à l'orthographe : marabou*t*.

maraîchage n. m.
Culture des légumes.

maraîcher, ère adj.
Relatif à la culture des légumes, des primeurs. *La culture maraîchère.*
Note.- Attention à l'orthographe : maraî*cher*.

maraîcher n. m.
maraîchère n. f.
Qui fait la culture des légumes, des primeurs.
Note.- Attention à l'orthographe : maraî*cher*.

marais n. m.
• Eau stagnante.
Note.- Ne pas confondre avec les mots suivants :
- *bassin*, pièce d'eau artificielle, réservoir ;
- *étang*, petite étendue d'eau peu profonde ;
- *lac*, grande étendue d'eau à l'intérieur des terres ;
- *nappe*, vaste étendue d'eau plane, souvent souterraine.
• *Le Marais. L'hôtel Carnavalet est situé dans le Marais.*
Note.- Le quartier de Paris s'écrit avec une majuscule.
• *Marais salant.* Bassin aménagé au bord de la mer pour extraire le sel de l'eau de mer par évaporation.

marasme n. m.
• Accablement.
• (Fig.) Stagnation. *Le marasme économique.*

marasquin n. m.
Liqueur de cerise.
Note.- Attention à l'orthographe : maras*quin*.

marathon n. m.
Course pédestre.
Note.- Attention à l'orthographe : mara*th*on.

marathonien, ienne n. m. et f.
Personne qui participe à un marathon.

marâtre n. f.
(Péj.) Mauvaise mère.
Note.- Attention à l'orthographe : mar*â*tre.

maraudage n. m.
Vol de fruits, de légumes encore attachés à la plante, à l'arbre.

maraude n. f.
● Vol de produits de la terre avant leur récolte.
● *Taxi en maraude.* À la recherche d'un client.

marauder v. intr.
Voler des fruits, des légumes dans les jardins, les fermes.

maraudeur, euse n. m. et f.
Personne qui maraude.

marbre n. m.
Pierre calcaire très dure. *Des bustes de marbre, en marbre.*

marbrer v. tr.
● Marquer de veines pour donner l'apparence du marbre.
● Faire des marques. *Les mains marbrées des personnes âgées.*

marbrure n. f.
Imitation des veines du marbre. *Faire des marbrures sur une boiserie.*

marc n. m.
● Le *c* ne se prononce pas [mar].
● Résidu. *Marc de café, marc de raisin.*
● Eau-de-vie de marc de raisin. *Du marc de Bourgogne.*

marcassin n. m.
Petit du sanglier.

marchand n. m.
marchande n. f.
Commerçant qui fait profession d'acheter pour revendre avec bénéfice.

marchand, ande adj.
● Relatif au commerce. *La valeur marchande d'un bien.*
● *Marine marchande.* Marine commerciale (paquebots, cargos), par opposition à *marine de guerre.*
● *Galerie marchande.* Galerie où se trouvent plusieurs établissements commerciaux.

marchandage n. m.
Action de marchander.
Note.- Attention à l'orthographe : march**a**ndage.

marchander v. tr.
Discuter le prix d'une chose pour l'obtenir à meilleur compte.
Note.- Attention à l'orthographe : march**a**nder.

marchandisage n. m.
Ensemble des techniques assurant la meilleure diffusion commerciale des produits.
Note.- Ce nom a fait l'objet d'une recommandation officielle pour remplacer l'anglicisme *merchandising*.

marchandise n. f.
Produit destiné à la vente. *Le prix d'une marchandise.*

marche n. f.
● Degré d'un escalier sur lequel on pose le pied pour monter ou descendre. *Attention à la marche !*
● Action de marcher. *La marche est un excellent exercice.*
Note.- L'expression *marche à pied* est jugée pléonastique par plusieurs auteurs ; on emploiera de préférence *marche.*
● (Fig.) Moyen. *Je voudrais connaître la marche à suivre pour procéder légalement.*
● Cortège. *Marche militaire.*
● *En marche.* En fonctionnement.

marché n. m.

● Lieu public où des marchandises sont offertes à la vente. *Le marché Saint-Germain.*
- *Marché aux puces.* Endroit où l'on vend de la brocante.
- *Marché noir.* Vente clandestine.
● Contrat d'achat ou de vente. *Un marché forfaitaire, un marché clés en main.*
- *Bon marché*, locution adjective. Peu coûteux. *Des vêtements bon marché.*
- *À bon marché*, locution adverbiale. À bas prix. *Vendre à bon marché.*
Note.- Ces locutions sont invariables.
● Débouché. *Un marché trop étroit pour des produits spécialisés. Des études de marché.*
● *Marché commun.* Communauté économique européenne.
Note.- Le nom *marché* s'écrit avec une majuscule dans cette désignation.

---

marchéage
V. marketing.

Marché international du disque et de l'édition musicale
Sigle *M.I.D.E.M.*

marchepied n. m.
Marche ou suite de marches qui servent à monter dans un car, un train, etc.
Note.- Attention à l'orthographe : *marchepied*, en un seul mot.

marcher v. intr.
● Avancer sur ses pieds. *Elle marche deux kilomètres pour aller à l'école.*
● Fonctionner. *Sa voiture ne marche pas.*
● (Fam.) Accepter. *Je ne marche pas : cette affaire est peu sûre.*
● *Faire marcher.* (Fam.) Mystifier, berner.

marcheur, euse n. m. et f.
Personne qui marche, qui aime marcher. *C'est une grande marcheuse.*

mardi n. m.
● Deuxième jour de la semaine. *Il doit les rencontrer le mardi 20 juin.*
Note.- Les noms de jours s'écrivent avec une minuscule et prennent la marque du pluriel. *Je viendrai tous les mardis,* mais *je viendrai tous les mardi et vendredi de*

chaque semaine. Attention à la construction de la dernière phrase où les noms de jours restent au singulier parce qu'il n'y a qu'un seul mardi et un seul vendredi par semaine.
V. Tableau - **JOUR.**
● *La fête du Mardi gras.* Les noms de fêtes s'écrivent avec une majuscule au nom spécifique ; l'adjectif qui suit s'écrit avec une minuscule.

mare n. f.
Petite étendue d'eau.

marécage n. m.
Terrain imprégné d'eau.

marécageux, euse adj.
● Bourbeux. *Des terres marécageuses.*
● Qui vit dans les marécages. *Une plante marécageuse.*

maréchal n. m.
Officier militaire. *Des maréchaux.*

maréchal-ferrant n. m.
(Vx) Artisan dont le métier est de ferrer les chevaux, les animaux de trait. *Des maréchaux-ferrants.*

maréchaussée n. f.
(Plaisant.) Gendarmerie.
Note.- Attention à l'orthographe : maréchauss*é*e.

marée n. f.
● Mouvement périodique des eaux de la mer qui montent et baissent chaque jour de façon régulière. *La marée est haute.*
● *Contre vents et marées, contre vent et marée*, locution. Malgré tous les obstacles.
● *Marée noire.* Arrivée sur un rivage d'une nappe de pétrole répandue accidentellement.
● *Raz de marée* ou *raz-de-marée. Des raz de marée terrifiants.*

marelle n. f.
Jeu d'enfants. *Jouer à la marelle.*
Note.- Attention à l'orthographe : ma*rell*e.

marémoteur, trice adj.
Actionné par l'énergie de la marée. *L'usine marémotrice de la Rance (Bretagne).*

marengo adj. inv.
Adjectif de couleur invariable. D'une couleur brun-rouge foncé, piqueté de blanc.
V. Tableau - **COULEUR (ADJECTIFS DE).**

margarine n. f.
Graisse alimentaire.
Note.- Attention à l'orthographe : mar*ga*rine.

marge n. f.
● Espace blanc autour d'un texte. *Écrire des annotations dans la marge.*
● *En marge de.* À la limite, à l'extérieur. *En marge du progrès.*
● Intervalle de temps ou d'espace. *La marge de manœuvre est grande. Prévoir une marge d'erreur.*
● *Marge bénéficiaire.* Différence entre le prix de vente et le prix de revient.

marge brute d'autofinancement n. f.
● Sigle *M.B.A.*
● Capacité d'autofinancement d'une entreprise dégagée au cours d'un exercice, par la différence entre ses recettes courantes et ses dépenses courantes. *La marge brute d'autofinancement est satisfaisante.*
Note.- Cette expression traduit *cash-flow.*

margelle n. f.
Rebord d'un puits.

marginal, ale, aux adj. et n. m. et f.
● **Adjectif**
- Inscrit dans la marge. *Une annotation marginale.*
- Accessoire. *Jouer un rôle marginal.*
● **Nom masculin et féminin**
Personne vivant en marge de la société.

marginalement adv.
De façon marginale.
Note.- Attention à l'orthographe : margina*l*ement.

marginaliser v. tr.
Mettre en marge.
Note.- Attention à l'orthographe : margina*l*iser.

marginalité n. f.
Caractère de ce qui est marginal.
Note.- Attention à l'orthographe : margina*l*ité.

margoulette n. f.
(Fam.) Mâchoire.
Note.- Ne pas confondre avec le mot *gargoulette* qui désigne un vase poreux où l'eau se conserve fraîche.

marguerite n. f.
Fleur blanche à cœur jaune. *Effeuiller une marguerite.*
Note.- Attention à l'orthographe : margueri*t*e.

mari n. m.
Homme uni à une femme par mariage.
Note.- Les noms *époux, épouse* sont réservés au style administratif. On présente son *mari,* sa *femme* (et non son * époux, son * épouse).
Hom. *marri,* qui qualifie une personne désolée, fâchée.

mariage n. m.
● Union légitime d'un homme et d'une femme. *Un mariage civil, religieux.*
● Rapprochement. *Le mariage des couleurs.*

marial, ale, als ou **aux** adj.
Consacré à la Vierge. *Une année mariale.*

marié, ée adj. et n. m. et f.
Qui est uni à une autre personne par le mariage. *Des jeunes mariés.*

marier v. tr., pronom.
● **Transitif**. Unir par le mariage. *Elle a marié sa fille à un médecin, avec un médecin. Il est marié à une pharmacienne.*
Note.- Le verbe se construit avec les prépositions *à* ou *avec.*
● **Pronominal**. Épouser. *Elle s'est mariée avec un ami d'enfance.*

marieur, ieuse n. m. et f.
(Fam.) Personne qui aime à s'entremettre pour favoriser des mariages.

marihuana ou **marijuana** n. f.
• Le *h* se prononce *r* et le *u* comme *ou* [marirwana] ou le *h* se prononce *j* et le *u* comme *u* [mariჳuana].
• Chanvre indien employé comme stupéfiant. *Fumer de la marihuana.*

marin n. m.
Personne dont la profession est de naviguer.

marin, ine adj. et n. f.
• **Adjectif**
Qui se rapporte à la mer. *Un monstre marin.*
Note.- Ne pas confondre avec les mots suivants :
- *aquatique*, qui se rapporte à l'eau, qui vit dans l'eau ;
- *aqueux*, qui contient de l'eau ;
- *maritime*, relatif à la navigation en mer ;
- *nautique*, relatif à la navigation de plaisance.
• **Adjectif de couleur invariable**
Bleu foncé. *Des vestes marine, des tricots bleu marine.*
Note.- L'adjectif simple ou composé est invariable et s'écrit sans trait d'union.
V. Tableau - **COULEUR (ADJECTIFS DE).**
• **Nom féminin**
- Ensemble des marins et des navires d'un pays.
- Tableau ayant la mer pour sujet. *Acheter de jolies marines.*

marina n. f.
Port de plaisance. *Des marinas luxueuses.*

marinade n. f.
• Mélange pour faire mariner.
• Aliment mariné.
Note.- Attention à l'orthographe : mari**n**ade.

mariner v. tr., intr.
• **Transitif.** Faire macérer (de la viande, des poissons, etc.) dans une marinade.
• **Intransitif.** Baigner dans une marinade, en parlant d'un aliment.

maringouin n. m.
Au Canada, en Louisiane, espèce de moustique qui pique, du type cousin. *Au printemps, il y a beaucoup de maringouins dans l'île.*
Note.- Attention à l'orthographe : marin**gouin.**

marinier, ière n. m. et f.
• **Nom masculin et féminin.** Personne dont la profession est de naviguer sur les fleuves, les rivières, les canaux.
• **Nom féminin.** Corsage très ample.
• **À la marinière**, locution. Au vin blanc. *Des moules (à la) marinière.*
Note.- Dans cet emploi, le nom est invariable.

mariol ou **mariolle** adj. et n. m. et f.
Faire le mariolle. (Pop.) Faire le malin.

marionnette n. f.
Petite figure qu'on fait mouvoir à l'aide de la main ou de fils.
Note.- Attention à l'orthographe : mario**nnett**e.

marionnettiste n. m. et f.
Montreur de marionnettes.
Note.- Attention à l'orthographe : mario**nnett**iste.

marital, ale, aux adj.
(Dr.) Qui appartient au mari. *Des droits maritaux.*

maritalement adv.
(Dr.) Comme mari et femme. *Vivre maritalement.*

maritime adj.
• Relatif à la navigation en mer. *Un chantier maritime.*
Note.- Ne pas confondre avec les termes suivants :
- *aquatique*, qui se rapporte à l'eau, qui vit dans l'eau ;
- *aqueux*, qui contient de l'eau ;
- *marin*, qui se rapporte à la mer ;
- *nautique*, relatif à la navigation de plaisance.
• Qui est au bord de la mer. *Un pin maritime.*
Note.- Les plantes maritimes se trouvent dans le voisinage de la mer alors que les plantes marines vivent dans la mer (ex. : les algues).

marivaudage n. m.
Badinage galant.
Note.- Attention à l'orthographe : mariv**au**dage.

marivauder v. intr.
Faire du marivaudage.

marjolaine n. f.
Herbe aromatique.

mark n. m.
• Symbole **DM** (s'écrit sans point).
• Unité monétaire allemande. *Des milliers de Marks.*
Note.- Certains auteurs considèrent ce mot invariable.
• *Mark de la RDA.* Unité monétaire de la République démocratique allemande.
• *Mark finlandais* ou *markka.* Unité monétaire de la Finlande.
V. Tableau - **SYMBOLES DES UNITÉS MONÉTAIRES.**

marketing n. m.
• (Anglicisme) Stratégie de l'entreprise axée sur la satisfaction des besoins du consommateur.
• (En appos.) *Une approche marketing.*
Notes.-
1° Plusieurs équivalents ont été proposés en remplacement de cet emprunt à l'américain : *marchéage, mercatique*, mais l'usage ne les a pas retenus.
2° Ne pas confondre avec le mot *commercialisation* dont le sens est plus restreint : ensemble des activités commerciales d'une entreprise.

markka n. m.
Mark finlandais. *Des markkaa.*
V. Tableau - **SYMBOLE DES UNITÉS MONÉTAIRES.**

marmaille n. f.
(Fam.) Ensemble bruyant de jeunes enfants.

marmelade n. f.
• Fruits cuits avec du sucre. *De la marmelade d'oranges.*
Note.- Le complément se met généralement au pluriel.
• *En marmelade*, locution. (Fig.) En piteux état. *J'ai les jambes en marmelade après cette course.*
Note.- Attention à l'orthographe : marme**l**ade.

marmite n. f.
Récipient fermé d'un couvercle et muni d'anses où

l'on fait cuire des aliments. *Il y a un bon pot-au-feu dans la marmite.*
Note.- Attention à l'orthographe : marmi**te**.
V. **casserole.**

marmiton n. m.
Aide-cuisinier.

marmonnement n. m.
Murmure indistinct.

marmonner v. tr.
Prononcer à mi-voix des paroles confuses, souvent avec colère.
Note.- Ne pas confondre avec les mots suivants :
- *chuchoter*, dire à voix basse à l'oreille de quelqu'un ;
- *marmotter*, parler entre ses dents ;
- *murmurer*, prononcer à mi-voix des paroles confuses, surtout pour se plaindre ou protester ;
- *susurrer*, dire d'une voix ténue.

marmoréen, éenne adj.
(Litt.) De marbre.

marmot n. m.
(Fam.) Petit enfant.
Note.- Ce nom ne s'emploie qu'au masculin, le féminin ayant un tout autre sens.

marmotte n. f.
Rongeur qui passe l'hiver en hibernation. *Dormir comme une marmotte.*

marmotter v. tr.
Parler entre ses dents.
Notes.-
1° Ne pas confondre avec **marmonner** qui signifie « prononcer à mi-voix des paroles confuses, souvent avec colère ».
2° Attention à l'orthographe : marmo**tt**er.

marocain, aine adj. et n. m. et f.
Du Maroc.
Notes.-
1° Attention à l'orthographe : maro**cain.**
2° Contrairement à l'adjectif, le nom prend une majuscule.
Hom. **maroquin,** cuir de chèvre ou de mouton.

maroquin n. m.
Cuir de chèvre ou de mouton. *Un beau portefeuille en maroquin.*
Note.- Attention à l'orthographe : maro**quin.**
Hom. **marocain,** relatif au Maroc.

maroquinage n. m.
Préparation du cuir à la façon du maroquin.
Note.- Attention à l'orthographe : maro**quina**ge.

maroquinerie n. f.
• Préparation du maroquin.
• Articles de cuir fin (sacs à main, portefeuilles, etc.).
• Commerce des articles de maroquinerie.
Note.- Attention à l'orthographe : maro**quine**rie.

maroquinier n. m.
Personne qui fabrique ou vend des articles de maroquinerie.

marquant, ante adj.
Mémorable. *Une date marquante.*

marque n. f.

• Signe particulier. *Faire une marque au crayon.*
• Trace, empreinte. *La marque d'un pneu sur le sol.*
• *De marque.* De qualité supérieure, de prestige. *Une image de marque.*
• *Marque de fabrication, de commerce.* Label servant à distinguer les produits d'une entreprise, d'un commerce.
• *Marque déposée.* Certaines marques de fabrique, de commerce font l'objet d'un dépôt légal afin de protéger la propriété du déposant et de lui en réserver l'exclusivité. De façon générale, ces marques sont invariables et s'écrivent avec une majuscule initiale. *Des voitures Peugeot.*
Notes.-
1° Certaines désignations sont d'un emploi tellement courant qu'elles sont devenues des noms communs ; elles s'écrivent avec une minuscule et prennent la marque du pluriel. *Des camemberts, des champagnes, des aspirines, des vinyles.*
2° Comme les titres d'œuvres littéraires, musicales, artistiques, etc. sont suivis du symbole © (copyright) pour marquer leur dépôt légal ; les marques déposées peuvent être nominales (nom patronymique, dénomination de fantaisie, etc.) ou figuratives (dessin, logo, etc.). Elles sont suivies parfois du symbole ®.

marquer v. tr., intr.
• **Transitif**
- Signaler. *Marquer les articles d'un trait.*
- Laisser une trace. *Ce verre a marqué la table.*
- Faire connaître, exprimer. *Marquer sa reconnaissance, de l'intérêt.*
- Réussir. *Marquer un but, un essai.*
• **Intransitif**
Laisser une marque. *Cette atmosphère familiale a marqué dans sa vie.*

marqueterie n. f.
• Le premier *e* se prononce *e* ou *è* [markətri] ou [markɛtri].
• Assemblage décoratif de petites pièces de bois. *Un parquet en marqueterie.*
Note.- Attention à l'orthographe : marque**te**rie.

marqueur, euse n. m. et f.
• **Nom masculin et féminin.** (Sports) Joueur qui marque un but, un essai, etc.
• **Nom masculin.** Gros crayon-feutre.

marquis, ise n. m. et f.
• **Nom masculin**
Titre de noblesse venant entre celui de duc et celui de comte.
• **Nom féminin**
- Femme d'un marquis.
- Auvent.

marraine n. f.
Personne qui tient un enfant (son filleul, sa filleule)

sur les fonts baptismaux. *Elle est la marraine de Fanny.*
Note.- Attention à l'orthographe : ma*rr*aine.

marrant, ante adj. et n. m. et f.
(Pop.) Amusant.

marre adv.
En avoir marre. (Pop.) Être excédé. *Elles en ont marre.*

marrer (se) v. pronom.
(Pop.) S'amuser. *Ils se sont bien marrés.*

marri, ie adj.
(Vx, litt.) Désolé, fâché.
Hom. *mari,* homme uni à une femme par le mariage.

marron adj. et n. m.
• **Adjectif de couleur invariable.** De la couleur brune du marron. *Des chaussures marron.*
V. Tableau - **COULEUR (ADJECTIFS DE).**
• **Adjectif.** Qui exerce une profession illégalement. *Des avocats marrons.*
• **Nom masculin.** Fruit du châtaignier.
Note.- Dans la langue de la cuisine, on utilise le mot *marron* plutôt que *châtaigne.*

marronnier n. m.
Arbre qui produit les marrons.
Note.- Attention à l'orthographe : ma*rr*o*nn*ier.

mars n. m.
Troisième mois de l'année. *Les 28 et 29 mars.*
Note.- Les noms de mois s'écrivent avec une minuscule.
V. Tableau - **DATE.**

marsouin n. m.
Cétacé voisin du dauphin.

marte
V. **martre.**

marteau adj. inv. en genre et n. m.
• **Adjectif.** (Fam.) Cinglé. *Elles sont marteaux.*
• **Nom masculin.** Outil composé d'une masse de métal et d'un manche pour frapper, enfoncer.

marteau-pilon n. m.
Marteau mécanique. *Des marteaux-pilons.*

martel n. m.
Se mettre martel en tête. S'inquiéter. *Elles se mettent martel en tête.*
Note.- Le mot n'est plus usité que dans l'expression citée où il reste invariable.

martelage n. m.
Action de marteler.
Note.- Attention à l'orthographe : marte*l*age.

martèlement n. m.
Chocs répétés régulièrement, analogues à ceux du marteau sur l'enclume.
Note.- Attention à l'orthographe : mart*è*lement.

marteler v. tr.
• Le *e* se change en *è* devant une syllabe muette. *Il martèle, il martelait.*
• Façonner à coups de marteau.
Note.- Attention à l'orthographe : marte*l*er.

martial, ale, aux adj.
• Le *t* se prononce *s* [marsjal].
• (Litt.) Relatif à la guerre ; militaire. *Air de musique martiale.*

martien, ienne adj. et n. m. et f.
• **Adjectif.** De la planète Mars.
• **Nom masculin et féminin.** Habitant imaginaire de Mars.

martingale n. f.
• Demi-ceinture placée à la taille d'un manteau, d'un costume.
• Combinaison fondée sur les probabilités destinée à accroître les gains au jeu.
Note.- Attention à l'orthographe : martinga*l*e.

martiniquais, aise adj. et n. m. et f.
De la Martinique.
Note.- Contrairement à l'adjectif, le nom prend une majuscule.

martin-pêcheur n. m.
Oiseau qui se nourrit de poissons. *Des martins-pêcheurs.*

martre ou **marte** n. f.
Animal apprécié pour son pelage brun.

martyr, yre n. m. et f.
• **Nom masculin et féminin.** Personne suppliciée.
• **Nom masculin.** Supplice. *Souffrir le martyre.*
Note.- Attention à l'orthographe de ce deuxième sens : un martyr*e.*

martyriser v. tr.
Faire souffrir, tourmenter.
Note.- Attention à l'orthographe : mart*y*riser.

martyrologe n. m.
Liste des martyrs.
Note.- Attention à l'orthographe : mart*y*rologe.

marxisme n. m.
Doctrine philosophique, sociale et économique de Karl Marx sur laquelle repose le communisme.

marxiste adj. et n. m. et f.
Adepte du marxisme.

mas n. m.
• Le *s* se prononce ou non [ma(s)].
• Demeure provençale.

mascarade n. f.
• Déguisement.
• (Fig.) Parade ridicule.

mascotte n. f.
Fétiche, porte-bonheur.

masculin, ine adj. et n. m.
Qui est propre à l'homme. *Une voix masculine.*
V. Tableau - **GENRE.**

masculinité n. f.
Caractère masculin.

masochisme n. m.
Perversion qui fait éprouver du plaisir à souffrir.
Note.- Ne pas confondre avec le mot *sadisme* qui

désigne la perversion qui fait éprouver du plaisir à faire souffrir.

masochiste adj. et n. m. et f.
- Abréviation familière *maso* (s'écrit sans point).
- Atteint de masochisme.

masque n. m.
- Appareil de protection. *Masque d'escrime, de soudeur, de plongée.*
- *Masque antigaz.* Cette expression est à préférer à *masque à gaz.*

masquer v. tr.
Dissimuler derrière un masque.
Note.- Ne pas confondre avec les verbes suivants :
- *cacher*, dissimuler ;
- *celer*, tenir quelque chose secret ;
- *déguiser*, dissimuler sous une apparence trompeuse ;
- *taire*, ne pas révéler ce que l'on n'est pas obligé de faire connaître ;
- *voiler*, cacher sous des apparences.

massacrant, ante adj.
Maussade. *Une humeur massacrante.*
Note.- Ne pas confondre avec le participe présent invariable *massacrant. Les curieux regardaient impuissants les lions massacrant leur proie.*

massacre n. m.
Meurtre d'un grand nombre d'êtres vivants.
Note.- Ne pas confondre avec les mots suivants :
- *carnage*, massacre d'hommes ou d'animaux ;
- *hécatombe*, grande masse de personnes tuées, surtout au figuré ;
- *tuerie*, action de tuer sauvagement.

massacrer v. tr.
- Tuer un grand nombre de personnes.
- Tuer avec sauvagerie.
- (Fig.) Détruire.

massage n. m.
Action de masser. *Un massage facial.*

masse n. f.
- Grand nombre. *La masse des élèves a choisi,* ou *ont choisi l'excursion en forêt.*
Note.- L'accord du verbe ou de l'attribut se fait généralement avec le nom collectif qui est au singulier ; il peut se faire avec le complément du pluriel si l'auteur veut insister sur l'idée de pluralité.
V. Tableau - **COLLECTIF.**
- Quantité de matière d'un corps. *Le kilogramme est une unité de masse.*
- Gros marteau de fer.

massepain n. m.
Pâtisserie composée d'amandes, de sucre et de blancs d'œufs.

masser v. tr., pronom.
- **Transitif**
- Disposer par masses. *Masser des troupes près des frontières.*
- Pétrir différentes parties du corps avec les mains pour assouplir les tissus, les articulations, etc. *Se faire masser procure une immense détente.*

- **Pronominal**
Se grouper. *La foule s'est massée devant l'immeuble en feu.*

masseur n. m.
masseuse n. f.
Personne dont la profession est de faire des massages.

massicot n. m.
Machine destinée à couper le papier.

massif, ive adj.
Lourd, épais. *Des traits massifs.*

massif n. m.
- Ensemble de chaînes de montagnes.
Note.- Ne pas confondre avec les mots suivants :
- *butte*, colline isolée dans une plaine ;
- *colline*, petite montagne ;
- *mont*, masse d'une grande hauteur ;
- *monticule*, petite élévation de terre ;
- *pic*, mont isolé à sommet aigu.
- Bosquet. *Des massifs de fleurs.*

mass media n. m. pl.
(Anglicisme) Moyens de communication de masse. *La presse, le cinéma, la télévision sont des mass media.*
Note.- Cette expression tend à disparaître au profit de *média.*
V. **média.**

massue n. f.
- Bâton noueux servant à assommer.
- (En appos., fig.) *Argument massue.* Argument très percutant. *Il lui servit des arguments massue qui la laissèrent sans réplique.*
Notes.-
1° Mis en apposition, le mot *massue* reste invariable.
2° Attention à l'orthographe : massu**e.**

mastectomie n. f.
Syn. **mammectomie.**

mastic n. m.
Mélange adhésif.
Note.- Attention à l'orthographe : masti**c.**

mastication n. f.
Action de broyer les aliments avec les dents.
Note.- Attention à l'orthographe : masti**ca**tion.

mastiquer v. tr.
- Broyer les aliments avec les dents. *Mastiquez bien avant d'avaler.*
- Poser des joints de mastic. *Mastiquer une fenêtre.*

mastoc adj. inv. et n. m.
Massif, grossier.
Note.- Attention à l'orthographe : masto**c.**

mastodonte n. m.
- Mammifère fossile voisin de l'éléphant.
- Personne corpulente.

masturbation n. f.
Action de procurer le plaisir sexuel par l'excitation manuelle des parties génitales.

masturber v. tr., pronom.
• **Transitif.** Soumettre à la masturbation.
• **Pronominal.** Se livrer à la masturbation.

m'as-tu-vu adj. inv. et n. m. inv.
Personne prétentieuse. *De jeunes m'as-tu-vu.*

masure n. f.
Vieille maison délabrée.
Note.- Ne pas confondre avec le mot *mansarde* qui désigne une pièce aménagée sous les combles d'une maison.

mat adj. inv. et n. m.
• Le *t* se prononce [mat].
• **Adjectif invariable.** Se dit, aux échecs, du gain de la partie. *Le roi est mat.*
• (Fig.) *Faire quelqu'un échec et mat.* Défaire quelqu'un, remporter la victoire.
Note.- Cette locution adjective est invariable.
• **Nom masculin.** Défaite aux échecs.

mat, mate adj.
• Le *t* se prononce au masculin comme au féminin [mat].
• Qui ne brille pas. *Un noir mat. Il a la peau mate.*

mât n. m.
(Mar.) Longue pièce dressée sur un navire et destinée à porter les voiles, les installations radio-électriques. *Le mât de misaine.*
Note.- Attention à l'orthographe : m**â**t.

matador n. m.
Torero chargé de mettre le taureau à mort, dans une corrida.
Note.- Ne pas confondre avec le mot *matamore* qui désigne un vantard.

matamore n. m.
Vantard.
Notes.-
1° Attention à l'orthographe : matamo**re.**
2° Ne pas confondre avec le mot *matador* qui désigne le torero chargé de mettre l'animal à mort.

match n. m.
• Les lettres *tch* se prononcent [mat∫].
• Compétition sportive. *Des matchs de tennis.*
Note.- Le pluriel anglais *matches* est également usité, mais la graphie francisée *matchs* est de plus en plus courante.

matelas n. m.
Sorte de vaste coussin qui couvre l'étendue d'un lit.
Note.- Attention à l'orthographe : matela**s**.

matelasser v. tr.
Rembourrer.
Note.- Attention à l'orthographe : mate*lass*er.

matelot n. m.
Marin faisant partie de l'équipage d'un navire.

matelote n. f.
Mets composé de poissons cuits avec du vin rouge. *Une matelote d'anguille.*
Note.- Attention à l'orthographe : mate*lot*e.

mater v. tr.
Dresser, soumettre à son autorité.
Note.- Ne pas confondre avec le verbe *mâter* qui signifie « munir d'un mât ».

mâter v. tr.
Munir d'un mât.
Note.- Ne pas confondre avec le verbe *mater* qui signifie « dresser, soumettre à son autorité ».

matérialisation n. f.
Action de se matérialiser.

matérialiser v. tr., pronom.
• **Transitif.** Rendre réel, matériel. *Matérialiser une idée.*
• **Pronominal.** Devenir concret. *Son rêve s'est matérialisé : elle fait le tour du monde.*

matérialisme n. m.
Doctrine qui considère la matière comme la seule réalité.

matérialiste adj. et n. m. et f.
Adepte du matérialisme.

matériau n. m.
• Matière première. *Le bois est un matériau très utilisé.*
Note.- Dans la langue technique, ce nom est fréquemment employé ; dans la langue soutenue ou littéraire, on pourra préférer le nom *matière. Le marbre est une matière noble.*
• (Au plur.) Ensemble des matières entrant dans la construction des bâtiments (pierre, bois, etc.). *Des matériaux de construction de première qualité.*

matériel, elle adj. et n. m.
• **Adjectif**
Qui est formé de matière.
Ant. **spirituel.**
• **Nom masculin**
- Ensemble d'outils, d'instruments nécessaires à une exploitation. *Du matériel sophistiqué.*
- (Inform.) Ensemble d'éléments physiques employés pour le traitement des données, par opposition aux programmes et à la documentation correspondante (logiciel). *Le matériel informatique.*
Note.- Ce nom a fait l'objet d'une recommandation officielle pour remplacer l'emprunt *hardware.*

matériellement adv.
• Relatif à la matière.
• Effectivement. *Il n'en a pas matériellement la possibilité.*

maternel, elle adj.
• Qui appartient à la mère. *La tendresse maternelle.*
• *Langue maternelle.* La première langue apprise.

maternelle n. f.
École où l'on reçoit les jeunes enfants.

maternellement adv.
De façon maternelle.

materner v. tr.
Entourer quelqu'un de soins excessifs.

maternité n. f.
État de mère.

math ou **maths** n. f. pl.
• Le **s** ne se prononce pas [mat].
• Abréviation familière de *mathématiques.*

mathématicien n. m.
mathématicienne n. f.
Spécialiste des mathématiques.
Note.- Attention à l'orthographe : ma*thé*ma*ti*cien.

mathématique adj. et n. f. (gén. pl.)
• **Adjectif**.
Qui a trait aux mathématiques.
• **Nom féminin**
- Science qui a pour objet la mesure et les propriétés des grandeurs. *Aimer les mathématiques.*
- S'abrège familièrement en *math(s).*
Notes.-
1° Attention à l'orthographe : ma*thé*ma*ti*que.
2° Ce nom s'emploie généralement au pluriel.

mathématiquement adv.
• Selon les méthodes des mathématiques.
• Rigoureusement.
Note.- Attention à l'orthographe : ma*thé*ma*ti*quement.

matière n. f.
• Substance.
• Contenu. *La matière d'un livre, d'un cours.*
• **Locutions**
- *Entrée en matière.* Introduction.
- *Donner, être matière à.* Être l'occasion, la cause de. *Ces écarts donnent matière à réflexion.*
Note.- Dans ces expressions, le mot *matière* demeure au singulier.
• *En matière de*, locution prépositive. En ce qui concerne. *En matière d'économie.*
- *Matière grise.* Cerveau.
- *Matières premières.* Matières non encore transformées par le travail.
- *Table des matières.* Liste schématique des parties d'un ouvrage.

matin adv. et n. m.
• Début de la journée. *Elle part tous les matins.*
• (Ellipt.) *Tous les lundis matin.*
Note.- Dans cet emploi, le mot *matin* est invariable.

mâtin n. m.
Chien de chasse ou de garde.
Note.- Attention à l'orthographe : mâtin.

mâtin, ine n. m. et f.
Personne délurée.
Note.- Attention à l'orthographe : mâtin.

matinal, ale, aux adj.
Qui est propre au matin. *Des bruits matinaux.*

matinalement adv.
(Litt.) À une heure matinale.
Note.- Attention à l'orthographe : matina*l*ement.

matinée n. f.
• Période de temps comprise entre le lever du soleil et midi. *Une froide matinée.*

• Représentation d'un spectacle en après-midi, par opposition à la soirée.

matines n. f. pl.
Office religieux. *Sonner les matines.*

matou n. m.
Chat domestique mâle. *De beaux matous.*

matraquage n. m.
• Action de matraquer.
• (Fig.) Répétition systématique d'un message publicitaire.
Note.- Attention à l'orthographe : matra*qua*ge.

matraque n. f.
Instrument contondant. *Des coups de matraque.*
Note.- Attention à l'orthographe : matra*que.*

matraquer v. tr.
• Frapper à coups de matraque.
• (Fig.) Soumettre un public cible à un message publicitaire répété.

matriarcal, ale, aux adj.
Relatif au matriarcat. *Des régimes matriarcaux.*

matriarcat n. m.
Régime social dans lequel la femme exerce une autorité prépondérante.

matrice n. f.
• (Vx) Utérus.
• Pièce métallique gravée en creux ou en relief, servant à reproduire une empreinte sur une matière soumise à son action.
• (Math.) Ensemble ordonné de nombres.

matriciel, ielle adj.
• Relatif aux matrices. *Le calcul matriciel.*
• (Inform.) *Imprimante matricielle.* Imprimante dans laquelle chaque caractère est représenté par une configuration de points.

matricule adj. et n. m. et f.
• **Adjectif.** *Numéro matricule.* Numéro sous lequel une personne est inscrite. *Des numéros matricules.*
• **Nom masculin.** Numéro inscrit dans un registre. *Le matricule d'un prisonnier.*
• **Nom féminin.** Registre d'inscription.

matrimonial, iale, iaux adj.
Relatif au mariage. *Des régimes matrimoniaux.*

matrone n. f.
Femme d'un certain âge, corpulente et vulgaire.
Note.- Attention à l'orthographe : matro*ne.*

matronyme n. m.
Nom de famille transmis par la mère, par opposition au *patronyme* transmis par le père.

maturation n. f.
Ensemble des phénomènes par lesquels un fruit arrive à maturité.

mature adj.
Se dit d'un végétal, d'un animal parvenu à maturité.
Note.- L'antonyme *immature* se dit d'un animal qui n'a pas atteint la maturité physique, d'une personne qui manque de maturité intellectuelle.

mâture n. f.
Ensemble des mâts et gréements d'un navire.

maturité n. f.
• État des fruits mûrs.
• État de ce qui a atteint son plein développement.
• L'âge mur.

matutinal, ale, aux adj.
(Litt.) Matinal.

maudire v. tr.
• *Je maudis, tu maudis, il maudit, nous maudissons, vous maudissez, ils maudissent. Je maudissais. Je maudis. Je maudirai. Je maudirais. Maudis, maudissons, maudissez. Que je maudisse, qu'il maudisse. Que je maudisse, qu'il maudît. Maudissant. Maudit, ite.*
• Vouer au malheur, à la damnation éternelle.
• Détester, exécrer quelqu'un, quelque chose.

maudit, ite adj. et n. m. et f.
• **Adjectif**
- Sur qui la malédiction a été appelée. *Caïn fut maudit.*
- Détestable, exécrable. *Quel maudit temps!*
Note.- En ce sens, l'adjectif est généralement placé avant le nom.
• **Nom masculin et féminin**
Personne damnée.

maugréer v. intr.
Pester, ronchonner.

maure, mauresque adj. et n. m. et f.
• **Adjectif.** *Le style mauresque.*
• **Nom masculin et féminin.** Habitant du Sahara occidental. *Un Maure, une Mauresque.*
Note.- Le mot *maure* s'emploie comme nom masculin et comme adjectif masculin pour désigner des personnes, des groupes. Le mot *mauresque* s'emploie comme nom féminin et comme adjectif masculin et féminin.
Hom. :
- *mors*, pièce métallique placée dans la bouche du cheval pour le diriger;
- *mort*, décès.

mausolée n. m.
Riche monument funéraire de très grandes dimensions.
Note.- Attention au genre masculin de ce nom : *un* mausolé*e*.

maussade adj.
• De mauvaise humeur.
• Triste. *Temps maussade.*
Note.- Attention à l'orthographe : mau**ss**ade.

maussadement adv.
D'une manière maussade.
Note.- Attention à l'orthographe : mau**ss**adement.

mauvais, aise adj. et adv.

• **Adjectif**
- Qui n'a pas les qualités morales nécessaires (en parlant d'une personne). *C'est un mauvais père.*
- Qui dénote de la malveillance. *Un air mauvais.*
- Désagréable. *Il est de mauvaise humeur.*
- Qui présente un défaut (en parlant d'une chose). *Un mauvais produit, une mauvaise vue.*
- Incommode, défavorable. *Il fait mauvais temps, recevoir une mauvaise nouvelle.*
- Désagréable au goût. *Ce café est très mauvais.*
• **Adverbe**
Pris adverbialement, le mot est invariable. *Ces herbes sentent mauvais. Il fait mauvais.*

mauve adj. et n. f.
• **Adjectif de couleur variable.** De la couleur violet pâle de la mauve. *Des robes mauves.*
V. Tableau - **COULEUR (ADJECTIFS DE).**
• **Nom féminin.** Plante dont les fleurs sont d'un violet pâle. *Des mauves.*

mauviette n. f.
(Fam.) Personne chétive.

max n. m.
Abréviation familière de *maximum*. *Ça va te coûter un max.*

maxi- préf.
Élément du latin signifiant «le plus grand».
Note.- Les mots composés avec le préfixe *maxi-* s'écrivent avec ou sans trait d'union.

maxillaire adj. et n. m.
• **Adjectif**
Qui se rapporte aux mâchoires.
• **Nom masculin**
- Mâchoire supérieure.
- Os des mâchoires. *Le maxillaire inférieur.*
Note.- Attention à l'orthographe et au genre masculin du nom : *un* maxi*ll*aire.

maximal, ale, aux adj.
Qui est au plus haut degré. *Des chiffres maximaux.*
Note.- L'emploi de l'adjectif *maximal* est à privilégier à celui de l'adjectif d'origine latine *maximum.*

maxime n. f.
Formule brève d'une réflexion, d'une règle de morale. *Le public est gouverné comme il raisonne. Son droit est de dire des sottises, comme celui des ministres est d'en faire. (Maximes,* de Chamfort).

maximiser ou **maximaliser** v. tr.
Donner la plus haute valeur possible à (une grandeur, une idée, etc.)

maximum adj. et n. m.
• Le *u* se prononce *o* [maksimɔm].
• **Adjectif.** Maximal. *Des vitesses maximums.*
Note.- L'adjectif conserve la même forme au masculin et au féminin, mais prend la marque du pluriel. L'emploi de l'adjectif *maximal* est à privilégier.
• **Nom masculin.** Limite supérieure. *Des maximums, des maxima.*
• S'abrège familièrement en *max* (s'écrit sans point).
Notes.-
1º Ce mot d'origine latine a été francisé et s'écrit généralement au pluriel avec un *s*. Le pluriel latin *maxima* est également employé.

2° L'expression *«au grand maximum» est un pléonasme. Prendre garde à l'expression **réduire au minimum** (et non *au maximum).

maya adj. inv. en genre et n. m. et f.
• **Adjectif.** *La civilisation maya.*
• **Nom masculin et féminin.** *Les Mayas.*
Note.- Contrairement à l'adjectif, le nom prend une majuscule.

mayonnaise n. f.
• Sauce froide à base de jaune d'œuf et d'huile.
• (En appos.) *Des crudités mayonnaise.*
Notes.-
1° Dans cet emploi, le nom est invariable.
2° Attention à l'orthographe : ma**yonn**aise.

mazout n. m.
• Le *t* se prononce [mazut].
• Résidu de la distillation du pétrole utilisé comme combustible. *S'approvisionner en mazout.*

mazurka n. f.
Danse polonaise. *Des mazurkas endiablées.*

M.B.A.
Sigle de **marge brute d'autofinancement.**

Me
Abréviation de **maître.**
Note.- L'abréviation du pluriel **maîtres** est **Mes**.

me pron. pers. m. et f. sing.

Pronom personnel de la première personne, il ne s'emploie que devant un verbe ou après le verbe à l'impératif où il s'élide devant **en** ou **y**. *Tu me donnes un livre. Donne-m'en un peu.*
Note.- Le pronom s'élide devant les verbes commençant par une voyelle ou un *h* muet. *Elle m'offre des fleurs. Il m'horripile.*
Il s'emploie comme :
• **complément d'objet direct**
- Le pronom représente la personne qui parle et marque qu'elle subit l'action faite par le sujet. *Il me regarde.*
- Même fonction dans les verbes pronominaux réfléchis. *Je me suis intéressée à ce projet.*
• **complément d'objet indirect**
- Le pronom indique que la personne qui parle subit indirectement l'action faite par le sujet. *Il me parle.*
- Même fonction dans les verbes essentiellement pronominaux. *Je me souviens.*

mea-culpa n. m. inv.
Acte de contrition. *Des mea-culpa sincères.*

méandre n. m.
Suite de détours d'un cours d'eau, d'un chemin. *Les multiples méandres de la rivière.*
Note.- Attention au genre masculin de ce nom : **un** mé**an**dre.

mec n. m.
(Pop.) Type. *Qui sont ces mecs ?*

mécanicien n. m.
mécanicienne n. f.
Personne dont le métier est de faire les réparations courantes sur des ensembles mécaniques.

mécanique adj. et n. f.
• **Adjectif**
Qui est exécuté par un mécanisme. *Un rasoir mécanique.*
• **Nom féminin**
- Science des lois du mouvement et de l'équilibre des corps ainsi que des forces motrices. *La mécanique des fluides.*
- Science de la construction des machines.

mécaniquement adv.
• D'une manière mécanique.
• Du point de vue de la mécanique.

mécanisation n. f.
Action de mécaniser.

mécaniser v. tr.
Rendre mécanique, automatiser. *Mécaniser des opérations de production.*

mécanisme n. m.
Agencement de pièces disposées de façon à obtenir un résultat donné. *Régler un mécanisme.*

mécénat n. m.
Protection, subvention accordée à des activités culturelles, scientifiques.
Note.- Attention à l'orthographe : mécéna**t.**

mécène n. m.
Protecteur généreux des lettres, des arts et des sciences.
Note.- Attention à l'orthographe : méc**è**ne.

méchamment adv.
Avec méchanceté.
Note.- Attention à l'orthographe : mécha**mm**ent.

méchanceté n. f.
• Penchant à faire du mal.
• Action, parole méchante. *Dire des méchancetés.*

méchant, ante adj. et n. m. et f.
• **Adjectif**
- (Avant un nom de choses) (Litt.) Médiocre. *Un méchant livre.*
- (Avant un nom de personnes) (Litt.) Incompétent. *Un méchant avocat.*
- (Après le nom) Porté au mal, cruel. *Attention ! chien méchant.*
• **Nom masculin et féminin**
Personne méchante.

mèche n. f.
• Assemblage de fils destiné à brûler dans un appareil d'éclairage. *Une mèche de lampe à pétrole.*
• **Éventer, découvrir la mèche.** Révéler un secret. *Elle a éventé* (et non *éventré) la mèche.*
• Petite touffe de cheveux. *Il a toujours une mèche sur l'œil.*
• Foret. *Une mèche de perceuse.*
• **Être de mèche avec quelqu'un.** Être de connivence.

Ils étaient certainement de mèche, mais un seul d'entre eux a été reconnu coupable.

méchoui n. m.
Mouton cuit à la broche. *Préparer des méchouis.*
Note.- Attention à l'orthographe : méch**oui**.

méconnaissable adj.
Qu'on a peine à reconnaître.

méconnaissance n. f.
(Litt.) Mauvaise connaissance, ignorance.

méconnaître v. tr.
• Ce verbe se conjugue comme **connaître**.
• (Litt.) Refuser d'admettre, ne pas comprendre quelque chose.
• Ne pas reconnaître à sa juste valeur. *On méconnaît sa compétence.*

méconnu, ue adj. et n. m. et f.
• Qui n'est pas reconnu à sa juste valeur. *Un peintre méconnu.*

mécontent, ente adj. et n. m. et f.
Insatisfait.
Note.- Attention à l'orthographe : mécont**ent**.

mécontentement n. m.
Insatisfaction.
Note.- Attention à l'orthographe : mécont**ent**ement.

mécontenter v. tr.
Rendre mécontent.
Note.- Attention à l'orthographe : mécont**ent**er.

mécréant, ante adj. et n. m. et f.
(Vx) Impie.

médaille n. f.
• Pièce de métal qui représente un sujet de dévotion, d'estime. *Une médaille de la Vierge.*
• Prix dans un concours, une exposition. *Recevoir la médaille d'or.*
• Titre de nombreuses distinctions honorifiques. *Être titulaire d'une médaille militaire.*
Note.- Le mot **médaille** en ce sens s'écrit avec une minuscule, alors que le mot spécifique de la distinction honorifique s'écrit avec une majuscule.

médailler v. tr.
Décorer quelqu'un d'une médaille.

médaillon n. m.
Cadre, bijou de forme circulaire ou ovale dans lequel on place un portrait, des cheveux, etc.

médecin n. m.
Personne titulaire du diplôme de docteur en médecine, qui exerce la médecine. *Un médecin spécialiste, un médecin consultant. Des médecins traitants.*
Note.- Pris absolument, le titre de **docteur** désigne la personne titulaire d'un doctorat en médecine.

médecine n. f.
Science qui a pour objet la conservation de la santé, le traitement des malades.

média n. m.
Support de diffusion de l'information (presse, télévision, cinéma, etc.). *Les médias électroniques.*

Note.- Ce nom d'origine latine venu par l'intermédiaire de l'anglais est maintenant francisé : il s'écrit avec un accent aigu et prend la marque du pluriel. Cependant on emploie aussi **medium** au singulier et **media** au pluriel.
V. **mass media**.

médian, iane adj. et n. f.
• **Adjectif**
Qui est placé au milieu. *Une ligne médiane.*
• **Nom féminin**
- (Géom.) Dans un triangle, segment de droite joignant le sommet au milieu du côté opposé.
- (Stat.) Valeur centrale.

médiateur, trice n. m. et f.
Conciliateur, arbitre. *C'est une bonne médiatrice.*

médiation n. f.
Entremise, conciliation. *Recourir à la médiation d'un expert.*

médiatique adj.
Relatif aux médias. *Les moyens médiatiques.*

médical, ale, aux adj.
Relatif à la médecine. *Avoir une formation médicale. Des experts médicaux.*
Note.- Ne pas confondre avec le mot **médicinal**, qui est utilisé à titre de médicament.

médicalement adv.
Du point de vue de la médecine.

médicalisation n. f.
Action de médicaliser.

médicaliser v. tr.
Donner un caractère médical à quelque chose. *Médicaliser la fécondité.*

médicament n. m.
Substance destinée à soulager ou à guérir un malade.
Note.- Ne pas confondre avec le mot **médication** qui désigne l'ensemble des agents thérapeutiques destinés au traitement d'une maladie.

médicamenteux, euse adj.
Qui renferme un médicament. *Un sirop médicamenteux.*

médication n. f.
Ensemble des agents thérapeutiques destinés au traitement d'une maladie.
Note.- Ne pas confondre avec le mot **médicament** qui désigne une substance destinée à soulager ou à guérir un malade.

médicinal, ale, aux adj.
Utilisé à titre de médicament.
Note.- Ne pas confondre avec le mot **médical** qui qualifie ce qui est relatif à la médecine.

médico-légal, ale, aux adj.
Relatif à la médecine légale. *Des experts médico-légaux.*
Note.- La médecine légale est une branche de la médecine qui a pour objet de seconder la justice.

médiéval, ale, aux adj.
Relatif au Moyen Âge. *La poésie médiévale.*

Note.- Ne pas confondre avec le mot *moyenâgeux* qui qualifie ce qui est vétuste.

médiéviste n. m. et f.
Spécialiste du Moyen Âge.

médiocre adj. et n. m. et f.
● **Adjectif.** Piètre, faible. *Un vin médiocre.*
● **Nom masculin et féminin.** Personne sans talent.

médiocrement adv.
Avec médiocrité.

médiocrité n. f.
Faiblesse, imperfection.

médire v. tr. ind.
● *Je médis, tu médis, il médit, nous médisons, vous médisez, ils médisent. Je médisais. Je médis. Je médirai. Je médirais. Médis, médisons, médisez. Que je médise. Que je médisse. Médisant. Médit.*
● Attention à la deuxième personne du pluriel de l'indicatif présent et de l'impératif *médisez* où la forme diffère de celle du verbe *dire.*
● Dénigrer, diffamer. *Il médit de ses amis.*
Note.- Le verbe se construit avec la préposition *de.*

médisance n. f.
Accusation fondée qui peut nuire à quelqu'un.
Note.- Ne pas confondre avec le mot *calomnie* qui désigne une accusation mensongère.

méditatif, ive adj.
Pensif.

méditation n. f.
Réflexion.

méditer v. tr.
● **Transitif.** Approfondir, réfléchir à. *Méditer un sujet.*
● **Transitif indirect.** Réfléchir. *Méditer sur une question.*

méditerranéen, éenne adj. et n. m. et f.
Qui se rapporte à la Méditerranée. *Un paysage méditerranéen.*
Note.- Attention à l'orthographe : médite*rr*anéen.

médium n. m.
Personne qui prétend communiquer avec les esprits des défunts. *Des médiums célèbres.*
Note.- Le mot d'origine latine a été francisé, il s'écrit avec un accent aigu et prend la marque du pluriel.

médoc n. m.
Vin du Médoc.
Note.- Le nom du vin s'écrit avec une minuscule, le nom de la région, avec une majuscule.

méduse n. f.
Animal marin de consistance gélatineuse.
Note.- Le mot qui désigne l'une des trois Gorgones qui changeait en pierre ceux qui la regardaient s'écrit avec une majuscule. *La Méduse.*

méduser v. tr.
Pétrifier, stupéfier.

meeting n. m.
● Les lettres *ee* se prononcent *i* [mitiŋ].
● (Anglicisme) Réunion (politique), rassemblement. *Des meetings.*

méfait n. m.
Action nuisible.

méfiance n. f.
Disposition à soupçonner le mal.

méfiant, ante adj.
Qui est naturellement soupçonneux. *Une personne méfiante.*

méfier (se) v. pronom.
● Redoublement du *i* à la première et à la deuxième personne du pluriel de l'indicatif imparfait et du subjonctif présent. *(Que) nous nous méfiions, (que) vous vous méfiiez.*
● Ne pas se fier à quelqu'un, à quelque chose. *Ils se sont méfiés de ces beaux discours.*
● Rester sur ses gardes. *Méfiez-vous, vous pourriez y perdre beaucoup.*

meg-, méga- préf.
● Éléments du grec signifiant «grand».
● Les mots composés avec le préfixe *méga-* s'écrivent en un seul mot, à l'exception de ceux dont le second élément commence par une voyelle. *Un mégajoule, un méga-octet.*
● Composition des multiples décimaux.
● Symbole *M* (s'écrit sans point).
● Préfixe qui multiplie par 1 000 000 l'unité qu'il précède. *Des mégawatts.*
● Sa notation scientifique est 10^6.
V. Tableau - **MULTIPLES ET SOUS-MULTIPLES DÉCIMAUX.**
V. **million.**

mégahertz n. m.
● Symbole *MHz* (s'écrit sans point).
● Un million de hertz.

mégajoule n. m.
● Symbole *MJ* (s'écrit sans point).
● Un million de joules.

mégal(o)- préf.
Élément du grec signifiant «grand». *Un mégalomane.*

mégalithe n. m.
Monument de pierre de grandes dimensions. *Les menhirs sont des mégalithes.*
Note.- Attention à l'orthographe : mégali*the.*

mégalomane adj. et n. m. et f.
Atteint de mégalomanie.

mégalomanie n. f.
Folie des grandeurs.

méga-octet n. m.
● Symbole *Mo* (s'écrit sans point).
● S'abrège familièrement en *meg.*
● (Inform.) Un million d'octets. *Ce disque rigide a une capacité de dix méga-octets (de 10 Mo).*

mégarde n. f.
Par mégarde. Par inadvertance.
Note.- Le nom ne s'emploie que dans l'expression citée.

mégatonne n. f.
Unité de mesure de la puissance des bombes atomiques. *Une bombe de trois mégatonnes.*

mégawatt n. m.
- Symbole *MW* (s'écrit sans point).
- Un million de watts. *Une consommation de 3 MW, de trois mégawatts.*

mégère n. f.
Femme acariâtre.
Note.- Attention à l'orthographe : m**égère**.

mégot n. m.
(Pop.) Bout de cigarette, de cigare.

méhari n. m.
Dromadaire de l'Afrique du Nord. *Des méharis rapides.*
Note.- Attention à l'orthographe : mé**h**ari.

meilleur, eure adj., adv. et n. m. et f.
- **Adjectif**
- Comparatif de supériorité de **bon.** *Elle est meilleure skieuse que son amie.*
- Superlatif de **bon.** *Ce champagne est le meilleur.*
- **Avec la meilleure volonté.** *Malgré tous les efforts.*
- **Nom masculin et féminin**
- Personne supérieure aux autres. *Seuls les meilleurs y parviendront.*
Note.- Le verbe qui suit **le meilleur, la meilleure** se met au subjonctif. *Cette personne est la meilleure qui soit.*

mélancolie n. f.
Tristesse vague, sans cause déterminée.

mélancolique adj.
Triste.

mélancoliquement adv.
D'une manière mélancolique

mélange n. m.
- Combinaison, assemblage.
- *Sans mélange.* Pur. *Une joie sans mélange.*

mélanger v. tr.
- Le **g** est suivi d'un **e** devant les lettres **a** et **o**. *Il mélangea, nous mélangeons.*
- Assortir dans des proportions données. *Mélanger des ingrédients.*
- (Fam.) Confondre. *J'ai mélangé les noms des invités.*
Note.- Ne pas confondre avec le mot **mêler** qui signifie « mettre en désordre ».

mélangeur n. m.
Appareil ménager servant à mélanger des denrées. *Doter la cuisine d'un mélangeur.*

mélanine n. f.
Pigment brun foncé qui colore la peau, les cheveux, l'iris. *Les albinos souffrent de l'absence congénitale de mélanine.*

mélasse n. f.
Matière sucrée brunâtre.

melba adj. inv.
Se dit de fruits présentés avec de la glace et de la crème Chantilly. *Des fraises Melba, melba.*
Note.- L'adjectif est issu d'un nom propre ; en principe, il s'écrit avec une majuscule et demeure invariable.

L'usage en a fait un adjectif sans majuscule qui demeure invariable.

mêlée n. f.
Combat, rixe.
Note.- Attention à l'orthographe : m**ê**lée.

mêler v. tr., pronom.
- **Transitif**
- Mettre en désordre. *Mêler les cartes.*
- Allier. *Mêler la douceur à l'ironie.*
- Mélanger. *Mêler du blanc et du noir, avec du noir. Mêler des tulipes à des roses.*
- **Pronominal**
S'occuper de. *De quoi vous mêlez-vous ?*
Notes.-
1° Le verbe se construit selon les cas avec les prépositions **à** ou **avec**.
2° Ne pas confondre avec le verbe **mélanger** qui signifie « assortir dans des proportions données ».

mélèze n. m.
Arbre de la famille des conifères.
Note.- Attention à l'orthographe : mél**è**ze.

méli-mélo n. m.
(Fam.) Fouillis. *Des mélis-mélos.*
Note.- Ce mot composé prend la marque du pluriel aux deux éléments.

mélioratif, ive adj. et n. m.
- **Adjectif.** (Ling.) Qui a une connotation favorable. *Le mot **beau** n'est pas toujours mélioratif ; par exemple, quand il précède un mot désignant un défaut, il renforce son sens négatif (ex. : c'est un beau menteur).*
- **Nom masculin.** (Ling.) Terme mélioratif. *Les mélioratifs.*
Ant. **péjoratif.**

mélo n. m.
Abréviation familière de **mélodrame.** *Des mélos navrants.*

mélodie n. f.
Chant.

mélodieusement adv.
D'une manière mélodieuse.

mélodieux, ieuse adj.
Harmonieux.

mélodique adj.
Qui a les caractères de la mélodie.

mélodramatique adj.
(Péj.) Qui tient du mélodrame.

mélodrame n. m.
- S'abrège familièrement en **mélo.**
- (Péj.) Drame où l'action est remplie à l'excès de péripéties malheureuses.

mélomane adj. et n. m. et f.
Qui apprécie la musique.

melon n. m.
- Plante de la famille des cucurbitacées.
- Fruit sphérique au goût sucré.
- *Chapeau melon. Des chapeaux melon.*

Notes.-

1° Dans cette expression qui s'écrit sans trait d'union, le mot **melon** est invariable.

2° Le **cantaloup** est un melon à côtes rugueuses ; la **pastèque** est un gros melon à pulpe rouge.

melting-pot n. m.

• Attention à la prononciation [mɛltiŋpɔt].

• (Anglicisme) (Hist.) Brassage et assimilation d'éléments démographiques aux États-Unis.

• (Anglicisme) Creuset, endroit où se rencontrent des idées différentes. *Des melting-pots.*

membrane n. f.

Feuillet mince qui enveloppe certains organes.

Note.- Attention à l'orthographe : membra**n**e.

membraneux, euse adj.

De la nature d'une membrane.

Note.- Attention à l'orthographe : membra**n**eux.

membre n. m.

• Appendice latéral des êtres animés servant à la locomotion, à la préhension. *Les bras et les jambes sont des membres.*

• *Membre viril.* Pénis.

• (En appos.) Pays faisant partie d'un tout. *Les États membres.*

• Personne, groupe, pays faisant partie d'un ensemble. *Les membres d'une association.*

même adj., adv. et pron.

V. Tableau - **MÊME**.

mémento n. m.

• Les lettres **en** se prononcent **in** [memɛ̃to].

• Mot latin signifiant « souviens-toi ». *Des mémentos.*

• Agenda.

Note.- Ce mot d'origine latine a été francisé : il s'écrit avec un accent aigu et prend la marque du pluriel.

mémère n. f.

(Fam.) Vieille femme.

mémo n. m.

Abréviation familière de *mémorandum.*

mémoire n. m. et f.

• **Nom masculin**

- Écrit où l'on résume une question. *Présenter un mémoire à une commission parlementaire.*

- État détaillé des sommes dues à un entrepreneur, à un architecte, etc.

• **Nom féminin**

- Fonction biologique qui permet de conserver et de rappeler le souvenir du passé.

- *À la mémoire de.* En l'honneur de, pour perpétuer le souvenir de.

- *De mémoire d'homme.* Aussi loin que remonte le souvenir.

Note.- Dans cette expression, le mot s'écrit au singulier.

- (Inform.) Dispositif qui permet l'enregistrement, la conservation et la restitution de données.

- *Mémoire vive.* Mémoire dont les informations sont accessibles et modifiables. *À la mise hors tension, les informations de la mémoire vive s'effacent.*

- *Mémoire morte.* Mémoire dont le contenu ne peut être modifié ou effacé. *Ces instructions sont contenues dans la mémoire morte.*

mémorable adj.

Digne d'être conservé dans la mémoire. *Des exploits mémorables.*

mémorandum n. m.

• Le *u* se prononce *o* [memɔrɑ̃dɔm].

• S'abrège familièrement en *mémo* (s'écrit sans point).

• Carnet de notes, mémento. *Des mémorandums.*

mémorisation n. f.

Action de mémoriser.

mémoriser v. tr.

• Fixer dans la mémoire.

• (Inform.) Sauvegarder des données sur un support d'information. *Mémoriser des informations sur une disquette.*

menaçant, ante adj.

Inquiétant. *Des nuages menaçants.*

menace n. f.

• Attitude (parole ou geste) annonçant une intention hostile. *Faire des menaces.*

• *Sous la menace de.* Contraint par des menaces. *Il a signé ce document sous la menace d'une arme.*

• Signe, présage qui fait craindre quelque chose. *Menaces d'orage.*

Note.- Ne pas confondre avec les mots suivants :

- *danger*, ce qui expose à un accident ;

- *péril*, danger immédiat et très grave ;

- *risque*, possibilité d'accident, de malheur.

menacer v. tr.

• Le *c* prend une cédille devant les lettres *a* et *o*. *Il menaça, nous menaçons.*

• Chercher à intimider par des menaces.

• Être à craindre. *La pluie menace de tomber. La soirée menace d'être longue.*

ménage n. m.

• Entretien d'une maison. *Faire le ménage.*

• Homme et femme vivant ensemble. *Un ménage uni.*

• (Écon.) Unité constituée par une famille, une personne vivant seule. *Le nombre de ménages a augmenté.*

ménagement n. m.

• Égard, précaution.

• *Sans ménagement.* Avec brutalité.

Note.- Dans cette expression, le nom s'écrit au singulier ou au pluriel.

ménager v. tr., pronom.

• Le *g* est suivi d'un *e* devant les lettres *a* et *o*. *Il ménagea, nous ménageons.*

• **Transitif**

- Économiser. *Ménager ses forces.*

- Traiter avec prudence. *Ménager la chèvre et le chou.*

- Traiter avec égard. *Il faut la ménager, elle est fatiguée.*

• **Pronominal**

Ne pas abuser de ses forces. *Il importe de vous ménager un peu.*

MÊME

ADJECTIF INDÉFINI

• **Devant un nom** et précédé d'un déterminant (*le, la, les, un, une...*), il marque la ressemblance, l'identité.

> *Elle a lu le même article plusieurs fois. Il porte les mêmes chaussettes que lui. Une même complicité les réunit.*

• **Après le nom** :

- il insiste sur la personne ou la chose dont on parle et qu'il marque expressément.

> *Ce sont les paroles mêmes qu'il a prononcées.*

- il marque une qualité possédée au plus haut point.

> *Cette personne est l'intégrité même, est la sagesse et l'intégrité mêmes.*

Note.- Il n'est pas toujours possible de distinguer l'adjectif de l'adverbe dans cet emploi. Selon l'intention de l'auteur, le mot s'accorde ou demeure invariable. *Il craignait sa colère, son silence mêmes* (au sens de ***eux-mêmes***) ou *sa colère, son silence même* (au sens de ***même son silence***).

• **Après un pronom**, l'adjectif insiste sur l'identité de la personne et s'accorde en nombre avec celui-ci et s'y joint par un trait d'union.

> *Moi-même, toi-même, lui-même, elle-même, soi-même, nous-mêmes, vous-mêmes, eux-mêmes, elles-mêmes.*

PRONOM INDÉFINI

• Toujours employé avec un déterminant (*le, la, les, un, une...*), il a la même signification que l'adjectif indéfini et marque l'identité de la personne, la permanence de sa façon d'être.

> *Elle est toujours la même. Ce sont toujours les mêmes qui osent parler.*

• *Cela revient au même*. Cela revient à la même chose.

ADVERBE

Aussi, jusqu'à, y compris. Placé devant un nom, un adjectif, ou accompagnant un verbe, le mot est adverbe et par le fait même, invariable.

> *Même les plus habiles ne pourront réussir. Elle est aimable et même généreuse. Il ignorait même son nom.*

LOCUTIONS

- *À même de* + *infinitif.* Apte à, en mesure.

> *Ils sont à même d'effectuer les calculs.*

- *À même*, locution prépositive. Directement.

> *Boire à même la bouteille.*

- *De même*, locution adverbiale. De même manière.

> *Nous devrions faire de même.*

- *Tout de même*, locution adverbiale. Quand même.

> *Elle était malade, elle est sortie tout de même.*

- *Quand même, quand bien même*, locution conjonctive. Même si.

> *Quand bien même il neigerait à plein ciel, nous irons.*

- *De même que*, locution conjonctive. Comme, ainsi que.

Note.- Dans cette locution qui implique un **rapport de comparaison**, le verbe et l'attribut sont au singulier et la comparaison est généralement placée entre virgules. *Paul, de même que Pierre, est gentil.*

ménager, ère adj. et n. f.
• **Adjectif**
Relatif aux soins du ménage. *Les travaux ménagers.*
• **Nom féminin**
- Femme qui tient une maison.
- Service de couverts disposé dans un coffret. *Renouveler la ménagère.*

ménagerie n. f.
Lieu où l'on rassemble des animaux pour les présenter au public.

mendiant, iante adj. et n. m. et f.
Personne qui mendie.

mendicité n. f.
État d'indigence qui conduit à mendier.

mendier v. tr., intr.
• Redoublement du *i* à la première et à la deuxième personne du pluriel de l'indicatif imparfait et du subjonctif présent. *(Que) nous mendiions, (que) vous mendiiez.*
• **Transitif**. Rechercher avec insistance, avec servilité. *Mendier de la nourriture, des suffrages.*
• **Intransitif**. Demander l'aumône, la charité.

menées n. f. pl.
Intrigues, manœuvres.

mener v. tr., intr.
• Le *e* se change en *è* devant une syllabe muette. *Il mène, il menait.*
• **Transitif**
- Conduire en accompagnant. *Elle a mené sa fille à l'école.*
V. **amener, emmener.**
- Diriger. *Il a bien mené sa barque.*
• **Intransitif**
Avoir l'avantage sur un adversaire. *L'équipe mène par deux parties.*

ménestrel n. m.
Au Moyen Âge, musicien ambulant.

meneur, euse n. m. et f.
• Personne qui mène. *Un meneur de jeu.*
• Chef, personne qui a une autorité naturelle. *C'est un meneur.*

menhir n. m.
Monument composé d'une pierre verticale. *Les menhirs de Carnac et de Stonehenge.*
Note.- Ne pas confondre avec le mot *dolmen* qui désigne un monument de pierre composé d'une pierre plate posée à l'horizontale sur des pierres verticales.

méninge n. f.
• Chacune des membranes qui enveloppent le cerveau et la moelle épinière.
• (Fam.) Esprit, cerveau. *Se creuser les méninges.*
Note.- Attention au genre féminin de ce nom : *une* méninge.

méningite n. f.
Inflammation des méninges.
Note.- Attention à l'orthographe : ménin*gite.*

ménisque n. m.
(Anat.) Cloison cartilagineuse de certaines articulations, le genou en particulier. *Un ménisque déchiré, luxé.*
Note.- Attention au genre masculin de ce nom : *un* ménisque.

ménopause n. f.
Fin de la fonction ovarienne, chez la femme.
Notes.-
1° Attention à l'orthographe : méno*pau*se.
2° Chez l'homme, c'est l'*andropause* qui désigne la diminution progressive de l'activité sexuelle.

menotte n. f.
• Petite main, dans le langage des enfants.
• (Au plur.) Bracelets de fer réunis par une chaîne que l'on met aux poignets des prisonniers.

mensonge n. m.
Affirmation contraire à la vérité.

mensonger, ère adj.
Faux. *Des propos mensongers.*

mensongèrement adv.
D'une façon mensongère.

menstruation n. f.
Émission périodique des menstrues.

menstruel, elle adj.
Qui se rapporte aux règles de la femme.

menstrues n. f. pl.
(Vx) Règles de la femme.
Note.- Ce mot est toujours au pluriel.

mensualisation n. f.
Fait de rendre mensuel. *La mensualisation des salaires.*

mensualiser v. tr.
Rendre mensuel. *Mensualiser une publication.*

mensualité n. f.
Somme payée ou reçue tous les mois. *Recevoir des mensualités.*
Note.- Attention à l'orthographe : mensualit*é.*

mensuel, elle adj. et n. m.
• **Adjectif.** Qui se fait tous les mois. *Un salaire mensuel.*
• **Nom masculin.** Publication qui paraît chaque mois. *Un mensuel économique.*
V. Tableau - **PÉRIODICITÉ ET DURÉE.**

mensuellement adv.
Par mois, tous les mois. *Cette revue paraît mensuellement.*

mensuration n. f.
Mesure.

mental, ale, aux adj.
• Qui s'exécute par l'esprit. *Faire un rapide calcul mental.*
• Relatif aux facultés intellectuelles. *Des troubles mentaux.*
• *Âge mental.* État de développement des facultés intellectuelles.

mentalement adv.
Par la pensée.
Note.- Attention à l'orthographe : menta*l*ement.

mentalité n. f.
Façon de penser, en parlant d'une collectivité.
Note.- Attention à l'orthographe : menta*l*ité.

menterie n. f.
(Fam.) Mensonge. *Raconter des menteries.*

menteur, euse adj. et n. m. et f.
Qui ment.

menthe n. f.
Plante potagère odorante. *Des chocolats à la menthe.*
Note.- Attention à l'orthographe : men*th*e.
Hom. *mante,* cape.

mention n. f.
• Allusion orale ou écrite.
• *Faire mention.* Souligner. *Ils ont fait mention de ces clauses.*
Note.- Le mot *mention* est invariable dans cette expression.

mentionner v. tr.
Faire mention de. *Il a mentionné ce fait.*
Note.- Attention à l'orthographe : mentio*nn*er.

mentir v. intr.
• *Je mens, tu mens, il ment, nous mentons, vous mentez, ils mentent. Je mentais. Je mentis. Je mentirai. Je mentirais. Mens, mentons, mentez. Que je mente. Que je mentisse. Mentant. Menti.*
Note.- Le participe passé ne comporte pas de forme féminine.
• Faire un mensonge.

menton n. m.
Partie saillante au bas du visage. *Menton fourchu. Un double menton.*

mentonnière n. f.
Bande de toile qui passe sous le menton pour retenir une coiffure.
Note.- Attention à l'orthographe : mento*nn*ière.

mentor n. m.
(Litt.) Conseiller avisé.

menu, ue adj. et adv.
• **Adjectif.** Petit. *De menus objets, de menues dépenses.*
• **Adverbe.** Finement. *Les carottes doivent être hachées menu.*
Note.- En ce sens, le mot est invariable.

menu n. m.
Liste des plats servis par un restaurant.

menuet n. m.
Ancienne danse.
Note.- Attention à l'orthographe : menu*et*.

menuiserie n. f.
Art de travailler le bois pour en faire des meubles, pour aménager des locaux.

menuisier n. m.
Personne dont le métier est de faire de la menuiserie.

méplat n. m.
Surface plane d'une chose.

méprendre (se) v. pronom.
• Se conjugue comme le verbe *prendre.*
• Se tromper. *Elle s'est méprise sur son silence.*

mépris n. m.
• Dégoût, dédain. *Avoir du mépris pour quelqu'un.*
• Indifférence. *Le mépris des honneurs.*
• *Au mépris de*, locution prépositive. Au préjudice de, sans tenir compte de. *Au mépris de sa vie, il se lança dans le vide.*
Note.- Attention à l'orthographe : mépri*s*.

méprisable adj.
Qui mérite le mépris.
Ant. **estimable.**

méprise n. f.
Erreur.

mépriser v. tr., pronom.
• **Transitif.** Avoir du mépris pour quelqu'un, quelque chose. *Il méprise les honneurs.*
• **Pronominal.** *Elles se sont méprisées. Il se méprisait d'avoir cru, pour avoir cru à ses belles paroles.*
Note.- Le complément peut être introduit par les prépositions *de* ou *pour.*

mer n. f.
• Vaste étendue d'eau salée. *Aller se baigner à la mer.*
Note.- Dans les désignations géographiques, le nom *mer* est un générique qui s'écrit avec une minuscule, tout comme les mots *lac, rivière, océan, baie, île, mont,* etc. C'est le déterminant précisant le générique qui s'écrit avec une majuscule. *La mer Méditerranée. La mer Noire. La mer des Antilles.*
V. Tableau - **GÉOGRAPHIQUES (NOMS).**
• **Locutions**
- *Prendre la mer.* S'embarquer.
- *Haute mer, pleine mer.* Partie de mer éloignée des rivages.
- *Ce n'est pas la mer à boire.* C'est un travail facile dont on peut prévoir la fin.
- *Cheval de mer.* Hippocampe.
- *Fruits de mer.* Coquillages, crustacés.
Hom. :
- *maire,* personne élue à la direction d'une administration municipale ;
- *mère,* femme qui a donné naissance à un ou plusieurs enfants.

mercantile adj.
• (Vx) Commercial.
• Qui ne pense qu'au gain. *Un financier mercantile.*
Note.- Attention à l'orthographe de cet adjectif qui conserve la même forme au masculin et au féminin : mercantil*e*.

mercantilisme n. m.
• (Écon.) Doctrine économique.
• Esprit mercantile.

mercenaire n. m.
Soldat étranger qui combat pour un salaire.
Note.- Attention à l'orthographe : mercen*aire*.

mercerie n. f.
- Accessoires de couture, de broderie, de tricot.
- Commerce de ces accessoires.

merchandising
- La syllabe *di* se prononce *di* ou *dai*, [mɛrʃãdiziŋ] ou [mɛrʃãdajziŋ].
- (Anglicisme) Marchandisage.

merci n. m. et f.
- **Nom masculin.** Remerciement. *Mille mercis.*
Note.- Le nom se construit avec la préposition *de* ou *pour. Merci de votre visite, merci pour vos fleurs.* Suivi d'un infinitif, il se construit avec *de. Merci d'être là.*
- **Nom féminin**
- (Vx) Grâce, pitié.
- *Être à la merci de quelqu'un, quelque chose.* Dépendre du bon vouloir de quelqu'un, de l'action de quelque chose.
- *Demander merci.* Demander grâce.
- *Sans merci.* Sans pitié.
Note.- Attention à l'orthographe : merc*i*.

mercière n. f.
Personne qui fait le commerce des articles de mercerie.

mercredi n. m.
Troisième jour de la semaine. *Le mercredi des Cendres. Le mercredi 17 mai.*
Note.- Les noms de jours s'écrivent avec une minuscule et prennent la marque du pluriel. *Je viendrai tous les mercredis,* mais *je viendrai tous les mercredi et vendredi de chaque semaine.* Attention à la construction de la dernière phrase où les noms de jours restent au singulier parce qu'il n'y a qu'un seul mercredi et un seul vendredi par semaine.
V. Tableau - **JOUR.**

mercure n. m.
- Symbole *Hg* (s'écrit sans point).
- Métal d'un blanc argenté qui, à la température ordinaire, est liquide.
Note.- Lorsqu'il désigne le dieu romain ou la planète, le nom s'écrit avec une majuscule.

merde interj. et n. f.
- **Interjection.** (Vulg.) L'interjection exprime la déception, la colère, l'indignation, etc. *Eh, merde !*
- **Nom féminin.** (Vulg.) Excrément.

merdeux, euse adj. et n. m. et f.
- (Vulg.) Souillé d'excréments.
- (Pop.) Prétentieux.

merdier n. m.
(Pop.) Grande confusion.

merdique adj.
(Pop.) Sans intérêt.

mère n. f.
- Femme qui a donné naissance à un ou plusieurs enfants. *Elle est la mère de quatre enfants. La fête des Mères.*
- *Mère porteuse.* Femme qui a été inséminée artificiellement afin de donner naissance à l'enfant d'un autre couple. *Des mères porteuses.*
- Supérieure d'une communauté religieuse. *La mère supérieure.*
Note.- Les titres religieux s'écrivent avec une minuscule. *Elle a prié mère Marie de l'Incarnation.*
- *Reine mère, mère patrie.*
Note.- Ces locutions où le mot *mère* est en apposition, s'écrivent sans trait d'union.
- *Maison mère.* Établissement dont dépend un ordre religieux.
Note.- Pour une entreprise commerciale, on dit plutôt *siège social.*
V. **belle-mère, grand-mère.**
Hom. :
- *maire,* personne élue à la direction d'une administration municipale ;
- *mer,* vaste étendue d'eau salée.

mère-grand n. f.
(Vx) Grand-mère. *La mère-grand du petit Chaperon rouge. Des mères-grand.*

merguez n. f.
- Le *z* se prononce [mɛrgɛz].
- Petite saucisse épicée. *Des merguez grillées.*
Note.- Attention au genre féminin de ce nom : *une* merguez.

méridien n. m.
Cercle théorique passant par les deux pôles terrestres. *Le méridien de Greenwich.*
Notes.-
1° Attention à l'orthographe : mé*r*idien.
2° Le *premier méridien* ou le *méridien d'origine* est celui à partir duquel on compte les degrés de longitude.
V. **longitude.**

méridienne n. f.
Canapé de repos.

méridional, ale, aux adj. et n. m. et f.
- Qui est au sud. *La région méridionale de l'Italie.*
- Qui est du Midi. *Des types méridionaux.*
Note.- Attention à l'orthographe : méridio*n*al.

meringue n. f.
Pâtisserie légère à base de blancs d'œufs battus.

merisier n. m.
Cerisier sauvage dont le bois est recherché en ébénisterie.

méritant, ante adj.
Se dit d'une personne qui a du mérite. *Ils sont bien méritants.*

mérite n. m.
Valeur.

mériter v. tr.
- Être digne de récompense ou passible de châtiment.
Note.- Le verbe s'emploie en bonne et en mauvaise part. *Il mérite notre récompense, il mérite une punition.*
- Donner droit. *Cet effort mérite un avancement.*
- Exiger. *Cette conclusion mérite réflexion.*
- Valoir la peine de. *Ce roman mérite d'être lu.*

méritoire adj.
Se dit d'une chose louable. *Un geste méritoire.*

merlan n. m.
Poisson de mer dont la chair est appréciée.

merle n. m.
Oiseau passereau voisin de la grive.

mérou n. m.
Poisson des mers chaudes dont la chair est très délicate.

merveille n. f.
• Chose admirable, étonnante. *Les sept merveilles du monde.*
• *Faire merveille.* Obtenir des résultats remarquables. *Ces étudiants ont fait merveille au concours.*
Note.- Dans cette expression, le nom reste au singulier.
• *À merveille.* Parfaitement. *Ce tailleur lui va à merveille. Elle se porte à merveille.*
• *Promettre monts et merveilles.* Faire des promesses exagérées.

merveilleusement adv.
Admirablement.

merveilleux, euse adj. et n. m.
• *Adjectif.* Exceptionnel. *Un merveilleux poète.*
• *Nom masculin.* Ce qui est extraordinaire.
Note.- Ne pas confondre avec les mots suivants :
- *miraculeux*, qui tient du miracle ;
- *prodigieux*, qui tient du prodige ;
- *surhumain*, qui dépasse les possibilités habituelles de la personne humaine.

mes adj. poss. pl.
• L'adjectif possessif détermine le nom en indiquant le « possesseur » de l'objet désigné. Il s'accorde en genre et en nombre avec le nom déterminé. *Mes livres.*
• L'adjectif possessif *mes* renvoie à un seul « possesseur » de plusieurs êtres, de plusieurs objets.
V. Tableau - **POSSESSIF (ADJECTIF).**

mésalliance n. f.
Mariage avec une personne de condition inférieure.
Note.- Attention à l'orthographe : mésa*ll*iance.

mésallier (se) v. pronom.
• Redoublement du *i* à la première et à la deuxième personne du pluriel de l'indicatif imparfait et du subjonctif présent. *(Que) nous nous mésalliions, (que) vous vous mésalliiez.*
• Faire une mésalliance.

mésange n. f.
Petit oiseau au plumage parfois rehaussé de couleurs vives.
Note.- Attention au genre féminin de ce nom : *une* mésa*n*ge.

mésaventure n. f.
Événement fâcheux.

mescaline n. f.
Hallucinogène.

mesdames n. f. pl.
Abréviation *Mmes* (s'écrit sans point).
V. **madame.**

mesdemoiselles n. f. pl.
Abréviation *Mlles* (s'écrit sans point).
V. **mademoiselle.**

mésentente n. f.
Désaccord.

mésestimer v. tr.
Ne pas estimer à sa juste valeur. *La compétence de cette personne est mésestimée.*
Note.- Ne pas confondre avec le verbe *sous-estimer* qui signifie « estimer au-dessous de sa valeur ».

mesquin, ine adj.
• Parcimonieux.
• Bas. *Cette critique est très mesquine.*

mesquinement adv.
D'une façon mesquine.
Note.- Attention à l'orthographe : mesqui*n*ement.

mesquinerie n. f.
• Avarice.
• Bassesse.
Note.- Attention à l'orthographe : mesqui*n*erie.

mess n. m.
(Milit.) Salle où les officiers se réunissent pour prendre leurs repas.
Note.- Attention à l'orthographe : me*ss*.
Hom. *messe*, office religieux.

message n. m.
• Communication transmise par un messager. *Transmettre un message.*
• *Message publicitaire.* Information transmise au consommateur afin de faire connaître et de vendre un produit. *Diffuser un message publicitaire.*

messager, ère n. m. et f.
Personne chargée de transmettre un message.

messagerie n. f. (gén. pl.)
• Transport rapide de marchandises. *Un entrepreneur de messageries.*
• *Messagerie électronique.* (Inform.) Courrier électronique à l'aide de terminaux.

messe n. f.
• Office religieux.
• *Messe basse.* Messe non chantée.
• *Faire des messes basses.* (Fam.) Se chuchoter quelque chose à l'oreille.
• *Grand messe.* Messe chantée.
• *Messe noire.* Pratique de sorcellerie parodiant la messe.
Hom. *mess*, salle où les officiers se réunissent pour prendre leurs repas.

messeoir v. intr.
• Ce verbe ne s'utilise qu'à la troisième personne et n'a pas de temps composés. *Il messied, ils messiéent. Il messeyait, ils messeyaient. Il messiéra, ils messiéront. Il messiérait, ils messiéraient. Messéant. Qu'il messiée, qu'ils messiéent.*

● (Litt.) Ne pas convenir.
Ant. **seoir.**

messianique adj.
Relatif à la venue du Messie.

messie n. m.
Sauveur. *Un faux messie.*
Notes.-
1° Lorsque le nom désigne le Christ, il s'écrit avec une majuscule.
2° Attention à l'orthographe : mess**ie**.

messieurs n. m. pl.
Abréviation **MM.** (s'écrit avec point).
V. **monsieur.**

mesurable adj.
Qui peut se mesurer.

mesure n. f.
● Action de mesurer. *Prendre des mesures. Un vêtement fait sur mesure ou sur mesures.*
● Disposition que l'on prend pour agir. *Ce ne sont que des mesures préventives.*
● Modération. *Elle agit avec mesure.*
● **Être en mesure de.** Avoir les moyens nécessaires, pouvoir. *Elle est en mesure de réussir.*
Note.- Dans cette expression, le nom s'écrit au singulier.
● **Au fur et à mesure.** En même temps et proportionnellement, à mesure. *Répondez au fur et à mesure. Au fur et à mesure que les jours passent. Au fur et à mesure de vos progrès.*
Notes.-
1° La locution se construit avec **que** et l'indicatif, avec la préposition **de** et absolument.
2° Ne pas confondre avec le mot **précaution** qui désigne une mesure prise pour se garder contre quelque chose.

mesuré, ée adj.
● Compté. *À pas mesurés.*
● Circonspect. *Il faut rester mesuré, ne pas s'emporter.*

mesurer v. tr., intr., pronom.
● **Transitif**
- Évaluer une grandeur. *La pièce qu'il a mesurée à deux mètres carrés.*
- Déterminer l'importance de quelque chose. *Mesurer les pertes subies.*
● **Intransitif**
Les deux mètres que ce mur avait mesuré avant de s'écrouler.
● **Pronominal**
- Être mesurable. *Cette surface se mesure facilement.*
- Lutter, se comparer. *Elle s'est mesurée à lui, avec lui.*

méta- préf.
Élément du grec signifiant « ce qui dépasse, englobe ».
Note.- Les mots composés avec le préfixe **méta-** s'écrivent en un seul mot. *Métaphysique, métamorphose.*

métabolique adj.
Relatif au métabolisme.
Note.- Attention à l'orthographe : métabo**l**ique.

métabolisme n. m.
Ensemble des transformations qui s'accomplissent dans l'organisme vivant.
Note.- Attention à l'orthographe : métabo**l**isme.

métacarpe n. m.
Ensemble des cinq os de la main compris entre le carpe et les phalanges.
Note.- Ne pas confondre avec le mot **métatarse** qui désigne l'ensemble des cinq os du pied compris entre les orteils et le tarse.

métairie n. f.
Petit domaine rural.
Note.- Attention à l'orthographe : mét**ai**rie.

métal n. m.
Corps simple. *Un métal précieux. L'or, l'argent, le plomb, le cuivre, etc. sont des métaux.*

métalangage n. m. ou **métalangue** n. f.
Langue qui décrit la langue naturelle ; terminologie linguistique.

métalinguistique adj.
Qui appartient au métalangage, à la terminologie linguistique.

métallique adj.
● Qui est fait de métal. *Un corps métallique.*
● Qui semble provenir du métal. *Un bruit métallique.*
Note.- Attention à l'orthographe : méta**ll**ique.

métalliser v. tr.
Couvrir d'une couche de métal.
Note.- Attention à l'orthographe : méta**ll**iser.

métallurgie n. f.
Ensemble des techniques qui assurent la fabrication des métaux.
Note.- Attention à l'orthographe : méta**ll**urgie.

métallurgique adj.
Relatif à la métallurgie. *L'industrie métallurgique.*
Note.- Attention à l'orthographe : méta**ll**urgique.

métallurgiste n. m. et f.
Personne qui travaille dans la métallurgie.
Note.- Attention à l'orthographe : méta**ll**urgiste.

métamorphose n. f.
● Transformation radicale. *La métamorphose de la chenille en papillon.*
● Évolution.
Notes.-
1° Attention à l'orthographe : métamor**ph**ose.
2° Ne pas confondre avec le mot **métempsycose** qui désigne la réincarnation.

métamorphoser v. tr., pronom.
● **Transitif**. Changer radicalement la forme, la nature de quelqu'un, de quelque chose. *Cette nouvelle coiffure l'a métamorphosé.*
● **Pronominal**. Changer complètement de forme, d'état. *En quelques années, ces enfants se sont métamorphosés.*
Note.- Attention à l'orthographe : métamor**ph**oser.

métaphore n. f.
Figure de style constituée d'une comparaison abrégée

qui omet le signe de la comparaison. *L'aurore aux doigts de rose.*
Note.- Attention à l'orthographe : méta**ph**ore.
V. Tableau - **FIGURÉS (EMPLOIS).**

métaphorique adj.
Relatif à la métaphore. *Un emploi métaphorique.*
Note.- Attention à l'orthographe : méta**ph**orique.

métaphoriquement adv.
Par métaphore.
Note.- Attention à l'orthographe : méta**ph**oriquement.

métatarse n. m.
Ensemble des cinq os du pied compris entre le tarse et les orteils.
Notes.-
1° Attention à l'orthographe : métatar**se.**
2° Ne pas confondre avec le mot *métacarpe* qui désigne l'ensemble des cinq os de la main compris entre le poignet et les doigts.

métempsycose n. f.
Réincarnation d'une âme dans un autre corps, après la mort.
Notes.-
1° Attention à l'orthographe : métempsy**co**se.
2° Ne pas confondre avec le mot *métamorphose* qui désigne une transformation radicale.

météo adj. inv. et n. f.
● **Adjectif invariable**
Météorologique. *Des prévisions météo, les bulletins météo.*
● **Nom féminin**
- Abréviation familière de *météorologie.*
- (Fam.) Bulletin météorologique. *Il attend la météo pour prendre une décision.*

météore n. m.
Corps céleste lumineux qui passe dans le ciel. *Les étoiles filantes sont des météores.*
Notes.-
1° Ne pas confondre avec le nom *météorite* qui désigne un fragment minéral provenant de l'atmosphère qui tombe sur la Terre.
2° Attention au genre masculin de ce nom : *un* météor**e.**

météorique adj.
Relatif à un météore.

météorite n. f.
(Astron.) Fragment minéral provenant de l'atmosphère qui tombe sur la Terre. *Une petite météorite.*
Note.- Ne pas confondre avec le nom *météore* qui désigne un corps céleste lumineux qui passe dans le ciel.

météorologie n. f.
● Abréviation familière *météo* (s'écrit sans point).
● Étude des phénomènes atmosphériques en vue de la prévision du temps.
Notes.-
1° Attention à l'orthographe : météo**ro**logie.
2° Ne pas confondre avec le mot *métrologie* qui désigne la science des mesures.

météorologique adj.
Relatif à la météorologie.
Note.- Attention à l'orthographe : météo**ro**logique.

météorologue ou **météorologiste** n. m. et f.
Spécialiste de la météorologie.

métèque n. m.
(Péj.) Étranger dont le comportement est jugé déplaisant.

méthode n. f.
● Ensemble des moyens à utiliser pour atteindre un but. *Une méthode expérimentale.*
● Qualité qui consiste à procéder avec logique et ordre. *Il n'a pas beaucoup de méthode.*
Notes.-
1° Attention à l'orthographe : mét**h**ode.
2° Ne pas confondre avec le mot *méthodologie* qui désigne l'étude des méthodes.

méthodique adj.
Qui a de la méthode, de l'ordre.
Note.- Attention à l'orthographe : mét**h**odique.

méthodiquement adv.
Avec méthode.
Note.- Attention à l'orthographe : mét**h**odiquement.

méthodologie n. f.
● Étude des méthodes scientifiques et techniques.
Note.- Attention à l'orthographe : mét**h**odologie.
● (Abusivement en sciences) Manière de procéder ; méthode.

méthodologique adj.
Relatif à la méthodologie.
Note.- Attention à l'orthographe : mét**h**odologique.

méthylique adj.
● (Chim.) Se dit de composés dérivant du méthane.
● *Alcool méthylique.* Alcool à brûler.
Note.- Attention à l'orthographe : mét**hy**lique.

méticuleusement adv.
D'une manière méticuleuse.

méticuleux, euse adj.
Minutieux. *Une application méticuleuse.*

méticulosité n. f.
Caractère d'un esprit méticuleux.
Note.- Attention à l'orthographe : méticul**o**sité.

métier n. m.
● Profession, travail dont on vit. *Il exerce un métier manuel.*
● *Corps de métier.* Ensemble de personnes qui exercent le même métier.
● Machine servant à la fabrication des textiles. *Un métier à tisser.*
● Expérience, habileté technique. *Elle a du métier, elle ne manque pas de métier.*

métis, isse adj. et n. m. et f.
Se dit d'une personne dont le père et la mère sont de races différentes. *Une jolie métisse.*
Note.- Ne pas confondre avec les mots suivants :
- *eurasien*, se dit d'une personne née d'un Européen et d'une Asiatique ou d'un Asiatique et d'une Européenne ;

- *mulâtre*, se dit d'une personne née d'un Noir et d'une Blanche ou d'un Blanc et d'une Noire.

métissage n. m.
Croisement de races.
Note.- Attention à l'orthographe : méti**ss**age.

métisser v. tr.
Croiser des races. *Un chien métissé.*
Note.- Attention à l'orthographe : méti**ss**er.

métonymie n. f.
Figure de style consistant à exprimer la cause pour l'effet, l'effet pour la cause, le contenant pour le contenu, la partie pour le tout. *Les plaisirs de la table. Mange ton assiette au complet, ma chérie. Boire un verre.*
Note.- Attention à l'orthographe : méton**y**m**ie.**
V. Tableau - **FIGURÉS (EMPLOIS).**

métonymique adj.
Qui a le caractère de la métonymie.
Note.- Attention à l'orthographe : méton**y**m**i**que.

métrage n. m.
• Action de mesurer en mètres.
• Longueur en mètres.
• *Court(-)métrage, long(-)métrage.* (Cin.) Film dont la longueur varie entre 300 et 3 000 m de longueur.

métré n. m.
Mesure d'un terrain, d'une construction.

mètre n. m.
• Symbole *m* (s'écrit sans point).
• Unité de mesure de longueur. *Sa taille atteint maintenant 1,80 m et il n'a pas fini de grandir.*
Note.- La fraction décimale est indiquée par une virgule qui s'inscrit sans espace. Les fractions ne doivent pas être séparées de l'entier et le symbole de l'unité de mesure s'écrit après l'expression numérique. *15,5 m de hauteur.* Si le nombre est inférieur à un, la virgule décimale est précédée d'un zéro. *0,5 m de largeur.*
• *Mètre carré*
- Symbole *m^2* (s'écrit sans point).
- Unité de superficie. *Le terrain mesure 300 m^2. Des mètres carrés.*
• *Mètre cube*
- Symbole m^3 (s'écrit sans point).
- Unité de volume. *Des mètres cubes.*
• *Mètre par seconde*
- Symbole *m/s* (s'écrit sans point).
- Unité de vitesse. *Des mètres par seconde.*
• Règle ou ruban gradué servant à prendre les mesures. *Un mètre de bois, de couturière.*
• *Mètre à ruban.* Mètre constitué d'un ruban métallique qui s'enroule dans un boîtier.
Hom. *maitre*, personne qui possède l'autorité, qui commande.

métrer v. tr.
Mesurer en mètres.
Note.- Attention à l'orthographe : m**é**trer.

métrique adj.
• Relatif au mètre, unité de mesure.
• *Système métrique.* Système décimal de poids et mesures qui a le mètre pour base.

métro n. m.
Chemin de fer généralement souterrain qui dessert une grande ville. *Les métros de New York, Paris et Montréal.*
Note.- Le mot *métro* est l'abréviation de **chemin de fer métropolitain**, expression aujourd'hui vieillie.

métro- préf.
Élément du grec signifiant «mesure». *Métronome.*

métrologie n. f.
Science des mesures.
Note.- Ne pas confondre avec le mot *météorologie* qui désigne l'étude des phénomènes atmosphériques en vue de la prévision du temps.

métronome n. m.
Instrument qui sert à battre la mesure pour une exécution musicale.
Note.- Attention à l'orthographe : métro**nome.**

métropole n. f.
• Ville principale.
• État central considéré par rapport à ses territoires extérieurs.
Note.- Attention à l'orthographe : métro**pole.**

métropolitain adj. et n. m.
• **Adjectif.** Propre à une métropole. *L'autoroute métropolitaine.*
• **Nom masculin.** (Vx) Chemin de fer métropolitain.
Note.- On n'emploie plus aujourd'hui que l'abréviation *métro* (s'écrit sans point).

mets n. m.
Aliment. *La truite saumonée est un mets de choix.*
Note.- Attention à l'orthographe : *un* met**s**, *des* met**s.**

metteur en... n. m.
• *Metteur en pages.* Spécialiste de la mise en pages.
• *Metteur en scène.* Réalisateur d'une œuvre au théâtre, au cinéma, à la télévision.

mettre v. tr., pronom.
• *Je mets, tu mets, il met, nous mettons, vous mettez, ils mettent. Je mettais. Je mis. Je mettrai. Je mettrais. Mets, mettons, mettez. Que je mette. Que je misse. Mettant. Mis, mise.*
• **Transitif**
- Placer quelqu'un, quelque chose dans un lieu déterminé. *Il a mis son argent à la banque.*
- *Mettre sur pied.* Monter, élaborer. *Ils ont mis sur pied une équipe très efficace.*
- *Mettre la charrue devant, avant les bœufs.* Commencer par la fin. Aller trop vite en besogne.
- *Mettre quelqu'un en demeure.* Obliger quelqu'un à faire quelque chose.
- *Mettre à jour.* Actualiser. *Le document doit être mis à jour.*
- *Mis à part.* Excepté.
Note.- Devant le nom, cette locution est invariable. *Mis à part ces coquilles, tout est parfait.* Après le nom, le participe est variable. *Ces coquilles mises à part, le texte est parfait.*
- *Mettons.* (Fam.) Supposons. *Il lui faudrait quelques jours, mettons trois jours, pour terminer.*

● **Pronominal**
- Se placer. *Elles se sont mises à table.*
- *Se mettre* + *infinitif.* Commencer à. *Il s'est mis à chanter. Elles se sont mises à rire.*
Note.- Dans cet emploi, le verbe joue le rôle d'un auxiliaire pour marquer le commencement d'une action.
- *Se mettre en tête.* S'imaginer, décider. *Il s'est mis en tête de faire de l'informatique.*
- *Se mettre à dos.* Se faire un ennemi.
- *Se mettre sur son trente et un.* S'habiller pour sortir.

meuble adj. et n. m.
● **Adjectif**
- (Dr.) Qui peut être déplacé. *Des biens meubles.*
Ant. **immeuble.**
- Facile à travailler. *Une terre meuble.*
● **Nom masculin**
Tout ce qui sert à l'aménagement de l'habitation, de locaux. *Acheter de nouveaux meubles.*

meublé, ée adj. et n. m.
● **Adjectif.** Garni de meubles. *Une maison bien meublée.*
● **Nom masculin.** Appartement loué avec du mobilier. *Louer un meublé.*

meubler v. tr.
Garnir de meubles. *Meubler une chambre.*

meuglement n. m.
Cri des bovins.

meugler v. intr.
Crier, en parlant des bovins. *La vache meugle.*

meulage n. m.
Action de meuler.

meule n. f.
● Disque abrasif servant à aiguiser, à polir.
● Amas de paille, de foin.

meuler v. tr.
Passer à la meule.

meunerie n. f.
Industrie de la fabrication des farines.

meunier n. m.
meunière n. f.
Personne qui exploite un moulin à céréales ou une meunerie. *Meunier tu dors, ton moulin va trop vite.*

meunière n. f.
Sole meunière. Avec de la farine. *Des soles meunière.*
Note.- En apposition, le nom est invariable.

meursault n. m.
Vin très réputé.
Note.- Le nom qui désigne le vin s'écrit avec une minuscule, celui qui désigne la région s'écrit avec une majuscule.

meurtre n. m.
Action de donner la mort de propos délibéré.
Notes.-
1° S'il est toujours volontaire, le meurtre n'est pas forcément prémédité.

2° Ne pas confondre avec les mots suivants :
- *assassinat*, homicide avec préméditation ;
- *homicide*, action de donner la mort, volontairement ou non.

meurtrier, ière adj. et n. m. et f.
● **Adjectif.** Qui cause la mort. *Un accident meurtrier.*
● **Nom masculin et féminin.** Personne qui a commis un meurtre.
● **Nom féminin.** Petite ouverture pratiquée dans un mur fortifié.

meurtrir v. tr.
● Faire une meurtrissure. *Des pêches meurtries.*
● Blesser. *Une âme meurtrie.*

meurtrissure n. f.
Contusion, tache causée par un choc.

meute n. f.
● Bande de chiens dressés pour la chasse.
● Troupe de personnes à l'affût de quelqu'un, de quelque chose. *La meute de créanciers.*
● Troupe de louveteaux.

mévente n. f.
Diminution marquée des ventes d'un commerce, d'un secteur d'activité économique.

mexicain, aine adj. et n. m. et f.
Du Mexique.
Note.- Contrairement à l'adjectif, le nom prend une majuscule.

mezzanine n. f.
Petit étage intermédiaire entre deux plus grands. *Des mezzanines bien aménagées.*

mezza-voce loc. adv.
● Le *c* se prononce *tch* et le *e* final se prononce *é* [mɛdzavɔtʃe].
● À mi-voix.
Note.- En typographie soignée, les mots étrangers sont composés en italique. Dans des textes déjà en italique, la notation se fait en romain. Pour les textes manuscrits, on utilisera les guillemets.

mezzo-soprano n. m. et f.
● **Nom masculin.** Voix de femme entre le soprano et le contralto.
● **Nom féminin.** Celle qui a cette voix. *Des mezzo-sopranos.*
Note.- Attention à l'orthographe : mezzo-soprano.

MF
Abréviation de *modulation de fréquence.*
Note.- Toutefois, l'abréviation internationale est *FM. La radio FM.*

mg
Symbole de *milligramme.*

Mg
Symbole de *magnésium.*

Mgr
Abréviation de *monseigneur.*

M^{grs}
Abréviation de *messeigneurs.*

MHz
Symbole de *mégahertz*.

mi- préf.
• **Adjectif.** À demi. *La mi-mars.*
• **Adverbe.** À moitié. *Des cheveux mi-longs. Ils sont à mi-distance entre la mer et la montagne.*
Note.- Pris adjectivement ou adverbialement, le préfixe *mi-* est invariable. Les mots composés avec ce préfixe sont féminins et les deux éléments sont joints par un trait d'union dans la plupart des cas.
• *Mi-figue, mi-raisin.* Moitié bien, moitié mal.
V. **demi.**

mi n. m. inv.
V. **note de musique.**
Hom. :
- *mie*, partie molle du pain ;
- *mye*, mollusque comestible.

miaou n. m.
(Fam.) Cri du chat. *Des miaous.*

miasme n. m.
Vapeur malsaine, gaz putride.

miaulement n. m.
Cri du chat.
Note.- Attention à l'orthographe : mi*au*lement.

miauler v. intr.
Crier, en parlant du chat.

mica n. m.
Minerai. *Une feuille de mica. Des micas transparents.*

mi-carême n. f.
Jeudi de la troisième semaine de carême. *Des mi-carêmes.*

miche n. f.
Pain de campagne rond.

mi-chemin (à) loc. adv.
À moitié de la route.

mi-clos, -close adj.
À moitié fermé. *Les paupières mi-closes.*

micmac n. m.
(Fam.) Manigance. *Dans les nominations politiques, il y a toujours des micmacs.*

mi-corps (à) loc. adv.
Au milieu du corps. *Il avait de l'eau jusqu'à mi-corps.*

mi-côte (à) loc. adv.
Au milieu de la côte.

micro- préf.
• Élément du grec signifiant « petit ».
• **Mots composés**
Les mots composés du préfixe *micro-* s'écrivent en un seul mot à l'exception de ceux dont le second élément commence par une voyelle. *Un microfilm. Des micro-ondes.*
Note.- Une tendance à écrire les mots formés de *micro-* en un seul mot se dessine peu à peu. *Microéconomie.*
• **Composition des sous-multiples décimaux**
- Symbole *µ* (s'écrit sans point).

- Préfixe qui multiplie par 0,000 001 l'unité qu'il précède. *Des microsecondes.*
- Sa notation scientifique est 10^{-6}.
V. Tableau - **MULTIPLES ET SOUS-MULTIPLES DÉCIMAUX.**

micro n. m.
• Abréviation de **microphone.**
• (Fam.) Abréviation de *micro-ordinateur.*

micro-analyse n. f.
Analyse chimique de haute précision.

microbe n. m.
Organisme microscopique à l'origine des maladies infectieuses.

microbien, ienne adj.
Relatif aux microbes. *Une infection microbienne.*

microbiologie n. f.
Science des micro-organismes.
Note.- La microbiologie comprend la bactériologie, la virologie, la mycologie.

microbiologiste n. m. et f.
Spécialiste de la microbiologie.

microchirurgie n. f.
Chirurgie effectuée à l'aide d'un microscope.

microclimat n. m.
Ensemble des conditions de température, d'humidité, etc. propre à un espace restreint. *Le microclimat de l'île de Jersey.*

microcosme n. m.
(Litt.) Univers en miniature.

microéconomie n. f.
(Écon.) Partie de l'économie qui étudie le comportement des unités individuelles (entreprise, consommateur, etc.).
Note.- Ne pas confondre avec la *macroéconomie* qui traite des structures générales, des grandeurs et des variables globales.
Ant. **macroéconomie.**

microélectronique n. f.
Branche de l'électronique qui traite des circuits intégrés.

microfiche n. f.
Photographie très réduite d'un document d'archives.

microfilm n. m.
Film composé de microfiches.

microfilmer v. tr.
Reproduire des documents sous forme de microfiches.

micro-informatique n. f.
Domaine de l'informatique relatif à la conception, la fabrication et l'utilisation des micro-ordinateurs.

micromètre n. m.
• Instrument de mesure de grande précision.
• Un millionième de mètre.
Syn. **micron.**

micron n. m.
• Symbole *µm* (s'écrit sans point).
• Unité de longueur valant un millionième de mètre. *Trois µm, trois microns.*
Syn. **micromètre.**

micro-onde n. f.
Onde de très petite longueur.

micro-ondes n. m. inv.
Four à micro-ondes.

micro-ordinateur n. m.
• S'abrège en *micro* (s'écrit sans point).
• (Inform.) Ordinateur construit autour d'un micro-processeur auquel est adjoint l'environnement, logiciel et matériel, nécessaire au traitement complet de l'information. *Des micro-ordinateurs très puissants.*

micro-organisme n. m.
Organisme microscopique. *Des micro-organismes bactériens, végétaux, animaux.*

microphone n. m.
• S'abrège en *micro* (s'écrit sans point).
• Instrument servant à transformer et à amplifier le son.

microphonique adj.
Relatif au microphone.

microprocesseur n. m.
(Inform.) Circuit intégré, remplissant les fonctions de processeur et comportant les circuits de base suivants : unité arithmétique et logique, unité de commande et décodeur d'instructions.

microscope n. m.
Instrument d'optique permettant de grossir les objets très petits.

microscopie n. f.
Art d'observer au microscope.

microscopique adj.
• Qui est extrêmement petit. *Un corps microscopique.*
• Qui s'effectue au moyen d'un microscope. *Un examen microscopique.*
Ant. **macroscopique.**

microseconde n. f.
• Symbole *Ms* (s'écrit sans point).
• Unité de temps valant un millionième de seconde.

microsillon n. m.
Disque à longue durée. *Écouter des microsillons.*

miction n. f.
(Méd.) Action d'uriner.
Hom. **mixtion,** action de mélanger des drogues.

M.I.D.E.M.
Sigle de *Marché international du disque et de l'édition musicale.*

midi n. m.
• Milieu du jour, douzième heure de la journée. *Le spectacle commencera à midi précis, à midi dix.*
Notes.-
1° Attention au genre masculin de ce nom. *Il est midi et demi (12 h 30).*

2° L'expression « ce midi » sur le modèle de *ce matin, ce soir* est très familière ; il faut dire *à midi* comme on dit *à minuit. Où vas-tu manger à midi* (et non *ce midi).
3° Après le mot *midi,* on écrit les minutes en toutes lettres. *Midi vingt.* Par contre, si l'on utilise la notation en chiffres *12h,* on écrit alors les minutes en chiffres *12h20.*
4° Quand le nom *midi* est sujet, le verbe s'accorde au singulier. *Midi sonne, midi est sonné.*
• Sud. *Un accent du Midi.*
Note.- Lorsqu'il désigne le sud de la France et qu'il est pris absolument, le nom s'écrit avec une majuscule. Suivi d'un complément déterminatif, il s'écrit avec une minuscule. *Le midi de la France.*

midinette n. f.
Jeune fille à la sentimentalité naïve.
Note.- Attention à l'orthographe : midi**nette.**

mie n. f.
• Partie molle du pain.
• (Litt., vx) Amie. *Ma mie.*
Hom. :
- *mi,* note de musique ;
- *mye,* mollusque comestible.

miel n. m.
Substance sucrée produite par les abeilles à partir du nectar des fleurs.
V. **apiculture.**

mielleusement adv.
D'une manière mielleuse.

mielleux, euse adj.
(Péj.) D'une douceur hypocrite.

mien, mienne adj. et pron. poss.
• **Adjectif possessif de la première personne du singulier.** L'adjectif ne s'emploie aujourd'hui qu'à titre d'attribut. *Cette maison est mienne.* Il s'emploie également avec les verbes *faire, devenir. Je fais miennes ces propositions.*
V. Tableau - **POSSESSIF (ADJECTIF).**
• **Pronom possessif de la première personne.** Le pronom qui s'emploie toujours avec l'article défini doit se rapporter à un nom énoncé précédemment. *Ces enfants sont les miens. Vous n'avez pas votre voiture, prenez la mienne.*
• **Nom masculin pluriel.** Mes proches, ma famille. *Je me sens bien auprès des miens.*

miette n. f.
Petite parcelle.
Notes.-
1° Attention à l'orthographe : mie**tte.**
2° Ne pas confondre avec les mots suivants :
- *éclat,* morceau d'une chose brisée ;
- *fraction,* part séparée d'un tout ;
- *fragment,* morceau ;
- *lambeau,* partie déchirée d'un vêtement, d'un corps.

mieux adj., adv. et n. m.

ADVERBE DE MANIÈRE
• **Comparatif de bien.** D'une façon plus avantageuse,

plus favorable, plus accomplie. *Il chante mieux qu'elle, elle se porte mieux aujourd'hui, tu aimes mieux ce climat tempéré.*

Note.- Comme comparatif, l'adverbe se construit avec un verbe.

• Superlatif absolu de **bien**. *Le livre le mieux écrit. C'est cet auteur que j'aime le mieux. La fenêtre la mieux orientée de la maison.*

• **Le mieux que** + **subjonctif**. *Le montage le mieux réussi que j'aie vu.*

Note.- Le verbe se met généralement au subjonctif ; on peut employer l'indicatif si l'on veut marquer davantage la réalité que la possibilité. *Le montage le mieux réussi qu'il a fait.*

• **Des mieux.**

Notes.-

1° L'adjectif ou le participe qui suit **des mieux** se met au pluriel et s'accorde en genre avec le sujet qui est déterminé. *Ce projet est des mieux préparés. Une maison des mieux construites.*

2° Si le sujet est indéterminé, l'adjectif ou le participe restent invariables. *La fraise est un fruit des mieux apprécié.*

• **Le mieux, du mieux.** Ces expressions sont synonymes. *Elle fait le mieux qu'elle peut, du mieux qu'elle peut.*

ADJECTIF

• Meilleur, plus convenable, plus agréable. *Je ne demande pas mieux. Ce roman est mieux que le précédent.*

• *Il vaut mieux, mieux vaut.* Il est préférable de. *Il vaut mieux renoncer, mieux vaut renoncer.*

NOM MASCULIN

Ce qui est meilleur. *J'ai fait de mon mieux. Le mieux est de prendre l'initiative dès le début.*

LOCUTIONS ADVERBIALES

• *De mieux en mieux.* D'une façon toujours plus favorable. *Il réussit de mieux en mieux.*

• *Le mieux du monde.* Aussi bien qu'il est possible.

• *À qui mieux mieux.* Chacun plus que l'autre. *Ils ont chanté à qui mieux mieux.*

Note.- Cette expression figée ne peut s'employer qu'avec un sujet au pluriel.

• *Qui mieux est.* (Litt.) Ce qui est mieux encore. *Il a été élu et, qui mieux est, avec une majorité écrasante.*

LOCUTION INTERJECTIVE

• *Tant mieux !* Cela est bien. *Vous allez bien ? Tant mieux !*

mieux-être n. m. inv.
Bien-être supérieur, situation meilleure. *Des mieux-être.*

Notes.-

1° Attention à l'orthographe : mieux-être, avec un trait d'union.

2° Le mot *mieux-être* marque un progrès, une amélioration dans la vie matérielle.

mièvre adj.
(Péj.) D'un charme un peu puéril, affecté.
Note.- Attention à l'orthographe : mi**è**vre.

mièvrement adv.
D'une façon mièvre.

mièvrerie n. f.
Gentillesse affectée.

mignardise n. f.
Grâce affectée.

mignon, onne adj. et n. m. et f.
• **Adjectif.** Charmant, gracieux. *Elle est mignonne.*
• **Nom masculin et féminin.** Personne mignonne, en parlant des enfants surtout.
• (Vx) Favori. *Les mignons d'Henri III.*
Note.- Attention à l'orthographe : migno**n**, migno**nn**e.

migraine n. f.
• Douleur intense dans une partie de la tête.
• Mal de tête.
Note.- Attention à l'orthographe : migra**i**ne.

migraineux, euse adj. et n. m. et f.
Qui souffre de la migraine.

migrateur, trice adj. et n. m.
Se dit des oiseaux qui se déplacent pour suivre les saisons.

migration n. f.
Déplacement de certains animaux qui changent de climat suivant les saisons. *La migration des oies blanches.*
Note.- Pour désigner les déplacements de personnes, on emploie plutôt les mots *émigration, immigration.*

migratoire adj.
Relatif à une migration. *Un mouvement migratoire.*
Note.- Cet adjectif conserve la même forme au masculin et au féminin : migrat**oire**.

migrer v. intr.
Faire une migration.

mihrâb n. m. inv.
Niche décorée d'une mosquée, indiquant l'orientation de La Mecque. *Le mihrâb de Cordoue.*

mi-jambe (à) loc. adv.
À la hauteur du mollet. *Elle avait de l'eau jusqu'à mi-jambe, jusqu'à mi-jambes.*
Note.- La locution peut s'écrire au singulier ou au pluriel.

mijaurée n. f.
Femme d'une pruderie affectée.
Note.- Attention à l'orthographe : mij**au**rée.

mijoter v. tr., intr.
• **Transitif**
- Faire cuire lentement.
- (Fig.) Comploter. *Mijoter une blague.*
• **Intransitif**
Cuire à petit feu. *Bœuf mijoté. La soupe mijote.*
Note.- Attention à l'orthographe : mijo**t**er.

mil
V. **mille.**

mil n. m.
Céréale. *Farine de mil.*

milice n. f.
Police auxiliaire.
Note.- Attention à l'orthographe : mili**c**e.

milicien, ienne n. m. et f.
Soldat d'une milice.
Note.- Attention à l'orthographe : milicien.

milieu n. m.
• Centre d'un lieu, d'une chose. *Le milieu de la ville.*
• *Au milieu de, au beau milieu de, en plein milieu de.*
Dans, parmi.
• *Le juste milieu.* Ce qui est également éloigné de deux extrémités, de deux excès contraires.
• Entourage. *Le milieu géographique, les milieux bien informés.*

militaire adj. et n. m.
Qui fait partie de l'armée.

militairement adv.
Par la force armée.

militant, ante adj. et n. m. et f.
• **Adjectif.** Qui combat.
• **Nom masculin et féminin.** Membre actif d'une organisation, d'un syndicat, d'un parti. *Des militants très motivés.*

militantisme n. m.
Activité du militant.
Note.- Attention à l'orthographe : milit**an**tisme.

militarisation n. f.
Organisation sous une forme militaire.

militariser v. tr.
Donner un caractère militaire.

militer v. intr.
Agir en faveur de quelqu'un, de quelque chose.

mille adj. inv. et n. m. inv.
V. Tableau - **MILLE, MILLION, MILLIARD.**

mille n. m.
Unité de distance en navigation aérienne ou maritime.
Note.- Ce nom prend la marque du pluriel.

mille- préf.
Les mots composés avec **mille-** ont le plus souvent un second élément au pluriel (*un mille-pattes*), parfois au singulier (*un mille-feuille*).

mille-feuille n. m.
Gâteau de pâte feuilletée. *Des mille-feuilles succulents.*

millénaire adj. et n. m.
• **Adjectif.** Qui a mille ans au moins. *Une légende millénaire.*
• **Nom masculin.** Période de mille ans.
Note.- Les nombres servant à marquer les millénaires s'écrivent en chiffres romains. *Le IIIe millénaire.*
Note.- Attention à l'orthographe : mi**ll**énaire.

MILLE, MILLION, MILLIARD

MILLE

• **Adjectif numéral invariable.** Dix fois cent.

> *Ils ont recueilli trois mille dons.*

Note.- L'adjectif numéral et le nom sont toujours **invariables.** Dans la composition des nombres, l'adjectif numéral n'est pas lié par un trait d'union au chiffre qui le précède, ni à celui qui le suit. *Six mille deux cent trente-deux.*

• **Nom masculin invariable.** Le nombre mille.

> *Elle a dessiné des mille en chiffres dorés.*

• **Expression numérique**

- 1 000 ou 10^3 (notation scientifique).

- Son symbole est **k** et le préfixe qui multiplie une unité par mille est **kilo-**.

V. **kilo-.**

• **Écriture des sommes d'argent**

- Généralement, on utilise l'expression numérique et on remplace le nom de l'unité monétaire par son symbole. Le symbole suit l'expression numérique et en est séparé par un espace.

> *Le prix de cette voiture est de 150 000 F.*

- Si le nombre est écrit en toutes lettres, le symbole de l'unité monétaire ne peut être utilisé, il faut alors écrire le nom de l'unité monétaire au long.

> *Le prix est de cent cinquante mille francs.*

V. Tableau - **SYMBOLES DES UNITÉS MONÉTAIRES.**

- **Date**

- Pour les dates de l'ère chrétienne jusqu'à l'an 2000, on écrit *mil* ou *mille* devant un autre nombre.

> *L'an mil neuf cent quatre-vingt-huit. L'an mille huit cent.*

- À compter du XXIe siècle, on écrira *mille.*

> *L'an deux mille douze.*

Note.- Ne pas confondre avec le mot *mille* qui désigne une unité de distance en navigation aérienne ou maritime.

MILLION

- **Nom masculin.** Comme le mot *milliard*, le mot *million* est un nom qui prend la marque du pluriel. *Le total est de dix millions deux cent vingt mille.*

- **Expression numérique**

- 1 000 000 ou 10^6 (notation scientifique).

- Son symbole est *M* et le préfixe qui multiplie une unité par un million est *méga-.*

V. **méga-.**

- **Écriture des sommes d'argent**

- La somme de 30 000 000 F peut être notée également 30 millions de francs parce que le mot *million* n'est pas un adjectif numéral, mais un nom. Si l'adjectif numéral qui précède le mot *million* est écrit en toutes lettres, le nom de l'unité monétaire doit être écrit au long.

> *Trente millions de francs.*

- Le symbole de l'unité monétaire suit l'expression numérique et en est séparé par un espace.

EN RÉSUMÉ, voici les trois possibilités : 30 000 000 F,
> 30 millions de francs,
> trente millions de francs.

MILLIARD

- **Nom masculin.** Comme le mot *million*, le mot *milliard* est un nom qui prend la marque du pluriel.
> *Le total s'élève à trois milliards, le nombre est de sept milliards cinq cent trente-sept mille.*

- **Expression numérique**

- 1 000 000 000 ou 10^9 (notation scientifique).

- Son symbole est *G* et le préfixe qui multiplie une unité par un milliard est *giga-.*

V. **giga-.**

- **Écriture des sommes d'argent**

- La somme de 45 000 000 000 F peut être notée également 45 milliards de francs parce que le mot *milliard* n'est pas un adjectif numéral, mais un nom. Si l'adjectif numéral qui précède le mot *milliard* est écrit en toutes lettres, le nom de l'unité monétaire doit être écrit au long.

> *Quarante-cinq milliards de francs.*

- Le symbole de l'unité monétaire suit l'expression et en est séparé par un espace.

EN RÉSUMÉ, voici les trois possibilités : 45 000 000 000 F,
> 45 milliards de francs,
> quarante-cinq milliards de francs.

mille-pattes n. m. inv.
Insecte. *Des mille-pattes.*
Note.- Attention à l'orthographe : mille-patte**s.**

milleraies n. m. inv.
Tissu à côtes très fines. *Du velours milleraies.*
Note.- Attention à l'orthographe : milleraie**s.**

millésime n. m.
Année figurant comme date sur les monnaies, certaines bouteilles de vin, etc. *C'est un excellent millésime pour les bordeaux.*

millésimé, ée adj.
Marqué d'un millésime.

millet n. m.
Céréale. *Farine de millet.*

milli- préf.
• Symbole *m* (s'écrit sans point).
• Préfixe qui multiplie par 0,001 l'unité qu'il précède. *Des millimètres.*
• Sa notation scientifique est 10^{-3}.
Note.- Les mots composés du préfixe *milli-* s'écrivent en un seul mot.
V. Tableau - **MULTIPLES ET SOUS-MULTIPLES DÉCIMAUX.**

milliampère
• Symbole *mA* (s'écrit sans point).
• Millième d'ampère.

milliard n. m.
• Symbole *G* (s'écrit sans point).
• Mille millions.
V. Tableau - **MILLE, MILLION, MILLIARD.**

milliardaire adj. et n. m. et f.
Qui possède un ou plusieurs milliards (d'unités monétaires). *Milliardaire en francs.*

milliardième adj. et n. m.
Se dit de chaque partie d'un tout divisé en un milliard de parties égales.

millibar n. m.
(Météor.) Millième de bar.

millième adj. et n. m. et f.
• **Adjectif numéral ordinal.** Nombre ordinal de mille. *La millième fois.*
• **Nom masculin.** La millième partie d'un tout. *Les cent millièmes d'une quantité.*
• **Nom masculin et féminin.** Personne, chose qui occupe le millième rang. *Elles sont les millièmes gagnantes.*

millier n. m.
• Nombre de mille environ. *La nomenclature atteindra plusieurs milliers d'entrées.*
Note.- Contrairement à l'adjectif *mille* qui est invariable, le nom *millier* prend la marque du pluriel.
• Grande quantité. *Un millier de personnes seront présentes.*
Note.- L'accord du verbe ou de l'adjectif se fait avec le complément au pluriel du nom.
V. Tableau - **COLLECTIF.**

milligramme n. m.
• Symbole *mg* (s'écrit sans point).
• Millième partie du gramme.

millilitre n. m.
• Symbole *ml* (s'écrit sans point).
• Millième partie du litre.

millimètre n. m.
• Symbole *mm* (s'écrit sans point).
• Millième partie du mètre.

millimétré, ée adj.
Gradué en millimètres.

million n. m.
• Symbole *M* (s'écrit sans point).
• Mille fois mille. *Le total s'élève à quinze millions de francs.*
V. Tableau - **MILLE, MILLION, MILLIARD.**

millionième adj. et n. m.
Se dit de chaque partie d'un tout divisé en un million de parties égales.
Note.- Attention à l'orthographe : millio**n**ième.

millionnaire adj. et n. m. et f.
Qui possède un ou plusieurs millions (d'unités monétaires). *Millionnaire en francs.*
Note.- Attention à l'orthographe : millio**nn**aire.

millivolt n. m.
• Symbole *mV* (s'écrit sans point).
• Millième de volt.

milord n. m.
(Vx) Titre donné aux lords anglais.

mime n. m. et f.
Acteur qui s'exprime par les attitudes et les gestes.

mimer v. tr.
Reproduire par des gestes, à l'exclusion de la parole.

mimétisme n. m.
Propriété de certains animaux de prendre l'apparence, la couleur de leur milieu pour mieux se dissimuler.

mimique n. f.
• Art de l'imitation par gestes.
• Ensemble des gestes et des expressions qui accompagnent la parole.

mimodrame n. m.
Spectacle de pantomime.

mimosa n. m.
Arbrisseau produisant de petites fleurs jaunes parfumées. *Des gerbes de mimosa. Des mimosas odorants.*
Note.- Attention au genre masculin de ce nom : *un* mimosa.

min
Symbole de *minute.*

minable adj. et n. m. et f.
(Fam.) Médiocre.

minaret n. m.
Tour d'une mosquée.

minauder v. intr.
Prendre des manières affectées pour attirer l'attention.

minauderie n. f.
Mine affectée.

mince adj.
• Qui n'a pas beaucoup d'épaisseur. *Un papier trop mince.*
• Élancé. *Elle est très mince.*

mince ! interj.
(Fam.) Exclamation de surprise, d'admiration, de mécontentement. *Mince alors, j'ai oublié mes clés !*

minceur n. f.
Caractère de ce qui est mince.

mincir v. tr., intr.
• **Transitif.** Faire paraître plus mince.
• **Intransitif.** Devenir plus mince.

mine n. f.
• Apparence. *Elle a bonne mine.*
• *Faire mine de.* Faire semblant de.
• *Faire grise mine.* Réserver un mauvais accueil.
• *Ne pas payer de mine.* Ne pas inspirer confiance.
• Lieu d'où l'on extrait des minéraux. *Une mine d'or.*
• (Fig.) Ressource précieuse. *C'est une mine de renseignements.*
• Engin explosif.

miner v. tr.
• Placer des mines.
• (Fig.) Attaquer lentement. *Les soucis minent son énergie.*

minerai n. m.
• Les lettres *ai* se prononcent *è* [minrε].
• Fragment de terrain contenant des minéraux. *Des minerais très riches.*
Note.- Attention à l'orthographe : miner**ai**.

minéral, ale, aux adj. et n. m.
• **Adjectif.** Relatif aux minerais. *Des sels minéraux.*
• *Eau minérale.* Eau qui contient des minéraux.
• **Nom masculin.** Roche. *Des minéraux recherchés.*

minéralier n. m.
Cargo destiné au transport des minerais.

minéralisation n. f.
Action de minéraliser.

minéraliser v. tr.
Modifier par l'addition de minéraux.

minéralogie n. f.
Étude des minéraux.

minéralogique adj.
• Relatif à la minéralogie.
• *Plaque minéralogique.* Plaque d'immatriculation.

minéralogiste n. m. et f.
Spécialiste de la minéralogie.

minerve n. f.
Appareil orthopédique pour maintenir le cou.
Note.- Quand il s'agit de la déesse, le nom s'écrit avec une majuscule.

minestrone n. m.
• Le dernier *e* ne se prononce pas ou se prononce *é* [minεstron(e)].

• Soupe de légumes à l'italienne. *Des minestrones délicieux.*
Note.- Attention au genre masculin de ce nom : **un** minestrone.

minet, ette n. m. et f.
• (Fam.) Chat.
• Jeune homme, jeune femme à la mode.

mineur, eure adj. et n. m. et f.
Qui n'a pas atteint l'âge de la majorité (18 ans). *Une enfant mineure. Interdit aux mineurs.*
Ant. **majeur.**

mineur n. m.
Personne qui travaille à l'exploitation d'une mine.

mini- préf.
• Élément du latin signifiant «moins».
• Très petit, très court. *Un minibus, une minijupe.*

miniature n. f.
• Peinture de très petite dimension.
• *En miniature.* De format très réduit. *Un train en miniature.*
Note.- Le mot s'emploie également comme un adjectif et prend la marque du pluriel. *Des trains miniatures.*

miniaturisation n. f.
Action de miniaturiser.

miniaturiser v. tr.
Donner des dimensions très réduites à quelque chose.

minibus ou **minicar** n. m.
Petit car.

minier, ière adj.
Relatif aux mines. *L'industrie minière.*

minijupe n. f.
Jupe très courte. *Porter des minijupes.*

minima
V. **minimum.**

minimal, ale, aux adj.
Qui constitue un minimum. *Des résultats minimaux. La vitesse minimale.*
Note.- L'emploi de la forme française de cet adjectif est à préférer à la forme latine **minimum.**

minime adj.
Très petit, infime.
Note.- À l'origine, l'adjectif était un superlatif qui signifiait «le plus petit»; il a perdu ce sens et peut donc être précédé de **plus, très**, etc. *Le plus minime insecte.*

minimisation n. f.
Action de minimiser.

minimiser v. tr.
Réduire au minimum. *Minimiser un incident.*

minimum adj. et n. m.
• **Nom masculin.** Limite inférieure. *Des minimums, des minima.*
Note.- Ce mot d'origine latine a été francisé et s'écrit généralement au pluriel avec un **s.** Le pluriel latin est également employé, **minima.**

• **Adjectif.** Minimal. *Des vitesses minimums.*
Note.- L'adjectif conserve la même forme au masculin et au féminin, mais prend la marque du pluriel. L'emploi de l'adjectif *minimal* est à privilégier.

ministère n. m.
• (Litt.) Sacerdoce.
• Division administrative de l'État dirigée par un ministre.
Note.- Contrairement aux désignations des organismes, des institutions, des services de l'État qui s'écrivent avec une majuscule initiale, les dénominations de ministères prennent la majuscule à chacun des noms spécifiques de la désignation ; le mot *ministère* et les adjectifs qui déterminent les noms s'écrivent avec des minuscules. *Le ministère de l'Éducation nationale, le ministère de l'Intérieur, le ministère des Finances.*
V. Tableau - **MAJUSCULES ET MINUSCULES.**

ministériel, ielle adj.
• Relatif à un ministère.
• Qui émane d'un ministère. *Un arrêté ministériel.*

ministrable adj.
Susceptible d'être nommé ministre.

ministre n. m.
Personne chargée de la direction d'un ministère. *Le premier ministre, un ministre d'État, le Conseil des ministres.*

Minitel n. m. (n. déposé)
Petit terminal permettant l'accès à des banques de données par l'intermédiaire d'un réseau téléphonique. *Des Minitels pratiques. Elle consulte son minitel.*
Note.- Le nom de cet appareil, commercialisé par les P.T.T., est un nom déposé qui s'écrit avec une majuscule ; cependant il est de plus en plus orthographié avec une minuscule initiale.

minois n. m.
Visage joli et charmant.

minoritaire adj.
Qui appartient à une minorité.

minorité n. f.
Le petit nombre. *Une minorité de partisans a voté*, ou *ont voté contre la proposition.*
Note.- Après un nom collectif suivi d'un complément au pluriel, le verbe se met au singulier ou au pluriel suivant l'intention de l'auteur qui veut insister sur l'ensemble ou sur la pluralité.
Ant. **majorité.**
V. Tableau - **COLLECTIF.**

minoterie n. f.
Établissement industriel où l'on transforme les grains en farine.

minou n. m.
Petit chat, dans le langage enfantin. *Des minous enjoués.*

minuit n. m.
• Le milieu de la nuit.
• Début de la première heure du jour (24 heures ou 0 heure).

Note.- Attention au genre masculin de ce nom. *Il est minuit et demi (0 h 30). Le dernier métro part à minuit précis.* Quand le nom *minuit* est sujet, le verbe s'accorde au singulier. *Minuit sonne.*

minuscule adj. et n. f.
• **Adjectif.** Très petit. *Un minuscule oiseau.*
• **Nom féminin.** Petite lettre.
V. Tableau - **MAJUSCULES ET MINUSCULES.**

minus habens n. m. et f. inv.
• Les lettres *en* se prononcent *in* [minysabɛ̃s].
• Personne peu intelligente.
Note.- En typographie soignée, les mots étrangers sont composés en italique. Dans des textes déjà en italique, la notation se fait en romain. Pour les textes manuscrits, on utilisera les guillemets.

minutage n. m.
Action de minuter.

minute n. f.
• Symbole *min* (s'écrit sans point).
• Unité de mesure de temps valant 60 secondes.

• **Notation de l'heure**
La notation de l'heure réunit les indications des unités par ordre décroissant, sans interposition de virgule et avec un espace de part et d'autre de chaque symbole. *14 h 25 min 45 s.*
• **Symboles**
Les symboles des unités de mesure n'ont pas de point abréviatif, ne prennent pas la marque du pluriel et ne doivent pas être divisés en fin de ligne. *C'est à 15 h 35 min que le train part.*
• **Uniformité**
L'heure doit être indiquée de façon homogène :
- si le nom d'une unité est inscrit au long, les noms des autres unités devront être notés en toutes lettres. *14 heures 8 minutes* (et non ** 14 heures 8 min*).
- si le nom de la première unité est abrégé, le second sera également abrégé ou omis. *14 h 8 min* ou *14 h 8.*
• **Fraction horaire**
La fraction horaire n'étant pas décimale, il n'y a pas lieu d'ajouter un zéro devant les unités. *1 h 5* (et non ** 1 h 05*).
V. Tableau - **HEURE.**

---

minuter v. tr.
Déterminer avec précision la durée d'une activité.

minuterie n. f.
Appareil permettant d'établir ou de supprimer automatiquement le courant électrique. *Une cafetière dotée d'une minuterie.*

minutie n. f.
• Le *t* se prononce *s* [minysi].
• Soin, précision.
Note.- Attention à l'orthographe : minu*t*ie.

minutieusement adv.
Avec minutie.

minutieux, ieuse adj.
Méticuleux.

mirabelle n. f.
Petite prune de couleur jaune.
Note.- Attention à l'orthographe : mirabelle.

miracle n. m.
• Évènement extraordinaire.
• (En appos.) *Solution miracle, recette miracle, remède miracle.* Mis en apposition, le mot *miracle* prend la marque du pluriel. *Des solutions miracles.*
• *Par miracle.* D'une façon inattendue, inespérée.

miraculé, ée adj. et n. m. et f.
Qui a été l'objet d'un miracle.

miraculeusement adv.
D'une manière surprenante.

miraculeux, euse adj.
Qui tient du miracle. *Une guérison miraculeuse.*
Note.- Ne pas confondre avec les mots suivants :
- *merveilleux*, exceptionnel ;
- *prodigieux*, qui tient du prodige ;
- *surhumain*, qui dépasse les possibilités habituelles de la personne humaine.

mirador n. m.
Poste d'observation, de surveillance de camp de détention. *Des miradors.*

mirage n. m.
Illusion d'optique.
Note.- Ne pas confondre avec le mot *miroitement* qui désigne l'éclat jeté par une surface polie ou réfléchissant la lumière.

mire n. f.
• Repère de visée d'une arme à feu.
• *Point de mire.* (Fig.) Personne, chose qui attire tous les regards. *Des points de mire.*
Hom. *myrrhe*, résine aromatique.

mirer v. tr., pronom.
• **Transitif.** Examiner à contre-jour. *Mirer des œufs.*
• **Pronominal.** (Litt.) Se refléter.

mirifique adj.
(Vx, iron.) Étonnant.

mirobolant, ante adj.
(Fam.) Merveilleux, trop beau pour être vrai. *Des histoires mirobolantes.*
Note.- Attention à l'orthographe : mirobolant.

miroir n. m.
Glace de verre destinée à refléter l'image des objets.
Note.- Attention à l'orthographe : miroir.

miroitement n. m.
Éclat jeté par une surface polie ou réfléchissant la lumière.
Notes.-
1° Attention à l'orthographe : miroitement.
2° Ne pas confondre avec le mot *mirage* qui désigne une illusion d'optique.

miroiter v. intr.
• Briller.
• *Faire miroiter.* Chercher à convaincre à l'aide de fausses promesses.

miroiterie n. f.
Industrie des miroirs.

miroton ou **mironton** n. m.
Bœuf bouilli avec des oignons et du vin blanc.
Note.- Familièrement, ce nom est également nommé *mironton.*

mis(o)- préf.
Élément du grec signifiant « haïr ». *Misogyne.*

misandre adj. et n. f.
Qui hait les hommes.
Note.- La *misandre* hait les hommes, le *misogyne*, les femmes et le ou la *misanthrope*, la totalité du genre humain.
Ant. **misogyne.**

misanthrope adj. et n. m. et f.
Qui hait le genre humain.
Notes.-
1° Attention à l'orthographe : misanthrope.
2° Le ou la *misanthrope* hait la totalité du genre humain, la *misandre* hait les hommes et le *misogyne* hait les femmes.

misanthropie n. f.
Aversion pour le genre humain.
Note.- Attention à l'orthographe : misanthropie.

mise n. f.
• Action de mettre, résultat de cette action. *Une mise en chantier.*
• *Mise au point.* Clarification.
• *Mise à pied.* Suspension du contrat de travail à titre disciplinaire ou économique.
• *Mise en liberté, mise en place, mise en service, mise en scène.*
Note.- Dans ces expressions, le complément est au singulier.
• *Mise en plis, mise en ondes, mise en pages.*
Note.- Dans ces expressions, le complément est au pluriel.

mise en pages n. f.
• (Typogr.) Action de disposer les titres, les clichés, le texte, etc., pour obtenir des pages prêtes à être imprimées.
• (Inform.) Action de disposer les données en vue de leur affichage, de leur impression ou de leur mémorisation par un système informatique.
Note.- Ne pas confondre avec le mot *formatage* qui désigne en informatique l'opération qui consiste à préparer un support physique en vue de lui permettre de recevoir une information selon un format particulier.

miser v. tr.
• **Transitif.** Disposer comme enjeu. *Miser 500 F sur un cheval.*
• **Transitif indirect.** Se fonder sur. *Miser sur la compétence d'un collaborateur.*

misérable adj. et n. m. et f.
Qui est dans la misère.

misérablement adv.
Dans la misère, la pauvreté.

misère n. f.
Indigence.

miserere ou **miséréré** n. m. inv.
● Les *e* se prononcent *é* [mizerere].
● Psaume.
● Chant composé sur les paroles de ce psaume.
Note.- Le mot conserve sa forme latine : il s'écrit sans accent et ne prend pas la marque du pluriel. Il peut être francisé : il s'écrit alors avec des accents et prend la marque du pluriel. *Des miserere, des miséréres.*

miséreux, euse adj. et n. m. et f.
Pauvre.

miséricorde n. f.
Clémence.

miséricordieux, ieuse adj.
Clément.

misogyne adj. et n. m.
Qui hait les femmes.
Notes.-
1° Attention à l'orthographe : misog**y**ne.
2° Le *misogyne* hait les femmes, la *misandre*, les hommes et le ou la *misanthrope*, la totalité du genre humain.

misogynie n. f.
Aversion pour les femmes.
Note.- Attention à l'orthographe : misog**y**nie.

missel n. m.
Livre liturgique.

missile n. m.
Projectile téléguidé.
Note.- Attention à l'orthographe : mi**ss**i**l**e.

mission n. f.
● Fonction confiée à quelqu'un. *Mission accomplie.*
● Ensemble des personnes chargées d'entreprendre une action au nom d'un gouvernement, d'une organisation. *Une mission diplomatique, scientifique.*

missionnaire adj. et n. m. et f.
Religieux chargé de convertir à une religion.
Note.- Attention à l'orthographe : missio**nn**aire.

missive n. f.
(Litt.) Lettre.
Note.- Attention à l'orthographe : mi**ss**ive.

mistral n. m.
Vent violent qui souffle du nord sur la France méditerranéenne.
Note.- Les noms de vents s'écrivent avec une minuscule.

MIT
Sigle de *Massachusetts Institute of Technology*.

mitaine n. f.
● Gant qui découvre le bout des doigts.
● Au Canada, en Suisse, synonyme de *moufle.*
Note.- Ne pas confondre avec le mot *gant* qui désigne une partie de l'habillement qui couvre la main et les doigts séparément.

mite n. f.
Insecte dont les larves rongent les lainages, les fourrures. *Un lainage mangé aux mites, par les mites.*
Hom. *mythe*, récit fabuleux.

mité, ée adj.
Rongé par les mites.

mi-temps n. f. inv.
● Dans les sports d'équipe, pause au milieu d'un match. *Des mi-temps.*
● **À mi-temps**, locution adverbiale. À temps partiel. *Il travaille à mi-temps.*

miteux, euse adj.
D'aspect misérable.

mitigé, ée adj.
Adouci.

mitigeur n. m.
Robinet destiné à régler le débit et la température d'un mélange d'eau chaude et d'eau froide.

mitonner v. tr., intr.
● **Transitif.** Faire mijoter. *Il va leur mitonner un bon petit plat.*
● **Intransitif.** Mijoter, en parlant d'aliments.
Note.- Attention à l'orthographe : mito**nn**er.

mitoyen, enne adj.
Qui appartient à deux propriétés contiguës et les sépare. *Un mur mitoyen, une allée mitoyenne.*
Note.- Attention à l'orthographe : mito**y**en, mito**y**e**nn**e.

mitraillade n. f.
Décharge simultanée de plusieurs armes à feu.

mitraillage n. m.
Action de mitrailler.

mitraille n. f.
Décharge d'artillerie. *Tomber sous la mitraille.*

mitrailler v. tr.
● Les lettres *ill* sont suivies d'un *i* à la première et à la deuxième personne du pluriel de l'indicatif imparfait et du subjonctif présent. *(Que) nous mitraillions, (que) vous mitrailliez.*
● Tirer de nombreux coups de fusil, de mitrailleuse sur un objectif. *Mitrailler une voiture.*

mitraillette n. f.
Arme portative à tir automatique.

mitrailleuse n. f.
Arme à tir automatique.

mitre n. f.
Coiffure des évêques.

mi-voix (à) loc. adv.
D'une voix faible. *Parler à mi-voix.*

mixage n. m.
(Cin.) Intégration sur une même bande des différents enregistrements sonores d'un film.
Note.- Ne pas confondre avec le mot *montage* qui désigne l'intégration des éléments visuels d'un film sur une bande finale.

mixer v. tr.
(Cin.) Procéder au mixage d'un film.

mixer ou **mixeur** n. m.
(Anglicisme) Appareil électrique servant à mélanger des denrées alimentaires, mélangeur. *Des mixers, des mixeurs.*

mixité n. f.
Caractère de ce qui est mixte.

mixte adj.
Qui comprend des personnes des deux sexes. *Une classe mixte.*
Note.- Attention à l'orthographe : mi**x**te.

mixtion n. f.
Action de mélanger des drogues à des fins médicales.
Notes.-
1° Attention à l'orthographe : mix**t**ion.
Hom. *miction,* action d'uriner.

mixture n. f.
• (Pharm.) Mélange de plusieurs substances.
• (Fig.) Mélange peu appétissant.

MJ
Symbole de *mégajoule*.

ml
Symbole de *millilitre*.

Mlle
• Abréviation de *mademoiselle*.
• L'abréviation de mesdemoiselles est *M*^{lles}.

mm
Symbole de *millimètre*.

MM.
Abréviation de *messieurs*.

Mme
Abréviation de *madame*. L'abréviation de *mesdames* est *M*^{mes}.

Mn
Symbole de *manganèse*.

mnémonique adj.
Syn. **mnémotechnique**.

mnémotechnique adj.
• Attention à la prononciation *m-n-é* [mnemɔtɛknik].
• Qui facilite la mémorisation. *Pour retenir les conjonctions, on a recours à l'association suivante : « mais ou et donc or ni car » (mais où est donc Ornicar ?).*
Syn. **mnémonique**.

-mnèse, -mnésie, -mnésique suff.
Éléments du grec signifiant « se souvenir ». *Amnésie.*

Mo
Symbole de *méga-octet*.

mobile adj. et n. m.
• **Adjectif**
Qui peut se mouvoir ou être mû. *Une pièce mobile.*
Ant. **immobile**.
• **Nom masculin**
- Motif. *Quel est le mobile du crime ?*
- Composition suspendue dont les éléments entrent en mouvement sous l'influence du vent ou d'un moteur.
- Corps en mouvement.

mobilier, ière adj. et n. m.
• **Adjectif.** (Dr.) Qui se rapporte aux biens meubles. *Les valeurs mobilières.*
Ant. **immobilier**.
• **Nom masculin.** Ameublement. *Un mobilier très moderne, rustique.*

mobilisateur, trice adj.
Motivant.

mobilisation n. f.
Action de mettre une armée sur le pied de guerre.

mobiliser v. tr., pronom.
• **Transitif**
- Ordonner une mobilisation.
- Motiver. *Mobiliser les participants à une réunion.*
• **Pronominal**
Rassembler toute son énergie pour l'accomplissement de quelque chose.

mobilité n. f.
Caractère de ce qui peut se mouvoir.

mobylette n. f. (n. déposé)
Cyclomoteur.
Notes.-
1° Ce nom est une marque déposée passée dans l'usage et qui s'écrit maintenant avec une minuscule.
2° Attention à l'orthographe : mob**y**lette.

mocassin n. m.
Chaussure plate, souple et sans lacets.

moche adj.
(Fam.) Laid, mauvais.

modal, ale, aux adj.
(Gramm.) Relatif aux modes des verbes.

modalité n. f.
Forme particulière que peut revêtir une chose, un acte. *Les modalités de paiement.*

mode n. m. et f.
• **Nom masculin**
- Méthode. *Un mode d'emploi.*
- (Gramm.) Forme verbale. *Le mode indicatif.*
- Manière dont une action se fait. *Un mode de vie.*
• **Nom féminin**
- Façon de vivre, goûts d'une certaine époque.
- Industrie du vêtement. *Travailler dans la mode.*
• *À la mode.* Au goût du jour.
• *À la mode de.* À la manière de.

modelage n. m.
Action de modeler.
Note.- Attention à l'orthographe : mode**l**age.

modèle adj. et n. m.
• **Adjectif**
Exemplaire. *Des étudiantes modèles.*
• **Nom masculin**
- Personne reproduite par l'art ou la photographie. *Dessin d'après un modèle.*
- Exemple à suivre. *Un modèle de patience.*
Note.- Le nom n'a pas de forme féminine.
- Objet qui peut être reproduit à de multiples exemplaires.

• *Modèle réduit.* Maquette.
Note.- Attention à l'orthographe : mod**è**le.

modeler v. tr., pronom.
• Le *e* se change en *è* devant une syllabe muette. *Il modèle, il modelait.*
• **Transitif**
- Façonner. *De la pâte à modeler.*
- Fixer d'après un modèle. *Elle modèle sa façon de travailler sur celle de ses collègues.*
• **Pronominal**
Régler sa conduite sur (quelqu'un, quelque chose).

modélisation n. f.
Représentation sous forme de modèle.
Note.- Attention à l'orthographe : mod**é**lisation.

modem n. m.
(Inform.) Unité périphérique qui permet à un ordinateur de communiquer par ligne téléphonique. *Des modems fiables.*
Note.- Ce terme résulte de la contraction des mots *modulateur-démodulateur.*

modérateur, trice adj. et n. m. et f.
• **Adjectif**
- Qui tempère, modère, concilie.
- *Ticket modérateur.* Partie des frais médicaux laissée à la charge des bénéficiaires de l'assurance-maladie.
• **Nom masculin et féminin**
- Personne qui modère, tempère. *C'est un excellent modérateur.*
- Machine qui a pour fonction de régulariser un fonctionnement. *Le modérateur d'une horloge.*

modération n. f.
Réserve, retenue.

moderato adv.
• Le *e* se prononce *é* [mɔderato].
• (Mus.) D'un mouvement modéré. *Moderato cantabile.*
Note.- Attention à l'orthographe : mod**e**rato.

modéré, ée adj.
• Sage.
• Moyen, raisonnable. *Habitation à loyer modéré (H.L.M.).*
Note.- Ne pas confondre avec les mots suivants :
- *modeste*, simple, médiocre ;
- *modique*, à bas prix.
Ant. **immodéré.**

modérément adv.
Avec modération.

modérer v. tr., pronom.
• Le *é* se change en *è* devant une syllabe muette, sauf à l'indicatif futur et au conditionnel présent. *Je modère, mais je modérerai.*
• **Transitif**. Tempérer. *Modère tes transports !*
• **Pronominal**. Se contenir. *Ils se sont modérés.*

moderne adj. et n. m.
Actuel.

modernisation n. f.
Action de moderniser.

moderniser v. tr., pronom.
• **Transitif**. Rendre moderne, rénover. *Moderniser une cuisine, une façon de procéder.*
• **Pronominal**. Adopter les usages modernes. *L'entreprise s'est modernisée.*

modernisme n. m.
Goût de ce qui est moderne.

modernité n. f.
Caractère de ce qui est moderne.

modeste adj.
• Qui est exempt de vanité. *Vous êtes trop modeste.*
• Simple, sans faste. *Un logement modeste.*
Note.- Ne pas confondre avec les mots suivants :
- *modéré*, à prix moyen ;
- *modique*, à bas prix.

modestement adv.
D'une manière modeste.

modestie n. f.
Simplicité, réserve, pudeur.

modicité n. f.
Caractère de ce qui est modique. *La modicité d'une somme.*

modification n. f.
Changement. *Apporter des modifications à un texte de loi.*

modifier v. tr., pronom.
• Redoublement du *i* à la première et à la deuxième personne du pluriel de l'indicatif imparfait et du subjonctif présent. *(Que) nous modifiions, (que) vous modifiiez.*
• **Transitif**. Changer. *Modifier l'aspect d'un immeuble.*
• **Pronominal**. Devenir différent. *Ses traits se sont modifiés.*

modique adj.
Bas, de peu de valeur. *Pour une modique somme.*
Note.- Ne pas confondre avec les mots suivants :
- *modéré*, à prix moyen ;
- *modeste*, simple, médiocre.

modiquement adv.
D'une manière modique.

modiste n. m. et f.
Personne qui fabrique des chapeaux.

modulaire adj.
• Relatif à un module.
• Construit à l'aide de modules.
Note.- Attention à l'orthographe : modul**aire**.

modulateur, trice adj. et n. m. et f.
• Dispositif permettant de moduler un signal.
• *Modulateur-démodulateur.* (Inform.) Modem.

modulation n. f.
Technique consistant à transformer un signal en un autre signal. *Modulation d'amplitude* (V. **MA**).

modulation de fréquence n. f.
• Abréviation **MF**.
• Mode de transmission d'un signal.
• Émission en modulation de fréquence.

Note.- Toutefois, l'abréviation internationale est **FM**. *La radio FM.*

module n. m.
• Élément destiné à entrer dans la réalisation d'un ensemble par juxtaposition ou combinaison.
• Élément d'un véhicule spatial. *Un module lunaire.*
Note.- Attention au genre masculin de ce nom : *un* module.

moduler v. tr., intr.
• **Transitif**
- Articuler. *Moduler des sons.*
- Adapter. *Une méthode de recherche modulée selon des critères déterminés.*
• **Intransitif**
(Mus.) Passer d'une tonalité à une autre.

modus vivendi n. m. inv.
• Attention à la prononciation [mɔdysvivẽdi].
• Accord qui permet à deux parties en litige de co-exister sans heurt.
Note.- En typographie soignée, les mots étrangers sont composés en italique. Dans des textes déjà en italique, la notation se fait en romain. Pour les textes manuscrits, on utilisera les guillemets.

moelle n. f.
• Le *e* se prononce comme *a* [mwal].
• Substance molle de l'intérieur des os.
Note.- Attention à l'orthographe : mo*ell*e.

moelleusement adv.
D'une manière moelleuse.
Note.- Attention à l'orthographe : m*oell*eusement.

moelleux, euse adj.
Doux, confortable. *Un fauteuil moelleux.*

mœurs n. f. pl.
• Le *s* ne se prononce généralement pas [mœr(s)].
• Coutumes, usages. *Les bonnes mœurs, des mœurs douteuses.*
Note.- Ce nom est toujours pluriel.

mohair n. m.
Poil de la chèvre angora. *Des mohairs.*
Notes.-
1° Attention à l'orthographe : mo*h*air.
2° En apposition, le nom est invariable. *Des laines mohair.*

moi pron. pers.
• Pronom de la première personne du singulier masculin et féminin.
• EMPLOIS
- Complément d'objet direct. *Écoutez-moi.*
- Complément d'objet indirect. *Il est à moi.*
- Complément circonstanciel. *Elle est chez moi.*
- Complément déterminatif. *En mémoire de moi.*
- Complément de l'adjectif. *Digne de moi.*
- Attribut. *L'État c'est moi.* (Louis XIV).
- Sujet pour renforcer le pronom *je. Moi, j'ai dit cela ?*
• **Locutions**
- *À moi !* À l'aide !
- *Quant à moi !* En ce qui me concerne.
- *Chez moi.* Dans ma maison.

Note.- La locution s'écrit sans trait d'union (*ils sont chez moi*), contrairement au nom masculin **chez-moi** qui s'écrit avec trait d'union (*mon chez-moi*).

moi n. m. inv.
La personne humaine. *Nos divers moi.*

moignon n. m.
Ce qui reste d'un membre amputé.

moindre adj.
• Plus petit en quantité, en qualité, en intensité. *C'est un moindre mal.*
• *Le moindre.* Superlatif absolu. Le plus petit.
• **Moindre que** + **indicatif**. *Cette quantité est moindre que celle qui avait été prévue.*
• *Le moindre que* + **subjonctif**. *Ce don est bien le moindre que vous puissiez faire.*
Note.- Le verbe se met généralement au subjonctif ; on peut employer l'indicatif si l'on veut marquer davantage la réalité que la possibilité. *Ce don est le moindre qu'il a fait.*

moindrement adv.
• Le moins du monde.
• *Le moindrement.* Tant soit peu. *S'il était le moindrement prudent, il prendrait cette précaution élémentaire.*

moine n. m.
Religieux qui vit en communauté.

moineau n. m.
Oiseau passereau à livrée brune. *Des moineaux.*

moins adv.
V. Tableau - **MOINS.**

moins-value n. f.
(Écon.) Perte de valeur. *Des moins-values.*
Ant. **plus-value.**

moire n. f.
Tissu chatoyant.
Note.- Attention à l'orthographe : moi*r*e.

moiré, ée adj.
Qui chatoie comme la moire. *Une soie moirée.*

moirer v. tr.
Rendre chatoyant.

moirure n. f.
Chatoiement d'une surface.

mois n. m.
Chacune des douze divisions de l'année.
Note.- Les noms de mois s'écrivent avec une minuscule. *Le mois de mai.*
V. Tableau - **DATE.**

moïse n. m.
Petit berceau.
Note.- Attention à l'orthographe : moï*s*e.

moisi, ie adj. et n. m.
• **Adjectif.** Couvert de moisissure. *Du pain moisi.*
• **Nom masculin.** Ce qui est moisi, moisissure. *Il y a du moisi sur les confitures.*

MOINS

COMPARATIF de l'adverbe *peu*

- **À moins que** + **subjonctif.**

  À moins qu'il ne vienne ce soir, je crois qu'elle ne pourra participer à la rencontre.

  Note.- On emploie généralement le *ne* explétif.

- **À moins de** + **infinitif.**

  À moins d'être fou, il renoncera à ce projet.

- **Moins...moins, moins...plus.**

  Moins il travaille, moins il réussit. Moins elle réussit, plus elle fait des efforts.

- **Moins de** + **quantité.**

  Ils sont moins de mille participants.

- **Moins que** + **comparaison.**

  Elles sont moins directes que leurs frères.

- **Moins de deux** + **verbe.**

  Moins de deux ans séparent ces évènements.

  Notes.-
  1° Dans cette construction, le verbe se met au pluriel, malgré la logique.
  2° Par contre, le verbe se met au singulier après l'expression **plus d'un.** *Plus d'un étudiant a peiné sur ce travail.*

SUPERLATIF

- **Le moins que** + **subjonctif.**

  Cette maison est la moins chère que nous puissions trouver.

  Note.- Le verbe se met généralement au subjonctif ; on peut employer l'indicatif si l'on veut marquer davantage la réalité que la possibilité. *Cette maison est la moins chère que nous avons trouvée.*

- **Des moins.**

  Notes.-
  1° L'adjectif ou le participe passé qui suit **des moins, des plus, des mieux** se met au pluriel et s'accorde en genre avec le sujet qui est déterminé. *Cette animatrice est des moins compétentes. Un véhicule des moins performants.*
  2° Si le sujet est indéterminé, l'adjectif ou le participe reste invariable. *Acheter ces titres miniers est des moins sûr.*

LOCUTIONS

- *De moins en moins.* En diminuant graduellement.

- *Ni plus ni moins que.* Exactement autant.
  Je lui ai donné ni plus ni moins que 100 F.

- *Au moins.* Au minimum.
  Il a perdu au moins 5 kilos.

- *En moins de.* Dans un moindre espace de temps.
  En moins de quatre mois, ce sera terminé.

- *Tout au moins, à tout le moins, pour le moins, au moins, du moins.*

  Note.- Ces locutions marquent une restriction. *S'il n'était pas très travailleur, au moins il était compétent et honnête.*

- *À moins de.*

  Note.- Cette locution peut se construire :
  - avec un nom. *À moins d'un revirement inattendu.*
  - avec un infinitif. *À moins de construire des écoles.*
  - avec **que** et l'infinitif. (Litt.) *À moins que de mourir.*

moisir v. tr., intr.
● **Transitif**
Couvrir de moisissure. *L'humidité a moisi les papiers peints.*
● **Intransitif**
- Se couvrir de moisissure. *Le pain a moisi.*
- Rester improductif. *Il y a des personnes qui moisissent dans certains emplois.*

moisissure n. f.
Altération d'une substance sous l'influence de la chaleur.

moisson n. f.
Récolte.

moissonnage n. m.
Action de moissonner.
Note.- Attention à l'orthographe : moi**ss**o**nn**age.

moissonner v. tr.
Faire la récolte.
Note.- Attention à l'orthographe : moi**ss**o**nn**er.

moissonneur, euse n. m. et f.
Personne chargée de faire la moisson.

moissonneuse n. f.
● Machine agricole qui sert à moissonner les épis de blé.
● *Moissonneuse-batteuse, moissonneuse-lieuse. Des moissonneuses-batteuses, des moissonneuses-lieuses.*

moite adj.
Se dit de la peau recouverte de sueur. *Avoir les mains moites.*
Notes.-
1° Attention à l'orthographe : m**oi**te.
2° Ce mot conserve la même forme au masculin et au féminin.

moiteur n. f.
Légère humidité.

moitié n. f.
● Une des deux parties égales en lesquelles un tout est divisé. *Plus de la moitié des accidents sont dus* ou *est due à la négligence.*
Note.- Après un nom collectif suivi d'un complément au pluriel, le verbe se met au singulier ou au pluriel, suivant l'intention de l'auteur qui veut insister sur l'ensemble ou sur la pluralité.
V. Tableau - **COLLECTIF.**
● **Locutions adverbiales**
- *À moitié.* À demi.
- *À moitié chemin.* Au milieu de l'espace à parcourir.
- *À moitié prix.* Pour la moitié du prix.
- *Moitié-moitié.* (Fam.) En deux parts égales.

moka n. m.
Gâteau aromatisé au café ou au chocolat. *Des mokas chauds avec de la crème glacée.*

mol
V. **mou.**

molaire n. f.
Dent dont la fonction est de broyer.
Note.- Attention à l'orthographe : mo**l**aire.

môle n. m.
Ouvrage en maçonnerie destiné à protéger l'entrée d'un port.

moléculaire adj.
Qui est relatif aux molécules.

molécule n. f.
La plus petite portion d'un corps qui puisse exister à l'état libre.
Note.- Attention au genre féminin de ce nom : **une** mo**l**écule.

molester v. tr.
Brutaliser.

moleter v. tr.
● Redoublement du *t* devant un *e* muet. *Je molette, je moletterai*, mais *je moletais.*
● Travailler à l'aide d'une molette.

molette n. f.
Roulette dentée. *Une clé à molette.*
Notes.-
1° Attention à l'orthographe : mo**lett**e.
2° Ne pas confondre avec l'adjectif féminin **mollette** qui se dit de ce qui est un peu mou.

mollasson, onne adj. et n. m. et f.
(Fam.) Apathique.

molle
V. **mou.**

mollement adv.
Sans énergie.

mollesse n. f.
Indolence.

mollet, ette adj.
Un peu mou. *Un œuf mollet.*
Notes.-
1° Attention à l'orthographe : mo**ll**et.
2° Ne pas confondre l'adjectif féminin avec le mot **molette** qui désigne une roulette dentée.

mollet n. m.
Partie postérieure de la jambe, entre le jarret et la cheville.
Note.- Ne pas confondre avec le mot **jarret** qui se dit de la partie de la jambe située derrière l'articulation du genou, chez l'homme.

molletière adj. et n. f.
● **Adjectif.** Qui couvre le mollet. *Des bandes molletières.*
● **Nom féminin.** Guêtre.

molleton n. m.
Étoffe moelleuse et chaude.
Note.- Attention à l'orthographe : mo**ll**eton.

molletonné, ée adj.
Doublé de molleton.
Note.- Attention à l'orthographe : mo**ll**eto**nn**é.

molletonner v. tr.
Mettre une doublure de molleton.
Note.- Attention à l'orthographe : mo**ll**eto**nn**er.

mollir v. intr.
Devenir mou.

mollo adv.
(Fam.) Doucement.

mollusque n. m.
Animal invertébré vivant le plus souvent dans une coquille protectrice.

molosse n. m.
Gros chien de garde.

môme adj. et n. m. et f.
(Fam.) Enfant.

moment n. m.
● Instant. *Le moment présent.*
● *À tout moment*, locution adverbiale. Souvent.
Note.- Dans cette expression, le mot s'écrit au singulier.
● *Par moments*, locution adverbiale. À l'occasion.
Note.- Dans cette expression, le mot s'écrit au pluriel.
● **Jusqu'au moment où** + **indicatif** ou **conditionnel.** *Il la suivit des yeux jusqu'au moment où elle se perd dans la foule.*
Note.- Avec cette locution, le verbe est à l'indicatif ou au conditionnel pour marquer une réalisation effective ou éventuelle.
● *En ce moment*, locution adverbiale. Présentement.
● *Dans un moment.* Bientôt.
● *D'un moment à l'autre*, locution adverbiale. Incessamment.

momentané, ée adj.
Passager.

momentanément adv.
Pendant un moment.
Note.- Attention à l'orthographe : momenta*né*ment.

momie n. f.
Corps embaumé.

momification n. f.
Action de momifier.

momifier v. tr., pronom.
● Redoublement du *i* à la première et à la deuxième personne du pluriel de l'indicatif imparfait et du subjonctif présent. *(Que) nous momifiions, (que) vous momifiiez.*
● **Transitif.** Transformer un corps en momie.
● **Pronominal.** Se fossiliser.

mon adj. poss. m. sing.
● L'adjectif possessif détermine le nom en indiquant le « possesseur » de l'objet désigné. Il s'accorde en genre et en nombre avec le nom déterminé. *Mon jardin.*
● Il s'accorde en personne avec le nom désignant le « possesseur ». Ainsi, l'adjectif possessif *mon* renvoie à un seul « possesseur » d'un être, d'un objet de genre masculin.
Note.- Devant un nom féminin qui commence par une voyelle ou un *h* muet, c'est aussi la forme masculine *mon* qui est employée pour des raisons d'euphonie. *Mon amie, mon histoire.*
V. Tableau - **POSSESSIF (ADJECTIF).**

monacal, ale, aux adj.
Semblable à l'existence d'un moine. *Des rites monacaux, une cellule monacale.*

monarchie n. f.
État gouverné par un monarque.

monarchique adj.
Qui appartient à la monarchie.

monarchiste adj. et n. m. et f.
Partisan de la monarchie.

monarque n. m.
Roi, souverain.

monastère n. m.
Couvent habité par des moines ou des religieuses.
Note.- Attention à l'orthographe : monast*ère*.

monastique adj.
Propre aux moines. *Une vie monastique.*

monceau n. m.
Amoncellement. *Des monceaux de documents.*

mondain, aine adj. et n. m. et f.
● Relatif à la vie de la société brillante, élégante.
● Qui sort beaucoup.

mondanité n. f.
● Goût des choses mondaines.
● (Au plur.) Événements de la vie mondaine. *Renoncer aux mondanités.*

monde n. m.
● Univers. *La création du monde.*
● Société humaine. *Il y a beaucoup de monde ici. Des femmes du monde.*
● *Tout le monde.* Tous.
Notes.-
1° Cette locution à valeur collective se construit avec le verbe au singulier. *Tout le monde le sait.*
2° Dans les désignations géographiques, le mot s'écrit avec une majuscule ainsi que l'adjectif qui le précède. *Le Nouveau Monde.*

mondial, iale, iaux adj.
Qui concerne le monde entier. *Des évènements mondiaux.*

mondialement adv.
Universellement.
Note.- Attention à l'orthographe : mondia*l*ement.

mondialiser v. tr.
Rendre mondial.

monégasque adj. et n. m. et f.
De Monaco.
Note.- Contrairement à l'adjectif, le nom prend une majuscule.

monétaire adj.
● Qui se rapporte aux monnaies. *Le marché monétaire.*
● (Écon.) *Masse monétaire.* Total des différentes formes de monnaie d'un pays à un moment déterminé.

mongol, ole adj. et n. m. et f.
● **Adjectif et nom masculin et féminin.** De Mongolie.

Nom masculin. Langue parlée par les Mongols.
Notes.-
1° Lorsqu'il s'agit de la langue, l'adjectif ou le nom s'écrit avec une minuscule. Si le nom désigne une personne, la majuscule s'impose.
2° Ne pas confondre avec le mot **mongolien** qui qualifie une personne atteinte de la trisomie 21.

mongolien, ienne adj. et n. m. et f.
- (Vx) De Mongolie.
- Atteint de la trisomie 21.
Note.- Ne pas confondre avec le mot **mongol** qui désigne ce qui est relatif à la Mongolie.

mongolisme n. m.
Affection congénitale due à une anomalie chromosomique.
Note.- Dans la profession médicale, on préconise le remplacement du nom **mongolisme** par l'expression **trisomie 21**.

moniteur n. m.
monitrice n. f.
Personne chargée d'enseigner certains sports. *Un moniteur de ski, une monitrice de voile.*
Note.- Attention à l'orthographe : mo**n**iteur.

moniteur n. m.
- Appareil utilisé pour la surveillance des malades. *Un moniteur cardiaque.*
- (Inform.) Écran de visualisation.
- (Inform.) Programme du système d'exploitation destiné à assurer l'enchaînement des différentes parties d'un travail.

monnaie n. f.
- Pièce de métal servant d'instrument de règlement des échanges. *Avez-vous de la monnaie ?*
- Ensemble des moyens de règlement.
- *Fausse monnaie.* Contrefaçon de la monnaie légale.
- *Petite monnaie.* Pièces métalliques.
- *Monnaie courante.* Chose fréquente. *Dans cette ville, les agressions sont monnaie courante.*
Note.- Cette expression demeure invariable.
- *Monnaie d'appoint.* Monnaie complétant une somme.
- *Rendre à quelqu'un la monnaie de sa pièce.* Se venger.
- *Servir de monnaie d'échange.* Dans une négociation, servir d'instrument de règlement.
V. Tableau - **SYMBOLES DES UNITÉS MONÉTAIRES.**

monnaie-du-pape n. f.
Plante décorative qui se conserve bien. *Des monnaies-du-pape.*

monnayable adj.
Qui peut se monnayer.
Note.- Attention à l'orthographe : monna**y**able.

monnayer v. tr.
- Le **y** peut être changé en **i** devant un **e** muet. *Il monnaie, il monnaiera.*
- Le **y** est suivi d'un **i** à la première et à la deuxième personne du pluriel de l'indicatif imparfait et du subjonctif présent. *(Que) nous monnayions, (que) vous monnayiez.*
- Convertir en argent.

- (Fig.) Tirer un revenu de quelque chose. *Monnayer sa compétence.*
Note.- Attention à l'orthographe : monna**y**er.

monnayeur n. m.
- Personne qui travaille à la fabrication de la monnaie.
- *Faux-monnayeur.* Personne qui fabrique de la fausse monnaie. *Des faux-monnayeurs habiles.*
Note.- Attention à l'orthographe : monna**y**eur. Ce nom s'écrit généralement avec un trait d'union et n'a pas de forme féminine.

mono- préf.
- Élément du grec signifiant « unique ».
- Les mots composés avec le préfixe **mono-** s'écrivent en un seul mot. *Monocoque, monogamie.*

monobloc adj. inv. et n. m.
- **Adjectif.** D'une seule pièce. *Des carrosseries monobloc.*
- **Nom masculin.** Groupe de cylindres d'un moteur d'explosion. *Concevoir des monoblocs.*
Note.- L'adjectif est invariable, mais le nom prend la marque du pluriel.

monochrome adj.
Qui est d'une seule couleur. *Un tableau monochrome.*
Note.- Attention à l'orthographe : mono**ch**rome.
Ant. **polychrome.**

monochromie n. f.
Caractère de ce qui est monochrome.
Note.- Attention à l'orthographe : mono**ch**romie.

monocle n. m.
Lorgnon à un seul verre qui s'insère dans l'arcade sourcilière.

monocoque adj.
Se dit d'un bateau à une seule coque, d'un véhicule sans châssis. *Une voiture monocoque.*
Note.- Attention à la finale qui est la même au masculin et au féminin : monoco**que.**

monocorde adj.
- Qui est sur une seule note.
- Monotone. *Une voix monocorde.*

monogame adj.
Qui n'a qu'un seul mari ou une seule femme.
Notes.-
1° Attention à l'orthographe : monoga**m**e.
2° Ne pas confondre avec le mot **monogramme** qui désigne des lettres entrelacées.
Ant. **polygame.**

monogamie n. f.
Régime selon lequel l'homme ne peut épouser qu'une seule femme (par opposition à **polygynie**), et la femme qu'un seul homme (par opposition à **polyandrie**).
Note.- Attention à l'orthographe : monoga**m**ie.
Ant. **polygamie.**

monogramme n. m.
- Lettres entrelacées en un seul caractère.
- Signature abrégée.
Notes.-
1° Attention à l'orthographe : monogra**mm**e.

2° Ne pas confondre avec le mot *monogame*, qui n'a qu'un seul mari ou une seule femme.

monographie n. f.
Étude détaillée d'un sujet déterminé. *Faire une monographie sur l'œuvre de Kafka.*

monographique adj.
Qui a le caractère d'une monographie.

monokini n. m.
Maillot de bain féminin qui se limite à un slip. *Des monokinis.*

monolingue adj. et n. m. et f.
• Qui ne parle qu'une langue.
• Écrit en une seule langue, par opposition à *bilingue, multilingue. Une terminologie monolingue.*

monolithe adj. et n. m.
• **Adjectif.** Fait d'une seule pierre.
• **Nom masculin.** Monument constitué d'une pierre. *Les menhirs sont des monolithes.*
Note.- Attention au genre masculin de ce nom : *un* monoli*th*e.

monolithique adj.
Qui forme un tout homogène. *Ces personnes composent un clan monolithique.*
Note.- Attention à l'orthographe : monoli*th*ique.

monologue n. m.
Scène où un personnage seul se parle à lui-même.

monologuer v. intr.
Parler seul.

monomoteur, trice adj. et n. m.
• **Adjectif.** Qui n'a qu'un seul moteur.
• **Nom masculin.** Avion à un seul moteur.

mononucléose n. f.
Maladie virale caractérisée par une fatigue extrême et prolongée.

monoparental, ale, aux adj.
Où il n'y a qu'un seul des deux parents. *Une famille monoparentale.*

monoplace adj.
Se dit d'un véhicule qui n'a qu'une place. *Un avion monoplace.*

monopole n. m.
Situation économique où il n'y a qu'un seul vendeur.
Note.- Ne pas confondre avec les mots suivants :
- *cartel*, entente entre des entreprises en vue d'une action commune visant à limiter ou à supprimer la concurrence ;
- *monopsone*, situation économique où il y a un acheteur unique et plusieurs vendeurs ;
- *trust*, fusion de plusieurs entreprises dans le but de limiter la concurrence.

monopoliser v. tr.
• Exploiter un monopole.
• Accaparer. *Il monopolise tout le personnel.*

monopsone n. m.
(Écon.) Situation économique où il y a un acheteur unique et plusieurs vendeurs.
Ant. **oligopsone.**

monorail n. m.
Se dit d'un chemin de fer à un seul rail. *Des monorails ultrarapides.*

monosyllabe n. m.
Mot d'une seule syllabe. *Répondre par monosyllabes : oui ! non ? bien !*

monosyllabique adj.
Composé d'une seule syllabe. *Les onomatopées sont souvent des mots monosyllabiques.*

monotone adj.
• Qui est toujours sur le même ton. *Une voix monotone.*
• Trop uniforme.

monotonie n. f.
Uniformité ennuyeuse.

monseigneur, messeigneurs n. m.
• Abréviations *Mgr, M^{grs}* (s'écrivent sans points).
• Titre de civilité donné aux princes, aux prélats.
Note.- La forme pluriel *nosseigneurs* (abréviation *NN.SS.*) est rare.

monsieur, messieurs n. m.
• Abréviations *M., MM.* (s'écrivent avec des points).
• Titre donné aux hommes.
Notes.-
1° Le titre de civilité s'écrit avec une majuscule et ne s'abrège pas quand on s'adresse directement à la personne dans les formules d'appel et de salutation, dans les suscriptions. *Monsieur Jacques Valbois.*
2° Le titre s'abrège généralement lorsqu'il est suivi du patronyme ou d'un autre titre et qu'on ne s'adresse pas directement à la personne. *M. Roberge est absent, M. le juge est là.*
3° Le titre s'écrit avec une minuscule initiale et ne s'abrège pas lorsqu'il est employé seul, sans être accompagné d'un nom propre, d'un titre ou d'une fonction, dans certaines constructions de déférence. *Oui monsieur, madame est sortie. Je ne crois pas avoir déjà rencontré monsieur.*

monstre adj. et n. m.
• **Nom masculin**
- Être légendaire terrifiant.
- Personne inhumaine. *Cette femme est un monstre.*
• **Adjectif**
(Fam.) Gigantesque. *On avait organisé des réunions monstres.*
Note.- Pris adjectivement, le nom prend la marque du pluriel.

monstrueusement adv.
D'une manière monstrueuse.

monstrueux, euse adj.
Horrible.

monstruosité n. f.
Chose monstrueuse.

mont n. m.
Masse d'une grande hauteur.
Notes.-
1° Dans les désignations géographiques, le nom *mont* est un générique qui s'écrit avec une minuscule, tout

comme les mots *lac, mer, océan, baie, île*, etc. C'est le déterminant précisant le générique qui s'écrit avec une majuscule. *Le mont Blanc, le mont Everest.*

2° Ne pas confondre avec les mots suivants :
- *butte*, colline isolée dans une plaine ;
- *colline*, petite montagne ;
- *massif*, ensemble de chaînes de montagnes ;
- *monticule*, petite élévation de terre ;
- *pic*, mont isolé à sommet aigu.

V. Tableau - **GÉOGRAPHIQUES (NOMS).**

montage n. m.
Action d'agencer, d'assembler les pièces d'un dispositif, les images d'un film.

montagnard, arde adj. et n. m. et f.
● **Adjectif.** Relatif à la montagne.
● **Nom masculin et féminin.** Personne qui habite la montagne.

montagne n. f.
● Masse d'une grande hauteur. *Une chaîne de montagnes.*
Note.- Les noms géographiques prennent une majuscule au déterminant qui précise un générique. *Les montagnes Rocheuses, les montagnes Vertes.*
V. Tableau - **GÉOGRAPHIQUES (NOMS).**
● *Montagnes russes.* Suite de montées et de descentes sur lesquelles un traîneau monté sur des rails glisse à vive allure.
Note.- Cette expression est toujours au pluriel.

montagneux, euse adj.
Où se trouvent beaucoup de montagnes. *Une région montagneuse.*

montant, ante adj.
● Qui monte. *La marée montante.*
● *Garde montante.* Relève.

montant n. m.
Chiffre auquel s'élève un compte, un paiement. *Le montant d'un chèque.*
Note.- Ne pas confondre avec le mot **somme** qui désigne le résultat d'une addition, une quantité déterminée d'argent.

mont-de-piété n. m.
Établissement de crédit. *Des monts-de-piété.*

monte-charge n. m. inv.
Appareil de levage. *Des monte-charge.*

montée n. f.
● Action de monter sur un lieu élevé.
● Pente considérée de bas en haut. *Une montée rude.*

monte-plats n. m. inv.
Petit monte-charge pour les plats. *Des monte-plats.*

monter v. tr., intr., pronom.
● **Transitif**
Parcourir de bas en haut. *Elle a monté l'escalier.*
Note.- À la forme transitive, le verbe se conjugue avec l'auxiliaire **avoir**.
● **Intransitif**
- Passer à un lieu plus haut que celui où l'on est. *Le chat est monté dans l'arbre.*

Note.- À la forme intransitive, le verbe se conjugue généralement avec l'auxiliaire **être**, sauf quand il exprime une augmentation de niveau ou de prix.
- Se placer (dans un véhicule). *Je l'ai vu qui montait dans la voiture.*
- S'élever. *Le chemin montait tout doucement.*
- Atteindre un niveau, un prix plus élevé. *Les prix ont monté.*
Note.- En ce sens, le verbe se conjugue avec l'auxiliaire **avoir**.
● **Pronominal**
S'élever, atteindre. *Le total se montait à 1 500 F.*
Note.- Attention au pléonasme * monter en haut.

monteur n. m.
monteuse n. f.
Personne qui exécute des opérations de montage.

montgolfière n. f.
(Ancienn.) Ballon dirigeable.
Note.- Attention à l'orthographe : mont**g**olfière.

monticule n. m.
Petite élévation de terre.
Note.- Ne pas confondre avec les mots suivants :
- *butte*, colline isolée dans une plaine ;
- *colline*, petite montagne ;
- *massif*, ensemble de chaînes de montagnes ;
- *mont*, masse d'une grande hauteur ;
- *pic*, mont isolé à sommet aigu.

montre n. f.
● Petit instrument portatif qui indique l'heure. *Une montre ancienne.*
Note.- La montre dotée d'un affichage à aiguilles est une *montre analogique*, celle qui est doté d'un affichage à cristaux liquides par chiffres et lettres est une *montre numérique*.
● *Montre-bracelet.* Des montres-bracelets en or.
● (Vx) Étalage.
● *Faire montre de*
- Montrer avec ostentation. *Ils ont fait montre de leurs nouvelles richesses.*
- Faire preuve. *Elle a fait montre de beaucoup de jugement.*

montrer v. tr., pronom.
● **Transitif**
- Faire voir. *Montrez-moi vos skis.*
- Manifester. *Elle ne voulait pas lui montrer sa déception.*
- Enseigner. *Il lui montre comment programmer.*
● **Pronominal**
Se révéler. *Elle s'est montrée à la hauteur de la tâche.*

monture n. f.
● Bête sur laquelle on monte. *Ménager sa monture.*
● Partie d'un objet qui sert à fixer. *Les montures d'une paire de lunettes.*

monument n. m.

● Ouvrage d'architecture ou de sculpture destiné à conserver le souvenir de quelqu'un ou de quelque chose. *Un monument commémoratif.*
● Édifice imposant par ses dimensions, son ancienneté. *Un monument historique.*

Notes.-
1° **Minuscule**
Les noms génériques de monuments (abbaye, basilique, cathédrale, chapelle, château, église, fontaine, oratoire, palais, pont, porte, statue, temple, théâtre, tour, etc.) s'écrivent avec une minuscule :
- lorsqu'ils sont individualisés par un nom propre. *La basilique du Sacré-Cœur, l'abbaye de Port-Royal, la chapelle Sixtine, la tour Eiffel, la tour de Londres, le château de Chambord.*
- lorsqu'ils sont individualisés par un nom commun ayant fonction de nom propre. *La cour des Lions, la statue de la Liberté, la tour de l'Horloge.*
2° **Majuscule**
Lorsqu'un nom sert à désigner un monument entre tous les autres, il devient nom propre et s'écrit avec une majuscule ; il en est ainsi pour l'adjectif qui le précède. *L'Arc de Triomphe, le Grand Palais, l'Acropole, le Colisée, la Bastille, la Sainte-Chapelle.*

monumental, ale, aux adj.
• Imposant. *Des immeubles monumentaux.*
• Énorme, étonnant. *Une erreur monumentale.*

moquer v. tr., pronom.
• **Transitif**
(Litt. ou vx) Ridiculiser.
• **Pronominal**
- Tourner en dérision. *Tu t'es moqué de lui.*
- Dédaigner. *Il se moque des honneurs.*
- ***S'en moquer comme de l'an quarante.*** Ne faire aucun cas de.
Note.- D'après certains auteurs, cette expression tire son origine de l'an 1840 qui devait marquer la fin du monde, selon une croyance populaire ; d'autres sources donnent comme origine une déformation ancienne des mots *Al Khoran* (le Coran).

moquerie n. f.
Action de tourner quelque chose, quelqu'un en ridicule.

moquette n. f.
Tapis qui recouvre complètement le sol d'une pièce.

moqueur, euse adj. et n. m. et f.
Ironique. *Un ton moqueur.*

moral, ale, aux adj. et n. m.
• **Adjectif**
- Qui est conforme à la morale. *Des principes moraux.*
- Relatif à l'esprit. *Une certitude morale.*
• **Nom masculin**
Disposition d'esprit d'une personne, d'un groupe. *Avoir un excellent moral.*
Hom. *morale,* ensemble de règles de conduite.

morale n. f.
• Ensemble de règles de conduite.
• Leçon. *Ne me fais pas la morale. La morale de cette histoire est claire.*
Hom. *moral,* disposition d'esprit d'une personne, d'un groupe.

moralement adv.
• Conformément aux règles de la morale.
• Sur le plan spirituel.

moralisateur, trice adj.
(Péj.) Qui fait la morale. *Des films moralisateurs.*

moraliser v. tr., intr.
Prêcher la morale.

moralité n. f.
• Valeur morale.
• Conduite. *Il est de moralité douteuse.*
• (Vx) Conclusion que l'on peut tirer d'un enseignement. *Moralité : Tout vient à point à qui sait attendre.*

moratoire n. m.
(Dr.) Décision légale qui suspend provisoirement les effets de certaines obligations légales.

morbide adj.
Malsain. *Une curiosité morbide.*

morbleu ! interj.
(Vx) Juron.

morceau n. m.
• Fragment. *Des morceaux de bois.*
• ***Mettre en morceaux.*** Détruire.

morceler v. tr.
• Redoublement du *l* devant un *e* muet. *Je morcelle, je morcellerai,* mais *je morcelais.*
• Diviser par morceaux. *Morceler un domaine.*

morcellement n. m.
Action de morceler.
Note.- Attention à l'orthographe : morce*ll*ement.

mordant, ante adj. et n. m.
• **Adjectif**
- Qui mord. *Un froid mordant.*
- (Fig.) Incisif. *Une réplique mordante.*
• **Nom masculin**
Vivacité. *Un texte qui a du mordant.*

mordicus adv.
• Le *s* se prononce [mɔrdikys].
• (Fam.) Obstinément.

mordillement n. m.
Action de mordiller.

mordiller v. tr.
• Les lettres *ill* sont suivies d'un *i* à la première et à la deuxième personne du pluriel de l'indicatif imparfait et du subjonctif présent. *(Que) nous mordillions, (que) vous mordilliez.*
• Mordre légèrement à plusieurs reprises. *Elle lui mordille l'oreille.*

mordoré, ée adj.
D'un beau brun à reflets dorés.
V. Tableau - **COULEUR (ADJECTIFS DE).**

mordre v. tr., pronom.
• *Je mords, tu mords, il mord, nous mordons, vous mordez, ils mordent. Je mordais. Je mordis. Je mordrai. Je mordrais. Mords, mordons, mordez. Que je morde. Que je mordisse. Mordant. Mordu, ue.*
• **Transitif.** Saisir, broyer avec les dents.

● **Pronominal**. (Fam.) *Se mordre les doigts de quelque chose*. S'en repentir.

mordu, ue adj.
(Fam.) Entiché.

morfondre (se) v. pronom.
Attendre longtemps en s'ennuyant. *Ils se sont morfondus pendant trois jours dans cet endroit perdu*.

morgue n. f.
● Arrogance, mépris.
● Lieu où l'on conserve momentanément des cadavres.
Note.- Attention à l'orthographe : mor**gu**e.

moribond, onde adj. et n. m. et f.
Agonisant. *Des moribonds*.

morigéner v. tr.
● Le *é* se change en *è* devant une syllabe muette, sauf à l'indicatif futur et au conditionnel présent. *Je morigène*, mais *je morigénais*.
● Réprimander.

morille n. f.
Champignon comestible. *Une omelette aux morilles*.

mormon, one adj. et n. m. et f.
Membre d'une secte religieuse d'origine américaine. *Les mormons ont fondé Salt Lake City*.
Notes.-
1° Attention à l'orthographe : mormo**n**, mormo**ne**.
2° L'adjectif ainsi que le nom s'écrivent avec une minuscule.

morne adj.
Terne.

morose adj.
Triste, maussade.
Note.- Attention à l'orthographe : m**o**r**o**se.

morosité n. f.
(Litt.) Caractère maussade, triste.
Note.- Attention à l'orthographe : m**o**r**o**sité.

-morphe, -morphique, -morphisme suff.
Éléments du grec signifiant « forme ». *Anthropomorphe, anthropomorphique, anthropomorphisme*.

morphème n. m.
(Ling.) Élément grammatical minimal d'un énoncé. *Le morphème grammatical -s marque habituellement le pluriel. Un morphème lexical*.
Note.- Attention à l'orthographe : mor**ph**ème.

morphine n. f.
Stupéfiant.
Note.- Attention à l'orthographe : mor**ph**ine.

morphinomane adj. et n. m. et f.
Toxicomane qui s'adonne à l'usage de la morphine.
Note.- Attention à l'orthographe : mor**ph**inomane.

morpho- préf.
Élément du grec signifiant « forme ». *Morphologie*.

morphologie n. f.
● Étude des formes de la matière.
● Forme, configuration.
Note.- Attention à l'orthographe : mor**ph**ologie.

morphologique adj.
Relatif à la morphologie. *Une étude morphologique animale*.

morphologiquement adv.
Du point de vue de la morphologie.

mors n. m.
● Le *s* ne se prononce pas [mɔr].
● Pièce métallique placée dans la bouche du cheval pour le diriger.
● *Prendre le mors aux dents*. Se dit d'un cheval qui s'emballe, et familièrement, d'une personne qui s'emporte.
Note.- Attention à l'orthographe : mor**s**.
Hom. :
- *maure*, habitant du Sahara occidental ;
- *mort*, décès.

morse n. m.
● Mammifère marin des régions arctiques dont le mâle se caractérise par des canines développées en défenses.
● Code de signaux composés de points et de traits. *Un S.O.S. en morse*.

morsure n. f.
● Meurtrissure causée par les dents.
● Blessure.

mort n. f.
● Cessation définitive de la vie. *Une mort violente*.
● *Mettre à mort*. Exécuter.
● *Arrêt de mort*. Condamnation à mourir.
● *Avoir la mort dans l'âme*. Être désespéré.
● *À mort*, locution adverbiale. De telle sorte qu'on en meurt. *Ils sont blessés à mort*.

mort, morte adj. et n. m. et f.
● **Adjectif**. Qui a cessé de vivre.
● *Poids mort, ivre mort*. *Des poids morts. Ils sont ivres morts*.
Note.- Ces expressions s'écrivent sans trait d'union.
● *Rester lettre morte*. Ne pas avoir de suite. *Ces recommandations sont restées lettre morte*.
Note.- Dans cette expression, le nom et l'adjectif sont invariables.
● *Angle mort*. Zone de visibilité inaccessible au conducteur lorsqu'il regarde dans le rétroviseur.
● *Point mort*. Position des pièces d'un dispositif où les forces sont en équilibre ou n'agissent pas. *Mettez-vous au point mort*.
● **Nom masculin et féminin**. Personne décédée. *Cet accident a fait des morts*.
Hom. :
- *maure*, habitant du Sahara occidental ;
- *mors*, pièce métallique placée dans la bouche du cheval pour le diriger.

mortadelle n. f.
Saucisson.

mortaise n. f.
Entaille pratiquée dans une pièce de bois ou de métal pour former un assemblage.
Note.- Attention à l'orthographe : mort**ai**se.

mortaiseuse n. f.
Machine-outil.

mortalité n. f.
• Nombre des personnes mortes par la même cause.
• *Taux de mortalité.* Nombre de décès survenus au sein d'une population pendant une période donnée.

mort-aux-rats n. f. inv.
Poison destiné à la destruction des rongeurs.

mortel, elle adj. et n. m. et f.
• **Adjectif**
- Qui est sujet à la mort. *Les hommes sont mortels.*
- Qui cause la mort. *Une maladie mortelle.*
• **Nom masculin et féminin**
Être humain. *Le commun des mortels.*

mortellement adv.
• D'une manière mortelle.
• Gravement. *Il s'ennuie mortellement.*
Note.- Attention à l'orthographe : mort**ell**ement.

morte-saison n. f.
Époque de l'année pendant laquelle les affaires sont au ralenti. *Des mortes-saisons.*
Note.- Attention à l'orthographe : morte-saison.

mortier n. m.
Ciment servant à lier les pierres, les briques d'une construction.

mortification n. f.
Humiliation, privation.

mortifier v. tr.
• Redoublement du *i* à la première et à la deuxième personne du pluriel de l'indicatif imparfait et du subjonctif présent. *(Que) nous mortifiions, (que) vous mortifiiez.*
• Froisser, humilier.

mort-né, ée adj. et n. m. et f.
Mort en arrivant au monde. *Des mort-nés.*
Note.- Le premier élément du mot est invariable. *Des filles mort-nées.*

mortuaire adj.
Relatif aux morts, aux services funèbres. *Un drap mortuaire.*

morue n. f.
Poisson des mers froides.

morutier, ière adj. et n. m.
• **Adjectif**
Relatif à la pêche à la morue. *L'industrie morutière.*
• **Nom masculin**
- Pêcheur de morue.
- Bateau équipé pour la pêche à la morue.

mosaïque n. f.
Assemblage de petites pièces qui forment un dessin, un motif.
Note.- Attention à l'orthographe : mosa**ï**que.

mosquée n. f.
Temple consacré au culte musulman.
Note.- Attention à l'orthographe : mosqué**e**.

mot n. m.

• Groupe de lettres formant une ou plusieurs syllabes et exprimant une idée. *C'est un mot de trois lettres.*
• Courte lettre. *J'ai reçu un mot de lui.*
• **Locutions**
- *Ne pas souffler mot, ne dire mot.* Garder le silence. *Qui ne dit mot consent.*
Note.- Dans ces expressions, le nom s'écrit sans article et au singulier. Avec la préposition **sans**, le nom précède le verbe. *Sans mot dire.*
- *Au bas mot.* Au moins. *Ils sont 200 au bas mot.*
- *Mot à mot.* Par cœur.
Note.- Cette expression s'écrit sans trait d'union.
- *Mot pour mot.* Textuellement.
- *À demi-mot.* À mots couverts.
- *Avoir le dernier mot.* L'emporter dans une discussion.
- *Le mot d'une énigme.* La solution.
- *Se donner le mot.* Se concerter.
- *Prendre quelqu'un au mot.* Accepter une chose à la première offre formulée.
- *En un mot.* Bref.
- *Mots croisés.* Jeu où l'on inscrit dans une grille horizontalement et verticalement des mots correspondant à des définitions.
Note.- L'amateur de mots croisés est un *cruciverbiste.*
Hom. *maux,* pluriel de *mal.*

---

motard n. m.
(Fam.) Motocycliste.
Note.- Attention à l'orthographe : mota**rd**.

mot-clef n. m.
Mot servant de critère principal de recherche en documentation automatique. *Des mots-clefs.*

motel n. m.
Établissement hôtelier situé à proximité des routes.

motet n. m.
Chant d'église.

moteur, trice adj. et n. m.
• **Adjectif**
Qui donne le mouvement. *Des roues motrices.*
• **Nom masculin**
- Cause, agent. *Il fut le moteur de cette réforme, de cette expansion.*
- Appareil servant à transformer une forme d'énergie en énergie mécanique. *Un moteur à explosion, un moteur à réaction.*

motif n. m.
• Raison, cause. *Quels sont vos motifs ?*
• Dessin qui se répète. *Une serviette à motifs brodés.*
• *Sans motif.* Sans raison.

motion n. f.
Proposition, dans le langage des assemblées délibérantes.

motivation n. f.
Force qui agit sur le comportement.

motiver v. tr.
- Servir de motif, justifier. *Les raisons qui ont motivé son choix.*
- Inciter à l'action. *Il importe de motiver le personnel.*

moto n. f.
- Abréviation familière de **motocyclette.**
- Véhicule motorisé à deux roues. *Des courses de moto. Des motos rutilantes.*

motocyclette n. f.
- S'abrège familièrement en **moto.**
- Véhicule motorisé à deux roues.

motocycliste adj. et n. m. et f.
Personne qui conduit une motocyclette.

motoneige n. f.
Au Canada, véhicule muni de skis et de chenilles destiné au transport sur la neige. *Des motoneiges très puissantes.*
Note.- Le nom s'écrit en un seul mot et prend la marque du pluriel.

motoneigiste n. m. et f.
Au Canada, personne qui conduit une motoneige ou qui pratique le sport de la motoneige.

motoriser v. tr.
Doter de véhicules. *Êtes-vous motorisé ?*

motricité n. f.
Mode d'action du système nerveux sur les organes du corps qui assurent le mouvement.

motte n. f.
Petit morceau de terre.

motus interj.
Silence ! *Motus et bouche cousue !*

mou ou **mol, molle** adj. et n. m. et f.
- **Adjectif.** Qui cède facilement à la pression. *Des caramels mous.*
Note.- Devant une voyelle, l'adjectif masculin singulier s'écrit **mol.** *Un mol édredon. Des édredons mous.*
- **Nom masculin et féminin.** Personne sans volonté.
- **Nom masculin.** *Avoir du mou.* Être lâche, en parlant d'un lien. *Il y a du mou dans la corde.*

mouchard, arde n. m. et f.
Dénonciateur.
Note.- Attention à l'orthographe : mouch**ard.**

mouche n. f.
- Insecte. *Une mouche tsé-tsé.*
- **Faire mouche.** Toucher la cible.
- **Prendre la mouche.** S'emporter.
- **Bateau-mouche.** *Des bateaux-mouches.*
- **Tue-mouches.** Se dit d'un papier enduit de colle employé pour attraper les mouches.

moucher v. tr., pronom.
- **Transitif.** Évacuer des mucosités par le nez. *Moucher un petit.*
- **Pronominal.** Se débarrasser le nez des mucosités. *Ils se sont mouchés bruyamment. Mouche-toi, petit !*

moucheron n. m.
Petit insecte voisin de la mouche.

moucheter v. tr.
- Redoublement du **t** devant un **e** muet. *Je mouchette, je mouchetterai,* mais *je mouchetais.*
- Marquer de petites taches. *Une truite mouchetée.*

mouchoir n. m.
Petit linge qui sert à se moucher.

moudre v. tr.
- *Je mouds, tu mouds, il moud, nous moulons, vous moulez, ils moulent. Je moulais. Je moulus. Je moudrai. Je moudrais. Mouds, moulons, moulez. Que je moule. Que je moulusse. Moulant. Moulu, ue.*
- Broyer. *Moudre du café.*

moue n. f.
Grimace boudeuse.
Hom. **moût,** jus du raisin, de la poire, etc. non fermenté.

mouette n. f.
Oiseau palmipède blanc vivant sur les côtes.

mouffette n. f.
Petit mammifère noir et blanc qui, pour se défendre, peut projeter un liquide nauséabond.

moufle n. f.
- Partie de l'habillement qui couvre la main sans séparation pour les doigts, sauf pour le pouce.
- Au Canada et en Suisse, se dit **mitaine.**
Note.- Ne pas confondre avec le mot **gant** qui désigne une partie de l'habillement qui couvre la main et les doigts séparément.

mouflet, ette n. m. et f.
(Fam.) Petit enfant.

mouflon n. m.
Ruminant à cornes recourbées, voisin du mouton.

mouillage n. m.
Action de jeter l'ancre.

mouiller v. tr., intr., pronom.
- Les lettres **ill** sont suivies d'un **i** à la première et à la deuxième personne du pluriel de l'indicatif imparfait et du subjonctif présent. *(Que) nous mouillions, (que) vous mouilliez.*
- **Transitif.** Tremper. *La pluie a mouillé mes cheveux.*
- **Intransitif.** (Absol.) Jeter l'ancre. *Le bateau a mouillé dans la baie.*
- **Pronominal.** (Fam.) Se compromettre. *Ils se sont mouillés dans une affaire délicate.*

mouillette n. f.
Petit morceau de pain trempé dans un œuf à la coque.

moujik n. m.
Paysan russe. *Des moujiks.*

moulage n. m.
- Art de reproduire un objet à l'aide d'un moule.
- Objet fait au moyen d'un moule. *Un moulage de plâtre.*
Note.- Ne pas confondre avec le mot **moulure** qui désigne un ornement servant d'encadrement aux ouvrages de menuiserie.

moule n. m. et f.
• **Nom masculin.** Corps solide creusé de manière à donner une forme particulière à la matière qu'on y introduit.
• **Nom féminin.** Mollusque à coquille d'un noir bleuâtre, dont la chair est comestible.

mouler v. tr.
Reproduire à l'aide d'un moule. *Mouler une colonne grecque.*

mouleur n. m.
Technicien qui exécute des moulages.

moulin n. m.
• Machine destinée à moudre. *Un moulin à café, à poivre, à céréales.*
• Bâtiment où est installé un moulin à céréales.

moulinet n. m.
• Tourniquet.
• Rotation exécutée avec les bras, une arme. *Faire des moulinets pour attirer l'attention.*

moulinette n. f. (n. déposé)
Petit moulin à légumes.

moult adv.
• Les lettres *lt* se prononcent [mult].
• (Vx ou plaisant) Très.

moulu, ue adj.
• Qui a été broyé. *Du poivre moulu.*
• Éreinté. *Après la journée, elle était moulue.*

moulure n. f.
Ornement servant d'encadrement aux ouvrages de menuiserie.
Note.- Ne pas confondre avec le mot *moulage* qui désigne l'art de reproduire un objet à l'aide d'un moule.

moulurer v. tr.
Orner de moulures.

moumoute n. f.
(Fam.) Perruque, manteau de fourrure.

mourant, ante adj. et n. m. et f.
• **Adjectif.** Agonisant. *Ils sont mourants.*
• **Nom masculin et féminin.** Moribond.

mourir v. intr., pronom.
• *Je meurs, tu meurs, il meurt, nous mourons, vous mourez, ils meurent. Je mourais. Je mourus. Je mourrai. Je mourrais. Meurs, mourons, mourez. Que je meure. Que je mourusse. Mourant. Mort, morte.*
• **Intransitif.** Cesser de vivre, périr. *Il était déjà mort. Cette plante est morte.*
Note.- Ce verbe se conjugue avec l'auxiliaire *être.*
• **Pronominal.** Être sur le point de mourir. *Elle se meurt.*
Note.- À la forme pronominale, le verbe ne se conjugue pas aux temps composés.

mousquet n. m.
Ancienne arme à feu.
Note.- Attention à l'orthographe : mousqu**et**.

mousquetaire n. m.
(Ancienn.) Cavalier de la Maison du Roi armé d'un mousquet.
Note.- Attention à l'orthographe : mousquet**ai**re.

mousqueton n. m.
Crochet d'alpinisme.

moussaka n. f.
Plat oriental commun à la Turquie, à la Grèce et aux Balkans composé d'aubergines cuites au four.

moussant, ante adj.
Qui produit de la mousse. *Des bains moussants.*

mousse n. m. et f.
• **Nom masculin**
Jeune matelot.
• **Nom féminin**
- Plante qui vit en touffes sur la terre humide, les rochers, les troncs d'arbres.
- Écume. *La mousse d'une bière, du champagne.*
- Produit moussant. *De la mousse à raser.*
- Entremets. *De la mousse au chocolat.*

mousseline n. f.
Étoffe légère. *Un voile de mousseline.*

mousser v. intr.
• Produire de la mousse.
• (Fam.) *Faire mousser.* Mettre en valeur de manière exagérée. *Il en profite pour faire mousser sa campagne de propagande.*

mousseux, euse adj. et n. m.
• **Adjectif.** Qui produit de la mousse. *Un vin mousseux.*
Note.- Ne pas confondre avec le mot *moussu* qui qualifie ce qui est recouvert de mousse.
• **Nom masculin.** Vin rendu mousseux par fermentation naturelle. *Un bon mousseux bien frais.*

mousson n. f.
Vent tropical.
Note.- Attention à l'orthographe : mou**ss**on.

moussu, ue adj.
Recouvert de mousse.
Note.- Ne pas confondre avec les mots *moussant* et *mousseux* qui qualifient ce qui produit de la mousse.

moustache n. f.
• Poils qui poussent au-dessus de la lèvre supérieure de l'homme. *Une belle moustache bien fournie.*
Note.- Le singulier et le pluriel peuvent s'employer.
• Poils poussant autour de la gueule de certains animaux (chat, lapin, lion, etc.).

moustachu, ue adj.
Qui porte une moustache.

moustiquaire n. f.
Pellicule en toile métallique placée aux fenêtres et aux portes pour se préserver des moustiques.
Note.- Attention au genre féminin de ce nom : *une* mousti**quai**re.

moustique n. m.
Insecte dont la femelle pique la peau pour se nourrir de sang.

moût n. m.
Jus du raisin, de la poire, de la pomme qui n'a pas encore fermenté.
Note.- Attention à l'orthographe : mo**û**t.
Hom. *moue*, grimace boudeuse.

moutarde adj. inv. et n. f.
• **Adjectif de couleur invariable.** De la couleur fauve de la moutarde. *Des tricots moutarde, jaune moutarde.*
V. Tableau - **COULEUR (ADJECTIFS DE).**
• **Nom féminin.** Plante dont la graine sert de condiment. *De la moutarde à l'estragon.*

mouton n. m.
Mammifère ruminant élevé pour sa laine, sa chair et son lait qui sert à la fabrication de fromages.
Note.- La femelle du mouton est la **brebis**, le petit, l'**agneau.**

moutonnement n. m.
Le fait de moutonner. *Le moutonnement des vagues.*

moutonner v. intr.
Se couvrir de vagues et d'écume, en parlant de la mer. *La mer moutonne.*

moutonneux, euse adj.
Qui a l'apparence de la laine des moutons.

mouture n. f.
• Action de moudre des grains.
• Produit qui en résulte. *Une mouture de café très fine.*

mouvance n. f.
• Sphère d'influence.
• (Litt.) Caractère de ce qui est mouvant.
Note.- Attention au sens de ce nom qui ne désigne pas l'état de ce qui change.

mouvant, ante adj.
Instable. *Des sables mouvants.*

mouvement n. m.
Déplacement d'un corps.

mouvementé, ée adj.
Agité. *Une réunion mouvementée.*

mouvoir v. tr., pronom.
• *Je meus, tu meus, il meut, nous mouvons, vous mouvez, ils meuvent. Je mouvais. Je mus. Je mouvrai. Je mouvrais. Meus, mouvons, mouvez. Que je musse. Mouvant. Mû, mue.*
• **Transitif.** Mettre en mouvement.
• **Pronominal.** Se déplacer. *Ils se sont mûs jusqu'ici.*
Note.- Le participe passé masculin s'écrit avec un accent circonflexe, le participe passé féminin, sans accent.

moyen, enne adj.
• Qui se situe entre deux extrêmes.
• De type courant. *Le Français moyen.*
• *Moyen terme.* Étape intermédiaire, compromis.
• *Moyen Âge.* Période historique qui s'étend du Ve au XVe siècle.
Notes.-
1° Dans les désignations des époques historiques, le nom spécifique et l'adjectif qui le précède s'écrivent avec une majuscule. L'expression s'écrit sans trait d'union.
2° Les désignations géographiques suivent les mêmes règles. *Le Moyen-Orient.* L'expression s'écrit avec un trait d'union.

moyen n. m.
• Procédé, instrument. *La fin ne justifie pas les moyens.*
• *Avoir les moyens.* Avoir les ressources matérielles ou intellectuelles. *Nous en avons les moyens.*
• *Moyens de pression.* Procédés qui poussent l'adversaire à prendre position, à agir.
• *Moyens de transport.* Modes de locomotion.
• *Par le moyen de, au moyen de*, locutions prépositives. À l'aide de.

moyenâgeux, euse adj.
• (Vx) Relatif au Moyen Âge.
• Vétuste, suranné. *Des pratiques moyenâgeuses.*
Notes.-
1° Ne pas confondre avec le mot *médiéval* qui qualifie ce qui est relatif au Moyen Âge, sans connotation péjorative.
2° Attention à l'orthographe : moye**nâ**geux.

moyen-courrier adj. et n. m.
Avion de transport destiné à assurer des liaisons à moyenne distance. *Des moyen-courriers.*

moyennant prép.
• À la condition de. *Il ira, moyennant quelques efforts.*
• *Moyennant finances.* En payant.
• *Moyennant que*, locution. (Vx) À la condition que. *Je viendrai moyennant que vous soyez de la fête.*
Note.- Cette locution peut être suivie de l'indicatif futur, du subjonctif ou du conditionnel.

moyenne n. f.
• Proportion intermédiaire.
• *Moyenne arithmétique de n nombres.* Quotient de la somme de ces nombres par *n.*
• *En moyenne.* En calculant une moyenne. *Elle a obtenu 75 % en moyenne.*

moyennement adv.
D'une manière moyenne.

moyeu n. m.
Pièce du milieu de la roue. *Des moyeux.*

ms.
Abréviation de *manuscrit.*

m/s
Symbole de *mètre par seconde.*

Ms
Symbole de *microseconde.*

mss
Abréviation de *manuscrits.*

M.S.T.
Sigle de *maladie sexuellement transmissible.*

mucosité n. f.
Sécrétion des muqueuses.
Note.- Le nom s'emploie au singulier et au pluriel.
Syn. **mucus.**

mucus n. m.
● Le **s** se prononce [mykys].
● Substance visqueuse tapissant certaines muqueu-ses.
Note.- Le nom s'emploie seulement au singulier.
Syn. **mucosité.**

mue n. f.
Changement de peau, de poil, de voix.

muer v. intr., pronom.
● **Intransitif**
- Changer de poil, de plumage, de peau, en parlant des animaux.
- Changer de voix, en parlant des jeunes gens.
● **Pronominal**
(Litt.) Se transformer. *Une colère qui s'est muée en éclats de rire.*

muet, ette adj. et n. m. et f.
Qui n'a pas l'usage de la parole.

muezzin n. m.
Fonctionnaire musulman qui appelle les fidèles à la prière.

muffin n. m.
● Ce nom se prononce à l'anglaise [mœfin].
● (Anglicisme) Petit gâteau (spécialité britannique). *Du café et des muffins.*

mufle adj. et n. m.
● **Adjectif**
Personne indélicate. *Elle ne l'a pas apprécié : il est trop mufle.*
● **Nom masculin**
- Extrémité du museau de certains animaux. *Le mufle du chien.*
- Individu grossier. *Quel mufle !*
Note.- Attention à l'orthographe : mu*f*le.

muflerie n. f.
Goujaterie.
Note.- Attention à l'orthographe : mu*f*lerie.

muflier n. m.
Plante cultivée pour ses fleurs, appelée aussi **gueule-de-loup.**
Note.- Attention à l'orthographe : mu*f*lier.

mugir v. intr.
Meugler.

mugissement n. m.
Meuglement.
Note.- Attention à l'orthographe : mugi*ss*ement.

muguet n. m.
Plante à petites fleurs blanches et odorantes. *Offrir du muguet le 1er mai. Un bouquet de muguet.*

mulâtre, mulâtresse adj. et n. m. et f.
Personne née d'un Noir et d'une Blanche ou d'un Blanc et d'une Noire.
Notes.-
1° L'adjectif **mulâtre** conserve la même forme au mas-culin et au féminin. Par contre, le nom féminin est **mulâtresse.**

2° Ne pas confondre avec les mots suivants :
- **eurasien**, se dit d'une personne née d'un Européen et d'une Asiatique ou d'un Asiatique et d'une Euro-péenne ;
- **métis**, se dit d'une personne dont le père et la mère sont de races différentes.

mule n. f.
● Femelle du mulet.
● Chaussure.

mulet n. m.
● Hybride de l'âne et de la jument.
● Poisson.

multi- préf.
● Élément du latin signifiant « beaucoup, plusieurs ».
● Les noms composés avec le préfixe **multi-** s'écrivent sans trait d'union. *Multicolore, multiethnique.*

multicolore adj.
Qui a un grand nombre de couleurs. *Un tableau multicolore.*
Note.- L'adjectif conserve la même forme au masculin et au féminin.

multigrade adj.
Se dit d'une huile de graissage à haut indice de viscosité. *Des huiles multigrades.*

multilatéral, ale, aux adj.
Se dit d'un accord conclu entre plusieurs parties. *Des traités multilatéraux.*

multimédia adj.
Qui concerne plusieurs médias. *Une stratégie publi-citaire multimédia, des messages multimédias.*

multimilliardaire adj. et n. m. et f.
Qui possède un ou plusieurs milliards (d'unités mo-nétaires). *Multimilliardaire en francs.*

multimillionnaire adj. et n. m. et f.
Qui possède un ou plusieurs millions (d'unités moné-taires). *Multimillionnaire en francs.*

multinational, ale, aux adj. et n. f.
● **Adjectif.** Qui concerne plusieurs pays.
● **Nom féminin.** Société qui a des activités dans plu-sieurs pays.

multiple adj. et n. m.
● **Adjectif.** Complexe, divers.
● **Nom masculin.** Nombre obtenu par la multiplication d'un élément par un autre. *Les multiples décimaux.*
V. Tableau - **MULTIPLES ET SOUS-MULTIPLES DÉ-CIMAUX.**

multiplet n. m.
(Inform.) Ensemble de plusieurs bits traité comme un tout. *Des multiplets.*

multiplicande n. m.
(Math.) Nombre à multiplier par un autre appelé **mul-tiplicateur.**

multiplicateur, trice adj. et n. m.
(Math.) Nombre par lequel on multiplie.

multiplicatif, ive adj.
Qui multiplie. *Un signe multiplicatif.*

MULTIPLES ET SOUS-MULTIPLES DÉCIMAUX

- Les multiples et les sous-multiples sont formés à l'aide de préfixes qui se joignent sans espace aux unités de mesure. *Trois kilogrammes, un mégawatt.*
- Les symboles de ces préfixes se joignent de la même façon aux symboles des unités de mesure. *3 kg, 1 Mw* (s'écrivent sans points).

PRÉFIXE	SYMBOLE	EXPRESSION NUMÉRIQUE	NOTATION SCIENTIFIQUE
a) Multiples			
exa-	E	1 000 000 000 000 000 000	10^{18}
péta-	P	1 000 000 000 000 000	10^{15}
téra-	T	1 000 000 000 000	10^{12}
giga-	G	1 000 000 000	10^{9}
méga-	M	1 000 000	10^{6}
kilo-	k	1 000	10^{3}
hecto-	h	100	10^{2}
déca-	da	10	10^{1}
b) Sous-multiples		1	10^{0}
déci-	d	0,1	10^{-1}
centi-	c	0,01	10^{-2}
milli-	m	0,001	10^{-3}
micro-	μ	0,000 001	10^{-6}
nano-	n	0,000 000 001	10^{-9}
pico-	p	0,000 000 000 001	10^{-12}
femto-	f	0,000 000 000 000 001	10^{-15}
atto-	a	0,000 000 000 000 000 001	10^{-18}

multiplication n. f.
- Accroissement. *La multiplication des bactéries.*
- Opération mathématique visant à obtenir un produit. *Ex. : 2 x 3 = 6, la multiplication de 2 par 3 donne un produit égal à 6.*

multiplicité n. f.
Nombre considérable.

multiplier v. tr., intr., pronom.
- Redoublement du *i* à la première et à la deuxième personne du pluriel de l'indicatif imparfait et du subjonctif présent. *(Que) nous multipliions, (que) vous multipliiez.*
- **Transitif**
- Augmenter le nombre, la quantité de. *Multiplier les démarches.*
- Faire une multiplication. *Il multiplie ce nombre par dix.*
- **Intransitif**
(Vx) Augmenter en nombre par la production. *Croissez et multipliez.* (Bible).
- **Pronominal**
Proliférer. *Les mauvaises herbes se multiplient très rapidement.*

multipropriété n. f.
Régime de propriété collective selon lequel chaque propriétaire peut jouir de son bien pendant une période déterminée de l'année. *Acheter un appartement à la montagne en multipropriété.*

multirisque adj.
(Ass.) Se dit d'une assurance qui couvre plusieurs risques. *Une assurance multirisque, des assurances multirisques.*

multitâche adj.
(Inform.) Se dit d'un mode d'exploitation permettant d'exécuter plusieurs tâches en parallèle.

multitude n. f.
- Très grand nombre. *Sa collection comporte une multitude d'insectes qui sont tous étiquetés.*
- Foule. *La multitude de participants était gagnée d'avance.*
Note.- Avec le collectif, le verbe se met souvent au singulier ; il peut se mettre au pluriel, selon l'intention de l'auteur qui veut insister sur la pluralité.
V. Tableau - **COLLECTIF.**

municipal, ale, aux adj.
Relatif à l'administration d'une municipalité. *Des conseillers municipaux.*

municipalité n. f.
• Ensemble formé par le maire et ses adjoints.
• Division territoriale administrée par un Conseil municipal.

munificence n. f.
Générosité.
Notes.-
1° Attention à l'orthographe : munifi**cence**.
2° Ne pas confondre avec le mot **magnificence** qui désigne la qualité de ce qui est magnifique, somptueux.

munir v. tr., pronom.
• **Transitif**. Doter, pourvoir de ce qui est nécessaire, utile. *Vous devez être munis d'un passeport.*
• **Pronominal**. Prendre avec soi. *Se munir d'un parapluie.*

munition n. f.
Ensemble des projectiles nécessaires au chargement des armes à feu.
Note.- Le mot s'emploie surtout au pluriel.

munster n. m.
• Attention à la prononciation [mœstɛʀ].
• Fromage à pâte molle fabriqué dans les Vosges. *Un munster au cumin.*
Note.- Le nom du fromage s'écrit avec une minuscule, le nom de la ville, avec une majuscule.

muqueuse n. f.
Membrane de certaines cavités du corps qui produit du mucus. *La muqueuse buccale, gastro-intestinale.*

mur n. m.
Ouvrage de maçonnerie qui soutient une construction, qui entoure un immeuble.
Note.- Ne pas confondre avec les mots suivants :
- *cloison*, mur peu épais séparant deux pièces ;
- *muraille*, mur épais et élevé ;
- *rempart*, muraille fortifiée entourant une ville.
Hom. *mûre*, fruit du mûrier.

mûr, mûre adj.
• Parvenu à maturité. *Une poire mûre, une personne mûre.*
• *Après mûre réflexion*. Après avoir longuement réfléchi.
Note.- Attention à l'orthographe : m**û**r.

muraille n. f.
Mur épais et élevé servant de fortification.
Notes.-
1° Attention à l'orthographe : mura**ille**.
2° Ne pas confondre avec les mots suivants :
- *cloison*, mur peu épais séparant deux pièces ;
- *mur*, ouvrage de maçonnerie qui soutient une construction ;
- *rempart*, muraille fortifiée entourant une ville.

mural, ale, aux adj.
Qui est fixé au mur. *Des revêtements muraux.*

mûre n. f.
Fruit du mûrier. *J'aime les mûres, mais je préfère les framboises.*
Note.- Attention à l'orthographe : m**û**re.
Hom. *mur*, ouvrage de maçonnerie.

mûrement adv.
Avec beaucoup de réflexion.

murène n. f.
Poisson, voisin de l'anguille.

murer v. tr., pronom.
• **Transitif**. Fermer avec de la maçonnerie. *Murer une fenêtre.*
• **Pronominal**. S'enfermer. (Fig.) *Se murer dans son silence.*

muret n. m.
Petit mur.

mûrier n. m.
• Arbre à fruits noirs.
• *Mûrier blanc*. Arbre dont les feuilles servent de nourriture aux vers à soie.
• Ronce à baies comestibles (mûres).

mûrir v. tr., intr.
• **Transitif**
Rendre mûr. *Le soleil a mûri ces pêches. L'expérience les a mûris.*
• **Intransitif**
- Devenir mûr.
- Acquérir de la maturité.

mûrissement n. m.
Action de devenir mûr (au propre et au figuré). *Le mûrissement d'un fruit, d'un projet.*

murmure n. m.
Bruit sourd et confus.

murmurer v. tr., intr.
• **Transitif**. Dire à voix basse (quelque chose). *Elle lui murmura un secret.*
• **Intransitif**. Prononcer à mi-voix des paroles confuses, surtout pour se plaindre ou protester.
Note.- Ne pas confondre avec les mots suivants :
- *chuchoter*, dire à voix basse à l'oreille de quelqu'un ;
- *marmonner*, prononcer à mi-voix des paroles confuses, souvent avec colère ;
- *susurrer*, dire d'une voix ténue.

musaraigne n. f.
Petit mammifère à museau pointu, ressemblant à une souris.

musarder v. intr.
Flâner.

musc n. m.
• Le **c** se prononce [mysk].
• Substance odorante produite par certains animaux, utilisée en parfumerie.

muscade adj. et n. f.
Épice. *Une noix muscade, de la muscade.*

muscadet n. m.
Vin qui a un goût de muscat.
Note.- Le nom du vin s'écrit avec une minuscule.

muscat adj. m et n. m.
• **Adjectif.** À odeur musquée. *Du vin muscat, des raisins muscats.*
• **Nom masculin.** Vin fait avec des raisins muscats.

muscle n. m.
Organe contractile composé de fibres qui permet le mouvement, chez les êtres animés.

muscler v. tr.
Développer les muscles.

musculaire adj.
Qui est propre aux muscles. *Un effort musculaire.*

musculation n. f.
Ensemble d'exercices destinés à développer les muscles.

musculature n. f.
Ensemble des muscles du corps humain.

musculeux, euse adj.
Qui a beaucoup de muscles.

muse n. f.
Femme qui inspire un poète, un écrivain.

museau n. m.
• Partie de la tête de certains animaux comprenant la gueule et le nez. *Des museaux.*
• (Fam.) Visage. *Un joli museau. Un vilain museau.*

musée n. m.
Établissement où sont exposées des collections d'œuvres d'art, d'objets scientifiques, historiques, etc.
Notes.-
1° Attention à l'orthographe : musé*e.*
2° Les désignations de musée s'écrivent avec une majuscule au premier nom caractéristique et à l'adjectif qui le précède. *Le musée d'Orsay, le musée du Louvre, le musée Victor-Hugo.*

museler v. tr.
• Redoublement du *l* devant un *e* muet. *Je muselle, je musellerai,* mais *je muselais.*
• Mettre une muselière à un animal.
• Réduire au silence.

muselière n. f.
Appareil qui recouvre le museau de certains animaux pour les empêcher de mordre.
Note.- Attention à l'orthographe : muse*l*ière.

musellement n. m.
Action de museler.
Note.- Attention à l'orthographe : muse*ll*ement.

muséologie n. f.
Science du classement, de la présentation des collections d'un musée.

muser v. intr.
Flâner.

musette n. f.
• Instrument de musique champêtre. *Jouez hautbois, résonnez musettes.*
• *Bal musette.* Bal populaire. *Des bals musettes.*

musical, ale, aux adj.
Qui appartient à la musique. *Des thèmes musicaux. Une comédie musicale.*

musicalement adv.
Harmonieusement.

musicalité n. f.
Qualité de ce qui est musical.
Note.- Attention à l'orthographe : musi*ca*lité.

music-hall n. m.
Établissement qui offre un spectacle de variétés. *Des music-halls.*

musicien n. m.
musicienne n. f.
Personne dont la profession est de composer ou d'interpréter de la musique.

musique n. f.
Science des sons, quant à leur mélodie, leur rythme, leur harmonie. *Des poèmes mis en musique.*

musqué, ée adj.
Qui a l'odeur du musc.
Note.- Attention à l'orthographe : mus*qué.*

must n. m.
• Attention à la prononciation [mœst].
• (Anglicisme) (Fam.) Impératif. *Des musts.*

musulman, ane adj. et n. m. et f.
• **Adjectif.** Qui est propre à l'Islam. *Le monde musulman.*
• **Nom masculin et féminin.** Qui professe la religion islamique. *Les musulmans et les chrétiens.*
Note.- L'adjectif et le nom s'écrivent avec une minuscule.

mutation n. f.
• Changement, évolution. *La mutation d'une espèce.*
• Affectation d'une personne à un autre poste.

mutatis mutandis loc. adv.
• Les *s* finaux se prononcent [mutatismutãdis].
• Expression latine signifiant « en ne tenant pas compte des éléments différents ».
• Toutes choses égales d'ailleurs.
Note.- En typographie soignée, les mots étrangers sont composés en italique. Dans des textes déjà en italique, la notation se fait en romain. Pour les textes manuscrits, on utilisera les guillemets.

muter v. tr.
Affecter à un autre poste. *Ils ont été mutés à Genève.*
Note.- Par rapport à **muter**, le verbe **permuter** comporte une idée de réciprocité.

mutilateur, trice adj.
Qui mutile.

mutilation n. f.
• Perte accidentelle d'une partie du corps.
• Retranchement d'un organe.
Notes.-
1° Attention à l'orthographe : muti*l*ation.
2° Ne pas confondre avec le nom **amputation** qui désigne l'action de couper un membre au cours d'une opération chirurgicale.

mutiler v. tr.
• Retrancher un membre, une partie du corps.
• Dégrader quelque chose. *Un monument mutilé.*
Note.- Attention à l'orthographe : muti*l*er.

mutin, ine adj. et n. m.
• **Adjectif.** Espiègle. *Un air mutin.*
• **Nom masculin.** Rebelle.

mutiner (se) v. pronom.
Se rebeller. *Les marins se sont mutinés.*

mutinerie n. f.
Rébellion.

mutisme n. m.
Attitude d'une personne qui se réfugie dans le silence.

mutuel, elle adj. et n. f.
• **Adjectif.** Fondé sur l'échange de sentiments qui se répondent. *Une estime mutuelle entre les membres d'une équipe.*
• **Nom féminin.** Groupement à but non lucratif. *Une mutuelle d'assurances.*

mutuellement adv.
Réciproquement.

mV
Symbole de *millivolt.*

MW
Symbole de *mégawatt.*

myco- préf.
Élément du grec signifiant « champignon ». *Mycologie.*

mycologie n. f.
Étude des champignons.

mycologue n. m. et f.
Spécialiste de la mycologie.

mye n. f.
• Attention à la prononciation [mi].
• Mollusque comestible.
Note.- Attention à l'orthographe : m*y*e.
Hom. :
- *mi*, note de musique ;
- *mie*, partie molle du pain.

mygale n. f.
Araignée pouvant atteindre plus de 15 centimètres et dont la morsure est douloureuse.
Note.- Attention à l'orthographe : m*y*gale.

myocarde n. m.
Muscle du cœur. *Un infarctus du myocarde.*
Note.- Attention à l'orthographe : m*y*ocarde.

myope adj. et n. m. et f.
• **Adjectif.** Atteint de myopie.
• **Nom masculin et féminin.** Personne qui ne voit pas bien les objets éloignés.
Note.- Attention à l'orthographe : m*y*ope.

myopie n. f.
Défaut de l'œil qui distingue mal les objets éloignés.
Notes.-
1° Attention à l'orthographe : m*y*opie.
2° À l'opposé, la *presbytie* est le défaut d'un œil qui distingue mal les objets proches.

myosotis n. m.
• Le *s* se prononce [mjɔzɔtis].
• Plante donnant de petites fleurs bleues.
Note.- Attention au genre masculin de ce nom.

myriade n. f.
Une très grande quantité. *Une myriade de bénévoles ont participé à la collecte des dons.*
Notes.-
1° Attention à l'orthographe : m*yri*ade.
2° L'accord du verbe ou de l'adjectif se fait avec le complément au pluriel de ce nom.
V. Tableau - **COLLECTIF.**
3° Ne pas confondre avec le mot *pléiade* qui désigne un groupe de personnes formant une élite.

myrrhe n. f.
Résine aromatique. *L'or, l'encens et la myrrhe des Rois mages.*
Note.- Attention à l'orthographe : m*yrrh*e.
Hom. *mire*, repère de visée d'une arme à feu.

myrte n. m.
Arbuste à petites fleurs blanches odorantes. *Des feuilles de myrte.*
Note.- Attention au genre masculin de ce nom : *du* m*y*rte.

myrtille n. f.
• Variété d'airelles.
• Baie noire de la myrtille.

mystère n. m.
• Ce qui est insaisissable à la raison, incompréhensible.
• *Faire mystère de.* Cacher, tenir secret quelque chose.
Note.- Attention à l'orthographe : m*y*stère.

mystérieusement adv.
D'une manière secrète.
Note.- Attention à l'orthographe : m*y*stérieusement.

mystérieux, ieuse adj.
Énigmatique.
Note.- Attention à l'orthographe : m*y*stérieux.

mysticisme n. m.
Doctrine religieuse selon laquelle l'homme peut s'unir à Dieu par la contemplation.

mystification n. f.
Action de mystifier.

mystifier v. tr.
• Redoublement du *i* à la première et à la deuxième personne du pluriel de l'indicatif imparfait et du subjonctif présent. *(Que) nous mystifiions, (que) vous mystifiiez.*
• Abuser de la crédulité de quelqu'un.
Note.- Ne pas confondre avec le verbe *mythifier* qui signifie « ériger en mythe ».

mystique adj. et n. m. et f.
• **Adjectif.** Relatif au mysticisme.
• **Nom masculin et féminin.** Personne qui a une foi religieuse intense.

mystiquement adv.
Selon un sens mystique.

mythe n. m.
• Récit fabuleux, fable symbolique. *Le Mythe de Sisyphe.* (A. Camus).
• Construction de l'esprit qui ne repose sur aucun fondement.
Hom. *mite*, insecte.

mythification n. f.
Fait de mythifier.

mythifier v. tr.
• Redoublement du *i* à la première et à la deuxième personne du pluriel de l'indicatif imparfait et du subjonctif présent. *(Que) nous mythifiions, (que) vous mythifiiez.*
• Ériger en mythe.
Note.- Ne pas confondre avec le verbe *mystifier* qui signifie « abuser de la crédulité de quelqu'un ».

mythique adj.
Qui a rapport aux mythes. *Un récit mythique.*
Note.- Attention à l'orthographe : m**ythi**que.

mytho- préf.
Élément du grec signifiant « fable ».

Note.- Les noms composés avec le préfixe **mytho-** s'écrivent en un seul mot. *Mythologie.*

mythologie n. f.
Histoire fabuleuse des dieux.
Note.- Attention à l'orthographe : m**yth**ologie.

mythologique adj.
Qui concerne la mythologie.
Note.- Attention à l'orthographe : m**yth**ologique.

mythomane adj. et n. m. et f.
Atteint de mythomanie.
Note.- Attention à l'orthographe : m**yth**omane.

mythomanie n. f.
Tendance pathologique à la fabulation.
Note.- Attention à l'orthographe : m**yth**omanie.

mytiliculteur n. m.
mytilicultrice n. f.
Personne qui fait la culture des moules.
Note.- Attention à l'orthographe : m**ytili**culteur.

mytiliculture n. f.
Culture des moules.
Note.- Attention à l'orthographe : m**ytili**culture.

N

n
Symbole de **nano-**.

n.
Abréviation de **nom.**

N
- Symbole de **newton**.
- Symbole de **azote.**

N.
Abréviation du point cardinal **nord.**

Na
Symbole de **sodium.**

nabab n. m.
- Le **b** se prononce [nabab].
- (Fam.) Personne très riche. *Des nababs.*

nabot, ote adj. et n. m. et f.
Personne de petite taille.
Note.- Attention à l'orthographe : un nabo*t*, une nabo*t*e.

nabuchodonosor n. m.
- Les lettres **ch** se prononcent **k** [nabykɔdɔnɔzɔr].
- Grosse bouteille de champagne contenant approximativement 16 litres. *Des nabuchodonosors du meilleur champagne.*
V. **bouteille.**

nacelle n. f.
Panier suspendu sous un ballon dirigeable.
Note.- Attention à l'orthographe : nace*lle*.

nacre n. f.
Substance brillante à reflets irisés qui tapisse l'intérieur de la coquille de certains mollusques. *La nacre des perles.*
Note.- Attention au genre féminin de ce nom : **une** nacre.

nacré, ée adj.
Qui a l'éclat de la nacre. *Un vernis nacré.*

nacrer v. tr.
Donner l'irisation de la nacre à.

nadir n. m.
Point du ciel opposé au zénith.
Ant. **zénith.**

nævus n. m.
- Attention à la prononciation [nevys].
- (Méd.) Tache congénitale sur la peau. *Des nævi.*
Syn. **grain de beauté.**

nage n. f.
- Action ou manière de nager. *La brasse est une nage appréciée.*
- *Être en nage.* Couvert de sueur. *Elles sont en nage.*

nageoire n. f.
Membrane qui sert d'organe locomoteur aux poissons.
Note.- Attention à l'orthographe : nag**eoi**re.

nager v. intr.
- Le **g** est suivi d'un **e** devant les lettres **a** et **o**. *Il nagea, nous nageons.*
- Se déplacer dans l'eau à l'aide de ses membres. *Elle nageait sous l'eau.*

nageur, euse n. m. et f.
- Personne qui nage.
- *Maître nageur.* Professeur de natation. *Des maîtres nageurs.*

naguère adv.
(Litt.) Il y a peu de temps.
Note.- Par rapport à **jadis** qui s'applique au passé lointain, l'adverbe **naguère** se dit d'un passé récent.

naïade n. f.
- Nymphe.
- (Litt.) Nageuse.
Note.- Attention à l'orthographe : naïade.

naïf, ïve adj. et n. m. et f.
- **Adjectif.** Ingénu, simple. *Un peintre naïf.*
- **Nom masculin et féminin.** Personne inexpérimentée, crédule.

nain, naine adj. et n. m. et f.
- **Adjectif.** D'une très petite taille. *Un pommier nain.*
- **Nom masculin et féminin.** Personne de très petite taille.

naira n. m.
Unité monétaire du Nigéria. *Des nairas.*
V. Tableau - **SYMBOLES DES UNITÉS MONÉTAIRES.**

naissance n. f.
- Venue au monde. *La naissance d'une fille.*
- Début, commencement. *La naissance d'une ère nouvelle.*
- *Acte, extrait de naissance.* Acte tiré du registre de l'état civil précisant la date, le lieu de naissance d'une personne, ainsi que le nom de ses parents. *Des actes de naissance, des extraits de naissance.*

naissant, ante adj.
Qui vient de naître. *Des bébés naissants.*
Note.- Ne pas confondre avec le participe présent invariable **naissant**. *Faut-il plaindre ou envier les bébés naissant un 29 février ?*

naître v. intr.
- *Je nais, tu nais, il naît, nous naissons, vous naissez, ils naissent. Je naîtrai, tu naîtras, il naîtra, nous naîtrons, vous naîtrez, ils naîtront. Je naissais, tu naissais, il naîtrait, nous naîtrions, vous naîtriez, ils naîtraient. Nais, naissons, naissez. Que je naisse. Que je naquisse. Naissant. Né, née.*

• Ce verbe se conjugue avec l'auxiliaire *être* et prend un accent circonflexe sur le *i* devant un *t.*
• Venir au monde. *Il est né en 1974.*
• **Substantif + né, née.** Cette construction exprime une qualité résultant d'une disposition innée. *C'est une informaticienne-née.*
Note.- Les mots composés avec le participe *né, née,* s'écrivent avec un trait d'union et prennent la marque du pluriel. *C'est un artiste-né, une artiste-née, un premier-né, un dernier-né. Des artistes-nés, des premiers-nés, des derniers-nés.* Exception : *nouveau-né* dont le premier élément est généralement invariable. *Des nouveau-nés.*

naïvement adv.
Avec naïveté.
Note.- Attention à l'orthographe : naïvement.

naïveté n. f.
Candeur, simplicité.
Note.- Attention à l'orthographe : naïveté.

naja n. m.
Serpent très venimeux, appelé vulgairement **cobra.** *Des najas terrifiants.*

nana n. f.
(Fam.) Femme, jeune fille. *Une petite nana. Les mecs et les nanas.*

nano- préf.
• Symbole *n* (s'écrit sans point).
• Préfixe qui multiplie par 0,000 000 001 l'unité qu'il précède. *Des nanosecondes.*
• Sa notation scientifique est 10^{-9}.
V. Tableau - **MULTIPLES ET SOUS-MULTIPLES DÉCIMAUX.**

nanti, ie adj. et n. m. et f.
Riche. *Ce quartier est réservé aux nantis.*

nantir v. tr., pronom.
• **Transitif.** (Dr.) Garantir une dette.
• **Pronominal.** (Litt.) Se munir, se pourvoir de.
Note.- Attention à l'orthographe : nantir.

nantissement n. m.
(Dr.) Contrat garantissant une dette.
Note.- Attention à l'orthographe : nantissement.

napalm n. m.
Essence utilisée pour la fabrication des bombes incendiaires.
Note.- Attention à l'orthographe : napalm.

naphtaline n. f.
Produit antimite. *Son manteau sent la naphtaline.*
Note.- Attention à l'orthographe : naphtaline.

naphte n. m.
Pétrole.
Note.- Attention au genre masculin de ce nom : *un* naphte.

napoléon n. m.
Pièce d'or française de 20 F.
Note.- Ce nom s'écrit avec une minuscule.

nappe n. f.
• Linge dont on recouvre la table.

• Vaste étendue plane (de fluide), souvent souterraine. *Une nappe de pétrole.*
Note.- En ce sens, ne pas confondre avec les mots suivants :
- *bassin*, pièce d'eau artificielle, réservoir ;
- *étang*, petite étendue d'eau peu profonde ;
- *lac*, grande étendue d'eau à l'intérieur des terres ;
- *marais*, eau stagnante.
Note.- Attention à l'orthographe : nappe.

napper v. tr.
Recouvrir un mets d'une sauce, d'une crème, etc. *Napper un gâteau de crème fouettée.*
Note.- Attention à l'orthographe : napper.

napperon n. m.
Petite nappe individuelle.
Note.- Attention à l'orthographe : napperon.

narcisse n. m.
Plante aux fleurs odorantes. *Un narcisse bleu.*
Note.- Attention au genre masculin de ce mot : *un* narcisse.

narcissique adj.
Atteint de narcissisme.
Note.- Attention à l'orthographe : narcissique.

narcissisme n. m.
Amour pathologique de soi.
Note.- Attention à l'orthographe : narcissisme.

narco- préf.
Élément du grec signifiant « engourdissement ». *Narcotique.*

narcotique adj. et n. m.
• **Adjectif.** Qui engourdit la sensibilité, qui calme et endort. *Une plante narcotique.*
• **Nom masculin.** Substance dont l'absorption entraîne l'engourdissement, le sommeil. *Un puissant narcotique.*
Note.- Ne pas confondre avec le mot **stupéfiant** qui désigne une substance toxique qui produit l'inhibition des centres nerveux et peut provoquer l'accoutumance.

narghileh
V. **narguilé.**

narguer v. tr.
• Attention au *u* qui subsiste même devant les lettres *a* et *o. Il nargua, nous narguons.*
• Provoquer quelqu'un insolemment.
• Braver.

narguilé ou **narghileh** n. m.
Pipe orientale dans laquelle la fumée traverse un vase d'eau aromatisée. *Des narguilés.*
Note.- Attention à l'orthographe : narguilé, narghilé.

narine n. f.
Chacune des deux ouvertures du nez.
Note.- Attention à l'orthographe : narine.

narquois, oise adj.
Ironique. *Un sourire narquois.*
Note.- Attention à l'orthographe : narquois.

narquoisement adv.
D'une manière narquoise.
Note.- Attention à l'orthographe : nar**qu**oisement.

narrateur n. m.
narratrice n. f.
Personne qui narre, qui raconte.

narratif, ive adj.
Propre à la narration. *Un exposé narratif.*

narration n. f.
Récit détaillé.

narrer v. tr.
Faire un récit relativement long.
Notes.-
1° Attention à l'orthographe : na**rr**er.
2° Ne pas confondre avec les mots suivants :
- *conter*, faire un récit d'une façon agréable ;
- *rapporter*, faire un récit authentique ;
- *relater*, rapporter un fait historique.

narval n. m.
Grand mammifère des mers arctiques. *Des narvals.*

NASA
Sigle de *National Aeronautics and Space Administration.*

nasal, ale, aux adj.
• Qui appartient au nez. *Des os nasaux, des cloisons nasales.*
• Dont la prononciation comporte une résonance nasale. *M et n sont des consonnes nasales.*
Hom. (au pl.!) *naseau,* narine de certains animaux.

nasalisation n. f.
Action de nasaliser.

nasaliser v. tr.
Prononcer avec un son nasal, une voyelle, une consonne.

naseau n. m.
Narine de certains animaux (cheval, bœuf, etc.). *Des naseaux.*
Notes.-
1° Attention à l'orthographe : nas**eau.**
2° Ce mot s'emploie généralement au pluriel.
Hom. *naseaux,* pluriel de *nasal*, qui appartient au nez.

nasillard, arde adj.
Qui vient du nez. *Une voix nasillarde.*
Note.- Attention à l'orthographe : nasi**ll**ard.

nasillement n. m.
Action de nasiller.
Note.- Attention à l'orthographe : nasi**ll**ement.

nasiller v. intr.
• Parler du nez.
• Crier, en parlant du canard.

nasse n. f.
Sorte de filet conique pour la pêche.
Note.- Attention à l'orthographe : na**ss**e.

natal, ale, als adj.
• Où l'on est né. *Des pays natals.*
• Relatif à la naissance.

natalité n. f.
Rapport entre le nombre des naissances pour une période donnée et la population d'un pays. *Un taux de natalité élevé.*
Note.- Le taux de natalité se calcule par rapport à un groupe moyen de 1 000 habitants.

natation n. f.
Action de nager. *Aimer la natation.*

natif, ive adj. et n. m. et f.
Originaire de. *Elle est native de Reims.*

nation n. f.
Groupement de personnes vivant dans un même pays et partageant la même culture, les mêmes traditions. *La nation française, l'Organisation des Nations Unies (O.N.U.).*

national, ale, aux adj. et n. m. et f.
• **Adjectif.** Qui concerne une nation spécifique. *Les objectifs nationaux, un hymne national, la fête nationale.*
• **Nom masculin et féminin.** Personne qui possède une nationalité particulière. *Les **nationaux** par opposition aux **étrangers.***
Note.- Attention à l'orthographe : na**tio**nal.

nationalisation n. f.
Action de nationaliser (une entreprise privée).
Note.- Attention à l'orthographe : na**tio**nali**s**ation.
Ant. **privatisation.**

nationaliser v. tr.
Transférer à l'État la propriété d'une entreprise privée. *La nationalisation d'une compagnie d'assurances.*
Notes.-
1° Attention à l'orthographe : na**tio**naliser.
2° Ne pas confondre avec le verbe ***naturaliser*** qui signifie « accorder à un immigrant la nationalité d'un pays ».
Ant. **privatiser.**

nationalisme n. m.
Attachement à la nation à laquelle on appartient.
Note.- Attention à l'orthographe : na**tio**nali**s**me.

nationaliste adj. et n. m. et f.
• **Adjectif.** Relatif au nationalisme.
• **Nom masculin et féminin.** Partisan du nationalisme.
Note.- Attention à l'orthographe : na**tio**naliste.

nationalité n. f.
• Ethnie, collectivité qui se distingue par sa langue, sa culture.
• Citoyenneté. *Il est de nationalité française.*
Note.- Attention à l'orthographe : na**tio**nalité.
V. Tableau - **PEUPLES (NOMS DE).**

nativité n. f.
• Naissance de Jésus-Christ. *La nativité du Christ, la Nativité.*
• Fête de Noël. *Fêter la Nativité.*
Note.- Pris absolument, le nom s'écrit avec une majuscule.

natte n. f.
• Pièce d'un tissu fait de brins entrelacés.

• Cheveux tressés. *Avec sa longue natte, elle a l'air d'une petite fille.*
Note.- Attention à l'orthographe : na**tte**.

natter v. tr.
Tresser en natte.
Note.- Attention à l'orthographe : na**tter**.

naturalisation n. f.
Action d'accorder à un immigrant la nationalité d'un pays.

naturaliser v. tr.
Conférer à un immigrant la naturalisation.
Note.- Ne pas confondre avec le verbe **nationaliser** qui signifie « transférer à l'État la propriété d'une entreprise privée ».

nature adj. inv. et n. f.
• **Adjectif invariable**
Préparé simplement, sans autres ingrédients. *Des fraises nature.*
• **Nom féminin**
- Ensemble des êtres du monde vivant. *Les lois de la nature.*
- Caractères innés. *Une nature artistique.*
• **Locutions**
- *Nature morte.* Tableau ayant pour sujets des objets inanimés (fleurs, fruits, etc.). *De jolies natures mortes.*
- *En nature.* En objets matériels, par opposition à *en espèces*, somme d'argent que ces objets représentent.
- *De toute nature.* De toute sorte. *Il y avait des œuvres de toute nature.*
Note.- L'expression reste au singulier.

naturel, elle adj.
• Qui appartient à la nature d'un être, d'une chose. *Une aisance naturelle.*
• Qui est conforme à l'usage. *C'est tout naturel, voyons !*
• *Au naturel.* Sans préparation, sans affectation.

naturellement adv.
D'une manière naturelle, spontanée.

naturisme n. m.
Doctrine prônant le retour à la nature.

naturiste adj. et n. m. et f.
Adepte du naturisme.

naufrage n. m.
Destruction d'un navire par immersion. *Ils ont fait naufrage.*
Note.- Attention à l'orthographe : n**au**frage.

naufragé, ée adj. et n. m. et f.
Qui a fait naufrage.
Note.- Attention à l'orthographe : n**au**fragé.

nauséabond, onde adj.
Fétide.
Note.- Attention à l'orthographe : nauséabon**d**.

nausée n. f.
Envie de vomir.
Note.- Attention à l'orthographe : nausé**e**.

-naute suff.
Élément du grec signifiant « navigateur ». *Un astronaute.*

nautique adj.
Relatif à la navigation de plaisance. *Du ski nautique.*
Note.- Ne pas confondre avec les mots suivants :
- *aquatique*, qui se rapporte à l'eau, qui vit dans l'eau ;
- *aqueux*, qui contient de l'eau ;
- *marin*, qui se rapporte à la mer ;
- *maritime*, relatif à la navigation en mer.

naval, ale, als adj.
Qui concerne les navires. *Des combats navals.*

navarin n. m.
Ragoût de mouton.
Notes.-
1° Attention à l'orthographe : nava**r**in.
2° Ne pas confondre avec le mot *savarin* qui désigne une pâtisserie au rhum.

navet n. m.
• Plante dont la racine est employée comme aliment.
• (Fam.) Film, pièce de théâtre, etc. sans valeur. *Ce film est un navet.*
Note.- Attention à l'orthographe : nave**t**.

navette n. f.
• Instrument utilisé par le tisserand pour faire courir le fil de la trame entre les fils de la chaîne.
• Véhicule qui circule entre deux points pour assurer la liaison. *Y a-t-il une navette pour l'aéroport ?*
• *Navette spatiale.* Véhicule spatial conçu pour assurer la liaison entre la Terre et une station orbitale.
• *Faire la navette.* Faire des aller et retour fréquents.
Note.- Attention à l'orthographe : nave**tte**.

navigabilité n. f.
• État d'un cours d'eau où l'on peut naviguer.
• État d'un navire en mesure de naviguer, d'un avion en mesure de voler.
Note.- Attention à l'orthographe : navi**ga**bilité.

navigable adj.
Où l'on peut naviguer. *Un cours d'eau navigable.*
Note.- Attention à l'orthographe : navi**ga**ble.

navigant, ante adj.
Qui navigue. *Les personnels navigants.*
Note.- Ne pas confondre avec le participe présent invariable *naviguant. Seront embauchés les marins naviguant pendant l'hiver.*

navigateur n. m.
navigatrice n. f.
• (Litt.) Marin.
• Personne chargée de déterminer la route à suivre. *Elle était navigatrice dans un rallye.*
Note.- Attention à l'orthographe : navi**ga**teur.

navigation n. f.
Action de voyager sur mer ou sur les cours d'eau.
Note.- Attention à l'orthographe : navi**ga**tion.

naviguer v. intr.
• Attention au *u* qui subsiste même devant les lettres *a* et *o. Il navigua, nous naviguons.*
• Voyager sur mer ou sur les cours d'eau.

navire n. m.
Bâtiment de fort tonnage destiné au transport maritime (et non fluvial).

Notes.-
1° Le mot **bateau** est un générique qui désigne tout ce qui flotte et navigue, tandis que le mot **embarcation** désigne de petits bateaux, destinés principalement au tourisme, aux loisirs nautiques (canots, chaloupes, voiliers, etc.).
2° Pour le genre des noms de bateau, V. **bateau.**

navrant, ante adj.
Désolant. *Des résultats navrants.*
Note.- Ne pas confondre avec le participe présent invariable **navrant**. *Le cours fut suspendu, les étudiants navrant leur professeur.*

navrer v. tr.
Désoler, consterner. *Je suis absolument navré de ce contretemps.*

nazi, ie adj. et n. m. et f.
Abréviation allemande de **national-socialiste.**

N.B.
Abréviation de **nota bene**.

N.D.L.R.
Abréviation de **note de la rédaction.**

N.D.T.
Abréviation de **note du traducteur.**

ne ou **n'** adv.

● **Adverbe de négation**
Adverbe qui marque l'idée de négation et qui est généralement accompagné des mots **pas, plus, point, jamais...**
Note.- L'adverbe de négation s'élide devant une voyelle ou un **h** muet.
V. Tableau - **NE, NI, NON.**
● **Le ne explétif.** Il ne faut pas confondre l'adverbe de négation avec le **ne** explétif qui ne joue aucun rôle grammatical et qui peut souvent supprimé sans compromettre le sens de la phrase ; il s'emploie surtout dans un texte de style soutenu.
● **Emplois**
- Après les verbes exprimant le doute, la crainte, la négation : **avoir peur, craindre, douter, empêcher, éviter, mettre en doute, nier, prendre garde, redouter...** *Je crains qu'il ne pleuve.*
- Après les expressions comparatives : **autre que, autrement que, meilleur que, mieux que, moins que, pire que, plus que...** *Il est plus âgé que tu ne l'es.*
- Après les expressions : **avant que, de crainte que, de peur que, à moins que...** *Nous viendrons à moins qu'il ne neige.*

né, née adj.
Qui est venu au monde.
Hom. **nez**, organe de l'odorat.
V. **naître.**

néanmoins adv.
Toutefois, malgré tout. *Cher collègue et néanmoins ami.*
Note.- Attention à l'orthographe : né**an**moins.

néant n. m.
Ce qui n'existe pas.
Notes.-
1° Attention à l'orthographe : né**ant.**
2° Dans un questionnaire, un formulaire à remplir, on écrit **néant, sans objet.**

nébuleuse n. f.
(Astron.) Amas d'étoiles.

nébuleux, euse adj.
Obscur, confus. *Des idées nébuleuses.*

nébulosité n. f.
(Météo.) Ensemble de nuages qui couvrent le ciel. *Des nébulosités croissantes.*

nécessaire adj. et n. m.
● **Adjectif**
Essentiel, indispensable.
● **Nom masculin**
- Biens essentiels. *Le strict nécessaire.*
- Ce qui est important. *Faire le nécessaire.*
- Trousse. *Un nécessaire de couture.*
Note.- Attention à l'orthographe : né**cess**aire.

nécessairement adv.
Inévitablement.

nécessité n. f.
Ce qui est indispensable.
Note.- Attention à l'orthographe : né**cess**ité.

nécessiter v. tr.
● Rendre nécessaire. *Un exposé qui nécessite une conclusion.*
● Exiger. *Son état nécessite un traitement immédiat.*

nécessiteux, euse adj. et n. m. et f.
(Vx) Indigent.
Note.- Attention à l'orthographe : né**cess**iteux.

nec plus ultra loc. inv.
● Le **c** se prononce [nɛkplysyltra].
● Locution latine signifiant «pas au-delà».
● Ce qu'il y a de mieux.
Notes.-
1° Attention à l'orthographe : cette locution s'écrit sans trait d'union.
2° En typographie soignée, les mots étrangers sont composés en italique. Dans des textes déjà en italique, la notation se fait en romain. Pour les textes manuscrits, on utilisera les guillemets.

nécr(o)- préf.
Élément du grec signifiant «mort». *Nécromancie.*

nécrologie n. f.
● Écrit sur une personne récemment décédée.
● Liste des décès du jour, de la semaine, publiée dans un journal.

nécrologique adj.
Relatif à un décès récent. *Une notice nécrologique.*

nécromancie n. f.
Art prétendu d'évoquer les morts pour connaître l'avenir.
Note.- Attention à l'orthographe : né**cr**oman**c**ie.

NE, NI, NON

NE, adverbe de négation.

- L'adverbe **ne** s'élide devant une voyelle ou un **h** muet et se place toujours devant le verbe.
  Elle n'aime pas les indifférents.

- **Ne**, employé seul
  - Dans certaines tournures archaïques.
    Qu'à cela ne tienne.
  - Avec les verbes **savoir, cesser, oser, pouvoir.**
    Il ne sait que faire.
  - Dans certaines interrogations.
    Que ne le disiez-vous ?
  - Avec **que** marquant une restriction.
    Il ne fait que dire des sottises.

- **Ne ... pas, ne ... plus, ne ... point**, locutions adverbiales négatives.

  Ces locutions marquent l'idée négative de la proposition.
  Vous ne l'avez pas vu. Elle n'a plus d'horaire fixe. Tu n'as point de comptes à rendre.

  V. **ne** (explétif).

NI, conjonction de coordination à valeur négative. Pas davantage.

Emplois

- Marque l'union entre deux éléments.
  Elle ne chante ni ne danse. Il n'aime ni les navets ni les carottes. Ils ont fait du ski sans bonnet ni gants.

- Joint plusieurs mots sujets ou compléments.
  Ni les femmes ni les enfants ne seront épargnés.

Note.- La construction **ni ... ni ...** est suivie de **ne** devant le verbe.

- **Ni l'un ni l'autre**, locution pronominale indéfinie. Aucun des deux. *Ni l'un ni l'autre ne viendra.*
Note.- Avec cette locution, le verbe se met au singulier.

NON, particule négative.

- **Emplois**

  - Dans une réponse négative.
    Serez-vous présent ? Non.
    Ant. **oui.**

  - Au début d'une phrase négative.
    Non, je ne pourrai pas être là.

  - Avec un nom.
    C'est une pomme que j'aimerais, non une poire.

  - Avec un adjectif, un participe.
    Elle est gentille et non compliquée.

  - Avec un pronom.
    Vous êtes invités, mais non eux.

  - Avec un infinitif.
    Ils veulent manger et non boire.

- **Locutions**

  - **Non plus.** Pas davantage.
    Tu n'as pas aimé ce film. Moi non plus.

  - **Non seulement ... mais (encore).**
    Il est non seulement habile, mais très expérimenté.

NON, nom masculin invariable.
  Opposer un non catégorique, des non.

nécromancien, ienne n. m. et f.
Personne qui pratique la nécromancie.
Note.- Attention à l'orthographe : né*c*roman*c*ien.

nécropole n. f.
Cimetière monumental de certains peuples de l'Antiquité. *Une nécropole égyptienne.*

nécrose n. f.
Altération d'un tissu causée par la mort de ses cellules.
Note.- Attention à l'orthographe : nécro*s*e.

nécroser v. tr., pronom.
• **Transitif.** Produire la nécrose de.
• **Pronominal.** Être atteint de nécrose. *Les tissus se sont nécrosés.*
Note.- Attention à l'orthographe : nécro*s*er.

nectar n. m.
Boisson des dieux.
Note.- La nourriture des divinités de l'Olympe est l'*ambroisie*.

nectarine n. f.
Variété de pêche à peau lisse dont le noyau n'adhère pas à la chair.
V. **brugnon.**

néerlandais, aise adj. et n. m. et f.
Des Pays-Bas.
Note.- Lorsqu'il s'agit de la langue, l'adjectif ou le nom s'écrit avec une minuscule. Si le nom désigne une personne, la majuscule s'impose.

nef n. f.
Partie centrale d'une église.

néfaste adj.
• Désastreux. *Une période néfaste.*
• Mauvais, nuisible. *Une influence néfaste.*
Ant. **faste.**

nèfle n. f.
Fruit du néflier. *Une belle nèfle bien mûre.*
Note.- Attention au genre féminin de ce nom : *une* nèfle.

néflier n. m.
Arbre qui produit la nèfle.

négatif, ive adj. et n. m. et f.
• **Adjectif.** Qui exprime une négation. *Une réponse négative.*
Ant. **affirmatif.**
• **Nom masculin.** (Phot.) Cliché. *Développer un négatif pour obtenir une photographie.*
• **Nom féminin.** Phrase exprimant une négation, un refus. *Répondre par la négative.*

négation n. f.
• Action de nier.
Ant. **affirmation.**
• (Gramm.) Mot qui sert à exprimer une négation.
Note.- La négation s'exprime au moyen d'adverbes de négation (***non, ne, pas, rien**, etc.), de certains verbes (**nier, refuser**, etc.), par un préfixe privatif (**non-, in-, a-**, etc.). Attention à la juxtaposition des négations : deux

négations valent une affirmation. *Je ne suis pas sans savoir* signifie «je sais».
V. Tableau - **NE, NI, NON.**

négativement adv.
D'une manière négative.

négligé, ée adj. et n. m.
• **Adjectif.** Peu soigné. *Une allure négligée.*
• **Nom masculin.** Tenue d'intérieur. *Elle portait un joli négligé en dentelle.*

négligeable adj.
Qui est sans importance. *Une somme négligeable.*
Note.- Attention à l'orthographe : négli**gea**ble.

négligemment adv.
Avec indifférence.
Note.- Attention à l'orthographe : négli**gemm**ent.

négligence n. f.
• Nonchalance, laisser-aller.
• Omission. *Il a été accusé de négligence professionnelle.*
Note.- Attention à l'orthographe : négli**gen**ce.

négligent, ente adj.
Nonchalant, inattentif. *Des automobilistes négligents.*
Note.- Ne pas confondre avec le participe présent invariable **négligeant.** *Les policiers négligeant leur surveillance seront rappelés à l'ordre.*

négliger v. tr., pronom.
• Le *g* est suivi d'un *e* devant les lettres *a* et *o*. *Il négligea, nous négligeons.*
• **Transitif.** Ne pas s'occuper d'une personne, d'une chose comme on le devrait. *Négliger sa santé, ses amis, son travail.*
• **Pronominal.** Se laisser aller, ne plus prendre soin de sa personne. *Elle s'est négligée depuis quelque temps.*

négoce n. m.
(Vx) Commerce.

négociable adj.
Qui peut se négocier. *Un titre négociable.*
Note.- Attention à l'orthographe : négo*c*iable.

négociant, iante n. m. et f.
Personne qui fait le commerce en gros. *Des négociants en vins.*

négociateur, trice n. m. et f.
Intermédiaire chargé de négocier une affaire, une convention.

négociation n. f.
• Ensemble de démarches entreprises en vue de parvenir à un accord, de conclure une affaire.
• ***Négociation collective.*** Discussions entre la partie patronale et le syndicat d'une entreprise en vue de parvenir à la signature d'une convention sur les relations de travail.
• ***Être en négociations.*** Cette expression s'écrit généralement au pluriel.

négocier v. tr., intr.
• Redoublement du *i* à la première et à la deuxième personne du pluriel de l'indicatif imparfait et du subjonctif présent. *(Que) nous négociions, (que) vous négociiez.*

• **Transitif**
- Traiter une affaire entre deux parties. *Négocier l'achat de produits, d'une maison.*
- *Négocier un virage.* (Fam.) Manœuvrer de manière à exécuter un virage à grande vitesse.
Note.- Cette expression calquée de l'anglais est critiquée.
• **Intransitif**
Mener une négociation. *Le syndicat négocie avec la direction.*

nègre, négresse adj. et n. m. et f.
• **Adjectif.** (Péj.) Relatif à la race noire. *Une danse nègre.*
• **Nom masculin et féminin.** (Péj.) Personne de race noire.
Note.- L'adjectif féminin est *nègre*, tandis que le nom féminin est *négresse.*
V. **noir.**

négrier, ière adj. et n. m.
Qui se livrait à la traite des Noirs.

négritude n. f.
Ensemble des caractères propres à la race noire.

négroïde adj. et n. m. et f.
Qui présente certaines des caractéristiques de la race noire. *Il a des traits négroïdes.*
Note.- Attention à l'orthographe : négroïde.

neige n. f.
• Eau congelée qui tombe en flocons blancs légers. *Une tempête de neige, un bonhomme de neige.*
• *Classe de neige.* Enseignement donné à la montagne au cours de l'hiver, où sont combinés leçons et exercices physiques (ski, luge, etc.).
• *Blanc comme neige.* Innocent.
• *Tempête de neige.* Chute de neige abondante accompagnée de vents violents.

neiger v. impers.
• Le *g* est suivi d'un *e* devant la lettre *a. Il neigea.*
• Tomber, en parlant de la neige. *Il neigeait à plein ciel.*

nénuphar n. m.
Plante aquatique à larges feuilles et à fleurs blanches ou jaunes.
Note.- Attention à l'orthographe : nénu*ph*ar.

néo- préf.
Élément du latin signifiant «nouveau».
Notes.-
1º Les mots auxquels le préfixe *néo-* est joint s'écrivent habituellement avec un trait d'union. *Le néo-classicisme.* S'il s'agit d'un gentilé, le mot s'écrit avec deux majuscules. *Un Néo-Zélandais.* Si le préfixe signifie « de souche récente », le préfixe s'écrit avec une minuscule. *Un néo-Québécois.*
2º Par contre, les mots comportant le préfixe *néo-* s'écrivent en un seul mot. *Un néologisme.*
V. Tableau - **PEUPLES (NOMS DE).**

néo-classicisme ou **néoclassicisme** n. m.
• École littéraire prônant le retour au classicisme.
• Forme d'art imité de l'Antiquité.

néo-colonialisme ou **néocolonialisme** n. m.
Colonialisme économique.

néolithique adj. et n. m.
Relatif à la période la plus récente de l'âge de pierre. *L'époque néolithique.*
Note.- Attention à l'orthographe : néolit*h*ique.

néologie n. f.
Création de nouveaux mots par dérivation, par composition, par évolution sémantique ou par tout autre procédé.
V. Tableau - **NÉOLOGISME.**

néologique adj.
Relatif au néologisme. *Une locution néologique.*

néologisme n. m.
V. Tableau - **NÉOLOGISME.**

néon n. m.
• Gaz rare de l'atmosphère.
• Éclairage par tube fluorescent au néon. *Une enseigne au néon.*

néophyte adj. et n. m. et f.
• Personne récemment baptisée.
• (Fig.) Nouvel adepte d'un parti, d'une théorie. *Il a l'ardeur des néophytes.*

néo-zélandais, aise adj. et n. m. et f.
De la Nouvelle-Zélande. *Un paysage néo-zélandais.*
Note.- Contrairement à l'adjectif, le nom prend une majuscule aux deux éléments. *Un Néo-Zélandais.*
V. **néo-.**

népalais, aise adj. et n. m. et f.
Du Népal.
Note.- Contrairement à l'adjectif, le nom prend une majuscule.

néphrologie n. f.
Étude de la physiologie et de la pathologie du rein.
Note.- Attention à l'orthographe : né*ph*rologie.

néphrologue n. m. et f.
Spécialiste de la néphrologie.
Note.- Attention à l'orthographe : né*ph*rologue.

népotisme n. m.
(Litt.) Faveur accordée par une personne en place à l'égard de ses parents ou amis. *Le député a été accusé de népotisme.*
Note.- Ne pas confondre avec le mot *favoritisme* qui désigne une tendance à favoriser quelqu'un de manière injuste.

nerf n. m.
• Le *f* ne se prononce pas [nɛr].
• Force, vigueur. *Avoir du nerf.*
• Cordon conducteur de la sensibilité et du mouvement qui relie un centre nerveux à un organe.
• *Être à bout de nerfs, avoir les nerfs à vif, être sur les nerfs.* Être tendu, surexcité.

nerveusement adv.
De façon nerveuse.

nerveux, euse adj. et n. m. et f.
• Qui est relatif aux nerfs. *Le système nerveux.*
• Irritable. *Elle est un peu nerveuse.*

NÉOLOGISME

Un néologisme est l'emploi d'un mot nouveau ou d'un mot existant avec un sens nouveau ; la néologie est le processus par lequel une langue s'enrichit de mots nouveaux.

CRÉATIVITÉ LEXICALE

La néologie témoigne de la créativité d'une langue qui répond au besoin de désigner des choses nouvelles, par la création d'un mot plutôt que par l'emprunt d'un terme étranger. Toutefois, le néologisme ne se justifie que dans la mesure où la langue ne dispose pas déjà d'un mot pour nommer une réalité nouvelle, pour préciser un concept original. Les mots *imprimante, ordinateur* sont des néologismes qui traduisent efficacement les nouvelles réalités techniques qu'ils désignent, tout en s'intégrant beaucoup mieux au système linguistique français que les mots d'origine, « printer » et « computer ».

TERMES SCIENTIFIQUES ET TECHNIQUES

Les néologismes se créent majoritairement dans les domaines scientifiques et techniques où l'évolution est la plus rapide, où les innovations, les découvertes exigent des désignations.

FORMATION GRÉCO-LATINE

Les néologismes scientifiques sont souvent créés à l'aide des racines grecques et latines qui produisent des préfixes, des suffixes dont le sens est connu.

Ainsi, dans le domaine du traitement électronique des données, le néologisme *photostyle* qui désigne un crayon optique permettant l'entrée de données par la désignation de points directement à l'écran, est composé de *photo-*, élément du grec signifiant « lumière » et de *-style*, élément du latin signifiant « poinçon à écrire ».

FORMATION DE NÉOLOGISMES PAR DÉRIVATION

- Radical + suffixe
  - *Informa* + suffixe *-tique : informatique (mot introduit en 1962 par Philippe Dreyfus).*
  - *Didacti-* + suffixe *-ciel : didacticiel, sur le modèle de logiciel.*
- Par dérivation se constituent des familles de mots.
  Informatique engendre informaticien, informatiser.

FORMATION DE NÉOLOGISMES PAR COMPOSITION

- Préfixe + radical
  - *Préfixe micro- signifiant « petit » + radical ordinateur : micro-ordinateur.*
  - *Préfixe méga- signifiant « million » + radical octet : méga-octet.*
- Juxtaposition d'éléments pour composer un mot, une expression.
  Banque de données, traitement de texte, imprimante à laser.
  V. Tableau - **NOMS COMPOSÉS.**

FORMATION DE NÉOLOGISMES À L'AIDE D'ACRONYMES

Juxtaposition des initiales d'une expression.

- *Le mot BASIC qui désigne un langage de programmation provient de l'expression « Beginner's All-purpose Symbolic Instruction Code ».*
- *Le mot FORTRAN provient de la contraction de l'expression « FORmula TRANslator ».*

V. Tableau - **ACRONYME.**

ACCEPTIONS NOUVELLES

Attribution d'un sens nouveau à un mot existant. L'adjectif *convivial* se dit depuis 1612 de ce qui a rapport aux repas, aux banquets, de ce qui concerne la convivialité. *Une atmosphère conviviale.* Avec l'avènement de l'informatique, l'adjectif reçoit une nouvelle acception et se dit d'un système informatique facilement utilisable par un public non spécialisé.

nervosité n. f.
Surexcitation, énervement.
Note.- Attention à l'orthographe : nerv**o**sité.

nervure n. f.
Ligne saillante. *Les nervures d'une feuille.*

net, nette adj., adv.
• Le *t* de la forme masculine se prononce [nɛt].
• **Adjectif**
- Propre. *Un vêtement net.*
- (Comm.) Exempt de tout élément étranger.
- Après déduction des frais, des taxes. *Un bénéfice net, un salaire net.*
- Après déduction de l'emballage. *Un poids net.*
Ant. **brut.**
- Explicite. *Un progrès très net, une réponse nette.*
• **Adverbe**
Tout d'un coup. *Ils ont cessé net de chanter.*
Note.- Employé adverbialement, le mot est invariable.
• **Locutions**
- *Faire place nette.* Libérer un endroit.
- *En avoir le cœur net.* Être fixé au sujet de quelque chose.

nettement adv.
Distinctement, clairement.

netteté n. f.
Précision. *Les critères ont été exprimés avec netteté.*
Note.- Attention à l'orthographe : ne**tt**eté.

nettoiement n. m.
Assainissement.
Notes.-
1° Attention à l'orthographe : ne**tt**o**i**ement.
2° Ce mot désigne l'ensemble des opérations de nettoyage. *Le service du nettoiement des rues.*

nettoyage n. m.
Action de nettoyer quelque chose. *Le nettoyage d'un vêtement.*

nettoyant n. m.
Produit qui nettoie. *Des nettoyants efficaces.*

nettoyer v. tr.
• Le *y* se change en *i* devant un *e* muet. *Il nettoie, il nettoiera.*
• Le *y* est suivi d'un *i* à la première et à la deuxième personne du pluriel de l'indicatif imparfait et du subjonctif présent. *(Que) nous nettoyions, (que) vous nettoyiez.*
• Rendre net, propre.

nettoyeur n. m.
nettoyeuse n. f.
Personne qui nettoie. *Un nettoyeur de vitres, de planchers.*
Syn. **laveur.**

neuf adj. inv. et n. m. inv.
• Le *f* se prononce [nœf].
• **Adjectif numéral cardinal invariable.** Trois fois trois. *Neuf heures.*
• **Adjectif numéral ordinal invariable.** Neuvième. *Le 9 janvier.*

• **Nom masculin invariable.** Le nombre neuf. *Il dessine des neuf.*
V. Tableau - **NOMBRES.**
V. Tableau - **NUMÉRAL (ADJECTIF).**

neuf, neuve adj. et n. m.
• **Adjectif**
- Qui n'a pas encore servi. *Une voiture neuve.*
- Original. *Une idée neuve.*
• **Nom masculin**
Ce qui est neuf. *Aimer l'odeur du neuf.*
• **Locutions**
- *Faire peau neuve.* Se renouveler. *Elles font peau neuve.*
Note.- Cette expression est invariable.
- *Flambant neuf.* Entièrement neuf. *Des robes flambant neuves.*
Note.- Dans cette expression, le mot **flambant** est invariable ; certains auteurs toutefois le font accorder.
- *À neuf.* En redonnant l'apparence du neuf. *L'appartement a été décoré à neuf.*
- *De neuf.* Avec du neuf. *Elle est habillée de neuf.*

neur(o)- préf.
Élément du grec signifiant « nerf ». *Neurologie.*

neurasthénie n. f.
• Épuisement nerveux.
• État durable d'abattement et de tristesse.
Note.- Attention à l'orthographe : neuras**th**énie.

neurasthénique adj. et n. m. et f.
• Atteint de neurasthénie.
• Triste et abattu.
Note.- Attention à l'orthographe : neuras**th**énique.

neurochirurgical, ale, aux adj.
Relatif à la neurochirurgie.

neurochirurgie n. f.
Chirurgie du système nerveux.

neurochirurgien n. m.
neurochirurgienne n. f.
Chirurgien qui pratique la neurochirurgie.

neurologie n. f.
Étude de la physiologie et de la pathologie du système nerveux.

neurologique adj.
Relatif à la neurologie ou aux nerfs. *Un problème neurologique.*

neurologue ou **neurologiste** n. m. et f.
Médecin spécialiste de la neurologie.

neurone n. m.
Cellule des centres nerveux.
Note.- Attention à l'orthographe : neuron**e**.

neutralisation n. f.
Action de neutraliser.

neutraliser v. tr., pronom.
• **Transitif**
- (Chim.) Supprimer le caractère acide d'une substance en y ajoutant une base, ou inversement, supprimer le caractère alcalin d'une substance en y ajoutant un acide.

- Amoindrir ou supprimer l'effet de quelque chose par une action contraire. *Neutraliser la démobilisation du personnel par de nouveaux programmes.*
- Rendre neutre (un pays, un territoire).
• **Pronominal**
Se contrebalancer. *Les effets se sont neutralisés.*

neutralité n. f.
État d'une personne, d'un pays qui reste neutre.
Note.- Attention à l'orthographe : neutra*l*ité.

neutre adj. et n. m.
• **Adjectif.** Qui s'abstient de prendre parti.
• **Nom masculin.** (Gramm.) Genre des mots d'une langue qui ne sont ni du genre masculin, ni du genre féminin. *Le neutre du latin.*
Note.- Quelques mots français présentent les caractéristiques du neutre de certaines autres langues : le pronom *il* impersonnel, les pronoms *ce, que, quoi, rien, tout,* etc. Les adjectifs qui se rapportent à ces pronoms se mettent au masculin.

neuvaine n. f.
Actes de dévotion répétés pendant neuf jours pour obtenir une grâce. *Faire une neuvaine à saint Jude, patron des causes désespérées.*
Note.- Attention à l'orthographe : neu**vai**ne.

neuvième adj. et n. m. et f.
• **Adjectif numéral ordinal.** Qui vient après le huitième. *Les neuvièmes pages.*
• **Nom masculin.** Neuvième partie d'un tout. *Les deux neuvièmes d'un groupe.*
• **Nom masculin et féminin.** Personne, chose qui occupe le neuvième rang. *Elles sont les neuvièmes.*

neuvièmement adv.
En neuvième lieu.

neveu n. m.
Fils du frère ou de la sœur. *Des neveux turbulents.*
Note.- Le nom féminin est *nièce.*

névralgie n. f.
Douleur qui siège sur le trajet d'un nerf sensitif. *Une névralgie intercostale.*
Note.- Un remède contre les névralgies est un *antinévralgique.*

névralgique adj.
• Relatif à la névralgie. *Une douleur névralgique.*
• *Point névralgique.* Point sensible.

névropathe adj. et n. m. et f.
Névrosé.

névrose n. f.
Maladie mentale caractérisée par des troubles affectifs et émotionnels.

névrosé, ée adj. et n. m. et f.
Atteint de névrose.

névrotique adj.
Relatif à la névrose.

newton n. m.
Symbole *N* (s'écrit sans point).

nez n. m.
• Partie saillante au milieu du visage humain, organe de l'odorat.
• **Locutions**
- *Pied de nez.* Grimace.
- *Ne pas voir plus loin que le bout de son nez.* Manquer de clairvoyance.
- *Mettre le nez dans une affaire.* Intervenir.
- *Mener quelqu'un par le bout du nez.* Avoir beaucoup d'ascendant sur quelqu'un.
- *Rire au nez de quelqu'un.* Se moquer de lui ouvertement.
- *Avoir du nez.* Avoir un bon odorat, de l'intuition.
- *Nez à nez.* Face à face.
- *Cache-nez.* Écharpe destinée à couvrir le bas du visage. *Des cache-nez bien chauds.*
Hom. *né,* qui est venu au monde.

ni conj.
V. Tableau - **NE, NI, NON.**

Ni
Symbole de *nickel.*

niais, niaise adj. et n. m. et f.
Naïf et sot. *Un air niais.*

niaisement adv.
D'une façon niaise.

niaiserie n. f.
Bêtise, sottise.

niche n. f.
• Enfoncement pratiqué dans l'épaisseur d'un mur pour y placer une statue, un objet, etc.
• Abri où couche un chien.

nichée n. f.
• Petits oiseaux d'une même couvée.
• (Fig.) Famille nombreuse.

nicher v. intr., pronom.
• **Intransitif**
- Construire son nid.
- (Fam.) Loger. *Il niche chez elle.*
• **Pronominal**
- Faire son nid. *Les oiseaux se sont nichés sur la plus haute branche de l'arbre.*
- Se blottir, se placer. *Où s'est-elle nichée ?*

nickel adj. et n. m.
• Symbole *Ni* (s'écrit sans point).
• Métal brillant inoxydable.
Note.- Attention à l'orthographe : ni**ck**el.

nickelage n. m.
Action de nickeler.
Note.- Attention à l'orthographe : ni**ck**e*l*age.

nickeler v. tr.
• Redoublement du *l* devant un *e* muet. *Je nickelle, je nickellerai,* mais *je nickelais.*
• Recouvrir un métal d'une couche de nickel pour le rendre inoxydable.
• *Avoir les pieds nickelés.* (Fig. et fam.) Se montrer indolent, refuser d'agir.

nicotine n. f.
Substance toxique contenue dans le tabac.

nid n. m.
Construction façonnée par les oiseaux, les insectes, etc. pour y déposer leurs œufs. *Un nid d'hirondelle*, mais *un nid de guêpes.*

nidation n. f.
Implantation de l'œuf fécondé dans l'utérus.
Note.- Ne pas confondre avec le mot **nidification** qui désigne la construction d'un nid.

nid-d'abeilles n. m.
Broderie exécutée sur un plissé de tissu. *Des nids-d'abeilles ravissants.*

nid-de-poule n. m.
Trou dans la chaussée. *De nombreux nids-de-poule.*

nidification n. f.
Construction d'un nid.
Note.- Ne pas confondre avec le mot **nidation** qui désigne l'implantation de l'œuf fécondé dans l'utérus.

nièce n. f.
Fille du frère ou de la sœur. *De gentilles nièces.*
Note.- Le nom masculin est **neveu.**

nième adj.
Syn. **énième.**

nier v. tr.
• Dire qu'une chose n'est pas vraie. *Vous niez avoir été là. Nier l'évidence.*
Note.- Le verbe peut se construire avec l'infinitif ou avec un nom complément d'objet direct.
• **Nier que** + subjonctif. *Il nie que cette personne soit venue.*
Note.- Cette construction insiste sur le fait que la négation ne fait aucun doute.
• **Nier que** + indicatif. *Peut-on nier que l'eau est indispensable à notre survie ?*
Notes.-
1° Cette construction est utilisée quand la négation n'est que supposée, le fait nié étant néanmoins vrai.
2° Le **ne** explétif ne s'emploie qu'avec le verbe en construction négative. *Je ne nie pas que les résultats ne soient pas très encourageants.*

nigaud, aude adj. et n. m. et f.
Stupide.
Note.- Attention à l'orthographe : nig**aud.**

nigérian, iane adj. et n. m. et f.
Du Nigéria.
Note.- Contrairement à l'adjectif, le nom prend une majuscule.

nigérien, ienne adj. et n. m. et f.
Du Niger.
Note.- Contrairement à l'adjectif, le nom prend une majuscule.

night-club n. m.
(Anglicisme) Boîte de nuit. *Des night-clubs.*

nimbe n. m.
Auréole. *Le saint dont la tête est couronnée d'un nimbe doré.*

Notes.-
1° Attention au genre masculin de ce nom : **un** nimbe.
2° Ne pas confondre avec le mot **limbes** qui désigne le séjour des enfants morts sans baptême.

nimber v. tr.
(Litt.) Entourer d'un nimbe.

nimbus n. m.
• Le **s** se prononce [nɛ̃bys].
• Nuage gris et pluvieux. *De nombreux nimbus.*
Note.- Attention à l'orthographe : ni**m**bus.

nippes n. f. pl.
(Péj.) Ensemble de vêtements usés.
Note.- Le mot ne s'emploie qu'au pluriel.

nippon, onne ou **one** adj. et n. m. et f.
Du Japon.
Note.- Attention à l'orthographe : ni**ppon**ne ou ni**ppone.**

nique n. f.
Faire la nique à quelqu'un. Faire un signe de mépris ou de moquerie.
Note.- Ce nom ne s'emploie que dans l'expression citée.

nirvana ou **nirvâna** n. m.
État de béatitude complète. *Des nirvanas.*

nitouche n. f.
Sainte nitouche. Personne prude. *Ne faites pas vos saintes nitouches.*

nitroglycérine n. f.
Substance qui est le constituant essentiel de la dynamite.
Note.- Attention à l'orthographe : nitrogl**y**cérine.

niveau n. m.

• Instrument qui sert à vérifier l'horizontalité d'un plan. *Des niveaux précis.*
• **Passage à niveau.** Croisement d'une route et d'une voie ferrée. *Attention au passage à niveau.*
• Degré d'élévation par rapport à un plan horizontal de comparaison. *Le niveau de l'eau a monté.*
• Élévation comparative. *Le niveau social, le niveau intellectuel.*
• **Niveau de vie.** Ensemble des biens que peut se procurer une catégorie de personnes. *Le niveau de vie a monté, a baissé.*
• Étage d'un bâtiment. *Cet immeuble comporte quinze niveaux dont trois sont souterrains.*
Note.- Alors que le mot **étage** désigne chacun des niveaux d'un immeuble situés au-dessus du rez-de-chaussée, le mot **niveau** permet une seule gradation depuis le dernier sous-sol jusqu'au dernier étage.
• **Au niveau de.** À la même hauteur, à la portée.
Note.- Cette expression est employée abusivement au sens de **en matière de, à propos de, dans le domaine de,** etc.
• **Niveau de langue.** Registres d'une langue en fonction des locuteurs et des contextes d'utilisation.
Note.- Dans cet ouvrage, les niveaux de langue sont soulignés par les abréviations : **(Litt.)** littéraire, **(Fam.)**

familier, *(Pop.)* populaire, *(Vulg.)* vulgaire. En l'absence d'une mention, le niveau est neutre.

nivelage n. m.
Action de niveler.
Note.- Attention à l'orthographe : nive*l*age.

niveler v. tr.
• Redoublement du *l* devant un *e* muet. *Je nivelle, je nivellerai*, mais *je nivelais.*
• Mettre de niveau. *Niveler un terrain.*
• (Fig.) Égaliser. *Niveler les salaires.*

niveleuse n. f.
Engin de terrassement.

nivellement n. m.
• Action de rendre une surface horizontale et plane.
• Action de niveler, de rendre égal. *C'est un nivellement par le bas.*

n° ou **N°**
Abréviation de **numéro.**
Note.- L'abréviation de **numéros** est *n°ˢ* ou *N°ˢ.*

nô n. m.
Drame lyrique japonais. *Des nôs.*
Note.- Attention à l'orthographe : n*ô.*

nobiliaire adj.
• Qui appartient à la noblesse.
• *Particule nobiliaire.* Préposition, article précédant un patronyme.
Note.- La particule s'écrit avec une minuscule. *Alfred de Vigny.*

noble adj. et n. m. et f.
• Qui fait partie de la noblesse. *Elle est de sang noble.*
• Qui a de la dignité, de la grandeur. *Un geste noble.*

noblement adv.
Avec noblesse.

noblesse n. f.
• Qualité de la personne noble.
• Grandeur d'âme, dignité.
• *Noblesse oblige.* Quiconque se prétend noble doit se conduire noblement.

noce n. f.
• (Vx) Fête donnée à l'occasion d'un mariage. *Aller à la noce. Un repas de noce.*
• Fête. *Faire la noce.*
• (Au plur.) Mariage. *Un voyage de noces. Des noces d'or.*

noceur, euse adj. et n. m. et f.
Fêtard.

nocif, ive adj.
Nuisible. *Une substance nocive.*
Note.- Attention à l'orthographe : no*c*if.

nocivité n. f.
Toxicité.
Note.- Attention à l'orthographe : no*c*ivité.

noctambule adj. et n. m. et f.
Fêtard nocturne.
Note.- Ne pas confondre avec le mot *somnambule* qui

désigne une personne qui accomplit certains actes pendant son sommeil.

nocturne adj. et n. m. et f.
• **Adjectif.** Qui a lieu la nuit. *Une marche nocturne.*
• **Nom masculin.** Morceau de musique. *Un nocturne de Chopin.*
• **Nom féminin.** Activité qui a lieu le soir par opposition à *matinée. Une représentation en nocturne, la nocturne d'un magasin, d'un coiffeur.*
Ant. **diurne.**

nodule n. m.
Renflement, production pathologique dure. *Un nodule non cancéreux.*
Note.- Attention au genre masculin de ce nom.

noël n. m.
• Fête qui commémore la naissance du Christ et qui est célébrée le 25 décembre. *Un bel arbre de Noël. Les Noëls joyeux de notre enfance.*
Note.- Quand le nom désigne la fête religieuse, il s'emploie au masculin.
• *La Noël.* La fête de Noël.
Note.- Cette construction elliptique plus familière qui désigne la fête familiale ne s'emploie qu'au singulier. *Nous passerons la Noël à la montagne.*
• Chanson ayant pour thème Noël. *Les anciens noëls médiévaux.*
• Cadeau de Noël. *Voilà ton petit noël.*
Note.- Le nom s'écrit avec une majuscule quand il désigne la fête, avec une minuscule pour nommer un chant, un cantique de Noël ou un cadeau donné à l'occasion de Noël.

nœud n. m.
• Enlacement serré d'un fil, d'une corde. *Des nœuds coulants. Porter un nœud de velours dans les cheveux.*
• *Nœud papillon.* Ornement porté au cou. *Des nœuds papillons colorés.*
• Point essentiel d'une intrigue. *Le nœud d'une pièce de théâtre.*
• (Mar.) Unité de vitesse correspondant à un mille marin par heure. *Ce bateau file dix nœuds.*

noir, noire adj. et n. m. et f.
• **Adjectif.** Qui est de race noire. *Une femme noire.*
• **Nom masculin et féminin.** Personne de race noire. *Ce sont des Noirs.*
Note.- Contrairement à l'adjectif, le nom prend une majuscule.

noir, noire adj. et n. m.
• **Adjectif**
- De couleur très foncée.
- *Noir de jais.*
Note.- Cet adjectif de couleur composé est invariable.
V. Tableau — **COULEUR (ADJECTIFS DE).**
- Qui est obscur.
Note.- Dans les noms géographiques, les mots génériques s'écrivent avec une minuscule, tandis que les déterminants s'écrivent avec une majuscule. *La mer Noire.*
• **Nom masculin**
La couleur noire. *Un beau noir jais.*

noirâtre adj.
Qui tire sur le noir.

noiraud, aude adj. et n. m. et f.
Qui a les cheveux et le teint noirs.
V. Tableau - **COULEUR (ADJECTIFS DE)**.
Note.- Attention à l'orthographe : noir**aud.**

noirceur n. f.
• Caractère de ce qui est noir.
• (Litt.) Perfidie. *La noirceur d'un geste.*

noircir v. tr., intr., pronom.
• **Transitif**. Colorer de noir.
• **Intransitif**. Devenir noir. *Ces bananes commencent à noircir.*
• **Pronominal**. Devenir noir. *Le ciel se noircit.*

noise n. f.
Chercher noise à quelqu'un. (Litt.) Chercher querelle à quelqu'un.
Note.- Ce nom ne s'emploie que dans l'expression citée.

noisetier n. m.
Arbrisseau qui produit la noisette.
Note.- Attention à l'orthographe : noiseti**er.**

noisette adj. inv. et n. f.
• **Adjectif de couleur invariable.** De la couleur brune des noisettes. *Des yeux noisette.*
V. Tableau - **COULEUR (ADJECTIFS DE)**.
• **Nom féminin.** Fruit du noisetier dont la coque contient une amande.
Note.- Attention à l'orthographe : noise**tte.**

noix n. f.
• Fruit comestible du noyer. *Des noix de cajou, des noix de pistache.*
• Fruit de divers arbres. *Des noix de coco, de muscade.*

nolisement n. m.
Action de noliser, affrètement.
Note.- Pour un navire, on emploie le mot **affrètement.**

noliser v. tr.
Louer un avion. *Un avion nolisé.*
Note.- Le verbe **affréter** s'emploie lorsqu'il s'agit de navires ; l'expression **avion nolisé** est l'équivalent français de l'anglicisme **charter.**

nom n. m.
V. Tableau - **NOM.**
V. Tableau - **NOMS COMPOSÉS.**

nomade adj. et n. m. et f.
Qui mène une vie errante. *Une tribu nomade.*

nombre n. m.

• Abréviation **n**^bre (s'écrit sans point).
• Quantité chiffrée.
Note.- Ne pas confondre avec le mot **numéro**, qui marque le rang, l'ordre.
• **Nombre de.** Beaucoup. *Nombre de candidatures ont été retenues.*
Note.- Après le collectif **nombre de** le verbe se met au pluriel.

• **Un grand nombre de.** *Un grand nombre de pommes était mûr* ou *étaient mûres.*
Note.- Après ce collectif suivi d'un complément au pluriel, le verbe se met au singulier ou au pluriel suivant l'intention de l'auteur qui veut insister sur l'ensemble ou sur la pluralité.
V. Tableau - **COLLECTIF.**
• **Au nombre de, du nombre de.** Parmi. *Est-il du nombre des blessés ?*
• **Sans nombre**. D'une immense quantité, innombrable.
• **En nombre**. En grande quantité.
V. Tableau - **NOMBRES.**
• (Gramm.) Formes qui, dans les mots variables, rendent l'idée d'unité ou de pluralité. *Le français utilise deux nombres : le singulier et le pluriel.*

nombreux, euse adj.
Qui est en grand nombre. *De nombreuses qualités.*

nombril n. m.
• Le *l* se prononce ou non [nɔ̃bri(l)].
• Cicatrice au milieu du ventre, à l'endroit où était le cordon ombilical.
Syn. **ombilic.**

nombrilisme n. m.
Égocentrisme, narcissisme.

nomenclature n. f.
• Ensemble des mots méthodiquement classés qui composent un dictionnaire, un ouvrage, une liste. *La nomenclature de ce dictionnaire atteint 35 000 entrées.*
• Liste méthodique d'éléments, d'objets, etc. *La nomenclature chimique.*
Note.- Attention à l'orthographe : nom**e**nclature.

nominal, ale, aux adj.
• (Gramm.) Qui se rapporte à un nom. *Une proposition nominale.*
• Qui existe de nom seulement. *Un titre nominal. Des emplois nominaux.*
• (Écon.) **Valeur nominale.** Valeur théorique qui ne correspond pas nécessairement à la valeur réelle (d'un effet de commerce). *La valeur nominale d'une monnaie.*

nominalement adv.
De façon nominale.
Note.- Attention à l'orthographe : nomina**l**ement.

nomination n. f.
• Action de nommer quelqu'un à une fonction, à un poste.
• Mention. *Obtenir une nomination pour un film.*

nominer v. tr.
(Anglicisme) Sélectionner une personne, une œuvre digne de recevoir un prix, une distinction.

nommé, ée adj.
• *À point nommé.* Au bon moment, à propos.
• Qui a pour nom. *Louis XIV, nommé le Roi-Soleil.*

NOM

Abréviation **n.** (s'écrit avec un point).

Le nom, appelé également **substantif**, est un mot servant à nommer les êtres animés et les choses.
Un nom de famille, un nom d'oiseau.

Tous les mots de la langue peuvent devenir des noms si leur fonction est de désigner :

- Un nom commun.
    Une pêche.
- Un nom propre.
    Un camembert.
- Un verbe.
    Le baiser.
- Un adjectif.
    Le beau.
- Un pronom.
    Les leurs.
- Un adverbe.
    Les alentours.
- Une préposition.
    Le dessous.
- Une conjonction.
    Les toutefois.
- Un acronyme.
    Un laser.
- Une expression.
    Le qu'en-dira-t-on.

ESPÈCES DE NOMS

1. Noms communs et noms propres

- Les **noms communs** désignent une personne, un animal, une chose concrète ou abstraite qui appartient à une espèce.
    Un jardinier, un chat, un arbre, la tendresse.

- Les **noms propres** ne peuvent désigner qu'un seul être, qu'un seul objet ; ils s'écrivent toujours avec une majuscule, car ils individualisent l'être ou l'objet qu'ils nomment.

- Font partie des noms propres :

    - Les noms de personnes (prénom, patronyme, surnom).
        Étienne, Laforêt, Molière.

    - Les noms de peuples.
        Les Québécois, les Français.

    Note.- Les noms de peuples s'écrivent avec une majuscule, mais les adjectifs correspondants et les noms qui désignent une langue s'écrivent avec une minuscule.

    - Les noms géographiques ou historiques.
        Le Canada, le mont Blanc, la Renaissance.

    V. Tableau - **GÉOGRAPHIQUES (NOMS)**.

    - Les noms de véhicules.
        Le Nautilus, le Concorde.

    V. **bateau.**

    - Les noms d'astres.
        Le Soleil, Mercure, la Grande Ourse.

    V. **astre.**

- Les noms d'œuvres.
    Discours de la méthode. Le plaisir des mots. Jules et Jim, Nocturnes.

V. Tableau - **TITRES D'ŒUVRES.**

- Les dénominations.
    L'avenue des Champs-Élysées, la Banque nationale de Paris. Le ministère des Affaires culturelles, le collège Colbert, Chez Julien.

V. Tableau - **MAJUSCULES ET MINUSCULES.**

2. Noms individuels et noms collectifs

- Les **noms individuels** sont propres à un être, à un objet.
    Un enfant, une table.

- Les **noms collectifs** se rapportent à un ensemble d'êtres ou d'objets.
    Foule, groupe, multitude.

Note.- Après un nom collectif suivi d'un complément au pluriel (par exemple : *la majorité des élèves, la foule des passants*), le verbe se met au singulier ou au pluriel suivant l'intention de l'auteur qui veut insister sur l'ensemble ou la pluralité. *La majorité des élèves a réussi*, ou *ont réussi l'examen.*

V. Tableau - **COLLECTIF.**

3. Noms simples et noms composés

- Les **noms simples** sont formés d'un seul mot.
    Feuille, boulevard.

- Les **noms composés** sont formés de plusieurs mots.
    Rouge-gorge, arc-en-ciel, hôtel de ville.

V. Tableau - **NOMS COMPOSÉS.**

GENRE DU NOM

- Le **masculin.**
    Un bûcheron, un chien, un tracteur, le courage.

- Le **féminin.**
    Une avocate, une lionne, une voiture, la candeur.

V. Tableau - **GENRE.**

NOMBRE DU NOM

Le nombre des noms est la propriété d'indiquer l'unicité ou la pluralité.

- Le nom au **singulier** désigne un seul être, un seul objet.
    Un adolescent, une rose.

- Le nom au **pluriel** désigne plusieurs êtres ou plusieurs objets.
    Des touristes, des lilas.

V. Tableau - **PLURIEL DES NOMS.**

FONCTIONS DU NOM

Le nom peut être :

- Sujet.
    Le chien jappe.

- Complément.
    Il mange le gâteau. Le bord de la mer.

- Attribut.
    Elle est ministre.

- Apposition.
    La ville de Nice. Une clientèle cible.

NOMS COMPOSÉS

MODE DE FORMATION

- Association de plusieurs mots.

    Taille-crayon, va-et-vient, cheval de mer.

- Juxtaposition de mots simples et de préfixes.

    Antibruit, micro-ordinateur.

LEXICALISATION

Nouvelle unité du lexique, le nom composé est un mot autonome qui a un sens distinct de ceux de ses composants. *La **banque de données** évoque une réalité distincte des réalités de **banque** et de **données.***

GRAPHIE

- Sans trait d'union.

    Robe de chambre, chemin de fer.

- Avec un ou des traits d'union.

    Savoir-faire, micro-ordinateur, arc-en-ciel.

- En un seul mot.

    Paratonnerre, bonheur, madame.

ÉLÉMENTS COMPOSANTS

- Nom + nom
- apposition

    Aide-comptable, description type, expérience pilote.

- complément déterminatif

    Chef-d'œuvre, hôtel de ville, maître d'école.

- Adjectif + nom, nom + adjectif

    Premier ministre, haut-fond, amour-propre, château fort, procès-verbal.

- Adverbe + nom

    Avant-garde, haut-parleur, arrière-pensée, sous-sol.

- Nom + verbe

    Album à colorier, maître à penser, bouleverser.

- Nom + préposition + nom

    Arc-en-ciel, pomme de terre.

- Préposition + nom

    En-tête, pourboire.

- Verbe + nom

    Passeport, taille-crayon, tire-bouchon, compte-gouttes, aide-mémoire.

- Verbe + verbe

    Savoir-vivre, laissez-passer, va-et-vient.

- Proposition

    Un je-ne-sais-quoi, le qu'en-dira-t-on.

LE PLURIEL DES NOMS COMPOSÉS

- Noms composés écrits en un seul mot. Ils prennent la marque du pluriel comme les mots simples.

    Des paratonnerres, des passeports.

Note.- Font exception les mots **bonhomme, madame, mademoiselle, monsieur, gentilhomme** qui font au pluriel **bonshommes, mesdames, mesdemoiselles, messieurs, gentilshommes.**

- Noms composés de noms en apposition. Ils prennent généralement la marque du pluriel aux deux éléments.

    Des aides-comptables, des descriptions types, des expériences pilotes.

- Noms composés d'un nom et d'un complément déterminatif. Le premier nom seulement prend la marque du pluriel.

    Des chefs-d'œuvre, des hôtels de ville, des maîtres d'école.

- Noms composés d'un nom et d'un adjectif. Ils prennent tous deux la marque du pluriel.

    Des premiers ministres, des hauts-fonds, des amours-propres, des châteaux forts, des procès-verbaux.

- Noms composés d'un nom et d'un mot invariable. Le nom seulement prend la marque du pluriel.

    Des en-têtes, des arrière-pensées, des avant-gardes.

- Noms composés d'un verbe et de son complément. Le verbe reste invariable et le nom complément conserve généralement la même forme qu'au singulier.

    Des aide-mémoire, un compte-gouttes, des compte-gouttes.

Note.- Cependant, certains noms composés ont un nom complément qui prend la marque du pluriel. *Des tire-bouchons, des taille-crayon(s).* Il est difficile de dégager une règle ; retenons que le nom peut prendre la marque du pluriel, selon le sens. On consultera le nom composé à son entrée alphabétique.

- Noms composés avec **garde-**

- S'il est un nom, le mot **garde-** prend la marque du pluriel.

    Des gardes-pêche, des gardes-chasse.

- S'il est un verbe, le mot **garde-** reste invariable.

    Des garde-boue, des garde-fous.

- Noms composés de deux verbes, de propositions. Ces noms sont invariables.

    Des savoir-faire, des laissez-passer, des va-et-vient, des je-ne-sais-quoi, des qu'en-dira-t-on.

NOMBRES

ÉCRITURE DES NOMBRES EN LETTRES

- Dans les textes de nature littéraire ou poétique, dans les documents à portée juridique où l'on désire éviter toute falsification, les nombres s'écrivent en toutes lettres. Par contre, dans les domaines scientifiques, statistiques, comptables ou administratifs, on recourt plutôt aux chiffres pour noter les nombres. Quel que soit le mode d'écriture choisi, il importe d'éviter d'employer des transcriptions différentes dans un même article, un même ouvrage ; on veillera donc à présenter les données semblables de façon uniforme.

- Pour l'emploi des chiffres arabes ou romains, V. Tableau - **CHIFFRES.**

Avec ou sans trait d'union

Le trait d'union s'emploie seulement entre les éléments qui sont l'un et l'autre inférieurs à cent, sauf si les éléments sont joints par la conjonction **et.**
> *Dix-sept, trente-cinq, quatre-vingt-quatre, vingt et un, cent dix, deux cent trente-deux.*

Accord des adjectifs numéraux

- Les **adjectifs numéraux cardinaux** sont ceux qui déterminent les êtres ou les choses par leur NOMBRE.

- Ces adjectifs sont invariables, à l'exception de :
  - **un** qui peut se mettre au féminin.
    > *Trente et une pommes.*

  - **vingt** et **cent** qui prennent la marque du pluriel s'ils sont multipliés par un nombre et s'ils ne sont pas suivis d'un autre adjectif numéral.
    > *Quatre-vingts, trois cents, quatre-vingt-huit, trois cent deux.*

  Note.- Alors que le mot **mille** est un adjectif numéral invariable, les mots **million, milliard, billion, trillion...** sont des noms qui, tout à fait normalement, prennent la marque du pluriel. *Trois millions, deux milliards.*

- Les **adjectifs numéraux ordinaux** sont ceux qui déterminent les êtres ou les choses par leur ORDRE.

- Ces adjectifs formés du nombre cardinal auquel on ajoute la terminaison **ième** (à l'exception de **premier** et de **dernier**) prennent la marque du pluriel.
  > *Les troisièmes pages, les quinzièmes places.*

- Pour les abréviations des adjectifs numéraux ordinaux, V. Tableau - **NUMÉRAL (ADJECTIF).**

Principaux cas d'emploi des nombres en lettres

- Les nombres exprimant une **durée** : âge, nombre d'années, de mois, de jours, d'heures, de minutes, de secondes.
  > *La traversée est de sept heures.*

  Note.- Les nombres accompagnés de fractions sont exprimés de préférence en chiffres. *Le cours dure 1 h 35 min et termine la journée.*

- Les nombres employés comme **noms.**
  > *Miser sur le neuf de cœur, voyager en première, manger les trois quarts d'une tarte, passer un mauvais quart d'heure.*

- Les **fractions d'heure** suivant les mots **midi** ou **minuit.**
  > *Minuit et quart, minuit quarante-cinq, minuit et demi.*

- Les nombres faisant partie d'un **vers.**
  > *Au corps sous la tombe enfermée*
  > *Que reste-t-il ? D'avoir aimé*
  > *Pendant deux ou trois mois de mai.*
  > (Théodore de Banville).

- Les expressions numérales des **actes juridiques, notariés.**
  > *Pour la somme de vingt-cinq mille francs (25 000 F).*
  Note.- Dans les documents à portée juridique, les nombres sont d'abord écrits en toutes lettres puis sont notés en chiffres, entre parenthèses. En dehors du contexte juridique, on évitera de recourir à ce procédé.

- Les nombres qui font partie de **noms composés.**

   La rue des Deux-Gares, un deux-mâts, un deux-points.

Les fractions

Une fraction est composée d'un numérateur et d'un dénominateur. Le numérateur est un adjectif numéral cardinal qui suit la règle d'accord de ces adjectifs, tandis que le dénominateur est un nom qui prend la marque du pluriel.

   Nous avons terminé les quatre cinquièmes de ce travail.
   *Dans la fraction **huit trente-cinquièmes** ou **8/35**, le **numérateur** est 8, le **dénominateur**, 35.*

On ne met pas de trait d'union entre le numérateur et le dénominateur, par contre le numérateur ou le dénominateur s'écrivent avec un trait d'union, s'il y a lieu.

   Vingt-huit millièmes = 28/1000
   Trente cinquante-septièmes = 30/57.

Nombre fractionnaire. Contrairement à l'anglais où l'expression fractionnaire en excédent d'une unité commande le pluriel, le français n'exige le pluriel, pour le nom auquel se rapporte l'adjectif numéral, qu'à compter de deux unités.

   1,6 kilomètre (en anglais : 1.6 kilometers).

V. **fraction.**

Les nombres en toutes lettres

un	1	vingt-huit	28	soixante-dix-neuf	79
deux	2	vingt-neuf	29	quatre-vingts	80
trois	3	trente	30	quatre-vingt-un	81
quatre	4	trente et un	31	quatre-vingt-deux	82
cinq	5	trente-deux	32	...	
six	6	...		quatre-vingt-dix	90
sept	7	quarante	40	quatre-vingt-onze	91
huit	8	quarante et un	41	...	
neuf	9	quarante-deux	42	quatre-vingt-dix-sept	97
dix	10	...		quatre-vingt-dix-huit	98
onze	11	cinquante	50	quatre-vingt-dix-neuf	99
douze	12	cinquante et un	51	cent	100
treize	13	cinquante-deux	52	cent un	101
quatorze	14	...		cent deux	102
quinze	15	soixante	60	...	
seize	16	soixante et un	61	deux cents	200
dix-sept	17	soixante-deux	62	deux cent un	201
dix-huit	18	...		...	
dix-neuf	19	soixante-dix	70	neuf cent quatre-vingt-dix-neuf	999
vingt	20	soixante et onze	71	mille	1 000
vingt et un	21	soixante-douze	72	mille un	1 001
vingt-deux	22	soixante-treize	73	...	
vingt-trois	23	soixante-quatorze	74	dix mille	10 000
vingt-quatre	24	soixante-quinze	75	dix mille un	10 001
vingt-cinq	25	soixante-seize	76	...	
vingt-six	26	soixante-dix-sept	77	cent mille	100 000
vingt-sept	27	soixante-dix-huit	78		

ÉCRITURE DES GRANDS NOMBRES

Chiffres	Lettres	Notation scientifique	Exemples
1 000	mille	10^3	Cette maison vaut sept cent cinquante mille francs.
1 000 000	million	10^6	L'immeuble est évalué à neuf millions de francs.
1 000 000 000	milliard	10^9	L'excédent de la balance commerciale atteint dix milliards de francs.
1 000 000 000 000	billion	10^{12}	Cinq billions de litres.
1 000 000 000 000 000 000	trillion	10^{18}	Deux trillions de centimes.
1 000 000 000 000 000 000 000 000	quatrillion	10^{24}	Un quatrillion de particules.

Notes.-

1° Ne pas confondre le mot français **billion** qui représente un million de millions ou un millier de milliards (10^{12}) avec le mot américain « billion » employé aux États-Unis et au Canada et dont l'équivalent français est **milliard** (10^9).

2° Le système international est basé sur les multiples d'un million (10^6), tandis que le système américain est basé sur les multiples de mille (10^3). Ainsi, selon le système américain, le trillion représente 10^{12}, le quatrillion, 10^{15}.

V. Tableau - **MULTIPLES ET SOUS-MULTIPLES DÉCIMAUX.**
V. Tableau - **SYMBOLES DES UNITÉS DE MESURE.**
V. Tableau - **SYMBOLES DES UNITÉS MONÉTAIRES.**

nommément adv.
Spécifiquement.

nommer v. tr., pronom.
• Transitif
- Donner un nom. *Comment nommerez-vous votre fille ?*
- Donner un poste, une fonction à quelqu'un. *Il a été nommé chef de service.*
• Pronominal
Avoir pour nom. *Il se nomme Pierre Dubois.*

non adv. et n. m. inv.
V. Tableau - **NE, NI, NON.**

non- préf.
Les mots composés avec le préfixe **non-** s'écrivent avec un trait d'union et prennent la marque du pluriel au dernier élément. *Non-agression, non-sens, non-fumeur, non-conformiste, non-résident.*

Note.- La négation **non** s'emploie sans trait d'union devant un adjectif ou un participe. *Les personnes non âgées de 18 ans ne sont pas admises. Une quantité non négligeable.*

nonagénaire adj. et n. m. et f.
Âgé d'au moins quatre-vingt-dix ans.

non-agression n. f.
Le fait de ne pas attaquer. *Des non-agressions. Un pacte de non-agression.*

non-assistance n. f.
Le fait de ne pas porter assistance. *Des non-assistances. La non-assistance à une personne en danger est un délit.*

non-belligérance n. f.
Le fait de ne pas participer à un conflit armé, pour un État. *Des non-belligérances.*

non(-)belligérant, ante adj. et n. m. et f.
Qui ne participe pas à un conflit armé. *Des pays non belligérants. Des non-belligérants.*

nonce n. m.
Ambassadeur du pape.

nonchalamment adv.
Avec nonchalance, mollesse.
Note.- Attention à l'orthographe : nonchal**amm**ent.

nonchalance n. f.
Manque d'ardeur, indolence.
Note.- Attention à l'orthographe : nonchal**an**ce.

nonchalant, ante adj.
Qui manque d'ardeur. *Des élèves nonchalants.*
Note.- Attention à l'orthographe : nonchal**an**t.

non(-)combattant, ante adj. et n. m. et f.
Qui ne prend pas part aux combats. *Des unités non combattantes, des non-combattants.*

non-conformisme n. m.
Attitude d'un non-conformiste. *Des non-conformismes.*

non(-)conformiste adj. et n. m. et f.
Qui est indépendant, original. *Un projet non conformiste. Des non-conformistes.*

non-conformité n. f.
Défaut de conformité. *Des non-conformités.*

non-exécution n. f.
(Dr.) Défaut d'exécution. *Des non-exécutions.*

non(-)figuratif, ive adj. et n. m.
Abstrait. *Des peintres non figuratifs. C'est un non-figuratif.*

non-fumeur, euse n. m. et f.
• Personne qui ne fume pas. *Des non-fumeurs.*
• (En appos.) *Un restaurant non-fumeurs.*
Note.- Dans cette construction, la préposition *pour* est sous-entendue (*un restaurant pour non-fumeurs*) et le nom composé s'écrit généralement au pluriel.

non-ingérence n. f.
Absence d'ingérence. *Des non-ingérences. Une politique de non-ingérence.*

non-intervention n. f.
Le fait de ne pas intervenir dans les affaires intérieures d'un autre pays. *Des non-interventions. Une politique de non-intervention.*

non-lieu n. m.
(Dr.) Déclaration par laquelle une autorité indique qu'il n'y a pas lieu de poursuivre en justice. *Une ordonnance de non-lieu. Bénéficier de non-lieux.*

nonne n. f.
(Vx) Religieuse.

nonobstant adv. et prép.
• Adverbe
(Vx) Néanmoins. *Accumulant les échecs, il poursuit ses tentatives nonobstant.*

• Préposition
- (Vx) Malgré. *Il s'arrêta de courir, nonobstant les encouragements de ses partisans.*
- (Dr.) Sans égard à.

non-paiement n. m.
Défaut de payer. *Des non-paiements.*

nonpareil, eille adj.
Qui est sans égal. *Des surprises nonpareilles.*

non-prolifération n. f.
Accord portant sur la limitation des armes nucléaires dans le monde. *Des non-proliférations. Un accord de non-prolifération.*

non-recevoir n. m.
Fin de non-recevoir. Refus. *Des fins de non-recevoir catégoriques.*

non-résident, ente adj. et n. m. et f.
Qui n'a pas le statut de résident d'un pays. *Des non-résidents exemptés de l'impôt.*
Note.- Attention à l'orthographe : non-résid**en**t.

non-retour n. m.
Point de non-retour. Point à compter duquel il n'est plus possible de revenir en arrière. *Points de non-retour. Des non-retours.*

non-sens n. m. inv.
Absurdité. *Des non-sens.*
Note.- Attention à l'orthographe : non-sens.

non-stop adj. inv.
• Attention à la prononciation [nɔnstɔp].
• (Anglicisme) Continu, ininterrompu. *Des concerts non-stop, des vols non-stop.*

nord adj. inv. et n. m.
• Abréviation **N.** (s'écrit avec un point).
• Un des quatre points cardinaux. *Dans une boussole, l'aiguille indique le nord.*
• *Perdre le nord.* Perdre la tête.
Notes.-
1° Les points cardinaux qui déterminent un pays, une région, une ville, un odonyme s'écrivent avec une majuscule. *L'Afrique du Nord, le Grand Nord, le Nord canadien, l'Organisation du traité de l'Atlantique Nord, le pôle Nord, le dialogue Nord-Sud.*
2° Lorsque l'adjectif ou le nom indique une orientation, il s'écrit avec une minuscule. *Le vent du nord, marcher vers le nord. L'entrée nord d'un immeuble.*
V. Tableau - **POINTS CARDINAUX.**

nord-africain, aine adj. et n. m. et f.
D'Afrique du Nord. *Des Nord-Africains.*
Note.- Contrairement à l'adjectif, le nom prend une majuscule aux deux éléments.

nord-américain, aine adj. et n. m. et f.
D'Amérique du Nord. *Des Nord-Américains.*
Note.- Contrairement à l'adjectif, le nom prend une majuscule aux deux éléments.

nord-coréen, éenne adj. et n. m. et f.
De la Corée du Nord. *Des Nord-Coréens.*
Note.- Contrairement à l'adjectif, le nom prend une majuscule aux deux éléments.

nordé ou **nordet** n. m.
Vent du nord-est.

nord-est adj. inv. et n. m.
• Le **d** est muet [nɔrɛst].
• Point de l'horizon qui est à égale distance entre le nord et l'est.

nordique adj. et n. m. et f.
Qui est relatif aux pays du nord de l'Europe.
Note.- Contrairement à l'adjectif, le nom prend une majuscule.

nord-ouest adj. inv. et n. m.
Point de l'horizon qui est à égale distance entre le nord et l'ouest.

nord-vietnamien, ienne adj. et n. m. et f.
Du Vietnam du Nord. *Des Nord-Vietnamiens.*
Note.- Lorsqu'il s'agit de la langue, l'adjectif ou le nom s'écrit avec une minuscule. Si le nom désigne une personne, la majuscule s'impose.

normal, ale, aux adj. et n. f.
• **Adjectif.** Qui est conforme à la norme, à la moyenne, à l'habitude. *Des poids normaux. C'est le tarif normal.*
• *École normale.* École destinée à la formation des enseignants.
• *Nom féminin.* État habituel. *Tout devrait revenir à la normale sous peu.*

normalement adv.
D'une manière normale.

normalisation n. f.
• Standardisation. *L'Association française de normalisation (AFNOR).*
• Harmonisation. *La normalisation des relations entre deux pays.*

normaliser v. tr.
• Soumettre un produit à une norme.
• Rendre normal. *Normaliser des échanges commerciaux interrompus.*

normand, ande adj. et n. m. et f.
De Normandie.
Note.- Contrairement à l'adjectif, le nom prend une majuscule.

normatif, ive adj.
• Qui constitue une norme.
• Qui donne des règles. *C'est un dictionnaire normatif.*

norme n. f.
• Règle juridique. *C'est la norme.*
• Spécification technique d'un produit, d'un procédé.
• Moyenne. *Ne pas s'écarter de la norme.*

norois ou **noroit** n. m.
Vent du nord-ouest.

norvégien, ienne adj. et n. m. et f.
De Norvège.
Note.- Lorsqu'il s'agit de la langue, l'adjectif ou le nom s'écrit avec une minuscule. Si le nom désigne une personne, la majuscule s'impose.

nos
V. **notre.**

nostalgie n. f.
Tristesse mélancolique. *La nostalgie du pays.*

nostalgique adj.
Empreint de nostalgie.

nota ou **nota bene** loc. et n. m. inv.
• Les **e** se prononcent **é** [nɔtabene].
• Mots latins signifiant « note », « notez bien ». *Des nota bene.*
Notes.-
1° Ce mot ou cette locution introduit une remarque.
2° En typographie soignée, les mots étrangers sont composés en italique. Dans des textes déjà en italique, la notation se fait en romain. Pour les textes manuscrits, on utilisera les guillemets.

notabilité n. f.
Personne notable, importante.
Note.- Ne pas confondre avec le mot **notoriété** qui désigne le fait d'être connu, la renommée.

notable adj. et n. m. et f.
• **Adjectif**
- Digne d'être noté. *Des progrès notables.*
- Important.
• **Nom masculin et féminin**
Personne qui a une situation sociale importante. *Les notables d'une ville.*
Note.- Ne pas confondre avec le mot **notoire** qui qualifie ce qui est bien connu, attesté.

notablement adv.
Grandement.

notaire n. m.
Officier public qui prépare les actes, les contrats, les testaments, etc., les reçoit, les conserve pour leur donner un caractère d'authenticité.

notamment adv.
Entre autres.
Note.- Attention à l'orthographe : not**amm**ent.

notarial, iale, iaux adj.
Qui concerne les notaires. *Des études notariales, des actes notariaux.*

notariat n. m.
Fonction de notaire.

notarié, ée adj.
Passé devant notaire. *Un acte notarié.*

notation n. f.
Action, manière de noter. *La notation scientifique des expressions numériques. Une fiche de notation, des fiches de notation.*

note n. f.

• Brève communication écrite, de nature administrative.
Notes.-
1° Ne pas confondre avec les mots suivants :
- *billet*, lettre très concise ;
- *circulaire*, lettre d'information adressée à plusieurs destinataires ;
- *communiqué*, avis transmis au public ;

note de la rédaction

- **courrier**, ensemble des lettres, des imprimés, etc. acheminé par la poste ;
- **dépêche**, missive officielle, message transmis par voie rapide ;
- **lettre**, écrit transmis à un destinataire ;
- **télégramme**, message transmis télégraphiquement.
2° L'écrit transmis par un supérieur à ses subordonnés est une **note de service**.
• Commentaire, indications succinctes. *Prendre des notes.*
• **Prendre bonne note de quelque chose.** Inscrire soigneusement un renseignement, un commentaire, etc.
• Total des dépenses faites à l'hôtel.
Note.- Au restaurant, c'est une **addition**, et dans un commerce, c'est une **facture**.
• Appréciation chiffrée de la valeur d'un travail. *Elle a obtenu de bonnes notes en latin.*

note de la rédaction
Abréviation **N.D.L.R.**

note de musique n. f.
Signe qui représente les sons dans l'écriture musicale.
Note.- En typographie soignée, les notes de musique (**do** ou **ut, ré, mi, fa, sol, la, si**) se composent en italique ou en romain dans un texte en italique, mais jamais entre guillemets si l'on ne dispose pas d'italique. Les indications qui les accompagnent s'écrivent en romain (ou en italique, comme dans l'exemple qui suit, si la phrase est composée en italique). *Une étude en sol mineur, en fa dièse.*

note liminaire n. f.
Texte destiné à expliciter les symboles et les abréviations employés dans un ouvrage.
Notes.-
1° Ne pas confondre avec les mots suivants :
- **avant-propos**, préface ou introduction caractérisée par un grande brièveté ;
- **avertissement**, texte placé entre le grand titre et le début de l'ouvrage, afin d'attirer l'attention du lecteur sur un point particulier ;
- **introduction**, court texte explicatif rédigé généralement par un auteur pour présenter son texte ;
- **notice**, brève étude placée en tête d'un livre pour présenter la vie et l'œuvre de l'auteur ;
- **préface**, texte de présentation d'un ouvrage qui n'est généralement pas rédigé par l'auteur ; il est souvent composé en italique.
2° Ordre des textes : la **préface** précède l'**introduction** qui est suivie par la **note liminaire**, s'il y a lieu.

noter v. tr.
• Prendre note de quelque chose.
• Donner une note.

notice n. f.
• Brève étude placée en tête d'un livre pour présenter la vie et l'œuvre de l'auteur.
V. **note liminaire.**
• Exposé écrit succinct. *Une notice bibliographique.*
• Ensemble d'indications relatives à un produit. *Une notice technique, une notice de montage.*

notification n. f.
• Acte par lequel on notifie.
• Avis.

notifier v. tr.
• Redoublement du **i** à la première et à la deuxième personne du pluriel de l'indicatif imparfait et du subjonctif présent. *(Que) nous notifiions, (que) vous notifiiez.*
• Faire savoir dans les formes légales, de façon officielle. *On lui a notifié son congédiement.*
Note.- Ne pas confondre avec les verbes suivants :
- **édicter**, prescrire par une loi ;
- **enjoindre**, recommander avec insistance ;
- **intimer**, déclarer avec autorité.

notion n. f.
• Connaissance que l'on a d'une chose.
• Principes élémentaires.
• Concept.

notionnel, elle adj.
Relatif à une notion. *Un système notionnel.*
Note.- Attention à l'orthographe : notio**nn**el.

notoire adj.
Qui est bien connu, attesté. *C'est un bandit notoire, un fait notoire.*
Note.- Ne pas confondre avec le mot **notable** qui qualifie ce qui est digne d'être noté, ce qui est important.

notoirement adv.
Manifestement.

notoriété n. f.
Fait d'être connu, renommée. *Il est de notoriété publique que... Aujourd'hui, cet auteur jouit d'une grande notoriété.*
Notes.-
1° Ne pas confondre avec le mot **notabilité** qui désigne une personne notable, importante.
2° Le mot **notoriété** ne peut désigner une personne notable.

notre, nos adj. poss.

• Adjectif possessif de la première personne du pluriel et des deux genres.
• Qui est à nous, qui nous appartient, qui est relatif à nous. *Notre maison, nos enfants.*
Note.- L'adjectif s'accorde en nombre avec le nom déterminé, il s'accorde en personne avec le nom désignant le « possesseur » ; il représente au moins deux possesseurs, dont celui qui parle.
V. Tableau - **POSSESSIF (ADJECTIF).**

nôtre, nôtres pron. poss. et n. m.

• Pronom possessif de la première personne du pluriel et des deux genres.
• Qui est à nous. *Ce pays est le nôtre, cette patrie, la nôtre. Ces amis sont les nôtres.*
Note.- Le pronom s'emploie avec l'article défini ; il s'emploie également en fonction d'attribut, sans article, comme un adjectif. *Ces pensées sont nôtres.*

• **Nôtre**, nom masculin.
Ce qui nous appartient. *Nous devons y mettre du nôtre.*
• **Nôtres**, nom masculin pluriel.
Nos parents, nos proches, nos amis. *Il n'est pas des nôtres. Soyez des nôtres.*
Note.- Attention à l'orthographe : n**ô**tre.

nouer v. tr., pronom.
• **Transitif.** Lier par un nœud. *Nouer ses cheveux.*
• **Pronominal.** Se former. *Une amitié s'est nouée entre eux. L'intrigue se noue vite dans ce roman.*

noueux, euse adj.
Se dit d'un bois qui présente beaucoup de nœuds.

nougat n. m.
Confiserie.
Note.- Attention à l'orthographe : nouga**t**.

nougatine n. f.
Pâtisserie.

nouille adj. et n. f.
• (Au plur.) Pâtes alimentaires. *Elle aime beaucoup les nouilles.*
• *Style nouille.* Style décoratif du début du siècle.

nourrice n. f.
Femme qui allaite un enfant.
Note.- Attention à l'orthographe : nou**rr**ice.

nourricier, ière adj.
Qui fournit la nourriture. *La terre nourricière.*

nourrir v. tr., pronom.
Alimenter.
Note.- Attention à l'orthographe : nou**rr**ir.

nourrissant, ante adj.
Nutritif. *Des céréales nourrissantes.*
Notes.-
1° Attention à l'orthographe : nou**rr**issant.
2° Ne pas confondre avec le participe présent invariable *nourrissant. Les céréales nourrissant le plus sont le blé et le riz.*

nourrisson n. m.
Enfant en bas âge (de plus d'un mois et de moins de deux ans).
Note.- Attention à l'orthographe : nou**rr**isson.

nourriture n. f.
Aliment.
Note.- Attention à l'orthographe : nou**rr**iture.

nous pron. pers.
Pronom personnel de la première personne du pluriel.
EMPLOIS
• **Sujet.** *Nous viendrons demain.*
• **En apposition.** *Nous, nous sommes convaincus de ce fait, mais vous ne partagez pas cet avis.*
• **Complément.** *Regardez-nous. Ce jardin est à nous. Venez chez nous.*
• *Nous de majesté, de modestie.* Le pronom peut être employé comme pluriel de majesté ou de modestie pour *je.* Le verbe se met au pluriel, mais les adjectifs

ou les participes s'écrivent au singulier et s'accordent en genre avec le nom auquel ils se rapportent. *Nous sommes persuadé que l'objectif sera atteint.*
• *Chez-nous,* nom masculin. *Venez donc voir notre nouveau chez-nous.*
Note.- Le nom s'écrit avec un trait d'union.

nouveau ou **nouvel, elle, eaux** adj.
• (Après le nom) Inédit, qui vient d'apparaître. *Des techniques nouvelles, du vin nouveau.*
• (Devant le nom) Qui n'existe que depuis peu de temps. *Un nouveau jour vient de se lever. Des nouveaux mariés, des nouveaux venus, des nouveaux riches.*
• *À nouveau.* À neuf, de manière différente. *Formulez la question à nouveau.*
• *De nouveau.* Une fois de plus. *Il est tombé de nouveau après sa chute d'hier.*
Notes.-
1° Placé après le nom ou en fonction d'attribut, la seule forme employée est *nouveau.*
2° Placé avant le nom et devant une voyelle ou un *h* muet, l'adjectif masculin s'écrit *nouvel. Un nouvel amour, le Nouvel An.*
3° Dans un nom géographique, un titre, l'adjectif qui précède le nom déterminant s'écrit avec une majuscule. *La Nouvelle-Orléans, le Nouveau Monde, le Nouveau Testament.*

nouveau-né, née adj. et n. m. et f.
Qui vient de naître. *Des nouveau-nés. Une fille nouveau-née.*
Notes.-
1° Attention à l'orthographe : nouveau-né.
2° Dans ce mot composé, le mot *nouveau* est généralement invariable car il est pris adverbialement au sens de *nouvellement.* Seul le deuxième élément prend la marque du féminin et du pluriel. Cependant certains auteurs accordent le premier élément.

nouveauté n. f.
Innovation.
Note.- Attention à l'orthographe : nouv**eau**té.

nouvelle n. f.
• Premier avis d'un fait récent. *Une nouvelle de dernière heure, une nouvelle de première main.*
• Renseignements sur une situation, informations. *J'ai eu de ses nouvelles, écouter les nouvelles à la radio.*
• *Pas de nouvelles, bonnes nouvelles.* Quand tout va bien, on n'envoie pas de ses nouvelles.
Note.- Attention à l'orthographe : nouve**ll**e.

nouvellement adv.
Récemment.

novateur, trice adj. et n. m. et f.
Innovateur.

novembre n. m.
Onzième mois de l'année. *Le mardi 2 novembre.*
Note.- Les noms de mois s'écrivent avec une minuscule.
V. Tableau - **DATE.**

novice adj. et n. m. et f.
- Débutant, inexpérimenté. *C'est un novice en la matière. Un travailleur novice.*
- Personne qui fait l'apprentissage de la vie religieuse.

noyade n. f.
Mort accidentelle par immersion.
Note.- Attention à l'orthographe : no**y**ade.

noyau n. m.
- Partie centrale de certains fruits. *Des noyaux de pêche.*
- Partie centrale. *Le noyau d'une cellule, de l'atome.*
- Petit groupe autour duquel s'organisent les éléments d'un ensemble. *Le noyau de la contestation.*
Note.- Attention à l'orthographe : no**y**au.

noyautage n. m.
Action de noyauter.
Note.- Attention à l'orthographe : no**y**autage.

noyauter v. tr.
Introduire des éléments dans un groupe afin de le désorganiser.
Note.- Attention à l'orthographe : no**y**auter.

noyé, ée adj. et n. m. et f.
Qui est mort asphyxié par immersion.
Note.- Attention à l'orthographe : no**y**é.

noyer v. tr., pronom.
- Le **y** se change en **i** devant un **e** muet. *Il noie, il noiera.*
- Le **y** est suivi d'un **i** à la première et à la deuxième personne du pluriel de l'indicatif imparfait et du subjonctif présent. *(Que) nous noyions, (que) vous noyiez.*
- **Transitif**
- Faire mourir par asphyxie dans un liquide. *Noyer un chien.*
- Diluer avec de l'eau. *Noyer son vin.*
- **Pronominal**
Mourir asphyxié dans l'eau ou dans un autre liquide. *Ils se sont noyés.*
- **Locutions**
- *Noyer le poisson.* Se dispenser de régler une question embarrassante par des atermoiements, des digressions.
- *Se noyer dans un verre d'eau.* Se décourager à la moindre difficulté.
Note.- Attention à l'orthographe : no**y**er.

noyer n. m.
Arbre qui produit les noix.
Note.- Attention à l'orthographe : no**y**er.

nu n. m.
- Figure nue.
- Dessin, peinture d'après un modèle nu.
- *Mettre à nu.* Dévoiler, mettre à découvert.
- *À nu*, locution adverbiale. Sans protection. *L'os est à nu.*

nu, nue adj.
Qui n'est couvert d'aucun vêtement.
Note.- Quand l'adjectif précède le nom, il est invariable et se joint à ce dernier par un trait d'union. *Ils sont nu-*
pieds. Quand l'adjectif suit le nom, il s'accorde en genre et en nombre. *Ils sont pieds nus, tête nue.*
Hom. **nue**, nuage.

nuage n. m.

- Masse vaporeuse de particules d'eau très fines qui flotte dans l'atmosphère. *Un ciel sans nuage(s).*
Notes.-
1° Ne pas confondre avec les mots suivants :
- *brouillard*, amas de vapeurs qui flotte à proximité du sol (moins de un kilomètre) ;
- *brume*, amas de vapeurs qui flotte à la surface de la terre (plus de un kilomètre) et au-dessus de la mer ;
- *buée*, vapeur d'eau qui se condense sur une surface froide ;
- *frimas*, brouillard qui se congèle en tombant.
2° Les dénominations de nuages composées du mot **alto**- s'écrivent en un seul mot. *Altocumulus, altostratus.* Les autres composés s'écrivent avec un trait d'union. *Cumulo-nimbus, cirro-cumulus, strato-cumulus, nimbo-stratus, cirro-stratus.*
- Amas d'aspect vaporeux. *Un nuage de poussière, de fumée, de sauterelles, de moustiques.*

nuageux, euse adj.
Couvert de nuages.

nuance n. f.
- Tonalité d'une teinte. *Toutes les nuances de l'arc-en-ciel.*
- Légère différence entre deux choses. *Avoir le sens des nuances.*

nuancé, ée adj.
Rempli de nuances.

nuancer v. tr.
- Assortir des couleurs par nuances.
- Exprimer des distinctions. *Nuancer une affirmation.*

nubile adj.
(Dr.) Qui est en âge de se marier.
Note.- Ne pas confondre avec le mot **pubère** qui désigne une personne qui a atteint la puberté.

nuclé(o)- préf.
Élément du latin signifiant « noyau ». *Nucléaire.*

nucléaire adj. et n. m.
- Relatif au noyau de la cellule.
- Relatif au noyau de l'atome.
Notes.-
1° Attention à l'orthographe : nuclé**ai**re.
2° L'adjectif **nucléaire** tend à remplacer l'adjectif **atomique** pour qualifier l'énergie.

nudisme n. m.
Doctrine prônant la vie en plein air dans un état de nudité complète.

nudiste adj. et n. m. et f.
Adepte du nudisme.

nudité n. f.
- État d'une personne nue.
- Sobriété extrême. *La nudité d'un décor.*

nue n. f.
- (Litt.) Nuage.
- **Porter aux nues.** Glorifier, encenser.
- **Tomber des nues.** Perdre ses illusions.
Hom. **nu**, qui n'est couvert d'aucun vêtement.

nuée n. f.
- (Litt.) Grand nuage.
- Multitude (de personnes, d'animaux) envahissant un endroit.
Note.- Avec le collectif suivi d'un complément au pluriel, le verbe se met au singulier ou au pluriel, selon l'intention de l'auteur. *Une nuée de touristes se déversa (se déversèrent) dans l'hôtel.*

nue-propriété n. f.
(Dr.) Propriété d'un bien sur lequel une autre personne a un droit d'usufruit. *Des nues-propriétés.*
Note.- Attention à l'orthographe : nu**e**-propriété.

nuire v. tr. ind.
- *Je nuis, tu nuis, il nuit, nous nuisons, vous nuisez, ils nuisent. Je nuisais. Je nuisis. Je nuirai. Je nuirais. Nuis, nuisons, nuisez. Que je nuise. Que je nuisisse. Nuisant. Nui.*
- Faire tort à quelqu'un. *Cette arrogance lui a nui.*
Note.- Le participe passé est invariable.
- Constituer un danger (pour une chose). *La mauvaise visibilité nuisait aux déplacements.*
Note.- Le verbe se construit toujours avec la préposition **à**.

nuisance n. f.
Facteur de la vie urbaine ou industrielle qui constitue un danger pour la santé, pour l'environnement. *Le bruit est une nuisance de la vie moderne, de même que la pollution.*

nuisible adj.
Dommageable.

nuisiblement adv.
D'une manière nuisible.

nuit n. f.
- Durée écoulée entre le coucher et le lever du soleil.
- Obscurité. *Il fait nuit.*
- **Locutions**
- **Nuit et jour.** Constamment.
- **De nuit.** Pendant la nuit.
- **Nuit blanche.** Nuit passée sans dormir.
- **La nuit des temps.** Époque très reculée.

nuitamment adv.
(Litt.) Pendant la nuit.
Note.- Attention à l'orthographe : nuit**amm**ent.

nuitée n. f.
Durée de 24 heures commençant généralement à midi.
Note.- La nuitée est une unité de temps dans le vocabulaire de l'hôtellerie.

nul, nulle adj. et pron. indéf.

- **Adjectif qualificatif**
- Sans valeur légale. *Un contrat nul.*
- Sans valeur, sans intérêt. *Une réponse nulle.*

Note.- Employé après le nom, le mot **nul** est un adjectif qualificatif.
- **Adjectif indéfini**
(Litt.) Aucun. *Nul mineur ne sera admis. Sans nul doute.*
Note.- L'adjectif indéfini est placé avant le nom avec lequel il s'accorde en genre et en nombre et est toujours accompagné de la négation **ne** ou **sans**.
- **Pronom indéfini**
Personne. *Nul n'est censé ignorer la loi. Nul n'est prophète en son pays.*
Notes.-
1° Le pronom s'emploie surtout au masculin en tête d'un proverbe, d'une maxime ; il est toujours accompagné de la négation **ne**.
2° Le pronom indéfini **nul** appartient aujourd'hui au style littéraire ou juridique ; dans la langue courante, on emploie plutôt **personne**.

nullement adv.
Aucunement, pas du tout. *Cela ne me dérange nullement.*
Note.- L'adverbe se construit avec **ne** sauf en réponse elliptique à une question. *Cela vous dérange ? Nullement.*

nullité n. f.
- Absence de toute valeur.
- Personne dénuée de valeur, de talent.
Note.- Attention à l'orthographe : nu**ll**ité.

numéraire n. m.
- Monnaie en espèces ayant cours légal.
- **Payer en numéraire.** Paiement en billets de banque ou en pièces, par opposition aux paiements par chèque, par carte de crédit.
Note.- Attention à l'orthographe : numér**ai**re.

numéral, ale, aux adj. et n. m.
Qui désigne un nombre.
V. Tableau - **NUMÉRAL (ADJECTIF).**

numérateur n. m.
Terme d'une fraction placé au-dessus de la barre horizontale.
Ant. **dénominateur.**
V. Tableau - **NOMBRES.**

numération n. f.
Action de dénombrer.

numérique adj.
- Qui est relatif aux nombres.
- Qui est représenté par un nombre.
Note.- La représentation de l'heure au moyen de chiffres mobiles est dite **numérique** (v. **digital**), au moyen d'aiguilles, **analogique**.

numériquement adv.
Relativement au nombre.

numéro n. m.
- Abréviation **n°** ou **N°** (s'écrit sans point). L'abréviation du pluriel **numéros** est **n°s** ou **N°s** (s'écrit sans point).
- Chiffre, nombre attribué à un objet dans une série. *Des numéros gagnants. Elle loge au numéro 6 de la rue Clément.*

ADJECTIF NUMÉRAL

L'adjectif numéral détermine les êtres ou les choses par leur nombre ou par leur ordre.

• L'**adjectif numéral cardinal** détermine les êtres ou les choses par leur **NOMBRE**.

Ces adjectifs sont invariables à l'exception de :

- *un* qui peut se mettre au féminin.

  Vingt et une écolières.

V. Tableau - **UN, UNE**.

- *vingt* et *cent* qui prennent la marque du pluriel s'il sont multipliés par un nombre et s'ils ne sont pas suivis d'un autre adjectif de nombre.

  Six cents crayons, trois cent dix règles, quatre-vingts feuilles, quatre-vingt-huit stylos.

Note. - Dans les adjectifs numéraux composés, le trait d'union s'emploie seulement entre les éléments qui sont l'un et l'autre inférieurs à cent, sauf si les éléments sont joints par la conjonction *et*.

  Trente-huit, quatre-vingt-quatre, vingt et un, cent dix, deux cent trente-deux.

V. **cent, mille, vingt**.
V. Tableau - **NOMBRES**.

• L'**adjectif numéral ordinal** détermine les êtres ou les choses par leur **ORDRE**.

Ces adjectifs qui s'accordent avec le nom déterminé sont formés du nombre cardinal auquel on ajoute la terminaison *ième* (à l'exception de *premier* et de *dernier*).

  Les premières pages, les cinquièmes places.

Abréviations courantes :

Premier *1er*, première *1re*, deuxième *2e*, troisième *3e*, quatrième *4e* et ainsi de suite *100e, 500e, 1 000e*. Philippe *Ier*, *1re* année, *6e* étage.

Note. - Les autres manières d'abréger ne doivent pas être retenues (* 1ère, * 2ème, * 2ième, * 2è...).

V. Tableau - **ADJECTIF**.

Notes.-
1° Précédé d'un article, le nom s'écrit au long.
2° Le **numéro** marque le rang, l'ordre, alors que le **chiffre** désigne une quantité chiffrée.
3° Dans les numéros d'ordre, notamment des articles de codes, lois, décrets, les matricules, les titres de valeur, les folios, les nombres se composent en chiffres arabes. *Le compte n° 4530, les articles n°s 15 et 16.*
4° Le nom ne s'abrège que devant un chiffre.

numérotage n. m.
Action de numéroter.

numérotation n. f.
Manière dont des numéros se succèdent. *Il faut refaire la numérotation.*

numéroter v. tr.
Mettre un chiffre indiquant un ordre successif. *Numéroter des pages.*

numismate n. m. et f.
Spécialiste de la numismatique.

numismatique adj. et n. f.
Étude scientifique des monnaies et des médailles.

nu-propriétaire, nue-propriétaire n. m. et f.
(Dr.) Personne qui n'a que la nue-propriété d'un bien sur lequel une autre personne exerce un droit d'usufruit. *Des nus-propriétaires, des nues-propriétaires.*

nuptial, iale, iaux adj.
(Litt.) Relatif au mariage. *Des vœux nuptiaux, une bénédiction nuptiale.*
Note.- Attention à l'orthographe : nup**t**ial.

nuque n. f.
Partie postérieure du cou. *Une coiffure qui dégage bien la nuque.*

nursing n. m.
(Anglicisme) Soins infirmiers.
Note.- Le nom **nursage** a fait l'objet d'une recommandation officielle pour remplacer cet anglicisme.

nutritif, ive adj.
Qui a la propriété de nourrir. *La valeur nutritive d'un aliment.*

nutrition n. f.
Transformation, assimilation des aliments dans l'organisme.
Note.- Attention à l'orthographe : nutri**t**ion.

nutritionnel, elle adj.
Qui concerne la nutrition.
Note.- Attention à l'orthographe : nutri**t**io**nn**el.

nutritionniste n. m. et f.
Médecin spécialiste de la nutrition.
Note.- Attention à l'orthographe : nutri**t**io**nn**iste.

nutum (ad)
V. **ad nutum.**

nylon n. m. (n. déposé)
Fibre synthétique, tissu obtenu à partir de ce produit. *Des nylons résistants, des bas de nylon.*
Note.- Ce nom est une marque déposée qui devrait s'écrire avec une majuscule. Cependant, ce mot est passé dans l'usage et s'écrit maintenant avec une minuscule.

nymphe n. f.
• Divinité féminine.
• Jeune fille gracieuse.
Note.- Ne pas confondre avec le mot *lymphe* qui désigne un liquide organique.

nymphéa n. m.
Nénuphar. *Les nymphéas de Monet.*
Note.- Attention à l'orthographe et au genre masculin de ce nom : **un** n**ymph**éa.

nymphette n. f.
Adolescente attrayante.

nymphomane adj. et n. f.
Atteinte de nymphomanie.
Notes.-
1° Attention à l'orthographe : nym**ph**omane.
2° Ce mot s'emploie en parlant d'une femme.

nymphomanie n. f.
Exagération des désirs sexuels chez la femme.

O

o
Abréviation de *octet.*

ô interj.
• Interjection qui sert à apostropher, à marquer le vocatif dans un style littéraire. *Ô temps, suspends ton vol!* (Lamartine).
• Interjection qui marque la surprise, la joie, la douleur, etc. dans un texte de niveau soutenu. *Ô combien je l'aime!*
Note.- L'interjection **ô**, contrairement à **oh!, ho!**, n'est jamais immédiatement suivie du point d'exclamation ; le signe de ponctuation se place plutôt à la fin de l'apostrophe, de la phrase.
V. **oh!**

O
Symbole de *oxygène.*

O.
Abréviation du point cardinal *ouest.*

O.A.C.I.
Sigle de *Organisation de l'aviation civile internationale.*

oasis n. f.
• Le **s** final se prononce [ɔazis].
• Lieu où il y a une source, de la végétation dans un désert. *Une oasis luxuriante.*
Note.- Attention au genre féminin de ce nom : **une** oasis.

obédience n. f.
Obéissance à une autorité spirituelle. *Il est d'obédience catholique.*
Note.- Attention à l'orthographe : obédi**en**ce.

obéir v. tr. ind.
Exécuter la volonté de quelqu'un. *Obéir à ses parents.*
Notes.-
1° Ce verbe peut s'employer au passif. *Elle est obéie de tous.*
2° Le verbe se construit toujours avec la préposition **à**.

obéissance n. f.
Observation des règles, docilité.
Note.- Attention à l'orthographe : obéiss**a**nce.

obéissant, ante adj.
Soumis. *Ils sont obéissants.*
Note.- Ne pas confondre avec le participe présent invariable **obéissant**. *Les enfants obéissant toujours à leurs parents sont rares.*

obélisque n. m.
Monument en forme de pyramide allongée. *Un obélisque dressé depuis des milliers d'années.*

Note.- Attention au genre masculin de ce nom : **un** obélis**que.**

obèse adj. et n. m. et f.
Atteint d'obésité.
Note.- Attention à l'orthographe : ob**è**se.

obésité n. f.
Excédent important de poids.

obi n. f.
Ceinture en soie portée sur le kimono au Japon. *Des obis brodées.*
Note.- Attention au genre féminin de ce nom : **une** obi.

objecter v. tr.
Rétorquer. *On n'a rien objecté à mes demandes.*

objecteur n. m.
Objecteur de conscience. Personne qui refuse d'accomplir son service militaire par conviction personnelle. *Des objecteurs de conscience.*

objectif, ive adj.
Impartial.
Ant. **subjectif.**

objectif n. m.
• Système optique d'un instrument. *L'objectif d'une caméra.*
• But à atteindre. *L'objectif est de répondre aux besoins des consommateurs.*
• *Avoir pour objectif.* Viser. *Ils ont pour objectifs d'assurer la rentabilité et de prendre de l'expansion.*
Note.- Dans cette expression, le mot **objectif** peut prendre la marque du pluriel s'il a plusieurs compléments.

objection n. f.
Opposition. *Avez-vous des objections à ce que nous procédions ainsi ?*

objectivement adv.
D'une façon impartiale.

objectiver v. tr.
Extérioriser.

objectivité n. f.
Caractère de ce qui est objectif.

objet n. m.
• Toute chose. *Des objets anciens.*
• Matière, motif. *L'objet des recherches, de son amour.*
• *Avoir pour objet.* Avoir pour cause, pour motif. *Ces précautions ont pour objet d'éviter tout incident.*
Note.- Dans cette expression, le nom est invariable.
• *Faire l'objet de, être l'objet de.* *Ils ont été l'objet d'une enquête.*
Note.- Dans cette expression, le nom est invariable.

• *Objet d'une lettre, d'une note.* Énoncé succinct du contenu d'une lettre, d'une note. *Objet : appel d'offres - matériel informatique* .

Note.- Cette mention qui s'inscrit au centre de la page, sous la vedette, résume le motif, le but de la lettre. Elle permet au destinataire de se situer très rapidement et facilite le classement de la correspondance.

V. Tableau - **LETTRE TYPE**.

objet volant non identifié
Sigle *OVNI*.

objurgation n. f.
Réprimande.

obligataire adj. et n. m. et f.
• **Adjectif.** Relatif aux obligations.
• **Nom masculin et féminin.** (Dr.) Titulaire d'une obligation (titre de créance).

obligation n. f.
• Engagement, devoir. *L'obligation de porter assistance aux personnes en danger.*
• (Fin.) Titre de créance portant un intérêt déterminé et remboursable à une date déterminée. *Une obligation d'épargne, une obligation garantie.*

obligatoire adj.
Exigé, nécessaire. *Un cours obligatoire.*
Ant. **facultatif, optionnel.**

obligatoirement adv.
D'une manière obligatoire.

obligeamment adv.
Avec obligeance.
Note.- Attention à l'orthographe : oblig**eamm**ent.

obligeance n. f.
Amabilité. *Auriez-vous l'obligeance de m'indiquer la date de la prochaine rencontre.*
Note.- Attention à l'orthographe : oblig**ean**ce.

obligeant, ante adj.
Aimable, affable. *Ils sont très obligeants.*
Note.- Ne pas confondre avec le participe présent invariable **obligeant**. *Les enfants étaient épuisés, l'approche des examens les obligeant à travailler d'arrache-pied.*

obliger v. tr.
• Le **g** est suivi d'un **e** devant les lettres **a** et **o**. *Il obligea, nous obligeons.*
• Lier par la nécessité ou le devoir.
Notes.-
1° À la forme active, le verbe se construit avec la préposition **à**. *On l'oblige à se présenter à 9 heures.* À la forme passive, le verbe se construit avec la préposition **de**. *Il est obligé de tout traduire.*
2° Ne pas confondre avec les mots suivants :
- *acculer*, ne laisser aucune autre possibilité ;
- *astreindre*, imposer la pratique d'un acte peu agréable.
• Faire plaisir, rendre service. *Vous m'obligeriez en acceptant de venir.*

oblique adj. et n. f.
• **Adjectif.** Qui est de biais.
• **Nom féminin.** Ligne oblique.

obliquement adv.
De biais.

obliquer v. intr.
Prendre une autre direction. *Il a obliqué à droite.*

oblitération n. f.
Action d'oblitérer (un timbre).

oblitérer v. tr.
• Le **é** se change en **è** devant une syllabe muette, sauf à l'indicatif futur et au conditionnel présent. *J'oblitère, mais j'oblitérerai.*
• (Vx) Estomper.
• Recouvrir d'un cachet. *Oblitérer un timbre.*

oblong, ongue adj.
Plus long que large. *Une forme oblongue.*
Note.- Attention à l'orthographe : oblon**g**.

obnubilation n. f.
• Obscurcissement.
• Obsession.

obnubiler v. tr.
• Obscurcir.
• Obséder.

obole n. f.
Don.
Note.- Attention au genre féminin de ce nom : *une* obole.

obscène adj.
Pornographique, indécent. *Des gestes obscènes.*
Note.- Attention à l'orthographe : ob**sc**ène.

obscénité n. f.
• Caractère de ce qui est obscène.
• Chose, parole obscène. *Dire des obscénités.*
Note.- Attention à l'orthographe : ob**sc**énité.

obscur, ure adj.
• Sombre, noir. *Une maison obscure.*
• Difficile à comprendre. *Le sens de cette phrase est obscur.*
• Inconnu. *Un auteur obscur.*

obscurcir v. tr., pronom.
• **Transitif.** Assombrir, réduire la lumière, l'éclat.
• **Pronominal.** Devenir obscur. *La maison s'est obscurcie.*
Note.- Attention à l'orthographe : ob**sc**urcir.

obscurcissement n. m.
Action d'obscurcir.
Note.- Attention à l'orthographe : ob**sc**urci**ss**ement.

obscurément adv.
D'une manière obscure, peu intelligible.
Note.- Attention à l'orthographe : ob**sc**urément.

obscurité n. f.
• Absence de lumière, état de ce qui est obscur.
• (Fig.) Manque de clarté, d'intelligibilité.

obsédé, ée adj. et n. m. et f.
Atteint d'une obsession.

obséder v. tr.
- Le *é* se change en *è* devant une syllabe muette, sauf à l'indicatif futur et au conditionnel présent. *J'obsède*, mais *j'obséderai*.
- Préoccuper continuellement, poursuivre. *Une peur l'obsède.*

obsèques n. f. pl.
Funérailles. *Des obsèques nationales.*
Note.- Ce nom est toujours au pluriel et s'emploie dans la langue administrative.

obséquieusement adv.
D'une manière obséquieuse.
Note.- Attention à l'orthographe : o**bs**équieusement.

obséquieux, euse adj.
Qui pousse à l'excès la politesse par servilité ou hypocrisie. *Cette personne est trop obséquieuse.*
Note.- Attention à l'orthographe : o**bs**équieux.

obséquiosité n. f.
Comportement d'une personne obséquieuse, servilité.
Note.- Attention à l'orthographe : o**bs**équiosité.

observable adj.
Qui peut être observé. *Un phénomène observable à l'œil nu.*

observance n. f.
Action d'observer une règle religieuse.

observateur, trice adj. et n. m. et f.
- **Adjectif.** Curieux et perspicace. *Un esprit observateur.*
- **Nom masculin et féminin.** Personne qui observe sans intervenir. *Elle est une simple observatrice à cette réunion.*

observation n. f.
- Réprimande.
- Action de suivre une règle. *L'observation du jeûne.*
- Action d'observer un phénomène. *La malade est en observation.*

observatoire n. m.
Établissement destiné aux observations astronomiques, météorologiques. *L'Observatoire de Paris.*

observer v. tr., pronom.
- **Transitif**
- Suivre une règle. *Il observe la loi.*
- Examiner avec soin. *Observer les oiseaux.*
- Remarquer. *Je vous fais observer qu'il a réussi brillamment.*
Note.- Le verbe se construit avec le semi-auxiliaire *faire.*
- **Pronominal**
Se surveiller, s'épier réciproquement.

obsession n. f.
Idée fixe.

obsessionnel, elle adj.
Propre à l'obsession, qui relève d'une obsession.

obsidienne n. f.
Pierre d'origine volcanique.
Note.- Attention à l'orthographe : obsidie**nn**e.

obsolescence n. f.
(Écon.) Fait, pour un bien, un service, un concept, d'être progressivement périmé.
Note.- Contrairement à l'***usure*** qui conduit à la dégradation matérielle d'un bien, l'***obsolescence*** est de nature plutôt psychologique puisqu'elle est relative à l'apparition de nouveaux produits, de nouveaux concepts.

obsolescent, ente adj.
Qui est devenu désuet du fait de l'évolution scientifique, technique, etc. *Un matériel informatique obsolescent.*

obsolète adj.
Tombé en désuétude ; sorti de l'usage. *Des mots obsolètes.*

obstacle n. m.
- Ce qui gène le passage. *Une course d'obstacles.*
- (Fig.) Empêchement. *Un obstacle au mariage.*
- ***Faire obstacle à.*** Contrer. *Ils ont fait obstacle au projet.*
Note.- Dans cette expression, le nom reste invariable.

obstétrical, ale, aux adj.
Relatif à l'obstétrique. *Des problèmes obstétricaux.*

obstétricien n. m.
obstétricienne n. f.
Médecin spécialiste d'obstétrique.

obstétrique n. f.
Spécialité de la médecine qui concerne la grossesse et l'accouchement.

obstination n. f.
- Entêtement. *L'obstination d'un enfant.*
- Persévérance. *Elle a continué avec obstination.*

obstiné, ée adj.
- Entêté.
- Persévérant.

obstinément adv.
Avec obstination.

obstiner (s') v. pronom.
S'entêter. *Il s'obstinait à poursuivre ses recherches. Elles se sont obstinées dans leur recherche et elles ont réussi.*
Note.- Le verbe se construit avec la préposition ***à*** suivie de l'infinitif ou avec la préposition ***dans*** suivie d'un nom.

obstruction n. f.
- Occlusion, opposition.
- ***Faire de l'obstruction.*** (Polit.) Retarder le vote d'une loi.

obstruer v. tr.
Boucher. *Un camion renversé obstrue la route.*

obtempérer v. tr. ind.
(Dr.) Obéir. *Obtempérer à un ordre.*
Note.- Le verbe se construit toujours avec la préposition ***à***.

obtenir v. tr.
- *J'obtiens, tu obtiens, il obtient, nous obtenons, vous obtenez, ils obtiennent. J'obtenais. J'obtins.*

J'obtiendrai. J'obtiendrais. Obtiens, obtenons, obtenez. Que j'obtienne. Que j'obtinsse. Obtenant. Obtenu, ue.
● Parvenir à un résultat. *Ils ont obtenu gain de cause. Ils ont obtenu qu'il vienne plus tôt.*
Note.- Le verbe se construit généralement avec le subjonctif.

obtention n. f.
Action d'obtenir. *L'obtention d'un diplôme.*
Note.- Attention à l'orthographe : obt**e**ntion.

obturation n. f.
Action d'obturer une cavité. *Une obturation dentaire.*

obturer v. tr.
Boucher une cavité avec une substance.

obtus, use adj.
● (Géom.) Se dit d'un angle plus grand qu'un angle droit.
● (Fig.) Se dit d'une personne dont l'esprit est borné.

obus n. m.
● Le **s** est muet [ɔby].
● Projectile.
Note.- Attention à l'orthographe : obu**s**.

obvenir v. intr.
● Ce verbe ne s'utilise qu'à la troisième personne du singulier et du pluriel. *Il obvient, ils obviennent. Il obvenait, ils obvenaient. Il obvint, ils obvinrent. Il obvindra, ils obviendront. Il obviendrait, ils obviendraient. Qu'il obvienne, qu'ils obviennent. Qu'il obvînt, qu'ils obvinssent. Obvenant. Obvenu, ue.*
● (Dr.) Échoir.

obvier v. tr. ind.
● Redoublement du **i** à la première et à la deuxième personne du pluriel de l'indicatif imparfait et du subjonctif présent. *(Que) nous obviions, (que) vous obviiez.*
● (Litt.) Faire obstacle à, remédier à. *Obvier à une difficulté.*
Note.- Le verbe se construit toujours avec la préposition **à**.

oc adv.
● Particule affirmative signifiant « oui » en ancien occitan.
● *Langue d'oc.* Ensemble des dialectes parlés dans le sud de la France (par opposition à *langue d'oïl*).
Note.- La particule affirmative s'écrit avec une minuscule.

occasion n. f.
● Circonstances favorables. *Profiter de l'occasion.*
● *À l'occasion,* locution adverbiale. Le cas échéant.
● *D'occasion.* Qui n'est pas neuf. *Une voiture d'occasion.*

occasionnel, elle adj.
Fortuit. *Une rencontre occasionnelle.*
Note.- Attention à l'orthographe : occasio**nn**el.

occasionnellement adv.
Par occasion.

occasionner v. tr.
Causer, donner lieu à, entraîner. *La tempête a occasionné plusieurs accidents.*
Note.- Attention à l'orthographe : occasio**nn**er.

occident n. m.
● Côté de l'horizon où le soleil se couche. *Le soleil se couche à l'ouest, à l'occident.*
Note.- Quand le nom désigne un point cardinal, il s'écrit avec une minuscule.
● Ensemble des pays d'Europe de l'Ouest et d'Amérique du Nord. *Les pays de l'Occident.*
Note.- En ce sens, le nom s'écrit avec une majuscule. Ant. **orient.**
V. Tableau - **POINTS CARDINAUX.**
Hom. *oxydant,* qui a la propriété d'oxyder.

occidental, ale, aux adj. et n. m. et f.
● **Adjectif**
- Qui appartient à l'Occident. *Les États occidentaux, la vie occidentale.*
- Qui est à l'ouest. *Le mode de vie occidental.*
● **Nom masculin et féminin**
Les peuples d'Occident. *Les Occidentaux.*
Note.- Contrairement à l'adjectif, le nom prend une majuscule.
Ant. **oriental.**

occidentalisation n. f.
Action d'occidentaliser.
Note.- Attention à l'orthographe : occid**en**talisation.

occidentaliser v. tr.
Adapter les coutumes, les idées à celles de l'Occident.
Note.- Attention à l'orthographe : occid**en**taliser.

occiput n. m.
● Le **t** se prononce [ɔksipyt].
● Partie postérieure de la tête. *Des occiputs.*

occire v. tr.
(Vx) Tuer.
Note.- Ce verbe ne s'emploie plus qu'à l'infinitif, au participe passé (occis, occise) et aux temps composés.

occitan, ane adj. et n. m. et f.
De l'Occitanie (sud de la France).
Note.- Lorsqu'il s'agit de la langue, l'adjectif ou le nom s'écrit avec une minuscule. Si le nom désigne une personne, la majuscule s'impose.

occlure v. tr.
● *J'occlus, tu occlus, il occlut, nous occluons, vous occluez, ils occluent. J'occluais. J'occlus. J'occlurai. J'occlurais. Occlus, occluons, occluez. Que j'occlue, que tu occlues, qu'il occlue, que nous occluions, que vous occluiez, qu'ils occluent. Que j'occlusse. Occluant. Occlus, occluse.*
● (Méd.) Clore un orifice naturel.

occlusif, ive adj. et n. f.
● **Adjectif.** Qui produit une occlusion.
● **Nom féminin.** Consonne produite par une occlusion de la bouche suivie d'une ouverture. *Les lettres p, t, b, d, k, g sont des occlusives.*

occlusion n. f.
Fermeture, obstruction.

occulte adj.
Caché. *Les sciences occultes.*

occulter v. tr.
Cacher, passer sous silence.

occupant, ante adj. et n. m. et f.
• **Adjectif et nom masculin et féminin.** Qui occupe un pays, un lieu.
• **Nom masculin et féminin.** (Dr.) Locataire. *Des occupants paisibles.*

occupation n. f.
• Travail, activité. *Elle a beaucoup d'occupations.*
• Action d'occuper une ville, un pays. *L'occupation d'un pays par un État ennemi.*

occupé, ée adj.
• Que l'ennemi a envahi. *Des territoires occupés.*
• Qui est pris (par opposition à *libre*). *La ligne téléphonique est occupée.*
• Qui se consacre à une activité, à une tâche. *Ele est très occupée à rédiger cet ouvrage.*

occuper v. tr., pronom.
• **Transitif**
- Se rendre maître d'un lieu par la force. *Les soldats occupent la ville.*
- Remplir un espace ou une durée. *Le locataire occupe le premier étage. Elle occupe ses loisirs à skier et à lire.*
- Donner du travail. *Occuper une trentaine de personnes à l'entretien des jardins.*
- Consacrer son temps à une activité. *Il occupe ses loisirs à jardiner.*
Note.- À la forme passive, le verbe se construit avec les prépositions *à* ou *par* (et non * avec) et le participe passé s'accorde toujours avec le sujet du verbe.
• **Pronominal**
- **S'occuper** + **à.** Employer son temps à quelque chose. *Il s'occupe à jardiner.*
- **S'occuper** + **de.** Se charger de. *Elle s'occupe des approvisionnements.*
Note.- Selon l'emploi des prépositions *de* ou *à*, le verbe a deux significations distinctes.
• (Absol.) Ne pas rester inactif. *Occupez-vous, ne restez pas là à ne rien faire.*
Note.- Attention à l'orthographe : occu**p**é.

occurrence n. f.
• (Litt.) Circonstance.
• *En l'occurrence.* Dans la circonstance.
• (Ling.) Attestation d'une unité linguistique dans un texte. *Nous avons relevé plusieurs occurrences de ce néologisme.*
Note.- Attention à l'orthographe : o**cc**u**rr**ence.

O.C.D.E.
Sigle de *Organisation de coopération et de développement économique.*

océan n. m.
Grande étendue d'eau salée.
Note.- Dans les désignations géographiques, le nom **océan** est un générique qui s'écrit avec une minuscule,

tout comme les mots *lac, mer, rivière, baie, ile, mont,* etc. C'est le déterminant précisant le générique qui s'écrit avec une majuscule. *L'océan Atlantique, l'océan Arctique.*
V. Tableau - **GÉOGRAPHIQUES (NOMS).**

océane adj. f.
(Litt.) Relatif à l'océan. *Les profondeurs océanes.*

océanien, ienne adj. et n. m. et f.
De l'Océanie.
Notes.-
1° Contrairement à l'adjectif, le nom prend une majuscule.
2° Ne pas confondre avec le mot *océanique* qui qualifie ce qui est relatif à l'océan.

océanique adj.
Relatif à l'océan.
Note.- Ne pas confondre avec le mot *océanien* qui désigne ce qui est relatif à l'Océanie.

océanographe n. m. et f.
Spécialiste de l'océanographie.

océanographie n. f.
Étude de la mer, des profondeurs sous-marines.

ocelot n. m.
Mammifère carnassier à fourrure rousse tachetée. *Un manteau en ocelot.*
Note.- Attention à l'orthographe : o**c**elo**t**.

ocre adj. inv. et n. f.
• **Adjectif de couleur invariable.** Brun jaune. *Des turbans ocre.*
V. Tableau - **COULEUR (ADJECTIFS DE).**
• **Nom féminin.** Terre colorée dont on fait des couleurs. *Des ocres rouges, des ocres jaunes.*
Note.- L'adjectif de couleur est invariable, mais le nom prend la marque du pluriel.

ocré, ée adj.
Qui a la teinte de l'ocre.

ocreux, euse adj.
De la nature de l'ocre.

oct-, octa-, octi-, octo- préf.
• Éléments du latin signifiant « huit ».
• Les mots composés du préfixe *octo-* s'écrivent en un seul mot. *Octogone.*

octane n. m.
Hydrocarbure saturé. *Des indices d'octane élevés.*

octave n. f.
• Période de huit jours qui suit une fête. *L'octave de Noël.*
• (Mus.) Intervalle de notes portant le même nom dans deux gammes successives. *Une octave supérieure.*
Note.- Attention au genre féminin de ce nom : *une* octave.

octet n. m.
• Abréviation o (s'écrit sans point).
• (Inform.) Ensemble de huit bits consécutifs traités comme un tout qui permet de représenter un caractère,

une lettre, un chiffre ou un autre symbole. *Une disquette de 800 milliers d'octets, de 800 ko.*
Note.- Le mot **octet** est souvent précédé du symbole **k** qui multiplie l'unité par mille ou du symbole **M** qui multiplie l'unité par un million. *Un disque rigide de 20 méga-octets, de 20 Mo.*

octobre n. m.
Dixième mois de l'année. *Le samedi 30 octobre.*
Note.- Les noms de mois s'écrivent avec une minuscule.
V. Tableau - **DATE.**

octogénaire adj. et n. m. et f.
Âgé d'au moins quatre-vingts ans.

octogonal, ale, aux adj.
Qui a huit angles. *Des immeubles octogonaux.*

octogone n. m.
Polygone à huit côtés.

octroi n. m.
Action d'octroyer.
Note.- Attention à l'orthographe : octr**oi.**

octroyer v. tr., pronom.
• Le **y** se change en **i** devant un **e** muet. *Il octroie, il octroiera.*
• **Transitif.** Accorder à titre de faveur, concéder. *On lui a octroyé quelques jours de congé.*
• **Pronominal.** S'attribuer quelque chose. *Ils se sont octroyés quelques jours de vacances.*

oculaire adj. et n. m.
• **Adjectif**
- Relatif à l'œil.
- *Témoin oculaire.* Personne qui témoigne de ce qu'il a vu de ses propres yeux.
• **Nom masculin**
Système optique d'une lunette, d'un microscope, etc.
Note.- Attention à l'orthographe : oc**u**laire.

oculiste adj. et n. m. et f.
Médecin spécialiste des anomalies de la vision.
Note.- Ne pas confondre avec les mots suivants :
- *ophtalmologiste, ophtalmologue*, spécialiste en ophtalmologie, partie de la médecine qui traite des pathologies de l'œil et des opérations pratiquées sur l'œil ;
- *opticien*, personne qui fabrique et vend des lunettes.

odalisque n. f.
(Litt.) Femme d'un harem.

ode n. f.
• Poème lyrique. *Une belle ode au printemps.*
• Poème mis en musique.
Note.- Attention au genre féminin de ce nom : **une** ode.

odeur n. f.
Sensation olfactive qui émane de certains corps.
Note.- Ne pas confondre avec les mots suivants :
- *parfum*, qui désigne une odeur agréable ;
- *relent*, qui désigne une odeur désagréable.

odieusement adv.
D'une manière odieuse.

odieux, ieuse adj.
Exécrable, ignoble, désagréable.

odomètre n. m.
Appareil qui mesure la distance parcourue. *L'odomètre indique 75 000 kilomètres.*

odonyme n. m.
• Nom de voies de circulation. *Les mots **avenue, boulevard, rue**, etc. sont des odonymes.*
• Les abréviations des odonymes usuels sont **av.** (avenue), **bd** (boulevard), etc.
Note.- Les mots génériques des odonymes (**avenue, boulevard, place, rue**, etc.) s'écrivent en minuscules et sont suivis du nom spécifique qui s'écrit avec une ou des majuscules. *L'avenue des Champs-Élysées, le boulevard des Invalides, la place de la Concorde, la rue de Seine.*
V. Tableau - **ADRESSE.**

odorant, ante adj.
• Qui a une bonne odeur. *Le mimosa est très odorant. Des roses odorantes.*
• Qui a une odeur bonne ou mauvaise.
Note.- L'adjectif se dit de ce qui a une odeur, bonne ou mauvaise, mais il est plus souvent employé au sens de **odoriférant** qui signifie « qui a une bonne odeur ».
Ant. **inodore.**

odorat n. m.
Sens par lequel on perçoit les odeurs.
Note.- Attention à l'orthographe : odora**t.**

odoriférant, ante adj.
Qui a une bonne odeur. *Les lilas odoriférants.*
Ant. **malodorant.**

odyssée n. f.
• Récit des aventures d'Ulysse écrit par Homère. *L'Iliade et l'Odyssée.*
• Suite d'aventures extraordinaires. *Ce voyage fut une véritable odyssée.*
Note.- Lorsqu'il désigne le poème d'Homère, le nom s'écrit avec une majuscule ; au sens figuré, il s'écrit avec une minuscule.

œcuménique adj.
• Les lettres **œ** se prononcent **é** [ekymenik].
• (Relig.) Universel.
Note.- Attention à l'orthographe : **œ**cuménique.

œcuménisme n. m.
• Les lettres **œ** se prononcent **é** [ekymenism(ə)].
Note.- Attention à l'orthographe : **œ**cuménisme.

œdème n. m.
• Les lettres **œ** se prononcent **é** [edɛm].
• (Méd.) Gonflement des tissus. *Un œdème pulmonaire.*
Note.- Attention à l'orthographe : **œ**dème.

œdipe n. m.
• Les lettres **œ** se prononcent **é** [edip].
• *Complexe d'Œdipe.* Le nom du héros grec s'écrit avec une majuscule dans l'expression ; construit elliptiquement, le nom s'écrit avec une minuscule. *Il souffre d'un œdipe.*

œil n. m.

- Organe de la vue. *Avoir de bons yeux.*
Note.- Le pluriel du nom **œil** est **yeux**, sauf dans les mots composés avec traits d'union où il s'écrit **œils** (*des œils-de-bœuf*), dans la langue de la marine (*les œils de la voile*) et dans la langue de l'imprimerie (*les œils d'un caractère*).
- Ouverture. *L'œil d'un marteau, d'une meule.*
- (Mar.) Boucle, ganse. *Les œils de la voile, du hauban.*
- (Imprim.) Relief qui constitue le caractère. *Des gros œils, des petits œils.*
- **Locutions**
- *À l'œil.* Gratuitement.
- *Avoir bon pied, bon œil.* Être en bonne santé.
- *Avoir l'œil, avoir le compas dans l'œil.* Savoir évaluer, mesurer au premier coup d'œil.
- *Avoir l'œil sur quelqu'un.* Surveiller étroitement quelqu'un.
- *Avoir les yeux sur quelqu'un* ou *quelque chose.* Regarder avec intérêt quelqu'un, quelque chose.
- *Avoir un œil au beurre noir, un œil poché.* Avoir un œil meurtri à la suite d'un coup.
- *Coup d'œil.* Regard rapide.
- *Crever les yeux, sauter aux yeux.* Être évident.
- *Être tout yeux, tout oreilles.* Être très attentif.
Note.- Dans cette expression, **tout** est invariable.
- *Faire les gros yeux, les yeux doux à quelqu'un.* Le regarder sévèrement, amoureusement.
- *Fermer les yeux à quelqu'un.* Assister quelqu'un à ses derniers moments.
- *Fermer les yeux sur quelque chose.* Ne pas tenir compte, feindre de ne pas voir, par connivence, par lâcheté.
- *Jeter de la poudre aux yeux.* Tenter d'éblouir par des apparences.
- *Les yeux fermés.* En toute confiance, en toute connaissance.
- *Mauvais œil.* Malchance.
- *Mon œil !* (Fam.) Interjection marquant le scepticisme.
- *Ne pouvoir fermer l'œil.* Être incapable de dormir.
- *Œil pour œil, dent pour dent.* Loi du talion qui incite à une vengeance proportionnelle à l'offense.
- *Ouvrir l'œil.* Exercer une surveillance étroite.
- *Pour les beaux yeux de quelqu'un.* Pour lui faire plaisir.
- *Se mettre le doigt dans l'œil.* Faire erreur.
- *Sous les yeux.* En présence de.
- *Voir les choses d'un bon œil, d'un mauvais œil.* Être favorable, défavorable à quelque chose.

œil-de-bœuf n. m.
Fenêtre ronde. *Des œils-de-bœuf.*
Note.- Contrairement au nom **œil** dont le pluriel est **yeux**, le nom composé s'écrit **œils** au pluriel. Seul le premier élément prend la marque du pluriel.

œil-de-chat n. m.
Pierre fine. *Des œils-de-chat.*

œillade n. f.
Regard de connivence. *Une œillade furtive.*

œillère n. f.
- Chacune des deux pièces de cuir destinées à obliger le cheval à regarder devant lui.
- *Avoir des œillères.* Être borné.

œillet n. m.
- Trou à bords renforcés par où passe un lacet.
- Fleur odorante.

œn(o)- préf.
Élément du grec signifiant « vin ». *Œnologue.*

œnologie n. f.
- Les lettres **œ** se prononcent **é** [enɔlɔʒi].
- Science des vins.

œnologique adj.
- Les lettres **œ** se prononcent **é** [enɔlɔʒik].
- Relatif à l'œnologie.

œnologue n. m. et f.
- Les lettres **œ** se prononcent **é** [enɔlɔg].
- Spécialiste des vins.

œsophage n. m.
- Les lettres **œ** se prononcent **é** [ezofaʒ].
- Partie du tube digestif qui va du pharynx à l'estomac.
Note.- Attention à l'orthographe : **œso***ph***age.**

œstrogène ou **estrogène** adj. et n. m.
- Les lettres **œ** se prononcent **è** [estrɔʒen].
- Hormone produite par l'ovaire durant la période reproductive de la femme, de la femelle.
Notes.-
1° Attention au genre masculin de ce nom : **un** œstrogène.
2° La graphie **estrogène** est vieillie.

œuf, œufs n. m.
- Au pluriel, le **f** ne se prononce pas [ø].
- Corps produit par les femelles des oiseaux et qui, lorsqu'il est fécondé, produit un embryon. *Un blanc d'œuf, un jaune d'œuf, des blancs d'œufs, des jaunes d'œufs. Des œufs à la coque, durs, brouillés, au plat.*

œuvre n. m. et f.
- **Nom féminin**
- Résultat d'une action. *Faire œuvre utile.*
- Travail. *Elle est à l'œuvre depuis plusieurs mois.*
- Production littéraire, artistique. *Une œuvre d'art.*
Note.- Pour désigner l'ensemble de la production d'un auteur, d'un peintre, etc., on emploie parfois le nom au masculin. *L'éditeur a réuni tout l'œuvre de Marcel Proust.*
- **Nom masculin**
(Arch.) Immeuble.
- **Locutions**
- *Chef-d'œuvre.* Œuvre capitale. *Des chefs-d'œuvre émouvants.*
- (Archit.) *Gros œuvre.* Ensemble des éléments de construction assurant la stabilité, la résistance et la protection d'un immeuble (murs, planchers et toiture).
- *Hors-d'œuvre.* Petites entrées. *Des hors-d'œuvre délicieux.*

- **Main-d'œuvre.** Ensemble des salariés. *La main-d'œuvre étrangère.*
- **Mettre en œuvre.** Employer tous les moyens nécessaires à la réalisation de quelque chose.
- **Mise en œuvre.** Mise en pratique.

œuvrer v. intr.
- (Litt.) Travailler, accomplir une œuvre.
Note.- Ce mot est de niveau littéraire ; dans la langue courante, son emploi au sens de **travailler** est affecté.
- Travailler pour une cause. *Il a toujours œuvré pour la promotion de la recherche scientifique.*

offense n. f.
Affront, outrage. *Il n'y a pas d'offense.*
Note.- Attention à l'orthographe : off**en**se.

offenser v. tr., pronom.
- **Transitif**
Blesser. *Ils ont offensé leurs amis.*
- **Pronominal**
- **S'offenser de** + nom, pronom ou infinitif. Se froisser. *Tu t'offenses de la moindre remarque, de ne pas avoir été élu.*
- **S'offenser que, de ce que** + subjonctif. Se fâcher, s'indigner. *Elle s'est offensée qu'on ne l'eût pas saluée.*
Note.- Le verbe se construit avec la conjonction **que** ou la locution conjonctive **de ce que** et est suivi du subjonctif.

offensif, ive adj.
Qui sert à attaquer. *Des armes offensives.*

offensive n. f.
Attaque. *Passer à l'offensive.*
Note.- Attention à l'orthographe : off**en**sive.

office n. m. et f.
- **Nom masculin**
- (Vx) Fonction.
- **Faire office de.** Tenir lieu. *Ces pièces feront office de bureaux.*
Note.- Dans cette expression, le nom est invariable.
- **Bons offices.** Aide. *Je m'en remets à vos bons offices.*
- **D'office.** Par ordre. *Il a été désigné d'office.*
- Organisme officiel. *Adressez-vous à l'Office du tourisme.*
- Cérémonie du culte. *L'office divin, l'office des morts.*
- **Nom masculin ou féminin**
Pièce où l'on range tout ce qui dépend du service de la table.

officialisation n. f.
Action de rendre officiel.
Note.- Attention à l'orthographe : offici**a**lisation.

officialiser v. tr.
Rendre officiel.
Note.- Attention à l'orthographe : offici**a**liser.

officiel, ielle adj.
Qui émane d'une autorité compétente. *Une recommandation officielle, une annonce officielle.*
Ant. **officieux.**

officiel n. m.
- (Sports) Organisateur.
- Personnage appartenant au gouvernement, à l'Administration. *La tribune des officiels.*

officiellement adv.
À titre officiel.

officier v. intr.
- Redoublement du *i* à la première et à la deuxième personne du pluriel de l'indicatif imparfait et du subjonctif présent. *(Que) nous officiions, (que) vous officiiez.*
- Célébrer le culte. *Les prêtres revêtus de leurs plus beaux ornements officiaient.*
- Agir cérémonieusement.

officier n. m.
Titulaire d'une charge militaire. *Des officiers supérieurs.*
Note.- Ce nom désigne également une personne qui a le titre supérieur à celui de chevalier, dans un ordre honorifique. *Officier de la Légion d'honneur.*

officieusement adv.
À titre officieux, sans caractère officiel.

officieux, ieuse adj.
De source sérieuse, mais non officielle. *Une nouvelle officieuse.*
Ant. **officiel.**

officine n. f.
- Partie d'une pharmacie où sont préparés les médicaments.
- Lieu où se trame quelque chose de louche. *Les officines du pouvoir.*

offrande n. f.
Don.

offrant n. m.
Au plus offrant. À la personne qui offre le prix le plus élevé.

offre n. f.
- Action d'offrir. *Une offre qu'il est impossible de refuser.*
- (Écon.) Mise à la disposition du marché de biens ou de services (par opposition à **demande**). *La loi de l'offre et de la demande.*
- **Appel d'offres.** Procédure d'appel à la concurrence entre plusieurs soumissionnaires relativement à un marché.
Note.- Dans cette expression, le mot **offre** s'écrit au pluriel.
- **Offre publique d'achat (O.P.A.).** (Bourse) Opération consistant à offrir aux actionnaires d'une société un prix supérieur au cours du marché pour leurs actions en vue de prendre le contrôle de cette société.

offrir v. tr., pronom.
- *J'offre, tu offres, il offre, nous offrons, vous offrez, ils offrent. J'offrais. J'offris. J'offrirai. J'offrirais. Offre, offrons, offrez. Que j'offre. Que j'offrisse. Offrant. Offert, erte.*
- Proposer quelque chose à quelqu'un. *Il a offert à*

son ami de prendre la relève. *Elle s'est offerte à lui parler.*

Note.- La construction avec la préposition *à* suivie de l'infinitif est plus littéraire ; la construction avec la préposition *de* est la plus courante.

offset adj. inv. et n. m. et f.
• **Adjectif invariable et nom masculin invariable.** (Imprim.) Procédé d'impression. *Des presses offset, un livre imprimé en offset.*
• **Nom féminin.** Presse qui permet l'impression selon ce procédé. *Des offsets efficaces.*
Note.- Le nom masculin et l'adjectif sont invariables, le nom féminin prend la marque du pluriel.

offshore ou **off shore** adj. inv. et n. m. inv.
• Attention à la prononciation [ɔʃɔr].
• (Anglicisme) En mer, au large, extraterritorial.

offusquer v. tr., pronom.
• **Transitif**
Choquer. *Il a offusqué ses parents.*
• **Pronominal**
- **S'offusquer de + nom, pronom ou infinitif.** Se formaliser de. *Elles se sont offusquées de ce commentaire, de n'avoir pas été consultées.*
- **S'offusquer que, de ce que + subjonctif.** S'indigner. *Tu t'offusques qu'on ne t'aie pas montré plus d'égards.*

ogival, ale, aux adj.
Qui est en forme d'ogive. *Un arc ogival.*

ogive n. f.
• (Archit.) Arc diagonal renforçant une voûte. *Des croisées d'ogives.*
• Partie supérieure de certains projectiles. *Ogive nucléaire d'un missile.*

ogre, esse n. m. et f.
Personnage fabuleux, géant friand de chair humaine. *Manger comme un ogre.*

oh ! interj. et n. m. inv.
• **Interjection**
- Interjection servant à marquer l'étonnement, l'indignation, la colère, l'admiration, la douleur, etc. *Oh ! quelle tristesse ! Oh la la !*
- **Oh ! hisse !** Interjection exprimant un effort collectif pour tirer.
Note.- L'interjection est toujours suivie d'un point d'exclamation repris à la fin de la phrase.
• **Nom masculin invariable**
Il poussait des oh ! et des ah !
V. **ô**.

ohé ! interj.
Interjection servant à appeler. *Ohé ! Venez par ici !*

ohm n. m.
• Symbole *Ω* (s'écrit sans point).
• Unité de mesure de résistance électrique. *Trois ohms.*

ohmmètre n. m.
Appareil de mesure de la résistance électrique.

oie n. f.
• Femelle du jars. *Du pâté de foie d'oie.*
Note.- Le petit de l'oie est l'*oison.*

• **Patte-d'oie.** Petite ride située au coin de l'œil. *Avoir des pattes-d'oie.*

oignon n. m.
• Les lettres *oi* se prononcent *o* [ɔɲɔ̃].
• Plante à bulbe comestible. *Une soupe à l'oignon.*
• **Aux petits oignons.** Aux petits soins, parfaitement. *J'étais traité aux petits oignons.*
• **S'occuper de ses oignons.** (Fam.) Se mêler de ses affaires.
• **En rang d'oignons.** En ligne droite.

oindre v. tr.
• *J'oins, tu oins, il oint, nous oignons, vous oignez, ils oignent. J'oignais, tu oignais, il oignait, nous oignions, vous oigniez, ils oignaient. J'oignis. J'oindrai. J'oindrais. Oins, oignons, oignez. Que j'oigne, que tu oignes, qu'il oigne, que nous oignions, que vous oigniez, qu'ils oignent. Que j'oignisse. Oignant. Oint, ointe.*
• Les lettres *gn* sont suivies d'un *i* à la première et à la deuxième personne du pluriel de l'indicatif imparfait et du subjonctif présent. *(Que) nous oignions, (que) vous oigniez.*
• Ce verbe est vieilli et s'emploie surtout à l'infinitif et au participe passé.
• Enduire d'huile. *À l'extrême-onction, le malade est oint avec les saintes huiles.*

oiseau n. m.
• Animal vertébré et ovipare dont le corps est revêtu de plumes et qui a deux pieds et deux ailes. *Des chants d'oiseau, des oiseaux de paradis.*
• **À vol d'oiseau.** Se dit d'une distance en ligne droite.

oiseau-mouche n. m.
Très petit oiseau, appelé également **colibri**. *Des oiseaux-mouches.*

oiseleur n. m.
(Vx) Personne qui capture des oiseaux.

oiselier n. m.
oiselière n. f.
Personne qui fait métier d'élever et de vendre des oiseaux.

oisellerie n. f.
Lieu où l'on élève les oiseaux, où l'on en fait le commerce.

oiseux, euse adj.
Inutile, vain. *Des discussions oiseuses.*
Note.- Ne pas confondre avec le mot *oisif* qui qualifie une personne désœuvrée.

oisif, ive adj.
Désœuvré. *Il est resté oisif.*
Note.- Ne pas confondre avec le mot *oiseux* qui qualifie ce qui est inutile, vain.

oisillon n. m.
Petit oiseau.
Note.- Ne pas confondre avec le mot *oison* qui désigne le petit de l'oie.

oisivement adv.
D'une manière oisive.

oisiveté n. f.
Désœuvrement.

oison n. m.
Petit de l'oie et du jars.
Note.- Ne pas confondre avec le mot *oisillon* qui désigne un petit oiseau.

O.I.T.
Sigle de *Organisation internationale du travail.*

O.K. adj. inv., adv. et interj.
(Fam.) D'accord, c'est entendu, oui. *C'est O.K., j'accepte.*
Note.- Cet américanisme est passé dans l'usage ; il s'écrit en majuscules avec des points.

okapi n. m.
Mammifère ruminant d'Afrique. *Des okapis blessés.*

olé !
V. **ollé !**

oléagineux, euse adj. et n. m.
Qui contient de l'huile. *L'arachide est un oléagineux.*

oléiculteur n. m.
oléicultrice n. f.
Personne qui fait la culture des oliviers.

oléiculture n. f.
Culture des oliviers.

oléoduc n. m.
Conduite servant au transport des produits pétroliers. *Ils ont construit des oléoducs.*
Note.- Ce nom construit sur le modèle de *aqueduc* sert d'équivalent au mot d'origine anglaise *pipe line.* Pour le transport du gaz, on emploie le mot *gazoduc.*

olfactif, ive adj.
Relatif à l'odorat. *Une sensation olfactive.*

olibrius n. m.
• Le **s** se prononce [ɔlibrijys].
• Personnage bizarre.

olifant ou **oliphant** n. m.
(Ancienn.) Corne de chasse.

olig(o)- préf.
Élément du grec signifiant « peu nombreux ». *Oligopole.*

oligarchie n. f.
Gouvernement dans lequel le pouvoir est exercé par un petit groupe.

oligarchique adj.
Qui appartient à l'oligarchie. *Un régime oligarchique.*

oligo-élément n. m.
Élément chimique essentiel au métabolisme. *Des oligo-éléments.*

oligopole n. m.
(Écon.) Situation d'un marché où quelques vendeurs se partagent la production pour l'offrir à une multitude d'acheteurs.
V. **monopole.**

oligopsone n. m.
(Écon.) Situation d'un marché où quelques acheteurs se partagent la production d'une multitude de vendeurs.

Notes.-
1° Attention à l'orthographe : oligopso**ne.**
2° L'antonyme peu usité de ce nom est **monopsone.** On pourrait également parler de monopole de la demande.

oliphant
V. olifant.

olivaie ou **oliveraie** n. f.
Plantation d'oliviers.

olivâtre adj.
Qui rappelle la couleur de l'olive. *Un teint olivâtre.*
V. Tableau - **COULEUR (ADJECTIFS DE).**
Note.- Attention à l'orthographe : oliv**â**tre.

olive adj. inv. et n. f.
• **Adjectif de couleur invariable.** De la couleur verte de l'olive. *Des chapeaux olive, des soies vert olive.*
V. Tableau - **COULEUR (ADJECTIFS DE).**
• **Nom féminin.** Fruit de l'olivier dont on tire de l'huile. *Des olives noires.*

oliveraie
V. **olivaie.**

olivier n. m.
Arbre dont le fruit est l'olive.
Note.- La branche d'olivier est le symbole de la paix.

ollé ! ou **olé !** interj.
• Interjection espagnole qui sert à marquer l'encouragement.
• *Olé, olé.* (Fam.) Très libre. *Le film est un peu olé olé.*

olographe adj.
(Dr.) Se dit d'un testament écrit à la main par le testateur.
Notes.-
1° L'adjectif s'orthographie également *holographe.*
2° Ne pas confondre avec le mot *holographe*, relatif à l'holographie.

olympiade n. f.
• Période de quatre ans qui sépare deux célébrations des Jeux olympiques.
• Jeux olympiques. *Les XIVᵉ olympiades.*
Notes.-
1° Au sens de *Jeux olympiques*, cet emploi est critiqué.
2° Le nom s'écrit avec une minuscule.

olympien, ienne adj.
Majestueux. *Une démarche olympienne.*

olympique adj.
• Relatif aux Jeux olympiques.
• Conforme aux règles des Jeux olympiques. *Une discipline olympique.*
• *Jeux olympiques.* Compétition sportive internationale qui a lieu tous les quatre ans. *Les Jeux olympiques d'été.*
Note.- Logiquement, le nom devrait s'écrire avec une majuscule et l'adjectif, avec une minuscule. *Les Jeux olympiques d'Albertville.* De nombreux auteurs écrivent cependant *jeux Olympiques, Jeux Olympiques.*

ombellifère adj. et n. f. pl.
Famille de végétaux à laquelle appartiennent les carottes, le céleri, le persil, etc.

ombilic n. m.
• Le *c* se prononce [ɔ̃bilik].
• Nombril.
Note.- Attention à l'orthographe : ombi*l*ic.

ombilical, ale, aux adj.
Qui se rapporte à l'ombilic. *Des cordons ombilicaux.*

omble n. m.
Poisson salmonidé. *L'omble chevalier.*

ombrage n. m.
Ombre formée par le feuillage.

ombragé, ée adj.
Couvert d'ombre. *Un chemin ombragé.*
Note.- Ne pas confondre avec le mot **ombrageux** qui qualifie une personne méfiante, susceptible.

ombrager v. tr.
• Le *g* est suivi d'un *e* devant les lettres *a* et *o*. *Il ombragea.*
• Donner de l'ombre, en parlant des feuillages. *Le chêne ombrageait le jardin.*

ombrageux, euse adj.
Méfiant, susceptible. *Un caractère ombrageux.*
Note.- Ne pas confondre avec le mot **ombragé** qui qualifie ce qui est couvert d'ombre.

ombre n. f.
• Zone sombre. *Il fait bon à l'ombre de ce grand chêne.*
• **Dans l'ombre.** À l'écart. *Ils travaillent dans l'ombre.*
• **Sous l'ombre, sous ombre de.** Sous prétexte. *Sous ombre de franchise, il blesse inutilement.*

ombrelle n. f.
Petit parasol.

ombrer v. tr.
Mettre de l'ombre (dans un dessin). *Ombrer un fusain.*
Note.- Ne pas confondre avec le verbe **ombrager** qui signifie « donner de l'ombre ».

ombreux, euse adj.
(Litt.) Qui donne de l'ombre.

ombudsman n. m.
• Attention à la prononciation [ɔmbydsman].
• Personne indépendante chargée de défendre les droits des particuliers, dans les pays scandinaves.

oméga n. m. inv.
Dernière lettre grecque. *C'est l'alpha et l'oméga, le commencement et la fin.*

omelette n. f.
Œufs battus et cuits dans la poêle.
Note.- Attention à l'orthographe : ome*lett*e.

omettre v. tr.
• Ce verbe se conjugue comme **mettre.**
• Ne pas faire quelque chose, volontairement ou non. *Ils ont omis de nous prévenir.*

omission n. f.
• Action d'omettre.

• La chose omise. *Sauf erreur ou omission.*
Note.- Attention à l'orthographe : o*m*ission.

O.M.M.
Sigle de *Organisation météorologique mondiale.*

omni- préf.
• Élément du latin signifiant « tout ».
• Les mots composés avec le préfixe **omni-** s'écrivent en un seul mot. *Omnipraticien, omnivore.*

omnibus adj. inv. et n. m.
Se dit d'un véhicule qui s'arrête à toutes les stations. *Un train omnibus.*

omnipotent, ente adj.
Tout-puissant.

omnipraticien n. m.
omnipraticienne n. f.
Médecin généraliste.
Syn. **généraliste.**

omniprésence n. f.
Présence en tous lieux. *L'omniprésence des panneaux publicitaires d'une campagne.*

omniprésent, ente adj.
Présent en tous lieux.

omniscience n. f.
(Litt.) Connaissance de toute chose.

omniscient, iente adj.
(Litt.) Qui sait tout.

omnisports adj. inv.
Où l'on pratique plusieurs sports. *Un centre omnisports.*
Note.- Attention à l'orthographe : omnisport**s.**

omnivore adj. et n. m. et f.
Qui mange de tout.

omoplate n. f.
Os formant le haut de l'épaule.
Note.- Attention au genre féminin de ce nom : **une** omoplate.

O.M.S.
Sigle de *Organisation mondiale de la santé.*

on pron. pers. indéf.
V. Tableau - **ON.**

onanisme n. m.
Masturbation.

once n. f.
• Symbole *oz* (s'écrit sans point).
• Unité de masse anglo-saxonne.

oncle n. m.
• Frère du père ou de la mère. *Mon oncle Albert était très gentil.*
• Parent, mari de la tante. *Oncle Albert, tu n'aurais pas dû !*
• Surnom familier : **tonton.**

onction n. f.
• (Relig.) Action de frotter une partie du corps avec des huiles saintes.

ON

Pronom indéfini de la troisième personne du singulier, le pronom **on** peut remplacer, dans la langue familière ou orale, les pronoms personnels *je, tu, il, elle, nous, vous, ils, elles.*

Le pronom **on** agit toujours comme **sujet du verbe** et l'accord de l'adjectif ou du participe passé se fait généralement au masculin singulier, à moins que le pronom ne représente un sujet féminin ou pluriel. Cependant le verbe demeure toujours au singulier. *On est élu par l'ensemble des membres. On est bien conciliante aujourd'hui. On est tous égaux.*

EMPLOIS

- D'une façon indéfinie au sens de *tout le monde, n'importe qui.*

    On a sonné ?

- Dans les proverbes au sens de *chacun.*

    On n'est jamais si bien servi que par soi-même.

- Dans la langue familière, en remplacement de :

    - *je.* Par modestie, l'auteur substitue le pronom indéfini, moins prétentieux que le *nous,* au *je.*

        On a longuement étudié la question.

    - *tu, vous.*

        Alors, on a fait l'école buissonnière ?

    - *il, elle, ils, elles.*

        Est-ce qu'on a été tendre avec toi, au moins ?
    - *nous.*

        Hier, on est allé se promener, ou on est allés se promener.

Note.- L'adjectif, l'attribut ou le participe se met au genre et au nombre du sujet remplacé par **on.**

- Pour désigner l'auteur inconnu ou anonyme d'un renseignement.

    On m'a dit que les employés étaient mécontents. Des on-dit, le qu'en-dira-t-on.

Notes.-

   1º Quand il y a plusieurs verbes coordonnés, le pronom doit être répété. *On lave les légumes, on les coupe, on les fait revenir dans du beurre.*

   2º L'adjectif possessif et le pronom personnel renvoyant au sujet **on** sont généralement de la troisième personne. *On a toujours besoin d'un plus petit que soi.*

   Cependant, si le pronom indéfini est employé pour un pronom de la première ou de la deuxième personne, les adjectifs possessifs ou les pronoms personnels pourront être de la première ou de la deuxième personne. *On se sent chez nous.*

   3º Pour des raisons d'euphonie, surtout après les mots *et, ou, où, que, à qui, quoi, si,* le verbe est précédé de l'article élidé *l'. Si l'on examinait cette question.* En tête de phrase, l'emploi de l'article est archaïque. *L'on m'a dit que...*

   4º Quand la phrase est négative, l'adverbe de négation *ne, n'* ne peut pas être omis. *On n'arrive pas à l'attacher.*

- *Extrême-onction.* Derniers sacrements.
- Douceur affectée.

onctueux, euse adj.
Velouté. *Un potage onctueux.*
Note.- Attention à l'orthographe : onctueu**x**.

onctuosité n. f.
Caractère de ce qui est onctueux.
Note.- Attention à l'orthographe : onctu**o**sité.

onde n. f.
- **Nom féminin**
- (Litt.) Eau.

onze

- Vibration. *Longueur d'ondes.*
- ***Être sur la même longueur d'onde.*** Se comprendre.
Note.- Dans cette expression, le nom est au singulier.
• **Nom féminin pluriel**
- (Vx) ***Les ondes.*** La radio.
- ***Mettre en ondes.*** Régler les détails d'une émission avant sa diffusion ou son enregistrement.

ondée n. f.
Averse.

on-dit n. m. inv.
Racontar. *Peu m'importe les on-dit ou les qu'en-dira-t-on.*
Note.- Ce nom s'emploie surtout au pluriel.

ondoiement n. m.
• Mouvement de ce qui ondoie. *L'ondoiement d'un drapeau sous l'action du vent.*
• Baptême dont le rituel est réduit à l'essentiel.
Note.- Attention à l'orthographe : ondoi**e**ment.

ondoyer v. tr., intr.
• **Transitif.** Baptiser par ondoiement. *Ondoyer un nouveau-né.*
• **Intransitif.** Onduler. *Des champs de blé qui ondoient sous la brise.*

ondulation n. f.
Mouvement sinueux. *Les ondulations des flots.*

ondulatoire adj.
Qui se propage par ondulations. *Un mouvement ondulatoire.*

onduler v. tr., intr.
• **Transitif.** Rendre ondulé. *Onduler les cheveux.*
• **Intransitif.** Avoir un mouvement d'ondulation. *Le drapeau ondule sous le vent.*

one-man-show n. m. inv.
• Attention à la prononciation [wanmanʃo].
• (Anglicisme) Spectacle de variétés centré sur un artiste.
Note.- L'expression ***spectacle solo*** a fait l'objet d'une recommandation officielle pour remplacer cet emprunt.

onéreux, euse adj.
Qui entraîne beaucoup de frais, qui coûte cher. *Un voyage onéreux.*

O.N.G.
Sigle de ***organisation non gouvernementale.***

ongle n. m.
• Partie cornée qui recouvre l'extrémité supérieure des doigts et des orteils. *Des ongles soignés, du vernis à ongles.*
• ***Payer rubis sur l'ongle.*** Payer complètement ce qui est dû.

onglée n. f.
Engourdissement douloureux du bout des doigts causé par le froid. *Avoir l'onglée.*

onglet n. m.
Entaille où l'on peut introduire l'ongle, le doigt. *L'onglet d'un canif.*

onguent n. m.
Pommade. *Un onguent antibiotique.*
Note.- Attention à l'orthographe : ong**ue**nt.

ongulé adj. et n. m.
Se dit des animaux dont les pieds sont terminés par des sabots. *Les chevaux sont des ongulés.*

onirique adj.
Relatif aux rêves. *Une vision onirique.*

onomasiologie n. f.
(Ling.) Science des significations, partant de la notion pour en étudier la désignation.
Note.- Ne pas confondre avec le mot ***sémasiologie*** qui désigne la science des significations, partant du mot pour en étudier le sens.

onomastique adj. et n. f.
• **Adjectif.** (Ling.) Relatif aux noms propres. *Un dictionnaire onomastique.*
• **Nom féminin.** (Ling.) Science des noms propres.

onomatopée n. f.

• Mot dont le son imite la chose dénommée (cri, bruit, etc.). *Coin-coin, atchoum, glouglou, tic tac, coucou, ronron, cocorico.*
• La liste des onomatopées est infinie puisque celles-ci relèvent de la créativité des auteurs. Les bandes dessinées, tout particulièrement, font appel à ces mots sonores qui s'apparentent aux interjections et qui sont souvent suivis d'un point d'exclamation. *Boum ! Splatch ! zzz... Miam ! Snif... Vroum !*
• Les verbes qui traduisent les cris d'animaux sont souvent conçus à partir d'onomatopées. *La vache meugle, le chat miaule, la colombe roucoule.*
Note.- Attention à l'orthographe : onomato**p**ée.

---

onto- préf.
Élément du grec signifiant « être ». *Ontologie.*

ontologie n. f.
(Philo.) Partie de la métaphysique qui étudie l'être dans son essence.

ontologique adj.
Relatif à l'ontologie.

O.N.U.
Sigle de ***Organisation des Nations Unies.***

onusien, ienne adj. et n. m. et f.
De l'Organisation des Nations Unies (O.N.U.).

onyx n. m.
• Le *x* se prononce [ɔniks].
• Agate semi-transparente. *Un bel onyx.*
Note.- Attention au genre masculin de ce nom : ***un*** ony**x**.

onze adj. et n. m. inv.
• **Adjectif numéral cardinal invariable.** Nombre qui vient après dix. *Il a onze ans.*
• **Adjectif numéral ordinal invariable.** Onzième. *Le 11 février.*
• **Nom masculin invariable.** Le nombre onze. *On commémore l'Armistice le onze novembre.*

Note.- L'élision et la liaison sont interdites devant le mot **onze**. *Des colis de onze kilos. Le onze septembre.*
V. Tableau - **ÉLISION.**
V. Tableau - **LIAISONS.**

onzième adj. et n. m.
• **Adjectif numéral ordinal.** Nombre ordinal de onze. *La onzième fois.*
• **Nom masculin.** Onzième partie d'un tout. *Les trois onzièmes d'un groupe.*
• **Nom masculin et féminin.** Personne, chose qui occupe le onzième rang. *Elles sont les onzièmes.*
Note.- L'élision et la liaison sont interdites devant le mot **onzième**. *La onzième heure.*

onzièmement adv.
En onzième lieu.

op.
Abréviation de **opus**.

O.P.A.
Sigle de **offre publique d'achat.**

opacifier v. tr.
Rendre opaque.
Note.- Attention à l'orthographe : opa**c**ifier.

opacité n. f.
Caractère de ce qui ne laisse pas passer la lumière. Ant. **transparence.**

opale adj. et n. f.
• **Adjectif.** Qui a la couleur irisée de l'opale.
• **Nom féminin.** Pierre qui donne des reflets irisés et qui est utilisée en joaillerie.
Note.- Ne pas confondre avec le mot **opaline** qui désigne un verre épais d'un blanc laiteux.

opalescence n. f.
(Litt.) Reflet irisé.
Note.- Attention à l'orthographe : opale**sc**ence.

opalescent, ente adj.
(Litt.) Qui a les nuances vives et les reflets irisés de l'opale.
Notes.-
1° Attention à l'orthographe : opale**sc**ence.
2° Ne pas confondre avec les mots suivants :
- **cristallin**, qui est transparent comme le cristal ;
- **diaphane**, translucide ;
- **transparent**, qui laisse voir nettement les objets.

opalin, ine adj.
Qui a la teinte laiteuse et irisée de l'opale.

opaline n. f.
Verre épais d'un blanc laiteux avec lequel on fabrique des vases.
Note.- Ne pas confondre avec le mot **opale** qui désigne une pierre qui donne des reflets irisés.

opaque adj.
Qui n'est pas transparent. *Un verre opaque.*

op. cit.
Abréviation de **opere citato**.
Note.- En typographie soignée, les mots étrangers sont composés en italique. Dans des textes déjà en italique, la notation se fait en romain. Pour les textes manuscrits, on utilisera les guillemets.

O.P.E.P.
Sigle de **Organisation des pays exportateurs de pétrole.**

opéra n. m.
• Œuvre dramatique mise en musique et dont les paroles sont chantées. *Il aime l'opéra, les opéras.*
• Édifice où l'on interprète ces œuvres. *L'Opéra de Paris.*

opérable adj.
Qui peut être opéré. *Un malade opérable. Une tumeur opérable.*

opéra-comique n. m.
Œuvre dramatique mise en musique dans laquelle les dialogues alternent avec les parties chantées. *Des opéras-comiques.*
Note.- Attention à l'orthographe : opéra-comique.

opérateur n. m.
opératrice n. f.
Personne qui fait fonctionner un appareil, qui effectue des opérations techniques. *Un opérateur de prise de vues. Elle est opératrice de saisie.*

opération n. f.
• Mise en œuvre de moyens en vue d'atteindre un résultat. *Une opération publicitaire.*
• **Plan d'opérations.** Suite programmée d'actions.
Note.- Dans cette expression, le nom **opération** se met au pluriel.
• Intervention chirurgicale. *Une opération à cœur ouvert.*
• **Table, salle d'opération.** Dans ces expressions, le nom **opération** est au singulier.
• Achat ou vente de valeurs. *Des opérations de Bourse, des opérations commerciales, bancaires.*
• Calcul. *Les opérations mathématiques fondamentales sont l'addition, la soustraction, la multiplication et la division.*

opérationnel, elle adj.
• Qui est en exploitation. *Un système opérationnel. Cette usine sera opérationnelle en 1995.*
• **Recherche opérationnelle.** Méthode d'analyse scientifique fondée sur la statistique et les mathématiques en vue de la détermination rationnelle des solutions les plus efficaces et les plus économiques.

opératoire adj.
Relatif aux opérations chirurgicales. *Le bloc opératoire.*

opere citato
• Abréviation **op. cit.**
• Locution latine qui signifie « dans l'ouvrage déjà mentionné ».
Note.- En typographie soignée, les mots étrangers sont composés en italique. Dans des textes déjà en italique, la notation se fait en romain. Pour les textes manuscrits, on utilisera les guillemets.

opérer v. tr., pronom.
• Le **é** se change en **è** devant une syllabe muette, sauf

à l'indicatif futur et au conditionnel présent. *J'opère,* mais *j'opérerai.*

• **Transitif**
- Accomplir, effectuer. *Il faut opérer un choix très rapidement.*
- Pratiquer une opération chirurgicale sur quelqu'un. *Opérer une patiente de l'appendicite.*
• **Pronominal**
S'accomplir, avoir lieu. *Une étrange transformation s'est opérée en elle.*

opérette n. f.
Petit opéra-comique.

ophtalm(o)- préf.
Élément du grec signifiant « œil ». *Ophtalmologie.*

ophtalmique adj.
Relatif à l'œil.
Note.- Attention à l'orthographe : o*ph*talmique.

ophtalmologie n. f.
Partie de la médecine qui traite des pathologies de l'œil et des opérations pratiquées sur l'œil.
Note.- Attention à l'orthographe : o*ph*talmologie.

ophtalmologiste ou **ophtalmologue** n. m. et f.
• Spécialiste en ophtalmologie.
• S'abrège familièrement en *ophtalmo* (s'écrit sans point).
Notes.-
1º Attention à l'orthographe : o*ph*talmologiste.
2º Ne pas confondre avec les mots suivants :
- *oculiste*, médecin spécialiste des anomalies de la vision ;
- *opticien*, personne qui fabrique et vend des lunettes.

opiacé, ée adj. et n. m.
Qui contient de l'opium.

opiner v. intr.
• (Vx) Donner son avis, son assentiment.
• *Opiner du bonnet.* Donner son assentiment.

opiniâtre adj.
(Litt.) Persévérant, obstiné.
Note.- Attention à l'orthographe : opiniâtre.

opiniâtrement adv.
Obstinément.
Note.- Attention à l'orthographe : opiniâtrement.

opinion n. f.
• Avis. *Ne pas avoir d'opinion sur un sujet. La liberté d'opinion.*
• *Sondage d'opinion.* Enquête sur certaines caractéristiques d'une population en vue d'étudier un marché potentiel, de prévoir un comportement politique, etc.
• Jugement d'un groupe social. *L'opinion publique.*

opium n. m.
Stupéfiant extrait d'un pavot. *Des opiums de contrebande.*

opossum n. m.
Mammifère d'Amérique recherché pour sa fourrure. *Des opossums. Des manteaux d'opossum.*
Note.- Attention à l'orthographe : o*p*ossum.

opportun, une adj.
• Convenable, favorable. *Une circonstance opportune, les moments opportuns. Il serait opportun de prévenir la direction.*
• *En temps opportun.* En temps et lieu.

opportunément adv.
À propos.

opportunisme n. m.
(Péj.) Attitude d'une personne qui place son intérêt au-dessus de ses principes.

opportuniste adj. et n. m. et f.
• **Adjectif.** (Péj.) Qui se conduit de façon intéressée.
• **Nom masculin et féminin.** (Péj.) Personne qui fait preuve d'opportunisme.

opportunité n. f.
• Caractère opportun de quelque chose.
• (Anglicisme) Occasion favorable.

opposant, ante adj. et n. m. et f.
Adversaire. *Les opposants d'un régime.*
Note.- Ne pas confondre avec le participe présent invariable *opposant. Faire la liste des différends opposant les deux parties.*

opposé, ée adj. et n. m.
• **Adjectif.** Situé en face, contraire. *Il a pris la direction opposée à celle qu'il devait suivre.*
• **Nom masculin.** Inverse. *L'opposé d'une thèse.*
• *À l'opposé de,* locution prépositive. Au contraire de.

opposer v. tr., pronom.
• **Transitif**
- Diviser. *Des intérêts différents les opposent l'un à l'autre.*
- Mettre vis-à-vis, comparer.
• **Pronominal**
Se dresser contre, faire obstacle. *Elles se sont opposées vigoureusement à ce qu'il soit présent.*

opposition n. f.
• Action de faire obstacle à quelque chose. *L'opposition de sa famille.*
• (Polit.) Ensemble des élus qui ne sont pas de la majorité au pouvoir. *Former l'opposition officielle.*

oppressant, ante adj.
Qui oppresse. *Une humidité oppressante.*

oppresser v. tr.
• Causer une gêne de la respiration. *Une bronchite l'oppressait.*
• Étouffer sous un poids, une angoisse. *L'inquiétude l'oppresse.*
Note.- Ne pas confondre avec le verbe *opprimer* qui signifie « persécuter, accabler par abus d'autorité ».

oppresseur adj. m. et n. m.
Personne qui opprime.
Note.- L'adjectif et le nom n'ont pas de forme féminine.

oppressif, ive adj.
Qui opprime. *Une loi oppressive.*
Note.- L'adjectif ne s'emploie que pour des choses.

oppression n. f.
• Gêne respiratoire, malaise.
• Action d'opprimer.

opprimé, ée adj. et n. m. et f.
Qui subit une oppression. *Les peuples opprimés.*

opprimer v. tr.
Persécuter, accabler par abus d'autorité.
Note.- Ne pas confondre avec le verbe *oppresser* qui
signifie « étouffer sous un poids, une angoisse ».

opprobre n. m.
(Litt.) Déshonneur, honte. *Il a couvert sa famille d'opprobre.*
Note.- Attention au genre masculin de ce nom : *un*
opprob**re**.

-opsie suff.
Élément du grec signifiant « vue ». *Biopsie.*

opter v. intr.
(Litt.) Choisir. *Il a opté pour la médecine.*
Note.- Le verbe se construit avec la préposition *pour.*

opticien n. m.
opticienne n. f.
Personne qui fabrique et vend des lunettes.
Note.- Ne pas confondre avec les mots suivants :
- *oculiste*, médecin spécialiste des anomalies de la vision ;
- *ophtalmologiste, ophtalmologue*, spécialiste en ophtalmologie, partie de la médecine qui traite des pathologies de l'œil et des opérations pratiquées sur l'œil.

optimal, ale, aux adj.
Qui est le meilleur possible. *Des résultats optimaux.*
Note.- Cet adjectif s'intègre mieux que l'adjectif emprunté au latin *optimum.* Étant un superlatif, l'adjectif
ne peut s'employer avec un comparatif.

optimisation n. f.
Action d'optimiser.

optimiser v. tr.
Déterminer parmi toutes les solutions d'un problème
celle qui, compte tenu des contraintes, donne le meilleur résultat.

optimisme n. m.
Disposition à voir les bons côtés de la réalité.
Ant. **pessimisme.**

optimiste adj. et n. m. et f.
Enclin à percevoir les bons côtés d'une chose.
Ant. **pessimiste.**

optimum, optima ou **optimums** adj. et n. m.
• Les lettres *um* se prononcent *om* [ɔptimɔm].
• État le plus favorable possible d'une chose, d'une
situation. *Des optima, des optimums de rentabilité.*
Note.- L'emploi de l'adjectif *optimal* qui s'intègre mieux
au français est préférable à celui de l'adjectif latin
dont le pluriel est problématique.

option n. f.
• (Dr.) Promesse d'achat, de vente. *Avoir une option
d'achat sur un bâtiment.*
• Possibilité de choisir entre deux ou plusieurs choses.
Une matière à option.

optionnel, elle adj.
Facultatif. *Cette matière est optionnelle.*
Note.- Attention à l'orthographe : optio**nn**el.
Ant. **obligatoire.**

optique adj. et n. f.
• **Adjectif**
Relatif à la vision. *Un lecteur optique.*
• **Nom féminin**
- Science de la lumière et de ses relations avec la
vision.
- Perspective. *Une optique très pessimiste.*
- *Illusion d'optique.* Erreur de point de vue.

optométrie n. f.
Science qui a pour objet la mesure et la correction de
la vue.

optométriste n. m. et f.
Opticien qui pratique l'examen de la vue.

opulence n. f.
Abondance de biens.
Note.- Attention à l'orthographe : opul**en**ce.

opulent, ente adj.
• Riche.
• Abondant. *Des formes opulentes.*

opus n. m.
• Le *s* se prononce [ɔpys].
• Abréviation *op.* (s'écrit avec un point).
• Œuvre musicale.

opuscule n. m.
Petit livre scientifique ou littéraire.
Note.- Attention au genre masculin de ce nom : *un*
ô**p**uscul**e**.

or n. m.
• Symbole *Au* (s'écrit sans point).
• Métal précieux. *Des pièces d'or.*
• (Au plur.) Fond doré d'un tableau. *Les ors vieillis
d'une miniature.*
• **Locutions**
- *Valoir son pesant d'or.* Avoir une grande valeur.
- *Cœur d'or.* Personne très généreuse.
- *Personne en or.* Excellente personne.
- *Âge d'or.* Époque fabuleuse (du passé ou de l'ave-
nir).
- *Vieil or.* Des drapés vieil or.

or adv. et conj.

• **Adverbe de temps**
(Vx) Maintenant.
• **Conjonction de coordination**
- La conjonction sert à mettre en relief un fait nouveau,
une phrase qui contredit, dans une certaine mesure,
ce qui précède. *On l'attendait jeudi ; or, il n'arriva que
le samedi.*
- Elle sert aussi à introduire un argument, à lier les
termes d'un raisonnement. *Les poissons vivent dans
l'eau, or, le saumon est un poisson ; donc le saumon
vit dans l'eau.*
Note.- La conjonction est généralement suivie d'une
virgule.

oracle n. m.
- Prophétie.
- (Litt.) Personne qui énonce des avis avec autorité et compétence.

Note.- Attention au genre masculin de ce nom : **un** oracle.

orage n. m.
Perturbation atmosphérique qui se caractérise par une pluie abondante, des éclairs et du tonnerre. *Le temps est à l'orage.*

Note.- Ne pas confondre avec les mots suivants :
- **bourrasque**, coup de vent violent ;
- **cyclone**, tempête caractérisée par un puissant tourbillon destructeur ;
- **ouragan**, vent très violent accompagné de pluie ;
- **tempête de neige**, chute de neige abondante ;
- **tornade**, trombe de vent violent ;
- **typhon**, tourbillon marin d'une extrême violence.

orageux, euse adj.
- Qui annonce l'orage. *Un ciel orageux.*
- Tumultueux. *Une assemblée orageuse.*

oraison n. f.
Prière. *Une oraison funèbre.*

Note.- Attention à l'orthographe : or**ai**son.

oral, ale, aux adj. et n. m.
- **Adjectif**
- Relatif à la bouche. *La phase orale.*
- Dit (par opposition à **écrit**). *La tradition orale.*
- **Nom masculin**
Examen oral. *Les oraux de fin d'année.*

oralement adv.
D'une manière orale.

orange adj. inv. et n. f.
- **Adjectif de couleur invariable.** De la couleur jaune des oranges. *Des cartes orange.*
V. Tableau - **COULEUR (ADJECTIFS DE).**
- **Nom féminin.** Fruit comestible de l'oranger apprécié pour son jus. *Une orange bien juteuse. Un jus d'orange.*

orangé, ée adj. et n. m.
- **Adjectif.** De la couleur obtenue par la combinaison du jaune et du rouge. *Des nuances orangées.*
V. Tableau - **COULEUR (ADJECTIFS DE).**
- **Nom masculin.** Couleur de l'orange. *Des orangés très vifs.*

Note.- Contrairement à l'adjectif de couleur **orange** qui est invariable, l'adjectif **orangé** s'accorde en genre et en nombre avec le nom auquel il se rapporte.
Hom. **oranger**, arbre qui produit les oranges.

orangeade n. f.
Boisson à base de jus d'orange.

oranger n. m.
Arbre qui produit les oranges.
Hom. **orangé** qui est de couleur orange.

orangeraie n. f.
Plantation d'orangers.

orangerie n. f.
Partie d'un jardin où l'on place des orangers. *L'orangerie de Versailles.*

orang-outan ou **orang-outang** n. m.
Singe de grande taille. *Des orangs-outans, des orangs-outangs.*

orateur n. m.
oratrice n. f.
- Personne qui prononce un discours devant une assemblée.
- Personne éloquente. *C'est un excellent orateur.*

oratoire adj. et n. m.
- **Adjectif.** Qui se rapporte à l'art de la parole en public.
- **Joute oratoire.** Concours oratoire, débats.

Note.- Ne pas confondre avec le mot **aratoire**, qui se rapporte au labourage.
- **Nom masculin.** Chapelle.

oratorio n. m.
(Mus.) Drame lyrique à grand orchestre portant sur un sujet religieux. *Les oratorios de Haendel.*

Note.- Ce mot d'origine italienne est francisé et prend la marque du pluriel.

orbital, ale, aux adj.
(Astron.) Relatif à l'orbite d'un astre. *Des satellites orbitaux.*

orbite n. f.
- Cavité où est placé l'œil. *Des orbites creuses.*
- Trajectoire décrite par un corps céleste.
- **Mise sur orbite.** Lancement d'un satellite sous une orbite. *Des mises sur orbite ratées.*

Note.- Attention au genre féminin de ce nom : **une** orbite.

orchestrateur n. m.
orchestratrice n. f.
- Les lettres **ch** se prononcent **k** [ɔrkɛstratœr].
- Musicien chargé de l'orchestration d'une œuvre.

orchestration n. f.
- Les lettres **ch** se prononcent **k** [ɔrkɛstrasjɔ̃].
- Façon dont les parties d'un orchestre sont agencées.
- Adaptation d'une œuvre musicale à l'orchestre.

orchestre n. m.
- Les lettres **ch** se prononcent **k** [ɔrkɛstr(ə)].
- Dans une salle de spectacle, ensemble des places du rez-de-chaussée rapprochées de la scène.
- Ensemble de musiciens qui exécute de la musique. *Un concerto pour violon et orchestre.*
- **Chef d'orchestre.** Musicien qui dirige un orchestre.

orchestrer v. tr.
- Les lettres **ch** se prononcent **k** [ɔrkɛstre].
- (Mus.) Adapter pour l'orchestre. *Orchestrer une chanson.*
- (Fig.) Organiser, coordonner une activité. *Orchestrer un colloque international.*

orchidée n. f.
- Les lettres **ch** se prononcent **k** [ɔrkide].

- Plante donnant des fleurs recherchées pour leur beauté et leur parfum.
- Fleur de cette plante.

ordinaire adj. et n. m.
- **Adjectif**
- Qui est dans l'ordre habituel.
- Moyen, commun. *Un papier ordinaire, un auteur très ordinaire. De l'essence ordinaire.*
- *À l'ordinaire, d'ordinaire.* Habituellement.
- **Nom masculin**
- Le degré moyen d'une chose.
- *À son ordinaire.* Comme d'habitude. *Comme à son ordinaire, il part très tôt le matin.*

ordinairement adv.
En général, habituellement.

ordinal, ale, aux adj. et n. m.
Qui marque le rang. *L'adjectif numéral* **quatorzième** *est ordinal, alors que l'adjectif numéral* **quatorze** *est cardinal.*
V. Tableau - **NOMBRES.**
V. Tableau - **NUMÉRAL (ADJECTIF).**

ordinateur n. m.
(Inform.) Appareil de traitement automatique de données.
Note.- Attention à l'orthographe : ordi**n**ateur.

ordinogramme n. m.
Schéma d'analyse qui permet de représenter la logique de l'enchaînement des opérations de traitement et de résolution d'un problème.
Note.- Ne pas confondre avec le mot **organigramme** qui désigne la représentation schématique des divers services d'une entreprise, d'un organisme et des rapports qui les unissent.

ordonnance n. f.
- Disposition, arrangement d'ensemble. *L'ordonnance d'une maison.*
- (Dr.) Décision. *Une ordonnance de non-lieu.*
- Document sur lequel la prescription d'un médecin est inscrite. *Ce médicament ne se vend que sur ordonnance.*
Note.- Ne pas confondre avec le mot **prescription** qui désigne un ordre détaillé, une recommandation, un conseil thérapeutique émanant d'un médecin. Quand la prescription est sous forme écrite, il s'agit d'une **ordonnance.**
- Soldat au service d'un officier.
Notes.-
1° Bien que le nom soit du genre féminin, il est souvent employé au masculin en ce sens.
2° Attention à l'orthographe : ordo**nn**ance.

ordonnancement n. m.
Organisation méthodique de la production d'un bien, d'un service. *L'ordonnancement d'une commande.*

ordonnée n. f.
Coordonnée verticale qui sert à définir un point.
Ant. **abscisse.**

ordonner v. tr.
- Donner un ordre. *On a ordonné que les commerces soient fermés le dimanche.*

Notes.-
1° Ce verbe se construit généralement avec le subjonctif, mais il peut se construire avec l'indicatif futur ou le conditionnel si l'on veut insister sur l'énoncé d'un jugement, d'un ordre, d'un texte législatif. *Le juge a ordonné que le témoin serait entendu.*
2° Ne pas confondre avec les verbes suivants :
- **arrêter**, décider quelque chose dans son esprit ;
- **décider**, prendre une décision ;
- **décréter**, ordonner par décret ;
- **trancher**, décider sans appel.
- Mettre en ordre. *Ordonner des éléments de façon systématique.*

ordre n. m.
- Disposition, arrangement. *Un ordre alphabétique, systématique.*
- Disposition méthodique, harmonieuse. *Tout est en ordre.*
- Norme, organisation sociale. *Rétablir l'ordre, rentrer dans l'ordre.*
- Espèce. *Un sentiment d'un autre ordre.*
- *De premier ordre.* Excellent.
- Association professionnelle. *L'Ordre des médecins.*
- Commandement. *Donner un ordre, un ordre de mission.*
- Mandat d'acheter ou de vendre des actions. *Des ordres de Bourse.*

ordre du jour n. m.
Liste des questions à étudier au cours d'une réunion. *Un ordre du jour très chargé. Inscrire un point à l'ordre du jour.*
Note.- L'ordre du jour comprend généralement les points suivants :
- lecture de l'ordre du jour ;
- lecture et approbation du procès-verbal de la dernière réunion ;
- énumération des questions soumises à l'assemblée ;
- questions diverses ;
- date de la prochaine réunion ;
- clôture de la réunion.

ordure n. f.
- Déchet. *L'enlèvement des ordures ménagères.*
- (Fig.) Obscénité. *Dire des ordures.*
- (Vulg.) Personne très méprisable. *C'est une ordure.*

ordurier, ière adj.
Qui contient des obscénités. *Un langage ordurier.*

orée n. f.
Lisière d'une forêt. *Un restaurant à l'orée du bois.*

oreille n. f.
- Organe de l'ouïe. *Ouvrir l'oreille.*
- *Prêter l'oreille.* Écouter.
- *Être dur d'oreille.* Avoir une mauvaise ouïe.
- *Ouvrir l'oreille.* Écouter attentivement.
- *Rebattre les oreilles.* Répéter.
Note.- Le verbe est **rebattre** (et non *rabattre).
- *Boucle d'oreille.* Bijou. *Des boucles d'oreilles.*
- *Bouche à oreille.* Rumeur.

oreiller n. m.
Coussin destiné à soutenir la tête pendant le sommeil. *Une taie d'oreiller.*

oreillette n. f.
Cavité du cœur.
Note.- Attention à l'orthographe : orei*llett*e.

oreillons n. m. pl.
Maladie contagieuse caractérisée par une tuméfaction des glandes parotides. *Attraper les oreillons.*
Note.- Le nom de la maladie est toujours pluriel.

ores adv.
D'ores et déjà. Dès maintenant. *Cet auteur est d'ores et déjà très connu et apprécié.*
Note.- L'adverbe ne s'emploie que dans cette locution.

orfèvre n. m. et f.
Personne qui fabrique et vend des objets en métaux précieux. *Un orfèvre-joaillier.*

orfèvrerie n. f.
• Art de l'orfèvre.
• Pièces créées par un orfèvre.

orfraie n. f.
Rapace diurne.
Note.- Ne pas confondre avec le mot *effraie* qui désigne un rapace nocturne.

organdi n. m.
Mousseline raidie par un apprêt. *Un voile d'organdi.*
Note.- Attention à l'orthographe : organd*i*.

organe n. m.
• Partie d'un corps organisé remplissant une fonction. *L'oreille est l'organe de l'ouïe. Une greffe d'organe.*
• Mécanisme. *Un organe de transmission.*
• Publication périodique. *Ce journal est l'organe des nationalistes.*
Note.- Attention à l'orthographe : orga*n*e.

organigramme n. m.
Représentation schématique des divers services d'une entreprise, d'un organisme et des rapports qui les unissent. *L'organigramme d'une entreprise industrielle.*
Notes.-
1° Attention à l'orthographe : orga*n*igramme.
2° Ne pas confondre avec le mot **ordinogramme** qui désigne un schéma d'analyse qui permet de représenter la logique de l'enchaînement des opérations de traitement et de résolution d'un problème.

organique adj.
• Qui se rapporte aux organes. *Une maladie organique.*
• Qui provient des êtres organisés. *Une substance organique.*

organisateur adj. et n. m.
organisatrice adj. et n. f.
• **Adjectif.** Qui organise. *Des comités organisateurs.*
• **Nom masculin et féminin.** Personne chargée de l'organisation d'un événement, d'une activité.

organisation n. f.
• Action d'organiser. *L'organisation du travail.*
• Manière dont un corps est organisé. *L'organisation d'un service.*
• Groupement à caractère public ou non, ayant pour objet la paix, l'amélioration de la condition humaine, etc. *Une organisation professionnelle. L'Organisation des Nations Unies.*

Organisation de coopération et de développement économique
Sigle *O.C.D.E.*

Organisation de l'aviation civile internationale
Sigle *O.A.C.I.*

Organisation des Nations Unies
Sigle *O.N.U.*

Organisation des Nations Unies pour l'agriculture et l'alimentation
Sigle *FAO.*
Note.- Le sigle usité est celui de la désignation anglaise.

Organisation des Nations Unies pour l'éducation, la science et la culture
Sigle *Unesco.*
Note.- Le sigle usité est celui de la désignation anglaise.

Organisation des pays exportateurs de pétrole
Sigle *O.P.E.P.*

Organisation du traité de l'Atlantique Nord
Sigle *O.T.A.N.*

Organisation internationale du travail
Sigle *O.I.T.*

Organisation météorologique mondiale
Sigle *O.M.M.*

Organisation mondiale de la propriété intellectuelle
Sigle *O.M.P.I.*

Organisation mondiale de la santé
Sigle *O.M.S.*

organisation non gouvernementale
Sigle *O.N.G.*

organiser v. tr., pronom.
• **Transitif.** Régler dans un but précis. *Organiser un regroupement, un voyage.*
• **Pronominal.** Prendre les moyens nécessaires pour obtenir un résultat. *Ils se sont organisés pour venir.*

organisme n. m.
• Tout corps organisé ayant une individualité propre.
• (Absol.) Le corps humain. *Les besoins de l'organisme.*
• Ensemble organisé. *Un organisme gouvernemental.*

organiste n. m. et f.
Personne qui joue de l'orgue.

orgasme n. m.
Le plus haut point du plaisir sexuel.
Note.- Attention au genre masculin de ce nom : *un* orgasme.

orgasmique ou **orgastique** adj.
Relatif à l'orgasme.

orge n. f.
Céréale. *Un pain d'orge.*
Note.- Attention au genre féminin de ce nom.

orgeat n. m.
Sirop anciennement préparé avec de l'orge et qui contient aujourd'hui une émulsion d'amandes.
Note.- Attention à l'orthographe : orgea**t**.

orgelet n. m.
Inflammation de la paupière.

orgiaque adj.
(Litt.) Relatif aux orgies.

orgie n. f.
• Débauche. *Participer à une orgie.*
• Profusion. *Une orgie de fleurs.*

orgue n. m. et f.
• **Nom masculin.** Instrument de musique à vent et à tuyaux, en usage dans les églises. *Un orgue harmonieux.*
• **Nom féminin pluriel.** *Les grandes orgues.*
Note.- Au pluriel, le nom est féminin s'il désigne un instrument en insistant sur son ampleur ; si le mot désigne plusieurs instruments, il reste masculin.
• *Orgue de Barbarie.* Appareil de musique portatif dont on joue au moyen d'une manivelle. *Le joueur d'orgue de Barbarie.*
Note.- L'expression s'écrit sans trait d'union et le mot *Barbarie* s'écrit avec une majuscule.

orgueil n. m.
• Excès d'estime de soi.
• Fierté.
• *Faire l'orgueil de.* Être un sujet de fierté. *Il fait l'orgueil de ses parents.*
Note.- Attention à l'orthographe : org**ueil**.

orgueilleusement adv.
D'une manière orgueilleuse.
Note.- Attention à l'orthographe : org**ueil**leusement.

orgueilleux, euse adj. et n. m. et f.
• Qui manifeste de l'orgueil. *Il est trop orgueilleux pour admettre qu'il a tort.*
• Fier.

oriel n. m.
Fenêtre en surplomb sur une façade.
Notes.-
1º Attention à l'orthographe : ori**el**.
2º Ce mot a fait l'objet d'une recommandation pour remplacer « bow-window ».

orient n. m.
• Côté de l'horizon où le soleil se lève. *Le soleil se lève à l'est, à l'orient.*
Note.- Quand le nom désigne un point cardinal, il s'écrit avec une minuscule.
• Région située à l'est de l'Europe. *Le Moyen-Orient, l'Extrême-Orient.*
Note.- En ce sens, le nom s'écrit avec une majuscule.
Ant. **occident.**
V. Tableau - **POINTS CARDINAUX.**

orientable adj.
Qui peut être orienté. *Une antenne orientable.*

oriental, ale, aux adj. et n. m. et f.
• Adjectif

- Qui appartient à l'Orient. *Des langues orientales, des usages orientaux.*
- Qui est du côté est. *Les Pyrénées-Orientales.*
• **Nom masculin et féminin**
Les peuples d'Orient. *Les Orientaux.*
Note.- Contrairement à l'adjectif, le nom prend une majuscule.
Ant. **occidental.**

orientation n. f.
• Détermination des points cardinaux d'un lieu. *Elle a le sens de l'orientation.*
• Position de quelque chose par rapport aux points cardinaux. *L'orientation de cette maison favorise son ensoleillement.*
• Action de choisir une voie particulière. *Avoir une orientation scientifique. L'orientation professionnelle.*

orienter v. tr., pronom.
• **Transitif**
- Placer quelque chose dans une direction. *Orienter un édifice en direction du sud.*
- Indiquer la direction à prendre. *Orienter un enfant vers les sciences de la santé.*
• **Pronominal**
- Déterminer les points cardinaux du lieu où l'on se trouve. *Elle est habile à s'orienter.*
- Choisir une voie.

orienteur n. m.
orienteuse n. f.
Personne qui se charge d'orientation professionnelle.

orifice n. m.
Ouverture. *Un orifice d'aération.*
Note.- Attention au genre masculin de ce nom : **un** o**r**ifice.

oriflamme n. f.
Bannière en forme de flamme.
Note.- Attention au genre féminin de ce nom : **une** oriflamme.

originaire adj.
• Qui vient (d'un lieu). *Il est originaire de France.*
• Qui est à l'origine d'une chose. *La cause originaire.*
Note.- Ne pas confondre avec les mots suivants :
- *original*, qui est inédit ;
- *originel*, qui vient de l'origine.

original, ale, aux adj. et n. m. et f.
• **Adjectif**
- Inédit. *Une idée originale.*
- Qui est le premier exemplaire. *Le dessin original. Les manuscrits originaux.*
- Bizarre.
• **Nom masculin et féminin**
Personne excentrique. *Ils ont une allure un peu bizarre : ce sont des originaux.*
• **Nom masculin**
Premier exemplaire. *L'original d'un contrat, d'un texte.*
Note.- Ne pas confondre avec les mots suivants :
- *originaire*, qui vient d'un lieu ;
- *originel*, qui vient de l'origine.

originalité n. f.
Caractère de ce qui est original, neuf.

origine n. f.
• Ce qui sert de point de départ, de commencement, de cause. *Des mots d'origine latine.*
• *Appellation d'origine.* Désignation d'un produit par le nom du lieu où il a été fabriqué.
Note.- Ne pas confondre avec les mots suivants :
- *commencement*, début ;
- *prélude*, ce qui précède quelque chose ;
- *principe*, ce qui désigne la cause première.

originel, elle adj.
Qui vient de l'origine. *Le péché originel.*
Note.- Ne pas confondre avec les mots suivants :
- *originaire*, qui vient d'un lieu ;
- *original*, qui est inédit.

originellement adv.
Par son origine, dès l'origine.

orignal n. m.
Élan d'Amérique. *Ils ont photographié des orignaux.*

oripeau n. m.
Vieux vêtements d'apparat. *Des oripeaux colorés.*

O.R.L.
Abréviation de *oto-rhino-laryngologie* et de *oto-rhino-laryngologiste.*

orme n. m.
Grand arbre à bois dur.
Note.- Attention au genre masculin de ce nom : *un* orme.

ormeau n. m.
Jeune orme. *De frêles ormeaux.*

ornement n. m.
Ce qui sert à embellir, à décorer.
Note.- Attention à l'orthographe : ornem**en**t.

ornemental, ale, aux adj.
Décoratif. *Des dessins ornementaux.*
Note.- Attention à l'orthographe : ornem**en**tal.

ornementation n. f.
Action d'ornementer.
Note.- Attention à l'orthographe : ornem**en**tation.

ornementer v. tr.
Décorer d'ornements. *Elle a ornementé la façade de dessins en trompe-l'œil.*
Note.- Attention à l'orthographe : ornem**en**ter.

orner v. tr.
• Parer. *Orner un salon d'un bouquet de fleurs sauvages.*
• Servir d'ornement. *Des rosiers ornent le jardin.*

ornière n. f.
• Trace profonde d'un chemin causée par le passage des roues.
• (Fig.) Routine. *Il est difficile parfois de sortir de l'ornière.*

ornith(o)- préf.
Élément du grec signifiant « oiseau » *Ornithologie.*

ornithologie n. f.
Science des oiseaux.
Note.- Attention à l'orthographe : orni**th**ologie.

ornithologique adj.
Relatif à l'ornithologie, aux oiseaux. *Une réserve ornithologique.*
Note.- Attention à l'orthographe : orni**th**ologique.

ornithologiste ou **ornithologue** n. m. et f.
Spécialiste de l'ornithologie.
Note.- Attention à l'orthographe : orni**th**ologiste.

ornithorynque n. m.
Animal d'Australie. *L'ornithorynque a une forme bizarre : il a un bec de canard, une queue de castor et un corps de petit phoque.*
Note.- Attention à l'orthographe : orni**th**oryn**que**.

orphelin, ine adj. et n. m. et f.
Enfant qui a perdu son père ou sa mère.
Note.- Attention à l'orthographe : or**ph**elin.

orphelinat n. m.
Établissement qui recueille les orphelins.

orque n. f.
Mammifère marin appelé communément *épaulard*. *L'orque peut être dangereuse.*
Note.- Attention au genre féminin de ce nom : *une* orque.

orteil n. m.
Doigt de pied. *Son gros orteil est blessé.*

orth(o)- préf.
Élément du grec signifiant « droit ». *Orthographe.*

orthodontie n. f.
• Le *t* de la dernière syllabe se prononce *s* [ɔrtɔdɔ̃si].
• Spécialité de l'art dentaire qui corrige la mauvaise disposition des dents.

orthodontiste n. m. et f.
Spécialiste de l'orthodontie. *Aller chez l'orthodontiste* (et non l'*orthodentiste*).
Note.- Attention à l'orthographe : ort**h**odontiste.

orthodoxe adj. et n. m. et f.
• **Adjectif.** Conforme à une doctrine (religieuse, politique, etc.). *Un théologien orthodoxe.*
• **Nom masculin et féminin.** Personne dont les opinions sont orthodoxes. *Le nouveau chef du parti est un orthodoxe.*
Note.- Attention à l'orthographe : ort**h**odoxe.

orthodoxie n. f.
Conformité aux doctrines traditionnelles.
Note.- Attention à l'orthographe : ort**h**odo**x**ie.

orthographe n. f.
Manière d'écrire un mot. *Une orthographe difficile. Des fautes d'orthographe.*
Notes.-
1° Attention à l'orthographe : ort**h**ogra**ph**e.
2° Ne pas confondre avec le mot *épellation* qui désigne l'action de décomposer un mot en lettres ou en syllabes.
V. Tableau - **ANOMALIES ORTHOGRAPHIQUES.**

Variantes orthographiques.
• Plusieurs mots ont des orthographes multiples, appelées *variantes orthographiques.* Ces mots qui

sont souvent empruntés à d'autres langues peuvent s'écrire de deux façons, parfois davantage. Dans cet ouvrage, la première forme citée, qui est la plus courante, est à privilégier.

• Quelques exemples :

acupuncture	ou	*acuponcture*
béluga	ou	*bélouga*
cacatoès	ou	*kakatoès*
cari ou *carry*	ou	*curry*
chantoug	ou	*shantung*
clef	ou	*clé*
cuiller	ou	*cuillère*
et cætera	ou	*et cetera*
igloo	ou	*iglou*
kascher	ou	*cascher*
kayac	ou	*kayak*
lis	ou	*lys*
orang-outan	ou	*orang-outang*
paie	ou	*paye*
yaourt ou *yogourt*	ou	*yoghourt*

orthographier v. tr., pronom.
• Redoublement du *i* à la première et à la deuxième personne du pluriel de l'indicatif imparfait et du subjonctif présent. *(Que) nous orthographiions, (que) vous orthographiiez.*
• **Transitif.** Écrire un mot suivant l'orthographe. *Orthographier un mot de façon erronée.*
• **Pronominal.** Être écrit selon l'orthographe. *Son nom s'orthographie avec un s final.*
Note.- Attention à l'orthographe : or**th**ogra**ph**ier.

orthographique adj.
Relatif à l'orthographe. *Un dictionnaire orthographique.*
Note.- Attention à l'orthographe : or**th**ogra**ph**ique.

orthopédie n. f.
Spécialité de la médecine qui traite les affections du squelette et des articulations.

orthopédique adj.
Relatif à l'orthopédie. *Des chaussures orthopédiques.*

orthopédiste adj. et n. m. et f.
Médecin spécialiste de l'orthopédie.

orthophonie n. f.
Rééducation du langage oral.

orthophoniste n. m. et f.
Spécialiste de l'orthophonie.

ortie n. f.
Plante dont les poils irritent la peau.

ortolan n. m.
Petit oiseau dont la chair est estimée. *Reliefs d'ortolan.* (La Fontaine).

os n. m.
• Au pluriel, le *s* ne se prononce pas [o].
• Chacune des parties du squelette de l'homme et des animaux vertébrés. *L'humérus, le radius et le cubitus sont les os du bras.*
• **Locutions**
- *En chair et en os.* En personne.

- *N'avoir que les os et la peau.* Être très maigre.
- *Il ne fera pas de vieux os.* Il ne vivra pas longtemps.
- *Mouillé jusqu'aux os.* Complètement trempé.
- *Jusqu'à l'os.* (Fam.) Complètement.
- *Tomber sur un os.* (Fam.) Rencontrer un obstacle.

oscillation n. f.
• Mouvement alternatif d'un corps.
• Fluctuation.
Note.- Attention à l'orthographe : o**scill**ation.

oscillatoire adj.
Qui est de la nature de l'oscillation.
Note.- Attention à l'orthographe : o**scill**atoire.

osciller v. intr.
• Se mouvoir alternativement en deux sens contraires.
• Hésiter. *Il oscille entre ces deux décisions.*
Note.- Attention à l'orthographe : o**scill**er.

oscilloscope n. m.
Instrument de mesure des oscillations.

osé, ée adj.
• Hardi. *Une entreprise osée.*
• Libre. *Un texte osé.*

oseille n. f.
Plante dont les feuilles sont comestibles. *Une soupe à l'oseille.*

oser v. tr.
• Risquer, avoir l'audace. *Il ose lui parler.*
• Se permettre. *J'ose espérer que vous viendrez.*
Note.- Avec ce verbe, la négation **ne** peut s'employer seule. *Je n'ose pas le croire* ou *je n'ose le croire.*

osier n. m.
Saule à rameaux flexibles dont on fait de la vannerie. *Un fauteuil en osier.*

osmose n. f.
• Mélange de deux solutions à travers une paroi perméable.
• (Fig.) Interpénétration. *Un enthousiasme les gagnait tour à tour comme par osmose.*

osmotique adj.
Relatif à l'osmose.

ossature n. f.
• Ensemble des os.
• (Fig.) Charpente. *L'ossature d'une cathédrale.*

osselet n. m.
• Petit os.
• (Au plur.) Petits os ou représentation de petits os que les enfants lancent et rattrapent sur le dos de la main. *Jouer aux osselets.*

ossements n. m. pl.
Os décharnés et desséchés des cadavres.

osseux, euse adj.
• Propre aux os. *Une substance osseuse.*
• Dont les os sont apparents. *Une main osseuse.*

ossification n. f.
Formation des os.
Note.- Attention à l'orthographe : o**ssif**ication.

ossifier (s') v. pronom.
Se transformer en tissu osseux.
Note.- Attention à l'orthographe : o**ss**i**f**ier.

osso buco n. m. inv.
• Le **u** se prononce **ou** [ɔsɔbuko].
• Plat italien composé d'un jarret de veau accompagné de tomates et de légumes. *Des osso buco succulents.*

ossuaire n. m.
• Amas d'ossements.
• Lieu où se trouvent assemblés des ossements.

ostensible adj.
Visible.
Note.- Attention à l'orthographe : ost**en**sible.

ostensiblement adv.
Visiblement. *Il arborait très ostensiblement ses décorations.*
Note.- Attention à l'orthographe : ost**en**siblement.

ostensoir n. m.
(Liturg.) Vase sacré dans lequel on expose l'hostie consacrée.
Note.- Attention à l'orthographe : ost**en**soir.

ostentation n. f.
(Péj.) Affectation par laquelle on étale des richesses, des avantages.
Note.- Attention à l'orthographe : ost**en**tation.

ostentatoire adj.
(Péj.) Montré avec ostentation. *Un luxe ostentatoire.*
Note.- Attention à l'orthographe : ost**en**tatoire.

ostracisme n. m.
Mise à l'écart.

ostréi- préf.
Élément du latin signifiant « huître ». *Ostréiculture.*

ostréicole adj.
Relatif à l'ostréiculture.

ostréiculteur n. m.
ostréicultrice n. f.
Personne qui fait l'élevage des huîtres.

ostréiculture n. f.
Élevage des huîtres.
V. **agriculture.**

ostrogot, ote ou **ostrogoth, othe** n. m. et f.
• (Ancienn.) Habitant des territoires occupés par la tribu des Goths. *Un Ostrogoth, des Ostrogoths.*
• (Fig.) Personne rustre, excentrique. *Qui sont ces ostrogoths ?*
Note.- Au sens propre, le nom s'écrit avec une majuscule ; au sens figuré, il s'écrit avec une minuscule.

otage n. m.
• Personne remise ou reçue pour garantir l'exécution d'une promesse, d'un traité, etc. *Il a servi d'otage.*
• Personne enlevée pour obtenir ce que l'on exige. *Les prisonniers retiennent un otage.*
Note.- Ce nom est toujours masculin.

O.T.A.N.
Sigle de *Organisation du traité de l'Atlantique Nord.*

otarie n. f.
Mammifère voisin du phoque. *Une otarie mâle, une otarie femelle.*
Note.- Ce nom n'a pas de forme masculine.

ôter v. tr.
Enlever. *Vous n'ôtez pas votre manteau ?*

otite n. f.
Inflammation de l'oreille.

oto-rhino n. m. et f.
Abréviation familière de **oto-rhino-laryngologiste**.

oto-rhino-laryngologie n. f.
• Abréviation **O.R.L.**
• Spécialité de la médecine qui traite les maladies des oreilles, du nez et de la gorge.
Note.- Attention à l'orthographe : oto-r**h**ino-laryngologie.

oto-rhino-laryngologiste n. m. et f.
• S'abrège familièrement en **O.R.L.** et en **oto-rhino** (s'écrit sans point).
• Médecin spécialiste de l'oto-rhino-laryngologie.
Note.- Attention à l'orthographe : oto-r**h**ino-laryngologiste.

ou conj.
V. Tableau - **OU.**

où adv. et pron.
V. Tableau - **OÙ.**

ouailles n. f. pl.
(Plaisant.) Paroissiens. *Le curé et ses ouailles.*

ouais ! interj.
(Fam. et iron.) Oui.

ouate n. f.
Coton hydrophile. *Acheter de l'ouate, de la ouate, un tampon d'ouate.*
Note.- Devant ce nom, l'élision est facultative.

ouaté, ée adj.
• Garni d'ouate.
• Feutré. *Des pas ouatés.*

ouater v. tr.
Garnir d'ouate.

oubli n. m.
Fait de perdre le souvenir de quelqu'un, de quelque chose. *L'oubli d'une date, d'un nom.*

oublier v. tr., pronom.
• Redoublement du *i* à la première et à la deuxième personne du pluriel de l'indicatif imparfait et du subjonctif présent. *(Que) nous oubliions, (que) vous oubliiez.*
• **Transitif**
- Perdre le souvenir de quelqu'un, de quelque chose. *J'ai oublié cette formule mathématique.*
- Ne pas penser à quelque chose. *J'ai oublié mon rendez-vous.*
Note.- Le verbe se construit avec la préposition **de** + **infinitif**. *Ils ont oublié de nous téléphoner.* Il se construit aussi avec la conjonction **que** suivi de l'indicatif ou du subjonctif. *Ils ont oublié que le règlement avait été modifié. Elle avait oublié qu'il fût si patient.*

OU conjonction

La conjonction de coordination *ou* lie des mots ou des propositions de même nature. *Porter du vert ou du bleu. Nous irons à la campagne ou nous partirons en voyage.*

EMPLOIS

La conjonction *ou*, qui peut être remplacée par la locution conjonctive *ou bien* pour la distinguer du pronom relatif ou de l'adverbe *où*, marque :

• **Une alternative.**

Le froid ou la chaleur. Il aimerait poursuivre ses études ou acquérir un peu d'expérience.

• **Une approximation.**

Vingt-huit ou trente étudiants.

• **Une opposition entre deux membres de phrase.**

Ou vous acceptez, ou vous cédez votre place.

Note.- Dans une proposition négative, la conjonction *ou* est remplacée par *ni*. *Elle ne lui a pas parlé ni écrit.*

ACCORD DU VERBE

• **Deux sujets au singulier.** Le verbe se met au pluriel ou au singulier suivant l'intention de l'auteur qui désire marquer la coordination ou la disjonction.

L'un ou l'autre se dit ou se disent.

Note.- Si la conjonction est précédée d'une virgule, le verbe se met au singulier, car la phrase exprime une disjonction. *La complexité du problème, ou le découragement, lui fit abandonner la recherche.*

• **Un sujet au singulier, un sujet au pluriel.** Le verbe se met au pluriel.

Un chien ou des chats s'ajouteront à la famille.

• **Un sujet au singulier + un synonyme.** Le verbe se met au singulier.

L'oursin ou hérisson de mer est un animal marin couvert de piquants mobiles.

Note.- Le synonyme s'emploie sans article.

ACCORD DE L'ADJECTIF

• L'adjectif qui se rapporte à deux noms coordonnés par *ou* se met au pluriel et au masculin si les noms sont de genres différents.

Du coton ou de la toile bleus.

• L'adjectif qui se rapporte à un seul des deux noms coordonnés par *ou* s'accorde en genre et en nombre avec ce nom.

Elle achètera un pantalon ou une jupe plissée.

Et/ou

À l'exception de contextes très particuliers, de nature technique ou scientifique, où il apparaît nécessaire de marquer consécutivement la coordination ou la disjonction de façon très succincte et explicite, l'emploi de la locution *et/ou* est inutile, la conjonction *ou* exprimant parfaitement ces nuances. À cet égard, l'accord du verbe avec des sujets coordonnés par *ou* est significatif, le pluriel marquant la coordination, le singulier, la disjonction.

Ainsi, dans l'énoncé *Luc ou Benoît sont admissibles*, ils sont l'un et l'autre admissibles. Si l'on juge que l'énoncé n'est pas suffisamment explicite, on pourra recourir à une autre construction. *Les étudiants peuvent choisir les civilisations grecque ou latine ou les deux à la fois.*

OÙ adverbe et pronom relatif

ADVERBE

- L'adverbe marque le lieu ou le temps, la provenance, la cause et ne s'emploie que pour des choses.

  Nous irons où il fait plus chaud.

  Note.- Construit sans antécédent, le mot *où* est un adverbe.

- *Où que*, locution conjonctive de concession. En quelque lieu que.

  D'où que vous m'appeliez, nous pourrons agir. Où que vous soyez, je vous rejoindrai.

ADVERBE INTERROGATIF

- Il s'emploie en début de proposition pour interroger sur le lieu où l'on est, où l'on va.

  Où êtes-vous ? Je me demande où elle part ?

- Locutions

- *D'où.* De quel lieu.

  D'où m'appelez-vous ?

- *Par où.* Par quel lieu.

  Par où passerez-vous ?

PRONOM RELATIF

Quand il est précédé d'un antécédent, *où* est un pronom relatif employé avec les êtres inanimés au sens de *lequel, laquelle.*

- Il marque le **lieu** où l'on est, où l'on va. Dans lequel.

  Le pays où il passe ses vacances.

- Il marque le **temps d'un événement.** Pendant lequel.

  L'époque où l'on avait le temps de vivre.

- **Pronominal**
- Sortir de la mémoire. *Ces termes techniques s'oublient rapidement.*
- Ne pas penser à soi, à ses intérêts.
- *Ne-m'oubliez-pas.* Myosotis.

oubliette n. f.
Cachot souterrain.
Note.- Le nom s'emploie généralement au pluriel.

ouest adj. inv. et n. m.
- Abréviation **O.** (s'écrit avec un point).
- Un des quatre points cardinaux orienté du côté du soleil couchant.
Notes.-
1º Les noms des points cardinaux qui déterminent un pays, une région, une ville, un odonyme s'écrivent avec une majuscule. *L'Allemagne de l'Ouest, l'Ouest américain. Les rapports entre l'Est et l'Ouest.*
2º Lorsque l'adjectif ou le nom indique une orientation, il s'écrit avec une minuscule. *Un vent de l'ouest.*
V. Tableau - **POINTS CARDINAUX.**

ouest-allemand, ande adj. et n. m. et f.
De la République fédérale d'Allemagne. *L'économie ouest-allemande.*

Note.- Alors qu'on emploie l'adjectif *ouest-allemand*, le nom se dit plutôt *Allemand de l'Ouest.*

ouf ! interj.
Interjection marquant le soulagement.

ouguiya n. m.
Unité monétaire de la Mauritanie. *Des ouguiyas.*
V. Tableau - **SYMBOLES DES UNITÉS MONÉTAIRES.**

oui adv. et n. m. inv.
- **Adverbe.** Particule affirmative. *Serez-vous des nôtres ce soir ? Oui, avec plaisir.*
- **Nom masculin invariable.** *Les non du référendum l'ont emporté sur les oui.*
- *Pour un oui, pour un non.* Sans motif valable.
Note.- L'élision ne se fait pas devant le mot *oui*, sauf dans un texte de niveau familier. *Les milliers de oui.*
V. Tableau - **ÉLISION.**
Ant. **non.**
Hom. :
- *ouïe*, sens qui permet de percevoir les sons ;
- *ouïes*, branchies des poissons.

ouï-dire n. m. inv.
Rumeur. *Des ouï-dire qui n'ont aucun fondement.*
Note.- Attention à l'orthographe : ouï-dire.

ouïe n. f.
• Sens qui permet de percevoir les sons.
• Audition. *Perdre l'ouie.*
Note.- Attention à l'orthographe : ou*ï*e.
Hom. :
- *oui*, particule affirmative ;
- *ouïes*, branchies des poissons.

ouïes n. f. pl.
• Branchies des poissons.
• Ouvertures latérales d'un violon.
Note.- Attention à l'orthographe : ou*ï*es.
Hom. :
- *oui*, particule affirmative ;
- *ouïe*, sens qui permet de percevoir les sons.

ouïe ! ou **ouille !** interj.
Interjection marquant la douleur, la surprise.

ouïr v. tr.
(Vx) Entendre. *Ils ont ouï dire.*
Note.- Ce verbe ne s'emploie plus qu'à l'infinitif et au participe passé (*ouï, ouïe*) et dans l'expression *oyez, oyez* à la deuxième personne du pluriel de l'impératif, par plaisanterie.

ouistiti n. m.
Petit singe. *Des ouistitis. Le ouistiti a une longue queue.*
Note.- Devant ce nom, l'article ne s'élide pas.

ouragan n. m.
Vent très violent accompagné de pluie.
Note.- Ne pas confondre avec les mots suivants :
- *bourrasque*, coup de vent violent ;
- *cyclone*, tempête caractérisée par un puissant tourbillon destructeur ;
- *orage*, perturbation atmosphérique qui se caractérise par une pluie abondante, des éclairs et du tonnerre ;
- *tempête de neige*, chute de neige abondante ;
- *tornade*, trombe de vent violent ;
- *typhon*, tourbillon marin d'une extrême violence.

ourdir v. tr.
(Litt.) Tramer. *Ourdir un complot.*

ourler v. tr.
Garnir d'un ourlet.

ourlet n. m.
Bord d'une étoffe replié et cousu. *Faire l'ourlet d'une jupe, d'un pantalon.*

ours n. m.
• Le *s* se prononce au singulier et au pluriel [urs].
• Mammifère carnivore de grande taille. *Un ours polaire.*
Note.- La prononciation avec un *s* muet est ancienne.

ourse n. f.
• Femelle de l'ours.
• *La Grande Ourse.* Constellation.
Note.- Les noms d'astres, de constellations, d'étoiles prennent une majuscule au mot déterminant ainsi qu'à l'adjectif qui le précède.

oursin n. m.
Animal marin garni de piquants dont certaines espèces sont comestibles.

ourson n. m.
Petit de l'ours.

oust ! ou **ouste !** interj.
(Fam.) Interjection qui donne l'ordre de quitter un lieu.

outarde n. f.
Oiseau échassier migrateur.

outil n. m.
• Le *l* ne se prononce pas [uti].
• Instrument utilisé directement par la main pour faire un travail. *Le marteau, le tournevis sont des outils courants.*
• (Fig.) Moyen. *Les livres sont un des outils de la connaissance.*
Note.- Ne pas confondre avec les mots suivants :
- *appareil*, ensemble de pièces disposées pour fonctionner ensemble en vue d'exécuter une opération matérielle ;
- *machine*, appareil utilisant l'énergie ;
- *ustensile*, instrument servant aux usages domestiques.

outillage n. m.
Assortiment d'outils. *Un outillage industriel.*

outiller v. tr.
Équiper.

outilleur n. m.
Technicien chargé de la mise au point de l'outillage, des montages, etc. nécessaires à la fabrication industrielle.

outrage n. m.
Affront, injure. *Les outrages du temps.*

outrageant, ante adj.
Qui constitue un outrage, injurieux. *Une remarque outrageante, des propos outrageants.*
Notes.-
1° Attention à l'orthographe : outrag*eant.*
2° Ne pas confondre avec le participe présent invariable *outrageant. Il publiait des textes outrageant la morale.*

outrager v. tr.
• Le *g* est suivi d'un *e* devant les lettres *a* et *o*. *Il outragea, nous outrageons.*
• Faire outrage à, insulter. *Outrager la raison.*

outrageusement adv.
• D'une manière outrageuse.
• Avec excès. *Elle se maquille outrageusement.*

outrageux, euse adj.
(Vx) Outrageant.

outrance n. f.
• Excès. *L'outrance de son comportement.*
• *À outrance*, locution adverbiale. Jusqu'à l'excès. *Il mange à outrance.*

outrancier, ière adj.
Excessif.

outre adv., prép.
• Préposition
- En plus de. *Outre ses études, il travaille à temps partiel.*

- **Outre que** + **indicatif** ou **conditionnel.** *Outre qu'il est incompétent, il est désagréable.*
- **Adverbe**
- ***En outre***, locution adverbiale. De plus. *En outre, elle partit deux semaines en vacances.*
- ***Outre mesure***, locution adverbiale. Excessivement.
- ***Passer outre.*** Ne pas tenir compte. *Il passa outre à l'ordre donné.*

outre n. f.
Sac de cuir destiné à contenir un liquide.

outré, ée adj.
- Exagéré.
- (Litt.) Offusqué, indigné.

outrecuidance n. f.
(Litt.) Impertinence.
Note.- Attention à l'orthographe : outrecuid**ance.**

outrecuidant, ante adj.
(Vx) Impertinent.
Note.- Attention à l'orthographe : outrecuid**ant.**

outremer adj. inv. et n. m.
- **Adjectif de couleur invariable.** D'un bleu intense. *Des oriflammes outremer, bleu outremer.*
- **Nom masculin.** Lapis-lazuli. *Des outremers magnifiques.*
Hom. ***outre-mer***, de l'autre côté de la mer.

outre-mer adv.
De l'autre côté de la mer. *Une traversée outre-mer.*
Hom. ***outremer,*** bleu intense.

outrepasser v. tr.
- Dépasser les limites. *Il a outrepassé ses droits.*
- Enfreindre. *Outrepasser les ordres.*

outrer v. tr.
- Exagérer. *Outrer un effet.*
- Indigner. *Il est outré par ces revendications.*

ouvert, erte adj.
- Qui n'est pas fermé. *La porte est ouverte.*
- ***À cœur ouvert.*** (Fig.) Franchement.
- ***À cœur ouvert.*** Se dit d'une opération chirurgicale sur un cœur vide de sang.
- ***À bras ouverts.*** Avec cordialité.
- ***Grand ouvert.*** Complètement ouvert. *Des fenêtres grandes ouvertes.*
Note.- Malgré cet emploi adverbial, l'adjectif **grand** prend la marque du pluriel dans cette expression.
- ***Guerre ouverte.*** Guerre déclarée.
- Apte à comprendre. *Un esprit ouvert.*

ouvertement adv.
Franchement.

ouverture n. f.
- Action d'ouvrir. *L'ouverture d'une séance.*
- État de ce qui est ouvert. *Les heures d'ouverture.*
- Orifice, trou. *Agrandir les ouvertures d'un mur.*

ouvrable adj.
Jour ouvrable. Jour de la semaine où l'on peut travailler. *Tous les jours de la semaine sont des jours ouvrables, sauf le dimanche.*
Ant. **férié.**

ouvrage n. m.
- Travail. *Ne pas avoir d'ouvrage.*
Note.- Familièrement, on emploie parfois le nom au féminin pour désigner un travail soigné. *C'est de la belle ouvrage.*
- Objet. *Un ouvrage de bijouterie.*
- Œuvre littéraire.

ouvragé, ée adj.
Travaillé. *Une grille ouvragée.*

ouvrager v. tr.
- Le **g** est suivi d'un **e** devant les lettres **a** et **o**. *Il ouvragea, nous ouvrageons.*
- Orner.

ouvrant, ante adj.
Qui ouvre. *Des toits ouvrants.*

ouvré, ée adj.
- Façonné. *Du cuivre ouvré.*
- ***Jour ouvré.*** Jour de la semaine où l'on travaille. *Le lundi, le mardi, le mercredi, le jeudi, le vendredi sont dans cette entreprise des jours ouvrés. Le samedi est un jour ouvrable.*

ouvre-boîte n. m.
Ustensile servant à ouvrir les boîtes de conserves. *Des ouvre-boîtes électriques.*
Note.- Le premier élément du mot composé ne prend pas la marque du pluriel parce que c'est un verbe. On écrit parfois *un ouvre-boîtes.*

ouvre-bouteille n. m.
Ustensile servant à décapsuler les bouteilles. *Des ouvre-bouteilles chromés.*
Note.- Le premier élément du mot composé ne prend pas la marque du pluriel parce que c'est un verbe. On écrit parfois *un ouvre-bouteilles.*
Syn. **décapsuleur.**

ouvrer v. tr.
Façonner, orner. *Ouvrer du bois.*

ouvreur n. m.
ouvreuse n. f.
Personne chargée de placer les spectateurs dans une salle de spectacle.

ouvrier, ière adj. et n. m. et f.
Travailleur manuel. *Des ouvriers spécialisés. La force ouvrière.*

ouvrir v. tr., intr., pronom.
- *J'ouvre, tu ouvres, il ouvre, nous ouvrons, vous ouvrez, ils ouvrent. J'ouvrais. J'ouvris. J'ouvrirai. J'ouvrirais. Ouvre, ouvrons, ouvrez. Que j'ouvre, que tu ouvres. Que j'ouvrisse. Ouvrant. Ouvert, erte.*
- **Transitif**
- Faire que ce qui était fermé ne le soit plus. *Ouvrir la porte.*
- Pratiquer une ouverture. *Ouvrir un chemin dans la neige.*
- (Fam.) Mettre en marche. *Ouvrir la radio, la lumière, l'eau.*
Note.- Dans ces expressions familières, l'usage l'a emporté sur la logique.

• Locutions
- *Ouvrir la bouche.* Parler.
- *Ouvrir l'appétit.* Donner faim.
- *Ouvrir les bras à quelqu'un.* L'accueillir cordialement.
- *Ouvrir la marche.* Marcher en tête.
- *Ouvrir un commerce*. L'établir, le fonder.
• Intransitif
Être ouvert. *Cette fenêtre ouvre sur le jardin.*
• Pronominal
- Devenir ouvert. *Les fleurs s'ouvrent à la chaleur.*
- (Litt.) Se confier. *Il s'est ouvert de son inquiétude à son ami.*

ouvroir n. m.
Lieu où l'on fait des travaux d'aiguille destinés aux indigents.

ouzo n. m.
Liqueur d'origine grecque parfumée à l'anis.

ovaire n. m.
Glande génitale féminine où se forment les ovules.
Note.- Attention au genre masculin de ce nom : *un* ovaire.

ovale adj. et n. m.
• Adjectif. D'une courbure allongée. *Une table ovale.*
• Nom masculin. Contour du visage. *Elle a un bel ovale.*
Note.- Attention au genre masculin de ce nom qui s'écrit avec un *e* muet : oval*e*.

ovariectomie n. f.
Ablation d'un ovaire ou des ovaires.

ovarien, ienne adj.
Relatif à l'ovaire. *Le cycle ovarien.*

ovation n. f.
Acclamation. *Une longue ovation debout souligna la victoire du nouveau président.*

ovationner v. tr.
Acclamer, applaudir.

overdose n. f.
• Attention à la prononciation [ɔvɛrdoz].
• (Anglicisme) Surdose.

ovin, ine adj. et n. m.
Qui est relatif au mouton, à la brebis. *Race ovine.*

ovipare adj. et n. m.
Se dit d'un animal qui pond des œufs. *Les oiseaux sont ovipares.*
Note.- Attention à l'orthographe : ovipar*e*.

OVNI
Sigle de *objet volant non identifié.*

ovoïde adj.
En forme d'œuf. *Une tête ovoïde.*
Note.- Attention à l'orthographe : ovoï*de.*

ovovivipare adj.
Se dit des animaux ovipares dont les œufs éclosent dans le corps de la femelle. *La vipère est ovovivipare.*
Note.- Attention à l'orthographe : ovovivipar*e.*

ovulation n. f.
Libération de l'ovule.

ovule n. m.
Cellule femelle produite par l'ovaire, destinée à être fécondée.
Note.- Attention au genre masculin de ce nom : *un* ovule.

ovuler v. intr.
Avoir une ovulation.

oxydable adj.
Susceptible d'être oxydé. *L'argent est oxydable.*
Ant. **inoxydable.**

oxydant, ante adj.
Qui oxyde.
Hom. **occident**, côté de l'horizon où le soleil se couche.

oxydation n. f.
Combinaison d'un corps simple avec l'oxygène.
Note.- Attention à l'orthographe : o*xy*dation.

oxyde n. m.
Composé provenant de la combinaison d'un corps avec l'oxygène.
Note.- Attention au genre masculin de ce nom : *un* o*xy*de.

oxyder v. tr., pronom.
Combiner avec l'oxygène, transformer plus ou moins en oxyde. *L'oxygène oxyde les métaux.*
Note.- Attention à l'orthographe : o*xy*der.

oxygénation n. f.
Action d'oxygéner.
Note.- Attention à l'orthographe : o*xy*génation.

oxygène n. m.
• Symbole *O* (s'écrit sans point).
• Gaz incolore formant la partie de l'air essentielle à la respiration.
Note.- Attention au genre masculin de ce nom : *un* o*xy*gène.

oxygéner v. tr., pronom.
• Le *é* se change en *è* devant une syllabe muette, sauf à l'indicatif futur et au conditionnel présent. *J'oxygène,* mais *j'oxygénerai.*
• Transitif. Ajouter de l'oxygène à une substance.
• Pronominal. (Fam.) Respirer de l'air pur. *Il faut aller s'oxygéner à la campagne.*

oxyure n. m.
Petit ver parasite.

oz
Symbole de *once.*

ozone n. m.
• Le *o* se prononce comme dans les mots *bonne* ou *zone* [ozon] ou [ozon].
• Corps simple gazeux. *La couche d'ozone.*
Note.- Attention au genre masculin de ce mot : *un* ozone.

ozoniseur ou **ozonisateur** n. m.
Appareil destiné à produire l'ozone à partir de l'oxygène.

P

p
Symbole de *pico-*.

p.
Abréviation de *page*.

P
- Symbole de *phosphore*.
- Symbole de *péta-*.

Pa
Symbole de *pascal.*

pacage n. m.
Pâturage.
Note.- Attention à l'orthographe : pa**c**age.

pacane n. f.
Noix ovale, fruit du pacanier.

pacanier n. m.
Grand arbre du sud-est des États-Unis dont le fruit est
la pacane.

pacemaker n. m.
- Attention à la prononciation [pɛsmekər].
- (Anglicisme) Stimulateur cardiaque.

pacha n. m.
- Ancien titre turc. *Des pachas.*
Note.- Ce titre s'écrit avec une minuscule et se place
après le nom. *Halil pacha.*
- *Vie de pacha.* (Fam.) Vie nonchalante, dans le luxe.

pachyderme n. m.
- (Au plur.) (Vx) Ordre de mammifères.
Note.- Cet ordre a été remplacé par l'ordre des *ongu-
lés*.
- Éléphant.
Note.- Attention à l'orthographe : pa**chy**derme.

pacificateur, trice adj. et n. m. et f.
Qui abolit les dissensions et ramène la paix. *Une
action pacificatrice.*
Note.- Attention à l'orthographe : pa**c**ificateur.

pacifier v. tr.
- Redoublement du *i* à la première et à la deuxième
personne du pluriel de l'indicatif imparfait et du subjonctif présent. *(Que) nous pacifiions, (que) vous
pacifiiez.*
- Rétablir la paix.

pacifique adj.
Paisible, tranquille. *Une personne pacifique.*
Note.- Dans les désignations géographiques, le nom
océan est un générique qui s'écrit avec une minuscule,
tout comme les mots *rivière, lac, mer, baie, île, fleuve,
mont,* etc. ; c'est le déterminant précisant le générique
qui s'écrit avec une majuscule. *L'océan Pacifique, le
Pacifique.*

pacifiquement adv.
D'une manière pacifique.

pacifiste adj. et n. m. et f.
Partisan de la paix. *Un mouvement pacifiste.*

package n. m.
- Attention à la prononciation [pakɛdʒ].
- (Anglicisme) Ensemble de marchandises ou de services proposés groupés à la clientèle et qu'il n'est pas
possible de dissocier.
Note.- Les mots *achat groupé, forfait* ont fait l'objet
d'une recommandation officielle pour remplacer cet
anglicisme.

packaging n. m.
- Attention à la prononciation [pakedʒiŋ].
- (Anglicisme) Technique de l'emballage et du conditionnement des produits du point de vue de la publicité ;
l'emballage lui-même.
Note.- Le nom *conditionnement* a fait l'objet d'une
recommandation officielle pour remplacer cet anglicisme.

pacotille n. f.
(Péj.) Marchandises sans valeur.

pacte n. m.
Convention. *Un pacte d'amitié, un pacte de non-
agression.*
Note.- Les génériques (*accord, convention, pacte,
traité,* etc.) s'écrivent avec une minuscule lorsqu'ils
sont suivis d'un nom propre. *Le pacte de l'Atlantique
Nord.*

pactiser v. intr.
Conclure un pacte.

pactole n. m.
(Litt.) Source de richesse.

paddock n. m.
Enceinte pour les chevaux de course. *Des paddocks.*
Note.- Attention à l'orthographe : pa**dd**o**c**k.

paella n. f.
Plat espagnol composé de riz cuit avec des légumes,
des crustacés, de la viande. *Des paellas aux crevettes.*
Note.- Attention à l'orthographe : pae**ll**a.

paf ! interj.
Interjection qui marque un coup de feu, un bruit de
chute.

paf adj. inv.
(Pop.) Ivre. *Ils sont paf.*

PAF n. m. inv.
Sigle de *paysage audiovisuel français.*

pagaie n. f.
Petit aviron.

Note- Ne pas confondre avec le mot *pagaille* qui désigne un désordre, une anarchie.

pagaille n. f.
(Fam.) Désordre, anarchie.
Note.- Ne pas confondre avec le mot *pagaie* qui désigne un petit aviron.

pagayer v. intr.
• Le *y* peut être changé en *i* devant un *e* muet. *Il pagaye, il pagaie.* Cette dernière forme est la plus courante.
• Le *y* est suivi d'un *i* à la première et à la deuxième personne du pluriel de l'indicatif imparfait et du subjonctif présent. *(Que) nous pagayions, (que) vous pagayiez.*
• Ramer avec une pagaie. *Il pagaie avec vigueur pour remonter la rivière.*

page n. f.
• Abréviation *p.* (s'écrit avec un point).
Note.- L'abréviation du nom pluriel est *pp.*
• Chacun des deux côtés d'un feuillet de papier.
• Les caractères qui remplissent la page. *Lire une page.*
• Locutions
- *Mise en pages.* Opération par laquelle le metteur en pages rassemble les paquets de composition, les titres, les clichés, etc. pour composer les pages.
- *Être à la page.* Être à la mode.
- (Impr.) *Belle page.* Page impaire (ou recto) du feuillet.
- (Impr.) *Fausse page.* Page paire (ou verso) du feuillet.
- (Impr.) *Pages de titres.* Pages du début d'un volume où se trouve le faux-titre, le titre.
- (Impr.) *Pages de garde.* Pages blanches placées au début et à la fin d'un volume.

page n. m.
(Ancienn.) Jeune noble placé auprès d'un souverain.

page-écran n. f.
(Inform.) Nombre de lignes affichées à l'écran. *Des pages-écrans.*

pagination n. f.
Action de paginer. *Une pagination automatique.*

paginer v. tr.
Numéroter les pages d'un livre, d'un texte.

pagne n. m.
Morceau d'étoffe drapé autour du corps.

pagode n. f.
• Temple asiatique
• (En appos.) Se dit d'une manche qui s'évade vers le poignet. *Des manches pagode.*
Note.- En apposition, le nom est invariable.

paie ou **paye** n. f.
• Orthographié avec *i*, le mot se prononce [pɛ], orthographié avec *y*, il se prononce [pɛj].
• Rémunération d'un employé. *Un bulletin de paye, de paie.*
Note.- Ne pas confondre avec les mots suivants :
- *cachet*, rémunération que reçoit l'artiste ;

- *honoraires*, rétribution variable de la personne qui exerce une profession libérale ;
- *salaire*, générique de toute rémunération convenue d'avance et donnée par n'importe quel employeur ;
- *traitement*, rémunération d'un fonctionnaire.

paiement ou **payement** n. m.
• Orthographié avec *i*, le mot se prononce [pɛmã] ; orthographié avec *y*, il se prononce [pɛjmã].
• Action de payer. *Le paiement d'une dette.*
• Somme payée. *Un paiement en espèces.*
Note.- Aujourd'hui ce nom s'orthographie plutôt **paiement.**

païen, ïenne adj. et n. m. et f.
Impie, non chrétien.
Note.- Attention à l'orthographe : pa**ï**en.

paillard, arde adj.
Grivois. *Des chansons paillardes.*

paillardise n. f.
Grivoiserie.

paillasse n. f.
Lit de paille. *Dormir sur une paillasse.*

paillasson n. m.
Petit tapis en fibres dures qui sert à s'essuyer les pieds devant une porte.
Note.- Attention à l'orthographe : pai**llass**on.

paille adj. inv. et n. f.
• **Adjectif de couleur invariable**
De la couleur jaune clair de la paille. *Des mousselines paille.*
V. Tableau - **COULEUR (ADJECTIFS DE).**
• **Nom féminin**
- Tige desséchée des graminées. *Des chapeaux de paille.*
- Chalumeau pour boire.
- *Homme de paille.* Prête-nom dans une affaire malhonnête. *Des hommes de paille.*
- *Tirer à la courte paille.* Tirer au sort.

pailleter v. tr.
• Redoublement du *t* devant un *e* muet. *Je paillette, je pailletterai,* mais *je pailletais.*
• Parsemer de paillettes.

paillette n. f.
Mince lamelle scintillante qu'on coud sur une étoffe. *Une robe brodée de paillettes.*
Note.- Attention à l'orthographe : paille**tt**e.

pain n. m.
• Aliment composé d'une pâte de farine pétrie et cuite au four après fermentation. *Une miche de bon pain ; une ficelle, une baguette de pain frais.*
• *Avoir du pain sur la planche.* Avoir beaucoup de travail en perspective.
• *Pain d'épice(s).* Selon la plupart des auteurs, le mot *épice* s'écrit au singulier dans cette expression ; cependant la graphie au pluriel est également possible.
Hom. *pin*, conifère.

pair, paire adj. et n. m.
• **Adjectif**
Se dit d'un nombre exactement divisible par deux. *Quatre est un nombre pair. Une page paire.*

● **Nom masculin**

Personne exerçant la même fonction. *Être jugé par ses pairs.*

● **Locutions**

- *Hors (de) pair.* Sans égal, exceptionnel.
- *Aller de pair.* Aller ensemble.
- *Travailler au pair.* En échangeant le travail contre le logement et la nourriture.

Hom. :
- *paire*, ce qui va par couple ;
- *père*, celui qui a un enfant ;
- *pers*, couleur changeante.

paire n. f.

Couple. *Une paire de gants, une paire de lunettes.*

Hom. :
- *pair*, personne exerçant la même fonction ;
- *pair*, se dit d'un nombre exactement divisible par deux ;
- *père*, celui qui a un enfant ;
- *pers*, couleur changeante.

paisible adj.

Calme, qui aime la paix. *Un lieu paisible, une vie paisible, un homme paisible.*

Note.- Attention à l'orthographe : p**ai**sible.

paisiblement adv.

D'une manière paisible.

paître v. tr., intr.

● *Je pais, tu pais, il paît, nous paissons, vous paissez, ils paissent. Je paissais. Je paîtrai, tu paîtras, il paîtra, nous paîtrons, vous paîtrez, ils paîtront. Je paîtrais, tu paîtrais, il paîtrait, nous paîtrions, vous paîtriez, ils paîtraient. Pais, paissons, paissez. Que je paisse. Paissant.*

● Les temps suivants n'existent pas : passé simple, subjonctif imparfait, participe passé.

● Devant *t*, le *i* prend un accent circonflexe.

● **Transitif.** Se nourrir, en parlant des animaux. *Les vaches paissent l'herbe.*

● **Intransitif.** Brouter l'herbe. *Les vaches paissent dans le champ.*

● *Envoyer paître quelqu'un.* (Fam.) L'envoyer promener.

paix n. f.

● Situation d'un pays qui n'est pas en état de guerre.

● Sérénité. *Être en paix avec sa conscience.*

paix (la) interj.

Interjection qui signifie « taisez-vous ! ».

pakistanais, aise adj. et n. m. et f.

Du Pakistan.

Note.- Contrairement à l'adjectif, le nom prend une majuscule.

pal n. m.

Pieu aiguisé. *Des pals.*

Hom. :
- *pale*, extrémité d'un aviron ;
- *pâle*, peu coloré.

palabre n. m. ou f. (gén. pl.)

Longue discussion oiseuse. *Des palabres interminables.*

Notes.-

1° Les ouvrages diffèrent sur le genre de ce nom. Le féminin semble préférable si l'on s'en tient à l'origine du mot, mais l'Académie lui donne les deux genres.

2° Ne pas confondre avec les mots suivants :
- *causette*, conversation familière ;
- *conciliabule*, réunion secrète ;
- *conversation*, entretien familier ;
- *dialogue*, conversation entre deux personnes ;
- *entretien*, conversation suivie avec quelqu'un.

palabrer v. intr.

(Péj.) Discourir longuement.

palace n. m.

Hôtel luxueux. *Des palaces au bord de la mer.*

paladin n. m.

Chevalier errant.

Note.- Ne pas confondre avec le nom **baladin** qui désigne un comédien ambulant.

palais n. m.

● Résidence d'un chef d'État ou d'un souverain.

Note.- Ne pas confondre avec les mots suivants :
- *castel*, petit château ;
- *château*, habitation royale ou seigneuriale généralement située à la campagne ;
- *gentilhommière*, petit château à la campagne ;
- *manoir*, habitation seigneuriale entourée de terres.

● Vaste édifice.

Note.- Les noms génériques de monuments, d'édifices s'écrivent avec une minuscule s'ils sont suivis d'un nom propre. *Le palais de l'Élysée, le palais du Louvre, le palais de Buckingham.* Les génériques s'écrivent avec une majuscule ainsi que les adjectifs qui les précèdent s'ils ne sont pas suivis d'un nom propre. *Le Grand Palais, le Palais des congrès.*

● *Palais de justice* ou *Palais* (absol.). Bâtiment où les tribunaux rendent la justice. *Le palais de justice de Bordeaux.*

● Partie supérieure de la bouche.

Hom. **palet**, disque plat.

palan n. m.

Appareil de levage. *Des palans électriques.*

Note.- Attention à l'orthographe : pal**an**.

palanquin n. m.

Chaise à porteurs, dans les pays orientaux.

Note.- Attention à l'orthographe : palan**quin**.

palatal, ale, aux adj. et n. f.

● **Adjectif.** Qui se rapporte au palais de la bouche. *Des sons palataux.*

● **Nom féminin.** (Phonét.) Phonème qui se prononce avec un mouvement de la langue contre le palais. *Les consonnes c, k, g, q sont des palatales.*

pale n. f.

● Extrémité d'un aviron.

● Partie d'une roue à aubes, d'une hélice.

Note.- Attention à l'orthographe : pa**l**e.

Hom. :
- *pal*, pieu ;
- *pâle*, peu coloré.

pâle adj.
Peu coloré. *Elle est très pâle.*
Notes.-
1° Attention à l'orthographe : pâle.
2° Les adjectifs de couleur composés sont invariables.
L'adjectif de nuance s'écrit sans trait d'union. *Des chapeaux bleu pâle.*
Hom. :
- *pal*, pieu ;
- *pale*, extrémité d'un aviron.

palé(o)- préf.
• Élément du grec signifiant « ancien ».
• Les mots composés avec le préfixe *paléo-* s'écrivent sans trait d'union. *Paléolithique.*

palefrenier n. m.
• Le premier *e* ne se prononce pas [palfrənje].
• Valet d'écurie.

palefroi n. m.
(Ancienn.) Cheval de parade.
Ant. **destrier.**

paléographe n. m. et f.
Spécialiste de la paléographie.

paléographie n. f.
Science des écritures anciennes.

paléographique adj.
Relatif à la paléographie.

paléolithique adj. et n. m.
• **Adjectif.** Relatif à l'âge de pierre le plus ancien.
• **Nom masculin.** Première période préhistorique. *Le paléolithique correspond à la première période de la préhistoire.*
Note.- Attention à l'orthographe : paléolit*h*ique.

paléontologie n. f.
Science des animaux et des végétaux fossiles.

paléontologique adj.
Relatif à la paléontologie.

paléontologiste ou **paléontologue** n. m. et f.
Spécialiste de la paléontologie.

palestinien, ienne adj. et n. m. et f.
De Palestine.
Note.- Contrairement à l'adjectif, le nom prend une majuscule.

palestre n. f.
Gymnase, dans l'Antiquité.
Note.- Attention au genre féminin de ce nom : *une* palestre.

palet n. m.
Disque plat utilisé dans plusieurs jeux.
Note.- Attention à l'orthographe : pal*et*.
Hom. *palais*, résidence d'un chef d'État, d'un roi.

paletot n. m.
Manteau masculin.
Note.- Attention à l'orthographe : palet*ot*.

palette n. f.
• Petite planche. *Une palette de bois.*
• Planchette sur laquelle le peintre étale ses couleurs. *Une belle palette de couleurs.*
• (Manut.) Treillis de planches servant à transporter des marchandises.
Note.- Attention à l'orthographe : pa*lett*e.

palettisation n. f.
Action de palettiser.

palettiser v. tr.
(Manut.) Mettre des marchandises sur palettes.
Note.- Attention à l'orthographe : pa*lett*iser.

palétuvier n. m.
Arbre des régions tropicales.

pâleur n. f.
Caractère de ce qui est pâle.
Note.- Attention à l'orthographe : pâleur.

palier n. m.
Plate-forme dans un escalier.
Note.- Attention à l'orthographe : pa*l*ier.
Hom. *pallier*, remédier.

pâlir v. tr., intr.
• **Transitif.** Rendre pâle. *Le soleil a pâli la couleur de ces rideaux.*
• **Intransitif.** Perdre ses couleurs. *Il a pâli de colère.*
Note.- Attention à l'orthographe : pâlir.

palissade n. f.
Clôture constituée de pieux plantés en terre.
Note.- Attention à l'orthographe : pa*liss*ade.

palissandre n. m.
Bois odorant recherché pour l'ébénisterie.
Note.- Attention au genre masculin de ce nom : *un* pa*liss*andre.

palliatif, ive adj. et n. m.
• **Adjectif**
Dont l'efficacité est purement apparente et passagère. *Unité des soins palliatifs pour les cancéreux.*
• **Nom masculin**
- Remède qui soulage sans guérir.
- Mesure provisoire. *C'est un palliatif du chômage.*
Note.- Ce nom se construit avec *de* et non *à*.

pallier v. tr.
• Redoublement du *i* à la première et à la deuxième personne du pluriel de l'indicatif imparfait et du subjonctif présent. *(Que) nous palliions, (que) vous palliiez.*
• Remédier à. *Pour pallier l'insuffisance (et non * à l'insuffisance) des moyens.*
Note.- Le verbe se construit avec un complément direct et non avec la préposition *à*.
Hom. *palier*, plate-forme dans un escalier.

palmarès n. m.
• Le *s* se prononce [palmarɛs].
• Liste des gagnants d'un concours, d'une compétition, etc.
Note.- Ce nom a fait l'objet d'une recommandation officielle pour remplacer l'emprunt *hit-parade*.

palme n. f.
• Rameau de palmier. *La palme symbolise la victoire.*

• Nageoire de caoutchouc qui accélère la vitesse du nageur.

palmé, ée adj.
• Qui a la forme d'une main ouverte. *Une feuille palmée.*
• Dont les doigts sont réunis par une membrane. *Des pieds palmés.*

palmeraie n. f.
Plantation de palmiers.

palmier n. m.
Arbre tropical à grandes feuilles palmées.

palmipède adj. et n. m.
Dont les pieds sont palmés. *Le canard est un palmipède.*

pâlot; otte adj.
Un peu pâle.
Note.- Attention à l'orthographe : p**â**l*ot*, p**â**l*otte*.

palourde n. f.
Coquillage comestible.

palpable adj.
• Qui peut être palpé.
• Tangible, évident.
Ant. **impalpable.**

palpation n. f.
Action de palper.

palper v. tr.
Examiner en explorant doucement avec la main. *Le médecin a palpé sa jambe.*

palpitant, ante adj.
• Qui palpite.
• (Fam.) Passionnant. *Des histoires palpitantes.*
Note.- Ne pas confondre avec le participe présent invariable *palpitant. Ses paupières palpitant d'excitation, il se mit à crier.*

palpitation n. f.
• Agitation anormale du cœur.
• Frémissement.

palpiter v. intr.
• Battre très fort, en parlant du cœur.
• Être agité de frémissements.
Note.- Attention à l'orthographe : palpi*t*er.

palsambleu ! interj.
Ancien juron.

paltoquet n. m.
Homme prétentieux et sans valeur.

paludéen, éenne adj.
Relatif aux marais. *Fièvre paludéenne.*

paludisme n. m.
Maladie parasitaire.
Note.- Attention à l'orthographe : pa*l*udisme.

pâmer (se) v. pronom.
(Vx ou litt.) Défaillir. *Elle se pâma de rire.*
Note.- Attention à l'orthographe : p**â**mer.

pâmoison n. f.
(Plaisant.) Défaillance. *Ils sont en pâmoison devant ce chanteur.*
Note.- Attention à l'orthographe : p**â**moison.

pampa n. f.
Vaste plaine herbeuse de l'Amérique du Sud.

pamphlet n. m.
Petit écrit satirique.
Note.- Attention à l'orthographe : p**amph**let.

pamphlétaire adj. et n. m. et f.
Auteur de pamphlets.

pamplemousse n. m.
Fruit comestible du pamplemoussier. *Une salade de pamplemousse.*

pamplemoussier n. m.
Arbre de la même famille que l'oranger cultivé pour ses fruits juteux.

pan n. m.
Partie d'un vêtement, d'une paroi, etc. *Un pan coupé, des pans de mur, un pan de chemise.*
Hom. **paon**, oiseau au beau plumage.

pan- préf.
Élément du grec signifiant « tout ». *Panafricain.*

panacée n. f.
• Remède qui guérit toutes les maladies.
Note.- L'expression * « panacée universelle » est un pléonasme.
• Solution à tous les problèmes. *Cette mesure administrative n'est pas une panacée.*
Note.- Attention à l'orthographe : panacé**e.**

panache n. m.
Aigrette.

panacher v. tr., pronom.
• **Transitif**
- Orner d'un panache.
- Composer d'éléments différents. *Une glace panachée.*
• **Pronominal**
Prendre des couleurs variées.

panafricain, aine adj.
Relatif à l'unité africaine.

panais n. m.
Plante dont la racine est comestible.

panama n. m.
Chapeau. *Des panamas blancs.*

panaméen, éenne adj. et n. m. et f.
Du Panama.
Note.- Contrairement à l'adjectif, le nom s'écrit avec une majuscule.

panaméricain, aine adj.
Qui concerne l'ensemble du continent américain.

panarabe adj.
Relatif à l'unité des peuples arabes.

panaris n. m.
• Le **s** ne se prononce pas [panari].

• Inflammation située près d'un ongle. *Elle souffre d'un panaris au pouce.*
Note.- Attention à l'orthographe : panari**s**.

pancarte n. f.
Affiche.

pancréas n. m.
• Le **s** se prononce [pᾶkreas].
• Glande du tube digestif.

pancréatique adj.
Relatif au pancréas.

panda n. m.
Type d'ours de l'Inde.

pané, ée adj.
Recouvert de chapelure.

panégyrique n. m.
Éloge d'une personne, d'une cité, ou d'une nation.
Notes.-
1° Attention à l'orthographe : panég**y**rique.
2° Ne pas confondre avec le mot *apologie* qui désigne un discours, un écrit ayant pour objet de défendre, de justifier une personne, une doctrine.

panel n. m.
(Anglicisme) Échantillon, groupe témoin.

paner v. tr.
Recouvrir de chapelure avant de cuire. *Paner un filet de sole.*
Note.- Attention à l'orthographe : pa**n**er.

panetière n. f.
Meuble où l'on conserve le pain.

panier n. m.
• Récipient tressé muni d'une anse qui sert à transporter des provisions, des marchandises. *Un panier de fruits, un panier de légumes.*
• *Panier de crabes.* Ensemble de personnes qui se combattent à l'intérieur d'un groupe.
• *Panier à salade.* (Fam.) Voiture destinée au transport des détenus ou des prévenus.

panique adj. et n. f.
• **Adjectif.** *Terreur, peur panique.* Effroi violent et soudain.
Note.- L'adjectif ne s'emploie que dans ces expressions.
• **Nom féminin.** Frayeur subite accompagnée d'affolement.

paniquer v. tr., intr., pronom.
• **Transitif.** (Fam.) Affoler. *L'examen oral le panique.*
• **Intransitif** ou **pronominal** (Fam.) S'affoler, céder à la panique. *Ne panique pas, il y a certainement une solution.*

panne n. f.
Défectuosité. *L'ascenseur est en panne.*
Note.- Attention à l'orthographe : pa**nn**e.

panneau n. m.
• Partie d'une construction. *Des panneaux de contre-plaqué.*
• Surface destinée à l'affichage. *Des panneaux-réclames, des panneaux de signalisation, des panneaux indicateurs.*

panonceau n. m.
Petite affiche. *Des panonceaux aux couleurs du candidat.*
Note.- Attention à l'orthographe : pa**n**onceau.

panoplie n. f.
• Collection d'armes présentées sur un panneau.
• Ensemble de moyens d'action. *Le service dispose d'une panoplie de directives couvrant chaque cas.*
Notes.-
1° En ce dernier sens, le nom est souvent ironique.
2° Attention à l'orthographe : panopli**e**.

panorama n. m.
Vue étendue d'un paysage. *Des panoramas magnifiques.*
Note.- Attention à l'orthographe : pano**r**ama.

panoramique adj. et n. m.
• Qui permet de contempler un vaste panorama. *Une vue panoramique.*
• Qui offre une excellente visibilité. *Une fenêtre panoramique.*

panse n. f.
(Fam.) Gros ventre.

pansement n. m.
Compresse stérile destinée à être appliquée sur une plaie. *Un pansement antiseptique.*
Note.- Attention à l'orthographe : pa**n**sement.

panser v. tr.
• Prendre soin, faire la toilette d'un animal. *Panser son cheval.*
Note.- Les animaux que l'on panse ne sont pas blessés, contrairement aux personnes.
• Soigner une blessure en appliquant un pansement. *Panser le genou d'un enfant.*
• (Fig.) Apaiser une souffrance.
Hom. *penser,* réfléchir.

pansu, ue adj.
Gros.
Note.- Attention à l'orthographe : pa**n**su.

pantagruélique adj.
Digne de Pantagruel, le bon géant épicurien de Rabelais. *Un appétit pantagruélique.*

pantalon n. m.
Culotte à jambes longues. *Un pantalon de velours. Une fillette en pantalon.*
Note.- Le nom s'emploie aujourd'hui au singulier lorsqu'il désigne un seul vêtement.

panteler v. intr.
• Redoublement du *l* devant un **e** muet. *Je pantelle, je pantellerai,* mais *je pantelais.*
• Respirer avec peine, haleter.

panthère n. f.
Mammifère carnassier au pelage jaune moucheté de noir. *Une panthère noire.*
Note.- Attention à l'orthographe : pant**h**ère.

pantin n. m.
• Personnage articulé dont on fait mouvoir les membres à l'aide d'un fil.
• Personne sans volonté.

pantois, oise adj.
Stupéfait.
Note.- Attention à l'orthographe : pant*ois*.

pantouflard, arde adj. et n. m. et f.
Casanier.
Note.- Attention à l'orthographe : pantou*f*lard.

pantoufle n. f.
Chaussure d'intérieur. *Se mettre en pantoufles.*
Note.- Attention à l'orthographe : pantou*f*le.

panure n. f.
Pain émietté.
Syn. **chapelure.**

paon, paonne n. m. et f.
• Le *o* ne se prononce pas au masculin [pɑ̃] ni au féminin [pan].
• Oiseau au beau plumage dont la queue, chez le mâle, peut se déployer en éventail.
Hom. *pan*, partie d'un vêtement, d'un mur.

papa n. m.
Père, dans le langage des enfants, même devenus adultes. *Jouer au papa et à la maman.*

papal, ale, aux adj.
Du pape. *Des emblèmes papaux.*

papauté n. f.
Dignité du pape.

papaye n. f.
• Les deux *a* se prononcent *a* [papaj].
• Fruit comestible du papayer.

papayer n. m.
Arbre dont le fruit est la papaye.

pape n. m.
Chef de l'Église catholique. *Notre Saint-Père le pape. Sa Sainteté le pape.*
Note.- Comme les titres administratifs, les titres religieux s'écrivent généralement avec une minuscule. *L'abbé, l'archevêque, le cardinal, le chanoine, le curé, l'évêque, le pape.* Cependant, ces titres s'écrivent avec une majuscule dans deux cas : lorsque le titre remplace un nom de personne et dans les formules d'appel, de salutation.
V. Tableau - **TITRES DE FONCTIONS.**

paperasse n. f.
(Péj.) Papiers administratifs. *Il y a toujours trop de paperasse,* ou *de paperasses.*
Note.- Le nom peut jouer le rôle d'un collectif et s'écrire au singulier pour désigner un ensemble de documents ou peut être orthographié au pluriel si l'on veut insister sur la pluralité.

paperasserie n. f.
(Péj.) Prolifération de documents, de formulaires administratifs.

papeterie n. f.
• Le premier *e* est muet ou se prononce *è*, mais le deuxième *e* est muet, [paptri] ou [papɛtri].
• Usine où l'on fabrique du papier.
• Magasin où l'on vend des articles de bureau, des fournitures scolaires.

papetier, ière adj.
Relatif au papier. *L'industrie papetière.*

papier n. m.
• Substance composée de fibres cellulosiques agglomérées pour former une feuille mince. *Du papier à lettres, du papier journal, du papier d'emballage.*
• Document écrit ou imprimé. *Il a perdu un papier important.*
• (Absol., au plur.) Papiers d'identité. *Montrez-moi vos papiers, s'il vous plaît.*
• **Locutions**
- *Papier de verre, papier-émeri. Utiliser du papier-émeri.*
- *Papier d'emballage. Envelopper un colis dans du papier d'emballage.*
- *Papier pelure. Papier très fin et translucide. Du papier pelure.*
- *Papier mâché. Pâte de papier additionnée de colle. Un jouet en papier mâché.*
- *Papier carbone. Papier permettant d'obtenir des doubles. Des papiers carbone, des carbones.*
Note.- En apposition, le nom *carbone* est invariable ; employé seul, il prend la marque du pluriel.
- *Papier peint. Papier que l'on colle sur les murs. Du papier peint fleuri.*

papille n. f.
Petite éminence à la surface des muqueuses. *Les papilles gustatives.*
Note.- Attention à l'orthographe : papi*ll*e.

papillome n. m.
Tumeur bénigne de la peau.
Note.- Attention à l'orthographe : papi*ll*ome.

papillon n. m.
• Insecte muni de quatre ailes aux couleurs diverses. *La chenille devient une chrysalide, puis un papillon.*
• *Nage papillon, brasse papillon, nœud papillon.*
Note.- Dans les expressions où il est mis en apposition, le nom *papillon* est invariable et s'écrit sans trait d'union. *Des nœuds papillon.*

papillonner v. intr.
Voltiger d'idée en idée, de personne en personne, sans s'arrêter à aucune.
Note.- Ne pas confondre avec le verbe *papilloter* qui signifie « cligner des paupières ».

papillote n. f.
Papier dont on enveloppe les bonbons, dont on se servait pour enrouler les cheveux afin de les friser.
Note.- Attention à l'orthographe : papi*ll*ote.

papilloter v. intr.
Cligner des paupières.
Notes.-
1° Ne pas confondre avec le verbe *papillonner* qui

signifie « voltiger d'idée en idée, de personne en personne ».

2° Attention à l'orthographe : papillo**t**er.

papotage n. m.
Bavardage.
Note.- Attention à l'orthographe : papo**t**age.

papoter v. intr.
Bavarder.
Note.- Attention à l'orthographe : papo**t**er.

paprika n. m.
Variété de piment.

papyrus n. m.
• Le **s** se prononce [papirys].
• Plante dont les Égyptiens employèrent l'écorce comme support d'écriture.
• Manuscrit écrit sur une feuille de papyrus. *Des papyrus bien conservés.*
Note.- Attention à l'orthographe : pap**y**ru**s**.

pâque n. f.
Fête juive.
Note.- En ce sens, le nom est féminin singulier et s'écrit avec une minuscule.

Pâques n. m. sing. et n. f. pl.
• **Nom masculin singulier.** Fête chrétienne qui commémore la résurrection du Christ. *Cette année, Pâques sera célébré le 3 avril.*
Note.- Malgré le **s** final, le nom est au masculin singulier (ellipse de **jour de Pâques**) et s'emploie sans article et sans adjectif avec une majuscule initiale.
• **Nom féminin pluriel.** Accompagné d'un adjectif, le nom est au féminin pluriel. *Faire ses Pâques, Pâques fleuries.*

paquebot n. m.
Grand navire de commerce affecté surtout au transport des passagers.
Note.- Attention à l'orthographe : paquebo**t**.

pâquerette n. f.
Petite marguerite à cœur jaune.
Note.- Attention à l'orthographe : p**â**quere**tt**e.

paquet n. m.
Colis.

par prép.

• La préposition marque une relation de :
- **Lieu.** À travers. *Passer par Paris.*
- **Temps.** Au cours de. *Par une belle nuit étoilée.*
- **Cause.** Engourdi par le froid.
- **Agent.** *Ce roman a été écrit par une jeune femme.*
- **Instrument.** *Voyager par avion.*
- **Manière.** *Classer des données par ordre alphabétique.*
- **Distribution.** Pour chaque. *Le salaire est de 6 000 F par mois.*
Note.- Si le complément exprime une subdivision, la fragmentation d'un tout, celui-ci se met au pluriel. *Classer par sections, par douzaines, par paires, par séries.*

• **Locutions**
- **Par-devant, par-derrière, par-dessus, par-dessous,** locutions prépositives.
Note.- Ces locutions s'écrivent avec un trait d'union, mais les expressions **par en bas, par en haut, par l'avant, par l'arrière, par ici,** s'écrivent sans trait d'union.
- **De par,** locution prépositive. (Vx) Au nom de. *De par la loi, vous êtes arrêté.*
- **Par-ci, par-là,** locution adverbiale. Un peu partout. *Des fleurs poussent par-ci, par-là* ou *par-ci par-là.*
- **Par trop,** locution adverbiale. De façon excessive. *Il est par trop bête.*
- **Par ailleurs,** locution adverbiale. D'un autre côté, d'un autre point de vue.
- **Par conséquent,** locution conjonctive. Donc, d'où il résulte que.
- **Par instants, par moments, par intervalles, par périodes.** Dans ces expressions, le complément s'écrit au pluriel.

para-, pare- préf.
Éléments du grec signifiant « à côté de ». *Paramédical.*

parabole n. f.
• Allégorie. *La parabole évangélique de la multiplication des pains.*
• Courbe.
Note.- Le mot **parabole** est le doublet du mot **parole**. V. Tableau - **DOUBLETS.**

parabolique adj.
En forme de parabole. *Un miroir parabolique.*

parachèvement n. m.
(Litt.) Fait de mettre la dernière main à un ouvrage.

parachever v. tr.
• Le **e** se change en **è** devant une syllabe muette. *Il parachève, il parachevait.*
• Achever au dernier point de la perfection.

parachutage n. m.
Action de parachuter des personnes, des choses. *Le parachutage des vivres dans la région sinistrée.*

parachute n. m.
Appareil permettant de freiner la chute d'une personne ou d'un objet qu'on largue d'un avion.

parachuter v. tr.
• Larguer d'un avion en vol une personne, une chose munie d'un parachute.
• (Fig.) Nommer une personne à une fonction, à une élection, de façon inattendue. *Ce candidat a été parachuté.*

parachutisme n. m.
Technique du saut en parachute.

parachutiste adj. et n. m. et f.
Personne qui pratique le parachutisme.

parade n. f.
• Façon affectée de mettre en avant quelque chose.
• **Faire parade de quelque chose.** Montrer avec ostentation quelque chose.

- Défilé militaire.
- Manière de parer un coup, à l'escrime.

parader v. intr.
- Faire un défilé. *Les militaires paradent en uniforme.*
- (Fam.) Se pavaner.

paradigme n. m.
(Gramm.) Modèle de déclinaison, de conjugaison.
Note.- Attention à l'orthographe : parad*ig*me.

paradis n. m.
Lieu enchanteur. *Le paradis terrestre. L'enfer et le paradis.*
Note.- Le nom s'écrit avec une minuscule.
- *Vous ne l'emporterez pas en paradis.* Vous serez puni.
- *Paradis artificiel.* Euphorie créée par les stupéfiants.

paradisiaque adj.
Digne du paradis. *Des plages paradisiaques.*

paradoxal, ale, aux adj.
Qui tient du paradoxe. *Des énoncés paradoxaux.*

paradoxalement adv.
D'une manière paradoxale.

paradoxe n. m.
Proposition contradictoire.

parafe
V. **paraphe**.

parafer
V. **parapher**.

paraffine n. f.
Substance de consistance cireuse. *Couvrir les pots de confitures de paraffine.*
Note.- Attention à l'orthographe : para*ff*ine.

parages n. m. pl.
Environs. *Les enfants jouent dans les parages.*

paragraphe n. m.
- Symbole typographique §.
- Subdivision d'un texte en prose, marquée par un retour à la ligne au début et à la fin.

paraguayen, enne adj. et n. m. et f.
Du Paraguay.
Note.- Contrairement à l'adjectif, le nom prend une majuscule.

paraître v. intr., impers.
- *Je parais, tu parais, il paraît, nous paraissons, vous paraissez, ils paraissent. Je paraissais. Je parus. Je paraîtrai, tu paraîtras, il paraîtra, nous paraîtrons, vous paraîtrez, ils paraîtront. Je paraîtrais, tu paraîtrais, il paraîtrait, nous paraîtrions, vous paraîtriez, ils paraîtraient. Parais, paraissons, paraissez. Que je paraisse. Que je parusse. Paraissant. Paru, ue.*
- **Intransitif**
- Devenir visible. *Les fleurs commencent à paraître.*
- Être publié. *Le dictionnaire paraîtra à l'automne. Les ouvrages parus au printemps se vendent bien.*
- Sembler, avoir l'air. *Elle parut contente.*
- Sembler avoir. *Elle ne paraît pas son âge.*
- **Impersonnel**
- Il semble. *Il paraît qu'il a gagné le gros lot.*

- **Il paraît que** + **indicatif**. *Il paraît qu'elle viendra.*
Note.- Le verbe se construit également avec le subjonctif si un adjectif précède la conjonction **que**. *Il paraît opportun que vous lisiez le texte.*
- **Il paraît que** + **conditionnel**. *Il paraît qu'elle serait malade.*
Note.- Le verbe se construit avec le conditionnel pour exprimer un fait hypothétique.
- **Il ne paraît pas que** + **subjonctif**. *Il ne paraît pas qu'il puisse être réélu.*
- *À ce qu'il paraît.* (Fam.) Paraît-il.
Note.- Ne pas confondre avec le verbe **apparaître** qui signifie «devenir brusquement visible, évident».

parallèle adj. et n. m. et f.
- **Adjectif**
- Se dit de droites qui ne se rencontrent pas.
- (Fig.) Qui suit la même direction, semblable. *Des chemins parallèles, des carrières parallèles.*
- **Nom masculin**
- Comparaison, rapprochement. *Faire un parallèle entre deux démarches.*
- Cercle imaginaire de la Terre servant à mesurer la latitude et qui est parallèle à l'équateur. *La ville d'Amiens est située au 50ᵉ parallèle.*
V. **latitude**.
- **Nom féminin**
Droite parallèle à une autre.
Note.- Attention à l'orthographe : pa*rall*èle.

parallèlement adv.
D'une manière parallèle.
Note.- Attention à l'orthographe : pa*rallèl*ement.

parallélisme n. m.
État de deux lignes, plans, choses parallèles. *Le parallélisme des roues.*
Note.- Attention à l'orthographe : pa*rallél*isme.

parallélogramme n. m.
(Géom.) Figure dont les côtés opposés sont égaux et parallèles.
Note.- Attention à l'orthographe : pa*rallél*ogramme.

paralysant, ante adj.
Qui paralyse. *Des gaz paralysants.*
Note.- Attention à l'orthographe : paral*y*sant.

paralysé, ée adj. et n. m. et f.
- **Adjectif.** Atteint de paralysie.
- **Nom masculin et féminin.** Personne atteinte de paralysie.
Note.- Attention à l'orthographe : paral*y*sé.
Syn. **paralytique**.

paralyser v. tr.
- Frapper de paralysie.
- (Fig.) Empêcher d'agir. *Les réactions très vives ont suffi à paralyser le ministre.*
Note.- Attention à l'orthographe : paral*y*ser.

paralysie n. f.
- (Méd.) Perte de la fonction motrice.
Note.- La **paraplégie** est la paralysie des membres inférieurs ; la **quadriplégie** touche les quatre membres et l'**hémiplégie**, un côté du corps.
- (Fig.) Incapacité d'agir.
Note.- Attention à l'orthographe : paral*y*sie.

paralytique adj. et n. m. et f.
• **Adjectif.** Atteint de paralysie.
• **Nom masculin et féminin.** Personne atteinte de paralysie.
Note.- Attention à l'orthographe : paral**y**tique.
Syn. **paralysé.**

paramédical, ale, aux adj.
Se dit du personnel qui se consacre au traitement des malades, sans appartenir au corps médical. *Les professions paramédicales.*

paramètre n. m.
• (Math.) Symbole désignant, dans une équation, une grandeur donnée qui peut prendre des valeurs différentes.
• (Fig.) Élément constant d'un calcul. *Le paramètre des versements hypothécaires est le taux d'intérêt.*

paranoïa n. f.
Type de maladie mentale. *Des paranoïas graves.*
Note.- Attention à l'orthographe : parano**ïa.**

paranoïaque adj. et n. m. et f.
• **Adjectif.** Relatif à la paranoïa. *Un délire paranoïaque.*
• **Nom masculin et féminin.** Personne atteinte de paranoïa. *C'est une paranoïaque.*

parapet n. m.
Garde-fou. *Seul un parapet bordait le chemin au-dessus de la falaise.*
Note.- Attention à l'orthographe : parap**et.**

paraphe ou **parafe** n. m.
Signature abrégée, souvent formée des initiales.

parapher ou **parafer** v. tr.
Apposer son parafe, c'est-à-dire signer de ses initiales un texte, une modification, etc. *Toutes les pages du contrat doivent être paraphées.*

paraphrase n. f.
Commentaire explicatif qui, dans certains cas, est jugé long et inutile.
Notes.-
1° Attention à l'orthographe : para**ph**rase.
2° Ne pas confondre avec le mot *périphrase* qui désigne l'explication d'une notion à l'aide de plusieurs mots.

paraphraser v. tr.
Faire une paraphrase.
Note.- Attention à l'orthographe : para**ph**raser.

paraplégie n. f.
Paralysie des membres inférieurs.
V. **paralysie.**

paraplégique adj. et n. m. et f.
Atteint de paraplégie.

parapluie n. m.
• Objet qui sert de protection contre la pluie. *Des parapluies télescopiques.*
• Protection. *Parapluie nucléaire.*

parascolaire adj.
Parallèle à l'enseignement. *Une activité parascolaire.*

parasitaire adj.
Causé par des parasites. *Une maladie parasitaire.*
Note.- Attention à l'orthographe : parasit**ai**re.

parasite adj. et n. m.
• Organisme végétal ou animal qui vit aux dépens d'un autre organisme. *Un champignon parasite.*
• Personne qui vit aux dépens d'une autre, de la société. *Ils ne travaillent pas et préfèrent être des parasites.*
• *(Bruits) parasites.* Perturbations limitant la réception des signaux radioélectriques.

parasol n. m.
Grand parapluie qui sert de protection contre le soleil. *De beaux parasols colorés.*

paratonnerre n. m.
Dispositif destiné à protéger un bâtiment de la foudre.

paravent n. m.
Ensemble de panneaux articulés qui sert à isoler quelque chose. *Des paravents joliment laqués.*

parbleu ! interj.
(Vx) Interjection exprimant une affirmation.

parc n. m.
• Grand jardin. *Un parc ombragé.*
Note.- Les noms génériques (*jardin, parc, réserve,* etc.) s'écrivent avec une minuscule lorsqu'ils sont précisés par un nom propre. *Le parc Montsouris, le parc Monceau.* Ils s'écrivent avec une majuscule lorsque l'adjectif qui suit précise l'appartenance à une catégorie. *Le Parc zoologique de San Diego.*
• Vaste réserve où la flore, la faune sont protégées. *Un parc naturel, un parc national.*
• *Parc de stationnement.* Parking.
• Ensemble de véhicules. *Le parc automobile français.*

parcellaire adj.
Fait par parcelles.

parcelle n. f.
Fragment, petite quantité d'une chose. *Je ne prendrai qu'une parcelle de ce beau gâteau.*

parce que loc. conj.
À cause de. *Ils ont remis l'expédition de ski parce qu'il faisait trop froid.*
Notes.-
1° La locution conjonctive s'élide devant *il, elle, ils, elles, on, un, une, à* et le verbe se construit à l'indicatif ou au conditionnel suivant que l'on exprime une affirmation ou une supposition. *Il serait épuisé parce qu'il aurait trop travaillé.*
2° Ne pas confondre avec les mots *par ce que* signifiant « par le fait que ». *Le projet a été retenu par ce qu'il avait d'original.*

parchemin n. m.
• Peau d'animal traitée pour l'écriture.
• Document écrit. *De vieux parchemins.*

parcheminé, ée adj.
Ridé et desséché comme du parchemin. *Une peau parcheminée.*

parcheminer v. tr.
Donner l'aspect du parchemin.

parcimonie n. f.
Économie excessive. *Il distribue ses salutations avec parcimonie.*
Note.- Attention à l'orthographe : par**c**imonie.

parcimonieusement adv.
D'une manière parcimonieuse.
Note.- Attention à l'orthographe : par**c**imonieusement.

parcimonieux, ieuse adj.
Avare.
Note.- Attention à l'orthographe : par**c**imonieux.

parcmètre ou **parcomètre** n. m.
Appareil mesurant le temps de stationnement d'une automobile. *Mettre une pièce de monnaie dans le parcmètre, le parcomètre.*
Note.- La graphie **parcomètre** est de plus en plus abandonnée au profit de **parcmètre**.

parcourir v. tr.
• *Je parcours, tu parcours, il parcourt, nous parcourons, vous parcourez, ils parcourent. Je parcourais. Je parcourus. Je parcourrai. Je parcourrais. Parcours, parcourons, parcourez. Que je parcoure. Que je parcourusse. Parcourant. Parcouru, ue.*
• Aller d'un lieu à un autre. *Elle a parcouru toute l'Italie.*
• Faire un trajet. *La distance à parcourir est de 300 kilomètres.*
• Examiner rapidement. *Parcourir un article.*
Note.- Attention à l'orthographe : parcou**r**ir.

parcours n. m.
• Trajet.
• *Incident, accident de parcours.* Fait fâcheux inhabituel.
Note.- Attention à l'orthographe : parcour**s**.

pardessus n. m.
Manteau masculin.
Note.- Ne pas confondre avec le mot **par-dessus.** *Il a sali son pardessus en sautant par-dessus une flaque d'eau.*

pardi ! interj.
Juron familier qui exprime une affirmation.

pardon n. m.
• Action de pardonner. *Le pardon d'une offense.*
• Formule de politesse pour s'excuser ou pour faire répéter. *Pardon ? Je n'ai pas bien compris.*

pardonnable adj.
Qui peut être pardonné. *Une erreur pardonnable. Un étudiant pardonnable.*
Note.- L'adjectif se dit de personnes ou de choses.

pardonner v. tr.
Accorder le pardon. *Elle lui a pardonné son agressivité.*
Note.- Le complément d'objet direct du verbe est une chose ; le complément indirect, une personnne.

-pare, -parité suff.
Éléments du latin signifiant «engendrer». *Ovipare, viviparité.*

pare- préf.
Les mots composés avec le préfixe *pare-* s'écrivent avec un trait d'union et sont invariables. *Un gilet pare-balles, des pare-brise, un pare-chocs.*

pare-balles adj. inv. et n. m. inv.
Vêtement protégeant des balles. *Un gilet pare-balles, des gilets pare-balles. Des pare-balles efficaces.*

pare-brise n. m. inv.
Vitre avant d'un véhicule. *Des pare-brise incassables.*

pare-chocs n. m. inv.
Dispositif placé à l'avant ou à l'arrière d'un véhicule pour amortir les chocs. *Des pare-chocs en caoutchouc.*

pare-étincelles n. m. inv.
Écran que l'on place devant une cheminée pour arrêter la projection d'étincelles. *Des pare-étincelles bien astiqués.*

pare-feu adj. inv. et n. m. inv.
Dispositif destiné à limiter la propagation du feu. *Des portes pare-feu. Des pare-feu efficaces.*

pareil, eille adj., adv. et n. m.
• **Adjectif**
- Semblable, identique. *Elle a une voiture pareille à la sienne* (et non pareille * que la mienne).
Note.- L'adjectif se construit avec la préposition **à** et non avec **que.**
- *Sans pareil.* Sans égal. *Ces massages sont sans pareils pour la détente.*
Note.- Dans cette expression, l'adjectif s'accorde avec le nom auquel il se rapporte ou peut rester invariable.
• **Adverbe**
(Fam.) De façon identique. *Les deux amies se coiffent pareil.*
Note.- Pris adverbialement, le mot est invariable.
• **Nom masculin**
Égal. *Il n'a pas son pareil pour faire de bonnes salades.*

pareillement adv.
De la même manière. *Bonnes vacances ! - Et vous pareillement.*

parement n. m.
• Ornement.
• Revers d'un vêtement. *Une veste avec des parements de velours aux poignets.*

parent, ente adj. et n. m. et f.
• **Adjectif.** Qui a un lien de parenté. *Ils sont parents de loin.*
• **Nom masculin.** Le père ou la mère.
• **Nom masculin pluriel.** Le père et la mère d'une personne. *Je vous présente mes parents.*
• **Nom masculin et féminin.** Membre de la même famille. *C'est une parente à moi.*

parental, ale, aux adj.
Relatif aux parents. *Des liens parentaux.*

parenté n. f.
• Liens qui unissent les membres d'une famille. *Quel est votre lien de parenté avec elle ? - C'est ma sœur.*
• Ensemble des parents d'une personne.

parenthèse

- Analogie, affinité. *Il y a une parenté entre ces deux œuvres.*

parenthèse n. f.
V. Tableau - **PARENTHÈSES.**

paréo n. m.
Vêtement de plage drapé. *Des paréos aux couleurs vives.*

parer v. tr., pronom.
- Attention à la troisième personne du singulier de l'imparfait qui s'écrit sans accent circonflexe devant le *t*, contrairement au verbe *paraitre* à l'indicatif présent.

- **Transitif**
- (Litt.) Orner. *Elle avait paré ses cheveux de fleurs.*
- Éviter un coup. *Parer une attaque.*
- **Transitif indirect**
Se prémunir contre, se protéger de. *Il faut parer à toute éventualité. Nous avons paré au plus pressé.*
- **Pronominal**
(Litt.) Se donner par vanité. *Elle se pare de toutes les vertus.*

pare-soleil n. m. inv.
Écran protégeant des rayons du soleil. *Le soleil est aveuglant, il vaut mieux abaisser les pare-soleil de la voiture.*

PARENTHÈSES

La parenthèse est une courte phrase, une digression insérée dans un texte. *La directrice (nommée tout récemment) est très compétente.*

Note.- La phrase intercalée n'est pas nécessairement entre parenthèses.

Les parenthèses sont le double signe de ponctuation *( )* qui signale une insertion dans une phrase. *Mettre un exemple entre parenthèses. Ouvrir, fermer une parenthèse.*

Notes.-

1° Dans un passage déjà entre parenthèses, on emploie des crochets.

2° Dans un index alphabétique, une liste, les parenthèses indiquent une inversion destinée à faciliter le classement d'un mot, d'une expression. Ainsi, *géographiques (noms)* doit se lire *noms géographiques.*

3° Les parenthèses signifient également une possibilité de double lecture. *Exemple : antichoc(s).* L'adjectif peut s'écrire **antichoc** ou **antichocs**.

EMPLOIS

- **Citation**

    Voici des fruits, des fleurs, des feuilles et des branches. (Verlaine).

- **Date**

    Un arrêté publié au Journal officiel (1988) qui précise...

- **Donnée**

    Ce disque (20 méga-octets) est très fiable.

- **Exemple**

    Les ongulés (ex. éléphant, rhinocéros) sont des mammifères.

- **Explication**

    L'ornithorynque (mammifère monotrème) est ovipare.

- **Formule**

    C'est un composé de carbone et d'hydrogène (C_2H_4).

- **Mention**

    Louis XIV (le Roi Soleil).

- **Renvoi**

    Le symbole du franc est un F (V. Tableau - **SYMBOLES DES UNITÉS MONÉTAIRES).**

- **Sigle, abréviation**

    L'Association française de normalisation (AFNOR).

paresse n. f.
Nonchalance, apathie.
Note.- Attention à l'orthographe : pa*resse*.

paresser v. intr.
Se laisser aller à la paresse.
Note.- Attention à l'orthographe : pa*ress*er.

paresseusement adv.
D'une manière paresseuse.
Note.- Attention à l'orthographe : pa*ress*eusement.

paresseux, euse adj. et n. m. et f.
Inactif, qui évite l'effort.
Note.- Attention à l'orthographe : pa*ress*eux.

par exemple loc. adv.
• Abréviation *p. ex.* (s'écrit avec des points).
Note.- Il est préférable d'utiliser cette abréviation plutôt que les abréviations latines *e.g.* (exempli gratia) et *v.g.* (verbi gratia) qu'on réservera aux textes anglais.
• Locution servant à citer un exemple destiné à illustrer, à expliquer.

parfaire v. tr.
Parachever. *Parfaire une œuvre. Il a parfait sa formation aux États-Unis.*
Note.- Ce verbe se conjugue comme *faire*, mais s'emploie seulement à l'infinitif et aux temps composés.

parfait, aite adj. et n. m.
• **Adjectif**
Idéal, absolu. *Le bonheur parfait.*
Ant. **imparfait.**
• **Nom masculin**
- (Litt.) Perfection.
- Crème glacée. *Un parfait à la pistache.*

parfaitement adv.
D'une manière parfaite.

parfois adv.
(Litt.) Quelquefois.
Note.- Attention à l'orthographe : *parfois*, en un seul mot.

parfum n. m.
• Odeur agréable. *Le parfum du jasmin.*
Note.- Ne pas confondre avec les mots suivants :
- *odeur*, sensation olfactive qui émane d'un corps ;
- *relent*, odeur désagréable.
• Goût d'un produit aromatisé. *Quel parfum choisirez-vous pour votre glace : vanille, chocolat ou pistache ?*
Note.- Attention à l'orthographe : parf*um*.

parfumé, ée adj.
Imprégné d'une odeur agréable.

parfumer v. tr., pronom.
• **Transitif**. Imprégner d'une bonne odeur. *Elle a parfumé son armoire de lavande.*
• **Pronominal**. S'imprégner de parfum. *Elles se sont parfumées légèrement.*

parfumerie n. f.
• Fabrication des parfums.
• Boutique où l'on vend des parfums.

parfumeur n. m.
parfumeuse n. f.
Personne qui crée ou qui vend des parfums.

pari n. m.
Gageure. *Des paris risqués.*
Note.- Attention à l'orthographe : par*i*.

paria n. m.
Personne rejetée. *Ces femmes sont traitées comme des parias.*

parier v. tr.
• Redoublement du *i* à la première et à la deuxième personne du pluriel de l'indicatif imparfait et du subjonctif présent. *(Que) nous pariions, (que) vous pariiez.*
• Faire un pari. *Je parie 50 F sur cette équipe, sur ce cheval.*
Note.- Selon le sens, on peut parier avec ou contre quelqu'un.
• (Fig.) Affirmer qu'une chose se produira. *Je parie qu'il sera très intéressé.*

parieur, ieuse n. m. et f.
Personne qui aime parier.

par intérim
Abréviation *p.i.* (s'écrit avec des points).

paris-brest n. m. inv.
Gâteau. *Des paris-brest délicieux.*
Note.- Le nom de la pâtisserie s'écrit avec des minuscules et est invariable.

parisien, ienne adj. et n. m. et f.
De Paris. *La région parisienne. Ce sont des Parisiens.*
Note.- Contrairement à l'adjectif, le nom prend une majuscule.

paritaire adj.
Qui regroupe un nombre égal de représentants de deux parties.

parité n. f.
• Égalité. *Ces salariés réclament la parité entre leur salaire et celui de leurs collègues.*
• (Écon.) Valeur égale de deux unités monétaires différentes.

parjure adj. et n. m. et f.
• **Adjectif**. Qui viole son serment. *Un soldat parjure.*
• **Nom masculin**. Faux serment.
• **Nom masculin et féminin**. Personne qui fait un faux serment.

parjurer (se) v. pronom.
Violer son serment. *Ils se sont parjurés.*

parka n. m ou f.
Manteau court, souvent fourré, comportant un capuchon. *Des parkas de duvet.*

parking n. m.
(Anglicisme) Parc de stationnement automobile. *Des parkings.*

parlé, ée adj.
Exprimé à l'aide de la parole (par opposition à *écrit*). *Le journal parlé.*

parlement n. m.
• Assemblée ou ensemble des deux assemblées qui exercent le pouvoir législatif. *Le siège du Parlement est à Paris.*

Note.- Si le nom désigne l'assemblée qui exerce le pouvoir législatif, le nom s'écrit avec une majuscule.
• (Par ext.) Assemblée représentant un ensemble de pays. *Le parlement européen.*

parlementaire adj.
Du Parlement. *Un régime parlementaire.*

parlementarisme n. m.
Régime parlementaire.

parlementer v. intr.
Négocier longuement en vue d'un accord. *Ils ont parlementé longtemps avant que le gangster libère ses otages.*

parler n. m.
• Langage, manière de s'exprimer.
• (Ling.) Langue propre à un groupe, à une région. *Le parler des Bretons.*

parler v. tr., intr., pronom.

• **Transitif**
Faire usage d'une langue. *Parler l'anglais.*
• **Transitif indirect**
- Exprimer sa pensée, ses sentiments. *Parler de littérature, de cinéma.*
- S'adresser à quelqu'un. *Parler à son ami, avec une amie.*
• **Intransitif**
- Articuler des mots. *Parler plus bas.*
- S'exprimer. *Il parle bien. Il parle couramment anglais.*
• **Pronominal**
- Être parlé. *Le portugais se parle au Portugal et au Brésil.*
- S'adresser la parole. *Nous nous sommes parlé longuement.*
Note.- Le participe passé de ce verbe est invariable, sauf lorsqu'il est employé à la forme pronominale au sens de « être parlé ». *La langue française s'est parlée dans toute l'Europe autrefois.*

---

parleur, euse n. m. et f.
• Personne qui parle beaucoup. *Grand parleur, petit faiseur.*
• *Beau parleur.* (Péj.) Phraseur.

parloir n. m.
Lieu où l'on reçoit les visiteurs (dans un couvent, une prison).

parlote ou **parlotte** n. f.
(Fam.) Conversation insignifiante.

parme adj. inv. et n. m.
• **Adjectif de couleur invariable.** De la couleur mauve de la violette de Parme. *Des velours parme.*
V. Tableau - **COULEUR (ADJECTIFS DE).**
• **Nom masculin.** Couleur parme. *Des parmes délicats.*

parmesan n. m.
Fromage à pâte dure de la région de Parme.

parmi prép.
Au milieu de. *Il est heureux d'être parmi les personnes retenues, parmi la minorité des élus.*
Note.- La préposition s'emploie devant un nom au pluriel ou devant un collectif.

parodie n. f.
Caricature, imitation comique. *Ce comédien exécute des parodies très réussies.*
Note.- Ne pas confondre avec le mot **pastiche** qui désigne une œuvre artistique où l'on écrit à la manière d'un auteur.

parodier v. tr.
• Redoublement du *i* à la première et à la deuxième personne du pluriel de l'indicatif imparfait et du subjonctif présent. *(Que) nous parodiions, (que) vous parodiiez.*
• Faire une parodie, contrefaire le style, le langage de quelqu'un.

parodique adj.
Qui est relatif à la parodie.

paroi n. f.
• Cloison entre deux pièces.
• Surface rocheuse verticale. *Les parois du gouffre de Padirac.*
Note.- Attention à l'orthographe : par**oi**.

paroisse n. f.
• Territoire où s'exerce le ministère d'un curé.
• Ensemble des membres d'une paroisse. *Toute la paroisse est au courant.*

paroissial, iale, iaux adj.
Relatif à la paroisse. *Des fêtes paroissiales.*

paroissien, ienne n. m. et f.
Membre d'une paroisse.

parole n. f.
• Faculté d'exprimer la pensée par les mots. *Il a la parole facile.*
• *Adresser la parole à quelqu'un.* Parler à quelqu'un.
• *Couper la parole à quelqu'un.* Interrompre quelqu'un.
• *Prendre la parole.* Commencer à parler.
• *Donner sa parole.* S'engager solennellement.
• *De belles paroles.* Promesses vaines.

paronyme adj. et n. m.
V. Tableau - **PARONYMES.**

paronymie n. f.
Caractère des mots paronymes.
Note.- Attention à l'orthographe : parony**mie.**

paronymique adj.
Relatif aux paronymes.
Note.- Attention à l'orthographe : parony**mique.**

parotide n. f.
Glande salivaire située au-dessous de l'oreille.

paroxysme n. m.
Le degré extrême (d'un sentiment, d'une sensation).
Note.- Attention à l'orthographe : paro**xys**me.

PARONYMES

Les **paronymes** sont des mots qui présentent une ressemblance d'orthographe ou de prononciation, sans avoir la même signification.

Ainsi les noms **acception,** « sens d'un mot » et **acceptation,** « accord » sont-ils souvent confondus. Il en est de même des mots **conjecture,** « hypothèse » et **conjoncture,** « situation d'ensemble ». On consultera les paronymes à leur entrée alphabétique où les distinctions sémantiques sont apportées.

Note.- Ne pas confondre avec les mots suivants :

- **antonymes**, mots qui ont une signification contraire ;

- **homonymes**, mots qui s'écrivent ou se prononcent de façon identique, sans avoir la même signification ;

- **synonymes**, mots qui ont la même signification ou une signification très voisine.

V. Tableau - **ANTONYMES.**
V. Tableau - **HOMONYMES.**
V. Tableau - **SYNONYMES.**

Quelques exemples de paronymes :

accident	et	incident	idiotisme	et	idiotie
affectif	et	effectif	intégralité	et	intégrité
agoniser	et	agonir	justesse	et	justice
allocation	et	allocution	lacune	et	lagune
amener	et	emmener	littéraire	et	littéral
amnésie	et	amnistie	luxuriant	et	luxurieux
arborer	et	abhorrer	nationaliser	et	naturaliser
collision	et	collusion	notable	et	notoire
compréhensif	et	compréhensible	original	et	originaire
confirmer	et	infirmer	perpétrer	et	perpétuer
décade	et	décennie	prodige	et	prodigue
désaffection	et	désaffectation	proscrire	et	prescrire
effiler	et	affiler	recouvrer	et	recouvrir
effraction	et	infraction	session	et	cession
éminent	et	imminent	stalactite	et	stalagmite
enduire	et	induire	usité	et	usagé
évoquer	et	invoquer	vénéneux	et	venimeux.

paroxysmique adj.
Relatif au paroxysme.
Note.- Attention à l'orthographe : paro**xys**mique.

parpaing n. m.
• Le **g** ne se prononce pas [parpɛ̃].
• Bloc de ciment. *Un mur en parpaings.*
Note.- Attention à l'orthographe : parpain**g**.

parquer v. tr.
• Mettre des animaux dans un parc. *Parquer des vaches dans un pré.*
• Enfermer plusieurs personnes dans un espace restreint. *Ils ont été parqués dans un wagon.*

parquet n. m.
• Assemblage de planches de bois qui forme le plancher d'une pièce. *Un beau parquet de chêne.*
• Ensemble des magistrats d'une cour. *Le parquet de Versailles.*

parqueter v. tr.
• Redoublement du **t** devant un **e** muet. *Je parquette, je parquetterai,* mais *je parquetais.*
• Recouvrir le sol d'un parquet.

parrain n. m.
• Celui qui tient un enfant sur les fonts baptismaux. *Le parrain et la marraine, le filleul et la filleule.*
• Caution morale.
• (Fam.) Chef d'une mafia.

parrainage n. m.
Soutien moral accordé à quelqu'un, à quelque chose. *Le parrainage d'une campagne de souscription.*
Note.- Ce nom a fait l'objet d'une recommandation officielle pour remplacer l'emprunt **sponsoring**.

parrainer v. tr.
Donner son soutien à, cautionner (une entreprise, une œuvre). *Ils ont accepté de parrainer notre campagne de sensibilisation.*

Note.- Ce verbe a fait l'objet d'une recommandation officielle pour remplacer l'anglicisme **sponsoriser**.

parricide adj. et n. m. et f.
• **Adjectif et nom masculin et féminin.** Personne qui a commis un parricide.
• **Nom masculin.** Meurtre du père ou de la mère.
Note.- Attention à l'orthographe : pa*rri*cide.

parsemer v. tr.
• Le *e* se change en *è* devant une syllabe muette. *Il parsème, nous parsemons.*
• Jeter des choses çà et là. *Elle parsème ses cheveux de fleurs.*
• Être répandu çà et là. *Les marguerites qui parsèment l'herbe.*

part n. f.

• Portion qui revient à quelqu'un. *Sa part représente le quart de l'héritage.*
Note.- Après un nom collectif suivi d'un complément au pluriel, le verbe se met au singulier ou au pluriel suivant l'intention de l'auteur qui veut insister sur l'ensemble ou sur la pluralité. *Une part des propriétés sera vendue, ou seront vendues.*
V. Tableau - **COLLECTIF**.
• Partie d'un tout destiné à être divisé. *Découper une tarte en quatre parts.*
Note.- La locution **à parts égales** est critiquée. On lui préférera **à égalité de parts, en parts égales.**
• *Prendre part.* Participer. *Ils prendront part à la fête.*
Note.- Dans cette expression, le nom est invariable.
• *Faire part de quelque chose à quelqu'un.* Informer quelqu'un de quelque chose. *Tu lui as fait part de ton inquiétude.*
• *En bonne part, en mauvaise part.* Interpréter en bien, en mal. *À l'origine, le mot **aléa** s'employait en bonne ou en mauvaise part.*
• **Locutions adverbiales**
- *Quelque part.* En quelque lieu. *Vous ai-je déjà vu quelque part ?*
- *Nulle part.* En aucun endroit. *Je ne le trouve nulle part.*
- *Pour ma part.* Quant à moi. *Pour ma part, je lui donne raison.*
- *De part en part.* D'un côté à l'autre. *Il a été traversé par une balle de part en part.*
- *À part.* Séparément. *Mettez ces produits à part.*
- *De part et d'autre.* De tous les côtés. *Ils sont venus de part et d'autre du pays.*
- *De toutes parts, de toute part.* De partout. *Des insectes s'infiltraient de toutes parts ou de toute part.*
Note.- Les deux formes sont correctes, mais le pluriel est plus fréquent.
• **Locutions prépositives**
- *Mis à part.* À l'exception de. *Mis à part cette personne, tous ont accepté de participer.*
Note.- Dans cette expression, **mis** est invariable.
- *De la part de.* Au nom de. *De la part d'un ami qui vous veut du bien.*

partage n. m.
Division d'une chose en plusieurs parts. *Le partage des biens.*

partagé, ée adj.
• Réciproque. *Un amour partagé.*
• Divisé. *Les avis sont partagés.*

partager v. tr., pronom.
• Le *g* est suivi d'un *e* devant les lettres *a* et *o*. *Il partagea, nous partageons.*
• **Transitif**
- Diviser une chose en plusieurs parts. *Partager un terrain en trois parties. Partager ses biens entre ses enfants.*
- Participer à quelque chose. *Partager un repas, le chagrin d'un ami.*
- **Partager + avec.** Posséder avec d'autres. *Partager une maison avec quelqu'un.*
• **Pronominal**
- Répartir entre plusieurs. *Se partager les restes.*
- Répartir son temps. *Il se partage entre son travail et sa famille.*

partance n. f.
• *En partance.* Se dit d'un bateau, d'un avion, d'un train sur le point de partir. *Le train en partance.*
• *En partance pour.* À destination de. *Ce bateau est en partance pour Marseille.*

partant conj.
(Vx) Par conséquent.

partenaire n. m. et f.
Personne avec qui l'on est associé, lié. *Vous avez là une excellente partenaire.*

parterre n. m.
• Partie d'un jardin où sont disposés des motifs floraux. *De grands parterres de tulipes décorent la place.*
• Dans une salle de spectacle, ensemble des places derrière l'orchestre. *Un fauteuil au parterre.*

parthénogenèse n. f.
(Biol.) Mode de reproduction à partir d'un ovule non fécondé.
Note.- Attention à l'orthographe : part*h*énogen*è*se.

parti n. m.
• Groupe de personnes partageant une opinion, des intérêts, etc. *Un parti politique.*
Note.- Les noms de partis politiques prennent une majuscule. *Le Parti socialiste, le Parti républicain, le Rassemblement démocratique.* Les noms des adeptes de partis politiques s'écrivent avec une minuscule. *Les socialistes, les sociaux-démocrates.*
• (Litt.) Résolution. *Il en a pris son parti.*
• *Parti pris.* Partialité, opinion préconçue.
Note.- L'expression s'écrit sans trait d'union.
• *Prendre parti.* Prendre position. *Elles ont pris parti pour une restructuration.*
• *Prendre le parti de.* Se décider en faveur de.
• *Tirer parti de.* Profiter. *Ils ont su tirer parti de la situation.*
Hom. *partie*, élément d'un ensemble.

parti, ie adj.
- Absent.
- (Fam.) Ivre. *Il était complètement parti et ne se souvenait de rien.*

partial, iale, iaux adj.
Qui favorise quelqu'un, quelque chose au préjudice d'un autre, injuste. *Des avis partiaux.*
Note.- Ne pas confondre avec le mot **partiel** qui qualifie ce qui est incomplet.
Ant. **impartial.**

partialement adv.
Avec partialité.

partialité n. f.
Préférence injuste.

participant, ante adj. et n. m. et f.
Personne qui participe (à une activité, une réunion, une compétition, etc.). *Les participants étaient enthousiastes.*
Note.- Ne pas confondre avec le participe présent invariable **participant.** *On a remercié tous les invités participant à la fête.*

participation n. f.
Action de participer, de collaborer à quelque chose.

participe n. m.
V. Tableau - **PARTICIPE PASSÉ.**
V. Tableau - **PARTICIPE PRÉSENT.**

participer v. tr. ind.
- Prendre part à. *Participer aux réjouissances, au travail, à une excursion.*
Note.- En ce sens, le verbe se construit avec la préposition **à.**
- (Litt.) Tenir de. *La tendresse participe de l'amour.*

particularisation n. f.
Différenciation, individualisation.

particulariser v. tr.
Individualiser.

particularisme n. m.
Caractère distinctif d'une population au sein d'une société.

particularité n. f.
(Litt.) Caractéristique.

particule n. f.
- Très petite partie. *Des particules de cuivre.*
- (Ling.) Mot invariable monosyllabique. *La particule négative **ne.***
- *Particule (nobiliaire).* Préposition précédant un nom patronymique. *François René de Chateaubriand.*
Note.- Les particules nobiliaires s'écrivent avec une minuscule.

particulier, ière adj. et n. m.
- **Adjectif**
- Qui appartient en propre (à quelqu'un, à quelque chose). *Une voix très particulière.*
- Individuel, distinctif. *Des traits particuliers. Des cours particuliers.*
- **Nom masculin**
Personne privée. *Il faut distinguer le revenu d'un particulier du bénéfice de l'entreprise.*

particulièrement adv.
Spécialement.

partie n. f.
- Élément d'un ensemble. *Une partie des élèves.*
Note.- Après **une partie de, une petite partie de, une grande partie de, la majeure partie de...** suivi d'un complément au pluriel, le verbe s'accorde avec le collectif ou avec le complément suivant l'intention de l'auteur qui veut marquer l'ensemble ou la pluralité. *Une grande partie des jardins ont été cultivés. La majeure partie des étudiants a refusé.*
V. Tableau - **COLLECTIF.**
- (Dr.) Personne qui participe à un acte juridique. *Les parties contractantes.*
- *Être juge et partie.* Avoir un pouvoir de décision dans une affaire où l'on a des intérêts.
- *Prendre quelqu'un à partie.* S'en prendre à quelqu'un.
- Divertissement, jeu. *Une partie de bridge, une partie de hockey, une partie de campagne.*
- *Partie remise.* Évènement différé.
Hom. **parti**, groupe de personnes partageant une opinion.

partiel, ielle adj.
- Qui ne concerne qu'une partie d'un tout. *Des élections partielles.*
- Incomplet. *Des résultats partiels.*
Note.- Ne pas confondre avec le mot **partial** qui qualifie ce qui est injuste.

partiellement adv.
En partie.

partir v. intr.
- *Je pars, tu pars, il part, nous partons, vous partez, ils partent. Je partais. Je partis. Je partirai. Je partirais. Pars, partons, partez. Que je parte. Que je partisse. Partant. Parti, ie.*
Note.- Le verbe se conjugue avec l'auxiliaire **être.**
- Quitter un lieu. *Elle est partie en voyage.*
Note.- Ne pas confondre avec les verbes suivants :
- *éluder*, éviter en passant à côté ;
- *évader (s')*, s'enfuir d'un lieu où l'on est retenu ;
- *fuir*, s'éloigner rapidement pour échapper à un danger.

partisan, ane adj. et n. m. et f.
- **Adjectif.** Qui témoigne d'un parti pris. *Une attitude partisane.*
- **Nom masculin et féminin.** Adepte. *C'est une partisane du nationalisme.*

partitif, ive adj.
(Ling.) Qui désigne une partie d'un tout. *Dans « Donnez-moi du café », « du » est un article partitif.*
Note.- L'article partitif est formé de la préposition **de** seule ou combinée avec l'article défini. Au masculin : **du, de l', des** ; au féminin **de la, de l', des.** L'article partitif s'emploie devant les noms de choses qui ne se comptent pas pour marquer une certaine quantité. *Vendre de la laine.*

partition n. f.
- Division d'un pays.
- Ensemble des parties d'une composition musicale.

PARTICIPE PASSÉ

ACCORD DU PARTICIPE PASSÉ

1. Participe passé employé seul.

- Employé sans auxiliaire, le participe passé s'accorde en genre et en nombre **avec le nom auquel il se rapporte.**

- Il peut jouer le rôle d'un qualificatif.

> *Une enfant cajolée.*

- Il peut être attribut.

> *Elle me semble émue.*

2. Participe passé employé avec l'auxiliaire *être.*

Comme attribut, le participe passé s'accorde en genre et en nombre **avec le sujet du verbe.**

> *La maison a été aménagée.*

3. Participe passé employé avec l'auxiliaire *avoir.*

- Avec l'auxiliaire *avoir*, le participe passé s'accorde en genre et en nombre **avec le complément d'objet direct qui précède le verbe.**

> *La pomme que j'ai mangée.*

- Si le complément d'objet direct suit le verbe ou si le verbe ne comporte pas de complément d'objet direct, le participe passé reste invariable.

> *J'ai mangé une pomme. Les recherches ont enfin abouti.*

CAS PARTICULIERS

3.1 Participe passé suivi immédiatement d'un infinitif.

a) Le participe passé suivi de l'infinitif s'accorde en genre et en nombre avec le complément d'objet direct qui précède le verbe si celui-ci accomplit l'action marquée par l'infinitif.

> *Les oiseaux que j'ai entendus chanter.*

Note.- Dans cette phrase qui pourrait être formulée *Les oiseaux que j'ai entendus en train de chanter*, ou *chantant*, le sujet du verbe fait l'action décrite par l'infinitif.

b) Le participe passé suivi de l'infinitif reste invariable si le complément d'objet direct qui précède le verbe n'accomplit pas l'action marquée par l'infinitif.

> *La chanson que j'ai entendu chanter.*

Note.- Dans cette phrase qui ne pourrait être formulée *La chanson que j'ai entendue en train de chanter*, ou *chantant*, le sujet du verbe ne fait pas l'action décrite par l'infinitif.

c) Le participe passé suivi d'un infinitif reste invariable si le complément d'objet direct est un infinitif sous-entendu, par exemple avec les verbes *croire, dire, devoir, espérer, estimer, penser, pouvoir, savoir, vouloir...*

> *Elle a choisi tous les livres qu'elle a voulu (choisir* est sous-entendu*). Il a fait tous les efforts qu'il a pu (faire* est sous-entendu*).*

Note.- Le participe passé *fait* suivi d'un infinitif est toujours invariable. *Les travaux que j'ai fait faire sont coûteux.*

3.2 Participe passé des verbes impersonnels.

Le participe passé des verbes impersonnels est toujours invariable.

> *Les explosions qu'il y a eu. Voici l'aventure qu'il m'est arrivé.*

3.3 Participe passé précédé d'un collectif accompagné d'un complément au pluriel.

Le participe passé s'accorde avec le collectif singulier (*classe, foule, groupe, multitude...),* ou avec le complément au pluriel, suivant l'intention de l'auteur qui veut insister sur l'ensemble ou sur la pluralité.

> *La multitude des touristes que j'ai vue ou vus.*

V. Tableau - **COLLECTIF.**

3.4 Participe passé se rapportant aux pronoms en ou le.

Le participe passé qui a pour complément d'objet direct le pronom *en* ou le pronom neutre *le* reste invariable.

> *J'ai cueilli des framboises et j'en ai mangé.*

Note.- Si le pronom *en* est précédé d'un adverbe de quantité (*autant, beaucoup, combien, moins, plus...*), le participe passé peut s'accorder en genre et en nombre avec le nom qui précède ou rester invariable.

> *Des limonades, combien j'en ai bues.*

3.5 Participe passé des verbes pronominaux.

V. Tableau - **PRONOMINAUX.**

---

partout adv.
En tous lieux.
Note.- Attention à l'orthographe : partou*t*, en un seul mot.

parure n. f.
Ornement. *Une parure de perles.*

parution n. f.
Fait d'être publié, en parlant d'un livre, d'un article. *La date de parution est indéterminée.*

parvenir v. intr.
• Le verbe se conjugue avec l'auxiliaire *être.*
• Arriver à destination. *Faire parvenir un colis.*
• (Fig.) Atteindre le but fixé. *Il est parvenu au sommet de la hiérarchie. Elle est parvenue à le convaincre.*

parvenu, ue adj. et n. m. et f.
(Péj.) Nouveau riche. *Cette voiture clinquante convient bien à un parvenu.*

parvis n. m.
• Le *s* ne se prononce pas [parvi].
• Place aménagée devant la façade d'une église. *Le parvis de Vézelay.*
Note.- L'expression «parvis de l'église» est un pléonasme.

pas n. m.

• Mouvement de mettre un pied devant l'autre pour marcher. *Il fait de grands pas, elle hâte le pas pour le suivre.*
• Façon de marcher. *Un pas cadencé, un pas de gymnastique.*
• *À pas de loup*, locution adverbiale. Furtivement.
• *Faire un faux pas.* Glisser en marchant.
• *Faire un faux pas.* (Fig.) Commettre une faute.
• *Faire les premiers pas.* Prendre l'initiative.
• *Marquer le pas.* Frapper le sol sur place.
• *Marquer le pas.* (Fig.) Ne pas progresser.
• *Mettre quelqu'un au pas.* Lui faire entendre raison.
• *Se tirer d'un mauvais pas.* Trouver une solution à une situation difficile.
• *Pas de deux.* Pas exécuté par deux danseurs.
• *Pas de la porte.* Seuil.
• *Pas à pas*, locution adverbiale. À pas lents.
• *De ce pas*, locution adverbiale. Immédiatement. *J'y vais de ce pas !*

pas adv.
L'adverbe de négation est généralement précédé des particules de négation *ne* ou *non*. *Elle ne viendra pas. Non pas que je sois inquiète...*
V. **ne.**

pascal, ale, als ou **aux** adj.
Relatif à la fête de Pâques. *Des festins pascaux.*

pascal n. m.
• Symbole *Pa* (s'écrit sans point).
• Unité de pression. *Des pascals.*

passable adj.
Ni bon, ni mauvais, mais néanmoins satisfaisant. *Un vin passable, une note passable.*

passablement adv.
D'une manière passable.

passade n. f.
Aventure. *Ce n'était qu'une passade.*

passage n. m.
• Action de passer. *Un droit de passage. Passage interdit.*
• Extrait d'un ouvrage que l'on cite. *Lisez ce passage, il est très beau.*
• *Passage à niveau.* Croisement d'une route et d'une voie ferrée. *Des passages à niveau dangereux.*

PARTICIPE PRÉSENT

Le **participe présent** qui se termine toujours par **-ant** exprime une action simultanée par rapport à l'action du verbe qu'il accompagne.

> *Le jardin entourant la villa est rempli de bosquets fleuris.*

Dans sa **forme verbale** où il peut avoir un complément d'objet, un complément circonstanciel, le participe présent est **invariable.** Il a toujours le sens actif et pourrait être remplacé dans la phrase par une proposition subordonnée.

> *Elle vit des oiseaux volant (qui volaient) très haut.*

Précédé de la préposition **en**, le participe présent exprime un complément circonstanciel : il est appelé **gérondif** et demeure toujours invariable.

> *Ils se promènent dans la forêt en sifflant.*

Note.- Le participe présent était variable autrefois ; en 1679, l'Académie décréta qu'il serait dorénavant invariable. Seules quelques expressions appartenant à la langue juridique ont conservé des formes qui prennent la marque du pluriel.

> *Des ayants droit, des ayants cause. Un contrat et les documents y afférents.*

Il importe de ne pas confondre le participe présent, toujours invariable, avec l'**adjectif verbal** qui joue le rôle de qualificatif ou d'attribut, qui exprime donc une manière d'être et qui s'accorde en genre et en nombre avec le mot auquel il se rapporte.

> *Des livres passionnants, des personnes influentes.*

De nombreux adjectifs verbaux ont des orthographes différentes de celles du participe présent. On consultera l'adjectif verbal à son entrée alphabétique où les distinctions avec le participe présent correspondant sont données.

Quelques exemples :

PARTICIPE PRÉSENT	ADJECTIF VERBAL
adhérant	adhérent
communiquant	communicant
convainquant	convaincant
déférant	déférent
différant	différent
équivalant	équivalent
excédant	excédent
excellant	excellent
fatiguant	fatigant
influant	influent
intriguant	intrigant
négligeant	négligent
précédant	précédent
somnolant	somnolent
suffoquant	suffocant
vaquant	vacant

• *De passage.* Momentanément. *Elle est de passage à Paris.*

passager, ère adj. et n. m. et f.
• **Adjectif.** Éphémère.
Note.- Ne pas confondre avec le mot ***passant*** qui se dit d'un endroit où passe beaucoup de monde.
• **Nom masculin et féminin.** Personne qui utilise un moyen de transport. *Il y a 325 passagers dans cet avion.*

passagèrement adv.
Pour peu de temps.

passant, ante adj. et n. m. et f.
• **Adjectif.** Où il passe beaucoup de monde. *Une rue passante.*
Note.- Ne pas confondre avec le mot ***passager*** qui se dit d'une chose éphémère.
• **Nom masculin et féminin.** Personne qui passe. *Les passants regardent les vitrines.*

passation n. f.
• (Dr.) Action de passer un contrat.
• Action de transmettre des pouvoirs d'une personne à une autre. *La passation des pouvoirs.*

passe n. m.
Abréviation familière du nom *passe-partout.*

passe n. f.
• Action de passer. *Faire une passe à un coéquipier qui marque un but.*
• *Mot de passe.* Mot secret par lequel on peut se faire reconnaître. *Des mots de passe connus.*
• *Être en passe de.* Être sur le point de. *Ils sont en passe de réussir.*
• *Être dans une mauvaise passe.* Se trouver en difficulté.

passé n. m.
• Temps qui a été. *Cette histoire appartient au passé.*
V. Tableau - **PASSÉ.**
• Vie passée. *Elle a un passé tumultueux.*

passé prép.
Après, au-delà de.
Note.- Placé en tête de phrase, le participe *passé* est considéré comme une préposition et demeure invariable. *Passé 17 heures, le magasin est fermé.*

passe- préf.
Certains mots composés avec le préfixe *passe-* s'écrivent avec un trait d'union. *Un passe-partout.* D'autres s'écrivent en un seul mot. *Un passeport.* Le préfixe *passe-* étant un verbe, il ne prend pas la marque du pluriel.

passe-crassane n. f. inv.
Variété de poire. *Des passe-crassane délicieuses.*

passe-droit n. m.
Privilège accordé contre la règle, la justice. *Des passe-droits inacceptables.*

passe-montagne n. m.
Bonnet de laine qui couvre les oreilles et la nuque. *Des passe-montagnes tricotés.*

PASSÉ

• Le **PASSÉ SIMPLE** exprime :

- un fait passé qui s'est produit en un temps déterminé et qui est complètement achevé.

C'est à l'automne qu'il vint nous rendre visite.

Note.- Le passé simple ne comporte pas d'idée de continuité, il exprime un fait ponctuel. Dans la langue parlée, le passé simple est peu employé et relève plutôt de la langue littéraire en raison de ses désinences trop difficiles. Oralement, et même par écrit, ce temps est remplacé plutôt par le passé composé ou par l'imparfait.

• Le **PASSÉ COMPOSÉ** (ou **passé indéfini**) exprime :

- un fait passé à un moment déterminé.

Il a neigé abondamment cet hiver.

- une vérité générale, un fait d'expérience.

Qui a bu boira.

- un fait passé dont les conséquences sont actuelles.

Il n'a pas eu le temps de déjeuner aujourd'hui.

- un fait non encore accompli, mais sur le point de l'être.

Je suis à vous dans quelques minutes, j'ai terminé.

- un futur antérieur avec *si.*

Si tu n'as pas terminé tes devoirs, nous n'irons pas au cinéma.

• Le **PASSÉ ANTÉRIEUR** exprime :

- un fait ponctuel qui a précédé un fait passé.

Dès qu'il eut remis son rapport, il se sentit en vacances.

Note.- Le passé antérieur s'emploie surtout dans une proposition subordonnée temporelle après une conjonction ou une locution conjonctive *lorsque, dès que, aussitôt que, quand, après que...,* où il est en corrélation avec un passé simple.

passe-partout adj. inv. et n. m. inv.
• **Adjectif invariable.** Qui convient en toute circonstance. *Une robe passe-partout.*
• **Nom masculin invariable.** Ce qui permet d'ouvrir plusieurs serrures. *Des passe-partout volés.* (Abréviation familière **passe**).

passe-passe n. m. inv.
Tour de passe-passe. Tour d'adresse. *Des tours de passe-passe.*

passe-plat n. m.
Guichet permettant de passer les assiettes de la cuisine à une autre pièce. *Des passe-plats pratiques.*

passeport n. m.
Pièce d'identité officielle. *Il a un passeport français.*
Note.- Attention à l'orthographe : **passeport**, en un seul mot.

passer v. tr., intr., pronom.
• **Transitif**
- Traverser. *Passer une rivière, le seuil d'une porte.*
- Prêter, transmettre. *Passe-moi ton dictionnaire.*
- Employer. *Passer ses vacances en Corse.*
- Mettre sur soi. *Passer un tricot.*
• **Intransitif**
- Aller d'un lieu à un autre. *Passer par les montagnes.*
- Disparaître, s'écouler. *Le temps passe trop vite.*
- **Passer outre à quelque chose.** Continuer sans tenir compte des objections.
- **Passer pour.** Être jugé comme. *Il passe pour un menteur.*
- **En passant**, locution adverbiale. Incidemment. *Cela soit dit en passant.*
Note.- Le verbe se conjugue avec l'auxiliaire **avoir** à la forme transitive. *Elle a passé ses vacances à la montagne.* Il se conjugue généralement avec l'auxiliaire **être** à la forme intransitive. *L'hiver est enfin passé.* L'emploi de l'auxiliaire **avoir** est un peu vieilli. *L'hiver a passé.*
• **Pronominal**
- Avoir lieu. *L'histoire se passe au Moyen Âge.*
- S'écouler. *Deux ans se sont passés.*
- Se prêter. *Elles se sont passé des livres.*
Note.- Attention au participe passé qui reste invariable si le complément d'objet direct suit le verbe.
- **Se passer de.** S'abstenir de. *Elles se sont passées de gâteau.*
Note.- Au sens de **se priver, s'abstenir de**, le participe passé s'accorde avec le sujet du verbe.

passereau n. m.
Type d'oiseau. *L'alouette fait partie des passereaux.*

passerelle n. f.
Pont étroit ou plan incliné mobile. *Une passerelle d'avion.*
Note.- Attention à l'orthographe : passere**ll**e.

passerose n. f.
Plante qui fleurit en grappes de grosses corolles sur de hautes tiges. *Un joli bosquet de passeroses.*
Syn. **rose trémière.**

passe-temps n. m. inv.
Divertissement. *Des passe-temps intéressants.*

passeur, euse n. m. et f.
• Personne qui conduit un bateau pour traverser une rivière.
• Personne qui fait passer une frontière illégalement.

passible adj.
Qui encourt une amende, une peine à la suite d'un délit, d'un crime. *Il est passible de dix ans d'emprisonnement.*

passif, ive adj.
• Amorphe, inactif. *Agis, ne reste pas passif !*
• Se dit de la forme verbale où le sujet subit l'action. *« L'orange est cueillie par l'enfant »* est une forme passive.

passif n. m.
• (Compt.) Ensemble des dettes d'une personne morale ou physique. *L'actif et le passif.*
• (Gramm.) Forme passive du verbe.

La **voix passive** exprime l'action à partir de l'objet qui la subit, alors que la voix active considère l'action à partir du sujet qui la fait.
- À la **forme active** on écrira : *la fillette mange une pomme.*
- À la **forme passive**, les rôles sont inversés : *la pomme est mangée par la fillette.*
Note.- En principe, tous les verbes transitifs directs peuvent se construire au passif puisque c'est le complément d'objet direct de l'actif qui devient le sujet de la construction passive. Dans les faits, les verbes **avoir** et **pouvoir** ne peuvent être mis au passif. La voix passive se construit avec l'auxiliaire **être** et le participe passé s'accorde toujours avec le sujet du verbe.

passion n. f.
• Penchant irrésistible pour une personne. *Cette femme est sa passion.*
• Vive inclination. *Il a la passion de l'informatique.*
Note.- Le nom qui désigne le supplice du Christ s'écrit avec une majuscule. *La semaine de la Passion.*

passionnant, ante adj.
Qui cause un vif intérêt. *Des documentaires passionnants.*
Notes.-
1° Attention à l'orthographe : passio**nn**ant.
2° Ne pas confondre avec le participe présent invariable **passionnant**. *La foule était nombreuse, les étudiants se passionnant pour ce conférencier.*

passionné, ée adj. et n. m. et f.
• **Adjectif.** Ardent, fervent. *Une personne passionnée de cinéma.*
• **Nom masculin et féminin.** Personne animée d'une passion. *C'est une passionnée d'échecs.*
Note.- Attention à l'orthographe : passio**nn**é.

passionnel, elle adj.
Qui est motivé par une passion. *Un crime passionnel.*
Note.- Attention à l'orthographe : passio**nn**el.

passionnément adv.
D'une manière passionnée.
Note.- Attention à l'orthographe : passio**nn**ément.

passionner v. tr., pronom.
- **Transitif.** Causer un vif intérêt. *Cette présentation a passionné l'auditoire.*
- **Pronominal.** Éprouver une passion. *Il se passionne pour l'astronomie.*
Notes.-
1° À la forme pronominale, le verbe se construit toujours avec la préposition **pour**.
2° Attention à l'orthographe : passio**nn**er.

passivement adv.
D'une manière passive.

passivité n. f.
État de celui ou de ce qui est passif.

passoire n. f.
Ustensile destiné à filtrer, à égoutter des aliments.

pastel adj. inv. et n. m.
- **Adjectif de couleur invariable**
Se dit d'une teinte atténuée, douce comme celle du pastel. *Des tons pastel. Des tricots bleu pastel.*
V. Tableau - **COULEUR (ADJECTIFS DE).**
- **Nom masculin**
- Crayon composé d'agglomérés de couleur. *Des pastels demi-durs.*
- Œuvre exécutée au pastel. *Un pastel d'un paysage.*

pastèque n. f.
Gros melon d'eau à pulpe rouge.
Note.- Attention à l'orthographe : pastè**que**.

pasteur n. m.
Ministre du culte protestant.

pasteurisation n. f.
Action de pasteuriser.

pasteuriser v. tr.
Chauffer un liquide alimentaire de façon à détruire les germes pathogènes tout en conservant son goût et sa valeur nutritive.

pastiche n. m.
Œuvre artistique où l'on imite un auteur en écrivant à sa manière.
Notes.-
1° Attention au genre masculin de ce nom : **un** pastiche.
2° Ne pas confondre avec le mot **parodie** qui désigne une imitation comique.

pasticher v. tr.
Imiter le style d'un auteur, d'un artiste.

pastille n. f.
Bonbon, médicament ayant une forme arrondie. *Une pastille de menthe.*

pastis n. m.
- Les deux **s** se prononcent [pastis].
- Apéritif anisé. *Le pastis rappelle l'été et les vacances.*

pastoral, ale, aux adj.
- (Litt.) Qui appartient aux bergers. *Des chants pastoraux.*
- Relatif à un pasteur spirituel.

pataquès n. m.
- Le **s** se prononce [patakɛs].
- Mauvaise liaison.
- Discours confus.

patate n. f.
- Plante cultivée pour ses tubercules comestibles à chair douceâtre.
- Le tubercule lui-même. En ce sens, on dit surtout *patate douce.*
- (Fam.) Pomme de terre.

pataud, aude adj. et n. m. et f.
Personne à l'allure lourde et maladroite.
Note.- Attention à l'orthographe : patau**d**.

patauger v. intr.
- Le **g** est suivi d'un **e** devant les lettres **a** et **o**. *Il pataugea, nous pataugeons.*
- Marcher dans une eau boueuse.
- (Fig.) S'empêtrer dans ses paroles, dans ses actes.

patchouli n. m.
- Le **t** se prononce [patʃuli].
- Plante aromatique dont on extrait un parfum.
Note.- Attention à l'orthographe : pa**t**choul**i**.

pâte n. f.
- Farine détrempée et pétrie. *Une pâte feuilletée.*
- Substance plus ou moins consistante. *Une pâte d'amandes, une pâte de fruits. De la pâte dentifrice.*
- (Au plur.) Produits à base de semoule de blé dur. *J'adore manger des pâtes.*
Note.- Les différentes sortes de pâtes sont les nouilles, les coquillettes, les vermicelles, les spaghettis, les raviolis etc.

pâté n. m.
- Préparation de charcuterie. *Des pâtés de foie, des pâtés en croûte, des pâtés maison.*
- **Pâté de maisons.** Ensemble de maisons isolé par des rues. *Allons faire le tour du pâté de maison en marchant.*
Hom. **pâtée**, nourriture donnée à certains animaux.

pâtée n. f.
Nourriture donnée à certains animaux.
Hom. **pâté**, préparation de charcuterie.

patelin n. m.
(Fam.) Petit village.

patent, ente adj.
Évident, qui ne prête à aucune contestation. *Un fait patent.*
Note.- Attention à l'orthographe : pat**ent**.

patente n. f.
- (Ancienn.) Écrit royal.
- (Vx) Taxe professionnelle.

patenté, ée adj.
Attitré. *Un écologiste patenté.*

pater n. m. inv.
- Le **r** se prononce [patɛr].
- Prière. *Réciter des Pater et des Ave.*
Note.- Le nom s'écrit avec une majuscule et est invariable.

patère n. f.
Support fixé à un mur destiné à suspendre des vêtements.
Notes.-
1° Attention à l'orthographe pat**è**re.
2° Ne pas confondre avec le mot **portemanteau** qui désigne un support sur pied auquel on suspend les vêtements.

paternel, elle adj.
Qui appartient au père. *La tendresse paternelle, un oncle paternel.*

paternellement adv.
En père.
Note.- Attention à l'orthographe : paternel**l**ement.

paternité n. f.
État de père.

pâteux, euse adj.
Qui a la consistance molle de la pâte. *Un fruit pâteux.*

pathétique adj.
Qui émeut profondément. *Des adieux pathétiques.*

pathétiquement adv.
D'une manière pathétique.

-pathie, -pathique, -pathe suff.
Éléments du grec signifiant « ce qu'on éprouve ». *Empathie, sympathique, névropathe.*

patho- préf.
Élément du grec signifiant « maladie ». *Pathologie.*

pathogène adj.
Qui peut engendrer une maladie. *Un microbe pathogène.*
Note.- Attention à l'orthographe : pat**h**ogène.

pathologie n. f.
• Branche de la médecine qui étudie les maladies et les effets qu'elles provoquent.
• Ensemble des signes caractéristiques d'une maladie. *La pathologie du cancer.*

pathologique adj.
• Relatif à la pathologie.
• Anormal.

pathologiquement adv.
De façon pathologique, d'une manière anormale.

pathologiste adj. et n. m. et f.
Spécialiste de la pathologie, et spécialement de l'anatomie pathologique.

pathos n. m.
• Le mot se prononce [patos].
• (Péj.) Ton pathétique excessif. *Il y a trop de pathos dans cette pièce.*

patibulaire adj.
Sinistre, inquiétant. *Une mine patibulaire.*

patiemment adv.
Avec patience.
Note.- Attention à l'orthographe : pati**emm**ent.

patience n. f.
• Vertu qui permet de supporter avec résignation les contrariétés. *Ils ont perdu patience.*
• Qualité de la personne qui sait attendre. *Patience et longueur de temps font plus que force ni que rage.* (La Fontaine).
• Réussite (aux cartes). *Faire une patience.*
Note.- Attention à l'orthographe : pa**t**ience.

patient, iente adj. et n. m. et f.
• **Adjectif.** Qui fait preuve de patience. *Ils seront patients et vous attendront quelque temps.*
• **Nom masculin et féminin.** Client d'un médecin, d'un dentiste, etc. *Le médecin doit visiter ses patients ce matin.*

patienter v. intr.
Attendre avec patience.

patin n. m.
• *Patin à glace.* Chaussure dont la semelle est pourvue d'une lame de métal pour glisser sur la glace.
• *Patin à roulettes.* Chaussure dont la semelle est pourvue de roulettes pour glisser sur une surface dure.

patinage n. m.
• Action de patiner (sur la glace, sur le sol). *Les championnats de patinage artistique.*
• Dérapage (d'un véhicule).

patine n. f.
Poli donné par le temps.
Note.- Ne pas confondre avec le mot **platine** qui désigne un métal précieux.

patiner v. tr., intr.
• **Transitif**
Produire la patine sur un objet. *Le temps a patiné ce beau bronze.*
• **Intransitif**
- Glisser avec des patins. *Elle patine sur le lac gelé.*
- Déraper. *La chaussée était glissante et la voiture a patiné.*

patineur, euse n. m. et f.
Personne qui patine (sur la glace, sur un sol dur).

patinoire n. f.
Étendue glacée destinée au patinage. *Une patinoire intérieure.*

patio n. m.
• Le *t* se prononce *t* ou *s*, [patjo] ou [pasjo].
• Cour intérieure. *Des patios ombragés.*

pâtir v. intr.
Subir un dommage, souffrir à cause de. *Les affaires ont pâti de cette instabilité politique.*
Notes.-
1° Le verbe se construit avec la préposition **de**.
2° Attention à l'orthographe : p**â**tir.

pâtisserie n. f.
• Gâteau. *Quelle pâtisserie choisir : un paris-brest, un saint-honoré, une tartelette aux fraises ou un chou à la crème ?*
• Fabrication et vente de gâteaux.

pâtissier n. m.
pâtissière n. f.
Personne qui fabrique ou vend des pâtisseries.

patois n. m.
Dialecte, parler local, avec un sens plutôt péjoratif.

pâtre n. m.
(Litt.) Berger.
Note.- Attention à l'orthographe : pâtre.

patres (ad)
V. **ad patres.**

patriarcal, ale, aux adj.
Relatif au patriarcat. *Des usages patriarcaux, des traditions patriarcales.*

patriarcat n. m.
Organisation sociale fondée sur l'autorité absolue du père.
Note.- Attention à l'orthographe : patriarca*t*.
Ant. **matriarcat.**

patriarche n. m.
• Chef de certaines églises.
• Vieillard à la tête d'une nombreuse famille.

patrie n. f.
• Nation à laquelle on appartient.
• *Mère patrie.* Nation à laquelle se rattache une colonie.
Note.- Cette expression s'écrit sans trait d'union.

patrimoine n. m.
• Biens familiaux.
• *Patrimoine héréditaire.* Caractères génétiques d'une personne.

patriote adj. et n. m. et f.
Qui aime sa patrie.
Note.- Attention à l'orthographe : patri*ote*.

patriotique adj.
Qui est inspiré par l'amour de la patrie. *Un chant patriotique.*

patriotiquement adv.
En patriote.

patriotisme n. m.
Dévouement à la patrie.

patron, onne n. m. et f.
• Saint protecteur, sainte protectrice. *Saint Patrick est le patron de l'Irlande.*
• Professeur de médecine. *Les grands patrons.*
• Maître qui dirige un travail de recherche. *Un patron de thèse.*
• Chef d'entreprise, supérieur hiérarchique.

patron n. m.
Modèle de couture, d'artisanat, etc. *Tailler une robe d'après un patron.*

patronage n. m.
Parrainage.
Note.- Attention à l'orthographe : patro*n*age.

patronal, ale, aux adj.
Qui se rapporte aux chefs d'entreprise. *Des comités patronaux.*
Note.- Attention à l'orthographe : patro*n*al.

patronat n. m.
Ensemble des employeurs. *Conseil national du patronat français.*
Note.- Attention à l'orthographe : patro*nat*.

patronnesse adj. f.
Se dit d'une dame qui s'occupe d'œuvres de charité. *Les dames patronnesses de Jacques Brel.*

patronyme n. m.
Nom de famille transmis par le père, par opposition au *matronyme* qui est transmis par la mère.
Note.- Les patronymes s'écrivent avec une majuscule.

patronymique adj.
Relatif au nom de famille. *Un nom patronymique.*
Note.- Attention à l'orthographe : patron*ymiq*ue.

patrouille n. f.
Petit détachement de soldats, de personnes à qui l'on confie une mission de surveillance, de liaison, etc.

patrouilleur n. m.
Membre d'une patrouille.

patte n. f.
• Membre assurant la marche chez l'animal.
V. **pied.**
• *Graisser la patte à quelqu'un.* Le corrompre.
• *Montrer patte blanche.* Donner le mot de passe, se faire reconnaître avant de pénétrer quelque part.
• *Marcher à quatre pattes.* Marcher à l'aide de ses pieds et de ses mains.

patte- préf.
Les mots composés avec le préfixe *patte-* s'écrivent avec des traits d'union et prennent la marque du pluriel au premier élément seulement. *Des pattes-d'oie, des pattes-de-mouche.*

patte-d'oie n. f. (gén. pl.)
Petite ride qui se forme à l'angle extérieur de l'œil. *Des pattes-d'oie peu marquées.*
Note.- En ce sens, s'emploie généralement au pluriel.

pattemouille n. f.
Chiffon humide dont on se sert pour repasser.

pâturage n. m.
Lieu où l'on fait paître le bétail.
Note.- Attention à l'orthographe : pâturage.

pâture n. f.
• Pâturage.
• Nourriture.
Note.- Attention à l'orthographe : pâture.

paulownia n. m.
• Attention à la prononciation [polɔnja].
• Arbre ornemental à fleurs bleues ou mauves odorantes. *Des paulownias.*

paume n. f.
L'intérieur de la main, entre le poignet et les doigts.
Note.- Attention à l'orthographe : pa*u*me.

paumé, ée adj. et n. m. et f.
(Fam.) Perdu, déprimé, dépassé par les évènements.

paumer v. tr., pronom.
- **Transitif.** (Fam.) Perdre.
- **Pronominal.** (Fam.) S'égarer.

paupérisation n. f.
Appauvrissement.
Note.- Attention à l'orthographe : p**au**périsation.

paupériser v. tr.
Appauvrir.
Note.- Attention à l'orthographe : p**au**périser.

paupière n. f.
Membrane mobile de l'œil.
Note.- Attention à l'orthographe : p**au**pière.

paupiette n. f.
Tranche de viande roulée et farcie. *Des paupiettes de veau.*

pause n. f.
Arrêt, silence. *Faire une pause.*
Hom. **pose,** action de poser.

pause-café n. f.
(Fam.) Temps d'arrêt pour prendre le café. *Des pauses-café appréciées.*

pauvre adj. et n. m.
- **Adjectif**
- Qui n'est pas riche. *Une personne pauvre.*
- (Avant le nom) Malheureux, pitoyable. *Une pauvre femme.*
Note.- Selon la place de l'adjectif, le sens de ce mot varie : placé après le nom, l'adjectif signifie « qui a peu de biens », placé avant le nom, il signifie « pitoyable ».
- **Nom masculin**
Homme qui manque du nécessaire.
Note.- L'adjectif conserve la même forme au masculin et au féminin, tandis que la forme féminine du nom est *pauvresse*.

pauvrement adv.
- D'une manière pauvre. *Il est pauvrement vêtu.*
- D'une manière insatisfaisante. *Cette œuvre a été pauvrement exécutée.*

pauvresse n. f.
(Vx, litt.) Femme qui manque du nécessaire.

pauvreté n. f.
- Indigence.
- Insuffisance, médiocrité. *La pauvreté de son vocabulaire.*

pavage n. m.
- Action de paver.
- Revêtement. *Le pavage d'une allée.*

pavane n. f.
Danse ancienne.
Note.- Attention à l'orthographe : pava**n**e.

pavaner (se) v. pronom.
Marcher avec affectation. *Elles se sont pavanées avec leurs visons.*
Note.- Attention à l'orthographe : pava**n**er.

pavé n. m.
- Bloc cubique qui sert au revêtement des voies, des sols.

- **Être sur le pavé.** Être réduit à la misère, sans domicile.

pavement n. m.
Revêtement de sol. *Un pavement en marbre.*

paver v. tr.
Recouvrir de pavés le sol d'une voie de circulation, d'un lieu. *La cour intérieure a été pavée.*

pavillon n. m.
- Petit bâtiment isolé.
- Partie externe de l'oreille.

pavoiser v. tr., intr.
- **Transitif.** Orner de drapeaux, de décorations à l'occasion d'une fête. *L'hôtel de ville a été pavoisé.*
- **Intransitif.** (Fam.) Se réjouir. *Il n'y a pas de quoi pavoiser, les résultats sont désastreux.*

pavot n. m.
Plante dont on tire l'opium.
Note.- Attention à l'orthographe : pavo**t**.

payant, ante adj.
- Qu'il faut payer, non gratuit. *Des cartes d'abonnement payantes.*
- Rémunérateur. *Ce travail est très payant.*

paye
V. **paie.**

payement
V. **paiement.**

payer v. tr., intr., pronom.
- Le **y** peut être changé en **i** devant un **e** muet. *Il paye, il paie.* Cette dernière forme est la plus fréquente.
- Le **y** est suivi d'un **i** à la première et à la deuxième personne du pluriel de l'indicatif imparfait et du subjonctif présent. *(Que) nous payions, (que) vous payiez.*
- **Transitif**
Acquitter une dette. *Il a payé cette montre en espèces.*
Note.- Le complément d'objet direct peut désigner le bien ou le service obtenu, la personne à qui la somme est payée. *Elle paiera le manteau 2 000 F, elle paie son loyer, elle a payé son propriétaire.*
- **Intransitif**
(Fam.) Être rentable. *C'est un travail qui paie.*
- **Pronominal**
- (Fam.) S'offrir quelque chose. *Ils se sont payé un bon repas.*
- (Fam.) Se moquer. *Elle s'est payé la tête de son ami.*

payeur, euse n. m. et f.
Personne qui paie ce qu'elle doit. *C'est un bon payeur.*

pays n. m.

- Nation.
- Les noms de pays sont des noms propres qui s'écrivent avec une majuscule. *L'Italie, la Suisse, le Japon, Haïti.*
- Les génériques des noms de pays (*empire, confédération, fédération, principauté, république, union ...*) s'écrivent avec une minuscule s'ils sont précisés par un nom propre. *La principauté de Monaco.*

• Les génériques s'écrivent avec une majuscule lorsqu'ils sont accompagnés d'un adjectif. *La Confédération helvétique, la République française, l'Empire britannique.*
• Font exception, les noms de pays suivants : *les États-Unis, le Royaume-Uni.*

paysage n. m.
• Vue d'ensemble d'un site. *Un paysage très pittoresque.*
• Dessin, tableau représentant la nature. *Des paysages à l'aquarelle.*

paysager, ère adj.
Disposé comme un paysage. *Un jardin paysager, un aménagement paysager.*

paysagiste n. m. et f.
Architecte, jardinier chargé de réaliser un aménagement paysager.

paysan, anne adj. et n. m. et f.
Personne habitant la campagne.

pays en voie de développement
Sigle *P.V.D.*

Pb
Symbole de *plomb.*

p.c.
Abréviation de *pour cent.*

P.C.
Sigle de *parti communiste.*

P.c.c.
Abréviation de *Pour copie conforme.*

PCV
• Sigle de *à percevoir.*
• Se dit d'une communication téléphonique payée par le destinataire.

P.-D.G. n. m.
Sigle de *président-directeur général.*

péage n. m.
Droit de passage.
Note.- Attention à l'orthographe : p**éa**ge.

péage (autoroute à)
V. *autoroute à péage.*

peau n. f.
• Revêtement du corps humain, du corps des animaux. *La peau est constituée du derme et de l'épiderme.*
• *Faire peau neuve.* Changer d'apparence.
• *Dans la peau de quelqu'un.* À sa place.
Hom. *pot*, vase.

peaufinage n. m.
Action de peaufiner.

peaufiner v. tr.
• Frotter avec une peau de chamois.
• (Fig.) Mettre au point, fignoler un travail.
Note.- Attention à l'orthographe : p**eau**finer.

pécari n. m.
Petit cochon sauvage d'Amérique dont le cuir est apprécié. *Des gants de pécari.*

peccadille n. f.
Faute légère.
Note.- Attention à l'orthographe : pe**cc**adi**ll**e.

pêche adj. inv. et n. f.
• **Adjectif de couleur invariable**
D'un rose pâle légèrement doré. *Des collants pêche.*
V. Tableau - **COULEUR (ADJECTIFS DE).**
• **Nom féminin**
- Fruit du pêcher. *De belles pêches mûres et bien juteuses.*
- Action de pêcher. *La pêche à la ligne, la pêche au saumon.*

péché n. m.
Faute. *Le péché originel.*

pécher v. intr.
• Le *é* se change en *è* devant une syllabe muette, sauf à l'indicatif futur et au conditionnel présent. *Je pèche,* mais *je pécherai.*
• Commettre une faute, un manquement à une règle.
Note.- Ne pas confondre avec le verbe *pêcher* qui signifie « prendre du poisson ».

pêcher v. tr.
• Le verbe conserve son accent circonflexe sur le premier *e* à toutes les formes verbales.
• Prendre ou chercher à prendre (du poisson, des animaux aquatiques). *Au printemps, il adore pêcher la truite.*
Notes.-
1° Attention à l'orthographe : p**ê**cher.
2° Ne pas confondre avec le verbe *pécher* qui signifie « commettre une faute ».

pêcher n. m.
Arbre dont le fruit est la pêche.

pêcheur n. m.
pêcheuse n. f.
Personne qui pratique la pêche par métier ou comme passe-temps. *Un pêcheur de crevettes.*
Notes.-
1° Attention à l'orthographe : p**ê**cheur.
2° Ne pas confondre avec le mot *pécheur* qui désigne celui qui commet des péchés.

pécheur, pécheresse n. m. et f.
Personne qui commet des péchés.
Notes.-
1° Attention à l'orthographe : p**é**cheur.
2° Ne pas confondre avec le mot *pêcheur* qui désigne celui qui pratique la pêche.

pectoral, ale, aux adj. et n. m.
Relatif à la poitrine. *Les muscles pectoraux.*

pécule n. m.
Somme économisée. *Amasser un bon pécule.*
Note.- Attention au genre masculin de ce nom : *un* pécule.

pécuniaire adj.
Financier. *Un intérêt pécuniaire* (et non *pécunier).
Note.- Cet adjectif conserve la même forme au masculin et au féminin : pécuni**aire**.

pécuniairement adv.
Financièrement. *Contribuer pécuniairement à une œuvre.*
Note.- Attention à l'orthographe : pécun**i**a**i**rement.

péd(i)-, péd(o)- préf.
Éléments du grec signifiant «enfant». *Pédagogie, pédiatre, pédophilie.*

pédagogie n. f.
• Science de l'éducation des enfants.
• Méthode d'enseignement.

pédagogique adj.
Relatif à la pédagogie.

pédagogiquement adv.
Selon la pédagogie.

pédagogue n. m. et f.
Personne qui a le sens de l'enseignement. *C'est une excellente pédagogue.*

pédale n. f.
• Levier actionné par le pied. *Les pédales d'une bicyclette, d'un orgue.*
• *Perdre les pédales.* (Fam.) Perdre son sang-froid.
Note.- Attention à l'orthographe : péda**l**e.

pédaler v. intr.
Actionner une ou des pédales.
Note.- Attention à l'orthographe : péda**l**er.

pédalier n. m.
Mécanisme d'une bicyclette comprenant les pédales, la roue dentée, etc.
Note.- Attention à l'orthographe : péda**l**ier.

pédant, ante adj. et n. m. et f.
Qui affecte l'érudition, prétentieux. *Un ton pédant, des expressions pédantes.*
Note.- Attention à l'orthographe : péd**a**nt.

pédanterie n. f.
Affection prétentieuse d'érudition.
Note.- Attention à l'orthographe : péd**a**nterie.

-pède, -pédie suff.
Éléments du latin signifiant «pied». *Quadrupède, orthopédie.*

pédéraste n. m.
• Homosexuel adulte ayant des rapports avec un jeune garçon.
• Homosexuel.

pédérastie n. f.
• Pratique homosexuelle d'un adulte avec un jeune garçon.
• Homosexualité masculine.

pédestre adj.
Qui se fait à pied. *Une excursion pédestre.*

pédestrement adv.
À pied.

pédiatre n. m. et f.
Médecin spécialiste de la pédiatrie.
Note.- Attention à l'orthographe : pédi**a**tre, sans accent circonflexe.

pédiatrie n. f.
Branche de la médecine qui traite les maladies infantiles.
Note.- Attention à l'orthographe : pédi**a**trie, sans accent circonflexe.

pedibus ou **pedibus cum jambis** loc. adv.
(Plaisant.) À pied.
Note.- En typographie soignée, les mots étrangers sont composés en italique. Dans des textes déjà en italique, la notation se fait en romain. Pour les textes manuscrits, on utilisera les guillemets.

pédicule n. m.
Support d'un végétal, d'un organe. *Le pédicule d'un champignon.*
Notes.-
1° Attention au genre masculin de ce nom : **un** pédicu**l**e.
2° Ne pas confondre avec les mots suivants :
- *pédoncule*, support de la fleur de certains fruits ;
- *pellicule*, membrane mince.

pédicure n. m. et f.
Personne chargée des soins des pieds.
Note.- Ne pas confondre avec le **podologue** qui traite les affections du pied.

pedigree n. m.
• Les lettres **ee** se prononcent **é** ou **i** [pedigre] ou [pedigri].
• Généalogie d'un animal de race. *Des pedigrees.*

pédologie n. f.
Étude des sols.

pédologue n. m. et f.
Spécialiste de la pédologie.

pédoncule n. m.
Support de la fleur de certains fruits.
Notes.-
1° Attention à l'orthographe : pédoncu**l**e.
2° Ne pas confondre avec les mots suivants :
- *pédicule*, support d'un organe ;
- *pellicule*, membrane mince.

pédophile adj. et n. m. et f.
Atteint de pédophilie.
Note.- Attention à l'orthographe : pédo**ph**ile.

pédophilie n. f.
Déviation sexuelle de l'adulte qui ressent une attirance sexuelle pour les enfants.
Note.- Attention à l'orthographe : pédo**ph**ilie.

peeling n. m.
• Attention à la prononciation [piliŋ].
• (Anglicisme) Opération de chirurgie esthétique qui consiste à faire desquamer la peau du visage pour en atténuer les défauts. *Des peelings.*
Note.- Le terme **exfoliation** a été proposé pour remplacer cet emprunt à l'anglais.

peigne n. m.
Instrument denté servant à coiffer, à retenir les cheveux. *Un peigne d'écaille.*

peigner v. tr.
• *Je peigne, tu peignes, il peigne, nous peignons, vous peignez, ils peignent. Je peignais, tu peignais, il peignait, nous peignions, vous peigniez, ils peignaient. Peignons, peignez. Que je peigne, que tu peignes, qu'il peigne, que nous peignions, que vous peigniez, qu'ils peignent. Peignant. Peigné, ée.*
• Les lettres *gn* sont suivies d'un *i* à la première et à la deuxième personne du pluriel de l'indicatif imparfait et du subjonctif présent. *(Que) nous peignions, (que) vous peigniez.*
• Attention au passé simple de ce verbe, *peignai, peigna...* qui est à distinguer de celui de **peindre** qui se conjugue *peignis, peignit...*
• Coiffer les cheveux avec un peigne.

peignoir n. m.
Robe de chambre légère, généralement en tissu éponge.

peinard, arde ou **pénard, arde** adj.
(Fam.) Tranquille.

peindre v. tr., pronom.
• *Je peins, tu peins, il peint, nous peignons, vous peignez, ils peignent. Je peignais, tu peignais, il peignait, nous peignions, vous peigniez, ils peignaient. Je peignis. Je peindrai. Je peindrais. Peins, peignons, peignez. Que je peigne, que tu peignes, qu'il peigne, que nous peignions, que vous peigniez, qu'ils peignent. Que je peignisse. Peignant. Peint, peinte.*
• Les lettres *gn* sont suivies d'un *i* à la première et à la deuxième personne du pluriel de l'indicatif imparfait et du subjonctif passé.
• Attention au passé simple de ce verbe, *peignis, peignit...* qui est à distinguer de celui de **peigner** qui se conjugue *peignai, peignas, peigna...*
• **Transitif**
- Recouvrir de peinture. *Il a peint son salon en bleu.*
- Représenter des êtres, des choses à l'aide de la peinture, de l'écriture. *Elle a peint très joliment ce paysage.*
Note.- Ne pas confondre avec le verbe **peinturer** qui signifie « barbouiller, peindre maladroitement ».
• **Pronominal**
Se manifester. *La tristesse se peignait dans ses yeux.*

peine n. f.
• Douleur morale. *Il a beaucoup de peine.*
Note.- Ne pas confondre avec les mots suivants :
- **affliction**, peine profonde ;
- **chagrin**, tristesse ;
- **consternation**, grande douleur morale ;
- **douleur**, souffrance physique ou morale ;
- **prostration**, abattement causé par la douleur.
• Effort. *Il n'est pas au bout de ses peines.*
• Châtiment. *Sa peine est de 20 ans de prison.*
• **Locutions**
- *À peine*. Depuis très peu de temps. *À peine sont-ils arrivés que les invités se mettent à chanter.*
Note.- La locution adverbiale entraîne souvent l'inversion du pronom sujet.
- *À grand-peine*, locution adverbiale. Difficilement.
Note.- Cette locution s'écrit avec un trait d'union.
- *Avoir (de la) peine.* Parvenir difficilement.

- *Être en peine de.* Manquer de. *Il est en peine d'amis.*
- *Sans peine*, locution adverbiale. Sans difficulté.
Hom. **pêne,** pièce de serrure.

peiner v. tr., intr.
• **Transitif.** Chagriner. *Il a peiné sa vieille maman.*
• **Intransitif.** Se donner du mal. *Comme il a peiné sur cette dissertation !*

peint, peinte adj.
Couvert de peinture. *Attention, la rampe est fraîchement peinte.*

peintre n. m.
• Artiste qui exerce l'art de la peinture. *Une artiste peintre.*
• Personne dont le métier consiste à appliquer de la peinture sur les murs, sur des surfaces. *Un peintre en bâtiment.*

peinture n. f.
• Technique, art du peintre.
• Ouvrage de peinture. *Une peinture à l'huile.*
• Action d'enduire une surface de couleur. *Peinture en bâtiment.*
• Couche de couleur. *Une peinture au latex, à l'huile.*

peinturer v. tr.
• (Vx) Recouvrir de peinture, de couleur.
• Barbouiller, peindre maladroitement.
Note.- Ne pas confondre avec le verbe **peindre** qui signifie « recouvrir de peinture, représenter des êtres, des choses à l'aide de la peinture ».

peinturlurer v. tr.
(Fam.) Barbouiller de peinture. *Elle lui a peinturluré le visage.*

péjoratif, ive adj.
Se dit d'un mot, d'un élément qui comporte une connotation défavorable, qui se dit en mauvaise part. *Les mots peureux, opportuniste sont péjoratifs. Les terminaisons -aille, -ard, -esque, -ailler, -asser sont péjoratives.*
Ant. **mélioratif.**

péjorativement adv.
Dans un sens péjoratif.

pékan n. m.
Nom usuel de la martre du Canada dont la fourrure est appréciée.

pékinois, oise adj. et n. m. et f.
• **Adjectif et nom masculin et féminin**
De Pékin.
• **Nom masculin**
- Langue parlée dans le nord de la Chine.
Note.- Lorsqu'il s'agit de la langue, l'adjectif ou le nom s'écrit avec une minuscule. Si le nom désigne une personne, la majuscule s'impose.
- Petit chien.

pelage n. m.
Poils d'un animal. *Ce chien a un pelage soyeux.*

pêle-mêle adv. et n. m. inv.
• **Adverbe.** En désordre. *Ses affaires sont pêle-mêle sur le lit.*

• Nom masculin. Sous-verre ou cadre destiné à recevoir des photos.

Note.- L'adverbe et le nom sont invariables.

peler v. tr., intr.
• Le *e* se change en *è* devant une syllabe muette. *Il pèle, il pelait.*
• **Transitif.** Ôter la peau d'un fruit ou de certains légumes. *Peler des tomates.*
Note.- *Éplucher* se dit surtout pour « enlever la pelure, l'écorce » (généralement d'un légume, d'une noix, etc.). *Éplucher des pommes de terre.*
• **Intransitif.** Desquamer. *Après ce coup de soleil, sa peau a pelé.*

pèlerin, ine n. m. et f.
• **Nom masculin.** Personne qui fait un pèlerinage.
• **Nom féminin.** Cape. *Vêtue d'une pèlerine bleue, elle marche sous la pluie.*
Note.- Attention à l'orthographe : pèlerin.

pèlerinage n. m.
Voyage fait par dévotion à un lieu consacré.
Note.- Attention à l'orthographe : pèlerinage.

pélican n. m.
Oiseau aquatique au long bec pourvu d'une poche dilatable.
Note.- Attention à l'orthographe : pélican.

pelisse n. f.
Manteau doublé de fourrure.
Note.- Attention à l'orthographe : pelisse.

pelle n. f.
• Instrument destiné à la manutention. *Une large pelle pour ôter la neige.*
• Engin de levage. *Une pelle mécanique.*

pelletage n. m.
• La deuxième syllabe est muette [pɛltaʒ].
• Action de pelleter.
Note.- Attention à l'orthographe : pelletage.

pelletée n. f.
• La deuxième syllabe est muette [pɛlte].
• Contenu d'une pelle. *Il a lancé à sa sœur une grosse pelletée de neige.*

pelleter v. tr.
• Redoublement du *t* devant un *e* muet. *Je pellette, je pelletterai,* mais *je pelletais.*
Note.- Lorsque le *t* est doublé, la prononciation est « pel-let-te », sur le modèle des verbes *jeter* (*je jette*), *épousseter* (*j'époussette*) [pɛlɛt] ; toutefois, l'usage est de prononcer comme si le deuxième *e* était muet, je « pel-te » [pɛlt].
• Transporter avec la pelle. *Elle pellette la neige qui s'est accumulée sur le trottoir.*

pelleterie n. f.
• Les deuxième et troisième *e* sont muets [pɛltri].
• Commerce des fourrures.

pellicule n. f.
• Membrane mince.
• Morceau de peau qui se détache du cuir chevelu. *Un shampooing contre les pellicules des cheveux.*

• (Phot., cin.) Feuille mince et souple recouverte d'une couche sensible. *Une pellicule photographique.*
Notes.-
1° Attention à l'orthographe : pellicule.
2° Ne pas confondre avec les mots suivants :
- *pédicule*, support d'un organe,
- *pédoncule*, support de la fleur de certains fruits.

pelotage n. m.
(Fam. ou pop.) Action de peloter.

pelote n. f.
• Balle à jouer. *La pelote basque.*
• Boule formée avec des fils, de la laine, etc.
Note.- Attention à l'orthographe : pelote.

peloter v. tr.
(Fam. ou pop.) Caresser, lutiner.

peloton n. m.
• Pelote. *Un peloton de laine.*
• Groupe. *Le peloton de tête.*

pelotonner (se) v. pronom.
Se blottir.

pelouse n. f.
Surface couverte de gazon.

peluche n. f.
• Tissu à poils longs.
• Animal, jouet en peluche.

pelure n. f.
• Peau de certains fruits ou de certains légumes. *La pelure de l'orange, de la pomme, de la poire, de l'oignon, de la pomme de terre.*
• **Papier pelure.** Papier très fin et translucide.

pelvien, ienne adj.
Relatif au bassin. *La cavité pelvienne.*

pelvis n. m.
• Le *s* se prononce [pɛlvis].
• (Anat.) Bassin.

pénal, ale, aux adj.
Qui concerne les peines, les infractions qui entraînent des peines. *Des droits pénaux, le Code pénal.*

pénaliser v. tr.
Désavantager. *Cet échec scolaire l'a grandement pénalisé.*

pénalité n. f.
Peine, sanction.

pénard
V. **peinard.**

pénates n. m. pl.
(Fig.) Foyer. *Regagner ses pénates.*
Note.- Attention au genre masculin de ce nom qui s'emploie toujours au pluriel.

penaud, aude adj.
Honteux.
Note.- Attention à l'orthographe : penaud, penaude.

penchant n. m.
Inclination, goût. *Il a un penchant pour la musique.*

pencher v. tr., intr., pronom.
• **Transitif**
Incliner d'un côté. *Penche un peu la tête.*
• **Intransitif**
N'être pas vertical, en position d'équilibre. *Le mur penche.*
• **Pronominal**
- S'incliner. *Ne te penche pas par la portière.*
- Étudier. *Elle s'est penchée sur ce problème.*

pendaison n. f.
• Action de pendre quelqu'un.
• *Pendaison de crémaillère.* Action de célébrer par un repas, une fête, une nouvelle installation.

pendant, ante adj.
• Qui pend. *La langue pendante.*
• (Dr.) Qui n'est pas réglé. *L'affaire est toujours pendante.*
Note.- Attention à l'orthographe : pend**a**nt.

pendant prép.
• Durant, au cours de. *Il a neigé pendant l'hiver.*
• *Pendant que,* locution conjonctive. *Elle fait ses devoirs pendant que son frère étudie.*
Note.- La locution marque la simultanéité de deux actions alors que la locution conjonctive **tandis que** marque l'opposition entre deux actions simultanées.

pendant n. m.
• Contrepartie. *Cette œuvre est le pendant d'une création antérieure.*
• *Pendant d'oreille(s).* Boucles d'oreille(s) à pendeloques.
Note.- Dans cette expression, le complément s'écrit au singulier ou au pluriel, ainsi que pour **boucle d'oreille, boucle d'oreilles.**
Note.- Attention à l'orthographe : pend**a**nt.

pendentif n. m.
Bijou suspendu au cou. *Un joli pendentif orné d'une perle.*
Note.- Attention à l'orthographe : pend**e**ntif.

penderie n. f.
Placard où l'on suspend des vêtements.
Syn. (vx) **garde-robe.**

pendre v. tr., intr., pronom.
• *Je pends, tu pends, il pend, nous pendons, vous pendez, ils pendent. Je pendais. Je pendis. Je pendrai. Je pendrais. Pends, pendons, pendez. Que je pende. Que je pendisse. Pendant. Pendu, ue.*
• **Transitif**
- Attacher une chose par le haut, à distance du sol. *Pendre du gibier.*
- Mettre à mort par la pendaison. *Ils ont été pendus.*
• **Intransitif**
Tomber trop bas. *Son manteau pend d'un côté.*
• **Pronominal**
- Se suspendre. *Ils se sont pendus à une branche pour se balancer.*
- Se suicider par pendaison. *Elle s'est pendue.*

pendu, ue adj. et n. m. et f.
Qui est mort par pendaison.

pendule n. m. et f.
• **Nom masculin.** Balancier.
Note.- Attention au genre masculin de ce nom en ce sens.
• **Nom féminin.** Appareil de petite dimension qui indique l'heure.
Notes.-
1° Attention au genre féminin de ce nom en ce sens.
2° Ne pas confondre avec les mots suivants :
- *coucou,* appareil qui indique l'heure et dont la sonnerie imite le chant du coucou ;
- *horloge,* appareil de grande dimension servant à mesurer le temps et à indiquer l'heure ;
- *réveille-matin* ou *réveil,* appareil qui indique l'heure et qui peut sonner à une heure déterminée à l'avance.

pendulette n. f.
Petite pendule.
Note.- Attention à l'orthographe : pendu**lette**.

pêne n. m.
Pièce de la serrure dont l'extrémité assure la fermeture de la porte.
Note.- Attention au genre masculin de ce nom : **un** pêne.
Hom. **peine,** chagrin.

pénétrant, ante adj. et n. f.
Qui pénètre. *Des effluves pénétrants.*
Note.- Ne pas confondre avec le participe présent invariable **pénétrant.** *On ne se rassasiait pas de ces parfums pénétrant par la fenêtre.*

pénétration n. f.
• Action de pénétrer.
• Perspicacité.

pénétrer v. tr., intr., pronom.
• Le deuxième *é* se change en *è* devant une syllabe muette, sauf à l'indicatif futur et au conditionnel présent. *Je pénètre,* mais *je pénétrerai.*
• **Transitif**
- Passer à travers, entrer profondément à l'intérieur. *L'eau a pénétré mes chaussures.*
- Découvrir. *On a pénétré son secret.*
• **Intransitif**
Entrer. *Elle eut un moment d'hésitation quand il pénétra dans la maison.*
• **Pronominal**
S'imprégner de. *Se pénétrer d'un sujet.*

pénible adj.
Difficile, douloureux. *Cette scène est pénible à regarder. Il est pénible de devoir s'arrêter si près du but.*

péniblement adv.
Avec peine.

péniche n. f.
Bateau plat.
Note.- Attention à l'orthographe : pé**n**iche.

pénicilline n. f.
Antibiotique.
Note.- Attention à l'orthographe : pé**nicill**ine.

péninsulaire adj.
Relatif à une péninsule.

péninsule n. f.
Vaste presqu'île. *La péninsule grecque. La péninsule ibérique comprend l'Espagne et le Portugal.*
Note.- Pris absolument, le nom qui désigne l'Espagne et le Portugal s'écrit avec une majuscule. *La Péninsule.*

pénis n. m.
(Anat.) Sexe de l'homme.

pénitence n. f.
Repentir, punition.

pénitencier n. m.
Prison où l'on offre aux détenus la possibilité de s'instruire et de travailler.
Note.- Le mot *prison* est le générique qui désigne tout lieu de détention ; le *bagne* est une prison où l'on enferme les condamnés aux travaux forcés.

pénitentiaire adj.
Relatif aux pénitenciers. *Un régime pénitentiaire.*
Note.- Attention à l'orthographe : pénitenti**ai**re.

pénombre n. f.
Zone d'ombre.

pense-bête n. m.
(Fam.) Indication rappelant une tâche à accomplir. *Des pense-bêtes amusants.*

pensée n. f.
• Faculté de penser.
• Idée.

penser v. tr., intr.
• **Transitif**
- Croire, avoir la conviction de, que. *Elle pense qu'il viendra, elle ne pense pas qu'il vienne.*
Note.- Le verbe se construit avec le mode indicatif ou avec le mode subjonctif suivant le degré de certitude de la réponse.
- Avoir l'intention de. *Je pense voyager sous peu.*
Note.- En ce sens, le verbe se construit avec l'infinitif, sans préposition.
• **Transitif indirect**
Ne pas oublier. *Pense à son anniversaire.*
• **Intransitif**
Concevoir des notions par la réflexion, l'intelligence. *Il pense tout haut.*
Hom. *panser,* soigner.

penseur, euse n. m. et f.
Personne qui pense.

pensif, ive adj.
Songeur.

pension n. f.
• Somme payée régulièrement à une personne. *Une pension de retraite.*
• Établissement hôtelier. *Une pension de famille.*
• *Pension complète.* Logement, petit déjeuner et deux repas.
• *Demi-pension.* Logement, petit déjeuner et un repas.

pensionnaire n. m. et f.
Personne qui prend pension dans un établissement scolaire, hôtelier, dans une famille.

Note.- Attention à l'orthographe : pensio**nn**aire.
Syn. **interne.**

pensionnat n. m.
Établissement scolaire qui accueille des élèves internes et externes.
Note.- Attention à l'orthographe : pensio**nn**at.

pensionner v. tr.
Doter d'une pension. *Pensionner un invalide de guerre.*
Note.- Attention à l'orthographe : pensio**nn**er.

pensivement adv.
D'un air pensif.

pensum n. m.
• Les lettres *en* se prononcent *in* et le *m* se prononce [pɛ̃sɔm].
• (Vx) Punition. *Des pensums inutiles.*
• Tâche ennuyeuse.
Note.- Ce nom d'origine latine a été francisé et prend la marque du pluriel.

penta- préf.
Élément du grec signifiant « cinq ». *Pentagone.*

pentathlon n. m.
• Les lettres *en* se prononcent *in* [pɛ̃tatlɔ̃].
• Compétition olympique comportant des épreuves de cross, d'équitation, de natation, d'escrime et de tir.
Note.- Attention à l'orthographe : pentat**h**lon.
V. **décathlon.**

pente n. f.
• Inclinaison.
• Versant.

Pentecôte n. f.
Fête chrétienne. *La fête de la Pentecôte. Le lundi de Pentecôte.*
Note.- Ce nom s'écrit toujours avec une majuscule.

penthotal n. m.
• Les lettres *en* se prononcent *in* [pɛ̃tɔtal].
• Barbiturique. *Des penthotals.*
Note.- Attention à l'orthographe : pent**h**otal.

pentu, ue adj.
En pente. *Un toit pentu.*

penture n. f.
Ferrure destinée à soutenir une porte, une fenêtre.
Note.- Attention à l'orthographe : p**en**ture.

pénultième n. f.
(Ling.) Avant-dernière syllabe.
Note.- La syllabe qui précède la pénultième est l'**antépénultième.**

pénurie n. f.
Manque, rareté. *Il y a une pénurie de main-d'œuvre.*

pépiement n. m.
Cri du moineau, du poussin.
Note.- Attention à l'orthographe : pépi**e**ment.

pépier v. intr.
Crier, en parlant des jeunes oiseaux.

pépin n. m.
Graine de certains fruits.

pépinière n. f.
Lieu où l'on cultive de jeunes arbres destinés à être transplantés.
Note.- Attention à l'orthographe : pépinière.

pépiniériste n. m. et f.
Personne qui cultive de jeunes arbres destinés à être transplantés.
Note.- Attention à l'orthographe : pépiniériste.

pépite n. f.
Petite masse d'or à l'état brut.

perçage n. m.
Action de percer. *Le perçage d'une pièce métallique.*
Note.- Attention à l'orthographe : perçage.

percale n. f.
Coton très fin. *Des draps de percale.*
Note.- Attention à l'orthographe : percale.

perçant, ante adj.
• Vif et pénétrant. *Un froid perçant.*
• D'une grande acuité. *Des yeux perçants.*
• Aigu et puissant, en parlant d'un son.

perce- préf.
Les mots composés avec le préfixe *perce-* s'écrivent avec un trait d'union et prennent la marque du pluriel au second élément à l'exception du nom *perce-neige* qui est invariable. *Des perce-oreilles.*

percée n. f.
• Passage. *Une percée dans la forêt.*
• Développement important. *Une percée scientifique.*

percement n. m.
Action de pratiquer une ouverture. *Le percement d'un tunnel sous la Manche.*

perce-muraille n. f.
Plante croissant près des murs. *Des perce-murailles.*

perce-neige n. m. ou f. inv.
Fleur printanière. *Les perce-neige viennent de sortir !*
Note.- Selon les auteurs, ce mot est masculin ou féminin.

perce-oreille n. m.
Insecte. *Des perce-oreilles.*

percepteur n. m.
Fonctionnaire chargé de la perception des impôts.

perceptible adj.
Qui peut être saisi par les sens. *Un bruit à peine perceptible.*
Ant. **imperceptible.**

perception n. f.
• Acte par lequel l'esprit perçoit les objets. *La perception d'un son.*
• Recouvrement. *Le centre de perception des impôts.*

percer v. tr., intr.
• Le *c* prend une cédille devant les lettres *a* et *o*. *Il perça, nous perçons.*
• **Transitif**
Trouer, pratiquer une ouverture. *Percer un mur pour ajouter une fenêtre.*

• **Intransitif**
- Apparaître. *Le soleil perce à travers les nuages.*
- Acquérir la notoriété. *Ce jeune romancier commence à percer.*

perceuse n. f.
Outil servant à percer. *Une perceuse électrique.*

percevoir v. tr.
• *Je perçois, tu perçois, il perçoit, nous percevons, vous percevez, ils perçoivent. Je percevais. Je perçus. Je percevrai. Je percevrais. Perçois, percevons, percevez. Que je perçoive. Que je perçusse. Percevant. Perçu, ue.*
• Saisir par les sens, par l'esprit. *Percevoir la réalité de façon lucide.*
• Recouvrer une somme, un impôt.

perche n. f.
• Poisson dont la chair est appréciée.
• Longue pièce de bois, de métal. *Le saut à la perche.*
• **Tendre la perche à quelqu'un.** L'aider.

percher v. tr., intr., pronom.
• **Transitif.** Placer en un endroit élevé.
• **Intransitif.** Se poser sur une branche, en parlant d'un oiseau.
• **Pronominal.** Se jucher.

percheron n. m.
Cheval de trait.

perchiste n. m. et f.
• Athlète qui fait des sauts à la perche.
• (Cin.) Personne chargée du maniement de la perche au cinéma, à la télévision.
Note.- Ce nom a fait l'objet d'une recommandation officielle pour remplacer l'anglicisme *perchman*.

perchman n. m.
• Attention à la prononciation [pɛrʃman].
• (Anglicisme) Perchiste.

perchoir n. m.
• Bâton sur lequel perche un oiseau.
• (Fam.) Tribune, estrade.

perclus, use adj.
Paralysé. *Un vieillard perclus de rhumatismes.*
Note.- Attention à l'orthographe : perclus.

percolateur n. m.
Appareil qui sert à faire du café à la vapeur en grande quantité. *Le restaurant dispose d'un percolateur.*
Notes.-
1° Attention à l'orthographe : percolateur.
2° À la maison, on emploie surtout le mot *cafetière.*

percussion n. f.
Choc d'un corps contre un autre. *Le tambour, les cymbales, la caisse sont des instruments à percussion.*

percussionniste n. m. et f.
Musicien qui joue d'un instrument à percussion.

percutant, ante adj.
• Qui produit un choc. *Un projectile percutant.*
• (Fig.) Frappant. *Un discours percutant.*

percuter v. tr., intr.
● **Transitif**. Heurter, frapper. *Le camion a percuté un réverbère.*
● **Intransitif**. Heurter avec violence. *La voiture percuta contre un mur.*

perdant, ante adj. et n. m. et f.
Personne qui perd. *Ce sont de bons perdants.*

perdition n. f.
En perdition. En danger de faire naufrage. *Un navire en perdition.*

perdre v. tr., pronom.
● *Je perds, tu perds, il perd, nous perdons, vous perdez, ils perdent. Je perdais. Je perdis. Je perdrai. Je perdrais. Perds, perdons, perdez. Que je perde. Que je perdisse. Perdant. Perdu, ue.*
● **Transitif**
- Cesser d'avoir quelque chose de façon définitive. *Perdre un ami, perdre son parapluie.*
Note.- Ne pas confondre avec le verbe *égarer* qui signifie « perdre momentanément ».
- Être vaincu. *Perdre la bataille.*
● **Pronominal**
S'égarer. *Ils se sont perdus dans la forêt.*

perdreau n. m.
Jeune perdrix. *Des perdreaux blessés.*

perdrix n. f.
Oiseau gallinacé estimé comme gibier.

perdu, ue adj.
● Égaré. *Les objets perdus.*
● *À corps perdu.* Sans se ménager.
● *C'est peine perdue.* C'est inutile.

perdurer v. intr.
(Litt.) Continuer longtemps.
Note.- Les verbes *se poursuivre, se prolonger* suffisent à rendre l'idée de quelque chose qui dure trop longtemps; le verbe *perdurer* est vieilli ou très littéraire.

père n. m.
● Celui qui a un ou plusieurs enfants.
● Titre de civilité donné à un religieux.
Note.- Le titre de civilité s'écrit avec une minuscule. *Le père Guilbeault.* Lorsqu'il désigne le pape, il s'écrit avec une majuscule. *Notre Saint-Père le pape.*
Hom. :
- *pair*, personne qui exerce la même fonction ;
- *pair*, se dit d'un nombre exactement divisible par deux ;
- *paire*, couple ;
- *pers*, couleur changeante.

pérégrination n. f. (gén. pl.)
Déplacements multiples. *Après toutes ces pérégrinations, il fait bon rentrer chez soi.*
Note.- Attention à l'orthographe : p**é**régrination.

péremption n. f.
(Dr.) Prescription qui anéantit les actes de procédure après un certain délai.

péremptoire adj.
Irréfutable. *Un ordre péremptoire.*
Note.- Attention à l'orthographe : pér**emp**toire.

péremptoirement adv.
D'une manière péremptoire.
Note.- Attention à l'orthographe : pér**emp**toirement.

pérennité n. f.
État de ce qui dure toujours, très longtemps.
Note.- Attention à l'orthographe : péren**nn**ité.

péréquation n. f.
Répartition équitable.

perestroïka n. f.
● Mot russe signifiant « réforme ».
● Mouvement de restructuration, en URSS, qui préconise notamment une plus grande transparence politique (*glasnost*).
Note.- En typographie soignée, les mots étrangers sont composés en italique. Dans des textes déjà en italique, la notation se fait en romain. Pour les textes manuscrits, on utilisera les guillemets.

perestroïkiste n. m. et f.
Partisan de la *perestroïka*, en U.R.S.S.

perfectible adj.
Susceptible d'être amélioré.
Ant. **imperfectible.**

perfection n. f.
● Achèvement.
● *À la perfection.* Parfaitement. *Il chante à la perfection.*

perfectionnement n. m.
Action de perfectionner. *Le perfectionnement du personnel.*

perfectionner v. tr., pronom.
● **Transitif**
- Améliorer, mettre au point quelque chose.
- Donner une meilleure formation à quelqu'un.
● **Pronominal**
Améliorer ses connaissances, progresser.

perfectionnisme n. m.
Recherche excessive de l'excellence.

perfectionniste n. m. et f.
Personne qui fait preuve de perfectionnisme.

perfide adj.
(Litt.) Déloyal.

perfidement adv.
Avec perfidie.

perfidie n. f.
(Litt.) Manque de loyauté.

perforage n. m.
Action de perforer.

perforation n. f.
● Ouverture accidentelle d'un organe.
● Trou. *Cette carte a reçu des perforations.*

perforer v. tr.
Trouer.

perforeuse n. f.
Machine servant à perforer.

performance n. f.
• Exploit, succès.
• Résultat optimal.

performant, ante adj.
Se dit d'une personne, d'une chose qui donne d'excellents résultats en fonction des moyens mis en œuvre. *Les nouveaux ordinateurs sont très performants.*

perfusion n. f.
• Injection lente et continue d'une substance dans un organisme.
• *Perfusion sanguine.* Transfusion continue.

pergola n. f.
Tonnelle. *Des pergolas recouvertes de vignes.*
Note.- Attention à l'orthographe : pergola.

péri- préf.
• Élément du grec signifiant « autour ».
• Les mots composés avec le préfixe *péri-* s'écrivent sans trait d'union. *Périmètre, périphérie.*

péricarde n. m.
Enveloppe du cœur.
Note.- Attention au genre masculin de ce nom : *un* péricarde.

péricliter v. intr.
Décliner. *Ses forces périclitent.*

périgée n. m.
Point de l'orbite d'un astre le plus proche de la Terre.
Note.- Attention au genre masculin de ce nom, malgré la finale *ée.*
Ant. **apogée.**

périgourdin, ine adj. et n. m. et f.
Du Périgord. *Un pâté de foie périgourdin. Les Périgourdins et les Périgourdines.*
Note.- Contrairement à l'adjectif, le nom prend une majuscule.

péril n. m.
• Danger immédiat et très grave.
Note.- Ne pas confondre avec les mots suivants :
- *danger*, ce qui expose à un accident ;
- *menace*, annonce d'un mal imminent, d'un malheur ;
- *risque*, possibilité d'accident, de malheur.
• Locutions
- *Il y a péril en la demeure.* Le moindre retard serait nuisible.
- *À vos risques et périls.* En acceptant de subir les conséquences qui découlent d'un acte.
- *En péril de mort.* (Litt.) En danger de mort.
- *Au péril de sa vie.* En risquant sa vie.

périlleux, euse adj.
Dangereux.
Note.- Attention à l'orthographe : périlleux.

périmer (se) v. pronom.
• Devenir désuet. *Le matériel informatique se périme rapidement.*
• N'être plus valide.

périmètre n. m.
Contour d'une figure plane. *La circonférence est le périmètre d'un cercle.*
Note.- Attention à l'orthographe : périmètre.

périnatal, ale, als, aux adj.
Qui est relatif à la périnatalité. *Des soins périnataux ou périnatals.*

périnatalité n. f.
Période qui précède et qui suit immédiatement la naissance.

périnatalogie n. f.
Branche de la médecine qui s'occupe du fœtus puis du nouveau-né.
Note.- Attention à l'orthographe : périnatalogie.

période n. f.
Espace de temps. *Après une période plus ou moins longue de repos, il reprit son travail.*

périodicité n. f.
Fréquence.
V. Tableau - **PÉRIODICITÉ ET DURÉE.**

périodique adj. et n. m.
• **Adjectif.** Qui revient à intervalles réguliers.
• **Nom masculin.** Revue qui paraît régulièrement.
Notes.-
1° Les titres d'ouvrages, d'œuvres d'art, les noms de journaux, de périodiques prennent une majuscule au mot initial. *Elle, Langue française.*
2° L'article défini ne prend la majuscule que s'il fait partie du titre. *Il lit Le Monde.*
3° Si un adjectif précède le substantif, tous deux prennent la majuscule. *Le Nouvel Observateur.*
4° Si un adjectif suit le substantif, il s'écrit avec une minuscule. *Le Figaro littéraire.*
5° Si le titre est constitué de plusieurs mots-clefs, chacun s'écrit avec une majuscule. *Science et Vie. Vie et Langage.*
6° Lorsqu'un titre est constitué d'une phrase, seul le premier mot s'écrit avec une majuscule. *À la recherche du temps perdu.*
V. Tableau - **TITRES D'ŒUVRES.**

périodiquement adv.
D'une manière périodique.

péripatéticienne n. f.
(Fam.) Prostituée.
Note.- Attention à l'orthographe : péripatéticienne.

péripétie n. f.
• Le *t* se prononce *s* [peripesi].
• Incident. *Un voyage rempli de péripéties.*
Note.- Attention à l'orthographe : péripétie.

périphérie n. f.
Circonférence.

périphérique adj. et n. m.
• **Adjectif.** Qui est situé à la périphérie. *Un boulevard périphérique.*
• **Nom masculin.** (Inform.) Matériel relié à une unité centrale de traitement et qui sert à l'entrée ou à la sortie de données. *Le clavier, l'imprimante, la souris sont des périphériques.*

PÉRIODICITÉ ET DURÉE

1. Certains adjectifs composés avec les préfixes *bi-, tri-, quatri-* et d'autres préfixes propres à chaque chiffre expriment la **PÉRIODICITÉ.**

- ● **Deux fois par...**

biquotidien	deux fois par jour
bihebdomadaire	deux fois par semaine
bimensuel	deux fois par mois

- ● **Une fois tous les...**

bimestriel	une fois tous les deux mois
bisannuel, biennal	une fois tous les deux ans
trimestriel	une fois tous les trois mois
trisannuel, triennal	une fois tous les trois ans
quotidien	une fois par jour
hebdomadaire	une fois par semaine
mensuel	une fois par mois
semestriel	une fois tous les six mois
annuel	une fois par année

- ● **Trois fois par...**

trihebdomadaire	trois fois par semaine
trimensuel	trois fois par mois

2. Certains adjectifs expriment la **PÉRIODICITÉ** ou la **DURÉE**.

annuel	qui a lieu une fois par an qui dure un an
biennal	qui a lieu tous les deux ans qui dure deux ans
triennal	qui a lieu tous les trois ans qui dure trois ans
quatriennal	qui a lieu tous les quatre ans qui dure quatre ans
quinquennal	qui a lieu tous les cinq ans qui dure cinq ans
sexennal	qui a lieu tous les six ans qui dure six ans
septennal	qui a lieu tous les sept ans qui dure sept ans
octennal	qui a lieu tous les huit ans qui dure huit ans
novennal	qui a lieu tous les neuf ans qui dure neuf ans
décennal	qui a lieu tous les dix ans qui dure dix ans

périphrase n. f.
Explication d'une notion à l'aide de plusieurs mots.
Note.- Ne pas confondre avec le mot **paraphrase** qui désigne un commentaire explicatif long et inutile.

périple n. m.
Voyage d'exploration par voie maritime autour du monde, d'un continent.
Note.- Au sens de **randonnée**, de **voyage sur terre**, l'emploi de ce nom est critiqué.

périr v. intr.
(Litt.) Mourir de façon violente. *Ils ont péri dans un incendie.*
Note.- Le verbe se conjugue avec l'auxiliaire **avoir**.

périscope n. m.
Appareil optique permettant à un sous-marin en plongée de voir à la surface de la mer.

périssable adj.
Se dit de marchandises susceptibles de s'altérer. *Les fruits et les légumes sont des denrées très périssables.*

perle n. f.
• Concrétion qui se forme dans certains mollusques. *Un collier de perles.*
• (Fig.) Personne de grande valeur. *Mademoiselle Julie est une perle.*
• Erreur. *Collectionner les perles dans les devoirs d'écoliers.*

perlé, ée adj.
Orné de perles.

perler v. intr.
Former des gouttes. *La sueur perlait sur son front.*

perlimpinpin n. m.
Poudre de perlimpinpin. Poudre magique censée guérir tous les maux.

permanence n. f.
• Continuité.
• *En permanence.* Sans interruption.
Note.- Attention à l'orthographe : perman**en**ce.

permanent, ente adj. et n. m. et f.
• **Adjectif.** Stable, qui dure constamment.
• **Nom masculin et féminin.** Membre d'une organisation qui est chargé de tâches administratives. *Les permanents du syndicat.*

permanente n. f.
Indéfrisable. *On lui a fait une permanente très souple.*

perméabilité n. f.
Propriété des corps perméables.

perméable adj.
Qui peut être traversé par un liquide, un gaz, etc. *Un matériau perméable qui n'assure pas l'étanchéité.*
Ant. **imperméable.**

permettre v. tr., pronom.
• *Je permets, tu permets, il permet, nous permettons, vous permettez, ils permettent. Je permettais. Je permis. Je permettrai. Je permettrais. Permets, permettons, permettez. Que je permette. Que je permisse. Permettant. Permis, ise.*

• **Transitif.** Autoriser, accorder. *Je te permets d'aller au cinéma ce soir. Il permet qu'il aille au cinéma.*
Note.- Le verbe se construit avec l'infinitif ou avec la conjonction **que** suivie du subjonctif.
• **Pronominal.** Prendre la liberté de. *Les vacances qu'il s'est permises, mais les vacances qu'il s'est permis de prendre. Elle s'est permis de prendre des vacances.*
Note.- Le participe passé du verbe pronominal est invariable s'il n'y a pas de complément d'objet direct placé avant le verbe.

permis n. m.
Autorisation officielle écrite. *Permis de conduire, permis de chasse.*

permissif, ive adj.
Excessivement tolérant.

permission n. f.
Autorisation.
Note.- Attention à l'orthographe : permi**ss**ion.

permutable adj.
Qui peut être permuté.

permutation n. f.
Échange réciproque. *La permutation des pneus d'une voiture.*

permuter v. tr., intr.
• **Transitif.** Intervertir deux choses, les substituer l'une à l'autre. *Permuter des pneus.*
• **Intransitif.** Échanger un poste, un horaire, etc. avec quelqu'un. *Ils ont permuté avec des collègues.*

pernicieusement adv.
D'une manière néfaste.

pernicieux, ieuse adj.
Qui est de nature à nuire. *Une influence pernicieuse.*

péroné n. m.
Os de la jambe.
Note.- Attention à l'orthographe : péro**n**é.

péroraison n. f.
Conclusion d'un discours.

pérorer v. intr.
(Péj.) Parler avec emphase.

perpendiculaire adj. et n. f.
Qui forme un angle droit avec une droite. *La rue que vous cherchez est perpendiculaire à cette avenue. Tracer une perpendiculaire.*
Note.- Attention à l'orthographe : perp**en**dicul**ai**re.

perpendiculairement adv.
À angle droit.

perpétrer v. tr.
• Le **é** se change en **è** devant une syllabe muette, sauf à l'indicatif futur et au conditionnel présent. *Je perpètre, mais je perpétrerai.*
• (Dr.) Commettre (un délit, un crime). *Perpétrer un vol à main armée.*
Note.- Ne pas confondre avec le verbe **perpétuer** qui signifie « faire durer ».

perpétuel, elle adj.
Continuel, éternel. *Un mouvement perpétuel.*

perpétuellement adv.
Toujours.

perpétuer v. tr.
Immortaliser. *Une rue perpétue maintenant le nom de cet auteur.*
Note.- Ne pas confondre avec le verbe **perpétrer** qui signifie «commettre un délit».

perpétuité n. f.
• (Litt.) Durée éternelle.
• *À perpétuité.* Pour toujours.

perplexe adj.
Hésitant, indécis. *Cette remarque la laissa perplexe.*

perplexité n. f.
Indécision.

perquisition n. f.
Recherche ordonnée par la justice.
Note.- Ne pas confondre avec le mot **réquisition** qui désigne l'action de confisquer, de réclamer un bien par voie administrative.

perquisitionner v. tr., intr.
Faire une perquisition. *Perquisitionner dans un laboratoire. Perquisitionner un lieu.*

perron n. m.
Plate-forme extérieure de plain-pied avec l'entrée principale d'une maison, d'un immeuble.
Note.- Attention à l'orthographe : pe*rr*on.

perroquet n. m.
Oiseau au plumage coloré capable d'imiter la parole humaine.
Notes.-
1° Attention à l'orthographe : pe*rr*oquet.
2° Le nom masculin désigne le mâle ou la femelle.

perruche n. f.
Petit perroquet à longue queue qui ne parle pas.
Notes.-
1° Attention à l'orthographe : pe*rr*uche.
2° Ce mot a déjà désigné la femelle du perroquet. Aujourd'hui le nom féminin désigne le petit oiseau mâle ou femelle à longue queue qui ne parle pas.

perruque n. f.
Coiffure postiche.

pers, e adj.
Adjectif de couleur variable. D'une couleur changeante, entre le bleu et le vert. *Des yeux pers.*
V. Tableau - **COULEUR (ADJECTIFS DE)**.
Hom.
- *pair*, personne qui exerce la même fonction ;
- *pair*, se dit d'un nombre exactement divisible par deux ;
- *paire*, couple ;
- *père*, celui qui a un enfant.

persan, ane adj. et n. m. et f.
(Vx) De la Perse.
Notes.-
1° Attention à l'orthographe : pers*an*, pers*ane*.
2° Aujourd'hui, on emploie plutôt le mot **iranien.**
V. **iranien.**

perse adj. et n. m. et f.
De l'ancienne Perse.

persécuter v. tr.
Martyriser, tourmenter.

persécution n. f.
Action de persécuter.

persévérance n. f.
Ténacité.

persévérer v. intr.
• Le deuxième *é* se change en *è* devant une syllabe muette, sauf à l'indicatif futur et au conditionnel présent. *Je persévère,* mais *je persévérerai.*
• Continuer, durer. *S'il persévère dans ses efforts, il réussira.*

persienne n. f.
Contrevent à claire-voie.
Note.- Attention à l'orthographe : persie*nn*e.

persiflage n. m.
Parole ironique.

persifler v. tr.
Railler.

persil n. m.
• Le *l* ne se prononce pas [pɛrsi].
• Plante dont les feuilles sont employées comme assaisonnement.

persillé, ée adj.
Parsemé de persil haché. *Jambon persillé.*
Note.- Attention à l'orthographe : persi*ll*é.

persistance n. f.
Constance, continuité, durée. *La persistance du mauvais temps.*

persistant, ante adj.
Qui persiste. *Une grippe persistante, un arbre à feuillage persistant.*
Note.- Ne pas confondre avec le participe présent invariable **persistant.** *Les employés persistant à arriver en retard recevront un avis.*

persister v. intr.
• Persévérer. *Ils ont persisté dans leur effort.*
• Durer. *Le malaise persiste.*

persona grata loc. adj. inv.
• Locution latine signifiant «personne bienvenue».
• Cette expression s'emploie plutôt à la forme négative *persona non grata* au sens d'une personne indésirable dont la présence n'est pas souhaitée.
Notes.-
1° Attention à l'orthographe : perso*n*a grata.
2° En typographie soignée, les mots étrangers sont composés en italique. Dans des textes déjà en italique, la notation se fait en romain. Pour les textes manuscrits, on utilisera les guillemets.

personnage n. m.
• Personne illustre. *Ce roi est un grand personnage de l'histoire.*
• Protagoniste, rôle. *Il y a six personnages dans ce film.*
Note.- Attention à l'orthographe : perso*nn*age.

personnalisation n. f.
Action de personnaliser.
Note.- Attention à l'orthographe : perso**nn**alisation.

personnaliser v. tr.
Rendre personnel. *Des services personnalisés.*
Notes.-
1° Attention à l'orthographe : perso**nn**aliser.
2° Ne pas confondre avec le verbe **personnifier** qui signifie « incarner ».

personnalité n. f.
• Ensemble des traits qui caractérisent une personne. *Il a une forte personnalité.*
• Personnage important. *Il y aura un défilé auquel assisteront plusieurs personnalités.*

personne n. f. et pron. indéf.

NOM FÉMININ
• (Gramm.) Forme de la conjugaison d'un verbe suivant que le sujet est de la première personne (celui qui parle), de la deuxième personne (celui à qui l'on parle) ou de la troisième personne (celui dont on parle). Il y a trois personnes du singulier et trois personnes du pluriel.
• Individu. *Il a rencontré trois personnes très intéressantes.*
Note.- Le nom peut-être accompagné d'une indication numérale, contrairement au nom **gens**.
• **Grande personne.** Adulte.
• **Personne morale.** Entreprise à laquelle la loi reconnaît une existence distincte de celle de ses membres.
• **En personne.** Personnifié. *Ils sont l'honnêteté en personne.*
Note.- Dans cette expression, le nom **personne** est invariable.
• **En personne.** Soi-même. *Il a assisté au drame en personne.*
• **En la personne de.** Représenté par. *Nous remercions la municipalité en la personne de son maire ici présent.*
PRONOM INDÉFINI
• **Sens positif**
- Quelqu'un, quiconque. *Il travaille mieux que personne.*
Note.- Le pronom est considéré comme masculin même s'il se rapporte à une femme et il est toujours au singulier.
- **Comme personne.** Mieux que tout autre. *Vous l'avez observé comme personne.*
• **Sens négatif**
Nul, aucun. *Je n'ai vu personne. Il n'y a jamais personne qui soit d'accord. Personne n'est venu.*
Notes.-
1° Le pronom est accompagné d'une particule négative **ne, ni, jamais, plus, rien**, mais jamais de **pas, point**. Il peut se construire également avec la préposition **sans**. *Il est parti sans parler à personne.*
2° L'adjectif ou le participe qui se rapporte au pronom indéfini se met au masculin singulier. Si le pronom est sujet d'un verbe, celui-ci se met au singulier.

personnel, elle adj.
Qui concerne une personne. *Ces informations sont personnelles.*
Note.- La mention **PERSONNEL** que l'on inscrit sur une enveloppe pour préciser le caractère confidentiel d'un envoi s'écrit au masculin singulier.

personnel n. m.
Ensemble des employés d'une entreprise, d'un organisme, etc.

personnellement adv.
De façon personnelle.

personnification n. f.
Incarnation.

personnifier v. tr.
• Redoublement du *i* à la première et à la deuxième personne du pluriel de l'indicatif imparfait et du subjonctif présent. *(Que) nous personnifiions, (que) vous personnifiiez.*
• Incarner, donner une figure humaine à un être inanimé, abstrait. *Dans cette pièce, elle personnifie la justice.*
Note.- Ne pas confondre avec le verbe **personnaliser** qui signifie « rendre personnel ».

perspective n. f.
• Optique, aspect. *Quelle belle perspective.*
• Éventualité. *À la perspective de devoir lui parler, elle s'inquiète.*
• En perspective. En vue. *J'ai beaucoup de travail en perspective.*

perspicace adj.
Clairvoyant.

perspicacité n. f.
Clairvoyance, sagacité.

persuader v. tr., pronom.
• **Transitif**
Convaincre, décider. *Elle l'a persuadé de venir.*
• **Pronominal**
- (Litt.) Se rendre certain de. *Il s'est persuadé de la possibilité de son retour.*
- **Se persuader que.** *Elles se sont persuadé ou se sont persuadées qu'il leur avait menti.*
Note.- Dans cette construction, l'accord du participe passé est facultatif : on peut considérer le pronom **se** soit comme un complément d'objet direct, soit comme un complément d'objet indirect, ce qui permet indifféremment d'accorder le participe ou de le laisser invariable. L'invariabilité est plus fréquente.

persuasif, ive adj.
Qui a le talent de persuader. *Elle est très persuasive.*

persuasion n. f.
• Action de persuader.
• Art, don de persuader.

perte n. f.
• Privation de quelqu'un, de quelque chose. *La perte d'un ami.*
• **À perte de vue.** Aussi loin qu'on puisse voir. *Et par là, il y a des forêts à perte de vue.*
• **En pure perte.** Inutilement.

• **En perte de vitesse.** Dont la vitesse est devenue insuffisante.

• **En perte de vitesse.** (Fig.) Qui a perdu de son prestige, de sa popularité.

pertinemment adv.
• D'une manière pertinente.
• **Savoir pertinemment.** Savoir parfaitement.
Note.- Attention à l'orthographe : pertin**emm**ent.

pertinence n. f.
Caractère de ce qui est pertinent. *La pertinence d'une étude.*
Note.- Attention à l'orthographe : pertin**en**ce.

pertinent, ente adj.
Approprié, judicieux. *Ce commentaire est très pertinent.*

perturbateur, trice adj. et n. m. et f.
Qui trouble, qui dérange.

perturbation n. f.
Dérèglement. *Des perturbations atmosphériques.*

perturber v. tr.
Déranger, troubler. *Son intervention a perturbé la réunion.*

péruvien, ienne adj. et n. m. et f.
Du Pérou.
Note.- Contrairement à l'adjectif, le nom prend une majuscule.

pervenche adj. inv. et n. m. et f.
• **Adjectif de couleur invariable.** De la couleur bleue mauve de la pervenche. *Des peignoirs pervenche.*
V. Tableau - **COULEURS (ADJECTIFS DE).**
• **Nom féminin.** Fleur bleue. *Les pervenches sont des fleurs vivaces.*
• **Nom masculin.** Couleur d'un bleu mauve. *Des pervenches superbes.*

pervers, erse adj. et n. m. et f.
Enclin au mal, dépravé.

perversion n. f.
Action de pervertir, dépravation.

perversité n. f.
Penchant pour le mal, malveillance.

pervertir v. tr., pronom.
• **Transitif.** Corrompre.
• **Pronominal.** Se corrompre.

pesage n. m.
Action de peser. *Un appareil de pesage.*

pesamment adv.
Lourdement, sans grâce. *Il marche pesamment.*
Note.- Attention à l'orthographe : pesa**mm**ent.

pesant, ante adj. et n. m.
• **Adjectif**
- Qui a un poids élevé, lourd. *Une dalle de béton pesante.*
- Massif, sans grâce. *Une démarche pesante.*
Note.- L'adjectif **pesant** se dit surtout d'un objet qui par sa nature a un grand poids, tandis que l'adjectif **lourd** désigne un objet qui paraît avoir beaucoup de poids, qui est difficile à porter.

• **Nom masculin**
Valoir son pesant d'or. Avoir une grande valeur.

pesanteur n. f.
• Caractère de ce qui a un poids. *Les corps sont de pesanteurs différentes.*
• Caractère de ce qui pèse lourd. *La pesanteur d'un piano.*

pèse- préf.
Les mots composés avec le préfixe **pèse-** s'écrivent avec un trait d'union et prennent la marque du pluriel au second élément. *Des pèse-personnes, des pèse-lettres.*

pèse-bébé n. m.
Balance qui sert à peser un jeune enfant. *Des pèse-bébés précis.*
V. **balance.**

pesée n. f.
Action de déterminer le poids.

pèse-lettre n. m.
Instrument qui détermine le poids d'une lettre. *Des pèse-lettres indispensables.*
V. **balance.**

pèse-personne n. m.
Balance qui sert à peser une personne. *Des pèse-personnes à affichage numérique.*
V. **balance.**

peser v. tr., intr.
• Le *e* se change en *è* devant une syllabe muette. *Il pèse, il pesait.*
• **Transitif.** Déterminer le poids. *Les fruits que nous avons pesés.*
Note.- En ce sens, le participe passé s'accorde si le complément d'objet direct précède le verbe.
• **Intransitif.** Avoir un poids. *Les kilos que ces fruits ont pesé.*
Note.- En ce sens, le participe passé reste invariable puisqu'il s'agit d'un complément circonstanciel (combien ?).

peseta n. f.
• Le *s* se prononce *z* ou *s*, les *e* se prononcent *é*, [pezeta] ou [peseta].
• Unité monétaire de l'Espagne. *Avoir des pesetas.*
V. Tableau - **SYMBOLES DES UNITÉS MONÉTAIRES.**

peso n. m.
• Le *e* se prononce *é* et le *s* se prononce *z* ou *s*, [pezo] ou [peso].
• Unité monétaire de plusieurs pays (Chili, Colombie, Cuba, Mexique, Philippines, Uruguay). *Compter des pesos.*
Note.- Le symbole de l'unité monétaire varie selon les pays.
V. Tableau - **SYMBOLES DES UNITÉS MONÉTAIRES.**

pessimisme n. m.
Opinion de celui qui considère les choses du mauvais côté.
Ant. **optimisme.**

pessimiste adj. et n. m. et f.
Qui considère la réalité par son mauvais côté.
Ant. **optimiste.**

peste n. f.
• Grave maladie infectieuse.
• (Fam.) Enfant espiègle. *C'est une petite peste.*

pester v. intr.
Maugréer. *Il ne cesse de pester contre son voisin.*

pesticide adj. et n. m.
Se dit d'un produit qui détruit les parasites animaux ou végétaux.
Note.- Attention à l'orthographe : pesti**c**ide.

pestiféré, ée adj. et n. m. et f.
Atteint de la peste.

pestilentiel, ielle adj.
Qui répand une odeur infecte.
Note.- Attention à l'orthographe : pestilen**t**iel.

pet n. m.
• Les lettres **et** se prononcent **è** [pε].
• (Pop.) Gaz intestinal.

péta- préf.
• Symbole **P** (s'écrit sans point).
• Préfixe qui multiplie par 1 000 000 000 000 000 l'unité qu'il précède. *Des pétasecondes.*
• Sa notation scientifique est **10^{15}**.
V. Tableau - **MULTIPLES ET SOUS-MULTIPLES DÉCIMAUX.**

pétale n. m.
Chacune des parties de la corolle d'une fleur. *Des pétales violets.*
Note.- Attention au genre masculin de ce nom : **un** pétale.

pétanque n. f.
Jeu de boules.

pétarade n. f.
Suite de bruits violents. *Les pétarades d'une motocyclette.*

pétarader v. intr.
Faire entendre une pétarade.

pétard n. m.
Petite charge d'explosif.

pet-de-nonne n. m.
• Les lettres **et** se prononce **è** [pεdnɔn].
• Beignet. *Des pets-de-nonne.*
Note.- Attention à l'orthographe : pet-de-no**nn**e.

péter v. tr., intr.
• Le **é** se change en **è** devant une syllabe muette, sauf à l'indicatif futur et au conditionnel présent. *Je pète,* mais *je péterai.*
• **Transitif**
(Fam.) Briser, craquer. *Il a pété sa bicyclette.*
• **Intransitif**
- (Pop.) Faire un pet.
- Faire un bruit sec et subit.

pète-sec adj. inv. et n. inv.
Personne autoritaire. *D'affreux pète-sec.*

pétillant, ante adj.
• Qui pétille. *Du vin pétillant.*
• Qui brille avec éclat. *Des yeux pétillants.*

Note.- Ne pas confondre avec le participe présent invariable **pétillant**. *Les enfants s'exclamaient devant les branches pétillant dans la flambée.*

pétillement n. m.
Scintillement.

pétiller v. intr.
• Les lettres **ill** sont suivies d'un **i** à la première et à la deuxième personne du pluriel de l'indicatif imparfait et du subjonctif présent. *(Que) nous pétillions, (que) vous pétilliez.*
• Crépiter. *Le bois pétille dans l'âtre.*
• Briller. *Ses reparties pétillent d'intelligence.*

petit, ite adj., adv. et n. m. et f.
• **Adjectif**
- Qui est au-dessous de la taille moyenne. *Elle est très petite et porte des talons hauts. Une petite maison.*
- Jeune. *Un petit enfant. Les tout-petits. Quand j'étais petite...*
- De faible quantité. *Une petite somme.*
- Mesquin. *Ce geste dénote un esprit très petit.*
- De peu d'importance. *Nous avons un petit problème.*
• **Adverbe**
- *Petit à petit.* Progressivement.
- *En plus petit.* De taille réduite, miniature.
• **Nom masculin**
- Jeune animal. *Le petit du cerf et de la biche est le faon.*
- Ce qui est petit.
- *L'infiniment petit.* Les êtres microscopiques.
• **Nom masculin et féminin**
Personne de petite taille.

petit- préf.
Les mots composés avec le préfixe **petit-** et qui désignent un lien de parenté s'écrivent avec un trait d'union et prennent la marque du pluriel aux deux éléments. *Des petites-filles.*

petit-beurre n. m.
Biscuit. *Des petits-beurre délicieux.*
Note.- Attention à l'orthographe : seul le premier élément prend la marque du pluriel.

petite annonce n. f.
Dans un journal, offre ou demande d'emploi, de logement, etc. *Elle lit tous les jours les petites annonces pour trouver un appartement.*

petit écran n. m.
(Fam.) Télévision.

petites et moyennes entreprises
Sigle **P.M.E.**

petitesse n. f.
• Faible dimension. *La petitesse de sa chambre.*
• Mesquinerie.

petit-fils n. m., **petite-fille** n. f.
Fils, fille du fils ou de la fille, par rapport au grand-père, à la grand-mère. *Des petits-fils, des petites-filles adorables.*
Note.- Le nom qui désigne la fille du fils ou de la fille s'écrit avec un trait d'union, alors que le nom qui signifie « fillette » s'écrit sans trait d'union. *Une petite fille jouait dans le jardin.*

pétition n. f.
Demande collective adressée à une autorité. *Signer une pétition pour le rétablissement de la peine de mort.*

petit-lait n. m.
Résidu liquide du lait caillé. *Des petits-laits.*

petit-nègre n. m.
Langage simplifié et incorrect. *C'est du petit-nègre, on n'y comprend rien.*

petits-enfants n. m. pl.
Les enfants du fils ou de la fille, par rapport au grand-père, à la grand-mère.

petit(-)four n. m.
Petit gâteau (sec ou glacé). *Elle adore les petits(-) fours glacés.*

petit-suisse n. m.
Fromage crémeux. *Des petits-suisses exquis.*

peto (in)
V. in peto.

pétoncle n. m.
Coquillage apprécié pour sa chair fine.
Note.- Attention au genre masculin de ce nom : *un* pétoncle.

pétrifier v. tr.
• Redoublement du *i* à la première et à la deuxième personne du pluriel de l'indicatif imparfait et du subjonctif présent. *(Que) nous pétrifiions, (que) vous pétrifiiez.*
• Changer en pierre.
• (Fig.) Stupéfier. *Cette insulte la pétrifia.*

pétrin n. m.
• Réceptacle dans lequel on pétrit le pain.
• (Fam.) Situation embarrassante. *Ils sont dans le pétrin ; comment vont-ils s'en sortir ?*

pétrir v. tr.
Malaxer. *Pétrir du pain.*

pétrissage n. m.
Action de pétrir.

pétrochimie n. f.
Science et industrie des produits chimiques dérivés du pétrole.

pétrochimique adj.
Relatif à la pétrochimie.

pétrodollar n. m.
Dollar provenant de la commercialisation du pétrole brut. *Des pétrodollars.*

pétrole n. m.
Huile minérale naturelle employée comme source d'énergie.

pétrolier, ière adj. et n. m.
• **Adjectif.** Relatif au pétrole. *L'industrie pétrolière.*
• **Nom masculin.** Navire servant au transport du pétrole. *Des pétroliers géants.*

pétrolifère adj.
Qui contient du pétrole. *Des gisements pétrolifères.*

pétulance n. f.
Vivacité turbulente.
Note.- Attention à l'orthographe : pétul**an**ce.

pétulant, ante adj.
Vif, turbulent.
Note.- Attention à l'orthographe : pétul**an**t.

pétunia n. m.
Plante ornementale qui produit des fleurs violettes, roses, blanches, etc. *De beaux pétunias retombants.*
Note.- Attention au genre masculin de ce nom : *un* pétunia.

peu adv.

• **Adverbe de quantité**
En petite quantité, en petit nombre (par opposition à **beaucoup**). *Elle est peu aimable. Il fume peu.*
Note.- Ne pas confondre avec la locution **un peu** qui signifie « assez, relativement, dans une certaine mesure ». *Les phrases « il est un peu tendu » et « il est peu tendu » n'ont pas la même signification.*
• **Avec valeur de pronom**
Peu de. Un petit nombre de personnes, de choses. *Beaucoup de candidats se présentent, peu d'entre eux sont retenus.*
Note.- Après la locution **peu de**, le verbe s'accorde avec le complément. *Peu de poires sont mûres.*
• **Avec valeur de nom**
- *Le peu de.* Le manque, l'insuffisance. *Le peu d'audace qu'il a montré explique peut-être cet échec.*
- *Le peu de.* Une petite quantité suffisante. *Son succès malgré le peu de moyens reçus, témoigne de son ingéniosité.*
Note.- Après la locution **le peu de**, le verbe se met au singulier :
- l'adjectif ou le participe passé se met au masculin singulier (il s'accorde avec **peu**) si l'auteur veut insister sur l'insuffisance ;
- l'adjectif ou le participe passé s'accorde en genre et en nombre avec le complément si l'auteur veut signifier une quantité petite, mais suffisante tout de même.
• **Locutions**
- *Peu à peu,* locution adverbiale. Progressivement.
- *Peu ou prou.* (Litt.) Plus ou moins.
- *Peu s'en faut, il s'en faut de peu.* À peu près. *L'objectif est atteint ou peu s'en faut.*
- *Pour peu que,* locution conjonctive. À la condition que.
Note.- La locution conjonctive est suivie du subjonctif. *Ils accepteront pour peu que vous les invitiez à l'avance.*
- *Quelque peu,* locution adverbiale. Un peu.
- *Sous peu,* locution adverbiale. Bientôt.
- *Tant soit peu,* locution adverbiale. Très peu.

---

peuh ! interj.
Interjection marquant le mépris, le dédain.

peul, e ou **peuhl, e** adj. et n. m. et f.
Relatif aux Peuls, peuple d'Afrique occidentale (depuis le Sénégal jusqu'au Cameroun).

Note.- Contrairement à l'adjectif, le nom prend une majuscule.

peuplade n. f.
Tribu.

peuple n. m.
Ensemble de personnes habitant un même territoire et formant une même nation.
V. Tableau - **PEUPLES (NOMS DE).**

peuplement n. m.
Action de peupler.

peupler v. tr., pronom.
• **Transitif**. Remplir un pays d'une population.
• **Pronominal**. Se remplir d'habitants.

peuplier n. m.
Arbre de grande taille dont le bois léger est apprécié.

peur n. f.
• Crainte violente, inquiétude.
• **Avoir peur que** + **subjonctif**. Craindre que. *Il a peur que son chien morde un enfant*, ou *ne morde un enfant*.
• **De peur que** + **subjonctif**. Pour éviter que. *Elle a pris un parapluie de peur qu'elle se mouille*, ou *ne se mouille*.
Note.- Dans ces expressions, l'emploi du *ne* explétif est facultatif.

peureux, euse adj. et n. m. et f.
Craintif.

peut-être adv.
• Probablement. *Elle gagnera peut-être le gros lot.*
Notes.-
1º Attention à l'orthographe : peut-être.
2º Ne pas confondre avec la troisième personne du singulier du verbe *pouvoir* suivi de l'infinitif *être* qui s'écrivent sans trait d'union. *Il peut être absent.*
3º Placé en début de phrase, l'adverbe entraîne généralement l'inversion du sujet. *Peut-être viendra-t-il.*
• *Peut-être que*. *Peut-être qu'il viendra.*
Note.- La locution conjonctive se construit avec l'indicatif ou le conditionnel.

p. ex.
Abréviation de *par exemple*.

pH
Coefficient déterminant l'acidité ou la basicité d'un milieu.

-phage suff.
Élément du grec signifiant « manger ». *Nécrophage, sarcophage.*

phalange n. f.
• (Litt.) Armée.
• Os des doigts et des orteils.
Note.- Attention à l'orthographe : p**h**alange.

NOMS DE PEUPLES

• Les **dénominations de peuples**, de races, d'habitants de régions, de villes sont des **noms propres** qui s'écrivent avec une MAJUSCULE.

- *Les Français, les Québécois, les Américains, les Chinois, les Européens ;*
- *les Noirs, les Blancs ;*
- *les Normands, les Bretons ;*
- *les Niçois, les Parisiens.*

Note.- Les noms de peuples qui sont composés et reliés par un trait d'union prennent la majuscule aux deux éléments. *Un Néo-Zélandais, un Sud-Africain.*

• Les mots auxquels le préfixe *néo-* est joint s'écrivent avec un trait d'union. *Un Néo-Écossais.* S'il s'agit d'un gentilé, le mot s'écrit avec deux majuscules ; si le préfixe signifie « de souche récente », le préfixe s'écrit avec une minuscule. *Un néo-Québécois.*

• Les **adjectifs de peuples**, de races, de langues s'écrivent avec une MINUSCULE.

Le drapeau belge, la langue française, les peintres italiens, la race blanche, le sens de l'humour anglais.

Note.- Les noms de peuples composés qui comportent un adjectif s'écrivent avec une majuscule au nom et une minuscule à l'adjectif.

Les Suisses romands, les Basques espagnols.

• Les **noms de langues** s'écrivent avec une MINUSCULE.

Apprendre le russe, le français, le chinois.

• La dénomination des habitants d'un lieu (continent, pays, région, ville, village, etc.) est un GENTILÉ. On consultera les gentilés de régions à leur entrée alphabétique.

phalangette n. f.
Dernière phalange des doigts et des orteils.
Note.- Attention à l'orthographe : p**h**alange**tt**e.

phalangine n. f.
Seconde phalange des doigts et des orteils.
Note.- Attention à l'orthographe : p**h**alangine.

phalène n. f.
Papillon nocturne.
Note.- Attention à l'orthographe : p**h**al**è**ne.

phallique adj.
Qui est relatif au phallus.
Note.- Attention à l'orthographe : p**h**a**ll**ique.

phallocrate n. m.
Adepte de la phallocratie.
Note.- Attention à l'orthographe : p**h**a**ll**ocrate.

phallocratie n. f.
• Le *t* se prononce comme *s* [falɔkrasi].
• Attitude dominatrice des hommes par rapport aux femmes.
Note.- Attention à l'orthographe : p**h**a**ll**ocratie.

phallocratique adj.
Qui concerne la phallocratie.

phallus n. m.
• Le *s* se prononce [falys].
• Membre viril.
Note.- Attention à l'orthographe : p**h**a**ll**us.

phantasme
V. **fantasme.**

pharaon n. m.
Nom donné aux rois de l'Égypte ancienne. *Le pharaon Ramsès I*er.
Note.- L'expression «pharaon égyptien» est redondante ; le nom s'écrit avec une minuscule.

pharaonien, ienne ou **pharaonique** adj.
Qui se rapporte aux pharaons.

phare n. m.
• Projecteur lumineux fixé au sommet d'une tour afin de guider la navigation. *Un gardien de phare.*
• Projecteur lumineux fixé à l'avant d'un véhicule. *Elle a oublié d'éteindre ses phares. Des phares antibrouillard.*
• Position où ce projecteur éclaire le plus (par oppos. à *code*).
Hom. :
- *far*, pâtisserie bretonne ;
- *fard*, maquillage.

pharmaceutique adj.
Relatif à la pharmacie. *Un produit pharmaceutique.*
Note.- Attention à l'orthographe : p**h**armaceutique.

pharmacie n. f.
• Science de la préparation des médicaments.
• Lieu où l'on vend les médicaments. *La pharmacie est ouverte tous les jours.*
• Armoire où l'on range les médicaments. *Une armoire à pharmacie* ou *une pharmacie encastrée.*

pharmacien n. m.
pharmacienne n. f.
Personne qui prépare et vend des médicaments.

pharmacopée n. f.
Recueil d'informations sur les médicaments, codex.
Note.- Attention à l'orthographe : p**h**armacopé**e**.

pharyngite n. f.
Inflammation du pharynx.
Note.- Attention à l'orthographe : p**h**aryngite.

pharynx n. m.
Région du corps située entre la bouche et le larynx.
Note.- Attention à l'orthographe : p**h**ary**nx.**

phase n. f.
Chacune des périodes successives d'un phénomène. *Les phases d'une opération.*
Note.- Ne pas confondre avec le mot *ph**r**ase* qui désigne un ensemble de mots ayant un sens complet.

phénicien, ienne adj. et n. m. et f.
De Phénicie.
Note.- Lorsqu'il s'agit de la langue, l'adjectif ou le nom s'écrit avec une minuscule. *L'alphabet phénicien.* Si le nom désigne une personne, la majuscule s'impose. *Les Phéniciens étaient de grands navigateurs.*

phénix n. m.
• Le *x* se prononce [feniks].
• Oiseau fabuleux de la mythologie.
• Personne supérieure.
Hom. **phoe**nix, palmier.

phénoménal, ale, aux adj.
Étonnant, surprenant. *Une mémoire phénoménale.*

phénoménalement adv.
Étonnamment.

phénomène n. m.
• Fait observable.
• Curiosité. *Ce garçon est un vrai phénomène.*
Note.- Attention à l'orthographe : p**h**énom**è**ne.

phi n. m. inv.
Lettre grecque.
Note.- Le *phi* est le symbole de la philosophie.

phil(o)- préf.
Élément du grec signifiant «aimer». *Philologie.*

philanthrope n. m. et f.
Personne qui aime le genre humain.
Note.- Attention à l'orthographe : p**h**ilant**h**rope.

philanthropie n. f.
Amour du genre humain.
Note.- Attention à l'orthographe : p**h**ilant**h**ropie.

philanthropique adj.
Relatif à la philanthropie.
Note.- Attention à l'orthographe : p**h**ilant**h**ropique.

philatélie n. f.
Action de collectionner les timbres-poste.
Note.- Attention à l'orthographe : p**h**ilatélie.

philatélique adj.
Relatif à la philatélie. *Un club philatélique.*
Note.- Attention à l'orthographe : p**h**ilatélique.

philatéliste n. m. et f.
Personne qui collectionne les timbres-poste.
Note.- Attention à l'orthographe : **ph**ilatéliste.

philharmonique adj.
Se dit de certaines associations musicales. *Une société philharmonique.*
Note.- Attention à l'orthographe : **ph**ilharmonique.

philippin, ine adj. et n. m. et f.
Des îles Philippines.
Note.- Contrairement à l'adjectif, le nom prend une majuscule.

philo-
V. **phil(o)-**.

philodendron n. m.
Arbuste ornemental.
Note.- Attention à l'orthographe **ph**ilodendron.

philologie n. f.
Étude scientifique d'une langue par l'étude critique des textes. *Un certificat de grammaire et de philologie.*
Note.- Attention à l'orthographe : **ph**ilologie.

philologique adj.
Relatif à la philologie.
Note.- Attention à l'orthographe : **ph**ilologique.

philologue n. m. et f.
Spécialiste de la philologie.
Note.- Attention à l'orthographe : **ph**ilologue.

philosophale adj. f.
Pierre philosophale. Pierre des alchimistes qui devait changer les métaux en or.
Note.- Attention à l'orthographe : **ph**iloso**ph**ale.

philosophe adj. et n. m. et f.
• Qui étudie, qui connaît la philosophie.
• Qui pratique la sagesse et vit dans la sérénité.
Note.- Attention à l'orthographe : **ph**iloso**ph**e.

philosopher v. intr.
Raisonner.
Note.- Attention à l'orthographe : **ph**iloso**ph**er.

philosophie n. f.
• Science des principes et des causes.
• Théorie, conception du monde.
• Sagesse.
Note.- Attention à l'orthographe : **ph**iloso**ph**ie.

philosophique adj.
Relatif à la philosophie. *Une attitude philosophique.*
Note.- Attention à l'orthographe : **ph**iloso**ph**ique.

philosophiquement adv.
Avec philosophie, sagesse.
Note.- Attention à l'orthographe : **ph**iloso**ph**iquement.

philtre n. m.
Boisson magique.
Hom. *filtre*, dispositif destiné à filtrer.

phlébite n. f.
Inflammation d'une veine pouvant provoquer la formation d'un caillot.
Note.- Attention à l'orthographe : **ph**lébite.

phlox n. m. inv.
Plante ornementale cultivée pour ses fleurs colorées.
Note.- Attention au genre masculin de ce mot : *un phlox.*

-phobe, -phobie suff.
Éléments du grec signifiant « crainte ». *Xénophobe, xénophobie.*

phobie n. f.
Peur angoissante. *La claustrophobie est la phobie des lieux fermés, l'agoraphobie, la phobie des lieux publics.*

phoenix ou **phénix** n. m.
Palmier.
Hom. *phénix*, oiseau mythique.

phon-, phono- préf., **-phone, -phonie** suff.
Éléments du grec signifiant « son ». *Phonétique, phonologie, téléphone, francophonie.*

phonation n. f.
Production de la voix et du langage.

phonème n. m.
(Ling.) Élément sonore pourvu d'une valeur distinctive dans une langue.
Note.- Attention à l'orthographe : **ph**onème.

phonémique adj.
(Ling.) Relatif au phonème.
Note.- Attention à l'orthographe : **ph**onémique.

phonéticien n. m.
phonéticienne n. f.
Spécialiste de la phonétique.

phonétique adj. et n. f.
• **Adjectif.** Relatif aux sons du langage. *L'alphabet de l'Association phonétique internationale (API).*
• **Nom féminin.** Partie de la linguistique qui étudie les sons du langage.
• *Écriture phonétique.* Mode d'écriture où des signes établis correspondent à des sons distincts.
Note.- La transcription phonétique d'un mot s'écrit généralement entre crochets.

phonétiquement adv.
Au point de vue phonétique.

phonologie n. f.
Partie de la linguistique qui étudie la fonction des phonèmes dans une langue donnée.

phonologique adj.
De la phonologie.
Note.- La transcription phonologique d'un mot s'écrit entre barres obliques.

phonologue n. m. et f.
Spécialiste de la phonologie.

phoque n. m.
Mammifère amphibie. *Un phoque qui fait tourner des ballons sur son nez.*

-phore suff.
Élément du grec signifiant « porter ». *Sémaphore, métaphore.*

phosphore n. m.
- Symbole **P** (s'écrit sans point).
- Corps simple inflammable, très toxique et luminescent dans l'obscurité.
Note.- Attention à l'orthographe : **ph**os**ph**ore.

phosphorescence n. f.
Luminescence.
Note.- Attention à l'orthographe : **ph**os**ph**ores**c**ence.

phosphorescent, ente adj.
Qui est lumineux dans l'obscurité. *Les aiguilles de cette montre sont phosphorescentes.*
Note.- Attention à l'orthographe : **ph**os**ph**ores**c**ent.

photo adj. inv. et n. f.
- **Adjectif invariable.** Relatif à la photographie, qui sert à photographier. *Des appareils photo.*
- **Nom féminin.** Abréviation de **photographie.** *Un album de photos.*
V. **photographie.**

photo- préf.
Élément du grec signifiant « lumière ».
Note.- Les mots composés avec le préfixe **photo-** s'écrivent en un seul mot. *Photocopie, photoélectrique.*

photocomposeuse n. f.
(Imprim.) Machine de photocomposition.

photocomposition n. f.
(Imprim.) Procédé de composition photographique.

photocopie n. f.
- Procédé de reproduction photographique d'un document.
- Copie obtenue par ce procédé. *Il faut joindre deux photocopies du contrat.*

photocopier v. tr.
- Redoublement du *i* à la première et à la deuxième personne du pluriel de l'indicatif imparfait et du subjonctif présent. *(Que) nous photocopiions, (que) vous photocopiiez.*
- Reproduire un document par la photocopie.

photocopieur n. m. ou **photocopieuse** n. f.
- S'abrège familièrement en **copieur.**
- Machine à photocopier.

photoélectrique adj.
Qui mesure l'intensité lumineuse. *Une cellule photoélectrique.*
Note.- Certains auteurs écrivent le mot avec un trait d'union, d'autres l'écrivent en un seul mot.

photo-finish n. f.
(Anglicisme) Enregistrement photographique de l'ordre des concurrents à l'arrivée d'une course. *Des photos-finish.*
Note.- L'expression **photo d'arrivée** est souvent utilisée pour remplacer cet anglicisme.

photogénique adj.
Se dit d'une personne plus belle en photo qu'au naturel.

photographe n. m. et f.
Personne qui fait de la photographie par métier ou par plaisir.

photographie n. f.
- Abréviation **photo** (s'écrit sans point).
- Procédé permettant de fixer des images sur une surface. *Faire de la photographie.*
- Image ainsi obtenue. *Des photographies en couleurs, des photos d'identité.*
Note.- En ce sens, l'abréviation **photo** est couramment utilisée.

photographier v. tr.
- Redoublement du *i* à la première et à la deuxième personne du pluriel de l'indicatif imparfait et du subjonctif présent. *(Que) nous photographiions, (que) vous photographiiez.*
- Reproduire par la photographie.

photographique adj.
- Relatif à la photographie.
- Qui sert à la photographie. *Une pellicule photographique.*

photographiquement adv.
Par la photographie.

photograveur n. m.
Spécialiste de la photogravure.

photogravure n. f.
Production de clichés d'impression.

photosensible adj.
Sensible aux radiations lumineuses.

photostyle n. m.
(Inform.) Crayon optique.

photosynthèse n. f.
Transformation par les plantes du gaz carbonique de l'air à l'aide de l'énergie solaire.

phrase n. f.
Ensemble de mots ou de propositions ayant un sens complet.
Note.- Une phrase peut être constituée d'un seul mot (*Regarde !*), d'une seule proposition indépendante (*L'enfant regarde le chien*). La phrase peut être composée de plusieurs propositions dont l'une exprime le fait principal et les autres, les faits subordonnés (*L'homme qui plantait des arbres avait raison*).

phraséologie n. f.
- Ensemble de constructions de phrases propres à une langue.
- (Péj.) Assemblage de mots vides de sens.
Note.- Attention à l'orthographe : **ph**raséologie.

phylactère n. m.
Bulle, dans les bandes dessinées. *Dans les phylactères de Tintin, il y a souvent des onomatopées ou des jurons.*

physicien n. m.
physicienne n. f.
Spécialiste de la physique.

physio- préf.
Élément du grec signifiant « nature ». *Physionomie.*

physiologie n. f.
Science des fonctions organiques des êtres vivants.

physiologique adj.
Qui se rapporte à la physiologie.

physiologiste adj. et n. m. et f.
Spécialiste de la physiologie.

physionomie n. f.
• Expression du visage. *Avoir une physionomie rieuse.*
• Aspect. *Quelle est la physionomie du scrutin ?*

physionomiste adj. et n. m. et f.
Qui a la mémoire des traits du visage et reconnaît facilement une personne déjà rencontrée.

physiothérapie n. f.
Traitement au moyen d'agents physiques : lumière, chaleur, exercice, etc.

physique adj. et n. m. et f.
• **Adjectif**
- Matériel.
- Qui a rapport au corps. *La beauté physique.*
• **Nom masculin**
Apparence extérieure.
• **Nom féminin**
Science des phénomènes naturels et des propriétés de la matière.
Note.- Attention à l'orthographe : ph**y**si**que.

physiquement adv.
D'une manière physique, matérielle.
Note.- Attention à l'orthographe : ph**y**si**quement.

phyt(o)- préf.
• Élément du grec signifiant « plante ».
• Les mots composés du préfixe **phyto-** s'écrivent en un seul mot.

phytotron n. m.
Serre électronique. *Cette université dispose d'un immense phytotron où l'on expérimentera notamment l'action des pluies acides sur les végétaux.*
Note.- Attention à l'orthographe : ph**y**totron.

pi n. m. inv.
• Lettre grecque.
• Symbole du rapport entre le périmètre d'un cercle et son diamètre, dont l'expression numérique est *3,1416.*

p.i.
Abréviation de *par intérim.*

piaffer v. intr.
• Frapper la terre des pieds de devant, en parlant du cheval.
• (Fig.) Trépigner, frapper du pied. *Les enfants piaffent d'impatience.*

piaillement n. m.
Action de piailler.

piailler v. intr.
• Les lettres *ill* sont suivies d'un *i* à la première et à la deuxième personne du pluriel de l'indicatif imparfait et du subjonctif présent. *(Que) nous piaillions, (que) vous piailliez.*
• Crier, en parlant des oiseaux.

pianissimo adv.
(Mus.) Très doucement.

pianiste n. m. et f.
Personne qui joue du piano. *C'est un pianiste de talent.*

pianistique adj.
Relatif au piano.

piano n. m.
Instrument de musique à clavier dont les cordes sont frappées par de petits marteaux. *Des pianos à queue.*

pianoter v. intr.
• Jouer du piano de façon maladroite.
• Taper sur un clavier de matériel informatique. *Pianoter sur l'ordinateur.*
Note.- Attention à l'orthographe : pian**o**ter.

piastre n. f.
Ancienne unité monétaire de nombreux pays. *La piastre est l'unité divisionnaire de la livre libanaise, de la livre égyptienne. Des piastres.*
V. Tableau - **SYMBOLES DES UNITÉS MONÉTAIRES.**

P.I.B.
Sigle de *produit intérieur brut.*

pic n. m.
• Mont isolé à sommet aigu.
Note.- Ne pas confondre avec les mots suivants :
- *butte*, colline isolée dans une plaine ;
- *colline*, petite montagne ;
- *massif*, ensemble de chaînes de montagnes ;
- *mont*, masse d'une grande hauteur ;
- *monticule*, petite élévation de terre.
• Outil servant à creuser la terre.

pic (à) loc. adv.
• Verticalement. *Cette paroi est à pic.*
• À propos. *Vous tombez à pic.*

picador n. m.
Dans une corrida, cavalier qui attaque le taureau avec une pique. *Des picadors.*
Note.- Ce mot espagnol est francisé et prend la marque du pluriel.

picard, arde adj. et n. m. et f.
De Picardie.
Note.- Contrairement à l'adjectif, le nom prend une majuscule.

piccolo ou **picolo** n. m.
Petite flûte.

pichenette n. f.
Chiquenaude.

pichet n. m.
Récipient à anse. *Un pichet de vin.*

pickpocket n. m.
• Le *t* se prononce [pikpɔkɛt].
• Voleur à la tire.

pico- préf.
- Symbole **p** (s'écrit sans point).
- Élément de l'italien signifiant « petit ».
- Préfixe qui multiplie par 0,000 000 000 001 l'unité qu'il précède. *Des picosecondes.*
- Sa notation scientifique est 10^{-12}.
V. Tableau - **MULTIPLES ET SOUS-MULTIPLES DÉCIMAUX.**

picoler v. intr.
(Pop.) Boire.

picolo
V. **piccolo.**

picorer v. tr.
Chercher sa nourriture, en parlant d'un oiseau. *Les poules picorent des graines.*
Note.- Ne pas confondre avec le verbe **picoter** qui signifie « causer des picotements ».

picotement n. m.
Fourmillement.

picoter v. tr.
Causer des picotements. *La fumée picote les yeux.*
Notes.-
1° Ne pas confondre avec le verbe **picorer** qui signifie « chercher sa nourriture, en parlant d'un oiseau ».
2° Attention à l'orthographe : pico**t**er.

pictogramme n. m.
Représentation graphique symbolique.

pictural, ale, aux adj.
Qui est relatif à la peinture. *Des effets picturaux, des œuvres picturales.*

pic-vert
V. **pivert.**

pidgin n. m.
- Attention à la prononciation [pidʒin].
- Langue mixte issue du contact de l'anglais et de langues autochtones d'Extrême-Orient, qui sert de langue d'appoint sans être langue maternelle d'une communauté.
Note.- Ne pas confondre avec les mots suivants :
- *créole*, langue mixte issue du contact d'une langue européenne (français, anglais, espagnol, portugais) et de langues indigènes, africaines en particulier, devenue langue maternelle d'une communauté linguistique ;
- *sabir*, langue mixte élémentaire résultant des contacts de langues très différentes les unes des autres, utilisables pour des communications très limitées dans des secteurs déterminés, notamment le commerce.

pie adj. inv. et n. f.
- **Adjectif de couleur invariable**
Se dit d'un animal dont le plumage, le pelage est de deux couleurs. *Des juments pie.*
V. Tableau - **COULEUR (ADJECTIFS DE).**
- **Nom féminin**
- Oiseau à plumage blanc et noir. *Il est bavard comme une pie.*
- Personne bavarde.

pièce n. f.
- Partie d'un tout. *C'est une belle pièce de collection.*
- **Mettre en pièces.** Détruire.
- Partie d'une habitation. *Cette maison comporte huit pièces.*
- **De toutes pièces.** Complètement. *Cette histoire est inventée de toutes pièces.*
Note.- Dans cette expression, le nom se met toujours au pluriel.
- Morceau de métal plat servant de monnaie. *Des pièces de dix francs.*
- Ouvrage dramatique. *Des pièces de théâtre.*
- **Pièce jointe.** Abréviation **p.j.** (s'écrit avec points).
- **Pièces justificatives.** Documents qui servent à prouver ce qui est allégué.
- **À la pièce, aux pièces.** Se dit d'une personne payée proportionnellement au travail exécuté. *Elle travaille à la pièce.*

piécette n. f.
Petite pièce de monnaie.
Note.- Attention à l'orthographe : pi**é**cette.

pied n. m.
- Extrémité inférieure de la jambe de l'homme, de la patte des animaux qui ont des sabots (éléphant, cheval, bœuf, mouton, cerf, chameau, etc.).
- Base, support. *Les pieds d'une table.*
- Élément de la métrique grecque ou latine.
Note.- En français, les vers comportent des syllabes. *L'alexandrin est composé de douze syllabes* (et non de douze * pieds).
- **Locutions**
- **À pied.** En marchant.
Note.- L'expression **marcher à pied** jugée pléonastique par plusieurs auteurs est maintenant passée dans l'usage, mais on peut lui préférer **aller à pied, marcher.**
- **À pied sec.** Sans se mouiller.
Note.- Cette expression s'écrit au singulier.
- **À pieds joints.** Les pieds réunis.
- **À pieds joints.** (Fig.) En se précipitant.
- **Attendre quelqu'un de pied ferme.** Avec détermination, colère.
- **Au pied de la lettre.** Littéralement.
- **Au pied levé.** Sans préparation. *Il a remplacé le conférencier absent au pied levé.*
- **Avoir bon pied, bon œil.** Être encore agile, en forme (malgré l'âge).
- **Avoir pieds et poings liés.** Être réduit à l'impuissance.
- **Casser les pieds.** (Fam.) Ennuyer.
- **Comme un pied.** Très mal. *Il écrit, il joue comme un pied.*
- **Des pieds à la tête, de la tête aux pieds, de pied en cap.** Complètement.
- **En pied.** Se dit du portrait d'une personne représentée au complet.
- **Faire du pied à quelqu'un.** L'avertir, lui témoigner un intérêt galant.
- **Fouler aux pieds.** Mépriser.
- **Marcher sur les pieds de quelqu'un.** Chercher à l'évincer.
- **Mettre à pied.** Licencier.

- *Mettre les pieds dans le plat.* (Fam.) Gaffer.
- *Mettre les pieds dans un lieu.* Y aller.
- *Mettre quelqu'un au pied du mur.* Le forcer à agir, à se décider.
- *Mettre sur pied.* Organiser.
Note.- Dans cette expression, le nom s'écrit au singulier.
- *Perdre pied, lâcher pied.* Perdre l'équilibre.
- *Perdre pied, lâcher pied.* (Fig.) Être dans une situation difficile.
- *Pied de nez.* Grimace. *Des pieds de nez espiègles.*
- *Pieds nus, nu-pieds.*
Note.- Attention à l'adjectif *nu* qui est invariable devant le nom (*elle est nu-tête*), variable après le nom (*elle est tête nue*).
V. **nu.**
- *Prendre son pied.* (Fam.) Avoir du plaisir, jouir.
- *Remettre quelqu'un sur pied.* Le guérir, le remettre d'aplomb.
Note.- Dans cette expression, le nom se met au singulier.
- *Se jeter aux pieds de quelqu'un.* Le supplier, l'implorer.
- *Se lever du pied gauche.* Être de mauvaise humeur.
- *Sur le pied de la guerre.* Prêt à partir au combat.
- *Sur pied.* Levé, prêt. *Elle est sur pied dès 6 heures.*
Note.- Cette expression s'écrit au singulier.
- *Sur un grand pied.* Dans le luxe. *Ils vivent sur un grand pied.*
- *Travailler d'arrache-pied.* Avec acharnement.
Note.- Cette expression s'écrit avec un trait d'union.

pied-à-terre n. m. inv.
• Attention à la prononciation [pjetatɛr].
• Petit logement qu'on habite occasionnellement. *Des pied-à-terre pratiques.*

pied-bot n. m.
Personne qui a un pied infirme. *Des pieds-bots.*
Note.- Attention à l'orthographe : pied-bo**t**.

pied-d'alouette n. m.
Plante ornementale. *Des pieds-d'alouette rose-mauve.*

pied-de-biche n. m.
Outil composé d'un levier à tête. *Arracher des clous avec des pieds-de-biche.*

pied-de-poule adj. inv. et n. m.
• **Adjectif invariable.** *Des tailleurs pied-de-poule.*
• **Nom masculin.** Se dit d'un tissu évoquant des pattes d'oiseau. *Des pieds-de-poule noirs et blancs.*

piédestal n. m.
• Socle. *Des piédestaux ornés de motifs sculptés.*
• *Mettre quelqu'un sur un piédestal.* (Fig.) Lui témoigner une grande admiration.
Note.- Attention à l'orthographe : pi**é**destal.

piège n. m.
• Dispositif qui sert à prendre des animaux. *Un piège à renard.*
• (Fig.) Embûche. *Des questions pièges.*

Notes.-
1° Mis en apposition, le nom prend la marque du pluriel.
2° Attention à l'orthographe : pi**è**ge.

piégeage n. m.
Action de piéger.
Note.- Attention à l'orthographe : pi**é**geage.

piéger v. tr.
• Le *é* se change en *è* devant une syllabe muette, sauf à l'indicatif futur et au conditionnel présent. *Je piège*, mais *je piégerai*.
• Tendre un piège.
• Prendre au piège. *Ils ont été piégés par cette tactique.*

pie-grièche n. f.
Passereau. *Des pies-grièches.*

pierre n. f.
• Substance minérale. V. **roche.**
• *Pierre précieuse.* Le diamant, le saphir, l'émeraude, le rubis sont des pierres précieuses.
• *En pierre.* Dans cette expression, le nom est généralement au singulier. *Une belle maison en pierre.*
• *Âge de pierre.* Époque préhistorique.
Note.- Le mot *pierre* s'écrit avec une minuscule dans cette expression.

pierreries n. f. pl.
Pierres précieuses.
Note.- Ce nom s'emploie au pluriel.

pierrot n. m.
Personnage à la figure enfarinée des pantomimes.

pietà n. f. inv.
• Le *e* se prononce *é* [pjeta].
• Représentation de la Vierge portant sur ses genoux le corps du Christ mort. *Des pietà de marbre.*
Notes.-
1° Attention à l'orthographe : pi**età**.
2° En typographie soignée, les mots étrangers sont composés en italique. Dans des textes déjà en italique, la notation se fait en romain. Pour les textes manuscrits, on utilisera les guillemets.

piété n. f.
Dévotion religieuse.
Note.- Ne pas confondre avec le nom *pitié*, sympathie pour la douleur d'autrui.

piètement n. m.
Ensemble des pieds d'un meuble. *Le piètement de cette table est intéressant.*
Note.- Attention à l'orthographe : pi**è**tement.

piétinement n. m.
Action de piétiner.

piétiner v. tr., intr.
• **Transitif**
Frapper avec les pieds.
• **Intransitif**
- Rester sur place.
- (Fig.) Ne pas progresser. *La réforme annoncée piétine.*

piéton, onne adj. et n. m.
• **Adjectif.** Réservé aux piétons. *Une rue piétonne.*
Note.- L'adjectif comporte une forme féminine.
Syn. **piétonnier.**
• **Nom masculin.** Personne qui va à pied.
Note.- Le nom ne comporte pas de féminin, contraire-
ment à l'adjectif.

piétonnier, ière adj.
Réservé aux piétons. *Des voies piétonnières.*
Syn. **piéton.**

piètre adj.
Médiocre.
Note.- Attention à l'orthographe : piè**t**re.

piètrement adv.
De façon médiocre.
Note.- Attention à l'orthographe : piè**t**rement.

pieu n. m.
Pièce de bois pointue. *Des pieux de bois.*

pieusement adv.
D'une manière pieuse.

pieuvre n. f.
Poulpe de grande taille.

pieux, pieuse adj.
Qui a de la piété.

pige n. f.
À la pige. Se dit d'un mode de rémunération à la ligne,
à l'article, etc. *Un journaliste, une traductrice à la
pige.*

pigeon n. m.
• Oiseau dont le nom littéraire est la **colombe.** *De
beaux pigeons blancs.*
• *Pigeon voyageur. Des pigeons voyageurs.*
Note.- L'expression s'écrit sans trait d'union.

pigeonnant, ante adj.
Se dit, par allusion à la gorge du pigeon, d'une poitrine
haute et ronde. *Des soutiens-gorge pigeonnants.*
Note.- Attention à l'orthographe : pigeo**nn**ant.

pigeonne n. f.
Femelle du pigeon.
Note.- Attention à l'orthographe : pigeo**nn**e.

pigeonneau n. m.
Petit du pigeon et de la pigeonne. *Des pigeonneaux.*
Note.- Attention à l'orthographe : pigeo**nn**eau.

pigeonnier n. m.
Lieu où l'on élève des pigeons.
Note.- Attention à l'orthographe : pigeo**nn**ier.

piger v. tr.
• Le **g** est suivi d'un **e** devant les lettres **a** et **o**. *Il pigea,
nous pigeons.*
• (Fam.) Comprendre.

pigiste n. m. et f.
Personne rémunérée à la pige.

pigment n. m.
Substance colorée.

pigmentaire adj.
Qui se rapporte aux pigments.

pigmentation n. f.
Coloration de la peau, d'une substance par un pigment.
Une pigmentation brune.

pignon n. m.
• Partie supérieure d'un mur. *La maison aux trois
pignons.*
• Roue d'engrenage.
• Graine de la pomme de pin.

pilaf n. m.
Plat composé de riz fortement épicé accompagné de
volaille, de poisson ou de légumes. *Des pilafs, du riz
pilaf.*

pilaire adj.
Relatif aux poils, aux cheveux.

pilastre n. m.
Pilier carré dans une construction.
V. **pilier.**

pile adv.
• Exactement. *Nous partirons à trois heures pile.*
• *Tomber pile.* (Fam.) Arriver à propos.
• *S'arrêter pile.* (Fam.) S'arrêter net.
Note.- Dans ces expressions, le mot *pile* est invariable.

pile n. f.
• Entassement. *Une pile de livres.*
• Appareil transformant de l'énergie chimique, solaire
en électricité. *Il y a deux piles dans cette lampe de
poche.*

piler v. tr.
Broyer avec un pilon. *Piler de l'ail.*

pileux, euse adj.
Relatif aux poils. *Le système pileux.*

pilier n. m.
Massif de maçonnerie rond ou carré soutenant une
construction.
Note.- Ne pas confondre avec les mots suivants :
- *atlante*, colonne sculptée en forme d'homme soutenant un entablement ;
- *caryatide*, colonne sculptée en forme de femme soutenant une corniche sur sa tête ;
- *colonne*, pilier circulaire soutenant les parties supérieures d'un édifice ;
- *pilastre*, pilier carré dans une construction.

pillage n. m.
Vol.

pillard, arde adj. et n. m. et f.
Voleur.

piller v. tr.
• Les lettres *ill* sont suivies d'un *i* à la première et à la
deuxième personne du pluriel de l'indicatif imparfait
et du subjonctif présent. *(Que) nous pillions, (que)
vous pilliez.*
• Voler, saccager.

pilleur, euse n. m. et f.
Personne qui pille.

pilon n. m.
Instrument à base arrondie utilisé pour piler.

pilonnage n. m.
Action de pilonner.
Note.- Attention à l'orthographe : pilo**nn**age.

pilonner v. tr.
Bombarder un objectif.
Note.- Attention à l'orthographe : pilo**nn**er.

pilori n. m.
• Poteau auquel étaient attachés les condamnés sur la place publique.
• *Mettre quelqu'un au pilori.* Le vouer au mépris public.

pilosité n. f.
Système pileux.

pilotage n. m.
Art de conduire un navire (dans un port, sur un cours d'eau), de piloter un avion.

pilote n. m.
• Personne qui conduit un navire, un avion, un engin, une voiture de course.
• Mis en apposition, ce mot signifie « expérimental ». *Des classes(-)pilotes, une usine(-)pilote, un rôle(-) pilote.*
Note.- Certains auteurs écrivent les expressions avec un trait d'union, d'autres, sans trait d'union ; le mot *pilote* prend la marque du pluriel.

piloter v. tr.
• Conduire un navire, un avion, etc.
• (Fig.) Guider. *J'ai piloté mes invités à travers la ville.*
Note.- Attention à l'orthographe : pilo**t**er.

pilotis n. m.
• Le **s** ne se prononce pas [pilɔti].
• Ensemble de pieux enfoncés dans un sol mouvant pour servir de base à une construction. *Une maison sur pilotis.*
Note.- Attention à l'orthographe : piloti**s**.

pilule n. f.
• Médicament façonné en petite boule que l'on peut avaler.
• (Fam.) Contraceptif oral. *Prendre la pilule.*
• *Dorer la pilule.* Présenter une chose désagréable sous un aspect favorable.
Note.- Attention à l'orthographe : pi**l**u**l**e.

pimbêche adj. et n. f.
Femme qui prend des airs pincés.
Note.- Attention à l'orthographe : pimb**ê**che.

piment n. m.
Plante potagère dont le fruit à saveur très piquante sert de condiment. *Ajouter un peu de piment rouge.*

pimenter v. tr.
• Assaisonner de piment.
• Mettre du piquant.

pimpant, ante adj.
Coquet. *Une tenue pimpante.*

pin n. m.
Conifère élancé au feuillage persistant.
Hom. *pain*, aliment à base de farine.

pinacle n. m.
Sommet.
Note.- Attention à l'orthographe : pi**n**acle.

pinard n. m.
(Pop.) Vin de qualité ordinaire.
Note.- Attention à l'orthographe : pinar**d**.

pince n. f.
• Outil composé de deux parties articulées destinées à saisir, à serrer des objets.
• Partie des pattes de certains crustacés. *Des pinces de homards.*
• Pli d'un vêtement.
• *Pince à linge. Suspendre du linge à sécher avec des pinces à linge.*

pinceau n. m.
Faisceau de poils fixé à un manche dont on se sert pour appliquer de la peinture, de la colle, etc. *Des pinceaux très fins.*

pincement n. m.
Action de pincer.

pince-monseigneur n. f.
Levier utilisé par les cambrioleurs pour forcer une porte, une fenêtre. *Des pinces-monseigneur.*

pince-nez n. m. inv.
Lorgnon. *Un pince-nez désuet.*
Syn. **binocle**.

pincer v. tr.
• Le **c** prend une cédille devant les lettres **a** et **o**. *Il pinça, nous pinçons.*
• Serrer avec une pince, avec les doigts. *Il m'a pincée ! - crie la petite fille.*
• (Fam.) Surprendre en flagrant délit. *Pincer un voleur.*

pince-sans-rire adj. inv. et n. m. et f. inv.
Personne qui raille en restant impassible. *Des pince-sans-rire ineffables.*

pincette n. f.
• Petite pince.
• (Au plur.) Instrument à deux branches employé pour manipuler les bûches dans une cheminée.
• *Ne pas être à prendre avec des pincettes.* Être de mauvaise humeur.

pinçon n. m.
Marque sur la peau.
Hom. *pinson,* oiseau.

pineau n. m.
Vin de liqueur charentais.
Hom. *pinot,* cépage estimé.

pinède n. f.
Forêt de pins.

pingouin n. m.
Oiseau palmipède de l'Arctique.
Note.- Ne pas confondre avec le mot *manchot* qui désigne un oiseau palmipède de l'Antarctique.

ping-pong n. m. inv.
Tennis de table. *Jouer au ping-pong.*

Note.- La personne qui pratique ce sport est un ou
une **pongiste.**

pingre adj. et n. m. et f.
Avare.

pingrerie n. f.
Avarice.

pinot n. m.
Cépage estimé.
Hom. **pineau,** vin de liqueur charentais.

pinson n. m.
Oiseau apprécié pour son chant.
Hom. **pinçon,** marque sur la peau.

pintade n. f.
Oiseau gallinacé.

pintadeau n. m.
Petit de la pintade. *Des pintadeaux.*

piochage n. m.
Action de piocher.

pioche n. f.
• Outil servant à creuser la terre.
• *Une tête de pioche.* Personne très têtue.

piocher v. tr.
• Creuser à la pioche.
• (Fig.) Travailler avec acharnement.

piolet n. m.
Outil d'alpiniste.
Note.- Attention à l'orthographe : piole**t.**

pion n. m.
• Petite pièce du jeu d'échecs, du jeu de dames.
• *Damer le pion à quelqu'un.* Prendre l'avantage sur
lui.

pionnier, ière n. m. et f.
• Défricheur.
• (Fig.) Personne qui ouvre une nouvelle voie.

pipe n. f.
Appareil composé d'un tuyau et d'un fourneau contenant du tabac. *Fumer une pipe.*

pipeau n. m.
Petite flûte. *Des pipeaux.*

pipeline n. m.
• Attention à la prononciation [piplin] ou [pajplajn].
• Canalisation servant au transport de certains
fluides.
Note.- On utilise aujourd'hui **oléoduc, gazoduc, lacto-
duc,** etc. selon le cas.
V. **gazoduc, oléoduc.**

piper v. tr., intr.
• **Transitif.** Truquer. *Il a pipé les cartes. Les dés sont
pipés.*
• **Intransitif.** *Ne pas piper mot.* (Fam.) Ne pas dire un
mot, rester impassible.

piperade n. f.
• Le premier **e** se prononce **é** [piperad].
• Plat basque composé de tomates, de poivrons et
d'œufs battus.

pipette n. f.
Petit tube employé en laboratoire. *Une pipette graduée.*

piquant, ante adj. et n. m.
• **Adjectif**
- Qui pique. *Sa barbe est piquante.*
- Plein de vivacité, de finesse. *Un entretien piquant.*
- Mordant. *Des paroles piquantes.*
• **Nom masculin**
- Épine de certains végétaux, excroissance de certains
animaux. *Les piquants de l'oursin.*
- Ce qui est amusant. *Le piquant de l'histoire c'est
que ...*

pique n. m. et f.
• **Nom masculin.** Une des couleurs du jeu de cartes.
Un sept de pique, un pique.
• **Nom féminin.** Arme dont la pointe est acérée.

pique-assiette n. m. et f. inv.
Parasite qui profite de toutes les occasions pour manger
gratuitement. *Des pique-assiette invétérés.*

pique-nique n. m.
Repas pris en plein air. *D'amusants pique-niques.*

pique-niquer v. intr.
Faire un pique-nique. *C'est agréable de pique-niquer
dans la forêt.*

pique-niqueur, euse n. m. et f.
Personne qui participe à un pique-nique. *Des pique-
niqueuses.*

piquer v. tr., intr., pronom.
• **Transitif**
- Faire une piqûre. *Quel insecte l'a piqué ?*
- Coudre. *Piquer un vêtement à la machine.*
- Parsemer. *Piquer un gigot de gousses d'ail.*
- Produire une sensation. *Le vent froid pique la peau.*
- Produire une impression vive. *Piquer la curiosité de
quelqu'un. Il a été piqué au vif par cette remarque.*
• **Intransitif**
Présenter des pointes aiguës. *Sa barbe pique.*
• **Pronominal**
- Se faire une piqûre. *Elle s'est piquée avec une épine
de rosier.*
Note.- Pris absolument, le verbe signifie « s'injecter un
stupéfiant ».
- Se vexer. *Elle se pique de la moindre remarque.*
- *Se piquer au jeu.* Se laisser prendre.
- Se vanter. *Il se pique de connaître les bonnes ma-
nières.*

piquet n. m.
• Petit pieu.
• *Planté comme un piquet.* Immobile. *Viens nous
aider au lieu de rester planté comme un piquet !*
• *Piquet de grève.* Grévistes assurant l'exécution des
ordres de grève.

piquetage n. m.
Action de piqueter.
Note.- Attention à l'orthographe : pique**t**age.

piqueter v. tr.
- Redoublement du *t* devant un *e* muet. *Je piquette, je piquetterai*, mais *je piquetais*.
- Jalonner de piquets.

piquette n. f.
Vin médiocre.
Note.- Attention à l'orthographe : pique**tt**e.

piqûre n. f.
- Blessure faite par une pointe, un dard. *Une piqûre d'insecte.*
- Injection faite avec une seringue munie d'une aiguille. *Une piqûre d'insuline.*
- Points de couture. *Faire une piqûre sur un revers.*
Note.- Attention à l'orthographe : pi**qû**re.

piranha n. m.
Petit poisson carnassier. *Des piranhas voraces.*
Note.- Attention à l'orthographe : piran**h**a.

pirate n. m.
- Bandit des mers.
Note.- Ne pas confondre avec le mot **corsaire** qui désigne un capitaine autorisé à capturer les bateaux ennemis en temps de guerre.
- *Pirate de l'air.* Personne armée qui détourne un avion.
- (En appos.) Clandestin. *Une station de radio pirate, des éditions pirates.*
Note.- Les expressions s'écrivent sans trait d'union et prennent la marque du pluriel aux deux éléments.

pirater v. tr.
- Reproduire quelque chose sans payer de droits. *Pirater une gravure, une édition.*
- (Inform.) Copier un logiciel sans autorisation.

piraterie n. f.
- Reproduction illégale.
- *Piraterie aérienne.* Détournement d'un avion par un pirate de l'air.

pire adj. et n. m.
- **Comparatif.** Plus mauvais, plus pénible. *Des deux solutions possibles, vous avez choisi la pire.*
- **Superlatif.** Le plus mauvais. *C'est le pire de tous.*
- **Nom masculin.** Ce qu'il y a de plus mauvais. *Pour le meilleur et pour le pire.*
Note.- Ne pas confondre avec le comparatif **pis** qui signifie « plus mal ».
Ant. **meilleur.**

pirogue n. f.
Embarcation rudimentaire creusée dans un arbre.

pirouette n. f.
- Tour sur soi-même. *La gymnaste fait des pirouettes très réussies.*
- Volte-face. *Il répondit à cette question embarrassante par une pirouette.*
Note.- Attention à l'orthographe : pirou**ett**e.

pis adj., adv. et n. m.
- **Comparatif.** (Litt.) Plus mal. *Son état est pis que ce matin.*

Note.- L'adjectif **pis** étant un comparatif, il ne peut s'employer avec **plus** ou **moins.**
- *Tant pis.* Expression marquant la résignation. *Tant pis, nous n'irons pas en vacances.*
- *Aller de mal en pis.* S'aggraver.
- *Adjectif.* (Litt.) Plus grave.
- *Qui pis est.* Ce qui est plus fâcheux.
- **Superlatif et nom masculin.** Ce qu'il y a de pis, la pire chose.
Note.- Ne pas confondre avec le comparatif **pire** qui signifie « plus mauvais ».
Ant. **mieux.**

pis-aller n. m. inv.
- Solution de remplacement, succédané.
- *Au pis aller*, locution adverbiale. En mettant les choses au pire.
Note.- Le nom s'écrit avec un trait d'union, tandis que la locution adverbiale s'écrit sans trait d'union.

pisci- préf.
Élément du latin signifiant « poisson ». *Pisciculture.*

piscicole adj.
Relatif à la pisciculture.
Note.- Attention à l'orthographe : pi**sc**icole.

pisciculteur n. m.
piscicultrice n. f.
Personne qui fait l'élevage des poissons.
Note.- Attention à l'orthographe : pi**sc**iculteur.

pisciculture n. f.
Élevage des poissons.
Note.- Attention à l'orthographe : pi**sc**iculture.

piscine n. f.
Bassin de natation. *Faire creuser une piscine.*
Note.- Attention à l'orthographe : pi**sc**ine.

pissaladière n. f.
Tarte niçoise garnie de tomates, d'anchois et d'olives noires.

pissenlit n. m.
Plante vivace à fleurs jaunes.
Note.- Attention à l'orthographe : pi**ss**enli**t**.

pisser v. tr., intr.
- (Pop.) Laisser échapper un liquide. *Le blessé pisse le sang.*
- (Vulg.) Uriner.

pisse-vinaigre n. m. inv.
Personne morose, portée à la critique. *Des pisse-vinaigre détestables.*

pistache adj. inv. et n. f.
- **Adjectif de couleur invariable.** De la couleur vert pâle de la pistache. *Des gants pistache, une écharpe vert pistache.*
V. Tableau - **COULEUR (ADJECTIFS DE).**
- **Nom féminin.** Graine verdâtre du pistachier. *De la glace aux pistaches.*

pistachier n. m.
Plante dont le fruit contient les pistaches.

piste n. f.
- Trace. *Trouver la piste du lièvre.*

• Indice qui guide la recherche. *Les policiers ont une piste. Brouiller les pistes.*
• Voie aménagée pour les avions. *Une piste d'atterrissage.*
• *Piste cyclable.* Voie réservée aux cyclistes.

pistil n. m.
• Le *l* se prononce [pistil].
• Parties femelles d'une fleur.

pistolet n. m.
• Arme à feu à canon court.
• (Fig.) Personne bizarre. *C'est un drôle de pistolet.*
Note.- Attention à l'orthographe : pistol*et*.

piston n. m.
• Pièce cylindrique d'une pompe, d'un moteur à explosion, d'un instrument de musique.
• (Fig.) Influence. *Il a obtenu ce poste par piston.*

pistonner v. tr.
(Fam.) Recommander un candidat à une place par piston.

pistou n. m.
Soupe au pistou. Potage provençal aromatisé au basilic et à l'ail.

pitchpin n. m.
Pin d'Amérique du Nord dont le bois est employé en ébénisterie.

piteusement adv.
Lamentablement, d'un air piteux.

piteux, euse adj.
• Médiocre. *De piteux résultats.*
• Déconfit. *Une mine piteuse.*

pithécanthrope n. m.
Grand singe fossile.
Note.- Attention à l'orthographe : pit*h*écant*h*rope.

-pithèque suff.
Élément du grec signifiant « singe ». *Australopithèque.*

pithiviers n. m.
Pâtisserie feuilletée à la pâte d'amandes.
Note.- Attention à l'orthographe : pit*h*iviers*.*

pitié n. f.
• Sympathie pour la douleur d'autrui.
• *Faire pitié.* Inspirer la compassion.
• *Avoir pitié de quelqu'un.* Plaindre quelqu'un.
Note.- Ne pas confondre avec le nom *piété*, dévotion religieuse.

piton n. m.
• Clou dont la tête est en forme d'anneau.
• Sommet d'une montagne isolée. *Des pitons rocheux.*
Hom. *python,* serpent.

pitonner v. intr.
(Alpin.) Planter des pitons.

pitoyable adj.
• Qui excite la pitié.
• (Fig.) Navrant, mauvais. *Des résultats pitoyables.*

pitoyablement adv.
D'une manière pitoyable, mauvaise.

pitre n. m.
Bouffon. *Arrête de faire le pitre !*

pitrerie n. f.
Bouffonnerie.

pittoresque adj.
Qui frappe, charme par son originalité. *Les pittoresques auberges anglaises.*
Note.- Attention à l'orthographe : pi*tt*oresque.

pittoresquement adv.
D'une manière pittoresque, originale.
Note.- Attention à l'orthographe : pi*tt*oresquement.

pivert ou **pic-vert** n. m.
Oiseau à plumage vert.

pivoine n. f.
Arbuste à fleurs volumineuses très odorantes.

pivot n. m.
• Axe. *Le pivot d'un levier.*
• Élément clef. *L'entrepreneur est un des pivots de l'activité économique.*
Note.- Attention à l'orthographe : pivo*t*.

pivoter v. intr.
Tourner sur un pivot ou comme sur un pivot.
Note.- Attention à l'orthographe : pivo*t*er.

pixel n. m.
(Inform.) Plus petite surface homogène constitutive d'une image enregistrée par un système informatique. *Le nombre de pixels définit la précision de l'image.*
Note.- Ce nom provient de l'abréviation de « picture element » et a fait l'objet d'une recommandation officielle.
Syn. **point image.**

pizza n. f.
• Les lettres *zz* se prononcent *dz* [pidza].
• Plat italien ressemblant à une tarte garnie de tomates, olives, fromage, etc. *Des pizzas succulentes.*

pizzeria n. f.
• Les lettres *zz* se prononcent *dz* et le *e* se prononce *é* [pidzerja].
• Restaurant où l'on sert des pizzas. *Des pizzerias en vogue.*
Note.- Attention à l'orthographe : pizz*e*ria, sans accent.

p. j.
Abréviation de *pièce jointe.*

placage n. m.
Revêtement. *Un placage de chêne.*
Note.- Attention à l'orthographe : pla*c*age.
Hom. *plaquage,* action de plaquer, dans la langue des sports.

placard n. m.
• Armoire aménagée dans un mur.
• *Placard publicitaire.* Dans un journal, grande annonce publicitaire.

placarder v. tr.
Coller un imprimé, une affiche, etc. sur un mur. *Ils ont placardé des affiches électorales sur tous les murs.*

place n. f.
● Endroit, lieu. *Une place pour chaque chose, chaque chose à sa place.*
● Espace découvert de grande surface, environné de bâtiments et qui est propice aux rencontres et à l'animation. *La place publique. La place Furstenberg, la place de la Concorde, la place Royale.*
Note.- Les noms génériques de monuments, de squares, d'odonymes s'écrivent avec une minuscule.
● Emploi, rang dans une hiérarchie. *La place d'honneur.*
● **Locutions**
- *À la place de.* Au lieu de.
- *En place.* À la place qui doit être occupée. *Mettre les couverts en place.*
- *En place.* Titulaire d'une autorité, qui jouit de la considération. *Les cadres en place.*
- *Remettre quelqu'un à sa place.* Le rappeler à l'ordre.
- *De place en place.* Par-ci, par-là.
- *Par places.* Par endroits.
- *Faire du sur place.* Rester immobile. *Il fait du sur place.*
Note.- L'expression peut aussi s'écrire avec un trait d'union ou en un seul mot. *Faire du sur-place, du surplace.*
- *Ne pas tenir en place.* Bouger constamment. *Les enfants ne tiennent pas en place.*
Note.- Dans cette expression, le nom s'écrit au singulier.
- *Faire place.* Céder sa place, être remplacé par. *L'hiver fait place au printemps.*

placebo n. m.
● Le *e* se prononce *é* [plasebo].
● Médicament fictif. *Des placebos.*
Note.- Attention à l'orthographe : pla*ce*bo, sans accent sur le *e.*

placement n. m.
Affectation d'une somme d'argent à l'achat de valeurs mobilières ou immobilières en vue d'en tirer profit. *Il a fait de mauvais placements et a perdu beaucoup d'argent en octobre 1987.*
Note.- Par rapport au mot *placement*, le terme *investissement* désigne particulièrement l'acquisition de moyens de production.

placenta n. m.
● Les lettres *en* se prononcent *in* [plasɛ̃ta].
● Organe reliant l'embryon à l'utérus maternel. *Des placentas.*

placentaire adj. et n. m. pl.
● Les lettres *en* se prononcent *in* [plasɛ̃tɛr].
● Relatif au placenta.

placer v. tr., pronom.
● Le *c* prend une cédille devant les lettres *a* et *o. Il plaça, nous plaçons.*
● **Transitif**
- Mettre dans un lieu, à une place. *Placer ses invités à table.*
- Assigner un rang, situer. *Elle place ses enfants au-dessus de tout.*

- Faire un placement. *Il a placé son argent en obligations.*
● **Pronominal**
Prendre une place, un rang. *Ils se sont placés en tête des participants.*

placide adj.
Flegmatique, paisible.

placidement adv.
D'une manière placide.

placidité n. f.
Flegme.

plafond n. m.
● Surface plane formant la partie supérieure d'un lieu couvert. *Un plafond décoré de moulures dorées.*
● Limite supérieure, spatiale ou temporelle. *Le plafond est trop bas aujourd'hui pour voler. Le plafond des cotisations à la Sécurité sociale.*
● *Prix plafond.* Prix maximal. *Des prix plafonds.*
Note.- L'expression s'écrit sans trait d'union et prend la marque du pluriel aux deux éléments.

plafonnement n. m.
Action de fixer un maximum qui ne peut être dépassé. *Le plafonnement des prix.*
Note.- Attention à l'orthographe : plafo*nn*ement.

plafonner v. intr.
Atteindre un plafond. *Les profits plafonnent.*

plafonnier n. m.
Appareil d'éclairage fixé au plafond.
Note.- Ne pas confondre avec les mots suivants :
- *applique*, appareil d'éclairage fixé au mur ;
- *lampe*, appareil d'éclairage muni d'un pied, d'une base ;
- *luminaire*, appareil d'éclairage (terme générique) ;
- *suspension*, appareil d'éclairage suspendu au plafond.

plage n. f.
● Rive d'une étendue d'eau, d'un cours d'eau. *Une plage de sable, de galets.*
● Période de temps. *Des plages horaires dans une grille de programmes de radio.*
● Espace gravé d'un disque. *Ce microsillon comporte quatre plages par face.*

plagiat n. m.
Action de plagier.
Note.- Attention à l'orthographe : plagia*t.*

plagier v. tr.
● Redoublement du *i* à la première et à la deuxième personne du pluriel de l'indicatif imparfait et du subjonctif présent. *(Que) nous plagiions, (que) vous plagiiez.*
● Copier une œuvre (littérature, musicale, etc.).

plaid n. m.
● Le *d* se prononce [plɛd].
● Couverture de lainage écossais.
Note.- Ne pas confondre avec le mot *tartan* qui désigne une étoffe écossaise. *Une jupe de tartan.*

plaider v. tr., intr.
● **Transitif**
Justifier par des raisons, des excuses. *Il a plaidé le découragement, la légitime défense.*
● **Intransitif**
- Défendre une cause devant la justice. *L'avocat a plaidé pour lui.*
- (Fig.) Témoigner en faveur de. *Son travail acharné plaide en sa faveur.*

plaideur, euse n. m. et f.
Personne qui plaide.

plaidoirie n. f.
Action de plaider.
Note.- Attention à l'orthographe : plaid*oi*rie.

plaidoyer n. m.
Discours d'un avocat.
Note.- Ne pas confondre avec les mots suivants :
- *allocution*, petit discours familier ;
- *discours*, exposé d'idées d'une certaine longueur ;
- *sermon, prêche*, discours d'un prédicateur.

plaie n. f.
● Blessure. *Une plaie superficielle.*
● *Retourner le fer dans la plaie.* Raviver la souffrance, le chagrin de quelqu'un.

plaignant, ante adj. et n. m. et f.
(Dr.) Personne qui se plaint en justice, demandeur.

plain-pied (de) loc. adv.
● Au même niveau. *La terrasse est de plain-pied avec la salle à manger.*
● Sur le même plan. *Chacun dans leur domaine, ils travaillent de plain-pied.*
Note.- Attention à l'orthographe : pl*ain*-pied.

plaindre v. tr., pronom.
● *Je plains, tu plains, il plaint, nous plaignons, vous plaignez, ils plaignent. Je plaignais, tu plaignais, il plaignait, nous plaignions, vous plaigniez, ils plaignaient. Je plaignis. Je plaindrai. Je plaindrais. Plains, plaignons, plaignez. Que je plaigne, que tu plaignes, qu'il plaigne, que nous plaignions, que vous plaigniez, qu'ils plaignent. Que je plaignisse. Plaignant. Plaint, plainte.*
● Les lettres *gn* sont suivies d'un *i* à la première et à la deuxième personne du pluriel de l'indicatif imparfait et du subjonctif présent. *(Que) nous plaignions, (que) vous plaigniez.*
● **Transitif.** Avoir de la compassion, de la pitié pour quelqu'un. *Elle plaint ces enfants abandonnés.*
● **Pronominal.** Exprimer son mécontentement. *Ils se sont plaints de discrimination.*
Notes.-
1° Le verbe *se plaindre* suivi de *que* se construit généralement avec le subjonctif. *Elle se plaint qu'on l'ait ignorée.*
2° Le participe passé s'accorde avec le sujet du verbe. *Ils s'étaient plaints du retard.*

plaine n. f.
Étendue plate.

plainte n. f.
● Lamentation.

● Expression du mécontentement d'une personne, d'un groupe. *Faire une plainte au propriétaire d'un immeuble.*
● *Porter plainte.* Déposer une plainte contre quelqu'un auprès d'une autorité.
Hom. *plinthe*, moulure.

plaintif, ive adj.
Gémissant. *Un ton plaintif.*

plaintivement adv.
Avec un ton plaintif.

plaire v. tr. ind., intr., pronom.
● *Je plais, tu plais, il plaît, nous plaisons, vous plaisez, ils plaisent. Je plaisais. Je plus. Je plairai. Je plairais. Plais, plaisons, plaisez. Que je plaise. Que je plusse. Plaisant. Plu.*
● Attention à l'accent circonflexe de la troisième personne du singulier, *il plaît.*
● **Transitif indirect**
Être agréable, être une source de plaisir. *Cette jeune fille me plaît beaucoup. Cette idée lui plaît.*
● **Intransitif**
Susciter de l'attrait. *Cet auteur plaît beaucoup.*
● **Impersonnel**
- *Il (me, te, etc.) plaît de*. Il (m', t', etc.) est agréable. *Il lui plaît de venir.*
Note.- Cette construction est de style soutenu ; dans la langue courante, on emploie plutôt *ça me plaît.*
- *S'il vous plaît* (abréviation *S.V.P.*). Formule de politesse accompagnant une demande.
- *Plaît-il ?* (Vx) Pardon ?
● **Pronominal**
- S'aimer l'un l'autre. *Ils se sont plu tout de suite.*
- Trouver du plaisir à. *Ils se plaisent dans cet endroit.*
- **Se plaire** + infinitif. Prendre plaisir à faire quelque chose. *Elle se plaît à lire.*
Note.- Cette construction est de niveau littéraire.

plaisamment adv.
De façon plaisante, agréable.
Note.- Attention à l'orthographe : plaisa*mm*ent.

plaisance n. f.
Navigation de plaisance. Que l'on pratique pour son agrément.

plaisant, ante adj. et n. m.
● **Adjectif**
- Qui plaît, agréable. *Un lieu plaisant.*
- Amusant.
● **Nom masculin**
Mauvais plaisant. Personne qui fait une plaisanterie désagréable. *Des mauvais plaisants.*

plaisanter v. tr., intr.
● **Transitif.** Taquiner, se moquer gentiment de quelqu'un. *Il plaisante toujours sa petite sœur.*
● **Intransitif.** Blaguer. *Elle est souvent en train de plaisanter : elle n'est pas très sérieuse.*

plaisanterie n. f.
Blague, farce.

plaisantin adj. m. et n. m.
Blagueur.

plaisir n. m.
• Sensation agréable. *Ce fut un plaisir.*
Note.- Ne pas confondre avec les mots suivants :
- **bonheur**, état moral de plénitude qui comporte une idée de durée ;
- **gaieté**, bonne disposition de l'humeur ;
- **joie**, émotion profonde et agréable, souvent courte et passagère.
• **Locutions**
- **À plaisir.** (Litt.) En y prenant plaisir, à volonté.
- **Au plaisir!** (Pop.) Formule d'adieu.
- **Avec plaisir.** Formule de politesse marquant une acceptation.
- **Par plaisir.** Pour s'amuser.
- **Selon son bon plaisir.** Selon sa volonté, ses désirs.

plan, plane adj.
Plat. *Une surface plane.*

plan n. m.
• Surface plane. *Un plan incliné.*
• **Locutions**
- **Sur tous les plans.** À tous les égards.
- **Sur le plan de.** Au point de vue de. *Sur le plan de la technique, il est irréprochable.*
- **Rester en plan.** Être abandonné.
- **Au premier plan.** Qui vient en premier lieu. *Cette question est au premier plan des discussions.*
- **À l'arrière-plan.** Au dernier rang.
Note.- La locution s'écrit avec un trait d'union.
• Représentation d'une ville, d'un réseau de communications. *Le plan de Paris, le plan du métro.*
Note.- Ne pas confondre avec le mot *carte* qui désigne une représentation à échelle réduite d'une partie de la surface de la Terre.
• Suite ordonnée d'actions en vue de l'atteinte d'un objectif. *Un plan stratégique, un plan d'action.*
Hom. **plant**, végétal.

planche n. f.
• Pièce de bois peu épaisse, plus longue que large dont on se sert en menuiserie. *Des planches de pin.*
• **Planche de salut.** Moyen ultime.
• Surface de bois destinée à un usage particulier. *Une planche à repasser, une planche à dessin.*
• (Au plur.) Théâtre. *Monter sur les planches.*
• Illustration. *Cette encyclopédie comporte des planches en couleurs.*
• **Planche à voile.** Planche munie d'un mât, d'une dérive et d'une voile que l'on fait avancer sur l'eau.
• **Planche à roulettes.** Planche montée sur quatre roues, sur laquelle on se déplace.

plancher n. m.
• Sol d'une pièce, séparation entre deux étages. *Un plancher de chêne.*
• Limite inférieure. *Des prix planchers.*

planchette n. f.
Petite planche.
Note.- Attention à l'orthographe : planche**tt**e.

plancton n. m.
• Le *c* se prononce [plăktɔ̃].

• Ensemble des organismes microscopiques en suspension dans l'eau de mer ou dans l'eau douce.
Note.- Attention à l'orthographe : pla**n**cton.

planer v. tr., intr.
• **Transitif**
Aplanir. *Planer une surface.*
• **Intransitif**
- Voler sans remuer les ailes, en parlant d'un oiseau ; voler sans l'aide des moteurs, en parlant d'un avion.
- (Fig.) Flotter. *Une menace planait.*

planétaire adj.
Qui concerne les planètes. *Le système planétaire.*
Note.- Attention à l'orthographe : plan**é**taire.

planétarium n. m.
Endroit où l'on recrée sur une voûte hémisphérique les mouvements des astres. *Des planétariums.*
Note.- Attention à l'orthographe : plan**é**tarium.

planète n. f.
Corps céleste qui tourne autour du Soleil.
Note.- Les noms de planètes, de constellations, d'étoiles s'écrivent avec une majuscule. *La Galaxie, Mercure, Saturne, etc.*
V. **astre**.

planeur n. m.
Avion léger sans moteur, apte à planer.

planificateur, trice adj. et n. m. et f.
• **Adjectif.** Qui est relatif à la planification. *Des études planificatrices.*
• **Nom masculin et féminin.** Spécialiste de la planification.

planification n. f.
Action de planifier. *De la planification à long terme.*

planifier v. tr.
• Redoublement du *i* à la première et à la deuxième personne du pluriel de l'indicatif imparfait et du subjonctif présent. *(Que) nous planifiions, (que) vous planifiiez.*
• Établir un plan comportant les objectifs à atteindre et les moyens à mettre en œuvre pour y parvenir.

planning n. m.
• Attention à la prononciation [planiŋ].
• (Anglicisme) Planification, programme, plan de production.

planque n. f.
• (Fam.) Cachette.
• (Fig.) Travail facile et bien rémunéré.

planquer v. tr., pronom.
• **Transitif.** (Fam.) Mettre à l'abri quelqu'un, quelque chose.
• **Pronominal.** (Fam.) Se cacher.

plant n. m.
Végétal issu d'un semis et qui est destiné au repiquage. *Des plants de tomates, de framboises.*
Hom. **plan**, surface plane.

plantain n. m.
Plante dont on nourrit les petits oiseaux.

plantaire adj.
Relatif à la plante du pied.
Notes.-
1° Attention à l'orthographe : plant*aire*.
2° Cet adjectif conserve la même forme au masculin et au féminin : plant*aire*.

plantation n. f.
• Action de planter. *La plantation d'un conifère.*
• Terrain planté d'arbres, souvent d'une espèce particulière. *Une érablière est une plantation d'érables.*
• Exploitation agricole des pays tropicaux.

plante n. f.
• Végétal. *Les arbres, les arbustes, les herbes sont des plantes.*
• Partie du pied de l'homme et de certains animaux. *La plante des pieds.*

planter v. tr., pronom.
• **Transitif**
- Mettre en terre des graines ou des plants. *Planter des choux.*
Note.- Ne pas confondre avec les verbes suivants :
- *ensemencer* ou *semer*, jeter de la semence en terre ;
- *repiquer*, mettre en terre des plantes.
- Enfoncer quelque chose dans une matière plus ou moins dure. *Planter des clous.*
• **Pronominal**
- Se poster immobile devant quelqu'un. *Elle s'est plantée devant lui.*
- (Fam.) Subir un échec.

planteur n. m.
Agriculteur qui dirige une plantation tropicale.

planton n. m.
Soldat de service auprès d'un officier.
Note.- Attention à l'orthographe : pl*a*nton.

plantureusement adv.
En abondance.

plantureux, euse adj.
Abondant. *Un banquet plantureux, des formes plantureuses.*

plaquage n. m.
(Sports) Action de plaquer. *Ce joueur a été blessé lors d'un plaquage.*
Note. Attention à l'orthographe : pla*qu*age.
Hom. *placage,* revêtement.

plaque n. f.
• Feuille (de métal, de verre, etc.). *Une plaque de cuivre.*
• Pièce de métal portant des indications. *Une plaque d'immatriculation.*
• *Plaque tournante.* Centre important qui détermine une situation.

plaquer v. tr.
• Couvrir d'une couche de métal. *Des bijoux plaqués or.*
• Appliquer fortement. *Il l'a plaqué contre le mur. Le joueur a été plaqué au sol.*
• (Fam.) Abandonner. *Son petit ami l'a plaquée.*

plaquette n. f.
• Petite plaque.
• Petit livre de peu d'épaisseur. *Une plaquette de poèmes.*
Note.- Ne pas confondre avec les mots suivants :
- *fascicule*, partie d'un ouvrage qui paraît par fragments successifs ;
- *livre*, écrit reproduit à un certain nombre d'exemplaires ;
- *tome*, chacun des volumes d'un même écrit qui en comprend plusieurs.
• Élément du sang. *Les plaquettes sanguines.*

plasma n. m.
Partie liquide du sang.

plastic n. m.
Explosif.
Note.- Attention à l'orthographe : plasti*c*.
Hom. *plastique,* matière synthétique.

plasticage ou **plastiquage** n. m.
Attentat au plastic.

plasticité n. f.
• Souplesse.
• Qualité de ce qui est plastique.

plastie n. f.
Intervention de chirurgie plastique. *Une plastie des seins.*

plastifier v. tr.
• Redoublement du *i* à la première et à la deuxième personne du pluriel de l'indicatif imparfait et du subjonctif présent. *(Que) nous plastifiions, (que) vous plastifiiez.*
• Recouvrir de plastique. *Plastifier un tissu, une carte.*

plastiquage
V. **plasticage.**

plastique adj. et n. m. et f.
• **Adjectif**
- Relatif aux arts, à la beauté. *Les arts plastiques.*
- Malléable, propre à être modelé.
- *Chirurgie plastique.* Chirurgie destinée à restaurer, à donner de belles formes.
• **Nom masculin**
Matière synthétique qui peut être moulée. *Ce beurrier est en plastique.*
• **Nom féminin**
Beauté. *La plastique de ces gestes.*
Note.- Attention à la finale en *-que* au masculin et au féminin.
Hom. *plastic,* explosif.

plastiquer v. tr.
Faire exploser au plastic.

plastron n. m.
• Pièce matelassée qui couvre la poitrine.
• Partie avant de certains vêtements.

plat n. m.
• Récipient plat. *Un plat allant au four à micro-ondes.*
• Mets. *Un plat cuisiné, un plat de légumes, le plat du jour.*
• Partie plate de certaines choses. *Le plat de la main.*

• **À plat.** Horizontalement.
• **Être à plat.** Être dégonflé, en parlant d'un pneu.
• **Être à plat.** (Fig.) Être déprimé, épuisé, en parlant d'une personne.

plat, plate adj.
• Au masculin, le *t* est muet [pla].
• Qui présente une surface sans relief, généralement horizontale. *Des cheveux plats, un toit plat, des souliers plats.*
• Sans intérêt. *Ce qu'il dit est complètement plat.*
• Non gazeux. *De l'eau plate.*
Note.- Attention à l'orthographe : pla*t*, pla*te*.

platane n. m.
Grand arbre à la forme majestueuse. *Une allée bordée de platanes.*
Note.- Attention à l'orthographe : plata*n*e.

plateau n. m.
• Tablette plate. *Les plateaux d'une balance.*
• Surface plate sur laquelle on pose des verres, de la vaisselle, etc. *Un plateau de bois, un plateau à fromages.*
• Scène d'un théâtre.
• (Géogr.) Étendue de pays plate dont l'altitude est supérieure à celle des environs. *Un plateau calcaire.*

plate-bande n. f.
Espace de terre garni de fleurs, d'arbustes. *Des plates-bandes remplies de rosiers.*

platée n. f.
Contenu d'un plat.

plate-forme n. f.
• Surface plate. *Des plates-formes instables.*
• (Fig.) Programme d'un parti politique. *Une plate-forme électorale.*
Note.- Attention à l'orthographe : plate-forme.

platement adv.
Avec platitude.

platine adj. inv. et n. m. et f.
• **Adjectif de couleur invariable.** Blond très clair. *Des cheveux platine.*
V. Tableau - **COULEUR (ADJECTIFS DE).**
• **Nom masculin.** Métal précieux.
• **Nom féminin.** Plaque portante. *La platine d'un tourne-disques.*
Note.- Ne pas confondre avec le mot *patine* qui désigne un poli donné par le temps.

platiné, ée adj.
De la couleur du platine. *Une chevelure platinée.*

platiner v. tr.
Recouvrir de platine. *Platiner un métal.*

platitude n. f.
Caractère de ce qui est plat, sans intérêt. *La platitude d'un cours, d'un film, d'une remarque.*

platonique adj.
Se dit d'un sentiment pur et spirituel. *Un amour platonique.*

platoniquement adv.
D'une manière platonique.

plâtrage n. m.
Action de plâtrer.

plâtras n. m.
Matériaux de démolition.
Note.- Attention à l'orthographe : plâtra*s*.

plâtre n. m.
• Gypse employé pour faire des enduits, pour mouler des objets, pour immobiliser un membre fracturé.
• Moulage de plâtre. *Les plâtres néo-classiques sont très populaires.*
Note.- Attention à l'orthographe : plâtre.

plâtrer v. tr.
Enduire de plâtre. *Plâtrer une jambe fracturée.*
Note.- Attention à l'orthographe : plâtrer.

plâtrier n. m.
Personne qui travaille le plâtre.
Note.- Attention à l'orthographe : plâtrier.

plausibilité n. f.
Qualité de ce qui est plausible.
Note.- Attention à l'orthographe : pla*u*sibilité.

plausible adj.
Crédible.
Note.- Attention à l'orthographe : pla*u*sible.

plausiblement adv.
D'une manière plausible.
Note.- Attention à l'orthographe : pla*u*siblement.

play-back n. m. inv.
• Attention à la prononciation [plɛbak].
• (Anglicisme) Interprétation mimée accompagnant la diffusion, la reproduction d'un enregistrement sonore effectué préalablement.
Note.- Le nom *présonorisation* a fait l'objet d'une recommandation officielle pour remplacer cet anglicisme.

play-boy n. m.
(Anglicisme) Séducteur. *Des play-boys.*

plébiscite n. m.
Manifestation de la confiance d'un peuple au chef de l'État.
Note.- Attention à l'orthographe : plébi*sc*ite.

plébisciter v. tr.
Ratifier quelque chose, élire quelqu'un à une très forte majorité.

pléiade n. f.
Groupe de personnes formant une élite. *Une pléiade de pianistes.*
Notes.-
1° Attention à l'orthographe : pl*éia*de.
2° Ne pas confondre avec le mot *myriade* qui désigne un groupe nombreux.
3° Pour désigner le groupe de poètes français de la Renaissance ainsi que le groupe d'étoiles de la constellation du Taureau, le nom s'écrit avec une majuscule. *La Pléiade, les Pléiades.*

plein, pleine adj, n. m. et prép.

• **Adjectif**
- Rempli au complet. *Un plein panier de fruits.*

- Qui contient une grande quantité. *La rue est pleine de voitures. Une forêt pleine de gibier.*
- Entier. *La lune est pleine.*
- **En pleine mer.** Au large.
- **En plein soleil.** Par un soleil éclatant, sans nuage.
- **De plein gré.** Avec sa complète volonté.
- **À plein temps, à temps plein.** Pendant la durée légale de travail (39 heures par semaine).
- **De plein droit.** En toute légitimité.
• **Adverbe**
- **En plein.** Complètement.
- **À plein.** Pleinement.
- **Tout plein.** Beaucoup. *Il y avait tout plein de cadeaux autour de l'arbre de Noël.*
Note.- Pris adverbialement, le mot est toujours invariable.
• **Nom masculin**
- Caractère de ce qui est entier, complet.
- **Faire le plein.** Remplir un réservoir d'essence complètement.
- **Battre son plein.** Être à son point culminant.
• **Préposition**
Autant que la chose peut en contenir. *Il a des livres plein la maison, des sous plein les poches.*
Note.- Attention à l'orthographe : comme préposition, le mot est toujours invariable.

pleinement adv.
Entièrement.

plein(-)emploi n. m.
Situation économique d'un pays où il n'y a pas de chômage. *Le plein-emploi est-il une utopie ?*

plein-temps adj. inv. et n. m. inv.
Qui travaille à temps complet. *Des employés plein-temps. L'hôpital a recruté deux plein-temps.*
Note.- Par contre, l'expression **à plein temps** s'écrit sans trait d'union. *Il travaille à plein temps, à temps plein.*

plénier, ière adj.
• (Vx) Complet.
• Se dit d'une séance, d'une assemblée à laquelle tous les membres assistent. *Assemblée, réunion plénière.*

plénipotentiaire adj. et n. m.
Qui a les pleins pouvoirs de représentation diplomatique. *Un ministre plénipotentiaire.*
Note.- Attention à l'orthographe : plénipot**e**nti**ai**re.

plénitude n. f.
(Litt.) Totalité, intégrité. *La plénitude de ses forces.*

pléonasme n. m.

Répétition inutile de mots qui ont le même sens.
Note.- Certains pléonasmes sont intentionnels ; ils visent à accentuer une affirmation. *Je l'ai entendu de mes oreilles.* C'est le pléonasme involontaire qui est à éviter.
Voici quelques exemples de pléonasmes fautifs :
* ainsi par exemple ;   * comparer ensemble ;
* ajouter en plus ;   * hasard imprévu ;

* monopole exclusif ;   * première priorité ;
* panacée universelle ;   * prévoir à l'avance ;
* petite maisonnette ;   * redemander de nouveau ;
* pléonasme redondant ;   * tous sont unanimes.

pléonastique adj.
Qui constitue un pléonasme. *Une expression pléonastique.*

pléthore n. f.
Abondance, emploi excessif. *Dans ce texte publicitaire, il y a une pléthore de majuscules.*
Note.- Attention à l'orthographe : plét**h**ore.

pléthorique adj.
Abondant.

pleur n. m. (gén. pl.)
(Litt.) Larme. *Ce ne furent que pleurs et grincements de dents.*

pleurer v. tr., intr.
• **Transitif.** Déplorer. *Il pleure la perte d'un ami.*
• **Intransitif.** Répandre des larmes. *Elle pleure d'émotion, il pleure à chaudes larmes.*

pleurésie n. f.
Inflammation de la plèvre.

pleurnichard, arde adj. et n. m. et f.
Qui a un ton plaintif, qui pleure sans raison.

pleurnichement n. m. ou **pleurnicherie** n. f.
Action de pleurnicher.

pleurnicher v. intr.
Se lamenter, pleurer sans raison.

pleurote n. m.
Champignon comestible.
Note.- Attention à l'orthographe : pleuro**t**e.

pleutre adj. et n. m.
Lâche.

pleutrerie n. f.
Lâcheté.

pleuvoir v. impers., intr.
• Ce verbe ne se conjugue qu'à la troisième personne du singulier et du pluriel.
• *Il pleut, ils pleuvent. Il pleuvait, ils pleuvaient. Il plut, ils plurent. Il pleuvra, ils pleuvront. Il pleuvrait, ils pleuvraient. Qu'il pleuve, qu'ils pleuvent. Qu'il plût, qu'ils plussent. Pleuvant. Plu.* La forme impérative n'existe pas.
• **Impersonnel.** Tomber, en parlant de la pluie. *Il pleut à torrents, à verse.*
Note.- Attention à l'orthographe de l'expression **à verse** qui s'écrit en deux mots.
• **Intransitif.** (Fig.) Venir en abondance. *Les demandes pleuvent.*

plèvre n. f.
Enveloppe des poumons.

plexiglas n. m. (n. déposé)
• Le **s** se prononce [plɛksiglas].
• S'abrège familièrement en **plexi** (s'écrit sans point).

• Matière plastique employée comme verre de sécurité. *Une table de plexiglas.*
Notes.-
1° Attention à l'orthographe : plexigla**s**.
2° Ce nom est une marque déposée qui est passée dans l'usage et qui s'écrit maintenant avec une minuscule.

pli n. m.
• Double épaisseur d'une étoffe, d'un papier, etc. *Les plis d'une jupe.*
• Ondulation. *Les plis d'un drapé.*
• *Prendre un pli.* Acquérir une habitude. *Trop tard, le pli était déjà pris.*
• *Mise en plis.* Action de donner aux cheveux les ondulations désirées.
Note.- Dans cette expression, le nom se met au pluriel.
• *Faux pli.* Endroit où l'étoffe est froissée, mal ajustée.
• Enveloppe. *Un chèque envoyé sous pli cacheté.*
Hom. *plie,* poisson de mer dont la chair est appréciée.

pliage n. m.
Action de plier.

pliant, ante adj. et n. m.
• **Adjectif.** Qui se plie. *Des lits pliants.*
• **Nom masculin.** Siège sans bras ni dossier qu'on replie après usage.
Note.- Ne pas confondre avec le participe présent invariable *pliant. Tous les jours, on pouvait voir les campeurs pliant leurs tentes à cinq heures.*

plie n. f.
Poisson de mer dont la chair est appréciée.
Hom. *pli,* double épaisseur de papier, d'étoffe.

plier v. tr., intr., pronom.
• Redoublement du *i* à la première et la deuxième personne du pluriel de l'indicatif imparfait et du subjonctif présent. *(Que) nous pliions, (que) vous pliiez.*
• **Transitif**
- Faire un pli. *Plier un papier en deux.*
- Incliner, fléchir. *Plier le bras.*
- Rapprocher les unes des autres les parties de. *Plier une chaise.*
- *Plier bagage.* Partir.
Note.- Le nom s'écrit au singulier dans cette expression.
• **Intransitif**
S'affaisser, se courber. *Les branches plient sous le poids des pommes.*
• **Pronominal**
Se soumettre à quelqu'un, quelque chose. *Ils se sont pliés à ces exigences.*

plinthe n. f.
Saillie au bas d'un mur.
Note.- Attention à l'orthographe : plin**th**e.
Hom. *plainte,* lamentation.

plissage n. m.
Action de plisser. *Le plissage d'une étoffe.*

plisser v. tr., intr.
• **Transitif**. Marquer de plis. *Une jupe plissée.*
• **Intransitif**. Avoir des plis.

plomb n. m.
• Symbole *Pb* (s'écrit sans point).
• Métal d'un gris bleuâtre.
• *Sommeil de plomb.* Sommeil très profond.
Note.- Attention à l'orthographe : plom**b**.

plombage n. m.
Action de recouvrir de plomb.

plomber v. tr.
Appliquer du plomb à quelque chose. *Plomber une dent.*

plomberie n. f.
• Travail d'installation des conduites d'eau, de gaz d'une maison, d'un bâtiment.
• Canalisations. *Réparer la plomberie.*

plombier n. m.
Ouvrier qui exécute des travaux de plomberie.

plongeant, ante adj.
Qui va profondément. *Des décolletés plongeants.*

plongée n. f.
Action de plonger sous l'eau.

plongeoir n. m.
Tremplin

plongeon n. m.
Action de sauter dans l'eau.

plonger v. tr., intr., pronom.
• Le *g* est suivi d'un *e* devant les lettres *a* et *o. Il plongea, nous plongeons.*
• **Transitif**. Immerger. *Plonger un récipient dans l'eau.*
• **Intransitif**. Sauter dans l'eau. *Elle plongea du tremplin.*
• **Pronominal**. S'absorber dans une activité. *Il s'était plongé dans son travail.*

plongeur n. m.
plongeuse n. f.
• Personne qui pratique la plongée sous-marine.
Note.- Ce nom tend à remplacer *homme-grenouille.*
• Personne qui plonge d'un tremplin. *C'est une excellente plongeuse.*
• Personne qui lave la vaisselle dans un restaurant.

ployer v. tr., intr.
• Le *y* se change en *i* devant un *e* muet. *Il ploie, il ploiera.*
• Le *y* est suivi d'un *i* à la première et à la deuxième personne du pluriel de l'indicatif imparfait et du subjonctif présent. *(Que) nous ployions, (que) vous ployiez.*
• (Litt.) Fléchir, plier. *Le saule ploie sous la lourdeur de ses branches.*

pluie n. f.
Eau qui tombe par gouttes du ciel. *Une pluie diluvienne.*

plumage n. m.
Ensemble des plumes d'un oiseau.

plume n. f.
• Production cutanée des oiseaux. *Des plumes d'autruche. Un oreiller de plumes ou de plume.*

Note.- Le nom se met au pluriel ou au singulier selon qu'il est envisagé de façon singulière ou collective.
• **Instrument pour écrire.** *Une plume d'oie et un peu d'encre.*
• (Litt.) Style d'un auteur. *Il a une belle plume.*

plumeau n. m.
Petit balai pour l'époussetage. *Des plumeaux.*

plumer v. tr.
Arracher les plumes d'un oiseau.

plumetis n. m.
Broderie.
Note.- Attention à l'orthographe : plumeti**s**.

plumier n. m.
Étui destiné à recevoir les crayons, les stylos, etc.

plum-pudding n. m.
• Le premier *u* se prononce *ou* ou *o* et le deuxième se prononce *ou*, [plumpudiŋ] ou [plɔmpudiŋ].
• Gâteau aux fruits à l'anglaise. *Des plum-puddings.*

plupart (la) n. f.
• Le plus grand nombre de personnes, la majorité.
• **La plupart, sans complément.** Le verbe se met au **pluriel** quand le nom est construit absolument et le participe passé s'accorde avec le complément sous-entendu. *La plupart seront retenus.*
• **La plupart + complément au pluriel.** Le verbe se met au **pluriel** quand le collectif est suivi d'un complément au pluriel et le participe passé s'accorde avec le complément. *La plupart des électeurs se sont inscrits.*
• **La plupart + d'entre nous, d'entre vous.** Le verbe se met à la troisième personne du pluriel et le participe passé s'accorde avec le complément pluriel. *La plupart d'entre nous ont été retenus.*
V. Tableau - **COLLECTIF.**

plural, ale, aux adj.
Qui concerne plusieurs unités. *Des votes pluraux.*

pluralisme n. m.
Régime politique composé de plusieurs partis, plusieurs tendances.

pluralité n. f.
• Multiplicité. *La pluralité des données.*
• Majorité. *À la pluralité des votes.*

pluri- préf.
• Élément du latin signifiant « plusieurs ».
• Les mots composés avec le préfixe *pluri-* s'écrivent en un seul mot. *Pluridisciplinaire, plurianuel.*

plurianuel, elle adj.
Qui dure plusieurs années.

pluridisciplinaire adj.
Qui concerne plusieurs disciplines, plusieurs domaines. *Un groupe pluridisciplinaire.*
Notes.-
1° Attention à l'orthographe de cet adjectif qui conserve la même forme au masculin et au féminin : pluridisciplin**aire**.
2° Ne pas confondre avec l'adjectif *disciplinaire* qui se rapporte à la discipline, aux sanctions. *Des mesures disciplinaires.*

pluriel, elle adj. et n. m.
• **Adjectif.** Qui exprime la pluralité. *Une forme plurielle.*
• **Nom masculin.** Forme d'un mot qui marque la pluralité, la multiplicité. *Il y a deux nombres en français : le singulier et le pluriel.*
V. Tableau - **PLURIEL DES ADJECTIFS.**
V. Tableau - **PLURIEL DES NOMS.**

plurilingue adj. et n. m. et f.
Qui parle plusieurs langues.
Syn. **polyglotte.**

plus adv. et n. m.

• **Prononciation**
- Le *s* ne se prononce généralement pas [ply] ; devant une voyelle ou un *h* muet toutefois, le *s* se prononce en liaison. *Plus on donne. Il est plus honnête que son ami.*
Note.- En mathématiques, ainsi que dans l'emploi comme substantif, le *s* se prononce toujours. *Deux plus* [plys] *deux. Un plus et un moins.*
• **Comparatif de supériorité**
À un plus haut degré, davantage. *Elle est plus grande que son amie.*
• **Superlatif relatif**
- Au plus haut degré. *Il est le plus gentil du monde.*
- *Le plus que.* C'est la solution la plus intéressante que nous puissions imaginer.*
Note.- Le verbe se met généralement au subjonctif ; on peut employer l'indicatif si l'on veut marquer davantage la réalité que la possibilité. *C'est la solution la plus intéressante que nous avons trouvée.*
• **Adverbe**
- *Ne ... plus.* Avec la négation, l'adverbe marque la cessation d'une action, d'un état. *Nous n'irons plus au bois.*
- Marque une addition, une quantité. *Deux tomates plus un concombre.*
• **Nom masculin**
- Signe de l'addition. *Remplacer un plus par un moins.*
- La plus grande quantité. *Le plus que nous puissions espérer.*
• **Locutions**
- *Des plus + adjectif.* Parmi les plus. *Une personne des plus aimables.*
Notes.-
1° L'adjectif ou le participe qui suit *des plus*, se met au pluriel et s'accorde en genre avec le sujet déterminé. *Cette animatrice est des plus compétentes. Un véhicule des plus résistants.*
2° Si le sujet est indéterminé, l'adjectif ou le participe restent invariables. *Acheter ces titres miniers est des plus spéculatif.*
- *Plus d'un*, locution pronominale. Ce collectif est généralement suivi d'un verbe au singulier. *Plus d'un fut tenté, plus d'un candidat est tombé dans le piège.*
- *De plus en plus*, locution adverbiale. Toujours davantage.
- *Qui plus est*, locution adverbiale. En outre.
- *Tout au plus*, locution adverbiale. Pas davantage que.

PLURIEL DES ADJECTIFS

L'adjectif s'accorde en genre et en nombre avec le mot auquel il se rapporte.

RÈGLE GÉNÉRALE

Le pluriel des adjectifs se forme en ajoutant un **s** au singulier.
> *Un enfant sage, des enfants sages.*

Les adjectifs terminés au singulier par **-s** ou **-x** sont invariables.
> *Des pains frais, des preux chevaliers.*

Les adjectifs terminés au singulier par **-eau** font **-eaux** au pluriel.
> *Un beau papier, de beaux papiers.*

Les adjectifs terminés au singulier par **-al** font **-aux** au pluriel.
> *Un ami loyal, des amis loyaux.*

QUELQUES EXCEPTIONS :

banal, banals (au sens de ***ordinaire***)	jovial, jovials ou joviaux
bancal, bancals	marial, marials ou mariaux
boréal, boréals ou boréaux	natal, natals
fatal, fatals	naval, navals
final, finals ou finaux	pascal, pascals ou pascaux
glacial, glacials ou glaciaux	prénatal, prénatals ou prénataux.

PLURIEL DES ADJECTIFS DE COULEUR
V. Tableau - **COULEUR (ADJECTIFS DE).**

- ***D'autant plus ... que***, locution conjonctive. Encore plus.
Note.- Cette locution se construit avec l'indicatif ou le conditionnel. *Il est d'autant plus apprécié qu'il est compétent et juste.*
- ***Ni plus, ni moins.*** Exactement.
- ***On ne peut plus.*** Extrêmement.

plusieurs adj. indéf., pron. indéf.
• **Adjectif indéfini.** Un certain nombre. *J'ai acheté plusieurs fruits.*
• **Pronom indéfini.** Un certain nombre de personnes. *Plusieurs sont en voyage.*
Note.- L'adjectif ou le pronom ***plusieurs*** est toujours au pluriel et conserve la même forme au masculin et au féminin.

plus-que-parfait n. m.
• **Le s** se prononce [plyskəparfɛ].
• **Le plus-que-parfait de l'indicatif** exprime :
- un fait ponctuel ou habituel qui a précédé un fait passé. *Le spectacle était terminé quand nous arrivâmes.*

Il avait neigé toute la journée quand nous avons quitté la ville.
- un fait hypothétique. *Ah ! si j'avais su, j'aurais procédé autrement.*
• **Le plus-que-parfait du subjonctif**
L'emploi de ce temps relève surtout de la langue littéraire. *Nous ne pouvions poursuivre avant qu'il n'eût donné son point de vue.*

plus-value n. f.
(Écon.) Augmentation de la valeur d'une chose. *Des plus-values intéressantes.*
Note.- Attention à l'orthographe : plus-valu**e**.
Ant. **moins-value.**

plutôt adv.
• De préférence. *Elle a opté plutôt pour des vacances à la mer.*
Note.- Le verbe se met au singulier avec deux sujets coordonnés par ***plutôt que.*** *L'ennui, plutôt que la maladie, a eu raison d'elle.*
• (Fam.) Assez. *Il est plutôt rapide.*

PLURIEL DES NOMS

Le nom se met au pluriel quand il désigne une pluralité d'êtres ou d'objets.

Note.- En français, la marque du pluriel ne s'inscrit qu'à compter de deux unités. *La somme s'élève à 1,5 million de lires, à 2,5 milliers de francs.*

Règle générale

- Le pluriel des noms se forme en ajoutant un **s** au singulier.
  Un arbre, des arbres.

- Les noms terminés au singulier par **-s, -x, -z** sont invariables.
  Un refus, des refus,
  un prix, des prix,
  un nez, des nez.

- Les noms terminés au singulier par **-al** font **-aux** au pluriel.
  Un cheval, des chevaux.

  EXCEPTIONS : **avals, bals, cals, carnavals, chacals, festivals, narvals, pals, récitals, régals...**

- Les noms terminés au singulier par **-eau, -au, -eu** font **-eaux, -aux, -eux** au pluriel.
  Une eau, des eaux,
  un tuyau, des tuyaux,
  un feu, des feux.

  EXCEPTIONS : **landaus, sarraus, bleus, pneus...**

- Les noms terminés au singulier par **-ail** font **-ails** au pluriel.
  Un détail, des détails.

  EXCEPTIONS : **baux, coraux, émaux, soupiraux, travaux, vitraux...**

  Note.- Les mots **bercail, bétail** ne s'emploient pas au pluriel.

- Les noms terminés au singulier par **-ou** font **-ous** au pluriel.
  Un fou, des fous.

  EXCEPTIONS : **bijoux, cailloux, choux, genoux, hiboux, joujoux, poux...**

  Note.- Certains mots ont un pluriel double **aïeul, ciel, œil, travail** ; on consultera ces mots à leur entrée alphabétique.

PLURIEL DES NOMS COMPOSÉS

V. Tableau - **NOMS COMPOSÉS.**

PLURIEL DES NOMS PROPRES

- Les noms de peuples, de races, d'habitants de régions, de villes prennent la marque du pluriel. *Les Belges, les Noirs, les Bretons.*

- Les patronymes sont généralement invariables. *Les Fontaine sont invités.*

  Note.- Certains noms de familles royales, princières, illustres prennent parfois la marque du pluriel. *Les Bourbons, les Tudors.*

- Les noms propres devenus des noms communs prennent la marque du pluriel. *Des don Juans.*

- Les noms de marques commerciales sont invariables. *Des Peugeot, des Apple.*

  Note.- Les noms déposés passés dans l'usage sont devenus des noms communs qui prennent la marque du pluriel et s'écrivent avec une minuscule. *Des aspirines, des linoléums, des stencils.*

PLURIEL DES NOMS D'ORIGINE ÉTRANGÈRE

- Les noms étrangers sont invariables. *Des nota bene, des modus vivendi, des hold-up.*

  Note.- Certains noms étrangers gardent le pluriel de leur langue d'origine. *Errata, ladies.*

- Les noms d'origine étrangère francisés prennent la marque du pluriel. *Des agendas, des spaghettis.*

Note.- Dans la langue soutenue, on emploiera plutôt *passablement, un peu.*
• **Plutôt que, plutôt que de + infinitif.** Les deux constructions sont possibles. *Elle préfère partir plutôt que végéter, que de végéter.*
Hom. *plus tôt,* avant.

pluvial, iale, iaux adj.
Qui se rapporte à la pluie. *Des eaux pluviales, des canaux pluviaux.*

pluvieux, euse adj.
Abondant en pluie. *Un climat pluvieux, une saison pluvieuse.*

p.m.
Abréviation du latin « post meridiem ».
→ heure.

P.M.E.
Sigle de *petites et moyennes entreprises.*

P.N.B.
Sigle de *produit national brut.*

pneu n. m.
• Garniture caoutchoutée d'une roue de véhicule, de bicyclette, etc. *Des pneus radiaux, des pneus arrière.*
• Abréviation familière du nom *pneumatique.*

pneum(o)- préf.
• Élément du grec signifiant « poumon ».
• Les mots composés du préfixe *pneumo-* s'écrivent en un seul mot. *Pneumonie.*

pneumatique adj. et n. m.
• **Adjectif**
- Relatif à l'air.
- Qui fonctionne à l'air comprimé. *Un marteau pneumatique.*
- Qui se gonfle à l'air. *Un matelas pneumatique.*
• **Nom masculin**
- S'abrège familièrement en *pneu.*
- (Vx) Correspondance envoyée à l'aide d'un tube à air comprimé.

pneumocoque n. m.
Bactérie responsable d'infections (pneumonie, méningite, etc.).
Note.- Attention à l'orthographe : pneumo*coque.*

pneumologie n. f.
Partie de la médecine qui traite les maladies du poumon.

pneumologue n. m. et f.
Spécialiste de la pneumologie.

pneumonie n. f.
Inflammation du poumon.

poche n. f.
• Petit sac fixé à un vêtement. *Mettre les mains dans ses poches.*
• *Argent de poche.* Monnaie pour les menues dépenses.
• *Livre de poche.* Livre de format réduit et de prix abordable. *Des livres de poche.*
• Grand sac. *Une poche de farine.*

pocher v. tr.
• Meurtrir. *Pocher un œil à quelqu'un.*
• Cuire un œuf sans sa coquille dans l'eau bouillante. *Des œufs pochés.*

pochette n. f.
• Étui plat. *Une pochette de cuir, une pochette de disque.*
• Petit mouchoir. *Une cravate avec pochette assortie.*

pochoir n. m.
• Pièce découpée sur laquelle on frotte une brosse enduite d'encre, de couleur pour obtenir un dessin, un motif.
• Le dessin ainsi obtenu.

podium n. m.
Estrade sur laquelle montent les champions. *Des podiums. Monter sur le podium.*

podologie n. f.
Branche de la médecine qui traite les affections du pied.

podologue n. m. et f.
Médecin qui traite les affections du pied.
Note.- Ne pas confondre avec le *pédicure* qui est chargé des soins des pieds.

poêle n. m. et f.
• **Nom masculin.** Appareil de chauffage servant également à la cuisson. *Un poêle à bois.*
• **Nom féminin.** Ustensile de cuisine plat, à long manche.
Notes.-
1° Attention à l'orthographe : po**ê**le.
2° Ne pas confondre avec les mots suivants :
- *casserole,* récipient métallique muni d'un manche, parfois d'un couvercle ;
- *chaudron,* récipient assez profond à anse mobile ;
- *fait-tout* ou *faitout,* grand récipient à deux poignées muni d'un couvercle ;
- *poêlon,* casserole de métal, de terre allant au feu.

poêlée n. f.
Contenu d'une poêle.
Note.- Attention à l'orthographe : po**ê**lée.

poêler v. tr.
Passer à la poêle.
Note.- Attention à l'orthographe : po**ê**ler.

poêlon n. m.
Casserole de métal, de terre allant au feu.
Note.- Attention à l'orthographe : po**ê**lon.

poème n. m.
Œuvre poétique. *Un poème en vers, en prose.*
Note.- Attention à l'orthographe : po**è**me.

poésie n. f.
• Art du langage propre à exprimer des sensations, des sentiments, des idées à l'aide d'images, de sonorités et d'harmonie.
• Pièce de vers, petit poème. *Réciter une poésie.*
Note.- Attention à l'orthographe : po**é**sie.

poète n. m.
Auteur qui fait de la poésie.
Note.- Attention à l'orthographe : po**è**te.

poétesse n. f.
(Vx) Femme poète.
Note.- Attention à l'orthographe : po**é**tesse.

poétique adj.
Propre à la poésie.
Note.- Attention à l'orthographe : po**é**tique.

poétiquement adv.
D'une manière poétique.
Note.- Attention à l'orthographe : po**é**tiquement.

poids n. m.
• Masse. *Déterminer le poids d'un corps.*
• Mesure de la masse. *Le poids de ces pommes est de 1,5 kilogramme.*
• *Poids lourd.* Camion de fort tonnage destiné au transport des marchandises. *Des poids lourds.*
Note.- Attention à l'orthographe : poi**ds**.
Hom. :
- *pois*, plante grimpante cultivée pour ses graines ;
- *poix*, matière résineuse.

poignant, ante adj.
Émouvant. *Une œuvre poignante.*

poignard n. m.
Couteau à lame courte.

poignarder v. tr.
Blesser, tuer avec un poignard.

poigne n. f.
• Force du poignet.
• Autorité. *Ce contremaître a de la poigne.*

poignée n. f.
• Action de serrer la main de quelqu'un. *Une poignée de main, des poignées de main.*
• Quantité que la main peut contenir. *Une poignée de cheveux, de billes.*
• Petite quantité. *Une poignée de participants tenait bon ou tenaient bon.*
Note.- Après un nom collectif suivi d'un complément au pluriel, le verbe se met au singulier ou au pluriel suivant l'intention de l'auteur qui veut insister sur l'ensemble ou sur la pluralité.
V. Tableau - **COLLECTIF.**

poignet n. m.
• Articulation qui unit la main à l'avant-bras.
• Partie du vêtement qui recouvre le poignet.

poil n. m.
• Production de l'épiderme couvrant la peau. *Des poils roux.*
• Ensemble des poils. *Ce chien a un beau poil ras.*
• *À poil.* (Fam.) Nu.
• *Reprendre du poil de la bête.* Réagir, reprendre le dessus.
• *Au poil.* (Pop.) Parfaitement.

poilu, ue adj.
Qui a beaucoup de poils.

poinçon n. m.
Instrument à pointe.
Note.- Attention à l'orthographe : poin**ç**on.

poinçonnage ou **poinçonnement** n. m.
Action de poinçonner.

poinçonner v. tr.
• Marquer d'un poinçon. *Poinçonner une pièce de monnaie.*
• Perforer. *Le contrôleur poinçonna son billet.*

poinçonneur n. m.
poinçonneuse n. f.
Personne qui poinçonne.
Note.- Attention à l'orthographe : poin**ç**onneur.

poinçonneuse n. f.
Machine à perforer.
Note.- Attention à l'orthographe : poin**ç**onneuse.

poindre v. intr.
• Se conjugue comme *joindre.*
• (Litt.) Apparaître. *Le soleil commence à poindre.*

poing n. m.
• Main fermée. *Montrer le poing.*
• *Coup de poing. Des coups de poing.*
Note.- Dans cette expression, le mot *poing* s'écrit au singulier.
• *Dormir à poings fermés.* Dormir profondément.
• *Être pieds et poings liés.* Être réduit à l'inaction.
Note.- Attention à l'orthographe : poin**g**.
Hom. :
- *point*, petite portion d'étendue ;
- *point*, ne pas.

point adv. et n. m.

Nom masculin
• Petite portion d'étendue. *Un point d'intersection, un point de départ, un point de chute.*
- *Faire le point.* Déterminer la position d'un navire en mer et par extension, définir, analyser une situation.
- *Mise au point.* Réglage d'un appareil en vue d'obtenir une image très nette, et au figuré, clarification d'une question.
- *Point cardinal.*
V. Tableau - **POINTS CARDINAUX.**
• Signe en forme de petite marque ronde. *Le deux-points, le point-virgule, le point d'interrogation.*
V. Tableau - **PONCTUATION.**
- *Mettre les points sur les i.* Expliquer quelque chose, supprimer toute équivoque.
• Piqûre. *Faire quelques points à un vêtement. Un point de surjet.*
- *Point noir.* Nom familier du *comédon.*
• Degré. *Au point où nous en sommes.*
• **Locutions**
- *À point*, locution adverbiale. À propos. *Tout vient à point à qui sait attendre.*
- *À point*, locution adverbiale. Se dit d'un mode de cuisson des viandes entre saignant et cuit.
- *Jusqu'à un certain point*, locution adverbiale. Dans une certaine mesure.
- *À point nommé*, locution adverbiale. Au moment voulu.
- *Au dernier point*, locution adverbiale. Extrêmement.
- *En tout point*, locution adverbiale. Entièrement. *Ils sont identiques en tout point.*

Note.- Dans cette locution, le nom s'écrit au singulier.
- *En tous points*, locution adverbiale. Absolument, à tous les égards. *Je lui donne raison en tous points.*
Note.- Dans cette locution, le nom s'écrit au pluriel.
- *Au point que, à tel point que, à un point tel que*, locutions conjonctives. Si bien que, à un tel degré que.
Note.- La locution conjonctive est suivie du mode indicatif lorsque l'auteur veut marquer une certitude, un fait réel et que la proposition principale est affirmative. *Ils ont marché à tel point qu'ils ont eu des ampoules aux pieds.* La locution conjonctive est suivie du mode subjonctif lorsque la proposition principale est négative ou interrogative ou lorsque le résultat est incertain. *Il n'est pas à tel point idiot qu'il faille lui conseiller d'abandonner la partie.*
- *Point chaud.* Zone dangereuse. *Les points chauds à surveiller.*
- *Point de non-retour.* Étape où il n'est plus possible de revenir en arrière.
• Unité d'une échelle de grandeurs. *Ce parti a perdu trois points aux élections. Grâce à l'épreuve de gymnastique, il a quelques points d'avance à l'examen.*
- (Inform.) *Point image.*
Syn. **pixel**.

• (Typogr.) Hauteur ou épaisseur du caractère qui s'exprime en points.
V. **caractères typographiques**.
Adverbe
(Litt. ou vx) Pas. *Il n'y a point de vent aujourd'hui.*
Hom. *poing*, main fermée.

pointage n. m.
• Action de diriger une arme à feu vers un objectif. *Le pointage d'un revolver.*
• Action de cocher une liste en vue d'un contrôle.

point de vue n. m.
• Endroit d'où l'on découvre un paysage, une perspective intéressante. *Cette route de montagne comporte de beaux points de vue.*
• Le paysage même vu de cet endroit.
• (Fig.) Perspective, aspect sous lequel on envisage une question. *Le point de vue économique.*
• *Au point de vue de, du point de vue de*, locutions prépositives. En ce qui concerne. *Au point de vue de la terminologie, au point de vue terminologique.*
Note.- Le complément de la locution prépositive ne doit pas être apposé, il est précédé d'un article défini.

POINTS CARDINAUX

Abréviations :

est	**E.**
ouest	**O.**
nord	**N.**
sud	**S.**

L'écriture des noms de points cardinaux, *nord, sud, est, ouest* et de leurs synonymes *midi, centre, occident, orient...* obéit à deux règles principales.

MAJUSCULE

Les points cardinaux s'écrivent avec une majuscule initiale lorsqu'ils servent à désigner nommément un lieu géographique, ethnique, un odonyme.

L'Amérique du Nord, le pôle Sud, les fleurs du Midi, l'Orient et l'Occident.

Note.- Les points cardinaux prennent une majuscule lorsqu'ils ne sont pas suivis d'un complément déterminatif introduit par la préposition *de. Le Nord canadien*, mais *le nord des États-Unis*.

MINUSCULE

Les points cardinaux s'écrivent avec une minuscule quand ils sont employés comme noms ou comme adjectifs pour indiquer la direction, l'exposition.

Le vent du nord, une terrasse exposée au sud, le midi de la France, la rive nord de la Loire.

Noms composés

Les points cardinaux composés s'écrivent avec un trait d'union.

Le nord-ouest de la France.

Abréviations

Les noms de points cardinaux s'abrègent lorsqu'ils font partie de mesures de longitude et de latitude.

45° de latitude O.

Au point de vue de la médecine (et non * au point de vue médecine).
• *À tout point de vue* ou *à tous points de vue.* À tous les égards.

pointe n. f.
• Extrémité pointue d'une chose.
• *En pointe.* En forme de pointe.
• *De pointe.* À l'avant-garde. *Les techniques de pointe.*
• *Heure de pointe.* Heure d'affluence, de consommation maximale.

pointer v. tr., intr.
• **Transitif**
- Marquer d'un point. *Pointer des noms sur une liste.*
- Diriger. *Pointer son doigt en direction du nord.*
• **Intransitif**
- Commencer à paraître. *Le jour pointe.*
- Se dresser en forme de pointe. *L'immeuble pointe vers le ciel.*
- Enregistrer son heure d'arrivée et de départ sur une pointeuse.

pointeuse n. f.
Machine sur laquelle les salariés pointent.

pointillage n. m.
Action de pointiller.

pointillé n. m.
Trait composé de points. *Une section d'un formulaire délimitée par un pointillé.*

pointiller v. tr., intr.
• Les lettres *ill* sont suivies d'un *i* à la première et à la deuxième personne du pluriel de l'indicatif imparfait et du subjonctif présent. *(Que) nous pointillions, (que) vous pointilliez.*
• **Transitif.** Marquer avec des points. *Pointiller un dessin.*
• **Intransitif.** Dessiner, tracer à l'aide de points.

pointilleux, euse adj.
Méticuleux, exigeant à l'excès.

pointillisme n. m.
Procédé graphique qui consiste à décomposer les tons en petites touches séparées.

pointilliste adj. et n. m. et f.
Se dit des peintres qui utilisent le pointillisme.

pointu, ue adj.
• Qui se termine en pointe. *Des ongles pointus.*
• Très spécialisé. *Un sujet de thèse très pointu.*

pointure n. f.
Dimension d'une chaussure, d'un gant, d'une coiffure. *Quelle pointure désirez-vous ?*
Note.- Le mot *taille* se dit surtout de la grandeur d'un vêtement.

point-virgule n. m.
Signe de ponctuation. *Des points-virgules trop nombreux.*
V. Tableau - **PONCTUATION.**

poire n. f.
Fruit du poirier. *La passe-crassane est une poire délicieuse.*

poireau n. m.
Plante potagère dont on mange le pied. *Un potage aux poireaux.*

poireauter v. intr.
(Fam.) Attendre.
Note.- Attention à l'orthographe : poir**eau**ter.

poirier n. m.
Arbre fruitier qui produit les poires.

pois n. m.
• Plante grimpante cultivée pour ses graines. *Des pois mange-tout, des pois chiches.*
• *À pois.* Imprimé de petites pastilles. *Un chemisier à pois.*
Note.- Attention à l'orthographe : poi**s**.
Hom. :
- *poids*, masse ;
- *poix*, matière résineuse.

poison n. m.
Substance toxique. *Le curare est un poison.*

poisser v. tr.
Salir.
Note.- Attention à l'orthographe : poi**ss**er.

poisseux, euse adj.
Gluant.
Note.- Attention à l'orthographe : poi**ss**eux.

poisson n. m.
• Animal aquatique à respiration branchiale. *Des poissons rouges.*
• *En queue de poisson.* Sans dénouement.
• (Au plur.) Nom d'une constellation, d'un signe du zodiaque.
Note.- Les noms d'astres s'écrivent avec une majuscule. *Elle est (du signe des) Poissons, elle est née entre le 20 février et le 20 mars.*
V. **astre.**

poissonnerie n. f.
Magasin où l'on vend du poisson.

poissonneux, euse adj.
Qui abonde en poisson. *Un lac poissonneux.*

poissonnier n. m.
poissonnière n. f.
Personne qui vend du poisson.

poitrail n. m.
La partie du devant du corps du cheval. *Des poitrails.*
Note.- Attention au pluriel en *-ails.*

poitrine n. f.
• Partie avant du corps humain qui contient les poumons et le cœur.
• Seins de femme. *Une poitrine opulente.*

poivrade n. f.
Sauce composée de poivre, de sel et de vinaigre.

poivre n. m.
Condiment fait avec le fruit du poivrier.

poivrer v. tr.
• Assaisonner de poivre.
• (Fig.) Mettre du piquant dans des paroles, des écrits.

poivrier n. m.
● Arbuste dont les baies fournissent le poivre.
● Poivrière.

poivrière n. f.
Ustensile qui contient le poivre.
Syn. **poivrier**.

poivron n. m.
Fruit du piment doux. *Des poivrons verts.*
Note.- Ne pas confondre avec le mot **piment** qui désigne un condiment à saveur très piquante.

poix n. f. inv.
Matière résineuse. *De la poix brûlante.*
Note.- Attention à l'orthographe : poi**x**.

poker n. m.
● Le **r** se prononce [pɔkɛr].
● Jeu de cartes. *Une partie de poker.*

polaire adj.
Relatif aux pôles terrestres. *Le Cercle polaire, l'étoile Polaire.*

polarisateur, trice adj.
Qui polarise.
Note.- Attention à l'orthographe : polari**s**ateur.

polarisation n. f.
Modification des propriétés des rayons lumineux.
Note.- Attention à l'orthographe : polari**s**ation.

polariser v. tr., pronom.
● **Transitif**
- Soumettre au phénomène de la polarisation.
- Concentrer en un point.
● **Pronominal**
Concentrer son attention sur (quelqu'un, quelque chose). *Ils se sont polarisés sur cette question.*
Note.- Attention à l'orthographe : polari**s**er.

polder n. m.
● Le **r** se prononce [pɔldɛr].
● Marais asséché. *Les polders des Pays-Bas.*

pôle n. m.
● Chacune des deux extrémités de l'axe de rotation de la Terre. *Le pôle Nord, le pôle Sud.*
Note.- Les mots génériques de géographie s'écrivent avec une minuscule, tandis que les points cardinaux s'écrivent avec une majuscule.
● Centre d'intérêt. *Un pôle d'attraction.*
Note.- Attention à l'orthographe : p**ô**le.

polémique n. f.
Querelle, discussion.

poli, ie adj.
● Uni, luisant. *Un métal bien poli.*
● Courtois. *Soyez poli, s'il vous plaît.*
Ant. **impoli, malotru.**

police n. f.
● Administration chargée d'assurer le respect des lois, le maintien de l'ordre public.
● Acte qui constate un contrat d'assurance. *Une police d'assurance.*
Note.- Attention à l'orthographe : poli**c**e.

policé, ée adj.
(Litt.) Civilisé. *Des manières policées.*
Note.- Attention à l'orthographe : poli**c**é.

polichinelle n. m.
Personnage bouffon de la *commedia dell'arte.*

policier n. m.
Agent de police.

policier, ière adj.
Relatif à la police. *Une enquête policière, un roman policier, des chiens policiers.*
Note.- Attention à l'orthographe : poli**c**ier.

poliment adv.
D'une manière courtoise.
Note.- Attention à l'orthographe : poli**m**ent.
Ant. **impoliment.**

polio n. f.
Abréviation familière de **poliomyélite.**

poliomyélite n. f.
Maladie caractérisée par des lésions de la moelle épinière entraînant des paralysies.
Note.- Attention à l'orthographe : poli**o**my**é**li**t**e.

polir v. tr.
● Rendre lisse et brillant.
● (Litt.) Parfaire. *Polir une œuvre.*
Note.- Attention à l'orthographe : poli**r**.

polissage n. m.
Action de polir.
Note.- Attention à l'orthographe : poli**s**sage.

polisson, onne adj. et n. m. et f.
● Espiègle
● Grivois.
Note.- Attention à l'orthographe : poli**ss**on, poli**ss**o**nn**e.

politesse n. f.
Courtoisie, bienséance.

politicien, ienne adj. et n. m. et f.
Personne qui fait de la politique.
Note.- Ce mot se dit parfois en mauvaise part.

politique adj. et n. m. et f.
● **Adjectif.** Relatif au gouvernement d'un État. *Un régime politique.*
● **Nom masculin.** Personne habile à gouverner. *C'est un excellent politique qui a été nommé à la tête du pays.*
● **Nom féminin.** Science, art de gouverner un État.

politiquement adv.
Selon les modalités de la politique.

politisation n. f.
Action de politiser.

politiser v. tr.
Donner un caractère politique à.

polka n. f.
Danse d'origine polonaise très rythmée. *Des polkas endiablées.*

pollen n. m.
● Le **n** se prononce [pɔlɛn].

• Matière poudreuse produite par les étamines des plantes à fleurs qui constitue l'élément reproducteur mâle.
Note.- Attention à l'orthographe : po**llen.**

polluant, ante adj. et n. m.
• **Adjectif.** Qui pollue. *Ces substances sont polluantes.*
• **Nom masculin.** Substance qui cause une pollution. *Des polluants dangereux.*
Notes.-
1º Attention à l'orthographe : po**ll**uant.
2º Ne pas confondre avec le participe présent invariable **polluant.** *Il faudra sévir contre l'emploi de produits polluant les eaux.*

polluer v. tr.
Dégrader l'environnement.
Note.- Attention à l'orthographe : po**ll**uer.
Ant. **dépolluer.**

pollueur, euse adj. et n. m. et f.
Qui pollue. *Les sociétés pollueuses seront poursuivies.*
Note.- Attention à l'orthographe : po**ll**ueur.

pollution n. f.
Dégradation de l'environnement (eau, sol, air) par des substances, des déchets toxiques.
Note.- Attention à l'orthographe : po**ll**ution.

polo n. m.
• Jeu d'équipe analogue au hockey, qui se joue à cheval.
• Chemise de tricot à col ouvert. *Des polos de couleurs vives.*
Note.- Attention à l'orthographe : po**l**o.

polochon n. m.
(Fam.) Traversin.
Note.- Attention à l'orthographe : po**l**ochon.

polonais, aise adj. et n. m. et f.
De Pologne.
Notes.-
1º Attention à l'orthographe : po**l**onais.
2º Lorsqu'il s'agit de la langue, l'adjectif ou le nom s'écrit avec une minuscule. Si le nom désigne une personne, la majuscule s'impose.

polonaise n. f.
Danse nationale des Polonais.
Notes.-
1º Attention à l'orthographe : po**l**onaise.
2º Ce nom s'écrit avec une minuscule.

poltron, onne adj. et n. m. et f.
Lâche.
Note.- Attention à l'orthographe : poltro**n**, poltro**nn**e.

poltronnerie n. f.
Lâcheté.
Note.- Attention à l'orthographe : poltro**nn**erie.

poly- préf.
• Élément du grec signifiant « nombreux ».
• Les mots composés avec le préfixe **poly-** s'écrivent en un seul mot. *Polytechnique.*

polychrome adj.
Qui comporte plusieurs couleurs.
Note.- Attention à l'orthographe : poly**ch**rome.
Ant. **monochrome.**

polyclinique n. f.
Établissement médical où l'on traite différentes maladies.
Note.- Attention à l'orthographe : poly**c**linique.

polycopie n. f.
Reproduction d'un document par décalque.
Note.- Ce nom tend à être supplanté par **photocopie** qui désigne la reproduction photographique d'un document.

polycopier v. tr.
• Redoublement du *i* à la première et à la deuxième personne du pluriel de l'indicatif imparfait et du subjonctif présent. *(Que) nous polycopiions, (que) vous polycopiiez.*
• Reproduire par polycopie.

polygame adj. et n. m. et f.
• Qui a plusieurs femmes, en parlant d'un homme.
• Qui a plusieurs maris, en parlant d'une femme.
Note.- Attention à l'orthographe : poly**g**ame.
Ant. **monogame.**

polygamie n. f.
État d'une personne polygame.
Note.- Attention à l'orthographe : poly**g**amie.
Ant. **monogamie.**

polyglotte adj. et n. m. et f.
Qui parle plusieurs langues. *Un guide polyglotte.*
Note.- Attention à l'orthographe : poly**glotte,** la finale est la même au féminin et au masculin.

polygone n. m.
Figure plane qui a plusieurs angles et plusieurs côtés.
Note.- Attention à l'orthographe : poly**g**one.

polymorphe adj.
Qui prend différentes formes.
Note.- Attention à l'orthographe : poly**morph**e.

polynésien, ienne adj. et n. m. et f.
De Polynésie.
Note.- Contrairement à l'adjectif, le nom s'écrit avec une majuscule.

polype n. m.
Excroissance, tumeur bénigne.
Note.- Attention à l'orthographe : poly**p**e.

polysémie n. f.
(Ling.) Propriété d'un mot qui comporte plusieurs significations.
Note.- Attention à l'orthographe : poly**s**émie.

polysémique adj.
(Ling.) Qui a plusieurs significations. *Un terme polysémique.*
Note.- Attention à l'orthographe : poly**s**émique.

polystyrène n. m.
Matière synthétique. *Un emballage en polystyrène.*
Note.- Attention à l'orthographe : poly**sty**rène.

polytechnique adj.
École polytechnique.
Note.- Le nom générique d'un établissement d'enseignement s'écrit avec une majuscule ; s'il est suivi d'un adjectif, cet adjectif s'écrit avec une minuscule. Si cet adjectif est employé elliptiquement sans le générique, il prend alors une majuscule. *Elle est inscrite à Polytechnique.*

polyvalence n. f.
Caractère de ce qui est polyvalent.

polyvalent, ente adj.
Qui a plusieurs fonctions différentes.

pomiculteur n. m.
pomicultrice n. f.
Personne qui cultive des arbres donnant des fruits à pépins, surtout des pommiers.
Note.- Attention à l'orthographe : po*m*iculteur.

pommade n. f.
Onguent. *Enduire de pommade.*
Note.- Attention à l'orthographe : po*mm*ade.

pommard n. m.
Vin rouge de Bourgogne, très réputé. *Boire un bon pommard.*

pomme n. f.
Fruit du pommier. *Une belle pomme verte.*

pommeau n. m.
Ornement qui sert de poignée à une canne. *Des pommeaux délicatement sculptés.*

pomme de terre n. f.
• Plante dont on mange les tubercules.
• *Pomme de terre en robe des champs, en robe de chambre.* Pomme de terre cuite avec sa peau. Les deux expressions se disent.
Note.- Dans le vocabulaire de la cuisine, le nom s'emploie souvent de façon elliptique. *Pommes frites, pommes vapeur, pommes rissolées.*

pommelé, ée adj.
Se dit d'un ciel qui se couvre de nuages blancs de formes arrondies (cumulus).

pommeler (se) v. pronom.
• Redoublement du *l* devant un *e* muet. *Je pommelle, je pommellerai,* mais *je pommelais.*
• Se couvrir de nuages de formes arrondies. *Le ciel se pommelle.*

pommette n. f.
• Petite pomme.
• Partie saillante de la joue, au-dessous de l'œil.

pommier n. m.
Arbre dont le fruit est la pomme.

pompage n. m.
Action de pomper (un liquide, un gaz). *Une station de pompage.*

pompe n. f.
• (Vx) Faste.
• *Pompes funèbres.* Entreprise chargée de l'organisation des funérailles.

• *En grande pompe.* Avec splendeur et apparat.
• Machine dont la fonction est de faire circuler un fluide.
• *À toute pompe.* (Fam.) À toute vitesse.
• Appareil pour aspirer, refouler, comprimer les liquides. *Pompe à essence.*

pomper v. tr.
Aspirer un liquide.

pompeusement adv.
(Péj.) D'une manière prétentieuse.

pompeux, euse adj.
Recherché, prétentieux.

pompier n. m.
Personne chargée de combattre les incendies.

pompier, ière adj.
Style pompier. Emphatique et prétentieux.

pompiste n. m. et f.
Personne préposée à la distribution du carburant.

pompon n. m.
Petite houppe.
Note.- Attention à l'orthographe : po*m*po*n*.

pomponner v. tr., pronom.
Parer minutieusement.

ponçage n. m.
Action de poncer une surface.
Note.- Attention à l'orthographe : pon*ç*age.

ponce n. f.
Pierre ponce. Roche volcanique. *Des pierres ponces en forme de poisson.*
Note.- Le nom composé prend la marque du pluriel aux deux éléments.

poncer v. tr.
• Le *c* prend une cédille devant les lettres *a* et *o*. *Il ponça, nous ponçons.*
• Polir une surface.

poncho n. m.
• Le mot se prononce à l'espagnole, le *n* est sonore et les lettres *ch* se prononcent *tch* [pɔ̃tʃo].
• Vêtement composé d'une couverture percée d'un trou au milieu pour y passer la tête. *Des ponchos colorés.*

poncif n. m.
Expression stéréotypée.

ponction n. f.
Prélèvement.

ponctualité n. f.
Exactitude.
Note.- Attention à l'orthographe : ponctua*l*ité.

ponctuation n. f.
V. Tableau - **PONCTUATION**.

ponctuel, elle adj.
Qui est toujours à l'heure. *Il n'est pas ponctuel.*

ponctuellement adv.
Assidûment.

PONCTUATION

Les signes de ponctuation sont :

le point	.	le point d'exclamation	*!*	le tiret	—
la virgule	,	les points de suspension	...	les guillemets	« »
le point-virgule	;	le trait d'union	-	les crochets	[ ]
le deux-points	:	les parenthèses	*( )*	la barre oblique	/
le point d'interrogation	**?**				

Fonctions des signes de ponctuation

- Le **point** termine une phrase.

    Aujourd'hui il a fait très beau.

- La **virgule** marque une séparation entre des noms, des épithètes, des compléments, des propositions de même nature qui ne sont pas unis par une conjonction. Elle sépare également les mots en apostrophe, les incises, les propositions relatives circonstancielles.

    Vous trouverez ci-joint l'ordre du jour, la lettre originale, la documentation.

- Le **point-virgule** sépare des propositions de même nature qui sont relativement longues ; il s'emploie aussi entre chaque élément des énumérations introduites par les deux-points.

    La trousse de secours comprend :
    un thermomètre ;
    des pansements ;
    un onguent antibiotique.

- Le **deux-points** introduit une citation, une énumération, un exemple.

    Et elle répondit : « Je suis en désaccord avec cette proposition. »

- Le **point d'interrogation** et le **point d'exclamation** se placent à la fin des phrases interrogatives ou exclamatives.

    Comment ? Vous êtes là !

- Les **points de suspension** marquent une interruption, une phrase inachevée. Dans une citation tronquée, les points de suspension se mettent entre crochets. Au nombre de trois, ils se confondent avec le point final et ne doivent pas suivre l'abréviation *etc.*

    Elle a aussitôt prévenu sa voisine et ...

- Le **trait d'union** réunit les éléments des mots composés, des adjectifs numéraux inférieurs à cent, le verbe et le sujet inversé, la coupure des mots en fin de ligne.

    Rez-de-chaussée, quatre-vingts, plaît-il.

- Les **parenthèses**, qui sont composées de deux signes, servent à intercaler dans une phrase un élément accessoire.

    *L'expression **tenir pour acquis** (du verbe acquérir) signifie...*

- Le **tiret** sert à séparer une explication, une remarque, à marquer les éléments d'une énumération.

    Le monarque. — « Que voulez-vous insinuer ? »
    Le visiteur. — « Je n'insinue pas, j'affirme ! »

- Les **guillemets** sont de petits chevrons doubles qui se placent au commencement (guillemet ouvrant) et à la fin (guillemet fermant) d'une citation, d'un dialogue, d'un mot, d'une locution que l'auteur désire isoler.

    Tous les matins, il lit « Le Monde ».

    V. Tableau - **GUILLEMETS**.

- Les **crochets** servent à marquer une insertion à l'intérieur d'une parenthèse, une suppression d'un extrait [...], une explication particulière. Dans cet ouvrage, la prononciation en API est indiquée entre crochets.

    Crochet [krɔʃe].

- La **barre oblique** est utilisée dans l'inscription des unités de mesure complexes abrégées, des fractions, des pourcentages, de certaines mentions.

    Une vitesse de 125 km/h, 2/3, 85 %, V/Réf.

Note.- Pour l'espacement des signes de ponctuation, voir **espace**.

ponctuer v. tr.
- Inscrire les signes de ponctuation nécessaires dans un texte.
- Marquer, accentuer. *Il ponctuait chaque exclamation d'un geste de la main.*

pondérateur, trice adj.
Qui maintient l'équilibre.

pondération n. f.
- Réserve, mesure. *Agir avec pondération.*
- Attribution d'une valeur particulière à certains éléments d'un indice qui redonne une place proportionnelle à un prix ou à un facteur donné.

pondéré, ée adj.
Équilibré, modéré dans ses prises de position.

pondérer v. tr.
- Le *é* se change en *è* devant une syllabe muette, sauf à l'indicatif futur et au conditionnel présent. *Je pondère*, mais *je pondérerai*.
- Équilibrer, établir la pondération.

pondeuse adj. et n. f.
Se dit d'une femelle d'oiseau qui pond beaucoup d'œufs. *Cette poule est une bonne pondeuse.*

pondre v. tr.
- *Je ponds, tu ponds, il pond, nous pondons, vous pondez, ils pondent. Je pondais. Je pondis. Je pondrai. Je pondrais. Ponds, pondons, pondez. Que je ponde. Que je pondisse. Pondant. Pondu, ue.*
- Faire des œufs, en parlant des ovipares. *La poule a pondu trois beaux œufs.*

poney n. m.
Cheval de petite taille. *Des poneys.*

pongiste n. m. et f.
Personne qui joue au ping-pong.

pont n. m.
- Construction qui relie les deux rives d'un cours d'eau, les deux bords d'une dépression. *Un pont suspendu.*
Note.- Dans les odonymes, le nom *pont* s'écrit avec une minuscule. *Le pont des Arts, le pont de la Concorde.*
- *Faire le pont.* Prendre congé entre deux jours fériés.
- *Pont aérien.* Liaison aérienne. *Un pont aérien de médicaments, de vivres pour les sinistrés.*
- *Brûler, couper les ponts.* Rompre toutes relations avec quelqu'un, s'interdire tout retour en arrière.

pontage n. m.
Intervention chirurgicale consistant à greffer une section de veine ou d'artère pour contourner une lésion. *Un pontage coronarien.*

ponte n. f.
Action de pondre. *C'est l'époque de la ponte des œufs.*

ponte n. m.
(Fam.) Personnage important. *C'est un ponte de la finance.*

pontife n. m.
Dignitaire de l'Église. *Le souverain pontife.*

pontifical, ale, aux adj.
Relatif au pape, aux évêques. *Les ornements pontificaux.*

pontifier v. intr.
- Redoublement du *i* à la première et à la deuxième personne du pluriel de l'indicatif imparfait et du subjonctif présent. *(Que) nous pontifiions, (que) vous pontifiiez.*
- Parler de façon prétentieuse.

pont-l'évêque n. m. inv.
Fromage à pâte molle. *Des pont-l'évêque délicieux.*
Note.- Ce nom est invariable et s'écrit en minuscules.

pont-levis n. m.
Pont mobile. *Les ponts-levis des châteaux forts.*

ponton n. m.
Pont flottant.

pool n. m.
- Les lettres *oo* se prononcent *ou* [pul].
- (Anglicisme) Groupement d'entreprises, de producteurs. Groupe de personnes faisant le même travail. *Des pools de dactylos.*

pop adj. inv.
Abréviation familière de *populaire. Des musiques pop.*

pop-corn n. m. inv.
- Attention à la prononciation [pɔpkɔrn].
- (Anglicisme) Maïs éclaté.

popeline n. f.
Tissu.
Note.- Attention à l'orthographe : pope*l*ine.

popote n. f.
(Fam.) Cuisine.

populaire adj.
- Qui concerne le peuple. *Le vote populaire.*
- Qui plaît au peuple. *Une émission populaire.*
Note.- Ne pas confondre avec le mot *populeux* qui se dit d'un endroit très peuplé.

populairement adv.
Dans le langage populaire.

populariser v. tr.
Faire connaître, vulgariser.

popularité n. f.
Caractère de quelqu'un ou quelque chose qui plaît, qui recueille la faveur populaire.

population n. f.
Ensemble des personnes qui habitent un pays, un lieu. *La population d'une ville.*

populeux, euse adj.
Très peuplé. *Un quartier populeux.*
Note.- Ne pas confondre avec le mot *populaire* qui se dit de ce qui concerne le peuple.

porc n. m.
- Le *c* est muet [pɔr].
- Animal domestique omnivore élevé pour sa chair. *Des côtelettes de porc.*
Syn. **cochon.**

Hom. :
- **pore**, orifice de la peau ;
- **port**, endroit aménagé pour recevoir les bateaux.

porcelaine n. f.
Poterie très fine.
Note.- Attention à l'orthographe : porcel**ai**ne.

porcelet n. m.
Jeune porc.

porc-épic n. m.
• Les deux **c** se prononcent **k** [pɔrkepik].
• Mammifère rongeur dont le corps est recouvert de piquants. *Des porcs-épics.*

porche n. m.
Construction destinée à abriter la porte d'entrée d'un édifice, d'une maison.

porcherie n. f.
• Bâtiment où l'on garde les porcs.
• (Fig.) Lieu très sale.

porcin, ine adj.
Relatif au porc. *L'industrie porcine.*

pore n. m.
Orifice de la peau. *Ses pores sont dilatés.*
Note.- Attention au genre masculin de ce nom : *un* pore.
Hom. :
- **porc**, animal domestique ;
- **port**, endroit aménagé pour recevoir les bateaux.

poreux, euse adj.
Perméable.

porno adj. et n. m.
Forme abrégée de **pornographie, pornographique**. *Des films pornos.*

pornographe n. m. et f.
Qui produit de la pornographie.

pornographie n. f.
• S'abrège familièrement en **porno** (s'écrit sans point).
• Représentation de choses obscènes.

pornographique adj.
• S'abrège familièrement en **porno** (s'écrit sans point).
• Relatif à la pornographie. *Une revue pornographique.*

porosité n. f.
État de ce qui est poreux.

porphyre n. m.
Roche volcanique très dure.
Note.- Attention à l'orthographe : porph**y**re.

porridge n. m.
Bouillie de farine d'avoine.

port n. m.
• Endroit aménagé pour recevoir les bateaux. *Un port maritime, fluvial.*
• Action de porter. *Le port d'armes est réglementé.*
• Prix du transport d'une lettre, d'un colis.
• **Port payé.** Expression indiquant que le transport des marchandises est aux frais de l'expéditeur.

• **Port dû.** Expression indiquant que le prix du transport est payable par le destinataire à l'arrivée.
Hom. :
- **porc**, animal domestique ;
- **pore**, orifice de la peau.

portable adj.
• Mettable. *Cette robe n'est plus portable.*
• Qu'on peut porter, transporter, mais qui n'est pas conçu spécialement à cette fin. *Un téléviseur portable.*
• (Inform.) Se dit d'un logiciel compatible avec plusieurs ordinateurs.
V. **portatif.**

portail n. m.
Porte monumentale. *Des portails de marbre.*

portant, ante adj.
• **Être bien, mal portant.** Être en bonne, mauvaise santé. *Ils sont bien portants.*
• **À bout portant.** De très près.

portatif, ive adj.
Qui est conçu pour être transporté facilement. *Un téléviseur portatif.*
V. **portable.**

porte n. f.
• Ouverture pratiquée dans l'enceinte d'une ville, emplacement d'une ancienne porte. *La porte d'Orléans, la porte de Versailles.*
Note.- Les odonymes s'écrivent avec une minuscule.
• Ouverture pour entrer dans un lieu ou en sortir. *Une porte cochère.*
• **Locutions**
- **Porte de sortie.** Échappatoire.
- **De porte en porte.** De maison en maison.
Note.- Le nom **porte-à-porte** désigne le démarchage à domicile.
- **Trouver porte close.** Ne trouver personne.
- **Mettre à la porte.** Congédier.
- **Prendre la porte.** Sortir.

porte adj.
Se dit d'une veine qui conduit le sang au foie. *La veine porte.*

porte- préf.
Les mots composés avec le préfixe **porte-** s'écrivent généralement avec un trait d'union, *un porte-parole, un porte-clefs, un porte-avions, un porte-bonheur,* mais *un portefeuille, un portemanteau.* Le premier élément formé du verbe est invariable ; le second élément est généralement invariable et s'écrit tantôt avec un *s,* tantôt sans *s,* selon les cas. *Des porte-bonheur, un porte-bagages.* Attention cependant au mot **porte-fenêtre** qui prend la marque du pluriel aux deux éléments, **porte** étant un nom.

porte-à-faux n. m. inv.
Partie d'une construction qui ne repose pas directement sur son point d'appui. *Des porte-à-faux. Une terrasse en porte-à-faux.*

porte-à-porte n. m. inv.
Démarchage à domicile. *Le porte-à-porte est sévèrement réglementé.*

porte-avions n. m. inv.
Navire de guerre aménagé pour le transport des avions et doté d'une plate-forme d'envol et d'atterrissage. *Des porte-avions.*

porte-bagages n. m. inv.
Dispositif adapté à un cycle pour transporter des bagages. *Des porte-bagages.*
Note.- Pour une voiture, on parle de *galerie*.

porte-bannière n. m. et f.
Personne qui porte une bannière. *Des porte-bannières.*

porte-bébé n. m.
Siège qu'on fixe sur les épaules pour porter un bébé. *Des porte-bébés pratiques.*

porte-billets n. m. inv.
Portefeuille. *Des porte-billets.*

porte-bonheur n. m. inv.
Amulette, talisman. *Des porte-bonheur.*

porte-bouteilles n. m. inv.
Casier à bouteilles. *Des porte-bouteilles.*

porte-cartes n. m. inv.
Étui destiné à recevoir des cartes de visite, de crédit, d'identité, etc. *Des porte-cartes.*

porte-cigares n. m. inv.
Étui à cigares. *Des porte-cigares.*

porte-cigarettes n. m. inv.
Étui à cigarettes. *Des porte-cigarettes.*

porte-clefs ou **porte-clés** n. m. inv.
Anneau réunissant des clefs. *Des porte-clefs, porte-clés.*

porte-conteneurs n. m. inv.
Navire destiné au transport des conteneurs. *Des porte-conteneurs.*

porte-couteau n. m.
Ustensile sur lequel on dépose son couteau. *Des porte-couteaux.*

porte-crayon n. m.
Ustensile dans lequel on met des crayons. *Des porte-crayons.*

porte-documents n. m. inv.
Serviette très plate. *Des porte-documents.*

porte-drapeau n. m.
Personne qui porte un drapeau. *Des porte-drapeaux.*

portée n. f.
• Nombre de petits que les femelles des mammifères mettent bas en une fois. *Une portée de quatre chatons.*
• Distance à laquelle un projectile peut être lancé. *Un canon à longue portée.*
• *Hors de portée.* Inaccessible.
• *À la portée de.* Accessible. *Ce dictionnaire est à la portée de tous.*
• Force, efficacité. *Cet argument a eu beaucoup de portée.*

portefaix n. m.
Personne qui porte des fardeaux.
Note.- Attention à l'orthographe : porte**faix.**

porte-fenêtre n. f.
Fenêtre qui s'ouvre de plain-pied sur un balcon, une terrasse, un jardin. *Des portes-fenêtres.*
Note.- Attention au pluriel de ce mot composé qui prend la marque du pluriel aux deux éléments, le mot *porte* étant ici un nom.

portefeuille n. m.
• Étui à billets. *Des portefeuilles de cuir.*
Note.- Ne pas confondre avec le mot **porte-monnaie** qui désigne un étui destiné à recevoir des pièces de monnaie.
• Ensemble des valeurs mobilières d'une personne, d'une entreprise.
• Fonction de ministre. *Le portefeuille des Affaires sociales, un ministre sans portefeuille.*
Note.- Attention à l'orthographe : **portefeuille,** en un seul mot.

porte-jarretelles n. m. inv.
Sous-vêtement féminin muni de jarretelles servant à retenir des bas. *Des porte-jarretelles de dentelle.*

porte-malheur adj. inv. et n. m. inv.
Personne, chose qui porte malheur. *Des porte-malheur, des chats porte-malheur.*
Ant. **porte-bonheur.**

portemanteau n. m.
Support sur pied auquel on suspend les vêtements. *Des portemanteaux.*
Notes.-
1° Attention à l'orthographe : **portemanteau,** en un seul mot.
2° Ne pas confondre avec le mot *patère,* support fixé à un mur, destiné à recevoir des vêtements.

portemine ou **porte-mine** n. m.
Crayon dans lequel on insère une mine. *Des porte-mine(s), des portemines.*

porte-monnaie n. m. inv.
Étui destiné à recevoir des pièces de monnaie. *Des porte-monnaie.*
Note.- Ne pas confondre avec le mot **portefeuille** qui désigne un étui à billets.

porte(s) ouverte(s) loc. adj.
• Activité visant à informer le public par la visite, la présentation d'un organisme, d'un établissement d'enseignement, d'une entreprise. *Une journée portes ouvertes* ou *porte ouverte.*
• *Politique de la porte ouverte.* Régime commercial de libre-échange.

porte-parapluies n. m. inv.
Objet destiné à recevoir les parapluies. *Des porte-parapluies.*

porte-parole n. m. inv.
Représentant officiel. *Un porte-parole, des porte-parole.*

porte-plume n. m. inv.
Petit instrument auquel on fixe une plume. *Des porte-plume.*
Note.- Aujourd'hui on emploie plutôt **stylo.**

porter v. tr., intr., pronom.
• **Transitif**
- Tenir, soutenir. *Porter un cartable. Cette structure porte le toit de l'immeuble.*
- Transporter. *Porter une lettre à la poste.*
- Avoir sur soi. *Porter une robe du soir, porter la barbe, des lunettes.*
- Apporter. *Porter assistance à quelqu'un, porter chance, porter intérêt.*
- **Porter ses fruits, porter fruit.** Donner de bons résultats. *La recherche a porté ses fruits, a porté fruit et les résultats sont très satisfaisants.*
- **Être porté à** + **infinitif.** Être enclin à. *Il est porté à se méfier.*
• **Intransitif**
Avoir pour objet. *Ces commentaires portent sur le contenu du texte.*
• **Pronominal**
- Être en bonne ou en mauvaise santé. *Je me porte à merveille.*
- Être porté, en parlant d'un vêtement, d'une mode. *Le lin se porte beaucoup en été.*

porte-revues n. m. inv.
Accessoire de maison où l'on range les revues, les journaux. *Des porte-revues.*

porte-savon n. m.
Support destiné à recevoir le savon. *Des porte-savons.*

porte-serviettes n. m. inv.
Accessoire destiné à suspendre des serviettes. *Des porte-serviettes.*

porteur, euse adj. et n. m. et f.
Personne qui détient un titre dont le titulaire n'est pas indiqué. *Le chèque est libellé « au porteur ».*
Note.- Ne pas confondre avec les mots suivants :
- **détenteur**, personne qui conserve quelque chose à titre provisoire ;
- **titulaire**, personne qui possède juridiquement un droit, un titre de façon permanente.

porte-voix n. m. inv.
Appareil destiné à amplifier la voix. *Des porte-voix.*

portier n. m.
portière n. f.
Personne chargée d'ouvrir la porte (d'un immeuble, d'un hôtel, d'une voiture), qui surveille les entrées et sorties.

portière n. f.
Porte d'une voiture, d'un train.
Note.- Le mot **porte** s'emploie également en ce sens.

portillon n. m.
Petite porte.

portion n. f.
Partie d'un tout, part. *Couper un gâteau en six portions égales.*

portique n. m.
• Galerie ouverte soutenue par une colonnade. *Le portique d'un temple romain.*
• Appareil de gymnastique.
• Appareil de levage.

porto n. m.
Vin produit au Portugal. *Des portos capiteux.*
Note.- Le nom du vin s'écrit avec une minuscule, tandis que le nom de la ville s'écrit avec une majuscule.

portoricain adj. et n. m. et f.
De Porto Rico.
Notes.-
1° Attention à l'orthographe : le mot s'écrit en un seul mot.
2° Contrairement à l'adjectif, le nom prend une majuscule.

portrait n. m.
Représentation d'une personne par le dessin, la peinture, la photographie, etc. *Des portraits de famille.*

portraitiste n. m. et f.
Peintre qui fait des portraits.

portrait-robot n. m.
Dessin du visage d'un individu d'après les témoignages. *La presse a diffusé plusieurs portraits-robots de l'assassin.*

port-salut n. m. inv. (n. déposé)
Fromage à pâte ferme. *Des port-salut savoureux.*
Note.- Ce nom s'écrit avec un trait d'union, et il est invariable.

portuaire adj.
Relatif à un port. *La zone portuaire.*
Note.- Attention à l'orthographe : portu**ai**re.

portugais, aise adj. et n. m. et f.
Du Portugal.
Note.- Lorsqu'il s'agit de la langue, l'adjectif ou le nom s'écrit avec une minuscule. Si le nom désigne une personne, la majuscule s'impose.

pose n. f.
• Action de poser, de mettre en place quelque chose. *La pose d'un store.*
• Position du corps. *Gardez la pose, le petit oiseau va sortir.*
Hom. **pause,** temps d'arrêt.

posé, ée adj.
Pondéré. *Elle est très posée.*

posément adv.
D'une manière posée.

poser v. tr., intr., pronom.
• **Transitif**
- Mettre en place. *Poser une applique et des tableaux.*
- Énoncer. *Poser une question.*
- Soulever. *Cela pose un problème.*
• **Intransitif**
- Servir de modèle. *Elle pose pour un peintre.*
• **Pronominal**
- Revenir au sol, atterrir. *Les avions se sont posés sur la piste.*

- Se placer. *Le chapeau se pose sur le côté de la tête.*
Note.- Ne pas confondre avec le verbe **déposer** qui
signifie « se décharger d'une chose que l'on porte ».

poseur, euse adj. et n. m. et f.
Affecté.

positif, ive adj. et n. m.
• **Adjectif**
- Certain, réel. *Un fait positif.*
- Qui exprime une affirmation, par opposition à **négatif**.
La réponse est positive.
• **Nom masculin**
- Ce qui est réel.
- Ce qui est rationnel, pratique. *Nous voulons du
positif, du concret.*

positivité n. f.
Caractère de ce qui est positif.

position n. f.
• Emplacement de quelqu'un, de quelque chose. *La
position d'un bateau, d'un meuble.*
• Posture. *Une position détendue.*
• Rang. *Il est en bonne position pour se classer
premier.*

positionnement n. m.
• Action de disposer, de placer à un endroit précis.
• Créneau d'un produit.

positionner v. tr.
• Placer précisément une pièce.
• Définir le créneau d'un produit.

positivement adv.
D'une manière certaine, réelle.

posologie n. f.
Quantité de médicament à administrer à un malade,
compte tenu de son âge, de son poids, etc.

possédant, ante adj. et n. m.
• **Adjectif.** Qui possède des capitaux. *La classe pos-
sédante.*
• **Nom masculin.** Personne qui possède des richesses.
Faire partie des possédants.
Note.- Ce nom s'emploie généralement au pluriel.

posséder v. tr., pronom.
• Le *é* se change en *è* devant une syllabe muette, sauf
à l'indicatif futur et au conditionnel présent. *Je possède,*
mais *je posséderai.*
• **Transitif**
- Avoir à soi. *Posséder un beau jardin.*
- Connaître. *Posséder son sujet.*
- Contenir. *Ce pays possède beaucoup de richesses
naturelles.*
• **Pronominal**
Se contenir. *Elle ne se possède plus.*

possesseur n. m.
Personne qui possède (un bien).
Note.- Ce nom ne comporte pas de forme féminine.

possessif, ive adj. et n. m.
Qui éprouve un désir de domination affective. *Il est
trop possessif.*
V. Tableau - **POSSESSIF (ADJECTIF).**
V. Tableau - **PRONOM.**

ADJECTIF POSSESSIF

L'adjectif possessif détermine le nom en indiquant le « possesseur » de l'objet désigné.

Note. - On observe que l'adjectif possessif est loin de toujours exprimer la possession réelle. En effet, il
n'établit souvent qu'une simple relation de chose à personne, qu'un rapport de dépendance, de familiarité,
d'affinité, de proximité, etc. *Mon avion, ton hôtel, sa ville, nos invités, vos étudiants, leurs amis.*

— Il s'accorde en genre et en nombre avec le nom déterminé.

Ta voiture, son ordinateur, nos livres.

— Il s'accorde en personne avec le nom désignant le possesseur :

• un seul possesseur	**mon, ton, son** *fils*
	ma, ta, sa *fille*
	mes, tes, ses *fils* ou *filles*
• plusieurs possesseurs	**notre, votre, leur** *fils* ou *fille*
	nos, vos, leurs *fils* ou *filles.*

Devant un nom féminin commençant par une voyelle ou un *h* muet, c'est la forme masculine de l'adjectif qui
est employée pour des raisons d'euphonie.

Mon amie, ton échelle, son histoire.

V. Tableau - **ADJECTIF.**

possession n. f.
- Le fait de disposer d'un bien. *La possession d'une propriété.*
- Le bien possédé.
- **Prendre possession de.** S'installer dans un lieu.
- **Être en possession de.** Posséder. *Un collectionneur est en possession du tableau.*
- **Être en la possession de.** Appartenir à. *Ce tableau est en la possession d'un collectionneur.*

possibilité n. f.
Caractère de ce qui est possible.
Ant. **impossibilité.**

possible adj. et n. m.
- **Adjectif**
Qui peut être, qui peut se réaliser. *L'accroissement des bénéfices est possible.*
- **Adjectif invariable**
Le plus, le moins, le mieux, le meilleur ... possible.
Placé après un nom pluriel accompagné d'un superlatif, l'adjectif est invariable. *Il faut aider le plus d'employés possible.* (On sous-entend : il faut aider le plus d'employés qu'il sera possible d'aider.)
- **Adjectif variable**
- Quand il se rapporte à un nom, il s'accorde avec ce nom. *Il faut gagner tous les points possibles.*
- **Il est possible que** + subjonctif. Il est probable, il se peut que. *Il est possible qu'il vienne.*
- **Nom masculin**
- Ce qui est possible. *Faire son possible.*
- **Dans la mesure du possible.** Autant qu'il est possible.

possiblement adv.
Peut-être, vraisemblablement.

post- préf.
- Élément du latin signifiant « après ».
- Les mots composés du préfixe **post-** s'écrivent en un seul mot. *Postérieur, postsynchronisation.*

postal, ale, aux adj.
Relatif à la poste. *Des tarifs postaux.*

postdater v. tr.
Inscrire une date postérieure à la date véritable.
Note.- Ne pas confondre avec le verbe **antidater** qui signifie « inscrire une date antérieure à la date véritable ».

poste n. m. et f.
- **Nom masculin**
- Lieu où un militaire est affecté. *Être au poste.*
- Emploi, fonction. *Postuler pour un poste de secrétaire.*
- Opération inscrite dans un livre comptable. *Des postes budgétaires.*
- Ensemble d'appareils, de dispositifs destinés à un usage particulier.
- **Poste (téléphonique).** Ligne téléphonique intérieure.
- **Poste de pilotage.** Emplacement d'un avion réservé au pilote.
V. **cockpit.**
- **Nom féminin**
Administration publique chargée de l'acheminement du courrier. *Un bureau de poste. La Poste.*

poster v. tr., pronom.
- Mettre à la poste. *Je dois aller poster cette lettre.*
- Disposer des soldats, des policiers, etc. à un poste de surveillance. *Poster une sentinelle à l'entrée du camp.*

poster n. m.
- Attention à la prononciation [pɔstɛr].
- (Anglicisme) Affiche décorative. *Des posters.*

postérieur, eure adj. et n. m.
- **Adjectif**
- Qui vient après. *Une date postérieure à la guerre.*
- Qui est derrière. *La partie postérieure de la jambe.*
Note.- L'adjectif étant un comparatif, il ne peut être employé avec **plus, moins.**
Ant. **antérieur.**
- **Nom masculin**
(Fam.) Derrière d'une personne.

postérieurement adv.
Plus tard.

posteriori (a)
V. **a posteriori.**

postériorité n. f.
Ant. **antériorité.**

postérité n. f.
- (Litt.) Descendants.
- Les générations à venir.

posthume adj.
Qui a lieu après la mort de quelqu'un. *Une décoration posthume.*
Note.- Attention à l'orthographe : post**h**ume.

postiche adj. et n. m.
- **Adjectif.** Artificiel, faux. *Des cheveux postiches.*
- **Nom masculin.** Perruque.
Note.- Attention au genre masculin de ce nom : **un** postiche.

postier n. m.
postière n. f.
Employé de la poste.

postnatal, ale, als, aux adj.
Qui suit la naissance. *Des examens postnatals* ou *postnataux.*

post-scriptum n. m. inv.
- Attention à la prononciation [pɔstkriptɔm].
- Abréviation **P.-S.** (s'écrit avec des points).
- Note ajoutée au bas d'une lettre, après la signature.

postsynchronisation n. f.
(Cin.) Addition du son après le tournage d'un film.
Note.- Attention à l'orthographe : posts**y**n**ch**ronisation.

postulat n. m.
Proposition donnée comme vraie et dont l'admission est nécessaire.
Note.- Attention à l'orthographe : postula**t**.

postuler v. tr., intr.
- **Transitif.** Se porter candidat pour un emploi. *Il a postulé un poste d'informaticien.*
- **Intransitif.** Être candidat à une fonction. *Elle a décidé de postuler pour le poste de direction.*

posture n. f.
• Situation du corps. *Une mauvaise posture.*
• *En bonne, mauvaise posture.* Dans un contexte favorable, défavorable.

pot n. m.
• Vase, récipient. *Un pot de fleurs, un pot à eau.*
• **Locutions**
- **Pot à** + **complément.** Cette construction indique la destination du vase. *Un pot à lait.*
- **Pot de** + **complément.** Cette construction indique l'usage actuel du récipient. *Un pot de confitures.*
- *Découvrir le pot aux roses.* Mettre à jour le secret d'une affaire.
- *Prendre un pot.* (Fam.) Prendre un verre avec des amis.
- *À la fortune du pot.* Simplement.
Hom. *peau*, revêtement du corps humain.

potable adj.
• Qualifie un liquide qui peut être bu sans danger.
Note.- Ne pas confondre avec l'adjectif **buvable** qui désigne ce qui peut se boire, ce qui a un goût agréable.
• (Fam.) Acceptable. *Ces résultats sont potables.*

potage n. m.
Bouillon de viande ou de légumes. *Un potage aux choux.*
Note.- Par rapport au mot **potage**, le mot **soupe** désigne un plat plus consistant, moins liquide et moins raffiné. *Une soupe aux pois.*

potager, ère adj. et n. m.
• Se dit des plantes cultivées pour la cuisine.
• Jardin où l'on cultive des légumes.

potasser v. tr.
(Fam.) Étudier avec opiniâtreté.

potassium n. m.
• Les lettres **um** se prononcent **omme** [pɔtasjɔm].
• Symbole **K** (s'écrit sans point).
• Métal alcalin.

pot-au-feu adj. inv. et n. m. inv.
Bouilli de bœuf avec des légumes. *Des pot-au-feu appétissants.*

pot-de-vin n. m.
Somme, cadeau donné pour obtenir une faveur. *Des pots-de-vin.*
Note.- Le nom s'écrit avec des traits d'union.

pote n. m.
(Fam.) Copain.
Note.- Attention à l'orthographe : po**te**.

poteau n. m.
Pièce de bois dressée verticalement. *Des poteaux indicateurs, un poteau électrique.*
Note.- Attention à l'orthographe : pot**eau**.

potelé, ée adj.
Dodu.

potence n. f.
• Instrument qui sert à la pendaison.
• Pendaison. *Ils risquent la potence.*

• *Gibier de potence.* Personne qui mérite la pendaison.

potentialité n. f.
Possibilité
Note.- Attention à l'orthographe : pote**n**tialité.

potentiel, elle adj. et n. m.
• **Adjectif.** Possible, virtuel.
• **Nom masculin.** Capacité théorique, ce qui existe en puissance. *Le potentiel électrique de ce pays est immense.*
Note.- Attention à l'orthographe : pote**n**tiel.

potentiellement adv.
En puissance.
Note.- Attention à l'orthographe : pote**n**tie**ll**ement.

poterie n. f.
• Céramique.
• Objet en céramique. *De la poterie décorative.*

potiche n. f.
Vase d'Extrême-Orient.

potier n. m.
potière n. f.
Personne qui fabrique et vend de la poterie.

potin n. m. (gén. pl.)
Commérage.

potiner v. intr.
Faire des commérages.

potion n. f.
Médicament liquide.

potiron n. m.
Grosse courge.

pot-pourri n. m.
Morceau de musique légère composé de différents airs connus. *Des pots-pourris.*

pou n. m.
Parasite de l'homme. *Il a des poux dans les cheveux.*
Hom. *pouls*, battement artériel.

pouah ! interj.
Interjection marquant le dégoût.
Note.- Attention à l'orthographe : poua**h**.

poubelle n. f.
Récipient destiné à recevoir les ordures ménagères.

pouce n. m.
• Le plus gros doigt de la main. *Se donner un coup de marteau sur le pouce.*
• *Donner un coup de pouce à quelqu'un.* Aider quelqu'un.
Hom. *pousse*, bourgeon.

pou-de-soie
V. **pout-de-soie.**

pouding
V. **pudding.**

poudre n. f.
• Substance finement pulvérisée.
• *Jeter de la poudre aux yeux.* Vouloir éblouir par des apparences.

• **Mettre le feu aux poudres.** Déclencher une catastrophe, le mécontentement jusqu'alors contenu.

poudrer v. tr.
Recouvrir de poudre.

poudreux, euse adj. et n. f.
• **Adjectif.** Qui ressemble à la poudre.
• **Nom féminin.** Neige fraîchement tombée et profonde. *Skier dans la poudreuse.*

poudrier n. m.
Boîte à poudre pour le maquillage.

poudrière n. f.
Magasin où l'on conserve les explosifs, les munitions.

poudroiement n. m.
Caractère de ce qui poudroie.
Note.- Attention à l'orthographe : poudroiement.

poudroyer v. intr.
• Le *y* se change en *i* devant un *e* muet. *Il poudroie, il poudroiera.*
• (Litt.) S'élever en fine poussière.

pouf ! interj.
Interjection marquant une explosion, une chute.

pouf n. m.
Siège rembourré, bas et sans dossier. *Des poufs.*

pouffer v. intr.
Pouffer de rire. Éclater de rire.

pouilly n. m.
Vin blanc réputé.
Note.- Le nom du vin s'écrit avec une minuscule.

poulailler n. m.
Abri pour les poules.

poulain n. m.
Petit du cheval et de la jument.

poule n. f.
• Femelle du coq élevée pour ses œufs et sa chair.
• **Poule mouillée.** Personne craintive.
• **Chair de poule.** (Fam.) Frisson. *Il a la chair de poule, il est transi.*

poulet n. m.
Petit de la poule.

poulette n. f.
Jeune poule.

pouliche n. f.
Jeune jument.

poulie n. f.
Engin de levage composé d'une roue à jante sur laquelle passe une corde, une chaîne.

pouliner v. intr.
Mettre bas, en parlant de la jument.

poulpe n. m.
Pieuvre. *Les tentacules du poulpe.*
Note.- Attention au genre masculin de ce nom, contrairement à *pieuvre* : *un* poulpe.

pouls n. m.
• Les lettres *ls* sont muettes [pu].

• Battement artériel. *Son pouls est très rapide.*
Note.- Attention à l'orthographe : pou**ls**.
Hom. *pou*, parasite de l'homme.

poult-de-soie
V. **pout-de-soie**.

poumon n. m.
Organe de la respiration.
Note.- L'adjectif correspondant à ce nom est **pulmonaire**. *Une radiographie du poumon, pulmonaire.*

poupe n. f.
Arrière d'un bateau.
Ant. **proue**.

poupée n. f.
Jouet en forme de petite figure humaine. *Elle joue à la poupée.*

poupin, ine adj.
Rebondi, rond. *Visage poupin.*

poupon n. m.
Poupée représentant un bébé.

pouponnière n. f.
Établissement où l'on prend soin des nouveau-nés, des bébés.
Note.- Attention à l'orthographe : poupo**nn**ière.

pour n. m. et prép.

Nom masculin
Ce qui est favorable. *Le pour et le contre. Il y a du pour et du contre.*
Préposition
• À la place de. *Il m'a prise pour une autre.*
• En vue de, afin de. *Pour réussir, il faut travailler.*
• À destination de. *Prendre l'avion pour Genève.*
• À cause de. *Cette voiture est appréciée pour sa faible consommation d'essence.*
• En échange de. *J'ai acheté ce manteau pour 1 000 F.*
• **Pour + infinitif**
- Marque la cause. *Pour avoir aimé beaucoup, il a été très heureux.*
- Marque l'intention. *Faire de l'exercice pour être en forme.*
- Marque la concession. *Cette assertion, pour être exacte, n'explique pas tout.*
Locutions
• **Pour toujours.** À jamais.
• **Pour ainsi dire.** Si l'on peut s'exprimer ainsi.
• **Pour que,** locution conjonctive. En vue de. *Je tiens à vous prévenir pour que vous puissiez vous libérer.*
Note.- Cette locution se construit avec le subjonctif.
• **Pour peu que,** locution conjonctive. À la condition que. *Elle acceptera pour peu que vous parliez.*
Note.- Cette locution se construit avec le subjonctif.

pourboire n. m.
Gratification donnée par un client. *Des pourboires généreux.*
Note.- Attention à l'orthographe : **pourboire**, en un seul mot.

pourceau n. m.
(Litt.) Porc. *Des pourceaux.*

pour cent n. m.
• S'abrège en *p.c., p. cent, p. 100* ou avec le symbole **%.**
Note.- Le symbole est séparé par un espace du chiffre
qu'il suit. *Les ventes ont grimpé de 25 %.*
• **Pour cent + nom au singulier.** Le verbe se met au
singulier et l'adjectif ou le participe se met au singulier
et s'accorde en genre avec le nom. *Vingt pour cent de
la classe est d'accord et se montre enchantée de la
décision.*
• **Pour cent + nom au pluriel.** Le verbe se met au
pluriel et l'adjectif ou le participe s'accorde en genre
et en nombre avec le nom. *Soixante-cinq pour cent
des personnes interrogées ont été retenues.*
• **Nom précédé d'un déterminant pluriel + pour cent.**
Le verbe se met obligatoirement au pluriel et l'adjectif
ou le participe se met au masculin pluriel. *Les vingt-
deux pour cent des enfants sont inscrits au cours de
natation.*

pourcentage n.m.
Taux calculé sur cent unités.

pourchasser v. tr.
Poursuivre avec acharnement. *Pourchasser un cambrioleur.*

pourlécher (se) v. pronom.
• Le *é* se change en *è* devant une syllabe muette, sauf
à l'indicatif futur et au conditionnel présent. *Je pour-
lèche,* mais *je pourlécherai.*
• **S'en pourlécher les babines.** Se délecter à la pensée
de quelque chose de délicieux.

pourparlers n. m. pl.
Discussion. *Entamer des pourparlers de paix.*
Note.- Attention à l'orthographe : **pourparlers,** en un
seul mot.

pourpier n. m.
Plante à petites fleurs multicolores dont les feuilles
charnues sont comestibles.

pourpre adj. et n. m. et f.
• **Adjectif de couleur variable.** D'un rouge violet. *Des
soieries pourpres.*
V. Tableau - **COULEUR (ADJECTIFS DE).**
• **Nom masculin.** Couleur rouge violet. *Des pourpres
veloutés.*
• **Nom féminin.** Matière colorante. *La pourpre est
extraite d'un mollusque.*

pourpré, ée adj.
De couleur rouge violet.

pourquoi adv. et n. m. inv.
• **Adverbe**
- Pour quelle raison. *Pourquoi devrions-nous aban-
donner ?*
- *C'est pourquoi.* Introduit une explication.
• **Nom masculin invariable**
- Raison, motif. *Chercher les pourquoi d'un geste.*
- Interrogation. *Des pourquoi et des comment.*

pourri, ie adj. et n. m.
• Altéré, gâté. *Des fruits pourris.*
• (Fam.) Rempli de. *Un garçon pourri de talent.*

pourrir v. tr., intr.
• **Transitif**
Gâter, altérer. *L'humidité pourrit le bois.*
• **Intransitif**
Se corrompre, se détériorer. *Les fondations ont com-
mencé à pourrir.*

pourrissement n. m.
Détérioration, dégradation progressive.
Note.- Attention à l'orthographe : pou**rr**issement.

pourriture n. f.
• État de ce qui est pourri.
• Corruption morale.
Note.- Attention à l'orthographe : pou**rr**iture.

poursuite n. f.
• Action de poursuivre une personne, un animal. *Ils
sont à la poursuite des cambrioleurs, de gibier.*
• Recherche incessante. *La poursuite du bonheur.*
• (Dr.) Procédure. *Engager des poursuites judiciaires.*

poursuivre v. tr., pronom.
• *Je poursuis, tu poursuis, il poursuit, nous poursui-
vons, vous poursuivez, ils poursuivent. Je poursuivais.
Je poursuivis. Je poursuivrai. Je poursuivrais. Poursuis,
poursuivons, poursuivez. Que je poursuive. Que je
poursuivisse. Poursuivant. Poursuivi, ie.*
• **Transitif**
- Action de courir après une personne, un animal pour
l'atteindre. *Poursuivre un fugitif.*
- Chercher à obtenir. *Poursuivre un but.*
- (Dr.) Intenter une action en justice contre quelqu'un.
- Continuer. *Poursuivre son chemin, ses études.*
• **Pronominal**
Suivre son cours. *Les recherches se poursuivent.*

pourtant adv.
Néanmoins, toutefois. *Le prix de cette maison est très
élevé, pourtant elle semble en mauvais état.*
Note.- Cet adverbe marque l'opposition entre deux
choses, deux propositions liées.

pourtour n. m.
Contour, bord.

pourvoir v. tr., pronom.
• *Je pourvois, tu pourvois, il pourvoit, nous pourvoyons, vous pourvoyez, ils pourvoient. Je pourvoyais,
tu pourvoyais, il pourvoyait, nous pourvoyions, vous
pourvoyiez, ils pourvoyaient. Je pourvus. Je pourvoirai.
Je pourvoirais. Pourvois, pourvoyons, pourvoyez. Que
je pourvoie, que tu pourvoies, qu'il pourvoie, que
nous pourvoyions, que vous pourvoyiez, qu'ils pourvoient. Que je pourvusse. Pourvoyant. Pourvu, ue.*
• Le **y** est suivi d'un *i* à la première et à la deuxième
personne du pluriel de l'indicatif imparfait et du subjonctif présent. *(Que) nous pourvoyions, (que) vous
pourvoyiez.*
• **Transitif.** Munir, garnir. *Une maison pourvue de
tous les appareils modernes.*
• **Transitif indirect.** Fournir ce qui est nécessaire. *Il
pourvoit aux besoins de ses parents.*
• **Pronominal.** Se munir.

pourvoyeur, euse n. m. et f.
(Vx) Fournisseur de provisions.

pourvu que loc. conj.
À condition que. *Pourvu qu'elle soit enfin d'accord.*
Note.- Cette locution conjonctive qui sert à présenter
une condition nécessaire à l'accomplissement d'un
fait se construit avec le subjonctif.

pousse n. f.
• Action de pousser.
• Bourgeon. *Des pousses de bambou.*
Hom. *pouce*, le plus gros doigt de la main.

pousse-café n. m. inv.
Digestif. *Des pousse-café.*

poussée n. f.
Impulsion. *Une poussée verticale.*

pousse-pousse n. m. inv.
Voiture légère tirée par un homme, en Extrême-Orient.
Des pousse-pousse.

pousser v. tr., intr., pronom.
• **Transitif**
- Imprimer un mouvement à quelqu'un, à quelque
chose. *Pousser une porte.*
- Faire agir. *C'est l'ambition qui le pousse à travailler
ainsi.*
- ***Pousser quelqu'un à bout.*** L'excéder.
- Produire. *Pousser un cri.*
• **Intransitif**
Croître. *L'herbe pousse.*
• **Pronominal**
Se déplacer. *Poussez-vous un peu, je vous prie.*

poussette n. f.
Petite voiture d'enfant.

poussière n. f.
• Matière réduite en poudre très fine. *Un nuage de
poussière.*
• ***Mordre la poussière.*** Perdre lors d'un combat, d'une
compétition, échouer.

poussiéreux, euse adj.
Couvert de poussière.

poussin n. m.
Petit poulet.

pout-de-soie, poult-de-soie ou **pou-de-soie** n. m.
Étoffe de soie à gros grain. *Des pouts-de-soie, des
poults-de-soie, des pous-de-soie.*
Note.- Le nom s'écrit toujours avec des traits d'union.

poutre n. f.
Grosse pièce de bois, de métal servant à la construction.
Les poutres d'une charpente.

poutrelle n. f.
Poutre d'acier.
Note.- Attention à l'orthographe : poutre**ll**e.

pouvoir v. tr., pronom. impers.
• *Je peux* (ou *je puis*), *tu peux, il peut, nous pouvons,
vous pouvez, ils peuvent. Je pouvais. Je pus. Je pourrai.
Je pourrais. Que je puisse. Que je pusse. Pouvant. Pu.*
Le participe passé est invariable.
• La forme impérative n'existe pas ; elle est remplacée
par le subjonctif présent. *Puissiez-vous terminer à
temps.*

• La forme plus littéraire (*je puis*) est usitée dans la
tournure interrogative. *Puis-je vous aider ?*
• **Transitif**
- Avoir la faculté de, l'autorité de faire. *Elle peut lire,
elle peut décider, signer.*
- **On ne peut mieux.** Parfaitement.
Note.- Cette locution figée exprime un superlatif, un
très haut degré. *La fête était on ne peut mieux réussie.*
- **N'en pouvoir plus.** Être épuisé, à bout de ressources.
Note.- Employé au subjonctif en début de phrase, le
verbe marque un souhait. *Puisse-t-il obtenir ce qu'il
désire.*
• **Pronominal impersonnel**
Il se peut que + **subjonctif.** *Il se peut que la rencontre
soit remise à la semaine prochaine.*

pouvoir n. m.
• Faculté, possibilité. *Il a le pouvoir de refuser la
proposition.*
• Autorité. *Le pouvoir législatif.*
• Influence, ascendant. *Elle recherche le pouvoir.*
• Mandat légal. *Un fondé de pouvoir(s).*

pp.
Abréviation de *pages*.

pr
Abréviation de *professeur*.

pragmatique adj.
• Fondé sur des valeurs pratiques.
• Qui accorde la priorité à l'action.

praire n. f.
Mollusque comestible.
Note.- Attention à l'orthographe : pr**ai**re.

prairie n. f.
Vaste pâturage.
Note.- Attention à l'orthographe : pr**ai**r**ie**.

pralin n. m.
Préparation composée d'amandes rissolées dans du
sucre.
Note.- Attention à l'orthographe : pra**l**in.

praline n. f.
Confiserie composée d'une amande rissolée dans du
sucre.
Note.- Attention à l'orthographe : pra**l**ine.

praliner v. tr.
Parfumer au pralin.
Note.- Attention à l'orthographe : pra**l**iner.

praticable adj.
• Réalisable. *Un programme praticable.*
• Carrossable. *Une route praticable.*

praticien, ienne n. m. et f.
• Personne qui pratique un art, une science.
• Médecin, dentiste ou auxiliaire médical qui exerce
son métier (par opposition à *chercheur*).
Note.- Attention à l'orthographe : prati**c**ien.
Ant. **théoricien.**

pratiquant, ante adj. et n. m. et f.
• **Adjectif.** Qui pratique sa religion. *Des catholiques
pratiquants, non pratiquants.*

● **Nom masculin et féminin.** *Ce sont des pratiquants, des non-pratiquants.*
Notes.-
1° À la forme négative, l'adjectif s'écrit sans trait d'union, le nom, avec un trait d'union.
2° Ne pas confondre avec le participe présent invariable *pratiquant. Ne seront admises que les personnes pratiquant le droit.*

pratique adj. et n. f.
● **Adjectif**
- Relatif à l'action. *Des exercices et des travaux pratiques.*
- Utile, ingénieux. *Un appareil, un dictionnaire pratique.*
● **Nom féminin**
- Application des règles et des principes d'un art, d'une science, par opposition à *théorie.*
- *Mettre en pratique.* Il a mis en pratique vos recommandations.
- *En pratique*, locution adverbiale. Dans les faits.

pratiquement adv.
● Dans la pratique (par opposition à *théoriquement*).
● (Fam.) Presque. *Il a pratiquement terminé.*

pratiquer v. tr., pronom.
● **Transitif**
- Observer les règles d'une religion.
- Mettre en pratique. *Pratiquer la prudence, la charité.*
- Exercer (une profession). *Il pratique la médecine.*
- Faire une opération manuelle. *Elle a pratiqué une opération chirurgicale.*
● **Pronominal**
Être en usage. *Ce sport se pratique-t-il ?*

pré- préf.
● Élément du latin signifiant « en avant ».
● Les mots composés avec le préfixe *pré-* s'écrivent en un seul mot. *Préavis, prédisposition.*

pré n. m.
Prairie.

préalable adj. et n. m.
● **Adjectif.** Qui doit être fait d'abord. *Une question préalable.*
● **Nom masculin.** Ensemble de conditions qui doivent être remplies avant que des négociations puissent avoir lieu. *Le préalable du cessez-le-feu.*
● *Au préalable.* D'abord.

préalablement adv.
De manière préalable.

préambule n. m.
Texte préliminaire. *Le préambule d'une loi.*
Note.- Attention à l'orthographe : préa**mb**u*le*.

préau n. m.
Espace découvert au milieu d'un cloître. *Des préaux.*

préavis n. m.
Avis donné à l'avance. *Un préavis doit être transmis avant la mise à pied ; le délai de préavis est de 15 jours.*

précaire adj.
● Incertain.
● Fragile.

Note.- Attention à l'orthographe de cet adjectif qui conserve la même forme au masculin et au féminin : préc**aire**.

précarité n. f.
(Litt.) Fragilité. *La précarité d'une trêve.*

précaution n. f.
Mesure prise pour se garder contre quelque chose. *Un excès de précautions.*
Note.- Ne pas confondre avec le mot **mesure** qui désigne une disposition que l'on prend pour agir.

précautionneusement adv.
Avec précaution.
Note.- Attention à l'orthographe : précautio**nn**euse*ment.*

précautionneux, euse adj.
Prudent.
Note.- Attention à l'orthographe : précautio**nn**eux.

précédemment adv.
● La lettre *e* se prononce *a* [presedamã].
● Auparavant.
Note.- Attention à l'orthographe : précéd**emm**ent.

précédent, ente adj. et n. m.
● **Adjectif.** Antérieur. *Les semaines précédentes.*
Ant. **suivant.**
● **Nom masculin.** Exemple antérieur invoqué comme légitimation. *Il ne faudrait pas créer de précédent.*
● *Sans précédent.* Unique.
Note.- Ne pas confondre avec le participe présent invariable *précédant. Les jours précédant l'événement furent très heureux.*

précéder v. tr.
● Le deuxième *é* se change en *è* devant une syllabe muette, sauf à l'indicatif futur et au conditionnel présent. *Je précède*, mais *je précéderai.*
● Venir avant. *L'heure qui précéda son départ.*

précepte n. m.
Règle de conduite.
Note.- Ne pas confondre avec les mots suivants :
- *commandement*, ordre ;
- *instruction*, indication précise pour l'exécution d'un ordre ;
- *prescription*, ordre détaillé.

prêche n. m.
Sermon, prédication.
Note.- Attention à l'orthographe : pr**ê**che.

prêcher v. tr., intr.
● **Transitif.** Conseiller, recommander. *Prêcher la prudence.*
● **Intransitif.** Faire un sermon.
● *Prêcher dans le désert.* Ne pas être entendu.

précieusement adv.
● Avec un soin extrême.
● Avec préciosité.

précieux, ieuse adj.
● De grand prix. *Des pierres précieuses.*
● Affecté. *Un langage précieux.*

préciosité n. f.
Affectation.

précipice n. m.
Abîme.
Note.- Attention à l'orthographe : pré**c**ipi**c**e.

précipitamment adv.
À la hâte.
Note.- Attention à l'orthographe : précipit**amm**ent.

précipitation n. f.
• Grande hâte. *Il est parti avec précipitation.*
• *Précipitations (atmosphériques).* (Météo.) Pluie, neige, grêle. *On annonce d'importantes précipitations.*

précipiter v. tr., pronom.
• **Transitif**
- Projeter d'un lieu élevé. *Précipiter un agresseur du haut d'une falaise.*
- Brusquer. *Il ne voudrait rien précipiter.*
- Accélérer. *Précipiter son allure.*
• **Pronominal**
Se hâter. *Elle s'est précipitée à son chevet.*

précis, ise adj.
• Exact. *À deux heures précises, à midi précis.*
• Détaillé. *Les chiffres précis d'un compte.*
Ant. **imprécis.**

précis n. m.
Résumé comportant les éléments essentiels d'une matière. *Un précis de biologie.*

précisément adv.
• Avec précision. *Compter précisément.*
• Justement. *Il allait précisément sortir quand le téléphone sonna.*

préciser v. tr., pronom.
• **Transitif**
- Exprimer d'une manière précise. *Préciser un projet.*
- Clarifier. *Préciser une impression.*
• **Pronominal**
Devenir clair, distinct. *Les faits se sont précisés.*

précision n. f.
• Clarté, justesse. *Il s'exprime avec précision.*
• Exactitude rigoureuse. *La précision d'un calcul.*

précoce adj.
• Hâtif. *Des fleurs précoces.*
• Dont la maturité, le développement se produit avant l'âge habituel. *Un enfant précoce.*
Note.- Attention à l'orthographe de cet adjectif qui conserve la même forme au masculin et au féminin : pré**c**o**c**e.

précocité n. f.
Caractère de ce qui est précoce.

précompte n. m.
Retenue salariale effectuée par l'employeur.

préconçu, ue adj.
(Péj.) Se dit d'un avis, d'une idée élaborée sans examen critique.
Note.- Attention à l'orthographe : préconçu.

préconiser v. tr.
Recommander. *Préconiser une simplification de l'orthographe.*

précurseur adj. m. et n. m.
• **Adjectif masculin.** Qui annonce, qui précède. *Les signes précurseurs du printemps.*
• **Nom masculin.** Celui qui innove, qui ouvre la voie.
Note.- Ce mot ne s'emploie qu'au masculin.

prédateur, trice adj. et n. m.
(Zool.) Se dit d'animaux qui se nourrissent de proies. *Le faucon est un prédateur. Une espèce prédatrice.*

prédécesseur n. m.
Personne qui a précédé quelqu'un dans une fonction, dans une dignité.
Note.- Ce mot ne s'emploie qu'au masculin.

prédestination n. f.
Fatalité.

prédestiner v. tr.
Destiner d'avance à certaines choses, vouer.

prédicateur, trice n. m . et f.
Personne qui prêche la parole de Dieu.

prédication n. f.
(Litt.) Sermon.
Note.- Ne pas confondre avec le mot **prédiction** qui désigne une prophétie.

prédiction n. f.
• Action de prédire.
• Prophétie. *Ses prédictions se sont réalisées.*
Note.- Ne pas confondre avec le mot **prédication** qui désigne un sermon.

prédilection n. f.
Préférence.

prédire v. tr.
• *Je prédis, tu prédis, il prédit, nous prédisons, vous prédisez, ils prédisent. Je prédisais. Je prédis. Je prédirai. Je prédirais. Prédis, prédisons, prédisez. Que je prédise. Que je prédisse. Prédisant. Prédit, ite.*
• Le verbe se conjugue comme **dire**, sauf à la deuxième personne du pluriel du présent de l'indicatif et de l'impératif. *(Vous) prédisez.*
• Annoncer ce qui doit arriver, par clairvoyance, par divination. *Elle peut prédire l'avenir.*
• Annoncer ce qui doit arriver par raisonnement, calculs, etc. *Il avait prédit le krach d'octobre.*

prédisposer v. tr.
Préparer, mettre dans une disposition favorable.

prédisposition n. f.
Disposition naturelle à quelque chose.

prédominance n. f.
Prépondérance.
Notes.-
1° Attention à l'orthographe : prédomin**a**nce.
2° Ne pas confondre avec les mots suivants :
- *prééminence*, supériorité de droit ;
- *proéminence*, ce qui fait saillie.

prédominer v. intr.
Prévaloir. *Dans ces pays, l'industrie primaire prédomine.*

prééminence n. f.
Supériorité de droit.
Notes.-
1° Attention à l'orthographe : prééminence.
2° Ne pas confondre avec les mots suivants :
- *prédominance*, prépondérance ;
- *proéminence*, ce qui fait saillie.

préencollé, ée adj.
Enduit de colle. *Un papier peint préencollé.*

préétablir v. tr.
Fixer à l'avance. *Un cheminement préétabli.*

préfabrication n. f.
Construction au moyen d'éléments standardisés.

préfabriqué, ée adj. et n. m.
Composé d'éléments préfabriqués. *Des maisons préfabriquées.*

préface n. f.
Texte de présentation d'un ouvrage qui n'est généralement pas rédigé par l'auteur, et qui est habituellement composé en italique.
Notes.-
1° Ne pas confondre avec les mots suivants :
- *avant-propos*, préface ou introduction caractérisée par une grande brièveté ;
- *avertissement*, texte placé entre le grand titre et le début de l'ouvrage, afin d'attirer l'attention du lecteur sur un point particulier ;
- *introduction*, court texte explicatif rédigé généralement par un auteur pour présenter son texte ;
- *note liminaire*, texte destiné à expliciter les symboles et les abréviations employés dans un ouvrage ;
- *notice*, brève étude placée en tête d'un livre pour présenter la vie et l'œuvre de l'auteur.
2° Ordre des textes : la *préface* précède l'*introduction* qui est suivie par la *note liminaire*, s'il y a lieu.

préfacer v. tr.
• Le *c* prend une cédille devant les lettres *a* et *o*. *Il préfaça, nous préfaçons.*
• Présenter par une préface.

préfacier, ière n. m. et f.
Auteur d'une préface.

préférable adj.
Qui mérite d'être choisi, jugé meilleur. *Il est préférable de se calmer plutôt que de se mettre en colère.*

préférablement adv.
De préférence.

préférence n. f.
• Prédilection.
• *De préférence*, locution adverbiale. Plutôt.
Note.- Attention à l'orthographe : préférence.

préférentiel, ielle adj.
Qui établit une préférence. *Un traitement préférentiel.*
Note.- Attention à l'orthographe : préférentiel.

préférer v. tr.
• Le deuxième *é* se change en *è* devant une syllabe muette, sauf à l'indicatif futur et au conditionnel présent. *Je préfère*, mais je préférerai.
• Aimer mieux. *Elle a préféré de beaucoup le roman au film qu'on en a tiré.*
• **Préférer + infinitif.** *Elle a préféré partir.*
Note.- L'infinitif se construit sans la préposition **de.**
• **Préférer que + subjonctif.** *Il préfère que ses employés soient satisfaits plutôt que de les entendre se plaindre.*

préfet n. m.
• Haut fonctionnaire qui administre un département.
• *Préfet de police.* Haut fonctionnaire chargé de la police.

préfigurer v. tr.
Annoncer, présenter les caractères d'une chose future.

préfixation n. f.
(Ling.) Formation d'un mot par adjonction d'un préfixe.

préfixe n. m.
(Ling.) Élément qui se place au début d'un radical pour former une nouvelle unité lexicale. *Ex. : Le préfixe pré- du latin signifiant « devant » marque l'antériorité : préhistorique.*
Note.- L'élément qui se place après un radical est un **suffixe.**
V. Tableau - **PRÉFIXE.**

préfixer v. tr.
Composer avec un préfixe.

préhistoire n. f.
Histoire de l'humanité depuis ses origines jusqu'aux premiers textes écrits.

préhistorique adj.
• Antérieur aux temps historiques. *Un homme préhistorique.*
• (Fig.) Désuet. *Un procédé préhistorique.*

préjudice n. m.
• Tort, dommage.
• *Au préjudice de.* Au désavantage de. *La quantité ne doit pas s'obtenir au préjudice de la qualité.*
• *Porter préjudice à quelqu'un.* Causer du tort à quelqu'un.
• *Sans préjudice de.* (Litt.) Sans parler de.
Note.- Attention à l'orthographe : préjudice.

préjudiciable adj.
Qui porte préjudice.

préjugé n. m.
Parti pris, opinion préconçue.

préjuger v. tr.
• Le *g* est suivi d'un *e* devant les lettres *a* et *o*. *Il préjugea, nous préjugeons.*
• Transitif. (Litt.) Décider sans examen, conjecturer. *Je ne veux rien préjuger.*
Note.- Dans un style soutenu, le verbe est transitif direct et se construit sans la préposition **de.**
• **Transitif indirect.** Porter un jugement, sans examen

PRÉFIXE

Dans la composition des mots nouveaux, le français emprunte surtout au grec et au latin des préfixes ou des éléments joints à un radical pour former une nouvelle unité lexicale.

Ces préfixes présentent l'avantage d'être déjà connus et ainsi, de favoriser la compréhension immédiate du néologisme.

Quelques exemples

PRÉFIXES	SENS	EXEMPLES
anti-	contre	*antibuée, antidérapant, antirides*
auto-	de soi-même	*automobile, autoportrait, autofinancement*
biblio-	livre	*bibliographie, bibliothèque, bibliophile*
cardio-	cœur	*cardiologie, cardiogramme, cardio-vasculaire*
circon-	autour	*circonférence, circonscription*
kilo-	mille	*kilogramme, kilomètre, kilo-octet*
micro-	petit	*microbiologie, micro-ordinateur, microscope*
simili-	semblable	*similitude, similicuir, similibois*
thermo-	chaleur	*thermomètre, thermostat, thermoélectricité*
tri-	trois	*tricentenaire, trilingue, tricolore*
zoo-	animal	*zoographie, zoologie, zoophobie*

Règles d'écriture

Les préfixes se soudent généralement au radical : on observe une tendance marquée à supprimer les traits d'union pour constituer des unités lexicales simples. Seule la rencontre de deux voyelles impose parfois le trait d'union. *Méga-octet, micro-ordinateur.*

préalable de la question. *Elle ne veut pas préjuger de la situation.*
Note.- Dans la langue courante, le verbe se construit plutôt avec la préposition **de**.

prélasser (se) v. pronom.
Se reposer nonchalamment. *Elles se sont prélassées dans l'herbe.*

prélat n. m.
Dignitaire ecclésiastique.

prélèvement n. m.
• Action de prélever. *Un prélèvement bancaire.*
• Matière prélevée. *Un prélèvement de liquide amniotique.*
Note.- Attention à l'orthographe : prélèvement.

prélever v. tr.
• Le *e* se change en *è* devant une syllabe muette. *Il prélève, il prélevait.*
• Retrancher une certaine partie sur un total.
• Prendre un échantillon.

préliminaire adj. et n. m. pl.
• Adjectif
Qui précède la matière principale.
Note.- Ne pas confondre avec le mot *liminaire* qui se dit d'un texte placé au début d'un livre.
• Nom masculin pluriel
- Ensemble des actes qui précèdent un traité. *Des préliminaires interminables.*

- Entrée en matière.
Note.- Le nom est toujours au pluriel.

préliminairement adv.
Préalablement.

prélude n. m.
Ce qui précède quelque chose.
Note.- Ne pas confondre avec les mots suivants :
- *commencement*, début ;
- *origine*, ce qui sert de point de départ ;
- *principe*, ce qui désigne la cause première.

préluder v. tr. ind.
Se produire avant autre chose, marquer le début de quelque chose. *Ces grèves sporadiques préludent à un mouvement global.*

prématuré, ée adj. et n. m. et f.
• Adjectif. Qui vient trop tôt. *Ce geste est prématuré.*
• Nom masculin et féminin. Enfant né avant terme. *Les prématurés sont placés en incubateur.*

prématurément adv.
Avant le temps normal.

préméditer v. tr.
(Péj.) Préparer intentionnellement un crime, un acte répréhensible. *Préméditer un détournement de fonds.*

prémices n. f. pl.
(Litt.) Début, commencement. *Les prémices de l'amour.*
Note.- Ce nom est toujours au pluriel.
Hom. *prémisse,* début d'un exposé.

premier, ière adj. et n. m. et f.

• Abréviations : premier **1ᵉʳ**, première **1ʳᵉ** (s'écrivent sans points).

Adjectif

• Qui vient avant les autres. *Le premier homme, le premier jour de mai.*

• Qui vient en tête. *Le premier ministre.*

• *Le **tout** premier.* L'adjectif **premier** s'accorde en genre et en nombre, le mot **tout** reste invariable au masculin, mais s'accorde au féminin. *Les tout premiers élèves, les toutes premières skieuses.*

• **Adjectif numéral + premier.** L'adjectif numéral précède l'adjectif **premier**. *Les trois premiers jours* (et non les *premiers trois).

• Qui est le meilleur. *Elle s'est classée première.*

Nom masculin et féminin

Personne, chose qui occupe le premier rang. *Elles sont les premières.*

Nom féminin

• Première classe. *Voyager en première.*

• Première représentation d'un spectacle.

Nom masculin

Premier étage. *Les accessoires sont en vente au premier.*

premièrement adv.

• Abréviation **1ᵒ** (s'écrit sans point).

• En premier lieu.

Syn. **primo.**

premier-né, première-née adj. et n. m. et f.

Le premier enfant. *Des premiers-nés, des premières-nées.*

Note.- Les deux éléments du mot composé s'accordent en genre et en nombre.

prémisse n. f.

Début d'un exposé, affirmation dont on tire une conclusion.

Hom. **prémices,** début, commencement.

prémolaire n. f.

Dent située entre les canines et les molaires.

Note.- Attention à l'orthographe : prémo*l*aire.

prémonition n. f.

Pressentiment.

prémonitoire adj.

Se dit d'un signe avant-coureur.

prémunir v. tr., pronom.

• **Transitif**. Prendre des précautions pour se défendre contre quelque chose. *Prémunir un enfant contre un danger.*

• **Pronominal**. Se garantir contre quelque chose. *Se prémunir contre les fluctuations boursières.*

prenant, ante adj.

Saisissant, émouvant. *Des intrigues prenantes.*

prénatal, ale, als ou **aux** adj.

Qui précède la naissance. *Des cours prénatals.*

prendre v. tr., intr., pronom.

Je prends, tu prends, il prend, nous prenons, vous prenez, ils prennent. Je prenais. Je pris. Je prendrai. Je prendrais. Prends, prenons, prenez. Que je prenne. Que je prisse. Prenant. Pris, prise.

Comme *faire, mettre, rendre,* le verbe ***prendre*** est un des mots les plus fréquemment utilisés du français ; il fait partie d'une multitude de locutions aux sens divers. À titre indicatif, voici quelques acceptions de ce verbe :

• **Transitif**

- Saisir. *Prendre une arme.*

- S'emparer. *Prendre un prisonnier.*

- Ingérer. *Prendre un repas.*

- Contracter. *Prendre un rhume.*

- Utiliser. *Prendre sa voiture.*

- Considérer comme. *Prendre quelqu'un pour un fou.*

• **Intransitif**

- Choisir. *Prendre à droite.*

- Épaissir. *La glace commence à prendre.*

- Se mettre à brûler. *Les bûches ont pris feu.*

- Réussir. *Une mode qui prendra.*

- S'enraciner. *Cette plante a pris.*

• **Pronominal**

- Se laisser attraper. *Elles se sont prises au jeu.*

- Se saisir réciproquement. *Ils se sont pris par la main.*

- S'accrocher. *Son chapeau s'est pris à une branche.*

- Attaquer quelqu'un, lui attribuer une faute. *S'en prendre à son voisin.*

• **Locutions**

- *À tout prendre.* Tout bien considéré.

- *Prendre part.* Participer.

- *Prendre l'initiative.* Attaquer.

- *Prendre patience.* Attendre patiemment.

preneur, euse adj. et n. m. et f.

Personne disposée à acheter. *Êtes-vous preneur ?*

prénom n. m.

Nom précédant le patronyme et servant à distinguer chacun des membres d'une même famille. *Appeler quelqu'un par son prénom.*

Note.- Les prénoms français se lient par des traits d'union. *Jean-Pierre.* La même règle s'applique aux initiales. *J.-P.* Les prénoms étrangers s'écrivent généralement sans trait d'union. *John Fitzgerald Kennedy.*

prénommer v. tr., pronom.

• **Transitif**. Donner pour prénom à quelqu'un. *Elle a prénommé sa fille Marie-Ève.*

• **Pronominal**. Avoir pour prénom. *Il se prénomme Étienne.*

prénuptial, iale, iaux adj.

Qui précède le mariage. *Des examens prénuptiaux.*

préoccupation n. f.

Souci, inquiétude.

Note.- Attention à l'orthographe : préo*cc*upation.

préoccuper v. tr., pronom.

• **Transitif**. Inquiéter. *Sa faiblesse me préoccupe.*

• **Pronominal**. S'inquiéter, avoir du souci au sujet de

quelqu'un, de quelque chose. *Elle se préoccupe de sa santé.*

Note.- Attention à l'orthographe : préo**cc**uper.

préparatif n. m. (gén. pl.)
Arrangements en vue de quelque chose. *Des préparatifs de voyage.*

préparation n. f.
• Action de préparer. *La préparation d'un repas.*
• Chose préparée. *Une préparation chimique.*

préparatoire adj.
Qui prépare. *Un stage préparatoire.*

préparer v. tr., pronom.
• **Transitif**
- Disposer, organiser dans un but déterminé. *Préparer un spectacle.*
- Former. *Préparer un étudiant à un examen.*
• **Pronominal**
- Se disposer à. *Il se prépare à partir.*
- Être imminent. *Un orage se prépare.*

prépondérance n. f.
Supériorité.
Note.- Attention à l'orthographe : prépondér**a**nce.

préposé n. m.
préposée n. f.
Personne subalterne chargée d'une fonction. *Une préposée aux renseignements.*

préposer v. tr.
Affecter une personne à un poste.

préposition n. f.
V. Tableau - **PRÉPOSITION.**

prérogative n. f.
Privilège exclusif attribué à certaines fonctions.

près adv.

• Proche. *Il habite tout près.*
• De près. *Il regarde le papillon de près. Il est près de minuit.*
Note.- Cette locution adverbiale marque la proximité de lieu ou de temps.
• Un peu moins de. *Il y a près de vingt pommiers à côté de la maison.*
• **À peu près.** Approximativement.
• **Locutions**
- **À cela près**, locution adverbiale. Excepté cela. *Il*

PRÉPOSITION

La préposition est un mot invariable qui marque un rapport de lieu, de temps, de cause, de manière, etc. entre un mot (nom ou verbe) et son complément.

Quelques prépositions

à	*Je viendrai à midi* (temps).		**en**	*Elle habite en Bourgogne* (lieu).
	Il habite à la campagne (lieu).			*En été* (temps).
	Se battre à l'épée (moyen).			*Une bague en or* (matière).
dans	*Il arrivera dans une heure* (temps).		**par**	*Passer par Saint-Malo* (lieu).
	Elle travaille dans un bureau (lieu).			*Travailler dix heures par jour* (temps).
de	*Marcher de midi à minuit* (temps).			*Voyager par goût* (manière).
	Se rapprocher de la ville (lieu).		**pour**	*Partir pour la campagne* (lieu).
	Une femme de tête (manière).			*Partir pour deux jours* (temps).
				Des bottes pour la pluie (destination).

Quelques locutions prépositives

• Cause, origine

    À cause de, au sujet de, en présence de, par suite de, en raison de.

• Lieu

    À droite de, en bas de, au-delà de, au long de, au pied de.

• Temps

    À l'occasion de, jusqu'à, à compter de, à partir de, au cours de.

• But

    Afin de, à l'effet de, dans le but de, de façon à, en vue de.

• Manière, moyen

    À l'aide de, à raison de, au moyen de, au prix de, grâce à.

pratique tous les sports, à cela près qu'il déteste le football.
- **À peu de choses près**, locution adverbiale. Presque complètement. *Elle a été remboursée à peu de choses près.*
- **Près de**, locution prépositive. *Il se plaça près de moi. Il y a près de vingt ans qu'il est venu dans ce pays.*
Note.- Cette locution marque la proximité de lieu ou de temps.
- **Près de + infinitif.** Sur le point de. *Il était près de changer d'avis.*
Note.- Cette expression ne doit pas être confondue avec **prêt** qui signifie « disposé à » et qui se construit avec la préposition **à**. *Il est prêt à changer d'avis.*
Hom. **prêt**, somme prêtée.

présage n. m.
Signe heureux ou malheureux par lequel on juge de l'avenir. *Cette éclaircie est un bon présage.*

présager v. tr.
• Le **g** est suivi d'un **e** devant les lettres **a** et **o.** *Il présagea, nous présageons.*
• (Litt.) Annoncer par des signes. *Ces réactions présagent une certaine opposition, ne présagent rien de bon.*
Note.- Ce verbe se construit avec un complément d'objet direct.

pré-salé n. m.
Mouton qui vient d'un pâturage voisin de la mer. *Les prés-salés du Mont-Saint-Michel.*

presbyte adj. et n. m. et f.
Qui est atteint de presbytie.
Note.- Attention à l'orthographe : presb**y**te.

presbytère n. m.
Maison du curé dans une paroisse.

presbytie n. f.
Défaut de l'œil qui distingue mal les objets proches.
Notes.-
1° Attention à l'orthographe : presb**ytie.**
2° À l'opposé, la **myopie** est le défaut de l'œil qui distingue mal les objets éloignés.

prescriptible adj.
(Dr.) Sujet à la prescription. *Des droits prescriptibles.*
Ant. **imprescriptible.**

prescription n. f.
• Ordre détaillé, recommandation, conseil thérapeutique émanant d'un médecin
Note.- Quand la prescription est sous forme écrite, il s'agit d'une **ordonnance.**
• Ordre détaillé.
Note.- Ne pas confondre avec les mots suivants :
- **commandement**, ordre ;
- **instruction**, indication précise pour l'exécution d'un ordre ;
- **précepte**, règle de conduite ;
- **proscription**, condamnation.
• (Dr.) Temps au bout duquel on ne peut plus poursuivre l'exécution d'une obligation. *Il y a prescription après dix ans.*

prescrire v. tr., pronom.
• *Je prescris, tu prescris, il prescrit, nous prescrivons, vous prescrivez, ils prescrivent. Je prescrivais. Je prescrivis. Je prescrirai. Je prescrirais. Prescris, prescrivons, prescrivez. Que je prescrive. Que je prescrivisse. Prescrivant. Prescrit, ite.*
• **Transitif.** Ordonner, recommander. *Le médecin a prescrit des antibiotiques.*
• **Pronominal.** S'éteindre par prescription.
Note.- Ne pas confondre avec le verbe **proscrire** qui signifie « condamner, interdire ».

préséance n. f.
Droit de précéder quelqu'un. *Cette souveraine a préséance sur les autres invités.*

présence n. f.
• Le fait pour une personne, une chose d'être dans un lieu déterminé. *Comment expliquer la présence de cette personne ici ?*
• **Jetons de présence.** Somme accordée aux membres des conseils d'administration.
• **Faire acte de présence.** Être présent pendant quelques instants seulement.
• **En présence de**, locution prépositive. En face de. *Il a signé en présence d'un témoin.*
• **En présence**, locution adverbiale. Face à face. *Les forces en présence.*

présent, ente adj. et n. m. et f.
• **Adjectif et nom masculin et féminin**
Qui est dans le lieu dont on parle, dans le temps où nous sommes. *Le temps présent, elle est ici présente. Que les présents se lèvent.*
Ant. **absent.**
Note.- Contrairement à l'adjectif **absent**, l'adjectif **présent** peut se construire avec la préposition **à** suivie d'un nom de lieu. *Il était présent à la réunion.*
• **À présent que**, locution conjonctive. Maintenant que.
Note.- La locution s'emploie avec un verbe au présent. *À présent qu'elle est en vacances, elle peut aller jouer.* Quand le verbe est à un temps du passé, on préférera la locution conjonctive **maintenant que.** *Maintenant que le projet a été approuvé...*
• **Nom masculin**
- Partie du temps correspondant au moment où l'on parle. *Vivre dans le présent.*
- Cadeau. *De jolis présents.*

• (Gramm.) Temps indiquant que l'action s'accomplit au moment où l'on parle.
• Le présent exprime également :
- Une vérité éternelle. *Le ciel est bleu. Deux et deux font quatre.*
- Un fait habituel. *Il part tous les matins à 7 h 30.*
- Un fait actuel. *Il neige.*
- Un futur proche. *Un instant je vous prie, je suis à vous dans quelques minutes.*

présentable adj.
Qui a un bon aspect.

présentateur n. m.
présentatrice n. f.
Personne qui présente un spectacle, une émission, un produit.

présentation n. f.
● Action de présenter. *Faire les présentations.*
● Action de faire connaître. *La présentation d'un film.*
● Manière de présenter. *Une présentation originale.*

présentement adv.
● (Vx) En ce moment, actuellement.
● Au Canada, cet adverbe est couramment utilisé.

présenter v. tr., intr., pronom.
● **Transitif**
- Faire connaître une personne à une autre, en donnant son nom, sa qualité. *Permettez-moi de vous présenter mon frère.*
- Offrir. *Présenter un siège.*
- Montrer, exposer. *Présenter un nouveau produit, un projet, un film.*
● **Intransitif**
- *Présenter bien, présenter mal.* (Fam.) Faire bonne, mauvaise impression. *Elle a été engagée ; elle présente bien.*
Note.- Cette construction est critiquée ; dans la langue soutenue, on dira plutôt *elle a une bonne présentation.*
● **Pronominal**
- Se faire connaître à quelqu'un. *Je ne me suis pas présentée, je suis Paule Dupond.*
- Se proposer. *Se présenter comme candidat, se présenter à un examen.*
- Apparaître, survenir. *L'affaire se présente bien.*

présentoir n. m.
Dans un établissement commercial, dispositif à l'aide duquel les produits sont mis en valeur.

préservatif n. m.
Contraceptif masculin ; condom.

préservation n. f.
Action de préserver.

préserver v. tr.
● Mettre à l'abri de, sauver d'un mal. *Préserver de la pluie.*
● (Par ext.) Protéger. *Préserver sa vie de famille.*

présidence n. f.
● Fait de présider. *Il est chargé de la présidence du colloque.*
● Fonction de président.

président n. m.
présidente n. f.
Personne qui préside une assemblée, une société, un pays, etc. *Le président de la République, la présidente d'un conseil d'administration.*
Note.- Attention à l'orthographe : présid**e**nt, contrairement au participe présent invariable **présid**a**nt.**

président-directeur général n. m.
● Abréviation **P.-D.G.**
● Personne qui préside le conseil d'administration d'une entreprise et assume sa direction générale.

Note.- Attention à la place du trait d'union entre les deux noms.

présidentiel, elle adj.
Qui est relatif au président. *Le bureau présidentiel.*
Note.- Attention à l'orthographe : préside**n**tiel.

présider v. tr.
● **Transitif**. Remplir les fonctions de président. *Elle présidait la réunion.*
● **Transitif indirect**. Veiller à, organiser. *Il préside à l'organisation du colloque international.*
Note.- Au sens de **veiller à**, le verbe se construit avec la préposition **à.**

présomptif, ive adj.
Désigné à l'avance. *L'héritier présomptif.*
Note.- Ne pas confondre avec le mot **présomptueux** qui qualifie une personne téméraire.

présomption n. f.
● Jugement fondé sur des apparences.
● Témérité, confiance excessive en ses possibilités.

présomptueux, euse adj.
Qui est trop confiant en soi, téméraire.
Note.- Ne pas confondre avec le mot **présomptif** qui se dit de ce qui est désigné d'avance.

présonorisation n. f.
Ce nom a fait l'objet d'une recommandation officielle pour remplacer l'anglicisme **play-back**.

presque adv.
À peu près. *Une liste presque exhaustive. Presque tous les électeurs ont voté.*
Note.- L'élision ne se fait que devant le mot **île.**
V. Tableau - **ÉLISION.**

presqu'île n. f.
Île reliée à la terre par une langue de terrain.
Note.- Lorsque cette presqu'île est d'une grande étendue, on emploie le mot **péninsule.**

pressage n. m.
Action de presser. *Le pressage d'un jus de fruits.*

pressant, ante adj.
● Urgent. *Un besoin pressant de médicaments.*
● Insistant. *Une demande pressante.*

press-book n. m.
(Anglicisme) Réunion de documents sur la carrière d'un artiste, d'un mannequin, etc. *Des press-books.*

presse n. f.
● Machine destinée à comprimer un corps ou à y laisser une impression. *Une presse à imprimer.*
● *Mettre un livre sous presse.* Le faire imprimer.
● Le journalisme. *La liberté de la presse.*
Note.- Par extension, on dit également **presse parlée, presse télévisée.**

pressé, ée adj. et n. m.
● **Adjectif**
- Qui a été pressé pour en extraire le jus. *Une orange fraîchement pressée.*
- Qui doit être fait sans délai. *Un travail pressé.*
● **Nom masculin**
Ce qui est le plus important, le plus urgent. *Il faut parer au plus pressé.*

presse- préf.
Les mots composés avec le préfixe **presse-** s'écrivent avec un trait d'union et sont invariables. *Presse-papiers.*

presse-citron n. m. inv.
Ustensile servant à extraire le jus des citrons, des oranges. *Des presse-citron.*

presse-fruits n. m. inv.
Appareil servant à extraire le jus des fruits. *Des presse-fruits.*

pressentiment n. m.
Sentiment instinctif d'un événement à venir.

pressentir v. tr.
• *Je pressens, tu pressens, il pressent, nous pressentons, vous pressentez, ils pressentent. Je pressentais. Je pressentis. Je pressentirai. Je pressentirais. Pressens, pressentons, pressentez. Que je pressente. Que je pressentisse. Pressentant. Pressenti, ie.*
• Deviner confusément. *Pressentir un drame.*
• Prendre contact avec quelqu'un. *Il a été pressenti par le parti écologique.*

presse-papiers n. m. inv.
Petit objet lourd posé sur des documents pour éviter qu'ils ne se dispersent. *Des presse-papiers inusités.*

presser v. tr., intr., pronom.
• **Transitif**
- Serrer avec force. *Presser un citron.*
- Exercer une pression. *Presser un bouton.*
- Insister. *Je le pressai d'agir.*
- Accélérer. *Presser le pas.*
• **Intransitif**
Être urgent. *Le temps presse, il faut partir.*
• **Pronominal**
- Se hâter. *Elles se sont pressées pour arriver à temps.*
- Se serrer, se tasser. *Il s'est pressé tout contre elle.*

pressing n. m.
(Anglicisme) Établissement où l'on nettoie et repasse les vêtements.

pression n. f.
• Poussée. *Une pression de la main suffit.*
• Contrainte morale. *Trop de pression s'exerce sur lui. Il est sous pression.*
• (Phys.) Force qui agit sur une surface donnée. *La pression atmosphérique.*
• *Groupe de pression.* Regroupement de personnes ayant des intérêts communs en vue d'exercer une influence sur le pouvoir politique, l'opinion publique. *Un puissant groupe de pression.*
Syn. **lobby.**

pressoir n. m.
Presse qui sert à extraire le jus des raisins, des olives, etc.

pressurer v. tr.
• Soumettre au pressoir des fruits pour en extraire le jus. *Pressurer des raisins.*
• (Fig.) Prélever des impôts, des taxes à l'excès.

pressurisation n. f.
Mise sous pression normale.

pressuriser v. tr.
Maintenir l'intérieur d'un avion à une pression définie.

prestance n. f.
Aspect imposant d'une personne.
Note.- Attention à l'orthographe : prest**a**nce.

prestataire n. m. et f.
Personne qui reçoit une prestation.

prestation n. f.
• Allocation versée par l'État. *Les prestations de vieillesse.*
• Action de se produire en public. *Les joueurs de cette équipe de football ont fait une excellente prestation.*

preste adj.
Prompt et agile.

prestement adv.
Vivement.

prestidigitateur, trice n. m. et f.
Personne qui a une grande dextérité manuelle et qui exécute des tours d'adresse.
Note.- Ne pas confondre avec le mot *illusionniste* qui désigne un créateur d'illusion.

prestidigitation n. f.
Art du prestidigitateur.

prestige n. m.
• Attrait exercé par une personne, une chose. *Une image de prestige.*
• Pouvoir d'imposer le respect, l'admiration. *Le prestige de ce chercheur.*

prestigieux, ieuse adj.
Qui a du prestige.

presto adv.
• (Mus.) Très vite.
• (Fam.) Rapidement.

présumé, ée adj.
Censé, réputé. *Il est présumé innocent.*

présumer v. tr.
• **Transitif**. Supposer. *Un symptôme qui laisse présumer une maladie grave.*
• **Transitif indirect**. Compter trop sur. *Ne présumez pas trop de votre santé.*

prêt n. m.
• Action de prêter. *Le prêt d'une voiture.*
• Somme remise à une personne (l'emprunteur) par une autre personne (le prêteur) à titre temporaire. *La banque consent des prêts à un taux de 10 %.*
Note.- Ne pas confondre avec le mot *emprunt* qui désigne une somme d'argent obtenue à titre temporaire.
Hom. :
- *près*, proche ;
- *prêt*, disposé à.

prêt, prête adj.
• Disposé à. *Il est prêt à vous suivre.*
• *Fin prêt.* Tout à fait prêt. *Elles étaient fin prêtes.*
Note.- Dans cet emploi adverbial, le mot *fin* est invariable.

Hom. :
- **près**, proche ;
- **prêt**, somme prêtée.

prêt-à-porter n. m.
Ensemble des vêtements de confection. *Des prêts-à-porter.*
Ant. **sur mesure.**

prétendre v. tr., pronom.
● *Je prétends, tu prétends, il prétend, nous prétendons, vous prétendez, ils prétendent. Je prétendais. Je prétendis. Je prétendrai. Je prétendrais. Prétends, prétendons, prétendez. Que je prétende. Que je prétendisse. Prétendant. Prétendu, ue.*
● **Transitif.** Soutenir, affirmer. *Il prétend qu'on lui a volé sa voiture.*
Note.- Le verbe se construit à l'indicatif dans une tournure affirmative. Dans une tournure négative, il se construit avec le subjonctif. *Il ne prétend pas qu'on lui ait volé sa voiture.*
● **Transitif indirect.** (Litt.) Aspirer à. *Cette personne peut prétendre à un avenir brillant.*
● **Pronominal.** Se dire. *Il se prétend avocat, mais je n'en suis pas certain.*

prétendu, ue adj.
Supposé, présumé, mais non attesté. *C'est un prétendu guérisseur.*

prétendument adv.
Supposément.

prête-nom n. m.
Mandataire qui agit pour le véritable contractant. *Ce ne sont que des prête-noms.*

prétentaine ou **pretantaine** n. f.
(Vx) *Courir la prétentaine, la pretantaine.* Être à la recherche d'aventures galantes.

prétentieusement adv.
D'une manière prétentieuse.

prétentieux, ieuse adj. et n. m. et f.
Suffisant, maniéré.

prétention n. f.
● Exigence, revendication. *Prétention sur un héritage.*
● (Péj.) Arrogance. *Elle a la prétention d'affirmer qu'elle connaît ce domaine, mais il n'en est rien.*
● *Sans prétention(s), sans aucune prétention.* Très simple. *Venez dîner, ce sera sans prétention ou sans prétentions.*

prêter v. tr., pronom.
● **Transitif**
- Mettre quelque chose à la disposition de quelqu'un à titre provisoire. *Prête-moi ton manteau.*
- Attribuer. *On lui prête des intentions politiques.*
● **Pronominal**
- Consentir. *Ne vous prêtez pas à cette farce.*
- Être propice à. *Le sujet se prête bien à un tel traitement.*
● **Locutions**
- *Prêter main-forte.* Aider.
- *Prêter le flanc à.* Donner prise à.

prêteur, euse n. m. et f.
Personne qui consent un prêt.
Ant. **emprunteur.**

prétexte n. m.
● Motif apparent dont on se sert pour cacher la véritable raison.
● *Être prétexte à.* *Les vacances sont prétexte à de belles excursions.*
Note.- Dans cette expression, le nom peut se mettre au pluriel si l'on considère une pluralité de prétextes. *Ces réunions sont prétextes à des échanges professionnels et à des rencontres agréables.*
● *Sous prétexte de*, locution prépositive. En invoquant comme raison.
● *Sous (le) prétexte que*, locution conjonctive. En prétendant que.
Note.- Le verbe se construit à l'indicatif. *Il fut congédié sous prétexte qu'il n'était pas impartial.*

prétexter v. tr.
Donner pour prétexte. *Il a prétexté une migraine pour s'éclipser.*

prétoire n. m.
(Litt.) Tribunal.

prêtre n. m.
Membre du clergé.
Note.- Attention à l'orthographe : prêtre.

prêtrise n. f.
Fonction de prêtre.
Note.- Attention à l'orthographe : prêtrise.

preuve n. f.
● Ce qui tend à établir la vérité d'un fait.
● *Faire preuve de.* Démontrer. *Ils ont fait preuve de sang-froid.*
Note.- Dans cette expression, le nom est invariable.
● *Faire ses preuves.* Montrer ses qualités, sa compétence.

preux adj. m. et n. m.
● **Adjectif.** (Vx) Brave.
● **Nom masculin.** (Vx) Chevalier.

prévaloir v. intr., pronom.
● *Je prévaux, tu prévaux, il prévaut, nous prévalons, vous prévalez, ils prévalent. Je prévalais. Je prévalus. Je prévaudrai. Je prévaudrais. Prévaux, prévalons, prévalez. Que je prévale, que tu prévales, qu'il prévale, que nous prévalions, que vous prévaliez, qu'ils prévalent. Que je prévalusse. Prévalant. Prévalu, ue.*
● **Intransitif.** (Litt.) L'emporter sur. *Cet avis a prévalu sur les autres hypothèses.*
● **Pronominal.** Faire valoir, tirer avantage. *Elles se sont prévalues de leurs droits.*
Note.- Le participe passé s'accorde avec le sujet.

prévenance n. f.
● Action de prévenir les désirs de quelqu'un.
● (Au plur.) Attentions. *De délicates prévenances.*
Note.- Attention à l'orthographe : prévenance.

prévenant, ante adj.
Attentionné.

prévenir v. tr.
• *Je préviens, tu préviens, il prévient, nous prévenons, vous prévenez, ils préviennent. Je prévenais. Je prévins. Je préviendrai. Je préviendrais. Préviens, prévenons, prévenez. Que je prévienne. Que je prévinsse. Prévenant. Prévenu, ue.*
• Informer à l'avance. *Il faut le prévenir que la réunion de mercredi a été reportée à vendredi.*
Note.- Si l'information porte sur l'avenir, l'emploi du verbe *prévenir* se justifie ; si l'information appartient au passé ou au présent, on emploiera plutôt *aviser, informer. Je dois vous informer qu'une décision a été prise.*
• Éviter par des précautions. *Prévenir un incendie.*

préventif, ive adj.
Qui a pour but de prévenir. *Un entretien préventif.*

prévention n. f.
• Opinion préconçue.
• Ensemble de mesures prises en vue d'éviter des accidents, des inconvénients. *La prévention routière.*

préventivement adv.
De façon préventive.

prévenu, ue adj. et n. m. et f.
Personne soupçonnée d'une infraction.

prévisible adj.
Qui peut être prévu. *Un succès prévisible.*
Ant. **imprévisible.**

prévision n. f.
Appréciation de l'évolution des tendances passées et actuelles et de leurs conséquences futures. *Des prévisions économiques.*

prévisionnel, elle adj.
Qui a fait l'objet de prévisions. *Un coût prévisionnel.*
Note.- Attention à l'orthographe : prévisio**nn**el.

prévoir v. tr.
• *Je prévois, tu prévois, il prévoit, nous prévoyons, vous prévoyez, ils prévoient. Je prévoyais, tu prévoyais, il prévoyait, nous prévoyions, vous prévoyiez, ils prévoyaient. Je prévis. Je prévoirai, tu prévoiras, il prévoira, nous prévoirons, vous prévoirez, ils prévoiront. Je prévoirais, tu prévoirais, il prévoirait, nous prévoirions, vous prévoiriez, ils prévoiraient. Prévois, prévoyons, prévoyez. Que je prévoie, que tu prévoies, qu'il prévoie, que nous prévoyions, que vous prévoyiez, qu'ils prévoient. Que je prévisse. Prévoyant. Prévu, ue.*
• Le *y* est suivi d'un *i* à la première et à la deuxième personne du pluriel de l'indicatif imparfait et du subjonctif présent. *(Que) nous prévoyions, (que) vous prévoyiez.*
• Imaginer qu'une chose doit arriver. *Il avait prévu le krach.*
• Organiser. *Prévoir la construction d'un aéroport.*
• *Comme prévu.* Dans la langue soutenue, on écrira plutôt *comme il était prévu, comme il est prévu.*

prévoyance n. f.
Qualité de la personne qui prend des précautions pour l'avenir.

prévoyant, ante adj.
Qui prend les précautions qui s'imposent. *Ils ont été prévoyants : ils ont pris des imperméables.*
Ant. **imprévoyant.**

prie-Dieu n. m. inv.
Meuble sur lequel on s'agenouille pour prier. *Des prie-Dieu sculptés.*

prier v. tr., intr.
• Redoublement du *i* à la première et à la deuxième personne du pluriel de l'indicatif imparfait et du subjonctif présent. *(Que) nous priions, (que) vous priiez.*
• **Transitif**
- S'adresser à Dieu, aux saints. *Prier saint Jude, le patron des causes désespérées.*
- Solliciter, demander avec insistance, déférence. *Prier le ministre d'accéder à une demande.*
- Inviter. *Le nouveau directeur vous prie de venir le rencontrer à 20 heures.*
Note.- En ce sens, le verbe se construit avec la préposition *de.*
- *Je vous en prie.* Formule de politesse employée pour accompagner une demande, pour éluder des remerciements. *Merci infiniment. - Je vous en prie.*
• **Intransitif**
S'adresser à Dieu, aux saints. *Elle priait avec ardeur.*

prière n. f.
• Acte religieux par lequel on s'adresse à Dieu, aux saints.
• Demande pressante. *Adresser une prière au ministre.*
• *À la prière de.* À l'invitation de. *Il est venu à la prière de son supérieur.*
• *Prière de...* Formule de politesse marquant un commandement, une interdiction. *Prière de ne pas fumer.*
Note.- Cette formule est préférable à l'emploi de *S.V.P.* dans l'affichage public.
• *Prière d'insérer.* Encart comportant des indications sur un ouvrage.
Note.- Les auteurs ne s'entendent pas sur le genre de cette expression, le masculin semble l'emporter actuellement. *Un prière d'insérer, des prières d'insérer.*

prieur, eure n. m. et f.
Supérieur, supérieure de certaines communautés religieuses.

prieuré n. m.
• Communauté religieuse sous l'autorité d'un prieur.
• Église de cette communauté.

prima donna n. f.
Première chanteuse d'un opéra. *Des prima donna.*
Note.- Dans la langue de la musique, on emploie parfois le pluriel italien *prime donne.*

primaire adj.
• Qui appartient à l'enseignement du premier degré. *École primaire.*
• *Secteur primaire.* Secteur d'activité économique comprenant les activités productrices de matières premières (agriculture, mines, etc.).
Note.- Le *secteur secondaire* regroupe les activités de transformation des matières premières en biens (industrie) ;

- le **secteur tertiaire** regroupe les services (administration, transport, informatique, etc.).

primauté n. f.
Prééminence, suprématie de fait.

prime adj. et n. f.
• **Adjectif**
- (Vx) Premier.
- **De prime abord.** À première vue.
• **Nom féminin**
- Somme d'argent payée à un employé en plus de son salaire normal, à titre d'encouragement, d'aide. *Une prime de productivité.*
- Somme payée par l'assuré à son assureur. *Les primes d'assurance ont augmenté cette année.*
- Ce qu'on donne en plus. *Et en prime, la maison vous offre un calendrier.*

primer v. tr.
• **Transitif.** Gratifier d'un prix, d'une récompense. *Ces chevaux ont été primés.*
• **Transitif direct ou indirect.** L'emporter sur. *Cet objectif prime tous les autres, ou sur tous les autres.*
Note.- Dans la langue soutenue, le verbe se construit sans préposition.

primerose n. f.
Rose trémière ou passerose.

primesautier, ière adj.
(Litt.) Qui agit sans réflexion, spontanément.

primeur n. f.
• Caractère de ce qui est nouveau.
• **Avoir la primeur de quelque chose**. Être le premier à en être informé.
• (Au plur.) Fruits, légumes frais. *Un marchand de primeurs.*

primevère n. f.
Plante qui fleurit au printemps.
Note.- Attention à l'orthographe : primev**è**re.

primipare adj. et n. f.
Se dit d'une femme qui accouche pour la première fois.
Notes.-
1° Par opposition à **multipare**, qui se dit d'une femme qui a mis au monde plusieurs enfants.
2° Attention à l'orthographe : primipa**r**e.

primitif, ive adj.
• Qui est le premier, le plus ancien. *Une société primitive.*
• Inculte, grossier. *Un homme aux manières primitives.*

primitivement adv.
À l'origine.

primo adv.
• Abréviation *1°*.
• En premier lieu.
Note.- En typographie soignée, les mots étrangers sont composés en italique. Dans des textes déjà en italique, la notation se fait en romain. Pour les textes manuscrits, on utilisera les guillemets.
Syn. **premièrement.**

primordial, iale, iaux adj.
• Qui existe depuis l'origine.
• Essentiel. *Des faits primordiaux, d'une importance primordiale.*
Note.- Attention à l'orthographe : primordi**al**, primordi**ale**.

prince n. m.
• Titulaire du plus haut titre de noblesse. *S.A. le prince Albert de Monaco, le prince Charles.*
Note.- Les titres de noblesse s'écrivent avec une minuscule.
• **Bon prince**, locution adverbiale. Conciliant, tolérant. *Elles se sont montrées bon prince.*
Note.- Cette locution adverbiale ne comporte pas de forme féminine.

prince-de-galles adj. inv. et n. m. inv.
Tissu de laine à fines rayures. *Des prince-de-galles de bonne qualité. Un lainage prince-de-galles.*

princesse n. f.
• Fille d'un souverain, fille ou femme d'un prince. *La princesse Stéphanie.*
• **Aux frais de la princesse**. Sans payer.

princier, ière adj.
Digne d'un prince. *Un faste princier.*

principal, ale, aux adj. et n. m.
• **Adjectif**
Qui est le premier, le plus important. *Un rôle principal, des titres principaux.*
• **Proposition principale.** Proposition accompagnée de propositions subordonnées.
V. Tableau - **PROPOSITIONS.**
• **Nom masculin**
- Capital d'une dette (par opposition aux **intérêts**).
- Ce qui est essentiel. *Le principal, c'est que vous soyez sains et saufs.*

principalement adv.
Surtout, particulièrement.

principauté n. f.
Petit État gouverné par un prince. *La principauté de Monaco.*
V. **pays.**

principe n. m.
• Ce qui désigne la cause première.
Note.- Ne pas confondre les mots suivants :
- **commencement**, début ;
- **origine**, ce qui sert de point de départ ;
- **prélude**, ce qui précède quelque chose.
• **Locutions**
- **En principe.** Théoriquement.
- **De principe.** A priori. *Un accord de principe.*
- **Une question de principe.** Qui résulte d'un principe.

printanier, ière adj.
Du printemps. *La mode printanière.*

printemps n. m.
Saison qui succède à l'hiver et qui précède l'été. *Au printemps, les bourgeons sortent.*

priori (a)
V. **a priori.**

prioritaire adj.
Qui a la priorité, qui vient en premier. *Un dossier prioritaire.*

priorité n. f.
• Droit de passer avant les autres.
• Fait de passer avant toute autre chose. *Il y a des priorités à respecter dans l'ordre de lancement des produits.*

prise n. f.
• Action de prendre, manière de saisir. *La prise de la Bastille.*
• **Locutions**
- *Être aux prises avec.* Combattre.
- *Lâcher prise.* Abandonner la partie.
- *En prise directe.* (Fig.) En étroite relation avec quelque chose.
- *Prise de vue* (photo), *prise de vues* (cinéma). Selon le domaine ou le contexte, le complément déterminatif s'écrit au singulier ou au pluriel.
- *Prise de sang.* Prélèvement sanguin.
- *Prise de courant, prise électrique.* Dispositif électrique sur lequel on peut brancher des appareils.

priser v. tr.
• (Litt.) Apprécier.
• Aspirer du tabac.

prisme n. m.
Figure géométrique qui a plusieurs faces parallèles à une même droite. *Les couleurs du prisme.*

prison n. f.
Lieu de détention.
Note.- Le mot *pénitencier* désigne une prison où l'on offre aux détenus la possibilité de s'instruire et de travailler. Le *bagne* est la prison où l'on enferme les condamnés aux travaux forcés.

prisonnier, ière adj. et n. m. et f.
• Qui est détenu dans une prison.
• Qui est privé de sa liberté.
Note.- Attention à l'orthographe : priso**nn**ier.

privatif, ive adj.
• Se dit d'un préfixe qui marque la privation, l'absence, comme *in-* dans *incomplet, inachevé.*
• (Dr.) Privé, exclusif. *Un jardin privatif.*
Note.- Cet adjectif appartient à la langue juridique, mais le vocabulaire de la publicité immobilière l'emploie fréquemment.

privation n. f.
Action de priver, de se priver.

privatisation n. f.
Action de vendre à l'entreprise privée ce qui est la propriété de l'État.
Ant. **nationalisation.**

privatiser v. tr.
Action de procéder à la privatisation. *Privatiser une banque.*
Ant. **nationaliser.**

privautés n. f. pl.
Familiarités excessives.

privé, ée adj.
Individuel, particulier. *Un jardin privé, des entretiens privés, une entreprise privée.*
Ant. **public.**

priver v. tr., pronom.
• **Transitif.** Enlever à quelqu'un ce qu'il a. *Priver les élèves de récréation.*
• **Pronominal.** Renoncer à. *Se priver de dessert.*

privilège n. m.
Prérogative, avantage particulier. *Cette fonction comporte des privilèges importants.*

privilégié, ée adj. et n. m. et f.
Qui jouit d'un privilège. *La classe privilégiée, une action privilégiée.*

privilégier v. tr.
• Redoublement du *i* à la première et à la deuxième personne du pluriel de l'indicatif imparfait et du subjonctif présent. *(Que) nous privilégiions, (que) vous privilégiiez.*
• Avantager, favoriser. *Privilégier le recyclage des employés.*

prix n. m.
• Valeur marchande d'un bien ou d'un service.
Note.- Lorsque le prix comporte un symbole d'unité monétaire (**$, F,** £), l'expression numérique doit être écrite en chiffres. *Le prix est de 15 F.* Si le nombre est écrit en toutes lettres, l'unité monétaire s'écrit également au long. *Quinze francs.*
.V. Tableau - **SYMBOLES DES UNITÉS MONÉTAIRES.**
• *À aucun prix.* En aucun cas.
• *Hors de prix.* Exorbitant.
• *À tout prix.* Coûte que coûte.
• *Au prix fort.* Sans réduction.
• *À prix d'or.* Très cher.
• *Sans prix.* D'une valeur inestimable.
• Ce qu'il en coûte pour obtenir quelque chose. *Il a remporté la victoire, mais à quel prix.*
• Récompense. *Décerner un prix d'excellence, le prix Nobel, le prix Goncourt.*
Note.- Le mot *prix* s'écrit avec une minuscule lorsqu'il désigne la récompense ; quand il désigne le lauréat de la récompense, il s'écrit avec une majuscule. *C'est un Prix de Rome, un Prix Nobel.*
• *Au prix de,* locution prépositive. Moyennant, à la condition de. *C'est au prix de sa vie qu'il a sauvé cet enfant.*

pro- préf.
• Élément du grec et du latin signifiant « en faveur de ».
• Les mots composés avec le préfixe *pro-* s'écrivent en un seul mot, sauf si le deuxième élément est un sigle. *Proaméricain, pro-PC.*

probabilité n. f.
• Caractère de ce qui est probable.
• *Selon toute probabilité.* Vraisemblablement.
• Chance de réalisation d'un événement. *Calcul des probabilités.*

probable adj.
• Vraisemblable, possible.
• *Il est probable que.*
Note.- La locution impersonnelle se construit avec l'indicatif ou le subjonctif en fonction de la probabilité ou de la non-probabilité de l'action. *Il est probable qu'il fera beau ce soir. Il est peu probable qu'il vienne ce soir.*

probablement adv.
Vraisemblablement.

probant, ante adj.
Qui sert de preuve, concluant. *Des pièces probantes, des résultats probants.*

probe adj.
Intègre.

probité n. f.
Intégrité, honnêteté.

problématique adj. et n. f.
• **Adjectif.** Difficile, litigieux.
• **Nom féminin.** Art de poser les problèmes.

problème n. m.
• Question à résoudre. *Un problème d'algèbre.*
• Difficulté qu'il faut résoudre pour obtenir un résultat. *Des problèmes techniques.*
• *Faire problème.* (Fam.) Présenter des difficultés. *Ces refus feront problème.*
• *Poser des problèmes.* Entraîner des difficultés.
• *Il n'y a pas de problème.* (Fam.) Bien sûr, certainement.

procédé n. m.
• Moyen utilisé pour parvenir à un résultat déterminé. *Un procédé chimique.*
• Manière d'agir. *Un procédé inqualifiable.*
• *Échange de bons procédés.* Services rendus réciproquement.
Note.- Ne pas confondre avec les mots suivants :
- *procédure*, ensemble de règles administratives ;
- *processus*, suite de phases.

procéder v. tr. ind., intr.
• Le *é* se change en *è* devant une syllabe muette, sauf à l'indicatif futur et au conditionnel présent. *Je procède*, mais *je procédais*.
• **Transitif indirect.** (Litt.) Tirer son origine de. *Sa manière de faire procède d'un manque d'éducation.*
Note.- Ne pas confondre avec les verbes suivants :
- *découler*, être la suite nécessaire de ;
- *dériver*, être issu de ;
- *émaner*, sortir de ;
- *provenir*, venir de ;
- *ressortir*, s'imposer comme condition logique.
• *Procéder à.* Exécuter un acte. *Il procédera à l'étude de la question.*
Note.- On réservera ce verbe à une activité complexe.
• **Intransitif.** Agir. *Il faut procéder méthodiquement.*

procédure n. f.
• (Dr.) Manière de procéder en justice. *Engager une procédure.*
• Ensemble des règles à suivre pour parvenir à un résultat. *Une procédure de recrutement.*

Note.- Ne pas confondre avec les mots suivants :
- *procédé*, méthode, moyen ;
- *processus*, suite de phases, développement progressif.

procès n. m.
Différend entre deux ou plusieurs parties, soumis à une juridiction.
Note.- Attention à l'orthographe : proc*ès*.

processeur n. m.
(Inform.) Unité centrale d'un ordinateur.

procession n. f.
Cortège solennel.
Note.- Attention à l'orthographe : pro*cess*ion.

processus n. m.
• Suite des différentes phases d'un phénomène. *Un processus inflationniste.*
• Développement progressif. *Un processus de croissance.*
Note.- Ne pas confondre avec les mots suivants :
- *procédé*, méthode, moyen ;
- *procédure*, ensemble de règles.

procès-verbal n. m.
Compte rendu écrit. *Veuillez me transmettre les procès-verbaux des dernières réunions. L'agent de police établit un procès-verbal du cambriolage.*

prochain, aine adj. et n. m. et f.
• **Adjectif.** Le plus proche. *Le prochain arrêt, la semaine prochaine.*
• *À la prochaine (fois).* (Fam.) À bientôt.
• **Nom masculin.** (Relig.) Autrui. *Il faut aimer son prochain.*
• **Nom féminin.** *La prochaine.* (Fam.) La station suivante. *Je descends à la prochaine.*

prochainement adv.
D'ici peu. *Nous nous verrons prochainement.*

proche adj. et n. m.
• **Adjectif**
- Qui n'est pas éloigné. *Ces maisons sont proches de la mer. L'heure est proche.*
Note.- Ne pas confondre avec le mot *contigu* qui désigne ce qui est attenant.
- Qui est peu différent. *Cette couleur est très proche de celle-ci.*
• **Nom masculin pluriel**
Parents. *Retouver ses proches à l'occasion d'une fête.*

proclamation n. f.
Publication solennelle.

proclamer v. tr.
Annoncer solennellement.

procréation n. f.
Action de procréer.

procréer v. tr.
(Litt.) Engendrer, donner la vie.

procuration n. f.
• Mandat, pouvoir donné par une personne à une autre d'agir en son nom.

• Acte écrit qui fait foi de cette délégation.
• **Par procuration.** En déléguant une personne.

procurer v. tr., pronom.
• **Transitif**
- Fournir. *Procurer du travail à un ami.*
- Occasionner. *Il ne faudrait pas que cette décision vous procure des ennuis.*
• **Pronominal**
- Obtenir. *Se procurer des légumes frais.*

prodigalité n. f.
• Caractère d'une personne prodigue.
• (Au plur.) Dépenses excessives.
Note.- Attention à l'orthographe : prodi**ga**lité.

prodige n. m.
• Phénomène extraordinaire.
• Personne, action extraordinaire. *Des prodiges d'ingéniosité.*
• **Enfant prodige.** Enfant extrêmement précoce. *Mozart était un enfant prodige.*
Note.- Ne pas confondre avec le mot **prodigue** qui qualifie celui qui est dépensier.

prodigieusement adv.
Extrêmement.

prodigieux, ieuse adj.
Qui tient du prodige.
Note.- Ne pas confondre avec les mots suivants :
- **merveilleux**, qui est exceptionnel ;
- **miraculeux**, qui tient du miracle ;
- **surhumain**, qui dépasse les possibilités habituelles de la personne humaine.

prodigue adj.
• Dépensier. *La parabole du fils prodigue.* (Bible).
• Qui distribue abondamment. *Être prodigue de paroles.*
Note.- Ne pas confondre avec le mot **prodige** qui désigne une personne extraordinaire.

prodiguer v. tr.
• Attention au *u* qui subsiste même devant les lettres *a* et *o. Il prodigua, nous prodiguons.*
• (Péj.) Dépenser à l'excès, dilapider.
• Donner, distribuer. *Prodiguer des soins.*
Note.- En ce sens, le mot ne comporte pas de connotation péjorative.

producteur n. m.
productrice n. f.
• Personne, entreprise qui crée un bien ou un service (par opposition à **consommateur**).
• Personne qui assure le financement d'un film, la réalisation d'une émission de radio ou de télévision.

productif, ive adj.
Qui produit beaucoup.

production n. f.
• (Dr.) Action de présenter, de déposer des documents.
• Action de présenter. *La production d'une pièce justificative.*
• Action de produire ; fait de se produire. *La production de gaz toxiques.*

• Biens créés, œuvres créées. *La production littéraire de la saison.*
• Ensemble des activités qui permettent la création de biens ou de services. *La gestion de la production.*

productivité n. f.
Rapport entre une production et l'ensemble des moyens humains, financiers et techniques mis en œuvre pour assurer cette production. *Il faut accroître la productivité de cette entreprise.*

produire v. tr., pronom.
• *Je produis, tu produis, il produit, nous produisons, vous produisez, ils produisent. Je produisais. Je produisis. Je produirai. Je produirais. Produis, produisons, produisez. Que je produise. Que je produisisse. Produisant. Produit, ite.*
• **Transitif**
- Créer. *Ce peintre a produit un tableau merveilleux.*
- Causer. *Cette défectuosité a produit un accident.*
- Assurer la production de biens, de services. *Cette entreprise produit des vaccins.*
• **Pronominal**
Arriver, survenir. *Des séismes se sont produits.*

produit n. m.
• Bien, service créé. *Les produits de la terre. Un nouveau produit.*
• Profit. *Le produit brut, le produit net.*
• Résultat d'une multiplication.

produit intérieur brut
Sigle **P.I.B.**

produit national brut
Sigle **P.N.B.**

proéminence n. f.
Caractère de ce qui fait saillie, de ce qui dépasse.
Notes.-
1° Attention à l'orthographe : proémin**e**nce.
2° Ne pas confondre avec les mots suivants :
- **prédominance**, prépondérance ;
- **prééminence**, supériorité de droit.

proéminent, ente adj.
Saillant.
Note.- Attention à l'orthographe : proémin**e**nt.

prof n. m. et f.
Abréviation familière de **professeur.**

profanation n. f.
Action de profaner.
Note.- Attention à l'orthographe : profa**n**ation.

profane adj. et n. m. et f.
• **Adjectif et nom masculin et féminin**. Qui n'est pas initié, néophyte. *Une profane en musique.*
• **Adjectif et nom masculin**. Qui n'est pas religieux. *La musique profane.*
Ant. **sacré.**
Note.- Attention à l'orthographe : profa**n**e.

profaner v. tr.
Violer une chose sacrée. *Profaner une église.*
Note.- Attention à l'orthographe : profa**n**er.

proférer v. tr.
• Le *é* se change en *è* devant une syllabe muette, sauf à l'indicatif futur et au conditionnel présent. *Je profère*, mais *je proférerai*.
• Prononcer avec violence. *Proférer des insultes*.

professer v. tr.
Déclarer ouvertement.

professeur n. m.
• Abréviation *Pr* (s'écrit sans point).
• S'abrège familièrement en *prof* (s'écrit sans point).
• Personne qui enseigne une science, un art, une technique. *Un professeur de linguistique, un professeur de piano.*
Note.- Pour l'enseignement primaire, on emploiera le mot *instituteur*. Le mot *enseignant* est un générique qui regroupe les professeurs (enseignement secondaire et universitaire) et les instituteurs (enseignement primaire).
• *Professeur agrégé*. Professeur de lycée ou d'université.

profession n. f.
• Déclaration publique. *Une profession de foi.*
• Métier. *Il exerce une profession bien rémunérée.*
Note.- Le nom désigne également un métier de nature intellectuelle, scientifique. *Les professions libérales.*

professionnalisme n. m.
Caractère professionnel, conscience professionnelle d'une personne.

professionnel adj. n. m. et f.
• Adjectif
- Relatif à une profession, à un métier. *Une formation professionnelle.*
- De profession. *Un skieur professionnel.*
- *Déformation professionnelle.* Manière de penser résultant de l'exercice d'une profession.
- *Secret professionnel.* Interdiction légale de divulguer des informations confidentielles obtenues lors de l'exercice d'une profession.
• Nom masculin et féminin
Personne qui pratique une activité, un art, un sport, etc. afin d'en tirer une rémunération, par opposition à la personne qui l'exerce par agrément. *Un professionnel du golf.*
Ant. **amateur.**

professionnellement adv.
De façon professionnelle.

professoral, ale, aux adj.
Digne d'un professeur. *Des tons professoraux.*

profil n. m.
• Le *l* se prononce [prɔfil].
• Contour latéral d'un objet (par opposition à *face*).
• *De profil*. En étant vu de côté. *On a dessiné son visage de profil.*
• Ensemble d'éléments caractéristiques. *Un profil de scientifique, un profil de carrière.*
• *Profil bas, profil haut*. Programme d'action minimal, maximal. *Dans un contexte d'agitation sociale, le gouvernement a adopté un profil bas.*

profilé, ée adj. et n. m.
• **Adjectif.** Laminé selon un profil défini. *Un fuselage profilé, un acier profilé.*
• **Nom masculin.** Objet fabriqué selon une forme définie. *Des profilés métallurgiques.*

profiler v. tr., pronom.
• **Transitif.** Donner un profil défini à quelque chose. *Profiler une carrosserie.*
• **Pronominal.** Se voir de profil, se découper. *Le temple se profile à l'horizon.*

profit n. m.
• Différence entre l'ensemble des recettes d'une entreprise et l'ensemble de ses dépenses. *Un profit brut, un profit net.*
• Utilité, avantage. *Elle a tiré profit de ces cours, elle a mis à profit cet enseignement.*
• *Au profit de*, locution prépositive. Au bénéfice de.
Ant. **déficit.**

profitable adj.
Rentable.

profiter v. tr. ind., intr.
• **Transitif indirect**
- Tirer avantage de. *Ils profitent de leurs vacances.*
- Être utile. *Vos recherches leur ont profité.*
Note.- Le verbe se construit aussi avec la locution *de ce que*. *Elle a profité de ce qu'il pleuvait pour étudier.*
• **Intransitif**
Se fortifier, grandir. *Les enfants ont bien profité au cours de l'été.*

profiterole n. f.
• Le *e* de la troisième syllabe est muet [prɔfitrɔl].
• Pâtisserie. *Comment résister à ces profiteroles au chocolat ?*
Note.- Attention à l'orthographe : profitero*l*e.

profiteur, euse n. m. et f.
(Péj.) Personne qui abuse de la générosité d'autrui.

profond, onde adj., adv. et n. m.
• **Adjectif**
- Dont le fond est éloigné de la surface. *Un puits profond.*
- Très grand. *Une transformation profonde.*
- Difficile à pénétrer. *Un profond mystère.*
• **Adverbe**
Profondément. *Ils ont creusé très profond.*
Note.- Pris adverbialement, le mot est invariable.
• **Nom masculin**
Profondeur. *Il a été touché au plus profond de son cœur.*
Note.- Attention à l'orthographe : profon*d*.

profondément adv.
• D'une manière profonde.
• Intimement. *Il est profondément certain de ce fait.*

profondeur n. f.
• Caractère de ce qui est profond. *La profondeur d'un gouffre.*
• Dimension. *Une piscine qui a deux mètres de profondeur.*

pro forma loc. adj. inv.
Facture pro forma. Facture anticipée établie par le
vendeur avant la vente. *Des factures pro forma*.
Note.- En typographie soignée, les mots étrangers
sont composés en italique. Dans des textes déjà en
italique, la notation se fait en romain. Pour des textes
manuscrits, on utilisera les guillemets.

profusément adv.
En abondance.

profusion n. f.
Surabondance.

progéniture n. f.
• (Litt.) Descendants.
• (Plaisant.) Les enfants, par rapport aux parents.

progestérone n. f.
Hormone produite par l'ovaire.
Note.- Attention à l'orthographe : progestéro*n*e.

progiciel n. m.
(Inform.) Ensemble complet et documenté de programmes conçu pour être fourni à plusieurs utilisateurs,
en vue d'une même application ou d'une même fonction. *Un progiciel de gestion des approvisionnements*.
Note.- Ce nom provient des mots *produit* et *logiciel*.

prognathe adj.
• Les lettres *gn* se prononcent distinctement [prɔgnat].
• Se dit d'une personne dont la mâchoire inférieure
est proéminente.
Note.- Attention à l'orthographe : prognat*h*e.

programmable adj.
Qui peut être programmé.

programmateur n. m.
programmatrice n. f.
Personne chargée d'établir la programmation (films,
spectacles, émissions).

programmation n. f.
• (Inform.) Élaboration d'un programme informatique,
d'un logiciel.
• Organisation des programmes (cinéma, télévision,
etc.).

programme n. m.
• Ensemble des émissions, des films, etc. qui seront
présentés au cours d'une période. *Le programme
estival de la télévision*.
• (Inform.) Suite d'instructions écrites sous une forme
que l'ordinateur peut comprendre pour traiter un problème ou pour accomplir une tâche.
Note.- Un ensemble de programmes constitue un
progiciel.
• Ensemble des matières d'un cours. *Le programme
de la maîtrise en administration des affaires*.
• Ligne d'action. *Le programme d'un parti*.

programmer v. tr.
• Établir un programme. *Programmer une émission
radiophonique, un film*.
• (Inform.) Élaborer un programme informatique.
• Organiser.

programmeur n. m.
programmeuse n. f.
(Inform.) Personne qui établit un programme informatique, un logiciel.

progrès n. m.
Développement, avancement.
Note.- Attention à l'orthographe : progr*ès.*

progresser v. intr.
Faire des progrès. *Notre étude progresse*.

progressif, ive adj.
Qui évolue, qui suit une progression. *Un taux d'impo-
sition progressif*.
Ant. **dégressif**.

progression n. f.
Accroissement graduel.
Ant. **régression**.

progressiste adj. et n. m. et f.
Partisan d'une doctrine politique axée sur le progrès
social.

progressivement adv.
D'une manière progressive.

prohiber v. tr.
Interdire par la loi. *La chasse est prohibée dans ce
secteur*.

prohibitif, ive adj.
• Interdit légalement.
• Se dit d'un prix très élevé qui empêche l'achat.

prohibition n. f.
Interdiction légale de vendre certaines marchandises.
Note.- Attention à l'orthographe : pro*h*ibition.

proie n. f.
• Être vivant dont un carnassier s'empare. *L'aigle
poursuit une proie*.
• (Litt.) Victime.
• *Être en proie à*. Livré à. *Il est en proie aux brimades
de ses collègues*.

projecteur n. m.
Appareil d'éclairage destiné à projeter un puissant
rayon lumineux.

projectile n. m.
Corps lancé par une arme.
Note.- Attention à l'orthographe : projectil*e.*

projection n. f.
Action de projeter. *La projection d'un film*.

projet n. m.
• Idée d'une chose que l'on se propose d'exécuter.
• Plan d'une œuvre d'architecture.
Note.- Dans ce dernier sens, ne pas confondre avec
les mots suivants :
- *canevas*, plan, schéma d'un texte ;
- *croquis*, dessin à main levée, plan sommaire ;
- *ébauche*, première forme donnée à une œuvre ;
- *esquisse*, représentation simplifiée d'une œuvre destinée à servir d'essai ;
- *maquette*, représentation schématique d'une mise
en pages.

projeter v. tr.
- Redoublement du *t* devant un *e* muet. *Je projette, je projetterai,* mais *je projetais.*
- Lancer avec force. *Feu qui projette des brindilles enflammées.*
- Faire un projet. *Projeter de construire un immeuble, de déménager. Elle projette un voyage.*
- Transposer une image sur une surface. *Projeter un film, des diapositives.*

prolétaire n. m.
Personne qui n'a que sa force de travail comme source de revenus.
Note.- Attention à l'orthographe : prolét*ai*re.

prolétariat n. m.
Ensemble des prolétaires.
Note.- Attention à l'orthographe : prolétaria*t*.

prolifération n. f.
Multiplication rapide. *La prolifération des armes nucléaires.*

proliférer v. intr.
Se multiplier, se reproduire rapidement.

prolificité n. f.
Caractère de ce qui est fécond. *La prolificité d'une race de brebis.*
Note.- Ce mot est de registre littéraire ou technique.

prolifique adj.
Qui se multiplie rapidement. *Les lapins sont prolifiques.*

prolixe adj.
Trop long, trop bavard.

prolixité n. f.
Défaut d'une personne ou d'une chose prolixe.

prologue n. m.
Introduction, prélude.
Note.- Attention à l'orthographe : prolo*gue*.
Ant. **épilogue**.

prolongation n. f.
- Action de prolonger une durée.
- Temps ajouté à une durée déterminée. *Elle a bénéficié d'une prolongation d'arrêt de maladie.*
Note.- Ne pas confondre avec le mot **prolongement** qui désigne un accroissement en longueur.

prolongement n. m.
- Action de prolonger dans l'espace. *Le prolongement d'une route.*
- Accroissement en longueur. *Un prolongement de cinq kilomètres.*
- *Dans le prolongement de.* Dans la direction de. *Dans le prolongement de cette rencontre, des travaux ont été entrepris.*
Note.- Ne pas confondre avec le mot **prolongation** qui désigne le temps ajouté à une durée déterminée.

prolonger v. tr.
- Le *g* est suivi d'un *e* devant les lettres *a* et *o*. *Il prolongea, nous prolongeons.*
- Augmenter la longueur de quelque chose. *Prolonger une autoroute, des recherches.*

Note.- Ne pas confondre avec le verbe **proroger** qui signifie « prolonger un délai qui avait été fixé ».

promenade n. f.
- Action de se promener. *Une promenade dans la forêt.*
- Lieu où l'on se promène. *La promenade des Anglais.*

promener v. tr., intr., pronom.
- **Transitif**. Déplacer, faire aller dans plusieurs endroits, pour le plaisir. *Elle promène ses enfants.*
- **Intransitif**. *Envoyer promener quelqu'un.* (Péj.) Se débarrasser d'une personne importune. *Il insistait, mais je l'ai envoyé promener.*
- **Pronominal**. Faire une promenade. *Allons nous promener.*

promeneur, euse n. m. et f.
Personne qui se promène.
Note.- Attention à l'orthographe : prome*n*eur.

promesse n. f.
Assurance de faire quelque chose. *Elle a tenu sa promesse.*

promettre v. tr., pronom.
- *Je promets, tu promets, il promet, nous promettons, vous promettez, ils promettent. Je promettais. Je promis. Je promettrai. Je promettrais. Promets, promettons, promettez. Que je promette. Que je promisse. Promettant. Promis, ise.*
- **Transitif**
- S'engager à faire quelque chose. *Je lui ai promis que j'écrirai tous les jours.*
Note.- Le verbe se construit à l'indicatif futur ou au conditionnel.
- (Fig.) Annoncer, faire espérer. *Ce ciel étoilé nous promet une belle journée.*
- **Pronominal**
- Décider. *Elles se sont promis de ne pas succomber à cette tentation.*
Note.- Le participe passé suivi de l'infinitif est invariable.
- Espérer. *Je me promets beaucoup de repos et de plaisir.*

promiscuité n. f.
Voisinage désagréable.
Notes.-
1° Attention à l'orthographe : promis*cui*té.
2° Ne pas confondre avec le mot **proximité** qui désigne un voisinage.

promontoire n. m.
Cap de grande dimension. *De ce promontoire, on aperçoit les îles au large.*
Note.- Attention à l'orthographe : promontoir*e*.

promoteur n. m.
promotrice n. f.
- (Litt.) Initiateur, précurseur, auteur. *Le promoteur d'une réforme.*
- Personne qui finance et dirige la construction d'immeubles. *Un promoteur immobilier.*

promotion n. f.
• Nomination à un poste supérieur. *Elle a eu une promotion.*
Ant. **rétrogradation.**
• Ensemble de moyens mis en œuvre pour favoriser une cause. *La promotion des femmes.*
• Stimulation des ventes. *Cet article est en promotion, son prix est réduit de 25 %.*
• Ensemble des diplômés d'un établissement scolaire ayant terminé, la même année, un programme d'études sanctionné par un même diplôme.

promotionnel, elle adj.
Propre à favoriser la vente. *Un prix promotionnel.*

promouvoir v. tr.
• Ce verbe n'est usité qu'au passé simple (*je promus*), à l'infinitif, au participe présent (*promouvant*), au participe passé (*promu, ue*) et aux temps composés.
• Favoriser, encourager. *Promouvoir la recherche scientifique.*

prompt, prompte adj.
• Le *p* est muet, au masculin [prɔ̃] comme au féminin [prɔ̃t].
• Rapide, expéditif. *Je vous souhaite un prompt rétablissement.*
Note.- Attention à l'orthographe : prom**pt.**

promptement adv.
• Le *p* est muet [prɔ̃tmɑ̃].
• Rapidement.
Note.- Attention à l'orthographe : prom**p**tement.

promptitude n. f.
• Le *p* est muet [prɔ̃tityd].
• Rapidité, diligence. *Elle a exécuté le travail avec la plus grande promptitude.*

promu, ue adj. et n. m. et f.
Personne qui a reçu une promotion. *Les dernières promues, les nouveaux promus.*

promulgation n. f.
Action de promulguer.
Note.- Attention à l'orthographe : promul**ga**tion.

promulguer v. tr.
Édicter une loi. *Promulguer une loi.*
Note.- Attention à l'orthographe : promul**guer.**

prôner v. tr.
Préconiser.

pronom n. m.
V. Tableau - **PRONOM.**

pronominal, ale, aux adj.
Se dit d'un verbe qui se conjugue avec deux pronoms de la même personne.
V. Tableau - **PRONOMINAUX.**

pronominalement adv.
Comme verbe pronominal.

prononcer v. tr., pronom.
• **Transitif**
- Articuler distinctement les sons. *Prononcer son nom.*
- Débiter, dire. *Prononcer un discours.*

• **Pronominal**
Donner son avis. *Ils se sont prononcés : la loi est adoptée.*

prononciation n. f.
Manière d'articuler.
Note.- Attention à l'orthographe : prononc**ia**tion.

pronostic n. m.
• Jugement du médecin sur l'évolution d'une maladie. *Un pronostic pessimiste.*
Note.- Le pronostic est donné à la suite du *diagnostic.*
• (Gén. plur.) Hypothèses. *Qui sera le champion ? Donnez-moi vos pronostics.*
Notes.-
1° Attention à l'orthographe : pronosti**c.**
2° Ne pas confondre avec le mot *diagnostic* qui désigne la détermination d'une maladie par ses symptômes.

pronostiquer v. tr.
Prévoir.
Note.- Attention à l'orthographe : pronosti**quer.**

pronunciamiento n. m.
• Attention à la prononciation [prɔnunsjamjento].
• Coup d'État favorisé par l'armée, putsch.
Note.- En typographie soignée, les mots étrangers sont composés en italique. Dans des textes déjà en italique, la notation se fait en romain. Pour les textes manuscrits, on utilisera les guillemets.

propagande n. f.
Action exercée sur l'opinion en vue de propager une idée, une doctrine.
Note.- Attention à l'orthographe : propag**a**nde.

propagation n. f.
Extension, progrès.
Note.- Attention à l'orthographe : propa**ga**tion.

propager v. tr., pronom.
• Le *g* est suivi d'un *e* devant les lettres *a* et *o*. *Il propagea, nous propageons.*
• **Transitif.** Répandre, diffuser dans le public. *Propager de fausses nouvelles.*
• **Pronominal.** S'étendre, progresser. *L'infection s'est propagée aux membres inférieurs.*

propane n. m.
Gaz inflammable.
Note.- Attention à l'orthographe : propa**ne.**

propension n. f.
Penchant, inclination. *Il a une propension à tout dépenser.*
Note.- Attention à l'orthographe : prop**e**nsion.

prophète, prophétesse n. m. et f.
Personne qui annonce l'avenir.
Notes.-
1° Attention à l'orthographe : pro**phè**te.
2° Lorsqu'il est question de Mahomet, le nom *prophète* s'écrit avec une majuscule. *Le Prophète qui fonda l'Islam.*

prophétie n. f.
• Le *t* se prononce *s* [prɔfesi].
• Annonce d'un événement futur.
Note.- Attention à l'orthographe : pro**phé**tie.

PRONOM

Le pronom est un mot qui remplace un nom ou une proposition.

1. Pronoms démonstratifs.
2. Pronoms indéfinis.
3. Pronoms interrogatifs.
4. Pronoms personnels.
5. Pronoms possessifs.
6. Pronoms relatifs.

1. PRONOM DÉMONSTRATIF

- Le pronom démonstratif remplace un nom dont il prend le genre et le nombre et sert à montrer cette personne ou cette chose.

Ces fleurs sont plus odorantes que celles-ci. C'est magnifique.

- Formes du pronom démonstratif

GENRE	SINGULIER	PLURIEL
Masculin	*celui (celui-ci, celui-là)*	*ceux (ceux-ci, ceux-là)*
Féminin	*celle (celle-ci, celle-là)*	*celles (celles-ci, celles-là)*
Neutre	*ce (ceci, cela)*	

2. PRONOM INDÉFINI

Le pronom indéfini remplace un nom, mais désigne un être ou une chose d'une façon indéterminée.

L'un dit oui, l'autre dit non.

Aucun, autre, autrui, certain, chacun, l'un, l'autre, le même, maint, nul, on, personne, quelque chose, quelqu'un, quiconque, rien, tel, tout.

3. PRONOM INTERROGATIF

Le pronom interrogatif est un pronom relatif employé pour introduire une proposition interrogative.

Qui sont-ils ? Dites-moi lequel vous aimez.

4. PRONOM PERSONNEL

Le pronom personnel indique la personne du nom ou de l'objet dont il est question.

La **première personne** est celle qui parle : *je, me, moi, nous.*
La **deuxième personne** est celle à qui l'on parle : *tu, te, toi, vous.*
La **troisième personne** est celle dont on parle : *il, ils, elle, elles, le, la, les, lui, leur, eux, se, soi, en, y.*

Je vous vois, tu lui parles, elle leur a donné ses fruits.

Note.- Devant une voyelle ou un *h* muet, certains pronoms s'élident : *j', m', t', l', s'. J'habite, je m'ennuie, il t'a aimé.*

5. PRONOM POSSESSIF

- Le pronom possessif représente un nom de personne ou d'animal en précisant le « possesseur » de cette personne ou de cette chose.

Votre chien est bien dressé ; le nôtre est très turbulent.

- Comme l'adjectif possessif, le pronom possessif est loin de toujours marquer un rapport de possession ; il n'exprime souvent qu'une simple relation, qu'un lien de dépendance, d'affinité, de proximité, etc.

- Formes du pronom possessif

• UN SEUL POSSESSEUR

	SINGULIER		PLURIEL	
	masculin	féminin	masculin	féminin
Première personne	le mien,	la mienne	les miens,	les miennes
Deuxième personne	le tien,	la tienne	les tiens,	les tiennes
Troisième personne	le sien,	la sienne	les siens,	les siennes

• **PLUSIEURS POSSESSEURS**

	SINGULIER		PLURIEL
	masculin	féminin	
Première personne	le nôtre,	la nôtre	les nôtres
Deuxième personne	le vôtre,	la vôtre	les vôtres
Troisième personne	le leur,	la leur	les leurs

6. PRONOM RELATIF

Le pronom relatif rattache une proposition relative à un nom ou à un pronom précédemment exprimé qu'il remplace (l'antécédent).

L'histoire à laquelle je crois. La ville dont je parle. L'enfant qui court.

• Pronoms relatifs définis

- simples

Qui, que, quoi, dont, où.

- composés

Lequel, auquel, duquel
laquelle, à laquelle, de laquelle
lesquels, auxquels, desquels
lesquelles, auxquelles, desquelles.

• Pronoms relatifs indéfinis

Quiconque, qui que, quoi que, quel que, qui que ce soit, quoi que ce soit que ...

Quel que soit le problème, on trouvera la solution.

---

prophétique adj.
Qui tient de la prophétie. *Un écrit prophétique.*
Note.- Attention à l'orthographe : pro**phé**tique.

prophétiser v. tr.
Prédire.
Note.- Attention à l'orthographe : pro**phé**tiser.

prophylactique adj.
Préventif. *Des mesures prophylactiques.*
Note.- Attention à l'orthographe : pro**phy**lactique.

prophylaxie n. f.
Ensemble des méthodes visant à la prévention des maladies.
Note.- Attention à l'orthographe : pro**phy**laxie.

propice adj.
Favorable, opportun. *Un terrain propice à la culture.*
Note.- Attention à l'orthographe : propi**c**e.

proportion n. f.
• Rapport. *Des proportions harmonieuses.*
• Dimension. *L'incendie a pris des proportions effrayantes.*
• *Toute(s) proportion(s) gardée(s).* Cette expression qui marque une restriction dans la comparaison peut s'écrire au singulier et au pluriel.
• *En proportion de.* Par rapport à.
• *Hors de proportion.* Disproportionné.

proportionnel, elle adj.
Qui est en rapport de convenance avec quelque chose.

proportionnellement adv.
En proportion.

proportionner v. tr.
Mettre en juste rapport. *Les éléments de cet édifice sont bien proportionnés.*

propos n. m.
• Résolution. *Le ferme propos.*
• Conversation, phrase, écrit. *Des propos mensongers.*
• **Locutions**
- *À propos.* À point, opportunément.
Note.- Le caractère d'une chose opportune est l'**à-propos.** Le nom s'écrit avec un trait d'union.
- *De propos délibéré.* À dessein, volontairement.
- *Hors de propos, mal à propos.* À contretemps, sans raison.

proposer v. tr., pronom.
• **Transitif.** Faire connaître quelque chose, soumettre quelque chose au choix. *Je vous propose une randonnée.*
• **Pronominal.** Avoir le désir, la volonté de. *Ils s'étaient proposé d'aller à la campagne.*
Note.- Le participe passé suivi de l'infinitif est invariable.

proposition n. f.
• Offre. *Rejeter une proposition.*
• Groupe de mots formant une phrase ou un membre de phrase.
V. Tableau - **PROPOSITIONS.**

PRONOMINAUX

Les verbes pronominaux sont accompagnés d'un pronom personnel (**me, te, se, nous, vous**) qui représentent le sujet parce que ce sujet est à la fois l'auteur et l'objet de l'action.

> *Elle se regarde.*

Note.- À l'infinitif, les verbes pronominaux sont toujours précédés du pronom **se (s')**. Certains verbes sont essentiellement pronominaux, c'est-à-dire qu'ils n'existent qu'à la forme pronominale (*se souvenir*) ; d'autres sont accidentellement pronominaux, c'est-à-dire qu'ils sont non pronominaux et pronominaux à l'occasion (*contempler, se contempler*).

Les verbes pronominaux sont :

RÉFLÉCHIS

Les pronominaux sont réfléchis lorsque l'action qu'ils marquent a pour objet le sujet du verbe.

> *Elle s'est parfumée, il s'étire.*

Les pronominaux réfléchis sont appelés **réciproques** lorsqu'ils marquent une action exercée par plusieurs sujets l'un sur l'autre, les uns sur les autres. Les pronominaux réciproques ne s'emploient donc qu'au pluriel.

> *Ils se sont écoutés, ils se sont battus, elles se taquinent.*

NON RÉFLÉCHIS

Les pronominaux non réfléchis sont accompagnés d'un pronom (**me, te, se,** etc.) qui n'est pas un complément d'objet direct, mais qui fait partie de la forme verbale, pour ainsi dire.

> *S'apercevoir, s'approcher, s'avancer, se défier, se douter, s'imaginer, se jouer, se moquer, s'ouvrir, se plaindre, se prévaloir, se repentir, se servir, se souvenir, se taire...*

ACCORD DU PARTICIPE PASSÉ DES VERBES PRONOMINAUX

Participe passé des verbes pronominaux réfléchis ou réciproques

Le participe passé des pronominaux réfléchis ou réciproques s'accorde avec le complément d'objet direct qui précède le verbe.

> *Elle s'est habillée.*
> *Ils se sont regardés.*

Note.- Attention, le participe passé des pronominaux réfléchis ou réciproques ne s'accorde pas si le complément d'objet direct suit le verbe. *Elle s'est lavée*, mais *elle s'est lavé les mains*. Si le verbe est transitif indirect, le participe passé ne s'accorde pas. *Elles se sont parlé.*

Participe passé des verbes essentiellement pronominaux

Le participe passé des verbes essentiellement pronominaux (qui n'existent qu'à la forme pronominale) s'accorde en genre et en nombre avec le sujet du verbe.

> *Ils se sont abstenus. Elles se sont absentées.*

On consultera les verbes pronominaux à l'entrée alphabétique où les renseignements utiles sont donnés.

Quelques verbes essentiellement pronominaux :

s'absenter	s'emparer	se méfier
s'abstenir	s'empresser	se moquer
s'accouder	s'en aller	s'obstiner
s'accroupir	s'enfuir	se prélasser
s'acharner	s'enquérir	se prosterner
s'affairer	s'ensuivre	se raviser
s'agenouiller	s'envoler	se rebeller
s'avérer	s'éprendre	se réfugier
se blottir	s'évanouir	se repentir
se dédire	s'exclamer	se soucier
se désister	s'immiscer	se souvenir
s'écrier	s'infiltrer	se suicider
s'efforcer	s'insurger	...

Participe passé des verbes accidentellement pronominaux

Le participe passé des verbes accidentellement pronominaux s'accorde avec le complément d'objet direct qui précède le verbe.

Ils se sont salués. Elles s'étaient regardées.

Le participe passé des verbes qui ne peuvent jamais avoir de complément d'objet direct à la voie active est toujours invariable.

Ils s'en sont rendu compte. Elles se sont suffi à elle-mêmes.

Quelques verbes accidentellement pronominaux invariables :

s'appartenir	se nuire	se rire
se complaire	se parler	se sourire
se convenir	se plaire	se succéder
se déplaire	se rendre compte	se suffire
se mentir	se ressembler	se survivre

propre adj. et n. m.
• Qui appartient à quelqu'un. *C'est sa propre maison.*
Note.- En ce sens, l'adjectif se place avant le nom.
• *Sens propre.* Sens premier d'un mot. *Le mot **naissance** a pour sens propre « venue au monde » et pour sens figuré, « début, commencement ».*
• *Nom propre.* Nom qui s'applique spécifiquement à une personne, à un groupe de personnes, par opposition à **nom commun** qui désigne une personne, une chose qui appartient à une espèce. *Les noms propres s'écrivent avec une majuscule,*
V. Tableau - **NOM.**
• Qui convient. *Le mot propre.*
Note.- En ce sens, l'adjectif se place après le nom.
• *Propre à.* Apte à, approprié. *Des terrains propres à la construction.*
• Qui n'est pas sale. *Cette chemise est propre.*

propre-à-rien n. m. et f.
Personne incapable. *Des propres-à-rien.*

proprement adv.
• Avec netteté, soin.
• Au sens propre du mot.
• En propre.

propreté n. f.
Qualité de ce qui est propre, intègre.

propriétaire n. m. et f.
Personne qui possède un bien en propre. *La propriétaire d'un immeuble.*

propriété n. f.
• Droit de disposer d'un bien possédé en propre.
• Bien-fonds (terrain, construction) possédé en propre. *Il a de nombreuses propriétés.*
• Caractère particulier. *Les propriétés chimiques d'un corps.*

propulser v. tr.
Projeter au loin. *Un missile propulsé par une fusée.*

propulsion n. f.
Action de mettre en mouvement. *La propulsion d'un navire.*

propylée n. m.
• Vestibule d'un temple.
• (Au plur.) Portique à colonnes d'un temple grec.
Note.- Attention à l'orthographe : propy**l**ée.

prorata n. m. inv.
• Part respective. *Des prorata.*
• *Au prorata de.* En proportion de. *Les dividendes sont versés au prorata du nombre d'actions.*

prorogation n. f.
• Action de proroger.
• Suspension des séances d'une assemblée. *La prorogation d'une session parlementaire.*

proroger v. tr.
• Le *g* est suivi d'un *e* devant les lettres *a* et *o. Il prorogea, nous prorogeons.*
• Prolonger un délai fixé, renvoyer à plus tard. *Proroger une échéance.*
Note.- Ne pas confondre avec le verbe **prolonger** qui signifie « augmenter la longueur de quelque chose ».

prosaïque adj.
Terre à terre, vulgaire.
Note.- Attention à l'orthographe : prosa**ï**que.

prosaïsme n. m.
Caractère de ce qui est prosaïque.
Note.- Attention à l'orthographe : prosa**ï**sme.

proscription n. f.
• Action de proscrire, interdiction.
• Condamnation.
Note.- Ne pas confondre avec le mot **prescription** qui désigne un ordre détaillé.

proscrire v. tr.
• *Je proscris, tu proscris, il proscrit, nous proscrivons, vous proscrivez, ils proscrivent. Je proscrivais. Je*

PROPOSITIONS

La proposition indépendante

La phrase simple qui possède un sens complet par elle-même est une **proposition indépendante.**

Les enfants jouent dans le jardin.

Note.- Une phrase peut comporter plusieurs propositions indépendantes coordonnées ou juxtaposées.
Les enfants jouent dans le jardin et les oiseaux chantent.

La proposition principale

La proposition qui ne dépend d'aucune autre, mais qui est accompagnée d'une ou de plusieurs propositions subordonnées est une **proposition principale.**

Le facteur livre le colis (proposition principale) *que nous attendions* (proposition subordonnée).

La proposition subordonnée

La proposition qui complète le sens de la principale est une **proposition subordonnée.**

Elle est introduite par un pronom relatif (**qui, que, quoi, dont, où, lequel...**) ou par une conjonction (**que**).

Je crois (proposition principale*) que ces tomates sont mûres* (proposition subordonnée*).*

La proposition subordonnée peut jouer le rôle de :

- Complément déterminatif de l'antécédent.

  Le train qui part à l'instant est à destination de Rome.

- Complément d'objet.

  Je pense qu'il viendra, je rêve à ce qu'il m'a dit.

- Complément circonstanciel :
  - de temps.

    Quand le soleil brille (proposition temporelle*), il aime se promener.*
  - de cause.

    Elle est rentrée parce qu'il faisait trop froid (proposition causale*).*
  - de but.

    Pour que les fleurs poussent (proposition finale*), il faut de l'eau et du soleil.*
  - de conséquence.

    Tu as tellement couru que tu es essoufflé (proposition consécutive*).*
  - de concession.

    Quoiqu'il soit déjà tard (proposition concessive*), je viendrai.*
  - de comparaison.

    Comme on fait son lit (proposition comparative*), on se couche.*
  - de condition.

    S'il avait été persévérant (proposition conditionnelle*), il aurait atteint son objectif.*

---

proscrivis. Je proscrirai. Je proscrirais. Proscris, pros-crivons, proscrivez. Que je proscrive. Que je proscri-visse. Proscrivant. Proscrit, ite.
• Interdire. *Proscrire la consommation de la cocaïne.*

prose n. f.
Langage qui n'est pas soumis aux règles de la versifi-cation.

prosélyte n. m. et f.
Personne nouvellement convertie à une doctrine, à un mouvement.
Note.- Attention à l'orthographe : prosé**l**yte.

prosélytisme n. m.
Zèle du prosélyte.
Note.- Attention à l'orthographe : prosé**l**ytisme.

prospect n. m.
• Le mot se prononce [prɔspɛ] ou [prɔspɛkt].
• (Anglicisme) Client potentiel. *Des prospects.*

prospecter v. tr.
Faire de la prospection.

prospectif, ive adj. et n. f.
• **Adjectif.** Qui est relatif à l'avenir.
• **Nom féminin.** Science dont l'objet est de dégager des éléments de prévision quant à l'évolution future du monde. Syn. **futurologie.**

prospection n. f.
• Exploration de terrains en vue de découvrir des métaux, des minéraux.
• Recherche systématique en vue de l'accroissement de la clientèle d'une entreprise.

prospectus n. m.
• Les **s** se prononcent [prɔspɛktys].
• Brochure publicitaire.

prospère adj.
Qui est dans un état de réussite, de développement. *Une entreprise prospère.*
Note.- Attention à l'orthographe : prosp**è**re.

prospérer v. intr.
Réussir, se développer. *Son entreprise a beaucoup prospéré.*

prospérité n. f.
Activité fructueuse.

prosternation n. f.
Action de se prosterner.
Note.- Ne pas confondre avec le mot *prostration* qui désigne un abattement causé par la douleur.

prosterner (se) v. pronom.
S'incliner très bas par respect. *Ils se sont prosternés.*

prostitué, ée n. m. et f.
Personne qui se prostitue.

prostituer v. tr., pronom.
• **Transitif.** (Litt.) Dégrader. *Prostituer son talent.*
• **Pronominal.** Se livrer à la prostitution.

prostitution n. f.
Action de consentir à des relations sexuelles pour de l'argent.

prostration n. f.
Abattement causé par la douleur, la faiblesse extrême.
Notes.-
1° Ne pas confondre avec les mots suivants :
- *affliction*, peine profonde ;
- *chagrin*, tristesse ;
- *consternation*, grande douleur morale ;
- *douleur*, souffrance physique ou morale ;
- *peine*, douleur morale.
2° Ne pas confondre non plus avec le mot *prosternation* qui désigne l'action de se prosterner.

prostré, ée adj.
Abattu.

prot(o)- préf.
Élément du grec signifiant « primitif, premier ». *Proto-type.*

protagoniste n. m. et f.
Personne qui joue un rôle important dans une pièce de théâtre et, au figuré, dans une affaire.
Note.- Ne pas confondre avec le mot *antagoniste* qui désigne un rival, un ennemi.

protecteur, trice adj. et n. m. et f.
Qui protège. *Un casque protecteur.*

protection n. f.
• Action de défendre quelqu'un. *La protection de la jeunesse.*
• *Par protection.* Par faveur.

protectionnisme n. m.
(Écon.) Doctrine prônant des mesures qui pénalisent la concurrence étrangère.
Ant. **libre-échange.**

protectionniste adj. et n. m. et f.
Ant. **libre-échangiste.**

protège-cahier n. m.
Couverture qui sert à protéger un cahier. *Des protège-cahiers.*

protège-dents n. m. inv.
Appareil servant à protéger les dents des boxeurs. *Des protège-dents.*

protéger v. tr.
• Le **é** se change en **è** devant une syllabe muette, sauf à l'indicatif futur et au conditionnel présent. *Je protège,* mais *je protégerai.*
• Le **g** est suivi d'un **e** devant les lettres **a** et **o**. *Il protégea, nous protégeons.*
• Préserver, aider. *Protéger une enfant.*
• Garder à l'abri des inconvénients. *Cet auvent nous protège de la pluie, contre la pluie.*

protège-tibia n. m.
Appareil servant à protéger les jambes des joueurs de hockey, de football, etc. *Des protège-tibias.*

protéine n. f.
Matière qui entre dans la composition des êtres vivants.

protéique adj.
Qui se rapporte aux protéines.

protestant, ante adj. et n. m. et f.
Qui appartient au protestantisme. *Les protestants.*
Note.- L'adjectif ainsi que le nom s'écrivent avec une minuscule.

protestantisme n. m.
Doctrine des Églises chrétiennes issues de la Réforme.
Note.- Les noms de religions s'écrivent avec une minuscule.

protestataire adj. et n. m. et f.
Qui proteste.

protestation n. f.
Témoignage d'opposition.

protester v. tr. ind., intr.
• **Transitif indirect**
Protester + de. Assurer avec force. *Il proteste de son innocence.*

• Intransitif
- **Protester** + **que.** Prétendre avec vigueur. *Il protesta qu'il avait été induit en erreur.*
- **Protester** + **contre.** S'élever contre. *Ils protestèrent contre ces mesures discriminatoires.*

prothèse n. f.
Dispositif, appareil de remplacement. *Une prothèse dentaire. Un amputé qui porte une prothèse.*

prothésiste n. m. et f.
Personne qui fabrique des prothèses.

protocolaire adj.
Conforme aux règles du protocole. *Un accueil protocolaire.*
Note.- Attention à l'orthographe de cet adjectif qui conserve la même forme au masculin et au féminin : protocol*aire.*

protocole n. m.
• Ensemble de règles à observer en matière d'étiquette. *Le service du protocole a réglé la cérémonie dans ses moindres détails.*
• **Protocole opératoire.** Compte rendu d'une opération chirurgicale.
• (Inform.) Ensemble des conventions qui déterminent le format et la synchronisation d'un message à échanger entre deux unités d'un réseau.
Note.- Attention à l'orthographe : protoco*le.*

proton n. m.
Particule entrant avec le neutron dans la composition du noyau atomique.

prototype n. m.
Premier exemplaire d'un modèle (d'une machine, d'un véhicule, d'un logiciel) construit avant la fabrication en série.

protubérance n. f.
Saillie.
Note.- Attention à l'orthographe : protubér*ance.*

protubérant, ante adj.
Qui forme une saillie.
Note.- Attention à l'orthographe : protubér*ant.*

prou adv.
Peu ou prou. (Litt.) Plus ou moins.
Note.- Cet adverbe n'est usité que dans l'expression citée.

proue n. f.
Avant d'un bateau.
Notes.-
1° Attention à l'orthographe : prou*e.*
2° L'arrière du bateau est la **poupe.**

prouesse n. f.
Exploit.

prouver v. tr.
• Établir la vérité d'une chose. *Prouver son innocence.*
• Démontrer. *Prouver sa bonne foi.*

prov.
Abréviation de **province.**

provenance n. f.
Origine.
Note.- Attention à l'orthographe : provenance.

provençal, ale, aux adj. et n. m. et f.
De la Provence.
Note.- Lorsqu'il s'agit de la langue, l'adjectif ou le nom s'écrit avec une minuscule. Si le nom désigne une personne, la majuscule s'impose.

provenir v. intr.
• Venir de. *Cette lettre provient de sa mère.*
• Être produit directement par. *Le vin provient de la vigne.*
Note.- Ne pas confondre avec les verbes suivants :
- **découler**, être la suite nécessaire de ;
- **dériver**, être issu de ;
- **émaner**, sortir de ;
- **procéder**, tirer son origine de ;
- **ressortir**, s'imposer comme condition logique.

proverbe n. m.

Formule exprimant une vérité d'expérience commune à un groupe. *Le dicton est souvent régional, alors que le proverbe connaît une diffusion plus étendue.*
Note.- Typographiquement, on compose les proverbes, les devises, les maximes comme des citations, c'est-à-dire en italique.
Quelques proverbes :
  Après la pluie, le beau temps.
  Fais ce que dois, advienne que pourra.
  Il n'y a pas de fumée sans feu.
  La nuit porte conseil.
  Nul n'est prophète en son pays.
  Qui ne dit mot consent.
  Vouloir, c'est pouvoir.

proverbial, iale, iaux adj.
Qui tient du proverbe. *Des expressions proverbiales.*

providence n. f.
• Secours divin.
Note.- Quand le nom désigne Dieu, il s'écrit avec une majuscule. *La divine Providence.*
• Personne qui aide, protège. *Il est la providence des faibles.*
Note.- Attention à l'orthographe : provid*ence.*

providentiel, ielle adj.
Qui arrive à propos. *Une aide providentielle.*
Note.- Attention à l'orthographe : providenti*el.*

provignement n. m.
(Ling.) Procédé de formation de mots nouveaux par dérivation. *Les termes **progiciel, ludiciel, didacticiel** sont formés par provignement à partir du mot **logiciel.***

province n. f.
• Abréviation **prov.** (s'écrit avec un point).
• Division territoriale de statut politique variable selon les pays. *Les provinces de la Belgique, du Canada.*
Note.- Les noms génériques de géographie s'écrivent avec une minuscule.

provincial, iale, iaux adj. et n. m. et f.
• **Adjectif**. Qui concerne une province. *Des accords provinciaux.*
• **Adjectif et nom masculin et féminin**. Qui vit en province, qui est caractéristique de la province. *Des habitudes provinciales. Ce sont des provinciaux.*

provision n. f.
• Approvisionnement (alimentaire). *Faire ses provisions au supermarché.*
• (Banque) Somme déposée à la banque pour garantir le paiement des chèques. *Un chèque sans provision.*
Note.- Dans cette expression, le nom s'écrit au singulier.

provisionnel, elle adj.
Qui se fait par provision. *Des versements provisionnels.*
Note.- Attention à l'orthographe : provisio**nn**el.

provisoire adj.
Passager, transitoire. *Un poste provisoire, une solution provisoire.*
Note.- Attention à l'orthographe : provisoir**e**.

provisoirement adv.
D'une manière provisoire.

provocant, ante adj.
• Qui incite à la violence. *Un ton provocant.*
• Qui excite le désir. *Une tenue provocante.*
Note.- Ne pas confondre avec le participe présent invariable ***provoquant***. *On ne pouvait plus circuler, les motocyclistes provoquant de nombreux embouteillages.*

provocateur, trice adj. et n. m. et f.
• **Adjectif**. *Agent provocateur.* Personne qui provoque des comportements violents, de l'agitation pour justifier l'intervention de la police.
• **Nom masculin et féminin**. Personne qui pousse à faire quelque chose par un défi.

provocation n. f.
• Action de provoquer.
• Défi. *Cette décision constitue une véritable provocation.*

provoquer v. tr.
• Exciter par des actes ou des paroles de défi. *Elle l'a provoqué et il a attaqué.*
• (Absol.) Exciter le désir. *Une voix qui provoque.*
• Occasionner. *Cette restructuration a provoqué bien des réactions.*

proxénète n. m.
Souteneur.

proxénétisme n. m.
Le fait de tirer des avantages de la prostitution d'autrui.

proximité n. f.
Voisinage.
Note.- Ne pas confondre avec le mot ***promiscuité*** qui désigne un voisinage désagréable.

prude adj.
Qui affecte une attitude vertueuse.

prudemment adv.
Avec prudence.

prudence n. f.
Sagesse, prévoyance.

prudent, ente adj.
Avisé, prévoyant.

pruderie n. f.
Affectation de vertu.

prune adj. inv. et n. f.
• **Adjectif de couleur invariable**. D'une couleur violet foncé. *Des bonnets prune.*
V. Tableau - **COULEUR (ADJECTIFS DE)**.
• **Nom féminin**. Fruit du prunier.

pruneau n. m.
Prune séchée. *Des pruneaux.*

prunelle n. f.
• Orifice de l'iris de l'œil.
Syn. **pupille**.
• *Y tenir comme à la prunelle de ses yeux.* Y tenir par-dessus tout.
• Eau-de-vie extraite de petites prunes. *La prunelle de Bourgogne.*

prunier n. m.
Arbre cultivé pour son fruit, la prune.

prurit n. m.
• Le *t* se prononce [pryrit].
• Démangeaison.

P.-S.
Abréviation de ***post-scriptum***.

psalmodier v. tr., intr.
Chanter, parler d'une façon monotone.

psaume n. m.
Cantique.

pseud(o)- préf.
• Élément du grec signifiant « menteur, faux ».
• Les mots composés avec le préfixe ***pseudo-*** s'écrivent généralement avec un trait d'union lorsque le second élément existe isolément. Ce préfixe peut se joindre à une multitude de noms. *Du pseudo-beurre, un pseudo-menuisier.*

pseudonyme n. m.
Surnom. *Molière est le pseudonyme de Jean-Baptiste Poquelin.*

psi n. m. inv.
Lettre grecque.

psitt ! ou **pst !** interj.
Interjection destinée à attirer l'attention.

psoriasis n. m.
• Le *s* se prononce [psɔrjazis].
• Maladie de la peau caractérisée par des plaques rouges.

psych(o)-
• Élément du grec signifiant « âme ».
• Les lettres *ch* se prononcent *k*, sauf pour les mots ***psyché, psychisme, psychique***.

● Les mots composés avec le préfixe **psych(o)-** s'écrivent en un seul mot. *Psychologie.*

psychanalyse n. f.
Recherche des processus psychiques, selon la théorie formulée par Freud.
Note.- Attention à l'orthographe : ps**y**chanal**y**se.

psychanalyser v. tr.
Soumettre à la psychanalyse.
Note.- Attention à l'orthographe : ps**y**chanal**y**ser.

psychanalyste n. m. et f.
Spécialiste de la psychanalyse.

psychanalytique adj.
Relatif à la psychanalyse.

psyché n. f.
● Les lettres **ch** se prononcent **ch** (et non *k) [psiʃe].
● Grand miroir qui peut être incliné à volonté.

psychédélique adj.
Relatif au psychédélisme. *Un rêve psychédélique.*

psychédélisme n. m.
État provoqué par des hallucinogènes.

psychiatre n. m. et f.
Médecin spécialiste des maladies mentales.
Note.- Attention à l'orthographe : ps**y**ch**i**atre, sans accent circonflexe.

psychiatrie n. f.
Partie de la médecine qui étudie et traite les maladies mentales.
Note.- Attention à l'orthographe : ps**y**ch**i**atrie, sans accent circonflexe.

psychiatrique adj.
Relatif à la psychiatrie.
Note.- Attention à l'orthographe : ps**y**ch**i**atrique, sans accent circonflexe.

psychique adj.
● Les lettres **ch** se prononcent **ch** (et non *k) [psiʃik].
● Qui concerne la pensée, les états de conscience.
Note.- Attention à l'orthographe : ps**y**ch**i**que.

psychisme n. m.
● Les lettres **ch** se prononcent **ch** (et non *k) [psiʃism(ə)].
● Ensemble des caractères psychiques d'une personne.
Note.- Attention à l'orthographe : ps**y**ch**i**sme.

psychologie n. f.
● Étude scientifique des phénomènes psychiques.
● Aptitude à comprendre les sentiments d'autrui.

psychologique adj.
Relatif à la psychologie.

psychologiquement adv.
Au point de vue psychologique.

psychologue adj. et n. m. et f.
● Spécialiste de la psychologie.
● Personne apte à comprendre autrui.

psychopathe n. m. et f.
Personne atteinte de psychopathie.
Note.- Attention à l'orthographe : ps**y**chopat**h**e.

psychopathie n. f.
Déficience mentale caractérisée par un comportement antisocial.
Note.- Attention à l'orthographe : ps**y**chopat**h**ie.

psychose n. f.
Maladie mentale.
Note.- Attention à l'orthographe : ps**y**chose.

psychosomatique adj.
Se dit d'une maladie organique liée à des facteurs émotionnels.
Note.- Attention à l'orthographe : ps**y**chosomatique.

psychothérapeute n. m. et f.
Personne qui pratique la psychothérapie.

psychothérapie n. f.
Thérapeutique qui utilise des procédés psychiques.
Note.- Attention à l'orthographe : ps**y**chot**h**érapie.

psychothérapique adj.
Relatif à la psychothérapie.

psychotique adj. et n. m. et f.
● **Adjectif.** Relatif à la psychose.
● **Nom masculin et féminin.** Personne atteinte de psychose.

P.T.T.
Postes, Télécommunications et Télédiffusion.

puant, ante adj.
● Dont l'odeur est désagréable.
● (Fam.) Prétentieux.

puanteur n. f.
Odeur très désagréable.

pub n. m.
● Le mot se prononce à l'anglaise, le **b** est sonore [pœb].
● En Grande-Bretagne, établissement où l'on sert de la bière, des boissons alcoolisées.
● Brasserie.

pub n. f.
● Le **u** se prononce **u** et le **b** est sonore [pyb].
● Abréviation familière de **publicité.**

pubère adj.
Qui a atteint l'âge de la puberté.
Note.- Ne pas confondre avec le mot **nubile** qui se dit de la personne en âge de se marier.
Ant. **impubère.**

puberté n. f.
Période de la vie au cours de laquelle l'enfant devient un adolescent.

pubien, ienne adj.
Relatif au pubis. *Des poils pubiens.*

pubis n. m.
● Le **s** se prononce [pybis].
● Région triangulaire du bas-ventre.

publiable adj.
Digne d'être publié.
Ant. **impubliable.**

public, ique adj. et n. m.
• **Adjectif.** Qui concerne un groupe, une collectivité, une nation. *Les pouvoirs publics, la voie publique.*
• **Nom masculin.** La population.
• *En public.* En présence de plusieurs personnes.
• Ensemble des lecteurs, des auditeurs, des spectateurs. *Il chante devant un public conquis d'avance.*
Note.- Attention à la forme féminine de ce mot : publi**c**, publi**que**.

publication n. f.
• Action de publier. *La publication d'une encyclopédie.*
• Ouvrage publié. *Des publications mensuelles.*

publiciste n. m. et f.
- (Vx) Journaliste.
- Juriste spécialiste du droit public.
- (Emploi critiqué) Publicitaire.

publicitaire adj. et n. m. et f.
• **Adjectif.** Relatif à la publicité. *Un message publicitaire.*
• **Nom masculin et féminin.** Personne, groupe qui se charge de la publicité d'un client.
Note.- L'emploi du nom **publiciste** en ce sens est critiqué.

publicité n. f.
• Ensemble des moyens utilisés pour faire connaître une entreprise, un organisme, un produit, un service, à des fins commerciales ou sociales.
• Message, annonce, affiche, etc. à caractère publicitaire. *Une publicité percutante.*

publier v. tr.
• Rendre public, divulguer. *Publier un avis, une nouvelle en exclusivité.*
• Éditer un écrit. *Publier un auteur.*

publipostage n. m.
Prospection publicitaire par correspondance. *Les logiciels bureautiques facilitent grandement le publipostage.*
Note.- Ce mot a fait l'objet d'une recommandation pour remplacer l'anglicisme **mailing**.

publiquement adv.
En public.

puce n. f.
• Insecte parasite vivant sur le corps des mammifères.
• *Avoir la puce à l'oreille.* Être méfiant, intrigué.
• *Marché aux puces.* Marché où l'on vend des objets d'occasion.
• (Inform.) Microplaquette qui comporte gravés en elle les milliers de transistors et de diodes qui réalisent une fonction particulière.
Note.- Le mot **puce** est un terme familier qui désigne l'élément actif d'un circuit intégré.

puceau adj. m. et n. m.
(Fam.) Homme vierge. *Des puceaux.*
Note.- La forme féminine est **pucelle.**

pucelage n. m.
(Fam.) Virginité.
Note.- Attention à l'orthographe : puce*l*age.

pucelle adj. f. et n. f.
(Fam.) Femme vierge.
Notes.-
1° Attention à l'orthographe : puce**ll**e.
2° La forme masculine est **puceau.**

puceron n. m.
Petit insecte parasite.
Note.- Attention à l'orthographe : pu**c**eron.

pudding ou **pouding** n. m.
Gâteau garni de fruits. *Le pudding est le gâteau de Noël des Anglais. Des puddings, des poudings succulents.*

pudeur n. f.
• Retenue, modestie. *Une pudeur d'adolescente.*
• Délicatesse, respect. *Vous pourriez avoir la pudeur de vous rétracter.*
• *Attentat à la pudeur.* (Dr.) Délit qui consiste à porter atteinte à la décence.

pudibond, onde adj.
Dont la pudeur est excessive.
Note.- Attention à l'orthographe : pudibon**d.**

pudibonderie n. f.
Pudeur excessive.

pudicité n. f.
(Litt.) Pudeur.

pudique adj.
Qui a de la pudeur.

pudiquement adv.
D'une manière pudique.

puer v. tr., intr.
• **Transitif.** Dégager l'odeur désagréable de. *Il pue l'alcool.*
Note.- Le participe passé de ce verbe est invariable.
• **Intransitif.** Sentir mauvais, empester.

puéricultrice n. f.
Infirmière spécialiste de la puériculture.

puériculture n. f.
Art de soigner et d'élever les tout-petits.

puéril, ile adj.
Qui ne convient qu'à un enfant, qui manque de sérieux. *Ce comportement est puéril.*
Notes.-
1° Attention à l'orthographe : puéri**l**, puéri**le**.
2° Ne pas confondre avec les mots suivants :
- *enfantin,* qui appartient à l'enfance ;
- *infantile,* qui est relatif à la première enfance.

puérilement adv.
D'une manière puérile.
Note.- Attention à l'orthographe : puéri*l*ement.

puérilité n. f.
Caractère de ce qui est puéril.
Note.- Attention à l'orthographe : puéri*l*ité.

pugilat n. m.
Combat à coups de poing.
Note.- Attention à l'orthographe : pugila**t.**

pugiliste n. m. et f.
Boxeur.

puîné, ée adj. et n. m. et f.
(Vx) Qui est né après un de ses frères ou une de ses
sœurs.
Notes.-
1° Attention à l'orthographe : puîné.
2° On dit plutôt aujourd'hui **cadet**.

puis adv.
Ensuite. *Puis, il vint la trouver.*
Note.- L'expression *«et puis ensuite» est un pléonasme.
Hom. :
- **puits**, excavation ;
- **puy**, montagne volcanique.

puisard n. m.
Égout.
Note.- Attention à l'orthographe : puisar**d**.

puiser v. tr.
• Prendre de l'eau dans un puits, et par extension,
prendre un liquide à l'aide d'un récipient.
• Tirer, extraire. *Puiser des renseignements dans une
encyclopédie.*
• **Puiser aux sources.** Consulter les auteurs anciens,
les textes originaux.

puisque conj.
Comme, étant donné que. *Puisqu'il est absent, on
demandera à son collègue de le remplacer.*
Notes.-
1° La conjonction se construit avec l'indicatif ou le
conditionnel ; elle marque le motif, la cause dont la
proposition principale est la conséquence.
2° L'élision ne se fait que devant les mots suivants : *il,
elle, en, on, un, une, ainsi.*
V. Tableau - **ÉLISION**.

puissamment adv.
Avec force, intensité.
Note.- Attention à l'orthographe : puissa**mm**ent.

puissance n. f.
• Force, énergie. *La puissance d'un moteur, la puis-
sance d'un courant électrique.*
• **En puissance.** Virtuel, potentiel.
• **Puissance d'un nombre.** Chaque degré auquel un
nombre est élevé, lorsqu'il est multiplié par lui-même.
*Élever un nombre à la puissance trois, deux puissance
trois.*
• **À la n^{ième} puissance.** (Fam.) À l'extrême.
• Pays puissant. *Les puissances et les superpuissances
occidentales.*

puissant, ante adj. et n. m. et f.
• **Adjectif**
- Qui produit de grands effets. *Un vent puissant.*
- Qui a de la force, de l'intensité. *Une voix puissante.*
• **Nom masculin et féminin**
Personne influente. *Les puissants de ce monde.*

puits n. m.
• Excavation destinée à atteindre une nappe d'eau
souterraine. *Un puits artésien.*

• Excavation destinée à l'exploitation d'un gisement.
Un puits de pétrole.
Note.- Attention à l'orthographe : pui**ts**, avec **s**, même
au singulier.
Hom. :
- **puis**, ensuite ;
- **puy**, montagne volcanique.

pull-over ou **pull** n. m.
(Anglicisme) Tricot que l'on passe par-dessus la tête.
Des pull-overs, des pulls.

pulluler v. intr.
• Se multiplier rapidement, proliférer. *Les insectes
pullulent dans ce coin humide* (et non *ce coin pullule
d'insectes*).
• Être en grand nombre. *Les anglicismes pullulent
dans ce texte.*
Note.- Attention à l'orthographe : pu**ll**u**l**er.

pulmonaire adj.
Relatif au poumon. *Une radiographie pulmonaire.*
Note.- Attention à l'orthographe : pulmon**ai**re.

pulpe n. f.
Partie charnue des fruits et des légumes. *La pulpe
d'une orange.*

pulpeux, euse adj.
De la consistance de la pulpe. *Une peau pulpeuse.*

pulsation n. f.
Battement du pouls. *Les pulsations du cœur.*

pulsion n. f.
Tendance instinctive.

pulvérisation n. f.
Action de pulvériser.

pulvériser v. tr.
• Réduire en poudre, en miettes. *Pulvériser de la
pierre.*
• Projeter un liquide en fines gouttelettes. *Pulvériser
un insecticide.*
• Anéantir. *L'avion a été pulvérisé par une explosion.*

puma n. m.
Mammifère carnassier du groupe des félins. *Des pumas
blessés.*
Syn. **couguar**.

punaise n. f.
• Insecte parasite de l'homme.
• Petit clou à tête plate.

punch n. m.
• Le **u** se prononce **on** [pɔ̃ʃ].
• Boisson composée de jus de fruits et de rhum. *Des
punchs martiniquais.*

punir v. tr.
Infliger une peine.

punitif, ive adj.
Dont le but est de punir. *Une expédition punitive.*
Note.- L'adjectif ne s'emploie que dans l'exemple cité.

punition n. f.
Peine infligée à l'auteur d'une faute.

punk adj. inv. et n. m. et f.
• Le mot se prononce [pœ̃k] ou [pœnk].
• **Adjectif invariable.** Se dit de l'allure excentrique des punks. *Des coiffures punk.*
• **Nom masculin et féminin.** Contestataire qui affiche une allure agressivement excentrique. *À Londres, les punks constituent un attrait touristique.*
Note.- L'adjectif est invariable et le nom prend la marque du pluriel.

pupille n. m. et f.
• **Nom masculin et féminin.** Orphelin. *Les pupilles de l'État.*
• **Nom féminin.** Orifice de l'œil, situé au centre de l'iris. *Des pupilles dilatées.*
Syn. **prunelle.**

pupitre n. m.
Petit meuble présentant une surface inclinée. *Un pupitre d'écolier.*
Notes.-
1° Attention à l'orthographe : pup*i*tre.
2° Ne pas confondre avec le mot **bureau** qui désigne un meuble comportant des tiroirs et une surface plate pour écrire.

pur, pure adj. et n. m. et f.
• **Adjectif**
- Qui est sans mélange. *Un jus d'orange pur, une étoffe pure laine.*
- Qui est sans restriction. *C'est la pure vérité.*
- ***Pur et simple.*** Absolu. *Un refus pur et simple.*
- Chaste.
• **Nom masculin et féminin**
Personne fidèle à une doctrine, à un parti. *Les purs du parti nationaliste.*

purée n. f.
• Plat composé de légumes écrasés. *De la purée de légumes.*
Note.- Mis en apposition, le nom est invariable. *Des biftecks purée.*
• ***Purée de pois.*** Brouillard épais.

purement adv.
• Uniquement. *Faire une chose purement par désintérêt.*
• ***Purement et simplement.*** Sans réserve ni condition.

pureté n. f.
• Qualité de ce qui est pur. *La pureté de l'air à la montagne.*
• Clarté, limpidité. *La pureté d'un son.*

purgatif, ive adj. et n. m.
Laxatif.

purgatoire n. m.
(Relig.) État d'expiation temporaire.

purge n. f.
Élimination d'individus tenus pour indésirables. *Le parti a fait une purge et s'est départi des éléments trop radicaux.*

purger v. tr., pronom.
• Le **g** est suivi d'un **e** devant les lettres **a** et **o**. *Il purgea, nous purgeons.*

• **Transitif**
- Épurer, nettoyer. *Purger un radiateur.*
- ***Purger une peine.*** (Dr.) Subir la peine de prison.
• **Pronominal**
Prendre un purgatif.

purification n. f.
Action de purifier.

purifier v. tr.
• Redoublement du **i** à la première et à la deuxième personne du pluriel de l'indicatif imparfait et du subjonctif présent. *(Que) nous purifiions, (que) vous purifiiez.*
• Rendre pur.

purin n. m.
Partie liquide du fumier.

purisme n. m.
• (Péj.) Recherche excessive de la pureté du langage.
• Recherche de la conformité à un type idéal. *Le purisme architectural.*
Ant. **laxisme.**

puriste adj. et n. m. et f.
• **Adjectif**
(Péj.) Relatif au purisme. *Une recommandation puriste.*
• **Nom masculin et féminin**
- (Péj.) Personne qui recherche une pureté de langage excessive. *Des puristes qui rejettent tous les néologismes.*
- Personne qui recherche la conformité à un modèle idéal.
Note.- Ne pas confondre avec le mot **puritain** qui se dit d'une personne prude, sévère à l'excès.

puritain, aine adj. et n. m. et f.
Prude, sévère à l'excès.
Note.- Ne pas confondre avec le mot **puriste** qui se dit d'une personne qui recherche la conformité à un modèle idéal.

puritanisme n. m.
Rigorisme des puritains.

purpurin, ine adj.
(Litt.) De couleur pourpre.

pur-sang n. m. inv.
Cheval de course de pure race. *De magnifiques pur-sang.*
Note.- Pris adjectivement, le mot s'écrit sans trait d'union. *Des chevaux pur sang.*

purulent, ente adj.
Qui contient du pus.
Note.- Attention à l'orthographe : purul**e**nt.

pus n. m.
Liquide pathologique résultant d'une inflammation.
Note.- Attention à l'orthographe : pu**s.**

pusillanime adj.
(Litt.) Craintif, faible.
Note.- Attention à l'orthographe : pu*silla*nime.

pusillanimité n. f.
(Litt.) Faiblesse de caractère, manque de courage.
Note.- Attention à l'orthographe : pu*silla*nimité.

pustule n. f.
Soulèvement inflammatoire de l'épiderme.

putain n. f.
(Fam.) Prostituée.
Note.- Attention à l'orthographe : put*ain.*

putatif, ive adj.
(Dr.) Supposé. *Un père putatif.*

putois n. m.
Petit mammifère à odeur nauséabonde.

putréfaction n. f.
Pourriture.

putréfier v. tr., pronom.
• Redoublement du *i* à la première et à la deuxième personne du pluriel de l'indicatif imparfait et du subjonctif présent. *(Que) nous putréfiions, (que) vous putréfiiez.*
• **Transitif.** Faire pourrir.
• **Pronominal.** Tomber en putréfaction.

putrescible adj.
Susceptible de pourrir.
Ant. **imputrescible.**

putride adj.
Qui est en putréfaction.

putsch n. m. inv.
• Le *u* se prononce *ou* [putʃ].
• Coup d'État.
Note.- Attention à l'orthographe : put*sch.*

putschiste adj. et n. m. et f.
Personne qui participe à un putsch.

puy n. m.
Montagne volcanique. *Le puy de Dôme.*
Note.- Dans les désignations géographiques, le nom *puy* est un générique qui s'écrit avec une minuscule, tout comme les mots **rivière, lac, mer, fleuve, océan, baie, île, mont,** etc. C'est le déterminant précisant le générique qui s'écrit avec une majuscule.
Hom. :
- *puis,* ensuite ;
- *puits,* excavation.

puzzle n. m.
• On prononce [pœzl] ou, vieilli, [pœdzœl].
• (Anglicisme) Jeu de patience dans lequel il faut reconstituer une image en en rassemblant les fragments découpés.

PVC
Sigle anglais utilisé pour le *chlorure de polyvinyle.*
V. **C.P.V.**

P.V.D.
Sigle de *pays en voie de développement.*

pygmée adj. et n. m. et f.
Personne de très petite taille appartenant à certaines races d'Afrique. *Un Pygmée, une tribu pygmée.*
Notes.-
1° Attention à l'orthographe : p*y*gmé*e.*
2° Le nom s'écrit avec une majuscule, l'adjectif avec une minuscule.

pyjama n. m.
Vêtement de nuit composé d'un pantalon et d'une veste. *Des pyjamas de soie.*
Note.- Attention à l'orthographe : p*y*jama.

pylône n. m.
Structure métallique destinée à supporter des câbles électriques aériens.
Note.- Attention au genre masculin de ce nom : *un* p*y*lône.

pyr(o)- préf.
• Élément du grec signifiant « feu ».
• Les mots composés avec le préfixe *pyr(o)-* s'écrivent en un seul mot. *Pyromane.*

pyramidal, ale, aux adj.
En forme de pyramide. *Des toits pyramidaux.*
Note.- Attention à l'orthographe : p*y*ramidal.

pyramide n. f.
• Monument de l'ancienne Égypte qui servait de tombeau aux pharaons.
• *Pyramide des âges.* Représentation graphique de la répartition d'une population par âges.

pyrex n. m. (n. déposé)
Verre très résistant pouvant aller au feu. *Des plats en pyrex.*
Note.- Ce nom déposé est passé dans l'usage et s'écrit maintenant avec une minuscule.

pyrogravure n. f.
Gravure sur bois à l'aide d'une pointe métallique brûlante.
Note.- Attention à l'orthographe : p*y*rogravure.

pyromane n. m. et f.
Incendiaire.
Note.- Attention à l'orthographe : p*y*romane.

pyromanie n. f.
Impulsion pathologique qui pousse certaines personnes à allumer des incendies.
Note.- Attention à l'orthographe : p*y*romanie.

pyrotechnicien n. m.
pyrotechnicienne n. f.
Spécialiste en pyrotechnie.
Note.- Attention à l'orthographe : p*y*rotechnicien.

pyrotechnie n. f.
Technique de l'utilisation des explosifs pour les feux d'artifice.
Note.- Attention à l'orthographe : p*y*rotechnie.

pyrotechnique adj.
Qui appartient à la pyrotechnie. *Des pièces pyrotechniques.*
Note.- Attention à l'orthographe : p*y*rotechnique.

pythie n. f.
Prêtresse qui rendait les oracles à Delphes.
Note.- Attention à l'orthographe : p*y*th*ie.*

python n. m.
Serpent de grande taille non venimeux.
Hom. *piton,* clou à tête en forme d'anneau ou sommet d'une montagne isolée.
Syn. **boa constricteur.**

Q

q
Symbole de *quintal*.

Q.C.M.
Sigle de *questionnaire à choix multiple*.

Q.I. n. m. inv.
Sigle de *quotient intellectuel*.

qq.
Abréviation de *quelque*.

qqch.
Abréviation de *quelque chose*.

qqf.
Abréviation de *quelquefois*.

qqn
Abréviation de *quelqu'un*.

quadragénaire adj. et n. m. et f.
• La première syllabe se prononce *ka* ou *koua* [kadraʒenɛr] ou [kwadraʒenɛr].
• Dont l'âge est compris entre quarante et quarante-neuf ans.

quadrant n. m.
• La première syllabe se prononce *ka* ou *koua* [kadrɑ̃] ou [kwadrɑ̃].
• (Math.) Quart de circonférence du cercle.
Note.- Attention à l'orthographe : quadran*t*.
Hom. *cadran*, surface divisée et graduée de certains appareils.

quadratique adj.
• La première syllabe se prononce *koua* [kwadratik].
• (Math.) Qui est élevé au carré.

quadrature n. f.
• La première syllabe se prononce *ka* ou *koua* [kadratyr] ou [kwadratyr].
• (Géom.) Construction d'un carré.
• *Quadrature du cercle*. (Fig.) Problème insoluble.
Hom. *cadrature*, ensemble de pièces d'horlogerie.

quadr(i)- préf.
• Élément du latin signifiant « quatre ».
• Les mots composés avec le préfixe *quadri* s'écrivent sans trait d'union. *Quadrimoteur*.

quadriennal, ale, aux adj.
• La première syllabe se prononce *koua* [kwadrijenal].
• Qui dure quatre ans. *Un programme quadriennal.*
• Qui a lieu tous les quatre ans. *Les Jeux olympiques sont quadriennaux.*
Note.- Attention à l'orthographe : quadrie*nn*al.
V. Tableau - **PÉRIODICITÉ ET DURÉE.**

quadrilatère n. m.
• La première syllabe se prononce *ka* ou *koua* [kadrilatɛr] ou [kwadrilatɛr].
• (Math.) Polygone qui a quatre côtés (carré, rectangle, losange, etc.).
• Terrain qui a quatre côtés rectilignes.
Note.- Attention à l'orthographe : quadrilat**è**re.

quadrillage n. m.
• La première syllabe se prononce *ka* [kadrijaʒ].
• Ensemble des lignes qui divisent une surface en carrés. *Un papier au quadrillage très fin.*

quadrille n. m.
• La première syllabe se prononce *ka* [kadrij].
• Danse exécutée par quatre couples de danseurs.

quadriller v. tr.
• La première syllabe se prononce *ka* [kadrije].
• Diviser en carrés. *Quadriller du papier.*

quadrimoteur adj. m. et n.m.
• La première syllabe se prononce *ka* ou *koua* [kadrimɔtœr] ou [kwadrimɔtœr].
• Avion qui possède quatre moteurs.

quadripartite, ie adj.
• La première syllabe se prononce *koua* [kwadriparti(t)].
• Qui réunit des délégués de quatre partis, de quatre pays, etc. *Un comité quadripartite.*
Note.- Attention à la forme *quadripartite* qui demeure identique au masculin et au féminin. Cette forme est la plus usitée.

quadriphonie n. f.
• La première syllabe se prononce *koua* [kwadrifɔni].
• Technique de la reproduction sonore utilisant quatre sources.

quadriphonique adj.
• La première syllabe se prononce *koua* [kwadrifɔnik].
• De la quadriphonie. *Un enregistrement quadriphonique.*

quadriplégie n. f.
• La première syllabe se prononce *koua* [kwadripleʒi].
• (Méd.) Paralysie des quatre membres.
Syn. **tétraplégie.**
V. **paralysie.**

quadriréacteur adj. m. et n. m.
• La première syllabe se prononce *ka* ou (plus rare) *koua* [kadrireaktœr] ou [kwadrireaktœr].
• Avion qui possède quatre réacteurs. *La société aérienne a fait l'acquisition de deux quadriréacteurs. Un moyen-courrier quadriréacteur.*

quadrupède adj. et n. m.
• La première syllabe se prononce *ka* ou *koua* [kadrypɛd] ou [kwadʀypɛd].
• Animal qui a quatre pattes ou quatre pieds.
Note.- Le mot *quadrupède* ne se dit que des mammifères, tandis que le mot *tétrapode* se dit de tous les animaux à quatre pattes.

quadruple adj. et n. m.
• La première syllabe se prononce **ka** ou **koua** [kadrypl(ə)] ou [kwadrypl(ə)].
• **Adjectif.** Qui vaut quatre fois autant. *Un formulaire en quadruple exemplaires.*
• **Nom masculin.** Quantité qui vaut quatre fois une quantité déterminée. *Douze est le quadruple de trois.*

quadrupler v. tr., intr.
• La première syllabe se prononce **ka** ou **koua** [kadryple] ou [kwadryple].
• **Transitif.** Multiplier par quatre. *Quadrupler un nombre.*
• **Intransitif.** Devenir quatre fois aussi grand. *Ses investissements ont quadruplé.*

quadruplés, ées n. m. et f. pl.
• La première syllabe se prononce **ka** ou **koua** [kadryple] ou [kwadryple].
• Se dit de quatre enfants nés d'une même grossesse.

quai n. m.
• Dans un port, partie du rivage aménagée pour assurer l'embarquement et le débarquement des passagers, le chargement et le déchargement des marchandises. *Une promenade sur les quais, le quai Voltaire.*
Note.- Pris absolument au sens de « ministère français des Affaires étrangères », situé quai d'Orsay à Paris, le nom s'écrit avec une majuscule. *Le Quai n'est pas intervenu dans cette affaire.*
• Plate-forme longeant la voie (dans une gare, dans une station de métro) et qui est destinée à l'embarquement et au débarquement des voyageurs, au chargement et au déchargement des marchandises. *Pour Lyon, embarquement au quai n° 7.*

qualificatif, ive adj. et n. m.
• **Adjectif.** Qui exprime la qualité.
• *Adjectif qualificatif.* (Gramm.) Adjectif qui exprime une qualité de l'être ou de l'objet désigné par le nom auquel il se rapporte et avec lequel il s'accorde.
V. Tableau - **ADJECTIF.**
• **Nom masculin.** Terme qui qualifie. *Un qualificatif peu flatteur.*

qualification n. f.
• Manière de qualifier, attribution d'une valeur.
• *Qualification professionnelle.* Formation, aptitudes et expérience de l'employé qualifié.

qualifié, ée adj.
• Qui a les qualités exigées pour. *Il n'est pas qualifié pour ce poste.*
• Qui satisfait aux conditions exigées. *Une ouvrière qualifiée.*

qualifier v. tr., pronom.
• Redoublement du *i* à la première et à la deuxième personne du pluriel de l'indicatif imparfait et du subjonctif présent. *(Que) nous qualifiions, (que) vous qualifiiez.*
• **Transitif.** Exprimer la qualité de, nommer. *On le qualifie de génial, de fou.*
Note.- Le verbe se construit avec la préposition *de*.
• **Pronominal.** (Sports, jeux) Réussir les épreuves éliminatoires. *Ils se sont qualifiés pour la demi-finale.*

qualitatif, ive adj.
Relatif à la qualité (par opposition à la quantité). *Une analyse qualitative.*
Ant. **quantitatif.**

qualitativement adv.
Du point de vue de la qualité.

qualité n. f.
• Manière d'être (bonne ou mauvaise) d'une chose. *Un produit de bonne qualité.*
• *Contrôle de la qualité.* Vérification de la conformité d'un produit à sa définition ou à ses caractéristiques techniques.
• *Gestion de la qualité.* Ensemble des activités de planification, de direction et de contrôle destinées à établir ou à maintenir la qualité d'un produit.
Note.- La *qualité* définit la valeur des choses tandis que la *quantité* détermine leur nombre, leur étendue.
• Ce qui fait le mérite de quelqu'un (par opposition à *défaut*). *Elle a beaucoup de qualités.*
• Profession, titre. *Nom, prénom et qualité.*
• *La qualité de la vie.* Ensemble des conditions qui contribuent à créer une vie agréable.
• *Avoir qualité pour.* Être habilité à. *Ils ont qualité pour décider de la question.*
Note.- En ce sens, le nom est invariable.
• *En qualité de*, locution prépositive. À titre de.

quand adv. et conj.
• **Adverbe de temps**
À quel moment. *Quand aura lieu la rencontre ?*
• **Conjonction de subordination**
La conjonction unit une proposition subordonnée circonstancielle à la principale.
- Lorsque. *Rentre quand il sera minuit.*
Note.- La conjonction marque un rapport de temps.
- Chaque fois que. *Quand il pleut, ses articulations lui font mal.*
Note.- La conjonction marque la concomitance.
- Du moment que. *Quand il travaille, il réussit bien.*
Note.- La locution marque la cause.
• **Locutions**
- *Quand même*, locution adverbiale. Néanmoins, tout de même.
- *Quand même, quand bien même*, locutions conjonctives de subordination. Les conjonctions marquent l'opposition et se construisent avec le conditionnel. *Quand bien même vous insisteriez, je ne pourrais accepter votre proposition.*

quant à loc. prép.
Pour ce qui est de, en ce qui concerne une personne, une chose. *Quant à moi, j'opterai pour cette solution.*
Note.- La locution prépositive est toujours suivie de la préposition *à* ou de l'article contracté *au*.

quanta n. m. pl.
• La première syllabe se prononce **kouan** [kwãta].
• Pluriel de *quantum*. *La théorie des quanta.*
Note.- Attention au pluriel latin en *a*.
V. **quantum.**

quant-à-soi n. m. inv.
Réserve. *Il reste sur son quant-à-soi.*

Note.- Le nom s'écrit avec deux traits d'union et renvoie à un sujet à la troisième personne.

quantième n. m.
Jour du mois désigné par son numéro d'ordre. *Quel quantième sommes-nous ? Nous sommes le 3.*
Note.- Le quantième s'exprime en chiffres.

quantifiable adj.
Que l'on peut quantifier.

quantification n. f.
Action de quantifier.

quantifier v. tr.
• Redoublement du *i* à la première et à la deuxième personne de l'indicatif imparfait et du subjonctif présent. *(Que) nous quantifiions, (que) vous quantifiiez.*
• Déterminer la quantité de. *Quantifier les coûts d'un projet.*

quantique adj.
• La première syllabe se prononce **kan** ou **kouan** [kãtik] ou [kwãtik].
• (Phys.) Relatif à la théorie des quanta.

quantitatif, ive adj.
Qui se rapporte à la quantité. *Une analyse quantitative.*
Ant. **qualitatif.**

quantitativement adv.
Du point de vue de la quantité.

quantité n. f.
• Caractère de ce qui peut être mesuré.
• Nombre d'unités qui sert à déterminer une portion d'un tout. *Une quantité de huit oranges.*
Note.- La **quantité** détermine le nombre des choses tandis que la **qualité** définit leur valeur, leur manière d'être.
• *En quantité*, locution adverbiale. En grand nombre.
• Un grand nombre, une multitude. *Une quantité de maisons a été rénovée* ou, *ont été rénovées. Quantité de branches sont tombées.*
Note.- Après un nom collectif suivi d'un complément au pluriel, le verbe se met au singulier ou au pluriel suivant l'intention de l'auteur qui veut insister sur l'ensemble ou sur la pluralité ; l'accord avec le complément au pluriel semble plus fréquent, surtout lorsque le collectif n'est pas précédé d'un article.
V. Tableau - **COLLECTIF.**

quantum n. m.
• La première syllabe se prononce **kouan** [kwãtɔm].
• (Dr.) Somme déterminée. *Le quantum de la réclamation.*
• Quantité déterminée.
• (Phys.) Quantité élémentaire d'énergie. *La théorie des quanta.*
Note.- Attention au pluriel latin en *a.*
V. **quanta.**

quarantaine n. f.
• Nombre approximatif de quarante. *Une quarantaine de personnes étaient présentes.*
Note.- Après un nom collectif suivi d'un complément au pluriel, le verbe se met au singulier ou au pluriel suivant l'intention de l'auteur qui veut insister sur l'ensemble ou sur la pluralité.
• Âge de quarante ans environ.
• Isolement imposé à des personnes contagieuses. *Si l'on devait mettre en quarantaine tous les hommes de 40 ans...*

quarante adj. et n. m. inv.
• **Adjectif numéral cardinal invariable.** Quatre fois dix. *Les quarante crayons verts. Quarante et un, quarante-deux.*
• **Adjectif numéral ordinal invariable.** Quarantième. *Page quarante.*
• **Nom masculin invariable.** Nombre quarante.
Note.- Pris absolument, le nom désigne les membres de l'Académie française et s'écrit avec une majuscule.
• *S'en moquer comme de l'an quarante.* (Fam.) S'en ficher complètement.

quarantième adj. et n. m. et f.
• **Adjectif numéral.** Nombre ordinal de quarante. *Le quarantième élève.*
• **Nom masculin.** La quarantième partie d'un tout. *Les trois quarantièmes d'une quantité.*
• **Nom masculin et féminin.** Personne, chose qui occupe le quarantième rang. *Elles sont les quarantièmes.*

quart n. m.
• Quatrième partie d'un tout. *Elle a mangé les trois quarts de la tarte avec un quart de champagne.*
• *Quart d'heure.* Quinze minutes. *Tous les quarts d'heure.*
Note.- Lorsque le mot *quart* fait partie d'une expression horaire, l'heure doit être indiquée en toutes lettres. *Il est sept heures moins le quart, neuf heures trois quarts.* Pour exprimer le *quart* après l'heure, on emploie *et* ou *un. Il est huit heures et quart, huit heures un quart.*
• *Trois quarts.* L'expression s'écrit sans trait d'union. *Les trois quarts des personnes étaient opposés* ou *opposées.*
Note.- L'accord se fait avec l'expression numérale ou avec son complément.

quart-de-rond n. m.
Moulure. *Des quarts-de-rond.*

quartette n. m.
• La première syllabe se prononce **kouar** [kwartɛt].
• Formation de quatre musiciens de jazz.
Note.- Pour la musique classique, on emploie plutôt le nom *quatuor.*

quartier n. m.
• Portion d'une chose. *Un quartier de pomme.*
• Partie d'une ville. *Habiter un beau quartier, le Quartier latin.*
• *Quartier général.* Poste de commandement d'une armée. *Des quartiers généraux.*
• *Ne pas faire de quartier.* Massacrer tout le monde.

quartz n. m.
• Les lettres *qua* se prononcent **koua** et le *z* se prononce *s* [kwarts].
• Silice cristallisée. *Le cristal de roche est un quartz.*

quasar n. m.
- La première syllabe se prononce **koua** ou **ka** [kwazaʀ] ou [kazaʀ].
- (Astron.) Astre qui s'apparente à une étoile. *Les quasars.*
Note.- Ce néologisme est formé à partir de l'expression américaine «**quasi**-stell**ar** radio source ».

quasi adv.
- La première syllabe se prononce **ka** [kazi].
- (Litt.) Presque, à peu près.
- **Quasi** + **adjectif.** L'expression s'écrit sans trait d'union. *Un obstacle quasi infranchissable.*
- **Quasi** + **nom.** Ce mot composé s'écrit avec un trait d'union. *La quasi-totalité, la quasi-certitude.*

quasiment adv.
(Fam.) Presque. *Cette maison est quasiment en ruines. Tu pourrais quasiment être sa mère. Il est quasiment épuisé.*

quaternaire adj. et n. m.
- La première syllabe se prononce **koua** [kwatɛrnɛr].
- *(Ère) quaternaire.* Ère géologique actuelle. *Le quaternaire a succédé à l'ère tertiaire.*

quatorze adj. et n. m. inv.
- **Adjectif numéral cardinal invariable.** Treize plus un. *Quatorze heures.*
- **Adjectif numéral ordinal invariable.** Quatorzième. *Le quatorze décembre.*
- **Nom masculin invariable.** Nombre quatorze.

quatorzième adj. et n. m. et f.
- **Adjectif numéral ordinal.** Nombre ordinal de quatorze. *La quatorzième fleur.*
- **Nom masculin.** La quatorzième partie d'un tout. *Les trois quatorzièmes d'une quantité.*
- **Nom masculin et féminin.** Personne, chose qui occupe le quatorzième rang. *Elle est la quatorzième.*

quatorzièmement adv.
En quatorzième lieu.

quatrain n. m.
Strophe de quatre vers.

quatre adj. et n. m. inv.
- **Adjectif numéral cardinal invariable.** Trois plus un. *Quatre vérités.*
- **Adjectif numéral ordinal invariable.** Quatrième. *Le quatre décembre.*
- **Nom masculin invariable.** Nombre quatre. *Deux et deux font quatre.*

quatre-mâts n. m. inv.
Voilier à quatre mâts. *Des quatre-mâts majestueux.*

quatre-quarts n. m. inv.
Gâteau composé à poids égal de beurre, de farine, de sucre et d'œufs. *Des quatre-quarts délicieux.*

quatre-quatre n. f. ou m. inv.
Automobile à quatre roues motrices.

quatre-saisons n. f. inv.
- Variété d'une plante qui se cultive tout au long de l'année (fraisier, salade, etc.).
- *Marchand de (*ou *des) quatre-saisons.* Marchand qui vend des fruits et des légumes dans la rue.

quatre-vingt(s) adj. et n. m.
- **Adjectif numéral cardinal.** Quatre fois vingt. *Il a quatre-vingts ans, elle a quatre-vingt-deux ans.*
Note.- L'adjectif numéral cardinal s'écrit avec un **s** s'il est multiplié par un nombre et s'il n'est pas suivi d'un autre adjectif numéral.
- **Adjectif numéral ordinal invariable.** Quatre-vingtième. *La page quatre-vingt. En mil neuf cent quatre-vingt.*
Note.- L'adjectif ordinal est invariable.
- **Nom masculin invariable.** Nombre quatre-vingt. *Des quatre-vingt en lettres lumineuses.*
Notes.-
1° Attention aux nombres composés des mots **million, milliard** qui ne sont pas des adjectifs numéraux, mais des noms et qui permettent donc la marque du pluriel à **vingt** si l'adjectif numéral est multiplié par un nombre. *Quatre-vingts millions de francs.*
2° Après l'adjectif numéral, la conjonction **et** ne s'emploie pas devant **un**, contrairement à **trente et un, quarante et un**...*Quatre-vingt-un citrons, quatre-vingt-une tomates.*
3° Les adjectifs numéraux composés de **quatre-vingt** s'écrivent avec des traits d'union. *Quatre-vingt-deux, quatre-vingt-trois, quatre-vingt-dix, quatre-vingt-onze, quatre-vingt-dix-sept.*

quatre-vingtième adj. et n. m. et f.
- **Adjectif numéral ordinal.** Nombre ordinal de quatre-vingts. *La quatre-vingtième personne.*
- **Nom masculin.** La quatre-vingtième partie d'un tout. *Les trois quatre-vingtièmes d'une quantité.*
- **Nom masculin et féminin.** Personne, chose qui occupe le quatre-vingtième rang. *Elles sont les quatre-vingtièmes.*

quatrième adj. num. et n. m. et f.
- **Adjectif numéral ordinal.** Nombre ordinal de quatre. *La quatrième heure.*
- **Nom masculin et féminin.** Personne, chose qui occupe le quatrième rang. *Elles sont les quatrièmes.*
Note.- La quatrième partie d'un tout est un **quart.**

quatrièmement adv.
En quatrième lieu.

quatrillion n. m.
Nombre égal à un million de trillions, 10^{24}.

quatuor n. m.
- La syllabe **qua** se prononce **koua** [kwatɥɔr].
- Composition musicale composée pour quatre instruments. *Les quatuors à cordes de Beethoven.*
- Formation de quatre musiciens classiques. *Former des quatuors.*
Note.- Le **quartette** est une formation de quatre musiciens de jazz.

que, qu' conj. et pron.
V. Tableau - **QUE.**

québécisme n. m.
Mot ou expression propre au français en usage au Québec. *Les mots **cégep, débarbouillette, dépanneur, motoneige, maskinongé, magasinage** sont des québécismes.*

QUE

QUE, pronom relatif masculin et féminin

Le pronom relatif s'emploie pour représenter une personne ou une chose (l'antécédent), au masculin ou au féminin, au singulier ou au pluriel.

- Complément d'objet direct.
    Les paysages que vous avez vus.

- Attribut.
    Le scientifique qu'il est.

QUE, pronom interrogatif neutre

Le pronom interrogatif s'emploie pour représenter une chose.
    Que voulez-vous ?

1. Interrogation directe

- Sujet d'un verbe impersonnel.
    Que va-t-il arriver ?

- Complément d'objet direct.
    Que dis-tu ? Qu'est-ce que tu dis ?

Note.- La construction **qu'est-ce que** s'emploie également, mais elle est plus lourde.

- Attribut.
    Qu'est ce parfum ?

- Complément circonstanciel.
    Que payez-vous pour cet appartement ?

2. Interrogation indirecte

- Complément d'objet direct.
    Je ne sais que décider.

- Attribut.
    Il ne sait que devenir.

Locutions

Qu'est-ce qui.
    Qu'est-ce qui vous dit qu'il viendra ?

Qu'est-ce que.
    Qu'est-ce que vous dites ?

QUE, conjonction de subordination

La conjonction sert à introduire une proposition subordonnée complétive sujet, attribut, complément d'objet ou complément circonstanciel ; elle marque le souhait, le commandement et accompagne le subjonctif. La conjonction sert également de corrélatif aux comparatifs.
Note.- Devant une voyelle ou un **h** muet, la conjonction s'élide. *Qu'il, qu'une.*

- La conjonction introduit une proposition complétive.
    Il importe que tu réfléchisses. Calmez-vous un peu que je vous explique.

- La conjonction introduit une proposition circonstancielle.
    Il faisait si froid que le ski était impossible.

- La conjonction accompagne le subjonctif.
    Qu'il pleuve ou qu'il vente, nous serons là.

- La conjonction introduit le second terme d'une comparaison.
    Il est plus grand que toi.

- La conjonction est en corrélation avec **ne...** pour marquer la restriction.
    Il ne fait que critiquer.

Locutions conjonctives

Afin que, ainsi que, avant que, après que, bien que, dès que, encore que, pourvu que, puisque, quoique, tandis que...

québécois, oise adj. et n. m. et f.
• **Adjectif**
- Qui est du Québec (province canadienne). *La littéra-ture québécoise, le Parti québécois.*
- Qui est de la ville de Québec. *Il est originaire de Québec, il est québécois.*
• **Nom masculin et féminin**
Un Québécois, une Québécoise.
• **Nom masculin**
Le français en usage au Québec. *Il faudrait recenser tous les mots du québécois.*
Notes.-
1° Attention à l'orthographe : qu**ébéc**ois.
2° Lorsqu'il s'agit de la langue, l'adjectif ou le nom s'écrit avec une minuscule. Si le nom désigne une personne, la majuscule s'impose.

quel, quelle adj. et pron.
V. Tableau - **QUEL, QUEL QUE, QUELQUE.**

quelconque adj.
• N'importe quel. *Une personne quelconque.*
• (Péj.) Banal, ordinaire, médiocre. *Des résultats quel-conques, une quelconque organisation.*
Note.- Antéposé, l'adjectif est toujours péjoratif.

quel que, quelle que loc.
V. Tableau - **QUEL, QUEL QUE, QUELQUE.**

quelque adj. et adv.
V. Tableau - **QUEL, QUEL QUE, QUELQUE.**

quelque adv. inv.
• Abréviation *qq.* (s'écrit avec un point).
• Quand il signifie « environ, à peu près », l'adverbe *quelque* est invariable. *Quelque trois cents personnes sont venues.*
V. Tableau - **QUEL, QUEL QUE, QUELQUE.**

quelque chose pron. indéf.
• Abréviation *qqch.* (s'écrit avec un point).
• Une chose quelconque. *Donnez-moi quelque chose de très joli.*
Note.- Malgré le genre féminin du nom **chose**, la locution se construit avec un adjectif ou un participe au masculin singulier.

quelquefois adv.
• Abréviation *qqf.* (s'écrit avec un point).
• Parfois, en certaines occasions. *Il m'arrive quelque-fois de le regretter*
Note.- Ne pas confondre avec les mots **quelques fois.** *Je lui ai parlé quelques fois.*

quelqu'un, une, quelques-uns, unes pron. indéf.
• Abréviation *qqn* (s'écrit sans point).
• Une personne déterminée ou indéterminée. *Quelqu'un est passé. C'est quelqu'un de très gentil.*
• Un certain nombre. *Parmi ces propositions, il y en avait quelques-unes de très pertinentes.*
Note.- Employé comme pronom relatif, le mot s'accorde en genre et en nombre avec le complément.
• Une personne importante. *C'est quelqu'un.*
Note.- En ce sens, le pronom ne s'emploie qu'au masculin.
• (Au plur.) Un nombre indéterminé. *Quelques-uns acceptèrent.*

quémander v. tr., intr.
• **Transitif.** Solliciter avec insistance. *Elle ne cesse de quémander de l'argent.*
• **Intransitif.** (Vx) Mendier.

quémandeur, euse n. m. et f.
(Litt.) Personne qui quémande.

qu'en-dira-t-on n. m. inv.
Commérage. *Elle se moque du qu'en-dira-t-on et des on-dit.*

quenelle n. f.
Rouleau de viande ou de poisson. *Des quenelles de brochet.*

quenouille n. f.
Petit bâton entouré de laine, de chanvre, etc. dont on se servait pour filer.

querelle n. f.
• Sujet de contestation, dispute. *Une querelle de famille.*
• *Chercher querelle à quelqu'un.* Le provoquer, l'at-taquer.

quereller v. tr., pronom.
• **Transitif.** (Vx) Gronder.
• **Pronominal.** Se disputer avec quelqu'un. *Ils se sont querellés.*

quérir v. tr.
(Litt.) Chercher quelqu'un pour l'amener, quelque chose pour l'apporter. *Allez quérir le médecin.*
Note.- Ce verbe ne s'emploie plus qu'à l'infinitif avec les verbes *aller, envoyer, faire, venir.*

question n. f.
• Interrogation. *Il n'a pas répondu à nos questions. Elle a posé une question pertinente.*
• Problème, sujet d'étude. *C'est une question de sur-vie.*
• *En question.* Dont on parle. *Le film en question est très bien structuré.*
• *Mettre, remettre en question.* Mettre en cause, sou-mettre à une discussion.
• *Hors de question.* Qui n'est pas à envisager.
• *Il est question de* + *infinitif.* On songe à. *Il est question de construire un immeuble.*
• *Question* + *nom.* (Fam.) En ce qui concerne. *Question cordialité, il se pose là !*

questionnaire n. m.
Série de questions auxquelles une personne doit ré-pondre. *Remplir un questionnaire.*
Note.- Attention à l'orthographe : questio**nn**aire.

questionnaire à choix multiples
• Sigle *Q.C.M.*
• Questionnaire dans lequel les questions sont ac-compagnées de réponses entre lesquelles on doit choisir.

questionnement n. m.
Fait de s'interroger sur un problème.

questionner v. tr.
Interroger quelqu'un. *L'enseignant questionne l'élève sur une déclinaison latine.*

QUEL, QUEL QUE, QUELQUE

QUEL, QUELLE, adjectif interrogatif et exclamatif.

Adjectif interrogatif

Interrogation directe

- Attribut. L'adjectif est placé en tête de la proposition et interroge sur la qualité, la quantité, la nature, etc.
  Quelle heure est-il ? Quel bon vent vous amène ?

Interrogation indirecte

- Attribut.
  Expliquez-moi quels sont les problèmes.

Adjectif exclamatif

L'adjectif exprime l'admiration, la surprise.

QUEL QUE, QUELLE QUE, locution pronominale.

De quelque nature que.
Quels que soient vos projets, quelle que soit votre décision.

Note.- Cette locution concessive qui s'écrit en deux mots joue le rôle d'attribut et se construit avec le subjonctif. Attention à l'orthographe de l'adjectif relatif qui s'accorde en genre et en nombre avec le sujet du verbe *être* ou du verbe d'état (*sembler, paraître*, etc.).

QUELQUE, adjectif indéfini masculin et féminin

- **Quelque** + **nom** (ou + **adjectif** et **nom**). Un certain nombre, une quantité indéterminée.
  J'ai apporté quelques fruits, quelques beaux fruits.

Note.- L'adjectif indéfini s'accorde en nombre avec le nom auquel il se rapporte et ne s'élide que devant *un, une. Quelqu'un, quelqu'une.*

QUELQUE, adverbe

- **Quelque** + **adjectif, participe passé** ou **adverbe.**
  Quelque gentille qu'elle soit, quelque déterminés qu'ils soient.

- **Quelque** + **adjectif numéral.** Environ, approximativement.
  Quelque cinquante personnes sont venues.

Note.- Comme adverbe, le mot *quelque* est invariable, par définition.

RÉSUMÉ

Construction	Sens	Accord/invariabilité	Exemple
Quel que, quelle que + verbe d'état	De quelque nature que	Accord du pronom	*Quelles que soient vos qualités.*
Quelque + nom	Un certain nombre	Accord de l'adjectif	*Quelques pommes sont mûres.*
Quelque + adjectif, participe passé, adverbe	Si	Invariabilité de l'adverbe	*Quelque aimables qu'ils soient.*
Quelque + adjectif numéral	Environ	Invariabilité de l'adverbe	*Quelque cent vingt participants.*

quête n. f.
- (Litt.) Recherche. *La quête du bonheur.*
- **En quête de**, locution prépositive. À la recherche de. *Se mettre en quête d'un restaurant.*
- Action de recueillir des aumônes.

quêter v. tr., intr.
- **Transitif**. Solliciter avec insistance. *Quêter un avancement.*
- **Intransitif**. Recueillir des aumônes. *Quêter pour la faim dans le monde.*

quetsche n. f.
- Le *u* se prononce *ou* [kwɛtʃ].
- Variété de prune de couleur violet foncé. *Une tarte aux quetsches.*
Note.- Attention à l'orthographe : que*tsch*e.

quetzal n. m.
Unité monétaire du Guatemala. *Des quetzales.*
V. Tableau - **SYMBOLES DES UNITÉS MONÉTAIRES.**

queue n. f.
- Prolongement de la colonne vertébrale de nombreux animaux. *La queue du chien.*
- *N'avoir ni queue ni tête.* Être dénué de sens.
- *À la queue leu leu.* À la file.
Note.- Cette expression est une altération de «à la queue le loup».
- (Fig.) Extrémité. *La queue d'une pomme, d'une casserole, d'une comète.*
- File de personnes qui attendent leur tour. *Il y a une longue queue devant le cinéma. Faire la queue.*
Hom. *queux,* cuisinier.

queue-d'aronde n. f.
Type d'assemblage en ébénisterie. *Des queues-d'aronde.*
Note.- Attention à l'orthographe : queue-d'aronde, avec un trait d'union.

queue-de-cheval n. f.
Coiffure dans laquelle les cheveux sont attachés à l'arrière. *Des queues-de-cheval.*
Note.- Attention à l'orthographe : queue-de-cheval.

queue-de-pie n. f.
(Fam.) Habit de cérémonie dont la veste comporte de longues basques. *Des queues-de-pie.*

queux n. m.
(Vx) *Maître queux.* Cuisinier.
Hom. *queue,* prolongement de la colonne vertébrale de nombreux animaux.

qui pron. rel.
V. Tableau - **QUI.**

quiche n. f.
Tarte aux œufs battus. *Une quiche lorraine.*

quiconque pron. rel. indéf.
- Toute personne qui... *Il défie quiconque voudrait le contredire.*
- N'importe qui, qui que ce soit. *Il est nécessaire à quiconque de connaître la loi.*

quiet, quiète adj.
(Litt.) Paisible, tranquille.

quiétude n. f.
(Litt.) Calme, tranquillité.

quignon n. m.
Gros morceau de pain, extrémité d'un pain.

quille n. f.
- Pièce de bois en forme de bouteille que le joueur doit renverser avec une boule. *Jeu de quilles.*
- (Mar.) Pièce sur laquelle s'appuie la charpente d'un navire.

quincaillerie n. f.
- Ensemble d'ustensiles, d'outils, de produits d'utilisation domestique, industrielle, etc.
- Magasin où l'on vend ces produits.
Note.- Attention à l'orthographe : quinc*aille*rie.

quincaillier n. m.
quincaillière n. f.
Personne qui tient une quincaillerie.
Note.- Attention à l'orthographe : quinc*aillier.*

quinine n. f.
Médicament employé comme traitement du paludisme.

quinqu(a)- préf.
Élément du latin signifiant «cinq». *Quinquennal.*

quinquagénaire adj. et n. m. et f.
- La deuxième syllabe se prononce *ka* ou *koua* [kɛkaʒenɛr] ou [kɛkwaʒenɛr].
- Dont l'âge est compris entre cinquante et cinquante-neuf ans. *Un quinquagénaire en pleine forme. Une personne quinquagénaire.*
Note.- Ne pas confondre avec le mot *cinquantenaire* qui désigne un cinquantième anniversaire.

quinquennal, ale, aux adj.
- Qui dure cinq ans. *Des plans quinquennaux.*
- Qui a lieu tous les cinq ans. *Des réunions quinquennales.*
Note.- Attention à l'orthographe : quinque*nn*al.
V. Tableau - **PÉRIODICITÉ ET DURÉE.**

quint- préf.
Élément du latin signifiant «cinquième». *Quintuple.*

quintal, aux n. m.
- Symbole *q* (s'écrit sans point).
- Unité de mesure de masse correspondant à 100 kilogrammes. *Des quintaux de blé.*

quinte n. f.
- Suite de cinq cartes de même couleur.
- Accès de toux prolongé.

quintessence n. f.
(Litt.) Ce qui est essentiel.

quintette n. m.
- Œuvre musicale écrite pour cinq parties. *Quintette à cordes.*
- Formation composée de cinq musiciens.

quintillion n. m.
Un million de quatrillions, 10^{30}.
V. Tableau - **NOMBRES.**

quinto adv.
- Le *u* se prononce *u* [kɥɛto] .
- En cinquième lieu.

quintuple adj. et n. m.
- **Adjectif.** Qui vaut cinq fois autant.
- **Nom masculin.** Quantité quintuple. *Cent est le quintuple de vingt.*

quintuplés, ées n. m. et f. pl.
Se dit de cinq enfants nés d'une même grossesse. *En 1934, la naissance des quintuplées Dionne suscita beaucoup d'intérêt.*

QUI

Pronom relatif masculin et féminin

Le pronom relatif s'emploie pour représenter une personne ou une chose (l'antécédent), au masculin ou au féminin, au singulier ou au pluriel.

C'est elle qui est venue, c'est nous qui sommes partis.

Note.- Le verbe, le participe passé, l'attribut s'accordent avec l'antécédent du pronom.

1. Avec un antécédent

- Sujet.

   La colombe qui vole.

- Complément d'objet indirect.

   Le professeur de qui il parle ou *dont il parle* (et non *qu'on parle).

Note.- Pour les animaux et les êtres inanimés, on emploie le pronom **dont** qui convient également aux personnes.

- Complément circonstanciel.

   L'ami avec qui je joue. Celui pour qui il travaille.

2. Sans antécédent

- Quiconque.

   Qui vivra verra. Qui que vous soyez. Regarde qui tu voudras.

- ***Ce qui* et *ce qu'il.***

Note.- Avec certains verbes qui admettent à la fois la construction personnelle et impersonnelle, les deux locutions s'emploient indifféremment. *Ce qui, ce qu'il importe. Il avait prévu ce qui arrive, ce qu'il arrive.*

Locutions

- ***Qui que ce soit*** (personne). Une personne quelconque.

   Je ne parlerai pas à qui que ce soit.

- ***Qui que ce soit qui.***

   Qui que ce soit qui vienne, je l'accueillerai.

Note.- Avec cette locution, le verbe se construit au subjonctif.

- ***Qui que.***

   Qui que vous soyez.

Note.- Cette construction qui exprime une concession se construit avec le subjonctif.

Pronom interrogatif masculin et féminin

Quelle personne ?

Note.- Le verbe, le participe ou l'adjectif s'accorde généralement au masculin singulier.

1. Interrogation directe

- Sujet.

   Qui chante ainsi ?

- Attribut.

   Qui es- tu ?

- Complément d'objet direct.

   Qui a-t-il photographié ?

- • Complément d'objet indirect.
    De qui parlez-vous ?
- • Complément circonstanciel.
    À qui s'adresse-t-elle ?
2. Interrogation indirecte
    Rappellez-moi qui elle est.

Locutions

- • ***Qui est-ce qui.***
    Qui est-ce qui vient ?
- • ***Qui est-ce que.***
    Qui est-ce que j'entends ?

---

quintupler v. tr., intr.
- • **Transitif.** Multiplier par cinq. *Quintupler son chiffre d'affaires.*
- • **Intransitif.** Devenir cinq fois plus grand. *Les profits ont quintuplé.*

quinzaine n. f.
- • Nombre approximatif de quinze.
- • (Absol.) Période de quinze jours. *Nous travaillerons beaucoup au cours de la quinzaine.*

quinze adj. et n. m. inv.
- • **Adjectif numéral cardinal invariable.** Quatorze plus un. *Quinze heures.*
- • **Adjectif numéral ordinal invariable.** Quinzième. *Le quinze décembre.*
- • **Nom masculin invariable.** Nombre quinze.

quinzième adj. et n. m. et f.
- • **Adjectif numéral ordinal.** Nombre ordinal de quinze. *Le quinzième jour.*
- • **Nom masculin.** La quinzième partie d'un tout. *Les trois quinzièmes d'une quantité.*
- • **Nom masculin et féminin.** Personne, chose qui occupe le quinzième rang. *Elles sont les quinzièmes.*

quinzièmement adv.
En quinzième lieu.

quiproquo n. m.
Méprise au sujet d'une personne, d'une chose. *Des quiproquos regrettables.*
Notes.-
1º Attention à l'orthographe : quipro**quo**.
2º Ne pas confondre avec le mot ***malentendu*** qui désigne une erreur d'interprétation.

quittance n. f.
Reçu par lequel un créancier déclare que le débiteur a acquitté sa dette.
Note.- Attention à l'orthographe : quitta**n**ce.

quitte adj.
- • Libéré d'une obligation financière, morale. *Nous sommes quittes envers ce créancier.*
- • ***En être quitte pour.*** N'avoir à subir que. *Ils en ont été quittes pour la peur.*

- • ***Quitte à***, locution prépositive. Au risque de. Dans cette construction, le mot est invariable. *Ces étudiants ne font rien pendant deux mois, quitte à échouer plus tard.*

quitter v. tr., pronom.
- • **Transitif.** Abandonner un lieu, une activité. *Il a quitté son bureau pour quelques minutes. Elle a quitté la politique, son emploi.*
Note.- Au sens de ***s'en aller, partir***, la construction intransitive est vieillie (*il a quitté*).
- • **Ne quittez pas.** (Au téléphone) Le complément ***l'écoute*** est sous-entendu. *Allô ! ne quittez pas (l'écoute), je vous prie.*
- • **Pronominal.** Se séparer d'une personne. *Ils se sont quittés.*

qui vive loc. interj. et n. m. inv.
- • **Locution interjective.** Cri d'une sentinelle qui entend un bruit, qui voit une personne. *Qui vive ?*
- • **Nom masculin invariable. *Être sur le qui-vive.*** Être sur ses gardes.
Note.- Le nom s'écrit avec un trait d'union.

quiz n. m.
- • Le mot se prononce [kwiz].
- • (Anglicisme) Jeu-questionnaire.

quoi pron.
V. Tableau - **QUOI.**

quoique conj.
Malgré le fait que, bien que. *Quoiqu'il ait beaucoup de travail, il a décidé de prendre congé.*
Notes.-
1º Cette conjonction qui marque la concession, l'opposition se construit avec le subjonctif.
2º L'élision se fait devant les mots suivants : ***il, elle, en, on, un, une, ainsi*** ; le verbe se construit au subjonctif.
3º Ne pas confondre avec les mots ***quoi que*** au sens de ***quelle que soit la chose que.*** *Quoi que vous disiez...*

quolibet n. m.
- • Le mot se prononce [kɔlibɛ].
- • Raillerie malveillante.
Note.- Attention à l'orthographe : **qu**olibe**t**.

QUOI

Pronom relatif

Le pronom relatif **quoi** ne peut représenter que des choses; il est du genre masculin singulier (neutre).

1. Avec un antécédent indéterminé

Lequel, laquelle, laquelle chose.

> *Ce à quoi j'ai rêvé, c'est d'écrire.*

Note.- L'antécédent est un pronom ou une locution neutre, **ce, rien, quelque chose.** Attention à l'emploi du pronom avec un verbe dont le complément est introduit par la préposition **de** (de quoi). *Le livre dont on a parlé* (et non ** qu'on a parlé*).

2. Sans antécédent

Ce qui est nécessaire.

> *Il n'y a pas de quoi se formaliser.*

3. Le pronom introduit une proposition concessive

Quelle que soit la chose que.

> *Quoi que vous fassiez, il sera d'accord.*

Note.- Cette locution se construit avec le subjonctif; ne pas confondre avec la conjonction **quoique** qui signifie «bien que». *Quoique nous avions leur accord...*

- **Quoi qu'il en soit**. En tout état de cause.
- **Sans quoi**. Sinon.

Pronom interrogatif

1. Style direct

Quelle chose?

> *Devinez quoi? Quoi de plus joli qu'un bouquet de roses? À quoi rêves-tu? De quoi a-t-on parlé? Quoi de nouveau?*

2. Style indirect

> *Il ne sait pas de quoi elle parle. Elle ne sait pas quoi conclure.*

Quoi + épithète. Le pronom se construit avec la préposition **de.**

> *Quoi de plus charmant.*

Pronom exclamatif

Il marque la surprise, l'admiration, l'indignation.

> *Quoi! vous avez osé! Eh quoi! admettrez-vous que vous avez tort?*

quorum n. m.
- La première syllabe se prononce **ko** ou **kouo** [kɔrɔm] ou [kwɔrɔm].
- Nombre déterminé de participants en deçà duquel une assemblée ne peut délibérer. *Des quorums.*

quota n. m.
- La première syllabe se prononce **ko** ou **kouo** [kɔta] ou [kwɔta].
- Contingent, limite quantitative. *Des quotas d'importation.*

quote-part

Syn. **contingent.**
● Objectif à atteindre, norme de rendement. *Des quotas de vente, de production.*

quote-part n. f.
Part, contribution. *Des quotes-parts.*

quotidien, ienne adj. et n. m.
● **Adjectif**
Qui a lieu tous les jours. *Une publication quotidienne.*
● **Nom masculin**
- Ce qui appartient à la vie de tous les jours. *Il faut s'échapper du quotidien à l'occasion.*

- Journal qui paraît tous les jours. *Un quotidien du matin.*

quotidiennement adv.
Tous les jours.

quotient n. m.
(Math.) Résultat d'une division.

quotient intellectuel n. m.
● Sigle *Q.I.*
● Rapport du niveau intellectuel d'une personne à celui des personnes de son groupe d'âge.

R

Symbole de **marque déposée**.

o

Abréviation de **recto**.

Ra
Symbole de **radium**.

rabâchage n. m.
(Fam.) Radotage.
Note.- Attention à l'orthographe : rab**â**chage.

rabâcher v. tr., intr.
Radoter. *Il nous rabâche toujours la même histoire.*
Notes.-
1° Attention à l'orthographe : rab**â**cher.
2° Comme **radoter**, le verbe **rabâcher** peut se construire transitivement ou intransitivement. *Elle ne cesse de rabâcher.*

rabais n. m.
• Diminution de prix exceptionnelle attribuable à un niveau de qualité inférieur ou à un défaut de conformité.
• **Au rabais.** À bon marché. *Une vente au rabais, travailler au rabais.*
Notes.-
1° Attention à l'orthographe : rab**ais**.
2° Ne pas confondre avec les mots suivants :
- **escompte**, réduction de prix accordée en raison de l'acquittement d'une dette avant son échéance ;
- **réduction**, terme général qui désigne une diminution accordée sur un prix ;
- **remise** (quantitative), diminution de prix accordée à un client important en fonction des quantités achetées en un lot.

rabaisser v. tr., pronom.
• **Transitif**
- Ramener à une hauteur moindre. *Rabaisser les taux d'intérêt.*
- Déprécier, dénigrer. *Il s'emploie à rabaisser la valeur de ses collègues.*
• **Pronominal**
S'avilir. *Ils se sont rabaissés à accepter cet argent.*

rabat n. m.
Partie d'un vêtement, d'un article qui peut se replier.
Un cartable à rabat.

rabat-joie adj. inv. et n. m. inv.
Trouble-fête. *Des rabat-joie incorrigibles. Ils sont des rabat-joie.*
Note.- Ce mot est invariable et s'écrit avec un trait d'union.

rabattre v. tr., pronom.
• *Je rabats, tu rabats, il rabat, nous rabattons, vous rabattez, ils rabattent. Je rabattais. Je rabattis. Je rabattrai. Je rabattrais. Rabats, rabattons, rabattez. Que je rabatte. Que je rabattisse. Rabattant. Rabattu, ue.*
• **Transitif**
- Rabaisser, remettre plus bas.
- **Rabattre le caquet à quelqu'un.** Le faire taire.
• **Pronominal**
Changer de direction, à défaut d'autre chose. *Elles se sont rabattues sur les gâteaux.*
Note.- Ne pas confondre avec le verbe **rebattre** qui signifie « battre de nouveau ».

* rabattre les oreilles
→ **rebattre les oreilles**.

rabbin n. m.
Ministre du culte, dans une communauté juive.
Note.- Attention à l'orthographe : ra**bb**in.

rabibocher v. tr.
• (Fam.) Rafistoler.
• (Fam.) Réconcilier.

rabique adj.
Relatif à la rage. *Le virus rabique.*
Ant. **antirabique.**

râble n. m.
Bas du dos de certains animaux (lapin, lièvre). *Un râble de lapin à la moutarde.*
Note.- Attention à l'orthographe : r**â**ble.

râblé, ée adj.
Trapu et musclé.

rabot n. m.
Outil de menuisier servant à aplanir la surface du bois.
Note.- Attention à l'orthographe : rab**ot.**

rabotage n. m.
Action de raboter.
Note.- Attention à l'orthographe : rabo**t**age.

raboter v. tr.
Aplanir avec un rabot.
Note.- Attention à l'orthographe : rabo**t**er.

raboteux, euse adj.
Inégal. *Un chemin raboteux.*
Note.- Attention à l'orthographe : rabo**t**eux.

rabougri, ie adj.
Chétif, malingre.

rabrouer v. tr.
Repousser durement. *Elle s'est fait rabrouer de la plus belle façon.*

racaille n. f.
Populace, ensemble de gens malhonnêtes.

raccommodage n. m.
Action de raccommoder, réparation.
Note.- Attention à l'orthographe : ra**cc**o**mm**odage.

raccommodement n. m.
(Fam.) Réconciliation après une brouille.
Note.- Attention à l'orthographe : ra**cc**o**mm**odement.

raccommoder v. tr., pronom.
• **Transitif**. Repriser, réparer des vêtements.
Note.- Attention à l'orthographe : ra**cc**o**mm**oder.
• **Pronominal**. (Fam.) Se réconcilier.

raccompagner v. tr
Ramener au point de départ. *Après la fête, je raccompagnerai votre petite fille.*

raccord n. m.
Liaison entre deux éléments. *Un raccord de tuyauterie.*
Note.- Attention à l'orthographe : ra**cc**or**d.**

raccordement n. m.
Jonction de deux éléments.

raccorder v. tr.
• Faire un raccord. *Raccorder des tuyaux.*
• Servir de raccord. *Ce chemin raccorde les deux routes.*

raccourci n. m.
• Le chemin le plus court. *Chercher des raccourcis, prendre un raccourci. Vous irez plus vite par le raccourci.*
• *En raccourci*, locution adverbiale. En résumé.

raccourcir v. tr., intr.
• **Transitif**
- Rendre plus court. *Raccourcir une jupe.*
- *À bras raccourcis*. Avec violence. *Ils se jetèrent sur lui à bras raccourcis.*
• **Intransitif**
Devenir plus court. *Les jours raccourcissent.*

raccrocher v. tr., intr., pronom.
• **Transitif**. Accrocher de nouveau. *Raccrocher un tableau.*
• **Intransitif**. Remettre en place le combiné du téléphone, interrompre la communication. *Je n'ai pas eu le temps de la prévenir, elle avait raccroché.*
• **Pronominal.** Se retenir à quelque chose pour échapper à un danger. *Il a pu se raccrocher à une branche.*

race n. f.
• Groupe de personnes présentant des caractères communs.
Note.- Les noms de races s'écrivent avec une majuscule. *Un Blanc, une Noire, les Jaunes.*
• Subdivision de l'espèce zoologique. *La race canine.*
• *De race.* De race pure. *Des chiens de race.*

racé, ée adj.
• De race pure.
• D'une distinction naturelle.

rachat n. m.
• Action de racheter quelque chose.
• (Relig.) Pardon d'une faute.

racheter v. tr., pronom.
• Le *e* se change en *è* devant une syllabe muette. *Je rachète, mais je rachetais.*

• **Transitif**
- Acheter à nouveau. *Il faudra racheter de ces fruits, ils étaient délicieux.*
- Compenser. *Sa gentillesse rachète son insouciance.*
• **Pronominal**
Se réhabiliter. *Elle s'est rachetée au prix de beaucoup d'efforts.*

rachitique adj.
Maigre et chétif.

racial, iale, iaux adj.
Qui est relatif à la race. *Des conflits raciaux, la discrimination raciale.*
Note.- Ne pas confondre avec le mot *raciste* qui se dit d'une personne qui fait preuve de racisme.

racine n. f.
• Partie par laquelle un végétal est fixé au sol.
• *Prendre racine* (en parlant d'une personne). (Péj.) Demeurer trop longtemps en un lieu.
• Base. *La racine des ongles.*
• (Math.) *Racine d'un nombre.* Nombre qui, multiplié par lui-même une ou plusieurs fois, reproduit ce nombre. *La racine carrée d'un nombre.*
• (Ling.) Élément de base d'un mot. *Les racines grecques et latines de plusieurs mots français.*

racisme n. m.
Idéologie qui donne prééminence à un groupe racial sur un autre.
Note.- Le mot *racisme* dénomme une hostilité à l'égard de certains groupes raciaux, alors que le mot *xénophobie* désigne la haine de tous les étrangers.

raciste adj. et n. m. et f.
Qui fait preuve de racisme, qui est hostile à certains groupes raciaux. *Des slogans racistes. Un, une raciste.*
Note.- Ne pas confondre avec le mot *racial* qui se dit de ce qui est relatif à la race, ni avec le mot *xénophobe* qui qualifie une personne hostile à tous les étrangers.

racket n. m.
• Le *t* se prononce [rakɛt].
• (Anglicisme) Extorsion de fonds par intimidation et violence.

raclée n. f.
• (Fam.) Volée de coups.
• (Fig.) Défaite. *Les sondages ne prédisaient pas une telle raclée pour ce candidat.*

racler v. tr.
Frotter avec vigueur, enlever en grattant. *Elle racle le fond de la casserole qui a attaché.*

raclette n. f.
Plat suisse composé de fromage fondu.
Note.- Attention à l'orthographe : racle**tt**e.

racolage n. m.
Action de racoler.
Note.- Attention à l'orthographe : raco**l**age.

racoler v. tr.
• Recruter des clients par divers moyens.
• En parlant d'un prostitué, d'une prostituée, solliciter des clients.
Note.- Attention à l'orthographe : raco**l**er.

racoleur, euse adj. et n. m. et f.
• **Adjectif.** Accrocheur. *Une publicité racoleuse.*
• **Nom masculin et féminin.** Personne qui racole.

racontar n. m.
(Fam.) Rumeur, commérage. *Ce ne sont que des racontars.*
Note.- Attention à l'orthographe : racont**ar.**

raconter v. tr.
• Faire le récit de. *Il a une façon merveilleuse de raconter les histoires.*
• Inventer des histoires. *Il ne faut pas croire tout ce qu'on raconte.*

racornir v. tr.
Rendre coriace, desséché.

rad n. m.
• Symbole **rd** (s'écrit sans point).
• Ancienne unité de mesure de dose absorbée de radiation. *Un certain nombre de rads, 5 rd.*
V. **gray.**
• Symbole de **radian.**

radar n. m.
• Acronyme lexicalisé de « **RA**dio **D**etecting **A**nd **R**anging » signifiant « détection et télémétrie par radioélectricité ».
• Appareil de détection permettant de localiser la présence d'un obstacle. *Un radar à balayage électronique.*
Note.- Le nom s'emploie également en apposition. *Des écrans radars.*

rade n. f.
• Grand bassin protégé de la mer où les bateaux sont à l'abri.
• *Laisser en rade.* (Fam.) Abandonner.

radeau n. m.
Plate-forme flottante. *Des radeaux de fortune.*

radial, iale, iaux adj.
• Relatif au rayon. *Des pneus radiaux.*
• Relatif au radius. *Le nerf radial.*

radian n. m.
• Symbole **rad** (s'écrit sans point).
• Unité de mesure d'angle.
• Unité de mesure de vitesse angulaire.
• *Radian par seconde.* Symbole **rad/s** (s'écrit sans points).

radiateur n. m.
• Appareil servant à la diffusion de la chaleur d'un système de chauffage.
• Appareil de refroidissement d'un moteur. *Le radiateur d'une voiture.*

radiation n. f.
• Émission de rayons.
• Action de radier d'un ordre professionnel.

radical, ale, aux adj. et n. m.
• **Adjectif**
- Fondamental. *Des changements radicaux.*
- Intransigeant. *Des prises de position radicales.*

• **Nom masculin**
Radical d'un mot. (Ling.) Forme prise par la racine d'un mot. *Le radical du verbe* **aimer** *est* **aim-**, *tandis que la terminaison de l'infinitif est* **-er.**

radicalisation n. f.
Action de radicaliser.

radicaliser v. tr.
Rendre radical, plus intransigeant. *Certains éléments tentent de radicaliser le parti.*

radicelle n. f.
Ramification secondaire d'une racine.
Notes.-
1° Attention à l'orthographe : radice**ll**e.
2° Ne pas confondre avec le mot **radicule** qui désigne la partie inférieure de la plante qui deviendra la racine.

radicule n. f.
Partie inférieure de la plante qui deviendra la racine.
Notes.-
1° Attention à l'orthographe et au genre féminin de ce nom : **une** radicu**l**e.
2° Ne pas confondre avec le mot **radicelle** qui désigne une ramification secondaire d'une racine.

radier v. tr.
• Rayer d'une liste (le nom d'une personne).
• Exclure d'un ordre professionnel. *Ce médecin a été radié pour deux ans.*
Note.- Ce verbe n'admet qu'un complément désignant une personne, alors que **rayer** se dit d'une chose.

radieux, ieuse adj.
• Brillant. *Un soleil radieux.*
• Rayonnant de bonheur. *Elle est radieuse aujourd'hui.*

radin, ine adj. et n. m. et f.
(Fam.) Avare, mesquin. *Je crois qu'elle est un peu radine ou radin. C'est un radin.*
Note.- Au féminin, on peut employer la forme féminine ou conserver la forme masculine.

radio adj. inv. et n. m. et f.
• **Adjectif invariable**
Radiophonique. *Des publicités radio.*
• **Nom masculin**
(Vx) Radiotélégraphiste. *Il travaillait comme radio sur un navire.*
• **Nom féminin**
- Abréviation de **radiodiffusion.**
- Abréviation de **radiographie.**
- Poste récepteur de radiodiffusion. *Ils vendent des radios portatives.*

radio- préf.
• Élément du latin signifiant « radiation ».
• Les mots composés avec le préfixe **radio-** s'écrivent en un seul mot, à l'exception de ceux dont le second élément commence par un **i.** *Radioactivité, radio-isotope.*

radioactif, ive adj.
Doué de radioactivité.

radioactivité n. f.
Propriété de certains éléments d'émettre des radiations.

radioamateur n. m.
Personne qui émet et reçoit des messages sur ondes courtes, à titre d'amateur.
Note.- Le nom s'écrit en un seul mot.

radiocassette n. f.
Appareil de radio muni d'un lecteur de cassettes. *Une radiocassette portative.*

radiodiffuser v. tr.
Transmettre par radiodiffusion. *Le débat sera radiodiffusé.*

radiodiffusion n. f.
• S'abrège couramment en *radio* (s'écrit sans point).
• Transmission par ondes hertziennes de nouvelles, de manifestations artistiques, sportives, etc.

radiographie n. f.
• S'abrège familièrement en *radio* (s'écrit sans point).
• Ensemble des techniques permettant de photographier la structure interne du corps à l'aide des rayons X.
• Image ainsi obtenue. *Une radiographie des poumons, des radios pulmonaires.*

radiographier v. tr.
• Redoublement du *i* à la première et à la deuxième personne du pluriel de l'indicatif imparfait et du subjonctif présent. *(Que) nous radiographiions, (que) vous radiographiiez.*
• Photographier au moyen de rayons X. *Radiographier une fracture de la jambe.*

radio-isotope n. m.
Isotope radioactif d'un élément. *Des radio-isotopes.*
Note.- Le mot s'écrit avec un trait d'union.

radiologie n. f.
Science médicale traitant des applications des rayonnements ionisants au diagnostic et à la thérapeutique.

radiologue ou **radiologiste** n. m. et f.
Spécialiste de la radiologie.

radiophonique adj.
Qui concerne la radiodiffusion. *Une émission radiophonique.*

radioreportage n. m.
Reportage radiodiffusé.

radioréveil ou **radio-réveil** n. m.
Poste récepteur de radio muni d'un réveil. *Acheter des radioréveils, des radios-réveils.*
Note.- Attention au genre masculin de ce nom : *un* radioréveil.

radiotéléphone n. m.
Appareil téléphonique sans fil fonctionnant à l'aide des ondes hertziennes.

radiotéléphonie n. f.
Système de liaison téléphonique sans fil fonctionnant au moyen des ondes hertziennes.

radiotéléphoniste n. m. et f.
Spécialiste de la radiotéléphonie.

radiotélévisé, ée adj.
Transmis à la radio et à la télévision. *Le spectacle sera radiotélévisé.*

radiotélévision n. f.
La radio et la télévision. *Une société de radiotélévision.*
Note.- Attention à l'orthographe : *radiotélévision*, en un seul mot.

radiothérapeute n. m. et f.
Spécialiste en radiothérapie.
Note.- Attention à l'orthographe : radio*th*érapeute.

radiothérapie n. f.
Traitement à l'aide de radiations, de rayons X.
Note.- Attention à l'orthographe : radio*th*érapie.

radiothérapique adj.
Relatif à la radiothérapie.
Note.- Attention à l'orthographe : radio*th*érapique.

radis n. m.
Plante potagère cultivée pour ses racines. *Elle adore les radis beurre.*
Note.- Attention à l'orthographe : radi*s*.

radium n. m.
• Symbole *Ra* (s'écrit sans point).
• Élément de la famille de l'uranium doué d'une intense radioactivité. *Des radiums.*

radius n. m.
• Le *s* se prononce [radjys].
• Os de l'avant-bras. *Le radius et le cubitus.*

radotage n. m.
Propos où l'on répète souvent la même chose.

radoter v. tr., intr.
Rabâcher, se répéter. *Il commence à radoter. Elle radote toujours les mêmes histoires.*
Notes.-
1° Attention à l'orthographe : rado*t*er.
2° Comme *rabâcher*, le verbe *radoter* peut se construire transitivement ou intransitivement. *Elle ne cesse de radoter.*

radoucir v. tr., pronom.
• **Transitif.** Rendre plus doux. *Tes paroles apaisantes l'ont radouci.*
• **Pronominal.** Devenir plus doux. *Le temps se radoucit.*

radoucissement n. m.
Fait de se radoucir.
Note.- Attention à l'orthographe : radou*ciss*ement.

rad/s
Symbole de *radian par seconde.*

rafale n. f.
Coup de vent soudain.
Note.- Attention à l'orthographe : ra*fal*e.

raffermir v. tr., pronom.
• **Transitif**
- Rendre plus ferme.
- (Fig.) Fortifier. *Raffermir son autorité.*

• **Pronominal**
Devenir plus solide, plus stable.
Note.- Attention à l'orthographe : ra**ff**ermir.

raffermissement n. m.
Fait de se raffermir.
Note.- Attention à l'orthographe : ra**ff**ermissement.

raffinage n. m.
Action de rendre plus pur. *Le raffinage du pétrole.*
Note.- Attention à l'orthographe : ra**ffin**age

raffiné, ée adj.
• Qui a subi l'opération du raffinage. *Du sucre raffiné.*
• Délicat, recherché. *Des plaisirs raffinés.*
Note.- Attention à l'orthographe : ra**ffin**é.

raffinement n. m.
Délicatesse, subtilité.
Note.- Attention à l'orthographe : ra**ffin**ement.

raffiner v. tr.
• **Transitif**
Procéder au raffinage d'une substance brute. *Raffiner le pétrole.*
• **Transitif indirect**
Rechercher la subtilité, la délicatesse à l'extrême. *Elle cherche toujours à raffiner sur tout.*
Notes.-
1° Le verbe se construit avec la préposition *sur*.
2° Attention à l'orthographe : ra**ffin**er.

raffinerie n. f.
Établissement industriel où s'effectue le raffinage (du pétrole, du sucre).
Note.- Attention à l'orthographe : ra**ffin**erie.

raffoler v. tr. ind.
(Fam.) Adorer, se passionner pour quelqu'un, quelque chose. *Les adolescentes raffolent de ce chanteur.*
Notes.-
1° Le verbe se construit avec la préposition *de*.
2° Attention à l'orthographe : ra**ff**oler.

raffut n. m.
(Fam.) Vacarme.
Note.- Attention à l'orthographe : ra**ff**u**t**, sans accent sur le *u*.

rafiot ou **rafiau** n. m.
(Fam.) Vieille embarcation.
Note.- Attention à l'orthographe : ra**f**io**t**.

rafistolage n. m.
(Fam.) Action de rafistoler.
Note.- Attention à l'orthographe : ra**f**isto**l**age.

rafistoler v. tr.
(Fam.) Réparer de façon sommaire.
Note.- Attention à l'orthographe : ra**f**isto**l**er.

rafle n. f.
Descente de police. *Ils ont été pris dans une rafle.*
Note.- Attention à l'orthographe : ra**ff**le.

rafler v. tr.
Emporter très rapidement. *Les clients ont raflé ces produits en peu de temps.*
Note.- Attention à l'orthographe : ra**f**ler.

rafraîchir v. tr., intr., pronom.
• **Transitif**. Rendre plus frais. *Le vent a rafraîchi l'air.*
• **Intransitif**. *Mettre du vin à rafraîchir au réfrigérateur.*
• **Pronominal**. Devenir plus frais. *L'atmosphère s'est rafraîchie.*
Note.- Attention à l'orthographe : rafra**î**chir.

rafraîchissant, ante adj.
Qui rafraîchit, qui désaltère. *Des boissons rafraîchissantes.*
Note.- Attention à l'orthographe : rafra**î**chissant.

rafraîchissement n. m.
• Action de rendre, de devenir plus frais. *On annonce un rafraîchissement de la température.*
• (Au plur.) Boissons fraîches. *Servir des rafraîchissements.*
Note.- Attention à l'crthographe : rafra**î**chissement.

ragaillardir v. tr.
Revigorer. *Ce vieil alcool l'a ragaillardi* (et non * regaillardi).
Note.- Attention à l'orthographe : rag**aill**ardir.

rage n. f.
• Mouvement violent de colère. *Cette remarque anodine a provoqué sa rage.*
• **Rage de dents.** Douleur violente aux dents.
• **Faire rage.** Atteindre une grande violence. *La tempête de neige faisait rage.*
• Maladie infectieuse transmissible à l'homme par morsure (du chien, du chat, etc.).

rageant, eante adj.
(Fam.) Exaspérant.
Notes.-
1° Attention à l'orthographe : rag**eant**.
2° Ne pas confondre avec le participe présent invariable *rageant*. *Devant tant de mauvaise foi, les deux protestataires capitulèrent tout en rageant intérieurement.*

rager v. intr.
• Le *g* est suivi d'un *e* devant les lettres *a* et *o*. *Il ragea, nous rageons.*
• (Fam.) S'irriter, se mettre en colère.

rageur, euse adj.
(Fam.) Qui trahit la colère. *Un ton rageur.*

rageusement adv.
Avec rage.

raglan adj. inv. et n. m.
• **Adjectif invariable.** Se dit d'une manche dont l'emmanchure est en biais jusqu'à l'encolure. *Des manches raglan.*
• **Nom masculin.** Manteau à manches raglan. *Des raglans bien coupés.*
Note.- L'adjectif est invariable, mais le nom prend la marque du pluriel.

ragot n. m.
(Fam.) Commérage.
Note.- Attention à l'orthographe : rago**t**.

ragoût n. m.
Plat de viande, de légumes, etc. cuits dans une sauce. *Du ragoût de veau.*
Note.- Attention à l'orthographe : rago**ût**.

ragoûtant, ante adj.
Appétissant. *Ces plats ne sont pas ragoûtants, peu ragoûtants.*
Notes.-
1º Cet adjectif s'emploie surtout dans une phrase négative.
2º Attention à l'orthographe : rago*û*tant.
Ant. **dégoûtant.**

rahat-lokoum ou **rahat-loukoum**
V. **loukoum.**

raid n. m.
• Le *d* se prononce [rɛd].
• Expédition militaire menée en territoire ennemi. *Des raids punitifs.*
Hom. **raide**, rigide, droit.

raide ou **roide** adj. et adv.
• **Adjectif**
- Rigide, droit. *Des cheveux raides.*
- Abrupt. *Une pente raide.*
• **Adverbe**
D'un seul coup. *Des animaux tués raide, des escaliers qui montent raide.*
Notes.-
1º Pris adverbialement, le mot est invariable ; cependant, dans la locution **raide mort**, le mot prend la marque du pluriel. *Ils sont tombés raides morts.*
2º La graphie **roide** est archaïque ou littéraire.
Hom. **raid**, expédition militaire.

raideur n. f.
Rigidité.

raidir v. tr., pronom.
• **Transitif.** Rendre raide. *Raidir ses muscles.*
• **Pronominal.** Devenir raide, plus dur. *Ses muscles se sont raidis, la position du syndicat s'est raidie.*

raie n. f.
• Ligne, rayure. *Des raies vertes sur un fond blanc.*
• Ligne de séparation des cheveux. *Elle se coiffe avec une raie à gauche.*
• Poisson dont la chair est appréciée. *Une raie au beurre noir.*
Hom. **rets**, filet, piège.

raifort n. m.
Condiment.
Note.- Attention à l'orthographe : rai*f*ort.

rail n. m.
• Voie ferrée. *Des rails en mauvais état.*
• Chemin de fer. *Transport par rail.*
Note.- Attention au genre masculin de ce nom : **un** rail.

railler v. tr.
Ridiculiser. *Ne raillez pas sa naïveté.*
Note.- Attention à l'orthographe : rai*ll*er.

raillerie n. f.
Moquerie, sarcasme.
Note.- Attention à l'orthographe : rai*ll*erie.

railleur, euse adj. et n. m. et f.
• **Adjectif.** Moqueur, sarcastique. *Un ton railleur.*

• **Nom masculin et féminin.** Personne qui aime à ridiculiser. *Des railleurs invétérés.*
Note.- Attention à l'orthographe : rai*ll*eur.

rainette n. f.
Petite grenouille.
Note.- Attention à l'orthographe : raine*tt*e.
Hom. **reinette**, petite pomme à la peau tachetée.

rainure n. f.
Entaille longue et étroite.

raisin n. m.
• Fruit de la vigne. *Des raisins verts. Du jus de raisin, un gâteau aux raisins.*
• **Mi-figue, mi-raisin.** Ambivalence teintée de satisfaction et de mécontentement. *Des réponses mi-figue, mi-raisin.*

raison n. f.

• Jugement, faculté de raisonner, sagesse. *A-t-elle perdu la raison ?*
• Motif, explication. *Quelles sont les raisons de ce geste ?*
• **Locutions**
- *À plus forte raison.* Encore plus, a fortiori.
- *À raison de.* Au prix de, en proportion de. *Il travaille à raison de huit heures par jour.*
- *Avec raison.* En connaissance de cause, à juste titre.
- *Avoir raison.* Ne pas se tromper.
- *Avoir raison de.* Vaincre, l'emporter sur un adversaire.
- *Comme de raison.* (Vx) Comme il est juste, évidemment.
- *En raison de.* En considération de, à cause de. *En raison de sa compétence, il a été désigné chef d'équipe.*
- *Faire entendre raison à quelqu'un.* Le convaincre au lieu d'employer la force.
- *Non sans raison(s).* Avec d'excellents motifs, de façon justifiée.
- *Plus que de raison.* Plus qu'il n'est convenable.
- *Pour raison de.* Pour cause de. *Il a donné sa démission pour raison de santé.*
- *Raison de vivre.* Ce qui donne un sens à la vie.
- *Sans raison.* Sans motif.
- *Se faire une raison.* Se résigner.

raisonnable adj.
• Sensé, doué de raison. *Il est très raisonnable.*
• Acceptable. *Un prix raisonnable.*

raisonnablement adv.
• D'une manière raisonnable.
• Modérément.

raisonnement n. m.
• Action, manière de raisonner.
• Enchaînement logique des idées. *Son raisonnement est juste.*

raisonner v. tr., intr., pronom.
• **Transitif.** Ramener quelqu'un à la raison. *Il a cherché à le raisonner, mais en vain.*

• **Intransitif.** Réfléchir. *Ne cherchez pas à raisonner.*
• **Pronominal.** Écouter sa raison. *Ils se sont raisonnés et ont abandonné cette folle aventure.*
Hom. **résonner**, renvoyer un son en l'augmentant.

rajeunir v. tr., intr., pronom.
• **Transitif.** Faire paraître plus jeune. *Cette coiffure la rajeunit.*
• **Intransitif.** Retrouver la vigueur, l'apparence de la jeunesse. *Elle a rajeuni et semble en pleine forme.*
Note.- À la forme intransitive, le verbe se conjugue avec l'auxiliaire **avoir** pour marquer le fait, avec l'auxiliaire **être** pour insister sur l'état. *Avec cette nouvelle coiffure, elle est rajeunie de cinq ans.*
• **Pronominal.** Se dire, se faire paraître plus jeune qu'on est. *Il cherche à se rajeunir.*

rajeunissement n. m.
Action de donner un caractère plus jeune.

rajouter v. tr.
Ajouter de nouveau. *Ne rajoute plus de sucre.*

rajustement ou **réajustement** n. m.
Remaniement des salaires en fonction de divers critères, notamment du coût de la vie. *Un rajustement ou un réajustement des salaires est prévu.*

rajuster ou **réajuster** v. tr.
• Remettre en bon état, en ordre. *Rajuster sa cravate.*
• Corriger. *Rajuster le tir.*
• *Rajuster les salaires.* Augmenter les salaires en fonction du coût de la vie.

râle n. m.
Bruit anormal de la respiration.

ralenti, ie adj. et n. m.
• **Adjectif.** Plus lent.
• **Nom masculin.** Vitesse réduite d'un moteur.
• *Au ralenti.* (Cin.) Projection d'un film à vitesse réduite. *Ce passage est au ralenti.*
Ant. **accéléré.**

ralentir v. tr., intr.
• **Transitif.** Diminuer la vitesse. *Ralentir son allure.*
• **Intransitif.** Aller plus lentement. *On doit ralentir à proximité des écoles.*

ralentissement n. m.
Diminution de vitesse, d'activité.

râler v. intr.
• Faire entendre un râle.
• (Fam.) Grogner, protester à tout propos.
Note.- Attention à l'orthographe : r**â**ler.

râleur, euse adj. et n. m. et f.
(Fam.) Personne qui est toujours à protester. *Cet homme, quel râleur !*
Note.- Attention à l'orthographe : r**â**leur.

ralliement n. m.
Rassemblement. *Un point de ralliement.*
Note.- Attention à l'orthographe : ra**lli**ement.

rallier v. tr., pronom.
• Redoublement du *i* à la première et à la deuxième personne du pluriel de l'indicatif imparfait et du sub-

jonctif présent. *(Que) nous ralliions, (que) vous ralliiez.*
• **Transitif.** Rassembler, réunir. *Il rallie tous les suffrages.*
• **Pronominal.** Adhérer à une cause, à un parti. *Ils se sont ralliés à notre proposition.*

rallonge n. f.
Ce qui sert à allonger. *Une table à rallonges. Une rallonge électrique.*
Note.- Attention à l'orthographe : ra**ll**onge.

rallonger v. tr., intr.
• Le **g** est suivi d'un **e** devant les lettres **a** et **o**. *Il rallongea, nous rallongeons.*
• **Transitif.** Rendre plus long en ajoutant une partie. *Elle a rallongé sa jupe.*
Note.- Ne pas confondre avec le verbe **allonger** qui désigne le fait de rendre plus long.
• **Intransitif.** Devenir plus long. *Les jours rallongent.*
Note.- Attention à l'orthographe : ra**ll**onger.

rallumer v. tr., pronom.
• **Transitif.** Allumer de nouveau. *Rallume la bougie que le vent a soufflée.*
• **Pronominal.** Être allumé de nouveau. *Les conflits se sont rallumés.*
Note.- Attention à l'orthographe : ra**llum**er.

rallye n. m.
Compétition où les automobilistes doivent rallier un point défini après s'être soumis à certaines épreuves. *Des rallyes automobiles.*

-rama suff.
Élément du grec signifiant « vue ». *Panorama, diaporama.*

ramadan n. m.
• La dernière syllabe se prononce comme le mot **dans** [ramadã].
• Période de jeûne diurne des musulmans.
V. **ramdam.**

ramage n. m.
• Chant d'oiseaux.
• (Au plur.) Représentation de rameaux, de fleurs, etc. sur une étoffe.
Note.- Attention à l'orthographe : ra**m**age.

ramassage n. m.
• Action de ramasser. *Le ramassage du foin.*
• *Ramassage (scolaire).* Transport par autobus des élèves qui fréquentent un établissement scolaire éloigné du lieu où ils habitent.
Note.- Attention à l'orthographe : ra**mass**age.

ramasse-miettes n. m. inv.
Ustensile qui sert à ramasser les miettes répandues sur la table. *Des ramasse-miettes pratiques.*

ramasser v. tr.
Recueillir ce qui est sur le sol. *Ramasser des champignons.*

ramassis n. m.
Assemblage de personnes, de choses sans valeur.
Note.- Attention à l'orthographe : ra**massis**.

ramdam n. m.
• Les deux **m** sont sonores [ramdam].
• (Pop.) Tapage nocturne.
Note.- Ce nom provient du mot arabe **ramadan.**

rame n. f.
• Longue pièce de bois servant à manœuvrer une embarcation.
• Cinq cents feuilles de papier.
• File de wagons. *Une rame de métro.*

rameau n. m.
Petite branche d'arbre. *Des rameaux d'olivier.*

ramener v. tr., pronom.
• Le **e** se change en **è** devant une syllabe muette. *Il ramène, il ramenait.*
• **Transitif**
- Amener de nouveau quelqu'un. *Il a ramené son copain chez nous.*
Note.- Comme **amener**, ce verbe s'emploie en parlant des personnes alors que **rapporter** s'emploie avec un complément non animé.
- Faire revenir quelqu'un au lieu d'où il est parti. *Elle a ramené sa fille à la maison.*
• **Pronominal**
Se résumer. *Son discours se ramène au slogan du parti.*

ramer v. intr.
Manœuvrer les rames d'une embarcation. *Il rame vers le large.*

rameur, euse n. m. et f.
Personne qui rame.

ramollir v. tr., pronom.
• **Transitif**. Rendre mou, plus faible. *La chaleur ramollit le beurre et la détermination !*
• **Pronominal**. Devenir plus mou. *La glace s'est ramollie.*
Note.- Le verbe **ramollir** est plus usité que le verbe **amollir.**

ramoner v. tr.
Nettoyer une cheminée en enlevant la suie.
Note.- Attention à l'orthographe : ramo**n**er.

ramoneur n. m.
Personne dont le métier est de ramoner les cheminées.
Note.- Attention à l'orthographe : ramo**n**eur.

rampe n. f.
• Garde-corps placé le long d'un escalier pour servir d'appui. *La rampe est surmontée d'une main courante.*
• Plan incliné (d'une rue, d'une route). *Une rampe d'accès.*
• Rangée de projecteurs qui éclairent la scène d'un théâtre. *Les feux de la rampe.*
• *Passer la rampe.* Faire de l'effet, atteindre le public.

ramper v. intr.
• Avancer lentement le ventre au sol. *Le serpent rampe.*
• (Fig.) S'abaisser, manquer d'élévation.

ramure n. f.
• Ensemble de branches.

• Bois du cerf, du daim.
Note.- Attention à l'orthographe : ra**m**ure.

rancart n. m.
Mettre au rancart. (Fam.) Jeter au rebut, abandonner. *Le projet de loi a été mis au rancart.*
Note.- Attention à l'orthographe : rancar**t**.

rance adj. et n. m.
• **Adjectif**. Qui a pris une saveur âcre, en parlant des corps gras. *Une huile rance.*
• **Nom masculin.** Goût rance.

ranch n. m.
Grande exploitation agricole, aux États-Unis. *Des ranchs, des ranches.*

rancir v. intr.
Devenir rance. *Cette huile a ranci, du beurre ranci.*

rancœur n. f.
Amertume tenace et amère.

rançon n. f.
• Prix demandé, payé pour libérer un prisonnier, un otage.
• (Fig., fam.) Prix. *C'est la rançon de la gloire.*
Note.- Attention à l'orthographe : ran**ç**on.

rançonner v. tr.
• Exiger une somme, des avantages pour relâcher une personne retenue prisonnière.
• (Fig.) Exiger un prix excessif.

rancune n. f.
Ressentiment.

rancunier, ière adj. et n. m. et f.
Qui a de la rancune. *Elle n'est pas rancunière. Sans rancune ? C'est un rancunier.*

rand n. m.
Unité monétaire de l'Afrique du Sud. *Des rands.*
V. Tableau - **SYMBOLES DES UNITÉS MONÉTAIRES.**

randonnée n. f.
Promenade. *Une belle randonnée à bicyclette, une randonnée pédestre.*

rang n. m.
• Suite de personnes, de choses sur une même ligne. *Un rang de soldats, un rang de perles.*
Note.- Alors que la **file** est en longueur, le **rang** est en largeur.
• *En rang d'oignon(s)*, locution adverbiale. En rang ou en file.
• *Serrer les rangs*. Se rapprocher.
• *Se mettre sur les rangs.* Être candidat à un poste.
• Place dans un ordre, une hiérarchie. *Ils sont au troisième rang.*
• *Au rang de*, locution prépositive. Parmi, au nombre de.
• *Mettre au rang de.* Compter parmi.

rangée n. f.
Suite de personnes, de choses placées sur une même ligne, côte à côte. *Une rangée de chênes.*

rangement n. m.
Action de mettre en ordre. *De temps à autre, il faut faire un peu de rangement.*

ranger v. tr., pronom.
- Le **g** est suivi d'un **e** devant les lettres **a** et **o.** *Il rangea, nous rangeons.*
- **Transitif**
Mettre de l'ordre (dans un lieu). *Ranger sa chambre.*
Note.- Ne pas confondre avec le verbe **arranger** qui désigne l'action de disposer selon un plan, un ordre.
- **Pronominal**
- Se mettre en ordre, en rang.
- Se rallier sous l'autorité de quelqu'un. *Ils se sont rangés de notre côté, à notre avis.*
- S'assagir. *Elle finira bien par se ranger.*

ranimer v. tr., pronom.
- **Transitif**
Rendre l'ardeur, la vigueur, l'éclat. *Ranimer le feu dans la cheminée.*
Note.- Le verbe **réanimer** s'emploie dans un contexte médical exclusivement. *Réanimer un blessé.*
V. **réanimer.**
- **Pronominal**
- Revenir à soi.
- Reprendre une activité. *Le volcan s'est ranimé.*

rapace adj. et n. m.
- **Adjectif**
- Se dit des oiseaux de proie.
- (Litt.) Avide de gain.
- **Nom masculin**
Oiseau carnivore. *Les vautours, les aigles sont des rapaces.*

rapacité n. f.
Avidité, cupidité.

rapatriement n. m.
Action de rapatrier.
Note.- Attention à l'orthographe : rapatri**e**ment.

rapatrier v. tr.
- Redoublement du *i* à la première et à la deuxième personne du pluriel de l'indicatif imparfait et du subjonctif présent. *(Que) nous rapatriions, (que) vous rapatriiez.*
- Faire revenir dans sa patrie. *Rapatrier les corps des victimes.*

râpe n. f.
Ustensile qui sert à réduire certaines substances en morceaux, en poudre. *Une râpe à fromage.*
Note.- Attention à l'orthographe : r**â**pe.

râper v. tr.
Réduire une substance en morceaux à l'aide d'une râpe. *Des carottes râpées.*

rapetissement n. m.
- Action de rapetisser quelque chose, de se rapetisser.
- Son résultat.
Note.- Attention à l'orthographe : rapeti**ss**ement.

rapetisser v. tr., intr.
- **Transitif.** Rendre plus petit. *Rapetisser une robe.*
- **Intransitif.** Devenir plus petit. *Son pantalon a rapetissé au lavage.*

râpeux, euse adj.
Rugueux.

rapide adj. et n. m.
- **Adjectif**
Qui va très vite. *Une voiture rapide.*
- **Nom masculin**
- Partie d'un cours d'eau où le courant est rapide et agité de remous. *Descendre des rapides en canot.*
- Train qui ne s'arrête que dans les villes les plus importantes.

rapidement adv.
Avec rapidité.

rapidité n. f.
Grande vitesse.

rapiéçage n. m.
Action de rapiécer.
Note.- Attention à l'orthographe : rapié**ç**age.

rapiécer v. tr.
- Le **c** prend une cédille devant les lettres **a** et **o.** *Il rapiéça, nous rapiéçons.*
- Repriser en mettant une pièce. *Un pantalon rapiécé.*
Note.- Attention à l'orthographe : rapié**c**er.

rapière n. f.
Épée.
Note.- Attention à l'orthographe : ra**p**ière.

rapine n. f.
Pillage.
Note.- Attention à l'orthographe : ra**p**ine.

rappel n. m.
- Action de faire revenir quelqu'un. *Le rappel d'un diplomate.*
- **Rappel à l'ordre.** Réprimande.
- Évocation. *Le rappel des évènements marquants de la dernière décennie.*

rappeler v. tr., pronom.
- Redoublement du *l* devant un *e* muet. *Je rappelle, je rappellerai*, mais *je rappelais.*
- **Transitif**
- Faire revenir quelqu'un. *La France a rappelé son ambassadeur.*
- Appeler de nouveau. *Rappelle-moi demain.*
- Évoquer. *Cela me rappelle mes vacances chez ma grand-mère.*
- **Pronominal**
- Se souvenir de. *Elle se rappelle ce moment* (et non *de ce moment*), *mais ne se rappelle pas son nom.*
Note.- Le complément de ce verbe se construit sans préposition. *Je me le rappelle* (et non je m'*en rappelle).
- **Se rappeler de** + **infinitif.** Cette construction qui marque l'intention est toutefois correcte. *Je me suis rappelé de lui téléphoner.*

rapport n. m.
- Exposé détaillé. *Son rapport fait le point sur la question.*
- Lien entre des personnes, des choses. *Des rapports logiques. Votre remarque n'a aucun rapport avec ce qui a été dit.*

• Relations entre des personnes. *Un rapport de parenté. Des rapports intimes, sexuels, amicaux.*
• Profit, revenu. *Ce placement est d'un bon rapport.*
• **Locutions**
- **Maison de rapport.** (Vx) Immeuble duquel son propriétaire retire un revenu. *Des immeubles de rapport.*
Note.- On dit plutôt aujourd'hui **immeuble d'habitation, immeuble à usage locatif.**
- **Avoir (un) rapport avec, à.** Se rattacher, être lié à.
- **En rapport avec.** Proportionné à.
- **Être en rapport avec quelqu'un.** Communiquer avec quelqu'un.
- **Mettre en rapport.** Mettre en relation.
- **Par rapport à.** En relation avec, en fonction de.
- **Rapport à.** (Vx ou pop.) À cause de.
- **Sous le rapport de.** Dans la perspective de, sous l'angle de.
- **Sous tous (les) rapports.** À tous les égards, en tout point.

rapporter v. tr., pronom.
• **Transitif**
- Apporter une chose de son lieu d'origine. *Il a rapporté des légumes frais de la campagne.*
- Apporter une chose au lieu où elle était. *J'aimerais que tu me rapportes ce livre.*
Note.- Comme **apporter**, le verbe se construit avec un complément non animé alors que **amener** s'emploie en parlant des personnes.
- Produire, donner un bon revenu. *Ces actions rapportent beaucoup.*
- Faire le récit de ce qu'on a vu et entendu.
Note.- Ne pas confondre avec les mots suivants :
- **conter**, faire un récit d'une façon agréable ;
- **narrer**, faire un récit relativement long ;
- **relater**, rapporter un fait historique.
• **Pronominal**
Avoir rapport à. *Ces renseignements se rapportent à cet évènement.*
Note.- La forme pronominale se dit des choses et non des personnes.

rapporteur n. m.
Personne chargée de rendre compte d'une assemblée, d'un évènement devant une autorité, un groupe.

rapprendre ou **réapprendre** v. tr.
Apprendre de nouveau.

rapprochement n. m.
• Action de rapprocher.
• Tentative de réconciliation.
• Comparaison. *On peut faire un rapprochement entre ces œuvres.*

rapprocher v. tr., pronom.
• **Transitif.** Approcher de plus près. *Rapproche ta chaise.*
• **Pronominal.** Devenir proche. *Ils se sont rapprochés.*

rapsodie
V. **rhapsodie.**

rapt n. m.
• Les lettres **pt** se prononcent [rapt].
• Enlèvement d'une personne. *Des rapts nombreux.*

Note.- Les noms **rapt** et **enlèvement** sont à préférer à **kidnapping.**

raquette n. f.
• Instrument de forme arrondie muni d'un manche pour jouer au tennis, au ping-pong.
• Large semelle s'adaptant à la chaussure afin de faciliter la marche sur la neige molle.

rare adj.
• Inhabituel. *Un fait rare.*
• Exceptionnel. *Une rare beauté, une pierre rare.*

raréfier v. tr., pronom.
• Redoublement du *i* à la première et à la deuxième personne du pluriel de l'indicatif imparfait et du subjonctif présent. *(Que) nous raréfiions, (que) vous raréfiiez.*
• **Transitif.** Rendre rare. *Raréfier des denrées.*
• **Pronominal.** Devenir plus rare. *L'air se raréfie dans cette pièce close.*

rarement adv.
Peu souvent. *Il vient rarement nous voir. Rarement venait-il au village voir ses vieux amis.*
Note.- Après cet adverbe placé en tête de phrase, le sujet est souvent inversé, surtout dans la langue soutenue. Dans la construction affirmative, l'adverbe n'est pas accompagné de la particule de négation **ne.**

rareté n. f.
Qualité de ce qui est rare, exceptionnel. *C'est sa rareté qui fait la valeur du diamant.*

rarissime adj.
Extrêmement rare.
Note.- Attention à l'orthographe : ra**r**i**ss**ime.

ras, rase adj. et adv.
• **Adjectif**
- Dont le poil est coupé très court. *Il a la barbe rase.*
- **Faire table rase.** Faire abstraction de toute idée préconçue.
- **En rase campagne.** En terrain découvert.
- **Au ras de, à ras de**, locutions prépositives. Au même niveau, à la surface de. *Au ras de l'eau. À ras de terre.*
- **À ras bord, à ras bords**, locution adverbiale. Très plein, jusqu'aux bords.
Note.- Dans cette locution, le nom s'écrit au singulier ou au pluriel.
• **Adverbe**
- De très près. *L'herbe a été tondue très ras.*
Note.- Pris adverbialement, le mot est invariable.
- **En avoir ras le bol.** (Fam.) En avoir assez.
Note.- Cette expression s'écrit sans trait d'union, mais le nom masculin invariable s'écrit avec traits d'union.
V. **ras-le-bol.**
Note.- Attention à l'orthographe : ra**s**, ra**s**e.
Hom. **raz**, courant violent.

rasade n. f.
Contenu d'un verre plein à ras bords.

rasage n. m.
Action de raser.

rasant, ante adj.
(Fam.) Ennuyeux.

rascasse n. f.
Poisson de la Méditerranée utilisé pour la préparation de la bouillabaisse.
Note.- Attention à l'orthographe : rasca**ss**e.

rase-mottes n. m. inv.
Se dit d'un vol au ras du sol. *Ces avions volent en rase-mottes.*

raser v. tr., pronom.
• **Transitif**
- Couper les cheveux, la barbe, les poils tout près de la peau. *Le coiffeur l'a rasé.*
- Passer tout près, frôler. *Un projectile l'a rasé, il a eu de la chance.*
- Démolir complètement. *Les promoteurs ont rasé cet immeuble ancien.*
- (Fam.) Ennuyer.
• **Pronominal**
Se couper les poils, la barbe avec un rasoir. *Ils se sont rasés de près.*

raseur, euse adj. et n. m. et f.
Personne qui ennuie. *Il est plutôt raseur. Quel raseur !*

ras-le-bol n. m. inv.
(Fam.) Dégoût. *Ils en ont assez, on pourrait même parler de ras-le-bol.*
Note.- Le nom s'écrit avec des traits d'union, contrairement à la locution. *En avoir ras le bol.*

rasoir n. m.
Instrument servant à raser les poils.

rassasier v. tr., pronom.
• Redoublement du *i* à la première et à la deuxième personne du pluriel de l'indicatif imparfait et du subjonctif présent. *(Que) nous rassasiions, (que) vous rassasiiez.*
• Satisfaire l'appétit, les désirs de quelqu'un. *Ce repas les a rassasiés.*

rassemblement n. m.
• Action de rassembler. *Sonner le rassemblement.*
• Réunion d'un grand nombre de personnes.

rassembler v. tr., pronom.
• **Transitif**. Réunir. *Cette fête a rassemblé tous les camarades du collège.*
• **Pronominal**. Se grouper. *Ils se sont rassemblés en grand nombre.*
Note.- Ne pas confondre avec le verbe **ressembler** qui signifie « avoir une ressemblance avec ».

rasseoir v. tr., pronom.
• Ce verbe se conjugue comme le verbe **asseoir.**
• **Transitif**. Asseoir de nouveau.
• **Pronominal**. S'asseoir de nouveau. *Elles se sont rassises.*

rasséréner v. tr., pronom.
• Le *é* de la troisième syllabe se change en *è* devant une syllabe muette, sauf à l'indicatif futur et au conditionnel présent. *Je rassérène, mais je rassérénerai.*
• **Transitif**. Redonner la sérénité à.
• **Pronominal.** Redevenir serein. *Elle s'est rassérénée.*
Note.- Attention à l'orthographe et à la séquence des deux dernières syllabes : ra**ss**é**ré**ner.

rassir v. intr.
Devenir rassis, se dessécher. *Le pain commence à rassir.*

rassis, ise adj.
Qui commence à durcir, à se dessécher. *Du pain rassis, une brioche rassise.*
Note.- Attention à la forme féminine : rassi**se** (et non * rassie).

rassurant, ante adj.
Qui est propre à redonner la confiance. *Ces réactions sont rassurantes.*
Notes.-
1° Attention à l'orthographe : ra**ss**urant.
2° Ne pas confondre avec le participe présent invariable **rassurant.** *Rassurant leurs parents inquiets, les enfants ont expliqué leur retard.*

rassurer v. tr.
Rendre la confiance, la tranquillité à quelqu'un.
Note.- Attention à l'orthographe : ra**ss**u**r**er.

rat n. m.
• Rongeur très nuisible.
Note.- La femelle du rat est une **rate.**
• *Un petit rat.* Un jeune élève de la classe de danse, à l'Opéra.

ratage n. m.
Insuccès.

ratatiner v. tr., pronom.
• **Transitif**. Réduire la taille en déformant.
• **Pronominal**. Rapetisser en se desséchant, se flétrir. *Ces fruits se sont ratatinés.*

ratatouille n. f.
Mets provençal à base de tomates, d'oignons, de courgettes, etc.

rate n. f.
• Organe du corps situé sous la partie gauche du diaphragme.
• Femelle du rat.
Note.- Attention à l'orthographe : ra**t**e.

râteau n. m.
Instrument de jardinage servant à râcler, à ratisser. *Des râteaux en bon état.*
Note.- Attention à l'orthographe : r**â**teau.

rater v. tr., intr.
• **Transitif**. Ne pas atteindre un but. *Il a raté une perdrix, son examen.*
• **Intransitif**. Ne pas réussir. *L'affaire a raté.*

ratiboiser v. tr.
• (Fam.) Voler, ruiner.
• Couper ras les cheveux de quelqu'un. *Le coiffeur a ratiboisé Monica.*

ratification n. f.
Action de ratifier. *La ratification d'un traité.*

ratifier v. tr.
• Redoublement du *i* à la première et à la deuxième personne du pluriel de l'indicatif imparfait et du subjonctif présent. *(Que) nous ratifiions, (que) vous ratifiiez.*

• Entériner ce qui a été conclu. *L'entente a été ratifiée.*

ratine n. f.
Étoffe de laine. *Une veste de ratine bleue.*

ratio n. m.
• Le *t* se prononce *s* [rasjo].
• Rapport établi entre deux éléments significatifs de l'exploitation d'une entreprise afin d'en suivre l'évolution. *Analyser des ratios : le ratio de liquidité, le ratio d'endettement.*
Note.- Ce mot d'origine latine appartient au vocabulaire financier ou économique ; dans la langue courante, on emploiera plutôt le mot *rapport.*

ratiocination n. f.
• Le *t* se prononce *s* [rasjɔsinasjɔ̃].
• (Litt.) Action de ratiociner.

ratiociner v. intr.
• Le *t* se prononce *s* [rasjɔsine].
• (Litt.) Faire des raisonnements subtils et longs à l'excès.

ration n. f.
Portion quotidienne de nourriture destinée à une personne, à un animal.

rationalisation n. f.
Action de rationaliser quelque chose.
Note.- Attention à l'orthographe : ratio*nal*isation.

rationaliser v. tr.
• Rendre rationnel.
• Organiser une activité économique afin d'en accroître l'efficacité au maximum.
Note.- Attention à l'orthographe : ratio*nal*iser.

rationalité n. f.
Caractère de ce qui est rationnel.
Note.- Attention à l'orthographe : ratio*nal*ité.

rationnel, elle adj.
Qui est conforme à la raison.
Note.- Attention à l'orthographe : ratio*nn*el.
Ant. **irrationnel.**

rationnellement adv.
D'une manière rationnelle.
Note.- Attention à l'orthographe : ratio*nnell*ement.

rationnement n. m.
• Action de rationner.
• Résultat de cette action.
Note.- Attention à l'orthographe : ratio*nn*ement.

rationner v. tr.
Limiter la quantité d'une denrée, d'un produit. *Ils ont dû rationner l'essence.*
Note.- Attention à l'orthographe : ratio*nn*er.

ratissage n. m.
• Action de ratisser. *Le ratissage des allées du jardin.*
• Opération policière, militaire, de fouille méthodique d'un secteur.

ratisser v. tr.
• Nettoyer minutieusement le sol avec un râteau. *Elle ratisse les allées du jardin.*

• (Fig.) Fouiller méthodiquement. *Les policiers ratissent la région à la recherche des fuyards.*

raton n. m.
Raton laveur. Mammifère carnivore d'Amérique dont la fourrure est recherchée.

rattacher v. tr., pronom.
• **Transitif**
- Attacher de nouveau. *Elle a rattaché ses cheveux.*
- Établir un rapport entre des personnes, des choses. *Il a rattaché cet élément au contexte général.*
• **Pronominal**
Avoir un lien, une relation. *Nous croyons que ce fait se rattache au problème mentionné.*

rattrapage n. m.
Action de rattraper. *Un cours de rattrapage.*
Note.- Attention à l'orthographe : ra*ttrap*age.

rattraper v. tr., pronom.
• **Transitif**
Attraper de nouveau, récupérer. *Elle a rattrapé son retard.*
• **Pronominal**
- Se retenir.
- Pallier une insuffisance. *Ils se sont rattrapés à temps.*
Note.- Attention à l'orthographe : ra*ttrap*er.

rature n. f.
Trait annulant un ou plusieurs mots. *Un texte truffé de ratures.*

raturer v. tr.
Biffer, rayer un mot.

rauque adj.
Rude, enroué, en parlant d'un cri, de la voix.

ravage n. m.
Dégât, dévastation. *L'ouragan a fait d'énormes ravages.*

ravager v. tr.
• Le *g* est suivi d'un *e* devant les lettres *a* et *o. Il ravagea, nous ravageons.*
• Saccager, endommager.

ravalement n. m.
Nettoyage de la façade d'un immeuble.

ravaler v. tr., pronom.
• **Transitif**
- Nettoyer la façade d'un immeuble.
- Avaler de nouveau.
- (Fig.) Garder pour soi. *Ravaler sa colère.*
• **Pronominal**
(Litt.) S'avilir.

ravaudage n. m.
(Vx) Raccommodage. *Faire du ravaudage.*

ravauder v. tr.
(Vx) Raccommoder, repriser un vêtement. *Elle ravaudait des bas troués.*

rave n. f.
• Plante potagère qui ressemble au navet.
• Nom donné à plusieurs plantes cultivées pour leurs racines comestibles. *Des céleris-raves, des choux-raves.*

ravi, ie adj.
Enchanté. *Elle est ravie des résultats. Je suis ravie que vous puissiez venir.*
Note.- L'adjectif se construit avec la préposition **de** ; quand le complément est une proposition, il se construit avec la conjonction **que** ou la locution conjonctive **de ce que**. *Je suis ravie que vous soyez là.*

ravier n. m.
Petit plat servant à présenter les hors-d'œuvre.

ravigote n. f.
Vinaigrette relevée de fines herbes.

ravigoter v. tr.
(Fam.) Donner de la vigueur, revigorer.
Note.- Attention à l'orthographe : ravigo**t**er.

ravin n. m.
Dépression profonde d'un terrain formée par le passage d'un torrent.

raviner v. tr.
• Creuser le sol de ravins.
• (Fig.) Creuser de rides.

ravioli n. m.
Petit carré de pâte farcie de viande hachée. *Manger des ravioli.*
Note.- Le nom étant à l'origine au pluriel, il peut rester invariable ou prendre la marque du pluriel en se francisant.

ravir v. tr.
• (Litt.) Enlever de force. *La mort l'a ravi à l'affection des siens.*
• Plaire beaucoup à. *Ce roman l'a ravi.*
• **À ravir.** À merveille. *Cette teinte lui va à ravir.*

raviser (se) v. pronom.
Changer d'avis. *Ils se sont ravisés et ont abandonné ce projet.*

ravissant, ante adj.
Charmant, extrêmement joli. *Des tableaux ravissants.*

ravissement n. m.
Admiration, exaltation.

ravisseur, euse n. m. et f.
Celui, celle qui enlève une personne de force.

ravitaillement n. m.
• Action de ravitailler. *Un ravitaillement hebdomadaire.*
• Provisions, articles, etc. qui servent à ravitailler.

ravitailler v. tr.
• Les lettres **ill** sont suivies d'un **i** à la première et à la deuxième personne du pluriel de l'indicatif imparfait et du subjonctif présent. *(Que) nous ravitaillions, (que) vous ravitailliez.*
• Approvisionner. *Ce fournisseur ravitaille les bûcherons en forêt. Nous pourrons nous ravitailler ici.*

raviver v. tr.
Rendre plus vif. *Raviver un feu, une passion.*

rayage n. m.
Action de rayer. *Le rayage d'un titre.*
Note.- Ne pas confondre avec le mot **rayure** qui désigne la façon dont une chose est rayée.

rayé, ée adj.
Qui porte des rayures. *Une chemise rayée.*

rayer v. tr.
• La conjugaison peut se faire avec le **y** ou le **i**. *Je raye, tu rayes. Je rayerai, je rayerais. (Je raie, tu raies. Je raierai, je raierais).* Toutefois, la forme en **y** est la plus courante.
• Le **y** est suivi d'un **i** à la première et à la deuxième personne du pluriel de l'indicatif imparfait et du subjonctif présent. *(Que) nous rayions, (que) vous rayiez.*
• *Biffer. Elle a rayé un paragraphe.*
Note.- Ce verbe se construit avec un complément désignant une chose, alors que **radier** ne se dit que d'une personne.
• Marquer d'une rayure. *Il a rayé la table avec un couteau.*

rayon n. m.
• Trait de lumière. *Un rayon de soleil.*
• Radiation. *Des rayons X.*
• (Géom.) Droite reliant le centre d'un cercle à un point de la circonférence.
• Ce qui diverge à partir d'un centre commun. *Les rayons d'une roue de bicyclette.*
• *Rayon d'action.* Zone d'activité. *Des rayons d'action très vastes.*
• Tablette d'une armoire, d'une bibliothèque. *Des rayons de livres.*
• Partie d'un magasin. *Le rayon des jouets.*

rayonnage n. m.
Ensemble des rayons d'un meuble, d'une bibliothèque.
Note.- Attention à l'orthographe : rayo**nn**age.

rayonnant, ante adj.
Radieux. *Elle est rayonnante.*

rayonne n. f.
Étoffe tissée de fibres artificielles.

rayonnement n. m.
• Émission de radiations.
• (Fig.) Éclat.
• Diffusion, influence. *Le rayonnement d'une culture, d'une œuvre.*

rayonner v. intr.
• Se diffuser par rayonnement.
• Traduire une grande joie. *Son visage rayonne de bonheur.*
• Exercer son action sur une certaine étendue. *Cette entreprise a des filiales qui lui permettent de rayonner dans le monde entier.*

rayure n. f.
• Façon dont une chose est rayée. *De grandes rayures bleues.*
• Marque laissée par un objet pointu. *Ce cendrier a fait une rayure sur la table.*
Note.- Ne pas confondre avec le mot **rayage** qui désigne l'action de rayer.

raz n. m. inv.
• Le **z** ne se prononce pas [ra].
• Courant violent. *La pointe du Raz.*

941

• **Raz de marée** ou **raz-de-marée.** Vague gigantesque provoquée par un tremblement de terre, une éruption volcanique. *Des raz de marée destructeurs,* ou *raz-de-marée.*
• **Raz-de-marée.** (Fig.) Bouleversement.
Note.- Ce mot composé s'écrit généralement sans trait d'union, mais on note une tendance récente à ajouter des traits d'union.
Hom. **ras,** coupé très court.

razzia n. f.
Faire une razzia sur quelque chose. (Fig.) Se précipiter sur quelque chose, dévaliser, piller. *Prévoyant la pénurie, les gens ont fait une razzia sur les bouteilles d'eau.*

rd
Symbole de **rad.**

R.D.A.
Sigle de **République démocratique allemande.**

ré n. m. inv.
Note de musique.
V. **note de musique.**

re-, ré- préf.
• Éléments du latin qui exprime une répétition (**refaire**), un mouvement vers un état antérieur (**revenir**).
• Les mots composés avec le préfixe **re-** (ou avec sa variante **ré-**) s'écrivent en un seul mot. **Réadaptation, réintégrer.**

réacteur n. m.
Moteur à réaction. *Cet avion est propulsé par quatre réacteurs.*

réaction n. f.
• Action de réagir. *Les réactions des journalistes à une nomination.*
• Mouvement qui a lieu en sens opposé d'un mouvement précédent.
• **Moteur à réaction.** Propulseur par lequel les gaz dirigés vers l'arrière impriment une poussée au véhicule vers l'avant.
• **En réaction à, contre, par réaction à, contre,** locutions prépositives. En réponse à une action. *En réaction contre (ou à) la tradition familiale, il a opté pour la mécanique automobile. Par réaction à l'étude, contre la famille, elle a choisi le sport.*

réactionnaire adj. et n. m. et f.
Qui s'oppose aux innovations politiques et sociales et tente de faire revivre des institutions périmées. *Un parti réactionnaire. Ce sont des réactionnaires.*

réadaptation n. f.
• Action d'adapter à nouveau une personne qui n'est plus adaptée.
• Traitement (massages, exercices, etc.) visant à réduire les inconvénients d'un accident, d'une maladie, etc. afin d'adapter à nouveau les muscles, les organes à leur fonction.
Note.- Ne pas confondre avec le mot **réhabilitation** qui désigne l'action de faire recouvrer l'estime, la considération. La **réadaptation** est d'ordre physique, alors que la **réhabilitation** est d'ordre moral.

réadapter v. tr.
Adapter à nouveau.

réagir v. intr.
• Avoir une réaction. *Les défenses immunitaires réagissent contre l'infection. Comment ont-ils réagi ?*
• Faire un effort pour résister à quelque chose. *Allons ! Il faut réagir. Réagir contre la bureaucratie.*
Note.- En ce sens, le verbe se construit avec la préposition **contre.**
• Répondre à une action antérieure. *Ils ont bien réagi à notre proposition.*
Note.- En ce sens, le verbe se construit avec la préposition **à.**

réajustement
V. **rajustement.**

réajuster
V. **rajuster.**

réalisable adj.
Possible. *Un projet réalisable.*

réalisateur n. m.
réalisatrice n. f.
• Personne chargée de la direction d'une émission de radio ou de télévision.
• Metteur en scène d'un film.

réalisation n. f.
• Action de rendre réel, de réaliser. *La réalisation d'un film.*
• (Dr.) Fait de vendre un bien.

réaliser v. tr., pronom.
• **Transitif**
- Rendre concret, effectuer. *Réaliser un projet.*
- Être l'auteur, le metteur en scène d'un film, d'une émission de radio ou de télévision.
- Vendre, liquider. *Il a réalisé son capital pour acheter un appartement.*
- Comprendre, se rendre compte. *Il n'avait pas réalisé l'ampleur des dégâts.*
Note.- Cet emploi calqué de l'anglais est critiqué.
• **Pronominal**
- Devenir réel. *Nos souhaits se sont réalisés.*
- S'épanouir.

réalisme n. m.
Attitude de la personne qui perçoit la réalité telle qu'elle est.
Ant. **idéalisme.**

réaliste adj. et n. m. et f.
Personne qui fait preuve de réalisme, qui a le sens des réalités. *Une attitude réaliste. Un, une réaliste.*
Ant. **irréaliste.**

réalité n. f.
• Ce qui existe. *Ne pas prendre ses désirs pour des réalités.*
• **En réalité.** Réellement.

réaménagement n. m.
Nouvel aménagement.

réaménager v. tr.
• Le **g** est suivi d'un **e** devant les lettres **a** et **o**. *Il réaménagea, nous réaménageons.*

• Aménager d'une nouvelle manière, sur de nouvelles bases.

réanimation ou **ranimation** n. f.
(Méd.) Ensemble des moyens pris pour rétablir les fonctions vitales d'une personne. *La réanimation cardiaque.*

réanimer v. tr.
Procéder à la réanimation d'une personne. *Tenter de réanimer un blessé.*
Note.- Le verbe *réanimer* s'emploie dans un contexte médical exclusivement, alors que le verbe *ranimer* signifie « rendre l'ardeur, la vigueur, l'éclat ».

réapparaître v. intr.
• Ce verbe se conjugue comme *apparaître.*
• Apparaître de nouveau.

réapprovisionnement n. m.
Action de réapprovisionner.
Note.- Attention à l'orthographe : réa**pp**rovisionnement.

réapprovisionner v. tr.
Approvisionner de nouveau.
Note.- Attention à l'orthographe : réa**pp**rovisionner.

réassurance n. f.
Opération par laquelle un assureur s'assure pour une partie des risques qu'il a couverts.

rébarbatif, ive adj.
Désagréable, difficile. *Un visage rébarbatif, une matière rébarbative.*

rebattre v. tr.
• Ce verbe se conjugue comme *battre.*
• Battre de nouveau.
• *Rebattre les oreilles* (et non * rabattre). Répéter à l'excès.
Note.- Ne pas confondre avec le verbe *rabattre* qui signifie « rabaisser ».

rebattu, ue adj.
Sans cesse répété. *Un thème rebattu.*

rebelle adj. et n. m. et f.
• Insoumis. *Des enfants rebelles.*
• Hostile. *Ils sont rebelles à la discipline.*
• Tenace. *Une fièvre rebelle aux médicaments.*

rebeller (se) v. pronom.
Se révolter contre l'autorité légitime. *Ils se sont rebellés contre cette décision.*

rébellion n. f.
Révolte.
Note.- Attention à l'orthographe : ré**b**ellion.

rebiffer (se) v. pronom.
Refuser vivement.

reblochon n. m.
Fromage à pâte molle. *De bons reblochons* (et non * roblochon).
Note.- Le nom du fromage s'écrit avec une minuscule et prend la marque du pluriel.

reboisement n. m.
Action de reboiser.

reboiser v. tr.
Planter des arbres sur un terrain déboisé.
Ant. **déboiser.**

rebond n. m.
Action de rebondir. *Les rebonds d'une balle.*

rebondi, ie adj.
Arrondi. *Des joues rebondies.*

rebondir v. intr.
• Faire des bonds après avoir touché le sol. *Ce ballon rebondit bien.*
• (Fig.) Avoir des répercussions imprévues. *Cette affaire a rebondi à l'étranger.*

rebondissement n. m.
Répercussion, développement. *Les rebondissements d'un scandale.*
Note.- Le nom *rebond* s'emploie plutôt au sens propre, tandis que *rebondissement* est surtout d'emploi figuré.

rebord n. m.
Bord de quelque chose, souvent en saillie. *Le rebord d'un plateau.*

rebours n. m.
• Sens contraire.
• *À rebours*, locution adverbiale. À l'envers.
• *À (au) rebours de*, locution prépositive. Au contraire de.
• *Compte à rebours.* Comptage inversé qui aboutit au zéro marquant le départ. *Le compte à rebours est amorcé.*
Note.- Attention à l'orthographe : rebour**s**.

rebouteux, euse ou **rebouteur, euse** n. m. et f.
(Fam.) Personne qui, sans avoir de connaissances médicales, fait métier de remettre les luxations, de réduire les fractures.
Note.- La graphie *rebouteur* est rare.

rebrousse-poil (à) loc. adv.
• Dans le sens opposé à celui des poils. *Flatter un chien à rebrousse-poil.*
• Maladroitement. *Attention de ne pas le prendre à rebrousse-poil, il pourrait réagir négativement.*
Note.- Attention à l'orthographe : à rebrousse-poil.

rebrousser v. tr.
• Relever les cheveux, les poils, en sens contraire.
• *Rebrousser chemin.* Revenir sur ses pas.

rebuffade n. f.
Refus catégorique. *Essuyer une rebuffade.*
Note.- Attention à l'orthographe : rebu**ff**ade.

rébus n. m.
• Le *s* se prononce [rebys].
• Jeu d'esprit, énigme. *Jouer aux rébus.*
Notes.-
1° Attention à l'orthographe : rébu**s**.
2° Ne pas confondre avec le mot *rebut* qui désigne un déchet.

rebut n. m.
• Déchet.
• *De rebut*, locution adjectivale. Sans valeur.

• **Mettre, jeter quelque chose au rebut**. S'en débar-rasser.
Note.- Ne pas confondre avec le mot **rébus** qui désigne un jeu d'esprit.

rebutant, ante adj.
Décourageant, déplaisant. *Des travaux rebutants.*
Note.- Ne pas confondre avec le participe présent invariable **rebutant**. *Les longs travaux rebutant les élèves, on décida de morceler le travail.*

rebuter v. tr.
Dégoûter quelqu'un, déplaire à quelqu'un. *Ce travail la rebute.*

récalcitrant, ante adj.
Rebelle.

recaler v. tr.
• Caler de nouveau.
• (Fam.) Refuser un candidat à un examen.

récapitulatif, ive adj. et n. m.
Qui sert à récapituler. *Une liste récapitulative.*

récapitulation n. f.
Résumé, répétition.

récapituler v. tr.
Reprendre, résumer. *Il récapitule ses déclinaisons latines.*

recel n. m.
Action de cacher des objets volés, une personne cou-pable. *Il est accusé de recel.*
Note.- Attention à l'orthographe : re**c**el.

receler ou **recéler** v. tr.
• Le **e** (ou le **é**) se change en **è** devant une syllabe muette. *Il recèle, il recelait.*
• Cacher volontairement un objet volé par autrui, une personne coupable.
• Renfermer, contenir. *Cette région recèle de très jolies églises.*
Note.- Attention à l'orthographe : re**c**eler.

receleur, euse n. m. et f.
Personne coupable de recel.
Note.- Attention à l'orthographe : re**c**eleur.

récemment adv.
Depuis peu de temps, dernièrement.
Note.- Attention à l'orthographe : réc**emm**ent.

recensement n. m.
Dénombrement des habitants d'une ville, d'un pays. *Faire le recensement des électeurs.*
Note.- Attention à l'orthographe : re**c**en**s**ement.

recenser v. tr.
• Dénombrer une population.
• Répertorier des personnes, des choses.
Note.- Attention à l'orthographe : re**c**en**s**er.

récent, ente adj.
Qui existe depuis peu de temps. *Une édition récente.*

récépissé n. m.
Reçu. *Des récépissés multiples.*
Note.- Attention à l'orthographe : ré**c**épi**ssé**.

réceptacle n. m.
• Le **p** se prononce [resɛptakl].
• Contenant, lieu où se rassemblent plusieurs choses de provenances diverses.
Note.- Attention à l'orthographe : ré**c**eptacle.

récepteur, trice adj. et n. m.
• **Adjectif**. Qui reçoit. *Un poste récepteur.*
• **Nom masculin**. Partie de l'appareil téléphonique permettant de parler et d'écouter.

réceptif, ive adj.
• Qui est apte à recevoir des impressions.
• Qui est ouvert aux idées, aux suggestions.

réception n. f.
• Action de recevoir. *La réception d'un colis.*
• **Accusé de réception.** Avis confirmant qu'une chose a été reçue. *Des accusés de réception.*
• Accueil. *Ils ont fait bonne réception au nouvel ouvrage.*
• Service chargé de l'accueil des visiteurs, des clients d'une entreprise, d'un hôtel, etc. *Adressez-vous à la réception, S.V.P.*

réceptionnaire n. m. et f.
Personne chargée d'assurer la vérification des mar-chandises reçues.

réceptionner v. tr.
Vérifier si une marchandise reçue est en bon état et en conformité avec la commande donnée.

réceptionniste n. m. et f.
Personne chargée de l'accueil des clients, des visiteurs (d'une entreprise, d'un hôtel, etc.).

réceptivité n. f.
Aptitude à recevoir des impressions, à admettre de nouvelles idées.

récession n. f.
Ralentissement de l'activité économique.

recette n. f.
• Ensemble des sommes perçues par une entreprise pour une période donnée. *La recette de la journée est excellente.*
• Description détaillée de la manière de préparer un mets. *Des recettes de cuisine.*

recevable adj.
Admissible. *Cet argument n'est pas recevable.*
Ant. **irrecevable.**

recevoir v. tr.
• *Je reçois, tu reçois, il reçoit, nous recevons, vous recevez, ils reçoivent. Je recevais. Je reçus. Je recevrai. Je recevrais. Reçois, recevons, recevez. Que je reçoive. Que je reçusse. Recevant. Reçu, ue.*
• Être mis en possession de ce qui est offert, donné, envoyé. *Recevoir une lettre.*
• Accueillir. *Recevoir des amis.*
• Être l'objet de quelque chose. *Recevoir un appel, des coups.*
Note.- Employé elliptiquement devant une somme ou la désignation d'un article, le participe passé est inva-riable. *Reçu pour solde de tout compte la somme de 100 F.*

rechapage n. m.
Action de rechaper.
Note.- Attention à l'orthographe : recha**p**age.

rechaper v. tr.
Remettre un pneu usagé en bon état.
Notes.-
1º Attention à l'orthographe : recha**p**er.
2º Ne pas confondre avec le verbe **réchapper** qui signifie « se tirer indemne de quelque chose ».

réchapper v. intr.
Se tirer indemne d'une situation très dangereuse. *Il a réchappé d'un terrible accident, je crois qu'elle en réchappera.*
Notes.-
1º Attention à l'orthographe : récha**pp**er.
2º Ne pas confondre avec le verbe **rechaper** qui signifie « remettre un pneu usagé en bon état ».

recharge n. f.
Ce qui permet de recharger. *Une recharge de stylo, une recharge de parfum.*

rechargeable adj.
Qu'on peut recharger. *Un atomiseur rechargeable.*
Note.- Attention à l'orthographe : recharg**ea**ble.

recharger v. tr.
• Le **g** est suivi d'un **e** devant les lettres **a** et **o**. *Il rechargea, nous rechargeons.*
• Charger de nouveau. *Recharger une batterie.*
• Remettre une charge dans une arme.

réchaud n. m.
• Petit fourneau. *Un réchaud de camping.*
• Ustensile servant à garder les plats chauds.
Note.- Attention à l'orthographe : réch**aud**.

réchauffement n. m.
Action de se réchauffer.

réchauffer v. tr., pronom.
• **Transitif**
- Redonner de la chaleur. *Le soleil nous réchauffe. Réchauffer un plat.*
- Réconforter, ranimer. *Cet accueil réchauffe le cœur.*
• **Pronominal**
- Redonner de la chaleur à son corps. *Elles n'arrivaient pas à se réchauffer.*
- Devenir plus chaud. *Le temps s'est réchauffé.*

rêche adj.
• Rugueux au toucher.
• Âpre au goût.

recherche n. f.
• Action de s'appliquer à trouver quelque chose, à l'obtenir. *La recherche de la vérité, du bonheur.*
• Travaux faits pour étudier une question. *Faire des recherches.*
• **La recherche.** Ensemble des travaux scientifiques qui tendent à la découverte de connaissances. *Un centre de recherche.*
Note.- En ce sens, le terme **recherche** est un collectif. *Recherche et développement.*
• **Recherche opérationnelle.** Méthode d'analyse scientifique fondée sur la statistique et les mathématiques

en vue de la détermination rationnelle des solutions les plus efficaces et les plus économiques.
• Raffinement. *Son appartement est décoré avec recherche.*

rechercher v. tr.
• Chercher avec soin. *Il recherche la tranquillité.*
• Faire des recherches, une enquête sur quelqu'un, quelque chose. *Ils sont recherchés pour meurtre.*

rechute n. f.
Réapparition d'une maladie. *Il a fait une rechute.*

récidive n. f.
Action de récidiver.

récidiver v. intr.
Commettre à nouveau une infraction, un crime.

récidiviste adj. et n. m. et f.
(Dr.) Personne en état de récidive.

récif n. m.
Suite de rochers à fleur d'eau, dans la mer.
Note.- Ne pas confondre avec le mot **écueil**, plus général, qui désigne un rocher, un banc de sable présentant un danger pour la navigation.

récipiendaire n. m. et f.
• Personne admise dans un corps avec cérémonial. *Un récipiendaire de l'Académie.*
• Personne qui reçoit une décoration, un diplôme universitaire.
Note.- Pour désigner la personne qui gagne un prix, un concours, on emploiera plutôt **gagnant, lauréat.**

récipient n. m.
Contenant. *Des récipients divers pour aller faire la cueillette des fraises.*
Note.- Attention à l'orthographe : récip**ient**.

réciprocité n. f.
Caractère de ce qui est réciproque.

réciproque adj. et n. f.
• **Adjectif**
Mutuel. *Une amitié réciproque.*
• **Nom féminin**
- **Rendre la réciproque.** Rendre la pareille.
- **La réciproque est vraie.** L'inverse est vrai.

réciproquement adv.
Mutuellement.

récit n. m.
Histoire orale ou écrite d'un évènement, d'une aventure. *Un récit captivant.*

récital n. m.
Représentation musicale donnée par un seul artiste. *Des récitals de piano très réussis.*

récitation n. f.
• Action de réciter. *La récitation d'une poésie.*
• Texte à apprendre par cœur. *Savoir sa récitation.*

réciter v. tr.
Dire à haute voix. *Réciter ses leçons.*

réclamant, ante n. m. et f.
(Dr.) Personne qui fait une réclamation.

réclamation n. f.
• Action de revendiquer quelque chose, de protester contre quelque chose.
• Action de s'adresser à une autorité pour faire reconnaître un droit.
• Écrit sur lequel est consignée la réclamation.

réclame n. f.
• (Vx) Publicité.
• *Faire de la réclame.* Faire de la publicité pour quelqu'un, quelque chose.
• *En réclame.* En réduction. *Ces produits sont en réclame cette semaine.*
V. **solde.**

réclamer v. tr., intr., pronom.
• **Transitif.** Demander avec insistance. *On réclame la démission du ministre.*
• **Intransitif.** Se plaindre d'un tort subi. *Il réclame auprès de son supérieur contre certains abus.*
• **Pronominal.** Se prévaloir. *Elle se réclame de personnes haut placées.*

reclus, use adj. et n. m. et f.
Isolé, enfermé. *Elle vivait en recluse.*

réclusion n. f.
• Isolement.
• (Dr.) Emprisonnement. *Il a été condamné à la réclusion à perpétuité.*
Note.- Attention à l'orthographe : ré́clusion.

recoin n. m.
• Coin caché. *Il a cherché dans tous les recoins.*
• Ce qu'il y a de plus intime. *Les recoins de l'âme.*

récolte n. f.
• Action de recueillir les produits de la culture.
• Les produits recueillis. *Cette année, la récolte est bonne.*

récolter v. tr.
• Faire la récolte de. *Récolter des citrons.*
• (Fam.) Recueillir. *Vous risquez de récolter une contravention.*

recommandable adj.
Digne d'estime, qui mérite d'être recommandé. *Cette personne est peu recommandable.*

recommandation n. f.
• Action de désigner une personne ou une chose à l'attention favorable de quelqu'un, en soulignant ses mérites, ses avantages. *Des lettres de recommandation.*
• Conseil, ordre. *Faire des recommandations à ses enfants.*
• *Recommandation officielle.*
V. Tableau - **RECOMMANDATIONS OFFICIELLES.**

recommander v. tr., pronom.
• **Transitif**
- Vanter les qualités d'une personne, d'une chose. *Il a été recommandé par mon collègue.*

RECOMMANDATIONS OFFICIELLES

Depuis 1972, un certain nombre d'arrêtés ministériels relatifs à l'enrichissement de la langue française ont été publiés au *Journal officiel.*

Ces recommandations officielles visent au remplacement des nombreux emprunts à l'anglais qui menacent la cohérence du lexique, notamment dans les domaines techniques et scientifiques.

Dans cet ouvrage, les termes et les expressions qui ont fait l'objet d'une recommandation officielle ont été signalés à la suite de l'anglicisme et figurent également à leur ordre alphabétique.

EXEMPLES :

Termes recommandés	Anglicismes
baladeur	walkman
cadreur	cameraman
caravanage	caravaning
commanditer, parrainer	sponsoriser
éveinage	stripping
logiciel	software
matériel	hardware
message publicitaire	spot
(navire) transbordeur	ferry-boat
palmarès	hit-parade
publipostage	mailing

- Conseiller vivement. *Je vous recommande de ne pas perdre de temps. Je vous recommande ce vin.*
- ***Recommander un envoi postal.*** Payer une taxe postale spéciale pour garantir la livraison d'une lettre, d'un colis.

Note.- La mention **recommandé** s'écrit au masculin singulier. *Envoyer un paquet en recommandé.*

• **Pronominal**

Invoquer l'appui de quelqu'un. *Ils se sont recommandés de leurs amis haut placés.*

recommencement n. m.

Action de recommencer.

Note.- Attention à l'orthographe : recommencement.

recommencer v. tr., intr.

• Le **c** prend une cédille devant les lettres **a** et **o**. *Il recommença, nous recommençons.*

• **Transitif**

- Commencer de nouveau. *Recommencer son travail.*
- ***Recommencer de plus belle.*** Recommencer avec plus d'ardeur.

• **Intransitif**

Se produire de nouveau. *La pluie recommence.*

récompense n. f.

Gratification, cadeau, don, etc. fait à quelqu'un en témoignage de reconnaissance, de satisfaction.

récompenser v. tr.

Donner une récompense à quelqu'un. *Récompenser un enfant d'avoir été sage.*

réconciliation n. f.

Action de mettre d'accord des personnes brouillées.

réconcilier v. tr., pronom.

• Redoublement du **i** à la première et à la deuxième personne du pluriel de l'indicatif imparfait et du subjonctif présent. *(Que) nous réconciliions, (que) vous réconciliiez.*

• **Transitif**

- Remettre d'accord des personnes. *J'ai réconcilié mon amie avec ses parents.*
- Concilier des choses opposées. *Réconcilier famille et carrière.*

• **Pronominal**

Se remettre d'accord. *Ils se sont finalement réconciliés.*

reconduction n. f.

(Dr.) Renouvellement d'un bail, d'un marché.

reconduire v. tr.

• (Dr.) Renouveler un bail, un contrat.

• Accompagner. *Je dois reconduire cette petite fille à sa maman.*

réconfort n. m.

Consolation. *Je vous remercie, vous m'avez apporté beaucoup de réconfort.*

réconfortant, ante adj.

Propre à réconforter.

réconforter v. tr., pronom.

Consoler, donner de la vigueur, de l'entrain.

reconnaissance n. f.

• Action d'identifier une personne, une chose.

• Action de reconnaître comme vrai, légitime. *La reconnaissance d'un droit, d'un gouvernement.*

• Gratitude. *Il lui a témoigné beaucoup de reconnaissance.*

• ***Reconnaissance de la parole, reconnaissance vocale.*** (Inform.) Technique visant à reconnaître, dans une suite de signaux sonores, les sons prononcés par un locuteur. *Bientôt, grâce à la reconnaissance vocale, une personne pourra dicter un texte à son système informatique qui en produira une sortie imprimée.*

reconnaissant, ante adj.

Qui témoigne de la gratitude. *Elle est reconnaissante de son aide, ils sont reconnaissants envers leurs amis, à ses amis.*

reconnaître v. tr., pronom.

• **Transitif**

- Identifier une personne, une chose. *Je le reconnais bien malgré toutes ces années, il n'a pas changé.*
- Admettre comme vrai, légitime. *Elle reconnaît votre droit à l'autonomie.*
- Avouer. *Reconnaître ses torts.*

• **Pronominal**

- Retrouver sa ressemblance, son image. *Elle se reconnaît dans son enfant. Il ne se reconnaît pas sur cette photo.*
- Comprendre. *Il est parfois difficile de s'y reconnaître.*
- Admettre sa culpabilité. *Se reconnaître coupable.*

reconsidérer v. tr.

• Le **é** se change en **è** devant une syllabe muette, sauf à l'indicatif futur et au conditionnel présent. *Je reconsidère, mais je reconsidérerai.*

• Étudier de nouveau. *Il faut reconsidérer le dossier sous un autre angle.*

reconstituer v. tr.

Recréer. *Il faut reconstituer le décor de l'époque.*

reconstitution n. f.

Action de former à nouveau, de recréer une chose disparue. *Une reconstitution historique.*

record n. m.

• Exploit sportif. *Battre un record. Établir de nouveaux records.*

• (Par appos.) Jamais encore atteint. *Des résultats records, un chiffre record.*

• ***En un temps record.*** Très rapidement.

recoupement n. m.

Examen d'un fait par regroupement de données provenant de sources différentes.

recouper v. tr., pronom.

• **Transitif.** Couper de nouveau.

• **Pronominal.** Coïncider. *Les histoires se recoupent.*

recourber v. tr.

Courber par une extrémité. *Un bâton recourbé.*

recourir v. tr. ind.

• Demander de l'aide à quelqu'un. *Recourir au médecin en cas d'urgence.*

• Utiliser. *Il préférerait ne pas recourir à une mise à pied.*

recours n. m.
• Action par laquelle on sollicite l'aide, le secours de quelqu'un.
• *Avoir recours à quelqu'un, quelque chose.* Demander de l'aide à quelqu'un, employer un moyen, quelque chose.
• Dernière ressource, dernier moyen auquel on recourt. *Vous êtes mon seul recours.*

recouvrement n. m.
Action de recouvrer des sommes dues. *Le recouvrement des impôts.*

recouvrer v. tr.
• (Litt.) Récupérer, retrouver. *Il a recouvré la santé.*
• Recevoir une somme due. *La société recouvrera ses créances sous peu.*
Notes.-
1° Le verbe *recouvrer* est le doublet du verbe de formation savante *récupérer.*
2° Ne pas confondre avec le verbe *recouvrir* qui signifie « couvrir de nouveau ».

recouvrir v. tr.
Couvrir de nouveau. *La neige recouvrira le sol bientôt.*
Note.- Ne pas confondre avec le verbe *recouvrer* qui signifie « récupérer, retrouver ».

récréatif, ive adj.
Divertissant.

récréation n. f.
Divertissement, temps de repos. *À dix heures, sonnait l'heure de la récréation.*

recréer v. tr.
Créer de nouveau. *Elle a recréé l'atmosphère des joyeuses rencontres de jadis.*
Note.- Ne pas confondre avec le verbe *récréer* qui signifie « distraire, amuser ».

récréer v. tr., pronom.
• **Transitif.** (Litt.) Distraire, amuser. *Pour récréer les enfants, elle engagea un magicien.*
• **Pronominal.** (Litt.) Se divertir. *Ils se sont récréés en regardant d'anciennes photos.*
Note.- Ne pas confondre avec le verbe *recréer* qui signifie « créer de nouveau ».

récrier (se) v. pronom.
• (Litt.) S'exclamer. *Elles se sont récriées à la vue de ce spectacle grandiose.*
• Protester. *Ils se sont récriés contre cette décision.*

récrimination n. f.
• Reproche.
• (Au plur.) Protestations incessantes.

récriminer v. intr.
Faire des reproches, des critiques. *Elle est toujours à récriminer. Il récrimine sans cesse contre ses collègues.*

récrire ou **réécrire** v. tr.
• Écrire de nouveau. *Elle doit lui récrire la semaine prochaine.*

• Rédiger d'une autre façon. *Récrire ou réécrire un roman.*

recroqueviller (se) v. pronom.
Se replier, se blottir. *Ils se sont recroquevillés sur eux-mêmes.*

recru, ue adj.
Épuisé. *Elle est recrue de fatigue.*
Note.- Attention à l'orthographe : recr**u**, sans accent.

recrudescence n. f.
Augmentation. *Nous notons une recrudescence des actes violents.*
Note.- Attention à l'orthographe : recrude**sc**ence.

recrue n. f.
• Jeune militaire qui vient d'être appelé au service.
• (Fig.) Personne qui vient s'ajouter à un groupe. *Nous avons de nouvelles recrues très intéressantes.*
Note.- Attention au genre féminin de ce nom : **une** recrue.

recrutement n. m.
Engagement d'un salarié, d'un cadre.
Note.- L'**embauchage** se dit surtout pour un ouvrier.

recruter v. tr., pronom.
• **Transitif.** Engager du personnel.
• **Pronominal.** Provenir de.

rect(i)- préf.
Élément du latin signifiant « droit ». *Rectiligne.*

rectal, ale, aux adj.
Relatif au rectum. *Des thermomètres rectaux.*

rectangle n. m.
Parallélogramme à angles droits dont les côtés sont égaux deux à deux.
Note.- Attention à l'orthographe : rect**a**ngle.

rectangulaire adj.
Qui a la forme d'un rectangle. *Un terrain rectangulaire.*
Note.- Attention à l'orthographe : rect**a**ngulaire.

recteur n. m.
Personne à la tête d'une université.

rectificatif, ive adj. et n. m.
• **Adjectif.** Qui sert à corriger. *Une note rectificative.*
• **Nom masculin.** Texte qui rectifie une erreur. *Demander la publication d'un rectificatif.*

rectification n. f.
Correction.

rectifier v. tr.
• Redoublement du *i* à la première et à la deuxième personne du pluriel de l'indicatif imparfait et du subjonctif présent. *(Que) nous rectifiions, (que) vous rectifiiez.*
• Corriger.

rectiligne adj.
Qui est en ligne droite.

rectitude n. f.
Exactitude.

recto n. m.
• Abréviation *r*° (s'écrit sans point).

• Endroit d'une feuille de papier. *Les rectos sont paginés en nombres impairs.*
• *Recto verso*, locution adverbiale. Au recto et au verso. *Faire des impressions recto verso.*
Note.- Pris adverbialement, le mot est invariable.
Ant. **verso.**

rectum n. m.
Partie terminale de l'intestin. *Des rectums.*

reçu n. m.
Document dans lequel une personne reconnaît avoir reçu une somme d'argent, un objet mobilier, etc. à titre de paiement, d'arrhes, d'acompte.
Note.- Pour l'emploi du participe passé *reçu* employé elliptiquement devant l'énoncé d'une somme, v. **recevoir.**

recueil n. m.
Assemblage d'écrits de même nature. *Des recueils de poèmes.*
Note.- Attention à l'orthographe : rec*uei*l.

recueillement n. m.
Méditation, réflexion.

recueillir v. tr., pronom.
• *Je recueille, tu recueilles, il recueille, nous recueillons, vous recueillez, ils recueillent. Je recueillais, tu recueillais, il recueillait, nous recueillions, vous recueilliez, ils recueillaient. Je recueillis. Je recueillerai. Je recueillerais. Recueille, recueillons, recueillez. Que je recueille, que tu recueilles, qu'il recueille, que nous recueillions, que vous recueilliez, qu'ils recueillent. Que je recueillisse. Recueillant. Recueilli, ie.*
• **Transitif.** Réunir, rassembler. *Il est chargé de recueillir les dons.*
• **Pronominal.** Réfléchir, méditer. *Elle voudrait se recueillir un peu avant de partir.*

recul n. m.
Mouvement en arrière.

reculé, ée adj.
Isolé. *Un endroit reculé.*

reculer v. tr., intr.
• **Transitif.** Déplacer vers l'arrière. *Reculer la clôture du jardin.*
• **Intransitif.** Aller en arrière. *La voiture recule.*

reculons (à) loc. adv.
• En reculant. *Rouler à reculons.*
• (Fig.) À contrecœur. *Il s'est joint au groupe à reculons.*
Note.- Attention à l'orthographe : à reculon**s**.

récupérable adj.
Qui peut être récupéré.

récupération n. f.
Action de récupérer. *La récupération des déchets recyclables.*

récupérer v. tr., intr.
• Le *é* de la troisième syllabe se change en *è* devant une syllabe muette, sauf à l'indicatif futur et au conditionnel présent. *Je récupère,* mais *je récupérerai.*

• **Transitif**
- Retrouver (ce qu'on avait perdu). *J'ai récupéré mon porte-monnaie. Il doit récupérer son sommeil après ces nuits sans dormir.*
- Recycler. *Récupérer de la ferraille.*
• **Intransitif**
Reprendre des forces. *Il commence à récupérer.*

récurage n. m.
Action de récurer.
Note.- Attention à l'orthographe : récu*r*age.

récurer v. tr.
Nettoyer en frottant. *Récurer les casseroles.*
Note.- Attention à l'orthographe : récu*r*er.

récurrence n. f.
(Litt.) Répétition, retour.
Notes.-
1° Attention à l'orthographe : récu*rr*ence.
2° Ne pas confondre avec le mot *résurgence* qui désigne le fait de réapparaître.

récurrent, ente adj.
Qui se répète. *Des symptômes récurrents.*

récuser v. tr., pronom.
• **Transitif**
- (Dr.) Refuser, par soupçon de partialité, un juge, un juré, un expert, etc.
- Rejeter l'autorité, le témoignage de.
• **Pronominal**
Refuser d'accepter une responsabilité, se déclarer soi-même incompétent.

recyclage n. m.
• Formation nouvelle ou complémentaire. *Plusieurs cadres auraient besoin d'un bon recyclage.*
• Action de soumettre une matière, des déchets à un nouveau traitement. *Le recyclage du papier.*

recycler v. tr., pronom.
• **Transitif.** Soumettre à un recyclage. *Recycler des bouteilles, des journaux.*
• **Pronominal.** Mettre à jour sa formation, acquérir une nouvelle formation. *Elles se sont recyclées en suivant un stage de formation professionnelle.*

rédacteur n. m.
rédactrice n. f.
• Personne qui participe à la rédaction des textes d'un journal, d'un livre, d'une revue, etc.
• *Rédacteur en chef.* Personne qui dirige la rédaction d'un journal, d'un périodique. *Il a été nommé rédacteur en chef du nouveau quotidien.*
V. **éditeur.**

rédaction n. f.
• Action de rédiger, composition.
• Ensemble des journalistes d'un journal, d'un périodique.

rédactionnel, elle adj.
Relatif à la rédaction.
Note.- Attention à l'orthographe : rédactio**nn**el.

reddition n. f.
Le fait de se rendre.
Note.- Attention à l'orthographe : re**dd**ition.

rédemption n. f.
Rachat du genre humain par le Christ. *Le mystère de la Rédemption.*
Notes.-
1° Attention à l'orthographe : réd**emp**tion.
2° Le nom s'écrit avec une majuscule.

redevable adj.
Qui a une obligation envers quelqu'un. *Je vous suis redevable de cette initiative.*

redevance n. f.
Rente, taxe qui doit être acquittée à termes fixes. *Des redevances élevées.*
Notes.-
1° On préférera ce terme à l'anglicisme **royalties**.
2° Attention à l'orthographe : redev**an**ce.

rédhibitoire adj.
Qui constitue un empêchement radical.
Note.- Attention à l'orthographe : réd**h**ibitoire.

rédiger v. tr.
• Le **g** est suivi d'un **e** devant les lettres **a** et **o**. *Il rédigea, nous rédigeons.*
• Écrire sous une forme déterminée. *Rédiger un procès-verbal.*

redingote n. f.
• (Vx) Vêtement masculin à longues basques.
• Manteau féminin cintré à la taille.
Note.- Attention à l'orthographe : redin**gote.**

redire v. tr.
• Ce verbe se conjugue comme **dire**. *Vous redites* (et non *redisez*).
• Dire à nouveau. *Elle lui redit sans cesse la même chose.*
• Blâmer, critiquer. *Il n'a rien à redire.*
Note.- En ce sens, le verbe ne s'emploie qu'à l'infinitif et avec la préposition **à**.

redite n. f.
Répétition. *Cet article ne comporte que des redites.*

redondance n. f.
(Péj.) Défaut de qui donne une information déjà transmise. *Les expressions pléonastiques sont des redondances.*
Note.- Attention à l'orthographe : redond**a**nce.

redondant, ante adj.
Qui présente des redondances. *L'expression « monter en haut » est redondante, c'est un pléonasme.*
Note.- Attention à l'orthographe : redond**a**nt.

redoubler v. tr., intr.
• **Transitif**
- Répéter, recommencer. *Redoubler une classe.*
- Montrer encore plus de. *Redoubler d'ardeur. Frapper à coups redoublés.*
• **Intransitif**
Augmenter, recommencer de plus belle. *L'orage redoubla.*

redoutable adj.
Qui est à craindre. *C'est un concurrent redoutable.*

redouter v. tr.
Craindre grandement. *Elle redoute sa méchanceté. Il redoute d'avoir à rendre des comptes.*
Notes.-
1° Dans la langue soutenue, le verbe **redouter** construit avec **que** suivi du subjonctif est souvent accompagné de la particule **ne** dite explétive, sans valeur négative, lorsqu'on redoute qu'un évènement (ne) se produise.
2° Par contre, si l'on craint qu'un évènement ne se produise pas, l'emploi de la négation **ne...pas** est obligatoire. *Elle redoute que l'approvisionnement ne soit pas assuré à temps.*
3° Il en est ainsi pour les verbes exprimant une notion de crainte : **appréhender, craindre, avoir peur, trembler,** etc.

redressement n. m.
Action de redresser. *Un plan de redressement.*

redresser v. tr., pronom.
• **Transitif**
- Rétablir dans son état primitif. *Elle redressa la situation.*
- Rectifier.
• **Pronominal**
- Se relever.
- Reprendre sa progression après un fléchissement. *L'économie s'est redressée.*

réductible adj.
Qui peut être réduit.

réduction n. f.
• Action de diminuer. *La réduction des dépenses, de l'effectif.*
• Terme général qui désigne une diminution accordée sur un prix. *Une réduction de 50 % sur les prix courants.*
Note.- Ne pas confondre avec les mots suivants :
- **escompte**, réduction de prix accordée en raison de l'acquittement d'une dette avant son échéance ;
- **rabais**, diminution de prix exceptionnelle attribuable à un niveau de qualité inférieur ou à un défaut de conformité ;
- **remise** (quantitative), diminution de prix accordée à un client important en fonction des quantités achetées en un lot.

réduire v. tr., pronom.
• *Je réduis, tu réduis, il réduit, nous réduisons, vous réduisez, ils réduisent. Je réduisais. Je réduisis. Je réduirai. Je réduirais. Réduis, réduisons, réduisez. Que je réduise. Que je réduisisse. Réduisant. Réduit, ite.*
• **Transitif.** Diminuer. *Il faut réduire les frais.*
• **Pronominal.** Se limiter. *Son bien se réduit à cette propriété.*

réduit, ite adj.
• Qui a subi une réduction, diminué. *Des prix réduits. Rouler à vitesse réduite.*
• Construit à petite échelle. *Un modèle réduit d'un avion.*

réduit n. m.
Petite pièce sombre, recoin.

réécouter v. tr.
Écouter de nouveau.

réécrire
V. **récrire.**

réécriture n. f.
Action de rédiger un texte sous une nouvelle forme. *La réécriture d'un roman.*

rééditer v. tr.
Éditer de nouveau, donner une nouvelle édition. *Il a réédité l'œuvre en l'enrichissant de nouveaux extraits.*

réédition n. f.
• Action de rééditer, en apportant souvent des modifications.
• Édition nouvelle. *Ce livre est une réédition.*
Note.- Alors que la **réédition** est souvent enrichie ou corrigée, la **réimpression** se fait sans modification.

rééducation n. f.
Action de rééduquer, son résultat. *Rééducation musculaire.*

rééduquer v. tr.
• Donner une nouvelle éducation.
• Soumettre une personne blessée, handicapée à un traitement, à des exercices afin qu'elle recouvre l'usage de ses facultés, de ses membres. *Rééduquer un accidenté de la route.*

réel, elle adj. et n. m.
• **Adjectif.** Qui existe véritablement. *Un danger réel, des progrès réels.*
• **Nom masculin.** Ce qui existe effectivement. *Le réel et l'irréel.*
Ant. **irréel.**

réélection n. f.
Action de réélire.

réélire v. tr.
Élire de nouveau.

réellement adv.
Effectivement. *Il est réellement venu.*

réexaminer v. tr.
Reconsidérer. *La question doit être réexaminée.*

réexpédier v. tr.
• Ce verbe se conjugue comme **expédier.**
• Expédier de nouveau.
• Retourner un envoi à son expéditeur. *La lettre a été réexpédiée.*

réf.
• Abréviation de **référence.**
• **N/Référence, N/Réf., N/R,** abréviations de **notre référence.**
• **V/Référence, V/Réf., V/R,** abréviations de **votre référence.**

refaire v. tr., pronom.
• **Transitif**
- Faire ce qu'on a déjà fait. *Refaire une lecture, un voyage.*
- Réparer. *Il faut refaire à neuf cet appartement.*
• **Pronominal**
Regagner ce qu'on avait perdu au jeu. *Il a réussi à se refaire.*

réfection n. f.
Réparation. *La réfection des routes, des travaux de réfection.*

réfectoire n. m.
Salle où les membres d'une communauté, d'une collectivité prennent leurs repas en commun.
Note.- Ne pas confondre avec les noms suivants :
- **cafétéria,** dans certains établissements, lieu où l'on peut consommer des boissons, se restaurer ;
- **cantine,** endroit où l'on sert des repas pour une collectivité (entreprise, école).

référence n. f.
Abréviation **réf.** (s'écrit avec un point).

• Action de renvoyer à une autorité, à un texte. *Des références bibliographiques.*
• **Ouvrage de référence, livre de référence.** Ouvrage qui sert à la consultation. *Les dictionnaires sont des ouvrages de référence.*
Note.- Dans ces expressions, le nom **référence** s'écrit au singulier.
• (Au plur.) Attestations qui servent de recommandation à un candidat. *Avez-vous de bonnes références ? Prendre des références.*

CORRESPONDANCE
• Code placé en tête d'une lettre, d'un document et qui doit être rappelé dans la réponse. *N/Réf. : MDD - MEV 1987/QA.*
• Les références sont utilisées pour le classement du courrier ; elles sont généralement constituées d'un groupe de lettres ou de chiffres qui se placent au-dessous de la vedette. Ce code correspond au numéro de document attribué par l'expéditeur (**Notre référence, N/Référence, N/Réf.** ou **N/R**) ou par le destinataire de la lettre (**Votre référence, V/Référence, V/Réf.** ou **V/R**) en fonction de leur plan général de classification.
V. Tableau - **LETTRE TYPE.**

RÉFÉRENCE BIBLIOGRAPHIQUE
La référence bibliographique - signalée dans le texte par l'appel de note - donne la source d'une citation. Elle peut apparaître au bas des pages, en caractères plus petits que ceux du corps du texte, à la fin des chapitres ou à la fin de l'ouvrage.
V. Tableau - **APPEL DE NOTE.**
• **Entre parenthèses, dans le texte.**
La référence (bibliographique ou autre) peut être donnée dans le corps du texte, entre parenthèses. *Selon le Thomas* (Dictionnaire des difficultés de la langue française, Paris, Librairie Larousse, 1971), *le verbe* **lasser**...
• **Au bas des pages.**
Ces références suivent les règles de la bibliographie à deux différences près : le prénom de l'auteur précède son nom, et le numéro de la page d'où la citation est extraite, est indiqué.
V. Tableau - **RÉFÉRENCES BIBLIOGRAPHIQUES.**
• **Répétition de la référence**
Lorsqu'un même ouvrage fait l'objet de plusieurs citations, on utilise l'expression **idem, ibidem** signifiant « la même chose dans le même ouvrage » qui s'abrège **id., ibid.,** et s'écrit en italique. *Id, ibid., p. 98.*

951

RÉFÉRENCES BIBLIOGRAPHIQUES

Les références bibliographiques diffèrent selon qu'il s'agit d'un livre :

> CORBEIL, Jean-Claude. *Dictionnaire thématique visuel*, Montréal, Éditions Québec/Amérique, 1986, 799 p.

ou d'un article :

> GUILBERT, Louis. « Peut-on définir un concept de norme lexicale ? », *Langue française*, nº 16, Larousse, 1972, p. 29 à 47.

La référence comprend les renseignements suivants :

● **le nom de l'auteur**

Le nom de l'auteur est noté en majuscules ; il est séparé par une virgule du prénom écrit en minuscules, et suivi d'un point.

> THOMAS, Adolphe V.

Note. - Dans la mesure du possible, le prénom sera inscrit au long.

S'il y a deux ou trois auteurs, le nom et le prénom des autres auteurs sont inscrits à la suite de façon identique et sont séparés par une virgule ou par la conjonction **et**.

> BRUNOT, Ferdinand, BRUNEAU, Charles.
> DAMOURETTE, Jacques et PICHON, Édouard.

S'il y a de nombreux auteurs, on utilisera l'abréviation de l'expression latine **et alii** signifiant « et les autres », **et al**.

> DUBOIS, Jean, *et al.*

S'il s'agit d'un ouvrage collectif ou d'un document dont l'auteur n'est pas mentionné, la référence commencera alors par le titre du document.

● **le titre de l'ouvrage**

Le titre est noté en italique et il est suivi d'une virgule. À défaut de caractères italiques, on aura recours au soulignement. Le titre est inscrit en minuscules, à l'exception de la majuscule initiale et des noms propres qui le composent. V. Tableau - **MAJUSCULES ET MINUSCULES**.

> *Dictionnaire étymologique de la langue française,*
> *Grand dictionnaire Larousse,*

● **le titre d'un article**

Le titre d'un article est généralement placé entre guillemets après le nom de l'auteur. Il est suivi soit d'une virgule, soit de la mention latine **in**, soit de la préposition **dans** ; on écrit ensuite le nom du périodique qui est souligné ou, mieux encore, mis en italique.

> C.I.L.F. « Vocabulaire de l'industrie et du bâtiment » dans *La banque des mots*, revue semestrielle, nº 8,

• **le numéro de l'édition, du volume ou du périodique**

S'il y a lieu, on inscrira le numéro de l'édition après le titre du livre.

> *La pensée et la langue*, 3ᵉ éd.,

Pour un périodique, il importe de faire figurer le numéro du volume, s'il y a lieu, et le numéro du périodique.

> *Le français dans le monde*, vol. 22, nº 170.

• **l'éditeur, le lieu et la date de publication**

Le lieu de la publication, noté en minuscules et suivi d'une virgule, précède le nom de l'éditeur et la date de publication.

> Paris, P.U.F., 1964,

Notes.- Il arrive qu'un ouvrage ne comporte pas de mention de date ou de lieu d'édition, on inscrira alors *s.l.* (sans lieu), *s.d.* (sans date).

> Dans certaines bibliographies à caractère technique, la date de la publication vient immédiatement après le nom de l'auteur.

• **le nombre de volumes et le nombre de pages**

> 3 vol.
> 1 944 p.

Si l'ouvrage n'est pas paginé, on inscrira *s.p.* (sans page).

• **l'indication des pages d'un article**

La notation des pages d'un article est effectuée à l'aide de l'abréviation *p.* (et non plus pp.) suivie des numéros des première et dernière pages de l'article qui sont séparés par un trait d'union ou par la préposition *à*.

> p. 15–20 ou p. 15 à 20.

Uniformité et précision

Selon le contexte, les références bibliographiques seront plus ou moins concises, le nombre d'éléments d'information fournis pourra varier.

Ainsi, dans le corps d'un texte, on citera parfois uniquement le nom de l'auteur et l'année de la publication ou le titre de l'ouvrage et la page de la citation. Cependant, les références complètes seront données dans la bibliographie finale.

Il importe de présenter de façon uniforme les divers renseignements d'un même ouvrage, d'adopter des caractères identiques et de conserver une ponctuation homogène.

---

référencer v. tr.
• Le *c* prend une cédille devant les lettres *a* et *o*. *Il référença, nous référençons.*
• Indiquer la source d'une citation, doter d'une référence. *Toutes les définitions de cet ouvrage sont référencées.*

référendaire adj.
Relatif à un référendum. *Une campagne référendaire.*
Note.- Attention à l'orthographe : référend**aire**.

référendum n. m.
• La troisième syllabe se prononce **rin** ou **ren**, la quatrième, **domme** [referɛ̃dɔm] ou [referɑ̃dɔm].

• Vote de l'ensemble des citoyens d'un pays sur une question d'intérêt général. *Des référendums.*
Note.- Ce mot d'origine latine est francisé ; il s'écrit avec des accents et prend la marque du pluriel.

référentiel, elle adj.
(Ling.) Relatif à la référence. *La fonction référentielle du mot.*
Note.- Attention à l'orthographe : référen*t*iel.

référer v. tr. ind., pronom.
• Le deuxième *é* se change en *è* devant une syllabe muette, sauf à l'indicatif futur et au conditionnel présent. *Je me réfère,* mais *je me référerai.*
• **Transitif indirect.** (Dr., adm.) *En référer à.* Faire rapport, s'en remettre à. *Il faut en référer au directeur.*
• **Pronominal.** *Se référer à.* Se reporter à, s'appuyer sur. *Je me réfère à ce que notre collègue a proposé. Se référer à un texte.*
Note.- Le verbe ne se construit plus avec un complément d'objet direct à la forme transitive.

refermer v. tr., pronom.
Fermer ce qui se trouve ouvert. *Elle a refermé la porte. La porte s'est refermée.*

réfléchi, ie adj.
• Pondéré, sage. *Il est trop réfléchi pour agir sur un coup de tête.*
Ant. **impulsif.**
• *Tout bien réfléchi.* Après avoir étudié la question. *Tout bien réfléchi, je pars demain.*
• *Verbe pronominal réfléchi.* (Gramm.) Verbe où le sujet et le complément d'objet désignent la même personne, le même être. *Elle se regarde.*

réfléchir v. tr., intr., pronom.
• **Transitif**
Refléter. *Le miroir réfléchit la lumière du jour.*
• **Transitif indirect**
Songer à, penser. *Il réfléchit à la question posée.*
• **Intransitif**
Étudier une question, considérer une possibilité. *Laissez-moi un peu de temps pour réfléchir.*
• **Pronominal**
Donner une image par réflexion. *La lumière du jour se réfléchit dans les miroirs.*

réfléchissant, ante adj.
Qui réfléchit (la lumière, le son, une onde). *Des surfaces réfléchissantes.*
Note.- Ne pas confondre avec le participe présent invariable **réfléchissant.** *Construire des surfaces réfléchissant le son.*

réflecteur n. m.
Appareil destiné à réfléchir (la lumière, le son, etc.). *De puissants réflecteurs.*

reflet n. m.
• Image réfléchie. *Le reflet des façades dans le fleuve.*
• Effet brillant produit par la lumière. *Ses cheveux ont des reflets roux.*

refléter v. tr., pronom.
• Le *é* se change en *è* devant une syllabe muette, sauf à l'indicatif futur et au conditionnel présent. *Je reflète,* mais *je refléterai.*

• **Transitif**
- Réfléchir une image de façon atténuée. *Cette teinte ocre reflète la lumière.*
- Être un reflet de. *Son écriture reflète son caractère.*
• **Pronominal**
Produire un reflet. *Le château se reflète dans l'eau.*

réflexe n. m.
Réponse automatique à un stimulus. *Elle a d'excellents réflexes.*
Note.- Attention à l'orthographe : ré*f*lexe.

réflexion n. f.
• Modification de la direction d'une onde qui rencontre un obstacle. *La réflexion de la lumière.*
• Action de réfléchir. *Elle demande un moment de réflexion.*
• *(Toute) réflexion faite.* En ayant bien pesé la question.
Note.- Dans cette expression, le mot s'écrit au singulier.
• Remarque. *Il se passerait de ses réflexions sarcastiques.*

refluer v. intr.
Revenir vers un point de départ (surtout en parlant d'un liquide).

reflux n. m.
Mouvement de la mer qui se retire à la marée descendante.
Ant. **flux.**

refonte n. f.
Remaniement. *La refonte d'une loi.*

reformage n. m.
Procédé chimique de raffinage d'une essence. *Le reformage du pétrole.*

réforme n. f.
Modification apportée en vue d'une amélioration.

reformer v. tr.
Former de nouveau, reconstituer.

réformer v. tr.
Corriger, modifier en vue d'une amélioration.

refoulement n. m.
Action de refouler. *Le refoulement des contestataires.*

refouler v. tr.
Repousser, réprimer. *Elle avait du mal à refouler ses larmes.*

réfractaire adj.
• Qui résiste à, rebelle. *Il est réfractaire à la discipline.*
• Qui résiste à de très hautes températures. *Un matériau réfractaire.*
Note.- Attention à l'orthographe : réfract*aire.*

réfraction n. f.
Changement de direction d'un rayon lumineux.

refrain n. m.
• Rappel de certains mots à la fin d'un couplet d'une chanson, d'une strophe d'un poème.
• Répétition constante. *On a eu droit au même refrain.*

refréner ou **réfréner** v. tr.
- Le *é* de la deuxième syllabe se change en *è* devant une syllabe muette, sauf à l'indicatif futur et au conditionnel présent. *Je refrène*, mais *je refrénerai*.
- Réprimer, contenir. *Refréner ses passions.*

réfrigérant, ante adj.
Qui refroidit. *Une substance réfrigérante.*

réfrigérateur n. m.
- S'abrège familièrement en *frigo.*
- Appareil servant à prolonger la conservation des denrées à l'aide du froid.
Note.- Le mot *frigidaire* est une marque déposée qui tend à passer dans l'usage familier, comme synonyme de *réfrigérateur.*

réfrigération n. f.
Conservation par le froid (au-dessus du point de congélation).
Note.- Ne pas confondre avec les mots suivants :
- *congélation*, conservation des aliments par le froid (au-dessous du point de congélation) ;
- *surgélation*, congélation rapide à l'aide d'un procédé industriel.

réfrigérer v. tr.
- Le *é* de la troisième syllabe se change en *è* devant une syllabe muette, sauf à l'indicatif futur et au conditionnel présent. *Je réfrigère*, mais *je réfrigérerai*.
- Refroidir, soumettre à la réfrigération. *Ces produits doivent être réfrigérés.*

refroidir v. tr., intr.
- **Transitif**
- Abaisser la température de. *Refroidir une boisson en y ajoutant des glaçons.*
- (Fig.) Diminuer. *La réaction des collègues a refroidi son enthousiasme.*
- **Intransitif**
- Devenir plus froid.
- (Fig.) Devenir moins vif. *Son ardeur s'est refroidie.*

refroidissement n. m.
- Diminution de chaleur. *La météo annonce un refroidissement marqué du temps.*
- Action de prendre froid, d'attraper un rhume. *Couvrez-vous, vous pourriez être victime d'un refroidissement.*

refuge n. m.
Abri.

réfugié, ée adj. et n. m. et f.
Personne qui a fui son pays pour des raisons politiques, pour échapper à un danger. *Une personne réfugiée, des réfugiés politiques.*

réfugier (se) v. pronom.
- Redoublement du *i* à la première et à la deuxième personne du pluriel de l'indicatif imparfait et du subjonctif présent. *(Que) nous nous réfugiions, (que) vous vous réfugiiez.*
- Se rendre en un lieu, auprès de quelqu'un pour échapper à un danger. *Ils se sont réfugiés au Canada pour échapper au régime dictatorial de leur pays.*

refus n. m.
Action de refuser. *Elle lui a opposé un refus.*

refuser v. tr., pronom.
- **Transitif**. Ne pas accepter. *Elle refuse de discuter ce point.*
Note.- À la forme transitive, le verbe se construit avec la préposition *de* et l'infinitif.
- **Pronominal**. Ne pas consentir. *Ils se sont refusés à signer. Les congés qu'elles se sont refusés.*
Note.- À la forme pronominale, le verbe se construit avec la préposition *à*. Attention à l'accord du participe passé qui se fait avec le sujet, sauf s'il y a un complément d'objet direct placé avant le verbe ; dans ce cas, l'accord se fait avec ce complément.

réfutable adj.
Qui peut être réfuté. *Cette théorie est facilement réfutable.*
Ant. **irréfutable.**

réfuter v. tr.
Nier le bien-fondé d'un raisonnement, d'une affirmation par des arguments solides.
Note.- Attention à l'orthographe : r**é**futer.

regagner v. tr.
Gagner de nouveau, récupérer. *Il a regagné l'estime de ses supérieurs.*

*****regaillardir**
→ **ragaillardir.**

regain n. m.
Vigueur nouvelle, renouveau. *Un regain de ferveur.*
Note.- Attention à l'orthographe : reg**ain.**

régal n. m.
- Mets très apprécié *Des régals divins.*
- (Fig.) Grand plaisir.

régalade n. f.
Boire à la régalade. Sans que le récipient touche les lèvres.

régaler v. tr., pronom.
- **Transitif.** Offrir un bon repas, procurer un plaisir à quelqu'un.
- **Pronominal.** Faire un bon repas, avoir du plaisir. *Ils se sont régalés : tout était délicieux.*

regard n. m.
- Action, manière de regarder. *Un regard furtif.*
- Ouverture au niveau du sol destinée à faciliter l'entretien, les réparations d'un appareil, d'une canalisation. *Regard de nettoyage, regard de visite.*
V. **trou d'homme.**
- *Au premier regard.* Du premier coup d'œil.
- *Droit de regard*. Possibilité de contrôler les actes de quelqu'un, quelque chose.
- *Au regard de*, locution prépositive. Par rapport à. *Au regard de la loi, il est coupable.*
- *En regard*, locution adverbiale. Vis-à-vis. *Texte avec illustration en regard.*
- *En regard de*, locution prépositive. Comparativement à. *En regard de ce qui est déjà fait, il reste peu à accomplir.*

regardant, ante adj.
(Fam.) Mesquin, économe. *Elle n'est pas regardante sur l'argent de poche.*

regarder v. tr., pronom.
• **Transitif**
- Observer. *Elle regarde les enfants qui jouent dans le jardin.*
- Considérer. *Nous allons regarder cette question.*
- Concerner. *Cette décision ne vous regarde pas.*
- *Regarder comme.* (Litt.) Considérer comme. *Ils l'ont toujours regardé comme leur fils.*
• **Transitif indirect**
Regarder à. Tenir compte de, prêter attention à. *Regarder à la dépense.*
• **Pronominal**
Être face à face. *Ils se sont regardés.*

régates n. f. pl.
Course de bateaux (généralement de voiliers). *Les régates sont un très joli spectacle.*
Note.- Attention à l'orthographe : réga*t*es.

régence n. f.
• Fonction, dignité de régent.
• (Absol.) *La Régence.* Régence du duc d'Orléans.
Note.- En ce sens, le nom s'écrit avec une majuscule.
• *Style Régence.* Style qui évoque celui de la Régence. *Une commode de style Régence, un fauteuil Régence.*

régénérer v. tr.
• Le *é* de la troisième syllabe se change en *è* devant une syllabe muette, sauf à l'indicatif futur et au conditionnel présent. *Je régénère, mais je régénérerai.*
• Renouveler, redonner de la vigueur à.

régent, ente adj. et n. m. et f.
Personne qui dirige une monarchie en l'absence du souverain.

régenter v. tr.
(Péj.) Diriger. *Cette manière de vouloir tout régenter !*

régicide adj. et n. m. et f.
• Personne qui assassine un roi. *Ce prisonnier est un régicide.*
• Assassinat d'un roi. *Un complot régicide.*

régie n. f.
Nom de certains organismes gouvernementaux. *La Régie autonome des transports parisiens (R.A.T.P.).*

regimber v. intr., pronom.
• **Intransitif**. Refuser d'obéir. *Ils ont regimbé contre cette décision.*
• **Pronominal**. Se rebeller, se rebiffer. *Ils se sont regimbés.*
Note.- Cette forme redondante pourrait provenir d'une confusion avec le verbe *se rebiffer*.

régime n. m.
• Mode de vie en matière d'hygiène, de nourriture. *Un régime sans sel, se mettre au régime, un régime amaigrissant.*
• Organisation politique. *Le régime parlementaire, le régime présidentiel.*
• Ensemble de règles relatives à un objet particulier. *Le régime matrimonial.*

• Vitesse moyenne d'un moteur. *Rouler à plein régime, un régime de croisière.*
• Grappe de fruits de certains arbres. *Un régime de bananes.*

régiment n. m.
Corps militaire.

région n. f.
• Étendue de pays possédant des caractères particuliers qui lui confèrent une certaine unité. *Des régions polaires.*
• Partie du corps. *Elle a une douleur dans la région lombaire.*

régional, ale, aux adj.
Relatif à une région. *La cuisine régionale, le français régional, des bureaux régionaux.*
Note.- Attention à l'orthographe : régio*n*al.

régionalisation n. f.
Décentralisation. *La régionalisation administrative.*
Note.- Attention à l'orthographe : régio*n*alisation.

régionaliser v. tr.
Effectuer une régionalisation.
Note.- Attention à l'orthographe : régio*n*aliser.

régionalisme n. m.
(Ling.) Expression, mot propre à une région, à un pays.
Note.- Attention à l'orthographe : régio*n*alisme.

régir v. tr.
• Déterminer l'organisation de. *Les lois qui régissent les activités économiques.*
• Commander, gouverner.

régisseur n. m.
Personne qui gère une propriété pour le compte d'autrui.

registre n. m.
Livre où l'on inscrit des données dont on veut conserver le souvenir. *Inscrire sur* ou *dans un registre comptable les dépenses, les recettes quotidiennes.*

réglable adj.
Qu'on peut régler. *Un siège à hauteur réglable.*
Note.- Attention à l'orthographe : r*é*glable.

réglage n. m.
Action de mettre au point un appareil, un mécanisme. *Le réglage du moteur est bien fait.*
Note.- Attention à l'orthographe : r*é*glage.

règle n. f.
• Instrument servant à tracer une ligne droite, à mesurer une longueur. *Une règle métrique.*
• Norme, principe. *Procéder selon les règles.*
• *Les règles de l'art.* Manière habituelle de procéder.
• *En règle générale.* Généralement.
• *En bonne règle.* Suivant l'usage.
• *En règle, dans les règles.* Conforme aux normes, aux règlements.

règlement n. m.
• Prescription légale.

Notes.-

1° Dans les titres de textes législatifs, les mots génériques (**accord, arrêté, code, constitution, décret, loi, règlement,** etc.) s'écrivent avec une majuscule.

2° Les numéros d'articles des codes, lois, règlements s'écrivent en chiffres arabes.

• Paiement. *Le règlement doit se faire dans les 30 jours.*

• **Règlement de compte(s).** Vengeance. *C'est un règlement de comptes de la maffia.*

réglementaire adj.
• Le **é** se prononce **è** [regləmɑ̃tɛr].
• Conforme au règlement.
• Relatif à un règlement.
Note.- Attention à l'orthographe : r**é**glementaire, malgré **règlement.**

réglementation n. f.
• Le **é** se prononce **è** [reglǝmɑ̃tasjɔ̃].
• Ensemble des lois et des règlements d'un domaine particulier. *La réglementation des valeurs mobilières.*
Note.- Attention à l'orthographe : r**é**glementation.

réglementer v. tr.
• Le **é** se prononce **è** [reglǝmɑ̃te].
• Soumettre à un règlement.
Note.- Attention à l'orthographe : r**é**glementer.

régler v. tr.
• Le **é** se change en **è** devant une syllabe muette, sauf à l'indicatif futur et au conditionnel présent. *Je règle,* mais *je réglerai.*
• Fixer, établir. *Régler une question.*
• Payer. *Régler une facture.*
• Mettre au point. *Régler un moteur.*

réglisse n. f.
Plante dont la racine sert à fabriquer une confiserie. *Un bâton de réglisse.*
Note.- Attention au genre féminin de ce nom : **la** réglisse.

régnant, ante adj.
Qui règne. *Le prince régnant.*

règne n. m.
• Période pendant laquelle un souverain est au pouvoir. *Le règne de Victoria Ire dura 64 ans.*
• Chacune des grandes divisions de la nature. *Le règne animal, le règne végétal et le règne minéral.*

régner v. intr.
• Le **é** se change en **è** devant une syllabe muette, sauf à l'indicatif futur et au conditionnel présent. *Je règne,* mais *je régnerai.*
• Exercer le pouvoir comme roi, reine. *Les dix années que la reine a régné.*
Note.- Dans cette construction, le participe passé du verbe est invariable parce que le complément n'est pas un complément d'objet direct, mais un complément circonstanciel (pendant lesquelles).
• Exister. *Il règne un désordre inouï dans cette maison.*

regorger v. intr.
• Le **g** est suivi d'un **e** devant les lettres **a** et **o**. *Il regorgea, nous regorgeons.*
• Abonder. *Cette bibliothèque regorgeait d'ouvrages anciens.*

régression n. f.
Recul. *La maladie est en régression.*
Ant. **progression.**

regret n. m.
• Chagrin, repentir.
• **Avoir le regret de** + **infinitif.** Être dans la nécessité de. *J'ai le regret de décliner votre invitation.*
• **Être au regret.** Formule de style administratif. *Nous sommes au regret de vous annoncer que votre contrat ne sera pas renouvelé.*
Note.- Dans la langue courante, on préférera l'expression **avoir le regret de**.
• **À regret, sans regret**, locutions adverbiales. Malgré soi, sans hésitation. *Je pars de cet endroit à regret, sans regret.*
Note.- Dans ces expressions, le nom s'écrit au singulier.

regrettable adj.
Déplorable. *Cet incident est regrettable.*

regretter v. tr.
• Ressentir l'absence, la mort de quelqu'un. *Elle regrette sa chère marraine.*
• Être désolé. *Il regrette de ne pouvoir être présent. Elle regrette qu'il ne puisse venir.*
Note.- Le verbe se construit avec la préposition **de** suivie de l'infinitif ou avec la conjonction **que** suivie du subjonctif.
• Être mécontent, déplorer. *Il regrette ses paroles trop dures.*
Note.- Attention à l'orthographe : regre**tt**er.

regroupement n. m.
• Action de regrouper.
• Rassemblement. *Un regroupement de tous les entrepreneurs en vue d'une action commune.*

regrouper v. tr.
Réunir.

régularisation n. f.
Action de rendre uniforme, de mettre en règle. *La régularisation d'un compte.*
Note.- Ne pas confondre avec le mot **régulation** qui désigne l'action de maintenir en équilibre.

régulariser v. tr.
• Rendre conforme aux lois. *Régulariser sa situation.*
• Rendre régulier. *Régulariser un fleuve.*

régularité n. f.
• Qualité de ce qui est conforme aux lois.
• Symétrie. *La régularité de ses traits.*
• Ponctualité.

régulateur, trice adj.
Qui régularise. *Un mécanisme régulateur. Un régulateur de vitesse.*

régulation n. f.
Action de maintenir en équilibre. *La régulation de la température, la régulation des naissances.*
Note.- Ne pas confondre avec le mot **régularisation** qui désigne l'action de rendre régulier, de mettre en règle.

régulier, ière adj.
• Conforme aux règles. *Un verbe régulier.*
• Qui ne varie pas, constant, continu. *Une vérification régulière, des intervalles réguliers, un horaire régulier.*

régulièrement adv.
Avec régularité.

réhabilitation n. f.
Action de faire recouvrer la considération d'autrui. *La réhabilitation d'un prisonnier.*
Note.- Ne pas confondre avec le mot *réadaptation* qui désigne un traitement visant à réduire les inconvénients d'un accident, d'une maladie, en adaptant à nouveau les organes à leur fonction. La *réhabilitation* est d'ordre moral alors que la *réadaptation* est d'ordre physique.

réhabiliter v. tr., pronom.
• **Transitif**
- Rétablir une personne dans ses droits.
- Faire recouvrer l'estime d'autrui à.
• **Pronominal**
Se racheter.

réhabituer v. tr.
Habituer de nouveau.

rehausser v. tr.
Faire ressortir. *Cette couleur rehausse son teint.*
Note.- Attention à l'orthographe : re*h*ausser.

réimpression n. f.
• Action de réimprimer.
• Œuvre réimprimée. *C'est une simple réimpression avec une nouvelle jaquette.*
Note.- La *réimpression* ne comporte pas de modification par rapport à l'édition originale, tandis que la *réédition* est souvent corrigée ou enrichie.

réimprimer v. tr.
Imprimer de nouveau, sans modification. *L'ouvrage a été réimprimé, le dernier tirage étant épuisé.*

rein n. m.
• Chacun des deux organes sécréteurs de l'urine.
• (Au plur.) Partie inférieure de l'épine dorsale. *Une jolie chute de reins.*
• *Tour de reins.* Mal de dos.
• *Avoir les reins solides.* (Fam.) Être capable de faire face à une épreuve.

reine n. f.
• Souveraine d'un royaume. *La reine Élisabeth.*
Note.- Ce titre s'écrit avec une minuscule.
• Femme d'un roi.
Hom. :
- *rêne*, courroie de la bride d'un cheval ;
- *renne*, mammifère de la famille des cervidés.

reine-claude n. f.
Variété de prune. *Des reines-claudes délicieuses.*

reine-marguerite n. f.
Plante appréciée pour ses fleurs colorées. *Des reines-marguerites.*

reinette n. f.
Petite pomme dont la peau est tachetée.
Hom. *rainette,* grenouille.

réinsérer v. tr.
• Ce verbe se conjugue comme *insérer.*
• Réintroduire.

réinsertion n. f.
Action de réinsérer.
Note.- Attention à l'orthographe : réin*s*er*t*ion.

réintégrer v. tr.
• Ce verbe se conjugue comme *intégrer.*
• Revenir dans un lieu. *Réintégrer son appartement après les vacances.*
• Rétablir quelqu'un dans la jouissance d'un droit, dans un emploi. *On l'a réintégré dans ses fonctions.*

réitération n. f.
Action de réitérer.

réitérer v. tr.
• Le *é* se change en *è* devant une syllabe muette, sauf à l'indicatif futur et au conditionnel présent. *Je réitère, mais je réitérerai.*
• Recommencer, répéter. *Je vous réitère mes remerciements.*

rejaillir v. intr.
• Jaillir avec force, en parlant d'un liquide. *La boue a rejailli sur elle.*
• (Fig.) Retomber, atteindre également. *Cette appréciation rejaillit sur nous tous.*

rejet n. m.
• Refus. *Le rejet d'une proposition.*
• (Méd.) Phénomène de défense immunitaire qui se produit après une greffe.

rejeter v. tr., pronom.
• Ce verbe se conjugue comme *jeter*.
• **Transitif**. Refuser.
• **Pronominal**. Se reporter sur.

rejeton n. m.
(Fam.) Enfant.

rejoindre v. tr.
• Réunir des parties séparées.
• Aller retrouver quelqu'un. *Elle a couru pour le rejoindre.*

réjouir v. tr., pronom.
• **Transitif**
Rendre heureux, de bonne humeur. *L'annonce de votre retour m'a réjoui.*
• **Pronominal**
Être heureux, éprouver de la satisfaction. *Il se réjouit des résultats obtenus, d'être là.*
- **Se réjouir que + subjonctif.** Cette construction est la plus classique. *Elle se réjouit qu'il soit élu.*
- **Se réjouir de ce que + subjonctif** ou **indicatif.** Cette construction plus lourde est également correcte. *Ils se réjouissent de ce que les étudiants aient apprécié la fête, ont apprécié la soirée.*

réjouissance n. f.
• Joie collective.
• (Au plur.) Fête, divertissement.

réjouissant, ante adj.
Qui réjouit. *Une nouvelle réjouissante.*

relâche n. f.
- (Litt.) Interruption. *Prendre un peu de relâche.*
- Fermeture occasionnelle d'une salle de spectacle. *Le théâtre fait relâche tous les lundis.*
- *Sans relâche.* Sans arrêt, sans répit.
Note.- Ce nom était de genre masculin ou féminin ; aujourd'hui l'emploi du masculin est vieilli et le féminin tend à l'emporter. Il est surtout employé dans des locutions où le genre n'est pas marqué. *Un moment de relâche, faire relâche, sans relâche.*

relâchement n. m.
- (Péj.) Manque de fermeté. *Le relâchement des tissus.*
- (Péj.) Paresse, laisser-aller. *Vos travaux dénotent un certain relâchement.*

relâcher v. tr., pronom.
- **Transitif**
- Desserrer. *Relâcher ses muscles.*
- Diminuer l'effort, la discipline. *Relâcher l'ardeur au travail.*
- **Pronominal**
- Devenir moins tendu.
- Perdre de sa vigueur. *La discipline s'est relâchée.*

relais n. m.
- Point intermédiaire entre deux autres.
- *Prendre le relais.* Succéder à quelqu'un dans un cours, une activité.
Note.- Attention à l'orthographe : rel*ais*.

relance n. f.
Reprise. *La relance économique.*

relancer v. tr.
- Le *c* prend une cédille devant les lettres *a* et *o*. *Il relança, nous relançons.*
- Renvoyer. *Il lui a relancé la balle.*

- Poursuivre. *Elle l'a prié de ne plus la relancer.*
- Donner un nouvel essor. *Relancer l'économie.*

relater v. tr.
Rapporter un fait historique.
Note.- Ne pas confondre avec les verbes suivants :
- *conter*, faire un récit d'une façon agréable ;
- *narrer*, faire un récit relativement long ;
- *rapporter*, faire un récit authentique.

relatif, ive adj.
- Qui se rapporte à quelque chose. *Cette étude est relative à l'enquête menée récemment.*
- Qui se mesure par rapport à autre chose. *Le concept de rareté est relatif.*
V. Tableau - **PRONOM.**
V. Tableau - **RELATIF (ADJECTIF).**

relation n. f.
- Rapport, lien. *On ne peut établir de relations entre ces données. Une relation de cause à effet.*
- (Au plur.) Connaissances, amis influents *Il a beaucoup de relations dans ce milieu.*
- Personne avec laquelle on est en rapport. *C'est une relation qu'il faut conserver.*
- *En relation* ou *en relations*. En rapport avec quelqu'un. *Elle est toujours en relation ou en relations avec son amie d'enfance.*
- *Relations publiques.* Ensemble des techniques d'information et de communication par lesquelles une entreprise cherche à se créer une image favorable, à faire connaître ses activités, ses produits tant auprès de son personnel que du public.

relativement adv.
- Proportionnellement.
- D'une manière relative.
- *Relativement à.* En ce qui concerne.

ADJECTIF RELATIF

L'adjectif relatif se place devant un nom pour indiquer que l'on rattache à un antécédent la subordonnée qu'il introduit.

— masculin singulier	*lequel, duquel, auquel*
— féminin singulier	*laquelle, de laquelle, à laquelle*
— masculin pluriel	*lesquels, desquels, auxquels*
— féminin pluriel	*lesquelles, desquelles, auxquelles.*

Il a reconnu vous devoir la somme de trois mille francs, laquelle somme vous sera remboursée sous peu.

Note. - À l'exception de la langue juridique, les adjectifs relatifs sont peu courants.

V. Tableau - **ADJECTIF.**

relativité n. f.
Caractère de ce qui est relatif. *La théorie de la relativité.*

relax ou **relaxe** adj.
(Anglicisme) (Fam.) Décontracté, détendu. *Elle est très relax.*
Note.- La forme *relax* est la plus courante.

relaxant, ante adj.
Qui détend, qui favorise la relaxation.

relaxation n. f.
Détente. *Des séances de relaxation.*

relaxe n. f.
(Dr.) Action de remettre un prisonnier en liberté.

relaxer v. tr., pronom.
• **Transitif**
- (Dr.) Libérer un prisonnier.
- Détendre. *Relaxer ses muscles.*
• **Pronominal**
(Fam.) Se détendre, se reposer.

relayer v. tr., pronom.
• Le *y* peut se changer en *i* devant un *e* muet. *Je relaie (je relaye). Je relaierai (je relayerai).* Les formes en *aie* sont les plus usitées.
• Le *y* est suivi d'un *i* à la première et à la deuxième personne du pluriel de l'indicatif imparfait et du subjonctif présent. *(Que) nous relayions, (que) vous relayiez.*
• **Transitif.** Remplacer quelqu'un dans une activité, une course. *Relayer un coureur.*
• **Pronominal.** Se remplacer réciproquement. *Elles se sont relayées à son chevet.*

reléguer v. tr.
• Le *é* se change en *è* devant une syllabe muette, sauf à l'indicatif futur et au conditionnel présent. *Je relègue,* mais *je reléguerai.*
• Attention au *u* qui subsiste même devant les lettres *a* et *o*. *Il relégua, nous reléguons.*
• Confiner à l'écart quelqu'un, quelque chose. *Le téléviseur a été relégué au sous-sol.*

relent n. m.
Odeur désagréable. *Un relent de friture.*
Note.- Ne pas confondre avec les mots suivants :
- *odeur,* sensation olfactive qui émane d'un corps ;
- *parfum,* odeur agréable.

relève n. f.
• Remplacement d'une équipe par une autre. *La relève de la garde.*
• (Fig.) Succession. *Il faut préparer la relève.*

relevé n. m.
Liste, résumé écrit. *Un relevé de notes, le relevé des compteurs.*

relèvement n. m.
Redressement, hausse. *Le relèvement des impôts.*

relever v. tr., intr., pronom.
• Le *e* se change en *è* devant une syllabe muette. *Je relève,* mais *je relevais.*
• **Transitif**
- Remettre debout, rétablir. *Relever l'économie.*

- Souligner. *Relever des erreurs.*
- Mettre plus haut. *Relever les salaires, les yeux.*
• **Transitif indirect**
Dépendre de. *Cette décision relève de l'éditeur.*
• **Pronominal**
Se remettre debout. *Elles se sont relevées.*

relief n. m.
• Saillie. *Un motif gravé en relief. Le relief du sol.*
• *En relief.* Qui forme un relief.
• *Mettre en relief.* Mettre en valeur, faire ressortir.
• (Au plur.) (Litt.) Restes des plats servis. *Les reliefs d'un banquet.*

relier v. tr.
• Redoublement du *i* à la première et à la deuxième personne du pluriel de l'indicatif imparfait et du subjonctif présent. *(Que) nous reliions, (que) vous reliiez.*
• Assembler, lier. *Relier les feuillets d'un livre.*
• Faire communiquer. *Un pont qui relie deux rives.*

relieur n. m.
relieuse n. f.
Personne dont le métier est de relier des livres.

religieusement adv.
• D'une manière religieuse.
• Scrupuleusement. *Il comptait les points religieusement.*

religieux, ieuse adj. et n. m. et f.
• **Adjectif.** Relatif à la religion.
• **Nom masculin et féminin.** Personne qui fait partie d'une congrégation, d'un ordre religieux.

religieuse n. f.
Pâtisserie composée d'une pâte à choux fourrée de crème pâtissière.

religion n. f.
Ensemble de doctrines et de pratiques ayant pour objet les rapports de l'âme humaine avec le sacré.
Note.- Les noms de religions s'écrivent avec une minuscule. *Le christianisme, le bouddhisme.*

reliquaire n. m.
Coffret destiné à recevoir des reliques.
Note.- Attention à l'orthographe : reliqu**aire.**

relique n. f.
Ce qui reste d'un saint. *Ce fragment d'os est une relique du saint patron de cette chapelle.*

relire v. tr., pronom.
• **Transitif.** Lire de nouveau.
• **Pronominal.** Lire ce qu'on a écrit pour se corriger.

reliure n. f.
• Art de relier les livres. *La reliure d'art.*
• Manière dont un livre est relié. *Une belle reliure en cuir vert.*
• Couverture rigide. *Une reliure à trois anneaux.*

reluire v. intr.
Briller. *Faire reluire l'argenterie.*

reluisant, ante adj.
• Qui reluit. *Des meubles reluisants.*
• *Peu reluisant.* Médiocre. *Un avenir peu reluisant.*

reluquer v. tr.
(Fam.) Regarder avec insistance et convoitise.

remake n. m.
• Le premier *e* se prononce *i* et le *a* se prononce *è* [rimɛk].
• (Anglicisme) Nouvelle version (d'un film, d'une œuvre théâtrale, littéraire). *Des remakes.*

remaniement n. m.
Modification. *Un remaniement ministériel.*
Note.- Attention à l'orthographe : remani**e**ment.

remanier v. tr.
• Redoublement du *i* à la première et à la deuxième personne du pluriel de l'indicatif imparfait et du subjonctif présent. *(Que) nous remaniions, (que) vous remaniiez.*
• Modifier l'organisation, la composition. *Un texte remanié.*

remarquable adj.
Digne d'être remarqué, extraordinaire.

remarquablement adv.
D'une manière remarquable.

remarque n. f.
Observation. *Une remarque désagréable.*

remarquer v. tr.
• Noter. *Il a remarqué cette anomalie.*
• *Faire remarquer.* Signaler. *Je vous fais remarquer que tous les membres sont opposés à cette décision.*

remblai n. m.
Masse de terre destinée à relever un terrain.
Note.- Attention à l'orthographe : rembl**ai**.

remblayage n. m.
Action de remblayer.

remblayer v. tr.
• Le *y* peut se changer en *i* devant un *e* muet. *Il remblaie (il remblaye). Il remblaiera (il remblayera).* La forme en *aie* est la plus usitée.
• Combler un creux, faire un terrassement à l'aide de matériaux, de terre, etc.

rembourrage n. m.
Action de rembourrer.

rembourrer v. tr.
Garnir d'une matière. *Rembourrer un coussin de duvet.*

rembourrure n. f.
Matière servant à rembourrer.

remboursement n. m.
• Action de rembourser. *Le remboursement d'un emprunt.*
• *Contre remboursement (C.R.).* Contre paiement à la livraison. *Un envoi contre remboursement.*

rembourser v. tr.
Rendre à quelqu'un l'argent prêté, dépensé. *Ses frais de déplacement ont été remboursés.*

rembrunir (se) v. pronom.
Devenir sombre, morose. *À cette évocation, ses traits se rembrunirent.*

remède n. m.
• (Vx) Médicament.
• (Fig.) Solution. *Un remède à l'inflation.*
Note.- Au sens figuré, le nom se construit surtout avec la préposition *à*.
• Ce qui sert à soulager une souffrance morale. *Un remède à la mélancolie, contre le désespoir.*
Note.- La construction avec la préposition *contre* donne un sens plus fort au nom.

remédier v. tr. ind.
• Redoublement du *i* à la première et à la deuxième personne du pluriel de l'indicatif imparfait et du subjonctif présent. *(Que) nous remédiions, (que) vous remédiiez.*
• Apporter un remède à, corriger. *Je crois qu'elle pourra remédier à ce désordre administratif.*

remembrement n. m.
Reconstitution d'un domaine, d'un pays morcelé.

remembrer v. tr.
Rassembler.

remémorer v. tr., pronom.
• **Transitif.** (Litt.) Évoquer.
• **Pronominal.** (Litt.) Se souvenir de. *Il se remémorait les moindres instants de cette soirée.*
Note.- Attention à l'orthographe : re**mém**orer.

remerciement n. m.
Écrit, paroles par lesquels on témoigne de la reconnaissance.
Note.- Attention à l'orthographe : remerci**e**ment.

remercier v. tr.
• Redoublement du *i* à la première et à la deuxième personne du pluriel de l'indicatif imparfait et du subjonctif présent. *(Que) nous remerciions, (que) vous remerciiez.*
• Témoigner sa reconnaissance. *Je vous remercie de la charmante soirée, pour votre gentille attention. Il la remercie de l'avoir attendu.*
Note.- Le complément du verbe se construit généralement avec la préposition *de* et parfois avec la préposition *pour.* Si le verbe est suivi d'un infinitif, il se construit alors avec *de.*
• Congédier. *Il a été remercié après quelques mois de travail.*

remettre v. tr., pronom.
• Ce verbe se conjugue comme *mettre.*
• **Transitif**
- Mettre une chose à sa place antérieure.
- Mettre de nouveau. *Elle a remis son imperméable.*
- Confier. *Je vous remets le dossier.*
• **Pronominal**
- Se mettre de nouveau. *Ils se sont remis au tennis.*
- *S'en remettre à.* Faire confiance à. *Elles s'en sont remises à leur avocat.*

réminiscence n. f.
Souvenir vague.
Note.- Attention à l'orthographe : rémini**sc**ence.

remisage n. m.
Action de remiser.

remise n. f.
• Diminution de prix accordée à un client important en fonction des quantités achetées en un lot.
Note.- Ne pas confondre avec les mots suivants :
- *escompte*, réduction de prix accordée en raison de l'acquittement d'une dette avant son échéance ;
- *rabais*, diminution de prix exceptionnelle attribuable à un niveau de qualité inférieur ou à un défaut de conformité ;
- *réduction*, terme général qui désigne une diminution accordée sur un prix.
• Local où l'on range des objets. *Les outils de jardinage sont dans la remise.*

remiser v. tr.
Ranger dans une remise.

rémission n. f.
• Pardon.
• *Sans rémission.* Sans pardon.
• Diminution passagère des symptômes d'une maladie.

remmener v. tr.
• Le *e* de la deuxième syllabe se change en *è* devant une syllabe muette. *Il remmène, il remmenait.*
• Reconduire.

remontant, ante adj. et n. m.
• **Adjectif.** Qui redonne des fleurs, des fruits au début de l'automne. *Un framboisier remontant.*
• **Nom masculin.** Tonique, cordial. *Prenez donc un petit remontant.*

remontée n. f.
• Action de remonter. *Ils ont réussi une belle remontée.*
• *Remontée mécanique.* Installation utilisée par les skieurs pour remonter les pentes.

remonte-pente n. m.
Dispositif servant à tirer les skieurs au sommet des pentes. *Des remonte-pentes très rapides.*
Syn. **téléski.**

remontrance n. f.
Réprimande. *Faire des remontrances à un élève.*
Note.- Attention à l'orthographe : remontra**n**ce.

remontrer v. tr.
• Montrer de nouveau quelque chose (à quelqu'un).
• *En remontrer à quelqu'un.* Lui prouver qu'on est supérieur.
Note.- Le verbe ne s'emploie plus que dans cette expression.

remords n. m.
Honte causée par la conscience d'avoir mal agi.
Note.- Attention à l'orthographe : remor**ds.**

remorquage n. m.
Action de remorquer. *Le remorquage d'une voiture en panne.*

remorque n. f.
• Traction exercée sur un véhicule à l'aide d'un autre. *Prendre une voiture en remorque.*
• Véhicule sans moteur destiné à être tiré. *Une remorque de camion.*

• *Être à la remorque.* Rester en arrière. *Il est toujours à la remorque.*
• *Être à la remorque de quelqu'un.* Le suivre aveuglément.

remorquer v. tr.
Tirer un navire, un véhicule.

remorqueur n. m.
Petit bâtiment dont la fonction est de remorquer les autres navires. *Elle aimait observer le travail des remorqueurs dans le port.*

rémoulade n. f.
Vinaigrette piquante. *Des céleris rémoulade.*
Note.- Attention à l'orthographe : ré**m**ou**l**ade.

remous n. m.
• Tourbillon de l'eau. *Les remous d'un détroit.*
• (Fig.) Agitation. *Cette décision a provoqué beaucoup de remous.*
Note.- Attention à l'orthographe : remou**s.**

rempart n. m.
• Muraille fortifiée entourant une ville.
Note.- Ne pas confondre avec les mots suivants :
- *cloison*, mur peu épais séparant deux pièces ;
- *mur*, ouvrage de maçonnerie qui soutient une construction ;
- *muraille*, mur épais et élevé.
• (Fig.) Ce qui sert de protection.

remplaçable adj.
Qui peut être remplacé.
Note.- Attention à l'orthographe : rempla**ç**able.

remplaçant, ante n. m. et f.
Personne qui en remplace une autre. *Elle a trouvé une remplaçante.*
Note.- Attention à l'orthographe : rempla**ç**ant.

remplacement n. m.
Action de remplacer une personne, une chose. *Le remplacement d'une collègue.*

remplacer v. tr.
• Le *c* prend une cédille devant les lettres *a* et *o*. *Il remplaça, nous remplaçons.*
• Agir pour quelqu'un à titre provisoire ou permanent. *Elle a été remplacée pendant son congé de maternité.*
• Substituer une chose à une autre. *Nous remplaçons ce produit par celui-ci.*

rempli, ie adj.
• Plein. *Une tasse remplie de tisane.*
• Truffé. *Un texte rempli de citations.*
• Occupé. *Une semaine bien remplie.*

remplir v. tr., pronom.
• **Transitif**
- Rendre plein. *Remplis mon verre, j'ai soif.*
Note.- Ce verbe a aujourd'hui remplacé le verbe *emplir* qui est vieilli.
- Ajouter les renseignements nécessaires. *Remplir un formulaire.*
- Exercer une activité. *Remplir une fonction.*
- Satisfaire à. *Sa candidature remplit toutes les conditions.*

• Pronominal
Devenir plein. *La piscine s'est remplie.*

remplissage n. m.
• Action de remplir. *Le remplissage d'une piscine.*
• (Fig.) Développement superflu. *Faire du remplissage.*

remplumer (se) v. pronom.
(Fam.) Reprendre du poids. *Il a meilleure mine, il commence à se remplumer.*

remporter v. tr.
• Reprendre. *Elle lui a demandé de remporter ses cadeaux.*
• Gagner. *Il a remporté le premier prix.*

remue-ménage n. m. inv.
Agitation. *Qu'est-ce que ces remue-ménage dans l'immeuble ?*

remue-méninges n. m. inv.
Technique de réflexion, de création fondée sur la mise en commun des idées, des suggestions de chacun des membres d'un groupe. *Faire un remue-méninges.*
Note.- Ce nom a fait l'objet d'une recommandation officielle pour remplacer l'anglicisme **brainstorming.**

remuer v. tr., intr., pronom.
• Transitif
- Mettre en mouvement. *Le chien remue la queue en signe de satisfaction.*
- *Remuer ciel et terre.* Mettre en œuvre tous les moyens nécessaires à l'atteinte d'un objectif.
• Intransitif
Changer de place, faire des mouvements. *Il ne cesse de remuer.*
• Pronominal
- Se mouvoir. *Il est ankylosé, il a du mal à se remuer.*
- (Fam.) Se hâter. *Remuez-vous un peu, nous n'aurons jamais terminé à temps.*

rémunération n. f.
Argent reçu pour prix d'un service, d'un travail.
Note.- Attention à l'orthographe : ré**m**u**n**ération.
V. **salaire.**

rémunérer v. tr.
• Le **é** de la troisième syllabe se change en **è** devant une syllabe muette, sauf à l'indicatif futur et au conditionnel présent. *Je rémunère,* mais *je rémunérerai.*
• Donner une rémunération. *Ce travail est bien rémunéré.*
Note.- Attention à l'orthographe : ré**m**u**n**érer.

renâcler v. intr.
Rechigner. *Il renâcle à la besogne.*
Note.- Attention à l'orthographe : ren**â**cler.

renaissance n. f.
• Nouvelle naissance.
• Au XVIe siècle en Italie et en Europe, renouveau littéraire, artistique, etc.
Notes.-
1° Lorsque ce nom désigne la période historique, il s'écrit avec une majuscule. *La Renaissance.*
2° En apposition, le mot est invariable. *Des façades Renaissance (de style Renaissance).*

renaître v. intr.
• Ce verbe se conjugue comme **naître.**
• Naître de nouveau. *Elle se sent renaître.*
• Se produire à nouveau. *Le mécontentement risque de renaître.*

rénal, ale, aux adj.
Relatif au rein. *Des problèmes rénaux.*

renard n. m.
Mammifère carnivore dont la fourrure est appréciée. *Des renards argentés.*

renarde n. f.
Femelle du renard.

renardeau n. m.
Petit du renard. *Des renardeaux.*

renchérir v. intr.
• Faire une enchère supérieure. *Elle refuse de poursuivre ; ils ont trop renchéri.*
• Dire ou faire plus, aller plus loin. *Il renchérit sur tout ce que je dis.*

renchérissement n. m.
Hausse de prix.

rencontre n. f.
Le fait, pour des personnes, des choses de se trouver en contact. *La rencontre de deux cultures.*

rencontrer v. tr., pronom.
• Transitif
Se trouver en présence de quelqu'un par hasard. *Rencontrer une amie.*
• Pronominal
- Faire connaissance. *Quand vous ai-je rencontré ?*
- Se trouver en même temps au même endroit. *Ils se sont rencontrés au café.*

rendement n. m.
• Produit, travail fourni. *Le rendement de cette employée est excellent.*
• Rapport entre les capitaux investis et les revenus qu'on en tire. *Cet investissement offre un bon rendement.*

rendez-vous n. m. inv.
Convention entre deux ou plusieurs personnes de se retrouver en un lieu donné et à un moment déterminé. *Cet agenda ne permet pas d'inscrire plus de trois rendez-vous par jour.*

rendre v. tr., pronom.
• *Je rends, tu rends, il rend, nous rendons, vous rendez, ils rendent. Je rendais. Je rendis. Je rendrai. Je rendrais. Rends, rendons, rendez. Que je rende. Que je rendisse. Rendant. rendu, ue.*
• Transitif
- Remettre à quelqu'un ce qui lui est dû. *Elle lui a rendu ce qu'elle lui avait emprunté.*
- Faire passer quelqu'un, quelque chose à un nouvel état. *Cette décision le rendit fou de rage.*
- *Rendre grâce.* Remercier.
- *Rendre compte.* Faire un compte rendu.
• Pronominal
- Capituler. *Ils se sont finalement rendus.*

- Aller à un endroit défini. *Elles se sont rendues en Italie.*

rendu, ue adj.
Parvenu à un certain endroit. *Vous voilà rendu, après trois heures de voiture.*

rêne n. f.
Courroie de la bride d'un cheval servant à le diriger. *Tenir les rênes.*
Note.- Attention à l'orthographe : rê**ne**.
Hom. :
- *reine*, souveraine ;
- *renne*, mammifère de la famille des cervidés.

renégat, ate n. m. et f.
Personne qui a renié sa religion.

renfermé adj. et n. m.
• **Adjectif.** Secret. *Il est très renfermé.*
• **Nom masculin.** Odeur désagréable d'un lieu mal aéré.

renfermer v. tr., pronom.
• **Transitif.** Contenir. *Cette histoire renferme un mystère.*
• **Pronominal.** Se replier sur soi.

renflement n. m.
Proéminence.

renfler v. tr.
Rendre bombé. *Ses muscles saillants renflent le tissu moulant.*

renflouage ou **renflouement** n. m.
• Remise à flot d'un bâtiment échoué. *Le renflouage, le renflouement d'un navire.*
• (Fig.) Relance à l'aide d'une injection de fonds. *Le renflouement de l'économie.*

renflouer v. tr.
• Remettre à flot un bâtiment échoué.
• (Fig.) Fournir des fonds pour sauver une entreprise.

renfoncement n. m.
Retrait.

renfoncer v. tr.
• Le *c* prend une cédille devant les lettres *a* et *o*. *Il renfonça, nous renfonçons.*
• Enfoncer plus avant.

renforcer v. tr.
• Le *c* prend une cédille devant les lettres *a* et *o*. *Il renforça, nous renforçons.*
• Rendre plus solide.

renfort n. m.
• Augmentation du nombre de personnes, supplément de matériel. *Nous sommes débordés, envoyez-nous des renforts.*
• *À grand renfort de*, locution prépositive. À l'aide d'une grande quantité de. *À grand renfort de paroles.*

renfrogner (se) v. pronom.
Devenir maussade. *Ils se sont renfrognés.*

rengager ou **réengager** v. tr., pronom.
• Ce verbe se conjugue comme *engager.*

• **Transitif.** Engager de nouveau.
• **Pronominal.** Contracter un nouvel engagement.

rengaine n. f.
Refrain.
Note.- Attention à l'orthographe : renga**i**ne.

rengainer v. tr.
• Remettre une arme dans son étui. *Les policiers rengainèrent leur revolver.*
• (Fig.) Ne pas terminer ce qu'on voulait dire. *Elle a rengainé sa salutation.*
Note.- Attention à l'orthographe : renga**i**ner.

rengorger (se) v. pronom.
• Le *g* est suivi d'un *e* devant les lettres *a* et *o*. *Il se rengorgea, nous nous rengorgeons.*
• Faire l'important, se gonfler d'orgueil.

reniement n. m.
Le fait de renier.
Note.- Attention à l'orthographe : reni**e**ment.

renier v. tr.
• Désavouer.
• Renoncer à. *Renier sa foi.*

reniflement n. m.
Action de renifler.
Note.- Attention à l'orthographe : reni**f**lement.

renifler v. tr., intr.
• **Transitif.** Sentir. *Renifler une bonne odeur.*
• **Intransitif.** Aspirer fortement par le nez. *Cesse de renifler.*
Note.- Attention à l'orthographe : reni**f**ler.

renne n. m.
Mammifère ruminant de la famille des cervidés.
Note.- Attention à l'orthographe : re**nn**e.
Hom. :
- *reine*, souveraine ;
- *rêne*, courroie de la bride d'un cheval.

renom n. m.
Célébrité de quelqu'un, de quelque chose. *Un vin de renom, le renom d'un couturier.*
Note.- Attention à l'orthographe : reno**m**.

renommé, ée adj.
Réputé. *Une région renommée pour ses fromages.*

renommée n. f.
Célébrité.
Note.- Ce nom ne s'emploie que dans un sens mélioratif alors que les noms *notoriété, réputation* se disent en bonne ou en mauvaise part.

renoncement n. m.
Détachement. *Le renoncement aux joies de ce monde.*

renoncer v. tr. ind.
• Le *c* prend une cédille devant les lettres *a* et *o*. *Il renonça, nous renonçons.*
• Abandonner un droit sur quelque chose. *Ils ont renoncé à poursuivre, à la succession.*
• Se priver de. *Renoncer aux plaisirs.*
Note.- La construction avec la locution *à ce que* suivie du subjonctif est de plus en plus fréquente. *Elle renonce à ce qu'on poursuive l'entreprise.*

renonciation n. f.
(Dr.) Fait de renoncer à un droit.

renoncule n. f.
Plante vivace. *Une renoncule aquatique.*
Note.- Attention au genre féminin de ce nom : *une* renoncu*l*e.

renouer v. tr., intr.
● **Transitif**. Lier de nouveau ce qui est détaché. *Elle a renoué ses cheveux.*
● **Intransitif**. Rétablir des relations interrompues. *Renouer avec une amie d'enfance.*

renouveau n. m.
● (Litt.) Le printemps.
● Renouvellement.

renouvelable adj.
Qui peut être renouvelé. *Un bail renouvelable.*
Note.- Attention à l'orthographe : renouve*l*able.

renouveler v. tr., pronom.
● Redoublement du *l* devant un *e* muet. *Je renouvelle, je renouvellerai,* mais *je renouvelais.*
● **Transitif**
- Reconduire. *Renouveler un bail, un passeport.*
- Donner une nouvelle apparence, changer. *Renouveler son mobilier.*
- Recommencer. *Renouveler un exploit.*
● **Pronominal**
Se produire à nouveau.

renouvellement n. m.
● Transformation.
● Reconduction
Note.- Attention à l'orthographe : renouve*ll*ement.

rénovation n. f.
Remise à neuf (d'un bâtiment, d'un local). *Des travaux de rénovation.*

rénover v. tr.
Aménager, remettre à neuf.

renseignement n. m.
● Indication. *C'est un renseignement qui nous sera très utile.*
● *Bureau, guichet des renseignements.* Veuillez vous adresser au guichet des renseignements.
Note.- Dans ces expressions, le nom s'emploie toujours au pluriel.

renseigner v. tr., pronom.
● **Transitif.** Donner des indications. *Renseigner quelqu'un sur quelque chose.*
● **Pronominal.** S'informer. *Il se renseigne sur les heures de départ.*

rentabilisation n. f.
Fait de rentabiliser.

rentabiliser v. tr.
Rendre rentable.

rentabilité n. f.
Capacité d'un placement, d'un investissement de produire un revenu. *Un taux de rentabilité élevé.*

rentable adj.
● Qui produit un revenu, qui est avantageux au point de vue économique.
● (Fig.) Productif, fructueux.

rente n. f.
Revenu périodique d'un bien, d'un capital. *Elle vit de ses rentes. Elle touche 15 000 F de rente mensuelle.*

rentier, ière n. m. et f.
Personne qui vit de ses rentes.

rentrée n. f.
● Reprise de l'activité, après une interruption. *La rentrée des classes, la rentrée parlementaire.*
● Encaissement. *Des rentrées d'argent.*

rentrer v. tr., intr.
● **Transitif**
Mettre à l'intérieur. *Rentrer sa voiture au garage, rentrer les foins.*
● **Intransitif**
- Entrer de nouveau. *Je les aperçois, ils viennent de rentrer dans l'immeuble.*
- Revenir. *Elle a hâte de rentrer chez elle.*
Note.- Le verbe intransitif se construit avec l'auxiliaire *être. Elle est rentrée tôt.*

renversant, ante adj.
Surprenant. *Une nouvelle renversante.*

renverse n. f.
Tomber à la renverse. Tomber sur le dos.

renversement n. m.
Changement complet, bouleversement. *Le renversement du gouvernement.*

renverser v. tr.
● Mettre à l'envers, inverser. *Renverser la vapeur.*
● Faire tomber. *Un piéton a été renversé par un cycliste.*
● Surprendre beaucoup. *Ils ont été renversés par cette décision.*

renvoi n. m.
● Action de renvoyer. *Le renvoi d'une cause à une date indéterminée.*
● Congédiement. *On lui a signifié son renvoi.*
● Indication dans un texte qui renvoie le lecteur à une explication. *Des renvois à des notions connexes.*

renvoyer v. tr.
● Ce verbe se conjugue comme *envoyer*.
● Envoyer de nouveau. *Il aimerait qu'on lui renvoie son texte.*
● Congédier quelqu'un, le chasser. *Elles ont été renvoyées du collège.*
● Faire se reporter. *Renvoyer le lecteur à l'étymologie d'un mot.*

réorganisation n. f.
Restructuration.

réorganiser v. tr.
Organisation selon un nouveau modèle.

réorientation n. f.
Action de réorienter.

réorienter v. tr.
Orienter dans une nouvelle direction.

réouverture n. f.
Action d'ouvrir de nouveau (ce qui était fermé).

repaire n. m.
Refuge d'une bête sauvage, de malfaiteurs.
Note.- Attention à l'orthographe : rep*ai*re.
Hom. *repère*, marque, jalon servant à retrouver quelque
chose ultérieurement.

repaître v. tr., pronom.
• *Je repais, tu repais, il repaît, nous repaissons, vous
repaissez, ils repaissent. Je repaissais. Je repus, tu
repus, il reput, nous repûmes, vous repûtes, ils repurent.
Je repaîtrai, tu repaîtras, il repaîtra, nous repaîtrons,
vous repaîtrez, ils repaîtront. Je repaîtrais, tu repaîtrais,
il repaîtrait, nous repaîtrions, vous repaîtriez, ils repaî-
traient. Repais, repaissons, repaissez. Que je repaisse.
Que je repusse, que tu repusses, qu'il repût, que nous
repussions, que vous repussiez, qu'ils repussent.
Repaissant. Repu, ue.*
• **Transitif.** (Litt.) Nourrir. *Repaître son imagination
d'écrits divers.*
• **Pronominal.** (Litt.) Se rassasier, se délecter. *Ce
tyran se repaît de crimes.*

répandre v. tr., pronom.
• *Je répands, tu répands, il répand, nous répandons,
vous répandez, ils répandent. je répandais. Je répandis.
Je répandrai. je répandrais. Répands, répandons, ré-
pandez. Que je répande. Que je répandisse. Répandant.
Répandu, ue.*
• **Transitif**
- Verser. *Répandre de l'eau.*
- Produire. *Le rôti qui cuit répand une odeur agréable.*
- Diffuser. *Répandre une nouvelle.*
• **Pronominal**
Se propager. *La bonne nouvelle s'est répandue très
vite.*

répandu, ue adj.
Connu, courant. *Cet usage est très répandu.*

réparateur, trice adj.
Qui répare. *Un sommeil réparateur.*

réparateur n. m.
réparatrice n. f.
Personne dont le métier est de réparer des objets, des
appareils défectueux. *Un réparateur d'appareils élec-
troménagers.*

réparation n. f.
Action de réparer ce qui est endommagé.

réparer v. tr.
Remettre quelque chose en bon état, en état de fonctionnement.

repartie n. f.
• Le *e* se prononce *é* ou *e* [reparti] ou [rəparti].
• Réponse spirituelle, réplique. *Elle a le sens de la
repartie.*
Note.- La première syllabe devrait se prononcer *re-*,
mais elle se prononce généralement *ré-*. Attention à
l'orthographe qui conserve un *e* non accentué.

repartir v. tr., intr.
• Contrairement au nom, le *e* se prononce toujours *e*
[rəpartir].
• **Transitif.** (Litt.) Répliquer promptement. *Vraiment
c'est incroyable, a-t-elle reparti.*
Note.- En ce sens, le verbe se conjugue avec l'auxiliaire
avoir.
• **Intransitif.** Partir de nouveau. *Vous arrivez trop tard :
ils sont repartis.*
Notes.-
1° En ce sens, le verbe se conjugue avec l'auxiliaire
être.
2° Attention à l'orthographe : re*p*artir.

répartir v. tr.
Distribuer entre plusieurs personnes. *Répartir les profits
entre les associés.*

répartition n. f.
Action de répartir, partage. *Une répartition égale des
actions entre les cadres.*

repas n. m.
Nourriture prise quotidiennement à des heures régu-
lières.

repassage n. m.
Action de repasser du linge, des vêtements. *Le repassage d'une jupe.*

repasser v. tr., intr.
• **Transitif**
- Presser du linge, des vêtements à l'aide d'un fer.
Cette jupe est longue à repasser.
- Se remettre en mémoire. *Elle a repassé ses conjugai-
sons.*
• **Intransitif**
Passer de nouveau. *Repassez demain, nous aurons
peut-être reçu le livre commandé.*

repeindre v. tr.
Peindre à neuf. *L'appartement a été repeint de ou en
blanc.*

repenser v. tr., intr.
Reconsidérer. *Il faut reprendre de zéro et tout repenser.
Repensez-y.*

repentir n. m.
Remords.

repentir (se) v. pronom.
• *Je me repens, tu te repens, il se repent, nous nous
repentons, vous vous repentez, ils se repentent. Je me
repentais. Je me repentis. Je me repentirai. Je me
repentirais. Repens-toi, repentons-nous, repentez-
vous. Que je me repente. Que je me repentisse. Se
repentant. Repenti, ie.*
• Regretter d'avoir fait une faute, une action. *Elles se
sont repenties de ce geste. Les fautes dont ils se sont
repentis.*
Note.- Le participe passé s'accorde avec le sujet.

repérage n. m.
Action de repérer.
Note.- Attention à l'orthographe : rep*é*rage.

répercussion n. f.
Conséquence. *Les répercussions de l'événement ont été très grandes.*

répercuter v. tr., pronom.
• **Transitif**. Renvoyer dans une direction nouvelle. *Des murs qui répercutent la voix.*
• **Pronominal**. Avoir des conséquences directes.

repère n. m.
Marque, jalon servant à une utilisation ultérieure. *Un point de repère.*
Hom. *repaire,* refuge d'une bête sauvage, de malfaiteurs.

repérer v. tr., pronom.
• Le *é* se change en *è* devant une syllabe muette, sauf à l'indicatif futur et au conditionnel présent. *Je repère,* mais *je repérerai.*
• **Transitif**. Localiser. *Repérer les lieux.*
• **Pronominal**. Se retrouver grâce à des marques, des indications.

répertoire n. m.
Recueil de données classées de façon méthodique. *Un répertoire téléphonique.*
Note.- Attention à l'orthographe : répertoir*e*.

répertorier v. tr.
• Redoublement du *i* à la première et à la deuxième personne du pluriel de l'indicatif imparfait et du subjonctif présent. *(Que) nous répertoriions, (que) vous répertoriiez.*
• Recenser et inscrire dans un répertoire, un registre. *Répertorier les abréviations.*

répéter v. tr., pronom.
• Le deuxième *é* se change en *è* devant une syllabe muette, sauf à l'indicatif futur et au conditionnel présent. *Je répète,* mais *je répéterai.*
• **Transitif**
- Redire. *Il répète sans cesse la même chose.*
- Recommencer. *Répéter les mêmes gestes.*
- S'exercer à dire, à exécuter ce qu'on devra faire en public. *Répéter une pièce de théâtre.*
• **Pronominal**
Redire inutilement les mêmes choses.

répétitif, ive adj.
Qui se répète. *Des informations répétitives, un travail répétitif.*

répétition n. f.
• Action de répéter un mot, un geste.
• Action de répéter une pièce, un morceau de musique, etc. *Nous avons une répétition ce soir.*

repeuplement n. m.
Action de repeupler. *Le repeuplement d'une forêt* (en végétaux, en animaux).

repeupler v. tr.
Peupler de nouveau. *Repeupler une forêt.*

repiquage n. m.
Transplantation d'une plante provenant d'un semis.

repiquer v. tr.
• Mettre en terre des plantes.

Note.- Ne pas confondre avec les verbes suivants :
- ***ensemencer*** ou ***semer***, jeter de la semence en terre ;
- ***planter***, mettre en terre des graines ou des plants.
• Copier un enregistrement.

répit n. m.
• Sursis, détente.
• ***Sans répit***. Sans arrêt.
Note.- Attention à l'orthographe : répi*t*.

replet, ète adj.
Dodu, qui souffre d'embonpoint.
Note.- Attention à l'orthographe : reple*t*, repl*ète*.

repli n. m.
• Double pli, sinuosité.
• Recul. *Le repli du dollar après une hausse marquée.*

replier v. tr., pronom.
• Redoublement du *i* à la première et à la deuxième personne du pluriel de l'indicatif imparfait et du subjonctif présent. *(Que) nous repliions, (que) vous repliiez.*
• **Transitif**. Plier de nouveau. *Replier un ourlet.*
• **Pronominal**. Reculer. *Les soldats se sont repliés en désordre.*

réplique n. f.
• Réponse. *Une réplique bien sentie.*
• Reproduction. *La réplique est très réussie ; elle est difficile à distinguer de l'original.*

répliquer v. tr.
Répondre à ce qui a déjà été dit.

répondant, ante n. m. et f.
Caution, personne qui se rend responsable pour quelqu'un. *Avez-vous un répondant pour votre emprunt ?*

répondeur n. m.
Dispositif branché sur la ligne téléphonique qui donne un message enregistré à chaque correspondant et permet à celui-ci de laisser un message

répondre v. tr., intr.
• *Je réponds, tu réponds, il répond, nous répondons, vous répondez, ils répondent. Je répondais. Je répondis. Je répondrai. Je répondrais. Réponds, répondons, répondez. Que je réponde. Que je répondisse. Répondant. Répondu, ue.*
• **Transitif**. Faire une réponse à ce qui est dit ou écrit. *Il devrait répondre à sa lettre sous peu. Elle lui a répondu que tout était parfait.*
• **Transitif indirect**. ***Répondre de***. Se porter garant de. *Je réponds de cette personne, elle est parfaitement fiable.*
• **Intransitif**. ***Répondre pour***. Être la caution de.

réponse n. f.
Ce qui est dit ou écrit à quelqu'un qui a posé une question, qui a fait une demande. *Sa réponse a été catégorique.*

report n. m.
• Action de reporter une somme, un total.
• Action de différer une décision, une activité. *Le report d'une inauguration.*

reportage n. m.
Enquête d'un journaliste destinée à être publiée dans un journal, à être diffusée par la radio, la télévision.

reporter v. tr., pronom.
• **Transitif**
- Transporter, placer ailleurs. *Reporter une somme.*
- Remettre à plus tard.
• **Pronominal**
Se référer à. *Si l'on se reporte aux premiers énoncés.*

reporter n. m. et f.
• La dernière syllabe se prononce **tère** [rəpɔrtɛr].
• Journaliste qui fait des reportages. *Des reporters talentueux.*

reporter-cameraman n. m. et f.
Journaliste chargé de recueillir, avec une caméra, des éléments d'information visuels. *Des reporters-cameramen.*
Note.- Les noms **reporteur** et **reportrice d'images** ont fait l'objet d'une recommandation officielle pour remplacer cet anglicisme.

repos n. m.
Inaction, détente. *Elle aurait besoin de repos.*

reposant, ante adj.
Qui repose. *Une lecture reposante.*

repose-pied(s) n. m. inv.
Appui pour les pieds. *Les repose-pied d'un avion, d'un autocar.*

reposer v. tr., intr., pronom.
• **Transitif**
Replacer quelque chose dans sa position initiale.
• **Intransitif**
- (Litt.) Dormir. *Laissez-la reposer.*
- *Reposer sur.* Être établi sur. *Le projet repose sur des bases solides.*
• **Pronominal**
- Se détendre, cesser de faire des efforts, de travailler. *Ils se sont reposés.*
- *Se reposer sur quelqu'un.* S'en remetttre à lui.

repose-tête n. m. inv.
Appui-tête. *Des repose-tête.*

repoussant, ante adj.
Affreux, répugnant.

repousse n. f.
Action de repousser. *La repousse des cheveux.*

repousser v. tr., intr., pronom.
• **Transitif**
- Faire reculer. *L'envahisseur a été repoussé.*
- Rejeter. *Repousser une demande.*
• **Intransitif**
Pousser de nouveau. *Ses cheveux repoussent très vite.*
• **Pronominal**
S'écarter mutuellement. *Les aimants se repoussent.*

répréhensible adj.
Qui est à blâmer. *Un geste répréhensible.*
Note.- Attention à l'orthographe : répréhensible.

reprendre v. tr., intr., pronom.
• **Transitif**
- Prendre de nouveau. *Reprendrez-vous un peu de gigot ?*
- Continuer une activité interrompue. *Elle la salua, car elle devait reprendre son travail.*
- Réprimander. *Reprendre un enfant qui dit des gros mots.*
• **Intransitif**
Recommencer. *L'activité a repris.*
• **Pronominal**
Se ressaisir, se corriger. *Ils se sont repris à temps.*

représailles n. f. pl.
Riposte. *Des mesures de représailles.*
Note.- Le mot ne s'emploie qu'au pluriel.

représentant n. m.
représentante n. f.
• Personne qui représente quelqu'un, qui a reçu le mandat d'agir en son nom.
• Délégué.
• Personne qui fait des affaires pour le compte d'une ou de plusieurs maisons de commerce. *Un représentant (de commerce), une représentante commerciale.*

représentatif, ive adj.
Typique. *Ce texte est bien représentatif de l'œuvre de l'auteur.*

représentation n. f.
• Le fait de représenter la réalité par l'image, l'écriture, etc. *Une représentation très réaliste.*
• Le fait de jouer une pièce, de faire un spectacle. *La représentation aura lieu à 20 heures.*
• Délégation.

représenter v. tr., pronom.
• **Transitif**
- Faire apparaître d'une manière concrète la réalité. *Ce paysage est représenté de façon hyperréaliste.*
- Constituer. *Cette décision représente une nouvelle ouverture d'esprit.*
- Remplacer. *Le président est représenté par son directeur général.*
• **Pronominal**
Imaginer. *Comment vous représentez- vous cette personne ?*

répressible adj.
Qui peut être réprimé.
Ant. **irrépressible.**

répressif, ive adj.
Qui punit. *Une loi répressive.*

répression n. f.
Action de réprimer.

réprimande n. f.
Blâme, reproche.

réprimander v. tr.
Blâmer, reprocher une faute à quelqu'un.

réprimer v. tr.
• Contenir. *Elle avait du mal à réprimer un sourire.*
• Châtier par des mesures sévères.

Note.- Ne pas confondre avec les verbes suivants :
- *corriger*, frapper par punition ;
- *sévir*, traiter rigoureusement.

reprisage n. m.
Raccommodage. *Le reprisage des chaussettes.*

reprise n. f.
• Action de reprendre. *La reprise d'une pièce, d'un film.*
• Regain d'activité. *La reprise économique.*
• *À maintes reprises, à plusieurs reprises*, locution adverbiale. Plusieurs fois.

repriser v. tr.
Raccommoder.

réprobation n. f.
Désapprobation, blâme.

reproche n. m.
• Blâme, critique.
• *Sans reproche.* À qui l'on ne peut rien reprocher. *Ils sont sans reproche.*

reprocher v. tr., pronom.
• **Transitif.** Imputer une faute à quelqu'un, blâmer.
• **Pronominal.** Se blâmer, se considérer comme responsable. *Je me reproche de lui avoir parlé ainsi.*

reproducteur, trice adj.
Qui sert à la reproduction.

reproduction n. f.
• Action de reproduire, de se reproduire. *La reproduction humaine.*
• Le fait de reproduire un texte, un son, une image. *Des procédés de reproduction.*

reproduire v. tr., pronom.
• **Transitif**
Imiter. *Reproduire un tableau.*
• **Pronominal**
- Donner naissance à de nouveaux êtres.
- Se répéter. *Ces événements se sont reproduits souvent.*

reprographie n. f.
Ensemble des techniques de reproduction d'un document. *La photocopie est un procédé de reprographie.*

reptation n. f.
Action de ramper.

reptile n. m.
Vertébré rampant avec ou sans pattes. *Le serpent, le lézard, le crocodile sont des reptiles.*
Note.- Attention à l'orthographe : rept*ile*.

repu, ue adj.
Rassasié.

république n. f.
Mode de gouvernement. *Le chef de l'État dans une république est un président.*
Note.- Dans les désignations de pays, le mot s'écrit avec une majuscule s'il est suivi d'un ou de plusieurs adjectifs. *La République démocratique allemande, la République fédérale d'Allemagne.*
V. **pays.**

République démocratique allemande
Sigle *R.D.A.*

République fédérale d'Allemagne
Sigle *R.F.A.*

répudiation n. f.
Action de répudier.

répudier v. tr.
• *Répudier sa femme.* Rompre le mariage, selon le droit musulman.
• (Dr.) Renoncer (à une succession, un legs, etc.). *Il répudia son héritage.*

répugnance n. f.
Dégoût, répulsion.

répugnant, ante adj.
Dégoûtant. *Des actes répugnants.*
Note.- Ne pas confondre avec le participe présent invariable *répugnant. Seuls restaient les soldats répugnant à envahir la ville.*

répugner v. tr. ind.
• Avoir de la répulsion pour. *Elle répugne à devoir prendre cette décision. Il lui répugne d'agir ainsi.*
Note.- Le verbe se construit avec les prépositions *à* ou *de.*
• Inspirer du dégoût, de l'aversion. *Cette odeur lui répugne. Cet homme me répugne.*

répulsif, ive adj.
Répugnant.

répulsion n. f.
Dégoût, antipathie. *Éprouver de la répulsion pour, à l'égard de quelqu'un.*

réputation n. f.
• Opinion publique favorable ou défavorable. *Restaurant de bonne réputation.*
Note.- Ne pas confondre avec les mots suivants :
- *estime*, opinion favorable qu'on a de la valeur de quelqu'un ;
- *gloire*, grande renommée ;
- *honneur*, considération accordée à un grand mérite.
• *De réputation.* Pour en avoir entendu parler.

réputé, ée adj.
Célèbre, connu. *Un vin réputé, une auberge réputée pour sa bonne table.*

requérant, ante adj. et n. m. et f.
(Dr.) Demandeur.

requérir v. tr.
• *Je requiers, tu requiers, il requiert, nous requérons, vous requérez, ils requièrent. Je requérais. Je requis. Je requerrai. Je requerrais. Requiers, requérons, requérez. Que je requière, que nous requérions, qu'ils requièrent. Que je requisse. Requérant. Requis, ise.*
• (Dr.) Réclamer.
• (Litt.) Solliciter, exiger. *Ces questions fondamentales requièrent toute notre attention.*
Note.- L'emploi de ce verbe doit être limité à la langue juridique ou au style soutenu. Couramment, on emploiera plutôt les verbes *exiger, nécessiter.*

requête n. f.
Demande.

requiem n. m. inv.
• Le premier *e* se prononce *é*, le *u* se prononce *u* et le *m* est sonore [rekɥijɛm].
• Prière pour les morts. *Une messe de requiem.*
• Prière mise en musique. *Chanter des requiem.*
Note.- Ce nom latin est invariable. Lorsqu'il désigne une œuvre musicale particulière, le nom s'écrit avec une majuscule. *Le Requiem de Mozart.*

requin n. m.
• Poisson très vorace.
• (Fig.) Personne cupide. *Les requins de la finance.*

requis, ise adj.
Nécessaire, exigé. *Les conditions requises.*

réquisition n. f.
• (Dr.) Requête.
• Ordre militaire, administratif par lequel sont exigés des biens, des services.

réquisitionner v. tr.
Procéder par réquisition. *Réquisitionner des véhicules.*

réquisitoire n. m.
Discours, texte par lequel on accuse. *Un réquisitoire contre l'ingérence de l'État dans la vie privée.*
Note.- Attention à l'orthographe : réquisitoir**e**.

rescapé, ée adj. et n. m. et f.
Personne qui a échappé à un accident. *Des passagers rescapés. C'est une rescapée du terrible accident.*
Note.- Attention à l'orthographe : resca**p**é.

rescinder v. tr.
(Dr.) Déclarer nul.
Note.- Attention à l'orthographe : re**sc**inder.

rescousse n. f.
À la rescousse. À l'aide. *Des navires sont venus à la rescousse du voilier en difficulté.*

réseau n. m.
• Ensemble de lignes de communication, de voies, etc. qui desservent une région. *Un réseau ferroviaire, routier, des réseaux téléphoniques, informatiques.*
• Répartition des éléments d'une organisation ou d'une activité en différents points reliés les uns aux autres. *Démanteler un réseau de trafiquants de drogue.*

réséda adj. inv. et n. m.
• **Adjectif de couleur invariable.** D'une teinte vert-gris pâle. *Des imprimés réséda.*
V. Tableau - **COULEUR (ADJECTIFS DE).**
• **Nom masculin.** Plante cultivée pour ses grappes de fleurs odorantes.

réservation n. f.
Action de retenir une place (dans un hôtel, dans un avion, au théâtre, etc.).

réserve n. f.
• Restriction.
• *Avec réserve, avec des réserves.* Avec des doutes.
• *En réserve.* De côté, à part.
• *Sans réserve,* locution adverbiale. Entièrement, sans exception.

• *Sous toute réserve ou sous toutes réserves.* Sans garantie, avec une possibilité d'inexactitude.
• *Sous réserve de,* locution prépositive. En envisageant la possibilité de.
• Discrétion. *Il manque de réserve.*
• Provision. *Accumuler des réserves en cas d'imprévu.*
• Territoire où la faune et la flore sont protégées. *Cette île est une réserve ornithologique.*

réservé, ée adj.
Discret, circonspect.

réserver v. tr., pronom.
• **Transitif**
- Mettre de côté pour un usage particulier.
- Destiner à. *Cet honneur lui était réservé.*
• **Pronominal**
Se réserver le droit de. Conserver la possibilité. *Elle se réserve le droit de refuser la modification proposée.*

réservoir n. m.
Lieu, récipient où l'on conserve un liquide. *Un réservoir d'eau.*

résidant, ante adj.
Qui réside en un lieu. *Les membres résidants d'une société savante.*
Note.- L'adjectif **résidant** s'emploie surtout pour qualifier le membre d'une société, d'une académie qui habite le lieu où se tiennent les réunions, par opposition aux autres membres qui sont dits **correspondants.**
Note.- Ne pas confondre avec le participe présent invariable **résidant.** *Les personnes résidant en France bénéficient d'allocations familiales.*
V. **résident.**

résidence n. f.
Demeure, lieu d'habitation. *Une jolie résidence secondaire.*
Note.- La **résidence** est la demeure habituelle, tandis que le **domicile** est la demeure légale.

résident, ente n. m. et f.
Personne habitant de façon permanente dans un pays étranger, en un lieu donné. *Les résidents mexicains aux États-Unis.*
V. **résidant.**

résidentiel, ielle adj.
Réservé aux habitations, par opposition à **industriel, commercial.** *Un quartier résidentiel.*
Note.- Attention à l'orthographe : résiden**t**iel.

résider v. intr.
• Habiter. *Il réside à Villefranche.*
• (Fig.) Se trouver. *Voilà où réside le problème.*

résidu n. m.
Reste. *Des résidus de la combustion.*
Note.- Attention à l'orthographe : résid**u**.

résignation n. f.
Soumission.

résigner (se) v. pronom.
Se soumettre. *Il s'est résigné à déménager.*

résiliable adj.
(Dr.) Qui peut être résilié. *Un bail résiliable.*
Note.- Attention à l'orthographe : rési*l*iable.

résiliation n. f.
(Dr.) Dissolution (d'un contrat).

résilier v. tr.
• Redoublement du *i* à la première et à la deuxième personne du pluriel de l'indicatif imparfait et du subjonctif présent. *(Que) nous résiliions, (que) vous résiliiez.*
• (Dr.) Dissoudre. *Résilier un bail.*

résille n. f.
Filet dans lequel on attache les cheveux.

résine n. f.
Produit sécrété par certains arbres, notamment les conifères.

résineux, euse adj. et n. m.
• **Adjectif.** Qui produit de la résine.
• **Nom masculin.** Arbre qui produit de la résine.

résistance n. f.
• Propriété par laquelle une force s'oppose à une autre. *La résistance de l'air.*
• (Fig.) Opposition. *Il leur opposa une résistance désespérée.*
Note.- Attention à l'orthographe : résist*a*nce.

résistant, ante adj. et n. m. et f.
• **Adjectif.** Qui résiste bien, solide. *Des tissus très résistants.*
Notes.-
1° Attention à l'orthographe : résist*a*nt.
2° Ne pas confondre avec le participe présent invariable *résistant. Les tissus résistant à l'usure sont appréciés.*
• **Nom masculin et féminin.** (Ancienn.) Membre de la Résistance. *Ils furent des résistants héroïques.*

résister v. tr. ind.
• Ne pas céder, se maintenir. *Le barrage a bien résisté à la crue des eaux.*
• Se défendre, s'opposer. *Ils ont résisté aux envahisseurs.*

résolu, ue adj.
Déterminé. *Une attitude résolue.*

résolument adv.
D'une manière résolue.
Note.- Attention à l'orthographe : résol*u*ment, sans accent circonflexe.

résolution n. f.
• Action de résoudre. *La résolution d'un problème.*
• Détermination. *Ils agissent avec beaucoup de résolution.*
• Décision. *Il a pris de bonnes résolutions, notamment celle d'arrêter de fumer.*

résonance n. f.
• Propriété de réfléchir le son. *Une caisse de résonance.*
• Écho, prolongement. *Ce concept a une nouvelle résonance.*
Note.- Attention à l'orthographe : réso*n*ance. La graphie *résonnance* est vieillie.

résonner v. intr.
Renvoyer un son en l'augmentant. *Les cloches résonnaient dans le soir.*
Notes.-
1° Attention à l'orthographe : réso*nn*er.
2° Ne pas confondre avec le verbe *raisonner* qui signifie « réfléchir ».

résorber v. tr., pronom.
• **Transitif.** Faire disparaître graduellement. *Il importe de résorber l'inflation.*
• **Pronominal.** Disparaître par résorption. *Cet hématome va se résorber.*

résorption n. f.
Disparition progressive. *La résorption d'un déficit.*
Note.- Attention à l'orthographe : résor*pt*ion.

résoudre v. tr., pronom.
• *Je résous, tu résous, il résout, nous résolvons, vous résolvez, ils résolvent. Je résolvais. Je résolus. Je résoudrai. Je résoudrais. Résous, résolvons, résolvez. Que je résolve. Que je résolusse. Résolvant. Résolu, ue.*
• La forme du participe passé *résous, résoute* est vieillie, on dit plutôt *résolu, ue.*
• **Transitif**
- Trouver une réponse, une solution. *Résoudre un problème.*
- Décider. *Elle est résolue à tout recommencer. Il a résolu de déménager.*
Note.- Le verbe se construit avec les prépositions *de* ou *à*, selon le contexte.
• **Pronominal**
- Se décider, être déterminé. *Il s'est résolu à faire un grand ménage.*
- Accepter, se résigner. *Nous devons nous résoudre à partir, à ce que tout ne soit pas parfait.*
Note.- À l'infinitif, le verbe se construit avec la préposition *à*, suivie de l'infinitif ou avec *à ce que*, suivi du subjonctif.

respect n. m.
• Les lettres *ct* ne se prononcent pas [rɛspɛ].
• Déférence. *Traitez-le avec tout le respect qui s'impose.*
• Le fait d'observer les règles imposées. *Le respect de la loi.*
• *Tenir quelqu'un en respect.* Le menacer d'une arme.
• (Au plur.) Hommages. *Mes respects à votre père.*
• *Respect humain.* Crainte qu'on a du jugement d'autrui.
Note.- Attention à la prononciation : [rɛspɛkymɛ̃].

respectabilité n. f.
Caractère de ce qui est respectable.

respectable adj.
• Qui est digne de respect. *Une personne très respectable.*
• Considérable. *Un âge respectable.*
Note.- Ne pas confondre avec le mot *respectueux*, qui qualifie celui qui témoigne du respect.

respecter v. tr., pronom.
• **Transitif**
- Porter respect. *Il respecte énormément ce cher-cheur.*
- Observer, ne pas modifier. *Respecter les règles.*
• **Pronominal**
Être fidèle à sa réputation, agir de façon à conserver l'estime de soi.

respectif, ive adj.
Qui concerne chacun, chaque chose parmi plusieurs. *Ils parlent de leur poste respectif*, ou *de leurs postes respectifs.*
Note.- L'adjectif peut s'employer au singulier ou au pluriel.

respectivement adv.
De façon respective.

respectueusement adv.
Avec respect.

respectueux, euse adj.
Qui témoigne du respect.

respiration n. f.
• Action de respirer. *Une respiration rapide.*
• *Respiration artificielle.* Ensemble des techniques visant à rétablir les fonctions respiratoires d'un blessé, d'un asphyxié.

respiratoire adj.
Qui sert à la respiration. *Le système respiratoire, les voies respiratoires.*
Note.- Attention à l'orthographe de cet adjectif qui conserve la même forme au masculin et au féminin : respirat*oire.*

respirer v. tr., intr.
• **Transitif**
(Litt.) Donner l'impression de. *Il respire la sagesse.*
• **Intransitif**
- Absorber l'oxygène et rejeter le gaz carbonique. *Il respire difficilement.*
- (Fam.) Prendre un peu de répit. *Laissez-moi respirer un peu.*

resplendir v. intr.
Briller avec éclat. *Le lac resplendit sous le soleil d'été.*

resplendissant, ante adj.
Qui resplendit. *Elle a une mine resplendissante.*

responsabilité n. f.
Obligation de remplir un engagement, de répondre de quelque chose, d'en être garant. *Elle a de lourdes responsabilités.*

responsable adj. et n. m. et f.
• **Adjectif.** Qui doit répondre de. *Il ne peut être tenu responsable des dettes de ses employés.*
• **Nom masculin et féminin.** Autorité, personne qui a la possibilité de décider, qui a la responsabilité de quelque chose. *Cette décision concerne le responsable de l'unité administrative.*
Note.- Ce mot ne se dit que d'une personne ; une chose peut être la cause d'un fait fâcheux (elle ne peut être **responsable).

ressac n. m.
Choc de la vague qui revient sur elle-même.
Note.- Attention à l'orthographe : re**ss**ac.

ressaisir v. tr., pronom.
• **Transitif.** Reprendre. *Ils ont ressaisi les évadés.*
• **Pronominal.** Se maîtriser, retrouver son sang-froid. *Laissez-le se ressaisir un instant.*

ressasser v. tr.
Revenir sans cesse sur les mêmes questions.
Note.- Attention à l'orthographe : re**ss**a**ss**er.

ressemblance n. f.
Conformité partielle.
Note.- Ne pas confondre avec les mots suivants :
- *conformité*, état de choses semblables ;
- *identité*, conformité totale ;
- *uniformité*, nature de ce qui ne change pas de caractère, d'apparence.

ressemblant, ante adj.
Qui ressemble. *Cette photo est très ressemblante.*

ressembler v. tr. ind., pronom.
• **Transitif indirect.** Être partiellement semblable. *Il ressemble à sa mère.*
• **Pronominal.** Offrir une ressemblance. *Les jours se suivent et ne se ressemblent pas.*
Note.- Le participe passé de ce verbe est invariable. *Elles se sont ressemblé jadis.*

ressemelage n. m.
Action de ressemeler.
Note.- Attention à l'orthographe : re**ss**eme*l*age.

ressemeler v. tr.
• Redoublement du *l* devant un *e* muet. *Il ressemelle, je ressemellerai*, mais *je ressemelais.*
• Changer la semelle d'une chaussure.

ressentiment n. m.
Animosité.

ressentir v. tr., pronom.
• Ce verbe se conjugue comme **sentir.**
• **Transitif.** Éprouver plus ou moins vivement. *Il ressent une douleur à la nuque.*
• **Pronominal.** Éprouver les suites de. *Il se ressent encore de cette mauvaise chute.*
Note.- Attention à l'orthographe : re**ss**entir.

resserrement n. m.
Action de resserrer.
Note.- Attention à l'orthographe : re**ss**e**rr**ement.

resserrer v. tr., pronom.
• **Transitif**
- Serrer davantage. *Il faut resserrer les cordages.*
• **Pronominal**
Se renfermer dans des limites plus étroites. *La surveillance se resserre autour du suspect.*

ressort n. m.
• Pièce d'un mécanisme constituée d'une matière élastique destiné à réagir après avoir été comprimée. *Les ressorts de la suspension dans une voiture.*
• Compétence. *Cette question n'est pas de mon ressort.*

• **En dernier ressort.** Finalement, après avoir épuisé toutes les autres possibilités.

ressortir v. intr., impers.

• *Je ressors, tu ressors, il ressort, nous ressortons, vous ressortez, ils ressortent. Je ressortais. Je ressortis. Je ressortirai. Je ressortirais. Ressors, ressortons, ressortez. Que je ressorte. Que je ressortisse. Ressortant. Ressorti, ie.*

• **Intransitif**

- Sortir d'un lieu peu après y être entré. *Les passants ressortent de la boutique avec un petit paquet.*

- Paraître davantage. *Avec ce chemisier, son teint bronzé ressort.*

• **Impersonnel**

Résulter. *Il ressort de cette étude que la modification du marché est amorcée.*

Notes.-

1° En ce sens, le verbe se construit avec la préposition **de.**

2° Le verbe se conjugue comme **sortir** et se construit avec l'auxiliaire **être**, alors que **ressortir**, au sens de « être du ressort de » se conjugue comme **finir**.

3° Ne pas confondre avec les verbes suivants :

- **découler**, être la suite nécessaire de ;
- **dériver**, être issu de ;
- **émaner**, sortir de ;
- **procéder**, tirer son origine de ;
- **provenir**, venir de.

ressortir v. intr.

• *Il ressortit, ils ressortissent. Il ressortissait, ils ressortissaient. Il ressortit, ils ressortirent. Il ressortira, ils ressortiront. Il ressortirait, ils ressortiraient. Qu'il ressortisse, qu'ils ressortissent. Qu'il ressortît, qu'ils ressortissent. Ressortissant. Ressorti.*

• (Dr.) Être du ressort de, dépendre de. *Ces questions ressortissent à la cour.*

Notes.-

1° En ce sens, le verbe se construit avec la préposition **à.**

2° Le verbe se conjugue comme **finir** et se construit avec l'auxiliaire **avoir**, tandis que **ressortir** au sens de « sortir de nouveau » se conjugue comme **sortir.**

ressortissant, ante n. m. et f.

Personne qui relève d'un État dont elle n'a pas la nationalité. *Les ressortissants français.*

Note.- Attention à l'orthographe : re**ss**orti**ss**ant.

ressource n. f.

• Moyen, recours. *J'ai encore la ressource de choisir.*

• **Sans ressources**. Sans argent.

• **Sans ressource**. Sans recours, sans remède.

Note.- Le nom s'écrit généralement au pluriel au sens de «sans argent», au singulier au sens de «sans recours, sans remède».

• (Au plur.) Richesse. *Des ressources naturelles, des ressources hydroélectriques.*

ressusciter v. tr., intr.

• **Transitif.** (Fig.) Faire renaître. *Ressusciter une ancienne coutume.*

• **Intransitif.** Ramener de la mort à la vie, revenir de la mort à la vie

Note.- Attention à l'orthographe : re**ss**u**sc**iter.

restant, ante adj. et n. m.

Qui reste ; ce qui reste. *Elle lui donnera les livres restants. Il réchauffe le restant du rosbif.*

restaurant n. m.

Établissement où l'on sert des repas. *Un bon petit restaurant.*

restaurateur n. m.
restauratrice n. f.

• Personne qui restaure (des tableaux, des meubles, des bâtiments, etc.).

• Personne qui exploite un restaurant.

restaurateur, trice adj.

Qui répare. *Une chirurgie restauratrice.*

restauration n. f.

• Réparation. *La restauration d'un immeuble.*

• Métier de restaurateur. *Il travaille dans la restauration.*

• **Restauration rapide.** Cuisine à bon marché à consommer sur place ou à emporter.

Note.- Cette expression a fait l'objet d'une recommandation officielle pour remplacer l'anglicisme **fast-food.**

restaurer v. tr., pronom.

• **Transitif**

- Remettre en bon état, en respectant le style.

- Remettre en honneur. *Restaurer la monarchie.*

• **Pronominal**

Reprendre des forces en mangeant.

reste n. m.

• Ce qui demeure d'un ensemble quand on en a retranché une partie. *Le reste d'une somme, le reste de la commande.*

• (Au plur.) Ossements.

• **De reste**, locution adverbiale. En surplus. *Ils ont des provisions de reste.*

• **Au reste, du reste**, locutions adverbiales. D'ailleurs. *Nous avons opté pour des photos sur place, du reste c'est plus économique.*

• **Le reste + complément au pluriel.**

Note.- Après le collectif suivi d'un complément au pluriel, le verbe se met au singulier ou au pluriel suivant l'intention de l'auteur qui veut insister sur l'ensemble ou sur la pluralité. *Le reste des pommes a été dévoré ou ont été dévorées.*

rester v. intr.

• Demeurer dans un lieu. *Ils sont partis, elle est restée.*

• Continuer d'être, persister. *Les paroles s'envolent, les écrits restent.*

• **Il reste.** Il y a encore. *Il restait cent francs.*

• **Il reste que.** Il est vrai que. *Il reste que ce sujet est très délicat.*

• **Ce qu'il reste, ce qui reste.** Ces deux constructions sont admises.

Note.- Le verbe se conjugue avec l'auxiliaire **être.**

restituer v. tr.

• Remettre ce qui a été pris. *La somme a été restituée intégralement.*

• (Fam. et vx) Vomir.

restitution n. f.
Action de restituer.

restoroute n. m. (n. déposé)
Restaurant installé à proximité d'une autoroute.

restreindre v. tr., pronom.
• *Je restreins, tu restreins, il restreint, nous restreignons, vous restreignez, ils restreignent. Je restreignais, tu restreignais, il restreignait, nous restreignions, vous restreigniez, ils restreignaient. Je restreignis. Je restreindrai. Je restreindrais. Restreins, restreignons, restreignez. Que je restreigne, que tu restreignes, qu'il restreigne, que nous restreignions, que vous restreigniez, qu'ils restreignent. Que je restreignisse. Restreignant. Restreint, einte.*
• Les lettres *gn* sont suivies d'un *i* à la première et à la deuxième personne du pluriel de l'indicatif imparfait et du subjonctif présent. *(Que) nous restreignions, (que) vous restreigniez.*
• **Transitif.** Réduire, limiter. *Il importe de restreindre les frais.*
• **Pronominal.** Réduire ses dépenses.

restrictif, ive adj.
Qui limite. *Une clause restrictive.*

restriction n. f.
• Action de réduire la quantité, l'importance de quelque chose. *La restriction du crédit, de la consommation du pétrole, des restrictions budgétaires.*
• *Sans restriction*, locution adverbiale. Totalement.

restructuration n. f.
Action de donner une structure nouvelle.

restructurer v. tr.
Modifier la structure, l'organisation de quelque chose.

résultat n. m.
Conséquence finale. *Quel est le résultat de ces calculs ? Le résultat d'une enquête.*

résulter v. intr.
Découler de. *Qu'en est-il résulté ? Qu'a-t-il résulté de cette action ?*
Note.- Le verbe se conjugue avec l'auxiliaire *avoir* pour marquer l'action, avec l'auxiliaire *être*, pour marquer l'état. Le verbe ne s'emploie qu'à l'infinitif, à la troisième personne des autres temps et aux temps composés.

résumé n. m.
• Analyse succincte. *Le résumé d'un livre.*
• *En résumé*, locution adverbiale. En bref.

résumer v. tr., pronom.
• **Transitif.** Présenter de façon concise. *Résumer un livre.*
• **Pronominal.** Consister fondamentalement. *Son action se résume à la défense de cette cause.*

résurgence n. f.
Fait de réapparaître, de resurgir. *La résurgence d'une rivière souterraine, la résurgence d'une idée oubliée.*
Notes.-
1° Attention à l'orthographe : résurgence.
2° Ne pas confondre avec le mot *récurrence* qui désigne une répétition, un retour.

résurrection n. f.
Retour de la mort à la vie. *La résurrection de Lazare.*
Notes.-
1° Attention à l'orthographe : résurrection.
2° Le nom s'écrit avec une majuscule lorsqu'il désigne le retour à la vie du Christ. *Le mystère de la Résurrection.*

retable n. m.
Construction postérieure peinte ou sculptée qui surplombe une table d'autel.

rétablir v. tr., pronom.
• **Transitif.** Remettre en bon état, en vigueur. *Rétablir l'électricité.*
• **Pronominal.** Retrouver la santé. *Elle avait une vilaine grippe, mais elle s'est rétablie.*

rétablissement n. m.
• Action de rétablir quelque chose. *Le rétablissement de l'ordre.*
• Retour à la santé. *Je vous souhaite un prompt rétablissement.*

retaper v. tr., pronom.
• **Transitif.** (Fam.) Remettre en bon état, en forme. *Retaper une maison de campagne.*
• **Pronominal.** (Fam.) Recouvrer la santé. *J'aurais besoin de me retaper un peu, je ne me sens pas très bien.*
Note.- Attention à l'orthographe : reta**p**er.

retard n. m.
• Fait d'arriver trop tard. *L'avion a deux heures de retard.*
• *En retard*, locution adverbiale. Après le moment fixé.
• *Sans retard*, locution adverbiale. Le plus vite possible. *Je vous réponds sans retard.*

retardataire adj. et n. m. et f.
Qui est en retard. *C'est un éternel retardataire.*
Note.- Attention à l'orthographe : retardat**aire.**

retardement n. m.
À retardement. Se dit d'un mécanisme réglé pour agir après un temps déterminé. *Une bombe à retardement.*
Note.- Le nom est vieilli et ne s'emploie plus que dans l'expression citée.

retarder v. tr., intr.
• **Transitif**
- Remettre à plus tard. *La construction a été retardée de deux mois.*
- Provoquer un retard. *La panne d'électricité a retardé les voyageurs du métro.*
• **Intransitif**
- Avoir du retard. *Cette montre retarde un peu.*
- (Fam.) Avoir des idées démodées, ne pas être renseigné. *Tu retardes, mon pauvre ami, l'entreprise a été vendue il y a deux mois.*

retenir v. tr., pronom.
• Se conjugue comme *tenir.*
• **Transitif**
- Maintenir en place. *Retenir un enfant pour qu'il ne tombe pas.*

- Contenir. *Retenir les eaux d'une rivière.*
- Faire demeurer. *Retenir un ami à dîner.*
- Garder dans sa mémoire. *Elle a retenu son nom.*
• **Pronominal**
- Réprimer une envie. *Elle a eu du mal à se retenir de rire.*
- Se raccrocher à quelque chose pour ne pas tomber. *Ils se sont retenus à des branches.*

rétention n. f.
(Méd.) Le fait de retenir dans le corps un liquide destiné à être évacué. *De la rétention d'eau.*
Notes.-
1º Attention à l'orthographe : réten**t**ion.
2º Ne pas confondre avec le mot **détention** qui désigne une privation de la liberté.

retentir v. intr.
Résonner. *Les cloches joyeuses retentissent.*

retentissant, ante adj.
• Sonore. *Une voix retentissante.*
• (Fig.) Qui fait beaucoup de bruit. *Des succès retentissants.*

retentissement n. m.
Répercussion. *Les retentissements d'une affaire.*
Note.- Attention à l'orthographe : ret**ent**i**ss**ement.

retenue n. f.
• Réserve, discrétion.
• Punition. *Ils ont été menacés d'une retenue après la classe.*
• Prélèvement sur une rémunération. *Des retenues salariales.*

réticence n. f.
• Omission d'une chose qui devrait être dite. *Parler sans réticence.*
• (Par ext.) Réserve, hésitation. *Je prends cette décision, mais avec une certaine réticence.*
Note.- L'extension de sens donnée au nom est condamnée par plusieurs auteurs : cependant, le mot est de plus en plus usité en ce sens.
Note.- Attention à l'orthographe : réti**ce**nce.

réticent, ente adj.
Qui fait preuve de réticence, de réserve.
Note.- Attention à l'orthographe : réti**ce**nt.

rétif, ive adj.
Indocile, difficile. *Un cheval rétif.*

rétine n. f.
Membrane de l'œil sensible à la lumière. *Un décollement de la rétine.*

retiré, ée adj.
Isolé. *Un endroit retiré.*

retirer v. tr., pronom.
• **Transitif**
- Tirer vers soi. *Elle a retiré sa main.*
- Ôter. *Retirer son manteau, retirer des privilèges à certaines personnes.*
- Recueillir. *Ils ont retiré des intérêts de ce placement.*

• **Pronominal**
- Cesser son activité. *Il s'est retiré après 40 ans de travail.*
- S'en aller. *Elle s'est retirée dans sa chambre.*

retombée n. f.
• Chose, substance qui retombe. *Des retombées radioactives.*
• (Fig.) Répercussion, conséquence. *Des retombées économiques.*

retomber v. intr.
• Tomber de nouveau.
• Incomber finalement à. *La décision retombe sur elle.*

rétorquer v. tr.
Répliquer.

retors, orse adj.
(Péj.) Rusé. *Un avocat retors.*
Note.- Attention à l'orthographe : retor**s**.

retouche n. f.
Correction, modification. *La couturière fait une retouche au corsage.*

retoucher v. tr.
Apporter des retouches. *Retoucher un tableau.*

retour n. m.
• Mouvement vers le point d'origine, au point de départ. *Il sera de retour vers 18 heures.*
• *Aller et retour, aller-retour. Elle a acheté deux billets d'aller-retour* ou *deux aller et retour* ou *deux aller-retour.*
• *En retour*, locution adverbiale. En échange.
• *Sans retour*, locution adverbiale. À jamais.

retourner v. tr., intr., pronom.
• **Transitif**
- Renvoyer. *Cette lettre a été retournée à l'expéditeur, l'adresse étant inexacte.*
- Tourner dans un autre sens. *Il faudrait retourner la terre.*
Note.- À la forme transitive, le verbe se conjugue avec l'auxiliaire **avoir.**
• **Intransitif**
- Revenir. *Elle est retournée chez elle.*
- Se rendre de nouveau dans un lieu. *Il lui faut toujours retourner à Paris.*
- (Impers.) *De quoi il retourne.* Ce qui en est, quelle est la situation.
Note.- À la forme intransitive, le verbe se conjugue avec l'auxiliaire **être.**
• **Pronominal**
- Changer de position, regarder derrière soi. *Ils se sont retournés pour les saluer.*
- *S'en retourner.* S'en aller. *Elles s'en sont retournées.*
Note.- Ne pas confondre le verbe **se retourner** qui désigne le fait de regarder en arrière, avec le verbe **se détourner** qui signifie « s'écarter, s'éloigner ».

retracer v. tr.
• Tracer de nouveau. *Retracer une esquisse.*
• Raconter, relater. *Il excellait à retracer les anecdotes les plus cocasses.*

rétractation n. f.
Action de revenir sur ce qui a été dit. *L'inculpé a fait une rétractation.*

rétracter v. tr., pronom.
• **Transitif**
- (Litt.) Désavouer ce qu'on a dit. *Rétracter son témoignage.*
- Contracter. *L'escargot rétracte ses cornes.*
• **Pronominal**
- Revenir sur son témoignage, retirer ce qui a été dit ou écrit. *Elles se sont rétractées et ont donné une autre version des faits.*
- Se contracter. *Les muscles se sont rétractés.*

retrait n. m.
• Action de retirer. *Le retrait d'une somme à la banque.*
• **En retrait**, locution adverbiale. En arrière d'un alignement.
Note.- Attention à l'orthographe : retr**ait**.

retraite n. f.
• État d'une personne qui, après un certain nombre d'années de travail, cesse son activité professionnelle et reçoit une pension. *Elles sont à la retraite ; il prendra une retraite anticipée.*
• Rente versée à un retraité. *Des caisses de retraite.*

retraité, ée adj. et n. m. et f.
Personne qui est à la retraite.

retranchement n. m.
• Fortification.
• *Forcer quelqu'un dans ses derniers retranchements.* Pousser quelqu'un à bout en détruisant ses derniers arguments.

retrancher v. tr., pronom.
• **Transitif.** Supprimer un élément d'un tout. *Retrancher une déduction d'un salaire. Retrancher une citation d'un texte.*
Note.- Le verbe se construit avec la préposition **de**. Lorsque le complément comporte une indication numérale, le verbe se construit avec la préposition **sur**. *Ils ont retranché 200 postes sur les 1 000 postes de l'entreprise.*
• **Pronominal.** Se réfugier, se mettre à l'abri. *Ils se sont retranchés derrière une excuse administrative.*

retransmission n. f.
Diffusion d'une émission. *Retransmission télévisée.*

rétrécir v. tr., intr., pronom.
• **Transitif.** Diminuer l'ampleur, le volume de. *Rétrécir un vêtement.*
• **Intransitif.** Devenir plus petit. *Ces tissus ne rétrécissent pas au lavage.*
• **Pronominal.** Perdre de l'ampleur. *La route se rétrécit à partir de cet endroit.*

rétrécissement n. m.
Le fait de devenir plus étroit.
Note.- Attention à l'orthographe : rétré**ciss**ement.

rétribuer v. tr.
Rémunérer. *Ces employés sont rétribués à l'heure.*

rétribution n. f.
Rémunération.
V. **salaire.**

rétro- préf.
• Élément du latin signifiant « en arrière ».
• Les mots composés avec le préfixe **rétro-** s'écrivent en un seul mot. *Rétrograder.*

rétro adj. inv. et n. m.
• **Adjectif.** Qui s'inspire d'un style qui date de la première moitié du XXe siècle. *La mode rétro.*
• **Nom masculin.** Style des années 1920 à 1960.

rétroactif, ive adj.
Qui agit sur ce qui est antérieur. *Une augmentation rétroactive au début de l'année.*

rétroaction n. f.
Information tirée d'une situation et utilisée pour le contrôle, la prévision ou la correction immédiate ou future de cette situation.

rétroactivement adv.
D'une manière rétroactive.

rétroactivité n. f.
Caractère rétroactif. *La rétroactivité d'une mesure.*

rétrogradation n. f.
Mesure par laquelle une personne doit occuper un poste inférieur au précédent. *Il a subi une rétrogradation.*

rétrograde adj.
• Qui va en sens inverse. *Un mouvement rétrograde.*
• (Fig.) Qui rejette le progrès. *Une décision rétrograde.*

rétrograder v. tr., intr.
• **Transitif**
Faire reculer dans la hiérarchie. *Rétrograder un employé.*
• **Intransitif**
- Reculer, régresser.
- (Auto.) Changer de vitesse. *Avant de freiner, il faudrait rétrograder.*

rétrospectif, ive adj. et n. f.
• **Adjectif**
Qui concerne le passé. *Un examen rétrospectif.*
• **Nom féminin**
- Exposition des œuvres d'un peintre, d'un auteur, etc. *Une magnifique rétrospective impressionniste.*
- Présentation des films d'un cinéaste. *Une rétrospective de Fellini.*

rétrospection n. f.
Action de remonter dans le passé.

rétrospectivement adv.
D'une manière rétrospective.

retrousser v. tr.
• Relever vers le haut.
• *Retrousser ses manches.* (Fig.) Se mettre résolument au travail.

retrouvailles n. f. pl.
Fait de se retrouver, en parlant de personnes séparées.
Note.- Ce mot ne s'emploie qu'au pluriel.

retrouver v. tr., pronom.
• **Transitif.** Trouver de nouveau ce qui était égaré, oublié. *Il a retrouvé son chapeau.*
• **Pronominal.** Être de nouveau (dans un lieu, parmi des personnes, dans une situation qu'on avait quittés).

rétroviseur n. m.
Miroir permettant au conducteur d'un véhicule de voir en arrière.

rets n. m. pl.
• Les lettres *ts* ne se prononcent pas [rɛ].
• (Litt.) Filet, piège.
Note.- Attention à l'orthographe : re**ts**.
Hom. :
- *raie*, ligne, rayure ;
- *raie*, poisson.

réunification n. f.
Action de réunifier.

réunifier v. tr.
• Redoublement du *i* à la première et à la deuxième personne du pluriel de l'indicatif imparfait et du subjonctif présent. *(Que) nous réunifiions, (que) vous réunifiiez.*
• Recréer l'unité d'un groupe, d'un État.

réunion n. f.
• Action de réunir, de regrouper. *La réunion de plusieurs éléments.*
• Assemblée de personnes. *La réunion a été fixée à 10 heures.*

réunir v. tr., pronom.
• **Transitif**
- Rapprocher ce qui est désuni, relier. *Ce pont réunit l'île à la terre. Réunir les parents et les enfants.*
Note.- Le verbe se construit avec la préposition *à* ou avec la conjonction *et*.
- Rassembler. *Réunir des données, des preuves.*
• **Pronominal**
- Se retrouver ensemble en un lieu. *Ils se sont réunis avec des collègues, entre amis.*

réussir v. tr., intr.
• **Transitif**
Accomplir avec succès. *Elle a réussi son examen.*
• **Transitif indirect**
- Obtenir un succès. *Elle a réussi à son examen.*
- Parvenir à. *J'ai réussi à lui parler.*
• **Intransitif**
Avoir du succès. *Il a réussi dans la vie.*

réussite n. f.
Succès final.

revalorisation n. f.
Action de revaloriser. *La revalorisation du travail manuel, de la monnaie.*

revaloriser v. tr.
Donner une valeur plus grande à quelque chose. *Revaloriser une tâche.*

revanche n. f.
• Le fait de reprendre un avantage perdu. *Prendre sa revanche.*
• *En revanche.* Par contre, en retour.
• *À charge de revanche.* À condition de pouvoir rendre la pareille.
Note.- Le mot ne comporte pas l'idée de ressentiment qui est comprise dans **vengeance.**

rêvasser v. intr.
S'abandonner à la rêverie.

rêve n. m.
Images qui viennent à l'esprit pendant le sommeil.
Note.- Ne pas confondre avec les mots suivants :
- *cauchemar*, rêve pénible ;
- *rêverie*, activité mentale qui s'abandonne à des images, des associations à l'état de veille ;
- *songe*, rêve dont on tire des présages.

revêche adj.
Rébarbatif.
Note.- Attention à l'orthographe : revê**ch**e.

réveil n. m.
• Passage de l'état de sommeil à l'état de veille.
• Réveille-matin. *Régler le réveil à 6 h 30.*

réveille-matin n. m. inv. ou **réveil** n. m.
Appareil qui indique l'heure et qui peut sonner à une heure déterminée à l'avance. *Des réveille-matin, des réveils.*
Notes.-
1° Attention à l'orthographe : révei**lle**-matin, révei**l**.
2° Ne pas confondre avec les mots suivants :
- *coucou*, appareil qui indique l'heure et dont la sonnerie imite le chant du coucou ;
- *horloge*, appareil de grande dimension servant à mesurer le temps et à indiquer l'heure ;
- *pendule*, appareil de petite dimension qui indique l'heure.

réveiller v. tr., pronom.
• **Transitif.** Faire passer du sommeil à l'état de veille. *La sonnerie du téléphone l'a réveillé.*
• **Pronominal.** Cesser de dormir. *Ils seront réveillés à l'aube.*

réveillon n. m.
Repas de fête pris à minuit à Noël et au jour de l'An.

réveillonner v. intr.
Participer à un réveillon.
Note.- Attention à l'orthographe : réveillo**nn**er.

révélation n. f.
• Action de faire connaître ce qui est inconnu, secret.
• Personne, chose révélée. *Cet auteur est la révélation de l'année.*

révéler v. tr., pronom.
• Le deuxième *é* se change en *è* devant une syllabe muette, sauf à l'indicatif futur et au conditionnel présent. *Je révèle*, mais *je révélerai*.
• **Transitif.** Faire connaître, découvrir ce qui est inconnu, secret. *Je vais vous révéler un grand secret.*
• **Pronominal.** Apparaître. *Son talent se révéla lentement. Ces données se sont révélées exactes.*

revendeur, euse n. m. et f.
Détaillant.

revendicateur, trice adj. et n. m. et f.
Personne qui revendique.

revendication n. f.
Réclamation d'un droit. *Des revendications légitimes.*

revendiquer v. tr.
Demander, réclamer avec insistance. *Revendiquer le droit de rester en France.*

revenez-y n. m. inv.
(Fam.) Se dit de quelque chose d'agréable qui incite à en reprendre. *Un petit goût de revenez-y.*

revenir v. intr.
Venir de nouveau. *Ils sont revenus de vacances.*

revenu n. m.
• Ce qui est perçu par un particulier en rémunération du travail ou rendement de rentes, etc. *Elle a un revenu élevé.*
Note.- Lorsqu'il s'agit d'une entreprise, on utilise plutôt les termes **bénéfice, produit d'exploitation.**
• *Déclaration de revenus.* Déclaration fiscale.

rêver v. tr., intr.
• **Transitif**
Voir en rêve. *Chaque nuit, je rêve la même chose.*
• **Transitif indirect**
- Voir en rêve. *Elle rêve souvent de Paris. J'ai rêvé de lui.*
Note.- En ce sens, le verbe se construit avec la préposition **de**.
- Souhaiter. *Il rêve d'acheter une petite maison en Provence.*
- Imaginer. *Il rêve à une vie douce et tranquille.*
Note.- En ce sens, le verbe se construit plutôt avec la préposition **à**.
• **Intransitif**
- Faire des rêves. *Il rêve beaucoup.*
- Avoir des lubies. *Vous rêvez, mon cher, ce que vous dites est absurde.*

réverbération n. f.
Réflexion diffuse de la lumière, de la chaleur ou du son.

réverbère n. m.
Appareil destiné à éclairer les rues. *L'allumeur de réverbères.*
Note.- Attention à l'orthographe : réverb**è**re.

réverbérer v. tr.
• Le *é* de la troisième syllabe se change en *è* devant une syllabe muette, sauf à l'indicatif futur et au conditionnel présent. *Il réverbère*, mais *il réverbérera*.
• Réfléchir la lumière, la chaleur ou le son.

révérence n. f.
• (Litt.) Respect. *Parler d'un maître avec révérence.*
• Salutation qui consiste à s'incliner en fléchissant le genou. *Elle avait appris à faire la révérence.*
• *Tirer sa révérence.* Partir.

révérend, ende adj.
Titre de certains religieux. *Le révérend père Lacoste.*
Note.- Le mot s'écrit avec une minuscule.

révérer v. tr.
• Le deuxième *é* se change en *è* devant une syllabe muette, sauf à l'indicatif futur et au conditionnel présent. *Je révère*, mais *je révérerai*.
• Respecter profondément. *Elle révère le fondateur de ce parti.*

rêverie n. f.
Activité mentale de la personne qui s'abandonne à des images, à des associations à l'état de veille.
Note.- Ne pas confondre avec les mots suivants :
- *cauchemar*, rêve pénible ;
- *rêve*, images qui viennent à l'esprit pendant le sommeil ;
- *songe*, rêve dont on tire des présages.

revers n. m.
• Insuccès militaire.
Note.- Ne pas confondre avec les mots suivants :
- *débandade*, dispersement désordonné d'une armée ;
- *défaite*, perte d'une bataille.
• Partie d'un vêtement qui semble repliée du dessous. *Le revers d'un pantalon.*
• Envers d'une chose. *Le revers de la main. Le revers d'une médaille* (ant. **avers**).
• *Revers de fortune.* Difficultés financières.
Note.- Attention à l'orthographe : rever**s**.

réversibilité n. f.
Qualité de ce qui est réversible.
Note.- Attention à l'orthographe : r**é**versibi**l**ité.

réversible adj.
• Qui peut se faire en sens inverse. *Un mouvement réversible.*
• Qui peut être utilisé, porté à l'envers. *Un imperméable réversible.*
Note.- Attention à l'orthographe : r**é**versible.
Ant. **irréversible.**

revêtement n. m.
Ce qui recouvre. *Un revêtement de sol, des revêtements muraux.*

revêtir v. tr.
• Ce verbe se conjugue comme **vêtir.**
• Couvrir d'un vêtement d'apparat. *Il a revêtu l'habit vert de l'Académie.*
• Investir d'une dignité. *Elle a été revêtue de la plus haute autorité.*
• (Fig.) Prendre un aspect, une apparence. *Les protestations revêtent une nouvelle forme : la pétition.*
• Recouvrir. *Revêtir un mur de marbre.*

rêveur, euse adj. et n. m. et f.
Qui se laisse aller à rêver. *Il est très convaincant, mais c'est un rêveur.*
Note.- Attention à l'orthographe : r**ê**veur.

rêveusement adv.
En rêvant.
Note.- Attention à l'orthographe : r**ê**veusement.

revient n. m.
Prix de revient. Somme représentant le total des dépenses nécessaires pour élaborer et distribuer un produit ou un service. *Des prix de revient intéressants.*

revigorer v. tr.
Donner une nouvelle vigueur à.
Note.- Attention à l'orthographe : r**e**vigorer (et non *ravigorer).

revirement n. m.
Changement rapide et complet. *Cette décision est un revirement inattendu.*

réviser v. tr.
• Corriger un manuscrit, un texte destiné à la publication.
• Remettre en bon état de marche, vérifier. *Faire réviser sa voiture.*
• Revoir une leçon apprise. *Réviser ses déclinaisons latines.*
Note.- La forme **reviser** qui a existé concurremment à la forme actuelle est aujourd'hui vieillie.

réviseur n. m.
réviseuse n. f.
Personne qui fait la révision, la correction des textes destinés à l'impression.

révision n. f.
• Correction d'un texte, d'une épreuve typographique.
• Vérification. *Prendre rendez-vous pour la révision des 10 000 km de sa voiture.*
• Action de revoir un sujet. *Faire ses révisions à la veille d'un examen.*
Note.- La forme **revision** qui a existé concurremment à la forme actuelle est aujourd'hui vieillie.

revivre v. tr., intr.
• **Transitif**
Vivre de nouveau quelque chose. *Il revit constamment cet incident tragique.*
• **Intransitif**
- Revenir à la vie.
- Réapparaître. *L'espoir revit enfin.*

révocable adj.
Qui peut être révoqué. *Une clause révocable.*
Note.- Attention à l'orthographe : révo**c**able.

revoir n. m. inv.
Au revoir. Formule de salutation signifiant « au plaisir de vous revoir, à bientôt ». *Des au revoir amicaux. Ce n'est qu'un au revoir.*

revoir v. tr., pronom.
• **Transitif**
- Voir de nouveau. *Il a revu son ami d'enfance récemment.*
- Réviser, étudier. *Les prévisions ont été revues à la lumière des données recueillies.*
• **Pronominal**
Se retrouver. *Ils se sont revus récemment.*

revoler v. intr.
Voler de nouveau. *Cet oiseau blessé pourra revoler bientôt.*

révoltant, ante adj.
Qui révolte, qui indigne. *Des pratiques révoltantes.*

révolte n. f.
Rébellion.

révolté, ée adj. et n. m. et f.
Qui est en révolte, rebelle.

révolter v. tr., pronom.
• **Transitif.** Indigner, choquer. *Une telle inconscience les révoltait.*
Note.- Le verbe se construit avec la préposition **contre**. *Elle est révoltée contre son supérieur.* Suivi de l'infinitif, il se construit avec la préposition **de**. *Ils sont révoltés de voir les collègues profiter de la situation.* Il peut également se construire avec **de ce que** ou **que** et l'indicatif ou le subjonctif. *Elles sont révoltées de ce que ces injustices soient commises, que ces injustices ont été commises.*
• **Pronominal.** Se rebeller. *Ils se sont révoltés contre ces procédés.*

révolu, ue adj.
• Achevé. *Avoir 18 ans révolus.*
• Qui n'existe plus. *Une ère révolue.*

révolution n. f.
• Rotation complète d'un corps autour d'un axe.
• Changement brusque et capital. *La révolution industrielle.*
Note.- Le nom **révolution** s'écrit généralement avec une minuscule. *La révolution russe.* Une exception : *La Révolution française, la Révolution (1789).*

révolutionnaire adj. et n. m. et f.
• Relatif à une révolution. *Des éléments révolutionnaires.*
• Partisan de la révolution. *C'est un révolutionnaire dangereux.*
• Innovateur. *Une technique révolutionnaire.*
Note.- Attention à l'orthographe : révolutio**nn**aire.

révolutionner v. tr.
Bouleverser. *Révolutionner les méthodes traditionnelles.*

revolver n. m.
• Le premier **e** se prononce **é** et le **r** final est sonore [revɔlvɛr].
• Pistolet à barillet. *Des revolvers volés.*
Note.- Attention à l'orthographe : r**e**volver, malgré la prononciation.

révoquer v. tr.
Annuler, abolir. *Révoquer un contrat.*

revoyure n. f.
À la revoyure. (Pop.) Au revoir.

revue n. f.
• Inspection. *Une revue du matériel informatique.*
• ***Passer en revue.*** Examiner soigneusement tous les éléments d'un ensemble.
• ***Revue de presse.*** Ensemble des articles de journaux relatifs à une question, à un évènement.
• Publication périodique. *Une revue scientifique, littéraire, une revue de mode.*

révulser v. tr., pronom.
• **Transitif**. Bouleverser. *Cette scène la révulsa.*
• **Pronominal**. Se retourner à moitié. *Ses yeux se révulsèrent.*

rewriter v. tr.
• Attention à la prononciation [rərajte].
• (Anglicisme) Réécrire (un texte).

rewriter n. m.
• Attention à la prononciation [rərajtœr].
• (Anglicisme) Personne chargée de réécrire un texte destiné à la publication.

rewriting n. m.
• Attention à la prononciation [rərajtiŋ].
• (Anglicisme) Réécriture.

rez-de-chaussée n. m. inv.
Étage situé au niveau de la rue. *Des rez-de-chaussée spacieux.*
Note.- Attention à l'orthographe : re**z**-de-chaussé**e**.

rez-de-jardin n. m. inv.
Étage situé au niveau du jardin. *Des rez-de-jardin.*
Note.- Attention à l'orthographe : re**z**-de-jardin.

R.F.A.
Sigle de *République fédérale d'Allemagne*.

Rh
Symbole de *facteur Rhésus*.

rhapsodie ou **rapsodie** n. f.
Morceau de musique de composition libre.
Note.- Attention à l'orthographe : r**h**apsodi**e**, rapsodi**e**.

rhésus n. m.
• Le **s** final se prononce [rezys].
• Espèce de singe.
• *Facteur Rhésus.* Produit existant dans les globules rouges de certains sangs humains. *Rhésus positif (symbole Rh+), Rhésus négatif (symbole Rh-).*

rhétorique n. f.
• Art de l'éloquence.
• Emphase.
Note.- Attention à l'orthographe : r**h**étorique.

rhinocéros n. m.
Mammifère très massif qui porte une ou deux cornes sur le nez. *Un rhinocéros femelle qui barrit.*
Note.- Attention à l'orthographe : r**h**inocéros.

rhizome n. m.
Tige souterraine de certaines plantes vivaces.
Note.- Attention à l'orthographe : r**h**izom**e**.

rhô n. m. inv.
Lettre de l'alphabet grec.

rhododendron n. m.
Arbuste ornemental.
Note.- Attention à l'orthographe : r**h**ododendron.

rhubarbe n. f.
Plante à larges feuilles dont les tiges sont comestibles. *Une tarte à la rhubarbe.*
Note.- Attention à l'orthographe : r**h**ubarbe.

rhum n. m.
• Le **u** se prononce **o** et le **m** est sonore [rɔm].

• Alcool de canne à sucre. *Le rhum des Antilles.*
Note.- Ne pas confondre avec le mot *rhume* qui désigne l'inflammation de la muqueuse nasale.

rhumatisant, ante n. m. et f.
Atteint de rhumatisme. *Des rhumatisants soulagés par un médicament.*
Note.- Attention à l'orthographe : r**h**umatisant.

rhumatismal, ale, aux adj.
Relatif au rhumatisme.
Note.- Attention à l'orthographe : r**h**umatismal.

rhumatisme n. m.
Maladie aiguë ou chronique des articulations.
Note.- Attention à l'orthographe : r**h**umatisme.

rhumatologie n. f.
Spécialité de la médecine qui traite les rhumatismes.
Note.- Attention à l'orthographe : r**h**umatologie.

rhumatologue n. m. et f.
Spécialiste de la rhumatologie.
Note.- Attention à l'orthographe : r**h**umatologue.

rhume n. m.
• Inflammation de la muqueuse nasale. *Elle a attrapé un rhume.*
Notes.-
1° Attention à l'orthographe : r**h**ume.
2° Ne pas confondre avec le mot *rhum* qui désigne un alcool de canne à sucre.
• *Rhume des foins.* Irritation de la muqueuse nasale, des yeux, d'origine allergique.

rhumerie n. f.
• Le **u** se prononce **o** [rɔmri].
• Distillerie de rhum.
Note.- Attention à l'orthographe : r**h**umerie.

rial n. m.
Unité monétaire de l'Iran et de la République arabe du Yémen. *Des rials.*
V. Tableau - **SYMBOLES DES UNITÉS MONÉTAIRES.**

riant, riante adj.
• Qui exprime la gaieté. *Une expression riante.*
• Agréable. *Des souvenirs riants.*

ribambelle n. f.
(Fam.) Quantité. *Une ribambelle d'enfants.*
Note.- Attention à l'orthographe : riba**m**bell**e**.

ribaud, aude adj. et n. m. et f.
(Litt.) Débauché.

riboflavine n. f.
Vitamine B_2.

ricanement n. m.
Moquerie.

ricaner v. intr.
Rire de façon sarcastique.

ricaneur, euse adj. et n. m. et f.
Qui ricane.

riche adj. et n. m. et f.
• **Adjectif**
- Qui possède beaucoup de biens. *Ils sont immensément riches.*

- *Riche en.* Qui possède en abondance. *Un sous-sol riche en pétrole.*
● **Nom masculin et féminin**
Personne fortunée.

richement adv.
D'une manière riche, magnifique.

richesse n. f.
● Abondance de biens, de ressources.
● (Au plur.) Objets de grand prix. *Les richesses d'un musée.*

richissime adj.
Extrêmement riche.

ricin n. m.
Huile de ricin. Purgatif. *Une cuillerée d'huile de ricin.*

ricocher v. intr.
Faire des ricochets. *Le galet a ricoché plusieurs fois.*

ricochet n. m.
● Bond que fait une pierre lancée à la surface de l'eau.
● *Par ricochet.* Indirectement.

rictus n. m.
● Le *s* se prononce [riktys].
● Grimace sarcastique.

ride n. f.
Sillon de la peau qui se creuse avec l'âge.

ridé, ée adj.
Qui a des rides.

rideau n. m.
Pièce d'étoffe souvent plissée destinée à tamiser la lumière, à masquer quelque chose. *Des rideaux.*
Note.- Ne pas confondre avec les mots suivants :
- *draperie*, tissu drapé ;
- *store*, rideau ou panneau disposé devant une ouverture, qui s'enroule ou se replie ;
- *store vénitien*, rideau à lamelles orientables ;
- *tenture*, étoffe qui orne une fenêtre, un mur.

rider v. tr., pronom.
● **Transitif.** Marquer de rides.
● **Pronominal.** Se couvrir de rides.

ridicule adj. et n. m.
Qui excite la dérision, la moquerie. *Un accoutrement ridicule. Le ridicule ne tue pas.*
Note.- Attention à l'orthographe : ridicul*e*, au masculin et au féminin.

ridiculement adv.
D'une manière ridicule.

ridiculiser v. tr.
Tourner en ridicule.

ridule n. f.
Petite ride.
Note.- Attention à l'orthographe : ridul*e*.

riel n. m.
Unité monétaire du Cambodge. *Des riels.*
V. Tableau - **SYMBOLES DES UNITÉS MONÉTAIRES.**

rien n. m. et pron. indéf.

NOM MASCULIN
● Peu de chose. *Un rien l'habille. Ils ont acheté cette maison pour un rien.*
● *En un rien de temps.* Très rapidement.
● (Au plur.) Vétilles. *S'attacher à des riens.*
Note.- Le nom prend la marque du pluriel.
PRONOM INDÉFINI
● Quelque chose (sans particule négative). *Il est incapable de rien dire* (de dire quoi que ce soit).
● Aucune chose (avec *ne* ou *sans*). *Elle n'a rien fait. Il a signé sans rien changer.*
● Nulle chose (sans particule négative). *Il a fait ce voyage pour rien. Tous ses espoirs sont réduits à rien. Je l'ai eu pour rien.*
LOCUTIONS
● *Ce n'est rien.* C'est sans importance.
● *Ce n'est pas rien.* C'est beaucoup, c'est une chose considérable.
● *C'est moins que rien.* (Fam.) Cela n'a aucune valeur.
● *Comme si de rien n'était*, locution adverbiale. Comme si rien n'était arrivé.
● *Comme (un) rien*, locution adverbiale. Très facilement.
● *En rien*, locution adverbiale. Pas du tout.
● *Il n'en est rien.* C'est faux.
● *Rien que.* Seulement.
● *Un rien de*, locution adverbiale. Un petit peu.

riesling n. m.
● La lettre *e* ne se prononce pas [rislin].
● Cépage blanc cultivé en Alsace, en Rhénanie, etc.
● Vin produit par ce cépage.
Notes.-
1° Le nom du vin s'écrit avec une minuscule.
2° Attention à l'orthographe : ri*e*sling.

rieur, rieuse adj. et n. m. et f.
Enjoué. *Des écoliers rieurs.*

rigide adj.
● Peu flexible.
● Sévère. *Un professeur très rigide.*

rigidement adv.
D'une manière rigide.

rigidité n. f.
● Raideur. *La rigidité d'une pièce de bois.*
● Sévérité. *La rigidité des règles de cet établissement.*

rigolade n. f.
Divertissement.
Note.- Attention à l'orthographe : rigo*l*ade.

rigole n. f.
Petit canal creusé pour permettre l'écoulement de l'eau.
Note.- Attention à l'orthographe : rigo*l*e.

rigoler v. intr.
● (Fam.) Rire, se divertir.
● (Fam.) Plaisanter. *Tu rigoles, j'espère ?*

rigolo, ote adj. et n. m. et f.
(Fam.) Amusant. *C'est une rigolote, des costumes rigolos.*

rigoureusement adv.
- D'une manière stricte.
- Minutieusement. *C'est rigoureusement exact.*

rigoureux, euse adj.
- Sévère, inflexible.
- Précis. *Un examen rigoureux.*

rigueur n. f.
- Âpreté. *La rigueur du climat.*
- Fermeté.
- Précision, exactitude. *La rigueur d'une démonstration.*
- *À la rigueur*, locution adverbiale. Au pis aller.
- *De rigueur.* Obligatoire.
- *Ne pas tenir rigueur.* Pardonner.

rillettes n. f. pl.
Viande de porc, de lapin, d'oie ou de volaille hâchée cuite longuement dans sa graisse.

rime n. f.
- Répétition d'un son à la fin de deux vers.
- *Sans rime ni raison.* Absurde.

rimer v. intr.
- Avoir le même son. *Amour rime avec bonjour.*
- *Cela ne rime à rien.* Cela est dépourvu de sens.

rimmel n. m. (n. déposé)
Mascara.
Note.- Ce nom de marque est passé dans l'usage et s'écrit avec une minuscule.

rinçage n. m.
Action de rincer.
Note.- Attention à l'orthographe : rinçage.

rince-bouche n. m. inv.
Liquide aromatisé destiné à rafraîchir l'haleine. *Des rince-bouche à la menthe.*

rince-doigts n. m. inv.
Petit récipient rempli d'eau citronnée pour se rincer les doigts après un repas. *Des rince-doigts en argent.*

rincer v. tr.
- Le *c* prend une cédille devant les lettres *a* et *o*. *Il rinça, nous rinçons.*
- Nettoyer en lavant, passer dans l'eau claire. *Rincer des verres.*

ringard, arde adj. et n. m. et f.
- **Adjectif.** Démodé. *Des thèmes ringards.*
- **Nom masculin et féminin.** Personne incapable. *C'est un ringard.*

ripaille n. f.
Faire ripaille. Faire bombance.
Note.- Attention à l'orthographe : le nom s'écrit au singulier.

riposte n. f.
- Réplique prompte.
- Contre-attaque vigoureuse.

riposter v. intr.
Lancer une riposte.

rire v. tr. ind., intr., pronom.
- *Je ris, tu ris, il rit, nous rions, vous riez, ils rient. Je riais, tu riais, il riait, nous riions, vous riiez, ils riaient. Je ris, tu ris, il rit, nous rîmes, vous rîtes, ils rirent. Je rirai. Je rirais. Ris, rions, riez. Que je rie, que tu ries, qu'il rie, que nous riions, que vous riiez, qu'ils rient. Qu'il rît. Riant. Ri.*
- Redoublement du *i* à la première et à la deuxième personne du pluriel de l'indicatif imparfait et du subjonctif présent. *(Que) nous riions, (que) vous riiez.*
- **Transitif indirect.** Se moquer de. *Elle riait de lui.*
- **Intransitif.** Manifester sa gaieté par des expirations saccadées. *Il rit aux éclats.*
- **Pronominal.** Se moquer. *Ils se sont ri de vous.*
Notes.-
1° Le participe passé *ri* ne comporte pas de forme féminine et il est invariable.
2° Le verbe transitif indirect et le pronominal se construisent avec la préposition **de**.

rire n. m.
- Action de rire. *Un éclat de rire.*
- *Fou rire.* Rire irrépressible. *Des fous rires.*

ris n. m. (gén. pl.)
Thymus (du veau, de l'agneau, etc.) apprécié en cuisine. *Des ris de veau.*
Note.- Attention à l'orthographe : ris.
Hom. *riz*, céréale.

risée n. f.
Moquerie. *Il a été la risée de tous ses amis.*

risible adj.
Comique.

risiblement adv.
D'une manière risible.

risotto n. m.
- Le *s* se prononce comme *z* [rizɔto].
- Plat italien principalement composé de riz assaisonné de parmesan. *Il aime le risotto.*
Note.- Attention à l'orthographe : risotto.

risque n. m.
- Possibilité d'accident, de malheur. *L'entreprise est sans risque, ou sans risques.*
- *Au risque de*, locution prépositive. En s'exposant à.
- *À risque (s).* Exposé à un danger.
- *À vos risques et périls.* En assumant toutes les conséquences.
Notes.-
1° Contrairement au mot *chance*, le mot *risque* ne s'emploie qu'en mauvaise part.
2° Ne pas confondre avec les mots suivants :
- *danger*, ce qui expose à un accident ;
- *menace*, annonce d'un mal imminent, d'un malheur ;
- *péril*, danger immédiat et très grave.

risqué, ée adj.
Qui comporte des risques. *Cette affaire est trop risquée.*

risquer v. tr., pronom.
- **Transitif.** S'exposer à un risque, à un danger. *Ils risquent leur vie.*
- **Transitif indirect.** Être exposé à. *Le temps risque de changer.*

Notes.-
1° Le verbe transitif indirect se construit avec **de** et l'infinitif.
2° Ce verbe ne s'emploie qu'en parlant d'évènements non désirés, qui comportent une issue fâcheuse. On dira : *courir la chance de gagner le gros lot* (et non courir le *risque).

rissoler v. tr., intr.
Rôtir de manière à faire prendre une couleur dorée. *Faire rissoler des pommes de terre. Des légumes qui rissolent.*

ristourne n. f.
• Réduction accordée à un client. *Nous vous consentirons une ristourne de 15 %.*
• Commission plus ou moins licite.

rite n. m.
Ensemble des règles qui fixent le déroulement d'une cérémonie liturgique ou non.

ritournelle n. f.
Refrain.

rituel, elle adj. et n. m.
• **Adjectif.** Conforme aux rites. *Des prières rituelles.*
• **Nom masculin.** Ensemble de rites.

rivage n. m.
Bande de terre qui borde une mer.
Note.- Pour un lac, une rivière, on dira plutôt **rive**.

rival, ale, aux adj. et n. m. et f.
• **Adjectif.** Adversaire. *Des clans rivaux.*
• **Nom masculin et féminin.** Concurrent.
• *Sans rival*, locution adjectivale. Inégalable.

rivaliser v. intr.
Lutter. *Rivaliser d'intelligence avec quelqu'un.*

rivalité n. f.
• Situation de personnes qui visent un même but. *Ces deux employés sont en rivalité.*
• Opposition. *Des rivalités d'intérêts.*

rive n. f.
Bande de terre qui borde un lac, une rivière. *La rive gauche de la Seine.*
Note.- Pour la mer, on dit plutôt **rivage**.

river v. tr.
• Fixer avec un rivet.
• Attacher étroitement à. *Elles sont rivées à leur poste de télévision. Elle avait les yeux rivés sur lui.*
• *River son clou à quelqu'un.* (Fam.) Le réduire au silence.

riverain, aine adj. et n. m. et f.
• **Adjectif.** Qui habite au bord d'un cours d'eau.
• **Nom masculin et féminin.** Personne qui habite le long d'un cours d'eau et par extension, d'une route, d'une forêt, d'une rue. *Ce chemin est réservé aux riverains.*

rivet n. m.
Sorte de clou dont l'extrémité s'aplatit pour former une seconde tête.

riveter v. tr.
• Redoublement du **t** devant un **e** muet. *Je rivette, je rivetterai*, mais *je rivetais.*
• Fixer à l'aide de rivets.

riveteuse n. f.
Machine servant à fixer des rivets.

rivière n. f.
• Cours d'eau d'une certaine importance qui se jette dans un fleuve.
Notes.-
1° Ne pas confondre avec les mots suivants :
- **fleuve**, cours d'eau important qui se jette dans la mer ;
- **ruisseau**, petit cours d'eau peu large ;
- **torrent**, cours d'eau de montagne, impétueux.
2° Dans les désignations géographiques, le nom **rivière** est un générique qui s'écrit avec une minuscule, tout comme les mots **lac, mer, océan, baie, île, mont**, etc. C'est le déterminant précisant le générique qui s'écrit avec une majuscule. *La rivière Noire.*
• *Rivière de diamants.* (Fig.) Collier de diamants.

rixe n. f.
Altercation.

riyal n. m.
• Unité monétaire de l'Arabie saoudite, du Qatar. *Des riyals.*
V. Tableau - **SYMBOLES DES UNITÉS MONÉTAIRES.**

riz n. m.
Céréale cultivée dans les terrains humides.
Hom. **ris**, thymus du veau, de l'agneau.

riziculture n. f.
Culture du riz.

rizière n. f.
Terrain où l'on cultive le riz.

roast-beef
V. **rosbif.**

robe n. f.
• Vêtement féminin d'une seule pièce, composé d'un corsage et d'une jupe. *Une jolie robe de coton, une robe du soir.*
• *Robe de chambre.* Vêtement d'intérieur féminin ou masculin.
• *Pomme de terre en robe de chambre, en robe des champs.* Pomme de terre cuite au four avec sa peau.
Note.- Les deux expressions se disent.

robinet n. m.
Appareil installé sur une canalisation destiné à permettre, interrompre ou régler le passage d'un fluide. *Ouvrir, fermer le robinet.*

robinetterie n. f.
• Industrie des robinets.
• Ensemble de robinets. *Installer une nouvelle robinetterie.*
Note.- Attention à l'orthographe : robine**tt**erie.

robot n. m.
• Appareil à commande électromagnétique pouvant se substituer à une personne pour l'exécution automatique de certaines tâches.

• **Portrait-robot.** Portrait d'une personne recherchée, fait d'après les indications des témoins. *Des portraits-robots informatisés.*

robotique n. f.
Ensemble des études et des techniques visant à mettre au point des systèmes aptes à remplacer ou à prolonger des opérations humaines.

robotisation n. f.
Action de robotiser.

robotiser v. tr.
Doter un établissement industriel de robots.

robuste adj.
Solide, vigoureux. *Une santé robuste.*

robustesse n. f.
Résistance.

roc n. m.
Masse de pierre très dure. *Cette maison est bâtie sur le roc, elle ne bougera pas.*

rocaille n. f.
Aménagement paysager comportant des pierres entre lesquelles sont plantés des arbustes, des fleurs.

rocailleux, euse adj.
Rempli de pierres. *Un chemin rocailleux.*

rocambolesque adj.
Truffé de péripéties invraisemblables. *Une histoire rocambolesque.*

roche n. f.
• Matériau formé de minéraux très durs, masse de pierre.
• **Il y a anguille sous roche.** Il y a quelque chose de louche.
Note.- Le mot *roche* est un générique qui désigne la masse de substances minérales, tandis que la *pierre* est le matériau tiré de la roche dont on se sert dans la construction. Le *caillou* est une pierre de moyenne dimension non façonnée.

rocher n. m.
Masse de pierre dure, généralement escarpée. *Escalader un rocher.*

rock ou **rock and roll** n. m.
• Musique rythmée d'origine américaine (vers 1955).
• Danse à quatre temps sur cette musique. *Danser le rock and roll.*

rocking-chair n. m.
• Les lettres *ch* se prononcent *ch* ou *tch* [rɔkiŋʃɛr] ou [rɔkiŋtʃɛr].
• (Anglicisme) Fauteuil à bascule. *Des rocking-chairs.*

rococo adj. inv. et n. m.
• **Nom masculin**
Style artistique en vogue au XVIIIe siècle.
• **Adjectif invariable**
- Qui appartient au rococo.
- (Péj.) De mauvais goût, surchargé. *Des styles rococo.*

rodage n. m.
• Le *o* se prononce comme dans *romain* et non comme dans *rose* [rɔdaʒ].
• Action de roder.
Note.- Attention à l'orthographe : ro dage, sans accent circonflexe.

rodéo n. m.
Festivités comportant divers jeux (maîtriser un cheval, un bœuf sauvage, etc.) *Des rodéos pittoresques.*
Note.- Ce nom espagnol est francisé : le *e* s'écrit avec un accent aigu et le mot prend la marque du pluriel.

roder v. tr.
• Le *o* se prononce comme dans *romain* et non comme dans *rose* [rɔde].
• Mettre au point (un spectacle, un système). *Il faut roder la voiture : elle est neuve. Son spectacle a été bien rodé.*
Note.- Attention à l'orthographe : ro der.

rôder v. intr.
• Attention à la prononciation du *o* qui se prononce comme dans *rose* [rode].
• (Péj.) Aller et venir avec une intention suspecte. *Les policiers ont surpris des personnes qui rôdaient dans le jardin.*
Note.- Attention à l'orthographe : rô der.

rôdeur, euse adj. et n. m. et f.
Personne qui rôde. *Le chien de garde a fait fuir les rôdeurs.*
Note.- Attention à l'orthographe : rô deur.

rodomontade n. f.
Vantardise.

rogne n. f.
(Fam.) Mauvaise humeur. *Être en rogne.*

rogner v. tr.
• Retrancher les bords de quelque chose.
• Diminuer d'une petite quantité.

rognon n. m.
Rein (de bœuf, de veau, de porc, etc.) destiné à la cuisine. *Des rognons sauce madère.*

roi n. m.
Souverain d'un pays indépendant.
Note.- Ce titre s'écrit avec une minuscule. *Le roi Dagobert.* Pour désigner la fête de l'Épiphanie, le nom s'écrit avec une majuscule. *La fête des Rois.*

rôle n. m.
• Registre officiel où sont inscrites, par ordre chronologique, les causes soumises à un tribunal.
• **À tour de rôle,** locution adverbiale. Chacun à son tour.
• Personnage joué par un acteur.
• **Rôle-titre.** Rôle principal. *Des rôles-titres bien interprétés.*
• Influence. *Ce conseiller a joué un rôle capital dans cette entente.*
• Fonction. *Le rôle de l'adverbe est de préciser ou de modifier le sens d'un mot.*

romain, aine adj. et n. m. et f.
• **Adjectif.** Qui est relatif à l'ancienne Rome ou à la Rome actuelle. *L'Empire romain, l'architecture romaine. Les restaurants romains.*
• *Chiffres romains.* Lettres capitales employées comme chiffres. *En chiffres romains, le 10 s'écrit X.*
V. Tableau - **CHIFFRES.**
• *Caractères romains.* Caractères à traits perpendiculaires dont on se sert couramment. *Le texte est composé en romain, tandis que les exemples sont en italique.*
Note.- On emploie généralement au singulier les expressions *en romain, en italique.*
• **Nom masculin et féminin.** De Rome. *J'envie les Romains et les Romaines, car Rome est une ville magnifique.*
Note.- Contrairement à l'adjectif, le nom prend une majuscule.
• **Nom féminin.** Variété de laitue.

roman, ane adj. et n. m.
• **Adjectif**
Relatif à la langue et à l'architecture médiévale d'Europe. *Vézelay est un chef-d'œuvre de l'art roman.*
• **Nom masculin**
- Langue issue du latin populaire qui a précédé le français.
- Œuvre d'imagination d'une certaine longueur où l'auteur s'attache à créer des personnages, à faire revivre des aventures, à décrire des mœurs.
Note.- Ne pas confondre avec les mots suivants :
- *conte*, récit d'aventures qui sortent souvent de la réalité et s'apparentent au merveilleux, au fantastique ;
- *nouvelle*, récit bref centré généralement sur un événement et comportant peu de personnages.

romance n. f.
Chansonnette.

romancer v. tr.
• Le *c* prend une cédille devant les lettres *a* et *o*. *Il romança, nous romançons.*
• Donner le caractère d'un roman à des faits réels. *La biographie romancée d'un explorateur.*

romancier, n. m.
romancière n. f.
Personne qui écrit des romans.

romand, ande adj. et n. m. et f.
Relatif à la Suisse romande.

romanesque adj. et n. m.
• **Adjectif**
- Propre au roman.
- Sentimental, exalté. *Une passion romanesque.*
• **Nom masculin**
Ce qui a les caractères du roman.

roman-feuilleton n. m.
Roman publié par épisodes dans un journal. *Des romans-feuilletons très populaires.*

roman-fleuve n. m.
Roman très long portant sur plusieurs générations de personnages. *Des romans-fleuves télédiffusés.*

romanichel, elle n. m. et f.
(Péj.) Tsigane. *Ce sont des romanichels.*

roman-photo n. m.
Intrigue relatée en photos auxquelles un dialogue très concis est intégré, à la manière des bandes dessinées. *Des romans-photos.*

romantique adj.
Qui appartient au romantisme. *Un poète romantique.*

romantisme n. m.
Mouvement artistique qui, rompant avec le classicisme, entend donner une place prépondérante à l'imagination et à la subjectivité.

romarin n. m.
Plante aromatique.

rompre v. tr., intr., pronom.
• *Je romps, tu romps, il rompt, nous rompons, vous rompez, ils rompent. Je rompais. Je rompis. Je romprai. Je romprais. Romps, rompons, rompez. Que je rompe. Que je rompisse. Rompant. Rompu, ue.*
• **Transitif**
- (Litt.) Briser. *Rompre le pain.*
- *Être rompu à.* Être habile à. *Elle est rompue à l'utilisation des micro-ordinateurs.*
- *À bâtons rompus,* locution adverbiale. Sans suite. *Parler à bâtons rompus.*
• **Intransitif**
- (Litt.) Céder brusquement. *Les liens ont rompu.*
- Mettre fin à une relation. *Elle a rompu avec lui.*
• **Pronominal**
(Litt.) Se briser. *Les attaches se sont rompues.*

ronce n. f.
Plante épineuse.

ronchonner v. intr.
(Fam.) Bougonner.

ronchonneur, euse adj. et n. m. et f.
Bougon.

rond, ronde adj., adv. et n. m.
• **Adjectif**
En chiffres ronds, locution adverbiale. En arrondissant le total, la somme, en supprimant les fractions.
• **Adverbe**
- *Tourner rond.* Fonctionner de façon normale. *Les moteurs tournent rond.*
- *Avaler tout rond.* Tout entier. *Les petits gâteaux ont été avalés tout rond.*
Note.- Pris adverbialement, le mot est invariable.
• **Nom masculin**
Cercle. *Tracer des ronds.*

rond-de-cuir n. m.
Bureaucrate. *Des ronds-de-cuir.*

ronde n. f.
• Tournée de surveillance. *L'agent fait une ronde tous les quarts d'heure.*
• Danse où les participants qui se tiennent la main sont disposés en cercle. *Faire une ronde tout autour de la terre.*

rondelle n. f.
Petite pièce ronde.

rondement adv.
• Sans façon. *Parler rondement.*
• Rapidement. *L'affaire a été conclue rondement.*

rondeur n. f.
• Qualité de ce qui est rond.
• Partie du corps ronde. *Des rondeurs charmantes.*

rondin n. m.
Morceau de bois entier qu'on a laissé rond (par opposition à *planche*).

rond-point n. m.
Carrefour circulaire. *Des ronds-points dangereux.*

ronflant, ante adj.
Prétentieux. *Des adjectifs trop ronflants.*
Note.- Ne pas confondre avec le participe présent invariable **ronflant**. *Les joueurs ronflant depuis une heure n'entendirent rien.*

ronflement n. m.
Bruit que l'on produit en ronflant.
Note.- Attention à l'orthographe : ron*f*lement.

ronfler v. intr.
• Produire un bruit en respirant pendant le sommeil.
• (Fam.) Dormir profondément.
Note.- Attention à l'orthographe : ron*f*ler.

ronfleur, euse n. m. et f.
Personne qui ronfle.
Note.- Attention à l'orthographe : ron*f*leur.

rongement n. m.
Action de ronger.

ronger v. tr.
• Le *g* est suivi d'un *e* devant les lettres *a* et *o*. *Il rongea, nous rongeons.*
• Déchiqueter avec les dents. *Le chien ronge un os.*
• *Se ronger les sangs.* (Vx) Se faire du souci.

rongeur n. m.
Mammifère possédant deux incisives longues et fortes. *Le lapin, le castor, l'écureuil sont des rongeurs.*

ronronnement n. m.
Action de ronronner. *Le ronronnement de son chat.*
Note.- Attention à l'orthographe : ron**ronn**ement.

ronronner v. intr.
Faire un petit ronflement régulier. *Le moteur ronronne.*
Note.- Attention à l'orthographe : ron**ronn**er.

roquefort n. m.
Fromage de lait de brebis ensemencé d'une moisissure spéciale. *Un roquefort délicieux.*
Note.- Le nom du fromage s'écrit avec une minuscule, tandis que le nom de la ville de l'Aveyron d'où il provient s'écrit avec une majuscule.

roquet n. m.
Petit chien qui jappe sans arrêt.

roquette n. f.
Projectile autopropulsé non guidé. *Une roquette antichar.*

rosace n. f.
Ornement, vitrail en forme de rose. *Les belles rosaces des cathédrales gothiques.*

rosaire n. m.
Prière composée de trois chapelets.

rosâtre adj.
D'un rose terne.

rosbif n. m.
Rôti de bœuf de première qualité. *Des rosbifs bien tendres.*
Note.- Cette forme francisée est à préférer à l'anglais « roast-beef ».

rose n. f.
• Fleur odorante du rosier. *Un bouquet de roses blanches et de roses rouges.*
• *À l'eau de rose.* Fleur bleue, sentimental. *Un roman à l'eau de rose.*
• *Rose des vents.* Figure circulaire à trente-deux divisions indiquant les points cardinaux.

rose adj. et n. m.
• **Adjectif de couleur.** De la teinte de la rose commune, intermédiaire entre le rouge et le blanc. *Des corsages roses.*
Note.- Cet adjectif de couleur prend la marque du pluriel lorsqu'il est simple ; composé, il est invariable. *Des gants rose pâle.*
V. Tableau - **COULEUR (ADJECTIFS DE).**
• *Voir la vie en rose.* Être optimiste.
• **Nom masculin.** Couleur rose. *Des roses cendrés.*

rosé, ée adj.
Légèrement rose. *Une teinte rosée.*

rosé n. m.
Vin d'un rouge clair. *Un rosé bien frais.*

roseau n. m.
Plante aquatique. *Des roseaux.*

rosée n. f.
Petites gouttelettes d'eau qui se déposent par condensation de la vapeur. *La rosée du matin.*

roseraie n. f.
Jardin planté de rosiers.

rosier n. m.
Arbrisseau épineux cultivé pour ses fleurs odorantes, les roses.

rosir v. tr., intr.
• **Transitif.** Teinter de rose.
• **Intransitif.** Prendre une teinte rose. *Ses joues rosissent d'excitation.*

rosse adj. et n. f.
Personne méchante.
Note.- Attention au genre toujours féminin de ce nom : *une ro*ss*e.*

rossée n. f.
Volée de coups.

rossignol n. m.
Oiseau passereau dont le chant est agréable.

rot n. m.
• Le *t* ne se prononce pas [ro].
• Éructation. *Le bébé va faire son petit rot.*

rôt n. m.
(Vx) Rôti.

rotatif, ive adj.
• **Adjectif.** Qui tourne. *Un jet rotatif, des foreuses rotatives.*
• **Nom féminin.** Presse à imprimer continue. *Ils ont installé une nouvelle rotative.*

rotation n. f.
• Mouvement circulaire d'un corps autour d'un axe. *La rotation de la Terre.*
• (Fig.) Roulement. *La rotation des stocks.*

roter v. intr.
(Fam.) Faire un rot, éructer.
Note.- Attention à l'orthographe : ro*t*er.

rôti, ie adj. et n. m.
• **Adjectif.** Grillé.
• **Nom masculin.** Viande grillée au four, à la broche. *Un rôti de veau.*

rotin n. m.
Genre de palmier dont on utilise la tige pour faire des meubles. *Des causeuses de rotin.*

rôtir v. tr., intr.
Faire cuire en exposant au feu, à la chaleur. *Rôtir un poulet.*

rôtisserie n. f.
Restaurant spécialisé dans les viandes rôties.

rôtissoire n. f.
Appareil qui sert à faire griller les viandes.

rotonde n. f.
Édifice circulaire surmonté d'une coupole.

rotondité n. f.
Rondeur.

rotule n. f.
Os du genou.
Note.- Attention à l'orthographe : rotu*l*e.

roturier, ière adj. et n. m. et f.
Qui n'est pas noble.

rouage n. m.
Chacune des parties mobiles d'un mécanisme.

rouble n. m.
Unité monétaire de l'U.R.S.S. *Des roubles.*
V. Tableau - **SYMBOLES DES UNITÉS MONÉTAIRES.**

roucoulade n. f.
(Litt.) Propos tendres des amoureux.

roucoulement n. m.
Cri du pigeon, de la tourterelle.

roucouler v. tr., intr.
• **Transitif.** Dire d'une façon langoureuse. *Roucouler des mots tendres.*
• **Intransitif.** Crier, en parlant du pigeon et de la tourterelle.
Note.- Attention à l'orthographe : roucou*l*er.

roue n. f.
Disque rigide qui, en tournant sur un axe, est utilisé comme organe de déplacement. *Les roues avant, les roues arrière d'une voiture.*
Hom. *roux*, d'une couleur orangée.

roué, ée adj. et n. m. et f.
• **Adjectif.** *Roué de coups.* Battu violemment.
• **Nom masculin et féminin.** (Péj.) Hypocrite et ambitieux.

rouer v. tr.
Battre violemment.

rouet n. m.
Machine qui sert à filer la laine, le lin, etc.

rouge adj., adv. et n. m.
• **Adjectif de couleur.** D'une couleur semblable à celle du sang, du feu. *Des gants rouges.*
Note.- Cet adjectif de couleur prend la marque du pluriel s'il est simple ; composé, il est invariable. *Des bonnets rouge tomate.*
V. Tableau - **COULEUR (ADJECTIFS DE).**
• **Adverbe.** Pris adverbialement, le mot est invariable. *Ils voient rouge.*
• **Nom masculin.** La couleur rouge. *Des rouges éclatants, des rouges à lèvres.*

rougeâtre adj.
Qui tire sur le rouge.

rougeaud, aude adj.
Qui a le visage rouge.
V. Tableau - **COULEUR (ADJECTIFS DE).**

rouge-gorge n. m.
Oiseau passereau à gorge rouge. *Des rouges-gorges.*

rougeoiement n. m.
Reflet rouge.
Note.- Attention à l'orthographe : rougeoi*e*ment.

rougeole n. f.
Maladie contagieuse de l'enfance.
Note.- Attention à l'orthographe : rougeo*l*e.

rougeoyer v. intr.
• Le *y* se change en *i* devant un *e* muet. *Il rougeoie, il rougeoiera.*
• Produire des reflets rougeâtres.

rouget n. m.
Poisson apprécié pour sa chair.

rougeur n. f.
Coloration vive de la peau. *Il a de petites rougeurs au front.*

rougir v. tr., intr.
• **Transitif.** Teinter de rouge. *Elle a rougi ses lèvres.*
• **Intransitif.** Devenir rouge. *Il s'est mis à rougir en entendant ces éloges.*

rougissant, ante adj.
Qui rougit. *Des adolescents rougissants.*
Note.- Ne pas confondre avec le participe présent invariable *rougissant. Les feuilles rougissant à l'automne.*

rougissement n. m.
Le fait de rougir.

987

rouille adj. inv. et n. f.
• **Adjectif de couleur invariable.** De la teinte brun rouge de la rouille. *Des chaussures rouille.*
V. Tableau - **COULEUR (ADJECTIFS DE).**
• **Nom féminin.** Substance rougeâtre produite par l'oxydation du fer.

rouiller v. tr., intr., pronom.
• **Transitif.** Produire de la rouille. *L'humidité rouille le fer.*
• **Intransitif.** Se couvrir de rouille. *Cette chaise commence à rouiller.*
• **Pronominal.** (Fig.) Perdre son activité, sa force par manque d'habitude. *Avec le temps, on se rouille.*

roulant, ante adj.
Qui roule. *Des fauteuils roulants.*

rouleau n. m.
Cylindre. *Des rouleaux de papier.*

roulement n. m.
• Mouvement de ce qui roule.
• Succession de personnes, de choses. *Le roulement du personnel.*

rouler v. tr., intr., pronom.
• **Transitif.** Faire avancer quelque chose en le faisant tourner sur lui-même. *Rouler un baril.*
• **Intransitif.** Avancer sur les roues. *La voiture roulait à plus de 100 kilomètres à l'heure, à 100 km/h.*
• **Pronominal.** Se tourner. *Ils se sont roulés dans l'herbe.*

roulette n. f.
Petite roue. *Une table à roulettes.*

roulis n. m.
Mouvement d'oscillation latérale d'un bateau (à droite, à gauche). *Il y a trop de roulis pour manger.*
Notes.-
1° Attention à l'orthographe : rouli**s**.
2° Ne pas confondre avec le mot ***tangage*** qui désigne un mouvement d'oscillation dans le sens de la longueur (à l'avant, à l'arrière).

roulotte n. f.
Remorque aménagée pour servir de logement.

roumain, aine adj. et n. m. et f.
De Roumanie.
Note.- Lorsqu'il s'agit de la langue, l'adjectif ou le nom s'écrit avec une minuscule. Si le nom désigne une personne, la majuscule s'impose.

roupie n. f.
Unité monétaire de l'Inde, du Népal et du Pakistan. *Des roupies.*
V. Tableau - **SYMBOLES DES UNITÉS MONÉTAIRES.**

roupiller v. intr.
(Fam.) Dormir.

rouquin, ine adj. et n. m. et f.
(Fam.) Roux.
V. Tableau - **COULEUR (ADJECTIFS DE).**

rouspéter v. intr.
• Le *é* se change en *è* devant une syllabe muette, sauf

à l'indicatif futur et au conditionnel présent. *Je rouspète, mais je rouspéterai.*
• (Fam.) Protester.

rouspéteur, euse adj. et n. m. et f.
Râleur.

rousseur n. f.
Caractère de ce qui est roux. *Des taches de rousseur.*

roussi n. m.
Odeur d'une chose qui commence à brûler.

roussir v. tr., intr.
Brûler superficiellement.

route n. f.
• Abréviation *r^{te}* ou *rte* (s'écrit sans point).
• Voie de communication aménagée en dehors des agglomérations. *Une jolie route de campagne.*
• ***Faire fausse route.*** Se tromper de chemin et au figuré, faire erreur. *Ils ont fait fausse route.*

routier, ière adj. et n. m. et f.
• **Adjectif**
Relatif aux routes. *La circulation routière, la sécurité routière.*
• **Nom masculin**
- Conducteur de camion effectuant de longs parcours. *Les routiers roulent souvent la nuit.*
- Restaurant où s'arrêtent les routiers.
• **Nom féminin**
Voiture conçue pour les longs trajets.

routine n. f.
• Longue habitude, usage consacré. *Elle déteste la routine.*
• ***De routine.*** Habituel. *Un examen de routine.*

routinier, ière adj.
Habituel.

roux, rousse adj. et n. m. et f.
• **Adjectif de couleur.** D'une couleur orangée. *Un écureuil roux.*
V. Tableau - **COULEUR (ADJECTIFS DE).**
• **Nom masculin et féminin.** Dont les cheveux sont roux. *Une jolie rousse.*
Hom. ***roue***, disque rigide tournant sur un axe.

royal, ale, aux adj.
• Du roi. *Des privilèges royaux.*
• Digne d'un roi. *Une splendeur royale.*

royalement adv.
• D'une manière royale.
• Magnifiquement.
• (Fam.) Complètement. *Il s'en fiche royalement.*

royalties n. f. pl.
• Attention à la prononciation [rwajalti].
• (Anglicisme) Redevance.
Note.- Le nom ***redevance*** a fait l'objet d'une recommandation officielle pour remplacer cet anglicisme.

royaume n. m.
Pays à régime monarchique.

royauté n. f.
Pouvoir royal.

R.P.
- Abréviation de **révérend père.**
- L'abréviation de **révérends pères** est **RR.PP.** (s'écrit avec points).

-rr(h)agie suff.
Élément du grec signifiant « jaillir ». *Hémorragie.*

-rr(h)ée suff.
Élément du grec signifiant « couler ». *Logorrhée.*

R.S.V.P.
Abréviation de **répondez, s'il vous plaît.**

r^te ou **rte**
Abréviation de **route.**

ru n. m.
Petit ruisseau.
Note.- Attention à l'orthographe : r**u**.
Hom. *rue*, voie de circulation.

ruade n. f.
Action de ruer.

ruban n. m.
Pièce de tissu longue et étroite. *Un ruban de velours noué dans les cheveux.*

rubéole n. f.
Maladie contagieuse.

rubicond, onde adj.
Très rouge. *Un visage rubicond.*
Note.- Attention à l'orthographe : rubicon**d**.
V. Tableau - **COULEUR (ADJECTIFS DE).**

rubis n. m.
- Le **s** ne se prononce pas [rybi].
- Pierre précieuse d'un rouge vif.
Note.- Attention à l'orthographe : rubi**s**.

rubrique n. f.
- Titre (d'un article). *Je voudrais insérer une annonce sous ou à la rubrique « Offres d'emploi ».*
Note.- Le mot se construit avec les prépositions **sous** ou **à** plutôt que **dans.**
- Article régulier sur un sujet particulier. *Tenir la rubrique littéraire.*

ruche n. f.
- Petit abri des abeilles.
- Essaim d'abeilles.
Note.- Attention à l'orthographe : r**u**che, sans accent.

rucher n. m.
Ensemble de ruches.
Note.- Attention à l'orthographe : r**u**cher, sans accent.

rude adj.
- Rugueux. *Une barbe rude.*
- Dur, pénible. *Un climat très rude.*

rudement adv.
- Avec rudesse.
- (Fam.) Très. *Elle est rudement gentille.*

rudesse n. f.
Défaut de ce qui est rude, pénible.

rudimentaire adj.
Primitif, insuffisant. *Une habitation rudimentaire.*

rudoyer v. tr.
- Le **y** se change en **i** devant un **e** muet. *Il rudoie, il rudoiera.*
- Le **y** est suivi d'un **i** à la première et à la deuxième personne du pluriel de l'indicatif imparfait et du subjonctif présent. *(Que) nous rudoyions, (que) vous rudoyiez.*
- Traiter avec rudesse, brutaliser.

rue n. f.

Voie de circulation. *Les garçons s'amusent dans la rue* (et non **sur la rue*).
Notes.-
1° Les noms génériques d'odonymes (**rue, avenue, boulevard, route,** etc.) s'écrivent avec une minuscule. *Elle habite rue du Manoir.* L'article s'omet devant l'odonyme après les verbes **habiter, aller, se rendre.**
2° Les noms propres d'odonymes s'écrivent avec des majuscules ; composés de plusieurs éléments, ils prennent des traits d'union. *La rue du Chat-qui-pêche, rue de l'Hôtel-de-Ville, rue Monsieur-le-Prince.*
3° Les noms des rues sont caractérisés par un adjectif numéral ordinal, et si ces chiffres appartiennent à une date historique, ils s'écrivent en chiffres arabes (*rue du 4-Septembre*) ; s'ils font partie d'un nom de souverain, de pape, ils s'écrivent en capitales et en chiffres romains (*rue Élisabeth-Ire*).
V. **odonyme.**
Hom. *ru*, petit ruisseau.

ruée n. f.
Foule de personnes qui se dirigent au même endroit. *La ruée vers l'or.*

ruelle n. f.
Petite rue.

ruer v. intr., pronom.
- **Intransitif.** Jeter les pieds de derrière avec force, en parlant d'un cheval.
- **Pronominal.** Se précipiter, le plus souvent en grand nombre. *Les spectateurs se ruèrent vers la sortie.*

rugir v. intr.
- Crier, en parlant du lion.
- (Fig.) Hurler.

rugissement n. m.
Cri du lion.

rugueux, euse adj. et n. m.
Rude, raboteux. *Une surface rugueuse.*
Note.- Attention à l'orthographe : rug**u**eux.

ruine n. f.
- (Gén. plur.) Débris d'une construction. *Les ruines d'un ancien château.*
Note.- Le nom s'écrit au singulier dans les expressions **tomber en ruine, être en ruine, menacer ruine.**
- Perte des biens, faillite, destruction. *Cette grève peut entraîner la ruine de l'entreprise.*

ruiner v. tr., pronom.
- **Transitif**
- Endommager. *Cet orage violent a ruiné les framboisiers.*

- Causer la perte de la fortune. *La hausse des taux d'intérêt les a ruinés.*
• **Pronominal**
- Perdre ses biens.
- (Fig.) Dépenser à l'excès.

ruineux, euse adj.
Très coûteux, prohibitif. *Ces travaux de restauration sont ruineux.*

ruisseau n. f.
Petit cours d'eau peu large. *Des ruisseaux qui serpentent dans la campagne.*
Notes.-
1° Ne pas confondre avec les mots suivants :
- *fleuve*, cours d'eau important qui se jette dans la mer ;
- *rivière*, cours d'eau qui se jette dans un fleuve ;
- *torrent*, cours d'eau de montagne, impétueux.
2° Dans les désignations géographiques, le nom *ruisseau* est un générique qui s'écrit avec une minuscule, tout comme les mots *rivière, lac, mer, océan, baie, île, mont,* etc. C'est le déterminant précisant le générique qui s'écrit avec une majuscule. *Le ruisseau Beaupré.*

ruisselant, ante adj.
Mouillé. *Ils sont ruisselants de pluie.*
Note.- Attention à l'orthographe : rui**ss**elant.

ruisseler v. intr.
• Redoublement du *l* devant un *e* muet. *Je ruisselle, je ruissellerai,* mais *je ruisselais.*
• Couler comme l'eau d'un ruisseau.
• Être couvert d'un liquide qui coule. *Ruisseler de sueur.*
Note.- Attention à l'orthographe : rui**ss**eler.

ruissellement n. m.
Action de ruisseler.
Note.- Attention à l'orthographe : rui**ss**e**ll**ement.

rumba n. f.
• Le *u* se prononce *ou*, le *m* est sonore [rumba].
• Danse cubaine. *Ils ont dansé des rumbas toute la soirée.*

rumeur n. f.
• Bruit confus de voix.
• Nouvelle qui se répand. *Ce n'est qu'une rumeur.*

ruminant n. m.
Mammifère ongulé qui possède un appareil digestif propre à la rumination. *Le bœuf, le mouton, la chèvre sont des ruminants.*

rumination n. f.
Mode de digestion selon lequel les aliments sont absorbés dans l'estomac et ramenés dans la bouche pour être mâchés à nouveau.

ruminer v. tr.
• Pratiquer la rumination.
• (Fig.) Retourner dans sa tête. *Il a ruminé cette idée toute la nuit.*

rupestre adj.
• Qui pousse sur les rochers. *Une végétation rupestre.*

• Inscrit sur une paroi rocheuse. *Des gravures rupestres.*
Note.- Ne pas confondre avec le mot *champêtre*, qui se rapporte à la campagne.

rupiah n. f.
Unité monétaire de l'Indonésie. *Des rupiahs.*
V. Tableau - **SYMBOLES DES UNITÉS MONÉTAIRES.**

rupture n. f.
• Interruption. *La rupture d'un contrat.*
• Déchirure, séparation brusque.
• *Rupture de stock.* Stock insuffisant de matières premières, de produits qui empêche l'entreprise de répondre à la demande. *Cet article est en rupture de stock.*

rural, ale, aux adj.
Relatif à la campagne. *Des propriétaires ruraux.*

ruse n. f.
Stratagème.

rusé, ée adj.
Astucieux, habile.

ruser v. intr.
User de ruse.

rush n. m.
• Attention à la prononciation [rœʃ].
• (Anglicisme) Afflux soudain d'un grand nombre de personnes.

rushes n. m. pl.
• Attention à la prononciation [rœʃ].
• (Anglicisme) (Cin.) Épreuves de tournage.
Note.- L'expression *épreuves de tournage* a fait l'objet d'une recommandation officielle pour remplacer cet anglicisme.

russe adj. et n. m. et f.
• **Adjectif**
- De Russie. *La révolution russe, les poètes russes.*
- (Par ext.) D'U.R.S.S.
• **Nom masculin et féminin**
Un Russe, une Russe.
• **Nom masculin**
Il parle le russe.
Note.- Lorsqu'il s'agit de la langue, l'adjectif ou le nom s'écrit avec une minuscule. Si le nom désigne une personne, la majuscule s'impose.
V. **soviétique.**

rustique adj.
• Très simple. *Des meubles rustiques.*
• Résistant, en parlant d'une plante.

rustre adj. et n. m.
Personnage grossier.
Note.- Ne pas confondre avec le mot *cuistre* qui désigne un pédant ridicule.

rut n. m.
• Le *t* se prononce [ryt].
• Période d'activité sexuelle au cours de laquelle les animaux recherchent l'accouplement.

rutabaga n. m.
Plante qui s'apparente au navet. *Des rutabagas fades.*

rutilant, ante adj.
Qui brille d'un vif éclat. *Des voitures rutilantes.*

rutiler v. intr.
Briller, étinceler. *L'argenterie fraîchement astiquée rutilait.*

rythme n. m.
• Cadence. *Marquer le rythme.*
• Alternance régulière. *Le rythme des saisons.*

• Mouvement régulier. *Le rythme cardiaque.*
Note.- Attention à l'orthographe : **ryth**me.

rythmé, ée adj.
Qui a du rythme. *Une musique rythmée.*
Note.- Attention à l'orthographe : **ryth**mé.

rythmer v. tr.
Donner un rythme à.
Note.- Attention à l'orthographe : **ryth**mer.

rythmique adj.
Qui est soumis à un rythme. *Gymnastique rythmique.*

S

s
Symbole de *seconde*.

s.
Abréviation de *siècle*.

S
• Symbole de *soufre*.
• Symbole de *siemens*.

S.
Abréviation de *sud*.
V. Tableau - **POINTS CARDINAUX**.

$
Symbole de *dollar*.
V. **dollar**.

S.A.
Sigle de *société anonyme*.

sa adj. poss. f. sing.
• L'adjectif possessif détermine le nom en indiquant le « possesseur » de l'objet désigné. Il s'accorde en genre et en nombre avec le nom déterminé. *Sa robe*. Il s'accorde en personne avec le nom désignant le « possesseur ».
• Ainsi, l'adjectif possessif *sa* renvoie à un seul « possesseur » d'un être, d'un objet de genre féminin.
Note.- Devant un nom féminin commençant par une voyelle ou un *h* muet, c'est la forme masculine *son* qui est employée pour des raisons d'euphonie. *Son amie, son histoire*.
V. Tableau - **POSSESSIF (ADJECTIF)**.

sabayon n. m.
Crème italienne composée de jaunes d'œufs, de sucre et de liqueur.
Note.- Attention à l'orthographe : saba*y*on.

sabbat n. m.
Repos hebdomadaire des Juifs (le samedi).
Note.- Attention à l'orthographe : sa*bb*at.

sabbatique adj.
Année sabbatique. Année de congé accordée aux professeurs universitaires, à certains cadres (généralement tous les sept ans).
Note.- Attention à l'orthographe : sa*bb*atique.

sabir n. m.
Langue mixte élémentaire résultant des contacts de langues très différentes les unes des autres, utilisables pour des communications très limitées dans des secteurs déterminés, notamment le commerce.
Note.- Ne pas confondre avec les mots suivants :
- *créole*, langue mixte issue du contact d'une langue européenne (français, anglais, espagnol, portugais) et de langues indigènes, africaines en particulier,

devenue langue maternelle d'une communauté linguistique ;
- *pidgin*, langue mixte issue du contact de l'anglais et de langues autochtones d'Extrême-Orient, qui sert de langue d'appoint sans être langue maternelle d'une communauté.

sablage n. m.
Action de sabler. *Le sablage d'une surface rugueuse*.

sable adj. inv. et n. m.
• **Adjectif de couleur invariable.** De la couleur beige clair du sable. *Des imperméables sable*.
V. Tableau - **COULEUR (ADJECTIFS DE)**.
• **Nom masculin.** Ensemble de petits grains produits par la désagrégation des roches. *Une plage de sable fin*.

sablé, ée adj. et n. m.
• **Adjectif.** Recouvert de sable.
• **Nom masculin.** Gâteau sec.

sabler v. tr.
• Recouvrir de sable. *Sabler la chaussée pour éviter le verglas*.
• *Sabler le champagne.* Boire du champagne à l'occasion d'une réjouissance.
Note.- Autrefois, le verbe *sabler* signifiait « boire d'un trait » ; aujourd'hui, il signifie plutôt « boire pour célébrer un évènement ».

sablier n. m.
Appareil qui détermine le temps par l'écoulement du sable. *Un sablier de trois minutes, pour les œufs à la coque*.
Note.- Ne pas confondre avec le mot féminin **clepsydre** qui désigne une horloge à eau.

sablonneux, euse adj.
Qui est couvert de sable ou qui contient du sable. *Un sol sablonneux*.

saborder v. tr.
• Faire couler un navire.
• (Fig.) Détruire. *Saborder une entreprise, un parti politique*.

sabot n. m.
• Grosse chaussure de bois.
• Ongle des mammifères ongulés (cheval, bœuf, mouton, etc.).
• *Sabot de Denver.* Dispositif bloquant la roue d'un véhicule en stationnement illicite.
Note.- Attention à l'orthographe : sabo*t*.

sabotage n. m.
Action de saboter. *L'hypothèse d'un sabotage n'est pas écartée*.
Note.- Attention à l'orthographe : sabo*t*age.

saboter v. tr.
Nuire au déroulement normal d'une activité, d'une installation, détériorer volontairement. *Ils ont saboté la centrale nucléaire.*
Note.- Attention à l'orthographe : sabo**t**er.

saboteur, euse n. m. et f.
Auteur d'un sabotage.
Note.- Attention à l'orthographe : sabo**t**eur.

sabre n. m.
Arme faite d'une lame plus ou moins recourbée, qui ne tranche que d'un côté.

sabrer v. tr.
• Tailler en pièces à coups de sabre.
• (Fig.) Biffer, couper à l'excès dans un texte. *La direction a sabré le reportage de ce journaliste.*

sac n. m.
• Sorte de poche ouverte par le haut. *Un sac de papier, de toile, de plastique.*
• *Sac (à main).* Pochette destinée à transporter l'argent, les papiers, etc. *Un sac à main de cuir. Des sacs à main pratiques.*
• *Sac de couchage.* Enveloppe de tissu isolant dans laquelle on dort.
• *Mettre à sac.* Saccager, détruire.
• *Mettre dans le même sac.* Considérer sur le même pied, comme étant de même valeur.
• *Prendre quelqu'un la main dans le sac.* En flagrant délit.
• *Vider son sac.* Dire la vérité, sans rien dissimuler.

saccade n. f.
Secousse brusque.
Note.- Attention à l'orthographe : sa**cc**ade.

saccadé, ée adj.
Agité de mouvements brusques, irréguliers.
Note.- Attention à l'orthographe : sa**cc**adé.

saccage n. m.
Ravage.

saccager v. tr.
• Le *g* est suivi d'un *e* devant les lettres *a* et *o. Il saccagea, nous saccageons.*
• Ravager, détruire. *Les animaux ont saccagé le potager.*

saccharine n. f.
• Les lettres *ch* se prononcent *k* [sakarin].
• Ersatz du sucre.

sacerdoce n. m.
Prêtrise.
Note.- Attention à l'orthographe : sacerdo**c**e.

sacerdotal, ale, aux adj.
Relatif au sacerdoce. *Des vêtements sacerdotaux.*

sachet n. m.
Petit sac. *Un sachet de thé, de lavande.*

sacoche n. f.
Sac de cuir, de toile forte. *Une sacoche de facteur, de cycliste.*
Note.- Attention à l'orthographe : sa**c**oche.

sacre n. m.
Cérémonie religieuse de couronnement d'un roi, d'une reine, de consécration d'un évêque, d'un pape.

sacré, ée adj. et n. m.
• **Adjectif**
- Qui a un caractère religieux, qui concerne le culte divin. *Des lieux sacrés, des livres sacrés.*
Note.- En ce sens, l'adjectif se place après le nom.
- *Feu sacré.* Enthousiasme.
- (Fam.) Grand. *Une sacrée chance.*
Note.- Placé avant le nom, l'adjectif s'emploie familièrement pour le renforcer.
Ant. **profane.**
• **Nom masculin**
Caractère de ce qui transcende l'humain. *Le sacré et le profane.*

sacrement n. m.
Acte rituel établi par Jésus-Christ. *Le baptême, l'eucharistie sont des sacrements.*

sacrer v. tr., intr.
• **Transitif.** Conférer un caractère sacré. *Sacrer un évêque.*
• **Intransitif.** (Vx) Blasphémer. *Il ne cesse de sacrer.*

sacrifice n. m.
• Offrande rituelle. *Un sacrifice humain.*
• Renoncement, privation volontaire. *Faire des sacrifices.*

sacrilège adj. et n. m.
• **Adjectif.** Coupable de sacrilège. *Un vol sacrilège.*
• **Nom masculin.** Profanation.

sacristain n. m.
sacristine n. f.
Personne responsable de l'entretien d'une église et des objets du culte.
Note.- Attention à l'orthographe : sacrist**ain**, sacrist**ine**.

sacro-saint, -sainte adj.
(Iron.) Tabou. *Les sacro-saints usages, les sacro-saintes politesses.*
Note.- Attention à l'orthographe : sacro-saint, avec un trait d'union.

sacrum n. m.
• Les lettres *um* se prononcent *om* [sakrɔm].
• Os de la partie inférieure du bassin qui fait suite à la colonne vertébrale. *Des sacrums.*

sadique adj. et n. m. et f.
• Atteint de sadisme. *Ce sont des sadiques.*
• Cruel. *Un plaisir sadique.*

sadiquement adv.
Avec sadisme.

sadisme n. m.
Perversion qui fait éprouver du plaisir à faire souffrir.
Note.- Ne pas confondre avec le mot *masochisme* qui désigne une perversion qui fait éprouver du plaisir à souffrir.

sadomasochisme n. m.
Réunion des tendances sadiques et masochistes chez une personne.

sadomasochiste adj. et n. m. et f.
Atteint de sadomasochisme. *Des tendances sadoma-sochistes. Un sadomasochiste qui s'ignore.*

safari n. m.
• Expédition de chasse, en Afrique.
• *Safari-photo.* Expédition où l'on prend des photos d'animaux en liberté. *Des safaris-photos au Kenya.*

safran adj. inv. et n. m.
• **Adjectif de couleur invariable**
De la couleur jaune du safran. *Des turbans safran.*
V. Tableau - **COULEUR (ADJECTIFS DE).**
• **Nom masculin**
- Plante cultivée pour ses fleurs produisant une substance aromatique qui sert également de colorant.
- Variété de jaune. *Des safrans intenses.*

saga n. f.
• Légende scandinave du Moyen Âge.
• (Par ext.) Œuvre narrative d'une certaine ampleur.

sagace adj.
(Litt.) Perspicace.

sagacité n. f.
Pénétration d'esprit.

sage adj. et n. m. et f.
• **Adjectif.** Sensé, raisonnable. *C'est une sage décision. Cet enfant est très sage.*
• **Nom masculin et féminin.** Personne qui fait preuve de sagesse.

sage-femme n. f.
Femme dont la profession est de faire des accouchements. *Des sages-femmes.*

sagesse n. f.
• Raison. *Le don de sagesse.*
• Discernement. *Cette décision a été prise avec beaucoup de sagesse.*
• Obéissance. *Cet enfant est d'une grande sagesse.*

sagittaire n. m. et f.
• **Nom masculin.** Nom d'une constellation, d'un signe du zodiaque. *Le signe du Sagittaire.*
Note.- Les noms d'astres s'écrivent avec une majuscule. *Elle est (du signe du) Sagittaire, elle est née entre le 22 novembre et le 20 décembre.*
V. **astre.**
• **Nom féminin.** Plante aquatique.
Note.- Attention à l'orthographe : sagi**tt**aire.

sagouin, ouine n. m. et f.
Personne malpropre. *Vous avez certainement entendu parler de La Sagouine d'Antonine Maillet ou du Sagouin de François Mauriac.*

sahel n. m.
• Région qui borde le désert du Sahara. *La famine sévit périodiquement dans le sahel.*
• Vent du désert.
Note.- Ce toponyme peut s'écrire avec une minuscule lorsqu'il désigne la zone de transition entre les régions désertiques et celles où règne le climat soudanais, lorsqu'il nomme le vent du désert. Pris absolument, le nom désigne le Sahel algérien et s'écrit avec une majuscule. *Le Sahel.*

saignant, ante adj.
• Qui saigne.
• Peu cuit, en parlant d'une viande. *Quelle cuisson désirez-vous : bleu, saignant, à point ou bien cuit ?*

saignée n. f.
• Opération consistant à extraire du sang.
• Perte en vies humaines.
• Pertes financières.

saignement n. m.
Épanchement de sang. *Un saignement de nez.*

saigner v. tr., intr.
• **Transitif.** Retirer du sang. *Autrefois, on saignait les malades à tout propos.*
• **Intransitif.** Perdre du sang. *Il saigne abondamment.*

saillant, ante adj.
• Qui avance. *Un visage aux pommettes saillantes.*
• Qui frappe, qui est en évidence. *Des faits saillants.*
Note.- Ne pas confondre avec le participe présent invariable **saillant.** *Les muscles saillant sous la chemise.*

saillie n. f.
• (Litt.) Trait d'esprit. *La conversation était émaillée de saillies et de rires.*
• Partie qui avance, qui excède l'alignement. *Une large fenêtre en saillie.*
• Accouplement chez les animaux en vue de la reproduction.

saillir v. tr., intr.
• **Transitif.** Couvrir, s'accoupler à, en parlant des animaux.
Note.- En ce sens, le verbe se conjugue comme **finir** et ne s'emploie qu'à la troisième personne et à l'infinitif. *Il saillit, ils saillissent. Il saillissait, ils saillissaient. Il saillit, ils saillirent. Il saillira, ils sailliront. Il saillirait, ils sailliraient. Qu'il saillisse, qu'ils saillissent. Qu'il saillît, qu'ils saillisssent. Saillissant. Sailli, ie.*
• **Intransitif.** Avancer, faire saillie. *Ses muscles saillaient sous la chemise.*
Note.- En ce sens, le verbe se conjugue comme **assaillir** et ne s'emploie qu'à la troisième personne et à l'infinitif. *Il saille, ils saillent. Il saillait, ils saillaient. Il saillera, ils sailleront. Il saillerait, ils sailleraient. Qu'il saille, qu'ils saillent. Saillant. Sailli.*

sain, saine adj.
• Équilibré, normal. *Un jugement sain.*
• Salubre. *Un climat sain.*
• *Sain et sauf.* Hors de danger, sans dommage. *Elles sont saines et sauves, ils sont sains et saufs.*
Note.- Au masculin pluriel, on ne fait pas la liaison entre l'adjectif et la conjonction.
Hom. :
- *saint*, sacré ;
- *sein*, mamelle de la femme ;
- *seing*, signature.

saindoux n. m.
Graisse de porc fondue.
Note.- Attention à l'orthographe : sa**i**ndou**x**.

sainement adv.
- D'une manière saine.
- Raisonnablement.

saint, sainte adj. et n. m. et f.
- Abréviations S^t-, S^{te}-, S^{ts}-, S^{tes}-.
- **Adjectif.** Qui est conforme à la loi divine, qui est consacré à Dieu. *Les lieux saints, l'Écriture sainte.*
- **Nom masculin et féminin.** Personne canonisée. *Une statue de saint Joseph.*
V. Tableau - **SAINT, SAINTE**.
Hom. :
- *sain*, équilibré ;
- *sein*, glande mammaire ;
- *seing*, signature.

saint-bernard n. m. inv.
Chien de montagne, de forte taille. *De beaux saint-bernard.*
Note.- Le nom s'écrit avec une minuscule et un trait d'union.

saint-émilion n. m. inv.
Vin rouge. *Des saint-émilion délicieux.*
Note.- Le nom du vin s'écrit avec une minuscule, tandis que celui de la région s'écrit avec une majuscule.

sainte-nitouche n. f.
Personne hypocrite qui affecte la vertu. *Des saintes-nitouches.*
Note.- Le nom s'écrit avec des minuscules et un trait d'union.

Saint-Esprit n. m.
Troisième personne de la Trinité.

Note.- Le nom s'écrit avec deux majuscules et un trait d'union.

sainteté n. f.
- Caractère de ce qui est saint.
- *Sa Sainteté.* Titre de civilité du pape qui s'abrège *S.S. Nous avons vu S.S. le pape Jean-Paul II.*

saint-glinglin (à la) loc. adv.
(Fam.) Jamais. *Nous nous reverrons à la saint-glinglin ou dans la semaine des quatre jeudis.*

saint-honoré n. m. inv.
Gâteau garni de petits choux à la crème et de crème Chantilly. *De délicieux saint-honoré.*
Note.- Ce nom s'écrit avec des minuscules et un trait d'union.

saint-paulin n. m. inv.
Fromage à pâte pressée. *Des saint-paulin très bons.*
Note.- Ce nom s'écrit avec des minuscules et un trait d'union.

Saint-Siège n. m. inv.
Gouvernement du pape.
Note.- Ce nom s'écrit avec deux majuscules et un trait d'union.

saisie n. f.
- (Dr.) Voie d'exécution forcée par laquelle un créancier s'assure des biens meubles ou immeubles de son débiteur en vue de les faire vendre et de se payer sur le prix.
- (Inform.) Réception de données externes par un ordinateur. *Le clavier, la souris, le modem servent à la saisie des données.*

SAINT, SAINTE adjectif

Cet adjectif s'écrit généralement en toutes lettres ; que ce soit dans un patronyme, dans un toponyme ou un odonyme, l'adjectif ne doit s'abréger qu'exceptionnellement sous les formes S^t-, S^{te}-, S^{ts}-, S^{tes}-, avec une majuscule initiale.

- **Les noms de saints**

  L'adjectif s'écrit avec une minuscule et n'est pas joint au nom par un trait d'union.

  Ils prient sainte Thérèse et saint Jean-Baptiste.

  Note.- Deux exceptions où l'adjectif s'écrit avec une majuscule : *la Sainte Vierge, le Saint-Esprit.* Le nom de la Vierge s'écrit sans trait d'union, alors que **Saint-Esprit** s'écrit avec un trait d'union. Cependant, on écrit **Esprit saint**, sans trait d'union.

- **Les noms de famille**

  Généralement, le mot **saint** qui compose un patronyme n'est pas abrégé ; il se joint au nom par un trait d'union et s'écrit avec une majuscule.

  Monsieur Saint-Pierre, Madame Sainte-Marie.

- **Les toponymes, les odonymes, les noms de monuments et de fêtes.**

  L'adjectif s'écrit avec une majuscule et se joint au nom par un trait d'union.

  Il habite à Saint-Paul-de-Vence. Le boulevard Saint-Germain. La place Saint-Sulpice. L'église Saint-Étienne, l'hôpital Saint-Joseph. On fêtera la Saint-Jean et on profitera de l'été de la Saint-Martin.

saisir v. tr., pronom.
- **Transitif**
- Capturer. *Saisir un fuyard.*
- Prendre vivement. *Il a saisi son bras. Saisir une occasion.*
- Comprendre. *Avez-vous saisi le sens de ma question ?*
- (Dr.) Faire une saisie.
- (Inform.) Introduire une donnée dans un ordinateur. *Les codes des produits vendus sont saisis à l'aide d'un lecteur optique.*
- **Pronominal**
S'approprier quelqu'un, quelque chose. *Elles se sont saisies de cette affaire.*

saisissement n. m.
Impression subite causée par le froid, la peur. *Il est resté muet de saisissement.*
Note.- Attention à l'orthographe : sai**ss**issement.

saison n. f.
- Chacune des quatre parties de l'année qui dure trois mois. *Les saisons sont : le printemps, l'été, l'automne et l'hiver.*
Note.- Les noms des saisons s'écrivent avec des minuscules.
- Période de temps. *La saison des pluies, des fraises.*
- *Belle saison.* Été.
- *Haute saison.* Période d'affluence touristique (par opposition à *basse saison).*
- *Saison morte.* Période d'inactivité (agricole, commerciale, etc.).
- *En toute(s) saison(s).* Tout au long de l'année. *Ces arbustes fleurissent en toute saison, ou en toutes saisons.*

saisonnier, ière adj.
Propre à une saison. *Des articles saisonniers, des pluies saisonnières.*
Note.- Attention à l'orthographe : saiso**nn**ier.

saké n. m.
Alcool de riz, apprécié au Japon. *Des sakés chauds.*

salace adj.
(Litt.) Lubrique.
Note.- Attention à l'orthographe : sa**l**ace.

salacité n. f.
(Litt.) Lubricité.
Note.- Attention à l'orthographe : sa**l**acité.

salade n. f.
- Plante. *La laitue, la chicorée, la batavia, la scarole, etc. sont des salades.*
- Mets composé de légumes, de feuilles, de plantes potagères, assaisonnées d'une vinaigrette, d'une mayonnaise. *Une salade de pommes de terre, de tomates, de lentilles, de poireaux. Une salade de cresson, de homard, de poulet.*
- *Salade de fruits.* Fruits coupés en morceaux et servis froids.
Note.- Dans cette expression, le nom *fruit* s'écrit au pluriel parce qu'il désigne une multiplicité.
- (Au plur.) (Fam.) Mensonges. *Il raconte des salades.*

saladier n. m.
Plat dans lequel on sert la salade.

salaire n. m.
Générique de toute rémunération convenue d'avance et donnée par n'importe quel employeur. *Le salaire d'un cadre, d'un ouvrier.*
Note.- Ne pas confondre avec les mots suivants :
- *cachet*, rémunération que reçoit l'artiste ;
- *honoraires*, rétribution variable de la personne qui exerce une profession libérale ;
- *paie* ou *paye*, rémunération d'un employé ;
- *traitement*, rémunération d'un fonctionnaire.

salaison n. f.
Opération par laquelle on sale des produits alimentaires pour assurer leur conservation.

salamalecs n. m. pl.
(Fam. et péj.) Salutations excessives.

salamandre n. f.
Batracien qui ressemble à un lézard.

salami n. m.
Saucisson sec. *Des salamis épicés, manger du salami.*

salant adj. m.
Qui produit du sel. *Des marais salants.*

salarial, iale, iaux adj.
Relatif au salaire. *Des écarts salariaux, une politique salariale.*

salariat n. m.
Ensemble des salariés.

salarié, ée adj. et n. m. et f.
Personne qui reçoit un salaire. *Les travailleurs salariés. Les salariés et les employeurs.*

salaud n. m.
(Pop.) Personne méprisable. Ce sont des salauds.
Note.- Le féminin de ce mot est *salope.*

sale adj.
- Malpropre. *Des mains sales.*
Note.- En ce sens, l'adjectif est placé après le nom.
- (Fam.) Mauvais, méprisable. *Un sale coup.*
Note.- En ce sens, l'adjectif se place avant le nom.
Hom. *salle*, pièce, local.

salé, ée adj.
- Qui contient du sel. *De l'eau salée.*
- Assaisonné de sel. *Des légumes salés.*
- Grivois. *Des histoires salées.*

saler v. tr.
Saupoudrer de sel. *Saler un potage.*

saleté n. f.
Malpropreté.
Note.- Attention à l'orthographe : sa**l**eté.

salière n. f.
Petit récipient destiné à contenir le sel.

saligaud n. m.
Salaud.

salin, ine adj. et n. f.
- **Adjectif.** Qui contient du sel.
- **Nom féminin.** Marais salant. *Les salines d'Hyères.*

salinité n. f.
Proportion de sel d'un liquide.
Note.- Attention à l'orthographe : sa*l*inité.

salir v. tr.
• Rendre sale, malpropre. *La petite a sali sa robe.*
• (Fig.) Porter atteinte à. *Salir la réputation de quelqu'un.*

salivaire adj.
Relatif à la salive. *Les glandes salivaires.*
Note.- Attention à l'orthographe de cet adjectif qui conserve la même forme au masculin comme au féminin : saliv*aire*.

salivation n. f.
Production de la salive.

salive n. f.
Liquide produit par les glandes de la bouche.

saliver v. intr.
Produire de la salive. *À la vue de ces bons plats, il se met à saliver.*

salle n. f.
• Pièce d'une maison. *Une grande salle à manger. Une belle salle de séjour. Une salle de bains.*
• Local. *Une salle de concerts, une salle de conférences.*
Note.- Dans ces expressions, le complément s'écrit au pluriel ; il s'écrit au singulier dans les expressions *salle d'opération, salle d'étude, salle de bal, salle de classe, salle de jeu, salle de spectacle.*
Hom. *sale*, malpropre.

salmigondis n. m.
Assemblage hétéroclite.
Note.- Attention à l'orthographe : salmigondi*s*.

salmis n. m.
Ragoût de volailles, de gibier. *Un salmis de pintade.*
Note.- Attention à l'orthographe : salmi*s*.

salon n. m.
• Pièce d'une maison. *Un grand salon où l'on reçoit les invités.*
• Établissement commercial. *Un salon de thé, un salon de coiffure.*
• Foire. *Le Salon du luminaire.*
Note.- En ce sens, le nom s'écrit avec une majuscule.

salope n. f.
(Pop.) Femme méprisable.
Note.- Ce mot tient lieu de féminin au mot *salaud*.

saloperie n. f.
(Pop.) Saleté.

salopette n. f.
Vêtement composé d'un pantalon et d'un haut à bretelles.
Note.- Attention à l'orthographe : sa*l*ope*tt*e.

salsifis n. m.
• Le *s* final ne se prononce pas [salsifi].
• Plante dont les racines sont comestibles.
Note.- Attention à l'orthographe : salsifi*s*.

SALT
Sigle de « Strategic Arms Limitation Talks ».

saltimbanque n. m. et f.
Personne qui fait des tours d'adresse sur la place publique, dans les foires.

salubre adj.
Sain. *Un air salubre.*

salubrité n. f.
Caractère de ce qui est salubre.

saluer v. tr.
• Adresser une marque de politesse, de déférence à quelqu'un. *Saluez votre père de ma part.*
• Accueillir. *Ils ont salué avec enthousiasme le nouveau chef.*

salut n. m.
• Préservation de la vie.
• *Planche de salut.* Ressource ultime.
• Félicité éternelle. *Le salut de l'âme.*
• Salutation. *Faire un salut de la main.*
Note.- Attention à l'orthographe : salu*t*.

salutaire adj.
Bienfaisant, profitable. *Un repos salutaire.*
Note.- Attention à l'orthographe : salut*aire*, au masculin comme au féminin.

salutation n. f.
• Salut solennel.
• **Correspondance**
Formule de politesse qui termine une lettre. La salutation reprend la formule d'appel, entre virgules. *Veuillez agréer, Madame la Présidente, l'assurance de ma considération très distinguée. Recevez, Monsieur, mes salutations les meilleures.*
Note.- Lorsque la conclusion commence par une proposition circonstancielle ou par un participe présent, la formule de salutation s'écrit alors *je vous prie* (ou *nous vous prions*). *Dans l'espoir d'une réponse favorable, je vous prie d'agréer...*
V. Tableau - **CORRESPONDANCE.**

salvateur, trice adj.
(Litt.) Qui sauve.
V. **sauveteur, sauveur.**

salve n. f.
• Décharge simultanée d'armes à feu. *Une salve de coups de canon.*
• *Salve d'applaudissements.* Applaudissements nombreux.

samare n. f.
Fruit ailé de l'érable, de l'orme.
Note.- Attention à l'orthographe : samar*e*.

samba n. f.
Danse brésilienne. *Des sambas endiablées.*

samedi n. m.
Sixième jour de la semaine. *Le samedi 24 juin.*
Note.- Les noms de jours s'écrivent avec une minuscule et prennent la marque du pluriel. *Je viendrai tous les samedis*, mais *je viendrai tous les jeudi et samedi de chaque semaine.* Attention à la construction de la dernière phrase où les noms de jours restent au singulier parce qu'il n'y a qu'un seul jeudi et un seul samedi par semaine.
V. Tableau - **JOUR.**

samouraï n. m. ou **samurai** n. m. inv.
(Ancienn.) Guerrier japonais. *Des samouraïs* ou *des samurai inflexibles.*
Note.- Attention à l'orthographe : sam**ouraï**, sam**urai**.

samovar n. m.
Ustensile servant à la préparation du thé, en Russie. *Des samovars d'argent.*

sampan n. m.
Embarcation chinoise à voile. *De petits sampans.*

S.A.M.U. n. m.
Sigle de *Service d'aide médicale d'urgence*.

samurai
V. **samouraï.**

sanatorium n. m.
• Les lettres *um* se prononcent *om* [sanatɔrjɔm].
• Établissement médical où l'on soigne les tuberculeux. *Des sanatoriums situés en montagne.*
• S'abrège familièrement en **sana** (s'écrit sans point).

sancerre n. m.
Vin blanc. *Un bon sancerre bien frais.*
Note.- Le nom du vin s'écrit avec une minuscule, tandis que le nom de la ville s'écrit avec une majuscule.

sanctification n. f.
Action de sanctifier.

sanctifier v. tr.
• Redoublement du *i* à la première et à la deuxième personne du pluriel de l'indicatif imparfait et du subjonctif présent. *(Que) nous sanctifiions, (que) vous sanctifiiez.*
• Rendre saint.

sanction n. f.
• Ratification.
• Mesure répressive. *Une sanction administrative.*

sanctionner v. tr.
• Ratifier. *Sanctionner une loi, un décret.*
• Punir. *Les infractions seront sanctionnées.*

sanctuaire n. m.
Lieu saint.

sandale n. f.
Chaussure légère composée d'une semelle retenue par des lanières. *Des sandales blanches.*
Note.- Attention à l'orthographe : sanda**le**.

sandwich n. m.
Tranches de pain entre lesquelles on met du poulet, du pâté, du fromage, etc. *Des sandwiches variés* ou *des sandwichs au jambon.*
Note.- Deux formes sont admises pour le pluriel : *sandwiches* (pluriel anglais), *sandwichs.*

sang n. m.
• Le *g* ne se prononce pas [sã].
• Liquide qui circule dans les veines et les artères du corps humain. *Une prise de sang.*
• Race, famille. *Être de sang noble, un cheval pur sang.*
• **Locutions**
- *Suer sang et eau.* Se donner beaucoup de mal.
- *Avoir le sang chaud.* Être colérique.
- *Se faire du mauvais sang.* S'inquiéter.
- *Avoir quelque chose dans le sang.* Être très doué ou passionné pour quelque chose.
- *Fouetter le sang.* Stimuler.

sang-froid n. m. inv.
Calme, présence d'esprit. *Au cours de l'incendie, il a fait preuve de beaucoup de sang-froid.*
Notes.-
1° Attention à l'orthographe : san**g**-froid.
2° Ce nom est invariable et s'écrit avec un trait d'union.

sanglant, ante adj.
Couvert de sang, où il y a beaucoup de sang. *Une guerre sanglante.*

sangle n. f.
Bande plate destinée à maintenir, à serrer. *Les sangles d'un parachute.*
Note.- Attention à l'orthographe : sa**n**gle.

sangler v. tr.
Serrer avec une sangle.
Note.- Attention à l'orthographe : sa**n**gler.

sanglier n. m.
Porc sauvage.
Notes.-
1° Attention à l'orthographe : sa**n**glier.
2° La femelle du sanglier est une *laie*, le petit, un *marcassin* ; le sanglier *grommelle* ou *grumelle.*

sanglot n. m.
• Gémissement causé par une crise de larmes.
• (Litt.) Expression de la douleur.

sangloter v. intr.
Pousser des sanglots.
Note.- Attention à l'orthographe : sanglo**t**er.

sangria n. f.
Boisson d'origine espagnole composée de vin rouge sucré et de fruits. *Des sangrias désaltérantes.*

sangsue n. f.
Ver qui suce le sang des vertébrés.
Note.- Attention à l'orthographe : san**g**sue.

sanguin, ine adj.
Relatif au sang. *Les vaisseaux sanguins. La pression sanguine.*

sanguinaire adj.
Cruel. *Un bourreau sanguinaire.*
Note.- Attention à l'orthographe : sanguin**aire**, au masculin comme au féminin.

sanguine n. f.
Variété d'orange à la pulpe de couleur rouge.

sanguinolent, ente adj.
Mêlé, teinté de sang. *Des traces sanguinolentes.*
Note.- Attention à l'orthographe : sa**n**guinole**n**t.

sanitaire adj. et n. m.
• **Adjectif**
- Relatif à l'hygiène, à la santé. *Le service sanitaire.*
- Se dit des appareils qui servent à la distribution et à l'évacuation de l'eau. *La baignoire, le lavabo, l'évier sont des appareils sanitaires.*

- Nom masculin
Les installations sanitaires. *Les sanitaires de l'école ont été refaits.*

sans prép.

Cette préposition marque la privation, l'exclusion d'une personne, d'une chose. *Il est sorti sans manteau et sans gants.*
Note.- Le nom qui suit la préposition s'écrit au singulier ou au pluriel selon le sens, la logique (un seul manteau, une paire de gants). *Une dictée sans fautes* (sans erreurs), *venez sans faute* (à coup sûr).
• **Sans + nom au singulier.** *Sans argent, sans borne, sans cérémonie, sans cesse, sans commentaire, sans crainte, sans défense, sans délai, sans douleur, sans doute, sans espoir, sans exception, sans façon, sans fin, sans grâce, sans inconvénient, sans interruption, sans partage, sans passion, sans peur, sans pitié, sans précédent, sans prétention, sans raison, sans réserve, sans retard, sans retour, sans trêve...*
• **Sans que.** Cette locution conjonctive marque une idée de concession négative, d'exclusion et se construit avec le subjonctif. *Il est parti sans qu'on puisse le retenir.*
Note.- Après cette locution conjonctive, on évite d'employer le *ne* explétif.
• **Non sans + nom** ou **infinitif.** Avec beaucoup de. *Il a réussi non sans mal.*
• **N'être pas sans + nom** ou **infinitif.** *Vous n'êtes pas sans savoir* (et non sans **ignorer).
Note.- La juxtaposition de la construction négative et de la préposition *sans* correspond à une affirmation (signification « vous savez »).

sans-abri n. m. et f. inv.
Personne sans logement. *L'année des sans-abri.*

sans-cœur adj. inv. et n. m. et f. inv.
(Fam.) Insensible. *Des personnes sans-cœur, des sans-cœur.*

sans date
Abréviation *s.d.* (s'écrit avec points).

sans-gêne adj. inv. et n. m. et f. inv.
• **Adjectif invariable.** Effronté. *Des garçons sans-gêne.*
• **Nom masculin et féminin.** Personne impolie. *Ce sont des sans-gêne.*

sanskrit, ite ou **sanscrit, ite** adj. et n. m.
Langue indo-européenne. *Des textes sanskrits, lire le sanscrit.*
Note.- Les noms de langues s'écrivent avec une minuscule.

sans-le-sou n. m. et f. inv.
(Fam.) Pauvre.

sans-logis n. m. et f. inv.
Personne sans logement. *Des sans-logis.*
Note.- Le mot *sans-abri* est plus couramment utilisé aujourd'hui.

santal n. m.
Arbuste dont le bois a une odeur aromatique. *Des santals.*

santé n. f.
État de l'organisme. *Être en bonne, en mauvaise santé.*

santon n. m.
Figurine provençale.
Note.- Attention à l'orthographe : santo**n.**

saoudien adj. et n. m. et f.
De l'Arabie saoudite. *Le pétrole saoudien. Un Saoudien, une Saoudienne.*
Note.- Contrairement à l'adjectif, le nom prend une majuscule.

saoul
V. **soûl.**

saper v. tr.
Miner. *Saper la confiance des employés.*

sapeur-pompier n. m.
Pompier. *Des sapeurs-pompiers compétents.*

saphir n. m.
Pierre précieuse de teinte bleue. *Des saphirs magnifiques.*
Note.- Attention à l'orthographe : sa**ph**ir.

sapide adj.
Qui a une saveur.
Ant. **insipide.**

sapin n. m.
Conifère. *Un beau sapin de Noël, une forêt de sapins.*

sapinière n. f.
Forêt de sapins.

sapon- préf.
Élément du latin signifiant « savon ». *Saponifier.*

saponification n. f.
Production de savon.

saponifier v. tr.
• Redoublement du *i* à la première et à la deuxième personne du pluriel de l'indicatif imparfait et du subjonctif présent. *(Que) nous saponifiions, (que) vous saponifiiez.*
• Transformer en savon.

sapristi ! interj.
Interjection familière marquant l'étonnement.

sarabande n. f.
Danse, vacarme.
Note.- Attention à l'orthographe : sa**r**abande.

sarbacane n. f.
Arme destinée à projeter des flèches.
Notes.-
1° Attention à l'orthographe : sarbaca**n**e.
2° Ne pas confondre avec le mot **barbacane** qui désigne une meurtrière.

sarcasme n. m.
Raillerie.

sarcastique adj.
Railleur, ironique. *Un ton sarcastique.*

sarcelle n. f.
Canard sauvage.
Note.- Attention à l'orthographe : sarce**ll**e.

sarclage n. m.
Action de sarcler.

sarcler v. tr.
Enlever les mauvaises herbes, les racines.

sarcome n. m.
Tumeur maligne.
Note.- Attention à l'orthographe : sarc**o**me, sans accent.

sarcophage n. m.
Tombeau de pierre. *Les sarcophages phéniciens.*
Note.- Attention à l'orthographe : sarco**ph**age.

sardine n. f.
Poisson de petite taille. *Des sardines grillées. À cette heure d'affluence dans le métro, nous étions comme sardines en boîte.*

sardonique adj.
Sarcastique. *Un rire sardonique.*

sari n. m.
Vêtement féminin en Inde. *Des saris de soie.*
Note.- Attention à l'orthographe : sa**r**i.

sarigue n. f.
Petit mammifère. *L'oppossum est une sarigue.*
Note.- Attention à l'orthographe : sa**r**igue.

S.A.R.L.
Sigle de *société à responsabilité limitée*.

sarment n. m.
Tige de la vigne.
Note.- Ne pas confondre avec le mot **serment** qui désigne un engagement solennel.

sarrasin n. m.
Céréale. *De la farine de sarrasin.*

sarrau n. m.
Vêtement de travail. *Des sarraus blancs.*
Note.- Attention à l'orthographe : sa**rr**au.

sas n. m.
• Le **s** final se prononce ou non [sa(s)].
• Compartiment étanche qui permet la transition entre deux milieux dont les pressions sont différentes.

sassafras n. m.
• Le **s** final ne se prononce pas [sasafra].
• Arbre dont les racines sont aromatiques.

satané, ée adj.
(Fam.) Abominable, fieffé. *C'est un satané baratineur.*
Note.- Attention à l'orthographe : sata**n**é.

satanique adj.
Diabolique.
Note.- Attention à l'orthographe : sata**n**ique.

satanisme n. m.
Magie noire.
Note.- Attention à l'orthographe : sata**n**isme.

satellite n. m.
• Astre qui gravite autour d'une planète. *La Lune est un satellite de la Terre.*
• Engin placé par une fusée sur l'orbite de la Terre, d'une planète. *Des satellites artificiels, un satellite météorologique, une émission de télévision par satellite.*
Note.- Attention à l'orthographe : sate**ll**ite.

satiété n. f.
• Le premier **t** se prononce **s** [sasjete].
• Le fait d'être rassasié.
• *À satiété.* À l'excès, au point d'être dégoûté.

satin n. m.
Étoffe brillante. *Une chemise de nuit en satin blanc.*

satiné, ée adj.
Qui est doux et lustré comme le satin. *Une peau satinée.*

satiner v. tr.
Donner l'aspect brillant du satin.

satire n. f.
Écrit qui caricature une situation, une personne.
Note.- Attention à l'orthographe : sati**r**e.
Hom. **satyre,** divinité mythologique aux pieds de bouc.

satirique adj.
Qui constitue une satire. *Un texte satirique.*

satisfaction n. f.
• Contentement, bien-être qui résulte de l'accomplissement d'un désir, d'une action. *La satisfaction du devoir accompli.*
• Action de satisfaire. *La satisfaction des besoins du consommateur.*
• *Donner satisfaction.* Répondre à une exigence. *Ce nouvel employé nous donne toute satisfaction.*
• *Obtenir satisfaction.* Gagner sa cause. *Ils ont obtenu satisfaction.*

satisfaire v. tr., pronom.
• Le verbe se conjugue comme **faire.** *Nous satisfaisons, vous satisfaites.*
• **Transitif**
Contenter, assouvir. *Satisfaire ses désirs.*
• **Transitif indirect**
- Répondre à une exigence. *Ils satisfont à tous les critères, à toutes les conditions.*
- Exécuter, s'acquitter d'une obligation. *Satisfaire à une obligation, à une demande.*
• **Pronominal**
Se contenter de. *Ils se sont satisfaits de peu.*

satisfaisant, ante adj.
• Les lettres **ai** se prononcent **e** [satisfazɑ̃].
• Qui contente, suffisant. *Ces résultats sont satisfaisants.*
Note.- Ne pas confondre avec le participe présent invariable **satisfaisant.** *Des desserts satisfaisant les plus gourmands.*

satisfait, aite adj.
• Content. *Ils sont très satisfaits des progrès accomplis, d'apprendre qu'ils ont réussi.*

Note.- L'adjectif se construit également avec la conjonction **que** et le subjonctif ; on évitera la construction **de ce que** suivi de l'indicatif. *Je suis satisfaite que vous soyez d'accord.*
• Assouvi. *Un désir satisfait.*

saturation n. f.
• Action de saturer.
• (Fig.) Qui a atteint un point maximal. *Le marché n'a pas atteint la saturation.*

saturer v. tr.
• Remplir. *Air saturé d'eau.*
• Rassasier jusqu'au dégoût. *Les messages publicitaires dont on sature les consommateurs.*

saturnisme n. m.
Intoxication par le plomb.

satyre n. m.
Divinité mythologique aux pieds de bouc.
Hom. **satire,** écrit caricatural.

sauce n. f.
Préparation liquide onctueuse qui accompagne un plat. *Une sauce béarnaise, des rognons sauce madère.*

saucer v. tr.
• Le **c** prend une cédille devant les lettres **a** et **o**. *Il sauça, nous sauçons.*
• Tremper dans la sauce, dans un liquide. *Saucer son pain dans la soupe.*

saucière n. f.
Récipient à bec dans lequel on sert les sauces.

saucisse n. f.
Préparation de viande hachée et assaisonnée contenue dans un boyau. *Des saucisses de Toulouse, de Francfort.*
Note.- Attention à l'orthographe : sau**cis**se.

saucisson n. m.
Préparation de viandes assaisonnées cuites ou fumées.
Note.- Attention à l'orthographe : sau**cis**son.

sauf, sauve adj.
• Qui est hors de danger. *Elle a eu la vie sauve.*
• Intact. *L'honneur est sauf.*
• **Sain et sauf.** Hors de danger, sans dommage. *Elles sont saines et sauves, ils sont sains et saufs.*
Note.- Au pluriel, on ne fait pas la liaison entre l'adjectif et la conjonction.

sauf prép.
• À l'exception de, à l'exclusion de, hormis. *Sauf avis contraire. Sauf Pierre et Paul, ils seront tous présents.*
• **Sauf que,** locution conjonctive. Si ce n'est que, à la réserve que. *La journée a été excellente, sauf que nous avons manqué de champagne.*
Note.- La locution introduit une proposition conditionnelle marquant une réserve, une exception et se construit avec l'indicatif.

sauf-conduit n. m.
Autorisation, laissez-passer. *Des sauf-conduits officiels.*

sauge n. f.
Plante aromatique.

saugrenu, ue adj.
Bizarre, inattendu. *Une suggestion saugrenue.*

saulaie n. f.
Plantation de saules.
Note.- Attention à l'orthographe : saula**ie**.

saule n. m.
Arbre qui pousse au bord des rivières, dans des lieux humides. *Un beau saule pleureur.*
Note.- Attention à l'orthographe : sau**le**.

saumâtre adj.
• Légèrement salé. *Une eau saumâtre.*
• (Fig.) Désagréable, fâcheux. *Plaisanterie saumâtre.*
Note.- Attention à l'orthographe : saum**â**tre.

saumon adj. inv. et n. m.
• **Adjectif de couleur invariable.** D'une teinte rose orangé. *Des chapeaux saumon.*
V. Tableau - **COULEUR (ADJECTIFS DE).**
• **Nom masculin.** Poisson dont la chair de teinte rose est très appréciée. *Du saumon fumé.*

saumoné, ée adj.
Dont la chair est rose comme celle du saumon. *Une truite saumonée.*
Note.- Attention à l'orthographe : saumo**né**.

saumoneau n. m.
Petit saumon. *Des saumoneaux.*
Note.- Attention à l'orthographe : saumo**neau**.

sauna n. m.
• Pièce où l'on prend des bains de vapeur.
• Bain de vapeur. *Des saunas.*

saupoudrer v. tr.
Couvrir d'une substance en poudre. *Des framboises saupoudrées de sucre.*
Note.- Attention à l'orthographe : s**au**poudrer (et non *soupoudrer).

saur adj. m.
• Se prononce sor [sɔr].
• **Hareng saur.** Hareng salé et fumé. *Des harengs saurs.*

-saure, -saurien suff.
Éléments du grec signifiant « lézard ». *Tyrannosaure, dinosaurien.*

saut n. m.
• Bond. *Un saut périlleux.*
• **Faire le saut.** Prendre une décision importante.
Note.- Attention à l'orthographe : s**au**t.
Hom. :
- **sceau,** cachet ;
- **seau,** récipient ;
- **sot,** stupide.

saut-de-lit n. m.
Déshabillé. *Des sauts-de-lit charmants.*

saute n. f.
Changement subit. *Des sautes d'humeur.*

sauté, ée adj. et n. m.
● **Adjectif.** Rôti à la poêle, à feu vif. *Des pommes sautées.*
● **Nom masculin.** Mets cuit à feu vif dans une casserole. *Des sautés de veau.*

saute-mouton n. m. inv.
Jeu. *Jouer à saute-mouton.*

sauter v. tr., intr.
● **Transitif**
- Franchir par un saut. *Il saute un obstacle.*
- Omettre quelque chose. *Elle a sauté un mot.*
- Faire revenir. *Faire sauter des légumes dans du beurre.*
● **Intransitif**
- Bondir. *Il sautait de joie.*
- (Fig.) **Sauter aux yeux.** Apparaître clairement, être évident.
- Exploser. *La fusée a sauté.*

sauterelle n. f.
Insecte sauteur herbivore.
Note.- Attention à l'orthographe : saute*rell*e.

sauterie n. f.
(Fam.) Petite soirée intime où l'on danse.

sauternes n. m.
Vin blanc très fruité. *Boire un sauternes bien frais.*
Notes.-
1º Attention à l'orthographe : sauterne**s.**
2º Le nom du vin s'écrit avec une minuscule, tandis que le toponyme s'écrit avec une majuscule.

sautillement n. m.
Action de sautiller.
Note.- Attention à l'orthographe : sauti*ll*ement.

sautiller v. intr.
● Les lettres **ill** sont suivies d'un *i* à la première et à la deuxième personne du pluriel de l'indicatif imparfait et du subjonctif présent. *(Que) nous sautillions, (que) vous sautilliez.*
● Faire de petits sauts. *Il sautillait et gambadait.*

sautoir n. m.
● Long collier. *Un beau sautoir de perles.*
● **En sautoir.** Autour du cou.

sauvage adj.
● Se dit d'un animal qui n'est pas apprivoisé, qui vit en liberté. *Un cheval sauvage. Le lion est un animal sauvage.*
● Qui pousse sans être cultivé. *Des framboisiers sauvages, du riz sauvage.*
● Inhabité. *Une île sauvage.*
● Anarchique. *Une grève sauvage.*
● (Fig.) Farouche, solitaire.

sauvagement adv.
D'une manière sauvage.

sauvagerie n. f.
Brutalité, férocité.

sauvegarde n. f.
● Protection, défense. *La sauvegarde des monuments anciens.*

● (Inform.) Opération consistant à enregistrer des informations sur un support (disquette, disque rigide, etc.) en vue de les conserver.

sauvegarder v. tr.
● Préserver, protéger. *Sauvegarder ses droits.*
● (Inform.) Enregistrer des informations sur un support en vue de les conserver.

sauve-qui-peut n. m. inv.
Panique générale. *Des sauve-qui-peut.*

sauver v. tr., pronom.
● **Transitif**
- Préserver quelqu'un d'un danger, de la mort. *Il lui a sauvé la vie.*
- Empêcher la destruction de quelque chose. *Sauver un immeuble historique de la démolition.*
- Pallier. *L'excellence du jeu des comédiens sauve cette pièce dont le scénario est faible.*
● **Pronominal**
S'enfuir. *Ils se sont sauvés pendant que le gardien dormait.*

sauvetage n. m.
Action de sauver. *Un canot de sauvetage, des bouées de sauvetage.*
Note.- Attention à l'orthographe : sauve*t*age.

sauveteur n. m.
Personne qui participe à un sauvetage.
Notes.-
1º Ce mot ne comporte pas de forme féminine.
2º Ne pas confondre avec le mot **sauveur** qui désigne une personne qui sauve, qui libère.

sauvette (à la) loc. adv.
● Rapidement, à la hâte.
● **Vente à la sauvette.** Vente clandestine, sans autorisation.

sauveur adj. m. et n. m.
Personne qui sauve, qui libère.
Notes.-
1º Lorsqu'il est construit sans complément et qu'il désigne Jésus-Christ, le nom s'écrit avec une majuscule.
2º Ce mot ne comporte pas de forme féminine.
3º Ne pas confondre avec le mot **sauveteur** qui désigne une personne qui participe à un sauvetage.

savamment adv.
● Avec érudition.
● Habilement. *Elle est savamment coiffée.*
Note.- Attention à l'orthographe : sava**mm**ent.

savane n. f.
Grande plaine à la végétation rare, dans la zone tropicale.
Note.- Attention à l'orthographe : sava*n*e.

savant n. m.
savante n. f.
Scientifique, chercheur (spécialiste dans une science expérimentale ou exacte). *Les savants ne reçoivent pas suffisamment de fonds pour poursuivre leurs recherches.*

Note.- Dans le domaine des sciences, on parle d'un *savant*, d'un *scientifique* ; dans le domaine littéraire, d'un *lettré*, d'un *érudit.*

savant, ante adj.
• Qui a beaucoup de connaissances, en matière scientifique.
• Qui est érudit.
• *Mot savant.* Mot souvent emprunté au grec ou au latin, employé dans un domaine scientifique, technique.

savarin n. m.
Pâtisserie au rhum.
Note.- Ne pas confondre avec le mot *navarin* qui désigne un ragoût de mouton.

savate n. f.
Vieille chaussure, vieille pantoufle.
Note.- Attention à l'orthographe : sava*t*e.

saveur n. f.
Qualité particulière perçue par le goût. *Ces fruits sont sans saveur. Une saveur amère, sucrée.*

savoir v. tr.

• *Je sais, tu sais, il sait, nous savons, vous savez, ils savent. Je savais. Je sus. Je saurai. Je saurais. Sache, sachons, sachez. Que je sache. Qu'il sût. Sachant. Su, sue.*
• Avoir la connaissance de. *Elle sait lire et compter. Il sait l'anglais. Tu sais tes déclinaisons latines par cœur.*
• (Litt.) Connaître l'existence de. *Il sait une petite clairière dans la forêt. Je vous remercie, je sais le chemin.*
• Pouvoir. *Je saurai terminer ce long travail.*
Note.- Le verbe est au conditionnel, à la forme négative (généralement sans l'adverbe de négation *pas*) et il est suivi d'un infinitif. *Je ne saurais vous dire. Il ne saurait en être question.*
• Être apte à, avoir le talent, la force de faire quelque chose. *Elle sait répartir les tâches, il sait nager, tu sais écouter.*
• **Locutions**
- *À savoir*, locution adverbiale. C'est-à-dire.
Note.- Cette locution introduit une énumération, une explication. *Il y a plusieurs types de supports d'information, à savoir la disquette, le disque rigide, etc.*
- *À savoir que*, locution conjonctive. Cette locution introduit une explication et se construit avec l'indicatif. *Cet immeuble est une copropriété, à savoir que chacun des quatre copropriétaires n'en possède que le quart.*
- *En savoir long sur quelqu'un, quelque chose.* Être bien informé sur une personne, une chose.
- *Faire savoir.* Informer, annoncer. *Je vous ferai savoir la date de la prochaine rencontre.*
- *Je ne sache pas.* (Litt.) Je ne crois pas. *Je ne sache pas qu'il y ait d'autres recherches portant sur ce sujet.*
- *Je-ne-sais-quoi.* Chose difficile à définir, à exprimer. *Il se dégage de ce film un je ne sais quoi de tendre et de mutin. Ce je-ne-sais-quoi qui n'a de nom dans aucune langue.* (Bossuet).
Note.- Ce nom composé s'écrit avec ou sans trait d'union.

- *N'être pas sans savoir.* Ne pas ignorer.
Note.- Ne pas commettre l'erreur fréquente de remplacer le verbe *savoir* par *ignorer. Tu n'es pas sans savoir que la valeur des actions a beaucoup baissé.*
- *Ne vouloir rien savoir.* Ne pas vouloir en entendre parler. *Elle ne veut rien savoir de cette histoire.*
- *Que je sache.* (Litt.) À ma connaissance. *Ils ne sont pas encore élus, que je sache.*
Note.- Ce tour de registre soutenu ne s'emploie qu'avec une proposition négative.
- *Savoir gré.* Être reconnaissant. *Elles lui sauront gré* (et non *★seront gré) de sa compréhension.*

savoir n. m.
• Connaissances, érudition. *L'étendue de son savoir.*
• *Le gai savoir.* La poésie des troubadours.

savoir-faire n. m. inv.
• Compétence, expérience. *Il nous a montré son savoir-faire. Des savoir-faire exclusifs.*
• Ensemble des connaissances techniques d'une personne, d'une entreprise qui peuvent être mises à la disposition d'autrui, à titre onéreux ou gratuit. *Le savoir-faire technologique.*

savoir-vivre n. m. inv.
Connaissance et pratique des règles de la politesse. *Des savoir-vivre. Il manque de savoir-vivre.*

savon n. m.
• Produit employé pour le nettoyage. *Un savon de toilette. Un savon à barbe.*
• (Fam.) *Passer un savon à quelqu'un.* Le réprimander.

savonnage n. m.
Nettoyage au savon.
Note.- Attention à l'orthographe : savo*nn*age.

savonner v. tr.
Nettoyer avec du savon.
Note.- Attention à l'orthographe : savo*nn*er.

savonnette n. f.
Petit savon pour la toilette. *Des savonnettes parfumées.*
Note.- Attention à l'orthographe : savo*nnett*e.

savonneux, euse adj.
Qui contient du savon. *Une eau savonneuse.*
Note.- Attention à l'orthographe : savo*nn*eux.

savourer v. tr.
• Goûter avec plaisir, déguster. *Savourer un vin.*
• Apprécier quelque chose avec délices. *J'ai savouré ce roman merveilleux.*

savoureux, euse adj.
Qui a une saveur agréable. *Un gigot savoureux.*

savoyard, arde adj. et n. m. et f.
De Savoie.
Note.- Contrairement à l'adjectif, le nom prend une majuscule.

saxophone n. m.
Instrument à vent.

saxophoniste n. m. et f.
Personne qui joue du saxophone.

saynète n. f.
(Vx) Sketch. *Au collège, nous organisions des saynètes édifiantes.*

Sb
Symbole de **antimoine.**

sbire n. m.
(Litt.) Homme de main.
Note.- Attention à l'orthographe : sbir**e.**

sc.
Abréviation de **science(s)**.

sc-
Ces lettres se prononcent **s** devant **e** ou **i, sk** devant **a, o, u.** *Scène, scandale.*

scabreux, euse adj.
Qui choque la décence. *Une histoire scabreuse.*

scalpel n. m.
Bistouri.
Note.- Attention à l'orthographe : scalp**el.**

scandale n. m.
• Fait révoltant.
• Affaire malhonnête. *Un scandale politique.*

scandaleux, euse adj.
Qui cause du scandale, qui choque. *Une suffisance scandaleuse.*

scandaliser v. tr., pronom.
• **Transitif.** Susciter l'indignation, choquer. *Ils ont scandalisé leurs parents.*
• **Pronominal.** S'offenser, se choquer. *Elle se scandalise de cette façon de procéder.*

scander v. tr.
Marquer la mesure, ponctuer. *Il scandait son discours avec emphase.*

scandinave adj. et n. m. et f.
De Scandinavie.
Note.- Contrairement à l'adjectif, le nom prend une majuscule.

scanner n. m.
(Anglicisme) (Méd.) Appareil de radiodiagnostic qui peut reconstituer des images de l'organisme en coupes fines.
Note.- Le nom **tomodensitomètre** a fait l'objet d'une recommandation officielle pour remplacer cet anglicisme.
Syn. **scanographe.**

scanographie n. f.
• Partie de la radiologie qui utilise un scanner ou tomodensitomètre.
• Image obtenue à l'aide du scanner, du tomodensitomètre.

scaphandre n. m.
Vêtement étanche muni d'une bouteille à air comprimé qui permet à un plongeur d'évoluer sous l'eau.
Note.- Attention à l'orthographe : sca**ph**andre.

scaphandrier n. m.
Plongeur muni d'un scaphandre.
Note.- Attention à l'orthographe : sca**ph**andrier.

scarabée n. m.
Insecte voisin du hanneton.
Note.- Attention au genre masculin de ce nom : **un** scarab**ée.**

scarlatine adj. f. et n. f.
Maladie contagieuse de l'enfance. *Fièvre scarlatine* ou *scarlatine.*

scato- préf.
Élément du grec signifiant « excrément ». *Scatologie.*

scatologie n. f.
Écrit, propos où il est question d'excréments.
Note.- Attention à l'orthographe : scato**l**ogie.

scatologique adj.
Qui se rapporte à la scatologie. *Des propos scatologiques.*
Note.- Attention à l'orthographe : scato**l**ogique.

sceau n. m.
• Cachet. *Des sceaux officiels.*
• *Sous le sceau du secret.* Confidentiellement.
Hom. :
- **saut**, bond ;
- **seau**, récipient ;
- **sot**, stupide.

scélérat, ate adj. et n. m. et f.
(Litt.) Perfide, atroce. *Des scélérats qui ont profité de sa gentillesse. Une attitude scélérate.*
Note.- Attention à l'orthographe : **sc**élérat.

scélératesse n. f.
(Litt.) Perfidie.

scellé n. m. (gén. pl.)
Cachet de cire apposé par une autorité pour empêcher l'ouverture d'un meuble, d'un local. *Mettre un appartement sous scellés.*
Note.- Attention à l'orthographe : **sc**ellé.

scellement n. m.
Action de sceller.
Note.- Attention à l'orthographe : **sc**ell**ement.**

sceller v. tr.
• Cacheter à l'aide d'un sceau. *Une lettre scellée d'un cachet.*
• Fermer hermétiquement. *Sceller un récipient, une ouverture.*
Note.- Attention à l'orthographe : **sc**ell**er.**
Hom. **seller,** munir (un cheval) d'une selle.

scénario n. m.
Canevas d'une pièce, d'un film, d'une émission. *Des scénarios bien structurés.*
Notes.-
1° Attention à l'orthographe : **sc**énario.
2° Ce nom d'origine italienne s'écrit avec un accent aigu et prend la marque du pluriel, ou s'écrit sans accent et suit le pluriel italien. *Des scenarii.*

scénariste n. m. et f.
Personne qui écrit des scénarios.

scène n. f.
• Partie du théâtre où sont les acteurs. *Une scène tournante.*
• Le théâtre. *Les arts de la scène.*
• Subdivision d'un acte. *Acte II, scène III.*
Notes.-
1° Attention à l'orthographe : sc**è**ne.
2° Le numéro de la scène se compose en chiffres romains petites capitales, tandis que le numéro de l'acte se compose en chiffres romains grandes capitales.
• Dispute. *Une scène de ménage.*
Hom. **cène**

scénique adj.
Relatif au théâtre. *L'art scénique.*
Note.- Attention à l'orthographe : sc**é**nique.

scepticisme n. m.
• État d'esprit d'une personne qui remet en question les croyances, les valeurs admises.
• Manque de confiance à l'égard de quelque chose.

sceptique adj. et n. m. et f.
Incrédule. *Elle restait sceptique sur ses chances de succès.*
Note.- Attention à l'orthographe : sc**ep**tique.
Hom. **septique,** peut infecter.

sceptre n. m.
Bâton de commandement, symbole de l'autorité suprême.
Notes.-
1° Attention à l'orthographe : sc**e**ptre.
2° Ne pas confondre avec le mot **spectre** qui désigne un fantôme.

schah ou **shah**
V. **chah**.

schapska
V. **chapska**.

scheik
V. **cheikh**.

schelem
V. **chelem**.

schéma n. m.
Représentation simplifiée. *Des schémas de fonctionnement, un schéma directeur.*
Note.- Attention à l'orthographe : sch**é**ma.

schématique adj.
Simplifié. *Une description schématique.*
Note.- Attention à l'orthographe : sch**é**matique.

schématiquement adv.
D'une manière schématique, simplifiée.
Note.- Attention à l'orthographe : sch**é**matiquement.

schématisation n. f.
Action de schématiser.
Note.- Attention à l'orthographe : sch**é**matisation.

schématiser v. tr.
• Représenter à l'aide d'un plan, d'un dessin.
• Simplifier. *Schématiser la pensée d'un auteur.*
Note.- Attention à l'orthographe : sch**é**matiser.

schème n. m.
Forme, structure. *Un schème de réflexion.*
Note.- Attention à l'orthographe : sch**è**me.

schilling n. m.
• Ancienne unité monétaire anglaise.
• Unité monétaire de l'Autriche. *Des schillings.*
V. Tableau - **SYMBOLES DES UNITÉS MONÉTAIRES.**
V. **shilling**.

schisme n. m.
Division. *Le schisme du christianisme, d'un parti politique.*
Notes.-
1° Attention à l'orthographe : sch**is**me.
2° Ne pas confondre avec le mot **schiste** qui désigne une roche feuilletée.

schiste n. m.
Se dit des roches susceptibles de se diviser en feuillets. *L'ardoise est un schiste. Des schistes bitumineux.*
Notes.-
1° Attention à l'orthographe : sch**is**te.
2° Ne pas confondre avec le mot **schisme** qui désigne une division.

schizo- préf.
Élément du grec signifiant « fendre ». *Schizophrénie.*

schizophrène adj. et n. m. et f.
• Les lettres *schi* se prononcent *ski* [skizɔfrɛn].
• Personne atteinte de schizophrénie. *Elle est schizophrène. Une schizophrène incurable.*
Note.- Attention à l'orthographe : s**chi**zo**ph**rène.

schizophrénie n. f.
• Les lettres *schi* se prononcent *ski* [skizɔfreni].
• Psychose caractérisée par la perte de contact avec la réalité.
Note.- Attention à l'orthographe : s**chi**zo**ph**rénie.

schuss adv. et n. m.
• Le *u* se prononce *ou* [ʃus].
• Se dit d'une descente en ski exécutée en droite ligne. *Il aime descendre en schuss à l'occasion. Elle descend tout schuss.*
Note.- Attention à l'orthographe : s**chu**s**s.**

sciage n. m.
• Action de scier.
• *Bois de sciage.* Bois scié destiné à la construction, à la menuiserie.
Note.- Attention à l'orthographe : s**ci**age.

scie n. f.
• Outil dont la lame dentée est destinée à couper des matières dures. *Une scie à chaîne. Une scie à métaux.*
• *En dents de scie.* En pointes successives.
Note.- Attention à l'orthographe : s**ci**e.

sciemment adv.
• Le premier *e* se prononce *a* [sjamã].
• En connaissance de cause.
Note.- Attention à l'orthographe : sci**emm**ent.

science n. f.
• Abréviation *sc.* (s'écrit avec un point).
• Ensemble de connaissances ayant un objet déterminé. *Les sciences naturelles, humaines, pures.*

science-fiction n. f.
Texte portant sur une réalité imaginaire utilisant des données de la science. *Un livre de science-fiction. Des sciences-fictions.*

scientifique adj. et n. m. et f.
• **Adjectif**
- Qui concerne les sciences. *La recherche scientifique, un terme scientifique.*
- Conforme aux méthodes rigoureuses de la recherche. *Un travail scientifique.*
• **Nom masculin et féminin**
Savant spécialiste (d'une science expérimentale ou exacte).
Note.- Dans le domaine des sciences, on parle d'un *savant*, d'un *scientifique* ; dans le domaine littéraire, d'un *lettré*, d'un *érudit.*
Note.- Attention à l'orthographe : *sc*ientifique.

scientifiquement adv.
D'une manière scientifique.
Note.- Attention à l'orthographe : *sc*ientifiquement.

scier v. tr.
• Redoublement du *i* à la première et à la deuxième personne du pluriel de l'indicatif imparfait et du subjonctif présent. *(Que) nous sciions, (que) vous sciiez.*
• Couper avec une scie. *Scier du bois.*

scierie n. f.
Atelier où l'on scie le bois.
Note.- Attention à l'orthographe : *sc*ierie.

scinder v. tr., pronom.
• **Transitif.** Diviser, séparer.
• **Pronominal.** Se diviser.
Note.- Attention à l'orthographe : *sc*inder.

scintillant, ante adj.
Qui scintille. *Des lumières scintillantes.*
Note.- Attention à l'orthographe : *sc*intillant.

scintillement n. m.
Action de scintiller. *Le scintillement d'une pierre.*
Note.- Attention à l'orthographe : *sc*intillement.

scintiller v. intr.
• Les lettres *ill* sont suivies d'un *i* à la première et la deuxième personne du pluriel de l'indicatif imparfait et du subjonctif présent. *(Que) nous scintillions, (que) vous scintilliez.*
• Briller, étinceler. *Les étoiles scintillent.*
Note.- Attention à l'orthographe : *sc*intiller.

scission n. f.
Division. *La scission d'un parti politique.*
Note.- Attention à l'orthographe : *sc*i*ss*ion.

sciure n. f.
Poussière qui tombe du bois que l'on scie. *De la sciure de bois appelée aussi **bran de scie**.*
Note.- Attention à l'orthographe : *sc*iure.

sclér(o)- préf.
Élément du grec signifiant «dur». *Sclérose.*

sclérose n. f.
• Durcissement d'un tissu, d'un organe. *Sclérose des artères.*

• *Sclérose en plaques.* Maladie du système nerveux central.
• (Fig.) Vieillissement. *La sclérose des institutions.*
Note.- Attention à l'orthographe : sclé*r*ose, sans accent circonflexe.

sclérosé, ée adj.
• Atteint de sclérose.
• Qui n'évolue plus, qui ne s'adapte pas à l'environnement.
Note.- Attention à l'orthographe : sclé*r*osé, sans accent circonflexe.

scléroser (se) v. pronom.
• Se durcir, en parlant d'un tissu, d'un organe. *Les artères se sont sclérosées.*
• (Fig.) S'immobiliser, ne plus évoluer.

scolaire adj.
Relatif à l'enseignement. *L'année scolaire, le travail scolaire.*
Notes.-
1° Attention à l'orthographe : scol*aire.*
2° Cet adjectif conserve la même forme au masculin et au féminin.

scolarisation n. f.
Action de scolariser.

scolariser v. tr.
• Pourvoir d'établissements scolaires.
• Soumettre une personne à un régime scolaire. *En France, les enfants sont obligatoirement scolarisés à partir de six ans.*

scolarité n. f.
• Durée des études. *La scolarité de maîtrise est de deux ans.*
• Études scolaires. *Faire toute sa scolarité dans le même établissement.*

scoop n. m.
• Les lettres *oo* se prononcent *ou* [skup].
• (Anglicisme) Information donnée en exclusivité. *Des scoops.*
Note.- Les noms *primeur* et *exclusivité* ont fait l'objet d'une recommandation officielle pour remplacer cet anglicisme.

scooter n. m.
• Les lettres *scoo* se prononcent *skou*, [skutœr] ou [skutɛr].
• (Anglicisme) Motocycle léger. *De petits scooters amusants.*

-scope, -scopie, -scopique suff.
Éléments du grec signifiant «examiner, observer». *Microscope, radioscopie, télescopique.*

scorbut n. m.
• Le *t* se prononce [skɔrbyt].
• Maladie causée par une carence en vitamine C.
Note.- Attention à l'orthographe : scorbu*t.*

score n. m.
• Marque, nombre de points obtenus par une équipe. *Le score final est de 5 à 1.*
• (Fig.) Résultat (chiffré ou non).

scorie n. f. (gén. pl.)
• Matière volcanique, résidu qui se sépare des métaux en fusion.
• (Fig.) Résidu, déchet. *Les scories de la production littéraire.*
Note.- Attention à l'orthographe : sc**orie.**

scorpion n. m.
• Animal invertébré portant en avant une paire de pinces et dont l'abdomen est terminé par un aiguillon venimeux.
• Nom d'une constellation, d'un signe du zodiaque.
Note.- Les noms d'astres s'écrivent avec une majuscule. *Elle est (du signe du) Scorpion, elle est née entre le 23 octobre et le 21 novembre.*
V. **astre.**

scotch n. m.
• Les lettres *tch* se prononcent [skɔtʃ].
• Whisky écossais. *Des scotches sans glaçons.*

scottish-terrier n. m.
Petit chien terrier originaire d'Écosse. *Elle avait un petit scottish-terrier nommé « rhinoféroce ». Des scottish-terriers.*

scout, e adj. et n. m.
• **Adjectif.** Relatif au scoutisme. *Une équipe scoute.*
• **Nom masculin.** Enfant, adolescent faisant partie d'un mouvement de scoutisme.
Note.- Le nom féminin est *guide.* *Les jeunes scouts sont des louveteaux.*

scoutisme n. m.
Mouvement ayant pour but de parfaire la formation des jeunes garçons et des jeunes filles par des activités de groupe en plein air.

scrabble n. m. (n. déposé)
• Ce nom se prononce [skrabəl] ou [skrabl].
• Jeu de société qui s'apparente aux mots croisés. *Des parties de scrabble bien enlevées. Des scrabbles de voyage.*
Note.- Ce nom d'origine américaine est une marque déposée passée dans l'usage. Il s'écrit avec une minuscule et prend un *s* au pluriel.

scribe n. m.
• (Vx) Copiste.
• (Péj.) Gratte-papier.

script n. m.
• Les lettres *pt* se prononcent [skript].
• Type de caractères d'imprimerie qui ressemble à l'écriture manuscrite.

script n. m.
(Anglicisme) Scénario. *Des scripts.*

scriptural, ale, aux adj.
Monnaie scripturale. Technique bancaire qui permet d'effectuer des règlements par simple jeu d'écriture.
Note.- Aujourd'hui, on parle davantage de *monnaie électronique* qui devient le mode de paiement généralisé.

scrupule n. m.
• Inquiétude morale d'une conscience sensible.

• *Une personne sans scrupule(s).* Personne amorale, qui agit uniquement par intérêt.
• *Se faire un scrupule de quelque chose.* Renoncer à faire quelque chose, par conscience morale.

scrupuleusement adv.
• D'une manière scrupuleuse.
• Rigoureusement.

scrupuleux, euse adj.
Strict, honnête.

scrutateur n. m.
scrutatrice n. f.
Personne chargée de surveiller le déroulement d'un scrutin et de participer à son dépouillement. *Il sera scrutateur d'un bureau de vote à l'occasion des prochaines élections.*

scruter v. tr.
Examiner attentivement, observer. *Elle scrute le ciel à la recherche d'une étoile.*

scrutin n. m.
• Vote au moyen de bulletins. *Un scrutin secret.*
• Ensemble des opérations de vote.
Note.- Attention à l'orthographe : sc**rutin.**

sculpter v. tr.
• Le *p* ne se prononce pas [skylte].
• Façonner en taillant une matière dure. *Sculpter un buste dans une pièce de marbre.*

sculpteur n. m.
• Le *p* ne se prononce pas [skyltœr].
• Personne qui exerce l'art de la sculpture.

sculptural, ale, aux adj.
• Le *p* ne se prononce pas [skyltural].
• Propre à la sculpture.
• Digne d'être sculpté. *Des formes sculpturales.*

sculpture n. f.
• Le *p* ne se prononce pas [skyltyr].
• Art de sculpter. *Il fait de la sculpture et de la peinture.*
• Œuvre du sculpteur. *Ce buste est une très belle sculpture.*

scythe adj. et n. m. et f.
Relatif aux Scythes, peuple de l'Antiquité qui habitait le sud de la Russie d'aujourd'hui.
Note.- Attention à l'orthographe : sc**ythe.**

s.d.
Abréviation de *sans date.*
V. Tableau - **RÉFÉRENCES BIBLIOGRAPHIQUES.**

se pron. pers.
Pronom personnel réfléchi de la troisième personne du singulier et du pluriel. *Elle se lave, ils se regardent.*
V. Tableau - **PRONOM.**

séance n. f.
• Réunion d'une assemblée. *Ouvrir la séance par la lecture de l'ordre du jour.*
• *Lever la séance.* Déclarer une réunion terminée.
• *Séance tenante*, locution adverbiale. Sans délai.

séant n. m.

Sur son séant. Assis. *Elle s'est mise sur son séant.*
Note.- Le nom ne s'emploie que dans l'expression
citée.

séant, ante adj.
(Litt.) Convenable. *Il serait séant de l'informer de la
situation.*

seau n. m.
Récipient. *Des seaux d'eau. Il pleut à seaux.*
Hom. :
- *saut*, bond ;
- *sceau*, cachet ;
- *sot*, stupide.

sébacé, ée adj.
Qui produit le sébum. *Les glandes sébacées.*

sébile n. f.
Récipient de bois rond et plat.

séborrhée n. f.
Sécrétion excessive de sébum.
Note.- Attention à l'orthographe : sébo*rrh*ée.

sébum n. m.
● La lettre *u* se prononce *o* [sebɔm].
● Sécrétion grasse des glandes sébacées.
Note.- Ce mot d'origine latine est francisé ; il s'écrit
avec un accent aigu et prend la marque du pluriel.

sec, sèche adj., adv.
● **Adjectif**
- Aride, sans humidité. *Un climat sec.*
- Desséché. *Une peau sèche.*
- Insensible, tranchant. *Un ton sec.*
● **Adverbe**
Brusquement. *Ils démarrent sec.*
Note.- Pris adverbialement, le mot est invariable.

sécateur n. m.
Ciseau pour la taille des arbustes.
Note.- Attention à l'orthographe : sé*c*ateur.

sécession n. f.
Séparation, indépendance d'un État par rapport à son
ancienne confédération.
Note.- Attention à l'orthographe : sé*cess*ion.

séchage n. m.
Action de faire sécher. *Le séchage du bois.*
Note.- Attention à l'orthographe : sé*chage*.

sèche-cheveux n. m. inv.
Appareil électrique destiné à faire sécher les cheveux.
Des sèche-cheveux pratiques.
Syn. **séchoir.**

sèche-linge n. m. inv.
Machine à sécher le linge. *Des sèche-linge défectueux.*

sèchement adv.
● D'une manière sèche.
● Avec dureté. *Elle lui répond sèchement.*
Note.- Attention à l'orthographe : s*è*chement.

sécher v. tr., intr.
● *Le é* se change en *è* devant une syllabe muette, sauf

à l'indicatif futur et au conditionnel présent. *Je sèche,*
mais *je sécherai.*
● **Transitif.** Rendre sec. *Le soleil a séché la terre.*
● **Intransitif.** Devenir sec. *Le linge séchait sur la corde.*
Note.- Attention à l'orthographe : s*é*cher.

sécheresse n. f.
● Le *é* se prononce *è* ou *é*, [seʃrɛs] ou [seʃrɛs].
● Aridité. *La sécheresse d'un climat.*
● Insensibilité, froideur. *La sécheresse de son ton.*
Note.- Attention à l'orthographe : s*é*cheresse.

séchoir n. m.
● Appareil ou support servant à faire sécher le linge.
● Sèche-cheveux. *Un séchoir électrique.*

second, onde adj.
● Qui vient après le premier. *Cet enfant est leur second
fils. Il voyage en seconde classe.*
● *De seconde main.* Qui vient d'un intermédiaire. *Une
voiture de seconde main.*
Note.- On emploie généralement l'adjectif **second**
quand il n'y a que deux éléments ; autrement, on
utilisera plutôt **deuxième.**

secondaire adj. et n. m.
● **Adjectif.** Qui vient au second rang, accessoire. *Cette
question est secondaire.*
● *Secteur secondaire.* Secteur d'activité économique
qui regroupe les activités de transformation des matières premières en biens (industrie) ;
Note.- Le *secteur primaire* regroupe les activités productrices de matières premières (agriculture, mines,
etc.) ;
- le *secteur tertiaire* regroupe les services (administration, transport, informatique, etc.).
● **Nom masculin.** *Enseignement secondaire* ou (absol.)
secondaire. Enseignement qui suit l'enseignement
primaire. *Les enseignants du secondaire.*

seconde n. f.

● Symbole *s* (s'écrit sans point).
● Unité de mesure de temps correspondant à la soixantième partie de la minute.
● (Fig.) Moment. *Je viens dans quelques secondes.*
● **Notation de l'heure**
La notation de l'heure réunit les indications des unités
par ordre décroissant, sans interposition de virgule et
avec un espace de part et d'autre de chaque symbole.
14 h 25 min 45 s précisément.
● **Symboles**
Les symboles des unités de mesure n'ont pas de point
abréviatif, ne prennent pas la marque du pluriel et ne
doivent pas être divisés en fin de ligne. *Le train part à
15 h 35 min précises.*
● **Uniformité**
L'heure doit être indiquée de façon homogène :
- si le nom d'une unité est inscrit au long, les autres
noms devront être notés en toutes lettres. *14 heures 8
minutes* (et non * 14 heures 8 min).
- Si le nom de la première unité est abrégé, le second
sera également abrégé ou omis. *14 h 8 min* ou *14 h 8.*
● **Fraction horaire.**
La fraction horaire n'étant pas décimale, il n'y a pas

lieu d'ajouter un zéro devant les unités. *1 h 5* (et non
*1 h 05).
V. Tableau - **HEURE.**

seconder v. tr.
Aider. *Il est très bien secondé, le personnel est très
compétent.*

secouer v. tr., pronom.
• **Transitif**
- Agiter quelque chose à plusieurs reprises. *Elle secoue
le pommier pour en faire tomber les pommes mûres.*
- Ébranler. *Il a été très secoué par la nouvelle.*
• **Pronominal**
Réagir. *Allons, secouez-vous, il ne faut pas vous laisser
abattre ainsi.*

secourir v. tr.
• *Je secours, tu secours, il secourt, nous secourons,
vous secourez, ils secourent. Je secourais. Je secourus.
Je secourrai. Je secourrais. Secours, secourons, se-
courez. Que je secoure. Que je secourusse. Secourant.
Secouru, ue.*
• Aider, porter assistance.

secourisme n. m.
Méthode de premiers soins aux blessés, aux malades.
Note.- Attention à l'orthographe : secou*r*isme.

secouriste n. m. et f.
Membre d'une société de secours.
Note.- Attention à l'orthographe : secou*r*iste.

secours n. m.
• Assistance à quelqu'un qui est dans une situation
dangereuse, difficile. *Appeler au secours.*
• *De secours.* En cas de nécessité. *Une sortie de
secours, une roue de secours.*
Note.- Attention à l'orthographe : secour*s*.

secousse n. f.
• Agitation brusque.
• *Secousse sismique.* Tremblement de terre.
Note.- Cette expression est critiquée par certains
auteurs qui recommandent plutôt *séisme, tremblement
de terre* ; dans les faits, l'expression n'est plus jugée
pléonastique.

secret, ète adj. et n. m.
• **Adjectif**
Qui est caché, confidentiel. *Un passage secret, une
vie secrète.*
Note.- Attention à l'orthographe : secre*t*, secr*è*te.
• **Nom masculin**
- Ce qui doit rester caché. *Garder un secret.*
- Silence. *Il faut observer un secret total.*
- *Secret professionnel.* Obligation pour les membres
de certaines professions de ne pas divulguer les infor-
mations confidentielles qui concernent leurs clients.

secrétaire n. m. et f.
• Personne qui assume des fonctions administratives
(correspondance, classement, etc.) dans un bureau.
• *Secrétaire de rédaction.* Personne chargée de la
rédaction d'un journal, d'un ouvrage.

• *Secrétaire général, générale.* Personne chargée de
l'organisation générale d'une entreprise, d'un établissement public, d'un organisme.
• *Secrétaire d'État.* Membre du gouvernement responsable d'un département ministériel.

secrétaire n. m.
Petit meuble sur lequel on peut écrire.

secrétariat n. m.
• Fonction, métier de secrétaire. *Secrétariat de direc-
tion. Faire du secrétariat.*
• Ensemble du personnel chargé des tâches adminis-
tratives d'un organisme, d'un bureau.
• Le bureau lui-même. *Adressez-vous au secrétariat.*
Note.- Attention à l'orthographe : secrétaria*t*.

secrètement adv.
En secret.
Note.- Attention à l'orthographe : secr*è*tement.

sécréter v. tr.
• Le deuxième *é* se change en *è* devant une syllabe
muette, sauf à l'indicatif futur et au conditionnel présent.
Je sécrète, mais *je sécréterai.*
• Produire une substance. *Le foie sécrète la bile.*
Note.- Attention à l'orthographe : s*é*créter.

sécrétion n. f.
• Le *t* se prononce comme *s* [sekresjɔ̃].
• Production d'une substance par une glande, un
tissu, etc. *La sécrétion d'une hormone.*
• La substance ainsi produite.

sectaire adj.
Fanatique, intolérant.
Note.- Attention à l'orthographe : sect*aire*.

secte n. f.
Groupement de personnes adeptes d'une même doctrine.

secteur n. m.
• Division de l'activité économique nationale. *Secteur
privé, secteur public.*
• Domaine. *Un secteur d'activité, de recherche.*
• (Écon.) Ensemble d'entreprises qui entrent dans la
même catégorie.
Note.- Le *secteur primaire* regroupe les activités productrices de matières premières (agriculture, mines,
etc.) ;
- le *secteur secondaire* regroupe les activités de transformation des matières premières en biens (industrie) ;
- le *secteur tertiaire* regroupe les services (administration, transport, informatique, etc.).

section n. f.
Subdivision d'un ensemble. *Cette ligne d'autobus comporte plusieurs sections.*

sectionnement n. m.
• Division en sections.
• Action de sectionner. *Le sectionnement accidentel
d'un fil électrique.*
Note.- Attention à l'orthographe : sectio*nn*ement.

sectionner v. tr.
• Diviser.
• Couper. *L'artère a été sectionnée.*

Note.- Le verbe s'emploie surtout pour désigner une coupure accidentelle.

sectoriel, ielle adj.
Relatif à un secteur. *Des prévisions sectorielles.*

séculaire adj.
• Centenaire. *Cet arbre est trois fois séculaire.*
Note.- Cet adjectif conserve la même forme au masculin et au féminin.
• *Année séculaire.* Année qui termine le siècle. *Vivrons-nous la prochaine année séculaire ?*
• Qui existe depuis plusieurs siècles. *Un cèdre du Liban séculaire.*
Note.- Attention à l'orthographe : sécul*aire*.

sécularisation n. f.
Laïcisation.

séculariser v. tr.
Laïciser.

séculier, ière adj. et n. m.
• **Adjectif.** Laïque.
• **Nom masculin.** Prêtre qui vit dans le monde (par opposition à *moine).*

secundo adv.
• Les lettres *un* se prononcent *on*, le *c* se prononce *g* [segɔ̃do].
• En second lieu.
Note.- L'adverbe s'emploie à la suite de *primo. Primo, secundo, tertio.*

sécurisant, ante adj.
Rassurant. *Des paroles sécurisantes.*
Note.- Ne pas confondre avec le participe présent invariable *sécurisant. Les précautions sécurisant les travailleurs.*

sécuriser v. tr.
Rassurer, mettre en confiance. *Ces mesures efficaces ont sécurisé les passagers.*

sécuritaire adj.
• (Néol.) Relatif à la sécurité publique. *Des mesures sécuritaires.*
Note.- Attention à l'orthographe de cet adjectif qui conserve la même forme au masculin et au féminin : sécurit*aire*.

sécurité n. f.
• Tranquillité d'esprit qui résulte de l'absence de danger. *Se sentir en sécurité.*
• Organisation, mesures, destinées à assurer la sécurité. *La sécurité routière.*
Note.- Le mot *sécurité* tend à remplacer *sûreté* en ce sens.
• *De sécurité.* Destiné à empêcher un accident. *Le port de la ceinture de sécurité est obligatoire.*

sédatif, ive adj. et n. m.
• **Adjectif.** Qui calme l'organisme. *Une action sédative.*
• **Nom masculin.** Médicament sédatif, calmant. *Prendre des sédatifs.*

sédentaire adj.
• Qui ne comprend pas de déplacement, d'exercice. *Un travail sédentaire.*

• Qui voyage peu. *Ils sont plutôt sédentaires.*
Note.- Attention à l'orthographe de cet adjectif qui conserve la même forme au masculin et au féminin : sédent*aire*.

sédiment n. m.
Dépôt. *Des sédiments marins.*
Note.- Attention à l'orthographe : sédim*ent*.

sédimentaire adj.
De la nature du sédiment.
Note.- Attention à l'orthographe : sédim*entaire*.

sédimentation n. f.
Formation de sédiments.
Note.- Attention à l'orthographe : sédimentation.

séditieux, ieuse adj.
Qui incite à la révolte.
Note.- Attention à l'orthographe : sédi*ti*eux.

sédition n. f.
Révolte, soulèvement.
Note.- Attention à l'orthographe : sédi*ti*on.

séducteur, trice adj. et n. m. et f.
• **Adjectif.** Qui cherche à séduire. *Un pouvoir séducteur.*
• **Nom masculin et féminin.** Personne qui fait des conquêtes. *C'est un séducteur professionnel.*
Note.- Par rapport à l'adjectif *séduisant* qui ne se dit qu'en bonne part, le nom *séducteur* est souvent péjoratif.

séduction n. f.
• Action de séduire. *Exercer une extraordinaire séduction.*
• Attrait. *La séduction du pouvoir.*

séduire v. tr.
• *Je séduis, tu séduis, il séduit, nous séduisons, vous séduisez, ils séduisent. Je séduisais. Je séduisis. Je séduirai. Je séduirais. Séduis, séduisons, séduisez. Que je séduise. Que je séduisisse. Séduisant. Séduit, ite.*
• Conquérir, obtenir les faveurs de quelqu'un.
• Charmer, fasciner. *Une idée qui le séduit beaucoup. Elle se laissa séduire par la beauté de ce paysage.*

séduisant, ante adj.
Charmant, enchanteur. *Des femmes séduisantes.*
V. **séducteur.**

segment n. m.
Partie, portion. *Un segment de droite, un segment de piston.*
Note.- Attention à l'orthographe : segm*ent*.

segmenter v. tr.
Diviser en segments.
Note.- Attention à l'orthographe : segm*enter*.

ségrégation n. f.
Discrimination. *La ségrégation raciale.*
Note.- Attention à l'orthographe : ségrégation.

seiche n. f.
Mollusque marin. *Un os de seiche pour que la perruche puisse aiguiser son bec.*
Note.- Attention à l'orthographe : s*ei*che.

seigle n. m.
Céréale. *Un pain de seigle.*
Note.- Attention à l'orthographe : se*i*gle.

seigneur n. m.
• (Ancienn.) Maître.
Note.- Lorsque le nom désigne Dieu, il s'écrit avec
une majuscule. *Le Seigneur, Notre-Seigneur.*
• ***Grand seigneur.*** Personne qui vit dans l'opulence.
• ***À tout seigneur tout honneur.*** Il faut rendre à chacun
la dignité qui lui est due.

seigneurial, iale, iaux adj.
Qui appartient au seigneur. *Des droits seigneuriaux.*

seigneurie n. f.
(Ancienn.) Domaine seigneurial. *La seigneurie d'Albi.*
Note.- Attention à l'orthographe : sei**gneurie** (et non
* seigneurerie).

sein n. m.
• Chacune des mamelles de la femme.
• ***Donner le sein.*** Allaiter.
• (Litt.) Poitrine. *Elle le serre contre son sein.*
• ***Au sein de***, locution prépositive. (Litt.) Au milieu de,
à l'intérieur de. *Un large consensus au sein de la
francophonie.*
Hom. :
- ***sain***, équilibré ;
- ***saint***, sacré ;
- ***seing***, signature.

seing n. m.
• (Vx) Signature qui atteste l'authenticité d'un document.
• ***Sous seing privé.*** (Dr.) Se dit d'un acte non enregistré
devant notaire.
• ***Blanc-seing.*** Signature sur un papier où il n'y a rien
d'écrit. *Des blancs-seings.*
Notes.-
1° Attention à l'orthographe : sein**g**.
2° Le nom s'écrit avec un trait d'union et prend la
marque du pluriel aux deux éléments.
Hom. :
- ***sain***, équilibré ;
- ***saint***, sacré ;
- ***sein***, mamelle de la femme.

séisme n. m.
Tremblement de terre.

séismique
V. **sismique.**

séismographe
V. **sismographe.**

séismologie
V. **sismologie.**

seize adj. et n. m. inv.
• **Adjectif numéral cardinal invariable.** Quinze plus
un. *Seize ans.*
• **Adjectif numéral ordinal invariable.** Seizième. *Le
seize décembre.*
• **Nom masculin invariable.** Nombre seize.

seizième adj. et n. m. et f.
• **Adjectif numéral ordinal.** Nombre ordinal de seize.
La seizième heure.
• **Nom masculin.** La seizième partie d'un tout. *Les
trois seizièmes d'une quantité.*
• **Nom masculin et féminin.** Personne, chose qui oc-
cupe le seizième rang. *Elles sont les seizièmes.*

seizièmement adv.
En seizième lieu.

séjour n. m.
• Action de séjourner. *Ils ont fait un séjour de quelques
mois en Provence.*
• ***(Salle de) séjour.*** Pièce de la maison où l'on se tient
généralement. *Il lit en écoutant de la musique dans la
salle de séjour, dans le séjour.*

séjourner v. intr.
Résider temporairement dans un lieu. *Pendant l'été,
ils séjournent à la montagne.*

sel n. m.
• Substance blanche employée comme assaisonne-
ment. *Du sel marin.*
• ***Sel gemme.*** Sel extrait des mines.
• Ce qui donne du piquant. *Le sel de la vie.*

sélect, ecte adj.
Élégant. *Des restaurants sélects.*

sélectif, ive adj.
Qui fait un choix. *Une mémoire sélective.*

sélection n. f.
Choix des éléments qui répondent le mieux à certains
critères.

sélectionner v. tr.
Choisir selon des critères définis en vue de ne retenir
que les éléments les meilleurs. *Sélectionner des candidats.*
Note.- Attention à l'orthographe : sélectio**nn**er.

sélectivement adv.
D'une manière sélective.

self-control n. m.
(Anglicisme) Maîtrise de soi. *Des self-controls.*

self-made man n. m.
• Le premier *a* se prononce *è* [sɛlfmɛdman].
• (Anglicisme) Homme qui ne doit sa réussite qu'à
lui-même. *Des self-made men.*

self-service ou **self** n. m.
(Anglicisme) Restaurant où le client se sert lui-même.
Des self-services.

selle n. f.
• Siège du cavalier.
• ***Être bien en selle.*** Être bien affermi dans sa place.
• ***Se remettre en selle.*** Se rétablir après une difficulté.
• ***Remettre quelqu'un en selle.*** L'aider à rétablir sa
situation.
• Petit siège. *La selle d'un vélo.*
Note.- Attention à l'orthographe : se**ll**e.

seller v. tr.
Munir un cheval d'une selle.
Hom. ***sceller***, cacheter à l'aide d'un sceau.

sellerie n. f.
Industrie du sellier.

sellette n. f.
• Petit siège de bois.
• *Être sur la sellette.* Être questionné comme un accusé.
Note.- Attention à l'orthographe : se*llett*e.

sellier n. m.
Fabricant de selles.
Hom. *cellier,* lieu où l'on entrepose le vin.

selon prép.
• Conformément à, suivant. *Ce participe passé est accordé selon les règles.*
• D'après. *Selon cet article, le film est excellent.*
• *Selon que.* Dans la mesure où.
Note.- Cette locution est suivie de l'indicatif. *Selon que vous serez puissant ou misérable, les jugements de cour vous rendront blanc ou noir.* (La Fontaine).

semailles n. f. pl.
Action de semer les grains. *Le temps des semailles.*
Note.- Ce nom s'emploie toujours au pluriel.

semaine n. f.
• Période de sept jours. *Elle travaille quatre jours par semaine.*
• *Fin de semaine.* Au Canada, synonyme de **weekend.** *De belles fins de semaine en perspective.*
• *À la petite semaine.* (Fam.) Au jour le jour.
• *La semaine des quatre jeudis.* (Fam.) Jamais.

sémanticien n. m.
sémanticienne n. f.
Spécialiste de la sémantique.

sémantique adj. et n. f.
• **Adjectif.** Qui se rapporte au sens des mots. *Des distinctions sémantiques.*
• **Nom féminin.** Étude du sens des mots.

sémaphore n. m.
Appareil servant à la signalisation des voies ferrées.
Note.- Attention à l'orthographe : séma*ph*ore.

sémasiologie n. f.
(Ling.) Science des significations, partant du mot pour en étudier le sens.
Note.- Ne pas confondre avec le mot **onomasiologie** qui désigne la science des significations, partant de la notion pour en étudier la désignation.

semblable adj. et n. m.
• **Adjectif.** De même nature, de même apparence. *Ces deux voitures sont semblables.*
• **Nom masculin.** Prochain. *Partager le sort de ses semblables.*
Notes.-
1° Ne pas confondre avec les mots suivants :
- *identique,* qui est rigoureusement, parfaitement semblable ;
- *similaire,* qui est à peu près semblable.
2° Les mots **semblable** et **similaire** sont des doublets.
3° On dit **semblable à** (et non * pareil que).
V. Tableau - **DOUBLETS.**

semblant n. m.
• Apparence. *Un semblant de bonne humeur.*
• *Faire semblant.* Simuler. *Ils font semblant d'être malades.*
Note.- Dans cette locution, le nom demeure invariable.

sembler v. intr., impers.
• **Intransitif**
Paraître, donner l'impression. *Ce plat semble délicieux.*
• **Impersonnel**
- *Il me semble* + **infinitif.** Je crois. *Il me semble avoir entendu cela.*
• *Il semble que* + **indicatif ou conditionnel.** Il est évident, probable que. *Il semble qu'il fera beau demain. Il semble que les ventes augmenteraient si les prix étaient plus bas.*
• *Il semble que* + **subjonctif.** Il apparaît que. *Il semble que l'entreprise soit en difficulté.*
Note.- Selon le degré de certitude, le verbe se construit avec l'indicatif, le conditionnel ou le subjonctif.
• *Il ne semble pas que.* À la forme négative, le verbe se construit généralement avec le subjonctif.
• **Locutions**
• *Ce me semble.* (Litt.) Il me semble, à mon avis.
• *À ce qui semble, à ce qu'il semble.* Les deux expressions sont synonymes.
• *Comme bon vous semblera.* Comme il vous plaira.

sème n. m.
(Ling.) Unité sémantique minimale.

semelle n. f.
Pièce qui constitue le dessous d'une chaussure.
Note.- Attention à l'orthographe : seme*ll*e.

semence n. f.
Graine, substance fécondante.
Note.- Attention à l'orthographe : sem*e*nce.

semer v. tr.
• Le *e* se change en *è* devant une syllabe muette. *Je sème, il semait.*
• Mettre en terre des graines qui sont destinées à germer.
Syn. **ensemencer.**

semestre n. m.
Période de six mois. *L'année comporte deux semestres.*

semestriel, ielle adj.
Qui a lieu deux fois par année, tous les six mois.
Note.- Ne pas confondre avec **bisannuel** qui désigne ce qui a lieu tous les deux ans, qui dure deux ans.
V. Tableau - **PÉRIODICITÉ ET DURÉE.**

semestriellement adv.
Par semestre.

semeur, euse n. m. et f.
Personne chargée des semailles.

semi- préf.
• Élément du latin signifiant « à demi ».
• Le préfixe *semi-* qui est invariable se joint à un nom ou à un adjectif avec un trait d'union. *Des semiconducteurs, des armes semi-automatiques.*

Note.- Par rapport au mot **demi-** qui s'emploie couramment, le préfixe **semi-** est de registre plus technique.

semi-automatique adj.
Qui est partiellement automatique.

semi-circulaire adj.
En demi-cercle.

semi-fini, ie adj.
(Écon.) Se dit d'un produit industriel qui a subi une transformation partielle (par opposition à **matière première)**, mais qui n'est pas encore propre à la consommation (par opposition à **produit fini**). *Des produits semi-finis.*
Syn. **semi-ouvré.**

sémillant, ante adj.
Vif et enjoué. *Une brune sémillante.*

séminaire n. m.
• Établissement où étudient les jeunes gens qui se destinent à la vie religieuse.
• Groupe de travail animé par un professeur, un chercheur ou un spécialiste où la participation des étudiants est favorisée.
Note.- Ne pas confondre avec les mots suivants :
- **colloque**, réunion de spécialistes qui n'appartiennent pas nécessairement à la même discipline pour mettre en commun leur expérience, les résultats de leur recherche ;
- **congrès**, réunion périodique des membres d'une association ou d'une société ;
- **symposium**, congrès scientifique.

séminal, ale, aux adj.
Relatif au sperme.

séminariste n. m.
Élève d'un séminaire.

sémio- préf.
Élément du grec signifiant « signe ». *Sémiologie.*

sémiologie n. f.
Science qui étudie les systèmes de signes.

sémiologique adj.
Relatif à la sémiologie.

sémioticien n. m.
sémioticienne n. f.
Spécialiste de la sémiotique.

sémiotique adj. et n. f.
Théorie des systèmes de signes.

semi-ouvré, ée adj.
Se dit d'un produit partiellement fabriqué. *Des produits semi-ouvrés.*
Syn. **semi-fini.**

semi-remorque n. m. et f.
• **Nom masculin**. Véhicule routier composé d'un tracteur et d'une remorque. *Des semi-remorques en bon état.*
• **Nom féminin**. Remorque dont la partie antérieure s'articule sur l'arrière d'un tracteur routier.

semis n. m.
• Jeunes plants provenant de graines. *Nous irons bientôt chercher des semis à la pépinière pour les mettre en terre.*
• Motif qui se répète. *Un tissu brodé d'un semis de marguerites.*
Note.- Attention à l'orthographe : semi**s**.

sémite adj. et n. m. et f.
Se dit de certains peuples du Proche-Orient.
Note.- Contrairement à l'adjectif, le nom s'écrit avec une majuscule.

sémitique adj.
Qui est relatif aux Sémites. *Les langues sémitiques.*

semonce n. f.
Réprimande, avertissement. *Des coups de semonce.*
Note.- Attention à l'orthographe : semon**c**e.

semoncer v. tr.
• Le **c** prend une cédille devant les lettres **a** et **o**. *Il semonça, nous semonçons.*
• Réprimander.

semoule n. f.
• Granules de blé, de riz.
• **Sucre semoule.** Sucre en poudre.

sempiternel, elle adj.
(Péj.) Qui n'en finit pas. *Ses plaintes sempiternelles.*

sempiternellement adv.
Sans cesse.

sénat n. m.
Assemblée politique.
Note.- Lorsqu'il désigne l'assemblée des sénateurs, le nom s'écrit avec une majuscule. *Le Sénat a rejeté ce projet de loi.*

sénateur n. m.
Membre du Sénat.

sénégalais, aise adj. et n. m. et f.
Du Sénégal.
Note.- Lorsqu'il s'agit de la langue, l'adjectif ou le nom s'écrit avec une minuscule. Si le nom désigne une personne, la majuscule s'impose.

sénile adj.
Atteint de sénilité.
Note.- Attention à l'orthographe : séni**l**e.

sénilité n. f.
Ensemble de symptômes liés à la vieillesse, à l'affaiblissement des facultés.
Note.- Attention à l'orthographe : séni**l**ité.

sens n. m.

• Le **s** final se prononce [sɑ̃s].
• Faculté de l'organisme de percevoir des sensations. *La vue, l'ouïe, le goût, l'odorat et le toucher sont les cinq sens.*
• **Sixième sens.** Intuition.
• Jugement. *Le bon sens.*
• **À (mon, ton, etc.) sens.** Selon moi, toi, etc.
• Signification. *Le sens d'une expression.*

• **Sens propre.** Le premier sens d'un mot. *Le sens propre du mot **semis** est «plant».*
• **Sens figuré.** Signification d'un mot exprimée par une image. *Le sens figuré du verbe **survoler** est «examiner sommairement».*
• **Mot à double sens.** Calembour. *Des mots à double sens toujours équivoques.*
V. Tableau - **FIGURÉS (EMPLOIS).**
• Raison d'être. *Donner un sens à sa vie.*
• Direction. *En sens inverse.*
• **Sens unique.** Voie où la circulation ne peut se faire que dans la direction indiquée.
• **Sens interdit.** Voie dans laquelle on ne peut s'engager.
• **Sens giratoire.** Sens que doivent suivre les véhicules autour d'un rond-point.
• **En tous sens.** Dans toutes les directions.
• **Sens dessus dessous.** À l'envers, en désordre. *La chambre est sens dessus dessous* (et non *sans dessus dessous*).
• **Sens devant derrière.** De telle sorte que ce qui devrait être devant est derrière.
Note.- Dans ces expressions, le **s** final du mot **sens** ne se prononce pas.

sensation n. f.
• Information perçue par les sens. *Une sensation visuelle, olfactive, auditive.*
• Impression. *Une sensation agréable.*
• **À sensation.** De nature à attirer l'attention. *Les journaux à sensation, une nouvelle à sensation.*

sensationnel, elle adj. et n. m.
• **Adjectif**
- Qui provoque de l'étonnement. *Un événement sensationnel.*
- (Fam.) Formidable. *Une équipe sensationnelle.*
• **Nom masculin**
À la recherche du sensationnel.
Note.- Attention à l'orthographe : sensatio**nn**el.

sensé, ée adj.
Qui est plein de sens, raisonnable. *Une décision sensée.*
Notes.-
1º Attention à l'orthographe : **s**en**s**é.
2º Hom. **censé,** supposé, présumé.

sensément adv.
D'une manière judicieuse.
Note.- Attention à l'orthographe : **s**en**s**ément.

sensibilisation n. f.
Action de sensibiliser. *La sensibilisation de l'opinion publique à cette question cruciale.*

sensibiliser v. tr.
Rendre sensible à quelque chose. *La direction a été sensibilisée à ce problème.*

sensibilité n. f.
• Faculté d'un organisme d'être sensible aux impressions.
• Disposition d'une personne à ressentir profondément les impressions.

sensible adj.
• Apte à percevoir les sensations.
• Qui est facilement ému, touché. *Une enfant très sensible.*
• Tangible, perceptible. *Une amélioration sensible.*

sensiblement adv.
D'une manière visible, appréciable. *Cette pièce est sensiblement plus grande que celle-ci.*

sensiblerie n. f.
(Péj.) Sensibilité affectée.

sensitif, ive adj.
Relatif aux sensations. *Les nerfs sensitifs.*
Note.- Attention à l'orthographe : **s**en**s**itif.

sensitive n. f.
Plante qui se rétracte quand on la touche.

sensoriel, ielle adj.
Qui concerne les organes des sens. *Des excitations sensorielles.*

sensualité n. f.
Tempérament d'une personne sensuelle.

sensuel, elle adj.
• Qui est porté à rechercher ce qui flatte les sens. *Une personne sensuelle.*
• Voluptueux. *Une voix sensuelle.*

sentence n. f.
Condamnation par jugement. *Le juge a rendu une sentence de trois ans d'emprisonnement.*
Note.- Attention à l'orthographe : **s**en**t**en**c**e.

sentencieusement adv.
De façon sentencieuse.
Note.- Attention à l'orthographe : **s**en**t**en**c**ieusement.

sentencieux, ieuse adj.
Qui affecte la gravité, pompeux. *Un ton sentencieux.*
Note.- Attention à l'orthographe : **s**en**t**en**c**ieux.

senteur n. f.
(Litt.) Odeur agréable. *Une senteur délicieuse de pain chaud.*

sentier n. m.
Petit chemin (à travers les champs, une forêt, etc.). *Suivre un sentier qui longe la côte.*
Note.- Attention à l'orthographe : **s**en**t**ier.

sentiment n. m.
• Intuition sensible. *Avoir le sentiment qu'un malheur va arriver.*
• État affectif. *Un sentiment de bonheur.*
Note.- Attention à l'orthographe : **s**en**t**iment.

sentimental, ale, aux adj.
• Qui concerne la vie affective. *Des problèmes sentimentaux.*
• Romanesque. *La littérature sentimentale.*
Note.- Attention à l'orthographe : **s**en**t**imental.

sentimentalement adv.
D'une manière sentimentale.
Note.- Attention à l'orthographe : **s**en**t**imentalement.

sentimentalité n. f.
Caractère de ce qui est sentimental.
Note.- Attention à l'orthographe : sentimentalité.

sentinelle n. f.
Soldat qui assure la garde.
Note.- Bien qu'il désigne généralement un homme, ce nom est toujours féminin.

sentir v. tr., intr., pronom.

• *Je sens, tu sens, il sent, nous sentons, vous sentez, ils sentent. Je sentais. Je sentis. Je sentirai. Je sentirais. Sens, sentons, sentez. Que je sente. Que je sentisse. Sentant. Senti, ie.*
• **Transitif**
- Percevoir par les sens. *Sentir une douleur lancinante, un parfum.*
- Avoir conscience. *Tu sens que tu as raison, je sens qu'on me cache quelque chose.*
Note.- Le participe passé suivi de l'infinitif s'accorde parfois si le complément d'objet direct placé avant le verbe est aussi sujet de l'infinitif. *Les effluves que j'ai sentis passer.* Cependant, plusieurs auteurs considèrent qu'il fait corps avec l'infinitif et qu'il est invariable. *La tendresse qu'il a senti renaître.*
- Répandre une odeur. *La cuisine sent le brûlé.*
• **Intransitif**
- Avoir une odeur désagréable. *Ce fromage commence à sentir.*
- *Sentir bon, mauvais.*
Note.- Les adjectifs pris adverbialement sont invariables. *Les pivoines sentent bon.*
• **Pronominal**
- Éprouver un sentiment, une impression. *Ils se sentent coupables, elle se sent jeune.*
- *Se faire sentir.* Se manifester. *Les effets du médicament se font sentir.*
- *Se sentir + infinitif.* Le participe passé s'accorde avec le sujet qui fait l'action exprimée par l'infinitif. *Elles se sont senties faiblir.* Il reste invariable si le sujet n'accomplit pas l'action exprimée par l'infinitif. *Ils se sont senti pousser par la foule.*
- *Ne pas pouvoir sentir quelqu'un.* Détester une personne. *Celle-là, je ne peux plus la sentir.*

---

seoir v. impers., tr. ind.
• Ce verbe ne se conjugue qu'à la troisième personne du singulier et du pluriel. *Il sied, ils siéent. Il seyait, ils seyaient. Il siéra, ils siéront. Il siérait, ils siéraient. Qu'il siée, qu'ils siéent. Sis, sise.* Le passé simple, l'impératif et le subjonctif imparfait sont inusités.
• **Impersonnel.** (Litt.) Convenir. *Il sied de lui offrir le choix.*
Note.- En ce sens, le participe présent est **séant.**
• **Transitif indirect.** Aller bien à quelqu'un. *Cette coiffure vous sied à merveille.*
Note.- En ce sens, le participe présent est **seyant.**
Ant. **messeoir.**

sépale n. m.
Chacune des pièces du calice de la fleur. *Des sépales soudés.*

Note.- Attention au genre masculin de ce nom : *un* sépale.

séparation n. f.
• Action de séparer. *La séparation des pouvoirs.*
• Action de se séparer. *Une séparation qui dure depuis deux ans.*

séparatisme n. m.
Mouvement politique qui recherche l'autonomie par rapport à un État. *Le séparatisme basque.*

séparatiste adj. et n. m. et f.
Autonomiste.

séparément adv.
À part l'un de l'autre.

séparer v. tr., pronom.
• **Transitif.** Diviser, désunir. *Il faudrait séparer les fruits trop mûrs des autres, ou d'avec les autres.*
Note.- Le verbe se construit avec **de** ou avec **d'avec.**
• **Pronominal.** Se quitter. *Ils se sont séparés.*

sépia adj. inv. et n. f.
• **Adjectif de couleur invariable**
De la teinte rouge-brun de la sépia. *Des photos sépia.*
V. Tableau - **COULEUR (ADJECTIFS DE).**
• **Nom féminin**
- Matière colorante brunâtre.
- Lavis fait avec cette matière. *Des sépias figuratives.*
Note.- Attention au genre féminin de ce mot : *une* sépia.

sept adj. et n. m. inv.
• Le *p* ne se prononce pas, mais le *t* se prononce toujours, même devant une consonne [sɛt].
• **Adjectif numéral cardinal invariable.** Six plus un. *Les sept péchés capitaux.*
• **Adjectif numéral ordinal invariable.** Septième. *Le sept décembre.*
• **Nom masculin invariable.** Nombre sept. *Le sept est son chiffre chanceux. Des sept de cœur.*
V. Tableau - **NOMBRES.**

septembre n. m.
Neuvième mois de l'année. *Le 5 septembre.*
Note.- Les noms de mois s'écrivent avec une minuscule.
V. Tableau - **DATE.**

septennal, ale, aux adj.
Qui a lieu tous les sept ans. *Des congés septennaux.*

septennat n. m.
Mandat de sept ans. *Le septennat du président de la République française vient d'être renouvelé.*

septentrional, ale, aux adj.
Du nord. *Les pays septentrionaux.*
Note.- Attention à l'orthographe : septentrional.

septicémie n. f.
Infection générale.
Note.- Attention à l'orthographe : septicémie.

septième adj. et n. m. et f.
• **Adjectif numéral ordinal.** Nombre ordinal de sept. *La septième heure.*
• **Nom masculin.** La septième partie d'un tout. *Les trois septièmes d'une quantité.*

• **Nom masculin et féminin.** Personne, chose qui occupe le septième rang. *Elles sont les septièmes.*

septièmement adv.
En septième lieu.

septique adj.
• Qui peut infecter, qui est infecté. *Des microbes, des plaies septiques.*
• *Fosse septique* (et non * sceptique). Fosse d'aisances. Hom. *sceptique,* personne incrédule.

septuagénaire adj. et n. m. ou f.
Âgé de soixante-dix ans environ.
Note.- Attention à l'orthographe de ce mot qui conserve la même forme au masculin et au féminin : septua-gén*aire.*

septuor n. m.
Formation musicale de sept musiciens.

septuple adj. et n. m.
Qui vaut sept fois autant. *Vingt et un est le septuple de trois.*

septupler v. tr., intr.
• **Transitif.** Multiplier par sept. *Septupler les investis-sements.*
• **Intransitif.** Devenir sept fois plus élevé. *Le nombre des abonnés a septuplé.*

sépulcral, ale, aux adj.
Funèbre, qui évoque la mort. *Des visages sépulcraux.*

sépulcre n. m.
(Litt.) Tombeau.

sépulture n. f.
• (Litt.) Action d'ensevelir.
• Lieu où repose le corps d'une personne morte.

séquelle n. f.
• Incapacité qui demeure après une maladie.
Note.- Ce nom s'emploie surtout au pluriel.
• Conséquence, suite fâcheuse. *Les séquelles d'une restructuration.*
Note.- Attention à l'orthographe : séque*lle.*

séquence n. f.
Suite ordonnée. *Quelques séquences d'un film.*
Note.- Attention à l'orthographe : séqu*e*nce.

séquentiel, ielle adj.
• Relatif à une suite ordonnée. *Un ordre séquentiel.*
• *Accès séquentiel.* (Inform.) Mode d'exploitation d'un fichier imposant la lecture de toutes les données précédemment enregistrées avant celle qui est recherchée (par opposition à *accès direct*).
Note.- Attention à l'orthographe : séquen*t*iel.

séquestration n. f.
Détention illégale d'une personne.
Note.- Attention à l'orthographe : s*é*questration.

séquestre n. m.
(Dr.) Dépôt provisoire d'une chose. *Ses meubles ont été mis sous séquestre.*
Note.- Attention à l'orthographe : séquest*r*e.

séquestrer v. tr.
Emprisonner illégalement. *Les diplomates ont été enlevés et séquestrés.*
Note.- Attention à l'orthographe : s*é*questrer.

séquoia n. m.
Conifère gigantesque originaire de Californie. *Des séquoias plusieurs fois séculaires.*
Note.- Attention à l'orthographe : séquo*i*a, sans tréma.

sérail n. m.
(Ancienn.) Palais du sultan ottoman.
Note.- Ne pas confondre avec le mot *harem* qui désigne la partie du palais où étaient enfermées les femmes du sultan.

séraphin n. m.
Ange. *Les séraphins et les chérubins.*

serbo-croate n. m.
Langue slave. *Le serbo-croate est une langue parlée en Yougoslavie.*
Note.- Les noms de langues s'écrivent avec une minuscule.

serein, eine adj.
• Clair, pur. *Un ciel serein.*
• Tranquille, calme. *Un regard serein.*
Note.- Attention à l'orthographe : ser*ein.*
Hom. *serin,* oiseau.

sereinement adv.
D'une manière sereine.
Note.- Attention à l'orthographe : ser*ei*nement.

sérénade n. f.
Pièce musicale.
Note.- À l'origine, la *sérénade* était exécutée la nuit sous les fenêtres de la personne que l'on désirait honorer ; le nom avait pour antonyme *aubade* qui était un concert donné à l'aube.

sérénité n. f.
Tranquillité d'esprit, calme.

serf, serve adj. et n. m. et f.
• Le *f* se prononce ou non [sɛr(f)].
• (Ancienn.) Personne dépendant d'un seigneur. *Des serfs et des serves russes.*

sergent n. m.
Sous-officier militaire. *Un sergent-chef.*

sérici- préf.
Élément du latin signifiant « soie ».

séricicole adj.
Qui concerne la sériciculture.

sériciculteur n. m.
séricicultrice n. f.
Qui fait l'élevage des vers à soie.

sériciculture n. f.
Élevage des vers à soie.
V. **agriculture.**

série n. f.
• Suite, ensemble. *Une série d'erreurs. Classer des insectes par séries.*

Note.- Après un nom collectif suivi d'un complément au pluriel, le verbe se met au singulier ou au pluriel suivant l'intention de l'auteur qui veut insister sur l'ensemble ou sur la pluralité.
V. Tableau - **COLLECTIF.**
• *Fabrication, production en série.* Système de production industrielle basé sur l'assemblage de produits divers, en grand ou en petit nombre, à partir de pièces uniformes et standardisées.
• *Hors série.* Qui n'est pas de fabrication courante.
• *Hors série.* (Fig.) Qui n'est pas habituel, remarquable.

sériel, elle adj.
Qui appartient à une série.

sérieusement adv.
• D'une manière sérieuse. *Elle étudie sérieusement.*
• Vraiment. *Peut-on sérieusement envisager ce projet ?*

sérieux, ieuse adj. et n. m.
• **Adjectif**
- Consciencieux. *Une étudiante sérieuse.*
- Grave. *Un ton sérieux.*
- Important. *Un problème d'absentéisme très sérieux.*
• **Nom masculin**
Gravité. *Elle travaille avec beaucoup de sérieux. Prendre un problème au sérieux.*

sérigraphie n. f.
Procédé d'impression à l'aide d'une trame de soie. *De belles sérigraphies.*

serin, adj. inv. et n. m.
• **Adjectif de couleur invariable.** De la couleur jaune du serin. *Des chapeaux serin, jaune serin.*
V. Tableau - **COULEUR (ADJECTIFS DE).**
• **Nom masculin.** Petit oiseau à plumage jaune dont le chant est apprécié. *Un serin mâle, un serin femelle.*
Hom. **serein**, pur, calme.

seriner v. tr.
• Faire réciter une leçon en répétant.
• Répéter inlassablement.

seringa ou **seringat** n. m.
Arbuste cultivé pour ses fleurs blanches odorantes.

seringue n. f.
Petite pompe à piston qui sert à injecter un liquide dans l'organisme. *Une seringue à injection hypodermique.*

serment n. m.
Engagement solennel. *Prêter serment.*
Note.- Ne pas confondre avec le mot *sarment* qui désigne une tige de la vigne.
Hom. *serrement*, action de serrer.

sermon n. m.
• Discours d'un prédicateur.
Note.- Ne pas confondre avec les mots suivants :
- *allocution*, petit discours familier ;
- *discours*, exposé d'idées d'une certaine longueur ;
- *plaidoyer*, discours d'un avocat.
Syn. **prêche, homélie**
• Réprimande ennuyeuse.

sermonner v. tr.
Réprimander.
Note.- Attention à l'orthographe : sermo**nn**er.

séropositif, ive adj. et n. m. et f.
Se dit d'une personne dont le sang contient des anticorps spécifiques (hépatite, sida). *Ces patients sont séropositifs, elle est séropositive.*

serpe n. f.
Outil tranchant dont on se sert pour tailler les arbres, les haies, etc.

serpent n. m.
• Reptile. *Un serpent venimeux.*
• *Serpent à sonnette.* Nom familier du *crotale.*

serpenter v. intr.
Suivre une direction sinueuse. *Un sentier qui serpente dans la forêt.*

serpentin n. m.
Petit ruban coloré qui se déroule lorsqu'on le lance. *Lancer des serpentins.*

serpillière n. f.
Toile grossière qui sert au nettoyage. *Passer la serpillière.*
Note.- Attention à l'orthographe : serpi**ll**ière.

serre n. f.
• Abri vitré où l'on cultive des végétaux.
• (Au plur.) Griffes des oiseaux de proie.

serré, ée adj. et adv.
• **Adjectif.** Tendu. *Ces liens sont trop serrés.*
• **Adverbe.** Avec prudence. *Ils jouent serré, elle a calculé serré.*
Note.- Pris adverbialement, le mot est invariable.

serre-livres n. m. inv.
Accessoire qui sert à retenir des livres. *Des serre-livres de marbre.*
Syn. **appui-livres.**

serrement n. m.
• Action de serrer. *Un serrement de main(s).*
• *Serrement de cœur.* Émotion causée par la tristesse, la compassion.
Hom. *serment*, engagement solennel.

serrer v. tr.
• Comprimer. *Serrer un nœud.*
• Presser. *Je lui ai serré la main.*
• Rapprocher. *Serrer les rangs.*
• *Serrer les dents.* Résister à la douleur.
• *Serrer le cœur, la gorge.* Causer de l'angoisse, de l'émotion.

serre-tête n. m. inv.
Demi-cercle qui maintient les cheveux en place. *Des serre-tête de velours noir.*

serrure n. f.
Dispositif qui assure la fermeture d'une porte.
Note.- Attention à l'orthographe : se**rr**ure.

serrurerie n. f.
• Métier du serrurier.
• Magasin où l'on vend des serrures.
Note.- Attention à l'orthographe : se**rr**u**r**erie.

serrurier n. m.
Technicien chargé de l'installation, de la réparation des serrures.
Note.- Attention à l'orthographe : se**rr**u**r**ier.

sertir v. tr.
Enchâsser une pierre dans une monture. *Un diadème serti de diamants.*

sertissage n. m.
Action de sertir.
Note.- Attention à l'orthographe : serti**ss**age.

sérum n. m.
• Le **u** se prononce comme **o** [serɔm].
• Portion liquide du sang.
• Solution saline qui s'apparente au plasma. *Des sérums physiologiques.*

servante n. f.
(Vx) Domestique.
Note.- Ce nom est la forme féminine de **serviteur**. On dit aujourd'hui **femme de ménage, employée de maison**.

serveur n. m.
serveuse n. f.
Personne qui assure le service dans un restaurant.

serviabilité n. f.
Qualité d'une personne serviable.

serviable adj.
Qui aime à rendre service.

service n. m.
• Action de servir. *Le service était efficace.*
• Pourcentage d'une addition, d'une note affecté au personnel. *Le service est compris.*
• Division administrative. *Le Service des ressources humaines, un chef de service.*
Note.- Les désignations des unités administratives s'écrivent généralement avec une majuscule initiale (exception **ministère).**
• **État de service.** Expérience d'une personne. *De brillants états de service.*
• Assortiment d'objets. *Un service à café.*
• Aide. *Rendre un service.*
• **Service d'aide médicale d'urgence.** Sigle **S.A.M.U.**

serviette n. f.
• Linge dont on se sert pour s'essuyer. *Des serviettes de toilette, des serviettes de bain.*
Note.- La très grande serviette de bain se dit **drap de bain.**
• **Serviette-éponge.** Serviette en tissu bouclé. *Des serviettes-éponges rayées.*
• **Serviette hygiénique.** Bande de tissu absorbant utilisée pendant la période des règles.
• Porte-documents. *Une serviette de cuir.*

servile adj.
Soumis de façon excessive, obséquieux.
Note.- Attention à l'orthographe : servil**e**, au masculin comme au féminin.

servilement adv.
De façon servile.

servilité n. f.
Basse soumission.
Note.- Attention à l'orthographe : servi**l**ité.

servir v. tr., pronom.
• *Je sers, tu sers, il sert, nous servons, vous servez, ils servent. Je servais. Je servis. Je servirai. Je servirais. Sers, servons, servez. Que je serve. Que je servisse. Servant. Servi, ie.*
• **Transitif**
S'acquitter d'une tâche auprès de quelqu'un. *Ces jeunes filles nous ont servis très rapidement.*
• **Transitif indirect**
- Être utile. *Ces cartes routières nous ont bien servi.*
Note.- Le participe passé est invariable parce que le complément est indirect (« ont servi à nous »).
- **Ne servir de rien, à rien.** Les deux constructions sont équivalentes, mais de niveau différent : la construction avec la préposition **de** est de style plus soutenu.
• **Pronominal**
- Faire usage de. *Servez-vous de cet outil.*
- Prendre d'un plat.
- S'approvisionner. *Ils se servent chez ce marchand de fruits et légumes.*

serviteur n. m.
• (Litt.) Celui qui sert.
• (Vx) Domestique.
• **Votre serviteur.** La personne qui parle.

servitude n. f.
• (Litt.) Contrainte, esclavage.
• (Dr.) Charge qui grève un bien immobilier. *Une servitude de passage, de vue.*

servo- préf.
Élément du latin signifiant « esclave ».
Note.- Joint à un nom sans trait d'union, le préfixe désigne l'assistance automatique d'un mécanisme. *Une servodirection, des servofreins.*

servocommande n. f.
Mécanisme destiné à amplifier l'effort afin d'assurer le fonctionnement d'un ensemble.
Note.- Attention à l'orthographe : **servo**commande.

servodirection n. f.
Direction assistée par une servocommande. *Une servodirection hydraulique.*
Note.- Attention à l'orthographe : **servo**direction.

servofrein n. m.
Frein assisté par une servocommande. *Des servofreins bien réglés.*
Note.- Attention à l'orthographe : **servo**frein.

ses adj. poss. pl.
• L'adjectif possessif détermine le nom en indiquant le « possesseur » de l'objet désigné. Il s'accorde en genre et en nombre avec le nom déterminé. *Ses livres.*
• Il s'accorde en personne avec le nom désignant le « possesseur ». Ainsi, l'adjectif possessif **ses** renvoie à un seul « possesseur » de plusieurs êtres, de plusieurs objets.
V. Tableau - **POSSESSIF (ADJECTIF).**

sésame n. m.
• Plante oléagineuse. *Manger du poulet aux grains de sésame.*
• Moyen magique d'atteindre un but, d'après le conte des *Mille et une nuits. Ce n'est pas un sésame, un sésame ouvre-toi.*

session n. f.
Période d'activité d'un tribunal, d'une assemblée etc. *La session parlementaire. Une session de formation.* Hom. *cession,* action de céder à une personne un bien, un droit à titre gratuit ou onéreux.

sesterce n. m.
Ancienne monnaie romaine.
Note.- Attention au genre masculin de ce nom : *un* sesterce.

set n. m.
• (Anglicisme) Manche, au tennis et dans divers sports.
• (Anglicisme) Napperon, ou ensemble de napperons. *Set de table.*

seuil n. m.
• Pas d'une porte, entrée d'une pièce.
• (Fig.) Commencement, début. *Au seuil d'une nouvelle année.*
• *Seuil de rentabilité.* Niveau d'activité nécessaire pour assurer la couverture des charges d'exploitation d'une entreprise. *Atteindre le seuil de rentabilité ou le point mort.*

seul, seule adj. et n. m. et f.
• **Adjectif**
- **Placé avant le nom.** Unique. *Elle est la seule femme du groupe.*
- **Placé après le nom.** Solitaire. *C'est un homme seul.*
- **Placé en début de phrase.** L'adjectif s'accorde généralement avec le nom auquel il se rapporte. *Seuls de bons résultats pourront nous permettre de continuer.*
- *Le seul qui.*
Note.- Le verbe se construit avec l'indicatif dans le cas d'une affirmation, d'une certitude. *Elle est la seule qui a collaboré.* Il se construit avec le subjonctif pour indiquer une éventualité. *Ils sont les seuls qui puissent nous sortir de cette impasse.*
- *À seule fin de.* Uniquement pour. *À seule fin d'épater la galerie.*
- *Seul à seul.* En tête à tête. *Elles sont seule à seule.*
Note.- L'adjectif peut s'accorder ou rester invariable.
• **Nom masculin et féminin**
Une seule personne, la seule personne. *Elle est la seule à oser la contredire.*

seulement adv.
• Uniquement. *Ils emportèrent seulement des livres. Ce cours se donne seulement le vendredi.*
• *Si seulement.* Si au moins. *Si seulement on nous avait informés.*
• Toutefois. *Elle nous avait prévenus, seulement personne n'a voulu la croire.*

sève n. f.
Liquide nutritif circulant dans les végétaux. *Recueillir la sève des érables.*
Note.- Attention à l'orthographe : sève.

sévère adj.
• Rigide, austère. *Un professeur très sévère.*
• Grave par son importance. *Des pertes sévères.*

sévèrement adv.
Avec sévérité.
Note.- Attention à l'orthographe : sévèrement.

sévérité n. f.
Rigidité, austérité.

sévices n. m. pl.
Brutalités, actes cruels exercés sur quelqu'un.
Note.- Attention au genre masculin de ce nom qui s'emploie toujours au pluriel.

sévir v. intr.
• Exercer des ravages. *Le froid sévit depuis un mois.*
• Traiter rigoureusement. *Il faudrait sévir : il y a trop d'abus.*
Note.- Ne pas confondre avec les verbes suivants :
- *corriger,* frapper par punition ;
- *réprimer,* châtier par des mesures sévères.

sevrage n. m.
Action de sevrer.

sevrer v. tr.
• Le *e* se change en *è* devant une syllabe muette. *Elle sèvre,* mais *elle sevrait.*
• Cesser l'allaitement d'un enfant.
• (Fig.) Priver quelqu'un de quelque chose. *Sevrer un toxicomane.*

sexagénaire adj. et n. m. et f.
Âgé de soixante ans environ. *Une sexagénaire alerte.*
Note.- Ce mot garde la même forme au masculin et au féminin.

sexagésimal, ale, aux adj.
Qui a pour base le nombre soixante. *La division sexagésimale de l'heure en minutes, de la minute en secondes.*
Note.- Le symbole de la division sexagésimale est constitué de deux points (:). L'emploi du symbole doit être limité à l'échange d'informations entre systèmes de données et à la présentation en tableau. Ainsi, on écrira 20 h 15 min 30 s (20:15:30).
V. Tableau - **HEURE.**

sex-appeal n. m.
• Les lettres *ea* se prononcent *i* [sɛksapil].
• (Anglicisme) Charme sensuel, séduction. *Des sex-appeals.*

sexe n. m.
• Ensemble des caractères physiques et physiologiques propres aux mâles et aux femelles.
• Ensemble des hommes, ensemble des femmes. *Le sexe masculin, le sexe féminin. L'égalité des sexes.*
• Organes génitaux.
• Sexualité.

sexisme n. m.
Discrimination fondée sur le sexe.

sexiste adj. et n. m. et f.
Personne qui fait preuve de sexisme. *C'est un sexiste invétéré, une formulation sexiste.*

sexologie n. f.
Étude de la sexualité, des problèmes sexuels.

sexologue n. m. et f.
Spécialiste de la sexologie.

sextant n. m.
Instrument qui sert à mesurer les distances angulaires des astres, pour faire le point. *Des sextants et des boussoles.*
Note.- Attention à l'orthographe : sext**a**nt.

sextuor n. m.
Formation musicale de six musiciens. *D'excellents sextuors.*

sextuple adj. et n. m.
Qui vaut six fois autant. *Vingt-quatre est le sextuple de quatre.*

sextupler v. tr., intr.
• **Transitif.** Multiplier par six. *Sextupler le chiffre d'affaires.*
• **Intransitif.** Devenir six fois plus élevé. *La quantité de fruits recueillis a sextuplé.*

sexualité n. f.
• Ensemble des caractères propres à un sexe.
• Ensemble des phénomènes liés à l'instinct sexuel.

sexué, ée adj.
Qui a un sexe.
Ant. **asexué.**

sexuel, elle adj.
Relatif au sexe. *Le plaisir sexuel, l'éducation sexuelle.*

sexuellement adv.
• Du point de vue du sexe.
• *Maladie sexuellement transmissible (M.S.T.).*

sexy adj. inv.
(Anglicisme) Séduisant, suggestif.

seyant, ante adj.
Qui va bien. *Cette robe est très seyante.*

shah
V. **chah.**

shampooing ou **shampoing** n. m.
• Les lettres *ooing* se prononcent *oin* [ʃɑ̃pwɛ̃].
• Lavage des cheveux avec du savon. *Se faire un shampooing*, ou *un shampooing.*
• Liquide employé pour le lavage des cheveux. *Des shampooings très doux.*

shampouiner v. tr.
Faire un shampooing.

shampouineur n. m.
shampouineuse n. f.
Personne qui fait des shampooings, dans un salon de coiffure.

shantung, shantoung ou **chantoung** n. m.
Étoffe de soie.

shekel n. m.
Unité monétaire d'Israël. *Des shekels.*
V. Tableau - **SYMBOLES DES UNITÉS MONÉTAIRES.**

shérif n. m.
Officier chargé de l'administration policière d'un État américain. *L'étoile du shérif.*

sherpa n. m.
Guide de montagne dans l'Himalaya. *Des sherpas.*

sherry n. m.
Nom anglais du vin de Xérès. *Des sherrys* ou *sherries.*

shetland n. m.
• La lettre *d* se prononce [ʃɛtlɑ̃d].
• Laine, tissu d'Écosse. *Un chandail en shetland.*

shilling n. m.
Unité monétaire du Kenya, de la Somalie et de la Tanzanie. *Des shillings.*
V. Tableau - **SYMBOLES DES UNITÉS MONÉTAIRES.**
V. **schilling.**

shogun ou **shogoun** n. m.
(Ancienn.) Chef militaire du Japon. *Des shoguns, des shogouns.*

shooter v. intr.
(Anglicisme) Tirer, au football.

shopping n. m.
(Anglicisme) Action d'aller dans les magasins pour regarder et acheter.

short n. m.
Culotte courte de sport. *Des shorts blancs. Elle est en short.*

show n. m.
(Anglicisme) Spectacle (de variétés). *Des shows.*

show-business n. m.
• S'abrège familièrement en *show-biz.*
• (Anglicisme) Industrie du spectacle.

SI
Symbole de *Système international* (d'unités). *Des unités SI.*

Si
Symbole de *silicium.*

si adv. et conj.
V. Tableau - **SI.**

SI adverbe et conjonction

Adverbe d'affirmation

L'adverbe s'emploie pour contredire une phrase négative.

Ils ne participeront pas à la fête. — Si, ils viendront.

Note.- Après une question affirmative, on emploie plutôt *oui.*

Adverbe de quantité

- Aussi.

> *Elle n'est pas si naïve qu'on l'imagine. Il est rare de voir un élève si appliqué.*

Note.- L'adverbe s'emploie en corrélation avec **que** ou seul.

- Tellement.

> *Ces jardins sont si beaux qu'ils suscitent la plus vive admiration.*

Conjonction

- La conjonction sert à introduire une proposition subordonnée hypothétique.

Note.- La conjonction s'élide devant **il, ils**.

> *S'il venait, s'ils mangeaient.*

- **Subordonnée hypothétique + principale au futur.** À condition que.

> *S'il fait beau, nous irons nous promener.*

Note.- Le verbe de la subordonnée est à l'indicatif présent ou au passé, jamais au conditionnel.

- **Subordonnée hypothétique + principale au présent ou au passé.** S'il est vrai que.

> *S'il est vrai que l'informatique est un merveilleux outil, elle n'est pas encore tout à fait apprivoisée.*

- **Subordonnée hypothétique + principale au conditionnel.** Dans le cas où, à supposer que.

> *Si j'avais su (et non si *j'aurais su), je ne serais pas venu.*

Note.- La subordonnée est à l'imparfait ou au plus-que-parfait et non au conditionnel.

- **Subordonnée à valeur concessive**

- Même si.

> *Si le chiffre d'affaires a augmenté un peu, les dépenses ont doublé.*

- Quelque ... que.

> *Si compétente que soit cette personne.*

- **Conjonction introduisant une interrogation indirecte.**

> *Elle se demande s'il viendra.*

- **Conjonction introduisant une conséquence.**

> De telle sorte que, tellement que, si bien que.

Note.- Le verbe se construit avec l'indicatif ou le conditionnel dans une phrase affirmative. *Elle est si occupée qu'elle n'a même pas le temps de manger.* Le verbe se construit avec le subjonctif dans une phrase négative ou interrogative. *Elle n'est pas si occupée qu'elle ne puisse lire son journal. Est-il si pris qu'on ne puisse obtenir de rendez-vous avant un mois ?*

Locutions

S'il vous plaît. Formule de politesse qui s'abrège **S.V.P.**

> *Deux croissants, s'il vous plaît, S.V.P.*

Si ... ne. Locution à valeur restrictive.

> *Si je ne m'abuse.*

Si ce n'est, locution prépositive. À l'exception de.

> *Tout est parfait si ce n'est cette coquille dans le texte.*

Si bien que, locution conjonctive. De sorte que.

> *Ils étaient épuisés si bien qu'ils ont dû remettre leur voyage.*

Si tant est que, locution conjonctive. Dans la mesure où.

> *Le projet est intéressant, si tant est qu'il soit réaliste.*

Note.- Cette locution se construit avec le subjonctif.

si n. m. inv.
• Septième note de la gamme.
V. **note de musique.**
• Condition, restriction. *Avec des si, on mettrait Paris dans une bouteille.*

siamois, oise adj. et n. m. et f.
• *Frères siamois, sœurs siamoises.* Jumeaux, jumelles rattachés l'un à l'autre par une partie de leur corps.
• *Chat siamois.* Race de chats aux yeux bleus. *Deux chatons siamois, deux beaux siamois.*

sibérien, ienne adj.
• De Sibérie. *Le climat sibérien.*
• (Fig.) *Un froid sibérien.*

sibylle n. f.
Prophétesse de l'Antiquité gréco-romaine.
Note.- Attention à l'orthographe : si*byll*e.

sibyllin, ine adj.
• Relatif à une sibylle.
• (Fig.) Dont le sens est obscur.
Note.- Attention à l'orthographe : si*byll*in.

sic adv.
• Le *c* se prononce [sik].
• Mot latin signifiant « ainsi ».
Note.- Cet adverbe se place entre parenthèses après un mot, un passage cité textuellement, avec ses erreurs.

S.I.C.A.V. n. f.
Sigle de *société d'investissement à capital variable.*

sicilien, ienne adj. et n. m. et f.
De Sicile.
Note.- Contrairement à l'adjectif, le nom prend une majuscule.

SIDA ou **sida** n. m.
• Sigle de *syndrome immuno-déficitaire acquis.*
• Maladie très grave, souvent mortelle, caractérisée par la disparition des défenses immunitaires de l'organisme. *Il est atteint du sida.*
Note.- L'orthographe de ce sigle varie. Certains l'écrivent en majuscules avec des points, *S.I.D.A.* ou sans points, *SIDA.* D'autres, en minuscules sans points, *sida* ou avec une majuscule initiale, *Sida.*

sidatique adj. et n. m. et f.
Personne atteinte du sida.
Note.- Dérivé du sigle de la maladie, ce terme s'est implanté le premier. Il a été peu à peu remplacé par *sidéen* qui tend à le supplanter actuellement.
Syn. **sidéen.**

sidéen, enne adj. et n. m. et f.
Personne atteinte du sida.
Note.- Ce terme a fait l'objet d'une recommandation officielle.
Syn. **sidatique.**

sidéral, ale, aux adj.
Qui est relatif aux astres. *Des mouvements sidéraux, l'espace sidéral, une clarté sidérale.*

sidérer v. tr.
(Fam.) Stupéfier, ébahir. *Cette nomination l'a sidéré.*

sidérurgie n. f.
Industrie de la fonte, de l'acier.

sidérurgique adj.
Relatif à la sidérurgie. *L'industrie sidérurgique.*

siècle n. m.
• Abréviation *s.* (s'écrit avec un point).
• Période de cent ans. *Le vingtième siècle ou le XXe siècle. La construction de cette cathédrale se fit au XIIe et au XIIIe siècle, au cours des XIIe et XIIIe siècles.*
Notes.-
1° L'adjectif numéral s'écrit en toutes lettres ou se compose en chiffres romains (en petites capitales, si l'on dispose de ces caractères). Le nom s'écrit avec une majuscule dans les expressions le *Grand Siècle* (le siècle de Louis XIV, le XVIIe siècle), le *Siècle des lumières* (le XVIIIe siècle).
2° Le Ier siècle comprend l'an 1 à l'an 100, le IIe siècle va de 101 à 200... En l'an 2001, commencera le XXIe siècle.
• (Fam.) Période très longue. *Il y a des siècles qu'on ne vous a reçus chez nous.*

siège n. m.
• Meuble où l'on s'assoit.
• Lieu où est situé une entreprise, un organisme. *Le siège, le siège social d'une société.*
• Place, mandat d'un membre d'une assemblée. *Ce parti a perdu des sièges aux élections législatives.*

siéger v. intr.
• Le *é* se change en *è* devant une syllabe muette, sauf à l'indicatif futur et au conditionnel présent. *Je siège,* mais *je siégerai.*
• Faire partie d'une assemblée, d'un tribunal. *Elle siège au conseil d'administration de cette entreprise.*
• Résider. *L'Unesco siège à Paris.*

siemens n. m.
• Symbole *S* (s'écrit sans point).
• Unité de mesure de conductance électrique.

sien, sienne adj. poss., n. m. pl., pron. poss.
• **Adjectif possessif de la troisième personne (un seul possesseur)**
(Litt.) Qui est à lui. *Il a fait sienne cette revendication.*
Note.- L'adjectif possessif est employé comme attribut.
V. Tableau - **POSSESSIF (ADJECTIF).**
• **Pronom possessif de la troisième personne**
- *Le sien, la sienne, les siens, les siennes.* Qui lui appartient. *Ces œuvres sont les siennes.*
V. Tableau - **PRONOM.**
• **Nom pluriel**
- *Les siens.* Ses proches.
- *Faire des siennes.* (Fam.) Faire des bêtises.

sierra n. f.
Chaîne de montagnes dans les pays de culture espagnole. *La sierra Madre. Des sierras.*
Note.- Attention à l'orthographe : sie*rr*a.

sieste n. f.
Repos pris après le déjeuner. *Faire une petite sieste.*

sieur n. m.
(Vx ou iron.) Monsieur.

sifflant, ante adj. et n. f.
• **Adjectif.** Qui émet un sifflement. *Une respiration sifflante.*
• **Nom féminin. Consonne sifflante.** *Les lettres* **s** *et* **z** *sont des sifflantes.*
Note.- Attention à l'orthographe : si**ff**lant.

sifflement n. m.
Bruit aigu. *Le sifflement du vent.*
Note.- Attention à l'orthographe : si**ff**lement.

siffler v. tr., intr.
• **Intransitif**
- Produire un son aigu avec la bouche, avec un sifflet. *Ce garçon siffle très bien.*
- Crier, en parlant du serpent, de la marmotte, du merle.
• **Transitif**
- Moduler, en sifflant. *Siffler un air.*
- Huer. *L'auditoire les a sifflés, le spectacle était médiocre.*

sifflet n. m.
Petit instrument avec lequel on siffle. *Des coups de sifflet.*

sifflotement n. m.
Action de siffloter.
Note.- Attention à l'orthographe : si**ff**lotement.

siffloter v. tr., intr.
Siffler doucement.
Note.- Attention à l'orthographe : si**ff**loter.

siglaison n. f.
Formation des sigles.

sigle n. m.
Abréviation constituée par les initiales de plusieurs mots et qui s'épelle lettre par lettre. *Les lettres C.N.R.S. sont le sigle de* **Centre national de la recherche scientifique.**
V. Tableau - **SIGLE**.
V. Tableau - **SIGLES COURANTS**.

sigma n. m. inv.
Lettre grecque.

sigmoïde adj.
Qui a la forme d'un sigma (un M coudé).

signal, aux n. m.
Signe convenu. *Des signaux de détresse.*

signalement n. m.
Description physique d'une personne qu'on recherche.

signaler v. tr., pronom.
• **Transitif**
- Souligner, marquer (par un signal). *Les impropriétés sont signalées par un astérisque.*
- Attirer l'attention de. *On lui a signalé que des articles avaient disparu.*
• **Pronominal**
Se distinguer. *Elle s'est signalée par son audace.*

signalétique adj.
Qui donne la description, le signalement. *Une fiche signalétique.*

signalisation n. f.
Ensemble de signaux d'une voie de circulation. *Des panneaux de signalisation. La signalisation routière.*

SIGLE

• Le sigle est une abréviation constituée par les initiales de plusieurs mots et qui s'épelle lettre par lettre.

R.A.T.P., H.E.C., P.T.T. sont des sigles.

• L'acronyme est également composé des initiales ou des premières lettres d'une désignation, mais à la différence du sigle, il se prononce comme un mot.

OTAN, Benelux sont des acronymes.

• Le logotype (abréviation **logo**) est un dessin propre à une marque, à un produit, à une firme.

Le logotype Woolmark (pure laine) est bien connu.

Points abréviatifs

Dans cet ouvrage, les sigles et les acronymes sont généralement notés avec points ; cependant, la forme sans points est de plus en plus courante.

Genre et nombre des sigles

Les sigles sont du genre et du nombre du mot principal de la désignation abrégée.

Les **P.T.T.** (féminin pluriel **postes**), la **R.A.T.P.** (féminin singulier **régie).**

Note.- À son premier emploi dans un texte, le sigle doit être précédé de la désignation au long.

V. Tableau - **ABRÉVIATION (RÈGLES DE L')**.
V. Tableau - **ACRONYME**.
V. Tableau - **SIGLES COURANTS**.

SIGLES COURANTS

AFNOR	Association française de normalisation
A.F.-P.	Agence France-Presse
A.N.P.E.	Agence nationale pour l'emploi
A.S.S.E.D.I.C.	Association pour l'emploi dans l'industrie et le commerce
BBC	British Broadcasting Corporation
B.C.G.	Vaccin bilié de Calmette et Guérin
Benelux	Union douanière de la Belgique, du Luxembourg et des Pays-Bas
B.E.P.	Brevet d'études professionnelles
B.I.T.	Bureau international du travail
B.V.P.	Bureau de Vérification de la Publicité
C.A.O.	Conception assistée par ordinateur
C.C.P.	Compte courant postal
C.E.A.	Commissariat à l'énergie atomique
C.E.C.A.	Communauté européenne du charbon et de l'acier
C.E.E.	Communauté économique européenne
C.F.D.T.	Confédération française démocratique du travail
C.F.T.C.	Confédération française des travailleurs chrétiens
C.G.C.	Confédération générale des cadres
C.G.T.	Confédération générale du travail
C.H.U.	Centre hospitalo-universitaire
CIA	Central Intelligence Agency
C.I.O.	Comité international olympique
C.N.E.S.	Centre national d'études spatiales
C.N.P.F.	Conseil national du patronat français
C.N.R.S.	Centre national de la recherche scientifique
C.R.S.	Compagnie républicaine de sécurité
D.D.T.	Dichloro-diphényl-trichloréthane
D.E.U.G.	Diplôme d'études universitaires générales
D.G.S.E.	Direction générale de la sécurité extérieure
D.O.M.-T.O.M.	Départements et territoires d'outre-mer
D.S.T.	Direction de la surveillance du territoire
E.A.O.	Enseignement assisté par ordinateur
E.N.A.	École nationale d'administration
FAO	Food and Agriculture Organization (Organisation pour l'alimentation et l'agriculture)
FBI	Federal Bureau of Investigation
F.E.N.	Fédération de l'éducation nationale
F.M.I.	Fonds monétaire international

F.O.	Force Ouvrière
GATT	General Agreement on Tariffs and Trade (Accord général sur les tarifs douaniers et le commerce)
GMT	Greenwich Mean Time (Temps moyen de Greenwich)
H.E.C.	École des hautes études commerciales.
H.L.M.	Habitation à loyer modéré
I.F.O.P.	Institut français d'opinion publique
I.G.S.	Inspection générale des services
I.N.C.	Institut national de la consommation
L.I.C.R.A.	Ligue internationale contre le racisme et l'antisémitisme
M.L.F.	Mouvement de libération des femmes
NASA	National Aeronautics and Space Administration
O.C.D.E.	Organisation de coopération et de développement économique
O.I.T.	Organisation internationale du travail
O.M.S.	Organisation mondiale de la santé
O.N.U.	Organisation des Nations Unies
O.P.E.P.	Organisation des pays exportateurs de pétrole
O.T.A.N.	Organisation du traité de l'Atlantique Nord
O.U.A.	Organisation de l'unité africaine
P.C.F.	Parti communiste français
P.M.E.	Petites et moyennes entreprises
P.N.B.	Produit national brut
P.S.	Parti socialiste
R.A.T.P.	Régie autonome des transports parisiens
R.D.A.	République démocratique allemande
R.F.A.	République fédérale d'Allemagne
R.G.	Renseignements généraux
R.P.R.	Rassemblement pour la république
S.A.C.E.M.	Société des auteurs, compositeurs et éditeurs de musique
S.E.I.T.A.	Société nationale d'exploitation industrielle des tabacs et allumettes
S.N.C.F.	Société nationale des chemins de fer français
S.P.A.	Société protectrice des animaux
S.P.A.D.E.M.	Société de la propriété artistique et des dessins et modèles
T.A.O.	Traduction assistée par ordinateur
T.G.V.	Train à grande vitesse
T.V.A.	Taxe à la valeur ajoutée
Unesco	Organisation des Nations Unies pour l'éducation, la science et la culture (United Nations Educational, Scientific and Cultural Organization)
U.R.S.S.	Union des Républiques socialistes soviétiques
U.R.S.S.A.F.	Union de recouvrement des cotisations de Sécurité sociale et d'Allocations familiales
USA	United States of America (États-Unis d'Amérique)

signaliser v. tr.
Munir d'une signalisation.

signataire n. m. et f.
Personne qui signe un document.
Note.- Attention à l'orthographe de ce mot qui conserve la même forme au masculin et au féminin : signat**aire**.

signature n. f.
• Nom manuscrit d'une personne selon un tracé invariable, apposé à la fin d'un document, d'un acte, pour en attester l'exactitude.
• Action de signer. *La signature du traité a eu lieu à Paris.*

CORRESPONDANCE
• La **signature** se place généralement à droite, sous la salutation.
- Poste de direction
Le titre, suivi d'une virgule, précède la signature et le nom.
La présidente,
(signature)
Florence Dupuis
- Profession
Le titre qui s'écrit avec une minuscule figure à la suite de la signature et du nom suivi d'une virgule.
(signature)
Fanny Vergnolle, architecte
- Fonction
La désignation de fonction s'écrit avec une minuscule sous le nom qui est suivi d'une virgule.
(signature)
Yves Dubois,
technicien en informatique
• **Signature double**
Lorsqu'un document comporte plusieurs signatures, on les dispose les unes à côté des autres en plaçant à droite la signature de la personne située au degré le plus élevé de la hiérarchie.
Le directeur général   La présidente
(signature)   (signature).
Note.- En l'absence du signataire, la personne autorisée à signer fait précéder le titre du poste de la préposition *pour.*
Pour la directrice,
(signature)
Dans certains cas, il peut être utile de mentionner le titre du signataire ainsi que le nom de la personne qui a autorisé la signature.
V. Tableau - **CORRESPONDANCE.**

signe n. m.
• Indice, marque qui sert à représenter, à indiquer une chose. *Des signes de ponctuation.*
• Geste. *Il a fait un signe de la main.*
• *Donner signe de vie.* Donner de ses nouvelles.
• Division du zodiaque. *Elle est née sous le signe du Sagittaire.*
Hom. *cygne,* oiseau aquatique.

signer v. tr., pronom.
• **Transitif.** Apposer sa signature (sur un document,

un tableau, etc.). *Cette lettre a été signée par le directeur.*
Note.- Dans le cas d'une œuvre d'art, on omet souvent la préposition. *Une sculpture signée Camille Claudel.*
• **Pronominal.** Faire le signe de la croix. *Elles se sont signées.*

signet n. m.
Petit ruban, petit carton qui sert à marquer une page.

signifiant n. m.
(Ling.) Forme d'un signe (par opposition à **signifié**).

significatif, ive adj.
Qui traduit bien la pensée, l'intention. *Un lapsus significatif, une phrase significative.*

signification n. f.
• Sens. *La signification cachée de ce roman.*
• Notification.

signifié n. m.
(Ling.) Contenu d'un signe (par opposition à **signifiant**).

signifier v. tr.
• Redoublement du *i* à la première et à la deuxième personne du pluriel de l'indicatif imparfait et du subjonctif présent. *(Que) nous signifiions, (que) vous signifiiez.*
• Avoir un sens. *Que signifie ce terme ?*
• Faire savoir. *Son congédiement lui a été signifié.*

sikh, sikhe adj. et n. m. et f.
Membre d'un groupe religieux de l'Inde. *Des Sikhs, des communautés sikhes.*
Note.- L'adjectif ainsi que le nom s'écrivent avec une minuscule.

silence n. m.
• Absence de bruit. *Le silence de la nuit.*
• État d'une personne qui s'abstient de parler. *Elle a gardé le silence.*
• *Passer sous silence.* Ne pas mentionner.

silencieusement adv.
D'une manière silencieuse.

silencieux, ieuse adj. et n. m.
• **Adjectif**
- Calme, sans bruit.
- Qui garde le silence. *Elle est restée silencieuse, contre toute attente.*
• **Nom masculin**
Dispositif destiné à réduire le bruit (de l'échappement, d'une arme à feu). *Un revolver muni d'un silencieux. Il faudra remplacer le silencieux de votre voiture.*

silex n. m.
Pierre dure composée de silice.

silhouette n. f.
• Forme générale. *Avoir une jolie silhouette.*
• Dessin de profil. *Tracer des silhouettes.*
Note.- Attention à l'orthographe : sil**h**ouet**t**e.

silice n. f.
Minéral. *Le quartz est une silice.*
Note.- Attention à l'orthographe et au genre féminin de ce nom : *une* sili**c**e.
Hom. *cilice,* vêtement de crin.

silicium n. m.
- Symbole *Si* (s'écrit sans point).
- Corps simple très abondant dans la nature. *Le granit, l'argile sont du silicium.*

silicone n. f.
Matière plastique dérivée du silicium. *Appliquer de la silicone sur ses bottes pour les imperméabiliser.*
Note.- Attention au genre féminin de ce nom : de *la* silicone.

sillage n. m.
- Trace.
- ***Dans le sillage de.*** Sur la trace, à la suite. *Il marche dans le sillage de son père.*
Note.- Attention à l'orthographe : si*ll*age.

sillon n. m.
Fente, rainure. *Les sillons tracés par la charrue.*
Note.- Attention à l'orthographe : si*ll*on.

sillonner v. tr.
Parcourir en tous sens. *Il a sillonné les mers.*

silo n. m.
Construction destinée à l'entreposage des produits agricoles. *Des silos à blé.*
Note.- Attention à l'orthographe : si*l*o.

s'il vous plaît
- Abréviation *S.V.P.*
- Formule de politesse.

simagrées n. f. pl.
Manières, grimaces. *Faire des simagrées.*
Note.- Attention à l'orthographe : simagr***ées.***

simiesque adj.
Qui tient du singe. *Une apparence simiesque.*
Note.- Attention à l'orthographe : simies***que.***

simil(i)- préf.
- Élément du grec signifiant « semblable ». *Similitude.*
- Imitation d'une matière. *Du similicuir, du similimarbre.*
Note.- Les composés s'écrivent généralement en un seul mot.

similaire adj.
Qui est analogue, à peu près semblable. *Des produits similaires.*
Notes.-
1º Attention à l'orthographe de cet adjectif qui conserve la même forme au masculin et au féminin : simil***aire***.
2º L'adjectif s'emploie sans complément.
3º Ne pas confondre avec les mots suivants :
- ***identique***, qui est rigoureusement semblable ;
- ***semblable***, qui est de même nature, de même apparence.
Note.- Les mots ***similaire*** et ***semblable*** sont des doublets.

similarité n. f.
Caractère de ce qui est similaire.

simili n. m.
Imitation. *Rassurez-vous, ce n'est que du simili.*

similitude n. f.
Analogie, conformité.
Note.- Attention à l'orthographe : simi*l*itude.

simoun n. m.
Vent brûlant des régions désertiques. *Les noms de vents s'écrivent avec une minuscule.*

simple adj.
- **Placé avant le nom.** Qui est uniquement, seulement. *C'est une simple question de bon sens, une simple formalité.*
- **Placé après le nom.** Qui n'est pas compliqué. *C'est une personne toute simple.*
- Sans cérémonie. *Ce sera un repas très simple.*
- Qui n'est pas composé. *Un corps simple.*

simplement adv.
- Sans recherche.
- Seulement.
- ***Purement et simplement.*** Complètement.

simplet, ette adj. et n. m. et f.
Niais.

simplicité n. f.
Qualité de ce qui est simple.

simplificateur, trice adj.
Qui simplifie. *Une méthode simplificatrice.*

simplification n. f.
Action de simplifier.

simplifier v. tr.
- Redoublement du *i* à la première et à la deuxième personne du pluriel de l'indicatif imparfait et du subjonctif présent. *(Que) nous simplifiions, (que) vous simplifiiez.*
- Rendre moins compliqué.

simplisme n. m.
Simplification excessive.

simpliste adj.
Qui simplifie de façon excessive.

simulacre n. m.
Représentation factice, semblant. *Un simulacre de procès.*
Note.- Attention à l'orthographe : simu*l*acre.

simulateur n. m.
Appareil qui reproduit des conditions réelles de fonctionnement. *Un simulateur de vol.*
Note.- Attention à l'orthographe : simu*l*ateur.

simulation n. f.
- Action de simuler.
- Représentation d'un phénomène à des fins expérimentales.
Note.- Attention à l'orthographe : simu*l*ation.

simuler v. tr.
- Feindre. *Simuler un malaise.*
- Faire une simulation.
Note.- Attention à l'orthographe : simu*l*er.

simultané, ée adj.
Qui a lieu en même temps. *Une interprétation simultanée.*

simultanéité n. f.
Existence de deux ou plusieurs choses en même temps.
Note.- Attention à l'orthographe : simultan**éi**té.

simultanément adv.
Au même instant.

sincère adj.
Franc, vrai. *Recevez mes sincères salutations.*
Note.- Attention à l'orthographe : sinc**ère.**

sincèrement adv.
D'une manière sincère.
Note.- Attention à l'orthographe : sinc**è**rement.

sincérité n. f.
Franchise. *Je vous le dis en toute sincérité.*
Note.- Attention à l'orthographe : sinc**é**rité.

sinécure n. f.
• Travail facile et bien rémunéré.
• *Ce n'est pas une sinécure.* C'est difficile, complexe.

sine die loc. adv.
• Les *e* se prononcent *é* [sinedje].
• (Dr.) Sans fixer de date. *Le procès est reporté* sine die.
Note.- En typographie soignée, les mots étrangers sont composés en italique. Dans des textes déjà en italique, la notation se fait en romain. Pour les textes manuscrits, on utilisera les guillemets.

sine qua non loc. adj.
• Le *e* se prononce *é*, les lettres *qu, cou* et le *n* final est sonore [sinekwanon].
• Essentiel, absolument nécessaire. *Ce sont des conditions* sine qua non.
Note.- En typographie soignée, les mots étrangers sont composés en italique. Dans des textes déjà en italique, la notation se fait en romain. Pour les textes manuscrits, on utilisera les guillemets.

singe n. m.
Mammifère de l'ordre des primates.

singer v. tr.
• Le *g* est suivi d'un *e* devant les lettres *a* et *o*. *Il singea, nous singeons.*
• Imiter quelqu'un, le tourner en dérision.

singerie n. f.
Imitation gauche, grimace.

singulariser v. tr., pronom.
• **Transitif.** Rendre singulier.
• **Pronominal.** (Péj.) Se faire remarquer par un comportement bizarre.

singularité n. f.
• Originalité, étrangeté.
• (Au plur.) Manières bizarres, excentricité.

singulier, ière adj. et n. m.
• **Adjectif**
- Qui est relatif à une seule personne (par opposition à **pluriel**). *Un sujet singulier.*
- Bizarre, étrange. *Un comportement singulier.*
- (Litt.) Étonnant, admirable. *Un courage singulier.*

• **Nom masculin**
(Gramm.) Catégorie grammaticale qui désigne un seul être, une seule idée, un seul objet. *Les entrées de dictionnaire sont au singulier.*
Ant. **pluriel.**

sinistre adj. et n. m.
• **Adjectif**
- Effrayant, de mauvais augure. *Des lieux sinistres.*
- Mortellement ennuyeux. *Cette réunion était sinistre.*
• **Nom masculin**
- Catastrophe qui cause des dommages (incendie, inondation, tornade, etc.).
Note.- Ne pas confondre avec le mot *incendie* qui désigne uniquement une destruction par le feu.
- Pertes subies à l'occasion d'un sinistre. *C'est un expert en sinistres.*

sinistré, ée adj. et n. m. et f.
• **Adjectif.** Qui a subi un sinistre. *La ville touchée par l'ouragan a été déclarée zone sinistrée.*
• **Nom masculin et féminin.** Personne qui a été victime d'un sinistre.

sino- préf.
Élément du latin signifiant « de la Chine ». *Un accord sino-japonais.*

sinologie n. f.
Étude de la langue, de la culture chinoise.

sinologue n. m. et f.
Spécialiste de la sinologie.

sinon conj.
• Autrement, dans le cas contraire. *Le dossier sera prêt demain, sinon nous devrons reporter la réunion.*
• À l'exception de. *Sinon quelques touristes, les rues étaient désertes.*
Note.- Attention à l'orthographe : *sinon*, en un seul mot.

sinueux, euse adj.
Tortueux. *Une route sinueuse.*

sinuosité n. f.
Caractère de ce qui est sinueux.

sinus n. m.
• Le *s* final se prononce [sinys].
• Cavité de certains os de la face. *Des sinus douloureux.*

sinusite n. f.
Inflammation des sinus de la face.

sioux adj. inv. et n. m. et f.
Ensemble d'ethnies amérindiennes. *Des ruses de Sioux. Un chef sioux.*
Note.- Contrairement à l'adjectif, le nom s'écrit avec une majuscule.

siphon n. m.
• Tube coudé.
• Contenant sous pression servant à gazéifier un liquide.
Note.- Attention à l'orthographe : si**ph**on.

siphonner v. tr.
Transvaser un liquide à l'aide d'un siphon.
Note.- Attention à l'orthographe : si**ph**on**n**er.

sir n. m.

Titre d'honneur anglais qui précède un prénom et un nom de famille. *Sir Winston Churchill.*

sire n. m.

Titre d'un souverain.

Note.- Le nom **sire** est le doublet de **seigneur** et de **sieur.**

sirène n. f.

• Être fabuleux à corps de femme et à queue de poisson. *Ulysse s'est laissé prendre au chant des sirènes.*
• Appareil sonore produisant un son strident. *Une sirène d'alarme, une sirène d'ambulance.*

Note.- Attention à l'orthographe : sir**è**ne.

sirocco n. m.

Vent très chaud du désert.

Notes.-

1° Attention à l'orthographe : si**rocc**o.

2° Les noms de vents s'écrivent avec une minuscule.

sirop n. m.

• Le **p** ne se prononce pas [siro].
• Liquide concentré et sucré. *Du sirop de cassis, du sirop de framboise(s).*

Note.- Le complément du nom peut se mettre au singulier ou au pluriel.

• Médicament. *Du sirop contre la toux.*

Note.- Attention à l'orthographe : siro**p**.

siroter v. tr.

Boire lentement. *Il sirotait un vieil armagnac.*

Note.- Attention à l'orthographe : siro**t**er.

sirupeux, euse adj.

De la consistance du sirop.

sis, sise adj.

(Dr., admin.) Situé. *Un immeuble sis au 69, rue du Manoir. Une maison sise à Meaux.*

sismique ou **séismique** adj.

Relatif aux séismes. *Un phénomène sismique.*

Note.- L'expression **secousse sismique**, jugée pléonastique par certains auteurs, est couramment employée.

sismographe ou **séismographe** n. m.

Instrument servant à mesurer l'amplitude des tremblements de terre.

sismologie ou **séismologie** n. f.

Science des tremblements de terre.

sitar n. m.

Instrument de musique à cordes de l'Inde.

Hom. **cithare,** instrument de musique à cordes de la Grèce antique.

site n. m.

• Paysage. *Un site pittoresque, grandiose.*
• Lieu géographique. *La protection des sites.*
• Lieu occupé par une ville, un ensemble. *Un site urbain, un site archéologique.*
• **Site historique.** Lieu où se sont déroulés des événements d'importance historique ou qui renferme des biens ou des monuments historiques.

sitôt adv.

• Aussi rapidement, aussi vite. *Sitôt levé, il se met au travail. Sitôt dit, sitôt fait.*
• **De sitôt.** Avant longtemps. *Je crois qu'on ne le reverra pas de sitôt.*

Note.- Ne pas confondre avec les mots **si tôt.** *Il est venu si tôt que tous dormaient encore.*

situation n. f.

• Emplacement. *La situation de la ville sur un port.*
• Condition. *La situation économique.*
• Emploi, fonction. *Elle a une bonne situation.*
• **Situation de famille.** État matrimonial d'une personne. *Situation de famille : célibataire, marié(e), divorcé(e).*

six adj. et n. m. inv.

• Attention à la prononciation :
- Le **x** ne se prononce pas devant une consonne ou un **h** aspiré. *Six tomates, six homards* [si].
- Le **x** se prononce **z** devant une voyelle ou un **h** muet. *Six oranges, six hommes.*
- Comme nom, le **x** se prononce toujours **s** ; comme adjectif, la consonne finale se prononce **s** en fin d'expression.
• **Adjectif numéral cardinal invariable.** Deux fois trois. *Six heures.*
• **Adjectif numéral ordinal invariable.** Sixième. *La page six.*
• **Nom masculin invariable.** Nombre six. *Des six de cœur.*

V. Tableau - **NOMBRES**.

sixième adj. et n. m. et f.

• **Adjectif numéral ordinal.** Nombre ordinal de six. *La sixième heure.*
• **Nom masculin.** La sixième partie d'un tout. *Les trois sixièmes d'une quantité.*
• **Nom masculin et féminin.** Personne, chose qui occupe le sixième rang. *Elles sont les sixièmes.*

sixièmement adv.

En sixième lieu.

skateboard ou **skate** n. m.

• Le **a** se prononce **é** [sketbord], [sket].
• (Anglicisme) Planche à roulettes.

sketch n. m.

Petit spectacle comique. *Des sketches amusants.*

Note.- Attention à l'orthographe : ske**tch**.

ski n. m.

• Lame plate relevée à l'avant, destinée à glisser sur la neige, sur l'eau. *Aller en skis, à skis.*
• Sport pratiqué à l'aide de ces lames. *Des cours de ski, une épreuve de ski, du ski nautique.*
• **Ski de fond.** Ski sur des parcours de faible dénivellation, par opposition à **ski alpin.**
• **Ski de randonnée.** Ski pratiqué hors des pistes balisées.
• **Ski alpin** ou **ski de piste.** Ski pratiqué sur des pentes à forte dénivellation, par opposition à **ski de fond.**

skier v. intr.

• Redoublement du **i** à la première et à la deuxième personne du pluriel de l'indicatif imparfait et du subjonctif présent. *(Que) nous skiions, (que) vous skiiez.*
• Aller en skis. *Nous avons beaucoup skié cet hiver.*

skieur, euse n. m. et f.
Personne qui pratique le ski. *Des skieurs débutants.*

skipper n. m.
• Attention à la prononciation [skipœr].
• (Anglicisme) Barreur d'un bateau à voile de régate ; capitaine d'un voilier de croisière.

s.l.
Abréviation de *sans lieu.*
V. Tableau - **RÉFÉRENCES BIBLIOGRAPHIQUES.**

slalom n. m.
• Le *m* se prononce [slalɔm].
• Descente en skis selon un tracé sinueux qui comporte des piquets qu'il faut contourner. *Il a gagné le slalom géant. Des slaloms réussis.*
Note.- Attention à l'orthographe : slal**o**m.

slang n. m.
• Le *g* se prononce [slãg].
• Argot anglais ou américain. *Ce film est difficile à comprendre : il y a beaucoup de slang.*

slave adj. et n. m. et f.
• Se dit de la race indo-européenne comprenant les Russes, les Polonais, les Tchèques, les Bulgares, etc.
• Personne qui appartient à cette ethnie. *Un Slave et une Slave.*
• Langue parlée par les Slaves.
Note.- Lorsqu'il s'agit de la langue, l'adjectif ou le nom s'écrit avec une minuscule. Si le nom désigne une personne, la majuscule s'impose.

slip n. m.
• Le *p* se prononce [slip].
• Culotte très échancrée. *Le slip est un sous-vêtement masculin et féminin. Un maillot de bain constitué d'un slip et d'un soutien-gorge.*
Note.- Ne pas confondre avec le nom *caleçon* qui désigne un sous-vêtement masculin ayant la forme d'un pantalon court.

s.l.n.d.
Abréviation de *sans lieu ni date.*
V. Tableau - **RÉFÉRENCES BIBLIOGRAPHIQUES.**

slogan n. m.
• Le *n* ne se prononce pas [slɔgã].
• Formule frappante. *Des slogans politiques.*
• Phrase publicitaire.

smog n. m.
• Le *g* se prononce [smɔg].
• Brouillard très dense. *Le smog de Londres ou de Los Angeles.*

smoking n. m.
• Le mot se prononce à l'anglaise [smɔkiŋ].
• Costume habillé d'homme, à revers de soie.
V. **habit.**

snack-bar ou **snack** n. m.
(Anglicisme) Restaurant où l'on sert des plats rapidement. *Des snack-bars, des snacks.*

snob adj. inv. en genre et n. m. et f.
• Le *b* est sonore [snɔb].
• Qui fait preuve de snobisme. *Elles sont snobs. Des snobs désagréables.*

snober v. tr.
Traiter avec mépris.

snobinard, arde adj. et n. m. et f.
(Fam.) Légèrement snob.

snobisme n. m.
Attitude d'une personne qui fait étalage de manières empruntées à la haute société.

s.o.
Abréviation de *sans objet* utilisée dans les formulaires, les tableaux.

sobre adj.
• Qui mange et boit sans excès.
• Classique, simple. *Une robe très sobre.*

sobrement adv.
Avec retenue, tempérance.

sobriété n. f.
Modération, tempérance.

sobriquet n. m.
Surnom. *Il porte le sobriquet de « tyrannosaure ».*
Note.- Attention à l'orthographe : sobriqu**et.**

soc n. m.
Partie tranchante de la charrue.
Note.- Attention à l'orthographe : so**c.**

sociabilité n. f.
Qualité d'une personne sociable.
Note.- Attention à l'orthographe : sociabi**l**ité.

sociable adj.
Qui est porté à vivre en groupe.

social, iale, iaux adj. et n. m.
• Qui concerne la société. *Des changements sociaux, des classes sociales. L'économique et le social.*
• Qui est relatif à une société commerciale. *Une raison sociale, des sièges sociaux.*

socialement adv.
• En société.
• Qui concerne les rapports humains dans la société.
Note.- Attention à l'orthographe : socia**l**ement.

socialisme n. m.
Doctrine politique qui place le progrès social, l'intérêt collectif au-dessus des intérêts particuliers.

socialiste adj. et n. m. et f.
Adepte du socialisme.

sociétaire adj. et n. m. et f.
• **Adjectif.** Qui fait partie d'une société.
• **Nom masculin et féminin.** Membre d'une société d'acteurs. *Les sociétaires de la Comédie-Française.*

société n. f.
• Communauté humaine. *La société actuelle, vivre en société.*
• Groupe de personnes ayant des intérêts communs. *Une société commerciale, une société secrète.*
• Abréviation S^té (s'écrit sans point).
• *Société de portefeuille*
- Société qui détient des participations dans d'autres entreprises en vue d'en diriger l'activité.

- Société de placement de fonds qui gère un portefeuille de valeurs mobilières.
- *Société anonyme.* Sigle *S.A.*
- *Société à responsabilité limitée.* Sigle *S.A.R.L.*
- *Société d'investissement à capital variable.* Sigle *S.I.C.A.V.*

socio- préf.
- Élément de *social, société.*
- Les composés avec le préfixe *socio-* s'écrivent en un seul mot à l'exception de ceux dont le second élément commence par *é. Sociolinguistique, socio-économique.*

socioculturel, elle adj.
Relatif à la culture d'un groupe social.
Note.- Attention à l'orthographe : *socioculturel,* sans trait d'union.

socio-économique adj.
Relatif à la société du point de vue économique. *Des catégories socio-économiques.*
Note.- Attention à l'orthographe : socio-économique.

sociolinguiste n. m. et f.
Spécialiste de sociolinguistique.

sociolinguistique adj. et n. f.
Étude des relations entre le langage, la culture et la société. *Une étude sociolinguistique.*

sociologie n. f.
Étude des sociétés humaines et des phénomènes sociaux.

sociologique adj.
Relatif à la sociologie. *Un phénomène sociologique.*

sociologue n. m. et f.
Spécialiste de sociologie.

socioprofessionnel, elle adj.
Qui définit un groupe en fonction de l'activité professionnelle et du comportement économique et social. *Des catégories socioprofessionnelles.*

socle n. m.
Piédestal. *Le socle d'une statue.*

socque n. m.
Chaussure courte.
Note.- Attention à l'orthographe : so*c*que.

socquette n. f.
Chaussette.
Note.- Attention à l'orthographe : so*c*que*tt*e.

soda n. m.
Boisson gazéifiée. *Du gin avec du soda. Des sodas glacés.*

sodium n. m.
- La lettre *u* se prononce *o* [sɔdjɔm].
- Symbole *Na* (s'écrit sans point).
- Métal que l'on trouve à l'état de chlorure. *Du bicarbonate de sodium.*

sodomie n. f.
Pratique du coït anal.
Note.- Attention à l'orthographe : sodo*m*ie.

sodomiser v. tr.
Pratiquer la sodomie.
Note.- Attention à l'orthographe : sodo*m*iser.

sœur adj. et n. f.
- **Adjectif**
Se dit d'êtres qui ont beaucoup d'affinités. *Des âmes sœurs.*
- **Nom féminin**
- Fille née d'une même mère et d'un même père qu'une autre personne. *Une sœur aînée, une sœur cadette.*
Note.- Les mots **belle-sœur,** et **demi-sœur** s'écrivent avec un trait d'union.
- Titre de nombreuses religieuses.
Note.- Les titres religieux s'écrivent avec une minuscule.

sœurette n. f.
Petite sœur. *Elle a beaucoup d'affection et d'admiration pour sa sœurette.*
Note.- Attention à l'orthographe : s*œ*urette.

sofa n. m.
Lit de repos à trois dossiers dont on se sert aussi comme siège. *Des sofas moelleux.*
Note.- Ne pas confondre avec les mots suivants :
- *canapé,* long siège à dossier et à accoudoirs où peuvent s'asseoir plusieurs personnes, où peut s'étendre une personne ;
- *causeuse,* petit canapé à deux places ;
- *divan,* large canapé sans dossier qui peut servir de siège ou de lit.

software n. m.
- Le *a* se prononce *è* [sɔftwɛr].
- (Anglicisme) Logiciel.

soi n. m. et pron. pers.

- **Pronom personnel masculin et féminin de la troisième personne**
- Lui, elle.
Note.- Le pronom se dit des êtres animés et des objets ; il est toujours complément, sauf dans quelques expressions où il est attribut. *Rester soi, être soi, chacun pour soi, la confiance en soi, ne penser qu'à soi.*
- *À part soi.* Dans son for intérieur.
- *Cela va de soi.* C'est tout naturel.
- *En soi.* De par sa nature.
- *Soi-même.* En personne. *Il faut tout vérifier soi-même.*
- *Sur soi.* Sur sa personne. *Ne pas avoir son passeport sur soi.*
- *Prendre sur soi.* Se dominer.
V. Tableau - **PRONOM.**
- **Nom masculin**
- La conscience. *Le soi, le moi et le sur-moi.*
- *Chez-soi.* Domicile. *Retrouver son chez-soi avec plaisir. Des chez-soi douillets.*
Note.- Le nom composé est invariable et s'écrit avec un trait d'union.

---

soi-disant adj. inv. et adv.
- **Adjectif invariable.** (Péj.) Qui se prétend tel, sans l'être. *Des soi-disant aristocrates.*

Note.- L'adjectif toujours invariable se dit des personnes ; pour qualifier une chose, on emploie plutôt *prétendu. Une prétendue réussite.*
● **Adverbe.** Supposément. *L'auto était soi-disant à lui.*
Note.- Dans cet emploi, le mot est invariable.

soie n. f.
● Poil de certains animaux. *Les soies du sanglier.*
● Fil brillant produit par le vers à soie, étoffe faite de ce fil. *De magnifiques écharpes de soie.*

soierie n. f.
Tissu de soie. *De belles soieries.*
Note.- Attention à l'orthographe : soi**e**rie.

soif n. f.
● Besoin de boire. *Elle avait soif.*
Note.- Les expressions **avoir très soif, si soif, trop soif,** sont jugées familières. En principe, l'adverbe modifie un adjectif et non un nom. Dans les faits, on note que ces emplois sont de plus en plus fréquents.
● Désir impérieux. *La soif du pouvoir.*
● **Jusqu'à plus soif.** (Fam.) À satiété.

soigné, ée adj.
Ordonné, recherché. *Une tenue très soignée.*

soigner v. tr.
● Avoir soin de quelqu'un, de quelque chose. *Soigner ses parents, soigner ses roses.*
● Traiter. *Soigner un malade, soigner une grippe.*

soigneusement adv.
Avec soin.

soigneux, euse adj.
● Qui est fait avec soin. *Un travail soigneux.*
● Ordonné et propre.

soin n. m.
● Application donnée à une chose. *Il étudie avec soin.*
● **Prendre soin de.** Veiller sur.
● **Être aux petits soins pour quelqu'un.** Avoir pour lui des attentions délicates.
● (Au plur.) Moyens par lesquels on soigne (un malade). *Des soins attentifs, les premiers soins.*
● **Aux bons soins de.** Cette formule s'emploie dans la correspondance lorsqu'une lettre est adressée à un destinataire que la personne emploie ou héberge.

soir n. m.
Fin du jour. *Il travaille tous les jeudis soir(s).*
Notes.-
1° Dans cette expression, le nom **soir** demeure généralement au singulier, mais certains auteurs admettent le pluriel.
2° Couramment, le soir est la partie de la journée qui va de la fin de l'après-midi jusqu'à minuit.

soirée n. f.
● Partie de la journée comprise entre le coucher du soleil et le moment où l'on s'endort.
● Réunion, fête qui a lieu le soir. *Une soirée d'information.*
● **Tenue de soirée.** Vêtements habillés.
● **En soirée.** Spectacle qui a lieu le soir (par opposition à **matinée).**

soit adv. et conj.
● Ce mot toujours invariable est la troisième personne du singulier du subjonctif présent du verbe **être.**
● Le **t** se prononce devant une voyelle ou un **h** muet ; il ne se prononce pas devant une consonne ou un **h** aspiré.
● **Adverbe d'affirmation**
Oui (affaibli). Cet adverbe marque une concession, un accord non enthousiaste. *Soit, je veux bien le croire.*
● **Conjonction**
- C'est-à-dire. *Deux lampes à 500 F, soit 1 000 F.*
- En supposant. *Soit un triangle équilatéral.*
Note.- En ce sens, la locution se place en tête de phrase.
- **Soit ... soit.** Ou bien ... ou bien. *Soit un chien, soit un chat.*
- **Soit que ... soit que,** locution conjonctive.
Note.- La locution se construit avec le subjonctif. *Soit qu'il vienne, soit qu'il parte.*
- **Tant soit peu,** locution adverbiale. Très peu.

soixantaine n. f.
● Nombre approximatif de soixante.
● Âge d'à peu près soixante ans. *Il est dans la soixantaine.*

soixante adj. et n. m. inv.
● **Adjectif numéral cardinal invariable.** Six fois dix. *Soixante heures.*
● **Adjectif numéral ordinal invariable.** Soixantième. *La page soixante.*
● **Nom masculin invariable.** Nombre soixante. *Des soixante peints en chiffres dorés.*

soixante-dix adj. et n. m. inv.
● **Adjectif numéral cardinal invariable.** Sept fois dix. *Soixante-dix heures.*
● **Adjectif numéral ordinal invariable.** Soixante-dixième. *Le numéro soixante-dix.*
● **Nom masculin invariable.** Nombre soixante-dix. *Des soixante-dix en lettres lumineuses.*

soixante-dixième adj. et n. m. et f.
● **Adjectif numéral ordinal.** Nombre ordinal de soixante-dix. *Le soixante-dixième jour.*
● **Nom masculin.** La soixante-dixième partie d'un tout. *Les trois soixante-dixièmes d'une quantité.*
● **Nom masculin et féminin.** Personne, chose qui occupe le soixante-dixième rang. *Elles sont les soixante-dixièmes.*

soixantième adj. et n. m. et f.
● **Adjectif numéral ordinal.** Nombre ordinal de soixante. *Le soixantième jour.*
● **Nom masculin.** La soixantième partie d'un tout. *Les trois soixantièmes d'une quantité.*
● **Nom masculin et féminin.** Personne, chose qui occupe le soixantième rang. *Elles sont les soixantièmes.*

soja n. m.
Plante oléagineuse dont on extrait de l'huile et de la farine. *Des germes de soja.*

sol n. m.
● Partie de la surface de la terre. *Un hélicoptère vient de toucher le sol.*

- Terre considérée quant à ses qualités productives. *Un sol fertile.*
- **Sol natal.** Patrie.
- Plancher. *Des revêtements de sol.*
- Cinquième note de la gamme. *Une clé de sol.*

V. **note de musique.**

Hom. **sole,** poisson.

solaire adj.
- Relatif au Soleil. *La lumière solaire, le système solaire.*
- Qui protège du soleil. *Des crèmes solaires.*

solarium n. m.
- La lettre **u** se prononce **o** [sɔlarjɔm].
- Lieu généralement vitré où la lumière solaire peut pénétrer. *Des solariums exposés au sud.*

soldat n. m.
Homme qui sert dans une armée.
Note.- Attention à l'orthographe : solda**t**, solda**te**.

solde n. m. et f.
- **Nom masculin**
- Différence entre le crédit et le débit. *Demander le solde d'un compte à la banque. Un solde créditeur ou débiteur.*
- (Au plur.) Articles soldés. *Soldes de janvier. Des soldes avantageux.*
Note.- Attention au genre masculin du nom au sens d'articles vendus au rabais.
- **Nom féminin**
- Rémunération des militaires.
- **Être à la solde de.** (Péj.) Être payé pour soutenir une cause, pour défendre des intérêts.
- **Congé sans solde.** Permission de s'absenter accordée à un militaire.
Note.- Dans les autres cas, on dira plutôt **congé non payé.**

solder v. tr., pronom.
- **Transitif**
- Établir le solde (d'un compte).
- Vendre au rabais. *Ces articles seront soldés le mois prochain.*
- **Pronominal**
Avoir pour résultat (bon ou mauvais). *La campagne publicitaire s'est soldée par une meilleure connaissance du produit et par un accroissement du chiffre d'affaires. L'exercice financier se solde par un déficit.*

sole n. f.
Poisson apprécié pour sa chair. *Une délicieuse sole meunière.*
Note.- Attention à l'orthographe : so**le**.
Hom. **sol,** partie de la surface de la terre.

solécisme n. m.
Erreur dans la construction syntaxique d'une phrase. *Exemple de solécisme : c'est nous * qui sont...* (au lieu de **sommes).**
Note.- L'impropriété, le barbarisme sont des erreurs de vocabulaire.

soleil n. m.
- Astre autour duquel gravite la Terre. *Le lever du soleil.*

- Temps ensoleillé. *Il fait soleil aujourd'hui, il fait du soleil.*
- **Coup de soleil.** Légère brûlure causée par le soleil. *Les rousses souffrent souvent de coups de soleil.*
Note.- Les mots **soleil, lune, terre** s'écrivent avec une majuscule lorsqu'ils désignent la planète, l'astre, le satellite lui-même, notamment dans la langue de l'astronomie et dans les textes techniques ; ils s'écrivent avec une minuscule dans les autres utilisations. *La Terre tourne autour du Soleil. Un beau coucher de soleil, le clair de lune.*
V. **astre.**

solennel, elle adj.
- Le **e** de la deuxième syllabe se prononce **a** [sɔlanɛl].
- Qui se fait avec apparat. *Une communion solennelle.*
- D'une gravité exagérée. *Un ton solennel.*

solennellement adv.
- Le **e** de la deuxième syllabe se prononce **a** [sɔlanɛlmã].
- En grand apparat.
- Cérémonieusement.

solennité n. f.
- Le **e** de la deuxième syllabe se prononce **a** [sɔlanite].
- Majesté.
- Gravité affectée.

solidaire adj.
Se dit de personnes liées entre elles par des intérêts communs. *Il est resté solidaire du groupe. Elles étaient solidaires de la décision.*
Notes.-
1° L'expression * «solidaire les uns des autres» est un pléonasme.
2° Ne pas confondre avec le mot **solitaire** qui qualifie une personne seule.

solidairement adv.
Tous ensemble.

solidariser (se) v. pronom.
Devenir solidaire. *Les enseignants se sont solidarisés avec les élèves.*

solidarité n. f.
- Sentiment d'appartenance à un groupe, à une communauté. *La solidarité avec les grévistes, la solidarité entre les grévistes et les cadres.*
- Le fait d'être solidaire.
Note.- Le nom se construit avec **avec** ou **entre.**

solide adj. et n. m.
- **Adjectif**
- Consistant (par opposition à **liquide**). *Des aliments solides.*
- Résistant, robuste. *Cette voiture est très solide.*
Ant. **fragile.**
- **Nom masculin**
Corps à trois dimensions. *Le cône, la sphère sont des solides.*
Ant. **fluide.**

solidement adv.
Fermement.

solidifier v. tr., pronom.
• Redoublement du *i* à la première et à la deuxième personne du pluriel de l'indicatif imparfait et du subjonctif présent. *(Que) nous solidifiions, (que) vous solidifiiez.*
• **Transitif.** Rendre plus solide. *Solidifier un liquide.*
• **Pronominal.** Devenir solide.

solidité n. f.
Résistance.
Ant. **fragilité.**

soliloque n. m.
Discours d'une personne qui parle toute seule.
Notes.-
1° Attention à l'orthographe : soli*l*oque.
2° Ne pas confondre avec le mot *monologue* qui désigne le discours d'une personne seule qui pense tout haut, en présence de quelqu'un.

soliloquer v. intr.
Se parler à soi-même.
Note.- Attention à l'orthographe : soli*l*oquer.

soliste n. m. et f.
Artiste qui exécute un solo. *La soliste a donné un concert remarquable.*

solitaire adj. et n. m. et f.
• **Adjectif.** Seul.
• **Nom masculin et féminin.** Personne qui vit seule, qui aime la solitude.
• **Nom masculin.** Diamant monté seul (sur une bague).
Note.- Ne pas confondre avec le mot *solidaire* qui se dit de personnes liées par des intérêts communs.

solitude n. f.
Isolement. *Cette personne souffre de la solitude.*

solive n. f.
Pièce de charpente soutenue par les poutres et qui sert à supporter un plancher, un plafond, etc.
Note.- Attention à l'orthographe : soli*v*e.

soliveau n. m.
Petite solive. *Des soliveaux résistants.*

sollicitation n. f.
• Action de solliciter.
• Démarches pressantes.
Note.- Attention à l'orthographe : soll*i*citation.

solliciter v. tr.
• Prier avec insistance. *Elle sollicita l'appui de ses collègues. Solliciter une faveur. On l'avait sollicité de se joindre à l'équipe.*
Note.- Suivi d'un infinitif, le verbe se construit avec la préposition **de.**
• Attirer, séduire. *Des vitrines magnifiques qui nous sollicitent constamment.*
Note.- Attention à l'orthographe : soll*i*citer.

sollicitude n. f.
Soin attentif.
Note.- Attention à l'orthographe : soll*i*citude.

solo adj. et n. m.
• **Adjectif invariable en genre.** Qui joue seul. *Des contrebasses solos.*

• **Nom masculin.** Pièce musicale interprétée par un seul artiste. *Des solos excellents.*

solstice n. m.
Chacune des deux époques de l'année correspondant au jour le plus long et au jour le plus court de l'année. *Le solstice d'été (21 juin), le solstice d'hiver (21 décembre), dans l'hémisphère Nord.*
Note.- Attention à l'orthographe : sols**t**ice.

soluble adj.
• Qui peut se dissoudre. *Une substance soluble.*
• Qui peut être résolu. *Une question soluble.*

soluté n. m.
Solution médicamenteuse. *Des solutés hydratants.*

solution n. f.
• **Du verbe *dissoudre***
- Action de dissoudre un corps dans un liquide.
- Liquide qui contient un corps dissous. *Une solution médicamenteuse.*
- *Solution de continuité.* Rupture dans un tout homogène, interruption dans une suite, une série.
• **Du verbe *résoudre***
- Résolution d'un problème donné, théorique ou pratique. *La solution d'un problème mathématique.*
- Ensemble de décisions susceptibles de résoudre une difficulté. *Il faudrait trouver rapidement une solution.*
- Dénouement, conclusion. *Aucune solution n'est intervenue dans l'enlèvement des diplomates.*

solutionner v. tr.
Trouver une solution.
Note.- Ce mot est critiqué par de nombreux auteurs, mais il est passé dans l'usage ; on pourra lui préférer *résoudre, apporter une solution.*

solvabilité n. f.
État de la personne physique ou morale qui est solvable.

solvable adj.
Qui peut payer ses créanciers. *Ce client est solvable.*

solvant n. m.
Corps qui peut dissoudre un autre corps. *Des solvants inflammables.*

somali, ie ou **somalien, ienne** adj. et n. m. et f.
De Somalie.
Note.- Contrairement à l'adjectif, le nom prend une majuscule.

sombre adj.
• Qui reçoit peu de lumière. *Une pièce sombre.*
• *Coupe sombre.* Réduction importante. *Il y aura une coupe sombre dans les frais de représentation.*
• *Couleur sombre.* Couleur foncée.
• Taciturne, morose. *Une humeur sombre.*

sombrer v. intr.
Couler, en parlant d'un navire.

sombrero n. m.
• Le *e* se prononce *é* [sɔ̃brero].
• Chapeau mexicain à large bord. *Des sombreros brodés.*

-some suff.
Élément du grec signifiant «corps». *Chromosome.*

sommaire adj. et n. m.
• **Adjectif.** Succinct, rudimentaire. *Une explication sommaire.*
• **Nom masculin.** Résumé.
Note.- Attention à l'orthographe : so**mm**aire.

sommairement adv.
• En résumé.
• Sans formalités.
Note.- Attention à l'orthographe : so**mm**airement.

sommation n. f.
• Mise en demeure, ordre. *Le gardien fit une sommation puis se mit à tirer.*
• (Math.) Somme de plusieurs quantités.
Note.- Attention à l'orthographe : so**mm**ation.

somme n. m. et f.
• **Nom masculin**
Sieste.
• **Nom féminin**
- Résultat d'une addition.
- *Somme partielle.* Résultat de l'addition d'une partie des quantités.
- *Somme globale.* Résultat de la compilation de divers totaux.
- Quantité déterminée d'argent.
Note.- Ne pas confondre avec le mot ***montant*** qui désigne le chiffre auquel s'élève un compte, un paiement.
- *En somme, somme toute,* locution adverbiale. En résumé.

sommeil n. m.
État d'une personne qui dort. *Avoir sommeil, tomber de sommeil.*
Ant. **veille.**

sommeiller v. intr.
Dormir légèrement.

sommelier n. m.
Personne chargée du service des vins dans un restaurant.
Note.- Attention à l'orthographe : so**mm**elier.

sommer v. tr.
Mettre en demeure. *Il a sommé les malfaiteurs de se rendre.*

sommet n. m.
• Partie la plus élevée de quelque chose. *Le sommet de l'Everest est situé à 8 848 mètres.*
• Conférence réunissant des chefs d'État. *Le Sommet de la francophonie. Une conférence au sommet.*
Note.- Lorsqu'il désigne la réunion des chefs d'État, le nom s'écrit avec une majuscule.

sommier n. m.
Partie d'un lit sur lequel repose le matelas.
Note.- Attention à l'orthographe : so**mm**ier.

sommité n. f.
Spécialiste éminent. *Ce professeur est une sommité dans le domaine de l'athérosclérose.*
Note.- Attention à l'orthographe : so**mm**ité.

somnambule adj. et n. m. et f.
Personne qui, dans son sommeil, fait certains actes (par exemple, marcher).
Note.- Attention à l'orthographe : somn**a**mbu**l**e.

somnambulisme n. m.
État d'une personne somnambule.
Note.- Attention à l'orthographe : somn**a**mbu**l**isme.

somnifère adj. et n. m.
• **Adjectif.** Qui provoque le sommeil.
• **Nom masculin.** Substance qui endort. *Prendre des somnifères.*
Note.- Le mot s'emploie surtout comme nom.
V. **soporifique.**

somnolence n. f.
État intermédiaire entre le sommeil et la veille. *Ce médicament peut provoquer de la somnolence.*
Note.- Attention à l'orthographe : somno**l**ence.

somnolent, ente adj.
Qui est à moitié endormi.
Note.- Attention à l'orthographe : somno**l**ent.

somnoler v. intr.
Dormir légèrement.
Note.- Attention à l'orthographe : somno**l**er.

somptuaire adj.
• (Vx) Relatif aux dépenses.
• De luxe. *Des dépenses somptuaires.*
Notes.-
1° L'emploi de l'adjectif en ce sens est critiqué car l'expression ***dépenses somptuaires*** constitue un pléonasme.
2° Attention à l'orthographe : somptu**aire**.

somptueusement adv.
D'une manière somptueuse.

somptueux, euse adj.
Luxueux, splendide. *Un palais somptueux, une fête somptueuse.*

somptuosité n. f.
Magnificence.

son adj. poss. m. sing.
• L'adjectif possessif détermine le nom en indiquant le «possesseur» de l'objet désigné. Il s'accorde en genre et en nombre avec le nom déterminé. *Son jardin.*
• Il s'accorde en personne avec le nom désignant le «possesseur». Ainsi, l'adjectif possessif ***son*** renvoie à un seul «possesseur» d'un être, d'un objet de genre masculin.
Note.- Devant un nom féminin commençant par une voyelle ou un ***h*** muet, c'est aussi la forme masculine ***son*** qui est employée pour des raisons d'euphonie. *Son amie, son histoire.*
V. Tableau - **POSSESSIF (ADJECTIF).**

son n. m.
• Bruit produit par des vibrations. *Un son aigu, un son grave.*
• *Au(x) son(s) de.* En écoutant.
• Élément du langage parlé. *La phonétique étudie les sons du langage.*

• **Son et lumière.** Spectacle nocturne, de nature généralement historique, composé d'illuminations d'édifices anciens accompagnées d'un commentaire.
• Enveloppe des céréales, *Du pain de son.*
• **Taches de son.** Taches de rousseur.
V. **onomatopée.**

sonar n. m.
Instrument de détection sous-marine. *Des sonars ultra-modernes.*
Note.- Le mot est un acronyme de l'anglais « **So**und **Na**vigation **R**anging ».

sonate n. f.
Pièce de musique en trois ou quatre mouvements.
Note.- Attention à l'orthographe : sona*t*e.

sonatine n. f.
Petite sonate.
Note.- Attention à l'orthographe : sona*t*ine.

sondage n. m.
Choix d'un certain nombre d'unités dans un groupe (une population), destiné à permettre l'étude de ce groupe, en se fondant uniquement sur les caractéristiques des unités choisies. *Des sondages d'opinion.*
Note.- Dans l'expression citée en exemple, le nom *opinion* s'écrit au singulier.

sonde n. f.
Instrument servant à sonder. *Une sonde spatiale.*

sonder v. tr.
• Examiner à la sonde.
• Scruter. *Sonder les chances de succès d'une entreprise.*
• Faire un sondage. *Sonder l'opinion.*

sondeur n. m.
sondeuse n. f.
Personne qui fait des sondages.

Son Éminence
Abréviation **S. Ém.** (s'écrit avec des points).
Note.- Ce titre s'emploie pour un cardinal.

Son Excellence
Abréviation **S.E.** (s'écrit avec des points).
Note.- Ce titre s'emploie pour un ambassadeur ou un évêque.

songe n. m.
(Litt.) Rêve dont on tire des présages.
Note.- Ne pas confondre avec les mots suivants :
- *cauchemar*, rêve pénible ;
- *rêve*, images qui viennent à l'esprit pendant le sommeil ;
- *rêverie*, activité mentale qui s'abandonne à des images, des associations à l'état de veille.

songer v. tr. ind.
• Le *g* est suivi d'un *e* devant les lettres *a* et *o*. *Il songea, nous songeons.*
• **Songer à.** Réfléchir. *Il songe à l'avenir.*
• Envisager. *Ils songent à acheter une maison.*

songeur, euse adj.
Pensif. *Ces réflexions la laissent songeuse.*

sonique adj.
Qui concerne la vitesse du son.
Note.- Attention à l'orthographe : so*n*ique.

sonnant, ante adj.
• Qui sonne, en parlant de l'heure. *À minuit sonnant, à trois heures sonnantes.*
• **En argent sonnant.** En monnaie métallique. *Payer en argent sonnant ou en espèces sonnantes et trébuchantes.*

sonner v. tr., intr.
• **Transitif**
Faire résonner. *Sonner les cloches.*
• **Intransitif**
- Émettre une sonnerie. *Le réveil sonne, il est 8 heures.*
- Actionner une sonnerie. *On a sonné.*

sonnerie n. f.
Son produit par une sonnette, un timbre. *Une sonnerie électrique.*

sonnet n. m.
Poème. *Les sonnets de Ronsard.*
Note.- Attention à l'orthographe : so*nn*et.

sonnette n. f.
Timbre, sonnerie électrique.
Notes.-
1° Attention à l'orthographe : so*nn*ette.
2° Ne pas confondre avec les mots suivants :
- *bourdon*, grosse cloche d'une cathédrale, d'une basilique ;
- *carillon*, groupe de petites cloches ;
- *cloche*, appareil sonore vibrant sous les coups d'un battant.
- *clochette*, petite cloche.

sono n. f.
Abréviation familière de **sonorisation.**

sonore adj. et n. f.
• **Adjectif.** Qui produit un son. *Un film sonore.*
• **Nom féminin.** (Ling.) *Consonne sonore. Les lettres b, d, g, l, m, n, r, v, z sont des sonores.*

sonorisation n. f.
• S'abrège familièrement en **sono** (s'écrit sans point).
• Action de sonoriser.
• Ensemble des appareils utilisés pour sonoriser un lieu.

sonoriser v. tr.
• (Ling.) Rendre sonore une lettre sourde.
• Ajouter des éléments sonores. *Sonoriser un diaporama.*
• Doter d'une installation pour amplifier les sons.

sonorité n. f.
• Qualité de ce qui est sonore. *Une sonorité chaude et douce.*
• Acoustique d'un lieu.

sonothèque n. f.
Collection d'effets sonores.

sophisme n. m.
Raisonnement faux.
Note.- Attention à l'orthographe : so*ph*isme.

sophistication n. f.
Caractère sophistiqué.

sophistiqué, ée adj.
• Recherché, parfois à l'excès. *Une tenue très sophistiquée.*
• Complexe, très perfectionné, évolué. *Du matériel informatique sophistiqué.*
Notes.-
1º Attention à l'orthographe : so**ph**istiqué.
2º L'emploi de l'adjectif au sens de « très perfectionné » est critiqué car c'est un calque de l'anglais.

soporifique adj. et n. m.
• **Adjectif**
- Qui provoque le sommeil.
Note.- Ce mot s'emploie généralement comme adjectif et il est souvent péjoratif.
- Très ennuyeux. *Un discours soporifique.*
• **Nom masculin.** Substance qui endort.
Note.- Le nom *somnifère* est davantage usité.
V. **somnifère.**

soprano n. m. et f.
• **Nom masculin.** La plus aiguë des voix (de femme, de jeune garçon).
• **Nom masculin et féminin.** Personne qui a cette voix. *Des sopranos talentueuses.*

sorbet n. m.
Mets glacé à base de jus de fruits et ne contenant pas de lait ou de crème.
Note.- Ne pas confondre avec le mot *glace* qui se dit d'une crème glacée.

sorbetière n. f.
Ustensile servant à préparer glaces et sorbets.
Note.- Attention à l'orthographe : sorb**e**tière.

sorbier n. m.
Arbre qui produit de petits fruits rouges.

sorcellerie n. f.
Ensemble de pratiques magiques (incantation, maléfices, etc.).
Note.- Attention à l'orthographe : sorce**ll**erie.

sorcier, ière n. m. et f.
Personne qui pratique la sorcellerie.
Note.- Ne pas confondre avec le mot *sourcier* qui désigne une personne qui découvre des sources.

sordide adj.
Répugnant.

sornette n. f. (gén. au pl.)
Baliverne. *Ce ne sont que des sornettes.*
Note.- Attention à l'orthographe : sorne**tt**e.

sort n. m.
• Sortilège. *Jeter des sorts.*
• (Litt.) Destin. *Le sort en a décidé autrement.*
• *Tirer au sort.* Décider par le hasard.
• *Le sort en est jeté.* La décision est prise, de manière irrévocable.
• *Faire un sort à quelque chose.* (Fam.) Le consommer entièrement. *On a fait un sort au rôti !*
Note.- Le verbe a un sens positif, contrairement à ce que l'on croit généralement.

sortable adj.
Qui est présentable. *Cet enfant n'est pas sortable ; il est trop turbulent.*

sortant, ante adj.
Dont le mandat est terminé. *Les maires sortants.*
Note.- Ne pas confondre avec le participe présent invariable **sortant.** *Les pensionnaires sortant le soir.*

sorte n. f.
• Genre, catégorie d'êtres, de choses. *Une sorte d'oiseaux, des sortes de fleurs.*
Notes.-
1º En ce sens, le complément du nom se met au pluriel.
2º Le collectif s'emploie en bonne ou en mauvaise part.
• **Sorte + complément.** *Cette sorte de poires sont succulentes. Une sorte de voyou est entré dans l'appartement.*
Note.- L'accord du verbe ou de l'adjectif se fait avec le complément au pluriel du nom ou du pronom lorsque *sorte* est employé comme sujet.
V. Tableau - **COLLECTIF.**
• *Toute(s) sorte(s) de* + *nom au pluriel.* De tous les genres. *Toutes sortes de voitures.*
• Espèce. *Une sorte de comédie.*
Note.- Le nom s'emploie aussi pour marquer une approximation, une chose dont le caractère est mal défini. En ce sens, le complément du nom se met au singulier.
• **Locutions**
- *De la sorte*, locution adverbiale. Ainsi.
- *En quelque sorte*, locution adverbiale. Pour ainsi dire.
- *De (telle) sorte que*, locution conjonctive. Si bien que.
Note.- La locution se construit avec l'indicatif pour marquer une conséquence réelle, un fait acquis. *Il a agi de telle sorte qu'il a gagné son pari.*
Note.- La locution se construit avec le subjonctif pour marquer une conséquence éventuelle. *Tous les préparatifs seront faits de sorte que nous ne soyons pas pris au dépourvu.*

sortie n. f.
• Action de quitter un lieu. *L'heure de la sortie, la porte de sortie.*
• Mouvement de colère. *Faire une sortie contre quelqu'un.*
• *Sortie-de-bain.* Peignoir. *De belles sorties-de-bain.*
• (Inform.) Ensemble d'informations traitées par l'ordinateur. *Les sorties apparaissent sous diverses formes en fonction des périphériques : listage, affichage à l'écran, etc.*

sortilège n. m.
Maléfice.
Note.- Attention à l'orthographe : sorti**l**ège.

sortir v. tr., intr., pronom.
• *Je sors, tu sors, il sort, nous sortons, vous sortez, ils sortent. Je sortais. Je sortis. Je sortirai. Je sortirais. Sors, sortons, sortez. Que je sorte. Que je sortisse. Sortant. Sorti, ie.*

• **Transitif**

Mener dehors. *Sortir son vélo et son chien. Sortir le bébé quand il fait beau.*

• **Intransitif**

- Quitter un lieu. *Sortir de la maison.*

Note.- Le verbe se conjugue avec l'auxiliaire **être** dans la construction intransitive, avec **avoir** dans la construction transitive. *Elles sont sorties du bureau, ils ont sorti leurs voitures.*

- Commencer à paraître. *Les feuilles commencent à sortir.*

- Être diffusé. *Ce livre vient de sortir.*

• **Pronominal**

Se tirer d'affaire. *Est-ce qu'il arrivera à se sortir de cette impasse, à s'en sortir ?*

sortir n. m.

Au sortir de, locution prépositive. Au moment où l'on sort de. *Au sortir du lit.*

S.O.S. n. m.

Signal international de détresse signifiant « au secours ».

Note.- Le signal est composé de trois points (s), trois traits (o), trois points (s) dans l'alphabet morse.

sosie n. m.

Personne qui ressemble beaucoup à quelqu'un. *Elle est le sosie de la princesse.*

Note.- Ce nom ne comporte pas de forme féminine.

sot, sotte adj. et n. m. et f.

Niais, borné.

Note.- Attention à l'orthographe : so**t**, so**tt**e.

Hom. :

- **saut**, bond ;

- **sceau**, cachet ;

- **seau**, récipient.

sottement adv.

Bêtement.

Note.- Attention à l'orthographe : so**tt**ement.

sottise n. f.

Bêtise, stupidité.

sou n. m.

• Pièce de monnaie de peu de valeur.

• *Machine à sous.* Appareil qui fonctionne à l'aide de pièces de monnaie.

• *N'avoir pas le sou.* Être sans ressources.

• *Question de gros sous.* (Fam.) Question d'argent.

Hom. :

- **soue**, étable à porcs ;

- **soûl**, ivre.

souahéli

V. swahili.

soubassement n. m.

Partie inférieure d'une construction.

Note.- Attention à l'orthographe : **sou**bassement.

soubresaut n. m.

• Le **s** de la troisième syllabe se prononce **s** (et non *z) [subrəso].

• Mouvement brusque d'une personne, d'une chose. *Les soubresauts de la voiture sur un mauvais chemin.*

soubrette n. f.

(Litt.) Femme de chambre.

Note.- Attention à l'orthographe : soubre**tt**e.

souche n. f.

• Partie du tronc d'un arbre qui reste en terre, quand l'arbre est coupé.

• Origine d'une famille.

• *Faire souche.* Avoir des descendants.

souci n. m.

• Tracas, inquiétude. *Ne vous faites pas de souci. Il a beaucoup de soucis.*

• Préoccupation. *Elle a le souci du travail bien fait.*

soucier (se) v. pronom.

• Redoublement du *i* à la première et à la deuxième personne du pluriel de l'indicatif imparfait et du subjonctif présent. *(Que) nous nous souciions, (que) vous vous souciiez.*

• S'inquiéter de. *Nous nous soucions beaucoup de vous et de votre famille. Elles se sont souciées de votre bien-être.*

Note.- Le participe passé s'accorde toujours avec le sujet.

• *S'en soucier comme de l'an quarante.* Se moquer d'une chose qui ne se produira peut-être jamais.

soucieusement adv.

Avec grand soin.

soucieux, ieuse adj.

Inquiet, préoccupé.

soucoupe n. f.

• Petite assiette qui se place sous une tasse.

• *Soucoupe volante.* Objet volant d'origine mystérieuse.

V. **ovni.**

soudage n. m.

Action de souder, son résultat.

Note.- Ne pas confondre avec le mot **soudure** qui désigne un assemblage permanent de deux pièces de métal ou la matière employée pour souder.

soudain, aine adj. et adv.

• **Adjectif.** Subit, imprévu. *Une pluie soudaine.*

• **Adverbe.** Tout à coup. *Soudain, il se mit à pleuvoir.*

soudainement adv.

Subitement, tout à coup.

Note.- Attention à l'orthographe : soudai**n**ement.

soudaineté n. f.

Caractère de ce qui est soudain.

Note.- Attention à l'orthographe : soudai**n**eté.

soudanais, aise adj. et n. m. et f.

Du Soudan.

Note.- Contrairement à l'adjectif, le nom prend une majuscule.

souder v. tr., pronom.

• **Transitif.** Réunir par une soudure.

• **Pronominal.** Se réunir pour former un tout. *Ces blocs de glace se sont soudés.*

soudeur n. m.

soudeuse n. f.

Personne qui fait de la soudure.

soudoyer v. tr.
- Le *y* se change en *i* devant un *e* muet. *Il soudoie, il soudoiera.*
- Acheter quelqu'un. *Le gardien a été soudoyé. Ces étudiants soudoient leurs camarades pour copier leurs travaux.*

soudure n. f.
- Assemblage permanent de deux pièces de métal.
- Matière employée pour souder.
Note.- Ne pas confondre avec le mot **soudage** qui désigne l'action de souder ou son résultat.

soue n. f.
Étable à porcs.
Hom. :
- *sou*, pièce de monnaie de peu de valeur.
- *soûl*, ivre.

souffle n. m.
- Air exhalé.
- *À bout de souffle.* Épuisé.
Note.- Attention à l'orthographe : sou**ff**le.

soufflé n. m.
Entremets dont la pâte gonfle au four. *Un soufflé au fromage.*
Note.- Attention à l'orthographe : sou**ff**lé.

souffler v. tr., intr.
- **Transitif**
- Expulser de l'air. *Souffler ses bougies d'anniversaire.*
- Murmurer. *Elle lui a soufflé la réponse.*
- **Intransitif**
- Respirer difficilement.
- S'arrêter pour reprendre haleine.
Note.- Attention à l'orthographe : sou**ff**ler.

soufflet n. m.
- Gifle.
- Appareil destiné à souffler de l'air pour attiser le feu.
Note.- Attention à l'orthographe : sou**ff**let.

souffleter v. tr.
- Redoublement du *t* devant un *e* muet. *Je soufflette, je souffletterai,* mais *je souffletais.*
- Gifler.

souffleur n. m.
souffleuse n. f.
- Personne qui souffle le verre.
- Personne qui souffle les répliques au théâtre.
Note.- Attention à l'orthographe : sou**ff**leur.

souffrance n. f.
- Douleur physique ou morale.
- *En souffrance.* Se dit de marchandises qui n'ont pas encore été livrées. *Cet article est en souffrance.*
- *En souffrance.* Se dit d'une somme (créance, dette, intérêts) qui n'a pas été versée à la date prévue. *Un compte en souffrance.*
Note.- Attention à l'orthographe : sou**ff**rance.

souffrant, ante adj.
Malade, qui ne se sent pas bien. *Elle est un peu souffrante.*
Note.- Attention à l'orthographe : sou**ff**rant.

souffre-douleur n. m. inv.
Victime. *Elle est toujours le souffre-douleur de son frère. Des souffre-douleur très patients.*
Note.- Attention au genre masculin de ce nom : **un** sou**ff**re-douleur.

souffreteux, euse adj.
Maladif.
Note.- Attention à l'orthographe : sou**ff**reteux.

souffrir v. tr., intr., pronom.
- *Je souffre, tu souffres, il souffre, nous souffrons, vous souffrez, ils souffrent. Je souffrais. Je souffris. Je souffrirai. Je souffrirais. Souffre, souffrons, souffrez. Que je souffre. Que je souffrisse. Souffrant. Souffert, erte.*
- **Transitif**
- (Litt.) Tolérer. *Elle ne souffrira pas qu'on la contredise.*
Note.- En ce sens, le verbe se construit avec le subjonctif.
- Supporter. *Elle ne peut la souffrir.*
Note.- Construit avec un complément circonstanciel de temps, le participe passé est invariable. *Les trois mois qu'elle a souffert* (« pendant lesquels »). Avec un complément d'objet direct qui précède le verbe, le participe passé s'accorde. *Les incompétents qu'elle a soufferts...*
- **Intransitif**
Ressentir une souffrance physique ou morale. *Il souffre du dos.*
- **Pronominal**
Se supporter.

soufre n. m.
- Symbole **S** (s'écrit sans point).
- Élément chimique de couleur jaune.
Note.- Attention à l'orthographe : sou**f**re.

soufrière n. f.
Lieu d'où l'on extrait du soufre.
Note.- Attention à l'orthographe : sou**f**rière.

souhait n. m.
- Vœu, désir. *Des souhaits de prompt rétablissement.*
- *À souhait*, locution adverbiale. Selon les désirs de quelqu'un. *Il fait beau à souhait.*
- *À vos souhaits !* Formule de politesse à l'endroit d'une personne qui éternue.
Note.- Attention à l'orthographe : souh**ai**t.

souhaitable adj.
Désirable. *Cette réforme est souhaitable.*

souhaiter v. tr.
Désirer. *Elle souhaite lancer une nouvelle affaire. Il souhaite qu'elle revienne.*
Notes.-
1° Attention à l'orthographe : souh**ai**ter.
2° Le verbe se construit toujours avec le subjonctif ; suivi de l'infinitif, le verbe se construit sans préposition ou avec **de**. *Elle souhaite (de) le rencontrer.*

souiller v. tr.
- Les lettres **ill** sont suivies d'un *i* à la première et à la deuxième personne du pluriel de l'indicatif imparfait

et du subjonctif présent. *(Que) nous souillions, (que) vous souilliez.*
● (Litt.) Salir.
Note.- Attention à l'orthographe : soui*ll*er.

souillure n. f.
(Litt.) Tache, impureté, corruption.
Note.- Attention à l'orthographe : soui*ll*ure.

souk n. m.
● Le *k* se prononce [suk].
● Marché, dans les pays arabes. *Le souk des joailliers, les souks pittoresques.*

soûl, soûle adj.
● (Fig.) Grisé. *Il est soûl de soleil.*
● (Fam.) Ivre.
● *Tout mon, ton ... soûl*, locution adverbiale. À satiété. *Il a dormi tout son soûl.*
Note.- La graphie *saoul, saoule* est vieillie.
Hom. :
- *sou*, pièce de monnaie de peu de valeur ;
- *soue*, étable à porcs.

soulagement n. m.
Apaisement. *Pousser un soupir de soulagement.*

soulager v. tr., pronom.
● Le *g* est suivi d'un *e* devant les lettres *a* et *o*. *Il soulagea, nous soulageons.*
● **Transitif**
- Décharger d'un poids, d'une souffrance. *Ce médicament vous soulagera.*
- Apaiser. *Cette bonne nouvelle m'a soulagé.*
● **Pronominal**
Se procurer du soulagement.

soûlaud, aude ou **soûlot, ote** n. m. et f.
(Fam.) Ivrogne.

soûler óu **saouler** v. tr., pronom.
(Fam.) Enivrer.

soûlerie n. f.
(Fam.) Beuverie.

soulèvement n. m.
Révolte, insurrection.
Note.- Attention à l'orthographe : soul**è**vement.

soulever v. tr., pronom.
● Le *e* se change en *è* devant une syllabe muette. *Il soulève, il soulevait.*
● **Transitif**
- Lever lentement à faible hauteur. *Soulever un meuble.*
Note.- Ne pas confondre avec les verbes suivants :
- *élever*, placer à un niveau supérieur ;
- *lever*, porter de bas en haut ;
- *surélever*, accroître la hauteur de quelque chose.
- Inciter à la révolte.
- Exposer. *Soulever un problème.*
- Provoquer. *Ce film a soulevé l'enthousiasme du public.*
● **Pronominal**
- Se lever légèrement.
- Se révolter. *La foule s'est soulevée.*

soulier n. m.
Chaussure. *Des souliers à talons plats.*

soulignage ou **soulignement** n. m.
● Action de tracer une ligne sous un ou plusieurs mots.
● Trait qui souligne.
Note.- Le soulignement s'emploie pour attirer l'attention du lecteur sur un mot, une expression. Dans les conventions typographiques, le texte souligné sera mis en italique.

souligner v. tr.
● Tracer une ligne sous un mot, un groupe de mots.
● Mettre en évidence. *J'aimerais souligner la remarquable performance de notre nouvelle analyste.*

soumettre v. tr., pronom.
● *Je soumets, tu soumets, il soumet, nous soumettons, vous soumettez, ils soumettent. Je soumettais. Je soumis. Je soumettrai. Je soumettrais. Soumets, soumettons, soumettez. Que je soumette. Que je soumisse. Soumettant. Soumis, ise.*
● **Transitif**
- Astreindre à des règles, à des formalités. *Soumettre les réfugiés à un contrôle.*
- Proposer au jugement d'un expert, d'un groupe. *Cette question a été soumise au comité.*
● **Pronominal**
Accepter une décision, obéir. *Ils se sont soumis à la directive.*

soumis, ise adj.
Docile.

soumission n. f.
● Docilité.
● Acte écrit par lequel un concurrent à un marché fait connaître ses propositions. et s'engage à respecter les clauses du cahier des charges. *Présenter une soumission en réponse à un appel d'offres.*

soumissionnaire n. m. et f.
Personne physique ou morale qui fait une soumission.
Note.- Attention à l'orthographe : soumissio**nn**aire.

soumissionner v. tr.
Présenter une soumission en réponse à un appel d'offres.
Note.- Attention à l'orthographe : soumissio**nn**er.

soupape n. f.
Appareil automatique de sûreté. *Une soupape de décharge, des soupapes d'admission.*

soupçon n. m.
● Doute. *Avez-vous des soupçons à son égard ? Il est au-dessus de tout soupçon.*
● Très petite quantité. *Je prendrais un soupçon de crème dans mon café.*

soupçonner v. tr.
Suspecter. *Elle le soupçonne de préparer une fête.*
Note.- Attention à l'orthographe : soup**ç**o**nn**er.

soupçonneux, euse adj.
Méfiant.
Note.- Attention à l'orthographe : soup**ç**o**nn**eux.

1041

soupe n. f.
Bouillon épaissi avec des légumes, du pain, etc. *De la soupe aux légumes, aux pois.*
Note.- Par rapport au mot *potage*, le mot *soupe* désigne un plat plus consistant, moins liquide et moins raffiné.

souper n. m.
• (Vx) Repas du soir.
• Repas pris dans la soirée, après un spectacle, au cours d'une réception, etc.
• Dans certaines régions de la francophonie, synonyme de *dîner. Il a préparé un délicieux souper avec gaspacho et homard.*

souper v. intr.
• Prendre un souper.
• Dans certaines régions de la francophonie, prendre le repas du soir. *Vous resterez souper, ou à souper, n'est-ce pas ?*
• *En avoir soupé de.* (Fam.) En avoir assez de.

soupeser v. tr.
• Le *e* se change en *è* devant une syllabe muette. *Il soupèse, il soupesait.*
• Soulever quelque chose pour juger de son poids.
• Évaluer. *Soupeser les arguments de chacun.*

soupière n. f.
Récipient à deux anses dans lequel on sert la soupe.

soupir n. m.
Respiration bruyante. *Il pousse de gros soupirs.*

soupirail n. m.
Petite ouverture d'une cave, d'un sous-sol. *Des soupiraux munis de barreaux.*

soupirant, ante n. m.
(Plaisant.) Amoureux. *Où est votre soupirant ce soir ?*

soupirer v. tr. ind., intr.
• **Transitif indirect**
Désirer ardemment.
Note.- Le verbe transitif indirect se construit avec la préposition *après.*
• **Intransitif**
- Pousser des soupirs.
- (Vx) Être amoureux. *Soupirer pour une jeune beauté.*

souple adj.
Agile, flexible.
Note.- Attention à l'orthographe : sou**p**le.

souplesse n. f.
Flexibilité. *Elle a fait preuve de beaucoup de souplesse.*
Note.- Attention à l'orthographe : sou**p**lesse.

source n. f.
• Point d'émergence d'une nappe d'eau souterraine. *De l'eau de source.*
• Origine, cause. *La source de ce problème. Cette activité est une source de profits.*
• (Au plur.) Références. *Citer ses sources.*
• *De source sûre.* Se dit d'une nouvelle obtenue de personnes bien informées.

sourcier, ière n. m. et f.
Personne qui découvre des sources.
Note.- Ne pas confondre avec le mot *sorcier* qui désigne une personne qui pratique la sorcellerie.

sourcil n. m.
• Le *l* ne se prononce pas [sursi].
• Poils qui suivent l'arcade sourcilière, au-dessus de l'orbite. *Un froncement de sourcils.*
Note.- Ne pas confondre avec le mot *cil* qui désigne les poils qui bordent les paupières.

sourcilier, ière adj.
Relatif aux sourcils. *L'arcade sourcilière.*
Note.- Attention à l'orthographe : sourci**l**ier.

sourciller v. intr.
Sans sourciller. En restant impassible. *Il a reçu le verdict sans sourciller.*
Note.- Ce verbe s'emploie généralement dans une tournure négative.

sourd, sourde adj. et n. m. et f.
• **Adjectif**
- Qui ne peut entendre. *Il devient sourd.*
- (Ling.) Non sonore. *Les consonnes f, h, p, t sont sourdes.*
- *Sourd à.* (Fig.) Insensible. *Il est demeuré sourd à ses supplications.*
• **Nom masculin et féminin**
Personne qui n'entend pas.
• **Nom féminin**
Consonne sourde.

sourdement adv.
D'une manière sourde, discrète.

sourdine n. f.
• Petit appareil destiné à amortir les sons.
• *En sourdine.* Sans bruit.

sourd-muet, sourde-muette adj. et n. m. et f.
Personne qui ne peut ni entendre ni parler. *Des sourds-muets, des personnes sourdes-muettes.*
Note.- Le nom prend la marque du pluriel aux deux éléments.

sourdre v. intr.
• *Il sourd, ils sourdent. Il sourdait, ils sourdaient.*
• Ce verbe ne s'emploie qu'à l'infinitif et à la troisième personne du singulier et du pluriel de l'indicatif présent et imparfait.
• Jaillir de terre.

souriant, iante adj.
Qui sourit. *Elle est toujours souriante.*

souriceau n. m.
Petit de la souris. *Des souriceaux.*

souricière n. f.
• Piège à souris.
• Piège tendu.

sourire v. tr. ind., intr.
• *Je souris, tu souris, il sourit, nous sourions, vous souriez, ils sourient. Je souriais, tu souriais, il souriait, nous souriions, vous souriiez, ils souriaient. Je souris. Je sourirai. Je sourirais. Souris, sourions, souriez.*

Que je sourie, que tu souries, qu'il sourie, que nous souriions, que vous souriiez, qu'ils sourient. Que je sourisse. Souriant. Souri.
• Redoublement du *i* à la première et à la deuxième personne du pluriel de l'indicatif imparfait et du subjonctif présent. *(Que) nous souriions, (que) vous souriiez.*
• **Transitif indirect**. Plaire. *Cette randonnée ne leur sourit pas beaucoup.*
• **Intransitif**. Rire légèrement par un mouvement des lèvres et des yeux.
Note.- Le participe passé est toujours invariable.

sourire n. m.
• Mouvement des lèvres et des yeux de la personne qui sourit. *Un beau sourire.*
• *Être tout sourires.*
Notes.-
1° Dans cette expression, le nom est au pluriel.
2° Attention à l'orthographe : souri**re**.

souris n. f.
• Petit mammifère rongeur. *Une souris blanche.*
• (Inform.) Dispositif qui, posé sur une surface et déplacé à la main, commande les mouvements d'un curseur. *La souris de l'ordinateur est un périphérique.*
Note.- Attention à l'orthographe : souri**s**.

sournois, oise adj.
Hypocrite, fourbe.

sournoisement adv.
D'une manière sournoise.

sournoiserie n. f.
Hypocrisie.

sous prép.
• La préposition marque une position inférieure dans l'espace, le temps. *Il s'est abrité sous un arbre. Sous le règne de...*
• Marque la dépendance. *Être sous les ordres d'un commandant. Prendre quelqu'un sous sa protection.*
• *Sous peu.* Bientôt.
• Moyennant. *Sous réserve de, sous le silence, sous peine de recevoir une contravention.*
• *Sous prétexte de,* locution prépositive. En donnant comme raison.
• *Sous ce rapport,* locution adverbiale. À cet égard, sous cet angle.

sous- préf.
Les mots composés avec le préfixe *sous-* s'écrivent en deux mots et prennent généralement la marque du pluriel.
Note.- Le préfixe marque une infériorité de rang, de fonction, d'ordre. *Le sous-emploi, un sous-ensemble, un sous-locataire.*

sous-alimentation n. f.
Insuffisance de l'alimentation.

sous-alimenté, ée adj.
Qui est alimenté insuffisamment. *Ils sont sous-alimentés.*
Note.- Attention à l'orthographe : sous-alimenté.

sous-bois n. m.
Végétation qui pousse sous les arbres d'une forêt. *De jolis sous-bois.*
Note.- Attention à l'orthographe : sous-bois.

souscripteur n. m.
Personne qui souscrit (à une œuvre, à une publication).

souscription n. f.
Action de souscrire. *Une souscription à une œuvre. Une encyclopédie vendue par souscription.*

souscrire v. tr., intr.
• *Je souscris, tu souscris, il souscrit, nous souscrivons, vous souscrivez, ils souscrivent. Je souscrivais. Je souscrivis. Je souscrirai. Je souscrirais. Souscris, souscrivons, souscrivez. Que je souscrive. Que je souscrivisse. Souscrivant. Souscrit, ite.*
• **Transitif**
(Dr.) Signer au bas d'un acte pour l'approuver.
• **Transitif indirect**
Donner son adhésion. *Souscrire à une modification dans un contrat.*
• **Intransitif**
S'engager à donner une somme. *Souscrire pour des œuvres de bienfaisance.*

sous-développé, ée adj.
Pays sous-développé. (Vx) Pays dont l'économie est faible, où le niveau de vie est très bas.
Note.- Cette expression étant péjorative, on dit plutôt aujourd'hui *pays en voie de développement.*

sous-développement n. m.
État d'un pays dont l'économie est faible. *Des sous-développements marqués.*

sous-emploi n. m. inv.
Insuffisance de l'emploi, chômage. *Des sous-emploi.*
Ant. **plein-emploi.**

sous-ensemble n. m.
Subdivision d'un ensemble. *Des sous-ensembles.*

sous-entendre v. tr.
Suggérer quelque chose, sans l'exprimer clairement. *Que voulez-vous sous-entendre ?*

sous-entendu n. m.
Allusion. *Des sous-entendus limpides.*

sous-estimer v. tr.
Ne pas apprécier à sa juste valeur. *On sous-estime son courage.*
Syn. **sous-évaluer.**
Ant. **surévaluer, surestimer.**

sous-évaluer v. tr.
Estimer au-dessous de sa valeur réelle. *Cette maison est sous-évaluée.*
Syn. **sous-estimer.**

sous-jacent, ente adj.
• Qui est au-dessous. *Une surface sous-jacente.*
• Qui est caché. *Les problèmes sous-jacents.*
Note.- Attention à l'orthographe : sous-jacent.

sous-locataire n. m. et f.
Personne qui loue un bien déjà loué à un locataire. *Des sous-locataires fiables.*

sous-location n. f.
Action de sous-louer. *Des sous-locations pratiques.*

sous-louer v. tr.
• Louer d'un locataire.
• Louer à un sous-locataire.

sous-main n. m. inv.
• Accessoire de bureau sur lequel on place le papier pour écrire. *Des sous-main de cuir.*
• **En sous-main**, locution adverbiale. Secrètement.

sous-marin, ine adj. et n. m.
• **Adjectif.** Qui est ou se fait sous la mer. *La plongée sous-marine.*
• **Nom masculin.** Bâtiment qui peut naviguer sous l'eau. *Des sous-marins nucléaires.*

sous-multiple adj. et n. m.
Se dit d'une quantité contenue exactement dans une autre un certain nombre de fois. *Huit est un sous-multiple de trente-deux. Des sous-multiples décimaux.*
V. Tableau - **MULTIPLES ET SOUS-MULTIPLES DÉCIMAUX.**

sous-payer v. tr.
Payer insuffisamment.

sous-peuplé, ée adj.
Peuplé insuffisamment. *Des régions sous-peuplées.*
Ant. **surpeuplé.**

sous-peuplement n. m.
Peuplement insuffisant d'un pays. *Des sous-peuplements graves.*

sous-production n. f.
Production insuffisante. *Des sous-productions à corriger.*

sous-produit n. m.
• Produit dérivé d'un autre produit. *Le bitume est un sous-produit du pétrole.*
• Imitation. *De pâles sous-produits des originaux.*

soussigné, ée adj. et n. m. et f.
Dont la signature apparaît au-dessous. *Je, soussigné, déclare avoir pris connaissance de...*
Notes.-
1° Si le nom est intercalé, il s'écrit après l'adjectif *soussigné* entre virgules. *Je, soussignée, Claire Dubois, déclare...*
2° L'adjectif s'accorde en genre et en nombre avec le nom.
3° Attention à l'orthographe : sou**ss**igné, en un seul mot.

sous-sol n. m.
• Partie de l'écorce terrestre située au-dessous de la terre végétale. *Un sous-sol riche en cuivre.*
• Niveau inférieur d'un bâtiment. *Des sous-sols bien aménagés.*

sous-tendre v. tr.
Servir de fondement à. *La théorie qui sous-tend cette expérience.*
Note.- Attention à l'orthographe : sou**s**-tendre.

sous-titre n. m.
• Titre secondaire.

• (Cin.) Traduction du dialogue d'un film en version originale. *Un film espagnol avec des sous-titres français.*

sous-titrer v. tr.
(Cin.) Ajouter des sous-titres à un film.

soustraction n. f.
Action de retrancher d'un nombre un nombre plus petit.

soustraire v. tr., pronom.
• *Je soustrais, tu soustrais, il soustrait, nous soustrayons, vous soustrayez, ils soustraient. Je soustrayais, tu soustrayais, il soustrayait, nous soustrayions, vous soustrayiez, ils soustrayaient. Je soustrairai. Je soustrairais. Soustrais, soustrayons, soustrayez. Que je soustraie, que tu soustraies, qu'il soustraie, que nous soustrayions, que vous soustrayiez, qu'ils soustraient. Soustrayant. Soustrait, aite.* Le passé simple et l'imparfait du subjonctif sont inusités.
• Le *y* est suivi d'un *i* à la première et à la deuxième personne du pluriel de l'indicatif imparfait et du subjonctif présent. *(Que) nous soustrayions, (que) vous soustrayiez.*
• **Transitif**
- Retrancher d'un nombre.
- Dérober. *On a soustrait des papiers importants.*
• **Pronominal**
Échapper. *Se soustraire à une obligation.*

sous-traitance n. f.
Recours à des sous-traitants. *Des sous-traitances fréquentes.*
Note.- Attention à l'orthographe : sous-trait**ance.**

sous-traitant, ante adj. et n. m.
Personne physique ou morale proposée par le titulaire d'un marché pour exécuter, sous la responsabilité du titulaire, une partie des prestations. *Ce sont des sous-traitants qui exécutent les travaux.*

sous-traiter v. tr.
Faire appel à un sous-traitant. *Les travaux de peinture ont été sous-traités.*

sous-verre n. m. inv.
Image, photographie, etc. recouverte d'une plaque de verre. *Des sous-verre.*

sous-vêtement n. m.
Vêtement de dessous. *Des sous-vêtements neufs.*

sous-virer v. intr.
(Auto.) Déraper par l'avant, vers l'extérieur de la courbe.
Ant. **survirer.**

soutane n. f.
Longue robe du prêtre.

soute n. f.
• Cale d'un navire.
• Niveau inférieur de la carlingue d'un gros porteur. *La soute à bagages.*

soutenance n. f.
Action d'exposer une thèse de doctorat devant un jury.

soutènement n. m.
Appui. *Un mur de soutènement.*

souteneur n. m.
Proxénète.

soutenir v. tr., pronom.
● *Je soutiens, tu soutiens, il soutient, nous soutenons, vous soutenez, ils soutiennent. Je soutenais. Je soutins. Je soutiendrai. Je soutiendrais. Soutiens, soutenons, soutenez. Que je soutienne. Que je soutinsse. Soutenant. Soutenu, ue.*
● **Transitif**
- Maintenir, supporter. *Cette poutre soutient la charpente.*
- Appuyer. *Soutenir une thèse, soutenir des collègues.*
● **Pronominal**
- Se maintenir en position d'équilibre. *Elle n'arrive plus à se soutenir.*
- S'entraider. *Ces personnes se sont toujours soutenues.*

soutenu, ue adj.
● Se dit d'un style qui évite toute familiarité, qui se maintient à un niveau élevé. *Un style, un registre soutenu (par opposition à **familier**).*
● Constant. *Des efforts soutenus.*
● Accentué. *Un vert soutenu.*

souterrain, aine adj. et n. m.
● **Adjectif.** Qui est sous la terre.
● **Nom masculin.** Excavation. *Un souterrain secret.*
Note.- Attention à l'orthographe : soute**rr**ain.

soutien n. m.
● Appui. *Un soutien précieux.*
● *Soutien de famille.* Personne qui assure la subsistance d'une famille.

soutien-gorge n. m.
Sous-vêtement féminin servant à soutenir la poitrine. *Des soutiens-gorge de dentelle.*
Notes.-
1° Attention à l'orthographe : sout**ien**- gorge.
2° Le premier élément du mot composé est le nom **soutien** qui prend la marque du pluriel et non le verbe **soutient.**

soutirer v. tr.
(Péj.) Obtenir par la ruse, la persuasion. *Il a réussi à lui soutirer un abonnement.*

souvenance n. f.
(Litt.) Souvenir. *J'ai souvenance de ces doux moments.*

souvenir v. impers., pronom..
● *Je me souviens, tu te souviens, il se souvient, nous nous souvenons, vous vous souvenez, ils se souviennent. Je me souvenais. Je me souvins. Je me souviendai. Je me souviendrais. Souviens-toi, souvenons-nous, souvenez- vous. Que je me souvienne. Que je me souvinsse. Se souvenant. Souvenu, ue.*
● **Impersonnel.** (Litt.) Revenir à la mémoire. *Il me souvient d'avoir lu ce poème. Te souvient-il de ce jour ?*
● **Pronominal.** Se rappeler. *Ils se sont souvenus de leur promesse.*

Notes.-
1° Contrairement au verbe *se rappeler*, qui se construit sans préposition, le verbe *se souvenir* se construit avec *de.*
2° Le participe passé s'accorde toujours avec le sujet du verbe.
● *Souviens-t'en* (et non * souviens-toi-z-en), souvenons-nous-en, souvenez-vous-en.
● **Se souvenir que.** Le verbe se construit avec l'indicatif dans une phrase affirmative, le subjonctif, dans une phrase négative. *Je me souviens qu'il était là. Je ne me souviens pas qu'il soit venu.*

souvenir n. m.
● Mémoire. *Dans mon souvenir.*
● Choses, impressions que la mémoire a retenues. *J'ai de bons souvenirs de ce voyage.*
● Petit cadeau. *On lui a offert de petits souvenirs de cette ville.*

souvent adv.
Fréquemment, à de nombreuses reprises.

souverain, aine adj. et n. m. et f.
● **Adjectif**
- Efficace, excellent. *Ce médicament est souverain contre les maux de tête,* ou *contre la fièvre.*
- Indépendant. *Un État souverain.*
- Qui n'est subordonné à personne. *Une autorité souveraine.*
● **Nom masculin et féminin**
Roi, empereur, monarque.

souveraineté n. f.
● Autorité suprême. *La souveraineté du peuple.*
● Indépendance. *Cet État accédera-t-il à la souveraineté ?*

soviétique adj. et n. m. et f.
D'U.R.S.S. *L'Union soviétique. Un Soviétique et une Soviétique.*
Note.- Contrairement à l'adjectif, le nom prend une majuscule.

soyeux, euse adj.
Qui a l'aspect de la soie, qui est fin et doux. *Une étoffe soyeuse.*

spacieux, ieuse adj.
Vaste, grand. *Une bibliothèque spacieuse.*
Note.- Attention à l'orthographe : spa**c**ieux.

spaghetti n. m.
● Les lettres *gh* se prononcent *gu* et le *e* se prononce *é* ou *è*, [spageti] ou [spageti].
● Pâte alimentaire allongée. *Des spaghettis, des spaghetti délicieux.*
Note.- Le nom s'écrit avec un *s* ou conserve le pluriel italien.

sparadrap n. m.
● Le *p* final ne se prononce pas [sparadra].
● Pansement adhésif.

spasme n. m.
Contraction musculaire.

spasmodique adj.
Qui est relatif au spasme. *Un mouvement spasmodique.*

spatial, iale, iaux adj.
Relatif à l'espace. *Des engins spatiaux.*
Note.- Attention à l'orthographe : spa*t*ial.

spatio-temporel, elle adj.
Relatif à l'espace et au temps.
Note.- Attention à l'orthographe : spa*t*io-temporel.

spatule n. f.
Ustensile formé d'un manche et d'une lame plate.
Note.- Attention à l'orthographe : spatu*l*e.

speaker n. m.
speakerine n. f.
(Anglicisme) Présentateur, présentatrice de programmes de télévision.

spécial, iale, iaux adj.
Particulier. *Des comités spéciaux.*

spécialement adv.
D'une manière spéciale.

spécialisation n. f.
Fait de se spécialiser. *Une spécialisation en microchirurgie.*

spécialiser v. tr., pronom.
• **Transitif.** Donner une formation précise.
• **Pronominal.** Acquérir des connaissances dans un domaine particulier. *Ils se sont spécialisés en fiscalité.*

spécialiste adj. et n. m. et f.
• Personne qui a reçu une formation poussée et qui a acquis une grande expérience dans un domaine particulier, surtout scientifique ou technique. *Une spécialiste de l'archéologie.*
• Médecin spécialisé dans un domaine précis (par opposition à un *généraliste*). *Un neurochirurgien est un spécialiste.*

spécialité n. f.
• Secteur d'études, d'activité auquel une personne se consacre. *Une spécialité en droit constitutionnel, en médecine interne.*
• Mets typique d'une région, d'un chef. *La spécialité du chef.*

spécieux, ieuse adj.
Faux, sans valeur. *Des affirmations spécieuses.*
Note.- Attention à l'orthographe : spé*c*ieux.

spécification n. f.
• Action de spécifier.
• Définition des caractéristiques d'un produit, d'un service. *Des spécifications techniques.*
Note.- Attention à l'orthographe : spécifi*c*ation.

spécificité n. f.
Caractère de ce qui est spécifique.
Note.- Attention à l'orthographe : spé*c*ifi*c*ité.

spécifier v. tr.
• Redoublement du *i* à la première et à la deuxième personne du pluriel de l'indicatif imparfait et du subjonctif présent. *(Que) nous spécifiions, (que) vous spécifiiez.*
• Mentionner de façon explicite, précise.
Note.- Attention à l'orthographe : spé*c*ifier.

spécifique adj.
Qui est propre à une espèce, à une chose.
Note.- Attention à l'orthographe : spé*c*ifique.
Ant. **générique.**

spécifiquement adv.
D'une manière spécifique.
Note.- Attention à l'orthographe : spé*c*ifiquement.

spécimen n. m.
• Le *n* se prononce [spesimɛn].
• Échantillon. *Des spécimens bien conservés.*
Note.- Ce mot d'origine latine est francisé ; il s'écrit avec un accent aigu et prend la marque du pluriel.

spectacle n. m.
• Représentation (cinématographique, théâtrale, etc.). *Un spectacle de ballet, de variétés.*
• *Au spectacle de*, locution prépositive. À la vue de.
• *Salle de spectacle(s).* Dans cette expression, le nom *spectacle* se met au singulier ou au pluriel.
• Secteur d'activité touchant le théâtre, le cinéma. *L'industrie du spectacle.*

spectaculaire adj.
Impressionnant, frappant. *Un incendie spectaculaire, un succès spectaculaire.*
Note.- Attention à l'orthographe de cet adjectif qui est la même au masculin et au féminin : spectacul*aire.*

spectateur, trice n. m. et f.
Personne qui assiste à un spectacle.

spectral, ale, aux adj.
• Qui a le caractère d'un fantôme. *Des personnages spectraux.*
• Relatif au spectre de la lumière. *Une analyse spectrale.*

spectre n. m.
• Fantôme.
• Décomposition de la lumière solaire en couleurs allant du violet au rouge. *Les couleurs du spectre sont rouge, orangé, jaune, vert, bleu, indigo et violet.*
Note.- Ne pas confondre avec le mot *sceptre* qui désigne un bâton de commandement, symbole de l'autorité.

spéculateur, trice n. m. et f.
Personne qui fait de la spéculation.

spéculatif, ive adj.
Relatif à la spéculation. *Des titres spéculatifs.*

spéculation n. f.
Technique d'achat ou de revente de biens, de titres en vue de tirer profit des fluctuations de leur prix, de leur cours.

spéculer v. intr.
Faire des spéculations financières.

spéculum n. m.
• Le premier *u* se prononce *u*, le deuxième, *o* [spekylɔm].
• Instrument médical destiné à faciliter l'examen d'une cavité. *Des spéculums.*
Note.- Ce mot d'origine latine est francisé : il s'écrit avec un accent aigu et prend la marque du pluriel.

speech n. m.
- Les lettres *ee* se prononcent *i* [spitʃ].
- (Anglicisme) Petit discours de circonstance. *Des speechs* ou *des speeches.*

spéléologie n. f.
Étude scientifique des grotttes, des gouffres.

spéléologique adj.
Relatif à la spéléologie.

spéléologue n. m. et f.
Spécialiste de la spéléologie.

spermatique adj.
Relatif au sperme.

spermatozoïde n. m.
Gamète mâle.
Note.- Attention à l'orthographe : spermatozoïde.

sperme n. m.
Liquide produit par les glandes reproductrices de l'homme.

spermicide adj. et n. m.
Anticonceptionnel qui détruit les spermatozoïdes. *Un produit spermicide. Des spermicides efficaces.*
Note.- Attention à l'orthographe : spermicide.

sphère n. f.
Corps solide en forme de boule. *La sphère terrestre.*
Note.- Le nom *sphère* et ses composés *atmosphère, stratosphère* sont du genre féminin, alors que les noms *hémisphère, planisphère* sont du genre masculin.

sphérique adj.
Qui a la forme d'une sphère.

sphincter n. m.
- Le *c* et le *r* sont sonores [sfɛ̃ktɛr].
- Muscle qui resserre un orifice naturel. *Des sphincters.*

sphinx n. m.
- Le *x* est sonore [sfɛ̃ks].
- Dans l'Égypte ancienne, personnage mythique à corps de lion et à tête humaine chargé de garder les tombeaux.
Note.- En ce sens, le nom s'écrit avec une minuscule ; le féminin peu usité de ce nom est *sphinge.*
- (Fig.) Personne énigmatique.
Note.- Attention à l'orthographe : sphinx.

sphygmomanomètre n. m.
Appareil servant à mesurer la tension artérielle.
Note.- Attention à l'orthographe : sphygmomanomètre.
Syn. **tensiomètre.**

spi n. m.
Abréviation familière de *spinnaker.*

spinnaker n. m.
- Le *r* se prononce [spinakœr] ou [spinakɛr].
- S'abrège familièrement en *spi* (s'écrit sans point).
- Voile d'avant servant à accroître la vitesse. *Des spinnakers multicolores.*

spirale n. f.
Courbe qui tourne autour d'un axe central, souvent en s'écartant de plus en plus. *Un escalier en spirale.*

spiritisme n. m.
Science occulte fondée sur les communications entre les vivants et les âmes des morts.

spiritualité n. f.
Caractère de ce qui est esprit.

spirituel, elle adj. et n. m.
- Immatériel, d'ordre moral. *La vie spirituelle. Le spirituel et le temporel.*
- Qui a de l'esprit. *Une réponse spirituelle.*
Ant. **matériel.**

spirituellement adv.
- En esprit.
- D'une manière spirituelle. *Il lui a répondu très spirituellement.*

spiritueux, euse adj. et n. m.
- **Adjectif.** Qui contient de l'alcool.
- **Nom masculin.** Boisson forte en alcool. *Vins et spiritueux.*

spleen n. m.
(Vx) Mélancolie.

splendeur n. f.
Magnificence. *La splendeur de Chenonceaux.*
Note.- Attention à l'orthographe : splendeur.

splendide adj.
Magnifique. *Un décor splendide.*
Note.- Attention à l'orthographe : splendide.

spoliation n. f.
(Dr.) Action de spolier.
Note.- Attention à l'orthographe : spoliation.

spolier v. tr.
- Redoublement du *i* à la première et à la deuxième personne du pluriel de l'indicatif imparfait et du subjonctif présent. *(Que) nous spoliions, (que) vous spoliiez.*
- (Dr.) Dépouiller quelqu'un d'un bien, d'un droit.
Note.- Attention à l'orthographe : spolier.

spongieux, ieuse adj.
Qui ressemble à l'éponge, qui s'imbibe comme elle. *Une pelouse spongieuse.*

sponsor n. m.
(Anglicisme) Commanditaire.
Note.- Le nom *commanditaire* a fait l'objet d'une recommandation officielle pour remplacer cet anglicisme.

sponsoring n. m.
(Anglicisme) Parrainage.
Note.- Le nom *parrainage* a fait l'objet d'une recommandation officielle pour remplacer cet anglicisme.

sponsoriser v. tr.
(Anglicisme) Commanditer, parrainer.
Note.- Les verbes *commanditer* et *parrainer* ont fait l'objet d'une recommandation officielle pour remplacer cet anglicisme.

spontané, ée adj.
- Instinctif, involontaire. *Une réaction spontanée.*
- Naturel, sincère. *Des personnes spontanées.*

spontanéité n. f.
Franchise, naturel.
Note.- Attention à l'orthographe : spontan**é**ité.

spontanément adv.
• Naturellement.
• Par soi-même. *Il m'a spontanément offert son aide.*
Note.- Attention à l'orthographe : spontan**é**ment.

sporadique adj.
Qui se produit occasionnellement. *Des grèves sporadiques.*
Note.- Attention à l'orthographe : spo**r**adique.

sporadiquement adv.
Occasionnellement.
Note.- Attention à l'orthographe : spo**r**adiquement.

spore n. f.
Cellule reproductrice de certains végétaux. *Les spores des fougères.*
Note.- Attention au genre féminin de ce nom : **une** spore.
Hom. **sport**, exercices physiques.

sport adj. inv. et n. m.
• **Adjectif invariable**
- Approprié pour le sport, en parlant d'une chose. *Des vêtements sport.*
- Loyal, selon l'esprit du sport, en parlant d'une personne. *Ils ont été très sport dans la défaite et nous ont offert leurs félicitations.*
• **Nom masculin**
- *Le sport.* Ensemble des exercices physiques comportant des règles précises et qui sont pratiqués sous forme de jeux individuels ou collectifs. *Il aime faire du sport.*
- *Un sport.* Forme particulière de cette activité. *Le ski est son sport préféré.*
Hom. **spore**, cellule reproductrice de certains végétaux.

sportif, ive adj. inv. et n. m. et f.
• **Adjectif**
- Relatif aux sports. *Une compétition sportive.*
- Qui aime le sport, respecte l'esprit du sport.
• **Nom masculin et féminin.** Personne qui pratique un sport.

sportivement adv.
Avec un esprit sportif.

spot n. m.
• Le *t* se prononce [spɔt].
• Projecteur à faisceau étroit. *Des spots montés sur un rail.*
• (Anglicisme) Film publicitaire de courte durée.
Note.- L'expression **message publicitaire** a fait l'objet d'une recommandation officielle pour remplacer cet anglicisme.

squale n. m.
• La lettre *u* se prononce **ou** [skwal].
• Poisson de grande taille très vorace. *Le requin est un squale.*
Note.- Attention à l'orthographe : squa**l**e.

square n. m.
• Le nom se prononce à la française [skwar].
• Petit jardin public. *Le square Lamartine.*

squash n. m.
• Le *u* se prononce **ou** [skwaʃ].
• Jeu de balle à l'intérieur d'une pièce fermée. *Il joue au squash et au tennis toutes les semaines.*

squatter n. m.
• Le *u* se prononce **ou** et le *r* est sonore, [skwatœr] ou [skwatɛr].
• Personne sans abri qui s'installe dans un logement inoccupé.

squaw n. f.
• Le *u* se prononce **ou** [skwa].
• Femme mariée, chez les Amérindiens.

squelette n. m.
• Ensemble des os des vertébrés.
• Armature, structure générale. *Le squelette d'un projet.*
Note.- Attention à l'orthographe : sque**l**e**tt**e.

squelettique adj.
Qui ressemble à un squelette, très maigre.
Note.- Attention à l'orthographe : sque**l**e**tt**ique.

S.S.
Sigle de l'allemand « Schutz-Staffel », police du parti nazi.

Sᵗ-, Sᵗᵉ-, Sᵗˢ-, Sᵗᵉˢ-
Abréviations de **Saint-, Sainte-, Saints-, Saintes-.**

stabilisateur, trice adj. et n. m.
• **Adjectif.** De nature à stabiliser. *Des effets stabilisateurs, une réglementation stabilisatrice.*
• **Nom masculin.** Dispositif destiné à augmenter la stabilité d'un navire, d'un avion.

stabilisation n. f.
Action d'augmenter la stabilité de quelque chose.

stabiliser v. tr.
Rendre stable.

stabilité n. f.
Caractère de ce qui est stable. *La stabilité d'un véhicule. La stabilité d'une institution.*

stable adj.
Qui est dans un état constant, durable. *Un gouvernement peu stable.*

stade n. m.
• Étape d'un développement. *À ce stade-ci de l'enquête.*
• Enceinte servant aux manifestations sportives. *Un stade olympique.*
Note.- Suivis d'un adjectif ou d'un nom commun, les noms d'édifices s'écrivent avec une majuscule ; suivi d'un nom propre de lieu, de personne, le mot s'écrit avec une minuscule. *Le stade Roland-Garros.*

staff n. m.
• Plâtre moulé.
• (Anglicisme) Personnel, équipe, service.

stage n. m.
• Période d'essai permettant à une personne de s'initier à l'exercice d'une profession. *Les avocats, les comptables doivent faire un stage.*
• (Fig.) Période de perfectionnement. *Les nouveaux employés feront un stage dans chaque service.*

stagflation n. f.
(Écon.) Situation économique caractérisée par une tendance à la récession qui s'accompagne d'un accroissement de l'inflation.

stagiaire adj. et n. m. et f.
Personne qui fait un stage.

stagnant, ante adj.
• Les lettres *g* et *n* se prononcent distinctement [stagnã].
• Qui ne s'écoule pas. *Des eaux stagnantes.*
• (Écon.) Qui cesse de croître. *Des chiffres d'affaires stagnants.*

stagnation n. f.
• Les lettres *gn* se prononcent distinctement [stagnasjɔ̃].
• (Écon.) Phase d'arrêt de la croissance.

stagner v. intr.
• Les lettres *gn* se prononcent distinctement [stagne].
• Ne pas couler, en parlant d'un fluide.
• (Fig.) Ne pas progresser. *Les négociations stagnent depuis un mois.*

stalactite n. f.
Concrétion calcaire qui se forme sous la voûte d'une caverne.
Notes.-
1° Attention au genre féminin de ce nom : *une* stalactite.
2° Ne pas confondre avec le mot *stalagmite* qui désigne une concrétion calcaire qui se forme sur le sol d'une caverne.
3° Pour se rappeler la distinction entre *stalagmite* et *stalactite*, il suffit de penser à *m* pour « monter » et à *t* pour « tomber ».

stalagmite n. f.
Concrétion calcaire qui se forme sur le sol d'une caverne.
Notes.-
1° Attention au genre féminin de ce nom : *une* stalagmite.
2° Ne pas confondre avec le mot *stalactite* qui désigne une concrétion calcaire qui se forme sous la voûte d'une caverne.
3° Pour se rappeler la distinction entre *stalagmite* et *stalactite*, il suffit de penser à *m* pour « monter » et à *t* pour « tomber ».

stalle n. f.
Compartiment. *Les stalles des chevaux.*
Note.- Attention à l'orthographe : sta**ll**e.

stance n. f.
Poème lyrique.
Note.- Attention à l'orthographe : st**a**nce.

stand n. m.
• Le *d* se prononce [stãd].

• Espace réservé à une catégorie de produits, à une entreprise, etc. dans une exposition. *Des stands bien conçus.*

standard adj. inv. et n. m.
• **Adjectif invariable**
- Normalisé. *Des grandeurs standard.*
- Courant. *Le modèle standard et le modèle de luxe.*
• **Nom masculin**
- Modèle, étalon. *Des standards adoptés par l'industrie.*
- Lieu où aboutissent les fils d'un réseau téléphonique.

standardisation n. f.
Normalisation. *La standardisation des symboles des unités de mesure.*

standardiser v. tr.
Uniformiser.

standardiste n. m. et f.
Téléphoniste affecté au service d'un standard.

stand-by adj. inv. et n. m. et f. inv.
(Anglicisme) Se dit d'un passager qui n'a pas de réservation ferme sur un avion et qui n'y est admis que s'il y a des places disponibles. *Vous êtes stand-by.*

standing n. m.
• (Anglicisme) Niveau de vie.
• (Anglicisme) Confort, luxe. *Appartement de grand standing.*

staphylocoque n. m.
Bactérie.
Note.- Attention à l'orthographe : sta**phy**locoque.

star n. f.
(Anglicisme) Vedette.

starting-block n. m.
(Anglicisme) Bloc de départ. *Des starting-blocks.*

starting-gate n. f.
(Anglicisme) Barrière de départ. *Des starting-gates.*

-stat suff.
Élément du grec signifiant « stable ». *Rhéostat, thermostat.*

station n. f.
• Lieu d'arrêt des véhicules. *Une station de métro, une station de taxis.*
• Façon de se tenir. *De longues stations debout.*
Note.- Le mot *debout* est invariable.
• Ensemble des installations liées à la recherche scientifique, à la production d'émissions, etc. *Une station météorologique, une station spatiale, une station radiophonique.*
• *Station de ski.* Lieu pourvu d'importantes installations destinées à la pratique du ski et au séjour des skieurs.

stationnaire adj.
Qui est provisoirement fixe. *Son état est stationnaire.*
Note.- Attention à l'orthographe de cet adjectif qui conserve la même forme au masculin et au féminin : stationn**aire**.

stationnement n. m.
Action de stationner (un véhicule).
Note.- Attention à l'orthographe : statio**nn**ement.

stationner v. intr.
S'arrêter dans un lieu. *Il est difficile de stationner dans ce quartier.*
Note.- Attention à l'orthographe : statio**nn**er.

station-service n. f.
Lieu équipé de différents services, où on prend de l'essence. *Des stations-services sur l'autoroute.*

statique adj. et n. f.
• **Adjectif**
- Qui est en équilibre. *Une force statique.*
- Qui ne progresse pas. *Des mentalités statiques.*
• **Nom féminin.** Branche de la mécanique qui étudie les conditions d'équilibre des forces.

statisticien n. m.
statisticienne n. f.
Spécialiste de la statistique.

statistique adj. et n. f.
• **Adjectif**
Relatif à la statistique. *Une analyse statistique.*
• **Nom féminin**
- Ensemble des méthodes permettant d'analyser l'information contenue dans diverses données chiffrées. *La statistique mathématique, la statistique descriptive.*
- Ensemble de données chiffrées relatives à un domaine particulier. *Des statistiques sur les exportations.*

statuaire n. m. et f.
• **Nom masculin.** Sculpteur de statues.
• **Nom féminin.** Art de faire des statues.

statue n. f.
Sculpture représentant une personne, un animal. *Une statue de marbre.*
Note.- Attention à l'orthographe : statu**e**.
Hom. **statut**, ensemble de règles établies.

statuer v. intr.
Prendre une décision au sujet de. *Statuer sur une question.*
Note.- Le verbe se construit avec la préposition **sur**.

statuette n. f.
Petite statue.

statu quo n. m. inv.
• La dernière syllabe se prononce **kouo** [statykwo].
• Expression latine signifiant « dans l'état où les choses étaient auparavant ».
• État actuel des choses. *On ne peut maintenir le statu quo.*
Notes.-
1° Attention à l'orthographe : stat**u** quo.
2° En typographie soignée, les mots étrangers sont composés en italique. Dans des textes déjà en italique, la notation se fait en romain. Pour les textes manuscrits, on utilisera les guillemets.

stature n. f.
Taille. *Il était de stature imposante.*

statut n. m.
• (Au plur.) Règles établies d'une société, d'un groupement. *Les statuts d'un parti politique, d'une société.*
• Situation de fait. *Le statut de la femme.*

Note.- L'emploi de ce mot en ce sens, critiqué par certains auteurs, est passé dans l'usage.
Hom. **statue**, sculpture représentant une personne.

statutaire adj.
Ce qui est relatif à un statut, à des statuts. *Des règles statutaires.*
Notes.-
1° Attention à l'orthographe : statut**aire**.
2° Cet adjectif conserve la même forme au masculin et au féminin : statut**aire**.

statutairement adv.
Conformément aux statuts.

S[té]
Abréviation de **société**.

steak n. m.
Tranche de bœuf. *Des steaks saignants, à point, bien cuits. Du steak haché, un steak tartare bien relevé.*

stèle n. f.
Monument vertical, souvent funéraire. *Une stèle de marbre.*
Note.- Attention à l'orthographe : stè**l**e.

stellaire adj.
Relatif aux étoiles.
Note.- Attention à l'orthographe : ste**ll**aire.

stén(o)- préf.
Élément du grec signifiant « étroit ». *Sténose.*

stencil n. m.
• Le **l** se prononce [stɛnsil].
• Papier servant à la polycopie. *Des stencils.*

sténo n. m. et f.
Abréviation de **sténographie, sténographe.** *Elle connaît la sténo, ce sont des sténos.*

sténodactylo n. m. et f.
Personne qui pratique la dactylographie et la sténographie. *Des sténodactylos très compétents.*
Note.- Attention à l'orthographe : sténodact**y**lo, en un seul mot.

sténographe n. m. et f.
• Abréviation **sténo** (s'écrit sans point).
• Personne qui pratique la sténographie. *Ils sont d'excellents sténographes.*
Note.- Attention à l'orthographe : sténogra**ph**e.

sténographie n. f.
• Abréviation **sténo** (s'écrit sans point).
• Écriture simplifiée qui permet de noter un texte à mesure qu'il est prononcé. *Apprendre la sténographie.*
Note.- Attention à l'orthographe : sténogra**ph**ie.

sténographier v. tr.
• Redoublement du **i** à la première et à la deuxième personne du pluriel de l'indicatif imparfait et du subjonctif présent. *(Que) nous sténographiions, (que) vous sténographiiez.*
• Noter à l'aide de la sténographie.
Note.- Attention à l'orthographe : sténogra**ph**ier.

sténographique adj.
Relatif à la sténographie.
Note.- Attention à l'orthographe : sténogra**ph**ique.

sténose n. f.
(Méd.) Rétrécissement.

stentor n. m.
• Le **r** est sonore [stătɔr].
• **Voix de stentor.** Voix forte et retentissante.
Note.- Stentor était un guerrier à la voix puissante
dans l'*Iliade*, récit du siège de Troie.

steppe n. f.
Vaste plaine à la végétation pauvre des régions semi-
arides.
Note.- Attention à l'orthographe : ste**pp**e.

stéréo- préf.
Les mots composés avec le préfixe **stéréo-** s'écrivent
en un seul mot. *Stéréophonie.*

stéréo adj. inv. et n. f.
• **Adjectif invariable.** Abréviation de **stéréophonique.**
Des chaînes stéréo.
• **Nom féminin.** Abréviation de **stéréophonie.** *Un con-*
cert diffusé en stéréo.

stéréophonie n. f.
Procédé de reproduction des sons qui permet la dis-
tinction de deux sources sonores.
Note.- Attention à l'orthographe : stéréo**ph**onie.

stéréophonique adj.
Relatif à la stéréophonie.
Note.- Attention à l'orthographe : stéréo**ph**onique.

stéréotype n. m.
Généralisation, cliché. *Des stéréotypes sexistes.*
Note.- Attention à l'orthographe : stéréot**y**pe.

stéréotypé, ée adj.
Figé.
Note.- Attention à l'orthographe : stéréot**y**pé.

stérile adj.
• Qui ne produit pas de fruits. *Un arbre stérile, une*
terre stérile.
• Qui ne peut concevoir. *Un homme stérile.*
• Exempt de microbes. *Un pansement stérile.*
Note.- Attention à l'orthographe : stéri**l**e.

stérilet n. m.
Dispositif anticonceptionnel.

stérilisation n. f.
Action de stériliser. *La stérilisation du lait.*

stériliser v. tr.
• Rendre stérile (une personne).
• Rendre stérile (une chose). *Stériliser des instruments*
chirurgicaux.

stérilité n. f.
Impossibilité de procréer, pour un être vivant.
Notes.-
1° On préférera ce terme à **infertilité.**
2° Ne pas confondre avec les mots suivants :
- **frigidité**, absence de désir ;
- **impuissance**, déficience physique ou psychologique,
pour l'homme.
Ant. **fertilité.**

sterling adj. inv.
Livre sterling. Monnaie anglaise. *Trente livres sterling.*
V. **livre sterling**.

sterne n. f.
Oiseau, appelé également **hirondelle de mer.**
Note.- Attention au genre féminin de ce nom : *une* sterne.

sternum n. m.
Os plat de la partie antérieure de la poitrine. *Des*
sternums.

stéthoscope n. m.
Instrument médical qui sert à ausculter.
Note.- Attention à l'orthographe : stét**h**oscope.

stigmate n. m.
Marque, cicatrice.
Note.- Attention à l'orthographe et au genre masculin
de ce nom : *un* stigma**t**e.

stigmatisation n. f.
Action de stigmatiser.
Note.- Attention à l'orthographe : stigma**t**isation.

stigmatiser v. tr.
• Marquer de stigmates.
• (Fig.) Blâmer, critiquer publiquement. *Ce député a*
stigmatisé l'attitude de l'opposition.
Note.- Attention à l'orthographe : stigma**t**iser.

stimulant, ante adj. et n. m.
• **Adjectif.** Qui incite, encourage. *Une rémunération sti-*
mulante.
• **Nom masculin.** Substance propre à accroître l'activité. *Ces médicaments sont des stimulants.*

stimulateur n. m.
Prothèse qui provoque la contraction du cœur. *Un*
stimulateur cardiaque.
Note.- On préférera ce terme à l'anglicisme **pacema-**
ker.

stimulation n. f.
Action de stimuler.

stimuler v. tr.
• Inciter, augmenter. *Stimuler la production d'une hor-*
mone.
• Accroître l'activité. *Stimuler la productivité.*
• Exciter. *Le grand air stimule l'appétit.*
Note.- Attention à l'orthographe : stimu**l**er.

stimulus n. m.
Agent susceptible de provoquer une réaction d'un
organisme. *Des stimulus* ou *des stimuli externes.*

stipendier v. tr.
• Redoublement du **i** à la première et à la deuxième
personne du pluriel de l'indicatif imparfait et du subjonctif présent. *(Que) nous stipendiions, (que) vous*
stipendiiez.
• (Litt.) Acheter quelqu'un.

stipulation n. f.
Clause, convention. *Les stipulations d'un contrat.*

stipuler v. tr.
Spécifier. *Il a été stipulé au contrat que la durée du*
bail ne pouvait excéder trois ans.
Note.- Attention à l'orthographe : stipu**l**er.

stock n. m.
Marchandises en magasin. *Il faut réduire nos stocks.*
Note.- Attention à l'orthographe : sto**ck**.

stockage n. m.
Action de mettre en stock, entreposage. *Le stockage de matières premières.*
Note.- Attention à l'orthographe : sto**ck**age.

stocker v. tr.
Entreposer, mettre en stock. *Ils sont en rupture de stock : ils n'avaient pas stocké suffisamment.*
Note.- Attention à l'orthographe : sto**ck**er.

stoïcisme n. m.
Courage, fermeté dans l'adversité.
Note.- Attention à l'orthographe : stoï**c**isme.

stoïque adj.
Courageux, ferme.
Note.- Attention à l'orthographe : stoï**q**ue.

stoïquement adv.
De façon stoïque.
Note.- Attention à l'orthographe : stoï**q**ue.

stomacal, ale, aux adj.
(Vx) Relatif à l'estomac. *Des sucs stomacaux.*
Note.- Attention à l'orthographe : stoma**c**al.

stomat(o)- préf.
Élément du grec signifiant « bouche ». *Stomatologue.*

stomatologie n. f.
Spécialité de la médecine ou de la chirurgie dentaire qui traite des maladies de la bouche et du système dentaire.
Note.- Attention à l'orthographe : stoma**t**ologie.

stomatologiste ou **stomatologue** n. m. et f.
Spécialiste de la stomatologie.
Note.- Attention à l'orthographe : stoma**t**ologiste, stoma**t**ologue.

stop interj. et n. m.
• Le **p** se prononce [stɔp].
• **Interjection**
- Ordre d'arrêter. *Stop ! on ne passe pas.*
- Mot servant à séparer les phrases d'un télégramme. *Un message ponctué de stops.*
• **Nom masculin**
- Signal d'arrêt. *Les stops sont indiqués sur des panneaux de signalisation octogonaux rouges.*
- (Fam.) Auto-stop. *Faire du stop.*
Note.- Le nom se met en apposition pour désigner un mode de transport gratuit. *Faire du bateau-stop.*
V. **auto-stop.**

stoppage n. m.
Action de repriser un tissu déchiré, usé.
Note.- Attention à l'orthographe : sto**pp**age.

stopper v. tr., intr.
• **Transitif**
- Arrêter. *Stoppez les moteurs ! Nous avons été stoppés par un embouteillage.*
- Repriser un vêtement. *Il faudrait stopper cette déchirure.*

• **Intransitif**
S'arrêter. *Pour éviter un chien, nous avons stoppé brusquement.*
Note.- Attention à l'orthographe : sto**pp**er.

stoppeur, euse n. m. et f.
(Fam.) Auto-stoppeur. *Cette autoroute est interdite aux stoppeurs.*
Note.- Attention à l'orthographe : sto**pp**eur.

store n. m.
Rideau ou panneau disposé devant une ouverture, qui s'enroule ou se replie. *Elle baissa le store.*
Note.- Ne pas confondre avec les mots suivants :
- **draperie**, tissu drapé ;
- **rideau**, pièce d'étoffe souvent plissée destinée à tamiser la lumière, à masquer quelque chose ;
- **store vénitien**, rideau à lamelles orientables ;
- **tenture**, étoffe qui orne une fenêtre, un mur.

store vénitien n. m.
Rideau à lamelles orientables. *Des stores vénitiens horizontaux ou verticaux.*
V. **store.**

strabisme n. m.
Trouble de la vue caractérisé par un défaut de parallélisme des yeux.

stradivarius n. m. inv.
• Le **s** final se prononce [stradivarjys].
• Violon fabriqué par Stradivarius. *De magnifiques stradivarius.*
Note.- Le nom du violon s'écrit avec une minuscule.

strangulation n. f.
Action d'étrangler. *Il est mort par strangulation.*
Note.- Attention à l'orthographe : str**a**ngulation.

strapontin n. m.
Siège qu'on peut relever et abaisser à volonté (dans un véhicule, une salle de spectacle). *Les strapontins d'une limousine.*
Note.- Attention à l'orthographe : strapont**in**.

strass ou **stras** n. m.
• Le ou les **ss** de la finale se prononcent [stras].
• Imitation de pierres précieuses. *Une broche en strass.*
Note.- Le mot s'orthographie généralement **strass.**

stratagème n. m.
Ruse, feinte.
Note.- Attention à l'orthographe : stratag**ème.**

strate n. f.
Couche de terrain.
Note.- Attention à l'orthographe : stra**t**e.

stratège n. m. et f.
Personne habile à concevoir des stratégies.

stratégie n. f.
Art de planifier et de coordonner un ensemble d'opérations en vue d'atteindre un objectif.
Note.- Alors que la **stratégie** porte surtout sur la conception d'actions coordonnées, la **tactique** concerne la mise en œuvre, l'exécution de la stratégie.

stratégique adj.
Relatif à la stratégie. *Une décision stratégique.*

stratification n. f.
Disposition par couches superposées.

stratifié, ée adj. et n. m.
● **Adjectif.** Qui est en couches superposées. *Des minéraux stratifiés.*
● **Nom masculin.** Matériau constitué de couches de matières diverses qui sont collées. *Une table en stratifié.*

strato-cumulus n. m. inv.
● Le **s** final se prononce [stratɔkymylys].
● Nuage. *Des strato-cumulus peu nombreux.*
Note.- Attention à l'orthographe : strato-cumulus.

stratosphère n. f.
Couche de l'atmosphère.
Note.- Attention à l'orthographe : stratosph**ère.**

stratosphérique adj.
Relatif à la stratosphère. *Une sonde stratosphérique.*

stratus n. m.
● Le **s** final se prononce [stratys].
● Bande de nuages. *Des stratus blanchâtres.*

streptocoque n. m.
Bactérie qui cause de graves infections.
Note.- Attention à l'orthographe : strepto**coque.**

stress n. m. inv.
● Les **s** de la finale se prononcent [strɛs].
● (Anglicisme) Ensemble des réactions d'un organisme qui est soumis à diverses agressions. *Des stress éprouvants.*

stressant, ante adj.
Qui cause un stress. *Un travail stressant, des conditions stressantes.*

stresser v. tr.
Causer un stress, une tension. *Ils sont trop stressés.*

strict, icte adj.
● Les lettres **ct** se prononcent au masculin comme au féminin [strikt].
● Rigoureux, exact. *C'est la stricte vérité.*
● Rigide. *Ce professeur est très strict sur cette question.*
● Réduit à l'essentiel, au minimum. *Le strict nécessaire.*
● **Sens strict.** Sens propre d'un mot.
● Austère. *Une tenue très stricte.*

strictement adv.
De manière stricte. *L'accès de cette propriété est strictement interdit.*

stricto sensu adv.
● Le **u** se prononce **u** [striktosɛ̃sy].
● Au sens strict, restreint.
Note.- En typographie soignée, les mots étrangers sont composés en italique. Dans des textes déjà en italique, la notation se fait en romain. Pour les textes manuscrits, on utilisera les guillemets.
Ant. **lato sensu.**

strident, ente adj.
Se dit d'un son aigu et perçant. *Une voix trop stridente.*
Note.- Attention à l'orthographe : strid**ent.**

stridulation n. f.
Cri de la cigale et de certains insectes.

striduler v. intr.
Crier, en parlant de la cigale.

strie n. f. (gén. pl.)
Fines rayures parallèles. *Les stries du revêtement de cette route réduisent le dérapage.*

strié, ée adj.
Marqué de stries.

strier v. tr.
● Redoublement du **i** à la première et à la deuxième personne du pluriel de l'indicatif imparfait et du subjonctif présent. *(Que) nous striions, (que) vous striiez.*
● Marquer de stries.

stripping n. m.
(Anglicisme) Ablation de varices, éveinage.
Note.- Le nom **éveinage** a fait l'objet d'une recommandation officielle pour remplacer cet anglicisme.

strip-tease n. m.
(Anglicisme) Spectacle de cabaret consistant en un numéro de déshabillage. *Des strip-teases.*

strobo- préf.
Élément du grec signifiant « rotation ». *Stroboscopie.*

stroboscope n. m.
Instrument qui permet d'observer des objets animés d'un mouvement périodique rapide, à l'aide d'illuminations intermittentes.
Note.- Attention à l'orthographe : strobos**c**ope.

stroboscopie n. f.
Mode d'observation à l'aide du stroboscope.
Note.- Attention à l'orthographe : strobos**c**opie.

strophe n. f.
Partie d'un poème, composée d'un nombre déterminé de vers. *Une strophe de quatre vers est un **quatrain.***
Note.- Attention à l'orthographe : stro**ph**e.

structural, ale, aux adj.
● Relatif à la structure. *Des éléments structuraux.*
● Qui analyse les structures. *La linguistique structurale.*

structuralisme n. m.
Théorie fondée sur la prééminence des structures par rapport aux éléments isolés.

structuraliste adj. et n. m. et f.
Partisan du structuralisme.

structuration n. f.
Action de structurer.

structure n. f.
Disposition, arrangement des parties d'un tout. *La structure d'un édifice, d'une œuvre littéraire, une structure hiérarchique.*

structuré, ée adj.
Qui est doté d'une structure. *Un récit bien structuré.*

structurel, elle adj.
Relatif aux structures. *Le chômage structurel.*

structurer v. tr., pronom.
• **Transitif.** Organiser selon une structure. *Il faudrait structurer davantage votre analyse.*
• **Pronominal.** Se doter d'une structure.

strychnine n. f.
• Les lettres *ch* se prononcent *k* [striknin].
• Poison.

stuc n. m.
• Le *c* se prononce [styk].
• Enduit imitant le marbre dont on recouvre les murs. *Des stucs bien appliqués.*
Note.- Attention à l'orthographe : stu*c*.

studieusement adv.
Avec application.

studieux, euse adj.
Qui aime l'étude, appliqué.

studio n. m.
• Atelier (d'artiste, de photographe). *Des studios ensoleillés.*
• Local aménagé pour le tournage de films, l'enregistrement d'émissions de radio ou de télévision. *Des studios dotés de tout le matériel nécessaire.*
• Petit appartement composé d'une seule pièce. *Il a loué un joli studio.*

stupéfaction n. f.
Surprise, étonnement.

stupéfait, aite adj.
Abasourdi, surpris. *Son air stupéfait fit rire tout le groupe.*

stupéfiant, ante adj. et n. m.
• **Adjectif.** Étonnant. *Une nouvelle stupéfiante.*
• **Nom masculin.** Substance toxique qui produit l'inhibition des centres nerveux et peut provoquer l'accoutumance. *La vente des stupéfiants est réglementée.*
Note.- Ne pas confondre avec le mot **narcotique** qui désigne une substance dont l'absorption entraîne l'engourdissement, le sommeil.

stupéfier v. tr.
• Redoublement du *i* à la première et à la deuxième personne du pluriel de l'indicatif imparfait et du subjonctif présent. *(Que) nous stupéfiions, (que) vous stupéfiiez.*
• Étonner. *Ces résultats nous ont stupéfiés* (et non *stupéfaits*).

stupeur n. f.
Étonnement, ahurissement.

stupide adj.
Niais, abruti.

stupidement adv.
D'une manière stupide.

stupidité n. f.
Bêtise.

stupre n. m.
(Litt.) Luxure.

style n. m.
• Manière d'exprimer sa pensée. *Le style d'un écrivain, d'un peintre.*
• Ensemble des caractéristiques des œuvres d'art d'une époque. *Des meubles de style.*
Note.- L'adjectif qui qualifie le mot **style** s'écrit généralement avec une minuscule. *Le style baroque, le style corinthien.* Les noms d'époques historiques qui déterminent le mot **style** s'écrivent avec une majuscule. *Le style Second Empire, le style Renaissance.*
• (Ling.) Niveau de langue. *Un texte de style soutenu ou littéraire.*
V. **niveau.**
• Manière de se comporter. *Le style de vie de la nouvelle génération.*

stylé, ée adj.
Qui accomplit son travail selon les règles. *Un sommelier stylé.*
Note.- Attention à l'orthographe : st*y*lé.

stylicien, enne n. m. et f.
Note.- Ce nom a fait l'objet d'une recommandation officielle pour remplacer l'anglicisme **designer**.

stylique n. f.
Note.- Ce nom a fait l'objet d'une recommandation officielle pour remplacer l'anglicisme **design**.

stylisation n. f.
Action de styliser.
Note.- Attention à l'orthographe : st*y*li*s*ation.

styliser v. tr.
Représenter sous une forme décorative simplifiée. *Une fleur stylisée.*
Note.- Attention à l'orthographe : st*y*liser.

stylisme n. m.
Activité de styliste.
Note.- Attention à l'orthographe : st*y*li*s*me.

styliste n. m. et f.
Personne dont la profession est de concevoir et d'adapter des styles de décoration, d'aménagement, d'habillement, à un marché donné. *C'est une jeune styliste remplie de talent.*
Note.- Attention à l'orthographe : st*y*li*s*te.

stylistique adj. et n. f.
• **Adjectif.** Propre au style. *Une étude stylistique, des particularités stylistiques.*
• **Nom féminin.** Étude scientifique des procédés du style.

stylo n. m.
• Porte-plume à réservoir d'encre. *Des stylos à cartouche.*
• *Stylo à bille, stylo-bille.* *Des stylos à bille, des stylos-billes jetables.*
• *Stylo-feutre.* *Des stylos-feutres noirs.*
Note.- Attention à l'orthographe : st*y*lo.

stylographe n. m.
(Vx) Stylo.

su, sue adj. et n. m.
• **Adjectif.** Qui est connu, appris. *Des déclinaisons bien sues.*

• **Nom masculin.** *Au vu (et au su) de tous.* À la connaissance de tout le monde, au grand jour.
Note.- Le nom ne s'emploie que dans l'expression citée.

suaire n. m.
• (Litt.) Linceul.
• *Le saint suaire.* Le nom de la relique sacrée s'écrit avec des minuscules.
Note.- Attention à l'orthographe : su*aire.*

suave adj.
D'une douceur exquise. *Un parfum suave.*

suavement adv.
D'une manière suave.

suavité n. f.
Douceur exquise, délicatesse.

sub- préf.
• Élément du latin signifiant « sous ».
• Les mots composés avec le préfixe **sub-** s'écrivent en un seul mot. *Subdiviser, subjectif.*

subalterne adj. et n. m. et f.
• **Adjectif.** Secondaire. *Un emploi subalterne.*
• **Nom masculin et féminin.** Personne qui est soumise à l'autorité de quelqu'un, dans une structure hiérarchique.

subconscient, iente adj. et n. m.
• **Adjectif.** Dont on a à peine conscience.
• **Nom masculin.** Ensemble des états psychiques subconscients.

subdiviser v. tr.
Diviser à nouveau. *Les groupes ont été subdivisés en équipes.*

subdivision n. f.
• Action de subdiviser.
• Partie d'une division. *Les subdivisions d'un chapitre.*

subir v. tr.
• Supporter. *Elle en a assez de subir ses sautes d'humeur.*
• Être l'objet de quelque chose. *Il doit subir une opération cardiaque.*

subit, ite adj.
• Le *t* ne se prononce pas à la forme masculine [sybi].
• Soudain. *Une mort subite.*
Notes.-
1° Attention à l'orthographe : subi*t*, subite.
2° Ne pas confondre avec le participe passé *subi, ie* du verbe *subir.*

subitement adv.
D'une manière subite.

subito adv.
(Fam.) Subitement, tout à coup.

subjectif, ive adj.
• Personnel. *Les goûts sont toujours subjectifs.*
• Partial. *Votre perception est très subjective.*
Ant. **objectif.**

subjectivement adv.
D'une manière partiale.

subjectivité n. f.
Caractère de ce qui est subjectif.

subjonctif
V. Tableau - **SUBJONCTIF.**

subjuguer v. tr.
• Attention au *u* qui subsiste même devant les lettres *a* et *o*. *Il subjugua, nous subjuguons.*
• Conquérir, charmer. *Le groupe a été subjugué par sa détermination et son éloquence.*

sublimation n. f.
• Passage de l'état solide à l'état gazeux.
• Exaltation.
Note.- Attention à l'orthographe : sublima*t*ion.

sublime adj. et n. m.
Extraordinaire, merveilleux. *Une interprétation sublime. Elle recherche le sublime.*
Note.- Attention à l'orthographe : sublime, sans accent.

sublimer v. tr.
• Faire passer de l'état solide à l'état gazeux.
• (Litt.) Exalter. *Sublimer un idéal.*
Note.- Attention à l'orthographe : sublimer, sans accent.

subliminal, ale, aux adj.
Qui atteint l'inconscient. *Des messages subliminaux.*

sublingual, ale, aux adj.
Qui est sous la langue. *Une glande sublinguale.*

submerger v. tr.
• Le *g* est suivi d'un *e* devant les lettres *a* et *o*. *Il submergea, nous submergeons.*
• Engloutir sous l'eau.
Note.- Ne pas confondre avec les verbes suivants :
- *émerger*, surgir d'un liquide ;
- *immerger*, plonger dans un liquide.
• (Fig.) Envahir totalement. *Ils ont été submergés par les commandes.*

submersible n. m.
Sous-marin.

subodorer v. tr.
Soupçonner. *Elle subodore une mauvaise plaisanterie.*
Note.- Attention à l'orthographe : subodo*r*er.

subordination n. f.
• Dépendance d'une chose par rapport à une autre.
• Hiérarchie établie entre des personnes qui dépendent les unes des autres. *Des liens de subordination.*
• (Gramm.) Construction d'une phrase selon laquelle une proposition dépend d'une autre.
• *Conjonction de subordination.* Conjonction unissant une proposition subordonnée à une proposition principale. *Quand, que, comme* sont des conjonctions de subordination.
Note.- Ne pas confondre avec le mot *subornation* qui désigne l'action de corrompre.

subordonné, ée adj. et n. m. et f.
• **Adjectif.** Qui dépend de quelqu'un, de quelque chose. *Une prime subordonnée au rendement.*
• **Nom masculin et féminin.** Subalterne. *Le chef de service est le subordonné du directeur.*

SUBJONCTIF

Le **subjonctif** exprime une action considérée dans la pensée du sujet plutôt que dans la réalité ; c'est le mode du doute, de l'incertitude, du souhait, de la crainte, de la supposition, de la volonté, du désir, de la concession.

Je doute qu'il puisse venir, il craint qu'il n'y ait pas assez de provisions, tu souhaites qu'elle réussisse, elle exigera que les messages soient bien transmis. Je ne crois pas qu'elle vienne.

Locutions conjonctives

Certaines locutions conjonctives sont toujours suivies du subjonctif.

On consultera les conjonctions et les locutions conjonctives à leur entrée alphabétique où les précisions sur le mode du verbe sont apportées.

Rentre avant qu'il ne pleuve, de peur qu'on ne t'aperçoive, quoique tu dises, qui que tu sois.

Quelques conjonctions et locutions conjonctives qui se construisent avec le subjonctif

à condition que	de sorte que	pour que
afin que	en admettant que	pourvu que
à moins que	en attendant que	que
à supposer que	encore que	quoique
au lieu que	en sorte que	sans que
avant que	jusqu'à ce que	si bien que
bien que	malgré que	si peu que
de crainte que	moyennant que	si tant est que
de façon que	non que	soit que
de manière que	pour peu que	supposé que

V. Tableau - **CONCORDANCE DES TEMPS.**
V. Tableau - **INDICATIF.**
V. Tableau - **INFINITIF.**
V. **impératif.**

● **Nom féminin.** (Gramm.) Proposition qui dépend d'une proposition dont elle complète le sens. *Une subordonnée causale, relative.*

subordonner v. tr.
● Établir un ordre de dépendance.
● Faire dépendre d'une condition. *La vente est subordonnée à l'accord du créancier hypothécaire.*
Note.- Attention à l'orthographe : subordo**nn**er.

subornation n. f.
Action de corrompre. *La subornation de témoins.*
Note.- Ne pas confondre avec le mot **subordination** qui désigne une hiérarchie, une dépendance.

suborner v. tr.
(Litt.) Corrompre. *Suborner un témoin, un expert.*

subreptice adj.
Caché, illicite. *Un procédé subreptice.*
Note.- Attention à l'orthographe de cet adjectif qui conserve la même forme au masculin et au féminin : subrepti**c**e.

subrepticement adv.
En cachette, à l'insu de quelqu'un. *Il est entré subrepticement dans leur appartement.*
Note.- Attention à l'orthographe : subrepti**c**ement.

subséquemment adv.
(Litt. ou dr.) En conséquence.

subside n. m.
● Le deuxième **s** se prononce **s** ou **z**, [sypsid] ou [sybzid].
● Aide financière, allocation. *Le gouvernement a voté des subsides destinés aux pays en voie de développement.*
Note.- Attention au genre masculin de ce nom : **un** subside.

subsidiaire adj.
Accessoire, secondaire. *Une question subsidiaire.*
Note.- Cet adjectif garde la même forme au masculin et au féminin : subsidi**aire**.

subsidiairement adv.
Accessoirement.

subsistance n. f.
● Ce qui sert à assurer l'existence matérielle.
● (Litt.) Entretien. *Moyens de subsistance.*
Note.- Attention à l'orthographe : subsis**t**ance.

subsister v. intr.
● Continuer d'être, durer. *Cet usage ancien de mille ans subsiste encore aujourd'hui.*

• Pourvoir à ses besoins. *Ce travail lui permet de subsister tant bien que mal.*
Note.- Ne pas confondre avec le verbe ***substituer*** qui signifie « remplacer une personne, une chose par une autre ».

subsonique adj.
Se dit d'une vitesse inférieure à celle du son.
Note.- Attention à l'orthographe : subso**n**ique.
Ant. **supersonique.**

substance n. f.
• Matière dont quelque chose est formé. *Des substances grasses.*
• L'essentiel de. *Tirer la substance d'un entretien.*
• ***En substance***, locution adverbiale. En gros, en résumé.
Note.- Attention à l'orthographe : subst**a**nce.

substantiel, ielle adj.
• Nutritif. *Un repas substantiel.*
• Important. *Des modifications substantielles.*
Note.- Attention à l'orthographe : substan**t**iel.

substantif n. m.
(Gramm.) Mot ou groupe de mots qui désigne un être, une chose, une idée.
Syn. **nom.**

substantifique adj.
Substantifique moelle. (Rabelais). Essence d'un texte.

substantivement adv.
(Ling.) Comme un substantif. *Un verbe pris substantivement : le **boire** et le **manger**.*

substantiver v. tr.
(Ling.) Donner à un mot le caractère d'un substantif.

substituer v. tr., pronom.
• **Transitif**. Remplacer une personne, une chose par une autre. *Il a substitué le chapeau bleu au chapeau jaune,* ou *il a remplacé le chapeau jaune par le chapeau bleu.*
Notes.-
1° Attention à l'ordre des mots et à l'emploi de la préposition qui diffèrent de la construction propre au verbe ***remplacer.***
2° Ne pas confondre avec le verbe ***subsister*** qui signifie « continuer d'être, durer ».
• **Pronominal**. Prendre la place d'un autre. *Ils se sont substitués à leurs collègues absents.*

substitut n. m.
Personne qui remplace une autre personne, en cas d'absence.
Note.- Attention à l'orthographe : substitu**t**.

substitution n. f.
Remplacement.
Note.- Attention à l'orthographe : substitu**t**ion.

substrat n. m.
• Ce qui sert de base, d'infrastructure à quelque chose.
• (Ling.) Langue remplacée par une autre, dans un pays déterminé, de telle façon qu'elle continue à influencer la langue parlée ensuite.
Note.- Attention à l'orthographe : substra**t**.

subterfuge n. m.
Stratagème, ruse. *Un habile subterfuge.*

subtil, ile adj.
• Fin, délicat. *Une réponse subtile.*
• Perspicace. *C'est un esprit subtil qui a tout compris.*
• Léger. *Un parfum subtil.*
• Difficile à percevoir. *Des distinctions trop subtiles.*

subtilement adv.
Avec finesse.

subtiliser v. tr.
Dérober. *On lui a subtilisé son portefeuille.*

subtilité n. f.
• Caractère de ce qui est subtil, fin.
• Distinctions ténues. *Les subtilités d'une démonstration.*

subtropical, ale, aux adj.
Se dit d'une région située sous les tropiques. *Des zones subtropicales. Des climats subtropicaux.*

suburbain, aine adj.
Qui entoure une ville. *Des transports suburbains.*

subvenir v. tr. ind.
• *Je subviens, tu subviens, il subvient, nous subvenons, vous subvenez, ils subviennent. Je subvenais. Je subvins. Je subviendrai. Je subviendrais. Subviens, subvenons, subvenez. Que je subvienne. Que je subvinsse. Subvenant. Subvenu.*
• Pourvoir à. *Peut-il subvenir aux besoins de sa famille ? Il a subvenu à tous ses besoins.*
Note.- Le verbe se conjugue avec l'auxiliaire ***avoir.***

subvention n. f.
Somme accordée par l'État à une personne, une entreprise, un organisme. *Une subvention destinée à la recherche.*
Note.- Attention à l'orthographe : subven**t**ion.

subventionner v. tr.
Accorder une subvention. *Ces établissements sont subventionnés par l'État.*

subversif, ive adj.
Propre à renverser les idées reçues. *Une philosophie subversive, un livre subversif.*

subversion n. f.
Action destinée à troubler l'ordre établi.
Note.- Attention à l'orthographe : subver**s**ion.

suc n. m.
Liquide organique. *Les sucs gastriques.*
Notes.-
1° Attention à l'orthographe : su**c**.
2° Ne pas confondre avec le mot ***sucre*** qui désigne un produit alimentaire extrait de la canne à sucre.

succédané adj. et n. m.
Produit de remplacement. *La saccharine est un succédané du sucre.*
Note.- Attention à l'orthographe : su**cc**édané.

succéder v. tr. ind., pronom.
• Le *é* se change en *è* devant une syllabe muette, sauf à l'indicatif futur et au conditionnel présent. *Je succède,* mais *je succéderai.*

• **Transitif indirect.**
- Prendre la suite de. *Le fils succédera à son père.*
- Se produire après. *Le printemps succède à l'hiver.*
• **Pronominal**
Être à la suite. *Les maisons semblables se succèdent.*
Notes.-
1° Le participe passé du verbe est toujours invariable. *Ils se sont succédé à la tête de l'entreprise.*
2° Les expressions * « se succéder l'un à l'autre, les uns aux autres » sont pléonastiques.

succès n. m.
• Réussite. *Assurer le succès d'une entreprise.*
• *Succès d'estime.* Succès restreint à un public de connaisseurs.
Note.- Attention à l'orthographe : suc**cès.**

successeur n. m.
• Personne qui succède, succédera. *Elle est le successeur de son père.*
• (Dr.) Héritier.
Note.- Ce nom ne comporte pas de forme féminine.

successif, ive adj.
Qui se suivent. *Des explosions successives.*

succession n. f.
• (Dr.) Héritage.
• Série. *Une succession d'événements.*

successivement adv.
L'un après l'autre. *Elle connut successivement Yves et Jean-Pierre.*

successoral, ale, aux adj.
(Dr.) Qui est relatif aux successions. *Des droits successoraux.*

succinct, incte adj.
• Les lettres *ct* ne se prononcent pas au masculin [syksɛ̃]. Au féminin, le *c* se prononce ou non, [syksɛ̃kt] ou [syksɛ̃t].
• Court, concis. *Un exposé succinct.*
Note.- Attention à l'orthographe : suc**cin**ct.

succinctement adv.
D'une manière concise.

succion n. f.
• Les lettres *cc* se prononcent *ks* [syksjɔ̃].
• Action de sucer. *Exercer une forte succion.*
Note.- Attention à l'orthographe : suc**ci**on.

succomber v. tr. ind., intr.
• **Transitif indirect**
Céder. *Peut-être succomberez-vous à la tentation.*
Note.- Le verbe se conjugue avec l'auxiliaire *avoir.*
• **Intransitif**
- (Litt.) Mourir. *Il a succombé à une hémorragie.*
- (Litt.) Être accablé sous un fardeau. En ce sens, le verbe se construit avec la préposition *sous. Il a succombé sous le poids des difficultés.*
Note.- Attention à l'orthographe : suc**c**omber.

succulent, ente adj.
Délicieux. *Une pâtisserie succulente.*
Note.- Attention à l'orthographe : suc**cul**ent.

succursale n. f.
Établissement n'ayant pas d'existence juridique indépendante. *Une succursale bancaire. Cette société possède deux succursales.*
Notes.-
1° Attention à l'orthographe : suc**cur**sa**le.**
2° Ne pas confondre avec le mot **filiale** qui désigne une unité de production décentralisée, juridiquement indépendante et dotée d'une complète autonomie de gestion, mais placée sous la direction d'une société mère qui possède la majorité de ses actions.

sucer v. tr.
• Le *c* prend une cédille devant les lettres *a* et *o. Il suça, nous suçons.*
• Aspirer dans la bouche. *Cet enfant suce son pouce.*

sucette n. f.
• Petite tétine. *La fillette pleure parce qu'elle a perdu sa sucette.*
• Bonbon fixé à une petite tige de bois. *Trois sucettes à la menthe.* (Sabatier).

suçon n. m.
Marque laissée sur la peau par des baisers.

sucre n. m.
• Le *r* se prononce [sykr] (et non * suc).
• Produit alimentaire extrait de la canne à sucre.
• Morceau de sucre. *Du café avec deux sucres et un nuage de crème.*
• Unité monétaire de l'Équateur. *Des sucres.*
V. Tableau - **SYMBOLES DES UNITÉS MONÉTAIRES.**
Note.- Ne pas confondre avec le mot *suc* qui désigne un liquide organique.

sucré, ée adj.
Qui a la saveur du sucre. *Un fruit sucré.*

sucrer v. tr.
Ajouter du sucre à quelque chose. *Sucrer un jus d'orange.*

sucrerie n. f.
• Raffinerie de sucre.
• (Au plur.) Bonbons. *Elle ne peut résister aux sucreries.*

sucrier, ière adj. et n. m.
• **Adjectif.** Relatif à la fabrication du sucre. *L'industrie sucrière.*
• **Nom masculin.** Récipient destiné à contenir le sucre. *Un sucrier de porcelaine.*

sud adj. inv. et n. m.
• Abréviation *S.* (s'écrit avec un point).
• Un des quatre points cardinaux, opposé au nord. *Marcher vers le sud.*
Notes.-
1° Les noms des points cardinaux qui déterminent un pays, une région, une ville, un odonyme s'écrivent avec une majuscule. *L'Afrique du Sud, l'Amérique du Sud.*
2° Dans une adresse, le point cardinal s'écrit avec une majuscule et suit le nom spécifique de l'odonyme. *Son bureau est situé boulevard Pereire Sud.*
3° Lorsque l'adjectif ou le nom indique une orientation,

il s'écrit avec une minuscule. *La terrasse est orientée au sud.*
V. Tableau - **POINTS CARDINAUX.**

sud-africain, aine adj. et n. m. et f.
De l'Afrique du Sud.
Note.- Contrairement à l'adjectif, le nom prend deux majuscules.

sud-américain, aine adj. et n. m. et f.
De l'Amérique du Sud.
Note.- Contrairement à l'adjectif, le nom prend deux majuscules.

sudation n. f.
Transpiration.

sud-coréen, enne adj. et n. m. et f.
De la Corée du Sud.
Note.- Contrairement à l'adjectif, le nom prend deux majuscules.

sudorifique adj. et n. m.
Qui provoque la transpiration cutanée.

sudoripare adj.
Qui secrète la sueur. *Les glandes sudoripares.*
Note.- Attention à l'orthographe de cet adjectif qui conserve la même forme au masculin et au féminin : sudoripar*e*.

suède n. m.
Peau fine. *Des gants de suède.*
Note.- En ce sens, le nom s'écrit avec une minuscule ; le nom du pays s'écrit avec une majuscule.

suédois, oise adj. et n. m. et f.
De Suède.
Note.- Lorsqu'il s'agit de la langue, l'adjectif ou le nom s'écrit avec une minuscule. Si le nom désigne une personne, la majuscule s'impose.

suée n. f.
(Fam.) Transpiration.

suer v. tr., intr.
● **Transitif**
- (Litt.) Exhaler. *Cette atmosphère sue la tristesse.*
- *Suer sang et eau.* Se donner beaucoup de mal pour quelque chose.
● **Intransitif**
- Transpirer.
- *Faire suer.* (Fam.) Ennuyer, contrarier. *Il nous fait suer celui-là.*

sueur n. f.
● Transpiration. *Ils sont en sueur.*
● *Des sueurs froides.* Peur très vive.

suffire v. tr. ind., impers., pronom.
● *Je suffis, tu suffis, il suffit, nous suffisons, vous suffisez, ils suffisent. Je suffisais. Je suffis. Je suffirai. Je suffirais. Suffis, suffisons, suffisez. Que je suffise. Que je suffisse. Suffisant, Suffi.*
● **Transitif indirect**
- **Suffire à.** Être apte à satisfaire. *Elle ne peut suffire à la tâche.*
- **Suffire pour.** Être en quantité suffisante. *Ce bois me suffira pour le feu.*

● **Impersonnel**
- **Il suffit de** + **infinitif**. Il est seulement nécessaire de, que. *Il suffit de nous prévenir à l'avance.*
- **Il suffit de** + **nom.** *Il a suffi d'un peu de vin.*
- **Il suffit que** + **subjonctif.** *Il suffit que vous veniez demain.*
● **Pronominal**
N'avoir pas besoin des autres. *Elle s'est suffi à elle-même.*
Note.- Le participe passé *suffi* est toujours invariable.

suffisamment adv.
En quantité suffisante.
Note.- Attention à l'orthographe : su*ff*isa*mm*ent.

suffisance n. f.
Prétention.
Note.- Attention à l'orthographe : su*ff*isa*n*ce.

suffisant, ante adj.
● Qui suffit. *Je crois que ces provisions sont suffisantes pour la semaine.*
● (Péj.) Prétentieux, fat. *Son ton est trop suffisant.*
Note.- Attention à l'orthographe : su*ff*isa*n*t.

suffixal, ale, aux adj.
(Ling.) Relatif au suffixe. *Des éléments suffixaux.*
Note.- Attention à l'orthographe : su*ff*ixal.

suffixation n. f.
(Ling.) Formation de mots à l'aide de suffixes.
Note.- Attention à l'orthographe : su*ff*ixation.

suffixe n. m.
(Ling.) Élément qui vient s'ajouter après le radical d'un mot pour en modifier le sens.
Note.- Attention à l'orthographe : su*ff*ixe.
Ant. **préfixe.**
V. Tableau - **SUFFIXE.**

suffocant, ante adj.
Qui gêne la respiration. *Une chaleur suffocante.*
Note.- Ne pas confondre avec le participe présent invariable *suffoquant. Suffoquant dans la classe enfumée, les étudiants sortirent.*

suffocation n. f.
Étouffement.

suffoquer v. tr., intr.
● **Transitif**. Étouffer, faire perdre la respiration à.
● **Intransitif**. Avoir du mal à respirer.
Note.- Attention à l'orthographe : su*ff*oquer.

suffrage n. m.
Avis donné par un vote. *Le suffrage universel.*
Note.- Attention à l'orthographe : su*ff*rage.

suffragette n. f.
(Hist.) Femme réclamant le droit de vote.

suggérer v. tr.
● Le *é* se change en *è* devant une syllabe muette, sauf à l'indicatif futur et au conditionnel présent. *Je suggère,* mais *je suggérerai.*
● Faire penser, proposer. *Ils suggèrent de diffuser l'information à l'aide de la télématique.*

suggestif, ive adj.
● Évocateur. *Un récit suggestif.*
● Qui provoque le désir. *Une tenue suggestive.*

SUFFIXE

Le **suffixe** est un élément qui se joint à la suite d'un radical pour former un dérivé.

	SUFFIXE	SENS	EXEMPLE
Suffixes de noms	*-ateur*	agent	*dessinateur, accélérateur*
	-ette	diminutif	*maisonnette, fillette*
	-isme	doctrine	*automatisme, socialisme*
	-ure	ensemble	*toiture, voilure*
Suffixes d'adjectifs	*-able*	possibilité	*aimable, capable*
	-el, -elle	caractère	*spirituel, temporel*
	-if, -ive	caractère	*actif, vif*
	-âtre	péjoratif	*rougeâtre, douceâtre*
Suffixes de verbes	*-er*	action	*planter, couper*
	-ir	action	*finir, polir*
	-asser	péjoratif	*rêvasser, finasser*
	-iser	action	*informatiser, automatiser*
Suffixes d'adverbes	*-ment*	manière	*rapidement, calmement*
Suffixes d'origine latine	*-cide*	tuer	*homicide, régicide*
	-culture	cultiver	*apiculture, horticulture*
	-duc	conduire	*gazoduc, oléoduc*
	-vore	manger	*herbivore, omnivore*
Suffixes d'origine grecque	*-graphie*	écriture	*radiographie, télégraphie*
	-logie	science	*biologie, philologie*
	-onyme	nom	*toponyme, odonyme*
	-thérapie	traitement	*physiothérapie, chimiothérapie*

---

suggestion n. f.
Proposition. *Voici quelques suggestions pour les vacances.*
Note.- Ne pas confondre avec le mot **sujétion** qui désigne une dépendance.

suicidaire adj. et n. m. et f.
● **Adjectif**
- Qui est prédisposé au suicide. *Un comportement suicidaire.*
- Voué à l'échec. *Une entreprise suicidaire.*
● **Nom masculin et féminin.** *Un, une suicidaire.*
Note.- Attention à l'orthographe : suicid**aire.**

suicide n. m.
Action de se donner la mort.

suicider (se) v. pronom.
Se donner la mort. *Ils se sont suicidés.*

suie n. f.
Matière noire déposée par la fumée. *Après l'incendie, les murs étaient couverts de suie.*

suif n. m.
● Le **f** se prononce [sɥif].
● Graisse animale.

suintement n. m.
Écoulement lent d'un liquide.

suinter v. intr.
Transpirer, s'écouler goutte à goutte. *Des parois rocheuses qui suintent.*

suisse adj. et n. m. et f.
De Suisse.
Notes.-
1° Contrairement à l'adjectif, le nom prend une majuscule.
2° La forme féminine **Suissesse** est vieillie. On dit plutôt aujourd'hui, une **Suisse.**

suite n. f.

● Série, succession. *Une suite de succès et d'échecs.*
Note.- En ce sens, le nom s'emploie généralement au singulier.

• Résultat, conséquence. *Les suites d'une décision, d'un accident. Un malentendu qui n'a pas eu de suites.*
Note.- En ce sens, le nom s'emploie surtout au pluriel.
• Ce qui vient après. *La suite d'un roman. Suite et fin d'un reportage.*
• Cohérence. *Elle a de la suite dans les idées.*
• Dans un hôtel, petit appartement. *Une suite au Ritz.*
• **Locutions**
- ***Tout de suite***, locution adverbiale. Immédiatement. *Il arrive tout de suite.*
Note.- L'emploi de l'expression **de suite** en ce sens est familier.
- ***De suite***, locution adverbiale. Cette locution marque l'idée d'une absence d'interruption. *Il a écrit trois lettres de suite.*
- ***À la suite de***, locution prépositive. Après. *Le directeur parlera à la suite du président.*
- ***À la suite de***, locution prépositive. À cause. *À la suite de cette décision injuste, il décida de démissionner.*
Note.- Cet emploi est critiqué par certains auteurs, mais il est attesté dans les meilleurs ouvrages.
- ***Et ainsi de suite.*** En continuant ainsi.
- ***Par la suite***, locution adverbiale. Après cela. *Par la suite, ils s'excusèrent.*
- ***Par suite de***, locution prépositive. En conséquence de. *Par suite de la tempête, les bureaux sont fermés.*
- ***Faire suite à.*** Succéder. *Les étapes de la correction et de la révision font suite à la rédaction.*
Note.- Dans cette expression, le nom **suite** est toujours singulier.
- ***Donner suite à quelque chose.*** Faire en sorte qu'une chose ait un résultat. *Soyez assuré que nous donnerons suite à votre réclamation.*
- ***Comme suite à.*** En réponse à. *Comme suite à votre demande du 15 avril, nous vous faisons parvenir...*
Note.- On limitera l'emploi de l'expression **suite à...** à la correspondance commerciale.

suivant, ante adj., n. m. et f. et prép.
• **Adjectif**
Qui vient après. *La semaine suivante.*
Ant. **précédent.**
• **Nom masculin et féminin**
Personne qui suit. *Au suivant! À la suivante!*
• **Préposition**
- Conformément à. *Suivant ce philosophe...*
- En fonction de. *Le prix augmente suivant le poids du fruit.*
- ***Suivant que***, locution conjonctive. Selon que. *Suivant que les résultats seront prometteurs ou non, nous prendrons notre décision.*
Note.- La locution conjonctive se construit avec l'indicatif.

suivi n. m.
Action de suivre, de surveiller l'accomplissement d'une activité. *Assurer le suivi d'une affaire.*

suivre v. tr., impers., pronom.
• *Je suis, tu suis, il suit, nous suivons, vous suivez, ils suivent. Je suivais. Je suivis. Je suivrai. Je suivrais. Suis, suivons, suivez. Que je suive. Que je suivisse. Suivant. Suivi, ie.*

• **Transitif**
- Venir après, par rapport au lieu, au temps, au rang, etc. *Suivre un malfaiteur.*
- ***Être suivi par.*** Être surveillé de près. *Il est suivi par des agents depuis deux semaines.*
- ***Être suivi de.*** Être accompagné. *Elle est suivie de ses jeunes enfants.*
- S'intéresser. *Elle suit les variations de la Bourse, il suit l'affaire avec le plus grand intérêt.*
- Assister régulièrement à quelque chose. *Suivre un cours.*
- ***(Prière de) faire suivre.*** Mention placée sur une lettre afin que celle-ci puisse être acheminée à la nouvelle adresse du destinataire.
• **Impersonnel**
(Litt.) Résulter. *D'où il suit que...*
Note.- La construction impersonnelle exprime une conséquence logique dans un raisonnement.
• **Pronominal**
Se succéder. *Les jours se suivent et ne se ressemblent pas. Ils se sont suivis à la direction de cette affaire.*

sujet, ette adj. et n. m.
• **Adjectif**
Qui est susceptible de. *Ces formulations sont sujettes à révision.*
Note.- L'adjectif comporte une forme féminine. Comme nom, le mot ne s'emploie qu'au masculin.
• **Nom masculin**
- Ressortissant. *Ils sont sujets britanniques. Elle est sujet canadien.*
- Cause, motif. *À quel sujet m'appelez-vous? Un sujet de réflexion.*
Note.- En tête d'une lettre, d'une note, on emploie plutôt le mot **objet** qui définit le but poursuivi par l'envoi.
V. Tableau - **LETTRE TYPE.**
- ***Au sujet de***, locution prépositive. À propos de, relativement à.
- Thème, question. *Le sujet de ce roman est une histoire d'amitié entre un homme et une baleine.*
- (Gramm.) Être ou objet qui fait l'action du verbe (verbe d'action) ou dont l'état est actualisé par le verbe (verbe d'état). *La petite fille* (sujet) *mange une pomme. La pomme* (sujet) *est verte.*
V. Tableau - **SUJET.**

sujétion n. f.
Dépendance. *La sujétion économique entraîne la sujétion politique.*
Notes.-
1° Attention à l'orthographe : sujétion.
2° Ne pas confondre avec le mot **suggestion** qui désigne une proposition.

sulfureux, euse adj.
Qui contient du soufre. *Des eaux sulfureuses.*
Note.- Attention à l'orthographe : sulfureux.

sultan, ane n. m. et f.
(Ancienn.) Souverain de certains pays musulmans. *Le harem du sultan.*
Note.- Attention à l'orthographe : sulta**n**, sulta**ne**.

sultanat n. m.
Dignité de sultan.
Note.- Attention à l'orthographe : sulta**nat**.

sumérien, ienne adj. et n.
● **Adjectif.** (Antiq.) De Sumer.
● **Nom masculin.** Langue de Sumer. *Les caractères cunéiformes du sumérien constituent la première attestation de l'écriture.*
Note.- Lorsqu'il s'agit de la langue, l'adjectif ou le nom s'écrit avec une minuscule. Si le nom désigne une personne, la majuscule s'impose.

summum n. m.
● Les *u* se prononcent *o* et le *m* final est sonore [somom].
● Le plus haut degré. *Le summum de la distinction et du raffinement.*
Note.- Ce mot ne s'emploie pas au pluriel.

sunnisme n. m.
Branche de la religion musulmane.
Note.- Les noms de religions s'écrivent avec une minuscule.

sunnite adj. et n. m. et f.
Musulman appartenant au sunnisme. *Ce sont des sunnites.*
Note.- L'adjectif ainsi que le nom s'écrivent avec une minuscule.

super- préf.
● Élément du latin signifiant « au-dessus ».
● Les mots composés avec le préfixe ***super-*** s'écrivent en un seul mot. *Superpuissance, superposer.*

super n. m.
Abréviation familière de ***supercarburant***. *Quarante litres de super sans plomb.*

super adj. inv.
(Fam.) Extraordinaire, formidable. *Ces copines sont super.*

superbe adj. et n. f.
● **Adjectif.** Merveilleux, magnifique. *Un jardin superbe.*
● **Nom féminin.** (Litt.) Fierté.

superbement adv.
Avec magnificence.

supercarburant n. m.
Carburant dont l'indice d'octane est élevé.
Note.- Le nom s'abrège familièrement ***super***.

supercherie n. f.
Fraude. *Une habile supercherie.*

superfétatoire adj.
(Litt.) Superflu.
Note.- Attention à l'orthographe : superfétat**oire**.

superficie n. f.
Mesure de la surface. *Ce terrain a une superficie de 850 mètres carrés.*
Note.- Attention à l'orthographe : superfi**c**ie.

superficiel, elle adj.
Qui est en surface, qui ne va pas au fond des choses. *Une connaissance superficielle du sujet.*
Note.- Attention à l'orthographe : superfi**c**iel.

SUJET

Le sujet désigne l'être ou l'objet qui fait l'action du verbe (verbe d'action) ou qui s'actualise dans un verbe (verbe d'état).

> *Elle a planté des fleurs. L'enfant a été très gentil.*

Pour trouver le sujet d'un verbe, on pose la question *qui est-ce qui ... ?* pour les personnes, *qu'est-ce qui ... ?* pour les objets, afin d'être en mesure d'accorder le verbe, l'attribut ou le participe passé, s'il y a lieu.

Le sujet peut être :

● un **nom** commun ou propre.

> *La table est ronde. Jacques joue du piano.*

● un **pronom.**

> *Nous sommes d'accord. Qui est là ?*

● un **infinitif.**

> *Nager est bon pour la santé.*

● une **proposition.**

> *Pierre qui roule n'amasse pas mousse.*

V. Tableau - **COLLECTIF.**

superficiellement adv.
D'une manière superficielle.

superfin, ine adj.
D'une qualité supérieure. *Du chocolat superfin.*

superflu, ue adj. et n. m.
• **Adjectif.** Inutile, qui est en trop. *Des achats super-flus.*
• **Nom masculin.** Ce qui excède le nécessaire.

supérieur, eure adj. et n. m. et f.
• **Adjectif**
- Qui est au-dessus, en haut (par opposition à *inférieur*). *Le nombre d'exemplaires vendus est supérieur aux prévisions. Ils habitent à l'étage supérieur.*
Note.- L'adjectif se construit avec la préposition *à.*
- Qui surpasse en qualité, en mérite, en rang. *Ce film est supérieur à tout ce que ce cinéaste a fait jusqu'ici.*
Note.- L'adjectif étant un comparatif, on ne peut l'employer avec *le plus, le moins ;* cependant, il s'emploie avec *très, si, de beaucoup. Cet article est très supérieur au précédent.*
• **Nom masculin et féminin**
- Personne qui se situe au-dessus d'une autre dans la structure hiérarchique. *C'est son supérieur hiérarchique.*
- Religieux, religieuse qui dirige un monastère, un couvent, etc. *La supérieure d'un couvent.*
- (En appos.) *La mère supérieure.*
Note.- Les titres religieux s'écrivent avec une minuscule.

supérieurement adv.
Parfaitement, très.

supériorité n. f.
Qualité d'une personne, d'une chose qui est au-dessus des autres.

superlatif n. m.
V. Tableau - **SUPERLATIF.**

supermarché n. m.
Vaste magasin offrant des produits alimentaires et courants en libre-service. *Des supermarchés qui font partie d'une chaîne.*

supernova n. f.
(Astron.) Étoile qui devient soudainement plus brillante. *Des supernovae.*

superposable adj.
Que l'on peut superposer. *Des éléments superposables.*

superposer v. tr., pronom.
• **Transitif.** Poser l'un au-dessus de l'autre.
• **Pronominal.** S'ajouter à.

superposition n. f.
Action de superposer.

superproduction n. f.
Spectacle à grand déploiement. *Des superproductions ennuyeuses.*

superpuissance n. f.
État dont l'importance dépasse les autres puissances. *Les États-Unis et l'U.R.S.S. sont des superpuissances.*

supersonique adj. et n. m.
• **Adjectif.** Se dit d'une vitesse qui dépasse celle du son. *Un avion supersonique.*
• **Nom masculin.** Avion supersonique.
Ant. **subsonique.**

superstitieusement adv.
D'une manière superstitieuse.
Note.- Attention à l'orthographe : super**sti**tieusement.

superstitieux, euse adj.
Qui croit à certains présages favorables ou défavorables. *Les personnes superstitieuses ne passent jamais sous une échelle.*
Note.- Attention à l'orthographe : super**sti**tieux.

superstition n. f.
Croyances et pratiques superstitieuses.
Note.- Attention à l'orthographe : super**sti**tion.

superstructure n. f.
Partie de la construction qui excède un niveau déterminé. *La superstructure d'un pont.*
Note.- Attention à l'orthographe : **superstructure**, en un seul mot.

superviser v. tr.
Contrôler, surveiller l'ensemble d'un travail. *Il supervise la production de ces articles.*

superviseur n. m.
Personne chargée de contrôler un travail, des activités.

supervision n. f.
Action de superviser. *Elle assure une supervision efficace.*

supplanter v. tr.
Remplacer. *Les machines à écrire sont supplantées peu à peu par les micro-ordinateurs.*
Note.- Attention à l'orthographe : su**pp**lanter.

suppléant, ante adj. et n. m. et f.
Qui remplace quelqu'un dans ses fonctions, sans être titulaire. *Professeur suppléant.*
Note.- Attention à l'orthographe : su**pp**léant.

suppléer v. tr.
• **Transitif.** Remplacer. *L'ingéniosité supplée les moyens limités.*
• **Transitif indirect.** Ajouter ce qui manque pour combler une lacune. *Il faut suppléer aux faibles ressources par de l'ingéniosité.*
Note.- Attention à l'orthographe : su**pp**léer.

supplément n. m.
• Partie qui s'ajoute à une chose déjà complète. *Les suppléments d'une encyclopédie.*
• Somme payée en plus. *Pour le toit ouvrant, vous devez payer un supplément.*
• *En supplément.* En plus. *Et en supplément, la maison vous offre ce parfum.*

supplémentaire adj.
Qui s'ajoute à une chose déjà complète. *Engager des employés supplémentaires pour la période des Fêtes.*

SUPERLATIF

Superlatif relatif

Le superlatif relatif exprime la qualité d'un être ou d'un objet au degré le plus ou le moins élevé, lorsque l'on compare l'être ou l'objet qualifié à d'autres êtres ou objets.

> *La rose est la plus belle de toutes les fleurs* (supériorité).
> *Le pissenlit est la moins jolie des fleurs* (infériorité).

Formation

Le superlatif relatif est formé à l'aide de l'article défini et de certains adverbes : **le plus, le moins, le mieux, le meilleur, le moindre, des plus, des mieux, des moins.**

> *Le meilleur des amis, le moindre de tes soucis.*

Article

• L'article reste neutre (masculin singulier) devant l'adjectif féminin ou pluriel si la comparaison porte sur les différents états d'un être ou d'un objet.

> *C'est le matin qu'elle est le plus en forme.*

• Si la comparaison porte sur plusieurs êtres ou objets, l'article s'accorde avec le nom auquel il se rapporte.

> *Cette personne est la plus compétente des candidates.*

Adjectif

• L'adjectif ou le participe qui suit le superlatif relatif **des plus, des mieux, des moins** se met au pluriel et s'accorde en genre avec le sujet déterminé.

> *Cette animatrice est des plus compétentes. Un véhicule des plus résistants.*

• Si le sujet est indéterminé, l'adjectif ou le participe reste invariable.

> *Acheter ces titres miniers est des plus spéculatif.*

Superlatif absolu

Le superlatif absolu exprime la qualité d'un être ou d'un objet à un très haut degré, sans comparaison avec d'autres êtres ou objets.

> *La pivoine est très odorante* (supériorité).
> *La marguerite est très peu odorante* (infériorité).

Formation du superlatif absolu

• Le superlatif absolu est formé à l'aide des adverbes **très, fort, bien ...** ou des adverbes en **-ment : infiniment, extrêmement, joliment.**

> *Un édifice très haut. Il est extrêmement rapide.*

• Dans la langue familière, le superlatif absolu est formé des préfixes **super-, extra-, archi-, ultra-...** *Elle est super-gentille, ces produits sont ultra-chers.*

V. Tableau - **ADJECTIF**.
V. Tableau - **MOINS**.

Note.- Ne pas confondre avec l'adjectif **additionnel** qui désigne ce qui s'ajoute.

• *Heures supplémentaires.* Ensemble des heures de travail exécutées en plus de l'horaire normal et généralement à salaire majoré. *Faire des heures supplémentaires.*

Note.- Attention à l'orthographe de cet adjectif qui conserve la même forme au masculin et au féminin : supplément**aire.**

supplication n. f.
Imploration. *Cessez vos supplications, vous n'obtiendrez rien de plus.*
Note.- Attention à l'orthographe : su**pp**li**c**ation.

supplice n. m.
• Ce qui cause une vive douleur, la mort. *Le supplice de la croix.*
• (Fig.) Grande souffrance morale.

supplicier v. tr.
• Redoublement du *i* à la première et à la deuxième personne du pluriel de l'indicatif imparfait et du subjonctif présent. *(Que) nous suppliciions, (que) vous suppliciiez.*
• Soumettre à un supplice.
• (Fig.) Mettre au supplice.

supplier v. tr.
• Redoublement du *i* à la première et à la deuxième personne du pluriel de l'indicatif imparfait et du subjonctif présent. *(Que) nous suppliions, (que) vous suppliiez.*
• Implorer, prier. *Il l'a supplié de lui pardonner.*

supplique n. f.
Requête. *Une supplique sollicitant le maintien intégral de cette loi a été transmise au ministre chargé de son application.*

support n. m.
• Soutien. *Le support d'une corniche.*
• *Support (d'information).* (Inform.) Tout dispositif apte à stocker des informations réutilisables. *Les disquettes, les disques rigides sont des supports magnétiques.*
• *Support publicitaire.* Média utilisé par la publicité. *Les affiches, la presse sont des supports publicitaires courants.*

supportable adj.
Tolérable. *Cette douleur n'est pas supportable.*

supporter v. tr., pronom.
• **Transitif**
- Tolérer, endurer. *Elle a supporté trop longtemps ces mesquineries.*
- Soutenir. *Ces fondations supportent l'édifice.*
• **Pronominal**
Se tolérer mutuellement. *Ils n'arrivent plus à se supporter.*

supporter n. m.
(Anglicisme) Personne qui soutient un concurrent ou une équipe.
Note.- La forme francisée **supporteur, trice** a fait l'objet d'une recommandation officielle pour remplacer cet anglicisme.

supposé, ée adj.
• Hypothétique. *Les auteurs supposés de cette fresque.*
• **Supposé que**, locution conjonctive. En posant l'hypothèse que. *Supposé que les ventes s'accroissent de 15%.*
Notes.-
1° Attention à l'orthographe : su**pp**osé.
2° Placé en tête de phrase, l'adjectif est invariable. La locution conjonctive se construit avec le subjonctif.

supposer v. tr.
• Penser, admettre. *Je suppose qu'il a raison.*
Note.- En ce sens, le verbe se construit avec l'indicatif.
• Poser comme hypothèse. *Supposons que la demande soit inférieure à celle que nous avions prévue, que ferons-nous ?*
Note.- En ce sens, le verbe se construit avec le subjonctif.

• Comporter comme condition. *Le contrat suppose l'accord des deux parties.*
Note.- Attention à l'orthographe : su**pp**oser.

supposition n. f.
Hypothèse, conjecture. *Ce ne sont que des suppositions, non des faits.*
Note.- Attention à l'orthographe : su**pp**osition.

suppositoire n. m.
Médicament introduit dans l'organisme par l'anus.
Note.- Attention à l'orthographe : su**pp**osit**oire.**

suppôt n. m.
• (Litt.) Complice.
• **Suppôt de Satan.** Personne diabolique.
Note.- Attention à l'orthographe : su**pp**ôt.

suppression n. f.
Action de supprimer. *La suppression de certains passages d'un roman.*
Note.- Attention à l'orthographe : su**pp**ression.

supprimer v. tr., pronom.
• **Transitif**
- Éliminer, retrancher. *Supprimer un titre.*
- Tuer. *Les témoins de l'enlèvement ont été supprimés.*
• **Pronominal**
Se suicider.

suppurer v. intr.
Produire du pus. *Cette plaie a cessé de suppurer.*
Notes.-
1° Attention à l'orthographe : su**pp**urer.
2° Ne pas confondre avec le verbe **supputer** qui signifie « jauger, évaluer ».

supputation n. f.
Action de supputer.
Note.- Attention à l'orthographe : su**pp**uta**t**ion.

supputer v. tr.
Jauger, évaluer. *Ils supputent leurs chances de succès.*
Note.- Ne pas confondre avec le verbe **suppurer** qui signifie « produire du pus ».

supra adv.
Ci-dessus, plus haut (dans le texte).

supra- préf.
• Élément du latin signifiant « au-dessus ».
• Les mots composés avec le préfixe **supra-** s'écrivent en un seul mot. *Supraconduction.*

supraconducteur, trice adj.
Qui présente de la supraconduction. *Des alliages supraconducteurs.*

supraconduction ou **supraconductivité** n. f.
État de résistivité très faible de certains métaux lorsqu'ils sont au-dessous d'une certaine température.

supraterrestre adj.
Relatif à l'au-delà.

suprématie n. f.
• Le *t* se prononce *s* [sypremasi].

• Supériorité, domination. *La suprématie militaire d'un pays.*
Note.- Attention à l'orthographe : suprémaᵗie.

suprême adj. et n. m.
• **Adjectif.** Qui est au-dessus de tout. *Le pouvoir suprême. La Cour suprême.*
• **Nom masculin.** Plat composé des parties les plus délicates d'une viande, d'un poisson. *Un suprême de volaille.*
Note.- Attention à l'orthographe : suprᵉme.

sur prép.

• En haut. *Sur le toit, sur la colline, sur la tête, sur un cheval.*
• À la surface. *Sur la terre, sur les lèvres.*
• Dans la direction de. *Marcher sur les pas de son père. Tourner sur la gauche.*
• Au sujet de. *Il fait des recherches sur le rôle de certaines hormones dans la stérilité. Sur cette question, je suis intraitable.*
• D'après, en considération. *On ne peut juger sur les apparences. Je vous crois sur parole.*
• Par rapport (à un nombre). *Sur dix personnes consultées, huit nous ont donné leur avis. Il a eu 16 sur 20 pour sa dissertation. Un tapis de 3 mètres sur 4 mètres.*
• **Locutions**
- *Sur l'heure, sur-le-champ*, locutions adverbiales. Immédiatement.
- *Sur ce*, locution adverbiale. Cela étant dit. *Sur ce, il partit en claquant la porte.*
• **Toponymes**
La préposition entre dans la composition de certains toponymes ; elle s'écrit alors avec une minuscule et est jointe aux autres éléments par des traits d'union. *Villers-sur-Mer.*

---

sur, sure adj.
Qui a un goût acide. *De la crème sure.*
Note.- Attention à l'orthographe : s**u**r, sans accent.
Hom. *sûr,* certain.

sur- préf.
• Élément du latin signifiant « au-dessus ».
• Les mots composés avec le préfixe *sur-* s'écrivent en un seul mot. *Surabondance, surdoué.*

sûr, sûre adj.
Certain. *Il est sûr que les événements lui donneront raison.*
Note.- Attention à l'orthographe : s**û**r, s**û**re.
Hom. *sur,* qui a un goût acide.

surabondance n. f.
Très grande abondance. *À cette saison, il y a une surabondance de légumes.*

surabondant, ante adj.
Qui est très abondant. *Une production surabondante.*

surabonder v. intr.
Être très abondant. *Les publications de ce genre surabondent cette année.*

surajouter v. tr.
Ajouter en plus de ce qui a déjà été ajouté.

suralimentation n. f.
Alimentation supérieure à la ration nécessaire.

suralimenter v. tr.
Donner une alimentation trop riche en calories.

suranné, ée adj.
Désuet. *Des usages surannés.*
Note.- Attention à l'orthographe : su**rann**é.

surboum n. f.
(Fam.) Partie, fête.

surcharge n. f.
Excédent. *Une surcharge de travail.*

surcharger v. tr.
• Le *g* est suivi d'un *e* devant les lettres *a* et *o*. *Il surchargea, nous surchargeons.*
• Charger à l'excès. *Ces étudiants sont surchargés de lectures.*

surchauffe n. f.
Élévation de température.

surchauffer v. tr.
Chauffer à l'excès. *Cette maison est surchauffée.*

surclasser v. tr.
Surpasser nettement les autres candidats, dans un concours.

surcroît n. m.
• Ce qui s'ajoute à quelque chose. *Un surcroît de travail.*
• *De surcroît, par surcroît*, locution adverbiale. En supplément.
Note.- Attention à l'orthographe : surcro**î**t.

surdose n. f.
Dose excessive de médicament, de drogue. *Il a succombé à une surdose.*
Note.- Ce terme remplace très bien l'anglicisme **overdose**.

surdoué, ée adj. et n. m. et f.
Se dit d'une personne plus douée que la moyenne, dont le quotient intellectuel est très élevé.

sureau n. m.
Arbrisseau produisant des fleurs odorantes. *Des sureaux garnis de petits fruits rouges.*

surélévation n. f.
Action de surélever.
Note.- Attention à l'orthographe : suré**l**évation.

surélever v. tr.
• Le *e* se change en *è* devant une syllabe muette. *Il surélève, nous surélevons.*
• Accroître la hauteur de quelque chose. *Surélever une maison d'un étage.*
Note.- Ne pas confondre avec les verbes suivants :
- *élever*, placer à un niveau supérieur ;
- *lever*, porter de bas en haut ;
- *soulever*, lever lentement à faible hauteur.

sûrement adv.
Certainement.
Note.- Attention à l'orthographe : s**û**rement.

suremploi n. m.
(Écon.) Marché où la main-d'œuvre ne peut assurer la totalité du travail offert.
Ant. **sous-emploi.**

surenchère n. f.
Offre d'un prix supérieur à l'offre précédente. *La rareté d'un bien peut créer de la surenchère.*
Note.- Attention à l'orthographe : surench**ère.**

surenchérir v. intr.
Faire une surenchère.

surestimation n. f.
Action de surestimer.

surestimer v. tr.
• Évaluer un bien, un service à un prix supérieur à son prix réel.
• (Fig.) Estimer une personne, une chose à une valeur trop élevée. *Elle a surestimé ses forces.*
Ant. **sous-évaluer.**

suret, ette adj.
Légèrement acide. *Des prunes surettes.*
Note.- Attention à l'orthographe : sure**t**, sure**tt**e.

sûreté n. f.
• Qualité d'une personne, d'une chose sur qui on peut compter.
• Sécurité publique. *Un attentat contre la sûreté de l'État.*
• *En sûreté*, locution adverbiale. À l'abri du danger.
• *De sûreté*, locution adjective. De nature à assurer la sécurité. *Une chaîne de sûreté, un coffret de sûreté, des épingles de sûreté.*
• Dextérité. *La sûreté de sa main de chirurgien.*
Note.- Attention à l'orthographe : s**û**reté.
V. **sécurité.**

surévaluation n. f.
Action de surévaluer.

surévaluer v. tr.
Surestimer. *Cette maison est surévaluée.*
Ant. **sous-évaluer.**

surexcitation n. f.
Énervement. *Avec la fête, les enfants sont dans un état de surexcitation joyeuse.*

surexciter v. tr.
Énerver, animer à l'excès. *Les élèves sont trop surexcités pour travailler sérieusement.*

surexposer v. tr.
Soumettre trop longtemps à la lumière. *Cette photo est un peu surexposée, les couleurs ne ressortent pas bien.*

surexposition n. f.
Action de surexposer.

surf n. m.
• La lettre *u* se prononce *eu* et les lettres *rf* sont sonores [sœrf].

• Sport consistant à se déplacer à l'aide d'une planche sur le sommet d'une vague.

surface n. f.
• Partie extérieure. *La surface de l'eau, du globe.*
• (Géom.) Aire, étendue. *La surface d'un carré.*
• Partie apparente d'une chose. *Il ne faut pas s'arrêter à la surface, il importe de creuser un peu.*
• Crédit, considération. *La surface financière d'une personne, sa surface sociale.*
• *Grande surface.* Magasin en libre-service disposant d'un vaste espace pour offrir des produits variés. *L'ouverture des grandes surfaces se fait souvent à la périphérie des agglomérations.*
Note.- Ne pas confondre avec le mot *superficie* qui désigne la mesure d'une surface.

surfaire v. tr.
• Le verbe se conjugue comme *faire.*
• (Litt.) Surestimer.

surfait, aite adj.
Dont on surestime la valeur. *Un spectacle surfait.*

surgélation n. f.
Congélation à l'aide d'un procédé industriel, très rapidement et à très basse température.
Note.- Ne pas confondre avec les mots suivants :
- *congélation*, conservation des aliments par le froid (au-dessous du point de congélation) ;
- *réfrigération*, conservation par le froid (au-dessus du point de congélation).

surgelé, ée adj. et n. m.
Se dit d'une substance alimentaire conservée par surgélation. *Des produits surgelés. Les surgelés sont largement utilisés aujourd'hui.*

surgeler v. tr.
• Le *e* se change en *è* devant une syllabe muette. *Il surgèle, il surgelait.*
• Soumettre à une surgélation. *Cette coopérative agricole surgèle ses denrées périssables.*

surgir v. intr.
Apparaître brusquement. *Une voiture a surgi soudainement et il n'a pu l'éviter.*

surhomme n. m.
Homme supérieur.

surhumain, aine adj.
Qui dépasse les possibilités habituelles de la personne humaine. *Vous demandez un effort surhumain.*
Note.- Ne pas confondre avec les mots suivants :
- *merveilleux*, qui est exceptionnel ;
- *miraculeux*, qui tient du miracle ;
- *prodigieux*, qui tient du prodige.

surimpression n. f.
Impression superposée de plusieurs images.

surir v. intr.
Devenir aigre. *Cette crème a suri.*
Note.- Attention à l'orthographe : s**u**rir, sans accent.

surjet n. m.
• Point de couture. *Faire un surjet.*
• Point de suture, en chirurgie.

surjeter v. tr.
- Ce verbe se conjugue comme *jeter.*
- Coudre avec un point de surjet.

sur-le-champ loc. adv.
Immédiatement.
Note.- Attention à l'orthographe : sur-le-champ.

surlendemain n. m.
Le jour qui suit le lendemain. *Il vint la voir le surlendemain de son arrivée.*

surmenage n. m.
Excès de travail. *Il souffre de surmenage.*
Note.- Attention à l'orthographe : surme*n*age.

surmener v. tr., pronom.
- Le *e* se change en *è* devant une syllabe muette. *Il surmène*, mais *il surmenait.*
- **Transitif.** Fatiguer, épuiser. *Il ne faut pas surmener les employés.*
- **Pronominal.** Travailler à l'excès. *Elles se sont surmenées.*

surmoi n. m.
(Psychan.) L'un des trois éléments de la structure psychique avec le *moi* et le *ça.*

surmonter v. tr.
Vaincre, dominer. *Tous les obstacles qu'ils ont surmontés.*

surnager v. intr.
- Le *g* est suivi d'un *e* devant les lettres *a* et *o. Il surnagea, nous surnageons.*
- Rester à la surface. *Quelques débris surnageaient.*

surnaturel, elle adj. et n. m.
- **Adjectif.** Qui ne s'explique pas par les lois de la nature. *Des pouvoirs surnaturels.*
- **Nom masculin.** Le sacré.

surnom n. m.
- Nom ajouté ou substitué à certains patronymes que l'usage a adopté.
Note.- Les noms et les adjectifs qui composent un surnom s'écrivent avec une majuscule et généralement sans trait d'union. *Richard Cœur de Lion. Guillaume le Conquérant.* Exceptions : *le Roi-Soleil, le Prince-Président.*

surnombre n. m.
- Quantité qui excède un nombre déterminé.
- *En surnombre.* En trop. *Des réservations en surnombre.*

surnommer v. tr.
Donner un surnom. *On le surnommait le Matou.*

surnuméraire adj. et n. m. et f.
- **Adjectif.** Qui est en plus du nombre habituel.
- **Nom masculin et féminin.** Employé qui ne fait pas partie de l'effectif permanent.

suroît n. m.
- Vent du sud-ouest.
- Chapeau à large bord.
Note.- Attention à l'orthographe : suro*ît*.

surpasser v. tr., pronom.
- **Transitif**
- Être supérieur. *Elle a surpassé tous les autres candidats.*
- Excéder. *Ce travail surpasse ses capacités.*
- **Pronominal**
Faire mieux qu'à l'ordinaire. *Les chefs se sont surpassés, le repas était délicieux.*

surpeuplé, ée adj.
Se dit d'un pays où la population est trop nombreuse, par rapport à l'étendue, aux ressources.
Ant. **sous-peuplé.**

surpeuplement n. m.
Peuplement qui excède les ressources d'un pays, d'une région.

surplace n. m.
État de quelqu'un, de quelque chose qui est immobile. *Faire du surplace.*
Note.- Ne pas confondre avec la locution adverbiale *sur place*, à l'endroit même.

surplomb n. m.
En surplomb. En saillie. *Une terrasse en surplomb sur la mer.*
Note.- Attention à l'orthographe : surplo*mb*, en un seul mot.

surplomber v. tr., intr.
Faire saillie au-dessus de quelque chose. *Cette escalade de rochers qui surplombent la mer l'a effrayé.*

surplus n. m.
- Le *s* final ne se prononce pas [syrply].
- Excédent. *Nous avons un surplus d'articles saisonniers.*
- **Surplus + complément au pluriel.**
Note.- L'accord du verbe, de l'adjectif ou du participe se fait généralement au masculin singulier (avec *surplus*). *Le surplus des marchandises a été retourné.*
- *Au surplus*, locution adverbiale. Du reste.

surpopulation n. f.
Population trop grande par rapport aux ressources d'un pays.

surprenant, ante adj.
Étonnant. *Il est surprenant que nous n'ayons pas eu de ses nouvelles.*
Note.- La construction impersonnelle *il est surprenant que* est suivie du subjonctif.

surprendre v. tr., pronom.
- *Je surprends, tu surprends, il surprend, nous surprenons, vous surprenez, ils surprennent. Je surprenais. Je surpris. Je surprendrai. Je surprendrais. Surprends, surprenons, surprenez. Que je surprenne. Que je surprisse. Surprenant. Surpris, ise.*
- **Transitif**
- Prendre sur le fait. *Surprendre un malfaiteur.*
- Étonner. *Cette nouvelle m'a surpris au plus haut point.*
- **Être surpris de** + **nom.** *Ils sont surpris de son départ.*
- **Être surpris de** + **infinitif.** *Vous êtes surpris d'apprendre son retour.*

- **Être surpris que** + **subjonctif.** *Elle est surprise qu'il finisse son travail si tard.*
- **Pronominal**
Se prendre soi-même sur le fait. *Je me surpris à rire de ces blagues.*
Note.- Le verbe se construit avec la préposition **à** suivie de l'infinitif.

surprise n. f.
- Étonnement. *Quelle agréable surprise : je ne vous attendais pas.*
- Cadeau inattendu. *Une petite surprise amusante.*

surprise-partie n. f.
Fête où l'on danse *Des surprises-parties.*

surréalisme n. m.
Mouvement littéraire, artistique qui prônait l'importance de l'imaginaire, de l'association des idées, de l'automatisme.
Notes.-
1° Attention à l'orthographe : su**rré**a**l**isme.
2° Les noms de mouvements littéraires, artistiques s'écrivent avec une minuscule.

surréaliste adj. et n. m. et f.
Qui appartient au surréalisme. *Un poète surréaliste. C'était un surréaliste.*
Notes.-
1° Attention à l'orthographe : su**rré**a**l**iste.
2° L'adjectif et le nom s'écrivent avec une minuscule.

surrénal, ale, aux adj. ou n. f. pl.
- **Adjectif.** Situé au-dessus du rein. *Des glandes surrénales.*
- **Nom féminin pluriel.** Glandes endocrines situées au-dessus des reins.

sursaut n. m.
Mouvement brusque. *Il s'éveilla en sursaut.*

sursauter v. intr.
Avoir un sursaut. *Son arrivée soudaine l'a fait sursauter.*

surseoir v. tr. ind.
- *Je sursois, tu sursois, il sursoit, nous sursoyons, vous sursoyez, ils sursoient. Je sursoyais, tu sursoyais, il sursoyait, nous sursoyions, vous sursoyiez, ils sursoyaient. Je sursis. Je sursoierai. Je sursoierais. Sursois, sursoyons, sursoyez. Que je sursoie, que tu sursoies, qu'il sursoie, que nous sursoyions, que vous sursoyiez, qu'ils sursoient. Que je sursisse. Sursoyant. Sursis.*
- Le **y** est suivi d'un **i** à la première et à la deuxième personne du pluriel de l'indicatif imparfait et du subjonctif présent. *(Que) nous sursoyions, (que) vous sursoyiez.*
- (Litt.) Différer. *Surseoir à une décision.*

sursis n. m.
Répit, délai. *Quelques jours de sursis avant le retour au travail.*
Note.- Attention à l'orthographe : sursi**s**.

surtaxe n. f.
Taxe supplémentaire. *Une surtaxe à l'importation.*

surtaxer v. tr.
Charger d'une surtaxe.

surtout adv.
Particulièrement. *Surtout soyez bien prudent.*

surveillance n. f.
Action de surveiller. *Il est sous la surveillance de son médecin.*

surveillant n. m.
surveillante n. f.
Personne chargée de surveiller, d'exercer la discipline, dans un établissement scolaire.

surveiller v. tr., pronom.
- **Transitif.** Observer attentivement, contrôler. *On doit surveiller les allées et venues de ces personnes.*
- **Pronominal.** Être attentif à quelque chose. *Elles ont tendance à grossir, elles devraient se surveiller davantage.*

survenir v. intr.
Arriver à l'improviste, accidentellement. *Des incidents sont survenus.*

survêtement n. m.
Vêtement molletonné. *Le sportif enfile son survêtement.*

survie n. f.
Le fait de rester en vie.

survirage n. m.
Action de survirer.

survirer v. intr.
(Auto.) Déraper par l'arrière, vers l'extérieur de la courbe.
Ant. **sous-virer.**

survivance n. f.
Action de survivre. *La survivance de la langue française.*

survivant, ante adj. et n. m. et f.
- **Adjectif.** Qui survit. *Les enfants survivants.*
- **Nom masculin et féminin.** Personne qui a échappé à la mort. *Il y a quelques survivants du terrible accident.*
Note.- Ne pas confondre avec le participe présent invariable **survivant.** *Les enfants survivant à leurs parents...*

survivre v. tr. ind., intr.
- **Transitif indirect.** Demeurer en vie, vivre plus longtemps que. *Ils ont survécu à ce terrible accident.*
- **Intransitif.** Vivre encore, subsister. *Il survit dans notre mémoire par ses œuvres. Elle a survécu malgré les graves brûlures.*

survol n. m.
- Action de survoler.
- (Fig.) Examen sommaire. *Faire un survol de la question.*

survoler v. tr.
- Voler au-dessus. *Nous avons survolé la région des châteaux.*
- (Fig.) Examiner sommairement. *Il n'a pu que survoler ce livre.*

survolter v. tr.
• Augmenter le voltage.
• Surexciter. *Les enfants sont survoltés en raison de la fête.*

sus adv.
• Le **s** final se prononce ou non [sys] ou [sy].
• (Vx) **En sus**, locution adverbiale. En plus. *Les fournitures sont en sus de la main-d'œuvre.*

sus- préf.
• Élément de **dessus** signifiant « ci-dessus ».
• Les mots composés avec le préfixe **sus-**, dont le **s** final se prononce, s'écrivent en un seul mot. *Susmentionné, susnommé.*

susceptibilité n. f.
Caractère d'une personne susceptible. *Sa susceptibilité est trop grande.*
Note.- Attention à l'orthographe : sus**c**eptibilité.

susceptible adj.
• Sujet à (en parlant d'une chose). *Un projet susceptible d'être amélioré. Le document est toujours susceptible de modifications.*
• Qui est en mesure de. *Cette personne est susceptible de vous renseigner. Votre projet est susceptible de m'intéresser.*
Note.- Ne pas confondre avec l'adjectif **capable** qui signifie « apte à bien faire quelque chose, de façon permanente ».
• Qui se vexe facilement. *Attention, il est très susceptible : la moindre remarque le met en colère.*
Note.- Attention à l'orthographe : sus**c**eptible.

susciter v. tr.
Soulever, provoquer. *La nouvelle a suscité beaucoup de commentaires.*
Note.- Attention à l'orthographe : sus**c**iter.

suscription n. f.
Adresse écrite sur un document, sur une enveloppe.
V. Tableau - **ADRESSE.**

susdit, ite adj. et n. m. et f.
• Le deuxième **s** se prononce [sysdi].
• (Dr.) Nommé ci-dessus.

susmentionné, ée adj. et n. m. et f.
(Dr.) Mentionné plus haut.
Syn. **ci-dessus, plus haut.**

susnommé, ée adj. et n. m. et f.
(Dr.) Nommé plus haut.

suspect, ecte adj. et n. m. et f.
• Le **c** et le **t** ne se prononcent généralement pas au masculin, alors que dans **abject**, ils se prononcent toujours.
• Douteux, qui inspire des soupçons. *Des personnes suspectes.*

suspecter v. tr.
Soupçonner. *Je les suspecte d'être affreusement jaloux.*

suspendre v. tr.
• *Je suspends, tu suspends, il suspend, nous suspendons, vous suspendez, ils suspendent. Je suspendais.*

Je suspendis. Je suspendrai. Je suspendrais. Suspends, suspendons, suspendez. Que je suspende. Que je suspendisse. Suspendant. Suspendu, ue.
• Interrompre. *Il suspendra ses activités au cours de l'été.*
• Fixer une chose de telle sorte qu'elle pende. *Suspendre un lustre.*
• **Être suspendu aux lèvres de quelqu'un.** L'écouter avec la plus grande attention.

suspens n. m.
• Le **s** final ne se prononce pas [syspã].
• **En suspens**, locution adverbiale. En attente, remis à plus tard. *La décision est en suspens.*
• Incertitude, attente.
Note.- Attention à l'orthographe : suspen**s**.

suspense n. m.
• Le nom se prononce à l'anglaise [syspɛns] ou [sœspɛns].
• (Anglicisme) Caractère d'une œuvre qui captive l'intérêt du spectateur, du lecteur, de l'auditeur et le tient en haleine. *Ce film est rempli de suspense.*

suspension n. f.
• Interruption. *La suspension des activités à la saison morte.*
• Manière dont un véhicule est soutenu, afin d'amortir les secousses de la route. *Cette voiture a une suspension hydraulique.*
• Appareil d'éclairage suspendu au plafond. *Une jolie suspension ancienne.*
Notes.-
1° Ne pas confondre avec les mots suivants :
- **applique**, appareil d'éclairage fixé au mur ;
- **lampe**, appareil d'éclairage muni d'un pied, d'une base.
- **luminaire**, appareil d'éclairage (terme générique) ;
- **plafonnier**, appareil d'éclairage fixé au plafond ;
2° Attention à l'orthographe : suspen**s**ion.

suspicieux, ieuse adj.
Soupçonneux, méfiant.
Note.- Attention à l'orthographe : suspi**c**ieux.

suspicion n. f.
Méfiance.
Note.- Attention à l'orthographe : suspi**c**ion.

sustenter v. tr., pronom.
• **Transitif.** (Vx) Nourrir.
• **Pronominal.** Se nourrir.

susurrement n. m.
Action de susurrer.
Note.- Attention à l'orthographe : susu**rr**ement.

susurrer v. tr., intr.
Dire d'une voix ténue. *Elle lui susurrait des mots doux.*
Notes.-
1° Attention à l'orthographe : susu**rr**er.
2° Ne pas confondre avec les mots suivants :
- **chuchoter**, dire à voix basse à l'oreille de quelqu'un ;
- **marmonner**, prononcer à mi-voix des paroles confuses, souvent avec colère ;
- **murmurer**, prononcer à mi-voix des paroles confuses, surtout pour se plaindre ou protester.

suture n. f.
Action de coudre les lèvres d'une plaie ; le résultat de cette action. *Une suture en surjet. Des points de suture.*
Note.- Attention à l'orthographe : suture.

suturer v. tr.
Faire une suture.
Note.- Attention à l'orthographe : suturer.

svelte adj.
Élancé, mince. *Elle est très svelte.*

sveltesse n. f.
Qualité de ce qui est svelte.

S.V.P.
Abréviation de *s'il vous plaît.*

swahili, ie ou **souahéli, ie** adj et n. m.
Langue bantoue. *Le swahili, la langue swahilie.*
Note.- Les noms de langues s'écrivent avec une minuscule.

swap n. m.
• Le *p* se prononce [swap].
• (Écon.) Crédit croisé.

sweater n. m.
• Les lettres *ea* se prononcent *è* [swɛtœr].
• (Anglicisme) Gilet à manches longues boutonné devant. *Des sweaters.*

sweat-shirt n. m.
• Les lettres *ea* se prononcent *è* [swɛtʃɔrt].
• (Anglicisme) Pull en coton molletonné. *Des sweat-shirts.*

sybarite adj. et n. m. et f.
Jouisseur.
Note.- Attention à l'orthographe : sybarite.

sycomore n. m.
Espèce d'érable.
Note.- Attention à l'orthographe : sycomore.

syllabe n. f.
Groupe de consonnes et de voyelles qui se prononce d'une seule émission de voix. *Le mot sy-mé-trie* comporte trois syllabes.
Notes.-
1° Attention à l'orthographe : syllabe.
2° Un mot formé d'une seule syllabe est un *monosyllabe* ; un mot composé de plusieurs syllabes est un *polysyllabe.*

syllabique adj.
Relatif à la syllabe.
Note.- Attention à l'orthographe : syllabique.

syllogisme n. m.
Raisonnement composé de trois propositions : la majeure, la mineure et la conclusion. *Les lilas fleurissent au printemps ; les lilas sont en fleurs ; donc, nous sommes au printemps.*
Note.- Attention à l'orthographe : syllogisme.

sylphe n. m.
Génie de l'air, dans la mythologie germanique.
Note.- Attention à l'orthographe : sylphe.

sylphide n. f.
Génie féminin de l'air, dans la mythologie germanique.
Note.- Attention à l'orthographe : sylphide.

sylv(i)- préf.
Élément du latin signifiant « forêt ».

sylvaner n. m.
• Le *r* se prononce [silvaner].
• Vin blanc d'Alsace. *Des sylvaners très frais.*
Note.- Le nom du vin s'écrit avec une minuscule.

sylvestre adj.
Relatif à la forêt.
Note.- Attention à l'orthographe : sylvestre.

sylvicole adj.
Relatif à la sylviculture.

sylviculteur n. m.
sylvicultrice n. f.
Personne qui exploite des forêts.

sylviculture n. f.
Exploitation des forêts.
V. **agriculture.**

symbiose n. f.
• (Biol.) Association étroite de deux organismes qui se prêtent un appui mutuel.
• (Fig.) Union étroite entre des personnes.
Note.- Attention à l'orthographe : symbiose.

symbole n. m.
V. Tableau - **SYMBOLE.**
V. Tableau - **SYMBOLES DES UNITÉS DE MESURE.**
V. Tableau - **SYMBOLES DES UNITÉS MONÉTAIRES.**

symbolique adj. et n. f.
Qui sert de symbole. *Une portée symbolique, une représentation symbolique.*

symboliser v. tr.
• Représenter par un symbole. *Le signe x en mathématiques symbolise la multiplication.*
• Être le symbole de. *La fleur de lys a symbolisé la royauté française.*

symbolisme n. m.
• Emploi de symboles.
• Mouvement littéraire et artistique qui se caractérise par sa recherche de l'essence spirituelle des êtres et des choses, en réaction au naturalisme pragmatique.
Note.- Les noms de mouvements littéraires, artistiques s'écrivent avec une minuscule.

symboliste adj. et n. m. et f.
Qui appartient au symbolisme. *Verlaine fut un symboliste.*
Note.- L'adjectif et le nom s'écrivent avec une minuscule.

symétrie n. f.
• Correspondance exacte entre les deux moitiés d'un tout.
• Proportion, ordre. *La symétrie d'un agencement.*
Note.- Attention à l'orthographe : symétrie.
Ant. **dissymétrie, asymétrie.**

SYMBOLE

Signe conventionnel constitué par une lettre, un groupe de lettres, un pictogramme, un signe, le symbole sert à désigner un être, une chose, de façon très concise, indépendamment des frontières linguistiques. Il convient d'en respecter la graphie exacte. Les symboles appartiennent surtout au système de notation des sciences et des techniques : *les symboles chimiques, physiques, mathématiques, les symboles des unités de mesure, des unités monétaires.*

Note.- Les symboles ne prennent jamais la marque du pluriel et s'écrivent sans point.

Symboles chimiques.

Ces symboles s'écrivent toujours avec une majuscule initiale, parfois suivie d'une minuscule accolée sans espace ; les symboles ne sont pas suivis d'un point abréviatif.

Ag (argent), *C* (carbone), *N* (azote), *Na* (sodium)

Note.- Dans les formules chimiques, les petits chiffres sont placés en indices et les symboles se suivent sans espace.

H_2SO_4

V. Tableau - **ABRÉVIATION (RÈGLES DE L').**
V. Tableau - **SYMBOLES DES UNITÉS DE MESURE.**
V. Tableau - **SYMBOLES DES UNITÉS MONÉTAIRES.**

---

symétrique adj.
Qui présente une parfaite symétrie. *Des corniches symétriques.*

sympa adj. inv.
Abréviation familière de *sympathique.*

sympathie n. f.
• Penchant, bienveillance à l'égard d'une personne. *Témoigner de la sympathie à quelqu'un.*
• (Litt.) Faculté de ressentir ce qui touche les autres.
Note.- Attention à l'orthographe : sympat**h**ie.

sympathique adj.
• S'abrège familièrement en *sympa* (s'écrit sans point).
• Aimable, qui attire la sympathie. *Ces personnes sont particulièrement sympathiques.*
• (Fam.) Agréable, en parlant d'une chose. *Un restaurant très sympathique.*
Note.- Attention à l'orthographe : sympat**h**ique.

sympathisant, ante adj. et n. m. et f.
Personne qui a des affinités pour un parti, une cause, sans y adhérer nécessairement. *La présence du nouveau chef a attiré de nombreux sympathisants.*

sympathiser v. intr.
Éprouver de la sympathie pour quelqu'un. *Nous avons tout de suite sympathisé.*

symphonie n. f.
Composition musicale pour orchestre. *La neuvième symphonie de Beethoven.*
Note.- Attention à l'orthographe : sym**ph**onie.

symphonique adj.
Qui a le caractère d'une symphonie. *Un concert symphonique.*
Note.- Attention à l'orthographe : sym**ph**onique.

symposium n. m.
• Le *u* se prononce *o* [sɛ̃pozjɔm].
• Congrès scientifique. *Des symposiums importants.*
Note.- Ne pas confondre avec les mots suivants :
- *colloque*, réunion de spécialistes qui n'appartiennent pas nécessairement à la même discipline pour mettre en commun leur expérience, les résultats de leur recherche ;
- *congrès*, réunion périodique des membres d'une association ou d'une société ;
- *séminaire*, groupe de travail dirigé par un professeur où la participation des étudiants est favorisée.

symptomatique adj.
• Qui constitue un symptôme. *Une éruption cutanée symptomatique.*
• Qui est l'indice de quelque chose. *Ce silence est symptomatique des divergences entre les deux parties.*
Note.- Attention à l'orthographe : sympt**o**matique, sans accent.

symptôme n. m.
Signe caractéristique d'une maladie, de quelque chose. *Des symptômes inquiétants, un symptôme avant-coureur.*
Note.- Attention à l'orthographe : sympt**ô**me.

syn-, syl-, sym- préf.
• Éléments du grec signifiant «avec».
• Ces préfixes expriment une communauté d'action, de pensée, de sentiment. *Synchronisme, syndicat.*

synagogue n. f.
Temple consacré au culte israélite.
Notes.-
1° Attention à l'orthographe : sy**n**agogue.

SYMBOLES DES UNITÉS DE MESURE

Règles d'écriture

Les symboles des unités de mesure qui sont les mêmes dans toutes les langues sont invariables et s'écrivent sans point abréviatif, en caractères romains.

> *35 kg, 20 cm, 12 s*

Note.- Si l'unité de mesure suit un nombre écrit en lettres ou si elle n'est pas précédée de chiffres, on ne peut recourir au symbole et l'unité de mesure s'écrit au long.

> *Vingt centimètres. La longueur de ce meuble est exprimée en centimètres.*

Le symbole se place après le nombre entier ou décimal et il en est séparé par un espacement simple.

> *0,35 m, 23,8 °C*

Les sous-multiples d'unités non décimales s'écrivent à la suite sans ponctuation.

> *11 h 35 min 40 s*

Note.- Les symboles des unités de mesure sont normalisés et doivent être écrits sans être modifiés.

Système international d'unités (SI)

Le système défini par la Conférence Générale des Poids et Mesures est le système métrique décimal à 7 unités de base.

Les noms des unités de mesure sont des noms communs qui s'écrivent en minuscules et qui prennent la marque du pluriel.

> *Des mètres, des kelvins.*

V. Tableau - **MULTIPLES ET SOUS-MULTIPLES DÉCIMAUX.**
V. Tableau - **NOMBRES.**

UNITÉS DE BASE

m	mètre unité de longueur	kg	kilogramme unité de masse
s	seconde unité de temps	A	ampère unité d'intensité de courant électrique
K	kelvin unité de température	cd	candela unité d'intensité lumineuse
mol	mole unité de quantité de matière		

1. UNITÉS GÉOMÉTRIQUES

— Longueur

Tm	téramètre	Mm	mégamètre
km	kilomètre	hm	hectomètre
dam	décamètre	m	mètre
dm	décimètre	cm	centimètre
mm	millimètre	μm	micromètre
nm	nanomètre	pm	picomètre

— Aire ou superficie

km^2	kilomètre carré (= 1 000 000 m^2)	hm^2	hectomètre carré (= 10 000 m^2)
dam^2	décamètre carré (= 100 m^2)	m^2	mètre carré
dm^2	décimètre carré	cm^2	centimètre carré
mm^2	millimètre carré	ca	centiare (= 1 m^2)
a	are (= 100 m^2)	ha	hectare (= 10 000 m^2)

— Volume

km^3	kilomètre cube	m^3	mètre cube
dm^3	décimètre cube	cm^3	centimètre cube
mm^3	millimètre cube	hl ou hL	hectolitre (= 0,1 m^3)

dal ou daL	décalitre		l ou L	litre (= 1 dm^3)
dl ou dL	décilitre		cl ou cL	centilitre
ml ou mL	millilitre (= 1 cm^3)		st	stère (= 1 m^3 de bois)

— Angle plan

rad	radian		gr	grade
r	tour		°	degré
'	minute		"	seconde

— Angle solide

sr	stéradian

2. UNITÉS DE MASSE

— Masse

t	tonne (1000 kg)		q	quintal (100 kg)
kg	kilogramme		hg	hectogramme
dag	décagramme		g	gramme
dg	décigramme		cg	centigramme
mg	milligramme		μg	microgramme

— Masse volumique

kg/m^3	kilogramme par mètre cube

3. UNITÉS DE TEMPS

h	heure		min	minute
s	seconde		ms	milliseconde
μs	microseconde		ns	nanoseconde
ps	picoseconde		a	année
d	jour			

4. UNITÉS MÉCANIQUES

— Vitesse

m/s	mètre par seconde		km/h	kilomètre par heure

— Vitesse angulaire

rad/s	radian par seconde		r/s	tour par seconde
r/min	tour par minute			

— Accélération

m/s^2	mètre par seconde par seconde

— Fréquence

MHz	mégahertz		kHz	kilohertz
Hz	hertz			

— Force

N	newton

— Moment d'une force

N.m	mètre-newton ou newton-mètre

— Énergie, travail, quantité de chaleur

MJ	mégajoule		kJ	kilojoule
J	joule			

— Puissance

MW	mégawatt		kW	kilowatt
W	watt		mW	milliwatt

| μW | microwatt | VA | voltampère (puissances apparentes) |
| kVA | kilovoltampère (puissances apparentes) | var | var (puissances réactives) |

— Contrainte, pression

| MPa | mégapascal | Pa | pascal |

5. UNITÉS ÉLECTRIQUES ET MAGNÉTIQUES

— Intensité de courant électrique

| kA | kiloampère | A | ampère |
| mA | milliampère | μA | microampère |

— Quantité d'électricité

| C | coulomb |

Différence de potentiel (ou tension)

— Force électromotrice

MV	mégavolt	kV	kilovolt
V	volt	mV	millivolt
μV	microvolt		

— Résistance et conductance électriques

TΩ	téraohm	MΩ	mégohm
Ω	ohm	$\mu\Omega$	microhm
S	siemens		

— Capacité électrique

| F | farad | μF | microfarad |
| nF | nanofarad | pF | picofarad |

— Inductance électrique

| H | henry | mH | millihenry |
| μH | microhenry | | |

— Flux magnétique

| Wb | weber |

— Induction magnétique

| T | tesla |

— Force magnétomotrice

| A | ampère |

— Intensité de champ magnétique

| A/m | ampère par mètre |

6. UNITÉS CALORIFIQUES

— Température thermodynamique

| K | kelvin | °C | degré Celsius |

7. UNITÉS OPTIQUES

— Intensité lumineuse

| cd | candela |

— Luminance

| cd/m^2 | candela par mètre carré | cd/cm^2 | candela par centimètre carré |
| sb | stilb | | |

— **Flux lumineux**

lm   lumen

— **Éclairement**

lx   lux   ph   phot

— **Vergence des systèmes optiques**

δ dioptrie

8. UNITÉS DE QUANTITÉ DE MATIÈRE
— **Quantité de matière**

kmol	kilomole	mol	mole
mmol	millimole	μmol	micromole

— **Concentration**

mol/m^3 mole par mètre cube

9. UNITÉS DES RAYONNEMENTS IONISANTS
— **Activité radionucléaire**

Bq   becquerel   Ci   curie

— **Quantité de rayonnement X ou Y**

C/kg   coulomb par kilogramme   R   roentgen

— **Dose absorbée de rayonnement ionisant**

Gy	gray	mGy	milligray
rad	rad		

— **Équivalent de dose**

Sv   sievert   rem   rem

10. UNITÉS D'INTENSITÉ SONORE

B   bel   dB   décibel

2º Les noms d'édifices religieux s'écrivent avec une minuscule.

synallagmatique adj.
(Dr.) Se dit d'un contrat qui comporte des obligations réciproques entre les parties.
Note.- Attention à l'orthographe : s**y**nall**a**gmatique.

synchrone adj.
• Les lettres **ch** se prononcent **k** [sɛ̃krɔn].
• Qui se produit en même temps.
Note.- Attention à l'orthographe : syn**ch**rone.
Ant. **asynchrone.**

synchronie n. f.
• Les lettres **ch** se prononcent **k** [sɛ̃krɔni].
• (Ling.) Ensemble des phénomènes linguistiques considérés à une époque déterminée.
Ant. **diachronie**

synchronique adj.
• Les lettres **ch** se prononcent **k** [sɛ̃krɔnik].

• Qui étudie des phénomènes, des faits arrivés à la même époque en différents lieux. La linguistique syn-chronique.
Ant. **diachronique.**

synchronisation n. f.
• Les lettres **ch** se prononcent **k** [sɛ̃krɔnizasjɔ̃].
• Mode de fonctionnement en cadence.

synchroniser v. tr.
• Les lettres **ch** se prononcent **k** [sɛ̃krɔnize].
• Établir un synchronisme entre différents éléments. Des feux de circulation synchronisés.
• (Cin.) Mettre en concordance les images et le son d'un film.
Note.- Attention à l'orthographe : syn**ch**roniser.

synchronisme n. m.
• Les lettres **ch** se prononcent **k** [sɛ̃krɔnism(ə)].
• Rapport de deux phénomènes simultanés. Le syn-chronisme de deux moteurs.

SYMBOLES DES UNITÉS MONÉTAIRES

Signes conventionnels qui désignent les monnaies internationales, les symboles des unités monétaires s'écrivent en majuscules, sans points et sont invariables.

Place du symbole

En français, le symbole de l'unité monétaire se place après l'expression numérale, selon l'ordre de la lecture ; il est séparé du nombre par un espacement simple. *500 F.*

Note.- Pour certains tableaux et états financiers, il est possible d'intervertir l'ordre et de faire précéder du symbole l'expression numérale.

Symbole suivi d'un code

Pour distinguer les devises dont le symbole est identique, un code abréviatif suit le symbole, lorsque le contexte l'exige. FF (franc français), FB (franc belge). S'il n'y a pas de confusion possible, le code est généralement omis.

Symboles des principales monnaies internationales

NOM DU PAYS	DÉSIGNATION DE LA MONNAIE	SYMBOLE
Afghanistan	afghani	A
Afrique du Sud	rand	R
Albanie	lek	LEDK
Algérie	dinar algérien	DA
Allemagne (Rép. féd. d')	deutsche Mark	DM
Allemande (Rép. dém.)	Mark de la RDA	DMDR
Arabie saoudite	riyal	RLAS
Argentine	austral	A̶
Australie	dollar australien	$A
Autriche	schilling	SCH
Belgique	franc belge	FB
Bénin	franc CFA	FCFA
Birmanie	kyat	K
Bolivie	boliviano	BOL
Brésil	cruzado	CZ
Bulgarie	lev	LVA
Burkina Faso	franc CFA	FCFA
Burundi	franc du Burundi	FBU
Cambodge	riel	δ
Cameroun	franc CFA	FCFA
Canada	dollar canadien	$CAN
Centrafricaine (République)	franc CFA	FCFA
Chili	peso	$CH
Chine (Rép. pop. de)	yuan	—
Chypre	livre cypriote	£CYP
Colombie	peso colombien	$COL
Corée	won	W
Costa Rica	colon	COCR
Côte-d'Ivoire	franc CFA	FCFA
Cuba	peso cubain	$CU
Danemark	couronne danoise	KRD
Égypte	livre égyptienne	£EG
Émirats arabes unis	dirham	—
Équateur	sucre	SUC
Espagne	peseta	PTA
États-Unis	dollar	$US
Éthiopie	birr	—

Finlande	markka	MF
France	franc	F
Gabon	franc CFA	FCFA
Ghana	cédi	C
Grande-Bretagne	livre sterling	£
Grèce	drachme	DR
Guatemala	quetzal	Q
Guinée	franc guinéen	—
Haïti	gourde	G
Honduras	lempira	LEMP
Hongkong	dollar de Hongkong	$HGK
Hongrie	forint	FOR
Inde	roupie indienne	RUPI
Indonésie	rupiah	NRPH
Iran	rial	RL
Iraq	dinar iraqien	DIK
Irlande	livre irlandaise	£IR
Islande	couronne islandaise	KIS
Israël	shekel	ILS
Italie	lire	LIT
Japon	yen	Y
Jordanie	dinar jordanien	DJ
Kenya	shilling du Kenya	SHK
Koweit	dinar du Koweit	KD
Laos	kip	KIP
Liban	livre libanaise	£LIB
Libéria	dollar libérien	$LBR
Libye	dinar libyen	DLY
Luxembourg	franc luxembourgeois	FLUX
Madagascar	franc malgache	FMG
Mali	franc CFA	FCFA
Maroc	dirham	DH
Mauritanie	ouguiya	UM
Mexique	peso mexicain	$MEX
Népal	roupie népalaise	—
Nicaragua	cordoba	$NI
Niger	franc CFA	FCFA
Nigéria	naira	NR
Norvège	couronne norvégienne	KRN
Nouvelle-Zélande	dollar néo-zélandais	$NZ
Pakistan	roupie du Pakistan	RUPP
Panamá	balboa	BAL
Paraguay	guarani	GUA
Pays-Bas	florin néerlandais	FL
Pérou	inti	I
Philippines	peso	$PHI
Pologne	zloty	ZL
Portugal	escudo	ESC
Qatar	riyal	QR
Roumanie	leu	LEI
Ruanda	franc ruandais	FRU
Salvador	colon	COES
Sénégal	franc CFA	FCFA
Somalie	shilling	SMSH
Soudan	livre soudanaise	£SOU

Suède	couronne suédoise	KRS
Suisse	franc suisse	FS
Syrie	livre syrienne	£SYR
Tanzanie	shilling de Tanzanie	SHT
Tchad	franc CFA	FCFA
Tchécoslovaquie	couronne tchécoslovaque	CSK
Thaïlande	baht	BAHT
Togo	franc CFA	FCFA
Tunisie	dinar tunisien	DTU
Turquie	livre turque	£TQ
URSS	rouble	RBL
Uruguay	peso	$UR
Venezuela	bolivar	BOLV
Vietnam	dông	DON
Yémen (République arabe du)	rial du Yémen	YR
Yémen (République démocratique et populaire du)	dinar	DY
Yougoslavie	dinar	DIN
Zaïre	zaïre	ZA
Zimbabwe	dollar	Z$

• Concordance de temps, état de ce qui vient à propos, en temps opportun. *Le synchronisme de cette diffusion est excellent.*

syncope n. f.
Perte subite et totale de connaissance.
Note.- Attention à l'orthographe : sy**n**cope.

syncopé, ée adj.
Se dit d'une musique dont le rythme est fortement cadencé. *Une musique syncopée.*

syndic n. m.
• Le **c** se prononce [sɛ̃dik].
• (Dr.) Délégué représentant les créanciers dans une faillite.
Note.- Attention à l'orthographe : sy**nd**ic.

syndical, ale, aux adj.
Relatif à un syndicat. *Des délégués syndicaux.*
Note.- Attention à l'orthographe : sy**nd**ical.

syndicalisme n. m.
Le mouvement syndical.
Note.- Attention à l'orthographe : sy**nd**icali**s**me.

syndicaliste adj. et n. m. et f.
• **Adjectif.** Relatif aux syndicats, au syndicalisme.
• **Nom masculin et féminin**
- Adepte du syndicalisme.
- Personne qui fait partie de l'organisation d'un syndicat, qui y joue un rôle actif.
Notes.-
1° Attention à l'orthographe : sy**nd**icali**s**te.

2° Ne pas confondre avec le mot **syndiqué** qui désigne la personne appartenant à un syndicat.

syndicat n. m.
• Groupe de travailleurs qui s'unissent pour défendre leurs droits et leurs intérêts. *Un syndicat actif.*
• *Syndicat d'initiative.* Organisme chargé de la promotion touristique d'une région.
• *Syndicat financier.* Groupement constitué pour assurer le placement de titres lors de leur émission.
Note.- Attention à l'orthographe : sy**nd**icat.

syndiqué, ée adj. et n. m. et f.
Membre d'un syndicat. *Les employés de cette entreprise ne sont pas syndiqués. Les syndiqués et les non-syndiqués.*
Notes.-
1° Attention à l'orthographe : sy**nd**iqué.
2° Ne pas confondre avec le mot **syndicaliste** qui désigne la personne faisant partie de l'organisation d'un syndicat.

syndiquer v. tr., pronom.
• **Transitif.** Réunir en syndicat.
• **Pronominal.** Adhérer à un syndicat. *Ils se sont syndiqués.*
Note.- Attention à l'orthographe : sy**nd**iquer.

syndrome n. m.
(Méd.) Ensemble des symptômes d'une maladie. *Le syndrome de Down* (trisomie 21) *caractérise le mongolisme.*

Note.- Attention à l'orthographe : s**y**ndr**o**me, sans accent.

synecdoque n. f.
Figure de rhétorique où l'on prend la partie pour le tout, l'espèce pour le genre, le singulier pour le pluriel. *Payer tant par tête* (pour *payer tant par personne*).
V. Tableau - **FIGURÉS (EMPLOIS).**

synergie n. f.
• Concours d'action entre divers organes dans l'accomplissement d'une fonction.
• (Fig.) Action coordonnée de plusieurs éléments dans un but commun.
Note.- Attention à l'orthographe : s**y**nergie.

synergique adj.
Relatif à la synergie.
Note.- Attention à l'orthographe : s**y**nergique.

synode n. m.
Réunion d'évêques.
Note.- Attention à l'orthographe : s**y**node.

synonyme adj. et n. m.
V. Tableau - **SYNONYMES.**

synonymie n. f.
Qualité des mots synonymes. *Un rapport de synonymie entre deux mots.*
Note.- Attention à l'orthographe : s**y**non**y**mie.

synopsis n. m.
• Le *s* final se prononce [sinɔpsis].
• (Didact.) Synthèse, tableau synoptique.
• (Cin.) Esquisse de scénario. *Proposer un synopsis.*

synoptique adj.
Synthétique. *Un tableau synoptique.*
Note.- Attention à l'orthographe : s**y**noptique.

synovial, iale, iaux adj. et n. f.
Relatif à la synovie.
Note.- Attention à l'orthographe : s**y**novial.

synovie n. f.
Liquide qui lubrifie les articulations mobiles. *Un épanchement de synovie* (et non de **synovite*).

syntagmatique adj. et n. f.
• **Adjectif.** (Ling.) Relatif au syntagme.
• **Nom féminin.** (Ling.) Étude des syntagmes.

syntagme n. m.
(Ling.) Groupe de mots ayant une signification et une même fonction. *Un syntagme nominal, un syntagme verbal.*

syntaxe n. f.
• (Gramm.) Disposition des mots dans une proposition et des propositions dans une phrase conformément aux règles de la grammaire. *Les règles d'accord, l'emploi des prépositions, des modes relèvent de la syntaxe.*
• Étude des relations entre les unités linguistiques et leurs fonctions.
Note.- Attention à l'orthographe : s**y**nta**x**e.

syntaxique adj.
Relatif à la syntaxe. *Une construction syntaxique.*

synthèse n. f.
• Vision globale qui résulte de l'organisation des connaissances en un tout cohérent. *Un esprit de synthèse.*
• Préparation d'un composé à partir d'éléments. *Une synthèse chimique.*
Note.- Attention à l'orthographe : s**y**nt**h**èse.

synthétique adj.
• Qui fait la synthèse, qui résume. *Un tableau synthétique.*
• Obtenu par synthèse chimique. *Des textiles synthétiques.*

synthétiser v. tr.
Produire par une synthèse. *Synthétiser une substance plastique.*

synthétiseur n. m.
• Appareil destiné à faire la synthèse d'éléments sonores.
• **Synthétiseur de parole, vocal.** (Inform.) Périphérique apte à reproduire la voix humaine afin de permettre une communication orale avec l'ordinateur.
• Appareil électronique qui fait la synthèse des sons musicaux.
Note.- Ce nom s'abrège familièrement en **synthé** (s'écrit sans point).

syntonisation n. f.
Réglage d'un récepteur de radiodiffusion.
Note.- Attention à l'orthographe : s**y**nt**o**nisation.

syphilis n. f.
• Le *s* final se prononce [sifilis].
• Maladie sexuellement transmissible.
Note.- Attention à l'orthographe : s**y**ph**i**li**s**.

syphilitique adj. et n. m. et f.
Atteint de la syphilis.

syrien, ienne adj. et n. m. et f.
De Syrie.
Note.- Contrairement à l'adjectif, le nom prend une majuscule.

systématique adj.
• Méthodique, selon un système. *Un classement systématique.*
• Soutenu. *Des refus systématiques.*
• (Péj.) Rigide. *Cette méthode est trop systématique, elle ne tient pas compte de la réalité.*
Note.- Attention à l'orthographe : s**y**stématique.

systématisation n. f.
Action d'ériger en système.
Note.- Attention à l'orthographe : s**y**stématisation.

systématiser v. tr.
Construire en système.
Note.- Attention à l'orthographe : s**y**stématiser.

système n. m.
• Ensemble ordonné d'éléments qui assurent une fonction, qui concourent à un but.
• Classification méthodique. *Le système métrique, le système international d'unités (SI). Le système respiratoire, un système de détection, un système informatique.*

SYNONYMES

Les **synonymes** sont des mots qui ont la même signification ou des sens très voisins. S'il n'y a pas de véritables synonymes, il y a des mots qui comportent des analogies de sens tout en différant les uns des autres par des nuances particulières.

À titre d'exemple, les verbes qui suivent expriment tous l'idée de «faire connaître», mais selon diverses modalités :

- **Indiquer**   Faire connaître une personne, une chose, en donnant un indice (détail caractéristique) qui permet de la trouver.
- **Montrer**   Faire connaître en mettant sous les yeux.
- **Signaler**   Faire connaître en attirant l'attention sur un aspect particulier.
- **Citer**   Faire connaître en nommant une personne, une chose.
- **Désigner**   Faire connaître par une expression, un signe, un symbole.
- **Nommer**   Faire connaître par son nom.
- **Révéler**   Faire connaître ce qui est inconnu.

Certains synonymes sont des **doublets** qui proviennent d'une même origine, mais qui ont suivi une évolution phonétique différente. *Fragile et frêle.*

V. Tableau - **DOUBLETS.**

Note.- Ne pas confondre avec les mots suivants :

- les **antonymes**, mots qui ont une signification contraire :
  - **devant**, en face.
  - **derrière**, après.

V. Tableau - **ANTONYMES.**

- **les homonymes**, mots qui s'écrivent ou se prononcent de façon identique sans avoir la même signification :
  - **air**, mélange gazeux ;
  - **air**, mélodie ;
  - **air**, expression ;
  - **aire**, surface ;
  - **ère**, époque ;
  - **hère**, malheureux.

V. Tableau - **HOMONYMES.**

- **les paronymes**, mots qui présentent une ressemblance d'orthographe ou de prononciation sans avoir la même signification :
  acception, sens d'un mot ;
  acceptation, accord.

V. Tableau - **PARONYMES.**

Note.- Attention à l'orthographe : s**y**stème.
V. Tableau - **SYMBOLES DES UNITÉS DE MESURE.**

systémique adj.
• Qui est relatif à un système dans son ensemble.

• **Approche systémique.** Méthode d'analyse et de synthèse prenant en considération l'appartenance à un ensemble et l'interdépendance d'un système avec les autres systèmes de cet ensemble.

T

t·
- Symbole de **tonne.**
- Lettre intercalaire, dite·analogique ou euphonique, qui s'insère entre le verbe terminé par **e, a** ou **c** et le pronom sujet inversé (**il, elle, on**). *Viendra-t-il ? Chante-t-elle ? Vainc-t-on ?*
Note.- Le **t** intercalaire est joint au verbe et au pronom par des traits d'union.

T
Symbole de **téra-.**

t' pron. pers.
- Forme élidée de **te** devant une voyelle ou un **h** muet. *Il t'admire, elle t'honore.*
- Forme élidée de **toi** devant **en, y.** *Garde-t'en bien, mets-t'y.*

ta adj. poss. f. sing.
- L'adjectif possessif détermine le nom en indiquant le « possesseur » de l'objet désigné. Il s'accorde en genre et en nombre avec le nom déterminé. *Ta maison.* Il s'accorde en personne avec le nom désignant le « possesseur ».
- Ainsi, l'adjectif possessif **ta** renvoie à un seul « possesseur » d'un être, d'un objet de genre féminin.
Note.- Devant un nom féminin commençant par une voyelle ou un **h** muet, c'est la forme masculine **ton** qui est employée pour des raisons d'euphonie. *Ton amie, ton histoire.*
V. Tableau - **POSSESSIF (ADJECTIF).**

tabac adj. inv. et n. m.
- Le **c** ne se prononce pas [taba].
- **Adjectif de couleur invariable**
De la couleur brun-roux du tabac. *Des cuirs tabac.*
V. Tableau - **COULEUR (ADJECTIFS DE).**
- **Nom masculin**
- Plante dont les feuilles peuvent être fumées.
- Produit obtenu avec les feuilles de tabac. *Du tabac blond.*
- Abréviation familière de **magasin, bureau de tabac.** *Il doit passer au tabac s'acheter des cigarettes.*
- **Passer à tabac.** Rouer quelqu'un de coups.
- **Coup de tabac.** (Mar.) Tempête.

tabagisme n. m.
Toxicomanie de ceux qui abusent de tabac.

tabasser v. tr.
(Pop.) Frapper, rouer de coups.

tabatière n. f.
Petite boîte où l'on met du tabac.

tabernacle n. m.
Petite armoire sur l'autel, destinée à recevoir le ciboire.

table n. f.
- Meuble composé d'une surface plane posée sur des pieds et qui sert à divers usages. *Une table à café, une table de chevet, une table à dessin, une table d'opération.*
- Meuble servant à prendre les repas. *Mettre la table. Un service de table. Passer à table.*
- La nourriture. *Aimer la table. Les arts de la table.*
- **Table d'hôte.** Menu à prix fixes.
- **Faire table rase.** Faire abstraction de toute idée préconçue.
- Présentation d'informations dans un ordre méthodique. *Des tables de multiplication.*
- **Table des matières.** Liste détaillée des questions traitées dans un texte, des chapitres, des illustrations, etc. et des pages auxquelles ils apparaissent.
- **Table traçante.** (Inform.) Périphérique comportant un ou plusieurs stylets encreurs et dont les mouvements tracent automatiquement le caractère, le schéma désiré.
Note.- Ce nom a pour synonyme **traceur.**
- **Table tournante.** Table utilisée en spiritisme pour transmettre les messages des esprits.

tableau n. m.
- Œuvre exécutée sur une toile. *Des tableaux figuratifs.*
- Représentation d'une chose. *Cette pièce trace le tableau d'une époque.*
- Ensemble de données disposées d'une façon schématique. *Ce dictionnaire comprend plusieurs tableaux.*
- Panneau servant à l'écriture, à l'affichage. *L'instituteur écrit au tableau noir. Un tableau indicateur.*
- **Tableau de bord.** Ensemble des appareils destinés à diriger la marche d'un véhicule.

tablée n. f.
Ensemble des personnes qui partagent un repas à la même table.

tabler v. tr. ind.
Compter sur. *Il table sur une relance de l'économie.*
Note.- Le participe passé est toujours invariable.

table ronde n. f.
Réunion tenue par plusieurs personnes pour discuter de questions d'intérêt commun.

tablette n. f.
- Planche posée horizontalement. *Une armoire de cuisine avec des tablettes réglables.*
- Produit alimentaire de forme aplatie. *Une tablette de chocolat.*

tableur n. m.
(Inform.) Logiciel de création et de manipulation interactives de tableaux numériques visualisés. *Un tableur jumelé à une banque de données.*

tablier n. m.
• Vêtement de protection. *Un tablier de boucher, de menuisier.*
• Plate-forme d'un pont.

tabloïd ou **tabloïde** adj. et n. m.
• Le *d* se prononce [tablɔid].
• **Nom masculin.** Quotidien, périodique de petit format. *Les tabloïds sont de plus en plus appréciés.*
• **Adjectif.** Dont le format est la moitié du format habituel des journaux. *Des formats tabloïds populaires.*

tabou, e adj. et n. m.
• **Adjectif.** Interdit, dont on ne peut parler. *Des questions taboues.*
• **Nom masculin.** Interdiction de caractère religieux, social. *Les tabous sexuels.*

taboulé n. m.
Plat d'origine libanaise composé de persil, de tomates, de blé concassé, de menthe fraîche et d'oignons assaisonnés de jus de citron et d'huile d'olive. *Des taboulés succulents.*

tabouret n. m.
Petit siège qui n'a ni bras ni dos.
Note.- On s'assoit *sur* un tabouret, une chaise ; par contre, on s'assoit *dans* un fauteuil.

tabulateur n. m.
Dispositif d'une machine à écrire, d'un ordinateur facilitant la saisie de données en colonnes.

tac n. m.
Répondre, riposter du tac au tac. Répondre avec vivacité et coup pour coup. *Elle a riposté, il a répondu du tac au tac.*
Note.- L'expression s'écrit sans traits d'union.

tache n. f.
• Marque, altération. *Une tache de peinture, de moisissure.*
• Marque naturelle. *Un chien blanc avec des taches noires. Des taches de rousseur.*
• **Faire tache d'huile.** S'étendre sans cesse. *Cette pratique a fait tache d'huile et s'est rapidement implantée.*
Notes.-
1° Attention à l'orthographe : ta**che**, sans accent.
2° Ne pas confondre avec le mot *tâche* qui désigne un travail à accomplir.

tâche n. f.
Travail à accomplir. *Elle a la lourde tâche d'assurer la direction de cet organisme.*
Notes.-
1° Attention à l'orthographe : tâche.
2° Ne pas confondre avec le mot *tache* qui désigne une marque, une altération.

taché, ée adj.
Sali. *Sa robe est tachée d'encre.*
Note.- Attention à l'orthographe : ta**ché**.

tacher v. tr.
• Salir, faire une ou des taches. *Il a taché son pantalon.*
• (Litt.) Souiller.
Note.- Attention à l'orthographe : ta**cher**, sans accent.

tâcher v. tr.
• **Transitif. Tâcher que.** Faire en sorte que. *Je tâcherai qu'on vous prévienne à temps.*
• **Transitif indirect.** Tenter de, s'efforcer de. *Tâchez de venir, cela nous ferait tellement plaisir.*
Notes.-
1° Le verbe suivi de la conjonction *que* se construit avec le subjonctif.
2° Attention à l'orthographe : tâcher.

tacheter v. tr.
• Redoublement du *t* devant un *e* muet. *Je tachette, je tachetterai, mais je tachetais.*
• Parsemer de petites taches. *Une fourrure rousse tachetée de blanc.*

tachy- préf.
• Les lettres *ch* se prononcent *k* [taki].
• Élément du grec signifiant « rapide ». *Tachymètre.*

tachycardie n. f.
• Les lettres *ch* se prononcent *k* [takikardi].
• Accélération des battements cardiaques.
Note.- Attention à l'orthographe : ta**chy**cardie.

tachymètre n. m.
• Les lettres *ch* se prononcent *k* [takimɛtr].
• Compte-tours.
Note.- Attention à l'orthographe : ta**chy**mètre.

tacite adj.
Sous-entendu, implicite. *Un accord tacite.*
Note.- Attention à l'orthographe : tacit**e**, au masculin comme au féminin.

tacitement adv.
Implicitement.

taciturne adj.
Sombre, peu communicatif.

tacot n. m.
(Fam.) Vieille voiture.

tact n. m.
• Les lettres *ct* se prononcent [takt].
• Sens du toucher qui perçoit les stimulations de la peau (contact, pression).
• Doigté. *Il a agi avec beaucoup de tact.*
Note.- Ne pas confondre avec le mot *talc* qui désigne une poudre.

tactile adj.
• Relatif au toucher. *Les sensations tactiles.*
• **Écran tactile.** (Inform.) Écran de visualisation muni de dispositifs permettant la saisie d'informations diverses par simple pression ou déplacement du doigt sur l'écran.
Note.- Attention à l'orthographe : tactil**e**, au masculin comme au féminin.

tactique adj. et n. f.
• **Adjectif.** Relatif à la tactique. *Des opérations tactiques.*

• **Nom féminin.** Art de mettre en œuvre, d'exécuter une stratégie.
Note.- La stratégie est antérieure à la tactique, elle est l'art de planifier et de coordonner un ensemble d'opérations en vue d'atteindre un objectif.

tænia
V. **ténia.**

taffetas n. m.
• Le **s** ne se prononce pas [tafta].
• Étoffe de soie. *Une robe de soirée en taffetas.*
Note.- Attention à l'orthographe : ta**ffeta**s.

tagliatelle n. f.
Type de pâte alimentaire découpée en minces lanières. *Des tagliatelle* ou *tagliatelles.*
Note.- Les auteurs ne s'entendent pas sur le nombre de ce nom ; pour certains, le nom ne peut s'employer qu'au pluriel, pour d'autres, il peut s'employer au singulier.

tahitien, ienne adj. et n. m. et f.
• **Adjectif et nom masculin et féminin.** De Tahiti.
• **Nom masculin.** Langue parlée à Tahiti.
Note.- Lorsqu'il s'agit de la langue, l'adjectif ou le nom s'écrit avec une minuscule. Si le nom désigne une personne, la majuscule s'impose.

taïaut ! ou **tayaut !** interj.
Cri du chasseur lançant sa meute à la vue du gibier.

taie n. f.
Enveloppe de tissu qui recouvre un oreiller. *Des taies (d'oreiller) brodées.*

taillader v. tr.
Couper, faire des entailles dans.

taille n. f.
• Action de tailler. *La taille des arbustes.*
• Hauteur du corps humain. *Il est de grande taille. Taille : 1 m 80.*
• *De taille*, locution adverbiale. Important, considérable.
• **Être de taille à + infinitif.** Être apte à.
• Partie du corps à la base du thorax. *Elle a la taille fine, une taille de guêpe.*
• Dimension standard dans une série de confection. *La taille 38.*
Note.- Le mot *taille* se dit surtout de la grandeur d'un vêtement ; le mot *pointure*, de la dimension d'une chaussure, d'un gant, d'une coiffure.

taille-crayon(s) n. m.
Instrument muni d'une petite lame pour tailler les crayons. *Des taille-crayon, des taille-crayons amusants.*

taille-douce n. f.
• Procédé de gravure.
• Estampe produite par ce procédé. *De jolies tailles-douces.*

taille-ongles n. m. inv.
Instrument tranchant servant à couper les ongles. *Des taille-ongles efficaces.*

tailler v. tr., intr., pronom.
• Les lettres *ill* sont suivies d'un *i* à la première et à la deuxième personne du pluriel de l'indicatif imparfait et du subjonctif présent. *(Que) nous taillions, (que) vous tailliez.*
• **Transitif**
- Rendre tranchant ou pointu. *Tailler un crayon.*
Note.- On *taille* le bois, mais on *aiguise* le métal.
- Couper, donner une forme. *Tailler un arbuste en forme de pyramide, tailler des pierres.*
- Couper dans une pièce d'étoffe des morceaux pour confectionner un vêtement.
• **Intransitif**
Faire une entaille. *Le cordonnier taille à même le cuir.*
• **Pronominal**
- S'attribuer, obtenir. *Ils se sont taillé un beau succès.*
- (Pop.) S'enfuir. *Les cambrioleurs ont réussi à se tailler.*

tailleur n. m.
• Personne qui fait des vêtements sur mesure pour hommes et, par extension, pour femmes.
Note.- En ce sens, le féminin est *couturière.*
• Artisan, technicien qui taille quelque chose. *Un tailleur de pierres précieuses, de marbre.*
• Vêtement féminin composé d'une veste et d'une jupe de même tissu. *Un tailleur de tweed.*
• *Tailleur-pantalon.* Vêtement féminin composé d'une veste et d'un pantalon. *Des tailleurs-pantalons sport.*

taillis n. m.
Bois constitué de petits arbres.
Note.- Attention à l'orthographe : tai**ll**is.

tain n. m.
Substance dont on revêt le dos d'une glace. *Un miroir sans tain.*
Note.- Attention à l'orthographe : t**ain**.
Hom. :
- **teint**, coloration du visage ;
- **thym**, plante aromatique.

taire v. tr., pronom.
• Le verbe se conjugue surtout à la forme pronominale. *Je me tais, tu te tais, il se tait, nous nous taisons, vous vous taisez, ils se taisent. Je me taisais. Je me tus. Je me tairai. Je me tairais. Tais-toi, taisons-nous, taisez-vous. Que je me taise. Que je me tusse. Taisant. Tu, tue.*
• **Transitif**
Ne pas révéler, passer sous silence. *Les secrets qu'il a tus.*
Note.- Ne pas confondre avec les verbes suivants :
- *cacher*, dissimuler ;
- *celer*, tenir quelque chose secret ;
- *déguiser*, dissimuler sous une apparence trompeuse ;
- *masquer*, dissimuler derrière un masque ;
- *voiler*, cacher sous des apparences.
• **Pronominal**
Garder le silence.
Note.- À la forme pronominale, le participe passé s'accorde avec le sujet s'il n'y a pas de complément d'objet direct. *Elles s'étaient tues*, mais *elles s'étaient tu la gravité de la situation.*

talc n. m.
- Les lettres **lc** se prononcent [talk].
- Poudre. *Du talc parfumé.*
Notes.-
1° Attention à l'orthographe : ta**lc.**
2° Ne pas confondre avec le mot **tact** qui désigne le doigté.

talent n. m.
Aptitude naturelle. *Il a beaucoup de talent pour la peinture. Cette personne a tous les talents.*
Notes.-
1° Dans la langue générale, les noms **talent** et **aptitude** sont synonymes ; dans la langue de l'enseignement, on emploie plutôt le nom **aptitude.** *Elle a de l'aptitude pour les mathématiques.*
2° Ne pas confondre avec les mots suivants :
- **esprit,** vivacité de l'intelligence ;
- **finesse,** possibilité de saisir les nuances ;
- **génie,** faculté créatrice ;
- **ingéniosité,** habileté à inventer des solutions.

talentueux, euse adj.
(Fam.) Qui a du talent.

talion n. m.
La loi du talion. Ancienne loi qui condamnait un coupable à subir un châtiment identique à la faute commise, selon l'adage « œil pour œil, dent pour dent ».
Note.- Attention à l'orthographe : ta**l**ion.

talisman n. m.
Objet auquel on accorde des vertus magiques. *Des talismans mystérieux.*
Note.- Attention à l'orthographe : talism**an.**

talkie-walkie n. m.
- Attention à la prononciation [tokiwoki].
- (Anglicisme) Petit appareil de radio émetteur et récepteur. *Des talkies-walkies.*

taloche n. f.
(Fam.) Gifle.

talon n. m.
- Partie arrière du pied de l'homme.
- Partie de la chaussure sur laquelle repose le talon. *Porter des talons hauts, des talons plats, des talons aiguilles.*
- *Talon d'Achille.* Point faible, vulnérable de quelqu'un.
- *Tourner les talons.* Partir subitement.
- Partie d'une feuille de carnet, de registe qui demeure fixée à la souche lorsque la partie détachable (le **volant**) est retirée. *Le talon d'un chèque.*

talonnement n. m.
Action de talonner.
Note.- Attention à l'orthographe : ta**l**o**nn**ement.

talonner v. tr.,
- Suivre de près. *Les autres concurrents le talonnent.*
- Harceler. *Il est talonné par ses créanciers.*
Note.- Attention à l'orthographe : ta**l**o**nn**er.

talquer v. tr.
Enduire de talc.

talus n. m.
- Le **s** ne se prononce pas [taly].

- Terrain en pente qui forme le côté d'une terrasse, le bord d'un fossé, etc. *Des talus recouverts de gazon.*

tamanoir n. m.
Mammifère qui capture les fourmis à l'aide de sa langue effilée et visqueuse.
Syn. **fourmilier.**

tamarin n. m.
- Fruit du tamarinier.
- (Par ext.) Tamarinier.
- Petit singe des forêts de l'Amazone.

tamarinier n. m.
Arbre de la famille des légumineuses qui pousse dans les régions tropicales et qui est cultivé pour son fruit, le tamarin.

tamaris ou **tamarix** n. m.
- Le **s** ou le **x** se prononce [tamaris].
- Arbrisseau décoratif.
Note.- La graphie **tamarix** est rare.

tambour n. m.
- Instrument à percussion.
- *Tambour battant*, locution adverbiale. (Fam.) Rapidement.
- *Sans tambour ni trompette*, locution adverbiale. Sans bruit.
Note.- Dans ces expressions, les noms sont au singulier.

tambourin n. m.
Petit tambour.

tambourinage n. m.
Action de tambouriner.

tambourinement n. m.
Roulement de tambour.

tambouriner v. tr., intr.
- **Transitif.** Jouer sur un tambourin. *Tambouriner un air populaire.*
- **Intransitif.** Faire un bruit répété. *La pluie tambourine sur les fenêtres.*
Note.- Attention à l'orthographe : tambouri**n**er.

tamil
V. **tamoul.**

tamis n. m.
- Passoire. *Un tamis à farine.*
- *Passer au tamis.* Trier soigneusement.

tamisage n. m.
Action de tamiser.

tamiser v. tr.
- Passer au tamis. *Tamiser de la farine.*
- Laisser passer la lumière en partie. *Le rideau tamise les rayons du soleil.*

tamoul, oule adj. et n. m. et f.
- **Adjectif.** Qui appartient au groupe ethnique du Sud de l'Inde et du Sri Lanka. *La littérature tamoule.*
- **Nom masculin et féminin.** Personne de ce groupe ethnique. *Des Tamouls, des Tamoules.*
- **Nom masculin.** Langue parlée par les Tamouls.
Notes.-
1° En ce sens, on dit aussi **tamil.**

2° Lorsqu'il s'agit de la langue, l'adjectif ou le nom s'écrit avec une minuscule. Si le nom désigne une personne, la majuscule s'impose.

tampon n. m.
- Bouchon. *Un tampon de liège.*
- Ce qui amortit les heurts. *Des zones tampons.*
Note.- Mis en apposition, le nom prend la marque du pluriel et s'écrit sans trait d'union.
- Cachet. *Le tampon de la poste.*
- *Tampon encreur.* Plaque de caoutchouc gravée, imprégnée d'encre afin d'imprimer quelque chose.

tamponnage n. m.
Action d'étendre un liquide avec des tampons.

tamponnement n. m.
- Action de tamponner.
- Heurt violent de deux ou plusieurs véhicules.

tamponner v. tr., pronom.
- **Transitif**
- Mettre un cachet. *Cette enveloppe a été tamponnée.*
- Heurter violemment.
- **Pronominal**
Se heurter violemment. *Les trains se sont tamponnés.*

tamponneur, euse adj.
Autos tamponneuses. Petites voitures d'un parc d'attractions à bord desquelles on s'amuse à se tamponner.

tam-tam n. m.
Tambour africain utilisé comme instrument de musique ou pour la transmission de messages. *Des tam-tams de guerre.*
Note.- Seul le deuxième élément prend la marque du pluriel.

tanagra n. m. ou f.
- **Nom masculin ou féminin.** Statuette grecque. *De jolis tanagras, de délicates tanagras.*
- **Nom féminin.** Jeune fille gracieuse. *De merveilleuses tanagras.*

tancer v. tr.
- Le *c* prend une cédille devant les lettres *a* et *o*. *Il tança, nous tançons.*
- (Litt.) Réprimander.

tanche n. f.
Poisson apprécié pour sa chair délicate.

tandem n. m.
- Le *m* se prononce [tɑ̃dɛm].
- Bicyclette à deux places et à deux pédaliers. *Des tandems rapides.*
- (Fig.) Ensemble de deux personnes ou deux éléments liés par une fonction commune, un même but.

tandis que loc. conj.
- Le *s* est muet [tɑ̃dikə].
- Pendant le temps que. *Les voleurs se sont introduits tandis qu'elle dormait.*
- Alors que. *Elle est très compétente, tandis que sa collègue est inexpérimentée.*
Note.- Cette locution conjonctive se construit avec l'indicatif.

tangage n. m.
Mouvement d'oscillation d'un bateau dans le sens de la longueur (à l'avant, à l'arrière).
Notes.-
1° Attention à l'orthographe : tan**ga**ge.
2° Ne pas confondre avec le mot *roulis* qui désigne le mouvement d'oscillation latérale d'un bateau (à droite, à gauche).

tangent, ente adj. et n. f.
- **Adjectif**
- (Géom.) Qui est en contact avec une ligne en un seul point.
- (Fig.) Qui est sur la limite, qui réussit de justesse.
- **Nom féminin**
- (Géom.) Ligne droite qui touche une courbe en un seul point, sans la couper.
- *Prendre la tangente.* (Fam.) Se sauver.

tangentiel, ielle adj.
Qui est relatif aux tangentes.
Note.- Attention à l'orthographe : tan**ge**ntiel.

tangible adj. et n. m.
- **Adjectif**
- Qui peut être touché.
- Sensible, évident. *Des progrès tangibles.*
- **Nom masculin**
Le tangible et l'intangible.
Note.- Attention à l'orthographe : t**a**ngible.
Ant. **intangible.**

tango adj. inv. et n. m.
- **Adjectif de couleur invariable.** De couleur orange foncé. *Des chapeaux tango.*
V. Tableau - **COULEUR (ADJECTIFS DE).**
- **Nom masculin.** Danse à deux temps. *Des tangos argentins.*

tanguer v. intr.
- Attention au *u* qui subsiste même devant les lettres *a* et *o*. *Il tangua, nous tanguons.*
- Se balancer d'avant en arrière. *Le bateau roule et tangue et nous tanguons.*

tanière n. f.
Retraite d'une bête sauvage.
Note.- Attention à l'orthographe : ta**n**ière.

tanin ou **tannin** n. m.
Substance employée dans la préparation des cuirs.
Note.- Ce nom s'écrit avec un ou deux *n*, mais le verbe *tanner* en prend deux.

tank n. m.
(Milit.) Char d'assaut.

tanker n. m.
(Anglicisme) Navire-citerne, pétrolier.

tannage n. m.
Action de tanner les peaux.
Note.- Attention à l'orthographe : ta**nn**age.

tannant, ante adj.
- (Fam.) Qui importune. *Il est tannant avec ses observations.*

• Qui tanne, en parlant des peaux. *Des produits tannants.*
Note.- Attention à l'orthographe : ta**nn**ant.

tanné, ée adj.
• De couleur bistre. *Il a un teint tanné par le soleil.*
• Qui a été tanné. *Une peau tannée.*
Note.- Attention à l'orthographe : ta**nn**é.

tanner v. tr.
• Préparer les peaux avec du tanin pour en faire du cuir.
• (Fam.) Importuner, agacer.
• (Fig.) Rendre hâlé. *Le soleil lui a tanné la peau.*
Note.- Attention à l'orthographe : ta**nn**er.

tannerie n. f.
• Industrie du tannage.
• Action de tanner les peaux.
Note.- Attention à l'orthographe : ta**nn**erie.

tanneur n. m.
tanneuse n. f.
Personne préposée au tannage des peaux.

tannin
V. **tanin.**

tant adv.

• Tellement, en si grande quantité. *Il a tant de livres qu'il ne sait plus où les ranger.*
• **Locutions**
- *Tant mieux*, locution adverbiale. C'est très bien. La locution marque que l'on est satisfait de quelque chose.
- *Tant pis*, locution adverbiale. C'est dommage. Cette locution marque le dépit.
- *Tant s'en faut.* Loin de là, bien au contraire. *Il n'est pas mesquin, tant s'en faut.*
- *(Un) tant soit peu.* Si peu que ce soit. *Si vous aviez réfléchi un tant soit peu, tant soit peu.*
- *Tant bien que mal*, locution adverbiale. Avec difficulté, médiocrement. *Il a fini son travail tant bien que mal.*
- *Tant et plus*, locution adverbiale. Beaucoup, énormément. *Au cours du mois dernier, il a plu tant et plus.*
- *Tant ... que*, locution conjonctive. Aussi bien que. *Il a répondu ceci tant par ignorance que par bêtise.*
- *Tant que*, locution conjonctive. Aussi longtemps que. *Tant que le ciel sera bleu.*
Note.- La locution se construit avec l'indicatif.
- *En tant que*, locution conjonctive. Selon que, en qualité de. *Elle est là en tant que déléguée de son pays.*
Note.- Attention à l'erreur fréquente. *Il lui a parlé en tant que collègue* (et non *en temps que*).
- *Si tant est que*, locution conjonctive. À supposer que. *Si tant est que vous soyez cité.*
Note.- La locution se construit avec le subjonctif.
- *Tant de + nom au pluriel.* Le verbe, le participe ou l'attribut s'accorde avec le complément au pluriel. *Tant de pommes sont tombées au cours de l'orage.*

tantale n. m.
• Métal qui ressemble à l'argent ou au platine.

• *Supplice de Tantale.* Torture causée par la proximité de l'objet de ses désirs auquel il est impossible d'accéder.
Note.- Le nom mythologique s'écrit avec une majuscule.

tante n. f.
• Sœur du père ou de la mère. *Ma tante Éva était très gentille.*
• Femme de l'oncle. *Tante Adèle, tu n'aurais pas dû !*
• Surnoms familiers : *tata, tati, tantine.*
Hom. *tente,* abri de toile.

tantine n. f.
Surnom familier de *tante. Bonjour tantine !*

tantinet n. m.
Un tantinet, locution adverbiale. Un tout petit peu. *Ces craintes sont un tantinet exagérées.*

tantôt adv.
• *Tantôt ... tantôt.* Parfois ... parfois. *Tantôt il adore, tantôt il déteste.*
• (Vx ou rég.) Dans peu de temps, il y a peu de temps. *J'y suis allé tantôt.*
• Cet après-midi.
Note.- Dans ce dernier emploi, *tantôt* est considéré comme familier par certains.

tanzanien, ienne adj. et n. m. et f.
De Tanzanie.
Note.- Contrairement à l'adjectif, le nom prend une majuscule.

T.A.O.
Sigle de *traduction assistée par ordinateur*.

taôisme ou **taoïsme** n. m.
Religion d'Extrême-Orient.
Note.- Les noms de religions s'écrivent avec une minuscule.

taôiste ou **taoïste** adj. et n. m. et f.
Adepte du taôisme.
Note.- L'adjectif ainsi que le nom s'écrivent avec une minuscule.

taon n. m.
• Le *o* ne se prononce pas [tã].
• Insecte piqueur. *Elle est allergique à la piqûre des taons.*
Hom. *temps,* durée.

tapage n. m.
• Vacarme, désordre.
• (Fig.) Esclandre. *Cette affaire a fait beaucoup de tapage.*
Note.- Attention à l'orthographe : ta**p**age.

tapageur, euse adj.
• Qui fait du bruit. *Des écoliers tapageurs.*
• Voyant, criard. *Une voiture trop tapageuse à son goût.*
Note.- Attention à l'orthographe : ta**p**ageur.

tapageusement adv.
D'une manière bruyante.
Note.- Attention à l'orthographe : ta**p**ageusement.

tapant, ante adj.
À l'instant même où sonne l'heure. *À midi tapant, à huit heures tapantes*, ou *à huit heures tapant.*
Notes.-
1° Attention à l'orthographe : ta**p**ant.
2° Lorsqu'il qualifie le nom **heure**, l'adjectif prend la marque du féminin pluriel ou reste invariable.

tape n. f.
Coup de la main. *Une tape amicale.*
Note.- Attention à l'orthographe : ta**p**e.

tape-à-l'œil adj. inv. et n. m. inv.
• **Adjectif invariable.** Voyant. *Des toilettes tape-à-l'œil.*
• **Nom masculin invariable.** Ce qui est destiné à frapper, à faire de l'effet. *Elle aime le tape-à-l'œil.*
Note.- Attention à l'orthographe : tape-**à-l'œil.**

tapement n. m.
Action de taper.
Note.- Attention à l'orthographe : ta**p**ement.

taper v. tr., intr., pronom.
• **Transitif**
Frapper. *Son frère l'a tapé.*
• **Intransitif**
- Donner des coups. *Taper des mains et des pieds.*
- **Taper sur les nerfs.** (Fam.) Agacer.
- **Taper dans l'œil.** (Fam.) Plaire.
- Dactylographier. *Elle tape très vite.*
• **Pronominal**
(Fam.) Faire une tâche désagréable. *Et en plus, il faut se taper le ménage.*

tapette n. f.
(Vulg.) Homosexuel.

tapin n. m.
(Pop.) Racolage.

tapinois (en) loc. adv.
À la dérobée.
Note.- Attention à l'orthographe : ta**p**inois.

tapioca n. m.
Fécule de manioc.
Note.- Attention à l'orthographe : ta**p**ioca.

tapir n. m.
Mammifère herbivore dont le nez est allongé en forme de trompe.

tapir (se) v. pronom.
Se cacher, se blottir. *Elle s'était tapie sous le lit.*

tapis n. m.
• Pièce textile dont on couvre le sol. *Un tapis persan.*
• Tissu qui recouvre une surface. *Un tapis de table, de billard.*
• **Mettre un sujet sur le tapis.** Aborder un sujet, en amener la discussion.
• **Tapis roulant.** Transporteur muni d'une surface plane destiné à faciliter le déplacement de personnes, d'objets.
Note.- Attention à l'orthographe : tapi**s**.

tapisser v. tr.
• Orner de tapisseries, d'étoffes, de papier peint, etc. une surface. *La salle à manger est tapissée d'un imprimé fleuri.*

• Couvrir une surface. *Le lierre tapisse la façade de cette maison.*

tapisserie n. f.
• Tissu d'ameublement. *Un fauteuil recouvert de tapisserie.*
• Ouvrage d'art fait au métier, à l'aiguille. *Des tapisseries de haute lice.*
• Papier peint, tissu tendu sur les murs.

tapissier n. m.
tapissière n. f.
• Personne qui exécute à la main des tapisseries, des tapis.
• Personne qui pose des revêtements muraux, qui recouvre des meubles. *Ce sont des tapissières-décoratrices.*

tapotement n. m.
• Action de tapoter.
• Ensemble de petits coups légers. *Un massage par tapotements.*
Note.- Attention à l'orthographe : tapo**t**ement.

tapoter v. tr.
Donner de petits coups répétés.
Note.- Attention à l'orthographe : tapo**t**er.

taquet n. m.
• Cale de bois.
• Sorte de loquet.
Note.- Attention à l'orthographe : taque**t**.

taquin, ine adj. et n. m. et f.
Espiègle.

taquiner v. tr.
Plaisanter. *C'est une blague, c'était pour te taquiner.*

taquinerie n. f.
Espièglerie. *Heureusement, il ne cessera jamais de faire des taquineries.*

tarabiscoté, ée adj.
• Orné à l'excès. *Des décors tarabiscotés.*
• (Fig.) Compliqué. *Un style trop tarabiscoté.*
Note.- Attention à l'orthographe : ta**r**abisco**t**é.

tarabuster v. tr.
• Importuner, harceler.
• Causer de l'inquiétude. *Cette remarque me tarabuste.*

taratata ! interj.
(Fam.) Onomatopée qui marque le doute, l'incrédulité.

taraud n. m.
Vrille servant à faire un filetage intérieur.
Note.- Attention à l'orthographe : tar**aud.**
Hom. **tarot,** cartes servant au jeu et à la divination.

taraudage n. m.
Action de tarauder.
Note.- Attention à l'orthographe : tar**au**dage.

tarauder v. tr.
• Creuser un filetage à l'intérieur d'un cylindre, d'un cône creux.
• (Fig.) Tourmenter moralement.
Note.- Attention à l'orthographe : tar**au**der.

taraudeuse n. f.
Machine-outil servant à tarauder.
Note.- Attention à l'orthographe : tar**au**deuse.

tarbouch ou **tarbouche** n. m.
Bonnet rouge cylindrique à gland porté au Proche-Orient.
Notes.-
1° Attention au genre masculin de ce nom : **un** tarbouch.
2° Ne pas confondre avec le mot **babouche** qui désigne une pantoufle orientale.

tard adv. et n. m.
• **Adverbe**
- Après le temps prévu. *Il est rentré très tard.*
- *Tôt ou tard,* locution adverbiale. Un jour ou l'autre.
- *Au plus tard.* Dans l'hypothèse du temps la plus éloignée.
- *Plus tard.* Ultérieurement. *Ils seront là plus tard.*
• **Nom masculin**
Sur le tard. À un âge avancé. *Il n'a compris que sur le tard le sens de sa vie.*
Hom. **tare**, défaut grave.

tarder v. intr., impers.
• **Intransitif**
- Se faire attendre. *Venez sans tarder.*
- Être en retard. *Vous n'avez pas tardé, votre travail est terminé.*
• **Impersonnel**
- **Il me (te, lui...) tarde de + infinitif.** *Il me tarde de le retrouver.*
- **Il me (te, lui...) tarde que + subjonctif.** *Il lui tarde qu'elle soit de retour.*
Note.- Ces constructions marquent l'impatience, la hâte, un désir pressant.

tardif, ive adj.
• Qui vient tard. *Des rosiers tardifs.*
• Qui a lieu tard. *Heure tardive.*
Ant. **hâtif.**

tardivement adv.
D'une manière tardive.

tare n. f.
• Poids de l'emballage d'une marchandise. *Le poids net s'obtient en soustrayant la tare du poids brut.*
• Défaut grave, généralement héréditaire de l'homme, de l'animal.
Note.- Attention à l'orthographe : ta**r**e.
Hom. **tard**, après le temps prévu.

taré, ée adj. et n. m. et f.
• **Adjectif.** Qui est affecté d'une tare.
• **Nom masculin et féminin.** Personne atteinte d'une tare. *C'est un taré.*

tarentelle n. f.
Ancienne danse italienne d'un caractère gai et vif.
Note.- Ne pas confondre avec le mot *tarentule* qui désigne une grosse araignée dont on redoute la piqûre.

tarentule n. f.
Grosse araignée redoutée pour ses piqûres.

Note.- Ne pas confondre avec le mot *tarentelle* qui désigne une ancienne danse d'un caractère gai et vif.

targette n. f.
Petite plaque de métal servant à fermer les portes, les fenêtres.

targuer (se) v. pronom.
• Attention au **u** qui subsiste même devant les lettres **a** et **o**. *Il se targua, nous nous targuons.*
• Se prévaloir avec ostentation de. *Elles se sont targuées d'être expertes en la matière.*

targui
V. **touareg.**

tarif n. m.
• Le **f** se prononce [tarif].
• Tableau qui indique le montant des droits à acquitter, les prix fixés pour certaines marchandises ou certains services. *Le tarif douanier. Voyager à tarif réduit.*
• Prix usuel d'une marchandise, d'un service. *Le tarif est de 100 F de l'heure.*
Note.- Attention à l'orthographe : tari**f**.

tarifaire adj.
Relatif à un tarif. *Des modifications tarifaires.*
Note.- Attention à l'orthographe : tari**f**aire.

tarifer ou **tarifier** v. tr.
• Fixer un prix, selon un tarif.
• Établir un tarif.

tarification n. f.
Action de tarifer.

tarir v. tr., intr., pronom.
• **Transitif**
Mettre à sec. *Tarir un puits.*
• **Intransitif**
- (Litt.) Cesser de couler. *De peur que notre rivière ne tarisse.*
- (Fig.) Ne pas taire, ne pas cesser de dire. *Il ne tarit pas d'éloges sur ses amis.*
• **Pronominal**
S'épuiser. *La source s'est tarie.*
Note.- Attention à l'orthographe : ta**r**ir.

tarot n. m.
Cartes servant au jeu et à la divination.
Hom. **taraud,** vrille.

tartan n. m.
Lainage écossais, à larges carreaux aux couleurs particulières de chaque clan écossais. *Des tartans Black Watch. Une jupe de tartan.*

tartare adj. et n. m.
• **Adjectif**
- *Sauce tartare.* Mayonnaise fortement relevée.
• **Nom masculin**
- *(Steak) tartare.* Viande de bœuf hachée que l'on mange crue. *Des steaks tartares bien relevés. Elle a envie d'un bon tartare avec des frites.*

tarte adj. et n. f.
• **Adjectif.** (Fam.) Niais, peu dégourdi. *Ils sont tartes, ces visiteurs.*
• **Nom féminin.** Pâtisserie. *Des tartes à la crème, une*

tarte aux poires amandine, une tarte au citron, de bonnes tartes maison.

tartelette n. f.
Petite tarte. *Une tartelette aux framboises.*

tartine n. f.
Tranche de pain recouverte de beurre, de fromage, etc. ou destinée à l'être. *Une tartine de pain avec des confitures.*

tartiner v. tr.
• Étendre du beurre, du chocolat, de la confiture, etc. sur une tranche de pain.
• *À tartiner*, locution adverbiale. Facile à étendre sur du pain.

tartre n. m.
• Dépôt jaunâtre qui se forme autour des dents. *Un dentifrice qui élimine le tartre.*
• Dépôt calcaire.
Note.- Attention au genre masculin de ce nom : *du* tartre.

tartuf(f)e n. m.
(Vx) Personne hypocrite.
Note.- Le nom du personnage de Molière s'écrit avec une majuscule.

tartuf(f)erie n. f.
Hypocrisie.

tas n. m.
• Accumulation. *Un tas de feuilles mortes.*
Note.- Ce mot est moins recherché que celui de **amas** qui a la même signification.
• *Sur le tas.* (Fam.) Sur le lieu du travail. *Une formation sur le tas.*
• (Fam.) Grand nombre. *Nous avons reçu un tas d'appels.*

tasmanien, ienne adj. et n. m. et f.
De Tasmanie.
Note.- Contrairement à l'adjectif, le nom prend une majuscule.

tasse n. f.
• Récipient, généralement à anse, qui sert à boire. *Une tasse de porcelaine.*
• Contenu d'une tasse. *Prendre une tasse de café.*

tassement n. m.
Affaissement, perte de vitesse.

tasser v. tr., pronom.
• Transitif
Resserrer le plus possible. *Tasser des vêtements dans une valise.*
• Pronominal
- S'affaisser. *Ses vertèbres se sont tassées.*
- Se serrer les uns contre les autres. *Aux heures de pointe, les voyageurs doivent se tasser dans le métro.*
- (Fam.) S'arranger. *Ne vous inquiétez pas : cela se tassera.*

taste-vin
V. **tâte-vin**.

tata n. f.
Surnom familier de *tante.*

tatami n. m.
Natte servant à couvrir le sol pour la pratique du judo, du karaté, etc. *Des tatamis.*

tâter v. tr., pronom.
• Transitif
- Toucher, palper. *Tâter une étoffe, tâter un membre blessé.*
- *Tâter le terrain.* (Fam.) Étudier les circonstances, la situation avant de faire quelque chose.
• Transitif indirect
Faire l'expérience de. *J'ai tâté de plusieurs métiers.*
• Pronominal
Hésiter, s'interroger. *Participera-t-elle ? Elle se tâte et n'a rien décidé.*

tâte-vin ou **taste-vin** n. m. inv.
Petite tasse d'argent servant à goûter le vin. *Les Chevaliers du tâte-vin (en Bourgogne). Des taste-vin finement ciselés.*

tatillon, onne adj. et n. m. et f.
Minutieux à l'excès. *Elle est un peu tatillonne.*
Notes.-
1° Attention à l'orthographe : ta**ti**llon, sans accent.
2° Au féminin, on emploie également la forme du masculin. *Elle est très tatillon.*

tâtonnement n. m.
• Action de tâtonner.
• Essai, hésitation.
Note.- Attention à l'orthographe : tâto**nn**ement.

tâtonner v. intr.
• Chercher en tâtant. *Il tâtonne dans l'obscurité, à la recherche de l'interrupteur.*
• (Fig.) Procéder sans méthode. *On ne peut plus tâtonner ainsi, il faut agir plus systématiquement.*
Note.- Attention à l'orthographe : tâto**nn**er.

tâtons (à) loc. adv.
• En tâtonnant dans l'obscurité.
• (Fig.) Au hasard, sans méthode. *L'enquête avance à tâtons.*
Note.- Attention à l'orthographe : à t**â**tons.

tatou n. m.
Mammifère insectivore couvert d'une carapace. *Des tatous.*

tatouage n. m.
• Action de tatouer.
• Résultat de cette action. *Ce marin a des tatouages sur les bras.*

tatouer v. tr.
Tracer des dessins indélébiles sur le corps. *Il s'est fait tatouer une ancre.*

tau n. m. inv.
Lettre grecque.

taudis n. m.
Habitation misérable.
Note.- Attention à l'orthographe : taudi**s**.

taupe n. f.
• Mammifère insectivore qui vit sous terre où il creuse des galeries.

• (Fig.) Espion.
Note.- Attention à l'orthographe : t**au**pe.

taupinière n. f.
• Petit monceau de terre formé par la taupe qui creuse ses galeries.
• Galeries creusées par une taupe.

taure n. f.
(Rég.) Jeune vache, génisse.
Note.- Attention à l'orthographe : t**au**re.

taureau n. m.
• Mammifère ruminant, mâle de la vache, qui sert à la reproduction. *Une course de taureaux.*
• *Prendre le taureau par les cornes.* S'attaquer de front à une difficulté, à un problème.
• Nom d'une constellation, d'un signe du zodiaque.
Note.- Les noms d'astres s'écrivent avec une majuscule. *Elle est (du signe du) Taureau, elle est née entre le 21 avril et le 21 mai.*
V. **astre.**

tauromachie n. f.
Art de combattre les taureaux.
Note.- Attention à l'orthographe : taur**o**machie.

tauromachique adj.
Relatif à la tauromachie.
Note.- Attention à l'orthographe : taur**o**machique.

tauto- préf.
Élément du grec signifiant « le même ». *Tautologie.*

tautologie n. f.
Répétition d'une même idée en termes différents. *Être sûr et certain.*
Note.- La tautologie est parfois une figure de style voulue, qui ne doit pas être confondue avec le *pléonasme* qui désigne un emploi redondant de mots, ni avec la *lapalissade* qui désigne une évidence exprimée avec niaiserie.
Note.- Attention à l'orthographe : taut**o**logie.

tautologique adj.
Qui se rapporte à la tautologie.
Note.- Attention à l'orthographe : taut**o**logique.

taux n. m.

• Expression arithmétique de la variation dans le temps d'un élément quantifié ou de la relation existant à un moment donné entre deux éléments quantifiés.
• Pourcentage. *Un taux de réponse, un taux de rendement.*
• *Taux d'intérêt.* Rapport entre l'intérêt annuel déterminé et la somme empruntée ou investie. *Un taux d'intérêt de 8 %.*
• *Taux de change.* Rapport entre l'unité monétaire d'un pays et le nombre d'unités monétaires d'un autre pays. *Le taux de change a beaucoup varié.*
Notes.-
1° On emploie généralement le signe % précédé d'un espace pour exprimer les taux d'intérêt, les pourcentages, etc. *Un prêt hypothécaire à 9 %.*
2° Dans certains textes de nature technique (chimie, pharmacie, art culinaire, etc.), on emploie parfois la formule *p. 100. Verser 20 p. 100 d'alcool, un taux de 3 p. 100.*
3° Dans un texte littéraire, on écrit le taux ou le pourcentage en toutes lettres. *Trois pour cent.*
4° Attention à l'orthographe : t**aux.**

taveler v. tr.
• Redoublement du *l* devant un *e* muet. *Je tavelle, je tavellerai*, mais *je tavelais.*
• Tacheter par places. *L'insecticide a tavelé les pommes.*

tavelure n. f.
Tache. *Un fruit marqué de tavelures.*

taverne n. f.
Petit restaurant. *Une taverne grecque.*

taxable adj.
Soumis à une taxe. *Les parfums sont taxables.*

taxation n. f.
Action de soumettre à une taxe. *Un régime de taxation équilibré.*

taxe n. f.
• Impôt. *Une taxe foncière, une taxe d'enlèvement des ordures ménagères.*
• *Taxe à la valeur ajoutée (T.V.A.).* Impôt général de consommation.

taxer v. tr.
• Soumettre à une taxe. *Les produits de luxe sont taxés.*
• Accuser quelqu'un de quelque chose. *On l'a taxé de vantardise.*
Note.- En ce sens, le verbe se construit avec la préposition *de* suivie d'un nom abstrait. Avec un adjectif, on emploiera plutôt le verbe *traiter. On l'a traité de lâche.*

taxi n. m.
• Voiture de location munie d'un taximètre. *Les taxis parisiens. Ce chauffeur de taxi est peu aimable.*
• (En appos.) *Avion-taxi, bateau-taxi*, etc. Véhicule qu'on peut louer. *Des avions-taxis, des bateaux-taxis.*

taxidermie n. f.
Art d'empailler les animaux morts.

taxidermiste n. m. et f.
Personne qui empaille les animaux morts.

taximètre n. m.
Compteur de taxi qui enregistre la distance parcourue et la durée de la course afin d'établir la somme à payer.

taxinomie n. f.
Science des lois de la classification.

taxinomique adj.
Relatif à la taxinomie.

taxiphone n. m. (n. déposé)
Appareil téléphonique public ne fonctionnant qu'après l'introduction de pièces de monnaie ou de jetons.

tchadien, ienne adj. et n. m. et f.
• Du Tchad.
• Groupe de langues africaines.

Note.- Contrairement à l'adjectif, le nom prend une majuscule.

tchador n. m.
Voile noir des femmes iraniennes.

tchécoslovaque adj. et n. m. et f.
De Tchécoslovaquie.
Note.- Contrairement à l'adjectif, le nom prend une majuscule.

tchèque adj. et n. m. et f.
• **Adjectif et nom masculin et féminin.** De Bohême, de Moravie ou d'une partie de la Silésie.
• **Nom masculin.** Langue slave parlée par les Tchèques.
Note.- Lorsqu'il s'agit de la langue, l'adjectif ou le nom s'écrit avec une minuscule. Si le nom désigne une personne, la majuscule s'impose.

te, t' pron. pers.
Pronom personnel masculin et féminin de la deuxième personne du singulier. Le pronom s'emploie comme complément direct *Je te vois* ou comme complément indirect *Je voudrais te parler.*
Note.- Le pronom s'élide devant une voyelle ou un *h* muet. *Il t'adore, il t'honore.*
V. Tableau - **PRONOM.**

technicien n. m.
technicienne n. f.
• Les lettres *ch* se prononcent *k* [tɛknisjɛ̃].
• Personne qui connaît et applique la technique d'un art, d'un métier. *Une technicienne expérimentée.*

technicité n. f.
• Les lettres *ch* se prononcent *k* [tɛknisite].
• Caractère de ce qui est technique.

technico-commercial, ale, aux adj.
Qui concerne à la fois les domaines technique et commercial. *Des agents technico-commerciaux.*
Note.- Attention à l'orthographe : technico-commercial.

technique adj. et n. f.
• **Adjectif**
- Propre à une science, à un art. *Un terme technique.*
- Qui concerne l'application de la théorie. *Un enseignement technique.*
• **Nom féminin**
Ensemble des procédés d'une science, d'un art, d'un métier. *La technique des impressionnistes. Les techniques informatiques.*
Note.- Ne pas confondre avec le mot *technologie* qui désigne l'étude des techniques et des procédés industriels.

techniquement adv.
• Les lettres *ch* se prononcent *k* [tɛknikmɑ̃].
• De façon technique.

technocrate n. m. et f.
• Les lettres *ch* se prononcent *k* [tɛknɔkrat].
• Haut fonctionnaire axé sur les questions techniques, économiques, au détriment de considérations sociales, politiques.

technocratie n. f.
• Les lettres *ch* se prononcent *k* et le *t* de la dernière syllabe se prononce *s* [tɛknɔkrasi].
• Pouvoir politique où l'influence prépondérante appartient aux technocrates.

technologie n. f.
• Les lettres *ch* se prononcent *k* [tɛknɔlɔʒi].
• Étude des techniques et des procédés industriels.
Note.- Ne pas confondre avec le mot *technique* qui désigne l'ensemble des procédés d'une science, d'un art, d'un métier.

technologique adj.
• Les lettres *ch* se prononcent *k* [tɛknɔlɔʒik].
• Relatif à la technologie.

teck ou **tek** n. m.
• Le *k* se prononce [tɛk].
• Grand arbre à bois très dur. *Une table de teck*, ou *de tek.*

teckel n. m.
Basset à pattes très courtes.
Note.- Attention à l'orthographe : te*ck*el.

tectonique adj. et n. f.
• **Adjectif.** Relatif à la tectonique.
• **Nom féminin.** Partie de la géologie qui étudie les déformations de l'écorce terrestre.

teen-ager n. m. et f.
• Attention à la prononciation [tinedʒœr].
• (Anglicisme) Adolescent. *Des teen-agers.*

tee-shirt ou **t-shirt** n. m.
• Les lettres *ee* se prononcent *i* et le *i* se prononce *eu* [tiʃœrt].
• (Anglicisme) Maillot de corps à manches courtes et encolure ras du cou. *Des tee-shirts colorés, des t-shirts amusants.*
Note.- La chemise de sport en tricot à col ouvert est un *polo.*

teigne n. f.
• Mite.
• Maladie du cuir chevelu.
• (Fam.) Personne méchante.

teindre v. tr., pronom.
• *Je teins, tu teins, il teint, nous teignons, vous teignez, ils teignent. Je teignais, tu teignais, il teignait, nous teignions, vous teigniez, ils teignaient. Je teignis. Je teindrai. Je teindrais. Teins, teignons, teignez. Que je teigne, que tu teignes, qu'il teigne, que nous teignions, que vous teigniez, qu'ils teignent. Que je teignisse. Teignant. Teint, teinte.*
• *Les lettres gn* sont suivies d'un *i* à la première et à la deuxième personne du pluriel de l'indicatif imparfait et du subjonctif présent. *(Que) nous teignions, (que) vous teigniez.*
• **Transitif.** Donner à quelque chose une couleur différente de celle qu'elle avait à l'aide d'une teinture. *Teindre une étoffe.*
• **Pronominal.** Donner à ses cheveux une couleur artificielle. *Elle s'est teint les cheveux.*

teint n. m.
• Coloration du visage. *Elle a un teint de rousse, un teint bronzé.*
• *Fond de teint.* Maquillage qui donne au visage une couleur uniforme.
• *Bon teint* ou *grand teint*, locution adjective. Se dit d'une teinture qui résiste au lavage. *Ces serviettes sont garanties bon teint.* Cette locution est invariable.
Hom. :
- *tain*, substance dont on revêt le dos d'une glace ;
- *thym*, plante aromatique.

teint, e adj.
Qui a subi une teinture. *Des étoffes teintes.*

teinte n. f.
• Nuance d'une couleur. *La teinte dorée de ses cheveux. Des demi-teintes.*
• Petite dose. *Une teinte d'ironie.*
Note.- Attention à l'orthographe : t**ein**te.

teinter v. tr.
Colorer légèrement. *Des lèvres teintées de rouge, des lunettes teintées.*
Hom. *tinter,* sonner.

teinture n. f.
Substance propre à teindre. *Une teinture végétale.*
Note.- Attention à l'orthographe : t**ein**ture.

teinturerie n. f.
Établissement qui se charge de l'entretien et du nettoyage des vêtements.

teinturier n. m.
teinturière n. f.
Personne dont le métier est de nettoyer les vêtements.

tek
V. **teck.**

tél.
Abréviation de *téléphone*.

tel, telle adj. et pron.
V. Tableau - **TEL, TELLE.**

télé n. f.
Abréviation familière de *télévision*. *Je n'ai pas beaucoup de temps pour regarder la télé.*

télé- préf.
• Élément du grec signifiant « au loin, à distance ».
• Les mots composés du préfixe *télé-* s'écrivent en un seul mot, à l'exception de *télé-enseignement*. *Téléphone, téléimprimeur.*

télécommande n. f.
• Action de télécommander.
• Appareil permettant d'actionner à distance un mécanisme. *Un téléviseur muni d'une télécommande.*

télécommander v. tr.
Actionner un mécanisme à distance.

télécommunication n. f.
Ensemble des procédés de communication à distance.

télécopie n. f.
Procédé de télécommunication associant la téléphonie et la reprographie et qui permet de transmettre à distance un document graphique en fac-similé.

télécopieur n. m.
Système qui permet la télécopie.

télédétection n. f.
Technique de la détection à distance.

télédistribution n. f.
Procédé de diffusion d'émissions télévisées.
Note.- La *câblodistribution* désigne plus spécifiquement un procédé de diffusion d'émissions télévisées par câbles à l'intention d'un réseau d'abonnés.

télé-enseignement n. m.
Enseignement diffusé à l'aide de la télévision.

télégénique adj.
Qui a une apparence plus belle à la télévision qu'au naturel. *Il est télégénique.*
Note.- Attention à l'orthographe : télégéni**que.**

télégramme n. m.
Message transmis télégraphiquement. *Vous avez reçu un télégramme d'Italie.*
Note.- Ne pas confondre avec les mots suivants :
- *billet*, lettre très concise ;
- *circulaire*, lettre d'information adressée à plusieurs destinataires ;
- *communiqué*, avis transmis au public ;
- *courrier*, ensemble des lettres, des imprimés, etc. acheminé par la poste ;
- *lettre*, écrit transmis à un destinataire ;
- *dépêche*, missive officielle, message transmis par voie rapide ;
- *note*, brève communication écrite, de nature administrative.

télégraphe n. m.
Appareil permettant de transmettre des signaux.

télégraphie n. f.
Transmission de signaux.

télégraphier v. tr.
• Redoublement du *i* à la première et à la deuxième personne du pluriel de l'indicatif imparfait et du subjonctif présent. *(Que) nous télégraphiions, (que) vous télégraphiiez.*
• Envoyer un télégramme.

télégraphique adj.
• Expédié sous forme de télégramme. *Un message télégraphique.*
• *Style télégraphique.* Concis, comme dans un télégramme.

télégraphiquement adv.
Par télégramme.

télégraphiste n. m. et f.
Personne chargée de livrer des télégrammes.

téléguidage n. m.
Procédé de guidage à distance d'un engin.

téléguider v. tr.
Diriger par téléguidage. *Un missile téléguidé.*

téléimprimeur n. m.
Téléscripteur.

<h1 style="text-align:center">TEL, TELLE adjectif indéfini et pronom indéfini</h1>

TEL, TELLE adjectif indéfini

Pareil, semblable.

> *Je n'ai jamais entendu de telles bêtises. Une telle conscience professionnelle est tout à votre honneur.*

Note.- Placé en début de proposition comme attribut, l'adjectif entraîne l'inversion du sujet.

> *Nous nous retrouvions tous autour de la table, car telle était sa volonté.*

ACCORD DE L'ADJECTIF

- **Tel** (non suivi de **que**). L'adjectif s'accorde avec le nom qui suit.

  > *Elle était tel un tigre.*

- **Tel que.** L'adjectif s'accorde toujours avec le nom auquel il se rapporte ; généralement, ce nom le précède.

  > *Une amazone telle qu'un fauve. Tels que des vagues déferlantes, les cavaliers surgirent tout à coup.*

- **Tel quel.** Sans changement.

  > *Ces amies, je les ai retrouvées telles quelles, semblables à ce qu'elles ont toujours été.*

  Note.- La locution s'accorde en genre et en nombre avec le nom auquel elle se rapporte.

- **Comme tel.** En cette qualité.

  > *Ces droits sont fondamentaux et doivent être reconnus comme tels par tous.*

  Note.- Dans les expressions **comme tel, en tant que tel** l'adjectif s'accorde avec le nom auquel il se rapporte.

- Si grand.

  > *Il se battit avec un tel courage qu'il finit par vaincre.*

- **Tel + nom** (sans article). Se dit de personnes, de choses qu'on ne peut désigner de façon déterminée.

  > *Ils viendront à telle heure, à tel moment. Je vous donnerai telle ou telle information.*

- **Tel que + participe passé.** L'ellipse du verbe conjugué est à éviter, on préférera la construction au long dans la langue soutenue. *L'amendement a été adopté tel qu'il avait été proposé plutôt que **tel que proposé**.*

- **De telle sorte que**, locution conjonctive. De telle manière que, à tel point que.

  > *Il a travaillé de telle sorte qu'il peut récolter aujourd'hui les fruits de ses efforts.*

  Note.- La locution se construit avec l'indicatif.

TEL pronom indéfini singulier

- (Litt.) Celui, quelqu'un.

  > *Tel est pris qui croyait prendre.* Le pronom ne s'emploie qu'au singulier.

- **Tel ... tel.** Celui-ci et celui-là.

  > *Tel aime la lecture, tel préfère le sport.*

- **Un tel, une telle.** La locution remplace un nom propre qui n'est pas précisé.

  > *Madame Une telle.*

téléinformatique adj. et n. f.
Exploitation automatisée de systèmes informatiques utilisant des réseaux de télécommunications.

télématique adj. et n. f.
Ensemble des services informatiques pouvant être fournis à travers un réseau de télécommunications. *Dans le domaine de la télématique, le réseau français Télétel permet l'interrogation de nombreuses banques de données à ses abonnés.*

téléobjectif n. m.
Objectif photographique qui permet d'obtenir une image agrandie d'objets éloignés.

télépathie n. f.
Perception intuitive entre des personnes éloignées.

téléphérique n. m.
Système de transport par câbles aériens.

téléphone n. m.
• Abréviation *tél.* (s'écrit avec un point).
• Appareil servant à transmettre la voix à distance, réseau téléphonique. *Un téléphone sans fil. L'annuaire du téléphone.*

téléphoner v. tr., intr.
Transmettre par téléphone. *On vient de me téléphoner la nouvelle. Elle ne cesse de téléphoner.*

téléphonie n. f.
Système de télécommunication au moyen du téléphone.

téléphonique adj.
• Relatif au téléphone. *Un réseau téléphonique, une conversation téléphonique.*
• *Permanence téléphonique, secrétariat téléphonique.* Service chargé de recevoir les appels acheminés à un numéro particulier.

téléphoniste n. m. et f.
Personne chargée du service téléphonique.

télescopage n. m.
Action de se heurter, en parlant de véhicules.

télescope n. m.
Instrument d'optique qui sert à l'observation des astres.

télescoper v. tr., pronom.
• **Transitif**
Heurter, en parlant de véhicules. *Le camion a télescopé deux voitures.*
• **Pronominal**
- Se heurter. *Les trains se sont télescopés.*
- (Fig.) Se juxtaposer. *Tous les souvenirs se télescopent.*

télescopique adj.
• Relatif au télescope. *Des photos télescopiques.*
• Dont les éléments s'emboîtent les uns dans les autres. *Un parapluie télescopique.*

téléscripteur n. m.
Appareil de télécommunication permettant l'impression à distance. *Les dépêches qui apparaissent au téléscripteur.*
Syn. **téléimprimeur.**

télésiège n. m.
Téléphérique comportant des sièges suspendus. *Un télésiège quadruple.*

téléski n. m.
Syn. **remonte-pente.**

téléspectateur, trice n. m. et f.
Spectateur de la télévision.

télétel n. m. (n. déposé)
Système français de vidéotex.

télétraitement n. m.
(Inform.) Mode d'utilisation de l'informatique où des informations sont traitées à distance à l'aide d'un réseau de communications.

télétype n. m. (n. déposé)
Téléimprimeur.

téléviser v. tr.
Transmettre une émission par télévision. *Le journal télévisé.*

téléviseur n. m.
Poste récepteur de télévision. *Acheter un nouveau téléviseur en noir et blanc, en couleurs.*
Note.- Mis en apposition, le nom *couleur* est invariable. *Un téléviseur couleur.*

télévision n. f.
• Ensemble des techniques qui permettent la transmission d'images et de sons à distance. *Une émission de télévison. Une chaîne de télévision.*
• (Fam.) Téléviseur. *La télévision (en) couleur, par câble.*
• S'abrège familièrement en *télé* (s'écrit sans point).

télex n. m.
• Le *x* se prononce [telɛks].
• Service de transmission de données doté d'appareils téléimprimeurs.
• Message transmis à l'aide de ce service. *Nous avons reçu des télex.*

télexer v. tr.
Transmettre par télex.

télexiste n. m. et f.
Personne préposée au télex.

tellement adv.
• Beaucoup. *Ils ont reçu tellement de commandes qu'ils n'ont pu répondre à la demande.*
• *Tellement que*, locution conjonctive. À tel point. *Ils ont tellement travaillé qu'ils sont épuisés.*
Note.- Quand la proposition principale est affirmative, le verbe se construit avec l'indicatif. Quand la principale est négative ou interrogative, le verbe se construit avec le subjonctif. *Est-il tellement occupé qu'il ne puisse se libérer?*
• *Tellement + proposition causale.* Tant. *Ils sursautèrent, tellement l'explosion fut forte.*

tellurique ou **tellurien, ienne** adj.
Qui provient de la terre. *Une secousse tellurique.*

téméraire adj.
• Audacieux, irréfléchi. *Une entreprise téméraire.*

- *Jugement téméraire.* Jugement porté sans preuves suffisantes.
Note.- Attention à l'orthographe : témér**aire.**

témérairement adv.
Avec imprudence, audace.
Note.- Attention à l'orthographe : témér**ai**rement.

témérité n. f.
Imprudence, audace.

témoignage n. m.
- Rapport d'une personne sur ce qu'elle a vu ou entendu. *Des témoignages qui se recoupent.*
- *Rendre témoignage de.* Attester. *Son employeur a rendu témoignage de son honnêteté.*
- *Rendre témoignage à.* Rendre hommage à. *On a rendu témoignage à son courage et à sa détermination.*
- (Dr.) Déposition faite par un témoin. *Un faux témoignage. Un témoignage d'expert.*
- Marque, preuve. *Un témoignage d'affection, d'admiration.*

témoigner v. tr.
- Les lettres **gn** sont suivies d'un **i** à la première et à la deuxième personne du pluriel de l'indicatif imparfait et du subjonctif présent. *(Que) nous témoignions, (que) vous témoigniez.*
- **Transitif**
Manifester. *Il lui a manifesté son estime.*
- **Transitif indirect**
Témoigner de. Être la preuve de. *Ces nouvelles entreprises témoignent du dynamisme de cette région.*
- **Intransitif**
- (Dr.) Déclarer ; faire une déposition en justice. *Ils ont témoigné en sa faveur.*
- *Témoigner en faveur de quelqu'un, de quelque chose.* (Fig.) Plaider la cause de.

témoin n. m.

- Personne qui a vu ou entendu un fait et qui peut en faire rapport. *Un témoin oculaire.*
Note.- Ce nom ne comporte pas de forme féminine. *Elle a été le témoin involontaire de cette scène.*
- *Sans témoins.* Seul.
Note.- Dans cette expression, le nom s'écrit au pluriel.
- Personne qui témoigne en justice. *Elle était témoin à charge.*
- *Prendre quelqu'un à témoin.* Invoquer le témoignage de. *Je vous prends tous à témoin : il m'a giflé.*
Note.- Cette locution est invariable.
- *Prendre quelqu'un pour témoin.* Dans cette locution, le nom s'accorde en nombre avec l'attribut. *Il prit ses collègues pour témoins.*
- Témoignage, preuve. *Ces temples magnifiques sont les témoins d'une grande civilisation.*
Note.- Placé en début de phrase ou de membre de phrase, le nom reste invariable. *Cette civilisation fut très importante, témoin ces temples magnifiques.*
- Élément qui sert de terme de comparaison, au cours d'une expérience. *Des sujets témoins.*
Note.- Mis en apposition, le nom prend la marque du pluriel et s'écrit sans trait d'union.

- *Lampe témoin.* Lampe dont l'allumage permet de contrôler un fonctionnement. *Des lampes témoins.*
- Modèle. *Une maison témoin, des appartements témoins.*

tempe n. f.
Côté du front. *Il a reçu un coup à la tempe.*
Note.- Attention à l'orthographe : t**e**mpe.

tempérament n. m.
- Caractère moral. *Il a un tempérament colérique, ardent.*
- *Vente à tempérament.* Vente dont le prix est réglé par une série de versements échelonnés sur un certain temps.
Note.- Cette pratique est peu courante aujourd'hui en raison de la libéralisation du crédit à la consommation.

tempérance n. f.
- Sobriété dans l'usage de boissons alcoolisées, des aliments.
- Modération.

température n. f.
- Degré de chaleur ou de froid d'un lieu, d'un corps.
Note.- Les degrés de température s'expriment avec un zéro supérieur °. *Il fait 37,5 °C.*
- Degré de chaleur du corps.
- *Avoir de la température.* Être fiévreux.
V. **degré.**
Note.- Ne pas confondre avec le mot **temps** qui désigne l'état de l'atmosphère.

tempéré, ée adj.
Qui n'est ni trop chaud, ni trop froid. *Un climat tempéré.*

tempérer v. tr.
- Le **é** se change en **è** devant une syllabe muette, sauf à l'indicatif futur et au conditionnel présent. *Je tempère, mais je tempérerai.*
- Atténuer, modérer. *Ces affirmations doivent être tempérées.*

tempête n. f.
Violente perturbation atmosphérique. *La tempête fait rage.*

tempête de neige n. f.
Chute de neige abondante accompagnée de vents violents. *Nous avons eu plusieurs tempêtes de neige au cours de cet hiver.*
Note.- Ne pas confondre avec les mots suivants :
- *bourrasque*, coup de vent violent ;
- *cyclone*, tempête caractérisée par un puissant tourbillon destructeur ;
- *orage*, perturbation atmosphérique qui se caractérise par une pluie abondante, des éclairs et du tonnerre ;
- *ouragan*, vent très violent accompagné de pluie ;
- *tornade*, trombe de vent violent ;
- *typhon*, tourbillon marin d'une extrême violence.

temple n. m.
- Édifice consacré à une divinité. *L'imposant temple de Zeus à Agrigente.*

Note.- Les noms génériques de monuments s'écrivent avec une minuscule.
• Lieu du culte chez les protestants.

tempo n. m.
• Le **m** est sonore ou non, [tɛmpo] ou [tɛ̃po].
• (Mus.) Vitesse à laquelle doit être exécutée la musique de jazz. *Des tempos trop lents.*
• Rythme (d'un film, d'un ouvrage, d'une activité).

temporaire adj.
Qui ne dure qu'un peu de temps, provisoire. *Cette solution est temporaire. Des emplois temporaires.*
Note.- Ne pas confondre avec les mots suivants :
- **temporal**, relatif à la tempe ;
- **temporel**, relatif aux choses matérielles.

temporairement adv.
Provisoirement. *Le bureau est temporairement fermé.*

temporal, ale, aux adj.
De la tempe. *La région temporale, les nerfs temporaux.*
Note.- Ne pas confondre avec les mots suivants :
- **temporaire**, provisoire ;
- **temporel**, relatif aux choses matérielles.

temporel, elle adj.
• Qui est relatif aux choses matérielles (par opposition à **spirituel).**
• (Gramm.) Qui marque le temps. *Une proposition temporelle.*
Note.- Ne pas confondre avec les mots suivants :
- **temporaire**, provisoire ;
- **temporal**, relatif à la tempe.

temporisateur, trice adj. et n. m. et f.
• **Adjectif.** Qui temporise. *Une démarche temporisatrice.*
• **Nom masculin et féminin.** Personne qui retarde quelque chose pour attendre une occasion plus favorable.

temporisation n. f.
Action de temporiser.

temporiser v. intr.
Différer une action, dans l'attente d'une meilleure occasion.

temps n. m.
• **La durée.** *Le temps passe vite.*
Note.- L'unité de mesure de base est la *seconde.*
V. Tableau - **HEURE.**
V. Tableau - **JOUR.**
• Un certain moment. *Il reviendra dans quelque temps.*
• *Temps partiel.* Période inférieure à la durée normale de travail.
• *Temps plein.* Période correspondant à la durée normale de travail, soit 39 heures par semaine.
• Époque. *Les temps modernes.*
• *Au temps jadis,* locution adverbiale. Autrefois.
• *Dans le bon vieux temps,* locution adverbiale. Cette locution marque une évocation nostalgique du passé.
• Moment, conjoncture. *Le temps des récoltes. Le temps est venu de se lancer.*
• *Avoir fait son temps.* Être dépassé.

• *Bon temps.* Plaisir, divertissement. *Se donner du bon temps.*
• *À temps,* locution adverbiale. À point nommé, au bon moment. *Elle est arrivée à temps* (et non *en temps).
• *De temps en temps, de temps à autre,* locutions adverbiales. Parfois.
• *De tout temps,* locution adverbiale. Toujours.
Note.- Cette locution s'écrit au singulier.
• *En même temps,* locution adverbiale. Simultanément, ensemble.
• *En temps et lieu,* locution adverbiale. Au moment et lieu convenables.
Note.- Cette locution s'écrit au singulier.
• *En tout temps,* locution adverbiale. Quel que soit le moment.
Note.- Cette locution s'écrit au singulier.
• *Entre temps* ou *entre-temps,* locution adverbiale. Dans l'intervalle. *Elle lui avait écrit, mais entre temps ou entre-temps il l'appela.*
• *La plupart du temps,* locution adverbiale. Le plus souvent.
• *Quelque temps,* locution adverbiale. Pendant un certain moment.
• *Au temps de,* locution prépositive. *Au temps de mes folles années.*
Note.- Cette forme est la plus usuelle. Dans un registre plus soutenu, on écrit **du temps de.**
• *Au temps où,* locution adverbiale. *Au temps où nous retrouvons tous dans ce petit café.*
Note.- La forme **au temps que** est plus littéraire.
• État de l'atmosphère. *Il fait beau temps. C'est un vrai temps de chien.*
Note.- Ne pas confondre avec le mot **température** qui désigne le degré de chaleur ou de froid d'un lieu, d'un corps.
• (Gramm.) Série des formes verbales qui indique à quel moment s'accomplit l'action. *Le passé composé, l'imparfait, le présent, le futur sont des temps du verbe.*
V. **futur, imparfait, présent.**
V. Tableau - **PASSÉ.**
Hom. **taon**, insecte piqueur.

tenace adj.
• Déterminé, persévérant.
• Dont on ne parvient pas à se défaire, à se débarrasser. *Une toux tenace, des préjugés tenaces.*
Note.- Attention à l'orthographe : tenac**e**, au masculin comme au féminin.

ténacité n. f.
Persévérance, détermination.
Note.- Attention à l'orthographe : t**é**nacité.

tenaille n. f. (gén. pl.)
• Outil composé de deux branches mobiles qui se resserrent. *Les tenailles du dentiste.*
• *Prendre en tenaille.* Capturer, mettre au supplice.
Note.- Dans cette expression, le nom s'écrit au singulier.

tenailler v. tr.
● Les lettres *ill* sont suivies d'un *i* à la première et à la deuxième personne du pluriel de l'indicatif imparfait et du subjonctif présent. *(Que) nous tenaillions, (que) vous tenailliez.*
● Tourmenter.

tenancier n. m.
tenancière n. f.
Personne qui dirige un hôtel, un bar, etc. (souvent de réputation douteuse).

tenant, ante adj. et n. m. et f.
● **Adjectif.** *Séance tenante.* Sur-le-champ.
Note.- L'adjectif n'est usité que dans l'expression citée.
● **Nom masculin et féminin.** Sportif qui détient un titre. *Elle est la tenante du championnat de ski. Ils sont les tenants de la Coupe du monde.*
● *D'un seul tenant.* D'une seule pièce.
● **Nom masculin pluriel.** *Les tenants et les aboutissants.* (Dr) Tous les éléments d'une affaire, d'une question.

tendance n. f.
● Prédisposition. *Une tendance à voir la vie du bon côté.*
● Orientation. *Cette tendance politique est inquiétante.*
● Direction. *Les tendances fondamentales de l'économie, de la démographie.*
Note.- Attention à l'orthographe : ten**d**ance.

tendancieusement adv.
D'une manière tendancieuse.

tendancieux, ieuse adj.
Partial, qui marque une tendance subjective. *Ce témoignage est tendancieux.*

tendinite n. f.
Inflammation d'un tendon.
Note.- Attention à l'orthographe : tendini**t**e.

tendon n. m.
Faisceau fibreux par lequel un muscle se rattache à un os.
Note.- Attention à l'orthographe : ten**d**on.

tendre adj.
● Rempli de tendresse et d'affection. *Des baisers très tendres pour ses enfants.*
● Qui se coupe facilement (par opposition à *dur*). *Une viande tendre.*
● Atténué, pâle. *Des couleurs tendres, vert tendre.*

tendre v. tr.
● *Je tends, tu tends, il tend, nous tendons, vous tendez, ils tendent. Je tendais. Je tendis. Je tendrai. Je tendrais. Tends, tendons, tendez. Que je tende. Que je tendisse. Tendant. Tendu, ue.*
● **Transitif**
- Rendre droite une matière souple. *Tendre une étoffe.*
- Avancer. *Tendre la main.*
- *Tendre l'oreille.* Écouter attentivement.
● **Transitif indirect**
- Viser. *Des subventions tendant à limiter les effets du libre-échange.*
- Avoir tendance à. *Cet enfant tend à négliger ses devoirs.*

tendrement adv.
Avec tendresse. *Elle les serre tendrement dans ses bras.*

tendresse n. f.
Sentiment d'affection, d'attachement. *Elle l'écoute et le regarde avec toute la tendresse du monde.*
Note.- Ne pas confondre avec le mot *tendreté* qui désigne le caractère de ce qui est tendre, en parlant d'une substance.

tendreté n. f.
Caractère de ce qui est tendre, en parlant d'une substance. *La tendreté d'un gigot.*
Note.- Ne pas confondre avec le mot *tendresse* qui se dit d'un sentiment d'affection, d'attachement.

tendron n. m.
● Pièce de viande, partie du thorax.
● (Vx) Jeune fille.
Note.- Ce nom est toujours masculin.

tendu, ue adj.
● Étiré, rendu droit. *Une corde bien tendue.*
● Soumis au stress, à la tension. *Vous êtes trop tendu peut-être.*
● Difficile. *Des relations tendues.*

ténèbres n. f. pl.
(Litt.) Obscurité.
Note.- Ce nom ne s'emploie qu'au pluriel.

ténébreux, euse adj.
(Litt.) Sombre, mystérieux.

teneur n. f.
● Contenu. *Connaissez-vous la teneur de ces articles ?*
● Proportion d'un élément dans un mélange. *La teneur en alcool d'une boisson.*

teneur n. m.
teneuse n. f.
Teneur, teneuse de livres. Personne chargée de la tenue des livres comptables.

ténia ou **tænia** n. m.
Ver parasite de l'intestin des mammifères.
Note.- On préférera la graphie plus simple *ténia.*

tenir v. tr., intr., impers., pronom.

● *Je tiens, tu tiens, il tient, nous tenons, vous tenez, ils tiennent. Je tenais. Je tins. Je tiendrai. Je tiendrais. Tiens, tenons, tenez. Que je tienne. Que je tinsse. Tenant. Tenu, ue.*
● **Transitif**
- Avoir entre les mains. *Tenir un verre et un marteau. Ils tiennent le cambrioleur.*
- Maintenir. *L'ombre de cet arbre tient la maison au frais.*
- Détenir, posséder. *Je crois que vous tenez là une très bonne idée.*
- *Tenir quelque chose de quelqu'un.* Avoir appris. *On tient cette information de source sûre.*
- Exercer une activité. *Elle a bien tenu son rôle, son poste.*
- *Être tenu à, de.* Être obligé de. *L'avocat est tenu au*

secret professionnel. *Vous êtes tenus de signaler toute anomalie.*

- **Tenir ... pour.** Considérer. *Ils le tiennent pour un fumiste. Le succès est tenu pour acquis.*

• **Transitif indirect**

- Vouloir. *Je tiens à ce que vous soyez des nôtres.*
Note.- En ce sens, le verbe se construit avec le subjonctif.

- Être lié par un sentiment durable. *Elle tient beaucoup à lui.*

- Provenir. *Le mécontentement tient à ce que personne n'a été prévenu.* En ce sens, le verbe se construit avec l'indicatif.
Note.- Attention aux traits d'union entre le verbe et les pronoms. Les auteurs ne s'entendent pas sur l'ordre des pronoms. *Tiens-toi-le pour dit, dis-le-moi, tenons-nous-le pour dit.*

• **Intransitif**

Être attaché, lié à quelque chose. *Ce bouton ne tient plus que par un fil. Tenez bon, nous arrivons !*

• **Impersonnel**

- **Qu'à cela ne tienne.** Peu importe, il n'y a pas d'inconvénient.

- **Il ne tient qu'à.** Cela ne dépend que de. *Il n'en tient qu'à lui que tout soit plus simple.*

• **Pronominal**

- S'accrocher. *Il se tenait à une branche pour ne pas tomber dans le vide.*

- Se prendre l'un l'autre. *Ils se sont tenus par le bras.*
Note.- Le participe passé s'accorde avec le sujet du verbe ; par contre, le participe passé reste invariable lorsque le complément suit le verbe. *Elles se sont tenu des discours incongrus. Ils se sont tenu la main.*

- **S'en tenir à.** Se limiter à. *Tenez-vous-en à l'essentiel.*

- **Savoir à quoi s'en tenir.** Être fixé sur quelque chose.

- Se considérer. *Il ne faut pas que vous vous teniez pour élus.*
Note.- Le participe passé s'accorde avec le sujet.

tennis n. m.

• Le **s** se prononce [tenis].

• Sport qui se pratique à deux ou quatre joueurs et qui consiste à envoyer une balle avec une raquette par-dessus un filet. *Jouer au tennis. Une joueuse de tennis.*

• Terrain où l'on pratique ce sport.

• Chaussures de sport à semelles de caoutchouc. *Porter des tennis.*
Note.- Attention à l'orthographe : te**nn**is.

tenon n. m.

Partie saillante d'une pièce taillée de façon à entrer dans une mortaise.

ténor adj. et n. m.

• **Adjectif**

Se dit d'une voix d'homme élevée.

• **Nom masculin**

- Personne qui a cette voix. *Des ténors talentueux.*

- (Fig.) Personne qui joue un rôle prédominant dans une activité. *Les ténors de la publicité.*

tension n. f.

• État de ce qui est tendu. *La tension d'un câble.*

• **Tension artérielle.** Pression exercée par le sang sur les artères. *Une tension supérieure à la normale est nommée* **hypertension.**
Note.- On dit familièrement **avoir de la tension, faire de la tension** pour **être atteint d'hypertension**.

• (Gén. plur.) Désaccord, divergence. *Il y a des tensions entre ces groupes.*
Note.- Attention à l'orthographe : t**e**nsion.

tentaculaire adj.

• Relatif aux tentacules.

• Qui croît dans toutes les directions. *Une ville tentaculaire.*
Note.- Attention à l'orthographe de cet adjectif qui conserve la même forme au masculin et au féminin : tentacul**aire.**

tentacule n. m.

Appendice mobile dont sont pourvus certains animaux. *Les tentacules visqueux de la pieuvre.*
Note.- Attention au genre masculin de ce nom : **un** tentacule.

tentant, ante adj.

Alléchant, séduisant. *Des offres tentantes.*

tentateur, trice n. m. et f.

Personne qui cherche à séduire.

tentation n. f.

• Impulsion intérieure qui pousse à faire quelque chose. *Ne pas résister à la tentation.*

• Séduction, attrait. *Les vitrines regorgent de tentations.*

tentative n. f.

Essai. *Une tentative d'évasion.*

tente n. f.

Abri de toile. *Une tente pour le camping.*
Hom. **tante**, sœur du père ou de la mère.

tenter v. tr.

• Constituer une tentation. *Vous ne devriez pas me tenter ainsi.*

• Essayer. *Tenter de trouver un médicament pour enrayer une maladie.*

tenture n. f.

Étoffe qui orne une fenêtre, un mur. *De lourdes tentures de velours.*
Note.- Ne pas confondre avec les mots suivants :

- **draperie**, tissu drapé ;

- **rideau**, pièce d'étoffe souvent plissée destinée à tamiser la lumière, à masquer quelque chose ;

- **store**, rideau ou panneau disposé devant une ouverture, qui s'enroule ou se replie ;

- **store vénitien**, rideau à lamelles orientables.

tenu, ue adj.

Entretenu. *Une maison bien tenue.*

ténu, ue adj.

Fin, fragile. *Une distinction très ténue.*

tenue n. f.

• Manière de diriger. *La bonne tenue de cet établissement scolaire.*

- Manière de se conduire, de se vêtir. *Une tenue irréprochable, négligée.*
- Uniforme, vêtements particuliers. *Tenue de combat, tenue de soirée, tenue de ville.*
- Rigueur, moralité. *Un article de haute tenue.*
- **Tenue des livres.** Action de tenir la comptabilité d'une entreprise.
- **Tenue de route.** Manière dont un véhicule tient la route.

tequila n. f.
- Le *e* se prononce *é* [tekila].
- Alcool consommé au Mexique.

ter adv.
Se dit d'une adresse précédée de deux autres numéros semblables. *Il habite 16 ter, rue de Lille.*

téra- préf.
- Symbole *T* (s'écrit sans point).
- Préfixe qui multiplie par 1 000 000 000 000 l'unité qu'il précède. *Des térasecondes.*
- Sa notation scientifique est 10^{12}.
V. Tableau - **MULTIPLES ET SOUS-MULTIPLES DÉCIMAUX.**

térato- préf.
Élément du grec signifiant « monstre ». *Tératogène.*

tératogène adj.
Qui peut produire des malformations de l'embryon. *Ce médicament est tératogène.*

térébenthine n. f.
Résine de certains végétaux. *On utilise l'essence de térébenthine pour nettoyer les pinceaux, pour dissoudre les corps gras.*
Note.- Attention à l'orthographe : térében*th*ine.

tergal n. m. (n. déposé)
Étoffe synthétique de polyester. *Une jupe de tergal.*
Note.- Ce nom est une marque déposée maintenant passée dans l'usage et qui s'écrit avec une minuscule.

tergiversation n. f. (gén. pl.)
Hésitation. *Ces tergiversations sont exaspérantes.*

tergiverser v. intr.
(Litt.) Hésiter, reporter une décision indéfiniment.

terme n. m.
- Fin. *Il faudrait mettre un terme à ces discussions.*
- **Mener à terme.** Achever. *Il a su mener à terme son ambitieux programme.*
- **Toucher à son terme.** Se terminer. *L'aventure touche à son terme.*
- Espace de temps fixé pour l'exécution d'une obligation. *Le terme de cet emprunt hypothécaire est de 20 ans.*
- **À court, moyen, long terme.** À brève, moyenne, longue échéance.
Note.- Dans ces expressions, le nom s'écrit au singulier.
- Expression, mot considéré par rapport à sa signification. *Le terme marge brute d'autofinancement appartient au vocabulaire de la comptabilité. Des termes techniques, savants. Quels termes a-t-il employés ? Voici ses propres termes.*
- Rapports. *Être en bons termes, en mauvais termes avec quelqu'un.*
Note.- Dans ces expressions, le nom s'écrit au pluriel.
- (Au plur.) **Aux termes de.** Selon. *Aux termes de la loi, cet affichage est illégal.*
Hom. **thermes,** établissement thérapeutique d'eaux thermales.

terminaison n. f.
- Extrémité. *Les terminaisons nerveuses.*
- (Gramm.) Élément variable qui s'ajoute à la suite du radical d'un mot. *Les terminaisons des verbes en -er.*

terminal, ale, aux adj. et n. m.
- **Adjectif**
Final. *Une phase terminale.*
- **Nom masculin**
- Installations situées à l'extrémité d'un pipeline.
- Gare située en tête de ligne.
- (Inform.) Périphérique relié à un système d'ordinateur par une ligne de transmission de données et permettant la saisie ou la réception d'informations à traiter. *Des terminaux de point de vente.*

terminer v. tr., pronom.
- **Transitif**
- Finir. *As-tu terminé ton travail ? La grève est terminée.*
- Constituer la fin. *Une longue tirade termine la pièce.*
- **Pronominal**
Avoir pour dernier élément. *Un mot qui se termine par la lettre z. L'immeuble se termine par une longue antenne.*

terminologie n. f.
- Ensemble des termes propres à une science, à un art. *La terminologie de la gestion.*
- Partie de la linguistique qui étudie les désignations techniques servant à dénommer les concepts et les objets. *Une fiche de terminologie, une banque de terminologie.*
Note.- La **terminologie** recense le vocabulaire technique d'une science, d'un art ; la **lexicographie** étudie les unités lexicales d'une langue.

terminologique adj.
Qui se rapporte à la terminologie. *Une recherche terminologique, des travaux terminologiques.*

terminologue n. m. et f.
Spécialiste de la terminologie.

terminus n. m.
- Le *s* se prononce [tɛrminys].
- Tête de ligne d'un moyen de transport. *Terminus ! Tout le monde descend.*

termite n. m.
Insecte qui se nourrit de bois.
Note.- Attention au genre masculin de ce nom : *un* termi*t*e.

termitière n. f.
Nid de termites.
Note.- Attention à l'orthographe : termi*t*ière.

terne adj.
Fade, sans éclat. *Des jours ternes, un style terne.*

ternir v. tr.
• Rendre terne. *Ce produit a terni l'éclat du métal.*
• (Fig.) Souiller. *Sa réputation professionnelle a été ternie par cet incident.*

terrain n. m.
• Espace de terre. *Acheter un terrain à la campagne. Des terrains vagues.*
• *Sur le terrain.* Sur les lieux de l'action.
• *Terrain d'entente.* Compromis.
• *Terrain glissant.* Situation difficile.
• *Tout terrain.* Se dit d'un véhicule qui peut rouler sur tous les types de terrains. *Des véhicules tout terrain.* Note.- L'expression est généralement invariable, mais on peut écrire également *tous terrains.*
• *Terrain de camping.* Espace aménagé en vue du séjour des campeurs.

terrasse n. f.
• Plate-forme. *Un séjour donnant sur une terrasse exposée au sud.*
• Partie du trottoir devant un café, un restaurant où sont disposées des tables et des chaises. *La terrasse d'un café du boulevard Saint-Germain.*

terrassement n. m.
Aménagement d'un terrain. *Des travaux de terrassement.*

terrasser v. tr.
Renverser, abattre. *Il a été terrassé par une crise cardiaque.*

terre n. f.
• Sol sur lequel nous marchons. *La terre se couvre de végétation au printemps.*
• *À terre, par terre.* Sur le sol. *Il est tombé à terre, par terre.* Note.- Les deux expressions sont synonymes.
• Terrain cultivé. *Labourer la terre.*
• *Terre à terre,* locution adjective. Matérialiste, sans élévation. *Des considérations terre à terre.*
• *Remuer ciel et terre.* Prendre tous les moyens nécessaires pour atteindre un but.
• Milieu où vit l'humanité, les habitants de la planète. *Paix sur la terre aux hommes de bonne volonté.*
• Planète du système solaire. *Nous habitons la Terre.* Note.- Les mots *lune, soleil, terre* s'écrivent avec une majuscule lorsqu'ils désignent la planète, l'astre, le satellite lui-même, notamment dans la langue de l'astronomie et dans les textes techniques; ils s'écrivent avec une minuscule dans les autres utilisations. *La Terre tourne autour du Soleil. Le noyau de la Terre,* mais *un tremblement de terre.*

terreau n. m.
Humus. *Acheter du terreau pour transplanter des arbustes.*

terre-neuve n. m. inv.
Chien originaire de l'île de Terre-Neuve. *De beaux terre-neuve de pure race.*

terre-neuvien, ienne adj. et n. m. et f.
De Terre-Neuve.
Note.- Contrairement à l'adjectif, le nom prend une majuscule.

terre-plein n. m.
Terrain soutenu par des murets. *Des terre-pleins décorés de fleurs.*

terrer (se) v. pronom.
• Se cacher sous terre, en parlant d'un animal.
• (Fig.) Se réfugier dans un endroit isolé, sûr.

terrestre adj.
• De la Terre. *Un globe terrestre, l'écorce terrestre.*
• Temporel (par opposition à *spirituel). Les nourritures terrestres.*
• Qui a lieu sur le sol (par opposition à *aérien, maritime). Les transports terrestres.*

terreur n. f.
Effroi, frayeur extrême.

terreux, euse adj.
• Propre à la terre, de la couleur de la terre. *Un teint terreux.*
• Mêlé de terre. *Des bottes terreuses.*

terrible adj.
• Propre à inspirer de la terreur. *Un air terrible, un crime terrible.*
• (Fam.) Extraordinaire, remarquable. *Un film terrible.*
• Très turbulent. *Les enfants terribles.*

terriblement adv.
Extrêmement. *Il faisait terriblement froid.*
Note.- Attention à l'orthographe : te**rr**iblement.

terrien, ienne adj. et n. m. et f.
• **Adjectif.** Relatif à la terre. *Un propriétaire terrien.*
• **Nom masculin et féminin.** Personne qui habite la Terre (par opposition à *extra-terrestre, martien,* etc.).

terrier n. m.
• Cavité creusée dans la terre par certains animaux et qui leur sert d'abri. *Faire sortir un renard de son terrier.*
• Chien de chasse. *Un scottish-terrier.*

terrifiant, iante adj.
Propre à terrifier, à inspirer de l'horreur. *Des images terrifiantes.*
Note.- Ne pas confondre avec le participe présent invariable *terrifiant. Ces images terrifiant les enfants devraient être retirées.*

terrifier v. tr.
• Redoublement du *i* à la première et à la deuxième personne du pluriel de l'indicatif imparfait et du subjonctif présent. *(Que) nous terrifiions, (que) vous terrifiiez.*
• Effrayer vivement.

terrine n. f.
• Récipient de terre, de forme ronde.
• Contenu d'une terrine. *Une terrine de foie gras.*
Note.- Attention à l'orthographe : te**rr**ine.

territoire n. m.
• Étendue de terre sur laquelle vit une collectivité nationale. *Le territoire français.*
• Zone occupée par un animal. *Le chien marque son territoire.*
Note.- Attention à l'orthographe : territ**oire.**

territorial, ale, aux adj.
Qui concerne un territoire. *Des eaux territoriales.*
Note.- Attention à l'orthographe : te**rr**ito**r**ial.

territorialité n. f.
Qualité de ce qui fait partie du territoire d'un pays.

terroir n. m.
• Terre considérée du point de vue de la production agricole.
• Région rurale considérée sous le rapport de la culture, de la langue. *Un accent du terroir.*

terroriser v. tr.
• Soumettre à un régime de terreur. *Des soldats ennemis qui terrorisaient la population.*
• Intimider, épouvanter. *Un candidat terrorisé par le comité de sélection.*

terrorisme n. m.
Ensemble d'actes de violence commis en vue de renverser le pouvoir établi, d'atteindre un but déterminé.

terroriste adj. et n. m. et f.
Qui pratique le terrorisme. *L'avion a été détourné par des terroristes.*

tertiaire adj. et n. m.
• *Ère tertiaire.* Ère géologique à la fin de laquelle apparut l'homme.
• *Secteur tertiaire.* Secteur d'activité économique qui regroupe les services (administration, transport, informatique, etc.). *Les services comptables appartiennent au secteur tertiaire, au tertiaire.*
Note.- Le *secteur primaire* regroupe les activités productrices de matières premières (agriculture, mines, etc.) ;
- le *secteur secondaire* regroupe les activités de transformation des matières premières en biens (industrie).

tertio adv.
• Le deuxième *t* se prononce *s* [tɛrsjo].
• Troisièmement.

tertre n. m.
Monticule.

tes adj. poss. pl.
• L'adjectif possessif détermine le nom en indiquant le « possesseur » de l'objet désigné. Il s'accorde en genre et en nombre avec le nom déterminé. *Tes jouets.*
• L'adjectif possessif *tes* renvoie à un seul « possesseur » de plusieurs êtres, de plusieurs objets.
V. Tableau - **POSSESSIF (ADJECTIF).**

tesson n. m.
Débris de verre.

test n. m.
• Les lettres *st* se prononcent [tɛst].
• Examen destiné à évaluer certaines aptitudes d'une

personne dans un domaine particulier. *Passer un test de sélection. Des tests de fin d'année.*
• Évaluation de nature qualitative ou quantitative des caractéristiques de quelque chose. *Faire des tests statistiques, des tests de laboratoire.*
Note.- Ce nom s'emploie surtout en psychologie, en médecine, en statistique ; dans les domaines techniques, on emploiera de préférence *épreuve, essai.*

testament n. m.
• (Dr.) Acte par lequel une personne expose ses dernières volontés et lègue ses biens. *Un testament olographe* (écrit de la main du testateur).
• Nom des livres bibliques.
Note.- Le nom des livres bibliques s'écrit avec une majuscule ainsi que l'adjectif qui le précède. *L'Ancien Testament, le Nouveau Testament.*

testamentaire adj.
Relatif à un testament. *Des dispositions testamentaires. Un exécuteur testamentaire.*
Note.- Attention à l'orthographe de cet adjectif qui conserve la même forme au masculin et au féminin : testament**aire.**

testateur, trice n. m. et f.
(Dr.) Personne qui a fait un testament.

tester v. tr., intr.
• **Transitif.** Soumettre à un test. *Tester un candidat.*
• **Intransitif.** Faire son testament.

testicule n. m.
Glande génitale double des mâles qui produit les spermatozoïdes et sécrétant l'hormone mâle.
Note.- Attention au genre masculin de ce nom : *un* testicule.

testostérone n. f.
Hormone mâle produite par les testicules.
Note.- Attention au genre féminin de ce nom : *une* testostérone.

tétanos n. m.
• Le *s* se prononce [tetanos].
• Maladie infectieuse grave. *Un vaccin contre le tétanos.*

têtard n. m.
Larve des batraciens.
Note.- Attention à l'orthographe : tê**t**ard.

tête n. f.

• Partie supérieure du corps humain, partie antérieure du corps des animaux. *Elle a mal à la tête. Une magnifique tête de cheval.*
• *Relever la tête.* Reprendre de la confiance en soi, du courage.
• *Se mettre martel en tête.* S'inquiéter.
• *Faire la tête.* Bouder. *Quand vas-tu cesser de faire la tête ?*
• *En avoir par-dessus la tête.* (Fam.) Être excédé. *Il en a par-dessus la tête et elle en a ras-le-bol.*
• Aspect. *Il a une bonne tête.*
• *Se payer la tête de quelqu'un.* S'en moquer.
• Intelligence, jugement. *C'est une femme de tête.*

● **Perdre la tête.** Ne plus avoir toute sa raison.

● **Se mettre dans la tête.** S'imaginer. *Comment as-tu pu te mettre cette idée dans la tête ?*

● **Coup de tête.** Décision impulsive. *Il est parti sur un coup de tête.*

● **N'en faire qu'à sa tête.** Ne pas tenir compte de l'avis des autres.

● **Tête baissée.** Sans réfléchir.

● **Tenir tête.** Résister. *Ils ont tenu tête.*

Note.- Dans cette expression, le nom est invariable.

● **À tue tête**, locution adverbiale. Très fort. *Ils criaient à tue tête.*

● Partie supérieure de quelque chose. *La tête d'un chêne, la tête d'une épingle.*

● Direction. *Elle est à la tête d'une grande entreprise.*

● **En tête**, locution adverbiale. En mémoire. *Je n'ai pas cette donnée en tête, mais je vérifierai.*

● **En tête de, à la tête de**, locutions prépositives. Au premier rang de. *Il est en tête de son groupe.*

Note.- Ces locutions s'écrivent sans trait d'union.

● **En-tête.** Dénomination officielle imprimée en tête d'un papier. *Du papier à en-tête.*

Note.- Le nom s'écrit avec un trait d'union et est du genre masculin.

tête-à-queue n. m. inv.
Demi-tour complet d'un véhicule. *Des tête-à-queue spectaculaires.*

tête-à-tête loc. adv. et n. m. inv.

● Entretien particulier entre deux personnes. *De charmants tête-à-tête.*

Note.- Le nom s'écrit avec des traits d'union.

● **En tête à tête, en tête-à-tête.** *On les a surpris en tête à tête, en tête-à-tête.*

Note.- La locution s'écrit avec ou sans traits d'union.

tête-bêche loc. adv.
Se dit de deux personnes, de deux objets placés dans une position inverse. *Les statuettes sont placées tête-bêche dans la boîte.*

Note.- Attention à l'orthographe : tête-bêche.

tête-de-Maure adj. inv. et n. m.

● **Adjectif de couleur invariable.** De couleur brun foncé.

V. Tableau - **COULEUR (ADJECTIFS DE).**

● **Nom masculin invariable.** Couleur brun foncé. *Des tête-de-Maure soyeux.*

● **Nom masculin.** Fromage de Hollande. *Des têtes-de-Maure.*

tête-de-nègre adj. inv. et n. m. inv.

● **Adjectif de couleur invariable.** De couleur brun très foncé. *Des canapés tête-de-nègre.*

V. Tableau - **COULEUR (ADJECTIFS DE).**

● **Nom masculin invariable.** Couleur brun très foncé. *Des tête-de-nègre veloutés.*

tétée n. f.
Action de téter. *La tétée a lieu toutes les quatre heures.*

Note.- Attention à l'orthographe : tétée.

téter v. tr., intr.

● Le *é* se change en *è* devant une syllabe muette, sauf

à l'indicatif futur et au conditionnel présent. *Je tète, mais je téterai.*

● Sucer le lait, en parlant d'un nourrisson, d'un jeune animal.

tétine n. f.
Pièce de caoutchouc percée d'une ouverture et qui permet à l'enfant de boire au biberon.

téton n. m.
(Fam.) Sein.

tétr(a)- préf.
Élément du grec signifiant « quatre ». *Tétrapode.*

tétraèdre n. m.
Figure à quatre faces triangulaires. *La pyramide est un tétraèdre.*

tétraédrique adj.
En forme de tétraèdre.

tétraplégie n. f.
(Méd.) Paralysie des quatre membres.
Syn. **quadriplégie.**

tétrapode n. m.
Vertébré doté de quatre membres.
Note.- Le mot **tétrapode** se dit de tous les animaux à quatre pattes, tandis que le mot **quadrupède** ne se dit que des mammifères.

tétras n. m.

● Le *s* ne se prononce pas [tetra].

● Coq de bruyère.

têtu, ue adj.
Obstiné. *Elle est trop têtue pour se ranger à votre avis.*
Notes.-
1° Attention à l'orthographe : têtu.
2° Cet adjectif et les synonymes **buté** et **entêté** se disent en mauvaise part, tandis que **persévérant, tenace, volontaire** sont utilisés en bonne part.

teuton, onne adj. et n. m. et f.
Relatif à l'ancienne Germanie.
Note.- Atttention à l'orthographe : teuto**nn**e.

teutonique adj.
Relatif aux Teutons.
Note.- Attention à l'orthographe : teuto**n**ique.

texan, ane adj. et n. m. et f.
Du Texas.
Note.- Contrairement à l'adjectif, le nom prend une majuscule.

texte n. m.

● Ensemble des mots d'un écrit. *Se reporter au texte d'une loi. Réviser un texte.*

● Œuvre littéraire. *Un texte philosophique.*

● **Traitement de texte(s).** (Inform.) Ensemble des opérations telles que saisie, correction et mise en forme, qui visent à établir un document à l'aide des techniques informatiques. *Un logiciel de traitement de texte jumelé à une banque de données.*

Note.- Dans cette expression, le mot **texte** est généralement au singulier, mais il peut s'écrire également au pluriel.

textuel, elle adj.
Qui est exactement conforme au texte, aux paroles.
Une citation textuelle.

textuellement adv.
Mot à mot. *Il n'a pas rapporté ses paroles textuellement.*

texture n. f.
Arrangement des éléments d'un corps, d'une substance.

texturer ou **texturiser** v. tr.
Donner une texture particulière. *Un revêtement texturé.*

T.G.V.
Sigle de *train à grande vitesse.*

th
Symbole de *thermie.*

thaïlandais, aise adj. et n. m. et f.
De Thaïlande.
Note.- Contrairement à l'adjectif, le nom s'écrit avec une majuscule.

thalamus n. m.
• Le *s* se prononce [talamys].
• Partie du cerveau.
Note.- Attention à l'orthographe : t**h**alamus.

thalasso- préf.
Élément du grec signifiant « mer ». *Thalassothérapie.*

thalassothérapie n. f.
Méthode thérapeutique fondée sur les bains de mer et le climat marin.
Note.- Attention à l'orthographe : t**h**alassothérapie.

thalidomide n. f.
Médicament dont l'emploi a provoqué des malformations de l'embryon.
Note.- Attention à l'orthographe : t**h**alidomide.

thanato- préf.
Élément du grec signifiant « mort ». *Thanatologie.*

thanatologie n. f.
Étude scientifique de la mort.

thaumaturge adj. et n. m.
(Litt.) Personne qui fait des miracles.
Note.- Attention à l'orthographe : t**h**aumaturge.

thé n. m.
• Feuilles du théier qui contiennent la théine.
• Boisson préparée avec les feuilles de thé. *Des salons de thé. Prendre un thé (au) citron.*
Note.- Attention à l'orthographe : t**h**é.

théâtral, ale, aux adj.
• Qui a le caractère du théâtre. *Des jeux théâtraux.*
• Qui ressemble au théâtre par l'emphase, l'exagération. *Elle a des intonations trop théâtrales.*

théâtralement adv.
D'une manière emphatique, pompeuse.

théâtre n. m.
• Édifice où l'on joue des ouvrages dramatiques, où l'on donne des spectacles. *Un théâtre dont l'acoustique est excellente.*

Note.- Si le nom fait partie de la désignation d'une salle de spectacle, d'une troupe de théâtre, il s'écrit avec une majuscule. *Le Théâtre national populaire, le Théâtre national de l'Odéon.* Si le nom ne fait pas partie du nom officiel, il s'écrit alors avec une minuscule. *Le théâtre Port-Royal, le théâtre du Vieux-Colombier.*
• Art de l'acteur. *Il fait du théâtre.*
• Ensemble des pièces d'un auteur. *Le théâtre d'Eugène Ionesco.*
• *Coup de théâtre.* Péripétie inattendue.
• Lieu où se passent des évènements. *Cette région fut le théâtre d'un affrontement militaire.*

-thée suff.
Élément du grec signifiant « dieu ». *Athée.*

théier, ière adj.
Relatif au thé. *Industrie théière.*

théier n. m.
Arbre cultivé pour ses feuilles.

théière n. f.
Récipient dans lequel on sert le thé. *Une belle théière de porcelaine.*
Note.- Attention à l'orthographe : t**h**éière.

théine n. f.
Caféine contenue dans le thé.

thématique adj. et n. f.
• **Adjectif.** Relatif à un thème. *Un index thématique.*
• **Nom féminin.** Ensemble des thèmes d'une œuvre. *La thématique de ce poète est très riche.*
Note.- Attention à l'orthographe : t**h**ématique.

thème n. m.
Motif, sujet. *Le thème de son exposé est très actuel.*
Note.- Attention à l'orthographe : t**h**ème.

théo- préf.
Élément du grec signifiant « dieu ». *Théologie.*

théologie n. f.
Science qui a pour objet les questions religieuses.
Note.- Attention à l'orthographe : t**h**éologie.

théologien n. m.
théologienne n. f.
Spécialiste de la théologie.

théologique adj.
Qui concerne la théologie.
Note.- Attention à l'orthographe : t**h**éologique.

théorème n. m.
Proposition destinée à être rendue évidente au moyen d'une démonstration. *Le théorème de Pythagore.*
Note.- Attention à l'orthographe : t**h**éorème.

théoricien, ienne n. m. et f.
Personne qui étudie la théorie d'un art, d'une science (par opposition à *praticien).*

théorie n. f.
• Ensemble de connaissances abstraites qui s'appliquent à un domaine particulier.
• *En théorie,* locution adverbiale. De façon abstraite.
Note.- Attention à l'orthographe : t**h**éorie.

théorique adj.
• Qui appartient à la théorie.
• (Péj.) Qui se limite à la théorie et manque de réalisme. *Une hypothèse purement théorique.*
Ant. **empirique.**

théoriquement adv.
• Selon la théorie (par opposition à **pratiquement**). *Cette démonstration a été faite théoriquement, il faut maintenant en faire l'expérience.*
• (Fam.) En principe. *Théoriquement, nous devrions être de retour à la fin du mois.*

-thèque suff.
• Élément du grec signifiant « armoire ».
• Les mots composés avec le suffixe **-thèque** s'écrivent en un seul mot. *Bibliothèque, ludothèque.*

thérapeute n. m. et f.
Personne qui soigne les malades, quelles que soient les techniques utilisées. *Un thérapeute qui emploie la kinésithérapie.*
Note.- Attention à l'orthographe : t**h**érapeute.

thérapeutique adj.
Qui est relatif au traitement des maladies. *L'efficacité thérapeutique d'un médicament.*
Note.- Attention à l'orthographe : t**h**érapeutique.

thérapie n. f.
Mode de traitement de certaines maladies psychiatriques.
Note.- Attention à l'orthographe : t**h**érapie.

-thérapie suff.
• Élément du grec signifiant « soin ».
• Les mots composés avec le suffixe **-thérapie** s'écrivent en un seul mot. *Physiothérapie, radiothérapie.*

therm- préf.
• Élément du grec signifiant « chaleur ».
• Les mots composés du préfixe **therm-** s'écrivent en un seul mot. *Thermique.*

thermal, ale, aux adj.
Qui se rapporte aux eaux minérales chaudes. *Des eaux thermales, des établissements thermaux.*
Note.- Attention à l'orthographe : t**h**ermal.

thermes n. m. pl.
Établissement de bains dans l'Antiquité gréco-romaine. *Les thermes de Caracalla à Rome.*
Hom. **terme,** mot, expression.

thermie n. f.
• Symbole **th** (s'écrit sans point).
• Unité de quantité de chaleur.

thermique adj.
Relatif à la chaleur. *Une centrale thermique.*
Note.- Attention à l'orthographe : t**h**ermique.

thermo- préf.
• Élément du grec signifiant « chaleur ».
• Les mots composés avec le préfixe **thermo-** s'écrivent en un seul mot. *Thermoélectricité, thermomètre.*

thermoélectricité n. f.
Électricité produite par l'énergie thermique.
Note.- Attention à l'orthographe : **thermoélectricité**, en un seul mot.

thermoélectrique adj.
Relatif à la thermoélectricité.
Note.- Attention à l'orthographe : **thermoélectrique**, en un seul mot.

thermomètre n. m.
Instrument de mesure de la température. *Le thermomètre indique 39°, elle est malade.*
Note.- Attention à l'orthographe : t**h**ermomètre.

thermométrie n. f.
Mesure des températures.
Note.- Attention à l'orthographe : t**h**ermométrie.

thermonucléaire adj.
Se dit des réactions de fusion nucléaire provoquées par de hautes températures.
Note.- Attention à l'orthographe : t**h**ermonucléaire.

thermopompe n. f.
Appareil de chauffage.
Note.- Attention à l'orthographe : t**h**ermopompe.
Syn. **pompe à chaleur.**

thermopropulsion n. f.
Propulsion obtenue par énergie thermique.
Note.- Attention à l'orthographe : t**h**ermopropulsion.

thermos n. f. (n. déposé)
• Le **s** se prononce [tɛrmos].
• Récipient isolant. *Mettre du café dans une thermos.*
Notes.-
1° Ce nom est une marque déposée passée dans l'usage et s'écrit maintenant avec une minuscule. On le trouve aussi au masculin : *un* thermos.
2° Attention à l'orthographe : t**h**ermos.

thermostat n. m.
• Le **t** final ne se prononce pas [tɛrmɔsta].
• Appareil servant à régler la température. *Le thermostat de cette pièce est à 20 °C.*
Note.- Attention à l'orthographe : t**h**ermosta**t**.

thésaurisation n. f.
(Écon.) Fait d'accumuler des valeurs de façon improductive. *Le bas de laine est un exemple de thésaurisation.*
Note.- Attention à l'orthographe : t**h**és**au**risation.

thésauriser v. tr., intr.
(Litt.) Amasser de l'argent. *Ces personnes ont tendance à thésauriser. Elles ont thésaurisé des milliers de francs.*
Note.- Attention à l'orthographe : t**h**és**au**riser.

thesaurus n. m. inv.
• Le **e** se prononce **é** et le **s** final se prononce [tezɔrys].
• (Ling.) Répertoire alphabétique des mots d'une langue, d'un domaine scientifique, technique, etc.
Notes.-
1° Attention à l'orthographe : t**h**es**au**rus.
2° La graphie francisée avec un accent aigu est également possible.

thèse n. f.
• Proposition énoncée dont on cherche à démontrer la vérité, le bien-fondé. *Il défend la thèse du libéralisme économique.*

tien

• Recherche présentée pour l'obtention du grade de docteur. *Soutenir une thèse de doctorat.*
Note.- Attention à l'orthographe : t**h**èse.

thêta n. m. inv.
Lettre grecque.

thiamine n. f.
Vitamine B$_1$.
Note.- Attention à l'orthographe : t**h**iamine.

thibaude n. f.
Tissu épais servant à doubler un tapis, une moquette.

thon n. m.
Poisson apprécié pour sa chair. *Une salade de thon.*
Note.- Attention à l'orthographe : t**h**on.
Hom. *ton*, hauteur de la voix, couleur.

thonier n. m.
Navire destiné à la pêche au thon.
Note.- Attention à l'orthographe : t**h**onier.

thoracique adj.
Qui appartient au thorax. *La cage thoracique.*
Note.- Attention à l'orthographe : t**h**oracique.

thorax n. m.
• Le *x* se prononce [tɔraks].
• Partie du tronc qui contient les poumons et le cœur.
Note.- Attention à l'orthographe : t**h**ora**x**.

thriller n. m.
• Attention à la prononciation [srilœr] ou [trilœr].
• (Anglicisme) Film à suspense qui provoque des sensations fortes. *Des thrillers.*

thrombose n. f.
Formation de caillots dans un vaisseau sanguin.
Note.- Attention à l'orthographe : t**h**rombose.

thuriféraire n. m.
• (Liturg.) Porteur d'encensoir.
• (Litt.) Flatteur.
Note.- Attention à l'orthographe : t**h**urifér**aire**.

thuya n. m.
Conifère ornemental proche du genévrier. *Des thuyas.*

thym n. m.
Plante aromatique.
Note.- Attention à l'orthographe : t**h**ym.
Hom. :
- *tain*, substance dont on revêt le dos d'une glace ;
- *teint*, coloration du visage.

thymus n. m.
• Le *s* final se prononce [timys].
• Glande située à la partie inférieure du cou, qui n'existe que chez l'enfant et les jeunes animaux.
Notes.-
1° Attention à l'orthographe : t**h**ymus.
2° Le thymus de veau est couramment appelé *ris de veau.*

thyroïde adj. et n. f.
Glande endocrine située à l'avant du cou.
Note.- Attention à l'orthographe : t**h**yroïde.

thyroïdien, ienne adj.
Qui est relatif à la thyroïde. *Une insuffisance thyroïdienne.*

tiare n. f.
Coiffure du pape.
Note.- Attention à l'orthographe : tia**re**.

tibétain, aine adj. et n. m. et f.
Du Tibet.
Note.- Lorsqu'il s'agit de la langue, l'adjectif ou le nom s'écrit avec une minuscule. Si le nom désigne une personne, la majuscule s'impose.

tibia n. m.
Os long de la face interne de la jambe. *Le tibia et le péroné. Des tibias fracturés.*

tic n. m.
• Mouvement involontaire répétitif.
• Manie. *Des tics de langage.*
Note.- Attention à l'orthographe : ti**c**.
Hom. *tique*, insecte parasite.

ticket n. m.
• Le *t* ne se prononce pas [tikɛ].
• Petit rectangle de carton qui sert de billet d'admission dans un véhicule public, une exposition, etc. *Des tickets de métro.*
• *Ticket modérateur.* Partie des frais médicaux à la charge du bénéficiaire des soins. *Des tickets modérateurs.*

tic-tac n. m. inv.
Bruit d'un mécanisme d'horlogerie. *Les tic-tac d'une horloge.*

tiède adj.
• Légèrement chaud. *Un potage tiède. Une bière tiède.*
• Qui manque d'enthousiasme. *Des applaudissements tièdes.*
Note.- Attention à l'orthographe : ti**è**de.

tièdement adv.
Avec tiédeur.

tiédeur n. f.
• Caractère de ce qui est légèrement tiède.
• Défaut d'enthousiasme.
Note.- Attention à l'orthographe : ti**é**deur.

tiédir v. tr., intr.
• *Transitif.* Rendre tiède.
• *Intransitif.* Devenir tiède. *Ton café tiédit.*
Note.- Attention à l'orthographe : ti**é**dir.

tien, tienne adj. poss. et pron. poss.

• **Adjectif possessif de la deuxième personne du singulier**
- L'adjectif ne s'emploie aujourd'hui qu'à titre d'attribut. *Cette maison est tienne.*
- Il s'emploie également avec les verbes *faire, devenir. Tu fais tiennes ces propositions.*
V. Tableau - **POSSESSIF (ADJECTIF).**
• **Pronom possessif de la deuxième personne du singulier**
Le pronom qui s'emploie toujours avec l'article défini doit se rapporter à un nom énoncé précédemment. *Ces enfants sont les tiens. Je n'ai pas ma voiture, prenons la tienne.*

● **Nom masculin pluriel**
Tes proches, ta famille. *Tu te sens bien près des tiens.*

tierce n. f.
Intervalle de deux notes de musique.
Note.- Attention à l'orthographe ; tier*ce.*
V. **tiers.**

tiercé n. m.
Forme de pari où l'on mise sur les chevaux qui devraient se classer aux trois premières places.

tiers, tierce adj. et n. m.
● **Adjectif**
- (Vx) Troisième. *Le tiers monde.*
- *Tierce personne.* Une troisième personne.
● **Nom masculin**
- Troisième partie d'un tout. *Les deux tiers des participants ont voté pour la proposition.*
Note.- Après **le tiers + complément au pluriel,** le verbe s'accorde généralement avec le complément, mais il peut s'accorder avec le collectif au singulier. *Le tiers des élèves ont réussi,* ou *a réussi.*
- Troisième personne, et par extension, une personne étrangère. *Ce contrat doit être signé en présence d'un tiers.*

tige n. f.
● Partie de la plante qui porte les feuilles. *La longue tige d'un rosier.*
● Partie allongée et cylindrique de certains objets. *Une tige de métal.*

tignasse n. f.
(Fam.) Chevelure.
Note.- Attention à l'orthographe : tigna*sse.*

tigre n. m.
Grand mammifère carnassier dont le pelage roux est rayé de bandes noires. *Un tigre du Bengale.*

tigré, ée adj.
Marqué de rayures. *Une fourrure tigrée.*

tigresse n. f.
Femelle du tigre.

tilleul adj. inv. et n. m.
● **Adjectif de couleur invariable**
D'un vert tendre. *Des velours tilleul.*
V. Tableau - **COULEUR (ADJECTIFS DE).**
● **Nom masculin**
- Arbre cultivé pour son bois blanc et ses fleurs odorantes dont on tire une infusion.
- Infusion calmante préparée avec des fleurs de tilleul. *Je prendrais une tasse de tilleul-menthe.*
Note.- Attention à l'orthographe : ti*ll*eul.

timbale n. f.
● Petit tambour.
Note.- Ne pas confondre avec le mot **cymbale** qui désigne un instrument de musique à percussion.
● Gobelet de métal. *Une timbale d'argent.*
● Préparation culinaire (viande, crustacés, etc., en sauce) servie dans une croûte de pâtisserie.
Note.- Attention à l'orthographe : timba*l*e.

timbrage n. m.
Opération qui consiste à apposer un timbre.

timbre n. m.
● Cloche métallique frappée par un marteau. *Le timbre d'une bicyclette.*
● Marque d'une entreprise, d'une administration, apposée à l'aide d'un instrument.
● *Timbre(-poste).* Vignette attestant le paiement d'un envoi postal. *Des timbres-poste rares, des timbres de collection.*
Note.- Couramment, on emploie surtout le mot **timbre.**

timbré, ée adj.
● Affranchi. *Une enveloppe timbrée.*
● (Fam.) Légèrement fou. *Je crois qu'elle est un peu timbrée.*

timbrer v. tr.
● Marquer d'un timbre.
● Apposer un ou des timbres sur un envoi postal.

timide adj. et n. m. et f.
Qui manque d'assurance, embarrassé. *Une enfant timide. C'est une grande timide.*

timidement adv.
Avec timidité.

timidité n. f.
Manque d'assurance.

timon n. m.
Longue pièce de bois servant à atteler des chevaux.

timonerie n. f.
● Partie du navire où sont rassemblés les appareils de navigation et la roue du gouvernail.
● Ensemble des appareils de direction et de freinage d'un véhicule.

timoré, ée adj.
Craintif.

tintamarre n. m.
Vacarme, tapage.
Note.- Attention à l'orthographe : tintama*rre.*

tintement n. m.
Action de tinter. *Le tintement d'un carillon.*

tinter v. intr.
Produire des sons clairs qui se succèdent. *Une cloche qui tinta trois fois.*
Hom. **teinter,** colorer légèrement.

tintinnabuler v. intr.
(Litt.) Sonner comme un ensemble de clochettes.

tintouin n. m.
● (Fam.) Vacarme.
● (Fam.) Ennui, tracas.
Note.- Attention à l'orthographe : tint*ouin.*

tique n. f.
Insecte parasite.
Note.- Attention à l'orthographe : ti*que.*
Hom. **tic,** mouvement involontaire répétitif.

tiquer v. intr.
(Fam.) Avoir l'attention arrêtée par un détail qui choque,

étonne. *J'ai tiqué sur cette orthographe, ce n'est pas la bonne !*

tir n. m.
• Action de lancer un projectile au moyen d'une arme dans une direction déterminée. *Un tir d'artillerie, un tir de barrage.*
• *Champ de tir, ligne de tir.*
Note.- Dans ces expressions, le mot *tir* s'écrit au singulier.

tirade n. f.
• Longue suite de phrases débitée d'un seul trait par un personnage de théâtre.
• Développement d'une certaine étendue portant sur un même sujet.

tirage n. m.
• Nombre d'exemplaires imprimés en une fois. *Un tirage de 30 000 exemplaires. Une revue à grand tirage.*
• Action de tirer au sort des numéros. *Le tirage d'un prix, d'une loterie.*

tiraillement n. m.
• Le fait d'être partagé entre des sentiments, des possibilités contradictoires.
• (Gén. plur.) Conflit, absence de concertation. *Il y a des tiraillements entre les organismes chargés de l'application de cette loi.*

tirailler v. tr.
• Les lettres *ill* sont suivies d'un *i* à la première et à la deuxième personne du pluriel de l'indicatif imparfait et du subjonctif présent. *(Que) nous tiraillions, (que) vous tirailliez.*
• Tirer par petits coups dans diverses directions.
• Déchirer entre les possibilités contradictoires. *Il est tiraillé par les diverses possibilités qui s'offrent à lui.*

tiré, ée adj. et n. m.
• **Adjectif**
- Étiré par la fatigue. *Les traits tirés.*
- *Tiré à quatre épingles.* Vêtu avec recherche.
• **Nom masculin**
- *Tiré à part.* Reproduction d'un article, d'un texte. *Des tirés à part gratuits.*
- Compte bancaire sur lequel a été tiré un chèque, une lettre de change et à partir duquel le paiement sera fait. *Le tiré* par opposition *au tireur.*

tire-au-flanc n. m. inv.
(Fam.) Paresseux. *Des tire-au-flanc.*

tire-botte n. m.
Petite planche, pour se débotter. *Des tire-bottes efficaces.*

tire-bouchon n. m.
• Instrument servant à déboucher les bouteilles. *Des tire-bouchons.*
• *En tire-bouchon.* En forme de spirale. *Un escalier en tire-bouchon.*

tire-bouchonner v. tr.
Plisser. *Des pantalons tire-bouchonnés.*

tire-d'aile (à) loc. adv.
Très rapidement. *Les oiseaux s'enfuirent à tire-d'aile.*
Note.- On écrit également *à tire d'ailes.*

tire-fesses n. m. inv.
(Fam.) Remonte-pente.

tire-larigot (à) loc. adv.
En quantité. *Tu pourras manger à tire-larigot.*
Note.- Attention à l'orthographe : tire-larigo**t**.

tire-ligne n. m.
Instrument servant à tracer des lignes plus ou moins larges. *Des tire-lignes de graphiste.*

tirelire n. f.
Petite boîte munie d'une fente dans laquelle on peut introduire une pièce de monnaie. *Des tirelires musicales.*

tirer v. tr., intr., pronom.

• **Transitif**
- Mouvoir vers soi. *Le remorqueur tire un navire. Tirer quelqu'un par le bras.*
- Extraire. *Il a tiré deux billets de sa poche. Elle tirait l'eau du puits.*
- *Tirer la langue.* Avancer la langue hors de la bouche.
- *Tirer la langue.* (Fig.) Se moquer de quelqu'un.
- *Tirer au clair quelque chose.* Clarifier une question.
- *Tirer son chapeau.* Rendre hommage.
- Obtenir. *Tirer parti, tirer avantage, tirer profit de quelque chose, tirer satisfaction, tirer vengeance, etc.*
Note.- Ces expressions figées sont invariables.
- *Tiré par les cheveux.* Compliqué et peu clair. *Votre explication est tirée par les cheveux.*
- Avoir son origine. *Ce fromage tire son nom de cette légende. Ce terme technique est tiré du grec.*
- Obtenir un numéro gagnant. *Elle a tiré le gros lot.*
- Tracer. *Tirer une ligne.*
- Lancer un projectile au moyen d'une arme. *Ils ont tiré des flèches et des coups de feu.*
• **Intransitif**
- Exercer une traction. *Tirer sur un câble.*
- Être imprimé. *Un ouvrage qui tire à 8 000 exemplaires.*
- *Tirer à bout portant sur quelqu'un.* Tirer un coup de feu de très près.
• **Pronominal**
- *Se tirer d'affaire, d'embarras.* S'en sortir.
- *Se tirer.* (Pop.) Partir, s'enfuir.

tiret n. m.

Petit trait horizontal identique au signe *moins.*
Note.- Le tiret est suivi d'un espacement simple.
Emplois du tiret
• Dans un **dialogue**, le tiret annonce un changement d'interlocuteur. «*Serez-vous des nôtres ?*
- *Avec le plus grand plaisir.*
- *Vous m'en voyez ravie.* »
• **Jalons énumératifs.** *Examen des questions suivantes :*
- *applications bureautiques ;*
- *diffusion télématique.*

• **Mise en relief** d'un membre de phrase, d'une incidente explicative. Dans cet emploi, le double tiret est obligatoire au même titre que la double virgule ou les parenthèses. *Les participants au Sommet — pays occidentaux et orientaux — tenteront de se mettre d'accord sur cette importante question.*
• *Dans un* **index**, le tiret remplace un terme que l'on ne veut pas répéter. *Touche de fonction*
- de recul
- de retour.

tireur, euse n. m. et f.
• Personne qui tire à l'aide d'une arme. *Des tireurs isolés.*
• Bénéficiaire d'un chèque, d'une lettre de change (par opposition à *tiré).*

tiroir n. m.
Partie d'un meuble qui coulisse. *Un tiroir secret.*

tiroir-caisse n. m.
Caisse d'un établissement commercial. *Des tiroirs-caisses électriques.*

tisane n. f.
Infusion médicamenteuse, calmante, stimulante, etc. *Une tisane de tilleul.*
Note.- Attention à l'orthographe : tisa**n**e.

tison n. m.
Reste d'une bûche qui a brûlé et qui est encore incandescente.

tisonner v. tr.
Remuer la braise pour attiser un feu.
Note.- Attention à l'orthographe : ti**s**o**nn**er.

tisonnier n. m.
Instrument servant à remuer les braises.
Note.- Attention à l'orthographe : ti**s**o**nn**ier.

tissage n. m.
Action de tisser.

tisser v. tr.
Fabriquer des étoffes en entrelaçant les fils de la chaîne tendue sur un métier et ceux de la trame à l'aide d'une navette.

tisserand n. m.
tisserande n. f.
Personne qui tisse des étoffes.
Note.- Attention à l'orthographe : tisseran**d**.

tissu n. m.
• Étoffe. *Des tissus de coton, de fibres synthétiques.*
• *Tissu-éponge.* Tissu dont les fils absorbent l'eau. *Des tissus-éponges imprimés.*
• Suite d'éléments. *Ces déclarations sont un tissu de mensonges.*
• Ensemble formé d'éléments enchevêtrés. *Le tissu social, le tissu urbain constituant un tout.*

titan n. m.
(Litt.) Personne d'une puissance extraordinaire. *Un travail de titan.*

titanique ou **titanesque** adj.
(Litt.) Gigantesque.

titillation n. f.
(Litt.) Action de titiller.
Note.- Attention à l'orthographe : titi**ll**ation.

titiller v. tr.
• Les lettres **ill** sont suivies d'un *i* à la première et à la deuxième personne du pluriel de l'indicatif imparfait et du subjonctif présent. *(Que) nous titillions, (que) vous titilliez.*
• (Litt.) Chatouiller légèrement et agréablement.
Note.- Attention à l'orthographe : titi**ll**er.

titrage n. m.
Action de donner un titre à un film, à un article, etc.

titre n. m.
• Désignation d'une œuvre. *Le titre d'un roman, d'un tableau, d'un film, d'un poème, d'une chanson.*
• Phrase en gros caractères placée en tête d'un article de journal, d'un document. *Son nom apparaît en gros titre.*
• Désignation de dignité, de grade universitaire, de fonction. *Un titre de noblesse, des titres universitaires.*
V. Tableau - **FÉMINISATION DES TITRES.**
• Écrit qui sert à établir un droit. *Des titres de propriété, de créance.*
• *À titre de*, locution prépositive. Comme, en tant que. *Je suis ici à titre d'amie, à titre amical, à plus d'un titre.*
• *À juste titre*, locution adverbiale. Justement, avec raison.
V. Tableau - **TITRES D'ŒUVRES.**
V. Tableau - **TITRES DE FONCTIONS.**

titrer v. tr.
Intituler, mettre pour titre.

titubant, ante adj.
Vacillant.

tituber v. intr.
Vaciller sur ses jambes.

titulaire adj. et n. m. et f.
Personne qui possède juridiquement un droit, un titre de façon permanente. *La titulaire d'une fonction. Cet adolescent est titulaire d'un permis de chasse.*
Note.- Ne pas confondre avec les mots suivants :
- *détenteur*, personne qui conserve quelque chose à titre provisoire ;
- *porteur*, personne qui détient un titre dont le titulaire n'est pas indiqué.

titularisation n. f.
Action de titulariser.

titulariser v. tr.
Nommer de façon permanente. *Après un an, les fonctionnaires peuvent être titularisés.*

T.N.T.
Sigle de *trinitrotoluène* (explosif très puissant).

toast n. m.
• Action de boire à la santé de quelqu'un, au succès

TITRES D'ŒUVRES

Les titres d'œuvres littéraires (poèmes, essais, romans, etc.) ou artistiques (peintures, sculptures, compositions musicales), les noms de journaux, de périodiques s'écrivent avec une majuscule au substantif initial et éventuellement à l'adjectif, l'adverbe, l'article qui le précèdent.

> *Le Petit Larousse en couleurs, le Dictionnaire thématique visuel, le Petit Robert, la Joconde, les Concertos brandebourgeois, Le Canard enchaîné. Les Très Riches Heures du duc de Berry.*

Note.- Les titres sont composés en italique dans un texte en romain. Dans un texte déjà en italique, la notation se fait en romain. Pour un manuscrit, on utilisera les guillemets ou le soulignement.

Article défini

L'article défini ne prend la majuscule que s'il fait partie du titre.

> *Il a lu* L'Art d'aimer *d'Ovide.*

Adjectif

Si l'adjectif précède le substantif, tous deux prennent la majuscule.

> *La Divine Comédie, le Grand Larousse de la langue française, le Bon Usage.*

Si l'adjectif suit le substantif, il s'écrit avec une minuscule.

> *Le Code typographique.*

Plusieurs substantifs

Si le titre est constitué de plusieurs mots mis en parallèle, chacun s'écrit avec une majuscule.

> *Guerre et Paix, La Belle et la Bête.*

Phrase

Lorsqu'un titre est constitué d'une phrase, seul le premier mot s'écrit avec une majuscule.

> *À la recherche du temps perdu. La guerre de Troie n'aura pas lieu.*

Contraction de la préposition *à* ou *de* et de l'article initial du titre.

En général, la contraction de la préposition et de l'article initial se fait.

> *La lecture du* Monde. *Le visionnement des* Quatre cents coups *de Truffaut.*

Accord du verbe, de l'adjectif et du participe.

Le verbe, l'adjectif et le participe s'accordent avec le titre si celui-ci débute par un nom précédé d'un article ou si le titre est un nom propre féminin.

> *Les* Champs magnétiques *sont une œuvre surréaliste. La* Joconde *fut peinte par Léonard de Vinci.*

---

de quelque chose, etc. *Porter des toasts au bonheur des nouveaux mariés.*
- Tranche de pain grillé. *Un toast avec de la confiture.*

toboggan n. m.
Glissière en pente du haut de laquelle les enfants se laissent glisser.
Note.- Attention à l'orthographe : tobo**gg**an.

toc n. m.
Imitation, objet faux. *Ces bijoux sont en toc. Ce n'est que du toc.*
Hom. *toque*, coiffure de forme cylindrique.

toccata n. f.
Composition musicale. *Des toccatas de J.-S. Bach.*

tocsin n. m.
Bruit d'une cloche destiné à donner l'alarme.
Note.- Attention à l'orthographe : to**cs**in.

toge n. f.
Robe, dans certaines professions. *La toge des magistrats, des avocats.*

togolais, aise adj. et n. m. et f.
Du Togo.
Note.- Contrairement à l'adjectif, le nom prend une majuscule.

TITRES DE FONCTIONS

Titres de fonctions, de grades, de noblesse.

De façon générale, ces titres sont des noms communs qui s'écrivent avec une minuscule.

Le pape, le président-directeur général, le duc, le juge, le premier ministre.

Si le titre désigne une personne à qui l'on s'adresse, il s'écrit avec une majuscule.

Veuillez agréer, Monsieur le Président...

Titres honorifiques

Le titre honorifique ainsi que l'adjectif et l'adverbe qui le précèdent s'écrivent avec une majuscule.

Sa Sainteté, Sa Très Gracieuse Majesté.

Suivis du nom propre, les titres honorifiques s'abrègent.

S.S. le pape Jean-Paul II, S. M. la reine Élisabeth II.

Titres de civilité

Les titres de civilité s'écrivent avec une majuscule et ne s'abrègent pas quand on s'adresse directement à la personne dans les suscriptions.

Monsieur Jacques Dubois.

Le titre s'abrège généralement lorsqu'il est suivi du patronyme ou d'un autre titre et qu'on ne s'adresse pas directement à la personne.

M. Dupont est absent, M. le juge est là.

Le titre s'écrit avec une minuscule initiale et ne s'abrège pas lorsqu'il est employé seul, sans être accompagné d'un nom propre, d'un titre ou d'une fonction, dans certaines constructions de déférence.

Oui, monsieur, madame est sortie. Je ne crois pas avoir déjà rencontré monsieur.

V. madame, monsieur.

---

tohu-bohu n. m. inv.
(Fam.) Désordre, vacarme. *Le tohu-bohu de la fête.*
Note.- Ce mot ne s'emploie pas au pluriel.

toi pron. pers.
Pronom de la deuxième personne du singulier masculin et féminin.
EMPLOIS
• Complément d'objet direct. *Retiens-toi.*
• Complément d'objet indirect. *Il est à toi.*
• Complément circonstanciel. *Elle est chez toi.*
• Complément déterminatif. *En mémoire de toi.*
• Complément de l'adjectif. *Digne de toi.*
• Attribut. *Tu es toi-même.*
• Sujet pour renforcer le pronom **tu**. *Toi, tu as fais ça ?*
• **Chez toi**, locution. Dans ta maison.
Notes.-
1° La locution s'écrit sans trait d'union (*Ils sont chez toi*), contrairement au nom masculin **chez-toi** (*Ton chez-toi*).
2° Attention à l'accord du verbe de la proposition relative. *Toi qui le vois* (et non *voit*).

toile n. f.
• Tissu. *Un pantalon de toile, une toile de lin.*
• Pièce servant de support à une œuvre peinte, œuvre peinte sur toile. *Des toiles de maître.*
• **Toile de fond.** Décor de théâtre et au figuré, cadre général. *Tracer la toile de fond d'un évènement.*
• **Toile d'araignée.** Réseau de fils tissés par l'araignée pour y prendre des insectes. *Une multitude de toiles d'araignée.*

toilettage n. m.
Action de toiletter.
Note.- Ce nom ne s'emploie qu'en parlant des petits animaux familiers.

toilette n. f.
• Ensemble des soins de propreté. *Faire sa toilette, une trousse de toilette.*
• Tenue. *Une jolie toilette.*
• (Au plur.) Cabinet (d'aisances). *Où sont les toilettes, s'il vous plaît ?*
Note.- En ce sens, le nom s'emploie au pluriel.

toiletter v. tr.
Faire la toilette d'un chien, d'un chat.

toise n. f.
Appareil qui sert à mesurer la taille.

toiser v. tr.
Regarder avec dédain. *Elle le toisa d'un regard sombre.*

toison n. f.
Lainage des moutons.

toit n. m.
• Couverture d'un immeuble. *Un toit en pente, un toit d'ardoises.*
• (Fig.) Habitation. *Ils sont à la recherche d'un toit.*

toiture n. f.
Ensemble des toits d'un immeuble.

tôle n. f.
Métal en feuille obtenu par laminage. *Un toit recouvert de tôle.*
Note.- Attention à l'orthographe : tô**le**.

tolérable adj.
Admissible. *Cette erreur n'est pas tolérable.*

tolérance n. f.
• Action de tolérer. *Les tolérances orthographiques.*
• Respect des opinions politiques, sociales, religieuses d'autrui.
• Indulgence. *Elle a fait preuve de tolérance.*

tolérant, ante adj.
Compréhensif. *Des instituteurs tolérants.*
Note.- Ne pas confondre avec le participe présent invariable **tolérant**. *Les parents tolérant de tels écarts sont rares.*

tolérer v. tr.
• Le *é* se change en *è* devant une syllabe muette, sauf à l'indicatif futur et au conditionnel présent. *Je tolère,* mais *je tolérerai.*
• Permettre. *Tolérer des retards.*
• Supporter. *Elle a du mal à tolérer la vulgarité de cette personne.*

tôlerie n. f.
Atelier où l'on travaille la tôle, où l'on répare les carrosseries. *Envoyer une voiture à la tôlerie.*

tollé n. m.
Mouvement collectif d'indignation et de colère. *Des tollés véhéments.*

tomahawk n. m.
• Le dernier *a* se prononce *o* [tɔmaok].
• Hache de guerre. *Les Amérindiens ont sorti leurs tomahawks.*
Note.- Attention à l'orthographe : toma**hawk**.

tomaison n. f.
Indication du tome d'un ouvrage.
Note.- Attention à l'orthographe : to**m**aison.

tomate n. f.
• Plante cultivée pour ses fruits.
• Fruit de cette plante. *Un jus de tomate, de la sauce tomate. Il était rouge comme une tomate.*
Note.- Attention à l'orthographe : to**mat**e.

tombal, ale, als adj.
Pierre tombale. Monument qui recouvre une tombe.

tombant, ante adj.
• Qui tombe. *Des épaules tombantes.*
• *À la nuit tombante.* Au crépuscule.
Note.- Ne pas confondre avec le participe présent invariable **tombant**. *Ses cheveux tombant sur ses épaules lui donnaient un air angélique.*

tombe n. f.
Lieu où un mort est enseveli.
Note.- Ne pas confondre avec le mot **tombeau** qui désigne un monument funéraire.

tombeau n. m.
• Monument imposant, construit sur une tombe. *Des tombeaux grandioses.*
• *À tombeau ouvert*, locution adverbiale. Si vite qu'on risque la mort. *Ils roulaient à tombeau ouvert.*
Note.- Ne pas confondre avec le mot **tombe** qui désigne le lieu où un mort est enseveli.

tombée n. f.
• (Litt.) Action de tomber. *La tombée des feuilles, du soir.*
• *Tombée du jour, tombée de la nuit.* Crépuscule.

tomber v. intr.
• Être entraîné de haut en bas. *La petite fille est tombée de la balançoire. Elle est tombée par terre* ou *à terre.*
Note.- Le verbe se conjugue généralement avec l'auxiliaire **être**. *Les feuilles sont tombées. Il est tombé de la neige.* L'emploi de l'auxiliaire **avoir** est vieilli.
• *Tomber en ruines.* S'écrouler.
• *Tomber des nues.* Être très surpris.
• *Tomber (bien, mal).* Arriver de façon opportune, inopportune.
• *Tomber sous le sens.* Être évident.
• *Laisser tomber.* Abandonner.
• *Tomber + adjectif* ou **nom**. Devenir subitement (amoureux, malade, etc.). *Il est tombé amoureux. La voiture est tombée en panne.*
• *Tomber de sommeil, de fatigue.* Être épuisé.
• *Tomber d'accord avec quelqu'un.* Aboutir à la même conclusion. *Elles sont tombées d'accord.*

tombereau n. m.
Véhicule de transport à deux roues qui peut basculer pour le déchargement. *Des tombereaux remplis de sable.*
Note.- Attention à l'orthographe : tomber**eau**.

tombeur n. m.
(Fam.) Séducteur.

tombola n. f.
Loterie où l'on peut gagner des lots en nature. *Organiser des tombolas au profit d'une œuvre de bienfaisance.*
Note.- Attention à l'orthographe : tombo**la**.

tome n. m.
Chacun des volumes d'un même écrit qui en comprend plusieurs. *Un dictionnaire en neuf tomes. Le tome III d'une saga.*
Note.- Par opposition au mot **tome**, le mot **fascicule** se dit d'une partie d'un ouvrage qui paraît par fragments

successifs ; le mot *livre*, d'un écrit reproduit à un certain nombre d'exemplaires ; le mot *plaquette*, d'un petit livre de peu d'épaisseur.
Hom. *tomme,* fromage de Savoie.

tomme n. f.
Fromage de Savoie, à pâte pressée.
Hom. *tome,* chacun des volumes d'un même écrit.

tommette ou **tomette** n. f.
Petit carreau hexagonal, de couleur rouge brique dont on recouvre le sol.

tomodensitomètre n. m.
(Méd.) Scanner.
Note.- Le mot tomodensitomètre a fait l'objet d'une recommandation spéciale pour remplacer l'anglicisme *scanner.*

ton adj. poss. m. sing.
• L'adjectif possessif détermine le nom en indiquant le « possesseur » de l'objet désigné. Il s'accorde en genre et en nombre avec le nom déterminé. *Ton jardin.*
• Il s'accorde en personne avec le nom désignant le « possesseur ». Ainsi, l'adjectif possessif *ton* renvoie à un seul « possesseur » d'un être, d'un objet de genre masculin.
Note.- Devant un nom féminin commençant par une voyelle ou un *h* muet, c'est aussi la forme masculine *ton* qui est employée pour des raisons d'euphonie. *Ton amie, ton histoire.*
V. Tableau - **POSSESSIF (ADJECTIF).**

ton n. m.
• Hauteur moyenne de la voix, d'un son. *Un ton grave, un ton aigu.*
• Inflexion de la voix. *Il l'a crié sur tous les tons. Elle parle d'un ton théâtral.*
• Manière d'être. *Ces tenues sont de bon ton, de mauvais ton.*
• *Donner le ton.* Déterminer la mode, le bon usage.
• Couleur considérée sous l'angle de son intensité. *Des tons pâles.*
• *Ton sur ton,* locution invariable. Dans une même couleur, plus ou moins foncée. *Des imprimés ton sur ton.*
Hom. *thon,* poisson.

tonalité n. f.
• Ensemble des caractères d'un ton.
• Couleur dominante (d'un tableau, d'une œuvre). *La tonalité lumineuse d'un tableau impressionniste.*

tondeuse n. f.
Machine servant à tondre. *Une tondeuse à gazon électrique.*

tondre v. tr.
• *Je tonds, tu tonds, il tond, nous tondons, vous tondez, ils tondent. Je tondais. Je tondis. Je tondrai. Je tondrais. Tonds, tondons, tondez. Que je tonde. Que je tondisse. Tondant. Tondu, ue.*
• Couper à ras (les poils, la toison, l'herbe, etc.). *Il a tondu le gazon.*

tonifier v. tr.
• Redoublement du *i* à la première et à la deuxième personne du pluriel de l'indicatif imparfait et du subjonctif présent. *(Que) nous tonifiions, (que) vous tonifiiez.*
• Avoir un effet fortifiant, affermir. *Les exercices tonifient les muscles.*

tonique adj. et n. m.
• **Adjectif**
- Qui fortifie, affermit. *Une lotion tonique.*
- (Phonét.) Qui porte le ton. *L'accent tonique.*
• **Nom masculin**
Médicament qui fortifie. *Prendre un tonique.*
Note.- Attention à l'orthographe : to*n*ique.

tonitruant, ante adj.
Bruyant. *Une voix tonitruante.*

tonnage n. m.
Quantité de marchandises exprimée en tonnes. *Le tonnage d'un navire.*

tonne n. f.
• Symbole *t* (s'écrit sans point).
• Unité de mesure de masse équivalant à 1 000 kilogrammes.
• (Fig.) Grande quantité. *Pour les vacances, elle a emporté une tonne de livres.*

tonneau n. m.
• Grand récipient cylindrique limité à chaque extrémité par un fond plat et destiné à contenir un liquide. *Des tonneaux de chêne.*
• Contenu d'un tonneau. *Un tonneau de vin.*
• *Le tonneau des Danaïdes.* Travail sans fin.

tonnelet n. m.
Petit tonneau.
Note.- Attention à l'orthographe : to*nn*elet.

tonnelle n. f.
Treillis couvert de verdure. *Les jolies tonnelles fleuries des jardins de l'Andalousie.*
Note.- Attention à l'orthographe : to*nn*elle.

tonner v. impers., intr.
• **Impersonnel.** Gronder, en parlant du tonnerre. *Il tonnait très fort et les enfants étaient effrayés.*
• **Intransitif.** (Fig.) Fulminer. *Le chef du clan tonnait contre les maladroits.*
Note.- Attention à l'orthographe : to*nn*er.

tonnerre n. m.
• Bruit qui accompagne la foudre. *Le grondement du tonnerre, des coups de tonnerre.*
Note.- Au sens de *foudre,* l'emploi du nom *tonnerre* est une impropriété. *La foudre est tombée sur cet arbre* (et non le *tonnerre).*
• Grand bruit. *Un tonnerre d'acclamations.*
• *Du tonnerre.* (Fam.) Remarquable. *Un chanteur du tonnerre.*
Note.- Attention à l'orthographe : to*nn*erre.

*tonnerre
Impropriété au sens de *foudre. La foudre est tombée sur cet arbre* (et non *le tonnerre).

tonsure n. f.
Cercle rasé au sommet de la tête des ecclésiastiques.

tonsurer v. tr.
Donner la tonsure.

tonte n. f.
Action de tondre les moutons. *La saison de la tonte des moutons.*

tonton n. m.
Surnom familier de **oncle**. *Notre tonton est particulièrement espiègle.*

tonus n. m.
• Le **s** se prononce [tɔnys].
• Tension musculaire.
• Combativité, dynamisme, énergie. *Il faudrait leur donner un peu plus de tonus.*

top n. m.
Signal sonore. *Veuillez laisser un message après le top.*

topaze n. f.
Pierre fine de couleur jaune.

topinambour n. m.
Plante cultivée pour ses tubercules comestibles qui ressemblent à la pomme de terre.

topique adj. et n. m.
Se dit d'un médicament qu'on applique directement sur la partie malade. *Un onguent topique.*

topo n. m.
(Fam.) Bref exposé donnant la synthèse d'une question.

topographe n. m. et f.
Spécialiste de la topographie.

topographie n. f.
Représentation graphique et description détaillée d'un lieu précis.
Note.- Ne pas confondre avec le mot **typographie** qui désigne un procédé d'impression.

topographique adj.
Relatif à la topographie. *Des données topographiques.*

toponyme n. m.
(Ling.) Nom de lieu.
Syn. **nom géographique**.
V. Tableau - **GÉOGRAPHIQUES (NOMS)**.

toponymie n. f.
• Ensemble des noms de lieux d'une région, d'un pays, d'une langue.
• (Ling.) Étude des noms de lieux et de leurs origines.
Note.- Attention à l'orthographe : topon**y**mie.

toponymique adj.
Relatif aux noms de lieux. *Un répertoire toponymique.*
Note.- Attention à l'orthographe : topon**y**mique.

toponymiste n. m. et f.
Spécialiste de la toponymie.

toquade n. f.
Engouement passager. *C'est sa dernière toquade.*
Note.- Attention à l'orthographe : to**qua**de.

toque n. f.
Coiffure de forme cylindrique. *La toque du chef. Une belle toque de castor.*
Note.- Attention à l'orthographe : to**que**.
Hom. **toc**, imitation.

toqué, ée adj. et n. m. et f.
• (Fam.) Légèrement fou. *C'est un toqué, un farfelu.*
• Amoureux. *Elle est toquée de ce garçon.*

toquer (se) v. pronom.
(Fam.) S'éprendre.

torche n. f.
• Flambeau.
• *Torche électrique.* Lampe de poche.

torcher v. tr.
• (Fam.) Essuyer avec un linge pour nettoyer.
• (Fam.) Bâcler. *Ce travail a été torché, il faut tout reprendre.*

torchère n. f.
Appareil d'éclairage sur pied ou en applique dont la source lumineuse est généralement dirigée vers le haut.

torchon n. m.
Morceau de toile dont on se sert pour essuyer la vaisselle, pour nettoyer.

tordage n. m.
Action de tordre des fils textiles.

tordant, ante adj.
(Fam.) Risible, amusant. *Cette imitation est tordante.*

tord-boyaux n. m. inv.
(Fam.) Eau-de-vie de qualité médiocre. *Un affreux tord-boyaux.*
Note.- Le mot **boyau** s'écrit toujours au pluriel dans ce nom composé.

tordre v. tr., pronom.
• *Je tords, tu tords, il tord, nous tordons, vous tordez, ils tordent. Je tordais. Je tordis. Je tordrai. Je tordrais. Tords, tordons, tordez. Que je torde. Que je tordisse. Tordant. Tordu, ue.*
• **Transitif**
- Tourner quelque chose en sens contraire par ses deux extrémités. *Tordre du linge.*
- Tourner violemment. *Maman, il m'a tordu le bras !*
• **Pronominal**
- Plier violemment une articulation. *Elle s'est tordu la cheville.*
- Se tortiller en tous sens. *Elle se tordait de douleur.*
- (Fam.) Rire bruyamment. *Ils se tordaient.*

tordu, ue adj.
• Qui a subi une torsion. *Une barre de fer tordue.*
• (Fam.) Fou, compliqué à l'excès. *Un raisonnement un peu tordu.*

toréador n. m.
(Vx) Torero.

toréer v. intr.
Combattre le taureau, dans une corrida.

torero n. m.
- Le *e* se prononce *é* [tɔrero].
- Celui qui combat les taureaux dans une corrida. *Des toreros audacieux.*
Note.- Ce nom d'origine espagnole s'écrit sans accent sur le *e* et prend la marque du pluriel.

tornade n. f.
- Trombe de vent violent.
Note.- Ne pas confondre avec les mots suivants :
- *bourrasque*, coup de vent violent ;
- *cyclone*, tempête caractérisée par un puissant tourbillon destructeur ;
- *orage*, perturbation atmosphérique qui se caractérise par une pluie abondante, des éclairs et du tonnerre ;
- *ouragan*, vent très violent accompagné de pluie ;
- *tempête de neige*, chute de neige abondante ;
- *typhon*, tourbillon marin d'une extrême violence.
- *Comme une tornade.* En coup de vent.

torpeur n. f.
Engourdissement.

torpillage n. m.
Action de torpiller.

torpille n. f.
Engin explosif destiné à être lancé dans l'eau.

torpiller v. tr.
- Les lettres *ill* sont suivies d'un *i* à la première et à la deuxième personne du pluriel de l'indicatif imparfait et du subjonctif présent. *(Que) nous torpillions, (que) vous torpilliez.*
- Faire exploser à l'aide de torpilles.
- (Fig.) Tenter de faire échouer quelque chose par des manœuvres secrètes.

torréfaction n. f.
Action de torréfier. *La torréfaction du café.*

torréfier v. tr.
- Redoublement du *i* à la première et à la deuxième personne du pluriel de l'indicatif imparfait et du subjonctif présent. *(Que) nous torréfiions, (que) vous torréfiiez.*
- Griller des grains.
Note.- Attention à l'orthographe : to**rr**éfier.

torrent n. m.
- Cours d'eau de montagne impétueux. *Camper à proximité d'un torrent.*
Notes.-
1º Ne pas confondre avec les mots suivants :
- *fleuve*, cours d'eau important qui se jette dans la mer ;
- *rivière*, cours d'eau qui se jette dans un fleuve ;
- *ruisseau*, petit cours d'eau peu large.
2º Dans les désignations géographiques, le nom *torrent* est un générique qui s'écrit avec une minuscule, tout comme les mots *fleuve, rivière, lac, mer, océan, baie, île, mont,* etc. C'est le déterminant précisant le générique qui s'écrit avec une majuscule. *Le torrent du Diable.*
- *À torrents.* Beaucoup, en parlant de la pluie.
Note.- Dans cette expression, le nom s'écrit au pluriel.

torrentiel, ielle adj.
- Propre aux torrents. *Des eaux torrentielles.*
- Qui ressemble à un torrent. *Une pluie torrentielle.*
Note.- Attention à l'orthographe : to**rr**entiel.

torride adj.
Extrêmement chaud. *Un été torride.*
Note.- Attention à l'orthographe : to**rr**ide.

tors, torse adj.
- Le *s* ne se prononce pas à la forme masculine [tɔr].
- Torsadé, tordu. *Un fil tors, des colonnes torses.*
- Courbé, déformé. *Des jambes torses.*

torsade n. f.
Ornement tordu en hélice. *Une torsade de brocart avec des perles.*

torsader v. tr.
Disposer en torsade.

torse n. m.
- Buste. *Il a bombé son torse musclé.*
- Figure humaine sans tête ni membres. *Un beau torse grec.*

tort n. m.
- Action blâmable. *Il a eu le tort de ne pas dire tout ce qu'il savait.*
- Préjudice. *Il lui a causé du tort.*
- *À tort,* locution adverbiale. Injustement, sans raison.
- *À tort et à travers,* locution adverbiale. Sans discernement.
- *À tort ou à raison,* locution adverbiale. Sans ou avec raison valable.
- *Avoir tort.* Ne pas avoir raison, se tromper.
- *Donner tort à quelqu'un.* Le blâmer.

torticolis n. m.
Contraction douloureuse des muscles du cou.
Note.- Attention à l'orthographe : torticoli**s**.

tortillement n. m.
Action de tortiller.

tortiller v. tr., intr., pronom.
- Les lettres *ill* sont suivies d'un *i* à la première et à la deuxième personne du pluriel de l'indicatif imparfait et du subjonctif présent. *(Que) nous tortillions, (que) vous tortilliez.*
- **Transitif.** Tordre à plusieurs reprises.
- **Intransitif.** (Fam.) *Tortiller des hanches.* Marcher en ondulant des hanches.
- **Pronominal.** (Fam.) S'agiter en tous sens.

tortionnaire n. m. et f.
Bourreau.
Note.- Attention à l'orthographe : tortio**nn**aire.

tortue n. f.
- Reptile caractérisé par une carapace osseuse qui se déplace très lentement.
- *À pas de tortue,* locution adverbiale. Très lentement.

tortueusement adv.
D'une manière tortueuse.

tortueux, euse adj.
- Qui contient plusieurs détours. *Une route tortueuse.*
- (Fig.) Qui manque de franchise.

torture n. f.
- Supplice. *Des instruments de torture.*
- (Fig.) Douleur morale ou physique.

torturer v. tr., pronom.
- **Transitif**
- Soumettre à des tortures.
- (Fig.) Faire souffrir.
- **Pronominal**
Se creuser l'esprit.

torve adj.
De travers, en parlant de l'œil, du regard.

toscan, ane adj. et n. m. et f.
- **Adjectif et nom masculin et féminin.** De la Toscane.
- **Nom masculin.** Dialecte de la Toscane.
Note.- Lorsqu'il s'agit de la langue, l'adjectif ou le nom s'écrit avec une minuscule. Si le nom désigne une personne, la majuscule s'impose.

tôt adj. et adv.
- De bonne heure. *Elle se lève tôt. Ne venez pas trop tôt.*
- *Au plus tôt*, locution adverbiale. Pas avant. *Ils finiront au plus tôt le 12 juin.*
- *Tôt ou tard*, locution adverbiale. Un jour ou l'autre.
Note.- L'expression se prononce avec une liaison [totutar].

total, ale, aux adj. et n. m.
- **Adjectif**
Complet, entier. *Des données totales, des chiffres totaux.*
- **Nom masculin**
- Quantité totale. *Si nous faisons le total de toutes les contributions, nous obtenons 1 000 000 F.*
- *Total général, global.* (Compt.) Total que donne l'addition des différentes sommes partielles. *Le total général s'élève à quinze millions de personnes.*
- *Au total*, locution adverbiale. En définitive. *Ils ont beaucoup investi, mais au total, l'opération est une réussite.*
Note.- La construction avec le nom en début de phrase est de niveau familier. *Elles ont parlé très longtemps, total, elles se sont mises en retard.*

totalement adv.
Entièrement.

totalisation n. f.
Action de totaliser.

totaliser v. tr.
- Additionner. *Totaliser des sommes partielles.*
- Compter au total. *L'effectif de cette entreprise totalise 500 employés.*

totalitaire adj.
Se dit des régimes politiques non démocratiques.

totalité n. f.
- L'ensemble, le tout. *La totalité des participants ont donné leur accord*, ou *a donné son accord.*
Note.- Après un nom collectif suivi d'un complément au pluriel, le verbe se met au singulier ou au pluriel suivant l'intention de l'auteur qui veut insister sur l'ensemble ou sur la pluralité.

V. Tableau - **COLLECTIF**.
- *En totalité*, locution adverbiale. Complètement, intégralement.

totem n. m.
- Le *m* se prononce [tɔtɛm].
- Animal, objet qui constitue l'emblème protecteur d'un groupe.
- Représentation de cet animal, de cet objet. *Les grands totems de la Colombie-Britannique.*

totémique adj.
Qui a les caractères du totem. *Une sculpture totémique.*
Note.- Attention à l'orthographe : tot**é**mique.

touage n. m.
Remorquage d'un navire.

touareg ou **touareg, ègue** adj. et n. m. et f.
- **Adjectif.** Relatif au peuple berbère du Sahara. *Les coutumes touareg* ou *touarègues.*
Note.- Au masculin singulier, le mot d'origine arabe est *targui*, le mot féminin, *targuie*. Cependant, on note une tendance à employer plutôt le mot invariable *touareg* ou le mot variable **touareg, touarègue, touaregs, touarègues.**
- **Nom masculin et féminin.** *Un Touareg, une Touareg* ou *Touarègue.*
- **Nom masculin.** Langue parlée par les Touaregs.
Note.- Lorsqu'il s'agit de la langue, l'adjectif ou le nom s'écrit avec une minuscule. Si le nom désigne une personne, la majuscule s'impose.

toubib n. m.
- Le *b* final se prononce [tubib].
- (Fam.) Médecin.

toucan n. m.
Oiseau au plumage coloré et à gros bec. *De magnifiques toucans.*

touchant prép.
(Litt.) Concernant. *Quelques commentaires touchant cette question.*

touchant, ante adj.
Attendrissant, émouvant. *Des témoignages touchants, une scène touchante.*
Note.- Ne pas confondre avec le participe présent invariable *touchant. Les employés touchant une prime d'éloignement seront convoqués.*

touche n. f.
- Chacun des leviers qui composent le clavier d'un piano, d'une machine à écrire, d'un ordinateur, etc. *La touche de recul, une touche programmable.*
- Manière d'appliquer la couleur. *De petites touches pointillistes.*

touche-à-tout n. m. inv.
- Enfant qui touche à tout. *Des touche-à-tout incorrigibles.*
- (Fig.) Personne qui se disperse en toutes sortes d'activités.

toucher v. tr., pronom.
• **Transitif**
- Porter la main sur. *Toucher un tissu soyeux. Ne touche pas à ce vase.*
Note.- En ce sens, le verbe se construit directement ou avec **à**.
- Recevoir (un chèque, un salaire, etc.). *Il touche son salaire le jeudi.*
- Concerner. *Cette restructuration ne vous touche pas.*
- Émouvoir. *Nous avons été très touchés de votre gentille lettre, par votre joli bouquet, de recevoir votre visite.*
Note.- En ce sens, le verbe se construit avec les prépositions **de** ou **par**.
• **Transitif indirect**
- Modifier. *Ce texte convient, n'y touchez plus.*
- Aborder. *Nous touchons à une question capitale.*
- Atteindre. *Ils touchent au but.*
• **Pronominal**
Être adjacent. *Nos deux terrains se touchent.*

toucher n. m.
Un des cinq sens à l'aide duquel on peut reconnaître la forme, la texture, la température, etc. d'un corps.

touer v. tr.
Remorquer un navire.

touffe n. f.
Groupement de choses de même nature. *Des touffes d'herbe, des touffes de cheveux.*
Note.- Attention à l'orthographe : tou**ff**e.

touffu, ue adj.
• Qui est épais, bien garni. *Des cheveux touffus, du gazon touffu.*
• Dense. *Un texte très touffu.*
Note.- Attention à l'orthographe : tou**ff**u.

touillage n. m.
Action de touiller.

touiller v. tr.
• Les lettres *ill* sont suivies d'un *i* à la première et à la deuxième personne du pluriel de l'indicatif imparfait et du subjonctif présent. *(Que) nous touillions, (que) vous touilliez.*
• (Fam.) Remuer pour mélanger. *Touiller la salade.*

toujours adv.
• Sans cesse, continuellement.
• Habituellement. *Il parle toujours au téléphone.*
Note.- Selon la place de l'adverbe, le sens de la phrase peut varier. *Elle ne mange toujours pas* (elle n'a pas encore commencé à manger). *Elle ne mange pas toujours* (parfois, elle se prive de manger).
• *Pour toujours*, locution adverbiale. À jamais, à perpétuité.
• En tout état de cause. *Essayons toujours, nous verrons bien.*
• *Toujours est-il que.* En tout cas, néanmoins. *Ils ont eu certaines difficultés à venir et toujours est-il qu'ils sont arrivés avec deux jours de retard.*

toundra n. f.
Végétation arctique de mousses et de lichens.

toupet n. m.
• Le *t* ne se prononce pas [tupɛ].
• Petite touffe de cheveux.
• (Fig. et fam.) Culot, effronterie. *Il en a du toupet de me demander cela.*

toupie n. f.
• Jouet qui tourne au moyen d'un ressort, d'une ficelle.
• Outil, machine servant au travail du bois, du métal.
Note.- Attention à l'orthographe : tou**p**ie.

tour n. m. et f.

• **Nom masculin**
- Mouvement circulaire. *Donner un tour de manivelle. La Terre fait le tour du Soleil.*
- *À double tour.* En donnant deux tours de clef.
Note.- Attention au nom qui demeure singulier dans cette expression.
- *À tour de bras.* Avec force. *Il frappa sur eux à tour de bras.*
- *Tour d'horizon.* Observation de l'ensemble du panorama.
- *Tour d'horizon.* (Fig.) Examen général.
- *En un tour de main*, locution adverbiale. Très rapidement.
V. **tournemain**.
- *Tour de reins.* (Fam.) Contraction douloureuse des muscles dorsaux.
- Contour. *Tour de taille.*
- Mouvement qui exige de l'habileté. *Un tour d'adresse.*
- *Jouer un (bon) tour.* User d'un stratagème.
- *Tour de force.* Exploit. *Des tours de force admirables.*
- Allure, tournure. *Cette affaire prend un mauvais tour.*
- *Tour (de phrase).* Construction syntaxique. *Un tour littéraire, un tour interrogatif.*
- Rang successif. *Céder son tour. C'est à son tour de jouer.*
- *Tour à tour*, locution adverbiale. Alternativement.
- *À tour de rôle*, locution adverbiale. Chacun à son tour.
Note.- Ces expressions s'écrivent sans traits d'union.
- Machine-outil. *Un tour à aléser, un tour à bois.*
• **Nom féminin**
- Immeuble construit en hauteur. *Une tour de contrôle.*
Note.- Les noms génériques d'édifices s'écrivent avec une minuscule. *La tour Montparnasse.* Exception : *la Tour de Londres.*
- Construction en hauteur. *La tour Eiffel.*
- *Tour d'ivoire.* Isolement hautain. *Il est inaccessible dans sa tour d'ivoire.*
- *Tour de Babel.* (Fig.) Endroit où l'on parle plusieurs langues, où l'on ne se comprend pas.

tourbe n. f.
Matière spongieuse formée par la décomposition de végétaux. *Employer de la tourbe pour faciliter la transplantation d'arbustes.*

tourbeux, euse adj.
Qui contient de la tourbe.

tourbière n. f.
Formation végétale en terrain humide, résultant de l'accumulation de matières organiques partiellement décomposées.

tourbillon n. m.
• Mouvement circulaire du vent, de l'eau, de choses. *Des tourbillons de sable poussés par le vent.*
• (Fig.) Ce qui entraîne dans un mouvement rapide. *Le tourbillon de la gloire.*

tourbillonnant, ante adj.
Qui tourbillonne.

tourbillonnement n. m.
Mouvement de ce qui tourbillonne.

tourbillonner v. intr.
Se déplacer en tournant rapidement.

tourelle n. f.
Petite tour. *Un grand château décoré d'une multitude de tourelles.*
Note.- Attention à l'orthographe : tou*rell*e.

tourisme n. m.
• Action de voyager par plaisir. *Faire du tourisme.*
• Ensemble des activités ayant pour objet la satisfaction des besoins des touristes. *Le tourisme constitue une ressource économique importante.*

touriste n. m. et f.
• Personne qui voyage par agrément. *Il y a de plus en plus de touristes européens qui visitent la région.*
• *Classe touriste.* Tarif intermédiaire, moins coûteux que la première classe.

touristique adj.
Relatif au tourisme. *L'industrie touristique.*

tourmaline n. f.
Pierre fine.
Note.- Attention à l'orthographe : tourma*l*ine.

tourment n. m.
(Litt.) Souffrance physique ou morale.

tourmente n. f.
(Litt.) Tempête violente et courte.

tourmenté, ée adj.
• Angoissé. *Il est de caractère tourmenté.*
• Agité. *La mer tourmentée.*

tourmenter v. tr., pronom.
• **Transitif.** (Litt.) Faire souffrir. *Le remords le tourmente.*
• **Pronominal.** (Litt.) S'inquiéter. *Cette personne est portée à se tourmenter pour peu de choses.*

tournage n. m.
• Action de façonner au tour.
• (Cin.) Action de tourner un film. *Le tournage a duré trois mois.*

tournant, ante adj. et n. m.
• **Adjectif**
Qui tourne. *Des portes tournantes.*

• **Nom masculin**
- Endroit où une route change de direction. *Prenez à gauche au prochain tournant. Des tournants dangereux.*
- (Fig.) Changement de direction. *L'entreprise a pris un nouveau tournant.*
- *Attendre quelqu'un au tournant.* Se venger, quand l'occasion se présente.

tourne- préf.
Les mots composés avec l'élément *tourne-* s'écrivent diversement avec ou sans trait d'union ; ils prennent la marque du pluriel au dernier élément et sont tous du genre masculin. *Un tournebroche, des tourne-disques.*

tournebouler v. tr.
(Fam.) Bouleverser.

tournebroche n. m.
Mécanisme servant à faire tourner une broche à rôtir. *Des tournebroches efficaces.*
Note.- Attention à l'orthographe : *tournebroche*, en un seul mot.

tourne-disque n. m.
Appareil servant à passer des disques. *Des tourne-disques.*

tournedos n. m.
Filet de bœuf coupé en tranches.
Note.- Attention à l'orthographe : *tournedos*, en un seul mot.

tournée n. f.
• Voyage en plusieurs endroits. *Ce chanteur fera une tournée en province.*
• (Fam.) Ensemble des consommations offertes par quelqu'un à ceux qui sont avec lui, dans un bar, au restaurant. *C'est ma tournée !*

tournemain (en un) loc. adv.
(Litt.) Très rapidement. *Elle a préparé sa valise en un tournemain.*
Note.- On dit plus couramment **en un tour de main.**

tourner v. tr., intr., pronom.
• **Transitif**
- Faire pivoter. *Elle tourne la clef dans la serrure.*
- Placer dans une direction opposée. *Tourner les pages d'un livre.*
- Diriger vers. *Elle tourna les yeux vers lui.*
- Filmer. *Tourner un film.*
- *Tourner la tête à quelqu'un.* Griser ou séduire quelqu'un.
- *Tourner la page.* Recommencer à neuf.
- *Tourner en ridicule.* Tourner en dérision.
• **Intransitif**
- Se mouvoir en rond. *La Terre tourne autour du Soleil.*
- Fonctionner. *Le moteur tourne rond.*
- Changer de position. *Il faudra bientôt tourner à gauche.*
- S'altérer. *Le lait a tourné.*
- *Tourner de l'œil.* (Fam.) Perdre conscience.
• **Pronominal**
- Changer de direction. *Elles se sont tournées vers nous.*

- Se tourner vers quelque chose. Orienter son activité en ce sens.

tournesol n. m.
Plante dont les fleurs se tournent vers le soleil. *Des tournesols en fleur.*

tournevis n. m.
• Le **s** se prononce [turnǝvis].
• Outil servant à visser ou à dévisser des vis.
Note.- Attention à l'orthographe : *tournevis*, en un seul mot.

tournicoter v. intr.
(Fam.) Tourner dans tous les sens.
Note.- Attention à l'orthographe : tournico**t**er.

tourniquet n. m.
Dispositif pivotant placé à une entrée, à une sortie, pour ne laisser passer qu'une personne à la fois. *Les tourniquets du métro.*
Note.- Attention à l'orthographe : tourniqu**et**.

tournis n. m.
(Fam.) Vertige.

tournoi n. m.
Épreuve sportive. *Des tournois de tennis.*

tournoiement n. m.
Action de tournoyer.
Note.- Attention à l'orthographe : tournoi**e**ment.

tournoyer v. intr.
• Le **y** se change en **i** devant un **e** muet. *Il tournoie, il tournoyait.*
• Le **y** est suivi d'un **i** à la première et à la deuxième personne du pluriel de l'indicatif imparfait et du subjonctif présent. *(Que) nous tournoyions.*
• (Litt.) Tourner en faisant plusieurs tours. *Le vent fait tournoyer les feuilles mortes.*

tournure n. f.
• Construction syntaxique. *Une tournure négative, impersonnelle.*
• Évolution. *L'affaire prend une bonne tournure.*
• *Tournure d'esprit.* Manière de penser.

tour-opérateur n. m.
(Anglicisme) Voyagiste. *Des tour-opérateurs.*
Note.- Le nom *voyagiste* a fait l'objet d'une recommandation officielle pour remplacer cet anglicisme.

tourte n. f.
Pâte de forme arrondie dans laquelle on met de la viande, du poisson, etc.

tourteau n. m.
Crabe de l'Atlantique dont la chair est appréciée. *Des tourteaux frais pêchés.*

tourtereau n. m.
Amoureux. *Des tourtereaux attendrissants.*

tourterelle n. f.
Oiseau de la famille du pigeon, mais plus petit que ce dernier.

tourtière n. f.
Ustensile de cuisine destiné à la cuisson des tourtes ou des tartes.

tous pron. indéf.
V. Tableau - **TOUT.**

Toussaint n. f.
Fête du 1er novembre, en l'honneur de tous les saints. *Le congé de la Toussaint.*
Notes.-
1° Attention à l'orthographe : Touss**aint.**
2° Le nom de la fête s'écrit avec une majuscule.

tousser v. intr.
Avoir un accès de toux.

toussotement n. m.
Action de toussoter ; bruit produit en toussotant.
Note.- Attention à l'orthographe : tou**ss**o**t**ement.

toussoter v. intr.
Tousser légèrement et souvent.
Note.- Attention à l'orthographe : tousso**t**er.

tous terrains
V. **tout terrain.**

tout, toute, toutes adj. ind., adv., n. m. et pron. indéf.
V. Tableau - **TOUT.**

tout-à-l'égout n. m. inv.
Système de canalisation reliant les habitations aux égouts.

toutefois adv.
Néanmoins, cependant.
Note.- Attention à l'orthographe : *toutefois*, en un seul mot.

toutou n. m.
Chien, dans le langage des enfants. *De gentils toutous.*

tout-petit n. m.
Jeune enfant. *Les tout-petits s'amusent bien.*

tout-puissant, toute-puissante adj.
Qui a une très grande puissance. *Les dictateurs tout-puissants, les entreprises toutes-puissantes.*
Note.- Attention à l'accord de l'élément *tout-* qui ne se fait qu'au féminin ; lorsque l'adjectif qualifie un nom masculin, l'élément *tout-* est invariable.

tout terrain loc. adj. et n. m.
Se dit d'un véhicule qui peut rouler sur tous les types de terrain. *Des véhicules tout terrain. Des tout terrain ou tous terrains.*

tout-venant n. m.
Ce qui n'a pas fait l'objet d'une sélection. *Le tout-venant défilait dans la rue.*

toux n. f.
Expiration bruyante causée par une irritation. *Des quintes de toux.*
Note.- Attention à l'orthographe : tou**x.**

toxicité n. f.
Caractère de ce qui est toxique.
Note.- Attention à l'orthographe : to**xic**ité.

toxico- préf.
Élément du latin signifiant « poison ». *Toxicomanie.*

TOUT

TOUT, TOUTE adjectif indéfini

- Complet, entier.

  Tout l'univers, toutes les plantes, tous les enfants.

- Chaque.

  Il peut pleuvoir à tout moment, elle appelle tous les jours.

- Seul, unique.

  Il avait pour tout revenu un maigre salaire.

- Au plus haut point.

  Ce paysage est de toute beauté.

- Tout le monde.

  Tout Paris était là.

- Locutions avec ***tout*** singulier.

  À toute allure, à tout bout de champ, à toute bride, à toute épreuve, à toute force, à tout hasard, à toute heure, à tout propos, à toute vitesse, de tout cœur, de tout temps, en tout cas, en tout état de cause, en tout genre, en tout lieu, en toute saison, en tout temps, en toute franchise, en toute hâte, en toute liberté, tout compte fait, tout à coup, tout feu tout flamme...

- Locutions avec ***tout*** pluriel

  À tous égards, à tous coups, à tous crins, à toutes jambes, de toutes pièces, toutes proportions gardées, toutes affaires cessantes, toutes choses égales, toutes réflexions faites, toutes voiles dehors, tous feux éteints, tous azimuts...

- Locutions avec ***tout*** singulier ou pluriel

  À tout moment/à tous moments, de toute façon/de toutes façons, à tout point de vue/à tous points de vue, de tout côté/de tous côtés, de toute manière/de toutes manières, de toute part/de toutes parts, de toute sorte/de toutes sortes, en tout sens/en tous sens...

- ***Tout*** + titre d'œuvre

  L'adjectif ne s'accorde que devant un titre féminin qui commence par un article défini.

  J'ai lu tout Phèdre. *Elle a lu toutes* Les fleurs du mal. *Il lira toute* L'Énéide, mais *ils connaissent tout* Émaux et Camées.

TOUT, nom masculin

La totalité.

  Risquer le tout pour le tout. Le tout est de partir à temps.

TOUT, TOUS, TOUTES pronom indéfini

- Le **s** du pronom masculin pluriel se prononce [tus].

- L'ensemble des personnes.

  Il l'a répété à tous. Toutes étaient présentes. Je les prends tous.

- Toute chose.

  C'est tout ou rien. Ils ont tout mangé. La nouvelle entreprise souhaite tout reconstruire.

- N'importe quoi.

  Elle est préparée à tout. Prenez un peu de tout.

TOUT adverbe

- Entièrement, tout à fait.

    Il est tout inquiet, la forêt est tout silence, les enfants sont tout mouillés.

Notes.-

1° Devant un adjectif ou un participe, le mot *tout* pris adverbialement est normalement **invariable.** Cependant, pour des raisons d'**euphonie**, le mot **s'accorde en genre et en nombre** devant un adjectif au féminin ou un participe passé féminin qui commence par une consonne ou un *h* aspiré. *Elle est tout inquiète, tout heureuse,* mais *elles sont toutes confuses, toutes hardies, toutes trempées.*

2° Devant un nom féminin qui commence par une voyelle ou un *h* muet, le mot *tout* pris adverbialement est invariable. *Elle est tout amabilité, il est tout harmonie.* Devant un nom féminin singulier qui commence par une consonne ou un *h* aspiré, le mot *tout* prend la marque du féminin, mais peut également rester invariable. *Il est toute douceur, toute honte.*

3° Devant un nom féminin pluriel, le mot *tout* reste invariable. *Des voiles tout soieries.*

- *Tout* + **gérondif**. En même temps que.

    Tout en lisant, elle écoutait de la musique.

- *Tout* + **adverbe**. Tout à fait.

    Il lui répond tout net, tout court, tout juste, tout de travers.

Locutions adverbiales

Après tout	En définitive	*Après tout, nous sommes amis.*
À tout prendre	En somme	*À tout prendre, elle préfère ceci.*
Comme tout	Extrêmement	*Il est gentil comme tout.*
Du tout au tout	Complètement	*J'ai repris l'affaire du tout au tout.*
En tout	Sans rien omettre	*Combien vous doit-on en tout ?*
Pas du tout	Nullement	*Vous ne me dérangez pas du tout.*
Tout à coup	Brusquement	*Tout à coup, il se mit à hurler.*
Tout à fait	Entièrement	*La maison est tout à fait neuve.*
Tout à l'heure	Dans quelques instants	*Ils seront là tout à l'heure.*
Tout de même	Néanmoins	*Il a refusé, j'y vais tout de même.*
Tout de suite	Immédiatement	*J'arrive tout de suite.*
Tout d'un coup	En même temps	*La tour s'est effondrée tout d'un coup.*

toxicologie n. f.
Science qui étudie les poisons.

toxicologique adj.
Relatif à la toxicologie.

toxicologue n. m. et f.
Médecin spécialiste en toxicologie.

toxicomane adj. et n. m. et f.
Atteint de toxicomanie.

toxicomanie n. f.
Habitude de s'intoxiquer avec des substances (stupéfiants) qui procurent un état de dépendance psychique ou physique.

toxique adj. et n. m.
- **Adjectif.** Qui empoisonne. *Une substance toxique.*
- **Nom masculin.** Poison.

trac n. m.
- Le *c* se prononce [trak].
- Angoisse ressentie avant d'agir, entrer en scène, etc. *Des tracs fous.*

traçant, ante adj.
Table traçante. (Inform.) Traceur.

tracas n. m.
Ennui, souci. *Cette affaire lui a causé bien des tracas.*
Note.- Attention à l'orthographe : traca**s**.

tracasser v. tr., pronom.
Préoccuper. *Ne vous tracassez pas pour si peu.*
Note.- Attention à l'orthographe : traca**ss**er.

tracasserie n. f.
Chinoiserie, complication inutile. *Des tracasseries administratives.*

tracassier, ière adj.
Qui crée des difficultés sans raison. *Des procédés tracassiers.*

trace n. f.
- Marque, empreinte. *Il a laissé des traces de pas sur la neige. Une trace de brûlure.*
- *Marcher sur les traces de quelqu'un, suivre les traces de quelqu'un.* Suivre son exemple.

• Indice, marque, reste. *On ne trouve pas trace de ce document.*

tracer v. tr.
• Le **c** prend une cédille devant les lettres **a** et **o**. *Il traça, nous traçons.*
• Représenter au moyen de traits. *Tracer des lignes.*
• Décrire. *Tracer un tableau réaliste de la situation.*
• Marquer un lieu. *Ils ont tracé une route qui contourne la montagne.*
• Indiquer la voie à suivre. *Ses parents lui avaient tracé le chemin.*

traceur, euse adj. et n. m.
• **Adjectif.** Qui laisse une trace. *Une balle traceuse.*
• **Nom masculin.** (Inform.) Périphérique comportant un ou plusieurs stylets encreurs et dont les mouvements tracent automatiquement le caractère, le schéma, le trait désiré.
Syn. **table traçante.**

trachéal, ale, aux adj.
• Les lettres **ch** se prononcent **k** [trakeal].
• Qui se rapporte à la trachée.

trachée n. f.
Canal qui relie le larynx aux bronches et sert au passage de l'air.
Note.- Attention à l'orthographe : trach**ée**.

trachéite n. f.
• Les lettres **ch** se prononcent **k** [trakeit].
• Inflammation de la trachée.

trachéo-bronchite n. f.
• Les lettres **ch** se prononcent **k** [trakeobrɔ̃ʃit].
• Inflammation de la trachée et des bronches.

tract n. m.
• Les lettres **ct** se prononcent [trakt].
• Brochure de propagande. *Des tracts subversifs.*

tractation n. f. (gén. pl.)
Manière de traiter une affaire. *La signature de ce marché a donné lieu à de nombreuses tractations.*

tracter v. tr.
Tirer au moyen d'un véhicule. *Une remorque tractée par un camion.*

tracteur, trice adj. et n. m.
• **Adjectif.** Qui peut tracter. *La capacité tractrice d'un véhicule.*
• **Nom masculin.** Véhicule servant principalement aux travaux agricoles.

traction n. f.
• Action de tirer.
• *Traction avant.* Véhicule dont l'effet moteur s'exerce sur les roues avant. *Des tractions avant qui ont une bonne tenue de route sur la neige.*
• Exercice de gymnastique. *Faire des tractions.*

tradition n. f.
• Doctrines, usages, etc. transmis d'âge en âge. *Une tradition orale.*
• Faits historiques ou légendaires qui nous ont été transmis. *Selon la tradition, ces peuples seraient originaires d'Asie.*

traditionnel, elle adj.
• Fondé sur la tradition.
• Qui est passé dans l'usage. *Le repas traditionnel du dimanche.*
Note.- Attention à l'orthographe : traditio**nn**el.

traditionnellement adv.
Selon la tradition.

traducteur n. m.
traductrice n. f.
Personne qui a pour profession de traduire des textes d'une langue dans une autre. *Elle est traductrice dans une grande maison d'édition.*

traduction n. f.
• Action de traduire. *Faire une traduction littéraire.*
• Version dans une autre langue du texte original traduit. *Lire une traduction d'un roman américain.*
• Expression. *Ces vers sont la traduction exacte de son état d'âme.*
• *Traduction assistée par ordinateur.* Sigle **T.A.O.**
Traduction automatique.

traduire v. tr., pronom.
• *Je traduis, tu traduis, il traduit, nous traduisons, vous traduisez, ils traduisent. Je traduisais. Je traduisis. Je traduirai. Je traduirais. Traduis, traduisons, traduisez. Que je traduise. Que je traduisisse. Traduisant. Traduit, uite.*
• **Transitif**
- (Dr.) Citer devant les tribunaux. *Ils ont été traduits en justice.*
- Exprimer dans une langue ce qui est énoncé dans une autre langue. *Traduire de l'arabe en français.*
- Exprimer par le langage, par un art. *Ce tableau traduit fidèlement la luminosité de la Provence.*
- Manifester. *Son visage rayonnant traduisait sa joie.*
• **Pronominal**
Être exprimé. *Sa colère se traduisait par des cris rageurs.*

traduisible adj.
Qui peut être traduit.
Ant. **intraduisible.**

trafic n. m.
• Le **c** se prononce [trafik].
• Commerce illicite. *Le trafic de drogue(s), des devises.*
• *Trafic d'influence.* Fait de se faire payer pour faire obtenir un avantage des autorités gouvernementales.
• Ensemble des mouvements des trains, des bateaux, des avions, etc. *Le trafic ferroviaire, aérien, maritime.*
Note.- Attention à l'orthographe : tra**f**ic.

traficoter v. tr., intr.
• **Transitif.** (Fam.) Comploter.
• **Intransitif.** (Péj.) Se livrer à de petits trafics.
Note.- Attention à l'orthographe : trafico**t**er.

trafiquant, ante n. m. et f.
(Péj.) Personne qui fait un trafic. *Des trafiquants de drogues.*
Note.- Attention à l'orthographe : trafi**qu**ant.

trafiquer v. tr., intr.
• **Transitif**. (Fam.) Falsifier, modifier. *Ils ont trafiqué l'appareil téléphonique.*
• **Intransitif**. Faire le trafic de quelque chose.

tragédie n. f.
• Œuvre dramatique. *Une tragédie grecque.*
• Catastrophe. *La tragédie du Boeing 747.*

tragédien n. m.
tragédienne n. f.
Acteur, actrice qui interprète des tragédies.
V. **comédien**.

tragique adj. et n. m.
• **Adjectif**
- Propre à la tragédie.
- Dramatique, funeste. *Un accident tragique.*
• **Nom masculin**
Auteur de tragédies classiques. *Les tragiques grecs.*

tragiquement adv.
D'une manière tragique.

trahir v. tr., pronom.
• **Transitif**
- Tromper la confiance de quelqu'un. *Cet espion a trahi son chef.*
- Révéler. *Des tics trahissaient sa nervosité.*
• **Pronominal**
Laisser voir ce qu'on voulait tenir caché.
Note.- Attention à l'orthographe : tra**h**ir.

trahison n. f.
• Action de trahir, résultat de cette action. *Commettre une trahison.*
• *Haute trahison.* Intelligence avec l'ennemi, avec une puissance étrangère.
Note.- Attention à l'orthographe : tra**h**ison.

train n. m.
• Suite de wagons tirés par une locomotive. *Le train de Nice.*
• *Train à grande vitesse.* Sigle **T.G.V.**
Note.- Les noms de bateaux, de trains, d'avions, etc. s'écrivent en italique ; l'article ne sera inscrit en caractères italiques que s'il fait partie du nom. Le *Train Bleu* (à destination de la Côte-d'Azur), l'*Orient-Express*.
• *Train de bois.* Assemblage de troncs de bois que l'on fait flotter sur un cours d'eau.
• *Train routier.* Ensemble de véhicules comprenant un tracteur et plusieurs remorques.
• *Train de* (mesures, lois, etc.). Suite de décisions administratives visant à un même objectif.
• Allure. *Ils vont bon train.*
• *À fond de train*, locution adverbiale. À grande allure.
• *Boute-en-train.* Personne de joyeuse compagnie. *Des boute-en-train.*
• *Être en train.* Être de bonne humeur. *Il est très en train aujourd'hui.*
Note.- Ne pas confondre avec le mot **entrain** qui s'écrit en un seul mot.
• *Être en train de.* Cette expression marque une action en cours. *Il est en train de lire son journal.*
• *Train de vie.* Ensemble des dépenses liées à un mode de vie. *Un grand train de vie.*

traînard, arde n. m. et f.
Personne lente, négligente.

traîne n. f.
• *À la traîne.* En retard.
• Le bas d'une robe, d'un voile qui traîne. *La longue traîne d'une robe de mariée.*
Note.- Attention à l'orthographe : traî̂ne.

traîneau n. m.
Luge. *Dévaler la pente enneigée sur un petit traîneau rouge.*
Note.- Attention à l'orthographe : traî̂neau.

traînée n. f.
• Long trait laissé sur une surface ou dans l'espace. *Une traînée de sable, la traînée lumineuse d'une comète.*
• *Comme une traînée de poudre*, locution adverbiale. Très rapidement.
Note.- Attention à l'orthographe : traî̂née.

traîner v. tr., intr., pronom.
• **Transitif**
Tirer après soi. *Le voilier traîne une chaloupe.*
• **Intransitif**
- Pendre. *Son manteau traîne par terre.*
- Ne pas progresser. *Cette histoire traîne en longueur.*
- Être en désordre. *Des assiettes traînaient partout.*
• **Pronominal**
- Marcher difficilement. *Depuis cette opération, elle se traîne.*
- Se prolonger inutilement.
Note.- Attention à l'orthographe : traî̂ner.

traîne-savates n. m. inv.
Paresseux, oisif.

train-train ou **traintrain** n. m.
(Fam.) Routine. *Il faut savoir rompre le train-train.*

traire v. tr.
• *Je trais, tu trais, il trait, nous trayons, vous trayez, ils traient. Je trayais, tu trayais, il trayait, nous trayions, vous trayiez, ils trayaient. Je trairai. Je trairais. Trais, trayons, trayez. Que je traie, que tu traies, qu'il traie, que nous trayions, que vous trayiez, qu'ils traient. Trayant. Trait. Traite.* Ce verbe ne se conjugue pas au passé simple ni au subjonctif imparfait.
• Le **y** est suivi d'un **i** à la première et à la deuxième personne du pluriel de l'indicatif imparfait et du subjonctif présent. *(Que) nous trayions, (que) vous trayiez.*
• Extraire le lait des pis des vaches, des chèvres, etc.

trait n. m.
• Action de tirer un projectile. *Le javelot est une arme de trait.*
• *Comme un trait*, locution adverbiale. Très rapidement.
• Traction. *Des animaux de trait.*
• Ligne tracée d'un même mouvement. *Un trait noir, des traits hachurés.*
• (Au plur.) Lignes caractéristiques du visage. *Elle a de jolis traits.*
• Caractéristique d'une personne, d'une chose. *Les*

traits distinctifs de cet auteur. Citer les traits saillants d'une rencontre.

V. Tableau - **TRAIT D'UNION.**

traite n. f.
- Action de traire. *La traite des vaches.*
- (Dr.) Lettre de change.
- (Litt.) Étendue de chemin qu'un voyageur parcourt sans s'arrêter.
- ***D'une (seule) traite***, locution adverbiale. Sans interruption.

traité n. m.
- Convention entre des États. *Un traité de libre-échange.*

Note.- Les génériques (***accord, convention, pacte,*** etc.) s'écrivent avec une minuscule lorsqu'ils sont suivis d'un nom propre. *Le traité de l'Atlantique Nord. Le traité de Versailles.*
- Ouvrage où l'on traite d'un art, d'une science. *Un traité d'astronomie.*

traitement n. m.
- Rémunération d'un fonctionnaire.

Note.- Ne pas confondre avec les mots suivants :
- ***cachet***, rémunération que reçoit l'artiste ;
- ***honoraires***, rétribution variable de la personne qui exerce une profession libérale ;
- ***paie*** ou ***paye***, rémunération d'un employé ;

TRAIT D'UNION

Signe en forme de trait horizontal qui se place à mi-hauteur de l'écriture, sans espace ni avant ni après, et qui sert principalement à unir les éléments de certains mots composés, les syllabes d'un mot divisé en fin de ligne.

Emplois

- Coupure d'un mot en fin de ligne.

   V. Tableau - **DIVISION DES MOTS.**

- Liaison des éléments de certains mots composés.

   Le prêt-à-porter, un presse-citron.

   Note.- Dans les mots composés d'un préfixe, il se dessine une tendance marquée à supprimer le trait d'union en vue de simplifier l'orthographe. On consultera les mots composés à leur entrée alphabétique où les renseignements sont donnés.

   V. Tableau - **NOMS COMPOSÉS.**

- Liaison des nombres inférieurs à ***cent*** qui ne sont pas reliés par la conjonction ***et***.

   Quatre-vingt-deux.

   V. Tableau - **NOMBRES.**

- Liaison des éléments spécifiques des toponymes.

   L'avenue des Champs-Élysées, le quai Henri-IV.

   V. Tableau - **GÉOGRAPHIQUES (NOMS).**

- Liaison des prénoms, des patronymes.

   Marie-Ève. Mme Vigée-Lebrun.

- Liaison des formes verbales inversées.

   C'est ainsi, lui dit-il.

   V. Tableau - **SUJET.**

- Liaison de certains préfixes (***demi-, grand-, non-, sous-*** etc.) à un substantif.

   Une politique de non-ingérence.

   Note.- Les adjectifs composés avec certains de ces préfixes s'écrivent généralement sans trait d'union. *C'est un peintre non figuratif.*

   V. **anti.**

- *salaire*, générique de toute rémunération convenue d'avance et donnée par n'importe quel employeur.
• Ensemble de soins thérapeutiques. *Un traitement préventif.*
• Ensemble d'opérations. *Le traitement chimique d'une substance.*
• (Inform.) **Traitement de l'information, traitement des données.** Ensemble des opérations effectuées automatiquement sur des données afin d'en extraire certains renseignements qualitatifs ou quantitatifs.
• (Inform.) **Traitement de texte(s).** Ensemble des opérations telles que saisie, correction et mise en forme, qui visent à établir un document à l'aide de techniques informatiques.
Note.- Dans cette expression, le mot *texte* est généralement au singulier, mais il peut s'écrire également au pluriel.

traiter v. tr., intr.
• **Transitif**
- Agir d'une certaine manière. *Ils l'ont toujours bien traité.*
- Exposer. *Traiter un sujet.*
- Soigner. *Il doit se faire traiter pour le dos.*
- Soumettre une substance à l'action d'un agent (chimique, physique, etc.) pour la modifier. *Ce métal a été traité contre la rouille.*
• **Transitif indirect**
- Qualifier. *Elle l'a traité de goujat.*
- Prendre pour objet d'étude. *De quoi traite ce livre ?*
• **Intransitif**
Négocier en vue de conclure un marché. *Ils sont intéressés à traiter avec cette entreprise.*

traiteur n. m.
Personne qui prépare des repas, des plats à emporter et à consommer à domicile, à l'endroit où se donne une réception.

traître, esse adj. et n. m. et f.
• **Adjectif**
- Déloyal. *Il a été traître à sa patrie.*
- Dangereux. *Un chemin traître.*
- **Pas un traître mot.** Aucun mot.
Note.- L'adjectif renforce la négation.
• **Nom masculin et féminin**
Personne coupable d'une trahison.
Note.- Attention à l'orthographe : traître.

traîtreusement adv.
Avec traîtrise.
Note.- Attention à l'orthographe : traîtreusement.

traîtrise n. f.
Trahison.
Note.- Attention à l'orthographe : traîtrise.

trajectoire n. f.
Ligne décrite par un corps mobile.

trajet n. m.
Fait de parcourir l'espace d'un point à un autre. *Il fit le trajet en voiture.*

tram n. m.
Abréviation familière de **tramway.**

trame n. f.
• Fils qui croisent les fils de la chaîne.
• Intrigue. *La trame d'un roman.*
Note.- Attention à l'orthographe : trame.

tramer v. tr., pronom.
• **Transitif**
- Tisser.
- Comploter. *Ils trament une conspiration.*
• **Pronominal**
Être préparé en secret, en parlant d'un complot. *Qu'est-ce qui est en train de se tramer ?*

tramontane n. f.
Le vent froid du nord, dans le Languedoc et le Roussillon.
Note.- Les noms de vents s'écrivent avec une minuscule.

trampoline n. m.
• Grande toile tendue par des ressorts, sur laquelle on exécute des sauts.
• Sport ainsi pratiqué. *Faire du trampoline.*
Note.- Attention au genre masculin de ce nom : **un** trampoline.

tramway n. m.
• Le **m** se prononce [tramwe].
• Abréviation familière **tram** (s'écrit sans point).
• Voiture électrique circulant sur des rails plats et qui sert aux transports en commun. *Des tramways remis à neuf.*

tranchant, ante adj. et n. m.
• **Adjectif**
- Qui peut couper. *Une lame tranchante.*
- (Fig.) Cassant, dur. *Il refusa d'un ton tranchant.*
• **Nom masculin**
- Le côté coupant d'un instrument.
- **À double tranchant.** Qui peut se retourner contre son auteur. *Une arme, un stratagème à double tranchant.*
Note.- Ne pas confondre avec le participe présent invariable **tranchant**. *Les enfants ne tranchant pas leur viande...*

tranche n. f.
• Morceau coupé finement. *Une tranche de pain. Du jambon en tranches.*
• Disposition des nombres par groupes de trois chiffres. *Les tranches de chiffres s'écrivent sans ponctuation, ex. : 1 000 353.*
• Partie d'un tout. *La première tranche des travaux commencera en avril.*

tranchée n. f.
Excavation pratiquée dans la terre.

trancher v. tr., intr.
• **Transitif**
- Couper. *Elle a tranché du pain.*
- Décider sans appel. *La question a été tranchée, nous n'y reviendrons pas.*
Note.- Ne pas confondre avec les verbes suivants :
- **arrêter**, décider quelque chose dans son esprit ;
- **décider**, prendre une décision ;
- **décréter**, ordonner par décret ;
- **ordonner**, donner un ordre.

• Intransitif
- Contraster. *Cette écharpe colorée tranchera bien sur ce tailleur marine.*
- (Fig.) Se détacher clairement. *Son professionnalisme tranche sur l'amateurisme de ses collègues.*

tranquille adj.
• Calme. *Les élèves étaient tranquilles pour une fois.*
• Serein, paisible. *Une vie tranquille.*

tranquillement adv.
• D'une manière tranquille.
• Sereinement, paisiblement

tranquillisant, ante adj. et n. m.
• **Adjectif.** Qui tranquillise. *Une musique tranquillisante.*
• **Nom masculin.** Médicament qui atténue l'angoisse. *Il prenait des tranquillisants.*

tranquilliser v. tr., pronom.
• **Transitif.** Calmer. *Je les ai tranquillisés en leur racontant cette légende amusante.*
• **Pronominal.** Cesser d'être inquiet. *Voyons, tranquillisez-vous un peu, ce n'est pas bien grave.*

tranquillité n. f.
Calme, quiétude.

trans- préf.
• Élément du latin signifiant « à travers ».
• Les mots composés avec l'élément **trans-** s'écrivent en un seul mot. *Transatlantique.*

transaction n. f.
• Concessions menant à la conclusion d'un marché.
• Opération commerciale ou boursière. *Beaucoup de transactions portaient sur ce titre boursier aujourd'hui.*

transat n. m. et f.
• Le *t* final se prononce [trãzat].
• **Nom masculin.** Chaise longue pliante.
• **Nom féminin.** Course de voiliers traversant l'océan Atlantique en solitaire. *Des transats passionnantes.*
Note.- **Transat** est l'abréviation de **transatlantique.**

transatlantique adj. et n. m.
• **Adjectif.** Qui assure la liaison maritime entre l'Europe et l'Amérique.
• **Nom masculin.** Navire qui traverse l'océan Atlantique.

transbahuter v. tr.
(Fam.) Transporter. *Ils ont transbahuté les meubles du salon d'un endroit à l'autre.*

transbordement n. m.
Action de transborder.

transborder v. tr.
Faire passer quelqu'un, quelque chose d'un véhicule à un autre. *Les voyageurs ont été transbordés du train accidenté à un autre train.*

transbordeur n. m.
Navire servant au transport des voitures, des trains. *Ils ont pris un transbordeur entre la France et la Grande-Bretagne.*
Notes.-
1° Ce nom a fait l'objet d'une recommandation officielle pour remplacer les anglicismes *car-ferry* et *ferry-boat.*
2° Attention à l'orthographe : *transbordeur,* en un seul mot.

transcanadien, ienne adj. et n. f.
Qui traverse le Canada, de l'Atlantique au Pacifique. *La route transcanadienne. Rouler sur la transcanadienne.*

transcendance n. f.
(Vx) Supériorité d'une personne, d'une chose sur une autre.
Note.- Attention à l'orthographe : transcendance.

transcendant, ante adj.
Qui s'élève au-dessus des autres.
Note.- Attention à l'orthographe : transcendant.
Ant. **immanent.**

transcendantal, ale, aux adj.
Se dit de la pensée qui ne résulte pas de l'expérience.
Note.- Attention à l'orthographe : transcendantal.

transcender v. tr.
(Litt.) Dépasser, s'élever au-dessus de tous.
Note.- Attention à l'orthographe : transcender.

transcontinental, ale, aux adj.
Qui traverse entièrement un continent. *Des modes de transport transcontinentaux. Une route transcontinentale.*

transcription n. f.
• Action de transcrire, son résultat. *La transcription d'un manuscrit à la machine à écrire.*
• Notation selon un autre mode d'expression. *Une transcription phonétique.*
Note.- Attention à l'orthographe : transcription.

transcrire v. tr.
• *Je transcris, tu transcris, il transcrit, nous transcrivons, vous transcrivez, ils transcrivent. Je transcrivais. Je transcrivis. Je transcrirai. Je transcrirais. Transcris, transcrivons, transcrivez. Que je transcrive. Que je transcrivisse. Transcrivant. Transcrit, ite.*
• Copier de façon semblable ou selon une écriture différente. *Tu transcriras ta dissertation au propre.*
• Faire une transcription. *Transcrire un mot selon la notation de l'Association phonétique internationale (A.P.I.). Il a transcrit ce message codé en clair.*

transe n. f.
(Litt.) Vive inquiétude. *Les transes des candidats à un examen*
Note.- L'expression s'emploie généralement au pluriel, sauf dans l'expression **être en transe.**

transept n. m.
• Les lettres *pt* se prononcent [trãsɛpt].
• Nef transversale d'une église.

transférer v. tr.
• Le *é* se change en *è* devant une syllabe muette, sauf à l'indicatif futur et au conditionnel présent. *Je transfère,* mais *je transférerai.*
• (Dr.) Transmettre un droit de propriété, selon les modalités prévues. *Transférer des valeurs mobilières.*

● Transporter, selon les formalités requises. *Transférer le siège social d'une entreprise.*

transfert n. m.
● Déplacement de personnes, de choses. *Un transfert de populations, de fonds.*
● (Dr.) Action de transmettre un droit. *Des transferts de propriété, de titres boursiers.*

transfiguration n. f.
Action de transfigurer, état de ce qui est transfiguré.

transfigurer v. tr.
Transformer quelqu'un, quelque chose de façon extraordinaire, en l'améliorant. *Son visage était transfiguré par la joie.*

transformable adj.
Qui peut être transformé. *Un canapé transformable qui peut servir de lit.*

transformateur n. m.
● S'abrège familièrement en **transfo** (s'écrit sans point).
● Appareil électrique qui modifie la tension, l'intensité d'un courant électrique.

transformation n. f.
Changement, modification d'une forme en une autre. *La transformation de la chrysalide en un papillon. Des transformations industrielles, chimiques, physiques.*

transformer v. tr., pronom.
● **Transitif.** Donner une nouvelle forme à une personne, à une chose. *L'adolescence l'a transformée. Transformer le bois en papier.*
● **Pronominal.** Changer d'apparence, de forme. *Les chiots se sont transformés en de beaux chiens.*

transfuge n. m. et f.
Personne qui passe à l'ennemi et, par extension, qui passe à un autre camp. *Ce sont des transfuges de ce parti politique.*
Note.- Ne pas confondre avec le mot **déserteur** qui désigne une personne qui abandonne son poste.

transfuser v. tr.
Faire une transfusion.

transfusion n. f.
Tranfusion de sang. Injection dans les veines d'une personne (le **receveur**) du sang d'une autre personne (le **donneur**).

transgresser v. tr.
Enfreindre (une loi, une règle, une obligation). *Ils ont transgressé le règlement.*

transgression n. f.
Action de transgresser. *La transgression d'une loi.*

transhumance n. f.
● Le **s** se prononce **z** [trãzymãs].
● Déplacement d'un troupeau vers d'autres pâturages, selon les saisons.
Note.- Attention à l'orthographe : trans**h**umance.

transhumer v. tr., intr.
● Le **s** se prononce **z** [trãzyme].
● **Transitif.** Mener paître des troupeaux dans les montagnes.

● **Intransitif.** Se dit de troupeaux qui vont paître en été dans les montagnes.
Note.- Attention à l'orthographe : trans**h**umer.

transi, ie adj.
● Le **s** se prononce **s** ou **z**, [trãsi] ou [trãzi].
● Engourdi par le froid. *Il fait froid et humide : nous sommes transies.*

transiger v. intr.
● Le **g** est suivi d'un **e** devant les lettres **a** et **o**. *Il transigea, nous transigeons.*
● Faire un compromis, des concessions réciproques, afin de parvenir à un accord.

transir v. tr.
● Le verbe s'emploie seulement à l'infinitif, au participe, aux temps composés et à la troisième personne du singulier de l'indicatif présent et du passé simple.
● Le **s** se prononce **s** ou **z**, [trãsir] ou [trãzir].
● (Litt.) Glacer. *Ce vent froid les a transis.*

transistor n. m.
● Composant électronique amplificateur.
● Poste récepteur radiophonique portatif. *Des transistors d'excellente qualité.*

transistoriser v. tr.
Munir de transistors.

transit n. m.
● Le **t** final se prononce [trãzit].
● Passage de voyageurs, transport de marchandises à travers une région.
● Passage de voyageurs, de marchandises en franchise des droits de douane. *Les passagers en transit pour la Suisse doivent se diriger vers la porte 35.*

transitaire n. m. et f.
Agent qui se charge du dédouanement des marchandises en transit.

transiter v. tr., intr.
● **Transitif.** Passer des marchandises en transit. *Transiter des marchandises par Paris.*
● **Intransitif.** Voyager en transit, en parlant de personnes. *Ils doivent transiter par Londres.*

transitif, ive adj.
● (Gramm.) Se dit d'un verbe qui peut avoir un complément d'objet direct ou indirect. *Les verbes **aimer** et **penser** sont des verbes transitifs.*
● Un verbe est **transitif direct** s'il peut avoir un complément d'objet direct. Ex. : *Le chien aime les enfants.*
● Un verbe est **transitif indirect** si son complément est construit avec une préposition (**à, de, sur**, etc.). Ex. : *Elle pense à lui.*
V. Tableau - **VERBE**.

transition n. f.
● Passage d'un état à un autre. *Une transition trop soudaine.*
● Charnière, manière de lier les parties d'un texte, d'un exposé. *Cette anecdote était une habile transition.*
● Étape intermédiaire qui conduit d'un état à un autre. *La robotique s'est implantée sans transition dans cette entreprise.*

transitivement adv.
(Gramm.) Avec une construction transitive.

transitivité n. f.
(Gramm.) Caractère de ce qui est transitif. *La transitivité directe d'un verbe.*

transitoire adj.
Provisoire. *Cette situation est transitoire.*
Note.- Attention à l'orthographe de cet adjectif qui conserve la même forme au masculin et au féminin : transit*oire.*

translation n. f.
(Dr.) Action de transférer.

translittération n. f.
(Ling.) Transcription obtenue par transposition des caractères d'un alphabet dans les caractères d'un autre système d'écriture.

translucide adj.
Qui laisse passer la lumière, mais non la couleur, la forme des objets. *Du verre translucide.*
Note.- Ne pas confondre avec le mot **transparent** qui qualifie ce qui laisse voir nettement les objets.

transmettre v. tr., pronom.
• Ce verbe se conjugue comme **mettre.**
• **Transitif**
- Céder la propriété. *Transmettre un héritage.*
- Léguer. *Il leur a transmis sa curiosité intellectuelle.*
- Communiquer. *Il a transmis son message par téléphone.*
- Contaminer. *Il lui a transmis cette maladie très contagieuse.*
• **Pronominal**
Se propager. *Cette infection se transmet par les moustiques.*

transmissible adj.
Qui peut être transmis. *Des titres transmissibles. Une maladie sexuellement transmissible. (M.S.T.).*
• Contagieux. *Une maladie transmissible.*

transmission n. f.
• Action de transmettre, de léguer. *La transmission d'un bien.*
• **Transmission des pouvoirs.** Acte par lequel les pouvoirs d'un chef d'État, d'une assemblée sont remis au successeur.
• Action de transporter un signal d'un émetteur vers un récepteur. *La transmission des données, d'un message.*
• **Transmission par satellite, par voie hertzienne.** Télécommunication.
• Ensemble des organes servant à communiquer la puissance aux roues motrices. *Cette voiture a une transmission automatique.*

transmuter ou **transmuer** v. tr.
Transformer, en parlant d'éléments chimiques. *Transmuer les métaux en or. Le métal ne s'est pas transmuté en or.*

transparaître v. intr.
• Ce verbe se conjugue comme **paraître.**

• Paraître au travers de quelque chose. *La peinture originale transparaît au travers de la laque.*
• Être perçu. *Ses intentions transparaissent clairement.*

transparence n. f.
• Qualité de ce qui est transparent. *La transparence de l'eau.*
Ant. **opacité.**
• (Fig.) Limpidité. *Les employés réclament plus de transparence dans la gestion de l'organisme.*

transparent, ente adj. et n. m.
• **Adjectif**
Qui laisse voir nettement les objets.
Note.- Ne pas confondre avec les mots suivants :
- **cristallin**, qui est transparent comme le cristal ;
- **diaphane**, translucide ;
- **opalescent**, qui a les nuances vives de l'opale ;
- **translucide**, qui laisse passer la lumière, mais non la couleur, la forme des objets.
• **Nom masculin**
- Papier ligné que l'on place sous une feuille de papier afin d'écrire droit.
- Feuille d'acétate de cellulose utilisée pour les rétro-projections.

transpercer v. tr.
• Le **c** prend une cédille devant les lettres **a** et **o.** *Il transperça, nous transperçons.*
• Percer de part en part.
• Pénétrer. *Le froid nous transperçait.*

transpiration n. f.
• Sudation.
• *En transpiration.* En sueur.

transpirer v. intr.
• Suer. *Les pauvres déménageurs transpiraient énormément.*
• (Fig.) Commencer à être diffusé. *Cette information a transpiré à la suite de la dernière réunion.*

transplantation n. f.
Action de transplanter. *La transplantation d'un rein.*
Note.- Lorsqu'il y a rétablissement de vaisseaux, de conduits, on parle de **transplantation** plutôt que de **greffe.** *Une transplantation cardiaque, une greffe de la peau.*

transplanter v. tr.
• Replanter en un autre endroit. *Transplanter des conifères.*
• Greffer un organe. *On lui a transplanté un rein.*
• (Fig.) Installer dans un autre lieu. *Les Acadiens ont été transplantés en Louisiane.*

transport n. m.
• Action de transporter d'un lieu à un autre. *Des moyens de transport, des frais de transport.*
• (Au plur.) Déplacement de personnes, de choses à l'aide de divers moyens. *Les transports en commun, les transports maritimes et aériens. Un entrepreneur de transports.*
• (Litt.) Enthousiasme, exaltation. *Modérer vos transports.*

transportable adj.
Qui peut être transporté. *Un blessé transportable.*

transporter v. tr., pronom.
• **Transitif.** Porter d'un lieu à un autre. *Transporter des colis.*
• **Pronominal.** Se rendre en un lieu. *Transportez-vous par l'imagination au bord de la mer.*

transporteur n. m.
• Entrepreneur de transports. *Cette entreprise est un important transporteur routier.*
• Appareil de manutention. *Un transporteur automatique, un transporteur à godets, par gravité.*

transposable adj.
Qui peut être transposé.

transposer v. tr.
Intervertir, transformer. *Ces mots ont été transposés.*

transposition n. f.
Inversion, transformation.

transsexuel, elle adj. et n. m. et f.
Personne qui a changé de sexe.
Note.- Attention à l'orthographe : tran**ss**exuel.

transvasement n. m.
Action de transvaser.

transvaser v. tr.
Verser le contenu d'un récipient dans un autre.
Syn. **transvider.**

transversal, ale, aux adj.
Oblique. *Des chemins transversaux.*

transversalement adv.
D'une manière transversale.

transvider v. tr.
Transvaser.

trapèze n. m.
• Figure géométrique dont deux côtés opposés sont parallèles et inégaux.
• Barre horizontale suspendue par ses extrémités. *Cet acrobate fait du trapèze.*
Note.- Attention à l'orthographe : trap**è**ze.

trapéziste n. m. et f.
Gymnaste, acrobate qui fait du trapèze.
Note.- Attention à l'orthographe : trap**é**ziste.

trappe n. f.
• Piège creusé et dissimulé par des branchages. *Les animaux sont tombés dans la trappe.*
• Ouverture dans un plancher, un plafond, etc. donnant accès à un autre lieu.
• Ordre religieux. En ce sens, le nom s'écrit avec une majuscule.
Note.- Attention à l'orthographe : contrairement au verbe **attraper**, le mot **trappe** s'écrit avec deux **p**.

trappeur n. m.
Au Canada, personne qui vit de la chasse et fait le commerce de la fourrure.
Note.- Attention à l'orthographe : tra**pp**eur.

trappiste n. m.
Moine cistercien.

Notes.-
1° Attention à l'orthographe : tra**pp**iste.
2° Les noms de membres d'ordres religieux s'écrivent avec une minuscule.

trappistine n. f.
Religieuse cistercienne.
Notes.-
1° Attention à l'orthographe : tra**pp**istine.
2° Les noms de membres d'ordres religieux s'écrivent avec une minuscule.

trapu, ue adj.
• Gros et court. *Une personne trapue.*
• Massif. *Cette armoire est trop trapue.*
Note.- Attention à l'orthographe : tra**p**u.

traquenard n. m.
Piège. *Ils sont tombés dans un traquenard.*
Note.- Attention à l'orthographe : traquen**ard.**

traquer v. tr.
Serrer de près, poursuivre. *Les cambrioleurs étaient traqués : ils se sont rendus.*

trattoria n. f.
Petit restaurant populaire, en Italie. *Des trattorias très pittoresques.*

trauma n. m.
(Méd.) Lésion, blessure grave.
Note.- Attention à l'orthographe : traum**a.**

traumatique adj.
Qui est relatif à une blessure, à un choc.

traumatisant, ante adj.
Qui traumatise. *La perte de personnes chères est très traumatisante.*
Note.- Ne pas confondre avec le participe présent invariable **traumatisant.** *Les échecs scolaires traumatisant les élèves...*

traumatiser v. tr.
Bouleverser émotivement de façon violente.

traumatisme n. m.
• Blessure. *Un traumatisme crânien.*
• Choc émotif violent.

traumatologie n. f.
Spécialité médicale qui traite des traumatismes.

traumatologique adj.
Relatif à la traumatologie.

traumatologiste n. m. et f.
Spécialiste de la traumatologie.

travail n. m.
• Ensemble d'activités exécutées en vue de parvenir à un résultat. *Un travail de longue haleine. Des travaux manuels, des travaux de recherche.*
• Emploi. *Il a un travail à temps partiel. Ils sont sans travail.*
• ***Travaux publics.*** Œuvres de construction, de réparation d'utilité générale. *Une entreprise de travaux publics.*

travail n. m.
Appareil servant à maintenir de grands animaux pour les soigner, les opérer.

Note.- Au pluriel, le nom, en ce sens, s'orthographie *travails*.

travailler v. tr., intr.
● **Transitif.** Façonner. *Il travaille le bois, elle travaille son style.*
● **Intransitif.** Exercer une activité professionnelle, faire un travail. *Ils travaillent en informatique, elles travaillaient à temps plein.*

travailleur, euse adj. et n. m. et f.
● **Adjectif.** Qui aime le travail. *Un étudiant travailleur.*
● **Nom masculin et féminin.** Personne qui exerce une profession. *Les travailleurs intellectuels, les travailleurs manuels.*
● *Travailleur indépendant.* Personne non salariée exerçant pour son propre compte une profession.

travée n. f.
Portion d'une construction comprise entre deux points d'appui. *Les travées d'un pont.*
Note.- Attention à l'orthographe : travé**e**.

traveller's cheque ou **traveller's check** n. m.
(Anglicisme) Chèque de voyage. *Des traveller's cheques* ou *checks.*

travers n. m.
● Défaut léger, bizarrerie. *Il a bien quelques travers, mais il est très sympathique.*
Note.- Ne pas confondre avec les mots suivants :
- *défaut*, imperfection ;
- *malfaçon*, défaut de fabrication ;
- *vice*, défaut qui altère gravement la constitution d'une chose.
● *À travers*, locution prépositive. Au milieu, de part en part. *Le soleil passe à travers le feuillage.*
Note.- Cette locution se construit sans la préposition *de.*
● *Au travers de*, locution prépositive. De part en part. *Elle est passée au travers de la porte vitrée.*
● *De travers*, locution adverbiale. Obliquement et, au figuré, avec malveillance. *Elle le regarda de travers.*
● *En travers de*, locution prépositive. D'un côté à l'autre. *Il y avait une barrière en travers de la route.*
● *À tort et à travers*, locution adverbiale. Injustement, sans raison. *Il parle à tort et à travers.*

traverse n. f.
● Pièce de bois, de métal qu'on met en travers d'une construction pour en assembler les éléments. *Les traverses d'une fenêtre.*
● *Chemin de traverse.* Raccourci.
● Chacune des poutres placées perpendiculairement à la voie, sous les rails dont elles maintiennent l'écartement.

traversée n. f.
Action de traverser la mer, un cours d'eau, un espace. *La traversée de l'Atlantique en solitaire. Une traversée aérienne mouvementée.*

traverser v. tr.
● Passer d'un côté à l'autre. *Traverser un lac à la nage, une rue en courant.*
● Passer par. *Cette idée m'a traversé l'esprit. Il traverse une mauvaise passe.*

traversier n. m.
Au Canada, navire spécialement conçu pour faire la traversée de passagers, de véhicules ou de wagons d'une rive à l'autre d'un fleuve, d'une rivière, d'un lac ou d'un bras de mer.
Syn. **bac.**

traversin n. m.
Coussin cylindrique placé à la tête d'un lit.

travertin n. m.
Roche calcaire. *Une table en travertin.*
Note.- Attention à l'orthographe : travert**in**.

travesti, ie adj. et n. m.
Homosexuel qui se déguise en femme. *Un spectacle de travestis.*
Note.- Attention à l'orthographe : travest**i**.

travestir v. tr., pronom.
● **Transitif.** Modifier le sens d'un texte, dénaturer. *Il a travesti la pensée de cet auteur.*
● **Pronominal.** Se déguiser en prenant l'apparence d'un autre sexe. *Ils se sont travestis.*

trébuchement n. m.
Action de trébucher.

trébucher v. intr.
Faire un faux pas. *Il a trébuché sur un caillou.*

trèfle n. m.
Plante fourragère. *Un trèfle à quatre feuilles.*
Note.- Attention à l'orthographe : trè**fle**.

tréfonds n. m.
(Litt.) Ce qu'il y a de plus secret.
Note.- Attention à l'orthographe : tréfon**ds**.

treillage n. m.
Assemblage de lattes. *Des vignes qui recouvrent un treillage.*

treille n. f.
Vigne cultivée sur un treillage.

treillis n. m.
● Assemblage à claire-voie de bois, de métal, etc.
● Vêtement d'exercice ou de combat.
Note.- Attention à l'orthographe : treill**is**.

treize adj. et n. m. inv.
● **Adjectif numéral cardinal invariable.** Douze plus un. *Treize à la douzaine.*
● **Adjectif numéral ordinal invariable.** Treizième. *Le treize décembre.*
● **Nom masculin invariable.** Nombre treize.

treizième adj. et n. m. et f.
● **Adjectif numéral ordinal.** Nombre ordinal de treize. *La treizième heure.*
● **Nom masculin.** La treizième partie d'un tout. *Les trois treizièmes d'une quantité.*
● **Nom masculin et féminin.** Personne, chose qui occupe le treizième rang. *Elles sont les treizièmes.*

treizièmement adv.
En treizième lieu.

trekking ou **trek** n. m.
(Anglicisme) Excursion touristique à pied en haute montagne. *Faire du trekking au Népal.*

tréma n. m.
Signe de ponctuation formé de deux points qui signale qu'une voyelle se prononce et ne constitue pas un amalgame avec une autre voyelle (*e, i* ou *u*) de certains mots. *Les lettres oi se prononcent différemment des lettres oï : froide, anthropoïde.*
Note.- Attention à l'orthographe : tré*m*a.

tremble n. m.
Type de peuplier.

tremblement n. m.
• Mouvement de ce qui tremble. *Le tremblement des feuilles sous le vent. Le tremblement de sa voix l'inquiète.*
• **Tremblement de terre.** Séisme.

trembler v. intr.
• Être agité de mouvements répétés. *Ses mains ne tremblent pas du tout. Elle tremblait de froid. Le sol a tremblé.*
• Éprouver une violente crainte. *Ce réfugié tremble à l'idée de ne pouvoir rester au pays.*
Note.-
1° Dans la langue soutenue, le verbe *trembler* construit avec *que* suivi du subjonctif est souvent accompagné de la particule *ne* dite explétive, sans valeur négative, lorsqu'on redoute qu'un évènement (ne) se produise. *Ils tremblent que le vent (ne) se lève.*
2° Par contre, si l'on craint qu'un évènement ne se produise pas, l'emploi de la négation *ne...pas* est obligatoire. *Elle tremble que l'on ne puisse pas le joindre à temps.*
3° Il en est ainsi pour les verbes exprimant une notion de crainte : *appréhender, craindre, avoir peur, redouter.*

tremblote n. f.
(Fam.) Tremblement. *Avoir la tremblote.*
Note.- Attention à l'orthographe : tremblo*t*e.

tremblotement n. m.
Petit tremblement.
Note.- Attention à l'orthographe : tremblo*t*ement.

trembloter v. intr.
Trembler légèrement.
Note.- Attention à l'orthographe : tremblo*t*er.

trémie n. f.
Réceptacle en forme de pyramide renversée.
Note.- Attention à l'orthographe : tré*m*ie.

trémière adj. f.
Rose trémière. Variété de guimauve très décorative.

trémolo n. m.
Tremblement de la voix. *Des trémolos désagréables.*
Note.- Ce mot d'origine italienne est francisé : il s'écrit avec un accent sur le *e* et prend la marque du pluriel.

trémoussement n. m.
Action de se trémousser.

trémousser (se) v. pronom.
Se tortiller. *Elles se trémoussaient en marchant.*

trempage n. m.
Action de faire tremper.

trempe n. f.
Fermeté de caractère. *Ils n'étaient pas de la même trempe.*

tremper v. tr., intr., pronom.
• **Transitif**
Mouiller, imbiber d'un liquide. *Elle trempait son pain dans la soupe.*
• **Intransitif**
- Demeurer quelque temps dans un liquide. *Il a mis les vêtements à tremper.*
- Participer à une affaire malhonnête. *Tremper dans un complot.*
• **Pronominal**
Être très mouillé. *Ils se sont trempés en marchant sous la pluie.*

trempette n. f.
Faire trempette. (Fam.) Prendre un bain très court ou se baigner dans une eau peu profonde. *Nous avons fait trempette dans la rivière.*

tremplin n. m.
• Planche sur laquelle un plongeur prend appui pour s'élancer dans l'eau. *Elle a plongé du tremplin de trois mètres.*
• Ce qui facilite l'atteinte d'un objectif. *Un tremplin électoral.*
Note.- Attention à l'orthographe : trempl*in*.

trentaine n. f.
• Nombre d'environ trente. *Une trentaine de participants assistaient ou assistait à la rencontre.*
Note.- Après un nom collectif suivi d'un complément au pluriel, le verbe se met au singulier ou au pluriel suivant l'intention de l'auteur qui veut insister sur l'ensemble ou sur la pluralité.
• (Absol.) Âge d'à peu près trente ans. *Elle a dépassé la trentaine.*

trente adj. et n. m. inv.
• **Adjectif numéral cardinal invariable.** Vingt-neuf plus un. *Trente heures. Trente et un, trente-sept.*
• **Adjectif numéral ordinal invariable.** Trentième. *Le trente octobre.*
• **Nom masculin invariable.** Nombre trente. *Des trente en lettres lumineuses.*

trentième adj. et n. m. et f.
• **Adjectif numéral ordinal.** Nombre ordinal de trente. *La trentième heure.*
• **Nom masculin.** La trentième partie d'un tout. *Les trois trentièmes d'une quantité.*
• **Nom masculin et féminin.** Personne, chose qui occupe le trentième rang. *Elles sont les trentièmes.*

trentièmement adv.
En trentième lieu.

trépanation n. f.
Opération chirurgicale consistant à pratiquer une ouverture dans la boîte crânienne.

trépaner v. tr.
Pratiquer une trépanation.

trépas n. m.
(Litt.) Mort.
Note.- Attention à l'orthographe : trépa*s*.

trépasser v. intr.

(Litt.) Mourir. *Il a trépassé au cours de la nuit ; il est trépassé depuis peu.*

Note.- Le verbe se conjugue avec l'auxiliaire **avoir** pour marquer l'action, avec l'auxiliaire **être** pour marquer l'état.

trépidant, ante adj.

Agité. *Des rythmes trépidants.*

trépied n. m.

Support à trois pieds. *Un trépied pour appareil photographique.*

trépignement n. m.

Action de trépigner. *Les trépignements des enfants qui s'amusent.*

trépigner v. intr.

• Les lettres **gn** sont suivies d'un *i* à la première et à la deuxième personne du pluriel de l'indicatif imparfait et du subjonctif présent. *(Que) nous trépignions, (que) vous trépigniez.*

• Frapper des pieds contre le sol. *Nous trépignions d'impatience avant son arrivée.*

Note.- Attention à l'orthographe : tré**p**igner.

très adv.

Extrêmement. *Il a fait très froid cet hiver. La tortue avance très lentement. Ce banquet a été très apprécié.*

Note.- L'adverbe **très** marque le superlatif absolu en se joignant à un adjectif, à un participe passé (employé adjectivement) ou à un adverbe. L'emploi de l'adverbe devant un nom a été critiqué, mais il est passé dans l'usage. *Ils ont eu très peur et très mal.*

trésor n. m.

• Bien précieux. *Les trésors de l'art grec, un trésor de pierres précieuses.*

• (Fig.) Tout ce qui est précieux. *Elle est un trésor de tendresse et de dévouement.*

trésorerie n. f.

• Administration des finances publiques.

• Liquidités. *Cette entreprise a des besoins de trésorerie.*

trésorier n. m.
trésorière n. f.

Personne chargée de gérer les ressources financières d'une entreprise, d'un organisme.

tressage n. m.

Action de tresser.

tressaillement n. m.

Brusque mouvement involontaire sous l'effet d'une émotion subite.

tressaillir v. intr.

• *Je tressaille, tu tressailles, il tressaille, nous tressaillons, vous tressaillez, ils tressaillent. Je tressaillais, tu tressaillais, il tressaillait, nous tressaillions, vous tressailliez, ils tressaillaient. Je tressaillis. Je tressaillirai. Je tressaillirais. Tressaille, tressaillons, tressaillez. Que je tressaille, que tu tressailles, qu'il tressaille, que nous tressaillions, que vous tressailliez, qu'ils tressaillent. Que je tressaillisse. Tressaillant. Tressailli.*

• Les lettres **ill** sont suivies d'un *i* à la première et à la deuxième personne du pluriel de l'indicatif imparfait et du subjonctif présent. *(Que) nous tressaillions, (que) vous tressailliez.*

• Sursauter, frémir. *En entendant ce craquement sinistre, elle tressaillit.*

tresse n. f.

Assemblage de trois mèches, de trois brins entrelacés. *Une belle tresse blonde.*

tresser v. tr.

Former une tresse.

tréteau n. m.

Support porté par quatre pieds. *Les deux tréteaux d'une table.*

treuil n. m.

Appareil de levage.

trêve n. f.

Arrêt temporaire des hostilités entre deux camps opposés.

Note.- Attention à l'orthographe : trê**v**e.

tri n. m.

• Action de sélectionner. *Le tri des tomates bien mûres.*

• (Inform.) Classement des informations selon un ordre donné. *Ce logiciel fait le tri alphabétique des données.*

Note.- Attention à l'orthographe : tr**i**.

tri- préf.

• Élément du grec signifiant « trois ».

• Les mots composés avec le préfixe **tri-** s'écrivent sans trait d'union. *Triangle, tricentenaire.*

triade n. f.

Groupe de trois éléments. *Les nombres sont composés de triades (ou tranches de trois chiffres) séparées entre elles par un espace (de droite à gauche pour les entiers, de gauche à droite pour les décimales). 1 865 234,626 12.*

triage n. m.

Action de trier. *Le triage du bois.*

triangle n. m.

• Figure géométrique à trois côtés. *Un triangle équilatéral.*

• Instrument de percussion composé d'une tige d'acier pliée en triangle.

triangulaire adj.

Qui a la forme d'un triangle. *Un immeuble triangulaire.*

Note.- Attention à l'orthographe de cet adjectif qui conserve la même forme au masculin et au féminin : triangul**aire.**

tribal, ale, aux adj.

Relatif à une tribu. *Des usages tribaux.*

tribalisme n. m.

Société composée de tribus.

tribord n. m.

Le côté droit d'un navire quand on regarde vers l'avant. *Des pirates à tribord !*

Note.- Pour se rappeler la place de bâbord et de tribord, il suffit de penser au mot **batterie** (**ba**, à gauche, **tri**, à droite).

tribu n. f.
Groupement de plusieurs familles de la même peuplade autour d'un chef. *Une tribu huronne.*
Hom. **tribut,** redevance, contribution.

tribulations n. f. pl.
Mésaventures, péripéties. *Les tribulations de ces touristes inexpérimentés.*

tribun n. m.
Orateur populaire.

tribunal n. m.
Lieu où est rendue la justice. *Des tribunaux administratifs.*

tribune n. f.
• Estrade destinée aux orateurs.
• Gradins. *Les tribunes de l'Assemblée nationale.*
• Lieu où l'on peut s'exprimer. *Cette conférence internationale lui a servi de tribune.*

tribut n. m.
Redevance, contribution.
Hom. **tribu,** groupement de plusieurs familles autour d'un chef.

tributaire adj.
Qui dépend de. *Aujourd'hui, tous les pays sont tributaires de l'économie internationale.*

tricentenaire adj. et n. m.
Troisième centenaire. *On célébrera le tricentenaire de ce village.*
V. Tableau - **PÉRIODICITÉ ET DURÉE.**

triceps n. m.
• Les lettres **ps** se prononcent [triseps].
• Muscle dont les extrémités sont composées de trois faisceaux.

tricher v. intr.
• Tromper, au jeu. *Ce joueur de poker ne cesse de tricher.*
• Ne pas respecter une convention.

tricherie n. f.
Action de tricher.

tricheur, euse n. m. et f.
Personne qui a l'habitude de tricher.

tricolore adj.
• Qui est de trois couleurs.
• Des couleurs bleu, blanc, rouge du drapeau français. *Victoire des athlètes tricolores !*
Note.- Attention à l'orthographe de ce mot qui conserve la même forme au masculin et au féminin : tricolor**e**.

tricorne n. m.
Chapeau à trois cornes.

tricot n. m.
• Action de tricoter. *Elle aime faire du tricot.*
• Tissu composé de mailles tricotées. *Un tricot de jersey.*

• Vêtement en tricot. *Un joli tricot pour les soirées fraîches.*

tricotage n. m.
Action de tricoter.

tricoter v. tr., intr.
Former des mailles avec un fil textile et des aiguilles. *Tricoter une veste en laine. Elle tricote sans cesse.*
Note.- Attention à l'orthographe : trico**t**er.

tricoteur, euse n. m. et f.
Personne qui tricote. *Ce sont d'infatigables tricoteuses.*

trictrac n. m.
• Les **c** se prononcent [triktrak].
• Jeu de dés, ancêtre du jaquet. *Des trictracs incrustés d'ivoire.*

tricycle n. m.
Vélo à trois roues.
Note.- Attention à l'orthographe : tr**i**c**y**cle.

trident n. m.
Fourche à trois dents. *Neptune a pour sceptre un trident.*

tridimensionnel, elle adj.
Qui a trois dimensions. *Une représentation tridimensionnelle.*

triennal, ale, aux adj.
• Qui dure trois ans. *Une planification triennale.*
• Qui a lieu tous les trois ans. *Des tournois triennaux.*
V. Tableau - **PÉRIODICITÉ ET DURÉE.**

trier v. tr.
• Redoublement du **i** à la première et à la deuxième personne du pluriel de l'indicatif imparfait et du subjonctif présent. *(Que) nous triions, (que) vous triiez.*
• Sélectionner, choisir. *Ces personnes ont été triées sur le volet.*

trigonométrie n. f.
Partie de la géométrie qui a pour objet la détermination des éléments des triangles définis par des données numériques.

trigonométrique adj.
Relatif à la trigonométrie.

trilingue adj. et n. m. et f.
• Qui parle trois langues. *Leur père est trilingue.*
• Qui est en trois langues. *Un lexique trilingue.*

trillion n. m.
• Préfixe **exa-** (s'écrit sans point).
• Symbole **E** (s'écrit sans point).
• Un milliard de milliards, soit 1 000 000 000 000 000 000 (notation scientifique 10^{18}). *Les échanges commerciaux ont totalisé trois trillions de francs, 3 trillions de francs.*
Note.- Le mot **trillion** est un nom (et non un adjectif numéral cardinal) ; il prend donc la marque du pluriel. *Trois trillions de francs.*

trilogie n. f.
• (Ancienn.) Ensemble de trois tragédies grecques portant sur un même thème.
• Groupe de trois œuvres. *La trilogie de Pagnol (Marius, Fanny et César).*

trimaran n. m.
Voilier à trois coques. *Des trimarans très rapides.*

trimbal(l)age ou **trimbal(l)ement** n. m.
Transport pénible.

trimbal(l)er v. tr., pronom.
• **Transitif.** (Fam.) Transporter difficilement avec soi. *Elle devait trimbaler plusieurs colis.*
• **Pronominal.** (Fam.) Se déplacer. *Ils se trimballaient avec toute la famille.*

trimer v. intr.
(Fam.) Travailler durement, peiner.

trimestre n. m.
Période de trois mois. *Avec l'arrivée du mois de décembre, c'est déjà la fin du premier trimestre scolaire.*

trimestriel, elle adj.
• Qui dure trois mois. *Un cours trimestriel.*
• Qui a lieu tous les trois mois. *Une publication trimestrielle.*

trimestriellement adv.
Tous les trois mois.

trimoteur n. m.
Avion à trois moteurs.

tringle n. f.
Barre métallique qui sert à soutenir des rideaux, des voilages, etc.
Note.- Attention à l'orthographe : tri*n*gle.

trinité n. f.
• Ensemble des trois personnes divines. *La Sainte-Trinité.*
Note.- En ce sens, le nom s'écrit avec une majuscule ainsi que l'adjectif qui le précède.
• Groupe de trois éléments.

trinitrotoluène n. m.
• Sigle *T.N.T.*
• Explosif très puissant.

trinquer v. intr.
Frapper un verre contre un autre avant de boire. *Trinquons à notre succès!*

trio n. m.
• Ensemble de trois musiciens. *Des trios de jazz.*
• Groupe de trois personnes. *Un joli trio d'incompétents.*

triomphal, ale, aux adj.
• Qui est relatif à un triomphe. *Des acclamations triomphales, des cris triomphaux.*
• Qui constitue une réussite éclatante. *Un succès triomphal.*
Notes.-
1° Attention à l'orthographe : triom*ph*al.
2° Cet adjectif ne qualifie que des choses ; pour une personne, on emploiera plutôt **triomphant.**

triomphalement adv.
En triomphe. *Ils ont défilé triomphalement.*

triomphant, ante adj.
• Qui est victorieux. *Des candidats triomphantes.*
• Qui exprime la victoire. *Des sourires triomphants.*

Note.- Ne pas confondre avec le participe présent invariable **triomphant.** *Les candidats triomphant aux élections.*

triomphe n. m.
• Victoire éclatante. *Le triomphe de Napoléon à Iéna.*
• Réussite remarquable. *Cette représentation théâtrale fut un triomphe.*
Note.- Attention à l'orthographe : triom*ph*e.

triompher v. tr. ind., intr.
• **Transitif indirect.** Remporter la victoire. *Ils ont triomphé de leurs concurrents.*
Note.- Le verbe transitif indirect se construit avec la préposition **de**.
• **Intransitif.** Exceller, avoir du succès. *Cette troupe a triomphé pendant plusieurs mois.*

tripartite ou **triparti, ie** adj.
• Divisé en trois parties. *Des comités tripartites ou tripartis.*
• Composé de trois partis politiques. *Des conventions tripartites ou triparties.*
Note.- La forme **tripartite** est la plus couramment utilisée.

tripe n. f. (gén. pl.)
• (Au plur.) Intestins des animaux.
• (Au plur.) Mets préparé avec l'estomac des ruminants.
• (Gén. plur.) (Fam.) Entrailles humaines.

triple adj. et n. m.
• **Adjectif.** Qui vaut trois fois autant. *Une naissance triple.*
• **Nom masculin.** Quantité qui vaut trois fois une quantité déterminée. *Douze est le triple de quatre.*

triplement n. m.
Action de tripler. *Le triplement d'un prix.*

triplement adv.
Trois fois.

tripler v. tr., intr.
• **Transitif.** Multiplier par trois. *Tripler une quantité.*
• **Intransitif.** Devenir triple. *Les ventes ont triplé.*

triplés, ées n. pl.
Se dit d'enfants jumeaux nés au nombre de trois. *Ils ont eu des triplés.*

triplicata n. m.
Troisième copie.

triporteur n. m.
Tricycle muni d'une caisse servant à faire des livraisons.

tripot n. m.
(Péj.) Maison de jeu.

tripotage n. m.
Manigance, tractation malhonnête. *Des tripotages électoraux, financiers.*

tripoter v. tr., intr.
• **Transitif.** Tâter sans précaution, nerveusement. *Elle tripotait toujours ses cheveux.*

● **Intransitif.** Se livrer à des manipulations, des tractations douteuses. *Ces politiciens ont tripoté dans plusieurs affaires louches.*
Note.- Attention à l'orthographe : tripo**t**er.

triptyque n. m.
Œuvre en trois parties.
Notes.-
1° Attention à l'orthographe : tr**i**pt**y**que.
2° L'œuvre en deux parties est un ***diptyque.***

trisaïeul, eule n. m. et f.
Arrière-arrière-grand-père, arrière-arrière-grand-mère. *Des trisaïeuls, des trisaïeux encore vivants, des trisaïeules alertes.*
Note.- Au-delà de ces générations, on dira **quatrième aïeul, cinquième aïeul**, etc.
V. **aïeul.**

trisomie n. f.
Anomalie chromosomique. *Le mongolisme est provoqué par la trisomie 21.*
Note.- Dans la profession médicale, on préconise le remplacement du nom ***mongolisme*** par l'expression ***trisomie 21.***

triste adj.
● Affligé, peiné. *Il avait un air triste.*
● Qui exprime la tristesse. *Une chanson triste.*
● Déplorable, méprisable. *Un triste personnage, une triste affaire.*
Note.- En ce sens, l'adjectif se place devant le nom.

tristement adv.
D'une manière triste, pénible.

tristesse n. f.
● Affliction, chagrin. *Il était dans un état de profonde tristesse.*
● Caractère triste. *La tristesse d'un adieu, d'un décor.*

tristounet, ette adj.
(Fam.) Légèrement triste.

triturer v. tr., pronom.
● **Transitif**
- Broyer, décortiquer.
- (Fig.) Manipuler, soumettre à diverses actions. *Triturer un texte.*
● **Pronominal**
Se triturer la cervelle. Se creuser la tête pour comprendre quelque chose.

trivial, ale, aux adj.
Vulgaire, grossier. *Des propos triviaux.*

trivialement adv.
D'une manière triviale.

trivialité n. f.
Caractère de ce qui est vulgaire. *La trivialité de son langage.*

troc n. m.
● Le ***c*** se prononce [trɔk].
● Échange en nature, sans usage de monnaie. *Le troc est une forme primitive de commerce.*
Note.- Attention à l'orthographe : tro**c.**

troglodyte n. m.
Habitant de maisons creusées dans le roc. *Ce sont des troglodytes qui vivent dans la région de Pétra.*
Notes.-
1° Attention à l'orthographe : troglod**y**te.
2° Le nom désigne la personne qui vit dans une grotte et non l'habitation creusée dans le roc.

troglodytique adj.
Relatif aux troglodytes. *Des habitations troglodytiques.*
Note.- Attention à l'orthographe : troglod**y**t**i**que.

trognon n. m.
Partie centrale d'un fruit, d'un légume dont on a retiré la partie comestible. *Un trognon de pomme.*

troïka n. f.
Traîneau russe attelé à trois chevaux. *Des troïkas qui glissent sur la neige.*

trois adj. et n. m. inv.
● **Adjectif numéral cardinal invariable.** Deux plus un. *Trois heures. Vingt-trois, trois cent deux.*
● **Adjectif numéral ordinal invariable.** Troisième. *Le trois décembre.*
● **Nom masculin invariable.** Nombre trois. *Il avait des trois de pique et de trèfle.*

troisième adj. et n. m. et f.
● **Adjectif numéral ordinal.** Nombre ordinal de trois. *La troisième heure.*
● **Nom masculin et féminin.** Personne, chose qui occupe le troisième rang. *Elles sont les troisièmes.*
Note.- La troisième partie d'un tout est le ***tiers.*** *Les deux tiers d'un tout.*
V. **tiers.**

troisièmement adv.
En troisième lieu.

trois-mâts n. m. inv.
Voilier à trois mâts. *De majestueux trois-mâts.*

trombe n. f.
● Colonne d'eau tourbillonnante.
● ***Trombe d'eau.*** Pluie très violente.
● ***Arriver, partir en trombe.*** Très vite.

trombone n. m.
● Instrument à vent de la catégorie des cuivres. *Il joue du trombone.*
● Petite agrafe servant à fixer des papiers. *Des trombones multicolores.*
Note.- Attention au genre masculin de ce nom : ***un*** trombone.

trompe n. f.
● Petit instrument à vent. *Une trompe de chasse.*
● Appendice nasal de l'éléphant, du tapir.

trompe-l'œil n. m. inv.
Dessin, peinture qui donne l'illusion du relief. *Des décors exécutés en trompe-l'œil.*
Note.- Le nom invariable s'écrit avec un trait d'union.

tromper v. tr., pronom.
● **Transitif**
- Duper, donner lieu à une erreur. *La ressemblance des immeubles l'a trompé.*

- Distraire momentanément. *Pour tromper l'attente, il lit une revue.*
• **Pronominal**
- Faire erreur. *Ils s'étaient lourdement trompés sur son compte. Elles se sont trompées d'avion.*
- *Si je ne me trompe.* Sauf erreur.

tromperie n. f.
Action faite pour tromper. *Des petites tromperies sans importance.*

trompette n. m. et f.
• **Nom féminin.** Instrument à vent de la catégorie des cuivres. *Elle joue remarquablement de la trompette.*
• *Sans tambour ni trompette.* Sans bruit.
Note.- Dans cette expression, les noms sont au singulier.
• **Nom masculin.** Joueur de trompette.
Note.- En ce sens, on emploie plutôt le nom ***trompettiste.***

trompettiste n. m. et f.
Personne qui joue de la trompette.

trompeur, euse adj.
Qui porte à confusion. *Les apparences sont trompeuses.*

trompeusement adv.
D'une manière propre à tromper.

tronc n. m.
• Partie principale d'un arbre, depuis le sol jusqu'aux branches. *L'immense tronc d'un séquoia.*
• Partie du corps. *Le tronc massif d'un homme.*
Note.- Attention à l'orthographe : tron**c.**

tronçon n. m.
• Fragment. *Des tronçons de statues.*
• Partie d'une voie de circulation. *Un nouveau tronçon de l'autoroute A6 va être ouvert prochainement.*

tronconique adj.
En forme de tronc de cône. *Une figure tronconique.*
Note.- Attention à l'orthographe : tronco**n**ique.

tronçonnage n. m.
Action de couper en tronçons.
Note.- Attention à l'orthographe : tron**ç**o**nn**age.

tronçonner v. tr.
Couper en tronçons. *Tronçonner du bois.*
Note.- Attention à l'orthographe : tron**ç**o**nn**er.

tronçonneuse n. f.
Machine-outil servant à tronçonner des pièces de bois, des barres métalliques, etc.
Note.- Attention à l'orthographe : tron**ç**o**nn**euse.

trône n. m.
• Siège élevé du souverain.
• (Fig.) Royauté. *Le trône d'Angleterre.*
Note.- Attention à l'orthographe : tr**ô**ne.

trôner v. intr.
• Siéger sur un trône.
• Être à la place d'honneur.

tronquer v. tr.
Retirer une partie importante de quelque chose. *Cet article est illisible, il a été tronqué.*

trop adv.
• Avec excès. *Tu étudies trop.*
• **Locutions**
- *C'en est trop.* Cela dépasse les bornes.
- *De trop, en trop.* En plus. *Il y a deux fauteuils de trop.*
- *Par trop.* (Litt.) Exagérément, extrêmement. *Cet exposé est par trop spécialisé.*
Note.- On dit plus simplement *trop.*
- *Trop peu.* Pas assez. *Il est trop peu économe.*
- *Trop...pour*, locution prépositive suivie de l'infinitif. Cette construction marque la conséquence. *Il est trop prudent pour avoir pris ce risque.*
- *Trop ... pour que*, locution conjonctive qui marque la conséquence. *Ces produits sont trop coûteux pour qu'ils puissent être diffusés massivement.*

trophée n. m.
Marque, témoignage d'une victoire. *Il a gagné un trophée au golf.*
Note.- Attention à l'orthographe : tro**ph**ée.

-trophie suff.
Élément du grec signifiant « nourriture ». *Atrophie, hypotrophie.*

tropical, ale, aux adj.
• Propre aux tropiques. *Des climats tropicaux.*
• (Fig.) Torride. *Une chaleur tropicale.*

tropique n. m.
Partie de la sphère terrestre parallèle à l'équateur, le long de laquelle le Soleil passe au zénith à chacun des solstices. *Le tropique du Capricorne est au sud de l'équateur, le tropique du Cancer est au nord.*
Note.- Ce mot s'écrit avec une minuscule.

trop-perçu n. m.
Excédent d'un compte. *Les trop-perçus de cette coopérative sont remis aux coopérateurs.*

trop-plein n. m.
• Ce qui excède la capacité d'un contenant et qui déborde. *Des trop-pleins d'eau.*
• (Fig.) Ce qui est en trop. *Un trop-plein de tendresse.*

troquer v. tr.
Échanger. *Il a troqué ses skis contre des patins à roulettes.*

troquet n. m.
(Fam.) Café.

trot n. m.
• Le *t* final ne se prononce pas [tro].
• Allure du cheval, entre le pas et le galop.
• *Au trot*, locution adverbiale. Vivement.
Note.- Attention à l'orthographe : tro**t.**

trotte n. f.
(Fam.) Longueur de chemin à parcourir. *Il y a une bonne trotte entre ces deux villages.*

trotte-menu adj. inv.
(Vx) Qui trotte à petits pas. *La gent trotte-menu* (La Fontaine), *les souris.*

trotter v. intr.
• Aller au trot. *Ce cheval trottait élégamment.*

• (Fam.) Marcher vite et beaucoup. *Elles ont trotté toute la journée.*
Note.- Attention à l'orthographe : tro**tt**er.

trotteur, euse n. m. et f.
• **Nom masculin et féminin.** Cheval, jument dressée pour le trot. *C'est un excellent trotteur.*
• **Nom féminin.** Petite aiguille des secondes. *La trotteuse d'une montre.*

trottinement n. m.
Action de trottiner.
Note.- Attention à l'orthographe : tro**tt**inement.

trottiner v. intr.
Marcher rapidement et à petits pas.
Note.- Attention à l'orthographe : tro**tt**iner.

trottinette n. f.
Planche montée sur deux roues dont celle d'avant est orientée par un guidon.
Note.- Attention à l'orthographe : tro**tt**ine**tt**e.

trottoir n. m.
Partie latérale d'une rue réservée aux piétons.
Note.- Attention à l'orthographe : tro**tt**oir.

trou n. m.
• Cavité. *Le trou de la serrure, les trous du gruyère.*
• *Trou de mémoire.* Oubli. *J'ai un trou de mémoire, je ne retrouve pas son nom.*

troubadour n. m.
Poète médiéval qui écrivait en langue d'oc.
Note.- Ne pas confondre avec le mot **trouvère** qui désigne le poète médiéval qui écrivait en langue d'oil.

troublant, ante adj.
• Étonnant, étranger. *La ressemblance entre ces personnes est troublante.*
• Excitant. *Une voix troublante.*

trouble adj.
• Qui n'est pas limpide. *Des eaux troubles.*
• Équivoque. *Une atmosphère trouble.*
• Qui n'est pas net, suspect. *Cette explication semble trouble.*

trouble n. m.
• Émotion tendre. *En entendant sa voix, un trouble délicieux l'envahit.*
• Anomalie de fonctionnement. *Des troubles respiratoires.*
• (Au plur.) Désordre, agitation. *Des troubles politiques.*

trouble-fête n. m. et f. inv.
Personne qui dérange. *Elles sont des trouble-fête incorrigibles.*

troubler v. tr., pronom.
• **Transitif**
- (Litt.) Déranger, perturber. *Ils ont été accusés d'avoir troublé l'ordre public.*
- Interrompre. *Vos pleurs ont troublé son sommeil.*
- Toucher, causer de l'inquiétude. *Cette nouvelle l'aura troublé certainement.*
- Émouvoir, désorienter. *Il a été troublé par cet appel.*

• **Pronominal**
Perdre son sang-froid, être déconcerté. *Devant l'examinateur sévère, ils se sont troublés.*

trou d'homme n. m.
Ouverture dans la partie supérieure d'un réservoir pour en faciliter le nettoyage.
V. **regard**.

trouée n. f.
Ouverture. *Il y a une belle trouée de ciel bleu entre les nuages.*

trouer v. tr.
Percer. *Ses chaussures sont trouées.*

trouille n. f.
(Pop.) Peur, inquiétude.

troupe n. f.
• Groupe de militaires. *Une troupe armée.*
• Rassemblement de personnes, de comédiens. *Une troupe de théâtre.*
Note.- Après un nom collectif suivi d'un nom au pluriel, le verbe se met au singulier ou au pluriel suivant l'intention de l'auteur qui veut insister sur l'ensemble ou sur la pluralité. *La troupe des militaires envahissait ou envahissaient la ville.*

troupeau n. m.
Groupe d'animaux domestiques élevés, nourris en un même lieu. *Des troupeaux de moutons.*

trousse n. f.
• Pochette, étui où est rangé un ensemble d'objets. *Une trousse de toilette, de voyage, de couture, une trousse à outils.*
• *Aux trousses de quelqu'un.* À sa poursuite. *Les créanciers sont à ses trousses.*

trousseau n. m.
• Ensemble de vêtements. *Les trousseaux des jeunes mariées.*
• *Trousseau de clefs.* Ensemble de clefs maintenues par un porte-clefs.

trousser v. tr.
• Relever (un vêtement). *Trousser ses jupes.*
• Exécuter rapidement. *Un petit poème bien troussé.*

trousseur n. m.
(Fam.) Coureur. *C'est un trousseur de jupons.*

trouvaille n. f.
Découverte. *Ils ont fait une belle trouvaille : un joli petit secrétaire Empire.*

trouver v. tr., pronom.
• **Transitif**
- Découvrir. *Les enfants ont trouvé un trésor.*
- Inventer. *Ce chercheur a trouvé un nouveau procédé.*
- Estimer, juger. *Elle trouve que vous avez raison. Elle ne trouve pas que vous ayez raison.*
Note.- Le verbe qui suit se met à l'indicatif ou au conditionnel dans un tour affirmatif, au subjonctif dans un tour négatif.
• **Pronominal**
- Être situé en tel lieu. *Cette région se trouve au nord du fleuve.*

- Se sentir. *Ils se sont trouvés mal.*
● **Impersonnel**
Il s'avère que. *Il se trouve que vous avez tout à fait raison.*

trouvère n. m.
Poète médiéval qui écrivait en langue d'oil.
Note.- Ne pas confondre avec le mot ***troubadour*** qui désigne le poète médiéval qui écrivait en langue d'oc.

truand n. m.
Malfaiteur. *Ce sont de dangereux truands.*
Note.- Attention à l'orthographe : tru**and**.

truander v. tr.
Escroquer. *Ils se sont fait truander.*

truc n. m.
● (Fam.) Procédé, astuce. *Ils ont trouvé un truc pour contourner la difficulté. Les trucs du métier.*
● (Fam.) Mot passe-partout qui sert à désigner une chose dont on ne sait pas le nom. *Ils ont acheté un truc formidable qui produit des sons étranges.*
Syn. **machin.**

trucage
V. **truquage.**

truchement n. m.
Par le truchement de. Par l'intermédiaire de.

trucider v. tr.
(Fam.) Assassiner.

truculence n. f.
Caractère de ce qui est truculent. *La truculence de Rabelais.*

truculent, ente adj.
Pittoresque, comique.

truelle n. f.
Spatule. *La truelle du maçon.*
Note.- Attention à l'orthographe : true**lle**.

truffe n. f.
● Champignon souterrain comestible très recherché.
● Confiserie. *De délicieuses truffes au chocolat.*

truffé adj.
● Garni de truffes. *Du foie gras truffé.*
● (Fig.) Rempli. *Un texte truffé d'erreurs.*

truffer v. tr.
● Garnir de truffes.
● (Fig.) Remplir. *Il a truffé son discours d'allusions littéraires.*

truie n. f.
Femelle du porc.

truisme n. m.
Évidence. *Ces affirmations sont des truismes.*
Syn. **lapalissade.**

truite n. f.
Poisson de rivière voisin du saumon dont la chair est appréciée. *Une truite mouchetée, saumonée.*
Note.- Attention à l'orthographe : trui**te**.

trumeau n. m.
Pilier qui soutient le linteau d'un portail. *Des trumeaux*
sculptés. *Le trumeau du beau portail de la basilique de la Madeleine à Vézelay.*

truquage ou **trucage** n. m.
(Cin.) Procédés techniques destinés à créer l'illusion d'une réalité fantastique.

truquer v. tr.
● Falsifier. *Truquer des cartes, une photographie.*
● Fausser. *Ces élections ont été truquées.*

truqueur n. m.
truqueuse n. f.
Au cinéma, à la télévision, technicien qui fait des truquages.

trust n. m.
● Attention à la prononciation [trœst].
● (Anglicisme) (Écon.) Fusion de plusieurs entreprises dans le but de limiter la concurrence. *Le trust du pétrole.*
Note.- Ne pas confondre avec les mots suivants :
- ***cartel***, entente entre des entreprises en vue d'une action commune visant à limiter ou à supprimer la concurrence ;
- ***monopole***, situation économique où il n'y a qu'un seul vendeur.

trutticulture n. f.
Élevage des truites.

tsar ou **tzar** n. m.
● Le ***t*** se prononce ***t*** ou ***d***, [tsar] ou [dzar].
● Titre donné à l'empereur de Russie, et à certains souverains (Serbie, Bulgarie). *Alexandre II, tsar de Russie.*

tsarine ou **tzarine** n. f.
● Impératrice de Russie. *Catherine II, la grande tsarine.*
● Femme du tsar.

tsé-tsé n. f. inv.
Mouche africaine qui provoque la maladie du sommeil. *Des tsé-tsé dangereuses.*
Note.- Le nom s'emploie surtout en apposition. *Des mouches tsé-tsé.*

t-shirt
V. **tee-shirt.**

tsigane ou **tzigane** adj. et n. m. et f.
● **Adjectif.** Se dit d'un peuple venu de l'Inde qui mène une existence de nomade.
● **Nom masculin et féminin.** *Un Tsigane, une Tsigane.*
● **Nom masculin.** Langue parlée par les Tsiganes.
Note.- Lorsqu'il s'agit de la langue, l'adjectif ou le nom s'écrit avec une minuscule. Si le nom désigne une personne, la majuscule s'impose.

T.S.V.P.
Abréviation de ***tournez s'il vous plaît***.

T.T.C.
Sigle de ***toutes taxes comprises***.

tu pron. pers. m. et f. sing.

● **Pronom personnel de la deuxième personne du singulier,** *tu* est toujours sujet du verbe. *Tu chantes bien. Viendras-tu demain ?*

Note.- Ce pronom ne peut être séparé du verbe que par un autre pronom personnel ou par *ne, en, y*. *Tu ne vois rien, tu en jurerais, tu y passeras, tu lui donnes raison.*
• Le pronom s'emploie nominalement.
• ***Être à tu et à toi avec quelqu'un.*** Le tutoyer, être intime.

tuba n. m.
• Instrument à vent à pistons. *Ses voisins se sont plaints qu'il jouait du tuba.*
• Tube servant à respirer sous l'eau. *Un plongeur avec un tuba.*

tube n. m.
• Tuyau cylindrique étroit. *Un tube en caoutchouc.*
• Conduit naturel. *Le tube digestif.*
• Contenant souple de forme cylindrique. *Un tube de dentifrice.*
• (Fam.) Chanson très populaire. *Cette interprétation musicale a été tout de suite un tube.*
• ***À pleins tubes***, locution adverbiale. (Fam.) Très rapidement.

tubercule n. m.
Racine de certaines plantes (pomme de terre, patate, topinambour). *Ce tubercule est un peu pâteux.*
Note.- Attention au genre masculin de ce nom : *un* tubercule.

tuberculeux, euse adj. et n. m. et f.
• **Adjectif.** Relatif à la tuberculose.
• **Nom masculin et féminin.** Personne atteinte de tuberculose.

tuberculose n. f.
Maladie infectieuse et contagieuse, le plus souvent des poumons.

tubéreuse n. f.
Plante cultivée pour ses fleurs blanches très odorantes.

tubulaire adj.
Qui a la forme d'un tube. *Des rayonnages tubulaires.*
Note.- Attention à l'orthographe de cet adjectif qui conserve la même forme au masculin et au féminin : tubul*aire.*

tue-mouches adj. inv. et n. m. inv.
Se dit d'un papier enduit de colle employé pour attraper les mouches. *Un papier tue-mouches. Accroche un tue-mouches.*

tuer v. tr., pronom.
• **Transitif**
- Enlever la vie. *Le cycliste a été tué dans un accident. Les chasseurs ont tué des perdrix.*
- ***Tuer le temps.*** Se divertir pour passer le temps sans ennui.
• **Pronominal**
- Se suicider. *Elle s'est tuée pour ne pas lui survivre.*
- Mourir accidentellement. *Ils se sont tués en faisant de l'alpinisme.*
- S'épuiser. *Elle se tue à la tâche.*
- ***Se tuer*** + **infinitif.** S'évertuer à. *Je me tue à vous le dire.*

tuerie n. f.
Action de tuer sauvagement.
Note.- Ne pas confondre avec les mots suivants :
- *carnage*, massacre d'hommes ou d'animaux ;
- *hécatombe*, grande masse de personnes tuées, surtout au figuré ;
- *massacre*, meurtre d'un grand nombre d'êtres vivants.
Note.- Attention à l'orthographe : tu*e*rie.

tue-tête (à) loc. adv.
Crier à tue-tête. D'une voix très forte. *Les enfants chantaient à tue-tête.*
Note.- Cette locution est invariable.

tueur, euse n. m. et f.
Meurtrier. *C'est un tueur à gages.*

tuile n. f.
• Plaque de terre cuite servant à couvrir un immeuble. *Un beau toit de tuiles rouges.*
Note.- Ne pas confondre avec le mot *carreau* qui désigne une plaque de terre cuite, de pierre, etc. servant à revêtir le sol.
• Petit biscuit. *Elle aime faire des tuiles aux amandes.*
• (Fam.) Malchance.

tulipe n. f.
Plante donnant de belles fleurs ornementales. *Des bulbes de tulipes.*
Note.- Attention à l'orthographe : tuli*pe.*

tulle n. m.
Tissu léger à mailles rondes ou polygonales. *Un voile de tulle.*
Note.- Attention au genre masculin de ce nom : *un* tu*lle.*

tuméfaction n. f.
Enflure d'une partie d'un organe.

tuméfier v. tr., pronom.
• Redoublement du *i* à la première et à la deuxième personne du pluriel de l'indicatif imparfait et du subjonctif présent.
Note.- Le verbe s'emploie surtout à l'infinitif, au participe et à la troisième personne du singulier.
• Causer une tuméfaction. *Son œil est tuméfié.*

tumeur n. f.
Augmentation anormale du volume d'un organe, d'un tissu, en raison d'une prolifération cellulaire anormale. *Une tumeur bénigne, une tumeur maligne.*
Note.- Attention au genre féminin de ce nom : *une* tumeur.

tumulte n. m.
Confusion, désordre bruyant.

tumultueusement adv.
D'une manière tumultueuse.

tumultueux, euse adj.
Agité, violent. *Les flots tumultueux.*

tumulus n. m.
Amas de terre, de pierres au-dessus d'une sépulture ancienne. *Le tumulus de Carnac, des tumulus bretons.*

tungstène n. m.
- Les lettres **un** se prononcent **eu** et le **g** se prononce **k** [tœksten].
- Symbole **W** (s'écrit sans point).
- Métal gris utilisé pour les alliages, les filaments des lampes, etc.

tunique n. f.
Corsage long. *Elle portait une tunique sur un pantalon.*

tunisien, ienne adj. et n. m. et f.
De Tunisie.
Note.- Contrairement à l'adjectif, le nom s'écrit avec une majuscule.

tunnel n. m.
Voie souterraine. *Un tunnel de chemin de fer, le tunnel du Mont-Blanc.*
Note.- Attention à l'orthographe : tu**nn**el.
Ant. **viaduc.**

turban n. m.
Coiffure drapée autour de la tête.
Note.- Attention à l'orthographe : turb**an.**

turbine n. f.
Dispositif doté d'une roue mobile actionnée par un fluide (eau, gaz, etc.). *Les turbines d'une centrale hydro-électrique.*

turbo n. m.
Moteur à turbine. *Des moteurs turbo.*
Note.- En apposition, le nom est invariable et s'écrit sans trait d'union.

turbomoteur n. m.
Turbine à vapeur.

turbot n. m.
Poisson dont la chair est appréciée.
Note.- Attention à l'orthographe : turbo**t.**

turbotrain n. m.
Train dont l'énergie provient de turbines à gaz.

turbulence n. f.
Agitation de l'air. *Veuillez boucler vos ceintures, nous traversons une zone de turbulence.*
Note.- Attention à l'orthographe : turbul**e**nce.

turbulent, ente adj.
Espiègle, remuant. *Les enfants étaient turbulents aujourd'hui.*
Note.- Attention à l'orthographe : turbul**e**nt.

turc, turque adj. et n. m. et f.
De Turquie.
Notes.-
1° Attention à l'orthographe : tur**c,** tur**que.**
2° Lorsqu'il s'agit de la langue, l'adjectif ou le nom s'écrit avec une minuscule. Si le nom désigne une personne, la majuscule s'impose.

turgescence n. f.
Gonflement.
Note.- Attention à l'orthographe : turge**sc**ence.

turgescent, ente adj.
Gonflé.
Note.- Attention à l'orthographe : turge**sc**ent.

turlupiner v. tr.
(Fam.) Tracasser, intriguer. *Cette histoire le turlupine.*

turlututu ! interj.
Cette interjection marque la moquerie, un refus. *Turlututu chapeau pointu !*

turpitude n. f.
Ignominie.

turquoise adj. inv. et n. m. et f.
- **Adjectif de couleur invariable.** De la couleur bleu vert de la turquoise. *Des ceintures turquoise.*
V. Tableau - **COULEUR (ADJECTIFS DE).**
- **Nom masculin.** Couleur turquoise. *Des turquoises lumineux.*
- **Nom féminin.** Pierre précieuse d'un bleu tirant sur le vert. *Une broche ornée de turquoises.*

tutélaire adj.
(Litt.) Qui protège. *Les dieux tutélaires.*

tutelle n. f.
Autorité légale de protéger un mineur, un interdit.

tuteur, tutrice n. m. et f.
- Soutien légal d'un mineur. *Elle est la tutrice de cet enfant.*
- Tige destinée à soutenir une plante. *Attacher les plants de tomates à des tuteurs.*

tutoiement n. m.
Action de tutoyer.
Note.- Attention à l'orthographe : tutoi**e**ment.

tutoyer v. tr., pronom.
- Le **y** se change en **i** devant un **e** muet. *Il tutoie, il tutoyait.*
- Le **y** est suivi d'un **i** à la première et à la deuxième personne du pluriel de l'indicatif imparfait et du subjonctif présent. *(Que) nous tutoyions.*
- Employer la deuxième personne du singulier pour s'adresser à quelqu'un. *Aujourd'hui, les enfants tutoient généralement leurs parents. Ils se tutoient.*
Ant. **vouvoyer.**

tutti n. m. inv.
- Le **u** se prononce **ou** [tuti].
- (Mus.) Passage où tous les instruments jouent ensemble.

tutu n. m.
Costume de danseuse. *De jolis tutus.*

tuyau n. m.
- Conduit tubulaire servant à faire passer un liquide, un gaz. *Des tuyaux de cuivre. Un tuyau d'arrosage.*
- (Fam.) Renseignement. *Il a un bon tuyau.*

tuyauterie n. f.
Ensemble de tuyaux. *Une tuyauterie de cuivre.*

tuyère n. f.
Élément d'une canalisation par où les fluides s'échappent à haute vitesse.

T.V.A.
Sigle de *taxe à la valeur ajoutée.*

tweed n. m.
- Les lettres **ee** se prononcent **i** et le **d** est sonore [twid].

• Tissu de laine originaire d'Écosse servant à la confection des vêtements sport. *Une veste de tweed inusable. Des tweeds de qualité.*

twist n. m.
• Les lettres finales *st* se prononcent [twist].
• Danse caractérisée par un déhanchement rapide.

tympan n. m.
• Membrane de l'oreille. *Tu vas lui crever le tympan avec ton vacarme.*
• Partie d'un portail, dans les églises romanes ou gothiques.
Note.- Attention à l'orthographe : ty**mp**an.

type n. m.
• Espèce, genre. *Un type d'insecte.*
• (En appos.) Qui sert de modèle. *Des descriptions types, des formules types.*
Note.- Mis en apposition, le nom prend la marque du pluriel et s'écrit sans trait d'union.
• Ensemble de caractères distinctifs d'un groupe, d'une race. *Le type nordique, méditerranéen.*
• (Fam.) Individu quelconque. *Il a vu un type entrer soudainement.*

typer v. tr.
Donner les caractéristiques marquées d'un type. *Il a bien typé son personnage.*

typhoïde adj. et n. f.
Fièvre typhoïde ou *typhoïde*. Maladie in:ectieuse.
Note.- Attention à l'orthographe : **typh**oïde.

typhon n. m.
Tourbillon marin d'une extrême violence.
Notes.-
1° Attention à l'orthographe : **typh**on.
2° Ne pas confondre avec les mots suivants :
- *bourrasque*, coup de vent violent ;
- *cyclone*, tempête caractérisée par un puissant tourbillon destructeur ;
- *orage*, perturbation atmosphérique qui se caractérise par une pluie abondante, des éclairs et du tonnerre ;
- *ouragan*, vent très violent accompagné de pluie ;
- *tempête de neige*, chute de neige abondante ;
- *tornade*, trombe de vent violent.

typhus n. m.
Maladie infectieuse.
Note.- Attention à l'orthographe : **typh**us.

typique adj.
Caractéristique. *Une réponse typique de cette personne.*

typiquement adv.
D'une manière typique.

typo n. m. et f.
Abréviation familière de **typographie, typographe.**

typo- préf.
Élément du grec signifiant « caractère ». *Typologie.*

typographe n. m. et f.
• S'abrège familièrement en *typo* (s'écrit sans point).
• Personne qui exerce l'art de la typographie.

typographie n. f.
• S'abrège familièrement en *typo* (s'écrit sans point).
• Ensemble des techniques permettant de reproduire un texte au moyen de caractères en relief.
• Composition typographique.
• Manière dont un texte est imprimé. *La typographie de cet ouvrage est claire et soignée.*
Note.- Ne pas confondre avec le mot **topographie** qui désigne la représentation graphique et la description détaillée d'un lieu précis.

typographique adj.
Relatif à la typographie. *Des caractères typographiques, des corrections typographiques.*

typologie n. f.
Classification systématique. *Une typologie des systèmes économiques.*

typologique adj.
Qui est relatif à une typologie. *Un classement typologique.*

tyran n. m.
• Despote qui abuse de son autorité.
• (Fig.) Personne autoritaire. *Un tyran domestique.*
Note.- Attention à l'orthographe : ty**ran**.

tyrannie n. f.
• Despotisme.
• (Litt.) Abus de pouvoir.
Note.- Attention à l'orthographe : ty**rann**ie.

tyrannique adj.
• Qui tient de la tyrannie. *Un pouvoir tyrannique.*
• Autoritaire et injuste. *Un patron tyrannique.*
Note.- Attention à l'orthographe : ty**rann**ique.

tyranniser v. tr.
Traiter avec tyrannie, abuser de son autorité.
Note.- Attention à l'orthographe : ty**rann**iser.

tyrannosaure n. m.
Reptile dinosaurien qui atteignait plus de 15 mètres de long. *Le tyrannosaure est le plus grand carnivore qui ait jamais existé.*
Note.- Attention à l'orthographe : ty**ranno**sau**r**e.

tyrolien, ienne adj. et n. m. et f.
• **Adjectif.** Du Tyrol. *Une chanson tyrolienne, un chapeau tyrolien.*
• **Nom masculin et féminin.** *Les Tyroliens et les Tyroliennes.*
Note.- Contrairement à l'adjectif, le nom prend une majuscule.

tzar
V. **tsar.**

tzarine
V. **tsarine.**

tzigane
V. **tsigane.**

U

U
Symbole de *uranium.*

ubiquité n. f.
- Le deuxième *u* se prononce *u* (et non * ou) [ybikyite].
- Faculté d'être partout à la fois. *Elle semblait avoir le don d'ubiquité.*

ubuesque adj.
Digne d'Ubu (personnage truculent d'Alfred Jarry).

U.E.R.
Sigle de *Unité d'enseignement et de recherche.*
Note.- Ce sigle a été remplacé en 1985 par *U.F.R.*

U.F.R.
Sigle de *Unité de formation et de recherche.*

ukrainien, ienne adj. et n. m. et f.
De l'Ukraine.
Note.- Lorsqu'il s'agit de la langue, l'adjectif ou le nom s'écrit avec une minuscule. Si le nom désigne une personne, la majuscule s'impose.

ulcération n. f.
Formation d'ulcère.

ulcère n. m.
Lésion de la peau, d'une muqueuse qui ne cicatrise pas. *Un ulcère d'estomac.*
Note.- Attention au genre masculin de ce nom : *un* ulc**è**re.

ulcéré, ée adj.
- Atteint d'ulcération. *Des plaies ulcérées.*
- (Fig.) Irrité, blessé. *Elle était ulcérée par tant de mauvaise foi.*

ulcérer v. tr.
- Le *é* se change en *è* devant une syllabe muette, sauf à l'indicatif futur et au conditionnel présent. *Il ulcère, nous ulcérons.*
- (Méd.) Produire un ulcère.
- (Fig.) Irriter. *Cette interpellation injurieuse les ulcéra.*

ulcéreux, euse adj.
Qui a le caractère de l'ulcère, couvert d'ulcères.

ultérieur, ieure adj.
Qui arrive après, postérieur. *Des faits ultérieurs à la signature du contrat. La rencontre a été reportée à une date ultérieure.*
Note.- L'adjectif étant un comparatif, il ne se construit pas avec *plus, moins.* Par contre, il peut se construire avec *très, peu, bien. Des faits très ultérieurs à l'événement.*
Ant. **antérieur.**

ultérieurement adv.
Plus tard.

ultimatum n. m.
- Les lettres *um* se prononcent *om* [yltimatɔm].
- Mise en demeure formelle dont le rejet peut entraîner la guerre, des représailles.
- Proposition impérative. *Des ultimatums irrecevables.*
Note.- Ce nom d'origine latine est francisé et prend la marque du pluriel.

ultime adj.
Qui constitue le suprême degré, l'extrême limite. *Un ultime désir.*
Note.- L'adjectif étant un superlatif, il ne peut se construire avec un comparatif.

ultra- préf.
- Élément du latin signifiant « au-delà ».
- Les mots composés avec le préfixe *ultra-* s'écrivent en un seul mot. *Ultrason, ultrasecret.*
Note.- Seuls les mots qui sont des créations de circonstance ou de fantaisie peuvent s'écrire avec un trait d'union. *Ultra-pacifiste.*

ultimement adv.
En dernier lieu.

ultramoderne adj.
Très moderne. *Un immeuble ultramoderne doté de tous les dispositifs électroniques possibles.*

ultrasensible adj.
Extrêmement sensible. *Une tête de lecture ultrasensible.*

ultrason n. m.
Son de fréquence très élevée que l'oreille ne peut entendre. *Les ultrasons servent aux échographies médicales, aux appareils de détection sous-marine (sonar).*

ultrasonique adj.
Qui est relatif aux ultrasons. *Un dépistage ultrasonique.*

ululement ou **hululement** n. m.
Cri des oiseaux de nuit. *Le ululement des hiboux.*

ululer ou **hululer** v. intr.
Crier, en parlant des oiseaux de nuit.

umlaut n. m.
- Les lettres *m* et *t* se prononcent [umlaut].
- (Ling.) Inflexion vocalique de l'allemand qui se note par un tréma sur la voyelle.

un, une adj. num., art. indéf. et pron. indéf.
V. Tableau - **UN, UNE.**

unanime adj.
Qui marque un commun accord. *Un choix unanime.*

unanimement adv.
À l'unanimité.

UN, UNE

UN, UNE adjectif numéral cardinal

- Une unité.
  Cette table mesure un mètre sur deux mètres. Elle a pris un café et deux croissants, il a pris une brioche.

Notes.-
1° L'adjectif **un** est le seul numéral à prendre la marque du féminin. *Dans cette classe, il y a vingt et une étudiantes.*

2° L'adjectif **un** se joint aux dizaines à l'aide de la conjonction **et** sans traits d'union. *Trente et un, cinquante et un.* Une seule exception : *quatre-vingt-un.*

3° L'adjectif **un** se joint aux centaines, aux milliers sans trait d'union et sans conjonction. *Cent un, mille un.*

4° La préposition **de** ne s'élide pas devant l'adjectif numéral dans les textes de nature scientifique, technique ou commerciale. *Une distance de un kilomètre, le total de un million de francs.*

- Simple, unique.
  La vérité est une et indivisible.

- **Un par un, un à un**, locution adverbiale. Un seul à la fois.
  Elles passeront une par une.

V. Tableau - **NOMBRES.**

UN, UNE adjectif numéral ordinal

Premier.
  Page un.

Note.- L'adjectif numéral ordinal s'écrit généralement en chiffres romains ou en chiffres arabes. *Page 1.*

UN nom masculin invariable

Chiffre qui exprime l'unité.
  Le nombre 111 s'écrit avec trois un.

Note.- Devant le nom **un,** l'article **le** ne s'élide pas. *Ils habitent le un de la rue de Buci.*

UNE nom féminin

Première page d'un quotidien.
  Cet article figure à la une du journal du soir.

UN, UNE article indéfini

L'article indéfini se rapporte à une personne, à une chose indéterminée ou non dénommée.
  Il a rencontré un ami, elle a vu un cheval et une jolie maison.

Note.- L'article s'accorde en genre et en nombre avec le nom auquel il se rapporte. Le pluriel de l'article est **des.**

V. Tableau - **ARTICLE.**

UN, UNE, UNS, UNES pronom indéfini

- Quelqu'un.

- **Une, une des ...** Quelqu'un parmi.
  L'une des participantes a appuyé la proposition. Les juges ont désigné un des champions.

Note.- En tête de phrase, on emploie généralement **l'** devant le pronom pour des raisons d'euphonie.

- **Un de ceux, une de celles qui, que.**

  Cette jeune étudiante est une de celles qui ont le plus travaillé.

Note.- Le verbe se met au pluriel.

• **Un, une des** + verbe au pluriel. Quelqu'un parmi.
> *Un des auteurs qui se sont attachés à décrire cette situation.*

Note.- Le participe passé ou l'attribut s'accorde avec le complément du pronom.

• **Un, une des** + verbe au singulier.
> *Une des athlètes qui a été sélectionnée.*

Note.- Le participe passé ou l'attribut s'accorde avec le pronom indéfini.

• **L'un, l'une l'autre, les uns, les unes les autres.** Réciproquement.
> *Ils s'aiment l'un l'autre. Elles s'aident les unes les autres.*

• **L'un, l'une ..., l'autre.** Celui-là, celle-là par opposition à l'**autre.**
> *L'une chante, l'autre danse. L'un accepte, tandis que l'autre refuse.*

• **L'un et l'autre.** Tous deux.
> *L'un et l'autre viendra* ou *viendront.*

Note.- Le verbe se met au singulier ou au pluriel.

• **L'un ou l'autre.** Un seul des deux.

Note.- Le verbe se met au singulier. *L'une ou l'autre sera présente.*

• **Ni l'un, l'une ni l'autre.** Aucun des deux.
> *Ni l'un ni l'autre n'a accepté* ou *n'ont accepté.*

Note.- Le verbe se met au singulier ou au pluriel.

• **Pas un.** Aucun.
> *Pas un ne réussira.*

Note.- Le pronom se construit avec *ne.*

• **Pas un, pas une... qui, que**.
> *Il n'y a pas une élève qui soit absente.*

Note.- Le verbe se construit généralement au subjonctif.

• **Plus d'un, plus d'une.**
> *Plus d'une étudiante était satisfaite.*

Note.- Le verbe s'accorde au singulier avec le pronom indéfini.

• **Plus d'un, d'une** + complément au pluriel.
> *Plus d'un des candidats était déçu* ou *étaient déçus.*

Note.- Le verbe se met au singulier ou au pluriel.

---

unanimité n. f.
Accord de tous. *Elle a été élue à l'unanimité, la proposition a été adoptée à l'unanimité.*

underground adj. inv. et n. m. inv.
• Attention à la prononciation [œndœrgrawnd].
• (Anglicisme) Se dit d'un mouvement, d'une œuvre artistique d'avant-garde diffusés en dehors des circuits commerciaux ordinaires.

une n. f.
(Fam.) Première page d'un quotidien. *Il a sa photo à la une du journal.*
Note.- On ne fait pas l'élision devant ce nom.
V. Tableau - **UN, UNE.**

Unesco
Sigle anglais de **Organisation des Nations Unies pour l'éducation, la science et la culture** (United Nations Educational, Scientific and Cultural Organization).

uni- préf.
• Élément du latin signifiant « un ».

• Les mots composés avec le préfixe **uni-** s'écrivent en un seul mot. *Unilingue.*

uni, ie adj.
• Uniforme, plane. *Un sol uni.*
• D'une seule couleur par opposition à **imprimé.** *Un tissu uni de couleur claire.*
• Qui sont liés. *Des amis très unis. Les États-Unis.*

unicité n. f.
Caractère de ce qui est unique.
Ant. **multiplicité.**

unième adj. num. ord.
Nombre ordinal de **un** qui ne s'emploie qu'à la suite des dizaines, centaines, etc. *Vingt et unième. Quarante et unième, cinquante et unième.* Une seule exception : *quatre-vingt-unième.*
Note.- Avec la conjonction **et**, l'adjectif **unième** s'écrit sans trait d'union.

unièmement adv.
L'adverbe ne s'emploie qu'à la suite des dizaines, des

centaines, etc. pour signifier *un. Vingt et unièmement.*

unification n. f.
Action d'unifier, son résultat.

unifier v. tr., pronom.
● Redoublement du *i* à la première et à la deuxième personne du pluriel de l'indicatif imparfait et du subjonctif présent. *(Que) nous unifiions, (que) vous unifiiez.*
● **Transitif**
- Faire l'unité de. *Ce nouveau chef a unifié le parti.*
- Ramener à l'unité. *Les deux Allemagnes pourraient être unifiées.*
● Uniformiser. *Unifier les formats à l'aide d'une norme.*
● **Pronominal**
Devenir uni. *Ils se sont unifiés pour mieux résister.*

unifolié, ée adj.
Qui n'a qu'une feuille.

uniforme adj. et n. m.
● **Adjectif**
- Qui est régulier, sans changement. *Un horaire uniforme, un taux uniforme.*
● Pareil. *Des tenues uniformes, des habitations uniformes.*
● **Nom masculin**
Tenue obligatoire. *Un uniforme militaire. Les élèves doivent être en uniforme bleu marine.*

uniformément adv.
D'une façon uniforme.

uniformisation n. f.
Action d'uniformiser, son résultat. *L'uniformisation du vocabulaire technique est souhaitable.*

uniformiser v. tr.
Rendre uniforme, normaliser. *Uniformiser la terminologie d'un secteur d'activité.*

uniformité n. f.
Nature de ce qui ne change pas de caractère, d'apparence.
Note.- Ne pas confondre avec les mots suivants :
- *conformité*, état de choses semblables ;
- *identité*, conformité totale ;
- *ressemblance*, conformité partielle.

unijambiste adj. et n. m. et f.
Personne qui n'a qu'une jambe. *Un skieur unijambiste. Une unijambiste.*

unilatéral, ale, aux adj.
● Qui est relatif à un seul côté. *Des engagements unilatéraux.*
● Qui ne provient que d'une seule partie, alors que les deux parties sont concernées. *Une modification unilatérale d'un contrat.*

unilatéralement adv.
Sans réciprocité.

unilingue adj. et n. m. et f.
Qui parle une seule langue. *Des étudiants unilingues. Ce sont des unilingues anglophones.*

union n. f.
● Combinaison de plusieurs éléments. *L'union du corps et de l'âme.*
● Confédération. *L'Union des républiques socialistes soviétiques (U.R.S.S.).*
V. **pays**.
● Mariage, vie maritale. *Une union libre.*
● Association, accord. *L'union de la gauche.*
● *Trait d'union. Des traits d'union nombreux.*
V. Tableau - **TRAIT D'UNION.**

Union des Républiques socialistes soviétiques
Sigle **U.R.S.S.**

unique adj.
● Seul. *C'est leur unique enfant.*
Note.- En ce sens, l'adjectif est généralement placé avant le nom.
● Sans égal. *Ce paysage est unique au monde. Un fait unique.*
● Exceptionnel. *Une œuvre unique.*
Note.- En ce sens, l'adjectif est placé après le nom.

uniquement adv.
● Seulement.
● Exclusivement.

unir v. tr., pronom.
● **Transitif**
- Mettre ensemble, assembler, rapprocher. *L'amitié qui unit ces deux personnes.*
- Relier plusieurs éléments.
- **Unir ... à.** *La conjonction unit la proposition à une autre proposition.*
- **Unir ... et.** *Unir la mesure et la sagesse.*
Note.- Le verbe se construit généralement avec *à*, *et* ou *avec*.
- **Unir ... avec.** *Unir la fougue avec la raison.*
Note.- Cette construction s'emploie surtout pour les personnes ou les choses non destinées à s'unir.
● **Pronominal**
S'associer, s'allier. *Ces partenaires se sont unis pour être plus puissants. Ces travailleurs se sont unis avec les agriculteurs.*

unisexe adj.
Qui convient indifféremment aux hommes et aux femmes. *Des vêtements unisexes.*

unisexué, ée adj.
Se dit d'une fleur qui n'a qu'un seul sexe. *Des plantes unisexuées.*

unisson n. m.
Harmonie, accord. *Ils acceptèrent à l'unisson.*

unitaire adj.
Relatif à une unité. *Un prix unitaire de 100 F.*
Note.- Cet adjectif conserve la même forme au masculin et au féminin : unit**aire**.

unité n. f.
● Qualité de ce qui forme un tout. *L'unité du parti est à refaire.*
● Caractère de ce qui est unique (par opposition à **pluralité**). *Le nombre un exprime l'unité. Le chiffre des unités, des dizaines.*

• Grandeur type servant de base à la mesure des autres grandeurs. *Les unités de mesure que nous utilisons appartiennent au SI.*
V. Tableau - **SYMBOLES DES UNITÉS DE MESURE.**
• *Unité monétaire.* Unité de valeur définie par référence à l'emplacement géographique des autorités monétaires responsables. *Le franc, le dollar sont des unités monétaires.*
V. Tableau - **SYMBOLES DES UNITÉS MONÉTAIRES.**
• *Unité centrale de traitement.* (Inform.) Partie d'un ordinateur comprenant les circuits arithmétiques et logiques ainsi que les circuits de commande.

Unité de formation et de recherche
Sigle *U.F.R.*

Unité d'enseignement et de recherche
Sigle *U.E.R.*

univers n. m.
• Tout ce qui existe.
Note.- En ce sens, le nom s'écrit avec une majuscule.
• Le milieu particulier à une personne. *Son travail et sa famille constituent tout son univers.*
• Milieu réel ou moral. *Un univers poétique.*

universalisation n. f.
Le fait de rendre universel.

universaliser v. tr.
Rendre universel.

universalité n. f.
Caractère de ce qui est universel.

universel, elle adj. et n. m.
• Qui concerne l'Univers. *Gravitation universelle.*
• Qui s'applique à tout. *La beauté est universelle.*
• Qui concerne tous les pays. *L'Exposition universelle de Paris.*

universellement adv.
De façon universelle. *Un principe universellement reconnu.*

universitaire adj. et n. m. et f.
• **Adjectif**
Relatif aux universités, à l'enseignement supérieur. *Des études universitaires.*
• **Nom masculin et féminin**
- Personne qui enseigne dans une université.
- (En Belgique) Personne qui a un diplôme universitaire.

université n. f.
Établissement public ou privé d'enseignement supérieur.
Notes.-
1° Les noms génériques d'établissements d'enseignement s'écrivent avec une minuscule. *L'université de Besançon.* L'individualisation de ces désignations est marquée par un nom propre de lieu ou de personne.
2° Lorsqu'il désigne le corps des maîtres de l'enseignement public, le nom s'écrit avec une majuscule. *Il est rattaché à l'Université.*

univocité n. f.
Caractère de ce qui est univoque.

univoque adj.
Qui a le même sens dans des emplois différents. *Un mot univoque.*

untel, unetelle ou **un tel, une telle** n. m. et f.
Personne anonyme. *Mme Une telle, M. Un tel.*

upsilon n. m. inv.
Lettre grecque.

uranium n. m.
• Symbole *U* (s'écrit sans point).
• Métal radioactif naturel.

urbain, aine adj.
De la ville. *L'aménagement urbain, la population urbaine.*
Ant. **rural.**

urbanisation n. f.
Déplacement de la population vers les villes.

urbaniser v. tr., pronom.
• **Transitif.** Donner un caractère urbain à.
• **Pronominal.** Se transformer en zone urbaine.

urbanisme n. m.
Étude de tout ce qui est relatif à l'aménagement urbain.

urbaniste adj. et n. m. et f.
Architecte spécialiste de l'urbanisme.

urée n. f.
Substance en dissolution dans l'urine.

urémie n. f.
Accumulation excessive d'urée dans le sang.

urémique adj.
Qui est relatif à l'urémie.

uretère n. m.
Canal qui conduit l'urine des reins à la vessie.
Note.- Attention au genre masculin de ce nom : *un* uretère.

urètre n. m.
Canal qui conduit l'urine de la vessie à l'extérieur.
Note.- Attention au genre masculin de ce nom : *un* urètre.

urgence n. f.
• Caractère de ce qui est urgent. *L'urgence du problème. Des mesures d'urgence.*
• Cas urgent. *C'est une urgence : il faut trouver un chirurgien.*
• Service hospitalier qui reçoit les cas urgents. *Veuillez vous présenter à l'urgence de l'hôpital.*
• *D'urgence, de toute urgence*, locutions adverbiales. Sans délai, immédiatement. *Elle doit être opérée d'urgence.*
Note.- Attention à l'orthographe : urg**e**nce.

urgent, ente adj.
Qui ne peut être retardé, dont on doit s'occuper sans délai. *Une intervention urgente.*
Note.- Attention à l'orthographe : urg**e**nt.

urger v. intr.
• Le *g* est suivi d'un *e* devant la lettre *a*. *Il urgea.*
• (Fam.) Être urgent, pressé. *Ça urge !*

urinaire adj.
Qui est relatif à l'urine. *Un conduit urinaire, les voies urinaires.*
Note.- Cet adjectif conserve la même forme au masculin et au féminin : urin*aire.*

urine n. f.
Liquide sécrété par les reins et éliminé par l'urètre.

uriner v. tr., intr.
• **Transitif.** Évacuer dans son urine. *Uriner du sang.*
• **Intransitif.** Évacuer l'urine.

urne n. f.
• Vase décoratif de forme arrondie.
• Boîte où l'on dépose les bulletins de vote.
• *Aller aux urnes.* Aller voter.

urologie n. f.
Spécialité de la médecine qui traite des maladies des voies urinaires.

urologue n. m. et f.
Spécialiste de l'urologie.

U.R.S.S.
Sigle de *Union des Républiques socialistes soviétiques.*

ursuline n. f.
Religieuse de l'ordre de sainte Ursule.
Note.- Les noms d'ordres religieux s'écrivent avec une minuscule.

urticaire n. f.
Éruption cutanée.
Note.- Attention au genre féminin de ce nom : *une* urtic*aire.*

uruguayen, enne adj. et n. m. et f.
De l'Uruguay.
Note.- Contrairement à l'adjectif, le nom s'écrit avec une majuscule.

us n. m. pl.
• Le *s* se prononce [ys].
• *Us et coutumes.* Usages. *Le nom ne s'emploie plus que dans l'expression citée.*

USA
Abréviation de *United States of America,* dont l'équivalent français est *E.-U.*

usage n. m.
• Emploi d'une chose. *Il a perdu l'usage de la parole.*
• Coutume. *Il faut agir ainsi ; c'est l'usage !*
• Emploi d'un mot, d'une construction conformément aux règles. *L'orthographe d'usage.*
• *À l'usage de.* Destiné à.
• *D'usage.* Conforme aux règles. *Les formules d'usage. Il est d'usage de...*
• *En usage.* Usité. *Ce terme n'est plus en usage.*
• *Faire usage de.* Utiliser.

usagé, ée adj.
Qui a servi mais qui est encore en bon état. *Un cartable usagé, mais toujours beau.*
Note.- Ne pas confondre avec le mot *usé* qui qualifie ce qui est détérioré par l'usure.

usager, ère n. m. et f.
• Personne qui utilise un service public. *Les nombreux usagers du métro, une usagère du téléphone.*
• Utilisateur (d'une langue). *Les usagers du français, de l'anglais.*
V. **consommateur.**

usé, ée adj.
• Détérioré par l'usure. *Des pneus complètement usés.*
• Banal, rebattu. *Un sujet usé, des plaisanteries usées.*
• Affaibli. *Cet homme est très usé.*

user v. tr., pronom.
• **Transitif.** Détériorer par l'usure. *Elle a tellement marché qu'elle a usé ses chaussures.*
• **Transitif indirect.** (Litt.) Employer. *Ils ont usé d'un subterfuge.*
Note.- En ce sens, le verbe se construit avec la préposition *de.*
• **Pronominal.** Se détériorer à l'usage. *Ses vêtements se sont usés.*

usinage n. m.
Action d'usiner.

usine n. f.
Établissement industriel. *Une usine d'automobiles, de meubles.*

usiner v. tr.
Fabriquer dans une usine. *Usiner des appareils d'éclairage.*

usité, ée adj.
Se dit d'une expression, d'un mot usuel, d'emploi courant. *Le subjonctif imparfait est peu usité aujourd'hui.*

ustensile n. m.
Instrument servant aux usages domestiques. *Des ustensiles de cuisine, de jardinage.*
Note.- Ne pas confondre avec les mots suivants :
- *appareil,* ensemble de pièces disposées pour fonctionner ensemble en vue d'exécuter une opération matérielle ;
- *machine,* appareil utilisant l'énergie ;
- *outil,* instrument utilisé directement par la main pour faire un travail.

usuel, elle adj.
Qui est courant. *Des expressions usuelles.*

usuellement adv.
Couramment.

usufruit n. m.
(Dr.) Jouissance d'un bien dont une autre personne a la propriété. *Elle a l'usufruit de cette propriété.*
Note.- La propriété d'un bien sur lequel une autre personne a un droit d'usufruit est la *nue-propriété.*

usufruitier, ière n. m. et f.
(Dr.) Personne qui a l'usufruit d'un bien.

usuraire adj.
Qui est propre à l'usure. *Un taux usuraire.*
Note.- Attention à l'orthographe de cet adjectif qui conserve la même forme au masculin et au féminin : usur*aire.*

usure n. f.
● Détérioration résultant d'un usage prolongé. *L'usure d'un moteur.*
● Fait pour un prêteur de demander un taux d'intérêt excessif.

usurier, ière n. m. et f.
Personne qui prête de l'argent en pratiquant des taux usuraires.

usurpateur, trice n. m. et f.
Personne qui s'empare d'un pouvoir, d'un titre, etc. sans droit.

usurpation n. f.
Action d'usurper.

usurper v. tr.
S'emparer par violence ou par ruse, d'un pouvoir, d'un titre appartenant à autrui.

ut n. m. inv.
● Le *t* se prononce [yt].
● Premier degré de la gamme de *do. Une symphonie en ut* mineur.
V. **note de musique.**

UT
Sigle anglais de *temps universel.*

UTC
Sigle anglais de *temps universel coordonné.*
Note.- Le sigle *GMT* est souvent employé improprement pour désigner le temps universel coordonné (*UTC*).

utérin, ine adj.
● Relatif à l'utérus. *Une hémorragie utérine.*
● (Dr.) Se dit d'enfants qui ont la même mère, mais non le même père.
Ant. **consanguin**

utérus n. m.
Organe de la gestation de la femme et des mammifères femelles.

utile adj.
● Qui sert à quelque chose. *Des découvertes très utiles.*

● *En temps utile*, locution adverbiale. En temps opportun.
● *À toutes fins utiles*, locution adverbiale. Pour servir le cas échéant. *À toutes fins utiles, je vous transmets mes coordonnées.*

utilement adv.
D'une manière utile.

utilisable adj.
Qui peut être utilisé. *Cet outil est encore utilisable.*

utilisateur, trice n. m. et f.
Personne qui fait usage d'une machine, d'un appareil. *Les utilisateurs et les utilisatrices de la bureautique.*
V. **consommateur.**

utilisation n. f.
Action d'utiliser. *Les nombreuses utilisations médicales d'une découverte.*

utiliser v. tr.
● Se servir de. *Elle a utilisé un vieux chapeau à plume pour son déguisement.*
● Tirer profit de. *Ils utilisent leurs ressources de façon optimale.*

utilitaire adj.
● Qui recherche l'utile. *Des études utilitaires.*
● *Véhicule utilitaire.* Véhicule qui sert aux transports en commun, au transport des marchandises, par opposition à *voiture de tourisme.*
Note.- Attention à l'orthographe de cet adjectif qui conserve la même forme au masculin et au féminin : utilit*aire.*

utilité n. f.
Qualité de ce qui est utile, de ce qui est propre à satisfaire un besoin. *L'utilité des mesures préventives. Votre contribution sera d'une grande utilité.*

utopie n. f.
Projet chimérique qui ne tient pas compte de la réalité.

utopique adj.
Qui tient de l'utopie, irréalisable.

V

v. ou **V.**
Abréviation de *voir*.

V
• Symbole de *volt*.
• Chiffre romain dont la valeur est de 5.
V. Tableau - **CHIFFRES.**

vacance n. f.
• État d'un poste vacant, d'une fonction non exercée. *La vacance d'un siège de député.*
• (Au plur.) Période annuelle d'arrêt du travail, des études, congé. *Ils prendront leurs vacances en août. Bonnes vacances!*
Note.- En ce sens, le nom s'emploie toujours au pluriel.

vacancier, ière n. m. et f.
Personne en vacances dans un lieu autre que son lieu de résidence habituel.
V. **estivant.**

vacant, ante adj.
• Qui n'a pas de titulaire. *Des postes vacants.*
• Inoccupé. *Une maison vacante.*
Note.- Ne pas confondre avec le participe présent invariable **vaquant.** *Les employés vaquant à leurs occupations...*

vacarme n. m.
Tapage, grand bruit.

vacation n. f.
Honoraires (des experts, des membres de certaines professions).

vaccin n. m.
• Les deux *c* se prononcent *ks* [vaksɛ̃].
• Culture microbienne qui, sous forme atténuée, est inoculée à une personne afin de la préserver de l'atteinte de la maladie correspondante. *Un vaccin antituberculeux, un vaccin contre la rougeole.*

vaccination n. f.
• Les deux *c* se prononcent *ks* [vaksinasjɔ̃].
• Administration d'un vaccin. *Une vaccination obligatoire.*

vacciner v. tr.
• Les deux *c* se prononcent *ks* [vaksine].
• Administrer un vaccin. *Ces adolescentes ont été vaccinées contre la rubéole.*

vache adj. et n. f.
• **Nom féminin.** Femelle du taureau. *Les petits de la vache sont le veau et la génisse. La vache meugle ou beugle et vêle pour la mise bas.*
• **Adjectif.** (Fam.) Sévère. *L'examinateur était très vache.*

vachement adv.
(Pop.) Très, rudement. *Elles sont vachement sympathiques, les copines.*

vacherie n. f.
(Fam.) Méchanceté. *Il lui a fait une vacherie.*

vacherin n. m.
Pâtisserie à la meringue et à la crème Chantilly. *Des vacherins irrésistibles.*

vacillant, ante adj.
Chancelant. *La flamme vacillante des bougies.*
Note.- Ne pas confondre avec le participe présent invariable **vacillant.** *Vacillant sur leurs pauvres jambes, ils tentent de marcher.*

vacillation n. f.
Le fait de vaciller.

vacillement n. m.
Mouvement de ce qui vacille.

vaciller v. intr.
• Les lettres *ill* sont suivies d'un *i* à la première et à la deuxième personne du pluriel de l'indicatif imparfait et du subjonctif présent. *(Que) nous vacillions, (que) vous vacilliez.*
• Chanceler. *Le chiot vacille sur ses pattes.*
• Osciller. *De grands flambeaux dont la flamme vacillait.*

va-comme-je-te-pousse (à la) loc. inv.
N'importe comment. *Elle a rangé sa chambre à la va-comme-je-te-pousse.*
Note.- Attention à l'orthographe: à la va-comme-je-te-pousse, quatre traits d'union.

vacuité n. f.
(Litt.) État de ce qui est vide, absence de valeur. *La vacuité de ces textes est navrante.*

vade-mecum n. m. inv.
• Les *e* se prononcent *é* et le *u* se prononce *o* [vademekɔm].
• (Litt.) Aide-mémoire. *Des vade-mecum bien faits. Le vade-mecum des médecins.*
Notes.-
1° Ce mot latin s'écrit sans accents et reste invariable: vad**e**-m**e**cum.
2° En typographie soignée, les mots étrangers sont composés en italique. Dans des textes déjà en italique, la notation se fait en romain. Pour les textes manuscrits, on utilisera les guillemets.

vadrouille n. f.
• Instrument servant au nettoyage, sur un bateau.
• (Fam.) Promenade sans but. *Elle est partie en vadrouille.*

vadrouiller v. intr.
• Les lettres **ill** sont suivies d'un **i** à la première et à la deuxième personne du pluriel de l'indicatif imparfait et du subjonctif présent. *(Que) nous vadrouillions, (que) vous vadrouilliez.*
• (Fam.) Faire une promenade sans but défini.

vadrouilleur, euse n. m. et f.
(Fam.)Personne qui aime aller en vadrouille.

va-et-vient n. m. inv.
Allées et venues continuelles d'une personne, d'une chose. *Des va-et-vient lassants. Le va-et-vient des avions.*
Note.- Ce nom composé s'écrit avec des traits d'union et reste invariable : va-et-vient.

vagabond, onde adj. et n. m. et f.
• **Adjectif.** Instable. *Une imagination vagabonde.*
• **Nom masculin et féminin.** Personne qui n'a pas de domicile fixe ni de métier.

vagabondage n. m.
• État de vagabond.
• (Fig.) État de l'esprit, de l'imagination qui passe d'une chose à une autre, sans se fixer.

vagabonder v. intr.
Se déplacer sans but déterminé.

vagin n. m.
Organe génital interne de la femme, de la femelle des mammifères, qui fait communiquer la vulve avec l'utérus.

vaginal, ale, aux adj.
Relatif au vagin. *Des tissus vaginaux, la muqueuse vaginale.*

vaginite n. f.
Inflammation du vagin.

vagir v. intr.
• Pleurer, en parlant du nouveau-né.
• Crier, en parlant du crocodile, du lièvre.

vagissement n. m.
• Cri du nouveau-né.
• Cri du crocodile, du lièvre.

vague adj. et n. m. et f.
• **Adjectif**
- Imprécis, indéterminé. *De vagues propositions.*
- Incertain, sans précision. *Ce sont de vagues souvenirs.*
- **Terrain vague.** Terrain ni cultivé, ni construit.
• **Nom masculin**
- Caractère de ce qui est imprécis, indéterminé. *Le vague de sa réponse. Rester dans le vague.*
- **Vague à l'âme.** Mélancolie.
• **Nom féminin**
- Mouvement de la surface de l'eau. *Le vent soulevait d'énormes vagues.*
- (Fig.) Mouvement massif soudain. *Des vagues de réfugiés qui demandent le droit de rester au pays.*
- (Fig.) Phénomène qui se propage subitement. *Des vagues d'attentats à la bombe.*

vaguelette n. f.
Petite vague.

vaguement adv.
• D'une manière imprécise. *On m'a vaguement décrit cette personne.*
• D'une manière incertaine. *Ils ont vaguement promis de reconsidérer la question.*

vaguer v. intr.
• Attention au **u** qui subsiste même devant les lettres **a** et **o**. *Il vagua, nous vaguons.*
• (Litt.) Errer. *Elle laissa vaguer son imagination.*
Note.- Ne pas confondre avec le verbe **vaquer** qui signifie « s'occuper de ».

vahiné n. f.
Femme tahitienne. *Les vahinés de Gauguin.*
Note.- Attention à l'orthographe : va**h**iné.

vaillamment adv.
(Litt.) Avec vaillance.
Note.- Attention à l'orthographe : vai**ll**amment.

vaillance n. f.
(Litt.) Courage, bravoure.
Note.- Attention à l'orthographe : vai**ll**ance.

vaillant, ante adj.
• (Litt.) Courageux, brave. *De vaillants explorateurs.*
• **N'avoir pas un sou vaillant.** (Litt.) Être complètement démuni.
Note.- Dans cette expression, **vaillant** est l'ancienne forme du participe présent du verbe **valoir**.

vain, vaine adj.
• Qui reste sans résultat. *Les recherches ont été vaines.*
• **En vain.** Inutilement.
Hom. :
- **vin**, boisson ;
- **vingt**, dix-neuf plus un.

vaincre v. tr.
• *Je vaincs, tu vaincs, il vainc, nous vainquons, vous vainquez, ils vainquent. Je vainquais. Je vainquis. Je vaincrai. Je vaincrais. Vaincs, vainquons, vainquez. Que je vainque. Que je vainquisse. Vainquant. Vaincu, ue.*
• Le **c** du radical de l'infinitif se maintient au singulier du présent de l'indicatif et de l'impératif.
• Triompher de. *Les Anglais ont vaincu les Français à Waterloo.*
• Surmonter. *Ils vainquirent tous les obstacles.*
Note.- Attention à l'orthographe : il y a présence du **c** aux trois personnes du singulier du présent de l'indicatif et de l'impératif.

vaincu, ue adj. et n. m. et f.
Qui a subi une défaite. *L'équipe vaincue. Les vaincus sont rentrés dans leur pays.*

vainement adv.
Inutilement. *Toute autre action serait tentée vainement.*

vainqueur adj. et n. m.
• **Adjectif.** Victorieux. *L'athlète vainqueur de la course.*
• **Nom masculin.** Personne qui a remporté une victoire. *Napoléon, le vainqueur d'Iéna.*
Note.- Ce mot ne comporte pas de forme féminine ; au féminin, dans l'emploi adjectival, on emploie généralement l'adjectif **victorieuse**. *L'équipe victorieuse.*

vair n. m.

(Vx) Fourrure blanche et grise d'un type d'écureuil, dit *petit gris.*

Notes.-

1° Attention à l'orthographe : v**air**.

2° Dans le conte de Perrault, Cendrillon perd sa petite pantoufle de verre. L'emploi d'un homophone de **vair** était voulu par l'auteur.

Hom. :

- *ver*, animal invertébré ;

- *verre*, substance transparente ;

- *verre*, récipient pour boire ;

- *vers*, assemblage de mots dans un poème ;

- *vert*, couleur verte.

vairon n. m.

Petit poisson d'eau douce.

vaisseau n. m.

• Canal dans lequel le sang, la lymphe circule. *Les vaisseaux sanguins.*

• (Litt.) Navire capable de tenir la mer. *Un vaisseau fantôme.*

• *Vaisseau spatial.* Engin des astronautes.

V. **bateau.**

vaisselier n. m.

Meuble servant à ranger la vaisselle.

Note.- Attention à l'orthographe : vaisse*l*ier.

vaisselle n. f.

Ensemble des plats qui servent à l'usage de la table. *Un service de vaisselle en porcelaine de Limoges.*

Note.- Attention à l'orthographe : vaisse*ll*e.

val, vals ou **vaux** n. m.

• Petite vallée. *Le Val de Loire.*

Note.- Le nom comporte deux pluriels : **vals** est le pluriel courant, tandis que le pluriel ancien **vaux** n'est usité que dans l'expression **par monts et par vaux** ou dans certains toponymes.

• *Par monts et par vaux,* locution adverbiale. Partout.

• *À vau-l'eau.* Au fil du courant.

• *S'en aller à vau-l'eau.* Se perdre, se gâter.

valable adj.

• Qui est réglementaire, qui a une valeur juridique. *Ce contrat est valable.*

• Qui garde sa valeur. *Ces billets ne sont plus valables, ils sont périmés.*

• Admissible. *Cette raison est valable.*

• Qui a une valeur. *Un écrivain tout à fait valable. Un roman valable.*

Note.- En ce sens, le mot a été critiqué par de nombreux auteurs, mais il est maintenant passé dans l'usage.

valablement adv.

D'une manière valable, efficace.

valenciennes n. f. inv.

Dentelle très fine qui était fabriquée à Valenciennes.

Note.- Le nom de la dentelle s'écrit avec une minuscule.

valériane n. f.

Plante à fleurs blanches ou roses ayant des propriétés médicinales.

valet n. m.

• Domestique. *Un valet d'écurie.*

• Aux cartes, figure qui vient après le roi et la dame. *Un valet de cœur.*

• *Valet de nuit.* Cintre sur pieds sur lequel on dispose ses vêtements pendant la nuit. On l'appelle aussi **galant de nuit** ou **serviteur (muet).**

Note.- Attention à l'orthographe : vale**t**.

valétudinaire adj.

(Litt.) Maladif, de santé frêle.

Note.- Attention à l'orthographe de cet adjectif qui conserve la même forme au masculin et au féminin : valétudin**aire**.

valeur n. f.

• Qualités morales, intellectuelles d'une personne. *Une femme de valeur.*

• Importance, qualité. *La valeur d'une œuvre.*

• Ce que vaut une chose. *La valeur actualisée d'un placement. Des objets de grande valeur.*

• *Valeurs mobilières.* Titres négociables, effets de commerce.

• *Valeur refuge.* Placement non spéculatif. *L'or, l'immobilier sont des valeurs refuges.*

valeureux, euse adj.

(Litt.) Brave. *De valeureux guerriers.*

validation n. f.

Action de valider.

valide adj.

• En bonne santé, vigoureux (par opposition à *infirme).* *Les personnes valides.*

Ant. **invalide.**

• Qui n'est entaché d'aucune cause de nullité. *Votre bulletin de loto n'est pas valide, vous avez écrit dessus.*

valider v. tr.

Rendre valide. *Faire valider son bulletin de loto.*

validité n. f.

Caractère de ce qui est valide. *La durée de validité d'un billet d'avion.*

valise n. f.

Sac de voyage qui se porte à la main. *Une valise de cuir.*

Note.- Ne pas confondre avec le mot **malle** qui désigne un coffre destiné à recevoir les effets qu'on emporte en voyage.

Syn. **bagage.**

vallée n. f.

• Dépression entre des montagnes, souvent arrosée d'un cours d'eau.

• Bassin d'un fleuve. *La vallée du Rhône.*

Notes.-

1° Attention à l'orthographe : va*ll*ée.

2° Les noms génériques de géographie s'écrivent avec une minuscule.

vallon n. m.

Petite vallée.

Note.- Attention à l'orthographe : va*ll*on.

vallonné, ée adj.
Couvert de vallons. *Un terrain vallonné.*
Note.- Attention à l'orthographe : va**ll**onn**é**.

vallonnement n. m.
État de ce qui est vallonné.
Note.- Attention à l'orthographe : va**ll**o**nn**ement.

valoir v. tr., intr., impers., pronom.
• *Je vaux, tu vaux, il vaut, nous valons, vous valez, ils valent. Je valais. Je valus. Je vaudrai. Je vaudrais. Vaux, valons, valez. Que je vaille, que tu vailles, qu'il vaille, que nous valions, que vous valiez, qu'ils vaillent. Que je valusse. Valant, valu, ue.*
• **Transitif**
- Justifier. *Ce paysage grandiose vaut le détour.*
- Correspondre, équivaloir. *Le chiffre romain V vaut 5.*
- *Valoir la peine.* Mériter.
- Procurer. *Les félicitations que ce travail lui a values.*
Note.- En ce sens, le participe passé s'accorde avec le complément d'objet direct qui précède le verbe.
• **Intransitif**
- Avoir une certaine valeur. *Cette maison vaut une petite fortune.*
Note.- Le complément du verbe en ce sens est un complément circonstanciel (combien vaut la maison ?). et le participe passé est invariable. *La somme que cette propriété a valu l'an dernier.*
- Avoir une grande valeur (morale, intellectuelle). *Cette recherche vaut qu'on s'y arrête.*
- **Impersonnel**
- *Il vaut mieux, mieux vaut.* Il est préférable. *Il vaudrait mieux tout reprendre de zéro.*
• **Pronominal**
Avoir la même valeur. *Les deux propositions se valent.*
• **Locutions**
- *À valoir.* En acompte, à titre d'acompte. *Vous trouverez un chèque de 300 F, à valoir sur le montant total.*
- *Vaille que vaille.* Tant bien que mal.

valorem (ad)
V. **ad valorem.**

valorisation n. f.
Action de mettre en valeur.

valoriser v. tr.
Accroître la valeur, la rentabilité de. *Valoriser un placement.*

valse n. f.
Danse à trois temps. *Les valses de Strauss.*

valser v. intr.
Danser la valse. *Les danseurs valsaient harmonieusement.*

valseur, euse n. m. et f.
Personne qui danse la valse.

valve n. f.
• Dispositif servant à régler le mouvement d'un fluide dans une canalisation.
• Petite soupape à clapet utilisée pour le gonflage d'un pneu, d'un ballon, etc.

valvule n. f.
Repli qui, dans les vaisseaux du corps, empêche le reflux du sang ou de la lymphe. *Les valvules du cœur.*
Note.- Attention à l'orthographe : valvu**le**.

vamp n. f.
• Le **p** se prononce [vãp].
• (Cin.) Actrice qui jouait les rôles de femme fatale. *Des vamps irrésistibles.*

vampire n. m.
Mort qui vient sucer le sang des vivants pendant leur sommeil, d'après la croyance populaire.

van n. m.
• Le mot se prononce comme le mot **vent** [vã].
• Panier d'osier servant à trier le grain.
• Voiture fermée, pour le transport des chevaux.

vandale adj. et n. m. et f.
Personne qui détruit, mutile volontairement une œuvre d'art, un site, etc. *Ce promoteur est un vandale.*
Note.- Attention à l'orthographe de ce mot qui conserve la même forme au masculin et au féminin : vandal**e**.

vandalisme n. m.
Acte de détruire, de mutiler des œuvres d'art, des édifices, etc.

vanille n. f.
Fruit du vanillier dont on tire un parfum apprécié en pâtisserie.

vanillé, ée adj.
Parfumé à la vanille.

vanillier n. m.
Plante tropicale qui produit la vanille.
Note.- Attention à l'orthographe : vani**lli**er.

vanité n. f.
• (Litt.) Frivolité, caractère de ce qui est vain.
• Orgueil, prétention.
• *Tirer vanité de.* S'enorgueillir de. *Elles tirent vanité de leur succès rapide.*
Note.- Dans cette locution, le nom est invariable.

vaniteusement adv.
Avec vanité.

vaniteux, euse adj.
Prétentieux, rempli de vanité.

vanne n. f.
Dispositif mobile d'une écluse, d'un barrage servant à régler le débit de l'eau.

vanner v. tr.
• Trier le grain au moyen d'un van.
• (Fig.) Causer une grande fatigue. *Elle est complètement vannée.*

vannerie n. f.
Objets en osier, en rotin (paniers, corbeilles, meubles de jardin).

vantail n. m.
Panneau d'une porte, d'une fenêtre, etc., qui s'ouvre de deux côtés. *Les vantaux d'une armoire.*

vantard, arde adj. et n. m. et f.
Qui a tendance à se vanter. *Ce ne sont que des vantards.*

vantardise n. f.
Disposition habituelle à se vanter.

vanter v. tr., pronom.
● **Transitif**
Louer beaucoup, parfois avec excès quelqu'un, quelque chose.
● **Pronominal**
- Tirer vanité de. *Elles se sont vantées de connaître le ministre.*
- Se targuer de. *Il se vante d'être le premier.*
Hom. **venter,** faire du vent.

va-nu-pieds n. m. et f. inv.
(Fam.) Mendiant. *Ils se sont déguisés en va-nu-pieds.*

vapeur n.
● Substance gazeuse produite par l'évaporation d'un corps en ébullition. *Une locomotive à vapeur.*
● **À toute vapeur.** À toute vitesse.
● **Pommes vapeur.** Se dit de pommes de terre cuites au-dessus de l'eau en ébullition.
Note.- Mis en apposition, ce nom est invariable.

vaporeux, euse adj.
● (Litt.) Voilé par des vapeurs. *Une aube vaporeuse.*
● Qui a la transparence, la légèreté de la vapeur. *Un déshabillé vaporeux.*

vaporisateur n. m.
Petit instrument de toilette servant à vaporiser un liquide, généralement du parfum.

vaporisation n. f.
Action de vaporiser.

vaporiser v. tr.
● Faire passer un liquide à l'état gazeux.
● Projeter en gouttelettes très fines. *Elle aime vaporiser un peu de parfum dans la maison.*

vaquer v. tr. ind.
S'occuper de. *Il pourra vaquer à ses affaires en toute tranquillité.*
Notes.-
1º Le verbe se construit avec la préposition **à**.
2º Ne pas confondre avec le verbe **vaguer** qui signifie « errer ».

varech n. m.
● Les lettres **ch** se prononcent **k** [varɛk].
● Algues marines vivant le long des côtes.
Note.- Attention à l'orthographe : vare**ch.**

vareuse n. f.
Veste de sport.

varia n. m. pl.
● Mot latin signifiant « choses diverses ».
● Extraits variés d'un auteur, d'écrits relatifs à une même question. *Des varia.*

variabilité n. f.
Caractère de ce qui est variable.

variable adj. et n. f.
● **Adjectif**
- Qui est susceptible de varier, de changer souvent. *Les cotes boursières sont très variables actuellement.*
- (Gramm.) **Mot variable.** Mot qui change de forme pour s'accorder en genre, en nombre, selon la fonction grammaticale.
- Qui est conçu pour se modifier, s'adapter. *Dispositif à géométrie variable.*
● **Nom féminin**
(Math.) Terme d'une fonction auquel on peut attribuer des valeurs différentes.

variante n. f.
● Texte qui diffère de l'original suivant les éditions. *Faire une étude des variantes d'un manuscrit.*
● Forme légèrement différente d'une forme usuelle. *La graphie **tzigane** est une variante orthographique de **tsigane.***
Note.- Ne pas confondre avec le mot **variation** qui désigne une modification, un changement.

variation n. f.
Modification, changement. *Les variations boursières, saisonnières.*
Note.- Ne pas confondre avec le mot **variante** qui désigne une forme différente d'une forme usuelle.

varice n. f.
Dilatation permanente d'une veine.
Note.- Attention à l'orthographe : vari**ce.**

varicelle n. f.
Maladie contagieuse.
Note.- Attention à l'orthographe : varicel**le.**

varié, ée adj.
Composé de parties, d'éléments divers. *Des produits variés.*

varier v. tr., intr.
● Redoublement du **i** à la première et à la deuxième personne du pluriel de l'indicatif imparfait et du subjonctif présent. *(Que) nous variions, (que) vous variiez.*
● **Transitif.** Diversifier, changer. *Il faut savoir varier les distractions.*
● **Intransitif.** Changer fréquemment. *Souvent femme varie. Les prix varient constamment.*

variété n. f.
● Type. *Des variétés de pêches et de prunes.*
● Ensemble diversifié. *Ils vendent une variété de produits.*
● (Au plur.) Spectacle ou émission composés essentiellement de chansons. *Variétés télévisées. Un artiste de variétés.*

variole n. f.
Maladie contagieuse grave.
Note.- Attention à l'orthographe : vario**le.**

varlope n. f.
Grand rabot.
Note.- Attention à l'orthographe : varlo**pe.**

varloper v. tr.
Aplanir une pièce de bois à la varlope.
Note.- Attention à l'orthographe : varlo**per.**

vasculaire adj.
Qui appartient aux vaisseaux. *Le système vasculaire.*
Note.- Attention à l'orthographe de cet adjectif qui

garde la même forme au masculin et au féminin : vascul*aire*.

vascularisation n. f.
Disposition des vaisseaux dans l'organisme.

vascularisé, ée adj.
Se dit d'un organe qui contient des vaisseaux. *La langue est très vascularisée.*

vase n. m. et f.
• **Nom masculin**
- Récipient. *Un vase de porcelaine.*
Note.- Attention à la construction : un **vase à fleurs** désigne un récipient destiné à recevoir des fleurs, tandis qu'un **vase de fleurs** désigne un récipient rempli de fleurs.
- **En vase clos**. Sans contact avec l'extérieur. *Ils vivent en vase clos.*
• **Nom féminin**
Dépôt de terre stagnant au fond de l'eau.
Note.- Ne pas confondre avec le mot **boue** qui désigne un mélange d'eau et de terre.

vasectomie ou **vasotomie** n. f.
(Méd.) Résection partielle des canaux déférents de l'homme en vue de le rendre stérile.

vasectomiser v. tr.
Pratiquer une vasectomie sur un patient.

vaseline n. f.
• Le **e** de la deuxième syllabe ne se prononce pas [vazlin].
• Graisse incolore servant à la lubrification.

vaseux, euse adj.
• Qui a de la vase. *Une rivière vaseuse.*
• (Fig.) Embrouillé, endormi, confus.

vasistas n. m.
• Le premier **s** se prononce **z** et le **s** final est sonore [vazistas].
• Partie mobile d'une porte, d'une fenêtre servant à l'aération.

vasque n. f.
• Bassin peu profond qui reçoit l'eau d'une fontaine.
• Large coupe décorative. *Une jolie vasque remplie de fruits parfumés.*

vassal, ale, aux adj. et n. m. et f.
• **Nom masculin et féminin.** (Ancien.) Personne qui dépendait d'un seigneur.
• **Adjectif et nom masculin et féminin.** (Fig.) Se dit d'un groupe, d'un pays qui dépend d'un autre, qui lui est subordonné. *Ces pays sont les vassaux de cette grande puissance économique. Un pays vassal.*

vaste adj.
• D'une grande étendue. *Une vaste plaine s'étendait devant nous.*
• Très grand, de grande envergure. *Un vaste projet de reconstruction.*
• Spacieux, large. *Cet appartement est vaste.*

vastement adv.
Largement.

vaudeville n. m.
Comédie fondée sur les quiproquos, les situations compliquées.

vaudois, oise adj. et n. m. et f.
Du canton de Vaud.
Note.- Contrairement à l'adjectif, le nom s'écrit avec une majuscule.

vaudou adj. inv. et n. m.
Se dit d'un culte animiste des Antilles qui comporte des pratiques de sorcellerie et certains éléments empruntés au rituel catholique. *Des pratiques vaudou. Les vaudous.*
Note.- L'adjectif est invariable, mais le nom prend la marque du pluriel.

vau-l'eau (à) loc. adv.
• Au fil du courant.
• **S'en aller à vau-l'eau.** (Fig.) Se perdre, se gâter.

vaurien, ienne n. m. et f.
Garnement. *Viens ici, petit vaurien.*
Notes.-
1° Le féminin est rare.
2° Attention à l'orthographe : v**au**rien.

vautour n. m.
• Rapace de grande taille.
• (Fig.) Personne dure et rapace.

vautrer (se) v. pronom.
• Se rouler dans la boue.
• S'étendre nonchalamment. *Les enfants s'étaient vautrés dans les coussins de duvet.*

veau n. m.
• Petit de la vache. *Des veaux bien constitués.*
• Viande de cet animal. *Des rôtis de veau.*

vecteur n. m.
• (Math.) Grandeur géométrique.
• (Fig.) Ce qui véhicule quelque chose. *Vecteur de l'information.*

vectoriel, ielle adj.
(Math.) Relatif aux vecteurs.

vécu, ue adj. et n. m.
• **Adjectif.** Vrai. *C'est une histoire vécue.*
• **Nom masculin.** L'expérience vécue. *Ne nous parlez plus de votre vécu.*
Note.- Ce nom appartient au vocabulaire de la psychologie. On évitera d'en abuser dans la langue courante, notamment dans l'expression « * au niveau du vécu ».

vedette n. f.
• Petite embarcation rapide. *Une vedette de la marine.*
• Personne très connue au cinéma, au théâtre, dans le monde du spectacle. *Jacques Brel était une grande vedette.*
Note.- Ce nom n'a pas de forme masculine.
• **Mettre en vedette.** Mettre en valeur, en évidence. *Leurs noms ont été mis en vedette.*
Note.- Dans cette expression, le nom est invariable.
• Nom du destinataire d'une lettre suivi de son titre et de son adresse, s'il y a lieu. *La vedette s'inscrit à*

gauche, quelques interlignes au-dessous des mentions de lieu et de date.
V. Tableau - **LETTRE TYPE.**

végétal, ale, aux adj. et n. m.
• **Adjectif.** Qui appartient aux plantes, aux végétaux.*Le règne végétal, des aliments végétaux.*
• **Nom masculin.** Plante. *Les arbres sont des végétaux.*

végétarien, ienne adj. et n. m. et f.
• **Adjectif.** Se dit d'un régime alimentaire qui exclut les viandes tout en permettant l'absorption du lait, du beurre, des œufs, etc.
• **Nom masculin et féminin.** Personne qui adopte une alimentation végétarienne.

végétarisme n. m.
Alimentation dont les viandes sont exclues.

végétatif, ive adj.
• (Vx) Qui est relatif à la vie des plantes.
• Qui évoque la vie des végétaux par son inaction. *Une existence végétative.*

végétation n. f.
Ensemble des végétaux d'un lieu. *Dans cette contrée, la végétation est luxuriante.*

végéter v. intr.
• Le *é* se change en *è* devant une syllabe muette, sauf à l'indicatif futur et au conditionnel présent. *Je végète,* mais *je végéterai.*
• Être inactif, se développer difficilement. *Son entreprise végète.*

véhémence n. f.
(Litt.) Fougue, impétuosité.
Note.- Attention à l'orthographe : vé**h**émence.

véhément, ente adj.
(Litt.) Emporté, fougueux. *Il a fait un discours véhément.*
Note.- Attention à l'orthographe : vé**h**ément.

véhicule n. m.
• Engin servant à transporter des personnes, des choses. *L'automobile est un véhicule dont on ne peut plus se passer. Des véhicules spatiaux.*
• Tout ce qui sert à transmettre. *La presse est le véhicule de l'information.*
Note.- Attention à l'orthographe : vé**h**icul**e.**

Noms propres de véhicules
• Les noms propres de véhicules, les marques déposées s'écrivent avec une **majuscule** et sont invariables. *Des* Concorde, *un* Boeing, *le* Queen Mary.
• L'accord du participe passé et de l'adjectif se fait généralement avec la désignation générique sous-entendue. *Une* (voiture) *Renault qui a été mise au point.*
• En typographie soignée, les noms propres de véhicules (et non les marques) sont composés en italique. Dans des textes déjà en italique, la notation se fait en romain. Pour les textes manuscrits, on utilisera des guillemets.
V. **bateau.**
V. **marque.**

---

véhiculer v. tr.
• Transporter. *Ces marchandises ont été véhiculées par camion.*
• (Fig.) Conduire, transmettre. *Cette œuvre véhicule une puissante conviction.*

veille n. f.
• Action de veiller. *Il a passé de longues veilles à étudier.*
• Jour qui précède celui dont on parle. *La veille de son départ.*
• *Être à la veille de.* Être sur le point de.
• État d'une personne qui ne dort pas (par opposition à **sommeil).** *Elle est en état de veille.*

veillée n. f.
• Réunion de personnes entre le repas du soir et le coucher (surtout dans les campagnes). *Il y avait une veillée à la ferme.*
• Action de veiller, nuit passée au chevet d'un malade, d'un mort. *Une veillée funèbre.*

veiller v. tr., intr.
• **Transitif**
Être au chevet de. *Veiller un malade.*
• **Transitif indirect**
- Être attentif à. *Elle a veillé à ce que tout soit en ordre.*
Note.- En ce sens, le verbe se construit avec **à ce que** et le subjonctif.
- Prendre soin, s'occuper de. *Veiller sur ses enfants.*
• **Intransitif**
Rester éveillé. *Il a l'habitude de veiller très tard pour lire.*

veilleur n. m.
Veilleur de nuit. Gardien de nuit.

veilleuse n. f.
• Petite lampe qui demeure allumée dans un endroit peu éclairé. *La veilleuse d'une couchette de train.*
• *En veilleuse.* Au ralenti. *Mettre un projet en veilleuse.*

veinard, arde adj. et n. m. et f.
(Fam.) Chanceux. *Un joueur veinard. Quelle veinarde !*

veine n. f.
• Vaisseau sanguin.
• (Fam.) Chance. *Elle a eu beaucoup de veine d'avoir connu cet ami.*

veineux, euse adj.
Relatif aux veines.

veinure n. f.
Aspect veiné du bois.
Note.- Attention à l'orthographe : ve**i**nure.

vêlage n. m.
Action de mettre bas, en parlant de la vache.
Syn. **vêlement.**

vélaire adj. et n. f.
(Phonét.) Se dit d'un son qui s'articule près du voile du palais. *U, k sont des vélaires. Une consonne vélaire.*
Note.- Attention à l'orthographe de ce mot qui conserve la même forme au masculin et au féminin : vél**aire.**

vêlement n. m.
Action de vêler.
Syn. **vêlage.**

vêler v. intr.
Mettre bas, en parlant de la vache. *La vache rousse a vêlé.*
Note.- Le verbe conserve l'accent circonflexe à toutes les formes.

vélin n. m.
• Parchemin.
• Papier très fin qui imite le vélin. *Des vélins luxueux.*

véliplanchiste n. m. et f.
Personne qui fait de la planche à voile.

velléitaire adj. et n. m. et f.
Qui est sans volonté déterminée, qui ne passe pas à l'action.
Note.- Attention à l'orthographe de ce mot qui conserve la même forme au masculin et au féminin : vel**l**éit**aire.**

velléité n. f.
Résolution faible, intention passagère qui n'est pas suivie d'un effet. *Des velléités de collaboration qui n'aboutissent pas.*
Note.- Attention à l'orthographe : vel**l**éité.

vélo n. m.
(Fam.) Bicyclette. *Il aime bien faire du vélo. Des vélos de course. Aller à vélo, en vélo.*

vélocité n. f.
(Litt.) Grande vitesse.

vélodrome n. m.
Piste servant aux courses cyclistes. *Le vélodrome du nouveau stade.*
Note.- Attention à l'orthographe : vélodro**m**e.

velours n. m.
Étoffe dont l'endroit est couvert de poils très serrés. *Un beau velours de soie. Un pantalon de velours côtelé.*
Note.- Attention à l'orthographe : velour**s.**

velouté, ée adj. et n. m.
• **Adjectif**
Qui a la douceur, l'apparence du velours. *Une peau veloutée.*
• **Nom masculin**
- Qualité de ce qui est doux au toucher.
- Potage onctueux. *Un velouté d'asperges.*

velouteux, euse adj.
Qui a le toucher du velours.

velu, ue adj.
Couvert de poils. *Une poitrine masculine velue.*

venaison n. f.
Chair de gibier (chevreuil, cerf, élan, etc.).

vénal, ale, aux adj.
Qui se vend. *L'amour vénal. Des politiciens vénaux.*

vénalement adv.
D'une manière vénale.

venant n. m.
À tout venant. À tout le monde, au premier venu. *Ces textes ne sont pas accessibles à tout venant.*

vendable adj.
Qui peut être vendu. *Ces produits sont tout à fait vendables.*

vendange n. f.
• Cueillette des raisins destinés à faire le vin.
• (Au plur.) Période à laquelle on fait les vendanges, en automne.
Note.- Attention à l'orthographe : v**e**nd**a**nge.

vendanger v. tr., intr.
• Le **g** est suivi d'un **e** devant les lettres **a** et **o.** *Il vendangea, nous vendangeons.*
• **Transitif.** Récolter les raisins. *Nous vendangeons la vigne du voisin également.*
• **Intransitif.** Faire la vendange. *Ils ont tardé à vendanger cette année.*
Note.- Attention à l'orthographe : v**e**nd**a**nger.

vendangeur n. m.
vendangeuse n. f.
Personne chargée de la récolte des raisins servant à fabriquer le vin.

vendéen, enne adj. et n. m. et f.
De la Vendée.
Note.- Contrairement à l'adjectif, le nom prend une majuscule.

vendetta n. f.
Vengeance exercée par toute une famille contre une autre, selon la tradition corse. *Des vendettas implacables.*

vendeur n. m.
vendeuse n. f.
Personne dont la fonction est de vendre, généralement dans un magasin. *Elles ont engagé deux vendeuses.*

vendeur, venderesse n. m. et f.
(Dr.) Personne qui vend un bien meuble ou immeuble.
Note.- Dans la langue juridique, la forme féminine du nom est **venderesse.**

vendre v. tr., pronom.
• *Je vends, tu vends, il vend, nous vendons, vous vendez, ils vendent. Je vendais. Je vendis. Je vendrai. Je vendrais. Vends, vendons, vendez. Que je vende. Que je vendisse. Vendant. Vendu, ue.*
• **Transitif**
- Céder la propriété d'un bien pour un certain prix. *Il a vendu sa voiture.*
- *Vendre la mèche.* Révéler un secret.
- Trahir. *Il a vendu ses complices.*
• **Pronominal**
Être offert sur le marché. *Ces produits de luxe se vendent moins bien en ce moment.*

vendredi n. m.
Cinquième jour de la semaine. *Elle passera vendredi. Le Vendredi saint.*
Note.- Les noms de jours s'écrivent avec une minuscule et prennent la marque du pluriel; le nom de la fête chrétienne s'écrit avec une majuscule. *Je viendrai*

tous les vendredis, mais *je viendrai tous les jeudi et vendredi de chaque semaine.* Attention à la construction de la dernière phrase où les noms de jours restent au singulier parce qu'il n'y a qu'un seul jeudi et un seul vendredi par semaine.
V. Tableau - **JOUR.**

vendu, ue adj. et n. m. et f.
- Cédé pour un certain prix. *Ce tableau est vendu.*
- Qui s'est laissé corrompre pour de l'argent. *C'est un vendu.*

venelle n. f.
(Litt.) Petit chemin.

vénéneux, euse adj.
Qui contient une substance toxique, en parlant des végétaux, des substances minérales. *Des champignons vénéneux.*
Note.- Ne pas confondre avec le mot *venimeux* qui se dit de ce qui contient du venin, en parlant d'un animal.

vénérable adj.
Digne de respect.

vénération n. f.
- Respect religieux.
- Admiration profonde.

vénérer v. tr.
- Le *é* se change en *è* devant une syllabe muette, sauf à l'indicatif futur et au conditionnel présent. *Je vénère,* mais *je vénérerai.*
- Avoir de la vénération pour les choses saintes.
- Témoigner un profond respect à quelqu'un.

vénérien, ienne adj.
Maladie vénérienne. Maladie sexuellement transmissible.
Note.- Cette expression tend à être remplacée par M.S.T.

vénézuélien, ienne adj. et n. m. et f.
Du Venezuela.
Note.- Contrairement à l'adjectif, le nom prend une majuscule. Le nom ou l'adjectif s'écrit avec des accents aigus alors que le nom du pays s'écrit sans accents.

vengeance n. f.
- Désir de se venger. *La vengeance est un plat qui se mange froid.*
- *Par vengeance.* Dans l'intention de se venger.
Note.- Attention à l'orthographe : ven**ge**ance.

venger v. tr., pronom.
- Le *g* est suivi d'un *e* devant les lettres *a* et *o*. *Il vengea, nous vengeons.*
- **Transitif.** Punir une offense en châtiant l'auteur. *Venger une injure. Venger sa famille d'un affront.*
Note.- Le verbe a pour complément d'objet direct la chose dont on a eu à souffrir ou la personne qui en a souffert.
- **Pronominal.** Exercer des représailles, se faire justice. *Ils se sont bien vengés de lui.*

vengeur, vengeresse adj. et n. m. et f.
(Litt.) Personne qui venge, punit.

véniel, ielle adj.
Se dit d'une faute légère, excusable. *Des péchés véniels.*

venimeux, euse adj.
Se dit d'un animal qui peut injecter du venin. *Un serpent venimeux.*
Notes.-
1° Attention à l'orthographe : ve**n**imeux.
2° Ne pas confondre avec le mot *vénéneux* qui se dit de ce qui contient une substance toxique, en parlant des végétaux.

venin n. m.
Substance toxique sécrétée par certains animaux. *Le venin de la vipère, du scorpion.*
Note.- Attention à l'orthographe : veni**n**.

venir v. intr.
Je viens, tu viens, il vient, nous venons, vous venez, ils viennent. Je venais. Je vins. Je viendrai. Je viendrais. Viens, venons, venez. Que je vienne. Que je vinsse. Venant. Venu, ue.

- Se transporter d'un lieu à un autre. *Elle viendra nous voir demain. Ils sont venus en avion.*
Note.- Le verbe *venir* comporte la notion d'un mouvement vers le lieu où l'on est, tandis que le verbe *aller* suppose qu'on part du lieu où l'on est pour se rendre ailleurs.
- Provenir. *Ces belles pivoines viennent de la campagne. Le suffixe -logie vient du grec.*
- Atteindre, parvenir. *Cela ne m'était pas venu à l'esprit. Elle est venue à ses fins.*
- Naître, être produit. *Elle est venue au monde le 31 juillet 1976.*
- *Vienne, viennent.* Placé en début de phrase, le verbe au subjonctif exprime un souhait dans un registre littéraire. *Viennent les beaux jours et les vacances.*
- **Locutions**
- *À venir,* locution adjectivale. Futur. *Les jours à venir.*
Note.- La locution s'écrit en deux mots.
- *En venir à.* Aller jusqu'à, en arriver à. *Ils en sont venus à se battre.*
- *Faire venir.* Prier quelqu'un de se rendre à l'endroit où l'on est, demander, commander quelque chose.
- *Laisser venir.* Laisser approcher. *Laissez venir à moi les petits enfants.* (Parole du Christ).
- *Laisser venir.* Attendre sans se presser. *Nous devrions laisser venir les commentaires.*
- *Venir à* + infinitif. Cette construction marque une éventualité. *Si je venais à disparaître.*
- *Venir de.* Cette construction exprime un passé très récent. *Elle vient tout juste de partir.*
- *Voir venir.* Attendre, ne pas se presser. *Elle aime voir venir les événements.*
- *Voir venir.* Deviner les intentions de quelqu'un. *Je vous vois venir avec vos gros sabots.*

vénitien, ienne adj. et n. m. et f.
De Venise.
Note.- Contrairement à l'adjectif, le nom prend une majuscule.
V. **store.**

vent n. m.
• Mouvement plus ou moins rapide d'une masse d'air qui se déplace suivant une direction déterminée. *Le mistral, le noroît, le sirocco, le vent du nord, sont des vents. La rose des vents.*
Note.- Les noms de vents s'écrivent avec une minuscule ainsi que le nom du point cardinal.
• *À tout vent.* De tous les côtés. *Je sème à tout vent.*
• *Avoir vent de quelque chose.* Apprendre.
• *Contre vent et marée, contre vents et marées.* Malgré tous les obstacles.
• *Dans le vent.* À la dernière mode.
• *En coup de vent.* Brusquement, rapidement.

vente n. f.
• Convention entre deux personnes par laquelle l'une (le vendeur) s'oblige à livrer une chose et l'autre (l'acquéreur) à la payer. *Un contrat de vente.*
• Action de vendre. *La vente d'une voiture. La vente au détail, en gros.*
• *En vente.* Se dit d'un bien destiné à être vendu. *Cette maison est en vente.*
V. **rabais.**

venter v. impers.
Se dit du vent qui souffle. *Il vente énormément : il ne serait pas prudent de sortir en voilier.*
Note.- Attention à l'orthographe : v**en**ter.
Hom. *vanter,* louer, célébrer.

venteux, euse adj.
Se dit d'un lieu, d'une période où il y a beaucoup de vent. *Ce cap est toujours venteux.*

ventilateur n. m.
• Appareil servant à renouveler l'air d'un lieu.
• Appareil assurant le refroidissement d'un moteur.

ventilation n. f.
• Action de renouveler l'air d'un local.
• (Compt.) Action de répartir une somme entre plusieurs comptes. *La ventilation des dépenses entre les divers services.*

ventiler v. tr.
• Aérer. *Ventiler une chambre.*
• (Compt.) Répartir une somme entre plusieurs comptes ou rubriques.

ventouse n. f.
• Petite cloche de verre. *Il posait des ventouses aux malades pour atténuer la congestion.*
• Organe de succion de certains animaux. *Les ventouses d'une sangsue.*
• Dispositif de caoutchouc qui se fixe par vide partiel sur une surface plane. *Des fléchettes munies de ventouses.*

ventral, ale, aux adj.
Relatif au ventre.

ventre n. m.
• Abdomen.
• *À plat ventre*, locution adverbiale. Complètement allongé sur le ventre. *Ils sont à plat ventre.*
Note.- Cette locution est invariable et s'écrit sans trait d'union.
• *Ventre à terre*, locution adverbiale. Très vite.

ventricule n. m.
Chacune des deux cavités du cœur. *Le ventricule gauche et le ventricule droit.*
Note.- Attention au genre masculin de ce nom : **un** ventric**u**le.

ventriloque adj. et n. m. et f.
Personne qui peut parler en conservant la bouche fermée.

venu, ue adj. et n. m. et f.
• **Adjectif**
- *Être mal venu à, de* + **infinitif**. Être peu qualifié pour. *Elle est mal venue à, de le critiquer.*
Note.- L'expression s'écrit en deux mots.
• **Nom masculin et féminin**
- *Premier venu, première venue.* N'importe qui. *Ils ne sont pas les premiers venus.*
- *Nouveau venu, nouvelle venue.* Personne récemment arrivée. *Elles sont de nouvelles venues.*
• **Nom féminin**
- Action de venir, arrivée. *La venue du printemps.*
- *Allées et venues.* Déplacements. *On surveille ses allées et venues.*

vêpres n. f. pl.
Office religieux qui autrefois se célébrait à la fin de la journée.
Note.- Attention à l'orthographe : v**ê**pres.

ver n. m.
Animal invertébré. *Un ver de terre.*
Note.- Attention à l'orthographe : v**er.**
Hom. :
- *vair*, fourrure d'écureuil ;
- *verre*, substance transparente ;
- *verre*, récipient pour boire ;
- *vers*, assemblage de mots dans un poème ;
- *vert*, couleur verte.

véracité n. f.
Qualité de ce qui est vrai, conforme à la vérité. *La véracité d'un témoignage.*
Note.- L'adjectif correspondant est **véridique.**

véranda n. f.
Galerie couverte. *Des vérandas fleuries.*

verbal, ale, aux adj.
• Qui se fait de vive voix (par opposition à **écrit**). *Des contrats purement verbaux.*
• (Gramm.) Relatif au verbe. *Des locutions verbales.*

verbalement adv.
Oralement.

verbalisation n. f.
Action de verbaliser.
Note.- Ne pas confondre avec le mot **verbiage** qui désigne un bavardage inutile.

verbaliser v. tr., intr.
• **Transitif**. (Psycho.) Extérioriser au moyen du langage. *Il n'arrive pas à verbaliser son ressentiment.*
• **Intransitif**. Dresser un procès-verbal, donner une contravention. *Votre voiture est en stationnement illégal ; je me vois dans l'obligation de verbaliser.*

verbe n. m.
• (Gramm.) Mot qui, dans une phrase, exprime une action, un état. *Les désinences du verbe indiquent le mode, le temps, la personne de la conjugaison.* V. Tableau - **VERBE**.
• (Litt.) Expression de la pensée par les mots. *La magie du verbe.*
• (Théol.) Jésus-Christ. *Le Verbe s'est fait chair.*
Note.- En ce sens, le nom s'écrit avec une majuscule.

verbeux, euse adj.
Qui emploie trop de mots, prolixe.

verbiage n. m.
Bavardage inutile.
Note.- Ne pas confondre avec le mot **verbalisation** qui désigne l'action de verbaliser.

verdâtre adj.
Qui tire sur le vert.
Note.- Attention à l'orthographe : verd**â**tre.

verdeur n. f.
• Acidité d'un fruit qui n'est pas encore mûr.
• Liberté du langage.
• Vigueur. *La verdeur de la jeunesse.*

verdict n. m.
• La lettre **c** se prononce mais le **t** se prononce ou non [vɛrdik(t)].
• Jugement, décision.
Note.- Attention à l'orthographe : verdi**ct**.

verdir v. tr., intr.
• **Transitif**
Donner une teinte verte. *Le peintre verdit les portes du garage.*
• **Intransitif**
- Devenir vert. *Il verdissait de peur à la vue de cet énorme chien.*
- Se couvrir de feuilles, de verdure. *Les arbres se mettent à verdir.*

verdoyant, ante adj.
Qui devient vert, en parlant des végétaux. *Des arbres verdoyants.*

verdure n. f.
• Couleur verte des plantes, des feuilles.
• (Litt.) Ensemble des plantes, des feuilles, au printemps et en été. *Un décor de verdure.*

véreux, euse adj.
• Qui contient des vers. *Des pommes véreuses.*
• Douteux, louche. *Des affaires véreuses.*

verge n. f.
• Petite baguette flexible.
• Membre viril.

verger n. m.
Terrain planté de pommiers, d'arbres fruitiers.

vergeture n. f. (gén. pl.)
Ensemble de petites raies rouges causées par la distension de la peau.

verglaçant, ante adj.
Se dit d'une pluie qui se congèle. *On annonce de la pluie verglaçante.*

verglacé, ée adj.
Couvert de verglas. *Soyez prudent, la chaussée est verglacée.*

verglacer v. impers.
• Le **c** prend une cédille devant la lettre **a**. *Il verglaça.*
• Faire du verglas.

verglas n. m.
Mince couche de glace causée par la congélation d'une pluie très fine au contact du sol.
Note.- Attention à l'orthographe : vergla**s**.

vergogne n. f.
• (Vx) Honte.
• *Sans vergogne.* Effrontément, sans scrupule. *Il ment sans vergogne.*
Note.- Le nom ne s'emploie plus que dans l'expression citée.

vergue n. f.
Pièce de bois attachée transversalement à un mât de navire pour soutenir et orienter la voile.
Note.- Attention à l'orthographe : ver**gue**.

véridique adj.
Se dit d'un texte, d'une affirmation, etc. conforme à la vérité. *Un témoignage véridique.*
Note.- Le nom correspondant à cet adjectif est **véracité**.

véridiquement adv.
D'une manière véridique.

vérifiable adj.
Qui peut être vérifié. *Ces données sont vérifiables.*

vérificateur n. m.
vérificatrice n. f.
Personne chargée de vérifier, de contrôler.

vérification n. f.
Action de vérifier. *La vérification des passeports.*

vérifier v. tr., pronom.
• Redoublement du **i** à la première et à la deuxième personne du pluriel de l'indicatif imparfait et du subjonctif présent. *(Que) nous vérifiions, (que) vous vérifiiez.*
• **Transitif**
- Examiner l'exactitude, l'authenticité, la conformité d'une chose. *On vérifie les registres comptables de cette entreprise.*
- Prouver, confirmer. *Les résultats ont vérifié les prévisions.*
• **Pronominal**
Se révéler juste. *Nos hypothèses se sont vérifiées.*

vérin n. m.
Appareil de levage.
Note.- Attention à l'orthographe : vér**in**.

véritable adj.
• Réel, conforme à la vérité. *Ce cartable est en cuir véritable.*
• Achevé. *C'est un véritable génie, un véritable escroc.*
Note.- L'adjectif qui renforce une désignation souvent métaphorique se place avant le nom.

VERBE

Le verbe est un mot qui exprime l'action, l'état, le devenir d'un sujet.

Il revêt des désinences diverses pour marquer :

- la **personne**, le **nombre**, le **genre** du sujet ;
- le **temps** auquel l'action se passe ;
- le **mode**, la manière dont elle se présente ;
- la **voix** selon que l'action est faite ou subie par le sujet.

V. Tableau - **INDICATIF**.
V. Tableau - **CONDITIONNEL**.
V. Tableau - **PARTICIPE PASSÉ**.
V. Tableau - **PARTICIPE PRÉSENT**.
V. Tableau - **SUBJONCTIF**.

VERBES TRANSITIFS ET INTRANSITIFS

• Les **verbes transitifs directs** sont ceux qui ont un complément indiquant sur qui ou sur quoi porte l'action du verbe et qui est joint directement au verbe, sans préposition.
   L'enfant mange la pomme.

• Les **verbes transitifs indirects** sont ceux qui ont un complément de même nature relié indirectement au verbe par une préposition (**à, de sur,** etc.).
   Il parle à sa sœur. Vous souvenez-vous de lui ? Ils ont tablé sur son dynamisme.

• Les **verbes intransitifs** sont les verbes construits sans complément d'objet direct ou indirect.
   Le soleil brille, l'herbe pousse.

• Les **verbes impersonnels** expriment un état qui ne comporte pas de sujet logique ; ils ne se construisent qu'à la troisième personne du singulier.
   Il neige, il pleut, il vente.

VOIX DU VERBE

Alors que la **forme active** présente l'action par rapport au sujet qui la fait, la **forme passive** intervertit le point de vue pour présenter l'action par rapport à l'objet qui la subit.
   L'enfant mange la pomme (voix active).
   La pomme est mangée par l'enfant (voix passive).

Note.- Seuls les verbes transitifs directs peuvent se construire au passif.

VERBES PRONOMINAUX

• Le **verbe pronominal** est celui qui est accompagné d'un pronom désignant le même être, le même objet que le sujet.
   Tu te laves, elles se sont parlé.

• Le pronominal est **réfléchi** lorsque l'action porte sur le sujet.
   Bruno s'est coupé. Brigitte s'est blessée.

• Le pronominal est **réciproque** lorsque deux ou plusieurs sujets agissent l'un sur l'autre ou les uns sur les autres.
   Ils se sont aimés.

Note.- Le verbe pronominal réciproque ne s'emploie qu'au pluriel.

• Le pronominal est **non réfléchi** lorsque le verbe exprime par lui-même un sens complet et que le pronom n'a pas de valeur particulière.
   S'en aller, s'évanouir, se douter de, se taire, se moquer, s'enfuir ...

V. Tableau - **PRONOMINAUX**.

véritablement adv.
Réellement, vraiment. *L'a-t-on véritablement connu ?*

vérité n. f.
• Qualité de ce qui est conforme à la réalité, de ce qui est vrai. *La recherche de la vérité.*
• **À la vérité**, locution adverbiale. Il est vrai que, j'en conviens. Cette locution a une valeur concessive, elle introduit une mise au point.
• **En vérité**, locution adverbiale. Assurément.

vermeil, eille adj. et n. m.
• **Adjectif de couleur variable**
(Litt.) D'un rouge vif. *Des joues vermeilles.*
V. Tableau - **COULEUR (ADJECTIFS DE)**.
• **Nom masculin**
- Couleur rouge vif. *Des vermeils éclatants.*
- Argent doré. *Un service à thé en vermeil.*
Note.- Attention à l'orthographe : verm**eil**, verm**eille.**

vermicelle n. m.
Pâte alimentaire façonnée en fil mince. *Un potage avec du vermicelle, des vermicelles.*
Note.- Attention au genre masculin de ce nom : *du* vermice**lle.**

vermifuge adj. et n. m.
Se dit d'un médicament qui provoque l'expulsion des vers parasitaires.

vermillon adj. inv. et n. m.
• **Adjectif de couleur invariable.** Rouge vif. *Des soieries vermillon.*
V. Tableau - **COULEUR (ADJECTIFS DE)**.
• **Nom masculin.** Couleur rouge vif. *Des vermillons voyants.*

vermine n. f.
Collectif désignant des insectes nuisibles. *L'extermination de la vermine.*

vermoulu, ue adj.
Piqué de vers. *Une vieille cabane vermoulue.*

vermouth ou **vermout** n. m.
Apéritif. *Ils ont pris des vermouths frappés.*
Notes.-
1° Attention à l'orthographe : vermou**th**. La graphie **vermout** est vieillie.
2° Le nom s'écrit avec une minuscule.

vernaculaire adj.
Qui est propre à un pays, à une ethnie (par opposition à **véhiculaire**). *Une langue vernaculaire.*

verni, ie adj.
Recouvert de vernis. *Une table vernie.*
Note.- Attention à l'orthographe : vern**i.**

vernir v. tr.
Recouvrir de vernis. *Vernir un parquet.*

vernis n. m.
• Enduit que l'on applique sur une surface pour la protéger, la rendre lisse, brillante. *Elle porte du vernis à ongles rouge.*
• Apparence. *Gratter un peu le vernis, vous risquez d'être déçu.*
Note.- Attention à l'orthographe : verni**s.**

vernissage n. m.
Inauguration d'une exposition de peinture. *Le vernissage aura lieu à la galerie à 19 heures.*
Note.- Pour une œuvre, une publication, un produit, on emploiera le nom **lancement.**

vernisser v. tr.
Vernir la poterie.

verrat n. m.
Porc mâle qui sert à la reproduction.
Note.- Attention à l'orthographe : verra**t.**

verre n. m.
• Substance transparente. *Du verre translucide.*
• Récipient pour boire. *Des verres de cristal, un verre à eau, des verres à vin.*
Note.- Par métonymie, le nom désigne le contenant ou le contenu. *Boire un verre d'eau.*
• Objet de verre. *Des lunettes à verres fumés.*
• *Verres de contact.* Lentilles cornéennes.
Hom. :
- **vair**, fourrure d'écureuil ;
- **ver**, animal invertébré ;
- **vers**, assemblage de mots dans un poème ;
- **vert**, couleur verte.

verrerie n. f.
• Entreprise où l'on travaille le verre.
• Objets de verre.

verrière n. f.
Surface vitrée. *Le plafond s'ouvrait sur une grande verrière.*

verroterie n. f.
Petits objets de verre, pacotille. *Note.- Attention à l'orthographe : ve**rro**terie.

verrou n. m.
• Tige de fer qui coulisse afin de fermer une porte. *Des verrous de sécurité.*
• *Mettre quelqu'un sous les verrous.* Le mettre en prison.
Note.- Attention à l'orthographe : un verr**ou**, des verrou**s.**

verrouillage n. m.
Le fait de verrouiller.
Note.- Attention à l'orthographe : ve**rrou**i**ll**age.

verrouiller v. tr., pronom.
• Les lettres **ill** sont suivies d'un *i* à la première et à la deuxième personne du pluriel de l'indicatif imparfait et du subjonctif présent. *(Que) nous verrouillions, (que) vous verrouilliez.*
• **Transitif.** Fermer à l'aide d'un verrou. *Avez-vous verrouillé la porte ?*
• **Pronominal.** S'enfermer.

verrue n. f.
Excroissance cutanée.
Note.- Attention à l'orthographe : ve**rru**e.

vers prép.
• En direction de. *Ils roulent vers la Provence.*
• À peu près (à tel moment). *Nous nous retrouverons vers midi.*

vers n. m.

Assemblage de mots dans un poème. *Des vers libres, des vers de douze syllabes ou des alexandrins.*

Hom. :
- **vair**, fourrure d'écureuil ;
- **verre**, substance transparente ;
- **verre**, récipient pour boire ;
- **vers**, animal invertébré ;
- **vert**, couleur verte.

versant n. m.

Chacune des deux pentes d'une montagne. *Skier sur le versant ensoleillé de la montagne.*

versatile adj.

Inconstant, changeant. *Cet employé est trop versatile ; on ne pourra lui confier ce dossier.*

Notes.-

1° Attention à l'orthographe de cet adjectif qui conserve la même forme au masculin et au féminin : versatil**e**.

2° Cet adjectif qui est plutôt péjoratif ne peut qualifier que des personnes.

versatilité n. f.

Caractère versatile.

verse n. f.

À verse, locution adverbiale. Abondamment, en parlant de la pluie.

Note.- Le nom ne s'emploie que dans l'expression citée.

versé, ée adj.

Expérimenté dans la pratique d'un art, d'une science. *Il est versé en astronomie.*

verseau n. m.

Nom d'une constellation, d'un signe du zodiaque.

Note.- Les noms d'astres s'écrivent avec une majuscule. *Elle est (du signe) du Verseau, elle est née entre le 21 janvier et le 19 février.*

V. **astre**.

Hom. **verso**, envers d'une feuille de papier.

versement n. m.

Action de verser une somme d'argent. *Cet achat peut se régler en plusieurs versements échelonnés sur un an.*

verser v. tr., intr.

• Transitif
- Répandre, faire couler. *Verser du jus dans un pichet.*
- Payer. *Verser une somme en espèces.*

• Intransitif
Tomber sur le côté. *Sous l'impact, la voiture a versé.*

verset n. m.

Brève maxime extraite d'un livre sacré. *Des versets de la Bible, du Coran.*

versification n. f.

Action de faire des vers.

version n. f.

• Traduction d'un texte d'une langue étrangère dans la langue de celui qui traduit (par opposition à ***thème).*** *Une version latine.*

• Variante d'un texte, d'un programme informatique, d'un film. *C'est la version originale du film.*

• Manière de raconter un fait. *La version du témoin semble exacte.*

verso n. m.

• Abréviation **v°** (s'écrit sans point).

• Envers d'une feuille de papier. *Voir la suite au verso. Les versos sont paginés en nombres pairs. Signer au verso d'un chèque.*

• ***Recto verso***, locution adverbiale. Au recto et au verso. *Faire des impressions recto verso.*

Note.- Pris adverbialement, le mot est invariable.

Ant. **recto**.

Hom. **verseau**, nom d'une constellation.

vert, verte adj. et n. m.

• **Adjectif de couleur variable**

Qui est de la couleur de l'herbe, des feuilles. *Des yeux verts, la mer verte.*

Note.- Les adjectifs de couleur composés sont invariables. *Des robes vert tendre, vert amande, vert olive, vert pistache.*

V. Tableau - **COULEUR (ADJECTIFS DE).**

• **Adjectif**

Qui n'est pas mûr. *Ces fruits sont trop verts.*

• **Nom masculin**

- Couleur intermédiaire entre le bleu et le jaune. *Teindre une étoffe en vert.*

- (Fam.) ***Se mettre au vert.*** Aller à la campagne.

Hom. :
- **vair**, fourrure d'écureuil ;
- **ver**, animal invertébré ;
- **verre**, substance transparente ;
- **verre**, récipient pour boire ;
- **vers**, assemblage de mots dans un poème.

vert-de-gris adj. inv. et n. m. inv.

• **Adjectif invariable.** D'un vert grisâtre. *Des toits vert-de-gris.*

V. Tableau - **COULEUR (ADJECTIFS DE).**

• **Nom masculin invariable.** Dépôt verdâtre qui se forme sur le cuivre exposé à l'air.

vertébral, ale, aux adj.

Qui se rapporte aux vertèbres. *La colonne vertébrale, des disques vertébraux.*

Note.- Attention à l'orthographe : vert**é**bral.

vertèbre n. f.

Chacun des os dont la superposition constitue la colonne vertébrale. *Les vertèbres cervicales, lombaires.*

Note.- Attention à l'orthographe : vert**è**bre.

vertébré, ée adj. et n. m.

• **Adjectif.** Qui a des vertèbres. *Les animaux vertébrés.*

• **Nom masculin.** Animal pourvu d'une colonne vertébrale.

Note.- Attention à l'orthographe : vert**é**bré.

Ant. **invertébré.**

vertement adv.

Avec sévérité. *Elle fut vertement réprimandée.*

vertical, ale, aux adj. et n. f.

• **Adjectif.** Perpendiculaire à l'horizon. *Des stores verticaux.*

• **Nom féminin.** Position verticale.
Ant. **horizontal.**

verticalement adv.
En suivant la verticale.

verticalité n. f.
État de ce qui est vertical.

vertige n. m.
Perte d'équilibre, étourdissement. *Il ne peut grimper là-haut, il aurait le vertige.*

vertigineusement adv.
D'une manière vertigineuse. *Le prix des maisons a augmenté vertigineusement.*

vertigineux, euse adj.
• Qui donne le vertige.
• Très haut. *Des tours vertigineuses.*
• (Fig.) Très élevé. *Des prix vertigineux.*

vertu n. f.
• (Vx) Chasteté.
• Qualité particulière. *Les vertus d'un médicament.*
• (Litt.) Disposition à accomplir certains devoirs, certains actes moraux. *La patience est une vertu difficile à pratiquer.*
• *En vertu de,* locution prépositive. (Dr.) Par le pouvoir de, au nom de. *En vertu de la nouvelle loi, ces pratiques sont illégales.*
Note.- Attention à l'orthographe : vert**u.**

vertueusement adv.
D'une façon vertueuse.

vertueux, euse adj.
(Vx) Chaste, édifiant.

verve n. f.
Imagination créatrice, fantaisie, esprit. *Il est en verve ce soir.*

verveine n. f.
• Plante aromatique dont une espèce a des vertus calmantes.
• Infusion. *Une tasse de verveine.*
Note.- Attention à l'orthographe : verv**ei**ne.

vésical, ale, aux adj.
De la vessie. *Des calculs vésicaux.*

vésicule n. f.
• Organe en forme de petit sac. *La vésicule biliaire.*
• Cloque sur la peau.
Note.- Attention au genre féminin de ce nom : **une** vésicule.

vespasienne n. f.
(Vx) Urinoir public.

vespéral, ale, aux adj.
(Litt.) Du soir. *Les vents vespéraux.*

vesse-de-loup n. f.
Type de champignon. *Des vesses-de-loup.*

vessie n. f.
Partie du corps où s'accumule l'urine qui provient des reins.

vestale n. f.
• (Ancienn.) Prêtresse chargée d'entretenir le feu sacré.
• (Litt.) Femme très chaste.
Note.- Attention à l'orthographe : vesta**l**e.

veste n. f.
Vêtement court comportant des manches, ouvert à l'avant et qui se porte sur une chemise, un tricot. *Une veste de lainage, la veste d'un costume.*

vestiaire n. m.
• Lieu où l'on dépose certains vêtements ou objets à l'entrée d'un théâtre, d'un musée, d'un établissement. *J'ai oublié mon parapluie au vestiaire du restaurant.*
• (Par ext.) Vêtements laissés au vestiaire. *Donnez-moi mon vestiaire, je vous prie.*

vestibule n. m.
Pièce située à l'entrée d'un immeuble, d'une maison.
Note.- Attention à l'orthographe : vestibu**l**e.

vestige n. m. (gén. pl.)
• Marque (d'une chose disparue). *Les vestiges d'un ancien château.*
• (Fig.) Ce qui subsiste (d'une chose abstraite). *Les vestiges de la civilisation grecque.*

vestimentaire adj.
Qui est relatif aux vêtements. *Une tenue vestimentaire.*
Note.- Attention à l'orthographe de cet adjectif qui conserve la même forme au masculin et au féminin : vestiment**aire.**

veston n. m.
• Veste d'un complet masculin. *Un veston et un gilet assortis.*
• *Complet-veston.* Des complets-veston de lainage.

vêtement n. m.
Tout ce qui sert à couvrir le corps humain. *Ils doivent acheter de nouveaux vêtements pour l'hiver.*

vétéran n. m.
• Personne très expérimentée dans un domaine. *C'est un vétéran de la chirurgie à cœur ouvert.*
• Soldat qui a de longs états de service.
Notes.-
1° Attention à l'orthographe : vétér**an.**
2° Ce nom ne comporte pas de forme féminine.

vétérinaire adj. et n. m. et f.
• **Adjectif.** Qui est relatif aux soins donnés aux animaux. *La médecine vétérinaire.*
• **Nom masculin et féminin.** Médecin vétérinaire.
Note.- Attention à l'orthographe : vétérin**aire.**

vétille n. f.
Chose sans importance. *Il discute pour des vétilles.*

vêtir v. tr., pronom.
• *Je vêts, tu vêts, il vêt, nous vêtons, vous vêtez, ils vêtent. Je vêtais. Je vêtis. Je vêtirai. Je vêtirais. Vêts, vêtons, vêtez. Que je vête. Que je vêtisse. Vêtant. Vêtu, ue.*
• **Transitif.** (Litt.) Couvrir de vêtements. *Ce magasin de vêtements pour enfants a entièrement vêtu les sextuplés.*

• **Pronominal.** (Litt.) S'habiller. *Ils aiment se vêtir de couleurs vives.*

vétiver n. m.
• Le **r** se prononce [vetiver].
• Plante cultivée pour ses racines odorantes.

veto n. m. inv.
• Le **e** se prononce **é** [veto].
• Mot latin signifiant « je m'oppose ».
• Refus de donner son accord. *Ils nous ont opposé leur veto. Un droit de veto. Des veto catégoriques.*
Notes.-
1° Attention à l'orthographe : veto, sans accent.
2° En typographie soignée, les mots étrangers sont composés en italique. Dans des textes déjà en italique, la notation se fait en romain. Pour les textes manuscrits, on utilisera les guillemets.

vêtu, ue adj.
Habillé. *Ils sont vêtus de cuir, elle est vêtue de neuf.*
Note.- L'adjectif se construit avec la préposition **de.**

vétuste adj.
Très vieux et détérioré. *Des habitations vétustes.*

vétusté n. f.
(Litt.) État de ce qui est vétuste.

veuf, veuve adj. et n. m. et f.
Se dit de la personne dont le conjoint est mort. *Un veuf inconsolable.*

veule adj.
(Litt.) Lâche, mou, sans énergie.
Note.- Attention à l'orthographe de cet adjectif qui conserve la même forme au masculin et au féminin : veul**e.**

veulerie n. f.
Caractère d'une personne veule.
Note.- Attention à l'orthographe : veu**l**erie.

veuvage n. m.
État d'une personne veuve.

vexant, ante adj.
Blessant, ennuyeux. *Des remarques vexantes.*

vexation n. f.
Insulte, contrariété.

vexatoire adj.
Qui a le caractère d'une vexation. *Des manœuvres vexatoires.*
Note.- Attention à l'orthographe de cet adjectif qui conserve la même forme au masculin et au féminin : vexat**oire.**

vexer v. tr., pronom.
• **Transitif.** Blesser, contrarier. *Il ne veut pas vous vexer.*
• **Pronominal.** Se fâcher, se formaliser. *Elles se sont vexées de ces sourires entendus.*

v.g.
Abréviation de **verbi gratia** qui signifie « par exemple ».
Note.- Il est préférable d'utiliser l'abréviation **p. ex.** plutôt que les abréviations latines **v.g.** (verbi gratia) et **e.g.** (exempli gratia) qu'on réservera aux textes anglais.

via prép.
Par. *Destination Bastia via Nice.*

viabiliser v. tr.
Exécuter les travaux destinés à rendre un terrain habitable. *Ces lots sont viabilisés.*

viabilité n. f.
• État d'une voie de circulation où l'on peut rouler.
• Aptitude à vivre d'un organisme.
• Caractère viable de quelque chose.

viable adj.
• Qui peut vivre. *Ce nouveau-né est viable.*
• Qu'on peut mener à bien, qui peut aboutir. *Le projet est-il viable ?*

viaduc n. m.
Voie surélevée.
Note.- Attention à l'orthographe : viadu**c.**
Ant. **tunnel.**

viager, ère adj. et n. m.
• **Adjectif.** Qui dure pendant la vie d'une personne et qui s'éteint à la mort. *Une rente viagère.*
• **Nom masculin.** Rente viagère.

viande n. f.
Chair des animaux qui sert à la nourriture. *Elle préfère la viande blanche à la viande rouge.*

vibraphone n. m.
Instrument de musique composé de lames d'acier frappées à l'aide de marteaux.

vibraphoniste n. m. et f.
Musicien qui joue du vibraphone.

vibrateur n. m.
Appareil qui produit des vibrations mécaniques.

vibratile adj.
Animé de mouvements vibratoires. *Des cils vibratiles.*
Notes.- Attention à l'orthographe de cet adjectif qui conserve la même forme au masculin et au féminin : vibratil**e.**

vibration n. f.
Mouvement oscillatoire. *Des vibrations sonores.*

vibratoire adj.
Constitué d'une suite de vibrations.
Note.- Attention à l'orthographe de cet adjectif qui conserve la même forme au masculin et au féminin : vibrat**oire.**

vibrer v. tr., intr.
• **Transitif**
Modifier un corps par des vibrations. *Vibrer du béton.*
• **Intransitif**
- Être touché, ému. *Vibrer à l'écoute d'un hymne.*
- Résonner, produire des vibrations. *Une cloche qui vibre.*
• Émouvoir, toucher. *Des élans oratoires qui la faisaient vibrer.*

vibromasseur n. m.
Appareil qui masse en faisant vibrer.
Note.- Attention à l'orthographe : **vibromasseur**, en un seul mot.

vicaire n. m.
Prêtre adjoint au curé dans une paroisse.

vice n. m.
• Défaut, disposition au mal.
• Défaut qui altère gravement la constitution d'une chose. *Un vice de construction.*
Note.- Ne pas confondre avec les mots suivants :
- *défaut*, imperfection ;
- *malfaçon*, défaut de fabrication ;
- *travers*, défaut léger, bizarrerie.
Hom. *vis*, tige filetée.

vice- préf. inv.
• Préfixe invariable qui précède certaines désignations de fonctions exercées en second, en l'absence de quelqu'un. *Une vice-présidente, un vice-doyen.*
• Les titres composés avec le préfixe *vice-* s'écrivent avec un trait d'union et seul le deuxième élément prend la marque du pluriel.

vice-consul n. m.
Personne qui agit comme consul dans un endroit où il n'y a pas de consul. *Des vice-consuls.*

vice-présidence n. f.
Fonction de vice-président, de vice-présidente. *Des vice-présidences prestigieuses.*

vice-président n. m.
vice-présidente n. f.
• Personne qui peut remplacer le président, en son absence.
• Personne au sommet de la hiérarchie après le président dans une entreprise, un organisme. *L'association sportive a deux vice-présidents. Des vice-présidentes.*

vice versa loc. adv.
• Le premier *e* se prononce *é* ou est muet, [viseversa] ou [visversa].
• Réciproquement. *Disposer un carreau noir, puis un carreau blanc et vice versa.*
Note.- Attention à l'orthographe : vi**ce** ver**sa**.

vichy n. m.
• Toile à petits carreaux. *Une robe de vichy.*
• Eau minérale de la station thermale de Vichy. *Boire des vichys.*
Note.- Le nom du tissu, de l'eau minérale s'écrit avec une minuscule, tandis que le nom de la ville s'écrit avec une majuscule. *Une vichy,* mais *une eau de Vichy.*

vicier v. tr.
• Redoublement du *i* à la première et à la deuxième personne du pluriel de l'indicatif imparfait et du subjonctif présent. *(Que) nous viciions, (que) vous viciiez.*
• (Litt.) Corrompre. *Ces vapeurs toxiques vicient l'atmosphère. Il faudrait aérer, l'air est vicié.*

vicieux, ieuse adj.
• Dépravé, pervers.
• *Cercle vicieux.* Raisonnement faux, qui tourne en rond.

vicinal, ale, aux adj.
Se dit d'un petit chemin qui relie des villages. *Des chemins vicinaux.*

vicissitudes n. f. pl.
(Litt.) Succession de situations différentes, heureuses ou malheureuses. *Les vicissitudes de l'existence.*
Note.- Attention à l'orthographe : vi**ciss**itudes.

vicomte n. m.
vicomtesse n. f.
Titre de noblesse qui vient avant celui de **baron**.
Note.- Attention à l'orthographe : vico**m**te.

vicomté n. f.
Terre d'une seigneurerie appartenant à un vicomte.
Note.- Attention au genre féminin de ce nom : *une* vico**m**té.

victime n. f.
• Personne qui souffre des agissements d'autrui, d'événements malheureux, ou par sa propre faute. *Il a été victime de son imprudence.*
• Personne tuée ou blessée. *La route a fait plusieurs victimes au cours des derniers jours.*

victoire n. f.
• Succès militaire, sportif, etc. *Ils ont remporté la victoire.*
• *Crier, chanter victoire.* Se glorifier d'un succès.

victorien, ienne adj.
Relatif au règne de la reine Victoria. *De magnifiques maisons victoriennes.*

victorieusement adv.
D'une manière victorieuse.

victorieux, ieuse adj.
• Vainqueur. *L'armée victorieuse.*
• Qui exprime un succès. *Air victorieux.*
Note.- L'adjectif féminin sert également de forme féminine à l'adjectif *vainqueur.*

victuailles n. f. pl.
Vivres, provisions. *Il se chargera des victuailles.*

vidange n. f.
• Action de vidanger un réservoir. *Faire la vidange d'huile.*
• (Au plur.) Immondices.

vidanger v. tr.
• Le *g* est suivi d'un *e* devant les lettres *a* et *o*. *Il vidangea, nous vidangeons.*
• Vider un réservoir pour le nettoyer.

vidangeur n. m.
Personne qui fait la vidange de certains réservoirs.

vide adj. et n. m.
• **Adjectif**
- Qui ne contient rien. *Une enveloppe vide. Un bureau vide.*
- Dépourvu (d'idées, de sentiments). *Une citation vide de sens.*
- Désert. *Un restaurant vide.*
• **Nom masculin**
- Espace qui ne contient pas d'air. *Faire le vide dans un contenant.*
- Espace sans objet. *Regarder dans le vide.*
- Vacuité. *Le vide de son existence.*

- Sentiment de privation. *Votre absence laissera un grand vide.*

vidéo- préf.
- Mot latin signifiant « je vois ».
- Les mots composés du préfixe **vidéo-** s'écrivent en un seul mot. *Vidéocassette.*

vidéo adj. inv. et n. f.
- **Adjectif invariable.** Qui est relatif à l'enregistrement et à la reproduction de l'image et du son sur un écran de visualisation. *Des cassettes vidéo, des écrans vidéo, une bande vidéo, des jeux vidéo.*
- **Nom féminin.** Ensemble des techniques vidéo.

vidéocassette n. f.
Cassette servant à l'enregistrement et à la reproduction de l'image et du son.

vidéoclip n. m.
(Anglicisme) Court film vidéo destiné à faire la promotion d'une chanson. *Les enfants raffolent des vidéoclips.*
Note.- L'expression **bande vidéo promotionnelle** a fait l'objet d'une recommandation officielle pour remplacer cet anglicisme.
Syn. **clip.**

vidéodisque n. m.
Disque qui permet de reproduire le son et l'image.

vide-ordures n. m. inv.
- Conduit où l'on peut jeter des ordures ménagères, dans un immeuble.
- Ouverture de ce conduit.

vide-poches n. m. inv.
Petit réceptacle où l'on dépose de menus articles. *Des vide-poches pratiques.*

vider v. tr., pronom.
- **Transitif**
- Rendre vide. *Vider un pichet.*
- **Vider les lieux.** Partir d'un endroit.
- (Fam.) Épuiser. *Cet effort soutenu l'a vidé.*
- **Pronominal**
Se désemplir. *Les rues se sont vidées très rapidement.*

vie n. f.
- Fait d'être vivant, existence. *Ils sont toujours en vie.*
- Espace qui s'écoule entre la naissance d'une personne et sa mort. *Elle a eu une vie heureuse.*
- Vitalité, animation. *Cette discussion est pleine de vie.*
- **Ne pas donner signe de vie.** Ne pas donner de ses nouvelles.
- **À vie**, locution adverbiale. Pour toute la durée de la vie. *Ce président est nommé à vie.*
- **En vie**, locution adverbiale. Vivant.
- **Jamais de la vie.** En aucune manière, jamais.

vieil
V. **vieux.**

vieillard n. m.
Homme âgé.
Note.- La forme féminine *vieillarde* est rare et péjorative.

vieillerie n. f.
Objet usé, ancien. *Ce ne sont que des vieilleries.*

vieillesse n. f.
- Dernière période de la vie normale.
- État d'une personne âgée.

vieilli, ie adj.
- Qui est âgé.
- Désuet, qui n'est plus usité, en parlant d'un mot, d'une expression, d'une construction. *Le mot vertu au sens de « chasteté » est vieilli.*

vieillir v. tr., intr., pronom.
- **Transitif**
Rendre vieux, faire paraître vieux. *Cette coiffure la vieillit.*
- **Intransitif**
- Devenir vieux. *Il n'a pas vieilli du tout.*
- Devenir démodé, perdre de son actualité. *Ce sujet n'a pas vieilli, il est toujours d'intérêt.*
Note.- Le verbe se conjugue avec l'auxiliaire **avoir** pour marquer l'action, avec l'auxiliaire **être** pour marquer l'état. *Elle a bien vieilli au cours de ces dernières années. Comme il est vieilli aujourd'hui !*
- **Pronominal**
Se faire paraître, se dire plus vieux qu'on ne l'est en réalité.

vieillissement n. m.
Fait de prendre de l'âge.

vieillot, otte adj.
Démodé, suranné. *Des tenues vieillottes.*

vierge adj. et n. f.
- **Adjectif**
- Qui n'a jamais eu de relations sexuelles.
- Qui est intact. *Une feuille vierge, un casier judiciaire vierge.*
- Qui n'a jamais été exploité. *Une terre vierge.*
- **Nom féminin**
- Femme qui a conservé son intégrité physique.
- **La Sainte Vierge, la Vierge.** La Vierge Marie.
Note.- En ce sens, le nom s'écrit avec une majuscule.
- Nom d'une constellation, d'un signe du zodiaque.
Note.- Les noms d'astres s'écrivent avec une majuscule. *Elle est (du signe de la) Vierge, elle est née entre le 23 août et le 22 septembre.*
V. **astre.**

vietnamien, ienne adj. et n. m. et f.
- **Adjectif et nom masculin et féminin.** Du Vietnam.
- **Nom masculin.** Langue parlée par les Vietnamiens.
Note.- Lorsqu'il s'agit de la langue, l'adjectif ou le nom s'écrit avec une minuscule. Si le nom désigne une personne, la majuscule s'impose.

vieux ou **vieil, vieille** adj.
- Qui est avancé en âge. *Ce monsieur est très vieux. Un vieil arbre.*
Note.- Placé avant un nom qui commence par une voyelle ou un *h* muet, l'adjectif masculin s'orthographie *vieil.*
- Ancien. *Une vieille maison. Le vieux Nice.*

vif, vive adj. et n. m.
- **Adjectif**
- Agile, vigoureux, rapide. *Une imagination vive, marcher à pas vifs.*
- Vivant. *Ils ont été brûlés vifs, elles ont été brûlées vives.*
Note.- En ce sens, l'adjectif ne s'emploie que dans certaines locutions figées.
- Éclatant, lumineux. *Des rouges vifs, des couleurs vives.*
- Grand. *Un vif succès, sa vive reconnaissance.*
- *De vive voix.* En personne.
- **Nom masculin**
- Point essentiel. *Entrer dans le vif du sujet.*
- Point sensible. *Elles ont été piquées au vif.*

vigie n. f.
Matelot chargé d'observer du haut d'un mât ou à l'avant d'un bateau.
Note.- Attention au genre féminin de ce nom, même s'il désigne un homme : *une* vigie.

vigilance n. f.
Surveillance. *Les enfants ont trompé sa vigilance.*

vigilant, ante adj.
Attentif, soigneux. *Des réviseurs vigilants.*

vigile n. m. et f.
- **Nom masculin.** Surveillant.
Note.- Attention au genre masculin de ce nom : *un vigile.*
- **Nom féminin.** Veille de certaines fêtes religieuses (Noël, la Pentecôte, Pâques, etc.).

vigne n. f.
- Arbuste dont le fruit est le raisin. *Un pied de vigne.*
- Plantation de vignes.

vigneron n. m.
vigneronne n. f.
Personne qui se consacre à la culture de la vigne et à la production du vin.
Note.- Ne pas confondre avec le mot *vignoble* qui désigne une plantation de vignes.
Syn. **viticulteur.**

vignette n. f.
Timbre certifiant le paiement de certains droits. *Vignette automobile. Coller les vignettes des médicaments sur sa feuille de maladie.*

vignoble n. m.
Plantation de vignes.
Note.- Ne pas confondre avec le mot *vigneron* qui désigne une personne qui cultive la vigne.

vigogne n. f.
Mammifère ruminant voisin du lama dont on utilise la laine fine.

vigoureusement adv.
Avec vigueur. *Il astiquait vigoureusement sa cuisine.*

vigoureux, euse adj.
Fort, énergique. *Des efforts vigoureux.*

vigueur n. f.
Force, énergie.

viking adj. et n. m. et f.
Relatif aux Vikings.
Note.- Contrairement à l'adjectif, le nom prend une majuscule.

vil, vile adj.
- (Litt.) Abject, méprisable.
- *À vil prix.* Au-dessous de sa valeur.

vilain, aine adj.
- Désagréable, mauvais. *Il a fait un vilain temps.*
- Méprisable. *Une vilaine pensée.*
Note.- Cet adjectif se place généralement avant le nom.

vilainement adv.
D'une manière vilaine.
Note.- Attention à l'orthographe : vil**ai**nement.

vilebrequin n. m.
- Le *e* de la deuxième syllabe est muet [vilbrəkɛ̃].
- Outil servant à faire des trous.
Note.- Attention à l'orthographe : vi*l*ebrequin.

vilenie n. f.
- Le *e* de la deuxième syllabe est généralement muet [vilni].
- (Litt.) Infamie.
Note.- Attention à l'orthographe : vi*l*enie.

vilipender v. tr.
(Litt.) Traiter avec mépris, bafouer.
Note.- Ne pas confondre avec les verbes suivants :
- *décrier*, déprécier avec force, faire perdre la réputation, l'autorité ;
- *dénigrer*, chercher à diminuer la valeur d'une personne, d'une chose ;
- *diffamer*, porter atteinte à la réputation ;
- *discréditer*, souiller la réputation en dépréciant ou en diffamant.
Note.- Attention à l'orthographe : vi*l*ipender.

villa n. f.
Maison de campagne avec un jardin. *Des villas au bord de la mer.*

village n. m.
Agglomération rurale.

villageois, oise n. m. et f.
Habitant d'un village.
Note.- Attention à l'orthographe : villag**eois.**

ville n. f.
- Agglomération importante. *Les villes de New York, de Paris.*
Note.- Les noms génériques des toponymes (*ville, village*, etc.) s'écrivent avec une minuscule.
Note.- Le nom qui désigne l'administration urbaine (notion administrative) s'écrit avec une majuscule. *La ville de Paris compte plus de huit millions d'habitants. La Ville de Paris a entrepris des travaux de réfection de la chaussée.*
- Ensemble des habitants d'une agglomération urbaine. *Toute la ville en parle.*

Genre des noms de villes
Le genre des noms de villes est souvent établi en fonction de la terminaison. Les noms de villes qui se

1169

terminent par un *e* sont généralement féminins. Il est à remarquer toutefois que l'usage est flottant. Ainsi, on écrit *la Rome éternelle*, mais *le vieux Nice. Marseille* est tantôt féminin, tantôt masculin. Par contre, *Paris* est toujours du genre masculin et *Alger*, de genre féminin. On observe une tendance marquée à rendre masculins tous les noms de villes.

villégiature n. f.
Séjour à la campagne, à la montagne, à la mer.
Note.- Attention à l'orthographe : vil*l*égiature.

vin n. m.
Boisson obtenue par la fermentation du raisin. *Un bon vin blanc bien frais. Un vin mousseux.*
Notes.-
1° Les noms de vins qui viennent de toponymes s'écrivent avec une **minuscule.** *Du bordeaux, du bourgogne, un champagne, un côtes-du-rhône, un bon muscadet, un sauternes.*
2° Les noms simples prennent la marque du **pluriel.** *Des bourgognes, des champagnes, des muscadets.* Par contre, les noms composés restent invariables. *Des pouilly-fumé, des château-lafite.*
Hom. :
- *vain*, inutile ;
- *vingt*, dix-neuf plus un.

vinaigre n. m.
Condiment provenant d'un vin fermenté.

vinaigrer v. tr.
Assaisonner avec du vinaigre.

vinaigrette n. f.
Assaisonnement fait d'huile et de vinaigre pour la salade, les crudités, etc.

vindicatif, ive adj.
Qui est rancunier, porté à la vengeance.

vindicativement adv.
D'une manière vindicative.

vingt adj. et n. m. inv.
• La lettre *g* est toujours muette. Le *t* ne se prononce pas devant une consonne, il se prononce devant une voyelle ou un *h* muet. *Vin(gt) corbeaux, vin(g)t arbres, vin(g)t hôpitaux.* Dans les adjectifs numéraux composés, le *t* se prononce toujours. *Vin(g)t-quatre.*
• **Adjectif numéral cardinal invariable.** Dix-neuf plus un. *Vingt heures.*
Notes.-
1° L'adjectif numéral prend la marque du pluriel s'il est multiplié par un nombre et s'il n'est pas suivi d'un autre adjectif de nombre. *Quatre-vingts feuilles, quatre-vingt-huit francs.* Attention aux mots **million, milliard** qui ne sont pas des adjectifs numéraux, mais des noms. *Quatre-vingts millions.* Précédé de **cent** ou de **mille,** l'adjectif numéral est toujours invariable. *Cent vingt personnes.*
2° Dans les adjectifs numéraux composés, le trait d'union s'emploie seulement entre les éléments qui sont l'un et l'autre inférieurs à cent, sauf si ces éléments sont joints par la conjonction *et. Cent quatre-vingts. Vingt et un. Vingt-cinq.*

• **Adjectif numéral ordinal invariable.** Vingtième. *Le vingt décembre. En mil neuf cent quatre-vingt.*
Note.- L'adjectif numéral ordinal est invariable.
• **Nom masculin invariable.** Nombre vingt. *Des vingt en lettres géantes.*
Hom. :
- *vain*, inutile ;
- *vin*, boisson.

vingtaine n. f.
Quantité approximative de vingt. *Une vingtaine d'invités seront présents.*
Note.- Après ce collectif suivi d'un nom pluriel, le verbe se met généralement au pluriel.

vingtième adj. et n. m. et f.
• **Adjectif numéral ordinal.** Nombre ordinal de vingt. *La vingtième heure.*
• **Nom masculin.** La vingtième partie d'un tout. *Les trois vingtièmes d'une quantité.*
• **Nom masculin et féminin.** Personne, chose qui occupe la vingtième place. *Elles sont les vingtièmes.*

vingtièmement adv.
En vingtième lieu.

vinicole adj.
Relatif à la production du vin.
Note.- Attention à l'orthographe de cet adjectif qui conserve la même forme au masculin et au féminin : vinico*le.*

vinyle n. m.
Produit chimique servant à la fabrication de matières plastiques et de textiles artificiels.
Note.- Attention à l'orthographe : vi*n*y*le.*

viol n. m.
• Action de posséder une personne contre sa volonté.
• Fait de violer, de profaner un lieu. *Le viol d'une sépulture.*
Hom. *viole,* ancien instrument de musique.

violacé, ée adj.
Qui est légèrement violet. *Des lueurs violacées.*

violation n. f.
• Transgression. *La violation de la loi peut avoir de graves conséquences.*
• Dérogation. *La violation du secret professionnel, des frontières, des eaux territoriales.*

viole n. f.
Ancien instrument de musique.
Hom. *viol,* action de posséder une personne contre sa volonté.

violemment adv.
Avec violence.
Note.- Attention à l'orthographe : viole*mm*ent.

violence n. f.
• Brutalité, contrainte. *Vol avec violence.*
• **Se faire violence.** S'imposer de faire quelque chose.
• Puissance. *La violence du vent était telle que des toits ont été emportés.*

violent, ente adj.
• Brutal, coléreux. *Des gestes violents.*

• Fort, intense. *Des vents violents, une violente tempête.*

violenter v. tr.
Contraindre par la violence, la force.

violer v. tr.
• Transgresser. *Il a violé la loi.*
• Profaner un lieu. *La tombe du pharaon a été violée.*
• Posséder une personne contre sa volonté.

violet, ette adj. et n. m.
• **Adjectif de couleur variable**. D'une couleur intermédiaire   en-
tre le rouge et le bleu. *Des velours violets. Une teinte violette.*
V. Tableau - **COULEUR (ADJECTIFS DE)**.
• **Nom masculin.** Couleur violette. *Des violets épiscopaux.*

violette n. f.
Plante donnant de petites fleurs odorantes.

violeur, euse n. m. et f.
Personne qui a commis un viol.

violon n. m.
• Instrument de musique à cordes que l'on fait vibrer à l'aide d'un archet.
• Violoniste. *Il est premier violon dans un orchestre.*
Note.- Attention à l'orthographe : vio*l*on.

violoncelle n. m.
Instrument de musique à cordes, plus grand et de son plus grave que le violon.
Note.- Attention à l'orthographe : vio*l*once*ll*e.

violoncelliste n. m. et f.
Musicien qui joue du violoncelle.
Note.- Attention à l'orthographe : vio*l*once*ll*iste.

violoniste n. m. et f.
Musicien qui joue du violon.
Note.- Attention à l'orthographe : vio*l*oniste.

V.I.P.
• Sigle de *Very Important Person*.
• (Anglicisme) (Fam.) Personnalité de marque.

vipère n. f.
• Serpent venimeux.
• (Fig.) Personne malveillante. *C'est une langue de vipère.*
Note.- Attention à l'orthographe : vi*p*ère.

virage n. m.
• Endroit où une route décrit une courbe. *Ce chemin de montagne est plein de virages. Un virage en épingle à cheveux.*
• Changement d'orientation d'un véhicule. *Cet automobiliste a pris le virage trop vite, il a dérapé.*
• (Fig.) Changement de direction (d'une pensée, d'un parti, etc.). *Un virage à droite.*

virago n. f.
Femme qui a les allures d'un homme. *Des viragos brutales.*

viral, ale, aux adj.
Qui se rapporte à un virus. *Des maladies virales.*

virée n. f.
(Fam.) Tour, promenade. *Faire une virée en ville.*

virement n. m.
• Transfert de fonds d'un compte à un autre. *Faire des virements bancaires.*
• *Virement automatique.* Opération consistant à déposer directement sur le compte d'une personne une somme, son salaire, des prestations.
Note.- Attention à l'orthographe : vi*r*ement.

virer v. tr., intr.
• **Transitif**
- Faire passer des fonds d'un compte à un autre. *Sur quel compte désirez-vous virer la somme ?*
- (Fam.) Congédier. *Ils ont été virés sans ménagement.*
• **Intransitif**
- Avancer en tournant, en parlant d'un véhicule. *Virez à gauche à la prochaine intersection.*
- Changer de nuance. *Ce vert a légèrement viré.*

virevolte n. f.
• Tour que fait une personne sur elle-même.
• Changement brusque d'opinion.
Note.- Attention à l'orthographe : **virevolte**, en un seul mot.

virevolter v. intr.
Tourner rapidement sur soi. *Les papillons virevoltaient en tous sens.*

virginal, ale, aux adj.
Pur. *Des aspects virginaux. Un blanc virginal.*

virginité n. f.
• Pureté.
• (Litt.) Caractère de ce qui est pur.
• État de celui ou celle qui n'a jamais eu de relations sexuelles.

virgule n. f.

Signe de ponctuation
Signe qui sert à séparer divers éléments d'une phrase. La virgule marque un temps d'arrêt, une pause légère dans la phrase. Elle facilite la compréhension d'un texte en permettant, d'une part, des distinctions sémantiques et en structurant, d'autre part, l'organisation des différents mots ou groupes de mots à l'intérieur d'une proposition ou de plusieurs propositions dans la phrase.
Emplois
• Séparation des termes d'une énumération. *Des pivoines, des lilas et des roses.*
• Séparation des propositions de même nature, des subordonnées qui précèdent les principales, etc. *Ils s'étaient tous réunis, ils chantaient, ils mangeaient. Puisqu'il fait beau, nous partons à la campagne.*
• Apposition, apostrophe. *Madame Laforêt, directrice générale, sera présente.*
Note.- Lorsque la virgule encadre un mot, une expression à valeur explicative, elle est utilisée avec une autre virgule qui sert à fermer la parenthèse.
• Devant certaines conjonctions ou locutions conjonctives. *Cette personne fait un travail remarquable, mais elle devra s'absenter sous peu.*

V. Tableau - **PONCTUATION**.
Signe décimal
Signe qui sépare la partie entière et la partie décimale d'un nombre. *15,5 kilomètres*.
Note.- La virgule décimale s'écrit sans espace ; si le nombre est inférieur à l'unité, la virgule décimale est précédée d'un zéro. *0,75*.
V. Tableau - **NOMBRES**.

viril, ile adj.
Relatif à l'homme, au mâle. *Une voix virile.*

virilement adv.
D'une manière virile.

virilité n. f.
Caractère viril.

virologie n. f.
Spécialité médicale qui traite des virus.

virologiste ou **virologue** n. m. et f.
Spécialiste de la virologie.

virtuel, elle adj.
Qui est en puissance, potentiel. *La forme **ingénieure** est un féminin virtuel du nom **ingénieur**.*

virtuellement adv.
• En puissance.
• Selon toute probabilité. *Cette entreprise est virtuellement celle à qui le marché sera attribué.*

virtuose adj. et n. m. et f.
Artiste extrêmement habile et doué. *C'est un virtuose du piano, une virtuose du violon.*
Note.- Attention à l'orthographe : virtu**o**se, sans accent.

virulence n. f.
Violence. *La virulence d'une critique.*
Note.- Attention à l'orthographe : virul**e**nce.

virulent, ente adj.
• Nocif et violent. *Un poison virulent.*
• Mordant et violent. *Des diatribes virulentes contre le gouvernement.*
Note.- Attention à l'orthographe : virul**e**nt.

virus n. m.
• Le **s** se prononce [virys].
• Organisme microscopique agent de la contagion. *Le virus de la grippe.*

vis n. f.
• Le **s** se prononce [vis].
• Tige filetée qui se fixe sans écrou.
Note.- Ne pas confondre avec les mots suivants :
- **boulon**, dispositif de fixation composé d'une tige et d'un écrou ;
- **écrou**, pièce filetée qui complète un boulon.
Hom. *vice*, défaut.

visa n. m.
Formule accompagnée d'un sceau, d'une signature apposée sur un document pour le rendre valide. *Des visas obligatoires pour entrer dans ces pays.*

visage n. m.
• Partie antérieure de la tête. *De frais visages d'enfants. L'émotion et la joie se lisaient sur son visage.*
Syn. **face, figure**.
• Expression du visage. *Un visage radieux.*
• Aspect d'une chose. *Le vrai visage de la justice.*
Note.- Par rapport aux noms *visage* et *figure*, le nom *face* est plus littéraire et s'emploie en parlant de Dieu ou dans le domaine médical.

visagiste n. m. et f.
Personne spécialisée dans l'art de mettre en valeur la beauté du visage par le maquillage, la coiffure, etc.

vis-à-vis adv., n. m. et loc. prép.
• **Adverbe**
Devant. *Il habite vis-à-vis.*
• **Nom masculin.** Personne qui est en face d'une autre à table. *Je parlais avec mon vis-à-vis.*
• **Locutions prépositives**
- En face de. *L'école est vis-à-vis de la bibliothèque.*
Note.- Le mot *vis-à-vis* se construit avec la préposition *de.*
- (Fam.) À l'égard de. *Cette personne a mal agi vis-à-vis de notre collègue.*
Note.- Dans un style soutenu, on préférera *envers, à l'égard de*.

viscéral, ale, aux adj.
• Relatif aux viscères. *Des troubles viscéraux.*
• (Fig.) Profond. *Une angoisse viscérale.*

viscère n. m. (gén. pl.)
Organe de l'abdomen, du thorax.
Note.- Attention au genre masculin de ce nom : *un* viscère.

viscose n. f.
Cellulose servant à la fabrication de textiles synthétiques.

viscosité n. f.
État de ce qui est visqueux.

visée n. f.
• Action de viser.
• (Fig.) Dessein, but. *Des visées expansionnistes.*

viser v. tr., intr.
• **Transitif**
- Pointer une arme, un objet en direction d'un but, d'une cible. *Il avait visé le panier et il a réussi. Viser un canard sauvage.*
Note.- Le complément du verbe qui désigne la partie visée se construit avec la préposition *à. Elle visa à la nuque.*
- Tenter d'atteindre. *Elle vise la présidence, rien de moins.*
- Concerner. *Cette remarque vise l'ensemble du personnel.*
- Apposer un visa. *Son passeport a été visé.*
• **Transitif indirect**
Avoir en vue un objectif. *Elles visent à la réussite.*
Note.- Cette construction est de style plus soutenu que la construction avec le complément d'objet direct.
• **Intransitif**
Diriger quelque chose vers un point. *Tu as mal visé.*

visibilité n. f.
• Qualité de ce qui est visible à l'œil.
• Transparence de l'atmosphère. *Aujourd'hui la visibilité est excellente, on peut apercevoir les montagnes au loin.*

visible adj. et n. m.
• **Adjectif**
- Qui peut être vu. *Cette étoile est visible à l'œil nu.*
- Manifeste, évident. *C'est avec une satisfaction bien visible qu'il apprit la nouvelle.*
• **Nom masculin**
Ensemble des choses, telles qu'elles se voient. *Le visible et l'invisible.*

visiblement adv.
Manifestement. *Ils étaient visiblement émus.*

visière n. f.
Partie d'une coiffure qui fait saillie pour protéger le front et les yeux.

vision n. f.
• Perception par l'organe de la vue ; vue. *Un champ de vision.*
• Façon de concevoir quelque chose. *Une vision simpliste de la situation.*
• Hallucination. *Elle a des visions maintenant.*

visionnaire adj. et n. m. et f.
• Qui a des visions. *Un poète visionnaire.*
• Qui pressent le futur, l'évolution. *Jules Verne était un visionnaire.*
Note.- Attention à l'orthographe : visio**nn**aire.

visionner v. tr.
• Regarder un film, des diapositives, etc. *Ils visionnent les diapositives de leur dernier voyage.*
• Examiner sur un écran de visualisation.
Note.- Attention à l'orthographe : visio**nn**er.

visionneuse n. f.
Appareil servant à visionner un film, des diapositives, etc.
Note.- Attention à l'orthographe : visio**nn**euse.

visite n. f.
• Action d'aller voir. *La visite de la ville, la visite d'un ami, des visites médicales.*
• *Carte de visite.* Petit carton comportant le nom d'une personne ainsi que certains renseignements utiles. *Des cartes de visite.*
Note.- Le complément demeure au singulier.

visiter v. tr.
• Parcourir un lieu. *Visiter un musée, un pays étranger.*
• Aller voir. *Le chirurgien visite ses patients tous les jours.*

visiteur, euse n. m. et f.
• Touriste. *Nous avons beaucoup de visiteurs américains au cours de l'été.*
• Personne qui fait une visite.

vison n. m.
• Mammifère carnassier dont la fourrure est très appréciée. *Un manteau de vison noir.*
• (Par ext.) Vêtement de vison. *Un magnifique vison.*

visqueux, euse adj.
Poisseux.
Note.- Attention à l'orthographe : vis**qu**eux.

visser v. tr.
• Fixer avec des vis. *Ces tablettes doivent être vissées solidement.*
• Fermer à l'aide d'un couvercle muni d'un pas de vis. *Vissez bien le bouchon de cette bouteille.*
Note.- Attention à l'orthographe : vi**ss**er.

visu (de)
V. **de visu.**

visualisation n. f.
(Inform.) Affichage de données alphanumériques ou graphiques sur un écran.

visualiser v. tr.
• Rendre visible quelque chose qui ne l'est pas. *Ce graphique nous aide à visualiser l'évolution de la situation. nous aide à visualiser le problème.*
• (Inform.) Afficher des données à l'écran.

visuel, elle adj. et n. m.
• **Adjectif.** Relatif à la vue. *La mémoire visuelle.*
• **Nom masculin.** (Inform.) Écran de visualisation.

visuellement adv.
Au moyen de la vue.

vital, ale, aux adj.
• Qui constitue la vie. *Des points vitaux, des signes vitaux.*
• Essentiel. *Ces données sont vitales pour nous.*

vitalité n. f.
Énergie, dynamisme. *Les enfants ont une vitalité débordante.*

vitam æternam (ad)
V. **ad vitam æternam.**

vitamine n. f.
Substance indispensable à l'organisme. *La vitamine A, la vitamine B1, la vitamine C.*
Note.- Attention à l'orthographe : vita**m**ine.

vitaminé, ée adj.
Se dit d'un aliment auquel on a ajouté des vitamines. *Des céréales vitaminées.*
Note.- Attention à l'orthographe : vita**m**iné.

vitaminique adj.
Relatif aux vitamines.
Note.- Attention à l'orthographe : vita**m**inique.

vite adj. et adv.
• **Adjectif**
(Litt.) Rapide. *Les coureurs les plus vites.*
Note.- Comme adjectif, le mot prend la marque du pluriel.
• **Adverbe**
- Rapidement. *Il roule trop vite.*
- Dans peu de temps. *Nous finirons vite.*
- *Au plus vite*, locution adverbiale. Sans tarder.

vitesse n. f.
• Rapidité. *La vitesse du vent.*
• *À toute vitesse*, locution adverbiale. Très rapidement.

● **Vitesse limite.** Vitesse maximale permise sur une voie de circulation. *Des vitesses limites fixées à 100 km/h.*
Note.- Ces mots mis en apposition prennent tous deux la marque du pluriel.

viti- préf.
● Élément du latin signifiant « vigne ».
● Les mots composés avec le préfixe **viti-** s'écrivent en un seul mot. *La viticulture.*

viticole adj.
Relatif à la culture de la vigne et à la production du vin.

viticulteur n. m.
viticultrice n. f.
Personne qui se consacre à la culture de la vigne et à la production du vin.
Syn. **vigneron.**

viticulture n. f.
Culture de la vigne.

vitrage n. m.
Ensemble des vitres d'un immeuble.

vitrail n. m.
Panneau de verre décoratif. *De magnifiques vitraux.*

vitre n. f.
Panneau de verre qui garnit une ouverture. *Baisser la glace de la portière.*

vitrer v. tr.
Garnir de vitres.

vitrerie n. f.
Commerce du vitrier.

vitreux, euse adj.
Qui a l'aspect du verre. *Un regard vitreux.*

vitrier n. m.
Personne dont le métier est de travailler le verre, de poser les vitres.

vitrine n. f.
● Partie d'un magasin, d'une boutique où les marchandises sont exposées derrière une vitre. *De magnifiques vitrines remplies de tentations.*
● **Lèche-vitrines.** Action de flâner en regardant les vitrines. *Elle aime faire du lèche-vitrines.*

vitriol n. m.
Acide sulfurique.

vitro (in)
V. **in vitro.**

vitupérer v. tr.
● Le **é** se change en **è** devant une syllabe muette, sauf à l'indicatif futur et au conditionnel présent. *Je vitupère,* mais *je vitupérerai.*
● Blâmer sévèrement. *Il vitupère contre ses frères sans raison.*
Note.- Ce verbe est transitif direct et indirect. Dans la langue soutenue, le verbe se construit avec un complément d'objet direct, sans la préposition **contre.**

vivace adj.
● Qui vit plusieurs années, en parlant des plantes (par opposition à **annuel**). *Des fleurs vivaces.*
● Durable. *Une rancœur vivace.*

Note.- Attention à l'orthographe : viva**c**e.

vivacité n. f.
● Entrain, promptitude à agir.
● Ardeur.

vivant, ante adj.
Qui vit. *Les êtres vivants.*
Note.- Ne pas confondre avec le participe présent invariable **vivant.** *Des animaux vivant dans la jungle.*

vivat interj. et n. m.
● Le **t** ne se prononce pas [viva].
● **Interjection.** (Vx) Bravo !
● **Nom masculin.** Exclamation dont on se sert pour acclamer une personne. *Des vivats fervents.*
Note.- Attention à l'orthographe : viva**t**.

vive interj.
Formule d'acclamation. *Vive les vacances!*
Note.- Suivie d'un nom pluriel, l'interjection peut s'orthographier **vivent.** Cependant, le mot demeure plutôt invariable.

vivement adv.
Avec vivacité, vigueur.

viveur n. m.
(Vx) Débauché.

vivier n. m.
Étang aménagé pour y conserver des poissons vivants.

vivifiant, ante adj.
Sain, qui donne de la vitalité. *Cet air pur est vivifiant.*

vivifier v. tr.
● Redoublement du **i** à la première et à la deuxième personne du pluriel de l'indicatif imparfait et du subjonctif présent. *(Que) nous vivifiions, (que) vous vivifiiez.*
● Donner de la vigueur, tonifier.

vivipare adj. et n. m.
Se dit d'un animal dont les petits se développent à l'intérieur de l'organisme maternel. *Les ovipares, les vivipares.*
Note.- Attention à l'orthographe : vivipa**r**e.

viviparité n. f.
Mode de reproduction des vivipares.

vivo (in)
V. **in vivo.**

vivoter v. intr.
Végéter. *Ils vivotent tant bien que mal.*
Note.- Attention à l'orthographe : vivo**t**er.

vivre n. m.
● **Le vivre et le couvert.** La nourriture et le logement.
● (Au plur.) Aliments, provisions.
● **Couper les vivres à quelqu'un.** Refuser une aide pécuniaire.

vivre v. tr., intr.
● *Je vis, tu vis, il vit, nous vivons, vous vivez, ils vivent. Je vivais. Je vécus. Je vivrai. Je vivrais. Vis, vivons, vivez. Que je vive. Que je vécusse. Vivant, Vécu, ue.*

• **Transitif**
- Profiter de l'existence. *Vivre sa vie comme on l'entend.*
- Ressentir. *Les inquiétudes qu'il a vécues.*
Note.- En ce sens, le participe passé s'accorde puisqu'il s'agit d'un complément d'objet direct.
• **Intransitif**
- Être en vie. *Ses grands-parents vivent toujours.*
Note.- Le participe passé reste invariable si le verbe a un complément circonstanciel. *Les dix années qu'il a vécu auprès d'elle* (pendant lesquelles).
- Durer. *Et rose elle a vécu ce que vivent les roses, l'espace d'un matin.* (Malherbe).

vizir n. m.
• (Ancienn.) Membre du conseil de certains pays islamiques.
• **Grand vizir.** Premier ministre.

vocable n. m.
Mot servant à désigner un objet, une notion.
Note.- Attention à l'orthographe : vo**c**able.

vocabulaire n. m.
• Ensemble des mots d'une langue.
• Ensemble des termes d'un domaine. *Le vocabulaire de la gestion, de la mécanique des fluides.*
• Ouvrage qui comprend les mots d'une spécialité avec leurs définitions.
Note.- Ne pas confondre avec les mots suivants :
- **dictionnaire**, recueil des mots d'une langue et des informations s'y rapportant, présentés selon un certain ordre (alphabétique, thématique, systématique, etc.) ;
- **glossaire**, petit répertoire érudit d'un auteur, d'un domaine ;
- **lexique**, ouvrage qui ne comporte pas de définitions et qui donne souvent l'équivalent dans une autre langue.

vocal, ale, aux adj.
Relatif à la voix. *Les cordes vocales.*
Ant. **instrumental.**

vocalique adj.
Qui se rapporte aux voyelles. *Des alternances vocaliques.*

vocalise n. f.
Exercice vocal, en chant.

vocaliser v. intr.
Faire des vocalises.

vocation n. f.
Inclination, aptitude particulière pour un domaine d'activité. *La vocation touristique de cette région.*

vocifération n. f.
Hurlement.

vociférer v. tr., intr.
• Le **é** se change en **è** devant une syllabe muette, sauf à l'indicatif futur et au conditionnel présent. *Je vocifère,* mais *je vociférerai.*
• Parler en hurlant. *Il est toujours à vociférer. Ils vocifèrent des insultes.*

vodka n. f.
Eau-de-vie d'origine russe. *Des vodkas frappées.*

vœu n. m.
Souhait. *Nos vœux les meilleurs. Vous comblez mon vœu le plus cher.*
Note.- On offre, on adresse des vœux de bonheur. On fait, on émet le vœu que tout aille bien. On forme des vœux pour la réussite d'une entreprise. Un prêtre prononce ses vœux.

vogue n. f.
• Mode. *La vogue des jupes courtes.*
• **En vogue.** À la mode. *Les romans en vogue cet été.*

voguer v. intr.
(Litt.) Naviguer.

voici prép.
• La préposition indique une personne, une chose proche. *Voici notre maison et plus loin, voilà celle de nos amis.*
Note.- Dans la langue courante, cette distinction n'est pas toujours respectée, la préposition **voilà** étant beaucoup plus utilisée que la préposition **voici**.
• La préposition désigne une chose dont il sera question par opposition à **voilà** qui renvoie à une chose dont on a parlé. *Voici ce qui arrivera.*
• La préposition sert à désigner une chose qui commence à se produire (avec une valeur temporelle). *Voici l'orage qui commence. Voici venir les beaux jours.*
V. **voilà.**

voie n. f.
• Chemin. *La voie publique, la voie maritime, une voie ferrée, des voies de circulation.*
• Mode de transport. *Par la voie des airs.*
• (Fig.) Direction. *La voie du succès.*
• Intermédiaire. *Suivre la voie hiérarchique.*
• **Voie lactée.** Le mot **voie** désigne par métaphore cette galaxie et s'écrit avec une majuscule ; le déterminant qui suit s'écrit avec une minuscule. V. **astre.**
Hom. **voix**, ensemble de sons produits par les cordes vocales.

Voie de circulation.
Les noms de voies de circulation sont des **odonymes.**
• Les mots génériques des odonymes (**avenue, boulevard, côte, place, route, rue**) s'écrivent en minuscules et sont suivis du nom spécifique qui s'écrit avec une ou des majuscules. *L'avenue des Champs-Élysées.*
Note.- Cependant, les noms d'odonymes caractérisés par un adjectif numéral ordinal s'écrivent avec une majuscule. *La 5ᵉ Avenue.*
• Les abréviations des odonymes usuels sont **av.** (avenue), **bd** (boulevard), **pl.** (place).

---

voilà prép.
• La préposition indique une personne, une chose relativement éloignée (par opposition à **voici**). *Voilà que nous apercevons le petit village où nous nous rendons.*
Note.- La distinction entre les prépositions **voilà** et **voici** n'est pas toujours respectée, **voilà** tendant à supplanter **voici** dans la langue courante.
• La préposition renvoie à une chose dont il a été

question (par opposition à *voici*) qui désigne une chose dont il sera question. *Eh bien voilà ce que je voulais vous confier.*
• Il y a. *Voilà dix ans que je ne l'ai vu.*
• *En veux-tu, en voilà*, locution. En abondance. *Des framboises, en veux-tu, en voilà.*
• *En voilà assez.* Je ne peux en tolérer davantage.
Note.- Attention à l'orthographe : voil*à*.
V. **voici.**

voilage n. m.
Rideau léger.

voile n. m. et f.
• **Nom masculin**
- Étoffe destinée à couvrir le visage ou la tête des femmes dans certaines circonstances. *Un voile de mariée.*
- (Fig.) Ce qui empêche de voir. *Il faudrait lever le voile qui nous dissimule la vérité.*
• **Nom féminin**
- Pièce de toile fixée au mât d'un bateau pour recevoir le vent.
- *Faire voile.* Naviguer. *Ils font voile vers la Corse.*
Note.- Dans cette expression, le nom reste invariable.
- *Mettre les voiles.* (Fam.) Partir précipitamment.

voilé, ée adj.
• Qui porte un voile. *Une femme voilée.*
• (Fig.) Dissimulé. *Le sens voilé d'un message.*

voiler v. tr., pronom.
• **Transitif**
- Couvrir d'un voile.
- (Litt.) Cacher sous des apparences. *Voiler les faits.*
Note.- Ne pas confondre avec les verbes suivants :
- *cacher*, dissimuler ;
- *celer*, tenir quelque chose secret ;
- *déguiser*, dissimuler sous une apparence trompeuse ;
- *masquer*, dissimuler derrière un masque ;
- *taire*, ne pas révéler ce que l'on n'est pas obligé de faire connaître.
• **Pronominal**
Se couvrir d'un voile. *Elles se sont voilées.*

voilette n. f.
Petit voile fixé à la coiffure et qui cache partiellement le visage.

voilier n. m.
Bateau muni de voiles. *Un magnifique voilier à trois mâts.*
V. **bateau.**

voilure n. f.
Ensemble des voiles d'un navire.

voir v. tr., intr., pronom.

• *Je vois, tu vois, il voit, nous voyons, vous voyez, ils voient. Je voyais, tu voyais, il voyait, nous voyions, vous voyiez, ils voyaient. Je vis. Je verrai. Je verrais. Vois, voyons, voyez. Que je voie, que tu voies, qu'il voie, que nous voyions, que vous voyiez, qu'ils voient. Que je visse. Voyant. Vu, vue.*
• Le **y** est suivi d'un *i* à la première et à la deuxième

personne du pluriel de l'indicatif imparfait et du subjonctif présent. *(Que) nous voyions.*
• **Transitif**
- Percevoir par la vision. *De son bureau, on voit la cime des arbres.*
Note.- Le participe passé suivi d'un infinitif s'accorde en genre et en nombre avec le complément d'objet direct qui précède le verbe et qui fait l'action exprimée par l'infinitif. *Les enfants qu'elle a vus grandir*, mais *les arbres que j'ai vu couper.*
- Être témoin d'un événement. *Ils ont vu comment l'accident est arrivé.*
- Visiter, parcourir. *Nous avons vu tous les châteaux de la Loire.*
- Rendre visite à. *Venez donc prendre le thé, il y a si longtemps qu'on ne vous a vus.*
- (Fig.) S'apercevoir. *Je vois que vous ne saisissez pas le sens de ma question.*
- Concerner. *Ce commentaire n'a rien à voir avec la question qui nous intéresse.*
- (Fig.) Supporter. *Elle ne peut plus la voir, elle est si désagréable.*
Note.- En ce sens, le verbe ne s'emploie que dans une tournure négative.
- *Laisser voir.* Révéler. *Il a laissé voir son véritable caractère.*
- *Pour voir.* Afin d'essayer.
- *Voir.* Le verbe sert à renvoyer à un autre mot, dans un dictionnaire, un texte. Abréviation **v.** ou **V.**
- *Voir le jour.* (Litt.) Venir au monde.
• **Transitif indirect**
Voir à. Veiller à. *Nous verrons à la qualité des travaux.*
• **Intransitif**
- Percevoir par la vue. *Elle ne voit plus très bien.*
- *Voir loin.* Prévoir.
- *Voir venir.* Attendre avant de prendre une décision.
- *Voyons.* Formule d'encouragement, d'exhortation. *Voyons, soyez raisonnable !*
• **Pronominal**
- Apercevoir sa propre image. *Elles se sont vues dans le miroir.*
- Se regarder, se rencontrer. *Ils se sont vus, mais n'ont pas échangé une parole. Elles se voient une fois par mois.*
- Être aperçu. *Cette étoile ne se voit qu'en été.*

voire adv.
Et même. *Cette précaution est inutile, voire dangereuse.*
Note.- L'expression **voire même** est critiquée.

voirie n. f.
Ensemble des voies de communication publiques.
Note.- Attention à l'orthographe : voiri*e*.

voisin, ine adj. et n. m. et f.
• **Adjectif**
- Qui est proche, contigu. *Des immeubles voisins.*
- Qui présente des analogies. *La vigogne est un animal voisin du lama. Le sens voisin d'un mot.*
• **Nom masculin et féminin**
Personne qui habite à proximité. *Nous avons de bons voisins.*

voisinage n. m.
Proximité. *Le voisinage de la mer. Elle habite dans le voisinage.*

voiture n. f.
• Véhicule qui sert au transport des personnes, des choses. *Une voiture de tourisme.*
Notes.-
1º Ce mot est de plus en plus utilisé pour remplacer le mot **automobile**.
2º Les noms propres et les marques des voitures de fabrication industrielle s'écrivent avec une majuscule et sont invariables. *Une Renault, des Peugeot.*
3º L'accord du participe passé et de l'adjectif se fait généralement avec la désignation générique sous-entendue. *Une luxueuse (voiture) Cadillac.*
• Véhicule roulant sur des rails servant au transport des voyageurs. *En voiture! Le train part dans une minute.*
Note.- Théoriquement, la **voiture** sert au transport des personnes par rail, alors que le **wagon** sert au transport des marchandises. Dans les faits, le mot **wagon** est employé pour les personnes et les choses.

voix n. f.
• Ensemble de sons produits par les cordes vocales.
• Appel, inspiration. *Entendre la voix de la raison, une voix intérieure.*
• Expression d'une opinion, d'un suffrage.
• **Avoir voix au chapitre.** Avoir droit de parole, participer à une décision.
• (Gramm.) **Voix active, voix passive.** Forme prise par le verbe suivant que l'action est faite ou subie par le sujet.
V. Tableau - **VERBE.**
Note.- Attention à l'orthographe : voi**x**.
Hom. **voie,** chemin.

vol n. m.
• Déplacement aérien au moyen d'ailes. *Le vol des oiseaux.*
• Trajet en avion. *Nous prendrons le vol de 15 heures.*
• **À vol d'oiseau,** locution adverbiale. En ligne droite.
• Action de voler. *C'est un vol à main armée.*

vol.
Abréviation de **volume(s)**.

volage adj.
Frivole.

volaille n. f.
Oiseau de basse-cour.

volant, ante adj. et n. m.
• **Adjectif**
Qui peut voler. *Des poissons volants.*
• **Nom masculin**
- Partie mobile d'un carnet, d'un chéquier, etc. (par opposition à **talon)**.
- Dispositif qui assure la direction d'un véhicule. *Le volant de la voiture.*

volatil, ile adj.
Qui se transforme facilement en vapeur. *Une substance volatile.*

Note.- Attention à l'orthographe : volati**l**.
Hom. **volatile,** oiseau domestique.

volatile n. m.
Oiseau domestique. *La basse-cour regorgeait de volatiles.*
Notes.-
1º Attention à l'orthographe : volati**le**.
2º Ne pas confondre avec l'adjectif **volatil** qui se dit de ce qui se transforme facilement en vapeur.

volatiliser v. tr., pronom.
• **Transitif**
- Réduire un corps en vapeur d'eau.
- Voler, faire disparaître. *Volatiliser une montre.*
• **Pronominal**
Disparaître. *Les sommes se sont volatisées.*

volatilité n. f.
Caractère d'un corps volatil.

vol-au-vent n. m. inv.
Entrée de pâte feuilletée garnie d'une viande, d'un poisson en sauce. *Des vol-au-vent au poulet.*

volcan n. m.
Cratère situé sur une montagne d'où s'échappent de la cendre, de la lave en fusion, etc.

volcanique adj.
Qui concerne les volcans. *Des boues volcaniques. Une éruption volcanique.*
Note.- Attention à l'orthographe : volca**n**ique.

volcanologie n. f.
Étude des volcans.
Note.- La forme **vulcanologie** est vieillie.

volcanologique adj.
Relatif à la volcanologie.

volcanologue n. m. et f.
Spécialiste de la volcanologie.

volée n. f.
• Groupe d'oiseaux qui volent ensemble.
• Suite de coups.
• **À toute volée.** *Il le frappa à toute volée.*
Note.- Dans cette expression, le nom est au singulier.
• **À la volée.** Très rapidement.

voler v. tr., intr.
• **Transitif.** Dérober. *On leur a volé leur voiture.*
• **Intransitif.** Se déplacer dans l'air. *Ils volent à haute altitude.*

volet n. m.
• Panneau de bois, de métal. *Les volets rouges d'une fenêtre.*
• **Trié sur le volet.** Sélectionné de façon très rigoureuse.
Note.- Attention à l'orthographe : vol**et**.

voleter v. intr.
• Redoublement du **t** devant un **e** muet. *Je volette, je voletterai, mais je voletais.*
• Voler en changeant souvent de direction. *Les oiseaux voletaient au rythme du vent.*

voleur, euse adj. et n. m. et f.
Personne qui a volé. *Ce sont des voleurs expérimentés.*

volière n. f.
Cage où l'on enferme les oiseaux. *Une belle volière remplie d'oiseaux tropicaux.*
Note.- Attention à l'orthographe : vol*i*ère.

volley-ball ou **volley** n. m.
• Attention à la prononciation [vɔlɛbɔl], [vɔlɛ].
• Sport opposant deux équipes qui doivent se renvoyer un ballon par-dessus un filet. *Il excelle au volley-ball. Des volley-balls.*
Note.- Attention à l'orthographe : voll*ey*-ball.

volontaire adj. et n. m. et f.
• **Adjectif**
- Qui se fait librement, par la volonté. *Un geste volontaire.*
- Déterminé. *C'est une personne très volontaire.*
• **Nom masculin et féminin**
Personne qui propose librement ses services, notamment dans l'armée.

volontairement adv.
Intentionnellement. *Il l'a volontairement frappé.*

volonté n. f.
• Intention ferme de faire ou de ne pas faire quelque chose. *Ils ont agi contre sa volonté.*
• Détermination. *Ils ont beaucoup de volonté. Elle a une volonté de fer.*
• **À volonté.** Autant qu'on en désire.
• (Au plur.) Caprices. *Il faisait toutes ses volontés, ses quatre volontés.*

volontiers adv.
• De bon gré. *Je prendrais volontiers un jus bien frais.*
• Facilement. *Elle le croit volontiers.*
Note.- Attention à l'orthographe : volonti*ers*.

volt n. m.
• Symbole *V* (s'écrit sans point).
• Unité de mesure de force électromotrice. *Le courant est de 220 volts. La tension électrique est de 110 V* ou (elliptiquement), *de 110.*

voltage n. m.
(Fam.) Tension électrique. *Le voltage d'un appareil d'éclairage.*
Note.- On préférera le mot *tension* en ce sens. *Ce fer à repasser est à bivoltage* (110 V et 220 V), ou mieux, à *bitension.*

volte-face n. f. inv.
Revirement. *Des volte-face déconcertantes.*
Note.- Attention à l'orthographe : volte-face.

voltige n. f.
• Exercices d'acrobatie. *Un exercice de voltige périlleux.*
• (Fig.) Entreprise difficile. *C'est de la haute voltige que de convaincre le conseil.*

voltiger v. intr.
• Le *g* est suivi d'un *e* devant les lettres *a* et *o*. *Il voltigea, nous voltigeons.*

• Voler en battant des ailes. *Une hirondelle voltigeait autour de la maison.*
• Flotter au gré du vent. *Les cerfs-volants voltigent doucement.*

voltmètre n. m.
Appareil qui sert à mesurer des différences de potentiel électrique en volts.

volubile adj.
Qui parle beaucoup. *Il n'est pas très volubile.*
Note.- Attention à l'orthographe de cet adjectif qui conserve la même forme au masculin et au féminin : volubil*e*.

volubilis n. m.
• Le *s* se prononce [vɔlybilis].
• Plante ornementale grimpante à fleurs colorées.
Note.- Attention au genre masculin de ce nom : *un* volubilis.

volubilité n. f.
Aisance, abondance de la parole. *Ils racontèrent leur expédition avec une volubilité étourdissante.*

volume n. m.
• Abréviation *vol.* (s'écrit avec un point).
• Livre relié. *Une magnifique bibliothèque remplie de volumes anciens.*
• Partie d'un ouvrage. *Un dictionnaire en trois volumes.*
Syn. **tome.**
• Étendue d'un corps à trois dimensions.
Note.- L'évaluation du volume (en mètres cubes) est le *cubage*, alors que la *superficie* est l'étendue d'un corps à deux dimensions.
• Intensité des sons. *Pourriez-vous baisser le volume du téléviseur, on ne s'entend plus.*
Note.- Attention à l'orthographe : vol*u*me.

volumétrique adj.
Qui se rapporte à la détermination des volumes.

volumineux, euse adj.
Qui a un grand volume. *Des colis volumineux.*

volupté n. f.
• Plaisir des sens.
• Satisfaction intellectuelle, esthétique.

voluptueusement adv.
Avec volupté. *Le chat s'étire longuement et voluptueusement.*

voluptueux, euse adj.
• Qui exprime, qui inspire la volupté. *Une danse voluptueuse.*
• Qui procure du plaisir. *Des rêveries voluptueuses.*

volute n. f.
• Spirale. *Les volutes d'un chapiteau ionique.*
• (Fig.) Ce qui est en forme de spirale. *Des volutes de fumée.*
Note.- Attention au genre féminin de ce nom : *une* volute.

vomir v. tr.
• Rejeter par la bouche ce qui était dans l'estomac.

• (Fig.) Projeter. *Le volcan vomissait des matières en fusion.*
• (Fig.) Proférer. *Vomir des insultes.*

vomissement n. m.
Action de vomir.
Note.- Attention à l'orthographe : vomi**ss**ement.

vomitif, ive adj. et n. m.
• **Adjectif.** Qui fait vomir.
• **Nom masculin.** Substance qui provoque le vomissement.

vorace adj.
Qui mange avec avidité. *Un appétit vorace.*
Note.- Attention à l'orthographe de cet adjectif qui conserve la même forme au masculin et au féminin : vora**ce**.

voracement adv.
Avec voracité.

voracité n. f.
Avidité.

vos
V. **votre.**

vosgien, ienne adj. et n. m. et f.
Des Vosges.
Note.- Contrairement à l'adjectif, le nom s'écrit avec une majuscule.

vote n. m.
Acte par lequel une personne donne son opinion.

voter v. tr., intr.
• **Transitif.** Adopter par un vote majoritaire (une loi, une mesure, etc.). *Le Parlement a voté la loi sur les nouvelles mesures budgétaires.*
• **Intransitif.** Exprimer son opinion par un vote. *Le devoir du citoyen est d'aller voter.*

votre, vos adj. poss.

• Adjectif possessif de la deuxième personne du pluriel et des deux genres.
• Qui est à vous, qui vous appartient, qui est relatif à vous. *Votre jardin, vos amis.*
Note.- L'adjectif s'accorde en nombre avec le nom déterminé, il s'accorde en personne avec le nom désignant le « possesseur » et représente au moins deux possesseurs, dont celui à qui l'on parle.
V. Tableau - **POSSESSIF (ADJECTIF).**

vôtre adj., pron. poss. et n. m.

• Pronom possessif de la deuxième personne du pluriel et des deux genres.
• Qui est à vous. *Cette patrie est la vôtre. Ces collègues sont les vôtres.*
Note.- Le pronom s'emploie avec l'article défini ; il s'emploie également en fonction d'attribut, sans article, comme un adjectif. *Ces inquiétudes sont vôtres.*
• **Vôtre,** nom masculin.
Mettez-y du vôtre. Faites un effort.

• **Vôtres** n. m. pl.
Vos parents, vos proches, vos amis. *Il n'est pas des vôtres.*
Note.- Attention à l'orthographe : vôtre.
V. Tableau - **PRONOM.**

vouer v. tr., pronom.
• **Transitif**
- Mettre sous la protection de Dieu, d'un saint.
- Consacrer. *Vouer sa vie à la recherche.*
- Destiner. *Ce projet est voué à l'échec.*
• **Pronominal**
Il ne sait à quel saint se vouer. Il ne sait à qui recourir.

vouloir v. tr.
• *Je veux, tu veux, il veut, nous voulons, vous voulez, ils veulent. Je voulais. Je voulus, Je voudrai. Je voudrais. Veux, voulons, voulez ou veuille, veuillons, veuillez. Que je veuille, que tu veuilles, qu'il veuille, que nous voulions, que vous vouliez, qu'ils veuillent. Que je voulusse. Voulant. Voulu, ue.*
Note.- Le verbe comporte deux formes à l'impératif et au subjonctif présent. La forme **veuille, veuillez** exprime une prière, un ordre atténué signifiant « je vous prie de vouloir ». *Veuillez me suivre s'il vous plaît. Veuillez agréer, Madame, l'expression de mes salutations respectueuses.*
• Manifester sa volonté, exiger. *Il veut partir. Elle sait ce qu'elle veut. Nous voulons que vous restiez.*
Note.- Le verbe se construit généralement avec le mode subjonctif.
• Souhaiter. *Ils voudraient gagner le gros lot.*
• *Que veux-tu, que voulez-vous ?* Ces locutions introduisent une excuse.
• Consentir. *Prenez-vous Tristan comme époux ? Oui, je le veux.*
• Demander. *Combien voulez-vous pour ce voilier ?*
• **Locutions**
- *Vouloir bien, bien vouloir.* Dans l'usage administratif, ces locutions verbales ne sont pas tout à fait synonymes. Un supérieur écrira à un subordonné *Vous voudrez bien répondre à la demande de ce client sans délai.* Par contre, si l'on s'adresse à un supérieur, on emploie la tournure plus déférente *bien vouloir. Monsieur le Président, je vous prie de bien vouloir accepter ma démission.*
Note.- Dans l'usage courant, ces formules s'emploient indifféremment. *Je vous prie de bien vouloir* (ou de *vouloir bien*) *me pardonner.*
- *En vouloir à quelqu'un.* Avoir de la rancune contre quelqu'un. *Il lui en veut terriblement.*

vouloir n. m.
Volonté. *Selon son bon vouloir.*

vous pron.

Pronom personnel de la deuxième personne du pluriel.
EMPLOIS
• **Sujet.** *Vous acceptez de participer.*
• **En apposition.** *Vous, vous êtes persuadés d'avoir raison, mais nous croyons que vous êtes dans l'erreur.*

● Complément. *Parfumez-vous. Cette maison est à vous. Nous irons chez vous.*
Note.- Le pronom sert à s'adresser à plusieurs personnes ou à une personne que l'on vouvoie. On accordera le participe passé ou l'adjectif au singulier s'il s'agit d'une seule personne. *Vous étiez habillée de blanc.*
● Collectif + *vous*. Le verbe se met généralement à la troisième personne du pluriel. *La plupart d'entre vous seront présents (ou présentes si le genre des personnes désignées est féminin).*
● *Chez-vous*, nom masculin. *Nous irons voir votre nouveau chez-vous très bientôt.*

voussoiement
V. **vouvoiement.**

voussoyer
V. **vouvoyer.**

voûte n. f.
● Ouvrage de maçonnerie fait en arc.
● *Clef de voûte.* Pierre centrale qui maintient toutes les autres.
● *Clef de voûte.* (Fig.) Élément essentiel d'un système.
● (Litt.) Ce qui recouvre, ce qui est en forme de berceau. *La voûte des arbres, la voûte étoilée.*
Note.- Attention à l'orthographe : voûte.

voûté, ée adj.
Courbé. *Un dos voûté.*

voûter v. tr., pronom.
● **Transitif.** Recouvrir d'une voûte.
● **Pronominal.** Devenir courbé. *Avec l'âge, il s'est voûté.*

vouvoiement ou **voussoiement** n. m.
Action de vouvoyer. *Le vouvoiement est parfois très agréable.*
Notes.-
1° Attention à l'orthographe : vouvoiement.
2° La forme *voussoiement* est vieillie.

vouvoyer ou **voussoyer** v. tr., pronom.
● Le *y* se change en *i* devant un *e* muet. *Il vouvoie, il vouvoyait.*
● Le *y* est suivi d'un *i* à la première et à la deuxième personne du pluriel de l'indicatif imparfait et du subjonctif présent. *(Que) nous vouvoyions.*
● S'adresser à une personne en employant le pronom *vous. La possibilité de vouvoyer ou de tutoyer la personne à qui l'on s'adresse est une particularité de la langue française, entre autres.*
Note.- La forme *voussoyer* est vieillie.

vouvray n. m.
Vin blanc.
Note.- Le nom du vin s'écrit avec une minuscule, tandis que le nom de la région s'écrit avec une majuscule.

voyage n. m.
● Déplacement. *Un voyage d'affaires, un voyage en Italie, en avion.*
● *Agent de voyages.* Personne qui exploite une agence de voyages.

● Aller et retour d'un lieu à un autre. *Pour déménager, ils ont fait plusieurs voyages avec leur camionnette.*

voyager v. intr.
● Le *g* est suivi d'un *e* devant les lettres *a* et *o. Il voyagea, nous voyageons.*
● Faire des voyages. *Ils adorent voyager pour découvrir de nouvelles régions ensemble.*

voyageur, euse adj. et n. m. et f.
● **Adjectif**
Pigeon voyageur. Pigeon dressé pour revenir au lieu d'où il est parti. *Des pigeons voyageurs.*
● **Nom masculin et féminin**
- Personne qui voyage. *Des voyageurs infatigables.*
- Passager d'un véhicule public. *Nous informons les voyageurs qu'il y a un retard de 20 minutes.*

voyagiste n. m. et f.
Personne qui commercialise des voyages à forfait directement ou par l'entremise d'agences de voyages.
Note.- Ce terme a fait l'objet d'une recommandation officielle pour remplacer l'anglicisme *tour-opérateur.*

voyance n. f.
Faculté de voir les événements passés ou futurs.

voyant, ante adj. et n. m. et f.
● **Adjectif**
- Qui voit.
- Qui se voit de loin. *Des couleurs voyantes.*
● **Nom masculin et féminin**
- Personne qui prétend lire le passé, l'avenir. *Une voyante extralucide.*
- Personne qui a la vue. *Les voyants et les non-voyants.*
● **Nom masculin.** Témoin lumineux. *Le voyant du niveau d'huile. Des voyants utiles.*

voyelle n. f.
● Son vocal.
● Lettre qui représente ce son. *Les voyelles a, e, i, o, u, y.*
Note.- Attention à l'orthographe : voyelle.

voyeur, euse n. m. et f.
Personne qui assiste à des scènes érotiques, sans être vue.

voyou adj. et n. m.
● **Adjectif.** Espiègle, digne d'un voyou. *Un sourire voyou.*
● **Nom masculin.** Chenapan, vaurien. *De petits voyous.*
Note.- Ce mot ne comporte pas de forme féminine.

vrac n. m.
● Marchandise sans emballage.
● *En vrac.* Sans emballage. *Des produits en vrac.*
● (Fig.) En désordre. *Des vêtements en vrac.*

vrai, vraie adj., adv. et n. m.
● **Adjectif**
- Véritable, conforme à la vérité. *Une histoire vraie.*
- *À vrai dire, à dire vrai*, locution adverbiale. Pour être sincère.
Note.- Ces deux locutions sont synonymes.
- Réel. *Une vraie perle.*
● **Adverbe**
Conformément à la vérité. *Ils disent vrai.*
Note.- Pris adverbialement, le mot est invariable.

● **Nom masculin**
La vérité. *Départager le vrai du faux.*

vraiment adv.
Véritablement. *Elles sont vraiment gentilles, ces biblio-thécaires.*
Note.- Attention à l'orthographe : vr**ai**ment.

vraisemblable adj. et n. m.
● **Adjectif**
- Qui semble vrai, probable. *Des hypothèses vraisem-blables.*
- *Il est vraisemblable que* + **indicatif**. À la forme affir-mative, l'expression se construit avec l'indicatif ou le conditionnel pour exprimer une hypothèse. *Il est vrai-semblable qu'il sera élu si la participation est élevée.*
- *Il n'est pas vraisemblable que* + **subjonctif**. À la forme négative ou interrogative l'expression se construit avec le subjonctif. *Il n'est pas vraisemblable qu'il soit parti sans nous prévenir.*
● **Nom masculin**
Le vraisemblable et l'invraisemblable.

vraisemblablement adv.
Sans doute.

vraisemblance n. f.
Apparence de vérité.
Note.- Attention à l'orthographe : vrais**e**mbl**a**nce.

vraquier n. m.
Navire servant au transport des produits en vrac.
Note.- Attention à l'orthographe : vra**qu**ier.

vrille n. f.
● Organe de certaines plantes telle la vigne qui s'en-roule en hélice autour des tuteurs, des branches.
● Petite mèche servant à faire des trous.
● *Descente en vrille.* Chute d'un avion qui fonce vers le sol en tournant sur lui-même.

vriller v. tr., intr.
● **Transitif.** Trouer avec une vrille. *Vriller un madrier.*
● **Intransitif.** Se déplacer en formant une vrille, une hélice. *Un avion qui vrille.*

vrombir v. intr.
Produire un vrombissement. *L'avion vrombissait* (et non * vombrissait) *déjà.*
Note.- Attention à l'orthographe : vro**m**bir.

vrombissement n. m.
Vibration produite par un mouvement de rotation rapide.

vu n. m. et prép.
● **Nom masculin**
Au vu et au su de tous. À la connaissance de tout le monde, au grand jour.
Note.- Le nom ne s'emploie que dans l'expression citée.
Ant. **insu de (à l').**
● **Préposition**
Étant donné, eu égard à. Employé en tête de phrase, devant le nom, sans auxiliaire, le mot *vu* est invariable. *Vu leurs bonnes intentions, nous acceptons.*
● *Vu que*, locution conjonctive. Étant donné que, attendu que. La locution se construit avec l'indicatif

ou le conditionnel. *Vu que nous avons quelques jours, nous en profiterons pour nous reposer.*

vue n. f.
● Faculté de voir. *Elle a une bonne vue.*
● Étendue de ce que l'on peut voir d'un point. *Une vue superbe sur la mer.*
● Manière dont une chose se voit. *Une vue de profil.*
● Idée. *Ce n'est qu'une vue de l'esprit.*
● **Locutions**
- *À vue*, locution adverbiale. (Fin.) À la première pré-sentation. *Un dépôt, une traite à vue.*
- *À perte de vue*, locution adverbiale. Aussi loin qu'on puisse voir.
- *À première vue*, locution adverbiale. Apparemment, dès le premier coup d'œil.
- *À vue de nez*, locution adverbiale. (Fam.) Approxi-mativement.
- *À vue d'œil*, locution adverbiale. Sensiblement, très vite. *Les enfants changent à vue d'œil.*
- *De vue*, locution adverbiale. Par la vue. *Elle le connaît de vue simplement.*
- *En vue.* Connu. *Des personnes en vue.*
- *En vue de*, locution prépositive. Afin de.

vulgaire adj. et n. m.
● **Adjectif**
- Trivial, commun. *Des paroles vulgaires.*
- *Nom vulgaire.* Désignation courante. *Le mot gueule-de-loup est le nom vulgaire du muflier des jardins.*
Note.- En ce sens, l'adjectif ne comporte aucune connotation péjorative.
● **Nom masculin.** (Litt.) Ce qui est vulgaire, le commun des hommes.
Note.- Attention à l'orthographe de cet adjectif qui conserve la même forme au masculin et au féminin : vulg**aire.**

vulgairement adv.
D'une manière vulgaire.

vulgarisateur, trice adj. et n. m. et f.
● **Adjectif.** Propre à vulgariser (des connaissances).
● **Nom masculin et féminin.** Spécialiste de la vulgari-sation scientifique. *Hubert Reeves est un remarquable vulgarisateur.*

vulgarisation n. f.
Action de vulgariser des connaissances techniques. *La vulgarisation scientifique.*

vulgariser v. tr.
Mettre à la portée de tous une science, un art.

vulgarité n. f.
Défaut d'une personne, d'une chose vulgaire. *Elle ne peut tolérer sa vulgarité.*

vulnérabilité n. f.
Caractère de ce qui est vulnérable.

vulnérable adj.
● Qui peut être touché, blessé, fragile. *Un point vul-nérable.*
● Qui peut être attaqué, discuté. *Un témoignage vul-nérable.*

vulvaire adj.
Relatif à la vulve.
Note.- Attention à l'orthographe de cet adjectif qui conserve la même forme au masculin et au féminin : vulv*aire.*

vulve n. f.
Partie externe des organes génitaux de la femme et des femelles de mammifères.

W

W
- Symbole de **watt**.
- Symbole de **tungstène**.

wagon n. m.
- Le **w** se prononce **v** [vagɔ̃].
- Véhicule ferroviaire. *Des wagons réfrigérés, des wagons de marchandises, de bestiaux.*
Note.- Dans la langue des chemins de fer, le **wagon** sert au transport des marchandises, des animaux, tandis que la **voiture** sert au transport des personnes. Dans la langue courante cependant, le mot **wagon** s'emploie de plus en plus pour désigner tout véhicule ferroviaire.
- **Wagon-citerne, wagon-lit, wagon-restaurant.** Ces mots mis en apposition prennent la marque du pluriel aux deux éléments et sont joints par un trait d'union. *Des wagons-citernes, des wagons-lits, des wagons-restaurants.*
Note.- Les termes officiels de **wagon-lit** et de **wagon-restaurant** sont **voiture-lit** et **voiture-restaurant**.

wagonnée n. f.
- Le **w** se prononce **v** [vagɔne].
- Contenu d'un wagon.

wagonnet n. m.
- Le **w** se prononce **v** [vagɔnɛ].
- Petit wagon servant au transport des minerais.

walkman n. m.
- Le **l** ne se prononce pas [wokman].
- (Anglicisme) Baladeur. *Des walkmans.*
Note.- Le nom **baladeur** a fait l'objet d'une recommandation officielle pour remplacer cet anglicisme.

wallon, onne adj. et n. m. et f.
- Le **w** se prononce **w** [walɔ̃].
- De la Wallonie (sud de la Belgique).
- **Nom masculin.** Dialecte parlé dans cette partie de la Belgique.
Note.- Lorsqu'il s'agit de la langue, l'adjectif ou le nom s'écrit avec une minuscule. Si le nom désigne une personne, la majuscule s'impose.

wapiti n. m.
- Le **w** se prononce **w** [wapiti].
- Mot algonquin signifiant « daim blanc ».
- Grand cerf du Canada et de la Sibérie. *Des wapitis aux tons fauves.*

warrant n. m.
- Le **w** se prononce **w** ou **v** et le **t** se prononce ou non [waʀɑ̃(t)] ou [vaʀɑ̃(t)].
- Récépissé délivré lors d'un dépôt de marchandises et qui est négociable comme une lettre de change. *Des warrants industriels.*

water-closet n. m. ou waters n. m. pl.
- Abréviation **W.-C.** (s'écrit avec des points).
- Toilettes. *Des water-closets.*

water-polo n. m.
- Le **w** se prononce **w** [watɛʀpɔlo].
- Sport d'équipe qui se joue dans l'eau. *Des water-polos.*

watt n. m.
- Le **w** se prononce **w** [wat].
- Symbole **W** (s'écrit sans point).
- Unité de puissance électrique. *Cette ampoule est de 50 watts, de 50 W ; est-ce que cela suffira ?*
Note.- Attention à l'orthographe : wa**tt**.

wattheure n. m.
- Symbole **Wh** (s'écrit sans point).
- Unité de travail et d'énergie correspondant à l'énergie de 1 watt pendant 1 heure.

wattmètre n. m.
Appareil de mesure des puissances électriques.

W.-C. n. m. pl.
- Le **w** se prononce **v** [vese].
- Abréviation de **water-closet.** *Où sont les W.-C. ?*

week-end n. m.
- Le **w** se prononce **w**, les lettres **ee** se prononcent **i** et les lettres **nd** sont sonores [wikɛnd].
- Congé du samedi et du dimanche. *Ils partent à la campagne tous les week-ends.*

western n. m.
- Le **w** se prononce **w** et les lettres **rn** sont sonores [wɛstɛʀn].
- Film d'aventures se déroulant lors de la conquête de l'Ouest de l'Amérique. *D'excellents westerns.*
- **Western-spaghetti.** Western italien.

Wh
Symbole de **wattheure**.

whisky, ies n. m.
- Le **w** se prononce **w** [wiski].
- Eau-de-vie d'origine·écossaise obtenue par la distillation de grains (orge, avoine, seigle). *Des whiskies avec des glaçons.*
Note.- Attention à l'orthographe : un w**h**is**k**y, des w**h**is-**k**ies.

whist n. m.
- Le **w** se prononce **w** et les lettres **st** sont sonores [wist].
- (Ancienn.) Jeu de cartes, ancêtre du bridge.

won n. m.
Unité monétaire de la Corée. *Des wons.*
V. Tableau - **SYMBOLES DES UNITÉS MONÉTAIRES.**

X

X
- Chiffre romain dont la valeur est de 10.
V. Tableau - **CHIFFRES.**
- S'emploie pour désigner une personne qu'on ne veut ou ne peut pas nommer. *Monsieur X.*

X (rayons)
Radiations électromagnétiques. *Les radiographies sont prises à l'aide des rayons X.*
Note.- Dans cette expression, la lettre *x* s'écrit toujours en majuscule.

Xe
Symbole de *xénon.*

xén(o)- préf.
- Élément du grec signifiant « étranger ».
- Les mots composés avec le préfixe *xéno-* s'écrivent en un seul mot. *Xénophobie.*

xénon n. m.
- Le *x* se prononce *ks* [ksenɔ̃].
- Symbole *Xe* (s'écrit sans point).
- Gaz inerte.

xénophobe adj. et n. m. et f.
- Le *x* se prononce *ks* [ksenɔfɔb].
- Qui est hostile aux étrangers, à ce qui vient de l'étranger. *Ils ne sont pas xénophobes. Un xénophobe irréductible.*

Notes.-
1° Attention à l'orthographe : xéno**ph**obe.
2° Ne pas confondre avec le mot *raciste* qui se dit de ce qui est hostile à certains groupes raciaux.

xénophobie n. f.
- Le *x* se prononce *ks* [ksenɔfɔbi].
- Haine des étrangers, de ce qui est étranger.
Notes.-
1° Attention à l'orthographe : xéno**ph**obie.
2° Le mot *xénophobie* désigne la haine de tous les étrangers, alors que le mot *racisme* dénomme une hostilité à l'égard de certains groupes raciaux.

xérès ou jerez n. m.
- Le *x* se prononce couramment *ks*, parfois *k*, [kseres] ou [keres].
- Vin blanc sec de la région de Jerez, en Espagne. *Je boirais bien du xérès.*
Notes.-
1° Attention à l'orthographe : xérè**s.**
2° Le nom du vin s'écrit avec une minuscule.

xi n. m. inv.
Lettre grecque.

xylophone n. m.
- Le *x* se prononce *ks* [ksilɔfɔn].
- Instrument de musique composé de lamelles de bois de longueur décroissante sur lesquelles on frappe avec des baguettes.
Note.- Attention à l'orthographe : x**y**lo**ph**one.

Y

y
Devant la plupart des mots commençant par **y**, l'élision ou la liaison ne se fait pas. *Le / yaourt, le / yacht.*
Note.- Dans cet ouvrage, les mots étrangers empêchant l'élision de la voyelle qui précède, ou la liaison entre deux mots sont suivis de la mention *(y aspiré)*. Seuls quelques mots français commencent par **y** permettent l'élision ou la liaison. *L'yeuse, les(z)yeux. J'y.*

y adv. et pron. pers.

Adverbe de lieu
En cet endroit-là. *Allez- vous là-bas ? J'y vais. J'y suis, j'y reste.*
Pronom personnel
• À lui, à elle, à eux, à elles. *Cette personne a un bon jugement ; vous pouvez vous y fier.*
• À cela. *La recherche a été définie en 1985 et ils y travaillent depuis deux ans. C'est terminé : je ne peux y croire.*
• **Impératif + y.** Placé après un impératif se terminant par une voyelle (*a, e*), le **y** exige l'addition d'un *s* euphonique aux verbes qui n'en comportent pas. *Penses-y. Vas-y.*
Note.- Le pronom **y** se place après l'autre pronom. *Dirige-nous-y.*
• **Locutions**
- *Il y a*, locution verbale. Il existe. *Nous irons manger là où il y a une tonnelle fleurie.*
- *Il y va de*, locution verbale. Telle chose en dépend. *Il y va de notre succès.*
- *Ça y est !* Locution verbale qui marque l'accomplissement d'un souhait, la fin d'une activité, etc. *Ça y est ! Il arrive.*
Note.- L'élision et la liaison se font avec ce mot.

yacht n. m. (**y** aspiré)
• Les lettres *cht* se prononcent *t* [ɔt].
• Navire de plaisance. *Des yachts luxueux.*

yack ou **yak** n. m. (**y** aspiré)
Ruminant à longue toison, voisin du buffle et qui vit au Tibet.

yang n. m. (**y** aspiré)
Catégorie essentielle de la pensée taoïste chinoise, correspondant au mouvement. *Le yin et le yang.*
Ant. **yin.**

yaourt ou **yog(h)ourt** n. m. (**y** aspiré)
• Le nom se prononce [jaur(t)] ou [jɔgur(t)].
• Lait caillé ayant subi une fermentation particulière. *Des yaourts aux fraises.*
Note.- La graphie *yaourt* est la plus courante.

yaourtière n. f. (**y** aspiré)
Appareil servant à préparer les yaourts.

yen n. m. (**y** aspiré)
• Le *n* se prononce [jɛn].
• Unité monétaire du Japon. *Des yens.*
V. Tableau - **SYMBOLES DES UNITÉS MONÉTAIRES.**

yeti n. m. (**y** aspiré)
Créature fabuleuse de l'Himalaya surnommée « l'abominable homme des neiges ». *Des yetis imaginaires.*
Note.- Attention à l'orthographe : y**e**ti, sans accent.

yeuse n. f.
Chêne vert. *À l'ombre de l'yeuse.*
Note.- L'élision et la liaison se font avec ce nom.

yeux n. m. pl.
Des yeux verts.
Note.- La liaison se fait avec ce nom.
V. **œil.**

yé-yé adj. et n. m. et f. inv. (**y** aspiré)
Se dit d'un style de chanson à la mode au début des années soixante. *Le yé-yé est-il démodé ?*

yiddish adj. inv et n. m. (**y** aspiré)
Langue germanique des Juifs de l'Europe centrale. *Il parle le yiddish. L'écriture yiddish.*
Notes.-
1° Attention à l'orthographe : yi**dd**ish.
2° Les noms de langues s'écrivent avec une minuscule.

yin n. m.
Catégorie essentielle de la pensée taoïste chinoise correspondant à la passivité. *Le yin et le yang.*
Ant. **yang.**

yod n. m. (**y** aspiré)
(Phonét.) Nom du son transcrit *i* (panier), **y** (oyez), *il* (vermeil), *ille* (taille).

yog(h)ourt
V. **yaourt.**

yoga n. m. (**y** aspiré)
Discipline spirituelle et corporelle qui vise à libérer l'esprit par la parfaite maîtrise du corps. *Faire du yoga.*

yogi n. m. (**y** aspiré)
Personne pratiquant le yoga.

yole n. f. (**y** aspiré)
Embarcation allongée propulsée à l'aviron.

yougoslave adj. et n. m. et f. (**y** aspiré)
De la Yougoslavie.
Note.- Contrairement à l'adjectif, le nom prend une majuscule.

yo-yo n. m. inv. (**y** aspiré) (n. déposé)
Jouet que l'on fait monter et descendre le long d'un fil enroulé. *Des yo-yo lumineux.*

yuan n. m.
Unité monétaire de la République populaire de Chine.
Des yuans.
V. Tableau - **SYMBOLES DES UNITÉS MONÉTAIRES**.

yucca n. m. (*y* aspiré)
• Le *u* se prononce *ou* [juka].
• Plante ornementale ressemblant à l'aloès. *Des yuccas géants.*

Z

zaïre n. m.
Unité monétaire du Zaïre. *Des zaïres.*
V. Tableau - **SYMBOLES DES UNITÉS MONÉTAIRES.**

zaïrois, oise adj. et n. m. et f.
Du Zaïre.
Note.- Contrairement à l'adjectif, le nom prend une majuscule.

zambien, ienne adj. et n. m. et f.
De la Zambie.
Note.- Contrairement à l'adjectif, le nom prend une majuscule.

zèbre n. m.
Mammifère ongulé voisin du cheval et dont la robe claire est marquée de bandes foncées. *Le zèbre hennit.*

zébrer v. tr.
• Le *é* se change en *è* devant une syllabe muette, sauf à l'indicatif futur et au conditionnel présent. *Je zèbre,* mais *je zébrerai.*
• Marquer de bandes foncées. *Un tissu zébré.*

zébrure n. f.
Rayure.

zébu n. m.
Type de bœuf de grande taille possédant une bosse sur le dos. *Des zébus.*

zèle n. m.
• Empressement pour une cause, une personne.
• *Faire du zèle.* Affecter un dévouement excessif.
Note.- Attention à l'orthographe : zè*le.*

zélé, ée adj.
Qui fait preuve de zèle. *Un travailleur zélé.*
Note.- Attention à l'orthographe : zélé.

zen adj. inv. et n. m.
• **Adjectif.** Relatif au zen.
• **Nom masculin.** École bouddhiste.

zénith n. m.
• Point du ciel situé sur la verticale ascendante (par opposition à *nadir*).
• (Fig.) Le plus haut degré que l'on puisse atteindre. *Il est au zénith du pouvoir.*
Note.- Attention à l'orthographe : zéni*th.*
Ant. **nadir.**

zéphyr n. m.
(Litt.) Brise légère.
Note.- Attention à l'orthographe : zé*phy*r.

zéro adj. num. inv. et n. m.
• **Adjectif numéral cardinal.** Aucun. *Elle a fait zéro faute d'orthographe. Le prix est de zéro franc quarante.*

• **Nom masculin**
- Valeur nulle d'une grandeur. *La réponse est zéro. Des zéros de conduite. Il fait 15 ºC au-dessous de zéro.*
Note.- Le nom prend la marque du pluriel.
- Signe numérique en forme de *0* qui représente le chiffre 0. *Des zéros en lettres lumineuses.*

zeste n. m.
Écorce d'un fruit. *Un zeste de citron.*
Note.- Attention à l'orthographe : zest*e.*

zêta ou **dzêta** n. m. inv.
Lettre grecque.

zeugma ou **zeugme** n. m.
Procédé de style, construction qui consiste à lier des mots ou des groupes de mots de façon qu'il soit inutile de répéter un mot ou un groupe de mots déjà exprimés dans une proposition voisine.
Note.- Attention aux zeugmas fautifs qui comportent des compléments qui ne se construisent pas avec la même préposition. ** Il est allé et revenu de Lyon en quatre heures* pour *Il est allé à Lyon et en est revenu en quatre heures.*

zézaiement n. m.
Action de zézayer.
Note.- Attention à l'orthographe : zézai*e*ment.

zézayer v. intr.
• Le *y* se change en *i* devant un *e* muet. *Il zézaie, il zézayait.*
• Le *y* est suivi d'un *i* à la première et à la deuxième personne du pluriel de l'indicatif imparfait et du subjonctif présent. *(Que) nous zézayions.*
• Prononcer *z* au lieu de *j*. *Cet enfant zézaie un peu.*

zibeline n. f.
Mammifère carnivore de Sibérie apprécié pour sa fourrure très fine.

zigzag n. m.
Succession d'angles rentrants et saillants. *La route fait des zigzags.*
Note.- Attention à l'orthographe : *zigzag,* en un seul mot.

zigzagant, ante adj.
Qui marche en zigzag, qui forme des zigzags. *Des cheminements zigzagants.*
Note.- Ne pas confondre avec le participe présent invariable *zigzaguant. Ils roulaient en zigzaguant.*

zigzaguer v. intr.
• Attention au *u* qui subsiste même devant les lettres *a* et *o. Il zigzagua, nous zigzaguons.*
• Faire des zigzags en avançant. *Cette voiture zigzaguait.*

zinc n. m.
• Symbole **Zn** (s'écrit sans point).
• Métal dur d'un blanc bleuâtre.
• (Fam.) Comptoir d'un café. *Prendre un sandwich et une bière sur le zinc.*

zinnia n. m.
Plante ornementale. *Des zinnias colorés.*
Note.- Attention au genre masculin de ce nom : **un** zinnia.

zip n. m. (n. déposé)
(Anglicisme) Fermeture à glissière.

zircon n. m.
Pierre précieuse qui ressemble au diamant.

zizanie n. f.
• Discorde.
• *Semer la zizanie.* Susciter des discussions, des querelles.
Note.- Attention à l'orthographe : zizani**e**.

zloty n. m.
Unité monétaire de la Pologne. *Des zlotys.*
V. Tableau - **SYMBOLES DES UNITÉS MONÉTAIRES.**

Zn
Symbole de *zinc.*

zodiacal, ale, aux adj.
Relatif au zodiaque. *Les signes zodiacaux.*

zodiaque n. m.
• Zone de la sphère terrestre.
• Zone divisée en douze parties égales correspondant aux signes du zodiaque.
Note.- Les noms d'astres, de constellations s'écrivent avec une majuscule. *Bélier, Taureau, Gémeaux, Cancer, Lion, Vierge, Balance, Scorpion, Sagittaire, Capricorne, Verseau, Poissons.*
V. **astre.**

zona n. m.
Maladie virale caractérisée par des éruptions cutanées rougeâtres sur le trajet des nerfs sensitifs.

zonage n. m.
Répartition d'un territoire en zones selon des critères particuliers (utilisation du sol, construction immobilière, activité industrielle ou commerciale). *Le zonage agricole.*

zone n. f.
• Portion de territoire, région. *Une zone tropicale, littorale.*
• Espace. *Une zone militaire, une zone de libre-échange.*
• Domaine. *Des zones d'influence, une zone d'activité.*
• *Zone franche.* Zone où les marchandises sont exemptées de droits de douane.
Note.- Attention à l'orthographe : zone, sans accent circonflexe.

zoner v. tr.
Faire le zonage de.
Note.- Attention à l'orthographe : zoner, sans accent circonflexe.

zoo n. m.
• Les lettres **oo** se prononcent **o** ou **oo** [zo] ou [zoo].
• Jardin zoologique. *Des zoos merveilleux pour les enfants.*

zoologie n. f.
• Les deux **o** se prononcent [zɔɔlɔʒi].
• Partie des sciences naturelles qui étudie les animaux.

zoologique adj.
• Les deux **o** se prononcent [zɔɔlɔʒik].
• Relatif à la zoologie, aux animaux. *Un jardin, un parc zoologique.*

zoologiste ou **zoologue** n. m. et f.
• Les deux **o** se prononcent [zɔɔlɔʒist(ə)], [zɔɔlɔg].
• Spécialiste de zoologie.

zouave n. m.
• Soldat appartenant à certains corps. *Les zouaves pontificaux.*
• *Faire le zouave.* (Fam.) Faire des pitreries.

zozoter v. intr.
(Fam.) Zézayer.
Note.- Attention à l'orthographe : zozo**t**er.

zut ! interj.
(Fam.) Interjection marquant la colère, le dépit. *Zut ! j'ai raté mon avion.*

zzz onomat.
Onomatopée marquant un léger sifflement et au figuré, le sommeil.

ANNEXE

Frédérique de BLOIS

28, rue du Ruisseau
75018 Paris
Tél. 45.44.38.17.

RÉDACTRICE-CONCEPTRICE PUBLICITAIRE D'EXPÉRIENCE

Un Coq d'or du *Publicité Club* pour la campagne des restaurants Hum

---

Expérience

1986–   Procter and Gamble France

    — Stratégie de création.

    — Coordination en studio de la production de messages par des maisons de production : messages télévisés des Confitures Beaux Fruits, panneaux des magasins L'Air sage.

    — Élaboration du texte des messages publicitaires.

    — Participation à l'élaboration de la stratégie globale de communication.

    — Présentations aux clients éventuels : trois nouveaux comptes en un an.

    — Liaison avec les maisons de recherche chargées de l'évaluation des concepts.

1984–1985 Agence Bélier Rive Gauche

    — Élaboration du texte des messages destinés à la radio et à la télévision : les messages de la compagnie Air Z.

    — Recherche de noms de produits (Savon Blanc-Neige, Casse-croûte Midi).

    — Rédaction de deux rapports annuels (Société Levallois, Groupe Conseil Dubois).

1980–1982 Agence Publicis Conseil

    — Participation à l'élaboration de concepts sous la supervision du directeur de la création.

    — Rédaction de brochures, de dépliants variés.

    — Préparation de textes d'affichage (Groupe Ventilus).

    — Conception de textes — matériel de points de vente (Les magasins Simon).

Formation

1979–1980 D.E.S.S. de Communication politique et sociale, Paris I

1978-1979 Maîtrise d'Information et de Communication
(Institut Français de Presse, Paris II)

1977–   Baccalauréat série D.

Curriculum vitæ — style classique

RENSEIGNEMENTS GÉNÉRAUX

Nom : Alain DUPRÉ

Adresse : 56, avenue de Rochechouart
92130 Issy Les Moulineaux

Téléphone : 45.44.38.17. (bureau)
67.62.46.24. (domicile)

Lieu de naissance : Paris

Date de naissance : 15 juin 1945

Nationalité : française

Langues : anglais (lu, parlé, écrit)
allemand (lu, écrit)

Situation de famille : marié, 2 enfants

FORMATION

Diplôme d'architecte D.P.L.G.   1972

Maîtrise d'histoire de l'art   1969

Licence d'histoire de l'art   1968

Baccalauréat C   1965

EXPÉRIENCE

Depuis 1984

Bouygues

— Architecte au sein de l'équipe de coopération internationale
Planification et construction d'un complexe industriel à Abidjan.
Coût de construction : 25 MF
— Chargé de projet
Conception et construction d'un immeuble commercial de 16 étages à Montréal.
Coût de construction : 21 MF

1979–1984

Groupe Boulanger, Drouin et Fréchette (Québec)

Chef de projet

— Construction d'immeubles résidentiels à Lasalle Coût de construction : 3 000 000 $

—Construction d'une école primaire à Saint-Laurent Coût de construction : 3 000 000 $

— Agrandissement de l'hôpital Saint-Georges de Montréal Coût de construction : 2 500 000 $

1975–1979

Framatome

Chargé d'affaires

— Étude des mesures de protection nucléaire, discussion des contrats avec les clients, animation des techniciens et équipes de chantiers

1973–1974

Rondeau et Dubois (Architectes d'intérieur)

Stage en architecture

— Relevé d'immeubles à restaurer
Élaboration de plans

— Surveillance de chantiers
Participation aux descriptifs

DIVERS

Voyages dans de nombreux pays (Afrique, Amérique, Asie)

RENSEIGNEMENTS GÉNÉRAUX

Nom :   Christine LEFEBVRE

Adresse :   17, rue Hoche
                         28100 Dreux

Téléphone :   45.44.38.17. (bureau)
                         37.48.34.20. (domicile)

Date de naissance :   18 août 1957

Nationalité :   française

Langues :   anglais (courant)
                         allemand (bonnes notions)

Situation de famille :   célibataire

FORMATION

École de secrétariat de direction à Paris   1978

Baccalauréat G_1 (secrétariat)   1976

B.E.P. de sténodactylo correspondancière   1974

EXPÉRIENCE

- Thomson   1984–
  Adjointe administrative — Service à la clientèle.

  — Gestion et mise à jour des fichiers-clients de l'entreprise (450 clients).

  — Préparation des publipostages adressés aux groupes cibles du service (envoi trimestriel).

  — Gestion des agendas des 4 conseillers commerciaux.

  — Supervision de 2 employés de secrétariat (1 sténodactylo, 1 employé de bureau).

- Framatome   1983–1984
  Secrétaire de direction

  — Suivi administratif du bureau du directeur général.

  — Procès-verbaux des réunions hebdomadaires du conseil de direction.

  — Liaison entre le bureau du directeur général et les associés (9 professionnels).

  — Dactylographie de la correspondance et de divers textes administratifs.

- Sepad Nestlé, Coubevrie   1980–1983
  Secrétaire sténodactylo

  — Coordination du groupe de secrétariat (3 personnes).

  — Suivi administratif général.

  — Comptabilité des honoraires (2 professionnels).

  — Correspondance française et anglaise.

- UAP   1978–1980
  Employée de bureau

  — Dactylographie de la correspondance commerciale française.

  — Dépouillement et classement du courrier.

  — Accueil des clients.

LOISIRS

Ski, planche à voile, peinture.

COMPOSÉ AUX ATELIERS
GRAPHITI BARBEAU, TREMBLAY INC.
À SAINTE-MARIE-DE-BEAUCE

IMPRIMERIE HÉRISSEY. — 27000 Évreux.
Dépôt légal : Mai 1989. — Nº 48217. — Nº de série Éditeur 15277.
IMPRIMÉ EN FRANCE *(Printed in France)*. — 320 160 Mai 1989.